GARCKE, Illustrierte Flora, 23. Auflage

August Garcke

Begründet von August Garcke

23., völlig neugestaltete
und neu illustrierte Auflage

Illustrierte Flora

Deutschland und angrenzende Gebiete

Gefäßkryptogamen und Blütenpflanzen

Herausgegeben von
Dr. Konrad von WEIHE
Professor
Institut für
Angewandte Botanik der
Universität Hamburg

unter Mitarbeit von
D. Fürnkranz, Wien
H. Grebe, Hannover
E. Schenk†, Mannheim
A. Seithe, Malsch-Sulzbach
D. Vogellehner, Freiburg i. Br.
W. Zimmermann, Tübingen

Mit 3704 Einzelbildern
in 460 Abbildungen
und auf 5 Tafeln

1972 Verlag Paul Parey
Berlin und Hamburg

Übersicht über die Auflagen:

1. Aufl.	1849	Flora von Nord- und Mitteldeutschland	A. Garcke
2. Aufl.	1851	Flora von Nord- und Mitteldeutschland	A. Garcke
3. Aufl.	1854	Flora von Nord- und Mitteldeutschland	A. Garcke
4. Aufl.	1858	Flora von Nord- und Mitteldeutschland	A. Garcke
5. Aufl.	1860	Flora von Nord- und Mitteldeutschland	A. Garcke
6. Aufl.	1863	Flora von Nord- und Mitteldeutschland	A. Garcke
7. Aufl.	1865	Flora von Nord- und Mitteldeutschland	A. Garcke
8. Aufl.	1867	Flora von Nord- und Mitteldeutschland	A. Garcke
9. Aufl.	1869	Flora von Nord- und Mitteldeutschland	A. Garcke
10. Aufl.	1871	Flora von Nord- und Mitteldeutschland	A. Garcke
11. Aufl.	1873	Flora von Nord- und Mitteldeutschland	A. Garcke
12. Aufl.	1875	Flora von Nord- und Mitteldeutschland	A. Garcke
13. Aufl.	1878	Flora von Deutschland	A. Garcke
14. Aufl.	1881	Flora von Deutschland	A. Garcke
15. Aufl.	1885	Flora von Deutschland	A. Garcke
16. Aufl.	1890	Flora von Deutschland	A. Garcke
17. Aufl.	1895	Illustrierte Flora von Deutschland	A. Garcke
18. Aufl.	1898	Illustrierte Flora von Deutschland	A. Garcke
19. Aufl.	1903	Illustrierte Flora von Deutschland	A. Garcke
20. Aufl.	1908	Illustrierte Flora von Deutschland	F. Niedenzu
21. Aufl.	1912	Illustrierte Flora von Deutschland	F. Niedenzu
22. Aufl.	1922	Illustrierte Flora von Deutschland	F. Niedenzu

Einbandentwurf: Christian Honig, Neuwied (Rhein)

ISBN 3 489 68034 0

Vorwort

Nach langer Zeitspanne, 50 Jahre nach der 22. Auflage und fast 30 Jahre, nachdem das von dem verehrten RUDOLF MANSFELD vorbereitete Manuskript für die 23. Auflage in den seinerzeitigen Wirren vernichtet wurde, wird mit diesem Buch eine Neubearbeitung des „Garcke" vorgelegt.

Diese Neubearbeitung macht den Versuch, das Konzept des Begründers dieser Flora, FRIEDRICH AUGUST GARCKE, und seines Nachfolgers in der Herausgabe, FRANZ NIEDENZU, mit dem neueren Wissensgut und den modernen Vorstellungen über eine „Flora" zu verbinden. Diese Verbindung möchte gleichzeitig den Respekt vor der Leistung und der Persönlichkeit von F. A. GARCKE, vor der Ausgewogenheit seines Urteils in der Bearbeitung vieler systematischer und der damit zum Teil verbundenen nomenklatorischen Fragen zum Ausdruck bringen und dieser Einstellung GARCKES durch eine oftmals konservative Haltung bei entsprechenden Bewertungen Rechnung tragen. Bei allen Bemühungen um die Neuauflage wurde von dem Leitgedanken ausgegangen, daß die Darstellung systematischer Einheiten mit dem herausgestellten floristischen Gehalt des Gebietes und die Nomenklatur keinen Selbstzweck verfolgen, sondern daß die Anwendbarkeit – soweit möglich – vorrangige Bedeutung hat.

Somit ist die vorliegende Neubearbeitung nicht allein das Ergebnis einer Kompilation, sondern sie gibt die oftmals zurückhaltende Bewertung vieler Ermessensfragen wieder, die eine floristische und systematische Bearbeitung aufwerfen.

Dieser Versuch, ältere und neuere Auffassungen über die Darstellung einer „Flora" unter weitgehender Wahrung des bereits erarbeiteten und niedergelegten Wissensgutes der Morphologie und der Systematik im weiteren Sinne zu vereinen, hat angesichts des Rufes und des Wertes der Vorauflagen des „Garcke" dem Herausgeber eine besondere Verantwortung auferlegt. Allen Mitarbeitern, dem Verlag und den vielen Freunden des Werkes muß hier gedankt werden, daß sie mithalfen, diese Last zu tragen, daß sie – trotz einer langen Bearbeitungszeit – im Vertrauen auf das Gelingen über viele Jahre die Manuskriptherstellung erst ermöglichten, die Vorarbeiten unterstützten und wiederholt zur Fortsetzung und zum Abschluß der Arbeiten ermutigten.

In vielen Punkten hat das Resultat der gemeinsamen Bemühungen Wünsche und Lücken ergeben; sei es, daß die redaktionellen Bemühungen Probleme offen lassen mußten; sei es, daß die spezifische Mannigfaltigkeit mancher Gattungen trotz der Erweiterung des Umfanges dieses Buches eine Auswahl aufzwang; sei es, daß die große Zahl vorliegender, zum Teil weltweit verstreuter Ergebnisse neuerer Untersuchungen nur unvollkommen oder nicht erfaßt und verwertet werden konnte. Der Herausgeber ist sich in vollem Umfange dieser Tatsachen bewußt; er vermag hier nur, um Verständnis für die Schwierigkeiten und um wohlwollende Unterstützung durch Hinweise auf Lücken und Fehler zu bitten.

Die Verbindung von älteren und neueren Auffassungen über eine „Flora" führte unter anderem auch zwangsläufig zu einer Erweiterung des Umfanges, der sich gegenüber der 22. Auflage etwa verdoppelte. Hiermit wird der „Garcke" in stärkerem Maße als bisher eine Lücke zwischen den an Umfang ärmeren Exkursionsfloren und den vielbändigen Florenwerken füllen können. Die typographische Neugestaltung hat die Übersichtlichtkeit verbessert. Die Neuanfertigung sämtlicher Abbildungen mit der neuen Darstellung verschiedener differentialdiagnostischer Merkmale, für deren Anfertigung den Graphikern, Herrn H. Woern und Fräulein H. Didlaukis, besonders zu danken ist, ergänzt wesentlich den Anschauungswert der verbalen Diagnosen.

Alle diese Dankesworte wären ungeschrieben geblieben, wenn nicht die Initiative des Verlages, in dessen Händen schon die 1. Auflage des Jahres 1849 und alle weiteren Auflagen des „Garcke" lagen, bestanden hätte, die Bearbeitung einer 23. Auflage in Auftrag zu geben. Deshalb ist dem Verlag, vor allem Herrn Dr.h.c. Friedrich Georgi sowie seinen Mitarbeitern, besonders Herrn Erich Topschowsky, für ihre Mühen, ihre Geduld, ihr Verständnis und ihre Toleranz, die sie in all' den vergangenen Jahren gegenüber so manchen Schwierigkeiten in der Bearbeitung aufbrachten, vom Herausgeber – auch im Namen seiner Mitarbeiter – vielmals zu danken.

Mit der Bitte um Wohlwollen, Verständnis und Toleranz für Schwächen und Mängel, die eine eingreifende Neubearbeitung mit sich bringt, wird diese Flora in neuem Gewande vorgelegt, um das Wissen unserer Vorgänger, auf dem sich unsere Arbeit aufbaut, weiterzutragen zum Nutzen aller, die sich lernend und lehrend, beschauend und erbauend der Flora zuwenden.

Hamburg, April 1972 Der Herausgeber

Inhalt

Verzeichnis der Abkürzungen und Zeichen

[z. T. substantivisch (Singular oder Plural) oder adjektivisch oder zusammengesetzt verwendet]

Systematische Kategorien und Nomenklatur

(lateinische Schreibweise: kursiv)

Abtlg.	= Abteilung = *phylum*
agg.	= *aggregatus* = zusammengefaßt („Sammelart")
ampl(if).	= *amplificatus* = vergrößert, erweitert
ap.	= *apud* = bei, in
Chorus	= *chorus* = Gruppe
convar	= *convarietas* = Varietät(engruppe)
corr.	= *correctus* = korrigiert (= *correxit* = er hat korrigiert)
cv.	= *cultivarietas* = Kulturvarietät
em.	= *emendatus* = verbessert, emendiert (= *emendavit* = er hat verbessert)
f.	= *forma* = Form
Fam.	= Familie = *familia*
Gen.	= *genus* = Gattung
hort.	= *hortorum* = der Gärten
incl.	= *inclusus* = eingeschlossen
Kl.	= Klasse = *classis*
nov. comb.	= *combinatio nova* = Neukombination
Ordn.	= Ordnung (Reihe) = *ordo*
p. p.	= *pro parte* = zum Teil
prop.	= *propinqui* = Verwandte
Sect.	= *sectio* = Sektion
Ser.	= *series* = Serie
s. l.	= s. lat. = *sensu lato* = im weiten Sinne
sp.	= *species* (Singular) = Art
spp.	= *species* (Plural) = Arten
ssp.	= *subspecies* (Singular) = Unterart
sspp.	= *subspecies* (Plural) = Unterarten
s. str.	= *sensu stricto* = im engen Sinne
Subfam.	= *subfamilia* = Unterfamilie
Subgen.	= *subgenus* = Untergattung
Subsect.	= *subsectio* = Untersektion
Subser.	= *subseries* = Unterserie
Subtrib.	= *subtribus*
Trib.	= *tribus*
var.	= *varietas* = Varietät
×	= (vor oder zwischen Gattungs- oder Artnamen) Bastard oder Hybride

Lebensdauer

☉	= einjährig-sommerannuell
①	= einjährig-winterannuell
⚇	= zweijährig
(∞)	= mehrjährig, nur einmal blühend
♃	= ausdauernd-krautig (Staude)
♄	= ausdauernd-halbstrauchig (Halbstrauch)
ħ	= ausdauernd-strauchförmig (Strauch)
ħ̄	= ausdauernd-baumförmig (Baum)

Lebensformen

Ch	= Chamaephyt
E	= Epiphyt
G	= Geophyt
H	= Hemikryptophyt
HH	= Helo- od. Hydrophyt
M	= Mikrophanerophyt
MM	= Mega- od. Mesophanerophyt
N	= Nanophanerophyt
Th	= Therophyt (im engeren Sinne)

Pflanzen- und Organteile

B.	= Blatt
Bl.	= Blüte
Blh.	= Blütenhülle
Blhb.	= Blütenhüllblatt
Blst.	= Blütenstand
Dr.	= Drüse
Fr.	= Frucht
Frb.	= Fruchtblatt
Frk.	= Fruchtkelch (Kelch zur Fruchtzeit)
Frkn.	= Fruchtknoten
Gr.	= Griffel
K.	= Kelch
Kb.	= Kelchblatt
Kn.	= Knospe
Kr.	= Krone (Blütenkrone)
Krb.	= Kronblatt
N.	= Narbe
Per.	= Perigon, Perianth
Rhiz.	= Rhizom
S.	= Same
Sa.	= Samenanlage
Sb.	= Samenblatt

Schößl. = Schößling
Spor. = Spore
Spr. = Sproß
St. = Stengel
Sta. = Stachel
Stb. = Stengelblatt
Stbf. = Staubfaden
Stbb. = Staubblatt
Stbbtl. = Staubbeutel
Subfdr. = Subfoliardrüse
Tr. = Trieb
W. = Wurzel

Allgemeine Beschreibung

bes. = besonders
eif. = eiförm. = eiförmig
ell. = ellipt. = elliptisch
-f. = -förmig
gefied. = gefiedert
gefing. = gefingert
gegenst. = gegenständig
Ges. = Gesellschaft
Grd. = Grund
H. = Höhe (bzw. Länge) der Pflanze (in Metern)
-l. = -lich, -lisch
lanz. = lanzettl. = lanzettlich
lineal. = linealisch
meist. = meistens
N = Stickstoff (nur bei Standortangaben)
n = Chromosomenzahl des normal reduzierten Chromosomensatzes
2n = Chromosomenzahl des normal konjugierten Chromosomensatzes
od. = oder
Pfl. = Pflanze
rel. = relativ
Str. = Strauch
u. = und
wechselst. = wechselständig
x = Chromosomengrundzahl
± = mehr od. weniger
∼ = annähernd
> = mehr als, größer als
< = weniger als, kleiner als
♂ = männlich

♀ = weiblich
☿ = zwittrig
I–XII = Monate der Blütezeit od. der Sporenreife

Höhenstufen

(Höhengrenzen in Metern über Normalnull bezogen auf Alpen)

coll. = colline Stufe, Region (Ebene bis Hügelstufe, bis ~ 600 m)
mont. = montane Stufe, Region (~ 600 – ~ 1400 m)
subalp. = subalpine Stufe, Region (~ 1400 – ~ 2200 m)
alp. = alpine Stufe, Region (oberhalb der Baumgrenze)
niv. = nivale Stufe, Region (oberhalb der Schneegrenze)

Allgemeine geographische Angaben

Abess. = Abessinien
Abruzz. = Abruzzen
Afghan. = Afghanistan
Afr. = Afrika
Alg. = Alger. = Algerien
Alp. = Alpen
Alt. = Altai
Am. = Amerika
Anh. = Anhalt
Apenn. = Apennin
Arab. = Arabien
Arkt. = Ark[illegible]
Armen. = Armenien
As. = Asien
atl. = atlantisch
Azor. = Azoren
Austr. = Australien
Bad. = Baden
Baik. = Baikalien
Balk. = Balkan
Bay. = Bayern
Belg. = Belgien
Böhm. = Böhmen
Bosn. = Bosnien
Brand. = Brandenburg
Bras. = Brasilien
Bulg. = Bulgarien
Calabr. = Calabrien
Calif. = Kalifornien
Can. = Kanada
Chin. = China
ČSR = Tschechoslowakei
D. = Deutschland
Dän. = Dänemark
Dah. = Dahurien
Engl. = England
Estl. = Estland
Eur. = Europa
Falkl. = Falkland-Inseln
Finnl. = Finnland
Flor. = Florida
fränk. = fränkisch
Frank. = Franken
Frankf. = Frankfurt
Frankr. = Frankreich
Galiz. = Galizien
Geb. = Gebiet
Gebg. = Gebirge
Grönl. = Grönland
Großbrit. = Großbritannien
Helg. = Helgoland
herzyn. = herzynisch
Hess. = Hessen
Him. = Himalaya
Holl. = Holland
Holst. = Holstein
iber. = iberisch
Ill. = Illinois
In. = Indiana
Ind. = Indien

Ins.	= Insel	Paläst.	= Palästina
Irl.	= Irland	Pers.	= Persien
Isl.	= Island	Pf.	= Pfalz
Ital.	= Italien	Pol.	= Polen
Jam.	= Jamaika	Polyn.	= Polynesien
Jap.	= Japan	Pomm.	= Pommern
Jugosl.	= Jugoslavien	Port.	= Portugal
Kamtsch.	= Kamtschatka	Pyren.	= Pyrenäen
Kanar. Ins.	= Kanarische Ins.	Rheinl.	= Rheinland
Karp.	= Karpathen	Rocky Mts.	= Rocky Mountains
Kasp. Meer	= Kaspisches Meer	Rum.	= Rumänien
Katal.	= Katalonien	Rußl.	= Rußland
Kauk.	= Kaukasus	S(.)	= Süd(en)
Kl. As.	= Kleinasien	Sach.	= Sachalin
Kroat.	= Kroatien	Sachs.	= Sachsen
Kurd.	= Kurdistan	Schles.	= Schlesien
Liban.	= Libanon	Schlesw.	= Schleswig (Land)
Lux.	= Luxemburg	Schl. Holst.	= Schleswig-Holstein
M-	= Mitte(l)-	Schwab.	= Schwaben
Mad.	= Madeira	schwäb.	= schwäbisch
Mandsch.	= Mandschurei	Schwed.	= Schweden
Marok.	= Marokko	Serb.	= Serbien
Meckl.	= Mecklenburg	Sib.	= Sibirien
Med.	= Medit.	Siebenb.	= Siebenbürgen
	= Mediterrangebiet	Siz.	= Sizilien
Mesopot.	= Mesopotamien	Skand.	= Skandinavien
Mex.	= Mexiko	Slow.	= Slowenien
Mong.	= Mongolei	Span.	= Spanien
N(.)	= Nord(en)	Sud.	= Sudeten
Nordfr.	= Nordfriesland	Syr.	= Syrien
Neuf.	= Neufundland	Thür.	= Thüringen
Neukaled.	= Neukaledonien	Tschech.	= Tschechoslowakei
Neuseel.	= Neuseeland	Türk.	= Türkei
Nied.	= Niederlande	Tun.	= Tunesien
Nieders.	= Niedersachsen	Turk.	= Turkestan
Norw.	= Norwegen	Ung.	= Ungarn
O(.)	= Ost(en)	Vog.	= Vogesen
ö.	= östlich	Vord. As.	= Vorderasien
Österr.	= Österreich	Vord. Ind.	= Vorderindien
Old.	= Oldenburg	W(.)	= West(en)
Oreg.	= Oregon	Westf.	= Westfalen
Ostfr.	= Ostfriesland	Westpr.	= Westpreußen
Ostpr.	= Ostpreußen	Württ.	= Württemberg
Pa.	= Pennsylvania	Z-	= Zentral-

Allgemeine Arealangaben

(insbes. bezogen auf das europäische bzw. europäisch-asiatische Gebiet)

alp = alpin
alt = altaisch
atl = atlantisch
arkt = arktisch
circ = zirkumpolar
eur = europäisch
euras = eurasiatisch
gem = gemäßigt
kont = kontinental
kosmop = kosmopolitisch (Kosmopolit)
med = mediterran
no = nordisch
praealp = praealpin
subatl = subatlantisch
submed = submediterran
subozean = subozeanisch
tur = turanisch

Autoren

Abrom. = J. Abromeit
Adans. = M. Adanson
Aell. = P. Aellen
A. et G. = P. Ascherson et P. Graebner
Ag. = C. A. Agardh
Ait. = W. Aiton
Ait. f. = W. T. Aiton
Alef. = F. Alefeld
All. = C. Allioni
Almqu. = S. O. J. Almquist
Anderss. = N. J. Andersson
Andrz. = A. L. Andrzejowsky
Ångstr. = Joh. Ångström
Arcang. = J. Arcangeli
Ard. = P. Arduino
Aresch. = F. W. Ch. Areschoug
Asch. = P. Ascherson
Aschers. = P. Ascherson
Ausserd. = A. Ausserdorfer
auct. = auctorum
Avé-Lall. = J. L. E. Avé-Lallemand
Bab. = Ch. C. Babington
Baill. = H. E. Baillon
Balb. = G. B. Balbis
Balf. = J. H. Balfour
Bart. = W. P. C. Barton
Bartl. = F. G. Bartling
Bast. = T. Bastard
Baum. = E. Baumann
Baumg. = J.Ch.G. Baumgarten
Beauv. = G. Beauverd
Bech. = A. Becherer
Bechst. = J. M. Bechstein
Beckm. = K. L. Beckmann
Bég. = A. Béguinot
Behrends. = W. Behrendsen
Bell. = C. A. L. Bellardi
Benn. = A. Bennett
Benth. = G. Bentham
Bercht. = F. Graf v. Berchtold
Berg. = A. Berger
Bernh. = J. J. Bernhardi
Bert. = C. G. Bertero
Berth. = S. Berthelot
Bertol. = A. Bertoloni
Bess. = W. S. J. G. v. Besser
Bigel. = J. Bigelow
Bitt. = G. Bitter
Biv. = A. Bivona-Bernardi
Bl. et F. = M. J. Bluff et K. A. Fingerhuth
Bod. = P. H. H. Bodard
Boeck. = J. O. Boeckeler
Boehm. = G. R. Böhmer
Boed. = K. B. Boedijn
Boenn. = C. M. Fr. v. Boenninghausen
Boern. = C. Boerner
Bogenh. = C. Bogenhard
Boiss. = P. E. Boissier
Boiss. et Reut. = P. E. Boissier et G. F. Reuter
Bong. = H. G. Bongard
Bor. = A. Boreau
Borb. = V. v. Borbás

Borb. et Wohlf. = V. v. Borbás et R. Wohlfahrt
Borkh. = M. B. Borkhausen
Bornm. = J. Bornmüller
Bourg. = E. Bourgeau
A. Br. = A. Braun
H. Br. = H. Braun
P. Br. = Patrick Browne
R. Br. = Robert Brown
Br.-Bl. = J. Braun-Blanquet
Bréb. = L. A. de Brébisson
Breistr. = M. Breistroffer
Brenn. = M. M. W. Brenner
Brign. = G. Brignoli a Brunnhoff
Briq. = J. I. Briquet
Britt. = N. Lord Britton
Brockm. = H. Brockmann-Jerosch
Bromf. = W. A. Bromfield
Brot. = F. de Avellar Brotero
Bruegg. = Chr. G. Brügger
B., S. et P. = N. Lord Britton, E. E. Sterns et J. F. Poggenburg
Buch. = F. Buchenau
Burm. f. = N. L. Burmann
Burn. = B. Burnat
Caj. = A. K. Cajander
Call. = A. Callier
Carr. = E. A. Carrière
Casp. = J. X. R. Caspary
Cass. = A. H. G. v. Cassini
Çav. = A. J. Cavanilles
Çelak. = L. J. Çelakovsky
Çelak. f. = L. F. Çelakovsky
Cern. = V. M. Cernjajev
Chab. = A. Chabert
Cham. = A. v. Chamisso
Cham. et Schlecht. = A. v. Chamisso et D. F. L. v. Schlechtendal
Chass. et J. Ar. = M. Chassagne et J. Arènes
Châtel. = J. J. Châtelain
Chaub. = L. A. Chaubard
Chav. = J. Chavaren
Chev. = F. F. Chevallier

C. Chr. = C. Christensen
Cif. et Giac. = R. Ciferri et V. Giacomini
Clairv. = J. Ph. de Clairville
Claph. = A. R. Clapham
R. Claus. = R. Clausen
Corb. = L. Corbière
Coss. = E. Cosson
Coult. = J. M. Coulter
Court. = R. Courtois
Cr. = J. H. N. Crantz
Crép. = F. Crépin
Cufod. = G. Cufodontis
Curt. = W. Curtis
Cuss. = P. Cusson
Cust. = J. L. Custer
Cyr. = D. Cyrillo
Dahlst. = H. G. A. Dahlstedt
A. DC. = A. L. de Candolle
DC. = A. P. de Candolle
Dec. = J. Decaisne
Degl. = J. V. Y. Degland
Del. = A. Delarbre
Déségl. = P. A. Déséglise
Desf. = R. Desfontaines
Desp. = N. H. F. Desportes
Desr. = L. J. A. Desrousseaux
Desv. = A. N. Desvaux
Deth. = G. G. Detharding
Dierb. = J. H. Dierbach
Dietr. = A. Dietrich
Dipp. = L. Dippel
Doerfl. = I. Dörfler
Dom. = K. Domin
Dost. = J. Dostál
Dougl. = D. Douglas
D. T. = DT. = K. W. v. Dalla Torre
D. T. et Sarnth. = K. W. v. Dalla Torre et L. v. Sarnthein
Duch. = A. N. Duchesne
Duf. = J.-M. L. Dufour
Dum. =
Dumort. = B. Ch. Dumortier
Dun. = M. F. Dunal
Durand-Duq. = Durand-Duquesney
Dur. = M. Ch. Durieu de Maisonneuve
Edmondst. = T. Edmondston
Ehrendf. = F. Ehrendorfer
Ehrh. = F. Ehrhart

Ell.	= St. Elliot
Endl.	= S. L. Endlicher
Engl.	= H. G. A. Engler
Engelm.	= G. Engelmann
Erdn.	= E. Erdner
Fabr.	= P. C. Fabricius
Fern.	= M. L. Fernald
Fieb.	= F. X. Fieber
Fig.	= E. Figert
Fingerh.	= K. A. Fingerhuth
Fisch.-Benz.	= R. v. Fischer-Benzon
Fisch. et Mey.	= R. v. Fischer-Benzon et Meyer
Fisch., Mey. et Avé-Lall.	= R. v. Fischer-Benzon, B. Meyer et J. L. E. Avé-Lallemand
G. Fisch.	= G. Fischer
Fleisch.	= B. Fleischer
Flod.	= B. Floderus
Fors.	= J. H. af Forselles
Forsk.	= P. Forskål
Forst.	= Th. F. Forster
Fourn.	= C. P. Fournier
Fourr.	= J. P. Fourreau
Fr.	= E. M. Fries
Franch.	= A. R. Franchet
Frid.	= K. N. Friderichsen
Friedr.	= H. Friedrich
Fröhl.	= A. Fröhlich
Froel.	= J. A. Froelich
Gaertn.	= Ph. G. Gaertner
Gaertn. f.	= C. F. v. Gaertner
Gaertn., Mey. et Scherb.	= Ph. G. Gaertner, B. Meyer et J. Scherbius
Gars	= F. A. de Garsault
Gauckl.	= K. Gauckler
Gaud.	= Ch. Gaudichaud-Beaupré
Gdgr.	= M. Gandoger
Genev.	= L. G. Genevier
Gerh.	= H. Gerhardt
Gerstl.	= L. Gerstlauer
Giacom.	= V. Giacomini
Gibs.	= G. S. Gibson
Gil.	= Gilib.
Gilib.	= J. E. Gilibert
C. C. Gmel.	= C. Ch. Gmelin
J. F. Gmel.	= J. F. Gmelin
J. G. Gmel.	= J. G. Gmelin
S. G. Gmel.	= S. G. Gmelin
Gled.	= J. G. Gleditsch
G. M. Sch.	= Gaertn., Mey. et Scherb.
Godf.	= M. J. Godfery
Godr.	= D. A. Godron
Goll.	= A. Goller
Good.	= S. Goodenough
Gord.	= G. Gordon
Grab.	= H. E. Grabowsky
Graebn.	= P. Graebner
Grembl.	= J. Gremblich
Gren.	= Ch. Grenier
Gren. et Godr.	= Ch. Grenier et D. A. Godron
Griseb.	= A. H. R. Grisebach
Gron.	= J. F. Gronovius
Grufb.	= J. O. Grufberg
Guin.	= M. Guinochet
Gunn.	= J. E. Gunner
Guenth.	= J. C. Günther
Guenth. et Schumm.	= J. C. Günther et Th. E. Schummel
Guss.	= G. Gussone
Guthn.	= H. J. Guthnick
Hack.	= E. Hackel
Hacq.	= B. Hacquet
Hall.	= A. v. Haller
Hall. f.	= A. v. Haller f.
Hand.-Mazz.	= H. v. Handel-Mazzetti
Hard.	= Hardouin
Hartm.	= F. X. v. Hartmann
Hassk.	= J. C. Hasskarl
Hausskn.	= H. C. Haussknecht
Hausm.	= Fr. v. Hausmann
Haw.	= A. H. Haworth
Hay.	= A. v. Hayek
Hazsl.	= F. Hazslinszky
Hegetschw.	= J. Hegetschweiler
Heim.	= A. Heimerl
Heist.	= L. Heister
Hemsl.	= W. B. Hemsley
Herb.	= W. Herbert
Herm.	= F. Hermann
Herrm.	= J. Herrmann

Heuff.	= J. Heuffel
Heufl.	= Heufler
Heynh.	= G. Heynhold
Hitchc.	= A. S. Hitchcock
Hochst.	= F. Hochstetter
Hoffm.	= G. F. Hoffmann
Hoffgg. et Link	= J. C. v. Hoffmannsegg et H. F. Link
Hoffmsg.	= J. C. v. Hoffmannsegg
Hofm.	= H. K. Hofmann
Holmb.	= O. R. Holmberg
Honck.	= G. A. Honckeny
Hook.	= W. J. Hooker
J. D. Hook.	= J. D. Hooker
Hornem.	= J. W. Hornemann
Hornsch.	= Ch. F. Hornschuch
Horvát.	= S. Horvátovszky
Houtt.	= M. Houttuyn
C. E. Hubb.	= C. E. Hubbard
F. T. Hubb.	= F. T. Hubbard
Huds.	= W. Hudson
Hülph.	= A. Hülphers
Hutch.	= J. Hutchinson
Hyl.	= N. Hylander
Irmsch.	= E. Irmscher
Itz. et H.	= H. Itzigsohn et H. Hertzsch
Jacq.	= N. J. v. Jacquin
Janch.	= E. Janchen
Jans.	= P. Jansen
Jans. et Wacht.	= P. Jansen et W. H. Wachter
Jáv.	= S. Jávorka
Jess.	= K. F. W. Jessen
Jord.	= A. Jordan
Jord. et Verl.	= A. Jordan et J. B. Verlot
J. St.-Hil.	= J. H. Jaume Saint-Hilaire
Jundz.	= B. St. Jundzill
Jusl.	= A. D. Juslenius
Juslen.	= A. D. Juslenius
Juss.	= A. L. de Jussieu
Kaltenb.	= J.-H. Kaltenbach
Kar. et Kir.	= G. Karelin et Joh. Kirilow
Kárp.	= Z. Kárpáti
Karst.	= G. K. W. H. Karsten
Kell.	= Keller

Keny.	= Kenyon
Ker-Gawl.	= J. Ker-Gawler
Kern.	= A. Kerner v. Marilaun
A. et J. Kern.	= A. Kerner et J. Kerner
J. Kern.	= J. Kerner
Kir.	= Joh. Kirilow
Kirschl.	= F. Kirschleger
Kit.	= P. Kitaibel
Kitt.	= M. B. Kittel
Kleb.	= H. Klebahn
Klinggr.	= H. v. Klinggräff
Kneuck.	= A. Kneucker
Koch et Sond.	= W. D. J. Koch et O. W. Sonder
Koern.	= F. Körnicke
Kost.	= V. F. Kosteletzky
Kov.	= J. V. Kováts
Krock.	= A. J. Krocker
O. Ktze	= C. E. O. Kuntze
Kühlew.	= P. E. Kühlewein
Kuek.	= G. Kükenthal
Kuetz.	= F. T. Kützing
Kusnez.	= N. I. Kusnezov
L.	= C. Linné
L. f(il).	= C. v. Linné
Laest.	= L. L. Laestadius
Lag.	= M. Lagasca
Lagr.-Foss.	= A. Lagrèze-Fossat
Laich.	= J. N. v. Laicharting
Lamb.	= A. B. Lambert
Lam.	= J. B. de Lamarck
Lapeyr.	= Ph. P. de Lapeyrouse
La Tourr.	= M. A. L. Clarer de Latourrette
Ledeb.	= C. Fr. v. Ledebour
E. Lehm.	= E. Lehmann
Lehm.	= J. G. Ch. Lehmann
Lej.	= A. L. S. Lejeune
Lej. et Court.	= A. L. S. Lejeune et R. Courtois
Lep.	= I. J. Lepechin
Less.	= Ch. F. Lessing
Leyb.	= F. E. Leybold
Leyss.	= F. W. v. Leysser
L'Hér.	= Ch. L. l'Héritier
Liebl.	= F. K. Lieblein
Lightf.	= J. Lightfoot
Liljebl.	= S. Liljeblad

Lindb. f.	= H. Lindberg
Lindeb.	= K. J. Lindeberg
Lindgr.	= S. Joh. Lindgren
Lindl.	= J. Lindley
Lindm.	= C. A. M. Lindman
Lk.	= J. H. F. Link
Lodd.	= C. Loddiges
Loefl.	= P. Loefling
Loisel.	= J. L. A. Loiseleur-Deslongchamps
Loennr.	= K. J. Loennroth
Loud.	= Joh. C. Loudon
Lour.	= J. de Loureiro
Ludw.	= Ludwig
Luerss.	= Chr. Luerssen
Lumn.	= St. Lumnitzer
Mach.	= M. Machule
Mack.	= K. K. Mackenzie
Mach.-Laur.	= B. Machatschki-Laurich
Maerkl.	= G. F. Maerklin
Mansf.	= R. Mansfeld
Marie-Victor.	= (Fr.) Marie-Victorin
Marss.	= Th. Marsson
Mart.	= K. F. Ph. v. Martius
Mast.	= M. T. Masters
Matt.	= H. G. Graf v. Mattuschka
Mattf.	= Joh. Mattfeld
Maxim.	= K. J. Maximowicz
M. B. = M. Bieb.	= F. A. Marschall v. Bieberstein
Mchx.	= A. Michaux
Merr.	= E. D. Merrill
Mert.	= F. K. Mertens
M. et K.	= F. K. Mertens et W. D. J. Koch
Metzg.	= J. Metzger
Mey. et Bunge	= B. Meyer et A. v. Bunge
C. A. Mey.	= C. A. Meyer
E. Mey.	= E. H. F. Meyer
Mgf.	= F. Markgraf
Mgf.-Dbg.	= J. Margraf-Dannenberg
Michx.	= A. Michaux
Mik. f.	= J. Ch. Mikan
Miq.	= F. A. W. Miquel
Mirb.	= Ch. F. B. Mirbel
Mkf.	= F. Markgraf
Moq.	= Ch. H. B. A. Moquin Tandon
Mor.	= G. Moretti
Mord.	= J. C. M. Mordant de Launay
Mühlenbg.	= H. L. Mühlenberg
Müll.	= O. F. Müller
Muenchh.	= O. v. Münchhausen
Murb.	= S. Murbeck
Murr.	= J. A. Murray
Nath(h).	= T. E. Nathhorst
Naud.	= Ch. V. Naudin
Neck.	= N. J. v. Necker
Neilr.	= A. Neilreich
Neum.	= L. M. Neuman
Newm.	= E. Newman
Neygenf.	= Fr. W. Neygenfind
Nickl.	= Nickles
Nois.	= L. C. Noisette
Nordst.	= C. F. O. Nordstedt
N. P.	= C. W. Naegeli et A. Peter
Nutt.	= Th. Nuttall
Nym.	= C. F. Nyman
Oberd.	= E. Oberdorfer
Oed.	= G. Ch. Oeder
Oefel.	= H. Oefelein
Oett.	= H. v. Oettingen
Pall.	= P. S. Pallas
Panz.	= G. W. F. Panzer
Paol.	= G. Paoletti
Parl.	= F. Parlatore
Pasch.	= A. Pascher
P. B.	= A. M. Fr. J. Palisot de Beauvois
Penn.	= F. W. Pennell
Perr.	= E. Perrier de la Bathie
Perr. et Song.	= E. Perrier et A. Songeon
Pers.	= Ch. H. Persoon
Peterm.	= W. L. Petermann
Petitm.	= M. G. C. Petitmengin
Pfd.	= Joh. Pfund
Pilg.	= R. Pilger
Planch.	= J. E. Planchon
Podp.	= J. Podpěra

Poev. = H. Poeverlein
Poir. = J. L. M. Poiret
Poll. = J. A. Pollich
Port. = Th. C. Porter
Posp. = E. Pospichal
Pourr. = A. Pourret
Rabenh. = L. Rabenhorst
Raf. = Rafin
Rafin. = C. S. Rafinesque-Schmaltz
R. et P. = H. Ruiz et J. Pavon
Raunk. = Ch. Ch. Raunkiaer
Raym. = M. Raymond
Raeusch. = E. A. Raeuschel
Rausch. = S. Rauschert
Rchb. = H. G. L. Reichenbach
Rchb. f. = H. G. Reichenbach
Rebent. = J. F. Rebentisch
Rech. f. = K.-H. Rechinger
Rech. pat. = K. Rechinger
Rehd. = A. Rehder
Rehm. = A. Rehmann
Reich. = Joh. J. Reichardt
Reichenb. = H. G. L. Reichenbach
Req. = E. Requien
Retz. = A. J. Retzius
Reut. = G. F. Reuter
Reyn. = L. Reynier
Rich. = L. C. M. Richard
A. Rich. = A. Richard
Richt. = K. Richter
Rip. = J. B. Ripart
Ritt. = Rittener
Riv. = A. Qu. Rivinus (Bachmann)
Robs. = St. Robson
Roehl. = J. Ch. Roehling
Roem. = J. J. Roemer
R. et Sch. = J. J. Roemer et J. A. Schultes
Rogow. = A. S. Rogowitsch
Rohrb. = P. Rohrbach
Ronn. = K. Ronniger
Ronn. et Poeverl. = K. Ronniger et H. Poeverlein
Rostk. = F. W. G. Rostkovius
Rostk. et Schm. = F. W. G. Rostkovius et J. K. Schmidt
Rothm. = W. Rothmaler
Rottb. = Ch. F. Rottboell
Roxb. = W. Roxburgh
Roz. = M. A. Rozanova
Rud. = F. K. L. Rudolphi
Ruhm. = G. F. Ruhmer
R. et P. = H. Ruiz et J. Pavon
Rupp. = J. Ruppert
Rupr. = F. J. Ruprecht
Rydb. = P. A. Rydberg
Sabr. = H. Sabransky
Salisb. = R. A. Salisbury
Salm. = C. E. Salmon
Sand. = H. F. C. Sander
Sarnth. = L. v. Sarnthein
Saut. = A. E. Sauter
Schaeff. = J. Ch. Schaeffer
Schag. = J. A. Schagerström
Scherb. = J. Scherbius
Schimp. = W. Ph. Schimper
Schimp. et Spenn. = W. Ph. Schimper et F. X. L. Spenner
C. Schimp. = C. Fr. Schimper
W. Schimp. = W. Schimper
Sch. et Kell. = H. Schinz et Keller
Sch. et Thell. = H. Schinz et A. Thellung
Schlechtend. = D. F. L. v. Schlechtendal
Schlecht. = F. R. R. Schlechter
Schleich. = J. Ch. Schleicher
Schleid. = M. J. Schleiden
F. W. Schm. = F. W. Schmidt
C. Schneid. = C. K. Schneider
Schnizl. = A. Schnizlein
Schönh. = F. Ch. H. Schönheit
Schousb. = P. K. A. Schousboe
Schrad. = H. A. Schrader
Schreb. = J. Ch. D. v. Schreber
Schübl. et Mart. = G. Schübler et G. M. von Martens
F. W. Sch. = Fr. W. Schultz
Sch.-Bip. = C. H. Schultz-Bipontinus
Schum. = H. Ch. F. Schumacher

Schumm.	= Th. E. Schummel
Schweigg.	= A. F. Schweigger
Schwertschl.	= J. Schwertschlager
Scop.	= G. A. Scopoli
Seb.	= A. Sebastiani
Seem.	= K. O. v. Seemen
Seml.	= K. Semler
Senn.	= E. M. Sennen
Sendtn.	= O. Sendtner
Sennh.	= G. Sennholz
Ser.	= N. Ch. Seringe
Serebr.	= Serebrýakova
Shuttlew.	= R. J. Shuttleworth
Sibth.	= J. Sibthorp
Sibth. et Smith	= J. Sibthorp et J. E. Smith
Sieb.	= Ph. F. v. Siebold
Sieb. et Zucc.	= Ph. F. v. Siebold et J. G. Zuccarini
Sim.	= M. Simonet
Sim. et Guin.	= M. Simonet et Guinochet
Simk.	= L. Simonkai
Sir.	= G. I. Sirjaev
Sm.	= J. E. Smith
Sobol.	= G. F. Sobolewsky
Sol.	= D. C. Solander
Sommer.	= I. Sommerauer
Sond.	= O. W. Sonder
Song.	= A. Songeon
Song. et Perr.	= A. Songeon et E. Perrier de la Bathie
Soy.-Will.	= H. F. Soyer-Willemet
Spenn.	= F. K. L. Spenner
Spr.	= K. P. J. Sprengel
Spreng.	= K. P. J. Sprengel
Steph.	= Ch. F. Stephan
Sternb.	= K. M. v. Sternberg
Sternb. et Hoppe	= K. M. v. Sternberg et D. H. Hoppe
Stern.	= K. R. Sterner
Steud.	= E. G. Steudel
Stev.	= Ch. Steven
St.-Hil.	= A. C. F. P. de Saint-Hilaire
Suess.	= K. Suessenguth

Suksd.	= W. N. Suksdorf
Sutt.	= Ch. Sutton
Sw.	= O. P. Swartz
Ten.	= M. Tenore
Thell.	= A. Thellung
Thiéb.	= E. Thiébaud
Thuill.	= J. L. Thuillier
Thunb.	= K. P. Thunberg
Torg.	= E. Torges
Torn.	= E. Torner
Torr.	= J. Torrey
Torr. et Gray	= J. Torrey et Asa Gray
Tratt.	= L. Trattinnick
Trautv.	= E. R. v. Trautvetter
Trev.	= V. B. A. Trevisan di San Leon
Trin.	= K. B. v. Trinius
Turcz.	= N. v. Turczaninow
Uechtr.	= R. Fr. C. v. Uechtritz
Uechtr. et Koern.	= R. Fr. C. v. Uechtritz et F. Körnicke
Vat.	= G. C. N. Vatke
Vav.	= N. J. Vavilov
Velen.	= J. Velenovsky
Vent.	= E. P. Ventenat
Verm.	= P. Vermeulen
Vestergr.	= J. T. C. Vestergren
Vett.	= J. J. Vetter
Vib.	= E. N. Viborg
Vierh.	= Fr. Vierhapper
Vill.	= D. Villars
Viv.	= D. Viviani
Vogl.	= J. Ph. Vogler
Vollm.	= F. Vollmann
Wahlb(g).	= P. F. Wahlberg
Wahlb. et Rosén	= P. F. Wahlberg et W. Rosén
Wahlenb(g).	= G. Wahlenberg
Waisb.	= A. Waisbecker
Waldst.	= F. A. v. Waldstein
Wallr.	= K. F. W. Wallroth
Walp.	= W. G. Walpers
Walt.	= Th. Walter
E. Walth.	= E. Walther
Warb.	= E. F. Warburg
Warnst.	= C. Fr. E. Warnstorff
Wartm.	= F. B. Wartmann

Web.	= G. H. Weber	Wilm.	= A. J. Wilmott
Wedd.	= H. A. Weddell	Wimm.	= Ch. F. H. Wimmer
Weig.	= Ch. E. v. Weigel	Wimm. et Grab.	= Ch. F. H. Wimmer et P. Grabowsky
Weinm.	= I. A. Weinmann		
Welw.	= Fr. Welwitsch		
Wender.	= G. W. F. Wenderoth	Wirtg.	= Ph. W. Wirtgen
W. et K.	= W. K. = F. A. Waldstein et P. Kitaibel	With.	= W. Withering
		Wittr.	= Wittrock
		Woerl.	= G. Woerlein
Wettst.	= R. v. Wettstein	Wolfg.	= J. F. Wolfgang
Wib.	= A. W. E. Ch. Wibel	Wulf.	= F. X. v. Wulfen
Wieg.	= K. McWiegand	Zab.	= H. Zabel
Wiesb.	= J. B. Wiesbaur	Zapal.	= H. Zapalowicz
Wigg.	= Wiggers	Zauschn.	= J. B. J. Zauschner
Wiinst.	= K. Wiinstedt	Zimm.	= A. Zimmeter
Willd.	= C. L. Willdenow	Zing.	= N. V. Zinger
Willk.	= H. M. Willkomm	Zucc.	= J. G. Zuccarini

I. Einleitung

(Übersicht über Grundlagen der Neubearbeitung)

Die vorliegende Flora berücksichtigt die Farn- und Blütenpflanzen von Deutschland unter Einschluß der angrenzenden mittleren östlichen und nordöstlichen Gebiete Mitteleuropas. Im Osten wurde das Gebiet – unter Ausschluß der Tschechoslowakei – etwa mit dem oberen Oder-, unteren Weichsel- und unteren Memelgebiet begrenzt.

Die Flora erfaßt Wildarten, verschiedene Einbürgerungen sowie Verwilderungen und die im Gebiet häufiger kultivierten Arten landwirtschaftlicher und forstlicher Nutzpflanzen. Adventivarten sind nur in wenigen Fällen aufgeführt worden. Auf die Wiedergabe gärtnerisch kultivierter und nur gelegentlich verwildeter Arten wurde im allgemeinen verzichtet. Ebenso sind gebietsfremde Arten und Sorten, die im Rahmen der Landschaftspflege sowie durch den Handel mit landwirtschaftlich genutzten Saaten in das Gebiet eingebracht werden, unberücksichtigt geblieben.

Die Neubearbeitung der einzelnen systematischen Einheiten der 22. Aufl. bzw. der Angaben über Standorte, Fundorte und geographische Gesamtverbreitung erfolgte durch:

D. Fürnkranz, Wien: *Compositae* (Trib. *Senecioneae* bis *Cynareae* u. Subfam. *Liguliflorae*)

H. Grebe, Hannover: Überprüfung von Fundorten, Standorten, allgemeiner geographischer Verbreitung, Arealangaben

E. Schenk, Mannheim: *Rosa*

A. Seithe, Sulzbach: *Orobanchaceae, Lentibulariaceae, Globulariaceae, Plantaginaceae, Rubiaceae, Adoxaceae, Caprifoliaceae, Valerianaceae, Dipsacaceae, Cucurbitaceae, Campanulaceae*

D. Vogellehner, Freiburg: *Pyrolaceae, Ericaceae, Primulaceae, Plumbaginaceae, Oleaceae, Gentianaceae, Apocynaceae, Asclepiadaceae, Convolvulaceae, Polemoniaceae, Boraginaceae, Verbenaceae, Labiatae, Solanaceae, Scrophulariaceae, Compositae* (Trib. *Eupatorieae* bis *Anthemideae*)

K. v. Weihe, Hamburg: *Pteridophyta, Gymnospermae, Monocotyledoneae, Juglandaceae* bis *Umbelliferae,* Familienschlüssel, Anhang

W. Zimmermann, Tübingen: *Pulsatilla*

Zahlreichen Damen und Herren ist für die Durchsicht einzelner Manuskriptteile, Literaturauszüge, Literaturhinweise etc., den vielen Floristen, die uneigennützig Fundortangaben überprüften und zur Verfügung stellten, sowie zahlreichen Kollegen für Anregungen und Diskussionen zu danken.

1. System und Verschlüsselung

Die systematische Anordnung der Ordnungen (Reihen) und Familien folgt im wesentlichen der Auffassung, die in Anlehnung an das System von Engler-Prantl im Engler: „Syllabus der Pflanzenfamilien“ von Melchior u. Werdermann (1954) bzw. Melchior (1964) dargestellt wird.

Wenn auch die von den genannten Autoren vertretenen Auffassungen nicht in allen Fällen denen der Bearbeiter dieses Buches entsprechen, ist doch im allgemeinen den Standpunkten des „Syllabus“, der vermutlich über mehrere Jahre im deutschsprachigen Gebiet ein Standardwerk konservativer Systematik sein dürfte, der Vorzug gegeben worden. Es wurden jedoch die *Monocotyledoneae* an den Anfang der *Angiospermae* gestellt, um räumlich die Beziehungen dieser Klasse zu der Ordnung der *Ranunculales* anzudeuten. Ihre ±abgeleitete entwicklungsgeschichtliche Stellung soll hiermit nicht in Frage gestellt werden. In einzelnen Fällen wurde eine abweichende Auffassung der Familienbegrenzung und -stellung vertreten, die sich an Auffassungen anderer Autoren anlehnt.

Die Reihenfolge der Gattungen und Arten weicht in mehreren Fällen von den Standpunkten des „Syllabus“ ab. Insgesamt wurde in der Regel bei der Beurteilung divergierender systematischer Auffassungen ein konservativer Standpunkt eingenommen, und es wurden möglichst nur solche eingreifenden systematischen Änderungen übernommen, die den einzelnen Bearbeitern wohlbegründet erschienen.

Eine Unterteilung von Familien und Gattungen ist bei umfangreicheren Einheiten zur Verbesserung der systematischen Übersicht wiedergegeben worden; hier wurde jedoch auf die Nennung von Autoren in der Regel verzichtet, da derzeit in vielen Fällen die Priorität der Autoren nur schwerlich regelgerecht zu klären war.

Die Schlüssel für Familien, Gattungen, Arten sowie die für weitere Zwischeneinheiten berücksichtigen – ebenso wie in der vorangegangenen Auflage, wenn möglich – die Merkmale, die auch der systematischen Gliederung zugrunde liegen. In verschiedenen Fällen, in denen die Anwendung solcher systematisch verwerteter Merkmale nicht möglich erschien, ist eine Gliederung nach systematischen Merkmalen und ein meist künstlicher Schlüssel ausgearbeitet worden.

Bei dem Familienschlüssel ist – trotz mancher Empfehlungen – auf die Wiedergabe eines zusätzlichen (künstlichen) Schlüssels aus räumlichen Gründen verzichtet worden.

2. Infraspezifische Gliederung und Nomenklatur

Der infraspezifischen Gliederung wurde besondere Beachtung geschenkt. Durch die Begrenzung des zur Verfügung stehenden Raumes wurden in der Regel nur solche infraspezifischen Einheiten aufgeführt, die durch besonders hervortretende morphologische oder ökologische Merkmale

gekennzeichnet sind. Durch die zwischen den Auflagen weiter vertiefte Einsicht in die infraspezifische Gliederung bei verschiedenen Arten und die damit verbundene wohlbegründete Aufstellung vieler neuer Unterarten mußte auf verschiedene Varietäten und Unterarten der vorhergehenden Auflage verzichtet werden. Andererseits glaubten Mitarbeiter und Herausgeber, den in neueren Darstellungen infraspezifischer Einheiten der deutschen Flora (so insbes. ROTHMALER 1963) vertretenen Auffassungen nicht immer folgen zu können, da ihnen in manchen Fällen eine Überbewertung solcher Einheiten vorzuliegen schien.
Von einer Aufnahme der häufig geführten „Kleinarten" wurde weitgehend abgesehen. In einzelnen Fällen erfolgte in den Schlüsseln ein Hinweis auf die mögliche engere oder weitere Begrenzung einer Art durch die Abkürzungen s. l. (sensu lato) und s. str. (sensu stricto). Die hiermit verbundene ungleichartige Bewertung der Arten ließ sich naturgemäß nicht zwanglos vermeiden.
Eine Typisierung der Unterarten bzw. Varietäten, die den typischen Formenkreis beinhalten, wurde nur dort durchgeführt, wo es den einzelnen Bearbeitern wohlbegründet erschien bzw. eindeutig belegt war. Diese Typisierung ist in mehreren Fällen derzeit nicht mit ausreichender Sicherheit durchführbar.
Die Nomenklatur der Epitheta folgt – soweit möglich – den Regeln des „Internationalen Code" (LANJOUW u. Mitarbeiter, 1966), berücksichtigt bei den Nutzpflanzen die eingehenden Darstellungen von MANSFELD (1959) und SCHULTZE-MOTEL (1964, 1966) und die neueren Ergebnisse der allgemeinen nomenklatorischen Bearbeitungen der Wildpflanzen von MANSFELD (1940), HYLANDER (1955), JANCHEN (1956 bis 1959, 1963 a, b, 1964, 1967), GOULD (1962). Im übrigen wurde auf die Darstellungen der Monographen zurückgegriffen. Bei verschiedenen nomenklatorischen Entscheidungen, die u. a. bei infraspezifischen Epitheta getroffen werden mußten, ergaben sich die Schwierigkeiten, die von einem der Mitarbeiter (VOGELLEHNER, 1963) bezüglich der materiellen und immateriellen Autorschaft an anderer Stelle dargestellt worden sind. Die Regeln, die diese materielle bzw. immaterielle Autorschaft betreffen, sind von zahlreichen Autoren einschließlich vieler Monographen nicht konsequent angewendet worden. In dem vorliegenden Werk ist in einigen Fällen die materielle Autorschaft besonders angedeutet worden.
Für die deutsche Kennzeichnung der Arten, Familien etc. wurde der gebräuchlichste, eingebürgerte deutsche Name gewählt. Auf regional gültige Bezeichnungen wurde bis auf wenige Ausnahmen verzichtet. Bisweilen mußten bei Art- oder Gattungsaufspaltungen neue Namen gewählt werden; diese lehnen sich in der Regel an die lateinischen Epitheta an.

3. Diagnose

a) Lebensdauer

Die Kennzeichnung der Lebensdauer erfolgte durch die im Anhang aufgeführten Symbole (vgl. auch DIN 11 530). Der Begriffsinhalt dieser Symbole vereinigt Lebensdauerangaben mit morphologischen Merkmalen. Beide Merkmalskomplexe haben naturgemäß nur Gültigkeit für das floristisch berücksichtigte Gebiet, in dem ein gemäßigtes Sommerregenklima vorherrscht. Aus diesem Grunde sind bisweilen bei Nutzpflanzen wärmerer Klimate in dieser Flora Symbole verwendet worden, die von denen der Lebensdauer in ihrem Heimatgebiet abweichen.
Bei verschiedenen Arten sind die in der Literatur vorliegenden Angaben uneinheitlich oder gegensätzlich; sofern in solchen Fällen keine eigenen Beobachtungen und Erfahrungen der Bearbeiter vorlagen, sind möglichst alle Literaturangaben aufgeführt worden.

b) Lebensform

Die Abkürzungen der Lebensform (s. Abkürzungen bzw. Anhang) kennzeichnen für jede Art bzw. für einige infraspezifische Taxa das Verhalten bzw. die Lage der Erneuerungsorgane des Sprosses in der Ruheperiode zwischen den Vegetationszeiten. Diese Abkürzungen beinhalten damit morphologische und ökologische Merkmale und beziehen sich im nördlichen gemäßigten Sommerregenklima auf die Lage und das Verhalten dieser Erneuerungsorgane während der Wintermonate.
Die z. T. vereinfachten Begriffe und Abkürzungen folgen im Prinzip Raunkiaer (1934). Winterannuelle Arten wurden jedoch nicht als Therophyten aufgeführt (s. z. B. Braun-Blanquet 1928, 1951), sondern möglichst in strenger Anlehnung an die oben aufgeführten Grundsätze entsprechend ihrem Verhalten z. B. als Hemikryptophyten genannt. Krautige Arten mit wintergrünen Blättern wurden somit nur nach der Lage ihrer Erneuerungsorgane und nicht auf Grund der Präsenz und Lage ihrer Blätter – wie bisweilen in der Literatur – als Chamaephyten eingeordnet.
Die angeführten Lebensformen haben naturgemäß – ebenso wie die Lebensdauerangaben – nur Gültigkeit für das klimatisch bedingte Verhalten der Arten des Gebietes dieser Flora.

c) Diagnostischer Text

Der diagnostische Text, der die Arten und die untergeordneten Taxa charakterisiert, enthält in den meisten Fällen in Anlehnung an die 22. Auflage überwiegend differentialdiagnostische Merkmale. Bei schwieriger abzugrenzenden Taxa ist eine Erweiterung der Beschreibung vorgenommen worden. Der Inhalt dieser Beschreibungen ist an Hand der Literatur oder nach Herbar- oder Frischmaterial überprüft worden. Die Verwendung einer großen Anzahl von Abkürzungen für die häu-

figer gebrauchten morphologischen Begriffe war aus räumlichen Gründen leider nicht zu umgehen. Adventivarten, vorübergehende Verwilderungen sowie Nutzpflanzen, die nicht im Gebiet beheimatet sind, sind in Kleindruck aufgeführt worden.
Durch die seit der letzten Auflage dieser Flora erfolgten Änderungen und Fortschritte in der Systematik, durch die vorliegende große Zahl neuerer Bearbeitungen einzelner Gattungen und Arten mußten fast alle Diagnosen neu gefaßt werden.

d) Chromosomenzahl

Chromosomenzahlen für Gattungen, Arten und untergeordnete Taxa wurden neu aufgenommen. Die große Zahl cytotaxonomischer Bearbeitungen liefert eine wesentliche Stütze bzw. bisweilen die ausschlaggebende Begründung für die Gliederung und Begrenzung der genannten Rangstufen. In wenigen Fällen ist die Chromosomenzahl leider das bisher fast allein bestimmende differentialdiagnostische Merkmal zur Unterscheidung infraspezifischer Taxa. Darüber hinaus hat die Erfassung der Chromosomenzahlen seit HAGERUP (1932) und TISCHLER (1946, 1955) zahlreiche Anregungen bei ökologischen Bearbeitungen vermittelt.
Den Gattungen sind die Chromosomengrundzahlen (x), den Arten bzw. den untergeordneten Taxa die somatischen Chromosomenzahlen des Sporophyten (2n) bzw. der doppelte meiotische Satz angefügt worden, wonach sich der jeweilige Ploidiegrad ableiten läßt. Diese Zahlen sind den zusammenfassenden Darstellungen von TISCHLER (1950), DARLINGTON and WYLIE (1956), LÖVE and LÖVE (1961) sowie zahlreichen Einzelbearbeitungen und Ergänzungen zu der obigen Literatur entnommen worden. Die aufgeführten Werte sind z. T. nicht bei Pflanzen des Gebiets dieser Flora ermittelt worden.

4. Standort

Standortangaben sind in der vorliegenden Auflage neu aufgenommen bzw. durch nähere Angaben über Boden- und Klimaansprüche erweitert worden. Sie sind keineswegs vollständig und haben nur orientierenden Charakter. Da einerseits die Nomenklatur pflanzensoziologischer Einheiten sowie ihre Begrenzung nicht in allen Fällen abgeklärt sind und andererseits regionale Differenzierungen des Artengehaltes dieser Kategorien vorliegen, wurde von einer Nennung pflanzensoziologischer Einheiten Abstand genommen. Angaben wie z. B. „Röhrichte" oder „Halbtrockenrasen" etc. sagen somit nicht aus, daß die betreffende Art als Kennart des *Phragmition eurosibiricum* bzw. eines *Mesobromion* anzusehen ist, sondern nur daß die Arten in diesen Vegetationen auftreten.
In allen Fällen wurden die lockerer zu behandelnden deutschen Bezeichnungen zur Kennzeichnung des Standortes gewählt. Außer speziellen Arbeiten über die Ökologie der einzelnen Formenkreise kleinerer Ge-

biete und den Erfahrungen der Bearbeiter wurden die Darstellungen von Tüxen (1955, 1956) und Oberdorfer (1957, 1962) berücksichtigt. Zur Vertiefung der in der hier vorliegenden Neuauflage gemachten Angaben muß u. a. auf die eingehenderen und speziellen Werke der genannten Autoren verwiesen werden.

5. Fundort

a) Fundortangaben

Ein besonderes Merkmal der bisherigen Auflagen war die große Zahl genauer Fundortangaben bei den seltenen Arten. Seit der vergangenen 22. Auflage ist die Zahl der floristischen Arbeiten mit detaillierten Fundortangaben weiter vermehrt und wesentlich durch die zahlreichen floristischen und pflanzensoziologischen Kartierungen und Veröffentlichungen erhöht worden, deren Fülle – z. Zt. kaum überschaubar – bei vielen Arten eine wesentliche Erweiterung des Umfanges nach sich gezogen hätte. Aus diesem Grunde schien es unumgänglich, die Zahl der Arten mit genaueren Fundortlisten wesentlich einzuschränken und diese nur bei Arten mitzuteilen, die sehr selten im Gebiet auftreten. Die Angaben für die übrigen Arten wurden allgemeiner gehalten und in den meisten Fällen erweitert. Infolge der zunehmenden Zahl der einzelnen Fundortbeobachtungen werden sich in der Zukunft diese Angaben in detaillierter Form immer mehr auf die Lokalfloren verlagern müssen bzw. in einer gesonderten Arbeit, in der floristischen Kartierung von Mitteleuropa, wie sie von Ehrendorfer und Hamann angestrebt wird, dargestellt werden.
Die meisten Fundortangaben dieser Flora wurden von H. Grebe, Hannover, unter Verwendung der Angaben von 47 deutschen Floristen und eigener umfangreicher Unterlagen überprüft und ergänzt. Hierdurch konnten zahlreiche ältere Angaben korrigiert und Neufunde aufgenommen werden.

b) Höhenangaben

Als Ergänzung der Fundortangaben sind – soweit bekannt – die oberen und z. T. auch die unteren Höhengrenzen der einzelnen Arten in den deutschen Alpen (seltener in den Mittelgebirgen) in Metern über NN angegeben worden. Diese Daten beziehen sich neben eigenen Erfahrungen auf Vollmann (1914), Paul (1947), Oberdorfer (1962) und verschiedene Einzeldarstellungen. Die oberen und unteren Höhengrenzen der Arten nehmen aus ökologischen Gründen von Süd nach Nord ab.

6. Allgemeine Verbreitung

Angaben über die geographische Gesamtverbreitung der Arten bzw. z. T. auch die der infraspezifischen Einheiten sind nur sehr allgemein gehalten worden; sie dienen der allgemeinen pflanzengeographischen

Orientierung und erheben keinen Anspruch auf Vollständigkeit. Eine Flora von Deutschland stellt ohne jede pflanzengeographische oder floristische Begründung nur einen willkürlich begrenzten Ausschnitt aus der spezifischen Mannigfaltigkeit und der pflanzengeographischen Gliederung des holarktischen Raumes dar.

Zur orientierenden Kennzeichnung der Gesamtverbreitung sind abgekürzte geographische Begriffe verwendet worden. In zahlreichen Fällen sind hierbei Unsicherheiten durch die Abgrenzung gegen verwandte, abzugliedernde oder einzubeziehende Taxa verblieben, die trotz wiederholter Vergleiche mit anderen Florenwerken nicht auszuschließen waren. Gebiete, in denen die jeweiligen Arten nur eingebürgert auftreten, sind durch runde Klammern () kenntlich gemacht worden.

7. Arealangaben

Einem mehrfach geäußerten Wunsche folgend, wurden außer den Angaben zur allgemeinen Verbreitung kurz gefaßte allgemeine Arealangaben angefügt, die weitgehend der von OBERDORFER (1949, 1962) gewählten Gliederung und Kennzeichnung des eurasiatischen Raumes folgen. Diese Angaben haben nur orientierenden Charakter und beziehen sich besonders auf die Verbreitung der Arten oder nachgestellter Taxa im europäisch-asiatischen Gebiet. Der Darstellungsweise von OBERDORFER ist der Vorzug gegeben worden, da diese Methode im Vergleich zu anderen für das orientierende Anliegen des Benutzers der Flora am anschaulichsten erscheint.

Ergänzend zu der in der genannten Literatur verwendeten Terminologie sind einige Begriffe neu eingeführt worden. Die Überprüfung und Festlegung der Arealangaben wurde von Herrn H. GREBE, Hannover, vorgenommen.

8. Bastarde und Hybriden

Die im Gebiet bekanntgewordenen Artbastarde und vereinzelt auch die gärtnerischen Hybriden sind im Anschluß an die Gattungen bzw. die Gattungsbastarde im Anschluß an die aus systematischen Gründen zuerst genannte Gattung aufgeführt worden. Die Listen der Bastarde erheben keinen Anspruch auf Vollständigkeit. In zahlreichen Fällen dürfte die Bastardnatur verschiedener Beschreibungen in der Literatur einer kritischen und experimentellen Prüfung nicht standhalten; diese Angaben bedürfen sehr häufig aus cytologischen, morphologischen und geographischen Gründen einer erneuten, eingehenden Prüfung.

9. Drogen

In Anlehnung an die vorangegangene Auflage sind auch in dieser Auflage Drogen aufgeführt. Der Hinweis „offizinell“ wurde jedoch nicht verwendet, da zur Zeit u. a. allein zwei deutsche Arzneibücher in dem

der Flora zugrunde liegenden Gebiet Gültigkeit haben (DAB 7 der DDR bzw. der BRD).
Als Drogen sind die im DAB 7 der DDR (Druckausgaben 1964 ff.), die im DAB 7 der BRD (1968) sowie die des Erg.B. 6 (1941) genannten zellulären und nicht-zellulären Drogen erfaßt worden. Jedoch wurden von den nicht-zellulären Drogen nur die wiedergegeben, die nicht bereits als Inhaltsstoffe mit den zellulären Drogen vorliegen (z. B. [Oleum Chenopodii anthelmintici]) oder die aus frischen Pflanzenteilen gewonnen werden oder deren Bedeutung größer ist als die der zellulären Drogen (z. B. [Opium]). Sämtliche nicht-zellulären Drogen stehen in [ ] Klammern. Im übrigen sagt die hier erfolgte Auswahl, Begrenzung und Erfassung der Drogen nichts über ihre derzeitige Bedeutung und über ihren Wert aus. Ein Teil der Drogen liegt erst nach einer vorgeschriebenen Vorbehandlung vor oder wird nur von bestimmten Rassen der Pflanzen gewonnen, die eine vorgeschriebene Mindestmenge an Inhaltsstoffen bzw. sonstige wertbestimmende Eigenschaften aufweisen.
Die Zuordnung der Drogen zu den einzelnen Arten und Varietäten folgte – wenn im Text nichts anderes vermerkt wurde – ebenso wie die Terminologie und Nomenklatur den Angaben der obengenannten Literatur. Industriedrogen (sofern nicht in der genannten Literatur aufgeführt), die u. a. zur Darstellung einzelner Inhaltsstoffe oder zur Isolierung von Wirkstoffvorstufen Verwendung finden, sind nicht erfaßt worden.
Die Auswahl und Durchsicht der im Erg.B. 6 aufgeführten Drogen erfolgte in Zusammenarbeit mit Herrn K. Schmersahl, Hamburg, wofür an dieser Stelle gedankt sei.

10. Abbildungen

Das Abbildungsmaterial der 22. Auflage wurde einer kritischen Durchsicht unterzogen und zum größten Teil neu- bzw. umgezeichnet. Hierbei wurden in den meisten Fällen Teile der früher dargestellten Analyse zugunsten neuer Zeichnungen differentialdiagnostischer Merkmale fortgelassen.
Die neuen Abbildungen sind von Herrn H. Woern und – nach dessen Tod – von Fräulein H. Didlaukis, beide vom Botanischen Garten und Museum Berlin-Dahlem, und z. T. vom Herausgeber gezeichnet worden. Die Beratung der Zeichner in Berlin wurde von Herrn Schulze-Menz vorgenommen. Als Vorlagen dienten die Abbildungen der 22. Auflage, außerdem Frisch- und Herbarmaterial sowie die Darstellungen in den hervorragenden Werken von Hegi (1906–1931, 1935, 1939, 1957 ff.), Hubbard (1954, 1968), Klapp (1965), Lid (1952), Reichenbach (1834–1913), v. Schlechtendal, Langethal, Schenk (1880–1888), Sturm (1900–1907), Thomé (1903–1905) etc. neben einer großen Zahl von Einzeldarstellungen (s. Quellenverzeichnis im Anhang).

11. Anhang und Abkürzungen

In einem Anhang im Anschluß an den Textteil ist die in dieser Flora verwendete Terminologie alphabetisch zusammengestellt und kurz erläutert worden. Zur Veranschaulichung einiger morphologischer Begriffe wurden 5 ganzseitige Tafeln beigefügt.
Die verwendeten Abkürzungen sind im Anschluß an das Vorwort aufgeführt. Die sich u. a. aus der Einbeziehung allgemeiner Verbreitungsangaben ergebende Vermehrung dieser Abkürzungen ist bedauerlicherweise aus Gründen der Platzersparnis nicht zu vermeiden.

LITERATUR

Braun-Blanquet, J. 1928: Pflanzensoziologie. Berlin.

– 1951: Pflanzensoziologie. 2. Aufl., Wien.

Darlington, C. D., and A. P. Wylie 1956: Chromosome Atlas of Flowering Plants. London.

DAB 7 1964: Deutsches Arzneibuch 7. Ausgabe. Druckausgabe 1964 ff., Berlin. (= DAB 7 DDR).

DAB 7 1968: Deutsches Arzneibuch 7. Ausgabe 1968. Stuttgart u. Frankfurt. (= DAB 7 BRD).

DIN 11530 1956: Pflanzenbeschreibungen im gärtnerischen Schrifttum. Zeichen und Abkürzungen. Berlin u. Köln.

Erg.-B. 6 1941: Ergänzungsbuch zum Deutschen Arzneibuch, Sechste Ausgabe (Erg.-B. 6). Berlin.

Engler, A. 1954: Syllabus der Pflanzenfamilien. 12. Aufl. Bd. 1 bearb. von H. Melchior u. E. Werdermann. Berlin-Nikolassee.

– 1964: Syllabus der Pflanzenfamilien. 12. Aufl. Bd. 2 bearb. von H. Melchior. Berlin-Nikolassee.

Garcke, A. 1922: Illustrierte Flora von Deutschland. 22. Aufl. herausgeg. von F. Niedenzu. Berlin.

Gould, S. W. 1962: Family Names of the Plant Kingdom. International Plant Index Vol. I. New Haven and New York.

Hagerup, O. 1932: Über Polyploidie in Beziehung zu Klima, Ökologie und Phylogenie. Hereditas **16**, 19–40.

Hegi, G. 1906–1931: Illustrierte Flora von Mittel-Europa. Bd. 1–7, München.

– 1935, 1939: Illustrierte Flora von Mittel-Europa. Bd. 1–2, 2. Aufl. München.

– 1957 ff.: Illustrierte Flora von Mittel-Europa. 2. u. 3. Aufl. München.

Hubbard, C. E. 1959 (1954): Grasses. Penguin Books A 295, Harmondsworth.

– 1968: Grasses. 2nd ed. Penguin Books A 295, Harmondsworth, Baltimore, Ringwood.

HYLANDER, N. 1955: Förteckning över Nordens växter, 1. Kärlväxter. Lund.

JANCHEN, E. 1956–1959: Catalogus Florae Austriae, Teil 1, Pteridophyten und Anthophyten. Wien.

– 1963: Catalogus Florae Austriae, Teil 1, Pteridophyten und Anthophyten. 1. Ergänzungsheft. Wien.

– 1963: Geänderte Namen von Gefäßpflanzen Österreichs. Phyton **10**, 1–102.

– 1964: Catalogus Florae Austriae, Teil 1, 2. Ergänzungsheft. Wien.

– 1966: Catalogus Florae Austriae, Teil 1, 3. Ergänzungsheft. Wien.

– 1967: Catalogus Florae Austriae, Teil 1, 4. Ergänzungsheft. Wien.

KLAPP, E. 1965: Taschenbuch der Gräser. 9. Aufl., Berlin u. Hamburg.

LANJOUW, J., u. Mitarb. 1966: International Code of Botanical Nomenclature; 10th International Botanical Congress Edinburgh, August 1964. Utrecht.

LID, Joh. 1952: Norsk Flora. 2. Aufl., Oslo.

LÖVE, A., and D. LÖVE 1961: Chromosome Numbers of Central and Northwest European Plant Species. Opera botanica **5**, Stockholm, Göteborg, Uppsala.

MANSFELD, R. 1940: Verzeichnis der Farn- und Blütenpflanzen des Deutschen Reiches. Ber. dtsch. Bot. Ges. **58 a**, Jena.

– 1959: Vorläufiges Verzeichnis landwirtschaftlich oder gärtnerisch kultivierter Pflanzenarten. Kulturpflanze Beiheft **2**, Berlin.

OBERDORFER, E. 1949: Pflanzensoziologische Exkursionsflora für Südwestdeutschland und die angrenzenden Gebiete. Stuttgart.

– 1957: Süddeutsche Pflanzengesellschaften. Pflanzensoziologie (Jena) **10**, Jena.

– 1962: Pflanzensoziologische Exkursionsflora für Süddeutschland und die angrenzenden Gebiete. 2. Aufl. Stuttgart.

PAUL, H. 1947: Die Höhenverbreitung der in den Bayerischen Alpen bisher beobachteten Gefäßpflanzen. Ber. Bayer. Bot. Ges. **27**, 144–174.

RAUNKIAER, C. 1934: The Life Forms of Plants and Statistical Plant Geography. Oxford.

REICHENBACH, L. 1834–1913: Icones Florae Germanicae. Bd. 1–25, Leipzig.

ROTHMALER, W. 1963: Exkursionsflora von Deutschland. Kritischer Ergänzungsband Gefäßpflanzen. Berlin.

von SCHLECHTENDAL, D. F. L., L. E. LANGETHAL, E. SCHENK 1880–1888: Flora von Deutschland. 30 Bde., 5. Aufl. herausgegeb. von E. HALLIER, Gera-Untermhaus.

SCHULTZE-MOTEL, J. 1964: Vorläufiges Verzeichnis der in Europa forstlich kultivierten Pflanzenarten. Kulturpflanze **12**, 325–472.

– 1966: Verzeichnis forstlich kultivierter Pflanzenarten. Kulturpflanze Beih. **4**, Berlin.

STURM, J. 1900–1907: Flora von Deutschland. Bd. 1–15, 2. Aufl., Stuttgart.

THOMÉ 1903–1905: Flora von Deutschland, Österreich und der Schweiz. Bd. 1–4, 2. Aufl., Gera.

TISCHLER, G. 1946: Über die Siedlungsfähigkeit von Polyploiden. Z. f. Naturforsch. **1**, 157–159.

– 1950: Die Chromosomenzahlen der Gefäßpflanzen Mitteleuropas. s'-Gravenhage.

– 1955: Der Grad der Polyploidie bei den Angiospermen in verschiedenen Großarealen. Cytologia **20**, 101–118.

TÜXEN, R. 1955: Das System der nordwestdeutschen Pflanzengesellschaften. Mitt. flor.-soz. Arbeitsgem. (Stolzenau) N. F. **5**, 155–176.

– 1956: Wegweiser durch die pflanzensoziologisch-systematische Abteilung, Botanischer Garten Bremen. Bremen.

VOGELLEHNER, D. 1963: Über immaterielle Autorschaft und die Bedeutung von Taxon. Taxon **12** (7), 253–257.

VOLLMANN, F. 1914: Flora von Bayern. Stuttgart.

II. Spezieller Teil

A. Systematische Übersicht der Abteilungen, Klassen, Ordnungen und Familien

I. Abtlg. Pteridophyta
- 1. Kl. Lycopsida
  - 1. Ordn. Lycopodiales
    - 1. Fam. Lycopodiaceae
  - 2. Ordn. Selaginellales
    - 2. Fam. Selaginellaceae
  - 3. Ordn. Isoëtales
    - 3. Fam. Isoëtaceae
- 2. Kl. Articulatae
  - 4. Ordn. Equisetales
    - 4. Fam. Equisetaceae
- 3. Kl. Filices
  - 1. Unterkl. Eusporangiatae
    - 5. Ordn. Ophioglossales
      - 5. Fam. Ophioglossaceae
  - 2. Unterkl. Osmundidae
    - 6. Ordn. Osmundales
      - 6. Fam. Osmundaceae
  - 3. Unterkl. Leptosporangiatae
    - 7. Ordn. Filicales
      - 7. Fam. Hymenophyllaceae
      - 8. Fam. Polypodiaceae
    - 8. Ordn. Marsileales
      - 9. Fam. Pilulariaceae
      - 10. Fam. Marsileaceae
    - 9. Ordn. Salviniales
      - 11. Fam. Salviniaceae
      - 12. Fam. Azollaceae

II. Abtlg. Gymnospermae
- 4. Kl. Coniferopsida
  - 10. Ordn. Coniferae
    - 13. Fam. Pinaceae
    - 14. Fam. Cupressaceae
- 5. Kl. Taxopsida
  - 11. Ordn. Taxales
    - 15. Fam. Taxaceae

III. Abtlg. Angiospermae
- 6. Kl. Monocotyledoneae
  - 12. Ordn. Helobiae (Alismatales)
    - 1. Unterordn. Alismatineae
      - 16. Fam. Alismataceae
      - 17. Fam. Butomaceae
    - 2. Unterordn. Hydrocharitineae
      - 18. Fam. Hydrocharitaceae
    - 3. Unterordn. Scheuchzeriineae
      - 19. Fam. Scheuchzeriaceae
    - 4. Unterordn. Potamogetonineae
      - 20. Fam. Juncaginaceae
      - 21. Fam. Potamogetonaceae
      - 22. Fam. Ruppiaceae
      - 23. Fam. Zosteraceae
      - 24. Fam. Zannichelliaceae
      - 25. Fam. Najadaceae
  - 13. Ordn. Liliiflorae
    - 1. Unterordn. Liliineae
      - 26. Fam. Liliaceae
      - 27. Fam. Amaryllidaceae
      - 28. Fam. Dioscoreaceae
    - 2. Unterordn. Iridineae
      - 29. Fam. Iridaceae
  - 14. Ordn. Juncales
    - 30. Fam. Juncaceae
  - 15. Ordn. Graminales
    - 31. Fam. Gramineae (Poaceae)
  - 16. Ordn. Spathiflorae
    - 32. Fam. Araceae
    - 33. Fam. Lemnaceae
  - 17. Ordn. Pandanales
    - 34. Fam. Sparganiaceae
    - 35. Fam. Typhaceae
  - 18. Ordn. Cyperales
    - 36. Fam. Cyperaceae
  - 19. Ordn. Microspermae
    - 37. Fam. Orchidaceae
- 7. Kl. Dicotyledoneae
  - 1. Unterkl. Archichlamydeae
    - 20. Ordn. Juglandales
      - 38. Fam. Myricaceae
      - 39. Fam. Juglandaceae
    - 21. Ordn. Salicales
      - 40. Fam. Salicaceae

22. Ordn. Fagales
  - 41. Fam. Betulaceae
  - 42. Fam. Corylaceae
  - 43. Fam. Fagaceae

23. Ordn. Urticales
  - 44. Fam. Ulmaceae
  - 45. Fam. Moraceae
  - 46. Fam. Cannabaceae
  - 47. Fam. Urticaceae

24. Ordn. Santalales
  - 1. Unterordn. Santalineae
    - 48. Fam. Santalaceae
  - 2. Unterordn. Loranthineae
    - 49. Fam. Loranthaceae

25. Ordn. Polygonales
  - 50. Fam. Polygonaceae

26. Ordn. Centrospermae
  - 1. Unterordn. Phytolaccineae
    - 51. Fam. Phytolaccaceae
  - 2. Unterordn. Portulacineae
    - 52. Fam. Portulacaceae
  - 3. Unterordn. Caryophyllineae
    - 53. Fam. Caryophyllaceae
  - 4. Unterordn. Chenopodiineae
    - 54. Fam. Chenopodiaceae
    - 55. Fam. Amaranthaceae

27. Ordn. Ranunculales
  - 1. Unterordn. Ranunculineae
    - 56. Fam. Ranunculaceae
    - 57. Fam. Berberidaceae
  - 2. Unterordn. Nymphaeïneae
    - 58. Fam. Nymphaeaceae
    - 59. Fam. Ceratophyllaceae

28. Ordn. Aristolochiales
  - 60. Fam. Aristolochiaceae

29. Ordn. Guttiferales
  - 1. Unterordn. Dilleniineae
    - 61. Fam. Paeoniaceae
  - 2. Unterordn. Theïneae
    - 62. Fam. Guttiferae

30. Ordn. Sarraceniales
  - 63. Fam. Droseraceae

31. Ordn. Papaverales
  - 1. Unterordn. Papaverineae
    - 64. Fam. Papaveraceae

2. Unterordn. Capparineae
65. Fam. Cruciferae (Brassicaceae)
3. Unterordn. Resedineae
66. Fam. Resedaceae
32. Ordn. Rosales
1. Unterordn. Hamamelidineae
67. Fam. Platanaceae
2. Unterordn. Saxifragineae
68. Fam. Crassulaceae
69. Fam. Saxifragaceae
3. Unterordn. Rosineae
70. Fam. Rosaceae
4. Unterordn. Leguminosineae
71. Fam. Leguminosae
33. Ordn. Geraniales
1. Unterordn. Geraniineae
72. Fam. Oxalidaceae
73. Fam. Geraniaceae
74. Fam. Linaceae
2. Unterordn. Euphorbiineae
75. Fam. Euphorbiaceae
34. Ordn. Rutales
1. Unterordn. Rutineae
76. Fam. Rutaceae
2. Unterordn. Polygalineae
77. Fam. Polygalaceae
35. Ordn. Sapindales
1. Unterordn. Anacardiineae
78. Fam. Anacardiaceae
2. Unterordn. Sapindineae
79. Fam. Aceraceae
80. Fam. Hippocastanaceae
3. Unterordn. Balsamineae
81. Fam. Balsaminaceae
36. Ordn. Celastrales
1. Unterordn. Celastrineae
82. Fam. Aquifoliaceae
83. Fam. Celastraceae
84. Fam. Staphyleaceae
2. Unterordn. Buxineae
85. Fam. Buxaceae
37. Ordn. Rhamnales
86. Fam. Rhamnaceae
87. Fam. Vitaceae
38. Ordn. Malvales

88. Fam. Tiliaceae
89. Fam. Malvaceae
39. Ordn. Thymelaeales
90. Fam. Thymelaeaceae
91. Fam. Elaeagnaceae
40. Ordn. Violales
1. Unterordn. Flacourtiineae
92. Fam. Violaceae
2. Unterordn. Cistineae
93. Fam. Cistaceae
3. Unterordn. Tamaricineae
94. Fam. Tamaricaceae
95. Fam. Elatinaceae
41. Ordn. Cucurbitales
96. Fam. Cucurbitaceae
42. Ordn. Myrtiflorae
1. Unterordn. Myrtineae
97. Fam. Lythraceae
98. Fam. Trapaceae
99. Fam. Onagraceae
100. Fam. Haloragaceae
2. Unterordn. Hippuridineae
101. Fam. Hippuridaceae
43. Ordn. Umbelliflorae
102. Fam. Cornaceae
103. Fam. Araliaceae
104. Fam. Umbelliferae (Apiaceae)
2. Unterkl. Sympetalae
44. Ordn. Ericales
105. Fam. Pyrolaceae
106. Fam. Ericaceae
107. Fam. Empetraceae
45. Ordn. Primulales
108. Fam. Primulaceae
46. Ordn. Plumbaginales
109. Fam. Plumbaginaceae
47. Ordn. Oleales
110. Fam. Oleaceae
48. Ordn. Gentianales
111. Fam. Gentianaceae
112. Fam. Menyanthaceae
113. Fam. Apocynaceae
114. Fam. Asclepiadaceae
115. Fam. Rubiaceae
49. Ordn. Tubiflorae

1. Unterordn. Convolvulineae
 116. Fam. Polemoniaceae
 117. Fam. Convolvulaceae
2. Unterordn. Boraginineae
 118. Fam. Hydrophyllaceae
 119. Fam. Boraginaceae
3. Unterordn. Verbenineae
 120. Fam. Verbenaceae
 121. Fam. Callitrichaceae
 122. Fam. Labiatae (Lamiaceae)
4. Unterordn. Solanineae
 123. Fam. Solanaceae
 124. Fam. Scrophulariaceae
 125. Fam. Globulariaceae
 126. Fam. Orobanchaceae
 127. Fam. Lentibulariaceae

50. Ordn. Plantaginales
 128. Fam. Plantaginaceae

51. Ordn. Dipsacales
 129. Fam. Caprifoliaceae
 130. Fam. Adoxaceae
 131. Fam. Valerianaceae
 132. Fam. Dipsacaceae

52. Ordn. Campanulales
 133. Fam. Campanulaceae
 134. Fam. Lobeliaceae
 135. Fam. Compositae

B. Schlüsselförmige Übersicht der Abteilungen, Klassen und Familien

(unter Berücksichtigung der wichtigsten Merkmale der im Gebiet auftretenden Taxa; Erläuterung der Fachausdrücke s. III. Anhang)

I. Fortpflanzung durch Sporen; (Gametophytenentwicklung völlig od. fast völlig getrennt vom Sporophyten ablaufend)
I. Abtlg. Pteridophyta S. 18

II. Fortpflanzung durch Samen; (Gametophytenentwicklung auf dem Sporophyten; S. sich aus den nach Pollenübertragung befruchteten Sa. auf dem Frb. bzw. im Frkn. entwickelnd)

A. Sa. entweder ohne Frb. (Sb.) am Scheitel eines B.sprosses od. frei in der Achsel nicht geschlossener u. der N. entbehrender Frb. (Sb.); Pollen auf der Sa. keimend; (♄ u. ♄ mit Nadeln od. schuppenförmigen B.) .... **II. Abtlg. Gymnospermae** S. 20

B. Sa. eingeschlossen in einem N. tragenden Frkn. bzw. im geschlossenen, unteren Teil der Frb.; Pollen auf der N. keimend .... **III. Abtlg. Angiospermae**

1. B. in der Regel mit paralleler Nervatur; Blh. meist 3zählig, selten fehlend; Keimling mit nur 1 Keimb.; (geschlossene Leitbündel zumindest bei nicht hohlen St. zerstreut angeordnet) .... **6. Kl. Monocotyledoneae** S. 20
2. B. meist mit netzförmiger, handförmiger bzw. gefiederter Nervatur; Blh. meist 5zählig, seltener 2-, 3-, 4-, 6-, ∞zählig od. fehlend; Keimling mit 2 gegenständigen Keimb.; (offene Leitbündel im St.querschnitt ringförmig angeordnet) .... **7. Kl. Dicotyledoneae** S. 22

I. Abtlg. Pteridophyta

Farnpflanzen

I. B. klein, meist ungeteilt (Mikrophylle), od. binsenförmig und mit aufrechtem, verdicktem Spr.; Land- od. im Grund wurzelnde Wasser- od. Sumpfpfl., niemals Schwimmpfl.

A. Spr. undeutlich gegliedert; B. spiralig bzw. ±zeilig gestellt; Sporophylle von Trophophyllen nicht od. wenig verschieden; niemals schildförmig; Sporangien meist einzeln über dem B.grunde . . **1. Kl. Lycopsida**

1. B. ohne Ligula, dicht spiralig gestellt; Sporangien u. Sporen gleichartig (isospor; Sporophylle einen ährenförmigen Sporophyllstand bildend) .... **1. Fam. Lycopodiaceae**
2. B. mit Ligula, ± deutlich in Zeilen angeordnet od. binsenförmig; Sporangien u. Sporen ungleichartig (heterospor)

a) moosähnliche Pfl. mit schuppenförmigen, ±zeilig angeordneten B. u. gestrecktem, gabelig-verzweigtem St.; Sporophylle in ährenförmigen Sporophyllständen; (Makrosporangien mit 4 Makrosporen)
2. Fam. Selaginellaceae

b) binsenähnliche, untergetauchte Wasserpfl. mit längeren pfriemlichen B. u. gestauchtem, einfachem, kurzem St.; Sporangien in Gruben auf der B.oberseite in der Nähe des B.grundes; (Makrosporangien mit rel. zahlreichen Makrosporen) **3. Fam. Isoëtaceae**

B. Spr. deutlich gegliedert; B. wirtelig; Sporophylle von Trophophyllen sehr stark verschieden, immer schildförmig; Sporangien zu mehreren am Sporophyll, der Achse des Sporophyllstandes zugekehrt

2. Kl. Articulatae

4. Fam. Equisetaceae

II. B. meist groß, oft stark geteilt (Makrophylle), wenn B. klein, dann Schwimmpfl., od. B. binsenförmig und mit kriechendem Rhiz.; Land-, Sumpf- od. Schwimmpfl.; (Sporangien meist ∞, am Rande od. an der Unterseite der Sporophylle; isospor od. heterospor) .... **3. Kl. Filices**

A. Landpfl.; Sporangien am B.rand od. auf der B.unterseite; Sporangien bzw. Sporen gleichgestaltet (isospor; Sporen sich getrennt vom Sporophyten weiterentwickelnd)

1. Junge B. an der Spitze bzw. den Spitzen nicht eingerollt; B. mit stark verschiedenem sporophyllem u. trophophyllem Wedelteil; B.scheiden u. Nebenb. umschließend Spr.spitze; Sporangien auf randständigen, umgeformten B.abschnitten entstehend, (ohne Anulus, mit Querspalt aufspringend) .... **5. Fam. Ophioglossaceae**

2. Junge B. an der Spitze bzw. den Spitzen eingerollt, sich allmählich aufrollend; Sporophylle u. Trophophylle gleich od. verschieden gestaltet; B. ohne Nebenb.; Sporangien zu Sori vereinigt auf der B.unterseite od. bei stark reduzierter B.spreite unmittelbar an den B.rippen stehend, (mit ± deutlichem Anulus)

a) Sporophylle zumindest an der Spitze ohne grüne B.spreite (meist einfach gefiedert, Trophophylle doppelt gefiedert), dicht mit Sporangien besetzt; (Sporangien sich mit Längsspalt öffnend; Anulus angedeutet, einseitig) .... **6. Fam. Osmundaceae**

b) Sporophylle höchstens mit reduzierter aber immer vorhandener grüner B.spreite (Sporophylle u. Trophophylle gleich od. verschieden), diese selten von den Sporangien ± verdeckt; Sporangien zu Sori vereinigt; (Sporangien mit Längs- od. Querspalt; Anulus immer deutlich vorhanden)

x) Sori fast an den B.rändern stehend u. vorspringend, mit krugförmigem, 2klappigem Indusium; B. einschichtig, durchscheinend häutig; (Sporangien mit Längsspalt; Anulus quer, geschlossen) .... **7. Fam. Hymenophyllaceae**

xx) Sori nicht über den B.rand vorspringend, auf der B.unterseite stehend, mit od. ohne verschieden gestaltetem (selten vergänglichem) Indusium; B. mehrschichtig, nicht durchscheinend häutig; (Sporangien mit Querspalt; Anulus nicht geschlossen, längs über den Scheitel verlaufend) .... **8. Fam. Polypodiaceae**

B. Sumpfpfl. od. Schwimmpfl.; Sporangien in Sori, diese in Sporokarpien eingeschlossen; Sporokarpien am Grunde der B. bzw. des B.stieles; Sporangien bzw. Sporen verschieden gestaltet (heterospor; Sporen sich z. T. bereits auf dem Sporophyten weiter entwickelnd)

1. Sumpfpfl. mit kriechendem Rhiz. u. W.; B. in Knospenlage eingerollt; (Sporokarpien enthalten Mikro- u. Makrosporangien)

a) Pfl. mit binsenförmigen B.; B. am Grd. mit 1 kugeligen Sporokarpium . . . . **9. Fam. Pilulariaceae**

b) Pfl. mit langgestielten B.; Sporophylle am Grd. des B.stieles mit meist 2 bohnenförmigen Sporokarpien; (B.spreite aus 4 kleeähnlichen B.chen zusammengesetzt) . . . . . . **10. Fam. Marsileaceae**

2. Schwimmpfl. mit od. ohne im Wasser schwimmenden W.; B. in Knospenlage gefaltet; (Sporokarpien enthalten entweder Mikro- od. Makrosporangien)

a) Pfl. ohne W.; B. in 3zähligen Wirteln (2 Schwimmb., > 6 mm lang, u. 1 fein zerteiltes wurzelähnliches Wasserb.); Sporokarpien an der Basis des Wasserb. . . . . **11. Fam. Salviniaceae**

b) Pfl. mit W.; B. oberseits abwechselnd in 2 Reihen, tief 2lappig (Oberlappen schwimmend); ca. 1 mm lang, sich dachziegelartig deckend); Sporokarpien an den kleineren untergetauchten Unterlappen . . . . **12. Fam. Azollaceae**

II. Abtlg. Gymnospermae

Nacktsamige Pflanzen

I. Sa. auf der Oberseite von Schuppenb., zu Zapfen (= Blst.) vereint; später S.zapfen verholzend od. fleischig werdend; B. mit Harzgängen

4. Kl. Coniferopsida

A. S.zapfen holzig; (S.schuppen getrennt bleibend); B. wechselständig, od. gebüschelt an Kurztrieben . . . . **13. Fam. Pinaceae**

B. S.zapfen fleischig; (S.schuppen verwachsen); B. gegenständig od. wirtelig . . . . **14. Fam. Cupressaceae**

II. Sa. einzeln u. terminal am Spr., am Grunde mit Arillusanlage; später der hartschalige S. vom fleischigen Arillus umhüllt; B. ohne Harzgänge

5. Kl. Taxopsida

15. Fam. Taxaceae

III. Abtlg. Angiospermae

Bedecktsamige Pflanzen

6. Kl. Monocotyledoneae

Einkeimblättrige Pflanzen

I. Sehr kleine thallusähnliche blattlose Spr., mit od. ohne W. (auf od. im Wasser schwimmend; selten blühend, sich meist nur vegetativ durch abgetrennte Spr.teile vermehrend) . . . . **33. Fam. Lemnaceae**

II. Größere St.pfl. mit deutlichen B., Spr. u. W.

A. Blst. ein Kolben (zylindrisch od. kugelig), von einem sehr großen Hochb. (Spatha) ± deutlich gestützt

1. B. ungegliedert, einfach linealisch; Bl. ♂, ♀ od. ☿

a) Blst. deutlich endständig, untere Bl. ♀, obere ♂, (Bl. z. T. reich verzweigt, Teile von wechselnder Zahl; Sa. hängend)

x) Kolben zylindrisch; ♀ u. ♂-Bl. an gleicher Kolbenachse; Blh. fehlend; ♀-Bl. mit 1 Frb. . . . . **35. Fam. Typhaceae**

xx) Kolben kugelig; ♀ u. ♂-Bl. an verschiedenen Kolbenachsen; Blh. vorhanden; ♀-Bl. mit 1–2 (verwachsenen) Frb.

34. Fam. Sparganiaceae

b) Blst. scheinbar seitenständig; Bl. ☿. (Bl.teile in Kreisen; Blh. vorhanden; *Acorus*) . . . . **32. Fam. Araceae**

2. B. in Spreite u. Stiel (od. Scheide) gegliedert; Bl. ☿ od. ♂ od. ♀
   a) Bl. ohne Deck- u. Vorpelze (☿ od. ♂ u. ♀-Bl. auf gemeinsamer Kolbenachse)
      x) Kolbenachse flach, der Länge nach mit der Spatha verwachsen **23. Fam. Zosteraceae**
      xx) Kolbenachse ± zylindrisch, frei, von der Spatha ± umhüllt **32. Fam. Araceae**
   b) Bl. mit Deck- u. Vorspelze, (♀-Bl. in einem Kolben, ♂-Bl. in einer Rispe; *Zea mays*) . . . . **31. Fam. Gramineae**

B. Blst. kein Kolben od. ein Kolben ohne Spatha; Bl. oft einzeln

1. Blh. fehlend od. unscheinbar (u. a. in Form von Borsten, Haaren, bzw. nur Spelzen; Frkn. 1; N. meist 2—3 [selten 1])
   a) Bl. ohne Tragb. (u. Vorb., einzeln stehend, ♂ od. ♀); B. gegenständig, mit ausgeschweift-spitz- od. stachelzähniger Spreite; untergetauchte Wasserpfl. . . . .**25. Fam. Najadaceae**
   b) Bl. mit meist ± trockenhäutigen Tragb. (= Deckb., Spelzen od. spelzenähnlichen B.; z. T. in Ährchen, die in Ripsen, Ähren stehen, od. Scheinähren); B. wechselständig, mit ganzrandiger Spreite od. borstenförmig; Landpfl. od. zumindest Blst. über dem Wasser
      x) Stbb. mit Frb. od. beide getrennt zwischen jeweils 2 Spelzen (Deckspelze [= Deckb.] u. Vorspelze); St. meist rund, hohl u. knotig; B.scheiden meist offen . . . .**31. Fam. Gramineae**
      xx) Stbb. mit Frb. od. beide getrennt hinter jeweils 1 Spelze (= Deckb.); St. meist markig, kantig u. oberwärts ohne deutliche Knoten; B.scheide geschlossen . . . . .**36. Fam. Cyperaceae**

2. Blhb. ±breitflächig, meist krautig u. gefärbt (selten durch Anhängsel der Stbb. ersetzt; Frb. meist 3 [seltener 2,4—∞]; Frkn. 1—∞; Bl. einzeln od. in einfachen [meist traubigen], seltener zusammengesetzten Blst.)
   a) Frb. frei od. sich nach der Bl. in Teilfr. trennend, oberständig
      x) Eigentliche Blh. fehlend, ± durch Rückenanhängsel der Stbb. ersetzt
         /) Blst. kolbenförmig, ± vielbl., allseitswendig; Stbb. 4; Anhängsel groß . . . . **21. Fam. Potamogetonaceae**
         //) Blst. nur mit 2 zweizeilig sitzenden Bl.; Stbb. 2; Anhängsel sehr kurz . . . .**22. Fam. Ruppiaceae**
      xx) Blh. vorhanden (wenn getrennt geschlechtig, dann zumindest bei ♀-Bl. vorhanden)
         /) Blh. der ♀-Bl. becherförmig, (von den Frb. weit überragt, in den ♂-Bl. fehlend) . . . .**24. Fam. Zannichelliaceae**
         //) Blh. aus zwei 3zähligen Kreisen gebildet
            §) Blhb. nicht in K. u. Kr. unterschieden, grünlich; Frb. (3—6) ± verwachsen, (sich bei der Reife von einem Mittelsäulchen ablösend; Stbb. 2 × 3)
               +) Fr. bei der Reife 3—6 linealische bis spindelförmige, sich ablösende Fr.chen bildend; Laubb. grundständig . . . .**20. Fam. Juncaginaceae**

++) Fr. bei der Reife 3 eiförmige, nußähnliche Fr.-chen bildend; St. beblättert
19. Fam. Scheuchzeriaceae

§§) Blh. in K. u. Kr. unterschieden; Frb. (6–∞) frei
+) Frb. meist ∞; Stbb. 6–∞; (je Frb. 1 [–2] Sa.)
16. Fam. Alismataceae

++) Frb. 6; Stbb. meist 9; (je Frb. ∞ Sa. auf der Fläche der Frb.) .... **17. Fam. Butomaceae**

b) Frb. völlig verwachsen, 1 Frkn. bildend, ober- od. unterständig
x) Frkn. oberständig; (S.träger meist zentral-winkelständig)
/) Blh. gleichartig; (Bl. 3zählig; Frkn. 1–3fächerig)
§) Blh. kelchblattartig, braun od. grün bis weißlich; N. 3, langfederig .... **30. Fam. Juncaceae**

§§) Blh. ± kronblattartig, meist gefärbt; N. kurz-3lappig od. rund .... **26. Fam. Liliaceae**

//) Blh. ungleichartig, (äußere Blhb. lanzettl., innere lineal.; N. federig; Bl. 4zählig; Frkn. 4fächerig; *Paris*)
26. Fam. Liliaceae

xx) Frkn. unterständig
/) Bl. eingeschlechtig
§) Blh. deutlich in K. u. Kr. unterschieden; S.träger wandständig; Wasserpfl. . . **18. Fam. Hydrocharitaceae**

§§) Blh. nur kelchblattartig grün; S.träger zentralwinkelständig; Landpfl. .... **28. Fam. Dioscoreaceae**

//) Bl. zwitterig
§) Bl. aktinomorph od. schwach zygomorph, nicht 2-lippig; S.träger zentralwinkelständig
+) Stbb. 6; N. einfach od. 3lappig
27. Fam. Amaryllidaceae

++) Stbb. 3; N. 3, zuweilen kronblattartig
29. Fam. Iridaceae

§§) Bl. stark zygomorph, deutlich 2lippig; S.träger wandständig; (Stbb. u. N. verwachsen)
37. Fam. Orchidaceae

7. Kl. Dicotyledoneae
Zweikeimblättrige Pflanzen

I. Blh. fehlend, gleichförmig od. in K. u. Kr. getrennt u. Kr. freiblättrig; (Kb. bisweilen, z. B. bei den *Papaveraceae* z. T., frühzeitig abfallend) .... **1. Unterkl. Archichlamydeae** S. 22

II. Blh. in K. u. Kr. unterschieden; Kr. verwachsenblättrig; (selten K. rückgebildet od. umgewandelt) ..... **2. Unterkl. Sympetalae** S. 32

(Bei den Unterkl. die jeweils ähnlich organisierten Familien bzw. Gattungen der anderen Unterkl. mit verschlüsselt u. in eckigen Klammern)

1. Unterkl. Archichlamydeae

I. Blh. fehlend od. gleichförmig
A. Bl. – zumindest ♂-Bl. – in Kätzchen (eingeschlechtig; Holzgewächse); kätzchenähnliche Blst. bei Kräutern – *Urticaceae* – siehe unter B.)

1. Bl. zweihäusig; Frkn. 1fächerig; (Blh. u. zumindest bei den ♂-Bl. Vorb. fehlend)
   a) B. nicht aromatisch, meist mit Nebenb.; Stbbtl. lang gestielt; Sa. ∞; Fr. eine 2—4spaltige Kapsel; S. mit Haarschopf **40. Fam. Salicaceae**
   b) B. aromatisch, ohne Nebenb.; Stbbtl. fast sitzend; Sa. 1; Fr. eine trockene Steinfr.; S. ohne Haarschopf ..... **38. Fam. Myricaceae**
2. Bl. einhäusig; Frkn. 1- oder mehrfächerig
   a) B. gefiedert, ohne Nebenb.; (♀-Bl. mit Tragb., 2 Vorb. u. Blh., alles mit dem Frkn. ± verwachsen; Steinfr.) **39. Fam. Juglandaceae**
   b) B. nicht gefiedert, mit Nebenb., (Nebenb. z. T. früh abfallend)
      x) Hauptseitennerven der B. ± parallel; Fr. 1samige Nuß
         /) Gr. 2; (Frkn. am Grd. 2fächerig mit 2 Sa.)
            §) Fr. mit laubiger Hülle aus den Vorb.; ♂-Blst. in deutlichen Kätzchen; ♀-Bl. jung in knospenförmigen Blst.; ♂-Bl. einzeln dem Deckb. aufgewachsen, ohne Hülle; Stbbtl.hälften an der Spitze mit Haarbüschel **42. Fam. Corylaceae**
            §§) Fr. ohne laubige Hülle; ♂- u. ♀-Blst. in deutlichen Kätzchen; ♂-Bl. zu mehreren auf dem Deckb., mit Hülle; Stbbtl. ohne Haarbüschel ..**41. Fam. Betulaceae**
         //) Gr. 3; (Frkn. 3fächerig, jedes Fach mit 2 Sa.; Fr. einzeln od. gruppenweise von einer becherförmigen Achsenwucherung [Cupula] ± umgeben) ....**43. Fam. Fagaceae**
      xx) Hauptnerven der B. handförmig; Fr. von der fleischigen Blh. eingeschlossen, Frst. „Scheinbeeren" bildend; (*Morus*) **45. Fam. Moraceae**

B. Bl. nicht in kätzchenförmigen Blst.; Holzgewächse od. Kräuter
1. Blh. vorhanden, gleichförmig, nicht (od. scheinbar nicht) in K. u. Kr. unterschieden
   a) Frkn. oberständig (Blh. hypogyn)
      x) B. mit Nebenb., diese frei od. tütenförmig verwachsen
         /) Nebenb. 2, frei, nicht tütenförmig verwachsen
            §) N. 1 od. 2; (Stbbtl.fächer parallel; Frkn. 1- od. 2fächerig mit je 1 Sa.; Fr. 1samige Nuß)
               +) N. 2; (B. ohne Brennhaare; Sa. hängend)
                  α) Holzgewächse; B. ungeteilt; Bl. ☿ od. 1geschlechtig, gebüschelt; Nuß breit geflügelt **44. Fam. Ulmaceae**
                  β) Kräuter; B. handförmig geteilt; Bl. 2häusig; Fr. eine Nuß ....**46. Fam. Cannabaceae**
               ++) N. 1; (Kräuter; B. ungeteilt, oft mit Brennhaaren; Sa. aufrecht) ....**47. Fam. Urticaceae**
            §§) N. u. Gr. 3; (Kräuter; B. ungeteilt; Stbbtl.fächer nach unten spreizend; Frkn. 3fächerig mit je 1 hängenden Sa.; Fr. 3 Spaltnüßchen; *Mercurialis*) **75. Fam. Euphorbiaceae**
         //) Nebenb. zu einer Tüte (Ochrea) verwachsen, später den St. umgebend; (Kräuter; B. ungeteilt; N. 2—3; Frkn. 1fächerig,

mit 1 zentralgrundständigen Sa.; Fr. eine ± scharfkantige Nuß) . . . . **50. Fam. Polygonaceae**

xx) B. ohne Nebenb., selten scheidenartige Verbreiterung des B.stieles od. wirkliche B.scheide

/) Frkn. apokarp; Frb. 1—∞ (selten am Grd. miteinander verwachsen; Sa. randständig, hängend; Kräuter)

§) Landpfl. od. zumindest Bl. über dem Wasser; Frb. 1—∞ (selten am Grd. verwachsen; Fr. eine Balgfr., Nuß od. Beere)

+) Sa. grundständig; Stbb. 10; Frb. 10, immer zyklisch . . . . **51. Fam. Phytolaccaceae**

++) Sa. an der Bauchnaht; Stbb. ∞ u. Frb. 1—∞, meist spiralig . . . . **56. Fam. Ranunculaceae**

§§) Untergetauchte Wasserpfl.; Frb. 1; (B. wirtelig, gabelspaltig, mit linealischen Abschnitten; Fr. 1samige Nuß) **59. Fam. Ceratophyllaceae**

//) Frkn. synkarp; Frb. 2—5

§) Holzgewächse; Frkn. 3fächerig; (Gr. 3; B. ganzrandig, lederig, immergrün; S.träger zentralwinkelständig; Fächer mit je 2 hängenden Sa.; Fr. eine Kapsel) **85. Fam. Buxaceae**

§§) Kräuter; Frkn. 1fächerig; (S.träger zentralgrundständig)

+) N. 2—4

α) Blhb. krautig, meist grün, ± verwachsen; Stbb. der Blh. angewachsen **54. Fam. Chenopodiaceae**

β) Blhb. trockenhäutig, grünlich od. gefärbt, unter sich frei; Stbb. nicht an die Blh. angewachsen . . . . **55. Fam. Amaranthaceae**

++) N. 1 (kopfig; Kb. blaß rosarot od. weißlich; *Glaux*) . . . . **108. Fam. [Primulaceae]**

b) Frkn. mittelständig, halb- od. ganz unterständig

x) Frkn. mittelständig (Blh. perigyn; Bl.achse ± zur Röhre verlängert; Bl. 4—5zählig; Frb. 1; Sa. 1)

/) Kräuter; B. handnervig, ± handförmig gelappt od. eingeschnitten, mit Nebenb.; Außenkb. 4; (Kb. 4; Stbb. 4 od. 1; Fr. eine Nuß; *Alchemilla, Aphanes*) **70. Fam. Rosaceae**

//) Holzgewächse od. Kräuter; B. ganzrandig, ± schmal, ohne Nebenb.; Bl. ohne Außenkb.

§) B. ohne sternförmige Schildhaare; Holzgewächse od. Kräuter; Stbb. doppelt so viele wie Blhb.; Sa. hängend **90. Fam. Thymelaeaceae**

§§) B. mit sternförmigen Schildhaaren; Holzgewächse; Stbb. doppelt so viele od. so viele wie Blhb.; Sa. vom Grd. des Frkn. aufsteigend; (Nuß von der fleischigen Bl.achse eingeschlossen) . . . . . **91. Fam. Elaeagnaceae**

xx) Frkn. halb- od. ganz unterständig

/) Frkn. halbunterständig

§) B. ungeteilt, ganzrandig od. kerbiggelappt

+) B. eiförmig-lanzettlich od. linealisch-pfriemförmig; Sa. 1—2, zentral; (Frkn. 1fächerig)

α) Stbb. 5; B. groß, eiförmig-lanzettlich, grund- od. wechselständig; (*Beta*)
54. Fam. Chenopodiaceae

β) Stbb. 10; B. klein, linealisch-pfriemförmig, gegenständig; (*Scleranthus*)
53. Fam. Caryophyllaceae

++) B. nierenförmig, gekerbt-gelappt; Sa. ∞, wandständig; (Frb. 2; Fr. eine Kapsel; *Chrysosplenium*)
69. Fam. Saxifragaceae

§§) B. 3zählig bis mehrfach geteilt; (Bl. in 5bl., würfelförmigem, endständigem Knäuel; Endbl. 4-, Seitenbl. 5zählig; Stbb. doppelt so viele wie Blhb.)
130. Fam. [Adoxaceae]

//) Frkn. unterständig (Blh. epigyn)

§) Frkn. 2–6fächerig

+) Frkn. 4- od. 6fächerig; (Sa. mehrere, zentralwinkelständig)

α) Frkn. 6fächerig; Stbb. dem Gr. anliegend od. angewachsen ...... **60. Fam. Aristolochiaceae**

β) Frkn. 4fächerig; Stbb. nicht dem Gr. anliegend od. angewachsen (od. Stbb. fehlend, nur ♀-Bl.; *Ludwigia*) .... **99. Fam. Onagraceae**

++) Frkn. 2- od. 3fächerig

α) Frkn. 2fächerig, je Fach 1 Sa.

†) Krb. freiblättrig; Sa. hängend, umgewendet; (B. grund- od. wechselständig; Blst. eine einfache od. zusammengesetzte Dolde)
104. Fam. Umbelliferae

††) Krb. verwachsenblättrig; Sa. aufsteigend, umgewendet; (B. gegenständig bzw. scheinbar wirtelig; Bl. nicht in Dolden)
115. Fam. [Rubiaceae]

β) Frkn. 3fächerig, nur in 1 Fach 1 hängende, umgewendete, sich entwickelnde Sa.; (Kr. verwachsenblättrig, zygomorph bzw. Bl. unsymmetrisch) .... **131. Fam. [Valerianaceae]**

§§) Frkn. 1fächerig (mit 1 od. wenigen Sa.)

+) Blh. einen undeutlichen Saum auf dem Frkn. bildend; Stbb. 1; (Frb. 1; mit 1 hängenden, umgewendeten Sa.; B. wirtelig, linealisch; Wasserpfl.)
101. Fam. Hippuridaceae

++) Blh. in eine ± lange, den Frkn. überragende Röhre verwachsen; Stbb. 4–6 (zumindest am Grd. mit der Röhre verwachsen, od. der Röhre eingefügt; selten Bl. rein ♀)

α) Bl. einzeln, od. Blst. nicht ein Körbchen od. Köpfchen, ohne gemeinsamen Blst.boden u. ohne alle Bl. umgebende Hüllb.

†) Halbschmarotzende Kräuter, chlorophyllführend, oft nur gelbgrün, auf dem Boden

wachsend; Sa. von dem zentralen S.träger herabhängend . . . . . .**48. Fam. Santalaceae**

††) Halbschmarotzende Sträucher, chlorophyllführend, auf Ästen verschiedener Holzpfl.; Sa. nicht ausgegliedert; (Keimling sich in einem grundständigen Höcker entwikkelnd) . . . .**49. Fam. Loranthaceae**

β) Bl. zu mehreren in Köpfchen od. Körbchen auf gemeinsamem Blst.boden; Blst. von Hüllb. umgeben; (Sa. grundständig, umgewendet; an Stelle des K. meist Haare od. Borsten [Pappus]) . . . .**135. Fam. [Compositae]**

2. Blh. fehlend

a) Kräuter; B. gegen- od. wechselständig, ganzrandig; Bl. ♂ od. ♀

x) B. wechselständig, selten od. nur z. T. gegenständig; Teilblst. (Cyathium) endständig, einer ☿-Bl. ähnlich; ♂-Bl. nur aus 1 Stbb., ♀-Bl. nur aus 1 Frkn. mit 3 Gr. u. 3 Frkn.fächern bestehend; 3 Spaltnüßchen; Pfl. mit Milchsaft (*Euphorbia*)
75. Fam. Euphorbiaceae

xx) B. gegenständig; Bl. einzeln, blattachselständig; Gr. 2; durch falsche Scheidewand 4 Nüßchen; Pfl. ohne Milchsaft
121. Fam. [Callitrichaceae]

b) Bäume; B. gegenständig, gefiedert; Bl. teils ☿; (*Fraxinus*)
110. Fam. [Oleaceae]

II. Blh. in K. u. Kr. unterschieden (Sa. meistens umgewendet od. gekrümmt)

A. Frb. 1 od. 2 bis ∞ u. Frb. nicht od. nur am Grd. wenig miteinander verwachsen; (Frkn. ± apokarp; S.träger längs der Bauchnaht, randständig)

1. Bl.achse nicht od. nur sehr schwach verbreitert; Blh. unterständig (hypogyn) od. nur sehr schwach umständig (schwach perigyn); Frkn. oberständig

a) Fr. eine Balgfr., Nuß od. Beere; Frb. 1 od. 2—∞; Bl. aktinomorph od. zygomorph (keine Schmetterlingsbl.)

x) Kräuter; (Stbbtl. mit Längsspalten aufspringend)

/) B. laubig, dünn, meist ± geteilt, gelappt, od. zusammengesetzt; Bl.achse meist erhaben u. Blh. deutlich hypogyn; nicht selten mit (bisweilen krb.artigen) Honigb.; Stbb. u. Frb. meist zahlreich u. spiralig

§) Bl. weniger als 6 cm ∅, nicht selten mit Honigb.; Sa. in 2 Reihen längs der Bauchnaht od. einzeln; Balgfr., Beeren od. Nüsse . . . .**56. Fam. Ranunculaceae**

§§) Bl. mehr als 6 cm ∅, ohne Honigb.; Sa. in 2 Reihen längs der Bauchnaht; Balgfr. . . . .**61. Fam. Paeoniaceae**

//) B. fleischig, dick, meist ganzrandig; Bl.achse flach (Blh. hypogyn) od. schwach ausgehöhlt (Blh. schwach perigyn); Bl. zyklisch, vielgliedrig; Krb. ohne Honiggrube
68. Fam. Crassulaceae

xx) Sträucher od. Bäume

/) Sträucher; B. nicht gelappt, nur gesägt od. gezähnt; Blst. locker; Stbbtl. mit Klappen aufspringend; (Frb. 1; Kb. in 1—3, Krb. in 1—2, Honigb. in 2, Stbb. in zwei 2- od. 3gliedrigen Kreisen) . . . .**57. Fam. Berberidaceae**

//) Bäume; B. gelappt; Blst. kugelige eingeschlechtige Köpfchen; Stbbtl. mit Längsrissen aufspringend

67. Fam. Platanaceae

b) Fr. eine Hülse; Frb. 1; Bl. zygomorph (Schmetterlingsbl.; Stbb. 10, alle 10 od. nur 9 verwachsen u. 1 Stbb. frei)

71. Fam. Leguminosae

2. Bl.achse deutlich flach verbreitert od. ± ausgehöhlt; Blh. umständig (perigyn) bis halb- od. ganz oberständig (epigyn); Frkn. oberständig bis ± unterständig

a) Nebenb. fehlend

x) B. fleischig, dick; Bl. mit gleichzähligen Kreisen; (Stbb. in 1 od. 2 Kreisen) .... **68. Fam. Crassulaceae**

xx) B. laubig, dünn, od. wenn dick, Bl.kreise nicht gleichzählig

/) Stbb. doppelt so viele wie Krb.; Frb. 2

69. Fam. Saxifragaceae

//) Stbb. zahlreich; Frb. so viele wie Krb.; (1. Subfam. *Spiraeoideae*) ....**70. Fam. Rosaceae**

b) Nebenb. deutlich vorhanden

x) Bl. aktinomorph; Stbb. meist 2—4mal so viele wie Krb. od. ∞; Frb. 1—∞ (wenn 1 Frb. dann Steinfr.) ....**70. Fam. Rosaceae**

xx) Bl. zygomorph (Schmetterlingsbl.); Stbb. 10; Frb. 1; (Fr. eine Hülse) ....**71. Fam. Leguminosae**

B. Frb. 2 — ∞ u. wenigstens im Frkn.teil verwachsen; Frkn. synkarp

1. Frkn. oberständig (Blh. hypogyn)

a) Krb. u. Kb. (u. Stbb.) spiralig angeordnet; Sa. auf der Fläche der Frb. (außer der Mittelrippe; Wasserpfl. mit breiten Schwimmb.)

58. Fam. Nymphaeaceae

b) Krb. u. Kb. zyklisch angeordnet

x) S.träger zentralgrundständig; (Frkn. nicht od. nur selten am Grd. etwas gefächert)

/) Kb. 2; Krb. 5 (4—6); Stbb. so viele wie Krb.

52. Fam. Portulacaceae

//) Kb. u. Krb. je 4 od. 5; Stbb. meist doppelt so viele, seltener ebenso viele wie Krb. .... **53. Fam. Caryophyllaceae**

xx) S.träger nicht zentralgrundständig

/) S.träger wandständig

§) N. gabelästig; B. mit reizbaren Haaren; (land- od. wasser-bewohnende Insektivoren) ..**63. Fam. Droseraceae**

§§) N. einfach, nicht gabelästig; B. ohne reizbare Haare (keine Insektivoren)

+) Krb. (zumindest die größeren) tief zerschlitzt-vielteilig; Frkn. (wenigstens nach der Bl.) nicht ganz geschlossen ....**66. Fam. Resedaceae**

++) Krb. ungeteilt od. selten nur 2- od. 3teilig; Frkn. immer geschlossen

α) Blh. aus 3 Kreisen (2 äußere sind 2- od. 3zählig, der innere gleich- od. doppelt-zählig; Kräuter)

†) 1 Kb.kreis (2 Kb.); 2 Krb.kreise (4 Krb.); Stbb. ∞, selten 4 od. 6; vielkammerige

Porenkapsel, 2klappige Gitterkapsel (ohne falsche Scheidewand) od. 1samige Nuß
64. Fam. Papaveraceae

††) 2 Kb.kreise (4 Kb.); 1 Krb.kreis (4 Krb.); Stbb. fast immer 2 kurze u. 4 längere; Schote, Schötchen, Gliederschote, Gliederschötchen od. Nußschötchen
65. Fam. Cruciferae

β) Blh. aus 2 Kreisen (K. u. Kr. gleich-[4- od. 5-]zählig; Kräuter od. Holzgewächse)

†) Stbb. zahlreich (Bl. aktinomorph)

△) Gr. frei; Kb. gleich gestaltet; B. meist deutlich durch Ölbehälter durchscheinend punktiert **62. Fam. Guttiferae**

△△) Gr. verwachsen; 2 äußere Kb. kleiner od. fehlend; B. ohne durchscheinende Ölbehälter ..... **93. Fam. Cistaceae**

††) Stbb. so viele wie Krb.

△) Gr. bzw. N. frei; Bl. aktinomorph; S.träger nur am Grd. des Frkn.; S. mit Haarschopf; Holzgewächse mit kleinen B. u. Nebenb.
94. Fam. Tamaricaceae

△△) Gr. u. N. verwachsen; Bl. zygomorph; S.träger längs der ganzen Wand; S. ohne Haarschopf; Kräuter mit Nebenb. .... **92. Fam. Violaceae**

//) S.träger an der Achse des 2fächerigen od. zentralwinkelständig im mehrfächerigen Frkn. (K. u. Kr. meist 4- od. 5zählig, jeweils nur aus 1 Kreis bestehend)

§) Stbb. zahlreich (mehr als doppelt so viele wie Krb., bisweilen gebündelt od. am Grd. ± verwachsen)

+) Honigb. an Stelle eigentlicher Krb. (*Nigella*)
56. Fam. Ranunculaceae

++) Honigb. fehlend; Krb. vorhanden

α) Gr. verwachsen; Bäume (Frkn. 5fächerig mit je 2 Sa.; Nüßchen aber gewöhnlich nur 1samig; zungenförmiges Flügelb. am Blst.stiel)
88. Fam. Tiliaceae

β) Gr. ganz oder zumindest oberwärts frei; Kräuter

†) Frkn. vielfächerig, je Fach 1 Sa.; Fr. eine Spaltfr. (Nüßchen); B. wechselständig, ohne durchscheinende Punkte (Vorb. deutlich entwickelt, einen Außenk. bildend)
89. Fam. Malvaceae

††) Frkn. unvollständig 3- bis 5fächerig (od. auch 1fächerig); Sa. zahlreich; Fr. – der heimischen Arten – eine Kapsel; B. gegenständig, meist deutlich durch Ölbehälter

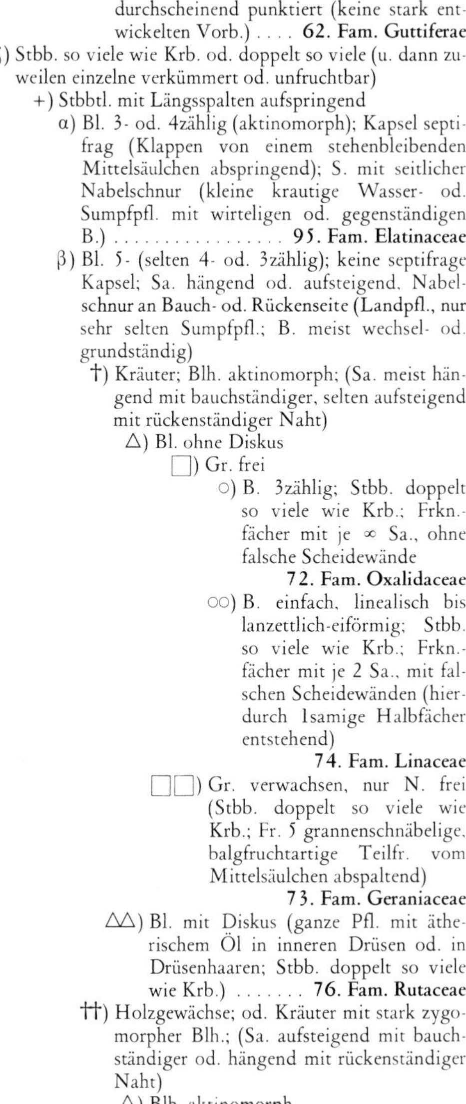

durchscheinend punktiert (keine stark entwickelten Vorb.) . . . . **62. Fam. Guttiferae**

§§) Stbb. so viele wie Krb. od. doppelt so viele (u. dann zuweilen einzelne verkümmert od. unfruchtbar)

+) Stbbtl. mit Längsspalten aufspringend

α) Bl. 3- od. 4zählig (aktinomorph); Kapsel septifrag (Klappen von einem stehenbleibenden Mittelsäulchen abspringend); S. mit seitlicher Nabelschnur (kleine krautige Wasser- od. Sumpfpfl. mit wirteligen od. gegenständigen B.) . . . . **95. Fam. Elatinaceae**

β) Bl. 5- (selten 4- od. 3zählig); keine septifrage Kapsel; Sa. hängend od. aufsteigend, Nabelschnur an Bauch- od. Rückenseite (Landpfl., nur sehr selten Sumpfpfl.; B. meist wechsel- od. grundständig)

†) Kräuter; Blh. aktinomorph; (Sa. meist hängend mit bauchständiger, selten aufsteigend mit rückenständiger Naht)

△) Bl. ohne Diskus

□) Gr. frei

○) B. 3zählig; Stbb. doppelt so viele wie Krb.; Frkn.-fächer mit je ∞ Sa., ohne falsche Scheidewände

72. Fam. Oxalidaceae

○○) B. einfach, linealisch bis lanzettlich-eiförmig; Stbb. so viele wie Krb.; Frkn.-fächer mit je 2 Sa., mit falschen Scheidewänden (hierdurch 1samige Halbfächer entstehend)

74. Fam. Linaceae

□□) Gr. verwachsen, nur N. frei (Stbb. doppelt so viele wie Krb.; Fr. 5 grannenschnäbelige, balgfruchtartige Teilfr. vom Mittelsäulchen abspaltend)

73. Fam. Geraniaceae

△△) Bl. mit Diskus (ganze Pfl. mit ätherischem Öl in inneren Drüsen od. in Drüsenhaaren; Stbb. doppelt so viele wie Krb.) . . . . **76. Fam. Rutaceae**

††) Holzgewächse; od. Kräuter mit stark zygomorpher Blh.; (Sa. aufsteigend mit bauchständiger od. hängend mit rückenständiger Naht)

△) Blh. aktinomorph

□) K., Kr. (u. Stbb.) 3zählig; Steinfr. mit 3 bis 9 einsamigen

Steinfächern; niederliegender Strauch; B. linealisch mit zurückgerollten Rändern

107. Fam. [Empetraceae]

□□) K. u. Kr. 5zählig; Bäume, selten Sträucher mit handförmig-geteilten od. gefiederten B. ohne zurückgerollte Ränder

○) Stbb. 5; Frb. 3, aber nur in 1 Fach 1 Sa.; Steinfr.

78. Fam. Anacardiaceae

○○) Stbb. 8 (im Diskus sitzend); Frb. 2(–3), einsamig; Fr. in geflügelte Nüßchen spaltend **79. Fam. Aceraceae**

△△) Blh. zygomorph (Symmetrieebene z. T. schräg; Gr. verwachsen)

□) Kb. 5, zu einer Röhre verwachsen; Krb. 4–5; Stbb. 7 (6–9); 3 Frkn.fächer mit je 2 Sa.; fachspaltig, saftige Klappenkapsel mit meist nur 1 S.; Bäume; B. gefingert

80. Fam. Hippocastanaceae

□□) Kb. 3, frei, unteres ausgesackt; Krb. 3 (durch Verwachsung von zweimal 2); Stbb. 5; Frb. 5, vielsamig; saftige, meist durch Turgordifferenzen aufschnellende Klappenkapsel; Kräuter; B. ungeteilt

81. Fam. Balsaminaceae

++) Stbbtl. mit Gipfelporen aufspringend (Stbb. doppelt so viele wie Krb. bzw. mehr; od. einzelne Glieder fehlend; Gr. verwachsen)

α) Blh. sehr stark zygomorph; Stbb. verwachsen; Frkn. 2fächerig mit je 1 Sa. (Bl. fast schmetterlingsförmig, in allen Kreisen einzelne Glieder fehlend od. umgewandelt)

77. Fam. Polygalaceae

β) Blh. aktinomorph od. nur sehr schwach zygomorph; Stbb. frei; in jedem Frkn.fach viele Sa. (Bl. meist 5zählig)

†) Kräuter; Bl. ohne Diskus; S.träger dickfleischig, zuweilen im oberen Teile des Frkn. ± wandständig

105. Fam. [Pyrolaceae]

††) Sträucher od. Halbsträucher; Bl. mit Diskus; S.träger einfach, zentralwinkelständig

106. Fam. [Ericaceae]

2. Frkn. mittelständig (Blh. perigyn) od. Frkn. halb- od. ganz unterständig (Blh. epigyn; K. u. Kr. gleich-, meist 4- od. 5zählig)
   a) S.träger wandständig (Kb. 5; Krb. 5; Stbb. 5)
   69. Fam. Saxifragaceae
   b) S.träger im 2fächerigen Frkn. scheidewandständig, im 3- od. mehrfächerigen Frkn. zentralwinkelständig
      x) Stbbtl. mit Längsspalten aufspringend
         /) Diskus fehlend od. nur perigyn od. halbepigyn
            §) Stbb. zahlreich (mehr als doppelt so viele wie Krb.)
               +) Nebenb. u. Diskus fehlend; Fr. eine Kapsel (*Philadelphus*) . . . . **69. Fam. Saxifragaceae**
               ++) Nebenb. u. ringförmiger Diskus vorhanden; Apfelfr. (Scheinfr.; 2. Subfam. *Pomoideae*)
               70. Fam. Rosaceae
            §§) Stbb. doppelt bis ebenso viele wie Krb.
               +) S.träger dickfleischig (scheidewandständig; Frkn. 2fächerig; Diskus fehlend; *Saxifraga*)
               69. Fam. Saxifragaceae
               ++) S.träger nicht verdickt
                  α) Diskus vorhanden
                     †) Diskus polster- od. becherförmig; Bäume od. Sträucher
                        △) Stbb. 8; Kb. 5; Krb. 5; Fr. in geflügelte Nüßchen spaltend (Frb. 2 [–3] mit je 2 Sa.; B. handnervig, ± gelappt bis geteilt . **79. Fam. Aceraceae**
                        △△) Stbb. so viele wie Krb. (4–5); Fr. eine Kapsel, Beere od. Steinfr.
                           □) Stbb. vor den Kb. stehend (Fr. eine Kapsel)
                              ○) Gr. verwachsen, meist kurz; B. ungeteilt
                              83. Fam. Celastraceae
                              ○○) Gr. unten getrennt, oben manchmal verwachsen; B. gefiedert
                              84. Fam. Staphyleaceae
                           □□) Stbb. vor den Krb. stehend
                              ○) B. ungeteilt, ungelappt; Steinfr. (mit 2 bis 4 einsamigen Steinen)
                              86. Fam. Rhamnaceae
                              ○○) B. handförmig-gelappt od. -zusammengesetzt; Beere (Frkn. 2fächerig, mit je 2 Sa.) . . . **87. Fam. Vitaceae**
                     ††) Diskus ein wellig-faltiger, gezähnelter, halbepigyner Drüsenring; Wasserpfl. (mit Rosette rautenförmiger, schwimmender B.; Kb. 4; Krb. 4; Stbb. 4; Frkn.fächer 2, mit

je 1 Sa.; Gr. verwachsen; Fr. eine 1samige, 4hörnige Nuß) ..... **98. Fam. Trapaceae**

β) Diskus fehlend (Gr. verwachsen od. nicht differenziert)

†) Gr. deutlich, lang

△) Frkn. mittelständig; Blh. perigyn; Bl. 6zählig ...... **97. Fam. Lythraceae**

△△) Frkn. unterständig; Blh. epigyn; Bl. 4- od. 2zählig (Bl.achse oft noch weit über den Frkn. röhrig zu einem **Achsenbecher** emporgewachsen) **99. Fam. Onagraceae**

††) Gr.teil des Frb. nicht od. kaum differenziert; N. sitzend, getrennt (Bl. eingeschlechtig; B. wirtelig, tief-fiederspaltig; Wasserpfl.) .... **100. Fam. Haloragaceae**

//) Diskus deutlich epigyn (polsterförmig; Stbb. so viele wie Krb.; Blst. eine einfache od. zusammengesetzte Dolde)

§) Bl. 5zählig (Frkn. 2- bis 5fächerig, jedes Fach 1samig)

+) Frkn.fächer 5; Gr. vereinigt; Fr. eine 5samige Beere; mit Haftwurzeln kletternder Strauch; B. gelappt od. ungelappt, immergrün (*Hedera*) **103. Fam. Araliaceae**

++) Frkn.fächer 2; Gr. 2, getrennt; Fr. eine 2teilige Spaltfr.; Kräuter; B. meist geteilt od. zusammengesetzt u. sommergrün .. **104. Fam. Umbelliferae**

§§) Bl. 4zählig (Gr. völlig verwachsen; Fr. eine Steinfr.; Sträucher, selten Kräuter; B. ganzrandig) **102. Fam. Cornaceae**

xx) Stbbtl. mit Gipfelporen aufspringend (Bl. meist 4zählig; Stbb. doppelt so viele wie Krb.; Diskus ringförmig, epigyn; Fr. eine Beere; *Vaccinium oxycoccus*) .... **106. Fam. [Ericaceae]**

2. Unterkl. Sympetalae

I. Stbb. ∞ (> 10; Bl. zygomorph; Balgfr. bzw. Balgkapseln 1—3; Sa. an der Bauchnaht; *Delphinium*) .... **56. Fam. [Ranunculaceae]**

II. Stbb. 10 od. weniger

A. Schmetterlingsbl. (Kr. aus Fahne, 2 Flügeln u. 2 Schiffchenb. bestehend; Stbb. 10; Frb. 1; Fr. eine Hülse; *Trifolium*) .. **71. Fam. [Leguminosae]**

B. Keine Schmetterlingsbl. (Frb. 2 u. mehr in 1 Kreise)

1. Stbb. mehr als Krb.

a) Stbb. mehr als doppelt so viele wie Krb. (Stbb. 8, in 2 Bündel verwachsen; Krb. 3; Kb. 5, davon 2 krb.artig) **77. Fam. [Polygalaceae]**

b) Stbb. doppelt so viele wie Krb.

x) Bl. nicht würfelförmig geknäuelt; B. einfach

/) Diskus fehlend; Kräuter (Stbbtl. mit Poren, Quer- od. Längsspalt aufspringend) .... **105. Fam. Pyrolaceae**

//) Diskus vorhanden; Sträucher od. Halbsträucher (Stbbtl. mit Gipfelporen aufspringend) .... **106. Fam. Ericaceae**

xx) Bl. zu 5, in endständigem, würfelförmigem Knäuel; B. zusammengesetzt; (Endbl. 4-, Seitenbl. 5zählig; Stbb. 4–5, bis zur Basis gespalten; Kräuter) . . . . **130. Fam. Adoxaceae**

2. Stbb. den Krb. gleich- od. minderzählig (Stbbtl. meist mit Längsspalt aufspringend)

a) Stbb. vor den Krb. stehend

x) Stbb. 3 (Kb. 2; Krb. 5, davon 3 kleiner, davor die 3 Stbb.; N. 3, getrennt; *Montia*) . . . . **52. Fam. [Portulacaceae]**

xx) **Stbb. 4–7(–9), meist** 5 (selten ein staminodialer 2. Stbb.kreis)

/) Gr. 1; N. verwachsen, stumpf od. kopfig (Sa. viele; S.träger zentral, an einem freien Mittelsäulchen)
108. Fam. Primulaceae

//) Gr. 5; N. frei; Gr. nur am Grunde verbunden (Sa. 1, zentral-grundständig) . . . . **109. Fam. Plumbaginaceae**

b) Stbb. zwischen den Krb. (bzw. vor den Kb.) stehend

x) Frkn. oberständig (Blh. hypogyn)

/) Frkn. scheinbar 2 bzw. 4

§) Frkn. 2 (in Balgfr. zerfallend; S.träger längs der Bauchnaht)

+) Laubb. immer- od. wintergrün; N. ringförmig unterhalb des Gr.scheitels (Stbbtl. mit 2 fruchtbaren [4 halben] Fächern)
113. Fam. Apocynaceae

++) Laubb. sommergrün; N. oben auf dem zu einem Schildchen verwachsenden Ende des Gr. (Stbbtl. in eine fruchtbare u. unfruchtbare äußere Hälfte [„Nebenkrone"] gegliedert)
114. Fam. Asclepiadaceae

§§) Frkn. scheinbar 4 (Frb. 2; insgesamt 4 aus Halbfächern entstehende, einsamige Nüsse od. Steinfr., selten 2 zweisamige Teilfr. bildend; Gr. 1)

+) Stbb. 5; Bl. aktinomorph od. schwach zygomorph; B. wechselständig (meist rauhhaarig)
119. Fam. Boraginaceae

++) Stbb. 4 od. 2; Bl. zygomorph; B. gegenständig

α) Gr. endständig; 4 Steinfr. (Stbb. 4; Kr. schieftrichterförmig) . . . . . **120. Fam. Verbenaceae**

β) Gr. ± tief zwischen den späteren 4 Klausen eingesenkt (Stbb. 4 od. 2; Bl. meist deutlich 2lippig) . . . . **122. Fam. Labiatae**

//) Frkn. 1

§) Bl. (Krb., Stbb.) aktinomorph

+) Bäume od. Sträucher bzw. Zwergsträucher

α) B. gegenständig

†) Stbb. 5 (5fächerige Kapsel; *Loiseleuria*)
106. Fam. Ericaceae

††) Stbb. 2 (2fächerige Kapsel od. Beere)
110. Fam. Oleaceae

β) B. wechselständig (Fr. eine Beere)

†) Stbb. 4; B. stachelzähnig (Bl. 4zählig; *Ilex*) . . . . **82. Fam. [Aquifoliaceae]**

††) Stbb. 5; B. nicht stachelzähnig (Frkn. 2fächerig; *Lycium*) **123. Fam. Solanaceae**

++) Kräuter

α) Bl. zwittrig

†) St. windend (selten ohne Stütze kriechend; Gr. 1 od. 2; N. 2; Fr. eine Klappenkapsel bzw. Deckelkapsel [Deckel meist nicht scharf abgesetzt]; nichtschmarotzende u. schmarotzende bleiche Pfl.)

117. Fam. Convolvulaceae

††) St. nicht windend

△) Bl. nicht in dichten Scheinköpfchen od. dichten walzlichen Ähren, meist groß (> 3 mm lang)

□) Gr. od. N. 1–2

○) B. gegenständig od. wenn wechselständig, dann 3zählig od. herzförmig-kreisrund u. schwimmend (Stbb. 4 bis 8; Frkn. 1- bis 2fächerig; Kr. meist bleibend, welkend)

◇) B. gegenständig; St. mit intraxylärem Phloem

111. Fam. Gentianaceae

◇◇) B. wechselständig; St ohne intraxyläres Phloem

112. Fam. Menyanthaceae

○○) B. — zumindest im unteren Teil des Spr. — wechselständig, einfach od. gefiedert (Stbb. 5; Kr. abfallend)

◇◇) Gr. tief 2spaltig; Fr.-kn. 1(bis 2)fächerig; B. gefiedert (Kr. hellblau; Blst. wickelig, einseitswendig; *Phacelia)*

118. Fam. Hydrophyllaceae

◇) Gr. ungeteilt od. nur kurz 2schenklig; Frkn. vollkommen 2- od. fast 4fächerig; B. einfach, seltener gefiedert

123. Fam. Solanaceae

□□) Gr. mit 3 fadenförmigen N.-ästen (Stbb. 5; Frkn. 3fächerig; Kr. fast radförmig)

116. Fam. Polemoniaceae

△△) Bl. in Scheinköpfchen od. walzlichen Ähren, klein (± 3 mm lang, 4zählig; Fr. eine Deckelkapsel)

□) Bl. weißlich od. bräunlich

128. Fam. Plantaginaceae

□□) Bl. normalerweise blau, vgl.

125. Fam. Globulariaceae

β) **Bl. eingeschlechtig** (4zählig; ♂-Bl. langgestielt, mit sehr langen Filamenten; ♀-Bl. klein, am Grunde des Stieles der ♂-Bl.; Deckelkapsel; Sa. aufsteigend; *Litorella*)

128. Fam. Plantaginaceae

§§) Bl. (Krb., Stbb.) zygomorph od. nur Stbb. zygomorph

+) Fr. in 4 einsamige Steinfr. zerfallend (Frb. 2; Stbb. 4) . . . . **120. Fam. Verbenaceae**

++) Fr. eine Kapsel (1- od. 2fächerig; Frb. 2; Stbb. 5, 4, 2), selten eine Nuß

α) **Frkn. 2fächerig (Stbb. 5, od. durch** Ausfall des oberen Stbb. 4, od. durch Ausfall des oberen u. der beiden unteren Stbb. 2)

124. Fam. Scrophulariaceae

β) Frkn. 1fächerig (Stbb. 4 od. 2)

†) Stbb. 4

△) Pfl. ohne grüne B.; B. schuppenförmig, meist bleich; Blst. deutlich eine Traube od. Ähre (Kr. zygomorph, deutlich zweilippig; Sa. zahlreich; Fr. eine fachspaltige Kapsel)

□) **Blst.** einseitswendig; Bl. nikkend; S.träger 2, oft 2schenklig *(Lathraea)*

124. Fam. Scrophulariaceae

□□) **Blst.** allseitswendig, aufrecht; Bl. abstehend od. schräg aufrecht; S.träger 4

126. Fam. Orobanchaceae

△△) Pfl. mit grünen B.; Blst. kopfig, von Hüllb. gestützt (Kr. schwach zygomorph; Sa. 1, hängend; Fr. ein Nüßchen) . . . . **125. Fam. Globulariaceae**

††) Stbb. 2 (Bl. einzeln od. in lockerer Traube; nur der vordere N.Lappen entwickelt; Sa. zahlreich, an einem freien Mittelsäulchen)

127. Fam. Lentibulariaceae

xx) Frkn. ganz-(Blh. epigyn) od. halbunterständig

/) Stbb. untereinander frei, parallel od. nach oben spreizend; Stbbtl. frei; B. gegenständig (od. bisweilen mit großen Nebenb. wirtelig)

§) Stbb. so viele wie Krb. (Frkn. mit mehreren Sa.)

+) Kräuter mit laubb.artigen Nebenb., hierdurch scheinbar mehrgliedrige B.wirtel; Bl. meist 4zäh-

lig; Frb. 2, nußähnliche Spaltfr. od. seltener Beere)
115. Fam. Rubiaceae

++) Sträucher od. Bäume, ohne od. selten nur mit kleinen Nebenb.; Bl. meist 5zählig; Fr. eine Beere od. Steinfr. (selten Kapsel)
129. Fam. Caprifoliaceae

§§) Stbb. (1–4) weniger als Krb. (Bl. ± deutlich zygomorph bzw. unsymmetrisch; Frkn. mit 1 sich entwikkelnden Sa.)

+) Bl. in Scheindolden, ohne Außenk., zygomorph bzw. unsymmetrisch, (Frkn. häufig 3fächerig, mit 2 tauben Fächern) .... **131. Fam. Valerianaceae**

++) Bl. in Köpfchen, Einzelbl. mit Außenk., zygomorph; (Frkn. 1fächerig, ohne taube Fächer)
132. Fam. Dipsacaceae

//) Stbb. (5) z. T. od. alle untereinander ± verwachsen od. Stbbtl. verklebt od. zumindest anfänglich zusammenneigend; Bl. ☿, ♂ od. ♀; B. meist wechselständig od. grundständig-rosettig

§) Pfl. mittels Ranken kletternd (Ausnahme: *Ecballium*); Bl. ♂ od. ♀; Fr. eine Beere (S.träger von den Zentralwinkeln weit in die Fächer zurückspringend)
96. Fam. [Cucurbitaceae]

§§) Pfl. nicht kletternd; Bl. meist ☿; Fr. eine Kapsel od. Nuß

+) Kb. (5) immer deutlich vorhanden; Blst. meist ohne Hüllb.; Fr. eine kapselartige Streufr. (Poren- od. Klappenkapsel; Frkn. 2- bis 5fächerig; Sa. ∞)

α) Bl. aktinomorph; Stbbtl. vor dem Aufblühen verklebt, später meist frei
133. Fam. Campanulaceae

β) Bl. zygomorph; Stbbtl. zu einer Röhre verbunden .... **134. Fam. Lobeliaceae**

++) Kb. fehlend od. an ihrer Stelle Haare, Borsten, Schuppen od. ein undeutlicher Hautsaum; Blst. mit Hüllb.; Fr. eine Nuß (fast immer eine Achäne; Stbbtl. zu einer Röhre verwachsen od. verklebt; Blst. meist ein Körbchen od. Köpfchen; Bl. auf gemeinsamem Blst.boden; Frkn. 1fächerig; Sa. 1, grundständig) .... **135. Fam. Compositae**

C. Systematische Übersicht der Gattungen und Arten

I. Abtlg. Pteridophýta (Farnpflanzen)

1. Kl. Lycópsida

1. Ordn. Lycopodiáles

1. Fam. LYCOPODIACEAE DC.

Bärlappgewächse

1. Lycopódium L. — Bärlapp

x = 13, 17, 23

I. Sporangien etwa in der Mitte des Jahrestriebes, einzeln, fast b.winkelständig (Sporophylle von Trophophyllen nicht od. nur gering verschieden) .... **1. L. selago**

II. Sporangien in endständigen Ähren

- A. B. der Zweige wechselständig (od. nur vereinzelt wirtelig), ±abstehend; beb. Zweige nicht abgeflacht
  - 1. Sporophylle so lang od. länger als Trophophylle **2. L. inundatum**
  - 2. Sporophylle kürzer als Trophophylle
    - a) Sporophyllstand einzeln, sitzend; B. ohne Haarspitze .... **3. L. annotinum**
    - b) Sporophyllstände zu 1–3 (–5) auf langem Stiel; B. mit Haarspitze .... **4. L. clavatum**
- B. B. der Zweige kreuzweise-gegenständig, schuppenförmig; beb. Zweige ±abgeflacht od. rundlich (Sporophyllstände deutlich abgesetzt)
  - 1. Sporophyllstände einzeln, ±sitzend
    - a) Zweige ±rundlich, an den Enden 4kantig **5. L. alpinum**
    - b) Zweige deutlich abgeflacht .... **6. L. issleri**
  - 2. Sporophyllstände zu 2–6 auf langem Stiel
    - a) Zweige kaum abgeflacht; Flächenb. nicht od. kaum angedrückt
      - x) Flächenb. ± so lang wie die Kantenb.; Spr. dicht büschelig .... **7a. L. tristachyon**
      - xx) Flächenb. kürzer als die Kantenb.; Spr. lockerer, länger .... **7b. L. zeilleri**
    - b) Zweige deutlich abgeflacht; Flächenb. sehr klein, angedrückt .... **8. L. complanatum**

Droge: Lycopodium

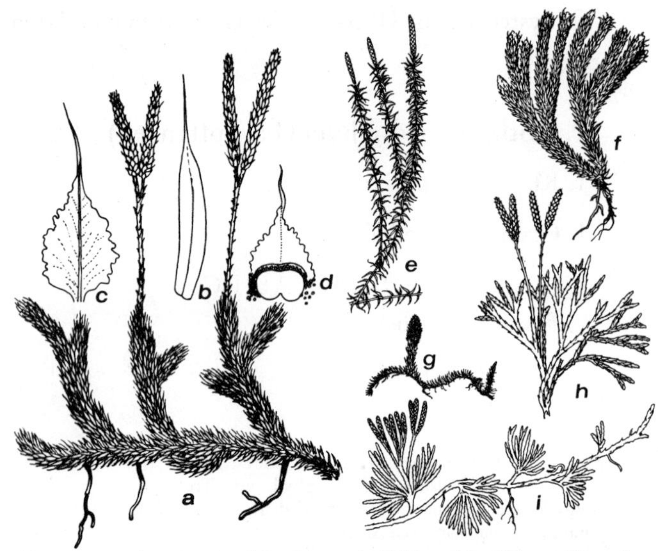

Abb. 1. *Lycopodium* spp., *a–d L. clavatum* (*a* Habitus, *b* Laubblatt; *c* Unterseite, *d* Oberseite eines Sporophylls mit geöffnetem Sporangium), *e–i* Sproßabschnitte (*e L. annotinum, f L. selago, g L. inundatum, h L. complanatum, i L. alpinum*).

1. Subgen. Urostáchya

1. L. selágo L. (Abb. 1f) Tannen-B.
[= Urostachys selago (L.) Herter, Huperzia selago (L.) Trév.]

♃, *Ch.* – H. 0,05–0,20 (0,30). *St.* aufsteigend-*aufrecht,* ästig; B. meist 8zeilig, meist aufrecht, od. horizontal-abstehend bis zurückgekrümmt, lineal.-lanzettl., zugespitzt, bis 9 mm lang; *Sporophylle* in der Mitte der Triebe, *nicht endständig.* Spor.reife: VII–X. 2n = ca. 68, ca. 88, ca. 264.

Nadelwälder u. alp. Zwergstrauch-Heiden; frische bis feuchte, saure, kalkarme, torfige Böden. – In den Gebg. geb. (Alp. bis 2220 m) zerstreut, im Flachland selten bis sehr selten. – Arkt., n. temp. Geb., s. bis N-Span., Ital., Bulg., Him., N-Am., S-Hemisph.; no-subozean-praealp, circ.

2. Subgen. Lepidótis

2. L. inundátum L. (Abb. 1g) Sumpf-B.
[= Lepidotis inundata (L.) C. Boern.]

♃, *Ch.* – *St. kurz* 0,02–0,10 lang, *kriechend, wurzelnd,* jährlich meist nur 1 aufstrebenden, kurzen Ast bildend; B. 5zeilig, lineal.-pfriemlich, sperrig-abstehend, ganzrandig; Sporophylle so lang od. länger als die Trophophylle, bis 8,5 mm lang. Spor.reife: VII–X. 2n = 156.

Hoch- u. Zwischenmoore, Schlenken; nasser, nährstoffarmer Torf od. feuchter, torfiger od. toniger Sand. – Zerstreut bis verbreitet: insbes. Heidegeb. N-D.; im übrigen Geb. seltener (höchstens stellenweise häufiger) od. selten (Alp. bis 1400 m). – Skand. u. N-Rußl. bis Port., N-Span., N-Ital., Rum., w. Kauk.; N-Am.; no-subozean.

3. Subgen. L y c o p ó d i u m

3. L. annótinum L. (Abb. 1e) Sprossender B.

♃, *Ch.* – St. bis 1 m kriechend, vielästig, Spitzen bis 0,30 hoch, aufrecht; *B. 5*(selten 8)*zeilig, ±sperrig-abstehend* bis rückwärtsgerichtet, lineal.-lanzettl., scharf zugespitzt, entfernt scharf gesägt; Sporophylle herzförmig. Spor.reife VIII–IX. 2n = 68.

Nadelwälder, Birkenbrüche; frische bis feuchte, saure, torfige Böden. – Zerstreut, u. a. im N geb.weise selten od. fehlend (Alp. bis 1860 m). – Arkt. u. n. temp. Geb., s. bis Z-Span., N-Apenn., Rum., Kauk., Him.; N-Am.; no(-subozean)-praealp, circ.

4. L. clavátum L. (Abb. 1a–d) Keulen-B.

♃, *Ch.* – St. bis über 1 m lang, kriechend, mit kurzen aufsteigenden, bis 0,05 (0,15) hohen Ästen; *B. dicht, vielzeilig,* lineal., meist ganzrandig, *mit feiner, langer Haarspitze;* Sporophyllstände meist zu 2 (1–5). Spor.reife: VII–VIII. 2n = 68.

Heiden u. Borstgrasrasen; frische bis trockene, saure, nährstoff- u. kalkarme, torfig-humose, sandige Böden. – Zerstreut, insbes. Silikatgeb. (Alp. bis 1620 m), sonst selten od. fehlend. – Arkt. u. n. temp. Geb., s. bis Z-Span., N-Ital., Rum., Kauk.; trop. Gebg., s. temp. Geb.; no-euras-subozean, circ.

Droge: Herba Lycopodii

4. Subgen. D i p h á s i u m

5. L. alpínum L. (Abb. 1i) Alpen-B.
[= Diphasium alpinum (L.) Rothm.]

♃, *Ch.* – H. 0,02–0,10. St. meist oberirdisch kriechend; *Äste ±rundlich,* an den Enden 4kantig, büschelig, dem Boden angedrückt, grau- bis blaugrün; B. der Äste 4zeilig, angedrückt, ganzrandig; flächenständige B. lanzettl., gestielt, nicht schmaler als die kantenständigen; Krümmung der Kiele der kantenständigen B. die ganze B.fläche erfassend; *Sporophylle* eiförmig bis *lanzettl.,* allmählich zugespitzt bis über 2mal so lang wie das Sporangium; Sporophyllstand 5–15 mm lang; Spor.reife: VIII–IX. 2n = 46.

Borstgrasges. u. Zwergstrauchheiden der Gebg.; frische, steinige, saure Rohhumusböden. – Selten: M-Gebg. oberhalb 700 m (Waldeck, Hoher Meißner, früher oberhalb Suhl, überall zurückgehend) bis Alp. (bis 2110 m). – N-Eur., höhere Gebg. M- u. S-Eur., Kl.As., N-As., Altai, Jap., n. N-Am.; arkt-alp. circ.

6. L. íssleri (Rouy) Lawalrée Isslers B.
[= Diphasium issleri (Rouy) Holub]

♃, *Ch.* – H. 0,02–0,10. St. meist oberirdisch kriechend; *Äste deutlich abgeflacht,* ±aufstrebend, büschelig, grün bis blaugrün; B. der Äste 4zeilig, angedrückt, ganzrandig; flächenständige B. lineal., sitzend, schmaler als die kantenständigen; Krümmung der Kiele der kantenständigen B. nur gering, nur auf die Spitze u. angrenzende B.fläche beschränkt; *Sporophylle eiförmig,* plötzlich zugespitzt; Sporophyllstand bis 20 mm lang. Spor.reife: VIII–IX. 2n = 46.

Zwergstrauchheiden, Nadelwaldlichtungen der Gebg. – Selten u. zerstreut: Harz, Hoher Meißner (?), Thür. Wald, Erzgebg., Rhön, Bad Wildungen, Schwarzwald, Bay. Wald, Alp. – Engl., Schottl., Belg. u. Frankr. bis Österr. u. Pol.; no(-subozean)-praealp.

7 a. L. tristáchyon Pursh Zypressen-B.
[= L. complanatum L. ssp. tristachyon (Pursh) Dostál,
L. chamaecyparissus A. Br.]

♃, *Ch.* – H. bis 0,30. Pfl. weniger kräftig als folg. Art; St. meist unterirdisch kriechend, bis 1 m lang, *Äste dicht büschelig-aufstrebend,* grau- bis blaugrün, bis ca. 1,5 (2,0) mm breit, *kaum abgeflacht,* bisweilen 3kantig; B. 4zeilig; *Kantenb. etwa so breit wie die Flächenb.,* beide angedrückt; Kiele der B. nicht gekrümmt; Mittelast mit Sporophyllstand; *Sporophyll* bis 1,5mal so lang wie das Sporangium, mit langer Spitze. Spor.reife: VIII–IX. 2n = 46.

Zwergstrauch-Heiden, Nadelwaldlichtungen; frische, saure, kalkarme, torfighumose, sandige Substrate. – Selten u. zerstreut (z. B. M-Thür.) u. insbes. in den w. Teilen des Geb. (Rheinpfalz). – N- u. M-Eur., Apenn., NO-Kl.As., N-Am.; subatl(-submed).

7b. L. zeilleri (Rouy) Damboldt

♃, *Ch.* – *Spr. ±aufrecht, locker; Flächenb. kürzer als die übrigen B.;* Mittelast mit Sporophyllstand; Sporophylle oval, mit etwas verlängerter Spitze. Spor.reife: VII–VIII (IX). 2n = 46.

Lichte Kiefernwälder. – Selten, Hess., Thür., Fichtelgebg., Bay. Wald, Oberpfalz bis Oberbay. – M-Eur., Grönl. (?), Am.; (no-)praealp.

8. L. complanátum L. em. A. Br. (Abb. 1h) Fächer-B.
[= L. complanatum L. ssp. anceps (Wallr.) Aschers.,
L. anceps Wallr.]

♃, *Ch.* – H. bis 0,40. St. ober- od. unterirdisch kriechend, bis über 1 m lang; *Äste locker, fächerförmig-verzweigt, aufstrebend* (Verzweigungen einen Trichter bildend), frisch-grün, bis ca. 3 mm breit, *deutlich abge-*

flacht; B. 4zeilig; *Kantenb.* abstehend, *breiter als die* angedrückten *Flächenb.;* bauchseitige Flächenb. kleiner als die rückenseitigen; Kiele der B. nicht gekrümmt; Seitenäste mit Sporophyllstand; *Sporophyll* bis 1,5mal so lang wie das Sporangium, *breit-oval, plötzlich in kurze Spitze zusammengezogen.* Spor.reife: VII–VIII. 2n = 46.

Fichten- u. Kiefernwälder, Heiden; frische bis ±trockene, saure, nährstoff- u. kalkarme, torfig-humose, sandige Substrate. – Selten u. zerstreut, insbes. im NO des Geb., w. bis Pfalz u. Bodenseegeb.; über große Strecken fehlend. – N-, M- u. NO-Eur., Apenn., Kamtsch., Jap., n. N-Am.; no, circ.

2. Ordn. Selaginelláles

2. Fam. SELAGINELLÁCEAE Rchb.
Moosfarngewächse

2. *Selaginella* P. B. Moosfarn

x = 9

I. B. entfernt wimperig-gezähnt .... **9. S. selaginoides**
II. B. ganzrandig .... **10. S. helvetica**

1. Subgen. S e l a g i n é l l a

9. S. selaginoídes (L.) Lk. (Abb. 2a–b) Dorniger M.

♃, *Ch.* – H. bis 0,12. St. kriechend, mit aufsteigenden Ästen; *B.* spiralig, *gleichgestaltet,* allseitig abstehend, breit-eilanzettl., zugespitzt, entfernt-wimperig-gezähnt; Sporophyllstände einzeln, endständig; Sporophylle vielreihig, blasser u. fast doppelt so groß wie die Stb. Spor.reife: VII–VIII. 2n = 18.

Subalp. u. alp. Borstgrasrasen, Flachmoorges., Quellfluren; meist feuchte u. kalkhaltige, humose Böden. – Selten bis zerstreut: Harz (Brocken), Schwarzwald (Feldberg), Voralp.; zerstreut: Riesengebg., Alp. (bis 2420 m). – N-Eur., Hochgebg. M-Eur., Pyren., Kauk., NO-As., Jap., n. N-Am., Isl., Grönl.; arkt-alp(-subozean), circ.

2. Subgen. L y c o p o d i o í d e s

10. S. helvética (L.) Lk. (Abb. 2c–d) Schweizer M.

♃, *Ch.* – H. bis 0,08. St. weithin kriechend, nebst den Ästen niederliegend; *B.* 4zeilig, ganzrandig, *anisophyll,* die seitlichen rechtwinkelig abstehend, ei-länglich, stumpflich, viel größer als die eiförm., aufrecht übereinanderliegenden der Oberseite; Sporophyllstand verlängert, ein-

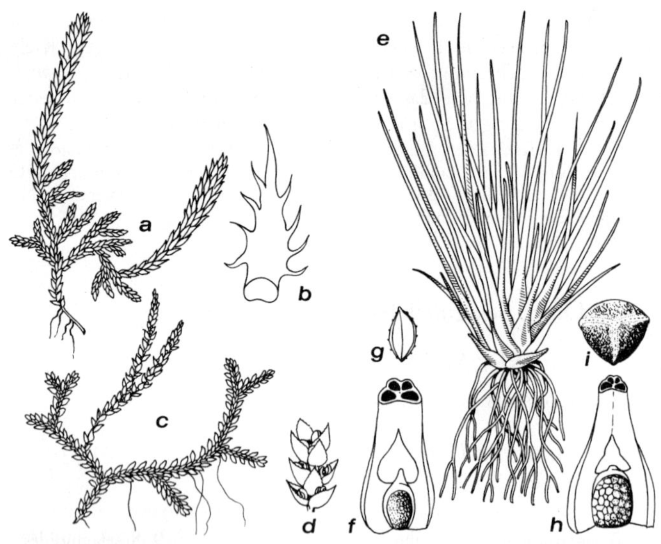

Abb. 2. *a–d Selaginella* spp., *a–b S. selaginoides* (*a* Habitus, *b* Sporophyll mit Sporangium), *c–d S. helvetica* (*c* Habitus, *d* Teil des Sporophyllstandes); *e–i Isoëtes* lacustris (*e* Habitus, *f* Basis eines Sporophylls mit Mikrosporangium, *g* Mikrospore, *h* Basis eines Sporophylls mit Makrosporangium, *i* Makrospore).

fach od. gabelig, an seitlichen, aufrechten, locker beblätterten Ästen; Sporophylle eiförmig, spitz. Spor.reife: VI–VII. 2n = 18.

U. a. Magerrasen, Böschungen, Mauern, Felsen etc.; frische, kalkhaltige, oft steinige, lehmige Böden. – Selten bis zerstreut: Schles., Thür. Wald, Fichtelgebg. (ob wild?), Württ., Fränk. Alb, Bodenseegeb., Bay. Hochebene, Alp. (bis 1000 m). – M- u. SO-Eur.; Kl.As., Kauk., O-As.; praealp-submed.

3. Ordn. Isoëtáles

3. Fam. ISOËTÁCEAE Rchb. Brachsenkräuter

3. Isóëtes L. Brachsenkraut

x = 10, 11

I. B. dunkelgrün, steif; Makrosporen höckerig . . . . **11. I. lacustris**
II. B. hellgrün, weich, durchscheinend; Makrosporen stachelig . . . . **12. I. tenella**

11. I. lacústris L. (Abb. 2e—i) See-B.

♃, *HH.* — H. bis 0,20. St. kurz, verdickt; *B. steif,* hart, dunkelgrün, pfriemlich, fast *undurchsichtig,* innen querfächerig; *Makrosporen mit* niedrigen, leistenartig verlängerten, gebogenen, hin u. wieder zusammenhängenden *Höckern* besetzt, selten fast glatt. Spor.reife VII—IX. 2n = ca. 105—110. Dazu:

var. leiospórum Klinggr.; Makrosporen glatt od. nur sehr schwach höckerig. — Sehr selten: Westpr.

Strandlingges. (Brachsenkrautges.), meist untergetaucht, in nährstoffarmen Seen mit Schlammgrd. — Sehr selten u. vereinzelt: n. Nieders. (Ottersberg, Beverstedt), Schl.Holst., Usedom, Hinterpomm. bis Ostpr., Riesengebg., Schwarzwald, Oberbay. (Kirchseeon, ob noch?). — N-, NO-, M- u. W-Eur., M-Rußl., Ural; N-Am.; no-subozean.

12. I. tenélla Lém. Stachelsporiges B.
(= I. echinosporum Durieu)

♃, *HH.* — H. bis 0,18. *B. durchscheinend, schlaff,* freudig grün, langzugespitzt; *Makrosporen* sehr dicht *mit* dünnen, *stachelartigen,* sehr zerbrechlichen *Warzen* besetzt. Spor.reife: VII—IX. 2n = 22 (ca. 100).

Strandlingges. (Brachsenkrautges.), meist untergetaucht, in nährstoffarmen Seen mit schlammigem od. sandigem Grd. — Sehr selten u. vereinzelt, nur Schl. Holst. (Lockstedter Lager) u. Schwarzwald. — N-, W- u. M-Eur., N-Rußl., Isl., Grönl.; no-subozean.

2. Kl. Articulátae

4. Ordn. Equisetáles

4. Fam. EQUISETÁCEAE Engl.
Schachtelhalmgewächse

4. *Equisétum* L. Schachtelhalm

x = 9

I. Sporangientragende Spr. den übrigen Spr. gleichgestaltet u. gleichzeitig erscheinend
  A. Sporophyllstände spitz od. zugespitzt; St. ±rauh, hart
    1. St. höchstens am Grd. ästig, sonst astlos, immergrün
      a) St. dünn (bis 3 mm dick), ±niederliegend; Scheidenzähne wenigstens unten bleibend
        x) Scheiden oberwärts abstehend, mit Zähnen bis 3 mm lang .... **13. E. variegatum**

xx) Scheiden eng anliegend, mit Zähnen bis 8 mm lang .... **E. × trachyodon**

b) St. kräftig (bis 6 mm dick), ±aufrecht; Scheidenzähne meist früh abfallend .... **14. E. hiemale**

2. St. ästig, graugrün, sommergrün .... **15. E. ramosissimum**

B. Sporophyllstände stumpf; St. ±glatt, weich (grasgrün)

1. St. nicht od. nur sehr schwach gerieft; Scheiden 15- bis 30zähnig .... **16. E. fluviatile**

2. St. deutlich u. stark gerippt; Scheiden 5- bis 10zähnig .... **17. E. palustre**

II. Sporangientragende Spr. von den übrigen Spr. verschieden

A. Sporangientragende Spr. mit den übrigen Spr. gleichzeitig erscheinend

1. Äste einfach; Scheiden 10- bis 15zähnig ...... **18. E. pratense**

2. Äste quirlig-verzweigt; Scheidenzähne zu 2–6 lappigen Zähnen verbunden .... **19. E. silvaticum**

B. Sporangientragende (meist astlose, weißliche) Spr. vor den übrigen, grünen Spr. erscheinend

1. Sporangientragende Spr. mit 8- bis 12zähnigen Scheiden, übrige Spr. gerieft, grün .... **20. E. arvense**

2. Sporangientragende Spr. mit 20- bis 35zähnigen Scheiden, übrige Spr. glatt, weißlich ...... **21. E. telmateja**

1. Subgen. Sclerocaúlon

13. E. variegátum Schleich. (Abb. 3e) Bunter Sch.

♃, *G, (Ch).* – H. 0,10–0,30. *St.* einfach, dünn (± 2 mm dick), niederliegend-aufsteigend, überwinternd, *4- bis 8rippig;* Scheiden oberwärts abstehend, schwarz geringelt, ihre Rippen mit eingedrückter Rückenlinie, halb so breit wie die Furchen. Spor.reife: IV–VIII. 2n = 216.

Flachmoore, Kleinseggenges.; nasse, kalkhaltige, humose, sandige u. tonige Böden. – Sehr selten u. vereinzelt: Borkum, Schl.Holst. (Ostenfeld, Öjendorf), Brand., Frankfurt/Oder, Ostpr., Harz, Thür. (Gumperda, Orlamünde), Schles.; zerstreut: Bad., Württ., Alp.vorland, Alp. (bis 2100 m). – N- u. gem. Eur., Rußl., Sib.; N-Am., Grönl.; no-praealp, circ.

E. × trachýodon A. Br. Rauhzähniger Sch.
(= **E. hiemale × variegatum,** incl. **E. hiemale** var. doellii Milde)

♃, *G, (Ch, N).* – H. 0,20–0,45(0,86). *St.* einfach, überwinternd, Scheiden anliegend, mit 7–14 bleibenden, erst spät unregelmäßig abfallenden rauhen, gefurchten Zähnen, meist ganz schwarz; Rippen so breit wie die Furchen, an den Kanten mit regelmäßig einreihigen, runden Kieselhöckern.

Sehr selten: Rhein zw. Straßburg u. Mainz, Konstanz, Württ.

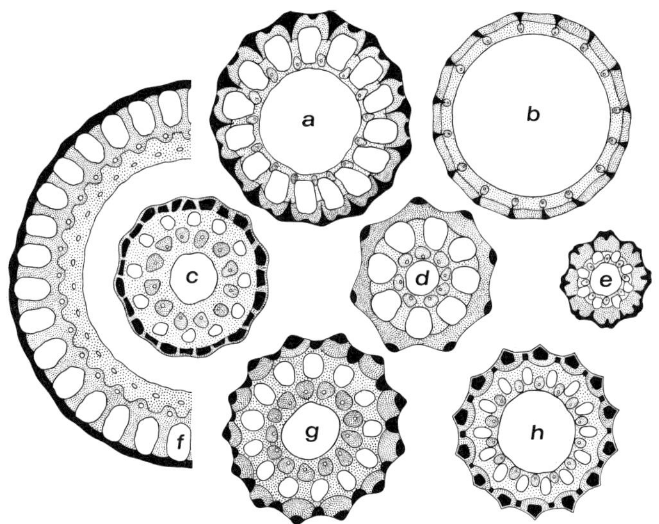

Abb. 3. *Equisetum* spp., Sproßquerschnitte, *a E. hiemale, b E. fluviatile, c E. silvaticum, d E. palustre, e E. variegatum, f E. telmateja, g E. arvense, h E. pratense.*

14. E. hiemále L. (Abb. 3a) Winter-Sch.

♃, *G, (Ch, N).* – H. 0,50–1,25. *St.* meist einfach, *7- bis 20(30)rippig,* aufrecht, wintergrün; Scheiden flachgerippt, walzlich, eng-anschließend, Zähne in eine aufgesetzte, lanzettl.-pfriemliche, häutige, schnell sich kräuselnde u. abfallende Spitze endend. Spor.reife: VII–VIII. 2n = 216. Veränderlich.

Auenwälder; feuchte, nährstoffreiche, humose, sandige od. lehmige Böden. – Zerstreut, geb.weise häufig (Alp. bis 1200 m). – Eur., N-As. bis Jap., N-Am.; (no-)euras-submed, circ.

15. E. ramosíssimum Desf. Ästiger Sch.

♃, *G.* –H. 0,10–1,00 (1,50). St. 6- bis 26rippig, nicht überwinternd, ästig, Äste einzeln od. zu 2–9 quirlig, meist sehr verlängert; *Scheiden* gewölbt-gerippt, oberwärts deutlich weiter, *kreiselförmig,* einfarbig, grün, nur am Grd. der Zähne schwärzlich. Spor.reife: V–VIII. 2n = 216. Im Geb. ssp. r a m o s í s s i m u m.

Weidengebüsche, Halbtrockenrasen; trockene bis feuchte, meist kalkhaltige, sandige od. kiesige Böden. – Zerstreut bis selten: Rhein- (n. bis Duisburg), m. Elbe-, Oder- (Breslau), Weichsel- u. Donaugeb. einschl. einiger Seitenflüsse, Bodenseegeb., Wutach, Alp.vorland (bis ca. 500 m). – M- u. S-Eur., As., Afr., Am., Neukaled.; submed(-med).

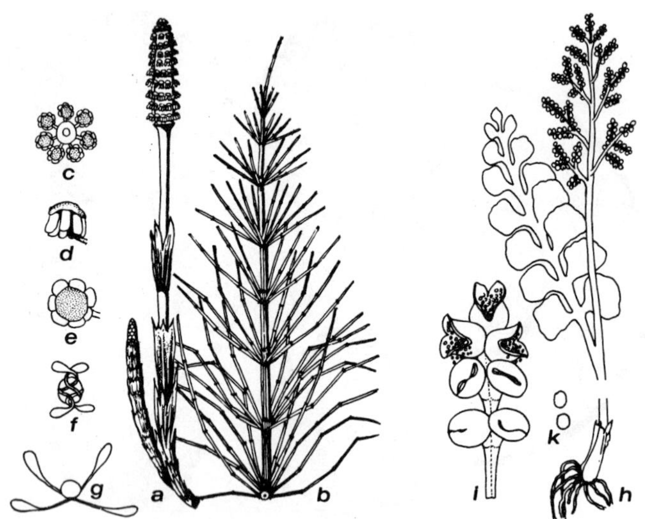

Abb. 4. *a–g Equisetum arvense* (*a* Sproß mit Sporophyllstand, *b* Laubsproß, *c* Wirtel des Sporophyllstandes, *d–e* schildförmige Sporophylle, *f–g* Sporen mit Hapteren); *h–k Botrychium lunaria* (*h* Habitus, *i* Teil des Sporophyllstandes mit Sporangien, *k* Sporen).

E. × **mόoreï** Newm.
(= E. hiemale × ramosissimum ssp. ramosissimum)

♃, *G.* – H. 0,20–1,00. St. einfach od. mit einzelnen Ästen, 8- bis 18(24)-rippig, nicht überwinternd; Scheiden verlängert, oberwärts abstehend; Zähne besonders an den oberen Scheiden bleibend, nicht gefurcht, braun, weißberandet.

Zerstreut, u. a. Oberrheinebene.

2. Subgen. E q u i s é t u m

16. E. fluviátile L. (Abb. 3b) Schlamm-Sch.
(= E. limosum L.)

♃, *HH.* – H. 0,30–1,50. *St.* einfach od. ästig, ±*gestreift,* glatt, *mit weiter Zentralhöhle;* Scheiden aufrecht, meist mit 20 (15–30) 3eckig-pfriemlichen, schwarzbraunen, schmal weiß-berandeten Zähnen. Spor.-reife: V–VI. 2n = 216. Formenreich.

Großseggenges., Röhrichte; nasse Böden od. in stehendem, selten bewegtem Wasser mit Schlammgrd. – Verbreitet bis zerstreut (Alp. bis 1220 m, Schwarzwald bis 1250 m). – Eur., As., N-Am.; no-euras(subozean), circ.

17. E. palústre L. (Abb. 3d) Sumpf-Sch.

♃, *G, (HH).* – H. 0,20–0,60. *St.* einfach ästig, *gefurcht,* mit 4–8 Rippen, etwas rauh, *mit enger Zentralhöhle;* Scheiden locker anliegend, walzlich-glockig, meist 4–8 (–10) lanzettl., breit weißberandete Zähne. Spor.reife: V–IX. 2n = 216. Formenreich.

Flachmoore, Feuchtwiesen; nasse bis feuchte, nährstoffreiche Böden. – Häufig u. verbreitet im ganzen Geb. (Alp. bis 1800 m). – Eur., gem. As., Kauk., n. N-Am.; no-euras, circ.

18. E. praténse Ehrh. (Abb. 3h) Wiesen-Sch.

♃, *G.* – H. 0,07–0,40. *Sporangientragende St. mit vielen* einfach-ästigen, *3(–4)kantigen Quirlästen;* Scheiden anliegend, grün, mit 10–12 pfriemlichen, am Rande weißhäutigen Zähnen. Spor.reife: V–VI. 2n = 216.

Auenwaldges., Eichen-Hainbuchen-Wälder; feuchte, humose, sandige od. tonige Böden. – Zerstreut bis selten im Geb. ö. der Elbe u. O-Thür.; im übrigen Geb. selten; Nieders. (Hannover), n. Westf. u. angrenzendes Nieders., Harz, Hess., Anh. (Aken, Barby), Sachs.; Speyer, Eberstadt, Frank. (Bayreuth), Bay. Wald, Baar (Gauchach), Pappenheim, Plattling. – N- u. ö. M-Eur., Isl., Brit. Ins., Kauk., Sib., N-Am.; no-kont, circ.

19. E. silváticum L. (Abb. 3c) Wald-Sch.

♃, *G.* – H. 0,15–0,60. *Sporangientragende St. anfangs astlos,* später ästig, mit vielen doppelästigen, 4- bis 5kantigen Quirlästen; Ästchen 3kantig; Scheiden glockenförmig, oberwärts rotbraun mit 2–6 breiten, ungleichen, spitzen, lappigen Zähnen. Spor.reife: IV–VI. 2n = 216.

Auen- u. Fichtenwälder, Quellfluren; nasse, kalkarme, humose Böden. – Meist verbreitet u. stellenweise häufig (Alp. bis 1480 m). – N- u. gem. Eur., Isl., Balk., N-Span., N-As., N-Am.; no, circ.

20. E. arvénse L. (Abb. 3g, 4a–g) Acker-Sch.

♃, *G.* – H. 0,04–0,40. *Sporangientragende St.* bis etwa 5 mm dick, *strohfarbig, mit* walzenförmigen, aufgeblasenen, trockenhäutigen, lanzettl.-gezähnten, *entfernten Scheiden;* spätere Spr. bis etwa 3 mm dick, grün, 6- bis 19rippig; Äste meist 4(3–6)kantig, etwas rauh. Spor.reife: III–IV. 2n = 216. Formenreich.

Unkrautges., Äcker, Wegränder, Wiesen; untergrundfeuchte, nährstoffreiche, lehmige Böden. – Verbreitet u. häufig im ganzen Geb. (Alp. bis 1550 m). – Eur., N-As., N- u. S-Afr., Kanar.; Am., Grönl.; no-euras, circ.

Droge: Herba Equiseti

21. E. telmatéja Ehrh. (Abb. 3f) Riesen-Sch.
(= E. maximum auct.)

♃, *G.* – H. 0,30–1,00. *Sporangientragende St. blaß,* weißlich od. rötlich, *mit* ±dunkelbraunen, *genäherten,* becherförmigen, an der Spitze tief-

u. vielfach-geschlitzten *Scheiden;* spätere St. weißlich, mit 4- bis 5rippigen **(bzw. 8- bis 10kantigen), quirlig-stehenden (zu 30–40)**, zuletzt herabhängenden, grünen Ästen. Spor.reife: IV–V. 2n = 216.

Quellfluren, Flachmoore; nasse, nährstoffreiche, meist kalkhaltige, humose Böden. – Zerstreut in den Kalkgeb. M- u. S-D. (Alp. bis 1360 m), sonst – wie u. a. im N-Flachland – selten od. fehlend. – W-, M- u. S-Eur., W-As., w. N-Afr., n.-atl. Ins., w. N-Am.; subatl-submed.

Bastarde:

E. arvense × fluviatile (= E. × litorale Kühlew.), E. arvense × palustre (= E. × torgesianum Rothm.), E. hiemale × ramosissimum (= E. × mooreï Newm.), E. hiemale × variegatum (= E. × trachyodon A. Br.), E. silvaticum × pratense (= E. × mildeanum Rothm.).

3. Kl. Fílices

1. Unterkl. Eusporangiátae

5. Ordn. Ophioglossáles

5. Fam. OPHIOGLOSSACEAE C. B. Presl Natterzungengewächse

I. Sporangientragender Wedelteil rispenartig verzweigt, der übrige Wedelteil fiederteilig . . . . **5. Botrychium**
II. Sporangientragender Wedelteil ährenartig, der übrige Wedelteil ungeteilt . . . . **6. Ophioglossum**

5. *Botrýchium* Sw. — Mondraute

x = 15?

I. Sporangienfreier Wedelteil länger als breit, auch jung kahl
  A. Sporangienfreier Wedelteil ±unter der Mitte vom sporangientragenden getrennt . . . . **22. B. simplex**
  B. Sporangienfreier Wedelteil in od. über der Mitte vom sporangientragenden getrennt
    1. Sporangienfreier Wedelteil einfach-fiederteilig **23. B. lunaria**
    2. Sporangienfreier Wedelteil doppelt-fiederteilig bzw. -spaltig . . . . **24. B. matricariaefolium**
II. Sporangienfreier Wedelteil breiter als lang, 3eckig, jung behaart
  A. Sporangienfreier Wedelteil lang gestielt . . . . **25. B. multifidum**
  B. Sporangienfreier Wedelteil fast sitzend . . . . **26. B. virginianum**

Abb. 5. *Botrychium* spp., Habitus, *a B. simplex, b B. matricariaefolium, c B. multifidum, d B. virginianum.*

1. Sect. B o t r ý c h i u m

22. B. símplex Hitchc. (Abb. 5 a) Einfache M.

♃, *G.* – H. 0,02–0,15. *Sporangienfreier Wedelteil unter der Mitte des Gesamtwedels vom sporangientragenden getrennt,* meist deutlich gestielt, oval od. breit-eiförmig, abgerundet, stumpf, einfach fiederteilig od. 3teilig, kahl, viel kürzer als der sporangientragende Teil; Fiedern oval, am Grd. verschmälert, ganzrandig od. schwach gekerbt. Spor.reife: V–VII. 2n = 90.

Borstgrasrasen u. Heiden; ±trockene, kalkarme, sandige Böden. – Sehr selten im **NO** des **Geb.** (**Meckl.** bis **Ostpr.**, **Schles.**); **Fundorte im w., m.** u. s. Geb. wohl erloschen. – N-Eur., Pol., Alp., nö. N-Am.; no(-kont).

23. B. lunária (L.) Sw. (Abb. 4h–k) Echte M.

♃, *G.* – H. 0,02–0,30. *Sporangienfreier Wedelteil* fast sitzend, etwa *in der Mitte des Gesamtwedels vom sporangientragenden getrennt, einfach-fiederteilig;* untere Fiedern halbmondförmig, obere keilförmig, ganzrandig, schwach geschweift od. gekerbt; sporangientragender, 2- bis 3fach gefiederter Wedelteil (selten 2) lang gestielt. Spor.reife: V–VIII. 2n = 90.

Borstgrasrasen, Halbtrockenrasen u. a.; ±trockene, meist kalkarme, saure, sandige Böden. – Zerstreut bis selten (Alp. bis 2330 m). – Eur., N-As. bis Jap., Am., Austr., Neuseel.; no-praealp(-submed).

24. B. matricariaefólium (Retz.) A. Br. (Abb. 5b) Verzweigte M.
[= B. ramosum (Roth) Aschers.]

♃, *G.* – H. 0,01–0,25. Sporangienfreier Wedelteil, dicht unter dem sporangientragenden Teil sitzend, länglich od. eiförmig; *Fiedern* länglich, *fiederspaltig-gelappt,* Lappen 2- bis 3kerbig; sporangientragender Wedelteil nicht od. nur wenig den sporangienfreien überragend. Spor.reife: VI–VII. 2n = ca. 180.

Sand-Trockenrasen, Borstgrasrasen; ±trockene, saure, kalkarme, sandige Böden. – Selten, insbes. im nö. Geb.; im übrigen w. (u. a. s. Westf.), m. (u. a. sö. Thür.) u. s. Geb. (bis Bodenseegeb., Ravensburg) vereinzelt u. sehr selten; fehlt u. a. in Alp. – Eur. (außer Med. u. SO-Eur.), N-Am.; no(-kont).

2. Sect. Phyllobotrýchium

25. B. multífidum (Gmel.) Rupr. (Abb. 5 c) Kamillen-M.
[= B. matricariae (Schrank) Spr.]

♃, *G.* – H. 0,02–0,25. Jährlich 1–2 Wedel entwickelnd, von denen meist nur einer einen sporangientragenden Teil ausbildet; *sporangienfreier Wedelteil lang gestielt,* vom sporangientragenden fast am Grd. des Gesamtwedels getrennt, 3eckig, fast doppelt-fiederteilig, wenigstens jung weißlich behaart, dickfleischig; Fiedern u. Zipfel länglich-eiförmig, schwach kerbig geschweift; sporangientragender Wedelteil länger als der sporangienfreie Teil. Spor.reife: VII–IX. 2n = 90.

Wiesen u. Weiden, Borstgrasrasen; frische, kalkarme, saure, lehmige Böden. – Selten bis sehr selten, insbes. im ö. Geb.; w. bis Meckl., Brand., O-Thür., Sachs.; daneben vereinzelt (z. T. verschollen od. evtl. verwechselt) u. a.: Nieders. (Norderney), S-D. (Fränk. Jura, Nürnberg, Bay. Wald, Ellwangen). – Skand., D., Alp., Serb., N- u. M-Rußl., Sib., Jap., N-Am.; no-kont.

3. Sect. Osmundópteris

26. B. virginiánum (L.) Sw. (Abb. 5 d) Virginische M.

♃, *G.* – H. 0,10–0,80. *Sporangienfreier Wedelteil* über der Mitte des Gesamtwedels vom sporangientragenden Teil getrennt, ±*sitzend,* krautig, 3eckig, 2- bis 4fach gefiedert; Fiedern eiförmig, untere kurz gestielt, Zipfel gezähnt bis fiederspaltig; sporangientragender Wedelteil lang gestielt, den sporangienfreien meist überragend. Spor.reife: VI bis VIII. 2n = 180–184. Im Geb. nur ssp. europǽum (Ångstr.) R. Claus.

Bergheiden, Magerrasen, Waldlichtungen; mäßig frische, kalkarme, mäßig saure, lehmige Böden. – Sehr selten: Ostpr., Alp. (Ramsau, Eibsee, 1000 bis ca. 1100 m). – O-Alp., NO-Eur., As., Am.; no-kont.

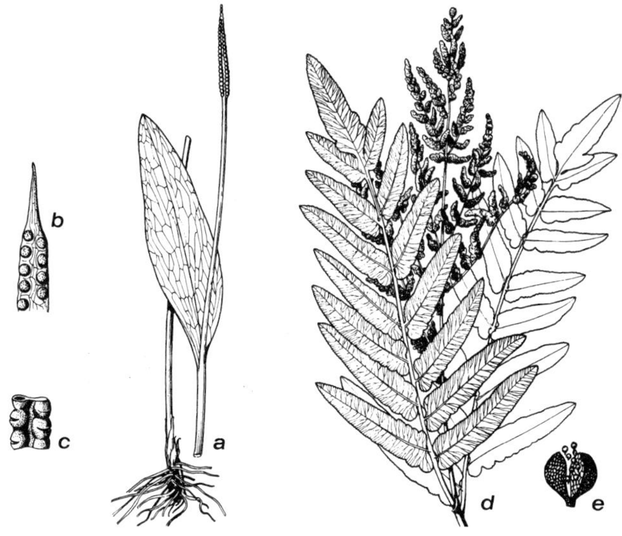

Abb. 6. *a–c Ophioglossum vulgatum* (*a* Habitus, *b* Spitze des sporangientragenden Wedelteils, *c* geöffnete Sporangien); *d–e Osmunda regalis* (*d* Sporophylle u. Trophophylle, *e* Sporangium).

6. Ophioglóssum L. Natterzunge

x = 15?

27. O. vulgátum L. (Abb. 6a–c)

♃, *G.* – H. 0,02–0,30. Wedel fast immer nur einzeln; sporangienfreier Wedelteil eiförmig od. länglich-eiförmig, stumpf, am Grd. scheidig; sporangientragender Wedelteil endständig, lineal., einfach (selten 2teilig). Spor.reife: VI–VII. 2n = ca. 344–496(1140).

Flachmoore, Feuchtwiesen; auf ±feuchten, humosen, dichten Tonböden. – Zerstreut u. selten (Alp. bis 940 m). – Eur., As., N-Am.; (no-)euras-subozean.

2. Unterkl. O s m u n d í d a e

6. Ordn. Osmundáles

6. Fam. OSMUNDACEAE R. Br.
Königsfarngewächse

7. Osmúnda L. Königsfarn

x = 11

28. O. regális L. (Abb. 6d–e)

♃, *G, H.* – H. 0,20–1,80. Wedel doppelt-gefiedert, Fiederb.chen länglich, am Grd. schief gestutzt, stumpflich, unregelmäßig geschweift; Sporophylle endständig, mit reduzierten, fiederig angeordneten B.chen. Spor.reife: VI–VII. 2n = 44.

Moore, Bruchwälder; ±nasse bis feuchte, saure, kalkarme, torfige Humus- u. Humussandböden. – Zerstreut im n. Geb. (ö. bis Westpr.), Nordrhein-Westf., bes. Pfälzerwald; sehr selten in Frank. (Bayreuth, ob ursprünglich?), Rheinebene. – Eur., As., Afr., Am.; atl.

3. Unterkl. L e p t o s p o r a n g i á t a e

7. Ordn. Filicáles

7. Fam. HYMENOPHYLLACEAE Gaud.
Hautfarngewächse

8. Hymenophyllum Smith Hautfarn

x = 9, 11, 13

29. H. tunbrigénse (L.) Smith (Abb. 7a–b)

♃, *Ch.* – H. 0,02–0,07. Wedel sehr zart, fast durchscheinend, fiederspaltig bis -teilig; Fiederteile mit lineal., gezähnten Zipfeln; Sori einzeln; Indusium am Rand gesägt. Spor.reife: VIII. 2n = 26.

Schattige Felsspaltenges.; feuchte, saure Sandsteinfels-Substrate. – Sehr selten: früher Sächs. Schweiz; N-Vogesen, Luxemburg, Kr. Bitburg. – W-Eur., atl. Ins., S-Afr., M- u. S-Am., Austr., Neuseel., Polynes.; atl.

8. Fam. POLYPODIACEAE R. Br.
Tüpfelfarngewächse

I. Sori vom umgerollten Wedelrand ±überdeckt
A. Alle Wedel gleichgestaltet; Indusium vorhanden, auf der Innenseite der randnahen Sori .... **9. Pteridium**

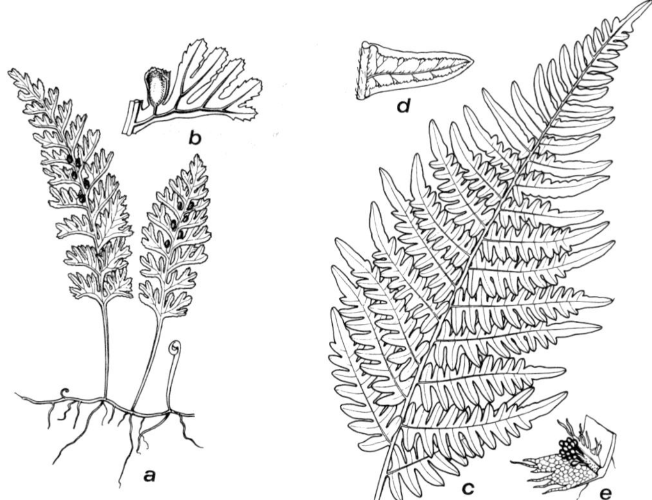

Abb. 7. *a—b Hymenophyllum tunbrigense* (*a* Habitus, *b* Wedelteil mit Sorus); *c—e Pteridium aquilinum* (*c* Teil eines Wedels, *d* Wedelabschnitt letzter Ordn. von unten, *e* Ausschnitt des Wedelrandes mit Sporangien, Indusium u. zurückgeschlagenem Blattrand).

B. Sporophylle deutlich anders als die Trophophylle gestaltet
  1. Sporophylle mehrfach gefiedert .... **10. Cryptogramma**
  2. Sporophylle einfach gefiedert .... **11. Matteuccia**

II. Sori nicht vom Wedelrand überdeckt
  A. Sporophylle deutlich anders als die Trophophylle gestaltet .... **12. Blechnum**
  B. Alle Wedel gleichgestaltet
    1. Wedel ungeteilt, ganzrandig (Sori lineal.) ..... **13. Phyllitis**
    2. Wedel gefiedert, fiederteilig od. -spaltig, od. fast gabelspaltig
      a) Wedel unterseits dicht u. deckend mit Spreuschuppen besetzt (fiederteilig; Indusium verkümmernd). .... **15. Ceterach**
      b) Wedel unterseits kahl od. nicht deckend mit Spreuschuppen besetzt
        x) Sori — zumindest jung — länglich bis lineal. od. hakenförmig (Indusium vorhanden u. meist bleibend)
          /) Sori lineal. (B. klein, bis höchstens 12 cm breit) .... **14. Asplenium**
          //) Sori länglich od. hakenförmig, od. später kreisrund (B. groß, meist über 12 cm breit) .... **16. Athyrium**

xx) Sori kreisrund (vgl. Athyrium distentifolium)
/) Wedel gefiedert; Sori braun od. schwärzlich
§) Indusium unterständig
+) Indusium seitlich angeheftet, taschenförmig .... **17. Cystopteris**
++) Indusium zentral angeheftet, Indusiumrand deutlich wimperartig aufgelöst .... **18. Woodsia**
§§) Indusium oberständig od. fehlend (od. früh hinfällig)
+) Indusium fehlend od. klein u. früh hinfällig .... **19. Thelypteris**
++) Indusium vorhanden, bleibend
α) Indusium herznierenförmig, mit niedergedrückter Falte befestigt .... **20. Dryopteris**
β) Indusium schildförmig, zentral befestigt .... **21. Polystichum**
//) Wedel fiederteilig; reife Sori gelb (ohne Indusium) .... **22. Polypodium**

1. Subfam. P t e r i d o í d e a e

9. *Pterídium* Gleditsch — Adlerfarn

30. P. aquilínum (L.) Kuhn (Abb. 7c–e)

♃, *G.* – H. 0,30–1,80 (2,00). Wedel im Umriß 3eckig, 2- bis 3fach gefiedert; Fiederchen lineal.-lanzettl., stumpf, mit ganzem, zurückgerolltem Rand, untere fiederspaltig. Spor.reife: VII–X. 2n = 104. Dazu u. a.:

var. l a n u g i n ó s u m (Bory) Luerss.; Wedel unterseits kurzhaarig bis seidig-wollig. – Stellenweise.

Laub- u. Nadelwälder; frische od. in der Tiefe wasserführende, saure, humose Sand- od. sandige Lehmböden. – Verbreitet u. oft häufig (Alp. bis 1140 m). – Kosmop.; (no-)euras-subozean.

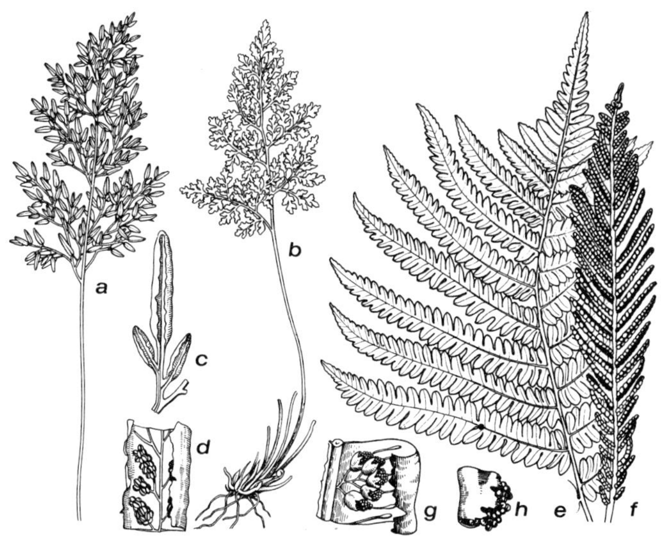

Abb. 8. *a–d Cryptogramma crispa* (*a* Sporophyll, *b* Trophophyll; *c* Zipfel des Sporophylls mit eingerolltem, *d* mit zurückgebogenem Blattrand); *e–h Matteuccia struthiopteris* (*e* Spitze des Trophophylls, *f* des Sporophylls; *g* Teil einer Sporophyllfieder von unten mit Sori, *h* Sorus mit Indusium).

2. Subfam. Gymnogrammoídeae

10. Cryptográmma R. Br. — Rollfarn

x = 12 ?

31. C. críspa (L.) R. Br. (Abb. 8a–d) — Krauser R.

♃, *H.* – H. 0,15–0,30. Wedel zart, gelbgrün, im Umriß eiförmig, 2- bis 4fach gefiedert; Fiederchen des Sporophylls lineal., ganzrandig, die des Trophophylls aus keilförmigem Grd. verkehrt-eiförmig-länglich, eingeschnitten, mit lineal., an der Spitze 2zähnigen od. ganzrandigen Zipfeln. Spor.reife: VII–IX. 2n = 120.

Geröllhalden, Steinwände der hochmont.-subalp. Stufe; feuchtes, kalkarmes, silikatreiches Substrat. – Sehr selten, nur Hohes Venn, Riesengebg., S-Schwarzwald, Bay. Wald (Arber, Keitersberg, bis 1430 m). – Skand., eur. Hochgebg., Kauk., N-Rußl.; arkt-alp(subozean).

3. Subfam. O n o c l e o í d e a e

11. Mattéuccia Todaro — Straußfarn

x = 10, 40?

32. M. struthiópteris (L.) Todaro (Abb. 8e—h) — Deutscher St.
(= Struthiopteris germanica Willd.)

♃, *H.* – H. 0,30–1,50. Sporophylle gefiedert, mit lineal., ganzrandigen, zusammengerollten Fiedern; Trophophylle einen Trichter bildend, doppelt-fiederspaltig, nach dem Grd. stark verschmälert, die untersten Abschnitte über die Spindel hinübergreifend. Spor.reife: VI–VIII. 2n = 80.

Auenwälder, Bachränder; feuchte bis nasse, nährstoffreiche, meist kalkarme, humose, tonige Böden. – Sehr zerstreut bis selten, fehlt u. a. im äußersten NW, in den Alp., über größere Strecken in Bay. etc. – N-, M- u. O-Eur., Kauk., ö. N-As., ö. N-Am.; (no-)euras, circ.

4. Subfam. B l e c h n o í d e a e

12. Bléchnum L. — Rippenfarn

x = 17

33. B. spícant (L.) Smith (Abb. 9a–b)

♃, *H.* – H. 0,30–0,50. Wedel überwinternd, im Umriß länglich-lanzettl., tief fiederspaltig (bis 1fach gefiedert), Sporophylle fast doppelt so lang wie die Trophophylle gestielt; Fiedern ganzrandig, die der Sporophylle lineal., entfernt, die der Trophophylle lanzettl.-lineal., genähert. Spor.reife: VI–IX. 2n = 68.

Fichtenwälder, Eichen-Birken-Wälder; ±feuchte, saure, humose, sandige od. steinige Lehmböden. – Verbreitet, im Bergland z. T. häufiger (Alp. bis 1900 m), in den Kalkgebg. selten. – Eur., Kl. As., Kauk., ö. N-As., nw. N-Am.; no-subozean.

5. Subfam. A s p l e n i o í d e a e
1. Trib. A s p l e n í e a e

13. Phyllítis Hill — Hirschzunge

x = 9 (36?)

34. Ph. scolopéndrium (L.) Newm. (Abb. 9c–d)
(= Scolopendrium vulgare Smith, Asplenium scolopendrium L.)

♃, *H.* – H. 0,15–0,50. Wedel ungeteilt, breit-lineal.-lanzettl., ganzrandig, am Grd. herzförmig, auf einem spreuschuppigen, kurzen Stiel;

Abb. 9. *a–b Blechnum spicant* (*a* Habitus mit Sporophyll u. Trophophyllen, *b* Abschnitt des Sporophylls von der Unterseite); *c–d Phyllitis scolopendrium* (*c* Habitus, *d* Teil eines Sporophylls von der Unterseite).

Sori lineal., schräg zum Mittelnerven verlaufend. Spor.reife: VII–IX. 2n = 72.

Schluchtwälder, Felsspalten; feuchte, nährstoff- u. meist kalkhaltige Stein- u. Lehmböden. – Selten in den M-Gebg. (ö. bis Schles.); fehlt im N-Flachland; zerstreut bis selten: Weserbergland, Westf., Rheinprovinz, Pfalz, SW-D., Alp.vorland, Alp. (bis 1500 m). – Eur., Vord.As., N-Afr., atl.Ins., Jap., ö. N-Am.; subatl.

14. Asplénium L. — Streifenfarn

x = 36

I. B.stiel deutlich kürzer als die Spreite
- A. B. einfach-gefiedert, lineal.; Stiel mit 1 Leitbündel
  - 1. Spindel in ganzer Länge schwarzbraun, hornartig, geflügelt . . . . **35. A. trichomanes**
  - 2. Spindel völlig od. mindestens im oberen Teil grün, weich, ungeflügelt
    - a) Spindel unten braun, Spindelspitze grün . . . . **36. A. adulterinum**
    - b) Spindel völlig grün, nur Wedelstiel am Grd. ±braun . . . . **37. A. viride**

B. B. doppelt-gefiedert, lanzettl.; Stiel mit 2 Leitbündeln
1. B.stiel glänzend, rotbraun; Spreite lang zugespitzt .... **38. A. obovatum**
2. B.stiel grün, nur am Grd. schwarz; Spreite am Grd. stark verschmälert .... **39. A. fontanum**
II. B.stiel so lang od. länger als die Spreite
A. B.spreite ungleich gegabelt od. 3zählig-gefingert
1. B.spreite ungleich gegabelt, kahl .... **40. A. septentrionale**
2. B.spreite 3spaltig od. 3zählig-gefingert, behaart **41. A. seelosii**
B. B. 2 bis 4fach gefiedert
1. B.stiel fast in ganzer Länge oberseits grün, mit 1 Leitbündel
a) B.abschnitte letzter Ordn. keilförmig mit 2 bis 3 lineal. Zipfeln, zart; Indusium anfangs ganzrandig .... **42. A. fissum**
b) B.abschnitte letzter Ordn. meist rhombisch-verkehrt-eiförmig, derb; Indusium fransig-gezähnt .... **43. A. ruta-muraria**
2. B.stiel schwarzbraun-purpurfarbig, am Grd. mit 2 Leitbündeln
a) Fiedern ±gerade-abstehend .... **44. A. adiantum-nigrum**
b) Fiedern bogig-aufwärts-gekrümmt, zusammenneigend .... **45. A. onopteris**

1. Sect. T r i c h o m a n o í d e s

35. A. trichómanes L. (Abb. 10f) Brauner St.

♃, *H.* – H. 0,08–0,20. *B.stiel u. -Spindel bis zur Spitze glänzend schwarzbraun,* hornartig; Spindel rinnig, geflügelt; Fiedern rundlich-eiförmig, stumpf, am Grd. keilförmig, am Rande fein gekerbt, die der überwinternden Wedel von der Spindel abfallend; Spreuschuppen meist mit Scheinnerv; Sori meist bis an den Rand der Abschnitte ausgedehnt. Spor.reife: VII–VIII. Umfaßt:

ssp. b i v a l e n s D. E. Meyer; Sporen 11,7–17,6–26 μ breit, 16,9–23,5(27,1)–31,2 μ lang, zart behäutet, durchscheinend. 2n = 72. – Ohne Kalk wachsend; Mauern, Felsen; in Bay. bisher nur n. der Donau.

ssp. q u a d r i v a l e n s D. E. Meyer; Sporen 19,5–25–33,8 μ breit, 22,1–32,5(35,2)–45,5 μ lang, stärker inkrustiert, dunkel. 2n = 144. – Mauern, besonders Kalkfelsen; s. bis Alp.

Felsspaltenges.; frische, beschattete, nährstoffhaltige Substrate. – Verbreitet, insbes. im m. u. s. Geb. (Alp. bis 1400 m); im N-Flachland nur selten an Mauern. – Kosmop. (gem. bis subarkt. Zone beider Hemisphären); euras-subozean.

36. A. adulterínum Milde Täuschender St.

♃, *H.* – H. 0,08–0,20. *B.stiel u. der größte* untere *Teil der* ungeflügelten *Spindel rot- bis purpurbraun,* nur *oberster Teil der Spindel grün* u.

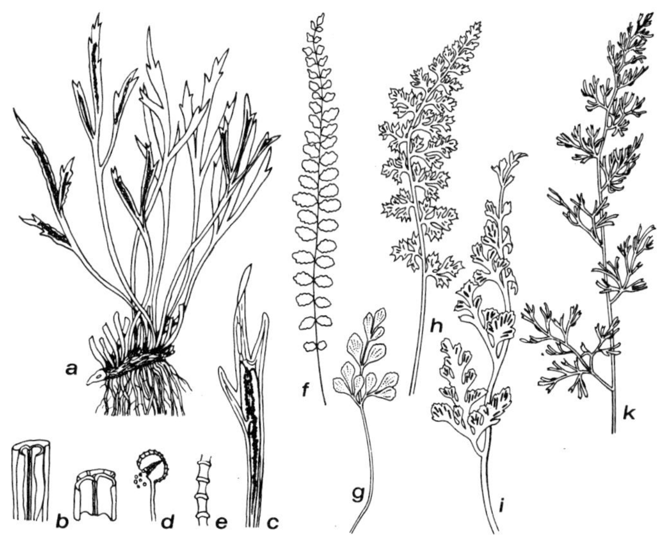

Abb. 10. *Asplenium* spp., *a–e A. septentrionale* (*a* Habitus; *b* Unterseite u. Querschnitt eines jungen, *c* eines reifen Sporophylls; *d* Sporangium, *e* Anulus), *f–k* Wedel (*f A. trichomanes, g A. ruta-muraria, h A. fontanum, i A. adiantum-nigrum, k A. fissum*).

weich; Fiedern der überwinternden Wedel von der Spindel abfallend; Spreuschuppen meist mit Scheinnerv; Sori meist der Mittelrippe genähert u. in der Mitte der Abschnitte gehäuft. Spor.reife: VII–VIII. 2n = 144.

Felsspalten, auf Serpentingestein. – Sehr selten, nur Schles., Sachs. (Hohenstein, Zöblitz), Fichtelgebg., Frankenwald. – Norw., Schwed., Finnl., Frankr., ö. M-Eur., Schweiz, Österr., Ung., Bosn.; praealp.

37. A. víride Huds. Grüner St.

♃, *H.* – H. bis 0,20. *B.stiel am Grd. braun, oben wie die ganze Spindel grün,* weich; Spindel rinnig, ungeflügelt; Fiedern der selten überwinternden Wedel an der Spindel bleibend u. mit dieser zugrundegehend; Spreuschuppen meist ohne Scheinnerv; Sori der Mittelrippe genähert u. in der Mitte der Abschnitte gehäuft. Spor.reife: VII–VIII. 2n = 72.

Felsspalten, Mauern; ±feuchte, meist kalk- u. nährstoffreiche Substrate. – Zerstreut bis geb.weise verbreitet: Alp. (bis 2540 m), Alp.vorland, SW-D., Riesengebg.; im übrigen S-D. selten; weiter n. selten u. nur vereinzelt bis Westf., Brand. – Eur. Gebg. (von Skand., Isl. bis Med.), Kauk.; Vord.As. bis Him.; Sib.; N-Am.; no-praealp(-alp).

2. Sect. Athyrioídes

38. A. obovátum Viv. em. Bech. Eiförmiger St.
(= A. lanceolatum Huds.)

♃, *H.* – H. bis etwa 0,20. *Wedel im Umriß länglich- bis eiförmig-lanzettl., am Grd. etwas verschmälert* od. zumindest nicht verbreitert, *lang zugespitzt,* doppelt gefiedert; Spindel wenigstens anfangs zerstreut mit braunen, lanzettl., lang-zugespitzten Spreuschuppen besetzt, unterer Teil wie der Stiel glänzend rotbraun, mit eilanzettl. bis eiförmig-länglichen Fiedern; *Sori länglich, dem Rande genähert.* Spor.reife: VII–IX. 2n = 144. Im Geb. nur: var. billótii (F. Schultz) Bech. (= ssp. lanceolatum P. Silva, A. billotii F. Schultz) mit stachelspitzig-gesägten bis fast fiederspaltigen Fiederchen.

Felsspalten, Mauern, auf Silikatgestein. – Sehr selten, nur S-Pfalz – N-Vogesen. – W-Eur., Med., N-Afr.; atl-submed.

39. A. fontánum (L.) Bernh. (Abb. 10h) Jura-St.
[= A. halleri (Roth) DC.]

♃, *H.* – H. 0,08–0,25. *Wedel im Umriß schmal lanzettl.,* zugespitzt, *am Grd. stark verschmälert,* doppelt gefiedert, nebst der grünen Spindel kahl, mit länglich-eiförmigen Fiedern u. eckig gezähnten Fiederchen; Wedelstiel nur am Grd. schwarzbraun; *Sori kurz, dem Mittelnerven genähert.* Spor.reife: VII–IX. 2n = 72.

Felsspalten, Mauern, auf kalkreichen Substraten. – Sehr selten: Hess. (Marburg, erloschen), S-Schwarzwald (Höllental, ob noch?), Jura (Überkingen). – (Engl.), Frankr., D., Österr., Schweiz, N- u. O-Span.; NW-Him.; w-praealp.

3. Sect. Acrópteris

40. A. septentrionále (L.) Hoffm. (Abb. 10a–e) Nordischer St.

♃, *H.* – H. 0,05–0,15. B.stiel kaum vom Wedel abgesondert, gefurcht; *B.abschnitte* (Fiedern) *lineal. od. lineal.-lanzettl.,* am Grd. langkeilförmig, ganzrandig, an der Spitze ungleich eingeschnitten-3zähnig; Sori verlängert-lineal., zusammenfließend. Spor.reife: VII–VIII. 2n = 144.

Felsspalten, Mauern; meist trockene, saure, kalkfreie, silikatreiche Substrate. – Zerstreut bis verbreitet: S- u. M-D. (Alp. bis 1500 m); n. seltener u. nur vereinzelt bis Westf. (Hochsauerland), Schl.Holst., Meckl., Westpr. – Gebg. N- u. M-Eur., Gebg. des Med., Kauk., Altai, Him.; Neu-Mex.; euras-subozean-submed (praealp).

41. A. seelósii Leyb. Dolomiten-St.

♃, *H.* – H. 0,02–0,10. B.stiel deutlich vom Wedel abgesondert; *Wedel jung meist 3spaltig, später meist gefingert- od. abwechselnd gefiedert-3zählig;* B.abschnitte länglich-rhombisch, am Grd. keilförmig u. ganzrandig, zuweilen 2- bis 3spaltig; Sori breit lineal; schräg zum Rande verlaufend, zuletzt ganze Unterseite bedeckend. Spor.reife: VII–VIII. 2n = 72.

Felsspalten, auf Dolomit. – Sehr selten, nur bei Bad Reichenhall. – SO-Alp.; o-alp.

4. Sect. Rúta-Murária

42. A. fissum Kit. (Abb. 10k) Zerteilter St.

♃, *H.* – H. 0,03–0,15. *B.stiel* 3kantig, mit tiefer Rinne, *am Grd. glänzend kastanienbraun,* sonst grün; Wedel im Umriß eiförmig-länglich od. länglich-lanzettl., 3- bis 4fach gefiedert, unterste Fieder etwas entfernt; Fiederchen keilförmig, 2- bis 3spaltig; Indusium anfangs ganzrandig, später unregelmäßig gekerbt. Spor.reife: VII–IX. 2n = 72.

Felsspalten, Geröll; frische, kalkreiche Substrate. – Sehr selten, nur Ruhpolding (750–1150 m). – Alp. u. so-eur. Gebg.; o-praealp.

43. A. rúta-murária L. (Abb. 10g) Mauerraute

♃, *H.* – H. 0,03–0,15. *B.stiel fast ganz grün;* Wedel im Umriß 3eckig-eiförmig, 2- bis 3fach gefiedert; Fiederchen rhombisch bis länglich-verkehrt-eiförmig, am Grd. keilförmig; Indusium gefranst. Spor.reife: V–IX. 2n = 144. Vielgestaltig.

Felsspalten, Mauern; trockene, meist kalkhaltige Substrate. – Zerstreut an Mauern im N-Flachland; verbreitet bis häufig im m. u. s. Geb. (Alp. bis 2330 m). – Eur., N-Afr., SW-As. bis Him.; N-Am.; (no-)euras-submed.

44. A. adiántum-nígrum L. (Abb. 10i) Schwarzstieliger St.

♃, *H.* – H. 0,10–0,45. Wedel im Umriß breit-eiförmig bis lanzettl. od. 3eckig; 2- bis 3fach gefiedert, glänzend od. glanzlos; *Fiedern* ±*gerade gestreckt-abstehend,* selten schwach aufwärts-gekrümmt. Spor.reife: VII bis VIII. Umfaßt (bisweilen auch als Arten bewertet):

ssp. adiántum-nígrum (= ssp. nigrum Heufl.); *Wedel lederig,* oberseits *glänzend, überwinternd,* lang zugespitzt; Fiedern u. Fiederchen zugespitzt; Abschnitte letzter Ordn. gerade-aufrecht-abstehend, eiförmig, scharf-gesägt. 2n = 72, 144.

Fels- u. Mauerspalten, Eichenwälder; kalkarme Silikat-Substrate. – Selten u. zerstreut, nur M- u. S-D. (n- bis etwa Westf., Harz, Thür., Sachs., Schles., s. bis Hohentwiel). – Gem. W- u. M-Eur., Med., Kauk.geb. bis Him., Afr.; subatl-submed.

ssp. serpentíni (Tausch) Koch (= A. cuneïfolium Viv.); *Wedel krautartig, glanzlos,* meist *nicht überwinternd,* kurz zugespitzt bis stumpflich; Fiedern u. Fiederchen ±stumpf; Abschnitte letzter Ordn. aufrecht-abstehend od. ±zurückgekrümmt, am Grd. keilförmig, vorn gestutzt od. abgerundet, nur in der vorderen Hälfte gekerbt bis stumpflich- od. spitz-gesägt. 2n = 72.

Serpentin-Felsspalten. – Sehr selten: O-Thür. (stark zurückgegangen; Greiz), Sachs. (Muldegeb., Olbernhau, Zöblitz), Schles. (Eulen- u. Zobtengebg.), Fichtelgebg., Frankenwald (Kupferberg). – W- u. M-Eur., Span., Ital., Balk., Transkauk., S-Chin.; submed-subatl.

45. A. onópteris L. Spitzer St.
[= **A. adiantum-nigrum** L. **ssp. onopteris** (L.) Heufl.]

♃, *H.* – H. bis 0,45. Wedel im Umriß eiförmig bis eiförmig-zugespitzt, 2- bis 3fach gefiedert, ±lederig, glänzend, überwinternd; *Fiedern bogig aufwärts-gekrümmt u. zusammenneigend* od. aufrecht-abstehend; Abschnitte letzter Ordn. länglich bis schmal-länglich, selten eiförmig. Spor.reife: wohl nach dem Überwintern. Umfaßt (bisweilen auch als Arten bewertet):

ssp. onópteris; Wedel dünn-lederig, zugespitzt; Fiedern lang zugespitzt; Abschnitte letzter Ordn. länglich, scharf-gespitzt, eingeschnitten stachelspitzig-gesägt; seltener alle Teile etwas stumpflich. 2n = 72.

Felsspalten, nicht od. nur selten auf Serpentin. – Ob im Geb.?; eine abweichende Form sehr selten in Schles. (Zobten, auf Serpentin). – Med., W-Eur., n-atl. Ins., Bulg., Portorico, Hawai; med(-atl).

ssp. silesíacum (Milde) (= A. silesiacum Milde); Wedel dicklederig, starr, mit stumpflicher Spitze; Fiedern kurz u. stumpfgespitzt; Abschnitte letzter Ordn. klein, schmal-länglich bis länglich, am Grd. verschmälert u. ganzrandig, vorn stumpflich bis gestutzt u. stumpflich- bis spitz-gezähnt. 2n = 72.

Serpentin-Substrate. – Sehr selten, nur Schles. (Zobtengebg.). – Schles., Griech.; med.

Bastarde:

A. adulterinum × viride [A. × poscharskyanum (Hofm.) Preism.], A. fontanum × viride (A. × gautieri Christ), A. ruta-muraria × septentrionale (A. × murbeckii Dörfl.), A. ruta-muraria × viride (A. × meyeri Rothm.), A. septentrionale × ruta-muraria (A. × suevicum Bertsch ex D. E. Meyer), A. septentrionale × trichomanes ssp. bivalens (A. × germanicum auct., A. × alternifolium Wulfen), A. septentrionale × trichomanes ssp. quadrivalens (A. × heufleri Reich.), A. trichomanes ssp. bivalens × ssp. quadrivalens (A. × lusaticum D. E. Meyer), A. trichomanes ssp. quadrivalens × viride (A. × bavaricum D. E. Meyer).

Intergener. Bastard:

× **Asplenoceterach** D. E. Meyer (**Asplenium** sp. × **Ceterach** sp.),
× A. badense D. E. Meyer (Asplenium ruta-muraria × Ceterach officinarum).

15. Céterach Adans. Milzfarn

x = 9 (36 ?)

46. C. officinárum DC. (Abb. 11a–b)
(= Asplenium officinarum L.)

♃, *H.* – H. 0,10–0,20. Wedel büschelig, im Umriß lineal.-lanzettl., fiederspaltig, oberseits graugrün, meist kahl, unterseits nebst dem kurzen

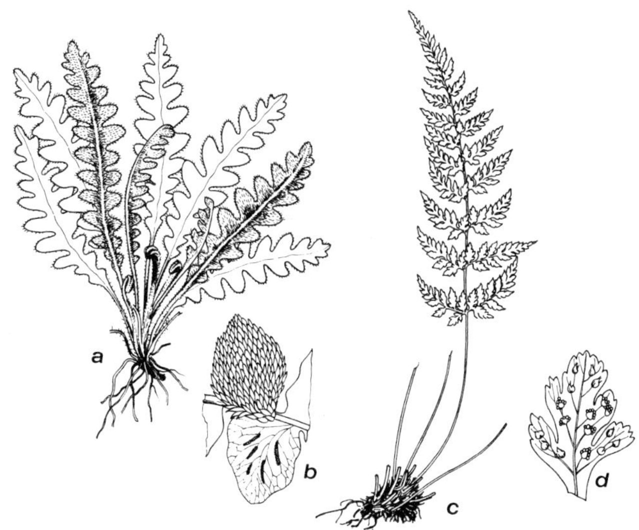

Abb. 11. *a–b Ceterach officinarum* (*a* Habitus, *b* Wedelabschnitt von der Unterseite, oben mit u. unten ohne Spreuschuppen); *c–d Cystopteris fragilis* (*c* Wedel, *d* Wedelausschnitt von der Unterseite mit Sori).

Stiel dicht spreuschuppig; Fiederabschnitte genähert, eiförmig bis länglich, stumpf, ganzrandig. Spor.reife: V–VIII. 2n = 144.

Felsspalten, Mauern; warme, trockene Substrate. – Selten bis sehr selten u. vereinzelt: SW-D., Rheingeb., Hess.; n. bis Westf., Weserbergland, Harz, Thür. Wald, Frankenwald, Heinrichstein (oberes Saaletal). – Med., W-Eur., Kauk., Vord.As. bis W-Him.; med-submed(-subatl).

2. Trib. Athyríeae

16. Athýrium Roth — Frauenfarn

x = 10 (40 ?)

I. Sorus länglich od. hufeisenförmig; Indusium vorhanden . . . . **47. A. filix-femina**
II. Sorus im Alter fast kreisrund, dann Indusium fehlend **48. A. distentifolium**

47. A. filix-fémina (L.) Roth (Abb. 13h) — Echter F.

♃, *H.* – H. 0,30–1,00. Wedel 2- bis 3fach gefiedert, hellgrün, im Umriß elliptisch-länglich, zugespitzt, nach dem Grd. u. der Spitze verschmälert; Fiedern länglich-lineal. od. lineal.-lanzettl., Fiederchen länglich, eingeschnitten-gesägt; Zipfel länglich, 2- bis 3zähnig; Spindel spärlich mit Spreuschuppen besetzt; *Sori länglich, oft hufeisenförmig; Indusium bleibend,* gewimpert. Spor.reife: VII–IX. 2n = 80.

Laub- u. Nadelwälder; feuchte, nährstoffreiche, mäßig saure, sandige od. locker humose Lehmböden. – Verbreitet im ganzen Geb. (Alp. bis 1800 m). – Eur., N-As., N-Afr., Am., Java; no-euras(-subozean), circ.

48. A. distentifólium Tausch (Abb. 13i) Alpen-F.
[= A. alpestre (Hoppe) Milde]

♃, *H.* – H. 0,30–1,60. Wedel doppelt gefiedert, dunkelgrün, im Umriß länglich-lanzettl.; Fiedern breit lanzettl.; Fiederchen länglich, mit eiförmig-länglichen, gesägten Zipfeln; *Spreuschuppen am Grd. des B.stiels breiter als bei der vor. Art; Sori* in den Winkeln der Zipfel, anfangs länglich od. hufeisenförmig, *zuletzt fast kreisrund, nur jung mit kleinem Indusium.* Spor.reife: VII–VIII. 2n = 80.

Insbes. subalp. Bergmischwälder u. Hochstaudenfluren; frische, nährstoffreiche, kalkarme, lockere, auch steinige Lehmböden. – Zerstreut: Bay. Wald, Alp.vorland u. Alp. (bis 2120 m); selten: Harz, Thür. Wald, Erzgebg., Riesengebg., Frankenwald, Schwarzwald. – N-Eur., Hoch- u. M-Gebg. Eur., Kl.As., Kauk.; NW-Am.; arkt-alp-praealp(-subozean).

Bastard:
A. filix-femina × distentifolium (A. × cassum Chiovenda)

17. Cystópteris Bernh. Blasenfarn

x = 7, (42?)

I. Wedelstiel meist kürzer als die Spreite; Wedel büschelig an der Grd.achse . . . . **49. C. fragilis**

II. Wedelstiel länger als die Spreite; Wedel entfernt an der Grd.achse
   A. Das hintere unterste Fiederchen länger als die folgenden . . . . **50. C. montana**
   B. Das hintere unterste Fiederchen so lang od. kürzer als die folgenden . . . . **51. C. sudetica**

49. C. frágilis (L.) Bernh. (Abb. 11c–d) Zerbrechlicher B.
[= C. filix-fragilis (L.) Borb.]

♃, *H.* – H. 0,10–0,40. *Grd.stock* meist *kurz, dick,* schief, *einen Büschel von Wedeln treibend;* Wedel länglich od. länglich-lanzettl., meist doppelt gefiedert bzw. fiederschnittig; Fiedern ei-länglich-lanzettl., spitz, das unterste Paar kürzer als das folgende; Fiederchen länglich, stumpf, fiederförmig eingeschnitten. Umfaßt (bisweilen als Arten bewertet): ssp. f r á g i l i s; Wedel mit meist ungeteilten Zipfeln; Zipfel spitz od.

zugespitzt; kräftiger als folgende Unterart; gelbgrün; Nerven in die Zipfel auslaufend. Spor.reife: VII–IX. 2n = 168.

Fels- u. Mauerspalten; ±kalkhaltige Substrate. – Zerstreut bis verbreitet: M- u. Hochgebg. (Alp. bis 2360 m); selten N-Flachland. – Fast Kosmopolit; no-euras-subozean-praealp.

ssp. d i c k i e á n a (Sim) Hyl. (= C. dickieana Sim, C. baenitzii Dörfl.) mit ±leistenförmiger Sporenskulptur [bei C. fragilis (L.) Bernh. s. str. Sporen stachelig] u. kleineren, überlappenden Fiederchen ist früher bei Berchtesgaden (Vorderbrand) beobachtet worden. 2n = 168.

ssp. a l p í n a (Wulf.) Hartm. [= C. crispa (Gouan) Fuchs]; Wedel 2- bis 3fach gefiedert, zart, mit schmalen, kurzen, an der Spitze ausgerandeten od. eingeschnittenen Zipfeln; Nerven in die Ausrandung auslaufend. Spor.reife: VII–VIII. 2n = 252.

Steinschuttges.; kalkreiche Substrate. – Zerstreut: Kalkalp. (1200–2400 m), Bay. Wald (Arber). – N-Eur., Hochgebg. von Pyren. bis Vord.-As. u. Kurd.; alp(-arkt) (subozean).

50. C. montána (Lam.) Desv. Berg-B.

♃, *G, (H).* – H. 0,15–0,45. *Grd.stock dünn, kriechend, einzelne Wedel treibend; Wedel* langgestielt, *im Umriß 3eckig,* 2- bis 4fach gefiedert, das unterste Fiederpaar länger als das folgende, *das hinterste unterste Fiederchen am längsten;* Zipfel gezähnt; Zähne spitz od. ausgerandet; Indusium meist kahl od. wenig-drüsig. Spor.reife: VII–VIII. 2n = 168.

Hochmont. u. subalp. Steinschutt- u. Felsspaltenges.; feuchte Kalksubstrate. – Selten: Alp. (bis 2400 m), Jura (Randen, Plettenberg). – N-Eur., Schottl., Hochgebg. von Pyren. bis Karp., Apenn.; Him.; Kamtsch.; N-Am.; arkt-alp (subozean), circ.

51. C. sudética A. Br. et Milde Sudeten-B.

♃, *G.* – H. 0,15–0,25. *Grd.stock kriechend, einzelne Wedel treibend; Wedel* auf langem, sparsam mit Schuppen besetztem Stiele *fast 3eckig od. eiförmig,* fast 3fach gefiedert; Fiedern länglich bis lanzettl., das unterste Paar länger als das folgende; *Fiederchen* trapezoidisch od. länglich-eiförmig, eingeschnitten, *das hintere unterste so lang od. kürzer als die folgenden;* Zipfel verkehrt-eiförmig, gestutzt, ausgerandet 2zähnig, der endständige 3- bis 4zähnig; Indusium papillös. Spor.reife: VII–VIII. 2n = 168.

Hochmont. Steinschutt- u. Felsspaltenges.; feuchte, humose Kalksubstrate. – Sehr selten, nur Berchtesgaden (1000 m). – Sud., Alp., Karp., Kauk., Norw., N-Rußl., O-Sib.; arkt-alp(kont).

6. Subfam. Woodsioídeae

18. Wóodsia R. Br. Wimperfarn

x = 39?, 41

I. Wedelstiel braun bis rotbraun, mit Spreuschuppen u. Haaren
  A. Wedel bräunlich-grün; Spreuschuppen u. Haare der Wedel ziemlich dicht, bleibend .... 52. **W. ilvensis**
  B. Wedel gelbgrün; Spreuschuppen u. Haare der Wedel spärlich; Wedel oft später fast kahl .... 53. **W. alpina**
II. Wedelstiel gelb-grün, nur am schwarzbraunen Grd. mit Spreuschuppen; Pfl. sonst kahl .... 54. **W. pulchella**

52. **W. ilvénsis** (L.) R. Br. (Abb. 12a–b) Südlicher W.

♃, *H.* – H. 0,08–0,20. Pfl. rel. kräftig, rasenartiger Wuchs; *Wedel* lanzettl., bräunlich-grün, unterseits *sowie die Spindel u. der Stiel ziemlich dicht spreuschuppig* u. gliederhaarig, gefiedert; Stiel rotbraun, glänzend; Fiedern ±gegenständig, eiförmig-länglich, untere tief fiederspaltig; Zipfel länglich, jederseits 5 bis 8, abgerundet, besonders am Vorderrand deutlich gekerbt. Spor.reife: VII–VIII. 2n = 82.

Felsspalten, Geröll, (Mauern); kalkarme Substrate. – Selten: Bodenwerder, Harz, Burghasungen, Rhön, oberes Saaletal (z. B. Schloß Burgk, Hof), Erzgebg., Muldegeb., Lausitzer Bergland, Schles., (Hinterpomm.), Frankenwald, S-Schwarzwald (Hirschsprung, Utzenfeld). – N-Eur., Isl., M-Eur., Alp., Karp., Kl.As., N-Rußl., Sib.; N-Am., Grönl.; arkt-alp(-subozean), circ.

53. **W. alpína** (Bolton) S. F. Gray (Abb. 12c) Alpen-W.
[= W. ilvensis (L.) R. Br. ssp. hyperborea (Liljebl.) Hartm.]

♃, *H.* – H. 0,02–0,17. Pfl. zarter, kaum rasenartiger Wuchs; *Wedel* länglich bis schmal-länglich, gelbgrün, *unterseits sowie die Spindel spärlich spreuschuppig* u. gliederhaarig, später oft kahl, gefiedert; Stiel braun, am Grd. schwarz; Fiedern wechselständig, rundlich-eiförmig, fiederspaltig-gelappt; Zipfel keilförmig-verkehrt-eiförmig, jederseits 1 bis 2 (bis 4), abgerundet, ganzrandig od. wellenförmig ausgeschweift. Spor.-reife: VIII–IX. 2n = 164.

Felsspalten. – Sehr selten, nur Allgäu (SW-Abfall Höfats), Riesengebg. – N-Eur., Pyren., Alp., Sud., Karp., N- u. Z-As., nö. N-Am.; arkt-alp.

54. **W. pulchélla** Bertol. Zierlicher W.
[= W. glabella R. Br. ssp. pulchella (Bertol.) Löve et Löve]

♃, *H.* – H. 0.02–0,12. *Pfl.* sehr zart, kahl, *nur am Grd. des B.stieles spreuschuppig;* Wedel lanzettl., zugespitzt, einfach, am Grd. fast doppelt gefiedert; *Stiel gelb bis grün,* unten 1 bis 4 rundliche, oben eiförmig bis lanzettl. Fiedern; Fiedern wechselständig, zart, z. T. fiederteilig; Zipfel

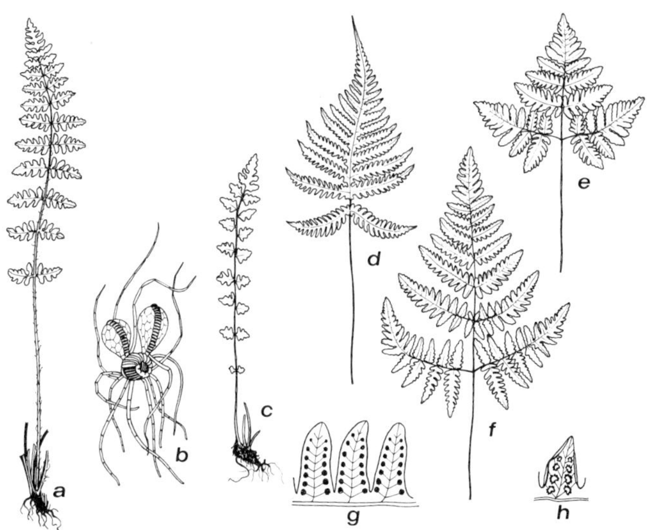

Abb. 12. *a–c Woodsia* spp., *a–b W. ilvensis* (*a* Wedel, *b* Sorus), *c W. alpina* (Wedel); *d–h Thelypteris* spp., Wedel bzw. Wedelabschnitte von der Unterseite mit Sori (*d Th. phegopteris*, *e Th. dryopteris*, *f Th. robertiana*, *g Th. limbosperma*, *h Th. palustris*).

verkehrt-eiförmig bis länglich, abgerundet, an der Spitze gekerbt. Spor.reife: VII–VIII. 2n = 78.

Felsspalten, auf Kalksubstraten. – Sehr selten, nur Allgäu, Berchtesgaden (900–2270 m). – Alp.; alp.

7. Subfam. D r y o p t e r i d o í d e a e

19. Thelypteris Schmidel — Nackthäufchenfarne

I. Indusium fehlend; Wedelstiel lang, mit 2 eiförmigen Leitbündeln
  A. Wedel einfach-gefiedert; Fiedern tief fiederspaltig **55. Th. phegopteris**
  B. Wedel 2- bis 3fach gefiedert
    1. Wedel unterseits drüsenhaarig .... **56. Th. robertiana**
    2. Wedel kahl .... **57. Th. dryopteris**
II. Indusium vorhanden, nierenförmig, klein u. hinfällig; Wedelstiel mit 2 bandförmigen Leitbündeln
  A. Wedel ohne Drüsen; Grd.stock kriechend; Wedel einzeln, nicht rosettig .... **58. Th. palustris**

B. Wedel unterseits mit sitzenden Drüsen; Grd.stock aufrecht mit rosettig gestellten Wedeln (gerieben aromatisch) .... 59. Th. limbosperma

55. Th. phegópteris (L.) Slosson (Abb. 12d) Buchenfarn
[= Phegopteris connectilis (Mchx.) Watt, Nephrodium phegopteris (L.) Prantl]

♃, *G.* – H. 0,15–0,40. Grd.stock braun; *Wedel flaumhaarig,* einfach gefiedert, mit fiederspaltigen Fiedern, im Umriß 3eckig-eiförmig, fast pfeilförmig, lang zugespitzt, das unterste Fiederpaar meist abwärts gerichtet, die untersten Abschnitte der beiderseitigen Fiedern in ein Viereck zusammengewachsen; *Sori fast randständig.* Spor.reife: VI–VIII. 2n = 90.

Buchen- u. Mischwälder; frische, ±nährstoffreiche, kalkarme, humose, lockere, lehmige Böden. – Verbreitet in den Silikatgeb. (Alp. bis 1682 m). – n. gem. Zone, Gebg. S-Eur.; no(-subozean).

56. Th. robertiána (Hoffm.) Slosson (Abb. 12f) Ruprechtsfarn
[= Gymnocarpium robertianum (G. F. Hoffm.) Newman, Nephrodium robertianum (Hoffm.) Prantl]

♃, *G.* – H. 0,10–0,50. Grd.stock ziemlich dick, mattbraun; *Wedel* doppelt gefiedert, *unterseits nebst dem Stiel u. den Spindeln mit zahlreichen, kurzen Drüsenhaaren besetzt;* Fiedern aufrecht, die beiden unteren Paare kleiner als die übrige B.fläche; *Sori genähert,* später meist zusammenfließend, sonst wie vor. Spor.reife: VI–VIII. 2n = ca. 160.

Steinschutt-Wälder, Felsen, Mauern; frische, meist kalkreiche, steinige Substrate. – Zerstreut bis verbreitet: Alp. (bis 2330 m), Alp.vorland, Bodenseegeb., Jura, Baar; zerstreut bis selten im m. u. vereinzelt im n. Geb. – Gem. u. S-Eur., W-As., gem. N-Am.; alp-praealp(-no).

57. Th. dryópteris (L.) Slosson (Abb. 12e) Eichenfarn
[= Gymnocarpium dryopteris (L.) Newm., Nephrodium dryopteris (L.) Mchx.]

♃, *G.* – H. 0,10–0,45. Grd.stock dünn, glänzend braunschwarz; *Wedel* doppelt gefiedert, *mit fiederspaltigen Fiedern,* fast 3eckig, *kahl,* nur am Grd. des B.stiels spreuhaarig; Fiedern auf dem Stiel fast waagerecht ausgebreitet; die beiden unteren Paaare gestielt; unterste Fieder fast so groß wie die übrige Blattfläche; Fiederchen länglich, stumpf, ganzrandig od. schwach gekerbt; *Sori randständig, stets getrennt.* Spor.reife: VI–VIII. 2n = 160.

Laub- u. Nadelmischwälder, Mauern; frische, ±nährstoffreiche, kalkarme, lehmige Böden. – Verbreitet, besonders in den Silikatgeb. des Berglandes (Alp. bis 1682 m), im übrigen Geb. zerstreuter. – N- u. M-Eur., Gebg. S-Eur., N-As. bis Jap., gem. N-Am.; no(subozean), circ.

58. Th. palústris (S. F. Gray) Schott (Abb. 12h) Sumpffarn
[= Nephrodium thelypteris (L.) Strempel]

♃, *G.* – H. 0,15–0,60. Grd.stock kriechend; Wedelstiel etwa so lang wie die Fläche, beide ohne Spreuschuppen; *Wedel* länglich bis lanzettl., am Grd. kaum verschmälert, unterseits anfangs ±drüsig, *später drüsenlos;* Fiedern lineal.-lanzettl., etwas entfernt, fast kammförmig-fiederteilig, wechselständig; *Abschnitte* spitzlich, die der Sporophylle am Rande zurückgerollt, *3eckig u. sichelförmig;* Sori später zusammenfließend. Spor.reife: VI–IX. 2n = 70.

Bruchwälder, Moorränder, Gräben; nasse, ±nährstoffreiche, etwas saure, torfig-humose, tonige Böden. – Verbreitet bis zerstreut im N-Flachland, im Bergland selten od. fehlend; s. bis Alp.vorland (bis 850 m). – Eur., NW-Afr., N-As., Him., Jap., N-Am.; euras(-kont), circ.

59. Th. limbospérma (All.) Fuchs (Abb. 12g) Bergfarn
[= Lastrea limbosperma (All.) Holub et Pouzar, Nephrodium montanum (Vogl.) Baker]

♃, *H.* – H. 0,30–1,20. Grd.stock kurz, aufsteigend; *Wedelstiel* viel kürzer als die Fläche, *nebst dem unteren Teil der Spindel mit kleinen, braunen Spreuschuppen besetzt; Wedel* länglich-lanzettl., *beiderseits stark verschmälert, unterseits drüsig;* Fiedern fiederspaltig, genähert, unterste sehr klein, 3eckig, obere lanzettl., untere gegenständig, *Abschnitte stumpf, flach, ganzrandig od. schwach geschweift; Sori dem Rande genähert,* nicht zusammenfließend; Geruch aromatisch. Spor.reife: VII–IX. 2n = 68.

Bergmischwälder, Eichenwälder etc.; feuchte, nährstoffärmere, saure, kalkarme, humose, lehmige Böden. – Zerstreut im Bergland M- u. S-D. (Alp. bis 1815 m), im N-Flachland sehr zerstreut u. selten. – S-Skand., M- u. S-Eur., NO-Kl.As.; no-subatl.

Bastard:
Th. dryopteris × robertiana [Th. × hybrida (Rothm.)]

20. Dryópteris Adans. Wurmfarne

x = 41

I. B.stiel kürzer als die halbe Länge der B.spreite
  A. B. einfach-gefiedert mit tief fiederteiligen Fiedern, höchstens am Grd. der Fiedern 2fach-gefiedert
    1. B.stiel u. Spindel ±locker mit hellen Spreuschuppen besetzt; Wedel sommergrün; Fiederchen bzw. Abschnitte ±kerbig-gezähnt
      a) Wedel meist über 0,50 lang; Fiederchen bzw. Abschnitt mit etwa 8 bis 10 Sori; Indusium flach, kahl . . . . **60. D. filix-mas**

b) Wedel meist 0,30–0,50 lang; Fiederchen bzw. Abschnitt mit 1 bis 3 Sori; Indusium gewölbt, drüsig .... **61. D. abbreviata**
2. B.stiel u. Spindel dicht mit dunklen Spreuschuppen besetzt; Wedel dunkelgrün, überwinternd; Fiederchen bzw. Abschnitt fast ganzrandig .... **62. D. pseudo-mas**
B. B. fast ganz 2- bis 3fach gefiedert .... **63. D. villarsii**
II. B.stiel mindestens $^1/_2$ so lang wie die B.spreite
A. B. einfach-gefiedert mit fiederteiligen Fiedern .... **64. D. cristata**
B. B. fast ganz 2- bis 3(bis 4)fach gefiedert
1. B.stiel fast so lang wie die B.spreite; Indusium meist drüsenlos .... **65. D. spinulosa**
2. B.stiel kürzer als die B.spreite; Indusium drüsig **66. D. dilatata**

60. D. filix-más (L.) Schott (Abb. 13a–e) Gewöhnlicher W.
[= Nephrodium filix-mas (L.) Rich.]

♃, *H.* – H. 0,30–1,40. *Grd.stock ein- od. wenigköpfig;* Wedel elliptisch-länglich, lang zugespitzt, *sommergrün,* drüsenlos; Fiedern lineal.-lanzettl., tief fiederspaltig, unterste z. T. gefiedert, gedrängt; Fiederchen bzw. Abschnitte länglich, flach od. konvex, stumpf, am Rande gekerbt-gesägt; *Stiel* $^1/_4$–$^1/_2$ so lang wie die Spreite, *ebenso wie die Spindel* spärlich bis mäßig *mit blaßbraunen Spreuschuppen besetzt;* die Mehrzahl der Fiederchen bzw. Abschnitte mit 6 bis 10 Sori; *Indusium drüsenlos, flach, die Sporangien nicht bedeckend.* Spor.reife: VI–IX. 2n = 164.

Laub- u. Nadelwälder; frische bis feuchte, nährstoffreiche, humose, lehmige Böden. – Verbreitet u. häufig (Alp. bis 1750 m). – Eur., gem. As.; euras-subozean(-submed).

61. D. abbreviáta (DC.) Newm. Kleiner W.
[= D. filix-mas (L.) Schott var. pumila (Moore) Druce]

♃, *H.* – H. 0,30–1,40. *Grd.stock ein- od. wenigköpfig;* Wedel elliptisch-lanzettl., sommergrün, unterseits drüsig; Fiederchen bzw. Abschnitte stumpf, wellig od. konkav, insbesondere am Vorderrand buchtig-gekerbt bis kerbig-gelappt; *Stiel* $^1/_4$–$^1/_2$ so lang wie die Spreite, *spärlich bzw. unten dichter mit blaßbraunen Spreuschuppen besetzt;* die Mehrzahl der Abschnitte mit 1 bis 4 Sori; *Indusium mit drüsigem Rand, gewölbt, die Sporangien ±bedeckend.* Spor.reife: VI–IX. 2n = 82.

Buchen- u. Tannenwälder, Felsritzen, Geröll, mont. u. subalp. Stufe. – Verbreitung ungenügend bekannt; u. a. Schwarzwald. – Isl., W-Eur. (Engl. bis Span.), D., N-Ital., Banat.

62. D. pseudo-mas (Wollaston) Holub et Pouzar Schuppiger W.
[= D. borreri Newm., D. paleacea (Sw.) Hand.-Mazz. var. borreri (Newm.) H. Wolf]

♃, *H.* – H. 0,50–1,50. *Grd.stock ein- od. wenigköpfig; Wedel* im Umriß lanzettl., *derb, meist wintergrün,* drüsenlos; Fiedern tief-fiederspaltig,

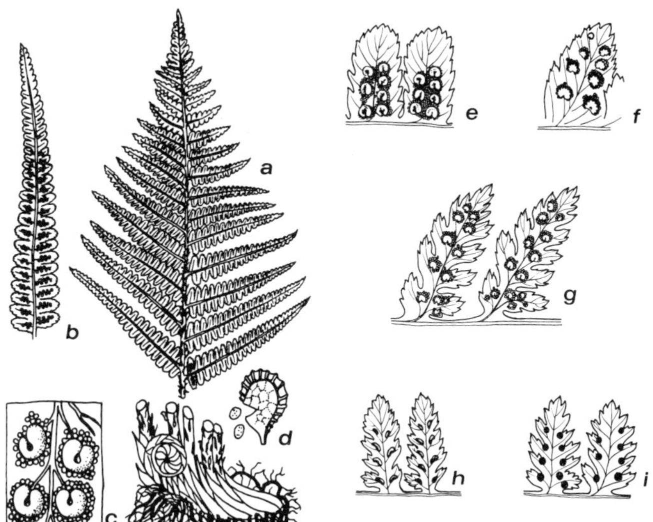

Abb. 13. *a–g Dryopteris* spp., *a–e D. filix-mas* (*a* Wedelspitze von der Unterseite, *b* Wedelfieder mit Sori, *c* 4 Sori mit Indusium, *d* Sporangium, *e* Wedelabschnitt mit Sori), *f–g* Wedelabschnitte von unten (*f D. cristata, g D. dilatata*); *h–i Athyrium* spp., Wedelabschnitte von unten (*h A. filix-femina, i A. distentifolium*).

an der Spindelansatzstelle oberseits braun-schwarz; *Fiederchen bzw. Abschnitte* lineal., stumpf od. gestutzt, ±flach, *nur am Vorderrand mit wenigen kleinen Zähnen, sonst ganzrandig; Stiel* kürzer als $^1/_4$ der Spreite, *ebenso wie die Spindel dicht mit dunklen Spreuschuppen besetzt;* die Mehrzahl der Abschnitte mit etwa 6 Sori; *Indusium derb, drüsenlos, gewölbt, die Sporangien ±bedeckend.* Spor.reife: VII–IX. 2n = 82, 123.

Insbes. mont. Buchen- u. Tannenwälder; feuchte, nährstoffreiche, kalkarme, humose, lehmige Böden. – Zerstreut: u. a. Schwarzwald, Pfalz, Odenwald, Spessart, Alp. (bis 1000 m); selten: Süntel, Harzburg, Waldecker Schloßgrund, Stadtroda, Elbsandsteingebg. – S- u. W-Eur., Norw., D., Österr., SW-As., Kauk.; subatl(-submed).

63. **D. villársii** (Bell.) Woynar Steifer W.
[= Nephrodium rigidum (Hoffm.) Desv.]

♃, *H.* – H. 0,20–0,45. *Wedel* im Umriß länglich-lanzettl., blaßgrün, *beiderseits dicht gelbdrüsig,* kurz gestielt; Fiedern lanzettl., fiederteilig, alle genähert; *Fiederchen* länglich, fiederteilig, meist *stachelspitzig gezähnt,* Stiel u. Spindel reichlich mit Spreuschuppen besetzt; Indusium drüsig. Spor.reife: VII–VIII. 2n = 82, 164. Im Geb. nur ssp. v i l l á r s i i.

Alp. Kalkschuttges. – Selten, nur Alp. (Zugspitzgeb. [oberes Höllental], Chiemgau [Hochgern], O-Alp., 1170–2230 m). – Gebg. W- u. S-Eur., Alp.; alp.

64. D. cristáta (L.) A. Gray (Abb. 13f) Kammfarn
[= Nephrodium cristatum (L.) Mchx.]

♃, *H.* – H. 0,30–0,70. Wedel im Umriß verlängert-lanzettl.; B.stiel zerbrechlich, nur am Grd. sparsam mit Spreuschuppen besetzt; Spindel fast kahl; *Fiedern stumpflich,* die unteren fiederteilig mit sehr genäherten, länglichen, scharf gesägten Abschnitten; *Trophophylle* länglich, kürzer gestielt, *mit 3eckig-lanzettl. Fiedern;* Sporophylle länger u. schmaler, unterste Fiederpaare entfernt, senkrecht zur Wedelfläche gestellt, häufig Unterseite nach oben gewendet; Indusium drüsenlos. Spor.reife: VII–IX. 2n = 164.

Bruchwälder; nasse, ±nährstoffreiche, mäßig saure, torfige Böden. – Zerstreut bis selten, insbes. im N-Flachland, w. Niederlausitz (Finsterwalde), Thür., nach S seltener u. vereinzelt; s. bis Bodenseegeb. u. Alp.vorland (Kufstein). – N- u. M-Eur., Kauk., W-Sib., ö. N-Am.; no(-kont).

65. D. spinulósa (Müll.) Watt Kleiner Dornfarn
[= D. austriaca (Jacq.) Woynar ssp. spinulosa (Müll.) Sch. et Thell., D. carthusiana (Vill.) Fuchs]

♃, *H.* – H. 0,40–0,90. *Wedel im Umriß länglich-eiförmig, oft hellgrün, kahl,* aufrecht, 2- bis 3fach gefiedert; *B.stiel u. Spindel spärlich mit Spreuschuppen besetzt,* etwa so lang wie die Spreite; Fiedern länglich-lanzettl., zugespitzt; das unterste vordere Fiederchen länger als die folgenden; Abschnitte flach, gesägt; Indusium meist drüsenlos. Spor.-reife: VII–VIII. 2n = 82, 164.

Laub- u. Nadelwälder; frische bis feuchte, nährstoffärmere, saure, humose Böden. – Verbreitet im ganzen Geb. – M- u. N-Eur., N-Ital., Bulg., N-As. bis Mandsch., gem. N-Am.; euras(-subozean).

66. D. dilatáta (Hoffm.) A. Gray (Abb. 13g) Großer Dornfarn
[= D. austriaca (Jacq.) Woynar ssp. dilatata (Hoffm.) Sch. et Thell.]

♃, *H.* – H. 0,60–1,50. *Wedel im Umriß eiförmig-länglich bis 3eckig, dunkelgrün, mit gelblichen Drüsen* besetzt, oft überhängend, 2- bis 4fach gefiedert; *B.stiel u. Spindel dichter* als bei D. spinulosa *mit dunklen Spreuschuppen besetzt,* kürzer als die B.spreite; Fiedern lang zugespitzt; das unterste vordere Fiederchen kürzer als die folgenden; Abschnitte oft nach oben gewölbt, gesägt; Indusium drüsig. Spor.reife: VII–VIII. 2n = 164.

Laub- u. Nadelwälder; frische bis feuchte, ±nährstoffreiche, mäßig saure, humose Böden. – Im n. Geb. zerstreut, im s. Geb. verbreitet (Alp. bis 2220 m). – Eur., Isl., Gebg. S-Eur., nö. Kl.As., N-As., N-Am.; (no-)euras-subozean.

Bastarde:

D. dilatata × abbreviata, D. dilatata × pseudo-mas (D. × woynarii Rothm.), D. dilatata × cristata (D. × hercynica Rothm.), D. dilatata × filix-mas [D. × remota (A. Br.) Druce], D. filix-mas × abbreviata (D. × mixta Rothm.),

D. filix-mas × pseudo-mas (D. × tavelii Rothm.), D. spinulosa × abbreviata, D. spinulosa × pseudo-mas (D. × doeppii Rothm.), D. spinulosa × cristata [D. × uliginosa (A. Br.) Woynar], D. spinulosa × dilatata [D. × deweveri (Jans.) Jans. et Wacht.], D. spinulosa × filix-mas (D. × subaustriaca Rothm.), (ob alle im Geb.?).

21. Polýstichum Roth — Schildfarn

x = 41

I. Wedel einfach gefiedert .... **67. P. lonchitis**
II. Wedel 2- bis 3fach gefiedert (z. T. nur unterste Fiedern gefiedert)
  A. Wedel u. Indusium lederartig, unterstes vorderes Fiederchen fast doppelt so groß wie die übrigen .. **68. P. lobatum**
  B. Wedel weich, Indusium ±häutig, z. T. hinfällig, Fiederchen fast alle gleichgroß
    1. Indusium groß, häutig, Sori sehr klein .... **69. P. setiferum**
    2. Indusium sehr klein, fast häutig, Sori groß .... **70. P. braunii**

67. P. lonchítis (L.) Roth (Abb. 14a–f) — Lanzen-Sch.
[= Aspidium lonchitis (L.) Sw.]

♃, *H.* – H. 0,15–0,60. Wedel lanzettl., überwinternd; *Fiedern ungeteilt,* sehr derb, genähert, lanzettl., sichelförmig, am Grd. mit einem nach oben gerichteten Ohrzipfel, am Rande dornig gesägt; B.stiel u. Spindel rostfarbig spreublättrig. Spor.reife: VIII–IX. 2n = 82.

Steinschutt, seltener Mauern; frische, meist kalkhaltige, steinige Substrate. – Meist verbreitet: Alp. (bis 2310 m), Alp.vorland; selten: S-Schwarzwald, Baar (Wutachflühen), Bodenseegeb., Jura, Bay. Waldgeb.; n. davon, z. B. M-Thür. (Haunberg), auf Zechsteinkalk: m. Diemel (Marsberg) sehr selten. – Eur., Kl.As., Kauk., Sib., Turk., Him., ö. N-Am., Grönl.; arkt-alp, circ.

68. P. lobátum (Huds.) Chev. — Gelappter Sch.
[= Aspidium lobatum (Huds.) Sw.]

♃, *H.* – H. 0,30–1,00. *Wedel* lineal.-lanzettl., überwinternd, kurz zugespitzt, *am Grd. sehr verschmälert, lederartig, starr, oberseits etwas glänzend, meist doppelt gefiedert;* Fiedern aus ungleichem, verbreitertem, nach oben geöhrten Grd. länglich; *Fiederchen vorwärts-geneigt, sitzend, herablaufend, das unterste vordere fast doppelt so groß wie die übrigen, aufgerichtet;* Sori klein, zuletzt oft zusammenfließend; *Indusium lederartig.* Spor.reife: VII–X. 2n = 164.

Schluchtwälder, Knickwälle; feuchte, ±kalkhaltige, lehmige Böden. – Zerstreut, insbes. im Bergland (Alp. bis 2280 m); sehr selten u. vereinzelt im N-Flachland (u. a. Schl.Holst.). – Fast Kosmop. bez. gem. Zonen u. trop. Gebg.

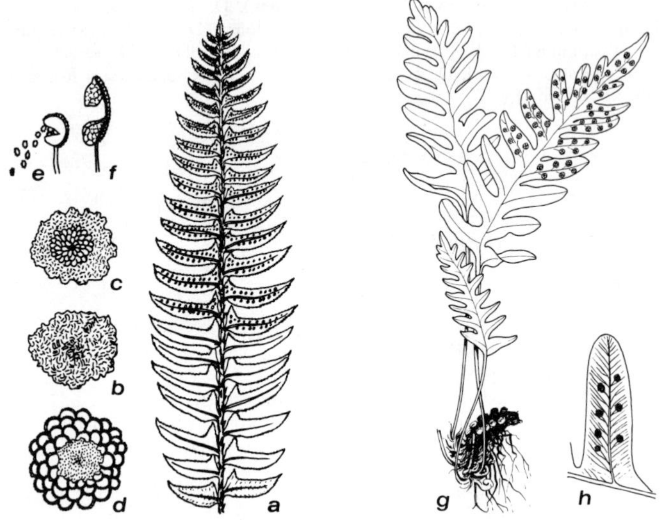

Abb. 14. *a–f Polystichum lonchitis* (*a* Wedel, *b* junger Sorus mit Indusium, *c* dessen Unterseite; *d* älterer Sorus; *e* reifes Sporangium, bei *f* entleert); *g–h Polypodium vulgare* (*g* Habitus, *h* Unterseite einer Fieder mit Sori).

69. P. setiferum (Forsk.) Moore Stachliger Sch.
[= Aspidium aculeatum (L.) Sw.]

♃, *H.* – H. 0,30–1,00. *Wedel* längl.-lanzettl., lang zugespitzt, *am Grd. wenig verschmälert, fast häutig, glanzlos, doppelt gefiedert;* Fiedern aus einem nach oben schwach geöhrten Grd. lineal.-länglich, zugespitzt; *Fiederchen rechtwinklig abstehend, unterseits spreuschuppig, kurz gestielt,* schwach geschweift, nach oben deutlich geöhrt, *das unterste vordere mit den übrigen fast gleichgroß, zurückgekrümmt;* Sori sehr klein, etwas gewölbt; *Indusium groß, häutig.* Spor.reife: VI–VIII. 2n = 82.
Buchenmischwälder; feuchte, kalkarme, humose, lehmige Böden. – Zerstreut u. sehr selten: Rhein-Mosel-Geb. u. Seitentäler (Neander-, Bröl-, Wupper-, Ahr-, Nahe-, Saartal), Schwarzwald, Odenwald, Thür. (Waldecker Schloßgrund), Schles. – Fast Kosmop. bez. gem. Zonen u. trop. Gebg.

70. P. braunii (Spenn.) Fée Brauns Sch.
(= Aspidium braunii Spenn.)

♃, *H.* – H. 0,30–1,00. *Wedel* lanzettl., kurz zugespitzt, *am Grd. allmählich stark verschmälert, häutig, etwas schlaff, 2- bis 3fach gefiedert;* Fiedern aus einem etwas ungleichen, nach oben od. beiderseits verbreiterten Grd. länglich, kurz- u. öfters stumpf-zugespitzt, die untersten

weit kleiner; *Fiederchen ziemlich groß, fast sitzend, angewachsen-herablaufend,* aus ganzrandigem, nach oben abgestutzt-abgeschnittenem Grd. stumpflich, *das unterste vordere wenig größer als die übrigen,* beiderseits mit hellen Spreuschuppen besetzt; *Sori* groß, stark gewölbt, *bis zuletzt getrennt; Indusium sehr klein, fast häutig, hinfällig.* Spor.reife: VII–VIII.
Mont. Buchen- u. Tannenwälder, Schluchten u. Blockfelder, sehr kühle Standorte; frische, kalkarme, saure, lehmige Böden. – Sehr selten, nur Schles., Hess. (Meißner), S-Schwarzwald, Alp. (bis 1700 m). – N- u. M-Eur., Kauk., Amurgeb., N-Am., Hawai; subatl.

Bastarde:

P. lobatum × braunii [P. × luerssenii (Dörfl.) Hahne], P. lobatum × setiferum [P. × bicknellii (Christ) Hahne], P. lonchitis × lobatum [P. × illyricum (Borb.) Hayek], (ob weitere im Geb.?).

22. *Polypódium* L. Engelsüß

x = 37

71. P. vulgáre L. (Abb. 14g–h)

♃, *G.* – H. 0,05–0,45 (u. auch höher). Wedelumriß lineal.-lanzettl. bis eiförmig; Wedelstiel immer kürzer ($^1/_4$–$^1/_3$) als die Spreite; Spreite einfach-gefiedert od. z. T. -fiederspaltig; Fiedern lineal. bis lanzettl., spitz od. stumpf; Sori beiderseits der Seitennerven, rund od. oval. Umfaßt im Geb. (morphologisch schwer zu trennen):

ssp. vulgáre (= P. vulgare L. s.str.); H. 0,05–0,35; Länge der Rhiz.schuppen (3,0)3,5–4,0(5,0) mm; Sekundärnerven der untersten Fiedern mit 1–3(4) Gabelungen; Sori meist kreisrund, Paraphysen fast immer fehlend, verdickte Anuluszellen (5)11 bis 14(20) u. 0–1(2) meist kleine unverdickte Zellen am Grd.; Sporen (45)58–73(78) µ lang; Wedelentwicklung Frühjahr-Frühsommer; Spor.reife: VII–VIII (u. später). 2n = 148.
Eichenwälder, Felsen, Böschungen etc.; ±trockene, kalkfreie, sandige Substrate. – Häufig bis zerstreut (Alp. bis 1360 m). – Isl., Eur., im S. nur in Gebg., bis Kl.As., Kauk., As.; euras-subozean-submed.

ssp. prionódes (Aschers.) Rothm. (= P. interjectum Shivas); H. 0,20–0,45 (u. höher); Länge der Rhiz.schuppen (3,5)4,0–5,5 (6,0) mm; Sekundärnerven der untersten Fiedern mit meist (1)2–3(4) Gabelungen; Sori meist oval, Paraphysen fehlend od. vorhanden; verdickte Anuluszellen (3)6–12(20) u. 2–4 große, unverdickte Zellen am Grd.; Sporen (63)73–90(99) µ lang; Wedelentwicklung im Sommer u. Herbst; Spor.reife: VII–XII. 2n = 222.
Knicks, auf Felsen od. Steinen (nicht kalkmeidend). – Zerstreut bis selten: Küstengeb. der N- u. O-See (bis Königsberg), Rheintal u. Seitentäler, Hohentwiel; Sachs. (Elbsandsteingebg. u. ? Lausitz), Thür. (Elster- u.

Orlatal), Bay. [Fränk. Jura, Regensburg, Alp.(Valepp)]. – Engl., Irl., S-Dän., N- u. W-D., Holl., Belg., Frankr., N-Span., W- u. S-Alp.; Istambul; atl(-med).

Anmerkung:
Das immer paraphysentragende P. vulgare L. ssp. serrulatum Arcang, (= P. australe Fée; 2n = 74) mit 5–11 mm langen, meist lineal-lanzettl. Spreuschuppen am Rhiz., ovalen Sori, im Geb. nicht sicher nachgewiesen.

Droge: Rhizoma Polypodii

Bastard:
P. vulgare ssp. prionodes × ssp. vulgare (= P. × mantoniae Rothm.)

8. Ordn. Marsileáles

9. Fam. PILULARIÁCEAE Dum. Pillenfarngewächse

23. Pilulária L. Pillenfarn

x = 13

72. P. globulífera L. (Abb. 15 a)

♃, *HH.* – H. 0,02–0,15. St. fadenförmig, kriechend; B. binsenartig, borstlich, bei der Landform aufrecht, jung schneckenförmig eingerollt; Sporokarpien am Grd. der B. fast sitzend, kugelig. Spor.reife: VII–IX. 2n = 26. Meist Landformen.

Strandlingges., Teich- u. Grabenränder; nasse, zeitweilig überschwemmte, kalkarme, humose Schlammböden. – Zerstreut u. selten: N-Flachland (Westf., Nieders., nach O abnehmend bis Hinterpomm.); sehr selten im m. u. s. Geb., u. a.: Rheinprovinz, S-Hess., O-Thür., Sachs., Niederschles., Rheinpfalz, Rheinebene, Schwäb.-fränk. Wald; s. bis Immenstadt (Werdensteiner Moor). – W- u. SW-Eur., S-Skand., Finnl., D., Ital., M- u. S-Rußl.; subatl.

10. Fam. MARSILEÁCEAE R. Br. Schlammfarngewächse

24. Marsílea L. Kleefarn

x = 10

73. M. quadrifólia L. (Abb. 15 b)

♃, *HH.* – H. 0,05–0,10(0,18). St. kriechend; B. lang-gestielt, 4zählig; B.chen verkehrt-ei-keilförmig, vorn abgerundet, ganzrandig; Sporokarpien nahe dem Grd. der B., gestielt, bohnenförmig od. oval. Spor.reife:

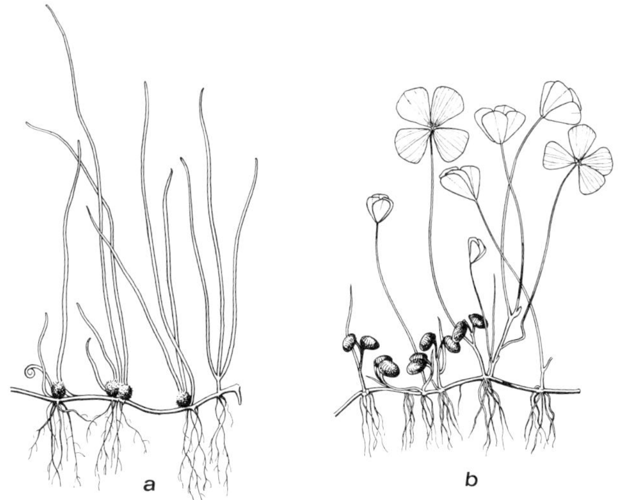

Abb. 15. *a Pilularia globulifera* (Pflanze mit Sporokarpien); *b Marsilea quadrifolia* (Pflanze mit Sporokarpien).

VIII–X. 2n = 40, 32. Land-, ganz- u. halbuntergetauchte Formen. Zwergbinsenges., Ufer, Schweineweiden; nasse, zeitweilig überschwemmte, nährstoffreiche, humose, tonige Schlammböden. – Sehr selten, nur noch vereinzelt Oberrheinebene. – W- u. SW-Eur., SW-D., Österr., Ung. Pol., N-Ital., Jugosl., Bulg., SO-Rußl., As., (ö. N-Am.); euras(-kont).

9. Ordn. Salviniáles

11. Fam. SALVINIÁCEAE Dum. Schwimmfarngewächse

25. Salvínia Adans. Schwimmfarn

x = 9

74. S. nátans (L.) All. (Abb. 16a)

⨀, *Th, (HH).* – Pfl. wurzellos, schwimmend; St. 0,03–0,20 lang; B. zu 3, quirlig; je Quirl 2 Schwimmb. u. 1 Wasserb.; Schwimmb. sich mit den Rändern deckend, stumpf-elliptisch, am Grd. schwach herzförmig, oberseits behaart; Wasserb. in haarförmige Abschnitte geteilt, an dessen Grd. die kugeligen Sporokarpien. Spor.reife: VIII–X. 2n = 18.

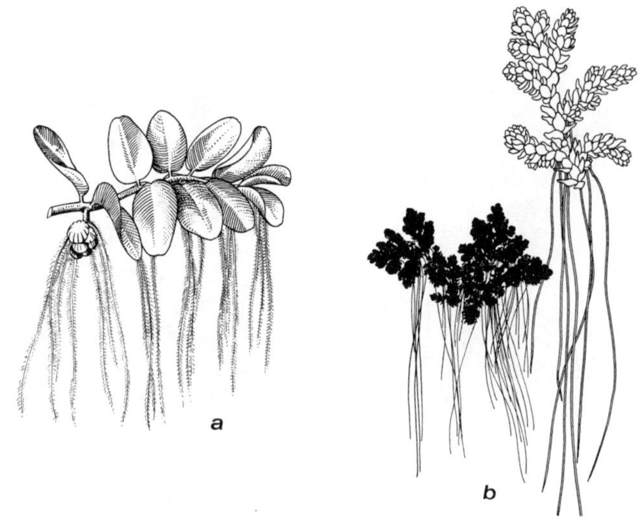

Abb. 16. *a Salvinia natans* (Sproßstück mit Sporokarpien); *b Azolla caroliniana* (Habitus).

Schwimmpflanzenges. nährstoffreicher, meist stehender Gewässer. – Sehr selten u. vereinzelt: Pomm. (ob noch?), Anh., Brand., Sachs. (Torgau), Schles., Oberrheinebene (Rußheim-Rheinsheim), Frank. (ob noch?). – w. bis Niederl., S-Frankr., NO-Span., Ital.; ö. bis M- u. S-Rußl., Kauk., N-Pers., O-As.; Alg.; euras-kont.

12. Fam. AZOLLÁCEAE C. Chr.
Algenfarngewächse

26. Azólla Lam. — Algenfarn

x = 8?

I. Haare der B.oberlappen einzellig .... **75. A. filiculoides**
II. Haare der B.oberlappen meist 2zellig .... **76. A. caroliniana**

75. A. filiculoídes Lam. — Großer A.

♃, ⊙?, *HH.* – *Pfl.* schwimmend, mit W., etwa 0,7–2,5 cm groß, *blaugrün, im Herbst meist rötlich;* St. kurz, fiederig-verzweigt; B. schuppenförmig; *B.oberlappen* ca. 1 mm lang, dicklich, *mit einzelligen Haaren;* B.unterlappen etwas größer; Mikrosporangien zu 35–100; Mikrosporenklumpen mit *Glochiden ohne Querwände* (selten 1 od. 2 an der Spitze). Spor.reife: VIII–X.

Schwimmpflanzenges. stehender, nährstoffreicher Gewässer. – Selten u. unbeständig, verschleppt, bisweilen eingebürgert, u. a. Oberrheinebene, Neckargeb., Nürnberg, Königsberg. – Heimat: w. N-Am., Z- u. S-Am., verschleppt.

76. **A. caroliniána** Willd. (Abb. 16b) Kleiner A.

♃, ⊙?, *HH.* – *Pfl.* schwimmend, mit W., etwa 0,3–1,0 (1,5) cm groß, *oft bleichgrün;* St. sehr kurz, wenig dichotom verzweigt; B. schuppenförmig; *B.oberlappen* kurz, 0,5 mm lang, weich, *mit meist 2zelligen Haaren;* Mikrosporangien zu 8–40; Mikrosporenklumpen mit Glochiden, *Glochiden mit Querwänden.* Spor.reife: VIII–X. 2n = 48.

Schwimmpflanzenges. stehender, nährstoffreicher Gewässer. – Mit A. filiculoides häufig verwechselt; Verbreitung unsicher, sehr selten u. unbeständig ins Freiland verschleppt od. ausgesetzt; u. a. Oberrheinebene, Neckargeb. – Heimat: ö. N-Am. bis Brasil.

II. Abtlg. Gymnospérmae
Nacktsamige Pflanzen

Droge: [Cellulosum Ligni depuratum] (Nadel- od. Laubgehölze)

4. Kl. Coniferópsida

10. Ordn. Coníferae

13. Fam. PINÁCEAE Lindl.
Kiefern- u. Tannengewächse

I. Nadeln einzeln stehend, nur beblätterte Langtriebe vorhanden
   A. Nadeln flach, unterseits mit 2 hellen od. weißen Längsstreifen
      1. Nadeln an der Spitze ausgerandet; Zapfen aufrecht, Schuppen von der stehenbleibenden Spindel einzeln abfallend (Borke grauweiß) . . . . **27. Abies**
      2. Nadeln an der Spitze stumpflich od. zugespitzt; Zapfen überhängend, als Ganzes abfallend . . . . **28. Pseudotsuga**
   B. Nadeln vierseitig, ohne weiße Streifen, stachelspitzig (Zapfen hängend, als Ganzes abfallend; Borke rötlich od. weißgrau) . . . . **29. Picea**

II. Nadeln zu 2–5 od. bis 30 an Kurztrieben gebüschelt; nur an Langtrieben B. einzeln stehend

A. Kurztriebe etwa 20- bis 30nadelig; Langtriebe mit einzelnen Nadeln; Nadeln sommergrün ...... **30. Larix**
B. Kurztriebe etwa 2- bis 5nadelig; Langtriebe mit ±schuppenförmigen B.; Nadeln immergrün ..... **31. Pinus**

Anmerkung: im Schlüssel vornehmlich nur Merkmale der heimischen Arten berücksichtigt.

1. Subfam. Abietoídeae

27. Ábies Mill. Tanne

x = 12

77. A. álba Mill. (Abb. 17a–h) Weißtanne

♄, *MM.* – H. bis 60,00. *Nadeln einzeln,* lineal., *flach, vorn ausgerandet,* auf der *Unterseite mit 2 bläulich-weißen Längsstreifen,* mit scheibenförmig verbreiterter Basis des Stielchens angeheftet, an den Hauptzweigen spiralig allseitswendig, an den Nebenzweigen kammförmig-2seitswendig; Zapfen walzlich, aufrecht; Samenschuppen sehr stumpf, angedrückt. V–VI. 2n = 24.

Mont. Bestände od. in Mischwäldern; frische, nicht unbedingt kalkhaltige Gesteinsböden, ±sommerwarme Geb. hoher Luftfeuchte u. Nebel, spätfrostempfindlich. – Natürliche Hauptverbreitung etwa s. der Linie: (Lodz) – Lausitzer Heide – Jena (Waldecker Schloßgrund) – einschließlich Thür. Wald – Coburg – Ansbach – Rothenburg o. T. – Gunzenhausen – Freising – Ebersberg – Landsberg – Donaueschingen – einschließlich SW-Alb, Schwarzwald – (Vogesen) (Alp. bis 1560 m); daneben gepflanzt. – M- u. S-Eur.; praealp(-submed).
Daneben weitere Arten als Forstbaum (z. T. versuchsweise) kultiviert, u. a.: A. homolepis Sieb. et Zucc. (Jap.), A. grandis (D. Don) Lindl. (w. N-Am.).

28. Pseudotsúga Carr. Douglasie

x = 12

78. P. menziésii (Mirb.) Franco Küsten-D.
[= P. taxifolia (Poir.) Britt.]

♄, *MM.* – H. bis 30,00. Nadeln einzeln, fast waagerecht vom Zweig abstehend, flach, stumpf od. zugespitzt, nicht ausgerandet, unterseits mit 2 weißen Streifen; Zapfen überhängend, als Ganzes abfallend, Deckschuppen herausragend, 3-spitzig. 2n = 24, 26.

Gepflanzt, bisweilen als Forstbaum kultiviert. – Heimat: w. N-Am.

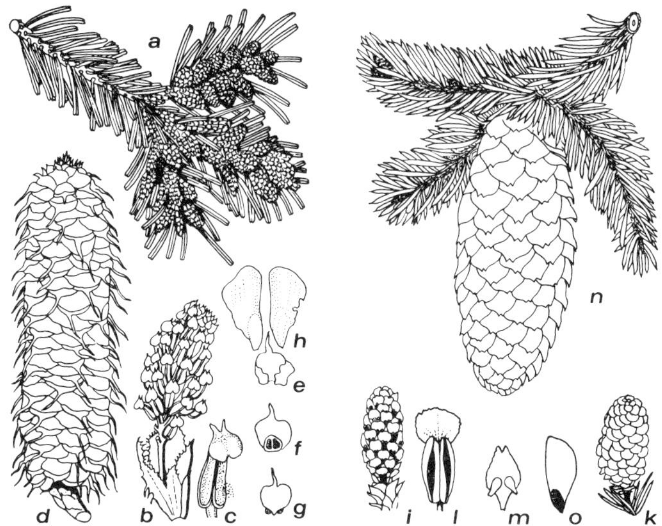

Abb. 17. *a–h Abies alba* (*a* Zweig mit ♂-Blüten, *b* ♂-Blüte, *c* Staubblatt, *d* Zapfen, *e–g* Deck- u. Samenschuppen, *h* Samen); *i–o Picea abies* (*i* ♂-, *k* ☿-Blüte; *l* Staubblatt, *m* Schuppe mit 2 Samenanlagen, *n* reifer Zapfen, *o* Same).

29. Picea A. Dietr. Fichte

x = 12

79. P. ábies (L.) Karst. (Abb. 17 i–o)
[= P. excelsa (Lam.) Link]

♄, *MM.* – H. bis 60,00. *Nadeln* zusammengedrückt, *fast 4kantig, stachelspitzig, einzeln,* allseits dunkelgrün (seltener blaugrün bereift); Zapfen walzlich-konisch, hängend; Deckschuppen ausgebissen-gezähnelt. IV–VI. 2n = 24. Umfaßt im Geb.:

ssp. á b i e s; Borke rot- bis dunkelbraun; junge Triebe kahl od. spärlich kurzhaarig; Samenschuppe vorn ausgerandet od. gestutzt. – Verbreitet u. häufig gepflanzt.

ssp. a l p é s t r i s (Bruegg.) Domin; Borke weißgrau; Triebe dicht kurzhaarig; Nadeln bläulich bereift, kaum stechend; Samenschuppe breit abgerundet, nicht od. kaum ausgerandet. – Iser- u. Riesengebg.

Bestände od. in Mischwäldern; frische, saure Humus- u. Bleicherdeböden, insbes. mont. Stufe bis alp. Baumgrenze. – Natürliche Hauptverbreitung etwa: 1. Ostpr.; 2. Harz, Lüneburger Heide; 3. ö. der Linie: Katzengebg. – Cottbus – Liebenwerda – Meißen – Jena – Eisenach – einschl. Thür. u. Steiger Wald – Treuchtlingen – Kelheim – einschl. Bay. Wald; 4. Schwarzwald – außer

Bodenseegeb. – s. der Linie: Oberschwab. – Memmingen – Landshut – (Steyr) (Alp. bis 1900 m); daneben häufig gepflanzt. – N-Eur. bis Gebg. von W- u. M-Eur., Balk., Rußl.; no-kont(-praealp).

Droge: [Resina Pini]

Daneben weitere Arten als Forstbaum (z. T. versuchsweise) kultiviert, u. a.: P. pungens Engelm. (w. N-Am.), P. sitchensis (Bong.) Carr. (nw. N-Am.).

2. Subfam. L a r i c o í d e a e

30. Lárix Mill. — Lärche

x = 12

I. Rinde grau bis braun; Jungtriebe braun bis schwärzlich; S.schuppen unterseits konvex .... **80. L. decidua**
II. Rinde rotbraun; Jungtriebe hell- bis dunkelrot; S.schuppen unterseits konkav .... **81. L. kaempferi**

80. L. decídua Mill. (Abb. 18a–h) — Europäische L.

♄, *MM.* – H. bis 35,00 (50,00). Jungtriebe braun bis schwärzlich; *Nadeln hellgrün,* die der Kurztriebe bis zu 40 gebüschelt, 10–30 mm lang; Endknospen fast kugelig; Zapfen eiförmig, bis ca. 2 cm lang; *Samenschuppen anliegend, mit welligem Rand.* IV–VI. 2n = 24.

Subalp. Nadelwälder; frische Gesteinsböden. – Natürliche Verbreitung: Alp. (häufiger ö. der Loisach, w. seltener; bis 2003 m). Nahe der Grenze im s. Oberschles.; daneben häufig gepflanzt. – Alp., Sud., Karp., S-Pol.; praealp(-euraskont).

81. L. kǟempferi (Lamb.) Carr. — Japanische L.
[= L. leptolepis (Sieb. et Zucc.) Gord.]

♄, *MM.* – H. bis 30,00. Jungtriebe hell- bis dunkelrot, oft bereift; *Nadeln blaugrün,* die der Kurztriebe bis zu 40 u. mehr gebüschelt, 20–35 mm lang; *S.schuppen am Rand zurückgeschlagen.* IV–VI. 2n = 24.

U. a. als Forstbaum in Geb. höherer Luftfeuchte gepflanzt. – Heimat: Jap.

3. Subfam. P i n o í d e a e

31. Pínus L. — Kiefer

x = 12

I. Nadeln zu 3 bis 5 in gemeinsamer Scheide
A. Junge Triebe dicht rostgelb behaart; Nadeln steif **82. P. cembra**

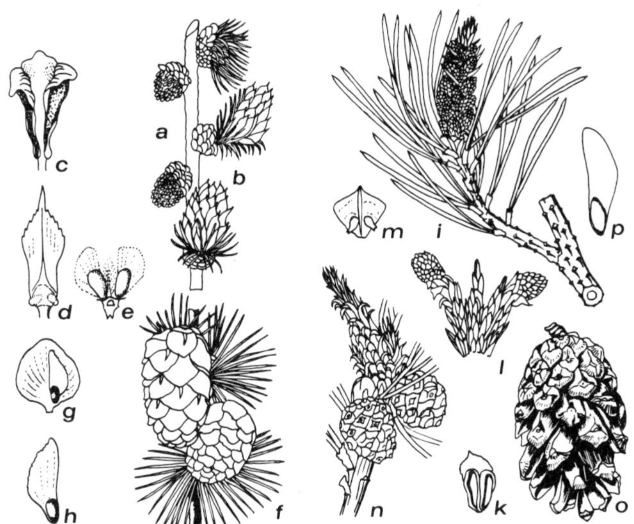

Abb. 18. *a—h Larix decidua* (*a* ♂-, *b* ♀-Blüten; *c* Staubblatt; *d* Samenblatt, bei *e* junge Samen; *f* junger u. älterer Zapfen, *g* Samenschuppen, *h* Same); *i—p Pinus silvestris* (*i* Zweig mit ♂-Blüten, *k* Staubblatt, *l* ♀-Blüten, *m* Samenschuppe, *n* Zweig mit Zapfen, *o* reifer Zapfen, *p* Same).

B. Junge Triebe kahl od. nur sehr fein u. kurz behaart; Nadeln weich, schlaff . . . . **83. P. strobus**

II. Nadeln zu 2 in gemeinsamer Scheide

A. Nadeln (zumindest im 1. Jahr) auf der flachen Seite bläulich-grün; Zapfen deutlich gestielt, matt . **84. P. silvestris**

B. Nadeln allseits ± dunkelgrün; Zapfen fast sitzend, glänzend

1. Nadeln 1—5(8) cm lang . . . . **85. P. mugo**
2. Nadeln (5)8—17 cm lang . . . . **86. P nigra**

Droge: [Oleum Terebinthinae rectificatum]

1. Subgen. H a p l ó x y l o n

1. Sect. C e m b r a

82. P. cémbra L. Zirbel-K., Arve

♄, *MM.* — H. bis 15,00(24,00). *Junge Zweige rostgelb-filzig;* Nadeln zu 3 bis 5, 5 bis 12 cm lang, derb, dreikantig, am Rande rauh; Zapfen eiförmig, unreif violett überlaufen, reif braun; *Same ungeflügelt,* fast haselnußgroß. VI—VII. Im Geb. ssp. c é m b r a.

Obere subalp. Nadelwaldgrenze; saure, kalkfreie, steinige Böden in niederschlagsreichen Lagen. – Selten, nur Alp. (insbes. ö. Teile; 1190–1960 m), daneben gepflanzt. – Alp., Karp., N-Rußl., Ural, W-Sib., Altai; no-kont.

2. Sect. S t r ó b u s

83. P. stróbus L. Weymouth-K.

♄, *MM.* – H. bis 40,00. *Junge Zweige kahl od. nur fein u. kurz behaart;* Nadeln zu 5, dünn, schlaff, 10–14 cm lang, bläulichgrün; Zapfen walzlich, meist länger als die Nadeln; *Same breit geflügelt.* V–VI. 2n = 24.

Nicht selten u. a. als Forstbaum gepflanzt. – Heimat: ö. N-Am.

2. Subgen. D i p l ó x y l o n
3. Sect. E u p í t y s

84. P. silvéstris L. (Abb. 18 i–p) Wald-K.

♄, *MM, (M), (N).* – H. bis 50,00. Nadeln zu 2, etwa 2,0–6(8) cm lang; *Zapfen* meist glanzlos, *diesjährige auf einem hakenförmigen Stiel von Zapfenlänge,* zurückgekrümmt, ei-kegelförmig; Samenschuppe innen vertieft, länglich, mit viereckigem Schild u. warzigem Nabel, untere stets anliegend; Flügel ca. 3- bis 4mal so lang wie der Same. V–VI. 2n = 24. Umfaßt im Geb.:

ssp. s i l v é s t r i s; H. 0,50–50,00; Winterknospen harzfrei; Nadeln bis 1,5 mm breit, oberseits grau-, unterseits dunkel- od. blaugrün; Schild der Samenschuppe hellbraun, matt; Nabel hellbraun, glänzend, nicht schwarz umrandet. – Formenreich, hierzu u. a. (bisweilen als Unterarten bewertet):

- var. b o r ú s s i c a P. K. Schott; Märkische K.; Stamm öfters gebogen; Baumkrone breit, schirmförmig, stumpf; Nadeln 3 bis 5 cm lang, mit 10 bis 17 Harzgängen. – Verbreitet in N-D.
- var. t u r f ó s a Woerl.; Moor-K.; H. selten über 2,00; Stamm gebogen, niedrig; Baumkrone stumpf; Nadeln bis etwa 2,5 cm lang; Zapfen klein. – Hochmoore, Kiefernmoore. – Zerstreut bis selten.
- var. h a g u e n é n s i s Loud.; Mainzer K.; Stamm gebogen; Baumkrone breit, schirmförmig, stumpf; Nadeln 5 bis 8 cm lang, gedreht, glänzend grün, leicht bläulich, mit 4 bis 7 Harzgängen. – Sandböden. – Rheingeb.
- var. h e r c ý n i c a Muench; Höhen-K.; Stamm aufrecht, gerade; Baumkrone ±kegelförmig, spitz; Nadeln 4,5 bis 6,5 cm lang, blaugrün, mit 7 bis 9 Harzgängen; Zapfen 2,5 bis 3,5 cm lang, graubraun. – Silikatböden der Mittelgebg. – Zerstreut: Anh., Thür., Sachs. bis Hess. u. SW-D.
- var. s e p t e n t r i o n á l i s P. K. Schott; Baltische Kiefer; Stamm aufrecht, gerade; Baumkrone unregelmäßig kegelförmig, ±spitz; Nadeln 3,5 bis 4,5 cm lang, graugrün; Zapfen 3,5 bis

4,0 cm lang, braungrün. – Sandböden. – Zerstreut: ö. Ostseeküste.

Daneben einzelne Kalkrassen.

ssp. e n g a d i n é n s i s (Heer) A. et G.; Engadin-K.; H. 5,00–10,00; Winterknospen harzig; Nadeln bis 2 mm breit, unterseits gelbgrün; Schild der Samenschuppe grünlich- bis scherbengelb; Zapfen – besonders aufgesprungen – glänzend; Nabel groß, stumpf, oft mit schwärzlichem Ring; mehrstämmig; Baumkrone pyramidenförmig. – Zerstreut: Alp.vorland, Alp.

Bestände u. Mischwälder; rel. nährstoffarme, meist trockene u. saure, kalkarme, selten kalkreiche Sand-, Moor- od. Gesteinsböden. – Natürliche Hauptverbreitung etwa ö. der Linie Wismar–Halle–Rudolstadt – außer Thür. Wald – Coburg–Kulmbach–Auerbach–Erlangen–Geisenfeld–Augsburg, Memmingen; ferner Heuberg, Schwarzwald; isolierte Vorkommen in SW-D., hess. Bergland, Harz, Lüneburger Heide; daneben häufig gepflanzt. – Eur., As.; no-euras-kont.

Drogen: Turiones Pini, [Oleum Pini silvestris]

85. P. múgo Turra (= P. montana Mill.) Berg-K., Krummholz-K.

♄, ♄, *MM-N.* – H. bis 10,00(20,00). Baum od. Strauch mit z. T. liegenden Ästen. Winterknospen harzig; Nadeln zu 2, beiderseits dunkelgrün, oft gekrümmt, 1–5(8) cm lang; *Zapfen* glänzend, *diesjähr. ohne Stiel od. Stiel höchstens von halber Zapfenlänge,* eiförmig-länglich, waagerecht od. schief abstehend (sehr selten abwärts geneigt); Samenschuppen innen flach od. vertieft, spatelförmig, vorn abgestutzt-gerundet mit rautenförmigem Schilde u. einem mit vortretender Falte versehenen Nabel; Flügel etwa 2mal so lang wie der Same. V, VI. 2n = 24. Vielgestaltig, umfaßt (Gliederung nach der Zapfenform):

ssp. m ú g o; Legföhre; Zapfen symmetrisch, Schuppenschilder flach.

var. m ú g h u s (Scop.) Zenari; Schuppenschilder zentrisch, Nabel in der Mitte der Schuppenschilder. – Zerstreut: O-Alp., ö. Voralp.geb.

var. p u m í l i o (Haenke) Zenari; Schuppenschilder exzentrisch, Nabel unter der Mitte der Schuppenschilder. – Verbreitet: Alp., zerstreut: Schwarzwald, Bay. Wald, Fichtelgebg., Isergebg., Riesengebg.

ssp. u n c i n á t a (Ramond) Domin; Hakenföhre; Zapfen stark unsymmetrisch, Schuppenschilder hakenförmig ausgebildet, höher als breit. – Verbreitet bis zerstreut: Alp., Bay. Wald, Fichtelgebg., Erzgebg., Schwarzwald.

ssp. r o t u n d á t a (Link) Janch. et Neumayer; Moor-Föhre; Zapfen stark unsymmetrisch, Schuppenschilder schwach hakenförmig, breiter als hoch. – Alp., Schwarzwald, Bay. Wald, Fichtelgebg., Erzgebg.

Alp. u. subalp. Baum- u. Strauchges., Hochmoor-Baum- u. Strauchges. – In den Alp. insbes. zwischen 1400–2200 m bestandbildend. – Gebg. von Pyren. bis Karp., Balk., Abruzz.; alp-praealp.

Droge: [Oleum Pini pumilionis]

86. P. nígra Arnold Schwarz-K.

♄, *MM.* – H. bis 35,00. Rinde schwarzbraun; Nadeln starr, dunkelgrün, (5)8–17 cm lang; Zapfen glänzend, gelb-bräunlich. VI. 2n = 24. Im Geb. ssp. n í g r a.

Verschiedentlich u. a. als Forstbaum auf Kalkboden gepflanzt. – Heimat: SO-Eur.

14. Fam. CUPRESSÁCEAE Neger
Zypressengewächse

32. Juníperus L. Wacholder

x = 11

I. B. alle nadelig, bläulich-grün, quirlig
  A. Aufrechter Strauch; Nadeln 7–15(22) mm lang . . **87. J. communis**
  B. Spalierstrauch, niederliegend; Nadeln 4–8 mm lang . . . . **88. J. sibirica**
II. B. zumindest z. T. schuppenförmig, dunkelgrün, meist kreuzweise gegenständig . . . . **89. J. sabina**

1. Subgen. J u n í p e r u s

87. J. commúnis L. (Abb. 19a–h) Gemeiner W.

♄, (♄), *N, M.* – H. 1,00–3,00(12,00). *Meist aufrechter Strauch,* selten niederliegend od. Baum; *B.* in 2- bis 4zähligen Quirlen, *abstehend* od. locker anliegend, lineal.-pfriemlich, oberseits *flachrinnig, unterseits stumpf gekielt,* mit stechender Spitze, 2- bis 3mal so lang wie der Beerenzapfen; Beerenzapfen 4 bis 9 mm dick, schwarz, blau bereift. IV–V. 2n = 22. Umfaßt u. a.:

var. c o m m ú n i s; aufrechter Strauch, seltener Baum; B. 10 bis 15 (22) mm lang, abstehend; B.quirle 5 bis 10(20) mm voneinander entfernt. – Zerstreut im Geb. (Alp. bis 1600 m).

var. i n t e r m é d i a (Schur) Sanio; Strauch meist niederliegend, bis 1,00 hoch; Zweige schlank; B. meist 7 bis 10 mm lang, aufrecht abstehend od. locker anliegend; B.quirle 3 bis 6 mm voneinander entfernt. – Selten: Alp., Sud., Ostpr.

Heiden, Nadel- u. Eichen-Birken-Wälder, Magerweiden; meist ±trockene, mäßig saure bis saure, humose Substrate. – Eur., N- u. W-As., Alg., N-Am.; no-euras, circ.

Drogen: Fructus Juniperi, Lignum Juniperi

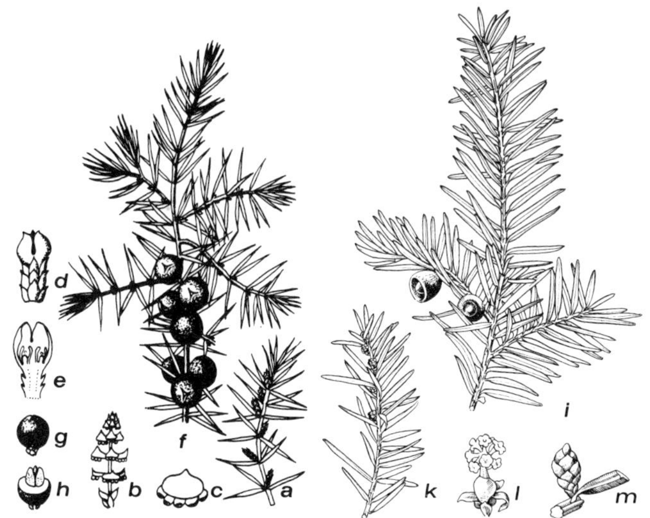

Abb. 19. *a–h Juniperus communis* (*a* ♂-Zweig, *b* ♂-Blüte, *c* Staubblatt; *d* ♀-Blüte, bei *e* längs durchschnitten; *f* Fruchtzweig; *g* Frucht, *h* deren untere Hälfte mit Samen); *i–m Taxus baccata* (*i* Fruchtzweig, *k* Zweig mit ♂-Blüten; *l* ♂-, *m* ♀-Blüte).

88. J. sibírica Lodd. Zwerg-W.
[= J. communis L. ssp. alpina (S. F. Gray) Čelak., J. nana Willd.]

♄, *Ch, N.* – H. bis 0,30(0,50). *Niederliegender Spalierstrauch; Zweige hin- u. hergebogen; B.* meist in 3zähligen Quirlen, anliegend, lineal., 4 bis 8 mm lang, ältere *deutlich kahnförmig, ±aufwärts-gekrümmt; Quirle* gedrängt, *1 bis 3 mm voneinander entfernt;* Beerenzapfen fast so lang wie die B. V–VI. 2n = 22.

Subalp. u. alp. Zwergstrauchgebüsche, Magerweiden; ±frische, mäßig saure, humose, steinige Substrate. – Zerstreut bis verbreitet: Alp. (1600–2320 m), Riesengebg.; sehr selten: Ostpr. – N-Eur., Hochgebg. M-Eur. (Alp., Sud., Karp.), N-As., N-Am.; arkt-alp.

Drogen: vgl. Nr. 87 (bislang nicht ausdrücklich beschränkt auf Nr. 87)

2. Subgen. S a b í n a

89. J. sabína L. Stink-W., Sadebaum

♄, *N, (M).* – H. bis 1,50(3,00). Stamm niederliegend od. aufsteigend; *B. 4reihig,* die junger Pfl. nadelförmig, die älterer Pfl. ±schuppenförmig, dicht dachziegelig, stumpf od. spitz, ***unterseits abgerundet,*** in der Mitte drüsig; Beerenzapfen an gekrümmten Stielen hängend, bis 9 mm lang, blauschwarz, bereift. IV–V. 2n = 22–24.

Trockenrasen, unter Kiefern; trockene, steinige Böden. – Sehr selten (ob ursprünglich?): Ammergau, Reichenhall, Berchtesgaden (bis 1880 m); daneben verschiedentlich gepflanzt u. verwildert. – Alp. u. Gebg. S-Eur., M- u. N-As., N-Am.; praealp-euras-kont.

Droge: Summitates Sabinae

5. Kl. Taxópsida

11. Ordn. Taxáles

15. Fam. TAXÁCEAE Lindl. Eibengewächse

33. Táxus L. Eibe

x = 12

90. T. baccáta L. (Abb. 19i–m)

♄, ♄, *M, (MM).* – H. 3,00–13,00. Nadeln lineal., flach, spitz, oberseits dunkelgrün, unterseits hellgrün, genähert, an abstehenden Zweigen gescheitelt stehend; Bl. blattwinkelständig, sitzend; S. mit rotem, ±bereiftem Arillus. III–IV. 2n = 24.

Insbes. schattige Laub- u. Tannenwälder; frische bis feuchte, humose, oft kalkreichere Substrate. – Selten u. zerstreut: NO-Flachland (Meckl., Pomm. bis Ostpr.); selten u. vereinzelt: Bergland M- u. S-D. (Alp. bis 1400 m). – Gem. Eur., S-Rußl., Kauk., Gebg. S-Eur., Alg., Kl.As., N-Pers.; subatl(-submed).

III. Abtlg. Angiospérmae
Bedecktsamige Pflanzen

Droge: [Cellulosum Ligni depuratum] (Nadel- od. Laubgehölze)

6. Kl. Monocotyledóneae
Einkeimblättrige Pflanzen

12. Ordn. Helóbiae

1. Unterordn. Alismatíneae

16. Fam. ALISMATACEAE Vent.
Froschlöffelgewächse

I. Bl.boden gewölbt; Frb. spiralig angeordnet
  A. Bl. eingeschlechtig; Stbb. spiralig angeordnet .... **34. Sagittaria**
  B. Bl. zwittrig; Stbb. 6, in 1 Kreis .... **35. Baldellia**
II. Bl.boden flach; Frb. in 1 Kreis (Stbb. 6, in 1 Kreis)
  A. Laubb. auch am St., flutend od. schwimmend (Sa. nach innen gewendet) .... **36. Luronium**
  B. Laubb. nur grd.ständig (Sa. nach außen gewendet)
    1. B.spreite am Grd. tief herzförmig; Fr.wand innen holzig .... **37. Caldesia**
    2. B.spreite am Grd. abgerundet bis schwach herzförmig, verschmälert od. B. lineal.; Fr.wand pergamentartig .... **38. Alisma**

34. Sagittária L. — Pfeilkraut

x = 11

91. S. sagittifólia L. (Abb. 20a–b)

♃, *HH.* – H. 0,20–1,25 (halbsubmerse Form). B. grd.ständig, langgestielt, tief-pfeilförmig; sofern ausgebildet: Schwimmb. lanzettl., submerse B. der Pfl. in tieferem Wasser bandförmig-lineal. (bis 2,50 m lang); Bl. in 3zähligen Quirlen; Krb. weiß, am Nagel braunrot; Fr.chen stark seitlich zusammengedrückt, geschnäbelt. VI–VIII. 2n = 22. Meist halbuntergetauchte, selten ganz untergetauchte Formen.

Röhrichte; meist in stehendem u. seichtem, nährstoffreichem Wasser mit Schlammgrd. – Verbreitet bis häufig im N-Flachland, im übrigen Geb. zerstreut bis geb.weise selten (Alp.vorland bis ca. 700 m). – Eur., As.; euras(-submed).

Abb. 20. *a–b Sagittaria sagittifolia* (*a* Spitze des Blütenstandes, *b* Blätter u. Sproßbasis); *c–d Baldellia ranunculoides* (*c* Habitus einer fruchtenden Pflanze, *d* Blüte).

35. *Baldellia* Parl. — Igelschlauch

(= Echinodorus Rich.)
x = 7, 8, 9, 11?

92. B. ranunculoídes (L.) Parl. (Abb. 20c–d) — Hahnenfuß-I.
[= Echinodorus ranunculoides (L.) Engelm.]

♃, *HH.* – H. 0,05–0,30. B. lanzettl., gestielt, 3nervig; Blst. doldig od. doppelquirlig; Krb. weiß bis schwach rosa; Fr.chen ellipsoidisch, 4- bis 5kantig, zugespitzt. VII–X. Umfaßt:

ssp. r a n u n c u l o í d e s; Blst.stiele ±aufrecht, keine Seitenstengel bildend, nicht an den Knoten wurzelnd. 2n = 14, 16, 18, 22. Selten u. zerstreut: Westf., Nieders., Schl.Holst., Meckl., Pomm., Brand., Altmark; ö. bis Usedom, Wollin.

ssp. r é p e n s (Lam.) Löve et Löve; Blst. in Form von 3 bis 6 wurzelnden, zarten Ausläufern entwickelt, mit je 1 bis 4 senkrecht stehenden Bl.dolden; zwischen den Bl.stielen stets den Grdb. ähnliche Laubb. 2n = 16. – Sehr selten: Schl.Holst., Rügen.

Strandlingges.; in sehr flachem, meist nährstoffarmem Wasser. – NW- u. W-Eur., w. Med., NW-Afr.; atl(-submed).

Abb. 21. *a–b Luronium natans* (*a* Habitus der Schwimmblattform, *b* der submersen Form); *c Caldesia parnassifolia* (Habitus der Schwimmblattform).

36. Lurónium Rafin. Froschkraut

(= Elisma Buch.)

93. L. nátans (L.) Rafin. (Abb. 21a–b) Flutendes F.
[= Elisma natans (L.) Buch.]

♃, *HH.* – Flutende Pfl. bis 1,45 lang; Grdb. meist lineal.; Schwimmb. breit-oval, beiderseits abgerundet, lang gestielt; Blst. schwimmend, quirlig mit 3–10 Bl., mit laubartigen Tragb.; Krb. weiß, Fr.chen 6–12, länglich, im Querschnitt rundlich, zugespitzt-geschnäbelt, 12 bis 15rillig. V–X.

Laichkrautges.; in seichtem, meist stehendem, oft nährstoffärmerem Wasser. – Vereinzelt u. selten, von Westf., Nieders., Schl.Holst. ö. bis Westpr.; s. davon sehr selten u. vereinzelt bis Taunus, Sachs., Schles. – W- u. n. M-Eur.; subatl.

37. Caldésia Parl. Herzlöffel

x = 11

94. C. parnassifólia (Bassi) Parl. (Abb. 21c)

♃, *HH.* – H. 0,10–0,90. B. tief-herz-eiförmig, ziemlich stumpf, lang-gestielt, meist schwimmend; Blst. doldig-quirlig; Krb. weiß;

Fr.chen zu 8—15, verkehrt-eiförmig, an der Spitze auswärts abgerundet u. einwärts stachelspitzig, vielrillig. VII—IX.

Röhrichte; in stehendem, nährstoffreichem Wasser, wärmeliebend. — Sehr selten: Meckl. (Langwitzer Seen), Brand. (früher: Kunersdorf), Hess. (Rüdigheim, ob noch?), Bodensee (Lindau). — D., Frankr., N- u. M-Ital., Jugosl., Bulg., S- u. W-Rußl.; gem-kont-submed.

38. Alisma L. — Froschlöffel

x = 5, 6, 7, 8, 13

I. Gr. gerade od. fast gerade
  A. Stbbtl. 1,5 bis 2mal so lang wie breit; B.spreite eiförmig bis oval, am Grd. abgerundet bis schwach herzförmig . . . . 95. **A. plantago-aquatica**
  B. Stbbtl. etwa so lang wie breit; B.spreite lanzettl., am Grd. verschmälert . . . . 96. **A. lanceolatum**
II. Gr. hakenförmig gekrümmt (Stbbtl. breiter als lang; lineal. submerse od. lanzettl. emerse B.) . . . . 97. **A. gramineum**

95. A. plantágo-aquática L. (Abb. 22a—e) — Gemeiner F.

♃, *HH.* — H. 0,15—1,10. *B.* gestielt, *eiförmig, oval od. lanzettl., am Grd. abgerundet* od. schwach herzförmig; Blst. pyramidenförmig mit quirligen, aufrecht-abstehenden Ästen; *Krb.* weiß od. etwas rötlich, am Nagel gelblich, *an der Spitze gerundet;* Stbb. länger als die Frb. (außer Gr.); *Gr. gerade,* meist länger als das Frb. u. unterhalb der Mitte des Frb. angesetzt; *Fr.chen auf dem Rücken gefurcht.* VI—IX. 2n = 10, 12, 14, 16. Meist halbsubmerse, seltener Landformen.

Röhrichte, Großseggenges.; in nährstoffreichem, flachem, meist stehendem Wasser mit Schlammgrd. — Verbreitet im ganzen Geb. (Alp. bis 1150 m). — n. gem. Zone, Austr.; euras-submed.

96. A. lanceolátum With. (Abb. 22g) — Lanzettlicher F.

♃, *HH.* — H. 0,10—0,90. *B. lanzettl., in den B.stiel allmählich verschmälert,* häufig schwach bläulich-grün; *Krb.* rosa, *meist in ein kurzes Spitzchen ausgezogen;* Stbb. etwas länger als die Frb. (außer Gr.); *Gr. gerade,* etwa so lang wie das Frb. u. nahe der Spitze des Frb. angesetzt; sonst ähnlich A. plantago-aquatica. VI—IX. 2n = 24, 26, 28. Meist halbsubmerse, seltener Landformen.

Röhrichte u. Großseggenges.; in nährstoffreichem, meist flachem u. stehendem Wasser mit Schlammgrd. — Wohl zerstreut im Geb., weniger häufig als A. plantago-aquatica; genauere Verbreitung unzureichend bekannt. — Eur., N-Afr., W-As.; submed-euras.

Abb. 22. *Alisma* spp., *a–d A. plantago-aquatica* (*a* Grundblatt u. Blütenstand; *b* Blüte von oben, *c* im Längsschnitt; *d* Frucht), *e–g* Blätter (*e A. plantago-aquatica, f A. gramineum, g A. lanceolatum*).

97. A. gramíneum Lejeune (Abb. 22f) Gras-F.

♃, *HH.* – H. 0,10–0,50. *B. der submersen Form schmal lineal.,* bandartig, lang; B. der Landform lanzettl. od. länglich-ellipt., in den Stiel verschmälert; *Gr. hakig gekrümmt,* kürzer als das Frb.; *Fr.chen meist 3rippig.* VII–IX. 2n = 14. Im Geb. nur ssp. g r a m í n e u m. Submerse u. halbsubmerse, seltener Landformen.

Röhrichte u. Verlandungsges., Laichkrautges., in stehendem od. langsam fließendem, nährstoffreichem Wasser; auch in brackigem Wasser. – Zerstreut u. selten im n. u. m. Geb., ö. bis Ostpr.; im s. Geb. selten, s. bis Bodenseegeb. – W-, M- u. O-Eur., Balk., N-Afr.; europ-kont(-submed)?

17. Fam. BUTOMACEAE L. C. Rich. Schwanenblumengewächse

39. Bútomus L. Schwanenblume

x = 13

98. B. umbellátus L. (Abb. 23a–c) Doldige Sch.

♃, *HH.* – H. 0,60–1,50. Schaft einen einfachen doldenähnlichen Blst. tragend; B. grd.ständig, lang-lineal., rinnenförmig-3seitig; Kr. rötlich-

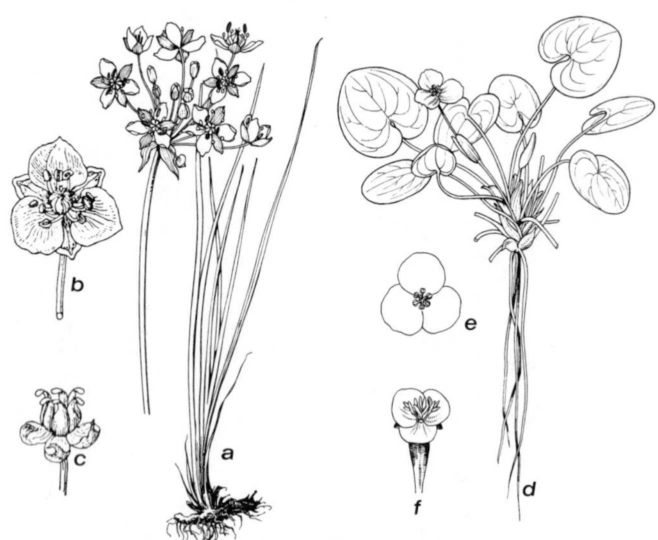

Abb. 23. *a–c Butomus umbellatus* (*a* Habitus, *b* Blüte, *c* Frucht); *d–f Hydrocharis morsus-ranae* (*d* Habitus; *e* ♂-, *f* ♀ Blüte).

weiß; Stbb. 9; Frb. 6. VI–VIII. 2n = 26, 39. Meist halbsubmerse, seltener submerse od. Landformen.

Röhrichte; in stehendem, nährstoffreichem Wasser mit Schlammgrd. – Verbreitet im N-Flachland, nach S abnehmend; in S-D. selten, s. bis Bodenseegeb. u. Alp.vorland. – Eur., As.; euras.

2. Unterordn. Hydrocharitíneae

18. Fam. HYDROCHARITACEAE Juss.
Froschbißgewächse

I. B. schwimmend od. halbsubmers; ♂-Bl. sich nicht ablösend; Frb. 6–15
  A. B. lang gestielt, B.spreite schwimmend, ±kreisrund, nicht gezähnt . . . . **40. Hydrocharis**
  B. B. sitzend, breit-lineal., stachelig-gesägt, zur Bl.zeit halbsubmers . . . . **41. Stratiotes**
II. B. völlig submers; ♂-Bl. sich zur Bl.zeit ablösend, schwimmend; Frb. meist 3

A. B. in Quirlen
  1. B.achselschuppen ganzrandig; B. kleingesägt . . **42. Helodea**
  2. B.achselschuppen gefranst; B. gezähnt . . . . **43. Hydrilla**
B. B. in grd.ständiger Rosette (lang schmal-lineal). . . **44. Vallisneria**

1. Subfam. Stratiotoídeae

40. Hydróchâris L. Froschbiß

x = 7

99. H. mórsus-ránae L. (Abb. 23d–f)

♃, *HH.* – Schwimmblattpfl.; Schwimmb. 0,05–0,30 lang gestielt; B.spreite fast kreisrund, schwimmend, am Grd. tief-herzförmig, am Stielgrd. 2 häutige Nebenb.; Bl. eingeschlechtig; Krb. weiß, am Grd. gelb. VI–VIII. 2n = 28, 14.

Schwimmblattpfl.bestände, Krebsscheren-, Froschbißges.; in ±seichtem, nährstoffreichem, stehendem Wasser mit Schlammgrd. – Verbreitet im N-Flachland, im übrigen Geb. zerstreut; im S bis etwa 600 m. – Eur., As.; euras(-kont).

41. Stratiótes L. Krebsschere

100. St. aloídes L. (Abb. 24a–c)

♃, *HH.* – H. 0,15–0,45. Pfl. zur Bl.zeit halbsubmers; B. rosettig angeordnet, breit lineal.-lanzettl., zugespitzt, unten 3kantig, oben flach, scharf stachelig-gesägt; Bl. eingeschlechtig; Kr.groß, weiß. VI–VIII. 2n = 24, ca. 40.

Krebsscheren- u. Froschbißges.; in ±seichtem, nährstoffreichem, stehendem Wasser mit Schlammgrd. – Verbreitet bis zerstreut im N-Flachland, in M- u. S-D. selten od. fehlend, bisweilen angepflanzt; s. bis Alp.vorland. – Eur., Kauk., W-Sib., Altai; euras(-kont).

2. Subfam. Vallisnerioídeae

42. Helódea Rchb. Wasserpest

(= Elodea L. C. Rich.)
x = 12

I. B. meist zu 3 quirlig; Bl.scheide der ♂-Pfl. mit 1 Bl. **101. H. canadensis**
II. B. meist zu 4 quirlig; Bl.scheide der ♂-Pfl. mit 2–3 Bl. . . . . **102. H. densa**

Abb. 24. *a–c Stratiotes aloides* (*a* Habitus, ein Teil der Blätter entfernt; *b* ♀-Blüte mit einem Kronblatt, *c* ♂-Blüte ohne Krone); *d–h Helodea canadensis* (*d* Sproßspitze einer blühenden ♀-Pflanze, *e* ♀-Blüte, *f* Fruchtknoten mit Hülle, *g* 3samige Schlauchfrucht, *h* Blattspitze).

101. H. canadénsis Rich. (Abb. 24d–h) Kanadische W.
[= Anacharis canadensis (Rich.) Planch.]

♃, *HH.* – Pfl. submers, bis 3,00 lang; *B. meist zu 3* (selten 2 od. 5) quirlig, *länglich-eiförmig,* seltener lineal.-lanzettl., spitz, klein-gesägt; Bl.scheide der ♂-Pfl. mit 1 Bl.; ♂*-Bl.* etwa 1 cm breit, *ohne verlängerte Röhre;* ♀-Bl. mit langer fadenförmiger Per.röhre; K.zipfel rötlich-grün; Krb. weiß od. rötlich. Im Geb. fast nur ♀-Pfl. V–VIII. 2n = 24.
Laichkrautges.; in nährstoffreichem, stehendem od. langsam fließendem Wasser meist mit Schlammgrd. – ♀-Pfl. verbreitet u. häufig von N-D. bis m. Gebg.s-lagen S-D.; ♂-Pfl. sehr selten: Sachs. – Heimat: N-Am., weltweit verschleppt u. eingebürgert.

102. H. dénsa (Planch.) Casp. Dichte W.
[= Anacharis densa (Planch.) Marie-Victor.]

♃, *HH.* – Pfl. submers, bis 3,00 lang, sehr kräftig; *B. meist zu 4* quirlig, fast doppelt so *groß* wie bei H. canadensis, *lineal.-lanzettl.,* abgerundet-zugespitzt, sehr fein gesägt; Bl.scheide der ♂-Pfl. mit 2–3 Bl.; ♂*-Bl.* etwa 2 cm breit, *mit bis 3 cm langer Röhre.* V–VIII. 2n = 48. Wohl nur ♂-Pfl.

Abb. 25. *a–b Hydrilla lithuanica* (*a* Habitus; *b* Blatt mit Axillarschüppchen); *c–g Vallisneria spiralis* (*c* Habitus einer ♀-Pflanze, *d* ♂-Blütenstand, *e* ♂-Blüte, *f* ♂-Blüte freipräpariert, *g* ♀-Blüte aufgeblüht).

Vereinzelt in warmen Gewässern – wohl nur sekundär – eingebürgert; u. a. Niederrhein (Niers), Elster-Saale-Kanal, Karlsruhe. – Heimat: Flor., M- u. S-Am.

43. Hydrílla Rich. Grundnessel

x = 8

103. H. lithuánica (Bess.) Dandy (Abb. 25 a–b)
[= H. verticillata (L. f.) Casp.]

♃, *HH.* – Pfl. submers, 0,15–3,00 lang; B. lineal.-lanzettl., in 2- bis 8zähligen Quirlen, mit 2 gefransten Achselschuppen, sehr fein stachelspitzig-gezähnelt; Bl.scheide der ♀-Pfl. röhrenförmig mit 1 Bl.; ♀-Bl. mit fadenförmiger Per.röhre. VII–VIII. 2n = 16, 24. Im Geb. nur ♀-Pfl.

Stehende, nährstoffreiche Gewässer mit Schlammgrd. – Sehr selten, nur Brand. (Müggelsee), Mündungsgeb. der Oder, Stettin, Gr.Stepenitz, s. Ostpr. – NO-D., O-Eur., Engl., S- u. O-As., Austr., Madagaskar, oberes Nilgeb.; euraskont.

44. Vallisnéria L. Wasserschraube

104. V. spirális L. (Abb. 25c–g)

♃, *HH.* – Pfl. submers, meist mit vielen Ausläufern; B. grd.ständig, 0,20 bis 0,80 lang, lineal., bandförmig, hellgrün; Pfl. 2häusig; ♀-Bl. einzeln, auf langen fadenförmigen, schraubig gewundenen Stielen, mit zylindrischer Bl.scheide; ♂-Bl. zu mehreren in einem dichten, eiförmigen, gestielten, submersen Blst., später abgelöst u. schwimmend. VIII–X. 2n = ♂ 17, ♀ 18.

Vereinzelt in warmen Gewässern — nur sekundär — eingebürgert u.a. Paderborn (♀-Pfl., ob noch?), Karlsruhe, Mosel-Altwasser (♂-Pfl.). – Med., S-Rußl., S-As., Austr., Afr., Am.; med-euras (subtrop-kosmop).

3. Unterordn. Scheuchzeriíneae

19. Fam. SCHEUCHZERIÁCEAE Rud.
Blumensimsengewächse

45. Scheuchzéria L. Blumensimse

x = 11

105. Sch. palústris L. (Abb. 26a–b)

♃, *G.* – H. 0,10–0,20. St. aufrecht, mit scheidigen, lineal.-rinnenförmigen B.; Bl. in armblütiger Traube; Per. gelblich-grün; Fr.chen aufgeblasen, schief-eiförm., bis etwa 7 mm lang, gelbgrün. V–VII. 2n = 22.

Zwischen- u. Hochmoorschlenken; nasser, ±saurer Hochmoor-Torfschlamm. – Sehr zerstreut u. selten: N-Flachland; im übrigen Geb. sehr selten u. vereinzelt (Alp. bis 1350 m). – N- u. gem. Eur., As., N-Am.; no(-kont), circ.

4. Unterordn. Potamogetoníneae

20. Fam. JUNCAGINACEAE L. C. Rich.
Dreizackgewächse

46. Triglóchin L. Dreizack

x = 6

I. N. 6; Teilfr. 6 .... **106. T. maritima**
II. N. 3; Teilfr. 3 .... **107. T. palustris**

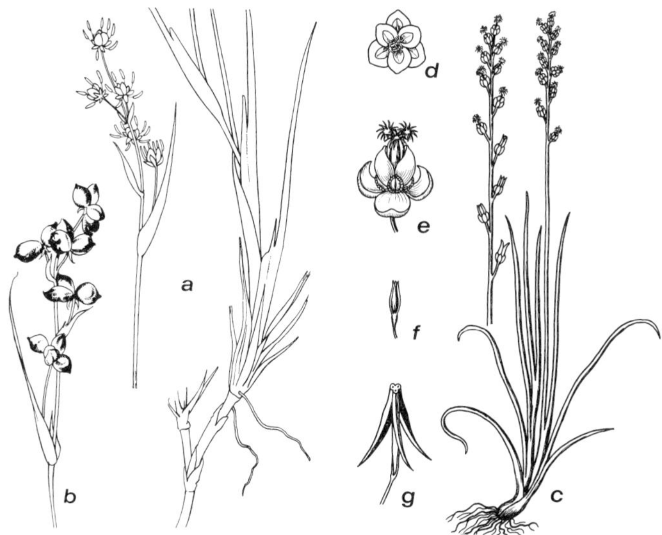

Abb. 26. *a–b Scheuchzeria palustris* (*a* Habitus, *b* Blütenstand mit Früchten); *c–g Triglochin palustris* (*c* Habitus; *d* Blüte von oben, *e* von der Seite; *f* unreife, *g* reife Frucht).

106. T. marítima L. Sechszack

♃, *H.* – H. 0,10–0,60. B. grundständig, schmal-lineal., halbstielrund; *Traube dicht;* Per. grünlich(-rötlich); *Fr. eiförmig, unter der N. eingeschnürt,* 6 fruchtb. Fächer (bzw. Teilfr.). V–VIII. 2n = 48.

Salzwiesen; feuchte u. schlickreiche, meist periodisch überflutete, salzhaltige Böden. – Verbreitet: N-, O-See-Küsten; vereinzelt: Salzstellen des Binnenlandes. – n. gem. Zone, bis Span., M-Ital., Pers., Jap., Mex., S-Am; euras, circ.

107. T. palústris L. (Abb. 26 c–g) Sumpf-D.

♃, *H.* – H. 0,15–0,60. B. grundständig, sehr schmal-lineal., halbstielrund; *Traube locker;* Per. gelblichgrün; *Fr. lineal., keulenförmig, nach dem Grd. verschmälert;* 3 fruchtbare Fächer (bzw. Teilfr.). VI–IX. 2n = 24.

Flach- u. Zwischenmoore; nasse, häufig kalkhaltige Torfböden. – Zerstreut bis ziemlich selten (Alp. bis 1510 m). – n. gem. Zone, s. bis Span., Ital., Kl.As., N-Pers., Chin., Mex., s. S-Am.; euras, circ.

21. Fam. POTAMOGETONACEAE Dum.
Laichkrautgewächse

47. Potamogéton L. Laichkraut

x = 13, 15

I. B. – zumindest untere – deutlich wechselständig, mit Nebenb.
 A. B.scheiden fehlend od. sehr kurz
  1. Verschiedenblättrig; obere B. gestielt, meist schwimmend u. lederig, untere submers u. meist häutig, meist sitzend u. lineal. (Teilfr. unter sich frei); St. meist einfach
   a) Schwimmb. vorhanden, meist lederig
    x) Alle B. deutlich gestielt
     /) Schwimmb. lederig, nicht durchscheinend; B.stiel ±so lang od. länger als die Spreite
      §) Schwimmb. ellipt., neben dem B.stiel meist mit Falte
       +) B.stiel länger als die Spreite; submerse B. früh absterbend **108. P. natans**
       ++) B.stiel höchstens so lang wie die Spreite; submerse B. bleibend . . . . **109. P. oblongus**
      §§) Schwimmb. länglich-lanzettl., meist in den Stiel verschmälert u. stets flach . . . . **110. P. nodosus**
     //) Schwimmb. häutig, durchscheinend; B.stiel $^1/_2$–$^1/_4$ so lang wie die Spreite **111. P. coloratus**
    xx) Submerse B. sitzend, undeutlich od. weniger als 1 cm lang gestielt; schwimmende B. oft fehlend
     /) Ährenstiele oberwärts nicht verdickt, nicht dicker als der St. . . . . **112. P. alpinus**
     //) Ährenstiele oberwärts verdickt, dicker als der St.
      §) Submerse B. am Grd. verschmälert . . . . **113. P. gramineus**
      §§) Submerse B. am Grd. abgerundet, halbstengelumfassend . . . . **P. × nitens**
   b) Alle B. submers (sehr selten obere B. schwimmend; vgl. P. alpinus, P. gramineus)
    x) Obere B. nicht länger als untere gestielt **114. P. lucens**
    xx) Obere B. länger als untere gestielt . . . . . . **P. × angustifolius**
  2. Gleichblättrig; B. sitzend od. ±stengelumfassend, submers; St. ästig
   a) B. eiförmig, länglich od. lanzettl.
    x) St. stielrund; Teilfr. unter sich frei

/) B. am Grd. gerundet, seicht herzförmig, Rand glatt .... 115. P. praelongus
//) B. tief herzförmig, Rand rauh ...... 116. P. perfoliatus
xx) St. zusammengedrückt vierkantig; Teilfr. unten verwachsen .... 117. P. crispus
b) B. grasartig, schmal-lineal.
x) St. zusammengedrückt
/) B. vielnervig; St. flach zusammengedrückt
§) B. stumpf, kurz stachelspitzig ... 118. P. compressus
§§) B. lang haarförmig zugespitzt ... 119. P. acutifolius
//) B. 3- bis 5nervig; St. zusammengedrückt mit abgerundeten Kanten
§) Ährenstiel so lang od. kaum länger als die Ähre .... 120. P. obtusifolius
§§) Ährenstiel 2- bis 3mal länger als die Ähre
+) Teilfr. stumpf gekielt ...... 121. P. friesii
++) Teilfr. ohne Kiel .... 122. P. rutilus
xx) St. fast stielrund (B. 1- bis 3nervig; Ährenstiel fadenförmig)
/) B. meist 3nervig; Teilfr. schief-ellipsoidisch
§) B.häutchen offen, nicht verwachsen, eingerollt .... 123. P. pusillus
§§) B.häutchen über die Hälfte röhrenförmig verwachsen .... 124. P. panormitanus
//) B. immer 1nervig; Teilfr. halbkreisrund .... 125. P. trichoides
B. B.scheiden vorhanden, lang, meist den St. eng umschließend (aus deren Spitze die schmal-lineal. B. entspringend)
1. B. schmallineal., meist 3- (1 bis 5)nervig; Teilfr. meist gekielt
a) Untere B.scheiden nicht od. nur schwach aufgeblasen; Pfl. sommergrün .... 126. P. pectinatus
b) Untere B.scheiden aufgeblasen (vgl. Var. von P. pectinatus); Pfl. wintergrün .... 127. P. helveticus
2. B. fadenförmig, 1nervig; Teilfr. ungekielt ..... 128. P. filiformis
II. B. zu 2(–3) fast gegenständig, sitzend, ±st.-umfassend (ohne B.scheiden), nur Hochb. mit zwei- od. einseitigen, nebenb.artigen Anhängseln .... 129. P. densus

1. Subgen. Potamogéton
1. Sect. Potamogéton

108. P. nátans L. (Abb. 27a–f) Schwimmendes L.

♃, *HH.* – St. einfach; *B. sämtlich langgestielt,* untergetauchte stielrund, verfaulend; *schwimmende B. lederartig länglich-ellipt.* bis rundlich, *am*

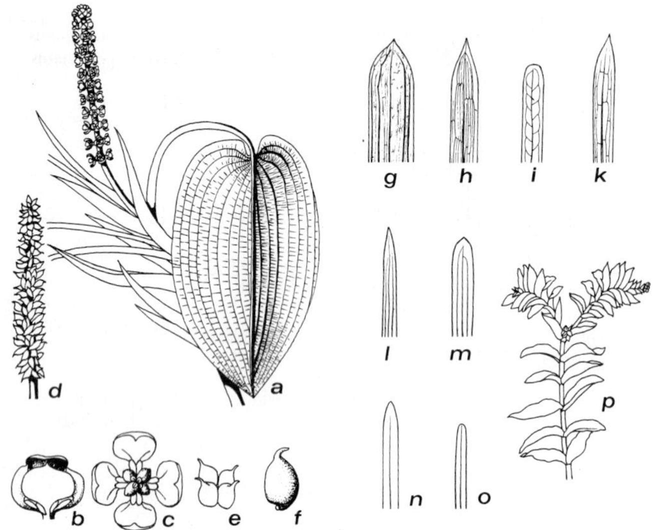

Abb. 27. *Potamogeton* spp., *a–f P. natans* (*a* Sproß mit Schwimmblatt u. Blütenstand; *b* Blüte von der Seite, *c* von oben; *d* Blütenstand zur Fruchtzeit, *e* u. *f* Früchtchen), *g–p* Blattspitzen (*g P. compressus, h P. acutifolius, i P. obtusifolius, k P. friesii, l P. rutilus, m P. pusillus, n P. trichoides, o P. filiformis*), *p P. densus* (Sproßspitze).

Grd. meist schwach herzförmig, faltig; *B.stiel auf der oberen Seite schwach rinnenförmig; Ährenstiel gleichdick; Teilfr.* wenig zusammengedrückt, *am Rücken stumpf-gekielt.* VI–VIII. 2n = 52. Veränderlich insbes. in der B.form. Hierzu u. a.:

var. prolíxus Koch; St. u. B.stiele sehr verlängert; B. schmal länglich-lanzettl., beidends verschmälert. – Nur in fließendem Wasser, meist unfruchtbar.

Teiche, Seen, Altwasser; in nährstoffarmen, meist stehenden Gewässern. – Verbreitet (Alp. bis 1100 m). – Gem. u. subtrop. Zonen; (no)euras(subozean), circ.

109. P. oblóngus Viv. Knöterichblättriges L.
(= P. polygonifolius Rchb.)

♃, *HH. – Untergetauchte, während der Bl.zeit vorhandene B. lanzettl., schwimmende ellipt.-lanzettl.* bis eiförmig *u. am Grd. schwach-herzförmig; Ährenstiele gleichdick;* Teilfr. klein, mit sehr kurzer Spitze. VI–VIII. 2n = 26.

Teiche, Moore, Gräben; in sauren, nährstoff- u. kalkarmen, stehenden Gewässern mit sandigem od. torfigem Grd. – Zerstreut im nw. Geb. u. Schl.Holst., sonst seltener od. vereinzelt in Meckl., Brand., Sachs., Schles., Pfalz, Rhein- (Lauterniederung) u. unteres Maingeb., Bay. Wald (Deggendorf). – Skand. bis S-Eur., As., Afr., Neuseel.; subatl(-submed).

110. P. nodósus Poir. Flutendes L.
(= P. fluitans Roth p. p.)

♃, *HH.* – *Schwimmende B. oval bis länglich-lanzettl., am Grd. verschmälert od. abgerundet, stets flach, untergetauchte B. lang-lanzettl.,* häutig durchscheinend; ältere B.stiele beiderseits gewölbt, lang; *Ährenstiele an der Spitze verdickt; Teilfr. mit scharf-gekieltem Rücken.* VI–IX. 2n = 52.

Flüsse, Bäche, Altwasser etc.; in langsam fließenden Gewässern. – Zerstreut bis selten, insbes. im nw. Geb. u. u. a. in den Flußgeb. von Rhein, Main, Neckar, Donau etc., s. bis Alp.vorland. – M- bis S-Eur., N-Afr., As.; N-Am.; subatl-submed.

111. P. colorátus Vahl Gefärbtes L.

♃, *HH.* – St. ästig; *B. gestielt, häutig, durchscheinend, am Rande glatt,* untergetauchte lanzettl., meist zur Bl.zeit noch vorhanden, *schwimmende fast herz-eiförmig,* alle oft rötlich gefärbt; Ährenstiel sehr dünn u. schlank; *Teilfr. zusammengedrückt, am Rücken stumpf gekielt.* VI–IX. 2n = 26.

Gräben, Moore etc.; in nährstoffarmen, vornehmlich stehenden Gewässern mit Schlammgrd. – Sehr zerstreut u. selten, so u. a. Meckl. (Elmenhorst), Anh. (Oschersleben), Nieders. (Misburg), n. Rheingeb. (Rosellen, Ueckerath, Kempen), Hess. (Budenheim-Mombach), Pfalz (Dannstadt, Fischbach), Bad. (Schwetzingen, Waghäusel, St. Leon, Hockenheim, Gottenheim-Wasenweiler), S-Bay. – Schwed., Dän. bis S-Eur., W-As., Afr.; M-Am.; subatl-submed.

112. P. alpínus Balb. Alpen-L.

♃, *HH.* – Pfl. bisweilen oberwärts rot überlaufen; St. ästig; *untergetauchte B. sitzend,* häutig, länglich-lanzettl., stumpflich, *am Rande glatt, schwimmende* (bisweilen nicht ausgebildet) *lederartig, lanzettl.-spatelförmig, in den kurzen Stiel verschmälert; Teilfr. linsenförmig-zusammengedrückt, mit scharf-gekieltem Rücken.* VI–VIII. 2n = 52.

Gräben, Flüsse, Teiche etc.; in nährstoff- u. kalkarmen, stehenden od. langsam fließenden Gewässern. – Zerstreut bis selten (Alp. bis 1600 m). – Isl., Skand. bis m. Eur., As., N-Am.; no-euras(-subozean), circ.

113. P. gramíneus L. Grasartiges L.

♃, *HH.* – *Untergetauchte B. häutig, durchscheinend,* lineal.-lanzettl., am Grd. verschmälert, *sitzend, am Rande gezähnelt-rauh,* obere kürzer, breiter, gestielt, *schwimmende lanzettl. od. eiförmig, langgestielt, lederartig; Teilfr. zusammengedrückt, am Rücken stumpf-gekielt.* VI–VIII. Umfaßt: ssp. h e t e r o p h ý l l u s (Schreb.) Sch. et Kell.; untergetauchte B. lanzettl., etwas steif, zurückgekrümmt, obere oval-ellipt., schwimmend, gestielt. Schwimmb.formen, seltener auch terrestrische Formen.

ssp. g r a m í n e u s; B. sämtlich untergetaucht, lineal.-lanzettl., meist schlaff. 2n = 52.

Seen, Altwasser etc.; in nährstoffhaltigen, meist stehenden Gewässern. – Zerstreut bis selten, vornehmlich im N. (Alp. bis 1390 m). – N-, M- bis s. Eur.; N-Am.; no, circ.

114. P. lúcens L. Spiegelndes L.

♃, *HH.* – *B. gestielt,* oval od. lanzettl., stachelspitzig, *am Rande feingesägt-rauh, glänzend; Ährenstiel oberwärts verdickt; Teilfr. fast kreisrund,* zusammengedrückt, am Rücken stumpf, schwach-gekielt. VI–VIII. 2n = 52. Meist untergetauchte, selten terrestrische Formen.

Seen, Altwasser, Gräben etc.; in nährstoffreichen, stehenden od. langsam fließenden, tiefen Gewässern. – Verbreitet (Alp. bis 802 m). – Eur., W- u. N-As., Him.; N-Am.; euras-submed.

115. P. praelóngus Wulf. Langblättriges L.

♃, *HH.* – St. von B. zu B. knickig gebogen; *B. aus eiförmigem, st.umfassendem Grd. verlängert-länglich,* stumpf, *ohne Stachelspitze, an der Spitze mützenförmig zusammengezogen, Rand glatt; Ährenstiel* lang, *gleichdick;* Teilfr. auf dem Rücken flügelig-gekielt. VI–VII. 2n = 52.

Seen, Gräben etc.; in nährstoffhaltigen, tiefen, meist stehenden, klaren Gewässern. – Zerstreut: Schl.Holst., Meckl., Brand., Westpr. u. Ostpr.; vereinzelt u. selten: Nieders. (Juist, Dümmer), Westf. (?), Sachs. (ob noch?), Schles. (bei Glogau), Fränk. Jura, S-Schwarzwald (Feldsee), Alp.vorland, Alp. (bis 1510 m). – N- u. M-Eur., Isl., bis Sib., Jap., N-Am.; no(-subozean), circ.

116. P. perfoliátus L. Durchwachsenes L.

♃, *HH.* – *B. sitzend, aus tief-herzförmigem, st.umfassendem Grd. eiförmig od. ei-lanzettl., am Rande gezähnelt-rauh; Ährenstiel gleichdick;* Teilfr. zusammengedrückt, am Rücken stumpf. VI–VIII. 2n = 52. Meist untergetauchte, selten terrestrische Formen.

Seen, Teiche, Gräben etc.; in nährstoffreichen, tiefen, meist stehenden Gewässern mit schlammigem Grd. – Verbreitet (Alp. bis 1680 m). – Eur., As., N-Afr., Austr., N-Am.; no-euras, circ.

117. P. críspus L. Krauses L.

♃, *HH.* – *B. sitzend,* lineal.-lanzettl., ziemlich stumpf, kurz-zugespitzt, *kleingesägt, wellig-kraus;* Ährenstiel gleichdick; Teilfr. geschnäbelt, am Rücken stumpf gekielt. VI–VIII. 2n = 52.

Seen, Gräben, Altwasser etc.; in nährstoffreichen, stehenden od. schwach fließenden Gewässern mit schlammigem Grd. – Verbreitet u. oft häufig vom Flachland bis m. Gebg.lagen (bis 800 m). – Fast Kosmopolit; euras-med.

2. Sect. Graminifólii

118. P. compréssus L. (Abb. 27 g) Flachstengeliges L.

♃, *HH.* – St. ästig; *B. stumpf,* kurz-stachelspitzig, *mit 3–5 stärkeren Nerven; Ährenstiel zuletzt 2- bis 4mal so lang wie die 6–15bl., dichte Ähre; Teilfr. halbkreisförmig.* VI–VIII. 2n = 26.

Seen, Teiche, Altwasser; in nährstoffreichen, meist stehenden Gewässern. – Zerstreut im n. Geb., nach S. abnehmend, sehr selten in S-D. – N- u. M-Eur. bis Rußl., Sib.; N-Am.; (no-)euras, circ.

119. P. acutifólius Link (Abb. 27h) Spitzblättriges L.

♃, *HH.* – *B. haarspitzig,* vielnervig, *mit 1, 3 od. 5 stärkeren Nerven; Ährenstiele etwa so lang wie die kurze, 4–6bl., etwas lockere Ähre; Teilfr. oft fast kreisrund.* VI–VIII. 2n = 26.

Gräben, Teiche, Seen etc.; in nährstoffreichen, meist stehenden Gewässern mit schlammigem Grd. – Zerstreut im n. u. m. Geb., vereinzelt u. selten in S-D. (bis Alp.vorland). – S-Skand. bis Ital., Rußl.; Austr.; subatl.

120. P. obtusifólius M. et K. (Abb. 27 i) Stumpfblättriges L.

♃, *HH.* – St. sehr ästig; *B. stumpf,* meist *kurz-stachelspitzig 3 (bis 5)-nervig; Ährenstiel so lang wie die 6–10bl., ununterbrochene Ähre; Teilfr. mit kurzem, geradem Spitzchen,* stumpf-gekielt. VI–VIII. 2n = 26.

Gräben, Altwasser etc.; in nährstoffreichen, meist stehenden Gewässern. – Zerstreut im n. u. m. Geb., verbreitet in NO-D., in S-D. selten (bis Alp.vorland). – N- u. M-Eur. bis N-Span., Rußl., S-Pers.; euras(-subozean).

121. P. fríesii Rupr. (Abb. 27k) Stachelspitziges L.
(= P. mucronatus Schrad.)

♃, *HH.* – *B. ±kurz-stachelspitzig, (3- bis) 5nervig; B.häutchen zuletzt längs gespalten; Ährenstiel nach oben verdickt, 3mal so lang wie die lockerbl., ununterbrochene Ähre;* Teilfr. klein, schief-ellipsoidisch, stumpf-gekielt. VI–VIII. 2n = 26.

Seen, Teiche, Gräben etc.; in nährstoffhaltigen, stehenden Gewässern mit Schlammgrd. – Sehr zerstreut von Nieders. bis Brand., sonst selten od. über große Strecken fehlend, s. bis Alp.vorland. – M-Skand., W- u. M-Eur. bis Rußl.; N-Am.; euras(-kont), circ.

122. P. rútilus Wolfg. (Abb. 27l) Rötliches L.

♃, *HH.* – Rasenartig; St. meist nur am Grd. ästig (ältere St. am Grd. oft mit strohfarbenen B.resten, sonst Pfl. zuletzt rotbräunlich); *B. schmal, zugespitzt, 3nervig; Ährenstiel nach oben kaum verdickt, länger als die 6–8bl., lockere Ähre; Teilfr. klein, länglich-ellipsoidisch, auf dem Rücken stumpf, ohne Kiel.* VII–VIII. 2n = 26.

Seen, Teiche, Gräben etc.; in nährstoffhaltigen, stehenden od. langsam fließenden Gewässern. – Zerstreut bis verbreitet: N- u. NO-D., sonst s. nur vereinzelt bis Frank. (Erlangen, Vilseck). – M-Schwed. bis D., Rußl.; N-Am.; no-subozean.

123. P. pusíllus L. (Abb. 27 m) Kleines L.
(= P. berchtoldii Fieb. sensu Dandy et Taylor)

♃, *HH.* – *B. sehr schmal* (0,5–2 mm breit), *an der Spitze* rund od. spitz, ±*kurz-stachelspitzig,* (1)3nervig; *B.häutchen offen, stumpf, hinfällig; Ährenstiel 2- bis 4mal so lang wie die Ähre;* Teilfr. schief-ellipsoidisch, unten – wenn trocken – ±höckerig; Turionen 0,5–2,5 mm breit, endständig. VI–IX. 2n = 26, 28.

Seen, Gräben, Altwasser etc.; in nährstoffreichen Gewässern. – Verbreitet bis zerstreut, insbes. im Tiefland, vermutlich mit der vor. Art vielfach verwechselt. – Nördl. Halbkugel; no-euras-submed.

124. P. panormitánus Biv.
(= P. pusillus L. sensu Dandy et Taylor)

♃, *HH.* – *B. sehr schmal* [0,3–1(3) mm breit], *zur Spitze verschmälert u. stumpf, meist 3nervig; B.häutchen über die Mitte röhrenartig verwachsen,* dauerhaft, blaß braun, später gespalten; Ährenstiel etwa 2,5mal so lang wie die 2–8bl. Ähre; Teilfr. schief-ellipsoidisch, glatt; Turionen 0,5 mm breit, hauptsächlich b.winkelständig. VI–IX. 2n = 26.

Seen, Teiche, Gräben etc.; in nährstoffhaltigen Gewässern. – Zerstreut bis selten vom n. Geb. bis Alp.vorland, vermutlich mit der folgenden Art vielfach verwechselt. – Nördl. Halbkugel, Afrika; (no-)euras-subozean, circ.

125. P. trichoídes Cham. et Schlecht. (Abb. 27 n) Haarförmiges L.

♃, *HH.* – St. ästig; *B. sehr schmal, 1nervig* (bei bestimmter Präparation bisweilen 2 weitere, sehr schwache Nerven sichtbar), *ohne Queradern;* Ährenstiel 2- bis 3mal so lang wie die kurze, lockere Ähre; *Teilfr.* (meist nur 1 in jeder Bl.) *halbkreisrund, groß, am Rücken gekielt, neben dem Kiel mit 2 hervorragenden Linien.* VI–VII. 2n = 26.

Gräben, Teiche etc.; in nährstoffärmeren Gewässern mit torfig-sandigem Schlammgrd. – Zerstreut bis selten im n. Geb., im s. u. w. Geb. selten u. vereinzelt, s. bis Bregenz. – S-Schweden., Dän. bis Ital., Rußl.; Ägypt.; subatl(-submed).

2. Subgen. Coleogéton
3. Sect. Coleogéton

126. P. pectinátus L. Kamm-L.

♃, *HH.* – *Pfl.* submers, *nicht wintergrün;* St. bis etwa 2 m lang, sehr ästig; obere B. meist spitz u. meist scheinbar 1(1–5, meist 3)nervig; 2 Nerven in der Nähe des Randes verlaufend, queradrig; *untere Scheiden nicht od. selten aufgeblasen;* Ähren unterbrochen, langgestielt; *Teilfr. schief-breit-eiförmig bis fast kugelig, bis 4 mm lang,* auf dem Rücken gekielt od. abgerundet, bräunlich; Überwinterung mit Turionen. VI–VIII. Im Geb. ssp. p e c t i n á t u s. 2n = 78. Hierzu u. a.:

var. s c o p á r i u s Wallr.; Pfl. zart; obere St.glieder stark verkürzt; B. 1nervig, oft haarfein. – Selten.

var. l u x ú r i a n s Döll (? = P. zosteraceus Fries); Pfl. kräftig; B. 3- bis 5nervig, parallelrandig, untere stumpf-abgerundet; Scheiden locker, kurz, mindestens 3mal so dick wie der St., meist nicht deutlich vom B. abgesetzt; B.häutchen meist grünlich; Fr.chen fast kugelig. – Selten, so Schl.Holst., Meckl. bis Ostpr.

Seen, Altwasser, Gräben etc., in meist stehenden, nährstoffreichen Gewässern, auch Brackwasser. – Verbreitet im ganzen Geb. (Alp. bis 1595 m). – Fast Kosmop.

127. P. helvéticus (G. Fisch.) W. Koch — Schweizer L.
[= P. vaginatus Turcz. ssp. helveticus (Fisch.) Fisch.]

♃, *HH.* – *Pfl.* submers, *wintergrün;* St. unten stark verholzt, 2–4 m lang, ästig; B. straff, meist zugespitzt, (3)5nervig, 2 Nerven dem Rand genähert; *untere Scheiden ±steif, grün u. stark aufgeblasen;* Ähren unten unterbrochen; *Teilfr.* auf dem Rücken abgerundet, *2–2,5 mm lang;* Überwinterung im grünen Zustand, ohne Turionen. VIII–XI.

Flüsse, Seen; in tiefen, nährstoffreichen, meist fließenden Gewässern. – Selten, nur Bodensee, Hochrhein (hier häufig) u. s. Oberrheingeb. – SW-D., Schweiz.

4. Sect. C o n n á t i

128. P. filifórmis Pers. (Abb. 27 o) — Fadenblättriges L.

♃, *HH.* – Pfl. submers; B. fast haarförmig, meist 1nervig, sehr spitz; Ähre langgestielt, unterbrochen-quirlig; *Teilfr. verkehrt-eiförmig, runzlig, ungekielt, mit sitzender, breiter N. gekrönt, grünlich,* etwa 2 mm lang. VI–VIII. 2n = 78. Umfaßt:

ssp. j u n c i f ó l i u s (Kern.) A. et G.; Pfl. über 0,40 lang; St. unten wenig-, oben reichlicher bis sehr ästig; B. u. B.scheiden bis 2mal so breit wie der St., bis über 1 mm breit. – Selten, so Bay. (z. B. Murnau, Starnberg).

ssp. f i l i f ó r m i s; Pfl. 0,10–0,45 lang; St. am Grd. dicht verästelt; B. u. B.scheiden kaum breiter als der St., etwa 0,50–0,75 mm breit.

Bäche, Gräben, Seen; in oft kalkarmen, meist stehenden Gewässern mit sandigem, schlammigem Grd. – Zerstreut im nö. Geb., vereinzelt im NW., zerstreut bis selten im Donau-, Alp.- (bis 1800 m) u. Voralp.geb. – Isl., N- bis M-Eur., Rußl., As., N-Am., Afr., Austr.; no-subozean, circ.

3. Subgen. G r o e n l á n d i a

129. P. dénsus L. (Abb. 27p) Dichtblättriges L.
[= Groenlandia densa (L.) Fourr.]

♃, *HH.* – Pfl. submers; *B.* häutig, eiförmig bis linear-lanzettl., nach der Spitze verschmälert u. dort *gezähnelt,* nicht stachelspitzig; Ähren kurz-gestielt, wenigbl., zuletzt zurückgebogen; *Teilfr. rundlich, scharf gekielt, hakig-geschnäbelt.* VI–VIII. 2n = 30. Veränderlich in der B.form.

Bäche, Gräben etc.; in nährstoffhaltigen, klaren, meist langsam fließenden od. auch stehenden Gewässern. – Zerstreut in Gebg.gegenden (Alp. bis 915 m), im Flachland seltener. – Dän. bis Med., Kl.As., N-Afr., S-As.; subatl-submed.

Bastarde:
P. acutifolius × compressus (= P. × bambergensis Fisch.), P. alpinus × gramineus (= P. × nericus Hagstroem), P. alpinus × lucens (= P. × lithuanicus Gorski), P. alpinus × oblongus (= P. × spathulatus Schrad.), P. alpinus × perfoliatus (= P. × prussicus Hagstroem), P. alpinus × pusillus, P. friesii × pusillus (= P. pusilliformis Hagstroem), P. gramineus × friesii (= P. × lanceolatus Smith), P. lucens × gramineus (= P. × angustifolius Presl, P. × zizii Koch), P. lucens × natans (= P. × sterilis Hagstroem), P. lucens × perfoliatus, P. natans × gramineus (= P. × sparganiifolius Laest.), P. natans × nodosus (= P. × schreberi Fisch.), P. natans × oblongus (= P. × gessnacensis Fisch.), P. oblongus × gramineus (= P. × seemenii A. et G.), P. pectinatus × filiformis (= P. × suecicus Richter), P. perfoliatus × crispus [= P. × cooperi (Fryer) Fryer], P. perfoliatus × gramineus (= P. × nitens Weber), P. perfoliatus × praelongus (= P. × cognatus A. et G.), P. praelongus × crispus (= P. × undulatus Wolfgang), P. praelongus × lucens, P. pusillus × trichoides (= P. × franconicus Fisch.), P. panormitanus × trichoides.

22. Fam. RUPPIÁCEAE Hutch.
Saldengewächse

48. Rúppia L. Salde

x = 10

I. Blst.stiele zur Fr.zeit weniger als 5 cm lang, nicht spiralig gewunden . . . . **130. R. maritima**
II. Blst.stiele zur Fr.zeit meist mehr als 10 cm lang, spiralig-schraubig gewunden . . . . **131. R. spiralis**

130. R. marítima L. Meerstrand-S.

♃, *HH.* – Pfl. bis auf den Blst. submers; St. fädlich, 0,20 lang; B. ca. 0,5 mm breit, hellgrün, unregelmäßig zugespitzt; Scheiden am Grd. der Blst.stiele schwach blasig aufgetrieben; *Blst.stiele bis etwa 3(–5) cm*

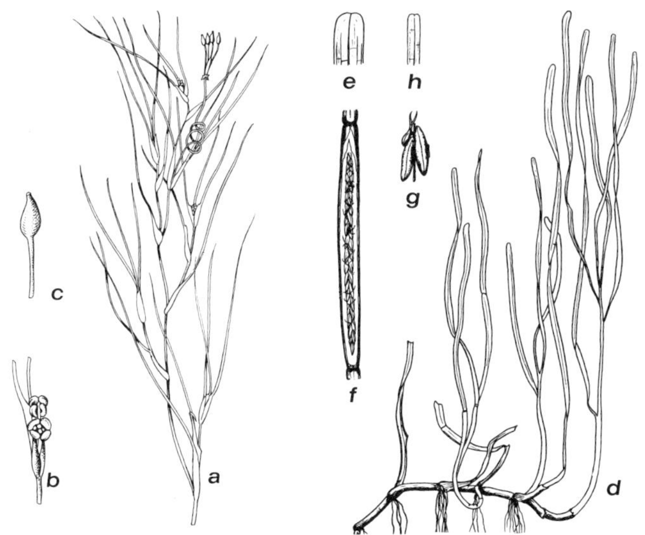

Abb. 28. *a–c Ruppia spiralis* (*a* Sproßspitze, *b* Blütenstand, *c* Früchtchen); *d–h Zostera* spp., *d–g Z. marina* (*d* Habitus, *e* Blattspitze der ssp. *marina, f* Blütenstand nach Entfernen des vorderen Teiles der Scheide; *g* ♂- u. ♀-Blüte), *h Z. nana* (Blattspitze).

lang; Bl. proterogyn; Stbbtl. klein u. rundlich-brötchenförmig; Fr. stark unsymmetrisch. VI–IX. 2n = 20. Umfaßt:

var. m a r í t i m a; Blst.stiele aufrecht, nicht spiralig; Fr.stiele zur Fr.-zeit 5 bis ca. 25 mm lang. – Zerstreut: Küstengeb. der N- u. O-See; vereinzelt: Salzstellen des Binnenlandes.

var. b r e v i r ó s t r i s Agardh; Blst.stiele zurückgebogen; Fr.stiele zur Fr.zeit 0–5 mm lang. – Selten: Küstengeb. der O-See.

Brackwassertümpel, -gräben od. -meeresbuchten mit schlammigem od. sandig-steinigem Grd. – Fast Kosmop.

131. R. spirális L. ex Dum. (Abb. 28a–c) Spiralige S.

♃, *HH.* – Pfl. bis auf den Blst. submers; St. fädlich, 0,40 lang; B. ca. 1 mm breit, dunkelgrün, Spitze ±abgerundet; Scheiden am Grd. der Blst.stiele stark blasig aufgetrieben; *Blst.stiele etwa 4 bis über 25 cm lang, spiralig-schraubig gewunden;* Bl. proterandrisch; Stbbtl. groß u. länglich-nierenförmig; Fr.stiele zur Fr.zeit ca. 5–12 mm lang; Fr. kaum unsymmetrisch. VI–IX. 2n = 40.

Brackwassertümpel, -gräben od. -meeresbuchten mit schlammigem od. sandigem Grd. – Zerstreut: Küstengeb. der N- u. O-See. – Fast Kosmop.

23. Fam. ZOSTERÁCEAE Dum.
Seegrasgewächse

49. Zostéra L. Seegras

x = 6

I. B.spitze (zumindest bei jungen B.) abgerundet; B. 3- bis 9nervig .... **132. Z. marina**
II. B.spitze ausgerandet; B. 1nervig .... **133. Z. nana**

132. Z. marína L. (Abb. 28d–g) Gemeines S.

♃, *HH.* – *B.* grasartig, 3- bis 9nervig, an der Spitze *abgerundet,* bis über 1,00 lang; *Stiel des Blst. unter der Scheide verdickt;* Kolben am Rand meist ohne Fortsätze; Nüsse gerillt. VI–X. 2n = 12. Umfaßt:

ssp. m a r í n a; B. bis über 1,00 lang, 3–9 mm breit, mit (3)5–7(9) Hauptnerven; Nüsse 3–5 mm lang. – Verbreitet.

ssp. h o r n e m a n n i á n a Tutin; B. bis 0,65 lang, oft nur 2–3 mm breit, mit 3 Hauptnerven, deren seitliche etwa in der Mitte zwischen der Mittelrippe u. dem Rand verlaufen; Nüsse 2,5–3 mm lang. – Zerstreut bis verbreitet.

ssp. a n g u s t i f ó l i a (Hornem.) Lemke; Pfl. in allen Teilen zarter u. feiner als der Typus; B. bis 0,50 lang, meist nur 1,5–2 mm breit, mit 3 Hauptnerven, deren seitliche in der Nähe des B.randes verlaufen (ohne mit diesem zu verschmelzen); Stiel des Blst. am Grd. sehr dünn. – Zerstreut bis selten: schl.holst. O-Küste, Rügen; Norderney.

Seegrasges. in Meer- seltener in Brackwasser, auf ständig überflutetem, sandigem od. schlammigem Meeresboden. – Küsten von Eur., N-Am., Isl., W-Grönl., O-As.; (no-)subozean, circ.

133. Z. nána Roth (Abb. 28h) Zwerg-S.

♃, *HH.* – *B.* mit 1 Mittelnerv, an der Spitze *ausgerandet,* die beiden seitlichen Nerven mit dem Rand verschmolzen, bis ca. 0,40 lang, ±1 mm breit; *Stiel des Blst. unter der Scheide nicht verdickt;* Kolben am Rand mit klammerartigen Fortsätzen; Nüsse bei der Reife ganz glatt; 2 mm lang. VI–VIII. 2n = 12.

Zwergseegrasges. in Meer- od. seltener in Brackwasser, auf küstennahem, ständig überflutetem, sandigem od. schlammigem Meeresboden. – Verbreitet: N- u. O-See-Küsten; ö. von Fehmarn nur selten u. vereinzelt. – Küsten von Eur., Schwarz. Meer, Kasp. Meer; subozean(-submed).

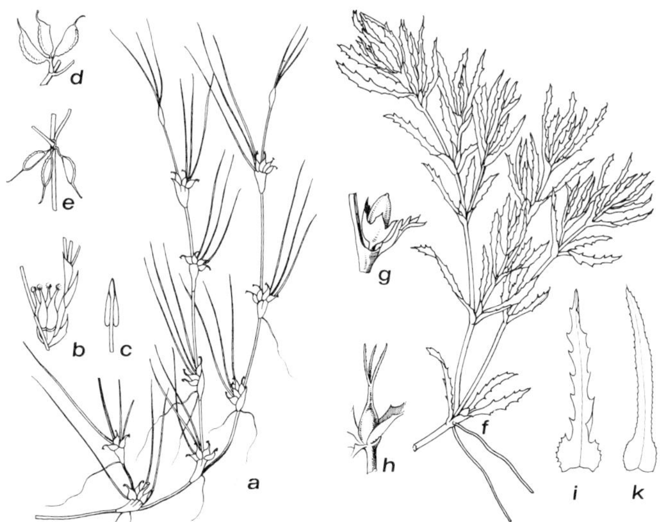

Abb. 29. *a–e Zannichellia palustris* (*a* Sproßspitze, *b* junge Früchtchen, *c* Staubblatt, *d* Früchtchen der ssp. *palustris* var. *major*, *e* Früchtchen der ssp. *pedicellata*); *f–k Najas* spp., *f–h N. marina* (*f* Habitus; *g* ♂-, *h* ♀-Blüte), *i N. minor* (Blatt), *k N. flexilis* (Blatt).

24. Fam. ZANNICHELLIÁCEAE Dum.
Teichfadengewächse

50. Zannichéllia L. — Teichfaden

x = 6

134. Z. palústris L. (Abb. 29a–e)

♃ (?), *HH*. – St. bis etwa 0,50 lang, fadenförmig, flutend od. am Grd. kriechend u. wurzelnd; B. schmal-lineal.; Fr.chen kurz-gestielt od. fast sitzend. V–IX. Umfaßt:

ssp. p a l ú s t r i s; Fr.chen 2–4, meist nur sehr kurz (bis ca. 0,5 mm) gestielt, 2–3 mm lang; Gr. meist nur bis 0,5 mm lang; B. ca. 0,5 mm breit. 2n = 24, (34). – Insbes. in stehendem Süß-, selten Brackwasser. – Zerstreut.

ssp. p e d i c e l l á t a (Wahlbg. et Rosén) Arcang.; Fr.chen 2–4, 1–2 mm lang gestielt, häufig auf kurzem Frst.stiel, 2,3–3,5 mm lang; Gr. 1,5–2,5 mm lang; B. 0,3–1,2 mm breit. 2n = (24), 36.

– In brackigem Wasser. – Verbreitet bis zerstreut in den Küstengeb. (bes. N-See), selten u. vereinzelt im Binnenland.

ssp. p o l y c á r p a (Nolte) Richter; Fr.chen meist 5–8, kaum gestielt, 3,5–4,5 mm lang; Gr. 1–2 mm lang; B. ca. 1(–2) mm breit. 2n = 32. – In bewegtem, brackigem Wasser. – Zerstreut in den Küstengeb. (bes. O-See).

Salzliebende Laichkrautges., vornehmlich Brack-, seltener Süß- od. Meerwasser. – Verbreitet bis zerstreut: Küstengeb.; zerstreut bis vereinzelt: Binnenland, s. bis Alp.vorland (bis ca. 800 m). – euras-med, fast Kosmop.

25. Fam. NAJADÁCEAE Juss.
Nixenkrautgewächse

51. *Nájas* L. Nixenkraut

x = 6,7

I. St. u. B.rücken meist bestachelt; B.scheiden ganzrandig . . . . **135. N. marina**

II. St. u. B.rücken ohne Stacheln; B.scheiden feingezähnelt
- A. St. sehr leicht zerbrechlich; B.scheiden scharf abgesetzt . . . . **136. N. minor**
- B. St. biegsam; B.scheiden in die Spreite übergehend **137. N. flexilis**

135. N. marína L. (Abb. 29f–h) Großes N.

⊙, *Th, (HH).* – Pfl. kräftig; *St.* 0,08–0,50 lang, *steif, gabelspaltig; B.* lineal., *ausgeschweift-stachelig-gezähnt,* steif; *B.scheiden ganzrandig;* Bl. 2häusig. VI–IX. 2n = ♂ 12, ♀ 13. Im Geb. nur ssp. m a r í n a.

Laichkrautges.; in meist stehendem, nährstoffreichem Brack- od. Süßwasser mit Schlammgrd. (bis 3,00 m Tiefe). – Vereinzelt ö. der Elbe, fehlt im NW, im übrigen Geb. selten u. vereinzelt; s. bis Bodenseegeb. u. Alp.vorland. – Eur., As., Austr., Am.; submed.

136. N. mínor All. (Abb. 29i) Kleines N.

⊙, *Th, (HH).* – Pfl. zart; *St.* nur 0,05–0,25 lang, *sehr zerbrechlich; B.* schmal-lineal., *ausgeschweift-gezähnt,* zurückgekrümmt, steif; *B.-scheiden feinwimperig-gezähnt, scharf vom Spreitengrd. abgesetzt;* Bl. einhäusig. VI–IX. 2n = 12, 24, 36.

Laichkrautges., sonst wie N. marina, aber meist nur bis ca. 1,20 m Tiefe. – Vereinzelt u. sehr selten: Ostpr., Westerwald, Oberrheinebene, Pfalz, Bodenseegeb., Donaugeb., Frank.; früher: Gießen, Arolsen, Dresden. – M- u. S-Eur., Vord.As. bis Jap., N-Afr.; submed.

137. N. fléxilis (Willd.) Rostk. et Schm. (Abb. 29k) Biegsames N.

⊙, *Th, (HH).* – Pfl. ziemlich zart; *St.* 0,05–0,30 lang, *biegsam; B. sehr fein stachelspitzig-gezähnelt,* abstehend; *B.scheiden in den Spreitengrd. übergehend;* sonst wie N. minor. VII–VIII. 2n = 24.

Laichkrautges., sonst wie N.marina, bis ca. 2,00 m Tiefe. – Sehr selten, nur Ostpr., Hinterpomm., Brand. (Mahlendorf, Paarsteiner u. Brodeminer See), Bodenseegeb. (Gehrmoos). – Engl., Schottl., Irl., Skand., N-Rußl., D., Bulg., N-Am.; (no-)subozean.

13. Ordn. Liliiflórae

1. Unterordn. Liliíneae

26. Fam. LILIÁCEAE Juss.
Liliengewächse

I. Fr. eine scheidewandspaltige Kapsel, niemals Beere; Gr. 3, ±frei
  A. Pfl. mit Rhizom; Blhb. lanzettl., höchstens am Grd. verwachsen; S. länglich u. flach
    1. B. lineal.; Bl. in einfacher (selten verzweigter) Traube; Blhb. frei; Stbbtl. lanzettl., innenseitig mit Längsspalten aufspringend .... **52. Tofieldia**
    2. B. breit-eilanzettl. bis ellipt.; Bl. in Rispen; Blhb. am Grd. kurz-verwachsen; Stbbtl. nierenförmig, mit außenseitigem Querspalt aufspringend .... **54. Veratrum**
  B. Pfl. mit Knolle (Zwiebelknolle); Blhb. mit ihren sehr langen Nägeln zu einer Röhre verwachsen; S. fast kugelig (Stbbtl. länglich, innenseitig aufspringend) .... **55. Colchicum**

II. Fr. eine fachspaltige Kapsel od. Beere; Gr. (außer bei *Paris*) ±bis zur N. verwachsen od. N. sitzend (Stbbtl. innenseitig aufspringend)
  A. Stbf. dicht-gelbwollig; Stbbtl. zuletzt gedreht; S.schale am Grd. u. an der Spitze mit lineal. häutigem Anhängsel .... **53. Narthecium**
  B. Stbf. meist kahl; Stbbtl. stets gerade; S.schale ohne einseitige Anhängsel
    1. Fr. eine Kapsel
      a) Pfl. mit Rhizom, ohne Zwiebel
        x) Blh. freiblättrig .... **56. Anthericum**
        xx) Blh. am Grd. zu einer Röhre verwachsen **57. Hemerocallis**
      b) Pfl. mit Zwiebel
        x) Blst. eine von 2 Hochb. gestützte od. eingeschlossene Scheindolde

/) Blst. eine reichbl. Scheindolde, von 2 breiten, häutigen, meist verwachsenen Hochb. umschlossen .... **61. Allium**

//) Blst. eine wenigbl. Scheindolde (Schraubel), von 2 freien, schmalen, grünen Hochb. gestützt .... **62. Gagea**

xx) Blst. traubig od. Bl. einzeln

/) St. ohne Laubb.; Bl. in der Achsel von Tragb.

§) Blhb. frei

+) Stbf. verbreitert, flach ..... **58. Ornithogalum**

++) Stbf. fädlich od. nur am Grd. verbreitert .... **59. Scilla**

§§) Blhb. verwachsen .... **60. Muscari**

//) St. mit einigen (selten nur 1) Laubb.; wenige Bl. in den B.achseln od. einzelne Endbl.

§) Stbbtl. am Grd. angeheftet

+) Blhb. abstehend, unter 2 cm lang .... **63. Lloydia**

++) Blhb. nur wenig abstehend, nicht zurückgeschlagen, länger als 2 cm (Blh. glockig)

α) Blhb. ohne Honiggrube; Bl. zur Bl.zeit ± aufrecht .... **64. Tulipa**

β) Blhb. mit Honiggrube; Bl. nickend .... **65. Fritillaria**

§§) Stbbtl. in der Mitte des Rückens angeheftet (Bl. trichterig bis fast glockig) .... **66. Lilium**

2. Fr. eine Beere (Pfl. mit Rhizom)

a) B. groß, laubig

x) Bl. 4(bis 5)zählig; Blhb. verschieden (äußere lineal.-lanzettl., innere lineal.-fädlich; Stbbtl. dem über sie hinaus verlängerten Stbf. längsangewachsen; St. oberwärts mit einem Quirl von 4(–5) eiförmigen B.; 1 Endbl.) .... **67. Paris**

xx) Bl. 3- od. 2zählig; Blhb. gleichartig

/) Blh. freiblättrig

§) Oberirdischer St. in der Mitte mit 2 Laubb. u. endständiger Traube .... **68. Maianthemum**

§§) Oberirdischer St. in der ganzen Länge beblättert; Bl. achselständig .... **69. Streptopus**

//) Blh. verwachsenblättrig

§) Trauben od. Einzelbl. in den am St. verteilten B.achseln; Blh. zylindrisch od. glockig .... **70. Polygonatum**

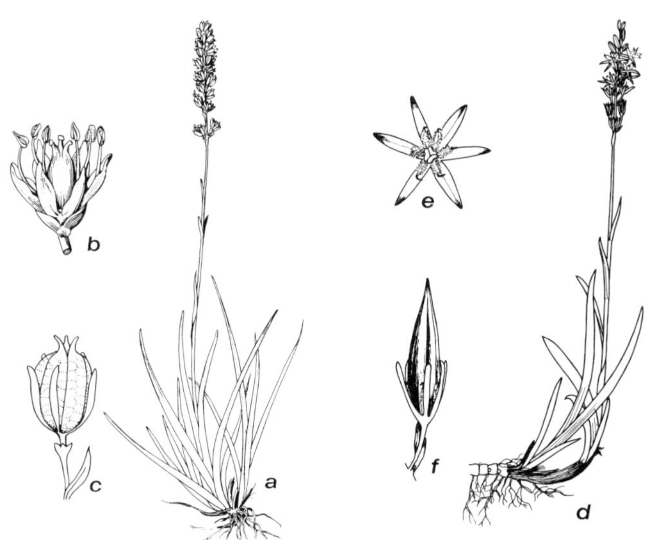

Abb. 30. *a–c Tofieldia calyculata* (*a* Habitus, *b* Blüte, *c* Frucht); *d–f Narthecium ossifragum* (*d* Habitus, *e* Blüte, *f* Frucht).

§§) Trauben endständig, einseitswendig; Laubb. 2, grd.ständig; Blh. kugelig-glockig .... **71. Convallaria**

b) B. schuppenförmig, klein (mit achselständigen, nadelförmigen Seitenzweigen; Blh. 3zählig) .... **72. Asparagus**

I. Trib. Tofieldíeae

52. Tofiéldia Huds. Simsenlilie

x = 7, 15

I. Bl.stiel in der Achsel eines lanzettl. Tragb., unter der Blh. ein 3lappiges k.förmiges Vorb. (Außenk.) .. **138. T. calyculata**

II. Bl.stiel in der Achsel eines kleinen, 3lappigen Tragb., ohne 3lappiges Vorb. unter der Blh. .... **139. T. pusilla**

138. T. calyculáta (L.) Wahlenb. (Abb. 30a–c) Kelch-S.

♃, *H.* – H. 0,10–0,40. Grd.ständige *B.* schmal-lineal., sehr spitz, *vielnervig,* schwertförmig; Blst. eine meist zylindrische Traube; *Blhb.*

bis 4 mm lang, *grünlich-gelblich.* VI–VIII (X). 2n = 28. Hierzu u. a.: var. c a p i t á t a Rchb.; Blst. dicht, kurz, kopfig; Pfl. schmächtig. – Selten.

Flachmoore, Kalksümpfe; nasse, nährstoff- u. meist kalkhaltige Sumpfhumusböden. – Verbreitet: Alp. (bis 2060 m) u. Alp.vorland; sonst zerstreut u. selten in S- u. ö. M-D.; vereinzelt u. selten ö. der Elbe bis Ostpr.; im NW fehlend. – Alp., Pyren., Karp., M- u. NO-Eur., Schwed.; praealp(-no).

139. T. pusílla (Mchx.) Pers. Sumpf-S.
(= T. palustris Huds. p.p.)

♃, *H.* – H. 0,05–0,15. *B. schmal, meist nur 3nervig,* schwertförmig; Blst. dicht, kurz, fast kopfig; *Blhb. weißlich*-gelb. VII. 2n = 30.

Alp. Quellmoore; nasse, basenreiche Böden. – Sehr selten: Alp. (Wetterstein: Frauenalp; Berchtesgadener Alp.; 1630–2350 m). – Alp., Engl., Isl., Spitzbergen, N-Eur., N-Am.; arkt(-alp), circ.

53. *Narthécium* Huds. Beinbrech

x = 13?

140. N. ossífragum (L.) Huds. (Abb. 30 d–f)

♃, *H.* – H. 0,10–0,30(0,40). Untere B. lineal.-schwertförmig; Blst. eine Traube; Blhb. innen gelb, außen grünlich; Stbf. dicht-gelbwollig; Stbbtl. rot; Kapsel spitz, länger als die Blh. VII–VIII. 2n = 26.

Feuchtheiden, Hochmoore; feuchte bis nasse, nährstoffarme, saure Moorböden. – Zerstreut u. selten: NW-D. (Niederrhein bis Schl.Holst.). – W- u. NW-Eur.; atl.

2. Trib. V e r á t r e a e

54. *Verátrum* L. Germer

x = 8

141. V. álbum L. (Abb. 31 a–d) Weißer G.

♃, *H.* – H. 0,50–1,50. B. breit-eilanzettl. bis ellipt. (wechselständig), unterseits ±weichhaarig; Blst. insgesamt rispig, ±weichhaarig; Bl. bis über 15 mm ∅, weißlich bis gelblich-grünlich; Zipfel der Blh. viel länger als die Bl.stiele. VI–VIII. Umfaßt:

ssp. á l b u m; Blhb. innen weiß, außen grün; Äste des Blst. abstehend bis zurückgeschlagen. 2n = 32. – Verbreitet, insbes. Alp. – alp.

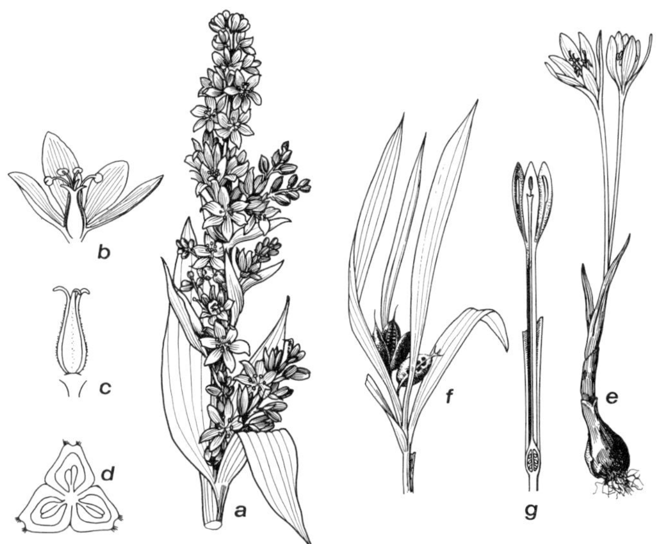

Abb. 31. *a–d Veratrum album* (*a* Blütenstand, *b* Blüte, *c* Fruchtknoten, *d* Frucht quer); *e–g Colchicum autumnale* (*e* blühende, *f* fruchttragende Pflanze; *g* Blüte längs).

ssp. l o b e l i á n u m (Bernh.) Rchb.; Blhb. innen u. außen gelblichgrün od. trübgrün; Äste des Blst. aufrecht-abstehend. 2n = 32. – Verbreitet bis selten: insbes. Alp.vorland, Bay. Wald, Bodenseegeb., Donaugeb.; Schles. – arkt.

Weiden, Lägerges., moorige Wiesen; feuchte, nährstoffreiche u. meist kalkhaltige Lehm- u. Tonböden. – Häufig u. verbreitet: Alp. (bis 2070 m), Voralp.; seltener: Bay. Wald, Jura (Donautal), Bodenseegeb., schles. Gebg. bis Oberschles. – Finnl. u. Norw. (nur ssp. lobelianum), Hochgebg. M-, S- u. O-Eur., As. bis Jap.

3. Trib. C o l c h í c e a e

55. *Cólchicum* L. — Zeitlose

x = 19

142. C. autumnále L. (Abb. 31 e–g) — Herbst-Z.

♃, *G.* – H. 0,08–0,25. Braunschuppige Knolle (Zwiebelknolle), 1- bis mehrbl.; B. u. Fr. sich im Frühjahr entwickelnd; B. breit-lanzettl.,

Abb. 32. *a–c Anthericum ramosum* (*a* Habitus, *b* Blüte; *c* Frucht, geöffnet); *d–e Ornithogalum umbellatum* (*d* Habitus, *e* Fruchtknoten).

spitz; Bl. hell-lilarosa (selten weiß); zur Bl.zeit ohne B. VIII–X. Sehr selten u. wohl evtl. nur als Folge von Außeneinwirkungen im Frühjahr blühend. 2n = 38.

Wiesen, Auenwälder; ±feuchte, nährstoffreiche, lehmige u. tonige Böden. – Verbreitet: M- u. S-D. (Alp. bis 1400 m); sehr selten od. fehlend im N-Flachland. – M-, S- u. W-Eur.; subatl(-submed).

4. Trib. Asphodéleae

56. *Anthéricum* L. Graslilie

x = 8

I. Blst. rispig; Gr. gerade .... **143. A. ramosum**
II. Blst. einfach traubig; Gr. aufsteigend .... **144. A. liliago**

143. A. ramósum L. (Abb. 32a–c) Ästige G.

♃, *H.* – H. 0,30–0,80. *Blst. ästig* (selten einfach); B. lineal., 2–6 mm breit; *Blhb. bis 13 mm lang,* weiß; *Kapsel rundlich, stumpf.* VI–VIII. 2n = 32.

Halbtrockenrasen, Gebüschränder, Abhänge (auch im Kratt); warme, auch sandige, meist kalkhaltige Böden. – Zerstreut bis selten (Alp. bis 1616 m); im NW über große Strecken fehlend. – Gem. u. s. Eur. bis M-Rußl. u. Kauk.; submed(-kont).

144. A. liliágo L. Astlose G.

♃, *H.* – H. 0,30–0,60(0,80). *Blst. unverzweigt* (selten verzweigt); B. lineal., 2–7 mm breit; *Blhb. bis* fast *20 mm lang,* weiß; *Kapsel eiförmig, spitz.* V–VII. 2n = 64.

Trockenrasen, lichte Wälder, Abhänge etc.; warme, meist sandige u. kalkarme Böden. – Zerstreut u. selten im m. u. s. Geb.; fehlt u. a. Alp. sowie über große Strecken in NW-, O- u. NO-D. – Gem. u. S-Eur., M- u. S-Rußl., Kl.As., N-Afr.; submed(-subatl).

5. Trib. Hemerocallídeae

57. Hemerocállis L. Taglilie

x = 11

I. Blh. gelb; Bl.zipfelränder flach .... **145. H. lilio-asphodelus**

II. Blh. rotgelb; innere Bl.zipfelränder wellig .... **146. H. fulva**

145. H. lílio-asphódelus L. em. Scop. Gelbe T.
(= H. flava L.)

♃, *G.* – H. 0,50–1,00. *B.* lineal., *bis 1,5 cm breit;* Blst. meist 6- bis 9bl.; *Bl. bis 6 cm lang,* wohlriechend. VI. 2n = 22.

Aus Gärten verwildert, vereinzelt in Wiesen etc. – S-Eur., Kauk., Sib., Jap.; Heimat unsicher.

146. H. fúlva L. Rotgelbe T.

♃, *G.* – H. 0,60–1,20. *B.* lineal., *bis 3 cm breit;* Blst. 6- bis 12bl.; *Bl. bis 10 cm lang,* nicht duftend. VII–VIII. 2n = 22, 32, 33, 34, 36.
Aus Gärten verwildert, vereinzelt in Wiesen etc. – S-Eur., S- u. M-Rußl., Kauk., Him., Jap.; Heimat unsicher.

6. Trib. Scílleae

58. Ornithógalum L. Milchstern

x = 3, 5, 7, 8, 9 etc.

I. Stbf. bandartig-pfriemlich, ohne Zähne
  A. Blst. eine verlängerte Traube; Bl.stiele zur Fr.zeit aufrecht angedrückt (Blhb. bis 2 mm breit) ...... **147. O. pyrenaicum**

B. Blst. eine Doldentraube; Bl.stiele zur Fr.zeit abstehend
1. B. meist 1–2 mm breit; äußere Blhb. 3–4 mm breit, innere schmaler .... **148. O. gussoneï**
2. B. 2–5(8) mm breit; Blhb. 4–8 mm breit .... **149. O. umbellatum**
II. Stbf. blb.artig, breit, neben dem Stbbtl. beiderseits mit aufrechtem Zahn, innen mit hervorragender Leiste (Blst. eine verlängerte Traube)
A. Frkn. so lang wie der Gr., kugelig .... **150. O. boucheanum**
B. Frkn. kürzer als der Gr., eiförmig .... **151. O. nutans**

1. Sect. B e r ý l l i s

147. O. pyrenáicum L. Pyrenäen-M.
[= O. pyrenaicum L. ssp. flavescens (Lam.) Hegi]

♃, *G.* – H. 0,30–0,60(0,80). B. lanzettl.-lineal., bis fast 10 mm breit; *Traube verlängert, bis 50bl.;* Deckb. ei-lanzettl. zugespitzt; *Bl.-stiele abstehend, fr.tragende der Achse angedrückt;* Blhb. bis 8(10) mm lang, blaß-gelbgrün. VI–VII. 2n = 16.

Lichte Laubmischwälder, Waldränder; frische, nährstoffhaltige, meist lehmige Böden. – Sehr selten, nur Pfalz (ob noch?). – W- u. S-Eur., Kauk., Vord.As.; subatl-submed.

2. Sect. H e l i o c h á r m o s

148. O. gussóneï Ten. Schmalblättriger M.
(= O. tenuifolium Guss.)

♃, *G.* – H. 0,08–0,10. B. schmal-lineal., 1–2(4) mm breit; *Bl.stiele zur Fr.zeit aufrecht-abstehend;* Blhb. meist bis 15 mm lang, weiß mit schmalem, grünem Streifen, kleiner u. zarter als bei O. umbellatum; Kapsel verkehrt-eiförmig, am Scheitel stark vertieft, mit 6 bogenförmigen Kanten. IV–VI. Umfaßt (auch als Arten bewertet):

ssp. g u s s ó n e ï; B. meist zu 5–6, Mittelstreifen undeutlich; Blhb. stumpflich bzw. mehr spitz. 2n = 16, 18.
Sehr selten: Schles., Anh. (Halle), Fränk. Jura (an der Schwarzen Laber), Reichenhall, Passau, Hauzenberg, Parsberg.

ssp. k ó c h i i (Parl.) Holub (= O. kochii Parl.); B. meist zu 6–8, oberseits mit deutlichem, weißem Streifen; Blhb. stumpf, stachelspitzig.
Sehr selten, nur s. Oberrheingeb.

Halbtrocken- u. Trockenrasen; warme, meist kalkreiche Böden. – Med., Frankr., M- u. SO-Eur., Rußl.; europ-kont-submed.

149. O. umbellátum L. (Abb. 32 d–e) Doldentraubiger M.

♃, *G.* – H. 0,10–0,20. B. lineal., 2–5(8) mm breit; Blst. doldentraubig, *untere Fr.stiele waagerecht-abstehend* mit aufstrebenden Fr.; Blhb.

länglich, bis 25 mm lang, stumpf, weiß mit grünem Rückenstreifen; *Kapsel keulenförmig, vorn gestutzt, wenig vertieft.* V–VI. 2n = 18, 27, 36, 43, 45, 46, 52, 54, 72.

Weinberge, Rasen, Böschungen, Unkrautges.; frische, nährstoffreiche, lehmige od. sandige Böden. – Zerstreut im Geb., bes. Weinberge (u. a. Pfalz) (Alp.-vorland bis 710 m). – S- u. gem. Eur., Kauk., Vord.As., N-Afr.; subatl-submed.

O. montánum Cyr. in Schles. an mehreren Orten verwildert u. stellenweise eingebürgert.

3. Sect. Myógalum

150. O. boucheánum (Kunth) Aschers. Bouchés M.

♃, *G.* – H. 0,20–0,50. B. bis 16 mm breit, frühzeitig absterbend; Traube rel. dicht, dichter als bei der folg. Art; Blhb. außen lauchgrün, innen weiß, mit durchscheinenden grünlichen Streifen; *Innenseite der Stbf. mit spitzem Zahn endend;* Kapsel nicht genabelt. IV–V. 2n = 28.

Gartenanlagen, Unkrautges. – Selten u. vereinzelt verwildert u. eingebürgert. – Heimat: SO-Eur., Kl.As.

151. O. nútans L. Nickender M.

♃, *G.* – H. 0,15–0,50. B. bis 13 mm breit, zur Bl.zeit noch frisch; Bl. in ziemlich lockerer Traube, hängend; Blhb. bis 27 mm lang, außen grünlich, innen weiß; *Innenseite der Stbf. zahnlos;* Kapsel genabelt. IV–V. 2n = 42.

Weinberge, Gärten, Wiesen, Unkrautges.; nährstoffreiche Lehmböden. – Zerstreut u. selten, besonders im m. u. s. Geb. verwildert u. eingebürgert. – Heimat: SO-Eur., Orient; o-med.

59. Scílla L. Meerzwiebel, Blaustern

x = 4, 6, 7, 8, 9, 10, 11

I. Blhb. vom Grd. an abstehend; Stbb. sämtlich in gleicher Höhe inseriert
  A. Bl. mit 1 Tragb. ohne Vorb., od. beide fehlend
    1. Zwiebel mit meist nur 1 stielrunden St. .... **152. S. bifolia**
    2. Zwiebel mit meist mehreren kantigen od. zusammengedrückten St.
      a) St. kantig; B. meist 4–7; Blhb. abstehend .. **153. S. amoena**
      b) St. einseitig flach, anderseitig gewölbt; Blhb. etwas glockenförmig .... **154. S. sibirica**
  B. Bl. mit 1 Tragb. u. 1 Vorb. .... **155. S. italica**
II. Blhb. bis etwa zur Mitte becherförmig zusammenneigend, erst oberwärts abstehend; Stbb. der beiden Kreise ungleich u. in ungleicher Höhe der Blh. eingefügt .... **156. S. non-scripta**

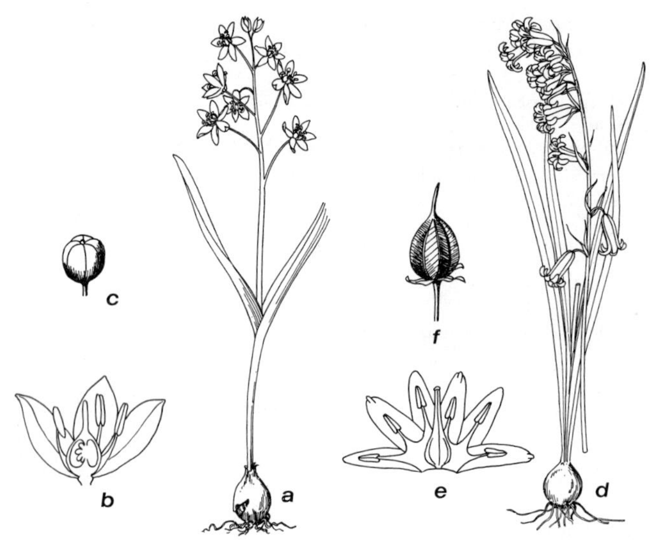

Abb. 33. *Scilla* spp., *a–c S. bifolia* (*a* Habitus, *b* Blüte längs geschnitten, *c* Frucht), *d–f S. non-scripta* (*d* Habitus, *e* Blüte geöffnet, *f* Frucht).

1. Sect. S c í l l a

152. S. bifólia L. (Abb. 33a–c) Zweiblättrige M.

♃, *G.* – H. 0,10–0,20. *Zwiebel mit 2 Laubb.;* B. breit-lineal., etwa bis zur Mitte den St. umschließend, dann weit abstehend; Traube kurz, locker, 2- bis 8bl.; *Bl.stiele aufrecht,* untere länger als die Bl.; *Tragb. sehr klein od. unentwickelt;* Bl. blau, selten lila od. weiß wie bei den folgenden Arten. III–IV. 2n = 18, 26.

Insbes. Auenwälder, Wiesen; frische, nährstoff- u. basenreiche Böden. – Zerstreut u. selten, bes. im Geb. der s. Stromtäler, u. a. Elbegeb. (Dessau), Naumburg/Saale, Rhein-, Main-, Mosel-, Neckartal u. Seitentäler, Bodenseegeb. (Jura bis 930 m). – Frankr., S- u. s. M-Eur., S-Rußl., Kl.As., Kauk.; submed-(-gem-kont).

153. S. amœ́na L. Schöne M.

♃, *G.* – H. 0,10–0,15. *Zwiebel mit meist 4–7 Laubb.; B.* aufrecht, breit-lineal., *meist länger als der St.;* Traube meist 2- bis 6bl., sehr locker; Bl.stiele aufrecht-abstehend, kürzer als der Durchmesser der Bl.; *Tragb. kurz, abgestutzt od. gezähnelt.* IV–V. 2n = 12.

Kultiviert u. selten verwildert. – Nur aus Kulturen, Verwilderungen bzw. Einbürgerungen bekannt.

154. S. sibírica Andrews — Sibirische M.

♃, *G.* – H. 0,10–0,20. *Zwiebel mit meist 2–4 Laubb.; B.* breit-lineal., *meist kürzer als der St.;* Traube 1- bis 3bl.; Bl.stiele weit-abstehend od. nickend, kürzer als der Durchmesser der Bl.; Tragb. klein. III–IV. 2n = 12, 18.
Kultiviert u. selten verwildert. – Heimat: M-Rußl. bis Kauk. u. Vord.As.

155. S. itálica L. — Italienische M.

♃, *G.* – H. 0,15–0,25. *Zwiebel mit meist 3–6 Laubb.;* St. einzeln; B. lineal., scharf gekielt; Traube gedrungen, meist vielbl., länglich-kegelförmig; *Bl.stiele kürzer od. kaum so lang wie die bis 2 cm langen Tragb.;* Bl. aufrecht-abstehend, glockig. IV–V. 2n = 16.
Kultiviert u. selten verwildert. – Heimat: Provence, sö. Dauphiné, Riviera.

2. Sect. Endýmion

156. S. non-scripta (L.) Hoffgg. et Link (Abb. 33 d–f) — Hasenglöckchen

♃, *G.* – H. 0,15–0,30(0,40). Zwiebel mit meist 5–6 Laubb.; B. breit-lineal.; Traube ±einseitswendig bis überhängend, 6- bis 12bl., locker; Bl.stiele mit Tragb. u. Vorb.; Bl. glockig-walzlich, mit zurückgekrümmten Zipfeln, blau, selten weiß. IV–V. 2n = 16, 24.
Laubwälder; frische, nährstoffreiche, lehmige Böden. – Sehr selten u. vereinzelt: Zerbst, Körrenzig bei Jülich, diese wohl wie weitere Fundorte in NW-D. (Ostfr., Kr. Neuhaus/Oste) von zweifelhaftem Indigenat; daneben kultiviert u. selten verwildert. – W- u. S-Eur.; atl.

60. Muscári Mill. — Traubenhyazinthe

x = 9

I. Traube kurz, gedrungen; untere u. obere Bl. fast gleich gestaltet
 A. Grd.ständige Laubb. (3)4 bis zahlreich, schlaff; Blh. 2mal so lang wie breit
  1. B. (3)4–6, halbstielrund, 1–3 mm breit ...... **157. M. atlanticum**
  2. B. zahlreich, weit rinnig, ±flach, 3–5 mm breit **158. M. neglectum**
 B. Grd.ständige Laubb. 2–3, 3–8 mm breit, aufrecht; Blh. nicht erheblich länger als breit .... **159. M. botryoides**
II. Traube zuletzt stark verlängert; untere u. obere Bl. deutlich verschieden
 A. Stiele der oberen unfruchtbaren Bl. ±so lang od. kürzer als die Bl.; Blh. 3- bis 4mal so lang wie breit .... **160. M. tenuiflorum**
 B. Stiele der oberen unfruchtbaren Bl. 3- bis 6mal länger als die Bl.; Blh. 2- bis 2,5mal so lang wie breit .... **161. M. comosum**

1. Sect. B o t r y á n t h u s

157. M. atlánticum Boiss. et Reut. Gewöhnliche T.
(= M. racemosum auct.)

♃, *G.* – H. 0,10–0,35. *B.* lineal., rinnig, schlaff, zuletzt *bogenförmig-zurückgekrümmt,* etwa so lang od. länger als der St.; Traube dicht, 10- bis 30bl.; *Bl. eiförmig, überhängend,* duftend, oberste aufrecht, geschlechtslos; Blh. 4–5 mm lang, dunkelblau (selten weiß), Saum weiß. IV–V. 2n = 36, 45, 54.

Weinberge, Böschungen, Halbtrockenrasen; warme, meist kalkhaltige Böden. – Selten im m. u. s. Geb.; im N-Flachland sehr selten, verschleppt. – W-, s. M.- u. S-Eur., Vord.As., N-Afr.; submed.

158. M. negléctum Guss. Übersehene T.

♃, *G.* – H. 0,20–0,40. *Pfl. in allen Teilen größer als M. atlanticum;* Traube dicht, 30- bis 40bl.; Bl. 4–7 mm lang, dunkel- bis fast schwarzblau, mit weißem Saum, duftend. III–V. 2n = 45, 54.

Weinberge, Halbtrockenrasen; warme, kalkreiche Böden. – Selten u. zerstreut: Oberrheinisches Hügelland, Hochrheingeb., Neckargeb. (Tübingen); Brand.? – Frankr., SW-D., Span. bis Vord.As., N-Afr.; med-submed.

159. M. botryoídes (L.) Mill. (Abb. 34a–b) Kleine T.

♃, *G.* – H. 0,10–0,20. *B.* lineal.-lanzettl., rinnig, *aufrecht,* etwa so lang wie der St.; Traube länglich-eiförmig; *Bl. fast kugelig-eiförmig, überhängend,* zuletzt mäßig entfernt, oberste aufrecht, geschlechtslos; Bl. himmelblau (selten weiß), mit weißlichen Zähnen, geruchlos. IV–V. 2n = 36, 48, (63).

Wälder, Wiesen, Borstgrasrasen; frische, basenreiche, lehmige Böden. – Zerstreut im m. u. s. Geb. (vom Weinbaugeb. um Naumburg/Saale über Thür. bis Alp.vorland), sonst selten verwildert u. eingebürgert. – M- u. S-Eur. bis Kl.As. u. Transkauk.; gem-kont-submed.

2. Sect. L e o p ó l d i a

160. M. tenuiflórum Tausch Schmalblütige T.

♃, *G.* – H. 0,25–0,60. B. lineal., rinnig, meist ganzrandig, 2- bis 15 mm breit; *untere Bl.* meist länger als ihre Stiele, *auch nach dem Verblühen deutlich gestutzt, mit kleiner, stark eingeschnürter Mündung; Zähne des Saumes sehr kurz, wenig gekrümmt, ±brandig-schwarzbraun;* untere Bl. einfarbig-grünlichweiß, nach der Spitze zu apfelgrün; obere Bl.stiele kürzer od. so lang wie die amethystfarbige Blh.; *Stbf. über der Mitte der Röhre der Blh. eingefügt.* V–VI. 2n = 18.

Waldränder, Kalkmagerrasen; warme, kalkhaltige Böden. – Sehr selten, nur Thür., Anh. (so mehrfach zwischen Naumburg/Saale u. Bad Sulza), Bay. (Marktbreit, Regensburg). – M-Eur. bis SO-Eur., S-Rußl. u. Kl.As.; europ-kont(-gem-kont).

Abb. 34. *a–d Muscari* spp., *a–b M. botryoides* (*a* Habitus, *b* Frucht), *c–d M. comosum* (*c* Sproßspitze mit Blütenstand, *d* Blüte geöffnet); *e–g Allium oleraceum* (*e* Habitus, *f* Blütenhülle u. Staubblätter, *g* Frucht).

161. M. comósum (L.) Mill. (Abb. 34c–d) Schopf-T.

♃, *G.* – H. 0,50–0,75. B. lineal., rinnig, meist gezähnelt, 10–27 mm breit; *untere Bl. entfernt,* ±*wagerecht-abstehend,* zweigeschlechtig, am Grd. u. an der Spitze trüb-gelbgrünlich, in der Mitte olivbraun, kaum so lang wie die Stiele, *mit weiter, offener, fast die ganze, nur zu Beginn des Aufblühens schwach gestutzte Spitze einnehmender Mündung;* Zähne des Saumes auswärts-gekrümmt, weiß-grünlich; obere Bl. genähert, geschlechtslos, hellamethystfarben, selten weiß; *Stbf. in der Mitte der Röhre der Blh. eingefügt.* V–VI. 2n = 18.

Kalkmagerrasen, Böschungen, Wegränder; meist kalkhaltige Böden. – Selten im m. u. s. Geb., fast nur Weinberggeb. (von Anh. – Thür. – Schles. bis Bodensee- u. Donaugeb.). – Frankr., M-Eur., S-Rußl., Med., Vord.As., N-Afr.; med-submed.

7. Trib. A l l í e a e

61. Állium L. Lauch

x = 7, 8, 9

I. Stbf. einfach, ungezähnt od. höchstens die inneren am Grd. jederseits mit 1 kurzen, die Länge der mittleren Spitze nicht erreichenden Zahn
A. Zwiebel an einer deutlichen verlängerten Grd.-achse od. kaum ausgeprägt
1. Zwiebel mit netzförmig zerfasernden Häuten
a) B. länglich-ellipt. bis -lanzettl., gestielt, 2–3(8) cm breit; Blh. weißlich .... **162. A. victorialis**
b) B. lineal., bis etwa 0,5 cm breit; Blh. purpurfarbig .... **163. A. strictum**
2. Zwiebelhäute nicht netzförmig zerfasernd, in unregelmäßige Lappen zerreißend
a) Zwiebelhäute ganz od. nur wenig zerreißend
x) B. scharf gekielt; Stbb. so lang od. kürzer als die Blhb. .... **164. A. angulosum**
xx) B. nicht gekielt; Stbb. länger als die Blhb. .... **165. A. montanum**
b) Zwiebelhüllen zuletzt an der Spitze od. ganz zerfasernd (Blh. rot) .... **166. A. suaveolens**
B. Zwiebel nicht an einer deutlich verlängerten Grd.-achse
1. B. nicht zylindrisch-röhrig
a) St. nur am Grd. – bis zur Erdoberfläche – von B.scheiden umhüllt; Hülle des Blst. nicht od. kaum zugespitzt
x) Blst. stets ohne Zwiebeln
/) Schaft ±3kantig; B. langgestielt .... **167. A. ursinum**
//) Schaft stielrund; untere B. sitzend ... **168. A. multibulbosum**
xx) Blst. stets mit Zwiebeln .... **169. A. paradoxum**
b) St. im unteren Teil von B.scheiden umhüllt; Hülle des Blst. meist 2klappig, bleibend (eine Klappe lang zugespitzt)
x) Blst. ohne Zwiebeln .... **170. A. pulchellum**
xx) Blst. mit ±zahlreichen Zwiebeln
/) Stbb. viel länger (bis 2mal so lang) als die Blhb. .... **171. A. carinatum**
//) Stbb. etwa so lang wie die Blhb. .... **172. A. oleraceum**
2. B. stets zylindrisch-weitröhrig; Hülle nicht lang zugespitzt
a) St. u. B. nicht aufgeblasen
x) Stbb. wenigstens $^1/_4$–$^1/_3$ kürzer als die Blhb. .... **173. A. schoenoprasum**
xx) Stbb. etwa so lang wie die Blhb. .... **174. A. ascalonicum**
b) St. unterhalb der Mitte wie die B. aufgeblasen

x) Stbb. 2- bis mehrmals länger als die Blhb. **175. A. fistulosum**
xx) Stbb. deutlich bis doppelt so lang wie die Blhb. .... **176. A. cepa**
II. Innere 3 Stbf. verbreitert, meist 3fach-haarspitzig, die seitlichen Spitzen die den Stbbtl. tragende Mittelspitze erreichend od. überragend
A. Zähne der inneren Stbf. kurz u. stumpf, kürzer als der darunter befindliche Teil des Stbf. od. fast grd.ständig u. dann öfter lang lineal. (Blst. meist mit Zwiebeln .... **177. A. sativum**
B. Zähne der inneren Stbf. wie die Mittelspitze haarförmig
1. B. flach, gekielt (in der Knospe gefaltet)
a) Blst. keine Zwiebeln tragend
x) Stbb. länger als die Blhb. .... **178. A. porrum**
xx) Stbb. so lang od. kürzer als die Blhb. ... **179. A. rotundum**
b) Blst. zahlreiche Zwiebeln tragend .... **180. A. scorodoprasum**
2. B. stielrund od. halbstielrund, oft oberseits rinnig, niemals flach
a) Blst. keine Zwiebeln tragend (vgl. A. kochii) **181. A. sphaerocephalon**
b) Blst. meist zahlreiche Zwiebeln tragend
x) Äußere Stbb. kürzer, immer zuletzt so lang od. nur etwas länger als die Blhb. **182. A. kochii**
xx) Alle Stbb. zuletzt viel länger als die Blhb. **183. A. vineale**

1. Sect. Rhizirídium

162. A. victoriális L. Allermannsharnisch

♃, *G.* – H. 0,30–0,60. *Zwiebeln mit netzförmigen, zerfasernden Häuten; B. breit-lanzettl. od. ellipt., kurzgestielt, flach;* Blst. ±kugelig, kapseltragend, vor dem Aufbl. nickend, Hülle 1(–2)klappig; Bl. gelblichweiß. VII–VIII. 2n = 16.

Hänge, subalp. Hochgrasges.; ±frische, etwas saure Böden. – Selten: Riesengebg., S-Schwarzwald (Feldberg); zerstreut, stellenweise häufiger: Alp. [(700) 1400–2100 m]. – Hochgebg. von Pyren. bis Kauk., Ural, Altai, N-Am.; alp(altaisch).

163. A. stríctum Schrad. Steifblättriger L.

♃, *G.* – H. 0,20–0,50. *Zwiebelhäute zuletzt netzig-faserig; B. lineal.,* oberseits rinnig, unterseits fast halbstielrund; Hülle des Blst. 2klappig; *Blst. kapseltragend;* Blhb. purpurfarbig bis rosa. VI–VIII. 2n = 16.

Steppenrasen, Felsfluren. – Sehr selten: Hess. (Bielstein bei Albungen, Goldberg, Bad Wildungen), Schles. (Probsthainer Spitzberg). – M-Eur. bis S-Rußl., Kauk., Kl.As., Pers., Sib. bis O-As.; kont.

164. A. angulósum L. Kanten-L.

♃, *G.* – H. 0,30–0,70. *Schaft oberwärts scharfkantig; B.* lineal., flach, unterseits 5nervig, *durch den Mittelnerv scharf gekielt;* Hülle des Blst. 2- bis 3spaltig, bleibend; Blst. kapseltragend; Bl. rosenrot, selten weiß; *Stbf. so lang od. kürzer als die Blhb.* VII–IX. 2n = 16.

Feuchtwiesen, Großseggenbestände; ±nasse u. nährstoffreiche, lehmige od. tonige Böden. – Zerstreut, bes. im Bereich der Stromtäler, fehlt in NW- u. im m. W-D. od. nur vereinzelt u. sehr selten. – N- u. O-Frankr. über M-Eur. bis N-Ital., Serb., Rußl., Kauk., Sib.; euras-kont.

165. A. montánum F.W. Schmidt Berg-L.

♃, *G.* – H. 0,15–0,30. *B. schwachnervig, kiellos; Stbb. länger als die Blhb.;* sonst wie A. angulosum. VII–VIII. 2n = 32.

Steppenrasen, Felsbänder; trockene, warme, steinige, meist kalkhaltige Substrate. – Selten, stellenweise zerstreut (Alp. bis 2000 m), fehlt u.a. im Rheingeb. (außer Istein, Kaiserstuhl), NW-D. u. Ostpr. – S- u. M-Eur., Sib., Mandsch.; euras.

166. A. suavéolens Jacq. Wohlriechender L.

♃, *G.* – H. 0,20–0,60. St. stielrund, am Grd. beblättert; *B. lineal., flach, etwas rinnig, unterseits scharf gekielt; Hülle des Blst. 2klappig;* Blst. fast kugelig, kapseltragend; Blh. hellpurpurrot. VII–IX. 2n = 16.

Feuchtwiesen, Moorwiesen; feuchte bis nasse, kalkhaltige, lehmige od. tonige Böden. – Selten u. zerstreut, nur n. Oberrheingeb. (ob noch?), Bodensee- u. Donaugeb., Alp.vorland (bis 800 m). – Pyren., O-Frankr., S-D., Schweiz, Österr., N-Ital., Ung., Jugosl.; praealp(-gem-kont).

2. Sect. M ó l i u m

167. A. ursínum L. Bär-L.

♃, *G.* – H. 0,20–0,50. *Schaft stumpf-3kantig; B. 2, langgestielt, ellipt.-lanzettl., flach;* Hülle des Blst. 1klappig, 2- bis 3spaltig, abfallend; Blst. ±flach, kapseltragend; Blhb. schneeweiß, stark nach Knoblauch riechend. IV–VI. 2n = 14.

Laubmisch- u. Auenwälder; frische, nährstoffreiche, meist lehmige Böden. – Verbreitet, stellenweise häufig im m. u. s. Geb. (Alp. bis 1700 m), in N-D. über große Strecken fehlend. – Eur., Kl.As., Kauk., Sib. bis Kamtschatka; euras-subozean(-subatl).

168. A. multibulbósum Jacq. Schwarzer L.

♃, *G.* – H. 0,40–0,80(1,00). Zwiebel kugelig; *Schaft stielrund; untere B. sitzend, lanzettl.,* zugespitzt, flach; Hülle des Blst. 1klappig, 2- bis 3lappig, meist hinfällig; Blst. kapseltragend; Blhb. weißlich, mit grünem Rückenstreifen; Frkn. dunkel- bis schwarzgrün. V–VI.

Weinberge, Äcker. – Sehr selten: Bodenseegeb., ob noch? – S-Eur. bis SW-As., N-Afr.; med.

169. A. paradóxum (M. B.) G. Don

♃, *G.* – H. 0,20–0,30. St. 3kantig; B. meist einzeln, lineal. – lanzettl.; Hülle des Blst. 2- bis 3klappig; *Blst. meist nur 1- bis 2bl., mit grünlichen Zwiebeln;* Blhb. bis 1 cm lang; Bl. mit 3 äußeren weißlichen, grünlich-gerippten u. 2 (seltener 3) inneren weißen Blhb.; Stbb. 4 (seltener 5–6). IV–V. 2n = 16.

Aus Gärten gelegentlich verwildert u. fast eingebürgert. – Heimat: Kauk., Pers., Turkmenien.

3. Sect. Macrospátha

170. A. pulchéllum G. Don Schöner L.

♃, *G.* – H. 0,20–0,50(0,60). *B.* schmal-lineal. (*± 1 mm breit*), oberseits gefurcht, unterseits mit 3–5 Rippen; Hülle des Blst. 2klappig (Klappen in der Regel etwas schmaler als bei A. carinatum); *Blst.* ±armbl., *ohne Zwiebeln;* Blh. rosenrot bis rötlich-violett; Stbb. fast doppelt so lang wie die Blhb. VII–VIII. 2n = 16.

Trockenrasen; warmer, feinerdereicher Grd. über grobem Kies. – Sehr selten, nur Bay. (Geb. der Rosenau bei Dingolfing), bisher wohl übersehen, evtl. noch an weiteren Orten in S-Bay. – Arealbegrenzung unsicher, sicher s-eur. Gebg.; submed(-praealp).

171. A. carinátum L. Gekielter L.

♃, *G.* – H. 0,30–0,60. *B.* lineal. *(bis 4(–5) mm breit)*, unterseits mit 3–5 hervortretenden Rippen; Hülle des Blst. 2klappig (vgl. Bemerkung bei A. pulchellum); *Blst. zwiebel- u. kapseltragend;* Blh. rosenrot, getrocknet violett; Stbb. zuletzt doppelt so lang wie die länglich-verkehrt-eiförmigen Blhb. VI–VIII. 2n = 16, 24.

Trockenrasen, Pfeifengraswiesen; ±trockene, meist kalkhaltige Böden. – Zerstreut u. gesellig im s. Geb. (Alp. bis 1350 m), im m. Geb. u. N-D. sehr selten, n. bis etwa Westf., Schl.Holst. (ob urwüchsig?). – Gem. u. S-Eur., M- u. S-Rußl.; submed(-gem-kont).

172. A. oleráceum L. (Abb. 34e–g) Gemüse-L.

♃, *G.* – H. 0,30–0,60. B. lineal. (bis etwa 3 mm breit), oberseits rinnig, unterseits vielrippig; *Blst. mit Zwiebeln;* Hülle des Blst. ±krautig; Blhb. grünlichweiß od. rötlich; *Stbb. etwa so lang wie die Blhb.* VII bis VIII. 2n = 32, 40.

Böschungen, Mauern, Halbtrockenrasen; ±nährstoff- u. meist kalkreiche Böden. – Zerstreut bis verbreitet, s. bis Alp.vorland. – Eur., Med., Sib.; euras-subozean(-submed).

4. Sect. Schoenóprasum

173. A. schoenóprasum L. Schnittlauch

♃, *G.* – H. 0,07-0,50. Schaft blattlos od. armblättrig; Blst. meist vielbl., kapseltragend; *Blhb. länger als die Stbb.,* rosa bis hell-purpurrot. V–VI(–VIII). Umfaßt (auch als Varietäten bewertet):

ssp. schoenóprasum; H. 0,07–0,50, St. 1–2 mm dick; Blst. meist nicht kugelig od. halbkugelig; Blhb. länglich- bis eiförmig-lanzettl., spitz, bis 10 mm lang. 2n = 16.

Abhänge, Flußufer-Böschungen; nährstoffreiche Böden. – Zerstreut bis verbreitet, bes. in den Stromtälern, z. B. Elbe, obere Saale, Weser, Rhein, Mosel, s. bis Alp.vorland (?). Ferner kultiviert u. verwildert.

ssp. sibíricum (L.) Hartm. [= var. sibiricum (L.) Garcke]; H. 0,20–0,50; St. 3–5 mm dick, hoch hinauf beblättert; Blst. groß u. dicht, kugelig od. halbkugelig; Blhb. lineal.-lanzettl., allmählich verschmälert, zugespitzt, bis 15 mm lang. 2n = 16.

Steinschutthalden, alp. Schneeböden; feuchte, meist kalkhaltige Substrate. – Zerstreut: Sudeten, Harz (?), Alp. (bis ca. 2100 m), evtl. auch im Alp.-vorland.

Eur., As., N-Am.

174. A. ascalónicum L. Schalotte

♃, *G.* – H. 0,15–0,80. *St. stielrund;* Blst. kugelig, kapsel- od. zwiebel-tragend; Blh. bläulich od. rosa bis weißlich; Stbb. etwa so lang od. etwas länger als die Blh.; *Stbf. abwechselnd am Grd. beiderseits kurz-1zähnig.* VI–VIII. 2n = 16.

Verschiedentlich gebaut. – Wildvorkommen im Orient zweifelhaft. Abstammung ungeklärt.

175. A. fistulósum L. Winterzwiebel

♃, *G.* – H. 0,30–1,00. St. stark aufgeblasen; Blst. dicht, kugelig, vielbl., kapseltragend; *Bl.stiele etwa so lang wie die Bl.;* Blhb. weißlich-grün; *Stbf.* am Grd. wenig verbreitert, *ungezähnt.* VI–VIII. 2n = 16.

Gebaut u. selten verwildert. – Ursprung: evtl. Z- u. W-Chin.

176. A. cépa L. Zwiebel, Küchenzwiebel

♃, *G.* – H. 0,30–1,00. St. meist weit aufgeblasen; Blst. sehr groß, mit od. ohne Zwiebeln; *Bl.stiele bis etwa 8mal so lang wie die Bl.;* Blh. grünlich-weiß, innere *Stbf.* am Grd. stark verbreitert, *fast stets 3spitzig.* VI–VIII. 2n = 16, 32.

Gebaut in verschiedenen Sorten, selten verwildert. – Heimat der Wildformen: O-Pers., Afghan., Pamir-Altai.

5. Sect. Pórrum

177. A. satívum L. Knoblauch

♃, *G.* – H. 0,25–1,00. *Zwiebel mit zahlreichen Nebenzwiebeln;* Zwiebelchen in eine Haut eingeschlossen; B. breit-lineal., flach; Hülle des Blst. klappig, sehr lang geschnäbelt, hinfällig; Blst. zwiebeltragend; Blh. schmutzig-weiß. VII bis VIII. Umfaßt (auch als Unterarten od. Arten bewertet):

var. s a t í v u m; Knoblauch; *Nebenzwiebeln eiförmig-länglich;* Zähne der Stbf. ziemlich am Grd. entspringend. 2n = 16.

var. o p h i o s c ó r o d o n (Link) Döll [= A. ophioscorodon Link, A. sativum L. ssp. ophioscorodon (Link) Holub]; Schlangenknoblauch, Rockenbolle; St. meist oben schlangenartig gebogen; *Nebenzwiebeln rundlich-eiförmig;* Zähne der Stbf. meist in der Mitte entspringend; Zwiebeln des Blst. oft über 1 cm lang. 2n = ca. 32.

Gebaut, selten verwildert. – Dsungarei, N-Ind.

Droge: Bulbus Allii sativi

178. A. pórrum L. Porree

⊙, (♃), *H, (G).* – H. 0,30–0,85. *B. breit-lineal., flach;* Blhb. am Kiel rauh od. glatt, hellpurpurrot od. weißlich; *Stbb. ein wenig länger als die Blhb.; die mittlere Spitze halb so lang wie der ungeteilte Abschnitt des Stbf.* VI–VIII. 2n = 32.

Gebaut, selten verwildert. – Herkunft: vermutlich ö. Med.

179. A. rotúndum L. Runder L.

♃, *G.* – H. 0,30–0,60. *B. schmal-lineal., flach; Blhb.* auf dem Rücken rauh, *meist länger als die Stbb.,* purpurrot; *mittlere Haarspitze viel kürzer als die Seitenspitzen u. der ungeteilte untere Teil der Stbf.* VI–VIII. 2n = 16.

Ackerunkrautges., Böschungen, Weinberge; warme, kalkhaltige Böden. – Selten, nur in den wärmeren Teilen M- u. S-D. streckenweise häufiger. – S-Eur. bis M-Eur., M- u. S-Rußl., Orient; o-med.

180. A. scorodóprasum L. Knoblauchartiger L.

♃, *G.* – H. 0,60–1,00. *B. breit-lineal.,* am Rande rauh; Hülle des Blst. plötzlich zugespitzt; Blh. dunkelpurpurrot; *Stbf. kürzer als die Blhb.; Mittelspitze des Stbf.* $^1/_2$ *so lang wie die Seitenspitzen u. der ungeteilte untere Teil.* VI–VII. 2n = 16, 24, 32.

Wiesen, Auenwälder etc.; nährstoffreiche, meist kalkhaltige Böden. – Zerstreut bis selten, fehlt streckenweise (u. a. Alp.). – Gem. u. sö. Eur., Kl.As.; gemkont(-submed).

181. A. sphaerocéphalon L. Kopf-L.

♃, *G.* – H. 0,30–0,90. St. im unteren Drittel beblättert; *B. halbstielrund-*3kantig, oberseits tiefrinnig; *Blhb. kürzer als die Stbf.,* purpurrot (bisweilen weißlich), am Kiel meist glatt; *Mittelspitze etwa* $^1/_2$ *so lang wie die Seitenspitzen der Stbf.* VI–VII. 2n = 16, 18.

Trockenrasen; warme, basenreiche Substrate. – Selten u. zerstreut im sw. Geb., im m. u. n. Geb. vereinzelt u. wohl nur verwildert, fehlt u. a. in den Alp. – W-, s. M- u. S-Eur., Kauk., Vord.As., N-Afr.; submed(-subatl).

182. A. kóchii Lange Kochs L.

♃, *G.* – H. 0,40–0,60. *B. im unteren* $^2/_3$ *riemenförmig, nur oberwärts fast stielrund; Blst. reichbl.,* mit wenigen od. ganz ohne Zwiebeln; Blhb. spitz, dunkel karmesinrot, am Rande heller. VI–VIII.

Dünen. – Sehr selten, nur Meckl. (bei Warnemünde u. ostwärts von Lubmin). – Dän., Schwed., N-D.; no-subozean.

183. A. vineále L. Weinbergs-L.

♃, *G.* – H. 0,30–0,70. St. bis über die Mitte beblättert; *B. fast stielrund, oberseits schmalrinnig,* inwendig hohl; *Blst. meist nur mit wenigen Bl.,* klein, *oft nur zwiebeltragend,* sehr selten ohne Zwiebeln; Blh. stumpf od. spitzlich, purpurrot; Mittelspitze der Stbf. länger als der ungeteilte untere Teil. VI–VIII. 2n = 32.

Wegränder, Böschungen, Weinberge; ±frische, nährstoffreiche, meist sandig-lehmige Böden. – Verbreitet bis zerstreut, stellenweise häufig, s. bis Alp.vorland. – Eur., N-Am.; subatl-submed.

8. Trib. L i l í e a e

62. Gágea Salisb. Gelbstern

x = 6

I. Bl.stiele ±zottig behaart (Grd.ständige Laubb. zu 2; Zwiebeln zu 2)
  A. B. grasgrün; Blst. 5- bis 10bl.; Blhb. zugespitzt . . . **184. G. villosa**
  B. B. blaugrün; Blst. 1- bis 3bl.; Blhb. stumpf . . . . . . **185. G. bohemica**
II. Bl.stiele kahl od. fast kahl
  A. Grd.ständige B. 1–2 mm breit (Zwiebeln zu 2)
    1. Grd.ständiges B. einzeln, flach od. schwach rinnig . . . . **186. G. minima**
    2. Grd.ständige B. zu 2, fadenförmig, halbstielrund . . . . **187. G. spathacea**
  B. Grd.ständige B. einzeln, 3–8(9) mm breit
    1. Grd.ständiges B. 3–5 mm breit, gekielt, beiderseits verschmälert; Zwiebeln zu 3 . . . . **188. G. pratensis**
    2. Grd.ständiges B. 7–8(9) mm breit, an der Spitze kapuzenförmig zusammengezogen; Zwiebel 1 . . . . **189. G. lutea**

1. Sect. D i d y m o b ó l b o s

184. G. villósa (M. B.) Duby (Abb. 35 a–b) Acker-G.
[= G. arvensis (Pers.) Dum.]

♃, *G.* – H. 0,10–0,15. *Grd.ständige B. lineal., rinnig,* stumpf gekielt, bis etwa 2 mm breit; *Blhb. lanzettl., spitz,* 10–17 mm lang, gelb. III–V. 2n = 48.

Abb. 35. *a–b Gagea villosa* (*a* Habitus, *b* Frucht); *c–d Lloydia serotina* (*c* Habitus, *d* Frucht).

Ackerunkrautges.; nährstoffreiche, sandige Böden. – Zerstreut u. selten im m. u. s. Geb. (bis Alp.vorland), in N-D. nur noch im ö. Teil, vielerorts erloschen. – S- u. gem. Eur., SW-As., N-Afr.; med-submed(-kont).

185. G. bohémica (Zauschn.) R. et Sch. Böhmischer G.

♃, *G.* – H. 0,025–0,08(0,10). *Grd.ständige B. fadenförmig,* etwa 1 mm breit; *Blhb. länglich bis länglich-lanzettl., stumpf,* bis über 15 mm lang, gelb. III–IV. Umfaßt:

ssp. s a x á t i l i s (Koch) Pasch. (= G. saxatilis Koch); St. u. B.rand zottig; Bl. meist einzeln; *Blhb. länglich-lanzettl.,* bis 13 mm lang, stumpf, blaßgelb; *Frkn. länglich-verkehrt-eiförmig od. verkehrt-herzförmig, gestutzt, mit ziemlich gewölbten Seiten.*

Meist auf silikathaltigem Substrat. – Sehr selten: Thür. (Eisenach, Gotha), häufiger von Naumburg/Saale über Halle bis Magdeburg, Rathenow, Potsdam, Angermünde; ferner Nahegeb. (auf Porphyr u. Rotliegendem), bei Herxheim a. Berg auf Tertiärkalk. – W-Frankr. bis M-D., SW-Med.; w-submed-subatl.

ssp. b o h é m i c a; St. u. B.rand weichhaarig od. fast kahl; *Blhb. länglich,* bis über 15 mm lang, *vorn breiter, abgerundet-stumpf,* am Grd. weichhaarig, intensiv gelb; *Frkn. verkehrt-herzförmig, mit vertieften Seiten.*

Sehr selten, nur Anh. (Magdeburg, Bernburg). – M-D., Tschech., Österr. bis SO-Eur., Kl.As., Syr.; europ-kont.

Sonnige Hügel, Wegränder, Trockenrasen, auf warmen, meist kalkarmen, sandigen od. steinigen Substraten.

2. Sect. Monophýllos

186. G. mínima (L.) Ker-Gawl. Kleiner G.

♃, *G.* – H. 0,07–0,15. Pfl. zart u. schmächtig; Nebenzwiebel sehr klein; obere B. klein, lineal., *nur das unterste größer, scheidenförmig,* lanzettl., bis 8 mm breit; Blst. 1- bis 7bl.; *Blhb. lineal.-lanzettl., zugespitzt,* 10–15 mm lang, gelb. III–V (seltener blühend). 2n = 24.

Laubmischwälder, Gebüsche; frische, nährstoffreiche, lehmige Böden. – Selten bis sehr selten, NO-D. (w. etwa bis O-Schl.Holst., ö. vereinzelt bis Ostpr.), Hannover-Hildesheim bis M-D., Werra-Weser-Geb. bis Kassel, Donaugeb. – Skand., M-Eur. bis S- u. SO-Eur., Kl.As., Kauk., Sib.; euras-kont.

187. G. spathácea (Hayne) Salisb. Scheiden-G.

♃, *G.* – H. 0,06–0,20. *Obere Stb. sehr klein, lineal., fast borstenförmig, das unterste größer, mit breitem Grd. scheidenförmig-umfassend;* Blst. 1- bis 5bl.; *Blhb. länglich-lanzettl.,* stumpf, bis 13 mm lang, gelb. IV–V. 2n = ca. 102.

Laubwälder, Waldränder; ±frische bis feuchte, z. T. nährstoffärmere, etwas saure, lehmige Böden. – Zerstreut in N-D. (ö. vereinzelt bis Ostpr.), selten u. vereinzelt in M-D. (z. B. Eisenberg i. Thür.), in S-D. nur Grabfeld. – Schwed., Dän., Belg., Holl., n. D.; subatl.

3. Sect. Tribólbos

188. G. praténsis (Pers.) Dum. Wiesen-G.

♃, *G.* – H. 0,06–0,20. Blst. 1- bis 6bl.; *Bl.stiele sehr lang; Blhb. länglich-lineal.,* schmal, stumpflich, 10–16(20) mm lang, gelb. III–IV. Umfaßt:

ssp. praténsis; Nebenzwiebeln immer vorhanden, keulenförmig; unteres Stb. (3. Blatt) lineal., nicht den Grd. des Blst. scheidig umfassend.

Zerstreut bis ziemlich selten im nö., m. u. s. Geb. (s. bis Bodenseegeb.), u. a. in NW-D. über große Strecken fehlend.

ssp. pomeránica (Ruthe) Ruthe (verschiedentlich auch als Bastard G. pratensis × lutea angesehen); Nebenzwiebeln am Grd. breiter od. oft fehlend; Pfl. heller grün, St. u. B. starrer als bei vor. Unterart; unteres Stb. (3. Blatt) spatelförmig mit breitem, eiförmigem Grd. das 4. Blatt u. die Bl.stielchen umfassend.

Selten, nur Meckl. (Usedom), Brand. (Tantow, Carolinenthal), Anh. (Bernburg), Thür., M-Frank. (?).

Böschungen, Äcker, Weinberge, Halbtrockenrasen; trockene, nährstoffreiche, kalkhaltige, lehmige od. sandige Böden. – Eur., Med., Kl.As.

4. Sect. Holobólbos

189. G. lútea (L.) Ker-Gawl. Gemeiner G.
[= G. silvatica (Pers.) Loud.]

♃, *G.* – H. 0,10–0,30. *Grd.ständige B.* kurzgestielt, an der Spitze kapuzenförmig zusammengezogen u. *plötzlich pfriemförmig zugespitzt;* Blst. 1- bis 7(10)bl.; Bl.stiele lang; *Blhb. länglich, stumpf,* 10–16 mm lang, gelb. III–V. 2n = 72, (12?).

Laubwälder; frische bis feuchte, nährstoffreiche, meist kalkhaltige Böden. – Verbreitet bis zerstreut (Alp. bis 1450 m). – Eur., Kauk., Sib.; euras(-kont).

Bastard:
G. villosa × minima (G. × haeckelii Dufft et Schulze)

63. Llóydia Salisb. Faltenlilie

x = 12

190. L. serótina (L.) Rchb. (Abb. 35c–d)

♃, *G.* – H. 0,07–0,12. St. meist 1bl., armblättrig; grd.ständige B. meist 2, schmal-lineal. (bis 1 mm breit); Bl. aufrecht; Blhb. weiß, mit 3 rötlichen Streifen, am Grd. gelblich. VI–VIII. 2n = 24.

Alp. Rasenges., Felsritzen; ± frische, meist kalkarme, steinige Böden. – Sehr selten, nur Alp. (1850–2250 m, Allgäuer u. Berchtesgadener Alp.). – Alp., Karp., Balk., Kauk., Engl., Arkt., Sib., Him., N-Am.; arkt-alp(circ).

64. Túlipa L. Tulpe

x = 12

191. T. silvéstris L. (Abb. 36a–c) Wilde T.

♃, *G.* – H. 0,20–0,40(0,50). Zwiebel braunhäutig; St. 1(–2)bl.; Bl. vor dem Aufbl. überhängend, gelb, außen oft grünlich; innere Blhb. u. Stbb. am Grd. bärtig. IV–V. 2n = 24, 48.

Gebüsche, grasige Waldplätze, Weinberge, Flußufer; mäßig frische, nährstoffreiche Lehm- od. Kalksteinböden. – Vereinzelt u. selten, z. T. eingebürgert, bes. im m. u. sw. Geb., in N-D. nur sehr selten verschleppt od. verwildert. – Griech., Sizil., S-Frankr., durch Kultur u. Verwilderung im übrigen Eur. verschleppt u. eingebürgert; submed.

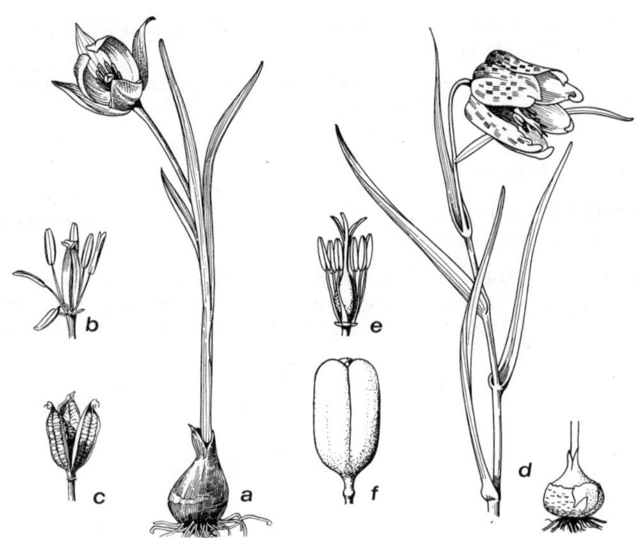

Abb. 36. *a–c Tulipa silvestris* (*a* Habitus, *b* Staubblätter u. Fruchtknoten, *c* Frucht); *d–f Fritillaria meleagris* (*d* Habitus, *e* Staubblätter u. Fruchtknoten, *f* Frucht).

65. Fritillária L. Schachblume

x = 12

192. F. meleágris L. (Abb. 36d–f)

♃, *G.* – H. 0,15–0,30. St. 1(–3)bl.; B. lineal., rinnenförmig, wechselständig; Bl. nickend; Blhb. schachbrettartig purpurrot- u. weißlichgefleckt, selten weiß. IV–V. 2n = 24.

Feuchtwiesen; feuchte bis nasse, nährstoffreiche, lehmige od. tonige Böden. – Selten, stellenweise – so u. a. im Elbegeb. – häufiger, im übrigen Geb. bes. in den Stromtälern, s. bis Donaugeb. – Gem. u. sö. Eur., M- u. S-Rußland, Kauk.; subatl-submed.

66. Lílium L. Lilie

x = 12

I. B. wechselständig; Blhb. nur oberwärts zurückgekrümmt, nicht zurückgerollt; Bl. aufgerichtet .... **193. L. bulbiferum**

II. B. z. T. quirlig-genähert; Blhb. stets deutlich zurückgerollt; Bl. nickend .... **194. L. martagon**

Abb. 37. *a–d Lilium martagon* (*a* Sproßspitze mit Blütenstand, *b* Zwiebel, *c* Blüte, *d* Frucht); *e–g Paris quadrifolia* (*e* Habitus, *f* Staubblatt, *g* Frucht).

193. L. bulbíferum L. Feuer-L.

♃, *G.* – H. 0,20–1,00. Zwiebel weiß; *B. wechselständig,* lineal., oft mit Brutzwiebeln in den B.achseln; Blst. 1- bis 5bl.; *Bl. aufrecht;* Blh. glockig, innen von fleischigen Warzen rauh, rot, gelbrot od. safrangelb, mit braunroten bis schwärzlichen Flecken. VI–VII. Umfaßt:

ssp. c r ó c e u m (Chaix) Arcang.; Pfl. ohne Brutzwiebeln in den B.-achseln; Blhb. safrangelb, innere um die Hälfte breiter. 2n = 24.

ssp. b u l b í f e r u m; Pfl. mit Brutzwiebeln in den B.achseln; Blhb. leuchtend rot od. gelbrot. 2n = 24.

Bergwiesen, Gebüsche, Äcker. – Selten u. zerstreut, Indigenat zweifelhaft, in den n. Geb. sicher nur verwildert u. eingebürgert, u. a. NW-D. (meist ssp. croceum), Westf., Harz, Thür. Wald, Erzgebg., Schles. S-Schwarzwald (ob noch?), Alp.vorland, Alp. (bis 1600 m). – Alp., Ital., Kors., Jugosl.; praealp(-submed).

194. L. mártagon L. (Abb. 37 a–d) Türkenbund

♃, *G.* – H. 0,30–0,60(1,00). Zwiebeln gelb; *B. z. T. quirlig-genähert, ellipt.-lanzettl.;* Blst. 3- bis 10(u. mehr)bl.; *Bl. nickend;* Blhb. zurückgerollt, schmutzig-hellpurpurfarbig (selten weiß), mit dunkleren, selten mit zusammenfließenden Flecken, sehr selten nicht zurückgerollt. VI–VII. 2n = 24.

Wälder, Hochstaudenfluren; frische, nährstoff- u. meist kalkreiche, lockere, lehmige Böden. – Zerstreut im m. u. s. Geb., im N-Flachland fast völlig fehlend. – Eur., Transkauk., Sib., Jap.; euras(-kont).

9. Trib. P a r í d e a e

67. Páris L. — Einbeere

x = 5

195. P. quadrifólia L. (Abb. 37e–g)

♃, *G.* – H. 0,10–0,40. B. netzadrig, meist zu 4 quirlständig; eine einzige gestielte grüne Bl. an der Spitze des St.; Beere blauschwarz. V. 2n = 20.

Laubmischwälder, seltener Nadelwälder; frische bis feuchte, nährstoffreiche, humose, tonige od. lehmige Böden. – Verbreitet bis zerstreut (Alp. bis 1860 m), fehlt über große Strecken im N-Flachland. – Eur., N-Med., Kl.As., Sib., Altai; no-euras.

10. Trib. P o l y g o n á t e a e

68. Maiánthemum Web. — Schattenblume

x = 9

196. M. bifólium (L.) F.W. Schmidt (Abb. 38a–c) Zweiblättrige Sch.

♃, *G.* – H. 0,05–0,15(0,22). St. meist 2blättrig; B. wechselständig, gestielt, herzeiförmig; Blh. weiß; Beeren glänzend, zuletzt rot. V–VI. 2n = 36.

Laub- u. Nadelwälder; ±trockene, saure, nährstoffärmere, lehmige od. fast reine Sandböden. – Verbreitet bis zerstreut (Alp. bis 1820 m). – n. gem. Zonen; no(-kont), circ.

69. Stréptopus Rich. — Knotenfuß

x = 8

197. St. amplexifólius (L.) DC. (Abb. 38d–h)

♃, *G.* – H. 0,15–1,00. St. hin- u. hergebogen, ästig; B. herzförmig-st.umfassend, kahl; Blh. weiß, außen rötlich od. grünlich; Beere länglich, rot. V–VII. 2n = 32, 28–30.

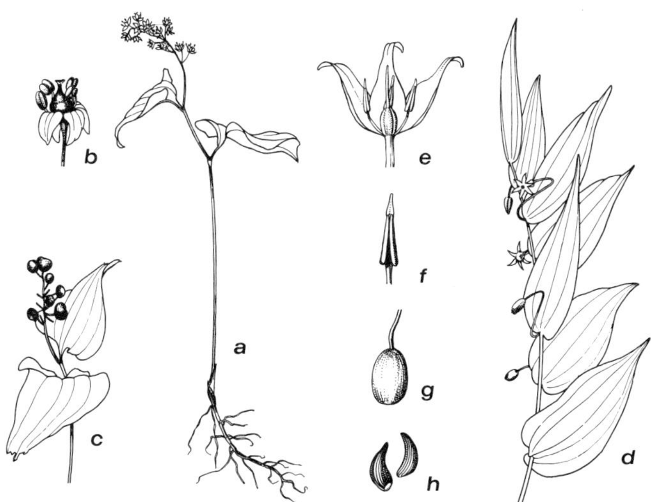

Abb. 38. *a–c Maianthemum bifolium* (*a* Habitus, *b* Blüte, *c* Blütenstand mit Früchten); *d–h Streptopus amplexifolius* (*d* Sproßspitze mit Blüten; *e* Blüte geöffnet, vordere Hüll- u. Staubblätter entfernt; *f* Staubblatt, *g* Frucht, *h* Samen).

Nadelmischwälder, Grünerlengebüsche, Hochstaudenfluren; frische, nährstoffhaltige, meist kalkarme lehmige Böden. – Zerstreut u. selten: Oberschles., Sudeten, Lausitzer Gebg., Sächs. Schweiz, Erzgebg., Bay. Wald, S-Schwarzwald, Alp.vorland, Alp (bis 1860 m). – Höhere Gebg. von Frankr.-Span. bis Sud.-Karp.-Balk., O-As., N-Am.; praealp(-subozean), circ.

70. Polygonátum Mill. — Weißwurz

x = 9, 10, 13, 14

I. B. wechselständig, eiförmig od. ellipt.
  A. St. stielrund .... **198. P. multiflorum**
  B. St. kantig, oberwärts fast zweischneidig .... **199. P. odoratum**
II. B. zu 3–7 quirlständig, lineal.-lanzettl. .... **200. P. verticillatum**

1. Sect. Alternifólia

198. P. multiflórum (L.) All. (Abb. 39c–f) — Vielblütige W.

♃, *G.* – H. 0,30–0,60(1,00). *St. stielrund; B. halbst.umfassend;* Einzelblst. meist 2- bis 5bl.; Bl. geruchlos; Blhb. weiß, an der Spitze grünlich, wie bei den folgenden Arten; *Stbf. behaart;* Beeren schwarzblau. V–VI. 2n = 18, 20, 24, 28, 30.

Abb. 39. *Polygonatum* spp., *a–b P. odoratum* (*a* Sproßspitze mit Blüten, *b* Stengelbasis quer), *c–f P. multiflorum* (*c* Sproßspitze mit Blüten, *d* Rhizom, *e* Blüten, *f* Stengelbasis quer), *g–h P. verticillatum* (*g* Sproßspitze mit Blüten, *h* Stengelbasis quer).

Laub- u. Nadelmischwälder; frische, nährstoffreiche, lehmige Böden. – Verbreitet u. häufig (Alp. bis 1800 m). – Eur., Med., Vord.As., Him., Sib., O-As., N-Am.; euras-subozean(-submed).

199. P. odorátum (Mill.) Druce (Abb. 39a–b)
Wohlriechende W., Salomonssiegel
(= P. officinale All.)

♃, *G.* – H. 0,15–0,50. *St. kantig, oberwärts fast zweischneidig-zusammengedrückt; B. halbst.umfassend;* Einzelblst. meist 1- bis 2bl.; Bl. duftend; *Stbf. kahl;* Beeren schwarzblau. V–VI. 2n = 20, 26, 28, 29, 30.

Laub- u. Kiefernwälder, Gebüsche, Waldränder etc.; mäßig trockene, warme, meist kalkhaltige Böden. – Zerstreut bes. im m. u. s. Geb. (Alp. bis 1650 m), im N-Flachland – wie z. B. im NW – über große Strecken fehlend. – Eur., Med., Sib.–Dahur., W-Him.; euras(-kont).

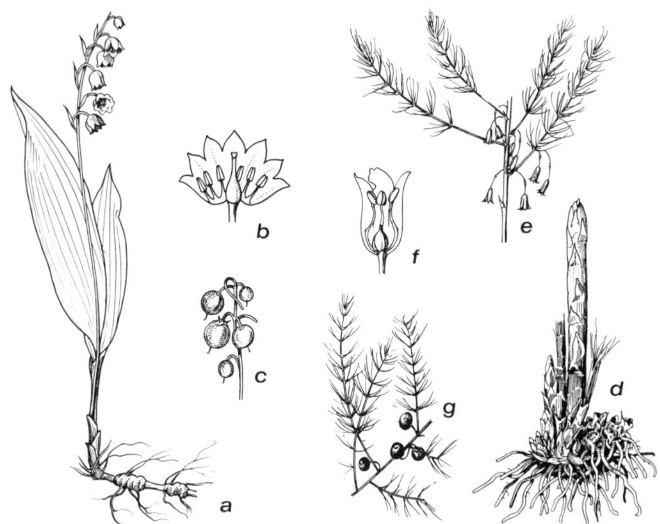

Abb. 40. *a–c Convallaria majalis* (*a* Habitus, *b* Blüte geöffnet, *c* Blütenstand mit Früchten); *d–g Asparagus officinalis* (*d* Rhizom mit jungen Trieben, *e* Sproßausschnitt mit Blüten; *f* Blüte geöffnet, vordere Hüll- u. Staubblätter entfernt; *g* Sproßausschnitt mit Früchten).

2. Sect. V e r t i c i l l á t a

200. P. verticillátum (L.) All. (Abb. 39g–h) Quirlblättrige W.

♃, *G.* – H. 0,30–0,60(1,00). Pfl. kahl; *St. aufrecht, kantig; B. quirlständig;* Einzelblst. 1- bis 7bl.; Beeren rot, zuletzt schwarzblau. V–VI. 2n = 24, 28, 30, 60, 64, 84, ca. 90.

Krautreiche Buchenwälder, Hochstaudenfluren etc.; frische, nährstoffreiche, meist steinig-lehmige Böden. – Zerstreut, insbes. im m. u. s. Bergland bzw. in den Gebg. (Alp. bis 1920 m), selten im m. Schleswig, Hinterpomm., Westpr. u. Ostpr. – Eur., Kl.As., Kauk., Afghan., Ural; praealp-no(-subatl).

11. Trib. C o n v a l l a r í e a e

71. Convallária L. Maiglöckchen

x = 19?

201. C. majális L. (Abb. 40a–c)

♃, *G.* – H. 0,10–0,25. St. blattlos; B. grd.ständig, langscheidig, ellipt.; Blst. traubig; Bl. überhängend, grünlich-weiß, weiß od. außen rosa; Beeren rot. V–VI. 2n = 38, 32, 36, (26, 34).

Laubmischwälder; ±trockene bis frische, nährstoffhaltige, oft ±sandige Lehmböden. — Verbreitet u. häufig (Alp. bis 1870 m). — Eur., n. Med., gem. As., N-Am.; (no-)euras(-subozean).

Drogen: Herba Convallariae, Flores Convallariae

12. Trib. A s p a r á g e a e

72. Aspáragus L. Spargel

x = 10

202. A. officinális L. (Abb. 40 d–g)

♃, *G.* — H. (0,10)0,30–1,50. Pfl. glatt u. kahl; Flachspr. zu 3–6, nadelförmig; Schuppenb. kurz gespornt; Bl. meist 2häusig, grünlichweiß; Beere rot. IV–V. Umfaßt im Geb.:

ssp. o f f i c i n á l i s; St. meist kräftig u. aufrecht; Flachspr. dünn, bis über 15(20) mm lang; Bl.stiele 5–10 mm lang. 2n = 20.
Gebaut in verschiedenen Sorten, verschiedentlich verwildert.

ssp. p r o s t r á t u s (Dum.) Warb. (= A. prostratus Dum.); St. meist dünn, oft niederliegend; Flachspr. meist dick u. kurz, bis etwa 8 mm lang; Bl.stiele 3–5 mm lang. 2n = 40.
Strand, Sandufer, Böschungen. — Selten, so O-See-Küstengeb., ö. bis Fehmarn, ferner Föhr u. Elbe bei Hamburg, sonst wohl verschleppt.

Eur., Vord.As., W-Sib., N-Afr.; euras-kont-med.

27. Fam. AMARYLLIDÁCEAE J. St.-Hil.
Amaryllisgewächse

I. Blh. aus 2 dreizähligen Kreisen, ohne Nebenkr.
A. Innere Blhb. von den äußeren verschieden .... 73. **Galanthus**
B. Alle 6 Blhb. einander gleich .... 74. **Leucojum**
II. Blh. aus 2 dreizähligen Kreisen, mit einer verwachsenblättrigen Nebenkr. .... 75. **Narcisssus**

Abb. 41. *a–b Galanthus nivalis* (*a* Habitus, *b* Frucht); *c–e Leucojum* spp., *c–d L. vernum* (*c* Habitus, *d* Frucht), *e L. aestivum* (Habitus).

1. Trib. Amaryllídeae

73. Galánthus L. Schneeglöckchen

x = 12

203. G. nivális L. (Abb. 41 a–b)

♃, *G.* – H. 0,08–0,20. St. einblütig; B. lineal., bereift; Bl. geruchlos, weiß, nickend, innere Zipfel mit grünem Fleck etwa $^1/_2$ so lang wie die äußeren; Gr. fadenförmig. II–IV. 2n = 24.

Laubmisch- u. Auenwälder; feuchte, nährstoffreiche, tonige od. lehmige Böden. – Sehr zerstreut: Schles., Rheingeb., Pfalz, S-Schwarzwald (Albtal), Frank., Bay. Wald, Jura, Donaugeb., Alp.vorland; daneben gepflanzt u. verwildert. – Frankr.–NO-Span.–Ital. bis Balk.–SW-Rußl., Kauk.; submed(-gem-komt).

74. Leucójum L. Knotenblume

x = 11?

I. St. 1(–2)bl.; H. bis 0,30 .... **204. L. vernum**
II. St. (2)3- bis 8bl.; H. 0,30–0,60 .... **205. L. aestivum**

204. L. vérnum L. (Abb. 41c–d) Märzbecher

♃, *G.* – H. 0,10–0,30. *St. 1(selten 2-)bl.;* B. lineal.; Bl. weiß, wohlriechend, hängend; Blhb. mit grünem Fleck unter der Spitze; Gr. keulenförmig. II–IV. 2n = 22, (20, 24).

Laubmisch- u. Auenwälder etc.; feuchte, nährstoffreiche, oft ±kalkhaltige, lehmige Böden. – Zerstreut bis selten im m. u. s. Geb. (Alp. bis 1300 m), im N-Flachland fehlend od. sehr selten, bisweilen verschleppt. – Pyren., ö. W- u. M-Eur. bis M-Ital., Rum.; praealp(-gem-kont).

205. L. aestívum L. (Abb. 41 e) Sommer-K.

♃, *G.* – H. 0,30–0,60. *St. 3- bis 8bl.;* B. lineal.; Bl. weiß, mit grünem Fleck unter der Spitze, hängend; Gr. schwächer keulenförmig. IV–V. 2n = 22, (20–24).

Feuchtwiesen, Auenwälder; ±nasse, nährstoffreiche, tonige od. lehmige Böden. – Selten bis sehr selten, verschleppt u. vorübergehend od. vereinzelt eingebürgert, so u. a. Schl.Holst. (Barmstedt), Nieders. (Unterlauf der Elbe, Buxtehude, Moisburg, Hamburg), Westf. (Sassenberg), Oberrheingeb. (Karlsruhe), S-Schwarzwald (Wiesental). – S-Eur., SW-As., (gem. Eur.); submed-med.

2. Trib. Narcísseae

75. Narcíssus L. Narzisse

x = 7

I. Blh. gelb; Nebenkr. meist so lang wie Per.-abschnitte .... **206. N. pseudonarcissus**

II. Blh. weiß; Nebenkr. viel kürzer als die Per.abschnitte

A. B. 5–9 mm breit; Per.abschnitte sich mit den Rändern deckend .... **207. N. poëticus**

B. B. bis höchstens 5 mm breit; Per.abschnitte sich meist nicht mit den Rändern deckend .... **208. N. stellaris**

1. Sect. Ájax

206. N. pseudonarcíssus L. (Abb. 42a) Gelbe N.

♃, *G.* – H. 0,15–0,40. Schaft 2schneidig, 1bl.; B. lineal., oberwärts kiellos; *Blhb.* mit meist *blaßgelben* Abschnitten; Nebenkr. goldgelb, glockig, am Rande wellig u. ungleich gekerbt. (III) V. 2n = 14, (28).

Wiesen, Borstgrasges.; kalkarme, lehmige Böden. – Zerstreut, nur Eifel, Hunsrück; sonst gepflanzt u. verschiedentlich verwildert. – W-Eur., Iber. Halbins., W-Schweiz, Ital.; w-praealp(-atl).

Abb. 42. *a–d Narcissus* spp., *a N. pseudonarcissus* (Blüte), *b–d N. poeticus* (*b* Blüte, *c* Zwiebel, *d* Frucht); *e–g Tamus communis* (*e* Sproßspitze mit Blütenständen, *f* Blüte, *g* Blütenstand mit Früchten).

2. Sect. Hélena

207. N. poëticus L. (Abb. 42b–d) Weiße N.

♃, *G.* – H. 0,20–0,45. Schaft 2schneidig, meist 1bl. (selten mehrere), *Blh.* mit *weißen,* verkehrt-eiförmigen Abschnitten; Nebenkr. am Rande rot; Stbb. ungleich hoch eingefügt, *untere Stbbtl. nicht aus der Per.röhre herausragend.* (IV) V. 2n = 14, 21.

Kultiviert u. bisweilen verwildert. – Heimat: SW-Eur.

208. N. stelláris Haw. Schmalblättrige N.

♃, *G.* – H. 0,20–0,30. Pfl. zierlicher als N. poëticus; Bl. meist einzeln (selten mehrere); *Blh. mit weißen, länglich-ellipt., am Grd. keilförmig-verschmälerten Abschnitten;* Nebenkr. gelblich mit rotem Rand; *Stbb.* fast gleich hoch eingefügt, *fast die Spitze der Nebenkr. erreichend.* IV, V. 2n = 14.

Bergfettwiesen; frische, nährstoffreiche, lehmige Böden. – Selten: S-Schwarzwald. – SW-D., Alp., N-Ital., Balk.; praealp.

28. Fam. DIOSCOREÁCEAE R. Br.
Schmerwurzgewächse

76. Támus L. Schmerwurz

x = 8?

209. T. commúnis L. (Abb. 42e–g)

♃, *G.* – H. 0,50–3,00. St. windend; B. herz-eiförmig bis fast spießförmig, zugespitzt, ungeteilt, langgestielt; Blst. locker, in den B.achseln; Bl. eingeschlechtig, grünlich; Gr. mit 3 N.; Beeren rot. V–VI. 2n = 48. Waldränder, Zäune, Gebüsche; frische, nährstoffreiche, meist kalkhaltige Substrate. – Selten: Saartal (Mondorf), Obermosel(Perl, Schengen), Oberrheingeb., Hochrhein- u. Bodenseegeb., Baar (Wutach), Jura (Randengeb.). – S- u. W-Eur., Balk., S-Rußl., Vord.As., N-Afr., Kanar. Ins.; submed(-atl).

2. Unterordn. Iridíneae

29. Fam IRIDÁCEAE Juss.
Schwertliliengewächse

I. Gr.äste nicht krb.artig, meist fädlich
  A. Bl. aktinomorph
    1. Pfl. ohne oberirdischen St.; Bl. grd.ständig (Spathen 1bl.) .... **77. Crocus**
    2. Pfl. mit oberirdischem St.; Bl. an der Spitze des sichtbaren St. (Spathen mehrbl.) .... **78. Sisyrinchium**
  B. Bl. zygomorph (Spathen 1bl.; Gr. mit 3 kurzen Ästen) .... **79. Gladiolus**
II. Gr.äste krb.artig, breit u. oft gefärbt (Spathen meist 2- u. mehrbl.) .... **80. Iris**

1. Trib. Cróceae

77. Crócus L. Safran

x = 3, 4, 5, 7 etc.

I. Zipfel der Blh. 2- bis 3mal so lang wie breit, meist violett; N.spitzen die Stbbtl. überragend
  A. Zipfel der Blh. innen am Grd. kahl .... **210. C. heuffelianus**
  B. Zipfel der Blh. innen am Grd. bärtig .... **211. C. neapolitanus**
II. Zipfel der Blh. 4- bis 5mal so lang wie breit, meist weiß; N.spitzen die Stbbtl. nicht erreichend .... **212. C. albiflorus**

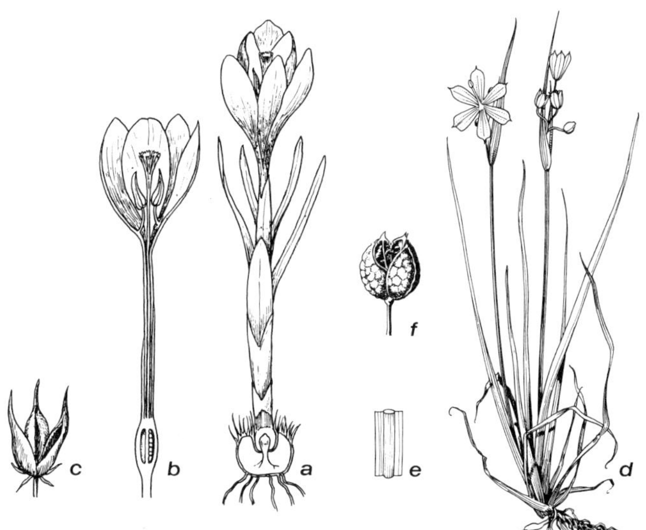

Abb. 43. *a–c Crocus albiflorus* (*a* Habitus, Knolle längs; *b* Blüte längsgeschnitten, *c* Frucht); *d–f Sisyrinchium angustifolium* (*d* Habitus, *e* Stengelabschnitt, *f* Frucht).

210. C. heuffeliánus Herb. Heuffels S.

♃, *G.* – H. 0,08–0,15. Am Grd. dicht mit Scheiden besetzt; *B.* lang, *lineal.-lanzettl., meist behaart;* Blh. meist violett, weiß od. gestreift, *Zipfel konkav,* länglich-verkehrt-eiförmig, *Schlund kahl;* Stbf. kahl; N. rel. tief 3spaltig, kürzer als der Saum. III–IV. 2n = 14.

Bergwiesen. – Selten, nur Schles. (nahe der Grenze bei Troppau; Schreiberhau); ferner kultiviert. – Tschech., N-Balk., Rum.; o-praealp.

211. C. neapolitánus (Ker-Gawl.) Mord. Neapolitanischer S.

♃, *G.* – H. 0,08–0,15. *B. lineal.;* Blh. meist violett od. lila, seltener weiß, *Schlund deutlich bärtig;* Stbf. am Grd. fein weichhaarig, sonst ähnlich vor. Art. III–IV. 2n = 16, 20, 24, 25, 28, 29, 30, 32.

Häufig kultiviert, verschiedentlich in Wiesen verwildert. – Heimat: Österr., Jugosl., Ital.

212. C. albiflórus Kit. (Abb. 43a–c) Weißer S.

♃, *G.* – H. 0,08–0,15. *B. lineal.;* Blh. meist weiß, seltener violett od. blau, ihre *Zipfel fast flach,* schmal, länglich, *Schlund mit kurzen Haaren besetzt.* III–IV. 2n = 8.

Bergfettwiesen u. -weiden; frische, nährstoffreiche Böden. – Zerstreut, nur S-Schwarzwald (Menzenschwand), Alp.vorland u. Alp. (bis 1850 m). – Pyren., Frankr., Alp., S-D., Tschech., Ung., Jugosl.; alp.

2. Trib. Sisyrinchíeae

78. Sisyrínchium L. — Blauaugengras

x = 8, 9, 17

213. S. angustifólium Mill. (Abb. 43d–f) — Schmalblättriges B.

♃, *H.* – H. bis etwa 0,25; St. an zwei Kanten deutlich geflügelt; B. lineal., 2–4 mm breit; Bl.büschel des Blst. 1- bis 4bl.; Blhb. ca. 10 mm lang, Zipfel gleichgestaltet, mit Stachelspitze, blau, selten weiß, mit meist gelbem Schlund; Stbf. hoch hinauf verwachsen. V–VI. 2n = 96.

Kultiviert u. gelegentlich verwildert u. eingebürgert in Feuchtwiesen. – Heimat: N-Am.

3. Trib. Ixíeae

79. Gladíolus L. — Siegwurz

x = 15

I. Fasern der Knollenhülle netzig-verbunden (Fr. gleichförmig 6furchig) .... **214. G. paluster**
II. Fasern der Knollenhülle längs-parallel (z. T. sehr fein), höchstens oberwärts netzig
  A. Fr. oberwärts mit 3 kielartig vorspringenden Kanten; Bl. rel. groß .... **215. G. communis**
  B. Fr. sehr stumpf 3kantig; Bl. klein .... **216. G. imbricatus**

214. G. palúster Gaudin (Abb. 44a–c) — Sumpf-S.

♃, *G.* – H. 0,30–0,60. Blh. purpurrot (selten weiß), mit einem weißen, purpurrot eingefaßten Streifen auf den 3 unteren Zipfeln der Blh., wie bei den übrigen Arten; obere seitliche Zipfel der Blh. rautenförmig; Zipfel der N. aufwärts allmählich verbreitert; *Kapsel* länglich-verkehrt-eiförmig, *glatt, an der Spitze abgerundet,* nicht eingedrückt. VI–VII (etwas später als G. communis u. früher als G. imbricatus).

Pfeifengraswiesen (selten Halbtrockenrasen); wechselfeuchte, kalkreiche Böden. – Sehr selten u. sehr zerstreut im nö., ö. u. s. Geb., so u. a. West- u. Ostpr., Frank., Oberrheingeb., s. bis Bodenseegeb. u. Alp.vorland; fehlt u. a. im nw. Geb. – ö. u. s. M-Eur. bis N-Balk., M-Ital.; europ-kont.

215. G. commúnis L. — Gemeine S.

♃, *G.* – H. 0,40–0,80(1,00). *Fasern der Knollenhülle dicht, stark;* Hochb. mit abgesetzter, kurzer Stachelspitze; *Kapsel* verkehrt-eiförmig bis ellipt., 3kantig, *tief 3furchig, an der Spitze eingedrückt, Kanten oberwärts gekielt,* querrunzelig; sonst wie G. paluster. V–VI. 2n = 90.

Kultiviert, gelegentlich verwildert. – Heimat: S-Frankr., Med., Kauk., Pers.

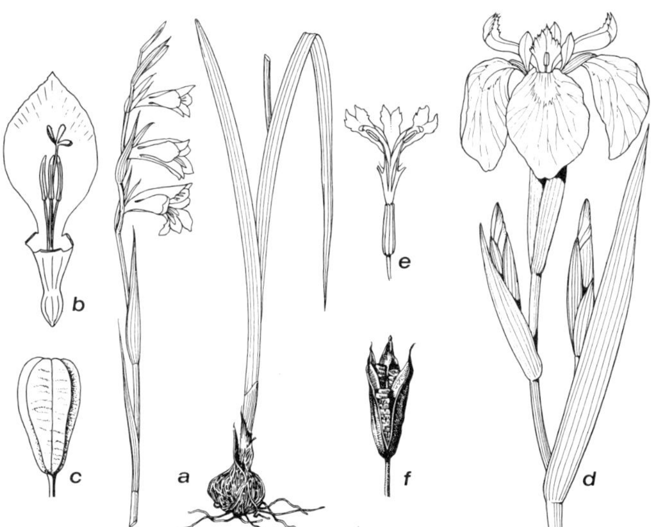

Abb. 44. *a–c Gladiolus paluster* (*a* Habitus; *b* Blüte geöffnet, vordere Blütenblätter z. T. entfernt; *c* Frucht); *d–f Iris pseudacorus* (*d* Sproßspitze mit Blüten, *e* Staubblätter u. Fruchtknoten, *f* Frucht).

216. G. imbricátus L. Dachziegelige S.

♃, *G.* – H. 0,30–0,60. *Fasern der Knollenhülle sehr dicht, fein;* Hochb. zugespitzt; *Kapsel* verkehrt-eiförmig, 3kantig, *seicht 3furchig, an der Spitze eingedrückt, Kanten abgerundet;* sonst wie G. paluster. VII. Im Geb. nur ssp. i m b r i c á t u s. 2n = 14 (?).

Moorige Waldwiesen, lichte feuchte Wälder. – Sehr selten, nur West- u. Ostpr., Frankfurt a. Oder (ob noch?), Oberlausitz, Schles., M-Thür. (Erfurt). – O- u. SO-Eur., W-Sib., Kauk., Kl.As. bis Mesopot.; euras-kont.

4. Trib. I r í d e a e

80. Íris L. Schwertlilie

x = 5, 6, 7, 8, 11 (15?, 17)

I. Äußere Blhb. auf der Innenseite bartlos (höchstens flaumig)
 A. Blh. blau od. bläulich od. gelblich mit blauer Zeichnung

1. St. hohl (stielrund) .... 217. I. sibirica
2. St. markig
a) St. zusammengedrückt 2schneidig .... 218. I. graminea
b) St. stielrund .... 219. I. spuria
B. Blh. gelb mit schwärzlichen Adern .... 220. I. pseudacorus
II. Äußere Blhb. auf der Innenseite bärtig
A. St. sehr kurz od. fast fehlend, 1bl. (kürzer als die B.; Hochb. 2, am Rand breit häutig) .... 221. I. pumila
B. St. verlängert, meist mehrbl.
1. Hochb. ganz krautig (nur bei I. aphylla Rand u. Spitze trockenhäutig); St. kürzer od. fast so lang wie die Grdb.
a) Blh. violett .... 222. I. aphylla
b) Blh. gelb, bräunlich- od. purpurviolett geadert .... 223. I. variegata
2. Hochb. von der Mitte an trockenhäutig; St. länger als die B.
a) Äußere Blhb. bis zum Rand von dunklen Adern durchzogen
x) Abschnitte der Oberlippe der Gr.äste sich mit den Rändern berührend .... 224. I. sambucina
xx) Abschnitte der Oberlippe der Gr.äste auseinandertretend .... 225. I. squalens
b) Äußere Blhb. höchstens unterwärts von dunklen Adern durchzogen .... 226. I. germanica

1. Sect. A p ó g o n

217. I. sibírica L. Sibirische Sch.

♃, *G.* – H. 0,30–0,70(1,00). *B.* lineal., schmal, *kürzer als der stielrunde, röhrige,* meist 2(1–3)bl. *St.; äußere Zipfel der Blh. verkehrt-eiförmig, plötzlich in einen kurzen Nagel verschmälert,* hellblau, z. T. von violetten Adern netzig, innere violett, verkehrt-eiförmig, breiter u. länger als die Gr.äste; Frkn. 3seitig; Kapsel kurz zugespitzt. V–VI. 2n = 28.

Pfeifengraswiesen; wechselfeuchte bis nasse, ±tonige Böden. – Sehr zerstreut u. selten, über große Strecken – u. a. im nw. Geb. – fehlend, Stromtalpfl. – S-Skand. bis Frankr., N-Ital., N-Balk., Rußl., Kauk., Sib., Jap.; euras(-kont).

218. I. gramínea L. Grasblättrige Sch.

♃, *G.* – H. 0,10–0,30. *St. 2schneidig,* meist 2bl.; B. bis 0,70 lang, lineal.; Bl. wohlriechend, Nagel der äußeren Zipfel der Blh. purpurrot, mit gelben Linien, *Platte* weißlich mit violetten Adern, *anhängselförmig, eiförmig, viel kürzer als der breite Nagel;* innere Zipfel dunkelviolett; Frkn. 6seitig; Kapsel plötzlich in den Schnabel verschmälert. V–VI. 2n = 34.

Kultiviert u. selten verwildert auf Waldwiesen, in Trocken- u. Halbtrockenrasen, so vereinzelt in S-D. – Heimat: N-Span. bis S-Rußl., n. bis Tschech.

219. I. spúria L. Bastard-Sch.

♃, *G.* – H. 0,30–0,60. B. lineal., 5–12 mm breit, kürzer als der stielrunde St.; *äußere Zipfel der Blh. rundlich, kürzer als der lanzettl. Nagel,* ihre Platte weißgelblich mit blauen Adern, Nagel schief-gestreift; innere Zipfel violett; Frkn. 6seitig; Kapsel lang-geschnäbelt. VI. 2n = 22.

Pfeifengraswiesen, Halbtrockenrasen; ±feuchte, lehmige od. tonige Böden. – Sehr selten, nur n. Oberrheinebene (Laubenheim, Bodenheim, Trebur), Rheinhess. (Stadecken–Nieder-Saulheim). – S-Frankr., M-Eur., Österr., Ung., bis S-Rußl., Kauk., w. N-Afr.; gem-kont(europ-kont).

220. I. pseudácorus L. (Abb. 44d–f) Gelbe Sch.

♃, *HH, (H).* – H. 0,50–1,00. B. breit-lineal.-schwertförmig, 1- bis 3(4) cm breit, etwa so lang wie der mehrbl., ±stielrunde St.; *äußere Zipfel der Blh. eiförmig, mit breitem Nagel,* gelb, innere lineal., schmäler u. kürzer als die Gr.äste. V–VI. 2n = 34, 32–34.

Großseggenbestände, Röhrichte; nasse od. überschwemmte, nährstoffreiche Schlammböden. – Verbreitet u. häufig; s. bis Alp.vorland. – Eur., Kauk., Vord.As., N-Afr.; euras(-subozean)-submed.

2. Sect. P o g o n í r i s

221. I. púmila L. Zwerg-Sch.

♃, *H.* – H. 0,08–0,17. B. stets länger als der *sehr niedrige od. fast fehlende St.;* Röhre der Blh. 4- bis 5mal länger als der Frkn., weit aus den Hochb. hervorragend; Bl. meist violett, selten rosa, gelb od. weiß. IV–V. 2n = 32. 30, 36.

Kultiviert u. gelegentlich verwildert. – Heimat: SO-Eur., S-Rußl., Kauk., Transkauk., Sib.

222. I. aphýlla L. Nacktstengelige Sch.

♃, *H.* – H. 0,05–0,50. *St.* zusammengedrückt, am Grd. mit einigen kurzen B., *3- bis 5*(selten 1-)*bl.;* B. sichelförmig-gebogen; unterste Bl. unter der Mitte des St. od. fast am Grd. entspringend; *Hochb. dünnkrautartig;* Bl. nebst den Gr.ästen violett, am Grd. weißlich- u. rotbraungeadert. IV–V. Umfaßt im Geb.:

ssp. a p h ý l l a; Pfl. kräftig; Bl. vor der Blüte aufrecht; Zipfel der Blh. breit; Frkn. deutlich 6kantig, nicht tief 3furchig. 2n = 48.
Selten, nur Schles., Anh. [Quedlinburg, am Huy bei Halberstadt, Halle, Unstrutgeb. (Naumburg/Freyburg), Steinklöbe zwischen Wangen u. Wendelstein].

ssp. f i e b é r i (Seidl) A. et G. (= I. fieberi Seidl); Pfl. weniger kräftig; Bl. vor der Blüte ±nickend; Zipfel der Blh. sehr schmal, nur bis 1,5 cm breit, Röhre etwa so lang wie der Frkn.; Frkn. stumpf 3seitig, tief 3furchig. – Selten: Schles.

Sonnige Abhänge, Waldwiesen, bergige Laubwälder. – M-D. bis SO-Eur., S-Rußl., Kauk., Kl.As.; europ-kont.

223. I. variegáta L. Bunte Sch.

♃, *H.* – H. 0,12–0,40(0,60). Hochb. aufgeblasen; Blh. gelb, *äußere Zipfel* braunrot- od. violett-geadert, *länglich-verkehrt-eiförmig, die inneren nach dem Grd. allmählich verschmälert.* V–VI. 2n = 24.

Kultiviert u. wohl nur selten verwildert in Trockenrasen, Weinbergen, u. a. Thür., Landshut, München, Hohentwiel. – Heimat: Österr., N-Balk., S-Rußl.

224. I. sambúcina L. Holunder-Sch.

♃, *H.* – H. 0,40–0,60. Bl. nach Holunder riechend; äußere Zipfel der Blh. violett, hinten weißlich, mit starken dunkleren Adern u. weißem Bart, innere graubläulich, gelbgerandet; *Stbf. 1,5mal so lang wie die Stbbtl.; Abschnitte der Oberlippe der Gr.äste eiförmig, mit ihrem inneren Rand zusammenschließend.* V–VI. 2n = 24.

Kultiviert u. gelegentlich verwildert in Trockenrasen u. an Mauern. – Vereinzelt, so Saaletal (Thür. bis Naumburg), Kalkgeb. S-D. (z. B. M-Rhein, Jura, Frank., Bay. Wald). – Kl.As., Transkauk.; kont-med.

225. I. squálens L. Schmutziggelbe Sch.

♃, *H.* – H. 0,40–1,00. Äußere Zipfel der Blh. violett, hinten weißlich, mit dunkleren Adern u. gelbem Bart, innere blaß-schmutzig-gelb; *Stbf. 1,5mal so lang wie die Stbbtl.; Abschnitte der Oberlippe der Gr.äste eiförmig, vorgestreckt, auseinandertretend.* VI. 2n = 24.

Kultiviert u. selten verwildert. – Heimat: N-Balk., Kauk., N-Pers.

226. I. germánica L. Deutsche Sch.

♃, *H.* – H. 0,30–1,00. Bl. schwach-wohlriechend, violett-blau, Nagel gelblichweiß mit braunen Adern; innere Zipfel der Blh. so lang wie die äußeren, breitverkehrt-eiförmig, plötzlich in den Nagel zusammengezogen; *Stbf. etwa so lang wie die Stbbtl.;* Gr.äste an der Spitze am breitesten, *Abschnitte der Oberlippe* eiförmig, *auseinandergehend.* V–VI. 2n = 44.

Kultiviert u. gelegentlich verwildert in Halbtrockenrasen, Weinbergen. – Heimat: Med., SW-As.

14. Ordn. Juncáles

30. Fam. JUNCÁCEAE Juss.
Binsengewächse

I. Kapsel meist 3fächerig od. 3kammerig, mit zahlreichen S.; B. kahl .... **81. Juncus**
II. Kapsel 1fächerig, 3samig; B. fast stets ±behaart .... **82. Luzula**

81. Juncus L. Binse

x = 5 (?)

I. Unter den Bl. mindestens 2 häutige Vorb.; Bl. einzeln, z. T. zur Spirre genähert
A. B. ±rinnig od. flach
1. B.scheide nicht geöhrt od. Öhrchen stumpf, abgerundet
a) St. blattlos (unten B.scheiden, selten B.)
x) Unterstes Tragb. kürzer od. etwa so lang wie der Blst.; B. ±starr u. abstehend . . . . **227. J. squarrosus**
xx) Unterstes Tragb. viel länger als der Blst.; B. meist aufrecht . . . . **230. J. tenuis**
b) St. beblättert
x) Pfl. ♃, mit Ausläufern
/) Unterstes Tragb. meist länger als der Blst.; Per. etwa $^{1}/_{2}$ so lang wie die Fr.; St. ±zusammengedrückt . . . . **228. J. compressus**
//) Unterstes Tragb. meist kürzer als der Blst.; Per. fast so lang wie die Fr.; St. ±rund . . . . **229. J. gerardi**
xx) Pfl. ☉, am Grd. verzweigt, ohne Ausläufer
/) B.scheiden oben verschmälert, nicht geöhrt
§) Per. der eiförmigen Fr. anliegend
+) Per. länger als die Fr. . . . . . **233. J. bufonius**
++) Innere Per.b. kürzer als die Fr. **234. J. ranarius**
§§) Per. von der kugeligen Fr. abstehend . . . . **235. J. sphaerocarpus**
//) B.scheiden oben mit stumpfen Öhrchen . . . . **236. J. tenageia**
2. B.scheiden mit langen, tiefzerschlitzten Öhrchen (St. blattlos, 1- bis 6bl.) . . . . **231. J. trifidus**
B. B. halmartig, stielrund (Blst. unecht seitenständig)
1. Schaft mit 1 B. unter der Spitze . . . . **232. J. jacquinii**
2. Schaft mit Blst. ohne Laubb.
a) Blst. reichbl. (> 7bl.)
x) Stbb. 6; Niederb. glänzend
/) St. tief gerillt, bläulichgrün; Niederb. schwarzbraun; Grd.achse rasenförmig **237. J. inflexus**
//) St. frisch ganz glatt; Niederb. gelb- bis schwarzbraun, Grd.achse verlängert-kriechend . . . . **240. J. balticus**
xx) Stbb. 3; Niederb. ±matt (gelbbraun bis rotbraun)
/) St. u. B. dunkel- bis grasgrün,

±glänzend; Blst. locker, selten kopfig; Gr. in einer Vertiefung .... 238. J. effusus
//) St. u. B. etwas graugrün, glanzlos; Blst. kopfig; Gr. auf einer Erhöhung 239. J. conglomeratus
b) Blst. armbl., meist weniger als 7 Bl. (Stbb. 6) .... 241. J. filiformis

II. Unter den Bl. keine Vorb.; Bl. in der Achsel kleiner Deckb. zu Köpfchen vereinigt, die meist in Spirren stehen

A. B. wenigstens unterwärts flach od. ±rinnig
1. B.scheiden ohne Öhrchen; S. klein, ohne Anhängsel .... 243. J. capitatus
2. B.scheiden mit stumpfen Öhrchen; S. feilspanartig (2–2,5 mm lang)
a) St. nur am Grd. beblättert .... 252. J. triglumis
b) St. bis oben beblättert .... 253. J. stygius

B. B. stielrund od. ±seitlich zusammengedrückt
1. B. stielrund, vollmarkig .... 242. J. maritimus
2. B. ±seitlich zusammengedrückt, B.mark gekammert, äußerlich als Knoten merkbar
a) Fr. vollständig 3fächerig; nichtbl. Achsen mit 1 Laubb. (Stbb. 6; Per.b. stumpf) ...... 244. J. subnodulosus
b) Fr. 1fächerig od. unvollständig 3fächerig
x) Pfl. ♃ (sterile Achsen mit mehreren Laubb.)
/) St. meist kräftig, mit 2–3 rundlichen, deutlich querwandigen B.; Stbb. 6
§) Per.b. – zumindest äußere – spitz od. zugespitzt, fast alle stachelspitzig
+) Per.b. alle zugespitzt
α) Per.b. kürzer als die Kapsel (innere länger als äußere, an der Spitze etwas zurückgekrümmt) 245. J. acutiflorus
β) Per.b. so lang wie die Kapsel .... 246. J. atratus
++) Per.b. meist gleichlang u. innere stumpf od. stumpflicher (kürzer als die Kapsel) 247. J. articulatus
§§) Per.b. ±stumpf, gleichlang
+) Per. aufrecht, deutlich kürzer als die Kapsel .... 248. J. alpinus
++) Per. ±angedrückt, nicht od. wenig kürzer als die Kapsel 249. J. anceps
//) St. fadenförmig, mit fast borstlichen, oberseits schmalrinnigen, außen undeutlich querwandigen B.; Stbb. 3 od. 6 .... 250. J. bulbosus

xx) Pfl. ☉ (am Grd. büschelig-verzweigt, meist 1 Laubb. unter der Mitte des St.; B.scheiden mit 2 spitzen Öhrchen; Stbb. 3) .... **251. J. pygmaeus**

1. Sect. P o i o p h ý l l i

227. J. squarrósus L. (Abb. 46a) Sparrige B.

♃, *H.* – H. 0,10–0,35. Rasig; St. starr aufrecht; *B. lineal.-rinnig, starr abstehend;* Spirre endständig mit ebensträußigen Ästen, länger als die Tragb.; Blhb. ei-lanzettl., ±stumpf, so lang wie die stumpfe, stachelspitzige Kapsel; Stbf. viel kürzer als die Stbbtl. VI–VIII. 2n = 40.

Borstgrasrasen, Torfbinsen-Ges.; ±feuchte bis nasse, saure, aber auch sandige Torf- u. Rohhumusböden. – Verbreitet bis zerstreut: NW-D., Lausitz; sonst zerstreut bis ±selten (Alp. bis 1432 m). – N-, M-Eur., gem. As., Grönl.; no-(-subatl).

228. J. compréssus Jacq. (Abb. 46 b) Flache B.

♃, *G.* – H. 0,10–0,45. *St. ±zusammengedrückt, mit* 1(–2)*rinnigen B.;* Spirre endständig, Äste aufrecht, Ästchen ebensträußig; *Blhb.* eiförmig-länglich, stumpf, $\pm ^1/_2$ *so lang wie die kugelige Kapsel,* gelbbraun, auf dem Rücken mit grünem Streifen, weißlich berandet. VI–IX. 2n = 40.

Trittges., Weiden, Grabenränder; feuchte, nährstoffreiche, dichte Böden. – Verbreitet u. häufig (Alp. bis 1200 m), in N-D. zerstreut. – Eur., As.; euras.

229. J. gerárdi Loisel. (Abb. 46c) Salz-B.

♃, *G.* – H. 0,10–0,30. St. fast stielrund; *Blhb. fast so lang wie die ellipsoidische Kapsel,* kastanienbraun, z. T. auf dem Rücken grün, weißlich berandet; N. dunkelrot; Gr. so lang wie der Frkn. VI–VIII. 2n = 80.

Salzwiesen; feuchte, an den Küsten wiederholt überflutete, salzhaltige, z. T. etwas sandige Seeschlickböden. – Meist häufig u. verbreitet: N-, O-See; selten: Salzstellen des Binnenlandes. – Eur., As., N-Afr., N-Am.; euras(-med).

230. J. ténuis Willd. (Abb. 46d) Zarte B.
(= J. macer S. F. Gray)

♃, *H.* – H. 0,15–0,30. Rasig; *B. aufrecht;* Spirre kürzer als die Tragb.; *Blhb.* lanzettl., *wenig länger als die* eiförmige *Kapsel; Stbf. länger als der Stbbtl.* VI–IX. 2n = 30.

Trittges., Wegränder etc.; ±feuchte, N-haltige, sandige, lehmige Böden. – Verbreitet (insbes. im NW) bis selten, z. T. unbeständig (Alp. bis 1050 m). – Eingebürgert in Eur., Austr., Neuseel.; Heimat: N-Am.

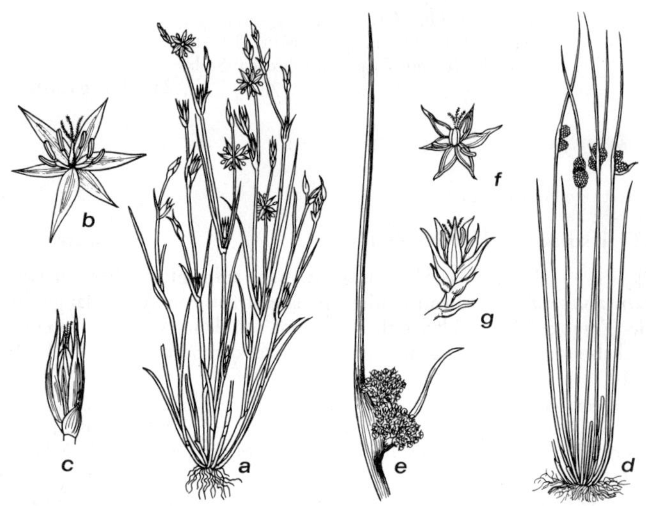

Abb. 45. *Juncus* spp., *a–c J. bufonius* (*a* Habitus, *b* u. *c* Blüten), *d–g J. effusus* (*d* Habitus, *e* Blütenstände mit Tragblättern, *f* u. *g* Blüten).

231. J. trífidus L. (Abb. 46e) Dreiblättrige B.

♃, *H.* – H. 0,08–0,30. Dichtrasig; St. fadenförmig, am Grd. mit Scheiden; *Blst. 1- bis 3(5)bl., mit 2–3 borstenförmigen Tragb.;* Blh. u. Kapsel kastanien-dunkelbraun. VII–VIII. Umfaßt:

ssp. t r í f i d u s; B.spreite der grd.ständigen B. fehlend od. zur Stachelspitze reduziert; meist 2- bis 3bl.; Tragb. lang; Kapsel plötzlich zugespitzt (mit Stachelspitze). 2n = 30.

Auf kalkarmen bis -freien Substraten. – Selten: Berchtesgadener Alp., Bay. Wald, Riesengebg. – N-Eur., Arkt., Hochgebg. von Pyren. bis Kauk., M-As., n. N-Am.; arkt(-alp.), circ.

ssp. h ó s t i i (Tausch) Hartm. (= J. monanthos Jacq.); B.spreite der oberen, grd.ständigen Scheiden bis 10 cm lang, borstlich; meist nur 1bl.; Tragb. kurz; Kapsel allmählich zugespitzt.

Auf meist kalkreichen Substraten. – Zerstreut bis selten: Alp. (1600 bis 2000 m). – Alp., Apenn., Balk.; o-alp.

Alp. Magerrasen, Felsspalten, Schneebodenges.

232. J. jacquínii L. (Abb. 46f) Jacquins B.

♃, *H.* – H. 0,10–0,25. ± Dichtrasig; B. nichtblühender Triebe dünn, fast fadenförmig, ±höher als der 1blättrige Schaft mit Blst.; *Spirre endständig, kopfförmig, 4- bis 12bl., von dem Tragb. entfernt; Blhb.*

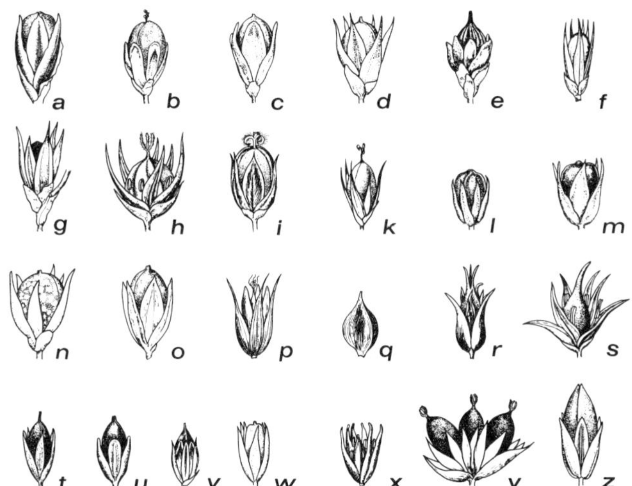

Abb. 46. *Juncus* spp., Früchte mit Blütenhülle [*a J. squarrosus, b J. compressus, c J. gerardi, d J. tenuis, e J. trifidus, f J. jacquinii, g J. bufonius, h J. sphaerocarpus, i J. tenageia, k J. inflexus, l J. effusus, m J. conglomeratus, n J. filiformis, o J. balticus, p J. capitatus, q J. subnodulosus* (Frucht), *r J. acutiflorus, s J. atratus, t J. articulatus, u J. alpinus, v J. anceps, w J. bulbosus* ssp. *bulbosus, x J. pygmaeus, y J. triglumis, z J. stygius*].

glänzend-schwarzbraun, lanzettl., zugespitzt, länger als die an der Spitze gestutzte Kapsel; Stbb. 6. VII–X.

Alp. Magerrasen, Bachufer etc.; feuchte bis frische, humose, steinige od. lehmige Böden. – Zerstreut bis selten: Alp. (1600–2400 m). – Alp.; alp.

233. J. bufónius L. (Abb. 45a–c, 46g) Kröten-B.

⊙, *Th.* – H. 0,01–0,30. St. beblättert; *Spirrenäste aufrecht; Blhb.* lanzettl., zugespitzt, bis 7,5 mm lang, fast immer *länger als die längliche, stumpfe Kapsel;* Gr. deutlich. VI–IX. 2n = 30, ca. 60, 80, 104, 106, 120. Formenreich.

Zwergbinsenges.; feuchte, nährstoffreiche, sandige, ±verdichtete, lehmige od. tonige Böden. – Häufig u. verbreitet (Alp. bis 1140 m). – Fast Kosmopolit, insbes. n. u. s. gem. Zonen.

234. J. ranárius Song. et Perr. Frosch-B.
[= J. bufonius L. ssp. ranarius (Song. et Perr.) Hiitonen]

⊙, *Th.* – H. 0,02–0,20. St. starr, oft gebogen, spreizend verzweigt, untere B.scheiden dunkelrot; Bl. der Spitze zu 2(–3) genähert. VI–IX.

Zwergbinsenges.; feuchte, etwas salzhaltige Böden. – Zerstreut u. selten in N-D., bes. Küstengeb.; unstrutabwärts von Artern bis Naumburg/Saale, Frank. (Gipskeupergeb.). – Gem. Zonen.

Anmerkung: Die Zusammenfassung der verschiedenen verwandten Formenkreise unter J. bufonius L. u. J. ranarius Song. et Perr. ist als vorläufig zu betrachten.

235. J. sphaerocárpus Nees (Abb. 46h) Kugelfrüchtige B.

⨀, *Th.* – H. 0,05–0,20. St. schlaff, oft niederliegend; *Blhb.* länglich-lanzettl., stachelspitzig, *merklich länger als die rundlich stumpfe Kapsel.* VI–IX. 2n = 36.

Zwergbinsenges.; feuchte, meist kalkfreie, sandig-tonige Böden. – Sehr selten: M-Thür. (Erfurt, Weimar, Jena); Rhein-Main-Geb., Taunus, Frank., Donaugeb., Jura. – S- u. M-Eur., Kl.As., Mong., Alg., N-Am.; med-submed(-kont), circ.

236. J. tenagéia Ehrh. (Abb. 46i) Sand-B.

⨀, *Th.* – H. 0,01–0,30. *St. mit 1–2 borstlichen, am Grd. rinnigen B.; Äste der Spirre* verlängert, *abstehend,* selten aufrecht; *Bl. einzeln, entfernt; Blhb.* ei-lanzettl., spitz, *etwa so lang wie die kugelige, stumpfe Kapsel.* VI–IX.

Zwergbinsenges.; feuchte, kalkfreie, ±saure, sandige, z. T. tonige od. lehmige Böden. – Vereinzelt u. selten, unbeständig (so in feuchten Jahren auf zeitweise überschwemmten Äckern), fehlt streckenweise. – S- u. M-Eur.; med-submed-(-gem-kont).

2. Sect. Júncus

237. J. infléxus L. (Abb. 46k) Blaugrüne B.
(= J. glaucus Ehrh.)

♃, *H.* – H. 0,30–0,60. Dichtrasig; *St. tief gerillt, meergrün, mit fächerig-unterbrochenem Mark;* Spirre ausgebreitet; Scheiden glänzend schwarz-purpurrot; Gr. deutlich; *Kapsel ellipsoidisch,* spitz, stachelspitzig. VI–VIII. 2n = 40.

Bachufer, Wege, Weiden etc.; sehr feuchte bis nasse, nährstoffreiche, meist kalkhaltige Ton- u. Lehmböden. – Verbreitet bis zerstreut (Alp. bis 1050 m), im nw. Geb. streckenweise fehlend. – S-Skand., M- u. S-Eur., As., Afr., Kanar. Ins.; euras-med.

238. J. effúsus L. (Abb. 45d–g, 46l) Flatter-B.

♃, *H.* – H. 0,30–1,00. Dichtrasig; *St. glatt, grün, meist glänzend;* Niederb. rotbraun; Spirre meist ausgebreitet; *Kapsel eingedrückt-gestutzt,* Gr.grund in einem Grübchen. VI–VIII. 2n = 40. Hierzu u. a.:
var. compáctus Lej. et Court.; Spirre kugelig zusammengezogen. – Zerstreut.

Feuchtwiesen u. -weiden, Wege; nasse, nährstoffreiche, meist kalkarme, stark humose Böden. – Häufig u. verbreitet (Alp. bis 1300 m). – Gem. Zone; euras(-subozean).

239. J. conglomerátus L. (Abb. 46 m) Knäuel-B.
(= J. Leersii Marss.)

♃, *H.* – H. 0,30–0,75. *St. stielrund, oben deutlich gestreift, graugrün, glanzlos, mit ununterbrochenem Mark;* Niederb. gelb-braunrot; Spirre dicht, gedrungen; *Kapsel verkehrt-eiförmig, gestutzt, mit einem erhabenen Gr.buckel.* V–VI. 2n = 40.

Feuchtwiesen; feuchte bis nasse, ±saure, mäßig nährstoffreiche, stark humose Böden. – Zerstreut bis ziemlich häufig (Alp. bis 1120 m). – Eur., Kl.As., Kauk., Sib., N-Afr., N-Am., Bras.; euras(-subozean), circ.

240. J. bálticus Willd. (Abb. 46 o) Baltische B.
[= J. arcticus Willd. ssp. balticus (Willd.) Hyl.]

♃, *G.* – H. 0,25–0,75. *St.* nur getrocknet schwachgerillt, *frisch glatt, mit unterbrochenem Mark;* Scheiden gelbbraun; Spirre locker; Blhb. eilanzettl., äußere stachelspitzig, innere ziemlich stumpf; Kapsel eiförmig, stachelspitzig, VI–VIII. 2n = 80.

Strandwiesen, Strandtäler; feuchte, salzhaltige, meist sandige Böden. – Selten, wohl nur noch Ostsee-Küsten (von Heiligenhafen ostwärts, Tilsit), Borkum (nicht wieder bestätigt). – W- u. N-Eur., N-Rußl., Sib., Jap., Am.; no.

241. J. filifórmis L. (Abb. 46 n) Faden-B.

♃, *H, G.* – H. 0,10–0,60. Lockerrasig; *St. fadenförmig,* steif-aufrecht od. überhängend, glatt, getrocknet feingerillt, blaßgrün; Niederb. braun; Spirre wenig(bis 7–)bl.; Gr. sehr kurz; *Kapsel kugelig, sehr stumpf,* kurz-stachelspitzig. VI–VIII. 2n = 40, ca. 80.

Moore, moorige Wiesen, Sümpfe; nasse, nährstoffärmere u. kalkarme, meist torfige Böden. – Zerstreut bis selten (Alp. bis 2200 m). – N- u. M-Eur., s. bis Span., Apenn., Bulg., Rußl., Kauk., N-As., Am.; arkt-no, circ.

3. Sect. Thalássii

242. J. marítimus Lam. Strand-B.

♃, *G.* – H. 0,30–1,20. ± Dichtrasig; St. starr, aufrecht; *grd.ständige B. stechend;* Blst. deutlich zur Seite gedrängt; Blhb. strohgelb, öfter rötlich; äußere spitz, innere stumpf, so lang od. etwas kürzer als die ellipsoidische Kapsel; S. ziemlich lang-geschwänzt. VII–VIII. 2n = 40.

Salzwiesen; feuchte bis nasse, salzhaltige, hin u. wieder überflutete, sandige Böden. – Zerstreut u. selten: N-See; Zerstreut w. O-See bis Pomm. – Atl. Küstengeb. Eur., Med., W-As., Afr., Am., Austr., Tasman., Neuseel.; fast Kosmop.

4. Sect. G r a m i n i f ó l i i

243. J. capitátus Weigel (Abb. 46p) Kopf-B.

☉, *Th.* – H. 0,05–0,15. St. blattlos; grd.ständige B. borstlich; *Köpfchen endständig, einzeln, od. noch 1–3 seitliche, gestielte;* Blhb. ei-lanzettförmig, z. T. haarspitzig, länger als die *eiförmige, stumpfe Kapsel;* Stbb. 3. VI–IX.

Zwergbinsenges.; ±nasse Sand-, Lehm- od. Tonböden. – Zerstreut u. vereinzelt im n. Geb., in S-D. sehr selten [u. a. n. Oberrheingeb., häufiger bei Kaiserslautern (Landstuhler Bruch), Fränk. Jura]. – S-, W- u. M-Eur., Afr., Austr.; med-subatl.

5. Sect. S e p t á t i

244. J. subnodulósus Schrank (Abb. 46q) Stumpfblütige B.
(= J. obtusiflorus Ehrh.)

♃, *H, G.* – H. 0,40–1,00. Lockerrasig; *Spirre endständig, zusammengesetzt, Äste sperrig; Blhb.* fast silberweiß od. gelblich-weiß, *etwa so lang wie die* eiförmige, spitze, gelbbraune *Kapsel.* VI–VII. 2n = 40.

Kalksümpfe; nasse, kalk- u. nährstoffreiche, torfige Böden. – Zerstreut u. meist selten (Alp.vorland bis ca. 900 m), fehlt u. a. in N-D. über größere Strecken. – M-, W- u. S-Eur., N-Afr., Kurdist., N-Am.; submed-subatl.

245. J. acutiflórus Ehrh. (Abb. 46r) Spitzblütige B.

♃, *H, G.* – H. 0,30–1,00. Rasig; B. glatt; Spirre aufrecht; *innere Blhb. länger als die äußeren, äußere Blhb. an der Spitze* oft *zurückgebogen, kürzer als die* eiförmige zugespitzt-geschnäbelte *Kapsel,* rotbraun. VI–VIII. 2n = 40.

Moorwiesen; nasse, saure, kalkarme, Sumpfhumus-Böden. – Zerstreut bis ziemlich häufig (Schwarzwald bis ca. 1000 m), streckenweise fehlend. – M-, W- u. S-Eur., W.-Rußl., N-Am.; subatl.

246. J. atrátus Krock. (Abb. 46s) Schwarze B.

♃, *H.* – H. 0,30–1,20. Lockerrasig; B. feingerillt-kantig; *Blhb.* glänzend-schwarzbraun, *so lang wie die Kapsel.* VII–VIII.

Flachmoorwiesen; ±nasse, nährstoffreiche, sandig-torfige Böden. – Selten bis sehr selten, nur noch sehr vereinzelt: Brand., Anh., früher Sachs., n. Oberrheingeb. (ob noch?), Frank. (Marktbreit). – M-, O-Eur., N-Ital., As.; euras-kont.

247. J. articulátus L. (Abb. 46t) Glanzfrüchtige B.
(= J. lampocarpus Ehrh.)

♃, *H.* – H. 0,10–0,60. Lockerrasig; B. glatt; *Spirre endständig, zusammengesetzt,* Äste sperrig; *Blhb.* gleichlang, gerade, äußere spitz, innere meist stumpflicher od. stumpf, kastanienbraun, *kürzer als die* länglich-eiförmige, stachelspitzige, glänzende *Kapsel.* VII–X. 2n = 80. Formenreich.

Flachmoore, Feuchtwiesen; nasse, ±nährstoffreiche, humose Böden. – Verbreitet u. vielerorts häufig (Alp. bis 1680 m). – Eur., As., Afr., ö. N-Am., Neuseel.; euras.

248. J. alpínus Vill. (Abb. 46u) Alpen-B.

♃, *H.* – H. 0,09–0,70. Lockerrasig; *Spirre zusammengesetzt, Äste aufrecht-abstehend; Blhb.* rotbraun bis schwarz, *kürzer als die* eiförmig-längliche, stachelspitzige, schwarzbraune *Kapsel, äußere unter der Spitze deutlich stachelspitzig.* VI–VIII. Veränderlich, umfaßt:

ssp. alpínus; Köpfchen wenige; Bl. dunkel, oft schwarz; Blst. wenigästig; St. dünn; Pfl. 0,09–0,50 hoch. 2n = 40. – Zerstreut: Alp. u. Alp.vorland. – no-praealp.

ssp. fuscoáter (Schreb.) Lindb.f.; Köpfchen zahlreich; Bl. dunkelrotbraun; Blst. reich ästig; St. kräftig; Pfl. bis 0,70 hoch. – Zerstreut bis selten: N- u. M-D.; im S selten. – euras-kont.

Flach- u. Quellmoore, Zwischenmoore; nasse, ±nährstoffhaltige Torfböden. – Zerstreut bis selten (Alp. bis 1790 m). – Eur., Sib., N-Am., Grönl.; no-euras, circ.

249. J. ánceps Leharpe (Abb. 46v) Zweischneidige B.

♃, *G.* – H. 0,20–0,50. Lockerrasig; St. meist flachgedrückt; *Spirre zusammengesetzt, vielköpfig, Äste aufrecht;* Köpfchen zahlreich, klein, 3- bis 6bl.; *Blhb.* länglich-eiförmig, *etwas kürzer als die* kurzbespitzte *Kapsel, äußere stumpflich, gelegentlich undeutlich-stachelspitzig.* VII–VIII. 2n = 40.

Strandseggenrasen; feuchte bis nasse, nicht od. seltener überflutete, salzhaltige, ±sandige Böden. – Zerstreut bis selten: N-See-Küsten (insbes. Inseln). – W-Eur., W-Med.; atl(-atl-med).

250. J. bulbósus L. (Abb. 46w) Rasen-B.
(= J. supinus Moench)

♃, *H, HH.* – H. 0,05–0,25. Dichtrasig; *Spirre endständig, mit verlängerten, meist einfachen Ästen* u. entfernten Köpfchen; Blhb. lanzettl., so lang od. kürzer als die stumpfe, stachelspitzige Kapsel, äußere spitz. VII–X. Veränderlich, Land- u. Wasserformen, umfaßt:

ssp. kóchii Syme; Pfl. bis etwa 0,25 hoch; St. meist aufrecht od. aufsteigend; Köpfchen meist 10- bis 12bl.; Blhb. kastanienbraun, innere Blhb. meist ±spitzlich; Stbb. meist 6; Stbbtl. halb so lang wie die Stbf.; Kapsel so lang wie die Blhb. – Selten: Rheingeb., NW-D. bis Meckl., Anh. (Harz), Sachs. (Dresden).

ssp. bulbósus; Pfl. niedriger, etwa 0,05–0,15 hoch; St. aufsteigend, aufrecht od. niederliegend; Köpfchen meist 2- bis 6bl.; Blh. rot od. grün, innere Blhb. stumpf; Stbb. meist 3–4; Stbbtl. so lang wie die Stbf.; Kapsel wenig länger als die Blhb. 2n = 40. – Zerstreut.

Strandlingges.; nasse bis feuchte, saure, nährstoffarme Sand-, Ton- u. Torfböden. — Eur., N-Afr., Madeira, Azor., Neufundl.; (no-)subatl.

251. J. pygmaeus Rich. (Abb. 46x) Zwerg-B.

⊙, *Th.* — H. 0,01—0,10. St. meist aufrecht, borstenförmig, rund; Spirre endständig; *Köpfchen wenigbl., einzeln od. zu 2—4, das eine sitzend, die anderen langgestielt;* Bl. im frischen Zustand sternförmig voneinander abstehend; Blhb. lineal.-lanzettl., spitz, äußere kaum länger als die inneren, etwas länger als die *längliche, spitze,* 3kantige *Kapsel.* V—IX.

Dünentäler, Zwergbinsenges.; nasse, nährstoffarme Sandböden. — Sehr selten: nur w. Schl.Holst., (Sylt, Amrum, Föhr; St. Peter, Süderhöft). — W- u. S-Eur., Kl.As., N-Afr.; med-atl.

6. Sect. Castáneï

252. J. triglúmis L. (Abb. 46y) Dreiblütige B.

♃, *H.* — H. 0,06—0,15. Lockerrasig; St. nur am Grd. beblättert; B. fast stielrund, am Grd. rinnig; *Hüllb. kürzer als das meist 3bl. endständige Köpfchen,* meist rotbraun; Blhb. stumpflich, rotbraun, kürzer als die längliche Kapsel. VII—IX. 2n = 30, 20.

Alp. Flach- u. Quellmoore; nasse Torfböden. — Selten: Alp. (1500—2321 m). — Hochgebg. von Pyren. bis Kauk. u. Him., N-Am., Arkt.; arkt-alp(circ.).

253. J. stýgius L. (Abb. 46z) Moor-B.

♃, *H.* — H. 0,08—0,20(0,30). Rasig; *St. 2- bis 3b.;* B. borstlich, etwas zusammengedrückt, oberseits rinnig; *Köpfchen meist einzeln, 2- bis 3bl. od. zu 2—4 übereinanderstehend;* Blhb. grünlich, viel kürzer als die längliche Kapsel. VII—IX.

Zwischenmoore, Schlenken; nasse Torfschlammböden. — Sehr selten, nur Ostpr. (Lötzen, Lyck), S-Bay. (Füssen, Lechbruck bis Chiemsee). — Bay. (Alp.vorland), Schweiz, N-Eur., N-As., N-Am.; no-kont.

Bastarde:

J. acutiflorus × alpinus (= J. × langii Erdn.), J. alpinus × atratus [= J. × nothus (L.) Gross], J. alpinus ssp. alpinus × articulatus (= J. × buchenaui Doerfl.), J. alpinus ssp. fuscoater × articulatus [= J. × roeperi (A. et G.)], J. anceps × articulatus (= J. × frisicus Buch.), J. articulatus × acutiflorus (= J. × pratensis Hoppe), J. balticus × filiformis (= J. × inundatus Drejer), J. balticus × inflexus (= J. × scalovicus A. et G.), J. bufonius × sphaerocarpus (= J. × haussknechtii Ruhm.), J. compressus × gerardi (= J. × royeri P. Fourn.), J. conglomeratus × inflexus (= J. × ruhmeri A. et G.), J. effusus × conglomeratus (= J. × brueggeri Domin), J. effusus × inflexus (= J. × diffusus Hoppe).

82. Lúzula DC. Hainsimse

x = 3, (6 etc.)

I. Bl. voneinander entfernt od. ±genähert in spirrigen od. doldentraubigen Blst.
  A. Bl. voneinander entfernt; S. an der Spitze mit großem, kammförmigem Anhängsel; Spirre fast doldig od. doldentraubig
    1. Per. braun od. rötlich
      a) Grd.ständige B. 1,5–3 mm breit; S.anhängsel gerade, kurz .... **254. L. forsteri**
      b) Grd.ständige B. 5–10 mm breit; S.anhängsel sichelförmig .... **255. L. pilosa**
    2. Per. gelb .... **256. L. luzulina**
  B. Bl. ±stark gruppenweise genähert; S. ohne od. mit undeutlichem Anhängsel; Spirre mehrfach zusammengesetzt
    1. Tragb. ±kürzer als die Spirre
      a) B. ±stark bewimpert, Grdb. bis 15(19) mm breit .... **257. L. silvatica**
      b) B. am Rand kahl od. fast kahl, am Grd. z._T. gebärtet, B. schmaler
        x) B. breitlineal.-lanzettl.; Bl. 3–3,5 mm lang .... **258. L. glabrata**
        xx) B. schmallineal.; Bl. 2–2,5 mm lang ... **259. L. alpino-pilosa**
    2. Tragb. so lang od. meist länger als die Spirre
      a) Spirre locker; Bl. < 4 mm lang, gelblich-weiß (selten braun-rötlich), zu 2–4(8) genähert .. **260. L. albida**
      b) Spirre dicht; Bl. > 4 mm lang, schneeweiß, meist zu mehr als 6 genähert .... **261. L. nivea**
II. Bl. in Köpfchen od. Ährchen, diese eine Ähre od. Spirre bildend
  A. B. ±rinnig; S. am Grd. ohne deutliches Anhängsel **262. L. spicata**
  B. B. flach; S. am Grd. mit kegelförmigem Anhängsel
    1. Pfl. ±lockerrasig; Stbf. viel länger als die Stbbtl.; H. bis 0,20 .... **263. L. campestris**
    2. Pfl. dichtrasig; Stbf. höchstens so lang od. nur etwas länger als die Stbbtl.; H. bis ca. 0,50
      a) Bl. etwa 3 mm lang, hellbraun bis kastanienbraun (selten gelblich-weiß); Ährchen zu 5–10 u. ±lang gestielt .... **264. L. multiflora**
      b) Bl. etwa 2 mm lang, bleich od. schwarzbraun; Ährchen sitzend od. nur kurz gestielt
        x) Spirre mit 1–6 schwarzbraunen, 6- bis 8bl. Ährchen .... **265. L. sudetica**
        xx) Spirre mit bis 20 blaß gelblich-bräunlichen, 12- bis 20bl. Ährchen .... **266. L. pallescens**

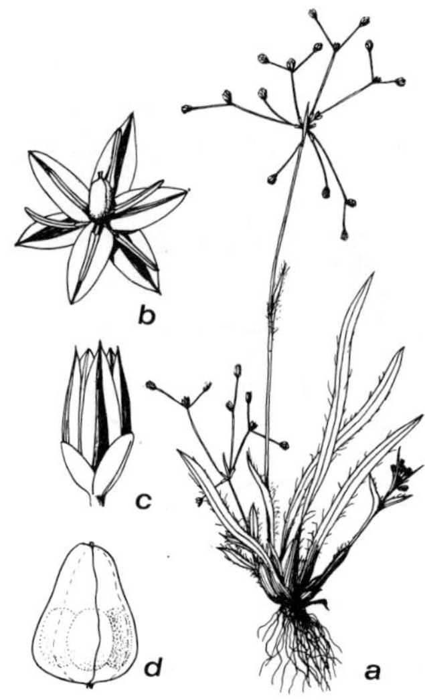

Abb. 47. *Luzula pilosa* (*a* Habitus, *b* Blüte mit junger Frucht, *c* Blüte mit Vorblättern; *d* unreife Frucht, Samen durchschimmernd).

1. Sect. Pteródes

254. L. forstéri (Smith) DC. Forsters H.

♃, *H.* – H. 0,10–0,30. *Pfl. dichtrasig; untere B.scheiden purpurviolett;* Blst. aufrecht od. nickend, Äste aufrecht, nur zuletzt zurückgeschlagen; Tragb. kürzer als der Blst.; Fr. strohgelb. IV–V(VII). 2n = 24.

Eichenwälder, Laubmischwälder; ±trockene, warme, lockere, saure, lehmig-sandige Böden. – Selten, nur Taunus, Spessart, Bruchsal, Rheinhess.-Nahetal, untere Mosel, Pfalz (Annweiler), Badenweiler. – W-Eur., SW-D., Österr., Med., SW-As., N-Afr.; med-atl.

255. L. pilósa (L.) Willd. (Abb. 47) Behaarte H.

♃, *H.* – H. 0,10–0,30(0,40). *Pfl. mit Ausläufern,* dicht- od. lockerrasig; unterste B. ±dicht weiß bewimpert, 5–10 mm breit; *Äste des Blst.* 1- bis 3bl., *zur Fr.zeit ±zurückgeschlagen;* Tragb. kürzer als der Blst.; Fr. gelblichgrün. III–V(IX–X). 2n = 66, 72.

Laub- u. Nadelmischwälder; ±frische, lockere, ±saure, nährstoffhaltige, meist lehmige Böden. – Häufig u. verbreitet (Alp. bis 1550 m). – Eur., Transkauk., W-Sib., N-Am.; no-euras(-subozean), circ.

256. L. luzulína (Vill.) D.T. et Sarnth. Blaßgelbe H.
[= L. flavescens (Host) Gaudin]

♃, *H.* – H. 0,10–0,30. *Pfl. mit Ausläufern,* lockerrasig, hellgrün; *untere B.scheiden gelb-braun;* Äste des Blst. meist 1bl., auch zur Fr.zeit ±aufrecht-abstehend; Tragb. kürzer als der Blst.; *Blh. strohgelb;* Fr. strohgelb bis gelbbraun; S.anhängsel sichelförmig. V–VI(IX). 2n = 24.
Fichten- u. Kiefernwälder; frische, humose, steinige od. lehmige Böden. – Selten: Alp. (800–1800 m). – Gebg. von Pyren. bis Balk., Kors.; praealp.

2. Sect. A n t h e l ǽ a

257. L. silvática (Huds.) Gaudin Wald-H.

♃, *H.* – H. 0,30–1,00. Pfl. rasig; beständige B. meist breit-lineal.-lanzettl.; *Blst. groß, aufrecht, ausgebreitet;* Blhb. braun, selten grün od. bleich, hautrandig, stachelspitzig, innere deutlich länger als äußere, so lang wie die kastanienbraune Fr. IV–VI. Umfaßt:

ssp. s i l v á t i c a; Pfl. kräftig; B. 8–15(19) mm breit. 2n = 12.
Laub- u. Nadelwälder; frische, saure, nährstoffhaltige, humose, sandig-lehmige Böden. – Verbreitet bis zerstreut, insbes. im Bergland, im n. Flachland selten u. über größere Strecken fehlend. – subatl-submed.

ssp. s i e b é r i (Tausch) Cif. et Giac.; Pfl. zierlich; B. 4–5(7) mm breit, straff; Tragb. dicht weiß bewimpert.
Fichtenwälder. – Selten: – W-Alp. (bis 2100 m, Allgäu), sonst wohl nur verschleppt. – praealp(-subatl).

NW-, W-, M- u. S-Eur., n. Kl.As., Kauk., Java, S-Am.

258. L. glabráta (Hoppe) Desv. Kahle H.

♃, *H.* – H. 0,10–0,35(0,60). *Pfl. lockerrasig,* mit Ausläufern; B.scheiden-Mündung kahl od. sehr schwach bewimpert; *B. kahl,* selten mit einzelnen Wimperhaaren; Blst. aufrecht; Blhb. fast gleichlang, zugespitzt, äußere kastanienbraun, innere heller, etwa so lang wie die rötlichgelbe Fr.; *Gr. zylindrisch, etwa so lang wie der Frkn.* VI–VII. Umfaßt (bisweilen als Arten bewertet):

ssp. g l a b r á t a; Pfl. kräftig; H. bis 0,35; B. bis etwa 10 mm breit; Bl. etwa 3,5 mm lang. 2n = 12.
Alp. Grashalden; feuchte, basenreiche, steinige Böden. – Selten, nur Berchtesgadener Alp. (1500–2400 m). – alp.

ssp. d e s v ā̆ u x i i (Kunth) Buch. (= L. desvauxii Kunth); Pfl. zierlich; H. bis 0,60; B. etwa 5(8) mm breit; Bl. etwa 3 mm lang.
Subalp. Rieselfluren, Hochstaudenfluren; feuchte, kalkarme Steinböden. – Sehr selten, nur Schwarzwald (Belchen). – w-alp.

Frankr., Alp., Bulg., Katal., w. N-Am.

259. L. alpíno-pilósa (Chaix) Breistr. Alpen-H.
[= L. spadicea (All.) DC.]

♃, *H.* – H. 0,10–0,35. *Pfl. dicht- bis lockerrasig,* selten längere Ausläufer; B.scheiden-Mündung bewimpert; B. meist 1–3(5) mm breit, *B.rand spärlich behaart;* Blst. oft nickend, locker; Blhb. gleichlang, zugespitzt, äußere kastanienbraun, innere bleicher, so lang od. etwas länger als die Fr.; *Gr. fadenförmig, kürzer als der Frkn.* VI–VIII. 2n = 12. Veränderlich.

Alp. Schneetälchen- u. Schneebodenges.; feuchte, saure, kalkarme, steinige Böden. – Zerstreut bis selten: Alp. (1750–2310 m). – Pyren., Alp., Karp.; alp.

260. L. álbida (Hoffm.) DC. Schmalblättrige H.
[= L. nemorosa (Poll.) E. Mey.]

♃, *H.* – H. 0,30–0,80. Pfl. lockerrasig; B.schmal, 3–4(6) mm breit, dicht bewimpert; *Blst. locker,* ±aufrecht od. einseitig überneigend; Bl. zu 3–8 genähert; *Blhb.* meist *weißlich,* etwas länger bis *so lang wie die kastanienbraune Fr.* VI. 2n = 12. Hierzu u. a.:

var. e r y t h r á n t h e m a Wallr.; Blh. lebhaft rötlich bis rotbraun; B. u. St. meist starrer. – Zerstreut in subalp. Zwergstrauchges. u. Hochgrasfluren.

var. f u l i g i n ó s a Aschers.; Blh. schwarzbraun. – Sehr selten: Riesengebg.

Laub- u. Nadelwälder; ±trockene, saure, nährstoffärmere, meist lehmige Böden. – Verbreitet im m. u. s. Geb., im N seltener (z. T. nur verschleppt) od. fehlend. – Gem. u. sö. Eur., subatl(-submed).

261. L. nívea (L.) DC. Schneeweiße H.

♃, *H.* – H. 0,30–0,90. Pfl. lockerrasig, mit Ausläufern; B. lang, bis 4 mm breit, ±stark bewimpert; Blst. ±dicht-zusammengezogen, aufrecht; Bl. zahlreich an den Ästen in Büscheln; *Blhb. schneeweiß, etwa doppelt so lang wie die kastanienbraune Fr.* VI–VIII. 2n = 12.

Laub- u. Nadelmischwälder; ±frische, kalkarme, steinige Lehmböden. – Selten: Alp. (bis 1550 m), Alp.vorland; in Ostpr. (Rauschen) verwildert. – Pyren., Z-Frankr., Alp., Apenn, Slow.; praealp.

3. Sect. G y m n ó d e s

262. L. spicáta (L.) DC. Ährige H.

♃, *H.* – H. 0,15–0,30(0,50). Pfl. dichtrasig; St. aufrecht od. aufsteigend; B. 1,5–4(6) mm breit, bewimpert; *Blst. dicht zusammengezogen, lappig-ährenförmig, überhängend; Ährchen sitzend;* Blhb. gleichlang, schwarzbraun, weißhautrandig. VI–VIII. 2n = 24.

Alp. Steinrasen; frische, nährstoff- u. kalkarme, oft steinige Substrate. – Zerstreut: Alp. (1600–2340 m), Riesengebg. – Hochgebg. von Span. bis Balk., Kauk., N-Eur., Arkt., N-As., Am.; arkt-alp(subozean), circ.

263. L. campéstris (L.) DC. Feld-H.

♃, *H.* – H. 0,04–0,15(0,20). *Pfl. lockerrasig,* mit kurzen Ausläufern.; St. aufsteigend; B. 2–3 mm breit; Blst. doldenähnlich; *Ährchen* zu 3–6, *kugelig-eiförmig,* 4- bis 10bl., seitl. Ährchen ±lang gestielt, zuletzt herangebogen; Blhb. fast gleichlang, braun. III–V. 2n = 12. Veränderlich.

Magerrasen, Magerwiesen etc., so in Borstgrasrasen; ±trockene, saure, nährstoffärmere Sand- u. sandige Lehmböden. – Verbreitet u. häufig (Alp. bis 2100 m). – Eur., N-Afr., gem. As., N-Am., Neuseel.; euras(-subozean), circ.

264. L. multiflóra (Retz.) Lej. Vielblütige H.

♃, *H.* – H. 0,20–0,60. *Pfl. dichtrasig;* St. aufrecht; B. bis 3(5) mm breit; Blst. aufrecht u. doldenähnlich; *Ährchen* bis zu 10, *eiförmig-länglich,* 8- bis 16bl.; Tragb. so lang od. länger als der Blst.; Blhb. breit hautrandig, hellbraun bis rotbraun, selten gelblichweiß. IV–VI. Umfaßt u. a.:

ssp. m u l t i f l ó r a; *Ährchen* meist *deutlich gestielt,* ±starr aufrecht od. etwas abstehend; Blhb. braun od. dunkel, fast gleichlang. 2n = 36.

Rasen, Laubwälder etc.; frische bis feuchte, saure, ±nährstoffreiche, sandige Lehmböden. – Verbreitet u. häufig (Alp. bis 2275 m).

ssp. c o n g é s t a (Thuill.) Arcang.; Pfl. ±hellgrün; St. starr, bis 0,60 hoch; B. bis 5 mm breit; Blst. dicht gedrängt, kopfartig od. gelappt; *Ährchen* vielbl., *kurzgestielt* od. *sitzend;* Blhb. gelbbraun, äußere länger als die inneren. V–X. 2n = 36, 48.

Borstgrasrasen; ±trockene, saure, meist sandige od. moorige Böden. – Zerstreut, besonders im nw. Geb., sonst seltener.

Eur., N-Afr., As., N-Am., Neuseel.; no-euras(-subozean), circ.

265. L. sudética (Willd.) DC. Sudeten-H.

♃, *H.* – H. 0,10–0,30. Pfl. ±dichtrasig; St. häufig ±schlaff; B. kurz, bis 3 mm breit, grasgrün, oft später kahl; Blst. aufrecht, klein; Ährchen 1–6, rundlich-länglich, 6- bis 8bl.; *Blhb. schwarzbraun,* nur oberwärts häutig, *äußere länger als innere;* Fr. schwarzbraun; S.anhängsel klein u. weiß. VI–VII. 2n = 48, 54.

Magerweiden, Flachmoore; feuchte, saure, lehmige od. moorige Böden. – Selten: Harz, Thür. Wald, Erzgebg., Riesengebg., Schwarzwald, Bay. Wald, Alp. (1700–2250 m). – N-Eur., Isl., Gebg. M-Eur., s. bis Pyren., Bosn.; arkt(-no)-alp(-subatl).

266. L. palléscens (Wahlenbg.) Sw. Bleiche H.

♃, *H.* – H. 0,10–0,30. Pfl. ±dichtrasig, sehr schlaff, bleichgrün; B. bis $^1/_2$ so lang wie der St., bis 4 mm breit, oft später kahl; Blst. doldenartig; Ährchen 5–10(20), rundlich-länglich, bis 20bl., mittlere fast sitzend, seitliche auf aufrechten Stielen; *Blhb. gelblich-weiß bis hellrötlich-braun,* äußere deutlich länger als die inneren; Fr. oben hellrötlich-braun; S.anhängsel $^1/_2$–$^1/_3$ so lang wie der S. VI–VII. 2n = 12. Kiefernwälder, Wegränder; trockene od. etwas feuchte, sandige Böden. – Selten u. zerstreut: NO-D.; w. bis Stralsund, Lychen, Oranienburg–Berlin, Beeskow, Lübben, Cottbus, Dresden, Pirna, Weimar. – N- u. O-Eur., Österr., Ung., N-As., Neuseel.; euras.

Bastarde:
L. campestris × pilosa, L. forsteri × pilosa (= L. × borreri Bromf.), L. pilosa × silvatica (= L. × buchenaui P. Fourn.), L. silvatica × albida (= L. × hermanni-muelleri A. et G.).

15. Ordn. Gramináles

31. Fam GRAMÍNEAE Juss.
(= Poáceae Barnhart)
Süßgräser

Systematische Übersicht
(Anordnung der Subfam., Trib. u. Subtrib. nach Pilger, 1955)

Schlüssel S. 172

1. Subfam. Pooídeae

Ährchen ∞-1bl.; Hüllspelzen meist vorhanden; Deckspelzen allermeist 5- bis mehrnervig; Stärkekörner zusammengesetzt od. selten einzeln; x = meist 7, od. auch 4–10.

1. Trib. Poéae
1. Subtrib. Poínae

I. Ährchen des Blst. (Ährenrispe) verschieden gestaltet, in Gruppen mit 2–3 fertilen, mehrbl. u. sterilen, vielspelzigen Ährchen .... **83. Cynosurus**

II. Ährchen des Blst. (Rispe) nicht verschieden gestaltet

A. Ährchen kaum länger als breit, fast herzförmig od. eiförmig-rundlich (hängend) .... **84. Briza**

B. Ährchen meist länger als breit, schmal

1. Deckspelzen gekielt

a) Deckspelzen am Grd. nicht od. nicht stark verhärtet

x) Ährchen an den Rispenästen deutlich u. meist dicht knäuelig gehäuft (Rispe lappig) .... **85. Dactylis**

xx) Ährchen in meist lockerer, ausgebreiteter, selten zusammengezogener Rispe . . . . **86. Poa**

b) Deckspelzen dick, am Grd. knorpelig verhärtet . . **87. Sclerochloa**

2. Deckspelzen am Rücken ±gerundet od. abgeflacht

a) Pfl. ⊙

x) Deckspelzen ohne Granne; Hilum klein, punktförmig, basal; Ährchen in einer Rispe . . . . **88. Catapodium**

xx) Deckspelzen begrannt; Hilum stielförmig; Ährchen in Rispen, oben bisweilen in Trauben . . . . **89. Vulpia**

b) Pfl. ♃ (Deckspelzen mit u. ohne Granne; Ährchen in Rispen) **90. Festuca**

2. Subtrib. Sesleriínae . . . . **91. Sesleria**

3. Subtrib. Melicínae . . . . **92. Melica**

4. Subtrib. Glyceriínae

I. Hüllspelzen kürzer als das Ährchen; Deckspelzen nicht 2- bis 3zähnig an der Spitze

A. Ährchen 3- bis vielbl.; Deckspelzen 5- bis 7(9-)nervig

1. Deckspelzen 7nervig; Hilum lang u. schmal . . . . **93. Glyceria**

2. Deckspelzen 5nervig; Hilum basal, punktförmig . . . . **94. Puccinellia**

B. Ährchen meist 2(1- bis 3-)bl.; Deckspelzen 3nervig (Hilum ellipt., klein) **95. Catabrosa**

II. Hüllspelzen etwa 2/3 bis so lang wie das Ährchen; Deckspelze 3spitzig **96. Scolochloa**

5. Subtrib. Loliínae . . . . **97. Lolium**

6. Subtrib. Bromínae

I. Ährchen in Rispen; N. (Gr.) deutlich unter der Spitze des Frkn. **98. Bromus**

II. Ährchen sehr kurz gestielt in Trauben; N. (Gr.) an der Spitze des Frkn. **99. Brachypodium**

2. Trib. Triticeae

I. Ährchen an den Knoten der Rhachis zu mehreren (bisweilen seitliche ±reduziert bei *Hordeum*)

A. Vorspelze mit Seitenflächen an den Kielen scharf eingeschlagen (Deckspelze unbegrannt od. nur mit kurzer Grannenspitze) . . . . . **100. Elymus**

B. Vorspelze mit den Seitenflächen eingekrümmt (nicht an den Kielen scharf eingeschlagen)

1. Endährchen fehlend; Ährchen zu dritt, alle fertil od. seitliche ♂ od. steril bis reduziert . . . . **101. Hordeum**

2. Endährchen vorhanden; Ährchen meist zu dritt, fertil, 1- bis 2bl. **102. Hordelymus**

II. Ährchen an den Knoten der Rhachis einzeln

A. Nerven der Deckspelzen nach oben zu einander genähert; Hüllspelzen meist ganzrandig, unbegrannt od. mit 1 Granne

1. Ährchen mehr als 2bl.; Deckspelzen nicht od. nur schwach gekielt; Lodiculae kahl . . . . **103. Agropyron**

2. Ährchen 2bl.; Deckspelzen scharf gekielt, Kiel borstig; Lodiculae behaart . . . . **104. Secale**

B. Nerven der Deckspelzen nach oben zu nicht einander genähert; Hüllspelzen (gekielt) mit 1 Zahn od. mehreren Zähnen ...... **105. Triticum**

3. Trib. Monérmeae .... **106. Parapholis**

4. Trib. Avéneae

I. Deckspelzen am Rücken (selten dicht unter der Spitze) begrannt od. Granne reduziert bis fehlend (1. Subtrib. Avenínae)
A. Ährchen 2- bis vielbl.
1. Ährchen mit Rhachillafortsatz (Ausnahmen bei Pfl. mit behaarten B. od. St.knoten: *Holcus*); obere Deckspelzen oft kleiner
a) Deckspelzen unbegrannt od. begrannt u. Obergranne nicht keulig verdickt
x) Ährchen im ganzen abfallend (2bl.; ohne Achsenfortsatz; obere Bl. ♂, begrannt, untere ☿, unbegrannt) .... **111. Holcus**
xx) Ährchen nicht im ganzen abfallend
/) Ährchen in einfacher zweizeiliger Ähre .... **110. Gaudinia**
//) Ährchen in Rispen od. (selten) Trauben
§) Unterste Deckspelze von der oberen verschieden (Ährchen 2bl.)
+) Untere Deckspelze mit Rückengranne, allermeist mit ♂-Bl., obere unbegrannt, mit ☿-Bl.
108. Arrhenatherum
++) Untere Deckspelze mit Endgranne, obere mit Rückengranne u. 2 Grannenspitzchen
113. Ventenata
§§) Deckspelzen nicht verschieden
+) Deckspelzen ungeteilt od. 2spitzig od. mit 2 grannenartigen Zähnen
α) Deckspelzen am Rücken gerundet; Fr. oben behaart, oft mit Spelzen verklebt
†) Ährchen sehr groß, nickend; B. in der Knospenlage gerollt; Pfl. ☉ **107. Avena**
††) Ährchen mittelgroß, nicht od. kaum nikkend; B. in der Knospenlage gefaltet; Pfl. ♃ .... **109. Helictotrichon**
β) Deckspelzen am Rücken gekielt; Fr. unbehaart, frei
†) Fr. gefurcht .... **112. Koeleria**
††) Fr. ungefurcht .... **113. Trisetum**
++) Deckspelzen 4spitzig (bisweilen nur klein 4zähnig od. auch Zähne ±reduziert) . **119. Deschampsia**
b) Deckspelzen begrannt, Obergranne keulig nach oben verdickt
120. Corynephorus
2. Ährchen ohne Rhachillafortsatz (2bl.; B. kahl); Deckspelzen gleich
118. Aira
B. Ährchen 1bl.
1. Hüllspelzen u. Deckspelze häutig
a) Deckspelze am Rücken begrannt od. unbegrannt
x) Deckspelze am Grd. kahl od. nur schwach behaart; Rhachillafortsatz ganz kurz od. fehlend .... **115. Agrostis**

xx) Deckspelze am Grd. od. der meist gut entwickelte Rhachillafortsatz lang behaart . . . . **116. Calamagrostis**

b) Deckspelze dicht unter der Spitze mit langer feiner Granne (Hüllspelzen ungleich) . . . . **117. Apera**

2. Hüllspelzen u. Deckspelze derb (Rispe ährenförmig zusammengezogen) . . . . **121. Ammophila**

II. Deckspelze 2spitzig u. zwischen den Spitzen stachelspitzig od. begrannt (2. Subtrib. Danthoniínae)

A. Deckspelze zwischen den beiden Spitzen stachelspitzig, 3spitzig **122. Sieglingia**

B. Deckspelze zwischen den beiden langen Spitzen lang begrannt **123. Danthonia**

5. Trib. Arundíneae

I. Kallus der sonst kahlen Deckspelze lang fein seidig behaart; oberirdischer Halm hoch hinauf mit Knoten . . . . **124. Phragmites**

II. Kallus der Deckspelze kahl; oberirdischer Halm fast ganz knotenlos **125. Molinia**

6. Trib. Phalarídeae

I. Ährchen zwischen den Hüllspelzen u. der fertilen Deckspelze mit 2 leeren Spelzen od. diese Spelzen mit Vorspelze u. ♂-Bl.

A. 3. u. 4. Spelze leer od. meist leer

1. 3. u. 4. Spelze leer, 1–2(4) mm lang, unbegrannt . . . . **126. Phalaris**

2. 3. u. 4. Spelze meist leer, 3–4 mm lang, auf dem Rücken begrannt **127. Anthoxanthum**

B. 3. u. 4. Spelze od. wenigstens die 3. Spelze mit Vorspelze u. ♂-Bl., meist unbegrannt . . . . **128. Hierochloë**

II. Ährchen mit 2 Hüllspelzen u. 1 Deckspelze, 1bl.

A. Ährchen in Ährenrispen od. Blst. aus einzelnen Ähren zusammengesetzt

1. Ährchen in Ährenrispen

a) Hüllspelzen (oft ± vereint) stumpf bis scharf zugespitzt; Deckspelzen tief am Rücken begrannt . . . . **129. Alopecurus**

b) Hüllspelzen mit kurzer Granne an der Spitze od. scharf zugespitzt; Deckspelzen unbegrannt . . . . **130. Phleum**

2. Blst. aus einzelnen Ähren zusammengesetzt (Hüll- u. Deckspelzen unbegrannt) . . . . **131. Spartina**

B. Ährchen sehr kurz gestielt, fast in einfacher Ähre, klein (Hüll- u. Deckspelzen unbegrannt) . . . . **132. Mibora**

7. Trib. Stípeae

I. Deckspelze begrannt, schmal

A. Deckspelze verhärtet; Granne sehr lang . . . . **133. Stipa**

B. Deckspelze nicht od. kaum verhärtet; Granne kurz . . **134. Achnatherum**

II. Deckspelze unbegrannt, breit (mit der Vorspelze bei der Reife verhärtend, glänzend) . . . . **135. Milium**

8. Trib. Nárdeae . . . . 136. Nardus

9. Trib. Coleántheae . . . . 137. Coleanthus

2. Subfam. Eragrostoídeae

Ährchen ∞-1bl.; Hüllspelzen vorhanden; Deckspelzen 3nervig (Seitennerven oft dem Rand genähert); x = 9–10.

I. Hüllspelzen ohne Stacheln
  A. Ährchen in Rispen (**10. Trib. Eragrósteae**) .... **138. Eragrostis**
  B. Ährchen in Ähren, Ähren am Halmende fingerförmig gestellt (**11. Trib. Chlorídeae**) .... **139. Cynodon**
II. Obere Hüllspelze mit Stacheln (**12. Trib. Lappagíneae**) ..... **140. Tragus**

3. Subfam. Oryzoídeae

Ährchen 1bl.; Hüllspelzen reduziert od. fehlend; 3. u. 4. Spelze klein u. leer od. fehlend; Deckspelze (unserer Art) 5nervig; Stärkekörner vielfach zusammengesetzt, klein; x = 12. (**13. Trib. Orýzeae**) .... **141. Leersia**

4. Subfam. Panicoídeae

Ährchen typisch 2bl., mit 2 leeren Spelzen u. 2 Deckspelzen, ohne Rhachillafortsatz, gleichartig, ☿; (4. Spelze meist ± verhärtet, mit der ± verhärteten Vorspelze die Scheinfr. bildend); Stärkekörner klein, meist einfach; x = meist 9.

14. Trib. Paníceae

I. Ährchen nicht von sterilen Borstenzweigen umgeben od. begleitet
  A. 1. Spelze deutlich entwickelt, meist kürzer als 2. u. 3. Spelze
    1. Spelzen unbegrannt .... **142. Panicum**
    2. Spelzen ± begrannt od. grannenspitzig .... **143. Echinochloa**
  B. 1. Spelze meist sehr klein entwickelt .... **144. Digitaria**
II. Ährchen von sterilen Borstenzweigen umgeben od. begleitet (Ährenrispen) **145. Setaria**

5. Subfam. Andropogonoídeae

Ährchen 2- bis 1bl., in Paaren, das erste gestielt (öfter reduziert), das zweite sitzend mit ☿-Bl., od. ♂- u. ♀-Bl. in getrennten Gesamtblst. an der gleichen Pfl.; 1. u. 2. Spelze ± verhärtet, die Scheinfr. einschließend; x = 10.

I. Sitzende u. gestielte Ährchen ☿ bzw. ♂, nebeneinander, in fast fingerförmig genäherten, traubenartigen Blst. (**15. Trib. Andropogóneae**) **146. Botriochloa**
II. ♂-Ährchen in großer endständiger Rispe, ♀-Ährchen in einem kolbigen Blst. seitenständig in B.winkeln (**16. Trib. Maýdeae**) .... **147. Zea**

Schlüssel

I. Ährchen in Rispen, ährenförmigen Rispen (Ährenrispen) od. Trauben angeordnet, gestielt (selten wie z. B. bei *Zea* u. *Botriochloa* 1 sitzendes u. 1 gestieltes Ährchen nebeneinander)
  A. Ährchen viel- bis 2bl.
    1. Deckspelzen so lang od. länger als die Hüllspelzen
      a) Rhachilla kahl od. nur kurz (viel kürzer als die Deckspelze) behaart
        x) Ährchen der ährenförmigen Rispe verschieden gestaltet: 2–3 fertile Ährchen u. sterile, kammförmig-spelzige Ährchen **83. Cynosurus**

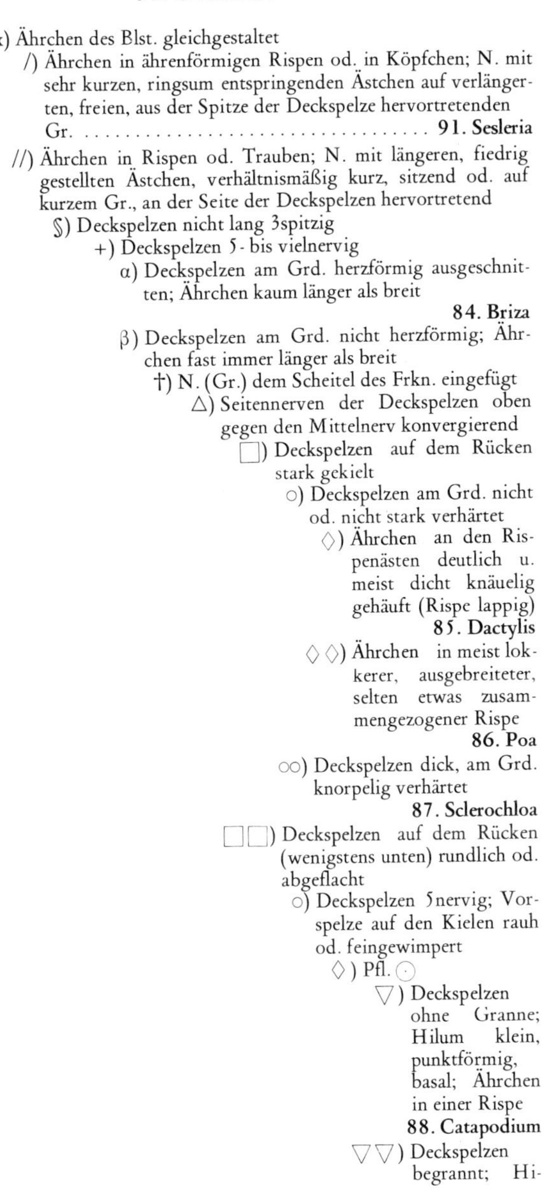

xx) Ährchen des Blst. gleichgestaltet

/) Ährchen in ährenförmigen Rispen od. in Köpfchen; N. mit sehr kurzen, ringsum entspringenden Ästchen auf verlängerten, freien, aus der Spitze der Deckspelze hervortretenden Gr. . . . . **91. Sesleria**

//) Ährchen in Rispen od. Trauben; N. mit längeren, fiedrig gestellten Ästchen, verhältnismäßig kurz, sitzend od. auf kurzem Gr., an der Seite der Deckspelzen hervortretend

§) Deckspelzen nicht lang 3spitzig

+) Deckspelzen 5- bis vielnervig

α) Deckspelzen am Grd. herzförmig ausgeschnitten; Ährchen kaum länger als breit **84. Briza**

β) Deckspelzen am Grd. nicht herzförmig; Ährchen fast immer länger als breit

†) N. (Gr.) dem Scheitel des Frkn. eingefügt

△) Seitennerven der Deckspelzen oben gegen den Mittelnerv konvergierend

□) Deckspelzen auf dem Rücken stark gekielt

○) Deckspelzen am Grd. nicht od. nicht stark verhärtet

◇) Ährchen an den Rispenästen deutlich u. meist dicht knäuelig gehäuft (Rispe lappig) **85. Dactylis**

◇◇) Ährchen in meist lokkerer, ausgebreiteter, selten etwas zusammengezogener Rispe **86. Poa**

○○) Deckspelzen dick, am Grd. knorpelig verhärtet **87. Sclerochloa**

□□) Deckspelzen auf dem Rücken (wenigstens unten) rundlich od. abgeflacht

○) Deckspelzen 5nervig; Vorspelze auf den Kielen rauh od. feingewimpert

◇) Pfl. ⊙

▽) Deckspelzen ohne Granne; Hilum klein, punktförmig, basal; Ährchen in einer Rispe **88. Catapodium**

▽▽) Deckspelzen begrannt; Hi-

lum stielförmig; Ährchen in Rispen, oben bisweilen in Trauben
89. Vulpia

◇◇) Pfl. ♃ (Deckspelzen mit u. ohne Granne; Ährchen in Rispen)
90. Festuca

○○) Deckspelzen 7- bis 9nervig; Vorspelzen auf den Kielen kammförmig gewimpert (Ährchen in Trauben)
99. Brachypodium

△△) Seitennerven der Deckspelzen fast parallel zueinander, vom Mittelnerven getrennt bleibend (Deckspelzen unbegrannt)

□) Hüllspelzen nicht od. nur wenig kürzer als die anstoßenden Deckspelzen (Deckspelze 7- bis 9nervig, unterste knorpelig, gewölbt) . . . **92. Melica**

□□) Hüllspelzen viel kürzer als die anstoßenden Deckspelzen

○) Deckspelze 7nervig; Gr. deutlich; Lodiculae verwachsen . . . . **93. Glyceria**

○○) Deckspelze undeutlich 5nervig; Gr. fehlend; Lodiculae frei
94. Puccinellia

††) N. (Gr.) auf der Vorderseite des Frkn. beträchtlich unterhalb des Gipfels eingefügt
98. Bromus

++) Deckspelzen 1- bis 3nervig

α) Primäre Rispenäste 2seitig angeordnet, meist am Grd. weiter verzweigt

†) Rispe ausgebreitet, mit zarten, langen Zweigen . . . . **95. Catabrosa**

††) Rispe sehr zusammengezogen, dicht
112. Koeleria

β) Rispenäste spiralig gestellt

†) Ährchen locker 2- bis 4bl., kegelig mit brüchiger Rhachilla . . . . **125. Molinia**

††) Ährchen dicht- u. vielbl., mit meist zäher Spindel . . . . **138. Eragrostis**

§§) Deckspelzen 3spitzig (7- bis 9nervig; Hüllspelzen 2/3 bis so lang wie die Deckspelzen) . . **96. Scolochloa**

b) Rhachilla mit langen, die Deckspelzen bisweilen verhüllenden Haaren (hochwüchsiges Rohrgras) . . . . **124. Phragmites**

2. Deckspelzen kürzer als die Hüllspelzen (oft mit einer meist ± geknieten, rückenständigen Granne)

a) Ährchen mit ♂- u. ♀-Bl. od. mit ☿-Bl. gemeinsam im endständigen Blst.

x) Deckspelzen (alle od. nur z. T.) am Rücken begrannt od. unbegrannt u. 1spitzig

/) Ährchen mit Rhachillafortsatz (Ausnahmen bei Pfl. mit behaarten B. od. St.knoten: *Holcus*); obere Deckspelzen oft kleiner

§) Deckspelzen unbegrannt od. begrannt u. dann Obergranne nicht keulig verdickt

+) Ährchen im ganzen abfallend (2bl.; ohne Rhachillafortsatz; obere Bl. ♂, begrannt, untere ☿, unbegrannt) . . . . **111. Holcus**

++) Ährchen nicht im ganzen abfallend

α) Unterste Deckspelze von der oberen verschieden (Ährchen 2bl.)

†) Untere Deckspelze mit Rückengranne, allermeist mit ♂-Bl., obere unbegrannt, mit ☿-Bl. . . . . **108. Arrhenatherum**

††) Untere Deckspelze mit Endgranne, obere mit Rückengranne u. 2 Grannenspitzchen **113. Ventenata**

β) Deckspelzen nicht verschieden

†) Deckspelzen ungeteilt od. 2spitzig od. mit 2 grannenartigen Zähnen

△) Deckspelzen am Rücken gerundet; Fr. oben behaart, oft mit Spelzen verklebt

□) Ährchen sehr groß, nickend; B. in Knospenlage gerollt; Pfl. ☉ **107. Avena**

□□) Ährchen mittelgroß, nicht od. kaum nickend; B. in Knospenlage gefaltet; Pfl. ♃ **109. Helictotrichon**

△△) Deckspelzen am Rücken gekielt; Fr. unbehaart, frei

□) Deckspelzen 1spitzig; Fr. gefurcht . . . . **112. Koeleria**

□□) Deckspelzen 2spitzig; Fr. ungefurcht . . . . **114. Trisetum**

††) Deckspelzen 4spitzig (bisweilen nur klein 4zähnig od. unregelmäßig gezähnelt) **119. Deschampsia**

§§) Deckspelzen begrannt, Obergranne keulig nach oben verdickt . . . . **120. Corynephorus**

//) Ährchen ohne Rhachillafortsatz

§) Ährchen 2bl.; Bl. ☿; Stbb. 3; Deckspelzen gleich **118. Aira**

§§) Ährchen 3bl.; seitliche Bl. ♂ mit 3 Stbb., mittlere ☿ mit 2 Stbb.; Spelzen ungleich ...... **128. Hierochloë**

xx) Deckspelze 2spitzig u. zwischen den Spitzen stachelspitzig od. begrannt

/) Deckspelze zwischen den beiden Spitzen stachelspitzig od. insgesamt 3spitzig .... **122. Sieglingia**

//) Deckspelze zwischen den beiden langen Spitzen lang begrannt .... **123. Danthonia**

b) Ährchen mit ♂-Bl. in endständiger Rispe, Ährchen mit ♀-Bl. in einem b.winkelständigen Kolben an der gleichen Pfl. ... **147. Zea**

B. Ährchen 1bl.

1. Hüllspelzen fehlend

a) Ährchen in einer aus kleinen, doldenförmigen Büscheln zusammengesetzten Rispe .... **137. Coleanthus**

b) Ährchen voneinander entfernt, in lockerer Rispe .... **141. Leersia**

2. Hüllspelzen vorhanden (1–4)

a) Obere Hüllspelze mit hakig umgebogenen Stacheln besetzt **140. Tragus**

b) Hüllspelzen ohne hakig umgebogene Stacheln

x) Ährchen von der Seite zusammengedrückt od. stielrund u. dann über 5 cm lang begrannt (bei der Reife meist nicht als Ganzes abfallend)

/) Ährchen zwischen den Hüllspelzen u. der fertilen Deckspelze ohne leere Spelzen

§) Ährchen in ährenförmigen Rispen (Ährenrispen)

+) Deckspelzen am Grd. mit längeren weißen Haaren, derb (unbegrannt) .... **121. Ammophila**

++) Deckspelzen am Grd. ohne längere Haare, krautig od. häutig

α) Hüllspelzen (oft ±vereint) stumpf bis scharf zugespitzt; Deckspelzen tief am Rücken begrannt .... **129. Alopecurus**

β) Hüllspelzen mit kurzer Granne an der Spitze od. scharf zugespitzt; Deckspelzen unbegrannt **130. Phleum**

§§) Ährchen in lockeren – meist zur Bl.zeit – ausgebreiteten Rispen

+) Deckspelzen die Fr. nicht od. nur locker umschließend, häutig, nicht härter als die Hüllspelzen

α) Deckspelzen kahl od. nur schwach behaart

†) Deckspelzen unbegrannt od. unter der Mitte mit kurzer Granne; Ährchen mit ganz kurzem od. fehlendem Rhachillafortsatz **115. Agrostis**

††) Deckspelzen dicht unter der Spitze mit langer feiner Granne; Rhachillafortsatz vorhanden .... **117. Apera**

β) Deckspelzen od. Rhachilla ±lang behaart

†) Deckspelzen am Grd. od. der meist gut entwickelte Rhachillafortsatz lang be-

haart; Granne fehlend od. unter 10 mm lang . . . . **116. Calamagrostis**

††) Deckspelzen oberwärts lang behaart; Granne 10 mm lang . . **134. Achnatherum**

++) Deckspelzen bei der Reife erhärtend, härter als die Hüllspelzen, die Fr. eng umschließend (Ährchen stielrund; Granne bis 30 cm lang) **133. Stipa**

//) Ährchen zwischen den Hüllspelzen u. der fertilen Deckspelze mit 2 leeren Spelzen

§) 3. u. 4. Spelze 1–2(4) mm lang, unbegrannt **126. Phalaris**

§§) 3. u. 4. Spelze 3–4 mm lang, auf dem Rücken begrannt **127. Anthoxanthum**

xx) Ährchen stielrund od. vom Rücken zusammengedrückt

/) Ährchen mit 2 leeren Spelzen (Hüllspelzen) in weit ausgebreiteten lockeren Rispen, oberhalb der Hüllspelze bei der Reife abbrechend (Deckspelzen später verhärtend) **135. Milium**

//) Ährchen mit 3 leeren Spelzen (Ausnahmen bei traubigen Blst.) in Trauben, Ährenrispen, aus Ährenrispen gebildeten Rispen, selten in lockeren Rispen, bei der Reife meist als Ganzes abfallend

§) Ährchen gleichartig, zweigeschlechtig (4. Spelze oft ±verhärtet u. mit der ±verhärteten Vorspelze die Scheinfr. bildend)

+) Ährchen nicht von sterilen Borstenzweigen umgeben

α) 1. Spelze deutlich entwickelt, meist kürzer als 2. u. 3. Spelze

†) Spelzen unbegrannt . . . . . . **142. Panicum**

††) Spelzen ±begrannt od. grannenspitzig **143. Echinochloa**

β) 1. Spelze sehr klein od. kaum entwickelt **144. Digitaria**

++) Ährchen von sterilen Borstenzweigen umgeben **145. Setaria**

§§) Ährchen in Paaren, ungleichartig, das sitzende Ährchen ☿, das gestielte ♂ (in fast fingerförmig genäherten traubenartigen Blst.) . . . . **146. Botriochloa**

II. Ährchen in Ähren od. Kolben angeordnet, auf der Rhachis sitzend, fast sitzend (Blst. ährenförmig-traubig) od. selten (z. B. bei *Hordeum*) kurz gestielte u. sitzende Ährchen nebeneinander auf der Rhachis

A. Ährchen in Ähren angeordnet (bisweilen ährenförmig-traubig)

1. Ähren einzeln, endständig, mit gegliederter flachfädlicher Rhachis (meist 2seitig)

a) Deckspelzen mit rückenständiger Granne. . . . . **110. Gaudinia**

b) Deckspelzen aus der Spitze begrannt od. grannenlos

x) Ähre 2seitig

/) Ährchen nicht od. nur kaum in eine Aushöhlung der Rhachis eingesenkt

§) Ährchen einzeln an den Knoten der Rhachis

+) Ährchen mit ihrer Schmalseite (mit dem Rücken der Spelzen) der Rhachis zugewendet **97. Lolium**

++) Ährchen mit einer Breitseite (mit den Spelzenrädern) der Rhachis zugewendet

α) Nerven der Deckspelzen nach oben zu einander genähert; Hüllspelzen meist ganzrandig, unbegrannt od. mit 1 Granne

†) Ährchen mehr als 2bl.; Deckspelzen nicht od. nur schwach gekielt; Lodiculae kahl **103. Agropyron**

††) Ährchen 2bl.; Deckspelzen scharf gekielt, Kiel borstig; Lodiculae behaart **104. Secale**

β) Nerven der Deckspelzen nach oben zu nicht einander genähert; Hüllspelzen (gekielt) mit einem Zahn od. mehreren Zähnen **105. Triticum**

§§) Ährchen zu 2–3 (bisweilen seitliche steril od. reduziert) an den Knoten der Rhachis

+) Vorspelze mit Seitenflächen an den Kielen scharf eingeschlagen (Deckspelze unbegrannt od. nur mit kurzer Grannenspitze) . . . . **100. Elymus**

++) Vorspelze mit den Seitenflächen eingekrümmt (nicht an den Kielen scharf eingeschlagen)

α) Endährchen fehlend; Ährchen zu dritt, bisweilen seitliche steril bis reduziert **101. Hordeum**

β) Endährchen vorhanden; Ährchen meist zu dritt, fertil . . . . **102. Hordelymus**

//) Ährchen in eine Aushöhlung der Rhachis eingesenkt (deren Glieder sich bei der Reife ablösen; Ähre kaum dicker als der Halm) . . . . **106. Parapholis**

xx) Ähre 1seitig od. einseitswendig

/) Deckspelzen unbegrannt; N. 2; Ährchen fast sitzend od. sehr kurz gestielt

§) Ährchen 3- bis 5bl. (Sesleria disticha) . . . . **91. Sesleria**

§§) Ährchen 1bl. . . . . **132. Mibora**

//) Deckspelzen begrannt; N. 1; Ährchen sitzend **136. Nardus**

2. Ähren zu mehreren an der Spitze des Halmes, einseitig

a) Ähren nicht fingerförmig angeordnet; Ährchen 10–20 mm lang **131. Spartina**

b) Ähren fingerförmig angeordnet; Ährchen 2–2,8 mm lang **139. Cynodon**

B. Ährchen (mit ♀-Bl.) in Kolben (Kolben b.winkelständig; 2bl. ♂-Ährchen in endständiger Rispe an gleicher Pfl.) . . . . **147. Zea**

1. Subfam. Pooídeae
1. Trib. Poéae
1. Subtrib. Poínae

83. Cynosúrus L. Kammgras

x = 7

I. Grannen der bl. Ährchen kürzer als die Deckspelzen **267. C. cristatus**
II. Grannen der bl. Ährchen länger als die Deckspelzen **268. C. echinatus**

267. C. cristátus L. (Abb. 48 a–d) Wiesen-K.

♃, *H.* – H. 0,20–0,60. Horstgras; Halm u. gelbbraune B.scheiden glatt; untere B. oft borstlich gefaltet, obere bis 3 mm breit; *B.häutchen kurz, gestutzt; Ährenrispe lineal.*, einseitswendig; *Granne kürzer als die Deckspelze;* bl.loses Ährchen kammartig-gefiedert, Fiedern stachelspitzig. VI–VII(IX–X). 2n = 14.
Weiden u. Wiesen; frische, nährstoffreiche, meist lehmige Böden. – Verbreitet u. häufig (Alp. bis 1700 m). – Eur., Kauk., n. Kl.As.; subatl(-submed).

268. C. echinátus L. Stacheliges K.

♃, *H.* – H. 0,20–0,60. B.scheiden glatt od. schwach rauh, obere oft etwas aufgeblasen, mit bis ca. 7 mm breiter Spreite; *B.häutchen bis 7 mm lang, spitz; Ährenrispe eiförmig; Granne länger als die Deckspelze;* bl.loses Ährchen kammartig-gefiedert, Fiedern lang begrannt. V. 2n = 14.
Schuttunkrautges., Verkehrswege einschl. Häfen; ±trockene Substrate. – Zerstreut, selten od. vereinzelt u. unbeständig. – Atl. Küsten (Frankr. bis Port.), Med., Vord.As., N-Afr.; med-atl.

84. Briza L. Zittergras

x = 7,5

269. B. média L. (Abb. 48 e–g)

♃, *H.* – H. 0,20–0,50(1,00). Pfl. horstig, kurze Ausläufer; B.scheiden glatt, Spreite etwa 4 mm breit, zumindest B.rand rauh; B.häutchen sehr kurz, gestutzt; Ährchen herz-eiförmig, 5- bis 9bl. V–IX. 2n = 14.
Trockene Fettwiesen u. Weiden; ±trockene bis frische, rel. arme, oft humose, meist lehmige Böden. – Verbreitet (Alp. bis 1870 m), fehlt z. T. in der Marsch des N-Flachlandes. – Eur., gem. As., SW-Afr.; euras(-submed).

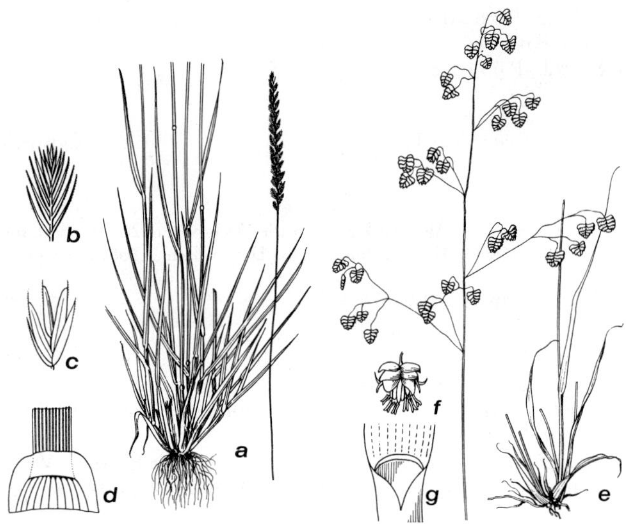

Abb. 48. *a–d Cynosurus cristatus* (*a* Habitus; *b* steriles, *c* fertiles Ährchen; *d* Blatthäutchen); *e–g Briza media* (*e* Habitus, *f* Ährchen, *g* Blatthäutchen u. Blattspreitengrund).

85. Dáctylis L. — Knäuelgras

x = 7

I. Kiel der Deckspelzen steif bewimpert; Ährchen dicht geknäuelt; B. bis ca. 1 cm breit .... **270. D. glomerata**

II. Kiel der Deckspelzen fast immer kahl; Ährchen lockerer, schwach geknäuelt; B. bis 0,7 cm breit .... **271. D. polygama**

270. D. glomeráta L. (Abb. 49a–c) — Wiesen-K.

♃, *H.* – H. 0,30–1,25. Horstgras; Pfl. meist ±graugrün; B.scheiden flach, meist rückwärts rauh; Rispe aufrecht; Ährchen geknäuelt, 3- bis 5bl.; Hüllspelzen derb, grün; *Deckspelzen am Kiel steifhaarig gewimpert.* V–VI(VIII). Umfaßt (auch als Arten bewertet):

ssp. g l o m e r á t a; Rispenäste nur in der oberen Hälfte od. im oberen $^2/_3$ mit Ährchen; B. meist flach, grün, grau- od. bläulichgrün. 2n = 28. Formenreich.

Fettwiesen u. -weiden, auch Wälder; frische (bis feuchte), nährstoffreiche, N-haltige, meist lehmige Böden. – Verbreitet u. häufig (Alp. bis 1950 m); euras(-submed).

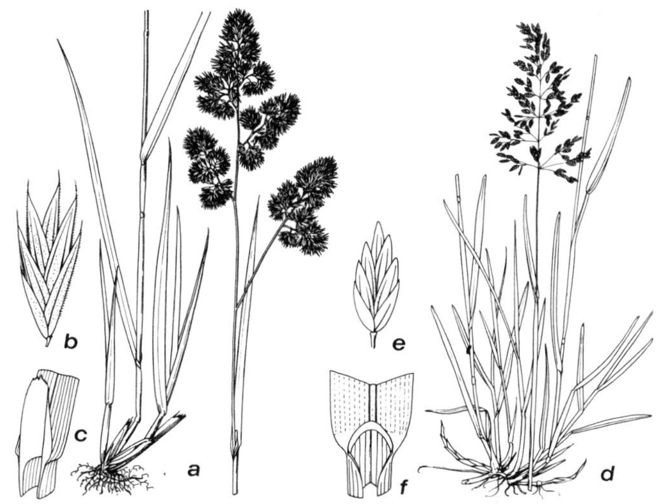

Abb. 49. *a–c Dactylis glomerata* ssp. *glomerata* (*a* Habitus, *b* Ährchen, *c* Blatthäutchen); *d–f Poa pratensis* ssp. *pratensis* (*d* Habitus, *e* Ährchen, *f* Blatthäutchen u. Blattspreitengrund).

ssp. h i s p á n i c a (Roth) Koch (= D. hispanica Roth); Rispenäste vom Grd. an mit Ährchen besetzt; B. oft zusammengerollt, ±starr. – Unbeständig eingeschleppt, z. B. Rheinebene. – N-Med.; med(-submed).

Eur., gem. As., N-Afr., Am., Austr., Neuseel.

271. D. polygáma Horvát. Wald-K.
(= D. aschersoniana Graebn.)

♃, *H.* – H. 0,30–1,00. Pfl. lockerrasig, lebhaft hellgrün; B. schlaff; B.scheiden glatt; Rispe schlank, ±schlaff, verlängert, oft überhängend; Ährchen nicht geknäuelt, 3- bis 6bl.; Hüllspelzen blaßhäutig; *Deckspelzen unbewimpert.* VI–VII. 2n = 14.

Laubmischwälder, Buchenwälder; frische, nährstoffreiche, lehmige Böden. – Zerstreut bis verbreitet insbes. in der coll. bis submont. Stufe des Geb. u. ö. N-Flachland, sonst seltener od. fehlend. – S-Skand., M-Eur. bis Rußl.; gemkont.

86. Póa L. Rispengras

x = 7 (11)

I. Deckspelze undeutlich 5nervig
  A. Untere Hüllspelze 1-, obere 3nervig
    1. Stbbtl. 0,6–1,0 mm lang; Pfl. nicht rasig od. nur lockerrasig .... 272. P. annua
    2. Stbbtl. 1,2–2,5 mm lang; Pfl. dichtrasig ..... 273. P. supina
  B. Beide Hüllspelzen 3nervig
    1. St. nicht 2schneidig; Kiel- u. Randnerven der Deckspelze seidenhaarig
      a) Untere Triebe von gemeinsamen Scheiden umschlossen, bisweilen zwiebelartig verdickt
        x) B.häutchen alle verlängert, obere spitz (unterste Scheiden meist zwiebelförmig verdickt) .... 274. P. bulbosa
        xx) B.häutchen der unteren B. kurz, gestutzt (unterste Scheiden nicht deutlich zwiebelförmig verdickt)
          /) B. ohne Knorpelrand, grasgrün ..... 275. P. alpina
          //) B. mit weißlichem Knorpelrand ..... 276. P. badensis
      b) Untere Triebe nicht von gemeinsamen Scheiden umschlossen, am Grd. nie zwiebelförmig
        x) Oberste B.scheide meist erheblich länger als ihre Spreite
          /) Rispe zusammengezogen; alle B.-häutchen länglich, spitz
            §) Rispenäste fädlich; B. schlaff .... 277. P. laxa
            §§) Rispenäste haardünn; B.spitze starr .... 278. P. minor
          //) Rispe locker, ausgebreitet; B.häutchen der unteren B. sehr kurz od. fehlend 279. P. cenisia
        xx) Oberste B.scheide kürzer als ihre Spreite
          /) B.häutchen sehr kurz, gestutzt ...... 280. P. nemoralis
          //) B.häutchen verlängert, spitz .... 281. P. palustris
    2. St. 2schneidig; Deckspelze außer den zottigen Haaren kahl (oberste Scheide länger als ihre Spreite) .... 282. P. compressa
II. Deckspelze mit 5 deutlichen, starken Nerven
  A. St. unterwärts nebst Scheiden 2schneidig, zusammengedrückt; B. meist über 5 mm breit
    1. B.häutchen 2,5–4 mm lang, nicht bewimpert
      a) B. 4–6 mm breit; B.scheide glatt; B. lang zugespitzt .... 283. P. hybrida
      b) B. 7–9 mm breit; B.scheide rauh; B.spitze schwach kapuzenförmig .... 284. P. remota
    2. B.häutchen bis 1,5 mm lang, bewimpert (B.-spitze kurz kapuzenförmig) .... 285. P. chaixii
  B. St. ±stielrund; B. unter 5 mm breit
    1. B.häutchen oft nur 1 mm lang, gestutzt; St. glatt

a) Ährchen auffällig geknäuelt, im letzten Drittel der Rispenäste gehäuft . . . . **286. P. athroostachya**

b) Ährchen nicht geknäuelt . . . . **287. P. pratensis**

2. B.häutchen – zumindest der oberen B. – bis 7 mm lang, spitz; St. oben ±rauh . . . . **288. P. trivialis**

1. Sect. O c h l ó p o a

272. P. ánnua L. Einjähriges R.

⊙ – ♃, *Th, H.* – H. 0,02–0,30(0,50). *Nichtbl. Triebe strahlenförmig dem Boden ±anliegend* od. Pfl. nur lockerrasig; *B. der nichtbl. Triebe mit deutlichem, bläulich-weißem B.häutchen;* B.häutchen am Scheidenrand weit herablaufend; Rispenachse bis 5(10) cm lang; Rispe lang-3eckig, deutlich länger als breit; Ährchen auf etwa die halbe Rispenastlänge verteilt; obere Hüllspelze meist über der Mitte am breitesten; Deckspelzen grün od. rötlich, mit breitem weißem Hautrand; *Stbbtl. 0,6–1,0 mm lang.* I–XII (außer Frostperioden). 2n = 28.

Unkrautige Ges., Trittpflanzenges.; frische, nährstoff- u. N-reiche Böden. – Häufig u. verbreitet (Alp. bis 2400 m). – Fast Kosmop.; no-euras-med.

273. P. supína Schrad. Niederliegendes R.

♃, *H.* – H. 0,05–0,15(0,30). *Pfl. dichtrasig;* die meist sichelartig gekrümmten *B. der aufrechten, nichtbl. Triebe ohne od. mit sehr kurzem, gelblichem, bis 0,6 mm hohem B.häutchen;* B.häutchen nur wenig am Scheidenrand herablaufend; Rispenachse bis 2(4) cm lang; Rispe breit-3eckig, kaum länger als breit; Ährchen an den Enden der Rispenäste gedrängt; obere Hüllspelze unter der Mitte am breitesten; Deckspelze meist braun-violett, mit bräunlich-gelblichem Hautrand; *Stbbtl. 1,2 bis 2,5 mm lang.* IV–VI(VII). 2n = 14.

Alp. Schneetälchen, subalp. u. mont. Quellfluren, Tritt- u. Lägerges.; frische bis feuchte, nährstoff- u. N-reiche Böden. – Selten: Thür. Wald, Schwarzwald, Bay. Wald, Alp.vorland, Bodenseegeb.; zerstreut: Lausitzer Bergland; verbreitet: Harz, Erzgebg., Sud., Alp. (bis 2375 m); vermutlich in M- u. S-D. rel. verbreitet. – Skand., M-Gebg. M-Eur., m. u. s-eur. Hochgebg., Kauk. bis O-Sib., Him.; alp-praealp-no.

2. Sect. B u l b ó p h o r u m

274. P. bulbósa L. Zwiebel-R.

♃, *H.* – H. 0,10–0,45. St. u. Triebe am Grd. von harten, umhüllenden Scheiden zwiebelartig verdicht; B. grau-grünlich, grd.ständige meist borstlich, st.ständige oft flach, zugespitzt; *B.häutchen länglich; Rispenäste rauh, aufrecht-abstehend; Ährchen 4- bis 6bl.* IV–VII. 2n = 14, 28, 39, 42, 45. Im Geb. ssp. b u l b ó s a u. hiervon meist:

var. v i v í p a r a Koeler; Ährchen zu Laubknospen auswachsend. Sand-Trockenrasen, Wegraine etc.; nährstoffreiche, meist N-haltige, sandige Böden. – Zerstreut bis selten: insbes. in M- u. S-D., s. bis Bodenseegeb.; fehlt u. a. in NW-D. u. Alp. – M- u. S-Eur., W-As., Sib., NW-Afr.; med-submed-(-kont).

275. P. alpína L. Alpen-R.

♃, *H.* – H. 0,03–0,50. Meist Horstgras; B. grasgrün, ziemlich breitlineal., plötzlich-zugespitzt; *untere B.häutchen kurz, gestutzt, obere länglich, spitz;* Rispe aufrecht, Äste zur Bl.zeit weit abstehend. V–IX. 2n = 21–74. Hierzu:

var. v i v í p a r a L.; Ährchen zu Laubknospen auswachsend. – Häufig im Geb. der Art.

Alp. u. subalp. Fettwiesen u. -weiden, Läger- u. Schneebodenges.; frische, nährstoffreiche, oft N-beeinflußte Lehm- u. Tonböden. – Stellenweise häufig: Alp. (bis 2600 m), z. T. ins Alp.vorland mit den Flüssen herabsteigend. – Isl., Skand.; Gebg. Eur., Kl.As., Kauk., N-As., N-Am.; arkt(-subozean)-alp, circ.

276. P. badénsis Haenke Badener R.

♃, *H.* – H. 0,10–0,40. Rasig; *B.,* bläulich-grau(grün), kurz, *steif, mit weißem,* rauhem *Knorpelrand; B.häutchen länglich, spitz;* Rispe oft ±zusammengezogen; Ährchen dicht, scharf 2schneidig. V–VII. 2n 14, 28?, 42?

Steppen- u. Trockenrasen; ±trockene, oft kalkhaltige, humose, meist sandige Böden. – Selten: Anh. (Harzvorland bis Magdeburg, Bernburg), Thür. (Becken, unteres Unstruttal, Saalfeld, Pößneck), Frank. (Staffelberg), Maingeb. (Windsheim), nö. Oberrheinebene bis s. M-Rheingeb. – S-Frankr., M-, m. S- u. SO-Eur.; europ-kont(-submed).

3. Sect. O r é i n o s

277. P. láxa Haenke Schlaffes R.

♃, *H.* – H. 0,10–0,30. Horstgras; *Halm schlaff-aufsteigend;* B. schmal, flach; St.knoten meist von B.scheiden bedeckt; B.häutchen länglich, spitz; *Rispe* bis 7 cm lang, locker, mit wenigen Ährchen, *an der Spitze nickend, mit fadenförmigen, glatten Ästen;* Ährchen 3(–4)bl., eiförmig, meist violett. VII–VIII. 2n = 28.

Alp. Schneebodenges., Steinschuttfluren; frische, kalkarme Feinschuttböden. – Sehr selten, wohl nur Riesengebg. (Fundort Belchen im Schwarzwald nicht wieder bestätigt). – Isl., Skand., eur. Hochgebg.; alp-arkt(-subozean).

278. P. mínor Gaudin Kleines R.

♃, *H.* – H. 0,05–0,15(0,30). Horstgras; B. sehr schmal, meist borstlich gefaltet; St.knoten nicht von B.scheiden bedeckt; *B.spitze* häufig etwas hakig gebogen, *starr;* B.häutchen länglich, spitz; *Rispe* bis 4 cm lang, länglich, zusammengezogen, *mit glatten, haardünnen Ästen;* Ährchen 4- bis 6bl., länglich-eiförmig, meist dunkelviolett. VII–VIII. 2n = 28.

Alp. Schuttges.; frische bis feuchte, kalkreiche Schuttsubstrate. – Selten: Alp. (1500–2610 m); sehr selten ins Voralp.geb. verschleppt. – Alp., Bosn., Herzegow., Schottl.; alp.

279. P. cenísia All. Mont-Cenis-R.

♃, *H.* – H. 0,15–0,40. Pfl. rasig, graugrün; Halm u. Scheiden kahl; B. der Ausläufer meist 2zeilig; *B.häutchen der unteren B. kurz od. fehlend;* Rispe locker, bis 10 cm lang, Äste abstehend, ziemlich glatt; Ährchen 3- bis 5bl., grünlich, selten violett; Hüllspelzen breit-lanzettl., plötzlich zugespitzt; Deckspelze bis zum Grd. gekielt, 3–4 mm lang, am Rücken bis zu $^2/_3$, an den Rändern bis zur Mitte behaart. VII–VIII. 2n = 28, 50–55.

Subalp. Steinschuttfluren; frisches, meist kalkreiches Geröll u. Steinschutt. – Zerstreut: Alp. (800–2450 m); vereinzelt: Flußtäler des Alp.vorlandes. – Hochgebg. M-Eur. (Pyren. bis Karp.), Kl.As., As. (?); alp.

4. Sect. Hylópoa

280. P. nemorális L. Hain-R.

♃, *H.* – H. 0,20–1,00. Pfl. lockerrasig u. horstig; St. aufrecht; B.-scheiden kürzer als die Internodien; *B.häutchen sehr kurz, gestutzt, oft fehlend;* Rispenäste abstehend, rauh; Ährchen (1)2- bis 5bl., klein, ei-lanzettl., meist grün; *Deckspelzen 3–4 mm lang.* VI–VII(IX). 2n = 28–38, 42, 43, 47–49, 70. Formenreich.

Wälder, Hecken etc.; frische, lockere, nährstoff- u. humusreiche, auch kalkhaltige, lehmige Böden. – Häufig im ganzen Geb. (Alp. bis 2000 m). – Eur., gem. As., N-Am.; no-euras, circ.

281. P. palústris L. Sumpf-R.

♃, *H.* – H. 0,30–1,20. St. aufsteigend; B.scheiden kürzer als die Internodien; *B.häutchen länglich, spitz;* Rispenäste rauh; Ährchen meist gelblich od. violett, 3- bis 4bl.; *Deckspelze 2,5–3 mm lang,* gelb od. braun gefleckt. VI–VIII. 2n = 21, 28, 29, 30, 32, 42.

Röhrichte u. Seggenges.; nasse od. überflutete, nährstoffreiche, schlammige Böden. – Zerstreut (Alp. bis 1500 m). – Eur., gem. As., N-Am.; no-euras, circ.

5. Sect. Tichópoa

282. P. compréssa L. Flaches R.

♃, *H.* – H. 0,15–0,50(1,00). Ausläufergras; Halm 2schneidig, zusammengedrückt, meist knickig aufsteigend; B.häutchen kurz, gestutzt;

Rispe oft kurz, Äste ±abstehend od. oft zusammengezogen, untere meist einseitswendig; Deckspelzen vorn breit weißrandig. VI–VII. Umfaßt:

ssp. c o m p r é s s a; H. bis 0,50; B. bis etwa 3 mm breit; B.häutchen bis etwa 1 mm lang; Ährchen 3- bis 6(7)bl. 2n = 35, 42, 45, 49, 56. – Verbreitet.

ssp. l a n g e á n a (Rchb.) Hegi; H. bis 1,00; B. bis 5 mm breit; B.-häutchen bis 3 mm lang; Ährchen (6)8- bis 11bl. – Zerstreut bis selten, wohl vornehmlich ruderal, in Schuttunkrautges. etc.

Pionierpflanzenges., Mauern, Steinbrüche etc.; mäßig trockene, meist feinerde- u. humusarme, kalhaltige, oft steinige Substrate. – Zerstreut bis häufig (Alp. bis 1860 m); im N-Flachland sowie in Silikatgeb. streckenweise fehlend od. vorübergehend. – Eur., Kl.As., Kauk., N-Am.; euras(-kont).

6. Sect. H o m a l ó p o a

283. P. hýbrida Gaudin — Bastard-R.

♃, *H.* – H. 0,45–1,00. Halm meist knickig aufsteigend, ebenso wie B.scheiden 2schneidig; *B.* 5(4–6) mm breit, *allmählich zugespitzt;* B.-scheide glatt; B.häutchen über 2,5 mm lang; Rispe bis fast 20 cm lang, meist etwas überhängend; *Äste dünn; Ährchen verteilt,* 3- bis 5bl.; *Hüllspelzen glatt;* Deckspelzen am Grd. dünn-zottig. VII–VIII. 2n = 14.

Subalp. Hochstaudengebüsche u. Wälder, Bergwiesen; frische, humose, lehmige od. tonige Böden. – Zerstreut: Alp. (bis 1950 m). – Alp., Franz. Jura, Balk., NO-Kl.As., Kauk.; alp(-praealp).

284. P. remóta Fors. — Entferntblütiges R.

♃, *H.* – H. 0,50–1,20. Horstgras; Halm u. B.scheiden 2schneidig; *B.* 7–9 mm breit, an der Spitze *schwach kapuzenförmig;* B.scheiden rauh; *B.häutchen* über 2,5 mm *lang; Rispe* bis 0,30 cm lang, *sehr locker ausgebreitet, Äste dünn,* verlängert, bis 17 cm lang, *nur an der Spitze od. im letzten Drittel mit Ährchen;* Ährchen 2- bis 3bl.; *Hüllspelzen rauh;* Deckspelzen am Grd. stark zottig. VI–VII. 2n = 14.

Schlucht- u. Auenwälder; feuchte, nährstoffreiche Böden. – Zerstreut, z. T. im n. u. m. Geb.; sonst ziemlich selten, s. bis Bodenseegeb. u. Alp.vorland; Verbreitung unzureichend bekannt. – Skand., gem. Eur., Kauk., W-Sib., M-As.; no-euras(-kont).

285. P. chaíxii Vill. — Wald-R.

♃, *H.* – H. 0,50–1,50. Horstgras; Halm u. B.scheiden 2schneidig; *B. 5–10 mm breit, an der Spitze stark kapuzenförmig;* B.scheiden rauh; *B.häutchen kurz, bis 1,5 mm lang;* Rispe bis 25 cm lang; Ährchen (3)4- bis 5bl. V–VII. 2n = 14.

Laubwälder, Gebg.wiesen u. -weiden; frische, kalkarme, humose, nährstoffhaltige od. magere, lehmige Böden. – Zerstreut: insbes. M-Gebg. bis Alp. (Schwarzwald bis 1450 m, Alp. bis 845 m); im Flachland selten od. fehlend. – W-, M-Eur., Kl.As., Kauk.; praealp(-subatl).

7. Sect. Pandémos

286. P. athroostáchya Oett. Knäuel-R.

♃, *H.* – H. (0,10)0,60–0,80(1,00). Dichtrasig, zahlreiche unterirdische Ausläufer; B.scheiden oberwärts schwach rauh, B. bis über 5 mm breit mit kapuzenförmiger Spitze; B.häutchen der Halmb. gelblich bis ca. 1 mm lang, fein bewimpert; Rispe 3eckig; *Ährchen nur im äußersten Drittel der Rispenäste, auffallend geknäuelt, graugrün;* Deckspelzengrd. mit langen Wollhaaren.

Moorige u. anmoorige Wiesen, lichte Wälder, Gebüsche. – N-Flachland. Systematische Stellung, Verbreitung u. Standort unsicher. – Nach v. Oettingen (1925): Norddeutsche Tiefebene.

287. P. praténsis L. (Abb. 49d–f) Wiesen-R.

♃, *H, G.* – H. (0,10)0,20–1,20. Dichtrasig, mit zahlreichen unterirdischen Ausläufern; *B.scheiden glatt bis schwach rauh;* B. ±2–5 mm breit, meist mit ±kapuzenförmiger Spitze; *B.häutchen kurz bis 1 mm lang, gestutzt,* od. an Stb. verlängert; Rispe ei- bis pyramidenförmig; *Ährchen fast die Hälfte der rauhen Rispenäste besetzend,* grün bis dunkelviolett; Deckspelze stumpflich, am Grd. mit langen Wollhaaren. V–VI(X). Formenreich. Umfaßt im Geb. (bisweilen als Arten bewertet):

ssp. praténsis; Pfl. meist über 0,20 hoch; *B.spreiten flach, bis 5 mm breit,* an der Spitze kapuzenförmig bis zugespitzt; Rispenäste mit 2 od. mehreren grd.ständigen Zweigen; Ährchen meist grün, selten gelb od. violett, 3- bis 5- u. mehrbl. 2n = 50–78.

Wiesen u. Weiden, Wegränder etc.; frische, nährstoffreiche, lehmige Böden. – Verbreitet u. häufig (Alp. bis 2375 m).

ssp. angustifólia (L.) Gaud. (= P. angustifolia L.); Pfl. meist über 0,20 hoch; *B.spreiten der unteren B. borstlich gefaltet, 1–2 mm breit;* Halmb. borstlich od. flach bis ± 3 mm breit, allmählich zugespitzt; Rispenäste mit 2 od. mehr grd.ständigen Zweigen; Ährchen meist grün, selten gelblich. 2n = 46–72.

Magerrasen; meist mäßig trockene, sandig-steinige, lehmige Böden. – Verbreitet bis zerstreut, von der Ebene bis in die unteren Berglagen.

ssp. irrigáta (Lindm.) Lindb.f.; *Pfl. niedrig,* bis etwa 0,20 hoch, *blaugrün;* Halme mit 1–2 B.; B.spreite 2–5 mm breit, an der Spitze kapuzenförmig; B.scheiden seitlich zusammengedrückt, scharf gekielt, oberste ohne od. fast ohne Spreite; Rispenäste ohne od. mit 1 grd.ständigen Zweig; Ährchen meist dunkelviolett, 3bl. 2n = 38–147.

Feuchte Dünen, Salzweiden, Salzwiesen; salzhaltige, sandige od. tonige Böden. – Zerstreut: O-Seeküste, N-Seeküste, Verbreitung unzureichend bekannt. – Skand., ö. N-D.

Eur., W-, N- u. O-As., Kauk., N-Afr., Am., Austr.; euras-submed.

288. P. triviális L. Gemeines R.

♃, *H.* – H. 0,30–1,00. Pfl. mit oberirdischen, niederliegenden, sich bewurzelnden Trieben; Halm unter der Rispe nebst den etwas zusammengedrückten B.scheiden rauh; B.spreite flach, zugespitzt, frisch grasgrün, jung unterseits glänzend; *B.häutchen bis 5(7) mm lang*, spitz; Deckspelzen spitz, am Grd. mit langen Wollhaaren. V–VII. 2n = 14.
Wiesen u. Weiden, Ufer etc.; feuchte bis nasse, nährstoffreiche, lehmige od. tonige Böden. – Verbreitet u. häufig (Alp. bis 2375 m). – N- u. M-Eur., gem. As., N-Afr.; no-euras(-subozean).

Bastarde:
P. annua × supina (= P. × nannfeldtii Jirásek), P. compressa × trivialis, P. nemoralis × compressa (= P. × figertii Gerh.), P. nemoralis × palustris, P. trivialis × pratensis (= P. × sanionis A. et G.).

87. Scleróchloa P. B. Hartgras

x = 7

289. S. dúra (L.) P. B. (Abb. 50a–c)

⊙, *Th.* – St. 0,02–0,20 lang; Pfl. graugrün, meist dem Boden anliegend; B.scheiden gekielt; B.häutchen kurz; Ährchen länglich, 3- bis 5bl.; Deckspelzen knorpelig, stark genervt. V–VII. 2n = 14.
Wenig betretene Wege, Feldränder, auf dichten, trockenen, tonigen od. lehmigen Böden. – Sehr zerstreut u. truppweise, unbeständig, vereinzelt im m. u. s. Geb., bes. Thür. u. Frank. (Keuperletten); im N sehr selten vorübergehend verschleppt. – Med. bis N-Pers.; med.

88. Catapódium Link Steifgras

x = 7

290. C. rígidum (L.) C. E. Hubb. (Abb. 50 d–f)
[= Scleropoa rigida (Grufb.) Griseb.]

①, ⊙, *H, Th.* – H. 0,03–0,20. St. niederliegend-aufsteigend od. dem Boden angedrückt; B.häutchen bis 6 mm lang; Rispe 2zeilig-±einseitswendig, zusammengezogen, sehr starr, Äste 3kantig; Ährchen länglich, 6- bis 12bl., aufrecht, wenig abstehend, seitenständige sehr kurz gestielt. VI–VII. 2n = 14.

GARCKE, *Illustrierte Flora, 23. Auflage*

Berichtigung

S. XV:	Gaud. = J. F. Gaudin
S. XVI:	Laich. = J. N. v. Laicharding (statt Laicharting)
S. XVII:	Mgf.-Dbg. = I. Markgraf-Dannenberg (statt J. Margraf-D.)
S. 199:	16. Zeile, polesica (statt palesica)
S. 323:	18. Zeile, Gaualgesheim (statt Gauagelsheim)
S. 443:	6. Zeile, -spatelig (statt -spaltig)
S. 794:	6. Zeile, C a r y o p h y l l á t a (statt Caryohylláta)
S. 823:	**1556. R. stylósa** Desv. (statt R. stylósa)
S. 831:	**413. Lotus** (statt 418. Lotus)
S. 845:	9. Zeile, Nausiß bei Greußen (statt Greußen, Nausitz)
S. 883:	2. Zeile von unten, Gaualgesheim (statt Gauagelsheim)
S. 957:	24. Zeile, Gaualgesheim (statt Gauagelsheim)
S. 1122:	24. Zeile, Rafn (statt Rafn.)
S. 1145:	Abb. 332 g—l, *Collomia* (statt Collmia)
S. 1279:	11. Zeile, Grünten (statt Grünstein)
S. 1291:	3. Zeile, pseudosaisonpolymorph (statt pseudosaionpolymorph)
S. 1351:	Abb. 395, Figur h ist mit folgender Figur auszutauschen:

S. 1536:	**2909. H. peleteranum** (statt peletierianum)
S. 1552:	2. Zeile von unten, *arboricolum* (statt arboriculum)
S. 1556:	15. Zeile, *scandens* (statt *scandentium*)
S. 1576:	Calamagrostis Adans. 244 (statt 144)
S. 1577:	Centaurium vulgare Rafn (statt Rafn.)

Abb. 50. *a–c Sclerochloa dura* (*a* Habitus, *b* Ährchen, *c* Hüllspelzen); *d–f Catapodium rigidum* (*d* Habitus, *e* Ährchen, *f* Blatthäutchen).

Unkrautige Ges., Wege, Mauern; meist kalkreiche Böden. – Sehr selten u. vereinzelt, so Aachen, Kornelimünster; sonst nur vereinzelt unbeständig-verschleppt. – Engl., Nied., Belg., Frankr., Kan. Ins., Med. bis N-Pers.; med-atl.

89. Vúlpia J. F. Gmel. Federschwingel

x = 7

I. Rispenspitze überhängend; Grannen 10–15 mm lang . . . . **291. V. myuros**
II. Rispe aufrecht; Grannen bis 10 mm lang . . . . **292. V. bromoides**

291. V. myúros (L.) J. F. Gmel. (Abb. 51a–c) Mäuseschwanz-F.
(= Festuca myuros L.)

⊙, ①, *Th, H.* – H. (0,08)0,20–0,30(0,50). *Halm gänzlich od. fast ganz bis zur Rispe umscheidet;* Pfl. hellgrün, früh strohgelb werdend; B.-spreite meist borstlich; *Rispe* einseitswendig, zusammengezogen, *oberwärts meist bogig-überhängend,* bis 20 cm lang, *unterster Ast viel kürzer als die Rispe;* Bl. meist kleistogam. V–VII. 2n = 14.

Kleinschmielen-Triften; trockene, saure, kalk- u. humusarme Sand- u. Kiesböden. – Zerstreut u. selten; fehlt u. a. im NW, NO u. in den höheren Berglagen; oft unbeständig. – W-, M- u. S-Eur., Rußl., W-As., Afr., Am., Austr.; med-submed.

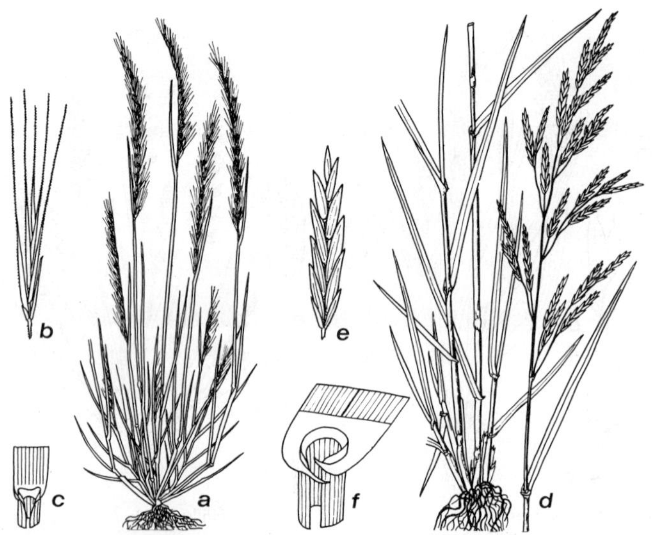

Abb. 51. *a–c Vulpia myuros* (*a* Habitus, *b* Ährchen, *c* Blatthäutchen); *d–f Festuca pratensis* (*d* Habitus, *e* Ährchen, *f* Blattspreitengrund).

292. V. bromoídes (L.) S. F. Gray — Trespen-F.
[=Festuca dertonensis (All.) A. et G.]

①, *H.* – H. 0,10–0,25(0,70). *Halm oberwärts nicht umscheidet,* St. glänzend; Pfl. länger grün bleibend; untere B. oft flach; *Rispe aufrecht,* höchstens bis 10 cm lang, *unterster Ast halb so lang wie die Rispe;* sonst ähnlich vor. Art. V–VII. 2n = 14.

Kleinschmielen-Triften; trockene, saure, kalk- u. humusarme, warme Sand- u. Kiesböden. – Allgemein selten; im w. Geb. zerstreut bis selten; fehlt u. a. im NO. – Schwed., Dän., W-, M- u. S-Eur., NO-Kl.As., Afr.; med-submed.

90. ***Festúca*** L. — Schwingel

x = 7

I. Ährchen rispig angeordnet
  A. B. in Knospenlage gerollt, Spreite flach
    1. Granne so lang od. länger als die Deckspelze **295. F. gigantea**
    2. Granne kürzer als die Deckspelze od. fehlend
      a) B.scheiden steriler Triebe offen
        x) Ährchen 8–13 mm lang; B.häutchen bis 1 mm lang

/) Alle B.scheiden meist glatt; B.spreitengrd. nicht borstig bewimpert; B. fast glatt .... 293. F. pratensis

//) Untere B.scheiden rauh; B.spreitengrd. kurz borstig bewimpert; B. oberwärts z. T. rauh .... 294. F. arundinacea

xx) Ährchen (4)6–7(8) mm lang; B.häutchen 1–3 mm lang .... 296. F. altissima

b) B.scheiden steriler Triebe bis über die Mitte geschlossen (Ährchen 6–7 mm lang) ...... 297. F. pulchella

B. B. in Knospenlage gefaltet, Spreiten zumindest z. T. borstenförmig

1. B.häutchen zumindest an den Halmb. deutlich, verlängert

a) B. haar-borstenförmig, 0,5–0,6 mm dick; Ährchen 3- bis 5bl. .... 298. F. pumila

b) B. borstlich bis binsenförmig, etwa 0,7 mm dick; Ährchen meist 4- bis 6(8)bl. .... 299. F. versicolor

2. B.häutchen sehr kurz od. undeutlich

a) Halmb. flach od. hohlkehlig gerollt; Grdb. borstlich; (B.scheiden bis über die Mitte geschlossen)

x) Frkn.scheitel kahl .... 300. F. rubra

xx) Frkn.scheitel behaart-feinborstig

/) Ährchen länglich-lineal., grün od. rötlich; Pfl. 0,50–1,20 hoch .... 301. F. heterophylla

//) Ährchen ellipt., meist dunkelviolett; Pfl. bis 0,40(0,60) hoch .... 302. F. violacea

b) Alle B. borstlich, bisweilen haardünn; Pfl. ±horstig

x) B.scheiden bis über die Mitte geschlossen

/) B.scheiden im geschlossenen Teil mit deutlicher tiefer Längsfurche, (blauviolett überlaufen .... 303. F. amethystina

//) B.scheiden ohne deutliche Längsfurche

§) Stbbtl. 1,7–3 mm lang; B. 0,5–0,7 mm dick .... 304. F. rupicaprina

§§) Stbbtl. 0,5–1 mm lang; B. 0,3–0,5 mm dick .... 305. F. alpina

xx) B.scheiden steriler Triebe höchstens im unteren Drittel geschlossen (**F. ovina** L. s. latissimo)

/) B. ±seitlich eingedellt bzw. flach (selten schwach gewölbt), im Querschnitt Y- od. V-förmig; Sklerenchym nur in den B.rändern u. der Mediane vorhanden od. dort stärker als an den Seiten .... 306-311. F. valesiaca

//) B. im Querschnitt meist oval, Seiten meist gewölbt, medianer Teil oft spitz

V-förmig; Sklerenchym in den B.-rändern nicht verdickt

§) B. borsten- od. binsenförmig, meist bläulich; Ährchen 4—10 mm lang, Deckspelzen 3,5—6,5 mm lang; B. mit 7 u. mehr Nerven **312-313. F. cinerea**

§§) B. haar- bis fast borstenförmig, meist grün; Ährchen 4—6(7) mm lang, Deckspelzen 2,5—4,8 mm lang; B. mit 5—7 Nerven (vgl. F. stricta u. F. makutrensis) ..... **314-315. F. ovina**

II. Ährchen traubig, fast ährenförmig angeordnet, kurz gestielt .... **316. F. festucoides**

Anmerkung:
Bestimmung der Formenkreise der Subsect. Ovinae (hier in Anlehnung an die Bearbeitung von Stohr, 1963) nur anhand von B.querschnitten (Mitte des obersten, vollentwickelten B. steriler Triebe) möglich; B.durchmesser als Mediandurchmesser; Ährchenlänge: unterste 4 Bl. ohne Granne.

1. Subgen. Festúca
1. Sect. Bovínae

293. F. praténsis Huds. (Abb. 51d—f) Wiesen-Sch.

♃, *H.* — H. 0,30—1,20. Lockerrasig; B. bis etwa 5 mm breit; *Rispe einseitswendig, Äste nur während der Bl.zeit abstehend,* meist zu zweien, der eine sehr kurz u. meist 1(2) Ährchen, der zweite 3—4(6) Ährchen tragend; Ährchen meist 7- bis 8(3—13)bl. VI—VII. 2n = 14.

Fettwiesen u. -weiden; nährstoffreiche, meist lehmige Böden. — Verbreitet u. häufig (Alp. bis 1560 m). — Eur., gem.As., (Am.); euras(-kont).

294. F. arundinácea Schreb. Rohr-Sch.

♃, *H.* — H. 0,60—1,80. Lockerrasig; B. bis etwa 10 mm breit; *Rispe ausgebreitet, meist überhängend; Äste nach der Bl.zeit weit abstehend,* zu zweien, verzweigt, 5—15 Ährchen tragend; Ährchen 4- bis 8bl.; Hüllspelzen spitz, obere nur wenig länger als die untere. VI—VII. Im Geb. wohl nur ssp. arundinácea. 2n = 42.

Feuchtwiesen, Naßweiden, Ufer etc.; nasse, nährstoffreiche, meist tonige Böden. — Zerstreut, im Geb. der Stromtäler häufiger (Alp. bis 1460 m). — Eur., gem. As. bis Sib., Altai, N-Afr.; euras-subozean-submed.

295. F. gigántea (L.) Vill. Riesen-Sch.

♃, *H.* — H. 0,60—1,50. Lockerrasig; *B. bis etwa 15 mm breit,* schwach rauh, *stark geöhrt, unterseits glänzend; Rispe groß, schlaff-überhängend;* Ährchen meist 5- bis 9bl.; Hüllspelzen spitz, sehr ungleich. VII—VIII. 2n = 42.

Auenwälder, Laubmischwälder; nasse bis feuchte, nährstoffreiche, meist kalkärmere, humose, meist tonige Böden. – Verbreitet im ganzen Geb. (Alp. bis 1100 m). – Gem. Eur., As., Afr.; euras(-subozean).

2. Sect. Montánae

296. F. altíssima All. Wald-Sch.
[= F. silvatica (Poll.) Vill.]

♃, *H.* – H. 0,60–1,30. Horstgras; *B. bis etwa 15 mm breit, unterseits lebhaft grün,* am Rande rauh, zuletzt verdreht überhängend; Rispe aufrecht, ausgebreitet, sehr ästig; Äste rauh; Ährchen meist 3(2–5)bl.; Hüllspelzen ungleich, sehr spitz; *Deckspelze deutlich 3nervig.* VI–VII. 2n = 14.

Buchen- u. Buchen-Tannenwälder; frische, meist kalkarme, humose, lehmige Böden. – Zerstreut bis häufig, insbes. in der coll. bis mont. Stufe (Alp. bis 1200 m); selten u. streckenweise fehlend u. a. in NW-D. – Eur. bis W-Sib.; subatl(-submed).

3. Sect. Pulchéllae

297. F. pulchélla Schrad. Schöner Sch.

♃, *H.* – H. 0,20–0,50. Lockerrasig; *B. bis 4 mm breit;* B.häutchen kurz, gestutzt, am Rand gezähnelt; Rispe locker, zur Bl.zeit abstehend; Äste meist glatt, dünn; Ährchen 3- bis 5bl.; Hüllspelzen wenig verschieden, spitz; *Deckspelze 5nervig.* VI–IX. 2n = 14.

Subalp. u. alp. Wiesen; sickerfrische, basenreiche, steinige od. reine Lehm- od. Tonböden. – Zerstreut bis ziemlich selten, nur Alp. (1620–2310 m). – Alp., Jur., Kroat., Siebenb.; alp.

4. Sect. Váriae

298. F. púmila Chaix Niedriger Sch.

♃, *H.* – H. 0,10–0,20. Horstgras; *B. haarförmig-borstig,* 0,5–0,6 mm dick, *weich;* Rispe eiförmig, locker, bis 4 cm lang; Ährchen meist 3- bis 5bl. u. lebhaft violett überlaufen; *Deckspelze lanzettl., über der Mitte plötzlich zugespitzt* od. kurz begrannt. VII–IX. 2n = 14.

Alp. Rasenges.; frische, basenreiche, steinige Lehm- u. Tonböden. – Verbreitet nur in den Alp. (1650–2580 m). – Pyren., Jura, Alp., Karp., Balk.; alp.

299. F. versícolor Tausch em. Krajina Bunter Sch.
(= F. vária Haenke p. p.)

♃, *H.* – H. 0,15–0,35(0,50). Horstgras; *B. borstlich bis binsenförmig,* etwas gestreift, etwa 0,7 mm dick, gekrümmt-schlaff; Rispe zusammengezogen, eiförmig, Äste zur Bl.zeit abstehend, einzeln od. zu zweien;

Ährchen meist (2)4- bis 6(8)bl., hellviolett, gelblich u. grün; *Deckspelze lanzettl., von der Mitte an allmählich verschmälert.* VII–VIII.
Abhänge, Wiesen. – Sehr selten, nur Riesengebg. – Alp. u. subalp. Regionen: Karp., Sud. bis n. Kalkalp.; o-alp.

5. Sect. O v í n a e
1. Subsect. R ú b r a e

300. F. rúbra L. Rot-Sch.

♃, *H.* – H. (0,15)0,20–0,65(0,80). Ausläufer – wenn vorhanden – unterirdisch; *untere B. zusammengefaltet-borstlich,* bis etwa 1,2 mm dick, seltener flach; *Halmb. flach,* bis etwa 2(3) mm breit, seltener borstlich; Rispenäste zur Bl.zeit abstehend, unterer meist mit 1 grd.-ständigen Zweig; Deckspelze begrannt od. stachelspitzig. VI–X. Formenreich. Umfaßt (bisweilen z. T. als Arten bewertet):

ssp. r ú b r a; H. bis 0,65; Ausläufer lang; Grdb. borstlich od. auch hohlkehlig, Halmb. ±flach, meist frischgrün; Rispe meist vielbl.; Ährchen 7–8(15) mm lang; Deckspelze kahl od. ganz kurz behaart. 2n = 42. Formenreich.
Wiesen, Weiden, Weg- u. Waldränder; ±frische, meist nährstoffreiche u. schwach saure, humose Böden. – Verbreitet u. häufig im ganzen Geb. (Alp. bis 2000 m). – no-euras, circ.

ssp. l i t o r á l i s (G. F. W. Meyer) Auquier; H. oft nur 0,15 bis 0,25; Ausläufer lang; St. knickig aufsteigend; Grdb. borstlich od. fadenförmig, Halmb. ±flach, frisch- bis dunkelgrün od. etwas bläulichgrün; Rispe meist kurz u. armbl. 2n = 42(46). Verschiedene Formen in Abhängigkeit von Salz- u. Wasserführung des Bodens.
Salzwiesen; ±feuchte, salzhaltige, hin u. wieder überflutete, tonige od. sandig-tonige Böden. – Verbreitet an den Meeresküsten.

ssp. m u l t i f l ó r a (Hoffm.) Jirásek; H. bis 0,80; Ausläufer lang; alle B. flach, oberseits kurzhaarig; Rispe groß, locker, mit vielen Ährchen; Ährchen bis über 10 mm lang, vielbl.; Deckspelze flaumhaarig. 2n = 42.
Wiesen, Waldränder; frische bis feuchte, nährstoffreiche, humose Böden. – Zerstreut bis selten.

ssp. a r e n á r i a (Osbeck) Richter (= F. arenaria Osbeck); H. bis 0,50. Ausläufer sehr lang; Grdb. ±borstlich, ziemlich starr, behaart, Halmb. ±flach od. oft locker zusammengefaltet, alle etwas grau- bis leicht bläulich-grün; Rispe groß, Äste kräftig, borstig, ±starr; Ährchen 9–15 mm lang; Deckspelzen mit schlanken Haaren bedeckt. 2n = 56.
Schillergras-Rasen, ältere Helmdünen; ±trockene, schwach salzhaltige od. ausgesüßte u. entkalkte Dünensandböden. – Verbreitet auf älteren Dünen der Meeresküsten; selten im Binnenland.

ssp. c o m m u t á t a Gaud. [= F. fallax (Hack.) Richter]; H. bis 0,65; Horstgras; Ausläufer fehlend od. sehr kurz; Grdb. hohlkehlig bis ±borstlich; Halmb. flach; frisch- od. stumpfgrün; Scheiden weichhaarig; Rispe schmächtig, mit wenigen Ährchen, vor u. nach der Bl.zeit eng zusammengezogen. 2n = 42.

Wiesen, Weiden, Waldränder, insbes. mont. Bergwiesen; ±frische, nährstoffhaltige od. magere, saure, humose Böden. – Verbreitet im Geb., häufig in der mont. Stufe (Alp. bis 2210 m). – no(-subozean).

ssp. t r i c h o p h ý l l a (Ducros) Gaud. (= F. trichophylla Ducros); Ausläufer ±lang; Grdb. (0,3–0,4 mm dick) u. Halmb. borstlich od. fadenförmig; Rispe länglich-lineal., bis 10 cm lang; Äste sehr dünn; Ährchen 6–7 mm lang; Deckspelzen glatt.

Wechselfeuchte, humos-anmoorige Wiesen. – Sehr selten, nur n. Oberrheinebene (Mainz). – submed.

Eur., gem. As., N-Afr., N-Am.

301. F. heterophýlla Lam. Verschiedenblättriger Sch.

♃, *H.* – H. 0,50–1,00(1,20). Horstgras; *Grdb. borstlich,* bis 0,6 mm dick, *Halmb. flach,* bis 3 mm breit; Rispe ziemlich locker, Äste zur Bl.zeit abstehend; *Ährchen länglich-lineal.,* 4- bis 6(9)bl., *hellgrün* od. etwas violett überlaufen; Granne mindestens $^1/_2$ so lang wie die Deckspelze, V–IX. 2n = 28.

Laubmischwälder; frische, meist kalkarme u. etwas saure, lehmige Böden. – Zerstreut, geb.weise häufig, insbes. in M- u. S-D. (Alp. bis 970 m nahe der Grenze); in N-D. selten od. wie im NW bis Meckl. fehlend, nö. bis Westpr. – Gem. u. S-Eur., Rußl., Kauk.; submed(-gem-kont).

302. F. violácea Gaud. Violetter Sch.

♃, *H.* – H. 0,20–0,40(0,60). Dicht- od. seltener lockerrasig; Grdb. borstlich, Halmb. borstlich od. flach, bis 3 mm breit; Rispe schlaff, oft etwas einseitswendig, überhängend; *Ährchen ellipt. od. ellipt.-lanzettl., meist dunkelviolett,* 2- bis 4bl.; Granne der Deckspelze fehlend od. bis 4 mm lang. VI–VIII. Umfaßt im Geb.:

ssp. v i o l á c e a; meist nur bis 0,25 hoch; abgestorbene B.scheiden bald in unregelmäßige Fasern zerfallend; St. oben kantig; B.spreite fadenförmig, kantig u. gekielt, bis 0,5 mm dick, 5- bis 7nervig; Ährchen bis zu 7 mm; Granne weniger als $^1/_2$ so lang wie die Deckspelze od. fehlend. 2n = 14.

Verbreitet: Alp.

ssp. n í g r i c a n s (Schleich.) Hegi; H. bis 0,40; abgestorbene B.-scheiden spärlich zerfasernd; St. oben rund; Grdb. borstlich od. fadenförmig, kantig; Halmb. bis 2 mm breit, 7- bis 9nervig; Ährchen 9–10 mm lang; Granne mindestens $^1/_2$ so lang wie die Deckspelze.

Zerstreut: Allgäu, Schliersee, Karwendel, Wetterstein.

ssp. **nórica** (Hack.) Hegi; H. bis 0,50; abgestorbene B.scheiden lange bleibend, nicht zerfasernd; Grdb. u. Halmb. ziemlich gleichgestaltet, 5- bis 9nervig; Ährchen etwa 9—10 mm lang.
Seltener: Alp. (Berchtesgadener Alp., z. B. Göll, Wimbachtal u. a.).

Subalp. u. alp. Wiesen, Weiden, Lägerges. etc.; frische, nährstoffreiche, meist kalkhaltige, steinige od. reine Lehm- od. Tonböden. — Verbreitet: Alp. (ca. 1400—2570 m). — Hochgebg. s. Eur. (Pyren. bis Karp., Balk.), Kl.As., Kauk., Armen., Pers.; alp.

2. Subsect. Amethystínae

303. F. amethystína L. Amethyst-Sch.

♃, *H.* — H. 0,50—0,90(1,20). Horstgras; B.scheiden bis zur Mitte geschlossen, oft violett, ältere nicht faserig; B. der sterilen Triebe sehr lang, stumpf-6kantig, kahl; *Rispe bis über 20 cm lang, locker;* Ährchen zahlreich, 3- bis 7bl.; Deckspelzen stumpf od. kurz zugespitzt, stachelspitzig, meist grannenlos; *Stbbtl.* $^{1}/_{2}$ *so lang wie die Vorspelze,* 3—4 mm lang. VI—VII. 2n = 28. Umfaßt:

ssp. amethystína; Triebe umscheidet; Rispe schmal; Ährchen dunkelviolett. — Verbreitung s. unten.

ssp. rítschlii (Hack.) Lemke; Triebe z. T. die Scheiden am Grd. od. nahe darüber durchbrechend; Rispe reichbl.; Ährchen gelbgrün. — Sehr selten: N-Bay. (Pegnitz), NO-D.?

Kiefernwälder, Schotterauen; trockene, meist kalkreiche, steinige Böden. — Sehr selten: SW-Alb-Kriegertal, Bodenseegeb. (Bodmann), NO-D.?; zerstreut bis geb.weise verbreitet: Lech- u. Isar-Auen, Alp.vorland, Alp. (bis 1400 m). — O- u. S-Alp., S-D. bis Pol., SO-Eur., NO-Kl.As., N-Am.; o-praealp.

3. Subsect. Ovínae

304. F. rupicapína (Hack.) Kern. Gemsen-Sch.
[= F. halleri All. ssp. rupicaprina (Hack.) Nyman]

♃, *H.* — H. 0,10—0,20. St. am Grd. knickig, oben 4kantig, meist rauh, mit 1—2 B.; Scheiden später faserig; *B. grün, borstlich, 0,5 bis 0,7 mm dick;* Rispe 1—2,5 cm lang; *Deckspelze mit meist kurzer Granne, meist grauviolett.* VI—VII. 2n = 28.

Subalp. u. alp. Steinschuttfluren, Felsspalten; meist kalkhaltige Substrate. — Zerstreut in den Alp. (1600—2630 m). — Alp.; alp.

305. F. alpína Suter Alpen-Sch.

♃, *H.* — H. 0,05—0,10; St. oben kantig, glatt, mit 1 fast am Grd. stehenden B.; Scheiden später faserig, braunrot; *B. grün, haarförmig,*

0,3–0,5 mm dick; Rispe bis 3 cm lang; *Granne halb so lang od. länger als die meist bleichgrüne Deckspelze.* VI–VII. 2n = 14.

Alp. Felsspaltenges., auf Kalk. – Selten, nur Alp. (1500–2600 m). – Alp. bis Kroat.; alp.

306–311. F. valesíaca Schleich. s. l. Furchen-Sch.

Im Geb. mehrere Formenkeise zu unterscheiden, die als Unterarten, Varietäten od. auch (neuerdings) als Arten bewertet werden, so u. a.:

I. B. mit 5 od. auch 5–7 Nerven an einer Pfl.
 A. Haare der B.oberseite ziemlich dicht, 0,03–0,07 (vereinzelt bis 0,1) mm lang .... **306. F. stricta**
 B. Haare der B.oberseite spärlich, 0,02–0,05 mm lang
  1. Sklerenchym im B.rand u. der Mediane deutlich dicker als an den Seiten od. dort fehlend, vom B.rand zur Mediane rasch dünner werdend, nicht weit herabreichend; Querschnitt Y- od. V-förmig
   a) B.durchmesser 0,55–0,85 mm; Pfl. stets unbereift; Ährchen 6–7,5 mm lang .... **307. F. rupicola**
   b) B.durchmesser 0,4–0,65(0,7) mm; Pfl. bereift od., wenn unbereift, dann Ährchen 4,5–5,5 mm lang
    x) Ährchen 5,5–6,5 mm lang; Pfl. immer bereift .... **308. F. valesiaca**
    xx) Ährchen 4,5–5,5 mm lang; Pfl. bereift od. unbereift .... **309. F. pseudovina**
  2. Sklerenchym im B.rand u. der Mediane nur wenig dicker als an den Seiten, vom B.rand meist weit herabreichend, nicht od. nur allmählich dünner werdend; Querschnitt etwas oval (B.durchmesser 0,3–0,6, selten bis 0,75 mm) .... **310. F. makutrensis**
II. B. mit 7 od. mehr Nerven, höchstens vereinzelte B. mit 6 Nerven (wenn 5–7 Nerven an den B. einer Pfl., vgl. F. stricta, F. rupicola u. F. makutrensis)
 A. Ährchen 5–8,5 mm lang .... **311. F. trachyphylla**
 B. Ährchen 8–10 mm lang, vgl. F. cinerea ssp. crassifolia

306. F. strícta Host Steifer Sch.
[= F. valesiaca Schleich. ssp. stricta (Host) Hegi]

♃, *H.* – H. 0,30–0,40. St. kräftig, oberwärts rauh; *B.scheide rückwärts behaart,* B. seitlich ±gewölbt; *B.spreite oberseits behaart, 0,65 bis 1,10 mm Durchmesser, starr; Rispe* 4–5 cm lang, *starr;* Deckspelzen oberwärts rauh od. behaart. VI. 2n = 42.

Steppenrasen. – Evtl. Garchinger Heide. – SO-Eur.

307. F. rupícola Heuff. Furchen-Sch.
[= F. sulcata (Hack.) Nym., F.hirsuta Host, F.valesiaca Schleich. ssp. sulcata (Hack.) Hegi]

♃, *H.* – H. bis 0,55. Pfl. unbereift; *B.* borstlich, seitlich gefurcht, *0,55–0,85 mm Durchmesser; Rispe bis 12 cm lang. schlaff;* Ährchen 6–7,5 mm, Deckspelzen breit lanzettl., 3,5–5 mm lang. V–VII. 2n = 42.

Trocken- u. Steppenrasen; Sand- u. Steinböden. – Zerstreut bis selten; M- u. S-D.; n. bis Anh., Sachs., im Thür. Becken u. Randhöhen ziemlich häufig; w. bis etwa u. Oberrheinebene. – M- bis SO-Eur., S-Rußl., Pers.; (euras-)kont.

308. F. valesíaca Schleicher s.str. Walliser Sch.

♃, *H.* – H. 0,20–0,30(0,50). *Pfl. stets bläulich bereift;* St. dünn; B.-scheide glatt; *B.spreite* fadenförmig od. borstlich, allmählich zugespitzt, *seitlich gefurcht, 0,40–0,65 mm Durchmesser;* Rispe bis 10 cm lang, ziemlich dicht; Ährchen 5,5–6,5 mm, Deckspelzen pfriemlich-lanzettl., 3,5–4,4 mm lang. VI–VII. 2n = 14.

Steppenrasen; Löß- u. Steinböden. – Verbreitet bis zerstreut: M- u. S-Anh., N- u. M-Thür. bis Nordhausen u. O-Harz; zerstreut bis selten: Sachs. (Meißen), Maingeb. (Windsheim), Rheingeb. (Grünstadt, Bosenheim-Nackenheim). – M- u. S-Frankr. über M- u. S-D. u. N-Ital. bis S-Rußl., W-As., Kauk.; N-Am; kont(-submed).

309. F. pseudovína Hack. Falscher Schaf-Sch.
[= F. valesiaca Schleich. ssp. pseudovina (Hack.) Hegi]

♃, *H.* – *Pfl. grün od. graugrün;* B.spreite meist fadenförmig u. kurz zugespitzt, mit flachen Seiten; *Ährchen 4,5–5,5 mm,* Deckspelzen 2,5–3,6 mm *lang;* sonst wie F. valesiaca. 2n = 14, 28.

Wegränder, Trittstellen, salzertragend. – Verbreitet: M-Anh. u. bes. Thür. Becken; selten: Sachs. (Bautzen); adventiv: Mainz, Bad Kreuznach. – M-D. bis SO-Eur.; euras-kont.

310. F. makutrénsis Zapal. Makutrenser Sch.

♃, *H.* – B.spreite 0,3–0,6(0,75) mm Durchmesser, oberseits mit nur spärlichen Haaren, mit 4, seltener 6 Furchen; seitlich etwas gewölbt od. flach.

Halbtrockenrasen. – Selten, nur Anh. (Göllingen, Kelbra), S-Thür. (Eicha), Meckl. (Pasewalk). – O-Eur.: Brody.

311. F. trachyphýlla (Hack.) Krajina Rauhblatt-Sch.
[= F. rupicola Heuff. ssp. trachyphylla (Hack.) Mkgf.-Dbg.]

♃, *H.* – H. bis 0,40(0,60). St. kräftig, oberwärts oft etwas rauh; *B.spreite besonders an der Spitze stark rauh, unbereift,* starr, ±V-förmig, oberseits mit 4–9 Furchen, Durchmesser etwa 0,65–0,9 mm; Rispe bis 8 cm lang; Ährchen 5–8,5 mm, Deckspelzen 3,0–5,5 mm lang VI–VII. 2n = 42.

Sand-Trockenrasen, Wegränder, Böschungen; kalkarme, sandige Böden. – Zerstreut von den n. Sandgeb. s. bis Oberrheingeb., Frank. – Skand., Engl., Holl., Belg. u. D. bis N-Ital., Rußl.; gem-kont(-submed).

312–313. F. cinérea Vill. s. l. Blau-Sch.

Im Geb. mehrere Formenkreise zu unterscheiden, die als Unterarten, Varietäten od. auch (neuerdings) als Arten bewertet werden, so u. a.:

I. Rispe locker, schmal, untere Äste zu zweit, kurz, meist nur bis zur Basis des nächsten Astpaares reichend . . . . 312. **F. caesia**
II. Rispe ±dicht od. wenn locker, dann nicht schmal; Äste einzeln, meist bis zur Basis des übernächsten Astes reichend . . . . 313. **F. cinerea**

312. F. cáesia Smith Schmalrispiger Sch.
(= F. palesica Zapal.)

♃, *H.* – H. bis 0,30. St. kräftig; *B.spreite bläulich bereift,* 0,5–0,95 mm Durchmesser, *seitlich gewölbt;* Rispe schmal, locker; Ährchen 4–7 mm, Deckspelzen 3–5 mm lang. 2n = 14.

Küsten- u. Binnendünen; Flugsandböden. – Selten: Meckl. (Darß, ob noch?, Templin, Prenzlau), Brand. (Nauen, Spandau, Köthen); vermutlich in den Küstengeb. weiter w. u. ö. aufzufinden. – Engl., Dän., Schwed., N-D., Pol., Balt., Finnl., Rußl.; no(-subozean).

313. F. cinérea Vill. Blau-Sch.
(= F. glauca Lam.)

♃, *H.* – H. 0,15–0,40. Horstgras, oft etwas locker; St. oben rauh od. glatt; *B.spreite* meist bläulich *bereift,* ziemlich starr, (0,55)0,65 bis 0,95(1,6) mm Durchmesser, seitlich gewölbt; *Rispe ±dicht od. locker u. nicht schmal;* Ährchen etwa 4- bis 7bl. VI–VII. Umfaßt (bisweilen z. T. als Arten bewertet):

ssp. c i n é r e a; B. 7- bis 9(10)nervig, oft stark gebogen, 0,15–0,9 (1,18) mm Durchmesser, meist glatt u. bereift; Ährchen 5–8 (8,5) mm, Deckspelzen 3,5–5,5 mm lang.

Sand- u. Kalktrockenrasen. – Zerstreut: Mitteld. Trockengeb. (S-Anh., N-Thür.), Oberrhein-, Pfalz- u. Maingeb. – w-submed.

ssp. c r a s s i f ó l i a (Gaud.) Stohr; B. 7nervig, 0,8–1,6 mm Durchmesser, glatt od. rauh, unbereift; Ährchen 8–10 mm, Deckspelzen 5–6,5 mm lang.

Felsspalten, Steinschutt, auf Kalk- u. Silikatfelsen. – Selten: Pfalz, Nahetal – w-submed(-praealp).

ssp. p á l l e n s (Host) Stohr; B. 9- bis 13nervig, 0,75–1,35 mm Durchmesser, bereift; Rispe locker, vor der Bl. an der Spitze schwach nickend; Ährchen (6,0)6,8–8,0(8,5) mm, Deckspelze 4–6 mm, Granne 1–2 mm lang. 2n = 28.

Felsspalten, felsige Verwitterungsböden, in S-D auf Kalk u. Porphyr. – Zerstreut, von S-Anh., S-Sachs. u. Thür. bis Jura u. Oberrheingeb. – o-submed.

ssp. p s a m m ó p h i l a (Hack.) [= F. psammophila (Hack.) Krajina]; B. 11- bis 13(16)nervig, 0,7–1,2(1,4) mm Durchmesser, glatt; Rispe aufrecht, locker; Ährchen 5,5–7 mm, Deckspelzen 3–4,5 mm, Granne 0,2–1 mm lang.

Binnendünen; humusarme Flugsandböden. – Zerstreut: SO-Meckl., O- u. S-Brand., Elbtal zwischen Magdeburg u. Torgau; Schles.; vereinzelt: n. Oberrheingeb.? – kont.

W-, SW-, S- u. M-Eur. bis W-Rußl., Kauk.

314–315. F. ovína L. s. l. Schaf-Sch.

Im Geb. mehrere Formenkreise zu unterscheiden, die als Unterarten, Varietäten od. auch als Arten bewertet werden, so u. a.:

I. Deckspelzen unbegrannt od. höchstens bis 0,25 mm lang grannenspitzig .... **314. F. tenuifolia**
II. Deckspelzen deutlich begrannt .... **315. F. ovina**

314. F. tenuifólia Sibth. Haar-Sch.
[= F. capillata Lam., F. ovina L. ssp. tenuifolia (Sibth.) Peterm.]

♃, *H.* – H. 0,10–0,25(0,40). Horstgras; St. zart, unter der Rispe oft etwas rauh od. glatt; *B.* unbereift, grün, *fadenförmig* od. seltener borstlich, seitlich gewölbt, *0,3–0,4(0,6) mm Durchmesser,* mit (3)4 bis 5(7) Nerven u. oberseits 2 Furchen; Rispe (2,5)4–6(8) cm lang; Ährchen 4–5,5(6) mm, *Deckspelzen* 2,5–3(3,5) mm lang, *ohne Granne* od. bis 0,25 mm lang grannenspitzig. VI–VII. 2n = 14.

Magerrasen, Heiden, Eichenwälder; trockene nährstoffarme, saure, Sand- od. Torfböden. – Verbreitet bis zerstreut in NW-D., nach O u. S seltener werdend, Rheinpfalz; sehr selten im Alp.vorland u. in den Kalkgeb. – Dän., Schwed., Finnl., W- u. M-Eur., N-Span., N-Ital.; subatl.

315. F. ovína L. Schaf-Sch.

♃, *H.* – H. (0,10)0,20–0,45(0,55). Horstgras; St. rel. kräftig, unter der Rispe oft etwas rauh od. glatt; *B.* unbereift, *meist borstlich,* (0,2)0,35–0,75(0,85) mm Durchmesser, mit (3)5–7 Nerven u. oberseits 2–4 Furchen; Rispe meist 3–8 cm lang; Ährchen (4)5 bis 6(7) mm, *Deckspelzen* 2,5–4,8 mm lang, *deutlich begrannt.* V–VII. Umfaßt:

ssp. o v í n a; B.scheide nur am Grd. geschlossen. 2n = 14. Formenreich. Umfaßt u. a.:

var. o v í n a; B.durchmesser 0,40–0,55 mm, Nerven meist 5–7; Ährchen meist 4–6 mm lang, Deckspelzen meist glatt.

var. f í r m u l a (Hack.) Richt.; B.durchmesser 0,50–0,75 mm, Nerven meist 7; Ährchen 5–7 mm lang; Deckspelzen rauh od. behaart, selten glatt.

Magerrasen, Heiden, Kiefern- u. Eichenwälder; ± trockene, nährstoffarme, saure Böden. – Verbreitet im ganzen Geb.; no-euras, circ.

ssp. s u p í n a (Schur) Sch. et Kell. [= F. sudetica (Kitt.) Tausch]; B.scheide im unteren $^1/_3$ od. $^1/_4$ geschlossen; Ährchen 6–8 mm lang. 2n = 14.

Alp. Magerrasen, auf kalkarmen, sauren Böden; – Sehr selten: Riesengebg., Alp. (Allgäu. Wetterstein). – arkt-alp.

Eur., gem. As., N-Afr., N-Am.

2. Subgen. M i c r o p ý r u m

316. F. festucoídes (Bertol.) Bech. Kies-Sch.
[= F. lachenalii (Gmel.) Spenn.]

⊙, *Th.* – H. 0,10–0,30(0,40). St. dünn, B. borstlich, Spitze stumpflich; B.häutchen bis 1 mm lang, gestutzt; traubiger Blst. lineal.; *Ährchen* 2zeilig angeordnet, kurz *gestielt* od. fast sitzend; Hüllspelzen verschieden, stumpflich; *Deckspelzen* länglich-lanzettl., *stumpflich, unbegrannt* od. mit kurzer Grannenspitze V–VII.

Pionierrasen, Böschungen etc.; trockene, kalkarme, Sand-, Kies- od. Steingrusböden. – Sehr selten: Oberrheinebene (n. bis Karlsruhe). – Frankr., SW-D., Iber. Halbins., Schweiz, Ital., Mazed., N-Afr.; submed(-atl).

Bastarde:
F. arundinacea × pratensis (F. × aschersoniána Dörfl.), F. gigantea × arundinacea (F. × fleischeri Rohlena), F. gigantea × pratensis (F. × schlickúmii Grantzow), F. ovina × rubra (F. × zobélii Wein), F. rubra × gigantea (F. × haussknechtii Torges).
Intergener. Bastarde:
× **Festulólium** A. et G. (Festuca sp. × Lolium sp.); u. a.:
× F. ascéndens (Retz.) A. et G. (Festuca pratensis × Lolium perenne), × F. brinkmánnii (A. Br.) A. et G. (Festuca gigantea × Lolium perenne).

2. Subtrib. S e s l e r i í n a e

91. Sesléria Scop. Blaugras

x = 7

I. Unterste Rispenäste mit schuppenförmigen Tragb.; Ährenrispe undeutlich 2zeilig
  A. Mittelgranne der Deckspelze höchstens $^1/_2$ so lang wie die Spelze . . . . **317. S. coerulea**

B. Mittelgranne der Deckspelze so lang od. länger als die Spelze .... **318. S. ovata**

II. Unterste Äste des Blst. ohne schuppenförmige Tragb.; Blst. deutlich 2zeilig .... **319. S. disticha**

1. Subgen. S e s l é r i a

317. S. coerúlea (L.) Ard. (Abb. 52a–c) Gemeines B.

♃, *H.* – H. 0,05–0,45. B. bis über 3 mm breit, plötzlich zugespitzt; B.häutchen sehr kurz; Ährenrispe länglich bis eiförmig od. fast kugelig; *Ährchen 2- bis 3bl.,* meist schieferblau überlaufen, sehr selten strohgelb; *Deckspelze in 2–4 Borsten u. eine kurze mittelständige Granne endigend.* IV–VII. Umfaßt (auch als Arten bewertet):

ssp. c a l c á r e a (Pers.) Čelak. (= S. albicans Kit.); Pfl. dichtrasig, horstig; B.spreite meist flach, grün, nicht bereift, Mittel- u. Randnerven stark hervortretend; Ährenrispe länglich bis länglich-oval. 2n = 28. Hierzu u. a.:

var. c a l c á r e a; – Trockenrasen-Rasse.

Trocken- u. Halbtrockenrasen (Blaugrasrasen), lichte Wälder; ±trokkene, kalkreiche, steinige Böden. – Verbreitet bis zerstreut: Alp. (bis 2560 m); zerstreut durch das m. u. s. Geb.

var. p s e u d o u l i g i n o s a Br.-Bl. – Torfsumpf-Rasse.

Selten, z. B. Alp.vorland; Verbreitung unzureichend bekannt (s. folg. Unterart).

alp-praealp(-submed).

ssp. c o e r ú l e a (= S. uliginosa Opiz); Pfl. in zuletzt durch Absterben in der Mitte ringförmig werdenden, ausgebreiteten Rasen; B.spreite mit den Rändern nach oben umgerollt, oberseits bläulichweiß bereift, Mittel- u. Randnerven meist schwächer od. undeutlich; Ährenrispe länglich-eiförmig bis kugelig. 2n = 28.

Kalk-Torfsümpfe; nasse kalkhaltige Torfböden. – Verbreitung im Geb. nach Verwechselung mit var. pseudouliginosa Br.-Bl. der vor. Unterart unsicher geworden. – no(-kont).

Eur., s. bis N-Med.

318. S. ováta (Hoppe) Kern. (Abb. 52e) Eiförmiges B.

♃, *H.* – H. 0,05–0,15. Dichtrasig; B. bis ±1 mm breit, borstlich od. flach; B.häutchen bis über 1 mm lang; Ährenrispe rundlich-eiförmig, bis 7 mm lang, blaugrau; *Ährchen 2- bis 3bl.; Deckspelze mit 5 Grannen, mittlere so lang od. länger als die Spelze.* VII–VIII.

Alp. Steingrusges.; frische Schuttsubstrate. – Sehr selten, nur Berchtesgadener Alp. (2200–2600 m). – M- u. O-Alp.; o-alp.

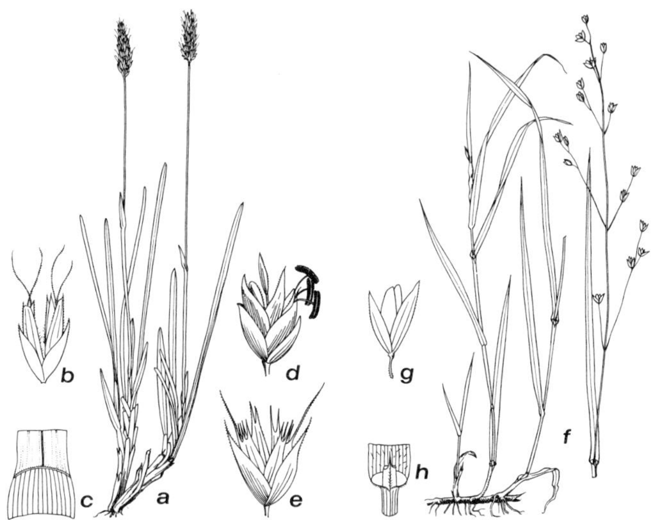

Abb. 52. *a–e Sesleria* spp., *a–c S. coerulea* (*a* Habitus, *b* Ährchen, *c* Blattspreitengrund), *d S. disticha* (Ährchen), *e S. ovata* (Ährchen); *f–h Melica uniflora* (*f* Habitus, *g* Ährchen, *h* Blatthäutchen u. Blattspreitengrund).

2. Subgen. O r e ó c h l o a

319. S. dísticha (Wulf.) Pers. (Abb. 52d) Zweizeiliges B.

♃, *H.* – H. 0,08–0,20. Dichtrasig; B. borstlich, bis ±0,5 mm breit; B.häutchen bis 3 mm lang, spitz; *Ährchen 3- bis 5bl.,* meist bläulich überlaufen; *Deckspelze kurz-stachelspitzig.* VII–IX. 2n = 14.

Alp. Magerrasen; frische, saure, kalkarme, steinige Böden. – Sehr selten, nur Allgäuer Alp. (2000–2370 m). – Pyren., Alp., Karp., Siebenb.; alp.

3. Subtrib. M e l i c í n a e

92. Mélica L. Perlgras

x = 9

I. Rispe ährenartig, reichbl.; Deckspelze dicht bewimpert, spitz
   A. B.häutchen stumpf, meist zerschlitzt; Hüllspelzen fast gleichlang; B.mittelrippe nicht als kantiger Kiel ausgebildet . . . . **320. M. ciliata**

B. B.häutchen spitz; Hüllspelzen ungleich lang; B.-mittelrippe als spitzwinkliger Kiel hervortretend **321. M. transsilvanica**

II. Rispe meist locker, armbl.; Deckspelze kahl, stumpf
A. Ährchen nickend, meist mit 2 Zwitterbl.; zahnartiger Fortsatz auf der Gegenseite des B.spreitengrd. nicht vorhanden
1. B.häutchen kurz, braun; Hüllspelzen purpurbraun, oben weißhäutig .... **322. M. nutans**
2. B.häutchen bis 2 mm lang, weißlich; Hüllspelzen grünlich, weißrandig, rot-violett gefleckt .... **323. M. picta**
B. Ährchen aufrecht, mit 1 Zwitterbl.; zahnartiger Fortsatz auf der Gegenseite des B.spreitengrd. meist vorhanden .... **324. M. uniflora**

1. Sect. Beckéria

320. M. ciliáta L. Wimper-P.

♃, *H.* – H. (0,15)0,30–0,60(0,70). Horstgras, graugrün; Scheiden der unteren B. meist kahl; *Rispe* ährenförmig, locker, starr *aufrecht,* vor der Bl. deutlich einseitswendig; *Zahl der astlosen Knoten am Grd. der Rispe meist 1* (0–2); *Ährchen meist bleich,* selten anfangs violett; *untere Hüllspelze höchstens* $^1/_4$ kürzer als die obere. VI. 2n = 18.

Felsspalten, Mauern, Steinschutt; trockene, warme, meist kalkhaltige, steinige Substrate. – Zerstreut u. selten im m. u. s. Geb.; n. bis etwa Düsseldorf – N-Harz – Halle – Elbegeb.; s. bis Berchtesgaden. – Gem. u. S-Eur., Med., Alg.; submed.

321. M. transsilvánica Schur Siebenbürgisches P.

♃, *H.* – H. (0,30)0,50–0,90(1,20). Pfl. rasig, frischgrün; *Rispe* ährenförmig, dicht, *oft nickend,* allseitswendig; *Zahl der astlosen Knoten am Grd. der Rispe 3 od. 2*(1–4); *Ährchen meist braunrot bis dunkelviolett überlaufen; untere Hüllspelze* $^1/_3$–$^2/_3$ *kürzer als die obere.* VI. 2n = ca. 30.

Halbtrockenrasen, Gebüsche, Felsbänder; warme, ±basische Verwitterungsböden. – Vereinzelt u. selten: Anh. u. Thür. (N-Thür., obere Saale bis Naumburg/Saale, Kyffhäuser, Unstruttal), Hess. (Friedberg), n. Oberrheintal (Mainz), Pfalz (am O-Rand des Pfälzerwaldes von Neustadt a. d. W. bis Bad Dürkheim u. Donnersberg u. a. m.), Tübingen, Hohentwiel, Geislingen, Neuburg a. D., Harburg (Bay.). – W-Frankr. bis SO-Eur., O-Kauk.; o-submed.

2. Sect. Mélica

322. M. nútans L. Nickendes P.

♃, *H, (G).* – H. 0,30–0,60. Lockerrasig; B. grasgrün, nach oberwärts oft eingerollt; Rispe locker, einseitswendig, traubenförmig;

Ährchen länglich, auf aufrechten Stielen, nickend; *Hüllspelzen* etwa gleich, *am häutigen Rand weiß u. zwischen den grünen Nerven häutig, purpurbraun; Deckspelzen* grünlich, dünn, *deutlich (5)7- bis 9nervig.* V–VI. 2n = 18.

Laub- u. Nadelwälder; frische, nährstoffreiche, meist kalkhaltige Lehm- u. Gesteinsböden. – Verbreitet bis zerstreut im m. u. s. Kalkgeb. (Alp. bis 1885 m); im NW-Flachland u. in den Silikatgeb. sehr selten od. fehlend. – Eur., Kauk.; euras(-kont).

323. M. pícta Koch Buntes P.

♃, *H, (G).* – H. 0,30–0,60. Dichtrasig; B. hell u. etwas graugrün, flach; untere B.scheiden amethystfarbig überlaufen; *Hüllspelzen* fast so lang wie das eiförmige Ährchen, *meist grün, am Rand weißhäutig, häufig mit einem rötlich-violetten Fleck od. Streifen* am Grd. bzw. vor dem Rand; *Deckspelzen ziemlich dick, gewölbt, glänzend, undeutlich 5nervig.* V–VI. 2n = 18.

Trocken- u. Steppenwaldges.; mäßig frische, lehmige od. tonige Böden. – Zerstreut bis selten: Anh. (häufig um Naumburg/Saale), Thür., Sachs. (Meißen), Fränk. Jura, Maingeb., Gauagelsheim, Jagsttal, Jura (Donau- u. Lonetal), Passau. – SO-Eur. bis D., S-Rußl., Kursk, Kauk.geb.; o-submed.

324. M. uniflóra Retz. (Abb. 52 f–h) Einblütiges P.

♃, *H, (G).* – H. 0,30–0,50. Lockerrasig; B. dunkler grün od. frischgrün, meist schlaff; *Rispe sehr locker,* Ährchen lang gestielt, aufrecht; Hüllspelzen ±länger als die oberwärts nicht trockenhäutigen Deckspelzen. V–VI. 2n = 18.

Buchen- u. Laubmischwälder; frische, nährstoffreiche, humose, meist kalkarme, lehmige Böden. – Verbreitet insbes. im m. Geb. (Jura bis 930 m), sonst zerstreut od. auch streckenweise fehlend. – Eur., NO-Kl.As., Kauk., Alg.; subatl(-submed).

Bastarde:
M. ciliata × transsilvanica (= M. × thuringiaca Rausch.), M. nutans × picta (= M. × aschersonii M. Schulze).

4. Subtrib. G l y c e r i í n a e

93. Glycéria R. Br. Schwaden

x = 10

I. Ährchen seitlich zusammengedrückt, 5–10 mm lang; Lodiculae meist getrennt
  A. Rispe allseitswendig, Äste aufrecht abstehend, kräftig . . . . **325. G. maxima**
  B. Rispe einseitswendig, Äste überhängend, haardünn **326. G. lithuanica**

Abb. 53. *a–f Glyceria* spp., *a–c G. fluitans* (*a* Blütenstand, *b* Ährchen, *c* Blatthäutchen), *d–f G. maxima* (*d* Blütenstand, *e* Ährchen, *f* Blatthäutchen); *g–i Puccinellia maritima* (*g* Habitus, *h* Ährchen, *i* Blatthäutchen).

II. Ährchen vor dem Aufbl. stielrund, 10–30 mm lang; Lodiculae verbunden
  A. Deckspelzen 6–7 mm lang (spitz od. zugespitzt) **327. G. fluitans**
  B. Deckspelzen 3,5–4,5 mm lang
    1. Deckspelze vorn abgerundet od. stumpf-3lappig; Stbbtl. gelb
      a) Deckspelze mit 7 gleichlangen, kräftigen Nerven .... **328. G. plicata**
      b) Deckspelze mit 3 längeren kräftigen u. 4 kürzeren schwachen Nerven .... **329. G. nemoralis**
    2. Deckspelze vorn mit 3–5 scharfen Spitzen; Stbbtl. dunkelviolett .... **330. G. declinata**

1. Sect. H y d r ó p o a

325. G. máxima (Hartm.) Holmb. (Abb. 53 d–f) Wasser-Sch.
[= G. aquatica (L.) Wahlb.]

♃, *HH.* – H. 0,50–2,00; Pfl. rohrartig, gelbgrün; W.stock kriechend; B.spreite bis 2 cm breit; Ährchen bis ca. 8 mm lang, 5- bis 9bl.; Deckspelzen stumpf, länglich, stark 7nervig. VII–VIII. Im Geb. ssp. m á x i m a. 2n = 60.

Schwaden-Röhrichte, Ufer nährstoffreicher, stehender od. schwach fließender Gewässer mit Schlammgrund. – Verbreitet; in Alp. u. Alp.vorland fehlend. – Eur., gem.As.; euras(-kont)-submed.

326. G. lithuánica (Górski) Lindm. Nordischer Sch.

♃, *H.* – H. 0,50–1,50. Pfl. grasgrün; B.spreite 7–9 mm breit; B.-scheiden rund; *Rispe fast einseitswendig nickend, Äste haardünn* bogig überhängend; Ährchen bis 10 mm lang, 3- bis 6bl., grün, meist braun überlaufen; Deckspelzen stumpf, lanzettl., stark 7nervig. VI–VII. 2n = 20.

Feuchte Stellen in Laubwäldern. – Sehr selten, nur Ostpr. (Wehlau, Insterburg, Goldap). – Skand., N-Rußl. (bis Ostpr.), Sib.; no(-kont).

2. Sect. Glycéria

327. G. flúitans (L.) R. Br. (Abb. 53a–c) Flutender Sch.

♃, *HH, H.* – H. 0,30–1,20. St. kriechend od. flutend, aufsteigend; B. grasgrün; *B.scheiden* 2schneidig *glatt;* Rispenäste während der Bl.-zeit ±rechtwinkelig abstehend, untere meist zu 2; Ährchen 7- bis 11bl., lineal.; Stbbtl. violett, 1,5–2 mm lang. V–X. 2n = 40.

Bach- u. Teichröhrichte, auch nasse Wiesen, in ±nährstoffhaltigen Gewässern, bzw. nasse, meist saure Böden. – Verbreitet u. häufig (Alp. bis 1650 m). – Eur., Kauk., gem. As., N-Afr., Am., Tasman; euras(-subozean).

328. G. plicáta Fries Gefalteter Sch.

♃, *HH,* – H. 0,30–0,60. B. grün; *B.scheiden etwas rauh;* B.häutchen wenig zerschlitzt; junge B. nebst den Scheiden tiefer und gleichförmiger längsgerillt als an vor.; Rispe fast allseitswendig, Äste zur Bl.zeit u. später aufrecht abstehend, untere zu 3–4; Ährchen 5- bis 11bl., genähert; Stbbtl. gelb, etwa 1 mm lang. VI–VIII. 2n = 40.

Bach-Röhrichte, Gräben, meist in nährstoffreichen Gewässern mit Schlammgrd. – Zerstreut (Alp. bis 1400 m). – Eur., W-As., N-Afr., Am.; euras-submed-med, circ.

329. G. nemorális Uechtr. et Koern. Wald-Sch.

♃, *H.* – H. 0,30–1,00. B.häutchen der oberen B. am Rand fransig zerschlitzt; B.scheiden 2schneidig; Rispe ausgebreitet, untere Äste zu 3–4; Ährchen 6- bis 9, meist 7bl., selten an den untersten kurzen Ästen 2- bis 3bl.; Deckspelze sehr stumpf, mit 3 starken bis zur Spitze gehenden u. mit 4 kürzeren Nerven. VI–VII.

Bruchwald- u. Flachmoorges.; ±nasse, nährstoffreiche, N-haltige Böden. – Selten, von O-Holst., Meckl., Brand., Pomm. bis Ostpr.; Schles. – O-D., Tschech., Ung., Rum., W- u. S-Rußl.; gem-kont(-submed).

330. G. declináta Bréb. Blaugrüner Sch.

♃, *H, HH.* – H. 0,15–0,30(0,60). St. bogig aufsteigend; *B. blaugrün, meist unvermittelt in eine kurze Spitze zusammengezogen; B.scheiden etwas rauh,* 2schneidig; Rispenäste zur Fr.zeit ±anliegend; Deckspelzen (3,5)4–4,5(5) mm lang; *Stbbtl. 0,5–1 mm lang, eiförmig, dunkelviolett.* VI–IX. 2n = 20.

Waldwege, Grabenränder; nasse, nährstoffreiche, saure, kalkarme Böden. – Zerstreut, Verbreitung noch unzureichend bekannt, u. a. Westf., Nieders., Meckl., Hess., Thür. (selten), Sachs., Rheinland-Pfalz, Odenwald, Schwarzwald, Bay. Wald. – W- u. M-Eur.; subatl.

Bastard:
G. fluitans × plicata (= G. × pedicellata Townsend).

94. Puccinéllia Parl. Salzschwaden

x = 7

I. Pfl. mit liegenden, ausläuferartig verlängerten Trieben; Ährchen 6–9(11,5) mm lang .... **331. P. maritima**
II. Pfl. ohne Ausläufer; Ährchen 3–5(7) mm lang
  A. Deckspelze spitz bis zugespitzt; Ligula spitz ..... **332. P. retroflexa**
  B. Deckspelze stumpf bis breit gestutzt; Ligula stumpf
    1. B.oberseite mit, -unterseite fast ohne Papillen; Blst. locker; Spelzen gelegentlich bläulich überlaufen .... **333. P. distans**
    2. B.ober- u. -unterseite mit zahlreichen Papillen; Blst. ziemlich dicht; Spelzen oft dunkelviolett überlaufen .... **334. P. limosa**

331. P. marítima (Huds.) Parl. (Abb. 53g–i) Andel
[= Atropis maritima (Huds.) Griseb.]

♃, *H, (G).* – H. (0,01)0,20–0,30(0,60). Nichtblühende Triebe ausläuferartig verlängert, niederliegend u. wurzelnd; untere Rispenäste meist zu 2(1–4), fruchttragende meist zusammengezogen, nicht herabgeschlagen; Ährchen (1)4- bis 6(14)bl.; Deckspelzen ellipt. bis breit länglich (2,5)3–4(5) mm lang, spitz. V–VII. 2n = 14, 49, 56, ca. 60, 63, 70, 77.

Andelwiese; nasse, häufig überflutete, salzreiche Seeschlickböden, selten auf Sand. – Häufig u. verbreitet: N-See-Küsten, z. T. in den Flußmündungen; zerstreut: O-See-Küsten. – Eur., Sach., N-Am?, Grönl.

332. P. retrofléxa (Curt.) Holmb. Zurückgeschlagener S.

♃, *H.* – H. (0,01)0,10–0,30. Pfl. ohne Ausläufer, oft lichtgrün; *Blattepidermiszellen meist ohne Papillen;* Rispenäste nach der Bl. oft abstehend od. abwärts gerichtet; Deckspelze spitz bis zugespitzt. VI bis VIII(IX). 2n = 42.

Salzpflanzenges. des Küstengeb., offene Sandflächen, Steindeiche; trockene bis frische, meist sandige od. steinige Böden. – Zerstreut: N-See-Küsten, vermutlich auch O-See-Küsten. – Atl. Küsten M- u. N-Eur., bottn. u. balt. Küstengeb.

333. **P. dístans** (L.) Parl. Abstehender S.
[= Atropis distans (L.) Griseb.]

♃, *H.* – H. 0,15–0,60. Pfl. ohne Ausläufer, meergrün; *Epidermiszellen der B.oberseite mit, der -unterseite fast ohne kurze Papillen;* untere Rispenäste meist zu 4–5; Rispe nur anfangs zusammengezogen, später locker, Äste abstehend bis zurückgeschlagen; Spelzen gelegentlich bläulich überlaufen; Deckspelzen eiförm.-ellipt., stumpf bis breit gestutzt. VI–IX(X). 2n = 42.

Salzmierenrasen u. a. Ges.; feuchte, salzhaltige u. meist N-angereicherte, lehmige, tonige, bisweilen auch sandige Böden. – Zerstreut: N- u. O-See-Küsten (stellenweise häufig), Salzstellen des Binnenlandes. – Eur., Sib., N-Am.; euras-med.

334. **P. limósa** (Schur) Holmb.

♃, *H.* – H. 0,20–0,40. Pfl. ohne Ausläufer, graugrün; *Epidermiszellen der beiden B.seiten dicht mit Papillen besetzt;* Rispe ziemlich dicht; Spelzen oft dunkelviolett überlaufen; Deckspelze breit gestutzt. VI. 2n = 28.

Salzpflanzenges. – Sehr selten, nur Salzstellen bei Artern (Bez. Halle). – SO-Eur. (u. a. ung. Salzsteppen), SW-As.

95. Catabrósa P. B. Quellgras

x = 10

335. **C. aquática** (L.) P. B. (Abb. 54a–c)

♃, *H.* – H. 0,10–0,60. Weit kriechende Ausläufer; B.häutchen eiförmig, lang; Rispe ausgebreitet; Äste dünn-fadenförmig; Ährchen länglich-eiförmig, meist violett-angelaufen; Deckspelzen mit 3 hervortretenden Nerven. V–X. 2n = 20.

Diverse Schlammges., Zweizahnges.; nährstoff- u. N-reiche Schlammböden. – Zerstreut bis selten (Alp. bis 1545 m). – Eur., As., N-Afr., N-Am.; no-euras-subozean(-submed).

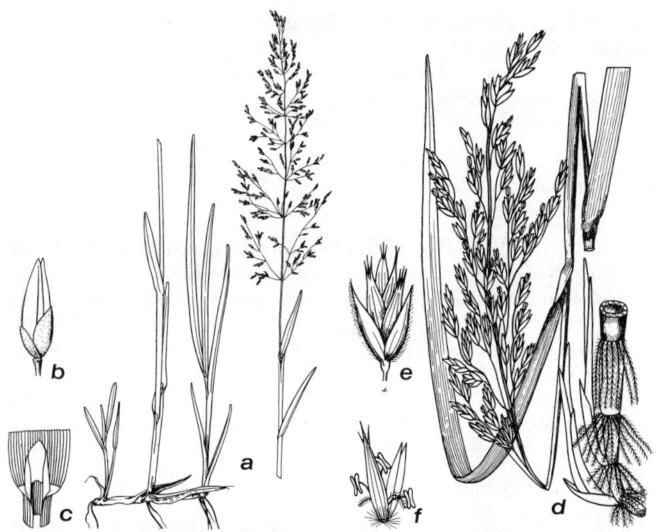

Abb. 54. *a–c Catabrosa aquatica* (*a* Habitus, *b* Ährchen, *c* Blatthäutchen; *d–f Scolochloa festucacea* (*d* Halmspitze mit Blütenstand u. Halmbasis, *e* Ährchen, *f* Deck- u. Vorspelze mit Blüte).

96. Scolóchloa Link — Schwingelschilf

x = 7

336. S. festucácea (Willd.) Link (Abb. 54d–f)

♃, *HH.* – H. 1,00–2,00. Grundachse weit kriechend; Halm dick, oberwärts verzweigt; B.scheiden offen; B. bis 12 mm breit, am Rande rauh; B.häutchen bis 6 mm lang, gestutzt; Rispe ausgebreitet, an der Spitze überhängend, sehr ästig, locker; Deckspelze unbegrannt, am Grd. von einem Haarbüschel umgeben; Frkn. rauhhaarig. VI–VII. 2n = 28.

Röhrichte, ±nährstoffreicher, stehender od. langsam bewegter Gewässer. – Selten – vereinzelt: NO-Flachland (bes. ö. des Spree- u. Havelgeb.); vorübergehend bei Wolfratshausen (Bay.) eingebürgert. – NO-Eur., Sib., N-Am.; euras-kont.

5. Subtrib. Loliínae

97. Lólium L. Lolch

x = 7

I. Hüllspelzen 2–4mal länger als die Deckspelzen; Pfl. ohne sterile Triebe, einjährig
  A. Hüllspelze so lang od. länger als das Ährchen, Ährchen 15–28 mm lang .... **337. L. temulentum**
  B. Hüllspelze so lang od. meist kürzer als das Ährchen; Ährchen 7–10 mm lang .... **338. L. remotum**

II. Hüllspelzen fast so lang bzw. selten etwas länger als die Deckspelzen; Pfl. mit sterilen Trieben, meist ausdauernd
  A. B. in Knospenlage gefaltet; Deckspelzen immer unbegrannt .... **339. L. perenne**
  B. B. in Knospenlage gerollt; obere Deckspelzen meist begrannt .... **340. L. multiflorum**

1. Sect. Craepália

337. L. temuléntum L. Taumel-L.

⊙, *Th.* – H. 0,20–1,20. Pfl. gras- od. bläulichgrün; Halm ±steif-aufrecht, dick; B.scheiden meist rückwärts rauh; *Ährchen* 2- bis 10bl., *bis 28 mm lang; Deckspelzen meist begrannt;* Fr. durch Pilzbefall giftig. VI–VIII. 2n = 14. Hierzu:

var. arvénse (With.) Bab.; Hüllspelzen nicht od. kaum länger als das Ährchen; Deckspelzen mit kurzer od. z. T. fehlender Granne. – Seltener.

Getreideunkrautges.; frische, nährstoff- u. kalkhaltige Lehm- u. Lößböden. – Zerstreut bis selten. – Eur., Afr., gem. As., Am., Austr.; submed-med.

338. L. remótum Schrank Lein-L.

⊙, *Th.* – H. 0,20–0,60(1,00). Pfl. gelblich-grün; Halm meist knickig aufsteigend, dünn; B.scheiden meist glatt; *Ährchen* 4- bis 8bl., *selten über 9 mm lang; Deckspelzen meist unbegrannt;* Fr. giftig. VI–VIII. 2n = 14.

Lein-Unkrautges., Schuttges.; frische, nährstoffhaltige, sandige Lehmböden. – Sehr selten. – Eur., W-As., (Am.); euras-submed.

2. Sect. Lólium

339. L. perénne L. Ausdauernder L., Englisches Raygras

♃, *H.* – H. (0,08)0,30–0,70(0,90). Pfl. ausgebreitet horstig; Halm glatt; B.scheiden glatt, unterste rötlich; B.öhrchen deutlich; B.häutchen

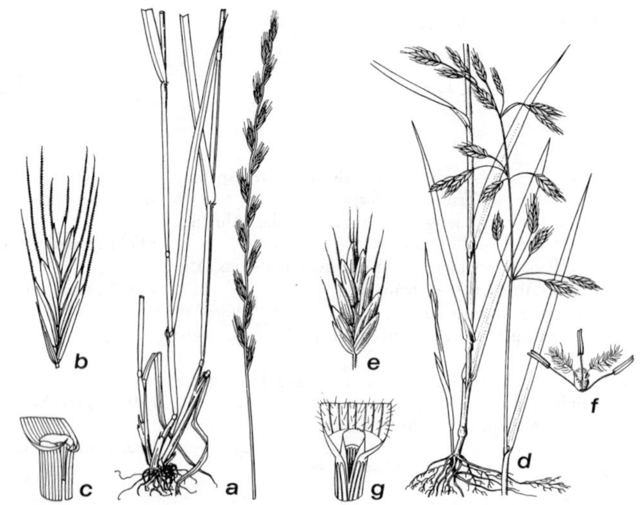

Abb. 55. *a–c Lolium multiflorum* (*a* Habitus, *b* Ährchen, *c* Blattspreitengrund); *d–g Bromus secalinus* (*d* Habitus, *e* Ährchen, *f* Staubblätter u. Fruchtknoten, *g* Blatthäutchen u. Blattspreitengrund).

kurz, dünn; *Ährchen* meist 5- bis 14bl. u. $1^1/_2$mal so lang wie die Hüllspelze, *zur Bl. ±aufrecht, wenn reif, nicht sogleich zerfallend; Deckspelze grannenlos,* stumpf od. etwas spitzlich. V–X. 2n = 14.

Trittgrasrasenges., Weiden u. Kunstrasen; frische, nährstoffreiche u. N-haltige od. tonige Böden. – Häufig (Alp. bis 1100 m). – Eur., N-Afr., gem. As., N-Am., Austr.; euras-subozean(-submed).

340. L. multiflórum Lam. (Abb. 55 a–c) Vielblütiger L.

⊙, ①, ⊙, (♃), *Th, H.* – H. 0,30–0,90(1,20). Horstgras; Halm oberwärts ±rauh; B.scheiden meist etwas rauh; B.häutchen sehr kurz; *Ährchen* zahlreich, 2- bis 3mal so lang wie die Hüllspelze, meist 10- bis 20(3–20)bl., *zur Bl.zeit z. T. fast waagerecht abstehend, wenn reif, sehr zerbrechlich;* Deckspelzen meist begrannt. VII–VIII. 2n = 14. Umfaßt:

ssp. m u l t i f l ó r u m; Westerwoldisches Weidelgras; meist einjährig; Pfl. weniger robust; Ährchen oft nur 3- bis 10bl.

ssp. i t á l i c u m (A. Br.) Volkart; Italienisches Raygras; mehrjährig; Pfl. robust.

Angesät als Futtergras, sonst Unkrautges.; nährstoffreiche, lehmige od. tonige Böden. – Zerstreut, z. T. häufig, bis m. Gebg.lagen. – W-, S-Eur., N-Afr., Vord.As.; subatl-submed.

Bastard:

L. multiflorum × perenne (= L. × hybridum Hausskn.) Oldenburgisches W.

6. Subtrib. B r o m í n a e

98. Brómus L. — Trespe

x = 7

I. Untere Hüllspelze 1nervig, obere 3nervig; Deckspelze ±gekielt
- A. Ährchen nach der Spitze verschmälert od. nicht verbreitert; Granne kürzer als die Deckspelze
  - 1. Rispe sehr groß, locker, überhängend .... **341. B. ramosus**
  - 2. Rispe kurz, ziemlich dicht, aufrecht
    - a) Untere B.scheiden fein behaart; Deckspelzen begrannt .... **342. B. erectus**
    - b) B. u. B.scheiden kahl, etwas rauh, höchstens bewimpert; Deckspelzen meist unbegrannt **343. B. inermis**
- B. Ährchen nach der Spitze (Bl.zeit u. später) verbreitert; Granne länger als die Deckspelze
  - 1. Halm unter der Rispe kahl; Rispe sehr locker, aufrecht, zuletzt überhängend .... **344. B. sterilis**
  - 2. Halm unter der Rispe behaart; Rispe rel. dicht einseitswendig überhängend .... **345. B. tectorum**

II. Untere Hüllspelze 3- bis 5nervig, obere 5- bis 9nervig; Deckspelzenrücken abgerundet
- A. Deckspelzenränder zur Fr.zeit eingerollt; untere B.scheiden kahl od. fast kahl .... **352. B. secalinus**
- B. Deckspelzenränder zur Fr.zeit nicht od. undeutlich eingerollt; untere B.scheiden behaart
  - 1. Vorspelze so lang wie die Deckspelze; Stbbtl. 6- bis 8mal so lang wie breit
    - a) Rispe locker, auch nach dem Verbl.
      - x) Deckspelzen bis 7 mm lang, spitz ...... **346. B. arvensis**
      - xx) Deckspelzen bis etwa 4 mm lang, ±stumpf .... **347. B. brachystachys**
    - b) Rispe nach dem Verblühen zusammengezogen .... **348. B. racemosus**
  - 2. Vorspelze deutlich kürzer als die Deckspelze; Stbbtl. 2- bis 4mal so lang wie breit
    - a) Rispe ±locker, oft überhängend, kürzester Rispenast länger als das Ährchen
      - x) Grannen alle gerade (Ährchen 15 bis 20 mm lang) .... **349. B. commutatus**
      - xx) Obere Grannen trocken nach außen gebogen
        - /) Rispenäste mit 1–4 länglich-lanzettl., 20–25(35) mm langen Ährchen .... **350. B. japonicus**
        - //) Rispenäste mit meist nur 1 lanzettl., 20–40 mm langen Ährchen .... **351. B. squarrosus**
    - b) Rispe dicht, nach dem Verbl. zusammengezogen, kürzester Rispenast kürzer als das Ährchen

x) Deckspelzen (6,5)8–12 mm lang, behaart od. kahl .... 353. **B. hordeaceus**
xx) Deckspelzen 5,5–6,5 mm lang, meist kahl .... 354. **B. lepidus**

1. Sect. Festucoídes (= Festucária)

341. B. ramósus Huds. (Abb. 56h) Wald-T.

♃, *H.* – H. 0,60–1,50. Horstgras; St. aufrecht, kurz behaart; untere B.scheiden rückwärts rauh, B.grund geöhrt; B.häutchen eiförmig, stumpf; *Rispe schmal, schlaff überhängend;* Rispenäste rauh; Ährchen lineal.-lanzettl., lang-zugespitzt, 7- bis 9bl.; Granne deutlich. VII bis VIII. Umfaßt:

ssp. ramósus; H. bis 1,50; alle Scheiden lang rauhhaarig; unterster Rispenast mit 1 grd.ständigen Zweig. 2n = 42.

Verbreitet bis häufig: M- u. S-Geb. (Alp. bis 1010 m); insbes. im W; selten: N-D. (fehlt u. a. in Ostpr.). – subatl-submed.

ssp. benekénii (Lange) Sch. et Thell. (= B. asper Murr. em. Beneken); H. kaum mehr als 0,90; oberste Scheide kahl od. kurzflaumig; unterster Rispenast mit 2–5 grd.ständigen Zweigen. 2n = 28.

Verbreitet bis häufig: insbes. im nö. u. ö. Geb., sonst wohl seltener (Alp. bis 1120 m). – euras-gem-kont.

Kahlschläge, Laub- u. Nadelwälder; meist frische, mineralkräftige, kalkhaltige Mullböden. – Eur., As., N-Afr., N-Am.

342. B. eréctus Huds. (Abb. 56i) Aufrechte T.

♃, *H.* – 0,30–1,00. Horstgras, hellgrün; *untere B.* sehr schmal, *am Rande* meist *gewimpert;* B. in Knospe gefaltet; B.häutchen kurz, zerschlitzt; *Rispe aufrecht,* untere Äste zu 3–6; Ährchen lineal.-lanzettl.; Deckspelze 4–10 mm lang begrannt. V–VII(IX–XI). Umfaßt:

ssp. eréctus; untere B. borstlich, obere flach; Rispe schmal zusammengezogen; Rispenäste kurz, starr; Ährchen ± 20 mm lang, 5- bis 7bl. 2n = 56. – Zerstreut.

ssp. longiflórus (Willd.) A. et G.; untere B. wie obere flach, schlaff; Rispenäste verlängert, aufrecht bis waagerecht abstehend; Ährchen bis fast 40 mm lang, bis 11bl. – Selten: Schl.Holst., Sachs., Bad.

Trockenrasen, magere Wiesen; warme, meist kalkhaltige, ±tiefgründige Stein- od. auch Lehmböden. – Verbreitet bis zerstreut, insbes. M- u. S-D. (Alp. bis 1350 m); im N-Flachland sehr selten. – M-, S-Eur., Afr., Vord.As., Kanar. Ins.; submed.

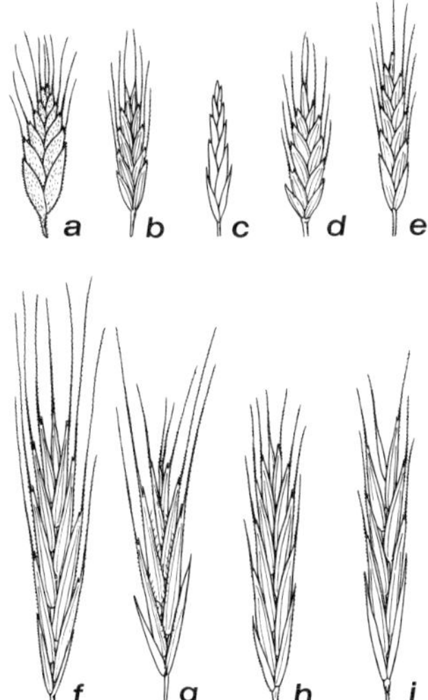

Abb. 56. *Bromus* spp., Ährchen (*a B. hordeaceus, b B. racemosus, c B. inermis, d B. commutatus, e B. arvensis, f B. sterilis, g B. tectorum, h B. ramosus, i B. erectus*).

343. B. inérmis Leyss. (Abb. 56c) Unbewehrte T.

♃, *H.* – H. 0,15–1,00. Ausläufertreibend; *B.scheiden kahl* od. seltener bewimpert; B.häutchen kurz, gestutzt; B. in Knospe gerollt; *Deckspelze höchstens mit kurzer Stachelspitze.* VI–VII. 2n = 56.

Wege, Böschungen, auch ruderal beeinflußte Halbtrockenras.; warme, N-beeinflußte, nährstoffreiche Sand- od. Lehmböden. – Zerstreut, stellenweise verbreiteter (Elbstromtal); selten u. a. im w. Geb. – N-, M-, SO-Eur., Rußl., gem. As., N-Am.; euras-kont.

2. Sect. Stenobrómus

344. B. sterílis L. (Abb. 56f) Taube T.

⊙, ①, *Th, H.* – H. 0,15–0,60 (–1,25); Pfl. lange grün bleibend; Halm kahl; B. u. B.scheiden ±behaart; B.häutchen bis 4 mm lang, zerschlitzt; *Rispe locker, zuletzt überhängend;* Rispenäste sehr rauh, meist 1ährig; *Granne länger als die Spelze.* V–VI. 2n = 14, 28.

Unkrautges., Wegraine, Straßenränder etc.; offene, meist trockene, N-beeinflußte Substrate. – Verbreitet; zerstreut bis selten in den Gebg. (so u. a. Alp. fehlend). – S- u. M-Eur., S-Skand., W-Sib., (N-Am.); submed.

345. B. tectórum L. (Abb. 56g) Dach-T.

①, *H.* – H. bis 0,40. Pfl. frühzeitig abblühend u. gelb werdend; *Halm oberwärts weichhaarig,* ±aufsteigend; B.häutchen meist nur 1 mm lang; B.scheiden behaart; *Rispe von Anfang an ±einseitswendig hängend; Rispenäste fast glatt,* mehrährig; *Granne so lang wie die Spelze.* V–VI (IX). 2n = 14.

Unkrautges., Wege, Dämme; trockene, meist warme, N-beeinflußte, sandige od. steinige Böden, Trümmerschutt etc. – Verbreitet, an Küsten sehr zerstreut, Alp. fehlend. – Eur., N-Afr., Vord.As., Sib., (N-Am.); (euras) kont-submed.

3. Sect. Brómus

346. B. arvénsis L. (Abb. 56e) Acker-T.

⊙, ①, *Th, H.* – H. 0,30–1,00. B. zottig- u. B.scheiden weichbehaart; Rispe aufrecht, groß, bei der Reife etwas überhängend; Ährchen lineal.-lanzettl., bis ca. 20 mm lang, 5- bis 11bl.; *Deckspelze ellipt.-lanzettl.,* oft violett überlaufen; *Granne bis 9 mm lang; Fr. kürzer als die Deckspelze.* V–VII(–X). 2n = 14.

Unkrautige Ges., Wege, Schutt; ±trockene, warme, meist kalkhaltige, lehmige Böden. – Zerstreut, im N streckenweise selten. – Eur., Sib., Vord.As., (S-Afr.); euras-submed.

347. B. brachystáchys Hornung Kurzährige T.

⊙, ①, *Th, H.* – H. bis 0,50. Untere B.scheiden behaart; Pfl. meist büschelig verzweigt; *Rispe aufrecht bleibend, klein;* Ährchen eiförmig-länglich od. lineal.-lanzettl., bis 9 mm lang; *Deckspelzen fast rhombisch, kürzer als die Fr.:* Granne 2–4 mm lang. VI.

Unkrautige Ges., Ackerraine. – Selten: bei Aschersleben (verschleppt), sonst gelegentlich vorübergehend eingeschleppt. – Vord.As.

348. B. racemósus L. (Abb. 56b) Traubige T.

①, *H.* – H. 0,30–0,80. B.rand gewimpert; B.häutchen kahl; *Rispe* zuletzt überhängend, *nach dem Verblühen zusammengezogen;* Ährchen eiförmig-länglich; *Deckspelze* meist bis 7 mm lang, *fast kahl,* glänzend, *am Rande abgerundet;* Granne 6–7 mm lang. V–VI. 2n = 28.

Feuchtwiesen; feuchte bis nasse, kalkärmere, nährstoffreiche Böden. – Verbreitet bis zerstreut: Ebene bis in die unteren Täler der Gebg. – Eur.; subatl.

349. B. commutátus Schrad. (Abb. 56 d) Verwechselte T.

⊙, ①, *Th, H.* – H. 0,30–0,90. Pfl. ähnlich B. racemosus, jedoch *Rispe* bis 20 cm lang, *locker u. zuletzt überhängend;* Rispenäste bis 7 cm; Ährchen 15–20 mm lang, 5- bis 8bl., kahl od. fast kahl; Deckspelze ca. 9 mm lang; Granne oft kürzer als die Deckspelze (6–8 mm). V–VI (VIII–IX). 2n = 14, 28, 56.

Meist Schutt-, aber auch Acker- u. Wiesen-Unkrautges.; ±trockene, auch sandige Lehmböden. – Sehr zerstreut bis selten u. z. T. unbeständig: bes. M- u. S-D., NW-Grenze in Westf. – Eur., N-, (S-)Afr.; submed(-subatl).

350. B. japónicus Thunb. Japanische T.
(= B. patulus M. et K.)

①, *H.* – H. 0,15–0,60. Untere Scheiden nebst B. zottig; *Rispe abstehend, nach der Bl. zusammengezogen, einseitig überhängend; Deckspelze am Rande oberhalb der Mitte stumpfwinklig-hervortretend;* Granne bis 12 mm lang. V–VI (VIII–IX). 2n = 14.

Unkrautges.; trockene, warme, meist sandige Kalk- u. Tonböden, Melaphyrfelsen. – Selten – zerstreut, z. T. unbeständig: M- u. S-D.; sonst wohl nur verschleppt. – M-, S-Eur., SW-As., (O-As., S-Afr., St. Helena); submed (-kont).

351. B. squarrósus L. Sparrige T.

⊙, ①, *Th. H.* – H. 0,30–0,60. B. u. B.scheiden ±behaart; *Rispe bis 20 cm lang,* nach der Bl. stark einseitswendig; *Äste sehr dünn,* bis ca. 5 cm lang, *häufig geschlängelt, schlaff;* Ährchen 20–40 mm lang (8- bis 20bl.); Granne der distalen Deckspelzen bis ca. 13 mm lang. V–VI. 2n = 14.

Schuttunkrautges.; trockene, warme Sand- u. Kiesböden. – Selten, eingeschleppt u. z. T. eingebürgert: z. B. Sachs., Thür. (Erfurter Kiesgruben), SW-D. (Hafengeb. am Rhein) etc. – S-Eur., N-Afr., gem. As. bis Sib.; kont-med.

352. B. secálinus L. (Abb. 55 d–g) Roggen-T.

⊙, ①, *Th, H.* – H. 0,30–1,00. Rispe nach der Bl. überhängend, reichährig; Äste etwas verlängert; Ährchen kahl od. behaart; Granne kurz, ±geschlängelt od. gerade. VI–IX. Umfaßt:

ssp. secálinus; *B.scheiden kahl; Ährchen* bis über 2 cm lang, *5- bis 7bl.; Deckspelzen sich zur Fr.zeit berührend;* Granne etwa 5 mm lang. 2n = 28. – Zerstreut (Alp. bis 975 m).

ssp. multiflórus (Sm.) Aschers.; *B.scheiden kahl; Ährchen* 2–3 cm lang, *10- bis 15bl.; Deckspelzenränder sich zur Fr.zeit deckend;* Granne 10 mm lang. – Selten in W- u. SW-D.

ssp. billótii (F. Schultz) A. et G.; *untere B.scheiden behaart;* Ährchen bis 15 mm lang, 5- bis 6bl.; *Deckspelzenränder zur Fr.zeit klaffend;* Granne etwa 7 mm lang. 2n = 28. – Selten, u. a. Rheingeb., Schwarzwald, Alp.vorland.

Unkrautges., insbes. Wintergetreide; lehmige, meist kalkarme Böden. – Eur., W-As., Jap., N-Afr., (N-Am.); euras-submed.

353. B. hordeáceus L. (Abb. 56a) Weiche T.

⊙, ①, *Th, H.* – H. bis 0,80. B. ±lang behaart; B.häutchen meist später haarförmig zerschlitzt; Rispenäste u. Deckspelzen meist weichhaarig; Granne bis 1 cm lang. V–VI(X). Umfaßt:

ssp. m ó l l i s (L.) Hyl.; St. aufrecht, bis 0,80 hoch; Ährchen bis 20 mm lang; Deckspelzen sammetartig kurzhaarig; Grannen gerade. 2n = 28.

Fettwiesen, Schuttunkrautges. etc.; ±trockene bis frische, nährstoffreiche, meist N-haltige Lehm- u. Sandböden. – Häufig u. verbreitet: Ebene bis Alp.täler (bis 1000 m). – Eur., Vord.As., N-Afr., Am.; euras-submed.

ssp. h o r d e á c e u s (= B. thominii Hard.); St. 0,03–0,15 lang, im Kreise niederliegend; Rispe kurz, dicht; Ährchen meist nur 8–12 mm lang; Deckspelzen nur auf den Nerven behaart; Grannen mitunter auswärts gebogen. 2n = 28.

Dünen, Schillergrasrasen; trockene Sandböden. – Zerstreut im Küstengeb.: Helgoland, Sylt, Föhr, O-See-Küste ö. bis Rügen. – W-Eur. bis S-Skand.; subatl.

354. B. lépidus Holmb. Zierliche T.

①, *H.* – H. 0,15–0,70. Halme aufrecht od. aufsteigend; B.behaart; B.scheiden kahl od. behaart; B.häutchen gezähnt; *Ährchen 7–15 mm lang, nur 2,5–4 mm breit; Deckspelzen* 5,5–6,5 mm lang, *mit breitem, hyalinem Rand,* fast kahl od. behaart; Granne 3–7 mm lang; *Fr. an der Spitze behaart u. an der Spitze der Deckspelze sichtbar.* VI–VIII. 2n = 28. Hierzu u. im Geb. wohl nur:

var. m i c r o m ó l l i s (Krösche) Hubb., Ährchen behaart.

Unkrautges., Grasplätze, Wegränder. – Zerstreut u. selten: NW-D. – W-Eur., N-D., Dän., Schwed.; subatl.

99. Brachypódium P. B. Zwenke

x = 7, 9

I. Granne kürzer als die Deckspelze .... 355. B. pinnatum

II. Grannen der oberen Deckspelzen so lang od. länger als die Deckspelze .... 356. B. silvaticum

355. B. pinnátum (L.) P. B. (Abb. 57 d–e) Fieder Z.

♃, *H.* – H. 0,50–1,20. *W.stock* kurz od. *weit kriechend; B. ±steif,* lichtgrün bis ±blaugrün; Blst. meist 2zeilig u. aufrecht; *Granne steif;* Stbbtl. blaß rötlich. VI–IX. Im Geb. (auch als Arten bewertet):

var. p i n n á t u m; H. meist 0,50–0,60; W.stock weit kriechend; B. 3–7 mm breit, unterseits matt glänzend, *untere B.epidermis mit zahlreichen Sta.haaren,* oberseits ±locker lang behaart; Ligula stumpf; Blst. mit 6–8 Ährchen; Spelzen meist behaart. 2n = 28. Verbreitete Var. bzw. Art.

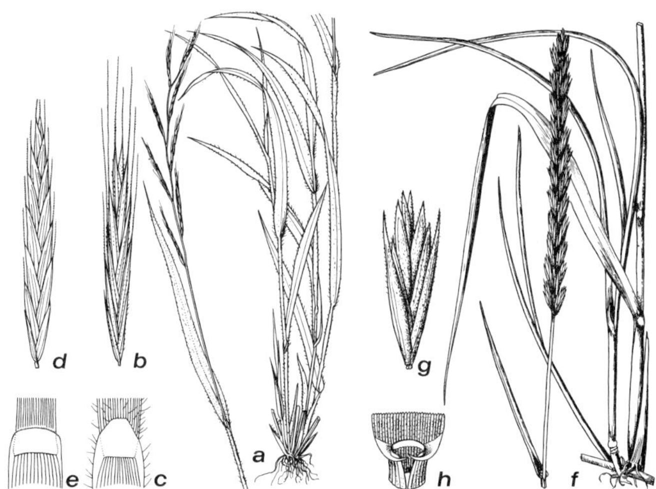

Abb. 57. *a—e Brachypodium* spp., *a—c B. silvaticum* (*a* Habitus, *b* Ährchen, *c* Blatthäutchen u. Blattspreitengrund), *d—e B. pinnatum* (*d* Ährchen, *e* Blatthäutchen u. Blattspreitengrund); *f—h Elymus arenarius* (*f* Blütenstand u. Halmgrund, *g* Ährchen, *h* Blattspreitengrund).

var. g l á b r u m Rchb. [= B. rupestre (Host) R. et Sch.]; H. meist meist 0,80—0,90; W.stock kurz od. weit kriechend; B. bis 7 mm breit, unterseits ±speckglänzend, *untere B.epidermis ohne od. mit einzelnen Sta.haaren,* oberseits kahl; Ligula stumpf zugespitzt; Blst. mit 8—10 Ährchen; Spelzen meist kahl.

Verbreitung ungenügend bekannt, wohl bes. w. Geb., bisher N-D., Sachs., Bay. — atl-submed.

Kalk-Magerrasen, Felsen; meist mäßig frische, kalkhaltige, lehmige Böden. — Verbreitet im m. u. s. Geb. (Alp. bis 1600 m); im N-Flachland selten od. fehlend. — Eur., As., N-Afr.; euras(-kont)-submed.

356. B. silváticum (Huds.) P. B. (Abb. 57a—c) Wald-Z.

♃, *H.* — H. 0,60—1,20. *Pfl. locker-horstig; B. schlaff,* sattgrün, unterseits mit weißlichem Mittelnerven; Blst. 2zeilig, überhängend; *Granne rel. dünn,* öfter geschlängelt; Stbbtl. gelblich. VII—X. 2n = 18.

Laubmisch- u. Auenwälder; frische, nährstoffreiche, lockere, meist lehmige Böden. — Ziemlich häufig (Alp. bis 1100 m). — Eur., N-Afr., Vord.As., Jap., euras-subozean-submed.

2. Trib. Tritíceae

100. Élymus L. Strandroggen

x = 7

357. E. arenárius L. (Abb. 57f–h)

♃, *G.* – H. 0,60–1,50. Pfl. bläulichgrün, sehr lange Ausläufer treibend; Halm u. B.scheiden kahl; *B. bis über 10 mm breit, flach,* trocken zusammengerollt-starr; B.häutchen sehr kurz; Ährchen meist 3bl., weichhaarig, in der Mitte der Ähre zu 3; Hüllspelzen am Kiel gewimpert, so lang od. fast so lang wie die Deckspelzen. V–VII(–X). 2n = 56.

Küstendünenges. (Helm-Düne); trockene, kalkhaltige, salzarme Flugsandböden. – Verbreitet-häufig: N-, O-See-Küsten, Spülsandflächen der Flüsse in Küstennähe; im Binnenlande wohl nur gepflanzt. – M-, N-Eur., Sib., N-Am.; no-subozean.

Intergener. Bastarde:
× **Elymopyron** (Elymus sp. × Agropyron sp.), × E. strictum (Deth.) Rothm. (Elymus arenarius × Agropyron junceum), × E. bergrothii (Lindb. f.) Rothm. (Elymus arenarius × Agropyron repens).

101. Hórdeum L. Gerste

x = 7

I. Ährenspindel bei der Reife zerbrechend; Hüllspelzen z. T. od. alle grannenförmig (Wildarten)
  A. Längste Grannen höchstens 1–3(5) cm lang
    1. Hüllspelzen der Mittelährchen nicht bewimpert
      a) Oberste B.scheiden eng anliegend, oberstes St.glied 15–20 cm daraus hervorragend ... **358. H. nodosum**
      b) Oberste B.scheiden aufgeblasen, oft bis an die Ähre reichend .... **359. H. marinum**
    2. Hüllspelzen der Mittelährchen beiderseits borstlich bewimpert .... **360. H. murinum**
  B. Längste Grannen 4–9 cm lang (Ähre meist übergeneigend-gebogen) .... **361. H. jubatum**
II. Ährenspindel bei der Reife nicht zerbrechend, Hüllspelzen alle lineal. bis pfriemlich (Kulturarten; B.-öhrchen lang, sichelförmig) .... **362. H. vulgare**

Abb. 58. *Hordeum* spp., *a H. marinum* (3 Ährchen), *b H. nodosum* (3 Ährchen), *c H. murinum* (3 Ährchen), *d H. vulgare* convar. *distichon* (Blütenstand), *e–f H. vulgare* convar. *vulgare* (*e* Blütenstand, *f* 3 Ährchen eines Rhachisknotens).

1. Sect. Hordeástrum

358. H. nodósum L. (Abb. 58b) Roggen-G.
(= H. secalinum Schreb.)

♃, *H.* – H. 0,30–0,80. Horstartig, untere B.scheiden rauhhaarig; *Ähre 3–5 cm lang, dünn, aus der obersten B.scheide weit,* lang-gestielt *herausragend;* Hüllspelzen aller Ährchen borstlich-rauh, Deckspelzengranne 9–10 mm lang. VI–VIII. 2n = 28.

Weißklee-Weiden u. Wiesen; feuchte, nährstoff- u. meist salzhaltige Lehm- u. Tonböden. – Zerstreut bis selten: NW-Flachland, Salinen des Binnenlandes (so Sachs.-Anh., N- u. M-Thür.); sonst selten; fehlt: Alp., Schles., Ostpr. – S-, W-Eur., Vord.As., Kauk., Afr., Am.; submed(-subatl).

359. H. marínum Huds. (Abb. 58a) Strand-G.
(= H. maritimum With.)

⊙, *Th.* – Halme kreisförmig-ausgebreitet, knickig-aufsteigend, 0,10 bis 0,20(0,40) lang; *oberste B.scheiden weit hinaufreichend;* Ähren höchstens 6 cm lang, ca. 8 mm breit; Hüllspelzen aller Ährchen rauh; Deckspelze des Mittelährchens mit Granne bis 3 cm lang. V–VII. Umfaßt:

ssp. m a r í n u m; Hüllspelzen der Seitenährchen verschieden, die äußere nur aus einer Granne gebildet, die innere aus halb-lanzettl. Grd. begrannt. 2n = 14.

Küstendeiche, seltener am Rand des Vorlandes; feuchte, meist salzhaltige, lehmige od. tonige Böden. – Zerstreut u. sehr selten: N-See-Küste; sehr selten ins Binnenland verschleppt. – med(-atl).

ssp. g u s s o n e á n u m (Parl.) Thell.; Hüllspelzen der Seitenährchen unter sich ziemlich gleich, grannenartig. 2n = 28.

Vereinzelt eingeschleppt. – submed-med.

W- u. S-Eur., N-Afr., Vord.As., Am.

360. H. murínum L. (Abb. 58c) Mäuse-G.

⊙, ①, *Th, H.* – H. 0,15–0,40. Halme knickig aufsteigend; oberste *B.scheide* ±aufgeblasen, *kahl,* glatt, bis ± an die Ähre reichend; B.-häutchen sehr kurz; Ähre 4–9 cm lang; Granne etwa 2- bis 4mal so lang wie die Deckspelze; *Hüllspelzen des mittleren fr.baren Ährchens* der Drillinge lineal.-lanzettl., *beiderseits bewimpert.* VI–X. Umfaßt:

ssp. m u r í n u m; Hüllspelzen der Seitenährchen ungleich, die innere sehr schmal-lineal., innen kurz bewimpert, die äußere nur auf eine Granne reduziert, kahl. 2n = 14.

Straßen- u. Wegränder, Schuttunkrautges.; trockene, nährstoffreiche Sand- u. Lehmböden. – Verbreitet u. häufig. – submed-med.

ssp. l e p o r í n u m (Link) A. et G.; Hüllspelzen der Seitenährchen bis fast 1 mm breit, die innere beiderseits, die äußere innen u. unten kammförmig bewimpert. 2n = 28.

Vereinzelt u. unbeständig eingeschleppt. – med.

M- u. S-Eur., N-Afr., Vord.As., Am.

361. H. jubátum L. Mähnen-G.

⊙, *Th.* – H. 0,10–0,20(0,50). *Halm* knickig aufsteigend, *schlaff, zierlich;* oberste B.scheide schwach aufgeblasen; die Mittelährchen sehr lang, die Seitenährchen nur kurz begrannt. V–VI. 2n = 28.

Schuttunkrautges.; ±trockene, nährstoffhaltige, z. T. schwach lehmige Sandböden. – Adventiv od. Kulturflüchtling, insgesamt selten, stellenweise regelmäßig wiederkehrend (so z. B. Hafengeb., Kiesgruben bei Erfurt) – Heimat: Am., Sib.

2. Sect. H ó r d e u m

362. H. vulgáre L. (Abb. 58d–f) Kulturgersten

⊙, ①, *Th, H.* – H. 0,50–1,30. Ähre 4–15 cm lang, wenn lang, dann häufig nickend; Ährenspindel bei der Reife nicht zerbrechend; Hüllspelzen alle lineal od. pfriemlich. VI–VII. 2n = 14. Umfaßt (bisweilen als Arten bewertet; hier nach Mansfeld 1950, 1959):

convar. v u l g á r e (= H. vulgare L.); Vier- u. Sechszeilige G.; ①, ⊙, *H, Th;* Ähre 4 bis über 9 cm lang; Ährchen in 4–6 Zeilen, sitzend, meist begrannt; Deckspelzen der Mittel- u. Seitenährchen gleich od. fast gleich in Form u. Begrannung; Seitenährchen u. Mittelährchen fruchtbar. – In verschiedenen Var. gebaut, z. B.:

Vierzeilige G.; Ähre locker, Spindelglieder über 2,8 mm lang, 4zeilig; 2 Zeilen stärker als die übrigen der Spindel angedrückt. Hierzu u. a.:
var. h y b é r n u m Vib.; Ähre gelb; Grannen rauh u. lang; Korn bespelzt.
var. c o e l é s t e L.; Ähre gelb; Grannen rauh u. lang; Korn unbespelzt.
Sechszeilige G.; Ähre ±dicht, Spindelglieder kürzer als 2,8 mm, 6zeilig; alle Ährchen ±gleichartig abstehend, Korn meist bespelzt. Hierzu u. a.:
var. p a r a l l é l u m Koern.; Ähre gelb, parallel; Spindelglieder 2,2 bis 2,8 mm lang; Granne rauh u. lang, Korn bespelzt.
var. d é n s u m Ser.; Ähre gelb, pyramidal.; Spindelglieder kürzer als 2,2 mm; Granne lang rauh; Korn bespelzt.

convar. d í s t i c h o n (L.) Alef. (= H. distichon L.); Zweizeilige G., Brau-G., Fächer-G.; ⊙, (①), *Th, (H);* Ähre 4–15 cm lang, 2zeilig; Deckspelzen der Mittel- u. Seitenährchen ungleich in Form u. Begrannung, meist begrannt; nur Mittelährchen begrannt od. zugespitzt u. fruchtbar; Seitenährchen ♂ od. verkümmert. – In verschiedenen Var. gebaut, z. B.:
Zweizeilige G., Brau-G.; Ähre ±parallel; Mittelährchen ±aufrecht; Grannen aufrecht od. bei nickenden Formen nur einseitig spreizend. Hierzu u. a.:
var. n ú t a n s (Rode) Alef.; Ähre nickend, gelb, locker; Spindelglieder über 2,8 mm lang; Grannen lang u. rauh; Korn bespelzt.
var. e r é c t u m (Rode) Alef.; Ähre aufrecht, gelb, Spindelglieder 2,2 bis 2,8 mm lang; Grannen lang u. rauh; Korn bespelzt.
var. n ú d u m (L.) Alef.; Ähre nickend, gelb; Spindelglieder über 2,8 mm lang; Grannen lang, Korn unbespelzt.
Fächer G.; Ähre zur Spitze hin verjüngt, dicht; Spindelglieder kürzer als 2,2 mm; Mittelährchen abstehend; Grannen spreizend; Korn bespelzt. Hierzu u. a. var. b r é v e Alef. (= var. zeocrithum Koern.).

Nur gebaut u. aus Kulturen bekannt. – Herkunft der Ausgangsarten: M- bis Vord.As.

Intergener. Bastard:
× **Hordeopyron** (Hordeum sp. × Agropyron sp.)
× H. langei (Richt.) Rothm. (Agropyron junceum × Hordeum nodosum)

102. Hordélymus Jess.

x = 7

363. H. europáeus (L.) Jess. (Abb. 59) Waldhaargerste
(= Elymus europaeus L.)

♃, *H.* – H. 0,60–1,25. Horstgras, grasgrün; untere B.scheiden zottig, obere ±rauh; B. flach, rauh; B.häutchen fast fehlend; Ähre aufrecht; Ährchen 1- bis 2bl., in der Mitte der Ähre zu 3; Hüllspelzen

Abb. 59. *Hordelymus europaeus* (*a* Habitus, *b* 3 Ährchen eines Rachisknotens, *c* Blattspreitengrund).

lineal.-pfriemlich, kahl, begrannt; Deckspelze bis 2,5 cm lang begrannt. VI–VIII. 2n = 28.

Buchen- u. Laubmischwälder; frische, nährstoffreiche, meist kalkhaltige Lehmböden. – Zerstreut, geb.weise häufig (Alp. bis 1460 m); fehlt streckenweise: u. a. NW-Flachland, Brand. z. T. etc. – M-, S-Eur., Kl.As., Kauk.; subatl-submed.

103. Agropyron Gaertn. Quecke

x = 7

I. Granne lang (bis 25 mm), länger als die Deckspelze **364. A. caninum**

II. Granne kürzer als die Deckspelze od. fehlend

A. B.nerven ± entfernt, durch einfache Reihe kleiner Stacheln od. Borsten rauh; Hüllspelzen 3- bis 5(9)nervig

1. Freie B.scheidenränder immer unbewimpert; ± grün, flach (selten eingerollt od. blaugrün) **365. A. repens**

2. Freie B.scheidenränder borstig bewimpert; B. steif, weiß-blaugrün, z. T. eingerollt

a) B.rippen stark hervortretend, das grüne B.gewebe ±vollständig deckend; Hüllspelzen 8–11 mm lang, spitz .... **366. A. pungens**
b) B.rippen hervortretend, das grüne B.gewebe wenigstens im unteren B.teil sichtbar; Hüllspelzen 6–8 mm lang, stumpf .... **367. A. intermedium**
B. B.nerven dicht, mit vielen Reihen kurzer, samtiger Haare besetzt; Hüllspelzen 9- bis 11nervig ...... **368. A. junceum**

1. Sect. R o e g n é r i a

364. A. canínum (L.) P. B. (Abb. 60f) Hunds-Qu.

♃, *H.* – H. 0,50–1,50. Horstgras, keine Ausläufer; *B.* bis 12 mm breit, *beiderseits rauh, oberseits grau-, unterseits dunkelgrün;* B.häutchen sehr kurz, gestutzt; *Hüllspelzen 3- bis 7nervig; Grannen lang, oft geschlängelt.* VI–VII. 2n = 28.

Laubmischwälder; ±feuchte, nährstoffreiche, N- u. ±kalkhaltige, mullige Lehmböden. – Verbreitet (Alp. bis 1250 m), selten od. fehlend im N-Flachland. – Eur., gem. As., N-Am.; euras-subozean(-submed).

2. Sect. E l y t r í g i a

365. A. répens (L.) P. B. Abb. 60a–e) Kriechende Qu.

♃, *G, (H).* – H. 0,10–1,50. Grd.achse weit kriechend; *B. oberseits rauh,* meist grün, aber auch blau- bis graugrün, *unterseits glatt;* Ähre 2zeilig; Ährchen bis 1,7 cm lang; Hüllspelzen 3- bis 5(9)nervig; Deckspelze grannenlos od. begrannt. VI–VII(X). 2n = 42. Formenreich. Hierzu u. a. grau- bis blaugrüne Var. (z. T. als Art bzw. Unterart bewertet):

var. m a r í t i m u m (Koch et Ziz) Holmb. [= A. maritimum (Koch et Ziz) Löve et Löve]; Pfl. bis 0,30(0,60) hoch, knickig aufsteigend; B. schmal, alle od. z. T. borstlich eingerollt; B.scheiden kahl; Ähre meist nicht über 5 cm lang, Hüllspelzen gekielt; Deckspelzen stumpf od. stachelspitzig.

Dünen, Spülsäume der Küsten u. küstennahen Flüsse; oft salzhaltige Böden. – Verbreitet: N-See-Küstengeb.; sehr selten im Binnenland (Mainz).

var. g l a͡u c u m (Döll) Volkart; Pfl. meist kräftig u. aufrecht; B. schmal, meist nur an der Spitze eingerollt; B.scheiden kahl; Ähre locker, schlank; Hüllspelzen nicht deutlich gekielt; Deckspelzen fast stets begrannt.

Wegränder, Grasplätze, Gebüsche. – Zerstreut.

var. a l t í s s i m u m Schur [= ssp. caesium (Presl) Cif. et Giac.]; Pfl. kräftig, hoch; B. breit, flach; untere B.scheiden rückwärts-rauhhaarig; Ähre groß, dick; Hüllspelzen u. Deckspelzen meist begrannt.

Gebüsche, Waldränder, Hecken. – Zerstreut.

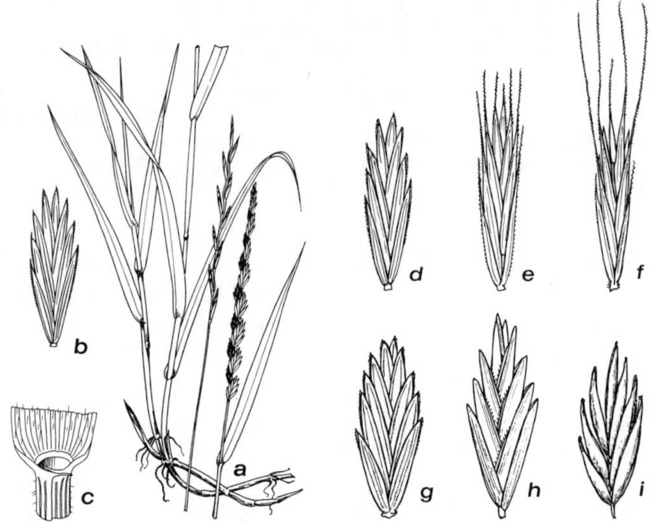

Abb. 60. *Agropyron* spp., *a–c A. repens* (*a* Habitus, *b* Ährchen, *c* Blattspreitengrund), *d–i* Ährchen (*d* u. *e A. repens* ssp. *repens*, *f A. caninum*, *g A. pungens*, *h A. junceum*, *i A. intermedium*).

Meist in Tritt- u. Flutrasen; periodisch überschwemmte bzw. ±trockene, nährstoffreiche, N-haltige, sandige, lehmige od. tonige Böden. – Insgesamt verbreitet u. häufig (Alp. bis 920 m). – Eur., Sib., N-Afr., Am.; no-euras, circ.

Droge: Rhizoma Graminis

366. A. púngens (Pers.) R. et Sch. (Abb. 60g) Strand-Qu.
[= A. litorale (Host) Dum.]

♃, *G, (H).* – H. 0,20–0,70. Pfl. lockerrasig, hell grau- bis blaugrün, aufrecht; *B.* *±stechend spitz;* Ähre dicht; Ährchen bis 1,7 cm lang; *Hüllspelzen spitz bis grannenspitzig, 8–11 mm lang, 4- bis 7nervig;* Deckspelzen höchstens stachelspitzig. VI–IX. 2n = 42.

Strandquecken-Rasen, Flußufer; ±frische, nährstoffreiche u. meist salz- bzw. kalkhaltige, vorwiegend sandige Böden. – Zerstreut: N-See-Küste; sehr selten: Oberrheintal, Bodensee-Ufer – W-Eur., Med.; med-atl.

367. A. intermédium (Host) P. B. (Abb. 60i) Graugrüne Qu.
[= A. glaucum (Desf.) R. et Sch.]

♃, *G, (H).* – H. 0,30–1,00. Grd.stock kriechend; Pfl. blau-graugrün; B. schmal, 2–4(7) mm breit, bei Trockenheit oberste eingerollt; Ähre starr, am Grd. meist unterbrochen; *Ährchen bis 2 cm lang; Hüllspelzen* stumpf, länglich, *6–8 mm lang, 5- bis 7nervig;* Deckspelzen sehr stumpf. V–VII(X). Umfaßt:

ssp. intermédium; Unterste B.scheiden kahl od. borstig-rauhhaarig; Ährchen 1,5–2 cm lang; *Deckspelzen kahl.* 2n = 42.

Sehr selten: Anh., Thür., Sachs., Schles., SW-D (?), Passau.

ssp. trichóphorum (Link) Volkart; Unterste B.scheiden (oft früh abgestorben) borstig-rauhhaarig; Ährchen 0,9–1,3 cm lang; *Deckspelzen behaart.* 2n = 42.

Ob im Geb.? Passau (?).

Trocken- u. Steppenrasen; ±trockene, warme, kalkhaltige Sand- u. Lehmböden. – sö. M-, SO- u. S-Eur. bis Pers., Kauk.; kont-submed.

368. A. júnceum (L.) P. B. (Abb. 60h) Binsen-Qu.

♃, *G.* – H. 0,20–0,60. Grd.achse weit kriechend; B. bis 8 mm breit, flach od. ±eingerollt; Ähre 2zeilig, gerade od. gebogen; *Ährchen 1,5 bis 2,8 cm lang,* 3- bis 8bl., entfernt; *Hüllspelzen 7- bis 11nervig,* stumpf; Deckspelzen ±stumpf, grannenlos. VI–VIII. Im Geb. nur ssp. boreoatlánticum Sim. et Guin. 2n = 28.

Küstendünen, bes. Vordünen; salzreicherer, gelegentlich auch überfluteter Dünensand. – Verbreitet bis zerstreut, nur N- u. seltener O-See-Küsten. – Gesamtart: Küsten von Eur., N-Afr., Kl.As.; atl-med.

Bastarde:
A. junceum × pungens (A. × obtusiusculum Lange), A. junceum × repens [A. × acutum (DC.) Buch.], A repens × intermedium (A. × apiculatum Tscherning), A. repens × pungens (A. × oliveri Druce).

104. Secále L. Roggen

x = 7

369. S. cereále L. (Abb. 61a–c)

⊙, ①, *Th, H.* – H. 0,50–2,00. Pfl. ±blau-graugrün; B.öhrchen klein; B.-häutchen kurz, gestutzt; Ähre ±überhängend; Hüllspelzen am Kiel rauh, kürzer als das Ährchen; Deckspelzen am Kiel borstig-gewimpert, lang begrannt. V bis VI(–X). 2n = 14.

Gebaut. – Vornehmlich als Wintergetreide. – Verwandte Wildpfl. (S. ancestrale Zhukowski): Anatolien.

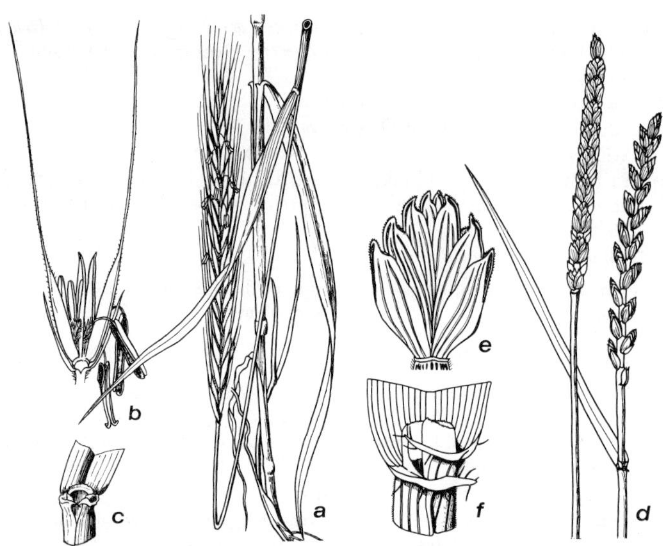

Abb. 61. *a–c Secale cereale* (*a* Habitus, *b* Ährchen, *c* Blattspreitengrund); *d–f Triticum aestivum* (*d* Halmspitze mit Blütenständen, *e* Ährchen, *f* Blattspreitengrund).

105. Triticum L. — Weizen

x = 7

I. Fr. von den Spelzen fest umschlossen (Spelzweizen); Ährenachse reif (z. T. erst beim Drusch) brüchig
  A. Halm starkwandig od. voll; Ähre im Querschnitt wie zusammengedrückt
    1. Hüllspelzen an der Spitze 2zähnig, scharf gekielt .... **370. T. monococcum**
    2. Hüllspelzen schief abgeschnitten, an der Spitze mit 1 deutlichem, scharfem Zahn, fast flügelig gekielt .... **371. T. dicoccon**
  B. Halm hohl, dünnwandig; Ähre im Querschnitt fast quadratisch .... **375. T. spelta**

II. Fr. von den Spelzen locker umhüllt (Nacktweizen), leicht herausfallend; Ährenachse reif nicht zerbrechend
  A. Halm oben starkwandig od. voll; Hüllspelzen ganz- u. scharf-gekielt
    1. Hüll- u. Deckspelzen nicht besonders verlängert u. nicht papierartig-dünn
      a) Hüllspelzen flügelig-gekielt, sich leicht ablösend .... **372. T. durum**

b) Hüllspelzen nur gekielt, ±fest an der Spindel haftend . . . . **373. T. turgidum**
2. Hüll- u. Deckspelzen sehr lang u. papierartig-dünn . . . . **374. T. polonicum**
B. Halm hohl, dünnwandig; Hüllspelzen nur oberwärts gekielt . . . . **376. T. aestivum**

370. T. monocóccum L. Einkorn

⊙, (①), *Th, (H).* – H. 0,60–1,40. St.knoten rückwärts dicht behaart; *Ähre* kurz, dicht, *sehr flachgedrückt;* Ährchen meist nur 1körnig, mit fast ährenlanger Granne; *Vorspelze zur Reife in 2 Teile längs gespalten.* VI–VII. 2n = 14.

Sehr selten gebaut. – Meist als Sommergetreide. – Mannigfaltigkeitszentrum: Kl.As.

371. T. dicóccon Schrank Emmer

⊙, (①), *Th, (H).* – H. 0,80–1,50. *Ähre* dicht, gedrungen, *meist sehr flachgedrückt;* Ährchen 2(–3)körnig; Granne – meist vorhanden – sehr lang (bis Ährenlänge); *Vorspelze zur Reife nicht längs gespalten.* VI–VII. 2n = 28.

Sehr selten gebaut, wohl kaum noch im Geb. – Meist Sommergetreide. – Nur aus Kultur bekannt.

372. T. dúrum Desf. Hart-W.

⊙, (①), *Th, (H).* – H. 0,70–1,60. *B. meist kahl od. fast kahl;* Ähre meist ±dicht, quadratisch od. flachgedrückt; Ährchen 3- bis 4körnig; Deckspelzen meist sehr lang u. starr begrannt; *Fr. länglich-spitz,* oft glashart. VI–VII. 2n = 28.

Sehr selten gebaut. – Wärmeliebend. – Nur aus Kultur bekannt.

373. T. túrgidum L. Rauh-W.

⊙, ①, *Th, H.* – H. (0,60)1,20–1,80. *B. meist nicht behaart;* Ähre meist lang, dicht u. dick; Ährchen 3- bis 5körnig; Deckspelzen in der Regel begrannt; *Fr. sehr dick rundlich.* VI–VII. 2n = 28.

Sehr selten gebaut. – Wärmeliebend. – Ursprung: Vord.As.?, Abess. (?).

374. T. polónicum L. Polnischer W.

⊙, *Th.* – H. 0,80–1,50. B. meist kahl; Ähre z. T. locker, unter den Hüllspelzen mit starker Schwiele; Ährchen 2- bis 3körnig; Deckspelzen ±begrannt. VI–VII. 2n = 28.

Sehr selten gebaut. – Sommergetreide. – Ursprung: N-Afr.?, Abess.?

375. T. spélta L. Dinkel

⊙, ①, *Th, H.* – H. 0,60–1,50. Ähre schlank, bis 10mal so lang wie breit, locker; Ährchen meist 2- bis 3körnig, entweder ±kurz begrannt od. unbegrannt. VI. 2n = 42.

Zerstreut in SW-D. gebaut. – Nur aus Kultur bekannt.

376. T. aestívum L. (Abb. 61d–f) Saat-W.
(incl. T. compactum Host)

⊙, ①, *Th, H.* – H. 0,70–1,60. Ähre dicht bis locker, ±regelmäßig vierseitig; Ährchen meist 3- bis 5körnig; Deckspelzen lang begrannt od. unbegrannt. VI. 2n = 42. Formenreich.

Gebaut in zahlreichen Sorten. – Sommer- u. Wintergetreide; ±trockene, warme, nährstoffreiche, kalkhaltige Lehm- u. Lößböden. – Nur aus Kultur bekannt.

Droge: [Amylum Tritici]

3. Trib. M o n é r m e a e

106. Parápholis C. E. Hubb. Dünnschwanz

x = 7

377. P. strigósa (Dum.) C. E. Hubb. (Abb. 62a–c)
(= Lepturus incurvatus auct.)

⊙, *Th.* – H. 0,05–0,30. Halme zahlreich, aufrecht od. aufsteigend, verzweigt; B.spreiten oft zuletzt fadenförmig gefaltet; Ähre ±stielrund, aufrecht od. ±gekrümmt; Hüllspelzen 2, 4–6 mm lang, meist länger als die Deckspelzen; Stbbtl. 2–4 mm lang. V–IX. 2n = 14.

Strandnelken-Wiesen; feuchte, seltener überflutete, nährstoffreiche, salzhaltige, tonige Böden. – Zerstreut bis selten (wohl auch übersehen): N- u. O-See-Küsten (ö. bis Rügen). – W-Eur., NW-Med. bis Dalmat.; med-atl.

4. Trib. A v é n e a e
1. Subtrib. A v e n í n a e

107. Avéna L. Hafer

x = 7

I. Spitze der Deckspelze meist lang 2zähnig .... **378. A. nuda**
II. Spitze der Deckspelze ungezähnt od. nur leicht 2zähnig (vgl. A. nuda ssp. brevis)
  A. Bl. deutlich von der Ährchenachse abgegliedert; Deckspelzen unten mit langen Haaren .... **379. A. fatua**
  B. Bl. nicht von der Ährchenachse abgegliedert; Deckspelzen kahl od. fast kahl, selten borstig .... **380. A. sativa**

378. A. núda Höjer Rauh-, Silber- u. Nackt-H.

⊙, *Th.* – H. 0,45–1,00. Rispe meist ±einseitswendig; *Deckspelzen an der Spitze meist lang 2zähnig,* seltener kurz 2spitzig, *kahl od. zerstreut-borstig,* auf dem Rücken meist gekniet begrannt; *Ährchenachse kahl od. behaart.* VI–VIII. 2n = 14. Umfaßt:

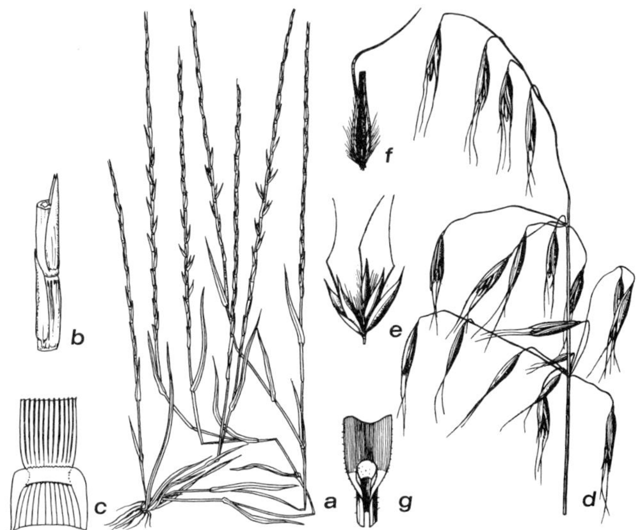

Abb. 62. *a–c Parapholis strigosa* (*a* Habitus einer vollentwickelten Pflanze, *b* 2 Ährchen mit Rhachisabschnitt, *c* Blattspreitengrund); *d–g Avena fatna* (*d* Blütenstand, *e* Ährchen, *f* Deck- u. Vorspelze mit Rhachillarest, *g* Blattspreitengrund).

ssp. strigósa (Schreb.) Janch.; Rauh-H.; Ährchen meist 2bl.; Ährchenachse meist unter jeder Bl. behaart; Hüllspelzen so lang wie die Deckspelzen; Deckspelzen mit 2 grannenförmigen, langen Spitzen; Fr. von Spelzen dicht umschlossen.

ssp. brévis (Roth) Mansf.; Silber-H.; Ährchen meist 2bl. u. nur 13 mm lang; Ährchenachse unter den unteren Bl. fast kahl; Hüllspelzen so lang wie die Deckspelzen; Deckspelzen mit meist kurz 2zähniger Spitze, Fr. von Spelzen dicht umschlossen.

ssp. núda Nackt-H.; Ährchen 3- bis 6bl.; Ährchenachse meist kahl, verlängert; Spelzen stark-nervig; Hüllspelzen kürzer als die Deckspelzen; Deckspelzen mit 2 unbegrannten Spitzen; Fr. nur lose von den Spelzen umhüllt.

Im Geb. sehr selten gebaut, gelegentlich in Getreide- od. Schuttunkrautges. – Angebaut in W-Eur.

379. A. fátua L. (Abb. 62d–g) Wind-H.

⊙, *Th.* – H. 0,60–1,20. Rispe meist gleichmäßig-ausgebreitet; Ährchen meist 3bl.; *Deckspelzen höchstens 2spitzig,* auf dem Rücken bis 4 cm lang gekniet begrannt, *vom Grd. bis zur Mitte lang u. dicht behaart; Ährchenachse rauhhaarig; Bl. zuletzt einzeln ausfallend.* VI–VIII. 2n = 42.

Getreide- u. Schuttunkrautges.; ±frische u. schwere Böden. – Zerstreut bis selten, bes. unter Sommergerste (Jura bis 800 m); fehlt streckenweise im N-Flachland. – Eur., N-Afr., As., Am.; vermutlich o-med.

380. A. sativa L. Saat-H., Fahnen-H.

⊙, *Th.* – H. 0,60–1,50. Rispe gleichmäßig ausgebreitet od. schmal zusammengezogen; Ährchen 2(–6)bl.; *Deckspelzen an der Spitze ungezähnt od. nur kurz gezähnt,* unbegrannt od. nur z. T. begrannt; Ährchenachse kahl od. unter der unteren Bl. behaart; Fr. von den Spelzen meist dicht umschlossen. VI–VIII. 2n = 42. Umfaßt:

ssp. s a t í v a; Saat-H.; Rispe allseitswendig, ausgebreitet; Ährchen 2(–3)bl.; Hüllspelzen länger als die Bl.; Deckspelzen nur an der Spitze deutlicher nervig; Fr. von den Spelzen dicht umschlossen. – Gebaut in verschiedenen Sorten.

ssp. c o n t r á c t a (Neilr.) Čelak. (= A. orientalis Schreb.); Fahnen-H.; Rispe schmal, zusammengezogen, einseitswendig; St. starr aufrecht; Ährchen 2(–3)bl.; Hüllspelzen länger als die Bl.; Deckspelzen nur an der Spitze deutlicher nervig; Fr. von den Spelzen dicht umschlossen. – Selten gebaut.

ssp. c h i n é n s i s (Fisch.) Janch.; Nackter Saat-H.; Rispe allseitswendig; Ährchen 3- bis 6bl.; Hüllspelzen kürzer als die Bl.; Deckspelzen mit stark vortretenden Nerven; Fr. von den Spelzen nur lose umhüllt. – Sehr selten gebaut (?).

Nur aus Kultur bekannt, vermutlich aus A. fatua entstanden.

Bastard:
A. sativa × fatua (= A. × vilis Wallr.)

108. Arrhenátherum P. B. Glatthafer

381. A. elátius (L.) J. et C. Presl (Abb. 63a–c) Französisches Raygras

♃, *H.* – H. 0,50–1,80. Lockerhorstig; B.spreite ±rauh; B.kiel auf die Scheide übergehend, glänzend; Rispe zur Bl.zeit ausgebreitet, aufrecht, od. anfangs etwas überhängend; Ährchen mit 1 oberen, meist unbegrannten ☿-Bl. u. 1 unteren, begrannten ♂-Bl. VI–VII. Umfaßt:

ssp. e l á t i u s; untere St.glieder nicht knollig verdickt. 2n = 28. – Verbreitet.

ssp. b u l b ó s u m (Willd.) Hyl.; 2–3 der untersten St.glieder knollig verdickt. 2n = 28. – Zerstreut u. selten.

Meist in Fettwiesen; frische bis trockene, nährstoffreiche Lehmböden. – Verbreitet u. häufig von der Ebene bis mittlere Gebg.lagen (Alp. bis 1450 m). – Eur., N-Afr., W-As., (N-Am, Austr.); subatl.-submed.

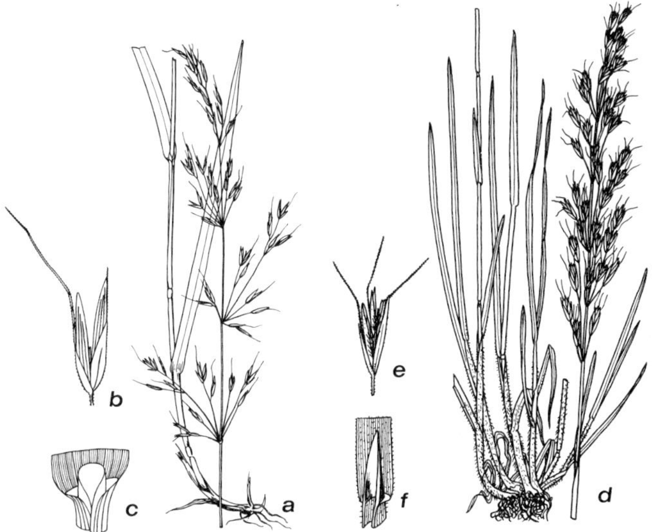

Abb. 63. *a–c Arrhenatherum elatius* (*a* Blütenstand u. Halmbasis, *b* Ährchen, *c* Blattspreitengrund); *d–f Helictotrichon pubescens* (*d* Habitus, *e* Ährchen, *f* Blattspreitengrund).

109. Helictótrichon Bess. — Wiesenhafer

x = 7

I. Ährchen 2- bis 3(4)bl.
- A. Untere B. meist borstlich gefaltet, starr, rauh od. sehr fein behaart .... **382. H. parlatoreï**
- B. Untere B. flach, nebst den unteren B.scheiden kurzzottig behaart .... **383. H. pubescens**

II. Ährchen meist 4- bis 6 (3–8)bl.
- A. Halme u. B.scheiden 2schneidig .... **384. H. planiculme**
- B. Halme u. B.scheiden stielrund
  - 1. Untere B.scheiden rückwärts rauh u. B. oberseits sehr rauh .... **385. H. pratense**
  - 2. B.scheiden u. B.spreiten glatt .... **386. H. versicolor**

382. H. parlatóreï (Woods) Pilg. — Parlatores W.
(= Avena parlatoreï Woods)

♃, *H.* – H. 0,20–0,60. Dichtrasig; *B. steif, oberseits sehr rauh,* grd.-ständige rinnig, borstlich; B.häutchen bis 5 mm lang; Rispe ±ausgebreitet, untere u. mittlere Äste meist zu 3, längere mit 4–5 Ährchen; Ährchen mit 2 fruchtbaren, begrannten, u. 1–2 unfruchtbaren Bl.; Hüllspelzen 3nervig. VI–VIII.

Alp. Blaugrashalden; kalkhaltige, steinige Substrate. – Selten, nur Alp. (1550–1850 m). – Alp.; alp.

383. H. pubéscens (Huds.) Pilg. (Abb. 63d–f) Flaum-W.
(= Avena pubescens Huds.)

♃, *H.* – H. 0,30–1,20. Horstgras; *B. flach, untere kurzzottig behaart,* sehr selten kahl; Rispe ±gleichmäßig-ausgebreitet, kürzere *Äste* mit 1, längere mit 3 Ährchen, *untere zu 5;* Hüllspelzen 1- bzw. 3nervig, haarig; Ährchen meist 2- bis 3bl.; Deckspelzen in der Mitte des Rückens begrannt, nach der Spitze zu silberig-trockenhäutig. V–VI. Im Geb. nur ssp. pubéscens. 2n = 14.

Fettwiesen, Halbtrockenrasen; frische bis trockene, nährstoff- u. kalkhaltige, lehmige Böden. – Verbreitet (Alp. bis 2200 m); im n. Marschgeb. fehlend od. bisweilen nur durch Ansaat od. Verschleppung. – N- u. M-Eur., Isl., Sib.; euras(-subozean) (-submed).

384. H. planicúlme (Schrad.) Pilg. Platthalmiger W.
(= Avena planiculmis Schrad.)

♃, *H.* – H. 0,60–1,00. Dicht- od. etwas lockerrasig; *B. breit, kahl, am Rand rauh;* Rispe zusammengezogen, lang, mit je 1–4 Ästen, davon längere mit 2- bis 3-, 5- bis 6bl. Ährchen; Hüllspelzen 3nervig. VII bis VIII. 2n = ca. 120, ca. 126.

Quellige Hangwiesen. – Sehr selten, nur nahe der Grenze: Glatzer Schneeberg. – Sud., Karp., Balk., n. Kl.As.; o-praealp.

385. H. praténse (L.) Pilg. Rauher W.
(= Avena pratensis L.)

♃, *H.* – H. 0,30–0,60. Horstgras; *B. knorpelig-berandet, oberseits sehr rauh;* Rispe schmal, zusammengezogen, untere Äste zu zweien, obere einzeln, alle ein einzelnes Ährchen od. die längeren der untersten 2 tragend; Ährchen 3- bis 5(8)bl.; beide Hüllspelzen 3nervig, bis 1,8 cm lang, silberweiß. V–VII. 2n = 42.

Trockenrasen, Magerweiden; ±trockene, oft kalkarme u. magere Böden. – Zerstreut u. selten (Alp. bis 1100 m); u. a. in N-D. über größere Strecken fehlend. – N- u. M-Eur., Apenn., Sib.; euras(-kont).

386. H. versícolor (Vill.) Pilg. Bunter W.
(= Avena versicolor Vill.)

♃, *H.* – H. 0,15–0,40. Lockerrasig; *B.rand weißlich, durchscheinend,* nicht knorpelig; Rispe fast eiförmig, untere Äste zu 2, meist nur 1 Ährchen tragend; Ährchen meist 5bl.; Hüllspelzen mit goldgelbem Hautrand u. grünem, purpur-berandetem Grd. VII–VIII. 2n = 14.

Alp. Magerrasen u. Zwergstrauchges.; ±frische, saure Böden. – Zerstreut u. selten: Alp. (1700–2300 m). – Pyren., Alp., Apenn., Balk., Karp., Kauk.; alp.

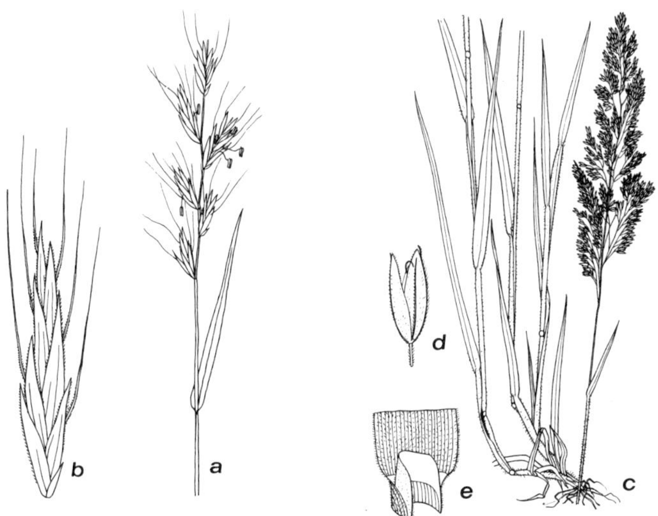

Abb. 64. *a–b Gaudinia fragilis* (*a* Blütenstand, *b* Ährchen); *c–e Holcus lanatus* (*c* Habitus, *d* Ährchen, *e* Blattspreitengrund).

110. Gaudínia P. B. Ährenhafer

x = 7

387. G. frágilis (L.) P. B. (Abb. 64a–b) Zerbrechlicher Ä.

⊙, *Th.* – H. 0,15–0,60. Untere B.scheiden langhaarig; B.häutchen fast fehlend; Blst. ährenförmig, 2zeilig, Achse sehr brüchig. V–VI. 2n = 14.

Schuttunkrautges.; warme, frische, nährstoffreiche Böden. – Selten u. unbeständig, eingeschleppt. – Med., Kl.As., Frankr.; med(-atl).

111. Hólcus L. Honiggras

x = 7

I. B.scheiden dicht weichhaarig, unterste meist rotviolett gestreift . . . . **388. H. lanatus**
II. Obere B.scheiden nur spärlich behaart od. kahl, an den Knoten auffällig behaart . . . . **389. H. mollis**

388. H. lanátus L. (Abb. 64c–e) Wolliges H.

♃, *H.* – H. 0,30–0,60. Dichtrasig, horstig; B. u. B.scheiden weichhaarig; *Granne der ♂ Bl. meist nicht hervortretend, eingeschlossen, zuletzt hakig-einwärtsgebogen.* VI–VIII. 2n = 14.

Fettwiesen u. -weiden; frische bis nasse, nährstoffhaltige, kalkarme, torfige od. lehmige Böden. – Verbreitet u. häufig (Alp. bis 900 m). – Eur., gem. As., N-Afr., (N-Am.); subatl-submed.

389. H. móllis L. Weiches H.

♃, *G, H.* – H. 0,30–0,80. W.stock kriechend, Ausläufer treibend; obere B. u. B.scheiden kahl od. nur spärlich behaart; *Granne der ♂-Bl. gekniet, über die Hüllspelzen weit hinausragend.* VII–VIII. 2n = 28 (21, 35, 42, 49).

Eichen- u. Eichen-Birken-Wälder, Heiden; kalk- u. nährstoffarme, saure, sandige od. torfige Böden. – Zerstreut, geb.weise häufig (Alp. bis 1500 m). – Gem. bis s. Eur. u. M- u. S-Rußl.; subatl.

*112. **Koelèria*** Pers. Schillergras

x = 7

I. Halmbasis nicht zwiebelartig verdickt
  A. B. flach, nebst den oberen B.scheiden fast kahl od. bewimpert .... **390. K. pyramidata**
  B. B. meist eingerollt, nebst den oberen B.scheiden weichhaarig .... **391. K. macrantha**
II. Halmbasis durch alte B.scheiden zwiebelartig verdickt
  A. Unterste Scheiden sich zuletzt in feine, dicht verwebte Fäden auflösend .... **392. K. vallesiana**
  B. Unterste Scheiden sich zuletzt in grobe, gerade Fasern auflösend
    1. Grd.achse wenig gestreckt; Deckspelzen stumpf od. mit aufgesetzter Stachelspitze .... **393. K. glauca**
    2. Grd.achsen ±lang kriechend; Deckspelzen spitz, seltener stumpflich .... **394. K. albescens**

1. Sect. Caespitósae

390. K. pyramidáta (Lam.) P. B. (Abb. 65 a–b) Pyramiden-Sch.
[= K. cristata (L.) Pers. p.p.]

♃, *H.* – H. 0,30–1,00. Dichtrasenförmig; B.spreite meist flach; B.häutchen sehr kurz, gewimpert; Rispe länglich, etwas gelappt; Ährchen 5–7 mm lang, 2- bis 4bl. VI–VII. Umfaßt:

ssp. pyramidáta; *grasgrün; Halm robust,* unter der Rispe kurzhaarig; B. nebst B.scheiden fast kahl od. bewimpert, selten od. z. T. kurzzottig; Ährchen meist blaß. 2n = 28, 42, 70. – Zerstreut.

ssp. montána (Hausm.) Domin; Halm schlank, kahl; B. graugrün, kurz u. straff, nebst B.scheiden kahl; Ährchen violett. – Ob im Geb.?, angeblich Bay. (Miesing, Mittenwald).

Abb. 65. *a–b Koeleria pyramidata* (*a* Blütenstand u. Halmbasis, *b* Ährchen); *c–d Ventenata dubia* (*c* Blütenstand u. Halmbasis, *d* Ährchen).

Trockenrasen, Wege, lichte Wälder; trockene, meist kalkhaltige, magere Böden. – Zerstreut bis ziemlich häufig, bes. im m. u. s. Geb. (Alp. bis 1800 m); fehlt u. a. im NW-Flachland über große Strecken. – M-Eur., s. bis N-Ital., Siebenb.; subatl-submed.

391. K. macrántha (Ledeb.) Spreng. Zierliches Sch.
(= K. gracilis Pers.)

♃, *H.* – H. 0,20–0,50. Dichtrasig; *Halm meist zierlich,* nur unten beblättert; *B.* meist sehr schmal, bis 1 mm breit, meist zusammengerollt, *graugrün;* untere B.scheiden weichhaarig; Rispe gelappt, etwas ausgebreitet; Ährchen 4–5 mm lang, 2- bis 3bl. V–VI(VIII). Formenreich. Umfaßt:

ssp. m a c r á n t h a; Halm zierlich; B. sehr schmal; Rispe gelappt. – Zerstreut. 2n = 14.

ssp. p s e u d o c r i s t á t a (Domin) Janch.; Halm unten kräftig, nur oben zierlich; B. breiter als 1 mm; Rispe groß, stark gelappt. 2n = 28. – Ob im Geb.?

Trockenrasen, Wege, lichte Kiefernwälder; trockene, meist kalkhaltige, magere Böden. – Zerstreut, s. etwa bis Bodenseegeb. (Jura bis 780 m); fehlt u. a. in NW-D. über große Strecken. – Eur., As., N-Am.; (euras-)kont(-submed).

2. Sect. B u l b ó s a e

392. K. vallesiána (Honck.) Bertol. Walliser Sch.

♃, *H.* – H. 0,20–0,50. Rel. dichtrasig; Halm dünn, unter der Rispe meist weichhaarig; untere B.spreiten schmal, meist fein borstlich zusammengerollt, kahl, starr; Rispe sehr dicht, 2–3 cm, Ährchen bis 5 (6) mm lang; Deckspelzen stumpflich. V–VI. 2n = 42.

Trockenrasen, felsige Hänge; warme, kalkreiche, magere Böden. – Sehr selten, nur Rheinhess. (Nackenheim). – W- u. SW-Eur., N-Afr.; atl-(sub)med.

393. K. glaúca (Schkuhr) DC. Blaugrünes Sch.

♃, *H.* – H. 0,30–0,60. Rel. dichtrasig; untere B.scheiden behaart, bleich, quer gewellt; B. blaugrün etwas steif, flach od. eingerollt; Rispe ±gelappt; Ährchen bis 5 mm lang, 2- bis 3bl.; Deckspelze stumpf od. mit aufgesetzter Stachelspitze. VI–VII. 2n = 14, 28.

Sandfluren der Binnendünen; trockene, meist kalkhaltige Sandböden. – Sehr zerstreut in N- u. ö. M-D.; sehr selten im s. Geb.: Sandgeb. der n. Oberrheinebene. – M- u. O-Eur., W- u. M-As.; europ-kont.

394. K. albéscens DC. Weißliches Sch.

♃, *H.* – H. 0,10–0,25(0,50). Lockerrasig, Ausläufer treibend; St. unter der Rispe kurz-weichhaarig, untere B.scheiden bleich; B. schmal, meist borstenförmig eingerollt, starr, hell graugrün; Rispe dicht, gelappt, weißlich, etwas glänzend; Ährchen etwa 5–6 mm lang; Deckspelzen spitz od. stumpflich. VI–VII.

Ältere Küstendünen; ±trockene Sandböden. – Zerstreut: Ostfr. Ins., Arensch, Duhnen, Sahlenburg. – Alt. Küsten W-Eur.; atl.

113. Ventenáta Koeler Grannenhafer

x = 7

395. V. dúbia (Leers) Coss. (Abb. 65 c–d) Zarter G.

⊙, ①, *Th, H.* – H. 0,30–0,70. B. schmal, ±rinnig; B.häutchen bis 10 mm lang; Rispe groß, gleichmäßig ausgebreitet; Ährchen 2- bis 3bl.; obere Deckspelzen an der Spitze haarspitzig 2grannig u. auf dem Rücken mit geknieter Granne. VI–VII. 2n = 14.

Unkrautige Ges., Rasen; trockene, warme, lehmige Böden. – Sehr selten u. z. T. unbeständig: N-Thür., S-Harz, Sachs., Frank., M-Rhein- u. Maingeb., Pfalz (Forst), Hess. – S-, s. M- u. W-Eur., S-Rußl., Kl.As., Transkauk., N-Afr.; submed.

114. Trisétum Pers. Goldhafer

x = 6,7

I. Rispe ±locker, ausgebreitet; St. unter der Rispe kahl
A. Grd.achse nicht oberirdisch kriechend .... **396. T. flavescens**
B. Grd.achse oberirdisch kriechend .... **398. T. distichophyllum**

II. Rispe dicht, ährenförmig-kopfig; St. unter der Rispe behaart .... **397. T. spicatum**

1. Subgen. T r i s é t u m
1. Sect. T r i s é t u m

396. T. flavéscens (L.) P. B. (Abb. 66a–c) Wiesen-G.

♃, *H.* – H. 0,30–0,80. Lockerrasig, grasgrün; Halm einfach; B. flach, nebst B.scheide meist ±behaart; B.häutchen kurz; *Rispe* gleichmäßig-*ausgebreitet, längere Äste 5–6 Ährchen tragend;* Ährchen meist (grünlich bis) goldgelb, 3- bis 4bl., Achse behaart, *Haare am Grd. der untersten Bl. kürzer als* $^1/_3$ *der Deckspelze;* untere Hüllspelze 1-, obere 3nervig. V–VI (VIII–IX). Umfaßt:

ssp. f l a v é s c e n s; H. bis über 0,60; St.knoten unbedeckt, obere Hüllspelze über der Mitte am breitesten; Frkn. kahl. 2n = 24, 28. – Verbreitet. Hierzu u. a.

var. p u r p u r á s c e n s (DC.) Arcang; Rispe groß, dicht; Deckspelzen rötlich od. schwärzlichbraun. – Selten.

ssp. a l p é s t r e (Host) A. et G.; H. meist nicht über 0,30; St.knoten von der Scheide bedeckt; obere Hüllspelze in od. unter der Mitte am breitesten; Frkn. flaumig behaart. 2n = 14. – Alp. (alp. u. subalp. Stufe).

Goldhaferwiesen bzw. Glatthafer-Fettwiesen tieferer Lagen; frische, nährstoffreiche, meist kalkhaltige Lehmböden. – Zerstreut bis verbreitet; häufig in Gebg.-wiesen (Alp. bis 2375 m), im N-Flachland z. T. selten od. fehlend. – M-, S-Eur., N-Afr., gem. As., N-Am.; praealp-submed(-subatl), circ.

2. Sect. T r i s e t a í r a

397. T. spicátum (L.) Richt. Ähren-G.

♃, *H.* – H. 0,10–0,25. Meist dichtrasig; Halm meist einfach, aufrecht; B. kahl, flach; *Rispe gedrungen, eiförmig od. walzlich,* dicht; Ährchen meist 2- bis 3bl., bunt: violett, grün u. gelb, obere Hüllspelze 3nervig, Achse sehr kurz behaart. VII–IX. Im Geb. nur ssp. o v a t i - p a n i c u l á t u m Hult.

Abb. 66. *a–c Trisetum flavescens* (*a* Habitus, *b* Ährchen, *c* Blattspreitengrund); *d–f Agrostis gigantea* (*d* Blütenstand u. Halmbasis, *e* Ährchen, *f* Blattspreitengrund).

Alp. Steinschuttrasen; frische Schuttböden. – Selten: Alp. (2100–2450 m, Allgäu, Kreuzeck). – Gesamtart: Pyren., Alp., Gebg. Skand., Isl., Arkt., Antarkt., Him., Jap., Gebg. N-Am.; arkt(subozean)-alp, circ.

2. Subgen. D i s t i c h o t r i s é t u m

398. T. distichophýllum (Vill.) P. B. Zweizeiliger G.

♃, *G, (H).* – H. 0,10–0,20. Lockerrasig, mit Ausläufern; Halme am Grd. liegend, sehr ästig; B. flach, kurz, steif, blaugrün, auffällig 2zeilig; *Rispe ausgebreitet, längere Äste meist 3–4 Ährchen tragend;* Ährchen meist 3bl., beide Hüllspelzen 3nervig, Achse behaart; *Haare am Grd. der unteren Bl.* $^1/_3$–$^1/_2$ *so lang wie die Deckspelze.* VII–VIII. 2n = 28, ca. 56.

Alp. Schuttfluren; frische, kalkreiche Substrate. – Vereinzelt: Alp. (1300 bis 2610 m, Allgäu, Wetterstein- u. Karwendelgeb., Berchtesgaden). – Pyren., Alp., Karp.; alp.

115. Agróstis L. Straußgras

x = 7

I. Alle B. flach, 2–5 (11) mm breit, in der Knospe gerollt; Vorspelze vorhanden, kürzer als die Deckspelze
A. Rispe vor u. nach der Bl. zusammengezogen; B.-häutchen lang (bis 6 mm), gerundet od. spitz
a) St. niederliegend u. wurzelnd bis aufsteigend, od. aufrecht bis etwa 0,50 hoch; Ausläufer meist oberirdisch, sehr lang, seltener kurz **399. A. stolonifera**
b) St. aufrecht bis 1,50 hoch, seltener vom Grd. aufsteigend; Ausläufer meist fehlend od. sehr kurz .... **400. A. gigantea**
B. Rispe auch nach der Bl. ausgebreitet; B.häutchen kurz (bis 2 mm), gestutzt .... **401. A. tenuis**
II. Grd.ständige B. ±borstig gefaltet, 1–2 mm breit; Vorspelze kürzer als $^1/_3$ der Deckspelze od. fehlend
A. St. mit 3–6 B. (1–2 mm breit); untere Rispenäste mit 2–7 grd.ständigen Zweigen .... **402. A. canina**
B. St. mit 1–2 B. (bis etwa 1 mm breit, steif); untere Rispenäste mit 1–2 grd.ständigen Zweigen
1. Rispenäste u. Ährchenstiele rauh behaart ...... **403. A. alpina**
2. Rispenäste u. Ährchenstiele glatt .... **404. A. rupestris**

1. Sect. Agróstis

399. A. stolonífera L. Ausläufer-St.
[= A. alba auct. var. stolonifera (L.) G. Meyer]

♃, *H.* – H. 0,10–0,50. Pfl. mit langen, ober- od. unterirdischen Ausläufern; *St. niederliegend bis aufsteigend-aufrecht,* bis meterlange, bewurzelte, verzweigte Kriechtriebe bildend; Rispe pyramidal bis zylindrisch, meist rel. kurz, Äste rauh; B. unter 6 mm breit; Deckspelzen mit sich kaum sichtbar abhebenden Kieselkurzzellen (Vergr. 100 ×). VI–VIII. Umfaßt (bisweilen als Var. bewertet):

ssp. stolonífera; St. aufrecht od. vom Grd. aufsteigend, nicht niederliegend u. wurzelnd, unterirdische Ausläufer kurz od. fehlend; B. flach, grasgrün. 2n = 28.

ssp. prorépens Koch; St. niederliegend, stark verzweigt, wurzelnd, lang kriechend, mitunter mit verlängerten, unterirdischen Ausläufern; B. grasgrün, schlaff, flach. 2n = 70.

Vorgenannte Sspp.: Ufer, Grabenränder, Wege, Wiesen; frische bis feuchte, nährstoffreiche, meist lehmige od. tonige Böden. – Verbreitet u. häufig (Alp. bis 1800 m).

ssp. marítima (Lam.) Koch; am typischen Standort: St. niederliegend, stark verzweigt, wurzelnd, lang kriechend, oft verlängert;

B. grau-blaugrün, oft eingerollt u. steif, bisweilen stechend (B.farbe u. -form u. a. vom Salzgehalt des Standortes abhängig). 2n = 56.

Salzwiesen; feuchte, salzhaltige, seltener überflutete, meist tonige Böden. — Verbreitet: Meeresküsten, Salzstellen des Binnenlandes.

Eur., As., N-Am., Austr., S-Afr., Falkl. Ins.; no-euras(-submed).

400. A. gigántea Roth (Abb. 66d–f) Aufrechtes St.
[= A. alba auct. var. gigantea (Roth) Arcang.]

♃, *H.* — H. 0,30–1,50. Pfl. *mit aufrechten od. vom Grd. aufsteigend-aufrechten St.; B. bis 11 mm breit; Rispe bis über 15 cm lang,* pyramidal, breit, Äste rauh; Deckspelzen mit rel. wenigen deutlichen Kieselkurzzellen (Vergr. 100 ×). VI–VIII. 2n = 42, 46.

Wiesen, Ufer; feuchte, nährstoffreiche, lehmige od. tonige Böden. — Verbreitet bis ziemlich häufig. — Eur., Rußl., O-As., N-Am., Austr., Neuseel.; euras(-submed).

401. A. ténuis Sibth. Rotes St.
(= A. vulgaris With.)

♃, *H.* — H. 0,10–0,60(0,90). St. meist aufrecht, seltener niederliegend u. aufsteigend; B. meist flach, seltener fadenförmig-borstlich; *Rispe zur Bl.zeit mit oval-eiförmigem Umriß, Äste ziemlich glatt;* Deckspelzen mit sich kaum sichtbar abhebenden Kieselkurzzellen (Vergr. 100mal). VI–VIII. Umfaßt:

ssp. t é n u i s; rel. lockerrasig; St. aufrecht od. knickig-aufsteigend; Grd.achse ±kriechend; B. meist flach, etwas schlaff; Rispe ausgebreitet, oval-eiförmig. 2n = 28. — Verbreitet u. meist häufig.

ssp. o r e ó p h i l a O. Schwarz; dichtrasig; St. aufrecht. Grd.achse nicht kriechend; B. u. St. straff; Rispe schlank, mit kurzen Ästen. — Bergwiesen. — Verbreitet: M-Gebg., Alp.

ssp. r é p e n s (Schur) O. Schwarz; St. unterwärts od. ganz niederliegend, an den Knoten wurzelnd u. hier oft sehr schmalblättrige Pfl. bildend; polsterförmige Rasen, oft nicht blühend. — Heidemoore. — Zerstreut.

Magerrasen, Heiden, lichte Wälder etc.; ±saure, kalkarme, magere, oft sandige od. lehmige Böden. — Verbreitet u. häufig (Alp. bis 2220 m). — Eur., N-As., N-Afr., N-Am.; no-euras-subozean.

2. Sect. T r i c h ó d i u m

402. A. canína L. Hunds-St.

♃, *H.* — H. (0,10)0,20–0,60. Pfl. ±graugrün od. hellgrasgrün, mit u. ohne Ausläufer od. Kriechtriebe; *Grdb. meist ±borstlich-gefaltet u. Stb. flach;* B.häutchen länglich bis über 2 mm lang, gezähnelt; Rispe zur Bl. mit ±abstehenden, rauhen Ästen, eiförmig bis pyramidal; Ährchen oft violett gefärbt; *Deckspelzen* mit zahlreichen deutlichen Kieselkurzzellen (Vergr. 100 ×), *unter der Mitte begrannt,* Granne das Ährchen meist überragend. VI–VIII. Umfaßt:

ssp. c a n í n a (incl. A. canina L. var. stolonifera Blytt); Rhiz. fehlend; Ausläufer vorhanden; St. meist niederliegend-aufsteigend; Stb. flach (seltener auch Grdb. ±flach); Rispe wenig nach der Bl. zusammengezogen. 2n = 14.

Moorige Wiesen, Weg- u. Grabenränder etc.; feuchte bis nasse, nährstoffarme Böden. – Zerstreut bis verbreitet (Alp. bis 1140 m).

ssp. m o n t á n a (Hartm.) Hartm. (incl. A. canina L. var. arida Schlechtend. u. A. pusilla Dum.); Rhiz. vorhanden; Ausläufer fehlend; Pfl. dichtrasig; B. sämtlich borstlich gefaltet; Rispe nach der Bl. meist stark zusammengezogen. 2n = 28.

Sandrasen, Heiden etc.; ±trockene, kalk- u. nährstoffarme Böden. – Zerstreut bis selten von N-D. bis zum n- Oberrheingeb.

Isl., N- bis s. Eur., Sib.; no-euras.

403. A. alpína Scop. Alpen-St.

♃, *H.* – H. 0,10–0,20(0,40). Dichtrasig, unterirdisch kriechend; Triebe meist durchbrechend; untere B.scheiden zuletzt braun fasernetzig; Stb. (meist nur eines, tief unten) sich nach der Bl. zusammenrollend; Rispe nach der Bl. ausgebreitet od. zusammengezogen (oft fast ährenförmig), *Ährchen* oft schwarzviolett, *3,5–4 mm lang; Deckspelze am Grd. begrannt.* VII–IX. Umfaßt:

ssp. a l p í n a; Stb. meist flach; Rispe ausgebreitet; Äste geschlängelt; Hüllspelzen lanzettl., meist schwarzviolett. 2n = 14. – Selten: Alp. – o-alp.

ssp. s c h l e i c h e r i (Jord. et Verl.) A. et G.; St. meist höher als der Typus, schlank; Stb. borstlich; Rispe schlanker u. länger, Äste sehr stark geschlängelt; Ährchen schlanker; Hüllspelzen allmählich in stachelartige Spitze verschmälert, hell od. bald verbleichend. 2n = 42. – Zerstreut: Alp. – w-alp.

Alp. Rasenges.; frische, kalkarme, steinige Böden. – Zerstreut: Alp. (bis 2420 m), selten herabgeschwemmt. – Hochgebg. von Span. über Alp., Apenn. bis Karp.; alp.

404. A. rupéstris All. Felsen-St.

♃, *H.* – H. 0,05–0,10(0,30). Dichtrasig, Triebe meist umscheidet; B. meist borstlich, fast fadenförmig; untere B.scheiden grau-rotbraun; Rispe nach der Bl. ausgebreitet od. zusammengezogen; *Ährchen 2 bis 3 mm lang; Deckspelze unterhalb der Mitte begrannt.* VII–VIII. 2n = 28.

Alp. Magerrasen; ±frische, saure, nährstoffarme, steinige Böden. – Verbreitet bis häufig: Riesengebg., Bay. Wald (Arber), Alp. (1600–2310 m). – Hochgebg. von Pyren. über Alp. bis w. Balk., Apenn., Korsika; alp.

Bastarde:
A. alpina × rupestris (A. × hegetschweileri Bruegg.), A. tenuis × canina (A. × mercieri A. et G.), A. tenuis × stolonifera (A. × intermedia C. A. Weber).

116. Calamagróstis Adans. Reitgras

x = 7

I. Deckspelze breit, gestutzt u. fein gezähnelt; Haare der Ährchenachse unter der Deckspelze in 2 kümmerlichen Büscheln .... **405. C. humilis**
II. Deckspelze schmal, 2spitzig, Haarkranz kräftig
A. Deckspelzen 4- bis 5nervig; Hüllspelzen lanzettl., zugespitzt
1. Deckspelze $^1/_6$–$^1/_8$ kürzer als die untere Hüllspelze
a) Vorspelze fast ebenso lang wie die Deckspelze
x) Haare am Grd. der Deckspelze nur $^1/_4$ so lang wie diese .... **406. C. arundinacea**
xx) Haare am Grd. der Deckspelze meist so lang wie diese .... **407. C. varia**
b) Vorspelze $^1/_4$–$^1/_3$ kürzer als die Deckspelze **408. C. neglecta**
2. Deckspelze $^1/_3$–$^1/_2$ kürzer als die untere Hüllspelze
a) Granne der Deckspelze endständig
x) Deckspelzenspitze mit die Seitenspitzen nicht od. nicht viel überragender Granne **409. C. canescens**
xx) Deckspelzenspitze mit die Seitenspitzen meist wenigstens um ihre Länge überragender Granne .... **410. C. purpurea**
b) Granne in od. unter der Mitte der Deckspelze abgehend (selten fehlend) .... **411. C. villosa**
B. Deckspelze 3nervig; Hüllspelzen lineal.-pfriemlich (an der Spitze von der Seite zusammengedrückt)
1. Deckspelze mit endständiger Granne .... **412. C. pseudophragmites**
2. Deckspelze auf dem Rücken begrannt .... **413. C. epigeios**

1. Subgen. P a r a g r ó s t i s

405. C. húmilis (R. et Sch.) O. Schwarz Zartes R.
[= C. tenella (Schrad.) Link, Agrostis schraderiana Bech.]

♃, *H.* – H. 0,30–0,60. Pfl. lockerrasig; St. knickig aufsteigend; B. bis 4 (5) mm breit; Rispe meist schlaff u. ±locker ausgebreitet (bis etwa 10 cm lang), Äste meist wenig abstehend, kaum rauh; Ährchen 2–4 mm lang, 2 seitliche Haarbüschel der Ährchenachse $^1/_3$–$^1/_2$ so lang wie die Deckspelze. VII–VIII. 2n = 28.

Subalp. (-alp.) Rasen u. Gebüsche; ±frische, kalkarme Böden. – Zerstreut: Alp. (insbes. 1700–2000 (2260) m). – Alp., Apenn.; alp.

2. Subgen. C a l a m a g r ó s t i s

406. C. arundinácea (L.) Roth Wald-R.

♃, *H.* – H. 0,60–1,25. *B.* bis etwa 10 mm breit, *unterseits glänzend,* B.häutchen kurz; Rispe oft sehr groß; Ährchen 5–6 mm lang, *Haare* $^1/_4$ *so lang wie die Deckspelze,* spärlich; *Granne die Hüllspelzen deutlich überragend,* im unteren $^1/_4$ der Deckspelze abgehend, *gekniet.* VI–VIII. 2n = 28.

Eichen-, Buchen- u. Fichtenwälder, insbes. der mont. Stufe; ±frische, meist saure, kalkarme, meist lehmige Böden. – Verbreitet bis zerstreut im m. u. s. Geb. (Alp. bis ca. 1400 m); selten NW-Flachland, z. größten Teil verschleppt. – Eur., gem. As.; no-euras(-kont).

407. C. vária (Schrad.) Host Buntes R.

♃, *H.* – H. 0,50–1,20. *B.* bis 9 mm breit, *beiderseits matt;* B.häutchen bis 4 mm lang; Rispe ±zusammengezogen; Ährchen 4–5 mm lang, gelblichgrün, violett gescheckt, *Haare so lang od. halb so lang wie die Deckspelze,* zahlreich; *Granne die Hüllspelzen überragend,* im unteren $^1/_4$ der Deckspelze abgehend, *gekniet.* VII–IX. 2n = 28.

Kiefernwälder, offene Hangrasen, Rutschflächen; warme, wechselfrische, meist kalkreiche Böden. – Verbreitet: Alp. (bis 2010 m), sonst zerstreut im m. u. s. Geb., nach N abnehmend; n. bis Nieders. (Süntel), Anh. (S-Harz), Thür. – M- u. S-Eur., gem. As.; praealp(-submed).

408. C. neglécta (Ehrh.) G. M. Sch. Vernachlässigtes R.

♃, *H.* – H. 0,30–1,00. B. bis 3(5) mm breit, oberseits stark rauh; B.häutchen bis 4 mm lang; Rispe schmal vor u. nach der Bl. meist sehr dicht; *Deckspelze auf dem Rücken ±unterhalb der Mitte begrannt, Granne kürzer als die Hüllspelze, gerade.* VI–VII. 2n = 28.

Flachmoore; nasse, torfige Böden. – Zerstreut in NO-D., w. etwa bis Schl.-Holst.; sonst sehr selten: Hess. (Westerwald), Sachs. (Lieske, Muskau), Donaugeb. (Neuburg), Bodenseegeb. (Mindelsee), Alp.vorland (Federsee). – N- u. M-Eur., Isl., N- u. O-As., N-Am.; arkt-no, circ.

409. C. canéscens (Web.) Roth Lanzettliches R.
(= C. lanceolata Roth)

♃, *H.* – H. 0,60–1,50. *St. oberwärts rauh;* B. lang, bis etwa 5 mm breit, bisweilen rinnig gefaltet, unterseits glänzend, am Rande rauh; B.häutchen bis etwa 3 mm lang; Rispe groß, zur Bl. gleichmäßig ausgebreitet. VII–VIII. 2n = 28.

Bruchwälder, Flachmoore; ±nasse, nährstoffreiche, torfige Böden. – Verbreitet bis zerstreut: N-Flachland; zerstreut bis ziemlich selten: M- u. S-D. – N- u. M-Eur., Sib.; no-euras(-kont).

410. C. purpúrea (Trin.) Trin. Purpur-R.

♃, *H.* – H. bis 1,50. *St. nur dicht unter der Rispe rauh;* B. meist unterseits stark rauh, graugrün, bis 9 mm breit; B.häutchen bis über 10 mm lang, oft zerschlitzt; Rispe groß, locker, *Ährchen meist rötlich,* Hüllspelzen am Rücken stark rauh. VI–VII. 2n = 56, (28) 56–91.

Wiesen, Teichufer. – Sehr selten, Hoher Meißner (?). – N-Eur., Rußl.; no.

411. C. villósa (Chaix) J. F. Gmel. Wolliges R.

♃, *H.* – H. 0,60–1,50. Fast grasgrün; Halm knickig aufsteigend, am oberen Ende der B.scheide meist beiderseits deutliche Haarbüschel; Rispe groß, zur Bl. gleichmäßig ausgebreitet; Ährchen gleichmäßig verteilt. VII–VIII.

Fichtenwälder, Moore; saure, rohhumose Böden. – Zerstreut: Alp. (bis 2050 m); seltener: M-Gebg.; sehr selten in N-D. (Schl. Holst.) – M-Eur., Bulg., Rußl., N- u. O-As.; praealp(-no-kont).

412. C. pseudophragmítes (Hall. f.) Koeler Ufer-R.

♃, *H.* – H. 0,80–1,50. Pfl. grau(blau)grün; B. meist nicht über 6 mm breit, schwach rauh; B.häutchen über 5 mm lang; Rispe bis fast 40 cm lang, zur Bl. gleichmäßig ausgebreitet; *Hüllspelzen* lineal.-pfriemlich, *meist ungleich.* VI–VII. 2n = 28.

Flußuferschotter; wechselfeuchte Kies- od. ±sandig-lehmige Böden. – Zerstreut u. selten: Westpr., Ostpr., Schles., Anh. (Thale), Rheingeb. (n. bis Bonn), Baar (Unterhölzer), Bodensee- u. Donaugeb., Bay. Wald, Alp.vorland, Alp. (bis 840 m). – gem. Eur., gem. As.; praealp(-kont).

413. C. epigeíos (L.) Roth (Abb. 67 a–c) Land-R.

♃, *H, G.* – H. 0,60–1,50. Pfl. graugrün; B. bis über 10 mm breit, mäßig rauh; B.häutchen bis 9 mm lang; Rispe bis über 30 cm lang, zur Bl. geknäuelt-lappig; *Hüllspelzen gleichlang.* VI–VIII. 2n = 28, 35, 42, 49, 56.

Kahlschläge, lichte Wälder, Ufer; meist oberflächlich trockene, tief wasserführende, ±sandige, lehmige Böden. – Häufig u. verbreitet (Alp. bis 1140 m), im NW-Flachland zerstreut. – Eur., As.; no-euras.

Bastarde:

C. arundinacea × epigeios [C. × acutiflora (Schrad.) Rchb.], C. arundinacea × varia (C. × hausskneehtiana Torg.), C. canescens × arundinacea (C. × hartmaniana Fries), C. canescens × neglecta (C. × gracilescens Blytt), C. canescens × villosa (C. × deckeriana Cif. et Giac.), C. epigeios × canescens (C. × ringens Lindgr.), C. epigeios × neglecta [C. × strigosa (Winge) Hartm.], C. epigeios × pseudophragmites (C. × wirtgeniana Hausskn.), C. varia × epigeios (C. × bihariensis Simk.), C. varia × pseudophragmites (C. × torgesiana Hausskn.), C. villosa × arundinacea (C. × indagata Torg. et Hausskn.), C. villosa × varia (C. × prahliana Torg).

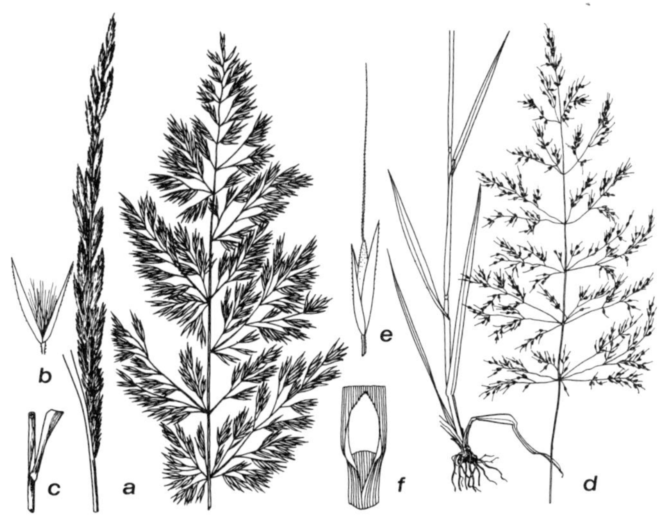

Abb. 67. *a–c Calamagrostis epigeios* (*a* Blütenstände, *b* Ährchen, *c* Blatthäutchen); *d–f Apera spica-venti* (*d* Habitus, *e* Ährchen, *f* Blatthäutchen).

117. Ápera Adans. Windhalm

x = 7

I. Rispe breit, locker, nicht unterbrochen; B.häutchen bis 6 mm lang . . . . **414. A. spica-venti**
II. Rispe schmal, ±dicht, unterbrochen; B.häutchen bis 2 mm lang (Pfl. zierlicher) . . . . **415. A. interrupta**

414. A. spíca-vénti (L.) P. B. (Abb. 67d–f) Gemeiner W.

⊙, *Th.* – H. 0,30–1,00. B. flach, bis 3 mm breit, rauh; Ährchen 2,5–3 mm lang; *Granne 5–7 mm lang; Stbbtl. lineal.-länglich.* VI–VII. 2n = 14.

Getreideunkrautges.; kalkarme, ±saure Sand- od. Lehmböden. – Verbreitet u. häufig, in Alp. selten od. fehlend. – Eur., Sib.; no-euras.

415. A. interrúpta (L.) P.B. Unterbrochener W.

⊙, *Th.* – H. 0,20–0,30(0,60). B. flach od. borstlich, ±1,5 mm breit, rauh; Ährchen 2–2,5 mm lang; *Granne 10–15 mm lang; Stbbtl. rundlich-eiförmig.* VI–VII. 2n = 14.

Unkrautges.; trockene, sandige Böden. – Sehr selten u. unbeständig, wohl z. T. verschleppt, u. a.: Hamburg, Salzderhelden, Osnabrück, Zons, Mainz, Plothen (Thür.) – W-, SW-Eur.; atl-med.

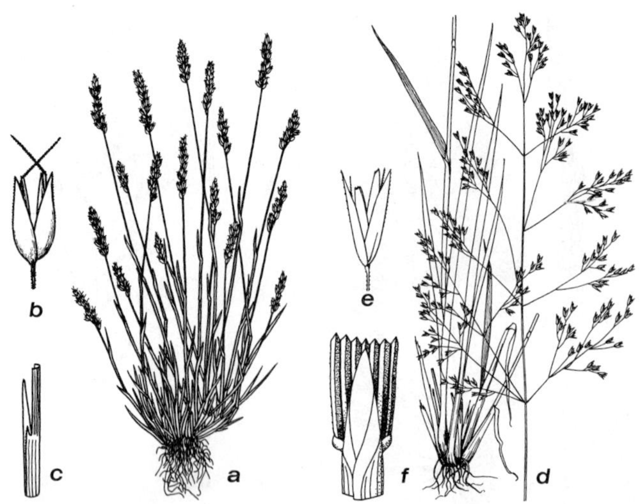

Abb. 68. *a–c Aira praecox* (*a* Habitus, *b* Ährchen, *c* Blattspreitengrund); *d–f Deschampsia caespitosa* ssp. *caespitosa* (*d* Blütenstand u. Halmbasis, *e* Ährchen, *f* Blattspreitengrund).

118. Aira L. Schmielenhafer

x = 7

I. Rispe ausgebreitet, ±reichbl. .... **416. A. caryophyllea**
II. Rispe ährenförmig zusammengezogen, armbl. .... **417. A. praecox**

416. A. caryophýllea L. Nelkenhafer

⊙, ①, *Th, H.* – H. 0,10–1,15(0,30). Rasig od. büschelig; *B.scheiden rückwärts* meist *rauh; B.häutchen bis 5 mm lang, spitz;* Ährchen 2bl., Hüllspelzen sehr deutlich länger als die 2spitzigen, unterhalb der Mitte bis 3 mm lang begrannten Deckspelzen. V–VI. Umfaßt:

ssp. c a r y o p h ý l l e a; Pfl. einzelne, meist wenige St. treibend; Rispenachse gerade; Ährchen bis 3 mm lang, ±schlank. 2n = 14. – Zerstreut.

ssp. m u l t i c ú l m i s (Dum.) A. et G.; Pfl. zahlreiche, bis 30 cm hohe St. treibend; Rispenachse hin- u. hergebogen; Ährchen etwa 2,5 mm lang, breiter als beim Typus. 2n = 28. – Selten: Anh. (Hoppelberg bei Langenstein), Oberrheingeb.

Kleinschmielen-Triften; ±trockene, saure, kalkarme, rel. nährstoff- u. humusarme, festliegende Sandböden. – Zerstreut bis selten; im N häufiger u. verbreitet; fehlt u. a. z. T. in Ostpr. u. Alp. – Gem. u. S-Eur., Afr., Am.; subatl-submed.

417. A. praecox L. (Abb. 68a–c) Früher Sch.

⊙, ①, *Th, H.* – H. 0,03–0,15. Büschelig verzweigt; *B.scheiden glatt; B.häutchen bis ca. 2 mm lang;* Ährchen 2bl.; Hüllspelzen wenig länger als die im unteren Drittel bis 4 mm lang begrannten Deckspelzen. V–VI. 2n = 14.

Kleinschmielen-Triften, Standort wie vor. Art. – Zerstreut bis selten; im N häufiger u. verbreitet; fehlt u. a. in Alp. – Gem. w. Eur., N-Am.; subatl.

119. Deschámpsia P. B. Schmiele

x = 7

I. Granne kurz, kürzer od. höchstens 2 mm länger als die Spelzen
  A. B. flach, selten gefaltet od. eingerollt, kräftig
    1. Ährchen 2–4(5) mm, B.häutchen 5–8 mm lang . . . . **418. D. caespitosa**
    2. Ährchen 5–8 mm, B.häutchen 3–5 mm lang
      a) Rispe 4–5 cm lang, dicht . . . . **419. D. rhenana**
      b) Rispe 7–40 cm lang, locker . . . . **420. D. wibeliana**
  B. B. borstlich bis fädlich, fein, ± starr . . . . **421. D. media**
II. Granne bis 5 mm lang, länger als die Spelzen, gekniet u. am Grd. gedreht
  A. B.häutchen 2–3 mm lang; B. rund-fadenförmig **422. D. flexuosa**
  B. B.häutchen 3–8 mm lang; B. zusammengefaltet od. flach . . . . **423. D. setacea**

1. Subgen. Deschámpsia

418. D. caespitósa (L.) P. B. (Abb. 68d–f) Rasen-Sch.

♃, *H.* – H. 0,30–1,00(1,50). Horstgras; B. 2–4 mm breit, meist flach od. hohlkehlig, stark u. scharf gerieft, *sehr rauh; B.häutchen (2)5–8 mm lang;* Rispe groß, breit-pyramidenförmig; *Ährchen 2–4 mm lang;* Hüllspelzen länglich; *Granne so lang od. kürzer als die Deckspelze.* (VI)VII–IX. 2n = 24–26, 27, 28. Umfaßt im Geb. (ob Sspp.?):
ssp. caespitósa; Ährchen 3,5–4 mm lang, meist 2bl. – Verbreitet.
ssp. parviflóra (Thuill.) Richt.; Ährchen 1,5–2,5 mm lang. – Selten, nur Schl.-Holst., Ostpr.

Feuchtwiesen, feuchte Wälder; feuchte bis nasse, nährstoffreiche, oft kalkarme, lehmige od. tonige Böden. – Verbreitet (Alp. bis 2375 m). – Eur., W- u. N-As., Him., Afr., N-Am., Tasman., Neuseel.; no-euras, circ.

419. D. rhenána Gremli Bodensee-Sch.

♃, *H, (HH).* – H. 0,60–0,80. Horstgras; B. kurz, flach od. oft etwas gerollt; *B.häutchen 4 mm lang; Rispe dicht, schmal, 4–5 cm lang;* Äste

±aufrecht, glatt od. weniger rauh; *Ährchen 6–8 mm lang,* bis 4bl., meist zu Laubknospen auswachsend. VII. 2n = 56.

Kiesufer, sommerlich überflutete Zone. – Sehr selten, nur Bodensee. – Bodensee u. Rheinabfluß (Schaffhausen, Stein); endemisch.

420. D. wibeliána (Sond.) Parl. Wibel-Sch.

♃, *H.* – H. (0,17)0,40–0,70(1,50). Horstgras; Achsenteil zwischen den grd.ständigen B. nicht od. nur bei Übersandung etagenförmig gestreckt; *B.spreite* am periodisch überfluteten Standort flach, bis etwa 5 mm breit, *stumpf gerieft, fast glatt,* schlaff; B.häutchen 3–5(6) mm lang; *Ährchen 5–6,5 mm lang, früh gelblich,* 2bl.; Granne bis 0,6 mm länger als die Deckspelze. V–VI. 2n = 26 (+ 0–4 B).

Sumpfsimsenges., lockere Röhrichte, Weidengebüsche, Steindeiche; Tideufer, periodisch überflutete Sand- od. tonige Sandböden. – Verbreitet nur Unterlauf der Elbe u. der der Seitenflüsse (bis Brackwasserbereich); selten: Eider, Unterweser (?). – NW-D.

421. D. média (Gouan) R. et Sch. Borsten-Sch.

♃, *H.* – H. 0,30–0,60. Dichtrasig; *B. borstlich od. fädlich, rauh,* starr, hellgraugrün, feinspitzig; *B.häutchen bis 8 mm lang,* spitz; B.-scheiden sehr rauh; Rispe sehr locker, groß, Äste sehr rauh; Ährchen etwa 4 mm lang. VI–VII.

Feuchtwiesen; hochsommerlich austrocknende, kalkhaltige, tonige Böden. – Selten: Rheinufernähe von Karlsruhe bis Mannheim. – SW-D., Med., Kauk.; med.

2. Subgen. A v e n é l l a

422. D. flexuósa (L.) Trin. Draht-Sch.

♃, *H.* – H. 0,30–0,70. Lockerrasig; *B.* 0,3–0,8 mm breit, *fast borstlich, eingerollt, stielrund-fadenförmig,* weich; Rispe mit abstehenden, meist geschlängelten Ästen; Ährchen etwa 5 mm lang, hellbräunlich, oft violett überlaufen; *„Stielchen" der 2. Bl. im Ährchen 4mal kürzer als die 3,5–5,5 mm lange Deckspelze.* VI–VIII. 2n = 28.

Wälder, Kahlschläge, Heiden, Felsspalten etc.; ±trockene, saure, kalkarme, oft sandige Rohhumusböden. – Verbreitet, fast im ganzen Geb. (Alp. bis 2270 m). – Eur., n. Kl.As., Kauk., Jap., Am.; no-euras(-subozean).

423. D. setácea (Huds.) Richt. Moor-Sch.

♃, *H.* – H. bis 0,60. Dichtrasig; *B. gefaltet* (0,2–0,4 mm∅) *od. flach* u. etwas breiter als bei D. flexuosa; Rispe groß, im Umriß ±länglich; Ährchen grünviolett, an der Spitze gelblich; *„Stielchen" der 2. Bl. im Ährchen halb so lang wie die 2,5–3 mm lange Deckspelze;* sonst wie vor. Art. VII–VIII. 2n = 14.

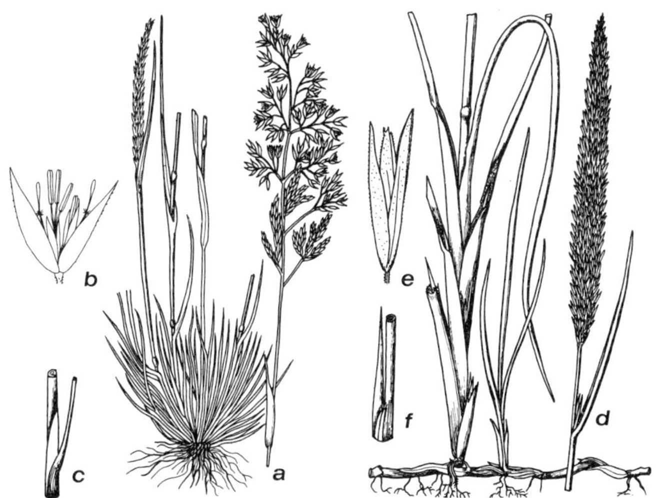

Abb. 69. *a–c Corynephorus canescens* (*a* Habitus, *b* Ährchen, *c* Blatthäutchen); *d–f Ammophila arenaria* (*d* Habitus, *e* Ährchen; *f* Blatthäutchen).

Ufer, Strandlingges.; nasse, ±sandige od. torfige Böden an nährstoffarmen Tümpeln. – Selten bis sehr selten: Niederrhein, Westf., Nieders., nw. Schl.-Holst., Rügen, Lausitz (wohl verschollen), Bay. Wald (Roding). – S-Skand., W-Eur., D., s. S-Am.; atl.

120. Corynéphorus P. B. Silbergras

x = 7

424. C. canéscens (L.) P. B. (Abb. 69a–c)
[= Weingaertneria canescens (L.) Bernh.]

♃, *H.* – H. 0,15–0,30(0,45). Dichtrasig; B. borstlich, graugrün; B.scheiden rötlich; B.häutchen bis ca. 3 mm lang; Rispe vor u. nach der Bl. zusammengezogen, silbergrau. VI–VII. 2n = 14. Hierzu u. a.: var. m a r í t i m a Godr.; untere St.glieder gestreckt, niederliegend, an Knoten wurzelnd, knickig aufsteigend; B. dicklich, starr. – Küstendünen: N-See-Küsten, seltener O-See.

Sandfluren; trockene, saure, nährstoffarme Flugsandböden. – Verbreitet insbes. im n. u. zerstreut im m. Geb.; in S-D. selten. – S-Skand., M-, S- u. W-Eur.; subatl(-submed).

121. Ammóphila Host — Helm, Sandrohr

x = 7

425. A. arenária (L.) Link (Abb. 69d–f)

♃, *G.* – H. 0,60–1,00. Pfl. grünlichweiß; B. eingerollt; B.häutchen bis 27 mm lang; Rispe ährenförmig, walzlich, weißlich, oberwärts verschmälert; Hüllspelzen spitz; Deckspelzen 3mal so lang wie ihre Haare am Grd. VI–VII. 2n = 28.

Helm-Dünen, Weiße Dünen; windbewegte, nährstoffhaltige, meist auch salzhaltige Flugsande. – Verbreitet: N- u. O-See-Küsten; Spülsandflächen der großen Flüsse in Küstennähe; selten im Binnenland, hier wie an den Küsten z. T. gepflanzt. – Küsten von Eur., Med., N-Afr., N-Am.

Intergener. Bastard:
× **Ammocalamagróstis** P. Fourn.
(= Ammophila sp. × Calamagrostis sp.)
× **A. báltica** (Fluegge) P. Fourn.
(= Ammophila arenaria × Calamagrostis epigeios)

Weicht von Ammophila arenaria ab: Rispe bis 25 cm lang, bräunlich, lappig, in der Mitte meist dicker; Ährchen häufig violett überlaufen; Hüllspelzen pfriemlich-zugespitzt; Haare am Grd. der Deckspelze mindestens $^1/_2$ so lang wie diese.

Helm-Dünen, Standort etwa so wie bei Ammophila arenaria. – Verbreitet bis zerstreut: N- u. O-See-Küsten, vereinzelt im küstennahen Binnenland.

2. Subtrib. D a n t h o n i í n a e

122. Sieglíngia Bernh. — Dreizahn

x = 6

426. S. decúmbens (L.) Bernh. (Abb. 70a–c) — Niederliegender D.

♃, *H.* – Halm ±niederliegend, zur Bl. aufsteigend, 0,15–0,40 lang; Scheiden gewimpert, am Ansatz der Spreite abstehende Haare; Blst. traubenförmig, Äste 1 (untere 1–3) Ährchen tragend. VI–VII(–X). 2n = 36.

Borstgrasrasen, Zwergstrauch-Heiden; trockene bis frische, saure, (roh-)humose Sand- u. Sandlehmböden. – Verbreitet in N-D., sonst zerstreut (Alp. bis 2250 m). – Eur., Alg., Madeira, Neuseel.; subatl(-submed).

Abb. 70. *a–c Sieglingia decumbens* (*a* Habitus u. Gesamtblütenstand, *b* Ährchen, *c* Blattspreitengrund); *d–e Danthonia provincialis* (*d* Habitus, *e* Ährchen).

123. Danthónia DC. Traubenhafer

x = 6

427. D. provinciális DC. (Abb. 70d–e)
[= D. calycina (Vill.) Rchb.]

♃, *H.* – H. (0,10)0,30–0,60(0,70). Halme schlank, meist aufrecht; B.scheidenmund bärtig, Scheide meist kahl; B.spreiten bis 2,5 mm breit, trocken eingerollt, am Rand oft gewimpert, an Stelle des B.häutchens Haare; Blst. bis 5 cm lang, mit wenigen (4–5) aufrecht stehenden, großen (bis über 1,5 cm), silberhellen (auch violett überlaufenen) Ährchen; Hüllspelzen ± so lang od. länger als das gesamte übrige Ährchen, Deckspelzen lang zweispitzig, mit zwischenstehender, langer, gedrehter, geknieter Granne. V–VI. 2n = 36.

Trockenrasen; warme, magere Stein- u. Kiesböden. – Sehr selten, nur Garchinger Heide. – S-Frankr., Schweiz, Österr., Ital., SO-Eur.; med(-europ-kont).

5. Trib. A r u n d í n e a e

124. Phragmites Adans. Schilfrohr

x = 6

428. Ph. commúnis Trin. (Abb. 71a–c)

♃, *HH, (G).* – H. (0,30)0,90–4,00(8,00). Grd.achsen weit kriechend; B. am Rand meist scharf; B.häutchen ein Haarkranz; Rispe zur Bl.zeit meist ausgebreitet; Ährchen mehrbl., häufig braun-violett überlaufen. VII–IX. 2n = 36, 48, 84, ca. 96. Umfaßt im Geb.:

ssp. c o m m ú n i s; H. bis etwa 3,50; St. 0,5–1,0 cm dick; B. bis 2–3 cm breit; Rispe kaum bis 40 cm lang; Ährchen meist (1)3- bis 5bl., dunkelbraun od. violett. – Verbreitet u. häufig.

ssp. p s e u d o d ó n a x (Rabenh.) A. et G. (A. et G. als Rasse von Arundo phragmites L.); H. bis über 8,00; St. bis über 2 cm dick; B. bis 6 cm breit u. 75 cm lang; Rispe bis 50 cm lang; Ährchen hellbraun. – Sehr selten: Niederlausitz (Luckau), Dortmund-Ems-Kanal.

ssp. h ú m i l i s (De Notaris) A. et G. (A. et G. als Rasse von Arundo phragmites L.); H. 0,90–1,50; B. an den Rändern glatt, meergrün; Rispe bis 20 cm lang, zusammengezogen, starr aufrecht; Ährchen 7- bis 8bl.; Hüllspelzen braun. – Sehr selten: Breslau; sonst Salzböden?

Röhrichte, in meist nährstoffreichem, stehendem od. schwach fließendem Wasser, auch Tidegewässern; sonst auf wasserzügen Böden. – Verbreitet u. häufig (Alp. bis 1150 m). – Kosmop.

125. Molínia Schrank Pfeifengras

x = 9

I. Deckspelzen 3–4 mm lang, länglich-eiförmig, stumpflich .... **429. M. coerulea**

II. Deckspelzen bis 6 mm lang, allmählich in eine scharfe Spitze verschmälert .... **430. M. arundinacea**

429. M. coerúlea (L.) Moench (Abb. 71d–f) Blaues Pf.

♃, *H.* – H. 0,15–0,90. St. steif-aufrecht, nur am Grd. mit 1–2 Knoten; *B. meist 3–6 mm breit;* B.scheiden offen, anliegend; Rispe ±zusammengezogen, Äste aufrecht; Ährchen meist schieferblau; Deckspelzen 3–4 mm, Fr. etwa 2 mm lang. VII–IX. 2n = 36.

Feuchtwiesen, Moore, Heiden, lichte Wälder; wechselfeuchte, nährstoffarme, mäßig saure Böden. – Verbreitet u. meist häufig (Alp. bis 1875 m). – Eur., Kl.As., Kauk., Sib., N-Afr., N-Am.; no-euras(-subozean), circ.

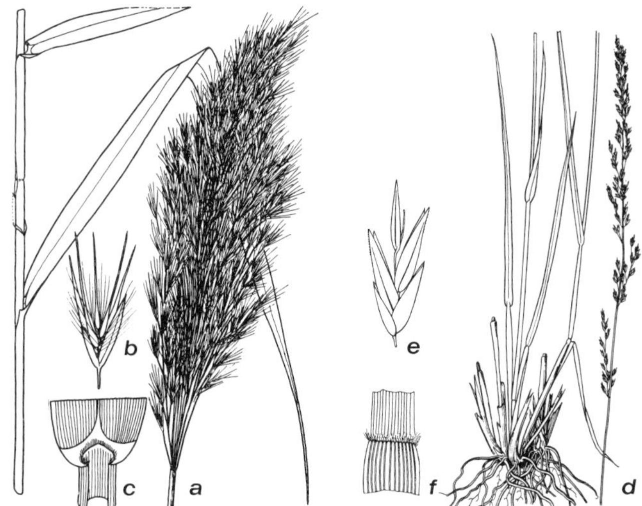

Abb. 71. *a–c Phragmites communis* ssp. *communis* (*a* Blütenstand u. Halmausschnitt, *b* Ährchen, *c* Blattspreitengrund); *d–f Molinia coerulea* (*d* Habitus, *e* Ährchen, *f* Blattspreitengrund).

430. M. arundinácea Schrank ampl. Fritsch Rohrartiges Pf.

♃, *H.* – H. 1,00–1,50(2,00). Ähnlich der vor. Art (bisweilen mit ihr vereinigt), aber *B. 7–10 mm breit;* Deckspelzen bis 6 mm, Fr. etwa bis 3 mm lang. VII–IX. Umfaßt:

var. altíssima (Link) Grabherr [= M. coerulea (L.) Moench ssp. altissima (Link) Domin]; Rispenäste aufrecht-abstehend, ohne Haarbüschel am Grd.; Ährchen 3- bis 4bl., meist grünlich. 2n = 18. – Selten.

var. litorális (Host) Grabherr [= M. coerulea (L.) Moench ssp. litoralis (Host) Paul]; Rispenäste aufrecht-abstehend, ebenso wie der St. starr, ohne Haarbüschel am Grd.; Ährchen 2bl., meist dunkel. 2n = 90. – Zerstreut.

var. arundinácea [= M. coerulea (L.) Moench ssp. arundinacea (Schrank) Paul]; Rispenäste aufrecht-abstehend, rel. schlaff u. mit Haarbüscheln am Grd.; Ährchen 1bl., meist grün od. nur schwach gefärbt. 2n = 36. – Zerstreut.

Feuchtwiesen, lichte Wälder; wechselfeuchte bis -trockene, nährstoffärmere, meist kalkhaltige Böden. – Zerstreut (Alp. bis 1100 m). – Verbreitung unzureichend bekannt.

6. Trib. Phalarídeae

126. *Phálaris* L. Glanzgras

x = 6,7

I. Pfl. schilfartig, bis 2,00 m hoch, mit lappiger Rispe; Hüllspelzen ungeflügelt .... **431. Ph. arundinacea**
II. Pfl. bis etwa 0,5 m hoch, nicht schilfartig, mit ährenförmiger Rispe; untere Hüllspelze geflügelt .... **432. Ph. canariensis**

1. Subgen. Typhoídes

431. Ph. arundinácea L. (Abb. 72a–d) Rohr-G.

♃, *HH, H.* – H. 0,50–2,00. Grd.achse kriechend, B. bis fast 2 cm breit, B.rand meist schwach vorwärts rauh; B.häutchen bis 6 mm lang; *Rispe* nur *zur Bl. ausgebreitet;* Ährchen büschelig-zusammengestellt; ☿-Bl. kahl, unfruchtbare behaart. VI–VII. 2n = 28. Hierzu:
var. pícta L.; B. weiß gestreift. – Kultiviert u. gelegentlich verwildert.

Röhrichte, Großseggenbestände etc., an stehenden u. fließenden, nährstoffreichen Gewässern. – Verbreitet u. häufig (Alp. bis 950 m). – Eur., As., N-Am.; no-euras, circ.

2. Subgen. Phálaris

432. Ph. canariénsis L. Kanariengras

⊙, *Th.* – H. 0,15–0,50. Pfl. am Grd. büschelig verzweigt; oberste B.scheide aufgeblasen; B.häutchen bis 3 mm lang; *ährenförmige Rispe oval, dicht;* untere Hüllspelze weiß, grün gestreift, weiß geflügelt, am Rande 1nervig; unfruchtbare Bl. $^1/_2$ so lang wie die fruchtbare. V–IX. 2n = 12.

Kultiviert u. in Schuttunkrautges.; ±trockene, warme, nährstoffhaltige, sandig-lehmige Böden. – Selten u. unbeständig. – W-Med., Kanar. Ins.; w-med.

127. *Anthoxánthum* L. Ruchgras

x = 5

I. St. oberwärts nicht verzweigt; ährenförmige Rispe rel. dicht; untere Hüllspelzen spitz, ohne Stachelspitze .... **433. A. odoratum**
II. St. oberwärts meist stark verzweigt; ährenförmige Rispe locker; untere Hüllspelzen mit Stachelspitze **434. A. puelii**

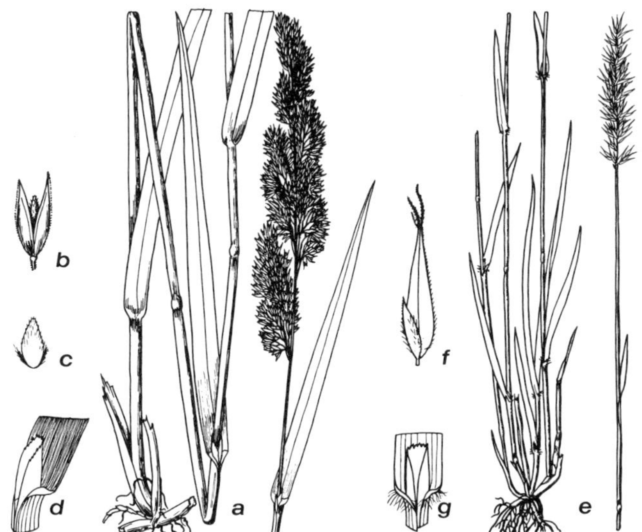

Abb. 72. *a–d Phalaris arundinacea* (*a* Habitus, *b* Ährchen, *c* Ährchen nach Entfernen der Hüllspelzen, *d* Blattspreitengrund); *e–g Anthoxanthum odoratum* (*e* Habitus, *f* Ährchen, *g* Blattspreitengrund).

433. A. odorátum L. (Abb. 72 e–g) Gewöhnliches R.

♃, *H.* – H. 0,15–0,50(0,70). Horstgras; B. 3–6 mm breit; B.-spreitengrd. ±bärtig bewimpert; *spelzenartige Ansätze* zu 2 unteren Bl. angedrückt, behaart, *kaum länger als die fruchtbare Bl., der untere mit einer die obere Hüllspelze nicht überragenden Granne.* V–VII. 2n = 20. Hierzu u. a.:

var. villósum Loisel.; B.scheiden u. meist auch B.spreiten behaart, die zweite Hüllspelze meist ziemlich stark behaart.

Wiesen, Rasen, Heiden, Wälder; ±trockene bis frische, saure, meist etwas magere, sandige od. lehmige Böden. – Verbreitet u. häufig (Alp. bis 2300 m). – Eur., NW-Afr., Vord. u. N-As., N-Am., Austr., Tasman.; no(-euras).

434. A. puélii Lecoq et Lamotte Begranntes R.
(= A. aristatum auct.)

⊙, *Th.* – H. 0,05–0,30. B. ±2 mm breit; *unfruchtbare Bl. fast doppelt so lang wie die fruchtbare, die untere mit Granne, die etwa* $^{1}/_{3}$ *länger ist als die obere Hüllspelze.* V–VI. 2n = 10.

Getreideunkrautges., Sandfelder, Wegränder etc.; trockene, saure, nährstoffhaltige Sandböden. – Verbreitet bis zerstreut: NW-D. (insbes. N-Westf. bis Pomm.; Westpr., Schles.), in M-D. meist fehlend; sehr selten u. unbeständig im s. Geb. – m. W- u. SW-Eur.; atl-med.

128. Hieróchloë R. Br. Mariengras

x = 7

I. Pfl. mit langen Ausläufern; Ährchenstiel kahl .... **435. H. odorata**
II. Pfl. ohne od. mit sehr kurzen Ausläufern; Ährchenstiele mit einem Haarbüschel .... **436. H. australis**

435. H. odoráta (L.) P.B. (Abb. 73a–c) Wohlriechendes M.

♃, *G, H.* – H. 0,15–0,60. Ausläufergras; St. steif aufrecht; oberste lange B.scheide mit ganz kurzer Spreite; Rispe locker; ☿-Bl. grannenlos; *♂-Bl. unter der Deckspelzenspitze mit sehr kurzer, gerader Granne.* IV–VI. 2n = 28. Nach Cumarin duftend.

Flachmoore, Kleinseggenges., Bruchwälder etc.; ±feuchte bis nasse, torfige od. auch sandig-trockene Böden. – Selten bis zerstreut: N-Flachland; ö. bis Ostpr.; Schles.; w. der Elbe meist fehlend; in S-D. nur Bay. (Lech-Isar-Geb.). – N-, M- u. O-Eur., N-As., N-Am.; no, circ.

436. H. austrális (Schrad.) R. et Sch. Südliches M.

♃, *H.* – H. 0,15–0,50. Pfl. lockerrasig; St. zart, ±schlaff, oberste B.scheiden ohne Spreiten; Rispe ±kurz u. schmal; *obere ♂-Bl. auf der Mitte des Deckspelzenrückens mit geknieter Granne.* IV–V. 2n = 14. Nach Cumarin duftend.

Wälder; ±trockene, auch kalkhaltige Böden. – Selten u. zerstreut: NO-Flachland; ö. bis Ostpr.; Schles., Sachs. (Elbsandsteingebg.), Bay.(Fränk. Jura). – ö. Eur. (Finnl., NW-Rußl. bis N-Ital.); gem-kont.

129. Alopecúrus L. Fuchsschwanz

x = 7

I. Ährenförmige Rispe eiförmig-kurz, selten länglich; Grannen bis 1,5 cm lang (oberste B.scheiden bauchig aufgeblasen) .... **437. A. utriculatus**
II. Ährenförmige Rispe walzlich-länglich; Grannen kürzer
  A. Grd.achse nicht knollig verdickt; Rispe meist über 3 mm dick
    1. St. straff aufrecht, selten knickig aufsteigend
      a) Ährenförmige Rispe 4–6 mm dick, an beiden Enden lang verschmälert .... **438. A. myosuroides**
      b) Ährenförmige Rispe 6–10(15) mm dick, walzlich, an den Enden stumpflich
        x) Grd.achse nur kurz kriechend; Deckspelzen im unteren $^1/_4$–$^1/_3$ begrannt .... **439. A. pratensis**
        xx) Grd.achse weit kriechend; Deckspelzen im mittleren Drittel od. höher begrannt **440. A. arundinaceus**

Abb. 73. *a–c Hierochloë odorata* (*a* Habitus, *b* Ährchen, *c* Blattspreitengrund); *d–f Alopecurus pratensis* ssp. *pratensis* (*d* Habitus, *e* Ährchen, *f* Blattspreitengrund).

2. St. liegend bis stark knickig aufsteigend
   a) Granne deutlich die Hüllspelzen überragend; Stbbtl. gelb, später dunkelbraun .... **441. A. geniculatus**
   b) Granne nicht od. kaum die Hüllspelzen überragend; Stbbtl. weißlich, später rot ..... **442. A. aequalis**

B. Grd.achse knollig verdickt; Rispe kaum über 3 mm dick .... **443. A. bulbosus**

1. Sect. Tozzéttia

437. A. utriculátus (L.) Solander — Aufgeblasener F.

⊙, *Th.* – H. 0,10–0,15. St. knickig aufsteigend; Rispenäste 1–2 Ährchen tragend; *Hüllspelzen* später lederig-knorpelig, *bis zur Mitte zusammengewachsen, darüber in eine plattgedrückte Spitze zusammengezogen;* Granne bis 15 mm lang. IV–VI. 2n = 14.

Weiden, Wiesen, Unkrautges.; frische bis feuchte, nährstoffreiche, gelegentlich etwas salzhaltige, meist lehmige Böden. – Sehr selten: oberes Moseltal, Saar- u. Bliestal; Oberrheingeb. vorübergehend eingeschleppt. – W-, S- u. SO-Eur., Alg.; o-submed(-med-atl).

2. Sect. Alopecúrus

438. A. myosuroídes Huds. Acker-F.
(= A. agrestis L.)

⊙, ①, *Th, H.* – H. 0,20–0,50. Pfl. grasgrün; Rispenäste 1–2 Ährchen tragend; *Hüllspelzen bis mindestens zur Mitte zusammengewachsen,* zugespitzt, am Kiel schmalgeflügelt, *sehr kurz bewimpert;* Deckspelze im unteren $^{1}/_{4}$ begrannt. V–IX. 2n = 14.

Getreideunkrautges.; frische, nährstoffreiche, lehmige Böden. – Zerstreut bis verbreitet im w. u. s. Geb. (Jura bis 980 m), sonst selten od. fehlend u. oft unbeständig. – Insbes. W-, M- u. S-Eur., W-As., (N-Am., Neuseel.); subatl-submed(-med).

439. A. praténsis L. (Abb. 73d–f) Wiesen-F.

♃, *H.* – H. 0,30–1,00. Dichtrasig, meist grasgrün; B.häutchen meist so lang wie breit; Rispenäste meist 4–6(10) Ährchen tragend; *Hüllspelzen unterhalb der Mitte zusammengewachsen, lanzettl., spitz, an der Spitze gerade od. zusammenneigend, auf dem Kiel zottig-bewimpert; Deckspelze spitz od. stumpflich, über dem Grd. begrannt;* Granne meist 2mal so lang wie die Hüllspelze. V–VII. Umfaßt:

ssp. praténsis; H. bis 1,00; Ährenrispe blaßgrün bis grün, bis 7(10) cm lang, ±schlank; Ausläufer nicht über 4 cm lang. 2n = 28. Verbreitet u. häufig.

ssp. pseudonígricans O. Schwarz (= A. nigricans auct. non Hornem.); H. bis 0,60; Ährenrispe schwärzlich überlaufen, bis etwa 5 cm lang, sehr dick; Ausläufer bis über 10 cm lang. – Trockene, sonnige Standorte. – Zerstreut?

Fettwiesen; meist feuchte, nährstoffreiche, lehmige u. tonige Böden. – Meist verbreitet u. häufig (Alp. bis 1450 m). – N- u. M-Eur., Kauk., N-As.; noeuras.

440. A. arundináceus Poir. Rohr-F.
(= A. ventricosus Pers.)

♃, *H.* – H. 0,60–1,50. Ausläufergras; Pfl. grau(blau)grün; B.häutchen sehr lang; *Hüllspelzen an der Spitze auseinandergehend, lanzettl., spitz, ein wenig länger als die abgestutzt-stumpfe, im mittleren Drittel begrannte Deckspelze;* Granne kürzer od. länger als die Hüllspelzen. V–VII. 2n = 28.

Salzwiesen; ±nasse, meist salzhaltige Böden. – Selten u. vereinzelt, nahe der O-See-Küste (häufiger) von Meckl. bis Pomm.; Danzig. – Skand., M-Frankr., Schweiz, NO-D., Pol., Rußl., W- u. M-As., Alg.; euras(-subozean).

441. A. geniculátus L. Geknieter F.

① – ♃, *H.* – St. aus liegendem Grd. knieförmig-aufstrebend, bis 0,45 lang; B.scheiden ±graugrün; B.häutchen bis 4 mm lang; *Hüllspelzen stumpflich, nur am Grd. zusammengewachsen; Deckspelzen unter der Mitte begrannt;* Granne doppelt so lang wie die Deckspelze. V–X. 2n = 28.

Flutrasenges.; ±nasse, auch periodisch wasserbedeckte, nährstoffreiche, meist schlickige Böden, bis ins Brackwassergeb. – Zerstreut bis verbreitet, bes. Stromtäler. – Eur., As., Neuseel., Tasman., Austr.; (no-)euras, circ.

442. A. aequális Sobol. Rotgelber F.
(= A. fulvus Sm.)

①, ♃, *H.* – H. 0,10–0,25. Ähnlich vor. Art; Pfl. graugrün; St. niederliegend; B.scheiden bläulich bereift; *Deckspelze aus der Mitte begrannt, stumpf;* Granne sehr kurz, nicht od. nur wenig die Hüllspelze überragend. V–X. 2n = 14.

Ufersäume, Grabenränder; ±nasse, nährstoff- u. N-reiche, meist schlickige Böden. – Zerstreut bis selten (Alp. bis 1700 m). – Eur., N-Kl.As., Turk., Sib.; no-euras.

443. A. bulbósus Gouan Knolliger F.

♃, *H.* – H. 0,15–0,40. St. oft einzeln; *Grd.achse knollig,* 4–8 mm dick (rot od. violett); *B. sehr schmal, 1–2 mm breit,* oft gefaltet; B.-häutchen bis 4 mm lang; Rispe 2–3 mm dick, 1–5 cm lang; *Hüllspelzen nur am Grd. verbunden;* Deckspelze am Grd. begrannt; Granne bis 6 mm lang. V–X. 2n = 14.

Salzhaltige Wiesen; nasse, nährstoffreiche, lehmig-tonige Böden. – Sehr selten, nur Wesermündung (Nordenham bis Blexen). – Küsten W-Eur. u. w. Med.; atl-med.

Bastarde:
A. aequalis × geniculatus (A. × haussknechtianus A. et G.), A. aequalis × pratensis (A. × winklerianus A. et G.), A. arundinaceus × geniculatus (A. × marssonii Hausskn.), A. bulbosus × geniculatus (A. × plettkeï Mattf.), A. geniculatus × pratensis (A. × brachystylus Peterm.).

130. Phléum L. Lieschgras

x = 7,5

I. Ährenförmige Rispe beim Umbiegen nicht lappig (Seitenäste weit mit der Achse verbunden)
 A. Ährenförmige Rispe dünn, schlank, kahl, oberste B.scheide selten gering aufgeblasen .... **444. Ph. pratense**
 B. Ährenförmige Rispe dick, rel. kurz wollig; oberste B.scheide stark aufgeblasen .... **445. Ph. alpinum**
II. Ährenförmige Rispe beim Umbiegen lappig (Seitenäste frei)
 A. Ährenförmige Rispe vorwärts glatt (Ährchen vorwärts gerichtet)
  1. Hüllspelzen sehr kurz borstlich bewimpert ..... **446. Ph. phleoides**

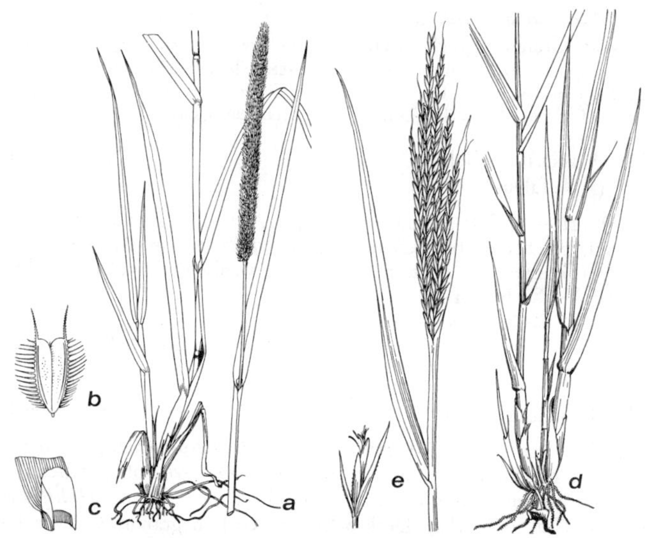

Abb. 74. *a—c Phleum pratense* ssp. *pratense* (*a* Habitus, *b* Ährchen, *c* Blattspreitengrund); *d—e Spartina townsendii* (*d* Habitus, *e* Ährchen).

2. Hüllspelzen lang kammförmig bewimpert
   a) Hüllspelzengranne sehr kurz, 0,5 mm lang; ⊙ . . . . **447. Ph. arenarium**
   b) Hüllspelzengranne mindest. 1 mm lang; ♃ **448. Ph. hirsutum**

B. Ährenförmige Rispe vorwärts rauh (Ährchen z. T. waagerecht abstehend) . . . . **449. Ph. paniculatum**

1. Sect. P h l é u m

444. Ph. praténse L. (Abb. 74a—c) Wiesen-L., Timotheegras

♃, *H.* — H. 0,20—1,00. Meist dichtrasig; B. rauh; ährenförmige Rispe walzlich, bis etwa 14 (24) cm lang, grün; *Hüllspelzen abgestutzt, plötzlich zugespitzt-begrannt, Granne bis 3mal kürzer als die Hüllspelze.* V—IX. Umfaßt:

ssp. p r a t é n s e; H. 0,40—1,00; St. sehr selten am Grd. etwas zwiebelartig verdickt; B.häutchen unbehaart; Granne $^1/_2$ so lang wie die Spelze. 2n = 42.
Fettweiden. — Verbreitet u. häufig.

ssp. n o d ó s u m (L.) Trabut; H. bis etwa 0,40; St. am Grd. zwiebelartig verdickt; B.häutchen kurz behaart; Granne $^1/_3$ so lang wie die Spelze. 2n = 14.
An wärmeren u. trockneren Standorten. — Zerstreut.

Fettweiden, Wiesen, Wegränder; frische, nährstoffreiche, meist lehmige Böden. – Verbreitet u. häufig (Alp. bis 1650 m). – Eur., N-Afr., N-As., N-Am.; no-euras(-submed).

445. Ph. alpínum L. Alpen-L.

♃, *H.* – H. 0,10–0,50(0,90). B. glatt od. schwach rauh; ährenförmige Rispe zylindrisch bis eiförmig, 1–5(7) cm lang, meist blaugrauviolett; Hüllspelzenrücken seidenhaarig; *Granne* bis 3 mm lang, *bis fast so lang wie die Hüllspelze.* VI–VIII. 2n = 14, 28. Veränderlich.

Alp. Fettweiden u. -wiesen, Schneebodenges.; frische, nährstoffreiche, lehmige od. tonige Böden. – Verbreitet: Alp. (1400–2375 m), Iser- u. Riesengebg., Glatzer Schneeberge; Bay. Wald. – Hochgebg. von Eur., As., Arkt., Am. (in n. Breiten auch tiefer); arkt-alp, circ.

2. Sect. Chilóchloa

446. Ph. phleoídes (L.) Karst. Glanz-L.
(= Ph. boehmeri Wib.)

♃, *H.* – H. 0,30–0,60. Dichtrasig; B. bis etwa 4 mm breit; oberste B.scheide etwas bauchig; ährenförmige Rispe dünn, walzlich, bei Schattenformen locker u. durchsichtig; *Hüllspelzen lineal.-länglich, schief-abgestutzt, plötzlich in eine kurze Granne zugespitzt,* zusammengedrückt, auf dem Rücken steifhaarig-bewimpert od. rauh. VI–VII. 2n = 14.

Trockenrasen, Wegränder, lichte Wälder; kalkarme, lehmige sandige od. steinige Böden. – Zerstreut bis ziemlich selten im m. u. s. Geb.; im NO-Flachland selten; im NW über große Strecken fehlend. – Eur., Med., Sib., Turk., N-Afr.; euras(-kont)-submed.

447. Ph. arenárium L. Sand-L.

⊙, *Th.* – H. 0,03–0,15(0,25). Oberste B.scheiden aufgeblasen; ährenförmige *Rispe oval bis länglich, nach dem Grd. verschmälert,* 1,5 bis 3(5) cm lang; *Hüllspelzen lanzettl., allmählich zugespitzt, kurz begrannt,* am Kiel steifhaarig-bewimpert. V–VII. 2n = 14.

Schillergras-Rasen; trockene, N-haltige Dünensandböden. – Zerstreut bis selten: N- u. O-See-Küsten; ö. bis Hiddensee; häufiger auf den Ostfr. Ins.; (Danzig); selten im Binnenland, so Nieder- u. M-Rhein (s. bis Bingen, Mainz, Speyer). – Insbes. Küsten W-Eur., Med.; atl.-med.

448. Ph. hirsútum Honck. Matten-L.
(= Ph. michelii All.)

♃, *H.* – H. 0,30–0,60. Dichtrasig bis kurz kriechend; oberste B.-scheide oft aufgeblasen; ährenförmige Rispe 4–7 cm lang, ±walzlich, weißgrün; *Hüllspelzen allmählich in eine kurze Granne zugespitzt,* am Kiel lang borstenhaarig-bewimpert. VII–VIII. 2n = 14.

Subalp. Hangwiesen; frische, nährstoffreiche, lehmige od. tonige Böden. – Verbreitet: Alp. (meist 1400–2270 m). – Alp., Jura, Karp., Balk., Apenn., Sizil.; alp.

449. Ph. paniculátum Huds. Rispen-L.

⊙, ⊙, *H, Th.* – H. 0,15–0,40. Ährenförmige Rispe dünn, walzlich, 2–8 cm lang; B. 4–10 mm breit; *Hüllspelzen keilförmig, abgestutzt, an der Spitze aufgeblasen-kantig, stachelspitzig,* am Kiel warzig-rauh. V–VII. 2n = 28.

Wege; Weinberge, Äcker, Unkrautges.; trockene, warme, kalkreiche, meist sandige Lehmböden. – Sehr selten u. unbeständig, so bei Bad Kreuznach, sonst im w., m. u. s. Geb. wohl meist verschollen. – W- u. S-Eur., SW-As.; med-submed.

131. Spartína Schreb. Schlickgras

x = 7

450. Sp. townséndii H. et J. Groves (Abb. 74d–e)

♃, *HH, (H).* – H. 0,20–1,30. B. 7–15 mm breit; Blst. 10–35 cm lang, 2- bis 6ästig; Ährchen 14–20 mm lang, 1bl., Rhachis über die Ähren hinaus verlängert als biegsame Borste; Stbbtl. 8–11 mm lang. VI–IX. 2n = 126.

Schlickgrasbestände, Brackröhrichte, Andelwiesen; nasse, häufig überflutete, salzreiche Schlickböden der Wattküsten. – Zerstreut bis verbreitet: N-See-Küsten, z. T. gepflanzt, eingebürgert, sich ausbreitend. – Ursprung: S-Engl. (Southampton Water), eingeführt in temp. Zonen; atl.

132. Míbora Adans Zwerggras

x = 7

451. M. mínima (L.) Desv. (Abb. 75a–c)

⊙, ⊙, *H, Th.* – 0,03–0,09. Rasenartig; St. fadendünn; Blst. ährenförmig-traubig; Ährchen deutlich $^1/_2$–1 mm lang gestielt, aufrecht-anliegend, purpurviolett od. grün. (II)III–V. 2n = 14.

Silbergrasfluren; meist N-haltige, kalkarme Sandböden. – Sehr selten u. unbeständig, nur S-D., von Schwetzingen bis Ingelheim, Hanau, Wertheim. – W-Eur., Med., Alg.; atl-med.

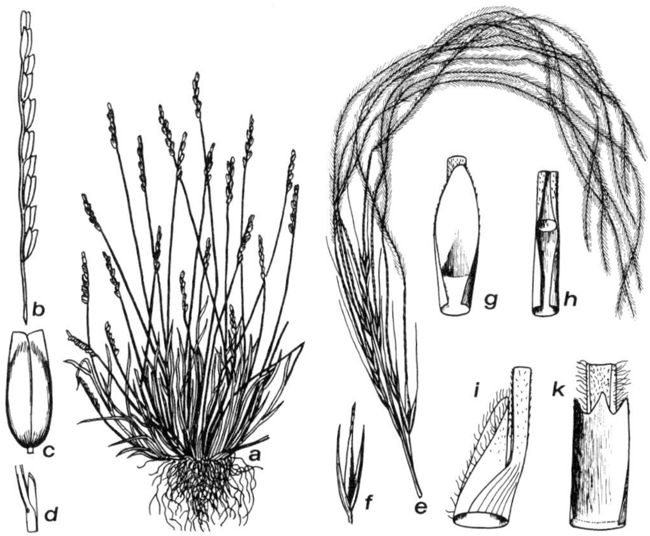

Abb. 75. *a–c Mibora minima* (*a* Habitus, *b* Blütenstand, *c* Ährchen, *d* Blatthäutchen); *e–k Stipa* spp. Sect. *Pennatae* (*e* Blütenstand, *f* Ährchen), *g–k* Blatthäutchen (*g St. joannis, h St. stenophylla, i St. pulcherrima, k St. dasyphylla*).

7. Trib. Stípeae

133. Stípa L. — Pfriemgras, Federgras

x = 11

I. Granne nicht lang federig behaart, rauh (bis 25 cm lang) .... **452. St. capillata**

II. Granne lang federig behaart (bis 45 cm lang; Pfl. 0,40–1,00 hoch; St. pennata L. s. l.)

A. B. ganz- od. zumindest im Bereich des Spreitenansatzes- u. B.scheiden wenigstens im oberen Teil gleichmäßig dicht u. weich behaart

1. Ligula 3zipfelig; B. dicht u. weich behaart .... **454. St. dasyphylla**

2. Ligula unregelmäßig abgestutzt (am Rand u. Rücken ziemlich lang behaart); obere Halmb. nur im Bereich des Spreitenansatzes behaart, Spreite zur Spitze hin unterseits ±scharf rauh **453b. St. bavarica**

B. B. u. B.scheiden kahl od. höchstens stellenweise schwach behaart

1. B. rel breit, wenn eingerollt nie mit fadenförmiger Spitze; Ligula deutlich
   a) Abgestorbene B.scheiden am St.grund glänzend hellgelb; Grundb. meist nicht eingerollt .... 453 a. St. pulcherrima
   b) Abgestorbene B.scheiden am St.grund matt graubraun; Grundb. ±eingerollt .... 455. St. joannis
2. Grundb. sehr schmal u. lang, fadenförmig-borstlich, mit feiner Haarspitze; Ligula sehr kurz, gestutzt .... 456. St. stenophylla

1. Sect. Capillátae

452. St. capilláta L. Haar-Pfr.

♃, *H.* – H. 0,40–1,00. Horstgras; untere B. mit braunen, oft glänzenden Scheiden; Ligula bis 1 cm lang, meist deutlich pfriemlich zugespitzt; *Granne fadenförmig, rauh,* nicht federig behaart, unten spiralig gedreht, nach oben geschlängelt, bis 25 cm lang, meistens kürzer. VII–VIII. 2n = 44, 46.

Kont. Steppen- u. Trockenrasenges.; warme, kalkreiche, steinige od. sandige Substrate. – Sehr zerstreut, stellenweise häufig: n. u. nw. von Magdeburg; im Regenschatten des Harzes von Halberstadt bis S-Harz, Thür. Becken, Kyffhäuser u. unstruttalwärts z. T. häufig bis Naumburg/S., Jena; sehr selten i. Sachs.; Trockengeb. von Pommern; Schweinfurt-Würzburg; s. vom Steigerwald (Aischtal); vom Nahetal üb. Mainz, Rheinpfalz, n. bis zur Linie Dürkheim–Mannheim; Kaiserstuhl. – M-, S-Eur., S-Rußl. bis Sib., Turk., Pers., Kauk.; kont.

2. Sect. Pennátae (Abb. 75e–k)

453 a. St. pulchérrima K. Koch (Abb. 75 i) Gelbscheidiges F.

♃, *H.* – Halm unter der Rispe kahl od. spärlich behaart; Pfl. kräftig, mit meist ausgebreiteten, ca. 2,5 mm breiten, kahl erscheinenden Grund- u. Stb.; abgestorbene *B.scheiden am St.grund glänzend, hellgelb;* Deckspelzen (18)19,5–23(25) mm lang, ihre Ränder bis an die Spitze behaart; Grannenhaare > 4 mm. V–VI. 2n = 44.

Warme Trockenrasenges.; offene, flachgründige Kalksteinböden. – Selten u. zerstreut: Thür.: Frankenhausen, Nebra (Steinklöbe), von hier üb. Carsdorf, Laucha bis ins Geb. Naumburg/S.; Jena; Prov. Sachs. (Rothenburg–Könnern/Saale); Maingeb. u. a. bei Karlstadt, Retzbach, Münnerstadt; Stepperg – Neuburg, Regensburg – Schwabelweis, Ettershausen, Kelheim; Rheinpfalz; Taubergeb.; sw. Donautal; Kaiserstuhl (Funde: Höfats, Hoher Göll wohl Fehlbestimmungen). – S-, SO-Eur., M-Eur., SW-As.; med-kont.

Ähnlich: St. eriocaulis Borb. [= St. pulcherrima C. Koch ssp. gallica (Stev.) Jirásek, St. gallica (Stev.) Čelak., vermutlich = St. pennata L. s. str.], in allen Teilen schmächtiger als St. pulcherrima K. Koch; Deckspelzen 14–16 mm lang.

– SW-Eur., bis ins wärmere M-Eur. wohl vordringend. Verbreitung u. Vorkommen im Geb. unsicher.

453b. St. bavárica Martinovsky et Scholz Bayerisches F.

♃, *H.* – H. bis 0,70. Halm unter der Rispe fein behaart; Grundb. ober- u. unterseits behaart, obere Stb. nur im Bereich des Spreitenansatzes behaart u. zur Spitze hin am Rand u. unterseits rauh; Deckspelzen (21)23–25(26) mm lang, Grannenhaare 3–4 mm.

Steppenheiderasen, Felsspalten; kalkreiches Substrat. – Sehr selten: s. Frankenalb (Finkenstein).

454. St. dasyphýlla Čern. (Abb. 75 k) Flaumblättriges F.

♃, *H.* – Pfl. kräftig; B. breit, auf Ober- u. Unterseite flaumig behaart, B.scheiden oben dicht u. gleichmäßig behaart; *Ligula* wohl entwickelt, *dreizipfelig.* V–VI.

Steppenrasenges. – Sehr selten, nur Thür. (bei Nebra). – M-Eur. (Thür.), Böhm., Mähr., Slow. bis Ukraine; kont.

455. St. joánnis Čelak. (Abb. 75 g) Grauscheidiges F.

♃, *H.* – Pfl. mäßig kräftig; Grundb. ±eingerollt, *B.scheiden der grd.-ständigen B. matt, grau-braun,* B.spitze spitz od. stumpflich, nicht in eine fadenförmige Spitze ausgezogen; *Deckspelze 15–18 mm lang,* Rand nur bis über die Mitte behaart. V–VI. 2n = 44.

Steppenrasenges.; humushaltige Kalksandböden. – Zerstreut bis selten: n. bis mittlere Elbe, Thür.; mittleres u. unteres Maintal (Grettstadt, Münnerstadt); Uffenheim, Windsheim; Rheinpfalz, n. bis untere u. mittlere Nahe, Kaiserstuhl; n. Oberrheingeb.; mittleres u. unteres Altmühl- u. Naabtal, Kelheim; Alp.-vorland: Dingolfing, Plattling. – D., Schweiz, Schwed., ČSR, Balk. bis W-As.; kont.

456. St. stenophýlla Čern. (Abb. 75h) Schmalblättriges F.

♃, *H.* – Pfl. mäßig kräftig; *Grundb.* zart, sehr schmal u. lang, gänzlich *fadenförmig borstlich,* in eine feine, *haarförmige Spitze* auslaufend; B.-scheiden der grd.ständigen B. matt, braun-braungrau; Ligula sehr kurz; *B.scheiden unter dem Blst. rel. hell u. sehr breit;* Deckspelze 16–19 mm lang, unten vollständig, oben nur in Streifen behaart (nur Haarstreif am übergreifenden B.grund bis über die Mitte reichend). V–VII (2 bis 3 Wochen später als *St. joannis).* 2n = 44.

Steppenrasenges. (evtl. eig. Ges.); warme, schwach alkalische Lößböden. – Sehr selten: zwischen Quedlinburg u. Halberstadt, Kyffhäuser, im Nahetal zwischen Münster am Stein u. Martinstein. – M-Eur., ČSR, Ung., Siebenb., Maz., Bulg., S-Rußl., W-Sib., Turk.; europ-kont.

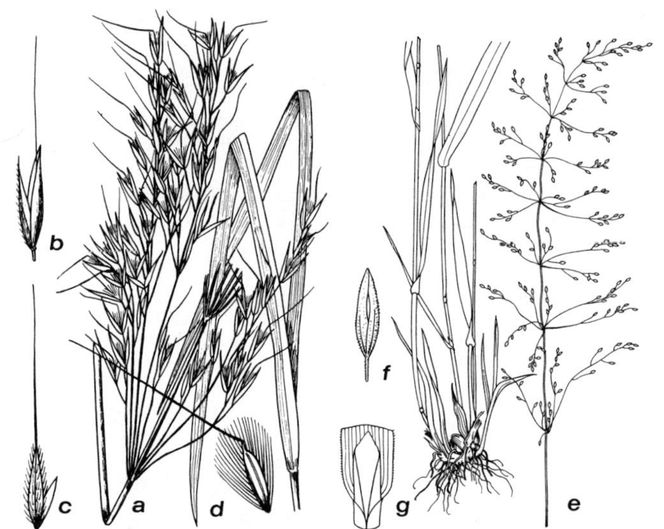

Abb. 76. *a–d Achnatherum calamagrostis* (*a* Blütenstand u. Blätter, *b* Ährchen, *c* Deck- u. Vorspelze, *d* Frucht); *e–g Milium effusum* (*e* Habitus, *f* Ährchen, *g* Blatthäutchen).

134. Achnátherum P. B. — Rauhgras

x = 7

457. A. calamagróstis (L.) P. B. (Abb. 76a–d)
[= Stipa calamagrostis (L.) Wahlenb.]

♃, *H.* – H. 0,60–1,20. Horstgras; B. flach, trocken borstlich gefaltet; B.häutchen sehr kurz; Rispe ausgebreitet, 7–15 cm lang; *Deckspelzen lang weiß behaart;* Granne ± 1 cm lang. VI–IX.

Kalkschutt-Felsspaltenges. (eig. Ges.); warmer Kalksteinschutt. – Sehr selten (Föhnpfl.): Alp. (bis 1230 m), Allgäu, Partenkirchen, Eschenlohe, Oberau, Kochelsee; an Loisach abwärts fast bis Starnberg; Königsee; Felsen des oberen Donautals (Friedingen, Beuron u. a.). – Alp., S- u. SO-Eur.; praealp-submed.

135. Mílium L. — Flattergras, Waldhirse

x = 7,4

458. M. effúsum L. (Abb. 76e–g)

♃, *H.* – H. 0,60–1,00. Pfl. mit kurzen Ausläufern; B. bis 1,5 cm breit; B.häutchen bis 8 mm lang; B.scheiden glatt; Rispe sehr groß,

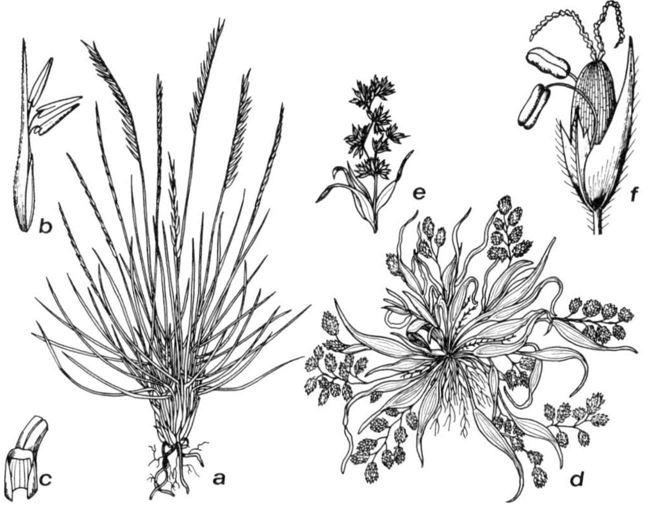

Abb. 77. *a–c Nardus stricta* (*a* Habitus, *b* Ährchen, *c* Blattspreitengrund) *d–f Coleanthus subtilis* (*d* Habitus, *e* Blütenstand, *f* Ährchen).

sehr locker, ausgebreitet, Äste nach der Bl. meist zurückgeschlagen; Ährchen klein, hellgrün, selten violett; Deckspelze spitz. V–VII. 2n = 28. Hierzu:

var. v i o l á c e u m Holler; Hüllspelzen purpurviolett überlaufen; Rispenäste meist kürzer. – Hochstaudengebüsche. – Zerstreut: subalp. Stufe der Alp.

Laub- u. Nadel-Mischwälder; frische, nährstoffreiche, mullig-lockere, meist lehmige Böden. – Verbreitet (Alp. bis 1880 m). – Eur., Isl., N-Med., Sib., Him., N-Am.; no-euras-subozean, circ.

8. Trib. N á r d e a e

136. Nárdus L. Borstgras

x = 13?

459. N. strícta L. (Abb. 77a–c)

♃, *H.* – H. 0,10–0,30. Dichtrasig, horstig; Triebe brettartig angeordnet; B. borstenförmig; Ähre 1seitig; Ährchen 1bl.; Hüllspelzen fehlend bzw. stark reduziert; Gr. 1, bleibend. V–VI. 2n = 26, 30.

Borstgrasrasen, Heiden, Magerweiden; ±frische, nährstoffhaltige bis -ärmere, saure, kalkarme, bisweilen moorige, sandige od. lehmige Böden. – Meist verbreitet u. häufig (Alp. bis 2590 m). – Eur. (im S nur Hochgebg.), N-As., Kauk., Kl.As., Grönl.; no-subozean-praealp.

9. Trib. C o l e á n t h e a e

137. Coleánthus Seidl — Scheidengras

x = 7

460. C. súbtilis (Tratt.) Seidl (Abb. 77d–f)

⊙, *Th.* – St. 0,03–0,08 lang, fadenförmig, rosettenartig-niederliegend bis aufsteigend; B.scheiden bauchig aufgeblasen; B. meist sichelförmig zurückgebogen; Rispe mit büschelig gedrängten Ährchen. VIII–X. 2n = 14.

Ufer od. Boden abgelassener Teiche mit nassem, schlammigem Grd. – Sehr selten, Erzgebg. (zwischen Freiberg u. Olbernhau, bes. Großhartmannsdorf, bis 570 m), neuerdings auch Westerwälder Seenplatte (Dreifelder Weiher) u. s. Wittenberg. – S-Norw., W-Frankr., Sachs., ČSR, Österr., O-As., w. N-Am.; atl (-subatl).

2. Subfam. E r a g r o s t o í d e a e

10. Trib. E r a g r ó s t e a e

138. Eragróstis P. B. — Liebesgras

x = 5, (10?)

I. Untere Rispenäste 3–5 (Deckspelze spitz) . . . . **461. E. pilosa**

II. Untere Rispenäste 1–2

A. Deckspelze ±ausgerandet, kurz stachelspitzig . . . . **462. E. megastachya**

B. Deckspelze stumpf . . . . **463. E. poaeoides**

461. E. pilósa (L.) P.B. — Behaartes L.

⊙, *Th.* – H. 0,05–0,30. *Rispenäste sehr dünn, untere halbquirlig, glatt;* Ährchen lineal., 4–5 mm lang, 5- bis 12bl.; Deckspelze ziemlich spitz, von 2 schwachen, seitenständigen Nerven durchzogen. VII–X. 2n = 40.

Schutt- u. Trittpflanzenges.; trockene, warme, nährstoffreiche Sand- u. Schotterböden. – Sehr selten: Oberrheinebene; vereinzelt: z. B. bei Halle a. S. u. auch sonst stellenweise. – Subtrop. Geb.; submed-med.

Abb. 78. *a–c Eragrostis megastachya* (*a* Habitus, *b* Ährchen, *c* Deckspelze); *d–f Cynodon dactylon* (*d* Habitus, *e* Ährchen, *f* Blattspreitengrund).

462. E. megastáchya (Koeler) Link (Abb. 78a–c) Großes L.

⊙, *Th.* – H. 0,10–0,45. *B.scheiden glatt,* an der Mündung bärtig; B.rand drüsig; *Rispenäste rauh;* Ährchen lineal.-länglich, bis 20 mm lang, 15- bis über 20bl.; *Deckspelze an der stumpfen Spitze etwas ausgerandet u. kurz stachelspitzig,* mit starken, seitenständigen Nerven. V bis IX. 2n = 20.

Äcker, Gärten, Hackunkrautges.; ±trockene, warme, nährstoffreiche, sandige Böden. – Selten, insbes. s. Rhein-, Main- u. Neckargeb., sonst vereinzelt u. unbeständig. – Subtrop. Geb.; med.

463. E. poaeoídes P. B. Kleines L.
(= E. minor Host)

⊙, *Th.* – H. 0,10–0,30(0,45). *B.scheiden behaart;* B.rand lang bewimpert u. drüsig; Rispenäste rauh od. schwach rauh; Ährchen lineal.-lanzettl., bis etwa 7 mm lang, 8- bis 16bl., rotbraun; *Deckspelze stumpf.* VII–XI. 2n = 40.

Wege, Bahndämme, Trittges.; trockene, warme, nährstoffreiche, sandige Böden. – Vereinzelt, stellenweise ziemlich häufig: insbes. SW-D., Schles., Thür., Prov. Sachs. (unteres Unstrutgeb.), stellenweise eingebürgert. – Med., S-Rußl., S-As., N- u. M-Am.; med-submed(-kont).

11. Trib. Chlorídeae

139. Cýnodon Rich. Hundszahn

x = 10

464. C. dáctylon (L.) Pers. (Abb. 78d–f)

♃, *H. (G).* – H. 0,05–0,30(0,50). Ausläufer sehr lang, oberirdisch, verzweigt, wurzelnd; B. 2–4 mm breit, graugrün, an der B.scheidenmündung beiderseits Haarbüschel, selten kahl; B.häutchen sehr kurz; Blst. mit 3–5(7) fingerförmig angeordneten Ähren, Ährchen meist violett; Hüllspelzen am Kiel etwas bewimpert. V–VI(–IX). 2n = 40.

Wegränder, Weinberge, Flußufer, Tritt- u. Unkrautges.; trockene, warme, nährstoffreiche, sandige Böden. – Zerstreut, insbes. SW-D. [Oberrhein-, Main-, Nahe-, Mosel- u. Saargeb., Pfalz (stellenweise häufig)], sonst selten u. vereinzelt (z. B. Unterlauf der Lippe, bay. Hochebene) u. oft unbeständig. – Subtrop. u. warm-gem. Geb.; fast Kosmop.

12. Trib. Lappagíneae

140. Trágus Hall. Klettgras

x = 10

465. T. racemósus (L.) All. (Abb. 79a–c)

⊙, *Th.* – St. ästig-ausgebreitet, 0,10–0,30 lang, niederliegend, wurzelnd, bis knickig aufsteigend; B.ränder stachelig-gewimpert; B.häutchen sehr kurz, gewimpert; ährenförmige Rispe zylindrisch; Ährchen lanzettl.; zweite Hüllspelze mit hakig gebogenen, unten braunen Stacheln besetzt. VI–VII. 2n = 40.

Unkrautige Ges.; warme, nährstoffreiche Sandböden. – Sehr selten, n. Oberrheinebene (eingebürgert), sonst vereinzelt unbeständig eingeschleppt. – Wärmere gem. bis trop. Zonen.

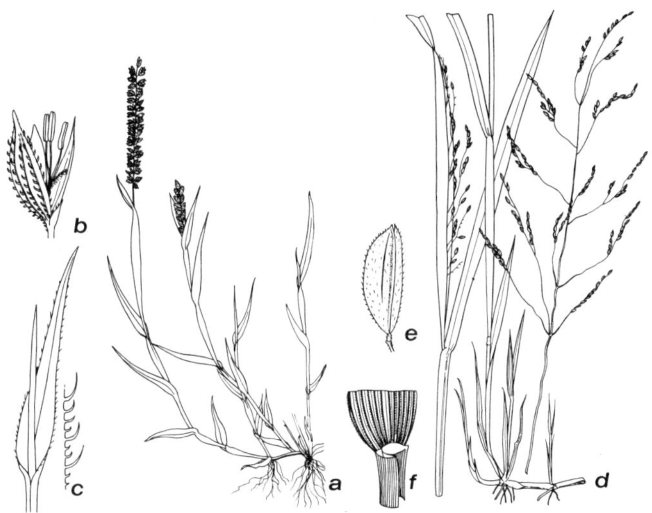

Abb. 79. *a–c Tragus racemosus* (*a* Habitus, *b* Ährchen, *c* Blatt u. Blattrand); *d–f Leersia oryzoides* (*d* Habitus, *e* Ährchen, *f* Blatthäutchen).

3. Subfam. O r y z o í d e a e
13. Trib. O r ý z e a e

141. Léersia Sw. Reisquecke

x = 6

466. L. oryzoídes (L.) Sw. (Abb. 79d–f)

♃, *HH, (H)*. – H. 0,50–1,50. Ausläufergras, hellgrün; St. glatt, an den Knoten behaart; B. 6–8(10) mm breit, rauh; B.scheiden rückwärts sehr rauh; Rispenäste ±abstehend, schlängelig; Rispe häufig in der B.scheide steckenbleibend u. sich nicht immer vollständig entwickelnd; Ährchen halb-oval; Deckspelze bewimpert. VIII–IX. 2n = 48.

Röhrichte, Graben- u. Bachränder, an stehenden od. langsam fließenden, nährstoffreichen Gewässern mit meist schlammigem Grd. – Selten u. sehr zerstreut, blüht seltener, wohl vielfach übersehen (Alp. bis 1070 m). – S- u. gem. Eur. bis Transkauk., Pers., Jap.; Am.; euras(-kont)-submed, circ.

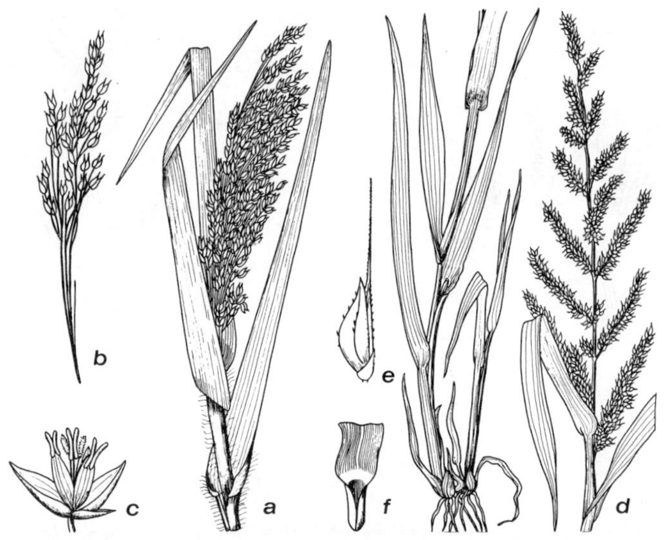

Abb. 80. *a–c Panicum miliaceum* (*a* Blütenstand, *b* Rispenausschnitt, *c* Ährchen); *d–f Echinochloa crus-galli* (*d* Blütenstand u. Halmbasis, *e* Ährchen, *f* Blattspreitengrund).

4. Subfam. Panicoídeae
14. Trib. Paníceae

142. Pánicum L. Hirse

x = 7, 8, 9, 10

467. P. miliáceum L. (Abb. 80a–c)

⊙, *Th,* – H. 0,50–1,00. St. meist aufrecht od. aufsteigend; B. nebst den B.scheiden rauhhaarig; B.häutchen fein-zerschlitzt; Rispe weitschweifig, überhängend od. dicht zusammengezogen; Ährchen langgestielt; Hüllspelzen zugespitzt; Fr. gelb. VI–IX. 2n = 36.

Selten gebaut u. bisweilen unbeständig in Unkrautges. verwildert. – Wildsippe evtl. P. spontaneum Lyssev (Afghan., Kasachstan, Mong.).

143. Echinóchloa P. B. Hühnerhirse

x = 9

468. E. crús-gálli (L.) P. B. (Abb. 80d–f)
(= Panicum crus-galli L.)

⊙, *Th.* – H. 0,30–1,00. St. aufrecht, am Grd. knickig-aufsteigend, mit Haarbüscheln an den Knoten, sonst nebst den Scheiden kahl u. glatt; B. ziemlich breit, am Rande rauh; B.häutchen fehlend; Ährchen kurzgestielt in einseitswendigen, rispig zusammengesetzten, gegen- od. wechselständigen Scheinähren, grün od. oft violett-braun; unterste Hüllspelze etwa $^1/_2$ so lang wie die obere, oberste mit rauher Granne od. Stachelspitze. VII–X. 2n = 54.

Unkrautges., Äcker, Gärten etc.; frische, nährstoff- u. N-reiche, meist ±sandige Lehmböden. – Verbreitet u. ziemlich häufig (Alp.vorland bis 570 m). – Gem. u. subtrop. Geb.; fast Kosmop.

144. Digitária Fabricius Fingergras

x = 9

I. B. u. B.scheiden locker langwimperig behaart; Blst. meist 5fingerig; Ährchen 2,5–3 mm lang . . . . **469. D. sanguinalis**
II. B.spreite kahl, nur am Grd. mit Haarbüschel; B.-scheiden kahl (selten unterste behaart); Blst. meist 3fingerig; Ährchen 2–2,5 mm lang . . . . **470. D. ischaemum**

469. D. sanguinális (L.) Scop. (Abb. 81a–c) Blut-F.
(= Panicum sanguinale L.)

⊙, *Th.* – H. 0,10–0,30(0,50). St. geknickt-aufsteigend; *B. am Rand mit einem weißlichen Nerven;* Scheinähren aufrecht-abstehend, meist zu 5(3–6), fingerig angeordnet; *Ährchen länglich-lanzettl.,* meist violett. VII–X. Umfaßt:

ssp. s a n g u i n á l i s; dritte „Hüllspelze" am Rande wollig-flaumig, auf den äußersten Seitennerven ohne Wimpern, meist 7nervig. 2n = 36. – Verbreitet.

ssp. p e c t i n i f ó r m i s Henrard (= D. ciliaris auct.); die äußeren Seitennerven der dritten „Hüllspelze" steifhaarig-bewimpert. 2n = 36. – Zerstreut bis selten, im s. Geb. verbreiteter.

Unkrautges., Wege, Äcker, Weinberge; ±trockene, nährstoffreiche, meist kalkarme, sandige Böden. – Verbreitet bis zerstreut, bis mittlere Gebg.lagen. – Fast Kosmopolit in wärmeren u. gem. Zonen.

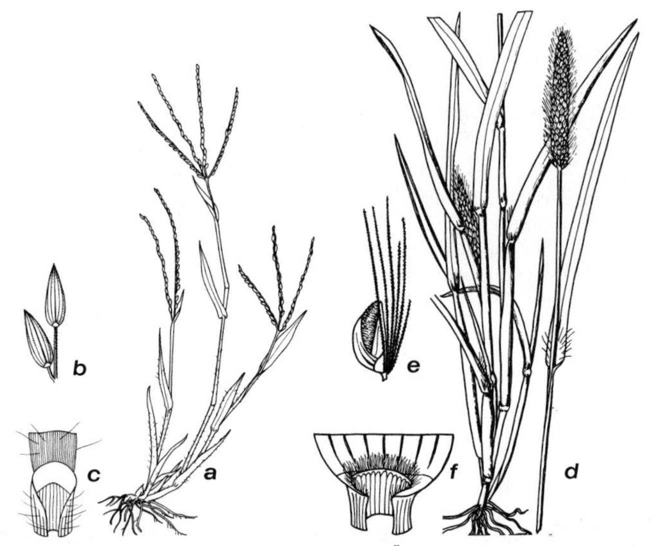

Abb. 81. *a–c Digitaria sanguinalis* (*a* Habitus, *b* 2 Ährchen, *c* Blattspreitengrund); *d–f Setaria glauca* (*d* Blütenstand u. Halmbasis, *e* Ährchen mit Borsten am Ährchenstiel, *f* Blattspreitengrund).

470. D. ischaēmum (Schreb.) Mühlenb. Kahles F.
(= Panicum lineare Krock.)

⊙, *Th.* – St. meist niederliegend, 0,08–0,50 lang; *B. ohne weißliche Randnerven;* Scheinähren meist zu 3(2–6), fingerig angeordnet; *Ährchen ellipt.-eiförmig, ±kurzhaarig;* dritte „Hüllspelze" meist 5nervig. VII bis X. 2n = 36.

Unkrautges., Äcker; trockene bis frische, nährstoffreiche, kalkarme, sandige Böden. – Zerstreut bis selten, bis mittlere Gebg.lagen. – Fast Kosmopolit in gem. u. wärmeren Zonen.

145. Setária P. B. Borstenhirse

x = 9

I. Unter jedem Ährchen 1(–3) Borsten; Ährenrispe dicht od. locker, oft unterbrochen, zur Spitze meist ±verjüngt; oberer Scheidenrand gewimpert
A. Borsten beim Aufwärtsstreichen glatt (Zähnchen der Borsten nach vorwärts gerichtet)

1. Fruchtumhüllende Deckspelze fein punktiert, nicht glatt; bei der Fruchtreife Abgliederung unter den Hüllspelzen
   a) Rispenäste nicht wirtelig; Rispenachse kurzweichhaarig . . . . **471. S. viridis**
   b) Rispenäste wirtelig; Rispenachse steifhaarigrauh . . . . **473. S. decipiens**
2. Fruchtumhüllende Deckspelze glatt, glänzend; bei der Fruchtreife Abgliederung oberhalb der Hüllspelzen u. der sterilen Deckspelze . . . . **472. S. italica**

B. Borsten beim Aufwärtsstreichen rauh (Zähnchen der Borsten nach rückwärts gerichtet; Rispenäste wirtelig) . . . . **474. S. verticillata**

II. Unter jedem Ährchen 4–12 Borsten; Ährenrispe gleichförmig dick, nicht unterbrochen; Scheidenrand kahl (fruchtumhüllende Deckspelze querrunzelig) . . . . **475. S. glauca**

471. S. víridis (L.) P. B. Grüne B.

⊙, *Th.* – H. 0,05–0,60(1,00). St. an der Basis verzweigt, meist knickig aufsteigend, dünn; B.häutchen dicht gewimpert, 1–2 mm lang; Rispe zylindrisch, 2–15 cm lang; *Ährchen 1,8–2,2 mm lang; Borsten 5–10 mm lang, grün* od. violettbraun. VII–X. 2n = 18.

Hack- u. Schuttunkrautges.; ±trockene, warme, ±nährstoffreiche u. ±sandige Böden. – Verbreitet. – Eur., Sib., O-As., N-Afr., verschleppt u. fast in allen temp., seltener trop. Zonen; euras-med.

472. S. itálica (L.) P. B. Kolbenhirse

⊙, *Th.* – H. 0,30–1,00. St. bis 10 mm dick; B. bis 12 mm breit; *Rispe* bis 20 cm lang u. 3 cm dick, *gelappt u. überhängend;* Borsten kurz od. lang. VII bis IX. 2n = 18. Verschiedene Kulturvarietäten u. Formen.

Gelegentlich gebaut, selten verwildert in Schuttunkrautges. – Ursprung evtl. M- od. O-As. [Wildart wahrscheinlich S. viridis (L.) P. B.]

473. S. decípiens C. Schimp. Täuschende B.
(= S. ambigua Guss.)

⊙, *Th.* – H. 0,10–0,70. St. knickig aufsteigend; B.häutchen steifhaarig, 1–2 mm lang; *Rispenäste wirtelig;* Borsten 3 mm lang, meist nur wenig die Ährchen überragend. VII–X.

Meldenges., Schutt- u. Unkrautges.; meist trockene, warme, nährstoffreiche Sand- u. Lehmböden. – Selten od. übersehen; u. a. Anh., Thür., Rheinpfalz u. N-Bad. – S-Eur., in wärmeren Zonen fast kosmop.

474. S. verticilláta (L.) P. B. Quirlige B.

⊙, *Th.* – H. 0,03–0,60(1,00). St. knickig aufsteigend; B.häutchen sehr kurz, dicht gewimpert; Rispe 3–15 cm lang, gelegentlich am Grunde unterbrochen, zylindrisch; *Ährchen 2,0–2,2 mm lang; Borsten 4–7 mm lang.* VII–IX. 2n = 18, 36.

Meldenges., Hackunkrautges., Gärten, Zäune, Weinberge; ±trockene, warme, nährstoffreiche, meist sandig-lehmige Böden. – Zerstreut. – S-Eur., in warmen Zonen fast kosmop.

475. S. glaúca (L.) P. B. (Abb. 81d–f) Rötliche B.
[= S. lutescens (Weigel) F. T. Hubb.]

⊙, *Th.* – H. 0,04–0,60(1,30). St. am Grunde verzweigt, aufrecht od. niederliegend-aufsteigend; B.häutchen sehr kurz, gewimpert; Rispe zylindrisch, meist 5–8 cm lang; *Ährchen 3,0–3,4 mm lang; Borsten 3–10 mm lang, gelblich bis fuchsrot.* VII–X. 2n = 36, 72.

Hackunkrautges.; trockene, warme, ±nährstoffreiche, ±sandige Böden. – Verbreitet, im SW auf Kalkböden meist häufig. – In warmen Zonen fast kosmop; submed-med(-kont).

5. Subfam. Andropogonoídeae
15. Trib. Andropogóneae

146. Bothrióchloa O. Kuntze Bartgras

x = 10, (5?)

476. B. ischáemum (L.) Keng (Abb. 82a–c)
(= Andropogon ischaemum L.)

♃, *H.* – H. 0,20–0,40(1,00). B. schmal, ±3 mm breit, lineal.-rinnig, bärtig bewimpert, graugrün; *Scheinähren* zu 2–6(10) *fast fingerig angeordnet,* schmal-walzenförmig, ihre Spindeln sowie Ährchenstiele u. Grd. der Ährchen lang-rauhhaarig; Ährchen hellviolett, mit bis 15 mm langer Granne. VII–X. 2n = 40.

Trocken- u. Halbtrockenrasen; warme, meist kalkhaltige u. steinige od. sandige Böden. – Zerstreut u. selten: W-, M- u. S-D., n. bis etwa Deutz, Harz, Thür., Sachs.–Anh. – Wärmere gem. Zonen.

16. Trib. Maýdeae

147. Zéa L. Mais

x = 10

477. Z. máys L. (Abb. 82d–g)

⊙, *Th.* – H. 1,00–3,00. B. sehr breit, am Rand kurz bewimpert; B.häutchen zerschlitzt-gewimpert; ♀-Blst. kolbenförmig, in den unteren B.winkeln, von Scheiden umhüllt; N. sehr lang; ♂-Ährchen in ausgebreiteter Rispe. VII–IX. 2n = 20. Umfaßt u. a.:

Abb. 82. *a–c Bothriochloa ischaemum* (*a* Habitus, *b* Ährchenpaar, *c* Blattspreitengrund); *d–g Zea mays* convar. *vulgaris* (*d* Habitus, *e* ♂-Ährchenpaar, *f* ♀-Ährchen, *g* Fruchtkolben).

convar. vulgáris Koern.; Hartmais; Fr. glatt, ±glänzend, meist an der Spitze abgerundet, schwach zusammengedrückt, verschiedenfarbig, meist gelb, Reservestoffe insbes. Stärke.

convar. saccharáta Koern.; Zuckermais; Fr. (reif) unregelmäßig gestaltet, stark geschrumpft u. durchscheinend, Reservestoffe insbes. Dextrine u. Zucker.

Gebaut in verschiedenen Sorten. – Ursprung: wahrscheinlich Mex. – Z-Am. od. Peru.

Droge: Stigmata Maidis, [Amylum Maidis]

16. Ordn. Spathiflórae

32. Fam. ARÁCEAE Juss.
Aronstabgewächse

I. B. lineal., schwertförmig (Spatha lineal., grün) . . . . . . **148. Acorus**
II. B. nicht lineal.
  A. B. rundlich-herzförmig-nierenförmig; Spatha ±flach ausgebreitet . . . . **149. Calla**
  B. B. spieß-pfeilförmig; Spatha tütenförmig . . . . **150. Arum**

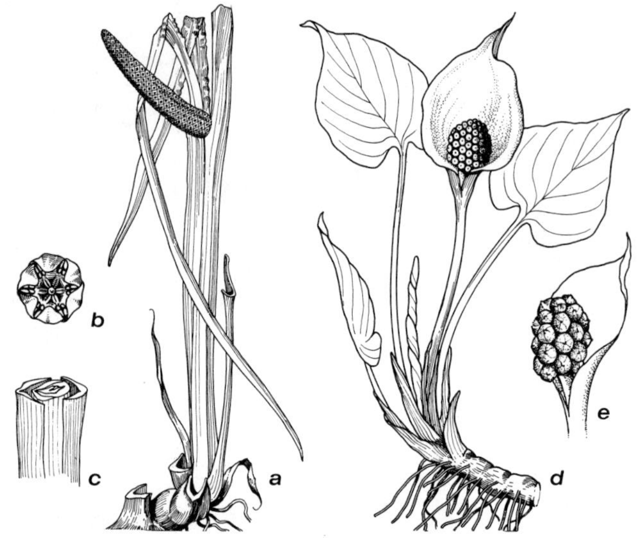

Abb. 83. *a–c Acorus calamus* (*a* Habitus, *b* Blüte, *c* Blätter u. Sproß quer); *d–e Calla palustris* (*d* Habitus, *e* Blütenstand zur Fruchtzeit).

1. Subfam. P o t h o í d e a e

148. Ácorus L. Kalmus

x = 12

478. A. cálamus L. (Abb. 83a–c)

♃, *HH.* – H. 0,60–1,50. Schaft zusammengedrückt, mit einer scharfen u. einer rinnenförmigen Kante, in der sich ein walzenförmiger, etwa im Winkel von 50° abstehender Kolben befindet; B. schwertförmig; Bl. mit Blh., ☿ (steril). VI–VII. Im Geb. bisher nur triploide Rasse. 2n = 36: var. c á l a m u s (= var. vulgaris L.).

Ufer, Gräben, Röhrichte, an stehenden od. langsam fließenden Gewässern mit nährstoffreichem Grd. – Verbreitet bis zerstreut, eingebürgert (Alp. bis 800 m). – Triploide Rasse: M- u. O-Eur., Vord.Ind. – Gesamtart: Eur., gem. bis s. As., N-Am.

Droge: Rhizoma Calami, [Oleum Calami]

2. Subfam. Calloídeae

149. Cálla L. Schlangenwurz

x = 9

479. C. palústris L. (Abb. 83d–e)

♃, *HH, (G).* – H. 0,15–0,50. Schaft mit kurzem, endständigem Kolben; B. ±herzförmig; Spatha ±flach, innen weiß, außen grün; Bl. ☿; Blh. fehlend; Fr. korallenrot. V–VII. 2n = 36, 72.

Gräben, Teiche, Moorschlenken, Großseggenbestände; nasse, meist etwas saure, nährstoffhaltige, torfige Böden. – Zerstreut im n. u. m. Geb., insbes. im N-Flachland, in S-D. selten (Hanau, Pfalz, Schwäb.-fränk. Wald, Donaugeb. u. Alp.vorland, Bay. Wald). – N- u. M-Eur., Sib., N-Am.; no-kont, circ.

3. Subfam. Aroídeae

150. Árum L. Aronstab

x = 7

480. A. maculátum L. (Abb. 84a–c)

♃, *G.* – H. 0,15–0,60. Schaft mit einem endständigen Kolben; B. spieß-pfeilförmig; Kolben von der Spatha unten fest eingehüllt, am Grd. ♀-Bl., darüber Bl.rudimente, dann ♂-Bl., dann Bl.rudimente u. einen bl.losen Anhang tragend; Fr. scharlachrot. IV–V. Umfaßt:

var. maculátum; B. braun gefleckt. 2n = 56. – Zerstreut bis selten.

var. immaculátum (Rchb.) Mutel; B. ungefleckt, grün. 2n = 28. – Verbreitet.

Buchen- u. Laubmischwälder; frische bis feuchte, nährstoffreiche, meist mullige Lehmböden. – Zerstreut bis selten in N-D., im NO fehlend, verbreiteter bis häufig im m. u. s. Geb. (Alp. bis 950 m). – Dän., Schwed., M- u. S-Eur.; subatl(-submed).

33. Fam. LEMNÁCEAE S. F. Gray
Wasserlinsengewächse

I. Spr. (> 2 mm ∅) mit Wurzeln; je 1 Tochterspr. sich aus 2 seitlichen, nach rückwärts gerichteten Taschen entwickelnd

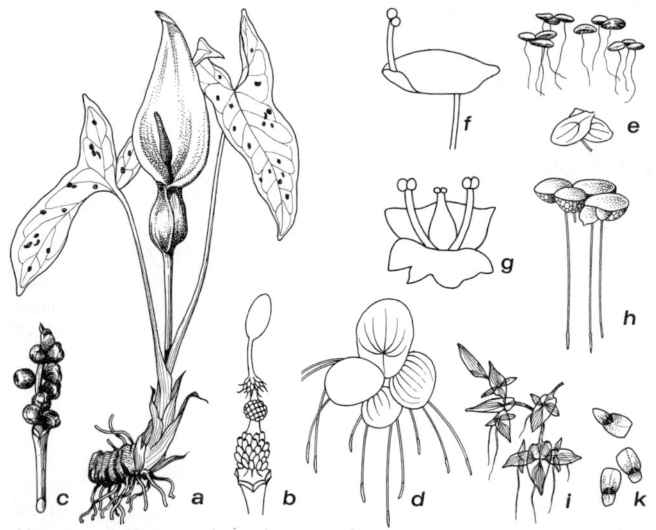

Abb. 84. *a–c Arum maculatum* (*a* Habitus, *b* Blütenstand ohne Spatha, *c* Blütenstand zur Fruchtzeit); *d Spirodela polyrrhiza* (Habitus); *e–i Lemna* spp., *e–g L. minor* (*e* Habitus, *f* blühende Pflanze, *g* Blüte), *h L. gibba* (Habitus), *i L. trisulca* (Habitus); *k Wolffia arrhiza* (Habitus).

A. Spr. mit mehreren Wurzeln, am Grd. 2 häutige B.chen .... **151. Spirodela**
B. Spr. mit 1 Wurzel, ohne B.chen .... **152. Lemna**
II. Spr. (0,5–1,5 mm ∅) ohne Wurzeln; 1 Tochterspr. sich aus einer nach rückwärts gerichteten Grube entwickelnd .... **153. Wolffia**

1. Subfam. L e m n o í d e a e

151. Spirodéla Schleid. Teichlinse

x = 10

481. Sp. polyrrhíza (L.) Schleid. (Abb. 84d) Vielwurzelige T.

♃, *HH.* – *Spr.glieder* rundlich-verkehrt-eiförmig, schwimmend, beiderseits flach, *oben grün, unten meist rot,* 3–4(10) mm lang; *W. zahlreich* (5–16). V–VI. 2n = 40.

Schwimmpflanzenges., in stehenden, meist nährstoffreicheren Gewässern. – Zerstreut bis selten (in S-D. bis ca. 600 m). – Eur., As., Afr., Am., Austr.; euras, circ.

152. Lémna L. Wasserlinse

x = 8, 10, 11

I. Spr.glieder rundlich, schwimmend
  A. Spr.glieder beiderseits b.artig flach .... **482. L. minor**
  B. Spr.glieder oberseits ±flach, unterseits gewölbt **483. L. gibba**
II. Spr.glieder lanzettl. (flach, z. T. gestielt), meist submers .... **484. L. trisulca**

1. Subgen. L é m n a

482. L. mínor L. (Abb. 84e–g) Kleine W.

♃, *HH.* – *Spr.glieder* rundlich-verkehrt-eiförmig, *beiderseits flach* u. grün, meist 2–3(6) mm lang, selten unterseits schwach rötlich. V–VI. 2n = 40.

Schwimmpflanzenges., in stehenden, nährstoffreichen Gewässern. – Häufig u. verbreitet (Alp. bis 1200 m). – Fast Kosmopolit mit Ausnahme der arkt. u. einigen trop. Geb.

483. L. gíbba L. (Abb. 84h) Buckelige W.

♃, *HH.* – *Spr.glieder* rundlich-verkehrt-eiförmig, *oberseits ±flach,* grün bis gelblich-grün, *unterseits stark bauchig gewölbt,* meist 2–5 mm lang. IV–VI. 2n = 64.

Schwimmpflanzenges., in stehenden, nährstoffreichen Gewässern. – Seltener u. zerstreut, vornehmlich in der Ebene. – Fast Kosmopolit in gem. u. wärmeren Zonen.

2. Subgen. S t a u r o g í t o n

484. L. trisúlca L. (Abb. 84i) Dreifurchige W.

♃, *HH.* – Submerse *Spr.glieder länglich-lanzettl.,* zuletzt gestielt, beiderseits flach, grün, nur zur Bl.zeit mit eiförmig-lanzettl., schwimmenden Spr., ohne Stiel bis 10 mm lang, 3nervig. VI. 2n = 44.

Schwimmpflanzenges. u. submerse Ges., in stehenden, nährstoffreichen Gewässern. – Verbreitet bis zerstreut (in S-D. bis ca. 800 m). – Fast Kosmopolit.

2. Subfam. Wolffioídeae

153. Wólffia Horkel — Zwerglinse

x = ?

485. W. arrhíza (L.) Wimm. (Abb. 84k)

♃, *HH.* – *Spr.glieder* rundlich-ellipt., *0,5–1,5 mm lang, unterseits kugelig-gewölbt,* mit einer grd.ständigen Spalte; im Geb. bisher keine Bl. beobachtet. 2n = 42–44, ca. 50.

Schwimmpflanzenges., in stehenden, nährstoffreichen Gewässern. – Selten bis sehr selten, als kleinste Samenpfl. wohl mehrfach übersehen, u. a. Nordrhein-Westf., Nieders. (Wendland), Meckl.-Brand. (Havel-Oder-Geb.), West- u. Ostpr., Sachs. (Leipzig), Schles., S-Hess. (unteres Maingeb.), n. Oberrheinebene, Bodenseegeb. (Ravensburg). – W- u. M-Eur., Med., Afr., S-As., Austr.; med-atl.

17. Ordn. Pandanáles

34. Fam. SPARGANIÁCEAE Rud. Igelkolbengewächse

154. Spargánium L. — Igelkolben

x = 15

I. Perigonb. dick u. fest; Steinkern ±längs-gefurcht; St. ästig, aufrecht, nie flutend; B. 3kantig, derb ..... **486. S. erectum**
II. Perigonb. dünn; Steinkern glatt; St. unverzweigt, höchstens sehr kurz gestielte ♀-Blst.
 A. B. deutlich gekielt, am Grd. 3kantig, aufrecht, selten flutend ..... **487. S. emersum**
 B. B. flutend, ungekielt, flach, selten aufrecht
  1. ♂-Blst. 3–6; N. lineal. ..... **488. S. angustifolium**
  2. ♂-Blst. 1(–2); N. eiförmig bis kopfig-kugelig **489. S. minimum**

1. Sect. Spargánium

486. S. eréctum L. (Abb. 85a–d) — Ästiger I.
(= S. ramosum Huds.)

♃, *HH.* – H. 0,30–0,60(–1,20). *St. einen ästigen Blst. tragend;* B. ±aufrecht, unten 3kantig, an den Seiten ±konkav; N. lineal.; Fr. sitzend, langgeschnäbelt, verkehrt-pyramidenförmig, am oberen Ende scharf kantig abgestutzt, unterwärts lückenlos zusammenschließend. VI–VIII. 2n = 30. Umfaßt:

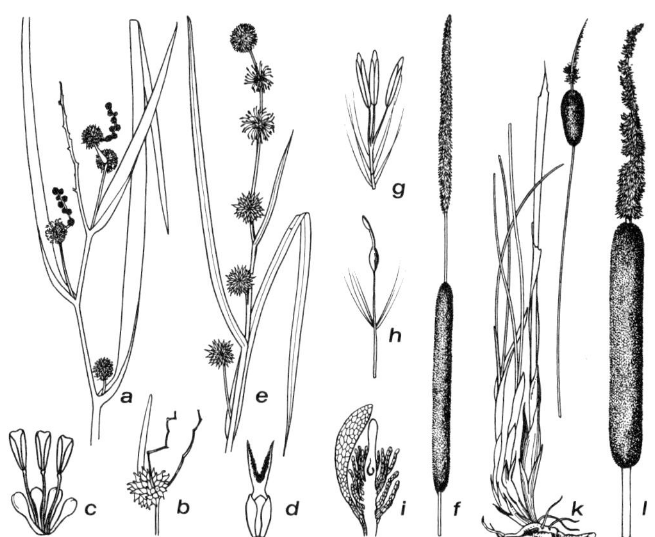

Abb. 85. *a–e Sparganium* spp., *a–d Sp. erectum* (*a* Sproßspitze mit Blütenständen, *b* ♀-Blütenstand zur Fruchtzeit; *c* ♂-, *d* ♀-Blüte), *e Sp. emersum* (Sproßspitze mit Blütenständen) *f–l Typha* spp., *f–i T. angustifolia* (*f* Blütenstand, *g* ♂-Blüte, *h* Frucht, *i* ♀-Blüte längsgeschnitten), *k T. minima* (Habitus), *l T. latifolia* (Blütenstand).

ssp. n e g l é c t u m (Beeby) Sch. et Th.; Wuchs schlaffer, B. ±übergebogen; Perigonb. an der Spitze deutlich verbreitert u. hautrandig; Fr. im Querschnitt rund, nach der Spitze allmählich verschmälert, glänzend strohgelb bis gelbbraun; Steinkern die Oberseite der Fr. nicht erreichend, vom Schwammparenchym gekrönt, von flachen Längsfurchen durchzogen. Hierzu:

var. m i c r o c á r p u m (Neum.) Mansf.; in allen Teilen kleiner; Fr. schlank, deutlich stielartig verschmälert, oberwärts plötzlich abgerundet; Steinkern schlank, von wenigen flachen Furchen seicht gewellt. – Zerstreut, besonders im NO.

var. o o c á r p u m (Čelak.) Mansf.; Fr. kugelig bis kugelig-verkehrt-eiförmig, glänzend graubraun; Steinkern stark und tief längsfurchig. – Vereinzelt u. selten, u. a. Brand. (Nauen, Neuruppin); Bonn; Bay. (Traunstein, Dechsendorf).

Röhrichte, Gräben, Ufer, stehende od. langsam fließende Gewässer mit schlammigem, nährstoffreichem Grd. – Verbreitet u. ziemlich häufig (Alp. bis 800 m). – Eur., Kl.As., Alg., W-Pers., Turk; submed(-euras).

ssp. e r é c t u m [= ssp. polyedrum (A. et G.) Sch. et Th.]; Wuchs kräftig; B. aufrecht; Fr. kurz-verkehrt-pyramidenförmig, stark kantig gegeneinander abgeplattet, oberwärts matt, schwarzbraun, kurz zugespitzt; Steinkern die Oberseite der Fr. erreichend, durch zahlreiche, scharf vorspringende Leisten tief gefurcht.

Röhrichte, stehende Gewässer mit schlammigem, nährstoffreichem Grd. – Verbreitet u. ziemlich häufig. – Insbes. gem. Eur., N-Med., W-As.; euras(-submed).

2. Sect. Xanthospargánium

487. S. emérsum Rehm. (Abb. 85 e) Einfacher I.
(= S. simplex Huds.)

♃, *HH.* – H. 0,20–0,60(1,00). St. einen *einfachen Blst.* tragend, aufrecht, seltener flutend; B. am Grd. 3kantig, mit konkaven Seitenflächen, *über der meist sehr weiten Scheide deutlich verschmälert, im oberen Drittel verbreitert,* allmählich stumpf zugespitzt; N. lineal.; *Fr. gestielt, langgeschnäbelt, länglich-ellipsoidisch.* VI–VII. Umfaßt:

ssp. emérsum; Pfl. aufrecht, meist halbsubmers; B. 4–7,5 mm breit, aufrecht. 2n = 30. – Zerstreut bis verbreitet.

ssp. flúitans (Gren. et Godr.) Löve et Löve [= S. longissimum (Fries) Fritsch]; St. u. B. bis 2,00 lang; B. 4,5–10,5 mm breit, flutend; fruchtend. – Zerstreut u. selten, u. a. bei Cleve, in Brand., Ostpr., Bad., Bay.

Gräben, Teiche, Ufer, an u. in stehenden od. (meist bei ssp. fluitans) fließenden, nährstoffhaltigen Gewässern mit Schlammgrd. – Insgesamt zerstreut (Alp. bis 870 m). – Eur., W- u. M-As., N-Am.; euras, circ.

488. S. angustifólium Michx. Schmalblättriger I.
(= S. affine Schnizl.)

♃, *HH.* – *Blst.stengel lang flutend; Grdb. lang flutend,* obere bis 3,5 mm breit, *dicklich, auf dem Rücken abgerundet,* kiellos, in eine lange, oft fadenförmige Spitze ausgezogen; Stb. mit sehr weiten Scheiden, flach; Blst. aus 2–3 ♀- u. 3–6 genäherten bis zusammengedrängten ♂-Köpfen bestehend; N. lineal.; Steinkern eiförmig, beiderseits kurzzugespitzt. VI–VIII. 2n = 30.

Moortümpel, Ufer, Verlandungsges.; nährstoffarme, meist flache Gewässer mit sandigem, schlammigem od. torfigem Grd. – Selten: nw. westf. Bucht u. Tiefland, Nieders. (Heidegeb., Hannover, Braunschweig), Brand. (Neuruppin, Berlin, Lausitz), Pomm., Sachs. (Lausitz), Hess., S-Schwarzwald (Feldsee, Titisee, Hotzenwald), Bay. Wald (Kl.Arbersee), Allgäu, bis 1720 m. – N- u. gem. Eur., Isl., N-As.; no-subozean.

489. S. mínimum Wallr. Zwerg-I.

♃, *HH.* – Blst.stengel (bis 0,45 hoch) u. die zarten, dünnen B. flutend [bis 0,45 (0,80) lang u. 2–5,2 mm breit] od. aufrecht; *Blst. stets in den Achseln von Hochb.;* ♀-Blst. 2–3, ♂-Blst. 1(–2); N.

eiförmig bis kopfig-kugelig, deutlich abgesetzt, oft sitzend; Fr. ±sitzend, eiförmig, beiderseits kurz-zugespitzt. VI–VIII. 2n = 30.

Gräben, Moortümpel, Verlandungsges., in nährstoffärmeren, stehenden Gewässern mit meist schlammigem Torfgrd. – Sehr zerstreut im nw. Heidegeb.; sonst selten, s. bis Alp. (bis 1400 m). – Insbes. N- u. M-Eur., N-As., N-Am.; no(-subozean), circ.

Bastarde:
S. emersum × angustifolium (S. × englerianum A. et G.), S. erectum ssp. erectum × emersum (S. × aschersonianum Hausskn.), S. erectum ssp. neglectum × emersum, S. minimum × emersum (S. × diversifolium Graebn.).

35. Fam. TYPHÁCEAE Juss. Rohrkolbengewächse

155. Týpha L. — Rohrkolben

x = 15

I. B. mindestens 5 mm breit
  A. ♂-Blst. dem kolbenartigen ♀-Blst. ±unmittelbar aufsitzend; ♀-Bl. ohne Deckb.
    1. ♂-Blst. kaum kürzer als der stets schwarzbraune ♀-Blst. .... **490. T. latifolia**
    2. ♂-Blst. viel kürzer als der später graue ♀-Blst. **491. T. shuttleworthii**
  B. ♂-Blst. vom kolbenartigen ♀-Blst. stets entfernt; ♀-Bl. mit Deckb. .... **492. T. angustifolia**
II. B. meist 1–2(3) mm breit
  A. Blst.stengel ohne B., am Grd. nur B.scheiden .... **493. T. minima**
  B. Blst.stengel mit B. .... **494. T. gracilis**

1. Sect. Ebracteolátae

490. T. latifólia L. (Abb. 851) — Breitblättriger R.

♃, *HH.* – H. 1,00–2,50. *B. breit-lineal.;* ♂-Blst. meist unmittelbar dem ♀-Blst. aufsitzend; ♀-Bl. deckblattlos; *N. schief-rhombisch-lanzettl.; ♀-Blst. braunschwarz.* VII–VIII. 2n = 30.

Röhrichte stehender od. langsam fließender, nährstoffreicher Gewässer. – Verbreitet im ganzen Geb., geb.weise häufig (Alp. bis 800 m). – Fast Kosmop.; euras.

491. T. shuttlewórthii Koch et Sond. — Shuttleworth-R.

♃, *HH.* – H. 0,60–1,50. B. lineal., außen schwachgewölbt, innen flach; *♀-Blst.* braun, weiß-gefleckt, *zur Fr.zeit silbergrau,* unmittelbar unter dem ♂-Blst. stehend; *♂-Blst. bedeutend kürzer als der ♀-Blst.;* ♀-Bl. deckblattlos; *N. zungenförmig-lanzettl.* VI–VIII.

Verlandungsges. langsam fließender, nährstoffreicher Gewässer mit kiesigem Grd. – Sehr selten, nur Oberrheingeb. (Riegel, Wiesloch, ob noch?), Baar (Röthenbach), Alp.vorland (Rosenheim, Reichenhall), Oberpfalz (Hirschau), Stuttgart. – Alp., S-D., N-Ital., ö. bis Karp., Ung., Siebenb.; praealp.

2. Sect. Bracteolátae

492. T. angustifólia L. (Abb. 85f–i) Schmalblättriger R.

♃, *HH.* – H. 1,00–2,50. B. schmal-lineal.; ♂*-Blst. vom* ♀*-Blst. meist etwa 2–4 cm entfernt;* ♀-Bl. mit Deckb.; N. lineal.-lanzettl.; ♀-Blst. rel. dünn u. braun. VI–VIII. 2n = 30.

Röhrichte, meist stehender od. langsam fließender Gewässer mit schlammigem Grd. – Verbreitet bis zerstreut: N-Flachland; im m. u. s. Geb. zerstreuter bis ziemlich selten (im S. bis ca. 600 m). – Eur., W-As., N-Am., Austr., Polynes.; euras-submed-med.

493. T. mínima Hoppe (Abb. 85k) Zwerg-R.

♃, *HH.* – H. 0,30–0,60. *B.* lanzettl., die der unfruchtbaren Triebe *schmal-lineal.* (höchstens bis 3 mm breit); *Blst.stengel ohne Laubb.,* nur am Grd. von weiten Scheiden umgeben; Blst. selten zusammenstoßend; ♀*-Blst.* zuerst walzenförmig, *zuletzt dicker, länglich od. fast kugelig.* V–VI.

Verlandungsges., Ufer langsam fließender, kühler Gewässer mit humosen, kalkhaltigen Feinsandböden. – Sehr selten, nur Donaugeb., Alp.vorland, Bodenseegeb. (Alp.rhein), Oberrheinebene bis Mannheim (verschollen). – S-D. bis SO-Eur., Kauk., W- u. Z-As., N-Chin.; praealp-kont.

494. T. grácilis Jord. Zierlicher R.
(= T. minima Hoppe var. autumnalis Leiner ex Döll)

♃, *HH.* – H. 0,30–0,60. *Blst.stengel mit* den Blst. überragenden *Laubb.;* Blst. voneinander entfernt; ♀-Blst. walzlich-länglich-elliptisch; Deckb. der ♀-Bl. länger als die Haare, sonst wie vor. VIII–IX.

Verlandungsges. kiesiger Ufer. – Früher Oberrhein (Ichenheim). – Oberrhein, Rhone- u. Isère-Geb.; w-praealp.

Bastarde:
T. latifolia × angustifolia (= T.×glauca Godr.), T. shuttleworthii × angustifolia (= T. × bavarica Graebn.).

18. Ordn. Cyperáles

36. Fam. CYPERÁCEAE Juss. Riedgrasgewächse[1])

I. Bl. zwittrig (selten durch Abortus eingeschlechtig)
A. Ährchen vielbl., meist unter der Mitte am breitesten u. meist alle Spelzen (Deckb.) mit Bl., od. Ährchen 2- bis 8bl. u. in einer 2zeiligen Ähre angeordnet
1. Deckb. der Bl. spiralig angeordnet, nicht 2- od. 3zeilig
a) Per.borsten fehlend od. bis 6, meist kürzer als die Deckb.
x) Blst.stengel mehrere Ährchen tragend, Blst. zusammengesetzt
/) Unterstes Tragb. des Blst. nicht den St. fortsetzend; Spirre od. Ähre deutlich endständig
§) Ährchen vielbl.; Blst. eine Spirre
+) Ährchen ca. 2–5 mm lang; Deckb. stumpf, nicht ausgerandet .... **156. Scirpus**
++) Ährchen ca. 10–20 mm lang; Deckb. ausgerandet **157. Bolboschoenus**
§§) Ährchen armbl., 3–12 in einer 2zeiligen Ähre .... **158. Blysmus**
//) Unterstes Tragb. des Blst. scheinbar den Blst.stengel fortsetzend u. länger als die übrigen; Spirre scheinbar seitenständig
§) Ährchen der Spirre in kugeligen Köpfen zusammengedrängt ..... **159. Holoschoenus**
§§) Ährchen in lockerer od. lappigkopfiger Spirre
+) Ährchen 5–10 mm lang ... **160. Schoenoplectus**
++) Ährchen meist nicht über 3 mm lang .... **161. Isolepis**
xx) Blst.stengel ein endständiges Ährchen tragend
/) Oberste B.scheide mit Spreite; Gr.-grd. nicht verdickt
§) Oberstes B. mit langer linealischer Spreite (Per.borsten fehlend) .... **162. Heleogiton**
§§) Oberste B.scheide mit sehr kurzer Spreite (Per.borsten vorhanden, später ±verlängert) .... **164. Trichophorum**

[1]) Kleinste Blst.einheit hier immer als Ährchen bezeichnet (somit Ährchen, Ähren, evtl. Scheinähren u. Fächel umfassend)

//) Oberste B.scheide ohne Spreite; Gr.-grd. meist verdickt u. gelenkartig mit Frkn. verbunden .... **163. Heleocharis**

b) Per.borsten zahlreich (mehr als 6), nach der Bl. länger als die Deckb. (weißwollig) ...... **165. Eriophorum**

2. Deckb. der Bl. 2- (selten 3)zeilig angeordnet (Per. fehlend; vgl. Blysmus) .... **166. Cyperus**

B. Ährchen 2- bis 3bl., in od. über der Mitte am breitesten, nur wenige Spelzen (Deckb.) mit Bl.

1. Ährchen seitlich zusammengedrückt; Per.borsten 1–6 (unterstes Tragb. des Blst. ±aufrecht; N. 3) .... **167. Schoenus**

2. Ährchen nicht od. kaum seitlich zusammengedrückt

a) Per.borsten fehlend; B. breit-lineal.; N. 2 od. 3 .... **168. Cladium**

b) Per.borsten 5–13; B. binsenförmig-borstlich; N. 2 .... **169. Rhynchospora**

II. Bl. eingeschlechtig (♀-Bl. von schlauch- od. spathaförmigem Vor- od. Deckb. umhüllt)

A. ♀-Bl. mit unvollständig verwachsenem, spathaförmigem Vor- od. Deckb.

1. Ährchen 2bl. (unten ♀, oben ♂), 10–20 in einer endständigen Ähre .... **170. Elyna**

2. Ährchen mit vielen 1bl. Teilährchen, 4–5(–10) in einer endständigen Ähre .... **171. Cobresia**

B. ♀-Bl. mit vollständig verwachsenem, schlauchförmigem Vor- od. Deckb. (Fr.schlauch) .... **172. Carex**

156. Scírpus L. Waldsimse

I. Ährchen in der großen, lockeren Spirre größtenteils zu 3–5 gehäuft; Pfl. ohne bogenförmig zur Erde geneigte, w.bildende Laubspr. .... **495. Sc. silvaticus**

II. Ährchen in der sehr lockeren Spirre meist einzeln, gestielt; Pfl. mit bogenförmig zur Erde geneigten, w.bildenden Laubspr. .... **496. Sc. radicans**

495. Sc. silváticus L. (Abb. 86a–b) Gemeine W.

♃, *G.* – H. 0,30–1,25. St. ±3kantig, beb.; B. lineal., bis 12 mm breit; Spirre mehrfach zusammengesetzt mit lineal. Tragblättern, Tragb. kürzer od. selten länger als die Spirre; *Deckb.* schwach gekielt, *stachelspitzig,* schwärzlich; *Per.borsten gerade,* rückwärts rauh, *so lang wie die Fr.* V–VII. 2n = 62, 64.

Feuchtwiesen, Auenwälder; nasse, nährstoffreiche, meist sandig-lehmige Böden. – Verbreitet im ganzen Geb. (Alp. bis 1000 m). – Eur., Kauk., Sib., N-Am.; no-euras.

496. Sc. rádicans Schkuhr Wurzelnde W.

♃, *G.* – H. 0,40–0,90(1,20). Sterile St. zur Bl. länger als die fr.baren, nach der Bl. niedergebogen u. wurzelnd; Spirre mehrfach-zusammengesetzt, mit lineal. Tragb.; Ährchen einzeln, langgestielt, nur die mittelständigen sitzend; *Deckb.* nicht gekielt, *ohne Stachelspitze; Per.borsten schraubenförmig-gedreht,* fast glatt, 2- bis 3mal so lang wie die Fr.; sonst ähnlich *Sc. silvaticus.* V–VII. 2n = 56, 58.
Pionierges. an Ufern; nasse, nährstoffreiche Schlammböden. – Zerstreut: NO-D.; sonst selten bis sehr selten: z. B. Schl. Holst., Thür., Pfalz, Württ. (Oberschwaben), Bay. (Hochebene), Regensburg (Ramspau); etwas häufiger Oberpfalz (Naab–Regen; Schwandorf/Nittenau, Roding, Bodenwöhr u. a.), Federsee-Geb. – Norw., O-, M-Eur., ö. bis Sib., Amurgeb.; euras-kont.

Bastard:
Sc. silvaticus × radicans (= Sc. × intermedius Čelak.)

157. Bolboschoénus Palla Meerstrandsimse

497. B. marítimus (L.) Palla (Abb. 86c–d)
(= Scirpus maritimus L.)

♃, *HH, G.* – H. 0,30–1,30. St. ±scharf 3kantig; B. lineal.; Spirre endständig, zusammengesetzt, Tragb. lineal., zu mehreren, länger als der Blst.; Ährchenköpfchen gestielt od. fast sitzend; Deckb. ausgerandet, in der Ausrandung stachelspitzig, braun. VI–VIII. 2n = 76, 77, 86, 104, 110. Formenreich, ändert ab insbes. in der Länge der Spirrenäste u. der Ährchenzahl.
Röhrichte, Brackröhrichte, an Ufern mit wechselndem Wasserstand, auf nährstoffreichen, oft salzhaltigen Schlick- od. Schlick-Sandböden. – Verbreitet: Küstengeb., Flußmündungen, Unterlauf der küstennahen Flüsse (bes. Elbe, auch Saale u. Unstrut); sonst zerstreut bis selten im Binnenlande, s. bis Alp.-vorland. – Fast Kosmop.; euras-med.

158. Blýsmus Panz. Quellried

I. St. oberwärts stumpf 3kantig; B. gekielt; Ährchen meist 6- bis 8bl. .... **498. B. compressus**
II. St. stielrund; B. ungekielt; Ährchen meist 3bl. ...... **499. B. rufus**

498. B. compréssus (L.) Panz. Zusammengedrücktes Qu.
[= Scirpus compressus (L.) Pers.]

♃, *G.* – H. 0,10–0,40. *B. mit* flacher, *gekielter,* am Rande *rauher Spreite;* Blst. kaum über 3 cm lang; Ährchen meist zu 5–12; Deckb. 5nervig, rotbraun; Kiel grün; *Per.borsten 3–6, rückwärts rauh;* Fr. kastanienbraun. VI–VII. 2n = 44.

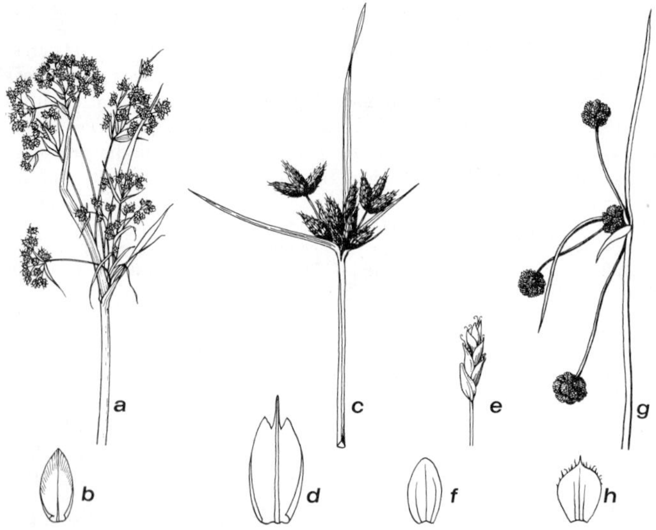

Abb. 86. *a–b Scirpus silvaticus* (*a* Blütenstand, *b* Deckblatt); *c–d Bolboschoenus maritimus* (*c* Blütenstand, *d* Deckblatt); *e–f Blysmus rufus* (*e* Blütenstand, *f* Deckblatt); *g–h Holoschoenus vulgaris* (*g* Blütenstand, *h* Deckblatt).

Quellmoore, feuchte Wege; ±nasse, nährstoffreiche, schwere Böden. – Zerstreut u. selten, in Silikatgebg. z. T. fehlend (Alp. bis 1700 m). – Eur., gem. As.; euras(-kont).

499. B. rúfus (Huds.) Link (Abb. 86e–f) Fuchsrotes Qu.
[= Scirpus rufus (Huds.) Schrad.]

♃, *G.* – H. 0,10–0,25. *B. mit rinniger, ungekielter, glatter Spreite;* Blst. mit 3–6 Ährchen, Deckb. 3nervig, dunkel-kastanienbraun; *Per.-borsten meist fehlend, seltener wenige vorwärts rauhe;* Fr. gelbbraun. V–VII (VIII–IX). 2n = 40. Abänderung mit stark verlängertem unterem Tragb. wohl nur Herbstform.

Strandnelkenwiesen, Wegränder; feuchte, salzhaltige, nährstoffreiche, sandige Böden. – Zerstreut: N- u. O-See-Küsten; sehr selten im Binnenlande: Brand., Anh. – Engl., S-Skand., N-D., Balt., N-As., Sib.; euras-subozean.

159. Holoschoenus Link — Kugelsimse

500. H. vulgáris Link (Abb. 86g–h)
(= Scirpus holoschoenus L.)

♃, *G.* – H. 0,30–1,00. Dichtrasig; B.spreiten halbstielrund, rinnig; Spirre aus 1 sitzenden u. 1–2 gestielten, kugeligen Köpfchen zusammengesetzt, unteres Tragb. vielmals länger als die Spirre; Deckb. gefranst, abgestutzt, stachelspitzig; Nuß verkehrt-eiförmig, 3kantig, glatt. VI–VIII. 2n = ca. 164.

Sumpfwiesen, Uferges.; nasse, nährstoffreiche Böden. – Sehr selten: Brand., Anh. (m. Elbegeb. [Zerbst-Burg]), Odergeb., Schles. (Neiße); sonst wohl nur verschleppt (z. B. Bonn; Oberrheingeb. auf deutscher Seite verschollen). – W-, SW-Eur., Med., ö. bis Sib.; Kanar.; med(-euras).

160. Schoenopléctus (Rchb.) Palla — Teichsimse

I. Pfl. 0,30–4,00 hoch
  A. Deckb. nicht längsfurchig, ausgerandet, in der Ausrandung mit Stachelspitze; Pfl. mit kriechendem Rhizom
    1. St. überall stielrund
      a) N. 3; Deckb. glatt od. fast glatt; St. grasgrün **501. Sch. lacustris**
      b) N. 2; Deckb. punktiert-rauh; St. graugrün **502. Sch. tabernaemontani**
    2. St. überall od. nur oben 3kantig, (N. 2)
      a) St. nur oben stumpf 3kantig; Per.borsten meist 2mal so lang wie die Fr. . . . . **503. Sch. kalmussii**
      b) St. scharf 3kantig; Per.borsten – wenn vorhanden – so lang od. kürzer als die Fr.
        x) Obere B.scheiden mit langer (bis 20 cm) Spreite; Ährchen sämtlich sitzend . . . . . . **504. Sch. americanus**
        xx) Obere B.scheiden mit sehr kurzer Spreite; Ährchenköpfchen zumeist gestielt . . . . . . **505. Sch. triquetrus**
  B. Deckb. längsfurchig, nicht ausgerandet, stachelspitzig; Pfl. ohne kriechende Grd.achse (N. 3) **506. Sch. mucronatus**
II. Pfl. 0,05–0,15 hoch (Deckb. längsfurchig, nicht ausgerandet, stachelspitzig, N. 3) . . . . **507. Sch. supinus**

501. Sch. lacústris (L.) Palla (Abb. 87a–e) — Grüne T.
(= Scirpus lacustris L.)

♃, *HH, (G).* – H. 0,80–3,00. *St. grasgrün,* seltener gelblich-grün; Spirre zusammengesetzt; Ährchen büschelig gehäuft, gruppenweise gestielt od. sitzend; *Deckb. glatt od. sehr sparsam erhaben punktiert;* Nuß 3kantig, glatt. VI–VII. 2n = 42.

Röhrichte, an Ufern stehender od. langsam fließender Gewässer mit meist nährstoffreichem Schlickgrd. – Verbreitet u. meist häufig im ganzen Geb. (Alp. bis 1060 m). – Eur., As., Afr., Austr.; N-, M-Am., Polyn.; (no-)euras-med.

502. Sch. tabernaemontáni (C. C. Gmel.) Palla Graue T.
(= Scirpus tabernaemontani C. C. Gmel.)

♃, *HH, (G).* – H. 0,50–1,50(2,00). *St. ±graugrün bis meergrün; Deckb. von zahlreichen erhabenen,* dunklen *Punkten rauh;* Nuß plankonvex; sonst wie *Sch. lacustris.* VI–VII. 2n = 42.

Röhrichte, u. a. Brackröhrichte, an Ufern stehender od. langsam fließender, auch ±salzhaltiger Gewässer (meist mit wechselndem Wasserstand, einschl. Tidegewässern) mit nährstoffreichem Schlickgrd., auch in der Nähe von Salinen. – Zerstreut, insbes. Küstengeb., sonst sehr zerstreut bis selten, s. bis Bodenseegeb. – Eur., gem. As.; euras-med.

503. Sch. kalmússii (Aschers., Abrom. et Graebn.) Palla Ostsee-Simse
(= Scirpus kalmussii Aschers., Abrom. et Graebn.)

♃, *G.* – H. 0,30–1,00. *St. oberwärts mit 2 gewölbten u. 1 ziemlich flachen Seite;* Spirre mit meist nur 2–5 Ästen mit je 1–3(–4) sitzenden Ährchen; Deckb. fast ganz glatt, Seitenlappen stumpf; Per.borsten scharf rückwärts-rauh; Nuß plankonvex. VII–VIII.

Röhrichte, überwiegend in Brackwasser; nährstoffreiche, meist salzhaltige Schlickböden. – Selten: N- u. NO-D. (Rügen, Stolzenburg, Ostpr. [Frisches Haff, Frische Nehrung]). – NO-D., Balt. (Verbreitung ungenügend bekannt).

504. Sch. americánus (Pers.) Volkart Stechende T.
(= Scirpus americanus Pers., Scirpus pungens Vahl)

♃, *HH, (G).* – H. 0,30–0,60. *St. scharf 3kantig;* Spirre geknäuelt; *Ährchen alle sitzend;* Seitenlappen der Deckb. spitz; Per.borsten kürzer als die auf dem Rücken gewölbte, glatte Nuß od. fehlend VII–VIII. 2n = 76, ca. 80, 100–128.

Röhrichte, auch im Brackwasser, an Ufern stehender od. langsam fließender Gewässer (einschl. Tidegewässer) mit nährstoffreichem, auch salzhaltigem Schlickgrd. – Selten, nur N-D. (u. a. Leda, Ems, Dümmer, Rieste, Neuenkirchen, Versmold, Borkum, Oldenburg, Lesum, Weser, Schlei, Unterelbe, Oste; Insel Usedom, Alt-Pillau). – W- u. SW-Eur., Am., Austr.; atl.

505. Sch. tríquetrus (L.) Palla Dreikantige T.
(= Scirpus triqueter L.)

♃, *HH, (G).* – H. 0,30–1,00(1,30). *St. mit etwas ausgehöhlten Flächen; Spirre mit kurzen od. verlängerten Ästen,* an deren Spitze 2 bis mehrere Ährchen sitzen; Tragb. meist doppelt so lang wie die Spirre; Seitenlappen der Deckb. stumpf; Per.borsten so lang od. kürzer als die schwach querrunzelige Nuß. VI–VII. 2n = 40.

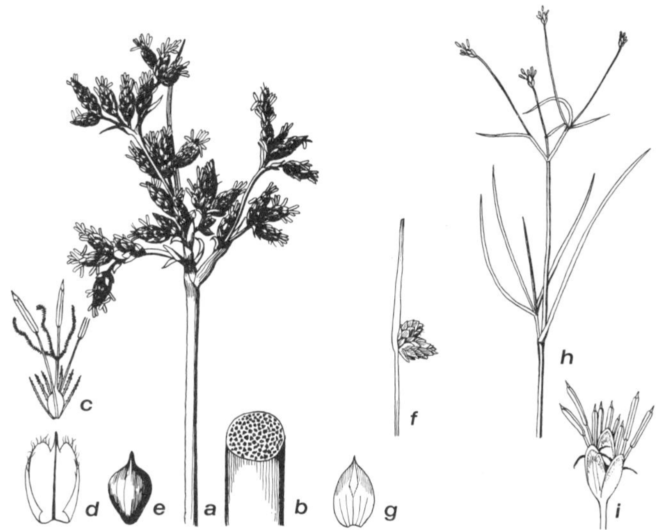

Abb. 87. *a–e Schoenoplectus lacustris* (*a* Blütenstand, *b* Stengel quer, *c* Blüte, *e* Frucht, *d* Deckblatt); *f–g Isolepis setacea* (*f* Blütenstand, *g* Deckblatt); *h–i Heleogiton fluitans* (*h* Sproßspitze mit Blütenständen, *i* Blütenstand).

Röhrichte, auch Brackröhrichte, an Ufern stehender od. langsam fließender Gewässer (auch Tidegewässer); nährstoffreicher, oft salzhaltiger Schlickgrd. – Selten: Unterlauf u. Nebenflüsse der Ems, Weser, Elbe (ab Hamburg), Eider; Rhein, Saar, Lippe, Neckar, Donau, Bodensee (Rheinmündung), früher: Main, Lahn. – S-, M-Eur., W-As., Afr., N-Am.; submed-euras.

506. **Sch. mucronátus** (L.) Palla Stachel-T.
(= Scirpus mucronatus L.)

♃, *HH, H.* – H. 0,40–1,00. *St. 3kantig mit vertieften Seiten; größeres Tragb. der Spirre 3kantig,* vorerst aufrecht, *zuletzt waagerecht zurückgeschlagen;* Ährchen zu 4–10, dicht-kopfig; Nuß 3seitig, fein querrunzelig. VII–X. 2n = 42.
Röhrichte; nährstoffreicher Schlickgrd. stehender Gewässer mit wechselndem Wasserstand. – Sehr selten, nur Anh. (früher Bernburg), Bay. (Erlangen, Weißendorf, Höchstadt/Aisch), Württ. (Cannstatt), Oberrheintal (ob noch?), Bodensee (Rohrspitz). – S- u. M-Eur., As., Sunda-Ins., Polyn., Austr., O-Afr., Calif.; med-euras.

507. **Sch. supínus** (L.) Palla Zwerg-T.
(= Scirpus supinus L.)

⊙, *Th.* – St. stielrund, dichtrasig; mittlere St. aufrecht, H. 0,05–0,15 (0,30), seitenständige ausgebreitet; Tragb. der Spirre so lang wie der

Blst.st. od. länger, straff aufrecht; Ährchen zu 3- bis 5(–10)büschelig-gehäuft; Per.borsten bisweilen vorhanden; Nuß stark querrunzelig. VII–IX. 2n = 28.

Zwergbinsenges.; nasse, nährstoffreiche Schlickböden. – Sehr selten: Brand., Aschersleben, Trier, Würzburg, Oberrheintal (ob noch?), Dinkelscherben. – S-, M-Eur., As., Afr., Austr., N-Am.; submed-euraskont.

Bastarde:

Sch. americanus × lacustris [= Sch. × schmidtianus (P. Junge) Lemke], Sch. lacustris × tabernaemontani [= Sch. × buchenaui (Cif. et Giac.) Rothm.], Sch. lacustris × triquetrus [= Sch. × carinatus (Smith) Palla], Sch. tabernaemontani × triquetrus [= Sch. × scheuchzeri (Bruegg.) Palla].

161. Isolépis R. Br. Moorsimse

x = 7?

508. I. setácea (L.) R. Br. (Abb. 87f–g)
(= Scirpus setaceus L.)

⊙,(♃), *Th, (H).* – H. 0,02–0,10(0,30). Bisweilen dichtrasig; Halm fadenförmig; Ährchen zu 1, 2–3 (selten mehr), sitzend, scheinbar seitenständig (größeres Tragb. aufrecht, den Halm fortsetzend, kürzer als dieser); Deckb. grünlich-bräunlich, stumpf, stachelspitzig; Per.-borsten meist fehlend; Nuß längsrippig, selten zugleich schwach quer-wellig-gegittert. VI–X. 2n = 26, 28.

Zwergbinsenges.; feuchte bis nasse, kalkfreie, mäßig saure Böden. – Zerstreut im ganzen Geb. bis m. Gebg.lagen (Schwarzwald bis 1000 m). – Eur., N- u. W-As., N- u. S-Afr., Austr.; euras-subozean.

162. Heleógiton Link

509. H. flúitans (L.) Link (Abb. 87h–i) Flutende Simse
[= Isolepis fluitans (L.) R. Br., Scirpus fluitans L.]

♃, *HH.* – Pfl. 0,15–0,30(1,00) lang, ästig, gestreckt bzw. flutend; St. beb., ohne b.lose Scheiden, am Grd. wurzelnd; B. lineal., rinnig, in den B.winkeln einzelne, gestielte Ährchen tragend; Deckb. blaß, grünlich-durchscheinend; Per.borsten fehlend; Nuß rundlich. VI–IX. 2n = 60.

Wasserpfl.ges. (flutende Igelkolben-Ges.), in nährstoffarmen, sauren Gewässern. – Zerstreut bis sehr selten u. vereinzelt: Niederrhein, NW-D., Schl. Holst., Brand. (früher Pritzwalk), Anh. (Dessau), Sachs. (früher Lausitz, Dresden). – S-Schwed., W-Eur., Ital., Afr., As., Austr.; atl.

163. Heleócharis R. Br. Sumpfsimse

x = 5,8

I. N. 3; unterste Spelze zuletzt (außer H. multicaulis) $^1/_2$ so lang wie das Ährchen
  A. Gr.basis nicht od. nicht deutlich verdickt vom Frkn. (Fr.) abgesetzt
    1. St. am Grd. mit derben B.scheiden; Ährchen dunkelbraun .... **510. H. quinqueflora**
    2. St. am Grd. ohne od. mit zarthäutigen B.-scheiden; Ährchen bleich .... **511. H. parvula**
  B. Gr.basis deutlich kegel- od. zwiebelförmig verdickt, bleibend
    1. St. stielrund; Per.borsten 4–6, bleibend .... **512. H. multicaulis**
    2. St. 4(–3)kantig; Per.borsten 2–4, bald abfallend .... **513. H. acicularis**
II. N. 2; unterste Spelze viel kürzer als das halbe Ährchen (Gr.basis deutlich verdickt, bleibend)
  A. Ährchen rundl.-eiförmig; Pfl. ⨀, dichtrasig .... **514. H. ovata**
  B. Ährchen lanzettl. od. eiförmig-lanzettl., ±spitz; Pfl. ♃, mit kriechender Grd.achse
    1. Unterste Spelze höchstens den halben Grd. des Ährchens umfassend
      a) Gr.basis breiter als hoch [Per.borsten (5–) 6 (–8)] .... **515. H. mamillata**
      b) Gr.basis so hoch od. höher als breit
        x) Gr.basis höher als breit; Per.borsten (4–) 5 (–6) .... **516. H. austriaca**
        xx) Gr.basis etwa so hoch wie breit; Per.-borsten meist 4 .... **517. H. palustris**
    2. Unterste Spelze fast vollständig den Grd. des Ährchens umfassend .... **518. H. uniglumis**

1. Sect. L i m n ó c h l o a

510. H. quinqueflóra (F. Hartm.) O. Schwarz Armblütige S.
(= Scirpus pauciflorus Lightf.)

♃, *H, (HH).* – H. 0,05–0,15(0,30). Grd.achse kurz, *Ausläufer dünn, ohne Knollen;* St. ±steif (meist dünner als 1 mm), am Grd. mit derben, spreitenlosen B.scheiden; Ährchen 5–7 mm lang, 3- bis 7bl., unterstes Deckb. fertil, mehr als $^1/_2$ so lang wie das Ährchen; Deckb. ca. 5 mm lang, eiförm., zugespitzt, rotbraun mit häutigen Rändern; Nuß 1,8 bis 2,2 mm lang, 3seitig, fein längsgerippt. VI–VII. 2n = 20, 80, ca. 100.

Kalksümpfe; nasse, meist kalkhaltige Torf- u. Tuffböden. – Selten u. zerstreut von N-See-Ins. bis Alp. (bis 1600 m). – N- u. gem. Eur., Rußl., Kauk., Sib., Him., N-Am., Isl.; no-euras, circ.

511. H. párvula (R. et Sch.) Link Kleine S.
(= Scirpus parvulus R. et Sch.)

♃, *HH, H.* – H. 0,02–0,10. *Ausläufer sehr dünn,* weißlich, *weißliche Knollen an den Spitzen bildend;* St. borstlich; untere B.scheiden fehlend od. nur sehr zarthäutig; Ährchen 2–3 mm lang, 3- bis 5bl., unterstes Deckb. steril, mehr als $^1/_2$ so lang wie das Ährchen; Deckb. ca. 2 mm lang, eiförmig, stumpf, grünlich; Nuß ca. 1 mm lang, 3kantig. VIII bis IX. 2n = 10. Seichtwasser- u. submerse Formen.

Kleinsimsen-Ges.; nasse, salzhaltige Sand- od. feuchte Schilftorfbänke, im Brackwasserbereich, od. auf überstautem Grd. – Selten: Küsten der N-See (Schl.Holst.), O-See (von Schl.Holst. bis Hinterpomm.) u. sehr selten im Binnenland (Salziger u. Süßer See bei Eisleben, Mellensee bei Sperenberg). – Küsten W-Eur. u. Med., N- u. S-Afr., Jap., Am.; atl-(sub)med.

2. Sect. Helódium

512. H. multicaulis (Sm.) Sm. (Abb. 88g) Vielstengelige S.

♃, *HH, H.* – H. 0,15–0,30(0,45). *St. rundlich,* ca. 1–1,5 mm dick; Scheiden rötlich, bräunlich od. strohfarbig; Ährchen ca. 10 mm lang, vielbl., unterstes Deckb. steril, weniger als $^1/_4$ so lang wie das Ährchen; Deckb. ca. 5 mm lang, eiförmig-länglich, stumpf, rötlich-braun mit grüner Mittelrippe; Per.borsten kürzer als die Fr., Nuß 1,2–1,5 mm lang, 3kantig. VII–VIII. 2n = 20. Halbsubmerse, submerse u. terrestrische Formen.

Strandlingges., Uferränder nährstoffarmer Tümpel mit wechselndem Wasserstand; nasse, ±saure, sandige od. torfig-schlammige Böden. – Zerstreut in NW-D.; selten u. vereinzelt: Brand., Lausitz, Pfalz (Kaiserslautern). – W- u. w. S-Eur., NW-Afr., Azor., Rußl.; atl.

513. H. aciculáris (L.) R. et Sch. (Abb. 88f) Nadel-S.

♃, *HH.* – H. 0,02–0,10(0,30). Grd.achse kriechend, braun; *St.* ±steif, *4(–3)kantig;* Scheiden braun od. purpurfarbig; Ährchen 3 bis 4 mm lang; 4- bis 11bl., unterstes Deckb. steril, $^1/_2$ so lang wie das spitze Ährchen; Deckb. ca. 2 mm lang, eif., stumpf, rötlich-braun; Nuß ca. 1 mm lang, fein längsgerippt. VI–X. 2n = 20. Seichtwasser-, terrestrische u. submerse Formen.

Strandlingges.; meist periodisch überschwemmte, nährstoffärmere, schlammige Böden. – Zerstreut im Geb. (Alp. bis 850 m). – Eur., N-Med., Kauk., N- u. O-As., Austr., N-Am., Grönl., Isl.; (no-)euras, circ.

3. Sect. Heleógenus

514. H. ováta (Roth) R. et Sch. (Abb. 88h) Eiförmige S.

⊙, Th. – H. 0,05–0,35. Pfl. dichtrasig; St. meist weich; Scheiden meist purpurfarbig; *Ährchen kugelig-eiförmig.,* vielbl., 2–7 mm lang;

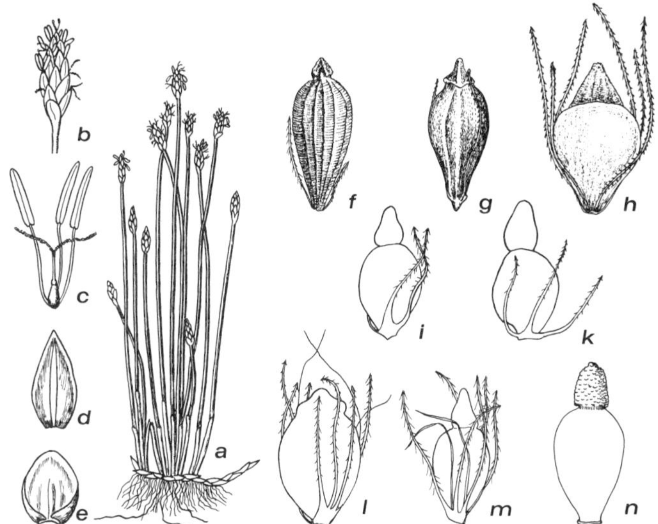

Abb. 88. *Heleocharis* spp., *a–e H. uniglumis* (*a* Habitus, *b* Blütenstand, *c* Staubblätter u. Fruchtknoten, *d* u. *e* Deck- u. Tragblätter), *f–n* Früchte, z. T. mit Perigonborsten (*f H. acicularis, g H. multicaulis, h H. ovata, i–k H. palustris, l H. mamillata, m H. austriaca, n H. uniglumis*).

Deckb. breit-eiförmig, abgerundet-stumpf, braun, weiß-hautrandig, mit grünem Mittelstreifen; Per.borsten meist 6; Nuß ca. 1 mm lang, scharfrandig; Gr.basis so hoch wie breit. VI–VIII. Umfaßt:

var. o v á t a; H. bis 0,35; dichtrasig; St. weich; Ährchen bis 7 mm lang; Deckb. braun, weißhautrandig. – Vorherrschende Form.

var. m í n i m a Beck; H. bis ±0,10; weniger dichtrasig; St. meist starrer, oft bogig gekrümmt; Ährchen etwa bis 3 mm lang, kugelig; Deckb. dunkler braun, schmal-hautrandig. – Selten: z. B. Lausitz, Schles., Bad.

Zwergbinsenges. an Teichrändern; periodisch überflutete, nasse, nährstoffreiche Schlammböden. – Zerstreut u. selten, über größere Strecken fehlend od. sehr selten, s. bis Alp.vorland. – M- u. S-Eur., Kauk. bis Sib., O-As.; N-Am.; euras-kont.

4. Sect. H e l e ó c h a r i s

515. H. mamilláta Lindb.f. (Abb. 88l) Warzen-S.
[= H. palustris (L.) R. et Sch. ssp. mamillata (Lindb.f.) Beauv.]

♃, *HH, (G).* – H. bis 0,60 (?); Grd.stock kriechend; *St.* weich, leicht brechend, *trocken deutlich mit 8–12 Rippen;* unterste Scheiden meist etwas rötlich; Ährchen dichtbl., 5–15 mm lang; Deckb. braun, mit rel. breiter, blasser Mittelrippe; Per.borsten (5) 6 (8); *Gr.basis 0,6–0,8 mm breit u. sehr niedrig,* ohne Einschnürung zwischen Gr.basis u. Nuß; Nuß 1,2–1,5 mm lang. V–VIII. 2n = 16.

Zwischenmoor-Schlenken, Großseggenges.; mäßig-saure, humose Schlammböden. – Verbreitung ungenügend bekannt; bisher selten u. zerstreut: z. B. Ostpr., Westpr., Ostfriesland, Hess., Pfalz, Bay. Waldgeb., Federseegeb., Bodenseegeb. – Skand., M-Eur. bis as. Rußl., Jap., Alaska; no.

516. **H. austríaca** Hayek (Abb. 88m) Österreichische S.
[= H. palustris (L.) R. et Sch. ssp. austriaca (Hayek) Podp.]

♃, *HH, (G).* – H. bis 0,60 (?); Grd.stock kriechend; *St.* deutlich *mit 12–14 Rippen;* unterste Scheiden gelb-braun, sehr schwach rötlich; Ährchen dichtbl., 5–15 mm lang; Deckb. tief-rötlich-braun, mit rel. schmaler, blasserer Mittelrippe u. schmalem Hautrand; Per.borsten (4) 5 (6), leicht brechend, viel länger als die Fr.; *Gr.basis* gewöhnlich *sehr schmal, bis etwa 0,5 mm breit, höher als breit,* mit geringer Einschnürung zwischen Gr.basis u. Nuß; Nuß 1,2–1,5 mm lang. V–VIII. 2n = 16.

Standorte u. Verbreitung ungenügend bekannt. – Bisher sehr selten, u. a. Donaugeb., Alp.vorland, Osnabrück. – Gesamtverbreitung (ungenügend bekannt): Engl., N-, M- u. s. Eur., Alp., Karp., Kauk., Rußl., Sib.

517. **H. palústris** (L.) R. et Sch. (Abb. 88i–k) Gewöhnliche S.

♃, *HH, (G).* – H. 0,08–0,60(1,24). Grd.achse weit-kriechend; *St.* glatt od. sehr fein gestreift, ziemlich derb, *meist matt-grün,* 1–6 mm dick, unterste B.scheiden gelb-braun; Ährchen 5–20 mm lang; Deckb. eiförmig mit durchscheinendem Rand; Per.borsten 3–4 od. fehlend; *Gr.basis etwa so breit wie hoch,* mit Einschnürung zwischen Gr.basis u. Nuß; Nuß bikonvex. VI–VIII. Terrestrische, halbsubmerse u. submerse Formen. Umfaßt:

ssp. p a l ú s t r i s; Deckb. in der Mitte des Ährchens 2,75–3,5 mm lang, blaß- bis hellbraun; Ährchen meist dichtbl. als bei der folg. Ssp.; Nuß (1,1–)1,2–1,4(–1,5) mm lang. 2n = 16. – Verbreitung ungenügend bekannt.

ssp. v u l g á r i s S. M. Walters; Deckb. in der Mitte des Ährchens 3,75–4,5 mm lang, verschieden gefärbt, meist ±dunkelbraun; Nuß (1,3–)1,45–1,8(–2,0) mm lang. 2n = 38. – Verbreitet u. häufig.

Röhrichte u. Großseggenges.; nasse od. überflutete, nährstoffreiche, humose Schlickböden. – Verbreitet u. oft häufig im ganzen Geb. (Alp. bis 1600 m). – Fast Kosmopolit; no-euras.

518. H. uniglúmis (Link) Schult. (Abb. 88a–e, n) Einspelzige S.
[= H. palustris (L.) R. et Sch. ssp. uniglumis (Link) Hartm.]

♃, *HH, (G).* – H. 0,08–0,20. Grd.stock kriechend; *St.* ±glatt, fest, etwa 1–3 mm dick, *oft glänzend u. frisch-grün,* unterste Scheiden rötlich; Ährchen oft klein; Deckb. dunkler braun; unterstes Deckb. den Grd. des Ährchens fast vollständig umfassend, kleinere Ährchen dadurch oft etwas zur Seite gedrängt; Per.borsten 4 od. oft fehlend; Gr.basis so breit od. etwas breiter als hoch; Nuß 1,4–2,2 mm lang, bikonvex. VI–VIII. 2n = 46 (40, 42, 54, 56, 74–82).

Großseggenges., Flachmoore, Tideufer; nasse Torfböden od. regelmäßig überflutete, auch salzhaltige, tonige Sandböden. – Zerstreut im ganzen Geb. (Alp. bis 1200 m). – Eur., N-Med., Rußl., Transk., Pers., Beludschistan; euras-med.

164. Trichóphorum Pers. Haarsimse

I. Per.borsten zuletzt kurz, glatt (nur ±länger als die Fr.); St. stielrund, glatt . . . . **519. T. caespitosum**
II. Per.borsten zuletzt bis 2 cm verlängert, geschlängelt; St. 3kantig, rauh . . . . **520. T. alpinum**

519. T. caespitósum (L.) Hartm. (Abb. 89a–b) Rasen-H.
(= Scirpus caespitosus L.)

♃, *H.* – H. 0,05–0,30(0,40). Halm mit Scheiden, oberste Scheide mit sehr kurzer B.spreite; Ährchen endständig; Deckb. stumpf, das unterste etwa so lang wie das Ährchen u. dieses umfassend, mit sehr stumpfem Kielfortsatz; N. 3; *Per.borsten ±länger als die glatte, 3kantige Fr.* V–VI(–IX). Umfaßt:

ssp. c a e s p i t ó s u m [= ssp. austriacum (Palla) Vollm.]; Scheidenausschnitt gegenüber der obersten Spreite ±1 mm tief, Scheidenrand schmal, weißlich, ±eng anliegend; Per.borsten meist ohne Papillen an der Spitze; Ährchen wenigbl.; St. rel. zart. 2n = 104.
Zerstreut bis selten: u. a. Schl.-Holst., Pomm., Ostpr., Schles., Hohes Venn, Bay. Waldgeb., Alp.vorland u. Alp. (bis 2000 m).

ssp. g e r m á n i c u m (Palla) Vollm.; Scheidenausschnitt gegenüber der obersten Spreite bis über 3 mm tief, Scheidenrand breit, rotbraun, locker anliegend; Per.borsten an der Spitze deutlich papillös; Ährchen ±reichbl., groß; St. rel. kräftig.
Zerstreut: u. a. N-Flachland, M-D., Schwarzwald.

Hochmoorbulten-, Braunseggen- u. Feuchtheideges.; nasse, saure, nährstoffarme Torfböden. – N-, M-, W- u. S-Eur., Isl., Grönl., Him., N-Am., Jam.; arkt-no-subozean, circ.

520. T. alpínum (L.) Pers. (Abb. 89c–d) Alpen-H., Alpenwollgras [= Scirpus hudsonianus (Mchx.) Fern., S. Trichophorum A. et G., Eriophorum alpinum L.]

♃, *G, (HH).* – H. 0,10–0,30. Halm mit Scheiden, Scheiden graugelblich, *oberste Scheide* grünlich *mit über 1 cm langer Spreite;* Ährchen endständig, wenigbl.; Deckb. stumpf, das unterste so lang od. fast so lang wie das Ährchen mit krautiger Spitze; *Per.borsten* zuletzt *stark verlängert, schneeweiß,* viel länger als die 3kantige, glänzende Fr. IV–V. 2n = 58.

Moorschlenken, Schwingrasen etc.; nasse, saure, nährstoffarme Torfböden. – Selten u. zerstreut: u. a. N-Flachland (ö. bis Ostpr.), Riesengebg., Thür. Wald, Frank., Bay. Wald, S-Schwarzwald, Alp.vorland, Alp. (bis 1860 m). – N-, M-Eur., Sib., N-Am.; no, circ.

165. Erióphorum L. Wollgras

x = 29

I. Ährchen einzeln, aufrecht, endständig
  A. Pfl. ohne Ausläufer; oberste Scheide – ohne Spreite – aufgeblasen .... 521. E. vaginatum
  B. Pfl. mit Ausläufern; oberste Scheide nicht aufgeblasen, gelegentlich mit kurzer Spreite .... 522. E. scheuchzeri
II. Ährchen mehrere, meist gestielt, zur Fr.zeit ±überhängend
  A. Ährchenstiele glatt; St. stielrundlich .... 523. E. angustifolium
  B. Ährchenstiele rauh; St. ±deutlich 3kantig
    1. Pfl. mit Ausläufern; B. borstlich bis 3kantig 524. E. gracile
    2. Pfl. ohne Ausläufer; B. zumindest zum größten Teil flach .... 525. E. latifolium

1. Sect. Monostáchya

521. E. vaginátum L. (Abb. 89e) Scheidiges W.

♃, *H.* – H. 0,10–0,50. *Horstig; St. oben 3kantig;* B.spreiten am Rande schwach rauh; *Ährchen länglich-eiförmig,* zur Bl. bis kaum über 2 cm lang. III–V. 2n = 58.

Torfmoosbulten-Ges.; nasse, saure, nährstoffarme Torfböden. – Zerstreut, im s. Geb., bes. in Gebg.lagen (Alp. bis 1980 m). – N. gem. Zonen; arkt-no, circ.

522. E. scheuchzéri Hoppe Scheuchzers W.

♃, *H.* – H. 0,10–0,30. *Rasenbildend; St. stielrund;* B.spreiten ganz glatt; *Ährchen kugelig,* zur Bl. meist nicht über 1 cm lang. VI–IX. 2n = 58.

Abb. 89. *a–d Trichophorum* spp., *a–b T. caespitosum* (*a* Sproßspitze mit Blütenstand, *b* Blütenstand), *c–d T. alpinum* (*c* Sproßspitze mit Blütenstand zur Fruchtzeit, *d* Blütenstand); *e–l Eriophorum* spp., *e E. vaginatum* (Sproßspitze mit Blütenstand zur Fruchtzeit), *f E. angustifolium* (Blütenstände zur Fruchtzeit), *g–l E. gracile* (*g* Habitus, *h* Blüte mit Deckblatt, *i* Frucht mit Perigonhaaren, *k* Frucht, *l* Frucht quer).

Alp. Moorges., Tümpel etc.; nasse, ±nährstoffarme Torfböden. – Selten: Alp. (1500–2215 m). – N-Eur., As., N-Am., Gebg. von Pyren. bis Karp.; arkt-alp, circ.

2. Sect. Polystáchya

523. E. angustifólium Honck. (Abb. 89f) Schmalblättriges W.
(= E. polystachyon L. p. p.)

♃, *G, (HH).* – H. 0,10–0,60. *St. stielrundlich; B. lineal.-rinnig,* an der Spitze 3kantig, 2–6 mm breit; Ährchen 3–7; *Deckb. 1nervig;* Per.borsten zuletzt bis 4 cm lang. IV–V. 2n = 58. Veränderlich.

Flachmoorges., Zwischenmoore; nasse, rel. nährstoffarme, ±saure, torfige Böden. – Verbreitet u. oft häufig, im S. bes. in den Gebg. (Alp. bis 1865 m). – Eur., Sib., N-Am., S-Afr.; arkt-no, circ.

524. E. grácile Koch (Abb. 89g–l) Schlankes W.

♃, *G, HH.* – H. 0,10–0,40. Pfl. zarter als bei den übrigen Arten, rasenbildend; *St. 3seitig; B. schmal, borstlich,* 3kantig, 1–2 mm breit;

Ährchen meist nur 2—4, fast aufrecht, zur Bl. meist nicht 1 cm lang; *Deckb. am Grd. mehrnervig.* V—VI. 2n = 76.

Zwischenmoore; nasse, rel. nährstoffarme, ±saure Torfböden. — Selten u. vereinzelt, bes. NO-D., im übrigen Geb. sehr vereinzelt (Alp. bis 1740 m), vielerorts stark zurückgehend. — N-, W- u. M-, seltener O- u. SO-Eur.; no-(-kont).

525. E. latifólium Hoppe — Breitblättriges W.
(= E. polystachyon L. p. p.)

♃, *H.* — H. 0,20—0,60. Dichtrasig; *St. 3seitig; B. flach,* an der Spitze 3kantig, 3—8 mm breit; Ährchen meist 4—12; *Deckb. 1nervig;* Per.-borsten zuletzt bis 2,5 cm lang. IV—V. 2n = ca. 54, 72.

Flachmoorges., Kalksümpfe; nasse, oft kalkhaltige, rel. nährstoffarme Tuff- od. Torfböden. — Zerstreut, im N. meist seltener als E. angustifolium u. geb.-weise fehlend, im S. bes. Gebg. u. Alp.vorland (Alp. bis 1700 m). — Eur., Kl.As., Kauk., Sib., N-Am.; no-euras, circ.

166. Cypérus L. — Zypergras

x = 9

I. Pfl. ♃ (H. 0,40—1,20); Grd.achse weit kriechend; (N. 3) .... **526. C. longus**
II. Pfl. ⊙ (H. 0,03—0,35); W. faserig
  A. Deckb. rot- bis schwarzbraun (selten blaugrün); N. 3 .... **527. C. fuscus**
  B. Deckb. weißlich od. gelblich; N. 2 (Deckb. mit grünem Kiel).
    1. Deckb. länglich-lanzettl., weißlich .... **528. C. michelianus**
    2. Deckb. ±breit-eiförmig, gelblich .... **529. C. flavescens**

526. C. lóngus L. — Langes Z.

♃, *H, (HH).* — H. 0,40—1,20. *Spirre doppelt zusammengesetzt,* die längeren Äste an der Spitze scheindoldig; Stiele der „Döldchen" ungleich; Ährchen lineal., zusammengedrückt; Hüllb. sehr lang; Deckb. eiförmig, stumpf, oft schwach stachelspitzig, rotbraun, Kiel grün; Nüßchen scharf-3kantig. VI—VIII. Umfaßt:

ssp. l ó n g u s; Deckb. mit deutlichem, breitem, hellem Hautrand; Spirre mit stark verlängerten (bis über 30 cm langen), ±aufrechten Ästen.

Großseggenges.; nasse, nährstoffreiche Böden. — Sehr selten, nur Bodensee (früher: Friedrichshafen; Lindau, neuerdings nicht mehr bestätigt).

ssp. b á d i u s (Desf.) A. et G. (= C. badius Desf.); Deckb. kastanienbraun, ohne od. mit sehr schmalem Hautrand; Spirre meist nicht über 4—5 cm lang, mit meist nur wenigen (2—4), selten über 3 cm langen, aufrecht-abstehenden Ästen.

Früher Aachen (Thermen von Burtscheid) u. Eifel (Schleidener Tal).

Med., N-Afr., Kl.As., Kauk., S-D., W-Eur.,; med(-atl).

Abb. 90. *a–c Cyperus fuscus* (*a* Habitus, *b* Teilblütenstand, *c* Frucht); *d–g Schoenus nigricans* (*d* blühende Halme, *e* Blütenstand, *f* Blüte, *g* Frucht).

527. **C. fúscus** L. (Abb. 90a–c) Braunes Z.

☉, *Th.* – H. 0,03–0,20(0,35). Halm scharf-3kantig; Deckb. braun, selten bräunlich-grün; Stbb. meist 2; *Nüßchen scharf-3kantig;* sonst wie C. flavescens. VII–X. 2n = 72.

Zwergbinsenges.; feuchte, nährstoffreiche Schlamm-, Lehm- od. Sandböden. – Selten u. unbeständig (z. B. in trockenen Jahren an Ufern von Altwässern), streckenweise – wie im N – fehlend, (Alp. bis 810 m). – M-, S-Eur., As., N-Afr.; euras-med.

528. **C. micheliánus** (L.) Delile em. Link Michelis Z.
(= Scirpus Michelianus L.)

☉, *Th.* – H. 0,02–0,20. *Dichtrasenförmig;* Halm 3kantig, unten beb.; *Ährchen eiförmig, ein rundliches, lappiges Köpfchen bildend;* Nüßchen zusammengedrückt, scharfkantig. VII–IX.

Standorte ähnlich wie bei C. fuscus. – Sehr selten: Anh. (Wittenberg, Koswig), Schles. (Breslau, Steinau, Rabsen). – S-, M-Eur., S-Rußl., N-Afr., Kl.As., S-As., Jap.; euras-med.

529. **C. flavéscens** L. Gelbes Z.

☉, *Th.* – H. 0,03–0,20(0,30). Halm stumpf-3seitig; *Ährchen lanzettl.,* zusammengedrückt-flach, *eine zusammengesetzte, doldenartige Spirre bildend;* Stbb. meist 3; *Nüßchen zusammengedrückt-2seitig.* VII–X. 2n = ca. 50.

Zwergbinsenges. etc.; feuchte, sandige od. tonige, gelegentlich etwas salzhaltige, nährstoffreiche Böden. – Selten bis sehr selten (m. Gebg.lagen bis ca. 700 m [1000 m]), streckenweise (u. a. Alp. des deutschen Geb.) völlig fehlend. – M-, S-Eur., Afr., As., Am., Austr.; euras-med.

167. Schoénus L. Kopfbinse

I. Untere B.scheiden schwarzbraun; Ährchen zu 5–10 **530. S. nigricans**
II. Untere B.scheiden rotbraun; Ährchen zu 2–3(5) . . . . **531. S. ferrugineus**

530. S. nígricans L. (Abb. 90d–g) Schwarze K.

♃, *H.* – H. 0,15–0,50. B. starr-pfriemlich, halb so lang od. so lang wie der Halm; *Köpfchen aus 5–10 Ährchen zusammengesetzt, endständig,* schwarzbraun; unteres Hüllb. schief-aufstrebend, doppelt so lang wie das Köpfchen. V–VII(–X). 2n = 44, 54.

Flachmoorges., Schwarzried-Sümpfe; nasse, nährstoff- u. kalkreiche Tuff- od. Torfböden. – Selten: N, z. T. fehlend; zerstreut – selten: M, S (Alp. bis 670 m). – S-, M-Eur., S-Afr., Am.; subatl-med.

531. S. ferrugíneus L. Rostbraune K.

♃, *H.* – H. 0,10–0,30. B. pfriemlich, viel kürzer als der Halm; *Köpfchen aus 2 (–3–5) Ährchen zusammengesetzt, auf der Spitze des Halmes ±seitenständig,* rotbraun; unteres Hüllb. steif-aufrecht, wenig länger als das Köpfchen. IV–VII. 2n = 76.

Flachmoorges., Quellmoore; sehr feuchte, nährstoffreiche, ±kalkhaltige Torfböden. – Selten bis sehr selten u. zerstreut: im N nur Brand., Meckl., Pomm., sonst im m. u. s. Geb. (Alp. bis 570 m) sehr zerstreut. – W-, M-Eur., Rußl., Balk. z. T.; praealp-no.

Bastarde:
S. nigricans × ferrugineus (= S. × intermedius Čelak.)

168. Cládium P. Br. Schneide

532. C. maríscus (L.) Pohl (Abb. 91a–f) Sumpf-Sch.

♃, *HH, (G).* – H. 0,80–2,00. St. stielrund, beb., am Grd. 1–4 cm ∅; B. flach bis rinnig, am Rand u. Kiel sehr scharfgesägt, an der Spitze 3kantig; Spirre doppelt-zusammengesetzt, eine end-, die übrigen seitenständig; Ährchen kopfig-geknäuelt. VI–VII. 2n = 36.

Großseggenges.; seicht überschwemmte, meist kalkreiche Schlammböden. – Sehr zerstreut u. vielfach sehr selten u. nur vereinzelte Fundorte (fehlt in Hess., Sachs.); im S. bis Alp.vorland u. Alp. (bis 810 m). – Gem. Eur., S-Eur., gem. As., S-Afr., Am., Austr., Sandw. Ins.; med-submed-subatl.

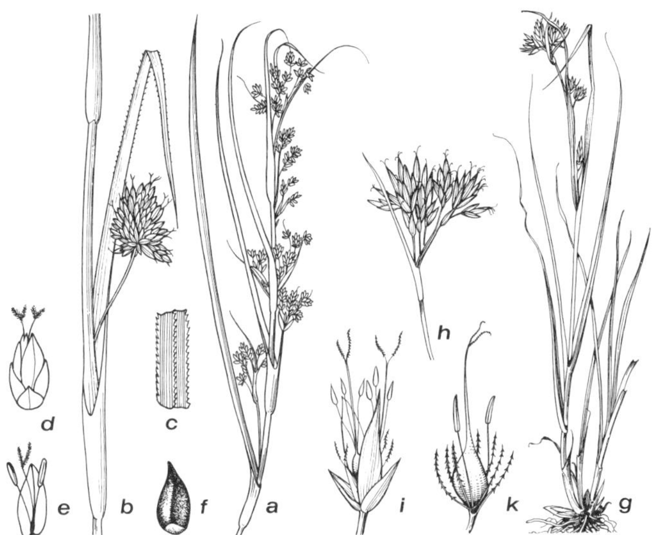

Abb. 91. *a–f Cladium mariscus* (*a* Blütenstand, *b* Teilblütenstand, *c* Sproßausschnitt, *d* Ährchen, *e* Blüte mit Deckblatt, *f* Frucht); *g–k Rhynchospora alba* (*g* Habitus, *h* Blütenstand, *i* Ährchen, *k* Blüte).

169. Rhynchóspora Vahl — Schnabelried

I. Ährchen weiß, später etwas rötlich; Pfl. höchstens mit kurzen Ausläufern .... **533. Rh. alba**
II. Ährchen gelbbraun; Pfl. mit meist verlängerten Ausläufern .... **534. Rh. fusca**

533. Rh. álba (L.) Vahl (Abb. 91g–k) — Weißes Sch.

♃, *H.* – H. 0,15–0,40. *Unterstes Tragb.* des Blst. aufrecht-abstehend, *etwa so lang od. wenig länger als die* endständigen, fast ebensträußig geknäuelten *Ährchen;* Spirre kaum über 1 cm lang u. meist breiter; *Per.borsten 9–13, rückwärts rauh, kürzer od. so lang wie die spitzschnabelige Fr.* VI–VIII. 2n = 26, 42.

Hochmoorschlenken, Zwischen- u. Übergangsmoore (Schnabelried-Sümpfe); nasse, rel. nährstoffarme, ±saure, torfige Böden. – Zerstreut im n. Geb., nach S seltener, hier bes. in Gebg.lagen (Alp. bis 1000 m). – Eur. (außer Arkt. u. S-Med.), Sib.; no(-subatl).

534. Rh. fúsca (L.) Ait. f. — Braunes Sch.

♃, *H, (G, HH).* – H. 0,08–0,30. Unterstes Tragb. des Blst. aufrecht, die endständige Spirre meist um das 2- bis 4fache ihrer Länge über-

Abb. 92. *a–b Elyna myosuroides* (*a* Habitus, *b* Ährchen); *c–e Cobresia simpliciuscula* (*c* Habitus, *d* Blütenstand, *e* Ährchen).

ragend; Spirre ±kopfförmig geknäuelt, bis über 1,5 cm lang, meist länger als breit; *Per.borsten 5–6, vorwärts rauh, viel länger als die* mit breitem Schnabelgrd. versehene *Fr.* V–VIII. 2n = 32.

Standorte sehr ähnlich der von *Rh. alba,* aber seltener. – Sehr zerstreut u. selten: NW-D., Schl.Holst., Lausitz; sonst sehr selten, s. bis Alp.vorland. – N-, M-, W-Eur., Pyren., Ital., S- u. M-Rußl.; no-subatl.

170. Élyna Schrad. Nacktried

535. **E. myosuroídes** (Vill.) Fritsch (Abb. 92a–b)
[= Cobresia bellardii (All.) Degl.]

♃, *H.* – H. 0,10–0,30. B. grd.ständig, borstlich, am Rande etwas rauh, so lang od. länger als der St.; Ähre aus 10–20 2bl. Ährchen zusammengesetzt, 1–3 cm lang, gelbbraun; Fr. von einem am Grd. verwachsenen, schlauchartigen Deckb. z. T. umschlossen VI–VIII(X). 2n = 52–66.

Alp. Felsrasenges.; ±frische Steinböden. – Zerstreut: Alp. (2100–2580 m). – N-Eur., Isl., Pyren., Alp., Abruzz., Siebenb., Kauk., as. Gebg., N-Am.; arkt-alp, circ.

171. Cobrésia Pers. Schuppenried
(= Kobresia Willd.)

536. C. simpliciúscula (Wahlenb.) Mack. (Abb. 92c–e)
[= C. bipartita (All.) D.T.]

♃, *H.* – H. 0,05–0,30. B. grd.ständig, flach bis rinnig-gefaltet, am Rande rauh, bis etwa nur 1/2 so lang wie der St.; Ähre meist aus 4–5(10) Ährchen zusammengesetzt, bis etwa 3 cm lang, rotbraun; Fr. frei, nicht von einem verwachsenen Deckb. umschlossen. VII–VIII. 2n = 70–75.

Subalp. u. alp. Quellmoore; nasse, kalkreiche, humose Kies- od. Sandböden. – Sehr selten, nur Berchtesgadener Alp. (1900–2570 m). – N-Eur., Gebg. von Pyren. über Alp., Karp. bis Kauk., Turk., Him., N-Am.; arkt-alp, circ.

172. Cárex L.[1]) Segge
x = 5 etc.

I. St. mit nur einem endständigen Ährchen .... **1. Subgen. Primocarex** S. 309
II. St. mit mehreren Ährchen
- A. Ährchen fast gleichgestaltet, fast immer ♂- u. ♀-Bl. enthaltend .... **2. Subgen. Vignea** S. 313
- B. Ährchen verschieden gestaltet, obere od. oberes fast immer nur ♂-Bl., untere od. unteres fast immer nur ♀-Bl. enthaltend .... **3. Subgen. Carex** S. 325

1. Subgen. P r i m o c á r e x Kuek. Einährige Seggen

I. Deckb. der ♀-Bl. bald abfallend; (Ährchen oberwärts ♂)
- A. Aus dem Fr.schlauch eine grannenartige Achse herausragend .... **537. C. microglochin**
- B. Fr.schlauch ohne herausragende, grannenartige Achse
  - 1. N. 3; 2–4(5) ♀-Bl. .... **538. C. pauciflora**
  - 2. N. 2; 5–10 ♀-Bl. .... **539. C. pulicaris**

II. Deckb. der ♀-Bl. bleibend
- A. N. 3; (Ährchen oberwärts ♂)
  - 1. Deckb. länger als die reifen Fr.schläuche .... **540. C. rupestris**
  - 2. Deckb. zuletzt nur 1/2 so lang wie die Fr.schläuche .... **541. C. obtusata**

[1]) s. Fußnote S. 325

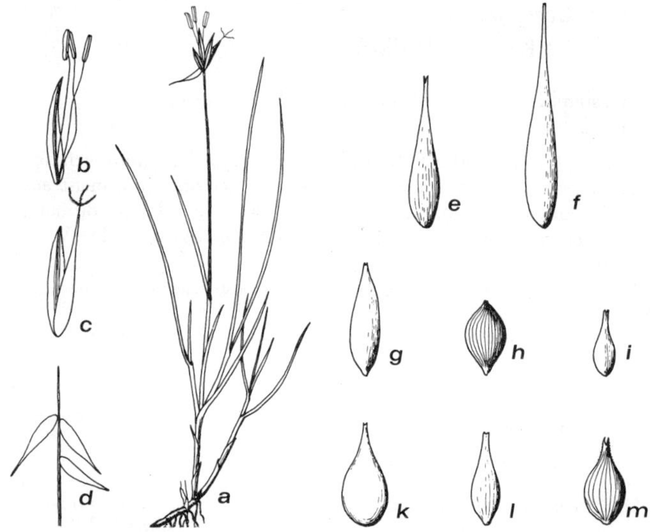

Abb. 93. *Carex* spp. Subgen. *Primocarex, a–d C. pauciflora* (*a* Habitus, *b* ♂-Blüte, *c* ♀-Blüte, *d* Blütenstand zur Fruchtzeit), *e–m* Fruchtschläuche, Beispiele, 3,3:1 (*e C. microglochin, f C. pauciflora, g C. pulicaris, h C. rupestris, i C. obtusata, k C. capitata, l C. davalliana, m C. dioica*).

B. N. 2

1. Pfl. einhäusig; Ährchen oberwärts ♂, unten ♀ 542. C. capitata
2. Pfl. zweihäusig; Ährchen entweder ♂ od. ♀
   a) Pfl. horstig, ohne verlängerte Ausläufer; St. oberwärts meist rauh; Fr.schlauch länglich-lanzettl. .... 543. C. davalliana
   b) Pfl. mit verlängerten Ausläufern; St. meist glatt; Fr.schläuche eiförmig .... 544. C. dioica

1. Sect. U n c i n i f ó r m e s

537. C. microglóchin Wahlenb. (Abb. 93e) Grannen-S.

♃, *H.* – H. 0,07–0,20. St. stumpf-3kantig bis rundlich; B. borstlich, meist kürzer als der St. mit dem Blst.; Ährchen braun 10- bis 12bl., mit 5–6 ♂-Bl.; *Fr.schläuche lanzettl.-pfriemlich, zusammengedrückt-stielrund, ±zurückgebogen.* V–VII. 2n = 58.

Flach- u. Quellmoore; nasse, kalkhaltige Torfböden. – Sehr selten, nur Ostpr. (Lyck), Alp.vorland (größtenteils nicht mehr bestätigt, verschollen). – N-Eur., Isl., Grönl., Schottl., Alp., Karp., über Rußl. – Altai – Him. bis Chin.; Am.; arkt-alp(-atl).

538. C. pauciflóra Lightf. (Abb. 93a–d, f) Armblütige S.

♃, *G.* – H. 0,05–0,20. Grd.achse kriechend; St. stumpf-3kantig, die B. ±überragend; Ährchen 4- bis 7bl., mit 1–2 ♂-Bl.; *Fr.schläuche lanzettl.-pfriemlich,* stielrund, *zurückgebogen;* Deckb. (hinfällig) u. Schläuche *strohgelb.* V–VII.

Hochmoorbulten-Ges.; nasse, nährstoffarme, saure Torfböden. – Selten bis sehr selten u. sehr zerstreut, bes. in M- u. Hochgebg. (Harz, Sud., Erzgebg., Thür. Wald, Schwarzwald), sonst vom N-Flachland bis Alp. (bis 1620 m); verschiedentlich verschollen. – N-, W- u. M-Eur., ö. bis Sib., Kauk.; N-Am.; arkt-no(-subozean), circ.

2. Sect. Pulicáres

539. C. pulicáris L. (Abb. 93g) Floh-S.

♃, *H.* – H. 0,05–0,25(0,35). St. die borstlichen, glatten B. weit überragend; Ährchen länglich-walzig, lockerbl.; *Fr.schläuche* 5–10, *locker stehend, länglich-lanzettl.,* beiderends verschmälert, *zurückgebogen, glänzend dunkelbraun.* V–VI. 2n = 58, 60.

Flach- u. Quellmoore; nasse, nicht immer kalkhaltige, mäßig saure Torfböden. – Zerstreut u. selten, nach S seltener werdend, nur stellenweise häufiger (Alp. bis 1520 m). – N-, W-, M-Eur., Pyren.; no-subozean.

3. Sect. Petrǽae

540. C. rupéstris All. (Abb. 93h) Felsen-S.

♃, *H.* – H. 0,05–0,10. Grd.achse kriechend; St. stumpf-3kantig; B. lineal., flach, Scheide rotbraun; Ährchen 10–15 mm lang, schlank-zylindrisch; *Fr.schläuche aufrecht, kürzer als die* bleibenden, stumpfen *Deckb.,* 3kantig-verkehrt-eiförmig, *vielnervig,* mit sehr kurzem, gestutztem Schnabel. VI–VIII. 2n = 50.

Alp. Felsrasenges.; meist kalkhaltige, steinige Substrate. – Sehr selten, nur Allgäu (Aggenstein bei Pfronten). – N-Eur., Schottl., Isl., Grönl., N-As., m. europ. Hochgebg.; Kors., Kauk., N-Am.; arkt-alp, circ.

541. C. obtusáta Liljebl. (Abb. 93i) Stumpfe S.

♃, *H.* – H. 0,05–0,30. Grd.achse weit kriechend; Pfl. nicht rasig; St. stumpf-3kantig; B. lineal., flach, Scheiden dunkel-purpurfarbig; B.büschel u. St. am Grd. mit purpurbraunen Niederb.; Ährchen 5- bis 18 mm lang, schlank-zylindrisch; *Fr.schläuche aufrecht, bis 2mal so lang wie die Deckb.*, eiförmig bis ellipsoidisch, *undeutlich nervig*, in einen stielrunden, 2spaltigen Schnabel zugespitzt. IV–V.

Trockene Sandböden. – Sehr selten: Brand. (Vierraden, Rhinow, Friesack); früher Sachs. (Leipzig: Bienitz). – S-Schwed., Oeland, N-D., Rußl., Ural, Sib., N-Am.; (euras-)kont.

4. Sect. Microcéphalae

542. C. capitáta L. (Abb. 93k) Kopf-S.

♃, *H.* – H. 0,15–0,30. Pfl. dichtrasig; B. fadenförmig, scharfrandig, kürzer als der 3kantige St.; *Ährchen rundlich*-eiförmig, bis 8 mm lang, *dichtbl.; Fr.schläuche* eiförmig, geschnäbelt, flach-zusammengedrückt, glatt, nervenlos, abstehend, *länger als die Deckb.* V–VI. 2n = 50.

Flach- u. Zwischenmoore; nasse, kalkreiche, mäßig-saure Torfböden. – Sehr selten, nur Alp.vorland (größtenteils verschollen). – Arkt., Isl., N-Eur., Alp., N-As., N-Am., Rocky Mount., Anden, Feuerland; arkt(-alp).

5. Sect. Dioícae

543. C. davalliána Sm. (Abb. 93l) Davalls S.

♃, *H.* – H. 0,10–0,25(0,40). *Pfl. borstig; B.* 3kantig, *am Rande ebenso wie der St. rauh;* sehr selten ♂-Ährchen mit einzelnen ♀-Bl.; ♀-Ährchen meist lockerer u. länger als bei *C. dioica;* Fr.schläuche länglich-lanzettl. mit schlankem Schnabel, zuletzt etwas abwärts-gerichtet. IV–VI. 2n = 46.

Flach- u. Quellmoore; nasse, meist kalkreiche Tuff- u. Torfböden. – Zerstreut Kalkgeb. S-D. (Alp. bis 1820 m), z. T. zurückgehend, bzw. über größere Strecken fehlend; sehr selten N-D. (Stettin). – W-, M-Eur., Apenn., W-Rußl., Sib., Kl.As.; praealp(-no).

544. C. dioíca L. (Abb. 93m) Zweihäusige S.

♃, *G.* – H. 0,04–0,25(0,30). Pfl. mit Ausläufern; *B.* borstlich, steif aufrecht *ebenso wie der St. glatt* od. B. nur wenig rauh; sehr selten ♂-Ährchen am Grd. mit 1 ♀-Bl.; ♀-Ährchen bis etwa 10 mm lang, *dichtbl.;* Fr.schläuche eiförmig, ziemlich aufrecht. IV–V. 2n = 52. Ändert ab, u. a. im Geb.:

var. scabrélla Fries; St. deutlich rauh, bis über 0,30 hoch; Deckb. wenig weißhautrandig. – Sehr selten: Ostpr.

Flach- u. Zwischenmoore, Braunseggenges.; nasse, mäßig saure Torfböden. – Zerstreut N-D.; im m. u. s. Geb. sehr selten u. zerstreut (Alp. bis 1690 m). – Eur., Sib., N-Am.; no.

2. Subgen. V i g n é a (P. B.) Nees[1]) Gleichährige Seggen

I. Ährchen oberwärts ♂ (Ausnahmen bei verschiedenen weitkriechenden Arten)

A. N. 3

1. Deckb. weiß-häutig; Blst. kopfig, dicht, gelappt .... 545. C. baldensis

2. Deckb. dunkelbraun; Blst. mit ährenförmig angeordneten Ährchen .... 546. C. curvula

B. N. 2

1. Fr.schläuche plankonvex, scharfrandig od. an den Rändern geflügelt

a) Pfl. dichthorstig; Fr.schläuche plankonvex, grün

x) Fr.schläuche am Grd. verjüngt; B. schmaler als 4 mm

/) Ährchen bis zum 2- bis 3fachen ihrer Länge voneinander entfernt; Fr.-schläuche aufrecht (dünnhäutig) ..... 547. C. divulsa

//) Ährchen dichter stehend; Fr.schläuche ±sperrig abstehend

§) Ährchen mäßig dicht stehend; Fr.schläuche am Grd. dünnhäutig od. nur schwach-korkig .... 548. C. pairaei

§§) Ährchen sehr dicht stehend; Fr.-schläuche am Grd. schwammig-korkig-verdickt .... 549. C. spicata

xx) Fr.schläuche am Grd. gerundet od. herzförmig; B. 4–10 mm breit

/) Fr.schläuche meist glänzend; St. 3kantig .... 550. C. otrubae

//) Fr.schläuche matt; St. geflügelt-3kantig .... 551. C. vulpina

b) Pfl. ±weit-kriechend; Fr.schläuche an den scharf vorspringenden Rändern rauh od. geflügelt

x) Rhizom unter 1 mm dick; Fr.schläuche meist schwachnervig (geflügelt)

/) Deckb. weißhäutig-strohgelb .... 552. C. brizoides

//) Deckb. dunkel(rot)- od. hellbraun, selten bleich

§) Fr.schläuche von der Mitte an geflügelt; Deckb. hellbraun ..... 553. C. curvata

§§) Fr.schläuche vom Grd. an geflügelt; Deckb. dunkel(rot)braun ... 554. C. praecox

xx) Rhizom dicker; Fr.schläuche meist starknervig

/) Fr.schläuche etwa von der Mitte an grün- od. häutig-geflügelt

[1]) s. Fußnote S. 325

§) St. dünn, schlank; B. bis 2 mm breit; Ährchen 4–12; Fr.schläuche so lang od. länger als die Deckb.
α) B. rinnig-flach; Ährchen 4–6(10); Deckb. rost-bräunl. 555. C. ligerica
β) B. flach; Ährchen 6–12; Deckb. weißlich bis hell-rostfarbig .... 556. C. reichenbachii
§§) St. kräftig; B. 3–4 mm breit; Ährchen 6–16; Fr.schläuche so lang od. kürzer als die Deckb. 557. C. arenaria
//) Fr.schläuche nicht od. wenig geflügelt, vom Grd. an mit scharf vorspringendem, rauhem Rand
§) Obere Ährchen ganz ♂, mittlere unten ♀ u. an der Spitze ♂; Fr.-schläuche vom Grd. an geflügelt 558. C. repens
§§) Obere u. untere Ährchen ♀, mittlere ♂; Fr.schläuche nicht geflügelt .... 559. C. disticha
2. Fr.schläuche beiderseits gewölbt od. nur leicht zusammengedrückt (braun)
a) Pfl. mit langen, oberirdischen Ausläufern; Blst. eiförmig, bis etwa 1 cm lang .... 560. C. chordorrhiza
b) Pfl. ohne oberirdische Ausläufer, horstig od. lockerrasig; Blst. 2–10 cm lang, verlängert
x) Pfl. lockerrasig; B. 1–2 mm breit (Fr.-schläuche stark glänzend) .... 561. C. diandra
xx) Pfl. dichthorstig; B. breiter als 2 mm
/) B. 2–3 mm breit; Fr.schläuche matt, starknervig .... 562. C. appropinquata
//) B. 3–6 mm breit; Fr.schläuche glänzend, nervenlos .... 563. C. paniculata

II. Ährchen unten ♂ (dichtrasig, horstig, selten lockerer; wenn weitkriechend vgl. IB 1b)
A. Blst. ein ±kugeliges Köpfchen; Fr.schläuche bis 1 cm lang (lang geschnäbelt) .... 564. C. bohemica
B. Blst. ±deutlich ährenartig; Fr.schläuche meist kürzer als 5 mm
1. Fr.schläuche an den Rändern geflügelt .... 565. C. leporina
2. Fr.schläuche an den Rändern nicht geflügelt
a) Schnabel der Fr.schläuche kurz od. fehlend, kaum gezähnt
x) Fr.schläuche ungeschnäbelt
/) St. nur ganz oben schwach rauh; Ährchen meist 4–5 .... 566. C. loliacea
//) St. bis unter die Mitte rauh; Ährchen 2–4 .... 567. C. disperma
xx) Fr.schläuche kurz geschnäbelt

/) Ährchen 4–8, meist ±entfernt stehend
§) Schnabel nicht längs gespalten; Ährchen eiförmig . . . . 568. C. canescens
§§) Schnabel rückseitig längsgespalten; Ährchen kugelig . . . . 569. C. brunnescens
//) Ährchen 3–4, dichtstehend (Fr.-schnabel 2zähnig) . . . . 570. C. heleonastes
b) Fr.schnabel lang, deutlich 2zähnig
x) Untere Ährchen nicht od. wenig voneinander entfernt; höchstens das untere Tragb. laubartig
/) B. 2–5 mm breit; Ährchen meist 8–12; Fr.schläuche zuletzt wagerecht abstehend . . . . 571. C. elongata
//) B. bis 2 mm breit; Ährchen 3–5, zuletzt mit sternförmig spreizenden Fr.schläuchen . . . . 572. C. stellulata
xx) Untere Ährchen weit voneinander entfernt, ihre Tragb. laubartig, den Blst. überragend . . . . 573. C. remota

1. Sect. B a l d é n s e s

545. C. baldénsis Torn. (Abb. 94g) Monte-Baldo-S.

♃, *H.* – H. 0,08–0,30. Horstig, graugrün; Ährchen meist 3, Tragb. 2–3, stechend; *Deckb.* meist *waagerecht-abstehend,* länger als die dunkelbraunen, *ungeschnäbelten,* kugelig-eiförmigen *Fr.schläuche.* VII. 2n = 88,90.

Subalp. Blaugrasrasen, selten im Flußschotter; frische, kalkreiche, dolomitische Substrate. – Selten: Alp. (Garmisch, Griesen, Loisach, Naiderach, Schellbach, 800–1500 m). – Alp. (bes. s. Tirol); o-alp(-submed).

2. Sect. C ú r v u l a e

546. C. cúrvula All. (Abb. 94h) Krumm-S.

♃, *H.* – H. 0,06–0,20. Dichthorstig; St. glatt; B. rinnig-borstenförmig, an der Spitze meist ±gekrümmt; *Blst.* etwas länglich bis verkehrt-eiförmig, *braun;* Deckb. dunkelbraun; *Fr.schläuche* scharfrandig, *mit 2zähnigem, rauhrandigem Schnabel,* häutig. VII–VIII. Im Geb. nur ssp. c ú r v u l a. 2n = ca. 86.

Alp. Krummseggen- od. Borstgrasrasen; saure, humose, steinige Substrate. – Sehr selten, nur Berchtesgaden (2200 m). – Pyren., Alp., Karp., Balk.; alp.

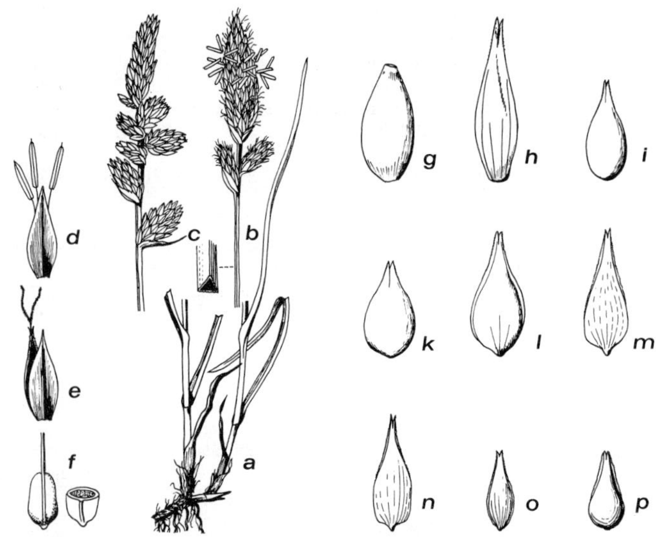

Abb. 94. *Carex* spp. Subgen. *Vignea, a–f C. disticha* (*a* Sproßbasis; *b* blühender, *c* fruchtender Blütenstand; *d* ♂-Blüte, *e* ♀-Blüte mit Deckblatt; *f* Frucht, Seitenansicht u. quer durchschnitten), *g–p* Fruchtschläuche, Beispiele, 3,3:1 (*g C. baldensis, h C. curvula, i C. divulsa* ssp. *divulsa, k C. pairaei* ssp. *pairaei, l C. spicata, m C. otrubae, n C. vulpina, o C. brizoides, p C. curvata*).

3. Sect. Muehlenbergiánae

547. C. divúlsa Stokes (Abb. 94i) Unterbrochenährige S.

♃, *H.* – H. 0,30–0,75. St. schlank; *Scheidenmündung etwas länger als breit, der freie Teil der Scheidenhaut sehr kurz, ausgerandet, der vordere Teil über die Scheide hinaus nicht verlängert, mit dickerem Rand u. auch später nicht zerschlitzt;* unterste Ährchen entfernt u. oft gestielt, unterstes Tragb. oft laubig; Fr.schläuche aufrecht-abstehend, ganz dünnhäutig, 3,5–4,5(5,5) mm lang; *Fr. fast sitzend.* V–VIII. Umfaßt:

ssp. divúlsa; St. schlaff; B. weniger steif; Blst. rel. verlängert (bis 10 cm lang); Fr. den nur am Grd. schwach nervigen Schlauch nicht ausfüllend. 2n = 58. – Zerstreut bis selten. Hierzu:

var. guestphálica (Boenn.) F. Schultz; St. sehr schlank u. dünn, zuletzt bogig zur Erde gekrümmt; Deckb. weißlich. – Selten, so Westf. (Reelkirchen, Petershagen).

ssp. chabérti (F. Schultz) A. et G.; St. u. kürzere B. straff; Blst. ziemlich dicht, 3–4 cm lang; Fr. den bis 5,5 mm langen bis zur Mitte nervigen Schlauch ausfüllend. – Selten: Thür., Bad., Saargeb., Bay., Pfalz.

Laubwälder, Gebüsche; frische, nährstoffreiche, lehmige Böden. — Verbreitet bis zerstreut im m. u. s. Geb. (bis ca. 700 m); im N-Flachland selten od. fehlend. — Eur., W- u. N-As., N-Afr., N-Am.; (med-) submed-euras, circ.

548. **C. pairaéi** F. Schultz (Abb. 94k) Sparrige S.

♃, *H.* — H. 0,15—0,40(1,00). St. stumpf-3kantig, unten glatt; *Scheidenmündung breiter als lang, B.häutchen mit schmalem, weißlichem, nicht zerschlitztem Rand;* Blst. mäßig dicht, oft unterbrochen; Deckb. braun; *Fr.schläuche sehr sperrig-abstehend,* 3—3,5(5,0) mm lang, dünnhäutig od. schwach-korkig verdickt, eiförmig, kurz geschnäbelt. VI—VII. Umfaßt (auch als Arten bewertet):

ssp. p a i r a é i; St. steifer, etwa bis 0,40 (0,60) hoch; B. bis 2 mm breit; B.häutchen mit weißlichem Rand; Fr.schläuche breit-eiförmig, 3—3,5 mm lang, dünnhäutig; Fr. den Schlauch nicht ausfüllend. 2n = ca. 56, 58.

Zerstreut bis verbreitet im m. u. s. Geb. (bis ca. 1000 m); im N-Flachland selten u. zerstreut.

ssp. l é e r s i i (F. Schultz) Jávorka (= C. polyphylla Kar. et Kir.); St. ±schlaff, 0,30—1,00 hoch; B. bis 4 mm breit; B.häutchen mit bräunlichweißem Rand; Fr.schlauch eiförmig, bis 5 mm lang, am Grd. schwach korkig-verdickt; ganz von der Fr. ausgefüllt. 2n = 58.

Ziemlich selten im m. u. s. Geb., im N-Flachland fehlend.

Waldränder u. -wege, Kahlschläge, Gebüsche; frische, nährstoffreiche Böden. — Eur., Kl.As., W-As., (N-Am.); euras-subozean(-submed).

549. **C. spicáta** Huds. (Abb. 94l) Dichtährige S.
(= C. contigua Hoppe)

♃, *H.* — H. 0,20—0,60. St. 3kantig mit flachen Seiten, nur oberwärts rauh; *Scheidenmündung länglich-rund, länger als breit, der freie Teil der Scheidenhaut länger, im Mittelnerv stumpf auslaufend, der vordere Teil die Scheide überragend, am Rande sehr dünn u. zuletzt zerreißend;* Blst. meist dicht u. nicht unterbrochen; Deckb. hellbraun; Fr.schläuche bis fast 5 mm lang, nervenlos od. am Grd. undeutlich-nervig, unten schwammig-korkig verdickt, zuletzt braun; Fr. den Schlauch fast völlig ausfüllend. V—VI. 2n = 58. Hierzu:

ssp. l u m n í t z e r i (Rouy) Sóo (= C. nemorosa Lumn.); Blst. gewöhnlich mehr verlängert u. unterbrochen; Deckb. weißlich; Fr.-schläuche grün. — Selten.

Laubwälder, Gebüsche; frische, nährstoffreiche lehmige Böden. — Verbreitet u. meist häufig (Alp. bis 1400 m). — Eur., Kauk., W-As., N-Afr., (N-Am.); euras-subozean.

4. Sect. Stenorhýnchae

550. C. otrúbae Podp. (Abb. 94m) Hain-S.
(= C. nemorosa Rebent.)

♃, *H.* – H. 0,20–0,60. *St.* 3kantig, *Seitenflächen fast plan;* untere B.scheiden hellbraun, kaum fasernd; B.häutchen länger als breit; Blst. wie bei folg.; Tragb. rel. lang, oft schlaff; Deckb. ebenso wie die Fr.-schläuche sperrig-abstehend, grünlich bis hellbraun, *Fr.schläuche meist auch innenseits deutlich nervig, glatt u. meist glänzend; Schnabel beiderseits gleich tief gespalten.* V–VI. 2n = 60.

Auenwälder, Wiesen; feuchte bis nasse, nährstoffreiche, lehmige od. tonige Böden. – Wohl zerstreut bis verbreitet, Verbreitung noch ungenügend bekannt. – Eur., Kl.As., Kauk., N-Pers., M-As.; euras-subozean.

551. C. vulpína L. (Abb. 94n) Fuchs-S.

♃, *H.* – H. 0,20–0,60. *St. geflügelt-3kantig; Seitenflächen konkav;* untere B.scheiden sich in schwärzliche Fasern auflösend; B.häutchen breiter als lang; Blst. am Grd. doppelt zusammengesetzt; Tragb. kurz, steif, mit deutlichen braunen Öhrchen; Deckb. dunkelbraun; *Fr.schläuche* sperrig-abstehend, *braun, nur außenseits deutlich nervig, matt; Schnabel außenseits viel tiefer als innenseits gespalten.* V–VI. 2n = 68.

Feuchtwiesen; feuchte bis nasse, nährstoffreiche, tonige od. lehmige Böden. – Verbreitet u. häufig (Alp. bis 880 m). – Eur., Kauk., Sib., M-As.; euras (-kont).

5. Sect. Arenáriae

552. C. brizoídes Jusl. (Abb. 94o) Zittergras-S.

♃, *H.* – H. 0,30–0,60. St. dünn, schlaff, zur Bl.zeit meist kürzer als die B., zuletzt niederliegend; Blst. meist nicht über 2 cm lang; *Ährchen* schmal-lanzettl. bis eiförmig, meist *abwärts-gekrümmt; Fr.-schläuche länglich-lanzettl., vom Grd. mit feingesägtem Flügel,* grün, meist etwas länger als die Deckb. V–VI.

Laubwälder, Schläge, Wegränder; feuchte bis nasse, kalkarme Böden. – Zerstreut: M- u. S-D. (Alp. bis 1400 m), in SW-D. geb.weise häufig; im N-Flachland fehlend od. sehr selten (z. B. bei Hannover-Vinnhorst). – m. u. s. Eur., ö. bis Rußl.; gem-kont.

553. C. curváta Knaf (Abb. 94p) Gekrümmte S.
(= C. brizoides Jusl. ssp. intermedia Čelak.)

♃, *H.* – H. 0,30–0,40. St. schlaff, zuletzt abwärts gekrümmt; *Ährchen genähert,* länglich; *Fr.schläuche aus breiteiförmigem Grd. allmählich verschmälert, etwa von der Mitte an* od. wenig unterhalb *geflügelt* u. kleingesägt, sonst ähnlich vor. u. folg. Art. V–VI.

Magerrasen, selten lichte Eichenwälder; wechselfeuchte Ton- od. bindige Sandböden. – Selten, nur Thür., Sachs., Frank., Pfalz, Oberrheingeb., S-Schwarzwald. – M-Eur.

554. C. praécox Schreb. (Abb. 95a) Frühe S.

♃, *G, (H).* – H. 0,10-0,30. St. dünn, zur Bl.zeit meist schon länger als die B.; Blst. meist nicht über 2 cm lang; *Ährchen* meist 5, eiförmig-länglich, gedrängt, *gerade; Fr.schläuche* aufrecht, *länglich-eiförmig,* ± so lang wie die Deckb., *fast vom Grd. an mit schmalen, feingesägten Flügeln.* IV–VI. Hierzu:

var. p á l l i d a (Lang) A. et G.; St. bis über 0,50, sehr schlaff, zuletzt abwärts geneigt bis niederliegend; B. lang u. schlaff, oft so lang wie der St.; Deckb. heller rotbraun bis fast bleich. – Selten.

Wegränder, Böschungen, Sandrasen; trockene, nährstoffreiche Sandböden. – Zerstreut bis selten im m. u. s. Geb., fehlt in NW-D. – Gem. u. S-Eur., M- u. S-Rußl., Kauk., Sib.; kont.

555. C. ligérica Gay (Abb. 95b) Französische S.

♃, *G.* – H. 0,15–0,30. W.stock weit-kriechend, ebenso wie der St. rel. dünn; B. schmal; Blst. oft nur 2 cm lang; *Ährchen 5–7, eiförmig, genähert, meist sämtlich am Grd.* ♂, *an der Spitze* ♀, untere bisweilen ganz ♀; *Fr.schläuche* breiteiförmig, nervig, *von unterhalb der Mitte an rel. schmal geflügelt.* V–VI. 2n = ca. 58.

Sandfluren, Dünen; trockene Sandböden. – Verbreitet: Küstengeb. der N- u. O-See; im Binnenland im Unterlauf (selten höher) der großen Flüsse seltener od. nur vereinzelt. – W- Frankr. bis N-D., S-Skand., Rußl.; euras-subozean.

556. C. reichenbáchii Bonnet (Abb. 95c) Reichenbach-S.

♃, *G.* – H. 0,30–0,50. W.stock weit-kriechend, ebenso wie der St. dünn; B. flach, bis 2 mm breit; Blst. bis 3 cm lang; *Ährchen 6–12* mit ♂- u. ♀-Bl. od. obere ganz ♂; Fr.schläuche eiförmig, beiderseits mehrrippig, von unterhalb der Mitte an geflügelt, etwas länger als die Deckb., ähnlich der folg. Art. V–VI.

Kiefernwälder, Heiden; sandige Böden. – Selten, nur Brand. (Wiesenburg, Kottbus), Sachs. (Lausitz), Elbtal, W-Schles. – Nied., N-Frankr., M-Eur.; euras(-subozean).

557. C. arenária L. (Abb. 95d) Sand-S.

♃, *G. (H).* – H. 0,15–0,45. W.stock kräftig, weit waagerecht-kriechend; St. oberwärts an den Kanten rauh; B. 3–4 mm breit; Blst. bis etwa 6 cm lang; *obere Ährchen* ♂, *untere* ♀, *mittlere an der Spitze* ♂ *u. unten* ♀; *Fr.schläuche* länglich-eiförmig, 7- bis 8nervig, *von der Mitte an mit breiten Flügeln.* V–VI. 2n = 58, ca. 64.

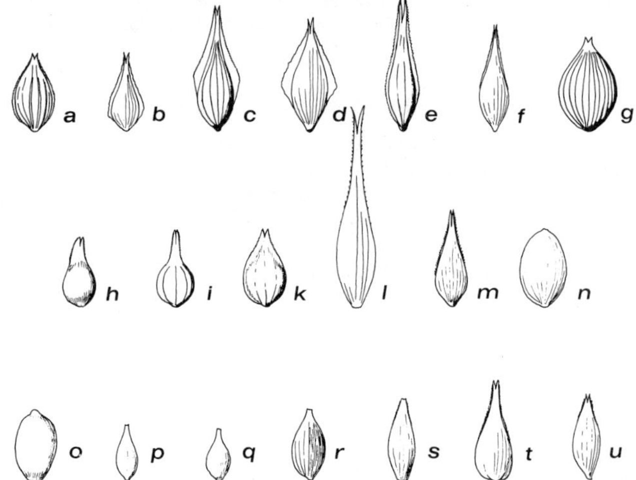

Abb. 95. *Carex* spp. Sect. *Vignea*, Fruchtschläuche, Beispiele, 3,3:1, *a C. praecox, b C. ligerica, c C. reichenbachii, d C. arenaria, e C. repens, f C. disticha, g C. chordorrhiza, h C. diandra, i C. appropinquata, k C. paniculata, l C. bohemica, m C. leporina, n C. loliacea, o C. disperma, p C. canescens, q C. brunnescens, r C. heleonastes, s C. elongata, t C. stellulata, u C. remota.*

Sandfluren, Dünen, Kiefernwälder; trockene, ±saure Sandböden. — Verbreitet: N-D, insbes. Küstengeb. (Ostfr. bis Ostpr.), im Binnenland selten u. vereinzelt (u. a. bis Niederschles., n. Oberrheingeb.). — Küstengeb. Eur., (N-Am.); euras-(-subozean).

Droge: Rhizoma Caricis

558. C. répens Bell. (Abb. 95e) Kriechende S.

♃, *G.* — H. 0,25—0,60. St. schlank, nur im unteren Drittel beblättert; *Ährchen* dünner als bei der folg. Art, *obere* ♂, *mittlere mit* ♂*- u.* ♀*-Bl., untere* ♀, etwas entfernt voneinander; Fr.schläuche weniger spreizend u. etwas länger gestielt als bei C. arenaria, bauchseits undeutlich-nervig, an den Rändern mit klein ausgefressen-gezähnten Flügeln. V—VI. Ufer, Sumpfwiesen. — Sehr selten, nur Brand. (Biesenthal). — SW-Frankr., Schweiz, Österr., N-Ital., Siebenb., Brand., Pos.

559. C. dísticha Huds. (Abb. 94a—f, 95f) Zweizeilige S.
(= C. intermedia Good.)

♃, *G, H.* — H. 0,20—0,80. St. bis hoch hinauf beblättert, oberwärts an den Kanten rauh; Blst. doppelt-zusammengesetzt, langgestreckt, unten ±unterbrochen; *Ährchen eiförmig, oberste u. unterste ♀, mittlere* ♂; Fr.schläuche eiförmig, etwas gewölbt, beiderseits nervig, mit vorspringenden, rauhen, scharfen (bis schwach geflügelten) Rändern. V–VI. 2n = 62.

Ufer, Gräben, Bäche, Großseggenges.; nasse, nährstoffreiche, tonige Böden. – Verbreitet bis zerstreut (bis m. Gebg.lagen). – N-, M- u. n. S-Eur., M-Rußl., Sib., O-As.; euras.

6. Sect. D i v í s a e

560. C. chordorrhîza Ehrh. (Abb. 95 g) Fadenwurzelige S.

♃, *HH, (G).* – H. 0,15–0,30. *St. glatt, viel länger als die B.;* Blst. ein eiförmiges Köpfchen, kaum über 1 cm lang; Ährchen 3–5; *Fr.-schläuche* eiförmig, starknervig-gerillt, *mit einem am Rand glatten, an der Spitze trockenhäutigen kurzen, 2zähnigen Schnabel,* rostbraun. V–VI. 2n = 60.

Zwischenmoore, Schlenken, Schwingrasen; nasse, saure Torfböden. – Sehr selten u. sehr zerstreut: nö. D. (bis Ostpr.), Hess. (Hünfeld), Schles., Alp.-vorland (bis 900 m); stark abnehmend. – Isl., N- u. M-Eur., Sib.; arkt-no.

7. Sect. P a n i c u l á t a e

561. C. diándra Schrank (Abb. 95 h) Draht-S.
(= C. teretiuscula Good.)

♃, *H, G.* – H. 0,25–0,60. Pfl. lockerrasig, graugrün; W.stock schief; *untere Scheiden glanzlos, kaum zerfasernd;* St. oberwärts rauh u. 3kantig, mit schwach gewölbten Flächen; *Fr.schläuche* eiförmig, *höckerig-gewölbt, glänzend,* kastanienbraun bis fast schwarz, auf dem Rücken am Grd. schwach-gestreift, mit 2zähnigem Schnabel, kürzer als die Deckb.; Artname irreführend, Stbb. 3. VI–VII. 2n = 60.

Zwischenmoore, Schwingrasen, Schlenken; nasse, saure Torfböden. – Zerstreut bis selten (Alp.vorland bis 700 m, Jura bis 760 m). – N- u. M-Eur., N-As., N-Am.; no-euras, circ.

562. C. appropinquáta Schum. (Abb. 95 i) Abweichende S.
(= C. paradoxa Willd.)

♃, *H.* – H. 0,30–0,60. Pfl. horstig, meist gelbgrün; St. stark rauh, 3kantig, mit ebenen Flächen; *untere Scheiden glänzend, schwarzbraun zerfasernd;* Blst. rispig; Deckb. so lang wie der Fr.schlauch, schmal weiß-berandet od. unberandet; *Fr.schläuche* rundlich-eiförmig, *glanzlos, ringsum starknervig.* V–VI. 2n = 64.

Großseggenbestände, Quellen, Gräben; nasse, nährstoffreiche Torf- od. Schlammböden. – Zerstreut u. ziemlich selten (Alp. bis 1350 m). – N- u. M-Eur., Rußl., Ural, Sib., Altai; no(-subozean).

563. C. paniculáta Jusl. (Abb. 95k) Rispige S.

♃, *H.* – H. 0,30–1,00. Pfl. horstig, meist graugrün; *untere Scheiden groß, braun, glänzend,* meist *nicht zerfasernd;* St. oberwärts sehr rauh, mit ebenen Flächen; Blst. rispig, groß; Deckb. so lang wie der Fr.-schlauch, breit-silberweiß-berandet, glänzend; *Fr.schläuche* höckerig-konvex, eiförmig *glänzend, auf dem Rücken am Grd. schwach nervig-gestreift,* mit 2zähnigem Schnabel. V–VI. 2n = 60, 62, 64.
Großseggenbestände, Erlenbruchwälder, Quellen, Gräben; nasse, nährstoffreiche Torfböden od. seltener Kalksinter. – Verbreitet bis zerstreut (Alp. bis 1750 m). – Eur., NO-Kl.As., Kauk., Transkauk., N-Am.; euras(-subozean), circ.

8. Sect. S c h e l l h a m m é r i a

564. C. bohémica Schreb. (Abb. 95l) Zypergras-S.
(= C. cyperoides Murr.)

♃, *H.* – H. 0,08–0,20(0,30). Horstig; St. stumpf 3kantig, hohl; *Ährchen in* einem fast *kugeligen,* grasgrünen *Köpfchen; Tragb. 2–4,* viel länger als der Blst.; Deckb. ebenso wie die Schläuche grün, später gelb; *Fr.schläuche* lanzettl., *sehr lang geschnäbelt,* Schnabel tief-zweispaltig. VI–IX. 2n = 80.
Ufer von Teichen, Seen u. Flüssen, Boden abgelassener Fischteiche; nasse, nährstoffreiche, tonige, schlammige Böden. – Selten, sehr zerstreut u. unbeständig, besonders in den ö. Teilen des Geb. (u. a. Pomm., Ostpr., Thür., Sachs., Hess., Frank. bis Baar, Alp.vorland). – M-Eur., N-As., Transkauk.; euras(-kont).

9. Sect. O v á l e s

565. C. leporína L. (Abb. 95 m) Hasenpfoten-S.

♃, *H.* – H. 0,15–0,30. St. oft ziemlich starr aufrecht; Ährchen meist 6, genähert, stumpf, dick-rundlich; Tragb. sämtlich klein; Deckb. hellbraun, weißlich berandet, etwas glänzend; *Fr.schläuche aufrecht, eiförmig,* ringsum gestreift, *flügelig berandet,* mit 2zähnigem Schnabel. VI–VII. 2n = 64, 66, 68. Hierzu u. a.:

var. a r g y r o g l ó c h i n (Hornem.) Koch; Deckb. weißlich; Ährchen meist etwas entfernt; B. schlaff. – Wälder. – Selten.

Borstgrasrasen, Wegränder, Wälder, Kahlschläge; feuchte, saure, nährstoffhaltige, oft torfige Böden. – Verbreitet, insbes. in den Silikatgeb. (Alp. bis 1860 m). – Eur., N- u. W-As., Alg., ö. N-Am., Neuseel.; no(-subozean), circ.

10. Sect. Canescéntes

566. C. loliácea L. (Abb. 95 n) Lolch-S.

♃, *H.* — H. 0,20–0,40. Dichtrasig; *St.* fein, zart, schlaff, *nur ganz oben rauh;* B. kaum über 1,5 mm breit, fein zugespitzt, rauh; Ährchen klein, 3–5, etwas voneinander entfernt, fast kugelig, strohgelb, zur Bl.zeit kaum 2 mm lang; *Fr.schläuche* ellipsoidisch, an der Spitze ganzrandig, gestreift, *zuletzt weit abstehend.* V. 2n = 54.

Moore der Wälder, zwischen Sphagnum. — Sehr selten, nur Ostpr. (Kreise: Ragnit, Pillkallen, Goldap (Rominter Heide), Lötzen, Angerburg, Ortelsburg). — Skand., Finnl., Ostpr., Pol., M- u. N-Rußl., O-Sib., Mandsch., N-Korea; no-kont.

567. C. dispérma Desv. (Abb. 95 o) Zarte S.
(= C. tenella Schkuhr)

♃, *H.* — H. bis 0,30. Lockerrasig; *St.* sehr fein u. zart, *bis unter die Mitte rauh;* B. sehr schmal, stärker rauh, so lang wie der St.; *Ährchen* 2–4, 1- bis 2bl., an der Spitze ♂, *voneinander entfernt,* kugelig, das oberste am größten u. oft 3bl., das unterste mit fadenförmigem Tragb.; Stbb. meist nur 2; *Fr.schläuche aufrecht,* verkehrteiförmig, etwas aufgeblasen, undeutlich gestreift, länger als die eiförmigspitzen Deckb. V–VI. 2n = 70.

Moosige Sümpfe. — Sehr selten, nur Ostpr. (Kreise: Ragnit, Goldap, Lötzen). — Skand., Finnl., Ostpr., N-Rußl., Ural, O-As., N-Am.; no-kont, circ.

568. C. canéscens L. (Abb. 95 p) Graugrüne S.

♃, *H.* — H. bis 0,45. Meist dichtrasig; St. u. B. graugrün; *Ährchen 4–6,* eiförmig-länglich, *untere etwas entfernt,* 5–9 mm lang; Deckb. weißlich, mit kurzem, grünem Mittelstreifen; *Fr.schläuche* eiförmig, feingestreift, zusammengedrückt, *mit kurzem, schwach ausgerandetem Schnabel.* V–VI. 2n = 52, 54, 56.

Grauseggen-Sümpfe, Flachmoore, Ufer; nasse, nährstoffärmere, saure, humose Böden. — Verbreitet u. meist ziemlich häufig (Alp. bis 1860 m). — Eur., N-As., Am., Austr.; arkt-no.

569. C. brunnéscens (Pers.) Poir. (Abb. 95 q) Bräunliche S.

♃, *H.* — H. 0,20–0,40. Ähnlich der vor. Art, aber vorerst grasgrün, zuletzt bräunlich; St. oberwärts rauher; obere Ährchen genähert, 3–5 mm lang, bräunlich; Fr.schläuche eiförmig, wenig länger als die braunen, weißlich berandeten Deckb. V–VI(–VIII). 2n = 56.

Flachmoore, Magerrasen; nasse, kalkarme, saure, humose Böden. — Selten: Tilsit, Pillkallen, Riesengebg., Schwarzwald (Feldberg), Alp. (1600–1900 m). — N-Eur. bis Alp., Karp., N-Rußl., Sib., N-Am., w. Arktis.; arkt-alp, circ.

570. C. heleonástes Ehrh. (Abb. 95 r) Torf-S.

♃, *H.* – H. bis 0,30. Dicht- od. etwas lockerrasig; *St. u. B. sehr rauh; Ährchen 3–4, rundlich, genähert;* Deckb. hellbraun, weiß-hautrandig; *Fr.schläuche zusammengedrückt-3kantig,* glatt, graubraun, *plötzlich in einen kurzen, ungestielten,* am Rande etwas rauhen *Schnabel* zugespitzt, ein wenig länger als die Deckb. V–VI. 2n = 56.

Zwischenmoore, Schlenken; nasse Torfböden. – Zerstreut: Ostpr.; sonst sehr selten (im n. Geb. – außer Ostpr. – wohl erloschen) im s. Geb. im Alp.vorland bis Alp.fuß (bis 930 m). – Skand., N-Rußl., N-Sib., Ostpr., Alp. u. Alp.-vorland, Bulg., N-Am.; no(-kont).

11. Sect. Elongátae

571. C. elongáta L. (Abb. 95 s) Langährige S.

♃, *H.* – H. (0,15)0,30–1,00. Dichtrasig, grasgrün; St. scharf 3kantig, rauh; Ährchen meist 8–12, genähert, länglich, bis über 1 cm lang; Deckb. bräunlich, am Rande weißlich; *Fr.schläuche* zusammengedrückt, ringsum gestreift, allmählich in den spitzen Schnabel verschmälert, zuletzt abstehend; *Schnabel fast ungeteilt,* länger als die Deckb. V–VI. 2n = 56. Hierzu:

var. gebhárdi (Willd.) Aschers.; H. 0,15–0,30; Ährchen meist nur 5–6, bis 0,5 cm lang, wenigbl.; Deckb. weißhäutig mit braunem Mittelstreifen. – Alp.

Erlenbruchwälder, Weidengebüsche; nasse, nährstoffärmere, torfige Böden. – Verbreitet bis zerstreut, s. bis Alp.vorland (bis 950 m). – N- u. M-Eur., Kauk., Sib.; euras.

12. Sect. Stellulátae

572. C. stelluláta Good. (Abb. 95 t) Morgensternartige S.

♃, *H.* – H. 0,05–0,20(0,40). Dichtrasig; St. ±aufrecht, nur oben schwach rauh; Ährchen ziemlich entfernt, länger als das Tragb.; *Fr.-schläuche* eiförmig, plankonvex, *mit 2zähnigem, rauhem Schnabel,* auf der Außenseite feingestreift. V–VI. 2n = 56, 58.

Flachmoore, Gräben, Quellen; nasse, nährstoffärmere, torfige Böden. – Verbreitet bis zerstreut (Alp. bis 2200 m). – Eur., Vord.As., Sib., O-As., N-Am., Austr., Neuseel.; no-euras, circ.

13. Sect. Remótae

573. C. remóta Grufb. (Abb. 95 u) Entferntährige S.

♃, *H.* – H. 0,30–0,60. Dichtrasig, wenig kriechend; *St. schlank, schwach, bogenförmig überhängend, unter der Ähre rauh;* Tragb. viel länger als das Ährchen; Ährchen fast kugelig, untere weit entfernt; Fr.schläuche stumpf gekielt, plankonvex, länger als die weißlichen Deckb. V–VI. 2n = 62.

Laubwälder, Waldwege u. -quellen; nasse, nährstoffreiche, humose Böden. – Verbreitet u. meist häufig (Alp. bis 1300 m). – Eur., N- u. W-As., N-Afr., N-Am.; subatl-submed.

3. Subgen. C á r e x[1])

I. Fr.schläuche ungeschnäbelt od. mit sehr kurzem, gestutztem od. ausgerandetem, sehr selten schwach 2zähnigem Schnabel

A. N. 3

1. Endährchen ♂

a) ♀-Ährchen lockerbl.; Tragb. immer mit Scheiden

x) Fr.schläuche behaart

/) Tragb. meist spreitenlos u. spathaförmig; Fr. am Scheitel ohne Mütze

§) St. seitenständig; Pfl. mit ausdauernder, mittelständiger B.rosette

+) Deckb. der ♀-Bl. gezähnelt; ♀-Ährchen etwas entfernt, 5- bis 10bl. . . . . **574. C. digitata**

++) Deckb. nicht gezähnelt; ♀-Ährchen genähert, 2- bis 6bl. . . . . **575. C. ornithopoda**

§§) St. mittelständig, Zentralblattrosette fehlend

+) ♀-Ährchen genähert od. entfernt, unterstes niemals fast grd.ständig

α) ♀-Ährchen mit dem Stiel aus dem Tragb. hervortretend; B. schlaff, 2–3 mm breit **576. C. pediformis**

β) ♀-Ährchen fast ganz – zumindest der Stiel – in das Tragb. eingeschlossen; B. starr, schmal, rinnig od. borstlich . . . . **577. C. humilis**

++) Unterstes (od. 2) ♀-Ährchen fast grd.ständig (langgestielt) . . . . **578. C. halleriana**

//) Tragb. mit kurzer Spreite; Fr. am Scheitel mit Mütze

§) Pfl. mit Ausläufern, am Grd. mit braunen Scheiden, kaum zerfasert . . . . **587. C. caryophyllea**

§§) Pfl. dichtrasig, am Grd. mit grau- bis schwarzbraunem Faserschopf . . . . **588. C. umbrosa**

xx) Fr.schläuche kahl od. wenig rauh

/) B.ränder eingerollt; ♀-Ährchen armbl.; Tragb. röhrig-scheidig; Gr.grd. zwiebelförmig . . . . **579. C. alba**

//) B.ränder nicht eingerollt; ♀-Ährchen meist vielbl.; Tragb. ± spathaförmig; Gr.grd. nicht verdickt

§) ♀-Ährchen ziemlich dichtbl., hängend; Tragb. kurzscheidig; Gr. herausragend

[1]) Anmerkung: Hier u. bei den folgenden Artbeschreibungen wird unter „Deckb." (bei ♀-Bl.) – wenn nicht anderes vermerkt ist – immer das spelzenartige Deckb. der ♀-Bl. verstanden.

+) B. flach, 2–4 mm breit, grasgrün; ♀-Ährchen 2–3 **580. C. paupercula**

++) B. rinnig, etwa 1 mm breit, graugrün; ♀-Ährchen 1–2 **581. C. limosa**

§§) ♀-Ährchen lockerbl., aufrecht; Tragb. lang-scheidig; Gr. nicht herausragend

+) B. graugrün; ♀-Ährchen bis 2–3 cm lang; ♂-Ährchen aufrecht .... **592. C. panicea**

++) B. grasgrün; ♀-Ährchen 1–2 cm lang; ♂-Ährchen oft abgebogen .... **593. C. vaginata**

b) ♀-Ährchen dichtbl.; Tragb. scheidenlos

x) ♀-Ährchen genähert, sitzend od. kurz gestielt

/) Alle Tragb. schuppenförmig od. mit kurzer Laubspitze, st.-umfassend, seltener unterstes kurz borstenförmig od. laubig (s. C. pilulifera, C. fritschii)

§) Deckb. der ♀-Bl. schwarz od. braun; Fr.schläuche häutig, behaart, Schnabel kegelig ausgerandet bis 2zähnig

+) Deckb. der ♀-Bl. spitz od. stachelspitzig (Rand kaum bewimpert)

α) Deckb. braun, grünnervig; untere B.scheiden gelbbraun (unterstes Tragb. laubartig) **582. C. pilulifera**

β) Deckb. schwarzbraun bis schwarzviolett, untere B.scheiden purpurbraun bis purpurrot

†) H. 0,10–0,30; unteres Tragb. oft ohne B.spreite od. diese breit hautrandig; Fr.schlauch dicht behaart .. **583. C. montana**

††) H. 0,30–0,65; unteres Tragb. laubartig; Fr.schlauch gering behaart **584. C. fritschii**

++) Deckb. der ♀-Bl. an der Spitze abgerundet (schwarzbraun), mit breitem bewimpertem Hautrand .... **585. C. ericetorum**

§§) Deckb. der ♀-Bl. rötlich mit grünen Mittelnerven; Fr.schläuche lederig, kahl, glänzend, Schnabel kurz-zylindrisch, an der Spitze häutig, schief abgestutzt **586. C. supina**

//) Untere Tragb. laubartig (Deckb. der ♀-Bl. blaß- bis dunkelbraun od. lange grün; Gr. dick)

§) Pfl. dichtrasig; Fr.schläuche kahl .. **589. C. pallescens**

§§) Pfl. lockerrasig, mit Ausläufern; Fr.schläuche filzig

+) Fr.schläuche lederartig, nervenlos; Deckb. stachelspitzig .... **590. C. tomentosa**

++) Fr.schläuche häutig, deutlich nervig; Deckb. stumpflich .... **591. C. globularis**

xx) ♀-Ährchen entfernt u. gestielt (Tragb. länger als die ♀-Ährchen, scheidig)

§) Pfl. mit langen Ausläufern; St. unterwärts beblättert; B. 2–4 mm breit; ♂-Ährchen meist 2 . **594. C. flacca**

§§) Pfl. rasig; St. auch oberwärts beblättert; B. 8–18 mm breit; ♂-Ährchen 1 .... **595. C. pendula**

2. Endährchen keulenförmig, zumindest an der Spitze ♀, die übrigen ♀ (♀-Ährchen dichtstehend, sitzend od. kurz gestielt; unterstes Tragb. laubartig; ♀-Deckb. schwarz od. rot- bis schwarzbraun; Fr.schläuche kahl; Gr. dünn)
a) Pfl. dichtrasig, selten verlängerte Ausläufer treibend
x) B. 3 bis etwa 9 mm breit; unteres Ährchen zuletzt nickend, etwas entfernt, deutlich gestielt . . . . **596. C. atrata**
xx) B. bis etwa 2–3 (4) mm breit; Ährchen aufrecht, dicht gedrängt, nicht od. kurz gestielt . . . . **597. C. parviflora**
b) Pfl. mit verlängerten Ausläufern (B. bis etwa 4 mm breit; Ährchen aufrecht) . . . . **598. C. buxbaumii**

B. N. 2
1. St. ziemlich schlank, fast immer ohne b.lose Scheiden; B.scheiden nicht od. nur schwach faserig
a) St. sehr steif; Tragb. schuppenförmig od. unterstes sehr kurz u. steif; Fr.schlauch nervenlos . . . . **599. C. bigelowii**
b) St. schlank, seltener steif; Tragb. laubig, kürzer od. länger als der Blst.; Fr.schläuche nervenlos od. ± nervig
x) St. stumpf-3kantig od. 3seitig; ♀-Deckb. spitz, stumpf od. stumpflich
§) Unterstes Tragb. meist kürzer od. so lang wie der Blst.; St. oben rauh (B. etwa 2–3 mm breit; Fr.schläuche etwa 3 mm lang) . . . . **600. C. nigra**
§§) Unterstes Tragb. den Blst. lang überragend; St. glatt
+) B. 3–6 mm breit; Fr.schläuche etwa 2,5 mm lang, nervenlos (St. stumpf-3seitig, brüchig) **601. C. aquatilis**
++) B. meist kaum 2 mm breit; Fr.schläuche 3,5 bis 4 mm lang, nervig . . . . **602. C. trinervis**
xx) St. scharf-3kantig (zäh); ♀-Deckb. spitzlich od. zugespitzt (Fr.-schläuche schwach nervig) . . . . **603. C. gracilis**
2. St. am Grd. mit großen, blattlosen, später netzfaserigen Scheiden
a) Pfl. dichtrasig
x) Untere B.scheiden schwarz-purpurn; Pfl. frisch- od. gelblich-grün (Fr.schläuche etwa 2,5 mm lang) . . . . **604. C. caespitosa**
xx) Untere B.scheiden meist hellgelbbraun; Pfl. graugrün (Fr.-schläuche etwa 3,5–4 mm lang) . . . . **605. C. elata**
b) Pfl. mit weit kriechenden Ausläufern (untere B.scheiden rot- bis schwarzbraun) . . . . **606. C. buekii**

II. Fr.schläuche deutlich geschnäbelt, Schnabel meist deutlich 2zähnig
A. B. u. B.scheiden nicht knotig-netznervig; Zähne der Fr.schläuche gerade od. zusammenneigend-anliegend (meist 1endständiges ♂-Ährchen)
1. Deckb. der ♀-Bl. ±schwarz- bis dunkelbraun od. purpurbraun; Fr.-schläuche schlank, zusammengedrückt-3kantig
a) N. 3; ♀-Ährchen zu mehreren, ±entfernt, zumindest untere gestielt, reichbl., länglich od. walzlich
x) Tragb. z. T. bis über 20 mm lang scheidig; Schnabel der Fr.-schläuche am Kiel rauh bis bewimpert
/) B. bis 2 (3) mm breit; Endährchen ♂
§) Pfl. mit Ausläufern; St. am Grd. von blattlosen, purpurnen Scheiden umhüllt . . . . **607. C. ferruginea**

§§) Pfl. dichtrasig, Ausläufer höchstens vereinzelt; St. am Grd. mit braunen Scheiden abgestorbener B.

+) Fr.schläuche oben angedrückt-borstig; B. bis 2 mm breit . . . . **608. C. sempervirens**

++) Fr.schläuche kahl, nur am Rande rauh; B. 2—3 mm breit . . . . **609. C. firma**

//) B. 2—4 mm breit; Endährchen z. T. mit ♂- u. ♀-Bl.

§) Pfl. dichtrasig, Endährchen am Grd. ♂, an der Spitze ♀ **610. C. fuliginosa**

§§) Pfl. mit Ausläufern; Endährchen ♂ . . **611. C. frigida**

xx) Tragb. ohne od. nur das unterste bis 10 mm lang scheidig; Schnabel der Fr.schläuche lang u. glatt **612. C. brachystachys**

b) N. 2; ♀-Ährchen zu 1—2, genähert, fast sitzend, wenigbl., eiförmig **613. C. mucronata**

2. Deckb. der ♀-Bl. meist heller od. grün; Fr.schläuche oft gedrungen, einfach- od. aufgeblasen-3kantig

a) Schnabel der (undeutlich-nervigen) Fr.schläuche nur schwach gezähnt

x) Schnabel der Fr.schläuche kurz, kaum gezähnt

/) B. kaum über 2 mm breit; meist 2—3 ♀-Ährchen **614. C. capillaris**

//) B. 6—10 mm breit; meist 3—5 ♀-Ährchen **615. C. strigosa**

xx) Schnabel der Fr.schläuche lang, kurz 2zähnig **616. C. silvatica**

b) Schnabel der Fr.schläuche deutlich 2zähnig (vgl. C. silvatica)

x) St. oft seitenständig; Tragb. meist mit kurzer Spreite; Gr.basis verdickt, bleibend (Schläuche ei-rhombisch, vielnervig)

/) Pfl. mit Ausläufern; ♂-Ährchen keulenförmig (♀-Ährchen entfernt); Fr. nicht papillös

§) St. u. B. behaart . . . . **617. C. pilosa**

§§) St. u. B. kahl od. fast kahl . . . . **618. C. michelii**

//) Pfl. rasig; ♂-Ährchen linear-zylindrisch (♀-Ährchen 3- bis 6bl.); Fr. anfangs papillös . . . . **619. C. depauperata**

xx) St. immer endständig; Tragb. mit langer Spreite; Gr.basis unverdickt, abfallend

/) Fr.schläuche häutig

§) St. kräftig; (H. bis 1,00) B. 6—10 mm breit; ♀-Ährchen etwa 2—3,5 cm lang . . . . **620. C. laevigata**

§§) St. schlank; B. unter 5 mm breit; ♀-Ährchen kaum über 2 cm lang

+) ♀-Ährchen meist länglich-zylindrisch u. ±entfernt, wenigstens untere gestielt; alle Tragb. lang-scheidig, aufrecht

α) Pfl. rasig; ♀-Ährchen länglich-zylindrisch, ihre Deckb. stachelspitzig; Schnabelzähne einwärts kleinzähnig-rauh

†) Deckb. der ♀-Bl. rostrot od. blasser; Fr.-schläuche aufgeblasen, Schnabelränder glatt **621. C. punctata**

††) Deckb. der ♀-Bl. ±kupferfarbig od. dunkler; Fr.schläuche stumpf-3kantig; Schnabelränder rauh

△) Pfl. dichtrasig; ♀-Ährchen 1,5–2 cm lang . . . . **622. C. distans**

△△) Pfl. lockerrasig; ♀-Ährchen 2–3 cm lang . . . . **623. C. binervis**

β) Pfl. mit kurzen Ausläufern; ♀-Ährchen eiförmig od. länglich, ihre Deckb. spitz (kastanienbraun); Schnabelzähne einwärts glatt **624. C. hostiana**

++) ♀-Ährchen eiförmig bis fast kugelig od. eiförmig-länglich, obere od. alle gedrängt u. sitzend; Tragb. – zumindest oberste – ohne Scheide u. oft abstehend od. zurückgeschlagen

α) ♀-Ährchen länglich-eiförmig; Fr.schläuche schief-abstehend, ±deutlich punktiert, ihre Deckb. mit Stachelspitze (Schnabel kurz) **625. C. extensa**

β) ♀-Ährchen eiförmig od. ±kugelig, seltener länglich-eiförmig; Fr.schläuche gerade-abstehend od. zurückgekrümmt, nicht punktiert, ihre Deckb. zugespitzt, ohne Stachelspitze

†) Fr.schläuche 2–4 mm lang, Schnabel deutlich kürzer als der erweiterte Teil, gerade

△) ♀-Ährchen zu 2–4 (–8) an der Spitze unter dem sitzenden ♂-Ährchen geknäuelt, unterstes zuweilen abgerückt; Schläuche 2–3 mm lang **626. C. serotina**

△△) ♀-Ährchen zu 2–3 im oberen Teil des St. dicht hintereinander, häufig ein weiteres sehr weit (gelegentlich bis zum Grd.) abgerückt; ♂-Ährchen gestielt bis sitzend; Fr.schläuche 3 bis 4 mm lang . . . . . **627. C. demissa**

††) Fr.schläuche 4–6 (7) mm lang, Schnabel ±so lang wie der erweiterte Teil, oft stark herabgekrümmt

△) ♂-Ährchen lang gestielt; ♀-Ährchen zu 2–3, voneinander entfernt (nie unter die Mitte des St. herabgerückt; Fr.-schläuche 4–5 mm lang, plötzlich in den Schnabel verjüngt) **628. C. lepidocarpa**

△△) ♂-Ährchen sitzend; ♀-Ährchen meist zu 2 u. unmittelbar unter dem ♂-Ährchen, häufig 1 weiteres weit abgerückt (bis unter die St.mitte)

□) Fr.schläuche 4–5 mm lang, plötzlich in den Schnabel zu-

sammengezogen, unterstes Tragb. meist pfriemlich u. kurz, herabgeschlagen
629. C. flavella

□□) Fr.schläuche 5–6 (7) mm lang, allmählich in den Schnabel übergehend; unterstes Tragb. meist breit u. lang, waagerecht abstehend od. aufrecht
630. C. flava

//) Fr.schläuche lederig (1–3 ♂-Ährchen; Fr.schläuche 5 bis 10 mm lang, Bauchseite flach, Rückenseite hochgewölbt)

§) St. kräftig; B. 3–5 mm breit; Fr.schläuche 9–10 mm lang . . . . **631. C. hordeïstichos**

§§) St. zierlicher; B. 2–3 mm breit; Fr.schläuche 5–7 mm lang . . . . **632. C. secalina**

B. B. u. B.scheiden knotig-netznervig; Schlauchzähne ±spreizend

1. Fr.schläuche kahl

a) Fr.schläuche kurz-geschnäbelt, fast lederig od. korkig

x) St. kräftig, scharfkantig, rauh; B. 4–15 mm breit

/) Untere B.scheiden stark netzfaserig; ♀-Ährchen 6–7 mm dick . . . . **633. C. acutiformis**

//) Untere B.scheiden meist nicht netzfaserig; ♀-Ährchen 8 bis 10 mm dick . . . . **635. C. riparia**

xx) St. schlank, stumpfkantig, fast ganz glatt; B. meist nicht über 3 mm breit . . . . **634. C. melanostachya**

b) Fr.schläuche lang-geschnäbelt, häutig

x) Deckb. der ♀-Bl. ohne vorgezogene Spitze, kürzer als die stark aufgeblasenen Fr.schläuche

/) St. stumpfkantig, fast ganz glatt; Fr.schläuche plötzlich in den Schnabel übergehend (Pfl. graugrün; Fr.schläuche nervig, bräunlich-gelb bis gelblichgrün; B. schmal)
636. C. rostrata

//) St. scharfkantig, oberwärts rauh; Fr.schläuche allmählich in den Schnabel übergehend . . . . **637. C. vesicaria**

xx) Deckb. der ♀-Bl. in eine meist gesägte Spitze vorgezogen, etwas kürzer als die weniger aufgeblasenen, gelbgrünen Fr.-schläuche . . . . **638. C. pseudocyperus**

2. Fr.schläuche behaart

a) Schnabelzähne der Fr.schläuche kurz, Nerven des Fr.-schlauches wenig hervortretend . . . . **639. C. lasiocarpa**

b) Schnabelzähne der weniger dicht behaarten Fr.schläuche lang, Nerven der Fr.schläuche sehr deutlich

x) Untere B.scheiden schwach netzfaserig, bräunlich, purpurn überlaufen; unterstes Tragb. lang-scheidig; Fr.schläuche gelbgrün . . . . **640. C. hirta**

xx) Untere B.scheiden stark netzfaserig, braun bis schwarzbraun; unteres Tragb. kaum od. nur rel. kurz-scheidig; Fr.schläuche braungrün . . . . **641. C. atherodes**

1. Sect. D i g i t á t a e

574. C. digitáta L. (Abb. 96g) Finger-S.

♃, *H.* – H. 0,08–0,25. Pfl. rasig; ♂-Ährchen sitzend; ♀-*Ährchen* 2–3, lineal., *etwas entfernt,* gestielt, fr.tragende locker(5–10)blütig, Stiele von einem *häutigen,* schief-abgestutzten *Tragb.* eingeschlossen; *Fr.schläuche flaumig behaart,* etwa *so lang wie die ausgerandeten, gezähnelten,* rotbraunen *Deckb.* IV–V. 2n = 48, 50, 52.

Laub- u. Nadelwälder; frische, meist kalkhaltige, lehmige Böden. – Zerstreut bis ziemlich häufig (Alp. bis 1790 m), im nw. Geb. selten. – Skand. bis n. Med., S-Rußl., Kauk., Ural, Turkmenien; (no-)euras-subozean-submed.

575. C. ornithópoda Willd. (Abb. 96h) Vogelfuß-S.

♃, *H.* – H. 0,08–0,15(0,25). Pfl. rasig; ♂-Ährchen sitzend; obere ♀-*Ährchen* zu 2–3, *dicht zusammengestellt,* 2–6(8)blütig, sehr kurz gestielt; *Fr.schläuche flaumig* od. seltener kahl, *länger als die etwas ausgerandeten, nicht gezähnelten, gelbbraunen* bis schwarzbraunen *Deckb.* IV–V (VI–VII). Umfaßt:

ssp. o r n i t h ó p o d a; St. aufrecht, später niederliegend, fein rauh; B. etwas rauh; Deckb. gelb- od. rotbraun, weißhautrandig; Fr.-schläuche behaart. 2n = 54.

Lichte Wälder; kalkreiche Böden. – Zerstreut im m. u. bes. im s. Geb., fehlt u. a. in N-D. – praealp(-no).

ssp. e l o n g á t a (Leyb.) Vierh.; St. etwas gekrümmt, fast glatt; B. lediglich am Grd. rauh; Deckb. dunkel-kastanienbraun; Fr.schläuche fast kahl, bis 3 mm lang.

Felsspalten, Matten in der subalp. bis alp. Stufe. – Selten, nur Alp. – alp.

ssp. o r n i t h o p o d i o í d e s (Hausm.) Husnot; St. stark zurückgekrümmt, stumpfkantig, glatt; B. fast glatt; ♀-Ährchen klein; Deckb. schwärzlich bis dunkelpurpur, Fr.schläuche kahl, glänzend, bis 2 mm lang.

Alp. Steinrasen u. Schneebodenges.; feuchte, kalkreiche Böden. – Zerstreut: Alp. (1750–2600 m). – alp.

Skand. bis N-Med., Karp., Bosn., Bulg., Kl.As., Kauk., Ural.

576. C. pedifórmis C. A. Meyer (Abb. 96i) Dickwurzelige S.

♃, *H* (?). – H. 0,30–0,45(0,60). Pfl. rasig; Wurzelstock dick; *St. besonders oberwärts sehr rauh,* so lang wie die B.; ♂-Ährchen sitzend; ♀-*Ährchen 2–3, entfernt, lang gestielt,* lockerbl.; *Tragb.* grün, am Rande braunhäutig, *das unterste pfriemlich blattartig; Fr.schläuche verkehrteiförmig,* behaart, mit sehr kurzem, zuletzt schiefem Schnäbelchen, fast so lang wie die plötzlich zugespitzten Deckb. IV–V. Im Geb. nur ssp. r h i z ó d e s (Blytt) Lindb.f. 2n = 70.

Sehr selten, nur Schles. (Priestram bei Nimptsch). – Gesamtart: N- u. O-Eur., N-As. bis Amurgeb., N-Korea, N-Chin.; no-kont(arkt).

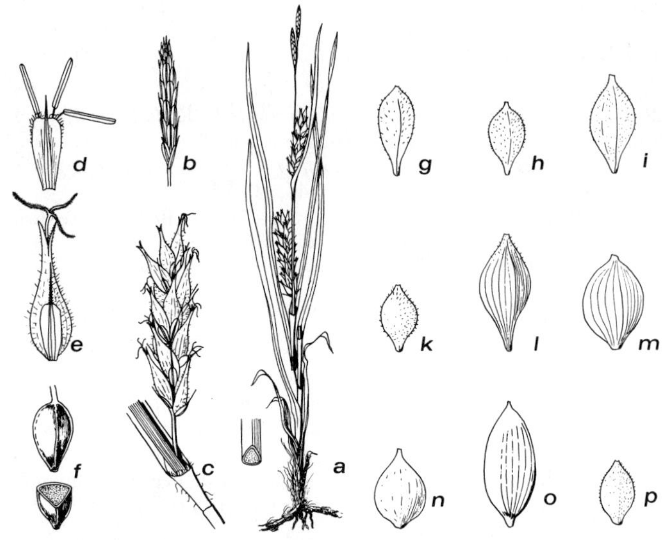

Abb. 96. *Carex* spp. Sect. *Carex, a–f Carex hirta* (*a* Habitus einer fruchtenden Pflanze, *b* ♂-Ährchen, *c* ♀-Ährchen mit jungen Fruchtschläuchen, *d* Deckblatt mit ♂-Blüte, *e* Deckblatt mit jungem Fruchtschlauch, *f* Frucht), *g–p* Fruchtschläuche, Beispiele, 3,3:1 (*g C. digitata, h C. ornithopoda* ssp. *ornithopoda, i C. pediformis, k C. humilis, l C. halleriana, m C. alba, n C. paupercula, o C. limosa, p C. pilulifera).*

577. C. húmilis Leyss. (Abb. 96k) Niedrige S.

♃, *H.* – H. 0,05–0,15. Pfl. dichtrasig; *B. rinnig* bis borstlich, *länger als der glatte St.; ♀-Ährchen 2–3, entfernt, 2- bis 4blütig,* gestielt, *Stiele von den häutigen, spreitenlosen Tragb. eingeschlossen;* Deckb. stachelspitzig od. zugespitzt; Fr.schläuche verkehrt-eiförmig, 3kantig, etwa 3 mm lang, feinbehaart, sehr kurz-geschnäbelt. III–IV. 2n = 36.

Trocken- u. Steppenrasen, Trockenwälder; warme, kalkreiche Böden. – Ziemlich selten u. zerstreut im m. u. s. Geb. (Alp. bis 1460 m); im N-Flachland über große Strecken fehlend, sehr selten in Schles. u. Ostpr. – Gem. u. S-Eur., M- u. S-Rußl., Kauk., Sib., Mandsch.; (euras-)kont-submed.

578. C. halleriána Asso (Abb. 96l) Wurzelblütige S.

♃, *H.* – H. 0,10–0,30. Pfl. dichtrasig; *B. kürzer bis etwa so lang wie der scharfe St.;* ♂-Ährchen sitzend od. kurz gestielt; ♀-*Ährchen* 2–3(5), meist 5bl., *die oberen genähert,* fast sitzend, *die untersten* (1–2) *sehr lang gestielt, fast am Grd. des St. stehend,* strohgelb; untere Tragb. scheidig; Deckb. gelbbraun; Fr.schläuche verkehrt-eiförmig, 3kantig, 4–5 mm lang, sehr kurz-geschnäbelt, vorn etwas ausgerandet, nervig, fein- u. schwach-weichhaarig. IV–V.

Trockenrasen, Flaumeichen-Busch; warme, meist kalkhaltige Böden. – Sehr selten, nur im sw. Geb.: unteres Nahetal (Trollbachtal bei Münster–Sarmsheim), neuerdings auch Rheinebene; Isteiner Klotz u. Vorland. – Med. bis Z-Frankr., SW-D., Österr., Ung., S-Rußl., Kauk., SW-As., O-Ind., N-Afr.; submed-med.

2. Sect. Albae

579. C. álba Scop. (Abb. 96m) Weiße S.

♃, *G.* – H. 0,15–0,30. Pfl. mit langen Ausläufern; St. viel länger als die B.; ♂-Ährchen einzeln, gestielt; ♀-*Ährchen* entfernt, meist zu 2, gestielt, *locker 3- bis 6bl.; Tragb. röhrig-scheidig, alle häutig u. spreitenlos;* Deckb. zuletzt weiß; Schnabel der Fr.schläuche stielrund, an der Spitze häutig, schief-abgeschnitten. IV–V.

Nadel- u. Laubwälder; ±trockene, meist kalkhaltige Böden. – Zerstreut u. selten im sw. Geb.: Oberrheingeb. nordwärts bis Eggenstein unweit Karlsruhe, in Württ. selten; Illergeb., bei Ulm, Fränk. Jura (Pegnitz- u. Wisenttal, Vils-Naabgeb.) etc.; häufiger Alp.vorland u. Alp. (bis 1350 m), Haunstetter Wald bei Augsburg; seltener n. bis Nördlingen (Brennhof) u. w. von Donauwörth; ferner oberhalb des Edersees (Waldeck). – Pyren., Alp., S-D. bis Karp., N-Balk., Schwed., Pol., Kauk., O-Sib.; praealp(-altaisch).

3. Sect. Limósae

580. C. paupércula Mchx. (Abb. 96n) Riesel-S.
(= C. magellánica auct., non Lam.)

♃, *H.* – H. 0,15–0,25. Pfl. mit kurzen Ausläufern; St. glatt; *B. flach, 2–4 mm breit, grasgrün* bis meergrün; ♂-Ährchen kurz; *unteres Tragb. etwa so lang wie der Blst.,* ♀-*Ährchen 2–3,* lang- u. dünn-gestielt, hängend; Deckb. lanzettl., länger zugespitzt; *Fr.schläuche* rundlich-eiförmig, linsenförmig-zusammengedrückt, *nervenlos od. schwach-nervig.* VI–VIII. 2n = 58.

Flach-, Hoch- u. Quellmoore; nasse, kalkarme Sumpfhumusböden. – Sehr selten, nur Ostpr. (Ragnit), Riesengebg. (u. a. Weißen-, Elb- u. Pantsche-Wiese), Bay. Wald (u. a. Moore am Großen u. Kleinen Arbersee, Rachel, Lusen), Berchtesgadener Alp. (bis 1690 m). – N-Eur., m-eur. Hochgebg., Sib., Jap., N-Am.; arkt(-alp.).

581. C. limósa L. (Abb. 96o) Schlamm-S.

♃, *H.* – H. 0,20–0,45. Pfl. mit langen Ausläufern; St. oben rauh; *B.* schmal-lineal., etwa 1 mm breit, *rinnig,* faltig, graugrün; ♂-Ährchen einzeln; *unteres Tragb. kürzer als der Blst.;* ♀-*Ährchen 1–2, lang- u. dünn-gestielt,* hängend; Deckb. eiförmig od. eiförmig-lanzettl., zugespitzt; *Fr.schläuche* rundlich-eiförmig, stumpf, linsenförmig-zusammengedrückt, *vielnervig.* V—VII. 2n = 56, 62, 64.

Zwischenmoore, Hochmoorschlenken; nasse, kalkarme, mäßig nährstoffhaltige Torfschlammböden. – Selten u. sehr zerstreut (Alp. bis 1740 m). – N-Eur. bis N-Span., Alp., N-Balk., N-As., n. N-Am.; (arkt-)no, circ.

4. Sect. Montánae

582. C. pilulífera L. (Abb. 96p) Pillen-S.

♃, *H.* – H. 0,10—0,30. *Pfl. dichtrasig, gedrungen;* St. zur Fr.zeit niederliegend; ♀-Ährchen meist 3(—5), stark genähert, kugelig-eiförmig, sitzend; *unterstes Tragb. blattartig, scheidenlos od. sehr kurzscheidig, aufrecht-abstehend;* Deckb. braun, an der Spitze ausgerandet, stachelspitzig; Fr.schläuche kugelig-verkehrt-eiförmig, 3seitig, plötzlich in den kurzen Schnabel zusammengezogen. V—VI. 2n = 18.

Borstgrasrasen u. Heiden, lichte Wälder; ±trockene, kalkfreie, saure, meist sandige Böden. – Verbreitet im ganzen Geb. (Alp. bis 1700 m). – N- u. M-Eur., im s. Eur. in Gebg., Kauk., N-As.; (no-)euras-subozean.

583. C. montána L. (Abb. 97a) Berg-S.

♃, *H.* – H. 0,10—0,30. *Pfl. dichtrasig;* B. etwa 2 mm breit, weich; ♂-Ährchen ±zylindrisch, 10—20 mm lang; *Tragb. häutig,* st.umfassend, das unterste bisweilen kurz borstig; ♀-Ährchen zu 2(3), sitzend; *Deckb.* gestutzt od. ausgerandet, schwarzbraun, *stachelspitzig; Fr.schläuche* länglich-verkehrt-eiförmig, 3seitig, nicht aufgeblasen, *dicht behaart.* IV—V. 2n = 38.

Laubwälder, Halbtrockenrasen; mäßig trockene, meist kalkhaltige, lehmige Böden. – Verbreitet u. häufig im m. u. s. Geb. (Alp. bis 1670 m); u. a. in N-D. selten bzw. im NW über große Strecken fehlend. – Schwed., Finnl., Dän. bis s. Eur., Rußl., Kauk., Ural, Sib.; submed-euras(-kont).

584. C. frítschii Waisb. (Abb. 97b) Fritsch-S.
[= C. montana L. ssp. fritschii (Waisb.) O. Schwarz]

♃, *H.* – H. 0,30—0,65. *Pfl. dichtrasig;* B. etwa 2—4 mm breit, oberseits rauh; ♂-Ährchen keulenförmig, 15—20 mm lang; *Tragb. häutig,* unterstes laubartig; ♀-Ährchen zu 2(1—3), sitzend; Deckb. zugespitzt-stachelspitzig, braun, weißhautrandig; *Fr.schläuche* breit verkehrt-eiförmig-gebläht-3seitig, *zerstreut kurz flaumig behaart.* IV—V. 2n = 30.

Lichte Laubmischwälder; mäßig trockene, kalkfreie Lehmböden. – Selten, nur s. Oberrheingeb. – S-Frankr., Schweiz, SW-D., Österr., Alp.-S-Rand, bis Mähren, W-Ung., Slowenien.; gem-kont-submed.

585. C. ericetórum Poll. (Abb. 97c) Heide-S.

♃, *G, (H).* – H. 0,10—0,30. *Pfl. mit Ausläufern,* bogig-aufrechten St. u. B.büscheln; B. oft bogig-zurückgekrümmt; ♂-Ährchen ±lineal.;

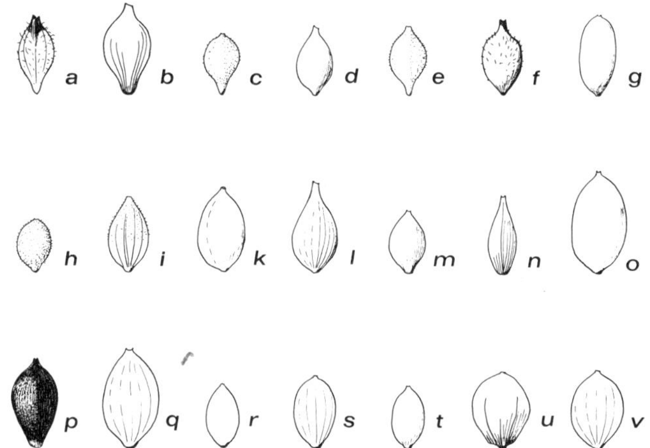

Abb. 97. *Carex* ssp. Sect. *Carex,* Fruchtschläuche, Beispiele, 3,3:1 *a C. montana, b C. fritschii, c C. ericetorum, d C. supina, e C. caryophyllea, f C. umbrosa, g C. pallescens, h C. tomentosa, i C. globularis, k C. panicea, l C. vaginata, m C. flacca, n C. pendula, o C. atrata, p C. parviflora, q C. buxbaumii* ssp. *subulata, r C. bigelowii, s C. nigra, t C. aquatilis, u C. trinervis, v C. gracilis* ssp. *gracilis.*

unteres Tragb. häutig-scheidig, mit pfriemlicher Spitze; ♀-Ährchen zu 1–2, länglich-eiförmig, sitzend; *Deckb. verkehrt-eiförmig, kurz bewimpert, weißlich-berandet, sehr stumpf, mit einem vor der gerundeten Spitze verschwindenden Nerven;* Fr.schläuche verkehrt-eiförmig, sehr kurz-geschnäbelt. IV–V. Im Geb. nur ssp. e r i c e t ó r u m. 2n = 30.

Heiden, Kiefernwälder; trockene Sandböden, – Sehr zerstreut (Thür., Anh.), im nö. Geb. verbreiteter, im w. (Bonn, Trier, Mainzer Sand) u. sw. (Schwetzingen bis Mannheim, Nußloch; Tübingen, Oberschwaben) Geb. selten, in Bay. mehrfach: im N. (Aschaffenburg) u. im S. (Voralp., Alp.-rand); sehr selten Bay. Wald. – N- u. M-Eur., Frankr., Pyren., Alp., Karp. bis N-Balk., Rußl., Kauk., N-As.; (no-)euras(-kont).

5. Sect. L a m p r o c h l ǽ n a e

586. C. supína Wahlenb. (Abb. 97 d) Kleine S.

♃, *G.* – H. 0,08–0,20. Pfl. mit langen Ausläufern; B. 1–1,5 mm breit, flach; untere B.scheiden gelblichrot; ♂-Ährchen einzeln, lineal.-lanzettl.; ♀-Ährchen 1–2, genähert, fast kugelig, sitzend; Tragb. schuppenförmig, grannenspitzig; Fr.schläuche ellipsoidisch, aufgebläht-3seitig, glänzend. IV–V.

Sonnige Hügel, Steppenrasen; ±basenreiche, meist sandige Böden. – Zerstreut u. sehr selten: Meckl., Pomm., Westpr., häufiger Sachs., N-Thür. u. Trockengeb. um Kreuznach, Mainzer Sand bis Rheinpfalz (Bad Dürkheim) u. Rheinhess. (Porphyrhügel; Wonsheim, Siefersheim, Wendelsheim, Frei-Laubersheim u. a.), Bad. (Mannheim), Bay. (Windsheim). – Stromgeb. der großen Flüsse M- u. SO-Eur. bis S-Rußl., Kauk.geb., Sib., Mandsch., W-Him.; N-Am.; kont, circ.

6. Sect. M i t r á t a e

587. C. caryophylléa La Tourr. (Abb. 97e) Frühlings-S.

♃, *H.* – H. 0,08–0,15(0,45). *Pfl. mit Ausläufern;* St. aufrecht, länger als die B.; *B.scheiden wenig zerfasernd;* ♂-Ährchen kegelförmig; ♀-Ährchen 1–3, genähert, kurz-walzlich; unteres Tragb. am Rand häutig, umfassend; oft Deckb. länglich, durch den auslaufenden, grünen Mittelnerven stachelspitzig; Fr.schläuche verkehrt-eiförmig, 3seitig, Schnäbelchen kurz, kegelförmig. III–V. 2n = 62, 64, 66, 68. Verschiedene Formen, u. a. im Geb. (bei Berlin, ob noch?) var. c a e s p i t ó s a (Fleisch.) Kuek. (dichtrasig, mit bis 0,45 langem St., langen ♀-Ährchen u. laubigen Tragb.) beobachtet.

Wegränder, Halbtrockenrasen u. a.; ±trockene, meist kalkhaltige Böden. – Verbreitet, im m. u. s. Geb. häufig (Alp. bis 1800 m), im nw. Geb. über größere Strecken fehlend. – Skand. bis Med., Kauk., Armen., Sib., Kamtschatka; (atl. N-Am.); euras-subozean-submed.

588. C. umbrósa Host (Abb. 97f) Schatten-S.

♃, *H.* – H. 0,20–0,50. *Pfl. dichtrasig;* St. aufrecht, oft kürzer als die später sehr verlängerten, schlaffen B.; *untere B.scheiden sich in viele Fasern auflösend;* ♂-Ährchen kegelförmig; ♀-Ährchen 2–3, genähert kurz-walzlich; unteres Tragb. häutig, umfassend, mit kurzer, rauher Spreite; Deckb. verkehrt-eiförmig, ±gestutzt u. durch den auslaufenden, grünen Mittelnerven stachelspitzig; Fr.schläuche verkehrt-eiförmig, 3seitig, Schnäbelchen kurz zylindrisch. V–VI.

Laubwälder, Borstgrasbestände; frische, kalkfreie, saure, meist lehmige Böden. – Zerstreut im m. u. s. Geb., (Alp. bis 1700 m), im N-Flachland fehlend. – M-Eur. bis Pyren., N-Ital., N-Balk., Rußl.; gem-kont.

7. Sect. P a c h y s t ý l a e

589. C. palléscens L. (Abb. 97g) Blasse S.

♃, *H.* – H. 0,20–0,40. *Pfl. dichtrasig;* St. oberwärts rauh; *B. u. untere B.scheiden behaart* (vgl. Var.); *unterstes Tragb. meist den Blst. überragend;* ♀-Ährchen 2–3, genähert, gedrungen-blütig, ±gestielt, aufrecht od. nickend; Deckb. blaß, strohfarbig; *Fr.schläuche* länglich-ellipsoidisch, blaßgrün, *kahl.* V–VI. 2n = 64, 66. Hierzu u. a.:
var. g l a b é r r i m a Koch; B. kahl. – Riesengebg., Alp.

Waldlichtungen, Magerrasen etc.; ±frische, kalkarme, saure Böden. — Verbreitet u. geb.weise rel. häufig (Alp. bis 1980 m). — N-Eur. bis N-Med., Kl.As., Syr., N-Pers., Sib., N-Am.; no-euras(-subozean), circ.

590. C. tomentósa L. (Abb. 97h) Filzfrüchtige S.

♃, *H, G.* — H. 0,20—0,40. *Pfl. mit langen Ausläufern;* St. steif-aufrecht; *B. graugrün,* mit 3kantiger Spitze; *unterstes Tragb. laubig, das Ährchen überragend,* zuletzt oft waagerecht-abstehend; ♀-Ährchen 1—2, walzlich, kurz-gestielt, etwas entfernt, fruchtende weißlich u. braungescheckt; untere *Deckb.* zugespitzt, *stachelspitzig,* obere spitz; *Fr.-schläuche kugelig-verkehrt-eiförmig, fast schnabellos. dicht-weißlich-filzig,* nervenlos. V—VI. 2n = 48.

Feuchtwiesen, lichte Auenwälder; feuchte, ärmere, kalkhaltige Böden. — Zerstreut bis ziemlich häufig im m. u. s. Geb., s. bis Alp.vorland; u. a. im n. Geb. von Ostfr. bis Meckl. über große Strecken fehlend, vereinzelt in Pomm. — S-Skand., Engl. bis N-Ital., Balk., Rußl., Kauk., W-Sib.; gem-kont(-submed).

591. C. globuláris L. (Abb. 97i) Kugelährige S.

♃, *H* (?). — H. 0,30—0,50. *Pfl. sehr lockerrasig, mit Ausläufern;* St. zart, oft nickend; unterstes Tragb. laubig, kürzer als der Blst.; ♀-*Ährchen* (1)2—3, *kugelig,* kurz, fruchtende grün; *Deckb. stumpflich; Fr.schläuche eiförmig,* nach oben spitz, *mit sehr kurzem Schnabel, dünnfilzig,* grün, deutlich nervig. V—VI.

Moorige Stellen in Kiefernwäldern. — Sehr selten, nur Ostpr. (bei Tilsit, Kreise: Pillkallen, Ragnit, Heydekrug). — Norw., Schwed., Finnl., Ostpr., bis Rußl., Sib., Mandsch., N-Korea, Sachalin; no-kont.

8. Sect. Paníceae

592. C. panícea L. (Abb. 97k) Hirseartige S.

♃, *G, H.* — H. 0,10—0,30(0,50). *Pfl. mit langen Ausläufern, graugrün; St.* glatt, *am Grd. beblättert;* B. etwa 2—4 mm breit, kahl; ♂-*Ährchen* einzeln, gestielt, *immer aufrecht;* ♀-Ährchen meist 2(1—3), lockerbl., entfernt, aufrecht, aus der Tragb.scheide heraustretend-gestielt; Tragb.-scheiden lang, nicht erweitert; *Fr.schläuche kugelig-eiförmig bis verkehrt-eiförmig,* nervenlos, Schnabel kurz u. dick. V—VI. 2n = 32.

Feuchtwiesen, Moore; nasse, ±nährstoffhaltige, humose Böden. — Verbreitet u. häufig (Alp. bis 1830 m). — N-Eur. bis N-Span., N-Ital., Balk., Kauk., W- u. N-As., (atl. N-Am.); (no-)euras-subozean-submed.

593. C. vagináta Tausch (Abb. 97l) Scheiden-S.
[= C. sparsiflora (Wahlenb.) Steud.]

♃, *G.* — H. 0,15—0,30(0,50). *Pfl. mit langen Ausläufern; St.* glatt, *im unteren Drittel beblättert;* B. etwa 3—5 mm breit; ♂-*Ährchen* einzeln, gestielt, *während der Bl.zeit* meist *rechtwinklig abgebogen;* ♀-Ährchen meist 2(3), sehr lockerbl., entfernt, lang gestielt u. aufrecht; Tragb.-scheiden lang, etwas erweitert; *Fr.schläuche eiförmig, nervig,* Schnabel etwas verlängert. VI–VII. 2n = 32.

Feuchte Hänge, moorige Wiesen. – Sehr selten, nur Harz (Brocken), Meckl. (Warnemünde-Markgrafenheide), Ostpr. (Kreise: Ortelsburg, Pillkallen, Heydekrug, Ragnit, Memel), Riesengebg., – Isl., N-Eur., Ostpr., Meckl., Harz, Sud., O-Pyren., franz. Z-Massiv, Schweiz; N- u. O-As., n. N-Am.; arkt-no, circ.

9. Sect. T r a c h y c h l ǽ n a e

594. C. flácca Schreb. (Abb. 97 m) Meergrüne S.
(= C. glauca Scop.)

♃, *G, (H).* – H. 0,20–0,50. *Pfl. mit langen Ausläufern; St.* glatt, *unterwärts beblättert; B. blaugrün,* am Rande rauh; *grd.ständige Scheiden stark u. grob zerschlitzt; ♂-Ährchen meist 2*(1–3); *♀-Ährchen* 2–3, entfernt, walzlich gedrungenbl., lang gestielt, *zuletzt hängend; Fr.-schläuche ellipsoidisch, stumpf, oft mit auswärts gekrümmter Spitze,* zusammengedrückt-gewölbt, *wenig rauh, nervenlos.* IV–VI. 2n = 76. Formenreich. Hierzu u. a. (auch als Unterart bewertet):
var. c l a v a e f ó r m i s (Hoppe) Boeck. (= C. praetutiana Parl.); Ährchen an der Spitze keulenförmig verdickt; Fr.schläuche länglich-ellipsoidisch; B. breiter, weniger blaugrün. – Selten in Bay. (Einödsbach, Tiefenbach, Reichenhall).

Feuchtwiesen, Haltrockenrasen, Flachmoore, lichte Wälder; ±feuchte, meist kalkreiche Böden. – Verbreitet u. meist häufig bes. in den Kalkgeb. (Alp. bis 1950 m). – Eur., Med., Kl.As., bis Syr., N-Pers.; N-Afr.; (N- u. M-Am.); Neuseeland?; euras-subozean-submed.

10. Sect. M á x i m a e

595. C. péndula Huds. (Abb. 97 n) Hängende S.

♃, *H.* – H. 0,60–1,50. *Pfl. rasig; St. glatt, oberwärts beblättert; B. grün,* lineal.-lanzettl., oberwärts ±rauh; grd.ständige Scheiden wenig- u. dünn-zerschlitzt; *♂-Ährchen 1; ♀-Ährchen* 4–5, entfernt, walzlich (5–12 cm lang), gedrungenbl., gestielt, *gekrümmt, zuletzt hängend; Fr.schläuche* ellipsoidisch, *3kantig,* mit kurzem, 3seitigem Schnabel, *glatt.* VI. 2n = 58, 60.

Bach-Eschenwälder, Waldwege etc.; nasse, nährstoffreiche, tonige od. lehmige Böden. – Zerstreut im m. u. s. Hügel- u. Bergland, im s. Geb. stellenweise häufiger (Alp. bis 1300 m); im N-Flachland sehr selten (Rügen). – Dän., W-, M- u. S-Eur. bis Kl.As., Kauk., N-Pers., Syr., N-Afr., Azoren, Madeira; subatl-(-submed).

11. Sect. Atrátae

596. C. atráta L. (Abb. 97o) Schwärzliche S.

♃, *H.* – H. 0,15–0,40(0,60). *Pfl. dichtrasig;* bisweilen mit kurzen Ausläufern; St. glatt od. rauh; B.scheiden ganz; *Ährchen* 3–5, *etwas entfernt, endständiges eiförmig, die unteren* länglich, *gestielt,* oft *zuletzt nickend* od. hängend; Deckb. schwarzviolett, schmaler als die rundlich-eiförmigen, zusammengedrückten, auf dem Rücken stumpf-gekielten Fr.schläuche, VI–VIII. Umfaßt im Geb.:

ssp. atráta; H. 0,15–0,40; St. ganz glatt; B. 3–4(7) mm breit; Ährchen bis etwa 20 mm lang, zuletzt nickend; Fr.schläuche gelbbraun od. schwarzviolett, etwa 3,5 mm lang. 2n = 54, 56, 48–52.
Alp. Steinrasen, auf mäßig frischen, steinigen Substraten.

ssp. atérrima (Hoppe) Hartman; H. 0,30–0,60; St. stark rauh; B. 5–9 mm breit; Ährchen bis 35 mm lang, aufrecht; Fr.schläuche schwarzviolett, am Rand u. Grd. grün, etwa 4 mm lang. 2n = 54.
Subalp. u. alp. Hochstauden- u. Hochgrasfluren, auf feuchten, nährstoffreichen Böden. – Seltener.

Zerstreut: Riesengebg., Alp. (1500–2405 m). – Isl., N-Eur., N-As., N-Am., Grönl.; eur., as. u. am. Hochgebg.; arkt-alp, circ.

597. C. parviflóra Host (Abb. 97p) Kleinblütige S.
[= C. nigra All., C. atrata L. ssp. nigra (All.) Hartm.]

♃, *H.* – H. 0,05–0,10(0,20). *Pfl. dichtrasig;* St. glatt, nur oben rauh; B.scheiden ganz; *B. bis 2–3(4) mm breit; Ährchen* 3–4, *dicht-gehäuft, sitzend od. kurzgestielt, eiförmig, aufrecht;* Deckb. schwarzbraun, mit grünen Mittelstreifen; *Fr.schläuche* verkehrt-eiförmig, zusammengedrückt, auf dem Rücken stumpf-gekielt, *schwarzrot, am Rande gelbgrün,* mit kurzem Schnäbelchen. VII.

Subalp. Schneeböden; ±feuchte, meist kalkhaltige Feinschuttsubstrate. – Zerstreut, nur Alp. – Pyren., Alp., Kauk., kl.as.Gebg.; alp.

598. C. buxbáumii Wahlenb. (Abb. 97q) Buxbaums-S.

♃, *G.* – H. 0,30–0,60. *Pfl. mit langen Ausläufern;* St. nur oben rauh; B. bis etwa 4 mm breit, *untere B.scheiden netzig-zerfasernd; Ährchen* meist 3–4(2–5), länglich, *aufrecht,* etwas entfernt, unterstes kurz gestielt; Deckb. schwarzrot, am Rücken grün-nervig, zugespitzt; Fr.-schläuche ellipsoidisch, 3kantig, stumpf 2,5–4 mm lang, grün, Schnäbelchen sehr kurz. V–VI. Umfaßt im Geb.:

ssp. subuláta (Schum.) Liro; Pfl. meist etwas grau- bis bläulichgrün; Gipfelährchen am Grd. ♂, oben ♀, keulig; Seitenährchen rundlich bis 3(4)mal so lang wie breit, entfernt; Fr.schläuche 3–4 mm lang, die Deckb. überragend, undeutlich nervig, dicht papillös, von der Fr. kaum zu $^2/_3$ ausgefüllt. 2n = ca. 74, ca. 100. – Selten, wohl vorwiegend (od. nur?) im s. Geb.

ssp. h a r t m á n i i (Cajander) Moravec; Pfl. meist dunkelgrün, Gipfelährchen ganz ♀ od. am Grd. nur einzelne ♂-Bl., zylindrisch; Seitenährchen meist schmal, zylindrisch, oberste dem Gipfelährchen genähert; Fr.schläuche 2,5–3 mm lang, nicht od. wenig die Deckb. überragend, deutlich nervig, lockerer papillös, von der Fr. fast ganz ausgefüllt. – Selten, wohl vorwiegend im n. u. m. Geb., seltener im s. Geb.

Moor- u. Steinwiesen, Verlandungsges.; nasse, z. T. kalkhaltige, torfig-humose Böden. – Zerstreut u. selten (Alp.vorland bis 886 m); Verbreitung der Unterarten unzureichend bekannt. – Gesamtart: N- bis gem. Eur., Bulg., Rußl., Kauk., N-As., N-Jap., n. N-Am., Grönl., Afr., Austr.; no-euras(kont).

12. Sect. A c ú t a e

599. C. bigelówii Torr. (Abb. 97 r) Starre S.
(= C. rigida Good.)

♃, *G.* – H. 0,15–0,25. Pfl. mit Ausläufern; St. sehr steif, fast glatt od. oben rauh; *B. breit-lineal.* (4–6 mm breit), *oft bogig-zurückgekrümmt,* graugrün; B.scheiden ungeteilt; *♂-Ährchen einzeln,* ♀-Ährchen 2–3, aufrecht, oberes fast sitzend, unteres kurz gestielt; Fr.schlauch eiförmig od. ellipt., plankonvex, ungestreift. VI–VII. 2n = 68, 70.

Feuchte, steinige Stellen der Gebg.kämme. – Sehr selten, nur Harz (Brocken), Riesengebg. – Arkt. Eur., Isl., N-Skand., N-As., Grönl., n. N-Am.; Harz, Sud., Tatra, Alp.; arkt(-alp).

600. C. nígra (L.) Reich. (Abb. 97 s) Wiesen-S.
(= C. Goodenovii Gay; C. fusca auct. mult., non All.)

♃, *G.* – H. (0,04)0,10–0,30(0,70). Pfl. mit Ausläufern, seltener dichtrasig; St. scharfkantig, oben rauh; *B. etwa (1)2–3 mm breit,* meist flach (od. wenn trocken, Ränder etwas eingerollt; vgl. Unterarten); *unterstes Tragb. meist kürzer od. so lang wie der Blst.; ♂-Ährchen* meist *1; ♀-Ährchen* 2–4, *obere fast sitzend, aufrecht;* Deckb. schwärzlich mit grünen Mittelstreifen; *Fr.schläuche* eiförmig od. verkehrtförmig, *innen flach, außen gewölbt,* nervig, IV–VI. Sehr formenreich. Umfaßt im Geb. u. a. (bisweilen als Arten bewertet):

ssp. n í g r a; H. (0,04)0,10–0,30; Pfl. mit Ausläufern; B. etwa 2–3 mm breit, flach, untere mit grauen bis hellbraunen, nicht netzig zerfasernden Scheiden; unteres Tragb. kürzer od. so lang wie der Blst.; ♀-Ährchen dichtbl., genähert. 2n = 84, 82. – Verbreitet u. meist häufig.

ssp. o b é s a (All.) Fuchs (= C. obaesa All., C. stolonifera Hoppe); H. 0,04–0,10(0,15); Pfl. mit sehr verlängerten Ausläufern; St. meist gebogen; B. kaum über 1 mm breit, flach od. oberwärts etwas rinnig, schlaff, den St. oft überragend; untere mit gelblich- od. rötlichbraunen Scheiden; unterstes Tragb. fadenförmig, oft mehrmals länger als das Ährchen; ♀-Ährchen am Grd. lockererblütig u. dünner; Deckb. breit. – Zerstreut: Riesengebg., Brocken (?), Alp.

ssp. juncélla E. Fries [= C. juncella (E. Fries) Th. Fries]; H. 0,20–0,50(0,70); Pfl. dichtrasig od. mit kurzen Ausläufern; B. lang u. schmal, fadenförmig-eingerollt, straff aufrecht, untere öfter mit rotbraunen, schwach netzfaserigen Scheiden; unteres Tragb. meist so lang od. länger als der Blst.; ♀-Ährchen sehr entfernt, schlank, oft verkürzt. 2n = 74. – Zerstreut.

Flachmoore, Feuchtwiesen, Braunseggensümpfe; nasse, nährstoffhaltige, kalkarme, ±saure Böden. – Verbreitet u. meist häufig außer den Kalkgeb. (Alp. 2200 m). – Isl., n. u. gem. Eur. (im S. nur Gebg.), N-As., n. N- u. s. S-Am., Grönl.; no(-subozean), circ.

601. C. **aquátilis** Wahlenb. (Abb. 97t) Wasser-S.

♃, *HH, G.* – H. 0,45–0,90. Pfl. rasig, mit langen Ausläufern; *St.* glatt, *flachseitig-3kantig,* straff; untere B. mit roten Scheiden; B. 3–6 mm breit, oberseits glauk u. matt, lange aufrecht, unterseits grün u. glänzend; Tragb. länger als der Blst., nur oberwärts übergebogen; *♂-Ährchen 2–3; ♀-Ährchen 3–5, aufrecht, sehr dichtbl.; Deckb. spitz, ± so lang wie die Fr.schläuche; Fr.schläuche* beiderseits etwas gewölbt, breitverkehrt-eiförmig bis ellipt., außer Kanten *nervenlos.* V–VI. 2n = 76, 84.

Flachmoore, Übergangsmoore, verlandende Altwässer, im Wasser od. auf nassen, schwach-sauren, nährstoffhaltigen, torfigen Böden. – Selten, nur Ostfr., Old., Nieders. (so u. a. Ems-, Lebe-, Dever-, Jümme-Hammrich-Geb., Ammerland, Wümme-Altwässer bei Hellwege) u. Ostpr. (Memel); bisher übersehen. – Niederl., NW-D., Schottl., N-Eur., N-As., Dahur., Kurilen; n. N-Am.; no(-arkt), circ.

602. C. **trinérvis** Degl. (Abb. 97u) Dreinervige S.

♃, *G.* – H. 0,10–0,20(0,50). Pfl. mit langen Ausläufern; St. steif, stumpf-3kantig, glatt; *B.* kaum 2 mm breit, *rinnig-zusammengefaltet,* steif, *graugrün,* untere B. mit braunen Scheiden; Tragb. länger als der Blst.; *♂-Ährchen 1–4; ♀-Ährchen 2–4, genähert,* dichtbl., aufrecht, länglich-eiförmig bis zylindrisch, dick, an der Spitze öfter ♂; Deckb. stumpflich, etwa so lang wie die breit-eiförmigen, auf dem Rücken gewölbten, deutlich nervigen (mit oft 3 stärker hervortretenden Nerven) Fr.schläuche. VI–VII.

Moosreiche Kleinseggen-Sümpfe; nasse, nährstoffärmere Dünentäler. – Sehr selten, nur ostfr. Ins. u. Sylt, Amrum. – Atl. Küsten Eur. von Port. bis Dän. (Fanö, Seeland), Engl.; atl.

603. C. grácilis Curt. (Abb. 97v) Scharfkantige S.
(= C. acuta L. em. Reich.)

♃, *G, HH, (H).* – H. 0,30–1,00; Pfl. mit langen Ausläufern; *St.* oben rauh, *hohlseitig-3kantig,* schlaff, früh überhängend (vgl. Unterarten); untere B. mit braunen, nicht rein roten Scheiden, B. (3)5- bis 8(9) mm breit, oberseits glauk u. matt, unterseits grün u. glänzend, früh überhängend; Tragb. länger als der Blst., vom Grd. an bogig überhängend; *♂-Ährchen 2–4, ♀-Ährchen* 2–4, meist *nickend, weniger dichtbl.;* Deckb. fast zugespitzt (s. unten), meist ± die Fr.schläuche überragend; *Fr.schläuche* beiderseits gewölbt, ellipt., *allseitig schwach nervig* (vgl. Unterarten). V. Sehr formenreich. Umfaßt:

ssp. g r á c i l i s (= C. corynophora Peterm.); St. schlaff, früh überhängend; B. meist breit; ♀-Ährchen schlank, ±zylindrisch, meist hängend u. unterstes länger gestielt; Deckb. so lang od. deutlich länger als die Fr.schläuche (vgl. Var.). 2n = ca. 74, 84. Hierzu u. a.:

var. g r á c i l i s; St. oben rauh; B. meist 5–9 mm breit; Deckb. ± so lang wie die Fr.schläuche. – Häufig.

var. p e r s o n á t a Fries; St. fast glatt; ♀-Ährchen sehr schlank, verlängert, am Grd. verschmälert u. lockerbl., hängend; Deckb. oft rostfarbig, länger als der Fr.schlauch. – Ziemlich selten.

var. s t r i c t i f ó l i a (Opiz) Aschers. (= C. strictifolia Opiz); B. meist starr; Fr.schläuche stärker zusammengedrückt, deutlicher nervig, kürzer als die lang zugespitzten Deckb. – Nicht selten.

var. f l u v i á t i l i s (Hartm.) Kuek.; St. kräftig; ♀-Ährchen aufrecht, sitzend, 7–8 mm dick; Deckb. oft kürzer als die Fr.-schläuche. – Nicht selten.

var. a n g u s t i f ó l i a Kuek.; St. schlanker; B. kaum 3–4 mm breit; ♀-Ährchen schlank, zylindrisch. – Ziemlich häufig.

ssp. e r é c t a Kuek. (= C. tricostata Fries); Pfl. niedriger; St. immer aufrecht; B. schmal; ♀-Ährchen kürzer, ±sitzend od. sehr kurz gestielt, aufrecht; Deckb. stumpflich, kürzer als die Fr.schläuche; Fr.schläuche außen stärker gewölbt, oft mit hervorragender Kante. – Zerstreut. – Hierzu u. a.:

var. a m b l y l é p i s (Peterm.) A. et G. (= C. amblylepis Peterm.); Deckb. abgerundet-stumpf, verkehrt-eiförmig-länglich, mit einem vor der Spitze verschwindenden Rückennerven.

Röhrichte u. Großseggenbestände, Auenwälder, Wiesen; nasse od. zeitweise überschwemmte, nährstoffreiche Böden. – Verbreitet u. meist häufig (Alp. bis 1595 m). – Eur., N- u. W-As., N-Afr.; no-euras, circ.

604. C. caespitósa L. (Abb. 98a) Rasige S.

♃, *H.* – H. 0,25–0,50. *Pfl.* dichtrasig, *hellgrün;* St. schlaff; B. 2–3 mm breit; *untere B.scheiden* netzartig-zerfasernd, *schwarz-purpurfarbig;* ♂-Ährchen 1; ♀-Ährchen 2(3), sitzend, unteres kurz gestielt,

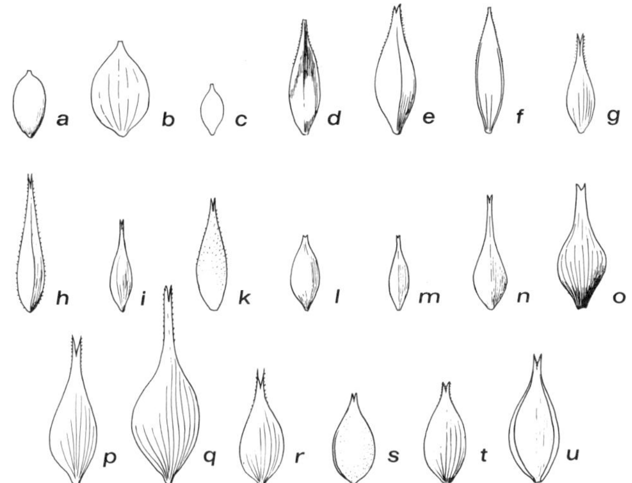

Abb. 98. *Carex* spp. Sect. *Carex,* Fruchtschläuche, Beispiele, 3,3:1, *a C. caespitosa, b C. elata, c C. buekii, d C. ferruginea, e C. sempervirens, f C. firma, g C. fuliginosa, h C. frigida, i C. brachystachys, k C. mucronata, l C. capillaris, m C. strigosa, n C. silvatica, o C. pilosa, p C. michelii, q C. depauperata, r C. laevigata, s C. punctata, t C. distans, u C. binervis.*

1–2 cm lang; *Fr.schläuche eiförmig, zusammengedrückt-bikonvex, nervenlos* od. fast nervenlos, gelbgrün. V–VI. 2n = 80.

Feuchtwiesen, Erlenbruchwälder; nasse, nährstoffreiche, torfige Böden. – Zerstreut im nö. u. ö. Geb., nach S. u. W. seltener od. fehlend, im s. Geb. sehr selten, nur Oberrheingeb., Baar, Jura u. Donaugeb. – N- u. M-Eur., N- u. O-As.; no-euras-kont.

605. C. eláta All. (Abb. 98b) Steife S.
(= C. hudsonii A. Bennett)

♃, *H, (HH).* – H. 0,30–1,00(1,20). *Pfl.* dichtrasig, *graugrün,* bultenbildend; St. steif-aufrecht, scharfkantig, rauh; B. (1,5–2,5) 3–5 mm breit; *untere B.scheiden* netzig-zerfasernd, glänzend *hellgelbbraun;* ♂-Ährchen 1–2; ♀-Ährchen 2–3, aufrecht, sitzend od. unteres kurz gestielt, 2–6 cm lang; *Fr.schläuche zusammengedrückt-ellipsoidisch, 5- bis 7nervig,* graugrün. V–VI. 2n = 74, 78, 80. Hierzu u. a.:

var. h o m a l o c á r p a (Peterm.) Sch. et Thell.; St. niedriger, dünner, weniger steif, nur oben rauh, bisweilen bogig überhängend; B. 1,5–2,5 mm breit; Ährchen dünner; Fr.schläuche undeutlichnervig. – Selten (?).

Verlandungsges., Großseggenbestände, Sumpfwiesen, Moore; nasse, nährstoffhaltige, meist torfige Böden. – Zerstreut im ganzen Geb. (Alp. bis 2000 m?). – M-Skand. bis N-Med., Kauk., N-Afr.; euras-subozean-submed(-med).

606. C. búekii Wimm. (Abb. 98c) Banatische S.

♃, *G, HH.* – H. 0,45–1,00. *Pfl. mit Ausläufern,* grasgrün, jung graugrün; St. kräftig, scharf-kantig, rauh, in der Mitte mit kurzen B., untere B.scheiden netzfaserig, schwarz- bis rotbraun; *B. 4–10 mm breit,* sehr rauh; ♂-Ährchen 1–3; ♀-Ährchen 3–5, schlank, dünn, 4–10 cm lang, am Grd. lockerbl., das unterste gestielt, bisweilen im Bogen hängend; unterstes Tragb. meist kürzer als der Blst., obere sehr kurz, borstlich od. schuppenförmig; *Deckb. stumpflich, etwas kürzer als der plankonvexe,* bis 2,5 mm lange, eiförmige, sehr kurz geschnäbelte, *nervenlose Fr.schlauch.* V.

Flußufer, Gebüsche, Uferwiesen u. -hänge. – Selten, oberes Elbe- u. Odergeb., nur Anhalt (Barby), Sachs. (Frankenberg, Mittweida; Elbegeb. oberhalb Dresden), Schles. (häufiger u. a. um Breslau; Oder- u. Ohlegeb.). – Anh., Sachs., Schles., Tschech., Österr., Ung., Bulg., Jugosl., Rum., N-Ital.; euraskont(-o-submed).

13. Sect. Frígidae

607. C. ferrugínea Scop. (Abb. 98d) Rostrote S.

♃, *G.* – H. (0,15)0,30–0,60. Pfl. mit Ausläufern; St. glatt, stumpf-3kantig; *B. flach, (1)1,5–2(3) mm breit, aufrecht;* ♀*-Ährchen* 2–3, entfernt, *langgestielt, schmal,* meist sehr *lockerbl. u. überhängend;* Deckb. rostbraun; Fr.schläuche länglich, 3seitig, 3,5–4 mm lang, in einen feingesägten, rauhen Schnabel zusammengezogen. VI–VII. Umfaßt im Geb.:

ssp. ferrugínea; H. 0,30–0,60. ♀-Ährchen sehr lockerbl. u. überhängend; Deckb. gestutzt od. zugespitzt. 2n = 58. – Ziemlich häufig.

ssp. kernéri (Kohts) Sch. et Kell.; H. meist nicht über 0,30; Ausläufer verlängert; B. steifer; ♀-Ährchen mehr- u. dichtblütiger u. mehr aufrecht; Deckb. kurz stachelspitzig. – Selten.

Insbes. subalp. Grashänge, Wildheuplanken; ±frische, meist kalkreiche Lehmböden. – Ziemlich häufig, nur Alp. (bis 2200 m). – Alp., Schweiz. Jura, Apenn., n. Balk., Pyren.; alp.

608. C. sempervírens Vill. (Abb. 98e) Immergrüne S.

♃, *H.* – H. 0,15–0,40. Pfl. dichtrasig; St. glatt; B. des blühenden St. viel kürzer als die der nichtblühenden, bis 2 mm breit; ♀*-Ährchen* 2–3, rel. *lockerbl.,* 10–15 mm lang, *das untere hervortretend-gestielt, aufrecht;* Tragb. scheidig, laubig; Deckb. kürzer als die Fr.schläuche; *Fr.schläuche* länglich-ellipt., 4–5 mm lang, *Ränder von der Mitte an* *angedrückt-borstig-bewimpert, mit trockenhäutig-2lappigem Schnabel.* VI bis VIII. Im Geb. nur ssp. s e m p e r v í r e n s. 2n = 56, 58.

Subalp. bis alp. Blaugrasrasen, auch tiefer gelegene Magerrasen; ±frische, basenreiche Böden. – Ziemlich häufig: Alp. (bis 2420 m), Alp.vorland, Donaugeb.; seltener Jura (SW-Alb.). – Gesamtart: Pyren., Alp., S-Bay., Jura, Apenn., N-Balk., Kl.As., Kauk. bis Z-As., Baik., Him.; alp.

609. C. **fírma** Host (Abb. 98f) Polster-S.

♃, *H.* – H. 0,05–0,20. Pfl. dicht- u. festrasig; St. glatt, nur am Grd. beblättert; *B. kurz, starr, abstehend,* 2–3 mm breit; *♀-Ährchen* 2–3, *dichtbl.,* 6–10 mm lang, *aufrecht,* gestielt; Tragb. sehr kurz, oft nur eine grüne od. gefärbte Scheide; Deckb. kürzer als die Fr.schläuche; *Fr.schläuche* länglich-lanzettl., *am Rande rauh,* mit abgestutztem, 2lappigem Schnabel. VI–VII. 2n = 34.

Alp. Blaugrasrasen od. tiefer: Felsbänder, Flußkies; ±trockene, kalkreiche Substrate. – Ziemlich häufig: Alp. (bis 2580 m). – Alp., Karp., Tatra bis Siebenbürgen; alp.

610. C. **fuliginósa** Schkuhr (Abb. 98g) Rußbraune S.

♃, *H.* – H. 0,10–0,30. Pfl. dichtrasig; St. glatt od. etwas rauh, unten beblättert; B. 2–3 mm breit; *Ährchen alle gestielt, ziemlich* – bis auf unterstes – *genähert,* endständiges nur am Grd. ♂, oben ♀, keulenförmig; ♀-Ährchen 2–4, länglich, dunkelrotbraun, das unterste zuletzt hängend; *Fr.schläuche* länglich-lanzettl., zuletzt schwarzbraun, *in einen berandeten, feingesägt-wimperigen Schnabel verschmälert,* Schnabel vorn u. Deckb. weiß berandet. VI–VII.

Alp. Rasenges.; ±feuchte, kalkarme Substrate (bes. Glimmerschiefer). – Sehr selten, nur Berchtesgadener Alp. (1750–2570 m) u. am Schachen. – Alp., Beskiden, Karp. bis Banat. Bulg., arkt. Eur., As., N-Am. (u. Rocky Mts.) u. Grönl.; alp-arkt, circ.

611. C. **frígida** All. (Abb. 98h) Eis-S.

♃, *G, (H).* – H. 0,10–0,40. Pfl. lockerrasig, mit Ausläufern; St. oben rauh, entfernt beblättert; B. 2–4 mm breit; Ährchen schwarzbraun od. rußfarbig, endständiges ♂; *♀-Ährchen* 3–4, *das oberste fast sitzend* od. sitzend, *das unterste entfernt, sehr langgestielt, hängend; Fr.schläuche* länglich, oben schwarzbraun, *in einen berandeten, feingesägt-wimperigen, 2zähnigen Schnabel verschmälert,* nebst dem Schnabel grün od. grünlichgelb-berandet. VI–VIII. 2n = 56, 56–58.

Subalp. od. alp. Quell- od. Bachränder, Rieselfluren; feuchte, humose Böden. – Selten, nur S-Schwarzwald u. Alp. (1350–2380 m). – Alp., Vogesen, Schwarzwald, Apenn., Abruzz., Kantabr., Pyren., Kors., N-Afr.; alp.

612. C. **brachystáchys** Schrank et Moll (Abb. 98i) Kurzährige S.

♃, *H.* – H. 0,15–0,30. Pfl. dichtrasig, oft kurze Ausläufer treibend; St. glatt; *B. borstlich-lineal., eingerollt; ♂-Ährchen lineal.; ♀-Ährchen*

2–3, 1,5–2 cm lang, *sehr lockerbl., sehr lang- u. dünn-gestielt,* etwas nickend; *Fr.schläuche länglich-lanzettl., nervig, auf der Fläche u. am Rand kahl.* VI–VII.

Felsspalten, Schluchten, moosige Tuffe; überrieselte, kalkreiche Substrate. – Sehr selten: S-Schwarzwald (Wehratal), häufiger in den Alp. (bis 2050 m) u. in die Täler herabgeschleppt. – Pyren., franz. Z-Massiv, Schweiz. Jura, Alp., Karp. bis Jugosl.; alp.

613. C. mucronáta All. (Abb. 98k) Stachelspitzige S.

♃, *H.* – H. 0,10–0,30. Pfl. locker- bis dichtrasig; St. glatt; *B. borstenförmig-rinnig, gekrümmt;* ♂-Ährchen lineal.-lanzettl., ♀-Ährchen 1–2, genähert, eiförmig; Tragb. kurzscheidig, das unterste mit borstlicher Spitze; *Fr.schläuche* länglich-lanzettl., *oberwärts etwas behaart,* ebenso wie der *Schnabel häutig-berandet, wimperig-rauh.* V–VII.

Steinrasen, Kalkfelsen, Flußschotter; trockene, kalkreiche Substrate. – Selten, nur Alp. (470–2360 m), gelegentlich mit den Flüssen herabgeführt (z. B. bei München). – Alp., Apenn. bis Abruzz., Dalmat., Kauk.; alp.

14. Sect. H y m e n o c h l ǽ n a e

614. C. capilláris L. (Abb. 98l) Haarhalmige S.

♃, *H.* – H. (0,03)0,05–0,20(0,60). Pfl. dichtrasig; St. sehr zart, glatt, unten beblättert; B. flach, bis etwa 2 mm breit, nur an der Spitze rauh; *♀-Ährchen 2–3,* lang haarfein-gestielt, nickend, *locker- u. 6- bis 8(–10)bl., zumindest das oberste das ♂-Ährchen erreichend od. überragend;* Fr.schläuche eiförmig-ellipt., am Grd. u. an der Spitze verschmälert. VI–VII(VIII). Umfaßt im Geb.:

ssp. c a p i l l á r i s; H. 0,05–0,30; ♀-Ährchen 6- bis 8bl., die oberen das ♂-Ährchen überragend, das unterste oft weit abgerückt. 2n = 54.

ssp. c h l o r o s t á c h y s (Stev.) A. Löve, D. Löve et Raym.; H. 0,20–0,60; ♀-Ährchen bis 10bl., nur das oberste das ♂-Ährchen überragend od. erreichend, die unteren weiter entfernt. 2n = 54. – Sehr selten, nur Oberammergau, Ostpr. (?).

Flachmoore, Quellmoore; nasse, meist kalkhaltige Sumpfböden. – Zerstreut, nur Riesengebg., Alp. (1360–2330 m), selten im Vorland, Ostpr. (Kr. Ragnit). – Isl., N-Eur., eur. Hochgebg., As., N-Am., Grönl.; arkt(-no)-alp, circ.

615. C. strigósa Huds. (Abb. 98m) Striegelige S.

♃, *H.* – H. 0,40–1,00. Pfl. mit Ausläufern; St. glatt, bis hoch hinauf beblättert; *B.* flach, 6–10 mm breit, *am Rand etwas schärflich; ♀-Ährchen 3–5,* voneinander entfernt, *schlank, lockerbl.,* die unteren heraustretend-langgestielt, anfangs aufrecht, zuletzt nickend; *Fr.schläuche lanzettl.-ellipt., 3seitig, nach oben u. unten verschmälert, Schnabel fast fehlend.* V–VI. 2n = 66.

Feuchte Waldstellen, Bach-Eschenwälder; nasse, nährstoffreiche, kalkarme Böden. – Zerstreut, stellenweise häufig: etwa Rheinprovinz-Westf. über Deister–Süntel–Hannover–Ith–Hildesheim–Harz; ferner von Hamburg u. ö. Schl.Holst. über Meckl. bis untere Oder, nach O. seltener; selten im m. u. s. Geb.: Taunus, Odenwald bis Schwarzwald; sehr selten Rheinpfalz (Bienwald) u. s. der Donau (Seeshaupt/Kr. Weilheim). – W-Eur. bis W- u. N-D., Dän., Schweiz, Österr., Slowakei, N- u. M-Ital. bis Transkauk., N-Pers.; atl-submed.

616. C. silvática Huds. (Abb. 98n) Wald-S.

♃, *H.* – H. (0,08)0,30–0,60. Pfl. rasig; St. glatt; B. *flach, 4–8 mm breit, am Rand glatt; ♀-Ährchen 3–5, langgestielt, hängend,* entfernt, lockerbl.; *Fr.schläuche ellipsoidisch,* 3seitig, ganz glatt, *mit langem, dünnem, 2spaltigem Schnabel.* (IV)V–VI. 2n = 58.

Laubwälder; frische bis feuchte, nährstoffreiche, lehmige Böden. – Verbreitet u. häufig, in N-D. zerstreut (Alp. bis 1600 m). – Fast ganz Eur., Kl.As. bis N-Pers., N-Afr.; euras-subozean(-submed).

15. Sect. Rhomboidáles

617. C. pilósa Scop. (Abb. 98o) Wimperblättrige S.

♃, *H.* – H. 0,30–0,50. Pfl. mit langen Ausläufern; *B. der nichtbl. Büschel* 4–10 mm breit, *länger als die fast blattlosen, glatten St., wimperig-behaart;* ♂-Ährchen einzeln, gestielt; ♀-Ährchen 2–3, entfernt, ±aufrecht, heraustretend-gestielt, vielbl.; *Fr.schläuche fast kugelig-verkehrt-eiförmig, 3seitig,* 4–5 mm lang. V–VI. 2n = 44.

Laubwälder; frische, ±nährstoffreiche, meist kalkfreie u. lehmige Böden. – Zerstreut u. selten, nur geb.weise häufiger: Schles., Westpr., Ostpr. (Masuren), Taunus, N-Spessart, Vogelsberg bis Wetterau, N- u. M-Thür. bis Harzrand; s. Oberrheingeb. (Kandern–Sundgau), Hochrhein, Bodenseegeb., Schwarzwald (Alpirsbach), Tübingen, Jura, Donaugeb., Passau, Alp.vorland. – M-Eur. bis N-Balk., M- u. S-Rußl., O-As.; gem-kont.

618. C. michélii Host (Abb. 98p) Micheli-S.

♃, *H.* – H. 0,15–0,30. Pfl. mit langen Ausläufern; St. glatt; B. 2–3 mm breit; ♂-Ährchen einzeln; ♀*-Ährchen* 1–2, strohgelb, entfernt, ellipsoidisch, *6- bis 12bl.,* eingeschlossen- od. die unteren hervortretend-gestielt, aufrecht; *Tragb. scheidig, etwa so lang wie die ♀-Ährchen, viel kürzer als der St.; Fr.schläuche verkehrt-eiförmig, bauchig-3seitig, kahl, schwachnervig,* 5–6 mm lang, *in einen lineal.-verschmälerten, spitz-2spaltigen Schnabel zusammengezogen.* V.

Laubwälder u. Gebüsche. – Sehr selten, nur Schles. (Priestram bei Nimptsch). – O- u. SO-Eur., von Schles., Tschech., Pol., Österr. bis S-Rußl., Kauk., Transkauk.; europ-kont.

619. C. depauperáta Good. (Abb. 98q) Verarmte S.

♃, *H.* – H. 0,30–0,70. Pfl. rasig; B. 2–4 mm breit; ♀-Ährchen meist 3(2–4), entfernt, hervortretend-gestielt, aufrecht, nur 3- bis 6bl.; Tragb. laubartig u. scheidig, viel länger als das Ährchen, fast so lang wie der St.; Deckb. spitz, hellbraun, mit grünem Mittelstreifen; *Fr.-schläuche rhombisch-eiförmig, 3seitig, bauchig, kahl,* bis 8 mm lang, *in einen lineal.-verlängerten, 2lappigen Schnabel zusammengezogen, vielnervig,* mit etwa 30 hervorragenden Nerven. V–VI. 2n = 44.

Bergwälder. – Sehr selten, nur W-D. (Ernzener Berg bei Echternacherbrück). – W- u. S-Eur. bis Balk., Krim, Kauk.; med-submed(-atl).

16. Sect. Elátae

620. C. laevigáta Sm. (Abb. 98r) Glatte S.
(= C. helodes auct.)

♃, *H.* – H. 0,50–1,00. Pfl. lockerrasig; St. glatt; B. 6–10 mm breit; ♀-Ährchen 3–4, dichtbl., 2–3,5 cm lang, entfernt, aufrecht, hervortretend-gestielt, die untersten weit-entfernt, etwas überhängend; *Deckb. lanzettl., verschmälert-grannig-zugespitzt; Fr.schläuche* eiförmig, nervig, *mit haarspitzig-2spaltigem Schnabel.* V–VI. 2n = 72.

Feuchte, schattige Wiesen. – Sehr selten, nur Rheinland (Haan, Hilden, Aachen, Schneifel). – W-Eur., sw. bis Port., Kors.; atl.

17. Sect. Spirostáchyae

621. C. punctáta Gaudin (Abb. 98s) Punktierte S.

♃, *H.* – H. 0,15–0,40. Pfl. dichtrasig; B. flach, gras- od. gelbgrün, 2–5 mm breit; *♀-Ährchen* meist 3(4), 1,5–2,5 cm lang, aufrecht, dichtbl., *das unterste hervortretend-gestielt;* Tragb. laubartig, das unterste so lang od. länger als der St.; *Fr.schläuche eiförmig, beiderseits gewölbt, abstehend, glänzend, mit hervortretenden Rändern,* sonst undeutlich-nervig, oft *punktiert,* hellgrün, *in einen kurz-2zähnigen, glatten Schnabel endigend.* VI–VII. 2n = 68.

Salzwiesen, Dünentäler. – Selten, nur Ostfr. Ins. (Borkum, Juist?, Langeoog, Wangerooge); Westpr. (Putzig). – S-Norw., S-Schwed., N-D., W- u. S-Eur., Kl.As., N-Afr.; atl-med.

622. C. dístans L. (Abb. 98t) Entferntährige S.

♃, *H.* – H. 0,30–0,60. Pfl. dichtrasig; B. 2–4 mm breit, grau- od. meergrün; *♀-Ährchen* meist 3, 1,5–2 cm lang, aufrecht, *das unterste meist weit entfernt, hervortretend-gestielt; untere Tragb. blattartig, länger als das Ährchen; Deckb. sehr schmal-weiß-randig, haarfein-zugespitzt-stachelspitzig;* Fr.schläuche breit-eiförmig- bis ellipsoidisch-stumpf-

3kantig, vielnervig, mit wenig hervortretenden Randnerven, etwas graugrün, ±punktiert. V–VII. 2n = 74. Hierzu verschiedene Formen, u. a. mit grasgrünen B. od. kleineren Fr.schläuchen u. fast lineal. ♀-Ährchen.

Feuchtwiesen, Salzwiesen, Flachmoore, Wegränder; meist feuchte kalk- od. salzhaltige Böden. – Verbreitet in den Küstengeb. der N- u. O-See, sehr zerstreut im Binnenland (Alp. bis 1070 m). – Eur., Med. bis Vord.As., N-Afr., Madeira, Azoren; subatl-submed(-med).

623. C. binérvis Sm. (Abb. 98u) Zweinervige S.

♃, *H.* – H. 0,30–1,00. Pfl. lockerrasig; B. 3–6 mm breit, graugrün; ♀-*Ährchen* 3–4, 2–3 cm lang, aufrecht, *das unterste meist weit entfernt,* gestielt; untere Tragb. blattartig, meist länger als das Ährchen; Deckb. eiförmig, stumpf, oben gezähnelt; *Fr.schläuche* breit ellipsoidisch-stumpf-3kantig, rotbraun, schwachnervig, *mit 2 starken, hervortretenden, grünen Randnerven.* V–VI. 2n = 74.

Trockene Heiden. – Sehr selten, nur Schneifel, Hunsrück (Hochwald, Erbeskopf), Westerwald (Montabaur Höhe). – W-Eur. von Norw. bis Port.; atl.

624. C. hostiána DC. (Abb. 99a) Saum-S.
(= C. hornschuchiana Hoppe)

♃, *H.* – H. 0,25–0,45. Pfl. lockerrasig, mit kurzen Ausläufern; St. aufrecht, fast kahl; B. 2–4 mm breit, grasgrün; Tragb. das ♂-Ährchen kaum erreichend; ♀-*Ährchen* 2–3(4), etwas entfernt, *das untere hervortretend-gestielt; Deckb. breit-weißrandig, glatt, ohne Stachelspitze; Fr.schläuche abstehend,* eiförmig, mit kurzem Schnabel; *Schnabelzähne abstehend, innen weißhäutig.* V–VII. 2n = 56.

Kalksümpfe, Flachmoorwiesen; nasse, nährstoffhaltige, seltener entkalkte Sumpfhumusböden. – Zerstreut im ganzen Geb. (Alp. bis 1250 m). – N-Eur. bis Pyren., N-Ital., N-Balk., Vord.As., (Neufundl.); subatl(-submed).

625. C. exténsa Good. (Abb. 99b) Strand-S.

♃, *H.* – H. 0,15–0,30. Pfl. dichtrasig; B. etwa 2 mm breit, graugrün; ♀-*Ährchen* 2–4, länglich-eiförmig, *obere sitzend, genähert, das unterste etwas entfernt, eingeschlossen gestielt; Tragb. länger als der St., zuletzt weit abstehend od. zurückgekrümmt; Deckb.* breit-eiförmig, *mit Stachelspitze; Fr.schläuche* eiförmig od. ellipsoidisch, *deutlich gerippt* u. *±punktiert, matt,* schief abstehend; Schnabel kurz, an den Rändern glatt u. kahl. VII–VIII. 2n = 60.

Salzwiesen; frische bis feuchte seltener überflutete, salzhaltige Böden. – Zerstreut, nur Küsten der N-See einschl. Ins. u. der O-See (von Schl. Holst. bis Hinterpomm.). – Küsten von Eur. (von Norw. über S-Schwed. bis Med.), Schwarzes Meer, Kaspisches Meer, N-Afr., Madeira, Kapland, (N-Am.); atl-submed(-med).

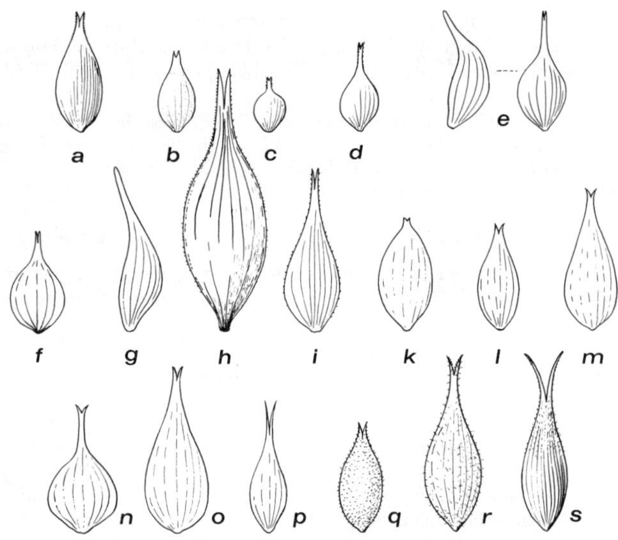

Abb. 99. *Carex* spp. Sect. *Carex,* Fruchtschläuche, Beispiele, 3,3:1, *a C. hostiana, b C. extensa, c C. serotina* ssp. *serotina, d C. demissa, e C. lepidocarpa* (Rücken- u. Seitenansicht), *f C. flavella, g C. flava* (Seitenansicht), *h C. bordeistichos, i C. secalina, k C. acutiformis, l C. melanostachya, m C. riparia, n C. rostrata, o C. vesicaria, p C. pseudocyperus, q C. lasiocarpa, r C. hirta, s C. atherodes.*

626. C. serótina Mérat (Abb. 99c) Kleine Gelb-S.
(= C. oederi Retz.)

♃, *H.* – H. (0,03)0,05–0,15(0,30). Pfl. rasig; *St. meist straff aufrecht;* B. dunkelgrün, 1,5–3 mm breit, meist gekielt u. länger als der St.; B.häutchen 1–3 mm, 3eckig od. gerundet; ♂-Ährchen sitzend (selten kurzgestielt); ♀-Ährchen zu 2–4(8) an der Spitze geknäuelt, unterstes zuweilen abgerückt; *Fr.schläuche 2–3 mm lang,* Schnabel 0,5–1 mm lang, gerade. V–VIII. Umfaßt im Geb. (auch als Arten bewertet):

ssp. s e r ó t i n a; Fr.schlauch ±aufgeblasen, von der Fr. nicht ausgefüllt; ♀-Ährchen eiförmig bis kugelig; vorderer Teil der Tragb.-scheide konkav od. gerade abgeschnitten; B. ±flach. 2n = 70. Kleinseggenbestände, Flachmoore; nasse Sumpfhumus- od. Sandböden. – Zerstreut bis verbreitet, insbes. im n., w. u. s. Geb.

ssp. p u l c h é l l a (Loennr.) Lemke (= C. scandinavica Davies); Fr.-schläuche nicht aufgeblasen, recht klein (etwa 2 mm), die Fr. dicht umschließend, kantig; ♀-Ährchen kugelig; vorderer Teil der Tragb.-scheide tief ausgerandet, oft gesprengt; B. ±rinnig. 2n = 70.

Kleinseggensümpfe, Salzwiesen. – Zerstreut bis verbreitet in den Küstengeb., sonst wohl selten.
Isl., Eur., Sib., Pers., N-Afr., Azoren, Madeira; euras-subozean.

627. C. demíssa Hornem. (Abb. 99d) Verkannte Gelb-S.

♃, *H.* – H. 0,10–0,30(0,40). Pfl. ±rasig, kurz kriechend; *St. meist bogig aufsteigend;* B. frischgrün, 2–4 mm breit, flach; B.häutchen sehr kurz, 3eckig; ♂-Ährchen gestielt bis sitzend; ♀Ährchen zu 2–3 dicht hintereinander, häufig ein weiteres weit (zuweilen bis zum St.grd.) abgerückt; *Fr.schläuche 3–4 mm lang,* Schnabel 1–1,5 mm lang, gerade. V–VII. 2n = 70.
Flach- u. Quellmoore; nasse Sumpfhumusböden. – Wohl zerstreut, s. der Donau bisher fehlend. – Skand. bis N-Span., Port., Grönl., ö. Kanada; (no-)euras-subozean.

628. C. lepidocárpa Tausch (Abb. 99e) Mittlere Gelb-S.

♃, *H.* – H. 0,20–0,60. Pfl. rasig; St. oben zuweilen schwach rauh; B. 2–3 mm breit, oft kürzer als die Hälfte des St., mittlere mit nur schwachem (bis 0,5 mm langem) B.häutchen; ♂-Ährchen lang gestielt; *♀-Ährchen zu 2–3, entfernt,* untere aber nie unter die St.mitte herabgerückt; Fr.schläuche 4–5 mm lang, meist grünlich, nach allen Seiten abstehend od. stark herabgeschlagen, plötzlich in den geraden Schnabel verjüngt. VI–VII. 2n = 68.
Flach- u. Quellmoore, Kleinseggensümpfe; nasse, kalkhaltige Sumpfhumusböden. – Zerstreut. – Eur. (n. bis Schwed.), ö. Kanada; no(-subatl).

629. C. flavélla Krečetovič (Abb. 99f) Alpen Gelb-S.
[= C. flava L. ssp. flavella (Krecet.) Podlech]

♃, *H.* – H. 0,15–0,25. St. glatt; *B. etwa die Mitte des St. erreichend,* 2–3 mm breit, mittlere mit einem deutlichen, 0,8–1,5 mm langen B.häutchen; unterstes Tragb. meist pfriemlich u. kurz, herabgeschlagen; ♂-Ährchen sitzend; ♀-Ährchen meist zu 2 unter dem ♂-Ährchen, häufig ein weiteres abgerückt (oft bis St.mitte od. tiefer); *Fr.schläuche (3,5-) 4–5 mm lang, plötzlich in den schlanken, fast geraden Schnabel zusammengezogen,* reif nach allen Seiten abstehend, gelb od. etwas bräunlich. VII.
Wohl bes. flachmoorige Ges. – In den Alp. verbreitet, seltener Alp.vorland. – Alp., NW-Rußl., Skand.

630. C. fláva L. (Abb. 99g) Große Gelb-S.

♃, *H.* – H. 0,20–0,50(0,95). Pfl. ±rasig, kräftig, stark laubig; St. meist glatt; *B. 3–5 mm breit, etwa so lang wie der St.,* mittlere mit einem deutlichen, 0,8–1,5 mm langen B.häutchen; unterstes Tragb. meist breit u. lang, waagerecht abstehend od. aufrecht; ♂-Ährchen sitzend; ♀-Ährchen meist zu 2 unter dem ♂-Ährchen, häufig ein weiteres abgerückt (oft bis St.mitte u. tiefer); *Fr.schläuche 5–6(7) mm lang, allmählich in den oft schief gebogenen Schnabel übergehend,* reif ±zurückgeschlagen, gelblich. VI–VII. 2n = 60. 58.

Flachmoore, Kalksümpfe; nasse, meist kalkreiche Sumpfhumusböden. – Zerstreut bis selten, bis Alp. (1860 m). – N-, W- u. M-Eur., N-Am.; no-euras-subozean.

18. Sect. Secálinae

631. C. hordeïstíchos Vill. (Abb. 99h) Gersten-S.

♃, *H.* – H. 0,10–0,30. Pfl. dichtrasig; *St.* stumpfkantig, glatt, *viel kürzer als die B.; ♀-Ährchen 3–4,* aufrecht, eiförmig, gedrungenbl., das unterste hervortretend-gestielt; *Tragb. scheidig, aufrecht,* blattartig, viel länger als der Blst.; *Fr.schläuche fast regelmäßig 4- bis 5zeilig angeordnet,* eiförmig-ellipsoidisch, glatt, in einen spitz-2spaltigen, am Rande fein gesägt-rauhen, auf der vorderen Seite flachen Schnabel zugespitzt; *Nüsse kastanienbraun, glänzend.* IV–V. 2n = 56, 56–60.

Wiesen, Gräben, Trittpflanzenges.; tonige, salzhaltige Böden. – Sehr selten, M- u. N-Thür. (bes. Numburg bei Kelbra u. überhaupt mehrfach am Kyffhäuserrand, Schönewerda/Unstrut); vereinzelt auf Kalk (z. B. Arnstadt/Thür.), Mainzer Geb. bis n. Rheinpfalz (Alzey, Wörrstadt); Salzstellen der Wetterau. – M-, S- u. SO-Eur., SW-As., NW-Afr.; gem-kont-submed.

632. C. secálina Wahlenb. (Abb. 99i) Roggen-S.

♃, *H.* – H. 0,08–0,25. Pfl. dichtrasig, zart; *St.* rel. schlank, glatt, *kürzer als die B.; ♀-Ährchen 3–5,* aufrecht, länglich, rel. locker; *Fr.schläuche unregelmäßig-vielzeilig angeordnet,* ellipsoidisch; *Nüsse braun, glanzlos,* kaum halb so groß wie bei der vor. Art; sonst wie vor. Art. V–VI.

Salzhaltige, feuchte Wiesen. – Sehr selten, früher Mittelthür. (Stotternheim), Prov. Sachs. (s. von Eisleben); neuerdings nicht mehr bestätigt. – M-D., Pol., Tschech., Österr., Ung., SO-Eur., Transkauk., Ural, O-Sib.; gem-kont.

19. Sect. Paludósae

633. C. acutifórmis Ehrh. (Abb. 99k) Sumpf-S.

♃, *HH, G.* – H. 0,30–1,00. Pfl. mit langen Ausläufern; St. scharfkantig, rauh, B. 4–9(18) mm breit, *untere B.scheiden stark netzfaserig;* ♂-Ährchen 2–3, dick-länglich mit stumpfen unteren Deckb.; ♀-Ährchen 2–3(4), dichtbl., sitzend od. kurz gestielt, aufrecht, walzlich; Deckb. stachelspitzig, rotbraun; *Fr.schläuche* eiförmig od. länglich-eiförmig, *zusammengedrückt,* nervig, dunkelgrün. V–VI. 2n = ca. 38. Hierzu u. a.:

var. k o c h i á n a (DC.) Garcke; Deckb. der ♀-Ährchen mit einer langen Haarspitze endigend, etwa 2mal so lang wie die länglich-eiförmigen Fr.schläuche.

var. m á x i m a (Urban) A. et G.; B. bis 18 mm breit; unterstes ♀-Ährchen lang gestielt.

Großseggenbestände, Wiesen, Auenwälder; überschwemmte od. nasse, nährstoffreiche, humose Böden. — Verbreitet u. häufig im ganzen Geb. (Alp. bis 1710 m). — Skand. bis s. Eur., As., Afr., (N-Am.); euras-subozean-submed.

634. **C. melanostáchya** Willd. (Abb. 99l) Nickende S.
(= C. nutans Host)

♃, *H, G.* — H. 0,30—0,50. Pfl. mit langen Ausläufern; St. glatt od. an der Spitze rauh; B. 2—3 mm breit, *untere B.scheiden etwas netzfaserig;* ♂-Ährchen 1—2(3), spindelförmig; ♀-Ährchen 2—3(4), sitzend od. kurz gestielt, aufrecht; *Fr.schläuche ei-kegelförmig,* am Rand abgerundet, beiderseits-gewölbt, *fein-eingedrückt-rillig.* IV—V.

Feuchte Wiesen. — Sehr selten, nur m. Elbegeb. (etwa Saalemündung, Barby, Burg, Schönebeck bis Magdeburg). — M-D., Tschech., Ung., Österr., SO- u. S-Eur. bis Kl.As., Pers., S-Rußl., Mong., N-Chin.; kont.

635. **C. ripária** Curt. (Abb. 99m) Ufer-S.
♃, *HH, (H).* — H. 0,60—1,25. Pfl. mit langen Ausläufern; St. scharfkantig, oben rauh; B. 6—12 mm breit, *untere B.scheiden* meist *nicht netzfaserig;* ♂-Ährchen 2—5; ♀-Ährchen 2—5, dichtbl., fast sitzend u. aufrecht bzw. unterstes länger gestielt, zuletzt oft hängend, dickwalzlich; Deckb. mit verlängerter, rauher, grannenartiger Spitze, braun; *Fr.schläuche ei-kegelförmig, am Rande abgerundet, beiderseits gewölbt,* nervig, graubraun. V—VI. 2n = 72.

Großseggenbestände, Wiesen, Erlenbrüche; überschwemmte od. nasse, nährstoffreiche, humose Böden. — Zerstreut bis verbreitet, nur im Alp.vorland u. Alp. (Reichenhall) selten. — Skand. bis s. Eur., N- u. W-As., NW-Afr,; euras-subozean-submed.

20. Sect. P h y s o c á r p a e

636. **C. rostráta** Stokes (Abb. 99n) Geschnäbelte S.

♃, *HH, H.* — H. 0,30—0,60. Pfl. mit Ausläufern; *St. stumpfkantig,* fast ganz *glatt;* B. graugrün od. meergrün, meist länger als der St., 2—3 mm breit; ♂-Ährchen 2—3(1), ♀-Ährchen 2—3, entfernt, walzlich, kurz gestielt, aufrecht, gedrungenbl.; *Fr.schläuche* sehr weit abstehend, *fast kugelig,* plötzlich geschnäbelt, *auf dem Rücken meist 7nervig.* V—VII. 2n = ca. 60, 72—74, 76, 82.

Großseggenbestände, Moorgräben, Tümpel; überschwemmte od. nasse, meist kalkarme u. nährstoffärmere, saure, torfige Böden. — Verbreitet, geb.weise ziemlich häufig (Alp. bis 1707 m). — Isl., N- u. M-Eur., As., Grönl., N-Am.; no-subozean, circ.

Anmerkung:
C. rhynchophysa C. A. M. (= C. laevirostris Blytt) wohl nicht im Geb.; frühere Angaben: Westpr. u. Isergebg. beruhen auf Verwechselungen mit C. rostrata Stokes var. utriculata (Boott) Bailey.

637. C. vesicária L. (Abb. 99o) Blasen-S.

♃, *HH, (H).* – H. 0,30–0,80. Pfl. mit Ausläufern; *St. scharfkantig, oberwärts rauh;* B. grasgrün, etwa so lang wie der St., 3–8 mm breit; ♂-Ährchen 2–3; ♀-Ährchen 2–3, entfernt, oberste sitzend, untere kurz gestielt, gedrungenbl.; *Fr.schläuche* schief-abstehend, *ei-kegelförmig,* allmählich geschnäbelt. VI. 2n = 74, 82.

Großseggenbestände, Moorgräben, Tümpel; überschwemmte od. nasse, meist kalkarme u. nährstoffärmere, torfige Böden. – Verbreitet bis zerstreut (Alp. bis 1600 m). – N- bis s. Eur., N-Afr., As., n. N-Am.; no-euras, circ.

21. Sect. Pseudocypéreae

638. C. pseudocýperus L. (Abb. 99p) Scheincypergras-S.

♃, *HH, (H).* – H. 0,30–0,75. Pfl. rasig; St. scharfkantig, rauh; B. 5–9 mm breit, grasgrün bis gelblich-grün; *untere B.scheiden nicht netzfaserig;* ♂-Ährchen meist einzeln; ♀*-Ährchen 3–5, langgestielt,* frühzeitig *hängend,* gedrungenbl.; Fr.schläuche ei-lanzettförmig, gelbgrün. VI–VII. 2n = 66.

Großseggenbestände, staudenreiche Schwingrasen, Gräben, Tümpel; überschwemmte nährstoffhaltige, torfige Böden. – Zerstreut im n. u. m. Geb., im s. Geb. selten bis Bodenseegeb. u. Alp.vorland. – N- bis s. Eur., NW-Afr., Madeira, As., N-Am., Mex., Neuseel.; euras(subozean-submed), circ.

22. Sect. Hírtae

639. C. lasiocárpa Ehrh. (Abb. 99q) Fadenförmige S.
(= C. filiformis auct., non L.)

♃, *H, HH.* – H. 0,30–1,00. Pfl. mit Ausläufern; *St.* dünn, schlank, rundlich, *nebst den B. u. B.scheiden kahl; B. rinnig od. eingerollt,* 1–1,5 mm breit, graugrün; unterstes Tragb. kurzscheidig; ♂-Ährchen 1–2(3), endständiges sehr lang u. schmal; ♀-Ährchen (1)2–3, entfernt, länglich od. eiförmig, aufrecht; *Fr.schläuche* länglich-eiförmig, *gedunsen,* behaart. V–VII. 2n = 56.

Zwischenmoore, Moorschlenken, Schwingrasen; nasse od. überschwemmte, nährstoffärmere, kalkarme, torfige Böden. – Zerstreut bis selten, im Alp.-vorland etwas häufiger (Alp. bis 1250 m). – N-Eur. bis N-Ital., N-Balk., N-As., n. N-Am.; no, circ.

640. C. hírta L. (Abb. 96a–f, 99r) Kurzhaarige S.

♃, *G, (H).* – H. 0,10–0,50(0,80). Pfl. mit langen Ausläufern; St. glatt, stumpf-3kantig; *B.* flach, 2–7 mm breit, grasgrün, *nebst den B.scheiden behaart* (vgl. Var.); unterstes Tragb. lang-, obere kurz-scheidig; ♂-Ährchen 2–3, kürzer od. so lang wie die ♀; ♀-Ährchen 2–3, aufrecht, länglich-walzlich, entfernt, rel. lockerbl.; Fr.schläuche eiförmig, behaart, *Schnabelzähne starr, verdickt, innen sehr rauh.* V–VI. 2n = 112. Hierzu:

var. s u b l ǽ v i s Hornem. (= ssp. hirtaeformis Pers.); ganze Pfl. – außer den zerstreut-behaarten Fr.schläuchen – kahl. – Zerstreut.

Wegränder, Ufersäume, Wiesen; ±frische, nährstoffreiche, meist sandige Böden. – Verbreitet u. häufig im ganzen Geb. (Alp. bis 1000 m). – N- bis S-Eur., Kl.As., Ural, Kauk., NW-Afr.,(N-Am.); euras-subozean-submed.

641. C. atheródes Spreng. (Abb. 99s) Begrannte S.
(= C. aristata R. Br.)

♃, *G, (HH).* – H. 0,60–1,00. Pfl. mit Ausläufern; St. aufrecht, am Grd. stark verdickt; *B.* flach, 5–7 mm breit, oberseits kahl, am Rande rauh, *unterseits ebenso wie die B.scheiden zerstreut-weichhaarig;* Tragb. meist kurz-scheidig; ♂-Ährchen 2–4, gedrängt-genähert od. entfernter; ♀-Ährchen meist (2)3–4, straff-aufrecht, dicht- u. reichbl.; Deckb. der ♀-Ährchen ei-lanzettl., in eine lange Grannenspitze auslaufend; *Fr.schläuche ei-kegelförmig,* 10- bis 12nervig, *nur in der oberen Hälfte* auf den Nerven u. am Grd. des Schnabels *zerstreut-behaart od. fast kahl; Schnabel* lang, *mit 2 schlanken, zuletzt abstehenden, innen meist ganz glatten Zähnen.* V–VI.

Sumpfwiesen. – Sehr selten, nur Brand. [Rathenow., var. k i r c h s t e i n i á n a (Aschers., Graebn. et Kuek.) mit sehr schmalen ♀-Ährchen, nicht od. kaum scheidenartigem unterem Tragb. u. fast kahlen Fr.schläuchen] u. Schles. [z. B. Neudorf, Kanth, var. s i e g e r t i á n a (Uechtr.)]. – Gesamtart (im weiteren Sinne): SO-Finnl., M-D., Pol., Z- u. S-Rußl., N- u. O-As., N-Am.; euras-kont.

Bastarde:

C. acutiformis × flacca (= C. × jaegeri F. Schultz), C. acutiformis × lasiocarpa (= C. × uechtritziana K. Richter), C. appropinquata × canescens (= C. × schuetzeana Figert), C. appropinquata × diandra (= C. × limnogena Appel), C. appropinquata × elongata, C. appropinquata × remota (= C. × rieseana Figert), C. arenaria × remota, C.bigelowii × nigra (= C. × decolorans Wimm.), C. brizoides × leporina (= C. × filkukae Podp.), C. brizoides × remota (= C. × ohmuelleriana O. F. Lang), C. caespitosa × buekii (= C. × viadrina Figert), C. caespitosa × elata (= C. × frankii Podp.), C. caespitosa × nigra (= C. × peraffinis Appel), C. canescens × dioica (= C. × microstachya Ehrh.), C. canescens × elongata (= C. × helvola Wimm.), C. canescens × heleonastes (= C. × allensteinensis H. Gross), C. canescens × loliacea (= C. × mithala Callmé), C. canescens × paniculata (= C. × ludibunda Gay), C. canescens × remota (= C. × arthuriana Beckm.), C. canescens × stellulata (= C. × biharica Simk), C. davalliana × dioica (= C. × figertii A. et G.), C. demissa × flava (= C. × alsatica Zahn), C. diandra × canescens (= C. × limicola H. Gross),

C. digitata × ornithopoda (= C. × dufftii Hausskn.), C. dioica × heleonastes (= C. × abromeitiana H. Gross), C. dioica × stellulata (= C. × gaudiniana Guthn.), C. distans × flava (= C. × luteola Sendtn.), C. distans × hirta (= C. × hirtans Cif. et Giac.), C. distans × hostiana (= C. × muelleriana F. Schultz), C. divulsa × contigua, C. divulsa × remota (= C. × emmae L. Gross), C. elata × buekii (= C. × alluvialis Figert), C. elata × nigra, C. elongata × paniculata (= C. × fussii Simk.), C. elongata × remota (= C. × ploettneriana Beyer), C. ericetorum × caryophyllea (= C. × sanionis K. Richter), C. extensa × serotina (= C. × krauseana Cif. et Giac.), C. flacca × nigra (= C. × winkelmannii A. et G.), C. flava × hostiana (= C. × xanthocarpa Degl.), C. flava × lepidocarpa (= C. × pieperiana P. Junge), C. flava × serotina (= C. × ruedtii Kneucker), C. gracilis × buekii (= C. × vratislavensis Figert), C. gracilis × elata (= C. × prolixa Fries), C. gracilis × nigra (= C. × elythroides Fries), C. hirta × vesicaria (= C. × grossii Fiek.), C. hostiana × lepidocarpa (= C. × leutzii Kneuck.), C. hostiana (?) × panicea (= C. × duereriana Kuek.), C. hostiana × serotina (= C. × appeliana Zahn), C. lasiocarpa × riparia (= C. × evoluta Hartm.), C. lasiocarpa × rostrata (= C. × prahliana P. Junge), C. lasiocarpa × vesicaria (= C. × kohtsii K. Richter, C. lepidocarpa × serotina (= C. × schatzii Kneuck.), C. leporina × remota (= C. × ilseana Ruhm.), C. limosa × paupercula (= C. × corcontica Domin), C. melanostachya × riparia (= C. × toezensis Simk.), C. montana × flacca, C. montana × umbrosa (= C. × vimariensis Hausskn.), C. muricata × divulsa, C. muricata × leporina (= C. × pairina Cif. et Giac.), C. muricata × polyphylla, C. nigra × buekii (= C. × lignicensis Figert), C. nigra × elata, C. nigra × trinervis (= C. × timmiana P. Junge), C. otrubae × remota, C. paniculata × appropinquata (= C. × rotae De Notaris), C. paniculata × canescens (= C. × ludibunda Gay), C. paniculata × diandra (= C. × germanica K. Richter), C. paniculata × remota (= C. × boennighauseniana Weihe), C. pilulifera × caryophyllea (= C. × paulii A. et G.), C. pilulifera × ericetorum (= C. × lackowitziana A. R. Paul), C. polyphylla × divulsa, C. polyphylla × leporina (= C. × treverica Hausskn.), C. remota × elongata (= C. × ploettneriana Beyer), C. remota × stellulata (= C. × gerhardtii Figert), C. remota × vulpina (= C. × axillaris Good.), C. riparia × rostrata (= C. × beckmanniana Figert), C. riparia × vesicaria (= C. × csomadensis Simk.), C. rostrata × pseudocyperus (= C. × justi-schmidtii P. Junge), C. rostrata × vesicaria (= C. × pannewitziana Figert), C. serotina × flavella (= C. × steineri Patzke et Podlech), C. umbrosa × caryophyllea (= C. × interjecta Waisb.), C. vesicaria × pseudocyperus (= C. × wolteri R. Gross).

19. Ordn. Microspérmae

37. Fam. ORCHIDÁCEAE Juss. Knabenkrautgewächse

I. 2 fr.bare Stbb.; Lippe (das in der Medianen liegende innere Blhb.) pantoffelförmig aufgeblasen; N.lappen 3, ziemlich gleich u. bestäubungsfähig .... 173. Cypripedium

II. 1 fr.bares, der Lippe gegenüberliegendes Stbb.; Lippe nicht pantoffelförmig aufgeblasen; unpaarer

N.lappen klein od. zum Schnäbelchen (Rostellum) umgewandelt

A. Pollenmassen allermeist körnig od. eckig-gefeldert; Stbbtl. meist nicht abfallend

1. Stbbtl. meist mit deutlichem Stbf. der Säule angewachsen u. bleibend; Rostellum meist ungeteilt; Anhängsel (Frenikel) der Pollenmassen fehlend od. wenig auffällig

a) W. vorhanden, büschelig, oft verdickt; Rhiz. meist kurz u. aufrecht

x) Stbbtl. ±vornüber-geneigt, aufliegend

/) Lippe ±deutlich gegliedert (in ein vorderes u. ein durch eine Einschnürung ±deutlich abgetrenntes ausgehöhltes hinteres Glied)

§) Pfl. grün

+) Frkn. gedreht; hinteres Lippenglied (Hypochil) mit deutlicher Kinnbildung; vorderes Glied länglich, von den äußeren Blhb. umschlossen . . . . **174. Cephalanthera**

++) Stiel, nicht Frkn., gedreht; hinteres Lippenglied ohne deutliches Kinn; vorderes Glied aus der glockig-weitgeöffneten Blh. frei hervortretend . . . . **175. Epipactis**

§§) Pfl. bleich (hinteres Lippenglied lang gespornt) . . . . **176. Limodorum**

//) Lippe nicht so gegliedert, am Grd. höchstens sackartig vertieft

§) Pfl. grün, mit 2 fast gegenständigen B.; Lippe bandartig flach **177. Listera**

§§) Pfl. bleich, bräunlich, nur mit Schuppenb.; Lippe am Grd. sackartig vertieft . . . . **178. Neottia**

xx) Stbbtl. ±aufrecht

/) Blst. ±deutlich schraubig gedreht; Bl. ±einseitswendig; Lippe ziemlich breit; Pollenmasse nicht gefeldert . . . . **179. Spiranthes**

//) Blst. allseitswendig; Lippe schmal; Pollenmasse eckig gefeldert . . . . **180. Goodyera**

b) W. fehlend; Rhiz. sehr verzweigt, Glieder breit ±horizontal (Pfl. bleich) . . . . **181. Epipogium**

2. Stbbtl. am Grd. der Säule breit angewachsen, bleibend; Rostellum ±dreilappig; Pollenmassen durch meist deutliche Anhängsel (Frenikel) an der (od. den) Klebscheibe(n) des Rostellums angeheftet

a) Klebkörper (Stieldrüsen) nackt od. nur von dünnhäutigen u. mit ihnen abfallenden Fortsätzen des Stbbtl. überdeckt

x) Klebkörper ganz od. fast ganz nackt

/) Frkn. gedreht, Lippe daher nach abwärts gerichtet

§) Lippe ganzrandig, schmal, langgespornt (Klebkörper scheibenartig den Seitenlappen des Schnäbelchens aufsitzend) . . . . **182. Platanthera**

§§) Lippe 3zähnig od. 3lappig

+) Lippe an der Spitze 3zähnig; Sporn sehr kurz, fast sackförmig dick . . . . **183. Coeloglossum**

++) Lippe 3lappig; Sporn fadenförmig bis walzlich

α) Klebkörper zum Längsdurchmesser des Schnäbelchenfortsatzes rechtwinklig; Helm länglich bis eiförmig od. fast kugelig

†) Sporn fadenförmig, kürzer bis 2mal so lang wie der Frkn.; Blh. meist rosa od. purpurlila . . . . **184. Gymnadenia**

††) Sporn walzlich, stumpf, $^1/_2$–$^1/_3$ so lang wie der Frkn.; Blh. grünlichweiß . . . . **185. Leucorchis**

β) Klebkörper mit dem Längsdurchmesser des Schnäbelchenfortsatzes parallel; Helm lanzettl., spitz . . . . **186. Neottianthe**

//) Frkn. nicht gedreht, Lippe daher nach aufwärts gerichtet (ganzrandig, sehr kurz gespornt) . . . . **187. Nigritella**

xx) Klebkörper von einem dünnen, mit abfallenden Häutchen überdeckt

/) Lippe spornlos, somit am Grd. flach; Klebkörper einander genähert; Blh. helmartig . . . . **188. Chamaeorchis**

//) Lippe kurz-gespornt, somit am Grd. ausgesackt-höckerig; Klebkörper nicht genähert (groß u. platt); Blh. glockig **189. Herminium**

b) Klebkörper in Beutelchen eingeschlossen, die zum Schnäbelchen gehören u. stehen bleiben (Frkn. gedreht, Lippe abwärts gerichtet)

x) Klebkörperbeutelchen 2, mit je 1 gestielten Klebkörper
/) Lippe nicht gespornt; Blhb. abstehend 190. **Ophrys**
//) Lippe kegelförmig gespornt; Blhb. helmartig od. glockig . . . . 191. **Traunsteinera**
xx) Klebkörperbeutelchen 1, mit 1 od. 2 Klebkörpern
/) Klebkörper 2, getrennt, im gemeinsamen, einfächerigen Beutelchen (Lippe gespornt) . . . . 192. **Orchis**
//) Klebkörper zu einem verschmolzen, im gemeinsamen, einfächerigen Beutelchen
§) Lippe nicht gespornt (ihr Mittellappen fast doppelt so lang wie die seitlichen, tief 2spaltig) . . . . . 193. **Aceras**
§§) Lippe gespornt
+) Lippe lang fadenförmig gespornt, mit etwa 3 gleichlangen Lappen, in der Knospenlage flach (oberseits am Grd. mit 2 hervortretenden Plättchen) . . . . 194. **Anacamptis**
++) Lippe kurz-gespornt, Mittellappen riemenförmig-gedreht, verlängert, 3- bis 5mal länger als die Seitenlappen, in der Knospe uhrfederartig eingerollt . . . . 195. **Himantoglossum**

B. Pollenmassen allermeist wachsartig (bis knorpelig); Stbbtl. meist leicht abfallend
1. Stbbtl. aufrecht; Säulchen kurz
a) Stbbtl. aufspringend, nicht schrumpfend; Blhb. zusammenneigend, innere (außer der Lippe) schmal-lineal . . . . 196. **Malaxis**
b) Stbbtl. durch Schrumpfen der Wandungen die Pollenmassen freilegend; Blhb. abstehend, innere (außer der spitzen Lippe) eilanzettl. 197. **Hammarbya**
2. Stbbtl. übergeneigt; Säulchen schlank
a) Pfl. grün, mit Laubb. u. Knolle; Lippe meist aufwärts gewendet . . . . 198. **Liparis**
b) Pfl. bleich, nicht grün, ohne Laubb., ohne Knolle; Lippe nach abwärts gewendet . . . . . . 199. **Corallorhiza**

1. Subfam. D i á n d r a e
1. Trib. C y p r i p e d í e a e

173. Cypripédium L. Frauenschuh

x = 10

642. C. calcéolus L. (Abb. 100a–c)

♃, *G.* – H. 0,15–0,50. St. 1- bis 2(3)bl., beblättert, kurzhaarig; B. ellipt., zugespitzt, bisweilen gelblich-gefleckt; Lappen der einwärts gekrümmten Säule herabgezogen, eiförmig, stumpf; Lippe pantoffelförmig, aufgeblasen, gelb; übrige Blhb. purpurbraun, selten grünlichgelblich. V–VI. 2n = 20.

Laubwälder, selten Nadelwälder; frische, meist kalkhaltige Böden. – Selten und zerstreut im m. [insbes. Thür., s. Nieders. (Hildesheim) bis N-Hess.] u. s. Geb. (Alp. bis 1460 m); in N-D. fehlend od. sehr selten, so z. B. Meckl. (Gramzow, Stubnitz/Rügen), Brand. (Schlaubetal). – M- u. N-Eur., seltener S-Eur., Kauk., Sib.; no-euras-kont.

2. Subfam. M o n á n d r a e
1. Contrib. T h r a u o s p h ǽ r e a e
2. Trib. N e o t t í e a e

174. Cephalanthéra L. C. Rich. Waldvöglein

x = 8, 9

I. St. oberwärts (nebst Tragb. u. Frkn.) kurzhaarig; Bl. hellpurpurfarbig . . . . **643. C. rubra**
II. St. kahl; Bl. weiß od. gelblichweiß
  A. Tragb. der unteren Bl. länger als die Bl. . . . . **644. C. damasonium**
  B. Tragb. viel kürzer als die Bl. . . . . **645. C. lungifolia**

643. C. rúbra (L.) L. C. Rich. Rotes W.

♃, *G.* – H. 0,20–0,50(0,75). B. lanzettl., zugespitzt; Tragb. so lang od. länger als der Frkn.; *Blhb.* alle zugespitzt, *hellpurpur-rot,* sehr selten weiß; vorderes Glied der Lippe 3eckig-eiförmig, zugespitzt, länger als breit, fast so lang wie die inneren Blhb.; *Frkn. weichhaarig.* (V)VI–VII.

Insbes. lichte Buchenwälder; frische, nährstoffreiche, kalkhaltige, meist lehmige Böden. – Sehr zerstreut u. selten (Alp. bis 1300 m), im nw. Geb. fehlend. – Gem. u. S-Eur., M- u. S-Rußl., SW-As.; submed(-gem-kont).

Abb. 100. *a–c Cypripedium calceolus* (*a* Habitus, *b* Griffelsäule von der Seite, *c* Frucht); *d–g Cephalanthera* spp., *d–e C. damasonium* (*d* Sproßspitze mit Blütenstand, *e* Blüte), *f–g C. longifolia* (*f* Sproßspitze mit Blütenstand, *g* Blüte).

644. C. damasónium (Mill.) Druce (Abb. 100d–e) Weißes W.
[= C. grandiflora (L.) S. F. Gray]

♃, *G.* – H. 0,20–0,60. B. länglich-eiförmig od. ei-lanzettl., zugespitzt; *Tragb.* – bis auf die oberen – *länger als der Frkn.,* Blh. gelblichweiß, alle B. ziemlich stumpf; vorderes Glied der Lippe herz-eiförmig, breiter als lang; *Frkn. kahl.* V–VI. 2n = 32, 36.

Insbes. lichte Buchenwälder; frische, nährstoffreiche, meist kalkreiche u. lehmige Böden. – Zerstreut bis selten (Alp. bis 1100 m), am häufigsten in N- u. O-Thür., u. a. in N-D. über große Strecken fehlend (in Holst. NW-Grenze erreichend). – Gem. u. S-Eur., M- u. S-Rußl., Kl.As., Kauk.; submed-subatl.

645. C. longifólia (L.) Fritsch (Abb. 100f–g) Langblättriges W.
[= C. ensifolia (Schmidt) L. C. Rich.]

♃, *G.* – H. 0,15–0,60. *B. lanzettl.,* die oberen *lineal.-lanzettl.,* verschmälert; *mittlere u. obere Tragb. viel kürzer als der Frkn.;* Blhb. weiß, mit einem gelben Fleck an der Spitze der Lippe, äußere Blhb. etwas spitzlich; vorderes Glied der Lippe sehr stumpf, breiter als lang; *Frkn. kahl* od. schwach behaart. V–VI. 2n = 32.

Buchen- u. warme Eichenwälder; ±frische, ±kalkreiche, meist lehmige Böden. – Selten u. sehr zerstreut (am häufigsten Alp. bis 1300 m), in NW-D. fast völlig fehlend. – Gem. u. S-Eur., M- u. S-Rußl., W-Sib., SW-As., N-Afr.; submed-euras(-praealp).

Bastarde:
C. damasonium × longifolia (= C. × schulzei G. Camus), C. damasonium × rubra (= C. × mayeri W. Zimmermann)

175. Epipáctis Zinn — Sumpfwurz

x = 9, 10, 19

I. Vorderes Glied der Lippe zugespitzt, dem kahnförmigen hinteren Glied breit aufsitzend, unbeweglich
  A. Vorderes Glied der Lippe am Grd. ohne od. mit 2 glatten (bei E. sessilifolia seicht gefurchten bis gekerbten) Höckern
    1. Mittlere Stb. meist länger als die St.glieder, breit-eiförmig bis länglich-eiförmig, groß
      a) Rostellum der aufgeblühten Bl. deutlich vorhanden (Insektenbestäubung); Bl. meist ±rötlich od. purpurfarbig .... **646. E. helleborine**
      b) Rostellum der aufgeblühten Bl. bereits zurückgebildet (bisweilen eine bräunliche Markierung hinterlassend) od. fehlend; Bl. außer der Lippe grün (autogam)
        x) Blst.achse dicht kraushaarig; Bl. abstehend bis leicht nickend
          /) Stbbtl. deutlich gestielt; Blhb. weit gespreizt; Antherengrube vorhanden **647. E. leptochila**
          //) Stbbtl. sitzend; Blhb. glockenförmig; Antherengrube fehlend .... **649. E. muelleri**
        xx) Blst.achse kahl od. nur spärlich behaart; Bl. ±nickend (Stbbtl. sitzend) .... **648. E. confusa**
    2. Mittlere Stb. meist kürzer als die St.glieder, eiförmig-lanzettl. bis lanzettl., klein .... **650. E. sessilifolia**
  B. Vorderes Glied der Lippe am Grd. mit 2 gekerbten od. faltig-krausen Höckern
    1. Mittlere Stb. meist länger als die St.glieder; Blst. vielbl.; Bl. braunrot-purpurfarbig .... **651. E. atrorubens**
    2. Mittlere Stb. meist kürzer als die St.glieder; Blst. wenigbl.; Bl. innen grünlich, außen rötlich **652. E. microphylla**
II. Vorderes Glied der Lippe rundlich, flach, durch tiefen Einschnitt abgesetzt u. beweglich .... **653. E. palustris**

Abb. 101. *a–f Epipactis* spp., *a–b E. palustris* (*a* Habitus, *b* Blüte), *c–f* Blüten (*c E. helleborine, d E. sessilifolia, e E. atrorubens, f E. microphylla*); *g–h Limodorum abortivum* (*g* Habitus, *h* Blüte).

1. Sect. Epipáctis

646. E. hellebórine (L.) Crantz (Abb. 101c) Breitblättrige S.
[= E. latifolia (L.) All., E. helleborine (L.) Crantz var. latifolia L.]

♃, *G.* – H. 0,25–0,80. St. oben mit kurzen Haaren, weißlich, unten oft violett; B. breit eiförmig-ellipt., spitz od. kurz zugespitzt; Bl. ±hängend, ±weit geöffnet; äußere Blhb. ca. 10 mm lang, eiförmig od. eiförmig-lanzettl., grün bis stark purpurrot; *vorderes Lippenglied herzförmig bis 3eckig, breiter als lang,* spitz, an der Spitze zurückgebogen, purpurfarbig, rosa od. grünlich-weiß, mit 2(–3) Höckern am Grd.; *Stbbtl. nicht* od. nur selten sehr kurz *gestielt.* VII–IX. 2n = 38, 40. Formenreich.

Laubwälder, Nadelmischwälder; frische, nährstoffreiche, meist lehmige Böden. – Verbreitet u. häufig im m. u. s. Geb. (Alp. bis 1350 m); in N-D. zerstreut bis selten. – Eur., N-Afr., gem. As.; euras(-subozean)-submed.

647. E. leptóchila (Godf.) Godf. Schmallippige S.
[= E. helleborine (L.) Crantz var. leptochila (Godf.) Mansf.]

♃, *G.* – H. 0,20–0,70. *St. oben dicht kraushaarig;* B. breit-eiförmig od. lanzettl., spitz, nicht zugespitzt, 2zeilig; *Bl.* leicht nickend, groß, *weit geöffnet;* äußere Blhb. 12—15 mm lang, lang zugespitzt u. etwas zurückgebogen, blaßgrün; *vorderes Lippenglied länger als breit, lang zugespitzt,* nicht zurückgebogen, gelblich-grün, weißrandig, mit 2 weißlichen od. rötlichen Höckern am Grd.; *Stbbtl. gestielt;* Blh. nicht lange bleibend. VII—VIII. 2n = 40.

Buchenwälder; kalkreiche Böden. — Selten u. zerstreut; Verbreitung unzureichend bekannt, u. a.: Braunschweig, Hildesheim, Hannover, Harz; Württ., Allgäu. — Dän., S-Engl., M- u. S-D.

648. E. confúsa Young Weißlippige S.

♃, *G.* — H. 0,25—0,55. *St.* schlank, *kahl od. fast kahl;* B. lanzettl., spitz, selten zugespitzt; Bl. ±nickend, *glockenförmig;* äußere Blhb. etwa 9 mm lang, lanzettl., lang zugespitzt, blaßgrün; *vorderes Lippenglied etwa so breit wie lang, herzförmig,* zugespitzt, *stark zurückgebogen,* weiß od. blaßgrün, mit 2 rosa od. purpurfarbigen Höckern am Grd.; *Stbbtl. sitzend;* Blh. lange bleibend, vertrocknend. VII—VIII. 2n = 40.

Laub- u. Nadelwälder; kalkhaltige Böden. — Verbreitung im Geb. ungenügend bekannt, vermutlich hierher ältere Funde: Berlin, Rügen, O-Schl.Holst. — Schwed., Dän., N-D.

649. E. muelleri Godf. Müllers S.
[= E. helleborine (L.) Crantz var. muelleri (Godf.) Mansf.]

♃, *G.* — H. 0,20—0,70. *St. behaart;* B. eiförmig-lanzettl., zugespitzt, bis lanzettl.; *Bl. glockenförmig;* äußere Blhb. etwa 10 mm lang, eiförmig-lanzettl., gelblich-grün; *vorderes Lippenglied 3eckig,* stumpflich, bisweilen zurückgebogen, *mit schwieligen Geweben in der Medianen vom Grd. bis zur Spitze; Stbbtl. sitzend; Rostellum u. Antherengrube fehlend.* VII.

Warme, lichte Wälder, Trockenrasen etc.; kalkhaltige Böden. — Verbreitung unzureichend bekannt, u. a.: Thür., Sachs., Nieders. (Hannover, Hildesheim, Stadtoldendorf), Württ. (Tuttlingen, Wurmlingen), Westf. (Driburg). — D., Österr., Schweiz, Frankr., Pyren.

650. E. sessilifólia Peterm. (Abb. 101d) Violette S.
[= E. violacea (Durand-Duq) Bor., E. purpurata Sm.]

♃, *G.* — H. (0,15) 0,25—0,60. St. kräftig, meist ± bis zur Spitze violett überlaufen; B. eiförmig-länglich bis lanzettl., spitz, *mittlere meist kürzer als die St.glieder,* allmählich in die ähnlichen Tragb. übergehend, unterseits meist violett; Blst. dicht, reichbl., einseitswendig; äußere Blhb. grünlich, innere grünlich-gelblich-weiß; vorderes Lippenglied herzförmig, an der Spitze zurückgeschlagen, am Grd. mit zwei 3eckigen Höckern, oft violett überlaufen, hinteres mit enger Mündung; *Frkn. kahl od. nur zerstreut behaart,* allmählich in den Stiel verschmälert. (Selten ganze Pfl. rosa). VIII—IX.

Eichen- u. Nadelmischwälder; frische, nährstoffreiche, meist kalkhaltige, lehmige Böden. – Selten u. zerstreut, n. etwa bis Pomm., West- u. Ostpr., Hess., Thür. (bes. w. Jena u. sw. Weimar bis Steiger s. von Erfurt), sehr selten sö. Westf., Sachs., Schles., s. bis Alp.vorland. – Engl., Frankr., Dän., M-Eur., Rußl.; subatl.

651. **E. atrorúbens** (Hoffm.) Schult. (Abb. 101e) Braunrote S.
[= E. atropurpurea Raf., E. rubiginosa (Cr.) Koch]

♃, *G.* – H. 0,20–0,60(1,00). Pfl. meist dunkelrot überlaufen; B. eiförmig od. eiförmig-länglich, *mittlere länger als die St.glieder;* Tragb. lang; Blh. dunkelrot, nach Vanille riechend; vorderes Lippenglied herzförmig, *mit 2 deutlichen, gekerbt-krausen Höckern,* hinteres mit weiter Mündung; *Frkn. dicht flaumig-behaart,* mit deutlich abgesetztem Stiel. VI–VIII. 2n = 40.

Laub- u. Nadelwälder, Halbtrockenrasen, Küstendünen; trockene, meist kalkreiche Böden. – Zerstreut im nö. (Küsten der O-See von Rügen an östlich), bis häufig im m. u. s. Geb. (Alp. bis 1870 m), im nw. Flachland über große Strecken fehlend. – Eur., Kauk., W-As.; (no-)praealp(-submed).

652. **E. microphýlla** (Ehrh.) Sw. (Abb. 101f) Kleinblättrige S.

♃, *G.* – H. 0,15–0,40(0,50). Pfl. (abweichend von den übrigen Arten) ohne oberirdische Erstarkungsspr.; B. ei-lanzettl. bis lineal.-lanzettl., kaum über 2,5 cm lang, *mittlere kürzer als die St.glieder;* Tragb. meist kurz; Bl. grünlich, am Rande rötlich, innen weißgrün-rötlich; *vorderes Lippenglied* herzförmig bis rundlich-eiförmig, weißlich (oft rötlich überlaufen), *mit 2 deutlichen, tief-gelappten, krausfaltigen Höckern;* Frkn. meist grauhaarig-flaumig. VI–VIII. 2n = 40.

Laubwälder; frische, ±nährstoffreiche, meist kalkhaltige, lehmige Böden. – Selten bis sehr selten, nw. etwa bis O-Westf., S-Nieders., Elm, Harz, Thür., Sachs.–Anh. (Naumburg), Uckermark; im s. Geb. bis Alp.vorland (Starnberg). – M- u. S-Eur., Kl.As., Kauk.; subatl-submed.

2. Sect. Arthrochílium

653. **E. palústris** (L.) Crantz (Abb. 101a–b) Echte S.

♃, *G.* – H. 0,30–0,50. B. ±lanzettl., länger als die St.glieder; Tragb. meist kürzer als die Bl.; Bl. graugrünlich, inwendig am Grd. rötlich, Lippe weiß, rot-geadert, selten Blh. ganz weiß; hinteres Lippenglied auf der Innenseite die *Nektarien in einer Längslinie tragend; vorderes Lippenglied rundlich-stumpf,* so lang wie die übrigen Blhb. VI–VIII. 2n = 40.

Flachmoore, Feuchtwiesen, Kalksümpfe; feuchte bis nasse, kalk- u. nährstoffreiche Sumpfhumusböden. – Zerstreut, an manchen Orten zunehmend (Alp. bis 1260 m). – Eur., As., N-Afr.; euras(-subozean)-submed.

Bastarde:
E. atrorubens × microphylla (= E. × graberi A. Camus), E. atrorubens × sessilifolia, E. helleborine × atrorubens (= E. × schmalhausenii Richt.), E. helleborine × microphylla (= E. × barlae A. Camus), E. helleborine × sessilifolia (= E. × schulzei P. Fourn.).

176. Limodórum Boehm. Dingel

654. L. abortívum (L.) Sw. (Abb. 101g–h)

♃, *G.* – H. 0,20–0,50. Pfl. schmutzig-violett; B. nur scheidenartig; Schaft steif, dick, mit scheidigen Schuppen besetzt; Blst. ±reichbl.; Bl. hellviolett; Lippe eiförmig, wellig; Sporn pfriemlich, abwärtsgerichtet, so lang od. länger als der Frkn. V–VII. 2n = 56, 64.

Flaumeichenwälder, Mischwälder, gern bei Kiefern?; ±trockene, kalkreiche, warme Lehm- od. Lößböden. – Sehr selten: Mosel-, Sire-, Sauertal, S-Eifel, Kaiserstuhl-Hecklingen. – Med., Oberrhein–Mosel, Frankr., SO-Eur., SW-As., N-Afr.; med(-submed).

177. Lístera R. Br. Zweiblatt

I. B. eiförmig, derb; Lippe gelblich, am Grd. ohne od. mit sehr kleinen Seitenlappen .... **655. L. ovata**

II. B. 3eckig-fast-herzförmig, dünn; Lippe rot-braun, am Grd. mit deutlichen Seitenlappen .... **656. L. cordata**

655. L. ováta (L.) R. Br. (Abb. 102a–c) Eiförmiges Z.

♃, *G.* – H. 0,20–0,50. St. 2- (sehr selten 3)blättrig; B. gegenständig od. fast gegenständig; Blh. grüngelblich; *Lippe lineal., an der Spitze tief 2spaltig.* V–VII. 2n = 34–40, 32, 34, 36, 38, 42.

Laubmischwälder, seltener Wiesen; frische bis feuchte, nährstoffreiche, ±kalkhaltige, lehmige Böden. – Verbreitet bis zerstreut (Alp. bis 1680 m), im n. Geb. seltener. – Eur., W-As.; euras(-subozean)-submed.

656. L. cordáta (L.) R. Br. Herz-Z.

♃, *G.* – H. 0,04–0,20. St. 2- (sehr selten 3)blättrig; B. gegenständig od. fast gegenständig; Blh. klein, grünlich; äußere Blhb. grünlich, innere ±rötlich-bräunlich; *Lippe* 3spaltig, seitliche Zipfel lineal., kurz, *mittlerer 2spaltig.* V–VII. 2n = 36–38, 38, 42.

Fichtenwälder, Moore; feuchte bis nasse, saure, nährstoffarme, meist torfige Böden. – Selten u. sehr zerstreut, im n. Geb. nur: Amrum, Brand. (Forst), Meckl. (Rügen, Darß, Usedom), Westpr., Ostpr., Nieders. (Litteler u. Oberlether Fuhrenkamp), Westf. (Welschenennest), Niederschles., Thür. Wald einzeln bis Hildburghausen; im s. Geb.: Fichtelgebg., Bayr. Wald, Schwarzwald, Alp.vorland, Alp. (bis 1740 m). – Isl., N-, W-, M- u. O-Eur., Pyren., Apenn., Kauk.; (arkt-)no(-alp).

Abb. 102. *a–c Listera ovata* (*a* Habitus, *b* Blüte, *c* Griffelsäule von der Seite); *d–f Neottia nidus-avis* (*d* Habitus, *e* Blüte, *f* Griffelsäule von vorn).

178. Neóttia Ludwig — Nestwurz

x = 9

657. N. nídus-ávis (L.) L. C. Rich. (Abb. 102d–f)

♃, *G.* – H. 0,20–0,40. W.fasern oft vogelnestartig; Pfl. gelblich, sehr selten hellgelb od. ganz weiß; St. mit scheidenartigen Schuppenb.; Lippe am Grd. breiter, etwas sackartig ausgehöhlt, an der Spitze mit 2 nach außen gebogenen Lappen. V–VI. 2n = 36.

Buchenwälder, seltener Nadelmischwälder; frische, nährstoffreiche, kalkhaltige, lehmige Böden. – Zerstreut (Alp. bis 1400 m), im NW sehr selten od. fehlend. – Eur., M- u. S-Rußl., Ural, Transkauk.; euras(-subozean)-submed.

179. Spiránthes L. C. Rich. — Drehähre

x = 15

I. St. zur Bl.zeit blattlos (nur B.scheiden), neben dem St. eine B.rosette . . . . **658. Sp. spiralis**
II. St. zur Bl.zeit unten beblättert . . . . **659. Sp. aestivalis**

Abb. 103. *a–c Spiranthes spiralis* (*a* Habitus, *b* Blüte, *c* Griffelsäule von vorn); *d–f Goodyera repens* (*d* Habitus, *e* Blüte, *f* Griffelsäule von der Seite).

658. Sp. spirális (L.) Chev. (Abb. 103a–c) Herbst-D.
[= Sp. autumnalis (Balbis) L.C. Rich.]

♃, *G.* – H. 0,07–0,20(0,35). Knollen meist 2; *St. nur mit Scheiden besetzt; untere B.* eiförmig-länglich, rosettenartig *zur Seite des St.;* Blst. schraubenförmig-gedreht; Blh. klein, weißlich; Lippe länglich verkehrt-eiförmig, vorn gekerbt u. schwach-ausgerandet. VIII–X. 2n = 30.
Magerweiden, Halbtrockenrasen; nährstoffhaltige, lehmige Böden. – Sehr zerstreut im m. u. s. Geb. (in manchen Jahren zahlreicher), s. bis Alp.vorland (bis 880 m), im N-Flachland über große Strecken fehlend. – Gem. u. S-Eur., Kl.As., Kauk., N-Afr.; subatl-submed.

659. Sp. aestivális (Poir.) L. C. Rich. Sommer-D.

♃, *G.* – H. bis 0,30. Knollen 3–5; *St. beblättert;* B. lanzettl.-lineal.; Blst. schwach-schraubenförmig-gedreht; Blh. weißlich; Lippe länglich, an der Spitze kreisförmig verbreitert erscheinend. VII.
Flachmoore, Kalksümpfe; nasse, nährstoff- u. kalkreiche, humose Böden. – Sehr selten, nur Oberrheingeb. (früher: Darmstadt, Speyer), Bodensee- u. Donaugeb., Alp.vorland (bis 830 m). – W-, s. M- u. S-Eur., Kl.As.; submed(-subatl).

180. Goodyéra R. Br. Netzblatt

x = 15?

660. G. répens (L.) R. Br. (Abb. 103d–f)

♃, *H.* – H. 0,15–0,25(0,30). Grd.achse ästig, oberflächlich kriechend; St. oberwärts nebst den B. behaart; untere B. eiförmig, gestielt, Nervatur netzartig; Blh. weißlich, klein; Lippe ungeteilt, kurz. VII bis VIII. 2n = 30, 28–32.

Moosige Nadelwälder, lichte, sandige Kiefernwälder; ±trockene, saure (auch über Kalksande), nährstoffarme, ±lehmige Sandböden. – Sehr zerstreut u. meist einzeln (Alp. bis 2070 m), im w. u. nw. Geb. seltener od. fehlend. – n. u. gem. Eur., As., N-Am; no-kont, circ.

181. Epipógium R. Br. Widerbart

x = 17

661. E. aphýllum (F. W. Schmidt) Sw. (Abb. 104a–c)

♃, *G.* – H. 0,10–0,30. Grd.achse fast korallenförmig; Pfl. weißlichgelb, gelegentlich oberwärts violett überlaufen; St. b.los, mit scheidigen Schuppenb. besetzt; Blst. armbl., mit hängenden Bl.; Blhb. gelblich, Sporn fleischrot; Lippe 3lappig, mit großem Mittellappen, nebst Sporn nach oben gerichtet. VII–VIII (oftmals viele Jahre nicht blühend). 2n = 68.

Sehr schattige Buchen-, Fichten- od. Tannen-Wälder; frische bis feuchte, ±nährstoffreiche, humose Böden. – Selten bis sehr selten (Alp. bis 1500 m), nur an einzelnen Orten gelegentlich häufiger (z. B. bei Kahla. S-Schwarzwald, Baar), im nw. Geb. fehlend. – N- u. M-Eur., Pyren., M-Ital., Balk., M- u. S-Rußl., Kauk., Sib.; no-praealp.

3. Trib. Ophrýeae

182. Platanthéra L. C. Rich. Waldhyazinthe

x = 7?, 21?

I. Stbbtl.fächer meist parallel; Sporn fadenförmig (selten keulig) .... **662. P. bifolia**

II. Stbbtl.fächer oben genähert, unten deutlich auseinandertretend; Sporn oft schwach keulig .... **663. P. chlorantha**

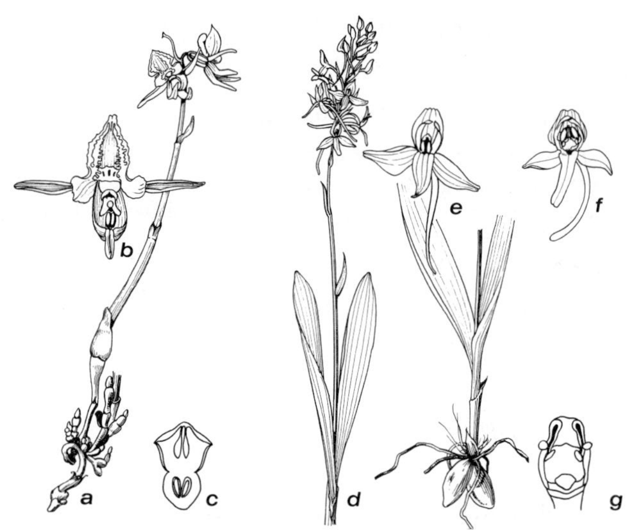

Abb. 104. *a–c Epipogium aphyllum* (*a* Habitus, *b* Blüte, *c* Griffelsäule von vorn); *d–g Platanthera* spp., *d–e P. bifolia* (*d* Habitus, *e* Blüte), *f–g P. chlorantha* (*f* Blüte, *g* Griffelsäule von vorn).

662. P. bifólia (L.) L. C. Rich. (Abb. 104d–e)
Zweiblättrige W., Kuckucksblume

♃, *G.* – H. (0,15)0,20–0,40. St. mit meist 2 grd.ständigen, verkehrteiförmigen B.; Blh. weiß od. gelblich, wohlriechend; Lippe ungeteilt, lineal.; Sporn $1^1/_2$ bis 2mal länger als der Frkn.; *Stbbtl.fächer* ±*parallel.* VI–VII. Formenreich. Umfaßt:

ssp. b i f ó l i a; H. 0,20–0,40; Pfl. zierlich bis schlank; B. frischgrün; Blst. meist locker; Blh. weiß bis weißgrün; Unterlippe 10–12 mm lang. VI–VII. 2n = 42. Formenreich.

Wälder, Wiesen; neutrale bis kalkreiche Böden. – Zerstreut bis verbreitet.

ssp. g r a c i l i f l ó r a Bisse; H. bis etwa 0,20; Pfl. kräftig; B. hellgrün; Blst. dicht; Bl. klein, gelblich; Unterlippe 5–8 mm lang; Sporn fadenförmig. VII. 2n = 42.

Borstgrasrasen, Heiden; saure Böden. – Zerstreut: wohl nur NW-D., ö. bis W-Brand. u. N-Meckl.

Zerstreut im ganzen Geb. (Alp. bis 1860 m). – Eur., As., N-Afr.; no-euras-subozean.

663. P. chlorántha (Cust.) Rchb. (Abb. 104f–g) Grünliche W.

♃, *G.* – H. 0,25–0,60. Pfl. in allen Teilen meist etwas kräftiger als P. bifolia; grd.ständige B. meist 2; Blh. grünlich-weiß, groß, sehr selten ohne Sporn; Blhb. etwas breiter als bei vor. Art.; Lippe ungeteilt, lineal.; Sporn nach der Spitze zu oft etwas keulig, $1^1/_2$ bis 2mal länger als der Frkn.; *Stbbtl.fächer oben genähert, unten auseinandergehend.* V–VII. 2n = 42.

Laub- u. Nadelwälder, Halbtrockenrasen, Wiesen; nährstoff- u. meist kalkhaltige, lehmige Böden. – Zerstreut bis selten, insbes. vom Hügelland bis Alp. (bis 1690 m), im nw. Flachland streckenweise fehlend. – Gem. u. s. Eur., As., N-Afr.; euras(-submed).

Bastard:
P. bifolia × chlorantha (= P. × hybrida Bruegg.).

183. Coeloglóssum Hartm. — Hohlzunge

x = 10

664. C. víride (L.) Hartm. (Abb. 105 a–e) — Grüne H.

♃, *G.* – H. 0,06–0,25. Laubb. meist 3(–5), lanzettl.-eiförmig; Blhb. helmartig zusammenneigend, grün, oft rötlich-bläulich überlaufen; *Lippe lineal., an der Spitze 3zähnig,* der mittlere Zahn meist sehr kurz, die seitlichen gerade-vorgestreckt; *Sporn sehr kurz, dick; Stbbtl.fächer oben genähert, unten auseinandergehend.* V–VI. 2n = 40. Im Geb. ssp. víride. Hierzu u. a.:

var. bracteátum (Willd.) Richt.; Tragb. viel länger als die Bl. – Selten.

Borstgrasrasen, seltener Halbtrockenrasen; frische, etwas saure, meist kalkarme, nährstoffärmere, ±sandige Lehmböden. – Zerstreut bis selten im m. u. s. Geb. (Alp. bis 2280 m), in der Rheinebene (Speyer/Neustadt) auf feucht-sandigen Schwemmböden des Pfälzerwaldes, im N-Flachland fehlend. – Gesamtart: Isl., N- bis s. Eur., W-As.; no-subozean-praealp.

Intergener. Bastarde:
× **Orchicoeloglóssum** A. et G. (= Coeloglossum sp. × Orchis sp.); × O. guilhótii G. Camus (= Coeloglossum viride × Orchis incarnata); × O. míxtum A. et G. (= Coeloglossum viride × Orchis maculata); × O. erdíngeri (Kern.) A. et G. (= Coeloglossum viride × Orchis sambucina).

184. Gymnadénia R. Br. — Händelwurz

x = 10

I. Sporn fast doppelt so lang wie der Frkn.; Bl. schwach duftend . . . . **665. G. conopea**
II. Sporn kürzer (höchstens so lang) als der Frkn.; Bl. stark duftend . . . . **666. G. odoratissima**

Abb. 105. *a–e Coeloglossum viride* (*a* Habitus, *b* u. *c* Blüten, *d* Frucht, *e* Griffelsäule von vorn); *f–h Gymnadenia conopea* (*f* Sproßspitze mit Blütenstand, *g* Blüte, *h* Griffelsäule von vorn).

665. G. conopéa (L.) R. Br. (Abb. 105f–h) Große H.

♃, *G.* – H. 0,25–0,60(0,80). Knollen 2lappig mit 3- bis 4teiligen Lappen; B. lang-lanzettl.; Blst. walzlich, verlängert; Blh. rosa bis purpurlila, sehr selten weiß; *äußere Blhb. weit-abstehend;* Lippe 3lappig, Lappen meist eiförmig, stumpf; *Sporn fast doppelt so lang wie der Frkn.* VI–VIII. 2n = 40. Veränderlich. Hierzu u. a.:

var. d e n s i f l ó r a (Wahlenb.) Lindl.; Blst. sehr dicht, bis über 20 cm lang; B. breit, häufig fast 2zeilig; Pfl. höher u. kräftiger als die typ. Var. – Bisweilen an feuchteren Standorten. – Zerstreut.

Halbtrockenrasen, Flachmoore, Wiesen, Wälder etc.; meist etwas verdichtete, ±nährstoffreiche, kalkhaltige lehmige Böden. – Verbreitet bis zerstreut (Alp. bis 2120 m), fehlt im N-Flachland über große Strecken. – Gem. bis s. Eur., As.; no-euras.

666. G. odoratíssima (Nath.) L. C. Rich. Kleine H.

♃, *G.* – H. 0,15–0,30. Pfl. zierlich; Knollen ± 2spaltig, Abschnitte 2lappig; B. lineal. bis lineal.-lanzettl.; Blst. walzlich, meist verlängert; Blh. purpurfarbig bis hellrosa violett; Lippe meist seicht 3lappig, Lappen meist stumpf; *Sporn höchstens so lang wie der Frkn.;* sonst ähnlich der vor. Art. VI–VII. 2n = 40.

Gebüsche, Kiefernwälder, Wiesen; trockene bis frische, kalkhaltige Böden. – Sehr selten im nö. u. m. Geb., im s. Geb. selten bis zerstreut (Alp. bis 2200 m); im NW. fehlend. – Gem. Eur., M-Rußl.; praealp(-gem-kont).

Bastard:
G. conopea × odoratissima (= G. × intermedia Peterm.)
Intergener. Bastarde:
× **Leucadénia** Schlecht. (= Gymnadenia sp. × Leucorchis sp.); × L. schweinfúrthii (Hegelm.) Schlecht. (= Gymnadenia conopea × Leucorchis albida) × **Gymnigritélla** G. Camus (= Gymnadenia sp. × Nigritella sp.); × G. suavéolens (Vill.) G. Camus (= Gymnadenia conopea × Nigritella nigra); × G. heufléri (Kern.) G. Camus (= Gymnadenia odoratissima × Nigritella nigra).
× **Orchigymnadénia** G. Camus (= Gymnadenia sp. × Orchis sp.) × O. comígera (Rchb.) A. et G. (= Gymnadenia conopea × O. latifolia) × O. fúchsii Keller et Soó (= Gymnadenia conopea × O. traunsteineri); × O. heinzeliána (Reichardt) G. Camus (= Gymnadenia conopea × O. maculata); × O. vollmánnii M. Schulze (= Gymnadenia conopea × O. incarnata); × O. regeliána (Bruegg.); G. Camus (= Gymnadenia odoratissima × O. maculata).
× **Gymnanacámptis** A. et G. (= Gymnadenia sp. × Anacamptis sp.); × G. aschersónii Camus (= Gymnadenia conopea × Anacamptis pyramidalis).

185. Leucórchis E. Mey. Weißzüngel

x = 7?, 21?

667. L. álbida (L.) E. Mey. (Abb. 106a–c)
[= Gymnadenia albida (L.) L. C. Rich.]

♃, *G.* – H. 0,10–0,30. Knollen handförmig-3fingerig; B. länglich-verkehrt-eiförmig; *Blhb. in einen rundlichen Helm zusammenschließend,* klein weißlich; Lippe tief-3lappig, Lappen ganzrandig, die seitenständigen ±spitz, der mittlere meist doppelt so breit, länglich, stumpf; *Sporn* $^1/_2$ *bis* $^1/_3$ *so lang wie der Frkn.* V–VII (IX). 2n = 42, 40.

Borstgrasrasen, selten Sandheiden; ±frische, saure, meist humose, kalkfreie Böden. – Selten: S-Schleswig (S-Grenze des n. Verbreitungsgeb. der Art); selten u. zerstreut: M-Gebg.; zerstreut bis verbreitet: Alp. (bis 2310 m). – Grönl., Isl., N-Eur., W- u. M-Eur. bis N-Balk., W-Sib.; no-subozean-praealp.

186. Neottiánthe Schlecht.

668. N. cuculláta (L.) Schlecht. (Abb. 106d–g) Kapuzen-Nacktdrüse
[= Gymnadenia cucullata (L.) L. C. Rich.]

♃, *G.* – H. 0,10–0,30. Knollen queroval, bisweilen stumpf-2lappig; B. meist 2, länglich, am Grd. keilförmig; Blhb. zu einem spitzen, lanzettl. Helm zusammenschließend, fleischfarbig; Lippe weißlich od.

Abb. 106. *a–c Leucorchis albida* (*a* Habitus, *b* Blüte, *c* Griffelsäule von vorn); *d–g Neottianthe cucullata* (*d* Habitus, *e* u. *f* Blüten, *g* Griffelsäule von vorn).

rosenrot, 3teilig, Lappen ±spitz, die seitlichen lineal.-lanzettl., der mittlere breiter u. etwas länger, bis fast 3eckig; *Sporn fadenförmig, kürzer als der Frkn.* VII–VIII.

Moosige Nadelwälder. – Selten u. vereinzelt, nur Ostpr. (Kreise: Fischhausen, Johannisburg, Neidenburg, Goldap, Lyck). – Ostpr., O-Pol., Rußl. bis O-As.; (no-)euras-kont.

187. ***Nigritélla*** L. C. Rich. Kohlröschen

x = 8?

669. N. nígra (L.) Rchb. (Abb. 107a–c) Schwarzes K.

♃, *G.* – H. 0,08–0,15(0,30). Knollen 2teilig od. handförmig; B. lineal.; Blst. sehr dicht, anfangs kegelförmig, später kugelig; Bl. schwarzpurpurn, selten heller, nach Vanille riechend; Lippe nach oben gerichtet; Sporn verkehrt eiförmig, $^1/_4$ bis $^1/_3$ so lang wie der Frkn. V–IX. 2n = 64 (32, 38, 40).

Abb. 107. *a–c Nigritella nigra* (*a* Habitus, *b* Blüte, *c* Griffelsäule von vorn); *d–f Chamaeorchis alpina* (*d* Habitus, *e* Blüte, *f* Griffelsäule von vorn).

Alp. Blaugrasrasen, Borstgrasrasen; ±kalkhaltige, humose, oft steinige u. lehmige Substrate. – Zerstreut: Alp. (1620–2280 m); selten verschleppt (so früher: S-Schwarzwald). – Hochgebg. von Pyren. bis Karp., Apenn., Balk., Skand.; alp(-arkt).

188. Chamaeórchis L. C. Rich. corr. Koch

x = 7?, 21? Zwergknabenkraut

670. C. alpína (L.) L. C. Rich. (Abb. 107 d–f)

♃, *G.* – H. 0,05–0,12. Knollen 2, ungeteilt; St. kantig-gestreift, blaßgrün; B. schmal-lineal., ± so lang wie der St.; Blst. ±locker, armbl.; die unteren Tragb. so lang od. länger als die Bl.; Bl. klein, grünlichgelb bis violett-braun; Lippe eiförmig-länglich, mit 2 bisweilen nur zahnartigen Seitenlappen. VII–VIII. 2n = 42.

Alp. Blaugrasrasen; mäßig frische, kalkreiche, steinige Substrate. – Ziemlich selten: Alp. (ca. 1900–2340 m). – Alp., Karp., Tatra, Siebenb., Rum., Skand., Frankr., N-Ital.; alp-arkt.

189. Hermínium R. Br. Einknolle

x = 10

671. H. monórchis (L.) R. Br. (Abb. 108a–c)

♃, *G.* – H. 0,08–0,30. Zur Bl.zeit nur eine kugelige Knolle; B. eiförm.-lanzettl., kürzer als der St.; Blst. meist stark verlängert, ±vielbl.; Bl. klein, grünlichgelb; innere Blhb. meist etwas länger als die äußeren; Lippe meist tief-3spaltig mit lineal. Zipfeln, die seitlichen fast spießförmig-abstehend, der mittlere Zipfel doppelt so lang wie die seitlichen. V–VI (VII). 2n = 40.

Halbtrockenrasen, Magerweiden; ±frische, meist kalkhaltige lehmige od. tonige Böden. – Zerstreut u. selten (Alp. bis 1210 m), stellenweise häufiger (so z. B. N-Hess.–Waldeck, Hügelrhön); fehlt u. a.: NW-D., Schl. Holst., Brand., Ostpr. – Gem. Eur., Pyren., SO-Eur., Kauk., As.; euras(-kont)-submed.

190. Óphrys L. Ragwurz

x = 9

I. Lippe von vorn betrachtet ungeteilt, höchstens mit angedeuteten od. eng anliegenden u. nach hinten gebogenen Seitenlappen
 A. Lippe an der Spitze mit sichtbarem, grünem Anhängsel; Blhb. weiß od. hellpurpurfarbig, nur selten grünlich
  1. Lippe annähernd viereckig, gänzlich ungeteilt, nur schwach gewölbt .... **672. O. fuciflora**
  2. Lippe eiförmig, stark gewölbt, beim Ausbreiten 2 Seitenlappen erscheinend (Schnäbelchen an der Säulenspitze S-förmig gebogen) .... **673. O. apifera**
 B. Lippe an der Spitze ohne ein deutliches, grünes Anhängsel, stark rückwärts gewölbt, mit etwa H-förmiger Zeichnung; Blhb. gewöhnlich grünlich **674. O. sphegodes**
II. Lippe von vorn betrachtet deutlich 3lappig u. an der Spitze ausgerandet (innere Blhb. fadenförmig-schmal) **675. O. insectifera**

1. Sect. Fuciflórae

672. O. fuciflóra (Crantz) Sw. (Abb. 108e) Hummel-R.

♃, *G.* – H. 0,10–0,30. Äußere Blhb. rosarot-weiß, fast so lang wie die Lippe, innere seitliche viel kürzer; *Lippe* hell- bis dunkelpurpurbraun, am Grd. mit gelblichen Zeichnungen, breit-verkehrt-eiförmig, am Rande flach, sammetartig, ungeteilt, mit *kahlem, aufwärts-gebogenem grünlichgelbem Anhängsel.* V–VI. 2n = 36. Im Geb. nur ssp. fucifló ra, formenreich.

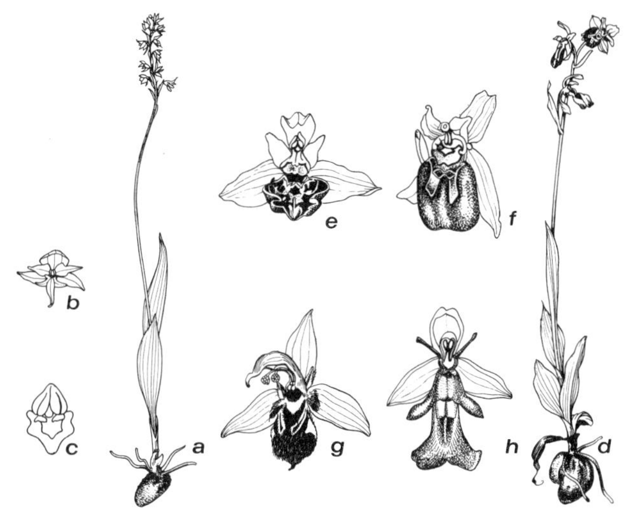

Abb. 108. *a–c Herminium monorchis* (*a* Habitus, *b* Blüte, *c* Griffelsäule von vorn); *d–h Ophrys* spp., *d O. sphegodes* (Habitus), *e–h* Blütenbeispiele (*e O. fuciflora, f O. sphegodes, g O. apifera, h O. insectifera*).

Insbes. Halbtrockenrasen der coll. Stufe; warme, kalkreiche Böden. – Selten u. sehr zerstreut im w., m. u. s. Geb., im m. Geb. nur Regenschatten des Thür. Waldes (vereinzelt zwischen Rudolstadt–Bad Blankenburg, Angelroda, Werratal); fehlt u. a. im N-Flachland u. Alp. – W-, M- u. S-Eur., Kl.As., Syr.; submed(-subatl).

673. O. apífera Huds. (Abb. 108 g) Bienen-R.

♃, *G.* – H. 0,15–0,30(0,70). Äußere Blhb. rötlichweiß bis weiß; *Lippe* rundlich-verkehrt-eiförmig, *gedunsen, sammetartig, gescheckt,* braun mit gelblichen Zeichnungen, selten völlig gelb, *meist 5lappig,* die 2 hinteren Lappen eiförmig, etwas abstehend, *die 3 vorderen zurückgekrümmt, unterseits zusammenneigend, der mittlere* (selten alle 3) *in ein kahles, meist nach abwärts gebogenes Anhängsel endigend.* V–VII. Formenreich. Umfaßt:

ssp. a p í f e r a; innere seitliche Blhb. viel kleiner als die äußeren. 2n = 36.

Selten bis zerstreut im m. u. s. Geb. (Alp.vorland bis 900 m); in N-D. nur vereinzelt u. sehr selten (Heiligenhafen, Warmbüchen bei Hannover)

ssp. j u r á n a Rupp. ex Zimmerm.; innere seitliche Blhb. stark verbreitert, $^{1}/_{2}$ bis $^{3}/_{4}$ so lang wie die ähnlichen äußeren. Umfaßt verschiedene Var. mit gewölbter od. ±flacher Lippe, mit od. ohne Anhängsel, kahlen od. behaarten inneren Blhb.

Selten: Saargeb. (Fechingen—Ensheim), Neckargeb., Jura, s. Oberrheingeb., Kaiserstuhl.

Meist Halbtrockenrasen, Eichen-Kiefern-Bestände; warme, kalkreiche Böden, sehr selten sumpfige Flächen. — W-, M- u. S-Eur., Rußl., Kauk., Transkauk., Aserbaidschan, Kl.As., Pers., Palästina, N-Afr.; submed(-subatl.).

2. Sect. A r a n í f e r a e

674. O. sphegódes Mill. (Abb. 108 d, f) Spinnen-R.
(= O. araneifera Huds.)

♃, *G.* — H. 0,15—0,30(0,45). Äußere Blhb. gelbgrün (vgl. Var.); *Lippe* länglich-verkehrt-eiförmig od. oval, seltener fast kreisrund, ungeteilt, gewölbt, gedunsen, am Rande zurückgebogen, *an der Spitze stumpf od. schwach ausgerandet,* behaart, ohne Anhängsel, *in der Mitte mit 2—4 am Grd. querverbundenen, kahlen,* meist trübgelben *Längslinien,* purpurrot bis schwarzgrün od. gegen den Rand hin gelblich, ± so lang wie die äußeren Blhb.; innere Blhb. kürzer, fast kahl. IV—VI. Formenreich, umfaßt im Geb.:

ssp. s p h e g ó d e s; Bl. groß; Lippe länglich-eiförmig od. oval. 2n = 36. — Zerstreut u. selten; früher Augsburg.

ssp. l i t i g i ó s a (Camus) Bech.; Bl. klein aber zahlreicher (6—18); Lippe fast kreisrund, ca. 5—7 × 5—7 mm, schwarzbraun od. schwarz-grün; äußere Blhb. grünlichgelb, innere gelb od. bräunlichgelb. 2n = 36. — Selten: Oberrheingeb., Frankfurt/Main, Thür. (Jena).

Halbtrockenrasen, Gebüsche od. trockene Pfeifengraswiesen; warme, kalkreiche Böden. — Selten u. zerstreut im m. u. s. Geb., fehlt u. a. in N-D. u. Alp. — W-, M- u. S-Eur., S-Rußl., Kl.As., Kauk., N-Afr.; submed(-subatl).

3. Sect. O p h r y s

675. O. insectífera L. (Abb. 108 h) Fliegen-R.
(= O. muscifera Huds.)

♃, *G.* — H. 0,15—0,30(0,50). Äußere Blhb. hellgrün; *Lippe 3- bis 4lappig,* länglich, sammetartig, dunkelpurpurrot, *in der Mitte mit einem fast 4eckigen kahlen, graubläulichen Fleck,* ±doppelt so lang wie die übrigen Blhb. (selten mit gelbem Rand), Seitenlappen lanzettl., der mittlere ±doppelt so lang, an der Spitze 2lappig, ohne Anhängsel. V—VI. 2n = 36. Verschiedene Formen. Hierzu u. a.:

var. b o m b í f e r a Bréb.; Lippe größer u. breiter (etwa 12 × 10 mm), Mittellappen fast kreisrund mit meist sehr spitzem Ausschnitt. — Vereinzelt.

Insbes. Halbtrockenrasen, Kiefern-Trockenwälder etc.; warme, kalkreiche, meist lehmige Böden. — Zerstreut bis ziemlich selten im m. u. s. Geb. (Alp.

bis 1620 m), in N-D. sehr selten, u. a. im nw. Flachland fehlend. – Skand., W-, M- u. S-Eur., M- u. S-Rußl.; subatl-submed.

Bastarde:
O. fuciflora × apifera (= O. × albertiana Camus); O. fuciflora × sphegodes (= O. × aschersonii Nanteuil); O. insectifera × fuciflora (= O. × devenensis Rchb.f.); O. insectifera × sphegodes (= O. × hybrida Pokorny); O. sphegodes × apifera (= O. × epeirophora Peterm.)

191. *Traunsteinéra* Rchb. — Kugel-Knabenkraut

x = 7?, 21?

676. T. globósa (L.) Rchb. (Abb. 109a–c)
(= Orchis globosa L.)

♃, *G.* – H. 0,15–0,60. B. lanzettl., langscheidig, am St.grd. nur Scheidenb.; Blst. fast kugelig; Bl. hellviolettrosa, klein, selten weiß; äußere Blhb. mit lang ausgezogener, stumpflicher, meist spatelig verdickter Spitze; Lippe dunkler-punktiert, gerade-hervorgestreckt, Lappen länglich, der mittlere breiter, meist abgestutzt, ausgerandet mit Zähnchen; Sporn $^1/_2$ so lang wie der Frkn. V–VI (VII–VIII). 2n = 42.
Bergfettwiesen, Kalkmagerrasen der mont. u. subalp. Stufe; frische, nährstoff- u. meist kalkhaltige Lehm- u. Steinböden. – Selten: Riesengebg., ö. Erzgebg., ö. Lausitzer Bergland, S-Schwarzwald, Baar, Jura, Alp.vorland, Alp. (bis 2110 m). – Gebg. von Span., Frankr., Ital. bis Sud., Alp., Karp., N-Balk., Rußl., Kl.As.; praealp.

192. *Órchis* L. — Knabenkraut

x = 7 (?), 21 (?), 9, 10, 19

I. Deckb. der Einzelbl. häutig u. dünn, manchmal sehr klein, oft gefärbt; St. meist mit deutlicher grd.ständiger B.rosette, von Stb. tütenartig umgeben (1. Subgen. Orchis: Knollen ungeteilt, meist rundlich bis ellipsoidisch)
  A. Seitliche äußere Blhb. helmartig zusammenneigend
    1. Lippe breiter als lang, mit kurzen Lappen, Mittellappen die breiteren seitlichen Lappen meist nicht überragend . . . . **677. O. morio**
    2. Lippe länger als breit, Mittellappen die seitlichen Lappen meist deutlich überragend
      a) Mittellappen der Lippe ungeteilt, nach vorn verschmälert . . . . **678. O. coriophora**
      b) Mittellappen tief 2spaltig od. 2lappig, bisweilen mit Spitzchen zwischen den Lappen

Abb. 109. *a–c Traunsteinera globosa* (*a* Habitus, *b* Blüte, *c* Säule); *d–f Orchis latifolia* (*d* Habitus, *e* Blüte, *f* Säule).

x) Deckb. mindestens halb bis meist ganz so lang wie der Frkn.

/) Bl. sehr klein; Sporn 3- bis 4mal kürzer als der Frkn. . . . . **679. O. ustulata**

//) Bl. mittelgroß; Sporn länger als der halbe Frkn. . . . . **680. O. tridentata**

xx) Deckb. viel kürzer bis höchstens $^1/_2$ so lang wie der Frkn.

/) Abschnitte der Lippe ganzrandig; Helm eiförmig od. lanzettl., spitz

§) Mittellappen der Lippe mit schmal-lineal., den Seitenlappen ähnlichen Zipfeln . . . . **681. O. simia**

§§) Mittellappen der Lippe mit kurzen, eiförmigen bis länglichen Zipfeln, die 2- bis 4mal breiter als die Seitenlappen sind . . . . **682. O. militaris**

//) Abschnitte der Lippe ±gezähnelt; Helm breit oval, stumpflich . . . . **683. O. purpurea**

B. Seitliche äußere Blhb. weit abstehend od. zurückgeschlagen

1. B. nach dem Grd. allmählich verschmälert, in od. über der Mitte am breitesten, breit-länglich od. zungenförmig; Deckb. 1nervig

a) Bl. purpurfarbig; Lippe sammetartig bärtig 684. O. mascula
b) Bl. gelb; Lippe nur sehr kurz papillös ...... 685. O. pallens
2. B. nach der Spitze verschmälert, am Grd. am breitesten, lineal.; Deckb. 3- u. mehrnervig
a) Lippe fast ungeteilt, seltener undeutlich 3-lappig (Pfl. sehr kräftig) .... 686. O. elegans
b) Lippe deutlich 3lappig .... 687. O. palustris

II. Deckb. der Einzelbl. grün od. ±violett überlaufen, aber derber u. den Stb. ähnlich, diese mit freier (nicht tütenartiger) Spreite (2. Subgen. Dactylorchis: Knollen fingerartig geteilt od. an der Spitze kurz 2- bis 4lappig, seltener mit lang auslaufender Spitze)

A. Bl. hellgelb; Sporn so lang od. länger als der Frkn. 688. O. sambucina
B. Bl. nicht gelb (Ausnahmen: O. incarnata var. straminea, O. maculata ssp. transsilvanica); Sporn meist kürzer als der Frkn.
1. B. meist vom Grd. an verschmälert, obere kleiner, in der Form wenig von den unteren verschieden
a) Lippe ungeteilt od. fast ungeteilt .... 689. O. incarnata
b) Lippe deutlich 3lappig
x) Bl. dunkel purpurviolett; Lippe ohne Zeichnung .... siehe O. palustris
xx) Bl. rosenrot bis violettpurpur; Lippe mit Punkten u. Strichen gezeichnet
/) St. schlank, bisweilen leicht gewunden; B. gewöhnlich 3—4, fast aufrecht; Blst. ziemlich locker .... 690. O. traunsteineri
//) St. kräftig, hohl, sehr steif; B. 5—6, aufrecht-abstehend; Blst. sehr dicht .. 691. O. russowii
2. B. meist am Grd. verschmälert, größte B.breite über dem Grd., untere von den oberen in der Form verschieden (Lippe ± 3lappig)
a) Bl. mit ±orangeroter bis roter, am Grd. gelber, fast ungeteilter Lippe (Pfl. gewöhnlich mit gelbblühenden beisammenstehend) siehe O. sambucina
b) Bl. mit Lippe ohne Gelb am Grd., ±purpurviolett bis pfirsichrosa (Ausnahme: O. maculata ssp. transsilvanica)
x) B. meist zu 4—6; St. meist hohl; Sporn kürzer als der Frkn. .... 692. O. latifolia
xx) B. meist zu (3)6—10; St. meist nicht hohl (vgl. O. fuchsii); Sporn meist fast so lang wie der Frkn.
/) Lippe deutlich, oft tief 3lappig, Mittellappen groß, vorgezogen ..... 693. O. fuchsii
//) Lippe schwach (kaum bis $^1/_3$) 3lappig, Mittellappen klein, nicht od. kaum vorgezogen .... 694. O. maculata

1. Subgen. O r c h i s
1. Sect. M o r i ó n e s

677. O. mório L. (Abb. 110a) Kleines K.

♃, *G.* – H. 0,08–0,30(0,40). B. länglich-lanzettl.; obere Deckb. 1nervig, untere meist 3nervig, so lang wie der Frkn.; *Blhb. stumpf,* helmartig zusammenschließend, purpurrot (selten weiß), mit grünen, starken Adern; Lippe 3lappig, Mittellappen der Lippe breit, abgestutzt-ausgerandet; *Sporn keulig-walzlich,* (7)8–11 mm lang, *meist kürzer als der Frkn.* IV–V. Im Geb. ssp. m ó r i o, 2n = 36. Daneben vereinzelt Übergangsformen zu ssp. p í c t a (Lois.) A. et G. in der f. s u b p í c t a Sabr. mit kleinen, 8–10 mm großen Bl., 6–8 × 8–10 mm großer Lippe u. armbl. Blst., u. a. in Ostpr. (Rossitten).

Halbtrockenrasen, trockene Wiesen, Abhänge; ±frische, magere, meist kalkhaltige Böden. – Zerstreut im m. u. verbreitet im s. Geb. (Alp. bis 1100 m); im N sehr selten. – S-Skand. bis S-Eur., Kl.As., Kauk., Pers., Syr.; submed(-euras).

2. Sect. C o r i ó p h o r a e

678. O. corióphora L. (Abb. 110b) Wanzen-K.

♃, *G.* – H. 0,15–0,30(0,40). B. lineal.-lanzettl.; Blst. länglich; Deckb. 1nervig, etwa so lang wie der Frkn.; Bl. meist mit wanzenähnlichem Geruch; *Blhb. spitz,* helmartig zusammenschließend, schmutzig-rotbraun; Lippe 3lappig, herabhängend, grünlich, mit braunroter Aderung u. dunkel-purpurroten Punkten, Seitenlappen breit, fast rautenförmig, *Mittellappen ungeteilt, länglich* (selten gestutzt od. ausgerandet); *Sporn kegelförmig,* gekrümmt, absteigend, 2- bis 3mal kürzer als der Frkn. V–VI. Umfaßt im Geb. (auch als Unterarten bewertet):

var. c o r i ó p h o r a (= ssp. coriophora); Helm spitz; Mittellappen der Lippe kaum länger als die Seitenlappen; Sporn kürzer als die Lippe. 2n = 38. – Selten.

var. f r á g r a n s (Poll.) Boiss. [= ssp. fragrans (Poll.) Camus, O. polliniana Spreng.]; Helm stark zugespitzt; Mittellappen der Lippe länger als die Seitenlappen; Sporn länger od. so lang wie die Lippe; Bl. nach Vanille u. bitteren Mandeln duftend. – Sehr selten im s. Geb.

Feuchtwiesen; ±feuchte, ärmere Lehm- u. Tonböden. – Selten, stark zurückgehend, früher n. bis Westf. u. Ostpr., derzeit: Brand., O-Thür. (bis Fertigstellung der Hohenwarthe-Talsperre von Kahla bis Dornburg); Rheingraben (Bad Dürkheim – Speyer – Neustadt a. d. W.), S-D. (Alp.vorland bis 710 m). – S- u. M-Eur., Kl.As., Kauk., Pers., Syr., Rußl.; submed(-gem-kont).

3. Sect. Militáres

679. O. ustuláta L. (Abb. 110c) Brand-K.

♃, *G.* – H. 0,10–0,35. B. länglich bis länglich-lanzettl.; Blst. anfangs kegelförmig, zuletzt zylindrisch; *Bl. klein;* Helm fast kugelig; Blhb. eiförmig, innere stumpf, rosa, äußere dunkel-schwarz-purpurrot; Lippe weiß, sammetartig, mit dunkel-purpurroten Punkten, od. die ganze Bl. weiß od. grünlich-weiß; *Seitenlappen länglich-lineal., der mittlere 2zipfelig mit länglich-lineal. Lappen.* V–VI (IX–X). 2n = 42.

Halbtrockenrasen; meist kalkhaltige, Lehm- u. Lößböden. – Zerstreut bis selten im m. (O- u. N-Thür., Sachs.-Anh.) u. s. Geb. (Alp. bis 1460 m); sehr selten in NO-D. (Brand., Westpr.). – s. u. gem. Eur., M- u. S-Rußl., Ural, Kauk., W-Sib.; submed(-euras-subozean).

680. O. tridentáta Scop. (Abb. 110d) Dreizähniges K.

♃, *G.* – H. 0,12–0,30(0,45). B. länglich-lanzettl.; Blst. anfangs kegelförmig, zuletzt rundlich-eiförmig; *Bl. mittelgroß;* Helm länglich, spitz; Blhb. eiförmig-lanzettl., äußere meist hellpurpurrot mit dunkleren Adern; Lippe hell-purpurrot-punktiert, kahl, 3teilig, *Seitenlappen länglich, der mittlere breit-verkehrt-herzförmig,* alle spitz gezähnt; Bl. selten ganz weiß. V–VI. 2n = 42.

Halbtrockenrasen, Triften, Wegränder, Weinberge; meist kalkhaltige, lehmige Böden. – Zerstreut bis selten im m. Geb.: Westf. (Diemel- u. Oberwesergeb.), S-Nieders., N-Hess. (bes. Waldeck), Anh., Brand., Meckl., Pomm., am häufigsten in O-Thür. über Naumburg bis N-Thür. – Med., S-, M- u. SO-Eur., Kl.As., Syr., N-Afr.; submed.

681. O. símia Lam. (Abb. 110e) Affen-K.

♃, *G.* – H. 0,25–0,40. B. länglich od. unterste verkehrt-eiförmig; Blst. dicht, ±kugelig; Blhb. in einen ei-lanzettförmigen Helm zusammenschließend, außen grau ins Purpur spielend; Lippe rosa od. weiß, *Seitenlappen schmal-lineal., spitzlich, bogig auf- u. einwärtsgekrümmt, der mittlere 2lappig,* dazwischen ein ±deutliches Zähnchen, *Schenkel verlängert, den Seitenlappen gleichgestaltet* u. noch einmal so lang wie der Zipfel selbst; Sporn 1/2 bis 1/3 so lang wie der Frkn. V–VI (zuerst oberste Knospen aufblühend). 2n = 42.

Halbtrockenrasen; warme, kalkreiche Lehm- u. Lößböden. – Sehr selten, nur SW-D. (Kaiserstuhl–Hecklingen), Saargeb. (Merzig). – W- u. S-Eur., Kl.As., Krim, Kauk., N-Afr.; submed(-subatl).

682. O. militáris L. (Abb. 110f) Helm-K.
(= O. rivini Gouan)

♃, *G.* – H. 0,25–0,45. B. länglich od. unterste länglich-ellipt.; Blst. anfangs kegelförmig, zuletzt zylindrisch, meist vielbl.; Blhb. in einen eiförmig-lanzettl., aschgrauen od. hellpurpurroten Helm zusammen-

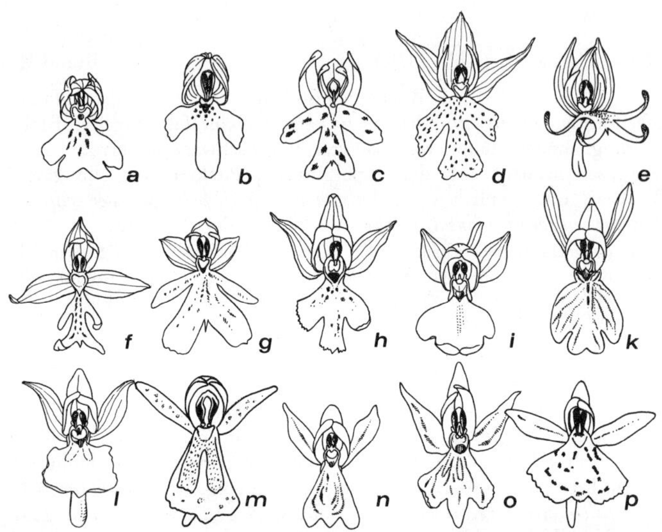

Abb. 110. *Orchis* spp., Blütenbeispiele (*a O. morio, b O. coriophora, c O. ustulata, d O. tridentata, e O. simia, f O. militaris, g O. purpurea, h O. mascula, i O. pallens, k O. palustris, l O. sambucina, m O. incarnata, n O. traunsteineri, o O. fuchsii, p O. maculata*).

schließend, sehr selten Bl. ganz weiß; Lippe blaßpurpurrot, in der Mitte ±weißlich, mit purpurroten Punkten; *Seitenlappen der Lippe lineal., stumpf, Mittellappen lineal., an der Spitze plötzlich verbreitert* u. nierenförmig-2lappig; Sporn etwa $^1/_2$ so lang wie der Frkn. V–VI. 2n = 42. Halbtrockenrasen, trockene Wiesen; kalkreiche Böden. – Zerstreut, geb.weise verbreitet, insbes. im m. u. s. Geb. (Alp. bis 950 m); im nw. Flachland fehlend. – Schwed., M- u. S-Eur., Kl.As., M- u. S-Rußl., Kauk., Sib.; submed-euras.

683. O. purpúrea Huds. (Abb. 110g) Purpur-K.

♃, *G.* – H. 0,30–0,78. B. länglich; Blst. groß, anfangs kegelförmig, später zylindrisch; Helm breit oval, meist rotbraun, mit purpurroten Punkten; selten ganze Bl. reinweiß, unpunktiert; Lippe weiß od. hellrosenrot, purpur-sammetartig-pinselförmig-punktiert, *Seitenlappen lineal., der mittlere vom Grd. an allmählich verbreitert,* 2lappig, Lappen breit, meist ausgebissen-gezähnelt; Sporn zylindrisch, $^1/_2$ so lang wie der Frkn. V–VI. 2n = 42, 40. Veränderlich u. formenreich. Hierzu:

var. m o r á v i c a (Jacq.) Rchb.f.; Seitenlappen der Lippe meist kurz, Mittellappen am Grd. sehr breit, ±kreisförmig abgerundet. – Selten (z. B. bei Bonn).

Eichenwälder u. -gebüsche, Halbtrockenrasen; ±frische, meist kalkreiche, lehmige Böden. – Zerstreut bis selten im m. u. s. Geb., insbes. von Thür. (Unstrut-Saalegeb.) bis zum sw. Geb., s. bis Alp.vorland, nw. etwa bis Hildesheim; im N. nur vereinzelt, so Meckl., sonst fehlend. – S- u. M-Eur., M- u. S-Rußl., Kl.As., Kauk.; submed(-subatl).

4. Sect. M á s c u l a e

684. O. máscula L. (Abb. 110h) Männliches K.

♃, *G.* – H. 0,20–0,56. B. schmal-länglich bis länglich-lanzettl., bisweilen schwärzlich-purpur-gefleckt; *Blst. zuletzt verlängert, zylindrisch; Blhb.* eiförmig-länglich, stumpf od. spitz, *purpurrot,* selten weiß, die 2 innersten kürzer als das rückenständige, *die 2 seitlichen zuletzt zurückgeschlagen; Lippe tief 3lappig, mit breiten, gezähnten Lappen;* Sporn etwas keulig, walzenförmig, so lang wie der Frkn. V–VI. Umfaßt im Geb.:

ssp. m á s c u l a; Mittellappen der Lippe ausgerandet, etwa ebenso lang wie die Seitenlappen; äußere Blhb. spitz bis kurz zugespitzt. 2n = 42. – Zerstreut, insbes. im s. Geb.

ssp. o c c i d e n t á l i s O. Schwarz (= var. obtusiflora Koch); Mittellappen der häufig breiteren u. kürzeren Lippe etwas länger als die Seitenlappen; äußere Blhb. stumpf. 2n = 42. – Zerstreut, insbes. im n. u. w. Geb.

ssp. s i g n í f e r a (Vest) Soó; Mittellappen der Lippe 2mal länger als die oft abstehenden, verkürzten Seitenlappen; äußere Blhb. lang, grannig zugespitzt. – Sehr zerstreut u. selten, nö. bis Ostpr.

Bergwiesen, Halbtrockenrasen; nährstoff- u. meist kalkhaltige, lehmige Böden. – Zerstreut bis geb.weise ziemlich häufig im m. u. s. Geb. (Alp. bis 1750 m), im n. Geb. selten. – Skand. bis S-Eur., Rußl., Vord.As., N-Afr.; euras-subozean-submed.

685. O. pállens L. (Abb. 110 i) Blasses K.

♃, *G.* – H. 0,15–0,35. B. länglich bis länglich-verkehrt-eiförmig; *Blst. zuletzt eiförmig* bis fast zylindrisch; *Blhb.* eiförmig, stumpf, meist – *wie die Deckb.* – *gelblich-weiß,* sehr selten rot, besonders abends u. nachts stark nach Holunder riechend, die inneren fast gleich, die *2 seitlichen zuletzt zurückgebogen; Lippe seicht 3lappig, ganzrandig* od. nur schwach gekerbt; *Sporn walzlich,* so lang wie der Frkn. od. kürzer. IV–V. 2n = 40.

Laubwälder; frische, meist kalkhaltige, lehmige od. tonige Böden. – Zerstreut in Thür.; O-Thür. bis ö. Sachs.-Anh. etwas häufiger, selten in N-Hess. u. s. Geb. (Jura, Baar, Bodenseegeb., Alp.vorland, Alp. bis 1200 m). – Pyren., Frankr., M- u. S-D. bis SO-Eur., Kauk.; gem-kont(-o-praealp).

686. O. élegans Heuff. Großes Sumpf-K.
[= O. palustris Jacq. var. elegans (Heuff.) Beck, O. laxiflora Lam. ssp. elegans (Heuff.) Soó]

♃, *G.* – H. bis 0,60(0,70). B. breit-lanzettl., 15–25 mm breit; Blst. bis 35 cm lang; äußere Blhb. bis 10 mm lang, länglich, stumpf, purpurrot; *Lippe ungeteilt, verkehrt-herzförmig* od. nur undeutlich 3lappig, *bis 12 × 12 mm groß,* plötzlich herabgebogen; Sporn wenig kürzer od. so lang wie der Frkn. VI–VII. 2n = 42.

Sumpfwiesen. – Sehr selten in S-D. (bei Bischofsheim/Landkreis Hanau). – S-D., SO-Eur. bis S-Rußl., Kl.As., Kauk., Turk., Afghan.

687. O. palústris Jacq. (Abb. 110k) Sumpf-K.
[= O. laxiflora Lam. ssp. palustris (Jacq.) A. et G.]

♃, *G.* – H. 0,30–0,50. B. lineal., meist bis 7(10) mm breit, selten gefleckt; Blst. etwa bis 15 cm lang; äußere Blhb. 7–8 mm lang, länglich, purpurrot; *Lippe deutlich 3lappig,* 9–10 × 8–10 mm groß, Seitenlappen länglich, nach der Bl. ±zurückgebogen, Mittellappen ganzrandig od. ±tief ausgerandet, so lang od. wenig länger als die Seitenlappen; Sporn wenig kürzer als der Frkn., an der Spitze verjüngt. VI–VII. 2n = 42.

Sumpfwiesen, Flachmoore; nasse Sumpfhumusböden. – Am häufigsten im Havelgeb., im übrigen Geb. selten bis zerstreut, im s. Geb. bis Alp.vorland. – M-Eur. bis w. Med., NW-Afr.; (med-)submed(-subatl).

2. Subgen. D a c t y l ó r c h i s
5. Sect. S a m b ú c i n a e

688. O. sambúcina L. (Abb. 110l) Holunder-K.
[= Dactylorchis sambucina (L.) Verm.]

♃, *G.* – H. 0,10–0,25. St. hohl; B. länglich-lanzettl.; Blst. gedrungen, kurz-eiförmig bis kurz-zylindrisch; Deckb. so lang od. länger als die schwach nach Holunder riechenden Bl.; *Blhb. gelblich-weiß,* seitenständige abstehend, selten ganze Blh. purpurrot; *Lippe hellgelb,* oft am Grd. mit purpurroten Pünktchen, kurz 3lappig; *Sporn kegel-walzenförmig, so lang wie der Frkn.,* abwärts gerichtet. IV–V(–VII). 2n = 40, 42. Im Geb. nur ssp. s a m b ú c i n a.

Halbtrockenrasen, seltener Borstgrasrasen; kalkarme, steinig-lehmige Böden (Porphyr, Gneis etc.). – Zerstreut u. selten in M-D. (Naumburg a. S., Jena, Thür. Wald), S-D. (Pfalz, Nahetal, Frank., Fränk. Jura, Bay. Wald, S-Schwarzwald, Alp. bis ca. 1200 m); sehr selten in Brand., Niederlausitz, Oder- u. Warthegeb., Hinterpomm. – S-Skand. bis s. Eur., Rußl.; praealp(-gemkont).

6. Sect. Maculátae

689. O. incarnáta L. (Abb. 110m) Fleischrotes K.
[= Dactylorchis incarnata (L.) Verm., O. strictifolia Opiz]

♃, *G.* – H. 0,25–0,55. St. steif aufrecht, hohl; B. lang- u. lockerscheidig, aufrecht, verlängert-lanzettl., an der Spitze mützenförmig od. nur rinnig zusammengezogen, das oberste oft über den Grd. des Blst. hinaufreichend; Blst. reichbl., gedrungen, später oft verlängert; Deckb. grün od. am Rande schwach-rötlich, z. T. die Bl. überragend; Bl. fleischfarbig, selten dunkel-violett-rot, weiß od. gelb; *Lippe vorn breit-abgerundet, meist ungeteilt, auf den* stark zurückgeklappten *Seiten feingekerbt, mit blasser, unregelmäßiger, oft punktförmiger Zeichnung;* Sporn walzlich, kürzer als der Frkn. V–VI(–VII). Formenreich. Umfaßt (auch als Arten bewertet):

ssp. incarnáta; B. ungefleckt; Blst. verlängert; Pfl. meist hoch; Sporn meist $^3/_4$ so lang wie der Frkn.; Bl. der typ. Var. fleischfarben. 2n = 40. – Verbreitet bis zerstreut. Hierzu u. a.:

var. stramínea Rchb.f. (= O. ochroleuca Schur); Bl. hellgelb bis gelblichweiß. – Selten, u. a. Brand., Meckl., s. Geb.

ssp. cruénta (Müll.) A. et G. (= O. cruenta Müll.); B. beiderseits violett-purpur gefleckt; Blst. kurz; Pfl. meist niedrig; Sporn etwa 2mal kürzer als der Frkn. 2n = 40. – Selten: Meckl.; hierher vielleicht Formen von Borkum u. Alp.vorland (Haspelmoor, Oberndorf).

Sumpfwiesen, Bruchwälder; nasse, nährstoffreiche, meist kalkhaltige, humose Böden. – Zerstreut bis verbreitet (Alp. bis 1320 m). – Eur., gem. As.; noeuras(-submed).

690. O. traunsteinéri Saut. ex Rchb. (Abb. 110n) Traunsteiners K.
[= Dactylorchis traunsteineri (Saut.) Verm.]

♃, *G.* – H. 0,10–0,40. Knollen lang fadenförmig ausgezogen; St. schlank, dünn, oft leicht gewunden, meist 3- bis 4blättrig; B. ungefleckt od. gefleckt, schmal-lineal., bis etwa 9 mm breit, ±aufrecht, lang zugespitzt, an der Spitze fast flach, das oberste oft nicht dem Grd. des Blst. erreichend; *Blst. sehr locker; Deckb.* rotbräunlich, *meist die Bl. weit überragend* (junger Blst. schopfartig); Bl. ziemlich dunkelpurpur, selten weiß; *Lippe 3lappig, meist an der Spitze am breitesten, mit vorgezogenem Mittellappen,* deutlich gesprenkelt u. mit Linien gezeichnet; *Sporn* dick, stumpflich, $^1/_2$ *so lang wie der Frkn.* VI–VII. 2n = 80. Formenreich.

Flachmoore, Quellmoore, Braunseggensümpfe; nasse, kalkarme Sumpfhumusböden. – Selten im s. Geb. (Oberrhein- u. Hochrheingeb., Bodenseegeb., S-Schwarzwald, Oberpfalz, Donaugeb., Alp.vorland, Alp. bis 1360 m). – Skand., S-D., Frankr., Schweiz, Österr., Ung. bis W-Sib.; praealp.

Anmerkung:
Zu O. traunsteineri Saut. s. lat. werden bisweilen außer der nordisch-baltischen O. russowii Klinge verschiedene Populationen des n. u. m. Geb. (so z. B. Populationen aus NW-D., Jena) gerechnet, die evtl. konstante Bastardpopulationen beinhalten.

691. O. russówii (Klinge) Schlecht. Ostsee-K.
[= Dactylorchis russowii (Klinge) Löve et Löve, O. traunsteineri Saut. ssp. russowii (Klinge) Soó]

♃, *G.* – H. 0,20–0,50. St. steif-aufrecht, hohl, meist 5- bis 6blättrig; B. schwach gefleckt, lineal. bis lineal.-lanzettl., bis 10–15 mm breit; *Blst. dicht; Deckb. meist kürzer als die Bl.;* Bl. rosenrot; *Lippe 3lappig,* meist *in der Mitte am breitesten, mit aufgesetztem,* selten vorgezogenem *Mittellappen,* dunkel-violett-purpur gezeichnet; *Sporn etwas kürzer als der Frkn.* VI. 2n = 120, 122.

Flachmoore; kalkreiche Böden. – Sehr selten im nö. Geb. (N-Meckl., Pomm., Westpr., Ostpr.). – Finnl., Schwed., NO-D., Pol., N-Rußl., Sib.; no(-kont).

Anmerkung:
1. **O. rúthei** M. Schulze, mit nur kurz an den Spitzen ausgezogenen Knollen, kräftigem, hohlem St., ungefleckten, schmal-lanzettl., bis 20 mm breiten B. u. hellviolett-purpurnen Bl. mit 3lappiger Lippe, nur bei Swinemünde, ist evtl. ein konstanter, polyhybrider Schwarm (? = O. incarnata × maculata × latifolia).
2. O.-Populationen, in denen Individuen auftreten, die in verschiedenen Merkmalen der atlantischen **O. praetermissa** Druce ähnlich sind, wurden in NW-D. (Hamburg, Niederrheingeb.) Landstuhler Bruch, w. Kaiserslautern, beobachtet u. zu **O. traunsteineri** Saut. s. lat. gestellt.

692. O. latifólia L. (Abb. 109d–f) Breitblättriges K.
[= Dactylorchis latifolia (L.) Rothm., O. majalis Reichb.]

♃, *G.* – H. 0,10–0,50(0,70). *St. röhrig, 4- bis 6(7)blättrig; B.* trübgrün, kurzscheidig, *abstehend, schlaff,* meist alle schwarzbraun gefleckt, untere in der Mitte am breitesten, an der Spitze flach, *die oberen kleiner, lanzettl., zugespitzt,* das oberste häufig den Blst. erreichend; untere Deckb. meist länger als die Bl., gefärbt; Blh. lila-purpurrot, selten fleischfarbig od. weiß; *Lippe breit-keilförmig,* ±3lappig; Sporn kegelwalzenförmig, kürzer als der Frkn. V–VII(–VIII). Formenreich. Umfaßt im Geb.:

ssp. l a t i f ó l i a; H. bis etwa 0,30(0,50); St. kräftig; B. lanzettl., länglich bis oval (Form sehr mannigfaltig), abgerundet od. spitz; Blst. meist verlängert, dichtbl.; Lippe meist 3lappig. 2n = 80. Verbreitet u. meist häufig.

ssp. a l p é s t r i s (Pugsley) Janch.; H. meist nur bis 0,20; St. kräftig; B. breit länglich bis verkehrt-eiförmig, zungenförmig, abgerundet bis spitzlich; Blst. kurz, schopfig; Bl. bis 20 mm groß; Lippe meist ungeteilt, bis 15 mm breit. – Zerstreut: Alp.

ssp. b á l t i c a Klinge [= ssp. dunensis (Rchb.f) Soó]; H. 0,25–0,70; St. dünn, oft hin- u. hergebogen; B. lineal.- bis schmal-lanzettl., 15–35 mm breit, meist klein-gefleckt; Blst. locker u. rel. vielbl.; Lippe 3lappig, bis etwa 10(–12) mm breit, 8 mm lang. – Salzwiesen. – Selten: O-See-Küste (Meckl., Ostpr.).

ssp. b r e v i f ó l i a (Bisse); H. bis 0,35; St. dünn, oft etwas hin- u. hergebogen; B. lineal.-schmal-lanzettl., meist 5–12 mm breit, schwach gefleckt bis ungefleckt; Blst. locker, meist wenigbl.; Bl. oft dunkler; Lippe 3lappig; ähnlich der O. traunsteineri. – Selten, Meckl., Brand., am Harz, Thür.

Feuchte Wiesen, Flachmoore; ±nasse, meist nährstoffreiche, etwas saure, meist tonige Böden. – Verbreitet, meist häufig (Alp. bis 1707 m). – Eur., w. As.; euras-subozean.

693. O. fúchsii Druce (Abb. 110o) Fuchs-K.
[= O. maculata L. ssp. fuchsii (Druce) Christiansen, Dactylorchis fuchsii (Druce) Verm.]

♃, *G.* – H. 0,15–0,50(0,70). Pfl. schlank; St. öfter hohl, (2–3) bis etwa 10- u. mehrblättrig, oben meist blätterlos; unterste B. breit länglich, stumpf, mittlere u. obere deckb.artig, lanzettl., klein, meist alle gefleckt; Blst. verlängert, locker; *Bl. klein,* rotviolett, rosarot u. weiß; *Lippe deutlich u. oft tief 3lappig,* mit dunklen auch bläulichvioletten Linien gezeichnet; *Mittellappen 3eckig, spitz, länger als die Seitenlappen, vorgezogen; Sporn dünn,* bis 6,5 (8,5) mm lang. VI–VII. 2n = 40. Im Geb. nur ssp. f ú c h s i i.

Flachmoore, Wälder. – Zerstreut. – Vermutlich im größten Teil von Eur. bis O-Sib., Mong.

694. O. maculáta L. (Abb. 110p) Geflecktes K.
[= Dactylorchis maculata (L.) Verm.]

♃, *G.* – H. 0,15–0,60. *St. meist nicht hohl, meist 6- bis 10blättrig;* untere B. länglich-stumpf bis lanzettl.-spitz, obere kleiner, deckb.artig, *das oberste vom Blst. weit entfernt,* meist alle braun-gefleckt; Deckb. meist kürzer als die Bl.; Blh. hell-lila, meist mit purpurroten Flecken u. Linien, selten ganz weiß od. gelblich-weiß; *Lippe rel. schwach 3lappig, Mittellappen* meist *klein;* Sporn kegel-walzenförmig, fast so lang od. nur $^1/_2$ so lang wie der Frkn. VI–VII. Formenreich. Umfaßt im Geb.:

ssp. m a c u l á t a; H. 0,15–0,60; St. ±derb, steif; untere B. länglich, stumpf, meist gefleckt; Blst. zuletzt fast zylindrisch; Bl. hell-lila; Lippe bis 8 × 11 mm groß; Sporn so lang od. kürzer als der Frkn. 2n = 80.

Feuchte Wiesen, Borstgrasrasen, Heiden, Nadelwälder; feuchte bis nasse, nährstoffärmere, meist saure Böden. – Zerstreut bis selten (Alp. bis 2000 m).

ssp. h e l ó d e s (Griseb.) Camus (= O. helodes Griseb.); H. bis 0,40; Pfl. schlank; untere B. lanzettl., zugespitzt, kaum od. nur schwach gefleckt; Blst. anfangs pyramidal, später zylindrisch; Bl. blaß hell-lila; Lippe bis 12 × 22 mm groß; Sporn dünn, $^1/_2$ so lang wie der Frkn. $2n = 80$.

Feuchtheiden, Moore, Sphagnum-Rasen; saure, moorige Böden. – Zerstreut bis selten im n. Geb., in S-D. sehr selten.

ssp. t r a n s s i l v á n i c a (Schur) Soó; untere B. länglich, stumpflich, ungefleckt, bis 20 mm breit; Blst. dicht, zylindrisch; Bl. gelblich-weiß; Lippe bis 10 × 14 mm groß.

Sehr selten, nur hohes Erzgebg.

Eur., As.; Marok.; no-euras-subozean.

Bastarde (unvollständig):
O. coriophora × latifolia (= O. × schulzei Hausskn.); O. fuchsii × incarnata (= O. × kerneriorum Soó); O. fuchsii × latifolia (= O. × braunii Halácsy); O. fuchsii × russowii [= O. × megapolitana (Bisse)]; O. fuchsii × sambucina (= O. × influenza Sennh.); O. incarnata × coriophora (= O. × drudei Fuchs et Ziegenspeck); O. incarnata × latifolia (= O. × aschersoniana Hausskn.); O. incarnata × maculata (= O. × maculatiformis Rouy); O. incarnata × traunsteineri (= O. × stenostachys J. Murr); O. latifolia × sambucina (= O. × ruppertii M. Schulze); O. maculata × traunsteineri (= O. × jenensis Brand); O. mascula × maculata (= O. × kromayeri M. Schulze); O. mascula × pallens (= O. × haussknechtii M. Schulze); O. militaris × purpurea [= O. × hybrida (Lindl.) Boenn.]; O. morio × coriophora (= O. × olida Breb.); O. morio × latifolia (= O. × boudieri G. Camus); O. morio × mascula (= O. × morioides Brand ex Koch); O. morio × palustris; O. palustris × incarnata (= O. × uechtritziana Hausskn.); O. palustris × latifolia (= O. × rouyana G. Camus); O. palustris × mascula (= O. × dolicheilos Döll); O. purpurea × latifolia (= O. × guestphalica Richt.); O. purpurea × mascula (= O. × wilmsii Richt.); O. simia × militaris (= O. × beyrichii Kern.); O. traunsteineri × latifolia (= O. × dufftiana M. Schulze); O. ustulata × tridentata (= O. × dietrichiana Bogenh.);
Tripelbastard:
O. incarnata × latifolia × maculata (= O. × genevensis Klinge).
Intergener. Bastarde:
× **Orchiáceras** G. Camus (= Orchis sp. × Aceras sp.); × O. spúrium (Rchb.f.) G. Camus (= Orchis militaris × Aceras anthropophorum); × O. melsheimeri Rouy (= Orchis purpurea × Aceras anthropophorum); × O. bergónii (Nanteuil) G. Camus (= Orchis simia × Aceras anthropophorum).

Abb. 111. *a–c Aceras anthropophorum* (*a* Habitus, *b* Blüte, *c* Griffelsäule von vorn); *d–f Anacamptis pyramidalis* (*d* Habitus, *e* Blüte, *f* Griffelsäule von vorn).

193. Áceras R. Br. Ohnhorn

x = 7?, 21?

695. A. anthropóphorum (L.) R. Br. (Abb. 111a–c)
Menschentragendes O.

♃, *G.* – H. 0,20–0,35. Blst. schmal-walzlich, reichbl.; Blhb. grünlich, am Rande ±violett od. braun; Lippe meist hell- od. rotbraun, zuletzt ins Goldgelbe spielend, hängend, 3teilig, der mittlere Lappen lineal.-2zipfelig, die seitlichen lineal.-fadenförmig, ± nach außen gebogen, ohne Sporn. V–VI. 2n = 42.

Halbtrockenrasen; kalkreiche, lehmige Böden. – Selten, nur Thür. (Creuzburg), W- u. SW-D. (Höxter ob noch?, N-Eifel, Aachen, Moseltal, Saargeb., n. u. s. Oberrheingeb., Bodenseegeb., Neckargeb. ob noch?). – W- u. S-Eur., N-Afr.; submed(-atl).

194. Anacámptis L. C. Rich. Hundswurz

x = 9

696. A. pyramidális (L.) L. C. Rich. (Abb. 111d–f) Rote H.

♃, *G.* – H. 0,15–0,60. Knollen fast ungeteilt; B. lineal.-lanzettl., obere kurz u. scheidig; Blst. gedrungen, reichbl., anfangs pyramidenförmig; Blh. ±purpurrot, duftend, sehr selten weiß; Lippe bis ± zur Hälfte 3lappig, auf dem Grd. mit 2 seitlichen Leisten, Lappen länglich, stumpf, gleich, meist ganzrandig; übrige Blhb. spitz; Sporn lang, dünn. VI–VII. 2n = 36.

Halbtrockenrasen, Moorwiesen; mäßig trockene, kalkreiche Böden. – Selten im m. Geb., insbes. im w. Sachs.-Anh., so unteres Unstrutgeb.: Naumburg, Rossleben/Nebra; auch noch Kreis Belzig, im s. Geb. am häufigsten im Kaiserstuhl, im N sehr selten bzw. wie u. a. im NW (bis Schl. Holst.) fehlend. – S-Skand. bis Med., M- u. S-Rußl., SW-As., N-Afr.; submed(-subatl).

195. Himantoglóssum Spreng. Riemenzunge

x = 9

697. H. hircínum (L.) Spreng. (Abb. 112a–c) Bocks-R.

♃, *G.* – H. 0,30–0,90. Blst. oft sehr verlängert; Bl. verbreitet einen starken Bocksgeruch; Helm weiß od. grünlich-weißlich, inwendig purpurrot- u. grüngestreift; Lippe weißlichgrün, rötlich-punktiert, 3teilig, Lappen lineal., der mittlere sehr (bis 5 cm) lang, etwas gedreht, die seitenständigen viel kürzer, wellig-kraus; Sporn kurz. V–VI. 2n = 36.

Halbtrockenrasen, lichte Gebüsche, aufgelassene Weinberge; mäßig trockene, kalkreiche Böden. – Selten, nur O-Thür (bes. Kahla, Jena), Frank., N-Eifel, Saargeb., Pfalz, Oberrhein-, Neckar- u. Bodenseegeb. – W- u. M-Eur. bis Med., Krim, Kl.As., N-Afr.; submed(-atl).

Abb. 112. *a–c Himantoglossum hircinum* (*a* Sproßspitze mit Blütenstand, *b* Blüte, *c* Griffelsäule von vorn); *d–f Malaxis monophyllos* (*d* Habitus *e* Blüte, *f* Griffelsäule von der Seite).

2. Contrib. Kerosphǣreae
4. Trib. Epidéndreae

196. Maláxis Soland. Kleingriffel

x = 15?

698. M. monophýllos (L.) Sw. (Abb. 112d–f) Einblättriger K. [= Achroanthes monophyllos (L.) Greene, Microstylis monophyllos (L.) Lindl.]

♃, *G.* – H. 0,08–0,30. St. meist 1blättrig, oben 3kantig; Deckb. kürzer als die gedrehten Bl.stiele; Blh. gelblichgrün; Lippe ±vertieft, lanzettl., nach oben gerichtet, zugespitzt, an der Seite gezähnelt. VI bis VII. 2n = ca. 30.

Bruchwälder, moorige Wiesen, Dünentäler; feuchte, humose Böden. – Selten bis sehr selten, nur NO-Flachland (w. bis Rügen, Usedom, Wollin, Eberswalde, Westpr., Ostpr.), Oberschles.; etwas häufiger Alp.vorland u. Alp. (bis 1800 m). – Norw., Schwed., Finnl., O-Eur., Sud., Karp., Alp., M- u. S-Rußl., Sib., N-Am.; no(-kont)-praealp, circ.

Abb. 113. *a–d Hammarbya paludosa* (*a* Habitus, *b* Blüte, *c* u. *d* Griffelsäule von vorn bzw. hinten); *e–g Liparis loeselii* (*e* Habitus, *f* Blüte, *g* Griffelsäule von vorn).

197. Hammárbya O. Kuntze — Weichwurz

699. H. paludósa (L.) O. Kuntze (Abb. 113a–d)
[= Malaxis paludosa (L.) Sw.]

♃, *H, (G)*. – H. 0,05–0,15(0,20). Pfl. sehr zierlich; St. 5kantig, unterwärts 3- bis 4blättrig; Deckb. so lang wie die gedrehten Bl.stiele; Blh. grünlich; Lippe vertieft, länglich od. etwas geigenförmig, nach oben gerichtet, zugespitzt. VII–VIII. 2n = 28.

Torfsümpfe, Moorschlenken, Zwischenmoore; nasse, kalkarme, nährstoffärmere, meist torfige Böden. – Zerstreut u. selten im n. Flachland, sehr selten im m. u. s. Geb. (Alp.vorland bis 880 m); vielerorts zurückgehend od. erloschen. – Skand., Faeroer, W- u. M-Eur. bis M-Rußl., Sib., Jap., N-Am.; no(-subozean), circ.

198. Líparis L. C. Rich. — Glanzkraut

x = 8

700. L. loesélii (L.) L. C. Rich. (Abb. 113e–g)

♃, *H, (G)*. – H. 0,06–0,20. St. meist 3kantig, am Grd. mit 2, fast gegenständigen, (selten 3) ellipt.-lanzettl. B.; Blst. 3- bis 8(10)bl.;

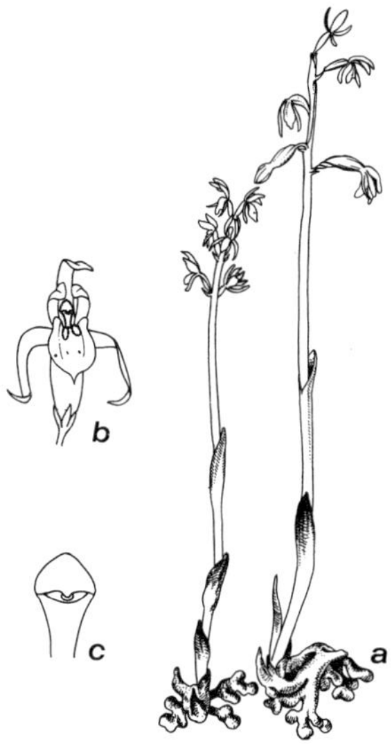

Abb. 114. *Corallorrhiza trifida* (*a* Habitus, *b* Blüte, *c* Griffelsäule von vorn).

Deckb. meist schuppenförmig, klein; Blh. grünlichgelb; Lippe eiförmig-länglich, stumpf, vorn aufwärtsgebogen, seicht gekerbt. VI–VII. 2n = 32.

Torfige Wiesen, Dünentälchen; meist nasse, kalkreiche Sumpfhumusböden. – Selten u. sehr zerstreut, im m. u. s. Geb. vielerorts erloschen, in den nordd. Küstengeb. (z. B. Inseln, meckl. Küste) häufiger, s. bis Alp.vorland (bis rund 700 m). – Skand. bis W- u. M-Eur., M- u. S-Rußl., NW-Sib. (?), n. N-Am.; subatl.

199. Corallorrhíza Hall. Korallenwurz

x = 7

701. C. trífida Châtelain (Abb. 114)
(= C. innata R. Br.)

♃, *G.* – H. 0,07–0,25. Wurzelstock korallenartig; St. nur mit fast schuppenförmigen Scheidenb., bleich-gelblich-grün; Blst. schlank u. armbl.; Bl. gelblich-weiß; Lippe weiß, am Schlunde dunkelrot-punktiert, länglich, stumpf, beiderseits stumpf-1zähnig, Mittelfeld der Länge nach 2- bis 3schwielig. V–VI. 2n = 42.

Schattige Laub- u. Nadelwälder; ±frische, nährstoffärmere, moderig-humose Böden. – Sehr zerstreut u. selten, insbes. im m. u. s. Geb. [Alp. bis 1700 m (Wank)], u. a. im NW-Flachland fehlend. – Isl., Skand., W- u. M-Eur. bis Kauk., Sib., N-Chin., n. N-Am.; no(-kont), circ.

7. Kl. Dicotyledóneae
Zweikeimblättrige Pflanzen

1. Unterkl. Archichlamýdeae

20. Ordn. Juglandáles

38. Fam. MYRICÁCEAE Blume
Gagelgewächse

200. Mýrica L. Gagelstrauch

x = 8

702. M. gále L. (Abb. 115 a–d)
[= Gale palustris (Lam.) Chev.]

ħ, *N, (M).* – H. 0,30–1,25(3,00). Pfl. ästig, aromatisch duftend; B. verkehrt-eiförm. bis lanzettl., an der Spitze gesägt, am Grd. keilförmig; Bl. 2häusig (sehr selten 1häusig); Kätzchen aufrecht-abstehend, vor den B. erscheinend. IV–V. 2n = 48.

Verschiedene moorig-torfige Ges.; nasse bis feuchte, saure Torf- od. anmoorige Sandböden. – Zerstreut bis stellenweise häufig: Niederrhein. Tiefland (s. bis Siegburg, Köln-Mühlheim, Düsseldorf), westf. Bucht (insbes. im W u. N, schlauchartig bis zur Senne nach SO), nw. Tiefland (ö. bis etwa Gifhorn, Wittingen, Wittenburg), ostwärts nur in O-See-Küstennähe bis Ostpr.; vereinzelt: Niederlausitz (Luckau), sonst fehlend; durch Entwässerung u. Kulturmaßnahmen vielerorts zurückgehend. – W-, m- u. n-eur. küstennahe Geb., n. N-Am.; atl.

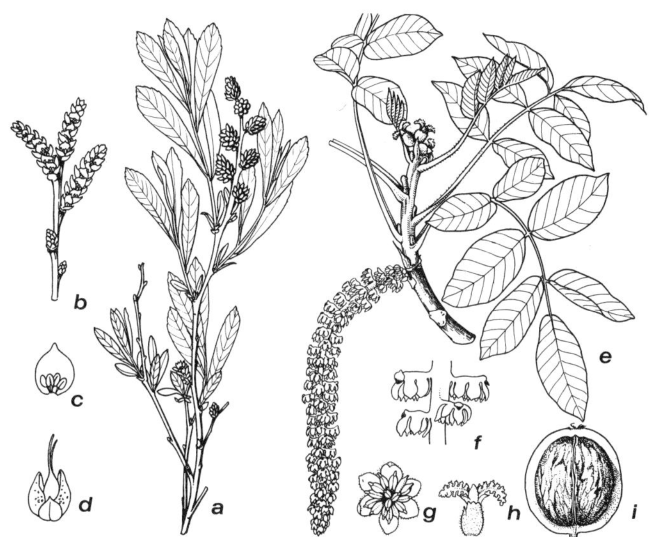

Abb. 115. *a–d Myrica gale* (*a* Zweigspitze mit Blütenständen zur Fruchtzeit, *b* Blütenstände zur Blütezeit, *c* ♂- u. *d* ♀-Blüte); *e–i Juglans regia* (*e* Zweigspitze mit ♂- u. ♀-Blütenständen, *f* Ausschnitt aus einem ♂-Blütenstand; *g* ♂-, *h* ♀-Blüte; *i* Frucht, fleischiger Anteil z. T. entfernt).

39. Fam. JUGLANDÁCEAE A. Rich. Walnußgewächse

201. Júglans L. Walnußbaum

x = 8

703. J. régia L. (Abb. 115e–i) Echter Walnußbaum

♄, *MM.* – H. 10,00–25,00. B. unpaarig-gefiedert, mit meist 7 od. 9 ovalen, ganzrandigen B.chen; Bl. ♂ od. ♀; ♂-Bl. in Kätzchen; Fr. kugelig, glattschalig. IV–V(VI). 2n = 32. Im Geb. vielleicht ursprünglich: ssp. r é g i a var. g e r m á n i c a (Bertsch) Werneck mit kleinen Fr. u. schwer auslösbaren Steinkernen, so vielleicht in:

Eichen-Ulmen-Auen- u. Ahorn-Linden-Hangwäldern, z. B. Oberrhein- u. Donaugeb. – Daneben häufig gepflanzt. – Heimat: Nieder- u. Oberösterreich, Balk., ö. Med. bis Transkauk., Pers.; verwandte Unterarten: Z-As., Him; o-submed(-euras).

Droge: [Oleum Juglandis]

21. Ordn. Salicáles

40. Fam. SALICÁCEAE Mirbel
Weidengewächse

I. Tragb. der Bl. zerschlitzt od. gezähnt; Stbb. 6-∞; Kätzchen meist schlaff, herabhängend; B. rund, rhombisch od. deltoid, seltener gelappt .... **202. Populus**

II. Tragb. der Bl. ganzrandig; Stbb. meist 2–5, selten mehr; Kätzchen meist aufrecht, steif; B. lanzettl.-lineal. od. ellipt. bis rund .... **203. Salix**

202. Pópulus L. Pappel

x = 19

I. Borke glatt, höchstens bei älteren Stämmen rissig; Knospen filzig od. kahl u. klebrig; Tragb. der Bl. lang zottig bewimpert; Stbb. 6–8(15)
  A. B. kahl (mit Ausnahme der der Schößlinge u. Langtriebe); B.stiele stark seitlich zusammengedrückt; Tragb. der Bl. tief handförmig-zerschlitzt; N. rot; Knospen klebrig, kahl .... **704. P. tremula**
  B. B. ±behaart (bes. am Ende der Langtriebe unterseits bleibend filzig); B.stiele kaum zusammengedrückt; Tragb. der Bl. gezähnt od. nur gering zerschlitzt; N. grünlich-gelb; Knospen filzig behaart
    1. B. der 1jährigen Triebe ±regelmäßig gezähnt od. nur sehr schwach gelappt; Tragb. der Bl. kurz handförmig-zerschlitzt .... **P. × canescens**
    2. B. der 1jährigen Triebe tief handförmig gelappt; Tragb. der Bl. gezähnt .... **705. P. alba**

II. Borke frühzeitig rissig; Knospen kahl, klebrig; Tragb. der Bl. kahl; Stbb. (6)12–30
  A. B.stiele seitlich etwas zusammengedrückt; B. unterseits grün, am Rande meist durchscheinend
    1. B.rand nicht gewimpert; B. rhombisch-eirund, Spreitengrd. meist keilförmig, bei der Entfaltung grün (keine Dr. am Übergang B.stiel-Spreite) .... **706. P. nigra**
    2. B.rand (zumindest jung) gewimpert; B. ±deltoid, Spreitengrd. gestutzt, herzförmig od. etwas keilförmig, bei der Entfaltung bräunlich od. rötlich, seltener grün (mit 1–2 od. ohne Dr. am Übergang B.stiel-Spreite) .... **P. × canadensis**

B. B.stiele rundlich, oberseits rinnig; B. unterseits weißlich (nicht weißfilzig), am Rande nicht durchscheinend; (Knospen stark harzig; 1jährige Zweige rund, kahl) .... **707. P. balsamifera**

Droge: Gemmae Populi

1. Sect. Pópulus

704. P. trémula L. (Abb. 116a—g) Zitter-P., Espe

♄, ♄, *MM, M.* — H. bis 10,00 (30,00). Stamm vorerst ±glatt, gelbbraun, erst sehr spät mit rissiger, schwarzgrauer Borke; 1jährige Zweige glänzend gelbbraun, kahl od. etwas behaart; *B. eiförmig bis kreisrund u. bis breiter als lang,* geschweift-stumpf-gezähnt; Kätzchen bis 11 cm lang; N. 2, purpurrot. III—IV. 2n = 38, 57, 19.

Lichte Buchenwald- u. Eichen-Birken-Waldges.; meist frische, nährstoffarme bis -reiche, meist basenärmere Lehm- od. Sandböden. — Verbreitet im ganzen Geb. bis mont. Stufe (Alp. bis 1300 m). — Eur., N-Med., Alg., Kl.As., gem. N-, Z-, O-As.; euras(-kont)-submed.

P. × canéscens (Ait.) Smith Grau-P.
(= P. alba × tremula; z. T. auch als Art bewertet)

♄, *MM.* — Ähnlich wie P. alba; junge B. filzig, weiß od. grau, später meist verkahlend u. unterseits weißlich-grün; B. jüngerer Zweige u. Stockausschläge meist schwach gelappt, die älterer Zweige rundlich, geschweift-gezähnt. 2n = 38, 57.

Zerstreut im Geb.; daneben gepflanzt.

705. P. álba L. Silber-P.

♄, *MM.* — H. 18,00—30,00. Stamm mit hell-weißgrauer, erst sehr spät rissiger Borke; junge Zweige grau- od. weißfilzig, darunter glänzend olivbraun bis grau; *B. rundlich-eiförmig bis 5lappig, unterseits weißfilzig, verkahlend;* Kätzchen bis 7 cm lang, ♀- etwas kürzer als ♂-Kätzchen; N. 2, gelblich od. etwas rosarot. III—IV(V). 2n = 38, 57. Veränderlich in B.- u. Baumkronenform.

Auenwaldges.; feuchte, gelegentlich überschwemmte, kalk- u. nährstoffreiche Rohböden. — Verbreitet, wild wohl nur in S- u. O-D., Stromtäler, sonst vielfach gepflanzt u. verwildert. — M-, S-, O-Eur., Kl.As., Paläst., N-Afr., gem. W-As.; med-euras.

2. Sect. Aigeíros

706. P. nígra L. Schwarz-P.

♄, (♄), *MM, (M).* — H. bis 30,00. Stamm frühzeitig mit schwärzlich-rissiger Borke; 1jährige Zweige gelb bis braungelb, glänzend, kahl;

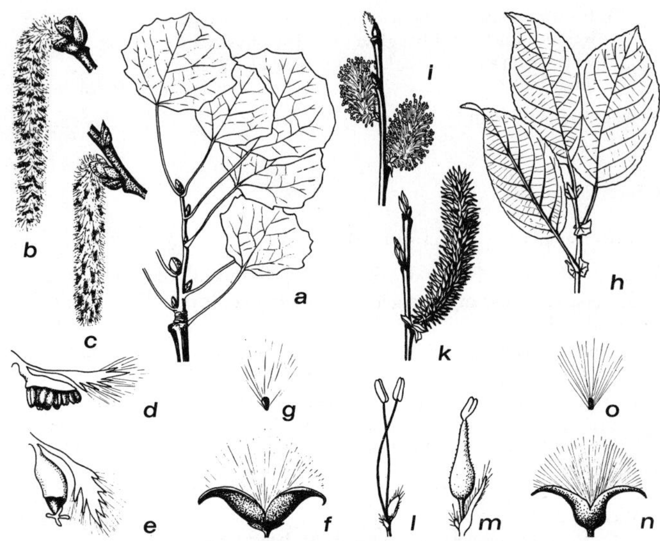

Abb. 116. *a–g Populus tremula* (*a* Zweigspitze; *b* ♂-, *c* ♀-Blütenstand; *d* ♂-, *e* ♀-Blüte mit Tragblatt; *f* reife Frucht, *g* Same); *h–o Salix caprea* (*h* Zweigspitze; *i* ♂-, *k* ♀-Blütenstand; *l* ♂- u. *m* ♀-Blüte mit Tragblatt, *n* reife Frucht, *o* Same).

B. 3eckig-eiförmig bis rautenförmig, am Rand kerbig-gezähnt, unterseits heller grün; Kätzchen bis 10 cm lang, ♀- schlanker als ♂-Kätzchen; N. 2, gelb; S. in weißer Wolle. III–IV. 2n = 38. Umfaßt u. a.:

ssp. n í g r a; Schwarz-P. (im eng. Sinne); Baumkrone ausgebreitet; Stamm mit abstehenden Ästen; B.entfaltung spät.

Pappel-Auenwälder; nasse, periodisch überschwemmte, sandige od. tonige Böden. – Verbreitet u. meist häufig; im w. M- u. N-D. z. T. nur gepflanzt, verwildert u. eingebürgert.

ssp. p y r a m i d á l i s (Roz.) Čelak. [= P. italica (Dur.) Moench]; Pyramiden-P.; Baumkrone schmal, säulen- od. pyramidenförmig; Stamm mit aufrechten Ästen; B.entfaltung früh. – Häufig gepflanzt. – Heimat vermutlich SO-Eur., durch verbreitete Kultur natürliches Areal unsicher.

Natürliches Areal durch Kultur unsicher: M-, S- u. O-Eur.; gem. SW-, Z- u. N-As.; euras-med.

P. × canadénsis Moench s. l. Euro-amerikanische P.-Hybriden
(P. deltoides × nigra)

Hierzu zahlreiche Hybriden, u. a.:

I. 1jährige Zweige glatt

A. Spreitengrd. gestutzt od. deutlich herzförmig; B.stiel rot od. rötlich; St. bis zur Spitze durchgehend
  1. B. dunkelgrün, beim Entfalten bräunlich; Entfalten sehr spät .... cv. Serotina
  2. B. frischgrün, beim Entfalten grün; Entfalten rel. spät .... cv. Forndorf
B. Spreitengrd. etwas rund-keilförmig od. gerade; B.stiel grün, höchstens leicht rötlich überlaufen; Stamm nicht bis nur Spitze durchgehend ..... cv. Marilandica

II. 1jährige Zweige ±behaart (B. dunkelgrün, beim Entfalten rotbraun bis olivrot)................ cv. Robusta

cv. Serótina — Serotina-, Spät-P.

(= P. × serotina Hartig; evtl. P. nigra ♀ × deltoides ♂ od. P. nigra ♀ × angulata ♂)

♄, *MM*. – Breitkronig; Stamm meist etwas schräg; 1jährige Zweige grün bis rot angelaufen; B. dunkelgrün, jung braun; Spreitengrd. gerade od. leicht herzförmig; B.stiel rosenrot; B.entfaltung spät; nur ♂-Pfl. – Im Geb. gepflanzt; nährstoffreiche, schwere Böden.

cv. Marilándica — Maryland-P.

(= P. × marylandica Bosc. apud Poir.; evtl. P. nigra ♀ × P. × serotina ♂ [P. × serotina s. oben])

♄, *MM*. – Breitkronig; Stamm in der Regel schräg; 1jährige Zweige hellgrün; B. hellgrün od. gelbgrün, im Austrieb rötlich; Spreite groß, am Grd. ±rundlich-keilförmig bis gerade, zugespitzt; Austrieb mittelfrüh; nur ♀-Pfl. – Im Geb. gepflanzt, im wesentlichen nur NW-, W- u. SW-D.

cv. Fórndorf — Forndorf-(Regenerata-)P.

(= P. × regenerata Henry, P. cv. Regenerata; wahrscheinlich R. nigra ♀ × deltoides ♂)

♄, *MM*. – Breitkronig; Stamm vertikal; 1jährige Zweige oben kräftig rotbraun, unten olivgrün; B. frischgrün, jung hellgrün bis leicht olivgrün; Spreitengrd. herzförmig, bei älteren, kleineren B. meist gerade; Austrieb spät; nur ♀-Pfl. – Im Geb. vielfach gepflanzt.

cv. Robústa — Robusta-P.

(= P. × robusta C. Schneid.; wahrscheinlich P. × eugenei × P. nigra ssp. plantierensis [P. × eugenei C. Schneid. = P. × regenerata × P. nigra ssp. pyramidalis; P. × regenerata s. oben])

♄, *MM*. – Rel. schmalkronig; Stamm gerade u. vertikal; 1jährige Zweige jung rot überlaufen, ältere glänzend braun bis grünbraun, spröde; B. dunkelgrün, lederig u. derb, oft brettartig-steif, groß, deltoid, Spreitengrd. gerade, selten leicht herzförmig, im Austrieb rotbraun; B.stiel rötlich überlaufen; B.entfaltung sehr früh; nur ♂-Pfl. – Im ganzen Geb. gepflanzt, hohe Jugendleistung.

3. Sect. Tacamaháca

707. P. balsamífera L. Balsam-P.
(= P. tacamahaca Mill.)

♄, *MM.* – H. bis 30,00. Baumkrone rel. schmal; Stamm mit grauer, rissiger Borke; junge Zweige glatt, bräunlich-grün, kahl, *B. breitlanzettl. bis eiförmig,* undeutlich gekerbt-gezähnt, *oberseits stark glänzend,* unterseits bleichgrün; ♂-Kätzchen bis 10 cm, ♀ bis 15 cm lang; N. 2. V–VI. 2n = 38.

Gepflanzt u. verwildert. – Heimat: n. N-Am. (Labrad.-Neufundl. bis Alaska).

Bastarde bzw. Hybriden:
P. alba × tremula [= P. × canescens (Ait.) Smith, incl. P. × hybrida Bieb.] s. oben. Daneben außer den unter P. × canadensis Moench s. 1. genannten Euroamerikanischen Hybriden weitere – z. T. unsicherer Abstammung – als Forst- od. Ziergehölz od. bei landschaftspflegerischen Maßnahmen gepflanzt.

203. Sálix L. Weide

x = 19

Schlüsselförmige Übersicht über die Gliederung[1])

I. Tragb. der Bl. gleichfarbig, gelblichgrün, gegen die Spitze nicht dunkler od. rötlich; Bl. mit 1 od. 2 Drüsen
  A. Kätzchen aus seitlichen Knospen vorjähriger Triebe an beblätterten Kätzchenstielen, gleichzeitig mit od. nach den B. erscheinend; Stbb. 2 – ∞, fast immer frei (Bäume od. hohe Sträucher; B. ±lanzettl., zugespitzt) .... **1. Subgen. Salix**
    1. Tragb. der Bl. groß, dicht drüsig berandet; Stbb. meist 5(3–10); Stbf. mit fast geraden Haaren ♂- u. ♀-Bl. mit je 2 Drüsen (vorn u. hinten); Frkn.stiel u. Gr. kurz] .... **1. Sect. Salix**
    (708. S. pentandra)
    2. Tragb. der Bl. klein, ganzrandig od. nur schwachdrüsig berandet; Stbb. 2 od. 3; Stbf. mit krausen Haaren
      a) Tragb. der Bl. ganzrandig, vor der Reife (bisweilen spät) abfallend; Stbb. 2; Frkn. gestielt od. fast sitzend; ♂-Bl. mit 2 (vorn u. hinten), ♀-Bl. mit 1 od. 2 Drüsen .... **2. Sect. Fragiles**
      (709. S. fragilis)
      (710. S. alba)
      (711. S. babylonica)
      b) Tragb. der Bl. schwach drüsig berandet, bis zur Reife bleibend; Stbb. 3; Frkn. (ca. 1,5–3 mm) lang gestielt; ♂-Bl. mit 2 (vorn u. hinten), ♀-Bl. mit 1 Drüse(n) .... **3. Sect. Triandrae**
      (712. S. triandra)
  B. Kätzchen aus endständigen Knospen vorjähriger Triebe, an unbeblätterten Kätzchenstielen; Stbb. 2 (niederliegende od. kriechende Sträucher; B. kreisrund, ellipt. od. eiförmig) .... **2. Subgen. Chamoetia**

[1]) nur der Arten des Geb.

1. ♂- u. ♀-Bl. mit je 2 Drüsen (bisweilen verschmolzen)
   a) Frkn. fast sitzend od. sitzend; Stbf. unten behaart; B. unterseits weißlichgrün, mit hervortretendem Adernetz **4. Sect. Reticulatae** (713. S. reticulata)
   b) Frkn. deutlich gestielt; Stbf. kahl; B. unterseits grün, Adernetz hervortretend . . . . **5. Sect. Herbaceae** (714. S. herbacea)
2. ♂-Bl. mit 1 od. 2, ♀-Bl. mit 1 (Ausnahmen bei Sect. Retusae) Drüse (Frkn. gestielt)
   a) ♂-Bl. mit 2, ♀-Bl. mit 1 (bisweilen 2) Drüse(n); Frkn. kahl; Stbf. weißlich od. gelblich . . . . **6. Sect. Retusae** (715. S. retusa) (716. S. serpyllifolia)
   b) ♂- u. ♀-Bl. mit je 1 Drüse (hinten); Frkn. behaart (höchstens später fast verkahlend); Stbf. – zumindest oben – purpur od. gelbpurpur . . . . **7. Sect. Myrtosalices** (717. S. alpina) (718. S. breviserrata)

II. Tragb. der Bl. fast immer 2farbig, gegen die Spitze schwärzlich od. dunkelbraun; Kätzchen an beblätterten Stielen od. sitzend, vor od. mit den B. erscheinend, aus seitlichen Knospen vorjähriger Triebe; Stbb. 2, frei od. verwachsen; ♂- u. ♀-Bl. mit je 1 Drüse (niedrige bis hohe Sträucher od. kleine Bäume; B. verschieden geformt) . . . . **3. Subgen. Caprisalix**
   A. Stbb. frei od. nur am Grd. etwas verbunden (bei S. repens öfter bis 1/3 verwachsen)
      1. Gr. fehlend od. höchstens 1/2 so lang wie der Frkn.
         a) Frkn. lang (mindestens 1/3 so lang wie der Frkn.) gestielt
            x) Gr. lang (0,5–1,5 mm); Drüse ±zylindrisch (1/2 bis 1/6 so lang wie der Frkn.stiel)
               /) Frkn. behaart; Stbf. kahl od. am Grd. zerstreut behaart **8. Sect. Phylicifoliae** (719. S. bicolor)
               //) Frkn. kahl; Stbf. am Grd. dicht behaart **9. Sect. Nigricantes** (720. S. nigricans)
            xx) Gr. fehlend od. sehr kurz (bei S. silesiaca 0,3–0,6 mm lang); Drüse eiförmig
               /) Stamm oberirdisch, nicht kriechend; Zweige oft dick; B. mit unterseits stark hervortretenden Nerven, meist filzig (außer S. silesiaca); Nebenb. meist groß; Stbbtl. meist gelb
                  §) Tragb. der Bl. dunkel, zumindest an der Spitze schwärzlich od. dunkelbraun; Stbf. meist am Grd. behaart (Sträucher, seltener Bäume, meist über 1 m hoch) **10. Sect. Capreae** (721. S. caprea) (722. S. cinerea) (723. S. aurita) (724. S. silesiaca) (725. S. appendiculata)
                  §§) Tragb. der Bl. hell, gelb od. bräunlich; Stbf. kahl

(Frkn. sehr lang gestielt; niedriger, unter 1,0 m hoher Strauch) .... **11. Sect. Lividae**
(726. S. starkeana)

//) Stamm unterirdisch kriechend; Zweige schlank; B. feinnervig, beiderseits kahl od. beiderseits od. nur unterseits seidigbehaart; Nebenb. fehlend od. klein; Stbbtl. rot, zuletzt schwärzlich

§) Tragb. der Bl. gelb od. bräunlich, spärlich behaart; Stbb. frei, kahl; Frkn. kahl (B. später kahl)
12. Sect. Myrtilloides
(727. S. myrtilloides)

§§) Tragb. der Bl. dunkelbraun od. dunkelrot, seidig behaart; Stbf. öfter bis 1/3 verbunden, kahl od. am Grd. mit einzelnen Haaren; Frkn. dicht-anliegend-behaart (B. fast immer zumindest unterseits seidig- od. beiderseits seidig-filzig behaart) .... **13. Sect. Fuscae**
(728. S. repens)

b) Frkn. nicht od. kurz (höchstens 1/3 so lang wie der Frkn.) gestielt

x) Frkn. weiß-filzig-behaart; Drüse 1/3 bis 1/4 so lang wie der Frkn.; Tragb. der Bl. ±hell .... **14. Sect. Arbusculae**
(729. S. waldsteiniana)

xx) Frkn. kahl; Drüse bis so lang wie der Frkn.stiel; Tragb. gelb bis braun .... **15. Sect. Hastatae**
(730. S. hastata)
(731. S. glabra)

2. Gr. 1/2 so lang wie der Frkn. od. länger (Drüse schmal, meist lineal.; Stbbtl. gelb)

a) Fr. behaart (Gr. bis 2—3 mm lang); innere Rinde der Zweige grün; B. meist unterseits dicht-behaart

x) Sträucher unter od. bis 1 m hoch; Frkn.stiel sehr kurz (bis 1/4 mm lang) od. undeutlich .... **16. Sect. Villosae**
(732. S. lapponum)
(733. S. helvetica ssp. marrubiifolia)

xx) Sträucher od. Bäume weit über 1 m hoch; Frkn. sitzend od. fast sitzend .... **17. Sect. Viminales**
(734. S. viminalis)
(735. S. dasyclados)

b) Fr. kahl; Zweige meist blau bereift; innere Rinde gelblich; ältere B. fast immer beiderseits kahl (Frkn. gestielt) . **18. Sect. Pruinosae**
(736. S. daphnoides)
(737. S. acutifolia)

B. Stbb. ganz od. zumindest am Grd. verwachsen (Gr. fehlend od. höchstens 1/3 so lang wie der Frkn.)

1. Frkn. kahl, kurz gestielt; Stbb. zumindest am Grd. — aber nicht bis zur Spitze — verwachsen .... **19. Sect. Canae**
(738. S. elaeagnos)

2. Frkn. dicht behaart, sitzend; Stbb. 1/2 od. bis zur Spitze verwachsen
20. Sect. Purpureae
(739. S. purpurea)

Droge: Cortex Salicis (Nr. 709, 710, 739 u. andere Arten)

Schlüssel unter Berücksichtigung der ♀-Blst.

I. Frkn. kahl (vergl. II)
  A. Stamm unterirdisch kriechend bzw. (bisweilen auch Zweige) niederliegend-kriechend, H. bis 0,50
    1. ♀-Bl. mit 2 Drüsen (vorn u. hinten); Frkn.stiel 1/5 so lang wie der Frkn. . . . . **714. S. herbacea**
    2. ♀-Bl. mit 1 Drüse (hinten); Frkn.stiel 1/4 so lang wie der Frkn. od. länger
      a) Frkn.stiel fast so lang od. länger als der Frkn. **727. S. myrtilloides**
      b) Frkn.stiel bis etwa 1/4 so lang wie der Frkn.
        x) Kätzchen länglich-ellipt. bis kurz-zylindrisch, bis 2 cm lang **715. S. retusa**
        xx) Kätzchen kugelig, bis 0,5 cm lang . . . . . . **716. S. serpyllifolia**

  B. Stamm oberirdisch, ±aufrecht; H. über 0,50
    1. ♀-Bl. mit 2 Drüsen (hinten u. vorn)
      a) Tragb. der Bl. dicht drüsig berandet . . . . **708. S. pentandra**
      b) Tragb. der Bl. ganzrandig . . . . **709. S. fragilis**
    2. ♀-Bl. mit 1 Drüse (hinten)
      a) Kätzchen vor den B. entwickelt
        x) Frkn.stiel fast so lang wie der Frkn. . . . . **724. S. silesiaca**
        xx) Frnk.stiel 1/4 bis 1/2 so lang wie der Frkn.
          /) Kätzchen bis 3,5 cm lang, 1,2 cm breit **737. S. acutifolia**
          //) Kätzchen bis 6 cm lang, 0,8-1,5 cm breit
            §) Kätzchen sitzend, dichtbl. . . . . **736. S. daphnoides**
            §§) Kätzchen bis 1 cm lang gestielt, später locker **738. S. elaeagnos**
      b) Kätzchen mit od. nach den B. entwickelt
        x) Zweige sehr schlank u. hängend (Trauerform) **711. S. babylonica**
        xx) Zweige nicht hängend, ±abstehend od. aufrecht
          /) Tragb. der Bl. 2farbig, an der Spitze dunkelpurpur bis schwarz . . . . **720. S. nigricans**
          //) Tragb. ±einfarbig
            §) Frkn. fast sitzend . . . . **710. S. alba**
            §§) Frkn.stiel $^1/_4$-$^1/_2$ so lang wie der Frkn.
              +) Gr. sehr kurz, dick od. zwischen den N. verborgen . . . . **712. S. triandra**
              ++) Gr. $^1/_4$-$^1/_2$ so lang wie der Frkn., bisweilen gespalten
                α) B. oberseits wie lackiert glänzend, unterseits matt-weißlich . . . . **731. S. glabra**
                β) B. beiderseits glanzlos, unterseits blasser **730. S. hastata**

II. Frkn. behaart (selten später verkahlend)
  A. ♀-Bl. mit 2 Drüsen (oft verschmolzen; Spalierstrauch) **713. S. reticulata**

B. ♀-Bl. mit 1 Drüse

1. Kätzchen vor den B. entwickelt

a) Stamm oberirdisch, nicht kriechend

x) Frkn. lang gestielt (Stiel $^1/_3$ so lang wie der Frkn. od. länger; vergl. u. a. S. lapponum)

/) Nacktes 2- bis 4jähriges Holz mit Striemen

§) 1- u. 2jährige Zweige u. Knospen grau- od. schwarzfilzig .... **722. S. cinerea**

§§) 1- u. 2jährige Zweige u. Knospen kahl **723. S. aurita**

//) Nacktes 2- bis 4jähriges Holz ohne od. mit undeutlichen od. spärlichen Striemen

§) Gr. fehlend od. sehr kurz

+) H. unter 1,0 .... **726. S. starkeana**

++) H. meist über 1,0

α) Kätzchen bis 10 cm lang; N. aufrecht **721. S. caprea**

β) Kätzchen bis 3 cm lang; N. abstehend od. zurückgekrümmt .... **725. S. appendiculata**

§§) Gr. 0,5–1,0(1,5) mm lang .... **719. S. bicolor**

xx) Frkn. sitzend od. kurz gestielt (Stiel bis $^1/_3$ so lang wie der Frkn., bei S. lapponum bis $^1/_2$ so lang)

/) Nacktes 2- bis 4jähriges Holz mit zerstreuten Striemen **735. S. dasyclados**

//) Nacktes 2- bis 4jähriges Holz ohne od. mit undeutlichen Striemen

§) Frkn. deutlich gestielt

+) Gr. kaum gespalten, 2(–3) mm lang **732. S. lapponum**

++) Gr. bis zur Mitte od. tiefer gespalten, 0,5(2) mm lang .... **733. S. helvetica ssp. marrubiifolia**

§§) Frkn. sitzend od. fast sitzend

+) Gr. fast so lang wie der Frkn. **734. S. viminalis**

++) Gr. sehr kurz od. fehlend ..... **739. S. purpurea**

b) Stamm unterirdisch, kriechend .... **728. S. repens**

2. Kätzchen mit od. nach den B. entwickelt

a) H. unter 1,0; Frkn. kurz gestielt

x) Frkn. filzig-behaart, nicht verkahlend

/) B. ganzrandig, unterseits seidig-wollig .. **733. S. helvetica ssp. marrubiifolia**

//) B. gekerbt-gesägt, kahl od. fast kahl **729. S. waldsteiniana**

xx) Frkn. filzig- od. locker-behaart, oft ± verkahlend

/) B. ganzrandig .... **717. S. alpina**

//) B. fein drüsig-gesägt .... **718. S. breviserrata**

b) H. etwa 2,00–9,00; Frkn. sehr lang gestielt **725. S. appendiculata**

Schlüssel unter Berücksichtigung der ♂-Blst.

I. ♂-Bl. mit 2 Drüsen
  A. Stbb. 5(3–10) .... **708. S. pentandra**
  B. Stbb. 2 od. 3
    1. Stbb. 3 .... **712. S. triandra**
    2. Stbb. 2
      a) Stamm unterirdisch kriechend bzw. (auch Zweige) niederliegend-kriechend (Spaliersträucher)
        x) Kätzchen dünn zylindrisch, etwa 1,5–3,5 cm lang **713. S. reticulata**
        xx) Kätzchen kugelig od. kurz zylindrisch, 0,5–1,5 cm lang
          /) B. rundlich, gesägt .... **714. S. herbacea**
          //) B. länglich-verkehrt-eiförmig
            §) Kätzchen bis 1,5 cm lang, eiförmig .... **715. S. retusa**
            §§) Kätzchen bis 0,5 cm lang, kugelig **716. S. serpyllifolia**
      b) Stamm oberirdisch, ± aufrecht
        x) Zweige schlank u. hängend (Trauerform) .. **711. S. babylonica**
        xx) Zweige nicht hängend, ± abstehend od. aufrecht
          /) Stbf. nur am Grd. behaart .... **709. S. fragilis**
          //) Stbf. bis zur Hälfte kraus behaart .... **710. S. alba**

II. ♂-Bl. mit 1 Drüse
  A. Stbb. nicht verwachsen
    1. Tragb. der Bl. einfarbig .... **731. S. glabra**
    2. Tragb. der Bl. 2farbig, an der Spitze dunkelpurpur bis schwarz
      a) Kätzchen vor den B. entwickelt (vergl. S. hastata)
        x) Stamm unterirdisch kriechend; Stbbtl. etwas rötlich **728. S. repens**
        xx) Stamm oberirdisch, ± aufrecht; Stbbtl. meist gelb
          /) Bäume od. hohe Sträucher, Zweige schlank
            §) Zweige brüchig; Kätzchen bis 4 cm lang **736. S. daphnoides**
            §§) Zweige zäh, biegsam; Kätzchen bis 3,5 cm lang
              +) Rinde innen grün .... **734. S. viminalis**
              ++) Rinde innen gelb .... **737. S. acutifolia**
          //) Niedrige u. mittelhohe Sträucher, selten Bäume
            §) Niedrige Sträucher, selten über 1,00 hoch (vergl. S. bicolor)
              +) Kätzchen sitzend, bis 25 mm lang **732. S. lapponum**
              ++) Kätzchen kurz od. länger gestielt
                α) Kätzchen 10–15 mm lang, bisweilen sehr kurz gestielt .... **719. S. bicolor**
                β) Kätzchen bis 25 mm lang, selten länger
                  †) Zweige kahl od. schwach behaart **726. S. starkeana**
                  ††) Zweige dicht behaart ... **733. S. helvetica ssp. marrubiifolia**
            §§) Höhere Sträucher, selten Bäume, über 1,00 hoch
              +) Stbf. kahl

α) Nacktes 2- bis 4jähriges Holz mit zerstreuten Striemen .... **735. S. dasyclados**

β) Nacktes 2- bis 4jähriges Holz ohne Striemen **721. S. caprea**

++) Stbf. am Grd. behaart

α) Nacktes 2- bis 4jähriges Holz mit Striemen (bei S. silesiaca bisweilen fehlend)

†) Zweige u. Knospen grau- od. schwarzfilzig **722. S. cinerea**

††) Zweige kahl

△) Drüse $^1/_4$–$^1/_3$ so lang wie das Tragb. **723. S. aurita**

△△) Drüse etwa $^1/_2$ so lang wie das Tragb. **724. S. silesiaca**

β) Nacktes 2- bis 4jähriges Holz ohne Striemen (vergl. S. silesiaca)

†) Zweige kahl ...... **725. S. appendiculata**

††) Zweige dicht behaart, selten kahl **720. S. nigricans**

b) Kätzchen mit od. nach den B. entwickelt (H. meist unter 1,00; vergl. S. appendiculata)

x) Stamm unterirdisch kriechend, Zweige ± aufrecht **727. S. myrtilloides**

xx) Stamm oberirdisch, niederliegend od. ± aufrecht

/) Kätzchen bis 50 mm lang (B. kahl, ganzrandig od. kleingesägt) .... **730. S. hastata**

//) Kätzchen etwa 10–35 mm lang

§) Stbbtl. gelb od. rötlich, zuletzt fuchsig

+) B. unterseits seidig-wollig, ganzrandig **733. S. helvetica ssp. marrubiifolia**

++) B. unterseits kahl, gekerbt-gesägt **729. S. waldsteiniana**

§§) Stbbtl. purpur, zuletzt violett-schwarz

+) B. ganzrandig .... **717. S. alpina**

++) B. fein drüsig-gesägt ...... **718. S. breviserrata**

B. Stbb. am Grd. od. bis zur Spitze verwachsen

1. Stbf. am Grd. od. bis zur Mitte verwachsen; Stbbtl. gelb **738. S. elaeagnos**

2. Stbf. bis über die Mitte od. bis zur Spitze verwachsen; Stbbtl. anfangs purpur .... **739. S. purpurea**

1. Subgen. Sálix (= Amerína)
1. Sect. Sálix (= Pentándrae)

708. S. pentándra L. Lorbeer-W.

♄, (♄), *N, M.* – H. 1,00–5,00(15,00). B. eiförmig-ellipt., zugespitzt, fein- u. dicht-drüsig-gesägt, ganz kahl, lorbeerartig; *Nebenb. eiförmig, gerade;* B.stiel oberwärts vieldrüsig; *(3)5(–10) Stbb. in jeder Bl.;* Frkn. ei-lanzettl., kahl, kurz gestielt; Stielchen etwa so lang od. kürzer als die Drüsen; Gr. bis $^1/_4$ so lang wie der Frkn. V–VI. 2n = 76. Veränderlich in B.- u. Wuchsform.

Bruchwälder; nasse, ±nährstoffreiche, humose Böden. – Zerstreut bis ziemlich selten, im m. u. s. Geb. über größere Strecken fehlend. – Skand. u. N-Rußl. bis Pyren., N-Ital., Balk., Kl.As., Kauk., Sib.; no(-euras).

2. Sect. Frágiles

709. S. frágilis L. Bruch-W.

♄, (♄), *M, MM.* – H. 5,00–15,00. B. lanzettl., lang zugespitzt, kahl, mit einwärtsgebogenen Sägezähnen; *Nebenb. halbherzförmig;* B.stiel oberwärts oft mit einigen Drüsen; *Stbb. 2; ♀-Bl. mit 2 Drüsen;* Frkn. ei-lanzettl., kahl, kurz-gestielt, Stielchen länger als die Drüsen; Gr. kurz, dick. IV–V. 2n = 76. Veränderlich insbes. in der B.form.

Weidengebüsche, Erlenbruchwälder; nasse, nährstoffreiche, meist kalkarme Böden. – Zerstreut bis verbreitet im N-Flachland, im m. u. s. Geb. zerstreut, insbes. in den Stromtälern, vereinzelt bis Alp.vorland (bis ca. 800 m); daneben gepflanzt. – Eur., Kauk., W- u. SW-As. bis W-Sib., Altai; euras(-praealp).

Droge: Cortex Salicis

710. S. álba L. Silber-W., Dotter-W.

♄, ♄, *MM, M.* – H. bis 20,00. *B.* lanzettl., zugespitzt, klein gesägt, *beiderseits seidenhaarig,* später verkahlend; *Nebenb. lanzettl.; Stbb. 2; ♀-Bl. mit 1 Drüse;* Frkn. aus eiförmigem Grd. kurz kegelförmig, kahl, Stielchen sehr kurz, kaum so lang wie die kurze Drüse; Gr. kurz. IV–V. Umfaßt:

ssp. álba; Silber-W.; junge Zweige gelbbraun; B. oberseits dunkel grün, dünn seidig behaart, unterseits heller bis blaugrün. 2n = 76.
Auenwälder, Ufer; nasse, nährstoffreiche, meist tonige Böden. – Verbreitet u. häufig im Flachland u. in den Tälern bis Alp.vorland (bis 815 m).

ssp. vitellína (L.) Arcang.; Dotter-W.; junge Zweige dottergelb od. lebhaft-mennigrot; B. heller grün als bei ssp. alba u. kahler. – Gepflanzt.

Eur., W- u. SW-As., W-Sib., Him., Tibet; submed-euras.

Droge: Cortex Salicis

711. S. babylónica L. Trauer-W.

♄, *M, (MM).* – H. 3,00–10,00. Zweige dünn, hängend; *B. lineal.-lanzettl., lang zugespitzt, scharfgesägt, kahl, meergrün; Nebenb.* schräg-lanzettl., zugespitzt, *zurückgekrümmt; Stbb. 2; ♀-Bl. mit 1 Drüse;* Frkn. ei-kegelförmig, kahl, fast sitzend; Drüse $^1/_3$ so lang wie der Frkn. IV–V. 2n = 76.
Selten gepflanzt. – Heimat: Transkauk. bis Jap.

Anmerkung:
Als Trauerweide häufiger S. alba ssp. vitellina × babylonica (= S. × chrysocóma Dode) od. S. × blánda Anderss. (= S. babylonica × fragilis) außer der jap. Trauerweide S. elegantíssima Koch gepflanzt.

3. Sect. T r i á n d r a e

712. S. triándra L. (amplif. Sér.) (= S. amygdalina L. amplif. Koch) — Mandel-W.

♄, (♄), *N, M.* – H. 1,50–4,00(7,00). B. lanzettl. od. länglich, spitz od. zugespitzt, dicht drüsig-gesägt, kahl od. anfangs seidig-haarig; Nebenb. rel. groß, halbherzförmig; *Tragb. der Bl. an der Spitze kahl, zur Reife bleibend; Stbb. 3;* Frkn. kahl, gestielt, Stielchen 1,5–3 mm lang, 2- bis 4mal so lang wie die Drüse; Gr. sehr kurz. IV–V. Umfaßt:

ssp. t r i á n d r a [= ssp. concolor (Koch) A. Neumann, S. triandra L. s.str.]; B. unterseits grasgrün u. etwas glänzend; B.stiel $^1/_8$–$^1/_{12}$ der B.länge. 2n = 38.
Weidengebüsche an Ufern; nasse, periodisch überschwemmte, schlickige Substrate. – Vornehmlich Geb. hoher Luftfeuchte.

ssp. d í s c o l o r (Koch) A. Neumann (= S. amygdalina L. s.str.); B. unterseits bläulichgrün bis weißlich; B.stiel $^1/_5$–$^1/_6$ der B.länge.
Weidengebüsche an Ufern; nasse, periodisch überschwemmte sandig-kiesige Substrate. – Vornehmlich Geb. geringerer Luftfeuchte.

Verbreitet bis zerstreut vom N-Flachland bis Alp. (bis 1100 m). – Insbes. gem. Eur., Kl.As., Kauk., gem.As. bis Chin., Jap.; euras(-submed).

2. Subgen. C h a m ó e t i a
4. Sect. R e t i c u l á t a e

713. S. reticuláta L. — Netzblättrige W.

♄, *Ch.* – Spalierstrauch; *B.* meist *lang-gestielt, ellipt. od. rundlich-eiförmig, unterseits weißlich- od. bläulichgrün,* hervortretend-*netzaderig, behaart,* am Rand etwas umgerollt; *Frkn.* eiförmig, *grauzottig,* sitzend od. fast sitzend; *Gr. kurz;* Drüsen mitunter verschmolzen. VII–VIII. 2n = 38.
Alp. Schneetälchen, Felsen; feuchte, kalkreiche Stein- u. Schuttsubstrate. – Zerstreut, nur Alp. (1700–2270 m). – Arkt. Eur., As. u. N-Am. sowie Hochgebg.; Pyren. bis Karp., Ural, Altai, Baik., Dahur.; arkt-alp, circ.

5. Sect. H e r b á c e a e

714. S. herbácea L. — Krautige W.

♄, *Ch.* – Stamm zum größten Teil unterirdisch-kriechend; Zweige krautig u. oberirdisch, niedrig; *B. rundlich od. oval,* stumpf od. gestutzt, gesägt, *kahl* od. fast kahl, *netzaderig, beiderseits glänzend;* Kätzchen mit 2blättrigem, knospentragendem Stiel, *Frkn.* eiförmig, *kahl,* kurz gestielt, oft pfriemlich verschmälert; Gr. daher lang erscheinend. VI–VIII. 2n = 38.

Alp. Schneetälchen, Rasen; feuchte, ±nährstoffreiche, kalkarme, lehmige Substrate. – Zerstreut: Riesengebg., Alp. (1720–2343 m). – Arkt. Eur. u. N-Am., Grönl., Isl.; Hochgebg. Eur., Pyren. bis Sud., Balk.; arkt-alp, circ.

6. Sect. Retúsae

715. S. retúsa L. Stumpfblättrige W.
[= S. retusa L. ssp. retusa (L.) Sch. et Kell.]

ђ, *Ch.* – Spalierstrauch; *B. verkehrt-eiförmig,* sehr kurz gestielt, stumpf od. ausgerandet, *ca. 10–15*(33) *mm lang u. 5–7*(16) *mm breit,* ganzrandig od. am Grd. drüsig gezähnelt, zumindest im Alter kahl; ♀*-Kätzchen bis 2 cm lang, 1 cm dick;* Frkn. eiförmig, nach oben verschmälert, kahl, gestielt, Drüse (bisweilen 2) ca. $^1/_2$ so lang wie der Frkn.stiel. VII–VIII. 2n = 114.

Alp. Schneebodenges.; feuchte, kalkreiche, humose Steinschuttsubstrate. – Ziemlich häufig in den Alp. [S. retusa L. incl. S. serpyllifolia Scop.: (980) 1450–2630 m]. – Pyren., Jura, Alp., Apenn., Balk. (?); alp.

716. S. serpyllifólia Scop. Quendelblättrige W.
[= S. retusa L. ssp. serpyllifolia (Scop.) Arcang.]

ђ, *Ch.* – Spalierstrauch, dichtverzweigt; *B. rhombisch bis verkehrt-eiförmig,* sehr kurz gestielt, spitz od. stumpf, selten schwach ausgerandet, *ca. 3–11 mm lang, 2–4 mm breit,* ganzrandig od. fein gezähnelt, kahl; ♀*-Kätzchen kugelig, bis 0,5 cm lang;* Frkn. eiförmig nach oben verschmälert, kahl, gestielt. VII–VIII.

Alp. Rasenges., Felsbänder; frische, kalkhaltige, steinige Substrate. – Ziemlich häufig in Alp. (Höhen vgl. S. retusa L.). – Alp.; alp.

7. Sect. Myrtosálices

717. S. alpína Scop. Myrten-W.

ђ, *Ch.* – Halbteppichstrauch, Stamm u. Äste niederliegend bzw. etwas aufsteigend; *B. ganzrandig,* auch am Rand betont behaart, verkehrteiförmig, abgerundet od. spitz, 12–35 mm lang, 6–18 mm breit, kurz gestielt; ♀*-Kätzchen 10–20 mm lang, 4–6 mm dick;* Frkn. eiförmigkonisch, behaart (später oft fast kahl); Gr. 0,6–1,6 mm lang; N. purpur. VI–VII.

Frische, meist kalkhaltige Substrate. – Alp., sehr selten, nur: Torrener Joch, Wendelstein, Oberammergau. – O-Alp., Karp.; o-alp.

718. S. breviserráta Flod. Matten-W.

♄, *Ch, (N).* – Sparriger Halbteppichstrauch, Stamm u. Äste niederliegend bzw. bis 0,30(0,60) aufsteigend; *B. fein drüsig-gesägt,* lanzettl. bis verkehrt-eiförmig, spitz bis zugespitzt, behaart od. fast kahl, 10 bis 30 mm lang, 6–18 mm breit, kurz gestielt; *♀-Kätzchen 16–30 mm lang, 6–9 mm dick;* Frkn. zylindrisch-konisch, behaart (zuletzt bisweilen kahl); Gr. etwa 1 mm lang; N. purpur. VI–VII.

Feuchte, ±nährstoff- u. basenreiche Substrate. – Alp., sehr selten, nur: Wendelstein, Benediktenwand. – Alp. (ö. bis Niedere Tauern); w-alp.

3. Subgen. Caprisálix
8. Sect. Phylicifóliae

719. S. bícolor Ehrh. Zweifarbige W.
(= S. phylicifolia L. auct. europ. p.p.)

♄, *N.* – H. bis 1,20(1,80). Zweige kahl, glänzend; *B.* eiförmig-ellipt., *entfernt-ausgeschweift-kleingesägt od. fast ganzrandig, unterseits bläulichgrün, zuletzt ganz kahl;* Nebenb. – wenn vorhanden – klein, halbherzförmig, mit schiefer Spitze; *Frkn.* ei-kegelförmig, *weißgrau seidig-behaart,* Stiel 2- bis 3mal so lang wie die Drüse. V–VI.

Mont. Hochstaudengebüsche; feuchte, nährstoffreiche, kalkarme, tonige Böden. – Sehr selten u. zerstreut: Harz (Brocken), Riesengebg. – Gebg. von Pyren. Halbins. über Frankr. bis Harz, Sud., Karp., Balk.

9. Sect. Nigricántes

720. S. nígricans Sm. Schwarz-W.

♄, *N, M.* – H. 1,00–4,00. Zweige meist behaart; *B.* rundlich-eiförmig, ellipt. od. lanzettl., *wellenförmig-gesägt, unterseits grau* u. *meist mit grüner Spitze,* beim Trocknen schwarz werdend, *die jüngeren nebst den Zweigen kurz-weichhaarig,* zuletzt kahl; Nebenb. halbherzförmig, mit gerader Spitze; *Frkn.* ei-kegelförmig, *kahl,* Stiel 2- bis 6mal so lang wie die Drüse; N. 2spaltig. IV–V. 2n = 114.

Weidengebüsche, Grauerlenwälder; nasse, periodisch überschwemmte, meist kalkhaltige Substrate. – Zerstreut im nö. u. s. Geb. (Alp. bis 1360 m), selten im m. Geb.; fehlt u. a. in NW-D. – N- u. NO-Eur. bis Frankr., M-Eur., Apenn., Balk., N-As.; no(-praealp).

10. Sect. Cápreae

721. S. cáprea L. (Abb. 116h–o) Sal(Sahl)-W.

♄, (♄), *M.* – H. 2,00–9,00. Zweige nur ganz jung kurz behaart; Holz ohne Striemen (nur am alten Holz vereinzelte); *B.* eiförmig od. ellipt., flach, mit aufgesetzter Spitze, *schwachwellig-gekerbt, oberseits dunkelgrün* (später schwach glänzend), *fast kahl, unterseits bläulichgrün u. filzig;* Nebenb. nierenförmig; Kätzchen am Grd. von 4—7 schuppenförmigen B.chen gestützt; ♂-Kätzchen bis 3 cm lang; Frkn. verlängert ei-kegelförmig, filzig, Stielchen 4- bis 6mal so lang wie die Drüse; Gr. fehlend od. sehr kurz. III—V. 2n = 38, 57, 76.

Waldlichtungen, Laubmischwälder; frische, nährstoffreiche, lehmige Böden. — Verbreitet u. meist häufig im ganzen Geb. (Alp. bis 1730 m). — N-Eur. bis Gebg. des s. Eur.; N-, M- u. SW-As.; no-euras.

722. S. cinérea L. Aschgraue W.

♄, *N, M.* — H. 1,50—6,00. 1- u. 2jährige Zweige u. Knospen grau od. schwarzfilzig; Holz mit deutlichen Striemen; *B. ellipt.- od. lanzettl.-verkehrt-eiförmig,* kurzgespitzt, flach, *wellenförmig-gesägt, oberseits trübgrün u. aschgrau (glanzlos), weichhaarig, unterseits graugrün, filzig-kurzhaarig;* Nebenb. nierenförmig; Frkn. aus eiförmigem Grd. verlängert-kegelförmig, filzig, Stielchen 3- bis 4mal so lang wie die Drüse; Gr. kurz od. fehlend; N. 2spaltig. III—IV. 2n = 76.

Weidengebüsche, Erlenbruchwälder; nasse, nährstoffreiche, meist kalkarme u. tonige Böden. — Verbreitet, im Flachland u. in den Tälern des m. u. s. Geb. meist häufig (Alp. bis 1500 m). — Fast ganz Eur., Kl.As., Kauk., W- u. SW-As., NW-Afr.; no-euras.

723. S. aurita L. Ohr-W.

♄, *N.* — H. 0,50—2,00. Zweige kahl; Knospen kahl od. schwachflaumig; Holz mit feinen Striemen; *B. verkehrt-eiförmig mit zurückgekrümmter Spitze, wellig-gesägt,* oberseits runzlig, trübgrün, *weichhaarig, unterseits bläulichgrün, filzig-weichhaarig;* Nebenb. nierenförmig; Frkn. aus eiförmigem Grd. kegelig-pfriemlich, filzig, Stielchen 3- bis 4mal so lang wie die Drüse; Gr. fehlend od. sehr kurz. IV—V. 2n = 38, 76. Veränderlich u. a. in Wuchs- u. B.form.

Weidenbüsche, Erlenbruchwälder; nasse, nährstoffreiche, kalkfreie, meist tonige Böden. — Verbreitet u. häufig, insbes. in den Silikatgeb. (Alp. bis 1650 m). — Skand. bis s. Eur., Rußl., Kauk.; no(-subatl).

724. S. silesíaca Willd. Schlesische W.

♄, *N, (M).* — H. bis 2,00(3,00). Zweige jung behaart, später kahl; Holz mit u. ohne Striemen; *B. breit- od. verkehrt-eiförmig,* zugespitzt, *wellenförmig-gesägt, ober- u. unterseits fast gleichfarbig,* jung kurz behaart, *ältere* ganz od. fast ganz *kahl;* Nebenb. herzförmig; *Frkn.* ei-kegelförmig, *kahl,* Stielchen 3- bis 4mal so lang wie die Drüse; Gr. 0,3—0,6 mm lang. V—VI. 2n = 38.

Gebüsche, Auenwälder; nasse Böden. — Zerstreut, nur schles. Gebg. u. Vorland (bis etwa 1300 m; u. a. von Isergebg. über Riesen-Eulen-, Heuscheuergebg. bis Glatzer Schnee- u. Reichensteiner-Gebg.). — Sud., Karp., Balk., Kauk.; o-alp(praealp).

725. S. appendiculáta Vill. Großblättrige W.
(= S. grandiflora Sér.)

ħ, *M.* – H. 2,00–9,00. Zweige kahl od. diesjährige fein flaumig, verkahlend; Holz mit undeutlichen od. spärlichen Striemen; *B.* länglich-verkehrt-eiförmig, flach, undeutlich-wellig-kleingesägt, *später oberseits kahl od. fast kahl, grün, unterseits bläulich-graugrün,* etwas weichhaarig, ähnlich denen von S. caprea, aber nach dem Grd. schmäler u. unterseits kahler; Nebenb. nieren- od. halbherzförmig; *vorlaufende Kätzchen am Grd. von 1–3 schuppenförmigen B.chen gestützt,* ♂-Kätzchen bis 2,5 cm lang; Frkn. aus eiförmigem Grd. pfriemlich, filzig, lang gestielt, Stielchen 4- bis 6mal so lang wie die Drüse; Gr. sehr kurz. IV–V. 2n = 38.

Mont. u. subalp. Gebüsche, Bachränder, Schluchten; frische, nährstoffreiche u. meist kalkhaltige Böden. – Zerstreut u. selten: S-Schwarzwald (Feldberg, Belchen), Bay. Wald (u. a. Arber, Rachelsee), verbreiteter: Alp. (bis 2330 m), auch im Vorland (herabgeschwemmt). – Jura, Alp.; praealp.

11. Sect. Lívidae

726. S. starkeána Willd. Bleiche W.
(= S. depressa L. amplif. A. et G.)

ħ, *N, Ch.* – H. bis 1,00. Zweige kahl od. schwach behaart, meist glänzend; *B. breit-lanzettl. bis rundlich-verkehrt-eiförmig,* kurzgespitzt, ausgefressen-gesägt, *zuletzt* ganz *kahl, oberseits sattgrün, glänzend,* unterseits mattgrün bis meergrün, Adern hervortretend; Nebenb. halbnierenförmig; *Frkn.* ei-kegelig, weißgrau behaart, *sehr lang gestielt, Stielchen 5- bis 6mal so lang wie die Drüse;* Gr. kurz. IV–V. 2n = 38.

Zwischenmoore, Magerrasen; ±feuchte, nährstoff- u. kalkarme, torfige Böden. – Verbreitet: Ostpr., Westpr.; vereinzelt u. sehr selten: Brand. (Sommerfeld), Schles. (Groß-Tschirnau) u. im sw. Geb.: Baar (z. B. Röthenbach), Jura (Irrendorfer Hardt), Donaugeb. (u. a. Donaueschingen). – Skand., M- u. O-Eur. bis N-As., Mandsch., Kamtschatka; no-kont.

12. Sect. Myrtilloídes

727. S. myrtilloídes L. Heidelbeer-W.

ħ, *Ch, N.* – H. 0,15–0,50. Stamm unterirdisch kriechend; Zweige aufrecht, später kahl; *B. schmal-ellipt.,* am Rand zurückgebogen, *ganzrandig, glanzlos, graubläulich,* ganz *kahl,* unterseits fein netzaderig; Nebenb. klein, halbeiförmig, oft fehlend; *Frkn.* ei-spitzkegelig, *kahl,* Stielchen so lang od. länger als der Frkn., 3- bis 4mal so lang wie die Drüse; Stbbtl. zuerst rot, dann gelb, zuletzt schwärzlich. V–VI. 2n = 38.

Zwischenmoore, Torfsümpfe, Birkenmoore; nasse, nährstoffhaltige, saure Torfschlammböden. – Zerstreut: Ostpr. (Gilgenburg, Kernsdorfer Höhe, Ortelsburg, Sensburg, Lötzen, Goldap), Westpr.; selten bis sehr selten: Schles. (Heuscheuer, Königshuld bei Oppeln); Oberpfalz (Wernberg), Eschenbach, untere u. obere bay. Hochebene. — N- u. O-Eur. bis S-D., Schweiz, Tschech., N- u. NO-As., n. N-Am.; (arkt-)no, circ.

13. Sect. Fúscae

728. S. répens L. Kriech-W.

ħ, *N, Ch.* — H. bis 1,00(2,00). Stamm unterirdisch kriechend; Zweige aufrecht, kahl; *B. lanzettl. bis breit-verkehrt-eiförmig,* am Rand meist ±zurückgerollt, *meist ganzrandig,* oberseits etwas glänzend, sattgrün, unterseits graugrün, seidig-filzig (vgl. Unterarten), netznervig; Nebenb. klein, schmal-lanzettl. od. fehlend; *Frkn.* ei-kegelförmig, *filzig,* selten kahl; Stielchen lang, 2- bis 3(4)mal so lang wie die Drüse; Stbbtl. purpur, dann gelb, zuletzt schwärzlich. IV—V. Umfaßt im Geb. (z. T. gelegentlich auch als Arten bewertet):

ssp. argéntea (Smith) Camus (= S. argentea Sm.); B. ±breit verkehrt-eiförmig, ±graugrün, 1,3- bis 2,5mal so lang wie breit, über der Mitte am breitesten, auch oberseits behaart bleibend, Spitze gekrümmt; Nebenb. meist entwickelt. 2n = 38.

Dünenweidengebüsche, graue Küstendünen; salzarmer Dünensand. — Verbreitet: N- u. O-See-Küsten.

ssp. répens; B. verkehrt-länglich bis ellipt.-länglich, 2- bis 4mal so lang wie breit, über der Mitte am breitesten, oberseits ±verkahlend, Spitze gekrümmt; Nebenb. meist entwickelt. 2n = 38.

Standort s. unten. — Zerstreut bis verbreitet im ganzen Geb.

ssp. galeïfólia Neumann; B. zungenförmig, verkehrt-lanzettl. od. länglich, 4- bis 7mal so lang wie breit, über der Mitte am breitesten, oberseits ±verkahlend, Spitze gekrümmt; Nebenb. meist entwickelt (evtl. nur Var. voriger Unterart).

Standort s. unten. — Zerstreut (?): NW-D.

ssp. angustifólia (Wulf.) Neumann; B. länglich, etwa 3- bis 5mal so lang wie breit, meist in der Mitte am breitesten, beim Trocknen ±flach bleibend; Nebenb. fehlend od. schwach entwickelt; Frkn. stets behaart.

Standort s. unten. — Zerstreut im Geb., in NW-D. fehlend.

ssp. rosmarinifólia (L.) Čelak.; B. ±lanzettl., etwa 4- bis 10mal so lang wie breit, teilweise unter der Mitte am breitesten, Spitze gerade, beim Trocknen ±flach bleibend; Nebenb. fehlend od. schwach entwickelt; Frkn. stets behaart. 2n = 38.

Standort s. unten. — Zerstreut u. selten im ö. u. sö. Geb., nw. Grenze etwa Trockengeb. M- u. S-D.

Borstgrasrasen, Heiden, Moore, Streuwiesen, Dünenweidengebüsche; feuchte od. trockenere, oft torfige, sandige od. tonige Böden. — Zerstreut bis verbreitet (Alp. bis 1000 m). — Skand. bis N-Span., N-Ital. u. Balk., W- u. Z-As., Sib.; (no-)euras.

14. Sect. A r b ú s c u l a e

729. S. waldsteiniána Willd. Bäumchen-W.
[= S. arbuscula L. ssp. waldsteiniana (Willd.) Br.-Bl.]

♄, *N.* – H. bis 1,00. Junge Zweige meist kahl; *B. verkehrt-eiförmig od. länglich,* spitz od. zugespitzt, dichter od. entfernter gekerbt-gesägt, später kahl, oberseits etwas glänzend, unterseits bläulichgrün, glanzlos; Nebenb. meist breit-lanzettl. od. fehlend; Kätzchen gestielt, Stiel beblättert; *Frkn.* ei-kegelförmig, *filzig,* fast sitzend, zuletzt kurzgestielt; Drüse $^1/_4$–$^1/_3$ so lang wie der Frkn.; Gr. 1–1,5 mm lang. VI–VII.
Subalp. Weidengebüsche, Grünerlengebüsche; frische, mäßig nährstoff- u. basenreiche Böden. – Zerstreut, nur Alp. (1400–2560 m). – Alp. (w. bis Schweiz), Karp.; o-alp.

15. Sect. H a s t á t a e

730. S. hastáta L. Spieß-W.

♄, *N.* – H. bis 1,80. Zweige glanzlos, kahl; *B. breit-ellipt., glanzlos,* etwa 1,5mal so lang wie breit, *kahl,* ganzrandig od. klein-gesägt, beim Welken braun werdend; Nebenb. halbherzförmig, mit gerader Spitze; *Tragb. der Bl. von gekräuselten Haaren glänzend weißzottig; Stbf. kahl;* Frkn. eiförmig-pfriemlich, kahl; Drüse $^1/_2$ bis so lang wie der Frkn.stiel; Gr. lang. V–VI. 2n = 38, ca. 110.
Meist subalp. u. alp. Hochstaudengebüsche; feuchte, meist kalkhaltige Böden. – Zerstreut: Alp. (1040–2150 m); sehr selten: s. Harz-Vorland (Stempeda, ob noch?). – N-Eur. bis N-Rußl., N-, NO- u. Z-As., höhere Gebg. M- u. S-Eur., Kl.As., Kauk., Him; arkt-alp.

731. S. glábra Scop. Kahle W.

♄, *N.* – H. bis 1,60. Zweige kahl; *B.* fast lederartig, *ellipt. od. verkehrt-eiförmig, etwa 2mal so lang wie breit,* klein gesägt, *kahl, oberseits spiegelnd, unterseits bläulichgrün* (Wachsüberzug bis zur Spitze reichend), beim Welken schwarzbraun; Nebenb. fast immer fehlend, drüsenförmig od. fast nierenförmig; Kätzchen gestielt, Stiel beblättert; *Tragb. der Bl.* an der Spitze rötlich, *lang, dünn, weiß gebärtet; Stbf. am Grd. behaart;* Frkn. ei-kegelförmig, pfriemlich, kahl; Drüse etwa so lang wie der Frkn.-stiel. V–VI. 2n = 38.
Subalp. u. alp. Hochstaudengebüsche; feuchte, kalkreiche Böden. – Zerstreut: Alp. (1400–2330 m), selten mit den Flüssen tiefer herabsteigend (z. B. Ulm, Füssen, Reichenhall). – O-Alp., Kroat., Bosn., Herzegowina; o-alp.

16. Sect. V i l l ó s a e

732. S. lappónum L. Lappland-W.

ħ, *N.* — H. bis 1,00. Vorjährige Zweige kahl od. locker behaart, glänzend-braun; *B. ellipt. od. verkehrt-lanzettl.,* zugespitzt, ganzrandig od. unten schwach buchtig mit schmal abgerundetem Grd., weißwollig, *unterseits dichter mattfilzig; Kätzchen sitzend, selten gestielt* (Stiel blattlos); Frkn. grauweiß filzig-wollig, Stiel kurz, bis $^1/_4$ mm lang; Gr. bis 2(3) mm lang, kaum gespalten. VI—VII. 2n = 38, 76.

Moore, Ufer, Wiesen. — Zerstreut, nur Ostpr. (Kreise: Heydekrug, Ragnitz, Darkehmen, Sensburg, Lötzen, Lyck, Johannisburg). — Schottl., Skand., Balt., Ostpr., Pol. bis Sib.; no-kont.

733. S. helvética Vill. Schweizer W. (Andornblättrige W.)

ħ, *N.* — H. bis 1,50. Äste kurz, dick, runzelig-höckerig; Zweige später oft verkahlend, glänzend-braun; *B. ellipt.-länglich od. -lanzettl.* beidendig verschmälert, Rand ausgeschweift-gezähnt od. ganzrandig, *anfangs dicht seidenhaarig-zottig;* B.nervatur später weniger deutlich, unterseits lang seidig-wollig; Nebenb. klein, bisweilen fehlend, halbherzförmig; *Kätzchen deutlich gestielt* (Stiel beblättert); Frkn. stark filzig, deutlich gestielt; Gr. bis 2 mm lang, bis zur Mitte od. ganz gespalten. VI—VII. Im Geb. nur:

ssp. m a r r u b i i f ó l i a (Tausch) Flod.; niedrig; B. ganzrandig, glanzlos, unterseits dicht-anliegend behaart, mit wenig-krausen Haaren; Kätzchen u. Bl.teile kleiner als bei der typ. Unterart.
Moore, Blockhalden. — Sehr selten, nur Riesengebg. (u. a. Großer u. Kleiner Teich, Schlingelbaude, Melzergrube). — Sud., Karp.; o-alp.

Alp., Sud., Karp.

17. Sect. V i m i n á l e s

734. S. viminális L. Korb-W.

ħ, (ћ), *M.* — H. 2,00—4,00(10,00). Zweige anfangs kurz-grauhaarig, später kahl; *B.* schmal-lanzettl., lang zur Spitze verschmälert, am Grd. keilförmig, schwach drüsig-gezähnt od. ganzrandig, oberseits trübgrün, kaum glänzend, *unterseits seidenhaarig glänzend; Nebenb. lineal.-lanzettl., kürzer als der* bis 1 cm lange *B.stiel,* od. fehlend; Tragb. der Bl. mit silberweißen, langen Haaren; Frkn. hellgrau, seidig-behaart; Gr. fast so lang wie der Frkn. III—IV. 2n = 38.

Auengebüsche, Ufer; nasse, nährstoffreiche Böden. — Verbreitet u. häufig im Flachland u. im s. Geb. (bis etwa 800 m) insbes. in den Stromtälern; daneben gepflanzt. — Skand. (ob ursprünglich?) bis gem. Eur., Kauk., N- u. gem. As., Him., Jap.; euras.

735. S. dasyclados Wimm. Filzästige W.

♄, *M.* – H. (2,00)4,00–6,00. Zweige dick, schmutzig gelbbraun, sehr kurz-weißgrau-filzig, junge Triebe dicht weiß-filzig; *B.* lanzettl., zur Spitze u. zum Grd. allmählich verschmälert, undeutlich wellig-gezähnt, anfangs beiderseits weißgrau-seidig-filzig, *später – außer den Nerven – verkahlend* u. oberseits etwas glänzend; Nebenb. breit-lanzettl., zugespitzt; B.stiel bis 1,5(2) cm lang; Tragb. der Bl. am Grd. dünn-hellgrau-behaart, am Rand dicht- u. lang-gebärtet; Frkn. dicht weiß-seidenartig behaart; Gr. 1–2 mm lang. III–IV. 2n = 76. Wohl hybridogener Entstehung (evtl. S. caprea × cinerea × viminalis).

Flußufer, sumpfige Wiesen. – Zerstreut: Geb. der großen Ströme in NO-D. (von Meckl. bis Ostpr.) u. Schles.; daneben gepflanzt. – NO-D., Pol., Dän. (wohl nicht ursprünglich), Balt., Rußl., As.; no(-euras-kont).

18. Sect. Pruinosae

736. S. daphnoides Vill. Schimmel-—.

♄, (♄), *M, (MM).* – H. 5,00–10,00(20,00?). *Zweige* dick, gelblich od. bräunlich, *brüchig, bläulich-weiß-bereift; B. länglich-lanzettl., etwa 4mal länger als breit,* zugespitzt, fein drüsig-gesägt, kahl, jüngere nebst jungen Trieben zottig behaart, bis 1 cm lang gestielt, lederartig, oberseits dunkelgrün, glänzend, unterseits graumatt; *Nebenb. halbherzförmig;* Frkn. ei-kegelförmig, kahl, kurz gestielt; Gr. etwa $^1/_2$ so lang wie der Frkn., gelb; N. lineal., ungeteilt. III–IV. 2n = 38, 57.

Auengebüsche, Ufer; nasse, nährstoffreiche, meist sandig-tonige Böden. – Zerstreut bis verbreitet: Alp. (bis 1300 m), Alp.vorland u. Donaugeb.; selten: O-See-Küsten (Meckl. bis Ostpr.), Schles. (z. B. Oder abwärts bis Ohlau), Oberrheingeb. (bis Mannheim); daneben gepflanzt u. verwildert. – Skand. bis O-Frankr., N-Ital., Pol., Tschech., Rußl., (Z- u. m. O-As.?, Him.?); praealp(-no).

737. S. acutifolia Willd. Spitzblättrige W.

♄, (♄), *M.* – H. 5,00–8,00(10,00). *Zweige* dünn, dunkel- od. rotbraun, *zäh,* oft bläulich-bereift, *kahl; B. lineal.-lanzettl., bis 5mal länger als breit,* lang u. scharf zugespitzt, gesägt, kahl, bis 1,5 cm lang gestielt, oberseits dunkelgrün, glänzend, unterseits heller bis graugrün, matt; *Nebenb. lanzettl., lang zugespitzt;* Frkn. kahl, gestielt; N. länglich-eiförmig, gabelig ausgerandet. III–IV. 2n = 38.

Gepflanzt. – Heimat: Rußl., N- u. Z-As.

19. Sect. C á n a e

738. S. elaeágnos Scop. Lavendel-W.
(= S. incana Schrank)

♄, (♄), *M, (MM)*. – H. 2,00–6,00(16,00). Jüngste Triebe dünn-hell-grau-behaart, ältere Zweige gelblich bis rot- od. dunkelbraun; *B. lineal.-lanzettl.*, beidends spitz zusammenlaufend, am Rand umgerollt, entfernt *drüsig-gezähnt*, oberseits fast od. ganz verkahlend, *unterseits weißgrau-filzig*, darunter blaugrau; Tragb. der ♀-Bl. einfarbig, die der ♂-Bl. an der Spitze braunrötlich; *Stbf. am Grd. od. bis zur Mitte verwachsen; Frkn. kurz-gestielt, kahl*. IV–V. Wild im Geb.: ssp. e l a e á g n o s; B. lineal.-lanzettl., etwa 6mal so lang wie breit. 2n = 38.
Weidengebüsche, Ufer; ±nasse u. trocken-fallende, meist kalkhaltige, schotterige Substrate. – Zerstreut: Oberrhein- u. Bodenseegeb., S-Schwarzwald, Baar, Donaugeb. bis (selten) Bay. Wald u. Fränk. Jura; verbreitet: Alp.vorland u. Alp. (bis 1300 m); daneben gepflanzt u. verwildert. – M- u. S-Eur., Kl.As.; praealp-submed.

20. Sect. P u r p ú r e a e

739. S. purpúrea L. Purpur-W.

♄, *M*. – H. bis 3,00(6,00). Jüngste Triebe bisweilen dünn behaart, ältere Zweige gelblich, braun od. rot; *B. verkehrt-lanzettl.*, zur Spitze kurz-, zum Grd. lang-verschmälert, klein- bis *scharf-gesägt*, später *kahl, flach*, oberseits dunkel- od. etwas blaugrün, unterseits blaugrün; Tragb. der ♂- u. der ♀-Bl. schwarzbraun, am Grd. heller; *Stbf. bis zur Spitze verwachsen;* Stbbtl. scheinbar mit 4 Fächern; *Frkn. sitzend, dicht behaart*. III–IV. Formenreich, umfaßt:

ssp. p u r p ú r e a; B. meist wechselständig, meist nur oberhalb der Mitte gesägt, Spreitengrd. keilförmig; B.stiel etwa $^1/_{12}$ so lang wie die Spreite; B. der Langtriebe bis 10mal, die der Kurztriebe etwa 5mal so lang wie breit. 2n = 38. – Insbes. in Bergland u. Gebg.

ssp. l a m b e r t i á n a (Sm.) A. Neumann; B. z. T. gegenständig, z. T. wechselständig, fast vom Grd. an gesägt, Spreitengrd. spitzbogig abgerundet; B.stiel $^1/_{15}$–$^1/_{20}$ so lang wie die Spreite; B. der Langtriebe meist 4- bis 8mal, die der Kurztriebe etwa 4mal so lang wie breit. – Insbes. Flachland u. Niederungen.

Gebüsche u. Auenwälder, Ufer; nasse, periodisch überschwemmte, meist kalkreiche Böden. – Verbreitet, im N. insbes. Flußniederungen, im s. Geb. auch Gebg. (Alp. bis 1100 m). – (Skand.), M- u. S-Eur. bis Kl.As., Kauk., gem. As., Chin., Jap., N-Afr.; euras-med.

Droge: Cortex Salicis

Bastarde (einige Bastarde an den Grenzen des Geb. mit einbezogen; verschiedene Deutungen, u. a. die hier durch „?" gekennzeichneten, bedürfen der Überprüfung):

S. **acutifolia** × caprea (= S. × propinqua A. et G. Camus), S. acutifolia × cinerea, S. **alba** × fragilis (= S. × rubescens Schrank), S. alba × pentandra (= S. × ehrhartiana Sm.), S. alba × triandra (= S. × undulata Ehrh.), S. alba ssp. vitellina × babylonica (= S. × chrysocoma Dode), **S. alpina** × retusa (= S. × retusoides J. Kern.), S. **appendiculata** × aurita (= S. × limnogena A. Kern.), S. appendiculata × caprea (= S. × macrophylla A. Kern., S. × attenuata A. Kern.), S. appendiculata × elaeagnos (= S. × intermedia Host), S. appendiculata × purpurea (= S. × austriaca Host, S. × neilreichii A. Kern.), S. **aurita** × caprea (= S. × capreola A. Kern.), S. aurita × cinerea (= S. × multinervis Döll), S. aurita × elaeagnos (= S. × patula Sér.), S. aurita × myrtilloides (= S. × rugulosa Anderss.), S. aurita × nigricans (= S. × coriacea Schleich.), S. aurita × purpurea (= S. × dichroa Döll), S. aurita × repens (= S. × ambigua Ehrh.), S. aurita × repens ssp. rosmarinifolia (= S. × sonderiana Junge). S. aurita × silesiaca (= S. × subaurita Anderss.), S. aurita × starkeana (= S. × livescens Döll), S. aurita × triandra (?) (= S. × krausei Anderss. p.p.), S. aurita × viminalis (= S. × fruticosa Döll). S. **babylonica** × fragilis (= S. × blanda Anderss.), S. **bicolor** × caprea (= S. × laurina Sm.), S. bicolor × silesiaca (= S. paxii Woloszczak), S. **breviserrata** × retusa, S. **caprea** × cinera (= S. × reichardtii A. Kern.), S. caprea × daphnoides (= S. × erdingeri J. Kern., S. × cremsensis A. et J. Kern.), S. caprea × elaeagnos (= S. × flueggeana Willd.), S. caprea × helvetica ssp. marrubiifolia, S. caprea × lapponum (= S. × canescens Fries p.p., S. × limosa-cinerascens Wahlbg.), S. caprea × nigricans (= S. × latifolia Forbes), S. caprea × purpurea (= S. × wimmeriana Gren. et Godr.), S. caprea × repens (= S. × scandica Rouy), S. caprea × silesiaca (= S. × subcaprea Anderss.), S. caprea × viminalis (= S. × smithiana Willd.), S. **cinerea** × lapponum (= S. × canescens Fries), S. cinerea × nigricans (= S. × vaudensis Schleich.), S. cinerea × purpurea (= S. × pontederana Willd.), S. cinerea × repens (= S. × subsericea Döll), S. cinerea × silesiaca (= S. × subcinerea Anderss.), S. cinerea × starkeana (= S. × coerulescens Döll), S. cinerea × triandra (?) (= S. × krausei Anderss.), S. cinerea × viminalis (= S. × holosericea Willd.), S. **daphnoides** × elaeagnos (= S. × reuteri Moritzi), S. daphnoides × purpurea (= S. × calliantha J. Kern.), S. daphnoides × repens (= S. × maritima Hartig), S. daphnoides × viminalis (= S. × digena J. Kern.), S. **dasyclados** × purpurea, S. dasyclados × triandra (?) (= S. × salischii Seem.), S. **elaeagnos** × purpurea (= S. × wichurae Pokorny), S. elaeagnos × repens (= S. × subalpina Forbes), S. **fragilis** × pentandra (= S. tinctoria Sm.), S. fragilis × purpurea (?) (= S. × margaretae Seem.), S. fragilis × triandra (= S. × alopecuroides Tausch), S. fragilis × viminalis (?) (= S. × boulayi Gerard), S. **hastata** × waldsteiniana (?) (= S. × combinata Huter), ? S. **helvetica** ssp. marrubiifolia × silesiaca, S. **lapponum** × myrtilloides (= S. × versifolia Wahlenbg.), S. **myrtilloides** × repens (= S. × finnmarchica Willd.), S. **nigricans** × purpurea (?) (= S. × beckeana Beck), S. nigricans × repens (= S. × nana Schleich.), S. nigricans × starkeana (= S. myrtoides Döll), S. **pentandra** × triandra (?) (= S. × schumanniana Seem.), S. **purpurea** × repens (= S. × doniana Sm.), S. purpurea × silesiaca (= S. × arborescens Hartig), S. purpurea × triandra (?) (= S. × leiophylla A. et G. Camus), S. purpurea × viminalis (= S. × helix L.), S. **repens** × starkeana (= S. × stenoclados Döll), S. repens × viminalis (= S. × friesiana Anderss.), S. **starkeana** × viminalis, S. **triandra** × viminalis (= S. × mollissima Ehrh.).

Tripelbastarde:
S. **acutifolia** × caprea × purpurea (= S. × scholzii Rouy), S. **alba** × fragilis × pentandra (= S. × hexandra Ehrh.), S. **aurita** × bicolor × caprea, S. aurita × caprea × cinerea (= S. × woloszczakii Zalewski), S. aurita × caprea × purpurea, S. aurita × caprea × repens, S. aurita × caprea × silesiaca (= S. × germanorum Rouy), S. aurita × caprea × viminalis, S. aurita × cinerea × purpurea (?) (= S. × confins A. et G. Camus), S. aurita × cinerea × repens (= S. × straehleri Seem.), S. aurita × cinerea × silesiaca, S. aurita × cinerea × viminalis (= S. × hirtei Straehler), S. aurita × helvetica ssp. marrubiifolia × silesiaca, S. aurita × lapponum × repens, S. aurita × lapponum × myrtilloides, S aurita × nigricans × repens, S. aurita × purpurea × repens (= S. × pseudo-doniana Rouy), S. aurita × purpurea × viminalis, S. aurita × repens × viminalis (= S. × aberrans A. et G. Camus), S. **bicolor** × caprea × cinerea (= S. × tephrocarpa Wimm.), S. **caprea** × cinerea × silesiaca, S. caprea × cinerea × viminalis, S. caprea × helvetica ssp. marrubiifolia × silesiaca, S. caprea × purpurea × silesiaca, S. caprea × purpurea × viminalis (= S. × purpureo-acuminata Wimm.), S. **cinerea** × purpurea × viminalis (= S. × uechtritzii Rouy), S. cinerea × repens × viminalis (= S. × fastidiosa A. et G. Camus), S. **daphnoides** × purpurea × repens (= S. × boettcheri Seem.), S. **purpurea** × repens × viminalis, S. purpurea × silesiaca × viminalis, S. **repens** × starkeana × viminalis.

Quadrupelbastarde:
S. **aurita** × caprea × cinerea × repens (= S. × aschersoniana Seem.), S. aurita × caprea × silesiaca × viminalis.

22. Ordn. Fagáles

41. Fam. BETULÁCEAE S. F. Gray
Birkengewächse

I. Schuppen der Fr.kätzchen 3lappig; Stbbtl. 2teilig **204. Betula**
II. Schuppen der Fr.kätzchen 4- bis 5lappig; Stbbtl. ungeteilt . . . . **205. Alnus**

204. Bétula L. Birke

x = 7

I. B. spitz, unterseits meist undeutlich netzadrig, langgestielt; ♄ od. hohe ♄; Fr.flügel so breit od. mehrmals so breit wie die Nuß
 A. Junge Zweige dicht mit warzigen Drüsen besetzt, sehr frühzeitig kahl; Zweige später (bei den Baumformen) hängend . . . . **740. B. pendula**

B. Junge Zweige ohne od. nur spärlich mit warzigen Drüsen besetzt, erst spät u. meist nicht völlig verkahlend; Zweige auch später ±aufrecht od. abstehend .... 741. B. pubescens

II. B. ±stumpf, unterseits deutlich netzadrig, kurz gegestielt; meist niedrige ♄; Fr.flügel viel schmaler als die Nuß

A. B. rundlich-eiförmig od. eiförmig, spitz gesägt; junge Zweige drüsig .... 742. B. humilis

B. B. rundlich, breiter als lang od. kreisrund, stumpf gekerbt; junge Zweige nicht drüsig, sammethaarig 743. B. nana

1. Sect. Bétula

740. B. péndula Roth (Abb. 117a–d) Hänge-B.
(= B. verrucosa Ehrh.)

♄, (♄), *MM, M.* – H. 3,00–20,00(30,00). Rinde weiß, querabblätternd (vgl. Unterarten); *B.* rautenförmig-3eckig, *mit spitzlichen Seitenecken u. lang ausgezogener Spitze,* doppelt-gesägt, sehr früh kahl; Fr.-kätzchen wie die ♂ hängend, walzlich, ziemlich dick; Seitenlappen der Fr.schuppen zurückgebogen od. abstehend, *Flügel 2- bis 3mal so breit wie die ellipt. Nuß.* IV–V. Umfaßt im Geb.:

ssp. péndula; ♄, (♄); Rinde weiß, nur am Grd. borkig u. dunkel; B. groß, bis 7 cm lang. 2n = 28, 42. – Verbreitet.

ssp. obscúra (Kotula) Löve et Löve (sub B. verrucosa); ♄, Rinde dunkel od. heller braun, im borkigen Teil fast schwarz; B. groß. – Selten, nur Schles. (Liegnitz, Schweidnitz).

ssp. oycowiénsis (Bess.) Löve et Löve (sub B. verrucosa); ♄; Zweige aufstrebend, mit rotbrauner Rinde, stark warzig; B. klein, 1,5–3 cm lang. 2n = 28. Ähnliche Formen in Schles.

Laub- u. Nadelwälder, Eichen-Birken-Wälder etc.; nährstoffarme, saure, sandige Böden. – Verbreitet im ganzen Geb. (Alp. bis 1780 m). – Skand. bis Pyren., Katalonien, Siz., Balk., Kl.As., N-Pers., N- u. Z-As.; no-euras-subozean.

Droge: Folia Betulae

741. B. pubéscens Ehrh. (Abb. 117e) Moor-B.

♄, ♄, *MM, M, (N).* – H. (1,00)2,00–15,00(30,00). Rinde weiß, querabblätternd, seltener gelb od. braun; *B.* eiförmig bis rauten-eiförmig *mit abgerundeten Seitenecken, kurz-gespitzt,* grob u. z. T. deutlich nur einfach gesägt, *anfänglich weichhaarig, später oberseits ±kahl, unterseits in den Aderwinkeln bleibend bärtig;* Fr.kätzchen anfangs aufrecht, zuletzt ebenso wie die ♂ hängend walzlich; Mittellappen der behaarten Fr.-schuppen vorgezogen, Seitenlappen nach aufwärts gebogen; *Flügel so breit od. wenig breiter als die verkehrt-eiförmige Nuß.* IV–V. Umfaßt im Geb.:

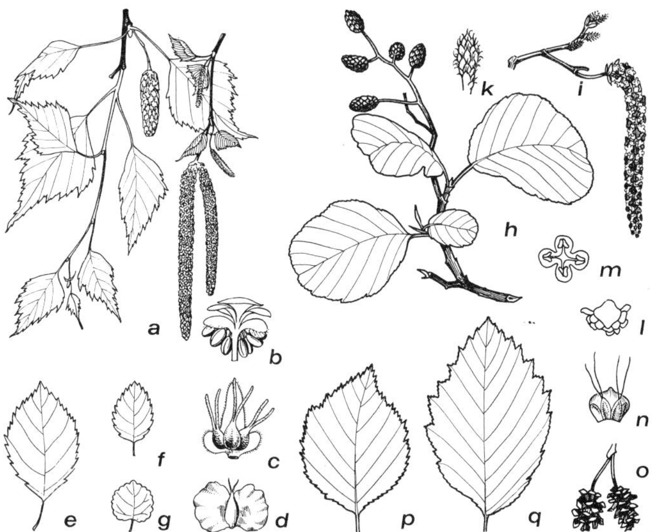

Abb. 117. *a–g Betula* spp., *a–d B. pendula* (*a* Zweigspitzen mit ♂- u. ♀-Blütenständen; *b* ♂-, *c* ♀ -Blüten; *d* Frucht), *e–g* Blattbeispiele (*e B. pubescens, f B. humilis, g B. nana*); *h–q Alnus* spp., *h–o A. glutinosa* (*h* Zweigspitze mit fruchtenden Blütenständen, *i* ♂- u. ♀-Blütenstände, *k* ♀-Blütenstand, *l* u. *m* ♂-Blüten, *n* ♀-Blüten, *o* fruchtende ♀-Blütenstände), *p–q* Blattbeispiele (*p A. viridis, q A. incana*).

ssp. pubéscens; ħ, (ħ); Stamm nicht knorrig, schlank; Rinde weiß od. seltener bräunlich; junge Zweige fein behaart; B. unterhalb der Mitte am breitesten; Fr.stand 6–9 mm dick. 2n = 56. – Verbreitet im Geb.

ssp. carpática (W. et K.) A. et G.; ħ, (ħ), *M, (N)*. – Stamm knorrig; Rinde weißlich-gelb od. rötlich-braun; junge Zweige nur anfangs fein behaart, bald verkahlend; B. in der Mitte am breitesten, oft ganz verkahlend; Fr.stand bis 10 mm dick. 2n = 56. – Zerstreut im n. Tiefland, insbes. im Geb. der O-See-Küsten, M-Gebg., Alp.vorland u. Alp.

Birkenmoore, feuchte Heiden, Eichen-Birken-Wälder, Legföhrengebüsche; feucht-nasse, saure, nährstoffarme, moorige Böden. – Zerstreut bis verbreitet (Alp. bis 1580 m). – Isl., Skand. bis Pyren., Alp., N-Balk., N- u. Z-As., Kauk., SW-Grönl.; no(-subozean).

Droge: Folia Betulae

2. Sect. N á n a e

742. B. húmilis Schrank (Abb. 117 f) Niedrige B.

♄, *N.* – H. 0,50–1,50(2,00). Rinde braun; *B.* rundlich-eiförmig, *spitz-gesägt; Fr.kätzchen wie die ♂ aufrecht, sehr kurz gestielt;* Schuppen fingerig-3spaltig, mit länglichen, auseinandergehenden Zipfeln; *Flügel* $^1/_2$ *so breit wie die Nuß.* IV–V. 2n = 28, 56.

Birkenmoore, Zwischenmoore, Flachmoorwiesen; nasse, ±saure, nährstoffhaltige Torfböden. – Selten: ö. Schl.Holst. (Lauenburg) bis Ostpr.; ferner S-D. [Baar, Bodensee- u. Donaugeb. (Federsee), Alp.vorland]. – N-D. bis Rußl., W-Sib., Altai; SW-D., n. Alp.geb.; no-kont.

743. B. nána L. (Abb. 117 g) Zwerg-B.

♄, *N.* – H. 0,20–0,60. Rinde braun od. graubraun; *B.* rundlich, *breiter als lang od. kreisrundlich, stumpf-gekerbt;* Fr.kätzchen mit ungeteilten od. 3lappigen Schuppen, sehr kurz gestielt; *Flügel mehrmals schmäler als die Nuß.* IV–V. 2n = 28.

Hochmoore; nasse, nährstoffarme, saure Torfböden. – Sehr selten, nur Nieders. (Kreis Ülzen), Harz (Brockengeb. u. Torfhaus), Erzgebg., Isergebg., Habelschwerdter Gebg., Oberpfälzer Wald (Weiden), Alp.vorland. – Isl., arkt. u. N-Eur. bis Gebg. M-Eur., N-As., N-Am.; arkt(-no), circ.

Bastarde:

B. humilis × pendula (= B. × zimpelii Junge), B. nana × pendula (= B. × plettkei Junge), B. nana × pubescens [= B. × intermedia (Hartm.) Thomas], B. pubescens × humilis (= B. × warnstorfii C. Schneid.), B. pubescens × pendula (= B. × aschersoniana Hayek), B. pubescens ssp. carpatica × pendula.

205. Álnus Gaertn. Erle

x = 7

- I. ♀-Kätzchen an diesjährigen Zweigen, mit den B. erscheinend; Blh. der ♂-Bl. meist 3blättrig; Nuß breit geflügelt; B.knospen nicht gestielt .... **744. A. viridis**
- II. ♀-Kätzchen an vorjährigen Zweigen, vor den B. erscheinend; Blh. der ♂-Bl. 4spaltig; Nuß nicht od. höchstens sehr schmal geflügelt; B.knospen deutlich gestielt
  - A. Seitliche Fr.zapfen sitzend od. nur sehr kurz gestielt .... **745. A. incana**
  - B. Seitliche Fr.zapfen deutlich – meist lang – gestielt
    - 1. Ausgewachsene B. nur in den Nervenwinkeln rostgelb-bärtig, jederseits mit 5–8 Seitennerven **746. A. glutinosa**
    - 2. Ausgewachsene B. auf den Nerven dicht rostfarbig-filzig, jederseits mit 8–12 Seitennerven **747. A. rugosa**

1. Sect. A l n o b é t u l a

744. A. víridis (Chaix) DC. (Abb. 117 p) Grün-E.

♄, (♄), *N, M.* – H. 0,50–2,00(4,00). *B. eiförmig,* spitz, doppelt-gesägt, *beiderseits grün,* unterseits auf den Adern kurzhaarig, sonst meist völlig kahl. IV–V. 2n = 28.

Meist subalp. Hochstaudengebüsche od. tiefer: Schluchtwälder; frische, kalkarme Böden. – Zerstreut: Alp. (bis 2050 m), Alp.vorland; selten: S-Schwarzwald, Bay. Wald; Elbsandsteingebg., Lausitzer Bergland; daneben gepflanzt. – Alp. u. Alp.vorland, Karp., balk. Hochgebg., d. M-Gebg.; praealp.

2. Sect. A l n u s

745. A. incána (L.) Moench (Abb. 117 q) Grau-E.

♄, ♄, *M, MM.* – H. 4,00–10,00(25,00). Rinde glatt, weißgrau; junge Zweige flaumig behaart; *B. eiförmig, spitz,* scharf-doppelt-gesägt, *unterseits grau u. weichhaarig* od. ±filzig, jederseits mit 8–13 Seitennerven; Kätzchenschuppen eingedrückt. III–IV. im Geb.:
ssp. i n c á n a. 2n = 28.

Auenwälder; frische bis ±nasse, kalk- u. nährstoffreiche, oft schotterige Böden. – Zerstreut, geb.weise verbreitet u. häufig, in NO-D. (Brand., Meckl. bis Ostpr.), Schles.; Westf., Harz, Sachs., Rhöngeb., M-Rhein-, Main- u. Lahngeb.; in S-D. insbes. im ö. u. s. Teil (Alp. bis 1400 m), seltener im w. Geb.teil; daneben gepflanzt u. eingebürgert. – Skand. u. N-Rußl. bis Alp., Apenn., Balk., Kauk., N- u. NO-As., N-Am.; no-euras-kont.

746. A. glutinósa (L.) Gaertn. (Abb. 117h–o) Schwarz-E.

♄, ♄, *M, MM.* – H. 4,00–25,00(35,00). Rinde anfangs braun, dann schwarzbraun-rissig u. borkig; junge Zweige fast völlig kahl; *B. rundlich od. rundlich-verkehrt-eiförmig, sehr stumpf,* ungleich-gesägt, *oberseits kahl, unterseits blasser-grün,* am Grd. meist keilförmig; Kätzchenschuppen anliegend. III–IV. 2n = 28.

Erlenbruchwälder, Auenwälder; ±nasse, nährstoffreiche, humose, lehmige od. tonige Böden. – Verbreitet u. häufig im ganzen Geb. (Alp. bis 920 m). – N-Eur. bis NW-Afr., Kl.As., N-Pers., W-Sib., Jap.; (no-)subatl-submed.

747. A. rugósa (Du Roi) Spreng. Hasel-E.

♄, *M.* – H. bis 4,00(15,00). Junge Zweige rostfarben-filzig; *B. rundlich-eiförmig od. verkehrt-eiförmig, ±spitz, feingesägt, unterseits blaßgrün;* Kätzchenschuppen abwechselnd abstehend u. eingedrückt. III–IV. 2n = 28.

Gepflanzt, stellenweise verwildert u. fast eingebürgert. – Heimat: atl. u. m. N-Am.

Bastarde:

A. glutinosa × incana (= A. × pubescens Tausch), A. glutinosa × rugosa (= A. × fiekii Call.), A. incana × rugosa (= A. × aschersoniana Call.).

42. Fam. CORYLÁCEAE Mirbel
Haselnußgewächse

I. Fr. am Grd. eines 3lappigen, großen Deckb.; B. länglich-eiförmig, in der Knospe nur an den Seitennerven gefaltet; Bl. mit den B. erscheinend; ♂-Bl. ohne Vorb.; Frb. quer zum Deckb. .... **206. Carpinus**

II. Fr. in einer becherförmigen, zerschlitzten Hülle; B. rundlich-herzförmig, in der Knospe längs der Mittelrippe gefaltet; Bl. vor den B. erscheinend; ♂-Bl. mit 2 Vorb.; Frb. median .... **207. Corylus**

1. Trib. C a r p í n e a e

206. Carpínus L. — Hain-(Weiß-)buche

x = 8

748. C. bétulus L. (Abb. 118a–f)

♄, *MM, (M)*. – H. 5,00–20,00(25,00). B. länglich-eiförmig, zugespitzt, faltig, doppelt-gesägt; Deckb. (Hülle) der ♀-Bl. 3lappig. (IV) V–VI. 2n = 64.

Laubwälder; ±frische, tiefgründige, nährstoffreiche, meist lehmige Böden. – Verbreitet u. meist häufig im ganzen Geb. (Alp. bis 880 m). – Gem. Eur. bis S-Rußl., ö. Med., Kl.As., Kauk., N-Pers.; gem-kont.

2. Trib. C o r ý l e a e

207. Córylus L. — Hasel

x = 11

749. C. avellána L. (Abb. 118g–n) — Haselnuß

♄, *M*. – H. 1,00–4,00(6,00). B. rundlich-herförmig-zugespitzt, grob doppelt-gesägt; Fr.hülle glockenförmig, offen, an der Spitze etwas abstehend, zerschlitzt, etwa so lang od. länger als die Fr.; Stbbtl. gelb. II–III(IV). 2n ≐ 22. Hierzu:

var. g l a n d u l ó s a (Shuttlew.) Gremli; Grd. der Fr.hülle reichdrüsig; B. etwas stärker behaart; Fr. mehr kugelig, kaum zusammengedrückt. – Selten, so z. B. SW-D.

Laubwälder, Gebüsche; frische, nährstoffreiche, meist lehmige Böden. – Verbreitet u. meist häufig im ganzen Geb. (Alp. bis 1420 m); daneben gepflanzt. – M-Skand. bis Gebg. des s. Eur., Kl.As., Rußl., Kauk.; subatl(-submed).

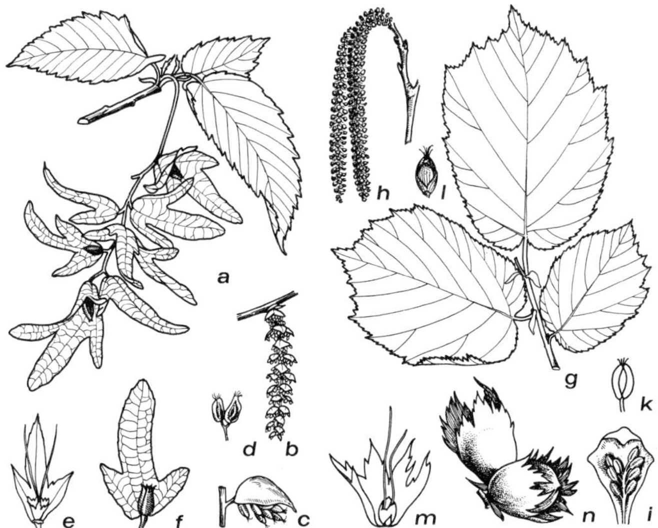

Abb. 118. *a–f Carpinus betulus* (*a* Zweigspitze mit fruchtendem ♀-Blütenstand; *b* ♂-Blütenstand, *c* Ausschnitt; *d* Staubblatt, *e* ♀-Blüte, *f* Frucht); *g–n Corylus avellana* (*g* Zweigspitze, *h* ♂-Blütenstand, *i* ♂-Blüten, *k* Staubblatt, *l* ♀-Blütenstand, *m* ♀-Blüte, *n* Früchte).

43. Fam. FAGÁCEAE Dum.
Buchengewächse

I. ♂-Kätzchen fast kugelig; ♀-Bl. in der Achsel von Laubb., zu 2 in einem 4teiligen (stacheligen) Fr.-becher; Fr. 3kantig (B. der verbreiteten Formen ganzrandig od. nur wenig gezähnt) .... **208. Fagus**

II. ♂-Kätzchen verlängert; ♀-Bl. in der Achsel von Kätzchenschuppen; Fr. an den Seiten abgerundet
- A. ♂-Kätzchen aufrecht; ♀-Bl. meist 3 in einer Hülle, mit meist je 6(3–8) Gr.; Fr.hülle stachelig, 3- od. 4klappig [B. stachelspitzig-gezähnt (-gesägt)] .... **209. Castanea**
- B. ♂-Kätzchen hängend; ♀-Bl. einzeln in einer Hülle, mit 3 Gr.; Fr.hülle (-becher) näpfchenförmig (B. ±tief fiederlappig gebuchtet) .... **210. Quercus**

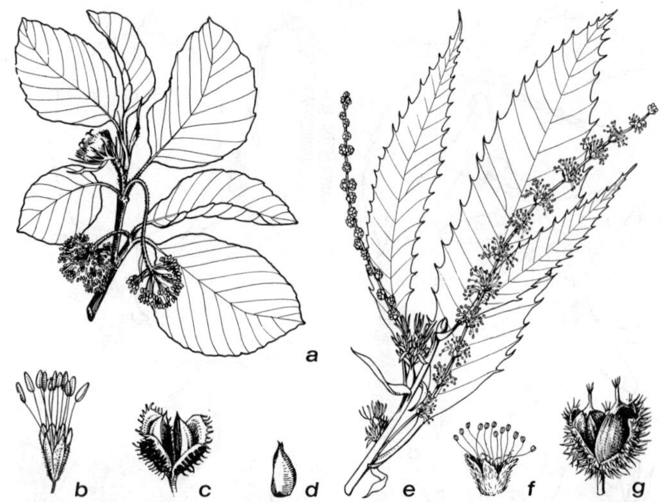

Abb. 119. *Fagus sylvatica* (*a* Zweigspitze mit ♂- u. ♀-Blütenständen, *b* ♂-Blüte, *c* ♀-Blütenstand zur Fruchtzeit, *d* Frucht) *e–g Castanea sativa* (*e* Zweigspitze mit ♂- u. ♀-Blütenständen, *f* ♂-Blüte, *g* ♀-Blütenstand zur Fruchtzeit).

1. Subfam. F a g o í d e a e

208. Fágus L. Rotbuche

x = 12

750. F. sylvática L. (Abb. 119a–d)

♄, (♄), *MM, (M).* – H. bis 25,00–30,00. B. eiförmig, jung auf der Fläche seidig behaart, später verkahlend, glänzend, am Rande zottig-gewimpert; Bl. 1geschlechtig, einhäusig. IV–V. 2n = 24. Ändert ab u. a. in der Wuchsform mit rel. niedrigem, knorrigem, gedrehtem Stamm u. bogigen Ästen, ferner:

var. a t r o p u n í c e a Weston; Blutbuche; B. rotbraun. – Sehr selten, nur Thür. (Sondershausen); sonst gepflanzt.

Laubwälder; meist frische, nährstoffreiche u. ±kalkhaltige, lehmige Böden. – Verbreitet insbes. in der coll. u. mont. Stufe (Alp.bbis 1500 m); u. a. in den N-See-Marschen u. im nö. Teil Ostpr. fehlend; daneben gepflanzt. – Gem. Eur. bis Gebg. S-Eur., subatl(-submed).

2. Subfam. C a s t a n e o í d e a e

209. Castánea Mill. Kastanie

x = 12

751. C. satíva Mill. (Abb. 119e–g) Echte K.

ħ, *MM.* – H. 10,00–35,00. B. länglich-lanzettl., zugespitzt, kahl od. unterseits ±behaart; Bl. 1geschlechtig; ♀-Blst. von Kätzchenschuppen umgeben, am Grd. der ♂-Scheinähren., VI. 2n = 24.

Eichenwälder; ±trockene, kalkarme Böden. – Ziemlich häufig im sw. Geb. (u. a. Oberrhein-, Mosel-, Nahe- u. Saargeb., Pfalz, Schwarzwald, Odenwald, Spessart); wild (?), verwildert u. eingebürgert; daneben gepflanzt. – Med., (SW-D.), Balk., Kl.As., Kauk., N-Afr.; submed(-subatl).

Droge: Folia Castaneae

3. Subfam. Q u e r c o í d e a e

210. Quércus L. Eiche

x = 12

I. B.lappen spitz
   A. B.lappen mit längeren grannenartigen Spitzen, unterseits kahl od. nur in den Aderwinkeln behaart **752. Qu. rubra**
   B. B.lappen spitz (auch gelegentlich ±gesägt), nicht od. kaum mit grannenartiger Spitze, unterseits ±behaart .... **753. Qu. cerris**

II. B.lappen abgerundet
   A. Diesjährige Triebe dicht flaumig (B. unterseits ±flaumig) .... **754. Qu. pubescens**
   B. Diesjährige Triebe nicht flaumig, kahl od. fast kahl
      1. Fr.stand langgestielt; B. kurzgestielt .... **755. Qu.robur**
      2. Fr.stand sitzend od. nur sehr kurz gestielt; B. langgestielt .... **756. Qu. petraea**

1. Subgen. E r y t h r o b á l a n u s
1. Sect. R ú b r a e

752. Qu. rúbra L. (Abb. 120e) Rot-E.

ħ, *MM.* – H. bis 25,00. *B.* 10–20 cm lang, verkehrt-eiförmig od. ellipt., jederseits *mit* 4–6 nach vorn gerichteten, *spitzen Lappen,* Lappen breiter als die Buchten, im Herbst gelb- od. braunrot; *Schuppen des Fr.bechers kahl.* V. 2n = 24.

Gepflanzt, u. a. in Forsten. – Heimat: ö. N-Am.

Anmerkung:
Daneben Qu. palustris Muenchh. (atl. N-Am.) gelegentlich in Forsten kultiviert.

2. Subgen. Q u é r c u s
2. Sect. C é r r i s

753. Qu. cérris L. (Abb. 120f) Zerr-E.

♄, *MM.* – H. bis 35,00. B. länglich-verkehrt-eiförmig, jung graufilzig, später oberseits verkahlend, unterseits auf den Nerven behaart bleibend; *Fr.becher klettigrauh, braunfilzig.* IV. 2n = 24.

Gepflanzt, selten verwildert, so s. Kaiserstuhl (Ihringen). – Heimat: SO-Eur. (vom Wienerwald) bis Syr.

3. Sect. Q u é r c u s

754. Qu. pubéscens Willd. (Abb. 120g) Flaum-E.
(= Qu. lanuginosa Thuill.)

♄, (♄), *M, (MM),* im Geb. niedrig u. meist strauchig. – H. 3,00 bis 20,00. *B.* meist *langgestielt,* verkehrt-eiförmig, tief-buchtig, jederseits mit 4–7(8) Lappen, *unterseits weichhaarig;* eiförmige Knospen, junge Zweige u. *Fr.becher filzig;* Fr.stand fast sitzend od. kurz gestielt. IV–V. 2n = 24.

Eichenbuschwälder; warme, nährstoffreiche u. kalkhaltige Lehm- u. Steinböden. – Selten u. vereinzelt: Thür. (Kunitz bei Jena, Kahla, Arnstadt), M-Rheingeb. (u. a. Bingen), s. Oberrheingeb., Kaiserstuhl, m. Schwäb.Alb–Hegau–Hochrhein, m. Oder (Bellinchen). – S-Eur., Kl.As., Kauk., s. M-Eur.; submed.

755. Qu. róbur L. (Abb. 120a–d, h) Stiel-E.

♄, (♄), *MM, (M).* – H. bis 50,00. Knospen ±eiförmig-rundlich; *B. kurzgestielt,* länglich-verkehrt-eiförmig, tiefbuchtig, jederseits mit mit 5–6 Lappen, am Grd. meist ±herzförmig-geöhrt, beiderseits meist kahl; *F.becher kahl.* IV–V. 2n = 24.

Laubwälder, Auenwälder; meist etwas saure, nährstoffreiche u. -ärmere, tiefgründige, lehmige u. sandige Böden. – Verbreitet u. häufig im ganzen Geb. (Alp. bis 950 m); daneben gepflanzt. – Gem. u. S-Eur. bis Rußl., Kauk.; gem-kont-submed.

Drogen: Cortex Quercus, Semen Quercus tostum.

756. Qu. petrǽa (Matt.) Liebl. (Abb. 120i) Trauben-E.
(= Qu. sessilis Ehrh.)

♄, *MM, (M).* – H. bis 40,00. Knospen eiförmig, meist etwas länglich; *B. langgestielt,* länglich-verkehrt-eiförmig, tiefbuchtig, jederseits mit 5–8(10) Lappen, am Grd. schwach ausgerandet od. in den B.stiel vorgezogen, auf der Unterseite anfangs weichhaarig, später mit kurzen, straff anliegenden Härchen bedeckt; *Fr.becher kahl.* V. 2n = 24.

Bes. coll. u. submont. Laubwälder; nährstoffhaltige bis -ärmere, anlehmige Sande u. Silikatgesteinsböden. – Verbreitet u. vielerorts häufig fast im ganzen

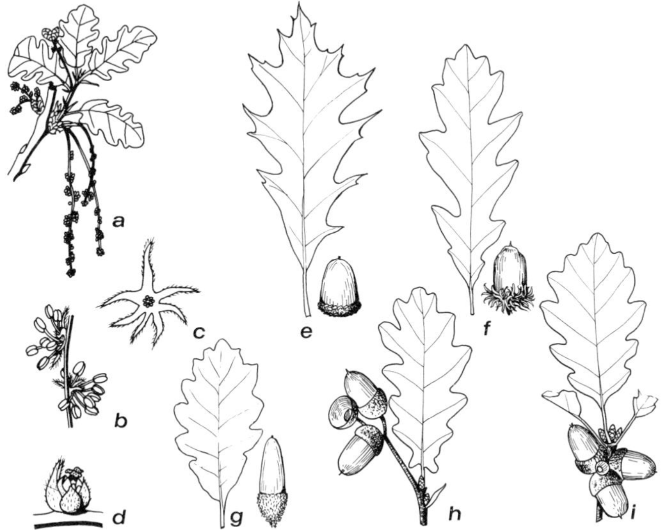

Abb. 120. *Quercus* spp., *a–d Q. robur* (*a* Zweigspitze mit ♂- u. ♀-Blütenständen, *b* ♂-Blüten, *c* Perigon einer ♂-Blüte, *d* ♀-Blüte), *e–i* Blatt- u. Fruchtbeispiele (*e Q. rubra, f Q. cerris, g Q. pubescens, h Q. robur, i Q. petraea*).

Geb., bes. Silikatgeb. u. coll. u. submont. Stufe; in n. Kalkalp. fehlend; daneben gepflanzt. – Gem. u. S-Eur. bis Kl.As., Kauk.; subatl-submed.

Drogen: Cortex Quercus, Semen Quercus tostum.

Bastarde:
Qu. pubescens × petraea (= Qu. × streimii Heuff.), Qu. pubescens × robur (= Qu. × pendulina Kit.), Qu. robur × petraea (= Qu. × rosacea Bechst.).

Tripelbastard:
Qu. pubescens × robur × petraea.

23. Ordn. Urticáles

44. Fam. ULMÁCEAE Mirbel
Ulmengewächse

211. Úlmus L. Ulme, Rüster

x = 7

I. Bl. fast ungestielt (od. höchstens bis 5 mm lang gestielt); Fr. kahl
 A. B. oberseits ±glatt, fast kahl, kurz zugespitzt .... **757. U. carpinifolia**
 B. B. oberseits angedrückt borstig, rauh, lang zugespitzt (am Grd. oft breit einseitig geöhrt) .... **758. U. scabra**
II. Bl. lang gestielt; Fr. am Rand zottig-gewimpert ..... **759. U. laevis**

1. Sect. U l m u s (= Madocárpus)

757. U. carpinifólia Gled. (Abb. 121e–f) Feld-U.
(= U. campestris L. p.p.) = U. minor

♄, ♄, *MM, M,* mit W.brut. – H. bis 40,00. Zweige später kahl od. fast kahl; *B.* eiförmig, 5–11 cm lang, 8–15 mm lang gestielt, einfach bis doppelt gesägt, *kurzzugespitzt,* am Grd. ungleich, unterseits in Adernwinkeln ±bärtig, selten kahl; Bl. 4- bis 5männig; *Blh. weiß gewimpert;* Fr. verkehrt-eiförmig bis fast kreisrund; S. dem oberen Flügelrand genähert; *Gr.kanal kaum so lang wie der S.* III–IV. 2n = 28. Hierzu (auch als Art bewertet) u. a.:
var. s u b e r ó s a (Moench) Rehd. (= U. suberosa Moench); Kork-U.; meist ♄; Rinde der Äste mit Korkleisten. – Selten.

Insbes. Auenwälder; feuchte, ±nährstoffreiche u. meist kalkhaltige Böden. Verbreitet insbes. in den großen Stromtälern, so Elbe, Oder, Weichsel, O-See-Küste, Rhein, Donau u. Nebenflüsse, sonst zerstreut (Bergland) od. wie im NW. ursprünglich fehlend; daneben häufig gepflanzt. – M- u. S-Eur. bis S-Rußl., Kl.As., Kauk., N-Afr.; submed(-gem-kont).

758. U. scábra Mill. (Abb. 121a–d) = U. glabra Berg-U.

♄, *MM.* – H. 10,00–40,00. Zweige borstig behaart; *B.* ±verkehrteiförmig, 8–16 cm lang, etwa 3–6 mm lang gestielt, doppelt-gesägt, *lang zugespitzt,* am Grd. breit geöhrt; Bl. 5- bis 8männig; *Blh. rostfarbig gewimpert;* Fr. ±kreisrund; S. in der Mitte der Fr. liegend; *Gr.kanal lang bis doppelt so lang wie der S.* III–IV. 2n = 28.

Schlucht- u. Hangwälder; feuchte, nährstoffreiche, ±kalkhaltige Böden. – Zerstreut bis verbreitet im nö., m. u. s. Geb. (Alp. bis 1380 m); im NW-Flachland fehlend. – M-Skand. bis Gebg. des s. Eur., M- u. S-Rußl., Kl.As., Kauk.; (no-)subatl.

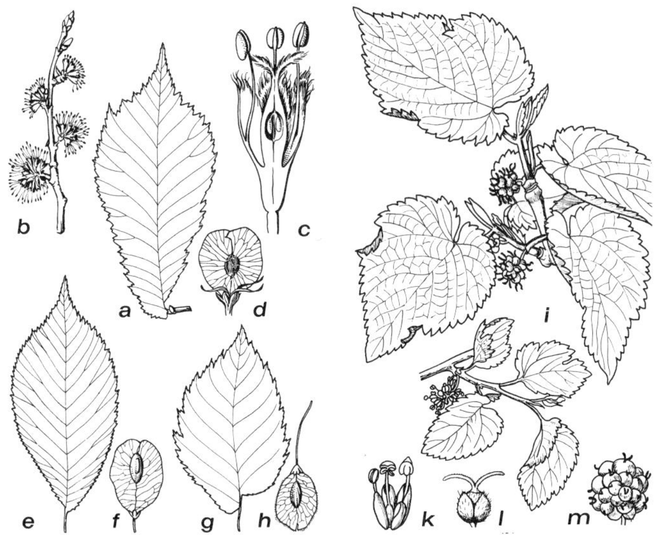

Abb. 121. *a–h Ulmus* spp., *a–d U. scabra* (*a* Blatt, *b* Blütenstände, *c* Blüte längsgeschnitten, *d* Frucht), *e–f U. carpinifolia* (*e* Blatt, *f* Frucht), *g–h U. laevis* (*g* Blatt, *h* Frucht); *i–m Morus nigra* (*i* Zweigspitzen mit blühenden u. fruchtenden Blütenständen; *k* ♂-, *l* ♀-Blüte; *m* Fruchtstand).

2. Sect. B l e p h a r o c á r p u s

759. U. lǣvis Pallas (Abb. 121g–h) Flatter-U.

♄, *MM.* – H. 9,00–35,00. *B.* 5–15(17) cm lang, 5–8 mm lang gestielt, eiförmig, am Grd. oft *sehr ungleichseitig,* doppelt-gesägt; *Bl. lang gestielt, hängend,* 5- bis 8männig; Fr. rundlich bis breit-eiförmig; S. etwa in Fr.mitte liegend; Gr.kanal kürzer als der S. III–IV. 2n = 28. Auenwälder, Waldränder; feuchte bis nasse, nährstoffreiche Böden. – Zerstreut, bes. Stromtäler des nö., m. u. s. Geb., u. a. im NW-Flachland über große Strecken u. in Alp. ganz fehlend; daneben gepflanzt. – M- u. SO-Eur., S-Finnl., M- u. S-Rußl., w. Kauk.; gem-kont.

Bastard (Hybride):
U. carpinifolia × scabra (= U. × hollandica Mill.), wohl nur gepflanzt.

45. Fam. MORÁCEAE Link
Maulbeergewächse

212. Mórus L. — Maulbeerbaum

x = 7

I. B. dünn, fast kahl; ♀-Blh. kahl; Fr.stand weißlich ... **760. M. alba**
II. B. derb, oberseits rauhhaarig; ♀-Blh. behaart; Fr.-stand schwarz ... **761. M. nigra**

760. M. álba L. — Weißer M.

♄, (♄). *MM, M.* – H. bis 15,00. B. herz-eiförmig, am Grd. ungleich, ungeteilt od. lappig, gesägt; ♀-Kätzchen ± so lang wie ihr Stiel; *N. kahl,* nur mit kurzen Papillen. V. 2n = 28.

Gepflanzt. – Heimat: N-Ind. u. Z-As. bis Chin.

761. M. nígra L. (Abb. 121 i–m) — Schwarzer M.

♄, *MM.* – H. bis 15,00(25,00). B. ±tief-herzförmig; ♀-Kätzchen fast sitzend od. zumindest kürzer als der Fr.stand gestielt; *N. ±lang behaart;* sonst wie vor. V. 2n = 308, 89–106.
Gepflanzt. – Heimat: Transkauk., Pontus, N-Pers., (Med.).

Anmerkung:
Ferner M. rubra L. mit roten, später schwärzlich-roten Fr.ständen gepflanzt (ö. N-Am.).

46. Fam. CANNABÁCEAE Endl.
Hanfgewächse

I. St. windend; B. herzförmig, 3- bis 7lappig od. ungeteilt; ♀-Blst. kätzchenähnlich ... **213. Humulus**
II. St. aufrecht; B. gefingert; Bl. in ährigen Knäueln ... **214. Cannabis**

213. Húmulus L. — Hopfen

x = 8, 9, 10

762. H. lúpulus L. (Abb. 122 a–d)

♃, *H.* – St. windend, bis 6,00(12,00) lang; B. 3- bis 7lappig(spaltig) od. ungeteilt, am Grd. herzförmig, grob-gesägt bis stachelspitzig-gezähnt; Bl. 2häusig. V. 2n = 20.

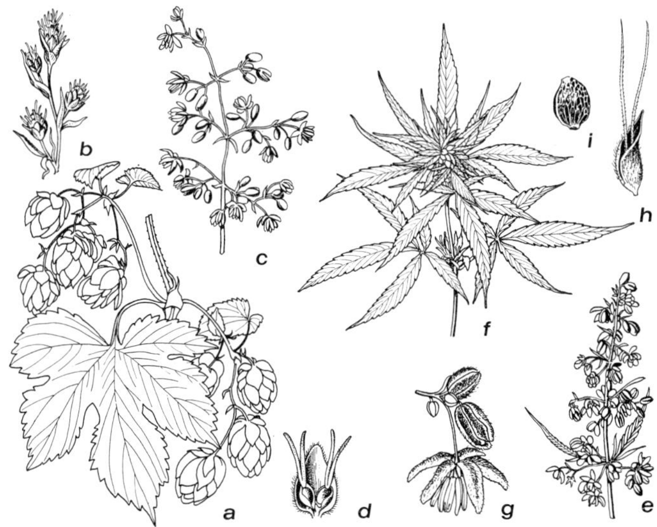

Abb. 122. *a–d Humulus lupulus* (*a* u. *b* Sprosse mit ♀-Blütenständen, *c* ♂-Blütenstand, *d* 2 ♀-Blüten); *e–i Cannabis sativa* (*e* Sproßspitze mit ♂-, *f* mit ♀-Blütenstand; *g* ♂-Blüten, *h* ♀-Blüte, *i* Same).

Hecken, Auen- u. Erlenbruchwälder; ±feuchte, nährstoffreiche, N-reichere Böden. – Verbreitet u. häufig im ganzen Geb. (Alp. bis 810 m); daneben in verschiedenen Sorten gebaut. – Eur., N- u. Z-As., N-Am.; euras-submed, circ.

Drogen: Glandulae Lupuli, Strobuli Lupuli

214. Cánnabis L. Hanf

x = 10

763. C. satíva L. (Abb. 122e–i)

⊙, *Th.* – H. 0,30–1,80(3,50). B. 5- bis 9(11)zählig gefingert, langgestielt; B.chen schmal-lanzettl., spitzgesägt; Bl. 2häusig. VII–VIII. 2n = 20. Umfaßt:

ssp. s p o n t á n e a Serebr.; H. bis 1,00; ♀-Blhb. deutlich vorhanden; Fr. 2,5–3,5 mm lang, bräunlich. – Vereinzelt u. wohl eingeschleppt, so u. a. Brand., Hess., Hannover – Heimat: Altai, Tienshan, Transkauk., Afghan. (SO-Eur.?).

ssp. c ú l t a Serebr. (= ssp. satíva?); H. bis 1,80(3,50); ♀-Blhb. undeutlich od. fehlend; Fr. 3–5 mm lang, graubraun bis weißlich. – In verschiedenen Sorten – meist auf flachmoorigen Böden – gebaut.

Droge: Fructus Cannabis

47. Fam. URTICÁCEAE Juss.
Nesselgewächse

I. Pfl. mit Brennhaaren (sehr selten fehlend); B. gegenständig (selten quirlig), fast immer gesägt; N. pinselförmig .... **215. Urtica**
II. Pfl. ohne Brennhaare; B. wechselständig, ganzrandig; N. sprengwedelförmig .... **216. Parietaria**

1. Trib. U r é r e a e

215. Urtica L. — Brennessel

x = 6, 11, 13

I. Blst. rispig, nicht kugelig
A. Rispe länger als der B.stiel; B. herz-eiförmig-länglich(-lanzettl.), ♃
1. Alle Nebenb. frei; Pfl. zweihäusig .... **764. U. dioica**
2. Obere Nebenb. paarweise bis zur Hälfte verwachsen; Pfl. einhäusig (selten zweihäusig) .... **765. U. kioviensis**
B. Rispe kürzer als der B.stiel (s. a. U. kioviensis); B. eiförmig-stumpflich; ⨀; (einhäusig) .... **766. U. urens**
II. ♀-Blst. kugelig, gestielt .... **767. U. pilulifera**

764. U. dioíca L. (Abb. 123a–d) — Große B.

♃, *H.* – H. 0,30–1,50. *St. aufrecht,* meist reichlich mit Brennhaaren; B. eiförmig-länglich (-lanzettl.), am Grd. meist herzförmig od. abgerundet, grobgesägt, ±lang zugespitzt; *Bl. zweihäusig.* VI–X. 2n = 48, 52. Hierzu: u. a.:

var. a n g u s t i f ó l i a (Fisch.) Ledeb.; B. eiförmig-lanzettl., mit lang vorgezogener Spitze, oberste lineal.-lanzettl. – Selten.

var. h í s p i d a (DC.) Gren. et Godr.; Pfl. sehr reichlich mit Brennhaaren besetzt; B. kurz zugespitzt, schwach eiförmig-lanzettl. od. herzförmig. – Selten (Bay.).

var. s u b i n é r m i s Uechtr.; Pfl. ganz od. fast ganz ohne Brennhaare. – Selten.

Unkrautige Ges., Auenwälder etc.; ±feuchte, nährstoff- u. N-reiche Böden. – Verbreitet u. häufig im ganzen Geb. (Alp. bis 2375 m). – Kosmop.

Droge: Herba Urticae

Abb. 123. *a–d Urtica dioica* (*a* Sproßspitze mit Blütenständen, *b* u. *c* ♂-Blüten, *d* ♀-Blüte längsgeschnitten); *e–g Parietaria* spp., *e–f P. ramiflora* (*e* Habitus, *f* Blüte), *g P. erecta* (Sproßspitze mit Blütenständen).

765. U. kioviénsis Rogow. Sumpf-B.
[= U. dioica L. var. kioviensis (Rogow.) Wedd.]

♃, *H.* – *St. niederliegend*-wurzelnd bis -aufsteigend (bis 2,00 lang) od. aufrecht, mit wenigen Brennhaaren; B. oval-lanzettl., grobgesägt, unterseits mit auffälligen, gelblichweißen Nerven; *Bl.* fast immer *einhäusig*, untere Blst. ♂ (meist kürzer als die B.stiele), obere Blst. ♀. VII–VIII. 2n = 22.

Erlenbruchwälder, Röhrichte; feuchte bis nasse, humose Tonböden. – Selten bis zerstreut: Havelgeb., Elb-Auen von Magdeburg bis Stendal. – S-Rußl. bis Siebenb.–Niederösterr.–Slow.–M-D.; europ-kont.

766. U. úrens L. Kleine B.

⊙, *Th.* – H. 0,10–0,60. B. ellipt. od. eiförmig, eingeschnitten-gesägt-gezähnt, stumpflich; *Bl. einhäusig.* V–IX(XI). 2n = 24, 26, (52).

Unkrautige Ges.; frische, nährstoff- u. N-reiche Böden. – Verbreitet bis zerstreut, insbes. in Siedlungsnähe (Alp. bis 1000 m). – Kosmop.

Droge: Herba Urticae

767. U. pilulífera L. Pillen-B.

⨀, *Th.* – H. 0,30–0,60(0,90). B. eiförmig-länglich, zugespitzt, eingeschnitten-gesägt od. ±ganzrandig; Bl. einhäusig; ♂-Blst. rispig; ♀-*Blst. kugelig, gestielt.* VI–X. 2n = 24, 26. Hierzu:
var. d o d á r t i i (L.) Aschers.; B. ganzrandig od. fast ganzrandig. – Sehr selten verschleppt od. verwildert.

Schutt- u. Müllplätze. – Eingeschleppt od. verwildert, meist unbeständig, selten regelmäßig wiederkehrend, so u. a. Anh., Thür. – W-Eur., Med., W- u. S-As., N-Afr., (N-Am.).

2. Trib. P a r i e t a r í e a e

216. Parietária L. Glaskraut

x = 7, 13

I. St. aufrecht, meist einfach; B. länglich-eiförmig; Tragb. der Bl. am Grd. frei .... **768. P. erecta**
II. St. ausgebreitet(-aufsteigend), ästig; B. eiförmig; Tragb. der Bl. am Grd. verwachsen .... **769. P. ramiflora**

768. P. erécta M. et K. (Abb. 123g) Aufrechtes G.
(= P. officinalis L. p.p.)

♃, *H.* – H. 0,30–1,00. *B.* gestielt, zugespitzt, am Grd. verschmälert, ganzrandig, glasartig-glänzend, durchscheinend-punktiert, kurzhaarig od. kahl, *bis 10 cm lang; Blh. glockenförmig, an den ♂-Bl. so lang wie die Stbb.;* Stbb. anfangs einwärtsgekrümmt, bei Berührung der Blhb. elastisch hervorspringend. VI–X. 2n = 14.

Schuttunkrautges., Auenwälder; frische, nährstoff- u. N-reiche Böden. – Sehr selten, vereinzelt u. zerstreut. – Med., M-Eur.; submed.

769. P. ramiflóra Moench (Abb. 123e–f) Ästige G.

♃, *H.* – H. bis 0,30(0,40). *B. bis 3 cm lang,* am Rand dicht bewimpert; *Blh. der mit Stbb. versehenen Bl. zuletzt verlängert,* etwa doppelt so lang wie die Stbb.; sonst wie P. erecta. V–X. 2n = 26.

Mauerritzen; ±feuchte, N-reichere Substrate. – Selten: Rhein- (Bingen bis Wesel), Mosel-, Neckar- (Lauffen–Mannheim) u. Maingeb. (Mergentheim); verschleppt u. z. T. eingebürgert: Westf. (Recklinghausen, Dortmund, Blankenstein), Göttingen, Hannoversch Münden; Passau (ob noch?). – Med., W- u. w. M-Eur., Kl.As., Kauk., Armen., N-Afr.; med(-atl).

Anmerkung:

P. pensylvanica Mühlenbg.; ⨀, *Th;* mit braunen Fr. u. rel. lockeren Blst. auf Gartenland u. in Parkanlagen in Berlin (Heimat: N-Am.).

24. Ordn. Santaláles

1. Unterordn. Santalíneae

48. Fam. SANTALÁCEAE R. Br.
Sandelgewächse

217. Thésium L. Leinblatt, Vermeinkraut

x = 6, 7, 13

I. 3 B. (1 Tragb. u. 2 Vorb.) unter jeder Bl. (Zipfel der Blh. am Grd. meist jederseits mit einem Öhrchen)
- A. Saum der Blh. zur Fr.zeit bis auf den Grd. eingerollt
  - 1. Pfl. ohne Ausläufer; B. lanzettl., deutlich 3-, undeutlich 5nervig . . . . **770. Th. bavarum**
  - 2. Pfl. mit Ausläufern; B. lineal., deutlich 1-, undeutlich 3- bis 5nervig . . . . **771. Th. linophyllon**
- B. Saum der Blh. zur Fr.zeit röhrig, nur an der Spitze eingerollt
  - 1. Fr.stiele ±waagerecht abstehend; obere Tragb. u. Vorb. am Rande rauh . . . . **772. Th. pyrenaicum**
  - 2. Fr.stiele aufrecht-abstehend; obere Tragb. u. Vorb. am Rande glatt . . . . **773. Th. alpinum**

II. Unter der Bl. nur 1 Tragb. (fr.tragende St. an der Spitze durch unfr.bare Tragb. schopfig; Zipfel der Blh. ohne seitliche Öhrchen)
- A. Pfl. mit Ausläufern; Fr. kurz gestielt . . . . **774. Th. ebracteatum**
- B. Pfl. ohne Ausläufer; Fr. sitzend . . . . **775. Th. rostratum**

770. Th. bavárum Schrank (Abb. 124a—c) Bayrisches L.

♃, *G.* — H. 0,30—0,80. *Grd.stock hinabsteigend, ästig, zuletzt vielstengelig;* St. aufrecht, oberwärts rispig; *B. blaugrün, lanzettl., langzugespitzt;* Fr. eiförmig-kugelig, gestielt, bis 3mal so lang wie der Saum der Blh. VI—VII. 2n = 24. Halbparasit.

Waldränder, Trockengebüsche, Trockenrasen; flache Kalksteinböden. — Zerstreut im m. u. s. Geb., n. bis Luckauer Heide, nw. bis Harz, w. bis Schwarzwald, s. bis Bodenseegeb. u. Alp.vorland. — ö. bis s. M-Eur. bis SO-Eur., Ital., Kl.As.; gem-kont-submed.

771. Th. linophýllon L. (Abb. 124d, i) Gewöhnliches L.
(= Th. linifolium Schrank)

♃, *G.* — H. 0,15—0,50. *Grd.stock stark kriechend, ausläufertreibend; B. gelbgrün, lineal.,* selten lanzettl., *spitz;* sonst ähnlich wie vor. V—VII. 2n = ca. 24. Halbparasit.

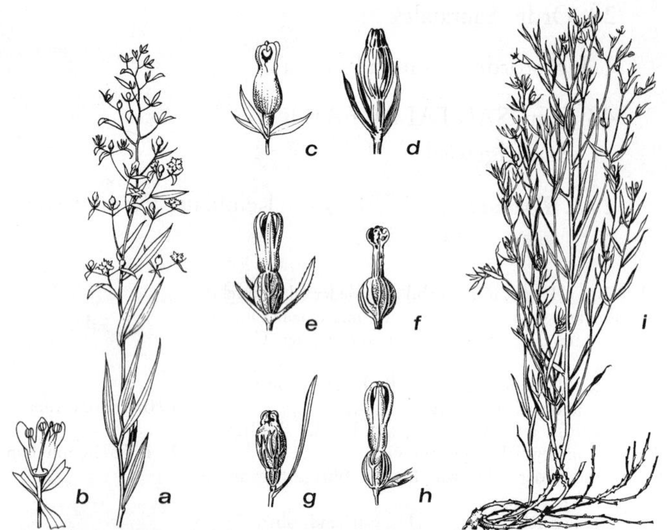

Abb. 124. *Thesium* spp., *a–b Th. bavarum* (*a* Sproßspitze mit Blütenstand; *b* Blüte, vordere Hüll- u. Staubblätter entfernt), *c–h* Fruchtbeispiele (*c Th. bavarum, d Th. linophyllon, e Th. pyrenaicum, f Th. alpinum, g Th. ebracteatum, h Th. rostratum*), *i Th. linophyllon* (Habitus).

Steppen- u. Trockenrasen, Heidewiesen; meist kalkfreie Stein- u. Sandböden. – Zerstreut u. selten im s. Geb. u. im ö. Teil des m. Geb. (z. B. Thür., Anh. geb.weise häufig), über weite Strecken fehlend, s. bis Alp.vorland; in Ostpr. u. im NW fehlend. – M-Eur. bis S-Rußl., Balk., Ital.; europ-kont.

772. Th. pyrenáicum Pourr. (Abb. 124e) Wiesen-L.
(= Th. pratense Ehrh.)

♃, *H.* – H. 0,12–0,50. Grd.stock vielköpfig; St. oben meist traubig verzweigt; *fr.tragende Ästchen allseits abstehend;* B. ±lineal., schwach 3nervig; Bl. meist 5zählig; *Blh. zur Fr.zeit so lang od. etwas länger als die Fr.* V–VII. Halbparasit.

Bergwiesen, Borstgrasrasen; saure, meist kalkfreie, lehmige Böden. – Selten u. zerstreut im m. u. s. Geb. (Alp. bis 1950 m), n. etwa bis S-Westf. – Harz. – M-Eur. bis N-Span., Apenn., Balk., Karp.; praealp.

773. Th. alpínum L. (Abb. 124f) Alpen-L.

♃, *H.* – H. 0,10–0,20(0,50). *Fr.tragende Ästchen zuletzt meist einseitswendig* (vgl. var.); B. meist 1nervig, schmal-lineal.; Bl. meist 4zählig; sonst wie vor. VI–VII. 2n = 12. Halbparasit. Umfaßt U. a.:

var. a l p í n u m; H. 0,10–0,20; nicht od. wenig verzweigt; Fr.stiele zuletzt einseitswendig. – Zerstreut.

var. t e n u i f ó l i u m (Saut.) A. DC.; H. 0,15–0,50; rispig-ästig; Fr.stiele nicht einseitswendig. – Zerstreut bzw. selten: Alp.geb., Bad.

Borstgrasrasen, lichte Wälder, Blaugrasrasen; trockene, z. T. sauer-humose, in Alp. aber auch kalkreiche Böden. – Selten, bes. Gebg., n. bis Rheinpfalz, Bad Wildungen, Harz, Brand., schles. Tiefland; verbreiteter in den schles. Gebg. u. Alp. (bis 2260 m). – S-Schwed., Gebg. von M-Eur. bis Span., Ital., Balk., M-Rußl., Kauk.; alp(-praealp-no).

774. Th. ebracteátum Hayne (Abb. 124g) Vorblattloses L.

♃, *G.* – H. 0,07–0,30. *Grd.stock kriechend, ausläufertreibend;* B. lineal., schwach 3nervig; Blh. zur Fr.zeit kürzer bis höchstens so lang wie die eiförmige, grüne Fr. V–VI. Halbparasit.

Borstgrasrasen u. Heiden; ±trockene u. saure, meist sandige Böden. – Selten (im W z. T. unbeständig), vom nw. Geb. (Ahlhorn – Lüneburger Heide – Harburg – Holst.) über Meckl. bis Ostpr., Niederlausitz, Schles.; Fundorte in Thür. erloschen. – Dän., N-D. bis O- u. SO-Eur., M- u. S-Rußl.; gem-kont.

775. Th. rostrátum M. et K. (Abb. 124h) Schnabelfrüchtiges L.

♃, *G.* – H. 0,20–0,30. *Grd.stock abgebissen, vielköpfig;* B. lineal., 1nervig; Blh. doppelt so lang wie die Fr.; *Fr.* fast kugelig, groß, *saftig,* gelb *(Steinfr.).* (IV) VI (VII). 2n = 26. Halbparasit.

Bes. Kiefernwälder; trockene, kalkreiche Böden. – Selten u. zerstreut, nur untere Bay. Hochebene bis Alp. (bis 1000 m), im Vorland bes. im Geb. der Gebg.-flüsse; Neuburg/Donau, Kelheim – Tegernheim; S-Bad. (Kriegertal, Engen/Hegau, unteres Wutachtal). – S-D., Tschech. bis Alp.; praealp.

2. Unterordn. L o r a n t h í n e a e

49. Fam. LORANTHÁCEAE Juss. Riemenblumengewächse

I. Bl. in Ähren bzw. Trauben, mit Calyculus (k. ähnliche Wucherung der Achse unter der Blh.), ☿ od. ♂ ♀, 2häusig; B. sommergrün . . . . **218. Loranthus**

II. Bl. geknäuelt, ohne Calyculus, ♂ od. ♀, 2häusig; B. wintergrün . . . . **219. Viscum**

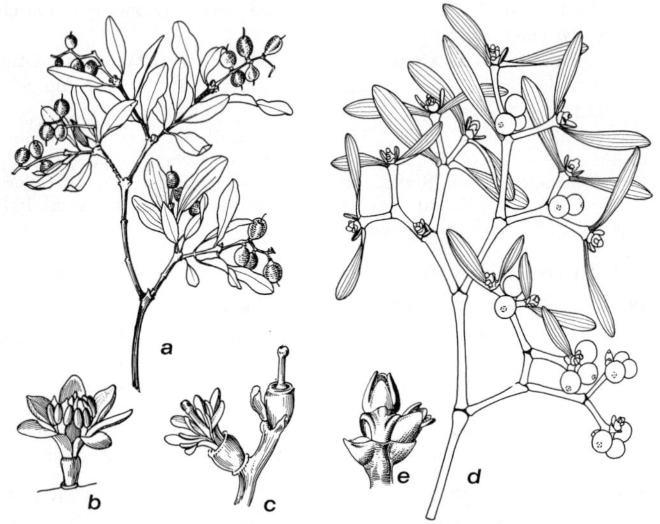

Abb. 125. *a–c Loranthus europaeus* (*a* Zweig mit Früchten; *b* ♂-, *c* ♀-Blüten); *d–e Viscum album* (*d* Zweig mit Blüten u. Früchten, *e* ♂-Blütenstand).

1. Subfam. L o r a n t h o í d e a e

218. Loránthus L. — Riemenblume

x = 9

776. L. europaéus L. (Abb. 125 a–c)

♄, *E.* – H. bis 0,50. Sehr ästig; Zweige schwarzgrau-braun, kahl; B. gegenständig od. fast gegenständig, gestielt, eiförmig-länglich, am Grd. verschmälert; Blst. endständig, locker, einfach; Bl. durch Fehlschlagen 2häusig; Blh. gelblichgrün, 4- bis 6zählig; Scheinbeere hellgelb. IV–V. 2n = 18.

Halbparasit, auf Eichen (im Geb. insbes. auf Quercus robur). – Sehr selten, nur bei Pirna (Dohma, Dohna). – Sachs., Tschech., bis SO- u. S-Eur., Kl.As., Kurd.; europ-kont.

2. Subfam. V i s c o í d e a e

219. Víscum L. Mistel

x = 10, (12)

777. V. álbum L. (Abb. 125 d–e)

♄, *E*. – H. bis 1,00. Sehr ästig, gabelspaltig; Zweige grün od. grünlichbraun; B. gegenständig (seltener quirlig), lanzettl.-spaltig, lederartig, gelblichgrün; Bl. geknäuelt, sitzend, gelblichgrün, 2häusig, (3)4zählig; Scheinbeere weiß od. gelblich. III–V. Halbparasit auf Bäumen. Umfaßt:

ssp. á l b u m (= var. platyspermum Kell.); Laubholz-M.; Scheinbeere weiß, selten gelblich, meist rundlich; Fr. („Same") mit flachen Seiten; B. rel. breit. 2n = 20.

Auf Laubbäumen. – Zerstreut, fehlt im N u. NW. – subatl-submed.

ssp. a b i é t i s (Wiesb.) Abrom. [= var. abietis (Wiesb.) Beck]; Tannen-M.; Scheinbeere weiß, rel. groß, meist oval.; Fr. („Same") mit gewölbten Seiten; B. rel. breit.

Auf Abies spp. – Zerstreut u. selten, ö. Teil des m. Geb. u. s. Geb. (etwa natürliches Areal von Abies alba, noch häufig: oberes Saalegeb.). – praealp(-submed).

ssp. a u s t r í a c u m (Wiesb.) Vollm. [= var. laxum (Boiss. et Reut.) Fiek]; Kiefern-M.; Scheinbeere meist gelblich, rel. klein, meist oval; Fr. („Same") mit stark gewölbten Seiten; B. rel. schmal, obere oft sichelförmig.

Auf Pinus spp., seltener auf Picea abies. – Zerstreut: NO-Tiefland bis S-Meckl., Anh., Sachs., Schles.; S-D. (insbes. Rheinpfalz, Frank., Oberpfalz). – gem-kont(-submed).

Gem. Eur. bis NW-Afr., Z- u. SW-As., Mandsch., Jap.

Droge: Herba Visci albi

25. Ordn. Polygonáles

50. Fam. POLYGONÁCEAE Juss. Knöterichgewächse

I. Bl.teile in 5 Kreisen [2 Blhb.-, 2 Stbb.-, 1 Frb.-Kreis(e)]
  A. Innere Blhb. zur Fr.zeit vergrößert, der Fr. anliegend; N. pinselförmig
    1. Blh. 6blättrig; Bl.kreise 3zählig; Stbb. 6 (3 äußere, 3 innere); Frb. 3; Fr. 3kantig, ungeflügelt . . . . **220. Rumex**

2. Blh. 4blättrig; Bl.kreise 2zählig; Stbb. 6 (äußere dedoubliert); Frb. 2; Fr. 2flügelig, linsenförmig .... **221. Oxyria**

B. Innere Blhb. zur Fr.zeit nicht vergrößert, ±gleich; N. kopfförmig [Blhb. 6; Stbb. 9 (6 äußere, 3 innere); Frb. 3; Fr. 3(2–4)flügelig] .... **222. Rheum**

II. Bl.teile spiralig-gestellt [Blh. meist 5(3–6)spaltig; N. kopfig; Stbb. (4–)8]

A. Fr. 3kantig od. linsenförmig, ganz od. z. größten Teil von der Blh. umschlossen; Keimling seitlich, schwach gekrümmt, mit flachen, länglichen Keimb. **223. Polygonum**

B. Fr. 3kantig, nur am Grd. od. höchstens bis zur Mitte von der Blh. umschlossen; Keimling im Nährgewebe, mit breiten, zusammengefalteten Keimb. .... **224. Fagopyrum**

1. Trib. Rumíceae

220. Rúmex L. — Ampfer

x = 4, 5, 7, 8, 9, 10

I. Bl. 2häusig od. vielehig; Gr. an den Kanten des Frkn. angewachsen; B. spieß- od. pfeilförmig

A. Innere Zipfel der Fr.hülle (Blh.) schwielenlos, äußere der Fr. angedrückt

1. Innere Zipfel der Fr.hülle kaum größer als die Fr.; B. länger als breit

a) Innere Zipfel der Fr.hülle nicht mit der Fr. verbunden

x) Fr. 1,3–1,5 mm lang; St. aufrecht (B. lanzettl.) .... **778. R. acetosella**

xx) Fr. 0,9–1,3 mm lang; St. aufsteigend (B. schmal-lineal.) .... **779. R. tenuifolius**

b) Innere Zipfel der Fr.hülle mit der Fr. fest verbunden .... **780. R. angiocarpus**

2. Innere Zipfel der Fr.hülle deutlich größer als die Fr.; B. kaum od. wenig länger als breit .... **781. R. scutatus**

B. Innere Zipfel der Fr.hülle am Grd. mit kurzer Schwiele, äußere zurückgeschlagen

1. St. beblättert, hoch, oben ästig

a) Ochrea (Nebenb.scheide) geschlitzt-gezähnt

x) Äste des Blst. einfach (B. 2- bis 6mal so lang wie breit) .... **782. R. acetosa**

xx) Äste des Blst. mehrfach verzweigt

/) B. 2- bis 4mal so lang wie breit ..... **783. R. ambiguus**

//) B. 4- bis 14mal so lang wie breit .... **784. R. thyrsiflorus**

b) Ochrea ganzrandig od. nur schwach geschlitzt .... **785. R. arifolius**

2. St. meist blattlos (selten 1- bis 2blättrig), niedrig, einfach . . . . **786. R. nivalis**

II. Bl. ☿ od. (selten) vielehig; Gr. frei; B. am Grd. verschmälert, rund od. herzförmig, nicht spießförmig

A. Pfl. ♃ (untere B. meist sehr groß u. lang-gestielt)

1. Innere Zipfel der Fr.hülle (Blh.) schwielenlos od. nur undeutlich (R. longifolius) schwielentragend

a) Untere B. am Grd. verschmälert, gestutzt od. abgerundet, kaum herzförmig . . . . **787. R. longifolius**

b) Untere B. am Grd. ±tief-herzförmig od. nierenförmig

x) Innere Zipfel der Fr.hülle (5) 6 bis 8,5 mm lang . . . . **788. R. aquaticus**

xx) Innere Zipfel der Fr.hülle 4–5(6) mm lang . . . . **789. R. alpinus**

2. Innere Zipfel der Fr.hülle – alle od. zumindest einer – am Grd. schwielentragend (wenn schwach, vgl. R. longifolius)

a) Innere Zipfel der Fr.hülle fast od. völlig ganzrandig od. nur sehr kurz gezähnt

x) Innere Zipfel der Fr.hülle so lang od. wenig länger als breit, breiter als die Schwielen

/) Untere B. bis 3(4)mal so lang wie breit; B.stiel rinnig . . . . **790. R. patientia**

//) Untere B. mindestens 3mal so lang wie breit; B.stiel flach

§) Innere Zipfel der Fr.hülle rundlich-herzförmig, mit rundlichen Schwielen

+) Innere Zipfel der Fr.hülle ganzrandig od. fast ganzrandig . . . . **791. R. crispus**

++) Innere Zipfel der Fr.hülle deutlich u. kurz gezähnt . . . . **792. R. stenophyllus**

§§) Innere Zipfel der Fr.hülle 3eckig, mit länglichen Schwielen . . . . **795. R. hydrolapathum**

xx) Innere Zipfel der Fr.hülle bedeutend länger als breit, nur wenig breiter als die Schwielen

/) Alle inneren Zipfel der Fr.hülle mit Schwielen . . . . **793. R. conglomeratus**

//) Nur 1 innerer Zipfel der Fr.hülle mit Schwiele . . . . **794. R. sanguineus**

b) Innere Zipfel der Fr.hülle jederseits mit 2–5 ±langen Zähnen (selten ohne Zähne) . . . . . . **796. R. obtusifolius**

B. Pfl. ⊙ u. ⊙ (untere B. meist nicht größer; innere Zipfel der Fr.hülle mit Zähnen u. Schwielen)

1. Innere Zipfel der Fr.hülle jederseits mit 4–5 kurzen, fast dornigen Zähnen . . . . **797. R. pulcher**

2. Innere Zipfel der Fr.hülle jederseits mit 2–3, meist pfriemlich zugespitzten, langen Zähnen
   a) Mittlere Stb. kurz gestielt, bis 8mal so lang wie breit
      x) Zähne der inneren Fr.hüllenzipfel kürzer als die Zipfel; Stbbtl. 0,9–1,3 mm lang **798. R. palustris**
      xx) Zähne der inneren Fr.hüllenzipfel länger als die Zipfel; Stbbtl. 0,45–0,62 mm lang .... **799. R. maritimus**
   b) Mittlere Stb. lang gestielt, bis 3(4)mal so lang wie breit (±kraus) .... **800. R. ucranicus**

1. Subgen. A c e t o s é l l a
1. Sect. A c e t o s é l l a

778. R. acetosélla L. (Abb. 126 e) Kleiner Sauer-A.

♃, *H, (G).* – H. 0,10–0,40. *St.* meist *aufrecht,* von der Mitte an od. oberhalb verzweigt; *B. spießförmig, lanzettl.;* innere Zipfel der Fr.hülle (Blh.) mit ±undeutlich erhabenen Nerven, nicht mit der Fr. verwachsen; Fr. 1,3–1,5 mm lang, länger als breit. V–VIII. 2n = 42. Hierzu u. a.:
f. m u l t í f i d u s (L.) Murb.; Spießecken der B. 2- bis vielspaltig. – Zerstreut.

Verschiedene Ges.; saure, kalkfreie, nährstoffärmere, meist sandige Böden. – Verbreitet, wohl im ganzen Geb. (Alp. bis 1360 m). – n. bis gem. Breiten, ö. Med.; no-euras(-subozean).

779. R. tenuifólius (Wallr.) Löve Schmalblättriger kleiner Sauer-A.
(= R. acetosella L. var. tenuifolius Wallr.)

♃, *H, (G).* – H. 0,05–0,15. *St. aufsteigend,* oft schon unter der Mitte verzweigt; *B. spießförmig, schmal-lineal.,* bis fast 10mal so lang wie breit; innere Zipfel der Fr.hülle (Blh.) ±erhaben nervig, nicht mit der Fr. verwachsen; Fr. 0,9–1,3 mm lang, 0,6–0,8 mm breit. V–VII. 2n = 28.

Sandtrockenrasen, Silbergrasfluren; meist kalkarme Sandböden. – Wohl zerstreut, Verbreitung bisher ungenügend bekannt. – Isl., Grönl., n. bis gem. Eur. u. As.; no-euras(-kont).

780. R. angiocárpus Murb. Verwachsenfrüchtiger kleiner Sauer-A.
[= R. acetosella L. ssp. angiocarpus (Murb.) Murb.]

♃, *H, (G).* – H. 0,15–0,50. *St.* meist *aufrecht; B. spießförmig* bis schildförmig, meist *lanzettl.,* 3- bis 4mal so lang wie breit; *innere Zipfel der Fr.hülle* (Blh.) undeutlich nervig, *fest mit der Fr. verwachsen;* Fr. 1 mm lang, ebenso breit od. breiter. V–VII. 2n = 14.

Standort u. Verbreitung ungenügend bekannt. – Bisher selten, so Anh., Thür., SW-D., Bay. – M- u. W-Eur., W-Med., (Am., S-Afr., Austr., Jap.); subatl-submed.

2. Subgen. Acetósa
2. Sect. Scutáti

781. R. scutátus L. (Abb. 126f) Schild-A.

♃, *H.* – H. 0,10–0,50. *St. ausgebreitet; B.* blaugrün, *meist rundlich-herzförmig od. geigenförmig;* Ochrea ganzrandig; Bl. vielehig, in armbl., entfernten, b.losen Halbwirteln; innere Zipfel der Fr.hülle (Blh.) rundlich-herzförmig, ganzrandig, häutig. V–VII. 2n = 20.

Kalkgeröllfluren, Felsspalten, Mauern; ±trockene, meist kalkreiche Substrate. – Zerstreut, stellenweise häufig: u. a. Alp. (bis 2050 m), Alp.vorland, S-Bad. (Donaugeb., Hegau), Schwäb. Jura, Pfalz, Rhein. Schiefergebg.; daneben gelegentlich verwildert u. eingebürgert an Mauern etc. (vom NO-Tiefland u. Westf. bis S-D.). – Gebg. von M- u. S-Eur., SW-As.; praealp(-submed).

3. Sect. Acetósa

782. R. acetósa L. (Abb. 126g) Großer Sauer-A.

♃, *H.* – H. 0,30–1,00. *B. ellipt.-länglich,* pfeilförmig; *Ochrea geschlitzt-gezähnt, Äste des Blst. meist einfach;* innere Zipfel der Fr.hülle (Blh.) rundlich-herzförmig, etwa 3–3,5 mm breit, häutig, am Grd. mit einer sehr kleinen, zurückgebogenen Schwiele. V–VII. 2n = ♀ 14, ♂ 15.

Wiesen u. Weiden, Wegränder etc.; frische bis feuchte, nährstoffreiche, lehmige Böden. – Häufig u. verbreitet im ganzen Geb. (Alp. bis 1560 m). – Eur., As., N-Am., Grönl.; no-euras, circ.

783. R. ambíguus Gren. Garten Sauer-A.
(= R. acetosa L. var. hortensis Dierb.)

♃, *H.* – H. bis 1,20. *B.* groß, *verkehrt-eiförmig, hellgrün;* Ochrea ±schwach *zerschlitzt; Äste des Blst. wiederholt verzweigt;* innere Zipfel der Fr.hülle rundlich, etwa 3 (4) mm lang, häutig, am Grd. mit kleiner zurückgekrümmter Schwiele. V–VII. 2n = ♀ 14, ♂ 15.

Gebaut, selten verwildert. – Wild unbekannt.

784. R. thyrsiflórus Fingerh. (Abb. 126h) Straußblütiger Sauer-A.
[= R. acetosa L. ssp. thyrsiflorus (Fingerh.) Hayek]

♃, *H.* – H. bis 1,20. *B. lineal.- bis schmal-lanzettl.,* pfeil- bis spießförmig (bisweilen mit gespaltenen Spießecken); Ochrea zerschlitzt; *Äste des Blst. wiederholt verzweigt;* innere Zipfel der Fr.hülle (Blh.) nierenförmig-rundlich, 2,5–3,5 mm lang, oft breiter als lang, häutig, mit kleiner, abgeflachter, zurückgebogener Schwiele; Fr. klein. VII–VIII. 2n = ♀ 14, ♂ 15.

Wegränder, Bahndämme etc.; ±trockene, oft steinige od. sandige Böden. – Zerstreut, insbes. im Tiefland u. in den Tälern. – Skand., ö. M-Eur., Balk. bis Sib.; euras-kont.

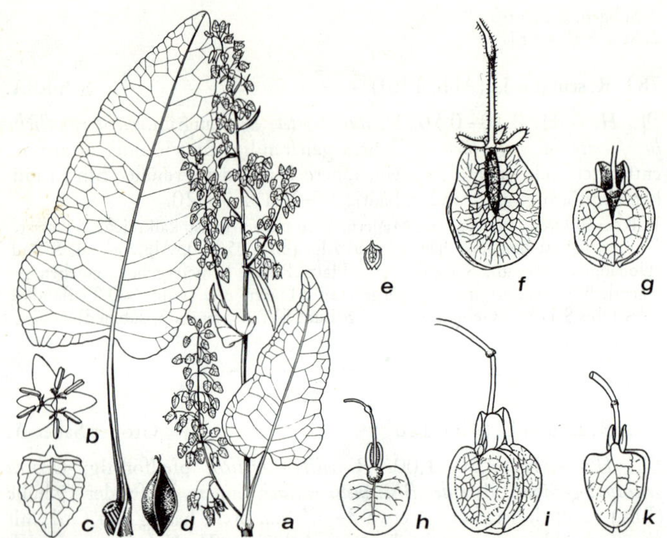

Abb. 126. *Rumex* spp., *a–d R. aquaticus* (*a* Blütenstand, Blatt; *b* Blüte, *c* Perianth zur Fruchtzeit, *d* Frucht), *e–k* Perianth zur Fruchtzeit (*e R. acetosella, f R. scutatus, g R. acetosa, h R. thyrsiflorus, i R. arifolius, k R. nivalis*).

785. R. arifólius All. (Abb. 126i) Berg-A.

♃, *H.* – H. 0,30–1,00. *B.* spieß-pfeilförmig, dünn, *am Grd. 5- bis 7nervig,* mittlere 3eckig, zugespitzt; *Ochrea* meist *ganzrandig;* Äste des Blst. meist einfach; sonst ähnlich R. acetosa. VI–VIII. 2n = ♀ 14, ♂ 15.

Hochmont. u. subalp. Mischwälder, Hochstaudengebüsche; frische, nährstoffreiche, mullige Böden. – Zerstreut: Harz, Thür. Wald, Erzgebg., Riesengebg., Eulengebg., Glatzer Schneegebg., S-Schwarzwald, Bay. Wald, Alp. (bis 2270 m). – N-Eur., Gebg. M- u. S-Eur., Kauk., N-As., Altai, Kamtsch., Sachal.; no-praealp.

786. R. nivális Hegetschw. (Abb. 126k) Schnee-A.

♃, *H, (Ch).* – H. 0,06–0,15(0,20). *B. dicklich, fast nervenlos,* grd.-ständige *rundlich-eiförmig,* sehr stumpf, die folgenden *spießförmig;* innere Zipfel der Fr.hülle (Blh.) herzförmig bis rundlich, am Grd. mit kurzer zurückgeschlagener Schwiele. VII–VIII. 2n = ♀ 14, ♂ 15.

Alp. Schneetälchen; feuchte, nährstoffreiche, kalkhaltige Substrate. – Zerstreut u. selten, nur Alp. (Allgäuer Alp., 1690–2400 m). – Alp., Gebg. Montenegros; o-alp.

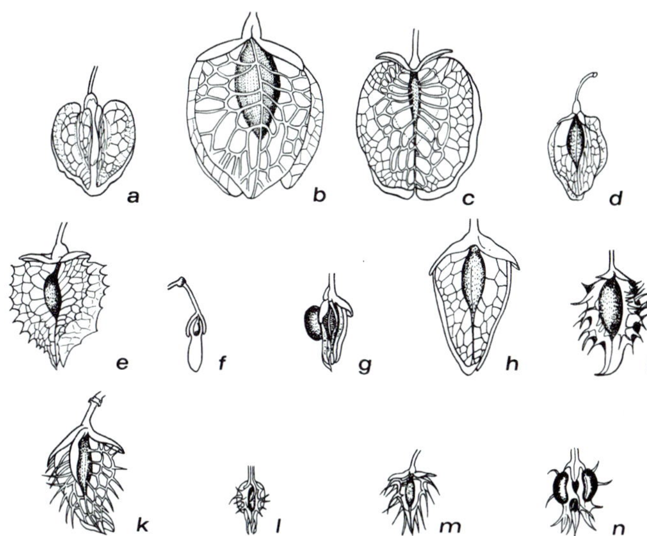

Abb. 127. *Rumex* spp., Perianth zur Fruchtzeit (*a R. longifolius, b R. alpinus, c R. patientia, d R. crispus, e R. stenophyllus, f R. conglomeratus, g R. sanguineus, h R. hydrolapathum, i R. obtusifolius, k R. pulcher, l R. palustris, m R. maritimus, n R. ucranicus*).

3. Subgen. R ú m e x

4. Sect. R ú m e x

787. R. longifólius DC. (Abb. 127a) Nordischer A.
(= R. domesticus Hartm.)

♃, *H.* – H. 0,60–1,50. *Untere B.* 2,5- bis 4,5mal so lang wie breit, *aus ei- od. fast herzförmigem Grd. länglich* od. breit-lanzettl., ±*wellenförmig u. kraus;* Bl.knäuel genähert, fast blattlos, innere Zipfel der Fr.hülle (Blh.) fast rundlich-herzförmig, ganzrandig od. fein gekerbt. VII–VIII. 2n = 60.

Straßenränder, unkrautige Ges. in Siedlungsnähe. – Nur S-Schlesw., von der Grenze bis etwa Rendsburg; Amrum; südlicher (Hamburg) wohl nur unbeständig verschleppt. – N-Eur. bis Schl.Holst., N-Rußl., N-As., N-Am.; Isl.; Pyren.; no(-kont).

788. R. aquáticus L. (Abb. 126a–d) Wasser-A.

♃, *H, HH.* – H. bis 2,00. *Untere B.* bis etwa 2,5mal so lang wie breit, *länglich-eiförmig,* am Grd. verbreitert u. tief-herzförmig, obere ungestielt; Bl.knäuel fast völlig blattlos; innere Zipfel der Fr.hülle

(Blh.) eiförmig-3eckig, 5–8,5 mm lang, häutig, ganzrandig od. etwas gezähnelt; Fr.-stiele unten undeutlich gegliedert. VII–VIII. Im Geb. nur ssp. a q u á t i c u s. 2n = ca. 200.

Bäche, Gräben, Ufer, Röhrichte; nasse, nährstoffreiche Böden. – Zerstreut im n. u. m. Geb., im s. Geb. seltener bis Alp.vorland. – Skand. bis Alp.geb., n. u. gem. As., Mong., Chin., N-Am., no-euras-kont, circ.

789. R. alpínus L. (Abb. 127b) Alpen-A.

♃, *H.* – H. bis 2,00. *Untere B. rundlich-herzförmig,* höchstens 1,5mal so lang wie breit, *abgerundet-stumpf,* gelegentlich an der stumpfen Spitze kurzzugespitzt, obere gestielt; innere Zipfel der Fr.hülle (Blh.) herz-eiförmig, 4–6 mm lang, fast häutig u. ganzrandig; Fr.stiele unten deutlich gegliedert. VI–VIII. 2n = 20.

Hochmont. u. subalp. Lägerfluren; frische, nährstoff- u. N-reiche Böden. – Verbreitet in den Alp. (bis 2050 m); zerstreut bis selten: schles. Gebg. (u. a. Riesengebg., Glatzer Schneeberg, Reichensteiner Gebg.), Schwarzwald, Alp.-vorland; daneben gepflanzt u. verwildert (so z. B. Fichtelgebg.). – Höhere Gebg. von M- u. S-Eur. bis Kauk., Armen., (Schottl., N-Am., Java); praealp.

790. R. patiéntia L. (Abb. 127c) Garten-A., Englischer Spinat

♃, *H.* – H. 0,80–2,00. *Untere B. ei-lanzettförmig, ±flach,* zugespitzt, dünn, bleichgrün, oberste lanzettl.; Bl.knäuel genähert, mittlere u. obere blattlos; *innere Zipfel der Fr.hülle rundlich-herzförmig,* 4–8 mm lang, stumpf, *ganzrandig* od. kaum gekerbt, meist nur ein einziger schwielentragend. V–VII. 2n = 20.

Gebaut, gelegentlich verwildert. – Heimat: SO-Niederösterr., SO-Eur. bis Vord.As.

791. R. críspus L. (Abb. 127d) Krauser A.

♃, *H.* – H. 0,50–1,00(1,50). *B. lanzettl.,* ±spitz, *am Rande ±wellig-kraus,* derb; *innere Zipfel der Fr.hülle* (Blh.) *rundlich, fast herzförmig,* 3,5–5(6,5) mm lang, *ganzrandig* od. selten am Grd. schwach gezähnelt bis gekerbt, alle od. oft nur einer schwielentragend; *Fr.stiele 2- bis 2,5mal so lang wie die inneren Fr.hüllenzipfel.* VI–VIII. 2n = 60.

Ufersäume, Wegränder, unkrautige Ges.; feuchte, nährstoffreiche, N-reichere Ton- u. Lehmböden. – Verbreitet u. häufig im ganzen Geb. (Alp. bis 870 m). – Fast Kosmop.

792. R. stenophýllus Ledeb. (Abb. 127e) Schmalblättriger A.

♃, *H.* – H. 0,60–1,10. *B. lanzettl.,* spitz, *am Rande flach od. etwas wellig; innere Zipfel der Fr.hülle* (Blh.) *herzförmig-3eckig,* 3,5–4(5) mm lang, *fein bis scharf gezähnt,* nur an der Spitze ganzrandig (Spitze aber nicht vorgezogen), alle schwielentragend; *Fr.stiele 1,5- bis 2mal so lang wie die inneren Fr.hüllenzipfel.* VII–VIII. 2n = 60.

Salzhaltige Niederungsböden. – Sehr selten, nur Bernburg/Saale; daneben adventiv: Brand. (Nauen). – M-D., ö. M-Eur. bis O-Sib., Z-As., (N-Am.); gem-kont.

793. R. conglomerátus Murr. (Abb. 127f) Knäuelblütiger A.

♃, *H.* – H. 0,30–0,80(1,20). Unterste B. herz- od. eiförmig-länglich, an der Spitze stumpflich, mittlere lanzettl., zugespitzt; Äste weitabstehend; nur oberste Bl.knäuel ohne Tragb.; *innere Zipfel der Fr.hülle* (Blh.) *lineal.-länglich,* stumpf, ganzrandig, meist *alle schwielentragend;* St. u. B.adern bisweilen purpurfarbig überlaufen. VII–IX. 2n = 20, 18.

Ufer, Graben- u. Wegränder, Gebüsche; feuchte, nährstoff- u. N-reiche Böden. – Verbreitet bis zerstreut fast im ganzen Geb. (Alp. bis 800 m). – M- u. S-Eur. bis Rußl., SW-As., NW-Afr.; Z-As.; submed(-subatl).

794. R. sanguíneus L. (Abb. 127 g) Hain-A.

♃, *H.* – H. 0,50–1,00(1,20). Untere B. länglich-eiförmig, an der Spitze stumpf od. kurz zugespitzt, mittlere lanzettl., zugespitzt; Äste gerade, aufrecht-abstehend; nur die untersten Bl.knäuel mit Tragb. od. alle blattlos; *innere Zipfel der Fr.hülle* (Blh.) *lineal.-länglich,* stumpf, ganzrandig, *kürzer als die Fr.stiele,* meist *nur einer schwielentragend;* St. u. B.adern bisweilen purpurfarbig überlaufen. VII–VIII. 2n = 20.

Auenwälder, feuchte Laubmischwälder; feuchte bis nasse, nährstoffreiche, meist kalkarme Böden. – Im n. Geb. zerstreut, sonst geb.weise verbreitet u. häufig, s. bis Voralp. – M- u. s. Eur. (in S-Eur. nur Gebg.) bis Kl.As., Kauk., N-Pers.; subatl-submed.

795. R. hydrolápathum Huds. (Abb. 127 h) Fluß-A.

♃, *HH, H.* – H. bis 2,50. *Untere B. lanzettl., aufrecht,* sehr groß, *beidendig verschmälert, flach* od. nur sehr schwach wellig; *innere Zipfel der Fr.hülle* (Blh.) *eiförmig-3eckig,* ganzrandig od. höchstens am Grd. undeutlich gekerbt, alle mit fast spindelförmigen Schwielen. VII–VIII. 2n = ca. 200.

Ufer, Gräben, Röhrichte u. Großseggenbestände, an meist stehenden, nährstoffreichen Gewässern mit Schlammboden. – Verbreitet im N-Flachland u. zerstreuter in den Stromtälern des m. u. s. Geb. (bis Alp.vorland). – S-Skand. bis n. S-Eur., M- u. S-Rußl.; submed(-subatl).

796. R. obtusifólius L. (Abb. 127i) Stumpfblättriger A.

♃, *H.* – H. 0,50–1,20. *Untere B. breitellipt.-eiförmig, ±stumpf,* am Grd. herzförmig, mittlere herzförmig-länglich, spitz, oberste lanzettl.; *Äste aufrecht; Bl.knäuel meist von der Mitte an blattlos;* innere Zipfel der Fr.hülle (Blh.) 3eckig-länglich, am Rande mit Zähnen od. auch ungezähnt (s. Unterarten), in eine lange stumpfe, ganzrandige Spitze endigend. VI–VIII. Umfaßt:

ssp. o b t u s i f ó l i u s; innere Fr.hüllenzipfel am Rande gezähnt, eiförmig-3eckig, stumpf od. stumpflich, etwa 6 mm lang, einer od. alle schwielentragend. 2n = 40.

Verbreitet, vor allem im w. Teil des n. u. m. Geb., sowie im s. Geb., ö. etwa bis m. Elbe. — subatl-submed.

ssp. tránsiens (Simk.) Rech.f.; innere Fr.hüllenzipfel nahe dem Grd. gezähnt, eiförmig-3eckig, meist stumpf, etwa 5 mm lang, alle unregelmäßig schwielentragend.

Verbreitet bis zerstreut im n. u. m. Geb., selten in Bay., fehlt u. a. ö. der Oder.

ssp. silvéstris (Wallr.) Rech.; innere Fr.hüllenzipfel ganzrandig od. fast ganzrandig, schmal-eiförmig-3eckig od. schmal-zungenförmig, spitz od. stumpflich, 3—4,5(5) mm lang, alle mit Schwielen. 2n = 40.

Zerstreut im ö. Teil des n. u. m. Geb., selten im s. Geb. — gem-kont.

In Schles. (Kleinburg bei Breslau) wurden Annäherungs- od. Übergangsformen zu der so-eur. ssp. subalpínus (Schur) Simk. beobachtet.

Unkrautfluren, Wege, Wiesen, Grabenränder etc.; frische, nährstoff- u. N-reiche Böden. — Verbreitet im ganzen Geb. (Alp. bis 1500 m). — S-Skand. bis n. S-Eur., S-Rußl., Kl.As., Kauk., N-Pers., (O-As., Am., Austr., S-Afr.).

797. R. púlcher L. (Abb. 127k) Schöner A.

⊙, ♃, *H.* — H. 0,15—0,60. *Untere B.* häufig *geigenförmig,* stumpf. obere lanzettl.; *Äste sperrig-abstehend; Bl.knäuel entfernt, fast alle mit Tragb.;* innere Zipfel der Fr.hülle (Blh.) eiförmig-länglich, grubig-netzadrig (1—2 Netzmaschen jederseits der Schwiele), jederseits mit 4—5 Zähnen. V—VII. Im Geb. nur ssp. púlcher. 2n = 20.

Schutt-Unkrautfluren, Straßenpflaster; trockene, warme, nährstoffreiche Böden. — Selten u. unbeständig, nur Bad. (Neuenburg am Rhein, Freiburg, w. Kaiserstuhl); sonst sehr selten adventiv. — Gesamtart: Med., W-Eur., Ung., SW-As.; med(-submed-atl).

798. R. palústris Sm. (Abb. 127l) Sumpf-A.

⊙, ⊙, *Th, H.* — H. 0,10—1,00. B. lanzettl. bis lineal.-lanzettl.; Pfl. zuletzt grünlichgelb; Bl.knäuel unten entfernt, oben genähert; *innere Zipfel der Fr.hülle* (Blh.) *mit schmaler, zungenförmiger, stumpfer Spitze, Zähne steif borstenförmig, kürzer als der Zipfel,* Schwiele stark erhaben; Fr.stiele ziemlich dick u. steif, die meisten nicht länger als die innere Fr.hülle. VII—IX. 2n = 40.

Graben- u. Teichränder, Flußufer; nasse Schlammböden. — Verbreitung ungenügend bekannt, wohl zerstreut im n. Geb. u. in den Stromtälern des m. u. s. Geb., in Alp. fehlend. — S-Schwed. bis Med., gem. As., Syr., Marok.; eurassubmed.

799. R. marítimus L. (Abb. 127m) Strand-A.

⊙, ①, *Th, H.* — H. 0,07—0,50(0,70). B. lineal.-lanzettl.; Pfl. zuletzt goldgelb; nur die untersten Bl.knäuel entfernt, mittlere u. obere genähert; *innere Zipfel der Fr.hülle* (Blh.) *mit 3eckiger, scharfer Spitze, Zähne weich, haarfein, zumindest einige länger als der Zipfel,* Schwiele niedriger als bei vor. Art; Fr.stiele fein u. weich, die meisten länger als die Fr.-hülle. VII–IX. 2n = 40.

Graben- u. Teichränder, Flußufer, Spülflächen; nasse, nährstoffreiche, auch etwas salzhaltige Schlammböden. – Verbreitet bis zerstreut im n. Flachland u. Sachs.-Anh./N-Thür., sonst im m. u. s. Geb. zerstreut u. selten. – Gem. Eur. bis Med., As.; euras(-kont).

800. R. ucránicus Fisch. (Abb. 127n) Ukrainischer A.

⨀, *Th.* – H. 0,10–0,30. Pfl. zuletzt meist purpurfarbig überlaufen; untere B. länglich, spitz, in den Stiel verschmälert, mittlere länglich-lineal., am Grd. abgestutzt, geöhrt, oberste lineal.; *Bl.knäuel voneinander entfernt; innere Zipfel der Fr.hülle* (Blh.) rauten-eiförmig, mit vorgezogener, lanzettl. Spitze, *jederseits mit 3 pfriemlich-zugespitzten Zähnen, die länger als die Breite der Zipfel sind,* Schwielen groß. VII–VIII. 2n = 40.

Ufer; sandige u. schlammige Böden. – Selten, geb.weise häufig, nur unteres Weichselgeb. bis Danziger Bucht, Frisches Haff. – Westpr., Pol. bis Sib., Mong.; euras-kont.

Bastarde:

R. alpinus × obtusifolius (= R. × mezei Hausskn.), R. aquaticus × conglomeratus (= R. × ambigens Hausskn.), R. aquaticus × crispus (= R. × conspersus Hartm.), R. aquaticus × hydrolapathum (= R. × heterophyllus Schultz, R. × maximus Schreb.), R. aquaticus × obtusifolius (= R. × platyphyllos Aresch.) hierzu: R. aquaticus × obtusifolius ssp. obtusifolius (= R. schmidtii Hausskn.), R. conglomeratus × crispus (= R. × schulzei Hausskn.), R. conglomeratus × hydrolapathum (= R. × digeneus Beck), R. conglomeratus × obtusifolius (= R. × abortivus Ruhm.) hierzu: R. conglomeratus × obtusifolius ssp. silvestris (= R. × salisburgensis Fritsch et Rech.), R. conglomeratus × palustris (= R. × wirtgenii Beck), R. conglomeratus × sanguineus (= R. × ruhmeri Hausskn.), R. crispus × hydrolapathum (= R. × schreberi Hausskn.), R. crispus × longifolius (= R. × propinquus Aresch.), R. crispus × maritimus (= R. × fallacinus Hausskn.), R. crispus × obtusifolius (= R. × pratensis M. et K.) hierzu: R. crispus × obtusifolius ssp. obtusifolius (= R. × khekii Rech), R. crispus × obtusifolius ssp. silvestris (= R. × confinis Hausskn.), R. crispus × palustris (= R. × areschougii Beck), R. crispus × patientia (= R. × confusus Simk.), R. crispus × sanguineus (= R. × sagorskii Hausskn.), R. hydrolapathum × obtusifolius (= R. × weberi Fisch.-Benz.), R. obtusifolius × sanguineus (= R. × dufftii Hausskn.), R. maritimus × conglomeratus (= R. × knafii Čelak.).

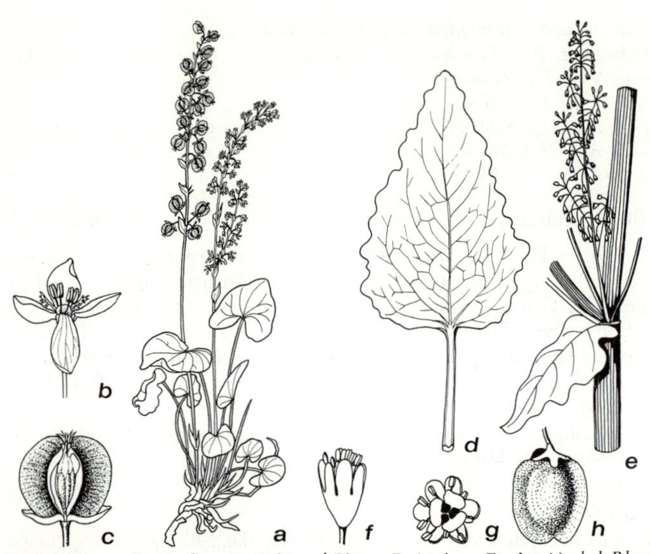

Abb. 128. *a–c Oxyria digyna* (*a* Habitus, *b* Blüte, *c* Perianth zur Fruchtzeit); *d–h Rheum rhabarbarum* (*d* Grundblatt, *e* Teilblütenstand, *f* u. *g* Blüte von der Seite bzw. von oben, *h* Frucht).

221. Oxýria Hill — Säuerling

x = 7

801. O. digýna (L.) Hill (Abb. 128a–c)

♃, *H*. – H. 0,05–0,15 (0,30). B. grd.ständig (St. selten mit 1–2 B.), langgestielt, nierenförmig, an der Spitze ±ausgerandet; Blh. 4blättrig; Fr.flügel zuletzt blutrot. VII–VIII. 2n = 14.

Alp. Steinschuttges.; frische, kalkarme Substrate. – Selten u. zerstreut: Alp. (1550–2340 m; Allgäuer Alp.; Rote Wand; Salzburger Alp.). – Arkt.Eur., As. u. N-Am., Grönl., Hochgebg. von Pyren.-Alp. bis Kl.As., Kauk., Z- u. O-As.; arkt-alp, circ.

222. Rhéum L. — Rhabarber

x = 11

I. B. deutlich eingeschnitten od. gelappt
   A. B. am Rande mit 5 kurzen Lappen; Teilblst. dicht ährenartig . . . . **802. Rh. officinale**

B. B. handförmig-gelappt mit länglich-eiförmigen bis lanzettl., spitzen Lappen; Blst. eine beblätterte Rispe .... **803. Rh. palmatum**

II. B. ganzrandig, am Rande meist wellig-kraus

A. Untere B. rundlich, am Rande etwas wellig, Stiele unterseits gefurcht .... **804. Rh. rhaponticum**

B. Untere B. eiförmig, am Rande stark wellig, Stiele unterseits nicht gefurcht .... **805. Rh. rhabarbarum**

802. Rh. officinále Baill. Chinesischer Rh.

♃, *G.* – H. bis 2,50. B. rundlich-nierenförmig; Tragb. der Teilblst. laubartig; Blh. klein, grünlich. V–VI. 2n = 22, 44.

Gepflanzt. – Heimat: W-Chin., O-Tib., mehr südlich.

803. Rh. palmátum L. Medizinal-Rh.

♃, *G.* – H. bis über 1,50. B. rundlich-herzförmig, Stiele fast stielrund; Tragb. der Teilblst. laubartig. V–VI. 2n = 22. Hierzu:

var. t a n g ú t i c u m Maxim.; Kron-Rh.; Pfl. meist größer; B. mit verlängerten Lappen; Blst. sehr schlank, Äste angedrückt.

Gabaut. – Heimat: W-Chin., O-Tib., im n. Geb.

Droge: Radix Rhei, Rhizoma Rhei

804. Rh. rhapónticum L. Sibirischer Rh.

♃, *G.* – H. bis etwa 1,20–1,50. Tragb. der oberen Teilblst. klein; Blh. grünlich; Fr.stiele unterhalb der Mitte gegliedert, kürzer als die ovale od. eiförmige Fr. V–VI. 2n = 44.

Gebaut (Gemüse), z. T. auch als Hybriden mit folg. Art; selten verwildert. – Heimat: Bulg., Rhodope-Gebg., Z-As., s. Sib. (?).

805. Rh. rhabárbarum L. (Abb. 128d–h) Wellblatt-Rh.

♃, *G.* – H. bis etwa 1,50. Tragb. der oberen Teilblst. klein; Blh. grünlich; Fr.stiele nahe am Grd. gegliedert, so lang wie die eiförmige Fr. V–VI. 2n = 44.

Gebaut (Gemüse), z. T. auch als Hybriden mit vor. Art. – Heimat: Transbaikalien bis N-Chin.

2. Trib. P o l y g ó n e a e

223. Polýgonum L. Knöterich

x = 10, 11, 12

I. Äußere Zipfel der Blh. zur Fr.zeit nicht gekielt od. geflügelt

A. Blst. eine Scheinähre od. Scheintraube (Wickel), gestielt, end- od. seitenständig

1. St. nur mit 1 endständigen Blst., einfach
   a) Blst. dick-walzlich; B. länglich-eiförmig .... **806. P. bistorta**
   b) Blst. schmal-zylindrisch; B. lanzettl. .... **807. P. viviparum**
2. St. ästig, jeder Ast mit einem Blst. endigend
   a) Blst. dicht, gedrungen, walzenförmig; Stbb. meist 5 od. 6 (seltener 4 od. 8)
      x) B.stiel über der Mitte der Ochrea abgehend; Pfl. ♃ .... **808. P. amphibium**
      xx) B.stiel am unteren Ende der Ochrea abgehend; Pfl. ⊙
         /) Ochrea locker-anliegend, kurz- u. fein-gewimpert .... **809. P. lapathifolium**
         //) Ochrea eng-anliegend, lang (1—2 mm) bewimpert .... **810. P. persicaria**
   b) Blst. locker, dünn, fadenförmig; Stbb. meist 5 od. 6 (selten 8)
      x) Blh. drüsig-punktiert, meist 4(3- bis 5)-teilig .... **811. P. hydropiper**
      xx) Blh. nicht od. nur schwach drüsig-punktiert, 5teilig
         /) B. lanzettl., beidendig verschmälert; Stbb. meist 6 .... **812. P. mite**
         //) B. lineal. od. lineal.-lanzettl., bis zur Mitte fast gleichbreit; Stbb. meist 5 **813. P. minus**

B. Bl. einzeln od. gebüschelt blattwinkelständig
1. Fr. so lang od. nur wenig länger als die bleibende Blh., etwa 2—3 mm lang (*P. aviculare* L. s. l.)
   a) Blhb. mindestens im unteren Drittel verwachsen; Fr. mit 2 konvexen Seitenflächen **814. P. arenastrum**
   b) Blhb. tief geteilt, weniger als bis zum unteren Drittel verwachsen; Fr. mit geradwandigen od. konkaven Seitenflächen .... **815. P. aviculare**
2. Fr. die bleibende Blh. um $^1/_3$ od. $^1/_2$ überragend, bis 6 mm lang
   a) Fr. die Blh. bis $^1/_2$ überragend; Zipfel der Blh. sich gegenseitig kaum deckend .... **816. P. oxyspermum**
   b) Fr. die Blh. bis $^1/_3$ überragend; Zipfel der Blh. sich gegenseitig ±deckend .... **817. P. raii**

II. Äußere Zipfel der Blh. zur Fr.zeit gekielt od. geflügelt

A. Pfl. windend, ⊙
1. Blhb. drüsig-punktiert, äußere Zipfel gekielt od. nur schwach geflügelt .... **818. P. convolvulus**
2. Blhb. glatt, äußere Zipfel meist (bisweilen auch wellig) geflügelt .... **819. P. dumetorum**

B. Pfl. aufrecht, ♃, hoch
1. St. glatt, höchstens rot-gefleckt od. -überlaufen **820. P. cuspidatum**
2. St. unregelmäßig (korkig) längsstreifig .... **821. P. sachalinense**

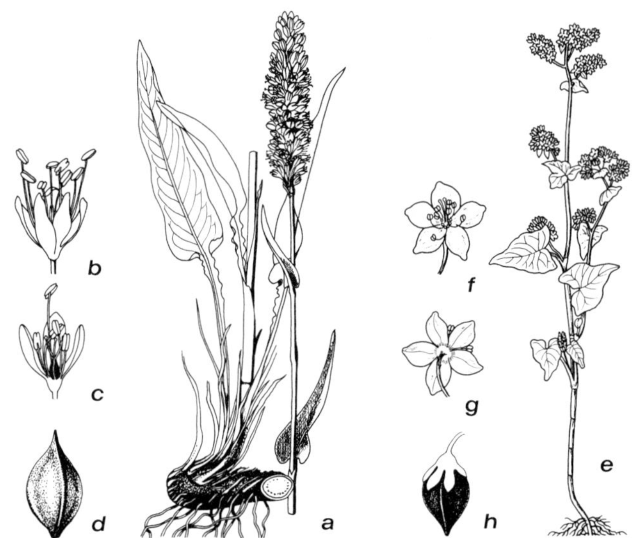

Abb. 129. *a–d Polygonum bistorta* (*a* Habitus, *b* ♂-Blüte; *c* ☿-Blüte, vordere Blüten- u. Staubblätter entfernt; *d* Frucht); *e–h Fagopyrum esculentum* (*e* Habitus, *f* u. *g* Blüten, *h* Frucht).

1. Sect. B i s t ó r t a

806. P. bistórta L. (Abb. 129a–d) Wiesen-K., Schlangenwurz

♃, *H.* – H. 0,30–1,00. *B.* eiförmig-länglich, wellig, *untere mit wellig-geflügelten B.stielen,* unterseits bläulich-grün; Blh. rötlich-weiß. VI–VIII. 2n = 44, 46, 24.

Feuchtwiesen, Auenwälder etc.; feuchte, nährstoffreiche, humose Böden. – Zerstreut (N-Flachland) bis häufig, insbes. im Bergland u. in den Alp. (bis 1790 m). – Finnl., S-Schwed., gem. Eur. bis Sib., Z-As., N-Chin., Alaska; no-euras.

807. P. vivíparum L. Knöllchen-K.

♃, *H.* – H. 0,05–0,30 (0,50). B. eiförmig-lanzettl., am Rande zurückgerollt; *B.stiele ungeflügelt;* am Grd. der Scheinähren meist purpurne Brutknospen tragend; Blh. weiß. VI–VIII. 2n = 83–88, ca. 100, ca. 110, ca. 132.

Alp. Magerrasen, Borstgras-Weiden etc.; frische, meist entkalkte Substrate. – Zerstreut u. selten: SW-Alb, Donaugeb., Alp.vorland; verbreitet u. häufig alp. Stufe der Alp. (bis 2570 m); wohl nicht mehr in Ostpr. – Arkt. u. n. Eur.; Hochgebg. von Pyren. bis Kauk., N- u. Z-As., N-Am.; arkt(-no-praealp)-alp, circ.

2. Sect. P e r s i c á r i a

808. P. amphíbium L. Wasser-K.

♃, *H, HH.* – Grd.achse kriechend; St. 0,30–1,00 (2,70) lang; B. länglich-lanzettl.; Stbb. 5; Blh. purpurrot; *Fr. beiderseits gewölbt.* VI–IX. 2n = 66. Hierzu u. a.:

f. a q u á t i c u m Leyss.; Schwimmform; St. flutend; obere *B.* schwimmend, länglich, lang gestielt, *kahl.*
Teiche, Gräben etc., in nährstoffreichen, meist stehenden Gewässern mit Schlammgrd. – Zerstreut bis verbreitet.

f. t e r r é s t r e Leyss.; Landform; St. ±aufrecht; *B.* kurzgestielt, lanzettl., *behaart;* oft blütenlos.
Äcker, Naßwiesen etc.; feuchte bis nasse, nährstoffreiche Böden. – Meist zerstreut.

var. m a r í t i m u m Deth.; St. niedergestreckt, stark verzweigt; B. klein, lanzettl., kurzgestielt, borstlich behaart, wellig.
Zerstreut an den Küsten.

Zerstreut, im n. Geb. häufiger (Alp. bis 950 m). – N- bis s. Eur., As., N-Am., Mex., (S-Afr.); no-euras, circ.

809. P. lapathifólium L. Ampfer-K.

⊙, *Th.* – H. 0,20–0,60(1,00). St. oft rot od. rotgefleckt; *B.* eiförmig bis lineal.-lanzettl., *unterseits* meist *drüsig-punktiert,* bisweilen oberseits mit dunklem Fleck, Scheinähren (außer ssp. pallidum u. ssp. linicola) ziemlich dünn; *Fr. beiderseits vertieft.* VII–IX. Formenreich, umfaßt im Geb. (z. T. auch als Arten bewertet):

ssp. l a p a t h i f ó l i u m; Pfl. ±lebhaft hell- od. dunkelgrün; B. äußerst spärlich behaart; Blh. zur Bl.zeit weiß mit grüner Basis, später weiß od. hell rötlich; Fr. 1,8–2 mm lang. 2n = 22.
Gräben, Äcker; feuchte, sehr nährstoffreiche Böden. – Verbreitet u. meist häufig. – euras-subozean.

ssp. d a n u b i á l e (Kern.) Danser (= P. Brittingeri Opiz); Pfl. nicht lebhaft hell- od. dunkelgrün; B. unterseits dicht spinnwebig grau- od. weißfilzig, sehr breit, kurz ellipt. od. eiförmig; Blh. zur Bl.zeit weiß mit grüner Basis, später weiß od. hell rötlich, ebenso wie Bl.stiele drüsig-rauh; Fr. 2–3 mm lang. 2n = 22.
Flußufer, Gräben; feuchte, nährstoffreiche, rohe Böden. – Ziemlich selten, insbes. in den Stromtälern. – euras(-kont).

ssp. m e s o m ó r p h u m (Danser) Danser; Pfl. blaß- od. graugrün bis dunkelgrün; B. unterseits dicht-filzig; Blh. zur Bl.zeit weiß mit grüner Basis, später weiß od. grün; Fr. 2–2,5 mm lang.
Unkrautfluren. – Verbreitet. – euras-subozean.

ssp. p á l l i d u m (With.) Fries (= P. tomentosum Schrank); Pfl. meist graulich- od. gelblich-grün, insbes. B. unterseits filzig; Blh. zur Bl.zeit weiß mit grüner Basis, später bald grün, meist stark drüsig; Fr. 2,5–3,5 mm lang. 2n = 22.

Äcker, Gräben, Ufer; frische, nährstoffreiche Böden. – Verbreitet u. ziemlich häufig. – no-subozean.

ssp. l i n í c o l a (Sutulov) Danser; ähnlich vor. Unterart, aber: St. schlanker; Äste den Hauptst. überragend; B. schmal-lanzettl., meist nur spärlich filzig-behaart. 2n = 22.

Leinfelder. – Sehr selten, früher: Bay.

Gem. Eur. bis s. Eur., Isl., As. u. N-Am., (M- u. S-Am., S-Afr., Austr.).

810. P. persicária L. Floh-K.

⊙, *Th.* – H. (0,10)0,25–0,60(0,80). *B.* lanzettl. od. länglich-lanzettl., oft schwarzgefleckt, *unterseits nicht drüsig-punktiert*; Ochrea rauhhaarig, Scheinähren länglich-walzenförmig, gedrungen; Bl.stiele u. Blh. drüsenlos; Blh. weißlich od. purpurrot; *Fr. beiderseits flach od. einseitig gewölbt.* VII–IX. 2n = 44, 40.

Äcker, Schuttunkrautfluren, Gräben; meist frische, nährstoffreiche Böden. – Verbreitet u. meist häufig (Alp. bis 1030 m). – Isl., Skand. bis s. Eur., As., N-Afr.; euras(-subozean).

811. P. hydrópiper L. Wasserpfeffer

⊙, *Th.* H. 0,25–0,60(1,00). *B. lanzettl., beidendig verschmälert;* Ochrea fast kahl, kurz- od. lang-gewimpert, die bl.ständige fast wimperlos; Stbb. meist 6; Blh. grün bis rötlich; Fr. höckerig-rauh; Kraut mit pfefferartigem, beißendem Geschmack. VI–IX. 2n = 20, 22.

An Ufern, Gräben, feuchten Wegen etc.; nasse, nährstoff- u. N-reiche, kalkarme Böden. – Verbreitet u. häufig (Alp. bis 1130 m). – Skand. bis S-Eur., N-Afr., gem. As., Syr., N-Am.; euras.

812. P. míte Schrank Milder K.

⊙, *Th.* – H. 0,15–0,50(0,80). *B.* lanzettl., *beidendig verschmälert; Ochrea ±rauhhaarig, langgewimpert*; Bl. anfangs weißlich, dann grünlich u. purpurrot; *Stbb. meist 6*; Fr. auf einer Seite schwach-, auf der anderen stark-gewölbt, glatt; sonst ähnlich der vor. Art. VII–X. 2n = 40, 44.

An Ufern, Gräben, feuchten Wegen etc.; nasse, nährstoffreiche Böden. – Zerstreut im ganzen Geb. (Alp. bis 860 m). – M- u. s. Eur., Kl.As., Kauk.; subatl(-submed).

813. P. mínus Huds. Kleiner K.

⊙, *Th.* – H. 0,15–0,30(0,50). *B. aus meist abgerundeten Grd. fast gleichbreit,* lineal-lanzettl.; Ochrea angedrückt-behaart, langgewimpert; Bl. purpurrot od. weiß; *Stbb. meist 5*; Fr. beiderseits gewölbt. VII–X. 2n = 40.

An Ufern, Gräben, feuchten Wegen; nasse, nährstoffreiche, kalkfreie Böden. – Zerstreut, insbes. in den Silikatgeb. (Alp. bis 750 m). – Gem. bis s. Eur., As., S-Am., Austr.; euras(-subozean)(-submed).

3. Sect. P o l ý g o n u m

814. P. arenástrum Boreau

⨀, *Th.* – Pfl. ästig, meist ±niederliegend, 0,10–1,00 m Durchmesser; B. ellipt., schmal-länglich bis lanzettl., 2–8 mm breit; *Blh. mindestens im unteren Drittel verwachsen; größte Seitenflächen der Fr. konvex.* VII–X. Umfaßt (auch als Arten bewertet):

ssp. a r e n á s t r u m (= P. aequale Lindman, P. arenastrum Bor. em. A. et D.Löve); St. weniger niederliegend; B. frischgrün, 2–8 mm breit; Blh. $^1/_3$–$^1/_2$ verwachsen; Stbb. 7–8; Fr. weniger abgeflacht, gestreift, matt, 2,0–2,5 mm lang. 2n = 40. – Verbreitet.

ssp. c a l c á t u m (Lindman) A. et D.Löve (= P. calcatum Lindman); St. niederliegend; B. graugrün, 2–5 mm breit; Blh. bis $^1/_2$ od. mehr verwachsen; Stbb. 5(6); Fr. flach, glatt, glänzend, meist 1,5–2,0 mm lang. 2n = 40. – Zerstreut, vor allem im ö. Geb.

Trittpflanzenges., Schutt, Uferränder. – Verbreitet u. häufig. – Wohl gem. Geb. (Gesamtverbreitung durch Teilung von P. aviculare L.s.l. unzureichend bekannt).

Droge: vgl. P. aviculare.

815. P. aviculáre L. Vogel-K.
(= P. heterophyllum Lindm.)

⨀, *Th.* – Pfl. ästig, niederliegend od. aufrecht; B. meist (nicht od. wenig bei ssp. neglectum) heterophyll, ellipt. bis lanzettl., 1–10 (20) mm breit; *Blh. weniger als bis zum unteren Drittel verwachsen;* Stbb. 8; *Seitenflächen der Fr. flach od. konkav.* VI–X. Umfaßt im Geb. (auch als Arten bewertet):

ssp. n e g l é c t u m (Bess.) (= P. neglectum Bess. em. Scholz); St. niederliegend; Ochrea bis 10 mm lang; B. länglich, zugespitzt, 2–4 mm breit; Blh. so lang wie die Fr.; Fr. gestreift, matt, bis 3 mm lang, schmal, eine Seitenfläche nur schwach od. nicht konkav. 2n = 40.
Küstengeb. – Zerstreut.

ssp. m o n s p e l i é n s e (Thiébaud)Chrtek (= P. monspeliense Thiéb.); St. aufsteigend bis aufrecht; B. bis 20 mm breit, frischgrün bis dunkelgrün, meist stumpfendig; Blh. kürzer (var. m o n s p e l i é n s e) od. länger (var. k ú m m i i A. et G.) als die Fr.; Fr. gerieft, matt, 2,5–2,9(3,2) mm lang, Seitenflächen stark konkav. 2n = 40, 60.
Äcker, Schutt; nährstoffreiche Böden. – Verbreitet u. häufig.

ssp. r é c t u m Chrtek (= ? ssp. aviculare, = P. heterophyllum Lindman em. Scholz); St. aufrecht od. niederliegend; B. graugrün, 1–12 mm breit, schmal, meist zugespitzt; Blh. kürzer als die Fr.; Fr. gerieft, matt, 2,2–2,9 mm lang. 2n = 60. Umfaßt:
var. r é c t u m ; St. aufrecht, später niederliegend. – Verbreitet.

var. virgátum A. et G.; St. niederliegend; B. sukkulent. – Spülsäume der Küsten. – Zerstreut.

ssp. rurívagum (Jord.) Rouy (= P. rurivagum Jord.); Pfl. sparrig verzweigt; Äste aufwärts strebend; B. frischgrün, 1–7(10) mm breit, länglich bis schmal-lanzettl.; Fr. fast glatt, glänzend, 1,9–2,1 mm lang, ziemlich stark zusammengedrückt. 2n = 60. Wegränder. – Zerstreut.

Trittpflanzenges., Äcker, Spülsäume, Schutt etc.; meist ±frische, nährstoff- u. N-reiche Böden. – Gesamtart: wohl n. bis gem. Geb. (Verbreitung durch Teilung von P. aviculare L. s.l. unzureichend bekannt).

Droge: Herba Polygoni avicularis (wohl P. aviculare L. s.l., P. arenastrum Bor. nicht ausdrücklich ausgeschlossen).

816. P. oxyspérmum Mey. et Bunge Strand-K.

☉, *Th.* – Pfl. grün, kaum graugrün; Äste bis 1,00 lang, niederliegend; B. lanzettl., am Rande wenig nach unten geschlagen; Ochrea häutig, zuletzt zerschlitzt; *Zipfel der Blh. einander kaum deckend,* rötlich gerandet, am Rücken grün; Fr. bis 6 mm lang, braun, glänzend. VII–IX. 2n = 40,(80).

Meeresstrand. – Sehr selten, nur Hiddensee u. Rügen. – Küstengeb. der w. O-See, Kattegat, Skagerrak, Schottl., ö. Can.; subozean.

817. P. ráii Bab. Sand-K.
[= P. oxyspermum Mey. et Bunge ssp. raii (Bab.) D. A. Webb et Chater]

☉, ⊙, *Th, H.* – Pfl. grau- bis bläulichgrün; Äste bis 1,00 lang, niederliegend; B. länglich-ellipt., am Rand etwas nach unten geschlagen; Ochrea häutig, zuletzt zerschlitzt; *Zipfel der Blh. einander ±deckend, breit weiß*(bis etwas rosa)*-berandet,* am Rücken grün; Fr. bis 5,5 mm lang, dunkelbraun, glänzend. VI–IX. Im Geb. ssp. ráii. 2n = 40.

Meeresstrand; sandige od. steinige Substrate. – Sehr selten, nur Helgoland, Föhr, St.Peter, Eidermündung. – Gesamtart: Küstengeb. NW- u. N-Eur., Neufundl., ö. Can.; atl.

4. Sect. Tiniária (= Gen. Bilderdýkia Dum.)

818. P. convólvulus L. Winden-K.
[= Bilderdykia convolvulus (L.) Dum.]

☉, *Th.* – St. 0,15–1,00 lang, windend, kantig-gefurcht; B. gestielt, herz-pfeilförmig; *Blh.* grün-weißlich, *die 3 äußeren Zipfel stumpfgekielt;* Fr.stiel kürzer als die Blh.; Fr. 3kantig, glanzlos, körnig-gestreift. VI–X. 2n = 40.

Ackerunkrautges.; frische, nährstoffreiche, meist kalkarme, sandig-lehmige Böden. – Verbreitet u. häufig (Alp. bis 1000 m). – Eur., gem. As., N-Afr., (N-Am., S-Afr.); (no-)euras.

819. P. dumetórum L. Hecken-K.

⊙, *Th.* – St. 0,60–1,50(3,00) lang, windend; B. gestielt, herz-pfeilförmig, lang zugespitzt; *Blh.* grün-weißlich, *die 3 äußeren Zipfel häutig* (bisweilen wellig)-*geflügelt;* Fr.stiel etwa so lang wie die Blh.; Fr. 3kantig, schwach glänzend, fast glatt. VII–IX. 2n = 20.
Hecken, Gebüsche, Waldränder; frische, nährstoffreiche, lehmige Böden. – Zerstreut, im Bergland seltener (bis m. Gebg.lagen). – Eur. bis gem. As., NO-Chin.; euras(-subozean)-submed.

5. Sect. Pleurópterus (= Gen. Reynoutria Houtt.)

820. P. cuspidátum Sieb. et Zucc.
(= Reynoutria japonica Houtt.)

♃, *G.* – H. 1,00–2,00(3,00). Grd.achse weit kriechend; St. oft rotgefleckt od. -überlaufen; *B. breit-eiförmig,* bis 10(13) cm lang, plötzlich zugespitzt, am Grd. oft gestutzt; Blh. weiß od. grünlich-weiß. VIII–IX. 2n = 44, ca. 88.
Oft an Ufern, in Weidengebüschen verwildert, gepflanzt u. fast eingebürgert. – Heimat: O-As.

821. P. sachalinénse Fr. Schmidt
[= Reynoutria sachalinensis (Fr. Schmidt) Nakai]

♃, *G.* – H. 0,70–2,00(4,00). St. (später korkig) gestreift; *B. länglich-eiförmig,* bis 30 cm lang, zugespitzt, am Grd. etwas herzförmig od. gestutzt; Blh. grünlich-gelb; sonst ähnl. vor. Art. IX–X. 2n = 44.
Gelegentlich als Wildfutter gepflanzt, daneben verwildert u. eingebürgert. – Heimat: S-Sachalin.

Bastarde:
P. arenastrum ssp. arenastrum × ssp. calcatum, P. aviculare ssp. rurivagum × ssp. rectum, P. hydropiper × lapathifolium (= P. × figertii Beck), P. hydropiper × minus (= P. × subglandulosum Borb.), P. hydropiper × mite (= P. × hybridum Chaub.), P. hydropiper × persicaria (= P. × intercedens Beck), P. lapathifolium × minus (= P. × hervieri Beck), P. lapathifolium × mite (= P. × silesiacum Beck), P. lapathifolium × persicaria (= P. × lenticulare Hy), P. minus × mite (= P. × wilmsii Beck), P. minus × persicaria (= P. × braunianum F. Schultz), P. mite × persicaria (= P. × condensatum F. Schultz).

224. Fagopýrum Mill. Buchweizen

x = 8

I. Kanten der Fr. ganzrandig .... **822. F. esculentum**
II. Kanten der Fr. ausgeschweift-gezähnt .... **823. F. tataricum**

822. F. esculéntum Moench (Abb. 129e–h) Echter B.
(= F. sagittatum Gilib.)

⊙, *Th.* – H. 0,15–0,60. St. aufrecht, zuletzt meist rot; *B.* herzpfeilförmig, zugespitzt, *so lang od. länger als breit*; Blh. rosenrot od. weiß; Fr. scharf-kantig. VI–IX(X). 2n = 16.

In verschiedenen Sorten gebaut, selten verwildert. – Heimat: Turk., S-Sib., N-Chin.

823. F. tatáricum (L.) Gaertn. Tatarischer B.

☉, *Th.* – H. 0,30–0,90. St. meist grün; *B. oft breiter als lang*; Blh. meist grün; Fr. unten stumpfkantig. VII–IX. 2n = 16.
Als Unkraut in Buchweizenfeldern, kaum gebaut. – Heimat: Z-As., Sib., Him.

Bastard:
F. tataricum × esculentum (= F. × kuntzei Beck)

26. Ordn. Centrospérmae

1. Unterordn. Phytolaccíneae

51. Fam. PHYTOLACCÁCEAE R. Br. Kermesbeerengewächse

225. Phytolácca Tourn. ex L. Kermesbeere

x = 9

824. Ph. americána L.
(= Ph. decandra L.)

♃, *H.* – H. bis 1,50(3,00). B. eiförm.-ellipt. bis lanzettl.; Blst. traubig; Fr. eine schwarzrote Beere. VII–X. 2n = 36.
Gepflanzt (Rotweinfärbung) u. gelegentlich verwildert in Weinbergen (z. B. Moseltal) u. auf Schutt. – Heimat: N-Am.

2. Unterordn. Portulacíneae

52. Fam. PORTULACÁCEAE Juss. Portulakgewächse

I. Stbb. 8–15; Bl. gelb; Kapsel vielsamig; Frkn. halbunterständig .... **226. Portulaca**
II. Stbb. 3–5; Bl. weiß; Kapsel wenigsamig; Frkn. oberständig
  A. Grdb. lang gestielt; Stbb. 5; Krb. frei .... **227. Claytonia**
  B. B. sitzend od. sehr kurz gestielt; Stbb. 3(–5); Krb. verwachsen .... **228. Montia**

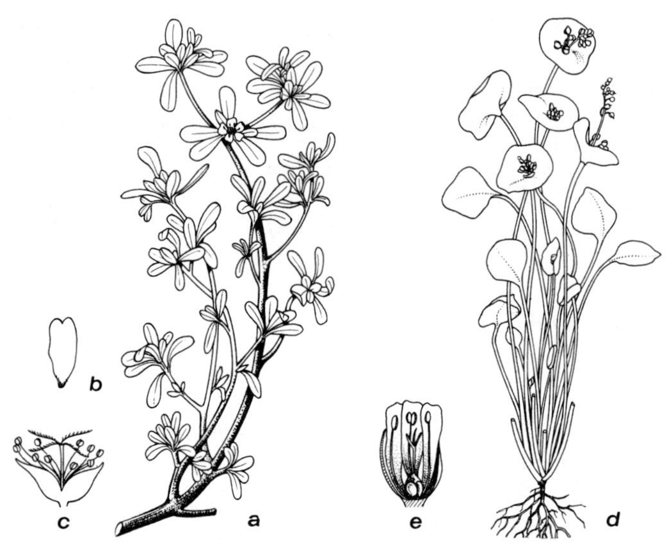

Abb. 130. *a–c Portulaca oleracea* (*a* Sproß mit Blüte, *b* Kronblatt; *c* Blüte, Kronblätter entfernt); *d–e Claytonia perfoliata* (*d* Habitus; *e* Blüte, vordere Hüll- u. Staubblätter entfernt).

1. Subfam. Portulacoídeae

226. Portuláca L. Portulak

x = 9

825. P. olerácea L. (Abb. 130a–c)

⊙, *Th.* – H. 0,08–0,30. St. u. Äste niedergestreckt od. aufrecht; B. ±fleischig; Bl. gabelständig od. zu 1–3 in den B.winkeln. VI–IX. 2n = 54, 52, 45. Umfaßt:

ssp. oleräcea (= var. oleracea); St. u. Äste niedergestreckt; B. länglich-keilig; an der Spitze ±abgerundet; K.zipfel stumpf-gekielt. Hack- u. Schuttunkrautges. etc.; warme, nährstoffreiche, ±sandige Böden. – Zerstreut M- u. S-D., häufiger Rheinpfalz.

ssp. satíva (Haw.) Čelak. [= var. sativa (Haw.) DC.]; St. u. Äste aufrecht od. aufsteigend; B. verkehrt-eiförmig, an der Spitze gestutzt od. ±ausgerandet; K.zipfel auf dem Rücken flügelig-gekielt. – Kultursippe, vereinzelt gebaut.

Herkunft: evtl. gem. As.; weit verbreitet.

Abb. 131. *Montia fontana* (*a* Habitus, *b* Blüte, *c* aufgesprungene Frucht, *d* Same).

2. Subfam. M o n t i o í d e a e

227. Claytónia L. Claytonie

x = 6?, 7?, 8?, 9

826. C. perfoliáta Donn (Abb. 130d–e)
[= Montia perfoliata (Donn) Howell]

⊙, *Th.* H. 0,10–0,20. Pfl. kahl; St. mehrere, aufrecht, mit einem Paare rundlicher, am Grd. breitverwachsener B.; grd.ständige B. langgestielt, rhombisch-oval; Kr. klein, weiß. V–VI. 2n = 36 (12, 24).
Ehemals gebaut, verwildert, vereinzelt eingebürgert in Hackunkrautges. – Heimat: N-Am., Mex., (Kuba, Eur.).

228. Móntia L. Quellkraut

827. M. fontána L. (Abb. 131)

⊙, ⊙, ♃, *Th, HH.* – St. 0,02–0,50 lang, bei terrestrischen Formen kurz u. aufrecht, bei Wasserformen niederliegend, bisweilen flutend; B. gegenständig, spatelförmig od. eiförmig, am Grd. stielartig verschmälert; Bl. in wenigbl., endständigen Trugdolden (Blst. bisweilen scheinbar seitenständig) od. Bl. einzeln, gestielt in den B.winkeln;

Krb. 5, weiß, klein; Stbb. gewöhnlich 3; Fr. eine Kapsel. V–X. Wohl nur 2n = 20 (40?, 18?). In den vegetativen Teilen sehr veränderlich, Land- u. Wasserformen. Umfaßt im Geb.:

ssp. fontána (= M. lamprosperma Cham.); *S.* 0,8–1,6 mm ∅, *glänzend, glatt, ohne Warzen,* seitliche Zellen verlängert.

Quellfluren. – Verbreitung unvollständig bekannt, hierher u. a. wohl: Pomm. (Bartin, Stolp, Stolpmünde). Ostpr. (Memel u. Königsberg), ferner vermutlich Schwarzwald. – N-Eur. u. As., Grönl., Kanada, Alaska, NO-USA bis Boliv., O-Afr., Tasm., Neuseel.; no-subozean.

ssp. chondrospérma (Fenzl) Walters (= M. verna Necker, M. minor C. C. Gmelin); *S.* (0,8)1,0–1,2(1,4) mm ∅, *glanzlos, völlig mit* stumpfen od. fast stumpfen *Warzen bedeckt,* seitliche Zellen ± sechseckig, nur ausnahmsweise etwas verlängert.

Pionierges. feuchter Ackerrinnen, Wege, Gräben etc. – Zerstreut im Geb.; Verbreitung unvollständig bekannt, so u. a.: Schl.Holst., Westf., Nieders. (Langenhagen, Osnabrück), N-Hess., Sachs., Oberrhein- u. Seitentäler, Frank., Bay. Wald, Donautal. – M- u. S-Eur., w. N-Am., S-Am., Austr., Neuseel.; subatl.

ssp. amporitána Sennen [= ssp. intermedia (Beeby) Walters, M. hallii (A. Gray) Greene]; *S.* 0,6–1,2 mm ∅, *etwas glänzend, mit* 7–11 Reihen spitzer, dünner *Warzen am Kiel*; seitliche Zellen verlängert, ohne Warzen.

Quellfluren. – Verbreitung unvollständig bekannt, so u. a. Sachs., Schwarzwald. – W-, M- u. S.-Eur., Marok., w. N-Am., S-Am., Austr., Neuseel.; subatl.

ssp. variábilis Walters (= M. rivularis auct.); *S.* 0,7–1,2 mm ∅ (zwischen ssp. *fontana* u. ssp. *amporitana* stehend) *etwas glänzend, bisweilen u. nur stellenweise* niedrige, seltener verlängerte *Warzen.*

Quellfluren. – Zerstreut im Geb.; Verbreitung unvollständig bekannt, so u. a. Holst., Westf., Osnabrück, N-Hess., Pfalz, Odenwald, Schwarzwald, Bay. Wald, Frank., Thür. – W- u. M-Eur., w. N-Am., Mex.; subatl.

3. Unterordn. Caryophyllíneae

53. Fam. CARYOPHYLLÁCEAE Juss.

Nelkengewächse

I. B. mit Nebenb.
- A. Fr. ein einsamiges Nüßchen
  - 1. Kb. stumpf, flach; Embryo stark gekrümmt
    - a) N. 2; B. länglich-eiförmig, gegenständig .... **229. Herniaria**
    - b) N. 3; B. lineal.-länglich, wechselständig .... **230. Corrigiola**
  - 2. Kb. sehr spitz, dick, seitlich zusammengedrückt; Embryo ±gerade .... **231. Illecebrum**
- B. Fr. eine mehrsamige Kapsel

1. Gr. vom Grd. an frei
   a) Gr. 5; B. scheinbar wirtelig .... **232. Spergula**
   b) Gr. 3; B. gegenständig
      x) Kb. stumpf, krautig, am Rande trockenhäutig .... **233. Spergularia**
      xx) Kb. spitz, trockenhäutig .... **234. Delia**
2. Gr. unten verwachsen .... **235. Polycarpon**

II. B. ohne Nebenb.
  A. Kb. frei, höchstens am Grd. verwachsen
    1. Fr. eine einsamige Nuß (Krb. fehlend; Gr. 2; Frkn. ±eingesenkt) .... **236. Scleranthus**
    2. Fr. eine mehrsamige Kapsel (Krb. sehr selten fehlend)
       a) Kapselzähne mit den N. gleichzählig
          x) Frb. 3
             /) B. lineal., pfriemlich, od. länglich-lanzettl. .... **237. Minuartia**
             //) B. verkehrt-eiförmig, fleischig ...... **238. Honckenya**
          xx) Frb. 4–5 (Krb. selten fehlend; Gr. zwischen den Kb. stehend) .... **239. Sagina**
       b) Kapselzähne doppelt so viele wie N.
          x) Krb. ganzrandig, ausgerandet od. gekerbt
             /) Frb. 3, selten 2
                §) Blst. nicht doldenförmig
                   +) S. ohne Anhängsel am Nabel, matt (nierenförmig) .... **240. Arenaria**
                   ++) S. mit weißem Anhängsel am Nabel, glänzend .... **241. Moehringia**
                §§) Blst. doldenförmig (S. ohne Anhängsel, schildförmig) .... **242. Holosteum**
             //) Frb. 4 (Gr. vor den Kb. stehend) .... **243. Moenchia**
          xx) Krb. tief-ausgerandet, tief 2spaltig od. 2teilig (sehr selten fehlend)
             /) Kapsel kugelig od. ellipsoidisch; Frb. 3 .... **244. Stellaria**
             //) Kapsel zylindrisch od. eiförmig; Frb. 3–5
                §) Kapsel eiförmig; Frb. 5, vor den Krb. .... **245. Myosoton**
                §§) Kapsel zylindrisch; Frb. 3 od. 5, wenn gleichzählig, dann vor den Kb. .... **246. Cerastium**
  B. K. verwachsenblättrig
    1. K. ohne Kommissuralrippen; Krb. in der Knospenlage rechts-gedreht (Frb. 2)
       a) Unmittelbar unter den Bl. keine Hochb. (Involukralb.)-Paare
          x) Kb. durch trockenhäutige Streifen miteinander verbunden (Krb. ohne Ligularkrönchen; S. nierenförmig; Embryo gekrümmt) .... **247. Gypsophila**

xx) Kb. nicht durch trockenhäutige Streifen verbunden, krautig
/) Krb. mit Ligularkrönchen; K. ungeflügelt (Embryo gekrümmt) .... **248. Saponaria**
//) Krb. ohne Ligularkrönchen; K. geflügelt (Embryo fast kreisförmig) .... **249. Vaccaria**
b) Unmittelbar od. etwas entfernt unter den Bl. 1 od. mehrere Hochb. (Involukralb.)-Paare
x) Kb. durch trockenhäutige Streifen miteinander verbunden (Embryo fast gerade)
/) Krb. keilförmig zum Grd. verschmälert; Blst. locker .... **250. Tunica**
//) Krb. mit langem Nagel; Blst. kopfig **251. Kohlrauschia**
xx) Kb. ganz krautig (Krb. mit langem Nagel; Embryo gerade) .... **252. Dianthus**
2. K. mit Kommissuralrippen; Krb. (meist mit Ligularkrönchen, bei Agrostemma Flügelleisten) in der Knospenlage wechselwendig
a) Fr. eine Beere (einfächerig; Fr.wand außen schwarz, innen grün) .... **253. Cucubalus**
b) Fr. eine mit Zähnen aufspringende Kapsel
x) Frb., wenn gleichzählig, vor den Kb. stehend, oft aber minderzählig
/) Kapselzähne doppelt so viele wie N.
§) Kapsel am Grd. mehr (3- bis 5)-fächerig .... **254. Silene**
§§) Kapsel auch am Grd. 1fächerig
+) S. am Rücken mit 2 Reihen strahlig angeordneter Hökker; Bl. ☿ .... **255. Heliosperma**
++) S. nur papillös-rauh; Bl. 2-häusig od. ☿ .... **256. Melandrium**
//) Kapselzähne ebenso viele wie N. (N. 5)
§) Kapsel auch am Grd. 1fächerig **257. Lychnis**
§§) Kapsel am Grd. mehrfächerig (St. unter den Knoten besonders stark klebrig) .... **258. Viscaria**
xx) Frb. vor den Krb. stehend u. gleichzählig (K.zipfel laubb.artig, die Kr. überragend) .... **259. Agrostemma**

1. Subfam. P a r o n y c h i o í d e a e
1. Trib. P a r o n y c h í e a e*)

229. Herniária L. Bruchkraut

x = 9

I. Fr. länger als die Blh. (K.); Blhb. kahl od. fast kahl **828. H. glabra**
II. Fr. kürzer als die Blh. (K.); Blhb. behaart
A. Blhb. borstig-stachelspitzig .... **829. H. hirsuta**
B. Blhb. nicht borstig-stachelspitzig .... **830. H. incana**

828. H. glábra L. (Abb. 132a–d) Kahles B.

♃, (☉), *H, (Th).* – St. niedergestreckt, 0,05–0,15(0,30) lang; *B.* klein, ellipt. od. länglich, am Grd. verschmälert, *ebenso wie die Blh. fast immer kahl; Bl.* meist *bis zu 10 in* b.winkelständigen *Knäueln*; Blh. sehr klein, gelbgrün bis weißlich. VI–X. Im Geb. nur ssp. g l á b r a. 2n = 18. Hierzu u. a.:
f. p u b é r u l a Peterm.; B. mit weichen, krausen Haaren od. bewimpert. – Zerstreut, bes. im ö. Geb.

Sandfluren, Wege etc., abbauende Silbergrasfluren; kalkarme, offene Sand- u. Kiesböden. – Zerstreut, insbes. in kalkarmen Sandgeb., fehlt Alp. – Gesamtart: gem. Eur. bis W-Sib., Pers. u. N-Afr.; euras-submed.

Droge: Herba Herniariae

829. H. hirsúta L. (Abb. 132e) Behaartes B.

♃, (☉), *H, (Ch, Th).* – St. niedergestreckt, 0,05–0,20(0,30) lang; *St., B. u. Blh. steif-kurzhaarig*; sonst wie H. glabra. VII–X. 2n = 36.

Sand- u. Steinrasen, Wege etc.; meist kalkarme Sand- od. Kiesböden. – Selten, so u. a. Rhein- u. Moselgeb., Pfälzer Hügelland, unteres Maingeb., Spessart, N-Rhein-Westf., Oder- u. Warthegeb., sonst auch vereinzelt im s. u. m. Geb. od. vorübergehend verschleppt. – Med. bis W-, M- u. O-Eur.; Afr.; S-Am.; submed(-subatl).

Droge: Herba Herniariae

830. H. incána Lam. (Abb. 132f) Graues B.

♃, *H. – St.* niedergestreckt, 0,05–0,20 lang, *nebst B. u. Blh. dicht kurz-steifhaarig*; B. länglich-eiförmig bis lanzettl.; *Bl. zu 3–6 in b.winkelständigen Knäueln.* V–VI.

Sand- u. Steppenrasen; warme Sandböden. – Ob im Geb.?, bisher angegeben: Mainspitze (Astheim, Ginsheim u. Bischofsheim). – Med. bis SO-Eur., S-Rußl., Turkmenien; SW-D. (?); kont-med?

*) Die Gattungen Corrigiola, Illecebrum u. Herniaria neuerdings auch als eigene Fam. Illecebraceae Lindl. abgetrennt.

Abb. 132. *a–f Herniaria* spp., *a–d H. glabra* (*a* Habitus, *b* Sproßabschnitt, *c* Blüte, *d* Frucht), *e–f* Kelch zur Fruchtzeit (*e H. hirsuta, f H. incana*); *g–k Corrigiola litoralis* (*g* Habitus, *h* u. *i* Blüte in Aufsicht u. Längsschnitt, *k* Perigon zur Fruchtzeit).

230. Corrigíola L. Hirschsprung

831. C. litorális L. (Abb. 132g–k)

⊙, *Th.* – St. fadenförmig, niedergestreckt, ästig, 0,08–0,25 lang; B. lineal.-keilig; Bl. gestielt, in knäuelartigen Wickeln; *K.zipfel breit-weißhäutig-berandet;* Staminodien („Krb.") sehr klein, weiß; Bl. meist ±geschlossen, fast kugelförmig. VII–X. 2n = 16, 18, 32.

Ufersäume, Äcker; feuchte, nährstoffreichere, kalkarme Böden. – Sehr zerstreut u. selten, insbes. NW-Flachland, im übrigen Geb. vereinzelt, nur stellenweise in trockenen Sommern (z. B. Edertalsperre) häufiger. – S-, W- u. M-Eur. bis S-Rußl., Kl.As., Afr.; subatl-submed.

231. Illécebrum L. Knorpelkraut

x = 5

832. I. verticillátum L. (Abb. 133a–c)

⊙, *Th.* – St. niederliegend, 0,05–0,25 lang, kahl, oft rötlich; B. klein, verkehrt-eiförmig, kahl; *Bl.* zu 4–6, sitzend in b.winkelständigen

Abb. 133. *a–c Illecebrum verticillatum* (*a* Habitus, *b* Blüte im Längsschnitt, *c* Blütenhülle); *d–i Spergula* spp., *d–f Sp. morisonii* (*d* Habitus; *e* Blüte, vordere Kelch- u. Kronblätter entfernt; *f* Same), *g–h Sp. pentandra* (*g* Blüte, vordere Kelch- u. Kronblätter entfernt; *h* Same), *i Sp. arvensis* (Same).

Knäueln, *von silberweißen, knorpelartigen Deckb. umgeben; Kb. schneeweiß*; Staminodien 5, sehr kurz. VI–IX. 2n = 10.
Wege, Zwergbinsenges; ±feuchte, offene, kalkarme, sandige Böden. – Zerstreut u. selten, insbes. vom NW-Flachland bis Warthegeb., s. bis Hannover, vereinzelt Saargeb., Oberrheingeb., Thür., Lausitz, Schles. – W- u. M-Eur., w. Med., NW-Afr.; atl(-submed).

2. Trib. Spergúleae

232. Spérgula L. — Spörgel (Spark)

x = 9

I. B. unterseits mit Längsfurche; S. mit sehr schmalem Hautrand . . . . **833. Sp. arvensis**
II. B. unterseits ohne Längsfurche; S. mit breitem Hautrand

A. Stbb. 10 (sehr selten 6–8); S. mit bräunlich-weißem Hautrand .... **834. Sp. morisonii**
B. Stbb. 5; S. mit rein weißem Hautrand .... **835. Sp. pentandra**

833. Sp. arvénsis L. (Abb. 133i) Acker-Sp.

⊙, *Th.* – H. 0,10–0,50(1,00). Pfl. zerstreut behaart od. drüsig behaart, seltener kahl; B. lineal.-pfriemlich, gegenständig, durch Kurztriebe scheinquirlig gebüschelt, oberseits gewölbt; Krb. weiß; Stbb. meist 10 (5, 6, 7); *S. kugelig-linsenförmig,* schwarz, matt, *sehr schmal geflügelt.* VI–IX. 2n = 18. Umfaßt im Geb.:

ssp. a r v é n s i s ; S. meist (außer var. linicola) mit weißlich-bräunlichen Papillen u. gelblichem Flügelrand; St. meist zart u. weniger fleischig. Umfaßt (auch als eigene Unterarten bewertet):

var. a r v é n s i s ; Pfl. bis etwa 0,30(0,50) hoch; S. 0,8 bis 1,0 mm ∅. – Verbreitet u. häufig.

var. m á x i m a (Weihe) Mert. et Koch [= ssp. maxima (Weihe) O. Schwarz]; Pfl. groß u. sehr kräftig, bis 1,00 hoch; S. bis 1,5 mm ∅. – Zerstreut, daneben gebaut.

var. l i n í c o l a (Bor.) O. Schwarz [= ssp. linicola (Bor.) Janch.]; Pfl. 0,50–0,60, unverzweigt od. nur am Grd. verzweigt; S. glatt. – Selten, nur in Leinfeldern.

ssp. s a t í v a (Boenn.) Čelak. [= var. sativa (Boenn.) Mert et Koch]; S. glatt, ohne Papillen, fein punktiert; St. dick; B. sehr fleischig. – Gebaut u. gelegentlich verwildert, insbes. im n. Geb.

Ackerunkrautges.; mäßig saure, kalkarme, sandige Böden. – Verbreitet u. häufig (Alp. bis 1080 m). – Fast Kosmop.

834. Sp. morisónii Boreau (Abb. 133d–f) Frühlings-Sp.
(= Sp. vernalis Willd.)

⊙, (①), *Th, (H).* – H. 0,05–0,30. Pfl. ziemlich kahl; B. lineal.-pfriemlich, scheinquirlig; ***Krb. eirund, sich gegenseitig deckend,*** weiß; ***S. flach zusammengedrückt,*** am Rande feinpunktiert, ***mit breitem strahlig-gerieftem Flügelrand, dieser halb so breit wie das Mittelfeld.*** IV–VI. 2n = 18.

Binnendünen, Silbergrasfluren; rel. nährstoffarme, kalkfreie, saure Sandböden. – In den Sand- u. Heidegebieten N-D. verbreitet u. häufig, nach O u. S abnehmend u. zerstreut bis vereinzelt, s. bis Federseegeb. – N-Span., N-Port. u. N-Ital. bis M-Eur., S-Skand., Rußl.; NW-Afr.; subatl(-submed).

835. Sp. pentándra L. (Abb. 133g–h) Fünfmänniger Sp.

①, *H.* – H. 0,05–0,20. St. kahl od. oben drüsig-behaart; B. lineal.-lanzettl.-pfriemlich, scheinquirlig; *Krb. lanzettl., sich nicht deckend*, weiß; *S. linsenförmig, glatt, Flügelrand rein-weiß, etwa so breit wie das Mittelfeld.* IV–V.

Sand- u. Steinrasen; warme, kalkarme Sand- u. Steingrusböden. – Sehr zerstreut im nö. Geb. ö. der Elbe (O-Holst., Meckl., Brand., Niederlausitz, Schles.), Thür. Becken; selten: N-Bay., n. Oberrheingeb., Pfalz. – W- u. M-Eur., Balk., Med., N-Afr.; med-submed(-subatl).

233. Spergulária J. et C. Presl Schuppenmiere

x = 9

I. Kb. meist kürzer als 4 mm; S. nicht od. nur wenige geflügelt; Kapsel so lang (bis höchstens $1^1/_2$ x) wie der K.
  A. S. nicht bestachelt, runzelig
    1. B. stachelspitzig; Kapsel so lang wie der K.; Kr. rosenrot .... **836. Sp. rubra**
    2. B. stumpflich; Kapsel bis $1^1/_2$ x so lang wie der K.; Kr. weißlich-rosa .... **838. Sp. marina**
  B. S. am Rand mit vielen Stacheln .... **837. Sp. echinosperma**

II. Kb. 4–6 mm lang; fast sämtliche S. breit-weiß geflügelt; Kapsel 2 x so lang wie der K. .... **839. Sp. media**

836. Sp. rúbra (L.) J. et C. Presl (Abb. 134a–b) Rote Sch.

⨀, ①, (– ♃), *Th, H.* – H. 0,04–0,15(0,25). St. kurz behaart, oberwärts drüsig; *B.* lineal.-fadenförmig, etwas fleischig, *beiderseits flach; Nebenb. verlängert, eiförmig-lanzettl., silberweiß-glänzend*; Kb. lanzettl., nervenlos, am Rande breithäutig; *Kapsel 3eckig-eiförmig*; *S.* graubraun, fast 3eckig, feinrunzelig, *ungeflügelt, mit wulstigem Rand.* V–IX. 2n = 36.

Wegränder, Ufer, Äcker, Trittges.; frische bis feuchte, nährstoffreiche, kalkarme, saure, sandige Böden. – Verbreitet vom Flachland bis m. Gebg.lagen. – Gem. u. subtrop. Geb. der N-Halbkugel; (S-Chile); euras-subozean(-submed).

837. Sp. echinospérma Čelak. Stachelsamige Sch.

⨀, (– ♃), *Th, (H).* – H. 0,04–0,10. St. zart; *B.* feinlineal.-fadenförmig, etwas dicklich, *nur obere stachelspitzig, untere stumpf; Nebenb. sehr klein, breit-3eckig, zugespitzt, fast glanzlos, bald abfallend*; Bl. klein; Kr. rosa; *Kapsel ei-kegelförmig; S.* schwarz od. braun, *auf dem nicht wulstigen Rand bestachelt, auf den Flächen mit spitzen Wärzchen.* VI–X.

Uferränder, feuchte Wiesen; feuchte bis nasse Sand- u. (seltener) Schlickböden. – Selten, nur Elbegeb. von Hamburg bis Brand., Sachs.-Anh. – M-Eur. (Elbe-, Moldau- u. Weichselgeb.).

838. Sp. marína (L.) Griseb. (Abb. 134c–d) Salz-Sch.
(= Sp. salina J. et C. Presl)

⨀, ①, *Th, H.* – H. 0,10–0,20. St. oberwärts drüsenhaarig od. kahl; *B.* fleischig, *beiderseits gewölbt od. halbstielrund; Nebenb. breit-eiförmig, kurz, wenig glänzend, meist bleibend*; Kb. breit hautrandig; *Kapsel 3eckig-eiförmig; S.* ±gelbbraun, verkehrt-eiförmig, zusammengedrückt, sehr schwach-runzelig, *sämtlich ungeflügelt od. nur die untersten weißgeflügelt, mit wulstigem Rand.* V–IX. 2n = 36.

Abb. 134. *a–f Spergularia* spp., *a–b Sp. rubra* (*a* Habitus, *b* Blüte), *c–d Sp. marina* (*c* Kelch u. Frucht, *d* Same), *e–f Sp. media* (*e* Kelch u. Frucht, *f* Same); *g–h Delia segetalis* (*g* Habitus, *h* Kelch u. Frucht).

Salzwiesen; feuchte bis nasse, salzhaltige, meist ±tonige Böden. – Verbreitet u. häufig: N- u. O-See-Küsten; selten: salzhaltige Stellen des Binnenlandes (Salinen). – Küstengeb. der O-See, Isl., W-Eur., Med. u. Binnenland; Z-As., Sib., N-Afr., Am., Neuseel.; euras-kont-med.

839. Sp. média (L.) K. B. Presl (Abb. 134e–f) Flügelsamige Sch.
[= Sp. marginata (DC.) Kittel]

♃, *H.* – H. 0,05–0,40. St. meist oberwärts stark drüsig behaart; B. fleischig, halbstielrund, fast grannenlos; *Bl.stiele* nach der Bl. herabgeschlagen, *mit meist verkümmerten Tragb.chen*; Kb. schmal-hautrandig; Kr. weiß od. blaßrot, *S. dunkelbraun, glatt, rundlich, zusammengedrückt.* VII–X. 2n = 18.

Salzwiesen; nasse bis feuchte, salzhaltige, auch ±sandige Schlickböden. – Verbreitet u. häufig: N- u. O-See-Küsten; sehr selten: Salzstellen des Binnenlandes (z. B. Kyffhäusergeb.: Numburg, Artern). – Küstengeb. von Eur. u. Binnenland bis Sib., gem. As., Vord.As., Afr., Am.; euras-med, circ.

Bastarde:
Sp. marina × rubra, Sp. media × marina.

234. Délia Dum. Getreidemiere

840. D. segetális (L.) Dum. (Abb. 134g–h)
[= Spergularia segetalis (L.) G. Don]

☉, *Th.* – H. 0,03–0,10. St. aufrecht, kahl; B. fadenförmig, stachelspitzig; Blst. locker-trugdoldig; Äste nach der Bl. herabgebogen; Kb. spitz, weiß-häutig, mit grünem Rückenstreifen; Krb. weiß, kürzer als der K.; S. sehr klein, birnförmig, am Rücken papillös. V–VII.
Äcker, Zwergpflanzenges.; feuchte bis nasse, kalkarme, sandig-tonige Böden. – Sehr selten u. vereinzelt, vielfach verschollen, nur Niederrheingeb., westf. Bucht, Weserbergland, bei Hannover, Untermainebene, Oberhess., s. Harzvorland bis Brand., Niederlausitz; Schles.; S-Schwarzwald (Wiesental). – W-, S- u. w. M-Eur., S-Rußl.; subatl(-submed).

3. Trib. Polycárpeae

235. Polycárpon Nathhorst Nagelkraut

x = 9

841. P. tetraphýllum (L.) Nathh. (Abb. 135a–c)

☉, *Th.* – H. 0,05–0,15. St. ±aufrecht, aufsteigend od. niederliegend; B. verkehrt-eiförmig, zu 4(–6) scheinquirlig; Kb. 5, grün, am Rand weißhäutig; Krb. 5, kürzer als der K., weiß, hinfällig; Stbb. meist 3 (selten 5). VI–IX. 2n = 54.
Wege, Straßen, Ruderalstellen; trockene, nährstoffreiche, sandige Böden. – Sehr selten u. oft unbeständig, so Oberrheingeb., Niederschles.; daneben vereinzelt: u. a. Dortmund, Osnabrück, Hamburg, Leipzig, Stuttgart, Ulm etc.; früher am Unterharz. – Med.; verschleppt bis S-Engl., wärmere Zonen der Erde; med-submed.

2. Subfam. Alsinoídeae
4. Trib. Scleránthеae

236. Scleránthus L. Knäuel

x = 11

I. K.zipfel abgerundet-stumpf, breit weißrandig; Pfl. ♃ ... **842. S. perennis**
II. K.zipfel ±spitz, sehr schmal weißlich berandet; Pfl. meist ☉ ... **843. S. annuus**

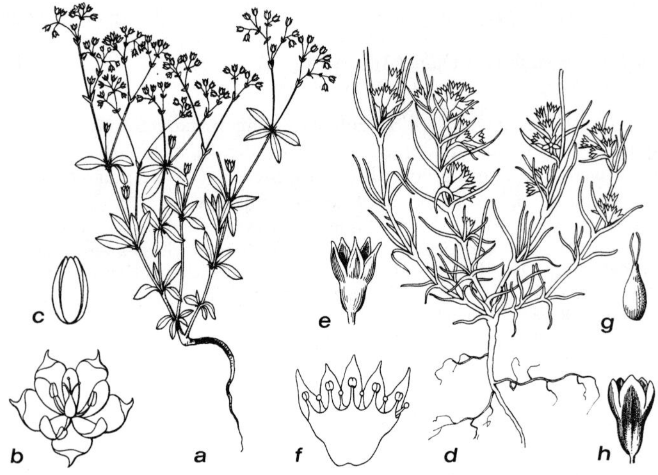

Abb. 135. *a–c Polycarpon tetraphyllum* (*a* Habitus, *b* Blüte, *c* Frucht); *d–h Scleranthus* spp., *d–g S. annuus* (*d* Habitus, *e* Blüte; *f* Perigon, ausgebreitet; *g* Frucht), *h S. perennis* (Blüte).

1. Sect. Latemargináti

842. S. perénnis L. (Abb. 135h) Ausdauernder K.

♃, *H, Ch.* – H. 0,05–0,15(0,25). Pfl. graugrün; B. lineal.-pfriemlich; Bl. meist endständig geknäuelt; K.*zipfel* länglich-ellipt., *abgerundet-stumpf,* grün, *zur Fr.zeit fast zusammenschließend.* V–X. 2n = 22. Im Geb. nur ssp. perénnis.

Schafschwingel-Triften, abbauende Silbergrasfluren etc.; trockene, nährstoffhaltige, saure, kalkfreie Sand- od. Steingrusböden. – Zerstreut, insbes. in der Ebene u. in den tieferen Lagen, fehlt Alp. – Eur., Kl.As., Kauk., Armen., Sib.; euras-subozean-submed.

2. Sect. Angustemargináti

843. S. ánnuus L. (Abb. 135 d–g) Einjähriger K.

☉, (①), (☉), *Th, (H).* – H. 0,02–0,10(0,24). Pfl. grasgrün od. gelblich; B. schmal-lineal. bis pfriemlich; Bl. in end- u. b.winkelständigen Knäueln; K.*zipfel* eiförmig, *ziemlich spitz,* grün, *zur Fr.zeit meist etwas abstehend.* (III)V–X. Umfaßt (auch als Arten bewertet):

ssp. ánnuus; B. 4–10(20) mm lang; Fr. 3,2–4,5(5,5) mm lang; K.-zipfel ±gleich, abstehend. 2n = 44.

Kalkarme Böden. – Verbreitet u. häufig in den Silikatgeb. (Alp. bis 1277 m). – (no-)euras-subozean-submed.

ssp. polycárpos (Torn.) Thell. (= S. polycarpos Torn.); B. 4–8 mm lang; Fr. 2,2–3,0(3,8) mm lang; K.zipfel gleich, ±gerade vorgestreckt. 2n = 22.

Kalkarme Böden. – Im m. u. s. Geb. wohl zerstreut u. im N selten; Verbreitung ungenügend bekannt. – subatl-submed(?).

ssp. verticillátus (Tausch) Arcang. (= S. verticillatus Tausch, S. annuus L. ssp. collinus Hornung); B. 4–6(10) mm lang; Fr. 1,5 bis 2,2(3,0) mm lang; K.zipfel ungleich, etwas einwärts gekrümmt.

Basenreiche Böden. – Sehr selten, bisher wohl nur Anh. (Aschersleben, Burgscheidungen). – (o-med)-europ-kont.

Ackerunkrautges., Wegränder, Steingrusfluren, außer ssp. verticillatus kalkarme, ±saure, sandige Böden. – Eur. bis gem. As., N-Afr., (N-Am.).

Bastard:

S. annuus × perennis (= S. × intermedius Kitt.).

5. Trib. Alsíneae

237. Minuártia Loefl. — Miere

(= Alsine Gaertn.)

x = 8,9,10,11,12,13,23

I. Pfl. ☉ od. ⊙, ohne sterile Triebe
  A. Kb. nicht knorpelig verhärtend, schmal-hautrandig
    1. Kapsel so lang od. kürzer als die 2–2,5(3) mm langen Kb. .... **844. M. viscosa**
    2. Kapsel länger als die 3–4 mm langen Kb ..... **845. M. hybrida**
  B. Kb. am Grd. weißknorpelig, verhärtend (Kapsel kürzer als die 4–6 mm langen Kb.) .... **846. M. fastigiata**
II. Pfl. ♃, mit sterilen Trieben, rasig od. polsterförmig
  A. Krb. vorhanden (selten bei M. cherlerioides fehlschlagend), weiß od. weißlich, länger od. kürzer als die Kb.
    1. Kb. am Grd. knorpelig, verhärtend, weißlich (B. borstig-pfriemlich) .... **847. M. setacea**
    2. Kb. krautig, nicht knorpelig verhärtend
      a) B. eiförmig-länglich bis lanzettl.
        x) Stbb. 10 .... **848. M. rupestris**
        xx) Stbb. 8 .... **849. M. cherlerioides**
      b) B. lineal-lanzettl. bis lineal.-pfriemlich od. fadenförmig
        x) Krb. doppelt so lang wie der K. .... **850. M. austriaca**

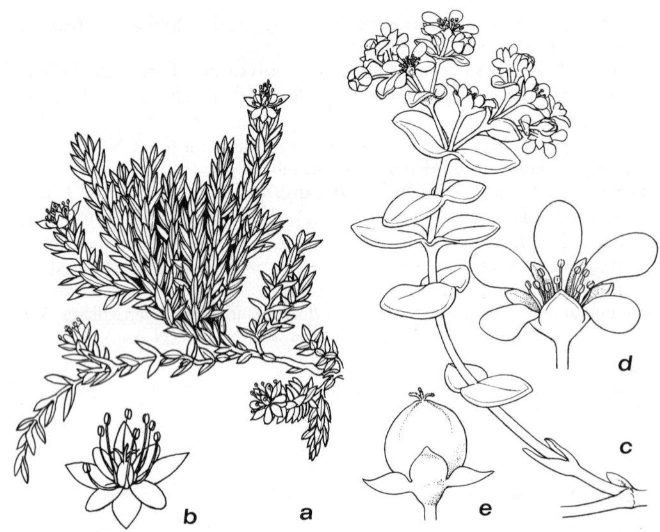

Abb. 136. *a–b Minuartia cherlerioides* (*a* Habitus, *b* Blüte); *c–e Honckenya peploides* (*c* blühender Sproß, *d* Blüte, *e* Frucht).

xx) Krb. so lang od. wenig länger als der K.
/) B. (getrocknet) unterseits deutlich 3nervig, schmal-lineal. od. lineal.-pfriemlich; St. kahl od. oben ±drüsig u. aufsteigend .... **851. M. verna**
//) B. fast nervenlos, fadenförmig; St. kahl, steif aufrecht .... **852. M. stricta**
B. Krb. meist fehlend, wenn vorhanden: dann grünlich, fädlich u. kürzer als der K. .... **853. M. sedoides**

1. Sect. S a b u l í n a

844. M. viscósa (Schreb.) Sch. et Thell. Klebrige M.
(= Alsine viscosa Schreb.)

⊙, *Th.* – H. 0,02–0,10. St. dicht aufrecht-gabelästig, fein haarig-drüsig, seltener kahl; B. pfriemlich-borstenförmig; Bl.stiele mehrmals länger als die Kapsel; *Kb. schmal-lanzettl.-pfriemlich*, 3nervig, am Rande schmal trockenhäutig, länger als die weißen Krb. V–VII.
Wege, Ackerränder etc.; trockene, ±nährstoffreiche, kalkarme, sandige Böden. – Selten u. zerstreut im m., nö. u. ö. Geb.; ö. bis Ostpr. u. Schles., s. bis n. Oberrheingeb. u. Frank.; fehlt u. a. in NW-D. u. Alp. – S-Schwed., M-Eur., Pol. bis N-Balk., M- u. S-Rußl., Schwarzes Meer; o-submed.

845. M. hýbrida (Vill.) Schischkin Feinblättrige M.
[= Alsine tenuifolia (L.) Crantz]

⊙, *Th.* – H. 0,05–0,15(0,20). St. steif aufrecht, sehr ästig; *B.* pfriemlich-borstenförmig, 3nervig, *ebenso wie der St.* (bei der Unterart des Geb.) *fast völlig kahl*; Bl.stiele mehrmals länger als der K.; *Kb. ei-lanzettl., gleichlang,* grün mit schmalem Hautrand, länger als die ovalen, weißen Krb., V–VII. 2n = 46. Im Geb. nur:

ssp. v a i l l a n t i á n a (DC.) Friedr. Hierzu u. a.:

var. l á x a (Jord.) Friedr.; H. bis 0,20, fein abstehend verzweigt; Blst. sehr locker; Bl.stiele länger; Kb. feiner zugespitzt. – Selten: S-Bad.

Kalktrockenrasen, Wege, Ackerränder etc.; warme, sandig-lehmige, kalkhaltige Böden. – Zerstreut u. ziemlich selten im w., s. u. m. Geb.; insbes. etwa von SW-D. – Fränk. Jura – Rhöngeb. – Thür. – S-Harz bis Sachs.; ö. Westf.; sonst sehr selten u. vereinzelt; fehlt u. a. im N-Flachland. – Gesamtverbreitung: Med. bis SO-Engl.; Krim, Pers.; submed(-kont).

2. Sect. M i n u á r t i a

846. M. fastigiáta (Sm.) Rchb. Büschel-M.
(= Alsine jaquinii Koch)

⊙, ⊙, *Th, H.* – H. 0,08–0,35. St. steif aufrecht; B. pfriemlich-borstenförmig, am Grd. 3nervig; Blst. dicht-gabelig-scheindoldig; Bl.stiel kürzer als das Tragb.; *Kb. lanzettl.-pfriemlich, sehr spitz, ungleich,* mit grünem Rückenstreifen, länger als die länglichen, verkehrt-eiförmigen, weißen Krb. VII–VIII.

Felsige Hänge, Trockenrasen; warme, kalkhaltige, steinige od. sandige Böden. – Selten, nur S-D. (u. a. Pfalz, Oberrheingeb., s. Fränk. Jura, untere bay. Hochebene, Niederbay.). – S-Frankr., N-Ital., S-D. bis Tschech., Ung. Jugosl., Rum., N-Afr.; submed.

847. M. setácea (Thuill.) Hayek Borsten M.
[= Alsine setacea (Thuill.) M. et K.]

♃, *Ch.* – H. 0,08–0,15(0,25). Blühende St. aufstrebend, oben rispenförmig, scheindoldig; Bl.stiele länger als der K.; Kb. mit grünem, geteiltem Mittelstreifen; *Krb. oval, wenig länger als der K.,* weiß. VI–VIII. 2n = 24. Im Geb. ssp. s e t á c e a.

Felsige Hänge, Felsrasen; trockene, warme, meist kalkhaltige, steinige Substrate. – Sehr selten, S-Bad. (Kaiserstuhl, neuerdings nicht wiedergefunden), zerstreut: Donautal (Weltenburg bis Abbach u. Regensburg), Altmühltal (etwa von Eichstätt bis Kelheim), Naabtal (Kallmünz, Riedersdorf). – s. M- u. SO-Eur. bis S-Ural, Kl.As.; europ-kont(-o-submed).

3. Sect. Lanceolátae

848. M. rupéstris (Scop.) Sch. et Thell. Felsen-M.
[= Alsine lanceolata (All.). M. et K.) p.p.]

♃, *Ch.* – H. 0,04–0,15. Pfl. rasig; St. ausgebreitet niederliegend; *B. lanzettl. od. länglich-lanzettl., spitz, oben flach, kurzbewimpert; Bl. meist zu 1(–3), kurzgestielt, 5zählig;* Kb. lanzettl., meist 5(–7)nervig, etwa so lang wie die weißen Krb. VII–VIII.
Alp. Felsspalten; meist kalkhaltige Substrate. – Sehr selten, nur Allgäuer Alp. (2230–2300 m, Rappenköpfe, Linkerskopf, Höfats). – Alp.; alp.

4. Sect. Sommerauéra

849. M. cherlerioídes (Hoppe) Bech. (Abb. 136a–b) Polster-M.
[= Alsine aretioides (Sommer.) M. et K.]

♃, *Ch.* – H. 0,02–0,05. Pfl. dichte Polster bildend; *B.* ±*eiförmig-länglich, stumpf, mit Stachelspitze, oberseits tiefrinnig,* kahl; *Bl. einzeln, endständig, sehr kurz gestielt, 4zählig;* Krb. weißlich, etwas kürzer als die Kb., selten fehlschlagend. VII–VIII. Im Geb. nur ssp. cherlerioídes.
Alp. Felsspalten; Kalksubstrate. – Selten, nur Berchtesgadener Alp. (2100 bis 2650 m). – Alp.; o-alp.

5. Sect. Acutiflórae

850. M. austríaca (Jacq.) Hayek Österreichische M.
[= Alsine austriaca (Jacq.) Wahlbg.]

♃, *Ch.* – H. 0,05–0,20. Pfl. lockerrasig; St. meist 2bl.; B. schmal-lineal.-lanzettl.; Bl.stiele lang, kahl od. etwas drüsig; Kb. eiförmig, fein zugespitzt, am Grd. schmal hautrandig; *Krb. länglich, am Grd. keilförmig,* weiß. VI–VIII. 2n = 26, ca. 24.
Subalp. u. alp. Kalkgeröllfluren, Felsspalten; kalkreiche Substrate. – Sehr selten, nur m. bay. Alp. (1550–2110 m, Karwendel, Dammkar, Seinskopf, Feldernkopf, Soiern- u. Krapfenkarspitze). – O-Alp.; o-alp.

6. Sect. Polymechána

851. M. vérna (L.) Hiern Frühlings-M.
[= Alsine verna (L.) Wahlbg.]

♃, *Ch.* – H. 0,05–0,15(0,20). St. kahl od. oberwärts samt den Bl.-stielen drüsig, 1- bis vielbl.; *Kb.* lanzettl. bis eiförmig-lanzettl., spitz, *3nervig, am Rand etwas häutig; Krb. eiförmig, kurzbenagelt, am Grd. bisweilen fast herzförmig,* weiß, so lang od. etwas länger als der K. V–VII(IX, X). Umfaßt (oft schwer zu trennen):

ssp. v é r n a; Pfl. meist lockerrasig, seltener Polster bildend; Blst. vielbl.; Kb. 2,5–3,5 mm lang; Krb. eiförmig, so lang od. länger als der K. 2n = 24.

Zerstreut im Fränk.-Jura-Geb.; sehr selten in den Alp.tälern. – o-submed (-kont). Hierzu u. a.:

var. h e r c ý n i c a (Willk.) Friedr.; Pfl. dichte Polster bildend, dunkelgrün, 0,05–0,10 hoch; B. kurz, oft drüsig behaart; Blst. meist nur 2- bis 5bl.

Auf Schwermetallböden im m. u. w. Geb. (Rheinland-Westf., N- u. W-Harz, Anh.).

ssp. g e r á r d i (Willd.) Graebn.; Pfl. meist dichte Polster bildend; Blst. 1- bis 4(selten mehr)bl.; Kb. 3,5–4,5 mm lang; Krb. breiteiförmig bis rundlich-herzförmig, meist länger als der K. 2n = 24.

Verbreitet: Alp. (1590–2600 m); vereinzelt: Riesengebg. – alp(arkt).

Kalktrocken- u. Steinrasen; kalkhaltige Substrate u. Schwermetallböden. – Arkt. u. subarkt. Geb., M- u. Hochgebg. der gem. u. subtrop. Zone der N-Hemisphäre.

7. Sect. A l s i n á n t h e

852. M. stricta (Sw.) Hiern — Steife M.
[= Alsine stricta (Sw.) Wahlbg.]

♃, *Ch.* – H. 0,05–0,15. St. steif-aufrecht, kahl; *Bl.stiele endständig, meist zu 3, sehr dünn, lang u. aufrecht;* Kb. ei-lanzettl., spitzlich; Krb. länglich-oval, etwas länger als der K., weiß. VI–VIII.

Zwischen- u. Hochmoore; nasse, nährstoffarme Torfböden. – Sehr selten, früher in Oberbad., Württ. u. S-Bay. (ob noch im Geb.?). – Gebg. N-Eur., N-Engl., N-As., Isl., Grönl., Labrador; S-D., Jura; arkt.

8. Sect. C h e r l é r i a

853. M. sedoídes (L.) Hiern — Zwerg-M.
(= Alsine cherleri Fenzl)

♃, *Ch.* – H. 0,04–0,08. *Pfl. dichte Polster bildend;* St. kahl; B. lineal.-pfriemlich, rinnig, stumpf; Bl. meist einzeln, endständig, kurzgestielt, 5zählig; Kb. lineal.-länglich, stumpf; Kr. – sofern vorhanden – grünlich (selten weiß); *äußere Stbf. am Grd. mit 2 lineal. Drüsen.* VII–VIII. 2n = 48.

Alp. Steinrasen, Hänge; frische, meist kalkarme, steinige Substrate. – Verbreitet, nur Alp. (1800–2600 m). – Gebg. Schottl., Pyren., Alp., Karp., Balk.; alp.

238. Honckénya Ehrh. Salzmiere

x = 17

854. H. peploídes (L.) Ehrh. (Abb. 136c–e)
[= Minuartia peploides (L.) Hiern, Alsine peploides (L.) Crantz]

♃, *H.* – Grd.achse kriechend, gabelspaltig; St. bis etwa 0,20 hoch, aufsteigend; B. eiförmig, spitz, fleischig, kahl, sitzend; Blst. gabelig, scheindoldig; Krb. weiß (seltener rötlich), groß, länger od. kürzer als der K. VI–VII. 2n = 68. Im Geb. nur ssp. p e p l o í d e s.

Vordünen, Spülsäume; feuchterer bis frischer, salzhaltiger, bisweilen N-reicherer Dünensand. – Verbreitet: N- u. O-See-Küsten; seltener Flußmündungen, Förden, Haff. – Küstengeb. W- bis N-Eur., Isl., N-As., n. N-Am.; Argent., Santa Cruz; no(-arkt).

239. Sagína L. Mastkraut

x = 9, 10, 11

I. Bl. meist 5zählig; Kb. kürzer od. wenig länger als die Krb.; Stbb. 10 (selten 5)
  A. Kb. 1/2 so lang wie die Krb. .... **855. S. nodosa**
  B. Kb. so lang od. wenig länger als die Krb.
    1. B. lang-stachelspitzig; Kapsel wenig länger als der K. .... **856. S. subulata**
    2. B. kurz-stachelspitzig; Kapsel fast doppelt so lang wie der K. .... **857. S. saginoides**
II. Bl. meist 4zählig; nur Kb. vorhanden od. Kb. deutlich viel länger als die Krb.; Stbb. 4
  A. Alle Kb. stumpf; B. ohne od. mit kurzer Stachelspitze
    1. Bl.stiele nach Verblühen hakenförmig herabgebogen .... **858. S. procumbens**
    2. Bl.stiele nach Verblühen immer aufrecht ...... **859. S. maritima**
  B. Die 2 äußeren Kb. stachelspitzig; B. lang-stachelspitzig
    1. Bl.stiele nach Verblühen hakenförmig herabgebogen .... **860. S. ciliata**
    2. Bl.stiele nach Verblühen immer aufrecht ...... **861. S. apetala**

1. Sect. S p e r g é l l a

855. S. nodósa (L.) Fenzl Knotiges M.

♃, *H, (Ch).* – H. 0,05–0,15. Meist dichtrasig; St. ausgebreitet od. aufstrebend, kahl od. oben drüsig; *untere B. lineal.-fadenförmig, kurzstachelspitzig, obere viel kürzer, im Winkel ein B.büschel tragend;* Bl.stiele stets aufrecht; Krb. weiß. VI–VIII. 2n = 20–24, 44, 56. Hierzu u. a.:

f. g l a n d u l ó s a (Bess.) Presl (= var. pubescens M. et K.); Pfl. ±drüsenartig. – Zerstreut.

Grabenränder, Flachmoore, Sumpfwiesen etc., Kleinseggenges.; feuchte, meist torfige Böden. – Zerstreut, im n. Flachland verbreiteter, im m. u. s. Geb. sehr zerstreut u. selten (Alp. bis 1000 m). – Gem. bis N-Eur., W-Sib., Isl., Grönl., n. N-Am.; no-euras(-subozean), circ.

856. S. subuláta (Sw.) Presl — Pfriemblättriges M.

♃, *H, (Ch).* – H. 0,03–0,10. Dichtrasig; St. niederliegend od. aufsteigend; *B.* pfriemlich, bis 1,5 mm lang-stachelspitzig, *am Rande nebst dem oberen Teile des St. u. den Bl.stielen etwas fein drüsig-behaart;* abgeblühte Bl.stiele vorerst nickend, fr.tragende wieder aufrecht; *Krb.* ± *so lang wie der* K. VI–VIII. 2n = 18, 22.

Magerweiden, Heiden, Trittpflanzenges.; ±trockene bis feuchte, nährstoffarme, sandige Böden. – Selten in NW-D. (Ems-, Hase-, Dümmer-, Hunte-Geb.), Schl.Holst. u. Ins. (Sylt, Amrum, Föhr), O-Thür., Buntsandsteingeb. zwischen Saale u. Elster (Rudolstadt, Saalfeld, Pößneck, Jena, Gera, Teichröda), Rhön (Unterebersbach), Oberschles., M-Frank. (wohl nur gepflanzt u. verwildert). – S-, W- u. M-Eur. bis Norw., Schwed., Isl.; no-subozean.

2. Sect. S a g i n o í d e s

857. S. saginoídes (L.) D. T. — Alpen-M.
(= S. linnaei Presl)

♃, *Ch, (H).* – H. 0,02–0,10. Polster- od. rasenbildend; St. niederliegend, aufstrebend; *B.* lineal., kurz-stachelspitzig, *nebst St. u. Bl.-stielen meist kahl;* abgeblühte Bl.stiele nickend, fr.tragende aufrecht; Krb. meist etwas kürzer als der K. VI–VIII. 2n = 22. Umfaßt:

ssp. s a g i n o í d e s; Kapsel etwa 3,0–3,5 mm lang, wenig länger der K. – Verbreitet.

ssp. m a c r o c á r p a (Rchb.) Soó; Kapsel 3,5–5 mm lang, 2mal so lang wie der K. – Selten, so Wetterstein, Erzgebg.

Mont. bis alp. Trittpflanzenges., Quellfluren, Magerrasen etc.; frische bis feuchte, kalkarme Böden. – Zerstreut bis selten: Alp. (bis 2410 m), Alp.vorland, S-Schwarzwald, Bay. Wald, Erzgebg., Isergebg., Riesengebg. bis Altvatergebg. – N-Eur. u. Gebg. W-, M- u. S-Eur., Kauk., N-As., N-Am., Isl., Grönl.; arkt-alp, circ.

3. Sect. S a g í n a

858. S. procúmbens L. (Abb. 137 a–d) — Niederliegendes M.

♃, (☉, ⊙), *Ch, H, (Th).* – H. 0,02–0,05. ±dichtrasig; St. niederliegend, am Grd. wurzelnd, kahl; Äste aufsteigend; *B.* lineal., kurz-stachelspitzig, *wimperlos od. seltener fein-bewimpert;* Bl.stiele nach dem Verblühen hakenförmig herabgekrümmt, zur Fr.reife wieder aufrecht; Krb. klein,

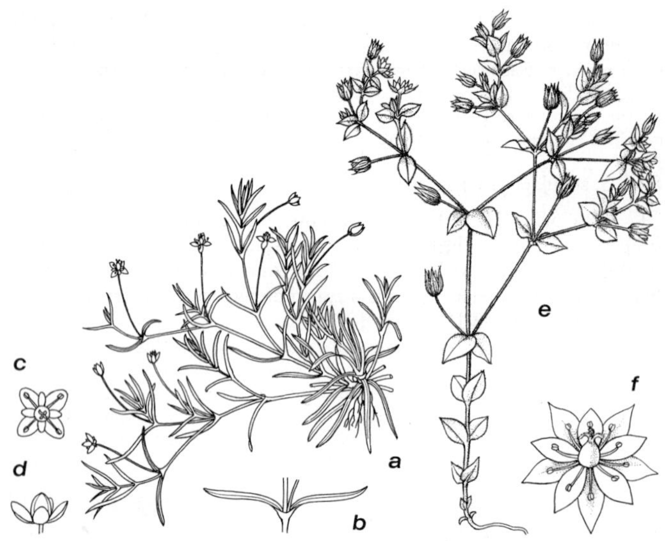

Abb. 137. *a–d Sagina procumbens* (*a* Habitus, *b* Laubblattpaar, *c* Blüte, *d* Frucht mit Kelch); *e–f Arenaria serpyllifolia* (*e* Habitus, *f* Blüte).

stumpf, weiß, höchstens $^1/_2$ so lang wie der K. V–IX. 2n = 22. Umfaßt (auch als Unterarten bewertet) u. a.:

var. p r o c ú m b e n s; B. lineal., kahl; Bl.stiele drüsenlos; St. niederliegend. – Häufig, verbreitet.

var. b r y o í d e s (Froel.) Gremli [= ssp. bryoides (Froel.) Dostál]; B. kurz, lineal.-lanzettl., zumindest einzelne am Rande gewimpert bis gezähnelt; Bl.stiele drüsig; St. oft nur mit 1 Internodium aufsteigend. – Zerstreut: Ostpr., Voralp., Alp.

Trittpflanzenges., Rasen, Ackerunkrautges. etc.; frische bis ±feuchte, nährstoffreiche, N-haltige Böden. – Von der Ebene bis Alp. (bis 1950 m). – Eur., As., N-Am., Grönl., Isl.; no-euras-subozean.

859. S. marítima G. Don Strand-M.

⨀, *Th.* – H. 0,05–0,10. St. aufsteigend od. aufrecht, meist vom Grd. an ästig, kahl od. selten am Grd. spärlich-weichhaarig; *B.* lineal., *etwas fleischig, kahl, selten gewimpert, ohne Stachelspitze;* Krb. fehlend od. sehr klein, weiß. V–VIII. 2n = 22–24, 28.

Strandnelkenwiesen; seltener überflutete, etwas salzhaltige Böden. – Verbreitet bis zerstreut: N- u. O-See-Küsten (ö. bis Pomm.), wohl nirgends mehr im Binnenland. – Küsten von Eur., N-Afr.; atl.

860. S. ciliáta Fries Bewimpertes M.

☉, *Th.* – H. 0,03–0,10. St. aufrecht, ästig; *B.* lineal., *meist reich bewimpert* (selten kahl), lang-stachelspitzig; Krb. weiß, klein u. sehr hinfällig; *Kb. der Kapsel angedrückt, meist drüsig bewimpert.* IV–VII. 2n = 12.

Äcker, Wege, Zwergpflanzenges.; feuchte bis trockene, kalkarme, meist sandige Böden, schattige Sandsteinmauern; – Zerstreut u. selten (wohl oft übersehen): u. a. O-Holst., M-, W- u. SW-D., fehlt u. a. in NW-D. – W- u. M-Eur. bis W-Med., N-Afr., Ung., Rum.; subatl-submed.

861. S. apétala Ard. Kronblattloses M.

☉, *Th.* – H. 0,03–0,15. St. aufrecht, ästig; *B.* lineal., *kahl, nur am Grd. bewimpert,* lang-stachelspitzig; Krb. verkehrt-herzförmig, weiß, sehr klein, bald verschwindend; *Kb. zuletzt von der Kapsel abstehend; meist kahl.* V–IX. 2n = 12.

Äcker, Wege, Zwergpflanzenges.; ±feuchte, kalkarme, meist sandige Böden. – Zerstreut u. selten im nö. Geb., fehlt im nw. Tiefland über sehr große Strecken, im m. u. s. Geb. verbreiteter, vereinzelt s. bis Schwäb.-Bay. Hochebene. – Gem. Eur. bis Rußl., Med., Kauk., Vord.As., N-Afr., (S-Am.); subatl-submed.

Bastarde:
S. apetala × procumbens (?), S. ciliata × procumbens.

240. Arenária L. Sandkraut

x = 10, 11

I. Krb. wenig bis viel länger als der K.; Pfl. ♃
 A. B. schmal-lineal., bis etwa 10 cm lang .... **862. A. micradenia**
 B. B. eiförmig bis breit-lanzettl., kürzer als 1 cm
  1. B. breit-verkehrt-eiförmig bis rundlich, stumpf, kahl .... **863. A. biflora**
  2. B. breit-lanzettl. bis -eiförmig, spitz, meist fransig-gewimpert .... **864. A. ciliata**
II. Krb. kürzer als der K.; Pfl. ☉ – ⨀ .... **865. A. serpyllifolia**

1. Sect. P e n t a d e n á r i a

862. A. micradénia Smirnow Grasblättriges S.
[= A. procera Spreng. ssp. glabra (Williams) Holub, A. graminifolia Schrad.]

♃, *H.* – H. 0,20–0,50. St. aufrecht, steif, einfach; Blst. scheindoldig; *B. schmal-lineal.,* ±steif-aufrecht, *rinnig, am Rand rauh, die unteren länger; Kb. abgerundet-stumpf, 1nervig, viel kürzer als die weißen, ±ausgerandeten Krb.* VI–VII.

Kiefernwälder, Trockenrasen; sandige Böden. – Sehr selten, nur S-Ostpr. (Kreise: Neidenburg, Johannisburg, Lyck). – O- u. SO-Eur., Rußl., Sib., Dahur.; europ-kont.

863. A. biflóra L. Zweiblütiges S.

♃, *Ch.* – Lockerrasig; St. niederliegend, kriechend, bis 0,20 lang; *B. breit-verkehrt-eiförmig bis rundlich, kahl, plötzlich in den breiten, gewimperten Stiel verschmälert;* Bl. zu 1–2, endständig; *Kb. stumpf bis zugespitzt, meist kahl, wenig kürzer als die weißen, eiförmigen Krb.* VII–IX. 2n = 20–22.

Alp. Schneetälchen; feuchte, kalkarme Substrate. – Sehr selten, nur Allgäuer Alp. bzw. an der Grenze des Geb. (2380 m, Schafalpe, Elferkopf). – Pyren., Alp., Karp., Balk.; alp.

864. A. ciliáta L. Gewimpertes S.

♃, *Ch, (H).* – H. 0,03–0,10. Polsterförmig od. rasig; St. liegend od. aufstrebend; *B. breit-lanzettl. od. -eiförmig, in einen kurzen Stiel verschmälert, vom Grd. bis Mitte bewimpert;* Bl. meist einzeln od. selten zu mehreren endständig; *Kb. spitz, bewimpert,* $^1/_2$ *so lang wie die weißen, abgerundeten Krb.* VII–VIII. Umfaßt:

ssp. c i l i á t a; B. 3- bis 4mal so lang wie breit; Bl. zu 1–2(3); Krb. 5–7,5 mm lang. 2n = 80, 120, 240.

ssp. m o e h r i n g i o í d e s (J. Murr) Br.-Bl.; B. 2- bis 3mal so lang wie breit; Bl. zu 2–5; Krb. 4–5 mm lang. 2n = 40.

Insbes. alp. Steinrasen; frische, ±basenreiche Substrate. – Selten, nur Allgäuer Alp. (etwa 1250–2530 m, Rindalphorn, Hoher Ifen, Gottesackerwände, Höfats, Aggenstein, Roßberg). – Gesamtart: Pyren., Alp., Karp., arkt. Eur.; N-Am.; arkt-alp, circ.

2. Sect. A r e n á r i a

865. A. serpyllifólia L. (Abb. 137e–f) Quendelblättriges S.

⊙, ①, ⊙, *Th, H.* – H. 0,02–0,15(0,30). St. meist aufrecht u. sehr ästig, meist behaart; *B. eiförmig, zugespitzt, bis auf die untersten sitzend;* Bl. meist einzeln in Gabeln od. B.winkeln; *Kb. länger als die weißen Krb.* V–IX. Sehr veränderlich, umfaßt (auch als Arten bewertet):

ssp. s e r p y l l i f ó l i a; Pfl. grün; Blst. locker gabelig-scheindoldig; Kb. ei-lanzettl.; Kapsel eiförmig, ±starkwandig. 2n = 40.

Sandfluren, Trockenrasen, Äcker etc.; ±trockene, nährstoffhaltige, auch kalkhaltige, sandige od. lehmige Böden. Formenreich. – Verbreitet (Alp. bis 1700 m).

ssp. l e p t o c l á d o s (Rchb.) Čelak. [= A. leptoclados (Rchb.) Guss.]; Pfl. zart, meist gelbgrün; St. sehr dünn; Blst. wickelig-traubenförmig; Bl. klein; Kb. schmal-lanzettl., Kapsel länglich-kegelförmig, sehr dünnwandig. 2n = 20.

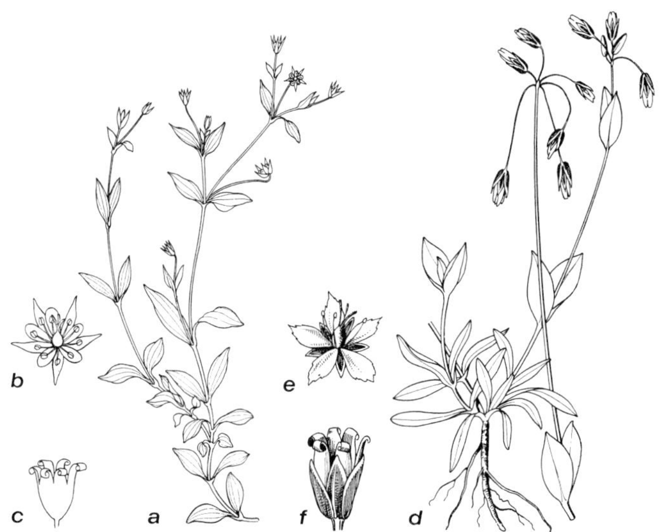

Abb. 138. *a–c Moehringia trinervia* (*a* blühender Sproß, *b* Blüte, *c* Frucht); *d–f Holosteum umbellatum* (*d* Habitus, *e* Blüte, *f* Frucht mit Kelch).

Trockenrasen; warme, meist kalkhaltige Böden. – Zerstreut u. selten; Verbreitung ungenügend bekannt; fehlt u. a. im nw. Tiefland. – submed. Eur., N-Afr., gem.As., Ind., N-Am.; euras-submed, circ.

241. Moehríngia L. Nabelmiere

x = 12, 13?

I. Bl. 5zählig
  A. Krb. kürzer als der K.; B. eiförmig . . . . **866. M. trinervia**
  B. Krb. etwas länger als der K.; B. lineal . . . . **867. M. ciliata**
II. B. 4zählig (selten 5zählig; B. fadenförmig; Krb. länger als der K.) . . . . **868. M. muscosa**

866. M. trinérvia (L.) Clairv. (Abb. 138 a–c) Dreinervige N.

⊙, (♃, ⊙), *H, (Th).* – H. 0,10–0,30. St. aufstrebend; *B. ±eiförmig, spitz, 3(bis 5)nervig; Kb. spitz,* 1- bis *3nervig;* Krb. weiß, $^1/_2$ so lang wie der K. V–VII. 2n = 24.

Laub- u. Nadelmischwälder; frische, ±nährstoffreiche u. kalkarme, meist lehmige Böden. – Verbreitet (Alp. bis 880 m). – Eur., Kl.As., Transkauk., Pers., Turk., Sib.; euras(-subozean)-submed.

867. M. ciliáta (Scop.) D. T. Gewimperte N.

♃, *H.* – St. nebst den Bl.stielen niederliegend (-aufsteigend), etwa 0,05–0,20(0,40) lang; *B. lineal., flach,* oft am Grd. kurz bewimpert; Bl. einzeln od. wenige, scheinbar seitenständig; *Kb. stumpf;* Kr. weiß. VI–VIII. 2n = 24. Hierzu u. a.:

var. t h e s i i f ó l i a (Froel.) Guerke; St. verlängert, 0,20–0,40 lang, lockerrasig; B. lang. – Selten, Allgäu.

Alp. Steinschuttfluren; frische, kalkreiche Substrate. – Ziemlich häufig in den Alp. (1250–2590 m). – O-Pyren., Alp., NW-Balk.; alp.

868. M. muscósa L. Moos-N.

♃, *H.* – St. zart, lockere, moosförmige Rasen bildend, 0,05–0,20 lang; *B. fadenförmig, halbstielrund, scheinbar nervenlos;* Kb. spitz; Kr. weiß. V–IX. 2n = 24.

Mont. u. subalp. Steinschuttges., Felsspalten; feuchte, kalkreiche Substrate. – Zerstreut in Alp.vorland u. Alp. (bis 1880 m); sehr selten im Fränk. Jura (Püttlachtal) u. Fichtelgebg. (gepflanzt). – Gebg. von Span. – Frankr. – Ital. – Alp. bis Karp., Balk.; praealp.

242. Holósteum L. Spurre

x = 10

869. H. umbellátum L. (Abb. 138 d–f)

⊙, (①), *Th, (H).* – H. 0,025–0,25. Pfl. bläulich-grün; obere B. sitzend, eiförmig, stumpflich, unterste länglich; Bl.stiele doldenartig angeordnet, nach dem Verblühen zurückgeschlagen, zuletzt wieder aufrecht; Kr. weiß. III–IV. 2n = 20.

Äcker, Sandfelder, Hügel; meist nährstoffärmere, kalkarme, sandige Böden. – Verbreitet im m. u. s. Geb., im NW u. NO selten od. fehlend; fehlt u. a. Alp. – S-Skand. bis Med., N-Afr., O-Ind., Sib.; submed(-euras).

243. Mœ́nchia Ehrh. Weißmiere

x = 9?, 19?

870. M. eré́cta (L.) Gaertn., Mey. et Scherb. (Abb. 139 a–d)

⊙, ①, *Th, H.* – H. 0,03–0,10. Pfl. bläulich-grau, kahl; St. 1- bis 2bl., B. lineal.-lanzettl.; Krb. weiß, um ein Drittel kürzer als die breitweißhautrandigen Kb.; Bl. 4zählig; Stbb. 4. IV–V. 2n = 36. Im Geb. ssp. e r é c t a.

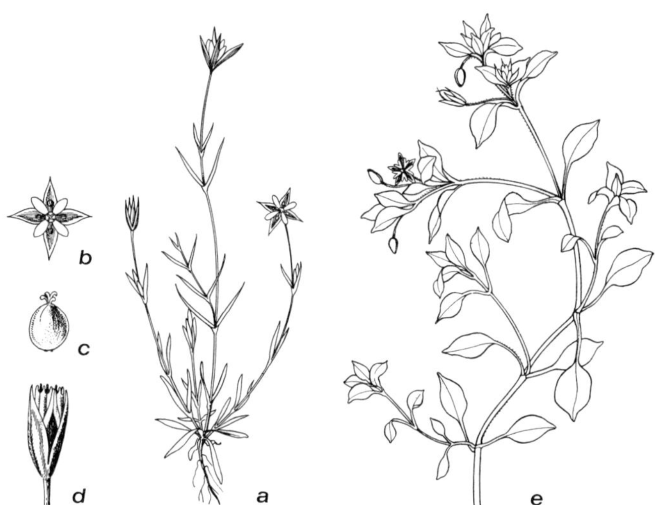

Abb. 139. *a–d Moenchia erecta* (*a* Habitus, *b* Blüte, *c* Fruchtknoten, *d* Frucht mit Kelch); *e Stellaria media* (blühender Sproß).

Sandrasen, Wegränder etc.; nährstoffreiche, meist kalkfreie u. sandige Böden. – Sehr selten, oft unbeständig, im m. (u. a. N-Thür., Anh.) u. s. Geb. (u. a. Oberrheingeb., Pfalz, Frank.); n. bis Brand. (Lausitz, Jüterbog, Rathenow), ö. in Schles. (Tarnast bei Trebnitz). – S-Eur. bis W- u. M-Eur.; submed(-subatl).

244. Stellária L. Sternmiere

x = 10,11,12,13

I. St. stielrund
  A. Kr. etwa 2 x so lang wie der K.; St. oberwärts allseits behaart . . . . **871. St. nemorum**
  B. Kr. ±so lang od. kürzer als der K.; St. 1reihig behaart . . . . **872. St. media**
II. St. 4kantig
  A. Krb. etwa bis zur Mitte gespalten; Stbb. fast unterhalb des Frkn. entspringend . . . . **873. St. holostea**
  B. Krb. bis fast zum Grd. geteilt; Stbb. in gleicher Höhe wie der Frkn. entspringend
    1. Obere Tragb. häutig od. hautrandig; Kb. meist deutlich 3nervig (außer St. diffusa)
      a) St. glatt

x) Krb. viel kürzer als der unten kurz-trichterförmige K. . . . . **874. St. alsine**

xx) Krb. etwa so lang od. länger als der unten abgerundete K.

/) Tragb. u. B.grd. kahl . . . . **875. St. palustris**

//) Tragb. u. B.grd. bewimpert . . . . **876. St. graminea**

b) St. oberwärts rauh (Kb. undeutlich nervig; Tragb. nicht bewimpert) . . . . **877. St. diffusa**

2. Alle Tragb. ganz krautig (kahl; Kb. undeutlich 3nervig; St. glatt) . . . . **878. St. crassifolia**

871. St. nemórum L. (Abb. 140b) Hain-St.

♃, *H.* – H. 0,20–0,60. *St.* ±aufsteigend, schlaff, *oberwärts drüsig-zottig* (sehr selten kahl); *B. eiförmig, zugespitzt,* untere gestielt, am Grd. stumpf od. herzförmig, *gewimpert*; Krb. fast bis zum Grd. 2spaltig, 2 x so lang wie die lanzettl. Kb.; *Gr. 3.* V–IX. Umfaßt:

ssp. n e m ó r u m ; die beiden oberen B. kaum od. nur sehr kurz gestielt; B.spreite mindestens 2 x so lang wie breit; Tragb. ±allmählich kleiner werdend; S. mit kurzen Papillen. 2n = 26.

Zerstreut bis häufig (Alp. bis 2230 m); im NW selten.

ssp. g l o c h i d i o s p é r m a Murb.; obere B. deutlich u. (bis 4 cm) lang gestielt; B.spreite höchstens 2 x so lang wie breit; Tragb. fast ohne Übergang zu kleinen, weißlichen B. reduziert; S. mit langen Papillen. 2n = 26.

Selten, so Schl.Holst., Meckl., Sachs., Bay.; Verbreitung ungenügend bekannt.

Laubmischwälder, Knieholzgestrüpp etc.; frische, nährstoffreiche Mullböden; ssp. glochidiosperma im N weniger anspruchsvoll. – Skand. bis n. S-Eur., Rußl., Kauk.; no-subatl(-praealp).

872. St. média (L.) Vill. (Abb. 139e, 140c) Vogelmiere

⊙, (①), *Th,(H).* – St. 0,02–0,40(0,80) lang, ±niederliegend-aufsteigend; *B. eiförmig, kurz zugespitzt,* untere ±gestielt, obere meist sitzend; *Kb. länglich,* meist ±*stumpflich*; Krb. tief 2teilig (bisweilen fehlend); Stbb. (1)2–5(10). Frostfreie Jahreszeit. Umfaßt (auch als Arten bewertet):

ssp. m é d i a ; Krb. meist vorhanden, so lang od. etwas kürzer als der K.; Kb. ±stumpflich; Stbb. (0)3–5(10); Stbbtl. gelb, grau od. violett; St. bis 0,40 hoch; B. bis ±2 cm lang; S. 0,8–1,3 mm ∅, mit meist 4 Reihen niedriger Warzen. 2n = 40,42,44. Hierzu u. a.:
var. a p é t a l a (Ucria) Gaud.; Krb. fehlend od. sehr klein.

Unkrautige Ges. (insbes. Hackunkrautges.); ±frische, nährstoffhaltige, N-reiche, lehmige Böden. – Häufig (Alp. bis 1860 m).

ssp. n e g l é c t a (Weihe) Gremli (= St. cerastium Murr., St. neglecta Weihe); Krb. vorhanden, so lang od. etwas länger als der K.; Kb. ±stumpflich; Stbb. 10; Stbbtl. purpurrot; St. 0,30–0,80 lang; B. bis 4,3 cm lang; S. mit 4 Reihen hoher Warzen. 2n = 22.

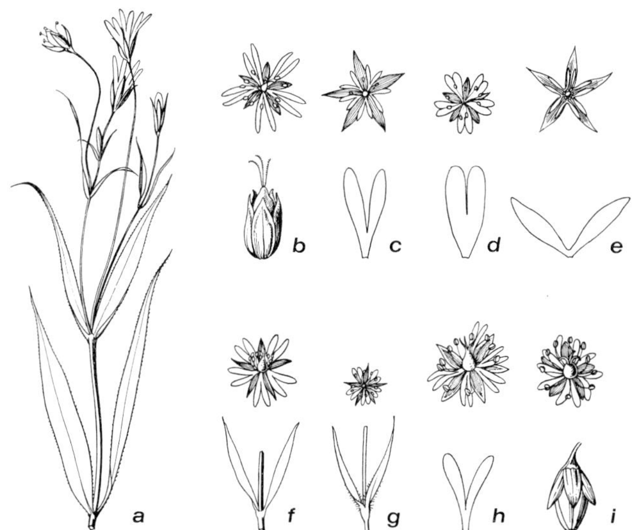

Abb. 140. *Stellaria* spp., *a St. holostea* (blühender Sproß), *b–i* Blüten, Kronblätter, Früchte, Laubblattpaare (*b St. nemorum, c St. media, d St. holostea, e St. alsine, f St. palustris, g St. graminea, h St. diffusa, i St. crassifolia*).

Auenwälder etc.; feuchte, nährstoff- u. N-reiche Böden. – Zerstreut, Ansprüche u. Verbreitung ungenügend bekannt.

ssp. p á l l i d a (Dum.) Béguinot [= St. pallida (Dum.) Piré]; Pfl. hellgrün od. gelblich-grün, bis 0,20 hoch; Krb. fehlend od. rudimentär; Kb. zugespitzt; Stbb. 1–3(5); Stbbtl. jung grau-violett; B. klein, meist kaum über 1 cm lang; S. 0,75–0,8 mm ∅, mit 1 Reihe stachelartiger Höcker. 2n = 22,20.

Unkrautige Ges.; ±trockene, N-haltige, ±sandige Böden. – Zerstreut. Kosmop., bzw. no-euras-med.

873. St. holóstea L. (Abb. 140a, d) Große St.

♃, *Ch.* – H. 0,15–0,30(0,60). *B. lanzettl., lang-zugespitzt,* sitzend, *am Rande u. auf dem Kiel rauh;* Blst. scheindoldig-gabelästig; Tragb. krautig; Krb. fast 2 x so lang wie die fast nervenlosen Kb. IV–VI. 2n = 26.

Laubwälder, Hecken; ±frische, schwach saure, nährstoffreiche, entkalkte, lehmige Böden. – Verbreitet u. häufig; fehlt im engeren Alp.geb. – Skand. bis Med., N-Afr., Rußl., Vord.As.; euras-subozean-submed.

874. St. alsíne Grimm (Abb. 140e) Quell-St.
(= St. uliginosa Murr.)

♃, *H.* – St. 0,10–0,40 hoch bzw. lang; *B.* sitzend od. kurz gestielt, länglich-lanzettl., spitz, einnervig, *am Grd. etwas gewimpert*; Blst. meist mehrfach gabelästig; *Tragb. am Rande kahl,* trockenhäutig (selten krautig). V–VII. 2n = 24, 24–26, 26. Veränderlich, insbes. in der B.form u. B.größe.

Wälder, Gräben, Quellfluren; ±nasse, kalkfreie, ±nährstoffreiche Böden. – Sehr zerstreut bis häufig (Alp. bis 1510 m). – Eur., N-Afr. bis O-As.; N-Am.; euras-subozean, circ.

875. St. palústris Retz. (Abb. 140f) Sumpf-St., Meergrüne St.
(= St. glauca With.)

♃, *H.* – H. 0,08–0,40. *B. lineal.-lanzettl.,* spitz, ganz kahl, meergrün od. grasgrün, untere eiförmig-länglich; Blst. scheindoldig, gabelästig; Krb. länger od. so lang wie die 3nervigen Kb. V–VII. 2n = ca. 130. Veränderlich, insbes. in B.form u. B.farbe sowie Bl.größe.

Flachmoore, Feuchtwiesen etc.; nasse, kalkarme, schwach saure Flachmoorböden. – Verbreitet bis zerstreut im n. Geb., nach S abnehmend, selten im s. Geb. bis Alp.vorland. – N-Eur. bis N-Ital., Balk., gem. As.; no-euras.

876. St. gramínea L. (Abb. 140g) Gras-St.

♃, *H.* – St. (0,03)0,10-0,30(0,50) lang bzw. hoch; *B. lineal.-lanzettl., am Grd. etwas gewimpert,* sonst kahl, grasgrün; Blst. ausgebreitet, gabelästig, Äste oft knickbogig; Krb. so lang od. etwas länger als die 3nervigen Kb. V–VII. 2n = 26.

Wiesen u. Weiden, auch Borstgrasrasen etc.; trocken-frische, mäßig-saure, nährstoffhaltige, kalkarme, sandige Böden. – Verbreitet u. häufig, insbes. in den kalkarmen Geb. (Alp. bis 1700 m). – Isl., Skand. bis n. S-Eur., Rußl., O-As.; no-euras-subozean.

877. St. diffúsa Willd. (Abb. 140h) Fries-St.
(= St. friesiana Ser., St. longifolia Fries)

♃, *H.* – H. 0,10–0,25. *B. lanzettl.-lineal., am Rande u. auf der Mittelrippe rauh;* Blst. gabelig-scheindoldig; *Tragb. ±trockenhäutig;* Krb. 2teilig, so lang wie die fast nervenlosen, im trockenen Zustande 3nervigen Kb. VI–VIII. 2n = 26.

Feuchte Wälder, Brüche. – Sehr selten im m. Geb., so Thür. (Paulinzella), Sachs. (Rietschen), Brand. (Finsterwalde); selten: Schles.; verbreitet: Ostpr. – Norw., Schwed., Finnl., ö. M-Eur., Alp., Karp. bis Rußl., Sib.; no(kont, -praealp).

878. St. crassifólia Ehrh. (Abb. 140i) Dickblättrige St.

♃, *H.* – H. 0,03–0,15. *B.* sitzend, länglich-lanzettl., *ganz kahl,* dicklich, kurz zugepitzt; Blst. armbl.; Bl.stiele einzeln, gabel- u. endständig; Krb. nebst Kapsel länger als die Kb. VII–VIII. 2n = 26.

Flach- u. Zwischenmoore; nasse Sumpfhumus- u. nackte Sandböden. – Sehr selten, nur Schl.Holst. bis Ostpr., Westf. (bei Minden), Nieders. (bei Buxtehude u. Lüneburg), Schles., Bay. (Deusmauer Moor), früher auch Alp.vorland (Federsee- u. Wurzacher Ried, erloschen). – Isl., N-Eur. bis nö. M-Eur., Rußl., Sib.; arkt-no.

Bastarde:
St. graminea × alsine (= St. × adulterina Focke), St. palustris × alsine (= St. × hybrida Rouy et Fouc.), St. palustris × graminea (= St. × decipiens Hausskn.).

245. ***Myosóton*** Moench — Wasserdarm
(= Malachium Fries)

x = 7

879. M. aquáticum (L.) Moench (Abb. 141a–d)
[= Malachium aquaticum (L.) Fries, Stellaria aquatica (L.) Scop.]

♃, *H. (Ch, G).* – St. 0,15–0,45(1,20) lang, liegend bis aufsteigend od. klimmend, am Grd. oft wurzelnd, oben drüsig-flaumig; B. herzeiförmig, zugespitzt, sitzend, unterste u. die der nichtbl. St. kurz gestielt; Tragb. fast ganz krautig; Krb. länger als der K., fast bis zum Grd. 2teilig, weiß; *Gr. 5*; Kapsel 5klappig. VI–IX. 2n = 28.

Ufersäume, Auenwälder u. Gebüsche etc.; nasse, nährstoffreiche Böden. – Verbreitet (Alp. bis 975 m). – N-Eur. bis Span., Ital., Balk., Rußl., Kauk. bis O-As.; euras.

246. ***Cerástium*** L. — Hornkraut
x = 9,(17,19)

I. Gr. 3 (sehr selten mehr)
  A. St. niederliegend-aufsteigend, bis auf 1 Reihe drüsenloser Haare kahl od. fast kahl .... **880. C. cerastoides**
  B. St. aufrecht, klebrig-weichhaarig .... **881. C. dubium**
II. Gr. 5 od. 4
  A. Gr. 5 (vgl. C. diffusum)
    1. Krb. $1^1/_2$–2(2,5) x so lang wie die Kb.
      a) Tragb. alle od. nur die oberen schmal od. breit trockenhäutig berandet
        x) Obere Tragb. breit-hautrandig; B. länglich-lanzettl. bis lineal.
          /) St. u. B. dicht ±weißfilzig, mit langen, weichen Haaren .... **882. C. tomentosum**
          //) St. u. B. kurzhaarig, nie weißfilzig **883. C. arvense**
        xx) Obere Tragb. schmal-hautrandig; B. eiförmig bis länglich-lanzettl. .... **884. C. alpinum**

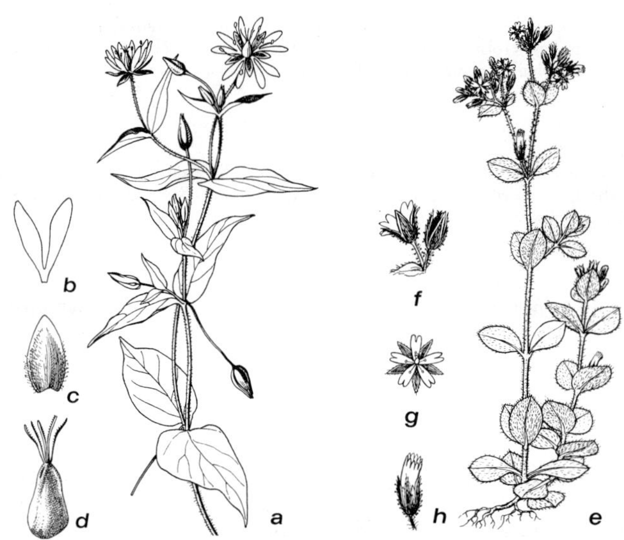

Abb. 141. *a–d Myosoton aquaticum* (*a* blühender Sproß, *b* Kronblatt, *c* Kelchblatt, *c* Fruchtknoten); *e–h Cerastium glomeratum* (*e* Habitus, *f* u. *g* Blüten, *h* Frucht mit Kelch).

b) Tragb. krautig, laubb.artig

x) B. ellipt. bis spatelig, größte Breite über der B.mitte; Krb. 1,5–2 x so lang wie der K. .... **885. C. uniflorum**

xx) B. eiförmig-ellipt., größte Breite unter der B.mitte; Krb. 2–2,5 x so lang wie der K. .... **886. C. latifolium**

2. Krb. kürzer od. bis höchstens 1,5 x so lang wie die Kb.

a) Pfl. ♃ od. ⊙, mit nichtbl., beblätterten – bisweilen ausläuferartigen – Seitenspr.

x) Untere B. spatelförmig, ±lang gestielt; Krb. bedeutend länger als der K. .... **887. C. silvaticum**

xx) B. meist sitzend; Krb. nicht od. wenig länger als der K. .... **888. C. fontanum**

b) Pfl. ⊙ od. ①, ohne nichtbl. Seitenspr.

x) Tragb. sämtlich krautartig, an der Spitze behaart

/) Bl.stiele zur Fr.zeit 2–3(5) x länger als der K. .... **889. C. brachypetalum**

//) Bl.stiele zur Fr.zeit kürzer od. ±so lang wie der K. .... **890. C. glomeratum**

xx) Obere Tragb. ganz od. zumindest am Rand trockenhäutig, an der Spitze od. ganz kahl
/) Bl.stiele nach der Bl. zurückgeschlagen; Tragb. sämtlich trockenhäutig berandet . . . . **891. C. semidecandrum**
//) Bl.stiele zur Fr.zeit abstehend od. aufrecht; Tragb. fast krautartig, obere an der Spitze trockenhäutig . . . . **892. C. pumilum**
B. Gr. 4 (gelegentlich 4- u. 5zählige Bl. auf gleicher Pfl.); Tragb. krautig; Krb. kürzer als die Kb. . . . . . **893. C. diffusum**

880. C. cerastoídes (L.) Britt. (Abb. 142a) Dreigriffeliges H.
(= Stellaria cerastoides L.)

♃, *Ch.* — H. 0,05—0,15. St. niederliegend-aufsteigend, lockerrasig, kahl od. fast kahl; *oberstes Internodium mit 1 Haarlängsreihe; B. länglich-lanzettl.* bis lineal.-lanzettl., obere beinahe eiförmig, *fast kahl;* Krb. länger als der K., bis zur Mitte gespalten, weiß. VII—VIII. 2n = 38, 36, 34.

Alp. Quellen u. Schneetälchen; feuchte bis nasse, nährstoffreiche Substrate. Zerstreut, nur Alp. (1500—2340 m). — Arkt., Hochgebg. von Pyren. bis N-Balk., Karp., Kauk., Altai, Him.; arkt-alp(subozean), circ.

881. C. dúbium (Bast.) O. Schwarz Klebriges H.
(= C. anomalum W. et K., Stellaria viscida M. B.)

⊙, *Th.* — H. 0,03—0,10(0,30). *St.* ±aufrecht, nicht rasig, *drüsig-weichhaarig; B. lineal., ebenso wie K. u. Bl.stiele drüsig-klebrig-behaart;* Krb. länger als der K., bis auf $^1/_3$ gespalten, weiß. IV—VI. 2n = 38.

Wege, Ufer; nasse, nährstoffreiche, tonige od. sandige Böden. — Selten, nur Odergeb. (u. a. bei Breslau, Frankfurt), SW-D. (Mannheim-Lampertheim, Frankenthal, Mutterstadt, Worms, Dürkheim). — S-, SO- u. M-Eur. bis S-Rußl.; gem-kont(-submed).

882. C. tomentósum L. (Abb. 142b) Filziges H.

♃, *Ch.* — H. 0,10—0,30. *Pfl. rasenbildend; Bl.stiele wollig-filzig.* V—VII. 2n = 36, 38.

Kultiviert u. nicht selten verwildert. — Heimat: Ital., Siz., Kauk.

883. C. arvénse L. (Abb. 142c) Acker-H.

♃, *Ch.* — H. (0,03)0,05—0,30. *St. niederliegend-aufsteigend, am Grd. wurzelnd,* nichtbl. dicht rasenförmig, blühende ±aufrecht, (1)3- bis 15bl.; *B. lineal.-lanzettl., kurzhaarig,* meist mehr als 2mal so lang wie breit; *Bl.stiele drüsig-flaumig, nach dem Verblühen ±aufrecht; Krb. so lang bis 2mal so lang wie der K.,* weiß. IV—IX. Umfaßt im Geb. (auch als Arten bewertet):

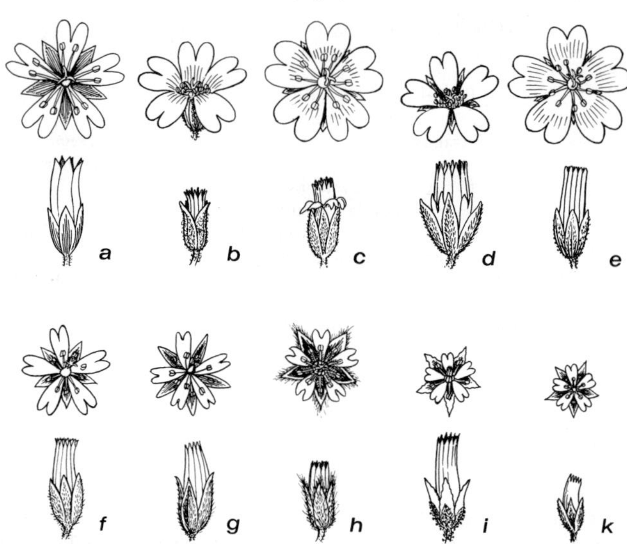

Abb. 142. *Cerastium* spp., Blüten u. Früchte mit Kelch (*a C. cerastoides, b C. tomentosum, c C. arvense, d C. alpinum, e C. latifolium, f C. silvaticum, g C. fontanum, h C. brachypetalum, i C. semidecandrum, k C. pumilum*).

ssp. stríctum (L. em. Haenke) Gaud. (= C. strictum L. em. Haenke); H. 0,03–0,10(0,15); nichtbl. Triebe viel kürzer als Bl.triebe; B. lanzettl., 6–15 mm lang; Kb. 4–6 mm, Krb. bis 12 mm lang. 2n = 36. – Zerstreut (?): Alp. (?).

ssp. arvénse; H. 0,05–0,20(0,30); nichtbl. Triebe etwa so lang wie Bl.triebe; B. lineal.-lanzettl., 10–30 mm lang; Kb. 5–7 mm lang. 2n = 72. Formenreich. – Verbreitet.

Wegränder, Böschungen etc., Schafschwingeltriften, Trockenrasen; ±trockene u. meist sandige Böden. – Verbreitet u. häufig (Alp. bis 1730 m). – Eur., N-Afr., gem. As., N- u. M-Am.; euras-subozean-submed, circ.

884. C. alpínum L. (Abb. 142d) Alpen-H.

♃, *Ch.* – H. 0,05–0,20. *Pfl. lockerrasig;* nichtbl. St. rosettig, blühende aufstrebend, 1- bis 5bl.; B. eiförmig bis länglich-lanzettl., ±stumpf, langhaarig, ca. 2mal so lang wie breit; *Bl.stiele nach dem Verblühen schief-abstehend, zuletzt zurückgebogen;* Kb. 7–10 mm lang. VII–IX. Umfaßt im Geb. (auch als Arten bewertet):

ssp. lanátum (Lam.) A. et G. (= C. lanatum Lam.); Pfl. grau- bis weißlich-wollig-kraus behaart, ohne Drüsenhaare. 2n = 72. – Selten, nur Allgäuer Alp.

ssp. a l p í n u m; Pfl. graugrün-zottig- aber nicht wollig-kraus-behaart, mit langen weichen Haaren, bisweilen drüsig. 2n = 72. – Zerstreut.

Alp. Steinrasen; meist entkalkte, steinige Substrate. – Zerstreut, nur Alp. (1970 bis 2450 m), selten in den Mooren der bay. Hochebene. – Arkt., Isl., N-Eur., Hochgebg. von Span. bis N-Balk., N-As., Chin., N-Am., Grönl.; arkt-alp, circ.

885. C. uniflórum Clairv. Einblütiges H.

♃, *Ch.* – H. 0,02–0,06. *Pfl. dichtrasig;* St. aufsteigend od. blühende aufrecht, meist 1(–3)bl.; *B.* ellipt. bis spatelig, 10–18 mm lang, *oft grasgrün;* Kr. weit beckenförmig geöffnet, gelblichweiß; *Kapsel 2mal so lang wie der K., stark gekrümmt.* VII–VIII. 2n = 36.

Alp. Steinschuttfluren; frische, meist kalkarme Substrate. – Selten, nur Berchtesgadener Alp. – Alp., W-Karp., Jugosl.; alp.

886. C. latifólium L. (Abb. 142e) Breitblättriges H.

♃, *Ch.* – H. 0,03–0,10. *Pfl. lockerrasig;* St. niederliegend-aufsteigend, nichtbl. verlängert u. dicht-beblättert, nicht rosettig, blühende aufrecht, 1- bis 3(5)bl.; *B.* eiförmig-ellipt., *etwas blaugrün;* Bl.stiele nach dem Verblühen eingeknickt; Kr. weit-beckenförmig geöffnet, weiß; *Kapsel mehr als 2mal so lang wie der K., schwach gekrümmt.* VII–VIII. 2n = 36.

Subalp. u. alp. Steinschuttfluren; frische, kalkreiche Substrate. – Zerstreut, nur Alp. (800–1600–2700 m). – Alp., N-Apenn.; alp.

887. C. silváticum W. et K. (Abb. 142f) Wald-H.

♃, *Ch.* – H. 0,25–0,50(0,70). *St. aufstrebend, seitenständige am Grd. wurzelnd; unterste B. in den B.stiel plötzlich zusammengezogen,* spatelförmig, spitz, mittlere länglich, *obere lanzettl.* (bis 50 mm lang); Blst. reichbl., ausgebreitet; untere Tragb. krautig, obere schmal-trockenhäutig-berandet; Fr.stiele abstehend, verlängert. VII–VIII. 2n = 36.

Feuchte, humose Wälder. – Selten, nur Ostpr. (Kreise: Königsberg, Wehlau, Rastenburg, Heiligenbeil). – O-Eur., vom Balt. bis Balk. u. W-Rußl., Ital.; euras-kont(-submed).

888. C. fontánum Baumg. (Abb. 142g) Gemeines H., Quellen-H.

♃ – ⨀ (⨀), *Ch, (Th).* – H. 0,07–0,30(0,60). St. aufsteigend bis ±aufrecht; nichtbl. Triebe kurz; *B.* länglich-eiförmig bis -lanzettl., *sitzend od. unterste stielartig verschmälert;* obere Äste des Blst. einander genähert, obere Tragb. meist zuletzt trockenhäutig berandet; Fr.stiele 2- bis 3(4)mal länger als die *an der Spitze ganzrandigen Kb.* V–X. Umfaßt im Geb. (auch als Arten bewertet):

ssp. m a c r o c á r p u m (Schur) Jalas (= C. macrocarpum Schur); St. bis 0,60 lang; Pfl. drüsig behaart; B. 30–60 mm lang, dünn, durchscheinend; Krb. oft bewimpert; Kb. 6–9 mm, Kapsel 13 bis 18 mm lang. 2n = 144. – Wohl zerstreut.

ssp. f o n t á n u m; H. bis 0,40, dicht abstehend behaart, meist ohne Drüsen; Tragb. hautrandig; Krb. nicht gewimpert; Kb. 6–9 mm, Kapsel 12–18 mm lang. 2n = 144. – Zerstreut im Alp.geb.

ssp. t r i v i á l e (Link) Jalas (= C. holosteoides Fries ampl. Hyl., C. triviale Link); H. 0,05–0,30(0,50), ±behaart, meist ohne od. nur mit vereinzelten Drüsenhaaren; B. ±derb; untere Tragb. oft krautig; Krb. nicht gewimpert; Kb. 3–5 mm, Kapsel bis 12 mm lang. 2n = 144, 134–144, 136–152. Formenreich. – Verbreitet u. häufig.

Wiesen, Weiden, Wegränder, Äcker; frische, nährstoffreiche, meist lehmige Böden. – Verbreitet u. häufig (Alp. bis 2400 m). – Fast Kosmop.

889. C. brachypétalum Pers. (Abb. 142h) Kleinblütiges H.

⊙, *Th.* – H. 0,05–0,30. *Pfl. graugrün, Haare grau, lang;* B. länglich-eiförmig, untere in den B.stiel verschmälert; nur die obersten Ästchen des Blst. einander genähert; *Tragb. u. Kb. überall abstehend-behaart* (selten angedrückt); Kr. weiß, kürzer bis höchstens so lang wie der K., selten fehlend. IV–VI. Umfaßt im Geb. (auch als Arten bewertet):

ssp. b r a c h y p é t a l u m; H. 0,05–0,30; Bl.stiele u. Kb. mit aufrecht-abstehenden, drüsenlosen Haaren. 2n = 90.
Selten im n. u. nö. Geb. (Untertrave, Odergeb., Westpr.), Magdeburg, Naumburg/Saale, Schles., ziemlich selten im s. Geb., s. bis Alp.vorland.

ssp. t e n o r e á n u m (Ser.) Soó (= C. tenoreanum Ser.); H. 0,05 bis 0,18; Bl.stiele u. Kb. mit aufrecht-angedrückten Haaren. 2n = 52. Sehr selten, u. a. bei Basel.

ssp. t a̋ u r i c u m (Spreng.) Murb.; H. 0,05–0,30; Bl.stiele u. Kb. reichlich mit leicht aufrecht-abstehenden Drüsenhaaren. 2n = 90. – Selten (?), Verbreitung ungenügend bekannt.

S-Skand. bis S-Eur., Rußl., Kl.As., Kauk., N-Afr.; submed.

890. C. glomerátum Thuill. (Abb. 141 e–h) Geknäueltes H.

①, ⊙, *H, Th.* – H. 0,02–0,25(0,45). *Pfl. blaß- od. fast gelbgrün;* B. meist rundlich-eiförmig, seltener länglich, untere in den B.stiel verschmälert; Bl. fast geknäuelt; *Tragb. u. Kb. überall behaart; Krb.* weiß, *etwa so lang wie der K.,* selten fehlend. III–IX. 2n = 72.

Äcker, Wege, Schutt etc.; frische bis feuchte, nährstoffreiche, meist sandige Lehmböden. – Zerstreut im n. Geb., im s. Geb. ziemlich häufig (Alp. bis 1570 m). – Fast Kosmop.

891. C. semidecándrum L. (Abb. 142i) Sand-H.

⊙, ①, *Th, H.* – H. 0,01–0,20. Pfl. gelbgrün bis grasgrün; *St.* meist aufrecht, alle bl.tragend; B. länglich od. eiförmig, untere in den B.stiel verschmälert; obere Ästchen des Blst. einander genähert; alle Tragb. hautrandig; Fr.stiele 2- bis 3mal länger als die *ganzrandigen od. ausgebissen-gezähnelten Kb.* III–VI. Im Geb. nur:

ssp. s e m i d e c á n d r u m. 2n = 36.

Sandfluren, Äcker, Trockenrasen; nährstoffhaltige Sandböden. – Verbreitet u. vielerorts häufig, s. bis Alp.vorland. – S-Skand. bis Med., Rußl., Kauk., Kl.As., N-Afr.; subatl-submed.

892. C. púmilum Curt. (Abb. 142k) Niedriges H.

⊙, ①, *Th, H.* – H. 0,02–0,20. St. ±aufrecht; *Pfl. ±drüsig-klebrig;* B. länglich od. eiförmig bis lanzettl., unterste kurz gestielt; untere Tragb. fast ganz krautig; Fr.stiele ±aufrecht-abstehend, etwa so lang wie der K., od. an der Spitze hakig umgebogen u. 2- bis 4mal länger als der K. IV–VI. Umfaßt im Geb. (auch als Arten bewertet):

ssp. p ú m i l u m; Pfl. trübgrün, unterwärts meist rötlich überlaufen, drüsig; untere Tragb. krautig od. fast ganz krautig, nur obere hautrandig; Stbb. 5; Krb. etwa 3mal so lang wie breit. 2n = 90, 95, 90–100.

Selten, Verbreitung ungenügend bekannt, u. a. Schl.Holst., Thür., S-D.

ssp. p á l l e n s (F. W. Schultz) Sch. et Thell. (= C. glutinosum Fries); Pfl. hellgrün, weniger drüsig; alle Tragb. hautrandig, unterwärts nie rötlich überlaufen; Stbb. (5)6–10; Krb. etwa 2,5mal so lang wie breit.

Selten, Verbreitung ungenügend bekannt, u. a. Schl.Holst., Meckl., Brand., S-D.

Wege, Böschungen, Trockenrasen; nährstoff- u. kalkhaltige, meist sandige Böden. – Schwed. bis S-Eur., Rußl., Vord.As., N-Afr., (S-Afr., Austr.); submed-subatl.

893. C. diffúsum Pers. Viermänniges H.
(= C. tetrandrum Curt.)

⊙, ①, *Th, H.* – H. 0,04–0,15. Pfl. stark drüsig-behaart; St. unten oft rötlich; B. lineal.-länglich bis spatelförmig; Fr.stiele aufrecht, 1,5- bis 4mal so lang wie die Kapsel; Krb. kürzer als der K. III–VI. Im Geb. nur ssp. d i f f ú s u m : *Bl. 4*(selten 5)*zählig;* Stbb. 4 (selten bis 8). 2n = 72, 36.

Dünen, Schillergrasfluren; nährstoffhaltiger Dünensand. – Selten, stellenweise häufiger, nur N-See-Küsten (Ostfr. Ins., Helgoland, St. Peter, Föhr, Amrum, Sylt). – W-Eur., Korsika, Sardinien; atl.

Bastarde:
C. fontanum ssp. triviale (?) × glomeratum (= C. × sterile Hausskn.), C. tomentosum × arvense ssp. arvense (= C. × maureri M. Schulze).

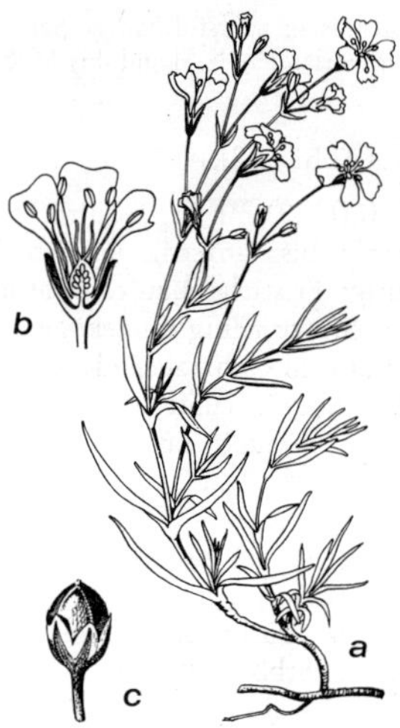

Abb. 143. *Gypsophila repens* (*a* Habitus, *b* Blüte im Längsschnitt, *c* Frucht mit Kelch).

3. Subfam. Silenoídeae
6. Trib. Diántheae

247. *Gypsóphila* L. — Gipskraut

x = 17

I. Pfl. mit blühenden u. nichtbl. Trieben, ♃; St. meist niederliegend-aufsteigend
  A. Stbb. u. Gr. kürzer als die 4–6 mm langen Krb. (St. kahl) . . . . **894. G. repens**
  B. Stbb. u. Gr. länger als die 2–4 mm langen Krb.
    1. St. oben drüsig-weichhaarig, bis etwa 0,45 hoch **895. G. fastigiata**
    2. St. oben kahl, etwa 0,40–1,00 hoch . . . . **896. G. paniculata**
II. Pfl. ohne nichtbl. Triebe, ⊙; St. meist aufrecht . . . . . **897. G. muralis**

1. Sect. Gypsóphila

894. G. répens L. (Abb. 143) — Kriechendes G.

♃, *Ch.* – H. 0,08–0,25(0,35). *St. mit lockerem, gabelspaltigem Blst., nebst Ästen u. B. kahl;* B. meergrün, lineal.-lanzettl.; Krb. weiß od. rötlich, 2mal länger als der K. V–VIII. 2n = 34.

Alp. Kalkschuttges., Gipshügel; kalk- bzw. gipsreiche Substrate. – Zerstreut bis verbreitet: Alp. (bis 2400 m); auch ins Alp.vorland bis Donaugeb. u. obere Rheinebene herabsteigend; sehr selten M-Gebg.: S-Harz (Walkenried, Nordhausen), Vogelsberg. – Pyren., Jura bis M-Gebg., Alp., Karp., Z-Ital.; alp (-praealp).

2. Sect. C o r y m b ó s a e

895. G. fastigiáta L. Ebensträußiges G.

♃, *Ch.* – H. 0,15–0,45. *St. am Gipfel mit gedrungen-ebensträußigem Blst., oberwärts* nebst den Ästen *schmierig-weichhaarig;* B. lineal.; Krb. weiß od. rötlich, etwa 1,5mal so lang wie der K. VI–IX. 2n = 34. Daneben vielleicht auch höhere u. dichter behaarte Formen im Geb., die der ssp. arenária (W. et K.) Domin nahestehen.

Sandrasen, Kiefernwälder; meist kalkreiche u. sandige od. gipsreiche Böden. – Zerstreut: Ostpr.; selten in Westpr., Pomm., O-Meckl., O-Brand., N-Thür. (Kyffhäuser, S-Harz), M-Thür., O-Sachs., Schles.; Mainzer Geb. – Schwed., M-, O- u. SO-Eur.; europ-kont.

3. Sect. R o k e j é k a

896. G. paniculáta L. Rispige G., Schleierkraut

♃, *Ch.* – H. 0,40–1,00. *St. vom Grd. an spreizend-ästig; Blst. ausgebreitet, locker, kahl,* höchstens unten behaart; B. ±lanzettl., ±graugrün; Krb. länglich-rundlich, weiß (selten rötlich), etwas länger als die breit randhäutigen, abgerundeten kurzen K.zipfel. VII–IX. 2n = 34, 28.

Kultiviert, gelegentlich verwildert u. bisweilen ±eingebürgert. – Heimat: O- u. SO-Eur., Kauk., W-Sib.

4. Sect. M a c r o r r h í z a e a

897. G. murális L. Mauer-G.

⊙, *Th.* – H. 0,05–0,18(0,25). St. gabelästig; B. ±lineal.; Krb. meist gekerbt od. ausgerandet, hellpurpurn, mit dunkleren Adern, etwa 2mal so lang wie der K. VII–X. 2n = 34. Hierzu u. a.:

var. s e r ó t i n a (Hayne) Höfft; Pfl. ausgebreitet; B. meist länger als die Internodien; Krb. ausgerandet.

Äcker, Ufer, Wege etc.; feuchte bis nasse, kalkarme, nährstoffreiche Böden. – Im n. Geb. selten u. über große Strecken fehlend, im m. u. s. Geb. zerstreut bis ziemlich häufig, bis untere Gebg.lagen. – S-Skand. bis S-Eur., Kl.As., Kauk., Sib.; euras(-kont).

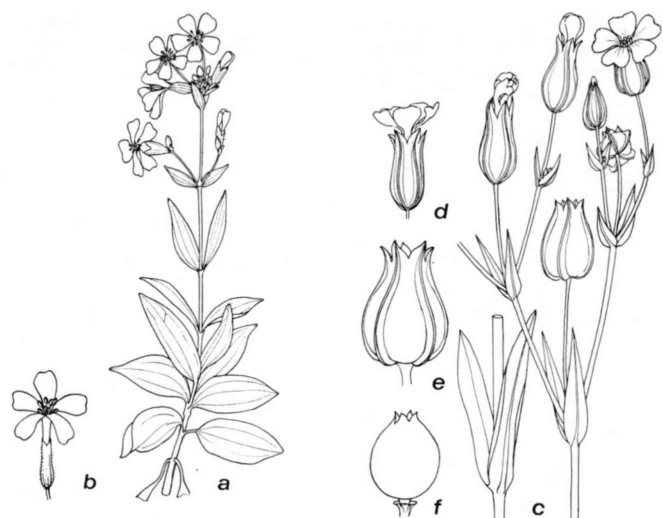

Abb. 144. *a–b Saponaria officinalis* (*a* blühender Sproß, *b* Blüte); *c–f Vaccaria pyramidata* (*c* blühender Sproß, *d* Blüte, *e* Kelch zur Fruchtzeit, *f* Frucht).

248. Saponária L. — Seifenkraut

x = 7

I. St. aufrecht; Bl. groß, 2,5–4 cm ∅. . . . . **898. S. officinalis**
II. St. ausgebreitet-niederliegend; Bl. klein, bis 1,2 cm ∅ **899. S. ocymoides**

898. S. officinális L. (Abb. 144a–b) — Gemeines S.

♃, *H.* – H. 0,30–0,70. Grd.achse weit-kriechend; B. länglich-lanzettl., kahl od. spärlich-behaart, Bl. büschelig-ebensträußig; *K. walzenförmig,* kahl od. behaart, *ca. 20 mm lang;* Platte der Krb. am Grd. mit 2 spitzen Zähnen, hellfleischfarben, selten weiß. VI–IX. 2n = 28. Hierzu u. a.:

var. alluvionális (Desmoulin) Borb. et Wohlf.; Pfl. meist kräftiger; K. drüsig-behaart. – Zerstreut im sö. Geb., u. a. Donaugeb.

Wegränder, Schutt, Unkraut- u. Flußgreiskrautges.; nährstoffreiche Böden. – Zerstreut bis verbreitet u. häufig, insbes. Stromtäler, bis m. Gebg.lagen. – M- bis S-Eur. u. O-As., (Am.); euras-submed.

Droge: Radix Saponariae

899. S. ocymoídes L. Kleinblütiges S.

♃, *H.* – H. bis 0,20. Grd.achse ästig; B. verkehrt-eiförmig bis fast spatelförmig, oberste wie der St. drüsenhaarig; K. *walzenförmig,* zottig, meist rot, *7–11 mm lang;* Platte der Krb. am Grd. mit 2 Schuppen, hellpurpurfarbig, selten weiß. V–IX. 2n = 28.

Subalp. Kalkschuttfluren; meist warme, steinige Böden. – Selten: Garmisch, Mittenwald, Lindau (Alp. bis 1850 m); selten verwildert od. verschleppt (u. a. Berneck, Fichtelgebg.). – Gebg. von Span., Z-Frankr., Ital. u. Alp.geb.; w-praealp(-submed).

249. Vaccária Med. Kuhkraut

x = 15

900. V. pyramidáta Med. (Abb. 144c–f)

⊙, *Th.* – H. 0,30–0,70. St. sehr ästig, kahl; B. lanzettl., am Grd. verwachsen, blaugrün; Bl. in lockeren Dichasien; K. 5flügelig; Krb. (ohne Nebenkr.) fleischfarben. VI–VII. Umfaßt:

ssp. p y r a m i d á t a; Bl. bis 15(20) mm, Platte 3–4 mm lang; Nägel nicht aus dem K. herausragend. 2n = 30, 60. – Zerstreut u. selten.

ssp. g r a n d i f l ó r a (Fisch.) Hayek; Bl. 20–25 mm, Platte 6–8 mm lang; Nägel aus dem K. herausragend. – Wohl nur gelegentlich eingeschleppt.

Getreideäcker, Schutt; ±trockene, kalkreiche Böden. – Zerstreut bis selten im m. u. s. Geb. (oft unbeständig), im n. Geb. vereinzelt u. unbeständig. – S- u. M-Eur. bis N-Afr., Kauk., As., (N-Am.); kont-submed.

250. Túnica Scop. em. Koch Felsennelke

x = 15

901. T. saxífraga (L.) Scop. (Abb. 145a–c)

♃, *Ch.* – H. 0,10–0,25(0,35). St. nach allen Seiten hingebreitet, aufsteigend, oberwärts ästig; B. lineal., spitz; K. glockig, stumpf-5zähnig, am Grd. mit meist 4 trockenhäutigen Hüllschuppen; Kr. weiß od. bleichpurpurfarbig. VI–IX. 2n = 60.

Trocken- u. Felsrasen; warme, kalkhaltige, steinige od. sandige Böden. – Sehr selten: nur Bay. (Hochebene, Fränk. Jura, Bay. Wald), sonst verschleppt. – S-Eur. bis M-Eur., Vord.As., Kauk., Pers.; o-submed.

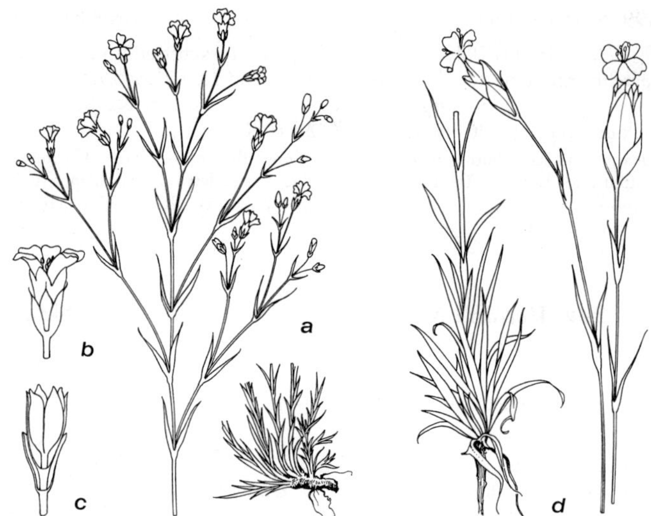

Abb. 145. *a–c Tunica saxifraga* (*a* Sproßspitze mit Blüten, *b* Blüte; *c* Frucht, Kelch z. T. entfernt); *d Kohlrauschia prolifera* (Habitus).

251. Kohlráuschia Kunth — Kopfnelke

x = 15

902. K. prolífera (L.) Kunth (Abb. 145 d)
[= Tunica prolifera (L.) Scop.]

⊙, *Th.* – H. 0,15–0,50. St. aufrecht, kahl; B. lineal.; meist 3 Paar durchscheinend-trockenhäutige, „rauschende", ellipt. Hüllschuppen, die 2 äußeren um die Hälfte kürzer, stachelspitzig, innere sehr stumpf, ±länger als der K.; Kr. rosenrot od. rötlich-lila. VI–X. 2n = 30.

Sandfluren, Trockenrasen; warme, nährstoffhaltige u. meist kalkarme, sandige Böden. – Zerstreut u. selten im nö. u. m., häufiger im s. Geb., fehlt im NW., Alp. u. Alp.vorland. – S-Schwed., M- u. n. S-Eur., bis n. Kl.As., Kauk.; submed-subatl.

252. Diánthus L. — Nelke

x = 15

I. Bl. büschelig od. büschelig-kopfig, gehäuft, nicht od. nur sehr kurz gestielt, von Tragb. umgeben

A. K.schuppen krautig, behaart .... **903. D. armeria**
B. K.schuppen ±trockenhäutig-lederig, kahl .... **904. D. carthusianorum**

II. Bl. einzeln od. zu 2–3 u. ±lang gestielt, selten gebüschelt u. dann nicht von Tragb. umgeben (s. D. seguieri)
A. Krb. gezähnt
1. St. kurzflaumig-behaart (Krb. mit einigen langen Haaren) .... **906. D. deltoides**
2. St. kahl
a) Krb. am Schlund gebärtet od. rot punktiert
x) Krb. hellrot, dunkelrot punktiert; Bl. zu (1)2–3, büschelig .... **905. D. seguieri**
xx) Krb. rot, stark purpurrot gebärtet; Bl. einzeln .... **908. D. gratianopolitanus**
b) Krb. nicht gebärtet u. nicht punktiert (meist rosa, einfarbig) .... **907. D. silvester**
B. Krb. fiederspaltig- od. fingerförmig-eingeschnitten
1. B. bis etwa 1 mm breit; Krb. weiß .... **909. D. arenarius**
2. B. etwa 2–5(10) mm breit; Krb. lila bis rosa **910. D. superbus**

1. Subgen. A r m e r i á s t r u m
1. Sect. A r m é r i u m

903. D. arméria L. (Abb. 146 d) Büschel-N.

⊙, (♃), *H.* – H. 0,30–0,60. *St. nebst den* lineal.-lanzettl. *B. weich- bis rauhhaarig; B.scheiden kaum so lang wie die Breite der B.;* K.schuppen u. Tragb. lanzettl.-pfriemlich; Kr. hellkarminrot, mit dunkleren Punkten. VI–VIII. Im Geb. nur ssp. a r m é r i a. 2n = 30.

Gebüsche, Waldränder, Trockenrasen; ±frische, meist kalkarme, lehmige Böden. – Selten bis zerstreut im m. u. s. Geb., im N. selten u. über große Strecken fehlend. – S-Skand. bis S-Eur., Rußl., Transkauk., Armen.; subatl(-submed).

2. Sect. C a r t h u s i á n i

904. D. carthusianórum L. (Abb. 146a–c) Karthäuser-N.

♃, *Ch, (H).* – H. 0,15–0,60. *St. kahl;* B. lineal., bis etwa 3(5) mm breit, *ihre Scheiden etwa 4mal länger als die B.breite;* Bl. in einem endständigen, meist 6bl., büscheligen Köpfchen gehäuft (verkümmerte auch 1bl.); K.schuppen u. Tragb. lederartig, braun, verkehrt-eiförmig, pfriemlich begrannt; Kr. blutrot, selten blaßrot, sehr selten weiß. VI–IX. Formenreich. Im Geb. ssp. c a r t h u s i a n ó r u m. 2n = 30.

Böschungen, Trockenrasen; trockene, meist kalkreiche Böden. – Zerstreut bis ziemlich häufig im m. u. s. Geb.; zerstreut bis selten im N. u. NO.; im NW. über große Strecken fehlend. – M- u. S-Eur. bis Rußl.; submed.

Abb. 146. *Dianthus* spp., *a–c D. carthusianorum* (*a* Habitus, *b* Blüte im Längsschnitt, *c* Kelchschuppe); *d–k* Blütenbeispiele (*d D. armeria,* vordere Kelch- u. Kronblätter entfernt; *e D. seguieri, f D. deltoides, g D. silvester, h D. gratianopolitanus, i D. arenarius, k D. superbus*).

Anmerkung:
D. barbatus L., Bart-N, mit kahlem, unten kurzhaarigem St., kurz gestielten, lanzettl. B. u. abstehend bis zurückgebogenen, lineal.-lanzettl., äußeren Tragb., häufig kultiviert u. gelegentlich verwildert. – Heimat: Pyren. bis Balk., O-Karp.

2. Subgen. D i á n t h u s
3. Sect. B a r b u l á t u m

905. D. seguiéri Vill. (Abb. 146e) Busch-N.
(= incl. D. silvaticus Hoppe)

♃, *H.* – H. (0,06)0,20–0,60. *St. kahl;* B. lineal.-lanzettl., *ihre Scheiden etwa so lang wie die Breite der B.*, graugrün bis grasgrün; *Bl. zu* (1)*2–3, büschelig;* Tragb. lanzettl., lang-zugespitzt; K.schuppen eiförmig, begrannt, Granne ±krautig; Kr. hellkarminrot od. purpurrot, am Schlund mit einem Ring von dunkelroten Flecken, selten einfarbig. VI–VIII. 2n = 90. Formenreich.

Gebüsche, Waldränder, Magerrasen, Wiesen; frische bis feuchte, kalkarme Böden. – Selten von Anh., Sachs., O-Thür. bis Odenwald, Jurageb., Baar u. Alp.vorland. – SW- u. M-Eur., N-Ital.; submed-euras-kont.

906. D. deltoídes L. (Abb. 146f) Heide-N.

♃, *H, Ch.* – H. 0,15–0,30(0,45). *St. weichhaarig, mit 1bl. Ästen; B.* lineal.-lanzettl., untere stumpf, *am Rande rauh;* Tragb. von den K.schuppen entfernt, oft b.artig; *K.schuppen* meist zu 2, ellipt., *mit der pfriemlichen Granne halb so lang wie die K.röhre;* Kr. purpurrot mit weißen Punkten u. einem dunkleren Ring, sehr selten weiß. VI–IX. 2n = 30. Hierzu: u. a.:

var. g l a̋ u c u s (L.) Ser.; Pfl. ±meergrün; Kr. hellrosenrot od. weißlich mit purpurrotem Ring. – Vereinzelt.

Trockene Wiesen, Magerrasen etc.; saure, kalkarme, meist sandige Böden. – Verbreitet bis zerstreut in den Silikatgeb., fehlt u. a. Alp. – N- bis S-Eur., gem. As.; (no)euras-subozean.

4. Sect. D i á n t h u s

907. D. silvéster Wulf. (Abb. 146g) Stein-N.

♃, *Ch.* – H. 0,05–0,40. *Pfl. dichtrasig;* St. 1- bis mehrbl.; *B.* lineal., am Grd. rinnig, am Rande rauh, *gras-* od. etwas bläulich*grün;* K.schuppen breit-eiförmig, kurz-begrannt, kaum 1/4 so lang wie die K.röhre; *Krb. am Schlund nicht bärtig,* rosa, meist geruchlos. VII–IX. 2n = 30. Im Geb. nur ssp. s i l v é s t e r.

Subalp. u. alp. Steinrasen; ±trockene, basenreiche Substrate. – Selten, nur Allgäuer Alp. (1600–1800 m). – Alp., S-Eur.; praealp(-submed).

Anmerkung:
D. caryophyllus L., Garten-N., mit meergrünen, bereiften B. u. duftenden Bl., kultiviert u. selten verwildert. – Heimat: Med. (Span., Ital., S-Balk.).

5. Sect. P l u m á r i a

908. D. gratianopolitánus Vill. (Abb. 146h) Pfingst-N.
(= D. caesius Sm.)

♃, *Ch.* – H. 0,10–0,30. *Pfl. lockerrasig, Achsen niederliegend, wurzelnd;* St. kahl, meist 1bl.; B. lineal., meergrün, am Rande rauh; *K.schuppen* angedrückt, eiförmig, stumpf, zugespitzt od. fast begrannt, 1/4–1/3 *so lang wie die K.röhre; Krb. am Schlund bärtig,* rosa, wohlriechend. V–VI(IX). 2n = 90.

Felsrasen, Böschungen, Kiefernwälder; trockene, basenreiche Substrate. – Selten vom Odergeb. (Frankfurt, Schles.) über Sachs., Anh. (Selke- u. Bodetal), Thür. (oberes Saalegeb., Tambach, Wartburg) bis Nieders. (Süntel), Hess., M-Rhein, Nahetal, Bodenseegeb.; Fichtelgebg.–Frankenwald. – W- u. M-Eur. bis S-Rußl., Ital.; praealp(-submed-subatl).

Anmerkung:
D. plumarius L., Feder-Nelke, u. verwandte Formenkreise, mit fingerig-zerschlitzten Platten der Krb., häufig kultiviert. – Heimat: SO-Eur.

909. D. arenárius L. (Abb. 146i) Sand-N.

♃, *H.* – H. 0,15–0,25(0,45). *Pfl. rasig; Achsen niederliegend, wurzelnd, sehr ästig; St. meist 1bl.;* B. lineal.-pfriemlich, grasgrün; K.-schuppen eiförmig, stumpf od. kurzbespitzt, $^1/_4$ so lang wie die K.röhre; Platte der Krb. weiß, am Grd. mit einem grünen Fleck u. mit weißlichen od. purpurroten Haaren besetzt (Herbstbl. ändern zuweilen in der Farbe ab). VI–IX. Im Geb. ssp. b o r ú s s i c u s (Vierh.) Kleopow. 2n = 60.

Kiefernwälder, Heiden; nährstoffärmere Sandböden. – Selten, nur NO-D. (O-Meckl., O-Brand., Pomm. bis Ostpr., Schles.). – S-Schwed. u. O-D. bis Rußl.; gem-kont.

910. D. supérbus L. (Abb. 146k) Pracht-N.

♃, *H.* – H. 0,20–0,60(1,00). *St. meist einzeln, 2- bis mehrbl.;* B. etwas blaugrün, lineal.-lanzettl., zugespitzt; Tragb. verkehrt-eiförmig, stachelspitzig; K.schuppen eiförmig, kurz-begrannt, $^1/_3$–$^1/_4$ so lang wie die K.röhre; Kr. fleischfarben mit purpurroten Härchen od. lila, selten weiß, wohlriechend. Umfaßt:

ssp. s u p é r b u s ; H. 0,20–0,40(0,50); Pfl. ästig; B. rel. breit, dunkelblaugrün. VI–VIII. 2n = 30.

Feuchtwiesen; wechselnasse, nährstoffreiche Böden. – Zerstreut, fehlt (u. a. im NW.) über größere Strecken. – euras(-kont).

ssp. a u t u m n á l i s Oberd.; H. 0,50–0,80(1,00); Pfl. reichästig u. reichbeb., lockerrasig; St. sich bereits im Mai entwickelnd; B. schmal-lineal., hellblaugrün. VIII–X.

Eichenwälder; trockene bis frische, basenreiche Böden. – Selten bis zerstreut: u. a. O-Thür., Anh. (Naumburg/Saale), S-Hess., Oberrheingeb., S-Schwarzwald; Verbreitung ungenügend bekannt.

ssp. s p e c i ó s u s (Rchb.) Hayek; H. 0,20–0,40(0,50); Pfl. weniger ästig; St. 1- od. wenigbl.; B. rel. breit, dunkelblaugrün; K. braunrot od. violett, breit; Bl. groß; Krb. dunkelviolettrot, selten weiß. VII–VIII. 2n = 30.

Subalp. Hänge, Hochgrasfluren. – Zerstreut: Allgäu (bis 2000 m?), Riesengebg. – alp.

Gesamtart: Eur., As.

Bastarde:

D. arenarius × deltoides (= D. × seehausianus Aschers.), D. armeria × carthusianorum (= D. × aschersonii M. Schulze), D. armeria × deltoides (= D. × hellwigii Aschers.), D. armeria × superbus (= D. × zschackeanus A. et G.), D. barbatus × deltoides (= D. × laucheanus Bolle), D. barbatus × superbus (= D. × courtoisii Rchb.), D. carthusianorum × arenarius (= D. × lucae Aschers.), D. carthusianorum × deltoides (= D. × dufftii Hausskn.), D. carthusianorum × superbus (= D. × huebneri Seehaus), D. deltoides × superbus (= D. × jaczonis Aschers.), D. silvester × carthusianorum (= D. × spurius Kerner).

7. Trib. Lychnídeae

253. Cucúbalus L. Hühnerbiß

x = 12

911. C. báccifer L. (Abb. 147a–b)

♃, *H*. – H. 0,40–1,50(2,50). St. schwach, weitästig, oft spreizkletternd, kurzhaarig; B. länglich-eiförmig, spitz; Bl. end- od. b.winkelständig; K. bauchig-glockig; Krb. 2spaltig, grünlich-weiß; Beeren kugelig, schwarz, glänzend. VII–IX. 2n = 24.

Auenwälder u. -gebüsche, Hochwasserdämme; gelegentlich überschwemmte, nährstoffreiche Böden. – Selten im Bereich der großen Flußtäler, im N. nur im nö. Geb. (Elbe- bis Memelgeb.); im NW. fehlend; sw. u. s. etwa bis Rhein- u. Donaugeb. – W-, M- u. S-Eur. bis gem. As.; gem-kont(-submed).

254. Siléne L. Leimkraut

x = 12

I. K. zur Bl.zeit aufgeblasen, weitoffen (Nerven durch Seitennerven verbunden); Knospenlage der Krb. dachziegelig . . . . **912. S. vulgaris**

II. K. zur Bl.zeit nicht aufgeblasen; Knospenlage der Krb. abwechselnd gedreht

A. K. 30nervig (zur Fr.zeit mit verbreitertem Grd. kegelförmig; Stbf. behaart) . . . . **913. S. conica**

B. K. 10nervig

1. Bl. in traubenartigen Wickeln (St. mehrbl.)

a) Bl. fast sitzend in gegabelten Wickeln; Krb. 2spaltig . . . . **914. S. dichotoma**

b) Bl. in einfachen Wickeln, in „Gabelungen" niemals Bl.; Krb. höchstens etwas ausgerandet . . . . **915. S. gallica**

2. Bl. in ±deutlichen u. zusammengesetzten Dichasien, od. in einfachen od. zusammengesetzten Trauben, od. St. nur 1bl.

a) Bl. in ±deutlichen u. zusammengesetzten, bisweilen fast scheindoldigen Dichasien od. St. nur 1bl.

x) St. nur 1bl., 1–4 cm hoch; Pfl. polsterförmig . . . . **916. S. acaulis**

xx) St. mehrbl., über 5 cm hoch, ±aufrecht

/) Blst. stark zusammengesetzte Dichasien, bisweilen fast scheindoldig

§) St. unter den Knoten nicht klebrig; Blst. stark gabelig verzweigt **917. S. rupestris**

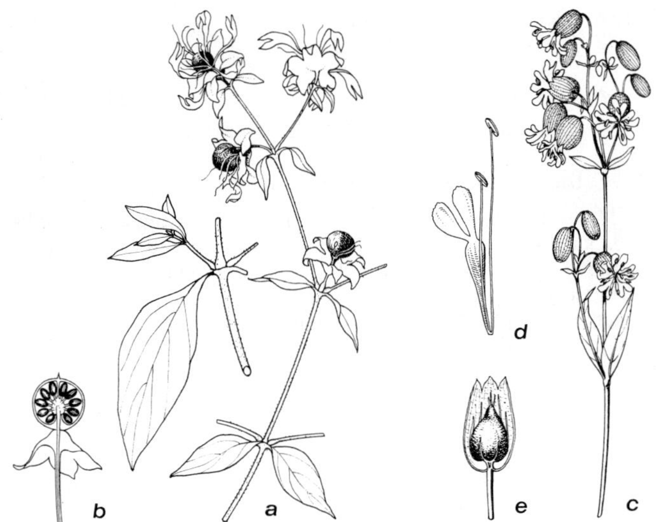

Abb. 147. *a–b Cucubalus baccifer* (*a* blühender u. fruchtender Sproß, *b* Frucht mit Kelch im Längsschnitt); *c–e Silene vulgaris* (*c* blühender Sproß, *d* Kronblatt mit Staubblättern; *e* Frucht mit Kelch, Kelch z. T. entfernt).

§§) St. unter den oberen Knoten klebrig; Blst. scheindoldig-gabelig-verzweigt .... **918. S. armeria**

//) Blst. lockere, armbl. – bisweilen unvollständige – Dichasien

§) St. unter den oberen Knoten klebrig, am Grd. behaart, sonst kahl .... **919. S. cretica**

§§) St. unter den Knoten nicht klebrig, kurzhaarig-flaumig .... **920. S. linicola**

b) Bl. in einfachen od. zusammengesetzten traubenartigen Blst., oft in scheinquirligen od. scheindoldig-dichasialen Teilblst. gehäuft

x) Äste des Blst. verkürzt, ein- od. wenigbl. od. Bl. scheinquirlig

/) Bl. in einfachen Trauben; obere St.-glieder der Hauptachse wenig verkürzt

§) Krb. grünlich, am Schlund mit Schuppen .... **921. S. chlorantha**

§§) Krb. weiß, am Schlund ohne Schuppen .... **922. S. tatarica**

//) Bl. in einfachen od. zusammengesetzten, Scheinquirle tragenden Trauben, obere St.glieder der Hauptachse oft stark verkürzt (Krb. am Schlund ohne Schuppen) .... **923. S. otites**

xx) Blst. zusammengesetzte, rispige Trauben, mit traubigen Ästen od. Dichasien

/) Krb. am Schlund mit spitzen Schuppen; Blst. meist nickend .... **924. S. nutans**

//) Krb. am Schlund ohne od. nur mit kleinen, höckerigen Schuppen; Bl. aufrecht .... **925. S. italica**

1. Sect. Behenántha

912. S. vulgáris (Moench) Garcke (Abb. 147c–e) Aufgeblasenes L.
[= S. cucubalus Wib., S. inflata (Salisb.) Sm.]

♃, *H, (Ch).* – H. (0,10)0,20–0,50(1,00). B. ellipt. od. lanzettl., spitz; Bl. gabel- u. endständig, 2häusig od. vielehig; K. *eiförmig, aufgeblasen, vielstreifig, netzaderig, kahl;* Kr. weiß, selten ±rosenrot. V–IX. Umfaßt im Geb. (auch als Arten bewertet) u. a.:

ssp. vulgáris; H. (0,10)0,20–0,50(1,00); St. meist aufsteigend od. ±aufrecht; Blst. meist reichbl. (selten 1- bis 3bl.); K. meist blaß; S. 0,5–2 mm breit, dicht kurzstachelig. 2n = 24. Sehr formenreich. Hierzu u. a.:

var. húmilis Schubert; H. 0,10–0,20; St. aufsteigend meist armbl.; B. schmal.lanzettl.; S. klein.

Schwermetallrasen; trockene, schwermetallhaltige Kies- od. Schlackenhalden. – Selten, u. a. Osnabrück, Harzgeb., N-Thür., Anh.

Böschungen, Steinschutt, Magerrasen etc.; ±trockene bis frische, nährstoff- u. meist kalkhaltige Böden. – Verbreitet bis häufig, insbes. im m. u. s. Geb.; im NW. selten, über große Strecken fehlend.

ssp. prostráta (Gaud.) Sch. et Thell. (= S. willdenowii Sweet); H. 0,10–0,20; St. niederliegend-aufsteigend; Blst. 1- bis 3bl.; K. meist rötlich überlaufen; S. 1,5–2 mm breit, feinwarzig. 2n = 24.

Kalkschutt u. Geröll. – Alp. (bis 2230 m).

Gesamtart: Eur., As., N-Afr.; no-euras-submed.

2. Sect. Conomórpha

913. S. cónica L. Kegel-L.

⊙, *Th.* – H. 0,15–0,30(0,45). St. drüsig-weichhaarig; *K. anfangs länglich, später fast kegelförmig;* Krb. verkehrt-herzförmig, meist rosenrot, mit Schuppen am Schlund; Kapsel länglich-ei-kegelförmig. VI bis VII. Im Geb. nur ssp. cónica. 2 n = 24.

Sandrasen, Dünen, Böschungen; trockene Sandböden. – Zerstreut u. selten: Mainzer Becken, Rhein-, Main-, Mosel-, Nahe-Geb. u. NO-D.; sonst vereinzelt verschleppt. – Med. bis W- u. M-Eur., Rußl., Vord.As., W-Sib.; submed(-subatl).

3. Sect. S i l é n e

914. S. dichótoma Ehrh. Gabeliges L.

⊙, ①, *Th, H.* – H. 0,20–0,60(1,00). Pfl. zerstreut kurzhaarig; *St. wiederholtgabelspaltig*; untere B. ±spatelig, obere lanzettl., spitz; Bl. ±einseitswendig, groß; *K. länglich-zylindrisch, mit ei-lanzettl., spitzen Zähnen,* auf den stark hervortretenden, grünen Rippen borstig-behaart; *Krb. tief-2spaltig,* weiß, am Schlund mit Schuppen. VII–VIII. Im Geb. ssp. d i c h ó t o m a. 2n = 24.

Schuttstellen, Wegränder, Äcker etc.; ±nährstoffreiche, meist lehmige Böden. – Selten u. zerstreut, oft unbeständig, vereinzelt eingebürgert. – So-Eur., SW-As.; nach M- u. W-Eur. verschleppt.

915. S. gállica L. Französisches L.

⊙, *Th.* – H. 0,10–0,50. St. ±rauh- od. weichhaarig; B. länglich, untere verkehrt-eiförmig bis spatelförmig; Bl. ±einseitswendig, klein; K. röhrig, drüsigflaumig; *Krb.* verkehrt-eiförmig, *ganzrandig od. ausgerandet,* rosa od. weißlich. VI–VII. 2n = 24. Veränderlich. Hierzu u. a.:

var. q u i n q u e v ú l n e r a (L.) M. et K.; Krb. mit blutrotem Fleck, am Rande rötlich-weißlich.

var. á n g l i c a (L.) M. et K.; Krb. weiß- od. rötlich; St. ±ausgebreitet-ästig; K. zur Reife ±abstehend od. zurückgeschlagen.

Schuttstellen, Äcker, Gärten etc.; trockene, ±nährstoffreiche Böden. – Selten u. unbeständig. – Med. u. wohl z. T. nur verschleppt (Eisenbahnen) bis S-Skand., As., Afr., Am.

4. Sect. D i c h a s i o s i l é n e

916. S. acaúlis (L.) Jacq. (Abb. 148a) Stengelloses L.

♃, *Ch.* – H. 0,01–0,04. *St.* dichte, rasenförmige Polster bildend, nebst dem *Bl.stiel u. K. kahl; B. lineal.-pfriemlich,* am Grd. bewimpert; K. ±glockig, etwa $^1/_2$ so lang wie die Fr.; Krb. ±ausgerandet, rosa, selten weiß. VII–VIII. Im Geb. wohl nur ssp. l o n g i s c á p a (Kerner) Hayek. 2n = 24.

Alp. Steinrasen; kalkhaltige Substrate. – Verbreitet: Alp. (1550–2570 m). – Hochgebg. von Pyren. bis N-Balk., N-Eur., Ural, Rocky Mts., Arkt.; alp-arkt, circ.

917. S. rupéstris L. Fels-L.

(⊙), ♃, *H.* – H. 0,05–0,25. St. aufrecht bis aufsteigend, öfter unten zerstreut behaart; B. bläulich-grün, länglich-eiförmig, spitz; Bl. gabel- u. endständig, langgestielt; Krb. verkehrt-eiförmig, tief ausgerandet,

Abb. 148. *a Silene acaulis* (Habitus); *b–c Heliosperma quadridentatum* (*b* blühende Sprosse, *c* Same).

fast doppelt so lang wie der kreiselförmige, *zwischen den Rippen nicht nervige K.*, weiß, selten rosenrot. VI–IX. 2n = 24.

Mauern, Felsspalten etc.; kalkarme bis -freie, steinige Substrate. – Selten: Alp. (1550–2100 m), S-Schwarzwald. – Hochgebg. von Pyren. bis Karp., S-Skand., Altai; alp-praealp(-no).

918. S. arméria L. Garten-L.

⊙, (⊙), *Th, (H).* – H. 0,15–0,60. St. aufrecht, kahl, *obere St.glieder klebrig-beringelt*; B. eiförmig, blaugrün; Blst. endständig, büschelig-gedrungen, scheindoldig, reichbl.; Krb. keilig-verkehrt-eiförmig, ausgerandet, fast doppelt so lang wie der schmal-keulenförmige, *zwischen den Adern nervige K.*, kirschrot bis fleischfarben (selten weiß). VI–IX. 2n = 24.

Gebüsche, Heiden, Wege etc.; nährstoffhaltige, kalkarme Böden. – Selten: Harz (Bodetal), Rhön (Milseburg), Rheingeb., Mosel-, Nette-, Nahe-, Ahr- u. Saartal, Rheinpfalz (oberhalb Landau), insbes. auf dem Maifeld; daneben vereinzelt u. verwildert. – S- u. s. gem. Eur.; submed(-subatl).

919. S. crética L. Kreta-L.

⊙, *Th.* – H. 0,30–0,50. *St.* aufrecht, ±starr ästig, kahl bis kaum behaart, *oberwärts klebrig*; untere B. spatelig-verkehrt-eiförmig, obere ±lineal.; Bl. gabel-

u. endständig; K.zylindrisch-glockig, zur Fr.zeit eiförmig-keulig od. kugelig, *zwischen den hervortretenden rötlichen Rippen aderlos; K.zähne* eiförmig-lanzettl., *spitz, breit-weißberandet; Krb. länglich-keilförmig, 2spaltig od. seicht-ausgerandet.* VI–VII. 2n = 24.

Leinäcker. – Sehr selten u. unbeständig. – S-Eur. bis Vord.As., N-Afr.; o-med.

920. S. linícola Gmel. Flachs-L.

⨀, *Th.* – H. 0,30–0,60. *St.* schlank, oberwärts gabelig, nebst den Bl.-stielen *kurzhaarig-rauh-flaumig*; K. zylindrisch-keulenförmig, zur Fr.zeit eiförmig-keulig od. breit verkehrt-eiförmig; *Krb. schwach ausgerandet,* wenig-länger als der *zwischen Rippen aderige K.*, hell-fleischrot, rosenrot-geadert; sonst wie vor. Art. VI–VII. 2n = 24.

Leinäcker. – Sehr selten: Schles., S-D. – Frankr. u. D. bis N-Ital.; Heimat wohl Med.

5. Sect. B o t r y o s i l é n e

921. S. chlorántha (Willd.) Ehrh. Grünblütiges L.

♃, *H.* – 0,25–0,60. St. kahl, unten mit lanzettl.-spatelförmigen, oben mit lineal. B.; Äste des *anfangs etwas überhängenden Blst.* gegenständig, traubenartig, 1- bis 3bl.; Bl.stiele etwas nickend; K. länglich-keulenförmig; *Krb. grünlich, am Schlund mit stumpfen Schuppen.* VII–VIII.

Kiefernwälder, Hügel. – Selten bis zerstreut, nur nö. Geb. (SO-Meckl., Brand. bis s. Ostpr.; Schles.). – O- u. SO-Eur. bis Rußl., Sib., Dsungarei; kont.

922. S. tatárica (L.) Pers. Tatarisches L.

♃, *H.* – H. 0,30–0,60. St. kahl od. schwach behaart, mit lineal.-lanzettl. bis spatelförmigen B. ±dicht besetzt; *Äste des* trauben-artigen, ±einseitswendigen *Blst. auch anfangs aufrecht,* gegenständig, 1- bis 3bl.; Bl. beim Aufblühen auf aufrechten Stielen nickend; K. länglich-keulenförmig; *Krb. weiß, ohne Schuppen am Schlund.* VII–VIII. 2n = 24.

Sandige Flußufer, Teichränder. – Selten im unteren Odertal, nach O. zunehmend: Warthe-, Weichsel- u. Memelgeb. – Norw., Finnl., O-Eur. bis Rußl., Sib., Transkauk.; (euras-)kont.

923. S. otítes (L.) Wibel Ohrlöffel-L.

♃, (⨀), *H.* – H. 0,20–0,60(1,00). Untere B. rosettenartig gehäuft, spatelförmig, obere lineal.; Äste des Blst. gegenständig, obere quirlig-traubenförmig; Scheinquirle reichbl.; Bl. 2häusig-vielehig; K. röhrig-glockig, wie der obere Blst. meist kahl; Krb. ungeteilt, lineal., gelbgrünlich. V–IX. Umfaßt im Geb.:

ssp. o t í t e s ; Blst. trauben- od. ährenartig bis kopfig, höchstens unten kurz-rispenartig. 2n = 24. – Zerstreut. Hierzu u. a.:

var. parviflóra (Ehrh.) Rohrb.; Bl.stiele u. K. rauhhaarig; Krb. am Nagel bewimpert. – Sehr selten, nur Kurische Nehrung.

ssp. pseudotítes (Bess.) A. et G.; Blst. aus Trauben zusammengesetzt, rispenartig. 2n = 24. – Selten, nur SW-D. (Mainz, Darmstadt, Bergstraße).

Dünen, Trockenrasen; kalkhaltige Sand- od. Lehmböden. – Zerstreut: Ostfr. u. Nordfr. Ins. (sonst im NW. über große Strecken fehlend), vom nö. u. m. Geb. bis SW-D. (selten). – W-, M- u. s. Eur. bis Rußl., Vord.As., Sib., Dsungarei; gem-kont(-submed).

924. S. nútans L. Nickendes L.

♃, *H.* – H. 0,25–0,70. St. weichhaarig, oberwärts klebrig; untere B. spatelförmig, ±gestielt, bis ellipt.-lanzettl.; Blst. rispenartig, mit gegenständigen, (1)3- bis 7bl., meist 3gabelig verzweigten Ästen; K. walzlich-keulig, ***mit spitzen Zähnen;*** Krb. ±weiß, unterseits bisweilen mit blaugrauen od. grünen Streifen, sehr selten rot. VI–IX. Im Geb. ssp. nútans. 2n = 24. Hierzu u. a.:

var. glábra DC.; B. nur am Grd. bewimpert, sonst Pfl. kahl. – Selten bis zerstreut.

Gebüsche, Waldränder, Magerrasen; meist ±nährstoffhaltige, basenreiche Substrate. – Verbreitet (Alp. bis 1960 m); im NW. fast völlig fehlend. – Skand. bis S-Eur., N-Afr., O-As.; euras-submed.

925. S. itálica (L.) Pers. Hain-L.

⊙, ♃, *H.* – H. 0,30–1,20. St. unten grau-rauhhaarig, oberwärts klebrig; untere B. gestielt, rundlich-eiförmig, spatelig; Blst. rispenartig, rel. dicht, zusammengesetzt, mit gegenständigen, 3- bis vielbl., meist 3gabelig verzweigten Ästen; K. keulenförmig *mit stumpfen Zähnen;* Krb. oberseits weiß, unterseits mit hellvioletten, grauen od. grünen Adern. V–VII. Im Geb. nur (auch als Art bewertet) ssp. nemorális (W. et K.) Nyman (= S. nemoralis W. et K.). 2n = 24.

Waldränder, Wege. – Selten u. vereinzelt, wohl nur eingeschleppt u. z. T. eingebürgert: Sachs. (Loschwitz, Wachwitz, Dresden, Pirna, Dohna), Oberrheingeb. – S- u. SO-Eur.; submed(-gem-kont).

255. Heliosperma Rchb. Strahlensame

x = 12

926. H. quadridentátum (Murr.) Sch. et Thell. (Abb. 148 b–c) (= Silene quadrifida L. p.p.)

♃, *Ch.* – H. 0,05–0,20. Lockerrasig; St. dünn, gabelspaltig, oberwärts klebrig-beringelt; B. schmal-lineal., untere fast spatelig; K. verkehrt-kegelförmig; Krb. weiß, mit Schuppen am Schlund, am Nagel grünlich, Platte ausgerandet bis 4zähnig; S. am Rand strahlig-kammförmig-gewimpert. VI–VII(XI). Im Geb. ssp. q u a d r i d e n t á t u m. 2n = 24.

Subalp. u. alp. Quellfluren, feuchte Felsen etc.; feuchte bis nasse, kalkhaltige Substrate. – Zerstreut bis verbreitet: Alp. (1350–2300 m), mit den Flüssen bisweilen ins Vorland herabsteigend. – Hochgebg. von Pyren. bis Karp., Balk.; alp.

256. Meländrium Roehl. Lichtnelke

x = 12

I. Gr. 5; Bl. 1geschlechtig, 2häusig
  A. Kapsel mit aufrechten Zähnen; Bl. weiß (selten fleischrot) .... 927. M. album
  B. Kapsel mit zurückgerollten Zähnen; Bl. rot (sehr selten weiß) .... 928. M. silvestre
II. Gr. 3, Bl. ☿
  A. B. mit welligem, gekerbtem od. gezähntem Rand; Bl. ohne Nebenkrone .... 929. M. viscosum
  B. B. ganzrandig; Bl. mit Nebenkrone .... 930. M. noctiflorum

1. Sect. M e l á n d r i u m

927. M. álbum (Mill.) Garcke (Abb. 149a–d) Weiße L.

①, ⊙, (–♃), *H, Th.* – H. 0,30–0,90(1,20). St. zottig; *obere B.* eiförmig-lanzettl., verschmälert-zugespitzt, *nebst den Bl.stielen u. K. drüsig-kurzhaarig;* Bl. am Abend geöffnet, etwas wohlriechend. VI–IX. 2n = 24.

Wegränder, Schuttplätze, Unkrautges.; oft rel. trockene, nährstoffreiche, sandige od. lehmige Böden. – Verbreitet bis zerstreut (bis m. Gebg.lagen). – Eur., N-Afr., Vord.As., Sib., (N-Am.); (no-)euras-submed.

928. M. silvéstre (Schkuhr) Roehl. Rote L.
[= M. rubrum (Weig.) Garcke, M. diurnum (Sibth.) Fries, M. dioicum (L.) Simk.]

♃, *H.* – H. 0,30–0,60(1,00). *St., B., Bl.stiele u. K. von* meist *drüsenlosen Haaren zottig* (selten Pfl. kahl); obere B. eiförmig, plötzlich zugespitzt; Bl. am Tage geöffnet, fast geruchlos. IV–IX. 2n = 24.

Laubwälder, Wiesen; ±feuchte, nährstoffreiche, sandige od. lehmige Böden. – Verbreitet u. häufig (Alp. bis 2364 m). – Eur.; N-Afr., gem. As., (N-Am.); no-euras-subozean.

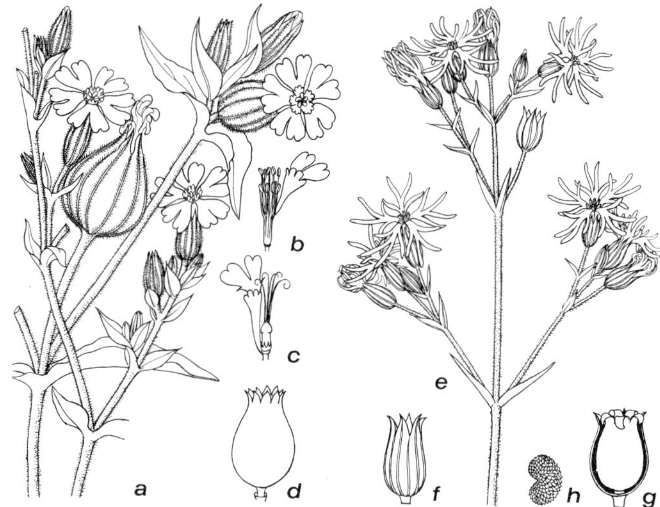

Abb. 149. *a–d Melandrium album* (*a* blühende u. fruchtende Sprosse, *b* Staubblätter mit Kronblatt, *c* Fruchtknoten u. Kronblatt, *d* Frucht); *e–h Lychnis flos-cuculi* (*e* blühender u. fruchtender Sproß, *f* Kelch, *g* Frucht mit z. T. entferntem Kelch, *h* Same).

2. Sect. E l i s á n t h e

929. M. viscósum (L.) Celak. Klebrige L.
[= Silene viscosa (L.) Pers.]

⊙, ⊙, *H.* – H. 0,30–0,70. *Ganze Pfl. dicht klebrig-zottig;* B. eiförmig-lanzettl.; Blst. rispig-traubenartig, scheinquirlig, mit gegenständigen, 1- bis 3bl. Ästen; K. walzlich; *K.zähne lanzettl., stumpflich*; Kr. weiß; *Kapselzähne aufrecht.* V–VII. 2n = 24.

Sandige Triften, Wegränder. – Sehr selten, nur NW-Rügen, Hiddensee. – Dän., Schwed., Finnl., N-D., Rußl. bis Vord.As., Z-As.; (no-)kont.

930. M. noctiflórum (L.) Fries Acker-L.
(= Silene noctiflora L.)

⊙, *Th.* – H. 0,15–0,45. *Pfl. oberwärts drüsig-klebrig,* unten rauh; St. oberwärts gabelspaltig; untere B. länglich-verkehrt-eiförmig; Bl. gabel- u. endständig; K. fast zylindrisch; *K.zähne lineal.-pfriemlich;* Krb. tief-2spaltig, weiß od. blaß-fleischrot; *Kapselzähne zurückgerollt;* Bl. nachts geöffnet, duftend. VI–IX. 2n = 24.

Getreideunkrautges., Schuttplätze, Wegränder; trockene, kalk- u. nährstoffhaltige Böden. – Zerstreut bis selten (Alp. bis 880 m), im N. über große Strecken fehlend. – Skand. bis S-Eur., Rußl., Vord.As., Sib.; (N-Am.); eurassubmed.

Bastard:
M. album × silvestre (= M. × dubium Hampe)

257. Lýchnis L. Lichtnelke

x = 12

I. Krb. ungeteilt (selten ausgerandet); Pfl. filzig-behaart **931. L. coronaria**
II. Krb. bis über die Mitte 4spaltig; Pfl. zerstreut-behaart .... **932. L. flos-cuculi**

1. Sect. Pseudagrostémma

931. L. coronária (L.) Desr. Kranz-L.

♃, *H.* – H. 0,30–0,60(1,00). B. eiförmig-lanzettl., dicht-weißfilzig; K.rippen ungleich stark, Zähne gedreht; Krb. groß, purpurrot, selten weiß; *Zünglein am Krönchen steif, stechend.* VI–VII(IX). 2n = 24.

Kultiviert u. gelegentlich verwildert. – Heimat: O-Med., Kl.As. bis Turk., Him.

2. Sect. Coccygánthe

932. L. flós-cúculi L. (Abb. 149 e–g) Kuckuck-L.

♃, *H.* – H. 0,30–0,60(0,90). Untere B. länglich-spatelig, obere lineal.-lanzettl.; K.rippen gleich stark, Zähne nicht gedreht; Krb. rosarot, selten weiß, *Zünglein am Krönchen weich.* V–VIII. 2n = 24. Im Geb. ssp. flós-cúculi.

Feucht- u. Moorwiesen; nasse bis feuchte, nährstoffreiche, humose Böden. – Verbreitet bis häufig (Alp. bis 1360 m). – Isl., N-Eur. bis S-Eur., Kauk., Sib.; (N-Am.); (no-)euras-subozean(-submed).

258. Viscária Bernh. Pechnelke

x = 12

933. V. vulgáris Bernh. (Abb. 150a–c)

♃, *Ch, H.* – H. 0,15–0,60. St. meist kahl, oberwärts unter dem Knoten klebrig; B. lanzettl., zum größten Teil kahl; Blst. traubenartig-rispig; Bl. fast quirlig; Krb. ungeteilt, ausgerandet, purpurfarbig, selten weiß. V–VII. 2n = 24. Im Geb. ssp. vulgáris.

Abb. 150. *a–c Viscaria vulgaris* (*a* Habitus, *b* Kronblatt, *c* Kelch); *d–f Agrostemma githago* (*d* Sproßspitzen mit Blüten u. Frucht, *e* Fruchtknoten; *f* Frucht, längsgeschnitten).

Magerrasen, Heiden etc.; ±trockene, kalkarme, nährstoffhaltige, meist sandige Böden. – Zerstreut im m. u. s. Geb. (bis m. Gebg.lagen), selten im n. Geb.; im NW. z. T. nur verschleppt. – Skand. bis s. Eur., Rußl., Transkauk., W-Sib.; euras-kont(-submed).

259. Agrostemma L. Kornrade

x = 12

934. A. githágo L. (Abb. 150d–f)

☉, (①), *Th, (H).* – H. 0,30–1,00. Pfl. zottig; B. lineal.; K.zipfel länger als die K.röhre u. die abgestutzten (bis ausgeschweiften), meist purpur gestreiften Krb. VI–VIII. 2n = 48.

Getreideunkrautges.; nährstoffreiche, meist schwach saure, lehmige Böden. – Zerstreut bis selten (Alp. bis 1140 m); stark zurückgehend. – Herkunft: vermutlich O-Med.

4. Unterordn. Chenopodiíneae

54. Fam. CHENOPODIÁCEAE Vent.
Gänsefußgewächse

I. Embryo hufeisen- od. ringförmig, das Nährgewebe teilweise od. ganz umfassend
- A. B. 3kantig-pfriemlich; Bl. einzeln in den B.winkeln; W. normal gebaut .... **260. Polycnemum**
- B. B. nicht 3kantig-pfriemlich; Bl. in Hochb. tragenden Blst.; W. aus abwechselnden Holz- u. Bastringen (anomales sekundäres Dickenwachstum)
  - 1. Fr. sich bei der Reife od. Keimung mit einem Deckel öffnend (B. sehr breit u. groß; Bl. ☿; Blh. mittelständig, an der Fr. am Grd. verhärtend) .... **261. Beta**
  - 2. Fr. geschlossen bleibend
    - a) St. nicht od. nicht stark sukkulent; Laubb. deutlich vorhanden; Blst. knäuelig od. scheinährig
      - x) Reife Fr. von Vorb. od. Blh. eingehüllt
        - /) B. breit, oft buchtig-gezähnt od. spießförmig, selten lineal., kahl od. mit Drüsen- od. Blasenhaaren; Blhb. mindestens bis zur Mitte frei, krautig
          - §) Bl. ☿; Vorb. fehlend .... **262. Chenopodium**
          - §§) Bl. meist eingeschlechtig (selten mit wenigen ☿ untermischt); Vorb. vorhanden
            - +) Bl. 2häusig; St. u. B. kahl; Vorb. an der Fr. bis zur Spitze verwachsen u. verhärtet; N. 4–5 .... **263. Spinacia**
            - ++) Bl. 1häusig; zumindest junge St. u. B. mit Blasenhaaren od. schülferigem Überzug; Vorb. an der Fr. kaum od. hoch hinauf verwachsen u. verhärtend; N. 2–3
              - α) Vorb. an der Bl. 2- bis 3lappig; B. mit schülferigem Überzug .... **264. Halimione**
              - β) Vorb. an der Bl. ganzrandig od. gezähnt; B. ohne schülferigen Überzug ... **265. Atriplex**
        - //) B. schmal, lineal. od. lanzettl., behaart; Blh. bis höchstens zur Mitte frei, häutig od. an der Fr. lederig (Bl. ☿)

§) Blhb. an der Fr. mit horizontalflügeligen Anhängseln .... 266. Kochia
§§) Blhb. an der Fr. mit Dornfortsätzen .... 267. Bassia
xx) Reife Fr. nackt (Blhb. 0 od. 1–3; B. lineal. od. schmal-lanzettl.) .... 268. Corispermum
b) St. (zumindest oben) u. Äste stark sukkulent; B. undeutlich, schuppenförmig-fleischig, gegenständig; Bl. zwischen den sukkulenten St.gliedern eingesenkt; Blst. keulig od. walzlich .... 269. Salicornia
II. Embryo spiralig, das Nährgewebe halbierend (B. lineal., meist stark sukkulent)
A. B. lineal. mit stumpfer od. stumpflicher Spitze; Blhb. ohne Anhängsel .... 270. Suaeda
B. B. lineal.-pfriemlich, stachelspitzig; Blhb. am Rücken mit Höcker, Querkiel od. Querflügel .... 271. Salsola

1. Subfam. Polycnemoídeae
1. Trib. Polcnémeae

260. Polycnémum L. Knorpelkraut

I. Vorb. kaum so lang od. so lang wie die Blh.
A. Tragb. ±2mal so lang wie die Blh.; St. zart ..... 935. P. verrucosum
B. Tragb. 2- bis 4mal so lang wie die Blh.; St. ±kräftig .... 936. P. arvense
II. Vorb. bedeutend länger als die Blh. .... 937. P. majus

935. P. verrucósum Lang (Abb. 151e) Warzen-K.

⊙, *Th.* – H. 0,05–0,15. St. zart, später kleinwarzig u. zuletzt kahl, ästig; B. lineal.-pfriemlich; obere Tragb. höchstens 2mal so lang wie die Blh.; Vorb. kürzer od. so lang wie die *1,5–1,7 mm lange Hülle* der sitzenden Bl. VIII–IX.

Ackerunkrautfluren, Felsrasen; warme, basenreiche, sandige od. steinige Böden. – Sehr selten, nur Unterfrank. (Sendelbach), Rheinhess. (Galgenberg bei Neubamberg). – sö. M- u. SO-Eur. bis S-Rußl., Kl.As.; europ-kont.

936. P. arvénse L. (Abb. 151a–d) Acker-K.

⊙, *Th.* – H. 0,05–0,30. St. später kahl, Äste dünn u. schlank; Tragb. 2- bis 4mal so lang wie die Blh.; Vorb. kürzer od. so lang wie die *1 bis 1,5 mm lange Blh.;* sonst sehr ähnlich der vor. Art. VII-IX.

Getreideunkrautfluren; warme, basenreiche Sand- u. Tonböden. – Neuerdings selten (viele Fundorte erloschen), vom nö. Tiefland (Ostpr., untere Weichsel, untere Oder), Schles. (Odergeb.), untere Saale, m. Elbe (bis Kr. Uelzen) bis sö. Nieders., Anh. u. Thür. bis O-Hess. u. SW-D., Pflalz. – ö. M- u. S-Eur. bis Z-As., Kauk.länder; o-med(-submed-kont).

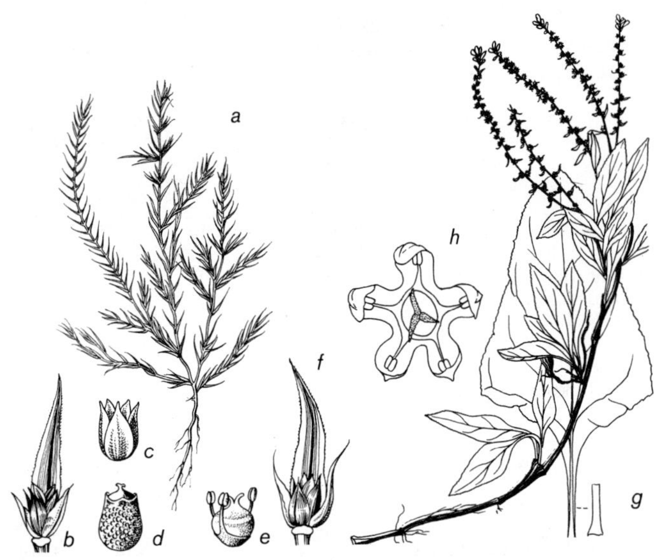

Abb. 151. *a–f Polycnemum* spp., *a–d P. arvense* (*a* Habitus, *b* Blüte mit Trag- u. Vorblättern, *c* Perigon, *d* Frucht), *e P. verrucosum* (Staubblätter u. Fruchtknoten), *f P. majus* (Blüte mit Trag- u. Vorblättern); *g–h Beta vulgaris* ssp. *maritima* (*g* blühender u. fruchtender Sproß u. Grundblatt, *h* Blüte).

937. P. május A. Br. (Abb. 151f) Großes K.

⊙, *Th.* – H. (0,03)0,10–0,20. St. warzig-flaumig, Äste ziemlich kräftig, steif; B. rel. dick, bis über 10 mm lang, kahl; Tragb. 2- bis 8mal länger als die Blh.; Vorb. bis fast doppelt so lang wie die *2–2,5 mm lange Blh.* VII–IX.

Getreideunkrautfluren, Schuttunkrautges.; warme, basenreiche Böden. – Selten (meist verschollen), im ö. Teil des m. Geb. über unteres Unstrutgeb. bis zum Trockengeb. um Mainz–Bad Kreuznach u. Unterfrank. – M-, SO- u. S-Eur. bis SW- u. Z-As.; o-med(-submed-kont).

2. Subfam. B e t o í d e a e

2. Trib. B é t e a e

261. Béta L. Wildbete, Rübe etc.

938. B. vulgáris L. (Abb. 151g–h)

♃, (⊙), ⊙, *H, (Ch, Th).* – H. 0,20–1,25. W. relati dünn od. ±rübenförmig verdickt; St. niederliegend od. aufrecht; untere B. meist länglich-eiförmig, stumpf, ± in den Stiel verschmälert, obere rautenförmig; N. eiförmig od. länglich. V–IX. 2 n = 18 (36). Umfaßt im Geb.:

ssp. m a r í t i m a (L.) Thell. (= B. maritima L.); Wildbete; ♃, (⊙); W. relativ dünn; *St. reich verzweigt, niederliegend,* fast rasenförmig ausgebreitet, blühende Äste aufsteigend od. aufrecht.

Spülsaumges. der Meeresküsten ; salzhaltige, N-angereicherte, meist sandige od. steinige Böden. – Sehr selten, nur Helgoland, sonst selten verschleppt (so z. B. Fehmarnsund). – Atl. Küsten Eur., Med., ö. bis O-Ind.; (O-See, M- u. S-Am.); atl-med.

ssp. v u l g á r i s ; Kulturformen; ⊙; W. dünn od. stark fleischig verdickt; *St. aufrecht, einzeln.* – Umfaßt:

convar. v u l g á r i s ; Mangold; W. spindelförmig, ± verzweigt, dünn; B.stiele fleischig.

var. v u l g á r i s ; Schnittmangold; B.stiele nicht bandartig verbreitert.

var. f l a v é s c e n s DC.; Stielmangold; B.stiele stark verbreitert, 5–8(–10) cm breit.

convar. c r á s s a Alef. s. l.; Dickrüben; W. ± mit dem untersten Sproßteil stark fleischig verdickt, unverzweigt; B.stiele nicht od. kaum fleischig.

var. c r á s s a ; Runkelrübe, Futterrübe etc.; Rüben verschieden gestaltet, meist $^1/_2$–$^2/_3$ aus dem Boden ragend. Oberfläche glatt.

var. a l t i s s i m a Döll; Zuckerrübe; Rüben spindel-kegelförmig od. eiförmig, oft nur $^1/_{10}$ aus dem Boden ragend, Oberfläche ±runzelig, zuckerreich.

var. l ú t e a DC.; Gelbe Rübe; Rübe klein bis mittelgroß, Fleisch gelb.

var. c o n d í t i v a Alef.; Rote Rübe, Rote Bete; Rübe kegelförmig bis abgeplattet-rund, Fleisch ±dunkelrot.

Gebaut in zahlreichen Sorten.

3. Subfam. C h e n o p o d i o í d e a e

3. Trib. C h e n o p o d í e a e

262. Chenopódium L. — Gänsefuß

x = 9

I. Pfl. mit Drüsenhaaren, aromatisch riechend (S. waagerecht od. aufrecht)

A. Bl. in deutlich dichasialen, lockeren Blst. (N. 2, lang) .... **939. Ch. botrys**

B. Bl. in sitzenden Knäueln (N. 3–4, kurz) .... **940. Ch. ambrosioides**

II. Pfl. kahl od. durch Blasenhaare mehlig bestäubt erscheinend, geruchlos, seltener übelriechend

A. S. aufrecht od. nur z. T. waagerecht od. schief

1. Blh. zur Fr.reife trockenhäutig od. krautig, zumindest nicht beerenartig-fleischig

a) Blh. mit 3–5 größtenteils freien Zipfeln
x) B. ganzrandig, 3eckig od. spießförmig; N. lang . . . . 941. Ch. bonus-henricus
xx) B. gezähnt; N. kurz (S. z.T. waagerecht)
/) B. unterseits kahl od. fast kahl . . . . . . 944. Ch. rubrum
//) B. unterseits stark bestäubt u. meergrün . . . . 945. Ch. glaucum
b) Seitliche Bl. der Knäuel mit sackartig geschlossener 3zipfliger Blh. . . . . 946. Ch. chenopodioides
2. Blh. zur Fr.reife fleischig-saftig werdend, scharlachrot (S. meist aufrecht)
a) Bl.knäuel fast alle in Winkeln von Tragb.; S.rand nicht gekielt . . . . 942. Ch. foliosum
b) Bl.knäuel fast alle ohne Tragb.; S.rand gekielt . . . . 943. Ch. capitatum
B. S. waagerecht, nur vereinzelt schief (N. kurz)
1. B. herzförmig, tief-buchtig-eckig, mit zugespitzten Ecken (S. grubig) . . . . 947. Ch. hybridum
2. B. ungleich-gezähnt od. ganzrandig, am Grd. verschmälert od. höchstens gestutzt
a) S. mit Gruben od. Leisten, oft glanzlos
x) B. ganzrandig (seltener mit schwachem Zahn; S. mit gewundenen Leisten) . . . . . 948. Ch. polyspermum
xx) B. gezähnt od. gelappt (S. grubig)
/) S. mit kleinen, von meist scharfen Rändern umgebenen Grübchen (B. reich gezähnt) . . . . 949. Ch. murale
//) S. mit ±deutlichen bienenwabenartigen od. narbigen Gruben (B. meist gelappt)
§) S. mit deutlichen, meist tiefen, oft bienenwabenartigen Gruben
+) S. mit aneinanderschließenden, wabenförmigen Gruben
α) S. 0,8–1,0 mm ∅; Mittellappen der B. schmal u. lang, parallelrandig . . . 950. Ch. ficifolium
β) S. 1–1,3 mm ∅; Mittellappen der B. breit, nicht parallelrandig, schwach ausgeprägt . . . . 951. Ch. berlandieri
++) S. mit Gruben, die durch radiale Rillen getrennt sind (B.mittellappen meist breit, im unteren Teil parallelrandig) . . . . 952. Ch. hircinum
§§) S. mit undeutlicheren, wenig tiefen, narbenartigen unregelmäßigen Gruben
+) B. mit scharf ausgezogenen, 1- od. 2teiligen Seitenlap-

pen; Pfl. früh rötlich u. dann gelb .... 953. Ch. acerifolium

++) B. mit breiten, meist aus 2 Haupt- u. 2–3 Nebenzähnen gebildeten Seitenlappen; Pfl. meist lange grün ...... 954. Ch. viride

b) S. glatt od. fast glatt, glänzend

x) Pfl. übelriechend (Geruch nach Heringslake; B. rautenförmig, ganzrandig, selten mit 1 Zahn) .... 955. Ch. vulvaria

xx) Pfl. nicht übelriechend

/) B. schmal-rautenförmig-lanzettl., ganzrandig od. mit lappenartigem Zahn, nur 1 basales Nervenpaar neben dem Mittelnerv .... 956. Ch. desiccatum

//) B. meist breiter u. reichgezähnt (selten lineal. u. ganzrandig), mehrere Seitennerven außer dem basalen Nervenpaar vorhanden

§) Pfl. kahl od. fast kahl .... 957. Ch. urbicum

§§) Pfl. ±mehlig-bestäubt (Blasenhaare)

+) B.seitenlappen vorhanden, breit, tiefstehend .... 958. Ch. opulifolium

++) B.seitenlappen fehlend od. nur zahnartig (Ausnahme: Ch. album ssp. album var. borbasii)

α) St. rotgestreift, aufrecht; B. dunkelgrün, rotrandig; Blh. schwach bestäubt od. kahl .... 959. Ch. strictum

β) St. nicht od. nur selten rot gestreift; B. heller grün; Blh. stark mehlig bestäubt bis kahl .... 960. Ch. album

1. Sect. Botryoídes

939. Ch. bótrys L. Klebriger G.

☉, *Th.* – H. 0,15–0,30(0,70). *Pfl. drüsig-weichhaarig, klebrig;* B. länglich, fast fiederspaltig-buchtig, obere ganzrandig; endständiger Blst. verlängert, ±blattlos; S. glänzend, glatt. VII–VIII. 2n = 16.
Schuttunkrautges.; warme, nährstoffreiche Böden. – Selten u. unbeständig, wohl wiederholt verschleppt: sw. Geb. – S-Eur., As., Afr., (N-Am., Austr.); med.

2. Sect. Ambrína

940. Ch. ambrosioídes L. Wohlriechender G.

⊙, *Th.* – H. 0,30–0,80. *B.* ±*lanzettl., entfernt-gezähnelt* bis lappig-gezähnt, *unterseits drüsig;* Blst. fast bis zur Spitze beblättert; S. fast glatt, 0,5–0,8 mm∅. VI–VII. 2n = 32, 16, 36, 48.
Selten angebaut u. vereinzelt verwildert od. eingeschleppt. – Heimat: trop. u. subtrop. Am.

Droge: Herba Chenopodii ambrosioidis

Anmerkung: Selten im Geb. Ch. anthelminticum L. (2n = 64; Heimat: trop. u. subtrop. Am.), mit verlängerten, fast unbeblätterten Ästen des Blst. eingeschleppt.

3. Sect. Agathophýton

941. Ch. bónus-henrícus L. Guter Heinrich

♃, *H.* – H. 0,15–0,60. B. langgestielt, 3eckig, spießförmig; Bl.knäuel in end- u. b.winkelständigen Scheinähren; S. sämtlich aufrecht, glänzend, stumpfrandig. V–VIII(X). 2n = 36.
Unkrautges.; frische, nährstoff- u. N-reiche, humose, meist lehmige Böden. – Zerstreut im ganzen Geb. (Alp. bis 2200 m), stellenweise selten. – S-Skand., Finnl. bis Ital., Balk., Rußl., (N-Am.); (no-)subatl-o-submed.

4. Sect. Eublítum

942. Ch. foliósum Aschers. Durchblätterter Erdbeerspinat

⊙, *Th.* – H. 0,15–0,80. St. bis zur Spitze beblättert; B. länglich-3eckig, fast spießförmig, tief-gezähnt; *Bl.knäuel sämtlich b.winkelständig, entfernt;* Fr. scharlachrot; S. am Rande abgerundet od. rinnig-vertieft. VI–IX. 2n = 18.
Selten gebaut u. in Schuttunkrautges. verwildert. – Heimat wohl: S-Eur., SW-As.

943. Ch. capitátum (L.) Aschers. (Abb. 152a–b) Ähriger Erdbeerspinat

⊙, *Th.* – H. 0,30–0,60. St. oberwärts nicht beblättert; B. 3eckig, fast spießförmig, wenig-gezähnt; *obere Bl.knäuel nackt, zu einer Scheinähre geordnet;* Fr. dunkelrot; S. scharfrandig. VI–VIII. 2n = 18.
Gebaut u. selten verwildert. – Heimat evtl. N-Am.

5. Sect. Pseudoblítum

944. Ch. rúbrum L. Roter G.

⊙, *Th.* – H. 0,30–0,60(0,90). St. meist rot-angelaufen; *B. glänzend, buchtig-gezähnt, rautenförmig-3eckig, fast spießförmig-3lappig, unbestäubt;* Blst. beblättert; Zipfel der Blh. der seitenständigen Bl. eines Knäuels fast

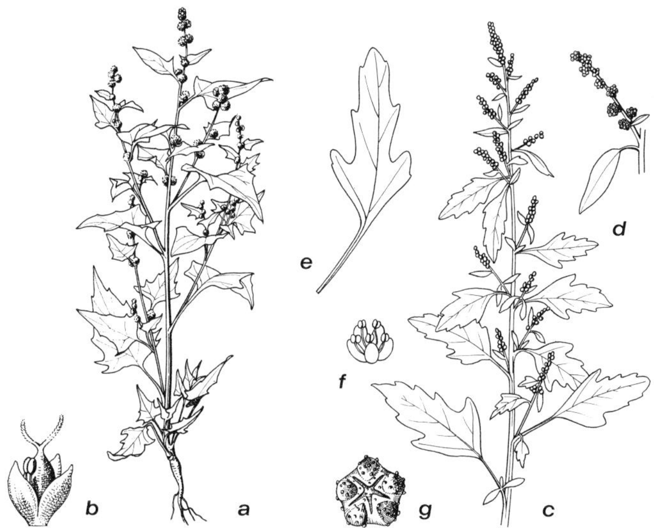

Abb. 152. *Chenopodium* spp., *a–b Ch. capitatum* (*a* Habitus, *b* Blüte), *c–g Ch. ficifolium* (*c* fruchtender Sproß, *d* Teilblütenstand, *e* Laubblatt, *f* Blüte, *g* Perigon zur Fruchtzeit).

bis zum Grd. frei; S. meist aufrecht, die der Mittelbl. meist waagerecht, stumpfrandig. VII–IX. 2n = 36.

Ufersaum- u. Schuttunkrautges.; frische bis feuchte, nährstoff- u. N-reiche Böden. – Zerstreut bis ziemlich selten, im N-Flachland stellenweise verbreiteter. – Eur. bis Kauk., O-As., N-Am.; euras(-submed), circ.

945. Ch. glaúcum L. Graugrüner G.

⊙, *Th.* – H. 0,10–0,50(1,20). *B. glanzlos, länglich, meist stumpf, buchtig-gelappt od. entfernt-gezähnt, unterseits meergrün, mehlig;* Blst. meist fast blattlos; S. waagerecht, schief od. aufrecht, ±scharfrandig. VII–X. 2n = 18. Im Geb. ssp. g l ā́u c u m.

Ufersaum- u. Unkrautges.; frische bis feuchte, N- u. nährstoffreiche, humose Böden. – Zerstreut im Geb. (Bayr. Wald bis 630 m). – Gem. u. s. Eur. bis O-As.; euras-kont.

6. Sect. D e g é n i a

946. Ch. chenopodioídes (L.) Aellen Dickblatt-G.
(= Ch. botryoides Sm., Ch. crassifolium Hornem.)

☉, *Th.* – H. 0,10–0,50(1,00). St. u. übrige Teile grün, selten rötlich; in allen Teilen dem *Ch. rubrum* sehr ähnlich; B. dicklich; *Zipfel der Blh. der seitenständigen Bl. eines Knäuels bis über die Mitte verwachsen.* VII–IX.

Meersenf-Spülsaumges., Salzstandorte des Binnenlandes; salzhaltige Sand- od. seltener Schlickböden. – Selten: Meeresküsten, Salzstellen des Binnenlandes (so Thür.). – Küstengeb. von Dän. bis Med., Schwarzes Meer, N-Afr.; Salzstellen des eur. Binnenlandes bis Rußl., Dahur., Afr., N-Am.; atl-med.

7. Sect. C h e n o p ó d i u m

947. Ch. hýbridum L. Unechter G.

☉, *Th.* – H. 0,30–1,00. *B. am Grd. herzförmig* od. gestutzt, tief-buchtig-eckig, seltener ganzrandig, früh kahl; Blst. ährig-rispig; *S. grubig-punktiert.* VI–IX. 2n = 18.

Unkrautfluren, Gärten; frische, nährstoffreiche, sandige u. lehmige Böden. – Verbreitet bis zerstreut (Jura bis 780 m). – Skand. bis Med., N-Afr. u. O-As.; euras(-submed).

948. Ch. polyspérmum L. Vielsamiger G.

☉, *Th.* – H. 0,15–0,60. *B. rundlich-ellipt. bis eiförmig,* stumpf od. feinspitzig, *unbestäubt; Blh. zur Fr.zeit offen;* S. glänzend, grubig zwischen fein gewundenen Leisten. VII–IX. 2n = 18. Umfaßt im Geb.:

var. p o l y s p é r m u m ; Pfl. dunkelgrün, ausgebreitet-ästig; B. rundlich-ellipt., oft stumpf; Blst. aus lockeren Dichasien zusammengesetzt.

var. a c u t i f ó l i u m (Sm.)Kost.; Pfl. heller grün, oft rötlich, Äste aufrecht od. aufsteigend; B. eiförmig-lanzettl.-spitz; Blst. meist Scheinähren.

Hackunkrautges., Straßenränder etc.; frische bis feuchte, nährstoff- u. N-reiche Böden. – Verbreitet bis zerstreut (Alp. bis 860 m). – Eur., Kl.As., Kauk., Sib., (S-Afr., N-Am.); euras-subozean(-submed).

949. Ch. murále L. Mauer-G., Stauderich

☉, *Th.* – H. 0,15–0,80. *B. rauten-eiförmig,* etwas glänzend, *reich gesägt-gezähnt, Scheinrispen ausgebreitet;* vorderer Teil der Blh.zipfel mit höckerigem Kiel; *S.* fast glanzlos, *kleingrubig, scharf gekielt.* VII–X. 2n = 18.

Wegränder u. Schuttunkrautges., Dorfanger; ±frische, warme, nährstoff- u. N-reiche, meist ±humose, lehmige Böden. – Zerstreut bis ziemlich selten, oft nur vorübergehend, häufiger in N-Thür. (unteres Unstruttal). – Fast Kosmop., Entwicklungszentrum wohl Med., SW-As.; kont-med.

950. Ch. ficifólium Sm. (Abb. 152c–g) Feigenblättriger G.

⊙, *Th.* – H. 0,30–0,80. *Untere B. fast spießförmig-3lappig, mit stumpflichem, unregelmäßig buchtig-gezähntem, fast parallelrandigem Mittellappen,* obere lineal.-lanzettl., ganzrandig; S. grubig, stumpfrandig. VII–IX. 2n = 18. Im Geb. ssp. f i c i f ó l i u m.

Ufersäume, Unkrautges.; frische bis feuchte, wärmere, nährstoff- u. N-reiche Böden. – Selten u. zerstreut, häufiger um Hannover, Thür., Oberrhein- u. Bodenseegeb., im übrigen Geb. meist nur unbeständig. – Med. bis M- u. W-Eur., Rußl., S-Sib., Pers.; submed(-kont).

951. Ch. berlandiéri Moq. Amerikanischer G.

⊙, *Th.* – H. bis 1,50 Pfl. meist nicht übelriechend; *B. breit oval od. ellipt.-rautenförmig, kaum 3lappig, Mittellappen fast 3eckig-stumpflich,* z. T. ***abgestuft-gezähnt;*** Kiel der Blh.zipfel zur Fr.zeit vergrößert; S. grubig. VII–IX. 2n = 36. Im Geb. nur ssp. z s c h á c k e ï (Murr) Zobel.

Schuttunkrautges., Bahnhöfe, Hafenanlagen; nährstoffreiche Böden. – Gelegentlich eingeschleppt. – Heimat: N-Am.

952. Ch. hircínum Schrad. Bocks-G.

⊙, *Th.* – H. bis 1,50. *Pfl. unangenehm riechend; B. deutlich 3lappig, Seitenlappen etwa in der Mitte stehend, nach vorwärts gerichtet,* Mittellappen ±parallelrandig, breit, gezähnt, obere B. kaum gelappt bis lanzettl.; S. grubig, Gruben durch radial verlaufende Rillen getrennt. VIII–IX. Im Geb. nur ssp. h i r - c í n u m.

Schuttunkrautges.; warme, humose Lehm- u. Steinböden. – Selten u. unbeständig. – Heimat: S-Am.

953. Ch. acerifólium Andrz. Ahornblättriger G.

⊙, *Th.* – H. bis 1,00. *B. stark 3lappig, Seitenlappen 1- od. 2teilig, im unteren od. mittleren B.teil, meist* ±vorwärts gerichtet, *Mittellappen* vorgestreckt, *ganzrandig od. stufenförmig gezähnt u. verschmälert, zugespitzt;* S. leicht der Blh. entfallend, am Rand schwach gekielt, 1,0 bis 1,3 mm ∅. VIII–X.

Ufer, Unkrautges. – Selten im nö. Geb. (Danzig, Westpr., Ostpr.). – NO-D., Pol., Rußl. bis Sib.; euras-kont.

954. Ch. víride L. Grüner G.

⊙, *Th.* – H. 0,30–1,00. *B.* ± *3lappig,* Seitenlappen im unteren od. mittleren B.teil, ±abstehend, ungleich u. fein gezähnt, breit, *Mittellappen* breit, ungleich gezähnt, *abgerundet od. zugespitzt;* S. mit der Blh. abfallend, am Rand abgerundet, 1,3–1,8 mm ∅. VI–VIII. 2n = 18.

Unkrautges., Schuttplätze, Wegränder, Ufer. – Zerstreut im n. Tiefland, nach S. abnehmend, im s. Geb. nur Main-Rheingeb. – S-Skand., Engl. u. M-Eur. bis Rußl., O-As.; euras-kont.

955. Ch. vulvária L. Stinkender G.

⊙, *Th.* – St. 0,15–0,30 lang; *B. rauten-eiförmig, graumehlig; Blh. zur Fr.zeit zusammenschließend;* S. glänzend, ±glatt, kaum punktiert; Pfl. riecht nach Trimethylamin. VII–IX. 2n = 18.

Wegränder, Mauern, zwischen Pflaster, Schuttunkrautges.; nährstoff- u. N-reiche, ±humose Böden. – Selten u. zerstreut, z. T. unbeständig. – Med. bis S-Skand., O-Eur., Kauk., SW-As., (N-Am., Austr. Neuseel.); med-submed.

956. Ch. desiccátum A. Nelson Schmalblatt-G.
(= Ch. pratericola Rydb.)

⊙, *Th.* – H. bis 1,00. *Pfl. graumehlig; B. schmal rautenförmig-lanzettl., ganzrandig* od. *jederseits mit* 1 lappenartigem Zahn u. *1 basalen Seitennerv;* S. glänzend, mit abgerundetem Kiel. VI–VIII. 2n = 18.

Bahnanlagen, Häfen, Schuttplätze etc. – Vereinzelt u. unbeständig eingeschleppt. – Heimat: w. N-Am., Mex.

957. Ch. úrbicum L. Stadt-G.

⊙, *Th.* – H. 0,30–1,00. Pfl. früh kahl od. fast kahl; *B. 3eckig-rautenförmig,* buchtig-gezähnt; *Blst.äste steif-aufrecht dem St. anliegend, fast blattlos;* S. glänzend, fast glatt, am Rande abgerundet. VII–IX. 2n = 18. Umfaßt:

var. ú r b i c u m (= Ch. melanospermum Wallr.); B. fast so breit wie lang, geschweift-gezähnt, mit kurzen 3eckigen Zähnen.

var. i n t e r m é d i u m (M. et K.) Koch (= Ch. rhombifolium Mühlenbg.); B. bis 2mal so lang wie breit, buchtig gezähnt, mit lanzettl. Zähnen.

Schuttunkrautges., Wegränder etc.; ±frische, wärmere, nährstoffreiche Böden. – Sehr selten u. vereinzelt, wohl vielfach verkannt (so z. B. am Niederrhein um Köln, Schl.Holst., Rheinpfalz, n. der Göhrde). – S-Eur. bis S-Skand., O-As., (N-Am.); euras-kont(-o-submed).

958. Ch. opulifólium Schrad. Schneeballblättriger G.

⊙, *Th.* – H. 0,30–1,00. *B. rundlich-rautenförmig, schwach od. deutlich 3lappig,* Seitenlappen breit, Mittellappen breit, wenig länger als die seitlichen, buchtig-gezähnt, obere ellipt.-lanzettl.; Blst. oft fast blattlos; Blh. u. B.unterseiten stark graumehlig; S. glänzend, fast glatt. VII–IX. 2n = 36, 18. Im Geb. ssp. o p u l i f ó l i u m.

Wegränder, Schuttunkrautges.; wärmere, nährstoffreiche Böden. – Zerstreut, oft unbeständig u. eingeschleppt, (u. a. Thür., Anh. nicht selten). – Med. bis M-Eur., SW-As., Afr., (N-Am.); med-submed.

959. Ch. stríctum Roth Streifen-G.

⊙, *Th.* – H. 0,20–0,80(1,00). Pfl. oft pyramidenartig-ästig; *St. nebst Ästen meist rot-gestreift; B. schmal-länglich-oval-lanzettl.,* ganzrandig,

später oft mit rotem Rand, untere ±eiförmige B. schwach gezähnt, oberseits fast spiegelnd; S. glänzend, fast glatt. VII–X. 2n = 54.
Schuttunkrautges.; warme, nährstoffreiche Böden. – Selten u. unbeständig, zurückgehend, insbes. im s. u. sw. Geb. – Heimat wohl: SW- bis O-As.

960. Ch. álbum L. Weißer G.

⨀, *Th.* – H. (0,05)0,15–1,50. Pfl. ± stark mehlig-bestäubt; *B.* vielgestaltig, meist *rautenförmig bis eiförmig od.* seltener *eiförmig-lanzettl. bis lineal.-lanzettl.,* glanzlos, groß- od. klein- bis lappig-gezähnt, obere schmaler, ganzrandig, meist spitz; S. glatt od. fast glatt. VI–IX. Im Geb. heimisch: ssp. á l b u m. 2n = 54. Sehr vielgestaltig u. veränderlich, umfaßt u. a.:

var. á l b u m ; St. aufrecht, Äste meist aufrecht-abstehend; B. meist über 3 cm lang, deltoidisch, spitz, am Grd. keilförmig, ausgebissen gezähnt, unterster Zahn am größten. – Häufig u. verbreitet.

var. m i c r o p h ý l l u m Boenn.; St. aufrecht od. niederliegend, oft rotstreifig; B. meist unter 3 cm lang, rauten-eiförmig, spitz, scharf u. klein unregelmäßig gezähnt; S. kleiner als bei vor. Var. – Sand- u. Kiessubstrate. – Zerstreut, u. a. N-D. u. n. Oberrheinebene.

var. b o r b á s i i (Murr) Ludwig; St. aufrecht, Äste aufrecht-abstehend; B. ±deutlich 3lappig, Seitenlappen in od. unterhalb der B.mitte, Mittellappen kurz, mit kurzer 3eckiger Spitze, nicht auffallend breit. – Selten.

Unkrautges.; meist nährstoff- u. N-reiche Böden. – Häufig u. verbreitet (Alp. bis 1100 m). – Fast Kosmop., insbes. gem. Eur. u. As.

Bastarde:
Ch. album × berlandieri (= Ch. × variabile Aellen), Ch. album × ficifolium, Ch. album × hircinum, Ch. album × strictum (= Ch. × pseudostriatum Murr), Ch. album × viride (= Ch. × fursajewii Aellen et Iljin), Ch. berlandieri × hircinum, Ch. berlandieri ssp. zschackeï × opulifolium, Ch. glaucum × rubrum (= Ch. × schulzeanum Murr).

4. Trib. A t r i p l í c e a e

263. Spinácia L. Spinat

961. S. olerácea L. (Abb. 153a–f)

⨀, ⨀, *H. Th.* – H. 0,30–0,50(1,00). Bl. 2häusig, selten ☿, geknäuelt, in den B.winkeln sitzend; Perigon der ♀-Bl. meist 2- bis 3zähnig, der ♂-Bl. meist 4teilig. V–VIII. 2n = 12. Umfaßt:

ssp. o l e r á c e a ; Winter-S.; ⨀, *H.* – B. am Grd., pfeil- bis spießförmig, 3eckig; Perigon zur Fr.zeit verhärtet, behörnt.

ssp. i n é r m i s (Moench) Metzg.; Sommer-S.; ⨀, *Th.* – B. stumpf 3eckig bis länglich-eiförmig; Perigon zur Fr.zeit wehrlos.

Gebaut, selten verwildert. – Wild unbekannt; Herkunft: Pers.

Abb. 153. *a–f Spinacia oleracea* (*a* blühender Sproß einer ♂-, *b* einer ♀-Pflanze, *c* ♂-Blüte, *d* ♀-Blüte, *e* Frucht der var. *oleracea, f* Frucht der var. *inermis*); *g–k Halimione portulacoides* (*g* blühender ♂-, *h* fruchtender ♀-Sproß; *i* ♂-Blüte, *k* Vorblätter der ♀-Blüte zur Fruchtzeit).

264. Halimíone Aell. Keilmelde

(= Obione Gaertn. p.p.)
x = 9

I. Fr.hülle (Vorb., Bl. eingeschlossen) sitzend . . . . **962. H. portulacoides**

II. Fr.hülle (Vorb., Bl. eingeschlossen) lang gestielt . . . . **963. H. pedunculata**

962. H. portulacoídes (L.) Aell. (Abb. 153g–k) Portulak-Keilmelde
[= Obione portulacoides (L.) Moq.,
Atriplex portulacoides L.]

ħ, *Ch.* – H. 0,20–0,80(1,50). Pfl. ±weißlich schülferig; *St. halbstrauchig,* aufstrebend; B. meist gegenständig, länglich-verkehrt-eiförmig, stumpflich; Vorb. ± 3lappig, ± weichstachelig. VII–IX. 2n = 36.
Strandbeifuß-, Strandnelken-Wiesen; seltener überflutete, ± frische bis feuchte, salzhaltige, ± sandige Schlickböden. – Zerstreut od. verbreitet, stellenweise fehlend: N-See-Küste. – Küsten W-, S-Eur., N-, S-Afr., (N-Am.); atl(-med).

963. H. pedunculáta (L.) Aell. Stielfrüchtige Keilmelde
[= Obione pedunculata (L.) Moq., Atriplex pedunculata L.]

⊙, *Th.* – H. 0,05–0,30(0,45). Pfl. weiß schülferig; *St. krautig,* ± schlängelig, ästig; B. meist wechselständig, verkehrt-eirund-länglich, stumpf; Vorb. meist ausgerandet-2lappig, immer stachellos. VII–X. 2n = 18.

Andelwiesen; meist hin u. wieder überflutete, feuchte, salzhaltige Schlickböden. – Zerstreut: N-See-Küste; selten: O-See-Küste, ö. bis Pomm.; Salzstellen des Binnenlandes, so N-Thür. (Kyffhäuser), Anh. – NW-Eur., M-D., S-Rußl., Turk.; gem-kont(-atl).

265. Átriplex L. Melde

x = 9

I. Fr. aufrecht u. waagerecht; ♀-Bl. verschieden gestaltet: mit aufrechten Fr. u. 2 großen, bis zum Grd. freien, dünnen, ganzrandigen, runden bis herzförmigen Vorb. u. andere mit waagerechten Fr. u. 4- bis 5zipfeliger Blh.
  A. B. beidseitig kahl .... **964. A. hortensis**
  B. Wenigstens obere B. unterseits schülferig .... **965. A. nitens**
II. Fr. nur aufrecht; ♀-Bl. gleich gestaltet (selten Ausnahmen), mit 2 Vorb.
  A. Vorb. rundlich bis herzförmig od. rhombisch-eiförmig, meist dünnhäutig u. ganzrandig, bis zum Grd. frei .... **966. A. oblongifolia**
  B. Vorb. meist 3eckig od. rautenförmig, meist derbkrautig u. gezähnt, am Grd. ±verwachsen
    1. Vorb. am Grd. verbunden, krautig od. später trocken-lederig od. nur am Grd. knorpelig u. bis zur Mitte verbunden
      a) Vorb. nur am Grd. verbunden, krautig od. später lederig
        x) Vorb. am Rande nicht- od. nur kleingezähnt
          /) Vorb. krautig od. krautig-häutig
            §) Untere B. rhombisch-oval bis lanzettl. .... **967. A. patula**
            §§) Untere B. spießförmig-3eckig ... **968. A. hastata**
          //) Vorb. dick-krautig, später trockenlederig (B. lineal-lanzettl.) .... **969. A. litoralis**
        xx) Vorb. groß (bis 24 mm lang), am Rande zerschlitzt-gezähnt .... **970. A. calotheca**
      b) Vorb. bis zur Mitte verbunden u. nur am Grd. bei der Fr.reife knorpelig .... **971. A. glabriuscula**

2. Vorb. bis zur Mitte (od. höher hinauf) od. bis zum unteren Zahn verwachsen, knorpelig verhärtend (gelegentlich mit deutlichen Anhängseln)
   a) Scheinähren blattlos od. fast blattlos (St. aufrecht) .... **972. A. tatarica**
   b) Scheinähren beblättert
      x) St. aufrecht; Vorb. bisweilen mit blattartigem, gezähntem Anhängsel .... **973. A. rosea**
      xx) St. niederliegend od. aufsteigend; Vorb. glatt od. mit knötchenförmigen Anhängseln .... **974. A. laciniata**

1. Sect. Dichospérma

964. A. horténsis L. (Abb. 154e) Garten-M.

⊙, *Th.* – H. 0,30–1,25. Pfl. bisweilen blutrot; *B. beiderseits gleichfarbig, glanzlos,* untere herzförmig-3eckig, gezähnt, obere länglich-3eckig, fast spießförmig bis lanzettl.; *Vorb.* der Bl. mit aufrechter Fr. *rundlich-eiförmig, zugespitzt, ganzrandig; Fr.stielchen etwa so lang wie die Fr.* VII–VIII. 2n = 18.
Selten gebaut, verwildert in Gärten u. Schuttunkrautges. – Stammform evtl. A. nitens Schkuhr.

965. A. nítens Schkuhr (Abb. 154f) Glanz-M.

⊙, *Th.* – H. 0,60–1,50 (2,00). *B. oberseits glänzend, unterseits silberweiß-schülferig,* grob buchtig-gezähnt; *Fr.stielchen viel kürzer als die Fr.;* sonst wie vor. VII–IX. 2n = 18.
Unkrautges.; warme, nährstoffreiche, N-haltige, rel. trockene Böden. – Zerstreut u. z. T. unbeständig: bes. M- u. S-D., im NW fehlend. – M- u. S-Eur., Vord. u. Z-As., Sib.; kont.

2. Sect. Heterospérma

966. A. oblongifólia W. et K. (Abb. 154g) Langblättrige M.

⊙, *Th.* – H. 0,30–1,20. St. u. Äste aufrecht; *untere B. ei-lanzettförmig,* gezähnt, fast spießförmig, obere lanzettl., ganzrandig; *Vorb. rhombisch-eiförmig, ganzrandig,* 2–13 mm lang; Fr. 2–4 mm breit. VII–IX.
Unkrautges.; ±trockene, nährstoffreiche Böden. – Sehr zerstreut, aber stellenweise häufiger in den Trockengeb.: m. Odertal, Warthetal, m. Elbegeb., Thür. (Erfurt), Sachs., Anh., Oberrheingeb., insbes. Rheinpfalz. – W- u. Z-As., SO-Eur. bis ö. M-Eur.; kont.
Anmerkung: A. heterospérma Bunge mit kleineren (1,5–6 mm langen), rundlichen od. ±herzförmigen Vorb. u. 1–2,5 mm breiten Fr. aus den sw-as. Steppengeb. wurde mehrfach in SW-D. adventiv beobachtet.

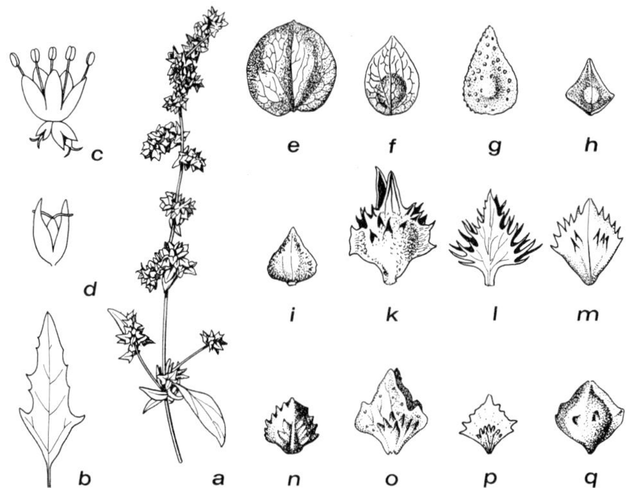

Abb. 154. *Atriplex* spp., *a–d A. patula* (*a* Blütenstand zur Fruchtzeit, *b* Blatt, *c* 1 ♂- u. 2 ♀-Blüten, *d* ♀-Blüte mit Vorblättern), *e–q* Vorblätter der ♀-Blüten zur Fruchtzeit (*e A. hortensis*, *f A. nitens*, *g A. oblongifolia*, *h A. patula*, *i A. hastata*, *k A. litoralis*, *l* u. *m*. *A. calotheca*, *n A. glabriuscula*, *o A. tatarica*, *p A. rosea*, *q A. laciniata*).

3. Sect. T e u t l i ó p s i s

967. A. pátula L. (Abb. 154a–d, h) Ausgebreitete M.

⨀, *Th.* – H. 0,30–1,00. Untere Äste spreizend; *untere B. rhombisch-oval bis lanzettl.*, ganzrandig od. gezähnt u. fast spießförmig-3lappig, obere lineal.-lanzettl., ganzrandig; *Vorb. breit-rhombisch, am Grd. etwas spießförmig.* VII–IX. 2n = 36, 18. Hierzu u. a.:
var. a n g u s t i f ó l i a (Sm.) Lange; Vorb. deutlich länger als die Fr.
var. e r é c t a (Huds.) Lange; Vorb. etwa so lang wie die Fr.

Hack- u. Schuttunkrautges.; ±frische, N-reiche, meist lehmige Böden. – Verbreitet (Alp. bis 1100 m). – Isl., Eur. bis Kauk., N-Afr., O-Sib.; N-Am.; euras(-subozean)(-submed), circ.

968. A. hastáta L. (Abb. 154i) Spießblättrige M.
(= A. latifolia Wahlbg.)

⨀, *Th.* – H. 0,30–1,00. Unterste Äste spreizend; *untere B. 3eckig-spießförmig*, gezähnt, mittlere spieß-lanzettförmig, oberste lanzettl., ganzrandig; *Vorb. ±rhombisch-3eckig, ganzrandig od. gezähnt, nur am Grd. verwachsen.* VI–IX. 2n = 18. Umfaßt im Geb.:
var. m a c r o t h é c a Rafn; Vorb. viel größer als die Fr.

var. m i c r o t h é c a Schum.; Vorb. so groß wie die Fr.
So in unkrautigen Ges. an Ufern, auf Schuttplätzen; feuchte, nährstoff- u. N-reiche Böden. – Zerstreut bis verbreitet im Geb. bis (selten) Alp.vorland.
var. s a l í n a Wallr. (= A. oppositifolia DC.); B. fleischig, grau-schülferig.
Meersenf-Spülsäume; salzhaltige u. rel. N-reiche Böden. – Verbreitet: N- u. O-See-Küsten, selten auch Binnenland (Salzstellen).
Eur. bis O-Sib.; N-Am.; euras(-med).

969. A. litorális L. (Abb. 154k) Strand-M.

⊙, *Th.* – H. 0,30–0,60. Äste aufrecht; *B. lineal. bis lanzettl.*, ganzrandig od. buchtig-gezähnt; *Vorb. eiförmig bis 3eckig-rhombisch*, bisweilen zungenförmig ausgezogen, unten mit lappigen Zähnen, nur unten verwachsen. VII–IX. 2n = 18. Hierzu u. a.:
var. a n g u s t í s s i m a Moq.; B. sehr schmal, lineal., oft halbstielrund, ganzrandig.
var. m a r í n a (L.) Abromeit; B. breit, eiförmig, buchtig-gezähnt.
Spülsäume, Strandmeldenges.; feuchte, salzhaltige u. N-reiche, auch ±sandige Schlickböden. – Verbreitet u. oft häufig: Küsten der N- u. O-See, selten ins Binnenland verschleppt. – Küsten Eur., unteres Donaugeb., gem. W-As. bis Jap.; kont.

970. A. calothéca (Rafn) Rafn et Fries (Abb. 154l, m) Pfeilblättrige M.

⊙, *Th.* – H. 0,30–1,00. Pfl. meist grün od. kleiig-graugrün; *untere B. fast 3eckig-pfeilförmig, tief-buchtig-gezähnt,* gegenständig, obere wechselständig, spieß-lanzettförmig, oberste bisweilen ganzrandig; *Vorb. am Grd. gestutzt,* im fruchtenden Zustand *eingeschnitten-gezähnt, mit pfriemlich-zugespitzten Zähnen.* VI–VIII. 2n = 18.
Spülsäume; übersandete, salzhaltige, N-reiche Böden. – Sehr selten u. meist vereinzelt an der O-See-Küste von Flensburg bis etwa Greifswald, weiter östlich sehr selten; N-See (?). – Küsten der w. O-See, O-Küste Jütlands, S-Norw.

971. A. glabriúscula Edmonst. (Abb. 154n) Babingtons M.
(= A. Babingtonii Woods)

⊙, *Th.* – H. 0,30–0,60. St. niederliegend bis aufrecht; B. grauschülferig (zuletzt oberseits verkahlend), *untere 3eckig bis ±3lappig-spießförmig, meist buchtig-gezähnt,* seltener ganzrandig, obere spießförmig-lanzettl., gestielt; *Scheinähren beblättert; Vorb. breit-rhombisch, spitz, bis zur Mitte verwachsen, gezähnelt.* VIII–IX. 2n = 18.
Spülsäume; feuchte, salzhaltige, N-reiche Böden. – Zerstreut u. sehr selten in den Küstengeb.: Helgoland, Wangerooge, Blexen(?), Föhr, Amrum, Sylt, Ording; Heiligendamm, Warnemünde, Rostock, Zingst, Hiddensee, Rügen, Usedom, Memel, vereinzelt ins Binnenland verschleppt. – Küstengeb. NW-Eur., Isl., w. u. s. O-See; subatl.

4. Sect. S c l e r o c a l ý m m a

972. A. tatárica L. (Abb. 154o) Tatarische M.

⊙, *Th.* – H. 0,30–1,00(1,50). B. ±tief-buchtig-gezähnt, fast spießförmig, untere 3eckig-rautenförmig, obere spießförmig-länglich; *Scheinähren ±endständig u. blattlos,* nur am Grd. beblättert; Vorb. rautenförmig od. fast 3lappig-gezähnt bis fast ganzrandig, bisweilen mit kleinen Anhängseln. VII–VIII(X). 2n = 18.

Schuttunkrautges.; warme, ±trockene, N-haltige Böden. – Selten im nö. u. mittleren ö. Geb., w. bis ins Geb. der Magdeburger Börde, um Erfurt, Berlin; daneben gelegentlich unbeständig verschleppt. – SO-Eur., ö. M-Eur. bis Z- u. SW-As., Mong.; kont-med.

973. A. rósea L. (Abb. 154p) Rosen-M.

⊙, *Th.* – H. 0,25–1,00. B. buchtig-gezähnt, untere rautenförmig, obere eiförmig; *Scheinähren fast bis zur Spitze beblättert;* Vorb. breit 3eckig-rhombisch, gezähnt, bisweilen mit blattartigem, gezähntem Anhängsel. VII–IX. 2n = 18.

Unkrautges.; warme, ±trockene, etwas salz- u. N-haltige Böden. – Selten u. zerstreut, insbes. im ö. Geb., w. bis mitteld. Trockengeb., W-Hess., um Mannheim-Ludwigshafen, weiter w. nur vereinzelt u. meist unbeständig. – O- u. S-Eur. bis W-Tibet, W-Sib., N-Afr., (Austr., N-Am.); kont-med.

974. A. laciniáta L. (Abb. 154q) Lappige M.
(= A. sabulosa Rouy, A maritima Grufb.)

⊙, *Th.* – H. bis 0,30. Pfl. silberig-schlüpferig; *untere B. breitrhombisch-oval bis lanzettl., gelegentlich spießförmig, stumpf- u. buchtig-gezähnt, bisweilen fast 3lappig,* obere lanzettl.-spießförmig; *♂-Bl. in endständiger, kurzer Scheinähre;* ♀-Bl. einzeln od. zu wenigen in den B.winkeln; *Vorb. rhombisch-spießförmig,* meist breiter als lang u. gezähnt, bisweilen mit knötchenförmigen Anhängseln. VII–X. 2n = 18.

Spülsäume; übersandete, salzhaltige, N-reiche Böden. – Selten: N-See-Küsten (Helgoland, Sylt, Amrun, Föhr, W-Küste Schl.Holst.). – Atl. Küsten von Frankr., Engl., Irl. bis S-Norw. u. S-Schwed.; atl.

5. Trib. C a m p h o r ó s m e a e

266. Kochia Roth Radmelde

x = 9

I. B. lanzettl. bis lineal-lanzettl.; Per.anhängsel zur Fr.-zeit krautig .... **975. K. scoparia**
II. B. pfriemlich-fadenförmig; Per.anhängsel zur Fr.-zeit häutig .... **976. K. laniflora**

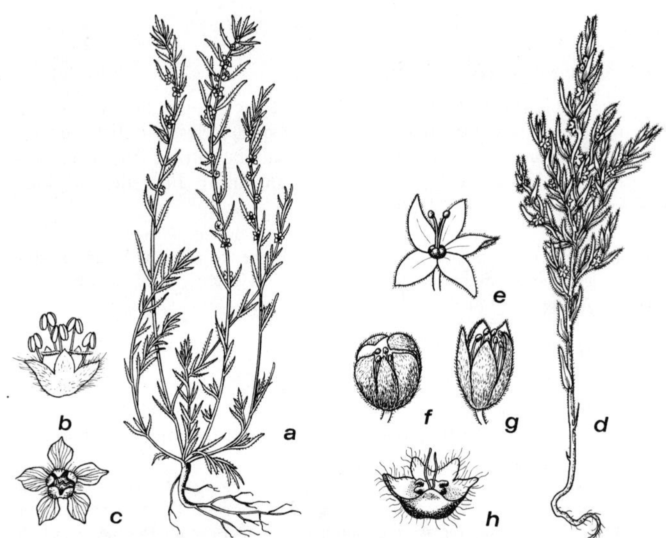

Abb. 155. *a—c Kochia laniflora* (*a* Habitus, *b* Blüte, *c* Blüte zur Fruchtzeit); *d—h Bassia hirsuta* (*d* Habitus; *e* ♀-, *f* ♂-, *g* ☿-Blüte; *h* Blüte zur Fruchtzeit).

975. K. scopária (L.) Schrad. Besen-R.

⊙, *Th.* — H. bis 1,50. St. aufrecht; B. bewimpert bis fast ganz kahl; *Anhängsel der Fr.hülle kurz 3eckig.* VII—IX. 2n = 18.

Kultiviert, verwildert u. unbeständig in verschiedenen Formen eingeschleppt in Schuttunkrautges. — Heimat: O-Eur., W-, M-As.

976. K. laniflóra (Gmel.) Borb. (Abb. 155 a—c) Sand-R.
[= K. arenária (Maerkl.) Roth]

⊙, *Th.* — H. 0,15—0,45. Äste niedergestreckt od. aufsteigend; B. etwas fleischig, seidenhaarig bis zottig; Bl. meist zu 2 b.winkelständig; *Anhängsel der Fr.hülle fast rautenförmig, ±ungleich.* VIII—X. 2n = 18.

Schillergrasfluren; nährstoffreiche, etwas humose Flugsandböden. — Selten: nur M-Rhein, Schwetzingen-Sandhausen-Käfertal sowie Mainzer Sand. — S-, SO-Eur. bis Kauk., Sib., Mong.; kont.

267. Bássia All. Dornmelde

x = 9

977. B. hirsúta (L.) Aschers. (Abb. 155d–h) Rauhhaarige D.

⊙, *Th.* – H. 0,15–0,30. Pfl. meist rauhhaarig; B. lineal.-stumpf, ±fleischig; Bl. zu 1–2 b.winkelständig; Anhängsel der Fr.hülle kegelförmig, stumpf-dornig. VIII–IX. 2n = 18.

Spülsäume; nährstoff- u. N-reiche, salzhaltige Böden. – Vereinzelt und sehr selten, nur Küstengeb. von Schl.Holst., Warnemünde. – Dän., Schwed., Schl.-Holst., Holl., S-Frankr., Ital., Rum., S-Rußl. bis Kauk., S-Sib., Altai, Mong.; kont(euras-subatl).

4. Subfam. Corispermoídeae
6. Trib. Corispérmeae

268. Corispérmum L. Wanzensame

x = 9

I. Fr. sehr breit (mindestens 1/2 Nußbreite) geflügelt, Flügelrand ±gezähnelt, z. T. ±geschweift, Flügelspitze ±breit ausgeschnitten (Fr. mit Flügel bis 5 mm lang) .... **978. C. marschallii**
II. Fr. schmal od. breiter (weniger als 1/2mal Nußbreite) gekielt od. geflügelt, Flügelrand ganz, Flügelspitze ganz od. etwas eingeschnitten, mit 2 Stachelspitzen
A. Fr. mit breitem Flügel; Blh. meist fehlend .... **979. C. intermedium**
B. Fr. mit schmalem Flügel; Blhb. meist 1 .... **980. C. leptopterum**

Anmerkung: C. hyssopifolium L. s.str. mit kleinen, sehr schmal geflügelten od. gekielten Fr. nähert sich dem Geb. wohl nur im östlichsten Teil u. bedarf für die ö. Geb. (Ostpr.) der Bestätigung [s. C. leptopterum (Aschers.)Iljin].

978. C. marschállii (Stev.) Fenzl (Abb. 156d) Grauer W.

⊙, *Th.* – H. 0,20–0,50(0,70). B. lineal.; Perigonb. fehlend (selten 1–2); Stbb. 1–3(5); Fr. rundlich, Flügel beidendig ±ausgerandet-eingeschnitten. VII–VIII.

Sanddünen, Unkrautges.; nährstoffreiche Sandböden. – Selten: Ostpr., SW-D. (u. a. Schwetzingen, Sandhausen). – SO-, O-Eur., Transkauk., Sib.; kont.

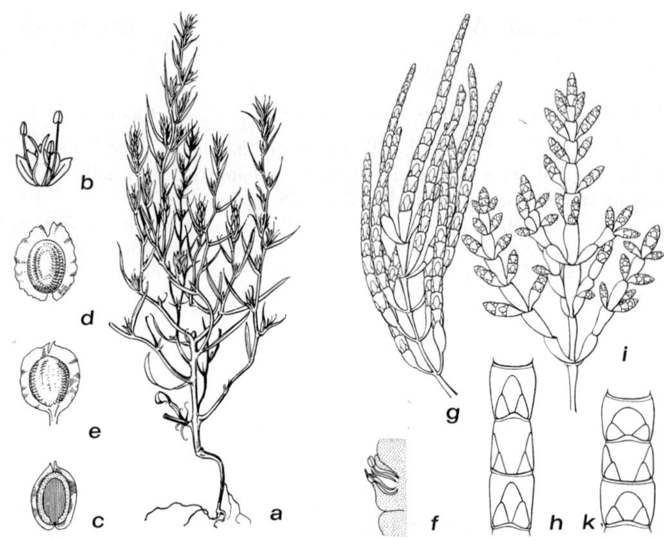

Abb. 156. *a–d Corispermum* spp., *a–c C. leptopterum* (*a* Habitus, *b* Blüte, *c* Frucht längsgeschnitten), *d–e* Früchte (*d C. marschallii, e C. intermedium*); *f–k Salicornia* spp., *f* Blüte (Blütenstandachse längsgeschnitten), *g–h S. stricta* (*g* Sproßspitze mit Blütenstand, *h* Ausschnitt), *i–k S. ramosissima* (*i* Sproßspitze mit Blütenstand, *k* Ausschnitt).

979. C. intermédium Schweigg. (Abb. 156e) Mittlerer W.

⊙, *Th.* – H. 0,10–0,30. B. lineal,. stachelspitzig; obere Deckb. eiförmig, zugespitzt, mit häutigem Rand; Perigonb. fehlend (selten 1 od. mehr); Stbb. 1 od. 3 (selten 5); Fr. ellipt. bis rundlich, 3–4,5 mm lang, Flügel $^1/_3$–$^1/_4$ so breit wie der S. VIII–IX.

Sanddünenges.; sandige Böden der Meeresküste. – Zerstreut, nur O-See-Küsten zwischen Danzig u. Memel, sonst selten u. unbeständig verschleppt (u. a. Hannover, Meckl., Berlin, Hess.). – sö. O-See.

980. C. leptópterum (Aschers.) Iljin (Abb. 156a–c) Schmalflügeliger W.

(= C. hyssopifolium L. var. leptopterum Aschers., C. hyssopifolium auct. europ. p.p.)

⊙, *Th.* – H. 0,10–0,30(0,50). B. lineal.-lanzettl., kurz stachelspitzig; obere Deckb. oval, zugespitzt, mit häutigem Rand; Perigonb. meist 1(–3,5); Stbb. meist 3(1–5); Fr. ellipt. bis länglich-ellipt., 3,3–4,3 mm lang; Flügel $^1/_3$–$^1/_5$ so breit wie der S. VIII–IX.

Unkrautges., Hafen- u. Bahnanlagen; sandige od. kiesige Böden. – Selten u. oft unbeständig, stellenweise häufiger, so u. a. Mainzer Sand, Darmstadt, Niederrheingeb.; Hannover, Berlin etc. – D., Österr., Ung.

Bastard:
C. marschallii × leptopterum

5. Subfam. S a l i c o r n i o í d e a e
7. Trib. S a l i c o r n í e a e

269. Salicórnia L.*) (Abb. 156 f–k) Queller

x = 9

I. Scheinähren 1–3(–4) cm lang, ±spindelförmig; Pfl. reich verzweigt .... **981. S. ramosissima**
II. Scheinähren (3–)4–8(–15) cm lang, ±zylindrisch; Pfl. geringer verzweigt .... **982. S. stricta**

*) Gliederung nach D. König (1960).

981. S. ramosíssima Woods (Abb. 156 i–k) Kurzähriger Qu.
[= S. brachystachya (G.F.W.Meyer)König]

⊙, *Th.* – H. bis etwa 0,20(0,30). Wuchs ±breit ausladend, reich verzweigt, buschig; *Seitenspr. in rel. stumpfem Winkel* (~ 50°) *abstehend; Scheinähren kurz,* 1–3(–4) cm lang, normal 7–8 Internodien umfassend, Internodien meist etwas breiter als lang, Scheinährenkontur ±wellig; *Oberkante der Mittelbl.* einer Bl.gruppe gleichmäßig *halbkreisförmig gerundet;* Seitenbl. meist viel kürzer als die Mittelbl. Ende VIII. 2n = 18.

ssp. r a m o s í s s i m a; typische Ausprägung.
Auf salzhaltigen, nährstoffreicheren u. schlickigen Böden im Gezeitenbereich (höher als S. stricta). – Verbreitet u. häufig: N- u. O-See-Küsten. – Hierzu u. a.:
f. h u m i f ú s a Aellen; Haupt- u. Seitenspr. gespreizt dem Boden anliegend. – Erstbesiedler auf abgeplackten Stellen.

ssp. g r á c i l i s (G. F. W. Meyer) Aellen; dem Typus ähnlich, aber hellgrün mit zierlichen, schlanken Scheinähren, etwa 10 Internodien umfassend, Internodien meist etwas länger als breit; Bl.-gruppe schmaler.
Auf schwach salzhaltigem Boden (binnendeichs). – Zerstreut: W-Küste Schl.Holst. u. Ins.

Daneben Salzstellen des Binnenlandes. – Gesamtverbreitung durch unterschiedliche Artauffassung ungenügend bekannt, u. a. Küstengeb. von Engl., Frankr. bis Norw., Schwed.

982. S. strícta (G. F. W. Meyer) Dum. (Abb. 156g–h) Watt-Qu.

⨀, *Th.* – H. bis etwa 0,30. Wuchs schlank, aufrecht, geringere Verzweigung; *Seitenspr.* 1. Ordn. ±*parallel aufgerichtet* (s. aber Unterarten); *Scheinähren* (3)4–8(15) cm *lang,* 8–25 Internodien umfassend, diese wellig; *Oberkante der rhomboiden Mittelbl. nur ±abgerundet, Seitenkanten aber gerade,* etwa so lang wie die der Seitenbl. Mitte VIII. 2n = 36.

ssp. s t r í c t a; typische Ausprägung.

Eigene Ges.; salzhaltige, schlickige Böden im Gezeitenbereich. – Verbreitet u. häufig: Küsten der N- u. w. O-See.

ssp. p r o c ú m b e n s (J. E. Smith) König; Hauptspr. meist ±schräg; Scheinähren walzenförmig, dick, hier Internodien so lang wie breit.

Auf salzhaltigen, feuchten Flugsandflächen der Küsten. – Zerstreut: N-See-Küsten.

ssp. n i d i f ó r m i s König; Haupt- u. Seitenspr. dem Boden anliegend; Scheinähren gekrümmt aufrecht, hier Internodien so lang wie breit.

Auf salzhaltigen Böden (binnendeichs). – Selten: W-Küste Schl.Holst. u. Ins.

Gesamtverbreitung durch unterschiedliche Artauffassung u. -begrenzung ungenügend bekannt, u. a. Küstengeb. von Engl., Irl., Frankr. bis Dän., Schwed.

6. Subfam. S u a e d o í d e a e
8. Trib. S u ǽ d e a e

270. Suǽda Forsk. Strandsode

x = 9

983. S. marítima (L.) Dum. (Abb. 157a–c)

⨀, *Th.* – H. 0,05–0,30. St. einfach od. ästig; B. linealisch, halbstielrund, fleischig, z. T. später rötlich überlaufen; Bl. zu 2–3(5) b.-winkelständig; Per. 5teilig, fleischig. VII–IX. Umfaßt:

ssp. m a r í t i m a; Pfl. grün, später rötlich überlaufen, aufrecht, einfach od. lang-ästig, im Blst. meist wenig od. nicht verzweigt; Deckb. anliegend, 2 bis mehrmals länger als die Bl.knäuel; S. mit deutlich netziger Oberfläche. 2n = 36.

Spülsaumges.; feuchte, meist hin u. wieder überflutete, salzhaltige Schlick- od. tonige Sandböden. – Häufig u. verbreitet: Küsten der N- u. O-See, nach O abnehmend.

ssp. p r o s t r á t a (Pall.) Soó; Pfl. grün, später rötlich überlaufen, vom Grd. an stark ästig, Äste z. T. niederliegend, auch im Blst. verzweigt; Deckb. ±abstehend, ± so lang wie die Bl.knäuel; S. mit deutlich netziger Oberfläche. 2n = 36.

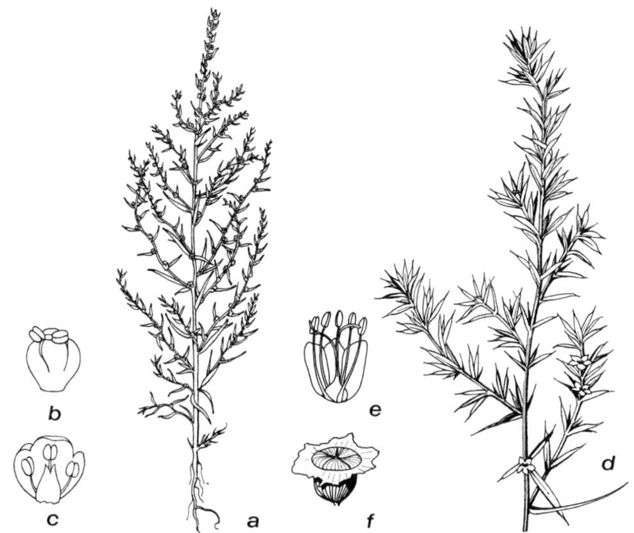

Abb. 157. *a–c Suaeda maritima* (*a* Habitus; *b* u. *c* Blüten, bei *c* geöffnet); *d–f Salsola kali* (*d* Sproßspitze mit Blüten; *e* Blüte, vordere Hüllblätter entfernt; *f* junge Frucht).

Salzstellen; feuchte bis frische, salzhaltige Böden. – Zerstreut: Küsten der N- u. O-See; selten: Salzstellen des Binnenlandes (z. B. Artern).

ssp. s á l s a (L.) Soó; Pfl. stark blaugrün; B. oberseits schwach konkav; S. mit kaum netziger Oberfläche.

Schuttunkrautges. – Wohl sehr selten; Verbreitung unsicher u. ungenügend bekannt.

Kosmop.

7. Subfam. S a l s o l o í d e a e

9. Trib. S a l s ó l e a e

271. Sálsola L. Salzkraut

x = 9

984. S. káli L. (Abb. 157 d–f)

⊙, *Th.* – H. 0,05–0,60. St. ausgebreitet-ästig, behaart od. kahl; B. pfriemlich, dünn, od. dicklich, fleischig, an der Spitze ±dornig od. stachelspitzig; Bl. zu 1(–3) b.winkelständig; Per. zur Fr.zeit knorpelig-dornig od. pergamentartig-dünn. VII–IX. Umfaßt:

ssp. k á l i; H. 0,05–0,40; B. ±fleischig-dick; Per.zipfel mit dornartigen, vorwärts gerichteten, spitzen Fortsätzen. 2n = 36.

Vornehmlich Spülsaumges. der Küsten; salzhaltige, meist sandige Böden. – Zerstreut: Küsten der N- u. O-See; selten im Binnenland.

ssp. r u t h é n i c a (Iljin) Soó; H. 0,10–0,60; B. dünn, kaum fleischig; Per.zipfel pergamentartig, dünn, ±ausgebreitet od. nur ein Zipfel dornartig bespitzt u. nach innen gekrümmt. 2n = 36.

Unkrautige Pionierges., Schuttunkrautges.; N-beeinflußte Sandböden bzw. sandig-lehmige Böden. – Zerstreut: u. a. Küstengeb., Brand., Anh., m. Rheingeb.; sonst selten u. unbeständig.

S-, M-Eur., N-Afr., As.; kont(-med).

55. Fam. AMARANTHACEAE Juss.
Fuchsschwanzgewächse

272. Amaránthus L. Fuchsschwanz

x = 8, 9, 17

Im Schlüssel nur die wichtigsten u. meist häufiger auftretenden Arten berücksichtigt. Weitere Arten treten adventiv, mit Handelsgütern eingeschleppt od. aus Gärten vorübergehend verwildert auf.

I. Obere Bl.knäuel (normaler Pfl.) stets zu einer blattlosen, endständigen, oft rispig verzweigten Scheinähre angeordnet; Blhb. u. Stbb. (älterer Bl.) stets 5; Vorb. von Blhb. stark verschieden, mit dorniger Sta.spitze meist länger als Blhb.; Fr. sich durch Querriß öffnend.
  A. Blhb. der ♀-Bl. lanzettl., spitz, höchstens so lang (od. selten etwas länger) wie die Fr. .... **985. A. chlorostachys**
  B. Blhb. der ♀-Bl. spatelförmig, stumpf od. gestutzt, so lang od. meist deutlich länger als die Fr. ...... **986. A. retroflexus**

II. Bl. meist 3(2–4)- selten 5zählig u. dann Fr. nicht quer aufspringend u. Vorb. kürzer als die Blhb.; od. wenn Fr. quer aufspringend, alle Bl.knäuel achselständig; Vorb. meist ähnlich den Blhb. (Ausnahme A. albus)
  A. Längere Vorb. etwa so lang od. länger als das Per. der ♀-Bl. (Bl.knäuel blattachselständig)
    1. Längere Vorb. $1^1/_2$ bis 2mal so lang wie das Per. der ♀-Bl. .... **987. A. albus**
    2. Längere Vorb. etwa so lang wie das Per. der ♀-Bl. .... **988. A. graecizans**
  B. Vorb. höchstens $^1/_2$ so lang wie das Per. der ♀-Bl. (Bl.knäuel blattachselständig od. in einer endständigen Scheinähre) .... **989. A. lividus**

Abb. 158. *Amaranthus* spp., *a–c A. lividus* var. *ascendens* (*a* Sproßspitze mit Blütenständen; *b* ♂-, *c* ♀-Blüte), *d–h* Früchte mit Perigon (*d A. chlorostachys, e A. retroflexus, f A. albus, g A. graecizans, h A. lividus*).

985. A. chlorostáchys Willd. (Abb. 158 d) Grünähriger F.

⊙, *Th.* – H. 0,30–1,00. St. oberwärts flaumig behaart, meist verzweigt; B. langgestielt, ±rhombisch-eiförmig; Scheinähren *unten achselständig, oben* in einem *unbeb. Gesamtblst.;* Vorb. der ♀-Bl. etwa 2mal so lang wie das Per., *2–5(–6) mm lang,* aus eiförmigem Grd. in eine Grannenspitze übergehend; *Fr.* sich *mit scharfem Querriß* öffnend. VII–IX.

var. c h l o r o s t á c h y s ; Vorb. dünn, ca. 3–5 mm lang, Scheinähren meist schlank. – Sehr selten adventiv.

var. p s e u d o - r e t r o f l é x u s (Thell.) Aellen; Vorb. sehr derb, meist nicht unter 5 mm lang, Scheinähren meist dick u. dicht. – Zerstreut, sich stellenweise ausbreitend (z. B. von Mannheim-Ludwigshafen westwärts bis um Kallstadt, Leistadt [Rheinpf.]).

Schuttunkrautges., Hackunkrautges.; warme, nährstoffreiche u. N-haltige Böden. – Heimat: Trop. Am., s. u. so. N-Am.; durch Verschleppung fast: Kosmop.

986. A. retrofléxus L. (Abb. 158 e) Rauhhaariger F.

⊙, *Th.* – H. 0,15–1,00. St. dicht kurz rauhflaumig zottig, einfach od. ästig, blaßgrün; B. lang gestielt, rhombisch-eiförmig, an beiden Enden verschmälert; Scheinähren meist kurz u. dick, zu einem *dichten, gelappten*

Gesamtblst. zusammengedrängt; Vorb. $1^1/_2$ bis 2mal so lang wie das Per. der ♀-Bl., *3–6 mm lang,* mit weißhäutig umrändertem Grundteil u. langer Grannenspitze; Fr. sich *mit scharfem Querriß* öffnend. VII–X. 2n = 32, 34.

var. retrofléxus; längere Vorb. 4—6 mm lang, etwa 2mal so lang wie ♀-Blh., derb u. stechend. – Verbreitet bis zerstreut.

var. delileï (Richt. et Loret) Thell.; längere Vorb. 3–4 mm lang, etwa $1^1/_3$- bis $1^1/_2$mal so lang wie ♀-Blh., weniger derb u. stechend. – Zerstreut bis selten, wohl überwiegend adventiv.

Schutt- u. Ackerunkrautges.; warme, nährstoff- u. N-reiche, kiesige od. sandige u. sandig-lehmige Böden. – Heimat: N-Am.; fast kosmop.

987. A. álbus L. (Abb. 158f) Weißer F.

⊙, *Th.* – H. 0,10–0,50. St. aufrecht od. niederliegend-aufgerichtet, stark verzweigt, weißlich, seltener rötlich, meist kahl; B. gestielt (an Ästen meist rel. kurz), Basis keilförmig, Spitze abgerundet-gestutzt mit Sta.spitze; Vorb. pfriemlich, am Grd. hell umrandet; Blhb. der ♀-Bl. lineal.-ellipt., stumpflich u. sehr kurz zugespitzt, oft ungleich, so eines länger zugespitzt-stachelspitzig, weißhäutig; Fr. *mit scharf abgegrenztem Deckel.* VII–X. 2n = 32.

Schuttunkrautges.; warme, nährstoffreiche, N-haltige Böden. – Zerstreut, meist unbeständig, geb.weise häufig (z. B. Rheinpf.) – Heimat: s. N-Am., Mex.; verschleppt, eingebürgert im Med.

988. A. grǽcizans L. (Abb. 158g) Wilder F.
(= A. angustifolius Lam.)

⊙, *Th.* – H. bis 0,70. St. aufrecht od. aufsteigend, reichästig, kahl; B. gestielt, eiförmig- od. ellipt.-rhombisch bis lineal.-lanzettl., meist an beiden Enden spitz zulaufend, mit kurzer Grannenspitze; Vorb. eiförmig, bespitzt, weißlich-häutig; Blhb. der ♀-Bl. ellipt.-eiförmig bis länglich-lanzettl., stumpflich; Fr. $^1/_3$- bis $^1/_4$mal länger als Blh., *mit scharf abgesetztem Deckel.* VI–X. Im Geb. nur:

var. silvéstris (Vill.) Aschers.

Schutt- u. Ackerunkrautges.; warme nährstoff- u. N-reiche Böden. – Zerstreut, meist selten, unbeständig, bis selten eingebürgert. – Med. bis Z-As., Afr.; med(-submed).

989. A. lívidus L. (Abb. 158a–c, h) Bleifarbiger F.

⊙, *Th.* – St. bis 0,80, niederliegend bis aufrecht, kahl; B. langgestielt, rhombisch bis rundlich-eiförmig, am Grd. kurz keilig verschmälert, Spitze stumpf, gestutzt od. ausgerandet, sta.spitzig; Vorb. eiförmig, spitz, weißhäutig; Blhb. längl.-lineal bis spatelförmig, kaum sta.spitzig; *Fr.* $1^1/_2$- bis 2mal so lang wie Blh., *nicht mit Querriß* aufspringend. VI–X. 2n = 34. Wildformen:

var. ascéndens (Loisel.) Thell.; Fr. ca. 2–2,5 mm lang; Blhb. der ♀-Bl. lineal-spatelig, bis ca. 1,7 mm lang.

Acker- u. Schuttunkrautges.; warme, nährstoffreiche, N-haltige Böden. – Zerstreut, insbes. M u. S. – Heimat: Med., verschleppt u. eingebürgert; submed.

var. polygonoídes (Zollinger) Thell.; Fr. kaum über 1,5 mm lang; Blhb. der ♀-Bl., breit-spatelförmig, kaum über 1 mm lang. Selten u. vorübergehend, eingeschleppt. – Tropen u. Subtropen.

Bastarde:
Eine größere Zahl Bastarde der genannten Arten und Varietäten untereinander u. mit selteneren, hier nicht aufgeführten Adventivarten u. verwilderten Kulturarten im Geb. beobachtet.

27. Ordn. Ranunculáles

1. Unterordn. Ranunculíneae

56. Fam. RANUNCULACEAE Juss. Hahnenfußgewächse

I. Sammelfr. aus Balgfr. (mit 2 Reihen S.) od. Frb. ±verwachsen; selten Kapsel (Nigella) od. Beere (Actaea)
  A. Bl. aktinomorph
    1. Frb. frei (1–∞)
      a) Blhb. u. Honigb. kürzer als die Stbb.; Honigb. niemals gespornt
        x) Honigb. becherförmig, mit Nektargrübchen; Frb. meist 4; Balgfr. . . . . **273. Cimicifuga**
        xx) Honigb. flach, ohne Nektargrübchen; Frb. 1; Beere . . . . **274. Actaea**
      b) Blhb. od. Honigb. länger als die Stbb., od. Honigb. gespornt
        x) Honigb. vorhanden, becherförmig od. (wenigstens am Grd.) röhrig (bisweilen sehr klein)
          /) Honigb. nicht gespornt
            §) B. handförmig-geteilt od. fußförmig
              +) B. fußförmig; Blhb. meist derb, bleibend . . . . **275. Helleborus**
              ++) B. handförmig-geteilt, mehrfach handförmig-eingeschnitten; Blhb. zart, abfallend . . . **276. Eranthis**
            §§) B. doppelt-3zählig-gefiedert . . . . **277. Isopyrum**
          //) Honigb. gespornt (B. gefiedert) . . . . . **278. Aquilegia**
        xx) Honigb. fehlend od. vorhanden u. flach
          /) Honigb. fehlend; B. ungeteilt, herznierenförmig . . . . **279. Caltha**

//) Honigb. vorhanden, flach, mit nacktem Nektargrübchen; B. handförmig-gespalten bis -geteilt .... **280. Trollius**

2. Frb. verwachsen (Fr. eine Kapsel; Honigb. 2lippig) .... **281. Nigella**

B. Bl. zygomorph (Honigb. 2 od. 1, gespornt)

1. Honigb. lang gestielt; unpaares B. der Blh. aufrecht, helmförmig .... **282. Aconitum**

2. Honigb. sitzend; unpaares B. der Blh. abstehend, spornförmig .... **283. Delphinium**

II. Sammelfr. aus 1samigen Nüßchen; Frb. frei

A. Blh. entweder kb.- od. krb.artig (bisweilen früh hinfällig); Honigb. fehlend od. vorhanden (bisweilen krb.artig)

1. Blhb. krb.artig od. früh hinfällig, immer ohne Nektargrübchen

a) Laubb. wechselständig (bzw. grd.ständig), höchstens Hochb. wirtelig

x) Blhb. unscheinbar, früh hinfällig; unter der Bl. keine wirteligen Hochb.; Honigb. fehlend .... **284. Thalictrum**

xx) Blhb. krb.artig; ±unter der Bl. 3(−4) wirtelig angeordnete Hochb.; Honigb. meist fehlend

/) Hochb.hülle aus laubb.artigen B. gebildet, meist von der Blh. entfernt

§) Fr.chen mit kurzem od. mittellangem, nicht gebärtetem Schnabel; Honigb. fehlend .... **285. Anemone**

§§) Fr.chen mit langem, gebärtetem Schnabel; Honigb. stbb.ähnlich .. **286. Pulsatilla**

//) Hochb.hülle aus 3 kb.artigen B. unmittelbar unter der Blh. (Honigb. fehlend) .... **287. Hepatica**

b) Laubb. gegenständig (Honigb. fehlend) .... **288. Clematis**

2. Blhb. kb.artig; Honigb. (oft krb.artig) vorhanden

a) Blhb. nicht gespornt; Honigb. krb.artig, flach od. löffelförmig; Bl.achse wenig od. kaum verlängert .... **289. Ranunculus**

b) Blhb. gespornt; Honigb. knieförmig-zurückgekrümmt; Bl.achse verlängert .... **290. Myosurus**

B. Blh. aus 5 Kb. u. mehr (bis 16) Krb. (ohne Nektargrübchen) .... **291. Adonis**

Anmerkung:
Die Gattung Paeonia, bisher hierher gestellt (Subfam. Paeonioideae), wird neuerdings als Fam. Paeoniaceae zur Ordn. der Guttiferales gerechnet.

1. Subfam. Helleboroídeae
1. Trib. Hellebóreae

273. Cimicífuga L. Wanzenkraut

x = 8

990. C. europāéa Schipczinskij (Abb. 159 a–d) Europäisches W. (= C. foetida auct. non L. s.str., Actaea cimicifuga auct. non L. s.str.)

♃, *H, G.* – H. 0,50–1,50(2,00). B. 2- bis 3fach gefiedert; B.chen eiförmig-länglich, ungleich-doppelt-gesägt; Bl. in Trauben; Blhb. meist 4(3–5), hinfällig, grünlich; Honigb. meist 4, grünlich-weiß; Frb. meist 4, weichhaarig, ebenso wie die Balgfr. kurz-gestielt. VII–VIII. 2n = 16.

Wälder u. Gebüsche; frische, humose Böden. – Selten: Westpr. u. Ostpr. (Weichselgeb.); sonst selten verwildert. – SO-Eur., Pol. bis Ostpr. u. Rußl.; euras(-kont).

274. Actāéa L. Christophskraut

x = 8

991. A. spicáta L. (Abb. 159e–h)

♃, *H, G.* – H. 0,30–0,65. B. 3zählig(1- bis 2fach)-gefiedert; B.chen eiförmig od. länglich, eingeschnitten-gesägt; Blst. eine Traube; Blhb. 4–6, weiß, hinfällig; Honigb. 4–6, weiß; Beere rundlich-eiförmig, zuletzt glänzend-schwarz. V–VI(VII). 2n = 16, ca. 32.

Buchen- u. Schluchtwälder; frische bis ±feuchte, humose, nährstoff- u. ±kalkhaltige Böden. – Zerstreut, im m. u. s. Geb. (Alp. bis 1550 m); im NW. u. auch sonst streckenweise fehlend. – N- bis M-Eur. u. s-eur. Gebg., ö. bis Chin.; (no-)euras-subozean.

275. ***Helléborus*** L. Nieswurz

x = 8

I. St. beblättert; Blh. grün
  A. St. auch unterhalb der Verästelungen beblättert **992. H. foetidus**
  B. St. nur an den Verästelungen beblättert .... **993. H. viridis**
II. St. blattlos, mit 1–8 hochb.artigen Schuppenb.; Blh. weiß od. rosenrot .... **994. H. niger**

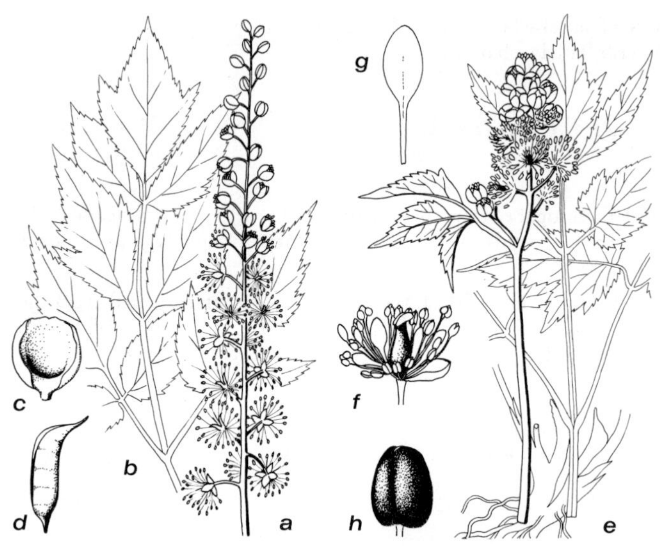

Abb. 159. *a–d Cimicifuga europaea* (*a* Ausschnitt des Blütenstandes, *b* Blattausschnitt, *c* Honigblatt, *d* Früchtchen); *e–h Actaea spicata* (*e* Blütenstand, Ausschnitt eines Laubblattes, Sproßbasis mit Wurzeln; *f* Blüte, *g* inneres Blütenhüllblatt, *h* Frucht).

992. H. fóetidus L. Stinkende N.

♃, *Ch.* – H. 0,30–0,60. *St.* ±stark verzweigt, *vielblütig;* untere B. fußförmig mit 3–9 lanzettl. Abschnitten, obere 3- od. wenigspaltig; Deckb. u. Hochb. der Äste u. Bl.stiele eiförmig; Blh. grün, oft rotberandet, glockig-zusammenschließend. III–V. 2n = 32.

Laubwälder, Gebüsche etc.; ±frische, humose, meist kalkreiche Böden. – Zerstreut im sw. Geb. (bes. Rheinpfalz, Main-, Neckar-, Mosel- u. Saartalgeb.), ö. über Rhön, Solling bis Thür.; selten verwildert. – W-, S-Eur.; subatl-submed.

993. H. víridis L. Grüne N.

♃, *H.* – H. 0,30–0,50. *St.* fast gabelig, *2- bis 3bl.;* B. fußförmig 5- bis 13schnittig, *Abschnitte* lanzettl., *krautig, vom Grd. bis zur Spitze scharf-gesägt,* die der unteren B. zurückgekrümmt, rinnig-gebogen, verlängert-lanzettl., *mit* unterseits *hervorspringenden Adern;* Blhb. grün, ausgebreitet. (II)III–IV. Umfaßt:

ssp. o c c i d e n t á l i s (Reut.) Schiffner; B. sehr grob gesägt, völlig kahl; Blhb. schmaler als bei der typ. Unterart. 2n = 32.

Zerstreut bis selten im w. Geb., ö. bis W-Nieders., Braunschweig, W-Thür.

Abb. 160. *a–c Helleborus niger* (*a* Habitus, *b* Honigblatt, *c* Frucht); *d–g Eranthis hiemalis* (*d* Habitus einer fruchtenden Pflanze, *e* Blüte, *f* Honigblatt, *g* unreifes Früchtchen).

ssp. v í r i d i s; B. fein-gesägt, unterseits behaart; Blhb. breit-eiförmig. 2n = 32.

Zerstreut im m. Geb., selten in S-D. (Alp. bis 1000 m) u. im n. Geb., z. T. verwildert.

Buchenwälder; frische, nährstoffreiche, kalkhaltige Mullböden. – W. u. M-Eur. bis Pol., N-Ital., Span.; subatl-submed.

Droge: Rhizoma Hellebori

994. H. níger L. (Abb. 160a–c) Christrose

♃, *H.* – H. 0,15–0,30. Untere B. fußförmig 7- bis 9schnittig, *Abschnitte* lanzettl., keilförmig, *lederartig, nur an der Spitze gesägt; Schaft mit 1(–3) Bl.;* Hochb. ±eiförmig, ganzrandig; Blhb. weiß od. rötlich, ausgebreitet. (XII–I)II–III(VI). Im Geb. ssp. n í g e r. 2n = 32.

Buchenmischwälder, selten Trockenwälder; ±frische, nährstoffreiche, kalkhaltige, lehmige Böden. – Nur Berchtesgadener Alp. (bis 1560 m); daneben kultiviert u. gelegentlich verwildert. – O-Alp., Karp., Apenn., Serb.; o-praealp.

Droge: Rhizoma Hellebori

276. Eránthis Salisb. Winterling

x = 8

995. E. hiemális (L.) Salisb. (Abb. 160d–g)

♃, *G.* – H. 0,05–0,15. Grd.ständige B. (nach der Bl.zeit) gestielt, 5- bis 7teilig, herzförmig-rundlich; St. 1bl.; Blhb. 5–8, länglich, groß, gelb. II–III. 2n = 16.

Angepflanzt, gelegentlich in Weinbergen, Gebüschen, Hainen verwildert bis eingebürgert (so z. B. Cospeda bei Jena). – Heimat: S-Eur.

277. Isopyrum L. Muschelblümchen

x = 7

996. I. thalictroídes L. (Abb. 161a–d)

♃, *G.* – H. 0,10–0,30. Rhiz. kriechend mit büscheligen W.; B. doppelt-3zählig; Bl.stiele 1bl.; Blh. weiß; Honigb. tütenförmig, stumpf. III–V. 2n = 14.

Laubwälder; frische bis feuchte, humose Böden. – Selten, nur Ostpr., Westpr., M- u. Oberschles. – O-Eur. bis Ukraine, Bulg., Ital., Österr., Schweiz, Pyren.; o-submed-gem-kont.

278. Aquilégia L. Akelei

x = 7

I. Sporn der Honigb. an der Spitze hakenförmig gekrümmt
   A. Bl. blau, rosa od. weiß, groß; Stbb. die Honigb. kaum überragend .... **997. A. vulgaris**
   B. Bl. dunkel(braun-schwarz)-violett, kleiner; Stbb. die Honigb. bis 8 mm überragend .... **998. A. atrata**
II. Sporn der Honigb. fast gerade od. wenig gekrümmt; (Bl. klein) .... **999. A. einseleana**

997. A. vulgáris L. (Abb. 161e–h) Gemeine A.

♃, *H.* – H. 0,30–0,60. B. doppelt-(selten einfach)3zählig, B.chen oft 3lappig, gekerbt; Blhb. länglich-eiförmig zugespitzt; *Sporn länger als die sehr stumpfe, ausgerandete Platte der Honigb.;* Blhb. u. Honigb. violettblau, blau od. rosa, selten weiß (mit verschiedenen Farbübergängen). V–VII. 2n = 14.

Laubwälder, Gebüsche, Wiesen; trockene bis frische, meist kalkhaltige, nährstoffreiche Böden. – Zerstreut, im NW. fehlend; daneben verwildert. – S- u. M-Eur., N-Afr., gem. As. bis Chin.; euras(-subozean)-submed.

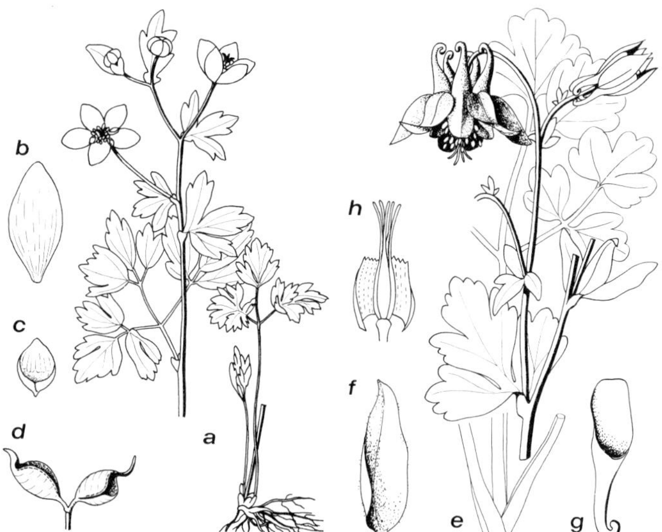

Abb. 161. *a–d Isopyrum thalictroides* (*a* Sproßbasis u. -spitze mit Blüten, *b* Blütenhüllblatt, *c* Honigblatt, *d* reife Früchtchen); *e–h Aquilegia vulgaris* (*e* Sproßspitze mit Blüten u. Blattausschnitt, *f* Blütenhüllblatt, *g* Honigblatt, *h* Fruchtknoten mit aufgeschnittener Staubblattröhre).

998. A. atráta Koch — Schwarze A.

♃, *H.* – H. 0,30–0,80. B. doppelt-3zählig, ähnlich der A. vulgaris; Blhb. länglich-eiförmig, zugespitzt; Bl. kleiner als die von A. vulgaris; *Sporn länger als die Platte der Honigb.; Blhb. u. Honigb. dunkel(braunschwarz)-violett,* sehr selten weiß. VII. 2n = 14.

Kiefern- u. Nadelmischwälder, Gebüsche, Wiesen; ±trockene bis wechseltrockene, nährstoff- u. kalkhaltige Böden. – Selten u. zerstreut, meist Gebg.: Baar, Donaugeb., Alp.vorland u. Alp. (bis 1920 m). – Bad., Voralp., Alp., Apenn.; praealp.

999. A. einseleána F. W. Schultz — Einseles A.
(= A. pyrenaica Koch)

♃, *H.* – H. 0,15–0,40. B. einfach-(od. doppelt) 3zählig, B.chen wenig kerbig, Kerben abgerundet, St.blättchen lineal.; Blhb. länglich-eiförmig; *Sporn ± so lang wie die abgerundete Platte der Honigb.;* Blhb. u. Honigb. blauviolett; Stbb. meist kürzer als die Platte der Honigb. VI–VIII. 2n = 14.

Steinschutthalden, Gebüsche; ±frische, kalkreiche Substrate. – Sehr selten, nur Berchtesgadener Alp. (950–1800 m). – s. u. n. Kalkalp.; o-praealp.

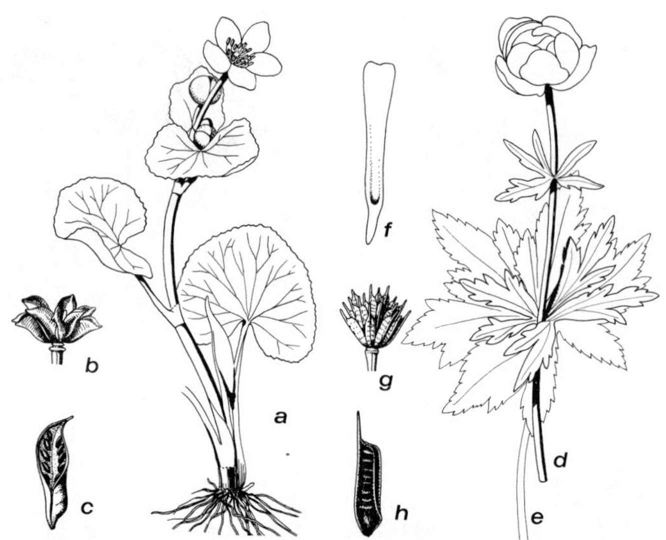

Abb. 162. *a–c Caltha palustris* (*a* Habitus, *b* u. *c* Früchtchen); *d–h Trollius europaeus* (*d* Sproßspitze mit Blüte, *e* Grundblatt, *f* Honigblatt, *g* u. *h* Früchtchen).

2. Trib. Cáltheae

279. Cáltha L. Dotterblume

x = 8 (7)

1000. C. palústris L. (Abb. 162a–c) Sumpf-D.

♃, *H.* – H. 0,15–0,50(0,70). Pfl. kahl; St. aufrecht, liegend od. aufsteigend; B. glänzend, herzförmig-kreisrund od. nierenförmig, ±feingekerbt bis gezähnt; Blh. goldgelb. III–VI(VII–X). Formenreich, im Geb. u. a. aufrechte od. aufsteigende Unterarten, die z. T. durch Übergangsformen verbunden sind:

ssp. palústris; reife Balgfr. mit konvexer Bauch- u. Rückenseite. 2n = u. a. 32, 56, 57, 59 (+ 0–5 B). – Verbreitet.

ssp. lǽta (Schott, Nyman et Kotschy) Hegi; reife Balgfr. mit gerader od. leicht konvexer Rücken- u. stark konvexer Bauchseite. 2n = 32, 57, 58, 59, 60 (+ 0–6 B); 24, 32–72; 56. – Selten in Quellfluren der Alp. (2000–2100 m).

Daneben niederliegende u. bei älteren Pfl. an den Knoten wurzelnde Formenkreise, z. B. ssp. procúmbens (Beck) Neumayer in Quellfluren der Gebg. des s. Geb.

Feuchtwiesen, Grabenränder, Erlenbruchwälder etc.; nasse, nährstoffreiche, humose Böden. – Verbreitet (Alp. bis 2215 m). – Eur., gem. u. n. As., n. u. arkt. Am.; (arkt-)no-euras, circ.

280. Tróllius L. Trollblume

x = 8

1001. T. europaéus L. (Abb. 162d–h)

♃, *H.* – H. 0,10–0,50. St. meist einblütig, aufrecht; B. meist 5teilig (obere meist 3zählig), Zipfel rautenförmig, 3spaltig; Blhb. (5)10–15, krb.artig, goldgelb, fast in eine Kugel zusammenschließend; Honigb. 5–10, schmal, etwa so lang wie die Stbb., hellgelb. V–VI(IX). 2n = 16. Im Geb. ssp. e u r o p a é u s.

Feuchtwiesen (Tieflagen), mont-subalp. Bergwiesen; ±feuchte, nährstoffreiche, humose, lehmige Böden. – Zerstreut bes. Berggeb. (Alp. bis 2330 m); fehlt u. a. im NW. – N-Eur. bis Gebg. S-Eur., Kauk.; arkt. N-Am.; (arkt-)no-praealp(-alp), circ.

281. Nigélla L. Schwarzkümmel

x = 6

I. Unmittelbar unter der Bl. keine laubb.artigen Hochb.
  A. Stbbtl. stachelspitzig (Konnektivfortsatz) .... **1002. N. arvensis**
  B. Stbbtl. nicht stachelspitzig .... **1003. N. sativa**
II. Unmittelbar unter der Bl. laubb.artige Hochb. (Stbbtl. nicht stachelspitzig) .... **1004. N. damascena**

1002. N. arvénsis L. (Abb. 163a–d) Acker-Sch.

⊙, *Th.* – H. 0,10–0,30(0,40). *St. fast kahl;* B. 2- bis 3fach-fiederteilig; Blhb. bläulich-weiß, unterseits grün gestreift; Frb. der *Kapseln* vom Grd. bis zur Mitte zusammengewachsen, *glatt;* S. höckerig-punktiert. VII–IX. 2n = 12. Im Geb. ssp. a r v é n s i s.

Getreide- u. Schuttunkrautges.; ±trockene, warme, nährstoff- u. kalkreiche Böden. – Selten im m. u. s. Geb., im N. fehlend od. unbeständig. – S- u. M-Eur., N-Afr., Vord.As.; med.

1003. N. satíva L. Saat-Sch.

⊙, *Th.* – H. 0,20–0,40. *St. ±rauhhaarig;* B. 3fach-fiederteilig; Blhb. bläulich-weiß; Frb. der *Kapseln drüsig-rauh,* vom Grd. bis zur Spitze zusammengewachsen; S. querrunzelig, beim Reiben einen stark kajeputartigen Geruch zeigend. VI–VII. 2n = 12.

Vereinzelt gebaut u. verwildert. – Heimat: S-Eur., W-As.

Droge: Semen Nigellae

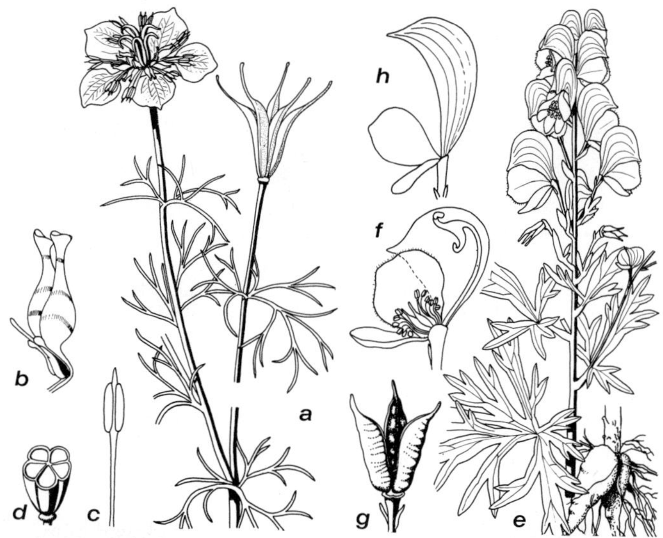

Abb. 163. *a–d Nigella arvensis* (*a* Sproßspitze mit Blüte u. Frucht, *b* Honigblatt, *c* Staubblatt; *d* Frucht, in der unteren Hälfte quer geschnitten); *e–h Aconitum napellus, e–g A. napellus* ssp. *pyramidale* (*e* Sproßspitze mit Blütenstand u. -basis mit Wurzelknollen, *f* Blüte im Längsschnitt mit Honigblatt, *g* Frucht), *h. A. napellus* ssp. *hians* (Blüte).

1004. N. damascéna L. Damaszener Sch.

⊙, *Th.* – H. 0,15–0,30(0,45). St. kahl; B. 2- bis 3fach-fiederteilig; Blhb. hellblau, selten weiß, an der Spitze u. an den Adern unterseits grünlich; Frb. der *Kapsel glatt,* vom Grd. bis zur Spitze verwachsen; S. querrunzelig, beim Reiben einen erdbeerartigen Geruch zeigend. V–VIII. 2n = 12.

In Gärten kultiviert, bisweilen verwildert. – Heimat: Med., Kl.As.

282. Aconítum L. Eisenhut

x = 8

I. Blhb. blau, violett od. weißbunt; Helm breiter als hoch od. höchstens 2mal so hoch wie breit; Sporn der Honigb. nicht od. wenig gekrümmt (s. aber Nr. 1006)
  A. Helm meist breiter als hoch; S. an den 3 Kanten geflügelt u. glatt od. runzelig u. an den Seiten ungeflügelt (St. kahl od. anliegend behaart; Stbf. meist bewimpert; junge Fr.chen spreizend) .... **1005. A. napellus**

B. Helm meist ±höher als breit; S. an einer Kante geflügelt u. mit quer verlaufenden Flügeln an den Seiten
1. Blst. ohne Drüsenhaare; (Sporn der Honigb. kopfig herabgebogen); junge Fr.chen zusammenneigend parallel) .... **1006. A. variegatum**
2. Blst. ± mit Drüsenhaaren; (Stbf. kahl; junge Fr.chen spreizend) .... **1007. A. paniculatum**

II. Blhb. gelb, Helm ca. 3mal so hoch wie breit; Sporn der Honigb. ±spiralig gekrümmt .... **1008. A. vulparia**

1. Sect. Aconítum

1005. A. napéllus L. (Abb. 163 e–h) Blauer E.

♃, *H.* – H. 0,50–1,50. W. mit rübenförmigen Knollen; B. 5- bis 7teilig, tief doppelt eingeschnitten; Blst. traubig, ±dicht; Blh. meist dunkelblau, *Helm meist breiter als hoch,* Nagel der Honigb. bogig gekrümmt; S. scharf-3kantig, auf den Flächen glatt od. (seltener) etwas runzelig. (VI)VII–VIII(IX). Umfaßt (auch als Arten bewertet):

ssp. formósum (Rchb.) Gáyer (= A. formosum Rchb.); H. bis 0,60; St. ±schlank, locker beblättert; Bl.stiele kurz, der Traubenspindel angedrückt, untere nicht od. kaum verlängert; *Traube einfach, zylindrisch,* etwas *locker;* B.zipfel schmal, vorgestreckt; *Traubenspindel, Bl.stiele u. Außenseite des Helmes kurz* anliegend *behaart;* Helm offen, mit gerader od. schwach gebuchteter Grd.-linie.

Zerstreut bis selten: n. Kalkalp. (im Geb. von Ruhpolding bis Berchtesgadener Alp.); o-praealp.

ssp. tā́uricum (Wulf.) Gáyer (= A. tauricum Wulf.); H. bis 0,60; St. ±kräftig, dicht beblättert; Bl.stiele kurz, der Traubenspindel angedrückt, untere nicht od. kaum verlängert; *Traube einfach, zylindrisch,* sehr *dicht;* B.zipfel schmal; *Traubenspindel* u. *Bl.stiele kahl;* Helm meist kahl, nicht klaffend, mit gerader od. schwach gebuchteter Grd.linie.

Vorwiegend auf Urgestein, etwas weniger auf Kalk. – Verbreitet: Salzburger Alp. – Alp., Siebenbürg.; o-praealp.

ssp. neomontánum (Koelle) Gáyer (= A. neomontanum Koelle); H. bis > 1,00; St. oben nebst Traubenspindel u. Bl.stielen flaumig behaart; Bl.stiele aufrecht abstehend od. aufrecht, kurz, untere kaum verlängert; *Traube gegen Spitze etwas verschmälert,* einfach od. etwas ästig; *B.zipfel* lanzettl., oft verkürzt, *meist 4–7 mm breit; Vorb. lineal; Helm* fast halbkreisförmig, aufliegend, *nicht klaffend, mit gerader* od. schwach gebuchteter *Grd.linie; Sporn* der Honigb. deutlich *kopfförmig* nach aufwärts gebogen.

Selten: Im Geb. nur einzelne Formen, nicht der Typus: N-Hess. (Waldeck), Rhön (Vogelsberg), Eifel, Ingolstadt, Jura. – Alp.

ssp. f í r m u m (Rchb.) Gáyer (= A. firmum Rchb.); H. bis > 1,00; St. kräftig, samt Traubenspindel u. Bl.stiele beim Typus kahl (bei verschiedenen Formen z. T. flaumig od. verkahlend); Bl.stiele aufrecht abstehend, untere verlängert; *Traube gegen Spitze verschmälert,* einfach od. ästig, lang u. dichtblütig; *B.zipfel* kurz lanzettl. *2,5 bis 5 mm breit,* stumpflich bespitzt; *Helm geschlossen,* hochgewölbt, so hoch od. höher als breit *mit schwach gebuchteter Grd.linie,* vorn kurz zugespitzt; *Sporn* der Honigb. deutlich *kopfförmig* nach aufwärts gebogen. 2n = 32.

Sehr selten: oberes Erzgebg. – Sud., Beskiden, Karp.

ssp. p y r a m i d á l e (Mill.) Rouy et Fouc. (= A. pyramidale Mill.); H. 1,00–1,50; St. kräftig, oben nebst Traubenspindel u. Bl.stielen flaumig behaart; Bl.stiele aufrecht abstehend, untere verlängert u. länger als die Bl.; *Traube gegen die Spitze deutlich verschmälert; B.-zipfel* lanzettl., oft verkürzt, *meist 4–7 mm breit;* B. lang, *Nervatur unterseits stark hervortretend; Vorb. lanzettl. bis oval;* Bl. groß, *Helm* stark gewölbt, *mit gerader* od. schwach gebuchteter *Grd.linie,* vorne kurz zugespitzt; *Sporn* der Honigb. deutlich *kopfförmig* nach aufwärts gebogen.

Zerstreut bis selten: Mosbach, Schwarzwald, Jura, Baar, Bodenseegeb., untere Bay. Hochebene, Allgäuer u. Bay. Alp. – S-D., Tirol, Vorarlberg, Schweiz, Frankr., Belg.; w-praealp.

ssp. l o b e l i á n u m (Rchb.) Gáyer (= A. lobelianum Rchb.); H. 1,00 bis 1,30; St. schlank, oberwärts samt Traubenspindel, Bl.stielen u. Bl. anliegend kraushaarig-flaumig; Bl.stiele aufrecht abstehend, untere bedeutend länger als die Bl.; Blst. ästig mit schwachen Seitentrauben, *Endtraube gegen die Spitze deutlich verschmälert; B.zipfel schmal,* verlängert, *3–4 mm breit; Mittelabschnitt* der B. fast stets *stielartig zusammengezogen; Helm offen,* oben breit gerundet, *mit stark gebuchteter Grd.linie* u. deutlich vorgezogener Spitze; *Sporn* der Honigb. deutlich *kopfförmig,* aufwärts gebogen.

Selten: Bodenseegeb., obere Bay. Hochebene, Allgäuer Alp. u. ö. bis Reit i. W. – S-D., Österr., Schweiz.

ssp. h í a n s (Rchb.) Gáyer (= A. hians Rchb.); H. bis > 1,00; St. schlank, samt Traubenspindel u. Bl.stielen kahl od. schwach behaart; Bl.stiele aufrecht abstehend, untere so lang od. länger als die Bl.; *Traube gegen Spitze verschmälert,* einfach od. ästig mit dünnen Seitentrauben; *B.zipfel* schmal, *2–4 mm breit,* vorgestreckt; *Helm* schlank, *klaffend, mit stark gebuchteter Grd.linie* u. deutlich vorgezogener Spitze; untere Blhb. schmal; *Sporn* der Honigb. *verschmälert, nicht kopfförmig aufwärts gekrümmt.*

Selten bis stellenweise verbreitet: Bay. Wald, Böhmer-Wald, Fichtelgebg., Riesengebg. (Aupagrund).

Insbes. Hochstaudenfluren, auch Grauerlenwälder, Lägerges. etc.; feuchte, humose, nährstoffreiche Böden. (Verbreitung und genauere Gesellschaftsbindung der einzelnen Unterarten ungenügend bekannt; Alp. bis 2330 m.) – Gebg. des gem. u. s. Eur.; praealp.

Droge: Tubera Aconiti.

1006. A. variegátum L. Bunter E.

♃, *H.* – H. (0,50)1,00–1,50. W. mit rübenförmigen Knollen; St. ±ästig, oben samt Traubenspindel, Bl.stielen u. Außenseite der Blhb. kahl; B. tief 5- bis 7teilig mit doppelt fiederlappigen Abschnitten; Blst. traubig, ästig; Bl. violett, blau, weiß- und buntgescheckt; *Helm höher als breit,* vorn geschnäbelt; Nagel der Honigb. gerade, Sporn kopfig, zurückgekrümmt; S. scharf 3kantig, auf dem Rücken querfaltig geflügelt. VII–IX. Umfaßt (auch als Arten bewertet):

ssp. v a r i e g á t u m; St. hin und her gebogen; Blst. sehr locker, mit bogig weitabstehenden Ästen; untere Bl.stiele länger als die Bl. u. Tragb.; Helm klaffend, vorgeneigt, am Grd. allmählich lang verschmälert, Grd.linie sehr stark gebuchtet, vorn ungefähr in der Mitte geschnäbelt; Bl. violett, seltener blau od. gescheckt. 2n = 16.
Zerstreut bis selten: Sachs. bis O-Thür. (?), Bay., verbreiteter: Alp.

ssp. j u d e n b e r g é n s e (Rchb.) Gáyer (1912) [= A. judenbergense (Rchb.) Gáyer (1909)]; St. steif aufrecht; Blst. gedrängt mit kurzen, steif aufrecht abstehenden, die Tragb. kaum überragenden Ästen; untere Bl.stiele kürzer als die Tragb.; Helm geschlossen, aufrecht, oben breit abgerundet, Grd.linie schwach ausgeschnitten; Bl. violett, sehr selten weiß. – Zerstreut: Alp.

ssp. g r á c i l e (Rchb.) Gáyer (= A. gracile Rchb.); St. gerade od. etwas hin und her gebogen; Blst. locker, Seitenäste die Tragb. überragend; Bl.stiele länger als die Tragb., so lang od. etwas länger als der Helm; Helm meist offen, gerade od. ±vorgeneigt, Grd.linie ausgeschnitten, mit kurz zusammengezogenem (nicht fast stielförmigem) Grd.; Bl. violett, selten bläulich od. weiß.
Zerstreut bis selten: Thür., Sachs., Schles., Sud., Bay. Wald, Jura (Regensburg), West- u. Ostpr., Voralp., Alp.

Auenwälder, Gebüsche; feuchte bis nasse, nährstoff- u. kalkreiche Böden. – (Verbreitung u. genaue Gesellschaftsbindung der einzelnen Unterarten ist z. T. ungenügend bekannt; Alp. bis 1940 m). – Gebg. M- u. S-Eur.; (o-)praealp.

1007. A. paniculátum Lam. Rispiger E.

♃, *H.* – H. (0,60)1,00–1,50. W. rübenförmig verdickt; B. tief 5- bis 7teilig. mit fiederlappigen Zipfeln; *Blst. zuletzt sperrig-rispig;* Bl. violett; Helm meist nur wenig höher als breit; Nagel des Honigb. gekrümmt; S. scharf-3kantig, querfaltig mit geflügelten Rückenfalten. VII–VIII. 2n = 16, 32. Veränderlich.

Hochstaudenfluren, Grauerlenwälder; feuchte, nährstoff- u. meist kalkreiche Böden. – Selten: Alp. (bis 2400 m). – Alp., Karp., Galiz., Bosn.; praealp.

2. Sect. Lycóctonum

1008. A. vulpária Rchb. Gelber E.
(=A. lycoctonum auct. non L. s.str.)

♃, *H.* – H. 0,30–1,50. *W. nicht knollig verdickt;* St. oben meist anliegend kraushaarig; B. handförmig, 5- bis 7spaltig; Blst. traubig, einfach od. ästig; *Helm walzlich, viel höher als breit;* Nagel der Honigb. gerade, Sporn fadenförmig, kreisförmig-zusammengerollt; S. überall faltig-runzelig, stumpf-3kantig. VI–VII(VIII). Umfaßt:

ssp. vulpária; St. oben kraus anliegend behaart; Frkn. kahl; Fr. 10–20 mm lang. 2n = 16. – Zerstreut im m. u. s. Geb.

ssp. thaliánum (Wallr.) Gáyer; Pfl. zierlich, wenigbl.; St. oben kraus anliegend behaart; Frkn. kahl; Fr. 8–10 mm lang. – Zerstreut im m. u. s. Geb.

ssp. pubérulum (Ser.) Gáyer; St. oben abstehend zottig behaart; Blh. langhaarig; Frkn. kahl.
Selten, nur Jura (Hohenmiersberg, Pottenstein), Alp.vorland (Maria-Einsiedel), Allgäuer u. Salzburger Alp. (Petersälple bzw. Saugasse).

ssp. pennínum (Ser.) Gáyer; Frkn. behaart. – Selten, nur Bay. Wald.

Laubmischwälder (Schluchtwälder, Auenwälder); feuchte, nährstoffreiche, humose Böden. – Zerstreut im m. u. s. Geb., bes. Bergland, stellenweise selten, fehlt in N-D. u. z. T. in Sachs. (Alp. bis 2100 m). – S-, M-Eur., As.; praealp(-no-kont).

Hybride:
A. napellus s. l. × variegatum s. l. (= A. × stoerkianum Rchb.) in Kultur, selten verwildert.

283. Delphinium L. Rittersporn

x = 8

I. Frb. 3(–5); Honigb. frei .... **1009. D. elatum**
II. Frb. 1; Honigb. verwachsen
  A. Frb. kahl; Blst. armbl. .... **1010. D. consolida**
  B. Frb. behaart; Blst. reichbl. .... **1011. D. ajacis**

1. Subgen. Delphínium

1009. D. elátum L. Hoher R.

♃, *H.* – H. 0,60–1,50. *B.* handförmig (3- bis 7fach) *gelappt; Lappen* 3spaltig, *breit,* eingeschnitten-gesägt; *Traube vielbl.;* Bl.stiele mit 2 lineal. Vorb.; Blhb. azurblau; *Honigb. 4* (nur 2 obere nektarführend), rußfarben, Saum der unteren ausgerandet, bärtig; *Frb. fast kahl od. kahl.* VI–VII. Im Geb. ssp. elátum. 2n = 32.

Hochstaudenfluren, Gebirgswälder; frische bis feuchte, nährstoffreiche, humose Böden. – Zerstreut: Schles. Gebg. – Pyren., Alp., Karp., Sud., Rußl., N- u. Z-As.; o-praealp-no-kont.

2. Subgen. C o n s ó l i d a

1010. D. consólida L. (Abb. 164 a–c) Acker-R.
(= Consolida regalis S. F. Gray)

⨀, ①, *Th, H.* – H. 0,20–0,40(0,50). *B.* 3zählig, 2- bis 3fach geteilt, *mit schmal-lineal. Zipfeln; Traube wenigbl.;* Bl.stiele länger als die Tragb.; Blhb. azurblau, selten rosa od. weiß; Honigb. verwachsen, mit 3lappiger Platte; *Balgfr. einzeln, kahl.* V–IX. Im Geb. ssp. c o n s ó l i d a. 2n = 16.

Äcker, Schuttplätze, Getreideunkrautfluren; warme, meist kalkreiche Böden. – Zerstreut bis verbreitet im m. u. s. Geb., fehlt u. a. im NW. fast völlig, ebenso in Alp. u. Gebg.gegenden. – Eur. bis Rußl., Kl.As., Armen.; euras-submed.

Droge: Flores Calcatrippae.

1011. D. ajácis L. Garten-R.
[= Consolida ajacis (L.) Schur]

⨀, *Th.* – H. 0,30–1,00. *B.* meist mehrfach 3teilig, *mit schmal-lineal. Zipfeln; Traube vielbl.;* Bl.stiele so lang od. kürzer als die Tragb.; Blhb. lebhaft-blau, hellblau, rosa od. weiß; Honigb. 3lappig, Mittellappen am Grd. mit ±deutlicher Zeichnung AIA; *Balgfr. einzeln, weichbehaart.* VI–IX. 2n = 16. Formenreich.

Gepflanzt, hin u. wieder verwildert. – Heimat: Med.

2. Subfam. R a n u n c u l o í d e a e
3. Trib. A n e m ó n e a e

284. Thalíctrum L. Wiesenraute

x = 7

I. Stbf. nach oben verdickt; Fr.chen glatt, ungerieft, gestielt . . . . **1012. Th. aquilegifolium**

II. Stbf. gleichmäßig dünn; Fr.chen längsfurchig, sitzend (Bl. grünlich od. gelb)
- A. Bl. in pyramiden- od. eiförmigen Rispen, voneinander entfernt, nebst den Stbb. überhängend
  - 1. Fiederb.chen etwa so lang wie breit; B. 3- bis 5fach gefiedert . . . . **1013. Th. minus**
  - 2. Fiederb.chen deutlich länger als breit; B. 1- bis 3fach gefiedert . . . . **1014. Th. simplex**
- B. Bl. an den Enden der Rispenäste ±dicht gedrängt, nebst den Stbb. aufrecht

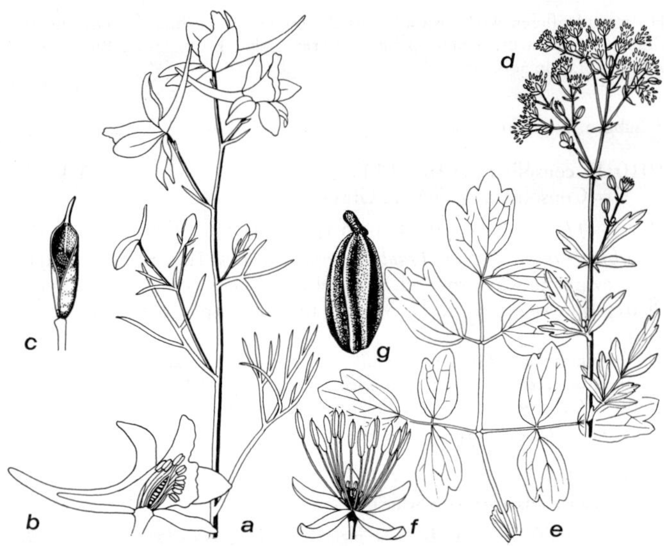

Abb. 164. *a–c Delphinium consolida* (*a* Sproßspitze mit Blüten, *b* Blüte im Längsschnitt, *c* Früchtchen); *d–g Thalictrum flavum* (*d* Sproßspitze mit Blütenstand, *e* Laubblatt, *f* Blüte, *g* Früchtchen).

1. B.stielverzweigungen (junger B.) ohne Nebenb.-chen; Pfl. nicht unterirdisch kriechend .... **1015. Th. lucidum**
2. B.stielverzweigungen (junger B.) mit häutigen Nebenb.chen; Pfl. weit unterirdisch kriechend
   a) B.chen der oberen B. lineal.; Rispe ausladend; St. glänzend .... **1016. Th. morisonii**
   B) B.chen der oberen B. länglich-lanzettl.; Rispe ±zusammengezogen; St. nicht glänzend .... **1017. Th. flavum**

1. Sect. Triptérium

1012. Th. aquilegifólium L. Akeleiblättrige W.

♃, *H.* – H. 0,40–1,50. B. 2- bis 3fach-gefiedert, Verästelungen des B.stieles mit Nebenb.chen; Blhb. blaßgrün od. lila; *Stbf. lila,* selten weiß; *Fr.chen 3kantig-geflügelt.* V–VII. 2n = 14.

Auenwälder, Gebüsche, Hochstaudenfluren, Wiesen; nasse, oft kalkhaltige, nährstoffreiche Böden. – Zerstreut im m. u. s. Geb. (Alp. bis 1940 m), im N. selten von Meckl. bis Ostpr. – S-Schwed. bis m. u. ö. Eur., Gebg. S-Eur.; gem-kont(-praealp).

2. Sect. T h a l í c t r u m

1013. Th. mínus L. Kleine W.

♃, *H* – H. 0,15–1,50. St. kahl od. etwas drüsig, rillig bis gefurcht; *B.chen rundlich od. keilig-verkehrt-eiförmig,* 3zähnig od. 3spaltig mit 1- bis 3zähnigen Lappen; Blst. mit langen Ästen. V–VII. Umfaßt im Geb.:

ssp. m í n u s ; H. 0,25–0,50; B. ±gleichmäßig am St. verteilt, 4 bis 15 mm breit; Blst. oberhalb der St.mitte verzweigt. 2n = 42, 40.
Böschungen, Dünen, lichte Eichenwälder etc.; ±trockene, meist kalkreiche Böden. – Zerstreut im nö., m. u. s. Geb. (Alp. bis 1880 m) u. Ostfr.-Ins., selten in Schl.Holst.

ssp. m á j u s (Crantz)Rouy et Fouc.; H. 0,50–1,50; B. ±gleichmäßig am St. verteilt, 10–30 mm breit; Blst. meist von der St.mitte an verzweigt. 2n = 42.
Subalp. Staudenges. – Selten, nur Alp.

ssp. s a x á t i l e Sch. et Kell.; H. 0,15–0,40; St. oft hin- u. hergebogen; B. in od. unterhalb der St.mitte gedrängt, unterseits mit stark hervortretenden Nerven, derb.
Trockenrasen, Dünen; meist kalkreiche Böden. – Selten: Schl.Holst (Putlos), Sachs., Rhein- u. Maingeb., Alp.vorland, Alp. (bis 1850 m).

Eur., N-As.; euras-submed.

1014. Th. símplex L. Einfache W.

♃, *H.* – H. 0,30–1,00. St. kahl, gefurcht; *B.chen länglich-keilförmig* bis lineal., 2- bis 3lappig bis ganzrandig; Blst. meist schmal-länglich, mit kurzen Ästen. VI–VII. Umfaßt im Geb.:

ssp. s í m p l e x ; H. 0,40–1,00; B.chen der oberen B. länglich-keilförmig, gelappt od. gezähnt, oberseits matt. 2n = 56.
Selten vom nö. Geb. (S-Harz) bis Bodenseegeb., fehlt im NW.

ssp. b a u h í n i i (Crantz) Tutin; B.chen der oberen B. lineal.-lanzettl. bis schmal-länglich-keilförmig, 2- bis 3lappig.
Vorkommen im Geb. fraglich (Schles.?).

ssp. g a l i o í d e s (DC.) Borza; H. 0,30–0,60; B.chen der oberen B. schmal-lineal., ganzrandig, oberseits glänzend. 2n = 28.
Selten, S-D. (Frank.?, SW-D., Alp.vorland).

Feuchtwiesen, Halbtrockenrasen; feuchte, meist kalkhaltige Böden. – S-Skand. bis S-Eur., Sib., Kauk.; (no-)euras-kont(-submed).

1015. Th. lúcidum L. Glänzende W.
(= Th. angustifolium Jacq.)

♃, *H.* – H. 0,50–1,20. *Pfl. nicht kriechend;* B. fast sitzend, 2- bis 3fach-gefiedert; *B.chen* länglich-keilförmig, obere lineal., *oberseits glänzend; Fr.chen länglich-eiförmig.* VI–VIII. 2n = 28.

Feuchtwiesen, Auenwälder, bes. Flußtäler; ±nasse, nährstoffreiche Böden. – Zerstreut bis selten im ö. Geb. von Meckl. bis Ostpr., Schles., Sachs. – Anh., Thür. Becken, Donaugeb., Alp. (bis 1595 m). – ö. M-. O- u. SO-Eur.; gemkont.

1016. Th. morisónii C. C. Gmelin Hohe W.

♃, *H.* – H. (0,50)1,00–1,50. *Pfl. weit kriechend;* B. 2- bis 3fach-gefiedert; B.chen der unteren B. keilig-verkehrt-eiförmig, gelappt, *die der oberen ±lineal. u. ganzrandig; Fr.chen rundlich-eiförmig* mit 8–10 Rippen. VI–VII. Im Geb. nur ssp. m o r i s ó n i i.

Ufer, Auenbüsche u. -wälder; wechselnasse, nährstoffreiche, tonige Böden. – Selten, nur unteres Main-, Oberrhein- u. Bodenseegeb. – Gesamtart: W-Med. bis SW-D.; submed-praealp.

1017. Th. flávum L. (Abb. 164d–g) Gelbe W.

♃, *H.* – H. 0,30–1,20. *Pfl. weit kriechend;* B. 2- bis 3fach-gefiedert; *B.chen* keilig-verkehrt-eiförmig bis *(oben) länglich-lanzettl., 3- bis 4-lappig; Fr.chen rundlich-eiförmig* mit 6 Rippen. VI–VIII. Im Geb. nur ssp. f l á v u m. 2n = 84.

Feuchtwiesen, Gräben; feuchte bis nasse, nährstoffreiche Böden. – Im n. u. m. Geb. verbreitet, sonst zerstreut, s. bis mittlere Gebg.lagen. – Eur., gem.As.; no-euras.

285. Anemóne L. Windröschen

x = 7, 8

I. Hochb. gestielt, 3zählig, den (oft fehlenden) unteren B. gleichgestaltet (Bl. meist einzeln)
  A. Blhb. weiß, rötlich, selten ganz rot od. bläulich
    1. Blhb. unterseits seidenhaarig, weiß .... **1018. A. silvestris**
    2. Blhb. beiderseits kahl, weiß, rötlich od. bläulich-violett .... **1019. A. nemorosa**
  B. Blhb. goldgelb, unterseits weichhaarig .... **1020. A. ranunculoides**
II. Hochb. sitzend, fingerig-eingeschnitten (Bl. in 2- bis 8bl. Dolde) .... **1021. A. narcissiflora**

1018. A. silvéstris L. Großes W.

♃, *H.* – H. 0,15–0,50. *Untere B. 5teilig, Zipfel fast rautenförmig,* 3spaltig; Bl. einzeln, groß, 4–7 cm ∅; Blhb. weiß, unterseits oft schwach violett überlaufen; *Fr.chen silberhaarig-wollig.* IV–VI. 2n = 16.

Lichte Wälder, Buschwälder, Trockenrasen etc.; warme, meist kalkreiche Böden. – Selten u. zerstreut, insbes. im m. u. s. Geb., im n. Geb. sehr selten, fehlt u. a. im NW., Schl.Holst., n. Ostpr. u. Westpr., Alp. – S-Schwed. bis s. Eur., Vord.As., Kauk., ö. Z-As., Sib., Kamtsch.; (euras-)kont.

Abb. 165. *a–c Anemone nemorosa* (*a* Habitus, *b* Blütenhüllblatt, *c* Früchtchen); *d–g Pulsatilla* spp., *d–f P. vulgaris* (*d* Habitus, *e* Spreite eines ausgewachsenen Laubblattes, *f* Früchtchen), *g P. patens* (Laubblattspreite).

1019. A. nemorósa L. (Abb. 165 a–c) Busch-W.

♃, *G.* – H. 0,06–0,20(0,30). *Hochb. lang-*(fast halb so lang wie das B.)*gestielt;* B.chen eingeschnitten-gesägt; Bl. einzeln, 1,5–4 cm ∅; Fr.chen weichhaarig. III–V. 2n = 28–32, 37, 42, 45, 46, 16.

Laub- u. Nadelwälder, Gebüsche, Bergwiesen; frische, nährstoffreiche, meist lehmige Böden. – Verbreitet u. meist häufig (Alp. bis 1880 m). – N-Schwed. bis s. Eur., Rußl.; O-As.; N-Am.; euras-subozean.

1020. A. ranunculoídes L. Gelbes W.

♃, *G.* – H. 0,07–0,20(0,30). ***Hochb.stiel vielmal kürzer als das B.;*** B.chen eingeschnitten-gesägt; Bl. einzeln od. zu 2 (selten 3), 1,5 bis 2 cm ∅; Fr.chen weichhaarig. IV–V. Umfaßt:

ssp. r a n u n c u l o í d e s; Pfl. weit kriechend, groß. 2n = 32. (30, 31, 33).

Verbreitet, geb.weise selten, s. bis Alp.vorland, fehlt u. a. im äußersten NW.

ssp. w o c k e á n a (A. et G.) Hegi; Pfl. nur kurz kriechend, dichtrasig, in allen Teilen kleiner als vor. Unterart.

Sehr selten, nur Brand. (Rüdersdorf, Rudower Wiesen), Meckl. (Usedom), Schles. (Breslau, Hinzenberg), Westpr. (Marienwerder).

Laubmischwälder, Auenwälder; frische bis feuchte, nährstoff- u. meist kalkreiche, lehmige od. tonige Böden. – Schwed. bis s. Eur., Rußl., Kauk., Sib.; euras-kont.

1021. A. narcissiflóra L. Narzissen-W., Berghähnlein

♃, *G.* – H. (0,10)0,20–0,40(0,60). *Untere B. (3- bis) 5teilig,* Zipfel am Rande ±übereinandergelegt, 3- bis 5spaltig u. eingeschnitten; *Bl.* zu (1)2–8, *doldig,* 2–3(–4) cm ∅; Blhb. weiß. V–VII. 2n = 14, 16.

Alp. Steinrasen u. Hochgrasfluren, mont. Staudenhalden; sickerfrische, meist kalkhaltige, lehmige od. tonige Böden. – Verbreitet bis zerstreut: Alp. (1580–2350 m, selten tiefer); selten: Hegau, m. u. sw. Schwäb. Alb, Riesengebg. – Gebg. Iber. Halbins., Alp., Jura, Sud., Karp., Balk., as. Hochgebg. bis O- u. NO-As.; N-Am.; alp-altaisch.

Bastard:
A. nemorosa × ranunculoides (= A. × lipsiensis Beck)

286. Pulsatílla Miller Küchenschelle

(= Anemone L. p. p.)
x = 8

I. Die 3 Hochb. den Laubb. ähnlich gefiedert; Gebirgspfl. mit weißen od. gelben Bl.; keine Nektarien ..... **1022. P. alpina**
II. Die 3 Hochb. am Grd. in eine Scheide verwachsen, ihre Fläche in 15–30 gefingert angeordnete, schmale Zipfel metamorphosiert; äußerste Stbb. zu kopfigen Nektarien umgebildet
  A. Grdb. gefingert od. mehrmals gefiedert, im Winter absterbend
    1. Grdb. mehrmals gefiedert
      a) Bl. meist aufrecht; Blh. etwa doppelt so lang wie Stbb. .... **1023. P. vulgaris**
      (*P. vulgaris* s. l. umfaßt *P. vulgaris* Mill. s. str., die in Annäherungsformen im SO des Geb. vertretene *P. grandis* Wenderoth u. die nicht im Geb. vorkommende Gebirgspfl. *P. halleri* [All.] Willd.)
      b) Bl. nickend; Blh. kaum länger als Stbb. ..... **1024. P. pratensis**
    2. Grdb. gefingert .... **1025. P. patens**
  B. Grdb. einfach gefiedert mit gesägtem Rand der Fiedern, überwinternd .... **1026. P. vernalis**

1. Subgen. P r e o n á n t h u s

1022. P. alpína (L.) Delarbre Alpen-K., Teufelsbart
(= Anemone alpina L.)

♃, *G, (H).* – H. 0,15–0,45. *Grdb. 3zählig-doppelt zusammengesetzt,* Zipfel ±fiederig eingeschnitten; Bl. einzeln; Blh. weiß od. gelb. V–VII. 2n = 16. Umfaßt im Geb.:

ssp. a l p í n a; Blh. weiß, 3–7 cm.

Subalp. Rasen- u. Hochstaudenges.; nährstoff- u. basenreiche, kalkhaltige, steinige Böden. – Kalkalp. (1500–2200 m).

ssp. a p i i f ó l i a (Scop.) Nyman (= Anemone sulphurea auct.); Blh. schwefelgelb, 3–5 cm.

Subalp. Kiesel-Magerrasen; kalkarme, saure, modrig humose Lehmböden. – Sehr selten: Bay. Allgäu (1800–2100 m, Bärgündele, Himmeleck).

ssp. á l b a (Rchb.) Zamels; Blh. weiß, außen blauviolett überlaufen, 2,5–4,5 cm.

Borstgrasrasen u. Zwergstrauchheiden der Gebg.; stark humose Böden. – Brocken, Iser- u. Riesengebg., Vogesen, Tegernseer Berge (1000–1700 m).

Pyren., franz. Z-Massiv, Voges., Harz, Sud., Alp., Apenn., Jugosl., Karp.; alp.

2. Subgen. P u l s a t í l l a (= Campanaria)

1023. P. vulgáris Mill. (Abb. 165 d–f) Echte K.
(= Anemone Pulsatilla L.)

♃, *G, (H)*. – H. 0,05–0,40. *Grdb. 2- bis 4fach gefiedert* mit schmalen, spitzen Zipfeln; *Bl. ±aufrecht; Blhb.* etwa doppelt so lang wie die Stbb., am Grd. *glockig, von der Mitte an schwach auswärts gebogen,* violett. III–IV. 2n = 32. Im Geb. *P. vulgaris* Mill. s. str. (s. aber unten).

Meist in steinigen Trockenrasen od. lichten Kiefernwäldern; kalkreiche Böden. – Verbreitet, im NW über große Strecken fehlend. In N-D. z. B. var. b e v e r í c o l a Zimmermann zerstreut auch auf kalkarmen, manchmal sandigen Böden in Zwergstrauchheiden.

Die als P. bogenhardiana Rchb. geführte Form stellt einen bei schlechtem Wetter u. beim Verbl. auftretenden Zustand mit nickender Bl. dar. – Verbreitung von P. vulgaris s. str.: S-Skand., Engl., Frankr. bis D.

In Bay. (Isartal u. ostwärts) Übergangsformen zu P. grándis Wenderoth mit breiteren u. weniger zahlreichen B.zipfeln.

Droge: Herba Pulsatillae

1024. P. praténsis (L.) Mill. Wiesen-K.
(= Anemone pratensis L.)

♃, *G, (H)*. – H. 0,10–0,50. *Grdb.* (2-), *3- bis 4fach gefiedert* mit schmalen, spitzen Zipfeln; *Bl. nickend; Blhb.* einigermaßen *konisch u. wenig zusammenschließend* gestellt, *an der Spitze zurückgerollt.* IV–V. 2n = 16. Im Geb. 2 miteinander bastardierbare u. durch Übergänge verbundene Unterarten:

ssp. p r a t é n s i s; Bl. innen hellpurpurn; Hochb. u. Bl. außen relativ lang u. seidig glänzend behaart; Hochb.zipfel zahlreich.

Mehr sandige, kalkarme Böden, nach SO des Geb. seltener werdend.

ssp. n í g r i c a n s (Stoerk) Zamels; Bl. innen dunkelviolett; Hochb. u. Bl. außen weniger stark behaart; Hochb.zipfel weniger zahlreich.

Vorzugsweise warme, kalkreiche Böden.

Rasen- u. Kiefernwaldges. – Zerstreut bis selten, M-D., w. bis Meckl. – Lüchow (Elbe) – O-Harz – Naumburg – Kyffhäuser. – Verbreitung der im Geb. auftretenden Sspp.: S-Skand.; N-, M- u. O-D. bis Österr., Ung., Balt., Ukraine; euras(-kont).

Droge: Herba Pulsatillae

1025. P. pátens Mill. (Abb. 165g) Finger-K.
(= Anemone patens L.)

♃, *G, (H).* – H. 0,05–0,35. *Grdb.* durch Stauchung der B.spindel *gefingert* mit fiedrigen bzw. fiedrig-eingeschnittenen Zipfeln; Bl. aufrecht; Blh. glockig bis tellerförmig, hellblau-violett. III–V. 2n = 16. Im Geb. nur var. p á t e n s.

Trockenrasenges., auf flachgründigem Boden. – Nur noch vereinzelt im ö. Geb. [vom ö. Brand., sö. Meckl., Bay. (Geb. von Kelheim, Freising u. München) ostwärts]. – Var.: O-D. bis Rußl.; euras-kont.

1026. P. vernális (L.) Mill. Frühlings-K.
(= A. vernalis L.)

♃, *H.* – H. 0,05–0,30. *Grdb. unpaarig gefiedert* mit 1–2 Fiederpaaren; *B.chen eiförmig,* schwach fiedrig eingeschnitten; Knospe bronzefarbig behaart; Bl. innen gelblich-weiß, außen violett. IV–VI. 2n = 16.

Rasen-Heideges. u. lichte Föhrenwälder; saure, humose Böden. – Selten u. vereinzelt: N-D. (Pomm., Brand., Wendland), Thür. (wohl erloschen), Rheinland, Pfalz (Kr. Pirmasens u. benachb. Elsaß), in Bay. etwas häufiger (Alp. u. Voralp. bis Donau). – S-Skand., NO-D. bis Österr., Schweiz, SO-Frankr., Pyren.; praealp-no(kont).

Bastarde:

P. patens × pratensis (P. × hackelii Pohl), P. patens × vernalis, P. patens × vulgaris, P. pratensis × vernalis, P. vulgaris × vernalis.

Experimentell lassen sich alle Pulsatilla-Arten mit gleicher Chromosomenzahl innerhalb der gleichen Untergattung leicht, mit ungleicher Chromosomenzahl schwierig kreuzen. Kreuzungen zwischen den verschiedenen Untergattungen waren bisher nicht möglich.

287. Hepática Mill. Leberblümchen

x = 7

1027. H. nóbilis Mill. (Abb. 166a–c)
(= H. triloba Gilib., Anemone hepatica L.)

♃, *H.* – H. 0,05–0,15. B. meist 3lappig, Lappen ganzrandig, breiteirund; Blhb. blau, weit seltener rot od. weiß; Fr.chen ungeschweift. III–IV(V–VI). 2n = 14. Hierzu u. a.:

var. m u l t i l ó b a (G. Hartm.) Janch.; B.lappen mit 1–2 Nebenlappen, B. daher 4- bis 6lappig. – Sehr selten.

Laubwälder; ±frische u. nährstoffreiche, meist kalkhaltige, lehmige Böden. – Zerstreut (Alp. bis 1540 m), fehlt streckenweise, z. B. im NW., w. Schl.-Holst. – Skand. bis S-Eur., Rußl.; O-As.; N-Am.; gem-kont.

288. Clemátis L. Waldrebe

x = 8

I. Staminodien fehlend, Blh. einfach, innen weiß
  A. Blhb. beiderseits filzig behaart; St. kletternd ..... **1028. Cl. vitalba**
  B. Blhb. nur am Rande weichhaarig, sonst kahl; St. aufrecht ..... **1029. Cl. recta**
II. Staminodien vorhanden, krb.artig; Blhb. (der Unterart des Geb.) violett ..... **1030. Cl. alpina**

1. Sect. Clemátis

1028. Cl. vitálba L. (Abb. 166d–g) Gemeine W.

♄, *M.* – H. bis 7,00. *St. kletternd;* B. oft rankend, unpaarig gefiedert, B.chen länglich-eiförmig bis herzförmig zugespitzt, unregelmäßig kerbig-gesägt, seltener eingeschnitten; Bl. in b.winkel- u. endständigen, aufrechten u. herabgeschlagenen Scheindolden; Blhb. länglich, außen gelbgrün, innen u. am Rand weiß. VI–VIII. 2n = 16.

Waldränder, Gebüsche, Auenwälder; frische, nährstoffreiche, meist kalkhaltige Böden. – Verbreitet im m. u. s. Geb. (Alp. bis 1400 m), fehlt im n., ö. u. w. Geb. über sehr große Strecken. – S- u. M-Eur.; N-Am.; subatl-submed, circ.

1029. Cl. récta L. Aufrechte W.

♃, *H.* – H. 0,50–1,50. *St. aufrecht;* B. unpaarig gefiedert; B.chen eiförmig, fast immer ganzrandig, zugespitzt; Bl. in endständigen, rispenförmigen Scheindolden; *Blhb.* länglich, stumpf, *kahl, nur am Rand auswendig weichhaarig,* weiß. VI–VII. 2n = 16.

Buschwälder u. -lichtungen; ±trockene, warme, kalkreiche Böden. – Selten, nur Sachs. (Königstein bis Torgau), M-Thür. (Arnstadt, Finne), Oberschles. (Hultschin, Annaberg), Tauber-Maingeb., Altmühltal, ö. Donaugeb., Isarauen. – S-, O- u. M-Eur. bis n. gem. As.; submed-euras-kont.

2. Sect. Atragéne

1030. Cl. alpína (L.) Mill. Alpenrebe

♄, *N.* – H. bis 2,00. *St. kletternd;* B. doppelt-3zählig; B.chen ungeteilt, gesägt; Blhb. (der Unterart des Geb.) violett, selten weiß; krb.artige Staminodien zahlreich, spatelig, kleiner als die Blhb. V–VII. Im Geb. nur ssp. alpína. 2n = 16.

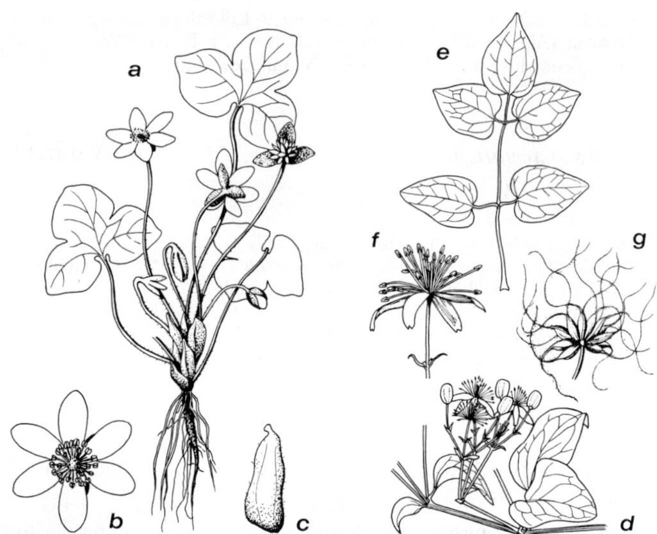

Abb. 166. *a–c Hepatica nobilis* (*a* Habitus, *b* Blüte, *c* Früchtchen); *d–g Clematis vitalba* (*d* Sproßausschnitt mit Blütenstand, *e* Laubblatt, *f* Blüte, *g* Früchtchen).

Subalp. Alpenrosen-Gebüsche u. Nadelwälder; ±frische, kalkarme Substrate. – Zerstreut bis selten in den Alp. (insbes. ö. Alp., bis 1980 m), vereinzelt ins Alp.vorland herabsteigend. – Alp., Apenn., Balk., Norw., NO-Eur., N-As., N-Am.; no-kont-praealp.

4. Trib. Ranuncúleae

289. Ranúnculus L. Hahnenfuß

(incl. Batrachium S. F. Gray, Ficaria Huds., Ceratocephalus Pers.)
x = 7, 8

I. Schnabel der Fr.chen kurz od. fehlend; Fr.chen ohne Wandhöhlungen
 A. Honigb. 5 (selten mehr; bei *R. auricomus* bisweilen ±reduziert)
  1. Wasserpfl.; Fr.chen quergestreift; Honigb. weiß (oft am Grd. gelb) u. Nektargrübchen flach, ohne Schuppe; Bl.stiele nach dem Verblühen zurückgekrümmt (selten Ausnahmen) 1. Subgen. **Batrachium S. 571**

2. Landpfl. (selten im Wasser); Fr.chen nicht od. nur sehr selten quergestreift; Honigb. gelb, weiß od. rot; Nektargrübchen – außer bei dem blaßgelben *R. sceleratus* – mit vorgezogener Schuppe; Bl.stiele nach dem Verblühen aufrecht 2. Subgen. **Ranunculus** S. 575

B. Honigb. 8–12 (gelb; Nektargrübchen mit Schuppe; Blhb. meist 3) . . . . 3. Subgen. **Ficaria** S. 584

II. Schnabel der Fr.chen lang (2- bis 3mal so lang wie der verdickte Teil der Frb.); Fr.chen mit 2 seitlichen Höhlungen in der Außenwand (Honigb. gelb) 4. Subgen. **Ceratocephalus** S. 584

1. Subgen. **Batráchium**
(Artbegrenzung in Anlehnung an Glück 1936)

I. B. sämtlich nierenförmig, stumpf 3- bis 5lappig; Bl.achse kahl . . . . **1031. R. hederaceus**

II. Submerse B. fädlich-borstlich-vielteilig; Bl.achse meist behaart

A. Untere B. fein zerteilt, obere nierenförmig u. gelappt (meist Schwimmb.), selten alle B. fein zerteilt

1. Honigb. völlig weiß, nicht am Grd. gelb (Bl. 13–20 mm breit) . . . . **1032. R. hololeucus**

2. Honigb. am Grd. gelb

a) Bl.stiele 1- bis 9mal so lang wie das benachbarte B.; Bl. meist 15–25 mm breit

x) Stbb. ± so lang od. kürzer als das Frkn.-köpfchen (Ausnahmen bei *R. petiveri)*

/) Bl.stiele 1,5- bis 9mal so lang wie das benachbarte B.; Frkn.köpfchen mit 40–100 Fr.chen . . . . **1033. R. baudotii**

//) Bl.stiele 1- bis 3(4)mal so lang wie das benachbarte B.; Frkn.köpfchen mit 12–28 Fr.chen . . . . **1034. R. petiveri**

xx) Stbb. $1^1/_4$- bis 2mal so lang wie das Frkn.köpfchen (Stbb. 8–30) . . . . **1035. R. aquatilis**

b) Bl.stiele so lang od. nur wenig länger als das benachbarte B.; Bl. meist 10–16 mm breit (Stbb. 13–24) . . . . **1036. R. radians**

B. Nur fein zerteilte (meist submerse) B. vorhanden (Ausnahmen mit nierenförmigen Schwimmb. gelegentlich bei *R. fluitans)*

1. B. unter 7,5 cm lang; Fr. meist behaart

a) Zipfel des B. nach allen Seiten hin gerichtet, Umgrenzung unregelmäßig . . . . **1037. R. trichophyllus**

b) Zipfel des B. in einer Ebene ausgebreitet, mit kreisförmigem (selten kugelförmigem) Umriß **1038. R. circinatus**

2. B. (der typ. Form) 7,5–24(39) cm lang, Zipfel parallel, flutend; Fr. kahl . . . . **1039. R. fluitans**

1031. R. hederáceus L. Efeublättriger H.

♃, (☉ ?, ⊙ ?), *HH.* — *St. fadenförmig, kriechend* (0,03)0,20—0,30 (0,60) lang; B. gestielt; Stbb. 5—12; Fr.chen schwach querrunzelig, kahl, Schnabel kurz, stumpf. V—VII. 2n = 16. Schwimmb.-, Schlamm- u. Landformen.

Quellen, Teichränder etc.; in kalkarmem Wasser auf sandigem Grd. — Selten im nw. u. w. Geb., ö. bis Rostock, Wittenberg, Magdeburg u. W-Thür., sw. bis W-Pfalz. — W-Eur.; atl.

1032. R. hololéucus Lloyd Reinweißer H.

♃, (☉ ?), *HH.* — Pfl. 0,35—0,80 lang; Zipfel der submersen B. außerhalb des Wassers stark zusammenfallend; *Schwimmb. 3teilig, unterseits behaart, am Rande gewimpert, mit keilförmigen Lappen,* jeder Lappen mit 2—5 gerundeten Kerbzähnen; Bl.stiele lang, feinbehaart; Honigb. länglich-keilförmig; Gr. ziemlich lang, zurückgekrümmt, am Grd. etwas verdickt; Bl.achse behaart; Fr.chen etwas behaart, später kahl. V—VII. Schwimmb.- u. Landformen.

Teiche, Gräben, Torfsümpfe; in saurem, nährstoffarmem Wasser. — Selten im n. u. nw. Geb., vom Niederrheingeb. bis Pomm. — W-Eur., Sizilien; atl.

1033. R. baudótii Godron Baudots H.

♃, (☉ ?), *HH.* — Submerse Pfl. 0,30—1,50 lang; obere submerse B. sitzend, mit außerhalb des Wassers nicht zusammenfallenden Zipfeln (bei blühenden Pfl.), schwimmende langgestielt, in meist 3 Lappen geteilt, im Umriß rundlich od. nierenförmig; Honigb. breit, verkehrteiförmig, 2mal so lang wie die Blhb.; *Gr. fast fehlend; N. länglich, bandförmig, zurückgekrümmt;* Bl.achse ei-kegelförmig behaart; Fr.chen etwas aufgeblasen, mit sehr kurzer Spitze u. häutigem Kiel. V—VIII. 2n = 32. Untergetauchte Schwimmb.- u. Landformen.

Teiche, Gräben, Seen der Brackwasserzone; in salzhaltigem Wasser. — Selten: N- u. O-See-Küsten, ö. bis Danziger Bucht, Salzstellen des Binnenlandes (Salzwedel, Mansfelder Seen, Bernburg). —Küstengeb. Eur. (insbes. Port. bis Schwed., Rußl.); subatl-submed.

1034. R. petivéri Koch Steifer H.
(= R. confusus Gren. et Godr.)

♃, *HH.* — Pfl. bis 0,90 lang, zart; Bl.stiele 1- bis 3(4)mal so lang wie das benachbarte B.; Schwimmb. meist nur spärlich ausgebildet; in der Form der B. u. der Bl.achse dem *R. baudotii* gleichkommend, durch die *nicht aufgeblasenen, spitzen Fr.chen* verschieden; Stbb. 10—19, kürzer bis wenig länger als das Frkn.köpfchen; von *R. aquatilis* durch die schmäleren, *verkehrt-ei-keilförmigen Krb.,* das viel kleinere Nektargrübchen, den längeren, dünneren Gr., die schmälere, bandförmige N. u. die *zugespitzten, kahlen Fr.chen* verschieden; von *R. hololeucus* durch die längeren Bl.stiele, den *verdickten, meist schwertförmigen Gr.,* die

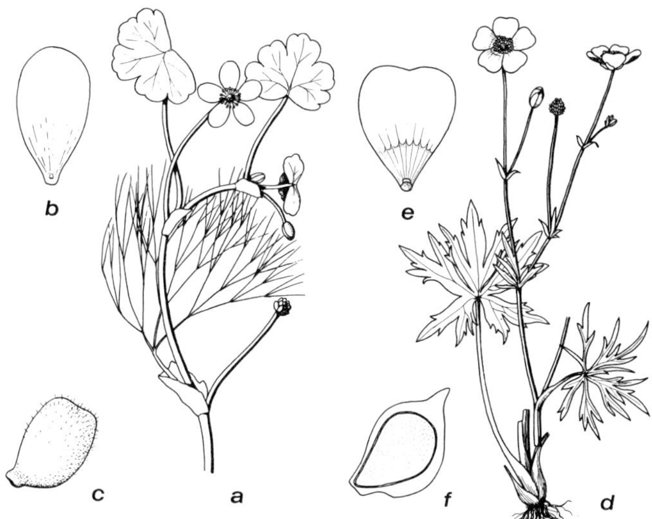

Abb. 167. *Ranunculus* spp., *a–c R. aquatilis* (*a* Sproßspitze mit Wasser- u. Schwimmblättern, *b* Honigblatt, *c* Früchtchen), *d–f R. acer* ssp. *acer* (*d* Grundblatt u. blühender Sproß, *e* Honigblatt, *f* Früchtchen längs).

größere papillöse N., die nicht aufgeblasenen Fr.chen u. die kräftigere Tracht verschieden. V–VIII. Untergetauchte, Schwimmb.- u. Landformen.

Teiche, Gräben etc.; in stehendem od. schwach fließendem Süß- od. auch wohl Brackwasser. – Selten im nw. Geb. von Westf. bis Meckl., früher auch Rheinpfalz (zwischen Dürkheim u. Pfifflingen). – M- u. SO-Eur.; euras-submed.

1035. R. aquátilis L. (Abb. 167a–c) Wasser-H.

♃, (☉ ?), *HH.* – Pfl. 0,20–0,80(2,00) lang; *Zipfel der unteren, submersen B. nach allen Seiten abstehend,* obere schwimmend, nierenförmig, sehr verschieden gelappt, alle gestielt, selten sämtlich submers, submerse B. fallen außerhalb des Wassers meist zusammen; Honigb. meist 5; Stbb. 8–30; Fr.chen behaart od. selten kahl. VI–VIII. 2n = 48. Sehr vielgestaltig. Untergetauchte, Schwimmb.- u. Landformen. Hierzu u. a.:

var. p e l t á t u s (Schrank) Glück; Schwimmb.fläche nierenförmig, am Grd. stumpfwinkelig ausgeschnitten, rel. schwach 5lappig.

var. o r b i c u l á r i s Glück; Schwimmb.fläche mit seitlich übereinandergreifenden Basallappen.

var. t r u n c á t u s Koch; Schwimmb.fläche halbkreisförmig, am Grd. quer abgeschnitten, ohne Basalbucht.

Gräben, Teiche, Seen etc.; in stehenden od. langsam fließenden nährstoffreichen, meist kalkarmen Gewässern. – Verbreitet bis zerstreut. – Eur., M- u. O-As., N-Am., w. S-Am., Afr.; subatl-submed bzw. gem-kosmop.

1036. R. rádians Revel Strahlender H.

♃, (⊙ ?), *HH*. – Pfl. *ähnlich dem R. trichophyllus, jedoch stets Schwimmb. vorhanden,* Schwimmb.fläche meist kleiner u. stärker geteilt als bei *R. aquatilis,* am Grd. tief ausgeschnitten (spitzwinkelige Basalbucht), *mit 3(–5) tiefreichenden,* am Vorderrand ±stark gekerbten *Hauptlappen;* untere submerse B. außerhalb des Wassers meist ±zusammenfallend; Stbb. bis $1^1/_2$mal so lang wie das Frkn.köpfchen; Fr.chen mit winziger Spitze, bisweilen oben schwach borstenhaarig. V–VII. 2n = 48. Schwimmb.- u. Landformen.

Stehende Gewässer. – Vereinzelt u. selten, so Schl.Holst., Meckl., Brand., Ostpr., Sachs., Schles., Hess., Rheingeb., SW-D., Bay., s. bis Alp.vorland. – Schwed., W-, M- bis s. Eur.; subatl(-submed).

1037. R. trichophýllus Chaix in Vill. Haarblättriger H.

♃, (⊙ ?), *HH*. – St. bis 0,87 lang; *sämtliche B. submers,* zuerst 3-, dann wiederholt 3- bis 2teilig, außerhalb des Wassers zusammenfallend od. nicht zusammenfallend; Bl. 3,5–16 mm breit; Honigb. 5; Stbb. 5–19, etwas kürzer bis $1^1/_2$mal so lang wie das Frkn.köpfchen; Fr.chen oben an der Seite etwas zugespitzt, sehr flach, schwach borstenhaarig od. kahl. V–VIII. Untergetauchte u. Landformen. Umfaßt:

ssp. t r i c h o p h ý l l u s; Pfl. kräftig, nur an den unteren Knoten wurzelnd; Fr.chen meist zahlreich, oben schwach borstenhaarig. 2n = 32. Hierzu u. a.:

var. t r i c h o p h ý l l u s; B. nicht zusammenfallend; Bl.stiele 1–2,5 mm dick, so lang wie das benachbarte B., später zurückgekrümmt.

var. p e d i c e l l á t u s Glück; B. nicht zusammenfallend; Bl.stiele kaum verdickt, 2- bis 2,5mal so lang wie das benachbarte B., aufrecht bleibend.

var. p e n i c i l l á t u s Glück; B. zusammenfallend, ebenso wie der St. weich.

Gräben, Teiche, Seen etc.; in stehenden od. langsam fließenden, nährstoffreichen Gewässern. – Zerstreut bis ziemlich häufig.

ssp. l u t u l é n t u s (Perr. et Song.) Vierh.; Pfl. zart, niederliegend, an den meisten Knoten wurzelnd; Zipfel der B. sehr fein, zusammenfallend; Bl. 6–10 mm breit; Fr.chen 12–15, kahl od. fast kahl. 2n = 32.

Nährstoffarme Gebg.seen. – Alp. (1770–2050 m).

N-Eur. bis N-Afr., Rußl., Vord.As., As. ?, N-Am.; euras-med, circ.

1038. R. circinátus Sibth. Spreizender H.
(= R. divaricatus Koch non Schrank)

♃, *HH.* – St. 0,20–4,10 lang; B. reich geteilt, meist sämtlich untergetaucht, Stiel (Scheide) 0,2–5 mm lang, B. zuerst 3teilig, dann meist wiederholt-borstenförmig-2teilig, *Zipfel der Sommerformen in eine kreisrunde Fläche* (auch außerhalb des Wassers) *starr-ausgebreitet* (sehr selten kugelförmig-ausgebreitet); Bl. 8–16 mm breit; Honigb. 5; Stbb. zahlreich, länger als das Frkn.köpfchen; Fr.chen mit kurzen Borsten. VI bis VIII. 2n = 16 Untergetauchte u. Landformen.

Altwasser, Seen, Teiche, Gräben; in stehenden, selten in langsam fließenden, nährstoffreichen Gewässern. – Zerstreut bis selten, s. bis Alp.vorland. – Eur., gem. As.; euras(-submed).

1039. R. flúitans Lam. Flutender H.

♃, *HH.* – Pfl. 1–6 m lang, flutend; B. meist sämtlich untergetaucht, gestielt, Zipfel sehr lang, lineal., parallel; Bl. 15–23(30) mm breit; Honigb. 5(–12); Stbb. zahlreich, kürzer bis so lang wie das Frkn.-köpfchen; Fr.chen kurz geschnäbelt, kahl; Fr.bildung selten. VI–VIII. 2n = 16, 24, 32. Untergetauchte, Land- u. Schwimmb.formen. Im Geb.:

var. flúitans; Pfl. nur mit Wasserb. bzw. B. nur mit lineal. od. lineal.-lanzettl. Zipfeln.

Zerstreut bis ziemlich häufig.

var. heterophýllus Coss. et Germain; Pfl. mit Wasserb. u. querovalen, schwach nierenförmigen Schwimmb.

Selten, u. a. Schles., Bad., Württ.

Flüsse, Bäche; in mäßig bis stark strömenden Gewässern. – M-Eur. bis s. Eur.; subatl(-submed).

2. Subgen. **Ranúnculus**

I. Honigb. weiß od. rot (Necktargrübchen mit vorgezogener Schuppe)
  A. Pfl. bis 0,15 (0,25) hoch, 1- bis wenigbl.
    1. Blhb. kahl . . . . **1040. R. alpestris**
    2. Blhb. von rotbräunlichen Haaren rauh . . . . . . **1041. R. glacialis**
  B. Pfl. 0,20–1,30 hoch, mehr- bis vielbl.
    1. Mittelabschnitt der Grdb. nicht bis zum Grd. frei **1042. R. platanifolius**
    2. Mittelabschnitt der Grdb. bis zum Grd. frei . . **1043. R. aconitifolius**
II. Honigb. gelb
  A. Nektargrübchen der schwefelgelben Honigb. fast unbedeckt, klein, Schuppe sehr kurz; Fr.köpfchen länglich . . . . . . **1044. R. sceleratus**
  B. Nektargrübchen der hell- od. goldgelben Honigb. mit einer fleischigen, aufwärts gerichteten Schuppe bedeckt; Fr.köpfchen ± kugelig
    1. B. – zumindest st.ständige – grob gezähnt, ± tief gelappt od. gespalten, od. zusammengesetzt

a) Fr.chen glatt od. höckerig, nicht stachelig, meist mehr als 8 u. klein
x) Blhb. nicht zurückgeschlagen, meist den Honigb. ± anliegend
/) Bl.stiele nicht gefurcht
§) Fr.chen samthaarig, bauchig
1045. R. auricomus-Gruppe
§§) Fr.chen kahl
+) B. blaugrün (Grdb. ungeteilt, ihre Spreite breiter als lang, vorn gekerbt-gesägt od. eingeschnitten-gezähnt) . . . . **1046. R. hybridus**
++) B. nicht blaugrün
α) Bl.achse kahl
†) St. ± anliegend behaart; Fr.schnabel kurz, gerade od. wenig gekrümmt
1047. R. acer
††) St. abstehend rauh behaart; Fr.schnabel lang, stark hakig gekrümmt
1048. R. lanuginosus
β) Bl.achse behaart
†) W.stock kahl
△) Stb.abschnitte lineal.; B. kahl; Schnabel des Fr.chen ganz kurz
1049. R. carinthiacus
△△) Stb.abschnitte nicht lineal. od. wenn lineal., dann B. behaart; Schnabel $^1/_4$–$^1/_2$ so lang wie das Fr.chen
□) B. kahl od. nur schwach behaart, glänzend; Stb.abschnitte nicht lineal. od. wenn lineal.-lanzettl., dann größte Breite in der Mitte . **1050. R. montanus**
□□) B. stark seidig-behaart, nicht glänzend; Stb.abschnitte lineal. bis lanzettl., größte Breite im unteren Drittel
1051. R. grenierianus
††) W.stock oben behaart (Stb. mit 3–5 lineal. Zipfeln; Fr.schnabel kurz)
1052. R. oreophilus
//) Bl.stiele gefurcht
§) Pfl. ohne Ausläufer
+) St. zum größten Teil abstehend behaart; Schnabel der Fr.chen verlängert, an der Spitze eingerollt
α) St. auch nach der Bl.zeit ± aufrecht
1053. R. nemorosus
β) St. während der Bl.zeit niederliegend, B.rosetten u. W. treibend . . . . **1054. R. serpens**
++) St. oben angedrückt behaart; Schnabel der Fr.chen kurz, gebogen-hakenförmig
1055. R. polyanthemus
§§) Pfl. mit Ausläufern (Grdb. 3zählig-zusammengesetzt)
1056. R. repens

xx) Blhb. zurückgeschlagen
/) Bl.stiele gefurcht; W. nicht knollig; Pfl. nicht seidenhaarig-weißzottig
§) St. am Grd. knollig verdickt ..... **1057. R. bulbosus**
§§) St. am Grd. nicht knollig verdickt .. **1058. R. sardous**
//) Bl.stiele nicht gefurcht; W.fasern z. T. knollig verdickt; Pfl. seidenhaarig-weißzottig .... **1062. R. illyricus**
b) Fr.chen groß, fast immer stachelig, zu 4—8, bis ca. 8 mm lang **1059. R. arvensis**
2. B. sämtlich ungeteilt, lanzettl. od. lineal.-lanzettl.
a) Bl. (0,3) 0,7—1,4 cm breit .... **1060. R. flammula**
b) Bl. 2—4 cm breit .... **1061. R. lingua**

1. Sect. L e u c o r a n ú n c u l u s

1040. R. alpéstris L. Alpen-H.

♃, *H.* — H. 0,05—0,16. St. 1(—2)bl.; *Grdb.* im Umriß ±rundlich, *3- bis 5spaltig, mit eingeschnitten-gekerbten Zipfeln;* Stb. 3spaltig, mit meist lineal. Zipfeln; Honigb. ausgerandet bis 2lappig; Fr.chen mit langem, nur an der Spitze schwach hakigem Schnabel. VI—VII(IX). 2n = 16. Im Geb. ssp. a l p é s t r i s.

Alp. Schneetälchen etc.; feuchte bis nasse, kalkhaltige Substrate. — Zerstreut bis verbreitet: Alp. (1600—2500 m, selten tiefer). — Pyren., Alp., Jura, Karp., Apenn.; alp.

2. Sect. H y p o l é p i u m

1041. R. glaciális L. Gletscher-H.

♃, *H.* — H. 0,04—0,15(0,25). St. 1- bis 3bl.; *Grdb. 3zählig,* Abschnitte gestielt, vielspaltig, mit lanzettl., ±stumpfen Zipfeln; Honigb. verkehrt-eiförmig, schwach ausgerandet; Fr.chen schräg-eiförmig, mit geradem Schnabel. VII—VIII. 2n = 16.

Alp. Schuttfluren; frische, kalkarme Substrate. — Sehr selten: Allgäu (Linkerskopf, 1950—2380 m). — Span. Gebg., Alp., Karp., Siebenb., skand. Gebg., eur. Arkt., O-Grönl.; alp-arkt(-subozean).

1042. R. platanifólius L. Platanenblättriger H.
[= R. aconitifolius L. ssp. platanifolius (L.) Rikli]

♃, *H.* — H. bis 1,30. St. vielbl.; Grdb. 3- bis 7(meist 5)spaltig, Abschnitte ungeteilt, gesägt-gezähnt od. 3zipfelig; Abschnitte der oberen B. meist ganzrandig, kahl; *Bl.stiele oben kahl* od. fast kahl, *4- bis 5mal so lang wie das benachbarte B.;* Fr.chen mit sehr kurzem, ± gebogenem Schnabel. V—VII. 2n = 16.

Hochstaudengebüsche, Schluchtwälder etc.; frische, nährstoffreiche, lehmige Böden. – Zerstreut in den M-Gebg. (n. bis etwa S-Westf., Harz, Schles.), Voralp. u. Alp. (bis 1630 m). – Norw., Schwed. bis s. Eur., W-Rußl.; praealp (-no-subatl).

1043. R. aconitifólius L. Eisenhutblättriger H.

♃, *H.* – H. (0,15)0,30–0,50. Grdb. handförmig 3- bis 7(meist 5)-teilig, Abschnitte unregelmäßig tief-gesägt-gelappt, zugespitzt; *Bl.stiele ±angedrückt-behaart, 1- bis 3mal so lang wie das benachbarte B.;* Fr.chen mit sehr kurzem, ±gebogenem Schnabel. V–VII. 2n = 16.

Mont. u. subalp. Wälder, Wiesen etc.; feuchte, kalkarme, nährstoffreiche Böden. – Zerstreut: Schwarzwald, Bay. Wald (Dreisessel), Alp.vorland u. Alp. (bis 2060 m). – M-Eur. bis s. Eur., W-Rußl.; praealp.

3. Sect. Hecatónia

1044. R. scelerátus L. (Abb. 168a) Gift-H.

⊙, ①, *Th, H.* – H. (0,10)0,20–0,60(1,00). St. hohl, zumindest unten kahl; B. etwas fleischig, glänzend, 3- bis 5teilig, untere mit 2- bis 3spaltigen, eingeschnittenen, obere mit ungeteilten, lineal. Abschnitten; Blhb. zurückgeschlagen; Fr.chen sehr klein u. zahlreich, unbekielt, fein-runzelig. VI–XI. 2n = 32. Meist Land-, selten Schwimmblattformen.

Ufer von Teichen, Gräben etc.; nasse, sehr nährstoffreiche, schlammige Böden. – Zerstreut. – N-Hemisph.; euras.

4. Sect. Aurícomus

1045. R. aurícomus – Gruppe Goldgelber H. – Kassubischer H.

♃, *H.* – H. bis 0,60. Grdb. einzeln od. mehrere, ungeteilt od. 3- bis mehrspaltig, meist rundlich bis nierenförmig; Stb. meist fingerig-geteilt; Honigb. vorhanden od. unvollständig ausgebildet; Bl.achse kahl od. behaart; *Fr.chen samthaarig* u. bauchig. IV–V. Umfaßt eine große Anzahl apomiktischer Formen (bislang nur unvollständig bekannt u. als Var., Unterarten od. Arten bewertet), die sich – allerdings bisweilen nur unscharf – vorläufig auf die folgenden „Arten" verteilen lassen:

I. St. am Grd. ohne blattlose Scheiden (Grdb. mit Scheide u. Spreite), meist zu 5 u. mehr.

a) **R. aurícomus** L. (Abb. 168b); Goldgelber H.; Grdb. – zumindest einige – ±tief 3- bis 5spaltig, meist unterseits kahl; Bl.achse kahl od. selten (R. silvícola A. Haas) behaart; Schnabel der Fr.chen kurz. 2n = 16, 32, 40, 48. Umfaßt im Geb. bisher etwa 25 apomiktische Kleinarten, deren Verbreitung unzureichend bekannt ist.

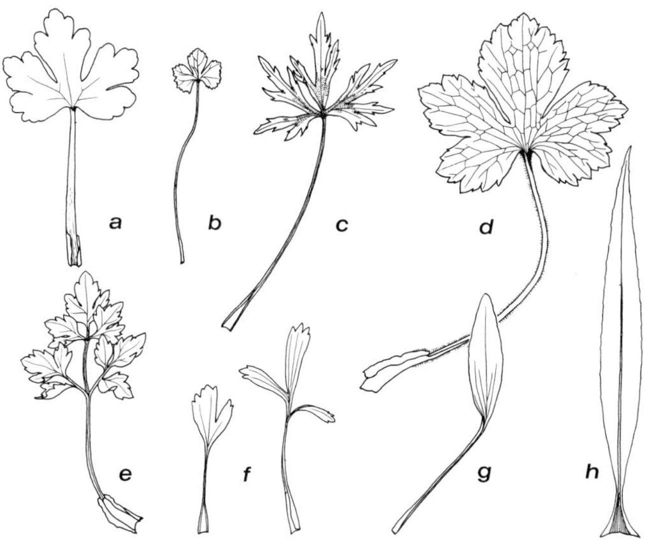

Abb. 168. *Ranunculus* spp., Grundblätter (*a R. sceleratus, b R. auricomus, c R. acer* ssp. *acer, d R. lanuginosus, e R. repens, f R. arvensis, g R. flammula* ssp. *flammula, h R. lingua*).

Laubwälder, Feuchtwiesen etc.; frische bis feuchte, nährstoffreiche Böden. – Insgesamt häufig u. verbreitet vom Flachland bis in die mittlere Bergstufe. – Eur., As.; no-euras(-subozean).

II. St. am Grd. mit blattlosen Scheiden (letztere bisweilen früh hinfällig)

A. Grdb. meist zu 2–3, zuletzt einige gelappt od. grob gezähnt; blattlose Scheiden klein u. hinfällig

b) **R. fállax** (Wimm. et Grab.) Kern.; hierzu im Geb.: R. pseudocassúbicus Christ; Grdb. mit enger Basalbucht, ±ungeteilt, unterseits behaart; Bl.achse behaart; Schnabel der Fr.chen mittelgroß. 2n = 32.

Laubmischwälder, Auenwälder. – So z. B. Schles., s. Oberrheingeb. – M- u. O-Eur.; gem-kont.

B. Grdb. meist zu 1(–3), ungeteilt, nicht gelappt, kerbig-gesägt; blattlose Scheiden deutlich vorhanden.

c) **R. cassúbicus** L.; Kassubischer H.; H. bis 0,60; Grdb. herzförmig-kreisrund od. nierenförmig, groß, unterseits behaart; Bl.achse dicht behaart; Schnabel der Fr.chen lang. IV–V (früher als R. auricomus L.). 2n = 24, 32, 40, 44, 64.

Schattige Wälder. – Selten u. z. T. unsicher: Westpr., Ostpr., Schles., Donaugeb.(?), Alp.vorland(?). – O-Eur.; gem-kont.

5. Sect. T h ó r a

1046. R. hýbridus Biria Bastard-H.

♃, *H.*– H. 0,08–0,15. St. am Grd. mit Schuppen, 1 - bis 4bl.; Grd.-u. untere Stb. ungeteilt, oberste B. lanzettl.; Schnabel der Fr.chen kurz, hakig. VI–VII. 2n = 16.

Subalp. u. alp. Schutthalden; kalkreiche Substrate. – Sehr selten: Alp. (Berchtesgaden bis Mittenwald, bis 2000 m). – ö. Alp.; o-alp.

6. Sect. R a n ú n c u l u s

1047. R. ácer L. (Abb. 167d–f, 168c) Scharfer H.

♃, *H.* – H. (0,10)0,30–1,20. *St. nebst B. u. B.stielen* ±*angedrückt behaart;* Grdb. handförmig 5- bis 7teilig; Stb. ähnlich den grd.ständigen, einfacher; Fr.chen eiförmig-rundlich, beiderseits gewölbt-bauchig, bis 3,5 mm lang. V–X(IX). Umfaßt im Geb.:

ssp. á c e r ; H. bis etwa 0,50; W.stock kurz, abgebissen, mit zahlreichen W.; Abschnitte der Grdb. ±3spaltig, Zipfel fast rautenförmig bis lanzettl., spitz, unregelmäßig eingeschnitten gesägt; Blhb. anliegend behaart; Honigb. 6–11 mm lang; Fr.chen schwach gekielt, mit sehr kurzem, ±geradem Schnabel. 2n = 14.

Wiesen u. Weiden; frische bis feuchte, nährstoffreiche Böden. – Verbreitet u. häufig (Alp. bis 2400 m). – Eur., As., Afr., N-Am., Grönl.; no-euras-submed.

ssp. f r i e s i á n u s (Jord.) Rouy et Fouc. (= R. Steveni Andrz.); H. 0,50–1,20; W.stock lang, fleischig, oft kriechend, mit verdickten W.; St., B. u. B.stiele meist reichlicher behaart als beim Typus (junge B., bes. unterseits, dicht seidenhaarig); Grdb. mit sehr breiten, verkehrt-eiförmigen od. rautenförmigen, dicht gesägt-gezähnten Zipfeln; Blhb. ±abstehend seidig behaart; Honigb. 8–24 mm lang; Fr.chen ±deutlich gekielt, mit breitem, hakenförmigem Schnabel. 2n = 14.

Wiesen. – Im SW. z. T. häufiger als die vor. Unterart, sonst nur selten, wohl eingeschleppt. – Frankr., SO-Eur.

1048. R. lanuginósus L. (Abb. 168d) Wolliger H.

♃, *H.* – H. (0,20)0,30–0,70(1,00). *St. nebst den B.stielen abstehend-rauhhaarig;* untere B. handförmig-5-spaltig, mit breit-eiförmigen Zipfeln, obere 3teilig; Blhb. abstehend; Fr.chen 4–6 mm lang. V–VII. 2n = 28, 32.

Laubwälder, bes. Buchenwälder; frische bis feuchte, nährstoffreiche u. meist kalkhaltige Böden. – Verbreitet bis zerstreut (Alp. bis 2000 m); fehlt im NW. über große Strecken. – Dän. bis S-Eur., Rußl., Kauk.; o-praealp-o-submed(-gem-kont).

1049. R. carinthíacus Hoppe Kärntner H.

♃, *H.* – H. 0,04–0,20(0,40). Spreite junger Grdb. aufrecht; *Grdb. seitlich bis weit über die Hälfte eingeschnitten,* kahl od. bisweilen schwach behaart, Zipfel der Abschnitte mindest. 2mal so lang wie breit; Bl.-achse nur oben behaart; Fr.schnabel kurz, sich einrollend. IV–VII. 2n = 16.

Subalp. u. alp. Rasen, lichte Wälder; ±frische, kalkhaltige Substrate. – Selten, nur m. Schwäb. Alb u. Alp. – Jura, W- u. S-Alp. bis Jugosl.; alp.

1050. R. montánus Willd. Berg-H.

♃, *H.* – H. 0,05–0,15(0,50). Spreite junger Grdb. aufrecht; Grdb. seitlich bis etwa zur Hälfte eingeschnitten, kahl bis locker behaart, Zipfel der Abschnitte wenig od. nicht länger als breit; Bl.achse nur oben behaart; Fr.schnabel bis $^1/_3$ so lang wie die Fr. IV–VIII(IX). 2n = 32.

Subalp. u. alp. Wiesen, lichte Wälder; frische, meist kalkhaltige, lehmige Böden. – Ziemlich häufig in Alp. u. Alp.vorland, selten im S-Schwarzwald (Feldberg). – Schwarzwald, Jura, N- u. M-Alp.; alp.

1051. R. grenieriánus Jord. Greniers H.

♃, *H.* – H. 0,03–0,12(0,60). Spreite junger Grdb. aufrecht; *Grdb.* seitlich bis etwa zur Hälfte eingeschnitten, *stark seidig behaart,* Zipfel der Abschnitte wenig od. nicht länger als breit; Bl.achse nur oben behaart; Fr.schnabel sehr dünn, $^1/_4$–$^1/_2$ so lang wie die Fr. V–VIII. 2n = 16.

Subalp. u. alp. Weiden; feuchter u. trockener, kalkarmer Untergrund. – Nahe der Grenze im Allgäu. – W-Alp.; w-alp.

1052. R. oreóphilus M. B. Hornschuchs H.

♃, *H.* – H. 0,07–0,50. *Spreite junger Grdb. nach unten geknickt;* Grdb. seitlich bis etwa zur Hälfte eingeschnitten, verschieden dicht behaart, Zipfel der Abschnitte etwa so lang wie breit; *Stb. kaum über 2 cm lang;* Honigb. oft ausgerandet; *Bl.achse auch unten behaart;* Fr.rundlich, Schnabel kurz. V–VII. 2n = 16.

Subalp. u. alp. Steinrasen, Steinschuttfluren; frische, meist kalkhaltige Substrate. – Selten: SW-Alb, Alp.vorland u. Alp. (bis 2400 m). – Hochgebg. von Pyren. über Alp., Karp. bis Kauk.; alp.

1053. R. nemorósus DC. Wald-H.
(= R. silvaticus Gren. et Godr.)

♃, *H.* – H. 0,20–0,30(1,00). *St.* ±steif *aufrecht, oben zerstreut anliegend behaart;* Abschnitte der unteren, tief 3teiligen B. verkehrt-ei-keilförmig, gezähnt bis ±eingeschnitten; Stb. davon verschieden; Honigb. goldgelb. V–VII. Umfaßt (auch als Arten bewertet):

ssp. n e m o r ó s u s ; Grdb. tief 3teilig, Abschnitte gelappt u. gezähnt. 2n = 16.

Zerstreut bis verbreitet (Alp. bis 2050 m), im N-Flachland selten.

ssp. p o l y a n t h e m o p h ý l l u s (W. Koch et H. Hess) A. et D. Löve (= R. polyanthemophyllus W. Koch et H. Hess); Grdb. sehr tief 3- bis 5teilig, Zipfel schmal, mittlerer Abschnitt oft fast gestielt u. 3lappig. 2n = 16.
Selten: s. Oberrheingeb.
Laubwälder, Wiesen; frische, nährstoff- u. meist kalkhaltige Böden. – Schwed. bis s. Eur., Rußl.; praealp-submed.

1054. R. sérpens Schrank Niederliegender H.

⊙, *H.* – H. 0,10–0,30. *St.* vorerst schief aufrecht, *während der Bl.zeit niederliegend u. wurzelnd, unten u. oben abstehend behaart;* Grdb. u. untere Stb. meist nur bis $^2/_3$ eingeschnitten, Abschnitte breit-verkehrt-eiförmig, gezähnt u. schwach gelappt; Honigb. dottergelb. V–VII. 2n = 16.
Subalp. Wälder; feuchte, lehmige Böden. – Selten u. zerstreut: Alp. (Allgäu, Tegernsee), Alp.vorland (Schwabhausen), S-Schwarzwald. – Pyren., Jura, N-Alp.; w-praealp.

1055. R. polyánthemus L. Vielblütiger H.

♃, *H.* – H. 0,30–0,60(1,00). *St. unten abstehend-, oben anliegend-behaart;* untere B. handförmig 3teilig od. -spaltig, Zipfel od. B.chen 3spaltig, tief eingeschnitten; Blhb. den Honigb. angedrückt; Honigb. oft mehr als 5; *Schnabel der Fr.chen kurz-hakenförmig.* V–VII. 2n = 16.
Wälder, Gebüsche, selten in Wiesen; ±trockene, meist kalk- u. nährstoffhaltige Böden. – Zerstreut (Alp. bis 1890 m?), fehlt u. a. im NW. – S-Skand. bis SO-Eur. u. Rußl.; gem-kont.

1056. R. répens L. (Abb. 168e) Kriechender H.

♃, *H.* – H. 0,15–0,50. *Untere B. 3zählig od. doppelt 3zählig;* B.chen gestielt, 3spaltig, unregelmäßig eingeschnitten-gezähnt; Blhb. locker abstehend; *Fr.chen fein-eingestochen-punktiert, mit kurzem, ±geradem Schnabel.* V–VIII(IX). 2n = 32.
Ufersäume, Wegränder, Wiesen, Auenwälder; verdichtete, meist feuchte, nährstoffreiche, lehmige Böden. – Verbreitet u. häufig (Alp. bis 2375 m). – Eur., As., N-Afr., (N-Am.); no-euras-submed.

1057. R. bulbósus L. Knolliger H.

♃, *H, (G).* – H. 0,15–0,30(0,50). *Grdb. 3zählig* (seltener nur 3lappig), *mittleres B.chen gestielt,* alle unregelmäßig gesägt-gelappt, ±behaart bis kahl; Fr.chen glatt, fein punktiert, mit kurzem, gekrümmtem Schnabel. (IV)V–VIII. 2n = 16. Im Geb. ssp. b u l b ó s u s .
Halbtrockenrasen, trockene Wiesen etc.; ±trockene, meist kalk- u. nährstoffhaltige, lehmige Böden. – Verbreitet u. oft häufig (Alp. bis etwa 800 m), im NW. seltener. – Eur., W-As., (N-Am.); subatl-submed.

1058. R. sardóus Cr. Sardinischer H.

☉, ⊙, (♃), *Th, H.* – H. 0,10–0,30(0,50). *Grdb. 3zählig od. doppelt 3zählig,* B.chen 3spaltig bis 3teilig, unregelmäßig gesägt-gezähnt; Honigb. blaßgelb; *Fr.chen meist vor dem Rande mit einer Reihe Knötchen besetzt u. mit kurzem, etwas gekrümmtem Schnabel.* V–IX. 2n = 16, 18.
Ufer, Äcker, Weiden etc.; zeitweilig nasse, nährstoffreiche, meist tonige Böden. – Selten, zerstreut u. z. T. unbeständig, s. bis Alp. (bis 800 m). – Schwed. bis S-Eur., W-As., N-Afr.; submed-euras.

7. Sect. Echinélla

1059. R. arvénsis L. (Abb. 168f) Acker-H.

☉, (①), *Th, (H).* – H. 0,30–0,60. *Grdb. ungeteilt od. 3spaltig, obere 3zählig,* B.chen gestielt, 3- bis vielspaltig; Honigb. klein, blaßgelb; *Fr.chen* groß, 6–8 mm lang, *stachelig od. knotig, mit 3–4 mm langem, etwas gekrümmtem Schnabel,* selten unbewehrt. V–VII. 2n = 32. Hierzu:

var. tuberculátus (Kit.) Koch; Fr.chen mit stumpfen Höckern besetzt. – Selten.

var. etuberculátus Ser.; Fr.chen auf beiden Seiten mit hervorspringenden, ineinanderfließenden Adern u. wehrlos. – Selten.

Ackerunkrautges.; ±trockene, meist kalkhaltige, lehmige Böden. – Zerstreut, u. a. im NW. selten u. unbeständig. – Eur., gem. As., N-Afr.; med-euras.

8. Sect. Flámmula

1060. R. flámmula L. (Abb. 168g) Brennender H.

♃, *H, HH.* – H. 0,15–0,50(0,70). St. aufsteigend od. niederliegend u. wurzelnd; B. lineal.-lanzettl. od. ellipt.; Honigb. hellgelb, klein; *Fr.chen feinnetzig, mit kurzem, stumpfem Spitzchen.* VI–X. Umfaßt im Geb. (auch als Arten bewertet):

ssp. flámmula; St. ±aufrecht, aufsteigend od. niederliegend mit geraden Gliedern u. nur an den untersten Knoten wurzelnd; Bl. 0,6–1,4(2,0) cm breit. 2n = 32.
Ufer, Sümpfe etc.; nasse, saure, nährstoffhaltige Sumpfhumusböden. – Verbreitet (Alp. bis 1860 m). – euras(-subozean) (-submed).

ssp. réptans (L.) Syme (= R. reptans L.); St. niederliegend, fadenförmig, Glieder bogig-aufwärts-gekrümmt, an den Knoten wurzelnd; Bl. 0,3–0,5(1,0) cm breit; Fr.chen mit kurzem, meist zurückgekrümmtem Spitzchen. 2n = 32.
Selten an periodisch überschwemmten, sandig-kiesigen Standorten (bes. Gebirgsgegenden). – no(-euras).

Isl., N-Eur. bis s. Eur., gem. As.

1061. R. língua L. (Abb. 168 h) Großer H.

♃, *HH, H.* – H. 0,50–1,50. St. steif-aufrecht; B. lang-lanzettl., zugespitzt; Honigb. goldgelb, groß; *Fr.chen glatt, mit breitem, kurz-sichelförmig-gekrümmtem Schnabel.* VI–VIII. 2n = 128.

Röhrichte; meist stehende Gewässer mit nährstoffreichem, humosem Schlammgrd. – Zerstreut, stellenweise selten (Alp.vorland bis etwa 800 m). – N-Eur. bis s. Eur., W-As.; euras(-submed).

9. Sect. Ranunculástrum

1062. R. illýricus L. Illyrischer H.

♃, *G.* – H. 0,30–0,45(0,60). Erstlingsb. ungeteilt, lineal.-lanzettl.; untere B. 3zählig, B.chen lineal.-lanzettl., ungeteilt od. 2- bis 3teilig; Honigb. groß, fast goldgelb. V–VI (im Geb. z. T. selten blühend). 2n = 32.

Hügel, Triften; warme, ±trockene, oft sandige Böden. – Selten: unteres Saalegeb., Bodetal (bis Magdeburger Geb.), Elbe von Grenze bis Riesa mehrfach. Mühlberg u. Torgau, Schles. (Odergeb.). – Schwed, ö. M- u. S-Eur., SW-As.; europ-kont.

3. Subgen. Ficária

1063. R. ficária L. (Abb. 169a–f) Scharbockskraut
(= Ficaria verna Huds.)

♃, *G, (H).* – H. 0,05–0,15. W. z. T. keulenförmig, fleischig; St. meist verlängert, mehrblättrig, niederliegend-aufsteigend; B. glänzend, rundlich-herzförmig, untere geschweift, obere ±eckig; in den B.winkeln oft Brutknöllchen; Honigb. goldgelb. III–V. Im Geb. bisher nur:

ssp. búlbifer (Albert) Lawalrée; St. meist verlängert u. an den Knoten wurzelnd, in den B.winkeln meist Brutknöllchen tragend; B. nicht rosettig gehäuft; B.bucht am Spreitengrd. ±weit offen; Fr.chen meist taub. 2n = 32.

Laubmischwälder, seltener Wiesen; frisch-feuchte, nährstoffreiche, lehmige Böden. – Verbreitet u. häufig (Alp. bis 800 m).

Eur., Orient; euras-subozean-submed.

4. Subgen. Ceratocéphalus

1064. R. falcátus L. (Abb. 169 g–l) Sichelfrüchtiger H.
[= Ceratocephalus falcatus (L.) Pers.]

⊙, *Th.* – H. 0,02–0,10. Pfl. graufilzig; B. aus stielförmigem Grd. 3teilig mit lineal., z. T. gegabelten Zipfeln; Honigb. gelb; Fr.chen auf dem Rücken zwischen den Höckern rinnig, mit gebogenem Schnabel, 9–10 mm lang. III bis V. 2n = 40.

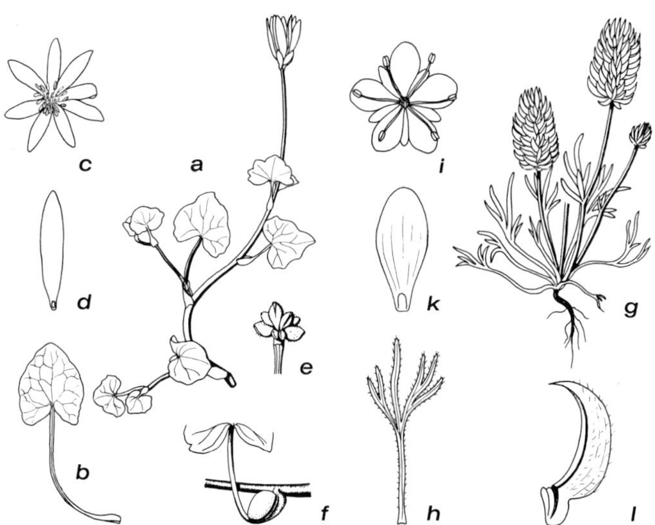

Abb. 169. *Ranunculus* spp., *a–f R. ficaria* (*a* Sproßstück mit Blüte, *b* Grundblatt, *c* Blüte, *d* Honigblatt, *e* Früchtchen, *f* Brutknospe), *g–l R. falcatus* (*g* Habitus, *h* Grundblatt, *i* Blüte, *k* Honigblatt, *l* Früchtchen).

Ackerunkrautges.; lehmige Böden. – Sehr selten, wohl meist verschollen, früher z. B. Thür., Bay., Oberrheingeb. – SO-Eur., Sib., Z-As.; o-med-kont.

Bastarde (z. T. unsicher durch das Vorkommen u. die unzureichende Kenntnis verschiedener polymorpher Formenkreise):
R. acer ssp. acer × acer ssp. friesianus (= R. × intercedens Domin), R. acer × lanuginosus, R. acer × repens (= R. × rohlenae Domin), R. bulbosus × polyanthemus, R. bulbosus × repens, R. nemorosus × serpens.

290. Myosúrus L. Mäuseschwanz

x = 8

1065. M. mínimus L. (Abb. 170a–e)

①, ⊙, *H, Th.* – H. 0,05–0,11. B. grd.ständig, schmallineal.; Schaft einblütig; Honigb. gelbgrün; 5–10 Stbb.; Bl.achse zur Fr.zeit bis 6 cm verlängert. V–VI. 2n = 16, ca. 28.

Wege, Äcker; ±feuchte, nährstoffreiche, kalkfreie Böden. – Zerstreut bis selten, wohl auch oft übersehen, z. T. unbeständig. – Skand. bis s. Eur., N-Afr., Orient, ö. N-Am., (SO-Austr.); euras(-submed).

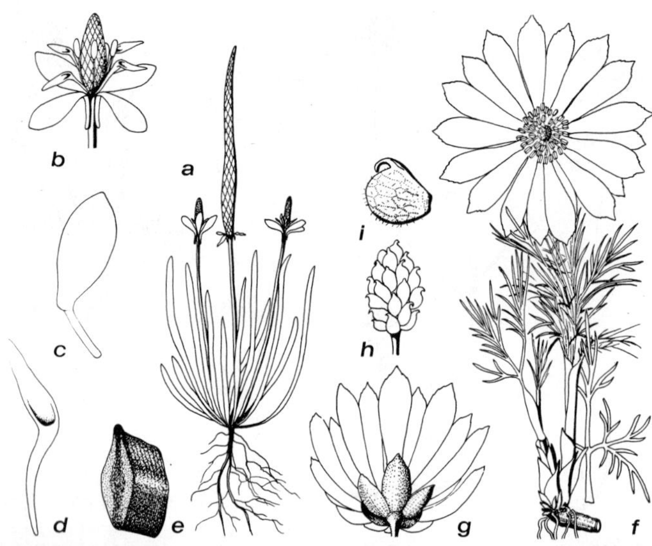

Abb. 170. *a–e Myosurus minimus* (*a* Habitus, *b* Blüte, *c* Blütenhüllblatt, *d* Honigblatt, *e* Früchtchen); *f–i Adonis vernalis* (*f* Habitus, *g* Blüte von der Unterseite, *h* u. *i* Früchtchen).

291. Adónis L. — Teufelsauge

x = 8

I. Fr.chen behaart (Kb. weichhaarig) .... **1066. A. vernalis**
II. Fr.chen kahl
  A. Kb. abstehend od. zurückgeschlagen, kahl .... **1067. A. autumnalis**
  B. Kb. den Krb. anliegend
    1. Kb. ±weichhaarig; Fr.chenschnabel an der Spitze schwarz .... **1068. A. flammea**
    2. Kb. kahl; Fr.chenschnabel gleichfarbig grün ... **1069. A. aestivalis**

1. Sect. Consíligo

1066. A. vernális L. (Abb. 170f–i) Frühlings-T.

♃, *H.* – H. 0,10–0,30. St. am Grd. mit Schuppen, oben beblättert; B. 2- bis 4fach fiederschnittig; K. weichhaarig; Kr. 12- bis 20blättrig, hellgelb; *Fr.chen* fast kugelig-verkehrt-eiförmig, runzelig, *mit einem hakenförmigen Schnabel.* IV–V (selten auch Herbst). 2n = 16.

Steppen- u. Trockenrasen; warme, trockene Kalkböden (einschl. Gips). – Selten, stellenweise häufiger, Trockengeb. von Brand. – Pomm. (Odergeb.), Thür. – Anh. bis S-Harz bzw. Erfurt, Kyffhäuser, Bernburg, Neuhaldensleben; Pfalz (heute sehr selten) u. Rheingeb. (Mainzer Sand, Bingen–Bad Dürkheim–Schifferstadt), Maingeb., Frank., München (Garchinger Heide). – SO-, M- u. SW-Eur., n. bis Gotland u. Ural; europ-kont.

Droge: Herba Adonidis vernalis

2. Sect. A d ó n i s

1067. A. autumnális L. Blutströpfchen, Herbst-T.
(= A. annua L. var. atrorubens L.)

⊙, *Th.* – H. 0,25–0,45. B. 2- bis 4fach fiederschnittig; K. kahl, abstehend, von den halbkugelig-zusammenneigenden Krb. entfernt; Krb. 5–10, dunkelrot, am Grd. schwarz; *Fr.chen* zahnlos, *in den geraden Schnabel auslaufend.* VI–IX. 2n = 32.

Kultiviert, sehr selten in Schutt- od. Ackerunkrautges. verwildert. – Heimat: S-Eur., SW-As.

1068. A. flámmea Jacq. Brennendrotes T.

⊙, *Th.* – H. 0,20–0,50. B. 3- bis 4fach fiederschnittig; K. ±weichhaarig, den ausgebreiteten Krb. angedrückt; Kr. 5- bis 8blättrig, scharlach- bis blutrot (sehr selten gelb); *Fr.chen* oberwärts abgerundet, *mit aufstrebendem, an der Spitze schwarzem Schnabel.* VI–VIII. 2n = 32.

Insbes. Getreideäcker; ±trockene, warme, kalkreiche Böden. – Sehr selten u. meist einzeln, oft unbeständig im m. u. s. Geb., im N. Brand. (Rüdersdorf), Schles. – S-, SO- u. M-Eur. bis S-Rußl., Kl.As., Kauk.; gem-kont-o-submed.

1069. A. aestivális L. Sommer-T.

⊙, *Th.* – H. 0,20–0,50. B. 2- bis 4fach fiederschnittig; K. kahl, den ausgebreiteten Krb. angedrückt; Kr. 6- bis 8blättrig, mennigrot od. strohgelb; *Fr.chen oberwärts mit einem gleichfarbigen, etwas schief-aufstrebenden Schnabel* u. am Grd. mit einem spitzen Zahn. V–VII. 2n = 32. Hierzu:

var. a e s t i v á l i s; Bl. mennigrot.
var. p á l l i d a Koch; Bl. strohgelb.

Getreideäcker; ±trockene, warme, kalkreiche Böden. – Verbreitet bis zerstreut bes. im m. u. s. Geb., fehlt u. a. im NW. – W- bis S- u. O-Eur., S-Rußl.; gem-kont-o-submed.

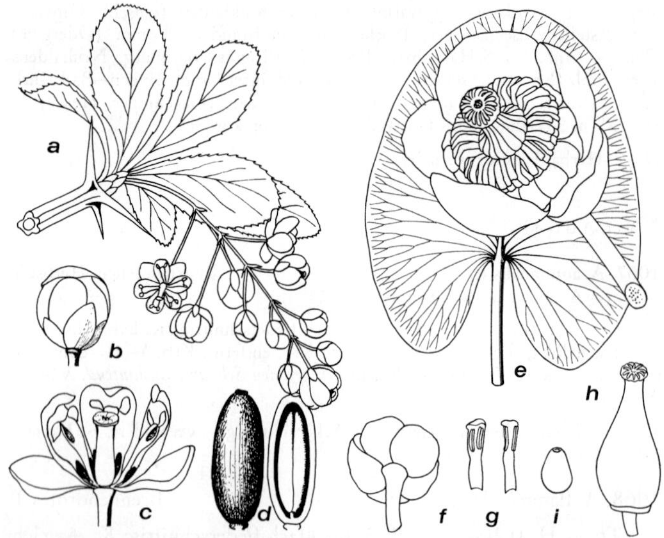

Abb. 171. *a–d Berberis vulgaris* (*a* Zweig mit Blütenstand, *b* Blütenknospe; *c* Blüte, vordere Hüll- u. Staubblätter entfernt; *d* Früchte, rechts geöffnet); *e–i Nuphar luteum* (*e* Blüte u. Schwimmblatt, *f* Blütenhülle, *g* Staubblätter, *h* Fruchtknoten, *i* Same).

57. Fam. BERBERIDÁCEAE Juss.
Sauerdorngewächse

292. Bérberis L. Sauerdorn

x = 7

1070. B. vulgáris L. (Abb. 171a–d)

ђ, *N, (M)*. – H. 1,25–2,50(3,00). Dornen meist 3(1–7)teilig; B. verkehrt-eiförmig, wimperig-gesägt, büschelig stehend; Traube vielbl., niederhängend; Kr. gelb; Beeren länglich-walzenförmig, scharlachrot. V–VI. 2n = 28.

Waldränder, Gebüsche; trockene bis frische, kalkhaltige, lehmige Böden. – Zerstreut bis verbreitet (Alp. bis 1750 m); im N seltener od. wie im NW u. Schl.Holst. fehlend. – M-Skand. bis S-Eur., Kauk.; gem-kont-submed.

Droge: Fructus Berberidis

Anmerkung:
Mahonia aquifolium (Pursh) Nutt., Mahonie, ♄, mit gefiederten, dornig gezähnten, wintergrünen B., gelben Bl. u. blauen Beeren, aus dem w. N-Am., ebenso wie:
Epimedium alpinum L., Sockenblume, ♃, mit doppelt-3zähligen B., herzeiförmigen, wimperig-gesägten B.chen, blutroter Kr. u. hellgelben Honigb., aus dem Alp.geb., kultiviert u. selten verwildert.

2. Unterordn. Nymphaeíneae

58. Fam. NYMPHAEÁCEAE Salisb. Seerosengewächse

I. Blhb. 5 (selten 4), gelb; Honigb. vorhanden, viel kürzer als die Blhb., gelb . . . . **293. Nuphar**
II. Blh. aus Kb. u. Krb.; Honigb. fehlen; Kb. 4 (selten 5), grün, grünbraun bis gelblichgrün, äußere Krb. etwas länger bis kürzer als die Kb., weiß . . . . **294. Nymphaea**

1. Trib. Nupháreae

293. Núphar Sm. Teichrose, Mummel

x = 17

I. Bl. 4–6 cm breit; Schwimmb.spreite 12- bis 41mal 8,8–30,5 cm . . . . **1071. N. luteum**
II. Bl. 1,4–2,5 cm breit; Schwimmb.spreite 4–14(19) mal 3,5–13(15,8) cm . . . . **1072. N. pumilum**

1071. N. lúteum (L.) Sm. (Abb. 171e–i) Gelbe T.

♃, *HH.* – Schwimmb. eiförmig, auf etwa $^1/_3$ herzförmig-eingeschnitten, ganzrandig; *B.stiel oben stumpf-3kantig;* Nebenb. fehlend; Honigb. gelb, sehr selten rot; *Stbbtl. länglich-lineal.; N. schildförmig, in der Mitte trichterförmig-vertieft, ganzrandig* od. nur schwach wellig ausgerandet, mit (10)12–20(24) Strahlen, die vor dem Rand verschwinden. VI–VIII. 2n = 34. Meist Schwimmb.formen, seltener submers od. terrestrisch.

Teiche, Altwasser, in stehenden od. langsam fließenden, ±nährstoffreichen Gewässern. – Verbreitet (Alp. bis 1075 m). – Eur. bis Vord.As., Rußl., Sib., N-Afr.; no-euras.

Anmerkung:
N. affine Harz, mit schwach gebuchteten, 10- bis 16strahligen N.scheiben, 20–25(38) mm breiten Bl. u. kleineren B., als var. a f f i n e (Harz) J. Schuster zu obiger Art gestellt od. als Bastard (N. pumilum × luteum) angesehen.

1072. N. púmilum (Timm) DC. Kleine T.

♃, *HH.* – Schwimmb. fast oval, tief herzförmig, Lappen meist auseinandertretend; *B.stiel oben 2schneidig-zusammengedrückt;* Honigb. gelb; *Stbbtl. der äußeren Stbb. fast quadratisch; N. flach od. etwas gewölbt, am Rande sternförmig-spitz-gezähnt* od. eingeschnitten, 6- bis 14strahlig, mit in den Rand auslaufenden Strahlen. VI–VIII. 2n = 34. Meist Schwimmb.formen, selten submers od. terrestrisch.

Stehende, nährstoffarme, saure Gewässer. – Selten u. zerstreut: Ostpr., Pomm.; sehr selten (ob überall noch?): Nieders. (Isenhagen-Hankensbüttel), Anh. (Altmark, Seehausen im Aland), Meckl. (Weberin, Langwitzer Seen, gepflanzt bei Ludwigslust), S-Schwarzwald (Schluchsee, Titisee), Oberschwab. (Häcklerweiher, Osterholzsee (?), Kleiner Ursee), S-Bay. (Schlachters, Nesselwang, Bad Tölz). – N- bis M-Eur., Rußl., Sib.; no-arkt.

Bastard:
N. luteum × pumilum (= N. × intermedium Ledeb.)

2. Trib. N y m p h ǽ e a e

294. Nymphǽa L. Seerose

x = 7

I. Innere Stbf. lineal., schmaler od. so breit wie die Stbbtl.; N.scheibe meist flach; Bl. bis 14 cm ∅ ..... **1073. N. alba**
II. Innere Stbf. lanzettl., alle breiter als die Stbbtl.; N.scheibe vertieft; Bl. 5–9 cm ∅ .... **1074. N. candida**

1073. N. álba L. (Abb. 172a–e) Weiße S.

♃, *HH.* – Schwimmb. oval bis oval-rundlich, tief-herzförmig, ganzrandig, Nerven der B.lappen auseinandertretend; Nebenb. lanzettl., schmal ausgerandet, frei; B.stiel rund; *Ansatzkanten der Kb. gerundet;* Krb. weiß, so lang od. etwas länger als die Kb.; N.strahlen meist zahlreich (9–24) u. gewöhnlich 1spitzig, meist hellgelb; Frkn. ±kugelig u. bis zur Spitze mit Stbb. bedeckt; *Fr. ±kugelig;* S. 2–3 mm lang. VI–VIII. 2n = 84, 105, 112. Meist Schwimmb.formen, selten submers od. terrestrisch. Formenreich. Hierzu u. a.:
var. d e p r é s s a Casp.; Fr. niedergedrückt-kugelig, grünlich od. rötlich.
var. s p h a e r o c á r p a Casp.; Fr. fast kugelig.

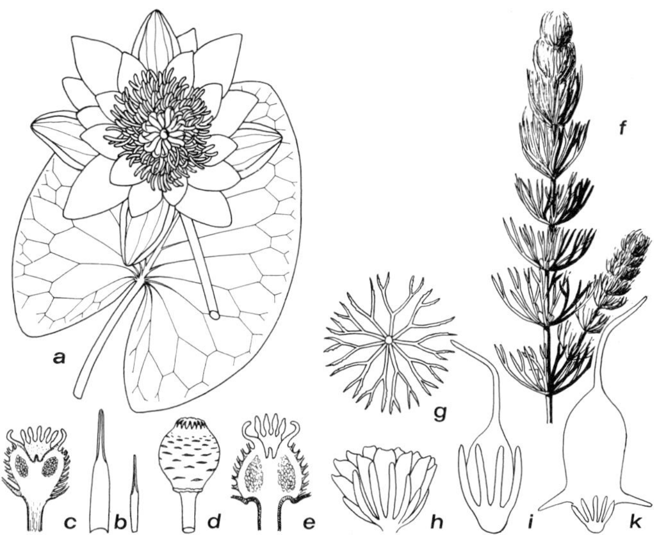

Abb. 172. *a–e Nymphaea* spp., *a–d N. alba* (*a* Blüte u. Schwimmblatt, *b* Staubblätter, *c* Fruchtknoten längs, *d* Frucht), *e N. candida* (Fruchtknoten längs); *f–k Ceratophyllum demersum* (*f* Sproßspitze mit Blüten, *g* Blattwirtel; *h* ♂-, *i* ♀-Blüte; *k* Frucht).

var. u r c e o l á t a (Hentze) Casp.; N.scheibe tief-trichterförmig, fast bis zur Mitte der Fr. gehend.

var. o c c i d e n t á l i s Ostenfeld (= var. minor DC. sensu Glück); Pfl. in allen Teilen $^1/_2$–$^1/_3$ so groß wie die typ. Var. – Nährstoffarme Moortümpel. – Zerstreut: SW-D., Alp.vorland u. Alp. (bis 1139 m). – (no-subatl).

Teiche, Altwasser, in stehenden od. sehr langsam fließenden, nährstoffreicheren, seltener -armen Gewässern mit Schlammgrd. – Verbreitet, stellenweise häufig. – Eur., N-Afr.; subatl-med.

1074. N. cándida Presl (Abb. 172 e) Glänzende S.

♃, *HH.* – Nerven der B.lappen bogig zusammenneigend; äußere Krb. meist etwas kürzer als die Kb.; *Ansatzkanten der Kb.* (bisweilen nur schwach) *vorspringend;* N.strahlen bzw. N.zähne 5–14(16), mitunter zu 2–4 miteinander verschmolzen u. oft Spitzen rot; Frkn. oben meist sehr verschmälert; *Fr. ei- bis flaschenförmig,* grünlich od. rötlich, oben meist ohne Stbb.narben; S. 3–4(5) mm lang; sonst ähnlich vor. Art. VI–VIII. 2n = 112, ca. 160. Meist Schwimmb.formen, sehr selten submers od. terrestrisch. Umfaßt u. a.:

var. c á n d i d a; Bl. ganz geöffnet.

var. s e m i a p é r t a (Klinggr.) Casp.; Bl. halbgeöffnet.

Teiche, Altwasser, Moorseen, in ±stehenden, ±nährstoffreicheren Gewässern mit Schlammgrd. – Von Ostpr. (verbreitet) nach W. u. S. abnehmend; zerstreut in Schles., Thür., Sachs., N- u. NO-Bay.; sehr selten in Brand., Nieders.; sw. vereinzelt bis etwa Rheinpfalz (Neuhofener Altrhein) u. Bodenseegeb. (Wasserburg). – N-Eur. bis M-Eur., N-As.; no-kont.

Bastard:
N. alba × candida (= N. × borealis Camus)

59. Fam. CERATOPHYLLÁCEAE S. F. Gray
Hornblattgewächse

295. Ceratophýllum L. Hornblatt

x = 12

I. B. 1- bis 2mal dichotom geteilt, mit 2–4 starren, dicht stachelig-gezähnten Zipfeln . . . . **1075. C. demersum**
II. B. (2)3- bis 4mal dichotom geteilt, mit 4–13 weichen, feinen, kaum stachelig-gezähnten Zipfeln . . . . . **1076. C. submersum**

1075. C. demérsum L. (Abb. 172f–k) Rauhes H.

♃, *HH.* – St. 0,50–1,00(2,90) lang; B. dunkelgrün, Zipfel 0,2 bis 0,8 mm dick; *Fr.* selten, oval, *meist flügellos u. 3(1–5)stachelig, davon 2 zurückgekrümmte Stacheln am Grd.*, der endständige so lang od. länger als die Fr. VI–X. Umfaßt:

ssp. d e m é r s u m; Fr. länglich-eiförmig, Stacheln am Grd. nicht verbreitert. 2n = 24. – Verbreitet. Hierzu u. a.:
var. a p i c u l á t u m (Cham.) Aschers.; Fr. nur mit Endstachel, grd.ständige zu Höckern reduziert. – Selten.

ssp. p l a t y a c á n t h u m (Cham.) Nyman; Fr. eiförmig, beiderseits zwischen den am Grd. verbreitert-zusammengedrückten Stacheln geflügelt. – Sehr selten.

Teiche, Altwasser etc., in ±stehenden, nährstoffreichen Gewässern. – Verbreitet in den Tieflagen, in den Gebg. selten od. fehlend. – Skand. bis Med., gem. As., Afr., Am., Austr.; kosmop, gem. Zonen.

1076. C. submérsum L. Glattes H.

♃, *HH.* – St. 0,30–1,30 lang; B. hellgrün, mit feinpfriemlichen Zipfeln; *Fr.* selten, rundlich-eiförmig, *flügellos, am Grd. ohne Stacheln;* an der Spitze mit einem Stachel, der viel kürzer als die Fr. ist. VI–X. 2n = 24, 40, ca. 72.

Teiche, Altwasser etc., in ±stehenden, nährstoffreichen Gewässern. – Zerstreut bis selten von Ostfr. bis Ostpr.; im w., m. u. s. Geb. vereinzelt, s. bis Hegau u. Donaugeb. – Dän. bis S-Eur., M- u. S-Rußl.; Marokko; subatl-med.

28. Ordn. Aristolochiáles

60. Fam. ARISTOLOCHIÁCEAE Juss.
Osterluzeigewächse

I. Blh. aktinomorph, braunrot, glockig-3zählig; Stbb. 12, frei, auf dem Frkn. stehend .... **296. Asarum**
II. Blh. zygomorph, röhrig, gelb, am Grd. bauchig; Stbb. 6, mit dem Gr. verwachsen .... **297. Aristolochia**

1. Trib. S a r ú m e a e

296. Ásarum L. Haselwurz

x = 13

1077. A. europaéum L. (Abb. 173a–d)

♃, *H, G.* – H. 0,05–0,10. W.stock kriechend, pfefferartig riechend; St. sehr kurz, an der Spitze meist nur 2 gestielte, rundliche bis nierenförmige B. mit herzförmigem Spreitengrd., und durch eine kurzgestielte, schmutzig-braunrote Bl. abgeschlossen; Konnektiv pfriemförmig verlängert. III–V. 2n = 26, ca. 24, 40.

Laubwälder, Gebüsche; frische bis feuchte, nährstoffreiche, meist kalkhaltige Mullböden. – Verbreitet bis zerstreut vom nö. Geb. (insbes. ö. der Oder) u. dem Bergland des m. Geb. s. bis Alp. (bis 1180 m); fehlt u. a. im NW. – Gem. u. s. Eur. bis W-Sib.; Altai; (euras-)gem-kont(-submed).

Droge: Radix Asari

2. Trib. A r i s t o l o c h í e a e

297. Aristolóchia L. Osterluzei

x = 7

1078. A. clematítis L. (Abb. 173e–g)

♃, *H.* – H. 0,30–0,60(1,00). St. krautig, einfach, aufrecht; B. eiförmig, tief-herzförmig, kahl; Bl. in den B.achseln büschelig; Blh. gelb, ihre Röhre gerade, Saum zungenförmig. V–VI. 2n = 14.

Weinberge, Gebüsche, unkrautige Ges., Auenwälder; ±trockene, warme, kalkreiche Böden. – Zerstreut verwildert u. eingebürgert, insbes. in den Weinbaugeb., im n. Geb. nur vereinzelt. – S- u. (M-)Eur., Kl.As., Kauk.; submed.

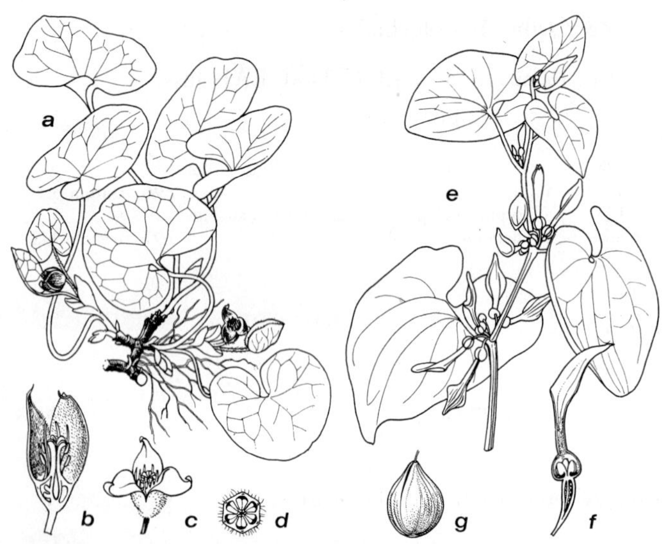

Abb. 173. *a–d Asarum europaeum* (*a* Habitus, *b* Blüte längsgeschnitten, *c* Blüte mit junger Frucht, *d* Fruchtknoten quer); *e–g Aristolochia clematitis* (*e* Sproßspitze mit Blüten, *f* Blüte längsgeschnitten, *g* Frucht).

29. Ordn. Guttiferáles

1. Unterordn. Dilleniíneae

61. Fam. PAEONIÁCEAE Rudolphi
Pfingstrosengewächse

298. Paeónia L. Pfingstrose

x = 5

Verschiedene Arten u. Kulturvarietäten im Geb. kultiviert u. selten verwildert, u. a.:

P. máscula (L.) Mill. (= P. corallina Retz.); Großblättrige Pf.; ♃, *G,* mit 1- bis 2fach 3teiligen B. u. meist 5 Balgfr. IV–V. 2n = 10, 20. – Heimat: S-Eur., Kl.As., Vorderas.

P. officinális L.; Großblumige Pf.; ♃, *G,* mit 2- bis 3fach 3teiligen B. u. 2–3 Balgfr. V. 2n = 20. – Heimat: S-Eur., Kl.As., Armen.

Drogen: Flores Paeoniae (gefülltblühende Kulturvarietät von P. officinalis L.). Semen Paeoniae [von „P. peregrina Mill.", nach heutiger Auffassung wohl auch P. mascula (L.) Mill.].

2. Unterordn. T h e í n e a e

62. Fam. GUTTÍFERAE Juss.

Hartheugewächse

299. Hypéricum L. Johanniskraut, Hartheu

x = 7, 8, 9, 10

I. Kapsel 3fächerig
- A. Kb. ganzrandig, drüsenlos od. selten sparsam drüsig
  - 1. St. aufrecht, 2- od. 4kantig bzw. -flügelig
    - a) St. 2kantig .... 1079. H. perforatum
    - b) St. 4-kantig od. 4flügelig
      - x) St. 4kantig .... 1080. H. maculatum
      - xx) St. gefügelt 4kantig .... 1081. H. tetrapterum
  - 2. St. niederliegend, meist fadenförmig, fast 2kantig .... 1082. H. humifusum
- B. Kb. am Rande drüsig-gesägt od. gefranst
  - 1. Kb. stumpf (eiförmig od. verkehrt-eiförmig; St. rund, kahl) .... 1083. H. pulchrum
  - 2. Kb. lanzettl. bis lineal., spitz
    - a) St. (zumindest oben) fast 2kantig, kahl ..... 1084. H. elegans
    - b) St. stielrund, kahl od. behaart
      - x) St. kahl .... 1085. H. montanum
      - xx) St. behaart .... 1086. H. hirsutum

II. Kapsel 1fächerig (St. rund; zumindest oben behaart) 1087. H. helodes

1. Sect. H y p é r i c u m

1079. H. perforátum L. (Abb. 174, 175a) Echtes J.

♃, *H.*– H. 0,30–0,60. St. 2kantig; B. schmal-ellipt. bis breiteiförmig, durchscheinend-punktiert; *Kb.* meist eilanzettl. bis schmal-*lanzettl., spitz, bis etwa 2mal so lang wie der Frkn.,* drüsig; Krb. gelb. VII–VIII. Umfaßt:

ssp. l a t i f ó l i u m (Koch) A. Fröhlich; B. breit-eiförmig bis breit-lanzettl.; Kb. 2–3 mm breit, 4–6 mm lang, breit-eiförmig, an der Spitze buchtig gezähnelt; Krb. groß; Fr. rel. breit. – Verbreitet bis zerstreut.

ssp. p e r f o r á t u m ; B. breit-eiförmig od. ellipt.; Kb. 1–1,5 mm breit, bis 7 mm lang, lanzettl., fein zugespitzt; Krb. rel. groß; 2n = 32. Formenreich. – Verbreitet u. häufig.

ssp. a n g u s t i f ó l i u m (DC.) Gaud.; B. schmal-ellipt. bis fast lineal., rel. klein; Kb. 0,7–1,0 mm breit, 4–6 mm lang, schmal-lanzettl.; Krb. einseitig gekerbt u. mit schwarzen Drüsen; Fr. 5–8 mm lang.

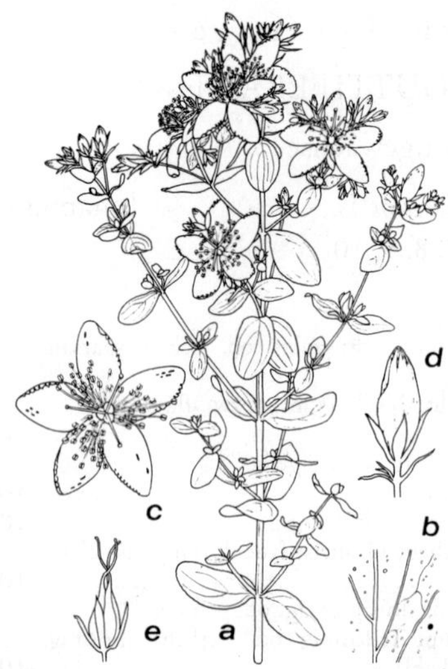

Abb. 174. *Hypericum perforatum* (*a* blühender Sproß, *b* Ausschnitt der Blattspreite mit Ölbehältern, *c* Blüte, *d* Blütenknospe, *e* junge Frucht).

– Zerstreut u. meist selten, u. a. Schl.Holst., Brand., Ostpr., Westf., Thür., S-D. bis Alp.vorland.

ssp. v e r o n é n s e (Schrank) A. Fröhlich; B. klein, breit-eiförmig, meist weniger als 10 mm lang, am Rand meist umgerollt; Kb. 0,7 bis 1 mm breit, 3–4 mm lang; Krb. nur hellgestrichelt-punktiert; Fr. 4–6 mm lang. – Selten, nur in S-D. (z. B. Schles., Bay., Oberrheingeb.), eingeschleppt u. vereinzelt eingebürgert in warmen Schutt- od. Trockenrasenges.

Divers. Ges., u. a. Waldränder, Weiden, Magerrasen, Heiden etc.; meist kalkfreie, nährstoffärmere Böden. – Insgesamt verbreitet u. meist häufig (Alp. bis 900 m, Jura bis 1014 m). – Eur., W-As., N-Afr., (O-As., Am., Austr., Neuseel.); euras-subozean-submed.

Drogen: Flores Hyperici recentes, Herba Hyperici.

1080. H. maculátum Crantz (Abb. 175b) Vierkantiges J.
(= H. quadrangulum L.)

♃, *H.* – H. 0,20–0,60(1,00). St. 4kantig (bisweilen 2 Kanten schwächer); B. breit-eiförmig bis ellipt., wenig od. nicht durchscheinend-punktiert; *Kb. ellipt., ±stumpf,* seltener spitz u. lanzettl., *etwa so lang wie der Frkn.,* unterseits drüsig; Krb. gelb. VII–VIII. Umfaßt im Geb.:

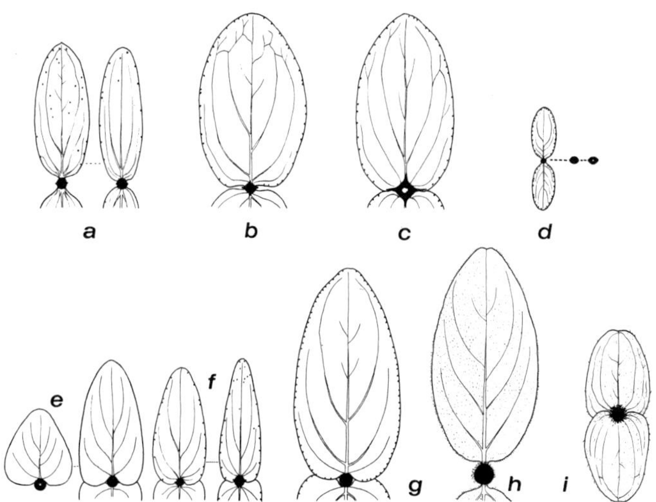

Abb. 175. *Hypericum* spp., Laubblätter u. Sproßquerschnitte (*a H. perforatum, b H. maculatum, c H. tetrapterum, d H. humifusum, e H. pulchrum, f H. elegans, g H. montanum, h H. hirsutum, i H. helodes*).

ssp. m a c u l á t u m ; Krb. sehr breit, stumpf od. etwas spitz, an der Spitze sehr undeutlich gezähnt; Krb. ca. 10 mm lang, ganzrandig, schwarze Drüsen meist nur auf der Fläche. 2n = 16.

Borstgrasrasenges.; ±feuchte, kalk- u. nährstoffarme, saure Böden. – Verbreitet, geb.weise häufig (Alp. bis 1940 m). – no-euras-subozean.

ssp. o b t u s i ú s c u l u m (Tourlet) Hayek; Kb. sehr breit, eiförmig od. eilänglich, stumpf od. etwas spitz, an der Spitze meist stark buchtig gezähnt; Krb. ca. 12–16 mm lang, meist nur einseitig gekerbt u. schwarz punktiert. 2n = 32.

Bisher nur m. Gebg.slagen S-D. (S-Schwarzwald bis 1350 m).

ssp. d e s e t á n g s i i (Lamotte) Tourlet (= H. desetangsii Lamotte); H. 0,30–1,00; St. mit 2 deutlichen u. 2 weniger deutlichen Kanten; Kb. lineal-lanzettl., spitz od. zugespitzt mit Haarspitze; Krb. 12–15 mm lang, spärlich schwarz punktiert.

Feuchtwiesen, Moorwiesen, Staudenfluren; nass-feuchte, nährstoffreichere, oft torfige Lehm- u. Tonböden. – Zerstreut, nur S-D. (Rheingeb. u. Seitentäler bis Bodenseegeb.; Schwäb.-fränk. Wald, Bay. Wald, Jura, Donaugeb., Alp.vorland). – subatl(-submed).

Eur., W-Sib.

1081. H. tetrápterum Fries (Abb. 175 c) Vierflügeliges J.

♃, *H.* – H. 0,30–0,60. St. geflügelt-4kantig, hohl; B. ellipt. bis breit-eiförmig, dicht durchscheinend-punktiert; *Kb. lanzettl., zugespitzt,* etwa so lang wie der Frkn., unterseits fast drüsenlos; Krb. blaßgelb. VII–VIII. 2n = 16.

Feuchtwiesen, Röhrichte etc.; nasse, nährstoffreiche, lehmige od. tonige Böden. – Zerstreut, nur geb.weise häufig (Alp. bis 810 m, Jura bis 970 m), streckenweise fehlend. – Eur., Vord.As., Sib., NW-Afr.; euras-subozean-submed.

1082. H. humifúsum L. (Abb. 175 d) Liegendes J.

♃, (–⊙), *Ch, H, (Th).* – St. 0,05–0,15(0,35) lang, ausgebreitet-niederliegend, an der Spitze aufsteigend, 2kantig bis fast rund, hohl; B. eiförmig-länglich, obere durchscheinend-punktiert; *Kb. länglich, stumpf,* kurz-stachelspitzig, *ganzrandig od. mit einigen feinen Zähnen,* etwa 2mal so lang wie der Frkn.; K. u. Kr. bisweilen 4zählig; Kr. hellgelb. VI–IX. 2n = 16.

Zwergbinsenges. an Wegen, Waldrändern; frisch-feuchte, kalkarme, ±saure, sandige Böden. – Verbreitet, geb.weise häufig, in N-D. u. Alp. (bis 1800 m) zerstreut. – Eur., gem. As., Makaron., S-Afr.; subatl(-euras-subozean).

1083. H. púlchrum L. (Abb. 175 e) Schönes J.

♃, *H.* – H. 0,30–0,60. St. stielrund, kahl; *B.* eiförmig, mit breitem, herzförmigem Grd. sitzend, *abgerundet-stumpf, unterseits graugrün,* oberseits grün, durchscheinend punktiert; Kb. verkehrt-eiförmig, sehr stumpf; Krb. goldgelb; S. sehr fein-punktiert. VII–IX. 2n = 18.

Eichen-Birken- u. Eichen-Buchenwaldges., Waldränder etc.; ±frische, kalk- u. nährstoffarme, saure, sandige od. lehmige Böden. – Zerstreut, geb.weise sehr selten od. häufig, bes. im w. Teil des Geb., O-Grenze etwa: Schl.Holst., w. Meckl., w. Brand., Schles., Sachs., NO-Frank., Jura, Hohentwiel; ö. davon – wie in S-D. – nur vereinzelt u. sehr selten. – W-Eur., w. M-Eur., s. bis S-Ital.; subatl.

1084. H. élegans Stephan (Abb. 175 f) Zierliches J.

♃, *H.* – H. 0,15–0,30. St. zumindest oberwärts fast 2kantig, kahl; *B.* aus herzförmigem Grd. länglich-lanzettl., durchscheinend punktiert, ± so lang od. länger als die Internodien, *am Rande zurückgerollt* u. mit schwarzen Drüsen besetzt; Kb. eilanzettl., spitz, drüsig gefranst; Krb. hellgelb; S. fein-punktiert. VI–VII. 2n = 32.

Halbtrocken- u. Steppenrasenges., Gebüsche; warme, meist kalkhaltige, auch steinige Böden. – Selten bis sehr selten: Saale- u. Unstrutgeb. (u. a. Bennstedt, Eisleben, Naumburg, Erfurt, Wendelstein, Allstedt, Nebra, Frankenhausen, Tennstedt, Schwarza), Rheinhess. (Sprendlingen, Zotzenheim). – M-D., SO- u. O-Eur., Sib., Alt.; gem-kont.

1085. H. montánum L. (Abb. 175g) Berg-J.

♃, *H.* – 0,30–0,60. St. stielrund, kahl, rel. wenig beb.; B. mit herzförmigem Grd. sitzend, eiförmig, kürzer als die Internodien, am Rande schwarz punktiert, nur die oberen durchscheinend, unterseits etwas rauh; *Bl. fast kopfartig-gedrängt;* Kb. eilanzettl., spitz, am Rand mit Stieldrüsen; Krb. hellgelb; S. fein-punktiert. VI–VIII. 2n = 16.

Lichte Eichenwaldges., Gebüsche etc.; warme, ± trockene, nährstoffreiche, meist kalkhaltige Lehmböden. – Selten: N-D., im NW über größere Strecken fehlend; zerstreut bis verbreitet u. z. T. ziemlich häufig: M- u. S-D. (Alp. bis 1300 m). – Eur., Vord.As., Kauk., Alg.; subatl-submed.

1086. H. hirsútum L. (Abb. 175 h) Behaartes J.

♃, *H.* – H. 0,40–0,80(1,00). *St. stielrund,* dicht beb., *nebst den* sehr kurzgestielten, eiförmigen od. länglich-eiförmigen, durchscheinend-punktierten *B., dicht weichhaarig;* Bl. in lockerem Blst.; Kb. lanzettl., ±spitz, drüsig bewimpert; Krb. hellgelb; S. papillös-sammethaarig. VI–VIII. 2n = 18.

Kahlschlagges., Waldränder u. -lichtungen; frische, nährstoffreiche, meist kalkhaltige Böden. – Zerstreut bis selten: N-D., streckenweise fehlend; verbreitet: M- u. S-D., in den M-Gebg. z. T. zerstreut (Alp. bis 880, Jura bis 1000 m). – Eur., Sib., Kauk., Armen., Dsung., NW-Afr.; euras-submed.

2. Sect. H e l ó d e s

1087. H. helódes L. (Abb. 175i) Sumpf-J.

♃, *H.* – *St. niederliegend* u. aufstrebend, am Grd. wurzelnd, 0,10–0,30 lang, *nebst den* rundlich-eiförmigen, am Grd. herzförmig-sitzenden, durchscheinend-punktierten *B. rauhhaarig;* Blst. armbl.; Kb. eiförmig, rotdrüsig bewimpert; Krb. hellgelb; Stbb. in 3 Bündel verwachsen; S. gefurcht. VIII–IX.

Strandlingges., Ränder von Heidetümpeln; nasse, nährstoffarme, torfige Böden. – Selten bis sehr selten: NW- u. m. W-D. (m. w. Nieders., Oldenburg, Emsgeb., Westf., Niederrheingeb., unteres Maingeb., Spessart [ob noch?], Odenwald, Darmstadt); Sachs.: Hoyerswerda. – W-Eur. (n. bis Schottl.), W-D., s. bis N-Pyren. Halbins., Ital., Azor.; atl.

Bastarde:

H. humifusum × pulchrum (= H. × rundeshagenii W. Christiansen), H. perforatum ssp. perforatum × tetrapterum (= H. × medium Peterm.), H. perforatum ssp. perforatum × maculatum ssp. maculatum (= H. × carinthiacum A. Fröhlich), H. perforatum ssp. perforatum × maculatum ssp. obtusiusculum, H. tetrapterum × maculatum ssp. maculatum (= H. × laschii A. Fröhlich).

30. Ordn. Sarraceniáles

63. Fam. DROSERÁCEAE Salisb.
Sonnentaugewächse

I. Laubb. in Quirlen (Wasserpfl.; B.spreite mit Fühlborsten u. Drüsenhaaren, bei Reizung zusammenklappend) .... **300. Aldrovanda**
II. Laubb. in grundständiger B.rosette (Terrestrische Pfl.; B.spreite mit reizbaren Drüsententakeln, sich bei Reizung langsam krümmend) .... **301. Drosera**

300. Aldrovánda L. — Wasserfalle

1088. A. vesiculósa L. (Abb. 176a–d) — Blasige W.

♃, *HH.* – St. untergetaucht, fadenförmig, wenigästig, 0,03–0,23 lang; B. dicht-quirlständig, B.stiel etwas flach, am Ende breiter u. beiderseits mit langen Borsten besetzt, die eigentliche Platte bauchig-aufgetrieben; Bl.stiele achselständig, einzeln, etwas länger als das B.; Kr. ± so lang wie der K., weiß. (Vermehrung meist rein vegetativ) VII bis VIII.

Röhrichte, Laichkrautges.; warme, stehende, kalkfreie Gewässer mit torfhaltigem Schlammgrund. – Sehr selten: Brand. (Rheinsberg, Paarsteiner See, Plagefenn), Bodenseegeb. (Meersburg, Enzisweiler). – Frankr. bis Rußl., s. bis Ital., Ung., Rum., Kauk., Amurgeb., Vord.Ind., Jap.; Austr.; Z-Afr.; eurassubmed.

301. Drósera L. — Sonnentau

x = 10

I. B.spreite kreisrund (Kapsel nicht gefurcht; S. spindelförmig) .... **1089. D. rotundifolia**
II. B.spreite eiförmig-keilförmig
  A. B.spreite 4- bis 8mal so lang wie breit (Kapsel nicht gefurcht; S. spindelförmig) .... **1090. D. anglica**
  B. B.spreite 2- bis 4mal so lang wie breit (Kapsel gefurcht; S. eiförmig) .... **1091. D. intermedia**

1089. D. rotundifólia L. (Abb. 176e–g) — Rundblättriger S.

♃, *H.* – H. 0,10–0,20. *Schaft aufrecht, etwa 2- bis 4mal so lang wie die* kreisrunden, langgestielten *B.;* Blst. nicht selten gabelig-geteilt; Kr. weiß. VI–VIII. 2n = 20. Ändert ab:

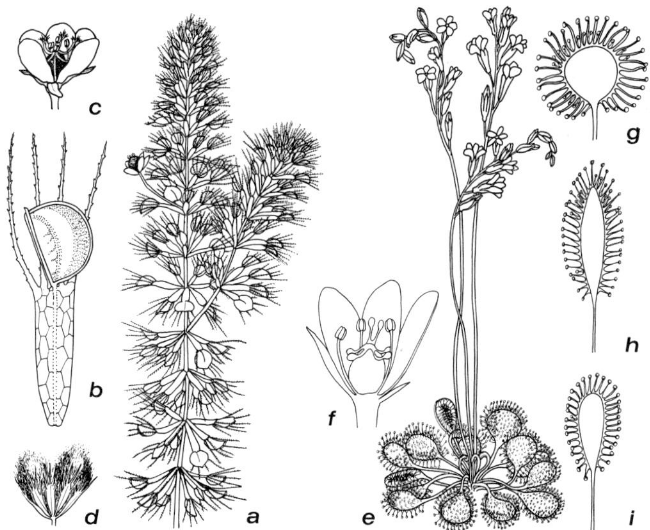

Abb. 176. *a–d Aldrovanda vesiculosa* (*a* blühender Sproß, *b* Blatt, *c* Blüte, *d* Winterknospen); *e–i Drosera* spp., *e–g D. rotundifolia* (*e* Habitus; *f* Blüte, vordere Hüllblätter entfernt; *g* Laubblattunterseite), *h–i* Laubblattunterseiten (*h D. anglica, i D. intermedia*).

var. m a r í t i m a Graebn.; B.rosette dicht; B.stiel kurz, dick, dichtgraufilzig; B. unterseits behaart; Bl.stiele starr-aufrecht, dick, dichtkurzbehaart, ebenso wie der länglich-eiförmige, an der Spitze deutlich spitz-gezähnelte und an den Rändern gewimperte K.; – Dünentäler. – Ostseeküste: Pomm.

Hochmoorges. u. Feuchtheiden; nasse, saure, nährstoffarme Torfböden (selten auf Ton od. Sand). – Zerstreut bis verbreitet (Alp. bis 1360 m). – Eur., N-As., N-Am., Grönl.; no-euras, circ.

Droge: Herba Droserae.

1090. D. ánglica Huds. (Abb. 176h) Langblättriger S.

♃, *H.* – H. 0,10–0,20. *Schaft aufrecht, etwa doppelt so lang wie die* länglich-keilförmigen *B.;* Blst. unverzweigt; Krb. weiß. VI–VIII. 2n = 40.

Kleinseggen-Sümpfe der Hochmoore; nasse, saure, mäßig nährstoffarme Torfböden, bisweilen in nährstoffreicheren, kalkführenden Ges. – Sehr selten u. zerstreut (Alp. bis 1270 m), streckenweise fehlend. – M- u. N-Eur., N-As., N-Am.; no-circ.

1091. D. intermédia Hayne (Abb. 176i) Mittlerer S.

♃, *H.* – H. 0,05–0,15. *Schaft bogenförmig-aufstrebend, meist wenig länger als die verkehrt-ei-keilförmigen,* rötlich-grünen *B.;* Blst. meist unverzweigt; Krb. weiß. VII–VIII. 2n = 20. Ändert ab. U. a. submerse u. halbsubmerse Formen mit verlängertem Spr.

Hochmoore, Kleinseggensümpfe, Feuchtheiden; feuchte bis nasse, mäßig nährstoffarme Torf- u. Sandböden. – Zerstreut bis verbreitet: NW-D., im übrigen Geb. selten (Alp. fehlend). – Eur. bis N-Rußl. u. N-Med., atl. N-Am.; nosubatl.

Bastarde:
D. intermedia × anglica, D. intermedia × rotundifolia, C. rotundifolia × anglica.

31. Ordn. Papaveráles

1. Unterordn. Papaveríneae

64. Fam. PAPAVERACEAE Juss. Mohngewächse

I. Bl. (Krb.) aktinomorph (Unterfam. Papaveroideae)
  A. Frb. u. N. 2 (Fr. schotenartig)
    1. N. über den Klappen; Frkn. ohne falsche Scheidewand; Bl. 1–2 cm ⌀ .... **302. Chelidonium**
    2. N. über dem Rahmen; Frkn. mit schwammiger, falscher Scheidewand; Bl. 2–4 cm ⌀ .... **303. Glaucium**
  B. Frb. u. N. 4 – ∞ (gekammerte Porenkapseln) **304. Papaver**
II. Bl. (Krb.) zygomorph (Unterfam. Fumarioideae)
  A. Fr. eine 2klappige Kapsel; Bl. (mit Sporn) 10 bis 30 mm lang .... **305. Corydalis**
  B. Fr. eine kugelige Nuß; Bl. (mit Sporn) 5–8 (15) mm lang .... **306. Fumaria**

1. Subfam. Papaveroídeae

302. Chelidonium L. Schöllkraut

x = 6(5)

1092. Ch. május L. (Abb. 177a–c)

♃, *H.* – H. 0,30–0,60(1,00). St. ästig; B. fiederspaltig bis gefiedert, Zipfel rundlich, buchtig od. gezähnt; Bl. doldig; Kr. gelb; K. fast kahl; Stbf. oberwärts breiter. V–IX. 2n = 12. Veränderlich, u. a.:

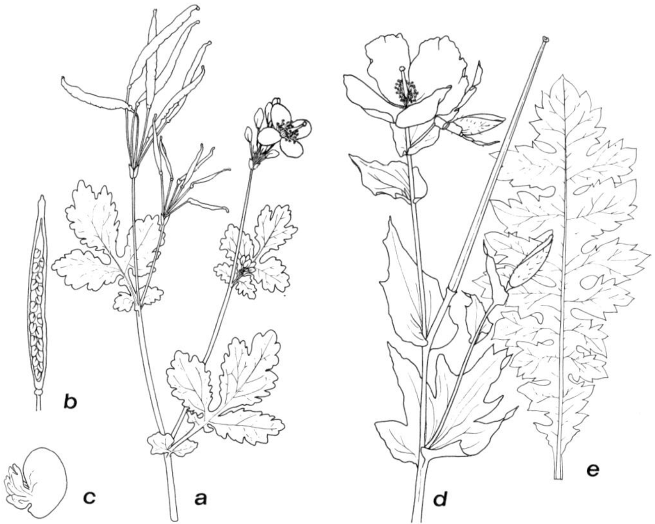

Abb. 177. *a–c Chelidonium majus* (*a* blühender u. fruchtender Sproß; *b* Frucht, geöffnet; *c* Same mit Elaiosom); *d–e Glaucium flavum* (*d* blühender u. fruchtender Sproß, *e* Grundblatt).

var. tenuifólium Retz. [= var. laciniatum (Mill.) Koch]; B.chen länger gestielt, bis über die Mitte fiederspaltig, Zipfel länglich, eingeschnitten-gekerbt; oft auch Krb. eingeschnitten-gekerbt. – Sehr selten.

Schutt- u. Wegrandunkrautges.; frische, N- u. nährstoffreiche, meist lehmige u. auch humose Böden. – Häufig – verbreitet (Alp. bis 880 m). – Eur., Med., As., (atl. N-Am.); euras.

Drogen: Herba Chelidonii, Herba Chelidonii recens, Radix Chelidonii.

303. Gláucium Mill. Hornmohn

x = 6

I. Kapseln schotenförmig, knotig-rauh . . . . **1093. G. flavum**
II. Kapseln schotenförmig, borstig-steifhaarig . . . . **1094. G. corniculatum**

1093. G. flávum Cr. (Abb. 177 d–e) Gelber H.

⊙, (♃, ⊙), *H, (Th).* – H. 0,30–0,60(1,00). *St. fast kahl;* untere B. gestielt, obere mit tief-herzförmigem Grd. st.umfassend, lappig-fiederspaltig; *Kr.* groß, *zitronengelb* (selten goldgelb); Kapseln 15–22 cm lang. VI–VIII. 2n = 12.

Dünen- u. Schuttunkrautges. (im Med. in Strandspülsäumen); warme, auch salzhaltige, N-haltige, nährstoffreiche Sand- od. Kiesböden. – Vorübergehend auf Helg.Düne; sonst selten (eingeschleppt, auch stellenweise eingebürgert), so z. B. Hess., Thür., Sachs., Anh., Schles., Danzig, Bay., Oberrheintal. – Med., W-Eur. bis Norw.; med-atl.

1094. G. corniculátum (L.) Rudolph Roter H.

⨀, *Th.* – H. 0,10–0,50. *St. und B. behaart;* untere B. gestielt, obere mit abgestutztem Grd. sitzend, fiederspaltig; *Kr. hochrot bis orangegelb,* am Grd. oft violett- od. schwarzgefleckt. VI–VIII. 2n = 12. Veränderlich, u. a.

var. t r í c o l o r (Bernh.) Ledeb.; schwarzer Fleck der Krb. von einem hellen Saum umzogen. – Selten: z. B. Erfurt, Nürnberg.

Schutt- u. Getreideunkrautges. Grasheiden; warme, nährstoffreiche, kalkhaltige Lehm- u. Steinböden. – Selten (meist unbeständig): so z. B. Thür. (z. B. n. Erfurt), Sachs., Anh., Pfalz, Oberrheintal, Bay., Seehäfen-Anlagen etc. – Med., (M-Eur.); med.

304. Papáver L. Mohn

x = (6), 7, 11

I. B. nur grundständig, rosettig, Einzelbl.; ♃ .... **1095. P. alpinum**
II. St. beblättert, meist mehrbl.; ⨀, ⊙
 A. Stb. einfach- bis doppelt-fiederteilig od. 3lappig, stets behaart, mit schmalem Grd. sitzend
  1. Kapsel kahl; N.scheibe flach; Stbf. pfriemlich
   a) Kapsel kurz verkehrt-eiförmig bis fast kugelig, am Grd. gerundet; N. (5)-10-18 .... **1096. P. rhoeas**
   b) Kapsel länglich verkehrt-eiförmig bis keulenförmig, am Grd. verschmälert; N 4–9 ..... **1097. P. dubium**
  2. Kapsel meist steifhaarig od. borstig; N.scheibe kugelig gewölbt; Stbf. oberwärts verbreitert
   a) Kapsel rundlich-eiförmig .... **1098. P. hybridum**
   b) Kapsel verlängert-keulenförmig .... **1099. P. argemone**
 B. Stb. ungeteilt, meist völlig kahl, obere mit breitem Grd. ±stengelumfassend .... **1100. P. somniferum**

1095. P. alpínum L. Alpen-M.

♃, *H.* – H. 0,05–0,15. *B. in grd.ständiger Rosette,* einfach- bis doppeltgefied., Fiedern spitz, lanzettl., 1,5–2 mm breit; Krb. meist weiß, selten rosa; Stbf. pfriemlich; Stbb. länger als der Frkn.; N.strahlen meist 5; Kapsel ellipsoidisch, steifhaarig, etwa 12 mm lang. VII–VIII. Im Geb. (obige Merkmale): ssp. s é n d t n e r i (Kern.) Sch. et Kell. (= P. sendtneri Kern.). 2n = 14.

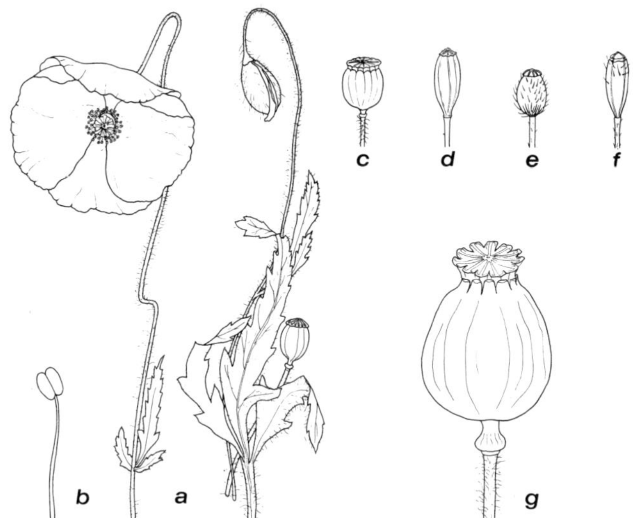

Abb. 178. *Papaver* spp., *a–b P. rhoeas* (*a* blühende u. fruchtende Sprosse, *b* Staubblatt), *c–g* Früchte (*c P. rhoeas, d P. dubium, e P. hybridum, f P. argemone, g P. somniferum*).

Alp. Kalkschuttges.; frischer, beweglicher Kalksteinschutt. – Zerstreut: Alp. (1850–2670 m; Allgäu, Wetterstein, Karwendel, Berchtesgadener Alp. u. benachbarte Geb.: Loferer Steinbg., Steinernes Meer). – Alp.; n-alp.

1096. P. rhōēas L. (Abb. 178a–c) Klatsch-M.

⨀, (⨀), *Th, (H).* – H. 0,25–0,60(0,90). St. anliegend od. abstehend behaart; Kr. scharlachrot bis purpurn (selten weiß od. violett), am Grd. mit od. ohne schwarze Flecken; N.strahlen-Seitenlappen sich z. T. mit ihren Rändern deckend; Kapsel breit. V–VII. 2n = 14. Formenreich, insbesondere im B.schnitt.

(Winter-)Getreideunkrautges., seltener Schuttunkrautges.; wärmere, nährstoffreiche, meist lehmige Böden (bis 800 m). – Med.; Eur., As., N-Afr. (N-Am., Austr., Neuseel.); euras-med.

Droge: Flores Rhoeados.

1097. P. dúbium L. (Abb. 178d) Saat-M.

⨀, *Th.* – H. 0,30–0,60. St. unterwärts abstehend-, oberwärts angedrückt-behaart; Bl.stiele angedrückt-behaart; Kr. scharlach-, selten ziegelrot; N. 4- bis 9strahlig, N.läppchen fast immer deutlich voneinander gesondert. V–VII. 2n = 42. Formenreich.

Getreideunkrautges., seltener Schuttunkrautges.; lockere, nährstoffhaltige, auch sandige Lehmböden. – Verbreitet. – Med., M-Eur.; med(-euras-subozean).

1098. P. hýbridum L. (Abb. 178e) „Bastard"-M., Krummborstiger M.

⨀, *Th.* – H. 0,15–0,60. St. abstehend- od. anliegend-steifhaarig; Kr. ziegelrot; Kapsel fast kugelig, mit gebogenen, weit abstehenden Borsten besetzt; N. 5- bis 8strahlig. V–VII. 2n = 14.

Getreideunkrautges.; warme, ±trockene Lehm- u. Sandlehmböden. – Selten: Rhein-, Nahe-, Glantal, Hess., Thür., Sachs., Pfalz, (meist unbeständig). – Med., N-Afr., M-Eur., Z-As.; med-euras.

1099. P. argémone L. (Abb. 178f) Sand-M.

⨀, (⨀), *Th., (H).* – H. (0,10)0,15–0,30(0,50). St. nebst den Bl.-stielen anliegend-steifhaarig, selten der obere Teil des St. nebst B. u. K. fast kahl; Kr. dunkelrot; Kapsel selten ganz kahl; N. 4- bis 6strahlig. V–VII. 2n = 12, 42.

Getreideunkrautges., seltener Schuttunkrautges.; mäßig saure, kalkfreie, auch sandige Lehmböden. – Zerstreut. – Med., M-Eur., S-Schwed.; med.

1100. P. somníferum L. (Abb. 178g) Schlaf-M.

⨀, *Th.* – H. 0,30–1,50. St. und B. meist kahl, blaugrün; B. länglich, ungleich-gezähnt, untere buchtig, obere ganzrandig, ±st.umfassend; Bl.stiele meist abstehend-behaart; Kr. groß, weiß od. violett; Stbf. oberwärts verbreitert; Kapsel kugelig od. eiförmig-länglich, kahl; N. vielstrahlig; S. schwarz od. weißl. VI–VIII. 2n = 22, 24. Veränderlich.

Gebaut u. selten (vorübergehend) verwildert. – Wild nicht sicher bekannt. Abstammung unsicher; Heimat bzw. Ursprung evtl. Vord.As. od. Med.

Drogen: [Opium], Fructus Papaveris immaturi (von var. album DC.), [Oleum Papaveris]

Bastard:
P. rhoeas × dubium

2. Subfam. Fumarioídeae

305. Corýdalis Vent. Lerchensporn

x = 8, (7?)

I. B. in Ranken endigend (B. doppelt-gefiedert; W. einfach) .... **1101. C. claviculata**

II. B. nicht in Ranken endigend
- A. ohne Knolle; W. ästig-faserig; Kr. zitronen-goldgelb-blaßgelb
  - 1. Bl.sporn sehr kurz, sackförmig; Tragb. sehr klein, am Rande gezähnelt (S. glänzend) .... **1102. C. lutea**

2. Bl.sporn fast so lang wie die Krb.; unterstes Tragb. den Laubb. gleich .... **1103. C. alba**

B. Knolle vorhanden; Kr. purpurn od. weiß, niemals gelb

1. Tragb. der Bl. ganzrandig (sehr selten gezähnt od. eingeschnitten)

a) St. im unteren Teil ohne Schuppe; Knolle hohl (Traube vielbl.) .... **1104. C. cava**

b) St. im unteren Teil mit rinnenförmiger Schuppe; Knolle nicht hohl (Traube 1- bis 8bl.) .... **1105. C. fabacea**

2. Tragb. der Bl. meist fingerig-geteilt; Knolle nicht hohl

a) Traube meist wenigbl. (1–8), zur Fr.zeit überhängend .... **1106. C. pumila**

b) Traube vielbl., stets aufrecht .... **1107. C. solida**

1. Sect. Stylótome

1101. C. claviculáta (L.) DC. Rankender L.

⊙, ①, *Th, H.* – St. 0,50–1,00 lang; B.stiele in Wickelranken endigend; Tragb. der Bl. länglich, zugespitzt, gezähnelt, länger als der Bl.stiel; Kr. klein, gelblich-weiß; Gr. von der Fr. abfallend. VI–IX. 2n = 32.

U. a. Kahlschlagges. im Eichen-Birkenwaldgeb.; frische bis ±trockene, mäßig saure, auch rohhumose, sandige Böden. – Selten bis sehr selten: nur im NW von Westf. bis O-Schleswig. – W-Eur. (S-Norw. bis N-Span.); atl.

1102. C. lútea (L.) DC. Gelber L.

♃, *H.* – H. 0,10–0,30(0,40). B. 2- bis 3fach gefied., B.stiele oberwärts flach, unberandet; Tragb. der Bl. länglich, haarspitzig, gezähnt, kürzer als der Bl.stiel; Kr. gold- bis zitronengelb, an der Spitze sattgelb; S. glänzend. VI bis IX. 2n = 56 (28, ca. 64).

Kalk-Felsspaltenges., Mauern; warmes, kalkhaltiges Mauer-Gestein. – Im Geb. nur verwildert, besonders W- u. S-D. – S-Alp., evtl. N-Med. (natürl. Areal durch häufiges Verwild. unsicher); s-alp(submed).

1103. C. álba (Mill.) Mansf. Weißer L.

①', *H.* – H. 0,20–0,40. B. doppelt-gefied., Fiedern 3spaltig, Fiederchen 3zipfl., Tragb. der Bl. unten den Laubb. gleich, oben einfacher, 3spaltig od. gezähnt, untere mehrmals länger als der Bl.stiel; Kr. gelblichweiß, an der Spitze gelb; S. glänzend. VI–VIII.

Sehr selten eingebürgert: Feuchte Felsabsätze im Rabenauer Grund bei Dresden. – Z-As. bis W-Sib., in Eur. verschied. eingeschleppt u. eingebürgert.

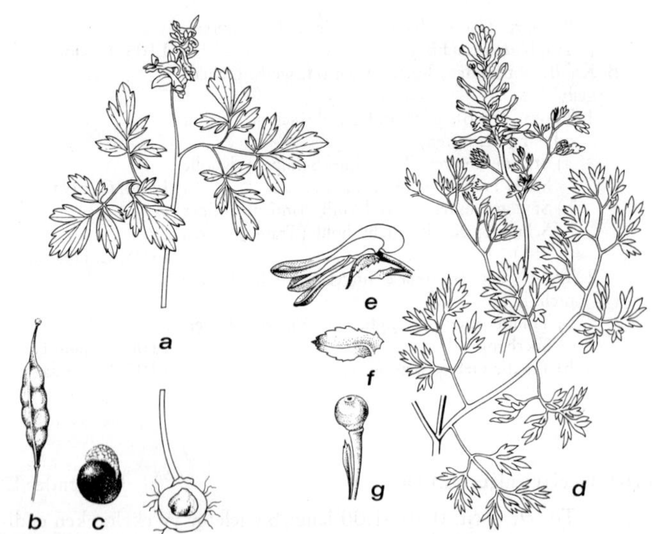

Abb. 179. *a–c Corydalis cava* (*a* Habitus, Knolle längsgeschnitten; *b* Frucht, *c* Same); *d–g Fumaria officinalis* (*d* Sproßabschnitte, *e* Blüte, *f* Kelchblatt, *g* Frucht).

2. Sect. Rádix-cáva

1104. C. cáva (L.) Schweigg. et Koerte (Abb. 179a–c) Hohler L.

♃, *G.* – H. 0,10–0,35. *Traube vielbl., stets aufrecht;* Bl.stiel 2- bis 3mal kürzer als die Fr.; Kr. trübpurpur, blau, lila od. weiß; *Saum der Oberlippe stark-zurückgerollt.* (III) IV–V 2n = 16.

Laubmischwaldges., Eich.-Hainb.-Wäld., Buchen-Wälder, selten auch Hackunkrautges.; frische bis feuchte, nährstoffreiche, lehmige u. mullige Böden. – Verbreitet (bis 1400 m), fehlt im NW über sehr große Strecken. – S-, M-Eur., W-Rußl.; gem-kont-submed.

3. Sect. Pes-gallináceus

1105. C. fabácea (Retz.) Pers. Mittlerer L.
[= C. intermedia (L.) Link]

♃, *G.* – H. 0,07–0,15(0,20). *Traube nicht verlängert, wenigbl.,* gedrungen, *zur Fr.zeit überhängend;* Bl.stiel 3- bis 5mal kürzer als die länglich-lanzettliche Fr.; Tragb. der Bl. selten grob gezähnt od. eingeschnitten; Kr. trübpurpur, selten weiß; *Oberlippe breit-ausgerandet, mit flachem Saum; innere Krb. auf dem Rücken flügelig-gekielt, mit über die Spitze hinausgehendem Flügel.* III–IV(V). 2n = 16, 20.

Laubmischwaldges., Buchenwälder; frische, nährstoffreiche, lehmige u. mullige Böden. – Selten: insbes. im N, M u. O; sehr selten: W, SW, S; im NW u. auch sonst über große Strecken fehlend. – Skand., M-Eur. bis W-Rußl., Ital., Karp.; (no-)gem-kont(-submed).

1106. C. púmila (Host) Rchb. Zwerg-L.

♃, *G.* – H. 0,07–0,20. *Traube gedrungen;* Tragb. der Bl. länger als die Bl.stielchen, diese mindestens 3mal kürzer als die breit-elliptische Fr.; Kr. trübpurpur, selten weiß; *Oberlippe* fast 3eckig, *mit schmalem, flachem Saum;* innere Krb. mit dickem, *nur bis zur Spitze gehendem Kiele;* Sporn gerade od. nur wenig gekrümmt. III–IV. 2n = 16.

Laubmischwaldges.; frische, nährstoffreiche, meist kalkhaltige, humose, mullige Böden. – Sehr selten: Rügen, Hiddensee, Usedom, Brand. (Odergeb.), Anh. (Saale- u. Elbegeb.), N-Thür., um Halle bis Eisleben, Schles. – S-Skand., Dän., D., Tschech., Oesterr., Balk.; gem-kont(-subatl).

1107. C. sólida (L.) Sw. Fester L.

♃, *G.* – H. 0,10–0,30. *Traube verlängert, aufrecht;* Tragb. der Bl. so lang od. länger als der Bl.stiel, dieser so lang wie die länglichen, voneinander entfernten Fr.; Kr. trübpurpur, selten weiß; *Oberlippe an den Rändern umgerollt;* Sporn gekrümmt; von den übrigen durch den zur Bl.zeit in einem rechten Winkel abwärtsgekrümmten, dann erst aufsteigenden Gr. verschieden. III–IV. Umfaßt:

ssp. s ó l i d a; vielbl.; Tragb. länger als breit, alle geteilt, kürzer als die Bl. 2n = 16, 24, (32).

Laubmischwaldges., Hecken, Raine etc.; frische, mineralkräftige, häufig kalkfreie Lehm- u. Sandlehmböden. – Zerstreut – selten: NO, M, S, fehlt über größere Strecken, etwas häufiger im Weinbergsgelände der Rheinpfalz.

ssp. l á x a (Fr.) Nordst.; wenigbl.; Tragb. so lang wie breit, obere ungeteilt, länger als die Bl., (Wuchs schlaff). 2n = 16, (24). Ähnliche Typen in N-D.

W-, M-Eur. bis S-Finnl., Rußl., Pyren. bis Kl.As., Libanon; gem-kont-submed.

Bastard:
C. cava × solida

306. Fumaria L. Erdrauch

x = 8, (7?)

I. Fr. im reifen Zustand glatt; St. kriechend od. kletternd
   A. Bl.stiel zuletzt zurückgebogen; Bl. 10–15 mm lang . . . . **1108. F. capreolata**
   B. Bl.stiel abstehend; Bl. 5–7 mm lang . . . . **1109. F. muralis**

II. Fr. im reifen Zustand höckerig-runzelig; St. aufrecht od. aufsteigend
- A. Kb. $^1/_3$–$^1/_2$ so lang wie die Kr. (ohne Sporn)
  - 1. Kb. rundlich-eiförmig, zugespitzt, $^1/_2$ so lang wie die Kr. und breiter als diese
    - a) Fr. kurz-bespitzt, äußere Krb. an der Spitze geschnäbelt .... **1110. F. rostellata**
    - b) Fr. stumpf; äußere Krb. an der Spitze nicht geschnäbelt .... **1111. F. densiflora**
  - 2. Kb. ei-lanzettförmig, $^1/_3$ so lang wie die Kr. und schmaler als diese .... **1112. F. officinalis**
- B. Kb. sehr klein, eiförmig, $^1/_{10}$–$^1/_5$ so lang wie die Kr.
  - 1. Fr.stiele 2- bis 3mal länger als das Tragb. (Bl. meist dunkelrot) .... **1113. F. schleicheri**
  - 2. Fr.stiele ± so lang od. kaum länger als das Tragb. (Bl. blaßrot od. weiß)
    - a) Fr. kugelig, später stumpf; B.zipfel flach, genähert .... **1114. F. vaillantii**
    - b) Fr. eiförmig-rundlich, kurz zugespitzt; B.-zipfel meist rinnig, gespreizt .... **1115. F. parviflora**

1108. F. capreoláta L. Rankender E.

☉, *Th.* – St. 0,30–1,00 lang, kletternd; B.zipfel länglich od. eiförmig; Kb. eiförmig, halb so lang wie die Kr.; Kr. weiß od. gelblichweiß, auf dem Rücken bisweilen purpurn, an der Spitze schwarzpurpurn; Fr. kugelig, fast abgestutzt-stumpf, oben mit zwei tiefen Gruben. V–IX. 2n = 56, 64.

Ackerunkrautges., Zäune; nährstoffreiche Böden. – Sehr selten z. B. im SW, im übrigen Geb. hin u. wieder nur verwildert. – W-, S-Eur., W-As., N-Afr., (M-, N-Eur., Chile); atl-med.

1109. F. murális Sonder Mauer-E.

☉, *Th.* – St. 0,30–0,60 lang; B.zipfel länglich-lanzettl.; Kb. eiförmig, kürzer als die Hälfte der Kr.; Kr. purpurn, an der Spitze schwarzpurpurn; Fr. fast kugelig-eiförmig, stumpf. VI–IX. 2n = 28, 32.

Hecken, Gärten, Schutt, Mauern. – Früher sehr selten bei Hamburg (ausgestorben?), sonst selten verwildert. – W-Eur.; atl(-med).

1110. F. rostelláta Knaf Geschnäbelter E.

☉, *Th.* – H. 0,15–0,50. B.zipfel länglich oder lanzettl.; Tragb. der Bl. so lang od. kürzer als das Fr.stielchen; Kr. purpurrot; Fr. kugelig, an der Spitze mit zwei länglichen Grübchen. VI–IX. 2n = 14.

Ackerunkrautges. – Sehr selten – zerstreut: Thür., Anhalt, Sachsen, Schles., wohl nicht in W. u. S. – Balkan bis M-D.; europ-kont.

1111. F. densiflóra DC. Dichtblütiger E.

⊙, *Th.* – H. 0,10–0,30(0,50). B.zipfel linealisch; Tragb. der Bl. so lang od. länger als das Fr.stielchen; Kr. blaßrosenrot od. weißlich, an der Spitze dunkler; Fr. kugelig u. an der Spitze mit zwei rundlichen Grübchen. V–VI.

Acker- u. Schuttunkrautges.; lehmige Böden. – Sehr selten, nur vorübergehend eingeschleppt. – W-, S-Eur., N-Afr., gem. As., sonst verschleppt.

1112. F. officinális L. (Abb. 179d–g) Gebräuchlicher E.

⊙, *Th.* – H. 0,10–0,30(0,50). B.zipfel lanzettlich; Kr. purpurrot, an der Spitze schwärzlichrot; Fr. kugelig, quer breiter, vorne abgestutzt. (IV)V–X. 2n = 28, 32. Umfaßt:

ssp. officinális; Bl. etwa 8 mm lang, purpurrot; Fr. an der Spitze deutlich ausgerandet (eingedrückt). – Verbreitet, (Jura bis 940 m).

ssp. wirtgéni (Koch) Arcang. (= var. tenuiflora Fries); Bl. 5–6 mm lang, blaßpurpurrot; Fr. kugelig, stumpf, nicht ausgerandet, jung kurz bespitzt. – Zerstreut – selten.

Sommerfruchtunkrautges.; ±frische, lockere, nährstoffreiche Lehmböden. – Eur., W- u. gem. As., N-Afr., in beide Hemisph. verschleppt; (no-)eurassubozean(-submed).

Droge: Herba Fumariae (wohl nur von ssp. officinalis)

1113. F. schleícheri Soyer-Willemet Schleichers E.

⊙, *Th.* – H. 0,15–0,30(0,50). B. meist hellgrün, B.zipfel linealisch- od. eiförmig-länglich bis lanzettlich; Fr.stiel dünn, schlank; Kb. rundlich-eiförmig, 5mal kürzer als die dunkelrote, selten weiße Kr.; äußere Krb. in eine lange, schmale Röhre zusammenschließend; Fr. kugelig, mit einem kurzen, bleibenden Spitzchen. V–X.

Ackerunkrautges., Weinbergmauern etc.; warm-trockene, meist kalkreiche Stein- u. Lehmböden. – Selten – zerstreut: M, S; fehlt im N. – Med., M-Eur.; (euras)kont(-submed).

1114. F. vaillántii Loisel. Vaillants E.

⊙, *Th.* – H. 0,07–0,25(0,60). B. graugrün, B.zipfel meist lanzettlich, flach, genähert; Kb. sehr klein, oft nicht mit unbewaffnetem Auge zu erkennen, bald abfallend, schmäler als der kurze, dicke Fr.stiel; Bl. 5–6 mm lang; Kr. blaßrosenrot od. weißlich, an der Spitze dunkler; äußere Krb. zu einer kurzen, dicklichen Röhre zusammenschließend; Fr. stumpf, nur in der Jugend spitzig. V–X. 2n = 32.

Ackerunkrautges., Weinbergsgelände, (Mauern); warme, ±trockene, nährstoffreiche, kalkhaltige, lehmige od. steinige Böden. – Selten od. z. T. auch fehlend: N; zerstreut bis häufig: M, W, S. – Eur., W-As., Sib.; submed-euras.

1115. F. parviflóra Lam. Kleinblütiger E.

⊙, *Th.* – H. 0,15–0,30. B. blaugrün; Kb. 6mal kürzer als die Kr. und so breit wie das Bl.stielchen; Bl. etwa 5 mm lang; Kr. weiß, an der Spitze purpurrot; Fr. kurz zugespitzt. VI–IX. 2n = 32, 28. Hierzu: var. s c h r á m m i i Aschers.; B.zipfel flach, genähert; Kr. blaßrot. – Sehr selten: z. B. Brand. (ob noch?).

Ackerunkrautges., Weinberge; warme, ±trockene, nährstoffreiche, meist kalkhaltige, lehmige od. steinige Böden. – Selten: Rhein-, Main-, Mosel-, Saargeb.; Flanken der Frankenhöhe zum Taubertal; zerstreut: Rheinpfalz. – Z-As., S-Eur., N-Afr., Orient, (M-Eur., Mex.); med-euras.

2. Unterordn. C a p p a r í n e a e

65. Fam. CRUCÍFERAE Juss.

(Brassicáceae Burnett)
Kreuzblütler

Systematische Übersicht (Schlüssel S. 616)
(Anordnung der Trib. u. Subtrib. nach Janchen, 1942)

1. Trib. **Sisymbrieae**

Fr. meist eine nicht geschnäbelte, nicht zusammengedrückte, lange, zweiklappig aufspringende Schote, seltener ein breitwandiges Schötchen od. Nußschötchen (selten Gliederschötchen); Keimling fast immer rückenwurzelig; Nektardrüsen (meist) einen geschlossenen Ring bildend; Behaarung häufiger einfach als ästig; K. meist ±offen.

I. Fr. eine Schote (Nektarring geschlossen)
  A. S.(Testa) im feuchten Zustand nicht verschleimend
    1. Myrosinzellen chlorophyllfrei, am Leptom; Bl. meist gelb, selten weiß
      a) Haare einfach od. fehlend (Subtrib. Sisymbriinae) 307. **Sisymbrium**
      b) Haare ästig (Subtrib. Descurainiinae) .... 308. **Descurainia**
    2. Myrosinzellen chlorophyllführend, im Mesophyll; Bl. weiß (Haare einfach od. fehlend) (Subtrib. Alliariinae) .... 309. **Alliaria**
  B. S.(Testa) im feuchten Zustand verschleimend (Subtrib. Arabidopsidinae) 310. **Arabidopsis**

II. Fr. ein Nußschötchen (Nektarring geschlossen)
  A. Myrosinzellen im Mesophyll u. am Leptom; Fr. birnförmig od. von der Seite zusammengedrückt, oft geflügelt (Subtrib. Isatidinae)
    1. Fr. im Querschnitt kreisrund mit breiter Scheidewand, nicht geflügelt; Bl. weiß .... 311. **Myagrum**
    2. Fr. stark zusammengedrückt, Scheidewand strichförmig, Klappen geflügelt; Bl. gelb .... 312. **Isatis**
  B. Mysorinzellen (chlorophyllführend) im Mesophyll; Fr. vierkantig, bisweilen an den Kanten geflügelt, od. eiförmig (Subtrib. Buniadinae) 313. **Bunias**

2. Trib. **Hesperideae**

Fr. (meist) eine nicht geschnäbelte, lange, zweiklappig aufspringende Schote (selten Gliederschote od. Nußschötchen). Keimling rücken- od. seitenwurzelig; Nektardrüsen selten in geschlossenem Ring; Behaarung fast immer ästig; K. (fast) immer geschlossen.

I. Keimling rückenwurzelig (Subtrib. Hesperidinae)
- A. N. zweilappig, ohne herablaufende Lappen . . . . **314. Erysimum**
- B. N. mit herablaufenden Lappen . . . . **315. Hesperis**

II. Keimling seitenwurzelig (Subtrib. Matthiolinae)
- A. N. zweilappig, ohne herablaufende Lappen . . . . **316. Cheiranthus**
- B. N. mit herablaufenden Lappen . . . . **317. Matthiola**

3. Trib. **Arabideae**

Fr. meist eine nicht geschnäbelte, lange, zweiklappig aufspringende Schote, häufig vom Klappenrücken her zusammengedrückt, seltener entsprechendes Schötchen; Keimling fast immer seitenwurzelig; Nektardrüsen selten ein geschlossener Ring; Behaarung einfach od. ästig; K. meist ±offen.

I. Haare einfach od. fehlend (Subtrib. Cardamininae)
- A. Fr.klappen sich bei der Reife nicht spiralig einrollend, nervig od. nervenlos
  - 1. Mediane Nektarien vorhanden
    - a) Mediane Nektarien stäbchenförmig; Fr.klappen mit dickem Mittelnerv; Fr. eine Schote . . . . **318. Barbarea**
    - b) Mediane Nektarien dreieckig od. kegelförmig; Fr.klappen meist undeutlich nervig; Fr. meist Schötchen
      - x) N. kopfig, seicht 2lappig (Bl.gelb) . . . . **319. Rorippa**
      - xx) N. dick, breit scheibenförmig, seicht 2lappig, sehr viel breiter als der Gr. (Bl.weiß) . . . . **320. Armoracia**
  - 2. Mediane Nektarien fehlend (Schoten; Bl.weiß) . . . **321. Nasturtium**
- B. Fr.klappen sich bei der Reife spiralig einrollend, scheinbar nervenlos
  - 1. Mit od. ohne Rhizom; Rhizom ohne fleischige, dreieckige Schuppen; Keimb. in den S. ± sitzend . . . . **322. Cardamine**
  - 2. Rhizom dicht mit fleischigen, dreieckigen Schuppen; Keimb. in den S. ± lang gestielt . . . . **323. Dentaria**

II. Haare ästig, selten fehlend (Subtrib.Arabidinae)
- A. Fr.klappen mit deutlichem Mittelnerv; Myrosinzellen am Leptom, chlorophyllfrei
  - 1. Fr.klappen flach; Antheren eiförmig, stumpf . . . **324. Cardaminopsis**
  - 2. Fr.klappen gewölbt od. schwach kantig; Antheren schmal, spitzlich **325. Turritis**
- B. Fr.klappen mit undeutlichem Mittelnerv, flach; Myrosinzellen im Mesophyll od. fehlend, chlorophyllführend . . . . **326. Arabis**

4. Trib. **Alysseae**

Fr. meist ein vom Rücken der Klappen her flachgedrücktes, nicht geschnäbeltes Schötchen, selten entsprechende kurze Schote od. Nußschötchen, od. stielrundliches Schötchen; Keimling fast immer seitenwurzelig; meist nur mit seitlichen Nektardrüsen; Behaarung häufiger ästig als einfach; K. meist ±offen.

I. Epidermiszellen der Scheidewände durch zahlreiche parellele Zellwände unterteilt
A. Haare einfach od. fehlend; Schötchen sehr flach (Subtrib. Lunariinae) **327. Lunaria**
B. Haare ästig; Schötchen ellipsoidisch (bis sehr flach) (Subtrib. Alyssinae)
1. Krb. gestutzt od. ausgerandet .... **328. Alyssum**
2. Krb. tief zweispaltig .... **329. Berteroa**
II. Epidermiszellen der Scheidewände nicht durch parallele Zellwände unterteilt (Haare ästig, selten einfach) (Subtrib. Drabinae)
A. B. nicht fingerförmig eingeschnitten
1. Krb. abgerundet od. leicht ausgerandet .... **330. Draba**
2. Krb. tief zweispaltig .... **331. Erophila**
B. B. fingerförmig eingeschnitten .... **332. Petrocallis**

5. Trib. **Lepidieae**

Fr. ungeschnäbelt, meist ein schmalwandiges, von den Klappenrändern her zusammengedrücktes Schötchen, seltener nicht zusammengedrückt od. Nußschötchen od. kurze Schote; Fr.klappen nicht selten gekielt od. geflügelt; Keimling meist rückenwurzelig; meist nur seitliche Nektardrüsen vorhanden und diese fast stets zweiteilig; Behaarung häufiger einfach als ästig; K. meist ±offen.
I. Bl.boden nicht ausgehöhlt
A. Schötchen nicht od. wenig zusammengedrückt (immer Haare einfach od. fehlend, wenn Haare auch ästig, siehe „B.") (Subtrib. Cochleariinae)
1. Filamente aufsteigend, nicht knieförmig nach außen gebogen; Krb. abgerundet, kurz benagelt .... **333. Cochlearia**
2. Filamente der inneren Stbb. knieförmig nach außen gebogen; Krb. sehr schwach ausgerandet, sehr kurz benagelt .... **334. Kernera**
B. Schötchen meist zusammengedrückt (wenn nicht zusammengedrückt, dann Haare ästig)
1. Keimling nicht mit quergefalteten Keimb.
a) Schötchen mehrsamig
x) Haare ästig (bisweilen neben einfachen); Schötchen nicht geflügelt, höchstens gekielt (Subtrib.Capsellinae)
/) Schötchen nicht od. kaum zusammengedrückt, kugelig bis birnförmig
§) Frkn. mit 8–24 Sa.; N.kopfig .... **335. Camelina**
§§) Frkn. mit 4 Sa.; N. gestutzt .... **336. Neslia**
//) Schötchen zusammengedrückt
§) Fr.fächer vielsamig .... **337. Capsella**
§) Fr.fächer (1-)2samig .... **338. Hutchinsia**
xx) Haare fehlend od. einfach; Schötchen zusammengedrückt, meist geflügelt od. gekielt (Subtrib.Thlaspidinae)
/) S. im feuchten Zustand sehr verschleimend **339. Teesdalia**
//) S. im feuchten Zustand nicht od. kaum verschleimend
§) Filamente nicht verbreitert .... **340. Thlaspi**
§§) Filamente z. T. geflügelt od. gezähnt **341. Aethionema**
b) Schötchen 2samig, geflügelt (Subtrib.Iberidinae)
x) Mediane Nektarien fehlend; Schötchen oben meist ausgerandet, unten abgerundet .... **342. Iberis**

xx) Mediane Nektarien vorhanden; Schötchen oben u. unten ausgerandet .... **343. Biscutella**

2. Keimling mit quergefalteten Keimb. (Subtrib. Lepidiinae)

a) Schötchen kreisrund bis elliptisch, aufspringend, oben ausgerandet **344. Lepidium**

b) Schötchen fast zweiknotig herzförmig od. deutlich zweiknotig, nicht aufspringend

x) Schötchen fast zweiknotig, oben nicht ausgerandet, ± herzförmig; Gr. lang .... **345. Cardaria**

xx) Schötchen zweiknotig, oben ± ausgerandet; Gr. kurz od. fehlend .... **346. Coronopus**

II. Bl.boden ausgehöhlt (Nektarring innerhalb aller Stbb. geschlossen) (Subtr. Subulariinae) .... **347. Subularia**

6. Trib. **Brassiceae**

Fr. stets geschnäbelt; Klappenteil vielsamig bis samenlos, bisweilen völlig rückgebildet; Schnabelteil samenlos bis vielsamig; daher Fr. verschieden gestaltet, Streu- od. Schließfr.: aufspringende Schote (Klappenteil vielsamig), geschnäbeltes Schötchen od. Nußschötchen (Klappenteil wenig- od. einsamig, Schnabelteil samenlos), Gliederschötchen od. Nußschötchen (Klappenteil zwei- bis einsamig od. samenlos, Schnabelteil ein- bis zweisamig), Gliederschote (Klappenteil samenlos od. wenigsamig, Schnabelteil vielsamig); Keimling meist mit längsgefalteten Keimb.; seitliche Nektardrüsen meist an der Innenseite der kurzen Stbb., meist auch davon getrennte mediane Nektardrüsen vorhanden; Behaarung immer einfach; K. meist ±offen.

I. Mediane Nektarien fehlend od. sehr klein (Schote; Schnabelteil samenlos) (Subtrib. Moricandiinae) .... **348. Conringia**

II. Mediane Nektarien immer gut entwickelt

A. Fr. eine Schote mit oft samenhaltigem Schnabel (Subtrib. Brassicinae)

1. Schnabel sehr kurz, bisweilen fast fehlend, meist samenlos (selten mit 1–2 S.; S. klein, 2reihig) .... **349. Diplotaxis**

2. Schnabel immer deutlich u. meist lang (S. einreihig; selten, bei Eruca, 2reihig)

a) Schnabel samenlos od. am Grunde 1- bis 4samig

x) Fr.klappen konvex (S. kugelig)

/) Fr.klappen 1nervig .... **350. Brassica**

//) Fr.klappen 3- bis 7nervig .... **351. Sinapis**

xx) Fr.klappen gekielt bzw. Fr. vierkantig (S. kugelig bis eiförmig) **352. Eruca**

b) Schnabel 1- bis 6samig; selten samenlos

x) Fr.klappen gekielt, Fr.vierkantig .... **353. Erucastrum**

xx) Fr.klappen konvex

/) S. kugelig; Frkn. mit 16–54 Sa. .... **354. Brassicella**

//) S. eiförmig od. länglich; Frkn. mit 8–13 Sa. **355. Hirschfeldia**

B. Fr. ein zweigliedriges Schötchen (od. entsprechende Schote), Nußschötchen od. Gliederschote; Schnabelteil immer samenhaltig; Klappenteil bisweilen völlig reduziert

1. Keimb. nicht (höchstens andeutungsweise) längsgefaltet (Subtrib. Cakilinae) .... **356. Cakile**

2. Keimb. immer längsgefaltet (Subtrib.Raphaninae)
   a) Schnabelteil 1- bis 2samig (selten leer)
      x) S. im Schnabelteil aufrecht .... **357. Rapistrum**
      xx) S. im Schnabelteil hängend
         /) Klappenteil entwickelt, kurz .... **358. Crambe**
         //) Klappenteil fast völlig reduziert .... **359. Calepina**
   b) Schnabelteil 3- bis vielsamig (selten durch Verkümmerung nur 1- bis 2samig), Fr. eine Gliederschote .... **360. Raphanus**

Schlüssel

I. Fr. höchstens 3 x so lang wie breit (Streu- od. Schließfr., meist Schötchen)
   A. Fr. quer 2gliedrig, unteres Glied stielartig (Schließfr.)
      1. Bl. gelb; unteres Fr.glied(meist) 1- od. mehrsamig, oberes eiförmig od. kugelig .... **357. Rapistrum**
      2. Bl.weiß; unteres Fr.glied leer, oberes kugelig (Pfl. des Meeresstrandes) **358. Crambe**
   B. Fr. nicht quer 2gliedrig (Streu- od. Schließfr.)
      1. Fr. wenig od. nicht zusammengedrückt
         a) Bl. gelb
            x) Fr. einfächerig, einsamig, etwa 1,5 – 2 mm Ø, kugelig (Schließfr.) .... **336. Neslia**
            xx) Fr. 2- bis 4fächerig
               /) Fr. 4fächerig und kantig, Kanten gezähnt-geflügelt (Schließfr.) .... **313. Bunias**
               //) Fr. nicht geflügelt od. gezähnt
                  §) Fr. 3fächerig, birnförmig; obere (unechte) Fächer 2, leer; unteres Fach einsamig .... **311. Myagrum**
                  §§) Fr. 2fächerig
                     +) Fr. nicht aufspringend, mit 2 einsamigen, schiefgestellten Fächern .... **313. Bunias**
                     ++) Fr. 2klappig, aufspringend, mit 2 vielsamigen, nebeneinander gestellten Fächern
                        α) Fr. verkehrt-eirund od. birnförmig; St.blätter am Grunde pfeilförmig ...... **335. Camelina**
                        β) Fr. kugelig od. elliptisch; St.blätter am Grunde verschmälert, seltener schwach geöhrt **319. Rorippa**
         b) Bl. weiß
            x) Längere Stbf. S-förmig gebogen (Fr.fast kugelig) **334. Kernera**
            xx) Stbf. nicht od. einfach gebogen
               /) Fr. einfächerig, einsamig .... **359. Calepina**
               //) Fr. 2fächerig, 2- bis mehrsamig
                  §) Fr.klappen mit deutlichem Mittelnerv **333. Cochlearia**
                  §§) Fr.klappen ohne Mittelnerv .... **320. Armoracia**
      2. Fr. stark zusammengedrückt
         a) Bl. weiß, violett, lila od. rot

x) Blst. blattgegenständig; Fr. deutlich 2knotig, nicht aufspringend, od., wenn aufspringend, S. fest von der Klappe umschlossen . . . . **346. Coronopus**
xx) Blst. endständig; Fr. aufspringend
/) Krb. ungleich (2 äußere deutlich größer)
§) St. meist blattlos; Stbf. am Grd. mit Anhängsel **339. Teesdalia**
§§) St. beblättert; Stbf. ohne Anhängsel . . . . . . **342. Iberis**
//) Krb. gleich gestaltet
§) Fr. 35–60 mm lang, mit deutlich abgesetztem Fr. träger . . . . **327. Lunaria**
§§) Fr. kleiner, bis 15 mm lang, ohne abgesetzten Fr.träger
+) Krb. 2spaltig (weiß)
α) St. beblättert; äußere, kürzere Stbf. am Grd. mit deutlichem Zahn . . . . **329. Berteroa**
β) St. blattlos; Stbf. zahnlos . . . . . **331. Erophila**
++) Krb. ungeteilt od. nur schwach ausgerandet
α) Scheidewand viel schmäler als der größte Fr.-durchmesser
†) Längere Stbf. geflügelt od. mit einer zahnförmigen Ecke . . . . **341. Aethionema**
††) Stbf. zahnlos
△) Fächer der Fr. einsamig
□) Fr. aufspringend, meist breit-eiförmig, geflügelt u. ausgerandet **344. Lepidium**
□□) Fr. nicht aufspringend, herz-eiförmig, zugespitzt, nicht geflügelt . . . . **345. Cardaria**
△△) Fächer der Fr. 2- bis vielsamig (selten 1samig, dann Pfl. klein mit ungeflügelter Streufr.)
□) Bl. violett . . . . . **340. Thlaspi**
□□) Bl. weiß, selten rosa
○) Klappen geflügelt, kahnförmig . . . . **340. Thlaspi**
○○) Klappen nicht geflügelt
◇) Fächer der Fr. (1-) 2samig **338. Hutchinsia**
◇◇) Fächer der Fr. vielsamig . . **337. Capsella**
β) Scheidewand so breit od. nur wenig schmäler als der größte Fr.durchmesser
†) Bl. rötlich; Laubb. 3- bis 5spaltig **332. Petrocallis**
††) Bl. weiß; Laubb. ungeteilt
△) Laubb. pfriemlich-linealisch (Wasserpfl.) . . . . **347. Subularia**
△△) Laubb. nicht pfriemlich-linealisch (Landpfl.) . . . . **330. Draba**

b) Bl. gelb
x) St. blattlos .... **330. Draba**
xx) St. beblättert
/) Fr. rundlich od. eiförmig .... **328. Alyssum**
//) Fr.oben u. unten ± ausgerandet, brillenförmig **343. Biscutella**

II. Fr. mehr als 3 x so lang wie breit (Streu- u. Schließfr., meist Schoten)
A. Fr. quer 2gliederig od. perlschnurartig eingeschnürt
1. Fr. quer 2gliederig
a) Krb. gelb .... **357. Rapistrum**
b) Krb. weiß, lila od. violett .... **356. Cakile**
2. Fr. in der Regel perlschnurartig gegliedert (später quer in Stücke zerbrechend) .... **360. Raphanus**
B. Fr. nicht quer gegliedert (2klappig aufspringend od. seltener Schließfr.)
1. Fr. hängend (breit geflügelt, Schließfr., Bl. gelb) .... **312. Isatis**
2. Fr. nicht hängend, aufrecht, abstehend od. der Blst.achse angedrückt
a) Krb. gelb, gelblich od. bräunlich
x) S. in jedem Fach 1reihig (hintereinanderliegend, nicht deutlich 2reihig)
/) Fr.klappen einnervig (1 stärkerer Rückennerv, Seitennerven undeutlich od. fehlend)
§) B. alle ungeteilt, ganzrandig, gezähnt od. buchtig gezähnt
+) Fr. stielrund (S. kugelig; Haare einfach) **350. Brassica**
++) Fr. 2- (zusammengedrückt) od. 4kantig
α) Fr. 4kantig (nicht od. kaum zusammengedrückt; S. eiförmig, elliptisch od. kugelig)
†) B. behaart (Haare 2- bis mehrschenkelig); N. deutlich gelappt, Lappen abstehend **314. Erysimum**
††) B. kahl, blau-bereift; N. flach, kaum gelappt .... **348. Conringia**
β) Fr. flachgedrückt, 2kantig (N.lappen fast aufrecht) .... **316. Cheiranthus**
§§) B. alle od. wenigstens die unteren leierförmig fiederteilig, 1- bis 3fach fiederschnittig od. gefiedert
+) S. kugelig .... **350. Brassica**
++) S. eiförmig od. länglich
α) B. 2- bis 3fach fiederschnittig mit linealischen Abschnitten
†) Haare einfach od. fehlend **307. Sisymbrium**
††) Haare ästig .... **308. Descurainia**
β) B. 1fach fiederschnittig, leierförmig od. obere buchtig gelappt bis fast ganzrandig (Haare einfach)
†) Pfl. kahl, höchstens B.rand od. -spindel sehr schwach behaart ..... **318. Barbarea**
††) Pfl. ± behaart
△) Fr. von der Blst.achse abstehend **353. Erucastrum**

ΔΔ) Fr. der Blst.achse anliegend **355. Hirschfeldia**

//) Fr.klappen 3- bis 5nervig (Nerven meist stark u. gerade)

§) Fr. mit 10—30 mm langem Schnabel; S. kugelig

+) Kb. zur Bl. bis fast waagerecht abstehend **351. Sinapis**

++) Kb. zur Bl. aufrecht .... **354. Brassicella**

§§) Fr. mit sehr kurzem od. fehlendem Schnabel **307. Sisymbrium**

xx) S. in jedem Fach (bisweilen etwas undeutlich) 2reihig

/) Fr. zusammengedrückt; Klappen einnervig **349. Diplotaxis**

//) Fr. gedunsen; Klappen ganz od. fast ganz nervenlos **319. Rorippa**

b) Krb. weiß, lila od. rot

x) S. in jedem Fach 1reihig

/) N. deutlich aus 2 aufrechten, aneinanderliegenden Lappen bestehend

§) Lappen der N. auf dem Rücken gehörnt (Pfl. graufilzig) .... **317. Matthiola**

§§) Lappen der N. flach (Pfl. grün) .... **315. Hesperis**

//) N. stumpf od. ausgerandet

§) Klappen nervenlos od. am Grd. mit schwachem Nervenansatz (s. auch Arabis alpina)

+) Grundachse mit fleischigen Niederb.; ohne grundständige Laubb. .... **323. Dentaria**

++) Grundachse ohne fleischige Niederb., meist grundständige Laubb. vorhanden .... **322. Cardamine**

§§) Klappen 1- bis 3nervig (bei Arabis alpina schwach einnervig, oft fast nervenlos; vgl. auch Arabidopsis)

+) B. blaugrün, kahl, stengelständige mit herzpfeilförmigem Grunde, ganzrandig

α) Fr. abstehend, 4kantig, lang (Erysimum orientale) .... **314. Erysimum**

β) Fr. schief-aufrecht, zusammengedrückt-4kantig, kurz .... **326. Arabis**

++) B. nicht blaugrün, meist ± behaart, gezähnt, buchtig od. fiederspaltig

α) Fr. 4kantig, Klappen 3nervig (Pfl. beim Zerreiben mit Knoblauchgeruch) ..... **309. Alliaria**

β) Fr. zusammengedrückt, Klappen einnervig

†) Fr. schmalwandig; B. ungeteilt; Stb. am Grd. verschmälert ..... **310. Arabidopsis**

††) Fr. breitwandig; B. ungeteilt, leierförmig-schrotsägeförmig bis fiederteilig (vgl. Arabidopsis suecica)

Δ) Fr. mit deutlichem, kräftigem Mittelnerv .... **324. Cardaminopsis**

ΔΔ) Fr. mit undeutlichem, schwachem Mittelnerv .... **326. Arabis**

xx) S. in jedem Fach 2reihig
/) Bl. in den Achseln der Laubb. (Sisymbrium supinum) **307. Sisymbrium**
//) Bl. in blattlosen Trauben
§) Fr. mit zusammengedrücktem, langem Schnabel **352. Eruca**
§§) Fr. mit kurzem od. fehlendem Schnabel
+) Fr. aufrecht, der Blst.achse angedrückt, etwa 6mal so lang wie der Stiel; Stb. pfeilförmig, ganzrandig . . . . **325. Turritis**
++) Fr. abstehend, etwa so lang wie ihr Stiel; Stb. gefiedert . . . . **321. Nasturtium**

1. Trib. S i s y m b r í e a e
1. Subtrib. S i s y m b r i í n a e

307. Sisýmbrium L. Rauke

x = 7

I. Fr. kurz lineal., Klappen einnervig; S. 2reihig (St. niederliegend-aufsteigend; Bl. weiß) . . . . **1116. S. supinum**
II. Fr. lang-lineal, bis pfriemlich, Klappen 3nervig; S. 1reihig (St. aufrecht; Bl. gelb)
A. Schoten von der Blst.achse abstehend, nicht angedrückt
1. Schoten rundlich-4kantig; alle B. ungeteilt . . . . **1117. S. strictissimum**
2. Schoten stielrund; zumindest untere B. fiederteilig
a) Schoten dicker als ihre Stiele (Scheidewand dünn)
x) Kb. am Grd. nicht sackartig; Krb. wenig länger als der K. . . . . **1118. S. irio**
xx) Kb. (seitliche) am Grd. sackartig; Krb. 2mal so lang wie der K.
/) Pfl. lang-rauhhaarig (St.haare abwärts gerichtet); Gr. fast fehlend . . . . **1119. S. loeselii**
//) Pfl. kahl od. mit aufwärts gebogenen Haaren; Gr. 1–2 mm lang . . . . **1120. S. austriacum**
b) Schoten so dünn wie ihre Stiele (Scheidewand schwammig-grubig)
x) Kb. weit abstehend . . . . **1121. S. altissimum**
xx) Kb. aufrecht . . . . **1122. S. orientale**
B. Schoten der Blst.achse angedrückt (pfriemlich zugespitzt; B. schrotsägig-fiederspaltig) . . . . **1123. S. officinale**

1116. S. supínum L. Niedrige R.

⊙, ⊙, *Th, H.* – St. niederliegend bis aufsteigend, 0,10–0,30 lang; B. buchtig-fiederspaltig; St. u. B. borstlich behaart; *Bl. aus der Achsel laubb.artiger* Tragb.; Krb. weiß; Schoten borstlich behaart. VI–X. 2n = 42.

Pionierges. an Ufern; offene, nährstoffreiche, sandige Stein- u. Tonböden. – Sehr selten: Landau/Pfalz bis unteres Elsaß, Winningen/Mosel (Fundorte wohl erloschen). – Z-Span., Frankr. bis Niederl., W-Schweiz; Bereich der Balt. Ins., Öland, Grodno; atl.

1117. S. strictíssimum L. Steife R.

♃, *H.* – H. 0,50–1,00(2,00). *B.* länglich-lanzettlich, gezähnt, *weichhaarig;* K. zuletzt waagerecht-abstehend; Schoten mäßig-abstehend. VI–VII. 2n = 28.

Unkrautige Flußufer- u. Auenwaldges., Hecken; frische bis nasse, nährstoffreiche, meist kalkhaltige, lehmige od. tonige Böden. – Zerstreut u. selten: M u. S (insbes. Flußgeb. d. Weser, Werra, Elbe, Rhein, Main, Neckar, Tauber, Donau). – M-Wolga bis M-D., N-Balk., O-Schweiz, S-D.; gem-kont.

1118. S. írio L. Glanz-R.

⊙, ①, *Th, H.* – H. 0,15–0,60. St. kahl od. feinflaumig; B.zipfel gezähnt, ohne Öhrchen, die der unteren B. länglich, der endständige eckig, die der oberen lanzettlich, der endständige spontonförmig verlängert; K. abstehend; *Schoten abstehend, 3- bis 4mal so lang wie das Stielchen, die den flachen Blst. umstehenden jüngeren Schoten ragen weit über denselben hinaus.* V–VIII. 2n = 14, 28, 42, 56.

Schuttunkrautges.; warme, nährstoff- u. N-reiche Böden. – Unbeständig, eingeschleppt u. sehr selten: Häfen, Güterbahnhöfe. – Med. bis Vord. Ind. u. Abess.; med.

1119. S. loesélii Jusl. Lösels R.

①, (⊙), *H.* – H. 0,30–1,00. *St. u. untere B. steifhaarig;* Zipfel gezähnt, am Grd. ohne Öhrchen, an den unteren B. länglich, an den oberen lanzettl., der endständige sehr groß, spießförmig; K. abstehend; *Schoten* aufstrebend, *etwa doppelt so lang wie die abstehenden Stiele, die jüngeren kürzer als der gewölbte Blst.* V–VIII. 2n = 14.

Schuttunkrautges.; warme, nährstoffreiche, N-haltige, oft steinige Böden. – Zerstreut u. selten: nö. der Elbe, über Thür. bis S-D., N-Rhein-Westf., sonst vereinzelt. – As. bis M-D., Kauk. bis Balk. u. Österr.; kont(-o-med).

1120. S. austríacum Jacq. Österreichische R.

⊙, *H.* – H. 0,30–0,60. *St. u. B. kahl* od. wenig borstig; Zipfel aus breiterem Grd. 3eckig-spitz od. lanzettl.-verschmälert; K. etwas abstehend; *Schoten genähert,* etwas abstehend, die *jüngeren kürzer als der gewölbte Blst.* V–VI. 2n = 14. Ändert ab:

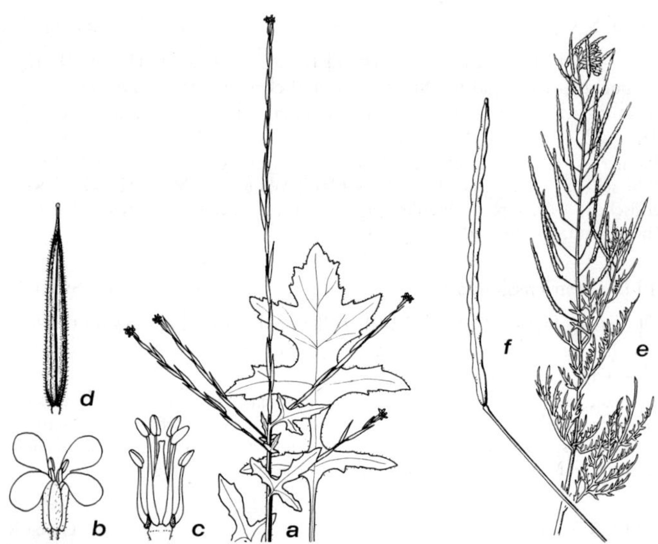

Abb. 180. *a–d Sisymbrium officinale* (*a* Blütenstand u. Laubblatt, *b* Blüte, *c* Staub- u. Fruchtblätter, *d* Frucht); *e–f Descurainia sophia* (*e* Sproßspitze mit Blütenstand, *f* Frucht).

var. a c u t á n g u l u m (DC.) Koch; Fr.stiele stark gebogen, meist verdickt, gegen die Traubenachse geneigt od. übergebogen od. umeinander-gedreht. – Selten: Thür. (Erfurt), W, Bay.

Unkrautige Ges. (auch Lägerges.); nährstoffreiche, N-haltige Kalksteinböden; Burgen u. Kalkfelsen. – Selten: Nieders. (Süntel), Thür. (m. Saalegeb.), N-Bad., Mosel-, M- u. Oberrheingeb., Donautal, (Jura bis 930 m). – D., Tschech., Österr. Schweiz; gem-kont.

1121. S. altíssimum L. (= S. sinapistrum Cr.) Ungarische R.

⊙, ①, *Th, H.* – H. 0,30–0,60(1,20). *B.zipfel* gezähnt, *oft am Grd. mit aufstrebenden Öhrchen,* die oberen mit schmal-linealischen Fiedern, der endständige gleichförmig; *K. weitabstehend;* Kr. blaßgelb; Bl.stielchen u. Schoten abstehend, fast gleich-dick. V–VII. 2n = 14.

Schuttunkrautges. etc. (seltener Äcker u. Trockenrasen); warme, nährstoffreiche, N-haltige, meist sandige Böden. – Verbreitet im N, sonst zerstreut eingebürgert. – Inner-As. bis N-Balk., eingewandert in Eur.; kont.

1122. S. orientále Torn. Morgenländische R.

①, (⊙, ⊙), *H, (Th).* – H. 0,30–1,25. *B.zipfel* gezähnt, *am Grd. mit aufgerichteten Öhrchen,* an den unteren B. eiförmig-länglich, der endständige eckig, an den oberen lanzettlich, der endständige verlängert-spießförmig; K. aufrecht, *geschlossen;* Schoten vielmal länger als das dicke Stielchen, abstehend. VI–VII. 2n = 14.

Schuttunkrautges.; warme, nährstoffreiche u. N-haltige Böden. – Unbeständig, eingeschleppt, selten bis sehr zerstreut. – Med. bis Him. u. Ukraine; med.

1123. S. officinále (L.) Scop. (Abb. 180a–d) Weg-R.

⊙, (①), *Th, (H).* – H. 0,30–0,60. B. schrotsägig-fiederspaltig, Zipfel 1- bis 3paarig, länglich, gezähnt, der endständige sehr groß, spießförmig; Kr. gelb; *Schoten meist kurzhaarig.* V–X. 2n = 14. Ändert ab:

var. l e i o c á r p u m DC.; Schoten kahl. –

Schuttunkrautges. (Rauten-Ges.); ±frische, nährstoff- u. N-reiche, meist humose Böden. – Verbreitet u. häufig (Alp. bis 608 m). – Eur., As., NW-Afr.; euras(-med).

2. Subtrib. D e s c u r a i n i í n a e

308. Descuráinia Webb et Berth. Sophienrauke

x = 7

1124. D. sóphia (L.) Webb (Abb. 180e–f)
(= Sisymbrium sophia L.)

⊙, ①, *Th, (H).* – H. 0,25–0,60(1,00). B. 2- bis 3fach fiederschnittig, Zipfel linealisch; Bl.stiele 2- bis 3mal so lang wie der K.; Krb. ±kürzer als der K., gelb; Schoten aufwärts-gebogen, abstehend, anderthalbmal so lang wie die Stiele, 1nervig. V–IX. 2n = 28.

Schuttunkrautges. trockene Hänge; ±trockene u. N-reiche, sandige Böden. – Zerstreut insbes. im Flachland, seltener geworden. – Eur., N-Afr.; As., Grönl.; kont.

3. Subtrib. A l l i a r i í n a e

309. Alliária Scop. Knoblauchhederich

x = 7

1125. A. officinális Andrz. (Abb. 181a–b)

①, (♃), *H.* – H. 0,20–1,00. Pfl. riecht beim Zerreiben nach Knoblauch; *B. ungeteilt, untere nierenförmig,* grobgeschweift-gekerbt, obere herz-eiförmig, spitzgezähnt; Kr. weiß; Schoten abstehend, vielmal länger als das fast waagerecht-abstehende, gleichdicke Stielchen. (IV)V–VI. 2n = 42, 36–40.

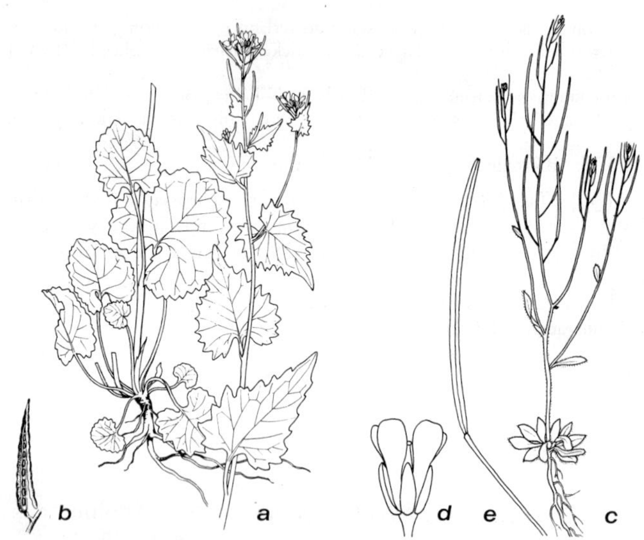

Abb. 181. *a–b Alliaria officinalis* (*a* Habitus, *b* Frucht); *c–e Arabidopsis thaliana* (*c* Habitus, *d* Blüte, *e* Frucht).

Saumges. an Hecken u. Gebüschen etc.; frische, nährstoffreiche, humose, ±sandige und lehmige Böden. – Verbreitet, im NO u. NW seltener, in Alp. fast völlig fehlend. – Eur., Med. bis Him., N-Afr.; euras-med-subozean.

4. Subtrib. Arabidopsidínae

310. Arabidópsis Heynh. Schmalwand

x = 5

1126. A. thaliána (L.) Heynh. (Abb. 181c–e)
[= Stenophragma Thalianum (L.) Celak.]

⨀, (①), *Th, (H).* – H. 0,08–0,30. B. länglich-lanzettl., stumpf, entfernt gezähnelt, mit 2- bis 3gabligen Haaren; Krb. weiß, ca. 2(–4) mm lang; Schoten lineal., kaum länger als 2 cm, etwa 1 mm dick, auf den etwas kürzeren, dünnen, abstehenden Stielen bogig-aufstrebend. IV bis V. 2n = 10.

Pionier- u. Ackerunkrautges.; ±trockene, nährstoffreiche, N-haltige, kalkfreie Sandböden. – Verbreitet bis zerstreut, bes. in den Sandgeb. – Eur., Med. Afr., As., (N-Am., Austr.); kosmop.

Abb. 182. *a–b Myagrum perfoliatum* (*a* Habitus, *b* Blüte, *c* Frucht); *d–f Isatis tinctoria* (*d* Sproßspitze u. -basis, *e* Blüte, *f* Frucht).

Anmerkung:
A. suécica (Fries) Norrlin [= Cardaminopsis suecica (Fries) Hiitonen, Hylandra suecica (Fries) A. Löve], ⊙, mit meist leierförmig-fiederspaltigen od. seltener fast ganzrandigen Grdb., weißen bis gelblichen 4,5–5,5 mm langen Krb. u. 2–4,5 cm langen Schoten (Schwed. bis Balt.) bei Nauen (Brand.) beobachtet.

5. Subtrib. Isatidínae

311. Mýagrum L. Hohldotter

x = 7

1127. M. perfoliátum L. (Abb. 182a–b)

①, *H.* – H. 0,20–0,60. Pfl. kahl, bläulich-grün; Stb. ungeteilt, stumpf, obere spitz, normal ganzrandig, länglich-eiförmig, am Grd. herzpfeilförmig, st.umfassend; Kr. gelb; Fr. birn.förmig, 1samige Nuß, oben mit 2 leeren Höhlungen. V–VII. 2n = 14.

Getreideunkrautges.; warme, basenreiche, meist sandige Böden. – Sehr selten im S, neuerdings nicht mehr nachgewiesen. – Med. bis Pers., Ukraine; o-med.

312. Ísatis L. Waid

x = 7

1128. I. tinctória L. (Abb. 182d–f) Färber-W.

①, ⊙, *H.* – H. 0,25–1,40. Pfl. gelb- bis bläulich-grün; untere B. gestielt, länglich-lanzettlich, obere pfeilförmig, st.umfassend; Kr. gelb; Fr. eine 1samige Nuß, geflügelt, länglich, sehr stumpf od. ausgerandet, nach dem Grd. verschmälert. V–VII. 2n = 28. Verschiedene Varietäten u. Formen auf Grd. der Fr.- u. B.form.

Schuttunkrautges., wegbegleitende Halbtrockenrasen; trockene, warme, nährstoffreiche, N- u. kalkhaltige Böden. – Zerstreut: (z. T. aus ehemaliger Kultur) Rhein-, Main-, unteres Lahntal-, Neckar-, Mosel-, Nahegeb., obere Donau, Fränk. Jura, Nürnberg, Thür.; Rüdersdorf; nur stellenweise häufig (so Weinberge zwischen Bingen u. Koblenz). – As., Eur., Med.; kont-o-med.

6. Subtrib. B u n i a d í n a e

313. Búnias L. Zackenschote

x = 7

I. Fr. gerade, vierkantig, vierflügelig . . . . **1129. B. erucago**
II. Fr. schief-eiförmig, höckerig, flügellos . . . . **1130. B. orientalis**

1129. B. erucágo L. (Abb. 183 a–b) Keulchen-Z.

⊙, (⊙), *H, (Th).* – H. 0,15–0,60. B. schrotsägeförmig od. ungeteilt; Kr. gelb; *Fr. 3- bis 4kammerig, 4kantig, Kanten zackig geflügelt.* V–VII. 2n = 14.

Schuttunkrautges.; warme Substrate. – Sehr selten, meist eingeschleppt, unbeständig, insbes. S. – N-Med., Kl.As., Syr.; med.

1130. B. orientális L. Morgenländische Z.

⊙, (♃), *H.* – H. 0,25–1,20. Unterste B. länglich-lanzettlich, am Grd. buchtig-schrotsägig, folgende fiederteilig, oberste linealisch-lanzettlich; Kr. gelb; *Fr. 1- bis 2kammerig, schief-eiförmig, flügellos.* V bis VIII. 2n = 14.

Schutt- u. Flußuferunkrautges, Weinberge. – Zerstreut bis selten, nur stellenweise häufig, so unteres Lahntal. – Sib. bis O- u. SO-Eur.; kont(-o-med).

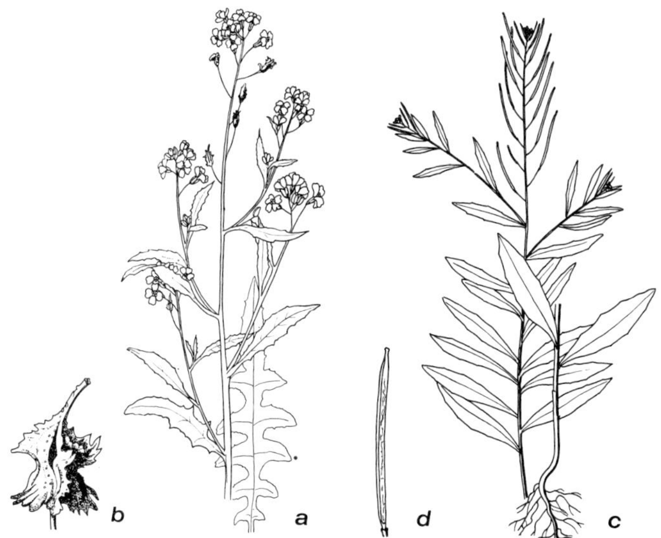

Abb. 183. *a–b Bunias erucago* (*a* Sproßspitze u. Grundblatt, *b* Frucht); *c–d Erysimum cheiranthoides* (*c* Habitus, *d* Frucht).

2. Trib. H e s p e r í d e a e

1. Subtrib. H e s p e r i d í n a e

314. Erýsimum L. — Schöterich

x = 7, 8

I. Haare der Laubb. 3schenklig (selten vereinzelt 2-schenklig)
   A. Bl.stiele 2- bis 3mal so lang wie der K. . . . . **1131. E. cheiranthoides**
   B. Bl.stiele höchstens so lang wie der K.
      1. Krb. 8–10 mm lang . . . . **1134. E. hieraciifolium**
      2. Krb. (10) 14–20 mm lang . . . . **1135. E. odoratum**
II. Haare der Laubb. 2schenklig (selten vereinzelt 3-schenklig; Bl.stiele kürzer als der K.)
   A. Schoten auf waagerecht abstehenden Stielen etwas aufwärts gebogen . . . . **1132. E. repandum**

B. Schoten auf aufrecht abstehenden Stielen
1. Grd.ständige B. buchtig od. geschweift gezähnt **1133. E. crepidifolium**
2. Grd.ständige B. ganzrandig .... **1136. E. canescens**

1131. E. cheiranthoídes L. (Abb. 183c–d) Lack-Sch.

⊙, ①, *Th, H.* – H. 0,15–0,60(1,00). B. länglich-lanzettlich, ganzrandig od. geschweift-gezähnt, behaart u. etwas rauh; *Fr.stiele fast halb so lang wie die* 4kantigen, fast kahlen, aufrecht-abstehenden *Schoten;* Kr. dottergelb. V–IX. 2n = 16.

Acker- u. Schuttunkrautges.; frische, nährstoffreiche, meist humose u. lehmige Böden. – Verbreitet (Alp. bis 1327 m). – Eur., Med., N-Afr., As., N-Am.; euras-gem, circ.

1132. E. repándum Höjer Geschweifter Sch.

⊙, *Th.* – H. 0,15–0,30. B. lanzettlich-zugespitzt, etwas buchtig- od. geschweift-gezähnt od. ganzrandig, an der Spitze zurückgebogen, etwas rauh; Kr. ockergelb; *Schoten stumpf-4kantig, fast stielrund, kaum dicker als ihr Stiel.* IV–VII. 2n = 16.

Acker- u. Schuttunkrautges.; warme, nährstoffreiche Böden. – Sehr selten eingebürgert, u. a. Thür., Anh.; Rhein-, Nahe-, Maingeb.; sonst unbeständig verschleppt. – W-Sib. bis Kauk., Balk. u. Mähren. – europ-kont.

1133. E. crepidifólium Rchb. Bleicher Sch.

⊙, *H.* – H. 0,15–0,60. B. wie bei *E. repandum;* Bl. geruchlos, ziemlich groß; Kr. hellschwefelgelb; *Schoten stumpf-4kantig, vom Rücken ein wenig zusammengedrückt, gleichfarbig, grau-grün,* mit dem Gr. und der kopfigen N. gekrönt. IV–VII.

Trockenrasenges.; warme Kalksteinböden. – Selten: Anh., häufiger im m. Saale- u. im Nahetal; M, SW. – Balk. bis S- u. M-D.; europ-kont.

1134. E. hieraciifólium Jusl. Steifer Sch.

⊙, ♃, *H.* – H. 0,15–1,25. B. länglich-lanzettlich, behaart u. etwas rauh; *Schoten* 4kantig, weichhaarig, *gleichfarbig,* grau. VI–VIII. Umfaßt u. a.:

ssp. h i e r a c i i f ó l i u m; oft ♃, H. bis 1,25; St. scharfkantig; *B. grün,* weich, *spärlich behaart, groß;* Stb. breitlanz., buchtig-gezähnt, 5- bis 6mal so lang wie breit; Kb. 3,5–4 mm lang; Kr. groß, goldgelb; Fr. lang, etwas von der Blst.achse abstehend; Gr. verlängert. 2n = 32, 48. – Zerstreut: Insbes. NO, Elbe- u. Saalegeb.; Rheingeb. u. Nebenflüsse; Rednitz- u. Regnitzgeb.

ssp. d ú r u m (Presl) Hegi et E. Schmid; ⊙; H. 0,15–0,60; St. stumpfkantig; *B. dicht grauhaarig, klein,* schmal u. steif, untere undeutlich gezähnt, obere ganzrandig, linealisch-lanz.; Krb. klein (7–8 mm lang), schwefelgelb; Schoten kurz u. kurz-gestielt, der

Blst.achse angedrückt; Gr. etwa so lang wie die Breite der N. — Steppenrasen, sehr selten: Thür., Sachs., Frankf./Oder.

Flußbegleitende Unkrautges. u. Schuttunkrautges. bzw. Steppenrasen; nährstoffreiche, meist kalkreiche Stein- u. Sandböden. — Eur., As.; euras-kont.

1135. E. odorátum Ehrh. Wohlriechender Sch.
[= E. erysimoides (L.) Fritsch]

⊙, ⊙, *Th, H.* — H. 0,20—0,90. B. länglich-lanzettlich, geschweift-gezähnt, etwas rauh; *Schoten grau, mit 4 kahleren, grünen Kanten;* Bl. wohlriechend, groß; Krb. zitronengelb, Platte rundlich. VI—VII. 2n = 24.

Steppenrasen, lichte Wälder, besonders auf Kalksteinböden. — Selten: S-Harz, O-Thür. (von den Talsperren bis Naumburg), Fichtelgebg., m. Rheintal u. Seitentäler, fränk. u. schwäb. Jura, Hegau, Kufstein-Kiefersfelden. — Ukraine bis SW-Pol., N-Balk. u. M- u. S-D., O-Frankr.; europ-kont.

1136. E. canéscens Roth Grauer Sch.
(= E. diffusum Ehrh.)

♃, ⊙, *H.* — H. 0,30—1,00. B. linealisch-lanzettlich, ganzrandig, an der Spitze zurückgebogen, grau u. etwas rauh, untere kurz-stachelspitzig, in den Stiel verschmälert, obere linealisch, spitz; sterile Ästchen in den B.achseln; Kb. nicht gesackt; Kr. hellschwefelgelb; *Schoten* abstehend, *rechtwinklig-4eckig, grau mit kahleren, grünen Kanten.* — VI—VII. 2n = 72, ca. 32.

Verschleppt, meist unbeständig, sehr selten länger aushaltend, z. B. Erfurt. — SO-Eur., As.; europ-kont.

315. Hesperis L. Nachtviole

x = 6, 7, 13

I. Bl. violett od. lila (selten weiß)
  A. Grdb. eiförmig; Stb. kurzgestielt . . . . **1137. H. matronalis**
  B. Grdb. fiederspaltig (meist zur Bl.zeit vertrocknet); obere Stb. sitzend . . . . **1138. H. silvestris**
II. Bl. trübgelb mit violetten Adern (Grdb. eiförmig) **1139. H. tristis**

1137. H. matronális L. (Abb. 184a—b) Gemeine N.

⊙, ♃, *H.* — H. 0,30—0,80. St. kahl od. mit einfachen od. ästigen Haaren besetzt; B. meist ei-lanzettförmig, gezähnt; Krb. verkehrt-eiförmig, sehr stumpf, meist mit einem Spitzchen, lila, weiß, violett, selten rot; Schoten ziemlich stielrund bis schwach 4kantig, uneben. V—VII. 2n = 24. Variiert bes. in Behaarung, Blütenfarbe; daneben verschiedene Kulturvarietäten.

Als Zierpfl. kultiviert, hin u. wieder verwildert u. stellenweise eingebürgert. — Heimat: SO-Eur., W-As.

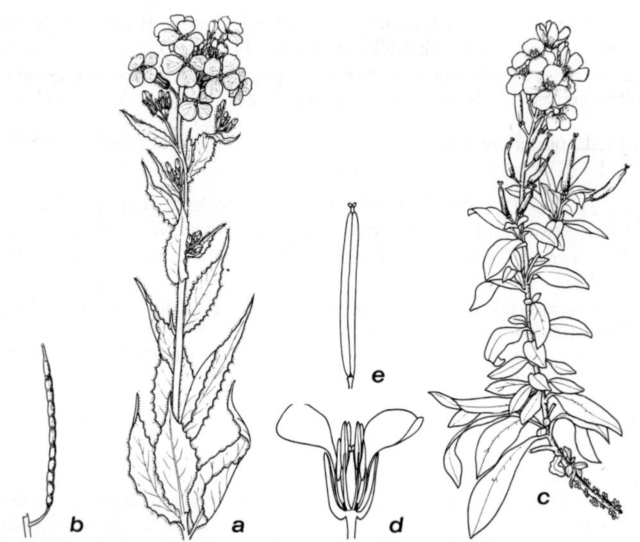

Abb. 184. *a–b Hesperis matronalis* (*a* Sproßspitze mit Blütenstand, *b* Frucht); *c–e Cheiranthus cheiri* (*c* Sproßspitze mit Blütenstand; *d* Blüte, vordere Blütenhüllblätter entfernt; *e* Frucht).

1138. H. silvéstris Crantz Wald-N.

♃, *H.* – H. bis 1,00. *Pfl. drüsig-behaart,* oft fast klebrig, flaumig; Grdb. kurzgestielt; Stb. oben sitzend, mit herzförmigem Grd., spitzeiförmig; Krb. spatelförmig, lila; Schoten lang, höckerig. V–VII. 2n = 26.

Sehr selten: S-Schwarzwald, Schles. – Kauk. bis Schles. u. Tschech; Pers., Syr. bis N-Balk.; o-med; europ-kont.

1139. H. trístis L. Trübe N.

⊙, (–♃), *H.* – H. 0,30–0,50. St. behaart u. a. mit kurzen Drüsenhaaren; Grdb. langgestielt, länglich-eiförmig, stumpf; Stb. ähnlich, sitzend, ±spitz; *Krb.* mit länglicher Platte, ausgerandet, mit Spitzchen, *gelblich-grün, violett geadert;* Schote lang, ±flach. V–VI. 2n = 28.

Sehr selten: u. a. Kaiserstuhl; sonst wohl nur verwildert u. unbeständig. – Rußl. u. Kauk. bis N- u. O-Balk. u. S-Mähren, Österr.; europ-kont.

2. Subtrib. M a t t h i o l í n a e

316. Cheiránthus L. Goldlack

x = 7

1140. Ch. cheiri L. (Abb. 184c–e)

♃, *Ch.* – H. 0,20–0,60. B. lanzettlich, spitz, ganzrandig, mit zerstreuten, hammerförmigen, anliegenden Haaren besetzt, untere beiderseits 1- bis 2zähnig; Kr. goldgelb bis braungelb; Schoten zusammengedrückt. V–VI. 2n = 14.

Kultiviert als Zierpfl., verwildert u. stellenweise eingebürgert in unkrautigen Mauerges.; warme, nährstoffreiche, meist kalk- u. N-haltige Substrate. – Selten: u. a. Rhein-, Main- u. Moseltäler. – Heimat: vermutl. o-med.

317. Matthiola R. Br. Levkoie

x = 6, 7

1141. M. incána (L.) R. Br.

☉, ⊙, ♃, *Th, H.* – H. 0,20–0,80. Pfl. graufilzig; B. schmal-lanzettl.; Krb. vorn abgerundet, rot, purpur od. weiß; N.lappen an den Seiten hornförmig verlängert; Schoten zusammengedrückt. IV–X. 2n = 14. Zahlreiche Kulturvarietäten, u. a. cv. *Annua* (Sommer-L.), cv. *Autumnalis* (Herbst-L.), cv. *Hiberna,* (Winter-L.).

Kultiviert, gelegentlich in warmen Schuttunkrautges. vorübergehend verwildert. – Heimat der Wildart: Küsten des N-Med. u. W-Eur. bis S-Engl.

3. Trib. A r a b í d e a e
1. Subtrib. C a r d a m i n í n a e

318. Barbárea R. Br. Barbenkraut

x = 8

I. Nur untere B. fiederschnittig od. leierförmig-fiederteilig; Fr.stiel dünner als die reifen Schoten
  A. Krb. wenig länger bis 1,3mal so lang wie die Kb.; Schoten aufrecht-angedrückt . . . . **1142. B. stricta**
  B. Krb. 1,5- bis 2mal so lang wie die Kb.; Schoten aufrecht abstehend . . . . **1143. B. vulgaris**

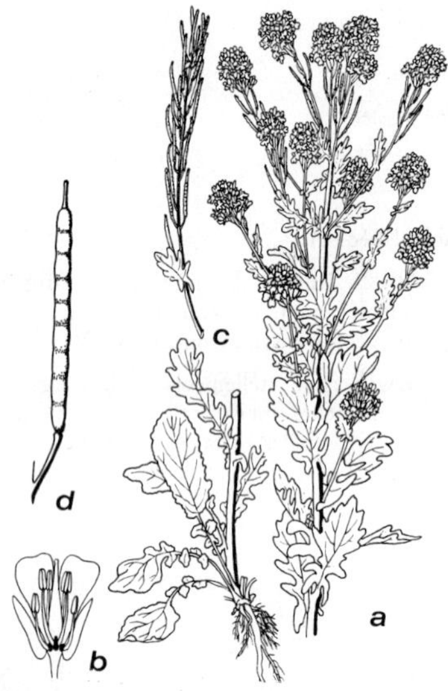

Abb. 185. *Barbarea stricta* (*a* Habitus; *b* Blüte, vordere Blütenhüllblätter entfernt; *c* Fruchtstand, *d* Frucht).

II. Alle B. gefiedert, fiederschnittig od. fiederteilig; Fr.-stiel fast so dick wie die reifen Schoten
- A. Untere B. 3- bis 5paarig gefiedert; Schoten 1,8 bis 3,2 cm lang .... **1144. B. intermedia**
- B. Untere B. 6- bis 10paarig gefiedert; Schoten 4 bis 7 cm lang .... **1145. B. verna**

1142. B. strícta Andrz. (Abb. 185) Steifes B.

⊙, *H.* – H. 0,50–1,00. *Endlappen der unteren B. sehr groß, länglich-eiförmig,* Seitenläppchen 2- bis 3paarig, meist klein, obere B. ungeteilt, verkehrt-eiförmig, geschweift-gezähnt; *Krb. heller-gelb;* Schoten an die Blst.achse angedrückt, aufrecht. IV–VII. 2n = 16.

Ufersaumges.; feuchte, nährstoff- u. N-haltige Böden. – Zerstreut, vornehmlich in den Stromtälern, (bis 800 m), im SW selten bis fehlend. – N-, O- u. M-Eur., N-As.; euras-kont.

1143. B. vulgáris R. Br. Gemeines B.

⊙, (♃), *H.* – H. 0,30–0,90. *Endlappen der unteren B. sehr groß, meist rundlich, am Grd. keil- od. herzförmig,* Seitenläppchen 2- bis 4paarig, obere B. ungeteilt, verkehrt-eiförmig, grob-gezähnt; *Kr. goldgelb;* IV bis VII. Umfaßt:

ssp. vulgáris; Endabschnitt der B. am Grd. ±*herzförmig;* Traube während des Aufblühens gedrungen; Schoten nicht bogig-aufsteigend. 2n = 16. – Verbreitet bis zerstreut.

ssp. arcuáta (Opiz) Simk.; Endabschnitt der B. am Grd. *keilförmig,* nie herzförmig; St. schlanker, weniger ästig, Pfl. gelbgrün; Traube während des Aufblühens locker; Schoten dünner, auf fast waagerechten Stielen bogig-aufsteigend. 2n = 16. – Zerstreut, z. T. häufiger als der Typus.

Ufersaum- u. Schuttunkrautges.; frische bis feuchte, nährstoff- u. N-reiche Böden. – Verbreitet (bis 900 m). – Eur., As., (Afr., N-Am., Austr., Neuseel.); euras-gem.

1144. B. intermédia Bor. Mittleres B.

⨀, *H.* – H. 0,30–0,60. *Untere B. gefiedert,* 3- bis 5paarig, *obere tieffiederspaltig, mit linealisch-ganzrandigen Fiedern* und einer linealisch-länglichen Endfieder.; Kr. hellgelb, bis 2mal so lang wie der K.; Schoten aufrecht od. etwas abstehend, wenig dicker als ihre Stiele. IV–V. 2n = 16.

Unkrautges.; frische, warme, nährstoffreiche, meist lehmige Böden. – Zerstreut bis selten, insbes. im W, fehlt u. a. im SO. – W-Eur.; atl(-med).

1145. B. vérna (Mill.) Aschers. Frühlings-B.
(= B. praecox R.Br.)

⨀, *H.* – H. 0,10–0,75. *Untere B. gefiedert, 6- bis 10paarig, obere tief fiederspaltig, mit linealischen Fiedern* und einer linealisch-länglichen Endfieder; *Kr. hellgelb, 1,5–2mal so lang wie der K.;* Schoten aufrecht-abstehend, leicht bogig-aufwärts gekrümmt, fast ebenso dick wie ihre Stiele. IV–VI. 2n = 16.

Unkrautges.; warme, frische, nährstoffreiche Böden. – Vereinzelt bis selten, unbeständig, meist nur adventiv, früher im Geb. kultiviert. – W-Eur.; w-med(-atl).

Bastarde:

B. intermedia × vulgaris ssp. vulgaris, B. stricta × vulgaris, B. vulgaris ssp. arcuata × intermedia, B. vulgaris ssp. arcuata × stricta, B. vulgaris ssp. vulgaris × vulgaris ssp. arcuata.

319. Roríppa Scop. Sumpfkresse

x = 8

I. Fr. 1,5–7 mm lang, ellipsoidisch-längl. bis kugelig
  A. Krb. so lang od. wenig kürzer als der K. (Kr. blaßgelb) . . . . **1146. R. islandica**
  B. Krb. länger als der K. (Kr. sattgelb)
    1. Stb. tief-fiederteilig (Fr. ellipsoidisch, 2,5 bis 4 mm lang) . . . . **1147. R. stylosa**

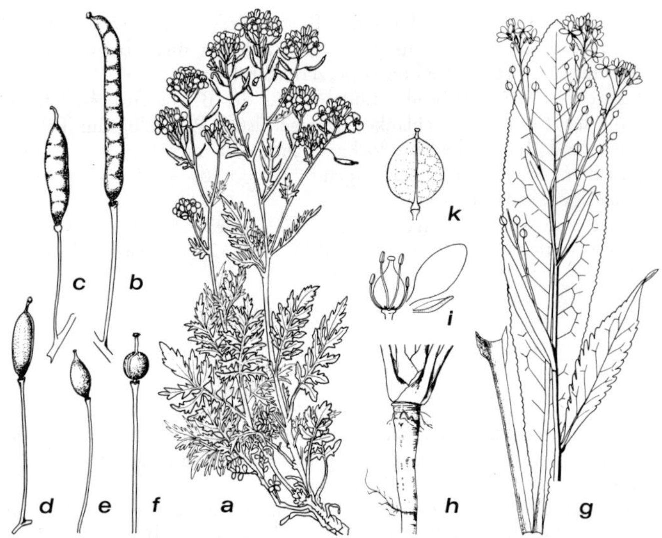

Abb. 186. *a–f Rorippa* spp., *a–b R. silvestris* (*a* Habitus, *b* Frucht), *c–f* Früchte, Beispiele (*c R. islandica, d R. stylosa, e R. amphibia, f R. austriaca*); *g–k Armoracia rusticana* (*g* Teilblütenstand u. Grundblatt, *h* Wurzel, *i* Blütenelemente, *k* Frucht).

2. Stb. ganzrandig bis ± tief gezähnt
a) Fr. kugelig, 1,5–3(4) mm lang .... **1148. R. austriaca**
b) Fr. ellipsoidisch, 3–7 mm lang .... **1150. R. amphibia**
II. Fr. 7–18 mm lang, linealisch (Krb. ca. 2mal so lang wie der K., sattgelb) .... **1149. R. silvestris**

1146. R. islándica (Oed.) Borb. (Abb. 186c) Kleinblütige S.
[= Nasturtium palustre (Leyss.) DC.]

⊙, ①, (♃), *Th, H.* – H. 0,15–0,60. Untere B. leierförmig; obere tieffiederspaltig, Zipfel länglich, gezähnt; *Fr.* länglich, *gedunsen, etwa so lang wie der Fr.stiel.* VI–IX. 2n = 16, (32?).

Zweizahn-Ufersaumges.; feuchte, nährstoffreiche, N-haltige, humose Schlammböden. – Verbreitet (bis 910 m). – Fast kosmop.

1147. R. stylósa (Pers.) Mansf. et Rothm. (Abb. 186d) Pyrenäen-S.
[= Nasturtium pyrenaicum (L.) R.Br.]

♃, *H.* – H. 0,15–0,30. *Erste, unterste B. langgestielt, oval,* einfach od. am B.stiel geöhrt, *die unteren st.ständigen leierförmig-fiederspaltig, die oberen tief-fiederteilig, Zipfel linealisch, ganzrandig od. gezähnt; Fr.* eiförmig-ellipsoidisch, *etwa 2- bis 4mal so lang wie der Gr., 2- bis 3mal kürzer als der Fr.stiel.* V–VIII. 2n = 16.

Unkrautige Ges., Wiesenges. – Selten: Elbegeb. von Dessau bis Magdebg., Lausitz (Hoyerswerda); Oberrhein u. Seitentäler. – Pyren., S-Voralp., Apenn., N-Balk., SW-D., m. Elbe; submed(-praealp).

1148. R. austríaca (Cr.) Bess. (Abb. 186f) Österreichische S.
(= Nasturtium austriacum Crantz)

♃, *H.* – H. 0,30–1,00. *B. lanzettlich-spatelig,* gezähnelt, mit tief-herzförmig-geöhrtem Grd. sitzend, unterste in den breiten B.stiel verschmälert; *Fr. kugelig, etwa so lang wie der Gr., vielmal kürzer als der Fr.stiel.* VI–VIII. 2n = 16.

Unkrautige Ufersaumges.; ± feuchte, nährstoffreiche Böden. – Selten: Flußtäler der Elbe (bis Sachs., Anh.), Oder, Neiße u. neuerdings oberes Rheintal. – SW-As. bis N-Balk., Österr., Tschech., Oder- u. Elbegeb.; europ-kont.

1149. R. silvéstris (L.) Bess. (Abb. 186a–b) Wilde S.
[= Nasturtium silvestre (L.) R. Br.]

♃, *H.* – H. 0,15–0,40. *B. sämtlich tief-fiederspaltig* od. gefiedert; Fiedern länglich-lanzettl., gezähnt od. wieder fiederspaltig; *Fr. linealisch, etwa so lang wie der Fr.stiel;* VI–IX. 2n = 48.

Flutrasen-, Schuttunkrautges. etc.; meist feuchte, nährstoffreiche, N-haltige, humose Böden. – Verbreitet, meist häufig. – Eur., Med., N-Afr., Kl.As., W-As.; euras-subozean-submed.

1150. R. amphíbia (L.) Bess. (Abb. 186e) Wasser-S.
[= Nasturtium amphibium (L.) R. Br.]

♃, *HH, H.* – H. 0,40–1,00. *St. am Grd. wurzelnd,* oft Ausläufer treibend, im Wasser aufgeblasen-röhrig; B. länglich od. lanzettlich, nach dem Grd. verschmälert und daselbst mit od. ohne Öhrchen, untere kammartig od. leierförmig-eingeschnitten; *Fr.* ellipsoidisch, *2- bis 3mal so lang wie der Gr., 2- bis 3mal kürzer als der Fr.stiel.* V–VIII. 2n = 16, 32.

Amphib. Stauden-Ges. der Röhrichte etc.; Gewässer mit nährstoffreichem Schlammgrund u. stark schwankendem Wasserstand. – Häufig, verbreitet bis zerstreut. – As., Eur. bis N-Med.; euras(-submed).

Anmerkung:
R. prostrata (Berg.) Sch. et Thell. ist nicht sicher als eigene Art anzusprechen, evtl. Bastard: R. amphibia × silvestris.

Bastarde:
R. amphibia × silvestris (s. u. a. obige Anmerkung), R. austriaca × amphibia, R. austriaca × silvestris, R. islandica × silvestris.

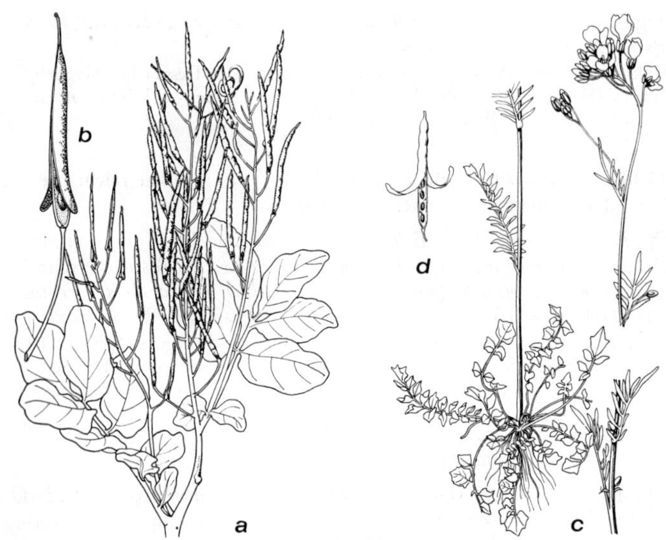

Abb. 187. *a–b Nasturtium officinale* (*a* Sproßspitze mit Früchten, *b* Frucht); *c–d Cardamine pratensis* (*c* Habitus, *d* Frucht).

320. Armorácia Gaertn., Mey. et Scherb. — Meerrettich

x = 8

1151. A. rusticána Gaertn., Mey. et Scherb. (Abb. 186g–k)
[= A. lapathifolia Gilib., Nasturtium Armoracia (L.) F. Schultz]

♃, *H.* – Ḣ. 0,40–1,25. W. verdickt, mehrköpfig; untere B. eilänglich, lang gestielt, gekerbt; mittlere kammartig-fiederspaltig, obere eiförmig-lanzettlich bis linealisch; Krb. weiß; Schötchen fast kugelig, gedunsen; Gr. sehr kurz. V–VII. 2n = 32.
Gebaut und gelegentlich an N-reichen Standorten verwildert. – SO-Eur., W-As.

321. Nastúrtium R. Br. — Brunnenkresse

x = 8

I. Schoten (10-) 13–18 mm lang; Maschennetz der S.schale jederseits mit ca. 25(-50?) Feldern .... **1152. N. officinale**
II. Schoten 16–22 (-24) mm lang; Maschennetz der S.schale jederseits mit ca. 100 Feldern .... **1153. N. microphyllum**

1152. N. officinále R.Br. (Abb. 187a–b) Echte B.
[= Rorippa nasturtium-aquaticum (L.) Hay.]

♃, *HH, H.* – H. 0,15–0,80. St. an den B.achseln wurzelnd, hohl; *B.* gefiedert, *grün,* untere 1- bis 3zählig, obere 3- bis 7paarig, B.chen geschweift, seitenständige elliptisch, das endständige eiförmig, am Grd. fast herzförmig; Krb. weiß; *Stbbtl. gelb,* Pollen gelb; Schoten linealisch, gedunsen; Fr.stiele 8–12 mm lang; *S. deutlich in 2 Reihen.* V–VIII. 2n = 32. Submerse, halbsubmerse u. emerse Formen.

Bach-Röhrichte, in flachem, reinem, meist langsam fließendem, nährstoffreichem Wasser. – Verbreitet bis zerstreut, durch Gewässerverschmutzung vielerorts zurückgehend, streckenweise fehlend. – Wohl fast ganze Erde, außer den kont. Geb.

Droge: Herba Nasturtii.

1153. N. microphýllum Boenn. Kleinblättrige B.
[= Rorippa microphylla (Boenn.) Hyl.]

♃, *HH, H.* – H. 0,15–0,60. Pfl. sehr ähnlich *N. officinale; B. im Winter braun bis rotbraun;* Krb. weiß; *Stbbtl. gelb,* Pollen gelb; Schoten linealisch, weniger od. nicht gedunsen, Klappen oft uneben; Fr.stiele 11–20 mm lang; *S. ± in einer Reihe liegend.* V–IX. 2n = 64.

Bach- u. Graben-Röhrichte, in flachem, reinem, meist langsam fließendem, nährstoffreichem, etwas saurerem Wasser als N. officinale. – Verbreitung noch ungenügend bekannt, allgemein vielleicht seltener als vorige Art, streckenweise zweifellos vorherrschend, aber bisher mit N. officinale verwechselt.

Bastard:
N. officinale × microphyllum (= N. × sterile Oefel., 2n = 48).

322. Cardámine L. Schaumkraut

x = 7, 8, 10

I. B. sämtlich gefiedert od. fiederschnittig, nicht 3zählig
  A. B.stiel ohne Öhrchen
    1. Krb. bis fast 3mal so lang wie der K. (4 bis 10 mm lang), ausgebreitet
      a) Stbbtl. gelb; St. hohl .... **1154. C. pratensis**
      b) Stbbtl. violett; St. markig .... **1155. C. amara**
    2. Krb. 2mal bis fast 2mal so lang wie der K. (2–4 mm lang), aufrecht
      a) Pfl. kahl, ohne Grdb.rosette .... **1156. C. parviflora**
      b) Pfl. ±behaart, mit Grdb.rosette
        x) Stbb. 6; St. dicht behaart .... **1157. C. flexuosa**
        xx) Stbb. 4; St. zerstreut behaart bis kahl ... **1158. C. hirsuta**
  B. B.stiel am Grd. pfeilförmig-geöhrt (Krb. bis 2,5 mm lang, selten fehlend) .... **1159. C. impatiens**

II. Grdb. alle od. z. T. ungeteilt od. B. 3zählig
A. Grdb. alle od. z. T. ungeteilt (sommergrün)
1. B.stiel am Grd. geöhrt .... **1160. C. resedifolia**
2. B.stiel nicht geöhrt .... **1161. C. alpina**
B. B. 3zählig (immergrün) .... **1162. C. trifolia**

1154. C. praténsis L. (Abb. 187c–d) Wiesen-Sch.

♃, *H.* – H. 0,20–0,60. St. hohl, stielrund; Grdb. rosettig, mit ± rundl., ausgeschweiften B.chen; *Stb. mit rundl. od. lineal. bis länglichen, ganzrandigen B.chen; Krb. verkehrt-eiförmig. lila, rosa, selten weiß, bis 2mal länger als die Stbb.; Stbbtl. gelb;* Gr. kurz, ziemlich dick. IV–VI (VIII). Umfaßt u. a.

ssp. p r a t é n s i s; Endfieder größer als Seitenfiedern; Pfl. einstengelig; St. gerade, bis 0,40 (0,50) hoch; Stb. 4–7; B.chen der Stb. sitzend, längl. bis lineal.; Kb. 3–4 mm lang; Krb. 9–13 mm lang, lila-rosa od. weiß; Schoten 20–40 mm lang, 2–2,5 mm breit. 2n = 16, 30, 44, 48. – Verbreitet u. häufig (Alp. bis 1707 m).

ssp. p a l ú s t r i s (Wimm. et Grab.) Janch.; Endfieder nicht größer als Seitenfiedern; Pfl. einstengelig; St. geschlängelt bis 0,60 hoch; Stb. 2–4; B.chen der Stb. gestielt, rundl. od. längl.; Kb. 4–6 mm lang; Krb. 12–19 mm lang, weiß; Schoten 30–55 mm lang, 2 bis 2,5 mm breit. 2n = 56, 64, 72, 76, 80, 96. – Selten: Spandau, Gr. Rohrpfuhl, Leipzig.

ssp. m a t t h í o l i (Moretti) Arcang.; Endfieder etwas größer als Seitenfiedern; Pfl. oft mehrstengelig, rasig, bis 0,50 hoch; Stb. bis 6–12; B.chen der Stb. sitzend, länglich-lanzettlich; Krb. 2–3 mm lang; Krb. 5,5–8 mm lang, weiß; Schoten 18–32 mm lang, 1 bis 1,5 mm breit. 2n = 16. – Wohl selten, z. B. Oberrhein; Verbreitung im Geb. noch unsicher.

Wiesen- u. Weidenges., (auch Auenwaldges.); meist feuchtere, nährstoffreiche, meist lehmige od. tonige Böden. – M-, N-Eur.; N-Med., N-, Z-As., N-Am.; no-euras, circ.

1155. C. amára L. Bitteres Sch.

♃, *H.* – H. 0,10–0,40(0,60). St. meist unterwärts zerstreut behaart od. kahl, markig, 5kantig; Grdb. nicht rosettig gehäuft; B.chen sämtlich eckig-gezähnt, eiförmig, rundl.; *Krb.* verkehrt-eiförmig, *weiß,* selten rötlich; *wenig länger als die Stbb.; Stbbtl. violett,* Pollen gelb; Gr. lang, dünn. IV–VI. 2n = 16, 32. Umfaßt:

ssp. a m á r a; Rhiz. unverdickt; St. oberwärts verzweigt; Grdb. 2- bis 3paarig, Stb. 3- bis 4paarig-gefiedert; Endfieder breit-eiförmig; Blst. reichbl.; Schoten oberste Bl. nicht überragend. – Verbreitet (Alp. bis 1860 m), u. a. im NW über größere Strecken fehlend.

ssp. o p í z i i (Presl) Celak.; Rhiz. verdickt; St. wenig verzweigt, kurzhaarig; Grdb. u. Stb. 5- bis 8paarig gefiedert; Endfieder länglich-eiförmig (ebenso Seitenfiedern); Blst. armbl.; unterste Schoten die Bl. überragend. 2n = 16. – Sehr selten: nur Riesengebg.

Quellflurges.; sickernasse, nährstoffreiche, meist kalkarme od. -freie, humose Böden. – W-Sib. bis Eur., N-Med.; euras-n-submed(-subozean).

1156. C. parviflóra L. Kleinblütiges Sch.

①, ⊙, *H, Th.* – H. 0,05–0,30. *Pfl. kahl; St. hin- u. hergebogen;* B. vielpaarig, *B.chen ganzrandig, meist sitzend,* die der unteren B. *länglich,* die der oberen *linealisch, Endb.chen fast gleichgroß, keilförmig;* Kr. weiß; *Schoten auf sehr weit abstehenden Stielen aufrecht.* V–VII. 2n = 16.

Uferges.; feuchte, meist N-haltige Sandböden. – Selten: Brand., Anh., Sachs., Oder-, Elbe- u. Havelgeb. – Eur., Med., N-Afr., As.; euras(-med).

1157. C. flexuósa With. Wald-Sch.
(= C. silvatica Link)

①, (⊙, ⊙), *H, (Th).* – H. 0,10–0,50. *St. aufrecht, **mehrb.,*** meist einzeln, *behaart, B.chen* der unteren B. rundlich-eiförmig, geschweift od. gezähnt, *gestielt, Endb.chen größer,* die der oberen länglich od. linealisch; Krb. weiß; *Stbb. 6; Gr. so lang wie die Breite der Schote; Schoten auf abstehenden Stielen* fast aufrecht, die Bl. wenig überragend. IV–VI (geleg. Herbst). 2n = 32.

Buchenmischwaldges., Quellfluren; feuchte, nährstoffreiche, N-haltige, kalkarme oft tonige Böden. – Zerstreut (Alp. bis 1400 m), im N selten od. streckenweise fehlend. – Eur., As., NO-Am.; euras-subozean.

1158. C. hirsúta L. Behaartes Sch.

①, ⊙, (⊙), *H, Th.* – H. 0,07–0,30. *St. armblättrig,* meist mehrere, ziemlich kahl; B. ähnl. wie bei *C. flexuosa; Gr. kürzer als die Breite der Schote; Schoten nebst* den *Fr.stielen aufrecht,* die Bl. weit überragend; *Stbb. meist 4.* IV–VI (geleg. Herbst). 2n = 16.

Hackunkrautges. etc.; frische, nährstoffreiche, N-haltige, kalkfreie, etwas saure, sandige Böden. – Verbreitet: insbes. Rhein u. Nebenflüsse, M u. S (Alp. bis 1640 m), im N selten od. fehlend. – Eur., Med. bis Him., Abess.; subatl-med.

1159. C. impátiens L. Spring-Sch.

①, (⊙), *H, (Th).* – H. 0,10-0,50(0,85). B. vielpaarig gefiedert, *B.-chen* der unteren B. *eiförmig,* 2- bis 5spaltig, kurzgestielt, die der oberen *länglich-lanzettlich,* sitzend, Endb.chen etwas größer; Krb. weiß, klein, oft fehlend; *Schoten auf abstehenden Stielen aufrecht,* beim Berühren elastisch-aufspringend. V–VII. 2n = 16.

Laubmischwaldges.; meist feucht-durchsickerte, nährstoffreiche, kalkfreie Böden. – Zerstreut bis verbreitet (Alp. bis 1500 [1800] m); M-Rhein u. Nebenflüsse streckenweise häufig (so u. a. untere Lahn); fehlt im NW u. N. streckenweise. – As., Eur., N-Med.; euras(-subozean).

1160. C. resedifólia L. Resedenblättriges Sch.

♃, *H.* – H. 0,05–0,15. *Unterste Grdb. eiförmig, stumpf, langgestielt; untere Stb. 3teilig od. nebst den oberen gefiedert 2- bis 3paarig,* B.chen länglich-keilförmig, stumpf, ganzrandig; Kr. weiß; Schoten u. Bl.stielchen aufrecht; *S.* an der Spitze *schmal-geflügelt.* V–VIII. 2n = 16.

Felsspalten-, Feinschutt- u. Schneetälchenges.; frische, saure, kalkarme bis kalkfreie, steinige Substrate. – Zerstreut: Alp. (1950–2240 m), Bay. Wald (1200 bis 1350 m), Riesengebg. – N-med. Hochgebg., Alp., Karp., Sud., Bay. Wald; alp.

1161. C. alpína Willd. Alpen-Sch.

♃, *H.* – H. 0,03–0,12. *Grdb. rauten-eiförmig, abgerundet-stumpf, langgestielt; Stb. ganzrandig od. fast 3lappig,* kurzgestielt; Kr. weiß; *S. ungeflügelt.* VII–VIII. 2n = 16.

Schneetälchenges.; feuchte, humose, saure, meist kalkarme u. lehmige Böden. – Zerstreut: Alp. (1660–2340 m). – Alp., Pyren.; alp.

1162. C. trifólia L. Dreiblättriges Sch.

♃, *G.* – H. 0,10–0,30. *St. 1- (2-)blättrig od. nackt;* B.chen kurzgestielt, rautenförmig-rundlich geschweift-gekerbt; Kr. weiß, etwa 4mal so lang wie der K. IV–VI. 2n = 16.

Buchenwaldges.; frische, nährstoffreiche, meist kalkhaltige Mullböden. – Selten bis zerstreut, streckenweise häufig: Alp. (bis 1210 m), Bay. Hochebene w. bis etwa zum Lech; Schles. – Karp., Sud. bis Alp.; NW-Balk., N-Apenn.; praealp.

Bastarde:
C. amara × flexuosa, C. amara ssp. amara × pratensis, C. flexuosa × pratensis, C. hirsuta × impatiens.

323. Dentária L. Zahnwurz

x = 8

I. B. (zumindest untere) gefiedert (wechselständig)
  A. Untere B. gefiedert, obere ungeteilt (B.achseln meist mit Bulbillen) . . . . **1163. D. bulbifera**
  B. Alle B. gefiedert (B.achseln ohne Bulbillen) . . . . . . **1164. D. heptaphylla**
II. B. 3- bis 5zählig gefingert
  A. Stb. deutlich wechselständig (Kr. rot, selten weiß) **1165. D. pentaphyllos**
  B. Stb. wirtelig od. stark wirtelig genähert
    1. Kr. gelblich-weiß; Stbb. so lang wie die Krb. **1166. D. enneaphyllos**
    2. Kr. rot; Stbb. halb so lang wie die Krb. . . . . **1167. D. glandulosa**

Abb. 188. *a–b Dentaria bulbifera* (*a* Habitus, *b* Brutknospe); *c–d Cardaminopsis arenosa* (*c* Habitus, *d* Frucht).

1163. D. bulbífera L. (Abb. 188a–b) Zwiebeltragende Z.
[= Cardamine bulbifera (L.) Crantz]

♃, *G.* – H. 0,30–0,70. St. vielb.; untere B. gefiedert, oberste ungeteilt, B.chen lanzettlich, entfernt- u. grobgesägt; B.achsel zwiebeltragend; *Traube armbl.;* Kr. violett, rosa, seltener weiß. IV–VI. 2n = 96.

Buchenwaldges.; frische, nährstoffreiche, lockere, oft kalkreiche Mull- u. Lehmböden. – Zerstreut bis selten (Alp. bis 1050 m), lückige Verbreitung, u. a. im NW, im w. Schl.Holst. u. z. größten T. in der Mark Brand. fehlend. – M-Eur. bis Frankr., S-Engl., S-Skand. u. SO-Eur., Kauk., N-Med; euras-subozean-(-praealp).

1164. D. heptaphýlla Vill. Gefiederte Z.
[= Dentaria pinnata Lam., Cardamine heptaphylla (Vill.) O. E. Schulz]

♃, *G.* – H. 0,30–0,60. St. 3- bis 5blättrig; B. gestielt, sämtlich gefiedert, B.chen lanzettlich, spitz, gesägt-gekerbt; *Traube reichbl.;* Kr. weiß od. schwach-lila. IV–V. 2n = 48.

Buchenwaldges.; frische, nährstoffreiche, meist kalkhaltige, mildhumose Böden. – Selten: S-Schwarzwald und Vorland, Waldshut, Wutachtal, Gutmadingen, Kaiserstuhl, Hegau. – Pyren., sw-franz. Bergl. bis S-Schwarzwald, W- u. S-Alp., N-Apenn., Kalabr.; w-praealp(-submed).

1165. D. pentaphýllos L. Gefingerte Z.
[= Dentaria digitata Lam., Cardamine pentaphyllos (L.) Crantz]

♃, *G.* – H. 0,25–0,50. St. 3- bis 4blättrig; B. wechselständig, gestielt, untere 5zählig, oberstes 3- bis 4zählig, B.chen zugespitzt, ungleichgesägt, äußere kleiner; Kr. rosenrot. IV–VII. 2n = 48.
Buchen- u. Schluchtwaldges.; frische, nährstoffreiche, mildhumose, oft steinige u. kalkhaltige Böden. – Zerstreut: Alp. (bis 1400 m), S-Schwarzwald, Baar, obere Donau, Oberschwab., Oberbay. Hochebene. – Pyren., Cevenn., Vog., franz. Schweiz. Jura, Alp.; w-praealp.

1166. D. enneaphýllos L. Neunblättrige Z.
[= Cardamine enneaphyllos (L.) Crantz]

♃, *G.* – H. 0,18–0,30. St. meist 3blättrig; B. quirlig, gestielt, 3zählig, B.chen zugespitzt, ungleich-gesägt; *Traube 5- bis 12blütig, überhängend;* Stbb. so lang wie die gelblichweißen Krb. IV–VII. 2n = 80.
Buchen- u. Mischwaldges., vornehmlich mont. Stufe, auch höher; frische, nährstoffreiche, mildhumose Steinverwitterungsböden. – Verbreitet: Alp. (bis 1760 m) u. ö. Alp.vorland; zerstreut: Bay. Wald, Fränk. Jura, Oberpfälzer Wald, Fichtelgebg., Sächs. Bergl., Lausitz, Schles. – NW-Balk. bis O-Alp, M-D., S-Pol.; o-praealp.

1167. D. glandulósa W. et K. Drüsige Z.
(= Cardamine glanduligera O. Schwarz)

♃, *G.* – H. 0,12–0,30. *Traube armbl., aufrecht;* Stbb. halb so lang wie die purpurnen Krb.; sonst wie vor. IV–VI. 2n = 48.
Buchenwaldges. der collin.-mont. Stufe; frische, humose, nährstoffreiche, meist kalkarme Böden. – Oberschles. – Karp.länder bis O-Oberschles.; o-praealp.

2. Subtrib. Arabidínae

324. Cardaminópsis Hayek Schaumkresse

x = 8

I. Grdb. länglich, ganzrandig od. beiderseits grob gesägt; Stb. länglich linealisch, ganzrandig (Pfl. ohne Ausläufer; Kb. etwas gesackt) .... **1168. C. hispida**
II. Grdb. meist leierförmig-fiederspaltig; untere Stb. gezähnt bis fiederspaltig
   A. Pfl. ohne Ausläufer; äußere Kb. deutlich gesackt; Bl.stiele 3–5 mm lang .... **1169. C. arenosa**
   B. Pfl. mit oberirdischen Ausläufern; äußere Kb. ungesackt; Bl.stiele (3)6–12 mm lang .... **1170. C. halleri**

1168. C. híspida (Mygind) Hayek — Felsen-Sch.
(= Arabis petraea M. et K.)

♃, *H.* – H. 0,10–0,23(0,35). *Grdb.* gestielt, meist *ganzrandig,* länglich-verkehrt-eiförmig, seltener buchtig-leierförmig od. beiderseits etwa 3- bis 4zähnig; Bl.stiele 4–6 mm lang; Bl. weiß, selten lila; *Schoten in Verlängerung des Stieles abstehend, schmal-lineal.* IV–VII.

Subalp. u. mont. Felsspaltenges.; meist kalkreiche Substrate. – Sehr selten: Fränk. Jura, S-Harz. – Eur., N-As., arkt. N-Am.; europ-kont(-praealp).

1169. C. arenósa (L.) Hayek (Abb. 188c–d) — Sand-Sch.
[= A. arenosa (L.) Scop.]

⊙, (♃), *H.* – *Grdb.* (kurzgestielt) u. untere Stb. *leierförmig-fiederspaltig bis fiederteilig,* beiderseits etwa 6–9 Abschnitte, oberste schmal-lanzettlich, ganzrandig; Bl.stiele 3–5 mm lang; Bl. lila, selten weiß; *Schoten* ± aufrecht-abstehend, oft bogig gekrümmt, *schmal-lineal,* lang. IV–VI. 2n = 16, 32, 28.

Divers. Ges. (u. a. Schuttunkrautges., Felsspaltenges. etc.); ±trockene, nährstoffhaltige Sand- u. Steinböden. – Verbreitet bis selten (Alp. bis 1750 m), streckenweise (z. B. Rheinland/Pfalz) häufiger, im NW über große Strecken fehlend. – M-Eur.; (no-)euras-subozean(-kont).

1170. C. hálleri (L.) Hayek — Hallers-Sch.
(= Arabis Halleri L.)

♃, *H.* – *Grdb.* gestielt *leierförmig-fiederteilig* (mit 3–7 Abschnitten beiderseits u. rundlich-herzförmigem, *großem Endabschnitt) od. ungeteilt;* Stb. ähnlich, oberste B. eiförmig bis schmal-lanzettlich; Bl.stiele (3) 6–12 mm lang; Bl. weiß, selten lila; *Schoten* aufrecht-abstehend, etwas *knotig-gedunsen.* IV–VIII. 2n = 16.

Divers. Ges. (u. a. Nadelwaldges., Wiesen etc.); feuchte, humose, meist kalkarme od. -freie sandige od. kiesige Böden. – Zerstreut: bes. Mittelgebg. (insbes. herzyn. Gebg., z. T. mit den Flüssen herabgeschleppt), Bay. Wald, Frankenwald bis Sud.; – M-Eur.; m-eur-praealp.

325. Turrítis L. — Turmkraut

x = 6, 8?

1171. T. glábra L. (Abb. 189a–b)

⊙, *H.* – H. 0,50–1,25. Untere B. schrotsägeförmig-gezähnt od. ganzrandig, von einfachen od. 3gabeligen Haaren rauh, obere kahl, mit tief-herz-pfeilförmigem Grd. st.umfassend, bereift; Kr. gelblichweiß; Schoten steif-aufrecht, 6- bis 10mal länger als die Stiele. V–VII. 2n = 12, 16?, 32?

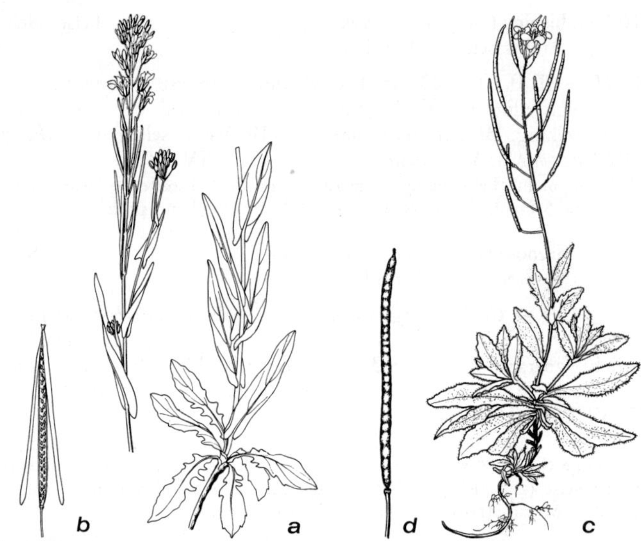

Abb. 189. *a–b Turritis glabra* (*a* Habitus, *b* Frucht); *c–d Arabis alpina* (*c* Habitus, *d* Frucht).

Wärmeliebende Eichen-Mischwälder, Trockenbuschges.; warme, nährstoff-, N- u. meist kalkhaltige, oft steinige Böden. – Verbreitet bis zerstreut (bis 820 m), im N über größere Strecken fehlend. – Eur., As., N-Am.; eurassubmed.

326. Árabis L. Gänsekresse

x = 8, 7

I. Stb. herzpfeilförmig, st.umfassend
  A. Pfl. behaart
    1. Grdb. ohne Achselspr. (Pfl. nach der Bl. absterbend)
      a) Schoten allseitswendig, aufrecht od. abstehend; Blst. ohne Tragb.; Bl. weiß
        x) Schoten weit abstehend; Spr. nicht durch tote B.reste schopfig; Blst. armbl. ...... **1172. A. recta**
        xx) Schoten aufrecht, der Blst.achse ±genähert; Spr. durch tote B.reste schopfig; Blst. reichbl. .... **1176. A. hirsuta**

b) Schoten einseitswendig; Blst. unten mit Tragb.; Bl. grünlichweiß . . . . **1173. A. turrita**
2. Grdb. mit Achselspr. (Pfl. ausdauernd, grünlichgrau) . . . . **1175. A. alpina**
B. Pfl. kahl (höchstens Grdb. am Grd. spärlich gewimpert; St. einfach, bereift; ♃) . . . . **1174. A. pauciflora**
II. Stb. sitzend, am Grd. abgerundet od. verschmälert
A. Krb. bläulich (Schoten 2,5–3 mm breit) . . . . **1177. A. coerulea**
B. Krb. weiß (Schoten 1,8–2,3 mm breit)
1. S. geflügelt; Krb. 5–7,5 mm lang (Stb. am Grd. verschmälert, abgerundet od. undeutlich geöhrt)
a) Pfl. behaart; B. glanzlos; Stb. den Blst. nicht erreichend . . . . **1178. A. pumila**
b) Pfl. kahl (höchstens junge B. behaart); B. glänzend; Stb. den Blst. erreichend) . . . . **1179. A. jacquinii**
2. S. ungeflügelt; Krb. 4–5 mm lang; (B. glanzlos; Stb. am Grd. abgerundet od. verschmälert) . . . . **1180. A. corymbiflora**

1172. A. récta Vill. Öhrchen-G.
(= A. auriculata DC.)

⊙, ⊙, *Th, H.* – H. (0,03)0,10–0,40. St. von einfachen u. Sternhaaren rauh; unterste B. länglich, in den B.stiel verschmälert, ganzrandig od. stumpf gezähnt; Blst. rel. armbl.; *Krb.* weiß, *2–4 mm lang; Schoten aufrecht-abstehend,* ca. 6mal länger als der Stiel, Klappen mit deutlichem Mittelnerv u. schwächeren Seitennerven; S. ungeflügelt. IV–V. 2n = 16.

Trocken- u. Halbtrockenrasenges.; warme, lockere, sandige Löß- od. Kalkböden. – Zerstreut bis selten: M (n. u. a. bis S-Harz, s. u. a. Kaiserstuhl)., etwas häufiger Rheinpfalz. – S-Rußl. bis Pyren., Med., N-Afr.; submed.

1173. A. turríta L. Turm-G.

⊙, ♃, *H.* – H. (0,04)0,30–0,70. Untere B. elliptisch, obere länglich u. tief-herzförmig-st.umfassend; Blst. dicht; Krb. gelblich-grünlichweiß, 6–8 mm lang; *Schoten einseitig überhängend, sichelförmig gebogen, 8–15 cm lang,* auf 3–10 mm langen, ±anliegenden Stielen; S. geflügelt. IV–VI. 2n = 16.

Trockenbuschges. etc.; warme, nährstoffreiche, meist kalkhaltige Steinböden. – Selten bis zerstreut: SW, S (Alp. bis 1200 m). – Med., S-Frankr., S-D., Balk., Kauk., submed(-alp).

1174. A. pauciflóra (Grimm) Garcke Armblütige G.

♃, *H.* – H. 0,30(–1,00). Grdb. länglich od. rundlich, in den langen Stiel verschmälert; Blst. dicht; Krb. weiß, 6–7 mm lang; Schöten aufrecht-abstehend, 5- bis 8mal länger als der Stiel, Klappen mit deutlichem Mittelnerv; S. flügellos. V–VII. 2n = 14.

Trockenwaldges.; warme Kalksteinverwitterungsböden od. (z. B. bei Bad Ems) auf mäßig-sauren Felsklippen. – Zerstreut bis selten: M, SW, (nö. bis S-Harz, Thür.). – N-Span. bis W-Alp., S- u. M-D. bis Tschech., Apenn.; submed.

1175. A. alpína L. (Abb. 189 c–d) Alpen-G.

♃, *Ch.* – H. 0,06–0,25(0,40). *Spr. unten verlängert, kriechend,* an der Spitze mit B.rosette; St. einfach od. ästig, behaart; untere B. länglich-verkehrt-eiförmig; Krb. weiß, 7–10 mm lang; Schoten abstehend, 3- bis 5mal länger als der Stiel, Klappen mit undeutlichen Nerven; S. mit Flügelrand. III–VIII. 2n = 16, 32, 20.

Felsspaltenges.; feuchte, humose Kalkböden. – Verbreitet: Alp. (bis 2620 m), mit Flüssen herabsteigend im Voralp.geb.; selten S-Harz, Ellrich, Brilon, Riesengebg., Fränk. u. Schwäb. Jura. – Arkt., Eur. Gebg.; subarkt-alp, circ.

1176. A. hirsúta (L.) Scop. Rauhe G.

⊙, (♃), *H.* – H. 0,15–0,60(1,20). St. meist von einfachen u. Sternhaaren rauh, reich beb.; Grundb. verkehrt-eiförmig in den Stiel verschmälert, untere Stb. mit gestutztem, obere mit herzförmigem Grunde, meist rauh; Blst. dicht; *Bl. die Fr. überragend,* weiß, Krb. 4–5 mm lang; *Schoten* dicht stehend, ± *der Blst.achse genähert.* IV–VII. 2n = 16, 32, 64. Umfaßt u. a.:

ssp. h i r s ú t a; St. mit abstehenden Sternhaaren; Stb. u. Öhrchen abstehend; Schotenklappen mit deutlichem Mittelnerv über die ganze Länge; S. ringsum geflügelt. – U. a.:

var. h i r s ú t a u. andere Var. – Halbtrockenrasen, trockene Wiesenges.; nährstoffreiche, N- u. meist kalkhaltige lehmige Böden. – Zerstreut bis verbreitet (bis 1420 m), im NW fast völlig fehlend. – euras-med.

var. g l a b r á t a Döll (= A. sudetica Tausch); St. kahl; B. kahl od. fast kahl. – Moorböden. – Selten: Riesengebg., Bay.

ssp. s a g i t t á t a (Bert.) Rchb.; St. mit abstehenden einfachen Haaren; Stb. u. Öhrchen abstehend; Schotenklappen mit deutlichem Mittelnerv über die halbe Länge; S. nur an der Spitze geflügelt. – Halbtrockenrasen, lichte Wälder, sehr zerstreut. – submed-gem-kont.

ssp. p l a n i s í l i q u a (Pers.) Thell. (= A. gerardi Bess.); St. mit angedrückten Sternhaaren; Stb. u. Öhrchen anliegend; Schotenklappen fast völlig nervenlos; S. ringsum schmal geflügelt. – Feuchtwiesen od. angrenzende Brachäcker (z. B. Rheinpf. zw. Dannstadt u. Schifferstadt); wechselfeuchte, torfige, tonige Böden. – Selten. – gem-kont.

Eur., As., N-Afr.

1177. A. coerúlea All. Blaue G.

♃, *H.* – H. 0,02–0,12. Spr. niederliegend, an der Spitze mit B. rosette; *St. flaumig; Grdb.* fast spatelförmig, *glänzend;* Stb. länglich-eiförmig, sitzend, kaum st.umfassend, wenige (2–3); Blst. dicht; Krb. 4–5 mm lang, bläulich; Schoten aufrecht-abstehend; S. breit geflügelt. VII–VIII. 2n = 16.

Schneebodenges.; nasse, humose, kalkhaltige Substrate (Feinschutt). – Zerstreut bis selten: Alp. (1950–2580 m), selten tiefer. – Alp.; alp.

1178. A. púmila Jacq. Zwerg-G.

♃, *Ch.* – H. 0,05–0,15(0,25). Grdb. rosettig, fast spatelig; *Stb. wenige* (2–3), eiförmig-länglich, sitzend; Blst. armbl.; Krb. 5–7,5 mm lang, weiß; Schoten aufrecht-abstehend; S. breit geflügelt. VI–VIII. 2n = 16, 32.

Felsspaltenges.; frische Kalksteinsubstrate. – Verbreitet: Alp. (bis 2740 m), mit den Flüssen herabkommend. – Alp., Abruzz.; alp.

1179. A. jacquínii Beck Maßlieb-G.
(= A. bellidifolia Jacq.)

♃, *Ch.* – H. 0,15–0,30(0,50). Spr. unten kriechend, an der Spitze mit B.rosette; Grdb. länglich-verkehrt-eiförmig, in den Stiel verschmälert; *Stb. mehr als 3*(7–12), eiförmig od. länglich, halbst.umfassend; Blst. dicht; Krb. 6–7 mm lang, weiß; Schoten aufrecht; S. geflügelt. V–VII. 2n = 16.

Quellflurges.; nasse, humose, kalkreiche Böden. – Verbreitet: Alp. (bis 1900 m), mit den Flüssen herabsteigend. – Pyren., Alp., Karp.; alp.

1180. A. corymbiflóra Vest Doldige G.
[= A. ciliata (Hoepfner) DC.]

⊙, (♃), *Ch.* – H. 0,08–0,20(0,35). St. von abstehenden Haaren rauh; Grdb. länglich-verkehrt-eiförmig, ganzrandig od. schwach gezähnelt; Stb. am Grd. abgerundet; Blst. dicht; Krb. weiß, 4–5 mm lang; *Schoten die Bl. überragend,* aufrecht-abstehend, 5- bis 6mal länger als ihr Stiel; *S. ungeflügelt.* V–VII. 2n = 16.

Blaugrasrasen; meist frische, humose Kalksteinböden. – Verbreitet bis zerstreut: Alp. (1100–2200 m, selten tiefer). – Pyren., Jur., Alp., Apenn., n. Balk.; w-alp.

4. Trib. A l ý s s e a e
1. Subtrib. L u n a r i í n a e

327. Lunária L. Silberblatt, Mondviole

x = 7?

I. Schötchen breitlanzettlich, an beiden Enden spitz . . . **1181. L. rediviva**
II. Schötchen breit-oval, an beiden Enden abgerundet **1182. L. annua**

1181. L. rediviva L. Ausdauerndes S.

♃, *H.* – H. 0,30–1,40. *Alle B. gestielt,* tief-herzförmig, gezähnt; Kr. lila; *Schötchen elliptisch-lanzettlich, an beiden Enden spitz,* Fr.träger meist länger als der Fr.stiel; S. nierenförmig, etwa 2mal so breit wie lang. V–VII. 2n = 28 (+ 2 B?).

Schluchtwaldges.; feuchte, durchsickerte, humose, meist kalkhaltige Böden. – Zerstreut: Bergland von M u. S (bis 1360 m), O, NO. – S- u. M-Eur., N-Eur., O-Eur.; subatl-praealp-submed (euras-subozean).

1182. L. ánnua L. (Abb. 190a–b) Einjähriges S.

⊙, ⊙, *H.* – H. 0,30–1,00. *Oberste B. sitzend; Kr. violett; Schötchen breit-oval, an beiden Enden stumpf,* Fr.träger meist kürzer als der Fr.stiel; S. herzförmig-rundlich, ± so breit wie lang. IV–VI. 2n = 28 (+ 2 B?).

Gepflanzt, selten verwildert. – Heimat: N-Span. bis Balk.

2. Subtrib. Alyssínae

328. Alýssum L. Steinkraut(-kresse)

x = 8

I. Schötchen kahl
  A. B. graufilzig; Krb. mäßig-ausgerandet; Spr. verholzt; ♃, ♄ . . . . **1183. A. saxatile**
  B. B. grün, locker behaart; Krb. sehr tief ausgerandet bis 2spaltig; Spr. unverholzt; (⊙), ♃ . . . . **1184. A. petraeum**
II. Schötchen sternhaarig
  A. Kr. goldgelb; Kb. nach der Bl. abfallend . . . . **1185. A. montanum**
  B. Kr. blaß-schwefelgelb (nach der Bl. weiß-verbleibend); Kb. bis zur Fr.reife bleibend . . . . **1186. A. alyssoides**

1183. A. saxátile L. Felsen-St.

♃, (♄), *Ch.* – H. 0,15–0,30(0,40). St. am Grd. halbstrauchig; B. länglich, in den B.stiel verschmälert, sehr weich-graufilzig; *Traube rispig, auch die fruchttragende noch kurz; Krb. ausgerandet,* goldgelb; Schötchen rundlich-verkehrt-eiförmig, Klappen wenig gewölbt. IV–V. 2n = 16.

Steppenrasen, Felsspaltenges.; basenreiche Steinböden. – Selten: Fränk. Jur., Sachs., Erzgebg. – M-D., Tschech., Balk. bis Anatolien; europ-kont.

1184. A. petrǽum Ard. Friauler St.

♃, *H.* – H. 0,15–0,45. St. krautig, aufrecht, ästig; unterste B. länglich-verkehrt-eiförmig, in den B.stiel verschmälert, st.ständige lanzettlich, sitzend; *Trauben rispig, die fruchttragenden verlängert;* Kr. dottergelb; *Platte der Krb. halb- bis 2spaltig;* Schötchen breit-elliptisch, in der Mitte aufgeblasen, am Rande plattgedrückt. IV–VI.

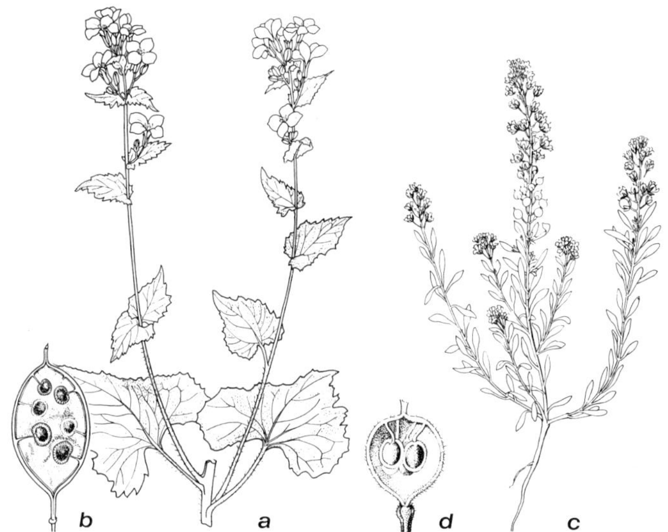

Abb. 190. *a–b Lunaria annua* (*a* Sproßspitze mit Blütenständen; *b* Frucht, vordere Klappe entfernt); *c–d Alyssum alyssoides* (*c* Habitus; *d* Frucht, vordere Klappe entfernt).

Infolge Aussaat bei Suhl (Thür. ob noch?) auf Porphyr-Felsen eingebürgert. – Heimat: Balk.

1185. A. montánum L. Berg-St.

♃, *Ch.* – H. (0,05)0,10–0,25. St. krautig, zuletzt unten verholzt; B. graugrün, lanzettlich, untere verkehrt-eiförmig; Blst. eine endständige, *einfache Traube;* längere Stbf. geflügelt, kürzere am Grd. mit Anhängsel; Schötchen ± rundlich, von angedrückten Sternhaaren grau. III–V.

var. m o n t á n u m; Wuchs dicht, niederliegend od. aufsteigend; B. verkehrt-eiförmig, dicht behaart; Krb. sattgelb, 3–5 mm lang; längere Stbf. einseitig geflügelt; Schötchen oft fast kreisrund, dicht behaart. 2n = 16. – Selten: NO, M u. S. – Pol., NO-, M-, S-D., CSR, w. Balk. bis Frankr.; submed(-kont).

var. a n g u s t i f ó l i u m Heuff. (= A. arenarium Gmel.); Wuchs locker, aufsteigend od. aufrecht; B. schmal-länglich, locker behaart; Krb. blaßgelb, 3–4 mm lang; längere Stbf. beiderseitig geflügelt; Schötchen breit-elliptisch, oft verkahlend. – Selten: NO, M u. S. – M-Rußl. bis Bulg., Pol., NO-, M-, S-D., ČSR, Österr.; europ-kont.

Steppenrasenges.; warme, trockene Kalksand- u. Kalksteinböden, seltener auch Buntsandsteinfelsen (so unteres Unstrut/Saale-Geb.).

1186. A. alyssoídes (L.) Nath. (Abb. 190c–d) Kelch-St.
(= A. calycinum L.)

(⊙), ①, *(Th), H.* – H. 0,08–0,25(0,40). St. krautig; B. lanzettlich, untere verkehrt-eiförmig u. wie die kreisrunden *Schötchen* von angedrückten Sternhaaren *grau;* längere Stbf. ohne Anhängsel, kürzere auf beiden Seiten mit einer Borste. IV–IX. 2n = 32.

Trockenrasenges.; warme, offene, oft kalkhaltige Böden. – Verbreitet bis zerstreut, im NW fehlend. – S-, M-, O-Eur., Vord.As., NW-Afr.; submed.

329. Bertéroa DC. Graukresse

x = 8

1187. B. incána (L.) DC. (Abb. 191a–b)

①, ⊙, *H.* – H. (0,15)0,25–0,50(0,70). St., B. u. Schötchen von Sternhaaren grau; B. lanzettlich; Kb. am Grd. gleich; Krb. 2spaltig, weiß; kürzere Stbf. am Grd. gezähnt; N.lappen ohne Anhang; Schötchen ellipsoidisch, flachgewölbt. VI–IX. 2n = 16.

Schuttunkrautges. u. trockene Rasenges.; vornehmlich warme, N-haltige Sand- u. Kiesböden. – Verbreitet (im Gebg. meist fehlend). – W-As. bis M-Eur. u. N-Med.; kont.

3. Subtrib. D r a b í n a e

330. Drába L. Felsenblümchen

x = 8

I. Pfl. ausdauernd; mit Laubspr. (Krb. meist länger als 2 mm)
  A. Bl. gelb; B. starr, linealisch od. länglich, steifborstig-gewimpert, in dichten Rosetten; St. sonst blattlos
    1. Stbb. so lang wie die Krb. (Äste der Grd.achse kurz, aufrecht) . . . . **1188. D. aizoides**
    2. Stbb. $^1/_2$ so lang wie die Krb. (Äste der Grd.-achse verlängert, liegend) . . . . **1189. D. sauteri**
  B. Bl. weiß; B. krautig, lanzettlich, meist sternhaarig; St. meist beblättert
    1. St. oberwärts nebst Bl.stielen behaart
      a) Schötchen behaart, elliptisch; St. mit einfachen, Stern- u. Gabelhaaren . . . . **1193. D. tomentosa**
      b) Schötchen kahl od. am Rande behaart, länglich-lanzettlich; St. ohne einfache Haare . . . . **1192. D. dubia**

Abb. 191. *a–b Berteroa incana* (*a* Sproßspitze mit Blüten u. Früchten, *b* Frucht); *c–e Draba muralis* (*c* Habitus, *d* Blüte, *e* Frucht).

2. St. oberwärts nebst Bl.stielen (u. Schötchen) kahl
   a) B. ringsum gewimpert (auf der Fläche meist kahl) . . . . **1190. D. fladnizensis**
   b) B. nur am Grunde gewimpert (auf der Fläche locker sternhaarig) . . . . **1191. D. carinthiaca**

II. Pfl. einjährig; ohne Laubspr. (St. beblättert; Krb. 1,5–2 mm lang) . . . . **1194. D. muralis**

1188. D. aizoídes L. Immergrünes F.

♃, *Ch.* – H. 0,03–0,15(0,20). *St. blattlos,* kahl; B. linealisch, spitzlich, auf der Fläche kahl; *Stbb. so lang wie die Krb.; Gr. bis fast so lang wie die Breite des Schötchens;* Schötchen kahl od. borstig-gewimpert, länglich; Fr.stiel kurz od. bis ca. 3mal so lang wie die Fr. IV–VI. 2n = 16. Formenreich, umfaßt im Geb. zumindest 2 geographische Gruppen:
Alp. Formenkreis (u. a. var. a i z o í d e s): Pfl. meist niedrig-gedrungen; Traube meist armbl.; Bl. klein, hellgelb; Fr. kurz gestielt, Schötchen meist kahl.

Felsspalten- u. Felsrasenges.; warme, trockene, basenreiche, meist Kalksteinböden. – Zerstreut bis verbreitet: Alp., insbes. alp. Stufe (ca. 1700 bis 2420 m).

Mont. Formenkreis, hierher:

var. m o n t á n a Koch; Pfl. bis 0,15(0,20); Traube reichbl.; Bl. groß, leuchtend-gelb; Fr.stiele bis 2 cm lang; Schötchen meist schmal u. am Rande oft gewimpert.

Felsspalten- u. Steppenrasenges.; warme Kalksteinböden. – Selten: Fränk. u. schwäb. Jura, Donautal, Hohentwiel, niedrige Lagen der Alp.

Pyren. bis Jur., Alp., N-Karp.; alp-praealp.

1189. D. sāūteri Hoppe Sauters F.

♃, *Ch.* – H. 0,02–0,06. B. lanzettlich bis spatelförmig, stumpf; Blst. armbl.; *Stbb.* 1/2 *so lang wie die Krb.; Gr. so lang od. kürzer als breit;* Schötchen eiförmig, kahl, selten am Rande behaart. VI–VII. 2n = 32.

Felsspalten- u. Steinschuttges.; frische, kalkreiche Substrate. – Sehr selten: Berchtesgadener Alp. (2090–2700 m). – O-Alp.; o-alp.

1190. D. fladnizénsis Wulf. Fladnitzer F.
(= D. Wahlenbergii Hartm.)

♃, *H.* – H. 0,01–0,08. *Grdb.* länglich-stumpflich, *gewimpert, auf der Fläche kahl,* seltener mit wenigen kurzen Sternhaaren; Frst. sehr kurz; Schötchen länglich-oval. VI–VIII. 2n = 16.

Felsschutt-, Steinrasenges.; frische, kalkarme u. kalkreiche Substrate. – Selten: Allgäuer Alp. (1950–2455 m). – Arkt. bis Z-As., Pyren., Alp., Karp.; arkt-alp.

1191. D. carinthíaca Hoppe Kärntner F.
(= D. Johannis Host)

♃, *Ch.* – H. 0,03–0,08(0,15). *Grdb.* lanzettlich, *mit kleinen Sternhaaren locker besetzt u. am Grd. gewimpert;* Frst. verlängert; Schötchen länglich-lanzettlich. V–VII. 2n = 16.

Felsschutt- u. Steinrasenges.; basenreiche, meist kalkreiche Steinböden. – Selten: Allgäuer Alp. (2160–2420 m). – Pyren., Alp., Karp., Rilagebg.; alp.

1192. D. dúbia Suter Kälte-F.
(= D. frigida Sauter)

♃, *Ch.* – H. 0,03–0,10. St. locker sternhaarig; Grdb. schmal verkehrt-eiförmig, locker sternhaarig; *Schötchen* länglich-elliptisch, *kahl* od. am Rand behaart. V–VII. 2n = 16.

Felsspaltenges.; kalkarme u. kalkreiche Steinböden (klimaextreme Standorte). – Sehr selten: Allgäuer Alp. (1950–2240 m). – Alp., Hohe Tatra; alp.

1193. D. tomentósa Clairv. Filz-F.

♃, *Ch.* – H. 0,03–0,06. St. dicht-sternhaarig; Grdb. breit-elliptisch, stumpf, sternhaarig; *Schötchen* oval bis länglich, *gewimpert.* VI–VIII. 2n = 16.

Felsspaltenges.; Kalksteinböden (klimaextreme Standorte). – Verbreitet bis zerstreut: Alp. (1700–2900 m). – Alp., Hohe Tatra, Rilagebg., alp.

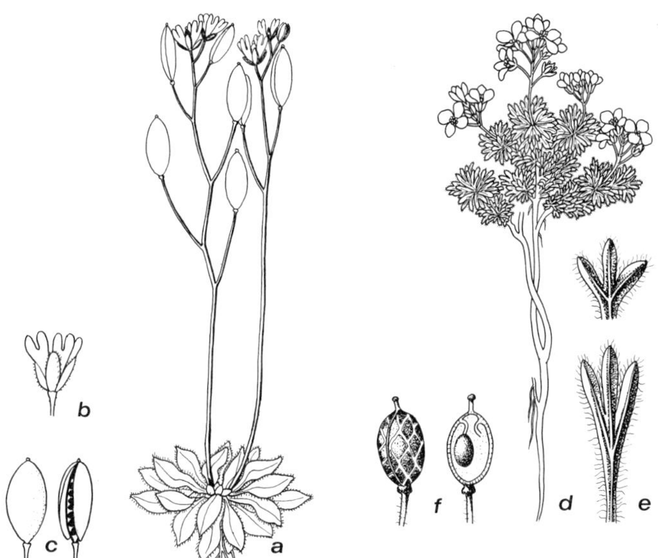

Abb. 192. *a–c Erophila verna* (*a* Habitus, *b* Blüte, *c* Frucht); *d–f Petrocallis pyrenaica* (*d* Habitus, *e* Blätter, *f* Früchte).

1194. D. murális L. (Abb. 191c–e) Mauer-F.

⊙, *H.* – H. (0,08)0,15–0,30(0,45). St. beblättert; unterste B. rosettig, länglich, mittlere u. obere sitzend, halbst.umfassend, rundlich-eiförmig, gesägt-gezähnt; Kr. weiß; Fr.stiele waagerecht-abstehend, noch einmal so lang wie das kahle Schötchen. V–VI. 2n = 32.

Trocken- u. Halbtrockenrasen, Mauern etc.; u. a. warme, N- u. kalkhaltige Sand- u. Steinböden. – Sehr selten: Anh. (vom Unterharz u. unterer Saale bis Naumburg); selten u. zerstreut im W, seltener SW, daneben verschleppt. – Med., W- u. M-, SO-Eur. bis S-Schwed.; submed.

331. Eróphila DC. Hungerblümchen

x = 6, 7, 8

1195. E. vérna (L.) Chev. (Abb. 192a–c) Frühlings-H.

⊙, *Th.* – H. (0,01)0,02–0,15(0,25). *B. sämtlich grd.ständig,* rosettig, verkehrt-eiförmig bis lanzettlich; Blst. eine Traube; *Krb. zweispaltig,* meist weiß (gelegentlich rötlich); Frst. verlängert; Schötchen länglich bis fast kreisrund, meist aufrecht abstehend. III–V. 2n = 14, 24, 30, 32, 34, 36, 40, 52, 58, 64. – Sehr formenreich. Umfaßt nach rein morphologischer Gliederung:

ssp. spathuláta (Lang) E. Schmid; Laubb. dicht mit kurzen, feinen Gabelhaaren bedeckt, einfache Haare gegen den Grd. als Wimpern; *Stbbtl. der längeren Stbb. die N. nicht erreichend; Schötchen kaum länger als breit.* – Verbreitet. – Eur., As., Med.

ssp. prǽcox (Stev.) E. Schmid; Laubb. mit derben, einfachen u. wenigen, feinen Gabelhaaren; *Stbbtl. der längeren Stbb. die N. erreichend od. überragend; Schötchen länger als breit, stumpf od. spitz, gegen den Grd. etwas verschmälert.* – Selten, u. a. S u. SW. – Med., w. Inner-As., M-Eur.

ssp. vérna; Laubb. mit feinen Gabel- u. Sternhaaren, meist ohne einfache Haare; *Stbbtl. der längeren Stbb. die N. erreichend od. überragend; Schötchen stumpf od. spitz, am Grd. gleichmäßig gerundet.* Formenreich. – Verbreitet u. häufig. – Med., Eur., As.

Weitgehend unabhängig von obiger morphologischer Gliederung sind bisher 4 sspp. auf Grd. der cytologischen Verhältnisse zu trennen: ssp. simplex Winge, 2n = 14; ssp. semiduplex Winge, 2n = 24; ssp. duplex Winge, 2n = 30–40; ssp. quadruplex Winge, 2n = 52–64.

Divers. Ges.; offene, meist trockene u. warme, nährstoffärmere u. sandige Böden. – euras.

332. Petrocállis R. Br. Steinschmückel

x = 7

1196. P. pyrenáica (L.) R. Br. (Abb. 192d–f)

♃, *Ch.* – H. 0,02–0,08. B. sämtlich grd.ständig, keilförmig, 3(5) spaltig, borstlich-gewimpert; K. rotgerandet; Kr. hell-lila od. rosa (selten weiß); Schötchen ellipsoidisch, kahl. VI–VII. 2n = 14.

Alp. Kalkfelsen- u. -geröllges., Felsspalten; Polster bildend. – Zerstreut: Bay. Alp. (ca. 2000–2600 m, Daumen, Wetterstein, Karwendel, Berchtesgadener Alp. einschl. Funtenseetauern). – Pyren., Alp., Tatra.; alp.

5. Trib. Lepidíeae
1. Subtrib. Cochleariínae

333. Cochleária L. Löffelkraut

x = 6, 7

I. Obere B. mit tief-herzförmigem Grd. stengelumfassend, untere gestielt
  A. Untere B. eiförmig-länglich, am Grd. abgerundet od. in den B.stiel verschmälert; reife Fr.scheidewand etwa 3- bis 5mal so lang wie breit .... **1197. C. anglica**
  B. Untere B. breit-eiförmig bis nierenförmig, schwach herzförmig; reife Fr.scheidewand etwa bis 2mal so lang wie breit
    1. Fr. kugelig od. eiförmig, am Grd. abgerundet stumpf .... **1198. C. officinalis**
    2. Fr. meist rhombisch-ellipsoidisch, beiderends verschmälert .... **1199. C. pyrenaica**
II. B. sämtlich gestielt, obere ei-lanzettförmig, kurzgestielt .... **1200. C. danica**

1197. C. ánglica L. Englisches L.

⊙, ♃, *H.* – H. 0,10–0,30(0,40). Untere B. gestielt, eiförmig-länglich od. eiförmig, am Grd. abgerundet od. in den B.stiel vorgezogen, mittlere länglich, gezähnt od. ganzrandig; Krb. weiß, oft ±purpurn überlaufen, 5–7 mm lang. V–VII. 2n = 48 (+0–22).

Salzwiesen; feuchte, nasse, salzhaltige, im Sommer hin und wieder überflutete Ton- u. ±sandig-tonige Böden. – Zerstreut bis selten: N- u. O-See-Küsten (bis Pomm.), Flußmündungen der Küsten. – Küsten des N-Atlant., N- u. O-See (z. T.); n-atl.

1198. C. officinális L. s.str. (Abb. 193a–b) Gebräuchliches L.
[= C. officinalis L. s. l. ssp. officinalis (L.) J. D. Hook.]

①, ⊙, (♃), *H.* – H. 0,15–0,30. Untere B. gestielt, breit-eiförmig, schwach-herzförmig, mittlere eiförmig, gezähnt; Krb. weiß ± 4 mm lang, untere Fr. beträchtlich kürzer, obere etwa so lang wie der (60–90° abstehende) Fr.stiel (IV)V–VI. 2n = 24(+ 0–4).

Verschied. Salzpflanzenges.; feuchte bis frische, salzhaltige, tonig-sandige, tonige od. auch humose, lehmige Böden; selten gebaut. – Zerstreut: Küsten der N- u. O-See (bis Meckl.); selten: Salzstellen des Binnenlandes. – W-, N-Eur., Isl., Spitzb., Nov. Semlja; no-arkt(atl).

1199. C. pyrenáica DC. Pyrenäen-L.
[= C. officinalis L. s. l. ssp. alpina (Bab.) J. D. Hook.]

♃, (①), (⊙), *H.* – H. (0,10)0,15–0,30(0,50). Untere B. gestielt, oft breiter als lang und nierenförmig; Krb. weiß, bis ca. 5 mm lang;

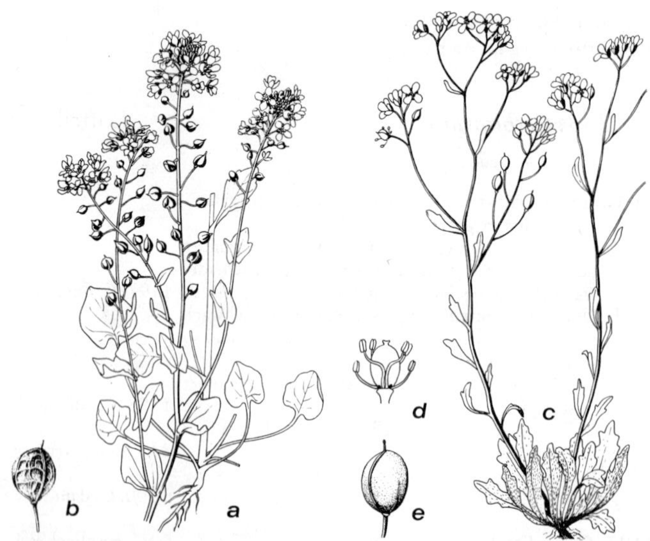

Abb. 193. *a–b Cochlearia officinalis* (*a* Habitus, *b* Frucht); *c–e Kernera saxatilis* (*c* Habitus, *d* Fruchtknoten u. Staubblätter, *e* Frucht).

untere Fr. kaum kürzer, obere meist länger als der dicke (45–60° abstehende) Fr.stiel. Im Geb. wohl nur ssp. p y r e n á i c a. 2n = 12.
Quellflurges. (eig. Ges.) od. Kalkflachmoore; nasse, nährstoffreiche, ±kalkhaltige, ±tonige Moorböden. – Selten bis zerstreut: Aachen, Westf., Rhön, Bay. (auch Alp.), Bodenseegeb. – praealp(-no?).

1200. C. dánica L. Dänisches L.

⊙, ⊙, *H.* – H. 0,10–0,20. Untere B. herzförmig, mittlere 3- od. 5lappig, Krb. weiß od. schwach blaßlila, 2–3(4) mm lang; reife Fr.-scheidewand höchstens 2mal so lang wie breit. V–VI. 2n = 42.
Salzwiesen (Strandnelkenwiesen); auf salzhaltigen Ton- od. ±sandig-tonigen bis kiesigen Böden od. Sandsteingeröll. – Zerstreut – selten: N- u. O-See-Küsten (bis Pomm.). – Küsten von S-Norw. bis Span., Port., O-See (ö. bis Pomm.); atl.

Bastard:
C. anglica × officinalis

334. Kérnera Med. Kugelschötchen

x = 8

1201. K. saxátilis (L.) Rchb. (Abb. 193 c–e) Felsen-K.

♃, *Ch.* – H. 0,10–0,30(0,45). Untere B. gestielt, spatelig-verkehrt-eiförmig, meist gezähnelt, meist rauhhaarig, rosettig; Stb. sitzend, linealisch-länglich; Kr. klein, weiß; Schötchen kugelig. V–VIII. 2n = 16. 32.

Kalkfelsen-Ges. (seltener Mauern); ±trockene, lichtexponierte Felsspalten; seltener Kalkgeröll. – Selten bis zerstreut: Kalkalp. (bis 2080 m), Bay. Hochebene, Jura (Donaudurchbruch), N-Bay. – Gebg. von N-Span. bis Karp., Balk.; alp(-praealp).

2. Subtrib. C a p s e l l í n a e

335. Camelína Crantz Dotter

x = 6, 10

1202. C. satíva (L.) Crantz (Abb. 194a–c) Lein-D.

⊙, ①, *Th, H.* – H. 0,30–1,00. Grundb. länglich bis spatelig, ganzrandig od. fiederlappig; Stb. länglich, lang zugespitzt, geöhrt od. pfeilförmig st.umfassend; Kr. gelb; Schötchen ±birnförmig, meist früh verholzend. VI–VIII. 2n = 28, 40, 42. Umfaßt:

ssp. m i c r o c á r p a (Andrz.) Thell.; meist ①; *St. mit langen einfachen u. verzweigten Haaren;* Grundb. stumpf-längl., kurz gestielt; *Fr.* birnförmig, *breit berandet,* 3–5(7) mm lang, 2mal so lang wie der Gr.; S. 0,7–0,8 mm lang. – Zerstreut. – Eur., As.; euras(-kont).

ssp. p i l ó s a (DC.) Thell.; meist ①; *St. mit langen einfachen u. verzweigten Haaren;* Grundb. spatelförmig, lang gestielt; *Fr.* birnförmig, *schmalrandig,* 4–7 mm lang, 3mal so lang wie der Gr.; S. 1,2–1,8 mm lang. – Selten. – Eur., As.; euras(-kont).

ssp. a l ý s s u m (Mill.) Thell. (= C. dentata Pers.); meist ⊙; *St. mit kurzen einfachen u. angedrückten Sternhaaren; Fr.* ziemlich kugelig, *schmalrandig,* 8–10 mm lang, Klappen häutig; Gr. 3–4 mm lang; S. 2,5–3 mm lang. – Zerstreut bis selten (Leinfelder). – Eur., As.; euras.

ssp. s a t í v a; meist ⊙; *St. fast nur mit angedrückten Sternhaaren,* fast ohne einfache Haare; *Fr.* birnförmig, *schmalrandig,* 6–10 mm lang, Klappen hart; Gr. 4–7 mm lang; S. 1,5–2 mm lang. Alte Kulturpfl., selten gebaut. – Zerstreut. – euras(-kont).

Getreideunkrautges., Leinunkrautges. (ssp. alyssum); lockere, nährstoffreiche, nicht immer kalkhaltige, meist lehmige Böden.

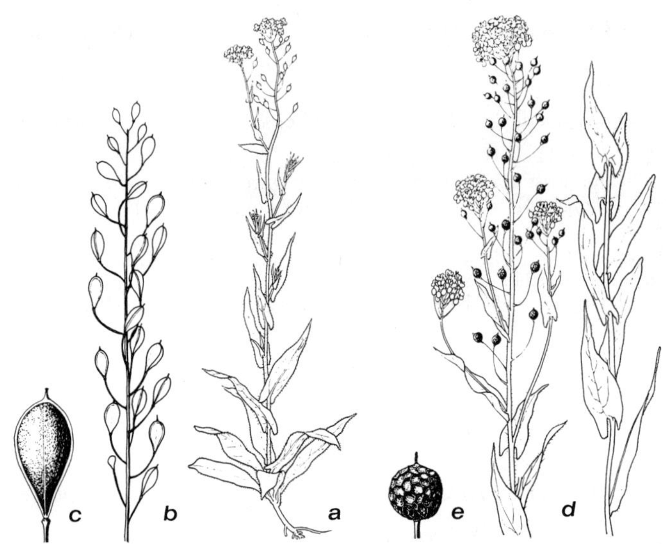

Abb. 194. *a–c Camelina sativa* (*a* Habitus, *b* Fruchtstand, *c* Frucht); *d–e Neslia paniculata* (*d* Sproßspitze, *e* Frucht der ssp. *paniculata*).

336. Néslia Desv. Finkensame

x = 7

1203. N. paniculáta (L.) Desv. (Abb. 194 d–e)

⊙, *Th.* – H. 0,15–0,80. B. lanzettl., untere gestielt, obere mit tiefpfeilförmigem Grd. sitzend; Kr. goldgelb; Fr. („Schötchen") klein, 1,5–2 mm ∅, ±kugelig, netzig-runzelig, meist 1samig. VI–VII. 2n = 14. Umfaßt (auch als Arten bewertet):

ssp. p a n i c u l á t a; Fr. etwas breiter als lang, tief-netzig-runzelig, ohne deutliche Längsrippen, Träger u. Hals im ausgereiften Zustand fast nicht mehr abgesetzt (Abb. 194e).

Getreideunkrautges.; warme, nährstoff- u. meist kalkhaltige, lehmige Böden. – Selten bis zerstreut, bes. im m., ö. u. s. Geb., unbeständig. – evtl. aralokasp. u. ukrainisches Steppengeb.; kont-submed.

ssp. t h r á c i c a (Velen.) Bornm. (= N. apiculata Fisch., Mey. et Avé-Lall.); Fr. etwa so breit wie lang, flach- bis tief-netzig-runzelig mit 4 Längsrippen, bzw. scharf gekieltem Rand, in Träger u. Hals deutlich kurz zugespitzt.

Sehr selten, so z. B. s. Oberrheingeb. (Istein). – Med.; med.

337. Capsélla Med. Hirtentäschel

x = 8

I. Fr. an der Spitze ohne Öhrchen
A. Stb. pfeilförmig-geöhrt (meist ungeteilt); Pfl. meist mit Grdb.rosette . . . . **1204. C. bursa-pastoris**
B. Stb. ohne Öhrchen (gefiedert); Pfl. ohne Grdb.-rosette . . . . **1206. C. procumbens**
II. Fr. an der Spitze mit 2 seitlich vorspringenden Öhrchen . . . . **1205. C. rubella**

1204. C. búrsa-pastóris (L.) Med. (Abb. 195 a–c) Echtes H.

①, ⊙, (⊙), *H, (Th)*. – H. 0,20–0,40. Grdb. schmal-länglich, ungeteilt, gezähnt bis fiederspaltig; oberste Stb. ungeteilt, ganzrandig; Kb. grün; *Kr.* weiß, selten fehlend, *den K. überragend; Schötchen 3eckig-verkehrt-herzförmig, 4–9 mm lang.* III–X. 2n = 32. Sehr formenreich (bisher über 40 erbkonstante Varianten bez. der Fr.form, neben rel. großer Variationsbreite innerhalb der Varietäten in M-Eur., unterschieden). U. a. Abweichungen in der B.gestalt:

var. simplicifólia Pers.; B. ganzrandig od. schwach gezähnt bis gebuchtet. –

var. coronopifólia DC.; B. fiederschnittig, zudem meist noch gezähnt. –

Hack- u. Schuttunkrautges.; nährstoff- u. N-reiche, meist humose Böden. – Häufig (Alp. bis 1500 [2077] m). – Gem. Zonen, weltweit; no-euras-med.

Droge: Herba Bursae pastoris

1205. C. rubélla Reut. Rötliches H.

⊙, ⊙, *Th, H*. – H. bis 0,40. Grdb. meist schrotsägeförmig u. Zipfel gezähnt; Stb. pfeilförmig st.umfassend, oberste linealisch; *Kb. rötlich; Krb.* weiß bis rötlich, *kaum länger als der K.; Schötchen verkehrt-herzförmig mit 2 Öhrchen.* IV–X. 2n = 16.

Selten eingeschleppt u. unbeständig in warmen Schuttunkrautges. – W-Eur., Med.; med(-atl).

1206. C. procúmbens (L.) Fries Kleines H., Liegende Salzkresse
[= Hymenolobus procumbens (L.) Nutt.]

⊙, *Th*. – H. 0,05–0,15. St. niederliegend od. aufrecht; B. meist tief-fiederspaltig, Zipfel ganzrandig, lanzettlich, meist fleischig, obere B. linealisch-länglich; *Kr.* weiß, *wenig länger als der K.; Schötchen verkehrt-eiförmig od. elliptisch,* 2–4 mm lang. IV–V. 2n = 12.

Salzpflanzenges. des Binnenlandes; nasse, salzhaltige, tonige Böden. – Sehr selten (ob noch? neuerlich nicht wieder gefunden): N-Thür., Anh. – Küsten W-Frankr., Med., Schwarz. Meer; As., N-Am., Chil., Austr., Neuseel.; kont-med.

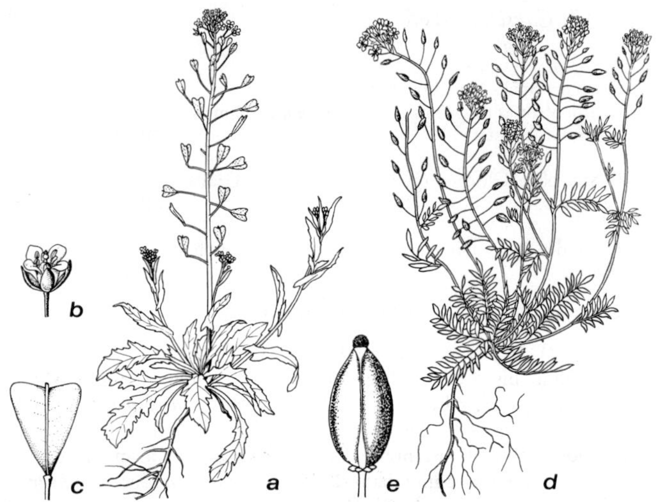

Abb. 195. *a–c Capsella bursa-pastoris* (*a* Habitus, *b* Blüte, *c* Frucht); *d–e Hutchinsia petraea* (*d* Habitus, *e* Frucht).

338. Hutchínsia R. Br. Gemskresse

x = 6

I. St. beblättert; Krb. kaum 1 mm lang .... **1207. H. petraea**
II. St blattlos; Krb. 3–5 mm lang .... **1208. H. alpina**

1207. H. petraéa (L.) R. Br. (Abb. 195 d–e) Felsen-G.
[= Hornungia petraea (L.) Rchb.]

⊙, *Th.* – H. 0,02–0,15. St. ästig, beblättert; B. tief-fiederteilig; Kb. meist violett, mit weißem Hautrand; Krb. wenig länger als der K., weiß; *Fr.stiel kahl;* Schötchen ellipsoidisch, stumpf. IV–VI. 2n = 12. Trockenrasenges.; warme, kalkreiche Steinböden. – Selten: Nieders. (Süntel), Saale/Unstrut-Geb. (Naumburg bis Kyffhäuser), Maingeb., Fränk. Jura, Pf., Kaiserstuhl. – M-Eur. (bis S-Norw., SO-Schwed.), Med., N-Afr., Kl.As.; submed(-subatl).

1208. H. alpína (L.) R. Br. Alpen-G.

♃, *Ch.* – H. 0,02–0,12. St. einfach, blattlos; B. tief-fiederspaltig; Fr.traube meist lang, locker; Kb. grün, mit weißem Hautrand; Krb. 2mal so lang wie der K., weiß; *Fr.stiel behaart.* V–VIII. 2n = 12. Umfaßt (wohl durch Übergänge verbunden):

ssp. alpína; H. bis 0,12; Blst. verlängert, über den B.; Schötchen breit-lanzettl., beidendig spitz.
Alp. Kalkschuttges.; frische kalkreiche Böden. – Zerstreut bis verbreitet: Alp., auch mit den Flüssen herabsteigend.

ssp. brevicaulis (Hoppe) Arcang.; H. 0,02–0,04; Blst. flach, die B. kaum überragend; Schötchen fast umgekehrt-eiförmig, an der Spitze stumpf.
Alp. Schuttges.; kalkärmere Böden. – Sehr selten: Alp. (bis 2670 m, Mädelegabel, Watzmann).

Gebg. von NW-Span. bis Montenegro; alp.

3. Subtrib. Thlaspidínae

339. Teesdália R. Br. — Bauernsenf

x = 6

1209. T. nudicaulis (L.) R. Br. (Abb. 196a–c)

①, (⊙), *H, (Th).* – H. 0,08–0,20. B. sämtlich grd.ständig, rosettig, leierförmig-fiederspaltig; Krb. weiß, äußere länger; Gr. sehr kurz. IV–V. 2n = 36.

Silbergrasfluren (geleg. auch in entsprechend. Unkrautges.); saure, kalkfreie Sandböden. – Zerstreut, streckenweise verbreitet: M-, s. N-, W-, O-Eur., nw. Med.; subatl(-submed).

340. Thláspi L. — Täschelkraut

x = 7

I. Pfl. ohne Laubspr., ⊙ od. ①
  A. St. kantig od. gerillt (mit Lauchgeruch)
    1. Schötchen fast kreisrund, bis zum Grd. breitgeflügelt . . . . **1210. Th. arvense**
    2. Schötchen schmal verkehrt-eiförmig, fast nur oberwärts schmal geflügelt . . . . **1211. Th. alliaceum**
  B. St. stielrund (Fr. verkehrt-herzförmig, oberwärts ±schmal geflügelt; ohne Lauchgeruch) . . . . **1212. Th. perfoliatum**
II. Pfl. mit Laubspr., ♃ od. 2- bis mehrjährig (St. stielrund; ohne Lauchgeruch)
  A. Fr.traube verlängert; Bl. weiß
    1. Stbbtl. zuerst gelblich, zuletzt schwarz-violett; Krb. kaum länger bis 2mal so lang wie der K. . . **1213. Th. alpestre**

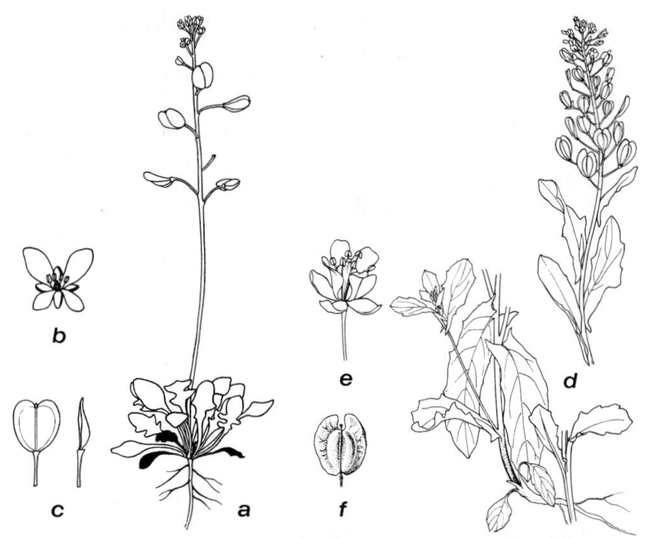

Abb. 196. *a–c Teesdalia nudicaulis* (*a* Habitus, *b* Blüte, *c* Früchte); *d–f Thlaspi arvense* (*d* Habitus, *e* Blüte, *f* Frucht).

2. Stbbtl. gelblich bleibend; Krb. mehr als 2mal so lang wie der K. . . . . **1214. Th. montanum**

B. Fr.traube meist verkürzt, fast trugdoldig; Bl. hellviolett . . . . **1215. Th. rotundifolium**

1210. Th. arvénse L. (Abb. 196d–f) Acker-T.

⊙, ①, *Th, H.* – H. 0,10–0,30(0,60). Pfl. grasgrün, beim Zerreiben von knoblauchartigem, widrigem Geruch; *St. kantig;* Stb. sitzend, länglich, meist buchtig-gezähnt, am Grd. pfeilförmig; Schötchen tief ausgerandet; *Fächer vielsamig; S. bogig-runzelig.* IV–VI(–X). 2n = 14.

Ackerunkrautges. etc.; nährstoffreiche, humose, insbes. lehmige Böden. – Verbreitet. – Eur., W-As., Sib., Jap., Alg., (N-Am.); no-euras-submed.

1211. Th. alliáceum L. Lauch-T.

⊙, *Th.* – H. 0,15–0,60. Pfl. mit Lauchgeruch; *St. gerillt,* Stb. mit geöhrtem Grd. sitzend, entfernt gezähnt od. ganzrandig; Schötchen seicht u. spitzwinklig ausgerandet, *Fächer mit meist 5 S.; S. grubignetzig.* V–VI.

Ackerunkrautges.; ±frische, nährstoff- u. basenreiche Böden. – Sehr selten: Berchtesgaden (Ramsau, ob noch?, neuerdings nicht wieder beobachtet), sehr selten adventiv im übrigen Geb. – N-Med. bis SW-Frankr.; submed.

1212. Th. perfoliátum L. Stengelumfassendes T.

①, (⊙), *H. (Th).* – H. 0,07–0,25. Pfl. oft blaugrün; Stb. mit herzförmigem Grd. stengelumfassend, ganzrandig od. gezähnelt; Schötchen rundlich-verkehrt-herzförmig, breit-ausgerandet; *Fächer meist 4samig; S. fast glatt.* (III)IV–VI. 2n = ca. 70.

Trocken- u. Halbtrockenrasenges.; warme, kalkreiche, N-haltige Böden. – Zerstreut: M, S (Alp.vorland bis 680 m), im N sehr selten u. vorübergehend. – Eur., SW-As., N-Afr.; submed(-euras).

1213. Th. alpéstre L. Gebirgs-T.

⊙, (♃), *H, (Ch).* – H. 0,05–0,25(0,40). Grd.achse vielköpfig; *Stämmchen kurz, rasenartig-zusammengedrängt;* St. meist einfach; Stb. eiherzförmig, stumpflich; Krb. 2mal so lang wie der K.; Stbbtl. gelblichweiß, dann purpurrot bis schwarz; Gr. kurz (bis 1,5 mm); Schötchen verkehrt-herzförmig-3eckig; Fächer 2- bis 6samig. IV–VI. 2n = 14. Im Geb. nur:

ssp. silvéstre (Jord.) Nym.; Krb. 2–3 mm lang; *Stbb. so lang od. ±länger als die Krb.;* Gr. länger als die Ausrandung der Fr.; Fächer 4- bis 6samig; *hapaxanth.* –

Wiesen, Waldränder, Mauern; frische, nährstoffreiche, kalkfreie ±sandige Lehmböden. – Selten bis zerstreut (stellenweise häufiger): W, M u. S; n. bis zum s. Westf.; nö. bis Oder-Görlitzer Neisse. –

ssp. calamináre (Lej.) Mgf.; Krb. ca. 3,5 mm lang (meist etwas lila); *Stbb. kürzer als die Krb.;* Gr. wenig länger als die Ausrandung der Fr.; Fächer meist 2- bis 4samig; *pollakanth.* –

Schwermetallrasen; trockene, schwermetallhaltige Kies- u. Schlackenböden. – Selten: Osnabrück, Aachen. –

W-, M-, N-Eur., lückig (nördlich der Linie Pyren. – W-Alp. – Apenn. – Calabr. – O-Alp. – Kroat.; n. bis Schottl. – S-Norw. – N-Schwed. – M-Finnl.); praealp.

1214. Th. montánum L. Berg-T.

♃, *H.* – H. 0,10–0,25. *Grd.achse vielköpfig; Stämmchen verlängert, ausläuferartig;* St. einfach; Stb. herzförmig, sitzend; Krb. mehr als doppelt so lang wie der K. (bis 7 mm lang); Gr. meistens lang; Schötchen rundlich-verkehrt-herzförmig; *Fächer 1- bis 2samig.* IV–V. 2n = 28.

Trocken- u. Kiefernsteppenwaldges., Rasenges.; mäßig frische, flachgründige Kalksteinböden. – Selten bis zerstreut: insbes. Thür., n. Bay., Hess., Jura- u. Taubergeb., Bay., Allgäu. – Balk., Österr., CSR, D., Belg., Frankr., Schweiz, Span.; praealp(-gem-kont).

1215. Th. rotundifólium (L.) Gaud. Rundblättriges T.

♃, *Ch.* – H. 0,05–0,10(0,13). *Grd.achse vielköpfig; Stämmchen verlängert, ausläuferartig;* St. einfach; Stb. am Grd. mit umfassenden Öhrchen; Krb. mehr als doppelt so lang wie der K.; Schötchen länglich-verkehrt-eiförmig, kaum ausgerandet, scharf gekielt, nicht ausgeprägt geflügelt; Gr. frei hervorragend. VI–IX. 2n = 14.

Alp. Kalkschuttges. (eig. Ges.); feinerdearme, kalkreiche, steinige Substrate. – Verbreitet: Alp. (insbes. 1600–2700 m), seltener tiefer. – Alp.; alp.

341. Aethionéma R. Br. Steintäschel

x = 8

1216. A. saxátile (L.) R. Br. (Abb. 197 a–c)

♃, ⊙, *Ch.* – H. 0,05–0,20. St. meist am Grd. ästig, Äste aufrecht, dichtbeblättert; B. linealisch-länglich, ganzrandig, kahl, bläulichgrün; Kr. rötlich (selten weiß); Schötchen rundlich-verkehrt-eiförmig, breitgeflügelt, tief-ausgerandet; daneben kleinere Schließfr. V–VI. 2n = 48.

Kalkfelsen- od. Kalkgeröllges.; kalkreiche (auch dolomitische) steinige Substrate. – Verbreitet bis zerstreut: Alp. (bis 1430 m) und im Flußgeröll der Voralp. – Gebg. von Span. bis Balk.; submed-praealp.

4. Subtrib. Iberidínae

342. Ibéris L. Schleifenblume

x = 7, 8, 9, 11

I. Obere B. ganzrandig
 A. Fr.stand kurz traubig; Kb. nicht gesackt .... **1217. I. intermedia**
 B. Fr.stand dicht, scheindoldig; seitliche Kb. kurz gesackt .... **1218. I. umbellata**
II. Obere B. gekerbt-gezähnt (Fr.stand verlängert, locker) .... **1219. I. amara**

1217. I. intermédia Guersent Mittlere Sch.

⊙, ⊙, *H, Th.* – H. 0,30–0,60(0,80). Grd.ständige B. (des 1. Jahres) lanzettlich, beiderseits 1- bis 2zähnig, *stengelständige* linealisch-lanzettlich, *spitz, ganzrandig;* Kr. weiß od. blaßlila; *Schötchen mit dem Fr.stiele abstehend, ausgerandet-2lappig;* Lappen zugespitzt, viel kürzer als das Fach. VI–VII.

Warme, basenreiche Steinböden. – Eingebürgert bei Boppard (Burg) am Rhein. – Frankr., Balk.; med.

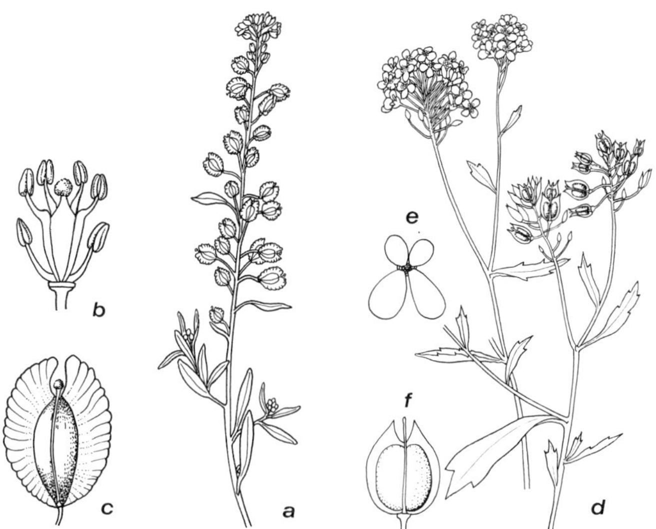

Abb. 197. *a–c Aethionema saxatile* (*a* Sproßspitze mit Blütenstand, *b* Staubblätter u. Fruchtknoten, *c* Frucht); *d–f Iberis amara* (*d* Sproßspitze mit Blütenstand, *e* Blüte von oben, *f* Frucht).

1218. I. umbelláta L. Scheindoldige Sch.

⊙, (⊙), *Th, (H).* – H. 0,15–0,50. B. elliptisch-lanzettlich, *obere* beiderends spitz, *ganzrandig;* Blst. scheindoldig; Kr. violett od. hellrot, seltener weiß; Schötchen rundlich-elliptisch bis eiförmig, mit 2 spitzen *Flügellappen,* diese ± *so lang wie das Fach.* V–VI. 2n = 14, 16, 18.

Kultiviert, des öfteren verwildert. – Heimat: S-Eur.

1219. I. amára L. (Abb. 197d–f) Bittere Sch.

⊙, (①), (⊙), *Th, (H).* – H. 0,10–0,40. B. länglich, stumpf, in den B.stiel keilig-verschmälert, *obere vorn beiderseits mit 2 bis 4 großen, stumpfen Zähnen;* Blst. zuletzt traubig; Kr. weiß od. etwas rötlich; *Schötchen fast kreisrund, schmal-ausgerandet,* mit 2 spitzen *Flügellappen,* diese *viel kürzer als das Fach.* V–VIII. 2n = 14.

Ackerunkrautges., Weinberge; warme, trockene, kalkreiche Böden. – Selten (infolge Kulturmaßnahmen stark abnehmend): SW, Hess., Pf. (u. a. Rhein-, Main-, Nahe-, Mosel-, Saar-Täler, Taubergeb.), stellenweise; sonst auch verschleppt od. verwildert. – S. u. w. M-Eur., Alg.; w-med.

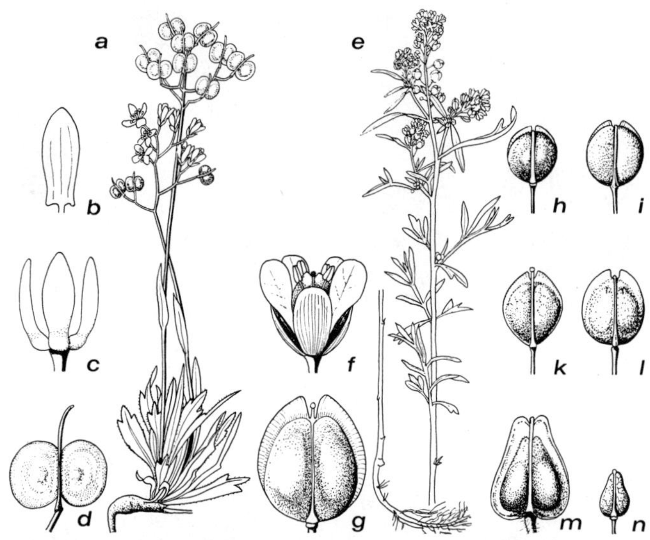

Abb. 198. *a–d Biscutella laevigata* (*a* Habitus, *b* Kronblatt, *c* Kelch, *d* Frucht); *e–n Lepidium* spp., *e–g L. sativum* (*e* Habitus, *f* Blüte, *g* Frucht), *h–n* Beispiele von Früchten (*h L. densiflorum, i L. virginicum, k L. perfoliatum, l L. ruderale, m L. campestre, n L. graminifolium*).

343. Biscutélla L. Brillenschötchen

x = 9 (6, 8?)

1220. B. laevigáta L. (Abb. 198a–d)

♃, *H.* – H. 0,10–0,30(0,50). Grdb. lanzettl., lineal. od. länglich, tief buchtig-gezähnt bis fast ganzrandig, ± in den B.stiel verschmälert; Stb. ±lineal. mit abgerundetem, halbst.umfassendem Grd.; Krb. gelb, meist unter 7 mm lang; Schötchen flachgedrückt, oben u. unten ausgerandet, brillenförmig. V–VII. Umfaßt im Geb. u. a.:

ssp. l a e v i g a t a; Grdb. borstig behaart, bis 13 × 2 cm groß, grobbuchtig-gezähnt. 2n = 36. – Alp. (bis 2375 m).

ssp. l ú c i d a (DC.) Mach.-Laur.; Grdb. auf der Fläche kahl, glänzend, lanzettl. od. länglich, bis 8(–13) × 0,8–1,5 cm groß; Krb. 7 mm lang. 2n = 36. – Alp.

ssp. k é r n e r i Mach.-Laur.; Grdb. grau-flaumig, lanzettl., scharfgezähnt, 12 × 0,5 cm groß; Stb. wenige, klein. 2n = 18. – Schles. (Breslau, Ohlau).

ssp. g r á c i l i s Mach.-Laur.; St. verzweigt; Grdb. flaumig, lanzettl., mit spitzen Zähnen, ±lang gestielt, 5 × 0,8(−1) cm groß; Stb. zahlreich. 2n = 18. – Elbtal (Dresden bis Magdeburg), Odertal (Ohlau).

ssp. t e n u i f ó l i a (Bluff et Fingerh.) Mach.-Laur.; St. unverzweigt; Grdb. grau-flaumig, länglich, mit stumpfen Zähnen, kurz-gestielt, 5 × 0,8 cm groß; Stb. zahlreich. 2n = 18. – Thür. (Nordhausen, Niedersachswerfen).

ssp. g u e s t p h á l i c a Mach.-Laur.; Grdb. rauh-flaumig, lineal.-lanzettl., ganzrandig, bis 8 × 1,0–1,5 cm groß; Stb. zahlreich. 2n = 18. – Süntel.

ssp. v á r i a (Dum.) Rouy et Fouc.; Grdb. flaumig, bis 8 × 1,2(−2) cm groß, lanzettl. bis eiförmig, tief buchtig-gezähnt. 2n = 18. – Ahrtal, Nahetal, m. bis oberes Rheintal, Jura, Alp.vorland.

ssp. s u b a p h ý l l a Mach.-Laur.; Grdb. flaumig, 3–4 × 0,5–0,7 (−1) cm groß, lineal. bis länglich, tief buchtig-gezähnt. 2n = 18. Nahetal (Idar), Naabtal (Regensburg).

Daneben wurde aus nassen Quellmooren des schwäb. Donautals bei Neufra eine Rasse (ssp. s u é v i c a K. Bertsch) von 50 cm Höhe, mit 5–6 × 0,5–0,8 cm großen, rel. klein-gezähnten u. nur unterwärts gering u. kurz behaarten B. beschrieben.

Felsspalten, Steinrasen der Gebg. od. Hügel, Triften; warme, trockene bis frische, meist kalkreiche Substrate, seltener nasse Quellmoore des Alp.vorlandes. – Selten bis zerstreut im m. u. s. Geb. – M- u. S-Eur. bis W-Rußl.; praealp-alp-submed.

5. Subtrib. L e p i d i í n a e

344. Lepídium L. Kresse

x = 8

I. Fr. etwa so lang od. länger als der Fr.stiel, breit oberwärts geflügelt; Flügel mit dem unteren Teil des Gr. verwachsen
  A. Obere B. nicht stengelumfassend . . . . 1223. L. sativum
  B. Obere B. stengelumfassend
    1. Fr. dicht mit kleinen Schuppen besetzt; Pfl. ⊙ od. ⊙ . . . . 1221. L. campestre
    2. Fr. ohne od. mit wenigen Schuppen besetzt; Pfl. ♃ . . . . 1222. L. heterophyllum

II. Fr. kürzer als der Fr.stiel, Gr. nicht mit dem Flügel verwachsen od. Fr. nicht geflügelt

A. Obere Stb. breit eiförmig, stark von den unteren verschieden, stengelumfassend .... 1225. L. perfoliatum
B. Obere Stb. nicht stark von den unteren verschieden, nicht stengelumfassend
 1. Gr. die Ausrandung der Fr.flügel nicht überragend
  a) Fr. 1,5–2 mm breit .... 1230. L. ruderale
  b) Fr. 2,5–3 mm breit
   x) Krb. länger als die Kb. .... 1227. L. virginicum
   xx) Krb. kürzer als die Kb. od. fehlend
    /) Obere Stb. meist ganzrandig, 1nervig 1228. L. neglectum
    //) Obere Stb. meist entfernt gezähnt, mit ±deutlichen Seitennerven .... 1229. L. densiflorum
 2. Gr. die Ausrandung der Fr.flügel überragend od. Flügel u. Ausrandung fehlend
  a) Kb. breit vom Grd. an weiß berandet; Fr. elliptisch .... 1224. L. latifolium
  b) Kb. oberhalb der Mitte schmal weiß berandet; Fr. eiförmig spitz .... 1226. L. graminifolium

1221. L. campéstre (L.) R. Br. (Abb. 198m) Feld-K.

⊙, ⊙̇, *H.* – H. 0,15–0,30(0,50). St. flaumig-filzig (selt. kahl); untere B. länglich, in den B.stiel verschmälert, buchtig-gezähnt bis selten leierförmig-fiederlappig, obere gezähnelt; Schötchen eiförmig von der Spindel abstehend, von der Mitte an breitgeflügelt; Gr. kurz, kaum aus der Ausrandung hervorragend. V–VII. 2n = 16.

Schutt- u. Ackerunkrautges.; trockene, warme, nährstoffreiche, lehmige Böden. – Insgesamt verbreitet, aber örtlich selten, im N-Flachland teilweise fehlend od. vorübergehend. – Eur., Vord.As. – subatl-med.

1222. L. heterophýllum (DC.) Benth. Verschiedenblättrige K.

♃, *H.* – H. 0,20–0,50. Ähnlich dem *L. campestre,* davon insbesondere unterschieden durch: St. flaumig-zottig; grd.ständige B. in einer Rosette (z. T. später absterbend); Bl. weniger unansehnlich; Krb. mit breiterer Platte; Fr.klappen vom unteren Drittel an schmal und oben plötzlich breit-geflügelt (bis $^1/_3$ so lang wie die Scheidewand). V–VI. 2n = 16.

Unkrautige Ges.; warme, steinige od. sandige, N-haltige Lehmböden. – Selten (ob noch?): Pfalz (Nahetal), Saargeb.; sonst nur unbeständig. – W-Eur.; atl.

1223. L. satívum L. (Abb. 198e–g) Garten-K.

⊙, *Th.* – H. 0,20–0,60. St. meist kahl; B. blau-grün-bereift, untere gestielt, unregelmäßig eingeschnitten, gelappt, fiederteilig, oberste sitzend, ungeteilt, linealisch; *Schötchen* rundlich-eiförmig, geflügelt, *stumpf,* der Spindel ±angedrückt; *Gr. fast fehlend* bis kurz, kürzer als die Ausrandung. V–VII. 2n = 16, 24.

Gebaut, gelegentlich in unkrautigen Ges. verwildert auftretend. – Ursprung: Orient.

1224. L. latifólium L. Breitblättrige K.

♃, *H.* – H. 0,25–1,00. St. meist völlig kahl; B. ungeteilt (selten untere lappig od. fiederspaltig), gekerbt-gesägt, untere eiförmig, stumpf, langgestielt, obere aus eiförmigem Grd. lanzettlich; Schötchen rundlich, zumindest jung weichhaarig, ungeflügelt; Gr. fast fehlend. VI–VII. 2n = 24.

Graue Düne u. salzliebende Unkrautges.; ±trockene, salzhaltige Dünen-Sandböden. – Selten: N- u. O-Seeküsten, selten auf salzhaltigen Böden des Binnenlandes; früher gebaut, verwildert u. eingebürgert. – Eur. u. As. z. T., N-Afr.; o-med-kont.

1225. L. perfoliátum L. (Abb. 198k) Durchwachsenblättrige K.

⊙, *Th.* – St. entfernt borstig bis fast kahl; untere B. fiederteilig, mit fiederspaltigen Abschnitten, obere ungeteilt, breit-eiförmig, tief-herzförmig, ganzrandig; Schötchen veränderlich, meist rundlich, vorn schmal-geflügelt, ausgerandet; Gr. die Ausrandung überragend, selten ebenso lang. V–VI. 2n = 16.

Schuttunkrautges. – Selten eingeschleppt, z. B. in Sachs. wiederholt seit 1868 beobachtet; seit 1945 bei Ingelheim. – Heimat: Steppengeb. O-Eur. u. W-As.; kont.

1226. L. graminifólium L. (Abb. 198n) Grasblättrige K.

⊙, *H.* – H. 0,30–0,70. St. flaumig bis fast kahl; untere B. länglich oder spatelig, gesägt od. fiederspaltig, obere linealisch u. ganzrandig; Schötchen fast flügellos, spitz mit dem kurzen Gr. gekrönt. VI–X. 2n = 16.

Schuttunkrautges.; warme, steinige, kiesig-sandige Lehmböden. – Selten: Mittel-, Oberrhein- u. Moseltal, Wetterau, Rheinpfalz stellenweise (Neustadt a. d. W.) häufig; sonst weiter ö. u. n. ±vorübergehend. – Med.; med.

1227. L. virgínicum L. (Abb. 198i) Virginische K.

⊙, *Th.* – H. 0,30–0,50. Pfl. geruchlos od. wie *L. sativum* riechend; St. ±flaumig behaart; untere B. gestielt, leierförmig-fiederteilig, mit gekerbten bis eingeschnittenen Lappen, obere linealisch-lanzettlich, ±sägezähnig; Schötchen fast kreisrund, in der oberen Hälfte schmal geflügelt; Gr. fast fehlend. V–VIII. 2n = 32.

Schuttunkrautges.; trockene, sandig-kiesige od. steinige, nährstoffreiche, N-haltige Böden. – Häufig im SW, sonst zerstreut, im N nur ±vorübergehend. – Heimat: N-, M-, n. S-Am.

1228. L. negléctum Thell. Verkannte K.

⊙, ⊙, *Th, H.* – H. 0,20–0,40. Pfl. ähnlich *L. virginicum* bzw. *L. densiflorum;* St. behaart (Haare 2- bis 3mal so lang wie breit), obere B. linealisch, ganzrandig; Krb. rudimentär; Schötchen rundlich, oben schmal geflügelt; Gr. fast fehlend. V–VI.

Schuttunkrautges. – Eingeschleppt und meist unbeständig. – Heimat: N-Am.

1229. L. densiflórum Schrad. (Abb. 198h) Dichtblütige K.

⊙, ⊙, *Th, H.* – H. 0,20–0,40. Pfl. nicht unangenehm riechend; St. grau, dicht behaart (Haare 3- bis 5mal so lang wie breit); untere B. lang gestielt, tief gezähnt od. fiederteilig gelappt, obere linealisch-lanzettlich, meist entfernt gezähnt; Krb. sehr kurz od. fehlend; Schötchen verkehrt-eiförmig bis kreisrund; Fr.klappen gekielt nur im oberen Drittel schmal geflügelt; Gr. fast fehlend. V–VII. 2n = 32.

Schuttunkrautges.; trockene, N-beeinflußte Sand- u. Kiesböden. – Stellenweise, insbes. M u. S eingebürgert, sonst meist nur vorübergehend. – Heimat: N-Am.

1230. L. ruderále L. (Abb. 198l) Schutt-K.

⊙, ⊙, *Th, H.* – H. 0,15–0,30. Pfl. übelriechend; St. etwas flaumig behaart bis fast kahl; untere B. gestielt, 1- bis 2fach-fiederteilig, obere sitzend, linealisch, ganzrandig; Bl. krb.los; Stbb. 2; Schötchen rundlich-eiförmig, stumpf, an der Spitze sehr schmal-geflügelt; Gr. fast fehlend. VI–IX. 2n = 32.

Ackerunkrautges., Trittges.; N-haltige, lehmig-sandige Böden. – Verbreitet. – Eur., SW-As.; euras-med.

345. Cardária Desv. Pfeilkresse

x = 8

1231. C. drába (L.) Desv. (Abb. 199a–b)
(= Lepidium Draba L.)

♃, *H.* – H. 0,20–0,50. Pfl. ±grauhaarig; B. länglich, geschweift-gezähnt, unterste in den B.stiel verschmälert, obere mit pfeilförmigem Grd. stengelumfassend; Kr. weiß; Schötchen ±herzförmig, flügellos, mit aufgedunsenen Klappen; Gr. etwa so lang wie die Scheidewand. V–VII. Umfaßt:

ssp. d r á b a; Schötchen am Grd. herzförmig. 2n = 64. – Zerstreut im Geb.

ssp. c h a l e p é n s i s (L.) Thell.; Schötchen am Grd. gestutzt od. abgerundet bis kurz verschmälert. – Sehr selten aus SW-As. eingeschleppt.

Schuttunkrautges.; ±trockene, lehmige Böden. – Zerstreut, stellenweise häufig (z. B. Helgoland, O, M, SW), im N-Flachland seltener. – Med., ö. M-Eur. bis Sib.; med-kont.

Abb. 199. *a–b Cardaria draba* (*a* Sproßspitze mit Blütenstand, *b* Frucht); *c–e Coronopus squamatus* (*c* Sproßabschnitt mit Blüten u. Früchten, *d* Blüte, *e* Frucht).

346. Corónopus Zinn — Krähenfuß

x = 8

I. Fr. nicht ausgerandet, vom Gr. gekrönt .... **1232. C. squamatus**
II. Fr. am Grd. u. an der Spitze ausgerandet; Gr. fehlend **1233. C. didymus**

1232. C. squamátus (Forsk.) Aschers. (Abb. 199c–e)
Niederliegender K.
(= C. Ruellii All., C. procumbens Gilib.)

⨀, ①, *Th, H.* – St. niederliegend od. etwas aufsteigend, ästig, 0,08 bis 0,25 lang; B. tief-fiederspaltig; Bl.stielchen kürzer als die Bl.; Kr. klein, weiß; Schötchen fast nierenförmig, zusammengedrückt, netzig-runzelig, am Rande strahlig-gestreift, *mit kegelförmigem Gr. gekrönt.* (V) VI–VIII. 2n = 32.

Trittpflanzenges.; frische, oft auch etwas salzhaltige, N-reiche, schwere, meist tonige Lehmböden. – Zerstreut, stellenweise verbreitet, in Gebg.gegenden selten od. fehlend. – Eur., Med., Kanar., (N-Am., S-Afr., Austr.); med-submed.

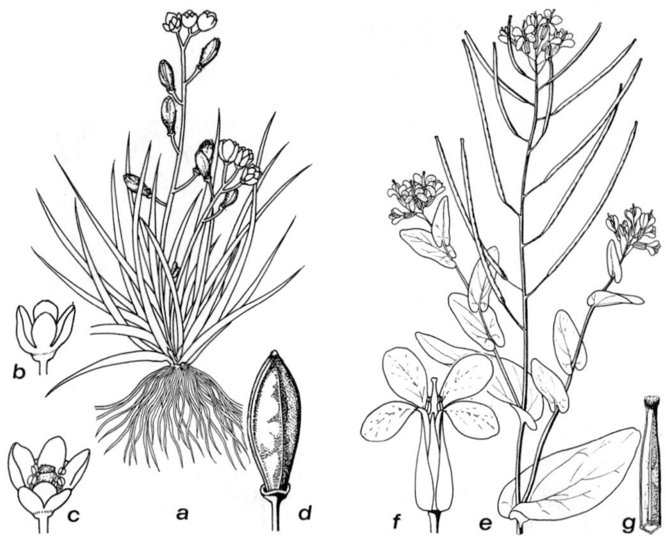

Abb. 200. *a–d Subularia aquatica* (*a* Habitus, *b* Kelch, *c* Blüte, *d* Frucht); *e–g Conringia orientalis* (*e* Sproßspitze mit Blütenstand, *f* Blüte, *g* oberer Teil der Frucht).

1233. C. didýmus (L.) Sm. Zweiknotiger K.

⊙, *Th.* – St. bis 0,30 lang, ausgebreitet bis aufrecht; Bl.stielchen länger als die Bl.; *Schötchen 2knotig,* zusammengedrückt, netzig-runzelig; *Gr. fehlend.* VI–VIII. 2n = 32.

Eingeschleppt, oft nur vorübergehend in Trittpflanzen- u. Ackerunkrautges. – Selten: z. B. Hafengeb. der Küsten, aber auch im Binnenland. (z. B. Karlsruhe). – Heimat: S-Am., verschleppt u. eingebürgert.

6. Subtrib. Subulariínae

347. Subulária L. Pfriemenkresse

x = 9?

1234. S. aquática L. (Abb. 200a–d)

⊙, *Th.* – H. 0,02–0,08. St. fast nackt; B. linealisch-pfriemlich; Bl. in armblütigen, lockeren Trauben; Kr. weiß. VI–VII. 2n = ca. 36. Submerse u. emerse Formen.

Strandling-Ges.; sandiger Grund nährstoffarmer Seen u. Teiche. – Sehr selten: Schl.Holst. (wohl erloschen), O-Thür., Sachs., Bay. (bei Erlangen, Dinkelsbühl, ob noch?), neuerdings auch Westerwald. – W-Eur. (Gebg.), N-Eur. (Irl. bis N-Rußl.), Sib., Grönl., N-Am.; subarkt (-subozean).

6. Trib. Brassíceae
1. Subtrib. Moricandiínae

348. Conríngia Heist. ex Fabricius — Ackerkohl

x = 7

I. Krb. 10–13 mm lang, weiß od. gelbweiß .... **1235. C. orientalis**
II. Krb. 6–8(10) mm lang, zitronengelb .... **1236. C. austriaca**

1235. C. orientális (L.) Dum. (Abb. 200e–g) — Weißer A.

⊙, *Th.* – H. 0,10–0,50(0,70). St. und die ganzrandigen, länglich-eiförmigen B. kahl; Stb. geöhrt, st.umfassend; Krb. gelblich od. grünlich-weiß; *Schoten* abstehend, *4kantig;* Klappen 1nervig. V–VII. 2n = 14.

Getreide- u. Schuttunkrautges.; warme, trockene, kalkreiche Böden. – Sehr zerstreut, insbes. in M- u. S-D., selten in N-D., über große Strecken fehlend. – Selten gebaut. – SO-Eur., N-Afr., W-As.; o-med(-kont).

1236. C. austríaca (Jacq.) Rchb. — Österreichischer A.

⊙, ①, *Th, H.* – H. 0,20–0,50. Stb. breit-eiförmig; Krb. zitronengelb; *Schoten* aufrecht, *8kantig;* Klappen 3nervig. V–VIII.

Schuttunkrautges., selten eingeschleppt u. unbeständig (früher Bay.; Oberrheintal). – Niederösterr., Böhm. bis Kl.As., Kauk.

2. Subtrib. Brassicínae

349. Diplotáxis DC. — Doppelsame

x = 7, 11, (9?)

I. St. ästig, beblättert, am Grd. verholzend (Bl.stiele länger als die sich öffnende Bl.) .... **1237. D. tenuifolia**
II. St. krautig, nur mit Grdb.rosette
 A. Bl.stiele so lang wie die sich öffnenden Bl.; Platte plötzlich in den Nagel übergehend .... **1238. D. muralis**
 B. Bl.stiele kürzer als die sich öffnenden Bl.; Platte keilförmig in den Nagel übergehend .... **1239. D. viminea**

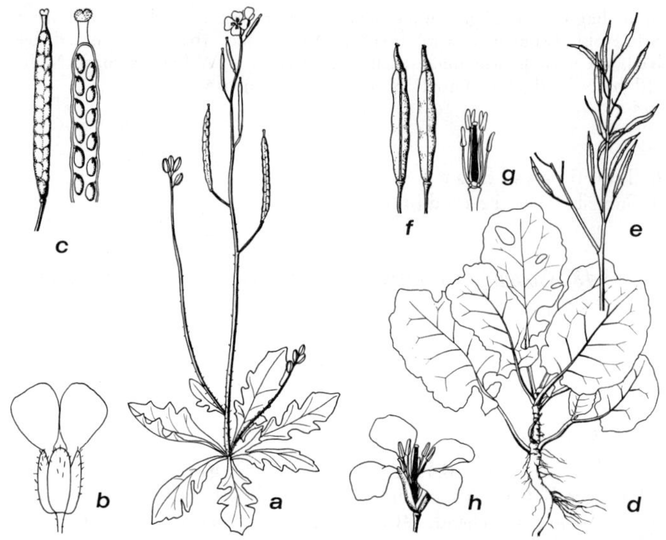

Abb. 201. *a–c Diplotaxis muralis* (*a* Habitus, *b* Blüte; *c* Früchte, rechts vordere Klappe der Schote entfernt); *d–h Brassica oleracea, d–f* convar. *oleracea* var. *oleracea* (*d* Grundblattrosette, *e* fruchtender Teilblütenstand, *f* Früchte), *g–h* Kulturvarietät (*g* Staubblätter u. Fruchtknoten, *h* Blüte).

1237. D. tenuifólia (Jusl.) DC. Schmalblättriger D.

♃, *Ch.* – H. 0,30–0,60(0,80). Meist ohne Grdb.rosette; B. fiederspaltig, mit linealischen Zipfeln; Bl.stiele doppelt so lang wie die Bl.; *Krb. rundlich-verkehrt-eiförmig, in den kurzen Nagel zusammengezogen,* zitronengelb, beim Verblühen lederbraun; *Schote über der verdickten Spitze des Bl.stieles noch einmal kurz gestielt.* V–X. 2n = 22.

Unkrautges. an Straßenrändern, Bahndämmen; warme, trockene, nährstoffreiche, N- u. meist kalkhaltige, sandige Böden. – Geb.weise häufig u. verbreitet: S-D., insbes. Rheintal, Pf., Neckargeb.; zerstreut in M, selten in N-D., z. T. über große Strecken fehlend. – S- u. M-Eur., SW-As., Marok.; medsubmed.

1238. D. murális (L.) DC. (Abb. 201a–c) Mauer-D.

⊙, (①–♃), *Th. (Ch).* – H. 0,15–0,50. B. grob-gezähnt od. meist buchtig-fiederspaltig, Zipfel eiförmig od. länglich, gezähnt, der endständige verkehrt-eiförmig od. eckig-gezähnt; Bl.stiele anfangs so lang wie die Bl., später länger; *Krb. rundlich-verkehrt-eiförmig, plötzlich in den kurzen Nagel zusammengezogen,* vorerst zitronengelb, beim Verblühen lederbraun; *Schote über der verdickten Spitze des Bl.stielchens nicht od. nicht deutlich gestielt.* V–X. 2n = 44.

Unkrautige Ges.; lockere, nährstoffreiche, oft kalkhaltige Böden. – Stellenweise häufig, insbes. SW- u. S-D., Rheintal, Bodensee-, Tauber-Neckargeb.; in M u. N seltener u. vereinzelt eingebürgert, im NW über große Strecken fehlend. – SW-, S-, M-Eur., NW-Afr.; (w-med)submed(-subatl).

1239. D. viminea (L.) DC. Ruten-D.

⨀, *Th.* – H. 0,15–0,30. B. buchtig-leierförmig, Zipfel eiförmig, geschweift-gezähnt, der endständige oval; *Bl.stiele kürzer als die eben geöffnete Bl.; Krb. länglich-verkehrt-eiförmig, keilig, allmählich in den Nagel verschmälert,* blaßgelb, nach der Bl. lederbraun; Schoten über dem K.ansatz nicht gestielt. VI–IX. 2n = ca. 20.

Hackunkrautges.; warme, trockene, kalkreiche Lehm- od. Steinböden. – Sehr selten: s. u. n. Oberrheintal, Main- u. Nahetal, sonst gelegentlich verschleppt u. unbeständig. – S-, W-, M-Eur., Vord.As., N-Afr.; med(-atl).

350. Brássica L. Kohl

x = 8, 9, 10, 11, 19

I. Fr. von der Blst.achse abstehend
 A. Obere Stb. gestielt od. stielartig nach dem Grunde verschmälert
  1. Fr. über dem K.ansatz gestielt; Fr.schnabel 0,5–1,5 mm lang .... **1240. B. elongata**
  2. Fr. über dem K.ansatz nicht gestielt; Fr.-schnabel (4)6–10 mm lang .... **1244. B. juncea**
 B. Obere Stb. am Grunde abgerundet bis tiefherz-förmig-st.umfassend
  1. Stbb. sämtlich aufrecht, dem Frkn. genähert, wenig verschieden; Kb. anliegend; B. sämtlich kahl (blaugrün) .... **1241. B. oleracea**
  2. Kürzere Stbb. ±bogig aufstrebend, vom Frkn. entfernt; Kb. ±abstehend; wenigstens untere B. ±behaart
   a) Blst. beim Aufblühen verlängert (Bl.knospen überragen geöffnete Bl.); alle B. bläulich-grün, bereift .... **1242. B. napus**
   b) Blst. beim Aufblühen doldentraubig (geöffnete Bl. überragen Bl.knospen); untere B. grasgrün, obere blaugrün .... **1243. B. rapa**
II. Fr. der Blst.achse angedrückt (Frkn. sitzend; B. sämtlich gestielt) .... **1245. B. nigra**

1240. B. elongáta Ehrh. Langrispiger K.

⊙, ⊙, ♃, *Th, H.* – H. 0,60–1,00. B. unterseits meergrün, ei-länglich od. länglich, in den B.stiel verschmälert, fiederspaltig, unregelmäßig-stumpf-gezähnt, steifhaarig-gewimpert, oberste länglich-linealisch, ganzrandig; *Traube verlängert,* nicht beb.; K. aufrecht-abstehend. VI–IX. 2n = 22.

Schutt- u. Ackerunkrautges. – Verschiedentlich eingeschleppt, so eingebürgert um Ilversgehofen b. Erfurt. – Heimat: SO-Eur., Kl.As. bis Pers.; med-euras.

1241. B. oleràcea L. (Abb. 201d–h) Garten-K.

(⊙), ⊙, ♃, *(Th), H–Ch.* – B. kahl, blaugrün, untere gestielt, meist leierförmig, *obere sitzend, länglich; Trauben locker,* schon vor dem Aufblühen *verlängert; Kb. aufrecht, zusammenschließend; Kr. weißgelb,* seltener weiß, *12 bis 26 mm lang; S. fast glatt,* braun. V–VIII. 2n = 18. Formenreich, umfaßt u. a.:

convar. o l e r á c e a, St. verzweigt, mit oder ohne gestauchte (verdickte Seitenknospen) Seitenachsen. U. a.:

var. o l e r á c e a, Wildkohl, St. oberwärts ästig, entfernt beb., nicht verdickt, reichbl. – Helgoland?, wohl nur verwilderte Kulturvarietäten. – Atl. Küsten Eur. u. Küsten des Med.; atl(-w-med).

var. g e m m í f e r a DC., Rosenkohl, St. mit verdickten, geschlossenen Achselknospen, Endknospe halbgeschlossen. – Gebaut.

convar. a c é p h a l a (DC.) Alef., St. einfach, ohne verdickte End- od. Seitenknospen, B. ausgebreitet. U. a.:

var. s a b é l l i c a L., Grünkohl, St. mit buchtig-fiederspaltigen od. gelappten od. krausen ausgebreiteten B., St. nicht verdickt. – Gebaut.

var. m e d u l l ó s a Thell., Markstammkohl, St. im mittleren u. oberen Teil lang konisch verdickt u. fleischig. – Gebaut.

var. g o n g y l ó d e s L., Oberkohlrabi, St. unter Einbeziehung mehrerer Internodien zur Spr.knolle verdickt. – Gebaut.

convar. c a p i t á t a (L.) Alef., St. einfach, kurz, oben gestaucht, verdickte ±geschlossene Endknospen bildend. U. a.:

var. s a b a̋u d a L., Wirsing, St. etwas verlängert, B. ungeteilt od. wenig zerschlitzt, blasig od. kraus, äußere zuletzt etwas abstehend, Kopf locker. – Gebaut.

var. c a p i t á t a L., Kopfkohl, St. relativ kurz, B. gewölbt, fast völlig glatt, Kopf dicht zusammenschließend, rot od. weiß. – Gebaut.

convar. b o t r ý t i s (L.) Alef., Achsen des Blst. verdickt u. fleischig, weißlich, Bl. zum größten Teil fehlschlagend.

var. i t á l i c a Plenck, Spargelkohl, Blst. rispenartig, in spargelähnliche Äste aufgelöst. – Gebaut.

var. b o t r ý t i s L., Blumenkohl, Blst. rispenartig, stark gestaucht, etwa halbkugelig. – Gebaut.

1242. B. nápus L. Raps, (Kohlrübe)

⊙, ①, ⊙, *Th, H, Ch.* – H. 0,75–1,25. B. blaugrün, untere leierförmig-fiederspaltig, *obere länglich, mit verbreitertem herzförmigem Grund halbstengelumfassend;* Traube locker, schon während des Aufblühens verlängert, geöffnete Bl. tiefer stehend als die Bl.knospen; Kb. halbabstehend; *Krb. gelb, 11–14 mm lang; S.* meist bläulichschwarz, schwach *grubig-punktiert.* IV–VIII. 2n = 38. Umfaßt u. a.:

var. n á p u s, Raps, Ölraps, W. dünn, saftarm, St. lang.
f. a n n u a (Schübl. et Mart.) Thell., Sommerraps, ⊙, S. relativ klein, VII–VIII. – Gebaut.
f. b i e n n i s (Schübl. et Mart.) Thell., Winterraps, ①, S. groß, IV–V. – Gebaut.
var. p a b u l á r i a (DC.) Reichenb., Schnittkohl, W. dünn, saftarm, St. kurz. – Gebaut.
var. n a p o b r á s s i c a (L.) Reichenb., Kohlrübe, ⊙, W. u. untere Internodien eiförmig bis kugelig verdickt, fleischig. – Gebaut in verschiedenen Kulturvarietäten.
Ursprung: evtl. Med.

Droge: [Oleum Rapae] (var. napus)

1243. B. rápa L. em. Metzger — Rübsen

⊙, ①, ⊙, *Th, H.* – H. 0,75–1,00. Untere B. grasgrün, borstlich behaart, leierförmig-fiederspaltig, mittlere u. obere blaugrün, *obere eiförmig, tief-herzförmig st.umfassend;* Traube während des Aufblühens flach, geöffnete Bl. über Knospen emporragend; *K. zuletzt waagerecht-abstehend; Krb. gelb, 6,5–11 mm lang; S. grubig-punktiert,* schwärzlich od. braun. IV–VIII. 2n = 20. Umfaßt:
var. s i l v é s t r i s (Lam.) Briggs, (Öl-) Rübsen, W. dünn, holzig, saftarm.
f. c a m p é s t r i s (L.) Bogenh., ⊙, H. bis 0,40, wenig ästig, armbl.; Bl., Fr. u. S. klein; S. wenige, schwärzlich, grob netzgrubig. – Als Wildform angesehen, aber fast nur auf Kultur- u. Ruderalland. – N-D., Alp., Med. (?).
f. p r ǣ c o x (DC.) Mansf., Sommerrübsen, ⊙, S. größer, schwach netzgrubig, braun. – Gebaut.
f. a u t u m n á l i s (DC.) Mansf., Winterrübsen, ①, S. größer als bei ⊙, S. sonst wie bei f. praecox. – Gebaut.
var. r á p a, Weiße Rübe, ⊙, W. u. untere Internodien spindel- bis scheibenförmig verdickt, fleischig. – Gebaut in verschiedenen Kulturvarietäten.
Heimat bzw. Ursprung: evtl. M- u. S-Eur.

Droge: [Oleum Rapae]

1244. B. júncea (L.) Cern. — Sarepta-Senf

⊙, *Th.* – H. bis 1,00. B. bläulichgrün, bereift, leierförmig-fiederspaltig, obere ungeteilt od. nur gezähnt; *Blst. doldentraubig,* geöffnete Bl. u. Bl.knospen etwa in gleicher Höhe; Kb. aufrecht-abstehend; Krb. gelb bis etwa 8 mm lang; S. dunkel-rotbraun bis gelblich, schwach grubig-punktiert. VI–IX. 2n = 36.

Schutt- u. Ackerunkrautges. – Verschiedentlich eingeschleppt, eingebürgert bei Erfurt (Ilversgehofen) (wohl nur die ssp. j ú n c e a). – Heimat: O-Eur. bis O-As.; med-euras.

1245. B. nígra (L.) Koch — Schwarzer Senf

⊙, *Th.* – H. 0,50–1,50. Untere B. leierförmig, gezähnt, mit großem, gelapptem Endzipfel, grasgrün, obere lanzettlich, ganzrandig od. entfernt gezähnelt, blaugrün; K. aufrecht-abstehend; S. schwärzlich-rotbraun. VI–VIII. 2n = 16.

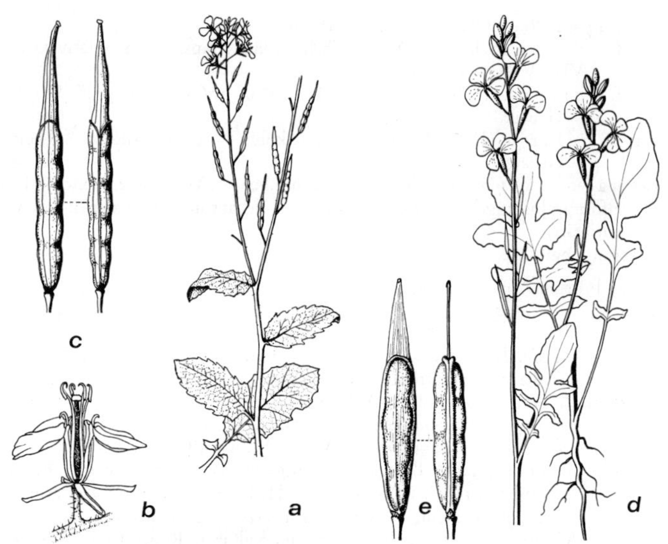

Abb. 202. *a–c Sinapis arvensis* (*a* Sproßspitze u. Grundblatt, *b* Blüte, *c* Frucht); *d–e Eruca sativa* (*d* Sproßspitze u. -basis mit Wurzel, *e* Frucht).

Gebaut. – Verwildert u. eingebürgert in Flußufer- u. Schuttunkrautges. – Zerstreut bis selten: häufig in Flußuferges. der Trockengeb., M u. S. – S-Eur. (M-Eur.), Med. bis As.

351. Sinápis L. Senf

x = 9, 12

I. S. schwarz; unterste B. fast leierförmig (häufig zur Bl.zeit abgestorben), obere meist ungeteilt u. sitzend **1246. S. arvensis**
II. S. gelblichweiß; alle B. leierförmig-fiederspaltig bis fiederteilig, gestielt .... **1247. S. alba**

1246. S. arvénsis L. (Abb. 202a–c) Acker-Senf

⊙, *Th.* – H. 0,30–0,60. *B. eiförmig, ungleich gezähnt, unterste fast leierförmig;* Kb. waagerecht abstehend; Krb. schwefelgelb; Schoten so lang od. meist länger als der ±zweischneidige, *abfallende* Schnabel, kahl od. kurz-steifhaarig. VI–VIII. 2n = 18.
Ackerunkrautges.; nährstoffreiche, meist kalkhaltige Lehmböden. – Verbreitet, meist häufig (bis 980 m). – Eur., As., N-Afr.; med-euras.

1247. S. álba L. Weißer S.

⊙, *Th.* – H. 0,30–0,60. *B. fiederspaltig od. fiederteilig bis gefiedert,* Fiedern grob-ungleich-gezähnt, etwas gelappt; Kb. waagerecht abstehend; Kr. hellgelb; Schoten so lang od. kürzer als der zusammengedrückte, *bleibende* Schnabel, steifhaarig od. selten kahl. VI–VII. 2n = 24.

Gebaut u. gelegentlich verwildert in Unkrautges. – Med., W- u. SW-As.; med.

Droge: Semen Erucae

352. Erúca Mill. Rauke

x = 11

1248. E. satíva Mill. (Abb. 202d–e)

⊙, ⊙, *Th, H.* – H. 0,30–0,60. Pfl. ±rauh-flaumig behaart (unangenehm riechend); untere B. leierförmig-fiederteilig, Zipfel länglich-lanzettlich., grob-gezähnt; *Bl. ohne Tragb.;* Krb. meist gelblich-weiß, violett geadert; Schoten der Blst.achse stark genähert bis anliegend. V–VI. 2n = 22.

Alte Kulturpfl., selten eingeschleppt u. unbeständig in wärmeliebenden Unkrautges. (z. B. Rheintal). – Med. bis M-Eur., Afghan., Turkest.

353. Erucástrum Presl Hundsrauke

x = 8, 15?

I. Untere Bl. ohne Tragb.; Kb. waagerecht-abstehend **1249. E. nasturtiifolium**

II. Untere Bl. mit Tragb.; Kb. aufrecht-abstehend ...... **1250. E. gallicum**

1249. E. nasturtiifólium (Poir.) O. E. Schulz Stumpfzähnige H.
[= E. obtusangulum (Schleich.) Rchb.]

⊙, ♃, *H.* – H. 0,25–0,80. B. fiederspaltig bis leierförmig-fiederspaltig, Zipfel länglich, ungleich-eckig- bis grobbuchtig-gezähnt od. stumpf gelappt; *Traube ohne Tragb.; Kb. waagerecht-abstehend;* Krb. hell-zitronengelb; längere Stbb. oberwärts vom Gr. abgebogen; Schoten abstehend-aufrecht; Schnabel meist mit 1 S. V–VIII. 2n = 32.

Unkrautges.; N- u. kalkreiche, sandige od. lehmige Böden. – Selten: Bodenseegeb., Oberrheintal (hier aus Kiesflächen), n. bis Kaiserstuhl, geb.weise häufig (Neuburg); sonst selten verschleppt und vereinzelt in S- u. M-D., sehr selten eingeschleppt in N-D. – SW- u. M-Eur. bis W-Rußl.; med.

1250. E. gállicum (Willd.) O. E. Schulz (Abb. 203a–b) Französische H.
(= E. Pollichii Schimp. et Spenn.)

⊙, ⊙, *Th, H.* – H. 0,30–0,60. B. leierförmig bis tief-fiederspaltig, Zipfel länglich, stumpf-gezähnt, *Traube unterwärts mit Tragb.; Kb.*

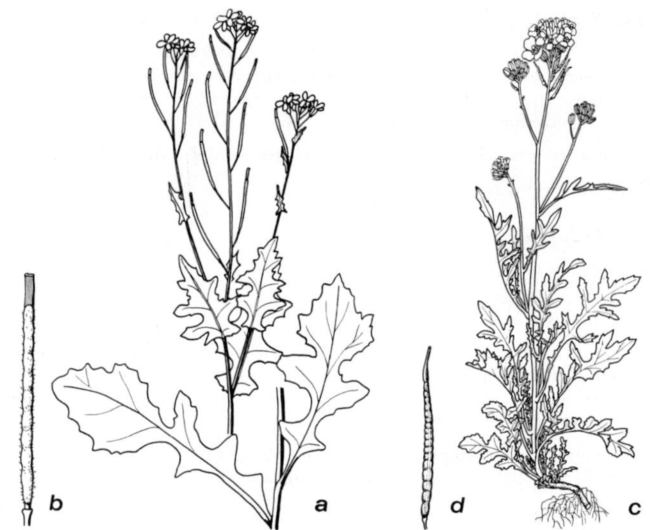

Abb. 203. *a–b Erucastrum gallicum* (*a* Sproßspitze u. Grundblätter, *b* Frucht); *c–d Brassicella erucastrum* (*c* Habitus, *d* Frucht).

aufrecht-abstehend; Kr. gelblich-weiß; längere Stbb. an den Gr. angedrückt; Schoten abstehend, Schnabel fast immer samenlos. IV–X. (in wintermilden Geb. auch noch später). 2n = 30.

Acker- u. Schuttunkrautges., Ufer etc.; warme, kalkreiche Lehmböden. – Stellenweise häufig, insbes. Rheintal u. m. u. s. Seitentäler; seltener im übrigen S- u. M-D.; im N sehr selten verschleppt. – W- u. M-Eur.; med-subatl.

354. Brassicélla Fourr. em. O. E. Schulz Lacksenf

x = 12

1251. B. erucástrum (L.) O. E. Schulz (Abb. 203c–d)
[= Sinapis Cheiranthus (Vill.) Koch]

⊙, ♃, *Th, H.* – H. 0,25–0,60. B. sämtlich tief-fiederspaltig od. gefiedert, Fiedern länglich, ungleich gezähnt, die der oberen linealisch, ganzrandig; Kb. aufrecht; Kr. schwefelgelb; Schoten kürzer als der schwach zusammengedrückte Schnabel; S. schwarzbraun. VI–VIII. 2n = 48.

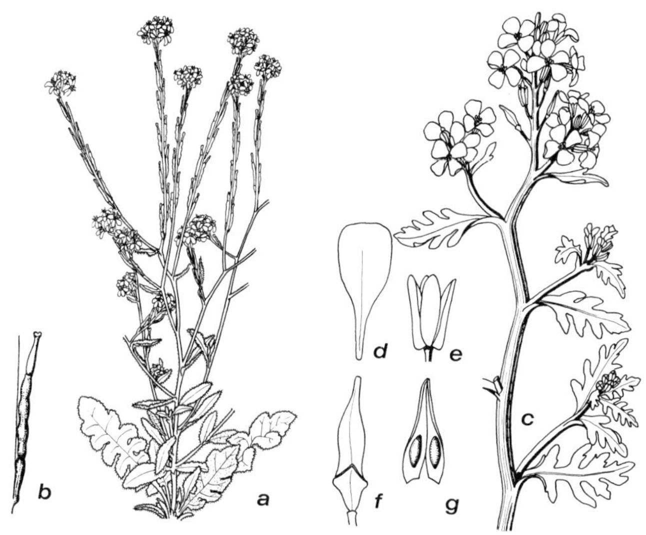

Abb. 204. *a–b Hirschfeldia incana* (*a* Habitus, *b* Frucht); *c–g Cakile maritima* (*c* Sproßabschnitt, *d* Kronblatt, *e* Kelch, *f* Frucht; *g* Schnabelteil der Frucht, geöffnet).

Flußbegleitende Unkraut- u. Schuttunkrautges.; frische N-beeinflußte, kalkfreie, sandig-kiesige Böden. – Selten: nur Rhein-, Nahe- u. Moseltal; von der Rheinebene (z. B. südl. Karlsruhe) in Täler des Schwarzwaldes eindringend; Rheinpfalz (häufiger nur Täler westl. Landau); sonst sehr selten verschleppt. – m. W- u. SW-Eur.; atl.

355. Hirschféldia Moench — Grausenf

x = 7

1252. H. incána (L.) Lagr.-Foss. (Abb. 204a–b)
[= Erucastrum incanum (L.) Koch]

⊙, ①, *Th, H.* – H. 0,20–1,00. Pfl. (St. zumindest unten) ±grau- bis weißhaarig; Grdb. leierförmig-fiederspaltig, *obere B. linealisch-lanzettlich;* Kb. zur Bl.zeit fast aufrecht; Krb. blaßgelb; Fr.stiele fast so dick wie die angedrückt-aufrechte Fr., kurz, walzenförmig, am Grd. der Fr. etwas eingeschnürt. V–X. 2n = 14.

Schuttunkrautges.; warme, trockene, nährstoffreiche Böden. – Selten u. unbeständig: insbes. Oberrhein- (bes. um Neuenburg), Main- u. Neckargeb., sonst vereinzelt eingeschleppt. – Med., weit verschleppt; med.

3. Subtrib. C a k i l í n a e

356. Cakile Mill. Meersenf

x = 9

1253. C. marítima Scop. (Abb. 204c–g)

⊙, *Th.* – H. 0,15–0,30(0,50). St. niederliegend-aufsteigend od. aufrecht; B. fleischig, fiederspaltig bis -teilig, bisweilen ungeteilt; Kr. hellviolett, rosenrot od. weiß; Fr. korkhart, 2gliedrig. VII–X. 2n = 18. Formenreich in B.- u. Fr.gestalt; als sspp. bewertet:

ssp. i n t e g r i f ó l i a (Horn.) Hyl.; unteres Fr.glied an der Grenze zum Schnabelteil ohne od. mit nur sehr kurzen Fortsätzen; B. ungeteilt od. fiederspaltig mit rel. kurzen Fiederendabschnitten. – N-See-Küsten.

ssp. b á l t i c a (Rafn et Fries) Hyl.; unteres Fr.glied an der Grenze zum Schnabelteil mit deutlich abstehenden bis zurückgebogenen Fortsätzen; B. 1- bis 2fach fiederteilig mit langen Fiederendabschnitten. – O-See-Küsten.

Meersenf-Spülsäume der Küsten; salz- u. N-haltige, offene Sand- u. Kiesböden. – Verbreitet bis zerstreut: Küsten der N- u. O-See, im Binnenland selten verschleppt. – Küsten von Eur., Med. bis Schwarz. Meer; SW-As., N-Afr.; atl-med.

4. Subtrib. R a p h a n í n a e

357. Rapístrum Crantz Rapsdotter

x = 8

I. Gr. kegelförmig, kürzer als das obere Glied der Schote . . . . **1254. R. perenne**

II. Gr. fadenförmig verlängert, so lang od. länger als das obere Glied der Schote . . . . **1255. R. rugosum**

1254. R. perénne (L.) All. Mehrjähriger R.

♃, (⊙), *H.* – H. 0,30–1,00. St. unterwärts und untere B. steifhaarig; *B. fiederspaltig,* Zipfel länglich, winkelig-gezähnt; Kr. zitronengelb.; *Gr. kegelförmig, kürzer als das obere Glied des Schötchens.* VI–VIII. 2n = 16.

U. a. Acker- u. Schuttunkrautges.; warme, kalkhaltige Böden. – Selten: Anh. u. Thür., sonst selten verschleppt. – O- u. SO-Eur.; o-med(-kont).

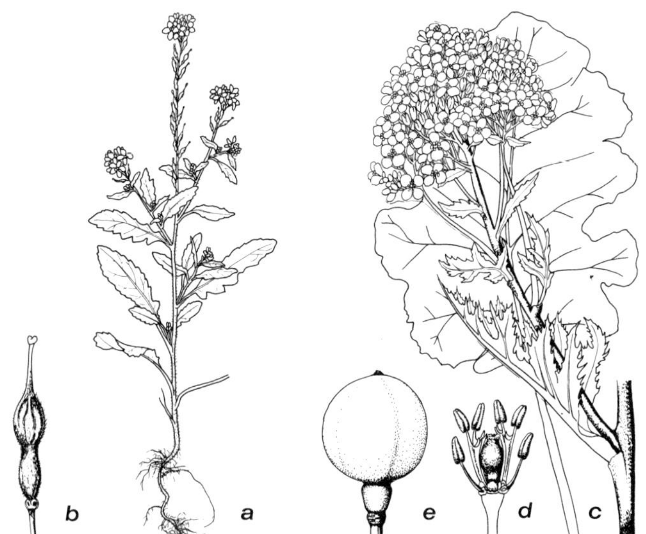

Abb. 205. *a–b Rapistrum rugosum* (*a* Habitus, *b* Frucht); *c–e Crambe maritima* (*c* Blütenstandsausschnitt u. Blatt, *d* Staubblätter u. Fruchtknoten, *e* Frucht).

1255. R. rugósum (L.) All. (Abb. 205 a–b) Runzeliger R.

⊙, ⊙, *Th, (H).* – H. 0,30–0,60; St. unten u. untere B. ±steifhaarig, *mittlere B. leierförmig,* untere u. obere gezähnt; Kr. zitronengelb; *Gr. fadenförmig, so lang od. länger als das obere Glied des Schötchens.* V–VIII. Im Geb. vornehmlich ssp. r u g ó s u m. 2n = 16.

Acker- u. Schuttunkrautges.; frische, nährstoffreiche, kalkhaltige Lehmböden. – Zerstreut: SW (Rheinniederung), sonst sehr selten, meist verschleppt: z. B. Thür., Sachs. – Art: S- u. SO-Eur., N-Afr., Vord.-As.; o-med.

358. Crámbe L. Meerkohl

x = 15

1256. C. marítima L. (Abb. 205 c–e)

♃, *H.* – H. 0,30–0,75. B. fleischig, rundlich, buchtig, wellig, gezähnt, hechtblau und nebst dem St. kahl; Kr. weiß; längere Stbf. gabelig-gespalten. V–VII. 2n = 60, 30.

Spülsaumges. der Meeresküsten; salzhaltige, ±feuchte Sand- u. Geröllböden. – Selten bis zerstreut: Küsten der w. O-See; sehr selten gebaut. – W-Küsten Eur., Küste des Schwarz. Meeres; subatl-med.

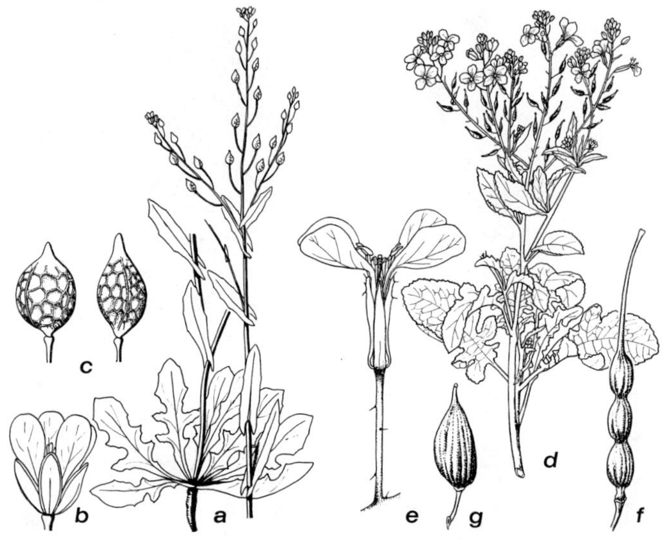

Abb. 206. *a–c Calepina irregularis* (*a* Habitus, *b* Blüte, *c* Früchte); *d–g Raphanus* spp., *d–f R. raphanistrum* (*d* Sproßspitze, *e* Blüte, *f* Frucht), *g R sativus* (Frucht).

359. Calepína Adans. — Wendich

x = 7

1257. C. irreguláris (Asso) Thell. (Abb. 206a–c)
[= C. Corvini (All.) Desv.]

⊙, ⊙, *Th, H.* – H. 0,30–0,50. Unterste B. rosettig, buchtig-fiederspaltig, obere länglich, pfeilförmig; Kr. meist weiß, selten rötlich; Fr. ± eiförmig, runzelig. V–VI. 2n = 14, 42.

Schuttunkrautges., Weinbergunkrautges.; warme, nährstoffreiche, sandige Lehmböden. – Selten: insbes. M-Rhein von Köln bis Mainz, z. T. auch Seitentäler, Rheinpfalz (Edenkoben), Oberrhein. – N-Med. bis S-Rußl., SW-As., Alg.; med(-kont).

360. Ráphanus L. — Rettich

x = 9

I. Fr. nicht quergegliedert; S. 2reihig . . . . **1259. R. sativus**
II. Fr. quergegliedert (Bruchfrucht); S. 1reihig . . . . **1258. R. raphanistrum**

1258. R. raphanístrum L. (Abb. 206d–f) Hederich

☉, *Th.* – H. 0,30–0,60. Untere B. leierförmig, obere lanzettlich; Kb. aufrecht; Kr. blaßgelb od. weiß, aber wohl stets mit violetten od. dunkelgelben Adern; *Fr. walzlich, perlschnurartig eingeschnürt,* bei der Reife in harte, tonnenförmige, 1samige Stücke zerfallend; S. glatt. VI–VIII. 2n = 18.

Acker- u. Schuttunkrautges.; kalkfreie, saure, nährstoffreiche Böden. – Verbreitet u. häufig (bis 1180 m). – Eur., Med.; med(-subozean).

1259. R. satívus L. (Abb. 206g) Rettich, Radieschen

☉, ⊙, *Th, H.* – H. 0,30–1,25. Untere B. leierförmig-fiederteilig; Kb. aufrecht; Krb. purpurviolett od. weiß, dunkler geadert; *Fr. länglich-ei-kegelig, gedunsen;* S. netzig-runzelig. V–IX. 2n = 18. Umfaßt u. a.:

var. g a y á n u s Web.; Verwilderter Rettich; Pfl. meist schwächlich, Fr. meist wenig-samig. – Selten in Unkrautges.

var. s a t í v u s; Radieschen, Radies; Hypokotylknolle bis ca. 3 cm ∅, bei einigen Formen W. mit in die Knollenbildung einbezogen, außen rötlich bis weiß. – Gebaut.

var. n í g e r Kerner; Rettich, Radi; meist rübenförmige W. u. Hypokotylknolle, 3–20 cm ∅, außen schwarz bis weiß, selten rötlich. – Gebaut.

Heimat: vermutlich Vord.As.

3. Unterordn. R e s e d í n e a e

66. Fam. RESEDÁCEAE S. F. Gray
Waugewächse

361. Reséda L. Wau, Reseda

x = 5, 6 (7?, 13?)

I. Krb. 4; Kb. 4; B. ungeteilt .... **1260. R. luteola**
II. Krb. 6; Kb. 6; B. gelappt od. gespalten .... **1261. R. lutea**

1260. R. lutéola L. (Abb. 207a–c) Färber-W.

⊙, *H.* – H. 0,50–1,50. St. aufrecht; *B. lineal-lanzettl.,* kahl, *ganzrandig od. am Grd. beiderseits 1zähnig; K.zipfel eiförmig;* Kr. blaßgelb; Kapsel kugelig-verkehrt-eiförmig. VI–IX. 2n = 24, 26, 28.

Schuttunkrautges.; nährstoffreiche, meist kalkhaltige u. verdichtete, aber auch schotterige Böden. – Zerstreut bis verbreitet, in den Gebg. z. T. fehlend. – Med. bis Afghan., M-Eur.; subatl-med.

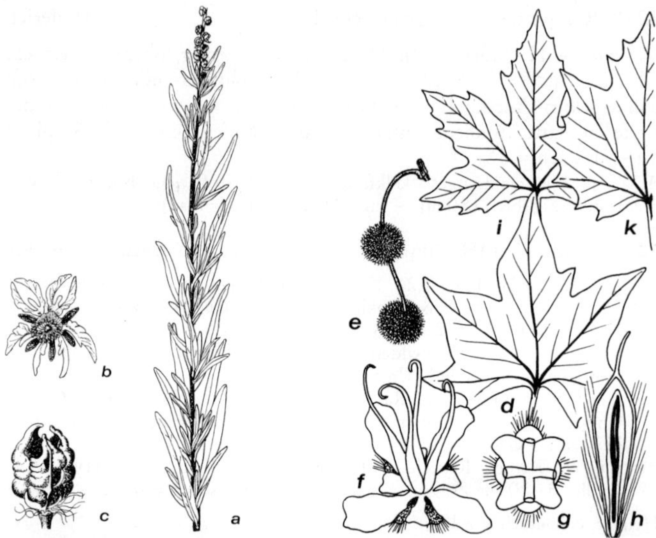

Abb. 207. *a–c Reseda luteola* (*a* Sproßausschnitt mit Ansatz des Blütenstandes, *b* Blüte, *c* Frucht); *d–k Platanus* spp., *d–h P. hybrida* (*d* Blatt, *e* Blütenstände, *f* 4zählige ♀-Blüte; *g* ♂-Blüte, Staubbeutel entfernt; *h* Frucht, längsdurchschnitten), *i–k* Blattbeispiele (*i P. orientalis, k P. occidentalis*).

1261. R. lútea L. Gelber W.

①, (♃?), *H.* – H. 0,30–0,60. St. ausgebreitet od. aufsteigend bis aufrecht, ästig; *mittlere B. doppelt-fiederspaltig,* obere 3spaltig; *K.zipfel linealisch;* Kr. grünlich-blaßgelb; Kapsel eiförmig-walzig. V–IX. 2n = 48.

Schuttunkrautges.; warme, trockene, nährstoffreiche, N-haltige, oft steinige od. sandige Böden. – Verbreitet u. z. T. häufig: M- u. S-D (bis 750 m); selten: N-D. (hier unbeständig). – Med., W- u. M-Eur.; submed-med.

32. Ordn. Rosáles

1. Unterordn. Hamamelidíneae

67. Fam. PLATANACEAE Dum.
Platanengewächse

***362. Plátanus* L.** Plantane

x = 7

I. B. bis über die Mitte tief 3- bis 5lappig .... **1262. P. orientalis**
II. B. sehr seicht, höchstens bis zur Mitte 3- bis 5lappig
A. B. unterseits in den Nervenwinkeln verkahlend; Borke sich in großen Platten ablösend .... **1263. P. hybrida**
B. B. unterseits in den Nervenwinkeln und auf den Nerven behaart bleibend; Borke sich in kleinen Stücken ablösend .... **1264. P. occidentalis**

1262. P. orientális L. (Abb. 207 i) Morgenländische P.

♄, *MM.* – H. 10,00–30,00. Baum mit abstehenden Zweigen; *Borke* sich *in großen Platten* ablösend; *B. tief-handförmig- (3-) bis 5lappig, buchtig, Lappen unten ±parallelrandig.* V. 2n = 42.

Gepflanzt. – Heimat: Balk., O-Med. bis Him.

1263. P. hýbrida Brot. (Abb. 207 d–h) Ahornblättrige P.
[= P. acerifolia (Ait.) Willd.; evtl. P. orientalis L. × P. occidentalis L.]

♄, *MM.* – H. 10,00–30,00. Äste ausgebreitet; *B. meist 5lappig, seichtgelappt,* Lappen mit wenigen buchtigen Zähnen, *Mittellappen meist länger als breit.* V. 2n = 42. – Die häufigste gepflanzte Platane. – Herkunft unsicher.

1264. P. occidentális L. (Abb. 207 k) Amerikanische P.

♄, *MM.* – H. 10,00–30,00. Baum mit ziemlich aufrechten Zweigen; *Borke* sich *in kleineren Schuppen* ablösend; *B. 5eckig, sehr seicht-gelappt u. buchtig-gezähnt, Lappen eiförmig, Mittellappen meist kürzer als breit.* V. 2n = 42.

Gepflanzt. – Heimat: Atl. N-Am.

2. Unterordn. Saxifragíneae

68. Fam. CRASSULACEAE DC.
Dickblattgewächse

I. Stbb. doppelt so viele wie Krb. od. Kb.
A. Krb. 4–5; B. am St. zerstreut .... **363. Sedum**
B. Krb. 6–18; B. rosettenförmig-gedrängt .... **364. Sempervivum**
II. Stbb. so viele wie Krb. od. Kb.
A. Krb. 5; B. wechselständig .... **365. Crassula**
B. Krb. 3–4; B. gegenständig .... **366. Tillaea**

363. Sédum L. Fetthenne

x = 6, 7, 8, 10, 11, 17

I. Bl. 4zählig, 2häusig (B. flach u. breit; W. oben fleischig-verdickt; ♃) .... **1265. S. rosea**
II. Bl. 5- bis 6zählig, ☿
A. B. flach u. breit
1. B. gekerbt-gezähnt (♃)
a) St. aufrecht; W. dick, rübenförmig (vielköpfig)
x) Alle B. sitzend, obere etwas st.umfassend (Krb. meist gelbgrün) .... **1266. S. maximum**
xx) Zumindest untere B. gestielt od. stielförmig verschmälert
/) Untere B. kurz-gestielt, obere mit abgerundetem Grd. sitzend (Krb. rot od. rosa) .... **1267. S. purpurascens**
//) Alle B. mit keiligem Grd. gestielt (Krb. purpurrot) .... **1268. S. fabaria**
b) St. niederliegend (an den Spitzen etwas aufsteigend); W. dünn .... **1269. S. spurium**
2. B. ganzrandig (St. aufrecht; W. dünn; ① – ♃) **1276. S. cepaea**
B. B. stielrund od. halbstielrund (W. dünn)
1. St. steriler Triebe kriechend-aufsteigend, rasenbildend; Bl.triebe aufsteigend (♃)
a) Krb. weiß od. rötlich
x) B. grasgrün, beiderseits gewölbt, walzlich **1270. S. album**
xx) B. (u. ganze Pfl.) blaugrün bereift, halbwalzlich bis fast halbkugelig .... **1271. S. dasyphyllum**
b) Krb. gelb
x) B. ohne Stachelspitze
/) Krb. stumpf, etwa 1,5mal so lang wie die Kb.; B. nicht deutlich in Zeilen (ungespornt) .... **1272. S. alpestre**

//) Krb. spitz, etwa 2mal so lang wie die Kb.; B. nicht blühender Triebe 6zeilig
§) B. linealisch, am Grd. deutlich stumpf gespornt .... 1273. S. sexangulare
§§) B. eiförmig, am Grd. gerundet, nicht od. kaum gespornt .... 1274. S. acre
xx) B. kurz stachelspitzig .... 1275. S. rupestre
2. St. aufrecht, nicht rasenbildend, ohne sterile Triebe (⊙, ⊙)
a) Bl. 5zählig
x) B. drüsig-behaart (Krb. rosarot) .... 1279. S. villosum
xx) B. kahl
/) B. kurz-keulenförmig, stielrund (Krb. weißl, grünl. od. rötlich) .... 1277. S. atratum
//) B. linealisch, halbstielrund (Krb. gelb) 1280. S. annuum
b) Bl. 6zählig (Krb. weiß mit rötlichem Rückenstreifen) .... 1278. S. hispanicum

1265. S. rósea (L.) Scop. Rosenwurz
(= S. Rhodiola DC.)

♃, *H.* – H. 0,10–0,35. W.stock rosenartig-duftend; B. wechselständig, länglich-keilig, an der Spitze meist gesägt; Bl. in endständiger Trugdolde; Kr. gelbrötlich. VI–VIII. 2n = 22.

Felsspaltenges.; feuchte, humose, steinige Substrate. – Sehr selten: Riesengebg. – Gebg. von Pyren. bis Karp., Skand., Isl., N- u. O-As., Him., N.Am.; subarktalp, circ.

1266. S. máximum (L.) Hoffm. (Abb. 208 a–c) Große F.
[= S. Telephium L. ssp. maximum (L.) Rouy et Camus]

♃, *H.* – H. 0,25–0,50. B. länglich od. eiförmig, stumpf ungleichgesägt, gegenständig, od. zu 3 quirlig, *die unteren mit breitem Grd. sitzend, die oberen am Grd. kurz-herzförmig;* Kr. grünlich-gelb (selten blaßrot); *die inneren Stbb. dem Grd. der gerade-abstehenden Krb. eingefügt.* VII–IX. 2n = 24.

Hügel, Böschungen, buschige Abhänge, Waldges., (auch Folgeges. der Silbergrasfluren); trockene, nährstoffhaltige Lehm- u. Sandböden. – Verbreitet, aber meist vereinzelt im größten Teil des Geb. (bis 940 m), im N u. NW-Tiefland streckenweise fehlend. – W- u. M-Eur., Kauk.; euras.

1267. S. purpuráscens Koch Purpurrote F.
[= S. Telephium L. ssp. purpurascens (Koch) Areschoug]

♃, *H.* – H. 0,25–0,50. B. grün, verkehrt-eiförmig, länglich od. lanzettlich, ungleich-gesägt od. fast ganzrandig, *die unteren kurzgestielt, die oberen nicht st.umfassend, mit abgerundetem Grd. sitzend;* Kr. purpurrot; *die inneren Stbb. ca. $^{1}/_{6}$ über dem Grd. der zurückgekrümmten Krb. eingefügt.* VII–IX. 2n = 48. Vielgestaltig.

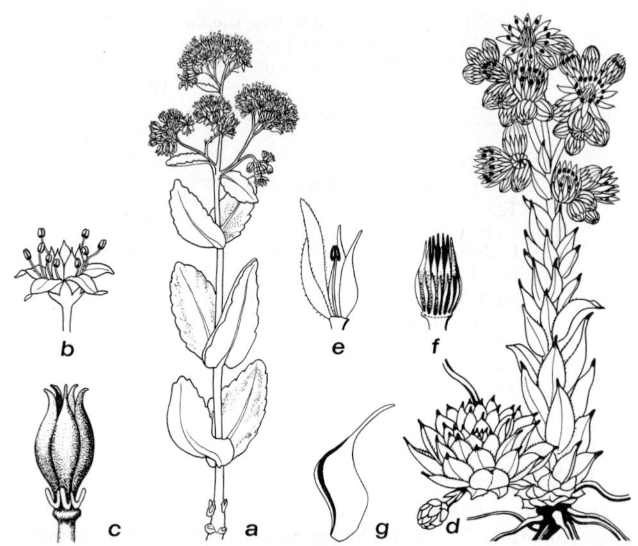

Abb. 208. *a–c Sedum maximum* (*a* Sproß mit Blütenstand, *b* Blüte, *c* Frucht); *d–g Sempervivum tectorum* (*d* Habitus, *e* Blütenteile, *f* Fruchtknoten mit Schuppen vor den Fruchtblättern, *g* Früchtchen).

Steinschuttges. u. divers. weitere Ges.; frische, ±nährstoffreiche, meist wärmere, N-haltige u. steinige Böden. – Zerstreut u. stellenweise häufig (bis 920 m), insbes. vom SW bis zum Niederrhein, Harz, obere Saale u. zur m. Elbe, im n. Geb. sehr zerstreut verwildert u. stellenweise eingebürgert. – Eur., Kauk., Sib.; euras-med.

1268. S. fabária Koch Gebirgs-F.
[= S. Telephium L. ssp. Fabaria (Koch) Kirschleger]

♃, *H.* – H. 0,15–0,40. *B.* bläulichgrau, länglich-lanzettlich, gezähnt-gesägt, *mit dem ganzrandigen, keiligen Grd. in den kurzen B.stiel verschmälert,* zerstreut od. wechselständig; *die inneren Stbb.* $^1/_3$ *über dem Grd. der gerade-abstehenden* purpurroten *Krb. eingefügt.* VI–VII. 2n = 24.

Felsspaltenges., Hochgrasfluren; feuchte, nährstoffreiche, steinige Substrate. – Selten u. sehr zerstreut, wohl auch mit S. purpurascens verwechselt: Hess., Rhön, Lahn-, Mosel-, Nahetal, Eifel, Pfalz, Altenburg, Schwarzwald, Bay. Wald. – W- u. M-Eur.

1269. S. spúrium M. B. Unechte F.

♃, *Ch.* – H. bis 0,20. Spr. an den Spitzen aufsteigend, mit sterilen Trieben (an der Spitze rosettenartig gedrängten B.) od. Blst.; B. verkehrt-eiförmig, am Grd. keilig, am Vorderrand gekerbt-gezähnt, gegenständig od. quirlig; Krb. schmal, rosarot; Stbb. frei. VI–VIII. 2n = 28.

Aus Kultur nicht selten verwildert: Mauerspalten, steinige Substrate. – Heimat: Kauk.länder, Armen., Kurd.

1270. S. álbum L. Weiße F.

♃, *Ch.* – H. 0,08–0,15. *B. grasgrün* od. etwas rötlich, walzenförmig, stumpf, *kahl; Rispe fast gleichhoch, kahl od. sehr zerstreut-drüsig-behaart;* Krb. lanzettlich, stumpflich, 3- bis 4mal länger als der K. VI–VII. 2n = 68.

Fels- u. Mauerspaltenges., Trockenrasen; trockene, meist steinige Substrate. – Verbreitet in M- u. S-D. (bis 1820 m), n. der Mittelgebg. meist nur aus Kultur verwildert. – Eur., W- u. N-As., N-Afr.; subatl-med.

1271. S. dasyphýllum L. Bereifte F.

♃, *Ch.* – H. 0,05–0,15. *B. blaugrün, eiförmig-kugelig bis kurz-elliptisch; Blst. drüsig-weichhaarig;* Krb. eiförmig, stumpflich, 2- bis 3mal so lang wie der K. VI–VIII. 2n = 28, 42, 56.

Fels- u. Mauerspaltenges.; warme, steinige Substrate. – In N- u. M-D. hier u. dort gepflanzt; selten u. vereinzelt; Allgäuer u. mittl. Bay. Alp. (bis 2000 m), Fränk. Jura, Fichtelgebg. (wohl gepflanzt), S-Schwarzwald, Bodenseegeb., Pfalz, Taunus. – W-, M-, S-Eur., N-Afr.; praealp-alp-med.

1272. S. alpéstre Vill. Alpen-F.

♃, *Ch.* – H. 0,03–0,08. *B. linealisch* bis länglich-verkehrt-eiförmig, oberseits abgeflacht, *mit gleichbreitem Grd. sitzend; Scheindolde* 2- bis 5blütig, *kahl;* Krb. bis 3,5 mm lang. VI–VIII. 2n = 16.

Felsspalten- u. Schneebodenges.; kalkfreie od. -arme, steinige Substrate. – Selten: Bay. Alp. (Allgäuer u. Berchtesgadener Alp., 1300–2380 m); Riesengebg. – Pyren. bis Karp., Vog.; Kl.As.; alp.

1273. S. sexanguláre L. Milder Mauerpfeffer
(= S. boloniense Lois. s. l.)

♃, *Ch.* – H. 0,05–0,15. *B. linealisch-walzlich, am Grd. frei, mit einem stumpfen Sporn;* Blst. kahl; Krb. bis 5 mm lang; nicht scharf schmeckend. VI–VIII. 2n = 74. Im Geb. nur ssp. s e x a n g u l á r e, nicht ssp. b o l o n i é n s e (Lois.) Huber.

Trockenrasenges. (Mauerpfeffer-Schafschwingel-Triften) u. a.; trockene, nährstoffhaltige, sandige od. steinige Böden. – Weniger häufig als Sedum acre (Alp. bis 900 m), im N u. NW streckenweise fehlend. – Gesamtart: Eur., s. bis N-Med.; subatl-med.

1274. S. ácre L. Mauerpfeffer

♃, *Ch.* – H. 0,05–0,15. *B.* klein, *eiförmig, mit stumpfem Grd. sitzend;* Scheindolde kahl; Krb. bis 9 mm lang; in der Regel scharf schmeckend. VI–VIII. 2n = 40, 48.

Trockenrasenges. (Mauerpfeffer-Schafschwingel-Triften); trockene, humusarme, nährstoffhaltige, sandige od. steinige Böden. – Häufig im ganzen Geb. (Alp. bis 800 m), Voralpengeb. seltener. – Eur., W- u. N-As., N-Afr.; euras-med-(-subozean).

1275. S. rupéstre L. Felsen-F., Tripmadam

♃, *Ch.* – H. 0,05–0,30. Pfl. grün od. bläulich, selten rötlich; *B.* linealisch, *stachelspitzig, mit kurzem, stumpflichem Sporn;* Scheindolde (der sspp. des Geb.) kahl; Krb. lanzettlich spitz, bis 10 mm lang, etwa 2mal so lang wie die Kb., goldgelb bis blaßgelb. VI–VIII. 2n = 34, 68. ca. 112. Umfaßt im Geb.:

ssp. r u p é s t r e; B. meist halbstielrund, kahl, glatt, seegrün bis hechtblau; Kb. an der Spitze mit Knorpelrand, spitz; Filamente am Grd. gewimpert.

Versch. Ges.; trockene, warme, nährstoffhaltige, sandige u. steinige Substrate. – Zerstreut; im N u. NW streckenweise, insbes. in Küstennähe u. in Ostpr., Schles. (Niederschles. u. n. M-Schles.) fehlend, sonst bes. M- u. SW-D., Alp. nur Ammergau. – Eur.; med-subatl.

ssp. r e f l é x u m (L.) Hegi et Schmid s. str.; B. meist halbstielrund, kahl, glatt, grün; Kb. an der Spitze mit Knorpelrand, spitz; Filamente am Grd. gewimpert; Wickel an der Spitze zurückgekrümmt. – Gepflanzt u. gelegentlich verwildert.

var. a l b é s c e n s (Haw.) Fiori et Paoletti; Pfl. niedrig; B. an der Spitze oft etwas eingekrümmt, gedrängt; Kr. blaßgelb. – Hausberg b. Jena u. bei Kahla.

ssp. é l e g a n s (Lej.) Hegi et Schmid; B. meist stielrund od. etwas abgeflacht, rauh punktiert, graugrün, selten rötlich; Kb. abgerundet stumpf; Filamente kahl.

Rasenges.; trockene, warme, kalkfreie Sand- u. sandige Steinböden. – Selten: Eifel, Hunsrück, unteres Lahntal, Koblenz bis Bingen, Mosel- u. Nahetal. – W-Eur.; atl-submed.

1276. S. cepǽa L. Rispige F.

①–♃, *Ch.* – H. 0,10–0,30. *B. ganzrandig,* stumpf, die unteren gestielt, verkehrt-eiförmig, gegenständig od. zu 3 u. 4, die oberen linealisch-keilig; *Rispe länglich;* Kr. rosenrot. VI–VII. 2n = 22.

Unkrautige Wandges., Mauerges. u. ä.; frische, nährstoffreiche, oft auch steinige Substrate. – Im Geb. wohl nur eingeschleppt od. verwildert, sehr selten (ob noch?): Rollsdorf, Halle bis Naumburg, Landshut. – W-, S-Eur., ö. bis Balk.; med-atl.

1277. S. atrátum L. Dunkle F.

⊙, *H.* – H. 0,03–0,08. Pfl. meist dunkelrot-überlaufen; St. aufrecht; *B. kahl,* keulenförmig-stielrund; *Scheindolden einfach, gedrungen, kahl;* Krb. eiförmig, weiß mit grünem Mittelstreifen, grünlichgelb od. rötlich. VI–VIII. 2n = 16.

Felsflur- u. Schuttges.; kalkreiche, steinige Böden. – Verbreitet: Bay. Alp. (insbes. 1400–2570 m), seltener herabgeschwemmt (Füssen, Jachenau, Mittenwald). – Gebg. von Pyren. bis Karp., Balk., Apenn.; alp.

1278. S. hispánicum Juslen. Spanische F.

⊙, *H.* – H. 0,08–0,15. Pfl. kahl, blaugrün bereift; B. linealisch, halbstielrund, spitz; *Krb.* 6 (selten 7–9), *etwa 4mal so lang wie der* K. VI bis VII. 2n = 14, 28, 30, 40, 42.

Felsspalten- u. Felsschuttges.; ±trockene bis feuchte, kalkreiche, steinige Substrate. – Nach Aussaat eingebürgert im Fichtelgebg. (Berneck, Ruine Grünstein, Kösseine). – Alp., S- u. SO-Eur., Kl.As.; med-alp.

1279. S. villósum L. Drüsenhaarige F.

⊙, ⊙, *Th, H.* – H. 0,10–0,20. *B. u. rispige Scheindolden drüsig-weichhaarig;* B. linealisch-länglich, dünn, stumpf, oberseits flach, unterseits gewölbt; Krb. eiförmig, rosenrot. VI–VII. 2n = 30.

Quellflurges.; nasse, kalkfreie Flachmoorböden. – Zerstreut bis selten: etwa von Eifel – S-Westf. – Reinhardswald – O-Thür., s. bis in die Alp. (bis 1350 m); vereinzelt Brand., Pomm. – Eur., Alg., Isl., Grönl.; no-subatl.

1280. S. ánnuum L. Einjährige F.

⊙, *Th.* – H. 0,06–0,15. St. ästig, *Äste zuletzt verlängert, schlängelig;* B. linealisch, halbstielrund, kahl; *Scheindolden kahl;* Krb. ±lanzettlich, gelb. VI–VIII. 2n = 22.

Felsen- u. Mauerspalten-, Steinschuttges.; kalkfreie, steinige Substrate. – Selten: S-Schwarzwald, Allgäu (Grünten, 1530 m), im Fichtelgebg. gepflanzt u. eingebürgert (Berneck, Grünstein, Kosseine). – Gebg. von Sierra Nevada, Pyren. bis Karp., Balk., Kauk., Kl.As., N-Rußl., W-Sib., Skand., Isl., Grönl.; no-alp.

364. Sempervívum L. Hauswurz

x = 7, 8, 9, 17, 19

I. Krb. 6, glockig-aufrecht
  A. B. im oberen Drittel am breitesten .... **1281. S. soboliferum**
  B. B. im unteren Drittel am breitesten .... **1282. S. arenarium**
II. Krb. 12–18, ausgebreitet
  A. Rosettenb. an der Spitze durch spinnwebige Haare verbunden .... **1283. S. arachnoideum**
  B. Rosettenb. nur am Rande kurz gewimpert; sonst kahl .... **1284. S. tectorum**

1. Sect. J o v i s b á r b a

1281. S. sobolíferum Sims Sprossende H.

♃, *Ch.* – H. 0,08–0,25. Rosetten 2,5–4 cm breit; *Rosettenb. länglich-keilig,* spitz, stengelständige B. lanzettlich, oberste etwas verbreitert, alle *beiderseits kahl, am Rande gewimpert;* Krb. 2- bis 3mal so lang wie die Kb., gelblich-weiß. VII–IX. 2n = 38.

Felsbandges., Rasenges., Kiefernwälder; trockene, warme, sandige u. steinige Substrate. – Zerstreut bis selten: O-Brand. bis Ostpr., Schles., Sachs., Thür., Anh., Rhön, Unter- u. M-Frank., Spessart, Fränk. Jura, Bay. Wald; sonst gepflanzt. – ö. M-Eur., O-, NO-Eur., N-As.; euras-kont.

1282. S. arenárium Koch Sand-H.

♃, *Ch.* – H. 0,08–0,15. Rosetten 1,5–3 cm breit; *Rosettenb. lanzettlich, schmal,* hellgrün mit rotbrauner Spitze, Flächen kahl, am Rand gewimpert; Krb. 2- bis 3mal so lang wie die Kb. VIII–IX. 2n = 38.

Nur gepflanzt u. eingebürgert: Fichtelgebg. (Berneck, Oelsnitztal, Eisenleite). – O-Alp.; o-alp.

2. Sect. S e m p e r v í v u m

1283. S. arachnoídeum L. Spinnweben-H.

♃, *Ch.* – H. 0,05–0,10. Rosetten 0,5–2,5 cm breit; Rosettenb. lanzettlich, zungenförmig, an der Spitze meist braunrot, auf der Fläche drüsig behaart u. am Rande gewimpert, an der Spitze *mit spinnwebigen Wollhaaren;* Krb. etwa 2mal so lang wie die Kb., karminrot. VII bis IX. 2n = 32, 60, 64.

Felsspalten- u. Felsschuttges.; kalkreiche od. kalkarme, steinige Substrate. – Selten: Allgäuer Alp. (1700–1800 m; Ochsenalpe, Salober), Fichtelgebg. (Berneck, wohl gepflanzt). – Pyren., Alp., Karp., Apenn.; alp.

1284. S. tectórum L. (Abb. 208 d–g) Dachwurz, Echte H.

♃, *Ch.* – H. 0,10–0,50. Rosetten bis etwa 8 cm breit; *Rosettenb.* länglich-verkehrt-eiförmig, ±plötzlich zugespitzt, stachelspitzig, *auf der Fläche kahl, am Rande gewimpert;* Krb. etwa doppelt so lang wie der K., rosenrot. VII–IX. 2n = 72, 74, 76. Umfaßt im Geb.:

ssp. a l p í n u m (Griseb. et Schenk) Wettst.; Alpen-H.; B. bläulichgrün, an der Basis rot, an der Spitze od. ganz rotbraun; Antheren sämtlich fertil.

Felsspaltenges.; kalkfreie od. -arme Substrate. – Selten: Allgäuer Alp. (1400–2000 m, Gottesackerwände, Höfats, zw. Schattenberg u. Epplesgern, Seealpen, Wengenalpe, Ochsenalpe, Grünten). – Pyren., Alp., Jura, N-Ital.; alp.

ssp. t e c t ó r u m; Dachwurz; B. grün, an der Basis weißlich, an der Spitze meist rotbraun bis violett; meist Antheren alle od. z. T. verkümmert.

Gepflanzt u. verwildert bis eingebürgert in Felsspaltenges.: u. a. Bay., SW, Pfalz, M-Rhein-, Mosel-, Ahrtal (in den letzten 4 Geb. evtl. eig. Unterart westeurop. Herkunft), auf Dächern gepflanzt: u. a. Ostfr., – Wildvorkommen der typischen Unterart unbekannt.

Bastard:

S. (× ?) funckii F. Braun (Fichtelgebg., angepflanzt, eingebürgert; Bastardnatur noch ungenügend bekannt).

365. Crassula L. Dickblatt

1285. C. rúbens L. (Abb. 209 a–b) Rötliches D.
(= Sedum rubens L.)

⊙, *Th.* – H. 0,05–0,15. St. aufrecht, ästig; B. wechselständig, abstehend, halbwalzenförmig, blaugrün; Bl. fast sitzend, einzeln, einseitswendig; Äste u. K. drüsig-behaart; Krb. weiß mit rotem Kiel. V–VI. 2n = 40–42.

Ackerunkrautges., versch. Pionierges. etc.; warme, offene, nährstoffreiche, N-haltige, meist kalkarme, sandige Lehmböden. – Sehr selten: s. Oberrheingeb. (s. Karlsruhe), um Trier (rechtes Moselufer). – Med. bis M-Eur., Kan. Ins.; med(-atl).

366. Tilláea L. Teichkraut

x = 7

I. B. ±linealisch, entfernt stehend; Fr. vielsamig . . . . . . **1286. T. aquatica**
II. B. eiförmig, dicht stehend; Fr. 2samig . . . . **1287. T. muscosa**

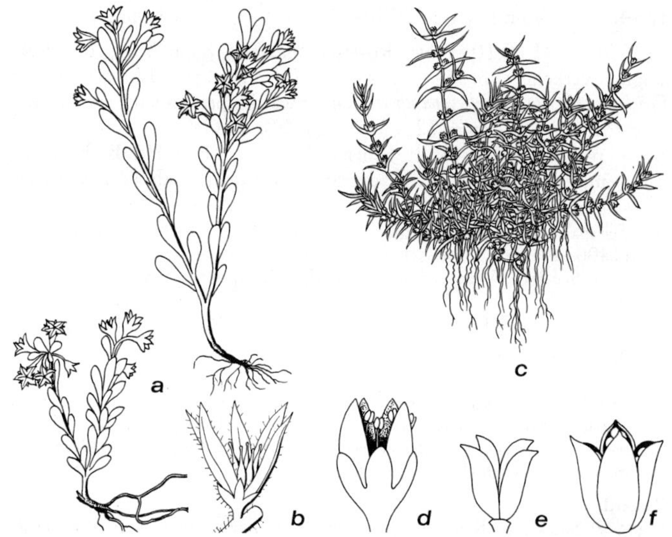

Abb. 209. *a–b Crassula rubens* (*a* Habitus, *b* Blüte); *c–f Tillaea aquatica* (*c* Habitus, *d* Blüte, *e* Fruchtknoten, *f* Frucht).

1286. T. aquática L. (Abb. 209c–f) Wasser-T.
[= Crassula aquatica (L.) Schönland]

⨀, *Th.* – H. 0,02–0,05. St. niederliegend bis aufsteigend; B. gegenständig, linealisch; Bl. fast sitzend; Krb. 4, weiß. VII–IX. 2n = 42.

Zwergbinsenges., Uferges.; feuchte, schlammig-sandige, seltener kiesige, kalkfreie, überschwemmte Böden. – Sehr selten: Anh. (Coswig, Wittenberg), Pomm. (Kolberg), Ostpr. (Rauschen). – N-Eur., Isl., M-Eur., N-As., N-Am.; subarkt(-no).

1287. T. muscósa L. Moos-T.
[= Crassula muscosa (L.) Schönland]

⨀, *Th.* – H. 0,01–0,05. St. am Grd. niederliegend, mit aufstrebenden Ästen; B. gegenständig, eiförmig; Bl. blattachselständig, sitzend, 3-zählig; Kr. rötlich od. weißlich. V–IX. 2n = 28.

Zwergbinsenges., Uferges.; feuchte, sandige od. lehmige, meist saure Böden. – Sehr selten: Niederrhein, Westf. (wohl ausgestorben), Anh. (Oranienbaum), Brand. (Niedergörsdorf). – W- u. S-Eur.; atl(-med).

69. Fam. SAXIFRAGÁCEAE Juss.
Steinbrechgewächse

I. Kräuter
  A. Stbb. doppelt so viele wie Krb. od. Kb., alle fruchtbar (Frb. 2; Frkn. 1- bis 2fächerig)
    1. Blh. doppelt (Krb. u. Kb.), 5zählig .... **367. Saxifraga**
    2. Blh. einfach (Kb.), 4zählig .... **368. Chrysosplenium**
  B. Fruchtbare Stbb. so viele wie Krb. (5) (vor den Krb. 5drüsig gefranste Staminodien; Frb. 4, Frkn. 1fächerig; 4 wandständige S.leisten) .... **369. Parnassia**
II. Sträucher
  A. B. gegenständig; Stbb. zahlreich; Fr. eine Kapsel **370. Philadelphus**
  B. B. wechselständig; Stbb. 5; Fr. eine Beere .... **371. Ribes**

367. Saxífraga L. — Steinbrech

$x = 7, 8, 9, 10, 11, 13$

I. Frkn. oberständig od. höchstens $^1/_3$ in die verbreiterte Bl.achse eingesenkt; B. ohne Gruben u. Kalkabscheidung
  A. Kb. nach der Bl. zurückgeschlagen (nur bei S. nivalis aufrecht); S. spindelförmig
    1. B. spatel- od. verkehrt-eiförmig, lang-keilförmig in den Stiel verschmälert
      a) K.zipfel aufrecht .... **1288. S. nivalis**
      b) K.zipfel zurückgeschlagen .... **1289. S. stellaris**
    2. B. lanzettlich od. mit rundlicher Spreite u. diese kurz-keilförmig deutlich vom Stiel abgesetzt
      a) B. lanzettlich, ganzrandig, in den Stiel verschmälert (Krb. gelb) .... **1290. S. hirculus**
      b) B. mit rundlicher Spreite, kerbzähnig, vom Stiel ±abgesetzt (Krb. weiß) .... **1291. S. umbrosa**
  B. Kb. nach der Bl. nicht zurückgeschlagen
    1. B.spreite der Grdb. lang-keilförmig in den Stiel übergehend (S. spindelförmig) .... **1288. S. nivalis**
    2. B.spreite der Grdb. herz-nierenförmig, vom Stiel abgesetzt (S. länglich verkehrt-eiförmig) **1292. S. rotundifolia**
II. Frkn. halb- od. ganz-unterständig (Kb. nicht zurückgeschlagen)
  A. B. ohne Gruben u. Kalkabscheidungen
    1. Beblätterte Nebentriebe fehlend (St. beblättert)
      a) Grdb. spatelförmig; Stb. 3lappig-keilförmig (☉, ①; Pfl. zur Bl. oft gelbgrün mit abgestorbenen Grdb.) .... **1293. S. tridactylites**
      b) Grdb. u. untere B. nierenförmig (♃; Pfl. groß, grün) .... **1294. S. granulata**

2. Beblätterte Nebentriebe vorhanden
   a) Krb. schmaler als die Kb. (Haare einreihig-vielzellig)
      x) B. lanzettlich-spatelig, stachelspitzig .... 1295. S. sedoides
      xx) B. keilförmig, meist 3- bis 5spaltig, nicht stachelspitzig .... 1296. S. aphylla
   b) Krb. so breit od. breiter als die Kb.
      x) Krb. weiß
         /) B. ungeteilt, ganzrandig od. mit 3–5 kurzen Zähnen .... 1297. S. androsacea
         //) B. 3- bis 9spaltig
            §) Nichtbl. Triebe mit häutig umhüllten B.achselknospen; B.zipfel stachelspitzig .... 1298. S. hypnoides
            §§) Nichtbl. Triebe ohne häutig umhüllte B.achselknospen; B.zipfel meist stumpf, seltener stachelspitzig .... 1299. S. decipiens
      xx) Krb. gelb od. grünlich-gelb
         /) B. od. B.lappenspitzen grannenlos, kurzdrüsig od. kahl (ohne große kugelige B.achselknospen; Haare 1reihig-vielzellig) .... 1300. S. moschata
         //) B. grannig-zugespitzt, stachelig-bewimpert (mit großen kugeligen B.-achselknospen; Haare mehrreihig-vielzellig) .... 1301. S. bryoides

B. B.rand mit Gruben
1. B. wechselständig
   a) B. ohne Kalkabscheidungen .... 1302. S. aizoides
   b) B. mit Kalkabscheidungen
      x) Blst. reichbl. (Stämmchen nach Abtrennung der Seitenrosetten absterbend)
         /) Krb. weiß, oft rot-punktiert .... 1303. S. paniculata
         //) Krb. orangegelb .... 1304. S. mutata
      xx) Blst. nur 1- bis 6bl. (Stämmchen mit den Seitenrosetten ausdauernd)
         /) B. der Stämmchen vom Grd. an bogig-zurückgekrümmt .... 1305. S. caesia
         //) B. der Stämmchen ±aufrecht, nicht bogig-zurückgekrümmt .... 1306. S. burseriana
2. B. gegenständig (mit 1–5 Grübchen)
   a) Bl.stengel mehrbl. (2–6-, selten 1bl.); Diskus breit .... 1307. S. biflora
   b) Bl.stengel 1bl.; Diskus schmal bis fast fehlend 1308. S. oppositifolia

1. Sect. B o r á p h i l a

1288. S. nivális L. Schnee-St.

♃, *Ch.* – H. 0,08–0,10. Beblätterte Nebenst. fehlend; *B. grundständig, verkehrt-eiförmig od. spatelig,* gekerbt; Bl. kopfförmig-genähert; K. aufrecht; Kr. klein, weiß. VII–VIII. Im Geb. nur ssp. n i v á l i s. 2n = 60.

Felsspaltenges.; Basalt. – Sehr selten: Schles. (Kleine Schneegrube). – N-Eur., Arkt.; arkt-subarkt.

1289. S. stelláris L. Stern-St.

♃, *Ch.* – H. (0,03)0,08–0,18(0,30). Beblätterte Nebenst. vorhanden; Stämmchen rosettig od. lockerbeblättert; St. an der Spitze ebensträußig; *B. verkehrt-ei-keilförmig, fast sitzend, an der Spitze gezähnt-gesägt; Krb. lanzettlich, in einen Nagel zusammengezogen, schwielenlos,* weiß, mit zitronengelben Punkten; *Stbf. pfriemlich.* V–VIII. Im Geb. nur:

ssp. a l p i g é n a Temesy; Pfl. ohne Brutknospen, ±spärlich behaart; Kb. 1,5–3 mm lang; Krb. sehr schmal. 2n = 28.

Quellflurges., überrieselte Felsen, u. a.; kalte, nasse, moorige Tonböden. – Selten: Schwarzwald (Hornisgrinde, S-Schwarzwald); zerstreut: mont. bis alp. Stufe der Alp. (1100–2460 m). – Gebg. M-Eur. (Iber, Halbins. – Frankr. – Schwarzw. – Alp. – Karp., Apenn.), Gebg. N-As.; alp. (Gesamtart: arkt-alp [arkt-circ]).

2. Sect. H í r c u l u s

1290. S. hírculus L. (Abb. 210 a) Moor-St.

♃, *H.* – H. 0,10–0,40. Stämmchen niedergestreckt, fadenförmig; *St.* aufrecht, *beblättert; B. lanzettlich, ganzrandig; Krb. am Grd. 2schwielig,* gelb, dunkel-punktiert. VII–IX. 2n = 32.

Braunseggenges.; feuchte, zeitweise überschwemmte, nährstoffhaltige Torfböden. – Selten: wohl nur noch Bay. Hochebene u. Bodenseegeb. (in N-D. wohl durch Kulturmaßnahmen ausgerottet). – Arkt., zerstreut von N-Eur. bis Franz. Jur., Karp., Kauk.; Z-As.; arkt-circ, no.

3. Sect. R o b e r t s ó n i a

1291. S. umbrósa L. Schatten-St.

♃, *Ch.* – H. 0,10–0,35. Stämmchen niedergestreckt, rosettenb.; St. blattlos, aufrecht, ebensträußig; *B. länglich-verkehrt-eiförmig, am Grd. kurz-keilförmig, kerbzähnig;* Krb. weiß, gelblich- u. purpur-punktiert. VI–VIII. 2n = 28.

Kultiviert, selten verwildert u. eingebürgert. – Post., Span., Irl., atl.

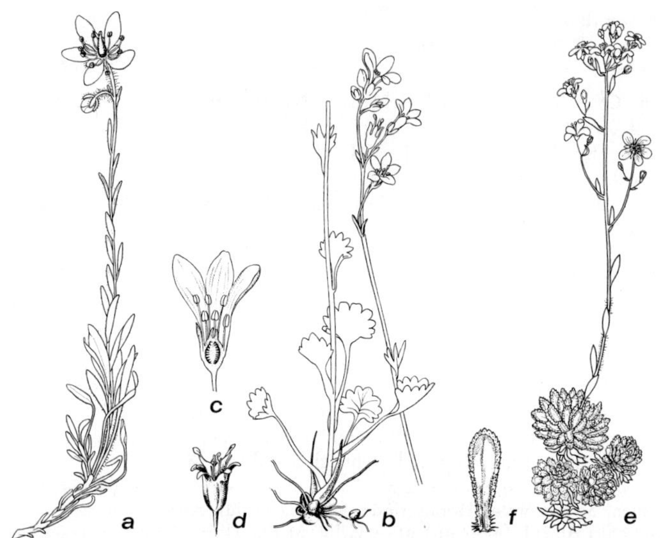

Abb. 210. *Saxifraga* spp., *a S. hirculus* (Habitus), *b–d S. granulata* (*b* Habitus, *c* Blüte längs, *d* Frucht), *e–f S. paniculata* (*e* Habitus, *f* Blatt der Rosette).

4. Sect. Miscopetalum

1292. S. rotundifólia L. Rundblättriger St.

♃, *H.* – H. 0,15–0,60. Pfl. weichhaarig, etwas klebrig; beblätterte Nebenst. fehlend; *St. aufrecht, rispig, reichbl.; grd.ständige B. herznierenförmig,* ungleich-grob-gesägt, langgestielt, Stb. eingeschnitten-gezähnt; *Kb. aufrecht-abstehend;* Krb. lanzettlich, sternförmig-abstehend, 2mal so lang wie der K., weiß, unter der Mitte goldgelb-, darüber purpurrot-punktiert. VI–IX. 2n = 22.

Hochstaudenges., Mischwaldges.; feuchte, oft kalkhaltige u. lehmige Mullböden. – Verbr.: insbes. subalp. Stufe der Alp. (bis 2130 m), oft tiefer bis u. a. in die obere bay. Hochebene. – Alp., Hochgebg. S-Eur., Kauk., Armen.; praealp(-med).

5. Sect. Tridactylítes

1293. S. tridactylítes L. Finger-St.

☉, *Th.* – H. 0,05–0,15. *St.* einzeln, drüsenhaarig, *beblättert; untere B. verkehrt-ei-spatelförmig,* ungeteilt od. 3lappig, obere handförmig-

3spaltig oder bei kleinen Pfl. auch ungeteilt; K. aufrecht, mit eiförmigen Zipfeln; Kr. klein, weiß. IV–V. 2n = 22.

Trockenrasenges., Silbergrasfluren, Mauern etc.; offene, nährstoffhaltige, sandige u. lehmige, auch steinige Böden. – Verbreitet bis zerstreut, im NW über große Strecken fehlend, bis an den Alp.rand. – Eur., Med., Kl.As., Kauk., Armen.; submed(-subatl).

6. Sect. Nephrophýllum

1294. S. granuláta L. (Abb. 210b–d) Körner-St.

♃, *H.* – H. 0,15–0,30(0,50). *Grdb. in den Achseln mit* rundlichen *Bulbillen; St. armblättrig;* Blst. ästig-ebensträußig; *untere B. nierenförmig, lappig-gekerbt,* obere 3- bis 5spaltig; K. aufrecht-abstehend, mit länglich-lanzettlichen Zipfeln; Kr. groß, weiß. V–VI. 2n = 52, 46–60, ca. 60.

Versch. Ges., u. a. Fettwiesen, Magerrasen; meist trockenere, nährstoffreichere, humose, sandig-lehmige Böden. – Verbreitet bis zerstreut, im NW über große Strecken, in Alp. ganz fehlend. – Eur., W-Med., NW-Afr.; subatl.

7. Sect. Dactyloídes

1295. S. sedoídes L. Fettblatt-St.

♃, *Ch.* – Lockerrasig; St. bis 0,10 hoch, 1- bis 4bl., b.los; *B.* am Grd. zusammengedrängt, *ungeteilt, lanzettlich, spitz od. stachelspitzig,* kurzgewimpert; *Krb. lanzettlich, spitz, gelb, kürzer od. so lang wie der K.* VI–IX. Im Geb. nur ssp. sedoídes.

Felsschuttges.; auf Kalkgeröll. – Sehr selten in der alp. Stufe, nur Berchtesgadener Alp. (ob noch?, Funtenseetauern). – O-Pyren.; O-, Z-Alp.; Apenn.; o-alp.

1296. S. aphýlla Sternb. Blattloser St.

♃, *Ch.* – Lockerrasig; St. bis 0,10 lang, meist 1bl., b.los; *B.* am Grd. zusammengedrängt, *keilförmig,* ungeteilt od. 3- bis 5spaltig mit ei-lanzettlichen, grannenlosen Zipfeln; *Krb. linealisch, hellgelb, länger als der* K. VII–IX.

Felsschuttges.; auf Kalkgeröll. – Verbreitet: Alp., insbes. in der alp. Stufe (1900–2900 m). – O-Alp.; o-alp.

1297. S. androsácea L. Mannsschild-St.

♃, *Ch.* – St. bis 0,10 hoch, nackt od. 1- bis 3blättrig, meist 2bl.; *Grdb. rasenförmig-gehäuft,* spatelig-lanzettlich bis verkehrt-eiförmig, in den Stiel verschmälert; *Krb. verkehrt-eiförmig, noch einmal so lang u. breit wie die K.zipfel,* weiß. V–VII. 2n = ca. 128, (16).

Felsschuttges., Schneetälchen; feuchte, kalkreiche, steinige Substrate. Verbreitet: subalp. u. alp. Stufe der Alp. (1500–2900 m). – Pyren. bis Karp., Alt., O-Sib.; alp-alt.

1298. S. hypnoídes L. Astmoos-St.

♃, *Ch.* – H. 0,05–0,20. Stämmchen rasenförmig, an der Spitze rosettig; St. wenigblättrig, 2- bis 12bl.; *B. gestielt, mit einem unterseits gewölbten B.stiele, in den Rosetten handförmig-5spaltig, mit lanzettlichen, zugespitzten, stachelspitzigen Zipfeln,* am St. meist ungeteilt, an den Knospen oft häutig-berandet; *gestielte Knospen in den B.achseln;* Kr. weiß. V–VI. 2n = ca. 30, 40–50, 48, ca. 58, 64.

Kultiviert, selten verwildert in Felsspalten. – Heimat: W-Eur., Isl.; atl.

1299. S. decípiens Ehrh. Rosen-St.
[= S. caespitosa L. ssp. decipiens (Ehrh.) Rchb.; S. rosacea Moench]

♃, *Ch.* – H. 0,08–0,30. Stämmchen rasenförmig, an der Spitze mit Rosetten; St. 2- bis 9bl.; B. gestielt, Rosettenb. hand- bis fußförmig 3–5 (bis 9)spaltig, mit ±lanzettlichen, stumpfen, seltener stachelspitzigen Zipfeln; Stb. meist 3spaltig; Kr. ziemlich groß, weiß, selten fehlend. V–VII. 2n = ca. 55, 56, 64. Formenreich, die im Geb. gefundenen Sippen können wie folgt gegliedert werden:

ssp. p a l m á t a (Smith) Br.-Bl. [incl. var. palmata (Smith) Engl. et Irmsch., var. villosa (Willd.) Haussk., var. Sternbergii (Willd.) Engl.]; B. u. St. ±lang behaart; Grundb. 3- bis 5spaltig; Zipfel lanzettlich, breit, stumpflich, stark genähert.

Selten: Niederhessen, Harz, Fränk. Jura. – subarkt-subatl.

ssp. g l a b r á t a (Čelak.) Br.-Bl. [incl. var. glabrata (Čelak.) Engl. et Irmsch., var. rangiferina Engl. et Irmsch.] B. schwach behaart bis verkahlend; Grundb. 3- bis 9spaltig; Zipfel stumpflich od. spitz, ±genähert, schmal (0,8–1,5 mm).

Selten: Obere Saale (i. Geb. d. Talsperren), Harz, Fränk. Jura. – subarkt-subatl.

ssp. q u i n q u e f í d a (Haw.) Br.-Bl. [incl. u. a. var. quinquefida (Haw.) Engl., var. bohemica (Panz.) Engl. et Irmsch., S. sponhemica Gmel. var. hassiaca Engl. et Irmsch.]; B. u. St. fast kahl; Grundb. 3- bis 5lappig, Lappen schmal, lang, ±divergierend, zugespitzt mit ±deutlicher Grannenspitze.

Selten: Rheinpfalz: Glantal (Stein- u. Totenalb westl. Niederalben), Erzweiler unweit Baumholder, im Nahetal um Idar-Oberstein, Kirn; selten im Lahn- u. Moselgeb. (Kylltal, Gerolstein) u. der Our (Luxemb.) bis zum Hohen Venn (sonst Fundorte meist außerhalb der Grenzen); Sudeten (?). – atl.

Felsspalten- u. Felsbandges.; mäßig frische, humose, nährstoffhaltige, meist kalkarme Substrate. – Gesamtart: Grönl., Isl., N-, W- u. M-Eur.

1300. S. moscháta Wulf. Moschus-St.

♃, *Ch.* – H. 0,01–0,12. Stämmchen dichte Rosetten tragend; St. meist 1- (bis 5)blättrig, 2- bis 8bl.; *B. linealisch, ungeteilt, od. linealisch-keilig, 3- bis 7spaltig, grannenlos;* Kr. sehr klein, grünlich-gelb. IV–VIII. 2n = 22, 26. Formenreich. Umfaßt im Geb.:

ssp. m o s c h á t a (= ssp. linifolia Br.-Bl.); Rosettenb. ±linealisch, ungeteilt, seltener an der Spitze mit kurzen Zähnen; St. 1- (bis 3)-blättrig, 1- bis wenigbl.

Felsspalten- u. Felsbandges.; feuchte, steinige u. meist kalkreiche Substrate. – Verbreitet: subalp. u. alp. Stufe der Alp. (1750–2760 m); alp.

ssp. b a s á l t i c a Br.-Bl.; Rosettenb. tief 3- bis 7spaltig, keilig verschmälert; St. 3- bis 5blättrig u. 2- bis 8bl.

Felsspaltenges., auf Basalt. – Sehr selten: Riesengebg. (Kleine Schneegrube).

Gesamtart: Gebg. von M- u. S-Eur., W-As., Sib.; alp-atl.

8. Sect. T r a c h y p h ý l l u m

1301. S. bryoídes L. Moosartiger St.
[= S. aspera L. ssp. bryoides (L.) Gaud.]

♃, *Ch.* – H. 0,02–0,08. Stämmchen niedergestreckt, dichte, fast kugelige Rasen bildend; St. fadenförmig, 1bl.; *B. lanzettlich-linealisch, fein gewimpert; K.zipfel kurz-stachelspitzig;* Kr. hellgelblich. VII–VIII. 2n = 26.

Felsschutt- u. Felsspaltenges.; frische, kalkfreie Substrate. – Sehr selten: Riesengebg. (Kleine Schneegrube), alp. Stufe der Allgäuer Alp. (1850–2300 m, Hinterer Fürschüsserkopf, Daumen, Hochvogel). – Riesengebg., Alp., Pyren., Karp., Balk.; alp.

9. Sect. X a n t h í z o o n

1302. S. aizoídes L. Gewimperter St.

♃, *Ch.* – H. 0,02–0,25. Stämmchen nebst den St. aufstrebend; *B. linealisch, zugespitzt, meist fast borstig-gewimpert; K.zipfel unbegrannt;* Kr. goldgelb od. rotbraun. VI–IX. 2n = 26.

Quellflurges.; nasse bis feuchte, humose Kalkgeröllsubstrate. – Verbreitet: Alp. (bis 2470 m), mit den Flüssen herabsteigend bis in die Bay. Hochebene (z. B. München, Steingaden, Mering). – Arkt., N-Eur., Engl., Irl., Hochgebg. von Pyren. bis Karp., Balk.; arkt(circ)-alp.

10. Sect. Aizoónia

1303. S. paniculáta Mill. (Abb. 210e–f) Rispen-St.
(= S. aizoon Jacq.)

♃, *Ch.* – H. (0,02)0,15–0,30(0,45). *St.* aufrecht, *rispig, Äste 1–3 (–8)bl.; Rosettenb. verkehrt-eiförmig bis lineal.-zungenförmig,* aufgerichtet od. zusammenneigend, am Rand knorpelig-gesägt u. grubig-punktiert, *Zähne zugespitzt u. vorwärtsgerichtet;* Krb. verkehrt-eiförmig bis ellipt., weiß, oft rot punktiert. V–VIII. 2n = 28. Vielgestaltig, umfaßt im Geb. u. a.:

var. paniculáta; Stb. fast vom oberen Fünftel an spatelförmig verschmälert; Rosettenb. mit 5–11 Vorderrandzähnen; oft in allem kleiner als folg. Var.
Verbreitet in Alp. (bes. 1200–2570 m).

var. májor (Koch) H. Huber (= S. aizoon Jacq. var. montana Engl. et Irmscher); Pfl. meist groß; untere Stb. etwa von der Mitte an zum Grd. verschmälert; Rosettenb. mit 7–14 Vorderrandzähnen, Mittelzahn nicht od. wenig größer als die benachbarten, Spitze daher stumpf od. kurzspitzig erscheinend.
Zerstreut bis selten im ö. u. s. Berggeb., so u. a. Sudeten, n. Rheinpfalz, Nahetal, Schwarzwald, Schwäb. Jura, Hegau.

Mont. bis alp. Felsspalten u. Felsrasen; meist kalkhaltige Substrate. – N-Span., Pyren. bis Karp. u. Balk., Mittelgebg. von Auvergne bis Pol., Lazistan; N-Eur., Grönl., nö. N-Am.; praealp-alp-arkt(subozean), circ.

1304. S. mutáta L. Kies-St.

♃, *H.* – H. 0,15–0,30. St. traubig-rispig; *B.* der Rosetten *zungenförmig,* gegen den Grd. dicht gewimpert, ***vorn ganzrandig od.*** *undeutlich-kleingesägt, längs des Randes vielpunktig; Krb. linealisch-lanzettlich, spitz,* länger und schmaler als die 3eckigen K.zipfel, pomeranzengelb. VI bis VIII. 2n = 28.

Pionierges., in Felsspalten, Geröllhalden; feuchte, kalkreiche, oft tonige, steinige Substrate. – Zerstreut: Alp. (bis 1770 m), obere Bay. Hochebene; selten: Lech bis Augsburg; Rüdlingen. – Alp.; alp-praealp.

11. Sect. Kábschia

1305. S. caésia L. Blaugrüner St.

♃, *Ch.* – H. 0,05–0,10. *St. meist 2- bis 6bl.,* kahl od. zerstreut-drüsig-behaart; *B.* der Rosetten länglich-linealisch, *vom Grd. an bogig-zurückgekrümmt,* gedrungen-gehäuft; Krb. verkehrt-eiförmig, 3- bis 5nervig, weiß. VII–IX. 2n = 24, 26.

Felsspalten- u. Felsbandges.; kalkreiche, steinige Substrate. – Verbreitet: Alp., insbes. alp. Stufe (bis 2470 m), herabsteigend bis obere Bay. Hochebene. – Pyren., Alp., Karp., Apenn.; alp.

1306. S. burseriána L. Bursers St.

♃, *Ch.* – H. 0,05–0,10. *St. meist 1bl.; B. der Rosetten pfriemlich-zugespitzt, starr, stachelspitzig, graugrün;* Krb. mit zahlreichen, rötlichen Nerven, weiß. VI–VIII. 2n = 26.

Felsspalten- u. Geröllges.; kalkreiche, steinige Substrate. – Selten: nur ö. Bay. Alp. (602–1600 m; Kampenwand, Brünnlingsalpe, Haaralpschneid, Engeret, Untersberg, Königseeufer u. Eiskapelle.). – Alp.; alp.

12. Sect. Porphýrion

1307. S. biflóra All. Zweiblütiger St.

♃, *Ch.* – Stämmchen niederliegend 0,10–0,35 lang, kriechend, nicht polsterbildend; *B.* dick, *fast kreisrund bis etwas spatelig, kurz gestielt,* oft rot, *lockerer stehend;* Stb. drüsig bewimpert; St. (1)2- bis 6bl.; *K.-zipfel kurzdrüsig;* Krb. purpurviolett. VII–VIII. 2n = 26.

Alp. Felsschuttges. – Sehr selten: Allgäuer Alp. (2410 m, Krazerjoch). – Z-, W-Alp.; w-alp.

1308. S. oppositifólia L. Gegenblättriger St.

♃, *Ch.* – Stämmchen niedergestreckt, sehr ästig, Rasenpolster bildend; St. fadenförmig, 0,10–0,25 lang; *B. rundlich bis länglich-verkehrt-eiförmig, dachziegelig, gegenständig, ebenso wie die Kb.zipfel drüsenlos-gewimpert;* St. 1bl.; Kr. rosenrot, zuletzt bläulich. (II–III)IV–VII. Umfaßt im Geb.:

ssp. oppositifólia; B. verkehrt-eiförmig, ±spitz, selten stumpflich, meist bis zur Spitze langwimperig, meist 1 Grübchen, unterseits ±scharf gekielt, mit Laubb.knospen in den Achseln; Pfl. dicht- od. lockerrasig. 2n = 26.

Kalkschutt- u. Kalksteinges.; frische Substrate. – Verbreitet: Alp. (1650 bis 2680 m), selten in tieferen Lagen, herabgeschwemmt; Riesengebg.

ssp. amphíbia (Sünderm.) Br.-Bl.; B. breit-rundlich, eiförmig, nur am Grd. lang-gewimpert, meist 3 Grübchen, unterseits fast ungekielt, ohne Laubb.knospen in den Achseln; Pfl. lockerrasig. II–III.

Strandlingges.; periodisch überschwemmte Kiesufer. – Jetzt sehr selten: Bodensee (W-Ufer).

Gesamtart: Arkt., N-Am., N-Sib., N-Eur., Engl., Hochgebg. M-Eur. (Span. bis Balk.); arkt-alp.

Bastarde:

S. caesia × aizoides, S. decipiens × granulata, S. decipiens ssp. quinquefida var. sponhemica × granulata, S. mutata × aizoides.

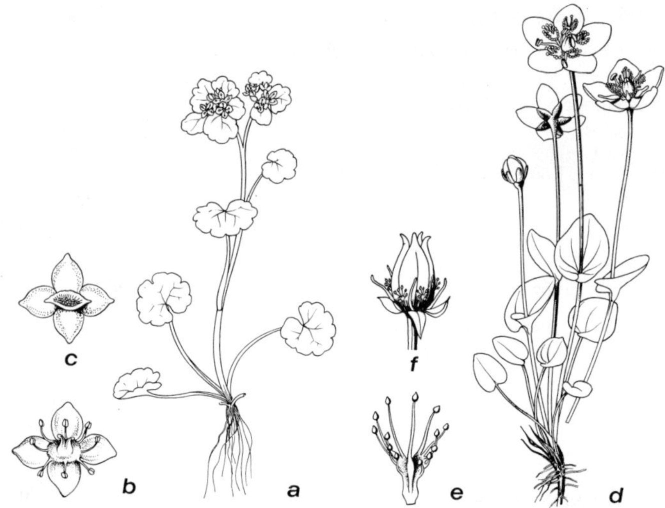

Abb. 211. *a–c Chrysosplenium alternifolium* (*a* Habitus, *b* Blüte, *c* reife Frucht mit Blütenhülle); *d–f Parnassia palustris* (*d* Habitus, *e* Staminodium, *f* Frucht).

368. Chrysosplénium L. Milzkraut

x = 6, 7

I. B. wechselständig; St. 3kantig .... 1309. Ch. alternifolium

II. B. gegenständig; St. 4kantig .... 1310. Ch. oppositifolium

1309. Ch. alternifólium L. (Abb. 211 a–c) Wechselblättriges M.

♃, *H.* – H. 0,08–0,15. *B. wechselständig,* kreis-nierenförmig, tiefgekerbt; K. u. Hochb. goldgelb. IV–V. 2n = 48.

Auenwaldges.; nasse, nährstoffreiche, meist tonige u. lehmige Böden. – Verbreitet u. meist häufig (bis 1950 ,). – Eur., As., N-Am.; euras-no, circ.

1310. Ch. oppositifólium L. Gegenblättriges M.

♃, *H.* – H. 0,05–0,10. *B. gegenständig,* halbkreisrund, geschweiftgekerbt; K. u. Hochb. goldgelb; Bl. kleiner als bei Ch. alternifolium. V–VI. 2n = 42.

Quellflurges.; nasse, nährstoffreiche, kalkarme, meist sandig-tonige Böden. – Zerstreut, insbes. im Hügelland, nach O abnehmend, selten in Meckl., Pomm., Schles.; in Ostpr. u. Alp. fehlend. – Atl. u. subatl. Eur.; subatl.

369. Parnássia L. Herzblatt

x = 9

1311. P. palústris L. (Abb. 211d–f) Sumpf-H.

♃, *H.* – H. 0,15–0,25. Grdb. herzförmig, langgestielt, das einzige Stb. sitzend, st.umfassend; Staminodien mit 9–13 gestielten, glasig-gelblichen Drüsenköpfchen, gelblichgrün; Krb. weiß, wasserhell gestreift. VII–IX. 2n = 18.

Verschiedene, meist flachmoorige Ges.; ±nasse, nährstoff- u. kalkhaltige, torfige u. tonige Böden. – Zerstreut (bis 2320 m), streckenweise fehlend, vielerorts durch Kulturmaßnahmen abnehmend. – n. u. gem. Teile der N-Hemisph.; no(-euras), circ.

370. Philadélphus L. Pfeifenstrauch

x = 13

1312. Ph. coronárius L. (Abb. 212a–b) Gemeiner Pf., Unechter Jasmin

♄, *N, M.* – H. 1,25–2,50. B. elliptisch, zugespitzt, gesägt-gezähnelt; Bl. achselständig, die obersten in 3teiligen Scheindolden; K.zipfel kurz-zugespitzt; Kr. weiß, stark riechend; Gr. tief-4spaltig, kürzer als die Stbb. V–VI. 2n = 26.

Gepflanzt, gelegentlich verwildert. – SO-Eur. bis Armenien.

371. Ríbes L. Stachel- u. Johannisbeere

x = 8

I. Pfl. stachellos; Bl. in meist vielbl. Trauben
  A. Blst. nickend od. hängend; Bl. zweigeschlechtig
    1. B. unterseits nicht drüsig punktiert
      a) Kb. wimperlos; Bl.achse beckenförmig (R. rubrum L. s. l.)
        x) Bl.achse innen ohne hervortretenden Wulst . . . . **1313. R. spicatum**
        xx) Bl.achse innen mit 5eckigem Ringwulst **1314. R. silvestre**
      b) Kb. gewimpert; Bl.achse glockig . . . . **1315. R. petraeum**
    2. B. unterseits gelb drüsig-punktiert (Fr. schwarz) **1316. R. nigrum**
  B. Blst. aufrecht; Bl. zweihäusig od. unvollständig zweihäusig . . . . **1317. R. alpinum**
II. Pfl. bestachelt; Blst. 1- bis 3bl.; Bl. kurz-gestielt . . . . **1318. R. uva-crispa**

Abb. 212. *a—b Philadelphus coronarius* (*a* Blütenzweig, *b* Frucht); *c—e Ribes silvestre* (*c* Zweig mit Blütenstand, *d* Blüte, *e* Zweig mit Früchten).

1. Subgen. R í b e s
1. Sect. R í b e s

1313. R. spicátum Robs. em. Wilmott Nordische J.
[= R. rubrum L. ssp. rubrum (L.) O. Schwarz; R. Schlechtendalii Lange]

ђ, *N.* – H. bis 1,50. B. fast 5lappig, mit stumpflichen Lappen, unterseits nicht drüsig-punktiert; Tragb. der Bl. eiförmig, kürzer als der Bl.stiel; *Bl.achse* kahl, schüsselförmig, am Rande wimperlos, *ohne hervortretenden Ringwulst;* Scheitel des Frkn. etwas konvex u. schwielig; Bl. gelblichgrün; Beeren rot. IV—V. 2n = 16. Wenige Sorten der Garten-J. von dieser Art abstammend bzw. die Art als Kreuzungselter verwendet.

Erlenbruchwaldges.; feuchte, nährstoffreiche Flachmoorböden. – Wildvorkommen angeblich: N-D., sonst wohl aus Kultur verwildert. – N- u. NO-Eur., Sib., s. bis Dän., N-D. (?); no-euras.

1314. R. silvéstre (Lam.) M. et K. (Abb. 212c–e) Rote J.
(= R. rubrum L. ssp. vulgare Domin)

ħ, *N.* – H. bis 1,50. B. fast 5lappig, mit stumpflichen Lappen, unterseits nicht drüsig-punktiert; Tragb. der Bl. eiförmig, kürzer als der Bl.stiel; *Bl.achse* kahl, flach, am Rande wimperlos, *mit 5kantigem Ringwulst;* Bl. gelblichgrün; Beeren rot, selten weiß. IV–V. 2n = 16. Umfaßt:

ssp. s i l v é s t r e; Wildformen; Pfl. mit Kriechspr.; B. oberseits ±glänzend, durch das Adernetz runzelig; Beeren klein.
Erlenbruchwaldges., Laubmischwaldges.; feuchte, nährstoffreiche, humose Böden, insbes. Flachmoorböden. – Selten: NW-D. (?), W-D., Oberrhein, Pfalz. – NW-Eur. (Dän., Norw., Schwed., Engl., Belg., Frankr., W-D.); subatl.

ssp. h o r t é n s e (Lam.) Hyl.; Gartenformen; Pfl. ohne Kriechspr.; B. oberseits matt, wenig runzelig od. glatt; Beeren groß. – Kultiviert, selten verwildert.

1315. R. petraéum Wulf. Felsen-J.

ħ, *N, (M).* – H. 1,00–1,25(2,50). B. 3- bis 5lappig, Lappen spitz; Tragb. der Bl. etwa so lang wie der Bl.stiel; *Bl.achse glockig, mit* gewimperten Zipfeln; Bl. grün, mit roten Punkten gesprenkelt; Beeren rot. IV–VI. 2n = 16.

Hochstaudenges. u. in krautreichen Buchenwaldges.; frische bis feuchte, steinige Lehm-Mullböden. – Selten: S-Schwarzwald, Schles.Gebg., Bay. Wald (?). – Gebg. von Pyren. bis Karp., Balk.; N-Afr.; praealp(-alp).

2. Sect. C o r e ó s m a

1316. R. nígrum L. Schwarze J.

ħ, *N.* – H. 1,25–2,00. B. 3- bis 5lappig, *Lappen spitz, unterseits drüsig-punktiert; Tragb. lanzettlich-pfriemlich, kürzer als der Bl.stiel; Bl.achse* glockig, *weichhaarig,* drüsig-punktiert; Bl. grünlich, inwendig blaßrötlich; Beeren schwarz (von eigenartigem, wanzenähnlichem Geruch). IV–V. 2n = 16.

Erlenbruchwaldges.; feuchte bis nasse, nährstoffreiche Flachmoorböden. – Wild ursprünglich wohl nur N-D., hier stellenweise noch verbreitet, daneben u. sonst im übrigen Geb. zerstreut, meist verwildert u. eingebürgert; vielfach kultiviert. – Eur. bis Z-Sib., Mandsch., Him., Kauk., Armen.; no-euras(-kont).

Droge: Folia Ribis nigri

3. Sect. B e r í s i a

1317. R. alpínum L. Alpen-J.

♄, *N.* – H. bis 1,50. B. 3- (bis 5)lappig; *Tragb. der Bl.* lanzettlich, *länger als die Bl.stiele;* Bl. meist 2häusig; Bl.achse flach-beckenförmig, kahl; Krb. gelblichgrün, sehr klein; Beeren rot. V–VI. 2n = 16.
Laubmischwaldges., seltener auch Steppenwaldges.; frische, nährstoffreiche u. meist kalkhaltige u. steinige, humose Böden. – Zerstreut (bis 1630 m), fehlt im N-Flachland über große Strecken; daneben angepflanzt u. gelegentlich verwildert. – Eur., As.; no-praealp-submed(-euras).

2. Subgen. G r o s s u l á r i a

1318. R. úva-críspa L. em. Lam. Stachelbeere
(= R. Grossularia L. em. Wallr.)

♄, *N.* – H. 0,60–1,50. B. 3- (bis 5)lappig, an Kurztrieben in den Achseln ungeteilter od. 2- bis 5teiliger Stacheln; Bl.achse glockig; Bl. meist grünlich-gelb; Beere grün, gelb od. rötlich. IV–V. 2n = 16. Umfaßt:

var. ú v a - c r í s p a; Bl.achse mit kurzen, weichen, drüsenlosen Haaren; Beeren zuletzt kahl. Wildformen, selten kultiviert.
Laubmischwaldges.; frische, nährstoffreiche, kalkhaltige, lehmige u. auch steinige Böden. – Zerstreut (bis 830 m); im NW wohl wild fehlend, nur verwildert; hin und wieder kultiviert.

var. s a t í v u m DC. (= R. Grossularia L.); Bl.achse u. Beeren mit drüsentragenden Borsten. Gartenformen. – Kultiviert in verschiedenen Kulturvarietäten.

var. r e c l i n á t u m (L.) Berlandier; Pfl. kahl, nur B.stiele, der Rand der B. u. K.zipfel gewimpert; Gartenformen. – Kultiviert.

Eur., N-Afr., Kauk.; Z-As. bis N- u. NO-China; euras (-no)-subozean.

3. Unterordn. R o s í n e a e

70. Fam. ROSÁCEAE Juss. Rosengewächse

I. Teilfr. an der Bauchnaht balgfr.artig od. 2klappig aufspringend, nicht mit der Bl.achse verwachsen; Streufr. (Meist ohne Nebenb.) .... **1. Subfam. Spiraeoideae** S. 711

II. Teilfr. nicht aufspringend; trockene od. fleischige Schließfr. od. Scheinfr. (Nebenb. vorhanden)
   A. Frb. (1–5) mit der ausgehöhlten, zur Fr.zeit fleischigen Bl.achse u. meist auch unter sich verwachsen; Frkn. unterständig; Scheinfr. .... **2. Subfam. Pomoideae** S. 711

B. Frb. (1–∞) unter sich u. von der Bl.achse getrennt
  1. Bl.achse bleibend, erhaben, flach od. krugförmig; Frb. 1–∞ (wenn 1, dann Pfl. krautig); Nüßchen od. Steinfr. .... **3. Subfam. Rosoideae** S. 712
  2. Bl.achse sich bei der Reife ablösend, krugförmig od. röhrig; Frb. 1 (Holzgewächse); Steinfr. .... **4. Subfam. Prunoideae** **398. Prunus**

1. Subfam. Spiraeoídeae

I. Fr. blasig aufgetrieben, 2klappig aufspringend (Strauch; B. gelappt mit Nebenb.; S.schale glänzend) **372. Physocarpus**
II. Fr. nicht blasig aufgetrieben, sich an den Bauchnähten öffnend (S.schale häutig od. lederig-runzelig)
  A. B. gefiedert
    1. Staude; Bl. 2häusig; B. ohne Nebenb. .... **373. Aruncus**
    2. Strauch; Bl. 1häusig; B. mit Nebenb. .... **374. Sorbaria**
  B. B. nicht gefiedert (Bl. 1häusig; B. ohne Nebenb.) **375. Spiraea**

2. Subfam. Pomoídeae

I. Bl. klein, bis ca. 5 mm Ø (Sträucher; Frb. an der Bauchseite frei; Fr. mit steinharter Innenwand) ..... **376. Cotoneaster**
II. Bl. größer als 5 mm Ø (Bäume od. Sträucher; Frb. ±vollständig untereinander verwachsen od. 1 Frb.)
  A. Frb. ohne falsche Scheidewände, 1fächerig od. nur 1 Frb. (Frkn. mit ebensoviel Gr. bzw. Gr.ästen wie Frb. od. Fächer)
    1. Frb. bei der Reife derbhäutig bis pergamentartig werdend, in fleischiger Bl.achse
      a) B. ganzrandig, sehr kurz gestielt (Frb. vielsamig; Sa. in 2 Reihen) .... **377. Cydonia**
      b) B. gezähnt, gelappt od. gefiedert, od. ganzrandig u. lang gestielt (Frb. mit 2 Sa.)
        x) B. nicht gelappt od. gefiedert, ganzrandig od. gezähnt (Frb. bei der Reife pergamentartig)
          /) Gr. bis zum Grd. frei, von der Bl.-achse eingeschnürt; Stbbtl. rot (Fr.-fleisch mit Steinzellen) .... **378. Pirus**
          //) Gr. am Grd. verwachsen; Stbbtl. gelb (Fr.fleisch ohne Steinzellen) .... **379. Malus**
        xx) B. gelappt od. gefiedert (Frb. bei der Reife derbhäutig, hart) .... **380. Sorbus**
    2. Frb. bei der Reife zu einem Stein bzw. getrennten Steinen werdend, in fleischiger Bl.achse

a) Bl. in mehrbl. Blst.; B. gelappt od. gespalten (Frb. nicht ganz verbunden, an der Spitze nicht von fleischiger Bl.achse bedeckt, mit Sproßdornen) .... 381. Crataegus
b) Bl. einzeln; B. ungeteilt, gezähnt od. ganzrandig (Frb. ganz verbunden u. von fleischiger Bl.achse bedeckt, mit od. ohne Sproßdornen) .... 382. Mespilus
B. Frb. mit falschen Scheidewänden, daher 2fächerig (Frkn. mit 5 Gr. u. 10 Fächern; Frb. mit je 2 Sa.) 383. Amelanchier

3. Subfam. Rosoídeae

I. Bl.achse flach bis erhaben-gewölbt od. in der Mitte zapfen- bis kegelförmig emporwachsend
A. Teilfr. steinfr.artig (ohne Aussenk.; Frb. mit 2 Sa.) 384. Rubus
B. Teilfr. nüßchenartig (mit Aussenk., nur bei *Dryas* fehlend; Frb. meist mit 1 Sa.)
1. Gr. hinfällig
a) Stbb. u. Frb. ∞
x) Bl.achse bei der Reife trocken u. saftarm bleibend, höchstens wenig fleischig
/) Krb. lanzettlich zugespitzt, bleibend; Bl.achse zuletzt schwammig-fleischig 385. Comarum
//) Krb. rundl. od. verkehrt-herzförmig, abfallend; Bl.achse zuletzt trocken 386. Potentilla
xx) Bl.achse bei der Reife in der Mitte kegelförmig-halbkugelig vergrößert, erweichend, saftig werdend .... 387. Fragaria
b) Stbb. u. Frb. je 5, selten mehr .... 388. Sibbaldia
2. Gr. ganz od. z. T. bleibend, bei der Reife ±verlängert
a) Kb. u. Krb. 5, Aussenk. vorhanden .... 389. Geum
b) Kb. u. Krb. 8 (bis 9), Aussenk. fehlend ..... 390. Dryas
II. Bl.achse schwach od. tief ausgehöhlt, becher- od. krugförmig od. röhrig
A. Pfl. an den Trieben stachellos, Kräuter
1. Bl.achse krugförmig, die Frb. vollständig einschließend, bei der Reife meist erhärtend
a) Krb. vorhanden
x) Bl. mit blättrigem Aussenk. .... 391. Aremonia
xx) Bl. an Stelle des Aussenk. mit einem Kranz anfangs weicher Stacheln .... 392. Agrimonia
b) Krb. fehlend
x) Bl. ohne Aussenk. (nur 4 Kb.); B. gefiedert .... 393. Sanguisorba
xx) Bl. mit Aussenk. (4 Kb. u. 4 Aussenkb.); B. gelappt od. handförmig-gespalten
/) Stbb. 1; B. handförmig 3- bis 5-spaltig (⊙) .... 394. Aphanes

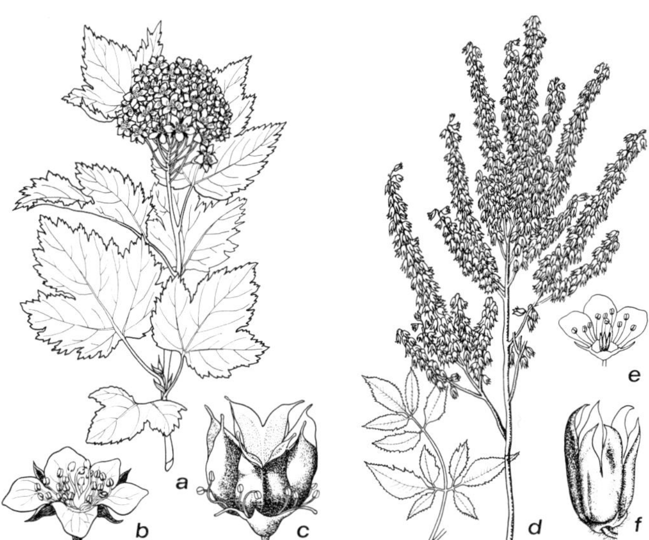

Abb. 213. *a–c Physocarpus opulifolius* (*a* Zweigstück mit Blütenstand, *b* Blüte, *c* Frucht); *d–f Aruncus dioicus* (*d* ♀-Blütenstand zur Fruchtzeit u. Blattausschnitt; *e* ♂-Blüte, längsgeschnitten; *f* Frucht).

//) Stbb. 4; B. gelappt (♃) . . . . 395. **Alchemilla**

2. Bl.achse schwach ausgehöhlt, die Frb. nicht einschließend (Krb. vorhanden) . . . . 396. **Filipendula**

B. Pfl. an den Trieben mit Stacheln, Sträucher (Bl.-achse krugförmig od. röhrig, die Frb. einschließend, bei der Reife fleischig) . . . . 397. **Rosa**

1. Subfam. Spiraeoídeae

372. Physocárpus Maxim. Blasenspiere, Knackspiere

x = 9

1319. Ph. opulifólius (L.) Maxim. (Abb. 213a–c)

♄, *N, M.* – H. bis 3,00. *B. 3- (bis 5)lappig,* am Rande unregelmäßig doppelt-gesägt, zumindest oberseits kahl; Blst. vielbl., doldenrispig, fast kugelig; Krb. weiß, *Fr.chen aufgeblasen,* eiförmig. V–VII. 2n = 18.

Gepflanzt, selten verwildert u. stellenweise eingebürgert. – Heimat: N-Am. (Can. u. Oreg. bis Flor. u. Calif.).

373. *Arúncus* Schaeff. Geissbart

1320. A. dióicus (Walt.) Fernald (Abb. 213 d–f)
(= A. silvester Kostel.)

♃, *H.* – H. 0,80–1,50(2,00). B. mehrfach-zusammengesetzt, 2- bis 3fach gefiedert, B.chen groß, länglich-eiförmig, lang-zugespitzt, ungleich-gesägt; Kr. klein, gelblich-weiß (♂) bzw. reinweiß (♀). VI–VII. 2n = 14, 18.

Buchenwald-, Schluchtwaldges.; meist feuchte, nährstoffreiche, lehmig-humose bis steinige Böden. – Zerstreut, insbes. coll. bis mont. Stufe (Alp. bis 1500 m) M- u. S-D., n. bis etwa Mosel–Lahn–Röhn – ö. Thür. Wald–O-Thür.–SW-Anh. (Ziegelroda) – Sachs. – Schles. – W-, M-, O-Eur. gem. As., (N-Am.); praealp.

374. *Sorbária* A. Br. Fiederspiere

1321. S. sorbifólia (L.) A. Br.

♄, *N.* – H. 1,00–2,00. Grundachse weit kriechend; B. bis 3 dm lang u. bis 12 cm breit, einfach gefiedert, B.chen länglich-lanzettlich, lang zugespitzt, scharf doppelt gesägt, jung unterseits sternhaarig; Blst. breite, pyramidenförmige Rispen; Krb. weiß; Stbb. etwa 2mal so lang wie Krb. VI–VIII.

Gepflanzt, selten verwildert. – Heimat: As. (Ural bis O-As., Jap.).

375. *Spiraéa* L. Spierstrauch

x = 5, 9

I. Blst. in einfachen Doldentrauben
  A. Triebe ±kantig; B. vom unteren Viertel (od. Drittel) an eingeschnitten-gesägt .... **1322. Sp. ulmifolia**
  B. Triebe stielrund; B. bis zur Mitte ganzrandig, darüber eingeschnitten-gesägt .... **1323. Sp. media**
II. Blst. in pyramidaler (bis walzenförmiger) Rispe ..... **1324. Sp. salicifolia**

1322. Sp. ulmifólia Scop. Ulmen-Sp.

♄, *N.* – H. bis 2,00. B. eiförmig bis eiförmig-lanzettlich, etwas ungleich eingeschnitten-gesägt, *nur unteres Viertel od. Drittel ganzrandig,* kahl od. spärlich gewimpert; Blst. etwa halbkugelig; Krb. weiß. V–VI. 2n = 36.

Gepflanzt, selten verwildert. – Heimat: Slow., illyr. Gebg., Karp., O-As.

1323. Sp. média Fr. Schmidt Karpaten-Sp.

♄, *N.* – H. bis 1,60. B. elliptisch bis breit linealisch, *über der Mitte eingeschnitten-gesägt,* die der bl.tragenden Zweige ganzrandig, am Rande ±seidig-zottig gewimpert; Blst. fast kugelig; Krb. weiß. V–VI. 2n = 10, 18.

Gepflanzt, selten verwildert. – Heimat: Österr., Karp., Ukraine bis Sib., NO-As.

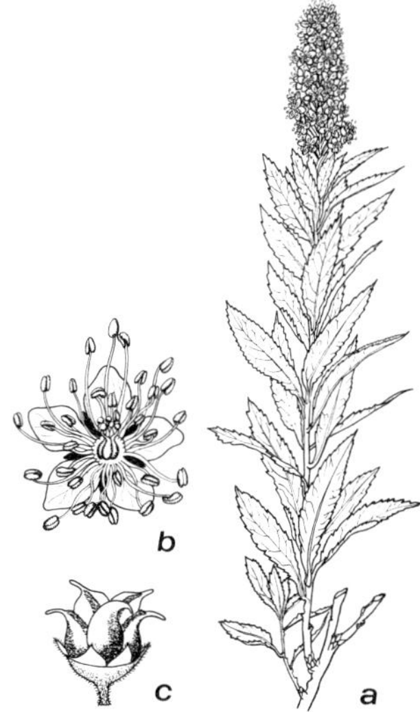

Abb. 214. *Spiraea salicifolia* (*a* Zweigstück mit Blütenstand, *b* Blüte, *c* Frucht).

1324. Sp. salicifólia L. (Abb. 214) Weiden-Sp.

ħ, *N, (M)*. – H. 1,00–2,00 (selten über 2,00). B. länglich-lanzettlich, *ungleich-gesägt,* am Rande spärlich gewimpert, sonst meist kahl; Rispe endständig, pyramidenförmig; Kr. rosenrot, selten weiß. VI–VIII. 2n = 36.

Zerstreut: Oberlausitz, Oberschles., Thür. (ob überall spontan?); sonst gepflanzt, häufig verwildert u. verschiedentlich eingebürgert (z. B. Moorränder n. von Hannover) – SO-, O-Eur., bis Sib. u. O-As.; nw. N-Am.; euras-kont.

2. Subfam. P o m o í d e a e

376. Cotoneáster Med. Zwergmispel

x = 17

I. Fr. (Bl.achse) rot; B. unterseits filzig
 A. Fr. dicht filzig-behaart . . . . **1325. C. tomentosa**
 B. Fr. kahl . . . . **1326. C. integerrima**
II. Fr. (Bl.achse) schwarz; B. unterseits behaart, nicht filzig . . . . **1327. C. melanocarpa**

Abb. 215. *a–d Cotoneaster* spp., *a C. tomentosa* (Zweigspitze), *b–d* Früchte (*b C. tomentosa, c C. melanocarpa, d C. integerrima*); *e–h Cydonia oblonga* (*e* Zweigspitzen mit junger Frucht, *f* Blüte, *g* Blütenboden mit Kelch-, Staub- u. Fruchtblättern, *h* junge Frucht quer).

1325. C. tomentósa (Ait.) Lindl. (Abb. 215a–b) Filzige Z.

ђ, *N.* – H. 0,60–2,00. B. oval, meist abgerundet-stumpf, unterseits nebst K. u. Bl.stielen weißfilzig; *Fr. hochrot, meist aufrecht.* IV–V. 2n = 51.

Trockenbusch- u. Kiefernsteppenwaldges.; warme Kalksteinsubstrate. – Selten: Alp. (bis 1650 m), Schwäb. Jur., Bodenseegeb. – N-Span., S-Frankr. bis Balk.; submed.

1326. C. integérrima Med. (Abb. 215d) Gemeine Z.

ђ, *N.* – H. 0,60–1,50. B. rundlich-eiförmig, ganzrandig, oberseits kahl od. fast kahl, unterseits filzig; Bl.achse kahl, nur am Rande nebst den Bl.stielen etwas weichhaarig; Kr. klein, blaßrot; *Fr. purpurrot,* hängend, kahl. IV–VI. 2n = 51, 68.

Trockenbuschges., Kiefernsteppenwald- od. Zwergstrauchges.; warme, steinige, meist kalkreiche Substrate. – Zerstreut bis selten: M. u. S-D., M-Gebg. ö. bis Anh. (Halle), Sachs. u. Schles., vielerorts fehlend; Alp. (bis 2030 m). – Eur., N- u. O-Med., Kl.As., Pers., Sib.; kont.

1327. C. melanocárpa Lodd. (Abb. 215 c) Schwarze Z.
[= C. nigra (Ehrh.) Fries]

ҕ, *N.* – H. 1,00–2,00. B. länglich bis eiförmig, unterseits zottig behaart, jüngere B. oberseits weichhaarig; Blst. lockerrispig, fast ebensträußig; Bl.achse kahl, nur Rand u. Bl.stiele etwas behaart; Kr. klein, weiß-blaßrosa; *Fr. schwarz.* V. 2n = 68, 51.

Sehr selten: nur Ostpr. – O-, N-Eur. bis Sib., Mandsch.; (no-)kont.

377. Cydónia Mill. Quitte

x = 7

1328. C. oblónga Mill. em. C. Schneid. (Abb. 215 e–h)
(= C. vulgaris Delarbre)

ҕ, (ҕ), *M, (N).* – H. 1,20–8,00. – Pfl. dornenlos; B. eiförmig bis breit elliptisch, ganzrandig, unterseits nebst der Bl.achse filzig; Bl. endständig, einzeln; K.zipfel drüsig-gesägt; Kr. rötlichweiß; Fr. apfel- od. birnförmig, locker behaart. V. 2n = 34.

Als Obstgehölz od. -unterlage gepflanzt, selten verwildert. – Heimat: Transkauk., Pers., Turk., SO-Arab.

Droge: Semen Cydoniae

378. Pírus L. Birne

x = 17

I. Kurztriebe alle od. doch z. T. in Dornen endigend **1329. P. communis**
II. Kurztriebe nicht in Dornen endigend . . . . **1330. P. domestica**

1329. P. commúnis L. Holzbirne
[= P. communis L. var. (α) piraster L.; incl. P. achras Gaertn.]

ҕ, ҕ, *M, MM.* – H. bis 20,00. B. rundlich bis eiförmig-rundlich, ganzrandig od. fein scharf gesägt, anfangs behaart, später ganz od. teilweise verkahlend; *Kurztriebe zumindest z. T. dornig;* Krb. weiß od. ganz schwach rosa; *Stbbtl. rot;* Fr. klein ±holzig. IV–V. Umfaßt:

var. c o m m ú n i s [= P. piraster (L.) Borkh.]; Fr. kugelig; B. wenigstens z. T. am Grd. deutlich herzförmig; Bl.achse kahl. 2n = 34.

var. á c h r a s (Gaertn.) Wallr. (= P. achras Gaertn.); Fr. kurz, birnförmig; B. meist am Grd. abgerundet bis etwas keilförmig, selten schwach herzförmig; Bl.achse behaart.

Trockenbusch- u. Trockenwaldges., seltener Auenwald- u. a. Laubwaldges.; ±trockene bis frische, nährstoffreiche, meist lehmige aber auch felsige Substrate. – Zerstreut – selten, im N-Flachland über große Strecken fehlend, insbes. M- u. S- u. auch O-D. – M-, S-Eur., Kl.As., Kauk., N-Iran; submed(-kont).

Abb. 216. *a–b Pirus domestica* (*a* blühende u. fruchtende Zweige, *b* Blüte ohne Kronblätter längs); *c–d Malus silvestris* (*a* blühende u. fruchtende Zweige, *d* Blüte ohne Kronblätter längs).

1330. P. doméstica Med. (Abb. 216 a–b) Kultur-Birne

(= P. communis L. excl. var. piraster L., P. sativa Lam. et DC.)

♄, *M, MM.* – H. bis 20,00. B. groß eiförmig, oft etwas allmählich zugespitzt, häufig am Grd. deutlich herzförmig, jung oft behaart, später ganz od. fast ganz kahl; *Kurztriebe nicht dornig;* Krb. weiß od. ganz schwach rosa; *Stbbtl. rot;* Fr. groß u. sehr formenreich, deutlich od. nur kurz birnförmig. IV–V. 2 n = 34.

Hierunter vorläufig alle Kulturbirnen zusammenzufassen; Abstammung der einzelnen Kulturvarietäten nicht einheitlich; als Stammpfl. werden vermutet: P. communis L., P. amygdaliformis Vill., P. persica Pers., P. salicifolia Pall., P. elaeagrifolia Pall., P. nivalis Jacq. – Gepflanzt.

379. Málus Mill. Apfel

x = 17

1331. M. silvéstris Mill. em. Domin (Abb. 216c–d) (= Pirus malus L.)

♄, (♄), *M, MM.* – H. bis ca. 10,00. B. eiförmig, kurz-zugespitzt, gekerbt-gesägt; B.stiele etwa $^1/_2$ so lang wie das B.; *Kr. außen rötlichweiß,* selten ganz rot; Stbbtl. gelb. V. 2n = 34, 51. Nach Mansf. wie folgt zu gliedern (z. T. bisweilen auch als selbständige Arten aufgefaßt):

ssp. silvéstris (= P. malus L. α austera Wallr., P. malus L. [α] silvestris L.) Holz-A.; Zweige meist dornig, jung locker behaart; Knospen, Bl.stiele u. Bl.achse kahl od. spärlich behaart; B. unterseits kahl od. nur auf den Nerven flaumig; Fr. klein 1,5–2,5 cm ∅. 2n = 34.

Trockenwald-, Laubmischwaldges.; meist frische, kalkreiche, steinige u. lehmige Böden. – Zerstreut, im NW über große Strecken fehlend (bis 1050 m). – Eur. bis Vord.As.; submed(-kont).

ssp. mítis (Syme) Mansf.; Zweige nicht dornig, jung filzig behaart; Knospen, Bl.stiele u. Bl.achse ebenso wie B. (unterseits) filzig-behaart; Fr. 1,5 bis 12 cm ∅. 2n = 34, (51), (68). Umfaßt:

var. paradisíaca (L.) Bailey; Paradies-A.; meist ♄; B. meist nur 1,5–3 cm lang, oberseits später verkahlend; Bl.stiele kurz (1–1,5 cm); Fr. kaum über 1,5 cm dick. – Gepflanzt, selten verwildert. – Heimat: Balk. bis W-As.

var. mítis (= M. dasyphylla Borkh.); Filz-A.; meist ♄; B. meist 5 bis 8 cm lang, anfangs dicht, später locker behaart bis kahl; Bl.stiele kurz (bis 1,5 cm); Fr. meist groß, gelb(-rot). – Gepflanzt, selten verwildert. – Heimat: Balk.

var. niedzwetzkiána (Dieck) Bailey (= M. niedzwetzkiana Dieck); ♄; Triebe, B., Krb. u. Fr. rot; Fr. 5–6 cm ∅; sonst ähnlich folg. Var. – Zu Kreuzungen verwendet. – Heimat: SW-Sib., Chines. Turk.

var. doméstica (Borkh.) Mansf. (= M. domestica Borkh.); ♄; Triebe u. B. grün; B. meist sehr groß, meist dauernd beiderseits u. oberseits schwächer behaart; Fr. groß, ca. 3–12 cm ∅. – Hierher die meisten Kulturäpfel. – Zahlreiche Sorten, gepflanzt.

380. Sórbus L. Ebereschen

x = 17

I. B. unpaarig gefiedert
  A. B.zähne mit abfallenden Drüsen; Blst. ca. 7 cm, Bl. ca. 1,7 cm breit; die wenigen Fr. braun, ca. 2–3 cm dick .... **1332. S. domestica**
  B. B.zähne drüsenlos. Blst. ca. 7–10 cm, Bl. ca. 0,8–0,9 cm breit; die zahlreichen Fr. rot, ca. 1 cm dick .... **1334. S. aucuparia**

II. B. einfach oder ±gelappt

A. B. meist beiderseits kahl; weniger als 10 Paar Seitennerven; B.stiele 1 cm und kürzer; nur als ♄. Krb. rosa bis rot, ±aufrecht, Blst. klein; Fr. rot; subalpin .... **1336. S. chamaemespilus**

B. B. meist unterseits behaart (wenn nicht, mit nur 4–5 Paar Nerven); B.stiele über 1 cm lang; Krb. weiß, ausgebreitet; Blst. über 5 cm breit

1. B. höchstens über der Mitte gelappt, unterseits anliegend dicht weißfilzig mit meist 9–12 Paar Seitennerven; Fr. rot .... **1335. S. aria**

2. B. ±tief, auch unter der Mitte gelappt

a) B. dünn, unterseits kahl od. undeutlich behaart, mit nur 4–5 Paar Seitennerven; B.-stiele 2,5–3 cm lang; Fr. braun, Lenticellen groß, zahlreich .... **1333. S. torminalis**

b) B. ±derb, unterseits ±dicht behaart; B.-stiele kürzer; Fr. rot bis gelbbraun; Lenticellen kleiner, spärlicher

x) B. schmal-elliptisch, unterseits ±weißfilzig, mit 9–10 Paar Nerven. Fr. rot, ca. 1 cm lang .... **S. mougeotii**

xx) B. ellipt. bis breit-ellipt. [nur bei S. latifolia (Lam.) Pers. kreisförmig] unterseits grau- oder gelblich wollfilzig; Fr. größer

/) Unterste B.lappen länger als breit, schief eingeschnitten, oft bis zur B.-spindel abgeteilt; Borke glatt; Fr. rot, ca. 1–1,2 cm lang, mit spärlichen, kleinen Lenticellen .... **S. hybrida**

//) Unterste B.lappen höchstens doppelt so lang wie breit; Borke teilweise rauh; Fr. orange, seltener hellrot, meist größer

§) B. elliptisch, mit nur 8–9 Paar Nerven; Lappen schräg eingeschnitten, grob gezähnt; Fr. hellrot, länglich; häufig angepflanzt, selten verwildert .... **S. intermedia**

§§) B. mit 9 und mehr Paar Nerven; Lappen mit senkrecht zum Hauptnerv verlaufendem Oberrand; Fr. orange, gelbbraun, selten (S. badensis) hellrot; fast immer endemische, konstante Arten .... **S. latifolia**

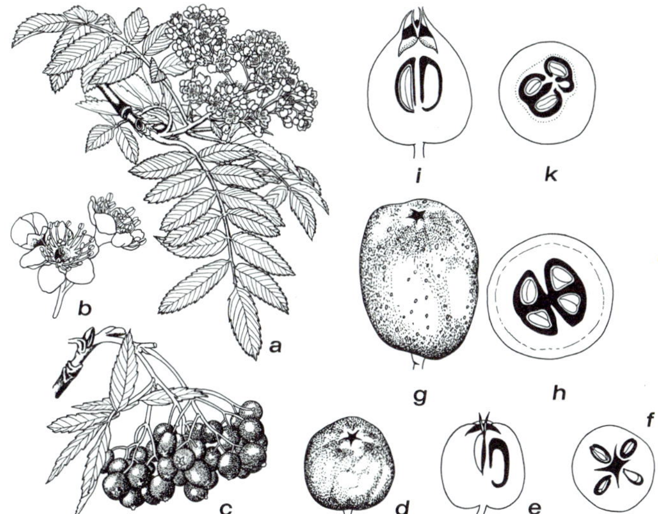

Abb. 217. *Sorbus* spp., *a–f S. aucuparia* (*a* Zweig mit Blütenständen, *b* Blüten, *c* Zweig mit Früchten, *d–f* Früchte in Ansicht, Längs- u. Querschnitt), *g–h S. torminalis* (Früchte in Ansicht u. Querschnitt), *i–k S. aria* (Früchte in Längs- u. Querschnitt).

1332. S. doméstica L. Speierling
[= Pirus domestica (L.) Sm.]

♄, *MM.* – H. 10–15(–20). *Borke rauh; Knospen kahl, klebrig; Gr. 5; Blst. ±halbkugelig;* Fr. birn- oder apfelförmig, erst gelb u. rotbäckig, später braun; S. groß, flach. V. 2n = 34.

Lichte sonnige Wälder warmer Lagen, Weinbergränder; Kalkgestein od. kalkhaltiger Tonboden. – Vereinzelt (zwischen 100–300 m): S-Anh., Thür., Hess., N-Bay., Württ.; z. T. aus alter Kultur verwildert. – M- u. S-Eur., N-Afr., Kl.As. u. Kauk.; submed.

1333. S. torminális (L.) Crantz (Abb. 217 g–h, 218 a) Elsbeere
[= Pirus torminalis (L.) Ehrh.]

♄, *MM.* – H. 10–15(–20). *Borke schuppig rauh;* B. breit-eiförmig, unterseits kahl; meist 1 Paar große, abstehende basale B.lappen; B.form u. B.lappung sehr variabel; B.rand fein gesägt; *Fr. säuerlich schmeckend,* reich an Steinzellen. V. 2n = 34. Hierzu:

var. s e m i t o r m i n á l i s (Borbás) Jáv.; B. unterseits deutlich bleibend behaart. – Wärmeliebend. Zerstreut, besonders S.

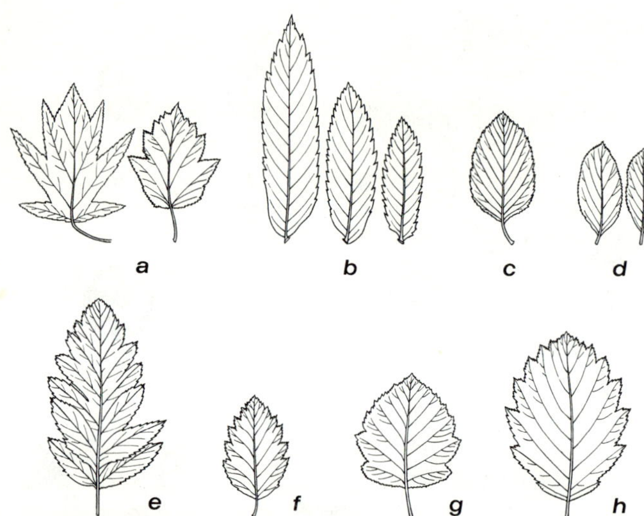

Abb. 218. *Sorbus* spp., Blatt- u. Blättchenbeispiele, *a S. torminalis, b S. aucuparia* (Blättchen), *c S. aria, d S. chamaemespilus, e S. hybrida, f S. intermedia, g S. latifolia, h S. decipiens.*

Wälder der wärmeren Lagen der Hügelstufe (bis 660 m), über Kalkgestein, weniger auf anderen kalkhaltigen Böden. – Verbreitet: Thür. bis Harzrand, Hess., N-Bay. u. Württ.; zerstreut bei München; selten: Rügen, Brand., Anh., NW-D. u. O-Sachs. – Eur., N-Afr., Kl.As., Kauk.; m-eur-submed.

1334. S. aucupária L. (Abb. 217a–f, 218b) Vogelbeere
[= Pirus aucuparia (L.) Gaertn.]

ђ, *M-MM.* – H. 5–10(–15). *Borke lange glatt; Knospen filzig; Gr. meist 3; S. klein, nicht flach; Blst. flach;* Fr. bis zu 80–100 je Frst., bitter. V(–VI). 2n = 34.

ssp. a u c u p á r i a; die typische Sippe, mit zur Bl.zeit ±behaarten B.unterseiten u. Blst.ästen sowie kugeligen Fr. – Im Geb. (bis ca. 1200 m) verbreitet. Hierzu:

var. l a n á t a (Kit.) Düll; in allen Teilen kleiner; Blst. meist halbkugelig, ca. 7 cm breit; B.chen bis zum Herbst ziemlich behaart. – Seltene, kalkholde Sippe der trockenwarmen Hügel- u. Bergstufe. – Im Geb. fraglich. – Ab O-Österr.; SO-Eur.; so-eur.

var. é d u l i s Dieck; zu ssp. glabrata vermittelnde Mutante mit süßen Fr. – Heimat: Böhm. Öfter gepflanzt.

ssp. g l a b r á t a (Wimm. et Grab.) Hayek; Äste des halbkugeligen, ca. 7 cm breiten Blst. u. B.unterseiten sowie Knospen kahl; Fr. länglich. VI(–VII).

Vertritt die typische ssp. in Krummholzgebüschen der subalp. Stufe (bis ca. 2000 m) unserer Gebg. u. in N-Eur. – Verbreitet: Alp.; zerstreut: Böhm.-Bay. Wald, Riesengebg., Schwarzwald; selten: Brocken. In den höchsten Lagen der übrigen Mittelgebg. nur Übergangsformen. – Eur., NW-As.; no-alp.

Pioniergehölz der Kahlschläge u. Waldränder sowie Begleiter in Laub- u. Nadelwäldern der gem. Geb.; humose, gut durchlüftete Böden. – Im allgemeinen verbreitet, fehlt trockensten Teilen des Geb., z. B. z. T. in Mainfranken. – M. u. N-Eur., Isl., W-As. sowie Gebg. S-Eur., Kl.As. u. Kauk.; no-euras.

1335. S. ária (L.) Gars. (Abb. 217i–k, 218c) Mehlbeere
[= Pirus Aria (L.) Ehrh.]

ђ, ђ, *M-MM.* – H. (5–)10–15. Borke lange glatt; B. einfach od. doppeltgesägt od. oberhalb der Mitte etwas gelappt, eiförmig; *Indumenthaare 5–7 μ stark* kraus; Knospen etwas filzig; Gr. 2(–3); *Fr.* ca. *1–1,3 cm* lang, *geschmacklos.* V(–VI). 2n = 34. Umfaßt:

ssp. á r i a; typische Sippe, mit meist ellipt., am Grd. keilförmigen u. unterseits anliegend weiß behaarten B. sowie *10–12(–14) Paar Nerven.* – In den gemäßigteren Geb.teilen bis ins Hochgebg. (bis 1500 [–1850] m) ziemlich verbreitet. – Fehlt nahezu in den s. Teilen des Areals; m-eur.

ssp. c r é t i c a (Lindley) Soó; wärmeliebende Sippe, mit meist kreisförmigen, am Grd. abgerundeten, grobgezähnten, derben u. unterseits mehr wollig behaarten B. sowie *nur 8–10 Paar Nerven.* Übergänge zur ssp. aria dominieren. – In den warm-trockenen Geb. ziemlich verbreitet; fehlt im Gebg. (nur bis ca. 600 m). – Im s. Areal fast allein; s-eur(submed).

Gehölz felsiger Triften u. an Waldrändern, seltener, zerstreuter Begleiter der Laub- u. Nadelwälder; in den wärmeren u. gem. Geb.; fast nur auf Kalk od. kalkhaltigen, gut durchlüfteten Böden. – In SW-, S- u. M-D. ziemlich verbreitet (300–1500[–1850] m) findet in O-, M- u. N-Thür. sowie in Nieders., Hess. (Kassel) u. Rheinland-Pfalz ihre O- bzw. N-Grenze. – W-, M-, S- u. SO-Eur., N-Afr., Kl.As., Kauk. u. S-Rußl.; euras.

S. danubiális Jáv. em. Kárp.; mit *kleinen,* am Grd. spitz keilförmigen, *verkehrt-eiförmigen,* über der Mitte schwach gelappten, derben B. u. *kaum über 1 cm langen B.stielen.* – In O-Bay. bei Regensburg. – Art der trockenwarmen Hügelstufe SO-Eur.; so-eur.

S. mougeótii Godr. et Soy.-Will. [= Pirus Mougeotii (S. W. et Godr.) A. G.]; Mougeot-Mehlbeere. B. derb, *länglich-ellipt., am ganzen Rand deutlich gelappt,* am Grd. keilförmig, mit *9–10(–11) Paar Nerven;* Fr. länglich, *nur ca. 1,0 cm lang.* (V–)VI. – Im Geb. selten ([400–]1000 bis 1500 m), nur Eifel (Gerolstein), Schwarzwald (Feldberg) u. Allgäu (Füssen). – Vogesen, Schweizer Jura u. übriges SW-Eur.; sw-eur.

1336. S. chamaeméspilus (L.) Crantz (Abb. 218d) Zwergmispel
[= Pirus Chamaem. (L.) Pall.]

ђ, *M.* – H. (0,5–)1–2(–3). *B. fein gesägt* bis seicht gelappt, elliptisch, unterseits kahl, mit *5–8 Paar, sich vor dem Rande gabelnden Seitennerven.* VI(–VII). 2n = 34.

f. chamaeméspilus; typische Form.

f. díscolor Hegetschw.) Kárp.; B. zur Bl.zeit unterseits dünn behaart; Indumenthaare ca. 14 μ stark. – Selten.

Krummholzgebüsche der subalp. Stufe auf Kalk u. kalkreichen Böden ([500 bis] 1400–1850[–1960] m). – Alp. verbreitet. Sonst nur im Schwarzwald: Feldberg, Alpersbach. – Hochgebg. von M-, SW-, S- u. SO-Eur.; praealp.

Bastarde u. konstante Hybriden:

S. × ambigua Mich. (S. aria × chamaemespilus) Bastardzwergmispel
Aufspaltender Bastard; B. unterseits mit ca. 11 μ starken Haaren bedeckt; B.-zähne gröber als bei S. chamaemespilus, dafür aber 7–10 Paar, z.T. vor dem B.-rand aufgabelnder Seitennerven u. ca. 1 cm lange B.stiele sowie rosa Bl. – Selten unter den Eltern in den Bay. Alp. (bei Garmisch u. Miesbach), häufiger am Feldberg/Schwarzwald. – S- u. sw.-eur. Gebg.

S. × schínzii Düll (S. chamaemespilus × mougeotii). Aufspaltender Bastard. Von vorigem durch die seicht gelappten B. unterschieden. – Selten unter den Eltern im Bay. Allgäu bei Oberstdorf. – Vogesen u. übrige sw-eur. Gebg.

S. sudética (Tausch) Nyman. Konstante, zur S. aria neigende Hybride. – Endemisch im Riesengebg. (Karkonosce).

S. × pinnatifida (Sm.) Düll (S. aria × aucuparia) Bastardvogelbeere
Aufspaltender Bastard; B. zur Hälfte fiederlappig od. -teilig, mit 10–12 Paar Nerven. – Im Verbreitungsgeb. der S. aria einzeln zwischen den Eltern; nicht selten gepflanzt.

S. pseudothuringiaca Düll. Konstante, aus einer Kreuzung zwischen S. aria u. aucuparia entstandene Hybride. B. nur tief gelappt. – Endemisch im Fränk. Jura zwischen Hersbruck u. Ebermannstadt; dort nicht selten.

S. hýbrida L. (Abb. 218e) Nordische Bastardelsbeere
Konstante Hybride; B. derb, zur Hälfte fiederteilig, mit groben B.zähnen u. nur 8–10 Paar Nerven. – Endemisch in N-Eur., bei uns kaum angepflanzt, aber oft mit voriger u. folgender verwechselt.

S. intermédia (Ehrh.) Pers. (Abb. 218 f) Schwedische Mehlbeere
[= Pirus suecica (L.) Garcke]
Konstante Hybride; B. derb, unterseits wollig-filzig, mit groben Sägezähnen u. deutlich gelappten B. sowie 8–9 Paar Nerven. – Heimat: N-Eur.; häufig angepflanzt. In N-D. nahe der O-See-Küste sowie Pomm. u. Westpr. seit langem mehrfach eingebürgert.

S. × vagénsis Wilm. Bastardelsbeere
(= S. aria × torminalis)
Aufspaltender Bastard; Merkmale vgl. im Schlüssel „S. latifolia". – Vereinzelt u. sehr selten unter den Eltern. Im Geb. nicht mit Sicherheit nachgewiesen.

S. latifólia (Lam.) Pers. (Abb. 218g) Breitblättrige B.
Konstante Hybride; *B. derb, ±kreisförmig,* mit *9–10 Paar Nerven; Fr. gelbrot, kugelig.* – Heimat: Pariser Becken. Bei uns nicht selten angepflanzt.

S. decípiens (Bech.) Irm. (Abb. 218h) Täuschende B.
Konstante Hybride; *B. ellipt.; Fr. gelbrot, oval.* – Endemisch auf dem Burgberg in Thür. Ähnlich die übrigen thür. Arten sowie S. badensis in N-Bad. u. NW-Bay. Die im Fränk. Jura verbreitete S. franconica hat hellrote, kugelige Fr.

381. Crataégus L.[1]) Weißdorn

x = 17

I. Fr. mit 2(–3) Steinen; Gr. 2–3 od. 1 Y-förmig verwachsener Gr.
  A. Hypanthium kahl
    1. B. nur bis $^1/_2$ bis zur Mittelrippe gelappt, Lappen ±abgerundet, teilweise etwas zugespitzt
      a) Kb. der Fr. ±anliegend, so lang wie breit, 3eckig; Fr. ±kugelig, dunkel- bis schwarzrot **1337. C. laevigata**
      b) Kb. ±aufgerichtet bis später bogig zurückgekrümmt, kantig 3eckig, fast pfriemförmig; Fr. länglich, leuchtend rot . . . . **C. × schumacheri**
    2. B. mindestens bis $^1/_2$ gelappt, Lappen lang, ±zugespitzt
      a) B. bis $^1/_2$ gelappt; Kb. der Fr. ±anliegend (Lappen immer ±zugespitzt; Fr. rundl. oval, dunkelrot) . . . . **C. × calciphila**
      b) B. bis zu $^3/_5$ bis zur Mittelrippe gelappt (Fr. groß, meist mit 4–5 Auswüchsen am Grd.) . . . . **1338. C. macrocarpa**
  B. Hypanthium rauhhaarig
    1. Kb. fast 2mal so lang wie breit, aufgerichtet bis abstehend; Gr. 2–3, Steine 2(–3) . . . . **1337. C. laevigata**
    2. Kb. etwas länger als breit, der Fr. ±anliegend; Gr. 1–2, Steine (1–)2, Gr. auch Y-förmig verwachsen . . . . **C. × media**
II. Fr. mit 1 Stein; Gr. 1 (vgl. C. × media)
  A. Blst. kahl . . . . **1339. C. calycina**
  B. Blst. ±behaart bis schwach flaumig . . . . **1340. C. monogyna**

Droge: Flores Crataegi (europ. Arten der Gattung)

1337. C. laevigáta (Poir.) DC. (Abb. 219a–d) Gemeiner W.
(= C. oxyacantha auct., C. oxyacanthoides Thuill.)

ђ, (ђ), *M.* – H. 2,00–5,00. Zweige verkahlend; *B.* verkehrt-eiförmig, *3- (bis 5)lappig,* stumpf gesägt, am Grd. meist keilförmig, unterseits hellgrün; Nebenb. zugespitzt, ungleichmäßig gesägt; Blst. kahl; Bl. in Doldenrispen, weiß od. rosa, 15–18 mm ⌀; Fr. eiförmig-kugelig, 2(1–3)steinig. V–VI. Umfaßt (auch als Arten bewertet):

[1]) Anmerkung: In Schlüssel u. Diagnosen nur B.formen der Kurztriebe (außer den letzten B. am Blst.) berücksichtigt.

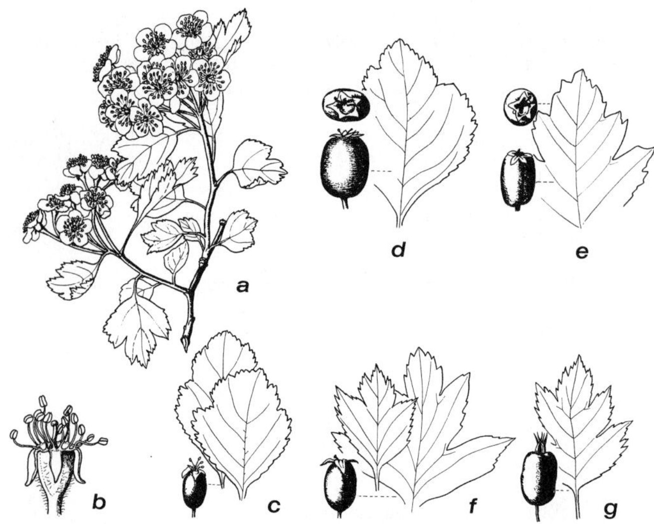

Abb. 219. *Crataegus* spp., *a–b C. laevigata* (*a* Zweig mit Blütenständen, *b* Blüte ohne Kronblätter); *c–g* Blätter u. Früchte (*c C. laevigata* ssp. *laevigata, d C. laevigata* ssp. *palmstruchii, e C. monogyna, f C. calycina* ssp. *curvisepala, g C. calycina* ssp. *calycina*).

ssp. l a e v i g á t a (= C. oxyacantha L. ssp. oxyacantha); Kb. der Fr. anliegend, etwa so lang wie breit; B. 15—35 mm lang, unterseits in den Aderwinkeln ohne Haarbüschel; Fr. 8—10 mm lang. 2n = 34. — Verbreitet, so w. Bergland u. Flachland.

ssp. p a l m s t r ú c h i i (Lindm.) Franco (= C. palmstruchii Lindm.); Kb. aufgerichtet bis waagerecht abstehend, fast doppelt so lang wie breit; B. 30—50 mm lang, unterseits mit Haarbüscheln in den Aderwinkeln; Fr. 10—12 mm lang. — Wohl rel. verbreitet, so ö. Bergland u. Gebg.

Schlehen-Hecken u. Gebüsche, Laubmischwaldges.; frische, nährstoffreiche, meist lehmige u. kalkhaltige Böden. — Verbreitet u. häufig (Alp. bis 890 m?); Verbreitung der Sspp. im Geb. noch unzureichend bekannt. — NW-, N- u. Z-Eur.; subatl.

Droge (vermutlich hier einzuordnen): Fructus Crataegi oxyacanthae

1338. C. macrocárpa Hegetschw. Großfrüchtiger W.

♄, *M.* — Strauch niedrig u. flach ausgebreitet; B. 30—50 × 20—40 mm, *Lappen zugespitzt,* scharf gesägt; Kb. länger als breit, lang zugespitzt; Fr. 12—15 mm lang u. 10—12 mm breit, oval.

Im Geb. nur S-D. (Verbreitung unzureichend bekannt). — O-Alp., Gebg. Z-Tschech.; o-alp.

Anmerkung:
C. helvética W. Koch, sehr ähnlich wie C. macrocarpa, aber B. 40—60 × 30—40 mm, *Lappen nicht zugespitzt;* Fr. kurz-walzlich, häufig kantig. – SW-D., Verbreitung unzureichend bekannt. – W- u. Voralp., d. u. schweiz. Jura (Alb).

1339. C. calycína Peterm. (Abb. 219f—g)
♄, *M.* – Zweige unbehaart; B. rhombisch-eiförmig mit 3—7(9) eiförmigen, zugespitzten Lappen, unterseits hellgrün, kahl od. an den Adern spärlich behaart; Nebenb. meist gesägt; Bl. in Doldenrispen; Kb. viel länger als breit. V—VI. Umfaßt u. a. (auch als Arten bewertet):

ssp. c u r v i s é p a l a (Lindm.) Franco [= C. curvisepala Lindm., C. monogyna Jacq. ssp. curvisepala (Lindm.) Soó]; Kb. 3—4 × 2—3 mm, an der Fr. abstehend u. oft in den Spitzen zurückgekrümmt; B. 40—60 × 30—50 mm, unterseits kahl, B.lappen nur an der Spitze ($^1/_2$—$^2/_3$) fein scharfzähnig gesägt; Fr. ellipt.-länglich bis fast rundlich, 6—12 × 5—10 mm, dunkelrot bis schwarzrot.
Wälder des n. u. nö. Geb., Verbreitung unzureichend bekannt. – S-Norw., Schwed. bis Tschech., Rußl.

ssp. c a l y c í n a [= C. monogyna Jacq. ssp. calycina (Peterm.) Jávorka]; Kb. mindestens 2mal so lang wie breit, an der Fr. aufrecht u. ±zusammenstehend; B. 30—50 × 30—50 mm, unterseits spärlich an den Adern behaart, spitz keilförmig am Grd., lang gestielt, B.-lappen fast vom Grd. her fein scharfzähnig gesägt; Fr. fast zylindrisch, 10—13 × 6—9 mm, hellrot.
Bergland, Verbreitung ungenügend bekannt. – NW-Eur. bis n. Balk.

1340. C. monogýna Jacq. (Abb. 219e) Eingriffeliger W.
♄, (♄), *M.* – H. 2,00—5,00(10,00). *B.* breit-eiförmig bis rautenförmig, 3- bis 7lappig, *tief* (bis $^3/_4$ an die Mittelrippe heran) *eingeschnitten,* unterseits oft weißlichgrün u. meist behaart, B.lappen rund u. stumpflich od. spitz; *Nebenb. ganzrandig;* Ästchen kahl od. behaart; Bl.stiele oft behaart; Bl. in Doldenrispen; Bl. weiß, 8—15 mm ∅; *Kb. länglich;* Fr. eiförmig-kugelig, rund od. breit-länglich, 1steinig. V—VI. Sehr veränderlich, umfaßt im Geb.:

ssp. n ó r d i c a Franco; B. 3- bis 5—7lappig, bis 50 mm lang, unterseits gräulich, unbehaart, B.stiel 20—25 mm lang; Hypanthium rauhhaarig; Fr. dunkelrot, fast kugelig.
Flachland, Verbreitung im Geb. ungenügend bekannt. – N- u. Z-Eur.; subatl(-no).

ssp. m o n o g ý n a; B. tief 3- bis 5lappig, bis 35 mm lang, unterseits hellgrün, unbehaart, B.stiel 5—15 mm lang, Hypanthium kahl od. mit einzelnen verstreuten Haaren; Fr. dunkelrot, kugel- bis becherförmig. 2n = 34.
Schlehen-Hecken u. Gebüsche. – Wohl verbreitet (Alp. bis 1000 m?). – (D.), Frankr. bis Karp. u. W-Jugosl.

ssp. b r e v i s p í n a (G. Kunze) Franco; B. 3- bis 5lappig, lederig, bis 30 mm lang, unterseits bläulichgrün, unbehaart; B.stiel 3—15 mm lang; Hypanthium meist kahl (sehr selten rauhhaarig); Fr. leuchtendrot, kugelförmig. Verwildert im Geb. – Heimat: Iber. Halbins. bis Sard.; w-med.

ssp. a z a r é l l a (Griseb.) Franco; Zweige u. junge B. dicht flaumig behaart; B. tief 3- bis 5—7lappig, bis 30 mm lang, unterseits hellgrün; B.stiel 4—13 mm lang; Hypanthium rauhhaarig; Fr. bräunlichrot, fast kugelig. Verwildert im Geb. – Heimat: Span. bis Balk. u. Rußl.; kont-med.

Eur. (außer n. u. ö. Randgeb.), Isl., Finnl., Rußl. bis Kauk.

Anmerkung:

C. microphýlla C. Koch mit kurz 3eckigen bis rundlichen, aufrechten bis abstehenden Kb. u. fast kugeligen, leuchtend roten Fr. (Heimat: Kauk., n. Iran, Rußl.), gepflanzt u. vereinzelt verwildert.

Bastarde:

C. × schumácheri Raunk. (= C. calycina ssp. calycina × laevigata ssp. laevigata); B. kreisförmig oval, an der Basis gerundet keilförmig; 3—5 eirunde, zugespitzte, kleingesägte Lappen, Hauptadern gerade verlaufend. – Im Geb. bisher: N-D.

C. × kyrtostýla Fingerh. (= C. calycina ssp. calycina × monogyna ssp. nordica); ähnlich wie C. calycina ssp. calycina, aber B. keilförmig mit länglich spitzen Lappen u. wenigen Zähnen an der Spitze, Hauptadern abwärts gehend; *Fr. mit zurückgebogenen Kb.* – Im Geb.: N-d. Flachland.

C. × calcíphila Hrabátová (= C. monogyna ssp. monogyna × laevigata ssp. laevigata); ähnlich wie C. × media, aber B. nur $^{1}/_{2}$ bis zur Mittelrippe gelappt, Lappen in der oberen Hälfte kleingezähnt.

C. × média Bechst. (= C. monogyna ssp. nordica × laevigata ssp. laevigata); B. keilförmig, tief bis $^{3}/_{4}$ zur Mittelrippe gelappt; 3—5 fast spitze, glattrandige B.lappen, Hauptadern gerade verlaufend.

382. Méspilus L. Mispel

x = 17

1341. M. germánica L. (Abb. 220a—e)

♄, (♄), *M.* – H. 2,00—3,00(6,00). B. länglich-lanzettlich, ganzrandig od. fein gezähnt, unterseits filzig; Bl. endständig, einzeln; Kr. weiß; Fr. kugelig-birnförmig bis ±plattgedrückt, grün bis braun, 5steinig (eine Kulturvar. auch ohne Steine). V. 2n 34.

Wald- u. Buschges.; warme, trockene, nährstoffhaltige Lehm-, Kalkstein- u. Gneisverwitterungsböden. – Selten u. zerstreut: W-, M- u. S-D. (n. bis Niederrhein, Hess., Thür., Sachs.; insbes. SW-D.); daneben kultiviert. – S-, SO-, (M-)Eur., W-As.; o-submed.

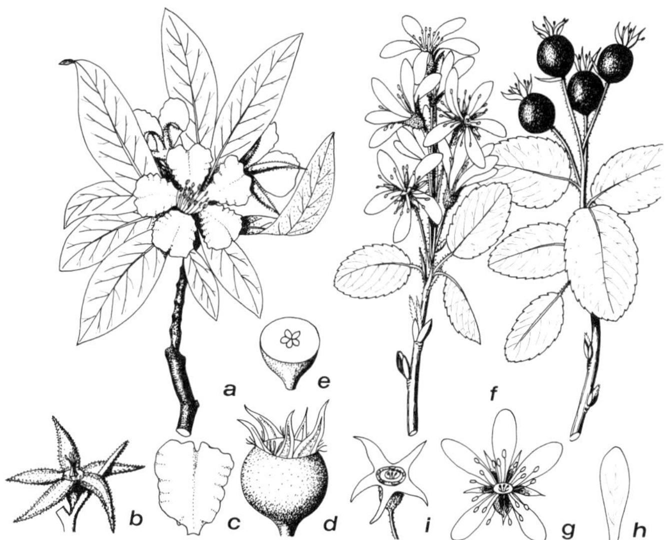

Abb. 220. *a—e Mespilus germanica* (*a* Zweigspitze mit Blüten, *b* Blütenboden mit Kelch- u. Fruchtblättern, *c* Kronblatt, *d* Frucht, *e* junge Frucht quer); *f—i Amelanchier ovalis* (*f* Zweigspitzen mit Blüten u. Früchten, *g* Blüte, *h* Kronblatt, *i* Blütenboden mit Kelch- u. Fruchtblättern).

383. Amelánchier Med. — Felsenbirne

x = 17

I. Krb. außen zottig behaart; Gr. frei . . . . **1342. A. ovalis**
II. Krb. außen kahl, höchstens am Rande gewimpert; Gr. zumindest unten verwachsen
  A. Frb. an der freien Spitze u. am Gr.grund kahl; Fr. dunkel-purpurrot, bläulich bereift . . . . **1343. A. canadensis**
  B. Frb. an der freien Spitze wollig behaart; Fr. schwarz . . . . **1344. A. spicata**

1342. A. ovális Med. (Abb. 220f–i) — Gemeine F.
(= A. vulgaris Moench)

ħ, *N, (M).* – H. 1,25–2,00(3,00). *B. oval, stumpf,* unterseits filzig, im Alter meist kahl, scharf gezähnt; Krb. lanzettlich-keilig, weiß od. gelblich-weiß, bis 15 mm lang; Fr. schwarz, bläulich bereift. IV–V. 2n = 68.

Trockenbuschges., Kiefernsteppenwaldges.; warme, nährstoffhaltige, meist kalkhaltige Steinsubstrate. – Alp. (bis 1790 m), S-Nieders., Hess., Thür.,

Oberrheingeb. bis Lahntal, Pfalz (bes. Donnersberg/Nahegeb.), Schwäb.-Bay. Hochebene, Bodenseegeb. – M-Eur., Vord.As., N-Afr.; submed-praealp.

1343. A. canadénsis (L.) Med. Kanadische F.

ђ, *N, (M).* – H. 1,00–2,00(6,00). *B. eiförmig, spitz od. fein-zugespitzt,* scharfgesägt, anfangs unterseits weichhaarig, später kahl; Krb. keilig-verkehrt-eiförmig bis linealisch-lanzettlich, weiß, bis 11 mm lang; Fr. dunkel-purpurn, bläulich bereift. V. 2n = 68.

Gepflanzt, hin u. wieder verwildert u. stellenweise eingebürgert (z. B. n. von Hannover). – Heimat: Atl. N-Am.

1344. A. spicáta (Lam.) K. Koch Ährige F.

ђ, *N, (M).* – H. 1,00–2,00(6,00). *B. breit-eirundlich, kurz zugespitzt od. spitz,* unterseits anfangs wollig behaart, später verkahlend, grob-gezähnt; Krb. keilig-verkehrt-eiförmig, 7–8 mm lang, gewimpert; Fr. blauschwarz. IV–V. 2n = 68.

Gepflanzt, stellenweise verwildert u. eingebürgert (u. a. Umgebung von Berlin mehrfach). – Heimat: Atl. N-Am.

3. Subfam. Rosoídeae

384. Rúbus L. Brombeere, Himbeere etc.

x = 7

I. Stauden; St. krautig, einjährig; Nebenb. an den St. sitzend; Steinfr.chen wenige (1–6)

A. St. u. B. ohne Sta.; B. einfach, gelappt .... **1. Subgen. Chamaemorus** S. 731

B. St. u. B. mit Sta.; B. 3zählig .... **2. Subgen. Cylactis** S. 732

II. Sträucher mit 2- od. mehrjährigen, holzigen St., die im 1. Jahr (als „Schößlinge") Laubb., im 2. Jahr in den Winkeln der vorjährigen B. Blst. tragen; Nebenb. dem Grd. des B.stieles ansitzend, lineal. (selten lanzettl.); Steinfr.chen zahlreich (Bl. ☿; Steinkerne grubig)

A. Pfl. ohne Sta.; B. einfach, gelappt; Träger der Steinfr.chen flachgewölbt, trocken .... **3. Subgen. Anoplobatus** S. 732

B. Pfl. mit Sta.; B. zusammengesetzt; Träger der Steinfr.chen ±lang-kegelig

1. Sta. schwach; Steinfr.chen (rot od. gelb) bei der Reife von ihrem Träger abbrechend u. somit die Sammelfr. einen Hohlraum umschließend ..... **4. Subgen. Idaeobatus** S. 732

2. Sta. kräftig u. zahlreich [B. 3- bis 5(–7)zählig]; Steinfr.chen (schwarz, selten dunkelrotbraun od. blau-bereift: R. caesius) bei der Reife mit dem Träger der Sammelfr. abfallend .... **5. Subgen. Rubus** S. 733

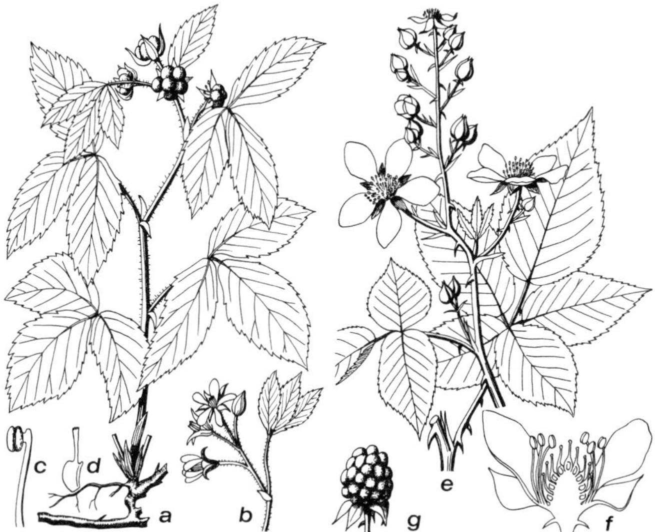

Abb. 221. *Rubus* spp., *a–d R. saxatilis* (*a* Pflanze mit Früchten, *b* Blütenstand, *c* Staubblatt, *d* Fruchtblatt); *e–g R. plicatus* (*e* Blätter u. Blütenstand, *f* Blüte längsgeschnitten, *g* Frucht).

Anmerkung:
Beim Sammeln muß der unfruchtbare St. od. Schößling mit den mittleren B. berücksichtigt werden; Bestimmung am günstigsten bei lebenden Exemplaren.

1. Subgen. Chamaemórus

1345. R. chamaemórus L. Zwerg-B., Moltebeere

♃, *H.* – H. 0,08–0,20. Grd.achse weithin-kriechend; St. einfach 1jährig, aufrecht, am Grd. mit Scheiden; B. einfach, herz-nierenförmig, 5lappig; Nebenb. an unteren B. kurz u. breit, an den oberen nur durch Fransen angedeutet; Bl. weiß, einzeln, endständig, durch Fehlschlagen 2häusig; Steinfr.chen wenige, orangefarben, zuletzt bräunlich. V–VI. 2n = 56.

Hoch- u. Zwischenmoore, Heiden; kalkfreie, saure Böden. – Sehr selten, nur NW-D. (Ipweger-Oldenbroker Moor, Kehdinger Moor), NO-D. (Swinemoor bei Swinemünde, Lebamoore bei Stolp, n. Ostpr.) u. Riesengebg. nahe der Grenze. – N-Eur. bis N- u. Z-Rußl., N-As., N-Am., Gebg. des ö. M-Eur.; no-arkt, circ.

2. Subgen. C y l á c t i s

1346. R. saxátilis L. (Abb. 221 a–d) Steinbeere

♃, *H.* – H. 0,10–0,25. Grd.achse nicht kriechend; *Schößling* niedergestreckt, *ausläuferartig, stachellos;* St. 1jährig, aufrecht; B. 3zählig; B.chen verkehrt-eiförmig, eingeschnitten-gesägt, beiderseits grün; Nebenb. an den fruchtbaren St. eiförmig od. breit-ellipt., an den Laubst. schmaler; Bl. zu 3–10 in einer Rispe, ☿; Kr. klein, weiß; Fr. aus wenigen, oft kaum zusammenhängenden, glänzendroten Steinfr.chen bestehend. V–VI. 2n = 28.

Wälder, subalp. Hochgrasgebüsche u. Knieholz; ±frische, oft kalkhaltige, humose Böden. – Zerstreut, insbes. im m. u. s. Geb., u. a. im n. Geb. selten (Alp. bis 1950 m). – Isl., N-Eur. bis Gebg. des s. Eur., Kl.As., Kauk., gem. u. ö. As., Grönl.; no-euras.

3. Subgen. A n o p l o b á t u s

1347. R. odorátus L. Zimt-B.

♄, *N.* – H. 1,00–1,50. St. aufrecht, drüsig-behaart; B. einfach, groß, doppelt-gesägt, breit-5lappig; Nebenb. am Grd. des B.stieles sitzend, fädlich; Bl.stiel u. Kb. rotdrüsig; Bl. dunkelrot, sehr groß; Steinfr.chen (bei uns selten reifend) rot. V–VIII. 2n = 14.

Gepflanzt, gelegentlich verwildert. – Heimat: ö. N-Am.

4. Subgen. I d a e o b á t u s

1348. R. idaéus L. Himbeere

♄, *N.* – H. 1,00–2,00. Pfl. gleichmäßig-schwach-stachelig; *Schößling bereift,* kahl, etwas stachelig, fast aufrecht; *B. 3- od. 5–(selten 7)zählig-gefiedert, obere 3zählig; B.chen unterseits weißfilzig,* selten beiderseits grün u. fast kahl; Rispe schlaff, wenigbl.; Kr. weiß; Steinfr.chen rot (bei Kulturvarietäten auch weiß od. gelb), sternflaumig, zusammenhängend, ihr Träger sitzenbleibend. V–VIII. 2n = 14, 21.

Wälder, Kahlschläge, Steinschutthalden etc.; frische bis feuchte, nährstoffreiche, lehmige Böden. – Verbreitet u. oft häufig (Alp. bis 1850 m); daneben in verschiedenen Sorten kultiviert. – Isl., N-Eur. bis Gebg. S-Eur., Kl.As., gem. As.; euras-no.

Droge: Folia Rubi Idaei

R. spectábilis Pursh; ♄, *N.* – H. 1,00–2,00; St. aufrecht, am Grd. reichstachelig, oberwärts ohne Sta.; *B. 3zählig;* B.chen eingeschnitten-ungleichgesägt, *beiderseits grün;* Bl. einzeln od. zu wenigen auf kurzen, beblätterten Zweigen, ansehnlich, nickend, fast glockig; Krb. groß, spitz, schön karminrot; Steinfr.chen orangefarben, ihr Träger zerfallend. – Gepflanzt u. gelegentlich (u. a. im nw. Geb.) verwildert. – Heimat: nö. N-Am.

5. Subgen. R ú b u s[1])
Sect. R ú b u s

I. Sta. des Schößlings gleich od. fast gleich, meist auf den Kanten stehend, zusammengedrückt; Pfl. wenig od. nicht drüsig . . . . **1. Chorus Subsect. Homalacanthi** S. 733

II. Sta. des Schößlings fast stets sehr ungleich; Stieldrüsen ±zahlreich . . . . **2. Chorus Subsect. Heteracanthi** S. 754

Droge (vermutlich hier bez. Arten Nr. 1349—1444 einzuordnen): Folia Rubi fruticosi

1. Chorus Subsect. H o m a l a c á n t h i

I. Schößling aufrecht, nur an der Spitze bogig, kahl, kantig; (B. unten meist grün, selten etwas graufilzig; B.stiele oben oft rinnig; Blst. wenigbl., traubig od. wenig rispig-verästelt; K.zipfel außen grün, weißfilzig berandet, ausgebreitet od. zurückgeschlagen; Pfl. gewöhnlich ohne Stieldr.; frühblühend) . . . . **1. Subsect. Suberecti** S. 733

II. Schößling bogig, sich zur Erde beugend, kahl od. behaart, meist kantig, im Herbst meist an der Spitze wurzelnd

A. B. unten grün od. graufilzig; Blst. gewöhnlich verzweigt, zusammengesetzt od. oben traubig, gegen die Spitze abnehmend; K.zipfel außen graufilzig, selten grün, abstehend, zurückgeschlagen od. locker aufgerichtet; Pfl. oft etwas drüsig . . . . **2. Subsect. Silvatici** S. 736

B. Schößlingsb. gewöhnlich unten rein weißfilzig; Blst. gut entwickelt, rispenförmig zusammengesetzt, gegen die Spitze abnehmend; K.zipfel außen weißfilzig, an der Fr. zurückgeschlagen; Pfl. drüsenlos, oft kletternd (Schößling mit kräftigen gleichmäßigen Sta., im Herbst wurzelnd) . . . . **3. Subsect. Discolores** S. 750

1. Subsect. S u b e r é c t i P. J. Mueller

I. Schößling mit schwachen, kegeligen od. pfriemlichen Sta.; (Schößlingsb. 5- bis 7zählig)

[1]) Hier nur eine Auswahl der Arten bzw. der infraspezifischen Einheiten des Geb. aufgeführt, die bez. ihrer Rangstufe z. T. unterschiedlich bewertet werden; ♄ od. ♄ u. meist *N* od. *M;* Standort- u. Fundortangaben unvollständig.

A. Stbb. die Gr. ±überragend; Schößlingsb. flach, feingesägt, breit .... **1349. R. nessensis**

B. Stbb. kürzer als die Gr.; Schößlingsb. gefaltet, ungleichmäßig gesägt .... **1350. R. scissus**

II. Schößling mit kräftigen, zusammengedrückten, am Grd. verlängerten („verbreiterten") Sta.

A. Äußere Seitenb.chen der Schößlingsb. fast sitzend (nur bei R. opacus kurz gestielt; Endb.chen am Grd. breit, herz-eiförmig); Kb. nach der Bl. abstehend (ausgehöhlt) .... **1352. R. plicatus** et prop.

B. Äußere Seitenb.chen der Schößlingsb. kurz aber deutlich gestielt; Kb. nach der Bl. meist zurückgebogen (Stbb. fast immer länger als die Gr.)

1. Schößling gefurcht, kräftig; (Schößlingsb. flach; Endb.chen herz-eiförmig, lang zugespitzt); Blst. fast unbewehrt, verlängert; (Kb. zurückgebogen; Stbb. lang) .... **1351. R. sulcatus**

2. Schößling flachseitig; Blst. bestachelt, gewöhnlich kurz

a) Endb.chen der Schößlingsb. eiförmig, am Grd. gestutzt od. stumpf, nicht od. wenig ausgerandet

x) B.chen oberseits zerstreut-behaart, ausgewachsene flach; Kb. nach der Bl. meist zurückgebogen; Deckb. meist drüsenlos **1353. R. divaricatus** et prop.

xx) B.chen oberseits kahl, gefaltet; Kb. nach der Bl. abstehend; Blst. mit zahlreichen Sta. u. drüsigen Deckb. .... **1355. R. senticosus**

b) Endb.chen breit, meist herz-eiförmig u. lang zugespitzt; (Kb. zurückgebogen; Blst. mit zahlreichen starken Sta.; obere Schößlingsb. unterseits meist etwas weißlich graufilzig) ... **1354. R. affinis** et prop.

1349. R. nessénsis W. Hall (= R. suberectus Anders.) Aufrechte B.

Schößling am Grd. stielrund, in der Mitte stumpfkantig, mit *schwachen, kleinen,* meist geraden *Sta.;* B. desselben 3- bis 5- od. durch Teilung des Endb.chens 7zählig, B.chen beiderseits grün, kahl, flach, unterste B.-chen ungestielt, Endb.chen breit-herz-eiförmig, langzugespitzt; *Bl. in einer Traube od. in gegipfelter traubenförmiger Rispe;* Krb. verkehrt-eiförmig, weiß; Fr. rotbraun. VI–VII. 2n = 28.

Wälder, Sumpfränder; frische bis feuchte, kalkarme Böden. – Verbreitet bis zerstreut (Alp. bis 850 m). – S-Skand., NW-Eur. bis Finnl., W-Rußl., Karp., Alp.

1350. R. scíssus W. Watson Schlitzblättrige B.
(= R. fissus auct.)

Ähnlich wie R. nessensis, aber *Sta. pfriemlich, zahlreicher u. länger;* Kr. weiß, nebst B. kleiner. VI–VII. 2n = 28.

Wälder; frische saure Böden. – Selten u. zerstreut im n. u. sehr selten im m. u. sw. Geb. – S-Schwed., Engl., Belg. bis n. u. m. D., Rußl.

1351. R. sulcátus Vest ex Tratt. Gefurchte B.

Schößling kantig, *gefurcht,* kahl, mit *starken, geraden Sta.; B.chen flach,* scharf-gesägt, *beiderseits lebhaft-hellgrün,* oberseits fast kahl, unterseits auf den Adern behaart; Endb.chen herz-eiförmig, langbespitzt, *B.zähne zuletzt rot;* Blst. meist traubig, lang- od. schmal-rispig; *Stbb. länger als die Gr.* (Durch geringe Bewehrung des Bl.zweiges, dünne Bl.stiele, große, weiße Bl. von R. plicatus u. durch gefurchte, mit kräftigen Sta. besetzte Schößlinge, gestielte Seitenb.chen u. längliche, schwarze Fr. von R. nessensis leicht zu unterscheiden.) VI–VII. 2n = 28.

Lichte Wälder, Gebüsche etc.; frische, meist kalkarme Böden. – Selten im n., zerstreut im m. u. s. Geb. (fehlt wohl Alp.). – S-Skand., W- u. M-Eur. bis Ung., Ital.

1352. R. plicátus et prop.
Im Geb. ca. 4 Arten, u. a.:

R. plicátus Weihe et Nees (Abb. 221e–g) Faltenblättrige B.

Schößling kantig, schwach-gefurcht, mit *starken Sta.;* B. desselben 5zählig; B.chen beiderseits grün, oberseits kahl, unterseits weichhaarig, Endb.chen herzeiförmig, zugespitzt, unterste B.chen eiförmig; Bl. in lockerer, *fast ebensträußiger Traube;* Krb. verkehrt-eiförmig, weiß od. blaß-rötlich; Stb. kaum so lang wie die Gr. 2n = 28. Hierzu mehrere Var. bzw. Arten.

Lichte Wälder, Hecken, Heiden etc.; frische, kalkfreie Böden. – Verbreitet bis zerstreut (bis m. Gebg.lagen). – Skand., W-Eur. bis NW-Rußl., Österr.

1353. R. divaricátus et prop.
Im Geb. ca. 5 Arten, u. a.:

R. divaricátus P. J. Mueller Glänzende B.
(= R. nitidus Weihe et Nees)

B.chen etwas kleiner u. *flacher* als bei R. plicatus, *oberseits glänzend,* Endb.chen eiförmig od. ellipt., sehr kurz-bespitzt; *Blst. rispig;* Kr. lebhaft rosa od. weiß; sonst wie R. plicatus. VII–VIII. 2n = 21, 28.

Erlenbrüche, Bachufer, Wälder; frische bis feuchte, kalkarme Böden. – Zerstreut im nw. u. w. Geb., selten in SW-D., s. bis Donaugeb. u. Alp.vorland. – W-, NW- u. w. M-Eur.

1354. R. affinis et prop.
Im Geb. ca. 3 Arten, u. a.:

R. affinis Weihe et Nees Verwandte B.

Schößling kräftig, bogig, unterwärts rundlich, in der Mitte stumpfkantig, mit starken u. langen Sta.; *B.chen* flach, *breit, sich deckend, schwachwellig, ungefaltet, dicht- u. scharf-gesägt, lang-zugespitzt, oberseits dunkelgrün,* spärlich-behaart, unterseits blaßgrün, filzig, Endb.chen breitherz-eiförmig; Blst. zusammengesetzt, lockerbl., beblättert, am Grd. mit langen etwas geneigten Sta.; Kr. groß, meist rötlich; Stbb. länger als die Gr. VII–VIII. 2n = 28.

Waldränder, Hecken; kalkarme Böden. – Geb.weise verbreitet in Westf. u. Nieders., sonst selten u. zerstreut vom n. u. m. Rheingeb. über Hess. bis N-Thür. – S-Schwed., NW-Eur. bis M-D.

Hier vermutlich anzuschließen (od. eigene Subsect. Senticosi)

1355. R. senticósus Koehler Dichtstachelige B.
(= R. montanus Wirtgen)

Schößling kantig, hochbogig, flachseitig, oben oft seichtfurchig; B. 5zählig, *B.chen gefaltet, oberseits kahl, jüngere unterseits meist dünn-weißfilzig, unterste Seitenb.chen kurz gestielt;* Endb.chen ellipt., 2- bis 3mal so lang wie sein Stielchen; *Blst.* verzweigt, Spindel nebst ihren Ästen locker-rauhhaarig u. *dicht bestachelt; Kr. weiß,* selten blaß-rötlich; *Stbb. anfangs steif-aufrecht, die Gr. weit-überragend.* VI–VII.

Bergwälder, Hecken, Wegränder. – Zerstreut u. selten von Westf. – Mittelrhein ö. bis Lausitz. – S-Skand., W-Eur. bis Tschech. u. Ung.

2. Subsect. S i l v á t i c i P. J. Mueller

I. Kb. nach der Bl. abstehend od. locker aufgerichtet; Stbb. oft länger als die Gr. .... **1. Ser. Grati** S. 737

II. Kb. nach der Bl. zurückgebogen; Stbb. meist länger als die Gr.

A. Ausgewachsene Schößlingsb. unterseits grün, selten – bei Sonnenstellung – obere etwas graufilzig .... **2. Ser. Euvirescentes** S. 742

B. Obere Schößlingsb. unterseits grau- od. weißfilzig; (Stbb. die Gr. überragend) .... **3. Ser. Discoloroides** S. 746

1. Ser. G r á t i Sudre

I. Pfl. kräftig; Schößling kantig, mit starken zusammengedrückten, am Grd. verbreiterten Sta.; Schößlingsb. 5zählig; Stbb. so lang od. länger als die Gr. .... **1. Subser. Grati** S. 737

II. Pfl. oft zierlich; Schößling rundlich od. stumpfkantig mit mittelmäßigen, oft etwas ungleichen Sta.; Schößlingsb. 3- bis 4—5zählig; Stbb. meist kürzer als die Gr. .... **2. Subser. Sprengeliani** S. 739

1. Subser. G r á t i Sudre

I. Blst. gewöhnlich drüsenlos od. mit spärlichen kurzen Drüsen
  A. Blst. mit zahlreichen kräftigen Sta.
    1. Endb.chen der Schößlingsb. eiförmig, am Grd. ausgerandet; Sta. des Blst. leicht sichelig
      a) B.chen der Schößlingsb. gefaltet, unterseits behaart; Stbbtl. kahl .... **1356. R. lentiginosus**
      b) B.chen flach, unterseits weich behaart; Stbbtl. behaart .... **1360. R. danicus**
    2. Endb.chen ellipt. od. verkehrteiförmig, kaum ausgerandet; Blst. mit sicheligen od. geknieten Sta. .... **1357. R. vulgaris** et prop.
  B. Blst. unbewehrt od. mit wenigen schwachen Sta. **1358. R. gratus** et prop.
II. Blst. gewöhnlich deutlich mit Stieldrüsen
  A. Schößlingsb. unterseits dünn flaumhaarig .... **1359. R. chaerophyllus** et prop.
  B. Schößlingsb. unterseits weichhaarig, fast sammetartig behaart, mit gleichgerichteten Haaren längs der B.rippen .... **[1373. R. pyramidalis]**

1356. R. lentiginósus Lees Hainbuchenblättrige B.
(= R. carpinifolius Weihe et Nees)

Schößling fast aufrecht, hochbogig, unten stumpfkantig, im mittleren Teil scharfkantig, etwas gefurcht, behaart od. zuletzt fast kahl; B. 5-(selten 7)-zählig, B.chen oft wellig, scharfgesägt, oberseits spärlich-behaart od. fast kahl, Endb.chen aus meist schwach herzförmigem Grd. eiförmig, kurz-bespitzt; Blst. dicht, nach oben zu verjüngt, mit locker- od. dicht-abstehend-behaarten, reichlich nadelstacheligen Bl.stielen; Kr. weiß. VI—VII. 2n = 28.

Hecken, Waldränder etc.; Stellenweise häufig von Schl.Holst.—Anh. bis Niederrhein, sehr selten im Maingeb. (Aschaffenburg, Spessart, Bamberg). — NW- bis M-Eur.

1357. R. **vulgáris** et prop.
Im Geb. ca. 4 Arten, u. a.:

R. **vulgáris** Weihe et Nees Gemeine B.

Schößling bogig (Spitze niederliegend), kantig, oberwärts gefurcht, spärlich behaart; B.chen rhombisch-ellipt. od. verkehrt-eiförmig, nach dem Grd. zu verschmälert, gefaltet, unregelmäßig-, meist grob- u. breit-, oft doppelt-gesägt, oberseits glänzend, unterseits von Haaren u. Sternfilz blasser, oft dünn-graufilzig, Endb.chen ellipt., selten verkehrt-eiförmig, fast gleichmäßig-grob-gesägt; Blst. locker, nach oben kaum verjüngt; Bl.stiele dicht-behaart; Kr. weiß od. blaßrosa; Stbb. die Gr. wenig überragend. VII. 2n = 21.

Wälder, Waldränder, Gebüsche. – Stellenweise häufig im nw. u. w. Geb. bis Harz, selten: sö. bis Neuburg a. Donau. – NW-Eur. bis w. M-Eur.

1358. R. **grátus** et prop.
Im Geb. ca. 3 Arten, u. a.:

R. **grátus** Focke Angenehme B.

Schößling scharfkantig, gefurcht, spärlich behaart od. kahl; B. meist gefingert-5zählig, B.chen beiderseits grün, behaart, Endb.chen breit-eiförmig bis rundlich, bespitzt; Blst. bis fast zur Spitze durchblättert, kurz, locker, ohne od. mit kleinen, schwachen Sta.; Bl. u. Fr. sehr groß; Kr. pfirsich-blutrot bis fast weiß; äußere Stbb. viel länger als die Gr.; Stbbtl. u. Frkn. kahl. VI–VII. 2n = 28.

Wälder, Gebüsche, Hecken. – Schl.Holst., Nieders. bis Niederrheingeb., zerstreut u. selten bis Sächs. Schweiz u. Hess. (Obertshausen). – NW- bis M-Eur.

Anmerkung:
R. pervagus Sudre aus Frankr. mit filzigen Achsen des Blst. in der Pfalz (var. palatinus Ade).

1359. R. **chaerophýllus** et prop.
Im Geb. ca. 5 Arten, u. a.:

R. **chaerophýllus** Sagorski et W. Schultze Hellgrüne B.

Schößling vorerst aufrecht, dann hochbogig bis fast kriechend, stumpfkantig, mit leicht gebogenen Sta.; B.chen oberseits spärlich striegelhaarig, unterseits ±weichhaarig, häufig grau-schimmernd, Endb.chen aus seicht-ausgerandetem Grd. breit-eiförmig bis rundlich, zugespitzt; Blst. kurz sperrig, Achse unterwärts ±durch mittelstarke Sta. u. Stieldrüsen rauh; Bl.stiele dicht behaart mit ungleichen Stieldrüsen u. Nadelsta.; Kb. graufilzig; Krb. weiß, schmal-ellipt.; Stbb. die grünlichen Gr. etwas überragend.

Waldränder, lichte Wälder, Gebüsche. – Sachs. bis Niederschles., O-Thür., Brand., Schl.Holst., Oberwesergeb., Pfalz. – Belg., D., Pol.

1360. R. dánicus Focke ex Frid. et Gelert Dänische B.

Schößling kantig, flachseitig, behaart; B. 5zählig, B.chen scharfgesägt, oberseits spärlich-behaart; Endb.chen aus abgerundetem od. schwach herzförmigem Grd. breit eiförmig bis eiförmig-rundlich, lang-zugespitzt; Blst. verlängert, nach oben zu verjüngt, fast pyramidenförmig, stark rauhhaarig; Kr. schwach rosa. VII.
Waldränder, Gebüsche. – NW-D. bis N-Hess. – NW-Eur. bis Dän., NW-D.

2. Subser. Sprengeliáni Focke

I. Kb. außen grün, weißberandet
- A. Blst.achse wenig od. nicht behaart; Schößling kahl od. verkahlend
  - 1. Schößlingsb. unten weichbehaart; Blst. bestachelt ..... **1361. R. hypomalacus**
  - 2. Schößlingsb. unten kaum behaart; Blst. fast stachellos ..... **1362. R. bracteosus**
- B. Blst.achsen deutlich behaart; Stbb. kürzer als die Gr.
  - 1. Schößlingsb. grob gesägt; Sta. des Blst. kräftig
    - a) Blst. drüsenlos; Endb.chen der Schößlingsb. am Grd. nicht od. nur wenig ausgerandet ..... **1365. R. hemistemon**
    - b) Blst. drüsig; Endb.chen herzförmig ..... **1368. R. cimbricus** et prop.
  - 2. Schößlingsb. fein gesägt; Blst. drüsig, meist nur wenig bewehrt ..... **1363. R. arrhenii** et prop.

II. Kb. außen graufilzig, nicht deutlich weißberandet
- A. Schößling kantig; Schößlingsb. 5zählig; (Blst. verlängert, oft durchblättert, mit zahlreichen starken Sta.) ..... **1367. R. chlorothyrsos** et prop.
- B. Schößling gewöhnlich rund; Schößlingsb. meist 3zählig
  - 1. Schößling behaart; Krb. rosa ..... **1364. R. sprengelii**
  - 2. Schößling kahl od. verkahlend; Krb. weiß, selten rötlich ..... **1366. R. myricae** et prop.

1361. R. hypomálacus Focke Weichhaarige B.

Schößling stumpfkantig, unten mit fast kegeligen, oben mit geraden, fast pfriemlichen Sta.; B. 3- bis 5zählig; B.chen unterseits grün bis graugrün, meist sammetartig-weichhaarig, Endb.chen meist etwas breiter, herz-eiförmig; Blst. kurz, wenig zusammengesetzt, oft drüsenarm; K.-

zipfel graugrün, abstehend bis aufrecht-abstehend; Krb. blaßrosa, schmalellipt.

Waldränder, Gebüsche. – Schl.Holst. bis Erzgebg., Böhmerwald; Nieders. bis Thür. u. M-Rhein, Pfalz, n. Schwarzwald (?). – Dän., Belg., D., Tschech.

1362. R. bracteósus Weihe

(Engl., Belg., D., Rum.)

1363. R. arrhénii et prop.
Im Geb. ca. 3 Arten, u. a.:

R. arrhénii (Lange) Lange — Arrhenius B.

Schößling bogig niederliegend od. kletternd, wenig behaart, mit zahlreichen, kleinen geneigten Sta.; B. gefingert-5zählig, B.chen fein- u. scharf-sägezähnig, beiderseits grün, unterseits mit hervortretenden gelblichen Nerven, Endb.chen ellipt., kurz zugespitzt; Rispe reich bestachelt, ziemlich lang, nur am Grd. beblättert, Äste lang-abstehend; K. grünlich, filzig, stets abstehend; Krb. rundlich, flach, blaßrötlich; Stbb. kaum halb so hoch wie die Gr.; Frkn. kahl. VII–VIII. 2n = 28.

Hecken, Wälder, Waldränder. – Schl.Holst. über Nieders. bis nw. Westf., NW-Eur.

1364. R. sprengélii Weihe — Sprengels B.

Schößling dicht-abstehend-behaart, mit zahlreichen, kurzen, kräftigen, gekrümmten Sta. besetzt; B. meist 3zählig, seltener fußförmig-5zählig, B.chen beiderseits lebhaft grün, tief- u. grobgesägt; Endb.chen länglich-eiförmig, bespitzt; Rispe kurz, sperrig, fast ebensträußig, locker; Bl.-stiele lang, filzig, spärlich-bestachelt; K. graugrün, filzig, zottig, oft stachelborstig, zuletzt abstehend; Krb. länglich, kraus, rosenrot, äußerst selten weiß; Stbb. fast so hoch wie die Gr.; Frkn. behaart. VI–IX. 2n = 28.

Wälder, Hecken. – Zerstreut im n. u. m. Geb., s. bis Pfalz u. Oberrheingeb. – NW-Eur. bis Frankr., D.

1365. R. hemistémon P. J. Mueller ex Genev.

Schößling aus bogigem Grd. niederliegend, kantig, ±behaart, mit ziemlich zahlreichen, kurzen, kaum gebogenen Sta.; B. 3- (bis 5)zählig, ungleich scharf gesägt, oberseits fast kahl, unterseits grün, Endb.chen ei-länglich, meist sehr lang-zugespitzt; Blst. ±durchblättert; Bl.stiele verwirrt-behaart, dicht-nadel-stachelig, ±mit kurzen Stieldrüsen; Kb. grün, weiß berandet; Blb. weiß; Stbb. etwa die halbe Gr.höhe erreichend; Frkn. kahl. VII.

Waldränder, Gebüsche. – Nieders. (Minden?) bis Pfalz. – D., O-Frankr., Schweiz, Tschech.

1366. R. myrícae et prop.
Im Geb. ca. 2 Arten, u. a.:

R. myrícae Focke in Alpers Heide-B.

Schößling unterwärts rundlich, durchaus spärlich-behaart mit zerstreuten, kurzen, aus breiterem Grd. pfriemlichen, rückwärts-geneigten Sta.; B. meist 3zählig; B.chen fast gleichmäßig-kleingesägt, unterseits schimmernd-weichhaarig, Endb.chen aus herzförmigem Grd. breit-eiförm. od. ellipt., zugespitzt; Blst. traubig od. mit traubigen Ästchen, kurzhaarig-filzig mit zerstreuten, feinen Sta.chen; Frkn. aufrecht; Blb. länglich, weiß; Stbb. so hoch od. höher als die Gr.
Waldränder, Gebüsche. – z. B. Lüneburger Heide (Soltau). – NW- u. M-Eur., Rum.

1367. R. chlorothýrsos et prop.
Im Geb. ca. 2 Arten, u. a.:

R. chlorothýrsos Focke Grünsträußige B.

Schößling niedrig-bogig; Schößlingsb. gefingert-5zählig mit unterseits grünen, weichhaarigen Seitenb.chen u. ellipt., langgespitzten Endb.chen; Blst. straußförmig, lang u. schmal, oft locker; Kb. zuletzt zurückgeschlagen; Frkn. kahl; Stbb. u. Gr. gleichhoch. VII–VIII. 2n = 28.
Waldränder, Waldlichtungen; sandige od. lehmige Böden. – NW-D. (Westf., Nieders., Schl.Holst., Meckl.), bes. old. u. bremisches Geb. – S-Schwed., Dän. bis Tschech., Pol., Österr., Ung.

1368. R. címbricus et prop.
Im Geb. ca. 2 Arten, u. a.:

R. címbricus Focke Holsteiner B.

Schößling stumpfkantig, braunrot, spärlich-behaart, mit fast gleichartigen, sehr kräftigen, aus breitem Grd. lanzettl.-pfriemlichen, rückwärts-geneigten Sta.; B. überwiegend 5fingerig, B.chen scharf- u. nach vorn zu ungleich-grob-gesägt, Endb.chen allmählich-lang-zugespitzt, am Grd. breit; Blst. mäßig-entwickelt, oft durchblättert, Achsen u. Stiele filzig-zottig, drüsenborstig, reichlich-nadelstachelig; K. die Fr. locker umfassend; Stbb. die halbe Gr.länge erreichend. VII–VIII.
Wälder, Hecken. – O-See-Küste (Schl.Holst.), Elbegeb. bis Chemnitz. – Dän., D., Tschech.

2. Ser. Euvirescéntes Genevier

I. Pfl. kräftig; Schößling kantig; Schößlingsb. 5zählig
A. Schößling kahl od. wenig behaart; Schößlingsb. unterseits kahl od. nur wenig behaart; Bl.zweig kahl od. locker behaart; Stieldr. selten od. fehlend **1. Subser. Calvescentes** S. 742

B. Schößling behaart; Schößlingsb. unterseits deutlich weichhaarig; Bl.zweig u. Blst. abstehend-zottig-behaart, oft stieldrüsig .... **2. Subser. Piletosi** S. 744

II. Pfl. schlank; Schößling rundlich od. stumpfkantig; Schößlingsb. meist 3zählig; (Sta. fein od. mittelmäßig) .... **3. Subser. Nemorenses** S. 745

1. Subser. Calvescéntes Genevier

I. Stieldr. im Blst. fehlend od. sehr vereinzelt u. versteckt
A. Schößling kahl od. sehr zerstreut behaart; Schößlingsb. unterseits gewöhnlich verkahlend .... 1369. **R. questieri** et prop.

B. Schößling ±behaart; B.chen unten leicht behaart; (Blst. wenig bewehrt; mittlere Bl.stiele abstehend-aufsteigend; Endb.chen der Schößlingsb. mittelgroß, eiförmig od. rhombisch, lang zugespitzt) 1370. **R. rhombifolius** et prop.

II. Blst. mit Stieldrüsen; (Schößling kahl od. verkahlend)
A. Endb.chen der Schößlingsb. eiförmig, allmählich zugespitzt .... 1371. **R. silesiacus** et prop.

B. Endb.chen der Schößlingsb. kreisrund, herzförmig, plötzlich zugespitzt, langgestielt .... 1372. **R. cordifolius** et prop.

1369. R. questiéri et prop.
Im Geb. ca. 5 Arten, u. a.:

R. questiéri Lefèvre et Mueller

Schößling kantig, flachseitig, kahl, drüsenlos; Sta. gleichartig, kräftig, am Grd. zusammengedrückt; B. meist 5zählig, beiderseits kahl od. fast kahl, ungleich gesägt; Endb.chen lang zugespitzt; Blst. verlängert, filzig u. kurz behaart, selten Drüsen; Kb. filzig, unbewehrt od. wenige Sta.; Frk. zurückgeschlagen; Krb. weiß od. blaß rötlich, zweispaltig. VII. 2n = 28.

Sehr selten, wohl nur Waldbröl; Verwandte Art: Kaiserslautern. — W- bis M-Eur.

R. maássii Focke ex Bertram

Schößling stumpfkantig, flachseitig, kahl od. spärlich-behaart, glänzend od. bereift; B.chen unterseits auf den Nerven kurzhaarig, grün, Endb.-chen langgestielt mit plötzlich aufgesetzter Spitze, kleingesägt; Blst. mit zerstreuten, langen, sichelig-nadeligen Sta.; K. graufilzig, zur Fr.-zeit zurückgeschlagen; Krb. weiß.

Waldränder, Hecken. – NW-D. (Westf. bis Schl.Holst.) bis Zittau. – Engl., Holl., D., Tschech., Rum.

1370. **R. rhombifólius** et prop.
Im Geb. ca. 2 Arten, u. a.:

R. rhombifólius Weihe ex Boenn. Rautenblättrige B.

Schößling bogig niederliegend od. kletternd, stumpfkantig mit flachen od. gewölbten Seiten, wenig behaart, Sta. mit breitem, zusammengedrücktem Grd., aufsitzend, weniger kräftig; B. 5zählig, B.chen oberseits behaart, unterseits von Sternfilz u. längeren Haaren weich, oft grau- od. weißfilzig, seltener ganz grün, Endb.chen ellipt. od. rautenförmig, zugespitzt; Blst. verlängert, oberwärts traubig, nur am Grd. beb.; Bl.stiele filzig; Kr. u. Gr. rot. VII. $2n = 28$.

Gebüsche, Hecken. – Zerstreut im nw. Geb. bis Schl.Holst. u. w. Geb. bis Frank. u. Pfalz. – W-Eur. bis D., Österr.

1371. **R. silesíacus** et prop.
Im Geb. ca. 5 Arten, u. a.:

R. silesíacus Weihe in Wimmer et Grab. Schlesische B.

Pfl. niedrig; Schößling bogig niederliegend, kantig, mit flachen od. leicht konkaven Seiten, verkahlend, mit ±kegeligen, geraden Sta. u. an der Spitze mit zerstreuten Stieldrüsen; B. meist 5zählig, oberseits wenig behaart, B.chen grob-gesägt, unterseits weichhaarig, blaßgrün, Endb.chen breit-herz-eiförmig, lang zugespitzt; Blst. schmal, gedrungen, Rispenäste u. K. kurzhaarig-filzig; Kr. verkehrt-eiförmig, weiß. VI–VII.

Wälder, Waldränder. – Zerstreut im m. ö. Geb. (Oberlausitz, Schles.) bis Thür. Wald u. Odenwald. – O-D., Pol., Tschech., Ung.

1372. **R. cordifólius** et prop.
Im Geb. ca. 2 Arten, u. a.:

R. cordifólius Weihe et Nees Herzblättrige B.

Schößling kräftig, mit flachen od. leicht gehöhlten Seiten, kahl bis fast behaart; Sta. wenig ungleich, geneigt; Endb.chen kreisförmig, am Grd. herzförmig, plötzlich kurz zugespitzt; B. oberseits fast kahl, unten leicht flaumig (anfangs graufilzig, später grün), scharf gesägt; Kb. filzig,

bestachelt, nach der Bl. zurückgeschlagen; Krb. weiß; Stbb. die Gr. überragend; Frkn. fast kahl. VII. 2n = 35.
Selten, so Wesergeb. (Minden), Rheingeb. (Darmstadt). – D., Pol., Tschech., Ung.

2. Subser. P i l e t ó s i Genevier

I. Blst. mit starken od. mittelstarken Sta.; B.chen der Schößlingsb. unterseits weich- bis sammetartig-behaart
  A. Stbbtl. kahl; B.zähne meist grob .... **1373. R. pyramidalis** et prop.
  B. Stbbtl. behaart; B.zähne sehr fein .... **[1360. R. danicus]**
II. Blst. mit feinen u. nur wenigen Sta.; B. unterseits gewöhnlich nicht sammetartig-behaart
  A. Schößling gewöhnlich schwach behaart, mit ebenen od. nur leicht ausgehöhlten Seitenflächen; Endb.chen der Schößlingsb. groß, gewöhnlich breit-eiförmig, lang zugespitzt .... **1374. R. macrophyllus** et prop.
  B. Schößling dicht behaart, mit ausgehöhlten Seitenflächen; Endb.chen verkehrt-eiförmig .... **1375. R. schlechtendalii**

1373. R. pyramidális et prop.
Im Geb. ca. 4 Arten, u. a.:

R. pyramidális Kaltenbach — Pyramidensträußige B.

Schößling bogig niederliegend od. kletternd, kantig, flachseitig, dünn behaart, Sta. mittelstark, fast gleich, ohne Sta.borsten; B. gefingert-5zählig, B.chen unterseits fast sammetartig u. grauzottig, schimmernd, mit deutlich gekrümmten Haaren längs der Rippen; Blst. deutlich stieldrüsig, dicht, pyramidal, nach oben verschmälert, nur am Grd. beb., unterwärts mit ziemlich kräftigen, geraden Sta.; Kr. blaßrot; Gr. grünlich. VII–VIII. 2n = 28.
Wälder, Gebüsche; frisch-feuchte, kalkarme Böden. – Verbreitet n. u. w. Geb., s. bis Bodenseegeb. – Engl., Skand. bis Schweiz, Österr., Ung.

1374. R. macrophýllus et prop.
Im Geb. ca. 2 Arten, u. a.:

R. macrophýllus Weihe et Nees — Großblättrige B.

Schößling bogig niederliegend od. kletternd, unten rundlich, oberwärts kantig, mit flachen od. leicht vertieften Flächen, behaart, mit ziemlich geraden, starken Sta.; B.chen groß, länglich-verkehrt-eiförm., oberseits zuletzt fast kahl, unterseits weichhaarig, fast gleichmäßig gezähnt, Endb.chen breit herz-eiförm., leicht ausgerandet, lang-zugespitzt; Rispe

locker, Bl.äste fast ebensträußig, nur am Grd. beb. mit mäßigstarken, sicheligen Sta. besetzt; Kr. weiß od. rötlich. VII–VIII. 2n = 28.
Wälder. – Zerstreut vom nö. Geb. (Elbing) bis W- u. SW-D. – W- u. M-Eur., Balk., Rum.

1375. R. schlechtendálii Weihe Schlechtendals B.

Schößling **stumpfkantig bis fast rundlich, dicht abstehend-behaart;** Sta. mittelstark, fast gleich, zurückgeneigt; B. fast gleichmäßig behaart, Zähne mittelgroß; Endb.chen meist schmal verkehrt-eiförm. bis fast länglich-ellipt., am Grd. abgerundet od. schwach ausgerandet; Kb. grau, zottig behaart, wenig drüsig, unbewehrt, zurückgebogen; Stbb. länger als die Gr. VI–VII.
N-Schlesw. bis Westf., n. Rheingeb., Kaufunger Wald, Schwarzwald (?). – NW-Eur. bis Tschech., Österr.

3. Subser. Nemorénses Sudre

I. Schößling behaart; Schößlingsb. 5zählig; Blst.achse abstehend behaart . . . . **1376. R. silvaticus** et prop.

II. Schößling kahl od. verkahlend; Schößlingsb. meist 3zählig; Blst.achse kurz u. locker behaart
- A. Krb. u. Stbb. lebhaft rosa; (Blst.achse nicht od. kaum behaart, wenigdrüsig) . . . . **1377. R. splendidiflorus**
- B. Krb. meist weiß; Stbb. weiß; (Gr. grün) . . . . **1378. R. nemorensis** et prop.

1376. R. silváticus et prop.
Im Geb. ca. 2 Arten, u. a.:

R. silváticus Weihe et Nees Wald-B.

Schößling flachbogig niederliegend, abstehend behaart, schwach, stumpfkantig mit zahlreichen, schwachen, etwas ungleichen Sta.; B.chen unterseits grün u. weichhaarig, Endb.chen ca. 4mal so lang wie sein Stielchen, ellipt. od. fast verkehrt-eiförm.; Blst. gedrungen, mit zahlreichen feinen Sta.; Kr. weiß, Gr. grünlich. VII–VIII. 2n = 28.
Wälder, Gebüsche, Bachufer. – nw. Geb. (Niederrhein bis Schl.Holst.), Schwarzwald (?). – NW-Eur. bis Pol., Ung., Rum.

1377. R. splendidiflórus Sudre

Schößling stumpflich-kantig, kahl od. fast kahl; B. 3- bis 4(5)zählig, beiderseits wenig behaart, mit mäßig großen Zähnen; Endb.chen ei- bis fast rautenförmig, ausgerandet, lang zugespitzt; Blst. armblütig,

meist drüsenlos, bestachelt; Kb. grünlich filzig, unbestachelt od. wenig bestachelt; Krb. rot; Stbbtl. rot, Stbb. länger als die roten Gr.
Waldränder. – Odenwald. – Frankr., SW-D.

1378. R. nemorénsis et prop.
Im Geb. ca. 2 Arten, u. a.:

R. nemorénsis Lefèvre et Mueller

Schößling flach- od. gewölbtseitig, fast kahl od. kahl, selten drüsig; B. 3- bis 4(5)zählig; B.chen unterseits flaumig, oberseits dünn behaart; Endb.chen breit-herzeiförm., lang zugespitzt; Blst. feindrüsig, fast unbewehrt; Kb. grünlich-filzig, meist unbewehrt; Krb. weiß; Stbb. die Gr. überragend. VII.
Wälder, Gebüsche. – z. B. Odenwald, Pfalz, S-Schwarzwald. – D., Frankr.

3. Ser. D i s c o l o r o í d e s Genevier

I. Schößling ±behaart; Schößlingsb. unterseits fast grün, nur die oberen unterseits wenig graufilzig; Blst. zottig behaart, mit kräftigen Sta. .... **1. Subser. Subvirescentes** S. 746

II. Schößling kahl od. behaart, oft bereift; obere Schößlingsb. unterseits grau-, an sonnigen Stellen weißfilzig; Blst. behaart, mit mittelstarken Sta.; Deckb. drüsig .... **2. Subser. Subdiscolores** S. 747

III. Schößlingsb. kahl od. verkahlend; unbereift; B.chen gewöhnlich sehr breit; obere Schößlingsb. unterseits ±weißfilzig; Blst. filzig od. locker behaart, gewöhnlich drüsenlos .... **3. Subser. Imbricati** S. 749

1. Subser. S u b v i r e s c é n t e s Sudre

I. Blst. ohne od. nur mit zerstreuten langen Drüsen
   A. Blst. breit, stumpf, oft drüsig; kräftige Pfl. mit meist rötlichen Bl. .... **1379. R. villicaulis** et prop.
   B. Blst. verlängert, durchblättert, drüsenlos; mittelgroße Pfl. mit weißen Bl. .... **1381. R. lindleyanus**

II. Blst. mit zahlreichen Stieldrüsen; (Krb. weiß od. hellrosa) .... **1380. R. gelertii**

1379. R. villicáulis et prop.
Im Geb. ca. 2 Arten, u. a.:

R. villicáulis Koehler Rauhstengelige B.

Schößling kräftig, hochbogig, in der Mitte scharfkantig, nach oben zu gefurcht, locker-abstehend-behaart od. zuletzt fast kahl, mit zahlreichen, geraden od. etwas gebogenen Sta. u. bisweilen mit einigen Drüsen besetzt; B. 5zählig, B.chen oberseits kahl, unterseits grün od. grau-behaart, oft ganz filzig, Endb.chen ellipt., breit-eiförm. od. fast kreisrund, lang-zugespitzt, scharf-doppelt-gesägt; Blst. lang, unterwärts unterbrochen, mit entfernten, kurzen Ästchen, am Grd. mit langen, kräftigen Sta., zottig; Rispe einfach od. zusammengesetzt, behaart, mit Sta. u. drüsentragenden Nadeln besetzt; K. graufilzig, zuletzt zurückgeschlagen; Krb. eiförmig, weiß bis blaßrot; Stbbtl. kahl. VII–VIII. 2n = 28. Veränderlich.

Wälder, Gebüsche, Waldränder. – Meist nicht selten im n. u. m. Geb., s. bis Regensburg, Augsburg, Alp.vorland. – Engl., S-Skand. bis D., Österr., Pol., Rußl.

1380. R. gelértii K. Friderichsen

Schößling hochbogig; B.chen ziemlich klein, fast lederig, unregelmäßig- u. nach der Spitze zu fast eingeschnitten-scharf-gesägt, oberseits etwas glänzend, unterseits in der Jugend graufilzig, zuletzt graugrünlich; Blst. schmal, am Grd. durchblättert, Achsen filzig-kurzhaarig mit zerstreuten Stieldrüsen u. langen, pfriemlichen Sta.; Kb. außen graugrün, nach der Bl. locker-zurückgeschlagen; Blb. eiförmig, weiß; Stbb. die Gr. überragend. VII.

Wohl sehr selten, so O-Schlesw., Pfalz. – Engl., Dän., D.

1381. R. lindleyánus Lees Lindleys B.

Schößling unten abgerundet-kantig, in der Mitte flachseitig-kantig, oben gefurcht, spärlich-behaart od. kahl; B. 5zählig, B.chen alle gestielt, wellig grobgesägt, oberseits striegelhaarig od. zuletzt fast kahl, unterseits graufilzig, Endb.chen ellipt.; Blst. ziemlich locker, lang, schmal, mit rechtwinklig-abstehenden Ästchen, oft bis oben durchblättert, Bl.stiele feinstachelig; Frk. locker-zurückgeschlagen. 2n = 28.

nw. Westf., s. u. n. Nieders. (Old.), Bremen. – NW-Eur. bis D.

2. Subser. S u b d i s c o l ó r e s Sudre

I. Blst. drüsenlos od. mit nur spärlichen, kurzen Drüsen an den Deckb.chen; Sta. des Bl.zweigs gleichmäßig od. fast gleichmäßig
  A. Blst. mit zahlreichen starken Sta., selten fast wehrlos, aber dann mit rötlichen Bl.

1. B. des Bl.zweiges sehr fein gezähnelt; Schößling zerstreut behaart; (Endb.chen der Schößlingsb. fast kreisrund); B.chen unterseits angedrückt filzig; (Deckb. kurzdrüsig) .... **1383. R. polyanthemus**

2. B. des Bl.zweigs ±grob gezähnt, wie die Schößlingsb. unterseits weichhaarig; Schößling oft fast kahl .... **1382. R. argenteus** et prop.

B. Blst. wehrlos od. nur mit schwachen Sta., (an der Achse stark abstehend-behaart; B. breit; Bl. weiß) **1384. R. albiflorus**

II. Blst. drüsig; Bl.zweig leicht verschiedenstachelig

A. Schößling flachseitig, ±behaart, oft bereift; Schößlingsb. grob od. mittelmäßig gesägt .... **1385. R. alterniflorus** et prop.

B. Schößling gefurcht, kahl, unbereift; Schößlingsb. grob gesägt .... **1386. R. mercieri**

1382. R. argénteus et prop.
Im Geb. ca. 5 Arten, u. a.:

R. argénteus Weihe et Nees — Silber-B.

Schößling kräftig, bogig, kantig, mit gefurchten Flächen; B. 5zählig, oberseits verkahlend, unterseits sternfilzig u. seidig schimmernd behaart; B.chen ziemlich gleichmäßig scharf doppelt-gesägt, Endb.chen am Grd. ausgerandet, breitellipt. bis verkehrt-eiförmig mit langer, schmaler Spitze; Blst. nach der Spitze zu verjüngt, kurzhaarig-filzig u. lockerzottig; Blb. rosa; Stbb. die Gr. überragend. VII–VIII.

Waldränder, Gebüsche, Hecken, Hügel. – S-Abhang des Wesergebg., s. bis Bodenseegeb. – Frankr., D., Ung.

1383. R. polyánthemus Lindeberg
(= R. pulcherrimus Neumann)

Schößling kantig, aus bogigem Grd. hingestreckt, ästig, behaart; B. 3- bis 7zählig; B.chen unterseits in der Jugend graufilzig, das endständige meist breit-verkehrt-eiförmig, mäßig-langgestielt; Blst. verlängert, dichtfilzig mit zerstreuten, kurzen Stieldrüsen; Blb. breit, meist lebhaft-rot. $2n = 28$.

Waldränder, Hecken. – z. B. ö. Schlesw. – NW-Eur. bis D.

1384. R. albiflórus Boulay et Lucand

Schößling niederliegend od. kletternd, leicht gefurcht, kantig, ±stark angedrückt behaart, mit breiten, kräftigen Sta.; B. 5zählig, oberseits schwach striegelhaarig, unterseits grau- bis weißfilzig, ungleich gesägt;

Endb.chen herzeiförmig bis ellipt., lang zugespitzt; Blst. groß, durchblättert, dicht zottig; Kb. grau-behaart, zurückgeschlagen, drüsen- u. wehrlos; Krb. weiß, selten blaßrosa; Stbb. länger als die Gr.

Wälder, Gebüsche, Waldränder, Ufer; meist kalkärmere Böden. – Zerstreut, so vom Main-Saalegeb. s. bis Donau- u. Bodenseegeb. – Frankr., S-D., Schweiz.

1385. R. alterniflórus et prop.
Im Geb. ca. 3 Arten, u. a.:

R. alterniflórus Muell. et Lefèvre

Schößling bogig niederliegend, flachseitig, ±blaugrün bereift, zerstreut behaart, spärlich u. kurz stieldrüsig; Schößlingsb. meist 5zählig, oberseits verkahlend, unterseits wenig grau- bis weißfilzig; Endb.-chen breit rundlich eiförmig bis verkehrt-eiförmig, am Grd. meist etwas ausgerandet, plötzlich kurz bespitzt; Blst. pyramidenförmig, locker, behaart, zerstreut stieldrüsig, mit mäßig starken Sta.; K.zipfel filzig, wenig drüsig, oft bestachelt; Krb. eiförmig, rosa; Stbb. länger als die Gr.

Gebüsche, Hecken. – Zerstreut u. selten, Pfalz, Odenwaldgeb., Frank., Bay., Westf. – D., Frankr.

1386. R. merciéri Genevier

Schößling u. Blst. mit ±spärlichen Stieldrüsen; B. unterseits graubehaart, grob gezähnt; Seitenb.chen fast ungestielt; Blst. mit kräftigen Sta.

Waldränder, Hecken. – s. Schwarzwald (?). – Engl., Frankr., D., Schweiz.

3. Subser. I m b r i c á t i Sudre

1387. R. rhamnifólius et prop.
Im Geb. ca. 3 Arten, u. a.:

R. rhamnifólius Weihe et Nees — Kreuzdornblättrige B.

Hochwüchsig, später mehr niedergebogen; Schößling schon im Sommer verzweigt, kantig, gefurcht, kahl od. etwas behaart, häufig schwachbereift; B. 5zählig, B.chen kleingesägt, oberseits kahl, unterseits weißfilzig, Endb.chen fast kreisrund, kurzbespitzt, am Grd. abgerundet od. nur wenig ausgerandet, Rispe dicht-stachelig; Kb. grauzottig, fein bestachelt; Kr. weiß; Frk. zurückgeschlagen. VII. $2n = 21$.

Waldränder, Hecken. – Zerstreut im n. u. w. Geb.; Rhön. – Engl. bis Belg., Frankr., D., Schweiz.

3. Subsect. Discolóres P. J. Mueller

I. Schößling bereift .... **1. Ser. Gypsocaulones** S. 750

II. Schößling unbereift

A. Schößling im Spätsommer oft schülferig, behaart od. kahl, meist kräftig; Blst. rispig, meist mit vielen starken Sta.; Bl.stiele ±abstehend; äußere Seitenb.chen der Schößlingsb. deutlich gestielt; Krb. breit .... **2. Ser. Hedycarpi** S. 751

B. Schößling bogig, gefurcht, oft kahl; Schößlingsb. unten graufilzig, behaart, zuweilen fast grün werdend; äußere Seitenb.chen der Schößlingsb. nur kurz gestielt; Blst. verlängert, schmal, gegen die Spitze kaum abnehmend; Bl.stiele ±aufsteigend, wenig bewehrt od. stachellos; Krb. oft schmal, gewöhnlich bleich .... **3. Ser. Candicantes** S. 753

C. Schößling oft schwach; Schößlingsb. 3- bis 5-zählig, unten weißfilzig; Steinkern der Fr.chen im getrockneten Zustand länglich; drüsenlos .... **4. Ser. Subtomentosi** S. 754

1. Ser. Gypsocaulónes P. J. Mueller

I. Stbbtl. kahl; Stbb. die Gr. kaum überragend; Schößlingsb. oberseits kahl od. zuweilen mit einfachen Haaren besetzt, unterseits gewöhnlich angedrücktfilzig; Blst.achse filzig, selten behaart .... **1388. R. ulmifolius**

II. Stbbtl. meistens kahl; Stbb. die Gr. lang überragend; Schößlingsb. oberseits kahl od. wenig behaart, unterseits weichhaarig; Blst.achse behaart .... **1389. R. godronii** et prop.

1388. R. ulmifólius Schott Rüsterblättrige B.

Schößling kräftig, bläulich-bereift, oberwärts scharfkantig, rinnig, anliegend-behaart, mit sehr starken, breit-lanzettl., meist geraden Sta., B. fußförmig- od. gefingert-5zählig, B.chen klein, fein- u. ungleich-doppelt-sägezähnig, oberseits dunkelgrün, kahl, unterseits mit dicht-anliegendem, weißem Filz, Endb.chen meist verkehrt-eiförmig od. ellipt. mit kurzer Spitze; Rispe verlängert, schmal reichblütig, ziemlich steif, angedrückt-filzig, mit kräftigen, sehr breiten, hakigen Sta.; K. weißfilzig, zur Bl.- u. Fr.zeit zurückgeschlagen; Kr. rot; Stbb. so hoch wie die Gr. VII–VIII. 2n = 14.

Wälder, Hecken, Zäune. – Wohl sehr selten, so bei Aachen. – Med. bis W-Eur., N-Afr., Kanar. Ins.; (S-Am., S-As.); submed (subozean).

1389. R. godrónii et prop.
Im Geb. ca. 4 Arten, u. a.:

R. godrónii Lecoq et Lamotte

Schößling unten fast stielrund, oben stumpfkantig; B. unterseits locker behaart, weißfilzig; Endb.chen am Grd. abgerundet od. nur wenig ausgerandet, eiförmig, oberseits kahl; Blst. mit kurzen, zurückgeneigten Sta.; Krb. blaßrosa. VI–VII. 2n = 28.

Waldränder, Gebüsche, Heiden; meist frische Böden. – Wohl zerstreut bis selten: Westf. (bis Burgsteinfurt), Rhein- u. Donaugeb., Pfalz, Schwarzwald. – W- u. M-Eur.

2. Ser. Hedycárpi (Focke) Sudre

I. Schößling ±behaart, mit ebenen Seitenflächen
  A. Schößlingsb. unterseits ±angedrückt weißfilzig (sehr fein u. scharf gesägt); Blst.achse mit fast geraden Sta.; (Krb. rosa; Gr. grün) .... **1390. R. bifrons**
  B. Schößlingsb. unterseits flaumig behaart; Blst.achse mit ±krummen Sta. .... **1391. R. cuspidifer** et prop.

II. Schößling kahl, od. behaart u. dann gefurcht
  A. Schößling gefurcht, behaart; (äußere Seitenb.chen der Schößlingsb. gestielt)
    1. Blst. mit zahlreichen Sta. .... **1394. R. chloocladus** et prop.
    2. Blst. fast unbewehrt (mit aufsteigenden Stielen)
      a) Endb.chen der Schößlingsb. verkehrt-eiförm.; (B. schlaff); Krb. fast rund .... **1394. R. flaccidus** (sub R. chloocladus)
      b) Endb.chen eiförmig; Krb. eiförmig od. verkehrt-eiförm. .... **[1395. R. candicans]**
  B. Schößling kahl od. fast kahl; (Bl. weiß od. hellrosa)
    1. Schößling kahl, mittelstark, mit ebenen Seitenflächen; Sta. des Blst. fast gerade; Krb. eiförm. od. verkehrt-eiförm.; (Bl.zweig verkahlend; Endb.chen ellipt. od. rhombisch) .... **1393. R. geniculatus**
    2. Schößling kräftig, mit ebenen od. öfter ausgehöhlten Seitenflächen; Blst. mit sicheligen Sta.; Krb. groß, breit .... **1392. R. procerus** et prop.

1390. R. bífrons Vest ex Tratt. Verschiedenseitige B.

Schößling flachbogig od. kletternd, unbereift, rundlich od. stumpfkantig, mit langen, kräftigen, lanzettl. Sta., nebst den B.stielen meist braun; B. 3zählig od. fußförmig-5zählig, B.chen scharf-sägezähnig, oberseits kahl, unterseits ohne anderweitige Behaarung schneeweißfilzig, Endb.chen verkehrt-eiförmig, am Grd. abgerundet, kurz zugespitzt; Blst. ziemlich lang u. oft ziemlich ausgebreitet-rispig, dicht-abstehend-behaart, mit geraden od. schwach-rückwärts geneigten Nadelsta.; K. unbewehrt, grau-filzig; Krb. verkehrt-eiförm., oft wellig-kraus, rosenrot; Stbb. länger als die Gr.; Frkn. mit zerstreuten, langen Haaren. VI–VIII. 2n = 28.

Wälder, Gebüsche, sonnige Abhänge. – Verbreitet bis zerstreut im w. u. s. Geb., n. bis Ruhr, ö. bis Sachs. (Lausitzer M-Gebg., Bautzen), s. bis Donaugeb. u. Alp.vorland (bis 825 m). – W- u. M-Eur. bis Ital., Frankr.

1391. **R. cuspídifer** et prop.
Im Geb. ca. 2 Arten, u. a.:

R. cuspídifer Lefèvre et Mueller

Schößling kräftig, kantig, flachseitg, locker behaart; Sta. kräftig, am Grd. zusammengedrückt, gerade; B. 5zählig, oberseits fast kahl, unterseits weiß-filzig, ungleich scharf-gesägt; Endb.chen fast rund, am Grd. herzförmig, plötzlich kurz aufgesetzt bespitzt; Sta. im Blst. schmal, sichelig; Blst. pyramidenförmig, oft ganz durchblättert; Kb. filzig, meist unbewehrt, zurückgeschlagen; Krb. fast rund, weiß od. blaßrosa; Stbb. viel länger als Gr.

Hecken, Waldränder. – Selten z. B. m. Rheingeb., Pfalz, Odenwald, Oberrheingeb. – W- bis M-Eur., Rum.

1392. **R. prócerus** et prop.
Im Geb. ca. 3 Arten, u. a.:

R. prócerus P. J. Mueller Süßfrüchtige B.
(= R. discolor Weihe et Nees, R. hedycarpus Focke, incl. R. macrostemon Focke)

Schößling bogig, kletternd, kantig, flachseitig, zerstreut behaart, meist sehr kräftig, mit kantenständigen, kräftigen, aus stark verbreitertem Grd. fast geraden od. sicheligen Sta.; B. meist 5fingerig, Stiel krummstachelig, B.chen oberseits zerstreut-striegelhaarig, unterseits weißsternfilzig u. auf den Nerven dicht-kurzhaarig, Endb.chen breit-ellipt. bis rundlich, kurz zugespitzt; Blst. gedrungen, drüsenlos, fein-weißgraubehaart, am Grd. u. in der Mitte mit zahlreichen, sicheligen, kräftigen Sta. besetzt; Blb. verkehrt-eiförmig, rosenrot, aufwärts gebogen. VII bis VIII. 2n = 28.

Waldränder, Hecken. – Zerstreut im s. u. w. Geb., nach NO sehr selten. – S-Eur. bis M-Eur., Ung., Transkauk.

1393. R. geniculátus Kaltenbach

Schößling bogig, kletternd, flachseitig, kahl, unbereift; Sta. kräftig, am Grd. stark verbreitert; B. 5zählig, groß, oberseits kahl, unterseits weißfilzig, scharf u. fast doppelt gesägt; Endb.chen ellipt. bis rhombisch, lang zugespitzt; Blst. locker, groß, am Grd. unterbrochen u. beblättert, dicht mit langen Nadelsta. bewehrt; Kb. filzig, nicht od. wenig bestachelt, später zurückgeschlagen; Krb. eiförmig, weiß od. blaß rötlich; Stbb. länger als Gr.

Lichte Wälder, Hecken. – Sehr selten, so z. B. Westf., Rheingeb., Pfalz. – NW-Eur. bis Tschech., Rum.

1394. R. chloocládus et prop.
Im Geb. ca. 4 Arten, u. a.:

R. chloocládus W. C. R. Watson — Weichhaarige B.
(= R. pubescens Weihe)

Schößling hochbogig, gefurcht, unbereift, büschelig-behaart; Sta. meist gerade, kräftig, am Grd. zusammengedrückt; B. 5zählig, B.chen meist schmal, scharf-gesägt, unterseits dicht-weißfilzig, Endb.chen eiförmig od. oval, lang-zugespitzt, u. lang-gestielt; Blst. verlängert, ziemlich schmal, fast blattlos, am Grd. mit sehr breiten, starken, hakigen Sta.; Kb. graufilzig; Krb. verkehrt-eiförmig, weiß, selten rosa; Stbb. länger als die Gr. VII–VIII. 2n = 28.

Waldränder, Hecken. – Selten im w. u. m. Geb., s. bis Pfalz, Jura, Frank. – W- bis M- u. SO-Eur.

3. Ser. Candicántes Focke

1395. R. cándicans et prop.
Im Geb. ca. 8 Arten, u. a.:

R. cándicans Weihe — Weißliche B.
(= R. thyrsoideus Wimmer)

Schößling bogig, kahl bis zerstreut behaart, am Grd. stielrund, in der Mitte stumpfkantig, gefurcht, mit starken, fast sichelförmigen Sta. besetzt; B. 5zählig, oberseits grün, unterseits eingedrückt-grau- od. weißfilzig, Endb.chen schmal herz-eiförmig od. verkehrt-eiförmig-länglich, zugespitzt; Rispe einfach u. zusammengesetzt, lang, schmal, steif, straußartig; Kr. weiß od. blaßrosa. VII–VIII. 2n = 21.

Waldränder, Hecken, Gebüsche. – Zerstreut im Geb., s. bis Bodensee- u. Donaugeb. – S-Skand. bis S- u. w. M-Eur.

4. Ser. Subtomentósi Sudre

1396. R. arduennénsis Libert ex Lej. Ardennen-B.

Unterscheidet sich von R. **candicans,** mit dem er in Wuchs u. straffer, schmaler Rispe übereinstimmt, besonders durch breite, rundliche, unterseits mit weichem, abstehendem, sammetartigem Filz bedeckte B.chen u. das rundliche Endb.chen u. von R. canescens durch kräftigeren Wuchs, rundliche, nicht tiefgesägte, unterseits sammetartig-graufilzige B.chen, stärkere gerade Sta., längere Stbb., das Fehlen der Sternhärchen auf der B.oberseite u. der Stieldrüsen in der Rispe. VII.

Hecken, Weg- u. Waldränder. – s. Westf., m. Rheingeb., Rheinpfalz, Lothringen. – Belg., Frankr., Dän., D., Ung., Rum.

2. Chorus Subsect. Heteracánthi

I. Schößling bogig, sich zur Erde beugend od. liegend, ±stieldrüsig, (kantig od. rundl.); Schößlingsb. (3- bis 5zählig) unten grün od. graufilzig, mit schmalen, lineal. od. lineal.-lanzettl. Nebenb.; Blst. (stieldrüsig), zusammengesetzt od. oben traubig; (K.zipfel oft mit Anhängseln, zurückgeschlagen, ausgebreitet od. an der Fr. aufgerichtet); Steinfr.chen zahlreich .... **4. Subsect. Appendiculati** S. 754

II. Schößling liegend od. sich zur Erde beugend, gewöhnlich ±drüsig (oft bereift), kahl od. wenig behaart, (mit geraden Sta.); B. beiderseits grün od. unten graufilzig, (mit breiten, oft an den Rändern sich deckenden B.chen, Endb.chen häufig fast kreisrund od. eiförm.-3lappig, die äußeren fast sitzend); Nebenb. meist breit, lanzettl. bis lineal.-lanzettl.; (Bl.zweig mit geraden Sta.); Blst. kurz, Bl.zweige oft fast doldig; (Krb. meist breit); Steinfr.chen wenig zahlreich (u. groß, zur Reifezeit oft bereift, frühblühend, dünn verzweigt) .... **5. Subsect. Caesii** S. 777

4. Subsect. Appendiculáti Genevier

I. Blst.achse ohne od. meist mit rel. kurz gestielten Dr.; Dr. – wenn vorhanden – meist kürzer als der Durchmesser der Achse

A. Schößling kantig, wenig drüsig, oft kahl; Schößlingssta. ungleichmäßig, größere zusammengedrückt; Schößlingsb. 3- bis 5zählig, unten weißfilzig, grobgesägt. Blst. zottig behaart, mit od. ohne Stieldr.; K.zipfel graufilzig, nach der Bl. abstehend od. meist zurückgebogen; Krb. gelblichweiß; Steine der Fr.chen im getrockneten Zustand länglich-ellipt. .... **1. Ser. Tomentosi** S. 756

B. Schößling kantig od. zuweilen fast rund, meist stark behaart, drüsenlos od. zerstreut drüsig, mit glatten Seitenflächen; Sta. fast gleich, größere am Grd. zusammengedrückt, auf den Kanten stehend; Sta.chen fehlend; Schößlingsb. 3- bis 5zählig, unten graufilzig od. grünlich, zumeist dicht behaart; Blst.achse gewöhnlich dicht behaart, zerstreut stieldrüsig, Dr. oft kurz .... 2. **Ser. Vestiti** S. 756

C. Schößling kantig, kahl od. behaart, zerstreut stieldrüsig, mit rauhen Seitenflächen; Sta. des Schößlings deutlich ungleich, größere lanzettl., am Grd. zusammengedrückt, kleinere höckerig; Schößlingsb. meist 5zählig, oft unterseits weißfilzig; Blst.achse abstehend behaart, stieldrüsig; Dr. oft unter dem Wollfilz verborgen, meist kürzer als der Durchmesser der Achsen; K.zipfel oft zurückgebogen .... 3. **Ser. Radulae** S. 760

D. Schößling kantig od. bisweilen fast rundlich, kahl od. selten spärlich behaart, zerstreut stieldrüsig, mit rauhen Seitenflächen; Sta. des Schößlings deutlich ungleich, größere am Grd. zusammengedrückt, kleinere höckerig; Schößlingsb. 3- bis 5-zählig, unten oft grün; Blst.achsen filzig-flaumhaarig od. ganz kurz u. locker abstehend behaart, stieldrüsig; Stieldr. länger als der Filz; K.zipfel oft abstehend od. aufgerichtet, bisweilen zurückgebogen .... 4. **Ser. Rudes** S. 767

II. Blst.achse mit ungleich langen Stieldr.; größere Stieldr. fast immer viel länger als der Durchmesser der Achsen

A. Schößling aus niedrigem Bogen hingestreckt, kantig, mit zahlreichen, sehr ungleichen Sta., Sta.-chen, Borsten u. Stieldr.; die größeren Sta. zusammengedrückt; Schößlingsb. meist 5zählig; Blst.achse gewöhnlich sehr bestachelt; K.zipfel zurückgebogen, abstehend od. zuweilen aufgerichtet .... 5. **Ser. Hystrices** S. 769

B. Schößling niedrigbogig-hingestreckt, zumeist rundlich, (oft bereift), mit sehr ungleichen, mittelgroßen, zumeist pfriemlichen Sta., sowie Borsten u. Stieldr. von verschiedener Form u. Länge; Schößlingsb. oft 3zählig, (unten gewöhnlich grün); K.zipfel mit lanzettl. Anhängseln, zur Fr.zeit oft aufgerichtet; Blst. stark drüsig (Pfl. niedrig, dünnzweigig) .... 6. **Ser. Glandulosi** S. 773

1. Ser. Tomentósi Wirtgen

1397. R. canéscens et prop.
Im Geb. ca. 6 Arten, u. a.:

R. canéscens DC. Filzige B.
(= R. tomentosus Borkhausen)
Schößling teils hochbogig, kantig, fast kahl, teils kriechend, stumpfkantig, behaart; B. 3zählig od. fußförmig-5zählig, B.chen oberseits meist grau-sternfilzig, selten kahl, unterseits weißfilzig, Endb.chen verkehrt-ei-keilförmig, spitz; Rispe lang, schmal; K. graufilzig; Kr. klein, weiß. VI bis VII. 2 n = 14.
Waldränder, Gebüsche, Abhänge; meist kalkhaltige Substrate. — Zerstreut: S-D. (S-Schwarzwald bis ca. 700 m), Hess., Thür., Rhein-, Lahn- u. Moseltal; selten: Schles. (bei Kösling). — S-Eur. bis M-Eur., Vord.As., Pers.

2. Ser. Vestíti Focke

I. K.zipfel zur Fr.zeit zurückgebogen, selten abstehend
A. K.zipfel zur Fr.zeit zurückgebogen; Schößlingsb., wenigstens obere, unterseits grau- bis weißfilzig, meist 5zählig; kräftige ♄ ...... **1. Subser.** Hypoleuci S. 756
B. K.zipfel zur Fr.zeit zurückgebogen, selten abstehend; Schößlingsb. unterseits grün, meistens 5-zählig; (Schößling kantig); gewöhnlich kräftige ♄ **2. Subser.** Virescentes S. 758
II. K.zipfel zur Fr.zeit abstehend od. aufgerichtet; (Schößlingsb. unterseits gewöhnlich grün, 3- bis 5-zählig; Schößling kantig od. fast rundlich; mittlere od. schwache ♄) ...... **3. Subser. Hebecaules** S. 759

1. Subser. Hypolēūci Sudre
I. Krb. fast rund, selten breit eiförmig; (Bezahnung fein; B.chen breit; Endb.chen der Schößlingsb. kurz-verkehrt-eiförmig od. fast rundlich) ...... **1398. R. vestitus** et prop.
II. Krb. eiförmig, ellipt. od. verkehrt-eiförmig
A. Bezahnung fein od. mittelmäßig; Schößling locker behaart; Schößlingsb. gewöhnlich 5zählig
1. Bezahnung der Schößlingsb. sehr fein, niedrig, einfach ...... **1399. R. podophyllos** et prop.
2. Bezahnung der Schößlingsb. unregelmäßig, ± grob ...... **1400. R. macrostachys** et prop.
B. Bezahnung ± grob u. ungleichmäßig; Schößling dicht zottig durchwirrt-haarig; (Blst.achse zottig behaart, wenig bewehrt); Schößlingsb. 3- bis 4—5-zählig ...... **1401. R. adscitus** et prop

1398. R. vestítus et prop.
Im Geb. ca. 4 Arten, u. a.:

R. vestítus Weihe et Nees Bekleidete B.
(= R. leucostachys Schleicher)

Schößling bogig od. kletternd, stumpfkantig, flachseitig, bisweilen drüsig, dicht- u. abstehend-behaart, an den Kanten große, schmal-lanzettl. Sta. tragend; B. 5zählig, oberseits dunkelgrün, dicht-behaart, nur im Alter oft kahl, unterseits weich-, fast wollig-behaart u. oft weißschimmernd; Rispe lang, fast ebensträußig, dicht-zottig-filzig; Kb. filzig, später zurückgeschlagen; Krb. rundlich, rosenrot od. weiß; Fr. sehr groß. VI–VIII. 2n = 28.

Waldränder, Gebüsche. – Verbreitung von Schl.Holst. abnehmend bis Bay., insbes. im w. u. s. Berg- u. Hügelgeb. – W- u. M-Eur. bis Schwed., Rum.

1399. R. podophýllos et prop.
Im Geb. ca. 5 Arten, u. a.:

R. podophýllos P. J. Mueller

Schößling kantig, flachseitig, wenig behaart; Sta. fast gleichgroß, gerade od. geneigt, wenig zusammengedrückt, neben wenigen kurzen Nadelsta.; B. meist 5zählig, oberseits angedrückt-striegelhaarig, unterseits weichhaarig, ±grauschimmernd; Endb.chen ±eiförmig, am Grd. höchstens schwach ausgerandet; Blst. eiförmig, fast blattlos, zottig behaart, ungleich lang rotdrüsig, mit langen, dünnen Sta.; Kb. filzig, drüsig, wenig bestachelt; Krb. schmal, eiförmig, weiß. VII. 2n = 28.

Hecken, Bergwälder, Waldränder. – z. B. Bay. Wald, Pfalz, S-Schwarzwald (?), Frank. (?). – W- bis s. M-Eur.

1400. R. macrostáchys et prop.
Im Geb. ca. 9 Arten, u. a.:

R. macrostáchys P. J. Mueller Langtraubige B.

Schößling stumpfkantig, locker-behaart, reichlich mit kurzen Stieldrüsen besetzt, mit mäßig kräftigen, ungleichen, breit-aufsitzenden, etwas zurückgeneigten Sta.; B. 3- od. 5zählig, B.stiel oberseits feinrinnig, B.chen ungleich-klein-gesägt, Endb.chen meist schmal-verkehrteiförmig od. ellipt. zugespitzt; Blst. verlängert, oft sehr reich entwickelt, nach oben verjüngt u. blattlos, Ästchen aufstrebend, Achsen sehr dichtfilzig-zottig mit im Filz verborgenen, zahlreichen Drüsen u. kleinen, sicheligen Sta.; Bl. ansehnlich; Kb. außen graufilzig, an Bl. u. Fr. zurückgeschlagen; Krb. ellipt., weiß. 2n = 28.

Waldränder, Gebüsche. – Selten, z. B. Harz (Oker), Frank., Jura, Pfalz, Oberrheingeb., Odenwald, Schwarzwald. – NW-Eur. bis D., Tschech., Schweiz, Österr., Ung., Rum.

1401. R. adscítus Genevier – et prop.
Im Geb. ca. 2 Arten, u. a.:

R. dasycládos Kerner

(S-Bay. bis Niederdonau u. Tirol. – D., Österr.)

R. macrothýrsus Lange

(Schl.Holst., Harz. – Engl., Dän., D.)

2. Subser. V i r e s c é n t e s Sudre
I. Bezahnung sehr fein, flache Blst. schwach bewehrt; (Bl. weiß od. blaßrosa) .... **1402. R. mucronulatus** et prop.
II. Bezahnung grob od. mittelmäßig; Blst. gewöhnlich ±stark bewehrt
A. Bl. lebhaft rosa .... **1404. R. muelleri** et prop.
B. Bl. weiß od. blaßrosa; (Stbb. u. Gr. bleich) ...... **1403. R. colemannii** et prop.

1402. R. mucronulátus et prop.
Im Geb. ca. 5 Arten, u. a.:

R. mucronulátus Boreau Stachelspitzige B.
(= R. mucronatus Bloxam)

Schößling zerstreut-abstehend-behaart od. fast kahl, mit ±zahlreichen Stieldrüsen u. Sta.höckern u. ungleichen Sta.; B. meist 5zählig, oberseits dunkelgrün, wenig behaart, unterseits grün, kurz behaart; Endb.chen aus seicht-herzförmigem Grd. rundlich-verkehrt-eiförmig, plötzlich-kurz-zugespitzt, Blst locker, meist traubig endigend, spärlich-bewehrt, durchblättert; Kb. außen graugrün, berandet, filzig u. drüsig; Krb. ellipt., blaßrosa od. weiß. VI–VII. 2n = 28.
Waldränder, Gebüsche, Hecken. – Sehr selten, z. B. ö. Schl.Holst., Spessart. – NW- u. M-Eur.

1403. R. colemánnii et prop.
Im Geb. ca. 6 Arten, u. a.:

R. colemánnii Bloxam

Schößling kantig, flachseitig od. seitlich leicht ausgehöhlt, fast kahl, unbereift; Sta. zahlreich, kräftig, fast gleich, selten stieldrüsig; B. 5zählig, oberseits dünn behaart, unterseits grün, angedrückt behaart; grob u. ungleich gesägt; Endb.chen breit-eiförmig, bis fast rundlich, herzförmig, zugespitzt; Blst. pyramidal, meist durchblättert, locker behaart, ungleich drüsig, mit sehr kräftigen, zurückgeneigten od. sicheligen Sta.; Bl.-stiele dicht bestachelt; Kb. grünfilzig, dünn drüsenstachelig; Krb. weiß od. blaß rötlich; Stbb. ebenso gefärbt.

Bergwälder. – Sehr selten, z. B. bei Heidelberg. – NW- bis M-Eur.

1404. R. muelléri et prop.
Im Geb. ca. 2 Arten, u. a.:

R. muelléri Lefèvre

Schößling kantig, flachseitig, unbereift, locker behaart; Sta. fast gleich, größere gerade bis fast sichelig, kleinere selten, nadelig od. drüsentragend; B. 5zählig, oberseits blaßgrün, fast kahl, unterseits grün, angedrückt-behaart, fein gesägt, Endb.chen verkehrt-eiförmig, seicht ausgerandet, zugespitzt; Blst. breit, stumpf, am Grd. beblättert, reichlich drüsig, mit mittelstarken Sta., rauhhaarig; Kb. grünfilzig, feindrüsig, spärlich bewehrt; Krb. breit eiförmig, purpurrötlich.

Bergwälder. – Selten, z. B. Westf., Nieders., Pfalz, Odenwald, Oberrheingeb., Donaugeb., Alp.vorland. – NW- bis M-Eur., Ung., Rum.

3. Subser. Hebecáules Sudre

I. Schößlingsb. meist 5zählig, Schößling gewöhnlich kantig; Bezahnung ±grob; Blst.achse mit vielen kräftigen Sta.
  A. Stbb. so lang od. länger als die Gr.
    1. Schößling kantig
      a) Bezahnung grob u. unregelmäßig; Stbbtl. kahl, selten mit einzelnen Haaren .... **1405. R. schmidelyanus** et prop.
      b) Bezahnung fein u. wenig tief; Stbbtl. behaart; (Schößlingsb. unterseits grün) .... [**1417. R. drejeri** (sub R. infestus)]
    2. Schößling rund; (Bl. weiß od. hellrosa) .... **1405. R. teretiusculus** (sub R. schmidelyanus)
  B. Stbb. kürzer als die Gr.; (Schößling kantig; Blst.-achse filzig, wenig od. nicht behaart) .... **1405. R. gratifolius** (sub R. schmidelyanus)
II. Merkmale von I nicht vereinigt
  A. Schößlingsb. meist 5zählig, unterseits grün; Schößling kantig; (Bezahnung mittelmäßig, scharf; Blst. sehr wenig bestachelt; Endb.chen eiförmig, am Grd. ausgerandet; Stbb. weiß, gewöhnlich länger als die Gr.) .... **1406. R. serratulifolius** (sub R. gratiosus)
  B. Schößlingsb. meist 3zählig; Schößling ±rund, schwach; (Bl. meist weiß) .... **1407. R. hebecaulis** et prop.

1405. R. schmidelyánus et prop.
Im Geb. ca. 4 Arten, u. a.:

R. schmidelyánus Sudre

Schößling kantig, Flächen gewölbt od. flach, dicht behaart, spärlich drüsig od. drüsenlos, mit lanzettl., ungleichen, geraden Sta.; B. 5zählig, oberseits dünn striegelhaarig, unterseits grün u. behaart; Endb.chen eiförmig, meist ausgerandet, zugespitzt; Blst. durchblättert, zottig rauhhaarig, zerstreut stieldrüsig, mit kräftigen, sicheligen Sta.; Kb. filzig, drüsig u. bestachelt, abstehend od. ±aufgerichtet; Krb. weiß od. blaßrosa, länglich benagelt; Stbb. länger als die Gr.
Lichte Wälder, Hecken. – Zerstreut bis selten, u. a. Braunschweig, Harz, Schles., Frank., Rheingeb., Schwarzwald, Alp.vorland. – NW-Eur. bis Schweiz, Österr., Ung., Pol

1406. R. gratiósus P. J. Mueller – et prop.
Im Geb. wohl nur:

R. serratulifólius Sudre

(Rheingeb. – NW-Eur. bis D., Österr.)

1407. R. hebecaúlis et prop.
Im Geb. ca. 8 Arten, u. a.:

R. hebecaúlis Sudre

Schößling schlank, niederliegend, undeutlich kantig od. rundlich, zerstreut drüsig, meist etwas blaugrün; Sta. etwas ungleich, größere gerade od. geneigt; B. oberseits dünn behaart, unterseits behaart, grün bis graugrün, ungleich gesägt; Endb.chen eiförmig bis breit rautenförmig od. verkehrt-eiförmig, Grd. seicht ausgerandet, zugespitzt; Blst. kurz stumpf, ±durchblättert, behaart, kurzdrüsig, bestachelt; Kb. grünfilzig, wenig drüsig od. bestachelt, nach der Bl. abstehend od. Fr. umfassend; Krb. weiß od. blaß rötlich; Stbb. länger als Gr.
Bergwälder. – Selten, z. B. Pfalz, Odenwald, Bay. Wald, Schwarzwald, Bodenseegeb., Alp.vorland. – NW-Eur. bis Pol., Schweiz, Ung., Rum.

3. Ser. Rádulae Focke

I. B. – wenigstens obere – unterseits grau- od. weißfilzig; Schößlingsb. meist 5zählig; (meist kräftige ♄) . . . **1. Subser. Micantes** S. 761

II. B. unterseits grün, selten obere unterseits grauschimmernd; Schößlingsb. 3- bis 5zählig . . . . **2. Subser. Concolores** S. 762

1. Subser. Micántes Sudre

I. K.zipfel nach der Bl.zeit zurückgebogen; Stbb. länger als die Gr.; Blst. mit zahlreichen, kräftigen Sta.; B. unterseits flaumig

A. Schößling kahl od. zerstreut behaart . . . . **1408. R. radula** et prop.

B. Schößling dicht behaart; (Bezahnung unregelmäßig) . . . . **1409. R. genevieri** et prop.

II. Merkmale von I nicht vereinigt

A. K.zipfel nach der Bl.zeit zurückgeschlagen; Schößlingsb. unterseits oft dicht weichhaarig . . . . **1410. R. apiculatus** et prop.

B. K.zipfel nach der Bl.zeit abstehend od. an der Fr. aufgerichtet . . . . **1411. R. micans** et prop.

1408. R. rádula et prop.
Im Geb. ca. 6 Arten. u. a.:

R. rádula Weihe ex Boenn. Raspel-B.

Schößling stark u. dick, sehr rauh, bogig-aufsteigend, dann kletternd od. niederliegend, am Grd. stumpfkantig, oberwärts scharfkantig u. gefurcht, mit gleichartigen, langen, fast geraden, größeren Sta. u. sehr ungleichartigen Stieldrüsen u. Sta.chen (fühlt sich wie eine Raspel an); B. meist fußförmig-5zählig, B.chen oberseits zerstreut-behaart, unterseits sternfilzig, weiß od. graugrün, Endb.chen eiförmig, lang-gespitzt; Rispe lang u. ziemlich schmal, vielblütig, mit langen, pfriemlichen Sta. u. kurzen, aufrecht-abstehenden Bl.stielchen; K.zipfel zurückgeschlagen; Krb. breitellipt., hellrosa od. weiß. VII–VIII. $2n = 28$.

Wälder, Gebüsche, Hecken. – Verbreitet: n. (w. der Weichsel) u. m. Geb.; zerstreut bis selten: s. Geb. (bis mittlere Höhenlagen). – S-Skand. bis W- u. M-Eur., Ung., Rum.

1409. R. geneviéri et prop.
Im Geb. ca. 3 Arten. u. a.:

R. geneviéri Boreau

Schößling am Grd. rundl., oben kantig, flachseitig, dicht behaart, krausflaumig; Sta. ungleich, größere zusammengedrückt, kleinere kegelig, knötchenförmig od. drüsentragend; B. 5zählig, oberseits kahl, blaßgrün, unterseits weißfilzig, ungleich-doppelt-gesägt; Endb.chen ei- bis rautenförmig, Grd. höchstens seicht ausgerandet, lang zugespitzt; Rispe sehr lang, durchblättert, reichdrüsig, bestachelt; Kb. filzig, an der Fr. locker zurückgebogen; Krb. oft 2lappig, rötlich. $2n = 28$.

Wälder, Lichtungen. – Selten, z. B. Pfalz, n. Oberrheingeb., Schwarzwald, s. bis Donaugeb. u. Alp.vorland. – W- bis M-Eur., Ung.

1410. R. apiculátus et prop.
Im Geb. ca. 3 Arten, u. a.:

R. apiculatus Weihe et Nees Stachelspitzige B.

Schößling niederig-bogig, kantig, schwach bläulichgrün, spärlich behaart, mit zerstreuten Stieldrüsen u. meist zahlreichen, ungleichen Sta.-höckern, größere Sta. ungleich, aber nicht in die Höcker übergehend, aus breitem Grd. lanzettl.; B.chen fast lederig, ziemlich grob-ungleichgesägt, oberseits kaum behaart, unterseits graufilzig-schimmernd; Endb.-chen meist verkehrt-eiförmig, plötzlich kurz-zugespitzt; Blst. gedrungen, wenig verjüngt, ziemlich schmal, mit derben Sta.; Bl. mittelgroß; Kb. außen zottig-graufilzig; Krb. blaßrosa. 2 n = 28.

Waldränder, Abhänge. – Selten: Schl.Holst. bis Rheingeb., Schwarzwald, Vogesen, Bay. Wald, Alp.vorland. – W- u. M-Eur., Ung., Rum.; Kauk.

1411. R. mícans et prop.
Im Geb. ca. 8 Arten, u. a.:

R. mícans Gren. et Godron

Schößling kantig, Seiten flach od. leicht vertieft, unbereift, fast kahl, wenig drüsig; Sta. sehr ungleich, kleinere knötchenförmig; B. 3- bis 5-zählig, derb, oberseits wenig behaart, unterseits grau- od. weißfilzig, grob u. ungleich gesägt; Endb.chen eiförmig bis fast rhombisch, Grd. abgerundet, kurz zugespitzt; Blst. kurz, breit, am Grd. durchblättert, filzig, feindrüsig, bestachelt; Kb. filzig, vorerst zurückgeschlagen, zur Fr.zeit ±abstehend; Krb. hellrötlich.

Wälder, Lichtungen. – Selten, W-D., Schwarzwald, Vogesen. – Engl., Frankr. bis Tschech., Österr., Ung.

2. Subser. Concolóres Sudre

I. Kb. nach der Bl.zeit zurückgebogen; (Stbb. meist länger als die Gr.)
  A. Schößling kahl od. wenig behaart; Blst. stark bewehrt
    1. Bl. weiß od. blaßrosa; Endb.chen breit eiförmig, rhombisch od. fast rundlich . . . . **1412. R. granulatus** et prop.
    2. Bl. lebhaft rosa; Endb.chen schmal, länglich od. ellipt.; (Schößling kantig, mit ebenen od. leicht ausgehöhlten Seitenflächen) . . . . **1413. R. radulicaulis** (sub R. timbal-lagravei)
  B. Schößling ±dicht wollig-behaart, zuweilen zerstreut-behaart, dann aber Blst. sehr wenig bewehrt
    1. Blst. stark bewehrt; (Krb. weiß od. blaßrosa) **1414. R. fuscus** et prop.

2. Blst. nicht od. nur sehr wenig bewehrt
   a) Bl. weiß od. hellrosa . . . . **1415. R. foliosus** et prop.
   b) Bl. lebhaft rosa . . . . **1416. R. insericatus** et prop.

II. K.zipfel nach der Bl.zeit abstehend od. aufgerichtet, selten zurückgebogen, dann aber Schößlingsb. 3zählig
A. Schößling wenig od. nicht behaart
1. K.zipfel auf dem Rücken grün, weiß-berandet; Schößling wenig verschieden-stachelig; (Bl. weiß od. hellrosa) . . . . **1417. R. infestus** et prop.

2. K.zipfel auf dem Rücken graufilzig, nicht deutlich weiß-berandet; Schößling sehr verschieden-stachelig; (Blst. wenig bewehrt)
   a) Bl. weiß . . . . **1419. R. thyrsiflorus** et prop.
   b) Bl. lebhaft rosa . . . . **1421. R. obscurissimus** (sub R. obscurus)

B. Schößling deutlich behaart
1. Bl. weiß od. hellrosa; Schößlingsb. meist 5-zählig; Schößling kantig; Blst. sehr wenig bewehrt . . . . **1420. R. pallidus** et prop.

2. Merkmale von 1 nicht vereinigt
   a) Bl. lebhaft rosa; Blst. gewöhnlich wenig bewehrt . . . . **1421. R. obscurus** et prop.
   b) Bl. weiß od. hellrosa; Blst.achse gewöhnlich stark bewehrt
      x) kräftige ♄; Schößlingsb. 5zählig, (unterseits behaart, klein gezähnelt) . . . . **1418. R. babingtonii**
      xx) wenig kräftige ♄; Schößlingsb. meist 3-zählig (Schößling oft stumpf-kantig) . . . . **1422. R. menkei** et prop.

1412. R. granulátus et prop.
Im Geb. ca. 3 Arten, u. a.:

R. granulátus Mueller et Lefevre

Schößling kantig, meist flachseitig, kaum behaart, meist reich kurzdrüsig, ungleich lanzettl. u. schief bestachelt, stachelhöckerig; B. 5zählig, oberseits zerstreut striegelig behaart, unterseits grün, ungleich gesägt; Endb.chen meist verkehrt-eiförmig, seicht ausgerandet, plötzlich scharf zugespitzt; B.stiel sichelstachelig; Blst. am Grd. ±beblättert, filzig u. behaart, dicht drüsig, mittelkräftig bestachelt; Kb. filzig, drüsig, bewehrt; Krb. weiß; Stbb. länger als Gr.; Fr.boden zottig. 2n = 28.
Waldränder, Hecken. – Selten: Thür. (Sonneberg), Bay., Rheingeb. – Engl., Belg., Frankr. bis Tschech., Österr., Ung., Rum.

1413. R. timbal-lagrávei P. J. Mueller – et prop.
Im Geb. vielleicht:

R. radulicaúlis Sudre (Bay.?)

1414. R. fúscus et prop.
Im Geb. ca. 7 Arten, u. a.:

R. fúscus Weihe et Nees

Schößling kräftig, stumpfkantig, an der Spitze gefurcht, dicht behaart, zerstreut drüsig, Sta. ungleich, Flächen rauh; B.chen kurz-(Endb.chen lang-)zugespitzt, unterseits kurzhaarig; Blst. ziemlich schmal, unten unterbrochen, nach oben zu gedrungen; Bl.stielchen kurz; Kb. an der jungen Fr. meist zurückgeschlagen, mitunter aufrecht. $2n = 28$.

Wälder, Hecken. – z. B. Schlesw., Westf., Rheingeb., Pfalz, Odenwald, Schwarzwald, Frank., Bay. Wald. – W- bis M-Eur., S-Schwed., Ung., Rum.

1415. R. foliósus et prop.
Im Geb. ca. 9 Arten, u. a.:

R. foliósus Weihe et Nees Blattreiche B.

Schößling dick, stumpfkantig, reichdrüsig, mit kleinen rückwärtsgeneigten Sta.; B. 3- od. fußförmig-5zählig, B.chen dick, fast ledrig, oberseits matt-dunkelgrün, striegelhaarig, unterseits weichhaarig, grauschimmernd od. blaßgrün; Endb.chen eiförmig od. ellipt., allmählichlanggespitzt; Blst. verlängert, oft bis zur Spitze durchblättert, Bl.stiele oft büschelig, reich an kurzen Stieldrüsen, zerstreut-feinstachelig; Frk. zurückgeschlagen; Kr. weiß; Gr. grünlich. VII.

Waldränder, Gebüsche. – Zerstreut, z. B. Schl.Holst., Nieders., Westf., Rheingeb., Pfalz, Schwarzwald, Bay. – W- u. M-Eur., Ung.

1416. R. insericátus et prop.
Im Geb. ca. 8 Arten, u. a.:

R. insericátus P. J. Mueller ex Wirtg.

Schößling flachbogig, kantig, flachseitig, dicht zottig behaart; Sta. sehr ungleich, größere mittelstark, kleinere nadelig; B. 5zählig, dünn, oberseits angedrückt behaart, unterseits grün; fast gleichmäßig kleingesägt; Blst. ziemlich kurz, wenig durchblättert, fein-drüsig, schwachstachelig; Kb. filzig, unbewehrt; Krb. rot. $2n = 28$.

Waldränder, Waldwege. – Zerstreut: Rheingeb.; selten: z. B. Pfalz, Schwarzwald, Bay. Wald, Bodenseegeb. – NW-Eur. bis Tschech., Schweiz.

1417. R. inféstus et prop.
Im Geb. ca. 4 Arten, u. a.:

R. inféstus Weihe ex Boenn. Feindliche B.

Schößling bogig gekrümmt, kantig, fast kahl, unbereift, mit wenigen Drüsen, oberwärts mit kräftigen Sta. u. ungleichen Sta.chen u. Sta.-höckern dicht-besetzt; B. 3- bis 5zählig, B.chen rundlich-herzförmig, zugespitzt, oberseits schwach-behaart, unterseits weichhaarig, grün od. jüngere grau; Rispe sehr kurz, weichhaarig, mit zerstreuten, ungleichen Sta., Borsten u. Drüsen besetzt; Bl.stiele weichhaarig, mit Sta., Borsten u. Drüsen schwach-besetzt; Kb. grünlich, weiß berandet; Krb. rundlich, weiß, gewöhnlich zusammenneigend. VI–VII. 2n = 28.
Gebüsche, Hecken. – Stellenweise häufig: Harz, Braunschweig, Westf., im s. Geb. sehr selten, z. B. Odenwald, Schwarzwald. – NW-Eur. bis Pol., Tschech.

1418. R. babingtónii Bell Salter

Schößling kantig, mit flachen od. schwach gewölbten Seiten, dicht behaart, reich ungleich bestachelt; Sta. aus breitem Grd. plötzlich-verschmälert mit rückwärts-gebogener, kurzer Spitze; B.stiele mit sicheligen od. hakigen Sta.; Rispe locker, ausgebreitet, mit langen, rechtwinkelig-abstehenden Ästchen, nadelstachelig; Achsen dicht-filzig-zottig mit im Filz verborgenen Stieldrüsen; Kb. filzig u. zottig behaart, bestachelt; Krb. länglich, weiß od. blaßrosa.
Waldränder, Hecken. – Sehr selten, Schlesw. (Flensburg, Schwabstedt), Pfalz. Saargeb. – Engl., Frankr., Dän., D.

1419. R. thyrsiflórus et prop.
Im Geb. ca. 5 Arten, u. a.:

R. thyrsiflórus Weihe et Nees Straußblütige B.

Schößling niederliegend, kantig, Seiten flach od. leicht gewöbt, bläulichgrün, oft behaart u. mit kurzen, zusammengedrückten, rückwärts-geneigten, ungleichen Sta. besetzt; B. meist 3zählig; B.chen herzförmig-rundlich, spitz, unterseits sammetartig-schimmernd, Endb.chen kurz-zugespitzt; Nebenb. tief am B.stiel entspringend; Rispe meist kurz gedrungen, flachgipfelig, nur an grd.ständigen Bl.zweigen straußförmig, vielbl., mit langen, rückwärts geneigten Sta., rotdrüsigen Borsten u. abstehenden Haaren reich-besetzt; Bl.stiele zerstreut-stachelig, sehr drüsig-borstig u. zottig; K.zipfel grünfilzig, zur Bl. zurückgeschlagen, später abstehend; Kr. klein, sehr hinfällig, weiß. VII (Anfang). 2n = 28.
Wälder; feuchte, oft quellige Standorte. – Sehr selten, z. B. Wesergeb., Westf., Rheingeb., Pfalz, Schwarzwald, Bay. Wald, Bodenseegeb., Alp.vorland. – NW- bis M-Eur., Ung., Rum.

Hierzu evtl.:

R. helvéticus Gremli; Schößling mit vereinzelten, kurzen Stieldrüsen. – Sächs. Schweiz, Thür., Bay., Schwarzwald.

1420. R. pállidus et prop.
Im Geb. ca. 8 Arten, u. a.:

R. pállidus Weihe et Nees Blasse B.

Schößling blaßgrün, bogig-niederliegend, unten rundlich, oben kantig, oberwärts ziemlich dicht-behaart, dürftig mit fast gleichartigen, kurzen, am Grd. verbreiterten, rückwärts geneigten Sta. besetzt; B. meist fußförmig-5zählig, B.chen ziemlich dünn, beiderseits grün, oberseits zerstreut-kurzhaarig, unterseits anliegend-flaumig, Endb.chen herz-eiförmig, lang-gespitzt; Rispe mäßig-lang, nach oben zu verjüngt, untere Ästchen verlängert, traubig, fast rechtwinklig-abstehend; Bl.stielchen lang, dünn; Kb. grünfilzig, lanzettl., an der unreifen Fr. aufrecht zur Bl. u. Fr.reife zurückgeschlagen; Kr. mittelgroß, weiß. VII. 2n = 28.

Wälder; Bes. frische Standorte. – Häufig bis zerstreut vom ö. Schl.Holst. u. nw. Geb. (ö. bis Stettin) bis Moselgeb. u. Thür.; selten: Odenwald, Fränk. Jura, Schwarzwald, Bay. Wald. – NW- bis M-Eur., Ung.

Hierzu:

R. lóehrii Wirtgen; Blst. verlängert, schmal, locker, straußartig; Kb. gleich nach der Bl. aufrecht, die junge Fr. umfassend. – Pfalz, Odenwald, Alp.-vorland. – W- u. M-Eur.

1421. R. obscúrus et prop.
Im Geb. ca. 6 Arten, u. a.:

R. obscúrus Kaltenbach Dunkelblättrige B.

Schößling hingestreckt od. kriechend, flachseitig, dicht-abstehend-behaart, mit schmal-lanzettl., am Grd. ±breiten Sta., kleinere knötchenförmig; B. fußförmig-5zählig, B.chen oberseits dunkelgrün, fast kahl, unterseits fast sammetartig-weich, Endb.chen breit-ellipt., zugespitzt; Blst. pyramidenförmig, reichlich drüsig u. dichtzottig, gelblich bestachelt; Kb. grün-filzig, an der Fr. abstehend od. aufrecht; Blb. lebhaft-rosa. VII. 2n = 28.

Waldlichtungen, Gebüsche, Bachränder. – W-D. [Westf. bis Schweiz. Grenze u. Alp.vorland (Schwarzwald bis ca. 900 m)], Schles. – NW- bis M-Eur., Ung.

1422. R. ménkei et prop.
Im Geb. ca. 4 Arten, u. a.:

R. ménkei Weihe et Nees Menkes B.

Schößling niederliegend, stumpfkantig, filzig-wollig, mit ungleichen Sta. u. Drüsen; B. meist alle 3zählig, oberseits dünn behaart, unterseits grün, grob u. ungleich gesägt; Endb.chen meist verkehrt-eiförmig, plötzlich-gespitzt, feingesägt; Blst. verlängert, schmal, mit kurzen, abstehenden oberen Ästchen; Kb. grünfilzig, drüsig u. bestachelt; Kr. weiß; Frk. abstehend, selten aufrecht. VII.

Waldränder u. Lichtungen. – Zerstreut bis selten; z. B. m. Wesergeb. (Bergland, u. a. Solling, bei Pyrmont), Rhein- u. Maingeb., SW-D. (bes. Schwarzwald). – W- bis M-Eur., Ung.

4. Ser. Rúdes Sudre

I. Schößling ±kantig, gewöhnlich nicht bereift; Schößlingsb. meist 5zählig
  A. K.zipfel nach der Bl.zeit ganz zurückgebogen; Schößling ganz od. fast kahl, nicht bereift .... **1425. R. omalus** et prop.
  B. K.zipfel nach der Bl.zeit abstehend od. im Fr.-stande aufgerichtet, zuweilen zuletzt ±zurückgebogen
    1. Endb.chen der Schößlingsb. am Grd. herzförmig ausgerandet .... **1424. R. melanoxylon** et prop.
    2. Endb.chen der Schößlingsb. am Grd. nicht ausgerandet; (Blst. kurz u. ±ausgebreitet) .... **1423. R. rudis** et prop.
II. Schößling rund bis stumpfkantig, meist bereift; Schößlingsb. 3- bis 5zählig
  A. Bl. lebhaft rosa .... **1426. R. vallisparsus** et prop.
  B. Bl. weiß .... **1427. R. glaucellus** et prop.

1423. R. rúdis et prop.
Im Geb. ca. 2 Arten, u. a.:

R. rúdis Weihe et Nees Rohe B.

Schößling niedergestreckt, vom Grd. an kantig, mit kleinen Sta., unbereift u. unbehaart, mit zahlreichen kurzen Drüsen; B. 3- bis 5zählig, oberseits glatt, fast kahl, unterseits grün bis etwas grau, grob u. ungleich gesägt; Endb.chen ±breit-eiförmig od. rhombisch, zugespitzt; Bl.ast mit kleinen, aber meist zahlreichen Sta. besetzt; Bl.stielchen dünn u. nebst der B.unterfläche mit dünnem, kurzem Filz bedeckt; Rispe ausge-

breitet, sperrig; Kb. graufilzig, kurzdrüsig; Kr. blaßrot; Frk. locker, abstehend. VI–VII. 2n = 28.
Waldlichtungen, Bergwälder, sonnige Hügel. – Zerstreut vom nw., w. u. m. Geb. bis S-D. (Bodensee-, Donaugeb., Alp.vorland). – NW-Eur. bis W-Rußl., Ung.

1424. **R. melanóxylon** et prop.
Im Geb. ca. 7 Arten, u. a.:

R. melanóxylon P. J. Mueller et Wirtgen Schwarzholzige B.

Schößling kantig, flachseitig, fast kahl, meist dunkelbraun, mit ziemlich kräftigen, aus breitem Grd. rückwärts-gebogenen Sta.; B. meist fußförmig-5zählig; B.chen bei Lichtstellung unterseits grau- bis weißfilzig, im Schatten blaßgrün, Endb.chen eiförmig, kurzgespitzt, am Grd. ausgerandet; Blst. locker, ±beblättert; Blst.achsen angedrückt-sternfilzig; Kb. außen graugrün, oft drüsig u. borstlich; Blb. hellrosa. VII. 2n = 28.
Waldlichtungen. – Selten, z. B. Westf. (Bertrich, Freudenberg), m. u. sw. Geb. – NW- bis M-Eur., Ung., Rum.

1425. **R. omálus** et prop.
Im Geb. ca. 5 Arten, u. a.:

R. omálus Sudre

Schößling kräftig, kantig, flachseitig, kahl od. fast kahl, unbereift, wenig drüsig; größere Sta. zusammengedrückt, kleinere höckerig; B. 5zählig, oberseits fast kahl, unterseits grün bis fast grau, fast einfach gesägt; Endb.chen breit-eiförmig, zugespitzt, am Grd. meist ausgerandet; Rispe groß, dünn behaarte bis fast kahle Achsen; Kb. grünfilzig, kurzdrüsig, bestachelt, zurückgeschlagen; Krb. rötlich.
Waldlichtungen, -ränder. – Selten, z. B. SW-D., Bay. Wald, Donaugeb., Alp.vorland. – Frankr., Schweiz, D., Tschech., Ung., Rum.

1426. **R. vallispársus** et prop.
Im Geb. ca. 2 Arten, u. a.:

R. vallispársus Sudre

Schößling stumpfkantig od. rundlich, bereift, kahl od. dünn behaart, rauh, zerstreut drüsig; Sta. sehr ungleich, größere mittelkräftig, kleinere knötchenförmig; B. 3- bis 5zählig, oberseits dünn behaart, unterseits grün bis graugrün, fast kahl, Zähne meist einfach; Endb.chen breiteiförmig, ausgerandet; Rispe ±pyramidal u. durchblättert, sehr kurz

u. dünn behaart, mit rötlichbraunen Drüsen, bestachelt; Kb. grünfilzig, ±bestachelt, kurzdrüsig; Krb. lebhaft rosa. 2n = 28.
Wälder. – Selten, z. B. Pfalz, Schwarzwald, Alp.vorland. – NW-Eur. bis Schweiz, Österr., Ung., Rum.

1427. R. glaucéllus et prop.
Im Geb. ca. 4 Arten, u. a.:

R. glaucéllus Sudre

Schößling bogig niederliegend, stumpfkantig od. rundlich, bereift, fast kahl, zerstreut kurzdrüsig; B. meist 3zählig, gelblich-grün, beiderseits dünn behaart, fein aufgesetzt-gezähnelt; Endb.chen rundlich, seicht ausgerandet; Rispe länglich, wenig durchblättert, kurz u. dünn behaart od. kahl, blaßdrüsig, dünn bestachelt; Kb. grünfilzig, weiß berandet, sehr kurz bedrüst, die Fr. umfassend; Krb. weiß.
Wälder. – Selten, z. B. Pfalz, Oberrheingeb., Schwarzwald, Bodenseegeb. – Frankr., Schweiz, D., Tschech., Pol., Ung.

5. Ser. Hýstrices Focke

I. Bl. lebhaft rosa
  A. Schößling dicht behaart; Schößlingsb. unterseits grün
    1. Endb.chen der Schößlingsb. breiteiförm. od. fast rundlich . . . . **1428. R. fuscoater** et prop.
    2. Endb.chen schmal eiförmig, ellipt. od. verkehrt-eiförm. (K.zipfel nach der Bl. abstehend od. im Fr.stande aufgerichtet) . . . . **1429. R. adornatus** et prop.
  B. Schößling kahl od. schwach behaart, zuweilen stärker behaart, dann aber Schlößlingsb. unterseits ±hellfilzig
    1. Obere Schößlingsb. unterseits grau- od. weißfilzig . . . . **1430. R. obtruncatus** et prop.
    2. Schößlingsb. unterseits grün, selten an sonnigen Standorten obere leicht grauschimmernd
      a) K.zipfel gewöhnlich locker zurückgebogen; (Blst. verlängert) . . . . **1431. R. lejeunii** et prop.
      b) K.zipfel nach der Bl. abstehend od. im Frst. aufgerichtet
        x) Endb.chen der Schößlingsb. breit, eiförmig od. rundlich . . . . **1432. R. rosaceus** et prop.
        xx) Endb.chen schmal, ellipt. od. rhombisch **1433. R. hystrix** et prop.

II. Bl. weiß
- A. Obere Schößlingsb. unterseits grau- bis weißfilzig **1435. R. hebecarpos** et prop.
- B. Schößlingsb. unterseits grün .... **1434. R. koehleri** et prop.

1428. R. fuscoáter et prop.
Im Geb. ca. 4 Arten, u. a.:

R. fuscoáter Weihe et Nees

Schößling bogig-liegend, fast kantig, rotbraun, dicht behaart, mit gedrängten, sehr ungleichen Stieldrüsen, Sta.chen u. Sta.; größere Sta. aus zusammengedrücktem Grd. lanzettl.-pfriemlich, etwas rückwärtsgeneigt; B. meist 5zählig, dunkelgrün, B.chen ungleichmäßig- u. breit-, aber nicht tief-gesägt, unterseits durch Sternhärchen u. einfache Haare grau- od. blaßgrün, weich; Endb.chen rundlich, mit ausgerandetem Grd., kurz zugespitzt; Blst. mittellang; Achsen abstehend-behaart mit zahlreichen, ungleichen Stieldrüsen u. Nadelsta.; Kb. grünfilzig, weiß berandet, drüsig u. stachelig; Krb. ellipt., purpurrot. 2n = 28.
Bergwälder. – Zerstreut u. selten, z. B. s. Westf., Rheingeb., Pfalz, Schwarzwald, Alp.vorland. – NW- bis M-Eur., Ung.

1429. R. adornátus et prop.
Im Geb. ca. 6 Arten, u. a.:

R. adornátus P. J. Mueller

Pfl. blaßgrün, gelblich; Schößling niederliegend od. kletternd, kantig, flachseitig od. rundlich, unbereift, dicht zottig behaart, wenig bedrüst; Sta. sehr ungleich, größere am Grd. stark verbreitert, mittlere nadelig, kleinere höckerig; B. 5zählig, oberseits dünn behaart, unterseits grün, ungleich gesägt; Endb.chen eiförmig, ausgerandet; Rispe länglich, abgestumpft, oft ganz durchblättert, dicht zottig, reich bedrüst, gelblich bestachelt; Kb. graugrün, weiß berandet, dicht bestachelt; Krb. rot. VII. 2n = 28.
Wälder. – Selten, stellenweise verbreiteter, z. B. Eifel, Rheingeb., Pfalz, Odenwald, Schwarzwald. – NW- bis M-Eur.

1430. R. obtruncátus et prop.
Im Geb. ca. 5 Arten, u. a.:

R. obtruncátus P. J. Mueller

Schößling kantig, fast kahl, unbereift, lang rötlich bedrüst, sehr ungleich bestachelt, kleinere nadelig od. höckerig; B. 5zählig, oben kahl, unterseits grün, obere grau- od. weißfilzig, ungleich gesägt; Endb.chen meist verkehrt-eiförmig, am Grd. leicht ausgerandet, plötzlich zugespitzt; Rispe länglich, am Grd. durchblättert, behaart, reich bedrüst, gelblich bestachelt; Kb. graufilzig, drüsig, bestachelt; Krb. rot. VII.

Bergwälder, Waldwege. – Selten, z. B. Pfalz, Schwarzwald, Alp.vorland. – Belg., Frankr., D., Schweiz, Österr., Ung.

1431. R. lejeúnii et prop.
Im Geb. ca. 2 Arten, u. a.:

R. lejeúnii Weihe et Nees — Lejeunes B.

Schößling liegend, kantig, Seiten flach od. gewölbt, zerstreut drüsig, mit ungleichen, schlanken Sta., bisweilen auch sta.höckerig; B. 5zählig, ungleich gesägt, B.chen oberseits freudig-grün, unterseits flaumig-weichhaarig, blasser, Endb.chen ellipt. bis verkehrt-eiförmig, zugespitzt, am Grd. nicht od. wenig ausgerandet; Blst. verlängert, locker, sperrig, mit langen, geneigten, pfriemlichen Sta.; Bl.stiele kurzhaarig; Kb. filzig, drüsig, bestachelt; Krb. ellipt., rosenrot. VII–VIII. $2n = 35$.

Wälder, Gebüsche, Abhänge. – Selten, z. B. Hess., Rheingeb., Pfalz, Odenwald, Schwarzwald, Alp.vorland. – W- u. M-Eur., Ung.

1432. R. rosáceus et prop.
Im Geb. ca. 3 Arten, u. a.:

R. rosáceus Weihe et Nees — Rosenkelchige B.

Schößling niederliegend od. kletternd, stumpfkantig, kahl od. schwachbehaart, rotbraun, mit kräftigen, fast gleichgroßen Sta. u. zahlreichen ungleichen Borsten u. Drüsen besetzt; B. 3zählig od. fußförmig-5zählig, B.chen ziemlich groß, breit, ungleich-grob-gesägt, oberseits glänzend, dunkelgrün, fast kahl, unterseits hellgrün, nur auf den Nerven etwas behaart, ohne Sternfilz, Endb.chen aus herzförmigem Grd. rundl. od. breit-ellipt., ziemlich langgespitzt; Rispe kurz, ziemlich ausgebreitet, rotdrüsig; Bl.stiele filzig-kurzhaarig; K. außen graugrün, rotborstig, bisweilen mit langen, blattartigen Zipfeln; Kr. lebhaft-rot; Stbb. zuerst aufrecht, die Gr. weit überragend, dann trichterförmig, zuletzt zusammenneigend. VII. $2n = 28$.

Waldränder, -lichtungen. – Selten, z. B. bei Bremen (verschleppt?), sonst Rheingeb. (Niederrhein – Aachen – Pfalz – n. Oberrhein – Schwarzwald), Alp.vorland. – NW- bis M-Eur., Ung.

1433. R. hýstrix et prop.
Im Geb. ca. 4 Arten, u. a.:

R. hýstrix Weihe et Nees Dichtstachelige B.

Schößling kantig, rotbraun, unbereift od. etwas bläulich-grün, büschelhaarig, mit gedrängten, in Größe u. Gestalt sehr ungleichen Sta. (darunter die größten sehr kräftig, lanzettl.), Sta.chen, Drüsenborsten u. Stieldrüsen; B. 5zählig, B.chen schmal, tief-doppelt-gesägt, beiderseits spärlich-behaart, oberseits dunkelgrün, unterseits blasser, Endb.chen länglich-ellipt., lang-zugespitzt; Bl.stielchen zerstreut-feinstachelig; Kb. grünfilzig, drüsig-nadel-stachelig; Kr. rosenrot. VII. 2n = 28.

Wälder. – Sehr selten, z. B. Westf., Niederrheingeb., Pfalz, Frank., n. Oberrheingeb., Schwarzwald, Alp.vorland. – NW- bis M-Eur., Ung., Rum.

1434. R. koehléri et prop.
Im Geb. ca. 16 Arten, u. a.:

R. koehléri Weihe et Nees Köhlers B.

Schößling kantig, meist braunrot, spärlich-behaart, mit starken, geraden, ungleichgroßen Sta., Drüsenborsten u. Stieldrüsen dicht besetzt; B. meist gefingert-5zählig, B.chen oberseits spärlich-behaart, unterseits weichhaarig, Endb.chen meist ellipt., zugespitzt, ungleich-grob-gesägt; Rispe meist bis oben durchblättert, lang, schmal, mit Sta.borsten, Drüsen u. Haaren reichlich besetzt; K. filzig, drüsig, reichbestachelt, zurückgeschlagen; Kr. meist weiß. VII. 2n = 28.

Bergwälder. – Zerstreut bis ziemlich häufig im m. u. s. Geb., s. bis Alp.vorland. – W-Eur. bis Karp., Rum.

1435. R. hebecárpos et prop.
Im Geb. ca. 7 Arten, u. a.:

R. hebecárpos P. J. Mueller

Schößling undeutlich kantig, unbereift, spärlich behaart, drüsig, ungleich bestachelt, kleinere Sta. nadelig; B. meist 5zählig, oberseits fast kahl, unterseits grau- od. weißfilzig, klein u. einfach gesägt; Endb.chen kurz verkehrt-eiförmig, plötzlich zugespitzt; Rispe pyramidal, am Grd. durchblättert, reichlich bestachelt u. ungleich lang bedrüst; Kb. filzig, bedrüst u. bestachelt, zurückgeschlagen; Krb. weiß. VI–VII.

Wälder. – Sehr selten, z. B. Frank. (bis 650 m), Pfalz, Odenwald, s. Schwarzwald, Bay. Wald, Alp.vorland. – Engl., Holl., Port., Schweiz, S-D., Tschech., Pol., Ung., Rum.

6. Ser. Glandulósi P. J. Mueller

I. Schößlingssta. zusammengedrückt, am Grd. verbreitert, meist gelblich; (Drüsen gewöhnlich bleich)
 A. Krb. hell od. lebhaft rosa; Drüsen des Blst. gewöhnlich lang; (K.zipfel im Frst. ±aufgerichtet) 1439. **R. furvus** et prop.
 B. Krb. weiß; Drüsen u. Sta. im Blst. bleich, ±gelblich
  1. Schößling sehr verschiedenstachelig, mit stark zusammengedrückten Sta.; Blst. ±stark bewehrt, Drüsen gewöhnlich länger als der Durchmesser der Blst.achse .... 1438. **R. schleicheri** et prop.
  2. Schößling wenig verschiedenstachelig, ±behaart, bereift; Blst. gewöhnlich wenig bewehrt od. fast wehrlos, mit verhältnismäßig kurzen Drüsen; (Stbb. länger als die Gr.) .... 1436. **R. scaber**

II. Schößlingssta. schwach, fast kegelig, am Grd. wenig od. nicht verbreitert
 A. Drüsen des Blst. relativ kurz, den Durchmesser der Blst.achse kaum erreichend .... 1437. **R. tereticaulis** et prop.
 B. Drüsen des Blst. lang, meist deutlich länger als der Durchmesser der Blst.achse
  1. Bl. purpur od. lebhaft rosa; (Schößling meist kahl) .... 1440. **R. purpuratus** et prop.
  2. Bl. weiß, selten blaßrosa
   a) Endb.chen der Schößlingsb. ellipt., am Grd. abgerundet, plötzlich lang zugespitzt; Bezahnung fein; Blst. kurz; Stbb. länger als die Gr. 1441. **R. glandulosus** et prop.
   b) Merkmale von a bzw. die von R. glandulosus et prop. nicht vereinigt
    x) Drüsen, Drüsenborsten u. Sta. gelblich; Blst. mit vielen langen Sta.chen u. Drüsen; Laub ±hellgrün .... 1443. **R. rivularis** et prop.
    xx) Merkmale von x nicht vereinigt
     /) Drüsen u. Sta.chen im Blst. bleich, gelblich; Blst. mit zerstreuten, feinen Sta.chen od. Sta.chen fehlend .... 1442. **R. serpens** et prop.
     //) Drüsen, Borsten u. Sta.chen dunkelrot bis schwärzlich-violettrot; (Laub meist dunkelgrün) .... 1444. **R. hirtus** et prop.

1436. R. scáber Weihe et Nees Rauhe B.

Schößling schwächlich, rundlich, ±behaart, kurzdrüsig, bereift, dichtkurzhaarig, mit kleinen, rückwärts-geneigten, zerstreuten, fast gleichgroßen Sta. u. sehr kleinen Borsten besetzt; B. 3- bis 5zählig, ±gleichmäßig gesägt, B.chen beiderseits grün, behaart; Endb.chen eiförmig, mit meist ausgerandetem Grd.; Rispe mit aufrecht- od. waagerecht-abstehenden Ästen, gegen das obere Ende allmählich spitz-zulaufend, zerstreut-kurzstachelig u. kurz-borstig; Frk. grünfilzig, aufrecht-abstehend; Krb. schmal-verkehrt-eiförmig, klein, weiß. VI–VII. 2n = 28.
Bergwälder, Waldlichtungen. – Selten: Wesergeb., Teutoburger Wald, Sachs., Oberlausitz, Niederschles., bis zerstreut im sw. u. s. Geb. – NW-Eur. bis Pol., Ung., Bulg., Rum.

1437. R. tereticaúlis et prop.
Im Geb. ca. 8 Arten, u. a.:

R. tereticaúlis P. J. Mueller

Schößling schwach, fast rund, bläulich-grün, mit feinen, fast kegeligen, am Grd. undeutlich verbreiterten Sta., dicht filzig-zottig; B. meist 3-zählig, beiderseits dünn behaart; Endb.chen breit rhombisch-eiförmig bis fast verkehrt-eiförmig, am Grd. ausgerandet, lang u. ±plötzlich zugespitzt; Blst. breit, locker, oft ganz durchblättert, Blst.achsen dichtfilzig mit zerstreuten, sehr feinen Sta.; Kb. grünfilzig, am Frk. abstehend bis ±aufgerichtet; Krb. klein, weiß; Gr. am Grd. rötlich. VII–VIII.
Wälder. – Zerstreut, vom nw. Flachland ö. bis Oberlausitz, s. bis Bodenseegeb., Alp.vorland. – NW-Eur. bis Ung., Rum.

1438. R. schleichéri et prop.
Im Geb. ca. 19 Arten, u. a.:

R. schleichéri Weihe ex Tratt. Schleichers B.

Schößling niederliegend, oft kletternd, rundlich, grün od. schwach bereift, mit dichtstehenden, rückwärts-gekrümmten, kräftigen, größeren Sta. u. Stieldrüsen besetzt; B. meist 3zählig, B.chen oberseits zerstreut-kurzhaarig, unterseits weichhaarig, Endb.chen verkehrt-eiförmig, lang-zugespitzt, Seitenb.chen oft 2lappig; Blst. schmal, traubig, oberwärts blattlos, vor dem Aufblühen überhängend, mit Sta.borsten, Drüsen u. abstehenden Haaren reichlich besetzt; Bl.stiele reichdrüsig, filzig, zerstreut-stachelig; K. dünnfilzig, mit kleinen Drüsen u. zahlreichen Sta.borsten besetzt, zur Fr.zeit zurückgeschlagen; Kr. klein, weiß, selten rosa. VI–VII. 2n = 28.
Waldränder, Wälder. – Stellenweise häufig im m. Geb. vom Niederrhein bis Schles., selten im s. Geb., s. bis Alp.vorland. – W-Eur. bis Tschech., Pol., Österr., Rum.

1439. R. fúrvus et prop.
Im Geb. ca. 5 Arten, u. a.:

R. fúrvus Sudre

Schößling rundlich, bleich, unbereift od. schwach bläulich-grün, lang bedrüst u. sehr ungleich gelblich bestachelt; B. meist 3zählig, oberseits zerstreut behaart, unterseits grün, scharf u. ungleich gesägt; Endb.-chen mit ausgerandetem Grd., kurz zugespitzt; Rispe am Grd. durchblättert, schwach behaart, lang u. ungleich bedrüst u. fein gelblich bestachelt; Kb. grünfilzig, dicht drüsig bestachelt, die Fr. umfassend; Krb. rot. VII.

Wälder. – Selten, z. B. Sachs., Pfalz, Odenwald, N-Schwarzwald, Bodensee- u. Donaugeb., Alp.vorland. – SO-Frankr. bis O-D., Österr., Ung.

1440. R. purpurátus et prop.
Im Geb. ca. 5 Arten, u. a.:

R. purpurátus Sudre

Schößling rundlich, bläulichgrün, fast kahl, mit zahlreichen purpurfarbigen, langen Drüsen u. schwachen nadeligen u. kleineren Sta.chen; B. 3zählig, oberseits dünn behaart, unterseits grün, fast gleichmäßig scharf gesägt; Endb.chen am Grd. etwas ausgerandet, spitz od. kurz zugespitzt; Rispe kurz u. stumpf, wenig beblättert, filzig, bestachelt u. dicht mit langen purpurfarbigen Drüsen; Kb. grünfilzig, drüsenstachelig, die Fr. locker umfassend; Krb. rot. VII–VIII.

Wälder, Waldränder. – Selten, z. B. Sachs., Schles., Schwarzwald, Alp.vorland. – Pyren., Z- u. SO-Frankr. bis W-Pol., Österr., Ung.

1441. R. glandulósus et prop.
Im Geb. ca. 4 Arten, u. a.:

R. glandulósus Bellardi — Bellardis B.
(= R. bellardii Weihe et Nees)

Schößling niedergestreckt, rundlich bis leicht kantig, schwach behaart, mit kleinen, rückwärts-geneigten Sta. u. purpurdrüsigen Borsten dichtbesetzt; B. 3zählig, B.chen groß, ziemlich gleichmäßig-kleingesägt, beiderseits grün u. schwach-behaart, Endb.chen länglich-ellipt., plötzlich-lang-zugespitzt; Rispe meist kurz mit sperrig-abstehenden mittleren u. oberen Ästen u. Stielen, sparsam-stachelig, aber mit Borsten, roten Stieldrüsen u. abstehenden Haaren dicht besetzt; Deckb. lanzettl., einfach od. 2- bis 3teilig; K. graufilzig, reichdrüsig u. mit kleinen Sta. besetzt; Kr. weiß. VII. 2n = 28, 35.

Wälder. – Verbreitet bis zerstreut im ganzen Geb., insbes. in Bergwäldern, s. bis Alp.vorland. – NW- bis M-Eur., S-Skand., Rußl., Rum., Ital.

1442. R. sérpens et prop.
Im Geb. ca. 18 Arten, u. a.:

R. sérpens Weihe ex Lej. et Court.

Pfl. gelblichgrün, ziemlich kräftig; Schößling niederliegend, rundlich od. schwach kantig, bläulichgrün, reichbedrüst u. behaart; mit kurzen, leichtgekrümmten, stärkeren Sta.; 3- bis 5zählig, oberseits dünn behaart, unterseits grün, fein gezähnt; Endb.chen schmal-verkehrteiförmig, bis 4mal länger als sein Stiel; Blst. ziemlich gedrungen, feinstachelig; Kb. grünfilzig, drüsig, unbewehrt od. borstig; Krb. weiß. VI(Ende)–VII. 2n = 28.

Wälder im Berg- u. Hügelland. – Zerstreut bis häufig, z. B. Schlesw. bis Pos., Schles., M- u. S-D., s. seltener bis Alp.vorland. – Dän., Belg., Frankr. bis Rußl., SO-Eur., Kauk.

1443. R. rivuláris et prop.
Im Geb. ca. 16 Arten, u. a.:

R. rivuláris Wirtgen et P. J. Mueller

Pfl. gelblichgrün, Schößling behaart, rundlich, dicht mit dünnen Sta., gelblichen Borsten u. Drüsen; B. 3zählig, dünn, oberseits schwach behaart, unterseits grün, feingesägt, aufgesetzt bespitzt; Endb.chen ausgerandet, zugespitzt; Rispe mittelgroß, ±durchblättert, mit feinen langen Drüsen u. sehr langen ungleichen, gelblichen Borstensta.; Kb. filzig, dicht drüsenstachelig, nach der Bl. ±aufgerichtet; Krb. groß, weiß. VII.

Wälder, Lichtungen. – Zerstreut, z. B. Holst., Oberlausitz bis Rheingeb., Schwarzwald, Vogesen. – O-Frankr., Schweiz, D., Tschech., Österr., Ung., Rum., Rußl.

1444. R. hírtus et prop.
Im Geb. ca. 24 Arten, u. a.:

R. hírtus W. et K. Borstige B.

Schößling fast niedergestreckt, rundlich od. sehr schwach kantig, ±bereift, mit geraden od. etwas rückwärts-geneigten, ungleich-langen Sta., zahlreichen Borsten, Drüsen u. Haaren besetzt; B. 3-, selten fußförmig-5zählig, B.chen nach vorn zu ungleich-doppelt- u. oft etwas buchtig-gesägt, Endb.chen eiförmig od. ellipt., allmählich u. kurz zugespitzt, selten am Grd. schwach-herzförmig; Rispe straußartig, vielbl. mit feinen Sta., dunkelroten, dünnen Borsten, Stieldrüsen u. Haaren sehr dicht besetzt; Bl.stiele u. K. durch dichte, dunkle Stieldrüsen schwarzrot; Frk. abstehend od. aufrecht; Kr. weiß. VI–VII. 2n = 28.

Bergwälder. – Zerstreut im m. u. s. Geb. (Alp. bis 1600 m), im Bereich der M-Gebg. ±verbreitet. – NW-Eur., bis Rußl. u. SO-Eur.

5. Subsect. C ǽ s i i Focke

1445. R. cǽsius L. Kratzbeere

Langkriechend, Schößling kahl, mit schwachen, kurzen, sicheligen od. borstlichen Sta.; B.chen dünn, grob- u. eingeschnitten-gesägt, Endb.-chen breit-herz-eiförmig, spitz, Seitenb.chen fast sitzend, oft 2lappig; Blst. kurz-doldentraubig, wenigbl.; Kb. der Fr. angedrückt; Kr. weiß od. rötlich; Fr. aus wenigen, ziemlich großen Steinfr.chen bestehend. V–IX. 2n = 28.

Auenwälder, Waldränder, Ufer etc.; feuchte, nährstoffreiche u. meist kalkhaltige, oft tonige Böden. – Häufig im ganzen Geb. (Alp. bis 1050 m). – Irl., Schottl., Skand. bis S-Eur., Sib., Altai, Kauk.; euras-submed.

Bastarde:
Bastarde liegen in großer Zahl vor, insbes. solche zwischen R. caesius u. den übrigen Arten der Sect. Rubus (Rubi Corylifolii).

385. Comarum L. Blutauge

x = 7

1446. C. palústre L. (Abb. 222a–c) Sumpf-B.

♃, *Ch, H, HH.* – St. 0,30–1,00 lang; B. mit 5 od. 7 scharf-gesägten, oberseits dunkelgrünen, unterseits bläulichgrünen Fiederb.chen; Kr. dunkel-purpurrot, weit kleiner als die inwendig dunkel-rotbraunen Kb. VI–VII. 2n = 28, 42, ca. 64.

Braunseggensümpfe; nasse, schwach saure, mäßig nährstoffhaltige, kalkfreie Flachmoortorfböden, seltener humose Tonböden. – Verbreitet (Alp. bis 1800 m) sofern geeignete Standorte vorliegen. – Grönl., Isl., N- u. M-Eur. bis Bulg., S-Armen., Transkauk., N-Am.; no, circ.

386. Potentílla L. Fingerkraut

x = 7

I. Teilfr. ganz od. wenigstens am Grd. behaart .... **1. Subgen. Fragariastrum** S. 777
II. Teilfr. kahl .... **2. Subgen. Potentilla** S. 778

1. Subgen. F r a g a r i á s t r u m

I. Pfl. strauchig; B. 5- bis 7zählig gefiedert; Krb. goldgelb .... **1447. P. fruticosa**
II. Pfl. krautig (♃); B. 3- bis vielfingerig; Krb. weiß bis rosa

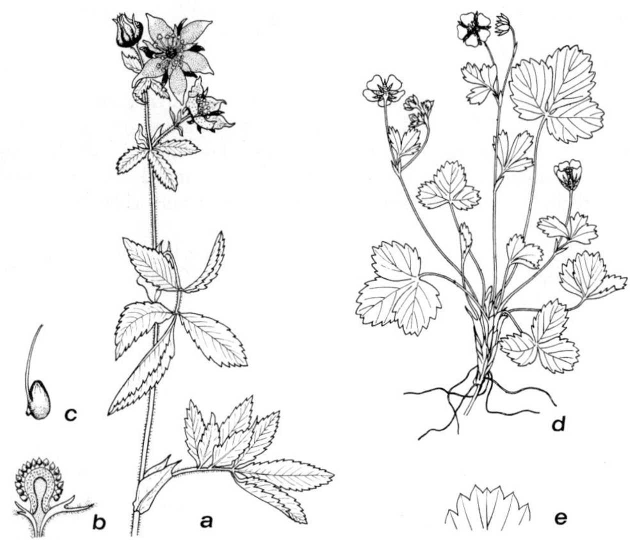

Abb. 222. *a—c Comarum palustre* (*a* Sproßspitze mit Blüten, *b* Blütenboden längs, *c* Frucht); *d—e Potentilla sterilis* (*d* Habitus, *e* Spitze eines Blättchens).

A. Teilfr. auf der ganzen Oberfläche behaart (grd.-ständige B. 5- bis vielzählig)
  1. Filamente zumindest unten behaart .... **1448. P. caulescens**
  2. Filamente kahl .... **1449. P. clusiana**

B. Teilfr. nur an der Anheftungsstelle behaart, sonst kahl
  1. Grdb. 5- bis vielzählig .... **1450. P. alba**
  2. Grdb. 3zählig
    a) Filamente schmaler als die Antheren, kahl **1451. P. sterilis**
    b) Filamente flach, fast so breit wie die Antheren, behaart .... **1452. P. micrantha**

2. Subgen. Potentílla

I. Gr. fast grd.ständig, spindelförmig (in der Mitte verdickt); Stbb. auf stark angeschwollenem Diskus (B. gefiedert; Krb. weiß) .... **1453. P. rupestris**

II. Gr. end- od. seitenständig
  A. Gr. fadenförmig, nicht verdickt, seitenständig (B. vielpaarig gefiedert; Krb. gelb; Bl. einzeln) ...... **1454. P. anserina**
  B. Gr. oben od. unten verdickt

1. Gr. unten verdickt, sich bis zur N. kegelig verjüngend (s. aber *P. collina*)
   a) B. mit schlichten, weichen od. steifen, höchstens geschlängelten Haaren (nie wollig-gekräuselt)
      x) Grdb. 5- bis 9(–11)zählig gefiedert (Krb. hellgelb, klein; Bl.stiele nach der Bl. zurückgekrümmt) .... **1455. P. supina**
      xx) Grdb. 3- bis 7zählig gefingert (bei *P. norvegica* Grdb. gefiedert)
         /) Krb. klein, höchstens so lang, meistens kürzer als die Kb. (St. meist vom unteren Drittel an stark verzweigt; ⊙, ⊙⊙, selten ♃)
            §) B. meist 3zählig gefingert, höchstens Grdb. 5- bis 7zählig gefiedert; St. abstehend-rauhhaarig ... **1456. P. norvegica**
            §§) B. 5zählig gefingert; St. weichhaarig bis ±filzig .... **1457. P. intermedia**
         //) Krb. groß, meist so lang od. länger als die Kb. (St. meist nur oben verzweigt; ♃)
            §) St. straff aufrecht; St. u. Bl.stiele dicht mit querabstehenden Borstenhärchen neben der längeren, weichen Behaarung (Bl. bis ca. 2,5 cm ∅) .... **1458. P. recta**
            §§) St. aufsteigend; St. u. Bl.stiele neben der längeren Behaarung mit weichen geschlängelten Flaumhaaren, weniger rauh (Bl. bis ca. 2,0 cm ∅) .... **1459. P. parviflora**
   b) B.unterseite u. St. ±dicht mit wollig-gekräuseltem Filz (neben längeren Haaren; B. 5- bis 7zählig gefingert)
      x) Gr. deutlich kegelförmig; Hauptachse mit Bl.stengel abschließend; Filz der B.-unterseite mit spärlichen od. locker abstehenden weißen Haaren
         /) B.chen am Rande nicht umgerollt, unterseits dünn graufilzig .... **1460. P. canescens**
         //) B.chen am Rande umgerollt, unterseits weißfilzig .... **1461. P. argentea**
      xx) Gr. kegelförmig bis nagelförmig (häufig mißgebildet); Hauptachse z. T. mit Bl.-stengel, z. T. mit sterilen Rosetten abschließend; Filz der B.unterseite mit anliegenden, fast seidig schimmernden Striegelhaaren .... **1462. P. collina**
2. Gr. nach oben, unter der verbreiterten N. ±verdickt, nagelförmig (s. a. *P. collina*)

a) Grd.achse dünn, unter der Erdoberfläche stark verzweigt; St. die Grdb. nicht od. nur wenig überragend
x) Nebenb. der unteren B. linealisch, verlängert; nichtbl. Spr. meist verlängert, wurzelnd, nur im Frühjahr rosettenartig gestaucht
/) Pfl. — besonders die B. — ±stark-sternhaarig; Sternhaare den einfachen Striegelhaaren beigemischt u. oft mit diesen kombiniert
§) Sternhaare (bis über 20strahlig) auf der B.unterseite in geschlossenem Sternfilz, graufilzig (Außenkb. länglich, spitzlich, etwa so lang wie die Kb.) .... 1463. P. arenaria
§§) Sternhaare (3- bis 10strahlig) auf der B.unterseite einzeln, kein geschlossener Sternfilz, graugrün ... 1464. P. puberula
//) Pfl. ohne Sternhaare, mit starren, aufrecht abstehenden Haaren, grasgrün .... 1465. P. tabernaemontani
xx) Nebenb. der unteren B. kurz, breit-eiförmig od. eilanzettlich; Spr. ±kurz u. nicht (od. wenig) wurzelnd (drüsenlos od. mit kurzen Drüsen)
/) Grdb. 5- (bis 9)zählig
§) Nichtbl. Spr. am Grd. nicht mit trockenhäutigen Nebenb. bedeckt (Drüsen — wenn vorhanden — gestielt) .... 1466. P. heptaphylla
§§) Nichtbl. Spr. meist am Grd. mit trockenhäutigen Nebenb. bedeckt (drüsenlos od. mit sitzenden Drüsen)
+) B.chen am Rande nicht seidenhaarig-silberglänzend 1467. P. crantzii
++) B.chen am Rande seidenhaarig-silberglänzend ...... 1468. P. aurea
//) Sämtliche B. 3zählig (oberseits kahl) 1469. P. brauneana
b) Grd.achse dick (oft knollig) u. wenig verzweigt; St. die Grdb. weit überragend, oft ausläuferartig verlängert
x) St. niederliegend, an den Knoten ±wurzelnd
/) Blhb. meist 5zählig; B. fast alle 5-zählig .... 1470. P. reptans
//) Blhb. meist 4zählig; B. 3- (untere bis 5)zählig .... 1471. P. anglica
xx) St. liegend-aufstrebend, nicht wurzelnd (3- [bis 5]zählig) .... 1472. P. erecta

1447. P. fruticósa L. Gemeiner Fingerstrauch

♄, *N.* – H. 0,60–1,00. *B. 5- bis 7zählig gefiedert,* selten 3zählig; B.chen länglich, ganzrandig; oberseits schwach, unterseits dicht seidig-behaart; Krb. gelb; Gr. keulenförmig, fast grd.ständig. VI–VIII. 2n = 28.

Gepflanzt, selten verwildert. – Pyren., Seealp., Engl., Irl., Oeland, Balt. Staaten, As., Jap., N-Am.

1448. P. cauléscens Torner Stengel-F.

♃, *H.* – H. 0,10–0,25. St. aufstrebend, reichbl.; *B.chen fast sitzend, am Grd. keilig, an der Spitze (3–)5- bis 7zähnig, länglich-lanzettlich,* etwas zottig, am Rande fast seidenhaarig-bewimpert; Krb. wenig od. nicht ausgerandet, weiß. VII–VIII. 2n = 14.

Felsspaltenges.; kalkreiche Substrate. – Nur Alp. (bis 2430 m) u. obere bay. Hochebene. – Gebg. von Span. bis Balk., Atlas; alp-praealp.

1449. P. clusiána Jacq. Clusius-F.

♃, *H.* – H. nur 0,04–0,10. St. meist 3bl.; *B.chen fast sitzend, an der Spitze 3zähnig, länglich-lanzettlich,* unterseits zottig, am Rande fast seidenhaarig-bewimpert; Krb. ±ausgerandet, gelblichweiß. VI–VIII.

Felsspalten- u. Felsschuttges.; kalkreiche, steinige Substrate. – Selten, subalp. u. alp. Stufe der m. u. ö. bay. Alp. (1550–2110 m, Schachenkopf, Steinlingalpe, Kampenwand, Kl. Watzmann). – O-Alp.; o-alp.

1450. P. álba L. Weißes F.

♃, *H.* – H. 0,08–0,25. Stämmchen kriechend; St. schwach, aufsteigend, meist 3bl., *grd.ständige B. 5zählig,* sehr selten auch 3- u. 4zählig; *B.chen länglich-lanzettlich,* oberseits kahl, *unterseits u. am Rande seidenhaarig,* Sägezähne (jederseits 1–4) am oberen B.ende ziemlich gleich; Krb. weiß, ausgerandet; Stbf. kahl. IV–VI. 2n = 28.

Trockenbusch- u. Trockenwaldges.; warme, nährstoffhaltige, sandige, od. steinige, oft kalkfreie Substrate. – Zerstreut, fehlt Alp. u. im NW, in M-D. nach N u. W abnehmend, nw.lichster Fundort wohl Stendal; sw. bis untere Nahe/Neustadt (Weinstr.) (Waldwiesen der Rheinaue). – Rußl., N-Balk., M-Eur. bis O-Pyren.; gem-kont.

1451. P. sterílis (L.) Garcke (Abb. 222d–e) Erdbeer-F.

♃, *H (–Ch).* – H. 0,05–0,10. Stämmchen niederliegend, oft wurzelnd; St. schwach, meist 2bl.; *B. 3zählig; B.chen rundlich-verkehrt-eiförmig, gestutzt, gekerbt-gesägt, unterseits zottig,* jüngere seidenhaarig, mittleres nach der Spitze beiderseits 5- bis 7zähnig, *Mittelzahn meist kürzer als die beiden benachbarten;* seitenständige an der äußeren Seite fast vom Grd. an gesägt; Blh. 5zählig; *Außenkb. lanzettlich, kaum halb so lang wie die eiförmigen, spitzen Kb.; Krb. so lang od. länger als der K., fast elliptisch mit ausgerandeter Spitze,* weiß, von dem innen grünlichen Grd. des K. oft nicht sehr abstechend; *Stbf. pfriemlich, viel schmäler als die Stbbtl., aufrecht-auseinanderstehend.* IV–V. 2n = 28.

Laubmischwaldges.; frische, humose, nährstoffreiche, kalkfreie Lehm- u. Sandböden. — Selten bis zerstreut, stellenweise häufig, insbes. M- u. S-D. (Alp. selten, bis 1050 m), im N (Emsland u. Ostfr. fehlend) u. M nach O rasch abnehmend; fehlt bereits in Brand., O-Meckl. u. O-Sachs. — SW-, W- u. M-Eur.; subatl.

1452. P. micrántha Ramond Kleinblütiges F.

♃, *H.* — H. 0,05—0,10. Stämmchen kurz, nicht kriechend; St. 1- bis 2bl.; *B. 3zählig, das stengelständige einfach, selten 3zählig; B.chen eiförmig, scharfgesägt,* mittleres nach vorn beiderseits 7- bis 10zähnig, gestutzt, oberseits kurzhaarig, unterseits zottig, jüngere seidenhaarig; Blh. 5zählig; *Außenkb. u. Kb. fast von gleicher Gestalt u. Größe; Krb. so lang od. etwas kürzer als der K., länglich-verkehrt-herzförmig,* blendendweiß, von dem dunkelpurpurroten inneren Grd. des K. sehr abstechend; *Stbf. breit, flach, an der Spitze abgestutzt, mit fast gleichbreiten Stbbtl., an der Spitze gegeneinandergeneigt.* IV—V. 2n = 14.

Trockenbusch- u. Trockenwaldges.; warme, nährstoffhaltige, meist kalkarme Steinverwitterungsböden. — Selten: Über Nahe u. Mittelrhein bis Eifel (Brohltal); s. Oberrheintal, Bodenseegeb., Schliersee (850—880 m). — Med. bis M-Frankr., Alp., M-Rhein; submed.

1453. P. rupéstris L. Stein-F.

♃, *H.* — H. 0,30—0,50. St. aufrecht, meist braunrot; *untere B. gefiedert, obere 3zählig; B.chen eiförmig-rundlich,* eingeschnitten-gesägt; Nebenb. ungeteilt; Krb. weiß; Nüßchen glatt. V—VI. 2n = 14. (kann mit kräftigen Exemplaren von Fragaria moschata verwechselt werden).

Trocken- u. Halbtrockenrasenges.; warme, nährstoffreiche, meist kalkarme u. steinige Böden. — Zerstreut u. selten: NO-D. (fehlt an der O-Seeküste), Odergeb., Bodetal, m. Elbe- u. Muldegeb., oberes Saalegeb., N-Thür. (Wippertal), m. Rheingeb. (Pfalz nicht selten), Hess., SW-D., Bay. Hochebene. — Eur., As., N-Am.; euras-submed-kont, circ.

1454. P. anserína L. (Abb. 223a—b) Gänse-F.

♃, *H.* — St. kriechend, rankenartig, 0,15—0,50(0,80) lang; *B. unterbrochen-gefiedert; B.chen* scharf gesägt, *länglich,* oberseits meist spärlich behaart, unterseits weiß-seidenhaarig (s. Var.); st.ständige Nebenb. fast scheidenförmig, vielspaltig; Krb. gelb. V—VII. 2n = 28, 42. Im Geb. ssp. a n s e r í n a, hierzu:

var. a n s e r í n a; B. oberseits grün, unterseits weiß bis grauweiß. — Häufig.

var. n ú d a Gaud.; B. beiderseits spärlich behaart bis oberseits fast kahl. — Selten.

var. s e r i c é a Hayne; B. beiderseits weiß-seidig-behaart; Außenkb. u. Kb. lang weiß-zottig-behaart. — Zerstreut, wohl im ganzen Geb.

Abb. 223. *Potentilla* spp., *a–b P. anserina* (*a* Habitus, *b* Blüte längs), *c–e P. erecta* (*c* Rhizom u. blühender Sproßabschnitt, *d* Blüte, *e* Frucht mit Kelch).

Flutrasenges., Trittpflanzenges.; nährstoff- u. N-reiche Sand-, Lehm- od. Tonböden. – Verbreitet u. häufig (Alp. bis 800 m); – Fast Kosmop. (unter Einschluß der Rassen der S-Halbkugel); (euras).

Droge: Herba Anserinae

1455. P. supína L. Liegendes F.

⊙–♃, *Th, H.* – St. gabelartig verzweigt, liegend od. aufsteigend, 0,15–0,30 lang; B. gefiedert; B.chen länglich, eingeschnitten-gesägt; *Deckb. aller Bl. laubb.artig; Bl. einzeln; Bl.stiele nach dem Verblühen zurückgekrümmt.* VI–X. 2n = 28.

Pionierges.; feuchte warme, N-haltige, tonige, kiesige od. sandige Lehmböden. – Unbeständig u. meist selten: N-Flachland u. M-D.; zerstreut: W- u. S-D. (außer Alp.) – Gem. u. warmes Eur., As., u. N-Afr.; euras-submed.

1456. P. norvégica L. Norwegisches F.

⊙, ① (–♃), *Th, H.* – H. 0,15–0,50. *St.* oberwärts gabelartig verzweigt, reichbl., *nebst den B.* von geraden Haaren *rauhhaarig; B. 3zählig, die grd.ständigen 2paarig-gefiedert; Deckb. der oberen Bl. klein; untere Bl. gabelständig, obere zuletzt fast traubig.* VI–VII. 2n = 70.

Divers. Ges.; frische bis feuchte, nährstoffreichere u. -ärmere, meist N-haltige u. kalkarme, sandige od. tonige Lehmböden. – Zerstreut: NO- u. O-D., im übrigen Geb. sehr zerstreut bis selten, häufiger nur O-Thür. (Schleizer Seenplatte). – N-(M-)Eur., N-As., N-Am.; euras-kont, circ.

1457. P. intermédia L. Mittleres F.

⊙–♃, *H.* – H. 0,20–0,40. *St.* aus bogigem Grd. aufsteigend, oberwärts aufrecht, *schon unterhalb der Mitte verzweigt* u., wie die B., *von weichen Haaren zottig; B.* meist *5zählig;* B.chen verkehrt-eiförmiglänglich, in den B.stiel verschmälert, beiderseits grün, an den unteren Stb. das mittelste oft kurzgestielt, keilig-fächerförmig u. oft fiederspaltig. VI–VIII. 2n = 28, 42, 56.

Schuttunkrautges.; warme, trockene, nährstoffreiche, meist steinige Lehmböden. – Meist nur adventiv, kaum eingebürgert, allgemein selten, vermehrt im NO, neuerdings auch im N., so um Hannover häufig; u. a. bei Bad Kreuznach (unteres Alsenztal). – Finnl. bis Sib., sich nach W ausbreitend; euras-kont.

1458. P. récta L. Aufrechtes F.

♃, *H.* – H. 0,30–0,70. *St. straff aufrecht,* nebst den B. von längeren, am Grd. verdickten, *abstehenden Haaren rauh,* oberwärts auch drüsenhaarig; B. 5- bis 7zählig; B.chen länglich; Nüßchen mit geflügeltem, bleicherem Kiel. VI–VII. 2n = 42. Umfaßt mehrere Rassen, die z. T. durch Übergänge verbunden sind (vielleicht als Unterarten zu bewerten), u. a.:

var. r é c t a; B. (zumindest die obersten) mit spitzen Zähnen; Grdb. meist 7zählig; B.chen der Stb. meist in od. wenig über der Mitte am breitesten; oberwärts meist drüsenhaarig; Krb. bis 2mal so lang wie Außenkb., schwefelgelb. – Zerstreut: insbes. Rheingeb., S-D., in N-D. nur eingeschleppt.

var. c o r y m b ó s a (Moench) A. et G.; B. (zumindest die obersten) mit spitzen Zähnen; Grdb. größtenteils 5zählig; B.chen der Stb. über der Mitte am breitesten; Krb. meist kaum so lang od. kürzer als Außenkb., goldgelb. – Zerstreut: insbes. M- u. S-D., in N-D. nur eingeschleppt.

var. p i l ó s a (Willd.) Lehm.; B. sämtlich mit stumpfen, eiförmigen Zähnen, 5zählig; B.chen länglich-verkehrt-eiförmig, am Grd. keilig; St. wenigstens unterwärts mit langen weichen Haaren; Kb. u. Außenkb. meist dicht langhaarig; Krb. ziemlich klein, gold- bis zitronengelb; Fr. mit schmalem, geschärftem Kiel. – Selten: Thür., Bay., im N nur eingeschleppt.

Pionierges., Trockenrasen, Bahndämme; warme, trockene, meist N- u. kalkhaltige, sandig-steinige Lehmböden. – Im größten Teil des Geb. sicher nur eingeschleppt u. eingebürgert. – O-Med. bis Z-As.; o-med(-kont).

1459. P. parviflóra Gaud. Kleinblütiges F.
(= P. thuringiaca Bernh.)

♃, *H.* – H. 0,15–0,30. *St. nach allen Seiten abstehend u. aufstrebend,* von der Mitte an gabelspaltig-rispig od. seltener aufrecht u. fast einfach; *Grdb.* 5- bis 9-, *meist 7zählig, mit ringsumgesägten B.chen; Bl.stengel lang, ziemlich stark, auch zur Fr.zeit aufrecht,* auch oberwärts mit größeren, 5- od. 3zähligen B., von abstehenden Haaren meist wenig rauh (Krb. kleiner als bei *P. recta*). V–VI. 2n = 42.

Trockene Wald- u. Buschges. – Selten, nur von S-Thür. über das Grabfeld u. m. Maingeb. bis nach Frank. (Steigerwald). – Gesamtverbreitung noch ungenügend bekannt.

1460. P. canéscens Besser Graues F.

♃, *H.* – H. 0,15–0,50. *St. aufstrebend od. aufrecht, weich-zottig u. oft zugleich filzig, an der Spitze ebensträußig;* B. 5-, selten 7zählig; *B.chen* länglich-lanzettlich, jederseits mit (2–)5–7 Zähnen, *unterseits dünngraufilzig;* Nüßchen eiförmig, runzelig. V–VIII. 2n = 42. Ändert ab, insbes. in der Serratur u. der B.chenzahl der Grdb.

Steppen- u. Trockenrasenges.; warme, nährstoffreiche, sandig-lehmige u. steinige kalkarme Böden. – Selten u. sehr zerstreut: Thür., Sachs., Schles., Bay. (fehlt Alp.), SW, verschleppt in Westf. u. M-Rhein. – Gem. u. warmes Eur, Kauk. bis Sib.; euras-kont(-submed).

1461. P. argéntea L. Silberweißes F.

♃, *H.* – H. bis ca. 0,30. *St. aufstrebend, filzig,* an der Spitze ebensträußig; B. meist 5zählig; B.chen verkehrt-eiförmig, ±tief-eingeschnitten-gesägt, *am Rande umgerollt, unterseits weißfilzig; Bl.stiele* nach dem Verblühen *aufrecht od. abstehend.* VI–X. 2n = 14, 21, 28, 35, 42, 56. Formenreich bez. Habitus, Serratur, Behaarung etc.; verbreitet im Geb. u. a.:

ssp. a r g é n t e a; B. oberseits schwach behaart bis kahl; St. bogig-aufsteigend od. aufrecht, nicht liegend; Grd.achse rel. dünn. 2n = 14.

ssp. d e m í s s a (Jord.) Schwarz; B. oberseits fast od. ganz kahl, glänzend; St. niederliegend, kreisförmig ausgebreitet, nur vordere Hälfte bogig aufstrebend; Grd.achse dick.

ssp. i m p o l i t a (Wahlenb.) Arcang.; B. oberseits stark behaart bis filzig; B.chen keilig-verkehrt-eiförmig, jederseits mit 1–3 tief eingeschnittenen, ungleichen abstehenden Zähnen. 2n = 42.

ssp. d i s s é c t a (Wallr.) Schwarz; B. oberseits stark behaart bis filzig; B.chen länglich, schmal, jederseits mit 2–4 langen, linealischen, nach vorn gerichteten Abschnitten, oft doppelt-fiederspaltig.

Silbergrasfluren, Trockenrasenges.; warme, nährstoffhaltige, kalkfreie Sandböden. – Verbreitet, stellenweise häufig, sofern kalkfreie Standorte. – Eur., W-As., N-Am.; euras(-submed).

1462. P. collína Wibel s. l. Hügel-F.
2n = 35, 42, 84.

Unter P. collina Wibel s. l. sind alle konstant auftretenden Formen zusammengefaßt, die zwischen der Sect.: Conóstylae (Series: Argénteae) u. der Sect.: Gomphóstylae (Series: Aureae) stehen; wohl alle hybridogener Abstammung (insbes. wohl P. argentea × P. verna s. l.); folgende Formen im Geb.:

I. Nichtbl. Rosetten frühestens erst im Spätsommer; St. meist aufrecht od. aufsteigend
  A. B.chen unterseits ziemlich dicht weißfilzig; St. bogig aufsteigend; Pfl. kräftig . . . . **a. P. collina**
  B. B.chen unterseits locker-graufilzig od. fast grün; St. schlaff, meist aus niederliegendem Grd. aufsteigend; Pfl. schwächer . . . . **b. P. sordida**
II. Nichtbl. Rosetten schon im Frühjahr; St. meist niederliegend-aufsteigend
  A. St. u. B.unterseite neben Striegelhaaren mit deutlichem Filz
    1. Bl. klein bis mittelgroß; St. ±dicht filzig, längere Haare zerstreut (insbes. an den Knoten)
      a) Krb. mindestens 2mal so lang wie die Kb.
        x) B.chen oberseits ziemlich dicht behaart; Blst. trugdoldig od. doldenrispig
          /) B.chen jederseits mit 3- bis 5(−7) Zähnen . . . . **c. P. silesiaca**
          //) mittlere B.chen nur an der Spitze mit 3−4 unregelmäßigen Zähnen, jederseits nur 1−2 Zähne . . . . **d. P. wiemanniana**
        xx) B.chen oberseits fast kahl; Blst. traubigrispig . . . . **e. P. thyrsiflora**
      b) Krb. nicht 2mal so lang wie die Kb. (B.chen oberseits seidig behaart) . . . . **f. P. leucopolitana**
    2. Bl. groß; St. (besonders oben) u. B.stiele mit abstehenden, gebogenen, weichen Haaren . . . . . **g. P. praecox**
  B. St. u. B.unterseite ohne od. fast ohne Filz . . . . **h. P. rhenana**

Trockenrasenges., Silbergrasfluren; nährstoffreiche bis -ärmere sandige od. steinige Böden. — Verbreitung siehe bei den einzelnen Formenkreisen, z. T. ungenügend bekannt od. unsicher.

a. P. collína Wibel s.str.
[= P. wibeliana Th. Wolf; P. sordida Zimm. ssp. wibeliana (Th. Wolf) A. et G.]

♃, *H.* — H. 0,25−0,35. Pfl. ziemlich dicht behaart; untere B. lang-gestielt, obere sitzend, mit ungeteilten od. 2spaltigen Nebenb.; B.chen ±länglich verkehrt-eiförmig, tief eingeschnitten mit jederseits 2−3(−4) Zähnen, Endzahn meist kürzer als die seitlichen; Blst. ziemlich reichbl.; Bl. mittelgroß (ca. 10 mm ∅); Fr.stiele aufrecht. V−VII. (Der P. argentea ssp. argentea sehr ähnelnd).

Selten: Maingeb. (Wertheim, ob noch?), Bay. (Dillingen [?], Deggendorf [?]). – Skand., Frankr., Schweiz, ö. M-Eur., Rußl.

b. **P. sórdida** (Fries) Zimm.
(= P. sordida Zimm. ssp. eu-sordida A. et G.)

♃, *H.* – H. 0,20–0,30. Pfl. schlaff, mäßig stark behaart; untere u. meist auch mittlere B. noch ziemlich lang gestielt, mit breiten, eiförmigen Nebenb.; B.chen aus schlank-keiligem Grd. länglich-verkehrt-eiförmig, nur oberwärts jederseits mit 2–3 Zähnen; Endzahn meist kleiner, nicht vorgezogen; Blst. oft armbl.; Bl. 10–12 mm ∅. V–VI.

Zerstreut bis selten: Brand., Danzig, (ob auch SW-D.?). – S-Schwed., NO-D., Frankr.

c. **P. silesíaca** Uechtr.
[= P. wiemanniana Guenth. et Schumm. ssp. silesiaca (Uechtr.) A. et G.]

♃, *H.* – H. bis etwa 0,10. St. niederliegend, bogig aufsteigend, im Kreise ausgebreitet, dicht behaart; Grdb. (5-) bis 7zählig; B.chen verkehrt-eiförmig, jederseits mit 3–5(–7) stumpflichen Zähnen, unterseits dicht grauschimmernd behaart; Blst. meist nicht über 10bl.; Bl. 12–15 mm ∅; Fr.stiele gebogen od. zurückgekrümmt. IV–VI.

Zerstreut: O-Brand., Pomm., N-Schles. – ö. M-Eur.

d. **P. wiemanniána** Guenth. et Schumm.
(= P. wiemanniana Guenth. et Schumm. ssp. eu-wiemanniana A. et G.)

♃, *H.* – H. 0,05–0,15. St. niederliegend od. bogig-aufsteigend, schlaff, im Kreise ausgebreitet; Grdb. 5- (seltener vereinzelt 7)zählig; B.chen verkehrt-eiförmig bis länglich-eiförmig, unterseits mit deutlichem Filz zwischen den Striegelhaaren, jederseits mit 1–2(–4) Zähnen; Bl. etwa 10–12 mm breit; Bl.stiele zur Fr.zeit abstehend od. zurückgebogen. (V)VI–VII.

Zerstreut: Brand., Schles., Ostpr., Oberrhein- u. Bodenseegeb. – Frankr., D., N-Ital., Balk., M- u. S-Rußl.

e. **P. thyrsiflóra** Hülsen
[= P. wiemanniana Guenth. et Schumm. ssp. thyrsiflora (Hüls.) A. et G.]

♃, *H.* – H. bis ca. 0,20. St. niederliegend od. aufsteigend (bis 0,30 lang); Grdb. u. untere Stb. 5- bis 7zählig; B.chen verkehrt-eiförmig, jederseits mit 4–6 tief eingeschnittenen Zähnen, unterseits ±graugrünfilzig; Bl. ca. 12 mm breit; Blst. deutlich traubig-rispig; Bl.stiele zur Fr.zeit gerade od. fast gerade. VI–VIII.

Zerstreut: Sachs., Schles., Bay. – ö. M-Eur., W- u. M-Rußl.

f. **P. leucopolitána** P. J. Muell.
[= P. wiemanniana Guenth. et Schumm. ssp. leucopolitana (P. J. Muell.) A. et G.]

♃, *H.* – St. niederliegend-aufsteigend, 0,10–0,20 lang, dicht weiß- od. graufilzig; untere B. fast immer 5zählig; B.chen länglich- od. lanzettlich-verkehrt-eiförmig, jederseits mit 2—3 Zähnen oberseits seidig bis graufilzig behaart; Bl. meist klein; Bl.stiele meist auch zur Fr.reife aufgerichtet. VI—VIII.

Zerstreut: ö. N-Flachland, Schles., Oberrheingeb. — Skand., Frankr., D., Rußl., Balk.

g. P. praécox F. Schultz
[= P. wiemanniana Guenth. et Schumm ssp. praecox (F. Schultz) A. et G.]

♃, *H.* — St. sehr schlaff, niederliegend, bogig aufsteigend, 0,15—0,30 lang, rel. dünn behaart mit längeren, gebogenen, weichen Haaren; B. 5zählig, untere u. mittlere meist lang gestielt; B.chen länglich-verkehrt-eiförmig, unterseits dicht seidig-grau, oberseits dünn seidig behaart; Bl. groß (12—15 mm ∅); Fr.stiele gebogen. IV—V.

Sehr selten: Hochrhein, Bodensee. — Wohl endemisch: N-Schweiz (Basel—Schaffhausen—Bodenseegeb.).

h. P. rhenána P. J. Muell.
[= P. theodoriana A. et G. ssp. rhenana (P. J. Muell.) A. et G.]

♃, *H.* — St. schlaff niederliegend od. aufsteigend, 0,10—0,20 lang; untere B. 5zählig; B.chen an der Spitze tief eingeschnitten mit 3—5 Zähnen, ±3lappig erscheinend, unterseits schwach seidig glänzend; Bl. groß (etwa 15 mm ∅); Fr.stiele meist etwas gebogen od. gerade. V—VI.

Zerstreut: M-Rhein (einschl. Rheinpfalz), unteres Moselgeb. — Wohl endemisch: m. W-D.

1463. P. arenária Borkh. Sand-F.

♃, *H.* — H. 0,05—0,15. St. bogig-aufsteigend; Grdb. kurzgestielt, (3- bis) 5zählig; B.chen länglich-eiförmig, am Grd. keilförmig; *St., B.stiele u. B. von Sternhaaren graufilzig* u. oft mit aufrechten, etwas abstehenden Haaren besetzt; Krb. gelb. IV—V. 2n = 28, 35, 42, 56. Formenreich, veränderlich in Behaarung, Bl.größe etc.

Trocken- u. Steppenrasenges.; warme, nährstoff- u. meist kalkhaltige, steinige u. sandige Substrate. — Geb.weise nicht selten, aber über weite Geb. fehlend: w.wärts noch im Regenschatten des Sauerlandes (m. Edergeb.); Pfalz, S-D., ö. M-D. (häufig um Naumburg/Saale), NO-D. — S-Skand., ö. M-Eur., Rußl., Ital., Balk.; (europ-)kont.

1464. P. pubérula Krašan Flaum (-Frühlg.) F.
(= P. gaudini Gremli)

♃, *H.* — H. bis 0,15. St. aufsteigend od. aufrecht, mit aufrechten od. abstehenden Haaren; Grdb. 5-, selten 6- od. 7zählig; *B.chen länglich od. sehr lang-keilförmig, vorn wenig verbreitert, unterseits graugrün,* beiderseits striegelhaarig, mit eingestreuten Sternhaaren, die jedoch keinen zusammenhängenden Filz bilden wie bei *P. arenaria;* B.stiele langhaarig; Krb. gelb. (III)IV—V. Veränderlich, insbes. in der Behaarung.

Trockenrasenges.; warme, kalkreiche, steinige Substrate. — Zerstreut: Lausitz, S-Bay., Bodenseegeb. — Tschech., M-D., Alp.geb. bis N-Balk.; europ-kont.

1465. P. tabernaemontáni Aschers. Frühlings F.
(= P. verna L. p. p.)

♃, *H.* – H. 0,08–0,15. *St.* aufstrebend, nebst den B.stielen *mit aufrechten, etwas abstehenden Haaren besetzt, grün;* Grdb. 5- bis 7zählig; *B.chen* länglich-verkehrt-eiförmig, *kahl od. am Rande, unterseits od. beiderseits anliegend-behaart;* Fr.stiele aufsteigend, an der Spitze gekrümmt; Krb. gelb. IV–V. 2n = 28, 42, 49, 50, 56, 58, 60, 63, 78, 84, 126. Veränderlich.

Halbtrocken- u. Trockenrasenges.; warme, nährstoff- u. meist kalkhaltige, steinige Substrate. – Verbreitet insbes. in M- u. S-D. (Alp. bis 1070 m), im N selten od. wie z. B. im NW über sehr große Strecken fehlend. – W-, M- bis O-Eur., gering nach S-Eur., insbes. im W vordringend; subatl(-submed).

1466. P. heptaphýlla Juslen. Rötliches F.
[= P. rubens (Crantz) Zimm.]

♃, *H.* – H. 0,08–0,15. St. schlaff, meist niederliegend; *St. u. B.stiele mit verlängerten, waagerecht-abstehenden Haaren,* meist rot angelaufen; Grdb. 7- (bis 9-), seltener 5zählig, mit stark-keilförmigen, *meist nur vorn wenigzähnigen B.chen; Bl.stengel meist kurz, schwach, zur Fr.zeit übergebogen, nur am Grd. mit 1–2 5zähligen, oberwärts weit kleineren, 3teiligen od. einfachen, keilförmigen, nur vorn wenigzähnigen B.;* Krb. gelb; Fr.stiele oft herabgekrümmt. IV–VI. 2n = 14.

Halbtrocken- u. Trockenrasenges.; warme kalk- u. feinerdereiche Substrate. – Zerstreut, fast im ganzen Geb. (Alp. bis 1400 m), fehlt im NW-Tiefland. – M-, O-Eur.; (europ-)kont.

1467. P. crántzii (Crantz) Beck Zottiges F.
[= P. villosa (Crantz) Zimm.]

♃, *H.* – H. 0,05–0,15. *St.* aus aufstrebendem Grd. aufrecht, *weichhaarig; B.chen* verkehrt-eiförmig, *am Rande u. unterseits besonders auf den Adern abstehend-behaart,* stumpfgezähnt, Endzahn gleichgroß; Bl. 10–25 mm ∅, meist goldgelb; Krb. gelegentlich mit orangerotem Fleck am Grd. V–IX. 2n = 28, 42, 49. Veränderlich, u. a. in Habitus u. Behaarung.

Alp. Blaugrasrasenges.; u. a. frischer, meist kalkhaltiger Steinschutt. – Zerstreut bis verbreitet: Alp. (bis 2440 m), insbes. alp. u. subalp. Stufe. – Arkt. N-Am., Grönl., N-As., N-Eur., Hochgebg. von Pyren. bis Karp., Apenn., Kl.As., Kauk.; arkt-alp, circ.

1468. P. a̋urea Torner Goldgelbes F.

♃, *H.* – H. 0,15–0,20. St. aus gebogenem Grd. aufrecht, nebst den B.stielen behaart; *B.chen* länglich-elliptisch, oberseits fast kahl, *am Rande u. auf den Adern unterseits silberglänzend-seidenhaarig,* vorn spitzgesägt, Sägezähne auf jeder Seite meist 3, Endzahn kleiner; Krb. gelb. VI–IX (XI). 2n = 14, 28, ca. 56.

Borstgrasrasen bzw. Krummseggenrasen etc.; frische, sauer-humose Lehmböden. – Zerstreut bis selten: Schles. (Glatzer Schneeberg, Gesenke), Schwarzwald; verbreitet: Alp. (1100–2350 m). – Hochgebg. von N-Span. bis Sud., Karp., Balk., Kl. As.; alp.

1469. P. brauneána Hoppe Kleinstes F.
(= P. minima Hall. f.)

♃, *H.* – H. 0,02–0,05. *St.* aufstrebend, *meist 1bl.; B.chen* verkehrt-eiförmig, *oberseits kahl, am Rande u. unterseits auf den Nerven behaart,* mäßig-tief-gesägt, Endzahn fast gleich; Nebenb. sämtlich ei-lanzettlich; Krb. gelb; Nüßchen meist glatt. VII–VIII. 2n = 14.

Alp. Schneebodenges.; feuchte, kalkreiche Steinschuttsubstrate. – Zerstreut bis verbreitet: Alp. (1100–2455 m). – Pyren., S-Jur., Alp.; alp.

1470. P. réptans L. Kriechendes F.

♃, *H.* – *St. meist einfach,* 0,30–1,00 lang; *B. meist 5zählig mit* einigen eingemischten *3zähligen;* B.chen länglich-verkehrt-eiförmig, fast kahl od. unterseits angedrückt-behaart; Bl. einzeln; *Blh. 5zählig;* Krb. gelb. V–VIII. 2n = 28.

Flutrasenges., auch Ruderalges.; frische, nährstoff- u. N-reiche, meist lehmige, aber auch sandige Böden. – Verbreitet u. häufig (Alp. bis 920 m). – Eur., As., N-Afr.; euras(-med).

1471. P. ánglica Laich. Gestrecktes F.
(= P. procumbens Sibth.)

♃, *H.* – *St. oberwärts ästig,* 0,15–0,70 lang; *B. gestielt, 3zählig od. die untersten 5zählig;* Nebenb. ungeteilt od. 2- bis 3zähnig; *Blh. meist 4zählig,* Krb. gelb. V–VIII. 2n = ca. 56. Wohl hybridogener Herkunft: P. reptans × erecta.

Schattige, feuchte Orte, moorige Wälder, auch Flutrasenges.; meist kalkfreie Substrate. – Zerstreut bis selten: insbes. N- u. M-D., vereinzelt u. selten auch S-D. – gem. Eur.; subatl.

1472. P. erécta (L.) Raeusch. (Abb. 223c–e) Blutwurz
(= P. silvestris Necker)

♃, *H.* – St. 0,15–0,30 lang, aufsteigend od. ±aufrecht; *B. kurzgestielt od. sitzend,* untere 3- (bis 5)zählig; Nebenb. 3- bis vielspaltig; *Blh. meist 4zählig;* Krb. gelb. V–IX. 2n = 28. Sehr veränderlich, insbes. in Habitus u. Behaarung.

Borstgrasrasen u. Heiden; trockene bis feuchte, humose, saure (wohl immer kalkfreie), sandige u. auch lehmige Substrate. – Verbreitet u. häufig (Alp. bis 2200 m). – Eur., As. bis Altai; no(-subozean).

Bastarde:

Leichte Bastardbildung in verschiedenen Sektionen. Eine sichere Zuordnung der verschiedenen Bastarde, die in der Literatur angegeben sind, wird erst nach eingehender Untersuchung aller hybridogenen Formenkreise möglich sein.

387. Fragaria L. Erdbeere

x = 7

I. Fr. (Fr. mit fleischiger Bl.achse) kaum über 1 cm ∅; Bl. klein (fast nur Wildarten u. -varietäten)
- A. Fr.kelch abstehend od. zurückgekrümmt
  - 1. Haare an Bl.stielen aufrecht od. angedrückt ... **1473. F. vesca**
  - 2. Haare an Bl.stielen quer-abstehend ... **1474. F. moschata**
- B. Fr.kelch der Fr. angedrückt-aufrecht ... **1475. F. viridis**

II. Fr. (Fr. mit fleischiger Bl.achse) etwa 1–3 cm ∅ u. mehr; Bl. groß (nur Gartenerdbeeren) ... **1476. F. ananassa**

1473. F. vésca L. (Abb. 224a–d) Wald-E.

♃, *H.* – H. 0,08–0,15. Mittleres B.chen sehr kurz gestielt; *Haare* am Schafte u. an den B.stielen waagerecht-abstehend, *an den seitenständigen od. an allen Bl.stielen aufrecht od. angedrückt;* Bl. zweigeschlechtig; Kr. weiß. V–VI, Herbst. 2n = 14. Umfaßt u. a.:

var. v é s c a; Grd.achse wenig od. nicht verzweigt; Fr.stand aufrecht. – Wildformen.

var. h o r t é n s i s (Duch.) Ser.; Fr. verlängert, 2- bis 3mal so lang wie breit. – Gepflanzt.

var. s e m p e r f l ó r e n s (Duch.) Ser.; Grd.achse reich verzweigt; Fr.stiel meist niederliegend od. zur Seite gebogen. – Gepflanzt als Monats-E.; wohl nicht spontan im Geb. – SO-Eur., Alp.

Kahlschlagges., Waldränder; nährstoffreiche, N-haltige Mullböden. – Verbreitet u. häufig (Alp. bis 2200 m). – Gem. Eur., As. bis Baik.; euras(-subozean).

Droge: Folia Fragariae

1474. F. moscháta Duch. Moschus-E.

♃, *H.* – H. 0,15–0,40. B.chen kurzgestielt; *Haare* der B.stiele, Schäfte u. *sämtlicher Bl.stiele waagerecht-abstehend;* Bl. oft unvollkommen-2-häusig; Krb. weiß, selten gelblichweiß. V–VI. 2n = 42.

Laubmischwaldges.; frische, nährstoffreiche, N-haltige, meist kalkfreie Mullböden. – Sehr zerstreut, insbes. M- u. S-D., aber streckenweise (u. a. Alp.) fehlend, im N-Tiefland fehlend od. verschleppt. – Gem. Eur., N-Med.; gemkont.

1475. F. víridis Duch. Knackelbeere

♃, *H.* – H. 0,08–0,15. Seitliche B.chen meist sitzend, mittleres sehr kurz gestielt; *Haare* am Schaft u. an den B.stielen waagerecht-abstehend, *an den seitenständigen od. an allen Bl.stielen aufrecht od. angedrückt;* Bl. oft unvollkommen-2häusig; Kr. gelblich-weiß. V–VI. 2n = 14.

Trockenbusch- u. Trockenwaldges.; warme, meist nährstoff- u. kalkreiche Böden. – Zerstreut bis Alp.rand, in den Küstengeb. selten od. fehlend. – Gem. Eur. bis W-Sib.; euras-kont.

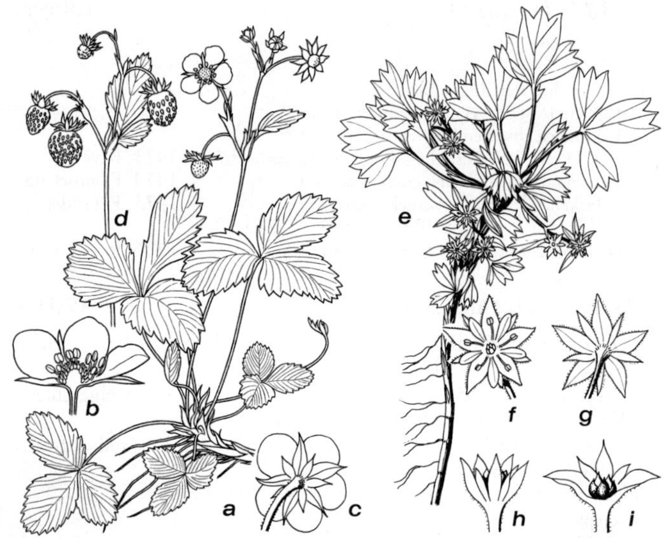

Abb. 224. *a–d Fragaria vesca* (*a* Habitus, *b* Blüte längs, *c* Blüte von der Unterseite, *d* Sproßspitze mit Früchten); *e–i Sibbaldia procumbens* (*e* Habitus; *f* Blüte von der Ober- u. *g* von der Unterseite; *h* Kelch zur Fruchtzeit, bei *i* aufgeschnitten).

1476. F. ananássa Duch. Großfrüchtige Gartenerdbeeren
[wohl F. chiloensis (L.) Duch. × virginiana Duch.; u. z. T. auch Einkreuzung mit tetraploider F. vesca L.]

♃, *H.* – H. 0,15–0,45. B.chen groß, gestielt; *B.stiele* u. *Bl.stiele aufrecht-abstehend behaart;* Fr.stand meist zur Seite gebogen bis niederliegend; Kr. groß, weiß. V–VI. 2n = 56.

Zahlreiche Kulturvarietäten aus dieser Art entstanden. – Nur gepflanzt.

Anmerkung:
F. chiloensis (L.) Duch. u. F. virginiana Duch. wohl kaum noch zur Obstgewinnung kultiviert.

Bastarde:
F. moschata × vesca, F. moschata × viridis, F. vesca × viridis (= F. × hagenbachiana Lang et Koch).

388. Sibbáldia L. Gelbling

x = 7

1477. S. procúmbens L. (Abb. 224e–i) Liegender G.

♃, *H.* – H. 0,03–0,15. B. 3zählig; B.chen verkehrt-eiförmig, am Grd. keilförmig, vorn 3zähnig, oberseits fast kahl, unterseits behaart; Bl. ebensträußig; Krb. lanzettl., gelbgrün. VI–VIII. 2n = 14.

Schneetälchenges., Felsspalten, insbes. alp. Stufe; feuchte, saure, humose, steinige Böden. – Zerstreut bis selten: Alp. (1700–2400 m). – Grönl., N-Eur., Hochgebg. M-Eur. von Span. bis Alp., Kauk.; arkt-alp (circ).

389. Geum L. Nelkenwurz

x = 7

I. Gr. ungegliedert, langhaarig (Subgen. Sieversia)
  A. Pfl. mit sehr verlängerten, oberirdischen Ausläufern **1478. G. reptans**
  B. Pfl. keine oberirdischen Ausläufer treibend ...... **1479. G. montanum**
II. Gr. hakig-gegliedert (Subgen. Geum)
  A. Krb. lang benagelt .... **1480. G. rivale**
  B. Krb. unbenagelt
    1. Fr.chen kurzborstig; unteres Gr.glied kahl ..... **1481. G. urbanum**
    2. Fr.chen langborstig; unteres Gr.glied am Grd. borstig-behaart .... **1482. G. aleppicum**

1. Subgen. S i e v é r s i a

1478. G. réptans L. Kriechende N.
[= Sieversia reptans (L.) R. Br.]

♃, *H.* – H. bis 0,15. *Pfl. mit Ausläufern* (bis 1,00 lang); St. meist 1bl.; B. unterbrochen-leierförmig-gefiedert; B.chen eingeschnitten, scharfgesägt, das endständige 3- (bis 5)spaltig, kaum breiter als die nächsten Seitenb.chen; Kr. gelb; Teilfr.chen u. Gr. zottig. VI–VIII. 2n = 42.

Alp. Schneebodenges.; feuchter, meist kalkarmer Steinschutt. – Selten: Allgäuer Alp. (2080–2400 m). – Alp., Karp., Illyr. Gebg., Maz.; alp.

1479. G. montánum L. (Abb. 225a–b) Berg-N.
[= Sieversia montana (L.) R. Br.]

♃, *H.* – H. 0,05–0,30. *Pfl. ohne Ausläufer;* St. meist 1bl.; B. unterbrochen-leierförmig-gefiedert; B.chen ungleich-gekerbt, das endständige sehr groß, fast herzförmig, stumpf-lappig; Kr. gelb; Teilfr.chen u. Gr. zottig. V–VII. 2n = 28.

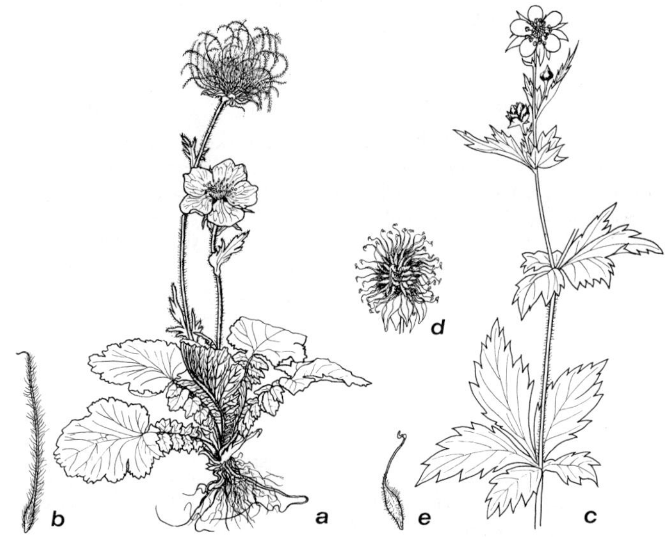

Abb. 225. *Geum* spp., *a–b G. montanum* (*a* Habitus, *b* Früchtchen), *c–e G. urbanum* (*c* Sproßspitze mit Blüten, *d* Frucht, *e* Früchtchen).

Borstgrasrasen- u. Krummseggenrasenges.; frische bis feuchte, saure, humose Substrate. – Zerstreut bis verbreitet: (Brocken), Riesengebg., Alp. (1550 bis 2300 m). – Hochgebg. von Pyren. bis Karp., Riesengebg., Apenn., Kors., Gebg. des Balk.; alp.

2. Subgen. G é u m
1. Sect. C a r y o h y l l á t a

1480. G. rivále L. Bach-N.

♃, *H.* – H. 0,30–0,50. Untere B. unterbrochen-leierförmig-gefiedert, obere 3zählig; St. mehrbl.; *Bl. nickend; K. stets aufrecht; Krb.* breit-verkehrt-eiförmig, *mit langem Nagel, aufrecht, gelblich,* außen mit rotbraunem Anfluge; *Sammelfr. langgestielt;* unteres Glied des Gr. am Grd. behaart, wenig länger als das fast bis zur Spitze behaarte obere. V–VI. 2n = 42.

Divers. Ges.; nasse, nährstoffreiche, N-haltige, humose, sandig-lehmige od. tonige Böden. – Verbreitet u. häufig (Alp. bis 1940 m), u. a. im Bay. Wald, Schwarzwald seltener, im N-Tiefland stellenweise fehlend. – N-Eur., gem. Eur. u. As., in N-Med. nur in Gebg., N-Am.; no-euras, circ.

Abb. 226. *a–d Dryas octopetala* (*a* Sproßspitzen mit Blüten u. Frucht; *b* Blüte längs, Kelch- u. Kronblätter z. T. entfernt; *c* Frucht, *d* Früchtchen mit unterem Griffelteil); *e–h Agrimonia eupatoria* (*e* unterer Sproßteil u. Blütenstand, *f* Blütenknospe, *g* Blüte, *h* Frucht).

2. Sect. C a r y o p h y l l á s t r u m

1481. G. urbánum L. (Abb. 225 c–e) Echte N.

♃, *H.* – H. 0,25–0,70. Untere B. unterbrochen-leierförmig-gefiedert, obere 3zählig; St. mehrbl.; Bl. aufrecht; Krb. verkehrt-eiförmig, *ohne Nagel, ausgebreitet,* goldgelb; *Fr.kelch zurückgeschlagen; Sammelfr. ungestielt;* unteres Glied des Gr. kahl, fast 4mal länger als das am Grd. weichhaarige obere. VI–IX. 2n = 42.

Laubmischwaldges.; meist frische, N-haltige, nährstoffreiche Mullböden. – Verbreitet u. häufig (Alp. bis 1000 m, dort seltener). – Eur., As., N-Am.; euras-submed.

1482. G. aléppicum Jacq. Russische N.
(= G. strictum Ait.)

♃, *H.* – H. 0,40–0,60. Untere B. unterbrochen-leierförmig-gefiedert; St. meist borstig-behaart, mehrbl.; *Bl. aufrecht; K. zurückgeschlagen; Krb. breit-verkehrt-eiförmig,* gelb; Gr. rötlich, oberes Glied des Gr. kürzer als das untere, fast bis zur Spitze mit feinen Borstenhaaren besetzt, unteres am Grd. borstig; Fr.achse flach; Nüßchen lang-borstig-behaart. VII–VIII. 2n = 42.

Laubmischwaldges. – Verbreitet: Ostpr., sonst selten verschleppt. – Ostpr., Pol., N-Balk., Rußl. bis Sib., N-Am.; euras-kont.

Bastarde:

G. aleppicum × rivale, G. aleppicum × urbanum, G. montanum × rivale, G. rivale × urbanum.

390. Dryas L. Silberwurz

x = 9

1483. D. octopétala L. (Abb. 226a–d) Achtblättrige S.

♄, *Ch.* – H. 0,06–0,12. B. länglich-elliptisch, herzförmig, stumpf, gekerbt, unterseits weißfilzig; Kr. weiß, (7-) 8- (bis 9)blättrig. VI–VIII. 2n = 18, 36. Im Geb. nur ssp. c h a m a e d r y f ó l i a (Crantz) Gams.

Blaugrasrasenges.: meist frischer, kalkreicher Steinschutt. – Verbreitet: Alp. (bis 2570 m), bis in die schwäb.-bay. Hochebene herabsteigend. – Arktis, N-Eur., Hochgebg. Eur. (z. T.), N-As., N-Am.; arkt-alp.

391. Aremonia Necker Aremonie, Nelkwurzodermennig

1484. A. agrimonioídes (L.) DC.

♃, *H.* – H. 0,10–0,40. St. aufsteigend od. aufrecht, abstehend rauhhaarig, drüsenlos; untere B. unterbrochen-gefiedert; B.chen breit-elliptisch, unregelmäßig kerb-zähnig; *Bl. in gelappter, trichterförmiger Hochb.-hülle; Bl.achse* länglich, *stachellos;* Krb. gelb; Gr. 2. V–VI.

Laubmischwaldges.; frische, warme Kalklehmböden. – Selten: Hochrhein (Tiengen-Waldshut) Oberrhein (Schliengen), Planegg. – SW-D., Kärnten, S-Tirol, Balk., Ital., Kl.As.; o-med.

392. Agrimonia L. Odermennig

x = 7

I. Fiederb.chen unterseits dicht- od. zerstreut-behaart
  A. Bl.achse über die ganze Länge außen tief gefurcht **1485. A. eupatoria**
  B. Bl.achse nur oben, außen, höchstens bis zur Mitte gefurcht . . . . **1486. A. procera**
II. Fiederb.chen nur an den Nerven zerstreut-steifhaarig (Bl.achse über die ganze Länge gefurcht) . . . . **1487. A. pilosa**

1485. A. eupatória L. (Abb. 226e–h) Gemeiner O.

♃, *H.* – H. 0,30–1,25. St. aufrecht, rauhhaarig; B. unterbrochen-gefiedert; *B.chen* länglich-elliptisch, gesägt, *unterseits dicht-graukurzhaarig, zerstreut-drüsig,* das unpaarige gestielt; *Krb. eiförmig,* goldgelb; *Fr.achse verkehrt-kegelförmig, der ganzen Länge nach gefurcht, am Grd. mit ±aufrecht-weitabstehenden, weichen Stacheln.* VI–VIII. 2n = 28. Trockenrasenges., bes. Halbtrockenrasen; warme, meist kalkhaltige u. lehmige, seltener sandige Böden. – Verbreitet, streckenweise häufig (Alp. bis 870 m). – Eur., As., N-Afr.; euras(-med).

Droge: Herba Agrimoniae

1486. A. prócera Wallr. Wohlriechender O.
(= A. odorata auct.)

♃, *H.* – H. 0,60–2,00. St. aufrecht, nebst der grünen Unterseite der B. und der Bl.achse kurzhaarig und vieldrüsig; B. unterbrochen-gefiedert; B.chen länglich-ellipt.; *Krb. länglich-verkehrt-herzförmig,* goldgelb; *Fr.achse verkehrt-kegelförmig bis halbkugelig-glockig, nur bis zur Mitte gefurcht, mit zurückgeschlagenen äußeren Stacheln;* riecht angenehm, bisweilen aber nur wenig stärker als die vorige. VI–VIII. 2n = 56. Waldränder, buschige Wiesen, schattigere Standorte als vorige; meist trockene, mäßig saure, sandige od. lehmige Böden. – Sehr zerstreut bis selten, über weite Geb. fehlend (Alp. bis 1150 m), nicht selten in Rheinpfalz, S-Hess. u. Flora von Hannover, sehr selten in Thür. (Erfurt). – Gem. u. s. Eur., Kl.As., SW-As., N-Afr.; subatl-med.

1487. A. pilósa Ledeb. Behaarter O.
♃, *H.* – H. 0,50–1,50. St. schlank, steifhaarig; B. unterbrochen-gefiedert; *B.chen* rhombisch-verkehrt-eiförmig od. rhombisch-lanzettlich, am keilförmigen Grd. ganzrandig, *unterseits grün, an den Nerven zerstreut-steifhaarig,* sonst *außer den Drüsen kahl;* Trauben locker; Kr. goldgelb, etwas kleiner als bei den beiden vorigen; *Fr.achse verkehrt-kegelförmig, der ganzen Länge nach gefurcht, Stacheln am Grd. sämtlich nach oben gerichtet, dicht-zusammenneigend.* VI–VII. 2n = 28, 56. Buschges., Waldränder; trockene, sandig-lehmige Böden. – Zerstreut; nur SO-Ostpr. – As. w. bis Finnl., Estl., Ostpr.; no-kont.

Bastarde:
A. eupatoria × odorata, A. eupatoria × pilosa.

393. Sanguisorba L. Wiesenknopf

x = 7

I. Bl. in länglichen, dunkelbraunroten Köpfchen; Bl. ☿	**1488. S. officinalis**
II. Bl. in kugeligen (selten ellipsoid.) grünen, später rötlichen Köpfchen, die oberen ♀, mittlere oft ☿, untere ♂	**1489. S. minor**

1488. S. officinális L. Großer W.

♃, *H.* – H. 0,30–0,90(1,50). B. unpaarig-gefiedert; *B.chen herzförmig-eiförmig bis länglich-elliptisch,* gestielt, bis ca. 5,5 cm lang; *K.becher an der Fr. glatt,* 4kantig, *schmal geflügelt;* Gr. 1; N. kopfförmig (Papillen kurz). VI–VIII. 2n = 28.

Feuchtwiesen; feuchte bis nasse, nährstoffhaltige, oft torfige, lehmige od. auch tonige Böden. – Im NW über weite Strecken fehlend, sonst im N selten bis zerstreut, im M u. S verbreitet (Alp. bis 1170 m). – Gem. Eur., As., N-Am.; euras(-kont), circ.

1489. S. mínor Scop. (Abb. 227a–e) Kleiner W.

♃, *H.* – H. 0,20–0,60(1,00). B. unpaarig-gefiedert; B.chen eiförmig-rundlich, nicht herzförmig, kurz gestielt, bis ca. 1,5 cm lang; *K.becher an der Fr. netzig-runzelig,* ungeflügelt od. geflügelt, Gr. 2 (selten 1 od. 3); N. pinselförmig (Papillen lang). V–VII.

ssp. m í n o r; H. 0,20–0,60; Blst. kugelig; K.becher an der Fr. ungeflügelt, runzelig. 2n = 28. – Veränderlich in B.form u. Farbe der B.unterseite.

Halbtrockenrasen- u. Trockenrasenges.; meist kalkreiche u. oft auch steinige Lehm od. Lößböden. – Verbreitet: Kalkgeb. in M u. S (Alp. bis 1219 m); im N sehr selten (insbes. Meckl., Brand., Pomm.); sonst über große Strecken fehlend. – M-, s. N-Eur., S-Frankr., Ital., gem. As.; euras(-med).

ssp. m u r i c á t a (Spach) Aschers. et Graebn. (= Poterium polygamum W. et K.); H. 0,40–1,00; Blst. kugelig bis ellipsoidisch; K.becher an der Fr. geflügelt, tiefer runzelig. 2n = 28.

Gepflanzt u. mit Saatgut eingeschleppt, aber meist unbeständig. – Heimat: Medit. bis Frankr., Österr., Balk., S-Rußl.

394. Aphanes L. Sinau, Ackerfrauenmantel

x = 8

I. Bl. 1,5–2 mm lang; Kb. spreizend .... **1490. A. arvensis**
II. Bl. 0,5–1 mm lang; Kb. zusammenneigend .... **1491. A. microcarpa**

1490. A. arvénsis L. (Abb. 227f–h) Acker-S.

☉, ①, *Th, H.* – H. 0,02–0,10. St. dünn, fast fadenförmig; B. handförmig-3teilig, am Grd. keilförmig, an den Spitzen eingeschnitten, etwa 3- bis 5zähnig, etwas graugrün am typischen Standort; *Lappen der Nebenb.hülle am Grd. des Blst. etwa 3eckig-eiförmig,* etwas länger als breit; *Fr. mit Kb. 2,2–2,6 mm lang,* flaschenförmig. V–IX. 2n = 48.

Getreideunkrautges. (eig. Ges.); nährstoffreiche, kalkfreie, lehmige Böden. – Zerstreut bis verbreitet (selten in Alp. bis 800 m) insbes. im Flachland u. in der coll. Stufe, aber streckenweise fehlend. – Gem. u. S-Eur., As., N-Afr.; wohl o-med-Herkunft.

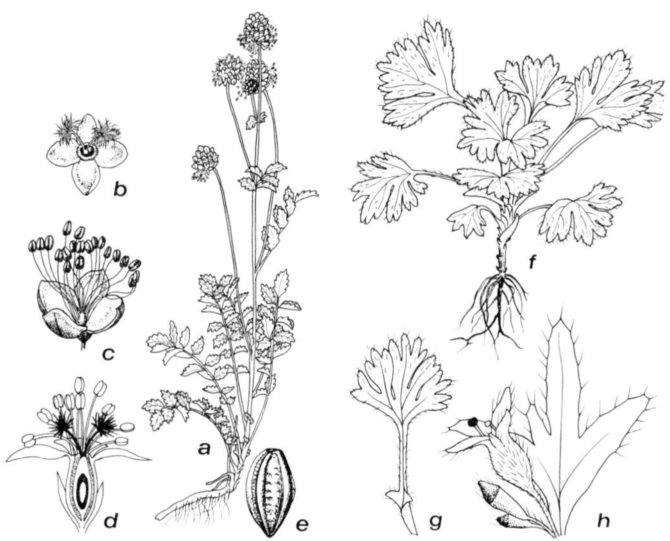

Abb. 227. *a–e Sanguisorba minor* (*a* Habitus; *b* ♀-, *c* ♂-, *d* ☿-Blüte längs; *e* Blütenboden mit eingeschlossener Frucht); *f–h Aphanes arvensis* (*f* Habitus, *g* Blatt, *h* Blüten mit Tragblatt).

1491. A. microcárpa (Boiss. et Reut.) Rothm. Kleinfrüchtiger S.

⊙, ①, *Th, H.* – H. 0,02–0,10. Ähnlich der vor., aber meist schlanker u. grün; *Lappen der Nebenb.hülle* am Grd. des Blst. *länglich-elliptisch,* etwa 2mal so lang wie breit; *Fr. mit Kb. 1,4–1,8 mm lang,* eiförmig. V–IX. 2n = 16.

Getreideunkrautges., auch Silbergrasfluren etc.; meist saure u. N-haltige, ±sandige Böden. – Zerstreut in N-D., in S-D. seltener, genauere Verbreitung im Geb. noch zu ermitteln, wohl streckenweise fehlend. – W-Med., NW-Afr., Mad., Kanar. Ins., W-Eur. bis M-Eur., Dän., Schwed.; N-Am.; wohl w-med-subatl-Herkunft.

395. Alchemilla L. Frauenmantel

x = 8

Anmerkung:
Hier nur die wichtigsten Arten der deutschen Flora in Anlehnung an Walters (1968) aufgeführt u. verschlüsselt. Die ältere Artauffassung ist bei den infragenerischen Formenkreisen – soweit möglich – vermerkt worden. Verbreitung nur unvollständig angegeben.

I. B.spreite handförmig mehr als $^{1}/_{2}$ geteilt
A. Pfl. kahl od. sehr wenig (B.stiele) behaart .... **1535. A. fissa**
B. Pfl. – wenigstens auf der B.unterseite – behaart
1. B.lappen 5–7, wenigstens mittlerer Abschnitt völlig frei; Bl.stiele kürzer als der K.becher .... **1492. A. alpina**
2. B.lappen (5–)7–9, meist am Grd. verbunden; Bl.stiel mindestens so lang wie der K.becher
a) B. mehr als $^{2}/_{3}$ gelappt
x) Wenigstens mittlerer B.lappen völlig frei .... **1493. A. plicatula**
xx) Alle B.lappen am Grd. verbunden
/) B. ± halbkreisförmig, mit sehr breiter Basalbucht .... **1495 a. A. anisiaca**
//) B. fast kreisrund, mit enger od. geschlossener Bucht
§) B.lappen ellipt., spitz .... **1494. A. pallens**
§§) B.lappen lineal. od. länglich-lineal., stumpf .... **1495 b. A. hoppeana**
b) B. bis $^{2}/_{3}$ od. weniger gelappt
x) Pfl. mit abstehenden od. zurückgerichteten Haaren
/) K.becher behaart .... **1502. A. helvetica**
//) K.becher kahl
§) Außenkb. weniger als $^{1}/_{2}$ so lang wie Kb. (Pfl. niedrig) .... **1514. A. decumbens**
§§) Außenkb. wenigstens $^{1}/_{2}$ so lang wie Kb. .... **1515. A. undulata**
xx) Pfl. mit angedrückten od. fast angedrückten Haaren (B. unterseits nur auf den Nerven behaart) .... **1534. A. incisa**

II. B.spreite handförmig $^{1}/_{2}$ u. weniger geteilt
A. St. u. B.stiele mit aufrecht-abstehenden, abstehenden od. zurückgerichteten Haaren
1. K.becher ± dicht behaart
a) St. u. B.stiele wenigstens mit einigen zurückgerichteten Haaren
x) B. bis etwa $^{1}/_{2}$ gelappt; B.zähne wenigstens 2 mm lang .... **1502. A. helvetica**
xx) B. bis etwa $^{1}/_{4}$ gelappt; B.zähne ca. 1 mm lang .... **1500. A. colorata**
b) St. u. B.stiele mit abstehenden od. aufrecht-abstehenden Haaren
x) Alle Bl.stiele ± dicht behaart
/) B.lappen ohne od. nur mit undeutlichen Einschnitten
§) B.stielgrd. rötlich; B.lappen mit 6–9 Zähnen .... **1513. A. filicaulis**
§§) B.stielgrd. nicht rötlich; B.lappen mit 4–6 Zähnen .... **1497. A. hybrida**
//) B.lappen mit deutlichen Einschnitten **1498. A. flabellata**

xx) Wenigstens einige Bl.stiele kahl od. fast kahl

/) St. u. B.stiele nur mit abstehenden Haaren

§) Pfl. bis 0,15 hoch .... 1513. A. filicaulis

§§) Pfl. bis 0,50 hoch

+) B. ± kreisförmig, oberseits dicht u. gleichmäßig behaart; B.lappen mit gleichen Zähnen .... 1504. A. monticola

++) B. ± nierenförmig, oberseits oft spärlich od. ungleichmäßig behaart; B. mit ungleichen Zähnen .... 1513. A. filicaulis

//) St. u. B.stiele mit aufrecht-abstehenden (manchmal gemischt mit abstehenden) Haaren

§) B. kreisförmig, mit überlappenden Basallappen .... 1503. A. propinqua

§§) B. meist halbkreisförmig, mit weit offener Bucht .... 1499. A. plicata

2. K.becher kahl od. mit wenigen Haaren

a) B.stiele der äußeren B. kahl, die der inneren behaart

x) B. bis $^{2}/_{5}$ od. mehr gelappt

/) Pfl. niedrig; Außenkb. weniger als $^{1}/_{2}$ so lang wie Kb. .... 1514. A. decumbens

//) Pfl. höher (bis 0,40); Außenkb. wenigstens $^{1}/_{2}$ so lang wie Kb. ...... 1515. A. undulata

xx) B. weniger als $^{2}/_{5}$ gelappt

/) St. kahl od. nur die 2 untersten Internodien behaart .... 1517. A. tirolensis

//) St. behaart od. wenigstens oberhalb der 2 untersten Internodien behaart

§) B. nierenförmig, mit weit offener Bucht .... 1516. A. rubristipula

§§) B. halbkreis- od. kreisförmig, ohne od. mit kleiner Bucht ..... 1518. A. tenuis

b) B.stiele alle behaart (gelegentlich mit Ausnahme der ersten B. in der Vegetationsperiode)

x) Pfl. kaum höher als 0,05 .... 1501. A. exigua

xx) Pfl. höher

/) B. oberseits kahl od. fast kahl, unterseits ± dicht behaart .... 1512. A. xanthochlora

//) B. oberseits behaart, unterseits behaart od. kahl

§) Alle Haare an St. u. B.stielen abstehend od. aufrecht-abstehend

+) Haare aufrecht-abstehend; K.becher am Grd. verschmälert .... 1511. A. gracilis

++) Haare abstehend; K.becher am Grd. gerundet
α) Alle B. dicht u. gleichmäßig auf beiden Seiten behaart
†) B. kreisförmig; B.lappen mit gleichen Zähnen . . . . 1504. A. monticola
††) B. nierenförmig; B.-lappen mit ungleichen Zähnen . . . . 1505. A. crinita
β) Einige B. oberseits zerstreut od. ungleichmäßig behaart
†) B.lappen meist dreieckig; B.stiele am Grd. nicht rötlich; K.-becher kahl . . . . 1510. A. acutiloba
††) B.lappen rundlich; B.stiele am Grd. rötlich; K.becher oft etwas behaart . . . . 1513. A. filicaulis
§§) Wenigstens an St. u. B.stielen einige Haare zurückgerichtet
+) B. oberseits zerstreut od. nur z. T. dichter behaart
α) B. zerstreut behaart; Bl. 3–4 mm breit . . . . 1508. A. subcrenata
β) B. beiderseits dichter wollig behaart; Bl. bis 4,5 mm breit . . . . 1509. A. obscura
++) B. oberseits dicht u. gleichmäßig behaart
α) B. nierenförmig, mit breiter Bucht . . . . 1505. A. crinita
β) B. kreisförmig od. fast kreisförmig, ohne od. mit kleiner Bucht
†) K.becher am Grd. verschmälert; Blst. oft kahl od. fast kahl . . . 1506. A. strigosula
††) K.becher am Grd. gerundet; wenigstens Hauptäste des Blst. behaart . . . . 1507. A. subglobosa

B. St. u. B.stiele kahl od. mit angedrückten bis fast angedrückten Haaren
1. Außenkb. meist wenigstens so lang wie Kb.; K.becher viel kürzer als reife Fr.
a) Ganze Pfl. kahl (selten wenige Haare) . . . . . 1535. A. fissa
b) Wenigstens unterste St.internodien u. einige B.stiele behaart

x) B.lappen mit langen, meist U-förmigen Einschnitten . . . . 1534. A. incisa
xx) B.lappen ohne od. mit V-förmigen Einschnitten
/) B. bis $^1/_3$–$^2/_3$(–$^1/_2$) gelappt; Zähne lang, gleich . . . . 1533. A. pyrenaica
//) B. weniger als $^1/_3$ (bis höchstens $^1/_3$) gelappt; Zähne relativ kurz, oft ungleich
§) Außenkb. etwas kürzer als Kb. . . 1531 a. A. fallax
§§) Außenkb. wenigstens so lang wie Kb.
+) Pfl. rel. groß kräftig; B.-lappen ohne Einschnitte . . . 1531 b. A. flexicaulis
++) Pfl. niedrig; B.lappen mit Einschnitten
α) Bl. wenigstens 4 mm breit; Haare an den untersten 1–2(–3) Internodien . . . . 1531 c. A. cuspidens
β) Bl. 3–4 mm breit; Haare nur am untersten Internodium . . . . 1532. A. othmari

2. Außenkb. meist kürzer als Kb.; K.becher so so lang wie reife Fr.

a) St. von unten bis wenigstens zu den Hauptästen des Blst. mit einigen angedrückten od. fast angedrückten Haaren
x) Alle K.becher ± dicht behaart . . . . 1499. A. plicata
xx) Wenigstens einige K.becher kahl od. fast kahl
/) B.lappen ohne Einschnitte . . . . 1511. A. gracilis
//) B.lappen mit Einschnitten . . . . 1496. A. kerneri

b) St.haare nur an den untersten 2(–3) Internodien
x) B. oberseits wenigstens an den Falten behaart . . . . 1520. A. connivens
xx) B. oberseits kahl
/) B.stiele kahl (selten letzte Sommer-B.-stiele mit einigen Haaren)
§) B. bis $^1/_5$–$^1/_4$ gelappt
+) B.lappen mit deutlichen Einschnitten . . . . 1527. A. coriacea
++) B.lappen ohne Einschnitte
α) B. kreisförmig, ohne Bucht . . . . 1528. A. inconcinna
β) B. nierenförmig bis fast kreisförmig, mit schmaler od. mittelgroßer Bucht . . 1526 a. A. glabra
1526 b. A. ursina

§§) B. $^1/_4$–$^1/_3$ gelappt
+) B.lappen mit deutlichen Einschnitten .... **1529. A. trunciloba**
++) B.lappen ohne Einschnitte . **1530. A. straminea**
//) B.stiele behaart
§) B.lappen mit schmalen, spitzen, fast gleichen Zähnen
+) B.lappen mit kurzen Einschnitten (oft verdeckt durch überlappende Ränder) **1520. A. connivens**
++) B.lappen ohne Einschnitte . **1521. A. acutidens**
§§) B.lappen mit breiten, stumpfen od. stumpflichen, meist ungleichen Zähnen
+) Kb. länger als breit; St. oft oberhalb des 2. Internodiums kahl .... **1526 a. A. glabra**
++) Kb. nicht od. kaum länger als breit; St. meist im unteren Teil behaart
α) Blst. schmal, meist die B. weit überragend .... **1524. A. obtusa**
1525. A. impexa
β) Blst. mit ausladenden Ästen, die B. wenig überragend
†) Bl. 4–5 mm breit ... **1522. A. reniformis**
††) Bl. 3–3,5 mm breit . **1523. A. lineata**

Sect. A l c h e m í l l a
1. Subsect. C h i r o p h ý l l u m
1. Ser. S a x á t i l e s

1492. A. alpína L. s. str. em. Buser (Abb. 228 e) Alpen-F.

♃, *H.* – H. 0,10–0,20(0,30). St. die grd.ständigen B. nur wenig überragend; B.abschnitte 5(6–7), lanzettl., zugespitzt, an der Spitze mit wenigen zusammenneigenden, ca. 1 mm langen Zähnen, unterseits dicht seidig behaart. VI–VIII. 2 n = ca. 128.

Alp.-subalp. magere Rasenges.; kalkarme Substrate. – Zerstreut: Alp., bes. Allgäu (1200–2300 m). – Grönl., Isl., N-Eur.; Pyren., Alp.; arkt-alp.

2. Ser. H o p p e á n a e
(= A. conjuncta Bab. s. l.; Verwachsener F.)

1493. A. plicátula Gdgr.

Weiden, Schotterflächen; kalkhaltige Substrate. – Zerstreut: Alp. – Sierra Nevada, Pyren., Alp., W-Balk.

Abb. 228. Alchemilla spp., *a–d A. vulgaris* s. l. (*a* Habitus; *b* Blüte, bei *c* längs; *d* Frucht), *e–g* Blattbeispiele (*e A. alpina, f A. pallens, g A. fissa*).

1494. A. pállens Buser (Abb. 228 f)

Subalp.-alp. Wiesen; bes. kalkreiche Substrate. – Selten bis zerstreut: Allgäuer u. Bay. Alp. – Auvergne, Jura, Vogesen, N- u. W-Alp.

1495 a. A. anisíaca Wettst.

Subalp.-alp. Wiesen; kalkreiche Substrate. – Selten: Alp. (Garmisch, Berchtesgadener Alp.?). – O-Alp. bis Hohe Tauern.

1495 b. A. hoppeána (Rchb.) D. T.

Subalp.-alp. Wiesen; meist kalkreiche Substrate. – Selten: Alp. (Solstein, Karwendel, Berchtesgadener Alp.), S-Schwarzwald (Feldberg). – W-, N-Alp., Schweiz. Jura, Schwarzwald.

2. Subsect. H e l i o d r ó s i u m
1. Ser. S p l e n d é n t e s
(= A. splendens Christ s. l.; Glänzender F.)

1496. A. kérneri Rothm.

Alp. Rasen. – Sehr selten: Allgäu (Fellhorn). – Allgäuer u. Tiroler Alp.

2. Ser. Pubescéntes
(= A. hybrida L. s. l.)

1497. A. hýbrida L. em. Mill. s. str. (Abb. 229 a) Weichhaariger F.
(= A. glaucescens Wallr.)

♃, *H.* – H. 0,05–0,20. Pfl. kräftig, graugrün; Sr. niederliegend bis aufsteigend; B. mit 5–7 Lappen; Lappen ± halbkreisförmig, seltener etwas gestutzt, mit 9–11 kurzen, breiten, stumpfen Zähnen, stark (unterseits meist seidig schimmernd) behaart. V–VIII. 2n = 103–110.
Magerrasenges., Halbtrockenrasen; nährstoffhaltige, kalkärmere, ± saure Substrate. – Zerstreut fast im ganzen Geb. (Alp. bis 2270 m), im NW selten. – S-Skand. bis N-Ital., N-Balk.; praealp.

1498. A. flabelláta Buser

Subalp. Wiesen. – Zerstreut: Alp. (über ~1000 m). – Pyren., Z-Frankr., Alp. bis Gebg. SO-Eur., N-Anatolien, Kauk.

1499. A. plicáta Buser

Bergwiesen, meist feuchtere Substrate. – Selten: Lausitz, Erzgebg., O-Thür.(?), Allgäu. – S-Skand., Rußl., Sud., Sachs. bis O-Alp., Schweiz.

1500. A. coloráta Buser

Subalp.-alp. Magerrasen. – Selten: Alp. (z. B. Wetterstein) – Pyren., Alp. bis Karp., Apenn.

1501. A. exígua Buser

U. a. subalp. Matten. – Selten: Bay. Alp. – Alp., Dalmatien.

1502. A. helvética Bruegger

Niv.-alp. Rasenges. – Selten: Bay. Alp. – W- u. N-Alp.

3. Ser. Vulgáres
(incl.: A. vulgaris L. s. l.; Abb. 228 a–d; Gewöhnlicher F.)

Droge: Herba Alchemillae (Zuordnung infolge neuerer Artauffassung u. -begrenzung unsicher).

1. Subser. Hirsútae

1503. A. propínqua Lindb. fil.

Trockene Wiesen. – Zerstreut im ö. Geb., w. selten bis Brand. – N- bis M-Rußl., Finnl., Pol., O-D., M-Skand.

1504. A. montícola Opiz (Abb. 229 c)

♃, *H.* – H. bis 0,50. B. kreisförmig, Bucht fast geschlossen, bis 11 eiförmige bis halbkreisförmige B.lappen, mit jeweils 7–9 spitzen Zähnen; B.stiele u. St. abstehend, B. fast seidig behaart; Bl. ca. 3 mm breit, gelbgrün. 2 n = 101, 103–109.

Wiesen, bes. Bergwiesen; meist trockenere, kalkarme Substrate. – Verbreitet fast im ganzen Geb. (Alp. bis 2455 m?); linksrheinisch selten. – W-Sib. bis M-Skand., M-Eur., Balk.; no-praealp.

1505. A. crinita Buser

Bergwiesen, Fettwiesen, Hochstaudenfluren. – Selten: SW-D., Alp.vorland, Alp. – Jura, Alp., n. Alp.vorland bis Karp., Balk., Anatolien.

1506. A. strigósula Buser

Wiesen, Weiden. – Selten: Schwab., Oberbay. (Pöcking). – Pyren., Z-Frankr., S-, W-, Z-Alp.

1507. A. subglobósa C. G. Westerlund 2 n = ca. 102–108.

Bergwiesen, Grabenränder, trockene Hänge. – Selten: Harz, Erzgebg., Fichtelgebg., N- u. S-Bay. – M-Skand. bis Lettland, Litauen, ö. M- u. S-D.

1508. A. subcrenáta Buser 2 n = 96, 104–110.

Frische Wiesen, quellige Hänge, Graben- u. Waldränder. – Selten bis zerstreut vom n. Geb.: Schl.Holst., Brand., Meckl. (Rügen) u. a. über Harz, Thür. Wald, Vogtland, Erzgebg., Sud., Frankenwald, Fichtelgebg. bis Voralp., Alp.; Eifel. – Skand. bis N-Ital., W-Sib.

1509. A. obscúra Buser

Gebirgsweiden. – Selten: Alp. (bis 1600 m). – W-Alp., Jura.

1510. A. acutilóba Opiz (Abb. 229 d)

♃, *H.* – H. bis 0,65. B. meist ± nierenförmig, oft nur in den Falten behaart, mit 9–11(13) meist dreieckigen B.lappen; B.zähne spitz, sehr ungleich; B.stiel u. untere St.abschnitte dicht abstehend behaart; Blst. kahl; Bl. 3–4 mm breit. 2 n = ca. 100, 105–109.

Fettwiesen, Wegränder; meist feuchte bis frische, kalkarme Böden. – Zerstreut, im nw. u. s. Geb. selten (s. bis Alp.vorland). – W-Sib. über N- u. M-Rußl. bis M-Skand., M-Eur., Balk.; no(-praealp).

1511. A. grácilis Opiz

♃, *H.* – H. bis 0,50. B. ± nierenförmig, fast seidig behaart, mit 9(–11) abgerundeten B.lappen, B.zähne schmal, fast gleich; B. u. untere St.abschnitte mit aufrecht abstehenden bis fast angedrückten Haaren; Blst. kahl od. nur spärlich behaart. 2 n = 93, 104–110.

Wiesen u. Weiden. – Zerstreut bis verbreitet, im n. u. w. Geb. selten (s. bis Alp.vorland). – W-Sib. bis M-Skand., M-Eur., franz. Jura, N-Ital., ö. Balk.; no(-kont)-praealp.

1512. A. xanthochlóra Rothm. (Abb. 229 b)

♃, *H.* – H. bis 0,50. Pfl. oft gelbgrün; B. nieren- od. kreisnierenförmig, oberseits kahl od. in den Falten spärlich behaart, B.lappen 9–11, abgerundet, mit rel. breiten, spitzen Zähnen; B.unterseits, -stiele, St. mit abstehenden od. aufrecht-abstehenden Haaren; Bl. 2,5–3 mm breit. 2n = 105.

Fettwiesen, Naßwiesen; feuchtere bis frische, nährstoffreiche lehmige od. tonige Böden. – Verbreitet u. häufig. – Brit. Ins., Norw., Schwed. bis span. Gebg., Ital., Balk.; (Am., Austr.); subatl(-submed).

1513. A. filicáulis Buser 2n = 96 (ca. 103).

Wiesen, Weiden; frische, oft kalkärmere Böden. – Zerstreut bis selten: nw. Geb., Meckl. (Rügen), Harz, Thür. Wald, Erzgebg., Eifel, Schwäb. Alb, Schwarzwald, Alp.vorland. – N-Am., Grönl., Isl., NW-Eur., Skand. bis Pyren., Alp.rand.

2. Subser. H e t e r o p ó d a e

1514. A. decúmbens Buser

Alp. Schneetälchen, Weiden. – Selten: Alp., S-Schwarzwald. – Alp., Schweizer Jura.

1515. A. unduláta Buser

Subalp. Wiesenges. – Verbreitet: Alp. – W-, Z-Alp.

1516. A. rubristípula Buser

Subalp. Wiesen. – Sehr selten, nur Alp. (Schachen). – Schweizer Jura, Z-Alp.

1517. A. tirolénsis Buser

Subalp. Wiesen, Weiden. – Zerstreut bis verbreitet: Alp. – Z-, O-Alp. bis N-Balk.

1518. A. ténuis Buser

Subalp.-alp. Magerweiden. – Zerstreut bis stellenweise verbreitet: Alp.; selten: Eifel (Schönecken), Schwäb. Alb, Oberschwab.? – Pyren., w-europ. M-Gebg., W- u. Z-Alp., Apenn.

3. Subser. S u b g l á b r a e

1519. **A. cleistophýlla** Rothm. et O. Schwarz

Subalp. steinige Matten. – Sehr selten, nur W-Allgäu (Stuiben). – Wohl endemisch.

1520. **A. connivéns** Buser

Subalp.-alp. Magerrasen; Fettwiesen, -weiden. – Selten: Allgäu, Jura (Buhlberg). – Pyren., Jura, Alp., Apenn., Karp., balk. Gebg.

1521. **A. acútidens** Buser

Subalp.-alp. Magerweiden. – Selten: Alp., Alp.vorland. – Alp., Karp.?

1522. **A. renifórmis** Buser

Mont.-subalp. Wiesen, Gräben, Quellen. – Selten: Erzgebg., Fichtelgebg., Alp. – Alp. bis Sud., Karp., Balk., Kl.As.

1523. **A. lineáta** Buser

Subalp.-alp. Weiden. – Selten: Allgäu, Alp.vorland, Oberschwaben (Adelegg). – Pyren., Vogesen, Alp., Karp., balk. Gebg.

1524. **A. obtúsa** Buser 2n = ca. 103.

Mont.-subalp. Weiden, Gebüsche, quellige Wiesen. – Selten bis zerstreut: Harz, Erzgebg., Alp., Alp.vorland. – Alp., Vogesen, Apenn. bis Sud., Karp., Balk., Kl.As.; Z-As.; M-Schwed. bis Ural.

1525. **A. impéxa** Buser

Subalp.-alp. Magerrasen, Weiden. – Selten: Allgäu (Nagelfluhkette). – Z- u. W-Alp., Apenn.

1526 a. **A. glábra** Neygenf.

♃, *H.* – H. bis 0,60. St. nur am untersten Internodium, B. unterseits auf den Hauptnerven (seidig) u. an den Stielen behaart; B. halbkreis- bis nierenförmig mit 9–11 dreieckig-eiförmigen B.lappen; Lappen mit 7–9 sehr ungleichen rel. breiten Zähnen; Bl. 3–4 mm breit. 2n = 96, ca. 100, 102–110.

Feuchtwiesen, Flachmoore, Grabenränder. – Verbreitet bis zerstreut. – N-, W-, M-Eur., s. u. ö. bis Pyren., Apenn., Balk., Pol., Lettland, Karelien; praealp.

1526 b. **A. ursína** Fröhner

Selten: Erzgebg., Alp.vorland. – Erzgebg. bis Alp., Österr.

4. Subser. Glábrae

1527. A. coriácea Buser

Mont.-subalp. Quellfluren, Gebüsche, Abhänge. – Zerstreut: Schwarzwald, Schwäb. Alb, Alp.vorland, Alp.

1528. A. inconcínna Buser

Subalp.-alp. Wiesen, Weiden, Krummholzformationen. – Selten: Allgäu. – Z-Frankr., S-Jura, W-Alp.

1529. A. truncilóba Buser

Alp.-subalp. Weiden. – Selten: Allgäu, Jura. – Jura, W-Alp., Apenn.

1530. A. stramínea Buser

Subalp. feuchte Wiesen, Quellfluren. – Selten: Allgäu, Schwäb. Alb?, Bay. Alp.? – Span. Gebg., Jura, Alp., Apenn. bis Karp., balk. Gebg.

3. Subsect. Calycánthum
Ser. Calycínae
(= A. fissa Guenth. et Schumm. s. l.)

1531a. A. fállax Buser 2n = 64.

Alp. Magerrasen. – Selten: Allgäu (Iselez). – Alp., Apenn., Balk.

1531 b. A. flexicaúlis Buser

Selten: Alp. – Jura, Alp.

1531 c. A. cúspidens Buser

Alp. Wiesen. – Selten: Alp. – O-Schweiz bis Steiermark.

1532. A. othmári Buser

Alp. Wiesen. – Zerstreut: Allgäu. – O-Schweiz bis W-Tirol.

1533. A. pyrenáica Duf. em. Rothm.
(= A. firma Buser p.p.)

Alp. Weiden. – Zerstreut: Allgäu. – Pyren., Alp., Karp., Balk.

1534. A. incísa Buser

Subalp. Quellfluren. – Selten: Allgäu, Wetterstein. – Jura, Vogesen, Alp., Karp.

1535. A. fissa Guenth. et Schumm. s. str. (Abb. 228 g) Kahler F.

♃, *H.* – Pfl. blaugrün, zierlich; St. meist niederliegend-aufsteigend, bis 0,25; B. völlig kahl, fast kreisrund, mit 5–7 verkehrt-eiförmigen,

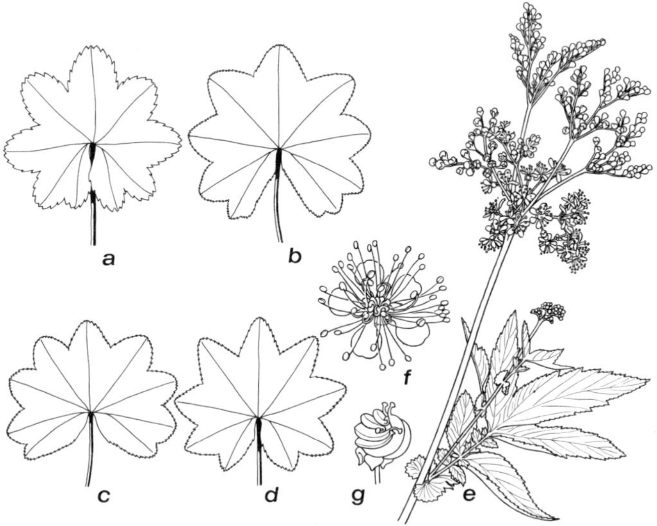

Abb. 229. *a–d Alchemilla* spp., Blattbeispiele (*a A. hybrida, b A. xanthochlora, c A. monticola, d A. acutiloba*); *e–g Filipendula ulmaria* (*e* Sproßspitze mit Blütenstand, *f* Blüte, *g* Frucht).

gestutzten B.lappen, B.lappen jederseits mit 4–7 tief eingeschnittenen bis 4,5 mm langen Zähnen; Bl. 3,5–5 mm breit.

Alp. Maggerrasen, Schneetälchen. – Selten: Alp. (1600–2300 m), Riesengebg. – Pyren., Alp., Sud.; alp.

396. Filipéndula Mill. em. Adans. Mädesüß

x = 7, 8

I. B. mit 5–11 Fiederb.chen; B.chen groß .... **1536. F. ulmaria**
II. B. mit ca. 15–40 Fiederb.chen; B.chen klein ...... **1537. F. vulgaris**

1536. F. ulmária (L.) Maxim. (Abb. 229e–g) Echtes M.

♃, *H.* – H. 0,60–2,00. B. unterbrochen-gefiedert; *B.chen groß,* eiförmig, beiderseits grün, od. unterseits weißfilzig, *ungeteilt, das endständige größer, handförmig-3- bis 5spaltig,* alle ungleich-gesägt; Kr. weiß; ***Teilfr.chen 5–9, spiralig-gewunden, kahl.*** VI–VIII. 2n = 16, 14. Umfaßt u. a.:

var. u l m á r i a; B. unterseits fast nur auf den Nerven behaart. – Verbreitet.

var. n í v e a (Wallr.) Schinz et Kell.; B. unterseits weiß- od. graufilzig. – Insbes. Alp., sonst seltener als vor.

Feuchtwiesen, uferbegleitende Hochstaudenges.; nasse, nährstoffreiche, humose Substrate. – Verbreitet u. häufig (Alp. bis 1360 m). – Eur., W-Med. (z. T.), Kl.As., As. bis N-Sib.; euras.

Droge: Flores Spiraeae

1537. F. vulgáris Moench (= F. hexapetala Gilib.) — Knolliges M.

♃, *H.* – H. 0,30–0,60. W.fasern in der Mitte zu länglichen Knollen verdickt; B. unterbrochen-gefiedert; *B.chen klein,* länglich, *fiederspaltig-eingeschnitten;* Kr. weiß; *Teilfr.chen bis 12, aufrecht, behaart.* VI–VII. 2n = 14, 15.

Halbtrockenrasenges.; sommerlich trockene, kalkhaltige, tonige Lehmböden. – Zerstreut (Alp. bis 900 m), fehlt im NW-Flachland etwa bis zur Elbe, aber auch sonst streckenweise fehlend. – gem. Eur. u. z. T. auch S-Eur., Kl.As. bis Kauk., Sib., N-Afr.; euras-kont.

397. Rosa L. — Rose

x = 7

I. Gr. zu einer dünnen Säule verwachsen, lang aus dem K.becher hervorragend .... **1542. R. arvensis**

II. Gr.säule nicht oder wenig hervorragend
- A. Kb. nicht od. nur spurenhaft fiederteilig
  - 1. B. u. Zweige kupferrot bis hechtblau .... **1557. R. rubrifolia**
  - 2. B. grün
    - a) Zweige dicht ungleich bestachelt, B. 9- bis 11zählig .... **1540. R. spinosissima**
    - b) Bestachelung gleichartig
      - x) Stacheln gekrümmt, B. 5- bis 7zählig **1538. R. majalis**
      - xx) Stacheln gerade, B. 7- bis 11zählig .... **1539. R. pendulina**
- B. Äußere Kb. stets deutlich fiederteilig
  - 1. Stacheln ungleich, größere, ±krumme mit kleinen, borstenartigen gemischt (s. a. R. eglanteria) .... **1541. R. gallica**
  - 2. Stacheln gleichartig
    - a) B. beiderseits ±filzig behaart
      - x) Stacheln schlank, Achsen gerade .... **1551. R. pomifera**
      - xx) Stacheln gebogen bis gerade, Achsen zickzackförmig
        - /) Bl.stiel kurz, höchstens so lang wie die Butte, Stacheln ±gebogen .... **1552. R. omissa**[1])

[1]) R. mollis tritt nicht im Geb. auf.

//) Bl.stiel lang, bis mehrmals so lang wie die Butte

§) Kb. nach der Bl. ±aufrecht, lange bleibend, Stacheln ±gerade 1554. **R. scabriuscula**

§§) Kb. nach der Bl. ±zurückgeschlagen, bald abfallend, Stacheln ±gebogen .... 1553. **R. tomentosa**

b) B. kahl od. locker behaart

x) B. u. Bl. meist groß; die B. mit unterseits stark hervortretendem Adernetz, Bl.stiele lang, meist stieldrüsig .... 1555. **R. jundzillii**

xx) B. u. Bl. mittelgroß oder klein

/) B.chen unterseits selten mit (geruchlosen) Drüsen

§) Kb. nach der Bl. zurückgeschlagen, früh abfallend, Bl.stiele lang

+) Gr.säule dicklich mit eiförmigem Köpfchen .... 1556. **R. stylosa**

++) Gr.säule schlank mit rundl. Köpfchen

α) B. kahl .... 1543. **R. canina**

β) B. behaart .... 1544. **R. dumetorum**[2])

§§) Kb. nach der Bl. ±aufrecht, lange bleibend, Bl.stiele kurz

+) B. kahl .... 1545. **R. glauca**

++) B. behaart .... 1546. **R. coriifolia**

//) B.chen unterseits reichdrüsig, stark duftend

§) B.chen eiförmig bis rundlich, B.-grund meist gerundet, Bl.stiel drüsig

+) Bl.stiel kurz, Gr. ein wolliges Köpfchen bildend, Kb. nach der Bl. aufgerichtet, bleibend .... 1547. **R. eglanteria**

++) Bl.stiel lang, Gr. verlängert, kahl, Kb. zurückgeschlagen, abfallend .... 1548. **R. micrantha**

§§) B.chen längl. elliptisch, B.grund ±keilförmig, Bl.stiel kahl

+) Bl.stiel kurz, Gr. kurz, wollig, Kb. nach der Bl. aufgerichtet, bleibend .... 1549. **R. elliptica**

++) Bl.stiel lang, Gr. verlängert, kahl, Kb. zurückgeschlagen, abfallend .... 1550. **R. agrestis**

Droge: Fructus Cynosbati

[2]) R. obtusifolia Desv. s. l. (incl. R. tomentella Lém.) kann nicht mehr als Art anerkannt werden.

1. Sect. C i n n a m ó m e a e DC.

1538. R. majális Herrm. Zimt-R.
(= R. cinnamomea L.)

ђ, *N.* – H. 1,00–1,50. Str. sich durch unterird. Ausläufer ausbreitend; Rinde rotbraun, Sta. gebogen, meist paarig a. Grd. d. B., a. d. unt. Teilen der Zweige oft dichtstehende Sta.-Borsten; Nebenb. der Schößlinge röhrenartig eingerollt; B.chen 5 bis 7, zieml. schmal, längl.-ellipt., meist beidends verschm., obers. beh., unters. graufilzig, Zahnung einf.; Blst. meist einbl., Bl. von den läng. Hochb. umhüllt; Kb. nach d. Bl. aufr., lange bleibend, Gr. woll., Kr. rosenrot, Butte meist kugl. bis kreiself. V–VII. 2n = 14. – Umfaßt:

1. *Bl. einf., nicht gefüllt:* Kreis der var. m a j á l i s. – Im ganz. Areal d. Art.
2. *Bl. gefüllt:* var. f o e c u n d í s s i m a Koch. – wohl die älteste deutsche Gartenrose, in alt. Bauerngärt. noch heute; hie u. da verwildert.

Auenwaldges. (selt. Trockenwaldges.); warme, kalkreiche Böden. – Zerstreut: Allgäu, Ob.-Bay. (Täler d. Donau u. ihrer Nebenflüsse), Gipsgürtel d. Harzes u. des Kyffhäuser (Frankenhausen); im nordd. Flachland hie u. da verw. – D., Frankr., Skand., Rußl., Sib.; no-kont.

1539. R. pendulína L. Gebirgs R.
(= R. alpina L.)

ђ, *N, M.* – H. 1,00–2,50. Str. sich durch unterird. Spr. ausbreitend, meist nur unterwärts mit pfrieml. Sta.; mittl. B. der Bl.zweige meist 9zählig, die der Schößl. oft 11zählig, Zahnung der B.chen drüsig zusammengesetzt, Blst. einbl., Bl.stiele zieml. lang, meist stieldrüsig stachelig; Kb. nach d. Bl. aufrecht, bleibend, Kr. groß, rosa bis dunkel purp., Butte rot, etwas überhängend. V–VII. 2n = 28. – Umfaßt:

1. *Zweige unbewehrt:* Kreis der var. s e t ó s a Séringe. – Im ganz. Areal d. Art. –
2. *Zweige bewehrt:* Kreis der var. a c u l e á t a (Sér.) R. K. – Allgäu, Hochebene.

Mont. u. subalp. Gehölze u. Alp.heiden; meist ±feuchte, kalkfreie× Lehm- u. Steinböden. – Bay. Alp. (bis 2000 m) u. Alp.vorland, Mittelgebg.; selten: Erzgebg.; im Odenwald fehlend. – Gebg. von S- u. M-Eur.; alp-praealp.

2. Sect. S p i n o s í s s i m a e Baker

1540. R. spinosíssima L. Bibernell-R.
(= R. pimpinelllifolia L.)

ђ, *N.* – H. 0,20–1,00(1,30). Pfl. mit unterird. Achsen; Spr. mit borst. Sta. dicht besetzt; B.chen meist einf. gezahnt, die mittl. der Bl.zweige vorwiegend 9zählig; Bl. einzeln, weiß (sehr selten rot), meist ohne

× Weder auf sehr sauren, noch auf sehr basischen Böden (Landolt)

Vorb., Bl.stiel lang, Kb. nach d. Bl. aufgerichtet, lange bleibend, Gr. woll., Butte zusammengedrückt ,kugl., zuletzt schwarz. V–VII. 2n = 28. – Umfaßt:

1. *Bl.stiele stieldrüsig:* var. s p i n o s í s s i m a. – Seltener als die folg. Var., u. a. Norderney, Sylt, Bingen (mit roten Bl.). –
2. *Bl.stiele nackt:* var. p i m p i n e l l i f ó l i a (L.) Braun. – Im ganz. Geb. der Art. –

Dünenweidengebüsche bzw. Steppenwaldges.; kalkhaltige Sande bzw. Verwitterungsböden der Kalkgebg. – Zerstreut bis selten: N-Seeküste, S-Thür., Mainl., m. Rheinl. (häufig in der Rheinpfalz), Jura. – D., Böhm., Österr. bis Dalmat., W-Alp., Schweiz; kont(-med).

3. Sect. G a l l i c á n a e DC.

1541. R. gállica L. Französische R.

ђ, *N.* – H. 0,50–1,00. Aus unterird. kriechenden Achsen niedere Stämme treibend, mit starken ±gekrümmten u. schwachen borst. Sta. reich bewehrt; B. 3- bis 5zählig, B.chen meist groß, lederig, dopp. bis mehrf. gezahnt, kurz zugespitzt, unters. netzadrig, bleich; Bl.stiel drüsenborst., Kr. groß, meist satt rot, Kb. nach d. Bl. zurückgeschl., abfällig, Butte meist kugl., bräunl.-rot. VI–VII. 2n = 28. Ändert ab:

1. *Gr. woll. beh.:* Kreis der var. p ú m i l a Br., Spr. niedrig; B.chen mittelgr., ell. – Im ganz. Areal d. Art.
2. *Gr. kahl:* Kreis der var. e l á t a Chr., Spr. flattrig, bis 1 m hoch; B.chen einfach, spitz; Butte keulenf. – Verbreitet, aber seltener. –

Trockenwaldges: besonders Waldränder warmer Kalkböden. – Zerstreut: M- u. S-D.; fehlt: Alp., Fichtelgebg. u. Frankenwald; n. bis Thür., Anh. u. Schles. – S-Eur. (von der Provence u. Siz. bis Balk. u. Ukraine), n. bis M-Eur. u. M-Rußl.; Transkauk. u. Kl.As.; med(-kont).

Droge: Flores Rosae

4. Sect. S y n s t ý l a e DC.

1542. R. arvénsis Huds. Kriechende R.
(= R. repens Scop.)

ђ, *N.* – H. 0,50–2,00, kletternd. Sta. der Äste stark, sichelf., die der Bl.zweige schwach u. leicht gebogen; B.chen kurz eif., einf. bis dopp. gezahnt, aus breitem Grd. kurz zugespitzt, Blst. meist einbl., Bl.stiel bis 4 cm lang, meist stieldrüs., Kb. mit langer Spitze, die äußeren zuweilen mit kurzen Fiedern, nach d. Bl. zurückgeschl., früh abfallend, Kr. weiß, von besond. Duft, Gr. zu langer dünner Säule mit rundl. Köpfchen, Butte kugl. bis eif., selten ell., ±klein. VI–VII. 2n = 14. Umfaßt:

1. *Spr. ohne Stieldrüs. u. Borsten:* var. a r v é n s i s — Im ganz. Gebiet der Art.
2. *Jüngere Zweige mit Stieldrüs. u. Borsten* besetzt: var. g l a n d u l í f e r a R. K. — Im Bezirk Hildesheim.

Lichte Laubmischwaldges., an Waldrändern u. i. Hecken; frische, meist warme lehmige Böden. — Verbreitet u. oft häufig: Alp. (bis 1000 m) u. westd. Mittelgebg., ostwärts sehr selten, z. B. Thür. (Rockhäuser Forst bei Erfurt); im N u. O fehlend. — S- u. M-Eur.; NO-Grenze Engl.-Rum.; subatl(-submed).

5. Sect. C a n í n a e Crép.
1. Subsect. E u c a n í n a e Crép.

1543. R. canína L. (Abb. 230) Hunds-R.

♄, *N(—M).* — H. 1,50—2,00(2,50). Äste bogig überhängend, mit einerlei, ±gekrümmten Sta., B.chen meist einf., ell. bis längl. — lanz., kahl, Zähne nach vorn gerichtet, Nebenb. schmal, Hochb. kl., Bl.stiel lang, Kb. nach der Bl. zurückgeschl., früh abfallend, Gr. oft verläng., Kr. blaßrosa bis (selten) weiß. VI—VII. 2n = 35. Umfaßt:

A. Gruppe der typischen Formen, Formenkreis c a n í n a.
   1. *B.chen einf. gezahnt:* Kreis der var. l u t e t i á n a (Lem.) Baker, i. vielen Var.; mit stieldrüs. Bl.stiel: var. a n d e g a v é n s i s (Bast.) Desp.
   2. *B.chen einf. bis dopp. gezahnt:* Kreis der var. t r a n s i t ó r i a R. K. i. vielen Var.; mit stieldrüs. Bl.stiel: var. h i r t é l l a Chr.
   3. *B.chen mehrf. drüs. gezahnt:* Kreis der var. d u m á l i s Baker, i. vielen Var.; *mit stieldrüs. Bl.stiel:* var. v e r t i c i l l a c á n t h a Baker; mit *Subfdr.:* var. s c a b r á t a Crép.

B. Gruppe der Übergangsformen.
   I. Formenkreis s u b d u m e t ó r u m Schenk. durch beh. B.stiele u. oft schwächeren Wuchs zu R. dumetorum hinneigend, i. vielen Var.
   II. Formenkreis s u b g l a u c a Schenk, Kb. nach d. Bl. z. T. abstehend bis leicht aufgerichtet, z. T. zurückgeschl., Bl.stiel meist verkürzt, i. vielen Var.

Schlehenhecken u. Gebüsche, Wald- u. Wegränder, bodenvag; meist frische, lehmige Böden. — Verbreitet u. häufig: im ganz. Geb. (bis 1330 m). — Eur., N-Afr., W-As.; euras-submed.

Drogen: Fructus Cynosbati cum(sine) Semine, Semen Cynosbati

1544. R. dumetórum Thuill. Hecken-R.

♄, *N.* — H. 1,50—1,80. Str. von schlankem Wuchs; B.chen vorwiegend ell., mit wenig vorgezogener Spitze, etwas weich, hellgrün, beiders. od. doch auf der Rückseite beh., Zahnung einf. bis drüs. zusammengesetzt, Zähne zwiebelf., leicht nach vorn gerichtet; Kr. sehr hell rosa bis weißl., i. übrigen wie R. canina. VI—VII. 2n = 35. Umfaßt:

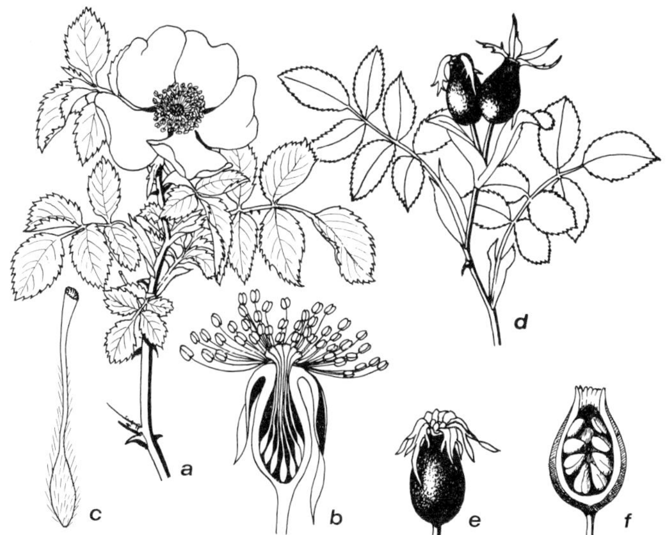

Abb. 230. *Rosa canina* (*a* Zweig mit Blüte, *b* Blüte ohne Kronblätter längs, *c* Fruchtblatt, *d* Zweig mit „Früchten"; *e* Blütenboden zur Fruchtzeit, bei *f* längsgeschnitten).

A. Gruppe der typischen Formen, Formenkreis d u m e t ó r u m.

1. *B.chen einf. gezahnt,* a. *B.chen nur unters. beh.:* Kreis der var. p l a t y p h ý l l a (Rau) Chr., b. *B.chen beiders. beh.:* Kreis der var. t h u i l l i é r i Chr.; *mit stieldrüs. Bl.stielen:* var. d e s e g l í s e i (Boreau) Chr.
2. *B.chen einf. bis dopp. gezahnt,* a. *B.chen nur unters. beh.:* Kreis der var. s u b g l á b r a Borb., b. *B.chen beiders.* beh.: Kreis der var. l e m b a c h é n s i s J. B. v. Keller.
3. *B.chen mehrf. drüs. gezahnt,* a. *B.chen nur unters. beh.:* Kreis der var. t o m e n t é l l a Lém., b. *B.chen beiders. beh.:* Kreis der var. a e m o n i á n a Pug.; *mit stieldrüs. Bl.stielen:* var. t i r o l i é n s i s Kerner.

B. Gruppe der Übergangsformen.

I. Formenkreis s u b c a n í n a Schenk.

Durch obers. kahle, unters. nur auf der Rippe u. schwach auf den Sekundärnerven behaarte B.chen zu der kahlen R. canina hinneigend, i. vielen Var. verbr.

II. Formenkreis s u b c o r i i f ó l i a Schenk.

Besonders durch nach d. Bl. ±abstehende bis schwach aufgerichtete u. erst später abfallende Kb. zu R. coriifolia hinneigend, i. vielen Var. verbr.

Standortansprüche wie R. canina, aber weniger häufig als diese; meidet die Nordseeküste. – euras-submed.

1545. R. glaúca Villars Blaugrüne R.

♄, *N (–M).* – H. 1,50–2,00(2,50). Wuchs gedrungen, Sta. gleichartig, ±hakig; B.chen kahl, oft blaugrün, meist breiter u. weniger lang zugespitzt als die der R. canina, Zahnung „offen“ (Zähne mehr seitwärts als vorwärts gerichtet), Nebenb. breit; Hochb. gr., die kürzeren Bl.stiele einhüllend, Kb. nach d. Bl. aufgerichtet u. erst von der reifen Butte abfallend; Kr. lebhaft rosa, Gr.köpfchen breit u. woll. VI–VII. 2n = 35. – Umfaßt:

A. Gruppe der typischen Formen, Formenkreis g l a ú c a.

1. *B.chen einf. gezahnt:* Kreis der var. g l a ú c a; *Bl.stiele mit Stieldrüsen:* var. t r a n s i é n s Gren.
2. *B.chen einf. bis dopp. gezahnt:* Kreis der var. c o m p l i c á t a Sch. et Kell.; *B.chen mit Subfdr.:* var. s t e p h a n o c á r p a Rouy.
3. *B.chen dopp. drüs. gezahnt:* Kreis der var. c a b a l l i c é n s i s Burn. et Gremli; *Bl.stiele mit Stieldrüs.:* var. d e l a s ó i i Chr.
4. *B.chen mehrf. drüs. gezahnt:* Kreis der var. m y r i o d ó n t a Chr.

B. Gruppe der Übergangsformen.

I. Formenkreis s u b c a n í n a Schenk.

Formen zw. R. glauca u. R. canina, die der R. glauca in der Tracht u. durch die stärkere Aufrichtung der Kb. näher stehen. – Verbr. i. den tieferen Lagen des Areals der R. glauca.

II. Formenkreis s u b c o r i i f ó l i a Schenk. Durch Behaarung der B.stiele u. der Mittelrippe der B.chen zu R. coriifolia hinneigend. – Weniger häufig.

Buschges., Wegränder u. andere offene Orte; ±trockene, warme Verwitterungsböden. – Verbreitet: mont. u. subalp. Stufe; ziemlich selten: Flachland; im NW fehlend; zerstreut: Küstenland von Schlesw. bis Pomm.; selten: Brand. bis Ostpr. – N-Eur., Gebg. von M- u. S-Eur., W-As.; no(-alp).

1546. R. coriifólia Fries Lederblättrige R.

♄, *N.* – H. 1,50–2,00. Im Wuchs oft schwächer als R. glauca; Sta. oft weniger gebogen, nicht selten etwas ungleich; B.chen beiders. od. doch unters. flächenhaft beh., selten ausgesprochen glauk; Bl.stiele kurz, von den gr. Hochb. umhüllt, Kb. nach d. Bl. aufr., erst von der reifen Butte abfallend, Kr. meist kleiner als die der R. glauca, intens. rosa, Gr. meist kurz u. woll. VI–VII. 2n = 35. – Umfaßt:

A. Gruppe der typischen Formen, Formenkreis c o r i i f ó l i a.

1. *B.chen einf. gezahnt:* Kreis der var. c o r i i f ó l i a; *Bl.stiele mit Stieldrüs.:* var. t r a n s i e n s Gren.

2. *B.chen einf. u. dopp. gezahnt:* Kreis der var. f r u t e t ó r u m Borb.
3. *B.chen mehrf. drüs. gezahnt:* Kreis der var. a t r á t a R. K.; *B.-chen mit Subfdr.:* var. t r í s t i s R. K.

B. Gruppe der Übergangsformen.
I. Formenkreis s u b g l a̋u c a Schenk. Rosen, die der Tracht nach zu R. coriifolia gehören u. sich nur durch die Beschränkung der Behaarung auf die Mittelrippe der B.chen der R. glauca nähern. – Nicht häufig.
II. Formenkreis s u b d u m e t ó r u m Schenk. Zwischenformen zw. R. coriifolia u. R. dumetorum, die der R. coriifolia näherstehen, wobei bes. auf die stärkere Aufrichtung u. Persistenz der Kb. zu achten ist. – Im ganz. Areal der Art, aber nicht häufig.

Standortansprüche u. Verbr. wie R. glauca, doch überall seltener als diese; praealp-gem-kont.

2. Subsect. R u b i g i n ó s a e DC.

1547. R. eglantéria L. Wein-R.
(= R. rubiginosa L.)

♄, *N.* – H. 1,00–1,80. Str. mit sperrigen Zweigen; B.chen eif. bis rundl., mehrf. drüs. gezahnt, dicht mit obstartig duftenden Subfdr. versehen; Bl.stiel kurz, Stieldrüs. borst., Gr.köpfchen kurz, woll., Kr. rosa, Butte breit eif. bis kugl. eif. VI–VII. 2n = 35. – Umfaßt:

A. Gruppe der typischen Formen, Formenkreis e g l a n t é r i a.
1. *Sta. verschiedenartig, die größeren, ±krummen in u. unter dem Blst. mit kleinen, drüsigen u. drüsenlosen Borsten vermischt:* Kreis der var. u m b e l l á t a (Leers) Dum. – Im Areal der Art verbr., i. N u. O vorherrschend.
2. *Sta. gleichartig:* Kreis der var. c o m ó s a (Rip.) Dum. – Verbreitet, doch in N u. O-D. selten.

B. Gruppe der Übergangsformen.
I. Formenkreis s u b m i c r á n t h a Schenk. Durch längere Bl.-stiele, verläng. Gr. u. ±abstehende Kb. gekennzeichnet.
II. Formenkreis s u b e l l í p t i c a Schenk. Im Habitus der var. comosa gleichend, aber i. d. Form der B.chen deutl. der Rosa elliptica ähnlich: var. a e d u é n s i s Rouy. – Vom Sauerland bis Braunschweig zieml. häufig.

In trockenen Gebüschen u. a. fels. Hängen bis in die subalp. Stufe. – Verbreitet i. ganzen Geb., i. d. Heide u. auf d. N-Seeinseln fehlend; selten: S-Bay., Schl.-Holst. u. n. Ostpr. – W-As. bis Span. u. Ital.; N-Grenze: S-Engl. u. S-Skand.; submed-subatl.

1548. R. micrántha Sm. Kleinblättrige R.

ħ, *N.* – H. 1,50–2,00. Str. fast immer hoch, von flattrigem Wuchs, locker beblättert, Sta. ±hakig; B.chen eif. bis ell., spitz, mit reichl. Subfdr., jüngere meist rot gefärbt; Bl.stiele lang, zart stieldrüs., Kb. nach d. Bl. zurückgeschl., abfällig, Gr. ±verläng., kahl, Kr. blaßrosa weißl. VI–VII. 2n = 28, 35, 42. – Umfaßt:

A. Gruppe der typischen Formen, Formenkreis m i c r á n t h a.

1. *B.chen beh.,* B.stiele filz.: var. m i c r á n t h a. – Im Areal d. Art verbr.

2. *B.chen höchstens unters. auf d. Rippe beh.:* var. n o r m á l i s Rouy. – Im Areal d. Art zerstr.

B. Gruppe der Übergangsformen, Formenkreis s u b e g l a n t é r i a Schenk. Die hierher gehörenden Formen nähern sich der R. eglanteria durch eine Auswahl folgender Merkmale: gedrungener Wuchs, ±betonte Ungleichheit der Sta.; kleine, breitere B.chen; kürzere Bl.stiele u. weniger straff zurückgeschl. Kb. – Häufiger nur i. der var. s a g ó r s k i i Chr.

Lichte Trockenbusch- u. Trockenwaldges., an Waldrändern u. warmen Hängen bis in die mont. Stufe. – Häufiger: Jura, Hegau, Schwarzwaldvorberge; sehr zerstreut: Thür. u. nördl. bis Rheinl.-Westf., Nieders.,Braunschweig, Haldensleben, S-Brand. u. Niederschles. – Med.; w. Eur. bis Irl. u. Schottl.; M-Eur. bis Pol. u. Ung.; S-Rußl.; submed-subatl.

1549. R. ellíptica Tausch Keilblättrige R.

ħ, *N.* – H. 1,50–2,00. Str. von etwas gedrungenem Wuchs, Sta. krumm bis hakig; B.chen längl. ell. bis verkehrt eif., a. Grd. ±keilf. verschmäl., mehrf. drüs. gezahnt, unters. gleichmäßig u. dicht mit Subfdr. besetzt; Bl.stiel kahl, meist kürzer als die kugl.-verkehrt eif. Butte, Kb. nach d. Bl. abstehend bis aufgerichtet, lange ausdauernd, Gr. ein kurzes, breites, woll. Köpfchen bildend. VI–VII. 2n = 35. – Umfaßt:

A. Gruppe der typischen Formen, Formenkreis e l l í p t i c a.

1. *B.chen unters. beh., eif.-keil., kurz zugespitzt:* Kreis der var. e l l í p t i c a. Im Areal d. Art verbr.

2. *B.chen beiders. beh., beidends verschmäl.:* Kreis der var. l u g d u n é n s i s (Dés.) Borb. – weniger häufig.

B. Gruppe der Übergangsformen.

I. Formenkreis s u b e g l a n t é r i a Schenk. Durch die a. Grd. abgerundeten B.chen, drüs. Bl.stiele u. satt rote Kr. der R. eglanteria var. comósa angenähert. – Nicht häufig.

II. Formenkreis s u b a g r é s t i s Schenk. Durch weniger aufgerichtete u. früher abfallende Kb., auch wohl verlängerte Bl.stiele u. ±kahle Gr. gekennzeichnet. – Nicht selten.

Schlehenbuschges., an Wegrändern u. sonnigen Hängen, vom Flachland bis in die mont. Stufe. – Alp.vorland; weiter nördl. bes. Kalklandschaften bis Westf. u. Nieders.; ö. bis Brand., Schles., Pos. u. Westpr. – M-Eur. bis Ob.-

Ital., SO- u. O-Frankr., Engl., Irl., i. O bis Ung. u. zum nw. Balk.; submed-subatl-praealp.

1550. R. agréstis Savi Acker-R.

ħ, *N (–M)*. – H. 1,00–2,00(2,50). Str. flatterig, auffallend licht; B.chen längl., ell., a. Grd. keilf., sehr zierl., unters. dicht drüs., Bl.stiel bis 2mal so lang wie die zieml., kl. Butte, Kb. nach d. Bl. zurückgeschl., früh abfallend, Kr. blaß rosa bis weiß, Gr.säule verläng., kahl. VI–VII. 2n = 35. Umfaßt:

A. Gruppe der typischen Formen, Formenkreis a g r é s t i s.
   1. *B.stiel u. B.chen kahl:* Kreis der var. a g r é s t i s. – Im ganz. Areal d. Art.; aber selten.
   2. *B.stiel filz., B.chen beiders. dicht beh.:* var. p u b é s c e n s Rapin s. l. – Verbr.; aber selten.

B. Gruppe der Übergangsformen, Formenkreis s u b e l l í p t i c a Schenk. Durch ±abstehende u. erst später abfallende Kb., auch wohl durch verkürzte Bl.stiele u. intensiver gefärbte Kr. gekennzeichnet, i. Gesamtbild aber doch als R. agrestis anzusprechen. – Selten.

In Gebüschen u. Hecken; warme, meist kalkhaltige Böden i. d. coll. Stufe, selten höher. – Allgäu (bis 860 m), Jura u. Oberrheintal; von Thür. bis Höxter u. Hildesheim; vom Elbegeb. bis Holst. ö. bis Pomm. u. Pos. – Med.(von Span. bis zum n. Balk.), Irl., S-Engl. u. durch M-Eur. bis Pol. u. Ung.; submed(-subatl).

3. Subsect. V e s t í t a e Chr.

1551. R. pomífera Herrm. Apfel-R.

ħ, *N*. – H. (0,50)1,50–2,00. Str. kräftig u. gedrungen, Sta. gerade, a. d. Bl.zweigen oft borst.; B.chen bläul. grün, längl., eif. bis ell., die größeren oft mit parallelen Seitenrändern, mehrf. drüs. gezahnt, unters. reich drüs., Bl.stiele steildrüs. u. borst., Butte kugl., stieldrüs. u. weichstachl., Kb. straff aufr., die reife Butte krönend, Kr. rot, Gr. ein breites, woll. Köpfchen bildend. VI–VII. 2n = 28. – Ändert ab:

1. *B.chen gr., obers. beh.; Bl.stiele zuletzt abwärts gebogen:* Kreis der var. r e c o n d í t a (Pug.) Chr. – Im ganz. Areal d. Art.
2. *B.chen kl., obers. kahl; Bl.stiele nach d. Bl. nicht zurückgeschl.:* var. c a l v í s s i m a Schenk., Str. nur 0,5 m. – Im Hohen Venn verbr. (i. d. Schweiz viele andere kleinb. Formen).

Felsband- u. Schlehenbuschges. der mont. u. subalp. Stufe, i. N auch im Flachland, z. T. kalkmeidend. – Im Geb. wild wohl nur: Bay. Alp. und vielleicht a. gewissen Fundorten i. Schl.Holst. (W. Christiansen) u. i. Hohen Venn (A. Schumacher); sonst aus ehem. Kultur verwildert, punktförmig verbreitet. – Gebg. von Eur. bis Kauk.; praealp.

1552. R. omíssa Dés. Übersehene R.

♄, *N.* – H. 0,50–1,50(2,00). Wuchs etwas gedrungen, Sta. ±gebogen; B.chen breit bis – seltener – schmal eif., mehrf. drüs. gezahnt, kahl bis filz. beh., zuweilen blaugrün; Bl.stiele kürzer als die Hochb., reichl. stieldrüs., Butte meist eikugl., zuweilen stieldrüs., Kb. kurz, nach d. Bl. aufr., ausdauernd, Kr. leuchtend rosenfarben, Gr. beh. bis woll. VI–VII. 2n = 28. Umfaßt:

1. *B.chen meist klein, mit Subfdr.:* Kreis der var. o m í s s a. – Im ganz. Areal der Art.
2. *B.chen meist gr., drüsenlos:* Kreis der var. d y s a d e n o p h ý l l a Schwrts. – Weniger verbr.

Felsband- u. Schlehenbuschges., a. Hängen vom Flachland bis zur subalp. Stufe. – Verbreitet, aber oft als R. mollis od. R. tomentosa angesprochen. – S-Frankr., Schweiz, M-Eur.; praealp.

1553. R. tomentósa Sm. Filzige R.

♄, *N.* – H. 1,00–2,00. Str. mit oft überhängenden Zweigen, Sta. ±gebogen; B.chen beiders. dicht kurzhaarig, einf. bis mehrf. drüs. gezahnt; Bl.stiele meist stieldrüs., Kb. nach d. Bl. zurückgeschl. oder abstehend, früh abfallend. VI–VII. 2n = 35. Ändert ab:

1. *B.chen einf. gezahnt:* Kreis der var. c i n e r á s c e n s (Dum.) Crép. Zweige bläul., B.chen weichfilz., Kb. zurückgeschl. – Häufig.
2. *B.chen einf. bis dopp. gezahnt:* Kreis der var. d u m ò s a (Pug.) Borb. Str. stark bewehrt; Kb. etwas aufgerichtet, aber abfällig. – Seltener.
3. *B.chen dopp. bis mehrf. drüsig gezahnt:* Kreis der var. s u b g l o b ó s a (Sm.) Carion. B.chen mit Subfdr.; Kb. abstehend, früh abfallend. – Im ganz. Areal d. Art nicht selten.

Trockenwaldges., in Gebüschen auf leichten Böden, selten bis in die subalp. Stufe. – Häufig bes. im Flachland u. auf Kalkböden, fehlt an der N-Seeküste. – Vom Kauk. durch Rußl. bis m. Skand., M- u. W-Eur.; N-Ital. bis Serb. u. Bulg.; gem-kont(-submed).

1554. R. scabriúscula Sm. em. Braun

♄, *N.* – H. 1,00–2,00. Str. mit schlanken Zweigen, Sta. lang, ±gerade, B.chen lang zugespitzt, dicht anliegend beh., feindrüs. gesägt; Bl.stiel lang, fein stieldrüs., Kb. nach d. Bl. aufr., noch die reife Butte krönend, Gr. meist woll. VI–VII. 2n = 35. Ändert ab:

1. *Subfdr. vorhanden:* Kreis der var. v é r a Schwrts. – Im ganz. Areal d. Art.
2. *Subfdr. fehlend:* Kreis der var. i n t r o m í s s a (Crép.) Chr. – Bes. i. N- u. M-D.

Standorte wie R. tomentosa. – Verbreitet: durch das ganze Geb., außer i. NW, am häufigsten im Bereich der n. Grundmoräne. – M-Eur., Ob.-Ital.; subatl(-med).

4. Subsect. J u n d z í l l i a e Crép.

1555. R. jundzíllii Bess. Rauhblättrige R.
(= R. trachyphylla Rau em. Chr.)

♄, *N.* – H. 1,00–2,00. Str. mit bogig überhängenden Zweigen, Sta. kräftig, leicht gebogen, dazwischen bisweilen nadelf. Sta. u. Drüsenborsten; B.chen derb, mit Subfdr., Zahnung drüs. zusammengesetzt, Bl.stiel meist über 2 cm lang, stieldrüs. borst., Kb. nach d. Bl. straff zurückgeschl., Kr. gr., ±kräftig rosa. VI–VII. 2n = 42. Umfaßt:
1. *Str. ca. 1 m hoch; B.chen gr., unters. dicht beh.:* Kreis der var. j u n d z í l l i i. – Verbr. i. ganz. Areal d. Art.
2. *Str. bis 2 m hoch; B.chen mittelgr., unters. kahl:* Kreis der var. t r a c h y p h ý l l a R. K. – Im ganz. Areal d. Art.

Schlehenbuschges. etc. der coll. u. submont. Stufe, seltener i. Flachland; warme, meist kalkhaltige Verwitterungsböden. – Sehr zerstreut: z. B. Mittelgebg. (N-Thür., Unterharz bei Treseburg), i. Schles. a. d. Oder. – S- u. O-Frankr., ö. bis Pol. u. S-Rußl.; Transkauk. u. Armen.; kont-submed.

5. Subsect. S t y l ó s a e Crép.

1556. R. stylósa Griffel-R.

♄, *N.* – H. 1,00–2,00. Kräftiger Str. mit überhängenden Zweigen, Sta. hakig; B.chen zieml. gr., drüsenlos, Zahnung meist einf.; Bl.stiele meist lang, stieldrüs., Kb. nach d. Bl. zurückgeschl., Kr. weiß bis rosa, Scheibe der Butte stark konisch, Gr. zu einer Säule vereinigt, Gr.-köpfchen längl. VI–VII. 2n = 35, 42. Umfaßt:
1. *B.chen behaart, einf. drüsenlos gezahnt:* Kreis der var. s t y l ó s a. – Im Areal d. Art.
2. *B.chen kahl, mehrf. drüs. gezahnt:* var. p a l a t í n a R. K. – Rheinpfalz.

Trockenbuschges. u. Hecken, bes. auf Kalk, i. der coll. Stufe. – Nur i. Rheingeb.: Vluyn bei Moers, Witten u. Stockum i. Westf., Limburg i. Kaiserstuhl, Istein u. Mühlheim i. Baden; Vogesen. – Atl. Eur. bis Rheingeb.; W-Alp., Schweiz, S-Frankr. u. Piemont; atl(-med).

6. Subsect. R u b r i f ó l i a e Crép.

1557. R. rubrifólia Vill. Rotblättrige R.

♄, *N., M.* – H. 1,00–2,50. Äste, Zweige u. Bl.zweige rotviolett, graublau überlaufen, Sta. zierl., ±ungleich; B. u. Hochb. glauk, B.chen einf. gezahnt; Kb. ±ungeteilt, länger als die leuchtend roten Blb., nach d. Bl. aufr., lange bleibend, Gr.köpfchen gr., weißwoll. VI–VII. 2n = 28. Umfaßt:

1. *B.chen einf. gezahnt:* Kreis der var. r u b r i f ó l i a. – Im Areal d. Art.
2. B.chen mehrf. drüs. gezahnt: var. r e b h ó l z i i R. K. – Tuttlingen.

Trockenbuschges. an warmen, lichten Stellen der M- u. Hochgebg. – Allgäu, Vogesen u. s. Schwarzwald., Schwäb. Jura. – Pyren. bis Alp.; S-D., Apenn., nw. Balk., Transsilv. Alp.; praealp(-submed).

4. Subfam. P r u n o í d e a e

398. Prunus L. Kirsche, Mandel, Pflaume etc.

x = 8

I. B. in Knospenlage gerollt (Gr. u. Frkn. gefurcht) . . . . **1. Subgen. Prunus** S. 824

II. B. in Knospenlage gefaltet

A. Steinfr. sammetartig od. dicht-behaart (grünlich) . **2. Subgen. Amygdalus** S. 826

B. Steinfr. kahl od. sehr spärlich behaart (schwarz, rot od. gelb)

1. N. ausgerandet; Gr. gefurcht; Bl. meist groß . . . **3. Subgen. Cerasus** S. 827

2. N. ungeteilt; Gr. ungefurcht; Bl. rel. klein . . . . . **4. Subgen. Padus** S. 829

1. Subgen. P r ú n u s

I. Frkn. u. Fr. kahl (höchstens am Gr.grund einige Haare); Bl. u. Fr. deutlich gestielt

A. Bl. einzeln (selten zu 2); Steinkern eiförmig-kugelig

1. Zweige anfangs sammetig behaart, stark dornig; Krb. ca. 5- bis 7 mm lang . . . . **1558. P. spinosa**

2. Zweige stets ganz kahl, schwach dornig od. ohne Dornen; Krb. ca. 9- bis 11 mm lang . . . . . **1559. P. cerasifera**

B. Bl. zu 2 (selten nur 1); Steinkern ±flachgedrückt **1560. P. domestica**

II. Frkn. u. Fr. behaart; Bl. u. Fr. sitzend bis kurz gestielt . . . . **1561. P. armeniaca**

1558. P. spinósa L. (Abb. 231 a–c) Schlehe, Schwarzdorn

♄, (♄), *N, M.* – H. 1,00–3,00(–5,00). Zweige zuletzt kahl, verdornend; Bl.knospen meist 1bl., zu zweien od. dreien; *Bl.stiele meist kahl;* Krb. weiß; *Fr.* ±kugelig, schwarzblau, stark bereift, *aufrecht,* ca. 10(–15) mm ∅; Bl. meist vor den B. erscheinend. IV–V. 2n = 32. Veränderlich, umfaßt u. a.:

var. s p i n ó s a; Bl.stiele u. Bl.achse kahl. – Häufigste Varietät.

var. d a s y p h ý l l a Schur; Bl.stiele u. Bl.achse behaart. – Selten, insbes. wohl M-D.

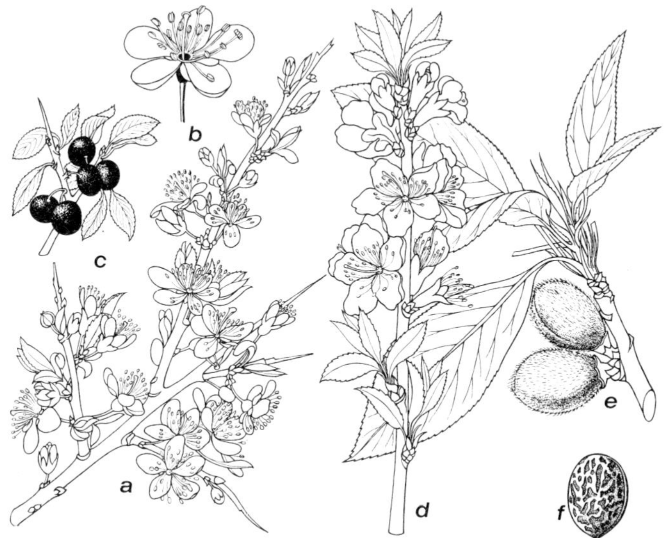

Abb. 231. *Prunus* spp., *a–c P. spinosa* (*a* Zweig mit Blüten, *b* Blüte, *c* Zweig mit Früchten), *d–f P. amygdalus* (*d* Zweig mit Blüten, *e* mit Früchten; *f* Steinkern).

Schlehen-Hecken u. -Gebüsche; warme, nährstoffreiche, meist kalkhaltige, oft auch steinige, lehmige Böden. – Verbreitet, insbes. M u. S (Alp. bis 1000 m), im N selten, streckenweise fehlend, daneben gepflanzt. – Eur., Vord.As., N-Afr.; submed-euras(-subatl).

Droge: Flores Pruni spinosae

1559. P. cerasífera Ehrh. Kirschpflaume, Myrobalane

ħ, ħ, *M*. – H. bis 8,00. Zweige stets kahl, meist dornenlos; Bl.knospen meist 1bl.; *Bl.stiele fast od. völlig kahl;* Krb. weiß; *Fr.* kugelig, rot od. gelb, *hängend,* 20–25 mm Ø. IV–V. Im Geb. nur var. c e r a s i f e r a (Kultursippe, Myrobalane). 2n = 16.

Gepflanzt, selten verwildert. – Gesamtart: SW-Sib., Kauk. u. Transkauk. bis N-Balk.

1560. P. doméstica L. Pflaume, Zwetsch(g)e etc.

ħ, ħ, *M (MM)*. – H. bis 8,00(10,00). Zweige kahl od. bis zum 2. Jahre filzig, selten mit Dornen; Bl.knospen meist 2bl.; *Bl.stiele weichhaarig;* Krb. weiß bis grünlichweiß; *Fr.* kugelig od. eiförmig, 1,5–8 cm lang, *nickend bis hängend;* Bl. mit den B. erscheinend. IV–V. 2n = 48. Die folgenden Unterarten umfassen die wichtigsten Kulturvarietäten (z. T. hybridogener Entstehung):

ssp. i n s i t í t i a (Juslen.) Schneider; Haferpflaume, Haferschlehe, Spilling; ♄ (–♄), H. 3,00–6,00; einjährige Zweige behaart; Zweige oft dornig; *Fr. rundlich,* ca. 1,5–3(–4) cm lang; Grundfarbe gelb od. schwarzblau; fleischiger Fr.wandteil am Stein haftend.

ssp. i t á l i c a (Borkh.) Gams; Edelpflaume, Reineclaude; einjährige Zweige behaart; *Fr. kugelig bis eiförmig, ca. 3–5 cm lang,* Grundfarbe grün, gelb, rot, blauschwarz; fleischiger Fr.wandteil am Stein haftend.

ssp. s y r í a c a (Borkh.) Janch.; Mirabelle; einjährige Zweige behaart; Fr. kugelig, ca. 2–3 cm ∅, Grundfarbe gelb od. grün; fleischiger Fr.wandteil leicht vom Stein zu lösen.

ssp. d o m é s t i c a; Zwetschge, Pflaume; einjährige Zweige kahl, bzw. sehr früh verkahlend; Fr. meist länglich-eiförmig, etwa 4–8 cm lang; fleischiger Fr.wandteil meist leicht vom Stein zu lösen.

Alle Unterarten in verschiedenen Kulturvarietäten gepflanzt. – Wildvorkommen unsicher; Ursprung: wahrscheinlich Vord.As.

1561. P. armeníaca L. Aprikose

♄, *M, (MM).* – H. bis 5,00 (selten bis 10,00). Zweige kahl; B. rundlich, plötzlich zugespitzt, am Grd. gestutzt, seltener schwach herzförmig; K.becher rötlich, am Grd. kurz behaart, von Knospenschuppen umgeben; Krb. vorerst rötlich, später weiß; Fr. rundlich, bis ca. 5 cm ∅; Stein glatt, sich leicht lösend; Bl. vor den B. III–IV. 2n = 16.

Gepflanzt in verschiedenen Kulturvarietäten, insbes. im s. Geb. – Herkunft: N-China, Mandschurei, Dahur. bis Turk., Kauk.

2. Subgen. A m ý g d a l u s (L.) Focke

I. Bl. zu zweit (selten einzeln); Steinfr. lederartig; Stein meist nur grubig punktiert, rel. dünnschalig .... **1562. P. amygdalus**

II. Bl. einzeln (selten zu 2); Steinfr. fleischig, sehr saftig; Stein gefurcht, löcherig, dickschalig .... **1563. P. persica**

1562. P. amýgdalus Batsch (Abb. 231d–f) Mandelbaum
[= P. communis (L.) Fritsch]

♄, *M.* – H. 2,00–5,00. B. drüsig-gesägt, meist in od. über der Mitte am breitesten, länglich verkehrt-eiförmig bis lanzettlich, spitz; *B.stiel* drüsig, *so lang od. länger als die halbe B.breite;* Bl.stiele öfter die Knospenschuppen überragend; Kb. außen etwas wollig; Krb. hellrosenrot od. weiß. III–IV. 2n = 16. Abgesehen von Formen, die wegen der Bl. gepflanzt werden, umfaßt die Art die folg. Var. zur Samenverwertung:

var. a m á r a (DC.) Focke; Bittermandel; Steinschale dick, Kern bitter.

var. s a t í v a (Ludw.) Focke; Süßmandel; Steinschale dick, Kern nicht bitter.

var. f r á g i l i s (Borkh.) Focke; Krachmandel; Steinschale dünn, Kern bitter od. nicht bitter.

Verschiedene Kulturvarietäten; gelegentlich, insbes. in warmen Lagen des Rheingrabens gepflanzt. – Heimat der Wildformen: W-, SW-As.

Droge: Semen Amygdalae amarae [von var. amara (DC.) Focke]

P. tenélla Batsch [= P. nana (L.) Stokes]; Zwergmandel; ♄, *N* – H. bis 1,50; Ausläufer; Zweige rutenförmig; B. ±lanzettl., am Grd. keilförmig in kurzen B.stiel verschmälert, scharf u. fein gesägt; Bl. zu 1–3 sitzend, hell rosenrot; gepflanzt u. selten verwildert (z. B. alte Weinberge bei Dornburg/Saale); Heimat sö. Österr., Ung. bis O-Sib.

1563. P. pérsica (L.) Batsch — Pfirsich

♄, *M*. – H. bis 8,00. B. drüsenlos-scharf-gesägt, meist in od. etwas über der Mitte am breitesten, ±lanzettlich, zugespitzt; *B.stiel* kurz, *kürzer als die halbe B.breite;* Bl.stiele sehr kurz; Bl. am Grd. von Knospenschuppen umgeben; Kb. außen fast ganz wollig; Krb. hell-rosenrot. IV–V. 2n = 16.

Gepflanzt in verschiedenen Kulturvarietäten. – Heimat: N- u. M-China.

3. Subgen. C e r á s u s (Mill.) Focke

I. Blst. doldig, sitzend, 2- bis 4bl., am Grd. mit großen Knospenschuppen
  A. Blst. am Grd. neben aufrechten Knospenschuppen noch 1 bis wenige Laubb.
    1. B. bis 4(–5) cm lang, an der Spitze abgerundet od. stumpf, (B.stiel fast nie mit Drüsen) ...... **1564. P. fruticosa**
    2. B. 8–12 cm lang, ±zugespitzt (B.stiel od. Spreitengrd. meist mit 1–3 Drüsen) .... **1565. P. cerasus**
  B. Blst. am Grd. nur mit Knospenschuppen, äußere aufrecht, innere zurückgeschlagen .... **1566. P. avium**
II. Blst. traubig, gestielt, 3- bis 14bl., nach den B. erscheinend .... **1567. P. mahaleb**

1564. P. fruticósa Pall. — Zwergkirsche

♄, *N, (M)*. – H. 0,50–1,25(3,00). Äste dünn; B. der Kurztriebe verkehrt-eiförmig, rundlich, stumpflich, die der Langtriebe mehr lanzettlich spitz od. etwas zugespitzt; *B.stiele drüsenlos; Krb. verkehrt-eiförmig, ausgerandet;* Fr. kugelig bis eiförmig (bis 1 cm lang), rot; *Steinkern eiförmig, spitz.* IV–V. 2n = 32.

Trockenbuschges.; warme, lockere Kalksteinböden. – Selten: Unstrut-Saale-Geb.; Oberrhein von Müllheim bis Bingen, oberes Donautal (ob ursprünglich?); Rheinpfalz, unteres Nahegeb., Kraichgau. – M-Eur., O-Eur., N-Balk. bis Kauk. u. SW-Sib.; kont.

1565. P. cerásus L. p.p. — Sauerkirsche, Strauchweichsel etc.

♄, ♄, *N, M, (MM)*. – H. bis 6,00 (10,00). *B.*spreitengrund od. B.stiele *mit Dr.; Krb. rundlich, nicht ausgerandet,* weiß; Fr. kugelig, hell- bis dunkelrot (selten gelblich), säuerlich; *Steinkern kugelig bis eiförmig.* IV–V. Umfaßt u. a.:
ssp. á c i d a (Dum.) Aschers. et Graebn.; Strauchweichsel; ♄, ♄; mit Ausläufern; H. 1,00–2,00; Äste meist ±überhängend, dünn; B. dunkelgrün, länglich-verkehrt-eiförmig, zugespitzt, ungleich u. fast doppelt-gekerbt-drüsig-gesägt; an der Spitze des *B.stieles* meist *2 Drüsen;* Krb. rundlich, nicht aus-

gerandet; Fr. kugelig; Steinkern eiförmig, ohne scharfe Kanten. 2n = 32. Gepflanzt in verschiedenen Kulturvarietäten („Ostheimer Weichsel", „Schattenmorelle") u. nicht selten verwildert. – Wildformen: O-Medit.

ssp. c e r á s u s; Glaskirschen etc.; ♄, ♄; H. bis 6,00 (10,00). Äste aufrecht-abstehend, kräftig; *B.* lebhaft-grün, flach, oval, zugespitzt, fast doppelt-gesägt-gekerbt, *am Grd. 1- bis 3drüsig; B.stiel meist drüsenlos;* Krb. rundlich, nicht ausgerandet; Fr. u. Steinkern kugelig. 2n = 32. Umfaßt u. a.:

var. c e r á s u s; Glaskirschen, Amarellen; Bl.stiele kurz, meist nur 2- bis 3mal so lang wie der K.becher; Fr.fleisch mit hellem, nicht färbendem Saft; Stein sich nicht vom Fr.stiel loslösend. – Gepflanzt in verschiedenen Kulturvarietäten.

var. a u s t é r a L.; Süßweichsel, Morellen; Bl.stiele lang; Fr.fleisch mit dunklem, färbendem Saft; Stein sich leicht vom Fr.stiel lösend. – Gepflanzt in verschiedenen Kulturvarietäten.

Heimat bzw. Herkunft der Wildformen: SO-Eur. bis W-As.

1566. P. ávium L. Vogelkirsche, Süßkirsche

♄, *M, MM.* – H. bis 20,00. Äste aufrecht od. aufstrebend; B. etwas runzelig, ziemlich dünn, unterseits weichhaarig; *an der Spitze des B.stieles mit 1–2 Drüsen;* Krb. rundlich-eiförmig, meist ausgerandet, weiß; Fr. kugelig, gelb-rot bis schwarz-rot; Steinkern länglich-eiförmig. IV bis V. 2n = 16.

var. á v i u m; Vogelkirsche (Wildsippe); Fr. klein, etwa erbsengroß (bis höchstens 1 cm ⌀, zuletzt schwarz, wenig saftig, bittersüß. Laubmischwaldges. (Eichen-Hainbuchenwaldges.); frische, nährstoffreiche, lehmige Böden. – Zerstreut im N-Flachland, streckenweise fehlend; zerstreut bis verbreitet: M u. S (Alp. bis 1700 m). – Eur. bis W-Sib., Kl.As., Kauk., N-Pers., S-Turkest.; euras-submed(-subatl).

var. j u l i á n a (L.) Schübl. et Mart.; Herzkirsche; Fr. größer als 1 cm ⌀; Fr.fleisch saftig, weich, meist schwärzlich. – Gepflanzt in verschiedenen Kulturvarietäten.

var. d u r a c í n a (L.) Schübl. et Mart.; Knorpelkirsche; Fr. größer als 1 cm ⌀; Fr.fleisch härtlich, meist gelb od. rot, seltener schwarz. – Gepflanzt in verschiedenen Kulturvarietäten.

1567. P. máhaleb L. Felsenkirsche, Weichselkirsche

♄, ♄, *M, (MM).* – H. 2,00–6,00(10,00). Äste sparrig, zuletzt etwas überhängend, jung filzig-grau; B. rundlich-eiförmig, kerbig-gesägt, unterseits nur auf den Nerven behaart; *Blst. fast ebensträußig, gestielt, 3- bis 14bl.;* Krb. eiförmig, weiß; Fr. rundlich-eiförmig, bis 10 mm ⌀, dunkelrot-schwarz, herb. IV–V. 2n = 16.

Trockenbusch- u. Trockenwaldges.; warme Lehm- u. Kalksteinverwitterungsböden. – Zerstreut bis selten: Rheintal, n. bis Siebengebg.; Rheinpfalz, oberes Donautal; daneben gepflanzt u. verschiedentlich verwildert bis eingebürgert. – S-Eur. (bis S-Belg., M-Rhein), Kl.As., Kauk., Turk., Mesop., Syr.; submed(-kont).

4. Subgen. P á d u s (Mill.) Focke

I. B. nicht od. sehr selten lederartig, oberseits nicht glänzend; Kb. zur Fr.zeit ganz od. bis auf einen scheibenförmigen Rest abfallend .... **1568. P. padus**
II. B. derb, fast lederartig werdend, oberseits glänzend; Kb. zur Fr.zeit noch ganz erhalten .... **1569. P. serotina**

1568. P. pádus L. Traubenkirsche

ḫ, ḫ, *M, MM.* – H. 3,00–15,00. Äste meist aufrecht-abstehend; *B.* breit-elliptisch od. länglich-verkehrt-eiförmig, selten lederartig, fein gesägt, *oberseits* meist etwas runzelig, *nicht glänzend;* Blst. eine überhängende od. ±aufrechte reichbl. Traube; Krb. verkehrt-eiförmig, weiß; Fr. kugelig, bis 8 mm lang, schwarz, glänzend (selten weißlich). V. 2n = 32.

var. p á d u s; ḫ–ḫ; Blst. überhängend bis hängend; B. nicht derb.
Laubmischwaldges.; feuchte bis nasse, nährstoffreiche, tonige u. lehmige Böden. – Im N zerstreut u. streckenweise fehlend, sonst zerstreut bis verbreitet (Alp. bis 1450 m); selten in reinem Kalkgeb.; daneben gepflanzt. – euras.

var. p e t r ǽ a (Tausch) Fiek; ḫ; Blst. aufrecht od. nur etwas überhängend; B. bisweilen derb bis etwas lederartig; Bl. meist kleiner; Blst. dichter.
U. a. in Schluchtwaldges., Hochstaudenges.; quellige, nasse Standorte. – Selten: Riesengebg., Harz (?), Schwarzwald, bay. Hochebene; daneben gepflanzt. – no-praealp.

Gesamtart: Eur. (s. bis Span., N-Ital., N-Balk.); gem. As. bis Sach., Kauk.

1569. P. serótina Ehrh. Spätblühende od. Virginische Traubenkirsche

ḫ, ḫ, *M.* – H. bis 8,00. Äste abstehend od. aufrecht; *B.* länglich-verkehrt-eiförmig, in den Stiel verschmälert, derb, fast lederartig werdend, *oberseits glänzend,* unterseits hellgrün; Blst. eine ±aufrechte od. auch überhängende Traube; Krb. verkehrt-eiförmig, weiß bis gelblichweiß; Fr. eiförmig-kugelig, zuletzt schwarzrot. V–VI. 2n = 32.

Gepflanzt (auch forstlich), selten verwildert. – Heimat: ö. N-Am.

Bastarde bzw. Hybriden:
Neben verschiedenen kultivierten Hybriden sind wild bzw. verwildert als Bastard bzw. Hybride u. a. beobachtet worden: P. avium × cerasus, P. cerasus × fruticosa.

4. Unterordn. Leguminosíneae

71. Fam. LEGUMINOSAE Juss. (= Fabáceae Lindl.)

Schmetterlingsblütler

I. Alle 10 Filamente in ein röhriges Bündel verwachsen
  A. K. deutlich 2lippig; Flügel am Grd. des oberen Randes fein-querfaltig-runzelig
    1. Kräuter; St. nicht breit geflügelt; B. vielfingerig (mehr als 3zählig); Schiffchen lang-geschnäbelt (K.lippen viel länger als die K.röhre) . . . . **399. Lupinus**
    2. Holzgewächse od. Halbsträucher mit breiten, häutig-lederartigen Flügeln; B. einfach od. 3zählig; Schiffchen stumpf
      a) K.lippen kürzer als die K.röhre; B. 3zählig od. einfach
        x) Bl. in reichbl. hängenden Trauben (S. ohne Nabelwulst) . . . . **400. Laburnum**
        xx) Bl. in aufrechten Trauben od. gebüschelt od. zu wenigen od. einzeln (S. mit Nabelwulst)
          /) Gr. einfach aufsteigend, pfriemlich; N. nach der Rückennaht abgeschrägt **401. Cytisus**
          //) Gr. posthornförmig-zusammengerollt, oberseits verbreitert; N. gerade . . . . . **402. Sarothamnus**
      b) K.lippen länger als die K.röhre; B. einfach, lanzettl. od. dornig (selten od. jung 3zählig)
        x) B. nicht dornig; Kr. mindestens 2mal so lang wie der K. (S. ohne Nabelwulst) . . . **403. Genista**
        xx) B. dornig; Kr. wenig länger als der K. (S. mit Nabelwulst) . . . . **404. Ulex**
  B. K. nicht 2lippig; Flügel nicht querfaltig-runzelig.
    1. B. 3zählig
      a) B.chen gezähnt, ohne Nebenb.chen . . . . **420. Ononis**
      b) B.chen ganzrandig, mit Nebenb.chen . . . . . . **429. Glycine**
    2. B. gefiedert; B.chen ganzrandig
      a) Bl. in Köpfchen zusammengedrängt; Hülse kurz, wenigsamig . . . . **411. Anthyllis**
      b) Bl. in Trauben; Hülse lang u. schlank, vielsamig . . . . **405. Galega**
II. Das Fahnenstbb. frei, die Stbf. der übrigen 9 Stbb. lang verwachsen
  A. B. ohne Ranken u. ohne stachelförmige Spitze (höchstens nach Abfallen des Endb.chens u. der Seitenb.chen Spindel verdornend)
    1. B. mehr als 3zählig, unpaarig gefiedert, od. Nebenb. den übrigen 3 B.chen gleich gestaltet (B. nicht 3zählig mit kleinen Nebenb.)

a) Hülse nicht quer gegliedert (bisweilen durch falsche Scheidewand längs gefächert), nicht 1- bis 2samig u. dann nüßchenartig
 x) Nebenb. kleiner als die Fiederb.chen u. anders gestaltet
  /) Gr. oberwärts gebärtet
   §) Hülse von der Seite zusammengedrückt, vielsamig (Bl. weiß) . . . **406. Robinia**
   §§) Hülse aufgeblasen, wenigsamig (Bl. gelb) . . . . **407. Colutea**
  //) Gr. nicht gebärtet
   §) Schiffchen stumpf; Hülse durch falsche Scheidewand von Bauch- u. Rückennaht oft zweifächerig **409. Astragalus**
   §§) Schiffchen geschnäbelt; Hülse von der Bauchnaht her meist längsgekammert . . . . **410. Oxytropis**
 xx) Nebenb. den Fieder- bzw. Fingerb.chen gleich gestaltet
  /) Schiffchen stumpf; Hülse nicht gefächert (Bl. weiß) . . . . **412. Dorycnium**
  //) Schiffchen geschnäbelt; Hülse ± deutlich quer gefächert (Bl. gelb od. rot)
   §) Hülse fast stielrund; Gr. nach der Spitze verschmälert (Bl. in Dolden) . . . . **418. Lotus**
   §§) Hülse 4kantig od. 4flügelig; Gr. nach der Spitze verdickt (Bl. einzeln od. zu 2) . . . . **414. Tetragonolobus**

b) Hülse quer gegliedert (bei Onobrychis auf 1 nüßchenartiges Glied reduziert)
 x) Bl. in Dolden; Fahne zurückgeschlagen
  /) Hülse fast walzlich; Glieder nicht hufeisenförmig
   §) Schiffchen geschnäbelt; Hülsenglieder fast walzlich . . . . **415. Coronilla**
   §§) Schiffchen stumpf; Glieder ± kugelig . . . . **416. Ornithopus**
  //) Hülse seitlich zusammengedrückt, gekrümmt; Glieder hufeisenförmig (Schiffchen geschnäbelt) . . . . **417. Hippocrepis**
 xx) Bl. in Trauben; Fahne dachig vorgestreckt (Schiffchen stumpf)
  /) Hülse mehrsamig, bei der Reife in 1samige Glieder zerfallend; Nebenb. zu blattgegenständiger Schuppe verwachsen . . . . **418. Hedysarum**
  //) Hülse 1- bis 2samig, bei der Reife nicht zerfallend; Nebenb. frei od. wenig verwachsen . . . . **419. Onobrychis**

2. B. 3zählig mit anders gestalteten Nebenb.
   a) B.chen ohne Nebenb.chen; Gr. nicht gebärtet (Keimb. laubig; B.chen ± gezähnelt)
      x) Nägel aller Krb. frei, nicht mit der Stbf.-röhre verwachsen; Kr. bei der Reife abfallend
         /) Hülsen nicht sichel- od. schraubenförmig gebogen
            §) Bl. einzeln od. in wenigbl. doldenförmigen Blst. (Hülse fast gerade od. nur wenig gebogen, eiförmig, länglich od. lineal.) ..... **421. Trigonella**
            §§) Bl. in langen, ährenförmigen Trauben (Hülse kurz, dick, verkehrt-eiförmig od. fast kugelig) **422. Melilotus**
         //) Hülsen sichel- od. schraubenförmig (Bl. in Köpfchen) .... **423. Medicago**
      xx) Nägel aller od. nur die der 4 vorderen Krb. mit der Stbf.röhre verwachsen; Kr. bei der Reife bleibend .... **424. Trifolium**
   b) B.chen mit Nebenb.chen; Gr. oberseits unter der Spitze gebärtet (Keimb. stark verdickt) **430. Phaseolus**

B. B. mit Ranken od. mit stachelförmiger Spitze (selten nur Ranken od. nur einfache, lanzettl. Phyllodien; nur ausnahmsweise mit Endb.chen)
1. Strauch; B. mit Stachelspitze (Bl. zu 1–3, gelb) **408. Caragana**
2. Kräuter; B. mit Ranke od. Stachelspitze
   a) Stbf.röhre schief abgeschnitten (untere Stbf. stufenweise immer höher hinauf verwachsen)
      x) Gr. fadenförmig, auf der Schiffchenseite gebärtet od. ringsum gleichmäßig-behaart; K.zähne kürzer od. so lang wie die Röhre .... **425. Vicia**
      xx) Gr. flach, auf der Fahnenseite unter der Spitze gebärtet; K.zähne länger als die K.röhre .... **426. Lens**
   b) Stbf.röhre quer abgeschnitten (Filamente gleich lang verwachsen; Gr. nur fahnenseitig ± gebärtet)
      x) Gr. flach (größte Breite transversal), zuweilen tordiert; Nebenb. kleiner als die B.chen .... **427. Lathyrus**
      xx) Gr. zu einer schiffchenseitig offenen Rinne zusammengefaltet (größte Br. scheinbar median); Nebenb. so groß od. größer als die B.chen .... **428. Pisum**

399. Lupínus L. Lupine
x = 5,6,(13,17)

I. Pfl. ⊙ (Bl. gelb, weiß od. blau)
  A. Bl. quirlig, sitzend, mit bleibenden Tragb. (Bl.gelb) **1570. L. luteus**
  B. Bl. wechselständig, kaum genähert, gestielt, Tragb. hinfällig
    1. Krb. weiß, nur an den Spitzen bläulich .... **1571. L. albus**
    2. Krb. blau .... **1572. L. angustifolius**
II. Pfl. ♃ (Bl. meist blau)
  A. B. 7- bis 9fingerig; Vorb. oft vorhanden .... **1573. L. perennis**
  B. B. (9-) 13- bis 15fingerig; Vorb. fehlend ..... **1574. L. polyphyllus**

1570. L. lúteus L. (Abb. 232 a–c) Gelbe L.

⊙, *Th.* – H. 0,30–1,00. B. 7- bis 11zählig, *B.chen länglich;* Oberlippe des K. 2teilig, Unterlippe 3zähnig; Kr. gelb; Bl. wohlriechend. VI–IX. 2 n = 52,(50). Verschiedene Kulturvarietäten.
Gebaut als Gründüngungs- u. Futterpfl., insbes. N-arme, saure, Sandböden. – Heimat bzw. Herkunft: Pyrenäenhalbins., Kors., Sard., Siz.

1571. L. álbus L. Weiße L.

⊙, *Th.* – H. 0,30–1,25. B. 5- bis 7zählig; *B.chen verkehrt-eiförmig-länglich; Oberlippe des K. ungeteilt,* Unterlippe 3zähnig, wenig länger als die Oberlippe; Kr. weiß u. bläulich. VI–VII. 2 n = 50, 40, 30. Kulturvarietäten.
Gebaut als Futter- u. Gründungungspfl. – Heimat bzw. Herkunft: Korsika, vielleicht auch weiteres Medit.

1572. L. angustifólius L. Blaue L.

⊙, *Th.* – H. 0,30–1,25. B. 5- bis 9zählig; *B.chen linealisch, unterseits angedrückt-weichhaarig; Oberlippe des K. 2spaltig,* Unterlippe ungezähnt od. schwach 3zähnig, viel länger als die Oberlippe; Kr. (hell)blau, selten weiß od. purpurn. V–VII. 2 n = 40, 48. Kulturvarietäten.
Gebaut als Gründüngungs- u. Futterpfl., Kaffeersatz. – Heimat bzw. Herkunft: Medit. (Span. bis Syr.).

1573. L. perénnis L. Ausdauernde L.

♃, *H.* – H. 0,40–0,60. *B. 7- bis 9zählig;* B.chen verkehrt-eiförmig-länglich, unterseits schwach behaart; Oberlippe des K. ausgerandet, Unterlippe fast ungeteilt; Kr. blau; Schiffchen bewimpert; Fr. bis 5samig. V–IX. 2 n = 48. Kulturvarietäten.
Gebaut als Futter- u. Gründüngungspflanze. – Heimat bzw. Herkunft: Atl. N-Am.

Abb. 232. *a–c Lupinus luteus* (*a* Habitus, *b* Staubblätter u. Fruchtblatt, *c* Frucht); *d–f Laburnum anagyroides* (*d* Blütenstand, *e* Blüte, *f* Frucht).

1574. L. polyphýllus Lindl. Vielblättrige L.

♃, *H.* – H. 1,00–1,50. *B.* (9-)*13- bis 15zählig;* B.chen lanzettlich, unterseits weich-seidenhaarig; K. mit meist od. fast ungeteilten Lippen; Kr. meist blau, daneben rote od. weiß-gelbe Kulturvarietäten; Schiffchen kahl; Fr. vielsamig. VI–IX. 2n = 48. Verschiedene Kulturvarietäten.

Gebaut als Futterpfl., gepflanzt u. öfters verwildert. – Heimat bzw. Herkunft: Pazif. N-Am.

400. Laburnum Fabricius Goldregen

x = 6

1575. L. anagyroídes Med. (Abb. 232 d–f) Goldregen, Bohnenbaum (= L. vulgare Griseb.)

♄, ♄, *M.* – H. bis 7,00; B.chen elliptisch; Trauben seitenständig, reichbl., hängend, angedrückt-behaart; Kr. gelb; Hülse seidenhaarig. V–VI. 2n = 48. Mehrere, z. T. geographisch getrennte Rassen.

Vielleicht w. Rasse wild in Trockenwaldges.; warme, frische Kalksteinverwitterungsböden, so Mosel, Kaiserstuhl; sonst gepflanzt u. gelegentlich verwildert, so unteres Unstrutgeb. – Gesamtart: Frankr., Alp., N-Balk., submed-(praealp).

401. Cytisus L. Geißklee

x = 6

I. K. glockig, etwa so lang wie breit, kaum länger; K.röhre kurz (Bl. in unbeblätterter Traube) . . . . **1576. C. nigricans**
II. K. röhrig, mehr als 2mal so lang wie breit; K.röhre länger als die Zipfel
A. Bl. einzeln od. bis zu 3, seitenständig . . . . **1577. C. ratisbonensis**
B. Bl. (2–10) in endständig-kopfigem Blst . . . . **1578. C. supinus**

1576. C. nígricans L. (Abb. 233a–e) Schwarzer G.

ƀ, *N.* – H. 0,50–1,25; Äste aufsteigend, seltener aufrecht; B.chen verkehrt-eiförmig od. länglich, unterseits nebst den Hülsen angedrückt-behaart; *Trauben endständig, reichbl., verlängert, aufrecht.* VI–VIII. 2n = 48.

Trockenwaldges. (Kiefern-Tr.); warme, nährstoff- u. oft kalkhaltige Steinverwitterungsböden. – Selten u. zerstreut: SO-Brand., Ostpr., Schles., Sachs. (Vogtland, Dresden), Thür. (Saale- u. Schwarzatal, Berga a. Elster), Neckargeb., Frankenjura, um Regensburg, Naabgeb. bis Fichtelgebg. u. oberpfälz. Senke bis Bayreuth, donauabwärts bis Passau; schwäb. Jura, oberes Donaugeb., Hegau, w. Bodenseegeb.; fehlt Voralp. u. Alp. – D., Österr., Oberital., Balk. bis W-, M-, S-Rußl.; gem-kont.

1577. C. ratisbonénsis Schaeff. Regensburger G.

ƀ, *Ch.* – H. bis 0,30 St. liegend, 0,15–0,60 lang; *Äste gestreckt;* Ästchen aufstrebend, nebst den B.chen u. K. *mit angedrückten Seidenhaaren* besetzt; Äste später verkahlend; *Bl. seitenständig, meist zu zweien,* kurzgestielt. V–VI. 2n = ca. 48.

Kiefernsteppenwald- u. Trockenrasenges.; mild-humose, steinige Substrate. – Zerstreut bis selten: Ostpr., Schles.; verbreiteter im s. Geb. (Hochebene westl. bis zum Lech, südl. bis Burghausen, Wasserburg a. Inn; bis München, Holzkirchen, Tölz, zwischen Starnberger- u. Ammersee; bes. häufig um Regensburg; Naab- u. Labergeb.). O-D., S-D., Österr., N-Balk. bis Schwarz. Meer, Ural, Altai; gem-kont.

1578. C. supínus L. Kopf-G.
(= C. capitatus Scop.)

ƀ, *N.* – H. 0,20–0,60. *Äste aufsteigend, aufrecht-abstehend,* später niedergebogen; Ästchen nebst den B.chen u. K. mit *abstehenden, zottig-rauhen Haaren* besetzt, selten K. mit zerstreuten, kürzeren, mehr angedrückten Haaren; *Bl. endständig, doldig-kopfförmig,* zahlreich; Fahne ganz od. fast ganz kahl. VI–VIII. 2n = 96.

Kiefernsteppenwald- u. Trockenrasenges.; warme, nährstoffhaltige, meist kalkfreie, steinige Böden. – Selten: Schles., Thür. (Saalfeld, Creutzburg), Brand. (Havel- u. Odergeb.); häufiger im ö. Bay., um Regensburg, selten n. des Chiemsees u. vereinzelt im Donautal bei Straubing. – O-D., S-Frankr. bis Balk. u. M-, W-Rußl.; gem-kont.

Abb. 233. *a–e Cytisus nigricans* (*a* Sproßspitze mit Blütenständen, *b* Staubblätter u. Fruchtblatt, *c* Schiffchen, *d* Kelch, *e* Frucht); *f–h Sarothamnus scoparius* (*f* Sproßabschnitt mit Blüten u. junger Frucht, *g* Blüte; *h* Staubblätter, Frucht- u. Schiffchenblatt mit Kelch).

402. Sarothamnus Wimmer — Besenginster

x = 23

1579. S. scopárius (L.) Wimm. (Abb. 233f–h)

ђ, *N.* – H. 0,50–2,00. St. aufrecht. nebst den grünen, rutenförmigen Ästen scharfkantig; B. 3zählig od. einfach, mit verkehrt-eiförmigen, weichbehaarten B.chen; Kr. gelb, selten weiß, groß; Hülse zusammengedrückt, an beiden Nähten zottiggewimpert. V–VI. 2n = 46 (24, 48). Zwergstrauchheiden (Besenginster-Heiden); nährstoffhaltige, kalkfreie, silikatreiche Böden. – Verbreitet bis zerstreut, frostempfindlich, fehlt in Alp. u. auch sonst im Geb. mit kalkreichen Substraten. – W- u. M-Eur., bis Pol. u. Balk.; subatl.

Droge: Herba Sarothamni scoparii

Abb. 234. *a–e Genista germanica* (*a* Sproßabschnitt mit Blütenständen, *b* Blüte, *c* Kelch, *d* Staubblätter u. Fruchtblatt, *e* Frucht); *f–i Ulex europaeus* (*f* Sproßabschnitt mit Blüten, *g* Blüte, *h* Staubblätter u. Fruchtblatt, *i* Frucht).

403. Genísta L. — Ginster

x = 6,7?

I. Zweige nicht geflügelt, rund od. kantig
 A. Pfl. dornig (selten dornenlos; Blst. traubig)
  1. Pfl. (Bl.zweige, K., Hülse etc.) behaart .... **1580. G. germanica**
  2. Pfl. kahl .... **1581. G. anglica**
 B. Pfl. dornenlos
  1. Bl. in endständigen Trauben .... **1582. G. tinctoria**
  2. Bl. seitenständig in den Achseln der B., zu 1–2 **1583. G. pilosa**
II. Zweige mit deutlichen, breiten, herablaufenden Flügeln .... **1584. G. sagittalis**

1580. G. germánica L. (Abb. 234a–e) — Deutscher G.

♄, *Ch.* – H. 0,10–0,60. *Ästchen* beblättert, *weich behaart,* blütentragende dornenlos; B. lanzettl. od. ellipt.; *Tragb. pfriemlich, halb so lang wie der Bl.stiel;* Kr. goldgelb; Hülse behaart. V–VI. 2n = 46–48.

Zwergstrauchheiden (Ginsterheiden), Eichen-Birkenwald-Ges.; nährstoffärmere, kalkfreie, lehmige od. sandige Böden. – Zerstreut, fehlt Alp. u. im N über größere Strecken. – Gem. Eur.; N-, M-Ital., N-Balk.; euras-subozean.

1581. G. ánglica L. Englischer G.

♄, *Ch.* – H. 0,10–0,50. *Ästchen kahl;* B. lanzettl. od. eiförmig; *Tragb. blattartig, länger als der Bl.stiel;* Kr. meist goldgelb, selten hellgelb; Hülse kahl. V–VI. 2n = 48, 42. Wohl vernale u. aestivale Typen im Geb.

Zwergstrauchheiden (Ginsterheiden); meist nährstoffärmere, kalkfreie, saure, lehmige Sandböden. – Verbreitet: NW (südl. u. östl. etwa bis Hohes Venn, Aachen, Braunschweig, N-Harz, Zerbst, Rathenow, Schwerin-Grabow), sonst sehr selten: u. a. im SW (Wiesental, Freiburg). – Atl. Küstengeb. von S-Schwed. bis Portug., Span., Engl., S-Frankr., Calabr.; atl.

1582. G. tinctória L. Färber-G.

♄, ♄, *Ch, N.* – H. (0,10)0,30–0,60(0,80). B. ellipt. bis lanzettl., kahl od am Rande weichhaarig; *Bl. in endständigen Trauben;* K. u. Kr. kahl; Hülse kahl, selten behaart; Kr. goldgelb. VI–VIII. 2n = 48. Vielgestaltig, umfaßt im Geb. u. a.:

ssp. t i n c t ó r i a; H. 0,30–0,60; nicht rasenbildend, Zweige aufsteigend; B. ellipt. bis lanzettl.; Bl. mittelgroß.

Zwergstrauchheiden, Borstgrasrasen, Halbtrockenrasenges. etc.; nährstoffhaltige, meist kalkärmere, sandig-lehmige od. steinige Substrate. – Verbreitet, stellenweise häufig, fehlt in Alp. u. streckenweise im N-Flachland; selten: Küstengeb.

ssp. l i t o r á l i s (Corb.); H. 0,10–0,15; rasenbildend (fast *H*); Zweige am Grd. niederliegend, krautige Teile aufsteigend; B. lineal.-lanzettl., klein; Bl. groß.

Zwergstrauchheiden; entkalkte, ruhende Sandböden. – Zerstreut: nur NW (n. Küstengeb. der N-See, nordfries. Ins.). – NW-D., Dän., Frankr., Engl.; atl.

Gesamtart: Gem. Eur. bis Ural, Medit., Kl.As., Kauk.; subatl-submed.

1583. G. pilósa L. Behaarter G.

♄, *Ch.* – H. 0,10–0,30. B. länglich-lanzettl., unterseits nebst Ästen, Bl.stielen, K., *Fahne, Schiffchen u. Hülse seidenhaarig; Bl. seitenständig;* Kr. gelb IV–VII. 2n = 24. Verschiedene Formen.

Insbes. Zwergstrauchheiden; meist saure, nährstoffarme Sand- od. Silikatgesteinsböden; selten Trockenrasen- u. Trockenwaldges. – Zerstreut: im N ö. bis Pomm.; M u. SW (Rheinpfalz stellenweise häufig, hier auch auf Kalk), Schwarzwald(?); s. der Donau fehlend; vereinzelt Bay. Wald. – W- u. M-Eur., S-Schwed., N-Balk., Ital.; subatl.

1584. G. sagittális L. Flügel-G.

♄, *Ch.* – H. 0,10–0,25. *St. niederliegend, rasenbildend, geflügelt-2-schneidig, gegliedert; B. wechselständig,* mit den B.stielen abfallend; Bl. in endständiger, fast kopfförmiger Traube; Kr. hell-goldgelb; Hülse behaart. V–VII. 2n = 48, (46), 42–45.

Borstgrasrasenges., Magerweiden; meist nährstoffärmere, warme, meist kalkfreie, lehmige u. oft steinige Böden. – Zerstreut, streckenweise häufig: Rhein/Maingeb., Voges. bis Eifel, Schwarzwald bis Taunus, östl. bis Regensbg., Amberg; sonst vereinzelt (wohl z. T. verschleppt): Meckl., Anh., Brand., Thür., südl. der Donau (fehlt bay. Alp.). – M-Eur., SW-Eur. (Span. bis N-Balk.); med-atl.

404. Úlex L. Stechginster

x = 8

1585. U. europaéus L. (Abb. 234f–i)

♄, *N, (M)*. – H. 1,00–1,50 (selten über 2,00). B. lineal., an der Spitze dornig, die Tragb. etwa so lang wie der Bl.stiel; die unter dem K. befindlichen Vorb. viel breiter als der Bl.stiel; K. u. Hülse zottig; Kr. goldgelb. IV–VII. 2n = 96.

Atl. Zwergstrauchheiden; nährstoffhaltige bis nährstoffärmere, kalkfreie, saure, sandige od. auch torfige Böden. – Zerstreut bis selten: NW, sonst sehr selten (z. T. verschleppt), daneben verschiedentlich als Wildfutterpfl. gepflanzt. – W-Eur., NW-D.; daneben bis Skand., Balk. verwildert; atl.

405. Galéga L. Geißraute

x = 8

1586. G. officinális L. (Abb. 235 a–d) Gebräuchliche G.

♃, *H*. – H. 0,60–1,25. B.chen ellipt. bis lanzettl., stachelspitzig, kahl; Nebenb. klein, breit-lanzettl.; Traube länger als das B.; Kr. weiß, blau od. lila. VII–VIII. 2n = 16.

Sumpfige Wiesen, Ufer (Auenwaldpfl.). – Sehr selten: S-Schles. (Ratibor); sonst gelegentlich verwildert. – Pol., Schles., Böhm., Balk., S-Alp., Medit. bis Kauk., Pers.; o-med(-kont).

Droge: Herba Galegae

406. Robínia L. Robinie

1587. R. pseudacácia L. (Abb. 235 e–g) Wilde R. od. unechte Akazie

♄, *MM*. – H. bis 25,00. B.chen kurzgestielt, eiförmig; Nebenb. meist in starke Dornen umgebildet; Trauben hängend, locker; Bl. wohlriechend; Kr. weiß, selten rosa; Hülse kahl. V–VI. 2n = 20, 22.

Gepflanzt u. vielerorts eingebürgert, z. B. auf trockeneren, sandigen Böden. – Heimat: ö. N-Am.

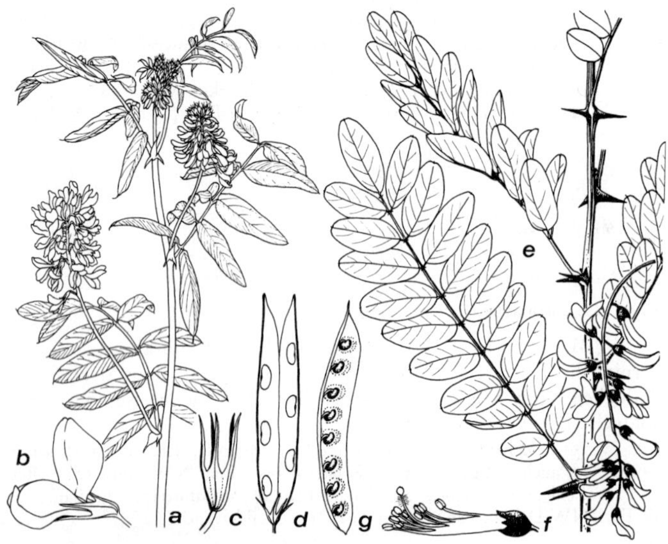

Abb. 235. *a–d Galega officinalis* (*a* Sproßausschnitt mit Blütenständen, *b* Blüte, *c* Kelch; *d* Frucht geöffnet); *e–g Robinia pseudacacia* (*e* Zweigausschnitt u. Blütenstand, *f* Staubblätter u. Fruchtblatt, *g* Frucht halbiert).

407. Colutea L. Blasenstrauch

x = 8

1588. C. arboréscens L. (Abb. 236)

ħ, *M*. – H. 2,00–5,00. B.chen ellipt., schwach-ausgerandet od. gestutzt; Kr. gelb, Fahne bräunlich gezeichnet, Höcker der Fahne stumpf, kurz; Hülse aufgeblasen, geschlossen. VI–VIII. 2n = 16.

Trockenbusch- u. Trockenwaldges.; warme Kalkstein- od. Lößböden. – Sehr selten: s. Oberrheintal (Kaiserstuhl-Müllheim), sonst häufig an Bahndämmen gepflanzt u. verwildert. – S-Eur. bis Transkauk., N-Afr.; submed.

408. Caragana Lam. Erbsenstrauch

x = 8

1589. C. arboréscens Lam.

ħ, *M*. – H. bis 5 m. B. 3- bis 5paarig gefiedert; B.chen ellipt., stachelspitzig; Blst. meist 1- bis 2bl., doldig; Kr. groß, goldgelb; Hülse lineal., stielrund. V–VI. 2n = 16.

Gepflanzt, gelegentlich verwildert. – Heimat: Sib., Mandsch.

Abb. 236. *Colutea arborescens* (Sproßausschnitt mit Blütenständen u. Früchten).

409. Astragalus L. Tragant

x = 8

I. Haare zumindest z. T. 2schenkelig, in der Mitte angeheftet
- A. B. mit 2–4(–9) Paar B.chen; Fr. am Grd. verschmälert, gestielt .... **1590. A. arenarius**
- B. B. mit 8–16 Paar B.chen; Fr. sitzend .... **1591. A. onobrychis**

II. Haare einfach, am Grd. angeheftet
- A. Bl. fast sitzend, in dichten Ähren od. Köpfchen
  - 1. Kr. blau bis violett, am Grd. gelblichweiß ..... **1592. A. danicus**
  - 2. Kr. hellgelb .... **1593. A. cicer**
- B. Bl. deutlich gestielt, meist locker-traubig
  - 1. St. entwickelt; Nebenb. nicht od. kaum mit dem B.stiel verwachsen
    - a) Frkn. u. Fr. sitzend od. fast sitzend .... **1594. A. glycyphyllos**
    - b) Frkn. u. Fr. ± lang gestielt
      - x) Nebenb. unter sich verbunden; Kr. violett od. weiß u. dann Schiffchen mit violetter Spitze

/) Flügel tief 2lappig (-2spaltig) od. zumindest ausgerandet .... **1595. A. australis**

//) Flügel nicht 2lappig, höchstens gestutzt .... **1596. A. alpinus**

xx) Nebenb. unter sich frei; Krb. gelb od. gelblich

/) Nebenb. 5–10 mm breit, oval; Fr. schwach aufgeblasen .... **1597. A. frigidus**

//) Nebenb. etwa 3 mm breit, lineal.-lanzettl.; Fr. stark aufgeblasen ...... **1598. A. penduliflorus**

2. St. nicht entwickelt; Nebenb. lang mit dem B.stiel verwachsen .... **1599. A. exscapus**

Droge: Tragacantha (Astragalus spp.)

1. Sect. Cercidóthrix

1590. A. arenárius L. Sand-T.

♃, *H.* – *St.* ausgebreitet, 0,15–0,30 lang, *nebst den B. u. K. von angedrückten Haaren grau,* sehr selten fast kahl; B. mit ± lineal. B.chen; Bl.trauben 4- bis 8bl., ihre Stiele kürzer als das B. Kr. fleischrot od. weiß; *Hülse lineal.-länglich, grau behaart, gestielt, Stiel etwa so lang wie die K.röhre.* VI–VII.

Kiefernwälder, Heiden, selten Äcker; sandige Böden. – Selten u. zerstreut: NO (O-Meckl. u. Brand., O-Sachs. u. Schles. bis Ostpr.), Bay. (Fränkisch. Keupergeb., u. a. Dinkelsbühl, Nürnberg (neuerdings nicht wieder bestätigt). – O-Eur. bis ö. M-Eur.; (gem-)kont.

1591. A. onobrýchis L. Fahnen-T.

♃, *H.* – St. 0,08–0,30 lang; B.chen lanzettlich; *Bl.trauben kopfig, länglich-eiförmig; Frkn. u. Hülse sitzend, letztere eiförmig, zugespitzt, rauhhaarig;* Kr. bläulichpurpurn; VI–VII. 2n = 64, (72).

Trockenrasen, Steppenrasen; warme, kalkreiche Substrate. – Sehr selten: früher Regensburg, Plattling, im S gelegentlich eingeschleppt. – SO-Eur. bis Altai, Kauk., CSR., Österr., Schweiz, Ital., S-Frankr.; europ-kont(-submed).

2. Sect. Hypoglóttis

1592. A. dánicus Retz. Dänischer T.

♃, *H.* – *St.* ausgebreitet, *anliegend-behaart,* 0,08–0,25 lang; B. 7- bis 12paarig, mit lanzettl. B.chen; *Bl.köpfe eiförmig,* nebst ihren Stielen länger als das B.; *Kr. violett; Frkn. u. Hülse im K. gestielt, letztere rundlich-eiförmig, am Grd. oft herzförmig, rauhhaarig.* V–VI. 2n = 16.

Steppen-, Trocken- u. Halbtrockenrasenges.; nährstoffreiche, meist kalkhaltige, sandige Böden. – Zerstreut bis selten: SO-Meckl., Pomm., O-Brand., S- u. M-Anh., M- u. N-Thür., Ostpr., Schles., Bay. Maingeb., auf Keupergips im oberen Aischtal, Rheinpfalz. – Engl., Irl., Dän., D., S-Schwed. bis Baikal-Geb., SW-Alp., Österr., N-Am.; kont, circ.

1593. A. cícer L. Kicher-T.

♃, *H.* – *St.* ausgebreitet, 0,30–0,60 lang, *anliegend-behaart;* B. 8- bis 12paarig, mit länglich-lanzettl. B.chen; Bl.köpfchen eiförmig, nebst ihren Stielen kürzer od. länger als das B.; Kr. gelblichweiß; *Hülse rundlich, aufgeblasen-rauhhaarig, reif schwarz.* VI–VIII. 2n = 64.

Trockenbusch- u. Steppenwaldges. u. a.; nährstoffreiche, oft tonige Lehm- u. Steinböden. – Zerstreut u. selten; fehlt: Alp., NW bis W-Meckl., W-Brand. u. im Bay. Wald. – Span., O-Frankr., M-D. u. Oberital. bis S-Sib., Baik., Altai, Kauk.; (euras-)kont.

3. Sect. Astrágalus

1594. A. glycyphýllos L. (Abb. 237 a–c) Bären- od. Wolfsschote

♃, *H.* – *St. niederliegend,* 0,40–1,50 lang, *fast kahl;* B. 4- bis 7paarig, mit großen, eiförmigen B.chen; Nebenb. ganz frei; Bl.trauben eiförmig-länglich, nebst ihren Stielen kürzer als das B.; *Hülsen lineal., etwas gebogen, kahl, zuletzt aufrecht-zusammenneigend.* VI–VII. 2n = 16.

Schlehenhecken u. Gebüsche, Trockenbusch- u. Trockenwaldges.; nährstoff- u. meist kalkhaltige Böden. – Verbreitet (Alp. bis 1115 m), im NW selten bzw. fehlend. – Eur. bis Sib., Kauk., Kl.As.; euras-submed.

1595. A. austrális (L.) Lam. Südlicher T.

♃, *H.* – H. 0,10–0,30. *St. niederliegend* od. *aufsteigend;* Nebenb. eiförmig; *B. meist 5paarig;* B.chen ei-länglich od. lanzettl., unterseits angedrückt-behaart; Kr. weiß od. gelblichweiß; Schiffchen kürzer als die Fahne, dunkelviolett, *Flügel ausgerandet od. 2spaltig;* Hülse kahl. VII–VIII. 2n = 48.

Alp. Rasenges.; schwach kalkhaltige Substrate. – Alp. (1450–2080 m, selten tiefer), zerstreut Allgäuer Alp., sonst sehr selten: Rote Wand. – N-As. bis Altai, Pyren., Alp., Karp., Apenn.; alp.

1596. A. alpínus L. Alpen-T.

♃, *H.* – H. 0,10–0,30. *St. liegend* od. aufstrebend; *Nebenb. eiförmig; B. 8- bis 12paarig;* B.chen länglich-lanzettl. od. ellipt., anfangs beiderseits nebst dem St. angedrückt-behaart; Bl. wohlriechend; Fahne blau; Flügel stumpf, weiß; Schiffchen ungefähr so lang wie die Fahne, vorn violett; Hülsen rauhhaarig. VI–VIII. 2n = 16, 32.

Alp. Blaugrasrasenges.; kalkhaltige, steinige Böden. – Alp. (1300–2000 m), verbreitet Allgäuer Alp.; sonst selten: Rote Wand, Kahlersberg. – N-Eur., N-As., Alp., Pyren., Karp., Kauk., Him.; alp-arkt.

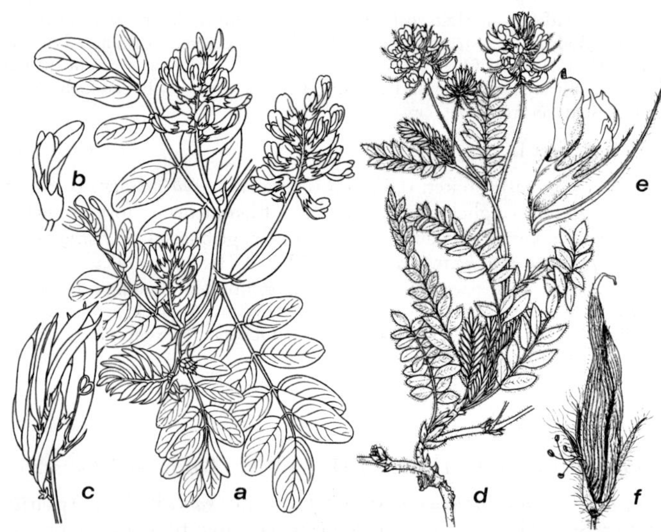

Abb. 237. *a–c Astragalus glycyphyllos* (*a* Sproßabschnitt mit Blütenständen, *b* Blüte, *c* Früchte); *d–f Oxytropis pilosa* (*d* Habitus, *e* Blüte, *f* Frucht).

1597. A. frígidus (L.) A. Gray Gletscher-T.

♃, *G, (-H).* – H. 0,05–0,25. *St.* meist *einfach, aufrecht,* kahl; *Nebenb. oval, blattartig;* B. 4- bis 5(-8)paarig; B.chen eiförmig-länglich; Kr. gelblichweiß; Hülse länglich, ± hängend. VII–VIII. 2n = 16.

Alp. Blaugrasrasenges.; frische, meist kalkhaltige Lehm- od. Steinböden. – Alp. (1790–2000 m), verbreitet Allgäuer Alp., übrige Alp. zerstreut bis selten (Krottenkopf, Hammerscharte, Schneibstein, Rainersberg). – N-Eur., N-As., n. N-Am., Alp., Karp., n. Balk.; arkt-alp.

1598. A. penduliflórus Lam. Hänge-T.

♃, *H.* – H. 0,15–0,50. *St.* meist *ästig, aufsteigend,* nebst den B. behaart; *Nebenb. lineal.-lanzettl.; B. meist 7- bis 11paarig;* B.chen länglich-lanzettl.; Kr. gelb; Hülse halb-eiförmig, ± hängend. VII–VIII. 2n = 16.

Alp. Rasengeb.; trockenere, meist kalkärmere Substrate. – Alp. (1750–1950 m) vereinzelt bis selten: Schlappolt, Kegelköpfe, Schinder, Kimpflalpe, Schneibstein. – Schwed., N-As., Altai, Turk., Pyren., Alp., Karp.; alp-arkt-(-kont).

1599. A. exscápus L. Stengelloser T.

♃, *H.* – *St. fehlend; Pfl. sehr zottig;* B. 12- bis 20paarig, mit eiförmigen B.chen; Nebenb. lang mit dem Stiel verwachsen; Bl. auf dem Wurzelstocke gehäuft, selten bis 4 cm lang gestielt; Kr. schwefelgelb; *Hülse eiförmig, zugespitzt-stachelspitzig, behaart.* V. 2n = 16.

Steppenrasenges., trockene, steinige Hügel; Zechstein u. Keupergipse, seltener kalkfreie (Buntsandstein) Substrate. – Sehr selten: Saaletal von Halle bis Könnern; bei Magdeburg; Kyffhäuser, unstruttalabwärts üb. Nebra/Vitzenburg bis Carsdorf; n. Randhöhen des Thür. Beckens: Greußen, Nausitz. – M-D., Böhm., Ung., Siebenb., Ukraine, Z-Alp., Span.; kont.

410. Oxytropis DC. Fahnenwicke, Spitzkiel

x = 8

I. Nebenb. frei, nicht mit dem B.stiel verwachsen
  A. Kr. violett (Fr. ohne deutliche Scheidewand) ..... **1600. O. montana**
  B. Kr. bleichgelb (Fr. halb-2fächerig) .... **1601. O. pilosa**
II. Nebenb. mit dem B.stiel verwachsen (Kr. gelblichweiß od. etwas schmutzig violett; Fr. halb-2fächerig) . **1602. O. campestris**

1600. O. montána (L.) DC. Berg-F.

♃, *H.* – H. 0,04–0,10. Pfl. schwach seidenhaarig bis fast kahl; *St. niederliegend;* B.chen eiförmig bis länglich, spitzlich; Nebenb. ähnlich den B.chen; Traube etwa so lang wie das B., ebensträußig; Kr. violett, beim Trocknen oft schön-blau werdend; Hülse abstehend, stark aufgeblasen, im K. gestielt, VII–VIII. Im Geb. nur ssp. j a c q u í n i i (Bunge) Br.-Bl.

Alp. Blaugrasrasenges.; kalkreiche, steinige Substrate. – Verbreitet bis zerstreut: alp. u. subalp. Stufe der Alp. (1670–2570 m, selten tiefer). – Pyren., Jura, Alp., Karp., Balk. Gebg.; alp.

1601. O. pilósa (L.) DC. (Abb. 237 d–f) Behaarte F.

♃, *H.* – H. 0,15–0,30; Pfl. zottig; *St. aufrecht;* B.chen länglich od. lanzettl.; Nebenb. kleiner als die B.chen; Bl.traube eiförmig-länglich, länger als das B.; Kr. bleichgelb; Hülse aufrecht, lineal., im K. fast sitzend. VI–VII. 2n = 16.

Trocken- u. Steppenrasenges.; warme, nährstoffhaltige, sandige Böden. – Selten u. zerstreut: O-Brand., Pomm., Ostpr.; S- u. M-Anh., N-, M- u. S-Thür. bis in das bay. Geb. (Grabfeld); Rheinpf. (Nahetal), Tübingen, Bodenseegeb.; Nußdorf, Rosenheim, Alsleben. – S-Schwed. bis Z-As., ö. u. s. M-Eur., Alp., Apenn., Abruzz., Balk.; euras-kont.

1602. O. campéstris (L.) DC. Gemeine F.

♃, *H.* – H. 0,05–0,15 *Pfl. stengellos,* ± behaart bis fast kahl; B.chen eiförmig-lanzettl.; Nebenb. im freien Teil lanzettl.; Blst. kopfig, länger als das Tragb.; Kr. meist gelblich-weiß, seltener violett; Schiffchen oft beiderseits mit violettem Fleck; Hülse aufrecht, sitzend, stark aufgeblasen. VII–VIII. 2n = 32, 48. Formenreich.

Alp. Blaugrasrasenges.; kalkreiche, steinige Substrate. – Sehr selten: Allgäuer Alp. (Nahe der Grenze zw. Mädelejoch u. Holzgau). – N-Eur., N-As., Pyren., Alp., Karp., n. N-Am.; arkt-alp, circ.

411. Anthyllis L. Wundklee

x = 6

1603. A. vulnerária L. (Abb. 238 a–d)

♃, (⊙), *H.* – St. mehrere, aufrecht, liegend od. aufsteigend, 0,06–0,60 lang; unterste B. lang gestielt, länglich-eiförmig, einfach od. mit wenigen Fiederb.chen; Stb. unpaarig gefiedert, Endb.chen meist viel länger als die Seitenb.chen; Blst. scheinbar endständig, kugelig-kopfig, mit fingerig-geteilten Deckb.; K. z. T. später ±bauchig, ±filzig; Kr. goldgelb od. weißgelb, seltener ganz od. z. T. blutrot. V–VIII. Vielgestaltig, Begrenzung u. Bewertung der Formenkreise z. T. schwierig u. unterschiedlich gehandhabt, im Geb. u. a. folg. sspp. mit z. T. mehreren Formen u. Varietäten (Verbreitung der Formenkreise z. T. unsicher):

ssp. vulgáris (Koch) A. et G.; H. 0,10–0,30; St. bogig, kräftig, nur am Grunde beblättert; *K. 10–11 mm lang, anliegend kurzhaarig,* weiß-filzig; Fahnenspreite 7–8 mm lang, kürzer als der Nagel; Kr. gelb bis orangegelb.

Trockenrasenges.; meist kalk-, nährstoff- u. N-haltige Böden. – Verbreitet, insbes. in der coll. Stufe, im NW selten od. über größere Strecken fehlend.

ssp. vulnerária; H. 0,20–0,30(0,40); St. bogig, kräftig, mit meist 2–3 B.; K. *9–12 mm lang,* seidig-zottig, *mit* langen *aufrecht-abstehenden Haaren;* Fahnenspreite etwa 7 mm lang, kürzer als der Nagel; Kr. meist hellgelb (Schiffchen oft dunkler bis purpur). 2n = 12.

Trockenrasenges.; kalkreiche Substrate. – Zerstreut bis verbreitet.

ssp. polyphýlla (Kit.) Arcang.; H. 0,30–0,40(0,50); *St.* aufrecht, meist kräftig, *in der ganzen Länge beblättert; Stb.* unterseits dicht abstehend zottig, *mit 5–7 B.chen-Paaren; K. 11–12 mm lang,* abstehend weiß-zottig; Fahnenspreite etwa 6 mm lang, kürzer als der Nagel; Kr. meist gelb, oft oberwärts rötlich.

Sehr selten: Schles., Ostpr., selten verschleppt.

ssp. affínis (Britt.) Domin; H. meist 0,20; St. bogig, kräftig, am Grunde mit 2–3 B.; K. *9–11 mm lang,* abstehend langzottig be-

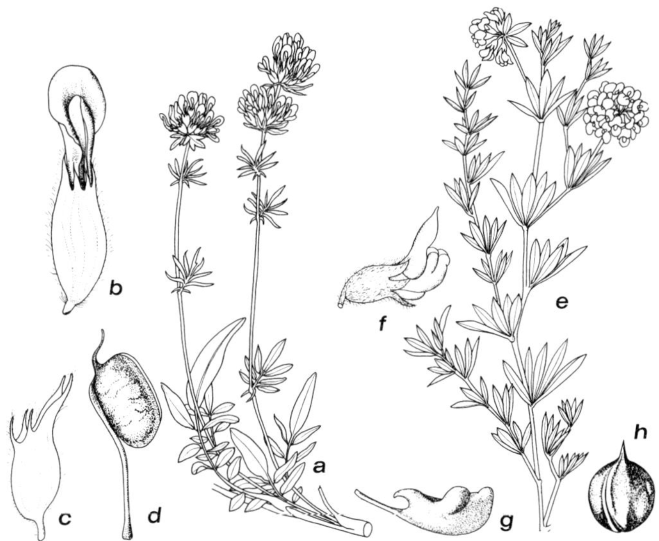

Abb. 238. *a—d Anthyllis vulneraria* (*a* Habitus, *b* Blüte, *c* Kelch, *d* Frucht); *e—h Dorycnium germanicum* (*e* Sproßspitze mit Blütenständen, *f* Blüte, *g* Flügel, *h* Frucht).

haart, zuletzt eiförmig; Fahnenspreite etwa 7 mm lang u. ± so lang wie der Nagel; Kr. meist hellgelb bis weißlich (Schiffchen dunkler bis purpurn).

Subalp. Stufe der Alp.

ssp. m a r í t i m a (Schweigg.) A. et G.; H. 0,20—0,60; *St.* dünn, sehr ästig, *grauseidenhaarig; B.chen* der Stb. meist *lanzettl.,* Endb.chen nicht viel größer; Bl.köpfe klein, zahlreich; *K. 10—11 mm lang, weißzottig;* Fahnenspreite so lang od. kürzer als der Nagel, Fahne wenig länger als Flügel; Krb. gelb.

Schillergrasrasenges.; Sand älterer Küstendünen. — Zerstreut: N- u. O-Seeküsten.

ssp. a l p é s t r i s (Kit.) A. et G.; H. 0,06—0,15; St. dünn, angedrückt behaart, mit 1—2 B.; *K. 13—14 mm lang,* lang seidig behaart; Nägel der Krb. etwa 9 mm lang; Fahnenspreite 9—10 mm lang, Fahne etwas länger als die Flügel; Kr. hellgelb, goldgelb od. weißlich. 2n = 12.

Alp. Blaugrasrasenges.; Kalkschutt. — Verbreitet: Alp. (bis 2400 m).

ssp. r u b r i f l ó r a (Sér.) Arcang. (= A. dillenii Schult.); H. bis etwa 0,30; unterscheidet sich von den übrigen sspp. durch: St. ±dünn;

B. meist kleiner als beim Typus; K. *groß, stark aufgeblasen, oberwärts ±rot* bis purpurn überlaufen; Krb. gelb od. z. T. bis blutrot.
Selten u. z. T. unbeständig, z. B. Schl.Holst. (Schuby, Schlutup).
Eur., Medit. bis Kauk., Vord.As., N-Afr.; submed-subatl.

412. Dorycnium Mill. Backenklee

x = 7

I. Blst. 6- bis 14bl.; K. lang seidig behaart .... **1604. D. germanicum**
II. Blst. 15- bis 25bl.; K. zerstreut kurz angedrückt behaart .... **1605. D. herbaceum**

1604. D. germánicum (Gremli) Rikli (Abb. 238 e–h) Seidenhaariger B.
[= D. pentaphyllum Scop. ssp. germanicum (Gremli) Gams]

♄, *Ch.* – H. 0,15–0,45. Zweige niederliegend-aufsteigend; B.chen länglich-verkehrt-eiförmig bis lanzettl., ebenso wie die St. anliegend ± weißlich-seidenhaarig; Bl.stiele meist wenig länger als die Hälfte der K.röhre; K.zähne so lang bis $^1/_2$ so lang wie die K.röhre; Kr. weiß, Fahne am Grd. rosa, 5–7 mm lang, Schiffchen an der Spitze schwarzviolett. VI–VIII. 2n = 14, 28.
Warme Trockenrasenges. – Selten: Bay. Hochebene (Isar- u. Loisachtal, Weilheim, Garchinger u. Sempter Heide, Dingolfing), Bay. Alp. (bis 900 m). – Bay., Tschech., Schweiz, Österr. bis SO-Eur., Ital.; o-submed(-praealp).

1605. D. herbáceum Vill. Krautiger B.
[= D. pentaphyllum Scop. ssp. herbaceum (Vill.) Gams]

♄(-♃), *Ch.* – H. 0,30–0,60. St. aufsteigend bis aufrecht; B.chen länglich-eiförmig bis verkehrt-lanzettl., locker u. ± abstehend behaart; Bl.-stiele so lang od. länger als die K.röhre; K.zähne kurz 3eckig, $^1/_2$–$^1/_3$ so so lang wie die K.röhre; Fahne 4–5 mm lang. VI–VIII. 2n = 14.
Trockenbusch- u. Trockenrasenges. – Sehr selten: Odergeb. (Bellinchen, ob noch?), Wetterau (Bischofsheim a. Main). – SO-Frankr., Ital., Schweiz, Österr. bis Balk., W-As.; med.

413. Lotus L. Hornklee

x = 6

I. Blst. 2- bis 6bl.; Schiffchen plötzlich zugespitzt, Schnabel rechtwinkelig-aufsteigend .... **1606. L. corniculatus**
II. Blst. (6-)8- bis 12bl.; Schiffchen allmählich zugespitzt, Schnabel kaum abgewinkelt .... **1607. L. uliginosus**

1606. L. corniculátus L. Gemeiner H.

♃, *H.* – H. 0,10–0,30. Pfl. kahl od. behaart; *St.* ausgebreitet-aufsteigend, *markig od. engröhrig;* B.chen länglich-verkehrt-ei- od. keilförmig bis lineal.; Nebenb. meist schief-breit-eiförmig; *K.zähne vor dem Aufblühen zusammenschließend;* Kr. gelb, Fahne oft purpurn überlaufen; *Schiffchen fast rautenförmig, rechtwinkelig-aufsteigend, plötzlich in den Schnabel zugespitzt.* V–IX. 2n = 24, 12. Umfaßt im Geb.:

ssp. c o r n i c u l á t u s ; Pfl. kahl od. behaart; Nebenb. schief-verkehrt-eiförmig; B.chen verkehrt-eiförmig. Formenreich.

Fettwiesen, Halbtrockenrasen; nährstoffreiche, meist kalkhaltige Lehm- od. auch sandige Rohböden (Dünen). – Verbreitet (Alp. bis 2310 m).

ssp. t e n u i f ó l i u s (L.) Hartm.; Pfl. kahl od. fast kahl; B.chen u. Nebenb. linealisch-lanzettlich bis linealisch; Bl. meist kleiner als beim Typus.

Wiesenges., auch Strandnelkenwiesen; meist wechselfeuchte, gelegentlich überflutete, oft auch salzhaltige, tonige Böden. – Zerstreut bis selten im ganzen Geb., fehlt in Alp. u. sonst streckenweise.

Eur., As., N- u. O-Afr., Austr.; euras-submed.

1607. L. uliginósus Schkuhr (Abb. 239a–c) Sumpf-H.

♃, *H.* – H. 0,20–0,40(0,60). Pfl. meist kahl; *St. stärker,* meist hohl; B.chen verkehrt-eiförmig bis rhombisch; Nebenb. rundlich-herzförmig; *K.zähne vor dem Aufblühen zurückgebogen;* Kr. gelb, oft vor dem Aufblühen etwas rot; *Schiffchen aus eiförmig. Grd. allmählich in den Schnabel zugespitzt.* VI–VII. 2n = 12.

Feuchtwiesen u. ä. Ges.; feuchte bis nasse, nährstoffreiche, humose, kalkarme, tonige Lehmböden. – Verbreitet bis zerstreut, insbes. im Flachland (Alp. bis 920 m). – Gem. Eur., S-Eur., N-Afr., Vord. As., Tib.; subatl-submed.

414. Tetragonolobus Scop. Spargelbohne

x = 7

I. Bl. einzeln, hellgelb; Pfl. ♃ .... **1608. T. maritimus**
II. Bl. meist zu zweien, scharlachrot; Pfl. ⊙ .... **1609. T. purpureus**

1608. T. marítimus (L.) Roth (Abb. 239d–g) Wilde Sp.

♃, *H.* – St. meist niederliegend, 0,10–0,40 lang; B.chen verkehrt-ei-keilförmig; Nebenb. schief-eiförmig; *Bl.stiele 2- bis 3mal so lang wie das Tragb.; Flügel der Hülse* schmal, *nicht gewellt,* Hülse ± 3 mm breit. V–VI. 2n = 14. Im Geb. nur ssp. s i l i q u ó s u s (L.) Murb.

Halbtrockenras., Feuchtwiesen, Trittges.; wechselfeuchte, schwere, tonige Lehmböden od. auf tuffigen Quellsubstraten (z. B. ö. Jena). – Sehr zerstreut bis selten, insbes. S (oberes Rhein- u. Donaugeb.), in M u. NO selten; fehlend: NW bis W-Meckl. u. meist auch in Urgesteinsgeb. – W-, M-, S-Eur., Kl.As., Kauk., N-Afr.; submed(-gem-kont).

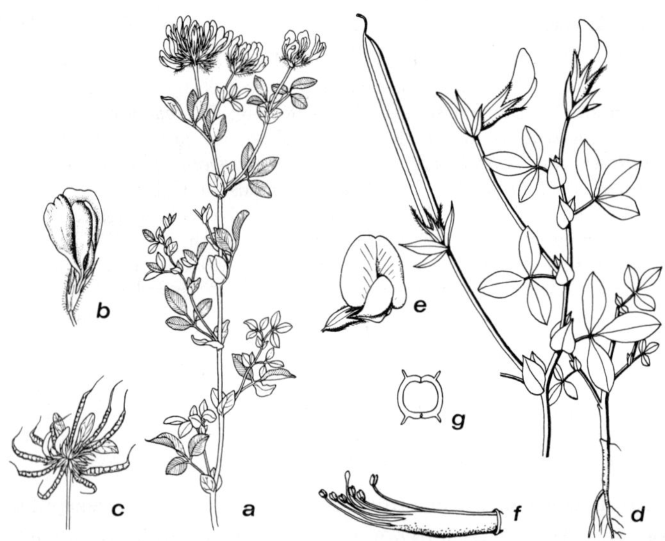

Abb. 239. *a–c Lotus uliginosus* (*a* Sproßspitze mit Blütenständen, *b* Blüte, *c* Früchte); *d–g Tetragonolobus maritimus* (*d* Sproßspitze u. -basis mit Blüten u. Frucht, *e* Blüte, *f* Staubblätter u. Fruchtblatt, *g* Frucht quer).

1609. T. purpúreus Moench Garten-Sp.
(= Lotus tetragonolobus L.)

⊙, *Th.* – St. meist ± aufrecht, 0,10–0,40 lang; B.chen breitverkehrt-ei-keilförmig; Nebenb. oval-lanzettl.; *Blst.stiele kürzer od. wenig länger als das Tragb.; Flügel der Hülse* breit, *gewellt;* Hülse bis über 1 cm breit. VI–VIII. 2 n = 14. Gelegentlich gebaut. – Heimat: Medit., Transkauk.

415. Coronílla L. Kronwicke

x = 5,6,7

I. Nägel der Krb. bis 3mal länger als der K.; Fr. fast stielrund, gestreift, nicht leicht in Glieder zerfallend **1610. C. emerus**
II. Nägel der Krb. etwa so lang wie der K.; Fr. 4flügelig od. 4(-6)kantig, leicht in Glieder zerfallend
A. Kr. gelb
1. Bl. in 4- bis 8bl. Dolden . . . . **1611. C. vaginalis**
2. Bl. in 10- bis 20bl. Dolden . . . . **1612. C. coronata**
B. Kr. bunt, rosa od. lila u. weiß . . . . **1613. C. varia**

1. Sect. E m e r u s

1610. C. émerus L. Strauch-K.

ħ, *N.* – H. 1,00–2,00. Aufrecht; Nebenb. frei, lanzettl.; B.chen 5–9, verkehrt-eiförmig; Bl.stiele meist 2- bis 3bl.; Kr. gelb. V–VI. 2 n = 14.

Trockenbusch- u. Trockenwaldges.; warme, meist kalkhaltige u. steinige Substrate. – Selten: s. Oberrheintal, Jura, Frankenalb, Bodenseegeb.; Alp. (bis 1150 m), Füssen, Murnau, Garmisch-Partenkirchen, Mittenwald, Ettaler Berg, Katzenkopf. – S-Eur. bis Kl.As., Syr., N-Afr., SW-D.; S-Skand.; submed.

2. Sect. C o r o n í l l a

1611. C. vaginális Lam. Scheiden-K.

ħ, *Ch.* – St. 0,05–0,25 lang, ± aufsteigend, Äste niederliegend; B. meist 3- bis 4paarig; B.chen bläulich-grün, verkehrt-eiförmig, knorpelrandig, *das unterste Paar vom Grd. des B.stieles entfernt; Nebenb. eiförmig, zusammengewachsen, von der Größe der B.chen; Bl.stiele etwa so lang wie die K.röhre.* V–VII. 2 n = 12.

Kiefernsteppenwaldges., Trockenrasen; meist warme, kalkhaltige u. steinige Substrate. – Zerstreut u. stellenweise verbreitet: Alp. (bis 1760 m), Bay. Hochebene; selten: Thür. (Meiningen, Stadtilm, Arnstadt, Jena, S-Harz), Anh. (Freyburg), N-Hess., Eifel, Schwäb. Alb, Fränk. Jura (Wiesenthal). – M-D., Jura, Alp., Apenn., Balk.; praealp-submed.

1612. C. coronáta L. Berg-K.

♃, *H, (Ch).* – H. 0,30–0,50. *St. krautartig,* ± aufrecht; B. meist 3- bis 6paarig; B.chen blaugrün, eiförmig od. verkehrt-eiförmig, meist stachelspitzig, *das unterste Paar am Grd. des B.stiels stehend; Nebenb. klein, hinfällig, länglich-lineal. od. fadenförmig, die unteren in ein einziges zusammengewachsen, die oberen getrennt; Bl.stiele 2- bis 3mal so lang wie die K.röhre.* VI–VII. 2 n = 10, 24.

Trockenbusch- u. Trockenwaldges.; warme, meist kalkreiche, steinige Substrate. – Selten u. zerstreut: Höxter, Alfeld; Moseltal; Hess.; M- u. N-Thür., S-Harz; Unterfrank., Schwäb. u. Fränk. Jura bis zur Rhön; Taubergeb., Wutachtal, oberes Donautal; Oberrheintal; Alp.rand (bis 800 m). – M- u. S-Eur., Kl.As., Kauk., Pers.; submed.

1613. C. vária L. (Abb. 240a–d) Bunte K.

♃, *H.* – St. krautig, niederliegend, 0,30–1,25 lang; B. meist 5- bis 10paarig; B.chen länglich od. verkehrt-eiförmig; *Nebenb. lanzettlich, nicht zusammengewachsen; Dolden 8- bis 20bl.;* Bl.stiele 2- bis 3mal so lang wie die K.röhre. VI–VIII. 2 n = 24.

Halbtrockenrasenges.; warme, meist kalkhaltige Substrate. – Zerstreut in M- u. S-D., fehlt im NW u. entlang der O-Seeküste. – S- u. M-Eur., Kl.As., Kauk., Pers., Syr.; submed(-kont).

Abb. 240. *a–d Coronilla varia (a* Sproßausschnitt, *b* Fahne, *c* Flügel- u. Schiffchenblatt; *d* Früchte, rechts Frucht längs); *e–g Ornithopus perpusillus* (*e* Habitus, *f* Blüte, *g* Frucht).

416. Ornithopus L. Vogelfuß, Serradella

x = 7

I. Bl. 2,5–4 mm lang; Blst.stiele zur Bl.zeit so lang od. wenig länger als das Tragb. .... **1614. O. perpusillus**
II. Bl. 4–8 mm lang; Blst.stiele zur Bl.zeit viel länger als das Tragb. .... **1615. O. sativus**

1614. O. perpusillus L. (Abb. 240e–g) Kleiner V.

⊙ (selten ♃ ?), *Th, (H?).* – St. niederliegend od. schräg aufsteigend, 0,08–0,30 lang, weichhaarig; B. 7- bis 12paarig; B.chen klein, ellipt.; Köpfchen doldig, 2- bis 5bl., von einem sitzenden, gefiederten B. gestützt; *K.zähne eiförmig, 3mal kürzer als die Röhre;* Kr. klein, weißlich; Fahne purpurn geadert; Schiffchen gelblich; Hülse meist etwas gebogen. V–VI. 2n = 14.

Kleinschmielen-Ges., evtl. schon in älteren Silbergrasfluren; nährstoffärmere, kalkfreie, saure Sandböden. – Sehr zerstreut; u. a. in Kalkgeb. u. Alp. fehlend. – Gem. Eur. (W-Eur. bis Rußl.), Span., W-Ital.; subatl(-submed).

1615. O. satívus Brot. Serradella

☉, *Th.* – H. 0,30–0,60. St. aufstrebend; B. 5- bis 15paarig; B.chen ellipt.; Blst. ähnl. vor.; *K.zähne pfriemlich, fast so lang wie die Röhre; Kr. etwa 2- bis 3mal größer als bei vor.*, weiß bis rosa, karminrot od. gelb; Hülse meist gerade. VI–VII. 2n = 14. Im Geb. nur Kultursippen:

convar. s a t í v u s ; Bl. weiß bis rosa, selten gelb; Hülsen jung nie glänzend; S. gelblich bis rötlich-braun.

convar. m e l a n o s p é r m u s Vogt; Bl. ±karminrot; Hülsen jung stark glänzend; S. schwarzviolett.

Gebaut, gelegentlich verwildert. – Heimat der Wildsippen: S- u. W-Frankr., N-Span., Port.

O. compréssus L. (mit gelben Bl. u. meist einzelnen, zusammengedrückten, runzeligen, an der Spitze spiralig-eingekrümmten Hülsen) u. O. pinnátus (Mill.) Druce (mit gelben Bl. u. stielrunden, an den Gelenken wenig eingeschnürten, feingrubig-runzeligen Hülsen) finden sich bisweilen unter Serradella.

417. Hippocrepis L. Hufeisenklee

x = 7

1616. H. comósa L. (Abb. 241 a–c)

♃, *H.* – Kahl od. fast kahl; St. ausgebreitet, 0,08–0,25 lang; B. 5- bis 7paarig; B.chen länglich od. verkehrt-eiförmig; Dolde 4- bis 8(-12)bl.; Kr. gelb; Hülse etwas gebogen; Glieder hufeisenförmig, mit eingedrückten, glatten Gelenken. V–VII. 2n = 28.

Trocken- u. Halbtrockenrasenges.; warme, kalkreiche Substrate. – Zerstreut bis verbreitet: S (Alp. bis 1970 m); zerstreut: M, n. bis Waldeck, Detmold, Süntel, Harz, Thür., Brand., Schles. – Gem. Eur., S-Eur.; submed(-subatl).

418. Hedysarum L. Süßklee

x = 7

1617. H. hedysaroídes (L.) Schinz et Thell. (Abb. 241 d–f)
(= H. obscurum L.)

♃, *G, H.* – H. 0,08–0,40. St. aufrecht; B. 5- bis 9paarig; B.chen eiförmig-länglich od. ellipt.; Nebenb. in ein einziges blattgegenständiges 2spaltiges zusammengewachsen; Kr. purpurrot. VII–VIII. 2n = 14.

Alp. Blaugrasrasenges.; kalkhaltige, steinige Substrate. – Verbr. bis zerstreut: Sudeten, Alp. (1390–2250 m, insbes. w. u. ö. Alp. des Geb.). – Pyren., Alp., Sud., Karp., Kauk., Armen., Kl.As.; alp.

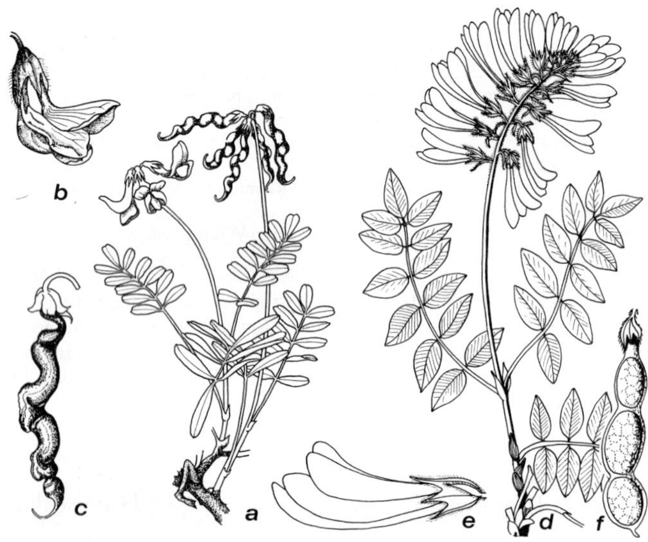

Abb. 241. *a–c Hippocrepis comosa* (*a* Habitus, *b* Blüte, *c* Frucht); *d–f Hedysarum hedysaroides* (*d* Sproß mit Blütenstand, *e* Blüte, *f* Frucht).

419. Onobrychis Mill. Esparsette

x = 7

I. Blst. anfangs eiförmig, später verlängert; Tragb. der Bl. länger als der Bl.stiel, mitunter bis zu den K.zähnen reichend; B.chen eiförmig bis länglich-oval
  A. St. aufrecht od. aufsteigend; Fahne etwa so lang wie das Schiffchen .... **1618. O. viciaefolia**
  B. St. am Grd. niederliegend od. aufsteigend; Fahne etwas kürzer als das Schiffchen .... **1619. O. montana**
II. Blst. anfangs bereits ± spindelförmig; Tragb. der Bl. etwa so lang od. wenig länger als der Bl.stiel; B.chen lanzettl. bis schmal-lineal .... **1620. O. arenaria**

1618. O. viciaefólia Scop. (Abb. 242 a–c) Futter-E.
(= O. sativa Lam.)

♃, *H.* – H. 0,30–0,60. Pfl. spärlich behaart; St. aufrecht od. aufsteigend; B. 6- bis 12paarig; B.chen eiförmig-länglich, ± 3–8 mm breit; Kr. rosa, dunkler geadert; *Fr.* kreis-rundlich, auf dem Mittelfelde erhaben-netzförmig, *behaart, kurz stachelig.* V–VII. 2 n = 28.

Abb. 242. *a–c Onobrychis viciaefolia* (*a* Sproßausschnitt mit Blütenständen, *b* Blüte, *c* Frucht); *d–f Ononis spinosa* (*d* Sproßausschnitt mit Blüten, *e* Kelch, *f* Frucht).

Gebaut u. vielerorts in Halbtrockenrasen verwildert u. eingebürgert; warme, kalkreiche Böden. – Zerstreut, insbes. im M u. S (Alp. bis 1950 m), im NW sehr selten od. fehlend, nur gelegentlich verschleppt. – Herkunft evtl.: SO-Eur.

1619. O. montána DC. Berg-E.

♃, *H.* – Pfl. meist stärker behaart; St. am Grd. niederliegend, aufsteigend, 0,05–0,15 lang; B. 5- bis 7paarig; B.chen länglich-oval; Kr. lebhaft rosa; *Fr.* kreis-rundlich, *stärker behaart, lang stachelig.* VII–VIII. 2n = 28.

Alp. Blaugrasrasenges., Trockenrasen; Kalkschutt. – Selten: Alp. (1420–1950 m), Jura (Randen). – Span., Pyren., Ital., Alp., Jura, Balk., Kl.As., Kauk.; alp-praealp.

1620. O. arenária (Kit.) Sér. Sand-E.

♃, *H.* – Pfl. seidig behaart; St. bogig aufsteigend, 0,10–0,30 lang; B. 5- bis 7paarig; B.chen lanzettl. bis schmallineal, 2–4 mm breit; *Blst. vor der Bl.* ± *spindelförmig,* zur Bl. locker; Kr. fleischfarbig bis weißlich; Fr. mit schmalen flügelartigen Leisten, letztere mit 4–5 pfriemlichen Zähnen. VI–VII. 2n = 14.

Steppen- u. Trockenrasenges.; warme, kalkreiche Substrate. – Selten: Ostpr.; Thür. (Könnern, Kyffhäuser); Veitshöchheim bei Würzburg; sonst adventiv: Oberrhein. – ö. M-, O-Eur. bis S-Rußl., Balk.; kont(-med).

Bastarde: Übergangsformen zwischen O. viciaefolia u. O. montana sind evtl. Bastarde.

420. Onónis L. Hauhechel

x = 8, 15

I. Fr. nickend; Seitenachse unter der Bl. gegliedert; Kr. gelb, außen meist rot gestreift .... **1621. O. natrix**
II. Fr. nicht nickend; Bl.stiele nicht gegliedert; Kr. rosarot, selten weiß od. violett
  A. Hülse kürzer als der K.; St. meist ringsum behaart
    1. Pfl. ohne Ausläufer; St. aufrecht od. aufstrebend .... **1622. O. hircina**
    2. Pfl. mit Ausläufern; St. liegend, wurzelnd ..... **1623. O. repens**
  B. Hülse so lang od. länger als der K.; St. meist 1- od. 2zeilig behaart .... **1624. O. spinosa**

1. Sect. N á t r i x

1621. O. nátrix L. Gestreifte H.

♄ (-♃), *Ch(-H)*. – H. 0,20–0,60. St. aufrecht od. aufsteigend, meist wehrlos; B.chen derb, verkehrt-eiförmig bis länglich, gezähnelt, meist dicht drüsig; Bl. einzeln od. zu zweien in Achseln kleiner Tragb. an – oft in eine Granne auslaufenden – Seitenachsen, Gesamtblst. meist rispig; *Kr. gelb, meist rot gestreift.* V–VII. 2n = 32. Im Geb.: ssp. n á t r i x.

Trockenrasen.; warme Kalksteinböden od. Löss. – Sehr selten: nur Kaiserstuhl (neuerdings nicht wieder bestätigt, nächster Fundort: Lothr.: Metz). – Med., S-Frankr., Schweiz, Kl.As., Syr., Paläst., NW-Afr.; med(-submed).

2. Sect. B u g r á n a

1622. O. hircína Jacq. Bocks-H.

♃, *H*. – H. 0,30–0,70(1,00). *Pfl. ohne Ausläufer;* St. aufrecht od. am Grunde aufsteigend, ±verzweigt, ringsum od. ±einzeilig behaart, *dornenlos* od. selten ±dornig endende Seitenäste; *B.chen* länglich-ellipt., stumpf od. *oft zugespitzt,* gezähnt, ± drüsig behaart; Bl. b.achselständig, zu zweien, oberwärts traubig gehäuft. VII–VIII. 2n = 32, (30).

Weiden, Abhänge. – Zerstreut u. selten: östl. Schl.Holst., O-Meckl., O-Brand., Pomm., Ostpr., Schles.; sonst selten verschleppt. – Skand., O-D., O- u. SO-Eur. bis Sib., W-Mong., N-Ind.; europ-kont(-gem-kont).

1623. O. répens L. Kriechende H.

♃ – ♄, *H – Ch.* – H. 0,30–0,60. *Pfl. mit Ausläufern; St.* ausläuferartig-niederliegend bis aufsteigend, *wurzelnd,* aufsteigende Seitenäste mit od. ohne Dornen; Dornen ±weich; St. ringsum drüsig-flaumig behaart; *B.chen* eiförmig, *vorn meist abgerundet,* drüsig behaart, klein gesägt; Bl. b.achselständig, fast immer einzeln in lockerem Gesamtblst. VI–VII. 2n = 30, 32, 60, 64. Umfaßt im Geb.:

var. r é p e n s ; Seitenäste ±reich bedornt. – Verbreitet bis häufig (bis 1350 m).

var. m í t i s (L.) Spenn.; Seitenäste auch im Herbst dornenlos. – Zerstreut.

Halbtrockenrasenges., trockene Weiden etc., meist nährstoffhaltige Lehm- u. Kalksteinböden. – Gem. Eur., Pyren. Halbins., Marok., ö. bis etwa W-Pol. – Mazed.; subatl-submed.

1624. O. spinósa L. (Abb. 242 d–f) Dornige H.

♄ – ♃, *Ch–H.* – H. 0,30–0,60. *Pfl. ohne Ausläufer; St.* aufrecht od. aufsteigend, *niemals wurzelnd,* meist dornig u. verzweigt, selten einfach (ssp. foetens, ±dicht 1- bis 2reihig od. auch unregelmäßig drüsig-zottig-behaart; B.chen eiförmig-länglich, gezähnelt-gesägt; Bl. b.achselständig, einzeln od. selten zu zweien. VI–IX. Umfaßt im Geb.:

ssp. f ŏé t e n s (All.) Sir. (= O. austriaca Beck); ♃, *H. – St. einfach* od. sehr wenig verzweigt, aufrecht od. vom Grd. aufsteigend, *dornenlos,* sehr selten schwach dornig, unregelmäßig od. einzeilig behaart, unten nicht selten ±kahl; B.chen nicht selten 2 cm lang; Bl. in langem, sehr lockerem Gesamtblst.; Kr. 15–20 mm lang.

Selten u. zerstreut: Thür., Hess., Bay., SW. – M- u. S-D., Schweiz, Österr., W-Ung., N-Ital.; praealp(-submed).

ssp. s p i n ó s a ; ♄ – ♃, *Ch – H. – St. verzweigt,* aufrecht od. am Grd. aufsteigend, Seitenäste ± straff, ± *dornig,* zweizeilig behaart; B.chen 1–1,5 cm lang; Bl. in ± lockerem Gesamtblst.; Kr. 12–20 mm lang. 2n = 30, 32.

Trockenrasenges., meist nährstoffhaltige Lehm- od. Kalksteinböden. – Verbreitet bis häufig (bis 940 m). – Gem. Eur., N- u. M-Ital., N-Balk. bis Rum.; subatl-submed.

Droge: Radix Ononidis (von ssp. spinosa)

Bastarde:

O. repens × spinosa (Bastarde bedürfen in Anbetracht des relativ großen Formenreichtums der Arten der Sect. Bugrana eingehender Prüfung).

421. Trigonélla L. Schabziegerklee, Bockshornklee

x = 7, 8

I. Bl. zu mehreren in gestielten, kopfigen Blst.; Hülse klein, eiförmig . . . . **1625. T. coerulea**
II. Bl. einzeln od. zu zweien, fast sitzend; Hülse lang, lineal. . . . . **1626. T. foenum-graecum**

1625. T. coerúlea (L.) Sér. ex DC. Schabziegerklee

⊙, *Th.* – H. 0,30–0,60; von stark aromatischem Geruch; St. aufrecht; *Blst.* u. Frst. gedrungen, *rundlich,* langgestielt in den Achseln der oberen B.; Kr. blau; Flügel kürzer als die Fahne, länger als das Schiffchen; Hülse länglich-eiförmig, geschnäbelt, der Länge nach aderig-gestreift. VI–VII. 2n = 16.
Gebaut (nur ssp. c o e r ú l e a). – Heimat der Wildsippe: SO-Eur. bis Kauk. u. Kl.As.

1626. T. fóenum-graécum L. (Abb. 243 a–c) Bockshornklee

⊙, *Th.* – H. 0,30–0,50. St. aufrecht; B.chen länglich, keilförmig; *Bl. einzeln od. zu zweien,* fast sitzend in den B.achseln; Kr. gelblich-weiß; Hülse bis 10 cm lang, lineal., etwas sichelförmig. VI–VIII. 2n = 16.
Selten gebaut (nur var. f ó e n u m - g r á e c u m). – Heimat der evtl. Wildsippe: Mesopotam., Kurd.(?).

422. Melilotus L. Steinklee, Honigklee

x = 8

I. Pfl. ⊙ (seltener ⊙); Fr. an der Bauchseite aufreißend; S. glatt (Bl. gelb od. weiß, 3–7 mm lang)
  A. Nebenb. zumindest der mittleren u. oberen B. ganzrandig (Bl. 5–7 mm lang)
    1. Frkn. u. Fr. kahl
      a) Bl. gelb . . . . **1627. M. officinalis**
      b) Bl. weiß . . . . **1628. M. albus**
    2. Frkn. u. Fr. kurz behaart (Bl. gelb) . . . . **1629. M. altissimus**
  B. Nebenb. der mittleren B. eingeschnitten-gezähnt (Bl. gelb, 3–3,5 mm lang) . . . . **1630. M. dentatus**
II. Pfl. ⊙; Fr. nicht an der Bauchseite aufreißend; S. warzig (Bl. gelb 2–3 mm lang) . . . . **1631. M. indicus**

1. Sect. M e l i l ó t u s

1627. M. officinális (L.) Lam. em. Thuill. (Abb. 243 g–h) Echter St.

⊙, (⊙), *H, (Th).* – H. 0,30–1,00. St. aufrecht od. bogig aufsteigend; B.chen rhombisch-eiförmig bis länglich-lanzettl., gezähnt; Kr. gelb;

Abb. 243. *a–c Trigonella foenum-graecum* (*a* Sproßspitze, *b* Blüte, *c* Früchte); *d–h Melilotus* spp., *d–f M. altissimus* (*d* Sproßspitze u. -basis, *e* Blüte, *f* Frucht), *g–h M. officinalis* (*g* Blüte, *h* Frucht).

Flügel so lang wie die *Fahne, länger als das Schiffchen; Hülse* eiförmig, ± stumpf, durch Gr.rest etwas stachelspitzig, quer-runzelig-faltig, etwas netzig, *kahl,* mit 1(–2) S., zuletzt meist lederbraun. VI–IX. 2n = 16.
Schuttunkrautges.; nährstoffreiche u. N-haltige, meist lehmige Böden. – Verbreitet (Alp. bis 820 m). – W-Eur. bis W-Chin., (N-Am.); euras-kont(submed).

1628. M. álbus Med., Weißer St.

⊙, (⊙), *H, (Th).* – H. 0,30–1,25. St. meist aufrecht; B.chen ähnlich wie bei M. officinalis, Kr. weiß; Flügel so lang wie das Schiffchen, kürzer als die Fahne; *Hülse eiförmig, stumpf, stachelspitzig, netzig-runzelig, kahl,* zuletzt schwärzlich. VI–IX. 2n = 16.
Schuttunkrautges.; meist nährstoffreiche, N-haltige, lehmige Böden. – Verbreitet (Alp. bis 830 m). – Eur., W-As. bis W-Sib., Tib., Vord.Ind.; euras-kont-submed.

1629. M. altíssimus Thuill. (Abb. 243 d–f) Hoher St.

⊙, *H.* – H. 0,60–1,25. St. aufrecht od. bogig aufsteigend; B.chen verkehrt-eiförmig bis länglich-keilförmig, gezähnt; Kr. gelb, *Flügel u. Schiffchen so lang wie die Fahne; Hülse* eiförmig, kurzzugespitzt, ±netzig-runzelig, *kurz-weichhaarig,* mit (1—)2—3 S., zuletzt meist schwärzlich. VII—IX. Umfaßt:

ssp. altíssimus (= M. altissimus Thuill. A. eualtissimus O. E. Schulz); W. unter 2 cm dick; Zweige ± aufgerichtet; B.chen meist 3(seltener bis 4) cm lang; Blst. dicht; Fr. meist schwärzlich. 2n = 16.

Schuttunkrautges., Salzweiden, Uferges.; kalk- u. N-haltige, oft auch salzhaltige, wechselfeuchte Böden. — Zerstreut, geb.weise verbreitet, durch das ganze Geb. bis Alp.rand. — Gem. Eur. bis Sib., Altai, Jap.; euras(-kont).

ssp. macrorrhízus (W. et K.) O. E. Schulz; W. bis 26 mm dick; Zweige ausgebreitet, sehr ästig, St. höher als der der typischen Unterart; B.chen meist nur 1,5—2 cm lang; Blst. locker; Fr. oft 1samig u. grau.

Selten: Schles. (?); Verbreitung innerhalb des Geb. unsicher. — S-Eur., Österr. u. donauabwärts.

1630. M. dentátus (W. et K.) Pers. Gezähnter St.

⊙, ⊙, *H, Th.* — H. 0,15—0,80. St. meist aufsteigend; Kr. gelb, Flügel kürzer als die Fahne, länger als das Schiffchen; *Hülse eiförmig, spitzlich, netzig-runzelig, kahl.* V—IX. 2n = 16.

Salzliebende Unkrautges., salzhaltige Orte des Binnenlandes u. der O-See-Küste. — Selten u. zerstreut: O-See-Küste, Holst., Meckl., Pomm. u. s. zerstreut über Sachs-Anh., N-Thür. bis Oberrhein (Mainz bis Ludwigshafen — Oggersheim); fehlt im NW völlig u. in S-D. über große Strecken. — M- u. O-Eur. bis W-Sib., Turk., Kl.As.; kont.

2. Sect. Laccocárpus

1631. M. índicus (L.) All. Indischer St.

⊙, *Th.* — H. 0,15—0,50. St. aufrecht; Nebenb. aus gezähntem Grd. pfriemlich; Traube gedrungen, zuletzt verlängert; Bl. sehr klein; Krb. gelb; Flügel kürzer als die Fahne, so lang wie das Schiffchen; *Hülse fast kugelig, sehr stumpf, netzig-runzelig,* gelb od. rötlich. VI—VII. 2n = 16.

Gelegentlich unbeständig eingeschleppt. — Heimat wohl: Medit. bis Vord.Ind.; durch Verschleppung u. Einbürgerung in fast allen Kontinenten (fast Kosmop.).

Bastard:

M. albus × officinalis.

423. Medicago L. Schneckenklee

x = 8, (7)

(Schlüssel enthält u. a. nur die häufiger anzutreffenden eingeschleppten u. z. T. eingebürgerten Arten).

I. Hülse stachellos, ohne Längsseitennerven; Blst. reichbl.

A. Gr. zur Bl.zeit so lang wie der Frkn.; Hülse nierenförmig . . . . 1632. **M. lupulina**

B. Gr. zur Bl.zeit viel kürzer als der Frkn.; Hülse sichelförmig bis schneckenförmig

1. Bl. blau od. violett; Fr. mit $1^1/_2$–$3^1/_2$ Windungen . . . . 1633. **M. sativa**

2. Bl. zumindest jung gelb od. grünlichgelb

a) Bl. jung grünlichgelb, später grünlich-violett; Fr. mit $^1/_2$–$2^1/_2$ Windungen . . . . **M. × varia**

b) Bl. bleibend gelb; Fr. sichelförmig od. höchstens mit 1 Windung . . . . 1634. **M. falcata**

II. Hülse mit Stacheln, jederseits mit Längsseitennerv bzw. -nervenleiste; Blst. arm(1–8-)bl. (Hülsen sich nach der Bl. seitlich durch die K.zähne drehend)

A. S. nicht durch Querwände getrennt; B.chen beiderseits behaart . . . . 1635. **M. minima**

B. S. durch Querwände getrennt; B.chen oberseits kahl

1. Blst.stiele ohne Gliederhaare, Haare – wenn vorhanden – einfach . . . . 1636. **M. hispida**

2. Blst.stiele mit Gliederhaaren . . . . 1637. **M. arabica**

1632. M. lupulína L. Hopfenklee

⊙, ⊙, (♃), *Th, H.* – St. meist ausgebreitet, 0,10–0,60 lang; B.chen verkehrt-eiförmig-keilig, seltener schwach-ausgerandet, die der obersten B. schmäler; *Trauben ährig-kopfförmig; Bl. $1^1/_2$–3 mm lang;* Kr. gelb; *Hülse einsamig, nierenförmig, gedunsen.* V–IX. 2n = 16, 32. Veränderlich u. formenreich, u. a.

var. glandulósa Mert. et Koch; Pfl. seidig; Fr. drüsig-behaart. – Zerstreut: SW (u. a. Rheintal, Neckargeb.)

Halbtrockenrasen, Wiesenges.; nährstoff- u. meist N- u. kalkhaltige, lehmige Böden. – Verbreitet (Alp. bis 1470 m), selten gebaut. – Eur., gem. As., N-Afr.; euras-submed.

1633. M. satíva L. (Abb. 244a–b) Echte Luzerne

♃, *Ch – H.* – H. 0,30–0,80. St. aufrecht; B.chen der unteren B. länglich-verkehrt-eiförmig, die der oberen lineal.-keilig; *Trauben länglich; Bl. 7–11 mm lang;* Kr. bläulich od. violett; *Hülse spiralig-zusammengerollt,* Windungen $1^1/_2$–$3^1/_2$, im Mittelpunkt offen, mehrsamig. VI–IX. 2n = 32. Formenreich.

Gebaut auf nährstoffreicheren, meist lehmigen, kalkreichen Böden. – Heimat der Wildsippen: S-Rußl., As. bis Mong., Tib., O-Ind.

M. × vária Martyn Sandluzerne, Bastardluzerne
(= M. falcata × M. sativa)

♃, *H.* – In allen Merkmalen zwischen den Eltern stehend; *Kr. farbwechselnd,* anfangs meist gelb, dann grasgrün, zuletzt bläulich od. violett; Hülsen mit $^1/_2$–$2^1/_2$ Windungen. VI–IX. Verschiedene Formen.

Zerstreut an Standorten, wo beide Eltern auftreten; daneben auf mageren, meist sandigen Böden gebaut. – Im Geb. beider Eltern.

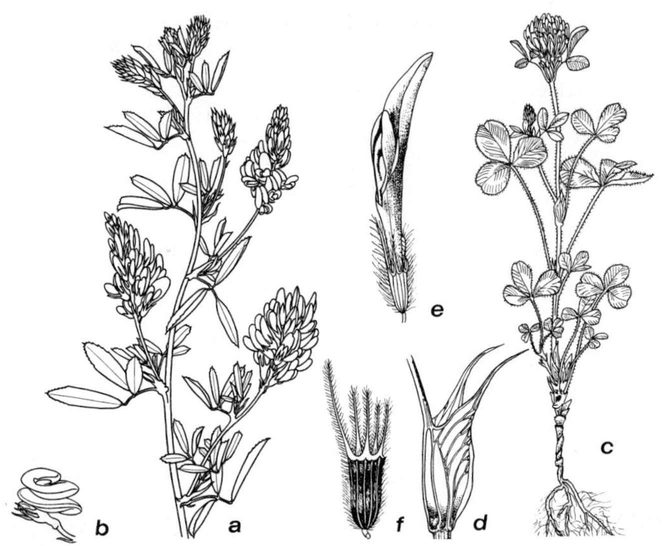

Abb. 244. *a–b Medicago sativa* (*a* Sproßausschnitt mit Blütenständen, *b* Frucht); *c–f Trifolium pratense* (*c* Habitus, *d* Nebenblätter, *e* Blüte, *f* Kelch).

1634. M. falcáta L. Sichelklee, Schwedische Luzerne

♃, *H.* – H. 0,20–0,50. St. niederliegend od. aufsteigend; B. meist kleiner als bei *M. sativa; Trauben kurz, oft kugelförmig; Bl. 7–11 mm lang;* Kr. gelb; *Hülse sichelförmig-gebogen* od. mit einer einzigen Windung. VI–IX. 2n = 32.

Trockenrasenges.; nährstoff- u. kalkhaltige Lehm- u. Kalksteinböden. – Zerstreut, insbes. in der coll. Stufe; in den Alp. bis 1100 m; daneben seltener auf schlechten Böden gebaut. – Eur., Vord. u. M-As., S-Sib.; euras-kont(-submed).

1635. M. mínima (L.) Grufb. Kleinster Sch.

⊙, *Th.* – St. 0,10–0,30 lang, niederliegend bis vereinzelt aufrecht; B.chen verkehrt-eirund-keilförmig od. die der unteren B. fast kreisförmig, beiderseits behaart; *Nebenb. ganzrandig od. am Grd. gezähnelt;* Traube 1- bis 8bl.; *K.zähne so lang od. etwas länger als die K.röhre;* Kr. gelb; *Hülse mit 3–5 spärlich- u. sehr fein-geaderten Windungen,* stachelig; Rand zu beiden Seiten der Rückennaht mit breiter, tiefer Furche. V–VII. 2n = 16.

Trockenrasenges., Mauern; meist kalkhaltige, sandige od. steinige Böden. – Selten u. zerstreut, häufiger in Thür. u. Rheinpfalz, fehlt im NW-Flachland u. über große Strecken s. der Donau. – M-, S- u. O-Eur. bis Ind., Vord.As., N-Afr., Abess.; med-submed.

1636. M. híspida Gaertn. amplif. Urban Rauher Sch.

⊙, *Th.* – St. 0,15–0,40 lang, niederliegend od. aufsteigend; kahl od. spärlich einfach-behaart; *Nebenb. fiederspaltig-eingeschnitten; B.chen ungefleckt, oberseits kahl;* Kr. gelb; *Flügel länger als das Schiffchen;* Hülse meist stachelig, Adernetz auf den Windungen stark-hervortretend; *Rückennaht gewölbt od. flach.* V–VII. 2n = 14, 16. Sehr formenreich bez. der Fr. (Varietäten bisweilen als selbständige Arten bewertet). U. a. im Geb. beobachtet:

var. a p i c u l á t a (Willd.) Godr. (= M. apiculata Willd.); mittlere Fr.windung 4–6 mm ∅; Stacheln etwa so lang wie die Dicke einer Windung.

var. d e n t i c u l á t a (Willd.) Godr. (= M. denticulata Willd.); mittlere Fr.-windung 4–6 mm ∅, Stacheln etwa so lang wie der halbe Fr.durchmesser, seltener noch länger.

Nicht selten eingeschleppt, unbeständig, Schuttunkrautges., Wegränder, Wollkämmereien, Hafengeb. etc., insbes. w. u. sw. Geb. – Heimat: Medit.; Vord., M- u. S-As.; daneben über fast alle Kontinente verschleppt u. z. T. eingebürgert; med.

1637. M. arábica (L.) All. Arabischer Sch.

⊙, *Th.* – *St.* 0,20–0,50 lang, niederliegend bis aufrecht, *von Gliederhaaren* etwas *rauh; Nebenb. tief-gezähnt; B.chen meist purpurn-gefleckt, oberseits kahl; Schiffchen länger als die Flügel;* Hülse stachelig, Adernetz auf den Windungen unter einer dünnen Haut halb verborgen; *Rückennaht gefurcht; ganzer Rand dreifach-gefurcht.* IV–VI. 2n = 16.

Nicht selten eingeschleppt, Schuttunkrautges., Hafengeb., Wollkämmereien etc., insbes. w. u. sw. Geb. – Heimat: Medit. bis W-As., sonst verschleppt u. z. T. eingebürgert (z. B. Ludwigshafen-Mannheim, Hannover); med.

424. Trifólium L. Klee

x = 7, 8, 9?

I. Tragb. der Bl. ± deutlich; Fruchtk. offen, K.schlund ohne Haarring od. Wulst
  A. Blst. 1–3 (–5)bl. u. Bl. rosa u. weiß; Hülse 5- bis 8samig (länger als der K.) . . . . **1638. T. ornithopodioides**
  B. Blst. 2- bis 6bl. u. Bl. gelb; od. 6- bis vielbl., Bl. gelb, weiß od. rot; Hülse 1- bis 8samig
    1. K. zur Fr.zeit nie einseitig aufgeblasen
      a) B. 3zählig; äußere Hochb. frei, nicht verbunden
        x) K. 5nervig (ohne Commissuralrippen); Bl. gelb; Fr. gestielt, 1samig (wenn Bl. weiß od. rosa, s. xx)
          /) Fahne bis $1^1/_2$mal so lang wie das Schiffchen (glatt od. grätennervig)
            §) Schiffchen ungeschnäbelt, stumpf od. spitzlich

+) Flügel gerade vorgestreckt; Fahne fast glatt; Gr. viel kürzer als die Fr.

α) Blst. 10- bis 24bl.; Bl.-stiele kürzer als die K.-röhre .... **1639. T. dubium**

β) Blst. 2- bis 6bl.; Bl.stiele so lang od. länger als die K.röhre .... **1640. T. micranthum**

++) Flügel spreizend; Fahne deutlich grätennervig; Gr. so lang wie die Fr. (Kr. zuletzt gelbbraun) .... **1641. T. aureum**

§§) Schiffchen mit spitzem Schnabel (Fahne grätennervig; Flügel spreizend; Kr. zuletzt gelbbraun) ..... **1642. T. campestre**

//) Fahne 2- bis 3mal so lang wie das Schiffchen (grätennervig)

§) Blst. ± walzlich; Kr. 4—6 mm lang, zuletzt glänzend schwarzbraun .... **1643. T. spadiceum**

§§) Blst. ± kugelig; Kr. 6—10 mm lang, zuletzt dunkelbraun .... **1644. T. badium**

xx) K. meist 10nervig (mit Commissuralrippen, selten 5nervig: T. hybridum); Bl. weiß od. rot; Fr. meist sitzend, 2- bis 8samig

/) ⊙; K. etwa so lang od. (obere K.-zähne) etwas länger als die Kr. ...... **1645. T. retusum**

//) ♃; K. ± halb so lang wie die Kr.

§) Hauptachse mit Blst.; Fahne breit-eiförmig bis eilanzettlich, starknervig; Frkn. fast od. ganz kahl

+) Hintere K.bucht tiefer als die übrigen (obere Bl.stiele länger als die K.röhre) ..... **1646. T. hybridum**

++) Hintere K.bucht flacher als die übrigen

α) Bl. allseits abstehend; obere Bl.stiele bis so lang wie die K.röhre; Gr. die Bauchseite der Fr. fortsetzend .... **1647. T. thalii**

β) Bl. zuletzt herabgebogen bis herabgeschlagen; obere Bl.stiele so lang od. länger als die K.röhre; Gr. fast auf der Scheitelmitte der Fr. .... **1648. T. repens**

§§) Hauptachse endet in B.rosette (Blst. achselständig); Fahne fast strichlanzettl., kaum nervig; Frkn. auf dem Scheitel ± langhaarig 1649. T. montanum

b) B. 5–7(–8)zählig; äußere Hochb. zu einer kurzen, gezähnten Hülle verbunden .... 1650. T. lupinaster

2. K. zur Fr.zeit (d. h. die Oberlippe) blasig-aufgetrieben

a) ⊙; Bl. zuletzt gedreht, Fahne daher seitlich od. abwärts gerichtet (eingeschleppte Pfl.) 1651. T. resupinatum

b) ♃; Bl. nicht gedreht, Fahne daher nach oben gerichtet .... 1652. T. fragiferum

II. Tragb. der Bl. fehlend; Fruchtk. – z. T. durch Wulst od. Haarring – ± geschlossen (Fr. 1[–2]samig)

A. Kr. deutlich länger als der K.; Blst. groß, > 1,5 cm ⌀

1. Fruchtk.zähne nicht sternförmig spreizend, höchstens aufrecht abstehend od. herabgebogen

a) Fruchtk.schlund durch zottigen Haarring verengt, ohne Knorpelrand (Bl. rot, selten weiß; K.röhre 10nervig, außen behaart) .... 1653. T. pratense

b) Fruchtk.schlund durch Knorpelwülste od. Knorpelrand ± geschlossen

x) Kr. rot (sehr selten weiß), bleibend; Wülste des Fruchtk.schlundes schwach, dicht behaart, nicht ganz schließend

/) Nebenb. im angewachsenen Teil häutig, ganzrandig

§) K.röhre 10nervig, außen kahl 1654. T. medium

§§) K.röhre 20nervig, außen behaart 1655. T. alpestre

//) Nebenb. ganz krautig, sehr lang, freier Teil meist gezähnelt (K.röhre 20nervig, außen kahl) .... 1656. T. rubens

xx) Kr. weiß od. gelblichweiß, abfallend; Wülste den Fruchtk.schlund völlig schließend

/) Kr. 1–1,8 cm lang; Blst. fast sitzend, Stiel höchstens $^1/_6$ so lang wie das darüber befindliche Internodium .... 1657. T. ochroleucum

//) Kr. 2–4(6) cm lang; Blst. gestielt, Stiel mindestens $^1/_3$ so lang wie das darüber befindliche Internodium .... 1658. T. pannonicum

2. Fruchtk.zähne sternförmig spreizend (Fruchtk.-schlund breit elliptisch; Bl. rot) .... 1659. T. incarnatum

B. Kr. kaum länger, so lang od. kürzer als der K.; Blst. etwa 1 cm ⌀

1. Fruchtk.schlund ohne Knorpelrand od. Knorpelwulst

a) Blst. gestielt; Fahne mit den übrigen Krb. verbunden; Fruchtk.schlund offen, ohne Ringnerv .... 1660. T. arvense

b) Blst. sitzend; Fahne ganz frei; Fruchtk.-schlund mit Ringnerv .... **1661. T. striatum**

2. Fruchtk.schlund durch Knorpelrand od. Knorpelwulst verschlossen (Blst. sitzend) .... **1662. T. scabrum**

1. Subgen. O r n i t h ó p o d a
Sect. O r n i t h ó p o d a

1638. T. ornithopodioídes L. Vogelfußartiger Klee

⊙, *Th.* – H. 0,02–0,20. Pfl. fast völlig kahl; St. niederliegend-aufsteigend; B. 3zählig, rel. lang gestielt; B.chen verkehrt-eiförmig, keilförmig, scharf gesägt; Blst. achselständig 1–3(–5)bl.; Bl. 6–8 mm lang; K.-zähne etwa so lang wie die K.röhre; Kr. rosa u. weiß, abfallend; Hülse 5–7 mm lang, leicht flaumig. V–IX. 2n = 16, 18.

Trockene, warme Hügel an der N-Seeküste (Deiche). – Sehr selten: Schl.Holst. (Ording; früher Sylt). – W-Eur. (von Dän. s.) bis W-Med., NW-Afr.; atl(-med).

2. Subgen. T r i f o l i á s t r u m
1. Sect. C h r o n o s é m i u m

1639. T. dúbium Sibth. Kleiner K.
(= T. minus Sm.)

⊙, (⊙), *Th, (H).* – St. ausgebreitet, 0,10–0,30 lang; B.chen keilförmig; *Nebenb. eiförmig aus verbreitertem, abgerundetem Grd.; Köpfchen (3-) 10- bis 24bl.;* Bl.stiele kürzer als die K.röhre; Kr. hellgelb; Gr. viel kürzer als die Hülse. V–IX. 2n = 28, 32.

Fettwiesenges., (seltener Zwergbinsenges.); frische, nährstoffreiche, N-haltige Böden. – Verbreitet (Alp. bis 800 m). – Gem. u. S-Eur., Kauk., Transkauk.; subatl(-submed).

1640. T. micránthum Viv. Kleinblütiger K.

⊙, *Th.* – St. zart, niederliegend, 0,02–0,10(0,25) lang; *B.chen ca. 5 mm lang; Nebenb. ei-lanzettl., am Grd. weder verbreitert noch abgerundet; Köpfchen 2- bis 6bl.;* Bl. 2,5–3 mm lang, zuletzt entfernt; *Bl.stiele* sehr dünn, so lang od. *länger als die K.röhre;* Kr. gelb, Fahne tief gekerbt. V–VII. 2n = 14, 16.

Zwergpflanzenges., feuchte Ackerränder. – Sehr selten, nur Schleswig (wohl nur noch außerhalb des Geb.?), Hildesheim (Sorsumer Mühle). – w. u. s. Eur., Kauk.; med(-atl).

1641. T. auréum Poll. Gold-K.
(= T. agrarium L. em. Schreb.)

⊙, (♃, ⊙), *H, (Th).* – H. 0,15–0,45. *B.chen* länglich-lanzettl., *alle fast sitzend; Nebenb. länglich-lanzettl., am Grd. nicht breiter;* Köpfchen seitenständig, gestielt, ± kugelig; Kr. goldgelb; Gr. etwa so lang wie die Hülse. VI–VII. 2n = 14.

Halbtrockenrasenges., Magerrasenges., Waldränder; meist kalkfreie, saure, nährstoffärmere, lehmige od. sandige Böden. – Zerstreut, im NW streckenweise fehlend (Alp. bis 1200 m). – Eur. bis N-Medit., Kauk., Kl.As.; (n-) gem-kont.

1642. T. campéstre Schreber Feld-K.
(= T. procumbens L.)

⊙, (①), *Th, (H).* – St. aufrecht od. niederliegend, 0,15–0,30; B.chen verkehrt-eiförmig, *das mittlere länger gestielt; Nebenb. eiförmig;* Gr. viel kürzer als die Hülse. VI–IX. 2n = 14. Veränderlich, insbes. in Habitus, B.form u. Bl.farbe.

Trocken- u. Magerrasenges.; meist nährstoffreiche u. kalkhaltige Böden. – Verbreitet, vielerorts häufig (Alp. bis 800 [1860] m). – Eur., W-As., N-Afr.; subatl-submed.

1643. T. spadíceum L. Moor-K.

⊙, *Th.* – H. 0,25–0,40. St. aufrecht; Nebenb. sämtlich länglich-lanzettl.; *Köpfchen endständig, zuletzt walzenförmig;* Kr. anfangs goldgelb, aber bald schwärzlich-kastanienbraun werdend; *Flügel gerade-vorgestreckt.* VII–VIII. 2n = 14.

Braunseggenges., Borstgrasras.; feuchte, kalkfreie, saure, lehmige Sand- od. Moorböden. – Zerstreut bis selten: Bergwiesen in M u. S (bis etwa zur Donau), sonst selten u. vereinzelt: u. a. ö. Schl.Holst. (meist erloschen), Ostpr. – NO-Eur., Dän., D. (insbes. herzyn. Geb.), Jura bis S-Frankr., NO-Span., S- u. O-Alp., Apenn., Calabr., Balk.; no(-kont).

1644. T. bádium Schreber Braun-K.

⊙, ♃. *H.* – St. aufsteigend, 0,06–0,15, selten höher; obere Nebenb. fast eiförmig; *Köpfchen kugelig, gedrungen,* untere Bl.stielchen herabgebogen; Kr. zuerst goldgelb, dann lederbraun; *Flügel gerade-vorgestreckt.* VII–VIII. 2n = 14.

Weideges. der Alp., insbes. subalp. Stufe; frische, nährstoffreiche, N-haltige Substrate. – Alp. (1270–2210 m; häufiger in den Allgäuer Alp., in Bay. u. Salzburger Alp. zerstreut). – Pyren., Alp., Balk., Apenn.; alp.

2. Sect. Trifoliástrum

1645. T. retúsum Höjer Kleinblütiger K.
(= T. parviflorum Ehrh.)

⊙, *Th.* – H. 0,03–0,10; St. meist ausgebreitet-ästig; B.chen verkehrt-eiförmig; *Nebenb. trockenhäutig,* eiförmig, haarspitzig; K. 10nervig; Kr. rosa od. weiß. V. 2n = 16.

Felsen, trockene Raine; kalkmeidend. – Sehr selten: Anh. (Halle, Barby, Magdeburg), sonst sehr selten verschleppt. – Span., S-Frankr., Balk. bis Sudetenländer; europ-kont.

1646. T. hýbridum L. Schwedenklee

♃, *H.* – H. 0,30–0,50. *St. aufsteigend* od. (seltener) ausgebreitet, *meist ganz kahl;* B.chen verkehrt-eiförmig od. ellipt.; *Nebenb. krautig,* länglich-lanzettl., allmählich in eine Granne zugespitzt; *K. 5nervig;* Kr. rosa od. weiß u. später dann rosenrot. V–IX. Umfaßt:

ssp. h ý b r i d u m ; St. aufrecht od. aufsteigend, hohl, meist ganz kahl; B.chen jederseits mit etwa 20 parallelen Nerven, 1,5 bis über 3 cm lang; Kr. erst weiß, später rosa. 2 n = 16.

Flutrasen-, Wiesenges.; meist frische od. feuchte, nährstoffreiche, N-haltige, tonige Böden. – Verbreitet u. meist häufig (Alp. bis 970 [1860] m), daneben gebaut. – Heimat wohl W-Eur., atl. Eur.; subatl-submed.

ssp. é l e g a n s (Savi) Aschers et Graebn.; St. meist im Kreise ausgebreitet od. niederliegend-aufsteigend, nicht hohl, oberwärts ± weichhaarig; B.chen jederseits mit etwa 40 parallelen Nerven, meist unter 2 cm lang; Kr. rötlich.

Wiesen- u. Schuttunkrautges.; trockenere Standorte als vor. – Zerstreut u. oft unbeständig, insbes. SW-D., Rheinpfalz; fehlt u. a. in den Alp. – Heimat wohl S-Eur.

Skand., Frankr., Rußl., Medit. bis Kl.As., Kauk.

1647. T. thálii Vill. Rasiger K.

♃, *H.* – *St. kurz, rasig, aufstrebend,* 0,05–0,15 lang, nebst den B. meist kahl; B.chen verkehrt-eiförmig, kleingesägt; Köpfchen rundlich; K. kahl, 10nervig; K.zähne lanzettl., die 2 oberen ein wenig länger; Kr. weiß, später rötlich. VII–VIII. 2 n = 16.

Weideges. insbes. der subalp. Stufe; frische, N-haltige, kalkreiche, steinige Substrate. – Alp. (1400–2390 m; insbes. in Allg. Alp. verbr., sonst zerstreut). – Span. Gebg., Alp., Apenn.; alp.

1648. T. répens L. Weiß-K.

♃, *H.* – *St. niederliegend, wurzelnd,* 0,20–0,50 lang; B.chen keilig-verkehrt-herzförmig; *Nebenb. trockenhäutig,* breit-lanzettl., plötzlich in eine Stachelspitze übergehend; *K. 10nervig;* Kr. weiß od. rötlich-weiß. V–IX. 2 n = 32. Formenreich, neben verschiedenen Wildformen auch Kulturvarietäten.

Weideges., Trittpflanzenges.; frische, nährstoff- u. N-reiche, oft verdichtete, lehmige Böden. – Verbreitet u. häufig (Alp. bis 2220 m), daneben gebaut. – Eur., N- u. W-As., N-Afr.; euras(-subozean).

1649. T. montánum L. Berg-K.

♃, *H.* – H. 0,15–0,40. *St. fast aufrecht; B.chen länglich-lanzettl., unterseits* ebenso wie der St. *behaart;* Nebenb. eiförmig, zugespitzt; Kr. weiß. V–VII. 2 n = 16.

Halbtrockenrasen- u. Trockenrasenges. u. ä.; meist warme, oft tonige, humose Kalklehmböden. – Verbreitet: M u. S (Alp. bis 1860 m), zerstreut bis selten: NO; im NW fast völlig fehlend. – M- u. S-Eur. bis W-Sib., Kauk., Pers.; gem-kont-submed.

3. Sect. L u p i n á s t e r

1650. T. lupináster L. Lupinen-K.

♃, *H.* – H. 0,20–0,30. *St. aufrecht;* B. kurzgestielt; B.chen kurzgestielt, lineal.-lanzettl., dicht- u. scharfgesägt; Blst. kopfförmig bis doldig, kurz, ± einseitig; K.zähne fast gleichlang; Kr. gelblich-weiß od. rot, bis 2 cm lang; Hülse 1- bis 6samig. VI–VII. 2n = 32.

Trockene Kiefernwälder; meist nährstoffarme, saure Sandböden. – Selten: nur Ostpr. – Ostpr., Pol., Karp., Rum. bis Sib., Jap.; gem-kont.

4. Sect. G a l e á r i a

1651. T. resupinátum L. Persischer K.

⊙, ⊙, *Th, H.* – *St.* niederliegend od. aufsteigend, 0,10–0,30 lang, *nicht wurzelnd; Kr.* rosa bis purpurviolett, meist frühzeitig od. aber später *resupiniert* (Fahne nach unten gerichtet), sonst ähnl. wie T. fragiferum. IV–VI. 2n = 16, 14.

Trittges., Wegunkrautges.; warme, dichte, salzhaltige u. tonige Lehmböden. – Unbeständig: Oberrhein- u. Neckargeb., sonst gelegentlich vorübergehend eingeschleppt od. kultiviert. – Frankr., Medit. bis Pers., Mesopot., N-Afr.; med.

1652. T. fragíferum L. Erdbeer-K.

♃, *H.* – *St.* kriechend, *wurzelnd,* 0,08–0,20 lang; B.chen ellipt. od. breit-verkehrt-eiförmig; Nebenb. lanzettl.-pfriemlich; *Köpfchen langgestielt, kugelig, am Grd. von einer vielteiligen Hülle umgeben; Frk. aufgeblasen, häutig, netzig-aderig,* ± *behaart; Kr.* fleischrot, *nicht resupiniert* (Fahne nach oben gerichtet). VI–IX. 2n = 16.

Flutrasenges., Salzweiden; frische bis feuchte, tonige, salz- u. N-haltige, nährstoffreiche Böden. – Zerstreut, mit Ausnahme der Gebg.; verbreitet: z. T. an den Küsten u. Salzstellen des Binnenlandes. – Eur., W-As., N-Afr., Abess.; med-submed(-subatl).

3. Subgen. T r i f ó l i u m
Sect. T r i f ó l i u m

1653. T. praténse L. (Abb. 244c–f) Rot-K.

♃, (⊙), *H.* – H. (0,05)0,15–0,30(0,70). St. niederliegend od. aufsteigend; *B.chen eiförmig od. ellipt.; Nebenb. eiförmig,* ± *plötzlich grannen-*

förmig zugespitzt; Blst. meist zu zweien, *von B. umhüllt; K. 10nervig;* Kr. purpurrot, rosa, selten weiß od. gelblichweiß. VI–IX. Formenreich, Abgrenzung z. T. schwierig, umfaßt u. a.:

var. p r a t é n s e (= var. spontaneum Willk.); H. 0,15–0,30; Pfl. weichhaarig, St. dünn, wenig hohl od. markig, oberwärts meist angedrückt, weiß behaart; B.chen oft deutlich gezähnt; Kr. purpur bis rosa. 2n = 14. – Wildsippe u. verschiedene Kulturvarietäten.

Wildsippe: Fettwiesen- u. -weideges.; frische, nährstoffreiche Lehmböden. – Häufig (Alp. bis 2270 m).

var. s a t í v u m Schreb.; H. 0,30–0,70 (oft ⊙); Pfl. weichhaarig; St. dick, hohl, schwächer als vor. behaart; B.chen meist undeutlich gezähnt bis ganzrandig; Kr. meist rosa (selten gelblich od. weiß) 2n = 14. – Gebaut in verschiedenen Kulturvarietäten, häufig verwildert.

var. e x p á n s u m (W. et K.) Haußkn.; H. bis 0,50; Pfl. allgemein stark u. zumindest unten abstehend rauh behaart; St. dick, brüchig; obere K.zähne nur $^1/_2$ so lang wie die K.röhre; Flügel so lang wie das Schiffchen; Kr. rot od. rötlich. – Gebaut.

var. v i l l ó s u m Wahlb. (= var. maritimum Zabel); Pfl. zumindest unten abstehend rauhaarig; St. dünn; K.zähne meist alle länger als die K.röhre; Flügel länger als das Schiffchen; Kr. rosa, weiß bis gelblichweiß.

Strandwiesen, Dünentäler. – Zerstreut: N- u. O-Seeküsten.

var. f r í g i d u m (Gaud.) Simk. [= T. pratense L. ssp. nivale (Sieber) Arcang.]; Pfl. niedrig, 0,05–0,30; im Gegensatz zu den vor. Var. Nebenb. auf der ganzen Außenfläche behaart; Blst. sehr groß, bis 2mal so groß wie bei var. pratense; Bl. weiß, seltener hellrosa; K. sehr stark behaart. 2n = 14.

Alpenweiden. – Zerstreut: u. a. Nebelhorn (2260 m).

Eur. bis Z-As.,Vord.Ind., Alg.; no-euras(-subozean).

1654. T. médium Grufb. Mittlerer K.

♃, *H.* – H. 0,30–0,50. St. meist hin- und hergebogen; B.chen ellipt.; Nebenb. lanzettl., verschmälert, gewimpert; *Köpfchen meist einzeln, kugelförmig, am Grd. meist ohne Hülle; K. 10nervig; Kr. purpurrot,* sehr selten weiß. VI–VIII. 2n = 84, ca. 80, 78.

Halbtrockenrasen, Trockenbuschges. u. a.; warme, nährstoffreiche, kalkhaltige, lehmige Substrate. – Verbreitet insbes. coll. u. mont. Stufen (Alp. bis 1050 m); im N. zerstreut. – Eur. bis Sib., Vord.As.; euras-submed.

1655. T. alpéstre L. Wald-K.

♃, *H.* – H. 0,15–0,30. St. aufrecht od. aufsteigend, behaart od. fast kahl; *B.chen länglich-lanzettl.; Nebenb. lanzettl.-pfriemlich; Köpfchen* meist zu zweien, *von B. umhüllt; K.röhre zottig, 20nervig;* Kr. purpurrot, sehr selten weiß bis hellrosa, Schiffchen hellpurpurn. VI–VIII. 2n = 16, 20.

Steppenwald- u. Trockenbuschges.; warme, kalkreiche u. kalkarme, oft sandige Substrate od. Kalksteinböden. – Verbreitet (Alp. bis 1050 m), im NO zerstreut; nw. bis SO-Schl.Holst., im NW fehlend. – Gem.Eur. bis S-Eur. bis Ural, Kauk.; gem-kont (submed).

1656. T. rúbens L. Rotköpfiger K.

♃, *H.* – H. 0,20–0,60. St. aufrecht, kahl; B.chen länglich-lanzettl., zugespitzt, meist kahl; *Nebenb. lanzettl., kahl, entfernt-kleingesägt; Köpfchen länglich-walzenförmig, oft zu zweien,* am Grd. oft behüllt; K. *mit* meist *kahler Röhre, 20nervig;* Kr. purpurrot, sehr selten weiß. VI–VII. 2n = 16.

Trockenbusch- u. Trockenwaldges.; warme, meist kalkhaltige Substrate. – Zerstreut bis selten: M, S (insbes. SW), sonst seltener; im NW (bis W-Meckl.) u. Alp. fehlend. – M-Eur. bis Medit., Kl.As., Arm.; gem-kont-submed.

1657. T. ochroleūcum Huds. Blaßgelber K.

♃, *H.* – H. 0,20–0,50. St. meist aufrecht; B.chen länglich-ellipt.; *Nebenb. lanzettl.-pfriemlich; Köpfchen oft behüllt; K. 10nervig, abstehend rauhhaarig;* Kr. gelblich-weiß. VI–VII. 2n = 16.

Trockene Wiesen, Halbtrockenrasen, Trockenwaldges.; warme, nährstoffreiche, tonige Lehm- od. Sandlehmböden. – Selten u. zerstreut: Brand. (Chorin), Anh. (Hasserode), Thür. (Saalfeld), Sachs. (früher Mulde- u. Elbegeb.), S-Hess., Bay.; häufiger vom Rheinland über Rheinpfalz bis S-Bad. – W-, S-, M-Eur. bis Pol., Ukraine, Kl.As.; submed-subatl.

1658. T. pannónicum L. Ungarischer K.

♃, *H.* – H. 0,20–0,50. St. aufrecht; B.chen verkehrt-eiförmig-lanzettl. bis ellipt.; Nebenb. lineal.; *Köpfchen ± lang gestielt, nicht behüllt;* K. 10nervig, abstehend-rauhhaarig; Kr. gelblich-weiß. VI. 2n = ca. 130.

Gebaut. – Herkunft: N-Ital., N-Balk., S-Rußl., Kl.As., Kauk.

1659. T. incarnátum L. Inkarnat-K.

⊙, *Th.* – H. 0,20–0,50. B.chen verkehrt-eiförmig, gestutzt, nebst dem aufrechten St. zottig; *Nebenb. eiförmig, stumpf gezähnelt; Blst. eiförmig, zuletzt walzlich, einzeln, bis 5 cm lang;* K. *10nervig, Zähne lanzettl.-pfriemlich, sehr spitz, kürzer als die purpurrote Kr., die des fr.tragenden K. abstehend, meist 3nervig.* VI–VIII. 2n = 14.

Gebaut (var. incarnátum); leichtere, nährstoffhaltige Böden, gelegentlich verwildert. – Wildsippe: S- u. W-Eur., Alg.; med-atl.

1660. T. arvénse L. Acker-, Hasen-K.

⊙, *Th.* – H. 0,08–0,30. St. aufrecht od. aufsteigend; B.chen lineal.-länglich; *Nebenb. eiförmig, zugespitzt;* Köpfchen einzeln, sehr zottig, zuletzt walzlich; K. *innen fast kahl, außen dicht-langbehaart, Zähne pfriemlich-borstenförmig, so lang od. länger als die Kr., etwas abstehend, nervenlos,* oft zottig; Kr. klein, weißlich, später fleischfarben. VI–IX. 2n = 14. Veränderlich insbes. in Habitus u. Behaarung.

Silbergrasfluren, Trockenrasenges.; kalkfreie, nährstoffhaltige Sandböden. – Häufig u. verbreitet, fehlt Alp. u. streckenweise der oberen Hochebene. – Eur., N- u. W-As., N-Afr., Abess., Kanar.; euras-submed(-subozean).

1661. T. striátum L. Gestreifter K.

①, ⊙, *H, Th.* – H. 0,08–0,20(0,40). St. niederliegend bis aufrecht; *B.chen* verkehrt-herz- od. -eiförmig od. länglich-keilförmig, *mit geraden Seitennerven; Nebenb. eiförmig, haarspitzig; Köpfchen eiförmig, zuletzt fast walzenförmig; K.zähne* lanzettl.-pfriemlich, *abstehend, gerade; Frk. etwas bauchig-aufgeblasen;* Kr. rosenrot. VI–VII. 2 n = 14.

Meist Silbergrasfluren, auch Schuttunkrautges.; warme, trockene, kalkfreie Lehm- od. Sandböden. – Selten u. sehr zerstreut: u. a. Schl.Holst. bis Oder, Thür., Sachs., Schles., NO-Bay.; häufiger von N-Hess. (Bad Wildungen) über Lahntal nach SW (Nahetal). – Medit. bis Transkauk., W-Eur. bis S-Skand., Pol., Rußl., NW-Afr., Madeira; submed(-subatl).

1662. T. scábrum L. Rauher K.

⊙, *Th.* – H. 0,08–0,15. St. aufsteigend; *B.chen* verkehrt-herz- od. -eiförmig od. länglich-keilförmig, *mit am Rande verdickten, bogigen Seitennerven,* kleingesägt; Nebenb. eiförmig-haarspitzig; *Köpfchen eiförmig; K. zur Fr.zeit walzenförmig, mit lanzettl., starren, zurückgekrümmten Zähnen,* Schlund durch einen Ring verengt; Kr. weiß od. blaßrot. V–VII. 2 n = 10, 16.

Trockenrasen; warme Kalkverwitterungsböden. – Sehr selten: nur s. Oberrheintal (z. B. Istein). – Medit., W-Eur., W-As., N-Afr., Azor., Kanar. Ins., Madeira; med-submed(-subatl).

Bastarde:
T. alpestre × medium, T. medium × pratense, T. pratense × repens.

425. Vícia L. Wicke

x = 5, 6, 7

I. Fr. ohne wirkliche Querscheidewände, meist zusammengedrückt, < 1 cm breit; S. rundl., Nabel seitlich; St. meist dünn, relativ schwach, ± kletternd; B. meist mit Wickelranke (außer V. orobus, V. ervilia, s. a. V. lathyroides)
  A. Blst. lang gestielt; Gr. unterhalb der N. ringsum behaart
    1. Blst. vielbl. (> 5bl.); Bl. mäßig groß bis groß (8–20 mm lang)
      a) B.chen eiförmig bis länglich, nicht lineal. bis lanzettl. (± 10–60 mm lang, 4–40 mm breit)

x) Unterstes B.chenpaar dem St. angedrückt, die kleineren Nebenb. verdekkend (Bl. gelb) .... 1664. V. pisiformis
xx) Unterstes B.chenpaar deutlich vom St. entfernt (Bl. nicht gelb)
/) B.chen groß (± 20–40 mm lang, ± 10–20 mm breit; Nebenb. halbmondförmig, gezähnt; Bl. purpurn) 1663. V. dumetorum
//) B.chen klein (10–28 mm lang, 3–10 mm breit)
§) B. mit Wickelranke
+) Nebenb. fußförmig gespalten (Bl. weiß, blauviolett geadert) .... 1665. V. silvatica
++) Nebenb. ganzrandig, halbpfeilförmig (Bl. purpurviolett, selten weißlich) .... 1666. V. cassubica
§§) B. ohne Wickelranke (Nebenb. halbspießförmig; Bl. weiß, violett geadert) .... 1667. V. orobus
b) B.chen lineal.-länglich bis lanzettl. (10–30 mm lang, 2–6 mm breit)
x) Platte der Fahne so lang od. länger als der Nagel
/) Platte der Fahne etwa so lang wie der Nagel .... 1668. V. cracca
//) Platte der Fahne etwa doppelt so lang wie der Nagel .... 1669. V. tenuifolia
xx) Platte der Fahne erheblich kürzer als der Nagel
/) St. u. B. dicht zottig behaart .... 1670. V. villosa
//) St. u. B. kahl od. zerstreut kurz behaart .... 1671. V. dasycarpa
2. Blst. wenig (meist 1- bis 8)bl.; Bl. klein (bis ca. 10 mm lang)
a) B. mit Wickelranke (Hülsen nicht perlschnurartig eingeschnürt)
x) Nebenb. gleich gestaltet
/) Fr. meist 4- (2- bis 6)samig, kahl .... 1672. V. tetrasperma
//) Fr. meist 2- (1- bis 3)samig, weich behaart .... 1673. V. hirsuta
xx) Nebenb. verschieden gestaltet (Fr. kahl, 3- bis 4samig) .... 1674. V. articulata
b) B. ohne Wickelranke (Hülsen fast perlschnurartig eingeschnürt) .... 1675. V. ervilia
B. Blst. kurz gestielt bis fast sitzend; Bl. einzeln od. zu 2–6; Gr. auf der Rückenseite unterhalb der N. gebärtet (Nebenb. meist mit Nektarien)
1. B. mit geteilter Wickelranke, 3- bis 8- (selten 2)paarig gefiedert; Bl. meist groß (10–35 mm lang)

a) Fahne kahl
x) Bl. rot bis purpurviolett
/) K.zähne ungleich
§) Hülsen anfangs kurzhaarig, später verkahlend (B.chen eiförmig, gewimpert) . . . . 1676. V. sepium
§§) Hülsen mit Borsten, Borsten auf Knötchen (B.chen ellipt., ganzrandig od. gezähnt) . . . . 1683. V. narbonensis
//) K.zähne gleich, etwa so lang wie die K.röhre
§) B.chen breiter als 5 mm; reife Hülsen braun . . . . 1678. V. sativa
§§) B.chen etwa 2—5 mm breit; reife Hülsen schwarzdunkelbraun . . . . 1679. V. angustifolia
xx) Bl. gelb, bisweilen grünlich od. auch bräunlich bis violett überlaufen (s. auch V. sepium)
/) K.zähne ungleich; Hülsen mit langen Haaren auf Knötchen . . . . 1681. V. lutea
//) K.zähne fast gleich; Hülsen anfangs kurz behaart, später verkahlend . . . . . 1677. V. grandiflora
b) Fahne außen angedrückt behaart (Hülse anliegend zottig) . . . . 1682. V. pannonica
2. B. mit einfacher Wickelranke od. rankenlos, 1- bis 3paarig gefiedert; Bl. klein (5—8 mm lang) . . . . 1680. V. lathyroides
II. Fr. mit schwammigen Querwänden, breiter als 1 cm; S. mit endständigem Nabel; St. dick, steif-aufrecht; B. ohne Wickelranke (K.zähne ungleich) . . . . 1684. V. faba

1. Subgen. C r á c c a
1. Sect. V i c í l l a

1663. V. dumetórum L. Hecken-W.

♃, *H.* — St. klimmend, 1,25—3,00 lang, kahl od. fast kahl; B. 3- bis 5paarig; B.chen groß, eiförmig; *Nebenb. mit 5—7 verlängert-haarspitzigen Zähnen,* halbmondförmig; Kr. purpurn, beim Verblühen bräunlichgelb; Hülse länglich-lineal., braun. VI—VIII. 2 n = 12.

Gebüsche u. Waldränder; warme, nährstoffreiche, meist kalkhaltige, aber auch sandig-lehmige Böden. — Zerstreut, selten u. vereinzelt: S (Alp. bis 890 m), M; insbes. coll. Stufe; fehlt NW. — M-, O-Eur., Gebg. Medit., W-Sib.; euras-submed(-kont).

1664. V. pisifórmis L. Erbsen-W.

♃, *H.* — St. bis 2,00 lang, kahl; *B. 3- bis 5paarig,* das unterste Paar der B.chen eiförmig, dem St. angedrückt; *Nebenb.* wesentlich kleiner, *halb-*

pfeilförmig, gezähnt; Kr. gelblich-weiß; Hülse länglich, reif braun. VI–VIII. 2n = 12.

Steppenwaldges.; nährstoffreiche, warme, humose, oft steinige u. kalkhaltige Substrate. – Selten u. zerstreut: M u. S (n. der Donau), fehlt streckenweise, so im NW-Tiefland u. im ö. u. m. Alp.vorland u. Alp. – Gem. M-Eur., O-Eur.; europ-kont.

1665. V. silvática L. Wald-W.

♃, *H.* – St. bis 2,00 lang, kahl (höchstens jung zerstreut behaart); *B. 5- bis 10paarig; Nebenb. halbmondförmig,* fußförmig-gespalten, vielzähnig; Kr. weißlich, Fahne violett-geadert; Hülse länglich, reif schwärzlich. VI–VIII. 2n = 14.

Laubmischwaldges., Nadelwaldges., Hochstaudenfluren; frische, nährstoffreiche, humose Steinschuttböden. – Zerstreut: S (Alp. 1050–1950 m), M, O; im NW fehlend. – N-, M- Eur. bis N-Ital., Balk., Sib.; euras-kont.

1666. V. cassúbica L. Kassubische W.

♃, *H.* – St. 0,30–0,60(–1,00) lang, weichhaarig od. zottig, auch verkahlend; *B.* meist *9- bis 13paarig; Nebenb. halbpfeilförmig, ganzrandig;* Fahne violettrot; Flügel u. Schiffchen weißlich u. blau-violett; Hülse fast rautenförmig, reif braun. VI–VII. 2n = 14.

Eichenwaldges., Trocken- u. Steppenwaldges.; warme, nährstoffreiche, humose, sandig-lehmige Böden. – Zerstreut bis verbreitet nur im m. u. ö. Geb., w. bis W-Holst. – Hess. – Pfalz, s. bis zur Donau, sehr selten SW. – O- u. M-Eur., N-Medit., Kl.As., Kauk.; gem-kont(-submed).

1667. V. órobus DC. Heide-W.

♃, *H.* – H. 0,15–0,60. St. zottig od. kahl; B. ohne Ranken, vielpaarig (6–14); *Nebenb. halbspießförmig, am Grd. etwas gezähnt;* Kr. weiß, Fahne violett geadert; Hülse lineal-länglich, kahl, gelbbraun. V–VI. 2n = 12.

Heiden, Hochgrasfluren, Buschges.; kalkfreie, sandig-lehmige Substrate. – Sehr selten, nur: Spessart, Hohes Venn (Perlenbachtal), Pfalz (Lambrecht, neuerdings nicht bestätigt). – W-Eur. (Norw. bis S-Span.); atl.

2. Sect. Crácca

1668. V. crácca L. Vogel-W.

♃, *H.* – *St.* 0,30–1,25 lang, *angedrückt-weichhaarig,* selten kahl; B. meist 10- bis 12paarig; B.chen länglich-lineal. od. lanzettl.; Nebenb. ganzrandig, halbspießförmig, die obersten lineal.-lanzettl.; Bl. ± 8–11 mm lang; Kr. blau- bis rötlich-violett, *Platte der Fahne so lang wie ihr Nagel;* Stiel der Hülse kürzer als die K.röhre. VI–VIII. 2n = 28.

Fettwiesenges.; nährstoffreiche, N-haltige, lehmige, humose Böden. – Verbreitet (Alp. bis 1180 m). – Eur., As. (N-Am.); euras(-subozean).

Abb. 245. *a–d Vicia villosa* (*a* Sproßausschnitt mit Blütenstand, *b* Blüte, *c* Kelch, *d* Frucht); *e–i Lens culinaris* (*e* Sproßausschnitt mit Blütenständen, *f* Blüte, *g* Kelch, *h* Staubblätter u. Fruchtblatt, *i* Frucht).

1669. V. tenuifólia Roth — Feinblättrige W.

♃, *H.* – *St.* 0,60–1,25 lang, *meist ± kahl;* Bl. 10–16 mm lang; Kr. violett, *Platte der Fahne meist doppelt so lang wie ihr Nagel;* Stiel der Hülse so lang wie die K.röhre. VI–VIII. 2n = 24.

Trockenbusch-, seltener Unkrautges.; warme, nährstoffreiche, meist kalk- u. N-haltige Lehmböden. – Zerstreut bis selten, fehlt im NW. – Gem.Eur., Medit., W- u. SW-As., M-Sib.; submed(-kont).

1670. V. villósa Roth (Abb. 245 a–d) — Zottige W.
(= V. villosa Roth ssp. villosa)

⊙, ⊙, *H, Th.* – *St.* 0,30–1,25 lang, *zottig;* B. meist 8- (6- bis 10)-paarig; Nebenb. halbspießförmig, länglich-lanzettl., seltener ungleich; die *3 unteren K.zähne* pfriemlich-fadenförmig, *so lang bis länger als die Röhre,* obere viel kürzer, lanzettl.-pfriemlich; Kr. violett, selten weiß od. purpurn; *Platte der Fahne halb so lang wie ihr Nagel;* Stiel der Hülse länger als die K.röhre. VI–VIII. 2n = 14.

Getreideunkrautges. u. gebaut; nährstoffreiche, oft kalkhaltige, sandig-lehmige Böden. – Zerstreut bis verbreitet, eingebürgert, im SW ziemlich häufig, im NW streckenweise fehlend od. selten. – S- u. SO-Eur., Vord.As. (M-Eur.); submed-euras(-kont).

1671. V. dasycárpa Tenore — Bunte W.
[= V. villosa Roth ssp. dasycarpa (Ten.) Cav.]

⊙, *Th.* – *St.* 0,30–1,20, *fast kahl od. spärlich behaart;* B. meist ± 7- bis 10paarig, kleiner als bei V. villosa; untere Nebenb. halbspießförmig; die *3 unteren K.zähne* aus breitem Grd. lanzettl., *kürzer als die Röhre,* obere kürzer, kurz-3eckig; Kr. purpurviolett, selten weiß, Flügel heller; *Platte der Fahne oft kürzer als der halbe Nagel;* Stiel der Hülse wenig länger als die K.röhre. VI–VIII. 2n = 14.

Getreideunkrautges.; warme, nährstoffreiche, meist kalkhaltige, sandig-lehmige Böden. – Zerstreut bis selten, insbes. im wärmeren s. u. sw. Geb. – S-Eur., Kl.As., Syr., M-Eur.; Schwerpunkt: submed-med.

2. Subgen. Ervum
1. Sect. Ervum

1672. V. tetraspérma (L.) Schreb. — Viersamige W.

⊙, *Th.* – St. 0,10–0,60 lang. B. meist 3- bis 5- (2- bis 8)paarig; Bl. einzeln od. zu 2–5, traubig, nebst dem gemeinsamen Stiel kürzer od. länger als das B.; Kr. bläulichweiß od. blaßviolett; *Hülse* lineal.-länglich, *meist 4-* (2- bis 6)*samig, kahl.* VI–VII(–X). 2n = 14. Umfaßt:

ssp. tetraspérma; *B. meist 3- bis 5paarig;* Blst.achse meist ohne Grannenspitze; K.zähne sehr ungleich; *Hülse* ± 5 mm breit, meist *4samig.*

Getreideunkrautges.; kalkfreie, sandig-lehmige Böden. – Verbreitet u. meist häufig, Alp.geb. sehr selten od. fehlend. – Eur., W-As., N-Afr.; daneben bis O-As., Austr., Am. verschleppt; euras-med.

ssp. grácilis (Lois.) Hook.; *in allen Teilen zarter als vor.; B.* meist *2- bis 3paarig;* Blst.achse meist mit Grannenspitze u. bis ± 2- bis 3mal so lang wie das B.; K.zähne fast gleich; *Hülse* ± 3 mm breit, linealisch, meist *4- bis 6samig.*

Zerstreut bis selten, u. meist vereinzelt eingeschleppt: Oberrheintal, Maintal, sonst z. B. Thür., Sachs., Nieders., Westf., Bay. – S- u. W-Eur.; submed-subatl.

2. Sect. Lentícula

1673. V. hirsúta (L.) S. F. Gray — Zitterlinse

⊙, *Th.* – St. 0,15–0,60 lang; *B. meist 6- bis 8paarig;* Bl. meist zu 3–5, traubig, nebst dem gemeinsamen Stiel kürzer od. etwa so lang wie das B.; Kr. bläulichweiß; *freier Stbf. in der Mitte stark verbreitert; Hülse* länglich, schwach-uneben, *1- bis 3samig,* weichhaarig. VI–IX. 2n = 14.

Ackerunkrautges.; nährstoffreiche, meist sandig-lehmige Böden. – Häufig u. verbreitet, Alp. sehr selten. – Eur., N-Afr., W-As., daneben weltweit verschleppt; euras-submed.

1674. V. articuláta Hornem. Wicklinse
[= V. monantha (L.) Desf.]

⊙, *Th.* – St. 0,20–0,70 lang. *B. meist 7- (5- bis 8)paarig;* Nebenb. ungleich, das eine lineal., sitzend, das andere halbmondförmig, borstenförmig-gezähnt, gestielt; Blst.stiele ein-, selten mehrbl., etwa so lang od. etwas länger als das B.; Kr. groß (8–15 mm lang), Fahne lila; Hülse schwach-uneben, meist 3samig, kahl od. sehr fein behaart; *S. linsenförmig-zusammengedrückt.* VI–VIII. 2n = 14.
Selten gebaut u. verwildert in Getreideunkrautges.: Ober- u. M-Rheingeb., Pfalz; sonst vereinzelt verschleppt. – Medit., Kanar. Ins., Madeira; ursprüngl. evtl. Span.

3. Sect. E r v í l i a

1675. V. ervília (L.) Willd. Erve, Linsen-W.

⊙, *Th.* – H. 0,30–0,60. Nebenb. gleichgestaltet, eiförmig od. oft halbpfeilförmig, borstlich-gezähnt; Blst.stiele 2- bis 4bl.; Kr. rosa, geadert; *Hülse lineal.-länglich, stielrundlich, fast perlenschnurförmig, kahl.* VI–VII. 2n = 14.
Selten gebaut u. verwildert: W- u. SW-D. (Oberrheintal, Pfalz, Nahe-, Glan- u. Moseltal), Bay. – Medit., N-Afr., W-As. (Wildvorkommen unsicher).

3. Subgen. V í c i a
1. Sect. A t ó s s a

1676. V. sépium L. Zaun-W.

♃, *H.* – H. 0,30–0,60. St. meist kahl; B. 4- bis 8paarig; *B.chen breit-eiförmig od. eiförmig-länglich;* Traube meist 2- bis 4- (-6)bl.; *K.zähne ungleich,* die zwei oberen zusammenneigend, 2- bis 3mal kürzer als ihre Röhre; Kr. schmutzig-violett od. selten blaß-gelb mit einem Flecken vor der Spitze des Schiffchens od. ganz weiß, *reife Hülse kahl u. schwarz.* IV–VIII. 2n = 14. Veränderlich in B.form u. Bl.farbe.
Fettwiesen, Laubmischwaldges.; nährstoffreiche, humose, meist lehmige Böden. – Verbreitet im ganz. Geb. (Alp. bis 1950 m). – Eur., W- u. M-As.; euras-(-subozean).

1677. V. grandiflóra Scop. Großblütige W.

⊙, ①, *Th. H.* – St. 0,30–0,60 lang, flaumig; B. 3- bis 7paarig; B.chen verkehrt-ei- bis -herzförmig; untere Nebenb. halbspießförmig, gezähnt, obere eiförmig-oval, ganzrandig; *Bl. bis 35 mm lang;* Kr. mattgelb; Fahne oft ± violett; Hülse lineal., später kahl u. schwarz. V–VI. 2n = 14. Mehrere sspp. im Geb. beobachtet.
Selten u. unbeständig in Trockenbusch-Ges. u. Schuttunkrautges., insbes. im SW beobachtet. – SO-Eur., Kl.As., Kauk., Pers.; o-med.

2. Sect. V í c i a

1678. V. satíva L. Futter-W.

⊙, (①), *Th, (H).* – St. 0,30–0,80(–1,00) lang; B. 4- bis 8paarig; *B.chen der unteren B. verkehrt-eiförmig, ausgerandet, die der oberen länglich-verkehrt-eiförmig od. länglich-lineal.*, ausgerandet-gestutzt, alle stachelspitzig; Bl. einzeln od. zu zweien; *K.zähne gleichlang,* etwa so lang wie ihre Röhre; Fahne blau, Flügel purpurrot, Schiffchen weißlich; *Hülse aufrecht, länglich, meist kurz-behaart, reif braun.* V–VII. 2n = 10, 12.

Gebaut u. verwildert in Getreide- u. Schuttunkrautges. (Verschiedene kultiv. Varietäten). – Eur., W-As., N-Afr.; Heimat evtl. Medit. – W-As. Wohl Kulturart der folgenden.

1679. V. angustifólia Grufb. Schmalblättrige W.

⊙, *Th.* – St. 0,10–0,40(0,80) lang; B. meist (1-)3- bis 5paarig; *B.chen* länglich-lanzettl. bis lineal., *schmaler* als bei vor. (2–5 mm breit), gestutzt, abgerundet bis ausgerandet od. zugespitzt; Bl. meist einzeln (selten bis 4); K. sehr schief; Fahne rosa od. lila, Flügel purpurn, Schiffchen weißlich; Hülse lineal.-länglich, reif kahl, schwarz bis dunkelbraun. V–VII.

ssp. a n g u s t i f ó l i a; Pfl. angedrückt behaart; B.chen schmallineal; *Hülse schwarz, den K. nicht zerreißend.* 2n = 12. – Trockenrasenges., Getreide- u. Schuttunkrautges.

ssp. s e g e t á l i s (Thuill.) Gaud.; Pfl. kahl od. fast kahl; B.chen lanzettl. bis breit lineal.; *Hülse dunkelbraun, den K. zerreißend.* 2n = 12, 14. – Getreideunkrautges.

Nährstoffreiche, N-haltige, lehmige Böden. – Verbreitet u. meist häufig (Alp. bis 600 m). – Herkunft: Medit., W-As.; verschleppt u. eingebürgert Eur., O-As., Austr., Polyn., Am., S-Afr.

1680. V. lathyroídes L. Kleine W.

①, (⊙), *H, (Th).* – St. 0,05–0,20(0,25) lang u. kurz behaart; B. mit einfacher Stachelspitze od. die oberen mit Wickelranke, 1- bis 2- (bis 4)-paarig, B.chen schmal-verkehrt-herz- od. eiförmig od. lineal.-länglich; *Bl. einzeln, fast sitzend,* ± 5–8 mm lang, *hellviolett;* K.zähne fast gleichlang; *Gr. seiner ganzen Länge nach bärtig; Hülse lineal.,* meist *kahl.* IV–VI (VII–VIII). 2n = 12.

Silbergrasfluren, Trockenrasenges.; kalkfreie, sandige Substrate. – Zerstreut: N- u. M-D u. Rheinpfalz, selten in S-D.; fehlt N-Alp. u. Alp.Vorland. – Medit., Eur., Kl.As., Kauk.; submed(-subatl.).

1681. V. lútea L. Gelbe W.

⊙, ①, *Th, H.* – St. 0,20–0,60 lang, locker behaart bis kahl; B. 6- bis 8paarig; *B.chen lineal. u. länglich;* Bl. einzeln od. zu zweien; *K.zähne ungleich,* die 2 oberen kürzer; Kr. hellgelb; *Hülse rauhhaarig, Haare auf einem starken Knötchen sitzend.* VI–VII. 2n = 12.

Getreideunkrautges.; kalkhaltige Lehmböden. – Selten u. unbeständig: Ober- u. Mittelrheingeb., Rheinpfalz; sonst selten verschleppt. – Medit., nach W- u. M-Eur. verschleppt; med.

1682. V. pannónica Crantz Ungarische W.

☉, *Th.* – St. 0,20–0,50 lang, meist zottig; B. 7- bis 9paarig; Nebenb. eiförmig-lanzettl. od. halbspießförmig; Kr. weißlichgelb od. trübviolett; *Fahne auf dem Rücken behaart;* Hülse lineal.-länglich, beidends zugespitzt, braun bis olivgrün. V–VII. 2n = 12. Umfaßt im Geb.:

var. pannónica; Kr. weißlichgelb, oft Fahne am Rücken braunrot gestreift, Nagel oft länger als die Platte; S. samtschwarz.

var. purpuráscens (DC.) Sér.; Kr. trübviolett, Nagel etwa so lang wie die Platte; S. marmoriert.

Getreideunkrautges., selten gebaut, verwildert od. eingeschleppt, meist unbeständig, insbes. S u. M, neuerdings auch an Autobahnen. – Medit. bis M-Eur., Kauk., Iran.; (o-)med-kont.

1683. V. narbonénsis L. Mauswicke

☉, *Th.* – St. aufrecht od. aufsteigend, 0,30–0,60 lang, an den Kanten behaart; *B. mit Wickelranken,* 1- bis 3paarig; B.chen groß; *Bl. in sehr kurzem, 2- bis 6bl. Trauben;* Kr. dunkelpurpurn od. violett od. bunt; *Hülse pergamentartig, auf den Kanten höckerig-borstig-rauh,* auf den Flächen ebenso od. glatt u. glänzend; S. rundlich, mit seitlichem Nabel. V–VI. 2n = 14.

Ackerunkrautges.; warme, kalkhaltige, lehmige Böden. – Selten, eingebürgert: Oberrheingeb., S-Bad. (Kleinkems bis Istein, Efringen), daneben sehr selten gebaut u. verschleppt. – Medit., S-Rußl., Transkauk., N-Afr.; med.

3. Sect. Fába

1684. V. fába L. Puff-, Buff-, Pferde-, Sau-, Dicke Bohne etc.

☉, *Th.* – H. 0,40–1,25. St. aufrecht, kantig, kahl; *B.* 1- bis 3paarig, *mit krautiger Stachelspitze;* B.chen groß, ellipt. od. länglich; *Blst. in meist 2- bis 4bl. sehr kurzen Trauben;* Kr. meist weiß mit schwarzem Fleck auf den Flügeln, od. reinweiß od. purpurn; *Hülse lederartig, auf den Kanten eben,* auf den Flächen oft sehr kurz sammetartig behaart. V–VII. 2n = 12, 14. Im Geb. nur ssp. fába mit folg. Var. der S.:

var. fába; Großbohne, Puffbohne etc.; S. sehr groß (abgeflacht, ca. 20–30 mm lang, ca. 15–30 mm breit, ca. 7,5–10 mm dick), meist braun.

var. equína Pers.; u. a. Pferdebohne; S. mäßig groß (abgeflacht, ca. 12–20 mm lang, ca. 9,5–15 mm breit, ca. 5–8,5 mm dick), braun, schwarz, weiß, schwarzgefleckt, grün etc.

var. minúta (Alef.) Mansf.; u. a. Kleine Ackerbohne; S. klein (rundlich, ca. 5,5–13 mm lang, ca. 4–9 mm breit), braun, violett, grün, purpurrot etc.

In verschiedenen Sorten gebaut. – Wildsippe wohl V. pliniana (Trab.) Muratowa aus Alg., Marok.

426. Lens Mill. Linse

x = 7

1685. L. culináris Med. (Abb. 245 e–i)
(= L. esculenta Moench)

⊙, *Th.* – H. 0,15–0,30(–0,50). B. 2- bis 7paarig, obere meist 6paarig; Nebenb. lanzettl., ganzrandig od. fast ganzrandig; Bl. einzeln od. zu 2–3, traubig, an langen Stielen; Kr. weißlich; Hülse rautenförmig, 2samig, kahl. VI–VII. 2n = 14, 12.
Vereinzelt gebaut in der ssp. m a c r o s p é r m a (Baumg.) Baroulina. – Ursprung: Himalaya-Hindukusch od. Abess.

427. Lathyrus L. Platterbse

x = 7

I. St. aufrecht od. aufsteigend u. B. 2- bis 6paarig, ohne Wickelranke, mit einfacher Stachelspitze; Gr. nicht gedreht; Hülse lineal. (Sect. Orobus)
  A. St. flügellos od. nur oberwärts schmal geflügelt; Grd.achse nicht knollig verdickt
    1. B. (3-) 4- bis 5- (bis 6)paarig
      a) Bl. gelb (bis ockerbraun) . . . . **1686. L. laevigatus**
      b) Bl. purpurn bis bräunlich . . . . **1687. L. niger**
    2. B. 2- bis 3- (bis 4)paarig
      a) B.chen eiförmig (ca. 10–30 mm breit) . . . . . **1688. L. vernus**
      b) B.chen länglich-lanzettl. bis lineal. (2–4 mm breit)
        x) Bl. gelblichweiß (Fahne oft rötlich angelaufen) . . . . **1689. L. pannonicus**
        xx) Bl. purpurn bis blauviolett . . . . **1690. L. filiformis**
  B. St. deutlich geflügelt; Grd.achse an den Knoten knollig verdickt (B. 2- bis 3- [bis 4]paarig) . . . . . . **1691. L. montanus**
II. St. oft rel. schwach, kletternd u. B. mit Wickelranke; od. St. aufrecht od. aufsteigend u. B.stiel abgeflacht, blattartig, lineal-lanzettl., mit od. ohne B.chen, ohne Wickelranke; Hülse länglich
  A. Gr. nie od. erst am Ende der Bl.zeit gedreht; Hülsen länglich-lineal., mehrsamig (B. 1- bis mehrpaarig; wenn 1paarig, dann Bl. gelb; od. B. nur aus Wickelranke bestehend; od. B.stiel blattartig verbreitert, ohne Wickelranke u. meist ohne B.chen)
    1. B. paarig-gefiedert, mit nicht geflügelten Stielen; Blst. mehr als 2bl. (Sect. Orobastrum)
      a) St. ungeflügelt, kantig, rinnig
        x) Bl. bläulich u. rot . . . . **1692. L. maritimus**
        xx) Bl. gelb . . . . **1693. L. pratensis**

b) St. deutlich geflügelt
x) Nebenb. halbspießförmig-lanzettl., kleiner als die B.chen .... 1694. **L. paluster**
xx) Nebenb. sehr groß, breit-eiförmig, fast so groß wie die B.chen .... 1695. **L. pisiformis**
2. B.chen fehlend, (od. nur an den unteren B.); B.stiel blattartig verbreitert od. nur eine Ranke bildend; Blst. 1- bis 2bl.
a) Nebenb. sehr groß, laubb.artig (Bl. gelb; Sect. Aphaca) .... 1696. **L. aphaca**
b) Nebenb. klein, pfriemförmig (Bl. purpurn; Sect. Nissolia) .... 1697. **L. nissolia**
B. Gr. von Anfang an (oft auch Stbf. u. Schiffchen) um seine Achse gedreht (B. sämtlich od. nur die unteren 1paarig gefiedert; Bl. der Arten des Geb. weiß, rot, violett od. gelblichgrün u. rot überlaufen)
1. Blst. (2-) 4- bis mehrbl., länger als das Tragb.; Hülse länglich-linealisch, mehrsamig (Sect. Lathyrus)
a) St. ungeflügelt, scharf-kantig .... 1698. **L. tuberosus**
b) St. geflügelt
x) Untere B. 1paarig, obere 2- bis 3paarig gefiedert .... 1699. **L. heterophyllus**
xx) Alle B. 1paarig gefiedert
/) Blst. nur etwas länger als das Tragb.; B.stiel meistens schmaler als der St. geflügelt .... 1700. **L. silvester**
//) Blst. viel bis mehrmals länger als das Tragb.; B.stiel so breit od. breiter als der St. geflügelt .... 1701. **L. latifolius**
2. Blst. 1- (bis 3)bl., kürzer od. länger als das Tragb.; Hülse länglich-eiförmig, 2- bis 6samig (St. geflügelt; Sect. Cicercula)
a) Hülse kahl .... 1702. **L. sativus**
b) Hülse lang weiß behaart, später rauh .... 1703. **L. hirsutus**

1. Sect. Orobus

1686. L. laevigátus (W. et K.) Gren. Gelbe P.
[= L. luteus (L.) Peterm.]

♃, *G.* – H. 0,20–0,70. *St. meist einfach;* B. 3- bis 6paarig; B.chen unterseits bläulichgrün; Blst. 3- bis 17bl.; *Kr. gelb.* VI–VIII. Umfaßt: ssp. occidentális (Fisch. et Mey.) Mansf.; St. fast kahl od. weichhaarig u. spärlich-drüsig; B.chen ellipt. od. ellipt.-lanzettl., spitz, unterseits meist weichhaarig; B.chenstiele bärtig; K. ± *wollig-weichhaarig, obere K.zähne kurz, 3eckig, untere verlängert, lanzettl.*

Hochstaudenges. der mont. bis subalp. Stufe; frische, kalkhaltige, lehmige Böden. – Zerstreut: Alp. (1000–2050 m). – Alp., Pyren., Apenn., Serb.; alp.

ssp. l a e v i g á t u s ; St. meist kahl; B.chen eiförmig-ellipt., stumpf od. kurz zugespitzt, kahl; B.chenstiele fast kahl; K. *nur am Rande gewimpert, obere K.zähne kaum erkennbar, die unteren pfriemlich u. sehr kurz.*

Trockenwaldges. – Sehr selten, nur Ostpr. (Insterburg). – Ostpr., Pol., W-Rußl., N-Balk., SO-Alp.; praealp-alt.

1687. L. níger (L.) Bernh. Schwarze P.

♃, *G.* – H. 0,30–1,00. (Pfl. beim Trocknen schwärzlich werdend); *St. ästig;* B. (4- bis) 6paarig; *B.chen eiförmig, länglich, unterseits blaugrün, glanzlos; Nebenb. halbpfeilförmig; Blst. (3- bis) 4- bis 8(bis 10)bl., oft länger als das B.; Kr. purpurn* bis bräunlich, zuletzt bläulich, sehr selten weiß. VI–VII. 2n = 14. Ändert ab:

var. h e t e r o p h ý l l u s Uechtr.; B.chen der unteren B. schmal-lineal., die der oberen eiförmig. – Selten, z. B. Ostpr., Schles.

Trockenwaldges.; warme, nährstoffhaltige, oft entkalkte, lehmige Böden. – Zerstreut bis selten, insbes. M u. S, fehlt über größere Strecken (u. a. NW-Flachland, Alp.). – Eur. bis Rußl., Kauk., N-Medit., Alg.; gem-kont-submed.

1688. L. vérnus (L.) Bernh. Frühlings-P.

♃, *G.* – H. bis 0,30. B. 2- bis 4paarig; *B.chen eiförmig, langzugespitzt, glänzend-grasgrün;* Bl.traube meist 3- bis 6bl., etwa so lang wie das B.; Kr. purpurrot, dann blau, zuletzt grünlich, selten weiß od. rosa. IV–V. 2n = 14.

Laubmischwaldges.; frische, kalk- u. nährstoffhaltige, lehmige Substrate. – Verbreitet im Geb., insbes. in der coll. Stufe bis zum Alp.rand, fehlt NW; im NO. u. im S. z. T. sehr zerstreut. – Eur. bis W-Sib., Kauk., Kl.As., N-Medit.; gem-kont-submed.

1689. L. pannónicus (Kramer) Garcke Ungarische P.

♃, *H.* – H. bis 0,55. W. büschelig, Fasern keulen- od. walzenförmig; B. 2- bis 3(bis 4)paarig; *B.chen lineal.-lanzettl. od. lineal.,* kahl; B.stiele die Nebenb. überragend; Kr. ± gelblichweiß, Fahne auf dem Rücken oft hellrötlich. V. Im Geb. nur:

ssp. c o l l í n u s (Ortmann) Soó (= L. versicolor Beck); W.fasern lang, walzlich od. dick spindelig; Blst. kürzer od. ± so lang wie das Tragb.; Fahne purpur, Flügel gelb. 2n = 14.

Trockenwaldges. bzw. Bergwiesen; warme Kalksteinverwitterungsböden. – Sehr selten: Tübingen (Hirschauer Berg), Gauagelsheim. – SO-Eur. bis Sib.; kont(-submed).

1690. L. filifórmis (Lam.) Gay Fädliche P.

♃, *H.* – H. 0,20–0,50. W. nicht verdickt; B. 2- bis 3paarig; *B.chen fast lineal.;* B.stiele kürzer als die Nebenb.; Blst. 4- bis 10bl., länger als das Tragb.; Kr. purpurn bis blauviolett; Schiffchen bis 22 mm lang. V–VII. 2n = 14. Im Geb. nur

ssp. b a u h í n i (Genty) Aschers. et Graebn. (= Orobus ensifolius Lapeyr. p. p.).

Halbtrockenrasenges.; schwere, tonhaltige Kalklehmböden. – Sehr selten, nur Schwäb. Alb. (Onstmettingen; Zellerhorn). – Gesamtart: Span., Pyren., S-Frankr., Jura, N-Ital., Jugosl.; submed(-praealp).

1691. L. montánus Bernh. Berg-P.

♃, *G.* – H. 0,15–0,30. B.chen länglich-lanzettl., unterseits blaugrün, glanzlos; Bl.traube (2- bis) 4- bis 6bl., meist länger als das B.; Kr. purpurrot, zuletzt schmutzig-blau bis grünlich. IV–V(–VII). 2n = 14. Ändert ab in der B.form, u. a.:

var. t e n u i f ó l i u s (Roth) Garcke; B.chen schmal-lineal., (1–) 2–5 (–8) mm breit. – Selten.

Laubmischwaldges., Eichen-Birkenwälder etc.; kalkfreie, nährstoffhaltige, sandig-lehmige Böden. – Verbreitet bis Alp.rand, fehlt Alp. u. im NW. über große Strecken. – Eur. bis Rußl. u. N-Medit.; subatl(-submed).

2. Sect. O r o b á s t r u m

1692. L. marítimus (L.) Bigel. Strand-P.

♃, *H.* – St. wenig- u. kurz-behaart, liegend, 0,15–0,50 lang; *B. meist 4- bis (2- bis 5)paarig;* B.chen ellipt.; *Nebenb. meist pfeilförmig, mit spitzen Öhrchen;* Blst. meist 4- bis 7bl.; Fahne purpurrot, Flügel bläulich-rosenrot; S. kugelig. VI–VIII. 2n = 14.

Helm-Dünen; salzarmer Dünensand. – Zerstreut u. selten: N-See-Küsten (insbes. Ins. u. W-Küste Schl.Holst.), O-See-Küsten (stellenweise von Fehmarn bis Ostpr.). – Küsten M- u. N-Eur., Arkt., N-As., Chin., N-Am., S-Chile; no(-subarkt), circ.

1693. L. praténsis L. Wiesen-P.

♃, *H.* – St. 0,30–1,00 lang, kahl od. weichhaarig; *B. 1paarig; Nebenb. meist pfeilförmig, breitlanzettl.;* Blst. 3- bis 12bl., viel länger als das Tragb.; Kr. gelb; Hülsen lineal.-länglich. VI–VII. 2n = 14. Ändert ab in B.form, Behaarung u. Bl.größe, u. a.:

var. s é p i u m (Scop.) Beck; Pfl. ± kahl; B. u. Nebenb. schmallanzettl.; K.zähne fast gleichlang; Bl. meist einseitswendig.

var. v e l u t í n u s DC.; Pfl. stark behaart, graufilzig. –

Wiesenges.; frische, nährstoffreiche, N-haltige, lehmige od. tonige Böden. – Verbreitet u. häufig (Alp. bis 1270 m). – Eur. bis Sib., Him., N-Afr., Abess., (N-Am.); no-euras(-submed).

1694. L. palúster L. Sumpf-P.

♃, *H.* – St. 0,30–1,00 lang; *B.stiele fast flügellos; B.* meist *2- bis 3paarig;* B.chen länglich-lanzettl.; *Nebenb. viel kleiner als die B.chen,* halbpfeilförmig, lineal.-lanzettl.; *Blst. 2- bis 6(bis 8)bl.,* meist länger als das B.; Kr. blau-violett bis lila. VII–VIII. 2n = 42.

Röhrichte, Großseggenges., Feuchtwiesenges. etc.; feuchte bis nasse, oft torfige, schlickige Böden. – Zerstreut u. meist selten, insbes. Stromtäler; fehlt streckenweise, u. a. in Westf. u. Alp. – N- u. M-Eur. bis Sib., Sach., Jap., ö. N-Am.; (no-)euras(-kont).

1695. L. pisifórmis L. Erbsenartige P.

♃, *H.* – St. 0,50–1,00 lang; B.stiele fast flügellos; *B. 3- bis 5paarig;* B.chen eiförmig-länglich, stumpf, stachelspitzig; *Nebenb. fast größer als die B.chen, ei-halb-pfeilförmig; Blst. bis 12bl.,* meist kürzer als das B.; K.zähne ei-lanzettl., gewimpert, ungleich; Kr. trübdunkelrot; Hülse zusammengedrückt, schmal. VI. 2n = 14.

Laubmischwälder. – Sehr selten, nur Ostpr. (Commusin-Terten). – Pol., Tschech., Estl. bis Sib., Kauk.; (euras-)kont.

3. Sect. A p h á c a

1696. L. apháca L. Ranken-P.

⊙, *Th.* – St. 0,15–0,30(–0,60) lang; B.chen nur an den untersten B.stielen vorhanden; *B.stiele meist rankenförmig; Nebenb. sehr groß,* eiförmig, am Grd. spießförmig; Bl. einzeln an langen Blst.stielen; Kr. gelb; Hülse länglich, kahl. VI–VII. 2n = 14.

Getreideunkrautges.; warme, nährstoffreiche, kalkhaltige Lehmböden. – Zerstreut bis selten: M, W, S; im N sehr selten u. meist unbeständig. – Medit., (Eur.); Heimat: wahrsch. Orient; o-med-submed.

4. Sect. N i s s ó l i a

1697. L. nissólia L. Blattlose P.

⊙, *Th.* – H. 0,20–0,50; B.chen fehlend; *B.stiele lanzettl.* (Phyllodium), *rankenlos; Nebenb. sehr klein,* pfriemlich, am Grd. halbspießförmig; Bl. einzeln od. zu zweien an langen Blst.stielen; Kr. purpurrot; Hülse lineal., angedrückt-behaart od. kahl. V– VII. 2n = 14.

Unkrautges.; warme, nährstoffreiche, meist kalkfreie Lehmböden. – Neuerdings sehr selten u. zerstreut, meist unbeständig; m. u. oberes Rheintal, Eifel, Hess., Thür., Sachs., Schles. – Medit., M-Eur., bis Kauk., Syr., (N-Am.); submed-med.

5. Sect. L á t h y r u s

1698. L. tuberósus L. Erdnuß-P., Erdeichel

♃, *H.* – Spr. kahl; *unterirdische St.* fadenförmig, *an den Gelenken mit haselnußgroßen* (selten größeren) *Knollen;* St. 0,30–1,00 lang; *B. 1paarig; Nebenb. halbpfeilförmig, lineal.;* Blst. (2- bis)4- bis 5bl.; Kr. purpurrot, wohlriechend; Hülsen lineal.-länglich, kahl. VI–VIII. 2n = 14.

Getreideunkrautges.; trockene, kalkhaltige Lehmböden. – Verbreitet bis zerstreut, Kulturbegleiter: M; selten bis zerstreut: S; im N u. NW selten, z. T. nur verschleppt, über große Strecken fehlend. – W-As. bis Eur., Medit., (N-Am.); med-submed-kont.

1699. L. heterophýllus L. (Abb. 246a–b) Verschiedenblättrige P.

♃, *H.* – St. 1,00–3,00 lang; *Flügel des St. etwa so breit wie die der B.stiele;* B. meergrün, *untere B. 1paarig, obere 2- bis 3paarig;* B.chen lanzettl., stumpflich od. spitz; 10–35 mm breit; Nebenb. halbpfeilförmig; Blst. so lang od. länger als das Tragb., (3- bis)4- bis 12bl.; Kr. purpurrot; S. schwarz bis hellbraun, körnig; *Nabel kaum* $^1/_3$ *des S. umgebend.* VII–VIII. 2n = 14. Ändert ab, u. a.:

var. u n i j ú g u s Koch; alle B. 1paarig. – Selten.

Buschige Schuttges.; warme Kalksteinschutt-Substrate. – Selten: Thür., Harz, Schles., Bay. (Frank., Brennberg, Deggendorf, Allgäu bis 1450 m) u. SW (Bodenseegeb., Hegau, Jura, oberes Neckartal). – Eur. bis W-Rußl.; praealp-gem-kont.

1700. L. silvéster L. Wald-P.

♃, *H.* – St. 1,00–2,00 lang; *Flügel des St. bis doppelt bis dreimal so breit wie die der B.stiele; B. 1paarig;* B.chen lanzettl. bis lineal., zugespitzt; Nebenb. halbpfeilförmig, lineal.-pfriemlich; Blst. (2- bis)4- bis 10bl.; Fahne auf dem Rücken rötlichgrün, inwendig am Grd. purpurrot u. von da allmählich fleischfarbig; S. schwarzbraun bis rötlichgrau, körnig; *Nabel die Hälfte des S. umgebend.* VII–VIII. 2n = 14. Umfaßt:

var. s i l v é s t e r ; B.chen lanzettl., meist 5–18 (–20) mm breit, kurz zugespitzt. – Häufigste Var.

var. a n g u s t i f ó l i u s (Med.) Moris; B.chen lineal.-lanzettl., 1–3 mm breit, spitz bis grannenartig zugespitzt. – Selten.

var. p l a t y p h ý l l u s (Retz.) Aschers.; Flügel der B.stiele fast ebenso breit wie die des St.; B.chen 15–30(–40) mm breit. – Selten.

Schlehenhecken u. Gebüsche, Trockenwaldges., Laubmischwaldges.; warme, frische, nährstoffreiche, meist kalkhaltige u. lehmige Böden. – Verbreitet in M- u. S-D. (Alp. bis 635 m), im N-Flachland selten. – Eur., N-Medit., Rußl.; gem-kont-submed.

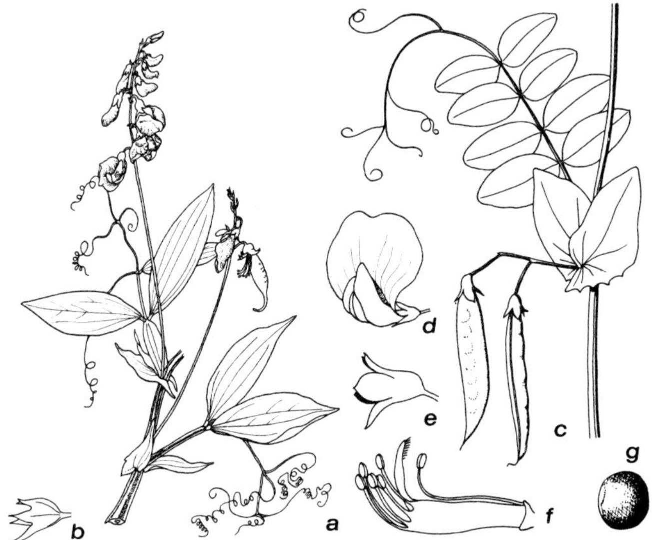

Abb. 246. *a–b Lathyrus heterophyllus* (*a* Sproßausschnitt mit Blütenständen, *b* Kelch); *c–g Pisum sativum* (*c* Sproßausschnitt mit jungen Früchten, *d* Blüte, *e* Kelch, *f* Staubblätter u. Fruchtblatt, *g* Same).

1701. L. latifólius L. Breitblättrige P.

♃, *H.* – St. 0,50–2,00 lang; *Flügel des St. schmaler od. so breit wie die der B.-stiele; B. 1paarig* (sehr selten obere 2paarig); B.chen ellipt. bis lanzettl.; Nebenb. groß, halbspießförmig, lanzettl.; Blst. (3- bis)4- bis 12bl.; Kr. lebhaft purpurn, rosenrot; S. graubraun, schwarz punktiert, körnig-rauh; *Nabel kaum* $^1/_3$ *des S. umgebend.* VII–VIII. 2 n = 14.
Kultiviert u. gelegentlich verwildert. – Heimat: S-Eur., Medit.

6. Sect. C i c é r c u l a

1702. L. satívus L. Saat-P., Kichererbse

⊙, *Th.* – St. 0,30–1,00 lang, geflügelt; *B. 1paarig;* Nebenb. halbpfeilförmig; *Bl. einzeln* an langen Blst.stielen; Blst. kürzer als das Tragb.; Kr. bläulich, rötlich od. weiß; *Hülse kahl, am oberen Rande auswärtsgekrümmt, 2flügelig-gekielt;* S. kantig, glatt. V–VII. 2 n = 14.
Gebaut in verschiedenen Sorten. – Wild unbekannt; Ursprung evtl. Vord.As.

1703. L. hirsútus L. Haarige P.

⊙, ①, *Th, H.* – St. 0,30–1,00 lang, geflügelt; *B. 1paarig; Bl. zu 2 od. 3* an langen Blst.stielen; Blst. länger als das Tragb.; Kr. violettrot, dann blau; *Hülse lang-rauhhaarig,* Haare auf Knötchen sitzend; S. höckerig-rauh. VI–VIII. 2n = 14.

Getreideunkrautges.; warme, nährstoffreiche, meist kalkhaltige, lehmige Böden, im W auf Beton-Trümmer. – Selten u. z. T. unbeständig: Oberhess., Rheinpf., Saargeb., Oberrheintal, Neckargeb., Jura, Bodenseegeb.; sonst sehr selten adventiv (z. B. Roggenfelder auf Usedom). – Medit. bis S-Rußl., Mesopot., N-Afr.; med-submed.

428. Písum L. Erbse

x = 7

1704. P. satívum L. (Abb. 246 c–g)

⊙, *Th.* – St. 0,25–2,50 lang, kahl; B. 1- bis 4paarig; B.chen eiförmig bis breitellipt.; Nebenb. sehr groß, ei-halbherzförmig, am Grd. od. bis zu $^2/_3$ gezähnt; Blst. 1- bis 3- (bis 5)bl., traubig; Kr. weiß od. ganz od. z. T. rosa od. lila; Hülse meist gerade; S. kugelig od. abgeplattet, graubraun bis gelblich-grün od. weißlichgelb u. ± durchsichtige S.schale. V–VII. 2n = 14. Nur ssp. s a t í v u m, morphologisch zu gliedern:

convar. s p e c i ó s u m (Dierb.) Alef. em. Lehm.; Felderbsen; Hülse mit Pergamentschicht; Bl. bunt; S. mehr- od. einfarbig, kugelig bis zusammengedrückt; Stärkekörner ± länglich, längs gespalten.

convar. s a t í v u m ; Trockenerbsen; Hülse mit Pergamentschicht; Bl. weiß; S. vorwiegend einfarbig, kugelig bis zusammengedrückt; Stärkekörner ± länglich, längs gespalten.

convar. m e d u l l á r e Alef. em. Lehm.; Markerbsen; Hülse mit Pergamentschicht; Bl. weiß; S. einfarbig, runzelig; Stärkekörner ± rundlich, radial gespalten.

convar. a x í p h i u m Alef. em. Lehm.; Zuckererbsen; Hülse mit schwach ausgebildeter od. ohne Pergamentschicht; Bl. bunt od. weiß; S. mehr- od. einfarbig, kugelig bis zusammengedrückt; Stärkekörner ± länglich, längs gespalten.

convar. m e d u l l o s a c c h a r á t u m (Koern.) Lehm.; Zuckermarkerbsen; Hülse mit schwach ausgebildeter od. ohne Pergamentschicht; Bl. weiß; S. einfarbig, runzelig; Stärkekörner ± rundlich, radial gespalten.

Gebaut in zahlreichen Kulturvarietäten, nur als Kulturpfl. bekannt. – Ursprung: vermutlich O-Medit., Kl.As., Transkauk., Iran.

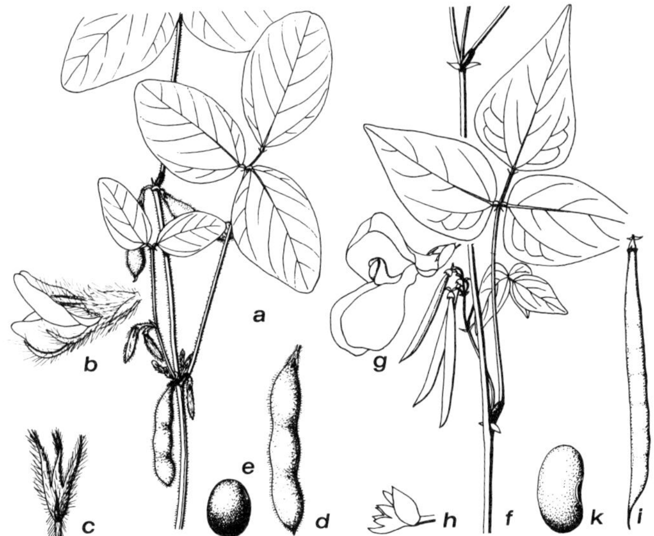

Abb. 247. *a–e Glycine max* (*a* Sproßausschnitt mit Blüten u. Früchten, *b* Blüte, *c* Kelch, *d* Frucht, *e* Same); *f–k Phaseolus vulgaris* var. *nanus* (*f* Sproßausschnitt mit jungen Früchten, *g* Blüte, *h* Kelch, *i* Frucht, *k* Same).

429. Glycíne L. — Sojabohne

x = 10

1705. G. max (L.) Merr. (Abb. 247 a–e)

⊙, *Th.* – H. 0,30–0,60(–2,50). St. aufrecht, selten windend, ebenso wie B. zottig behaart; B. 3- bis (selten 5)zählig gefiedert, mit Nebenb. u. Stipellen; B.chen ± rundlich bis lanzettl., ganzrandig, fast immer behaart; Blst. achselständig, 3- bis 8bl., kurz, selten lang u. 15- bis 20bl.; Bl. violett od. weiß, Fahne mit Mittelfleck; Hülsen behaart; S. 1–4, verschieden gestaltet u. gefärbt. (VII–VIII). 2 n = 40. Zahlreiche Kulturvarietäten.
Gelegentlich kultiviert. – Heimat der Wildart (G. soja Sieb. et Zucc. s. str.): China, Formosa, Korea, Jap., SO-Sowj.-Union.

430. Phaséolus L. — Bohne

x = 11

I. Blst. so lang od. länger als das Tragb.; reichbl.; Hülse rauh . . . . **1706. Ph. coccineus**
II. Blst. kürzer als das Tragb., armbl.; Hülse meist glatt . **1707. Ph. vulgaris**

1706. Ph. coccíneus L. Feuerbohne

⊙, *Th* (Kultur). – St. 2,00–4,00 lang, windend; *Keimb. im Boden bleibend* (geringe od. fehlende Hypokotylstreckung); B. rel. schwach u. fein behaart; *Blst. ca. 8- bis 20bl.; Kr. scharlachrot,* selten einzelne Glieder od. ganze Kr. weiß; Hülsen rauh, meist dunkel, bräunlich; S. meist dicht violett- u. schwarzmarmoriert. VI–IX. 2n = 22.
Selten gebaut. – Heimat: wahrsch. Mex. – Z-Am.

1707. Ph. vulgáris L. (Abb. 247 f–k) Gartenbohne

⊙, *Th.* – St. 1,00–3,00(4,00) lang u. windend, bzw. 0,30–0,60 hoch u. aufrecht; *Keimb. über der Bodenoberfläche* (Streckungswachstum des Hypokotyls); B. ± dicht u. meist abstehend kurz behaart; *Blst. 2- bis 6(bis 10)bl.; Kr. meist weiß od. weißlich,* selten rosa od. violett; Hülsen später verkahlend u. meist glatt, meist grünlich od. gelblich; S. meist weißlich, seltener gefärbt bis schwarz. VI–IX. 2n = 22.
Gebaut nur ssp. vulgáris, umfaßt:
var. vulgáris; Stangenbohnen; St. bis 3,00(4,00) lang, windend.
var. nánus (L.) Aschers.; Buschbohnen; H. 0,30–0,60, aufrecht, nicht od. kaum windend.
Gebaut in zahlreichen Sorten. – Alte Kulturpfl. in Mex. bis w. S-Am.; Stammart wohl Ph. aborigíneus Burkart (Venez. – NW-Argent.).
Droge: Fructus Phaseoli sine Semine

33. Ordn. Geraniáles

1. Unterordn. Geraniíneae

72. Fam. OXALIDACEAE R. Br. Sauerkleegewächse

431. Óxalis L. Sauerklee

x = 6, 7, 9, 11

I. Laubb. nur in grundständiger Rosette; Bl. weiß od. rötlichweiß .... **1708. O. acetosella**
II. Laubb. an gestreckten, aufrechten od. ausgebreiteten St.; Bl. gelb
  A. Laubb. ohne Nebenb.; St. aufrecht .... **1709. O. europaea**
  B. Laubb. mit Nebenb.; St. niederliegend od. aufsteigend .... **1710. O. corniculata**

1708. O. acetosélla L. (Abb. 248 a–c) Wald-S.

♃, *H, (G).* – H. 0,08–0,15. *W.stock kriechend, gezähnt; oberirdischer* beb. *St. fehlend;* B. 3zählig, mit verkehrt-herzförmigen B.chen; Blst.

Abb. 248. *a–c Oxalis acetosella* (*a* Habitus, *b* Blüte längsgeschnitten, *c* Frucht längsgeschnitten); *d–h Geranium phaeum* (*d* Sproßspitze, *e* Blüte ohne Kronblätter, *f* Staubblätter; *g* Fruchtblätter zur Blütezeit, *h* zur Fruchtreife).

1bl., meist länger als die B., über der Mitte mit 2 Vorb.; Kr. weiß od. rötlichweiß, mit purpurroten Adern u. einem gelben Fleck am Grd. IV–V. 2 n = 22.

Divers. Waldges.; frische, ± saure, nährstoffhaltige, humose, lehmige Böden. – Verbreitet im ganz. Geb., im N zerstreut, N-See-Ins. fehlend, z. T. bes. in der mont. Stufe (Alp. bis 1940 m). – Eur. bis Sib., Kauk., N-Am.; no-euras, circ.

O. jaliscána Rose (?); ♃, H. 0,10–0,15, mit rosaroten Bl., unterirdischen Knöllchen, im m. Schwarzwald (Rippoldsau) eingebürgert. – Heimat: Mex.

1709. O. europaéa Jord. Steifer S.
(= O. stricta auct.)

♃, *H, (G).* – H. 0,10–0,20(0,30). *W.stock mit Ausläufern; St. einzeln,* aufrecht; B. 3zählig, mit verkehrt-herzförmigen B.chen; *B.stiele ohne Nebenb.;* Blst. (1- bis) 2- bis 5bl., *nach dem Verblühen aufrecht-abstehend;* Kr. gelb. VI–X. 2 n =24.

Ackerunkrautges.; frische, nährstoffreiche, meist schwachsaure, lehmige od. sandige Böden. – Verbreitet im Geb. bis Alp.rand. – Heimat: vermutl. N-Am.; in Eur. eingebürgert; subatl(-submed).

1710. O. corniculáta L. Gehörnter S.

⊙, ①, *Th, H.* – W. ästig-faserig, unterird. *Ausläufer fehlend;* Pfl. grün od. auch rötlich-braun überlaufen; *St. mehrere,* ausgebreitet, am Grd. wurzelnd, 0,15–0,30 lang; *B.stiele am Grd. mit 2 kleinen, angewachsenen Nebenb.;* Blst. 2- bis 6bl.; *Fr.stiele abwärtsgebogen;* Kr. gelb. VI–X. 2n = 24, 44, 48.

Ackerunkrautges.; ± frische, nährstoffreiche Lehmböden. – Zerstreut im Geb. bis Alp.rand. – S-Eur., weltweit verschleppt; med(-submed).

73. Fam. GERANIACEAE Juss.
Storchschnabelgewächse

I. Alle Stbb. mit Stbbtl.; Gr. bei der Reife vom Frkn. her bogenförmig abspreizende Grannen ablösend .... **432. Geranium**

II. Die 5 äußeren Stbb. ohne Stbbtl.; Gr. bei der Reife vom Frkn. her korkzieherartig-gedrehte Grannen ablösend .... **433. Erodium**

432. Geránium L. Storchschnabel

x = 7, 8, 9, 10, 11, 13, 17

I. K. ausgebreitet; Nagel der Krb. viel kürzer als die Platte

A. B.spreite der Rosettenb. bzw. die der untersten Stb. 5- bis 7lappig, tief ($^2/_3$ bis fast zum Grd.) handförmig geteilt, Umriß meist eckig, selten rundlich, (2–)3–10(–15) cm breit

1. Krb. 12–20 mm lang, $1^1/_2$–2mal so lang wie Kb. ohne Granne (Pfl. ♃)

a) Fr.klappen glatt, nicht querfaltig

x) Blst.stiele 2-, selten mehrbl.; B.umriß eckig, 5–15 cm breit

/) St. oberwärts od. zumindest die Bl.-stiele drüsig behaart

§) Bl.stiele nach dem Verblühen abwärts gebogen; Stbf. am Grd. kreisrund od. 3eckig verbreitert, plötzlich verjüngt .... **1711. G. pratense**

§§) Bl.stiele stets aufrecht; Stbf. lanzettl., allmählich verjüngt .... **1712. G. silvaticum**

//) St. oberwärts drüsenlos .... **1713. G. palustre**

xx) Blst.stiele 1bl.; B.umriß rundlich, 3–5 (–6) cm breit .... 1714. G. sanguineum

b) Fr.klappen querfaltig (Blst.stiele 2bl.; B.-umriß eckig, 5–10 cm breit) .... 1715. G. phaeum

2. Krb. 3– ± 10 mm lang, kürzer bis höchstens $1^1/_2$mal so lang wie die Kb. (B. 2–6 cm breit; Fr.klappen ± behaart)

a) Blst.stiele 1bl. (sehr selten 2bl.; St. oben mit rückwärts stehenden Haaren, ohne Drüsen; Kb. stachelspitzig; S. feinkörnig; Pfl. ♃) 1716. G. sibiricum

b) Blst.stiele 2bl. (Pfl. ☉)

x) B.spreite der unteren B. etwa $^2/_3$–$^3/_4$-tief handförmig gespalten, Lappen rhombisch bis eiförmig (St. oben mit Drüsenhaaren; Kb. ± lang begrannt)

/) Fr.klappen querrunzelig, kurzhaarig; S. glatt .... 1717. G. divaricatum

//) Fr.klappen glatt, lang-zottig behaart; S. fein netziggrubig .... 1718. G. bohemicum

xx) B.spreite der unteren B. fast bis zum Grd. handförmig geteilt; Abschnitte lineal.-lanzettl., Zipfel ± lineal. (S. netziggrubig)

/) Bl.stiele u. Fr.klappen wenig behaart, ohne Drüsenhaare; Kb. lang begrannt 1719. G. columbinum

//) Bl.stiele u. Fr.klappen drüsenhaarig; Kb. zugespitzt .... 1720. G. dissectum

B. B.spreite der Rosettenb. bzw. die der untersten Stb. 7- bis 9lappig, etwa bis zur Hälfte (selten bis $^3/_4$) handförmig gespalten, Umriß rundl. bis nierenförmig, 1–4(–8) cm breit (Lappen ± stumpf)

1. Krb. 8–10 mm lang, etwa 2mal so lang wie Kb., am Nagel bärtig .... 1721. G. pyrenaicum

2. Krb. 3–8 mm lang, kürzer, so lang od. wenig länger als Kb., am Nagel nur bewimpert od. kahl

a) Fr.klappen querrunzelig, kahl, nur am Rand bewimpert .... 1722. G. molle

b) Fr.klappen glatt, meist behaart

x) Krb. länglich verkehrt-herzförmig, ausgerandet; S. glatt .... 1723. G. pusillum

xx) Krb. länglich-eiförmig, abgerundet; S. grubig-punktiert .... 1724. G. rotundifolium

II. Kb. aufrecht, schon zur Bl.zeit aufrecht-zusammenschließend; Nagel der Krb. so lang od. länger als die Platte (Blst.stiele 2bl.; Krb. ungeteilt, länger als der K.)

A. Pfl. ohne W.stock (☉, ⊙); Fr.klappen am Grd. od. an den Seiten schwach netzig-grubig

1. B.spreite rundlich, handförmig gespalten; St. u. B. kahl od. fast kahl .... 1725. G. lucidum

2. B.spreite bis zum Grd. 3(bis 5)zählig geteilt (Abschnitte ± gestielt, fiederlappig); St. u. B. drüsig behaart .... **1726. G. robertianum**

B. Pfl. mit kräftigem, schuppigem W.stock (♃); Fr.klappen querrunzelig .... **1727. G. macrorrhizum**

1. Sect. Batráchia

1711. G. praténse L. Wiesen-St.

♃, *H.* – H. 0,30–0,60. *St.* aufrecht, *oberwärts drüsig-behaart; Bl.stiele nach dem Verblühen herabgeschlagen,* zur Fr.reife meist wieder aufrecht; Krb. breit-verkehrt-eiförmig, über dem Nagel kahl od. nur am Rande bewimpert, blauviolett, dunkler geadert, selten rosa od. weiß; Fr.klappen u. Schnäbel mit abstehenden Drüsenhaaren; S. glatt, bzw. sehr fein punktiert. VI–VIII. 2 n = 28.

Glatthafer-Fettwiesen; frische, nährstoffreiche, meist kalkhaltige Lehmböden. – Zerstreut bis verbreitet, insbes. M-D. (Alp. bis 570 m, Jura bis 900 m), selten bis fehlend u. a. N-D. (vereinzelt verwildert bzw. eingebürgert), Niederrhein, Rhön, Oberpf., S-Bay., Bay. Wald. – N- u. gem. Eur. u. As., Kauk., Him. (N-Am.); euras(-kont).

1712. G. silváticum L. Wald-St.

♃, *H.* – H. 0,30–0,60. St. aufrecht, *St. oben od. zumindest. Bl.stiele drüsig-behaart; Bl.stiele vom Aufblühen bis zur Fr.reife aufrecht;* Krb. verkehrt-eiförmig, über dem Nagel u. am Rande bärtig, rot-violett, selten blauviolett od. weiß; Fr.klappen u. Schnäbel (meist ± drüsig) behaart; S. glatt od. schwach punktiert. VI–VII(–VIII). 2 n = 28.

Hochstaudenges., Bergfettwiesen etc.; frische bis feuchte, nährstoffreiche, basenhaltige Ton- u. Lehmböden. – Verbreitet bis häufig: M, S, insbes. coll. bis subalp. Stufe (Alp. bis 2200 m), nördl. – z. T. selten – bis etwa Pfalz, Aachen, Westf., Harz, Brand., Meckl., Pomm., häufiger Ostpr. – Gebg. M- u. N-Eur., -As., Isl., bis Span., Pyren., Apenn., N-Balk., Kl.As.; no(-praealp).

1713. G. palústre L. Sumpf-St.

♃, *H.* – *St.* ausgebreitet, aufsteigend, 0,25–0,60(–1,00) lang, *oberwärts nebst den nach dem Verblühen* (bei aufrechtem K.) *herabgebogenen Bl.stielen mit rückwärts-gerichteten, drüsenlosen Haaren;* Krb. verkehrt-eiförmig, purpurrot, dunkler geadert; Stbf. lanzettl.; Fr.klappen drüsenlos abstehend behaart; Schnabel fast kahl; S. fein längsstreifig. VI–IX. 2 n = 28.

Hochstaudenges. an Flüssen, Bächen, Gräben; feuchte bis nasse, nährstoff- u. meist kalkreiche, tonige Böden. – Verbreitet bis zerstreut, insbes. im O, M u. S; im NW u. W selten, über größere Strecken fehlend od. nur verschleppt (z. B. Donnersberg/Pfalz). – Gem. Eur. u. As. bis Chin.; euras-kont.

1714. G. sanguíneum L. Blut-St.

♃, *H.* – St. ausgebreitet od. aufsteigend, 0,15–0,50 lang, nebst den nach dem Verblühen abwärts-geneigten Bl.stielen *mit langen waagerecht* od. rückwärts *abstehenden, drüsenlosen Haaren* besetzt; B. sehr tief 7teilig, mit 3- bis vielspaltigen Abschnitten u. fast lineal. Zipfeln; Krb. verkehrtherzförmig, ausgerandet, blutrot (selten violett od. weiß); Fr.klappen u. Schnabel drüsenlos, zerstreut behaart; S. sehr fein punktiert bis glatt. VI–VIII. 2 n = 84.

Trockenbusch- u. Trockenwaldges.; warme, trockene, meist kalkhaltige, oft steinige, lehmige od. sandige Böden. – Zerstreut im O, M u. S (Alp. bis 1100 m), im n. Geb. seltener, im NW-Flachland nur verwildert, bzw. über große Strecken fehlend. – s. N-Eur., gem. Eur. bis N-Med., Rußl., Kauk., Armen.; gem-kont-submed.

1715. G. phaéum L. (Abb. 248 d–h) Brauner St.

♃, *H.* – H. 0,40–0,60. St. aufrecht, zerstreut rauhhaarig, oben kurzflaumig behaart; Bl.stiele nach dem Verblühen herabgeschlagen, flaum- u. seidenhaarig, zur Fr.reife abstehend od. aufgekrümmt; *Krb. rundl.-verkehrt-eif., flach ausgebreitet, später* nur *etwas zurückgebogen,* rotbraun bis schwarzviolett, selten heller; Fr.klappen lang-borstig, Schnäbel kurz behaart; S. glatt. V–VI. Formenreich, umfaßt:

ssp. phaéum; B. oft mit braunem Fleck; Krb. meist abgerundet od. kaum gekerbt, rotbraun bis schwarzviolett, am Grd. weißl., mit rel. kurzen Seidenhaaren. 2 n = 14.

Hochstaudenges. an Bächen, Fettwiesenges., lichte Waldges. u. a.; frische, nährstoffreiche, tonige od. lehmige Böden. – Selten: coll. bis mont. Stufen Schles., Sachs., O-Harz, ö. Bay. Hochebene u. Alp.-Vorland, m. u. ö. Alp. (bis 920 m); sonst u. in tieferen Lagen nur verwildert, stellenweise eingebürgert (z. B. Schl.Holst., Brand., Rügen, Ostpr., Nieders., Thür., SW, Bay. etc.). – Durch verschiedentliche Verwilderung u. Einbürgerung natürliches Areal (evtl. m- u. s-eur. Gebg.) verwischt; innerhalb des potentiellen Areals: S-Skand., W- u. gem. Eur., Pyren. bis N-Balk., SW-Rußl.

ssp. lívidum (L'Hér.) Pers.; B. ungefleckt; Krb. meist etwas ausgerandet, trüblila- bis rosa-violett, am Grd. verwaschen lila gefleckt; Kb. mit längeren Seidenhaaren. 2 n = 28.

Gelegentlich verwildert (so z. B. Schl.Holst., Nieders., Westf., Bay.). – s. Alp. bis Kroat.

Das nah verwandte G. refléxum L., mit zur Bl.zeit stark zurückgekrümmten Kb. u. Krb., selten kultiviert u. verwildert (z. B. Celle, Steinebach/Obbay.); Heimat: Apenn., Montenegro bis Thessalien.

2. Sect. Divaricáta

1716. G. sibíricum L. Sibirischer St.

♃, *H.* – *St.* niederliegend bis aufsteigend, 0,30–0,60 lang, *von rückwärts gerichteten Haaren schwach rauh;* Rosettenb. $^4/_5$–$^6/_7$ tief in 5–7 Lappen geteilt,

Lappen rhombisch bis verkehrt-eif., fiederspaltig-eingeschnitten gezähnt; Bl.stiel zur Fr.reife herabgeschlagen; Kb. zur Bl.zeit abstehend bis zurückgebogen; Krb. verkehrt-eiförmig ausgerandet, hellrosa mit dunkleren Streifen; *Stbbtl. rosa;* Fr.klappen nur am Rücken mit längeren Haaren. VII–VIII.

Kultiviert u. verschiedentlich verwildert (so z. B. Schles., Frank., Bay., SW etc.). – Heimat: Rußl. bis Jap.

Das nah verwandte G. ruthénicum Uechtr., mit schwächeren, fast kahlen St., angedrückt behaarten Bl.stielen, einfarbigen Krb., schwarzvioletten Stbbtl., bei Tilsit (Ostpr.) eingebürgert; Heimat: O-Rußl. bis Sib.

1717. G. divaricátum Ehrh. (Abb. 249 f) Spreizender St.

⊙, *Th.* – *St.* schlaff, meist niederliegend, 0,25–0,50 lang, *abstehend-kurzhaarig; mittlere u. bisweilen auch obere Stb. oft auffallend unsymmetrisch;* Bl.stiele früh spreizend, nach der Bl.zeit herabgebogen; Kb. mit etwa 1 mm langer Granne; Krb. verkehrt-herzförmig, nur am Nagel behaart, hellrosenrot. V–VIII.

Weinberge, Hecken etc.; warme, frische, nährstoffreiche Lehmböden. – Sehr selten, eingebürgert u. oft unbeständig: so z. B. Lausitz (am Rothstein), Sachs. (Erzgebg. um Schwarzenberg, Wolkenstein; Dohna-Heidenau, Meißen b. Zadel u. Diera), Schles., Oberrheingeb., Bay. Wald, Frank. – M-Eur., SW-Frankr., Span. bis Z-As.; euras-kont-submed.

1718. G. bohémicum L. Böhmischer St.

⊙, (①), *Th, (H).* – *St.* ausgebreitet, 0,25–1,00 lang, *nebst den Bl.-stielen drüsig- u. zottig-behaart; Bl.stiele von der Bl.zeit bis zur Fr.reife aufrecht;* Kb. mit 1–3 mm langer Granne; Krb. verkehrt-herzförmig, am Grd. u. am vorderen Rande bewimpert, blauviolett; Stb.fäden langhaarig; *Fr.* im oberen Schnabelteil *gedreht.* VI–VII. 2 n = 28.

Nadelwaldges.; feuchte Böden. – Sehr selten, nur Oberlausitz (Rietschener Heide); daneben adventiv beobachtet. – S-Skand., S-Finnl., Rußl., Oberlausitz, N-Böhm., Karp.Geb., W-Alp., N-Balk., Kl.As.; europ-kont.

3. Sect. Columbína

1719. G. columbínum L. (Abb. 249 h) Stein-St. (Taubenfuß)

⊙, *Th.* – *St.* ausgebreitet, aufsteigend od. ± aufrecht, 0,15–0,60 lang, *nebst den langen Blst.stielen mit* kurzen, oben *abwärts-angedrückten Haaren;* Kb. mit 1,5–3 mm langer Granne; Krb. verkehrt-herzförmig, am Grd. bärtig, zur Bl.zeit etwas länger als der K., rosenrot. V–IX. 2 n = 18.

Unkrautige Ges.; mäßig-trockene, nährstoffreiche, meist kalkhaltige, lehmige od. sandig-lehmige Böden. – Verbreitet bis zerstreut (Alp. bis 1010 m), im NW streckenweise fehlend od. selten. – Eur., Medit. bis Z-As, (N-Am.); euras-submed.

1720. G. dissectum Juslen. (Abb. 249 g) Schlitzblättriger St.

⊙, (①), *Th, (H).* – H. 0,08–0,30. *St.* ausgebreitet od. aufrecht, *nebst den kurzen Blst.stielen* kurz ± *abstehend behaart;* Kb. mit 0,5–1,5 mm langer Granne; Krb. verkehrt-herzförmig, über dem Nagel bärtig, etwas kürzer od. so lang wie der K., purpurrot. V–IX. 2 n = 22.

Ackerunkrautges. (auch Schuttunkrautges.); ± frische, nährstoffreiche, lehmige Böden. – Verbreitet, bes. im Mittelgebg. (Alp. bis 960 m, Jura bis 990 m), im NW zerstreut, streckenweise selten. – Medit., Eur. (bis As.); (med-)submed-subatl.

4. Sect. Rotundifólia

1721. G. pyrenáicum Burm. f. (Abb. 249 e) Pyrenäen-St.

♃, *H.* – H. 0,25–0,50. St. aufrecht, weichhaarig u. etwas zottig; Bl.stiele feindrüsig-weichhaarig, nach dem Verblühen abwärts-geneigt; Kb. zugespitzt; Krb. verkehrt-herzförmig, 2spaltig, oberhalb des Nagels beiderseits dicht-bärtig, purpurviolett; Fr.klappen meist angedrückt-weichhaarig, am Schnabel kurz drüsig-wollig; S. fast glatt. V–X. 2 n = 26, 28.

Unkrautige Ges.; frische, nährstoffreiche, lehmige Böden. – Zerstreut eingebürgert (Baar bis 900 m), stellenweise – wie z. B. im SW – ziemlich häufig, im NW selten u. meist unbeständig. – Medit. Gebg., (Eur.); submed(-subatl).

1722. G. mólle L. (Abb. 249 c) Weicher St.

⊙, *Th.* – H. 0,08–0,30. St. aufrecht od. ausgebreitet u. aufsteigend, mit kurzen, weichen u. längeren zottigen Haaren, oben drüsig behaart; Bl.stiele während der Fr.reife herabgeschlagen, später wieder aufgerichtet; Kb. kurz zugespitzt; *Krb.* verkehrt-herzförmig, *2spaltig, (4–) 8 mm lang,* purpurrot, meist etwas länger als der K., *Nagel bewimpert.* V–IX. 2 n = 26.

Unkrautige Ges.; mäßig-trockene, nährstoffreiche, N-haltige, oft schwach saure u. meist sandig-lehmige Böden. – Nicht selten fast im gesamten Geb. (Baar bis 900 m), fehlt in Alp. – Eur., As., N-Afr.; (med-)submed(-subatl).

1723. G. pusíllum Burm. f. (Abb. 249 d) Kleiner St.

⊙, *Th.* – H. 0,15–0,30. St. ausgebreitet u. aufsteigend, mit kurzen, ± abstehenden Haaren, oben dicht kurz drüsig behaart; Bl.stiele spreizend bis herabgeschlagen, bei der Fr.reife wieder aufrecht; Kb. kurz zugespitzt; *Krb. mit ausgerandeter Platte,* länglich-verkehrt-herzförmig, *4 mm lang,* kürzer bis etwa so lang wie der K., blaßviolett od. bläulichrot; *Nagel bewimpert; Fr.klappen* fein *angedrückt behaart.* V–X. 2 n = 26, 34.

Unkrautige Ges.; mäßig-trockene, nährstoffreiche, N-haltige, meist sandig-lehmige Böden. – Verbreitet u. meist häufig, selten in Alp. (bis 1338 m). – Eur., Rußl. bis Kaschmir, N-Med. bis Kl.As., (Am.); euras-submed.

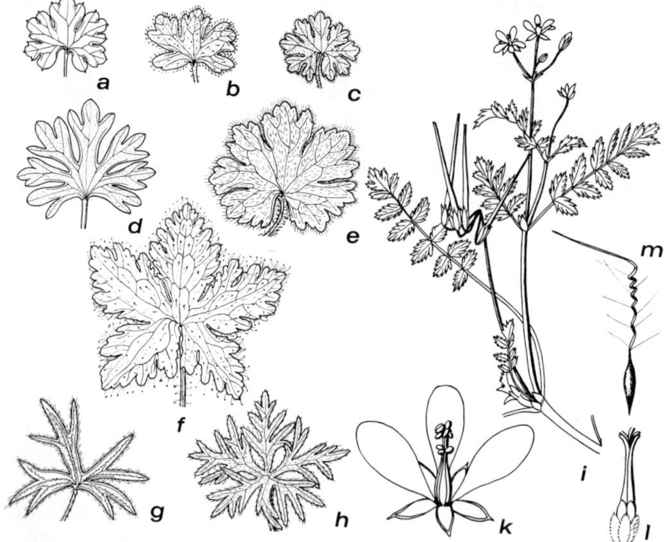

Abb. 249. *a–h Geranium* spp., Blattbeispiele (*a G. lucidum, b G. rotundifolium, c G. molle, d G. pusillum, e G. pyrenaicum, f G. divaricatum, g G. dissectum, h G. columbinum*); *i–m Erodium cicutarium* (*i* Sproßspitze; *k* Blüte, vordere Kronblätter entfernt; *l* Fruchtblätter, *m* Früchtchen).

1724. G. rotundifólium L. (Abb. 249b) Rundblättriger St.

⊙, *Th.* – St. ausgebreitet, niederliegend bis aufsteigend, 0,08–0,30 lang, weich behaart, oberwärts drüsenhaarig; Bl.stiele früh spreizend bis herabgeschlagen; Kb. kurz bespitzt; *Krb. länglich-eiförmig, ungeteilt, 5–6 mm lang,* rosenrot, *Nagel kahl; Fr.klappen* u. Schnäbel meist *abstehend-weichhaarig.* VI–X. 2n = 26.

Unkrautges. der Weinberge, Wege, Mauern, aufgelassene Weinberge; warme, ± trockene u. nährstoffreiche, steinig-sandige Lehmböden. – Selten bis sehr selten: Thür., Sachs., M-Rhein u. Seitentäler (Nahe, Mosel, Ahr u. Lahn), Jura, häufiger Oberrheinebene (bes. Rheinpfalz), Neckargeb. u. Albvorland, Baar, Bodenseegeb.; im N selten unbeständig verschleppt. – Med. bis Him. u. Sib., W-Eur., Marok., (Am.); med-submed.

5. Sect. Lúcida

1725. G. lúcidum L. (Abb. 249a) Glänzender St.

①, ⊙, *H, Th.* – H. 0,15–0,30. *St.* (bisweilen straff) aufrecht od. aufsteigend, *nebst* den handförmig-gelappten, ±*glänzenden B. fast ganz kahl,* leicht zerbrechlich, ebenso wie die B.stiele ± rot angelaufen; *Kb.* ± stachelspitzig, deutlich *querrunzelig,* pyramidenf. zusammenschließend; Krb. verkehrt-eiförmig, ungeteilt, rosa-purpurrot. V–VIII. 2n = 20.

Schattige Mauern, Felsspalten; frische, nährstoffreiche, N-haltige, humose, lehmig-sandige od. steinige Böden (gern auf Porphyr). – Selten u. zerstreut: m. Rheintal, S-Westf., S-Nieders., Harz, Thür., Pfalz, Eifel, Hess., Fränk. Schweiz. – Atl. Eur., Med., N-Afr., W-As. bis Him.; med-submed-atl.

6. Sect. Robertiána

1726. G. robertiánum L. Ruprechtskraut, Stinkender St.

☉, ①, *Th, H.* – 0,20–0,50. *St.* aufrecht, *drüsig-behaart,* meist blutrot (u. ebenso wie die B. widerlich riechend); *B.* 3- od. 5zählig, *zusammengesetzt;* B.chen gestielt, 3- bis 6lappig u. fiederspaltig eingeschnitten; Kb. mit 1–2 mm langer Granne; Krb. verkehrt-eiförmig, ungeteilt, rosenrot, oft mit 3 weißl. Streifen, selten ganz weiß. V–X. 2n = 64. Im Geb. wohl nur:

ssp. robertiánum; Bl. groß (± 10 mm ∅); Krb. den K. meist weit überragend; Fr.klappen weitmaschig-netznervig. Formenreich. Waldges., Mauern, Felsspalten; frische, nährstoffreiche, humose, lehmige Böden. – Verbreitet im ganzen Geb. (Alp. bis 1700 m).

Eur., Med., n. Afr. bis O-As.; N- u. S-Am.; eurassubozean-submed.

Droge: Herba Geranii Robertiani

7. Sect. Unguiculáta

1727. G. macrorrhízum L. Felsen-St.

♃, (bis fast ♄), *H, (Ch).* – H. 0,20–0,50. *St.* aufrecht, *drüsig-behaart;* B. handförmig-7spaltig; *K. fast kugelig;* Kb. mit 1–3 mm langer Granne; Krb. verkehrt-eiförmig bis spatelig, ungeteilt, blutrot, selten weiß; Fr.klappen kahl. V–VII. 2n = 46, 87–93.

Kultiviert u. verwildert (bisweilen eingebürgert): insbes. in S-D. (z. B. Fränk. Jura, schwäb.-bay. Hochebene, S-Schwarzwald, s. Oberrheintal); im n. Geb. vereinzelt. – Heimat: See-Alp., SO-Eur., Apenn.

Bastard:

G. pusillum × pyrenaicum.

433. Erodium L'Hér. Reiherschnabel

x = 9, 10

I. Fiederb.chen gestielt, gezähnt; Tragb. u. Nebenb. stumpf; fruchtbare Stbb. am Grd. 2zähnig .... **1728. E. moschatum**

II. Fiederb.chen sitzend, tief fiederspaltig od. fiederteilig; Tragb. u. Nebenb. spitz bis zugespitzt; fruchtbare Stbb. ungezähnt

A. Fr. an der Spitze mit einer von einer Furche umgebenen Grube, mit Schnabel 3–4 cm lang; St. kaum drüsig; Bl. zygomorph .... **1729. E. cicutarium**

B. Fr. an der Spitze mit flacher Grube, ohne umgebende Furche, mit Schnabel 1,5–3 cm lang; St. dicht drüsig; Bl. aktinomorph od. fast aktinomorph .... **1730. E. glutinosum**

1728. E. moschátum (L.) L'Hér. Moschus-R.

⊙, ①, *Th, H.* – St. niederliegend od. aufsteigend, 0,10–0,40 lang; B. gefiedert; *B.chen ungleich doppelt-gesägt,* ± behaart; Blst. doldig, 3- bis 10(bis 13)bl.; Bl. aktinomorph; Krb. viel länger als der K., purpurrot; *Fr.* an der Spitze *mit* Gruben u. umgebender *tiefer Ringfalte,* Schnabel 2,5–4 cm lang. V–VII. 2n = 20.

Wiederholt eingeschleppt u. unbeständig. – Med., verschleppt u. in einzelnen eur. Ländern eingebürgert; med.

1729. E. cicutárium (L.) L'Hér. (Abb. 249 i–m) Schierlings-R.

⊙, ①, *Th, H. – St. kaum drüsig,* 0,15–0,50 lang; B. gefiedert; B.chen ± tief eingeschnitten-fiederspaltig, ± dicht behaart bis verkahlend, selten drüsig; Blst. doldig (4- bis)5- bis 8(bis 10)bl.; Bl. deutlich zygomorph; *Krb. 5–10 mm lang,* lila bis hellviolett (selten weiß), *längere meist dunkel gefleckt,* länger als der K.; Fr. an der Spitze mit tiefen Gruben, umgeben von tiefer Ringfalte. IV–X. 2n = 40. Veränderlich insbes. in Behaarung, B.schnitt u. Bl.farbe. Im Geb.: ssp. c i c u t á r i u m. Selten andere Unterarten eingeschleppt u. vorübergehend.

Hackunkrautges., Wegränder etc.; trockene, warme, N-haltige, meist sandige u. kalkarme Böden. – Verbreitet u. häufig, fehlt Alp. u. höhere M-Gebg. – Ursprünglich Med., verschleppt u. eingebürgert in allen Erdteilen, fast Kosmop.; med-euras.

1730. E. glutinósum Dum. Strand-R.

⊙, ①, *Th, H. – St. dicht drüsig,* bis 0,25 lang; B. 2fach gefiedert, fein u. tief geteilt, meist dicht drüsig; Blst. doldig, 2- bis 6bl.; Bl. fast aktinomorph od. aktinomorph; *Krb. 3–7 mm lang,* lila-rosa (selten weiß), *ungefleckt,* wenig länger als der K.; *Fr.* an der Spitze mit zwei flachen tellerförmigen Grübchen, *ohne* umgebende deutliche *Ringfalte.* IV–X. Art vielgestaltig, umfaßt im Geb. (bisher beobachtet):

ssp. d u n é n s e (Andreas) Rothm.; B. mäßig klebrig; Blst. 3- bis 4- (bis 6)bl.; Bl. 10–12(–14) mm breit; Fr. 5–6 mm, Schnabel (20–) 22–28(–30) mm lang; Pollen etwa 52 μ ∅. 2n = 40.

Verbreitet bis zerstreut: Juist, Norderney, Sylt, Föhr, O-Seeküste, Schl.-Holst., Darss, Rügen.

ssp. d á n i c u m (K. Larsen) Rothm.; B. mäßig klebrig; Blst. 5- bis 6bl.; Bl. ca. 12 mm breit; Fr. > 6 mm, Schnabel 25–30 mm lang; Pollen etwa 58–59 μ ∅. 2n = 60. – Bisher sehr wahrscheinlich: Borkum, weitere Vorkommen bisher nicht bekannt.

Kleingrasgesellschaften der grauen Dünen. – Verbreitung im Geb. noch ungenügend bekannt. – S-Engl., Holl. bis Dän., S-Schwed., O-Seeküste bis Rügen; atl.

74. Fam. LINACEAE S. F. Gray

Leingewächse

I. Bl. 5zählig; Kb. ganzrandig; Kapsel 5fächerig (10kammerig) . . . . **434. Linum**

II. Bl. 4zählig; Kb. (2- bis)3- bis 4zähnig (spaltig); Kapsel 4fächerig (8kammerig) . . . . **435. Radiola**

434. Línum L. — Lein

x = 7, 8, 9, 10, 15

I. B. wechselständig

A. Kb. am Rande drüsenlos

1. Kb. nicht bewimpert; St. mehrere; (♃)

a) Bl.stiele zur Fr.zeit stark seitlich bis abwärts gekrümmt . . . . **1731. L. austriacum**

b) Bl.stiele zur Fr.zeit aufrecht od. nur sehr schwach seitl. gekrümmt

x) Krb. sich mit den Rändern deckend; Pfl. 0,20–1,00 m hoch (St. aufrecht) . . . **1732. L. perenne**

xx) Krb. sich nur am Grd. deckend; Pfl. 0,05–0,30 m hoch

/) St. niederliegend, zur Bl.zeit aufsteigend; S. ohne od. mit undeutlichem Hautrand . . . . **1733. L. leonii**

//) St. niederliegend-aufsteigend; S. mit deutlichem Hautrand . . . . **1734. L. alpinum**

2. Kb. bewimpert; St. einzeln, selten mehrere (☉, od. selten ①) . . . . **1735. L. usitatissimum**

B. Kb. am Rande drüsig-bewimpert

1. Krb. gelb; St. oben scharfkantig . . . . **1737. L. flavum**

2. Krb. rosa od. lila; St. nicht scharfkantig
a) St. oben kahl, unten spärlich kurzflaumig ... **1736. L. tenuifolium**
b) St. zottig-behaart .... **1738. L. viscosum**
II. Mittlere u. untere B. gegenständig .... **1739. L. catharticum**

1. Sect. L í n u m

1731. L. austríacum L. Österreichischer L.

♃, *H.* – H. 0,30–0,60. B. lineal.-lanzettl., unbewimpert; Kb. eiförmig, ziemlich gleichlang, kürzer als die kugelig-eif. Kapsel, die inneren sehr stumpf; *Fr.stiele abwärts-gebogen;* Kr. azurblau. VI. 2n = 18, 27.

Trockenrasen, Unkrautges.; steinige, meist kalkreiche Substrate. – Sehr selten: N-Bay. (z. B. Jura [Pottenstein], Würzburg); Lauterbach-Fulda, Ostheim (Hess.), Elm bei Schlüchtern, Bad Kösen-Naumburg; z. T. verwildert u. stellenweise eingebürgert. – S-Eur. bis M-D., Böhm., NO-Bay., Kauk.; o-submed.

1732. L. perénne L. Dauer-L.

♃, *H.* – H. 0,20–0,80(1,00). B. lineal.-lanzettl., unbewimpert (höchstens etwas rauh); *Kb.* eiförmig, etwa 2mal kürzer als die eif.-kugelige Kapsel, innere sehr stumpf u. deutlich länger als äußere; *Bl.- u. Fr.stiele steif-aufrecht;* Kr. hellblau. VI–VII. 2n = 18.

Steppenrasen u. Trockenwaldges.; warme, trockene, steinige Sand- od. Lößböden. – Selten: Frankfurt/Main, n. Oberrhein (Mannheim – Darmstadt), Mainfrank., untere bay. Hochebene. – SO-Eur., M- u. S-Rußl., S-D., Schweiz; europ-kont.

1733. L. leónii F. Schultz Léo-L.
(= L. anglicum auct. german.)

♃, *H.* – H. 0,05–0,10(0,15). St. niederliegend, zur Bl.zeit aufsteigend, oft geschlängelt, zierlich, armbl.; B. lineal., sehr fein, glatt, an nichtbl. Trieben sehr dicht stehend; äußere Kb. lanzettl. bis schmallanzettl. zugespitzt, innere länglich-oval bis eiförmig, kurz zugespitzt; *Fr.stiele seitlich abgebogen,* nicht abwärts gekrümmt, frisch nicht steif aufrecht; *St. zur Fr.zeit niederliegend; Krb.* meist hellblau, *sich gegenseitig nicht bedeckend; S. nur unter der Spitze am Innenrand schwach u. undeutlich hautrandig.* VI–VII. 2n = 18.

Trockenrasen; warme, kalkreiche, steinige Böden. – Sehr selten: Thür., Harzvorland, Hess. (Zierenberg, Liebenau, Gertenbach), Taubertal (Hochhausen-Gamburg), Jura (Gerhausen, Blaubeuren), zwischen Perl/Mosel u. Merzig/Saar. – W-Frankr., W-D.; subatl.

Anmerkung: Häufig in den Formenkreis von L. anglicum Mill. [= L. alpinum Jacq. ssp. anglicum (Mill.) F. Schultz] gestellt. Die franz. u. westd. Formen weichen jedoch von den engl. ab.

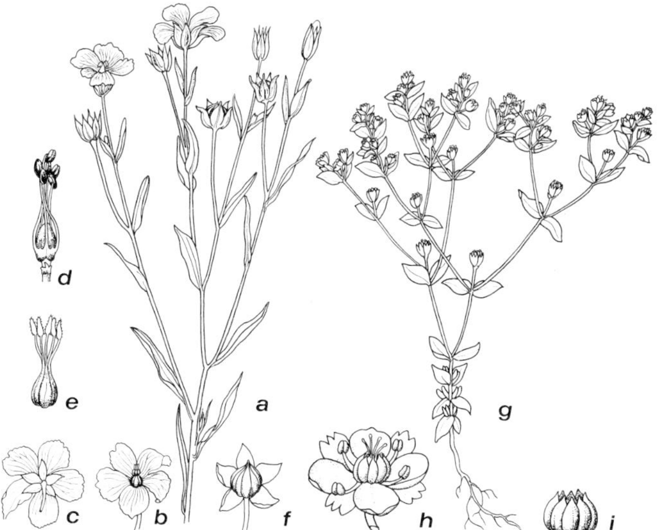

Abb. 250. *a–f Linum usitatissimum* (*a* Sproßspitze; *b* Blüte von der Ober-, *c* von der Unterseite; *d* Staubblätter, *e* Fruchtknoten, *f* Frucht mit Kelch); *g–i Radiola linoides* (*g* Habitus, *h* Blüte, *i* Frucht).

1734. L. alpínum Jacq. Alpen-L.

♃, *H.* – H. 0,10–0,20(0,30). St. niederliegend bis aufsteigend; B. lineal., am St.grd. dicht stehend, am Rande glatt; äußere Kb. oval, zugespitzt, innere breitoval, stachelspitzig; *Fr.stiele ± aufrecht;* Kr. meist hellblau; *S. mit deutlichem Hautsaum an der ganzen Innenseite.* VI–VII.

Subalp., alp. Steinrasen; kalkreiche Schuttsubstrate. – Sehr selten: Berchtesgadener Alp. (Göll, 1700 m). – NO-Alp.; alp.

1735. L. usitatíssimum L. (Abb. 250a–f) Echter L., Öl- od. Faser-L.

☉, (①), *Th, (H).* – H. (0,15)0,20–1,00(1,50). B. lineal.-lanzettl., nicht bewimpert; Kb. eiförmig, zugespitzt, so lang od. kürzer als die kugelige (od. eiförmige) Kapsel; Fr.stiele aufrecht; Kr. blau, seltener etwas rötlich od. weiß. VI–VII. 2n = 30, 32. Formenreich, umfaßt u. a. die folgenden Varietätengruppen:

convar. c r é p i t a n s (Boenningh.) Kulpa et Danert [= L. crepitans (Boenn.) Dum., L. dehiscens (Neilr.) Vav. et Ell. ssp. crepitans (Boenn.) Vav. et Ell.]; Spring-L.; H. 0,20–0,60; von der Mitte an mit reproduktiven Seitenspr.; Fr. zur Reife geöffnet (septizid u. loculizid), S. ausstreuend. – Sehr selten gebaut; durch die Formenkreise der folgenden convar. verdrängt.

convar. e l o n g á t u m Vav. et Ell. [= L. indehiscens (Neilr.) Vav. et Ell. p. p.]; Faser-L.; H. 0,70–1,50; nur im obersten Viertel od. Fünftel mit reproduktiven Seitenspr.; Fr. zur Reife geschlossen od. nur septizid gespalten, S. nicht ausstreuend.

convar. u s i t a t í s s i m u m [= L. indehiscens (Neilr.) Vav. et Ell. p. p.]; meist Öl-L., Dresch-L.; H. bis 0,70; ein- od. mehrstengelig, mit Seitenspr. unter dem obersten Fünftel; Fr. zur Reife geschlossen od. nur septizid gespalten, S. nicht ausstreuend.

Gebaut in verschiedenen Kulturvarietäten als Sommer- od. Winter-L., Öl- od. Faser-L. Als Ursprungssippen werden solche aus der Verwandtschaft von L. angustifolium Huds. aus SW-Eur., Medit. u. SW-As. angesehen; evtl. auch polytope Entstehung.

Droge: Semen Lini, [Oleum Lini].

2. Sect. L i n á s t r u m

1736. L. tenuifólium L. Zarter L.

♃, *H, (Ch).* – H. 0,15–0,30(0,50). St. oben kahl; *B. kahl, schmal-lineal., 1–2 mm breit, am Rande wimperig-rauh;* Kb. lanzettl., pfriemlich, zugespitzt, länger als die Kapsel; Kr. hellrötlich. VI–VII. 2 n = 16, 18.

Kalkmagerrasen; trockene, kalkreiche u. oft steinige Lehm- od. Lößböden. – Zerstreut bis selten: Thür., Südharzrand, Göttingen-Northeim, Hess.; Main-, Mosel-, Nahetäler u. s. bis Bodenseegeb. u. untere bay. Hochebene (Jura bis 670 m). – Med., M-D., bis Rußl., Kauk., Kl.As., N.Afr.; submed.

3. Sect. S y l l í n u m

1737. L. flávum L. Gelbblütiger L.

♃, *H.* – H. 0,20–0,55. *St. oberwärts scharfkantig; B. kahl, am Grd. beiderseits von einer Drüse gestützt;* Kb. schmal-eiförmig, zugespitzt, länger als die Kapsel; Kr. gelb. VI–VII. 2 n = 30.

Kalkmagerrasen; warme, ± trockene, kalkreiche Lehm- od. Tonböden. – Selten: Jura (Blaubeuren – Ulm – Heidenheim), Illerleiten (zwischen Memmingen u. Fellheim), Ammersee (?), Bodenwöhr. – SO-Eur. bis M- u. S-Rußl.; europ-kont-o-submed.

1738. L. viscósum L. Klebriger L.

♃, *H.* – H. 0,25–0,60. *St. von weit-abstehenden Haaren zottig;* B. lanzettl., 3- bis 5nervig, die unteren zottig, die oberen drüsig-bewimpert, aber sonst fast kahl; Kb. lanzettl., zugespitzt, länger als die Kapsel; Kr. pfirsichblütenfarbig. V–VII. 2 n = 16.

Halbtrockenras., Trockenwaldges. u. ä.; frische, kalkreiche, tonige Böden. – Selten: S-Bay. (Unt. u. obere Hochebene, m. u. ö. bay. Alp. bis 1800 m). – Iber. Halbins., Pyren., Alp., Bay., Apenn., N-Balk.; submed-praealp.

4. Sect. C a t h a r t o l í n u m

1739. L. cathárticum L. Purgier-L.

☉, ①, (☉–♃?), *Th, (H)*. – H. 0,05–0,30. St. aufrecht od. aufsteigend, fadenförmig, oberwärts ± gabelästig, obere B. oft wechselständig; *Kb*. ellipt., zugespitzt, *schwach-drüsig-bewimpert,* so lang wie die kugelige Kapsel; Krb. weiß, am Grd. gelb; Fr.stiele aufrecht. VI–VIII. 2n = 16. Ändert ab, u. a.:

var. s u b a l p í n u m Hausskn. (incl. f. dénsum Vollm.); ☉–♃?; Pfl. am Grd. meist ästig, mit dichtbeblätterten Trieben, bisweilen rasenbildend u. nur bis 5 cm hoch; Triebe 1- bis vielbl.; Krb. bis 6 mm lang, innen am Grd. lebhafter gelb. – Sehr selten: Alp. (Wettersteingeb.), Ludwigshafen.

Divers. Ges.; ± frische, basenreiche, tonige Böden. – Verbreitet (insbes. häufig in Kalkgeb.; Alp. bis 2310 m). – Eur., Med., N-Afr., bis Kauk., Pers.; euras-subozean-submed.

435. Radíola Hill Zwerglein

x = 9

1740. R. linoídes Roth (Abb. 250g–i)

☉, *Th*. – H. 0,01–0,05(0,10). Pfl. kahl, St. fadenförmig, gabelig-vielästig; B. gegenständig, eiförmig; Bl. klein, einzeln, fast knäuelartig-beisammenstehend; Kr. klein, weiß. VII–VIII. 2n = 18.

Zwergbinsenges.; feuchte bis zeitweise nasse, ± nährstoffarme, kalkfreie, torfige u. sandige Böden. – Im N zerstreut, in Heidegeb. z. T. verbreitet (einschl. Ins.), sonst selten; fehlt im s. Geb. über große Strecken. – W-, M-Eur., Med., M- u. S-Rußl., gem. As., Afr.; subatl-submed(euras).

2. Unterordn. E u p h o r b i í n e a e

75. Fam. EUPHORBIACEAE Juss.

Wolfsmilchgewächse

I. Teilblst. aus geknäult angeordneten Bl. mit Blh. bestehend; Bl. 2-(seltener 1)häusig . . . . **436. Mercurialis**

II. Teilblst. ein Cyathium; Blh. fehlend (Teilblst. aus 1 ♀-, ± gestielten Gipfelbl. u. vielen aus 1 Stbb. bestehenden ♂-Bl. zusammengesetzt, von einer gemeinsamen, k.artigen, 4- bis 5spaltigen, becherförmigen Hülle umgeben, deren Zipfel mit drüsigen Anhängseln abwechseln) . . . . **437. Euphorbia**

436. *Mercurialis* L. — Bingelkraut

x = 7, 8

I. St. einfach; Kapsel rauhhaarig; Pfl. ♃
  A. St. unterwärts ohne Laubb. .... **1741. M. perennis**
  B. St. unten mit einem od. wenigen Paaren kleiner Laubb. .... **1742. M. ovata**
II. St. ästig; Kapsel mit spitzen Höckern; Pfl. ☉ ...... **1743. M. annua**

1741. M. perénnis L. (Abb. 251 a–d) — Wald-B.

♃, *G, (H).* – H. 0,15–0,30(0,40). Pfl. meist dunkelgrün, behaart; St. unten mit schuppenartigen Niederb.; *Laubb. längl.-eiförm.,* gestielt; Bl. 2häusig; ♀-Pfl. meist kräftiger; *♀-Bl. lang-gestielt.* IV–V. 2n = 42.

Insbes. Laubmischwälder; frische, nährstoffreiche, humose Lehmböden. – Verbreitet u. meist häufig, insbes. in M- u. S-D. (Alp. bis 1790 m); im N-Flachland zerstreut, geb.weise selten od. fehlend. – Gem. Eur. bis Med., N-Afr., Kauk., Pers., (Austr.); subatl-submed.

1742. M. ováta Sternb. et Hoppe — Eiblättriges B.

♃, *H, (Ch).* – H. 0,15–0,30(0,40). Pfl. gras- od. dunkelgrün, behaart; St. unten mit 1 od. wenigen Paaren kleiner Laubb., nicht nur mit schuppenartigen Niederb.; *Laubb. eiförmig,* sitzend od. sehr kurz gestielt; Bl. 2häusig; *♀-Bl.* meist kürzer als bei der vor. Art *gestielt.* IV–V. 2n = 32.

Eichen- u. Eichen-Kiefern-Wälder etc.; mäßig-trockene, nährstoffreiche, meist kalkhaltige, steinige Lehmböden. – Sehr selten, nur Bay. (um Regensburg, Eichstätt u. Neuburg a. D.) – Bay., O-Alp. u. N-Balk. bis M- u. S-Rußl., Kl.As.; o-submed-gem-kont.

1743. M. ánnua L. — Einjähriges B.

☉, *Th.* – H. 0,20–0,40(0,60). Pfl. meist hellgrün, fast kahl; St. ± verzweigt; *Laubb. länglich-eiförmig bis länglich-lanzettl.,* gestielt; Bl. meist 2häusig; *♀-Bl. fast sitzend.* V–X. 2n = 16.

Unkrautges., Äcker, Weinberge, Schutt; ± frische, nährstoff-, insbes. N-reiche Böden. – Verbreitet u. meist häufig in W-, M- u. S-D. (bis ca. 500 m), in den ö. Geb. sowie in NW-D. seltener u. zerstreut; in Westpr. u. Ostpr. sehr selten. – Gem. Eur. bis Med., N-Afr., SW-As., daneben weltweit verschleppt; med-submed-subatl.

437. *Euphorbia* L. — Wolfsmilch

x = 6, 7, 8, 9, 10, 11

I. Stb. mit Nebenb., gegenständig; Cyathien nicht in deutlichen Trugdolden
  A. B. kahl; S. glatt .... **1744. E. humifusa**

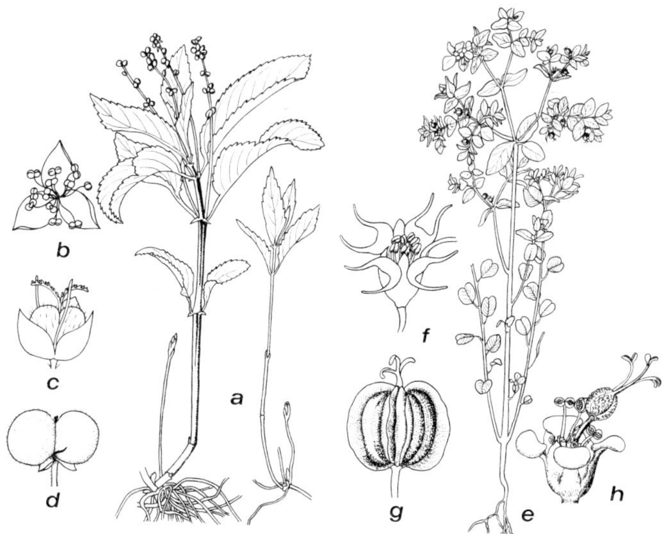

Abb. 251. *a–d Mercurialis perennis* (*a* Habitus; *b* ♂-, *c* ♀-Blüte; *d* Frucht); *e–h Euphorbia* spp., *e–g E. peplus* (*e* Habitus, *f* Blütenstand, *g* Frucht), *h E. platyphyllos* (Blütenstand).

B. B. ± behaart; S. runzelig od. gefurcht
1. St.glieder der bl. Zweige ± so lang wie das B.paar . . . . 1745. E. chamaesyce
2. St.glieder der bl. Zweige viel kürzer als das B.paar . . . . 1746. E. maculata

II. Stb. ohne Nebenb., wechselständig od. deutlich kreuzweise gegenständig; Cyathien in ± deutlichen Trugdolden
A. Stb. kreuzweise gegenständig . . . . 1747. E. lathyris
B. Stb. wechselständig
1. Drüsenanhängsel des Cyathium ± eiförmig, rundlich od. oval
a) Kapsel nicht od. höchstens schwach warzig
x) Trugdolde viel-(selten 5)strahlig; Pfl. ♃; S. glatt
/) Stb. wenigstens unterseits behaart
§) Kapsel kahl od. nur zerstreut behaart . . . . 1748. E. villosa
§§) Kapsel lang behaart . . . . 1749. E. austriaca
//) Stb. kahl (bläulichgrün) . . . . 1763. E. seguieriana
xx) Trugdolde 5strahlig; Pfl. ⊙; S. grubig-netzig . . . . 1756. E. helioscopia

b) Kapsel mit runden bis fadenförmig verlängerten Warzen (S. glatt)
  x) Trugdolde vielstrahlig .... 1750. E. palustris
  xx) Trugdolde 3- bis 5strahlig
    /) Alle Stb. mit verschmälertem Grd. sitzend od. kurzgestielt
      §) Kapsel mit fadenförmig verlängerten Warzen .... 1751. E. polychroma
      §§) Kapsel mit runden od. kurzwalzlichen Warzen
        +) Drüsenanhängsel vorerst gelbgrün, später schwarzpurpurrot; Rhizom waagerecht-kriechend .... 1752. E. dulcis
        ++) Drüsenanhängsel wachsgelb; Rhizom senkrecht .... 1753. E. verrucosa
    //) Obere Stb. mit herzförmigem od. gestutztem Grd. sitzend
      §) Kapsel mit fast halbkugeligen Warzen, 3—4 mm lang .... 1754. E. platyphyllos
      §§) Kapsel mit kurzwalzlichen Warzen, ~ 2 mm lang .... 1755. E. stricta

2. Drüsenanhängsel des Cyathium 2hörnig (selten nur konkav od. gestutzt)
  a) Hüllchenb. am Grd. zusammengewachsen (S. glatt) .... 1757. E. amygdaloides
  b) Hüllchenb. frei
    x) Trugdolde viel-(selten 5)strahlig; Pfl. ♃; S. glatt
      /) B. fein bewimpert u. drüsig behaart, lanzettl. .... 1758. E. salicifolia
      //) B. kahl
        §) B. lineal od. über der Mitte am breitesten
          +) B. schmal-lineal (St. meist mit nichtbl. Zweigen) ..... 1759. E. cyparissias
          ++) B. lanzettl. od. lineal.-lanzettl.
            α) B. grün, dünn; St. mit nichtbl. Zweigen .... 1760. E. esula
            β) B. bläulichgrün, dicklich; St. ohne nichtbl. Zweige 1763. E. seguieriana
        §§) B. unter der Mitte am breitesten u. dann nach der Spitze allmählich verschmälert
          +) B. oberseits stark glänzend, mit kurzen, fast rechtwinkelig abgehenden Seitennerven .... 1761. E. lucida

++) B. glanzlos, mit sehr spitzwinkelig abgehenden Seitennerven . . . . **1762. E. virgata**

xx) Trugdolde 3- bis 5strahlig; Pfl. ⨀; S. höckerig, runzelig od. gefurcht

/) Mittlere od. obere B. lineal. od. lanzettl., sitzend, Kapsel nicht geflügelt

§) Trugdolde 5strahlig; Hüllchenb. nierenförmig, quer breiter, bespitzt . . . . **1764. E. segetalis**

§§) Trugdolde 3- bis 4strahlig; Hüllchenb. so lang od. länger als breit

+) Hüllchenb. deutlich schiefrauten-eiförmig . . . . **1765. E. falcata**

++) Hüllchenb. aus herzförmigem Grd. lineal . . . . **1767. E. exigua**

//) Stb. verkehrt-eiförmig od. rundlich, gestielt; Kapsel mit Flügelleisten . . . . **1766. E. peplus**

Anmerkung: Die Tragb. der einzelnen Trugdoldenstrahlen werden hier in Anlehnung an die echten Dolden als Hüllb. bzw. Hüllchenb. bezeichnet. Die Anzahl der Strahlen bezieht sich auf die endständige Trugdolde.

1. Sect. A n i s o p h ý l l u m

1744. E. humifúsa Willd. — Niederliegende W.

⨀, *Th.* – *St. niederliegend,* bis 0,15 lang; *Pfl.* bläulichgrün, später oft rot überlaufen, *kahl;* Laubb. verkehrt-eiförmig; Nebenb. pfriemlich; Drüsen quer länglich, stumpf 2- bis 3lappig; Kapsel u. S. glatt. VI–IX. 2 n = 22.
In Garten- u. Schuttunkrautges. selten u. oft unbeständig verschleppt od. verwildert. – Heimat: Sib., SO-As.

1745. E. chamaesýce L. — Zwerg-W.

⨀, *Th.* – *St. niederliegend,* bis 0,15(0,20) lang; *Pfl.* meist *allseitig behaart; Laubb.* meist deutlich unsymmetrisch, *kreisrund bis eiförmig od. ellipt.;* Nebenb. borstlich; Drüsen quer oval-länglich; Kapsel kahl od. behaart; S. mit unregelmäßig anastomosierenden Querrunzeln, reif weißlich- od. bräunlich-grau. VI–IX.
In Schuttunkrautges. SW-D. gelegentlich eingeschleppt, unbeständig. – Heimat: Med., Vord.As., N-Afr.

1746. E. maculáta L. — Gefleckte W.

⨀, *Th.* – *St. niederliegend,* bis 0,15 lang; *Pfl.* (in unserem Geb.) *rauhhaarig,* später meist rot überlaufen; *Laubb. eiförmig- bis lineal.-länglich, oberseits* meist kahl u. *mit purpurnem Fleck;* Nebenb. pfriemlich; Drüsen quer ellipt.; Kapsel angedrückt behaart; S. mit geraden u. nur am Grd. unregelmäßigen Querfurchen, ziegelrot, zuletzt grau. VI–IX. 2 n = 28.
Vereinzelt, insbes. in Trittpflanzenges., eingeschleppt. – Heimat: N-Am.

2. Sect. Tithymálus
1. Subsect. Decussátae

1747. E. láthyris L. Kreuzblättrige W.

⊙, *Ch.* – 0,20–1,00. St. aufrecht, bläulich bereift; *Stb.* kreuzweise gegenständig, untere *lineal.,* sitzend, obere lineal.-länglich u. am Grd. herzförmig; Drüsenanhängsel des Cyathium 2hörnig, hellgelb; Kapsel bis 10 mm breit, runzelig; S. netzig-runzelig. VII–VIII. 2n = 20.

In Garten- u. Schuttunkrautges. gelegentlich verwildert. – Heimat vermutlich: Med., wärmeres As.

2. Subsect. Galarrhǽi

1748. E. villósa W. et K. Flaumige W.

♃, *G* (?). – H. 0,50–0,80(1,20). *Stb. länglich-eiförmig bis länglich-lanzettl., sitzend,* vorn klein-gesägt, beiderseits behaart, zuletzt fast kahl; Hüllb. breit oval, meist stumpf; Cyathium 3 mm lang; Drüsen gelblich-grün, später rotgelb; *Kapsel kahl,* seltener behaart. VI. 2n = 16.

Waldwiesen, Ufergebüsche etc. – Selten, nur Schles. (u. a. s. von Breslau, um Ohlau, am Fuß des Eulengebg.). – N-Span., M- u. S-Frankr.; Schles. – Österr. – Ital. bis M- u. S-Rußl., Sib., Transkauk.; (euras-)kont.

1749. E. austríaca Kern. Österreichische W.

♃, *G.* – H. 0,50–0,80. *Stb. ellipt., mit kurz stielförmigem Grd.,* ganzrandig od. sehr fein gesägt, oberseits kahl, unterseits weichhaarig; Hüllb. eiförmig-rundlich; Cyathium 4–5 mm lang; *Kapsel lang-wimperhaarig,* glatt od. fein-warzig. V–VI.

Subalp. Hochstaudenfluren; frische, nährstoff- u. kalkreiche Böden. – Sehr selten, nur Hals bei Passau. – Österr.; o-praealp.

1750. E. palústris L. Sumpf-W.

♃, *H.* – H. 0,50–1,50. St. mit nichtbl., übergipfelnden Seitenästen; *Stb.* sitzend, *lanzettl.* bis längl.-lanzettl., ganzrandig od. *fast ganzrandig, kahl, bläulichgrün;* Hüllchenb. verkehrt-eirund, sitzend; Drüsen braungelb; Kapsel mit kurzen, walzlichen Warzen. V–VI. 2n = 20.

Flußufer-Staudenges., Weidengebüsche an Gräben; meist nasse, nährstoffreiche, tonige Böden. – Zerstreut bis selten, insbes. im Bereich größerer (z. B. Rhein, Main, Weser, Elbe, Oder, Donau) u. kleinerer Flüsse. – O-Span., gem. Eur. bis S-Rußl., Ural, Sib., Altai; euras-kont(-submed).

1751. E. polychróma Kern. Vielfarbige W.

♃, *H.* – H. 0,30–0,50. St. ohne nichtbl., übergipfelnde Seitenäste; *Stb.* sitzend, *verkehrt-eilänglich, ganzrandig, weichhaarig;* Hüllb. eiförmig, zur Bl. orange; Hüllchenb. länglich-eiförmig, ausgerandet; Drüsen wachsgelb; Kapsel mit fadenförmig verlängerten, gekrümmten, an der Spitze orange od. roten Warzen. V–VI. 2 n = 16, 14.

Saum von Trockengebüschen u. Wäldern; mäßig trockene, meist kalkhaltige u. steinige Böden. – Sehr selten, nur Bay. (Altdorf-Eugenbach bei Landshut). – S-Pol., Tschech., Bay., Österr., N-Ital.; SO-Eur.; gem-kont(-o-submed).

1752. E. dúlcis L. Süße W.

♃, *H, G.* – *Rhiz. kriechend; Stb.* lanzettl.-länglich, stumpf, *nach dem Grd. verschmälert,* ganzrandig od. vorn kleingesägt, *sehr kurz gestielt; Hüllchenb.* 3eckig, *am Grd. gestutzt;* Trugdolde 3- bis 5strahlig, Strahlen einfach od. 2spaltig; Drüsen anfangs gelbgrün, später schwarz-purpurrot; Kapsel mit ungleichen, stumpfen Warzen. IV–VI. 2 n = 12. Umfaßt:

var. d ú l c i s (= ssp. dulcis); Kapsel außer den Warzen auch bei der Reife ± dicht behaart. – M-, N- u. O-D., N-Bad., SO-Bay.

var. p u r p u r á t a (Thuill.) Koch [= ssp. purpurata (Thuill.) Rothm.]; Kapsel außer den Warzen nur jung behaart, später kahl.

Insbes. Buchen- u. Mischwälder; frische, nährstoffreiche, meist kalkhaltige, lehmige Böden. – Zerstreut in M- u. S-D., in N- u. NO-D. sehr selten, n. bis etwa zur Linie: Eifel-S-Westf.-O-Harz-Potsdam-Allenstein; im S bis Alp. (bis 950 m, S-Schwarzw. bis 1300 m). – Gem. Eur., von N-Span. u. Frankr., n. ital. Gebg. bis N-Balk. u. M- u. S-Rußl.; praealp-gem-kont(-submed).

1753. E. verrucósa L. Warzige W.

♃, *H.* – H. 0,30–0,50. *Rhiz. senkrecht,* vielköpfig; *Stb.* länglich-eiförmig, ganzrandig od. kleingesägt, *fast sitzend; Hüllchenb.* breit-ellipt., ± stumpf, *am Grd. verschmälert, kurzgestielt;* Strahlen der 5strahligen Trugdolde 3spaltig u. noch einmal 2spaltig; Stb., B. der Hüllen u. Drüsen gelblich; Warzen der Kapsel halbkugelig od. kurzwalzlich. V–VI. 2 n = 14, 18.

Halbtrockenrasen; mäßig trockene, kalkreiche Böden. – Sehr zerstreut im s. Geb., n. etwa bis zur Linie: Trier-Mannheim-N-Bad.-Maintal bei Würzburg-Meiningen-Lichtenfels-s. Bay. Wald; (Jura bis 1014 m, Alp. bis 700 m). – N-Span. bis M-Frankr., s. M-Eur. bis N-Balk. u. Rum.; submed.

1754. E. platyphýllos L. (Abb. 251 h) Breitblättrige W.

☉, *Th.* – H. 0,25–0,60. Stb. breit lanzettl., nach vorn etwas breiter, spitz, von der Mitte an ungleich-kleingesägt, *mit herzförmigem* od. gestutztem *Grd. sitzend, unterseits meist fein behaart,* unterste länglich-verkehrt-eiförmig; Trugdolden (3- bis)5strahlig, Strahlen 3gabelig u. dann 2gabelig; Drüsen gelb; *Kapsel* 3–4 mm lang *mit fast halbkugeligen Warzen.* VI–IX. 2 n = 28.

Unkrautige Ges.; frische, sehr nährstoffreiche Böden. – Zerstreut bis selten im m. u. s. Geb. (bis Alp.vorland), im N. fehlend od. sehr selten verschleppt. – M- u. S-Eur., Engl., M- u. S-Rußl., Kl.As., N-Afr., (N-Am.); submed(-subatl).

1755. E. strícta L. Steife W.

⊙, (①?), *Th.* – H. 0,15–0,50. *Stb.* verkehrt-lanzettl., spitz, von der Mitte an ungleich-kleingesägt, *mit herzförmigem Grd. sitzend,* meist *beiderseits kahl,* unterste verkehrt-eiförmig, sehr stumpf, in den B.stiel verschmälert; Hüllchenb. fast 3eckig-eiförmig, fein gesägt; Trugdolden 3-(bis 5)strahlig, Strahlen 3gabelig u. dann 2gabelig; Drüsen später braungelb; *Kapsel* ~ 2 mm lang *mit kurz-walzlichen Warzen.* VI–VIII. 2n = 28, 20.

Auenwälder, Flußufer, Schuttunkrautges.; feuchte, nährstoffreiche Böden. – Zerstreut, aber geb.weise häufiger: Stromtalgeb. von Rhein, Main, Nahe, Saar, Mosel, Oder, Donau; sonst selten im m. u. s. Geb. (Alp. bis 1100 m) od. nur vereinzelt: Brand. (Farrwinkel), Sachs. (Berga). – M- u. S-Eur., M- u. S-Rußl., Kauk., N-Pers.; submed-gem-kont.

1756. E. helioscópia L. Sonnenwendige W.

⊙, *Th.* – H. 0,05–0,30. Stb. keilig-verkehrt-eiförmig, vorn klein gesägt, gegen den Grd. stielartig verschmälert, an der Spitze abgerundet; *Trugdolden* meist *5strahlig,* Strahlen 2- bis 3gabelig u. dann 2gabelig; Drüsen wachsgelb; *Kapsel glatt,* etwas knotig-punktiert. IV–X. 2n = 42.

Ackerunkrautges.; ± frische, nährstoffreiche, lehmige Böden. – Verbreitet u. meist häufig (Alp. bis 975 m). – Eur., Med., As., N-Afr., daneben weltweit verschleppt; med-submed-euras-subozean.

3. Subsect. Esulae

1757. E. amygdaloídes L. Mandel-W.

♃, *Ch.* – H. 0,30–0,60. St. verholzend; Stb. verkehrt-eiförmig-länglich, in den B.stiel verschmälert, weichhaarig; *Hüllchenb. halbkreis-rund, am Grd. paarweise zusammengewachsen,* gelblichgrün; Trugdolden 5- bis 9strahlig; Drüsen gelb od. purpurn; *Kapsel kahl, fein punktiert.* IV–V. 2n = 18.

Laubmischwälder; frische, nährstoffreiche, meist kalkhaltige, lehmige Böden. – Sehr zerstreut u. meist selten im m. Geb., n. etwa bis zur Linie: Aachen-Düren-Braunbach-Holzminden-Göttinger Wald, ö. bis Ohmgebg.-Bleichenrode-Haßfurt/Main-Wemding, Oberschles.; s. bis Alp. (bis 1680 m) häufiger. – W-, M- u. S-Eur., S-Rußl., Kauk., (N-Am.); subatl-submed.

1758. E. salicifólia Host Weiden-W.

♃, *H.* – H. 0,30–0,70. *Stb.* lanzettl. od. länglich-lanzettl., *sitzend, fein bewimpert u. drüsig behaart;* Hüllchenb. rautenförmig bis herzförmig-dreieckig, gelb; Drüsen gelb, später purpur; Kapsel undeutlich runzelig. V–VI. 2n = 36.

Acker- u. Grabenränder, Gebüsche; nährstoffreiche Böden. – Sehr selten, nur bei Regensburg (verschollen). – Bay., ö. Österr., N- u. M-Balk., S-Rußl.; gem-kont.

1759. E. cyparíssias L. Zypressen-W.

♃, *H.* – H. 0,15–0,30. *Stb. schmal-* bis sehr schmal-*lineal.*, ganzrandig, kahl, am Rande leicht umgebogen, *hellgrün;* Hüllchenb. ei-rautenförmig, fast ganzrandig, gelb bis rötlich; Drüsen gelb, später braun; Kapsel fein-punktiert-rauh. IV–V. 2n = 20, 40. Auffällige Abweichungen der B.form (B. eiförm.-lanzettl.) u. der St.länge treten als Folge eines Rostpilz-Befalles mit *Uromyces pisi* auf.

Trockene Rasenges.; ± trockene, meist kalkhaltige u. lehmige Böden. – Verbreitet im ganzen Geb., in den n. Küstengeb. selten od. fehlend (Alp. bis 2240 m). – Gem. u. s. Eur., N-Med., S-Rußl., Sib., (N-Am.); submed(-euras).

1760. E. ésula L. Scharfe W.

♃, *H.* – H. 0,30–0,60. *Stb.* über der Mitte am breitesten, *lineal.-lanzettl. od. verkehrt-lanzettl., nach dem Grd. keilförmig verschmälert,* fast ganzrandig, kahl, trüb grün; Hüllchenb. rautenförmig od. breit-herzförmig-dreieckig, ganzrandig, gelbgrün bis rötlich; Drüsen gelb od. grün, zuletzt braun; Kapsel fein-punktiert-rauh. V–VII. Umfaßt:

ssp. é s u l a ; Stb. verkehrt-länglich-lanzettl., stumpf, oft stachelspitzig, meist flach; Strahlen der Trugdolde ungeteilt od. 1- bis 2gabelig; Hüllb. eilanzettl. 2n = 60, 64.

Zerstreut im Geb.

ssp. p i n i f ó l i a (Lam.) A. et G.; Stb. schmal-lineal.-lanzettl., spitz, am Rand umgerollt; Strahlen der Trugdolde 3gabelig; Hüllb. schmal-lineal.

Selten: Elbtal (Warwisch, Lohbrügge, Burg bis Halle), Ilmtal (Großheringen), Westpr., Ostpr., Rheinebene.

Gebüsche, Äcker, Ufersäume etc.; frische, nährstoffreiche Böden. – Zerstreut; in verschiedenen Geb. (S-D., Ostpr., Alp.) selten od. fehlend, in anderen Geb. (z. B. Wesermarsch) häufiger. – Eur., N-Med., As., (N-Am.); euras(kont)-no.

1761. E. lúcida W. et K. Glänzende W.

♃, *H.* – H. 0,30–1,30. W.stock waagerecht; *Stb.* lanzettl. od. lineal.-lanzettl., mit breitem, fast herzförmigem Grd. sitzend, *oberseits glänzend, kahl, Seitennerven sämtlich kurz, zum Rande verlaufend u. dort netzig-verbunden;* Hüllchenb. rautenförmig od. fast 3eckig-eiförmig, so breit wie lang, kurz bespitzt; Kapsel punktiert-rauh. V–VII. 2n = 36.

Weidengebüsche, Ufersaumges. der Stromtäler; feuchte, nährstoffreiche Lehm- u. Tonböden. – Sehr selten: Bay. (Isartal: Landshut, Plattling); zerstreut u. z. T. häufiger: Schles. (Odertal) u. ö. der Oder bis Westpr. (Weichseltal). – O- u. SO-D., Pol., Tschech., Österr. bis Ung., Galiz., Serb.; gem-kont.

1762. E. virgáta W. et K. Ruten-W.

♃, *H.* – H. 0,30–0,60. W.stock senkrecht-hinabsteigend; *Stb. lineal.-lanzettl., plötzlich in den kurzen Stiel verschmälert,* graugrün, *mit sehr spitzwinkelig-abgehenden Seitennerven,* glanzlos od. nur schwach-fettglänzend; Hüllchenb. breit herzförmig-dreieckig, breiter als lang, stachelspitzig; Kapsel punktiert-rauh. V–VII. 2 n = 20.

Unkrautige Ges.; ± frische, nährstoffreiche Böden. – Selten, oft unbeständig, z. T. eingebürgert; u. a. in Brand., Pomm., Westpr., Ostpr., Thür., Sachs., Rheinpfalz, Bad.-Württ., Bay. – (M-), O- u. SO-Eur., M- u. S-Rußl., Sib., Vord.As.; euras-kont(-submed).

1763. E. seguieriána Neck. Steppen-W.
(= E. gerardiana Jacq.)

♃, *H.* – H. 0,15–0,30(0,60). *Stb. lineal.-lanzettl., ganzrandig,* stachelspitzig, *bläulichgrün,* sitzend, dicklich, kahl; Hüllchenb. 3eckig-eiförmig, breiter als lang, stachelspitzig; Drüsen queroval, ausgeschweift od. halbmondförmig, zuletzt dunkelgelb; Kapsel fein-punktiert, kahl. IV–VI. 2 n = 16.

Steppen- u. Trockenrasen; trockene, warme, meist kalkhaltige Böden. – Selten, nur geb.weise verbreitet; u. a. im Geb. der folg. Flüsse: Vechte, Lippe, Steve, Bocholter Aa, Rhein, Mosel, Main, Tauber, Aisch, untere Saale u. Unstrut, Wipper; bisweilen auch nur verschleppt: u. a. Ems-Geb., Elbtal (Sachs.). – Holl., Frankr., Span. bis M- u. S-Rußl., Ural, Balk., Kauk., W-Sib., Dsung.; kont(-submed).

1764. E. segetális L. Saat-W.

⊙, *Th.* – H. 0,10–0,30. *Stb. bläulichgrün,* mittlere u. untere ± *lineal., zugespitzt, stachelspitzig,* obere länglich-ellipt.; *Hüllchenb.* nierenförmig, *breiter als lang;* Äste der *5strahligen Trugdolde* wiederholt 2gabelig; *Kapsel feinwarzig.* VI–VII. 2 n = 16.

Unkrautige Ges., selten u. unbeständig im s. Geb., verschleppt. – Heimat: S-Eur., N-Afr., Kanar. Ins.

1765. E. falcáta L. Sichel-W.

⊙, *Th.* – H. 0,08–0,20(0,40). *Stb. bläulichgrün, keilig-lanzettl.,* am Grd. verschmälert, spitz od. zugespitzt, untere spatelförmig; *Hüllchenb. schief-rauten-eiförmig,* stachelspitzig; Äste der *3strahligen Trugdolde* wiederholt 2gabelig; Kapsel glatt. VI–X. 2 n = 16.

Unkrautige Ges., selten, zerstreut u. oft unbeständig im m. u. s. Geb.– Heimat: Med., Vord.As. bis Afghan.

1766. E. péplus L. (Abb. 251 e–g) Garten-W.

⊙, *Th.* – H. 0,10–0,30. *Stb. verkehrt-eiförmig od. rundlich, gestielt,* stumpf od. ausgerandet, *hellgrün;* Hüllchenb. eiförmig, stumpf od. sehr kurz bespitzt; Äste der (2) *3* (4)*strahligen Trugdolde* wiederholt 2gabelig; *jedes Frb. auf dem Rücken 2 genäherte, geflügelte Kiele.* VII–X. 2 n = 16.

Garten- u. Ackerunkrautges.; ± frische, nährstoffreiche Lehmböden. – Verbreitet u. häufig im ganzen Geb. (Alp. bis 810 m). – Eur., N-Afr., Kl.As., Sib., N-Am., weltweit verschleppt; fast Kosmop.

1767. E. exígua L. Kleine W.

⊙, *Th.* – H. 0,05–0,20. *Stb. lineal, grün; Hüllchenb.* mit oft herzförmigem Grd. *lineal.*, meist spitz; Äste der *3strahligen Trugdolde* wiederholt 2gabelig; Kapsel glatt od. fast glatt. VI–X. 2n = 16, 24, 26, 28, 56.

Ackerunkrautges.; ± trockene, nährstoffreiche, meist kalkhaltige u. lehmige Böden. – Verbreitet, geb.weise zerstreut, in einzelnen Geb. (z. B. Nordfries. Ins., Teile des NW-Flachlandes, Ostpr., Alp. etc.) fehlend od. nur vereinzelt. – Eur. bis Med., N-Afr., Kl.As., Kanar. Ins.; med-submed(-subatl).

Bastarde:

E. cyparissias × esula (= E. × pseudo-esula Schur), E. cyparissias × lucida (= E. × wimmeriana Wágner), E. cyparissias × virgata (= E. × gayeri Boros et Soó), E. esula × lucida (= E. × wagneri Soó), E. esula × virgata (= E. × intercedens Podpěra).

34. Ordn. Rutáles

1. Unterordn. R u t í n e a e

76. Fam. RUTACEAE Juss.

Rautengewächse

I. Bl. aktinomorph; seitl. Bl. 4-, Endbl. 5zählig; B. 2- bis 3fach gefiedert . . . . **438. Ruta**
II. Bl. zygomorph, 5zählig; B. einfach-gefiedert . . . . **439. Dictamnus**

438. Rúta L. Raute

x = 9

1768. R. gravéolens L. (Abb. 252 a–c)

♃(–♄), *Ch.* – H. 0,30–0,60. B. doppelt- od. fast 3fach (fiederspaltig bis)-gefiedert, im Umriß fast 3eckig, mit verkehrt-eiförmigen B.chen; Krb. ganzrandig od. wenig gezähnelt, löffelförmig ausgehöhlt, plötzlich in den Nagel zusammengezogen, gelb. VI–VIII. 2n = 72, 81. Im Geb. die Kulturform var. v u l g á r i s Willk.

Hin u. wieder gebaut, gelegentlich auf Schutt, in Weinbergen, an Felsen, Mauern etc. verwildert, so Westf., Nieders., Prov. Sachs. (bes. bei Naumburg/Saale) bis S-D. zerstreut. – Heimat der Wildform var. gravéolens: Balk., Ober- u. M-Ital.

Droge: Folia Rutae (von var. vulgaris Willk.)

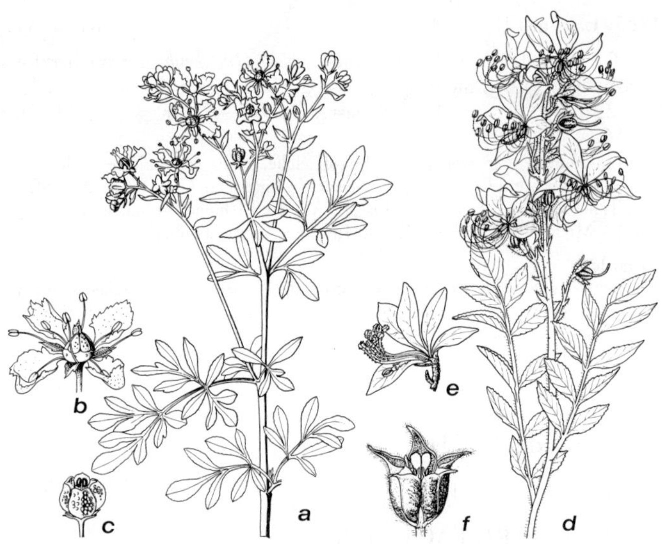

Abb. 252. *a–c Ruta graveolens* (*a* Sproßspitze mit Blütenstand, *b* Blüte, *c* Frucht); *d–f Dictamnus albus* (*d* Sproßspitze mit Blütenstand, *e* Blüte, *f* Frucht).

439. Dictámnus L. Diptam

x = 9

1769. D. álbus L. (Abb. 252 d–f)

♃, *H.* – H. 0,50–1,00. St. aufrecht; B. unpaarig-gefiedert, mit eiförmigen od. lanzettl., am Rande fein gekerbt-gesägten, durchscheinend-punktierten B.chen; Bl. in verlängerter Traube, drüsig; Kr. rosa mit purpurroten Adern, selten weiß. V–VI. 2 n = 36.

Trockenwald- u. Trockenbuschges.; warme, kalk- bzw. basenreiche, meist flachgründige u. steinige Substrate. – Zerstreut: bes. Kalkgeb. M- u. S-D., n. bis etwa S-Nieders., Elm, Halberstadt; im N sehr selten verwildert. – M-, S-Eur., zerstreut bis O-As., Him.; euraskont-submed.

2. Unterordn. Polygalíneae

77. Fam. POLYGALACEAE R. Br.

Kreuzblumengewächse

440. Polygala L. Kreuzblume

x = 17 (7, 8, 19)

I. Bl. gelb, orange, selten rötlich, etwa 13–15 mm lang; unteres Krb. an der Spitze 4lappig . . . . **1770. P. chamaebuxus**

II. Bl. blau, violett, rosa od. weiß, bis etwa 10 mm lang, unteres Krb. an der Spitze mit vielspaltigem Anhängsel

A. St. aufrecht od. am Grd. niederliegend; B. nicht od. kaum rosettig zusammengedrängt, untere so groß od. kleiner als die Stb.

1. Blst. viel-, 8- bis 18bl.; B. meist alle wechselständig

a) Tragb. beim Aufblühen länger als der Bl.-stiel (vor dem Aufblühen die Bl.knospen überragend u. Blst. schopfig) . . . . **1771. P. comosa**

b) Tragb. kürzer bis höchstens so lang wie der Bl.stiel (vor dem Aufblühen die Bl.knospen nicht überragend, nicht schopfig)

x) Flügel der Bl. (4) 5–6 (–9) mm lang, ihr Mittelnerv verzweigt; untere B. etwa so groß wie die oberen . . . . **1772. P. vulgaris**

xx) Flügel der Bl. 4–5 (–6) mm lang, ihr Mittelnerv nicht od. kaum verzweigt; untere B. kleiner als die oberen . . . . **1773. P. alpestris**

2. Blst. arm-, 3- bis 5(selten mehr)bl.; untere u. mittlere B. gegenständig bis fast gegenständig . . **1774. P. serpyllifolia**

B. Am Grd. des aufrechten od. an der Spitze des niederliegenden St. sind B. deutlich größer u. rosettig zusammengedrängt

1. St. am Grd. ausläuferartig-niederliegend, an der Spitze mit großen rosettig zusammengedrängten B.; St. des Blst. ± aufrecht . . . . **1775. P. calcarea**

2. St. am Grd. nicht ausläuferartig, mit B.rosette

a) Bl. 3,5–7,0 mm lang (vgl. insbes. P. amarella ssp. amblyptera) . . . . **1776. P. amara**

b) Bl. 2–3,5(4,5) mm lang . . . . **1777. P. amarella**

1. Sect. Chamaebúxus

1770. P. chamaebúxus L. Buchsblättrige K.
(= Chamaebuxus alpestris Spach)

♄, *Ch.* – *St. halbstrauchig,* ästig, aufstrebend, 0,10–0,20(0,30) lang; *B. lederartig,* immergrün, ellipt. od. lanzettl., stachelspitzig (zumindest die unteren), untere kleiner, verkehrt-eiförmig; Blst. blattachsel- od. endständig, meist 2(1- bis 3)bl.; K. u. Kr. gelb, orange, seltener rötlich od. später braunrot. IV–VI(VIII–IX). 2 n = ca. 46.
Kieferntrockenwälder, Kalkmagerrasen u. a.; meist kalkreiche, oft steinige Substrate. – Verbreitet bis zerstreut: Alp. (bis 2330 m) u. Alp.vorland; selten: Vogtland, oberes Saalegeb., zerstreut: Fichtelgebg. bis Bay. Wald, Frank., Jura, Baar, Bodenseegeb., untere bay. Hochebene. – Alp., Jura, Bay. Wald, Erzgebg. bis Vogtland, n. Böhm.; N-Apenn., N-Balk. bis Ung., Rum.; praealp(-submed).

2. Sect. Polýgala

1771. P. comósa Schkuhr (Abb. 253 a) Schopfige K.

♃, *H.* – H. 0,10–0,25. St. aufrecht bis aufsteigend; obere B. lineal.-lanzettl., unterste länglich-verkehrt-eiförmig, hinfällig; *Blst.* endständig, reichbl., *anfangs schopfig, kegelförmig, kurz* (Tragb. schopfartig, die noch unentwickelten Bl. überragend), später verlängert, zylindrisch; Flügel ellipt. bis verkehrt-eif., stumpf od. spitzlich, Seitennerven außen aderig, mit sparsam netzförmig verbundenen Adern; Bl. blaßrot od. weiß, vorn purpurn, selten blau. V–VI. 2 n = 28–32, 34. Veränderlich u. formenreich, insbes. in der Größe u. in der Form der Bl.glieder. Sichere Trennung der Var. wohl erst nach Abgrenzung der Modifikationen möglich.
Trockenrasenges., Halbtrockenrasen; warme, meist kalkreiche Substrate. – Selten: N-D., im NW-Flachland fast völlig fehlend; zerstreut: Kalkgeb. M-D.; zerstreut bis verbreitet: Kalkgeb. S-D. (Jura bis 900 m) bis zum Alp.rand (bis ca. 600 m). – Eur., N-Med. bis Kl.As., sö. Sib., Dah.; euraskont-submed.

1772. P. vulgáris L. (Abb. 253 a) Gemeine K.

♃, *H, (Ch).* – H. 0,05–0,20. St. aufrecht od. niederliegend-aufsteigend; obere B. lineal.-lanzettl., untere verkehrt-eiförmig bis ellipt.; *Blst.* endständig, meist vielbl., anfangs *nicht schopfig,* früh verlängert, zylindrisch; Flügelb. ellipt. od. eif., 3nervig, Nerven an der Spitze mit schiefer Ader verbunden, Seitennerven außen aderig, netzig-verbunden; Bl. blau, rosa od. weiß. V–VIII. Sehr formenreich, umfaßt im Geb.:

ssp. vulgáris; Flügel ellipt. bis breit-eif.-ellipt., an der Spitze abgerundet, öfter mit aufgesetztem Stachelspitzchen. 2 n = 68, ca. 70. Umfaßt u. a.:

var. pseudoalpéstris Gren.; Blst. kurz, häufig fast kopfig; Flügel 5–6 mm lang, nach der Bl. meist dunkel blaugrün. – Selten: u. a. S-Schwarzwald (?), Alp. (bis 1920 m).

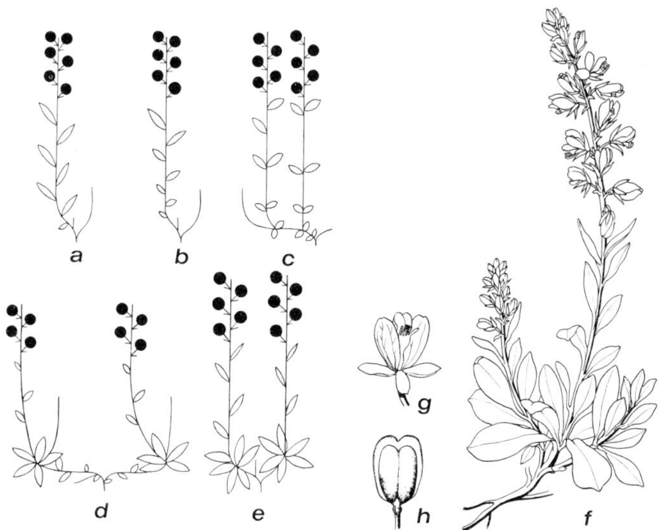

Abb. 253. *Polygala* spp. (Sect. *Polygala*), Typen der Laubblattgrößenverteilung u. -insertion (*a P. vulgaris* u. *P. comosa, b P. alpestris, c P. serpyllifolia, d P. calcarea, e P. amara* u. *P. amarella*); *f–h P. amara* (*f* Habitus, *g* Blüte, *h* Frucht).

var. v u l g á r i s ; Blst. sich bald nach Beginn der Bl.zeit verlängernd u. dann ± locker; Flügel 4–6 mm lang; Bl. blau, rosa od. weiß. – Verbreitet, insbes. im Tiefland.

ssp. o x ý p t e r a (Rchb.) Lange; Flügel lanzettl. bis breitlanzettl., spitzlich bis sehr spitz od. stachelspitzig. 2n = 68. – Ziemlich selten. Hierher wohl u. a.:

var. d u n é n s i s (Dum.) Buchenau; Blst. rel. kurz u. ± dicht; mittl. Bl.tragb. bisweilen wenig länger als die Bl.stiele; Flügel 4–5 mm lang, spitz bis stumpflich-stachelspitzig, bewimpert. – Sehr selten, u. a. im Küstengeb., in Dünentälern.

Borstgrasrasenges., Heiden etc.; nährstoffarme, kalkarme bis -freie, saure Böden. – Verbreitet bis zerstreut im ganzen Geb. – Eur., N-Med., gem. As.; subatl(-submed).

1773. P. alpéstris Rchb. (Abb. 253b) Voralpen-K.

♃, *H.* – H. 0,05–0,15. St. niederliegend od. aufsteigend; *untere B. kleiner als die oberen, oft nur schuppenförmig,* obere B. breit-lanzettl. bis ellipt.-lanzettl., oberste oft genähert, den Grd. des Blst. umgebend;

Blst. kurz, ± dicht, *nicht schopfig;* Flügel oval bis schmal-verkehrt-eiförmig, 3nervig, *Mittelnerv meist unverzweigt* u. meist nicht mit den wenig-ästigen Seitennerven verbunden; Bl. blau od. weiß. VI–VII. 2 n = 34.

Alp. u. subalp. Blaugras- u. Borstgrasrasenges.; frische, ± basenreiche Substrate. – Zerstreut: Alp. (bis 2200 m). – Pyren. Alp., Karp.; alp.

1774. P. serpyllifólia J.A.C. Hose (Abb. 253 c) Quendel-K.

♃, *H, (Ch). – St. am Grd. niederliegend,* dünn, *fädlich,* Bl.triebe aufsteigend, 0,05–0,15(0,25) lang; *untere B. fast gegenständig od. gegenständig, ellipt.,* obere länglich bis lanzettl.; Blst. armbl., an Seitenästen zuletzt übergipfelt; Flügel meist längl.-lanzettl. od. verkehrt-eiförmig; Seitennerven außen aderig, *Adern ästig, netzig-verbunden;* Bl. hellblau bis himmelblau, selten weißlich. V–IX. 2 n = 32, 34.

Borstgrasrasenges.; frische bis feuchte, nährstoffarme, saure Sand-, Torf- od. Lehmböden. – Zerstreut: NW-Flachland; nach O u. S seltener, u. a. bis Greifswald, Vogtland, Erzgebg., in W-, M- u. S-D. sehr zerstreut u. selten, s. bis Bodenseegeb. u. Alp.vorland. – W- u. M-Eur. (von Norw. bis N-Span., N-Ital.); subatl.

1775. P. calcárea F.W. Schultz (Abb. 253 d) Kalk-K.

♃, *Ch, (H).* – H. 0,05–0,20. *St. unten niederliegend,* mit kleinen B., *an der Spitze mit rossettenförmig gedrängten, großen,* verkehrt-eif. *B.; Bl.triebe* aufsteigend od. aufrecht *mit kleineren,* lineal.-lanzettl. *B.;* Blst. anfangs kurz, meist 6- bis 14bl.; *Mittelnerv der* verkehrt-eif. *Flügel fast von der Mitte an verzweigt,* Seitennerven nach außen netzaderig; Bl. etwa 5 mm lang, hellblau, seltener rötlich od. weiß. V–VI. 2 n = 34.

Halbtrockenrasenges. u. a.; kalkreiche, meist steinige Substrate. – Sehr selten u. vereinzelt: Hess., Eifel, W-Pfalz, Saargeb., s. Oberrheingeb. – W-Eur. (Engl. bis Span., W-D., Schweiz); atl(-w-submed).

1776. P. amára L. (Abb. 253 e–h) Bittere K.

♃, *H, (Ch).* – H. 0,05–0,15(0,20). *St. aufrecht od. aufsteigend,* am Grd. mit deutlicher B.rosette; Rosettenb. verkehrt-eiförmig-länglich, obere B. kleiner, lineal.-lanzettl.; Blst. sehr locker; *äußere Kb. zur Bl. fast querabstehend; Bl. bis 7*(–10) *mm lang, Anhängsel viellappig;* Bl. blau bis rötlich-blau. V–VI. 2 n = 28.

Subalp. u. alp. Blaugrasrasen, Quellfluren; ± feuchte, kalkreiche, steinige Substrate. – Selten u. zerstreut: Alp. (bis 1810 m), für S-D. fraglich geworden. – O-Alp., ob weiter im N.?; praealp(-submed).

1777. P. amarélla Crantz (Abb. 253 e) Sumpf-K.

♃, *H, (Ch).* – H. 0,05–0,20. *St. aufrecht od. aufsteigend,* am Grd. mit deutlicher B.rosette; Rosettenb. spatelig-verkehrt-eiförmig od. lineal.-lanzettl., obere B. kleiner, länglich-verkehrt-eiförmig bis lineal.-lanzettl.;

Blst. ± locker bis dicht; *äußere Kb. zur Bl. schräg vorwärts stehend; Bl. 2,0–3,5* (4,5) *mm lang, Anhängsel rel. wenig gelappt;* Bl. himmelblau od. weiß, selten rötlich. IV–VI(VIII). Formenreich, umfaßt im Geb.:

ssp. amblýptera (Koch) Jávorka; Pfl. kräftig, bis 0,20 hoch; Rosettenb. verkehrt-eif., locker stehend; Blst. locker; Bl. blau; Flügel 4–4,5 mm lang, 2–2,2 mm breit; Kapsel 4 mm lang.

Insbes. Kleinseggensümpfe. – Zerstreut: Alp., Voralp., genaue Verbreitung noch ungenügend bekannt.

ssp. amarélla; Pfl. kräftig, bis 0,10 hoch; Rosettenb. verkehrt-eif., dicht stehend; Blst. dicht; Bl. heller-blau bis violett; Flügel 3–4 mm lang, 1,5–2 mm breit; Kapsel 3–3,5 mm lang. 2n = 34.

Halbtrockenrasen u. verwandte Ges.; wechselfeuchte, kalkreiche Substrate. – Zerstreut, fehlt im NW über große Strecken, im S. seltener.

ssp. austríaca (Crantz) Jávorka; Pfl. schlank, wenig kräftig, bis 0,20 hoch; Rosettenb. lineal.-lanzettl., lockerstehend; Blst. später sehr verlängert; Flügel 2,5–3,5 mm lang, 1,2–1,5 mm breit, mit starkem, grünem Mittelnerv; Kapsel 3–4 mm lang. 2n = 34.

Feuchtwiesen, Kleinseggensümpfe. – Zerstreut in S-D., genaue Verbreitung noch ungenügend bekannt.

Gem. Eur. bis N-Balk., M- u. S-Rußl.; gem-kont-submed.

Droge: Herba Polygalae amarae cum Radicibus (von P.amara L. ssp. amarella Crantz)

35. Ordn. Sapindáles

1. Unterordn. Anacardiíneae

78. Fam. ANACARDIACEAE Lindl.

Sumachgewächse

I. B. unpaarig-gefiedert, viel- bis 3zählig; Gr. u. N. ± endständig an der Fr. . . . . 441. Rhus
II. B. einfach; Gr. u. N. seitlich an der Fr., bauchständig . . . . 442. Cotinus

441. Rhús L. — Sumach

I. B. unpaarig-gefiedert, vielzählig
  A. Junge Zweige dicht sammethaarig . . . . 1778. Rh. typhina
  B. Junge Zweige kahl, blau bereift . . . . 1779. Rh. glabra
II. B. 3zählig . . . . 1780. Rh. toxicodendron

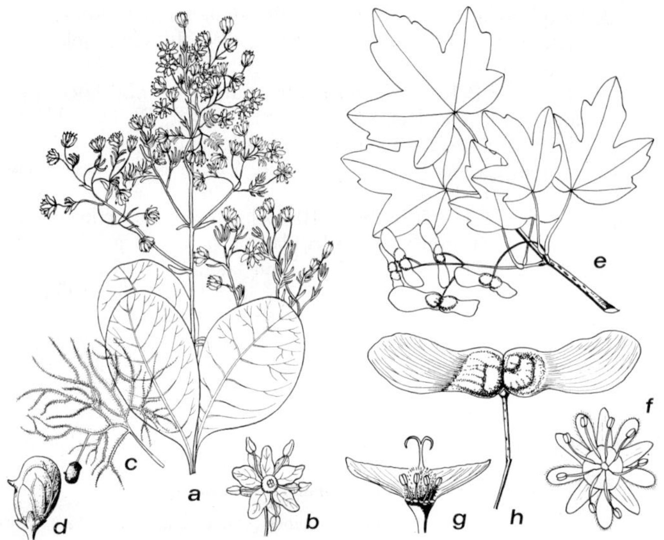

Abb. 254. *a–d Cotinus coggygria* (*a* Zweig mit Blütenstand, *b* Blüte, *c* Blütenstand zur Fruchtzeit, *d* Frucht); *e–h Acer campestre* (*e* Zweig mit Früchten; *f* ♂-, *g* ☿-Blüte, Blütenhülle entfernt; *h* Frucht).

1778. Rh. typhína Torn. Hirschkolben-S.

♄, ♄, *M.* – H. bis 5,00(10,00). Junge *Zweige dicht* weich-*sammethaarig;* B. unpaarig-gefied.; B.chen sitzend, unterseits hellgraugrün behaart, lanzettl. zugespitzt, gesägt; B.spindel ungeflügelt; Krb. der ♂-Bl. gelblichgrün, die der ♀-Bl. rot; Fr. scharlachrot, filzig. VI–VII.
Gepflanzt, selten verwildert. – Heimat: w. N-Am.

1779. Rh. glábra L. Kahler S.

♄, *M.* – H. 3,00–5,00. Junge *Zweige kahl* od. fast kahl, ± *blau bereift;* B. unpaarig gefied., B.chen ähnlich vor. Art, aber: unterseits blaugrün u. meist kahl; Bl. grünlich; Fr. scharlachrot, klebrig-flaumhaarig. VII–VIII.
Gepflanzt, selten verwildert. – Heimat: N-Am.

1780. Rh. toxicodéndron L. Gift-S.

♄, *N.* – H. 0,50–1,00. *B. 3zählig,* langgestielt; B.chen breit rhombisch-eiförmig, ganzrandig od. gezähnt, unterseits behaart; Bl. 1geschlechtig; Krb. weißlich-grün; Fr. gelblichweiß. VI–VII.
Gepflanzt, gelegentlich verwildert. – Heimat: N-Am.

Droge: Folia Toxicodendri

442. Cótinus Duhamel — Perückenstrauch

1781. C. coggýgria Scop. (Abb. 254a–d)

♄, *N, M.* – H. bis 3,00(8,00). *B. einfach,* verkehrt-eiförmig bis oval, ganzrandig, kahl, gestielt; Bl. vielehig, in breiten Rispen; die meisten Bl.stiele unfruchtbar bleibend u. zuletzt abstehend-behaart; Krb. grünlich-weiß. VI–VII. Gepflanzt, selten verwildert. – Heimat: s. M-Eur., Med., S-Rußl., SW- u. Z-As.

2. Unterordn. Sapindíneae

79. Fam. ACERACEAE Juss.

Ahorngewächse

443. Ácer L. — Ahorn

x = 13

I. Blst. eine traubenähnlich-verlängerte Rispe, hängend (B. 5lappig) . . . . **1782. A. pseudoplatanus**

II. Blst. fast eine Doldenrispe od. Doldentraube, ± aufrecht od. hängend

A. B. 5- bis 7(selten 3)lappig; Stbb. der ♂-Bl. so lang wie die Krb.; junge Spr. milchend

1. B.lappen zugespitzt, mit spitzen Zähnen . . . . . . **1783. A. platanoides**

2. B.lappen stumpflich, Mittellappen meist nochmals stumpf 3lappig . . . . **1784. A. campestre**

B. B. 3- bis 5lappig; Stbb. der ♂-Bl. ± länger als die Krb.; junge Spr. nicht milchend

1. B.lappen 3, ganzrandig; B.spreite kürzer als 6 cm . . . . **1785. A. monspessulanum**

2. B.lappen 3–5, stumpf-gekerbt; B.spreite meist länger als 5 cm . . . . **1786. A. opalus**

1. Sect. Acer

1782. A. pseudo-plátanus L. (Abb. 255a) — Berg-A.

♄, *MM.* – H. bis 25,00. *B. handförmig 5-*(seltener 3)*lappig, unterseits etwas graugrün od. rötlich; Lappen* zugespitzt, *ungleich-gekerbt-gesägt;* Buchten spitzwinkelig; B.narben sich nicht berührend; Blst. hängend, verlängert; Krb. klein, grün; Stbb. der ♂-Bl. 2- bis 3mal so lang wie die Krb.; Flügel der Fr. spitz- od. stumpfwinkelig spreizend. V–VI. 2n = 52. Formenreich.

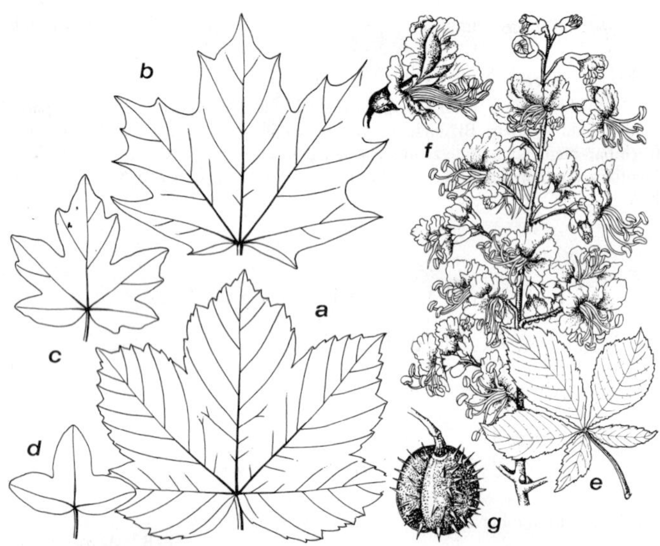

Abb. 255. *a–d Acer* spp., Blattbeispiele (*a A. pseudo-platanus, b A. platanoides, c A. campestre, d A. monspessulanum*); *e–g Aesculus hippocastanum* (*e* Blütenstand u. Laubblatt, *f* Blüte, *g* Frucht).

Laubmischwälder; frisch-feuchte, nährstoffreiche Böden. – Verbreitet u. häufig in den Gebg. M- u. S-D. (Alp. bis 1640 m), im N-Flachland seltener od. nur gepflanzt. – Gebg. von M-Eur.; w. bis Engl. u. Pyren.; ö. bis Pol., Kauk.; s. bis Span., Apenn., Kl.As.; subatl-submed(-praealp).

2. Sect. P l a t a n o í d e a

1783. A. platanoídes L. (Abb. 255 b) Spitz-A.

♄, *MM.* – H. bis 25,00. *B. handförmig 5- bis 7-* (selten 3)*lappig, beiderseits grün; Lappen fein-zugespitzt,* mit 3–5 zugespitzten Zähnen; Buchten rund, stumpf- od. spitzwinkelig; B.narben sich gegenseitig berührend; Blst. ± aufrecht, sich kurz vor od. mit dem Laub entfaltend; Krb. gelbgrün, etwas länger als die Stbb.; Flügel der Fr. ± waagerecht-ausgespreizt. IV–V. 2n = 26. Im Geb. nur ssp. p l a t a n o í d e s.

Laubmischwälder; frische, nährstoffreiche Böden. – Verbreitet, geb.weise selten (Alp. bis 1060 m), im NW ursprünglich fehlend; häufig gepflanzt u. eingebürgert. – Verbreitung der Unterart: Gem. Eur.; ö. u. s. bis Ural, Kauk., Transkauk., Armen., N-Griech., N-Ital.; euras(-kont).

3. Sect. Campéstria

1784. A. campéstre L. (Abb. 254e–h, 255c) Feld-A.

♄, ♄, *M, (MM).* – H. (1,00)2,00–15,00. *B. handförmig 5-* selten *3lappig,* unterseits – wenigstens jung – weichhaarig; *Lappen stumpflich,* äußere ganzrandig, der mittlere meist stumpf 3lappig; Buchten spitz; B.narben meist zusammenstoßend; Blst. aufrecht; Krb. gelbgrün; Flügel der Fr. ± waagerecht ausgebreitet. V. Umfaßt:

ssp. campéstre; Teilfr. filzig behaart; Herbstfärbung meist rot. 2n = 26. – Verbreitete Wildsippe.

ssp. leiocárpum (Opiz) Tausch; Teilfr. früh verkahlend; Herbstfärbung gelb. – Wildverbreitung ungenügend bekannt, oft gepflanzt.

Eichen-Hainbuchen-Wälder, Buchenwälder etc.; frische, nährstoffreiche Böden. – Verbreitet u. meist häufig (Alp. bis 800 m, Jura bis 980 m); in einzelnen Geb. (u. a. nw. Küstengeb., Ostpr.) nur angepflanzt u. verwildert. – Gem. Eur.; ö. bis S-Rußl., Kauk.; s. bis Alg., Siz., Kl.As.; submed-gem-kont.

1785. A. monspessulánum L. (Abb. 255d) Dreilappiger A.

♄, ♄, *M.* – H. 2,50–8,00(10,00). *B. handförmig 3lappig,* unterseits graugrün, Lappen stumpf, ganzrandig od. etwas geschweift; Seitenlappen bis fast rechtwinkelig vom Mittellappen abstehend; B.narben voneinander entfernt; Blst. ± nickend; Krb. gelbgrün; Flügel der Fr. parallel vorwärts gerichtet od. auch ± abstehend. IV.

Eichenbusch-Hänge; etwas frische, warme, nährstoffreiche Lehmböden. – Selten, Pfalz (u. a. Donnersberg, Grünstadt, Kallstadt), Nahe-, Mosel- u. m. Rheintal, Elz- u. Üstal, Lahntal (Holzappel), m. Maingeb. (Fränk. Saale); vermutlich z. T. verwildert. – Med. bis Turk., Transkauk.; SO-Eur., S- u. O-Frankr., M-Rhein; NW-Afr.; submed.

1786. A. ópalus Mill. Schneeballblättriger A.

♄, *MM.* – H. bis 15,00. B. handförmig 3- bis 5lappig, unterseits hellgraugrün, anfangs zottig behaart; Lappen nur kurz ($^1/_5$–$^1/_3$ der Spreite), ± stumpf, stumpf-gekerbt, Adernetz sehr deutlich; B.narben voneinander entfernt; Blst. nickend, vor den B. erscheinend; Krb. grünlichgelb; Fr. stark gewölbt, Flügel ± parallel. IV. Im Geb. nur ssp. ópalus [= ssp. variabile (Pax) Sch. et Kell.].

Warme Eichen-(u. auch Buchen-)Hangwälder; frische, kalkhaltige Lehmböden. – Sehr selten, nur Grenzach bei Lörrach. – Gebg. S-Eur. bis Jura, Krim, Kl.As., Liban.; NW-Afr.; submed.

80. Fam. HIPPOCASTANACEAE DC.

Roßkastaniengewächse

444. Áesculus L. Roßkastanie

x = 10

1787. Ae. hippocástanum L. (Abb. 255 e–g) Gemeine R.

♄, *MM*. – H. bis 20,00. Knospen stark klebrig; B. 5- bis 7zählig gefingert; B.chen sitzend, länglich-verkehrt-eiförmig, am Grd. keilförmig verschmälert, ungleich-gesägt; Bl. in großen, aufrechten Rispen, Krb. 5, weiß, mit gelben od. roten Flecken; Kapsel kugelig, weichstachelig. V–VI. 2 n = 40.
Angepflanzt, bisweilen auch in forstlichen Kulturen (Wildfütterung). – Heimat: N-Griech., Bulg.

3. Unterordn. B a l s a m í n e a e

81. Fam. BALSAMINACEAE A. Rich.

Balsaminengewächse

445. Impátiens L. Springkraut

x = 6, 7, 8, 9, 10, 13

I. Bl. gelb
  A. Bl. hängend, 20–50 mm lang, Sporn gekrümmt **1788. I. noli-tangere**
  B. Bl. aufrecht, 8–15 mm lang, Sporn gerade ...... **1789. I. parviflora**
II. Bl. purpur-violett od. rosa, selten weiß .... **1790. I. glandulifera**

1788. I. nóli-tángere L. (Abb. 256 a–c) Echtes Sp., Rühr-mich-nicht-an

⊙, *Th*. – H. 0,30–0,60(1,00). B. eiförmig bis länglich, spitz, grobgezähnt, gestielt; *Bl.* in 2- bis 4(bis 6)bl. Trauben, Trauben ± kürzer als das Tragb. u. unter diesem *hängend;* Krb. zitronengelb, innen rot-punktiert; *Sporn an der Spitze nach unten gekrümmt;* Fr. hängend. VII–VIII. 2 n = 20.
Auenwälder, Buchenwälder, Bach-Eschenwälder; feucht-nasse, nährstoffreiche, tonige od. lehmige Böden. – Verbreitet u. häufig, insbes. in der coll. u. mont. Stufe M- u. S-D. (Alp. bis 1300 m), in den Tiefebenen (u. a. in N-D.) zerstreuter od. geb.weise selten. – Gem. Eur., S-Eur., As.; euras-subozean.

1789. I. parviflóra DC. Kleinblütiges Sp.

⊙, *Th*. – H. 0,25–0,60. B. eiförmig bis eilänglich, zugespitzt, gesägt, gestielt; *Bl.* in 4- bis 10bl. Trauben, *aufrecht,* Trauben so lang od. länger als die Tragb.; Krb. blaßgelb, innen rot gefleckt; *Sporn gerade;* Fr. aufrecht. VI–IX. 2 n = 20, 24, 26.

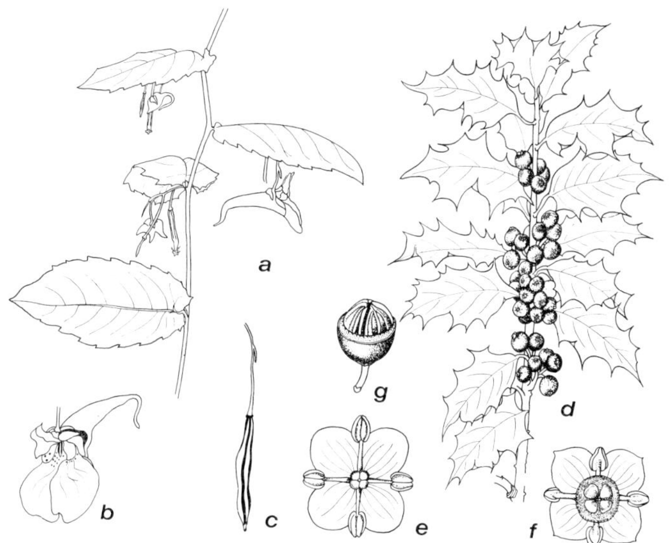

Abb. 256. *a–c Impatiens noli-tangere* (*a* Sproßausschnitt, *b* Blüte, *c* Frucht); *d–g Ilex aquifolium* (*d* Zweigspitze mit Früchten; *e* ♂-, *f* ♀-Blüte; *g* Frucht, obere fleischige Fruchtwand entfernt).

Aus Gärten verwildert u. verbreitet eingebürgert in Eichen- u. Buchenwäldern; frische, nährstoff- u. meist N-reiche, kalkarme Lehmböden. – Verbreitet im ganzen Geb. (Alp.vorland bis ca. 700 m). – Heimat: O-Sib., Mong., Dsung., Turk.; verschleppt u. in Eur., N-Am. eingebürgert.

1790. I. glandulífera Royle Drüsiges Sp.
(= I. glanduligera Lindl., I. roylеï Walpers)

⊙, *Th.* – H. 0,50–2,00. St. sehr kräftig, rötlich; B. eiförmig-lanzettl. bis lanzettl., gesägt, an den unteren Zähnen u. am B.stiel mit auffälligen Drüsen; Bl. in langgestielten, bis 14bl. Trauben; Bl. 2–4 cm breit, purpurviolett od. rosa, selten weiß; Sporn dick, gerade, mit dünnem, gekrümmtem Anhängsel; Fr. ± nickend, kahl. VII–IX(X). 2n = 18, 20.
In Gärten kultiviert od. seltener angebaut, verwildert u. in Auenwäldern, an Flußufern u. in Röhrichten verschiedentlich eingebürgert, so z. B. Eder-, Fulda- u. Oberwesergeb., Oberbay. (Mangfall, Tegernsee), Oberrheinebene, bei Nürnberg, Niederschles. etc. – Heimat: O-Ind., Him.

36. Ordn. Celastráles

1. Unterordn. C e l a s t r í n e a e

82. Fam. AQUIFOLIACEAE Bartl.
Stechpalmengewächse

446. Ílex L. Stechpalme, Hülse

x = 10

1791. I. aquifólium L. (Abb. 256 d–g)

ꝧ, ħ, *M, N,* – H. 1,00–7,00. B. lederartig, immergrün, kahl, oberseits glänzend, eiförmig, meist wellig-dornig-gezähnt od. seltener ganzrandig-glatt, mit einem Dorn endend; Blst. b.winkelständig, reichbl.; Krb. weiß; Fr. rot. V–VI. 2 n = 40.

Diverse Waldges.; nährstoffärmere, kalkfreie, saure Böden. – Zerstreut bis selten: NW-, nw. M-, SW-D., Alp.vorland. u. Alp. (bis 1800 m), im N. häufiger, nö. bis Rügen u. Greifswalder Oye. – W-Eur. (n. bis SW-Norw.), atl. M-Eur., Balk., Med. bis Kauk., N-Pers.; Z-Chin.; subatl-submed.

83. Fam. CELASTRACEAE R. Br.
Spindelstrauchgewächse

447. Euonymus L. Pfaffenhütchen

x = 8

I. Junge Äste 4kantig (später oft mit Korkleisten) ..... **1793. E. europaeus**
II. Junge Äste etwas zusammengedrückt od. stielrund
   A. Junge Äste zusammengedrückt, glatt .... **1792. E. latifolius**
   B. Junge Äste stielrund, dicht mit schwarzbraunen Korkwarzen besetzt .... **1794. E. verrucosus**

1792. E. latifólius (L.) Mill. Breitblättriges Pf.

ħ, (ꝧ), *N, M.* – H. 1,00–5,00. Junge *Äste etwas zusammengedrückt,* im Querschnitt fast oval, anfangs olivgrün, glatt; B.knospen lang spindelförmig; B. länglich-ellipt. bis verkehrt-eiförmig, klein-gesägt; *Krb.* meist 5, *rundlich,* hell grünlich, mit roten Rändern; *Kapsel* meist *5kantig,* Kanten *geflügelt,* purpurrot; *Arillus den S. ganz einhüllend, orange.* V–VI.

Buchen-Nadel-Mischwälder; frische, nährstoff- u. meist kalkreiche Lehmböden. – Selten: Alp.vorland, Alp. (bis 1090 m); eingebürgert in Schles., Ostpr. – Pyren., SW-Jura, Alp., N- u. M-Ital., Karp., Balk., Kauk., N-Pers., Kl.As., Alg.; praealp(-submed).

Abb. 257. *a–g Euonymus europaeus* (*a* Zweigausschnitt mit Blütenständen; *b* Blüte von der Ober-, *c* von der Unterseite; *d* Kelch, *e* u. *f* Früchte, bei *f* aufgesprungen; *g* Same); *h–l Staphylea pinnata* (*h* Zweigspitze mit Blütenstand; *i* Blüte, *k* Staubblätter u. Fruchtknoten längs, *l* Frucht).

1793. E. europaéus L. (Abb. 257 a–g) Gewöhnliches Pf.

ħ, (ħ), *M.* – H. 1,00–3,00. Junge *Äste 4kantig,* bisweilen fast geflügelt, anfangs grün, glatt; B.knospen eiförmig; B. länglich-lanzettl. bis länglich-eiförmig, klein-gesägt; *Krb.* meist 4, *länglich,* grünlich-weiß; *Kapsel* meist *4kantig,* Kanten stumpf, *flügellos,* rosenrot; *Arillus den S. ganz einhüllend,* orange. V–VI. 2 n = 64.

Waldmantelges., Auenwälder; frische, nährstoffreiche, oft kalkhaltige, meist lehmige Böden. – Verbreitet u. meist häufig (Alp. bis 1100 m), u. a. in Silikatgebg. selten od. fehlend. – Gem. u. s. Eur., Kl.As., Kauk., Turk., W-Sib.; subatl-submed.

1794. E. verrucósus Scop. Warzen-Pf.

ħ, *N, M.* – H. 1,25–2,50. Junge *Äste* fast *stielrund,* anfangs grünlich, dicht *mit schwarzbraunen Korkwarzen* besetzt; B. länglich-ellipt. bis eiförmig, klein-gesägt; *Krb.* 4, *rundlich,* grün, dicht u. fein rot punktiert; Kapsel 4kantig, Kanten stumpf, rosenrot; Arillus den schwarzen S. nur teilweise einhüllend, blutrot. V–VI.

Laub- u. Nadelwälder. – Sehr selten: Schles. (Trebnitz, Militsch); zerstreut: Westpr., Ostpr. – O-Eur., ö. bis Ufa (Ural), s. bis Serb.; euras-kont(-submed).

84. Fam. STAPHYLEACEAE Lindl.
Pimpernußgewächse

448. Staphylea L. Pimpernuß
x = 13

1795. St. pinnáta L. (Abb. 257 h–l) Gefiederte P.

ђ, (ђ), *M, (N)*. – H. 1,00–3,00(5,00). B. unpaarig gefiedert, mit 5–7 ellipt. bis schmal-eiförmigen, klein gesägten B.chen; Blst. aus gegenständigen Scheindolden zusammengesetzt, hängend; Krb. gelblichweiß; Kapsel häutig, aufgeblasen. V–VI. 2n = 26.

Laubmischwaldges., Hänge, Waldränder; frische, warme, nährstoff- u. meist kalkreiche Böden. – Selten: Niederschles. (Löwenberg, Schönau, Jauer, Bolkenhain), Fränk. Jura, Bay. Waldgeb., Ober- u. Hochrhein (Isteiner Klotz), Bodenseegeb., Donaugeb., Alp.vorland (bis ca. 600 m); daneben gepflanzt u. eingebürgert (u. a. n. bis Westf.). – Schles., s. M-Eur., SO-Eur., Balk., SW-As.; o-submed(-gem-kont).

2. Unterordn. B u x í n e a e

85. Fam. BUXACEAE Dum.
Buchsgewächse

449. Buxus L. Buchsbaum
x = 7

1796. B. sempervírens L. (Abb. 258 a–d) Immergrüner B.

ђ, (ђ), *N, M*. – H. (0,15)0,30–4,00(6,00). B. lederartig, gegenständig, eiförmig od. ellipt., immergrün; Blst. b.winkelständig; Bl. geknäuelt, 1geschlechtig; Blh. gelblichweiß; Stbbtl. herz-pfeilförmig. III–IV. 2n = 28.

Eichen-Buschwälder, Flaumeichen-Waldges.; warme, basenreiche, steinige, kiesige Lehmböden. – Selten: Moselgeb. (Bernkastel bis Alken, bes. Palmberg bei Bad Bertrich), Oberrheingeb. (Grenzach-Niederschwörstadt); daneben gepflanzt u. gelegentlich verwildert. – S-Eur., n. bis Z- u. W-Frankr., Moseltal, SW-D.; ö. bis Kl.As., Kauk.; submed(-subatl).

Abb. 258. *a–d Buxus sempervirens* (*a* Zweigspitzen mit Blütenständen; *b* ♀-, *c* ♂-Blüte; *d* aufgesprungene Frucht); *e–h Rhamnus frangula* (*e* Zweigspitze mit Blüten u. Früchten; *f* u. *g* Blüten, bei *g* längs; *h* Frucht).

37. Ordn. Rhamnáles

86. Fam. RHAMNACEAE Juss. Kreuzdorngewächse

450. Rhamnus L. Kreuzdorn, Faulbaum

I. Bl. zwittrig, 5zählig; Krb. benagelt; Gr. ungeteilt; S. ungefurcht . . . . **1797. Rh. frangula**

II. Bl. unvollständig 1geschlechtig od. seltener zwittrig, 4- (seltener 5)zählig; Krb. ohne Nagel; Gr. 2- bis 5spaltig; S. mit Rückenfurche

A. B. wechselständig, jederseits mit 4–8 Seitennerven; Zweige ohne Dornen . . . . **1798. Rh. pumila**

B. B. meist gegenständig, jederseits mit 2–4 Seitennerven; Zweige meist dornig

1. B. klein, 1–3 cm lang, B.stiel etwa so lang wie die Nebenb. . . . . **1799. Rh. saxatilis**

2. B. groß, 3–6 (7) cm lang; B.stiel 2- bis mehrmals so lang wie die Nebenb. . . . . **1800. Rh. cathartica**

1. Subgen. F r á n g u l a

1797. Rh. frángula L. (Abb. 258 e–h) Faulbaum

♄, *N, M.* – H. 1,00–4,00. *Zweige dornenlos, ebenso wie die B. wechselständig; B.* breit-ellipt., spitz bis kurz-zugespitzt, *ganzrandig* od. leicht gewellt; jederseits mit 6–11 Seitennerven; Bl. zu 2–10 in den B.winkeln; Kr. grünlichweiß; Fr. zuerst rot, dann schwarz. V–VI. 2n = 20, 26.

Verschiedene Gebüsche u. Waldges., Moore; meist ± feuchte, ± nährstoffarme u. saure Böden. – Verbreitet im ganzen Geb. (Alp. bis 1000 m). – Eur., Kl.As., Kauk., W-Sib.?, (N-Am.); no-euras-subozean.

Droge: Cortex Frangulae

2. Subgen. R h á m n u s

x = 6

1798. Rh. púmila Turra Zwerg-Kr.

♄, *Ch.* – H. 0,05–0,20. *Zwergstrauch mit niederliegenden, dornenlosen Zweigen;* B. wechselständig, ellipt. od. länglich-verkehrt-eiförmig, rundlich od. fast stumpf od. mit aufgesetzter Spitze, kleingesägt; Bl. meist 1geschlechtig u. 4zählig; Kr. weißlich; Fr. blauschwarz; *S.furche in der Mitte fast geschlossen.* VI–VII. 2n = 24.

Subalp. u. alp. Kalkfelsenges.; felsige, feinerdearme Substrate. – Zerstreut: Alp. (1400–2330 m, selten tiefer: z. B. Hindelang 845 m, Mittenwald 930 m). – Pyren., Alp., Apenn.; alp.

1799. Rh. saxátilis Jacq. Felsen-Kr.

♄, *N.* – H. 0,30–1,00. Sehr ästiger, sparriger u. dorniger Strauch; *B.* meist gegenständig, *länglich-ellipt. od. länglich-eiförmig* od. lanzettl., zugespitzt od. stumpflich, *oberseits hellgrün,* klein-gesägt, *Stiel 2–6 mm lang;* Bl. 1geschlechtig, 4zählig; Kr. gelblichgrün; Fr. schwarz; *S. mit klaffender Furche.* IV–V.

Kiefern-Trockenwälder, Gebüsche; warme, ± trockene, kalkreiche, steinige Substrate. – Selten, nur Bodenseegeb., Jura, Altmühlgeb., untere u. obere bay. Hochebene, Alp. (bis 1280 m). – N-Span., S- u. M-Frankr. bis N- u. M-Ital., Österr., Ung., Jugosl., Bulg., Rum.; praealp-submed.

1800. Rh. cathártica L. Echter Kr.

♄, *N, M.* – H. 1,00–3,00. Zweige meist gegenständig u. dornig, Dornen end- bzw. gabelständig; *B.* gegenständig, *rundlich-ellipt. od. eiförmig,* fein-gesägt, stumpf od. zugespitzt, am Grd. bisweilen schwach herzförmig, *oberseits grün, Stiel bis 25 mm lang;* Bl. unvollständig 1geschlechtig, ♂- u. ♀-Bl. mit verkrümmerten Frkn. bzw. Stbb., 4zählig; Kr. grün; Fr. schwarz, selten gelb; *S. mit fast geschlossener Furche.* V–VI. 2n = 24.

Gebüsche, Hecken, Waldränder; mäßig trockene, meist kalkhaltige Böden. – Zerstreut: N-D.; verbreitet: Kalk- u. Lehmgeb. M- u. S-D. (Alp. bis 1310 m). – Eur., N-Med., Alg., W-As.; euras-submed.

Droge: Fructus Rhamni cartharticae (recentes)

87. Fam. VITACEAE Juss.
Rebengewächse

451. Vítis L. — Weinrebe

x = 10, 19

1801. V. vinífera L. (Abb. 259a–d)

♄, *M, MM.* – H. 3,00–10,00(–25,00). Kletterstrauch; Borke sich streifig ablösend, Spr. mit end- od. scheinbar seitenständigen, verzweigten Ranken; B.spreite im Umriß ± kreisrund, 3- bis 5lappig, ungleich u. grob-gezähnt, am Grd. herzförmig; Bl. in scheinbar seitenständigen Rispen; Krb. mützenförmig an der Spitze zusammenhängend, gelbgrün, sich beim Aufbl. am Grd. ablösend; Beere blauviolett, dunkelblau, gelb od. grün. VI. Umfaßt:

ssp. s i l v é s t r i s (Gmel.) Beger (= V.silvestris Gmel.); Wilde W.; Pfl. 2häusig; B. der ♂-Pfl. tiefer als die der ♀-Pfl. gelappt; Beeren 5–7 mm lang, saftarm, sauer, blauviolett; S. meist 3, ungeschnäbelt, kugelig bis herzförmig, 4,5–5,5 mm lang. 2n = 38.

Auenwälder; frische, nährstoffreiche, kalkhaltige Lehm- od. Tonböden. – Selten bis sehr selten: Mannheim bis Badenweiler, Rheinpfalz, Saartal. – M-Frankr., SW-D., Österr., Ung., Rum., Kl.As.; Paläst.; NW-Afr.; submed.

ssp. v i n í f e r a (= V. vinifera L. s. str.); Kultur-W., Edelrebe; Bl. ☿; B. verschieden gestaltet; Beeren länger als 7 mm, saftreich, grün, gelb, dunkelblauviolett; S. meist 2, geschnäbelt, birnförmig, 5–7 mm lang. 2n = 38, 57, 76.

In zahlreichen Sorten in den wärmeren Teilen des w., m. u. s. Geb. gebaut; ältere Sorten wahrscheinlich aus ssp. silvestris, neuere u. a. aus kauk. Formen u. Kreuzungen am. Arten hervorgegangen; Sorten meist auf verschiedenen Vitis-Unterlagen kultiviert.

Parthenocíssus quinquefólia (L.) Planch.; Wilder Wein; bis etwa 12 m hoch mit Ranken kletternd; B. fingerförmig 3- bis 5zählig, kahl, mit kurzgestielten, eiförmigen od. länglichen, zugespitzten, stachelspitzig-gesägten B.chen; Krb. grünlich, zur Blütezeit normal ausgebreitet, stehenbleibend; Beere schwarzblau. VII–VIII. 2n = 40. – Gepflanzt u. verschiedentlich verwildert. – Heimat: nö. N-Am.

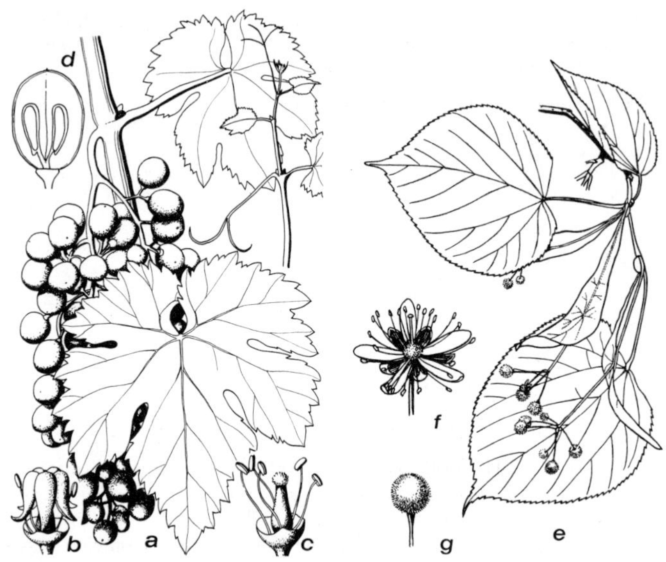

Abb. 259. *a–d Vitis vinifera* ssp. *vinifera* (*a* Sproßausschnitt mit Fruchtstand; *b* Blüte im Aufblühen, *c* ohne Kronblätter; *d* Frucht längs); *e–g Tilia platyphyllos* (*e* Zweig mit Früchten, *f* Blüte, *g* Frucht).

38. Ordn. Malváles

88. Fam. TILIACEAE Juss.
Lindengewächse

452. Tília L. Linde

x = 41

I. B. unterseits kahl, nur in den Aderwinkeln rostbraun-bärtig . . . . **1802. T. cordata**
II. B. unterseits auf den Adern behaart od. fast kahl, in den Aderwinkeln weißbärtig . . . . **1803. T. platyphyllos**

Droge: Flores Tiliae (verschiedene Arten)

1802. T. cordáta Mill. Winter-L.

♄, (♄), *MM, (M).* – H. (5,00)10,00–25,00. *B. beiderseits kahl* od. fast kahl, schief-rundlich-herzförmig, zugespitzt, unterseits meergrün, in den *Aderwinkeln rostbraunbärtig;* Blst. (3)5- bis 11(13)bl.; Krb. gelblichweiß; N.lappen zuletzt waagerecht-abstehend; Fr. dünnschalig, mit 4–5 undeutlichen Kanten. VI–VII (1–2 Wochen später als die folg.). 2n = 82.

Laubmischwaldges.; ± frische, oft kalkhaltige, humose, nährstoffreiche Böden. – Zerstreut bis verbreitet u. stellenweise häufig im m. u. s. Geb. (Alp. bis 1360 m), im N-Flachland selten, streckenweise fehlend; daneben gepflanzt. – Gem. Eur., N-Med., ö. bis Perm; Krim, Kauk.; gem-kont.

Droge: Flores Tiliae

1803. T. platyphýllos Scop. (Abb. 259 e–g) Sommer-L.

ħ, (ħ), *MM, (M).* – H. (5,00)15,00–30,00. *B. unterseits behaart bis fast kahl,* schief-rundlich-herzförmig, zugespitzt, beiderseits grün, unterseits in den *Aderwinkeln weißbärtig;* Blst. meist 2- bis 5bl.; Krb. gelblichweiß; N.lappen aufrecht; Fr. verholzt, mit 4–5 starken Kanten. VI–VII (1–2 Wochen früher als vor.). 2n = 82. Umfaßt im Geb. (Abgrenzung z. T. schwierig):

ssp. g r a n d i f ó l i a (Ehrh.) Vollm.; B. unterseits u. oberseits behaart, unterseits bleichgrün, einjährige Zweige u. B.stiele reichlich zottig behaart; B.stiele rel. dick, nur $^1/_2$ so lang wie die Spreite. – Insbes. N- u. M-D., im S. seltener.

ssp. c o r d i f ó l i a (Bess.) C. Schneid.; B. mäßiger behaart, deutlich weißbärtig, beiderseits ± grün; einjährige Zweige u. B.stiele ± reichlich behaart. – Insbes. im s. Geb. verbreitet.

ssp. b r a͡ú n i i (Simk.) C. Schneid.; B. beiderseits grün, unterseits deutlich weißbärtig u. auf den Adern reichlich u. ziemlich lang weich behaart; einjährige Zweige kahl; Flügelb. gestielt. – Sehr selten bisher nur in Sachs., vielleicht weiter verbreitet.

ssp. p s e u d o r ú b r a C. Schneid.; B. beiderseits grün, unterseits deutlich weißbärtig u. Adern kahl od. höchstens zerstreut behaart. – Sehr selten, nur Oytal bei Oberstdorf (Allgäu).

Laubmischwaldges.; frische, humose, nährstoffreiche Böden. – Insgesamt im N rel. selten, in M- u. S-D. zerstreut (Alp. bis 1000 m); daneben gepflanzt. – Gem. Eur., N-Med., Kauk.; subatl-submed.

Droge: Flores Tiliae

Bastard:

T. cordata × platyphyllos ssp. grandifolia (= T. × vulgaris Hayne).

89. Fam. MALVACEAE Juss.
Malvengewächse

I. Fr. eine mehrsamige Kapsel; Außenkb. bis 12 ...... **453. Hibiscus**
II. Fr. in 1samige Teilfr. zerfallend; Außenkb. 3–9
A. Außenkb. 6–9; Mittelsäule die Teilfr. nicht überragend .... **454. Althaea**
B. Außenkb. 3; Mittelsäule die Teilfr. ± überragend
1. Außenkb. verwachsen .... **455. Lavatera**
2. Außenkb. unter sich frei .... **456. Malva**

453. Hibiscus L. Stundenblume

x = 7, 9, 10, 19

1804. H. triónum L.

☉, *Th.* – H. 0,15–0,60. Pfl. sternhaarig-filzig u. steifhaarig; St. aufrecht; mittlere u. obere B. 3- bis 5spaltig; Außenkb. lineal., borstig bewimpert; Krb. bis 3 cm lang, kurzlebig, hellgelb, am Grd. purpurschwarz; Fr. eine fachspaltige Kapsel. VII–VIII. 2n = 28, 56.
Wärmeliebende Hack- od. Schuttunkrautges.; daneben kultiviert u. gelegentlich verwildert. – Selten u. unbeständig in M- u. S-D. – O-Medit., As., Austr., Afr.; o-submed.

454. Althǣa L. Eibisch

x = 7

I. St. (u. B.) sammetartig-filzig-behaart; Bl. zu mehreren end- od. b.winkelständig .... **1805. A. officinalis**
II. St. abstehend-steifhaarig; Bl. einzeln (seltener zu 2–4) b.winkelständig
A. Bl.stiele länger als die Tragb. (u. Bl.) .... **1806. A. hirsuta**
B. Bl.stiele kürzer als die Laubb. .... **1807. A. rosea**

1805. A. officinális L. (Abb. 260a–e) Echter E.

♃, *H.* – H. 0,60–1,25. *St.* aufrecht, *sammetartig-filzig; B.* ungleich-gezähnt-gekerbt, *beiderseits dicht-sammetartig-filzig,* untere herzförmig, 5lappig, obere länglich-eiförmig, 3lappig; Bl. in end- od. b.winkelständigen Trauben, seitliche Blst. kürzer als das Tragb.; Krb. hellila, 10–20 mm lang. VII–IX. 2n = 42.
Salzwiesen, Brackröhrichte etc.; naß-feuchte, meist salzhaltige u. tonige Böden. – Selten u. sehr zerstreut: O-See-Küste (n. der Schlei bis Usedom), im Binnenland sehr selten (Thür., Anh.), zerstreut in Stromtälern (von Meckl., Nieders. bis M-Rheingeb.); daneben gebaut u. verwildert. – O-Med., SO- u. M-Eur. bis Sib., Altai (W-Eur., N-Am.); (euras-)submed-med.

Droge: Radix Althaeae

Abb. 260. *a–e Althaea officinalis* (*a* Sproßspitze mit Blütenständen, *b* Kelch von unten; *c* Staubblätter, Staubfadensäule aufgeschnitten; *d* Fruchtknoten, *e* Frucht); *f–k Lavatera thuringiaca* (*f* Sproßspitze mit Blütenständen u. Laubblatt, *g* Kelch zur Fruchtzeit, *h* Kelch von unten, *i* Frucht, *k* Teilfrucht).

1806. A. hirsúta L. Rauher E.

⊙, *Th.* – H. 0,10–0,50. St. aufrecht, selten niederliegend; *St. u. B. mit waagerecht-abstehenden Haaren;* untere B. rundl.-herzförmig, 5lappig, mittlere handförmig tief 5- bis 7-, obere 3spaltig; Bl. einzeln in den B.winkeln, Bl.stiel länger als das Tragb.; Krb. rosenrot, seltener weiß, 12–17 mm lang. VII–VIII.

Acker- u. Schuttunkrautges., Weinberge; warme, meist kalk- u. tonhaltige Böden. – Selten u. unbeständig, so z. B. M-Thür., Hess., Maingeb., Neckargeb., Rheinpfalz, Kaiserstuhl, Schwäb. Alb. – Med., N-Afr., Pers.; (Donauländer, Rheingeb., atl. Küstengeb.); med-submed.

1807. A. rósea (L.) Cav. Stockrose

⊙, (♃), *H.* – H. 1,00–2,50(3,00). St. aufrecht, zerstreut-rauhhaarig; B. rundlich, 5- bis 7eckig od. -lappig; Bl. einzeln od. zu 2–4 in den B.winkeln, 6–10 cm breit; Krb. rosa, purpurrot bis schwärzlich, weiß od. gelb. VII–IX. 2n = 42.

Kultiviert in verschiedenen Sorten, gelegentlich im s. Geb. verwildert. – Herkunft bzw. Ursprung: evtl. Kl.As., Balk., Kreta.

Droge: Flores Malvae arboreae

455. Lavátera L. Strauchpappel

x = 7, 10, 11

1808. L. thuringíaca L. (Abb. 260f–k) Thüringer St.

♃, *H.* – H. 0,50–1,25. St. aufrecht, nebst den B., K., B.- u. Bl.stielen sternhaarig-filzig; untere B. eckig-gelappt, obere 3lappig; Bl.stiele einzeln länger als die B.stiele; Bl. in lockerer, endständiger Traube; Krb. blaßrosenrot. VI–VIII. 2 n = 40, 44.

Hecken, Raine, Gipshügel, Weinberge; nährstoffreiche Böden. – Selten u. z. T. unbeständig: u. a. S-Nieders., S- u. M-Anh., N- u. M-Thür., Schles., Fränk. Jura, Rheinebene, untere u. obere bay. Hochebene. – D., Österr., Ital., Pol., N-Balk., M-Rußl., O-As.; gem-kont.

456. Malva L. Malve

x = 7

I. Stb. handförmig-geteilt od. -gespalten; Bl. einzeln od. zu wenigen in den B.winkeln
  A. St. oberwärts mit Sternhaaren; Teilfr. kahl od. fast kahl .... **1809. M. alcea**
  B. St. mit meist einfachen, abstehenden Haaren; Teilfr. dicht-rauhhaarig .... **1810. M. moschata**
II. Stb. herzförmig-rundlich, 5- bis 7lappig; Bl. in den B.winkeln zu mehreren büschelig-gehäuft
  A. Bl.stiele zur Fr.zeit mehrmals länger als der K.
    1. Fr.stiele abstehend od. aufrecht; Krb. 15–25 (30) mm lang .... **1811. M. silvestris**
    2. Fr.stiele abwärtsgebogen; Krb. 4–13 (20) mm lang
      a) Krb. etwa 2(bis 3)mal so lang wie der K .... **1812. M. neglecta**
      b) Krb. etwa so lang wie der K. .... **1813. M. pusilla**
  B. Bl.stiele zur Fr.zeit höchstens 2mal so lang wie der K. .... **1814. M. verticillata**

1. Sect. B i s m á l v a

1809. M. álcea L. Sigmarswurz

♃, *H.* – H. 0,50–1,25. St. aufrecht, oberwärts nebst B. u. K. mit angedrückten Sternhaaren; *Außenkb. eiförmig* bis lanzettl.; Krb. bis 3,5 cm lang, rosenrot, Kr. geruchlos; *Teilfr. kahl* od. oben mit kurzen, steifen Härchen. VII–IX. 2 n = 84. Umfaßt im Geb. u. a.:

var. á l c e a ; obere B. mit verkehrt-eilanzettl., tief gezähnten Abschnitten.

var. f a s t i g i á t a (Cav.); Abschnitte der Stb. länglich, der mittlere viel länger, ungleich-gezähnt.

Unkrautige Ges., Wegränder, Dämme etc.; nährstoffreiche, lehmige Böden. – Zerstreut im Geb. (Jura bis 850 m), fehlt in den Alp. u. a. im NW über größere Strecken, in Ostpr. häufiger. – Eur.; submed(-gem-kont).

1810. M. moschàta L. Moschus-M.

♃, *H.* – H. 0,20–0,60. Pfl. nach Moschus riechend; St. aufrecht, nebst B. von abstehenden, meist einfachen Haaren rauh; K. mit einfachen u. Sternhaaren; *Außenkb. lanzettl. bis lineal.;* Krb. 2,5–3 cm lang, rosenrot, seltener weiß; *Teilfr. dicht-rauhhaarig.* VII–IX. 2 n = 42.

Wiesenges., Wegränder, Bahndämme, Gebüsche; nährstoffreiche, sandige od. lehmige Böden. – Sehr zerstreut im Geb., s. bis Alp.vorland (Jura bis 800 m), im N seltener, vereinzelt u. streckenweise fehlend. – Eur.; subatl-submed.

2. Sect. M á l v a

1811. M. silvéstris L. (Abb. 261 a–e) Wilde M.

⊙, ♃, *H.* – H. 0,25–1,00(1,50). St. niederliegend, aufsteigend bis aufrecht, rauhhaarig bis fast kahl; *Krb. 3- bis 4mal so lang wie der K.,* 15–25 (30) mm lang, ± tief ausgerandet, hell- od. dunkelpurpurrot, mit dunkleren Streifen; Teilfr. kahl od. fast kahl, scharf berandet, netzig-runzelig. VI–IX. Umfaßt:

ssp. s i l v é s t r i s ; H. 0,25–1,00; St. niederliegend-aufsteigend, zerstreut behaart; B. mit spitzen od. stumpfen Lappen; B.stiele allseitig behaart; Krb. hellpurpurrot. 2 n = 42. Veränderlich u. formenreich in B.schnitt u. Behaarung.

Schuttunkrautges., Wegränder etc.; ± trockene, nährstoffreiche Böden. – Verbreitet bis zerstreut (Alp. bis 800 m).

ssp. m a u r i t i á n a (L.) A. et G. (= M. mauritiana L.); H. 1,00–1,50; St. aufrecht, schwach behaart bis fast kahl; B.lappen stumpf; B.stiele nur oberseits behaart; Krb. dunkelpurpurrot. 2 n = 42. – Kultiviert u. gelegentlich verwildert.

Eur. bis Sib., Altai, O-As., Vorderind., N-Afr.; submed-euras.

Droge: Flores Malvae

1812. M. neglécta Wallr. Weg-M.

⊙, (♃), *Th, (H).* – St. niederliegend od. aufsteigend, 0,15–0,50 lang, rauhhaarig; *Krb. 2(bis 3)mal länger als der K.,* 8–13(–20) mm lang, tief ausgerandet, hellrosenrot bis fast weiß; *Teilfr. an den Kanten abgerundet, glatt od. schwach-runzelig.* VI–IX. 2 n = 42.

Unkrautges., Wegränder, Äcker, Gärten; frische, nährstoff- u. N-reiche, lehmige Böden. – Verbreitet u. meist häufig (Alp. bis 900 m). – Eur., W- u. M-As., Vorderind., N-Afr., (Am., Austr.); euras-subozean.

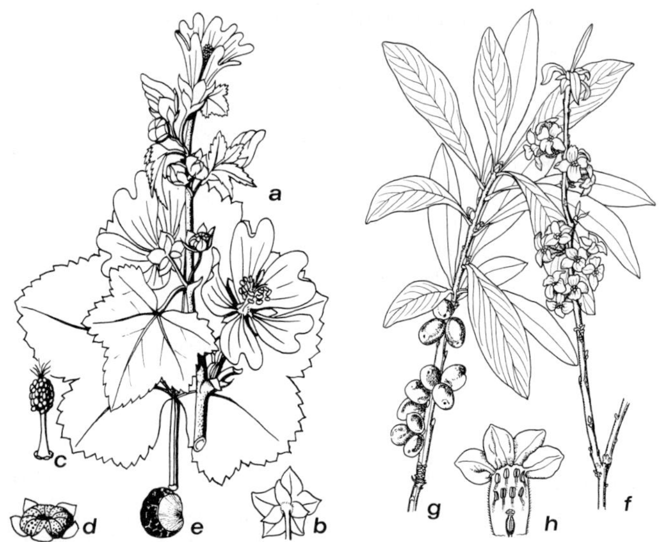

Abb. 261. *a–e Malva silvestris* (*a* Sproßspitze mit Blütenständen u. Laubblatt, *b* Kelch von unten, *c* Staub- u. Fruchtblätter, *d* Frucht, *e* Teilfrucht); *f–h Daphne mezereum* (*f* blühender, *g* fruchtender Zweig; *h* Blüte geöffnet).

1813. M. pusílla With. Kleinblütige M.
(= M. rotundifolia L. p. p.)

⊙, (♃), *Th, (H).* – St. niederliegend-aufsteigend, 0,08–0,30 lang; *Krb. etwa so lang wie der K.,* etwa 4 mm lang, *nicht od. nur schwach ausgerandet,* hellrosenrot bis fast weiß; *Teilfr. scharf-berandet, grubig-runzelig.* VI–IX. 2 n = 42, 76.

Unkraut- u. Trittpflanzenges.; meist trockene, nährstoffreiche, sandige Böden. – Zerstreut bis selten, in Ostpr., N-Thür. häufiger, im S. sehr selten u. unbeständig, in Alp. fehlend. – N-, M- u. O-Eur., ö. bis Sib., Ind.; o-med-kont.

1814. M. verticilláta L. Quirl-M.

⊙, ⊙, *H, Th.* – H. 0,80–2,00. St. aufrecht; *Bl. fast sitzend, in den B.winkeln kopfig gehäuft;* Krb. bis höchstens 2mal so lang wie der K., meist blaß-rosenrot; Teilfr. scharfberandet, grubig-runzelig. VII–IX. 2 n = ca. 84.

Selten eingeschleppt od. verwildert. – Sorten einjähriger Formen selten als „Futtermalve" kultiviert. – Heimat: SO-As.

Bastarde:

M. neglecta × pusilla (= M. × adulterina Wallr.)

39. Ordn. Thymelaeáles

90. Fam. THYMELAEACEAE Juss. Seidelbastgewächse

I. Achsenbecher der Bl. zylindrisch, abfallend, krb.-artig gefärbt; N. groß; ♄ .... **457. Daphne**
II. Achsenbecher der Bl. krugförmig, bleibend, grünlich; N. klein; ☉ .... **458. Thymelaea**

457. Daphne L. Seidelbast

x = 9, (7)

I. Blst. (selten Einzelbl.) seitenständig (in den B.- od. B.narbenachseln)
  A. B. immergrün, lederig derb; Bl. gelblichgrün; Fr. zuletzt schwarz .... **1815. D. laureola**
  B. B. sommergrün, dünn; Bl. (meist vor den B. erscheinend) rot; Fr. rot (selten gelblich-weiß) ..... **1816. D. mezereum**
II. Blst. endständig (B. immergrün)
  A. Achsenbecher der Bl. kahl (od. fast kahl); Bl. hellrot, fein längsstreifig; Fr. orange-gelb .... **1817. D. striata**
  B. Achsenbecher der Bl. dicht-kurzfilzig; Bl. einfarbig, rot; Fr. zuletzt braun .... **1818. D. cneorum**

1815. D. lauréola L. Lorbeer-S.

♄, *N.* – H. 0,40–1,30. B. lanzettl., am Grd. keilförmig-verschmälert, kahl; *Bl. in kurzen, meist 5bl., überhängenden, blattachselständigen Trauben;* Blh. gelblich-grün; *Fr. schwarz.* II–IV. 2n = 18.
Laubmisch- u. Trockenwaldges.; frische, nährstoffreiche, kalkhaltige Lehm- u. Steinverwitterungsböden. – Sehr selten, nur S-Bad. – W-Eur. bis Balk., N-Afr., As.; atl-med.

1816. D. mezeréum L. (Abb. 261 f–h) Gewöhnlicher S.

♄, *N.* – H. 0,50–1,25. B. meist nach den Bl. erscheinend, lanzettl., am Grd. keilförmig-verschmälert; *Blst. seitenständig,* sitzend; Bl. meist zu drei in den Achseln abgefallener, vorjähriger B.; Blh. rosenrot, selten weiß; *Fr.* erbsengroß, *rot,* selten gelblich-weiß. (II) III (IV). 2n = 18.
Laubmischwaldges.; frische bis feuchte, nährstoffreiche, meist kalkhaltige Lehm- od. Steinverwitterungsböden. – Verbreitet bis zerstreut: M- u. S-D., im NW sehr selten od. fehlend (Alp. bis 1880 m). – Eur., Kl.As., Kauk., Sib. bis Alt.; euras(-kont).

Droge: Cortex Mezerei

1817. D. striáta Tratt. Gestreifter S.

♄, *Ch, (N).* – H. 0,10–0,35. B. lineal.-keilförmig, 1,6–1,8 cm lang; *Blst. endständig,* sitzend; Deckb. u. Bl.achse kahl; *Bl. fast sitzend;* Blh. hellpurpurn; Fr. gelb, zuletzt bräunlich. V–VII.

Alp. Blaugrasges. etc.; frische Kalkschuttböden. – Zerstreut: w. Bay. Alp. (1690–2200 m). – Alp.; alp.

1818. D. cneórum L. Heideröschen

♄, *Ch, (N).* – H. 0,10–0,40. B. linealisch-keilförmig, kahl, 0,8–1,6 cm lang; Deckb. u. Bl.achse flaumig; *Blst. endständig,* büschelig; *Bl. kurzgestielt,* wohlriechend; Blh. rosenrot; *Fr.* zuletzt *braun.* IV–VI. 2n = 18.

Kiefernsteppenwaldges., Halbtrockenras.; warme, trockene, nährstoffreiche Kalksteinböden. – Selten: SW, Bay. Alp. (bis 800 m). – N-Span., Frankr. bis Pol., Balk.; praealp-submed(-kont).

458. Thymelǣa Mill. em. Endl. Vogelkopf

1819. Th. passerína (L.) Cosson et Germain (Abb. 262 a–c)

⊙, *Th.* – H. 0,15–0,30(0,40). St. aufrecht, einfach od. ästig; B. wechselständig, lineal. od. schmal-lanzettl., etwas abstehend; Bl. blattachselständig; Blh. grün, nach dem Verblühen zusammenneigend. VII–VIII.

Ödland, trockene Hügel, Getreideunkrautges.; warme, nährstoffreiche, meist kalkhaltige Lehmböden. – Vereinzelt u. sehr selten nördl. des Mosel- u. Maingeb.; selten: Rheinpfalz (Bad Dürkheim), S., sö. Schles. – Med., W-, s. M- u. O-Eur., As.; med-o-submed-kont.

91. Fam. ELAEAGNACEAE Juss. Ölweidengewächse

I. Bl. ☿ (selten Frkn. rudimentär); Kb. 4 .... **459. Elaeagnus**
II. Bl. zweihäusig; Kb. 2 .... **460. Hippophaë**

459. Elaeágnus L. Ölweide

x = 7

1820. E. angustifólia L. (Abb. 262 d–f)

♄ (♄), *(N), M.* – H. (1,50)3,00–7,00. B. lanzettl., spitz, ganzrandig, oberseits graugrün, unterseits silberweiß-schülferschuppig; Bl. blattachselständig, gestielt, aufrecht, einzeln od. zu 3; Bl.achse außen silberweiß-schülferig, inwendig zitronengelb; Scheinbeere rotgelb, wenig fleischig. V–VI. 2n = 28.

Gepflanzt, stellenweise verwildert. – Heimat: Med., As.

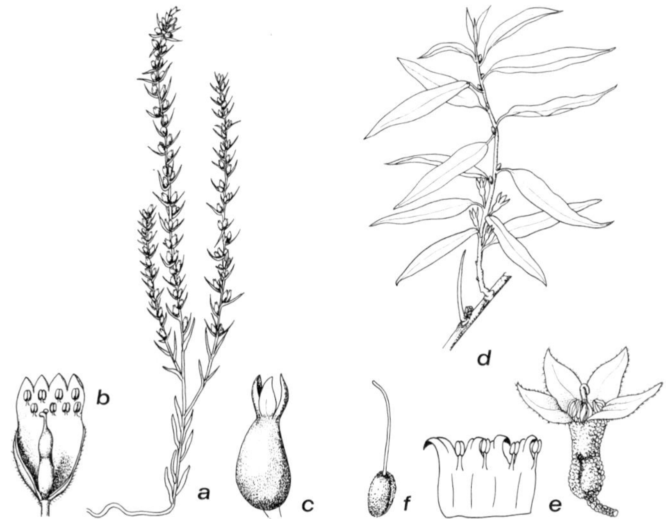

Abb. 262. *a–c Thymelaea passerina* (*a* Habitus, *b* Blüte geöffnet, *c* Frucht); *d–f Elaeagnus angustifolia* (*d* Zweigspitze mit Blüten; *e* Blüte, links: Blütenhülle aufgeschnitten; *f* Frucht).

460. Hippophaë L. Sanddorn

x = 12

1821. H. rhamnoídes L. (Abb. 263 a–d)

ħ (ħ), *N, M, (MM)*. – H. 1,00–4,00(10,50). Pfahlw. u. W.ausläufer; ästig, ± dornig; B. lineal.-lanzettl., oberseits verkahlend, unterseits silberweiß-schülferschuppig; Bl.achse rostfarbig; Scheinbeere orangerot. III–V. 2 n = 24. Umfaßt im Geb.:

ssp. r h a m n o í d e s; Pfl. vieldornig, Äste relativ kurz u. steif; Blst. ± dicht.

Dünenweiden-Gebüsche; mineralstoff- u. oft kalkhaltiger, festliegender Dünensand. – Verbreitet bis zerstreut, z. T. gepflanzt: N- u. O-See-Küstengeb.

ssp. f l u v i á t i l i s van Soest; Pfl. mit relativ wenig Dornen, Äste verlängert, biegsam; Blst. ± locker.

Pionierges.; offene, oft kalkhaltige, mineralkräftige Kies- u. Schotterböden. – Zerstreut bis selten: Alp. u. Alp.vorland (bis 975 m, insbes. Stromtäler), Bodenseegeb., s. Rheintal, Donau.

Engl., D., Skand. (Küsten, Stromtäler), Gebg. von Pyren. bis Balk., Kl.As. bis O-As.; praealp-kont(-no).

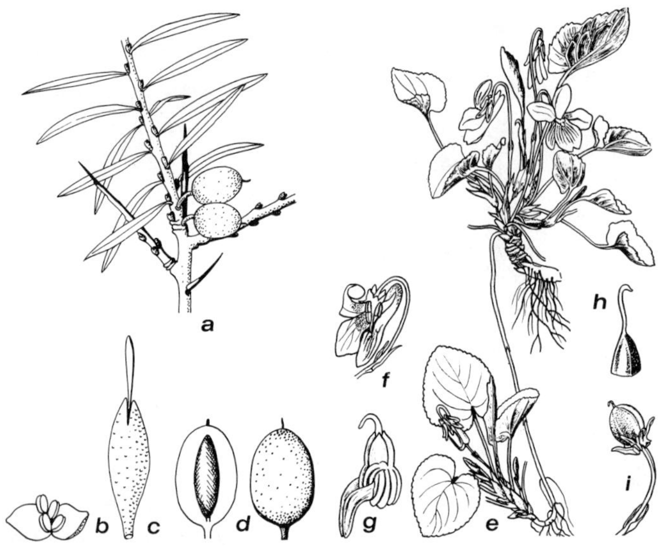

Abb. 263. *a–d Hippophae rhamnoides* (*a* Zweig mit Früchten; *b* ♂-, *c* ♀-Blüte; *d* Früchte); *e–i Viola odorata* (*e* Habitus; *f* Blüte, längsgeschnitten; *g* Staubblätter u. Narbe, *h* Fruchtknoten, *i* Frucht).

40. Ordn. Violáles

1. Unterordn. Flacourtiíneae

92. Fam. VIOLACEAE Batsch Veilchengewächse

461. Viola L. Veilchen

x = 5, 6, 11, 13, 17, 29

I. Die beiden mittleren Krb. seitlich-abstehend od. nach abwärts gerichtet
  A. Gr.spitze in ein ± herabgebogenes od. gekrümmtes Schnäbelchen verschmälert
    1. Stengeltreibende Pfl. ohne Ausläufer; Fr.stiele aufrecht (Frühlingspfl. den Sommerpfl. meist unähnlich)
      a) Pfl. ohne grd.ständige B.rosette

x) Sporn so lang od. kaum länger als die K.anhängsel, grünlich-gelb; B. meist länglich-lanzettl.
/) Nebenb. der mittleren B. ± $^1/_2$ so lang wie der B.stiel (Bl. 1–1,5 cm lang) .... **1822. V. stagnina**
//) Nebenb. der mittleren B. so lang od. länger als der B.stiel
§) Bl. 2–2,5 cm lang; St. oberwärts deutlich flaumhaarig .... **1823. V. elatior**
§§) Bl. ± 1,5 cm lang; St. ganz kahl **1824. V. pumila**
xx) Sporn meist viel länger als die K.anhängsel, weißlich; B. eiförmig od. längl.-eiförmig (Nebenb. der mittleren B. höchstens $^1/_2$ so lang wie der B.stiel) .... **1825. V. canina**
b) Pfl. mit grd.ständiger B.rosette (beb. St. aus den B.winkeln sprossend)
x) St. u. B.stiele gleichmäßig behaart od. kahl
/) Pfl. meist flaumig-behaart; B.spreite höchstens 2 cm lang .... **1826. V. rupestris**
//) Pfl. kahl od. schwach-behaart; B.-spreite meist über 2 cm lang
§) Sporn schlank, ± spitz u. ± nach abwärts gebogen, violett **1827. V. silvestris**
§§) Sporn dick, an der Spitze etwas ausgerandet u. gefurcht, weißlich, selten violett .... **1828. V. riviniana**
xx) St. u. B.stiele 1reihig behaart .... **1829. V. mirabilis**
2. Stengellose Pfl. (B. in grd.ständiger Rosette; Bl.stiele aus den B.winkeln, vgl. V. mirabilis); Fr.stiele niedergestreckt, an der Spitze gerade
a) Pfl. ohne Ausläufer
x) Nebenb. eiförmig bis lanzettl., Rand kurz gefranst u. sonst kahl .... **1830. V. hirta**
xx) Nebenb. lineal.-lanzettl., Rand gefranst u. haarig-bewimpert .... **1831. V. collina**
b) Pfl. mit (ober- od. unterirdischen) Ausläufern
x) 2 Vorb. in od. über der Mitte des Bl.-stieles
/) Nebenb. lineal.-lanzettl., etwa 2–3 mm breit, lang-gefranst u. behaart **1832. V. alba**
//) Nebenb. breit, eiförm.-lanzettl., 3–5 mm breit, ganzrandig od. kurz-gefranst .... **1833. V. odorata**
xx) 2 Vorb. unter der Mitte des Bl.stieles **1834. V. beraudii**
B. Gr.spitze in ein ± aufrechtes Schnäbelchen verschmälert (Pfl. stengellos, mit grd.ständiger B.-rosette; Fr.stiele aufrecht)
1. Nebenb. bis über ihre Mitte an den B.stiel angewachsen .... **1835. V. uliginosa**

2. Nebenb. frei
a) 2 Vorb. in od. unter der Mitte des Bl.stieles; B. kahl . . . . **1836. V. palustris**
b) 2 Vorb. weit über der Mitte des Bl.stieles; B. unterseits zerstreut behaart . . . . **1837. V. epipsila**
II. Die 4 oberen Krb. nach aufwärts gerichtet (Platten meist ± in einer Ebene; Pfl. mit St., ohne Ausläufer; Gr.spitze kopfig verdickt, nicht geschnäbelt)
A. Gr.kopf fast 2lappig, ohne Lippe; N. flach; Nebenb. klein, ungeteilt, ganzrandig . . . . **1838. V. biflora**
B. Gr.kopf mit deutlicher Lippe; N. krugförmig; Nebenb. meist fiederspaltig od. fingerförmig geteilt
1. St. mit ± langen Internodien; Nebenb. fiederspaltig od. fast fingerförmig geteilt
a) Nebenb. fiederspaltig, Mittelzipfel länger als die seitlichen u. meist breiter
x) Krb. kürzer od. ± so lang wie die Kb.; Bl. ca. 0,5–1,5 cm lang
/) Bl. ca. 0,5–1,0 cm lang; Mittelzipfel der Nebenb. blattartig, breiteiförmig . . . . **1839. V. kitaibeliana**
//) Bl. ca. 0,75–1,5 cm lang; Mittelzipfel der Nebenb. eiförm. bis schmallanzettl. . . . . **1840. V. arvensis**
xx) Krb. länger als die Kb.; Bl. meist 1,5–3 cm lang . . . . **1841. V. tricolor**
b) Nebenb. fast fingerförmig geteilt od. ± fiederspaltig, Zipfel fast gleich groß . . . . **1842. V. lutea**
2. St. (der Gebg.pfl.) stark gestaucht; Nebenb. ganzrandig od. obere spärlich fiederig-gezähnt **1843. V. calcarata**

1. Sect. V i ó l a (= Nomimium)
1. Subsect. R o s t r á t a e

1822. V. stagnína Kit. Graben-V.
(= V. persicifolia Roth, V. lactea auct. non Sm.)

♃, *H.* – H. 0,05–0,20. *Pfl. bleich-gelbgrün; St.* aufrecht, meist ästig, *fast kahl,* mittlere u. obere kahle B. mit schmal-eiförm. bis lanzettl., am Grd. meist gestutzter bis seicht herzförmiger, selten keilförmiger, dünner Spreite; *mittlere Nebenb.* lanzettl. bis eiförm., ± gezähnt, *meist* $^1/_2$ *so lang wie der ± deutlich geflügelte B.stiel;* Kb. spitz; Bl. 1–1,5 cm lang, milchweiß bis milchblau; Kapsel spitz, kahl. V–VI. 2 n = 20.

Moorwiesen, Grabenränder; feucht-nasse, nährstoffreiche, kalkarme, humose Böden. – Selten bis sehr selten: insbes. Stromtäler, m. Elbe, Oder, untere Elster u. Saale, Thür. (Alperstedt), Weser (Holzminden), M- u. Oberrhein, Rheinpfalz (Schifferstadt), Main, Donaugeb. u. Alp.vorland; ferner selten u. zerstreut von Schl.Holst. bis Ostpr.; fast überall zurückgehend. – Gem. Eur. bis Sib.; euras(-kont).

1823. V. elátior Fries Hohes V.

♃, *H.* – H. 0,20–0,50. Pfl. frischgrün; *St.* kräftig, *oberwärts flaumig-behaart; B. mit* ei-lanzettl. bis lanzettl., *in der Jugend anliegend behaarter Spreite;* Nebenb. der mittleren B. lanzettl., ganzrandig od. spärlich grob-gezähnt, *so lang od. länger als der undeutlich geflügelte B.stiel;* Vorb. dicht unter den 2–2,5 cm langen blaßblauen, am Grd. weißen Bl.; Kb. spitz; Kapsel zugespitzt, kahl. V–VIII. 2 n = 40.

Feuchtwiesen, Auenwaldlichtungen; feucht-nasse, meist kalkhaltige, wenig humose Böden. – Selten u. zerstreut: insbes. Stromtäler, m. Elbe, saaleaufwärts bis Naumburg, Oder (bes. um Breslau), Weichsel (Westpr.), M- u. Oberrhein, Bodenseegeb., Main, Fränk. Jura (Dietfurt), Donau, Lech, Amper, Isar. – Frankr., N-Ital., D. bis W-Sib., Turk.; euras-kont.

1824. V. púmila Chaix Niedriges V.

♃, *H.* – H. 0,05–0,15(0,25). Pfl. frischgrün; *St. ganz kahl; B. mit* ei- bis keil-lanzettl., derber Spreite, in den *deutlich geflügelten B.stiel* verschmälert; *Nebenb. der mittleren B.* lineal.-lanzettl., ganzrandig od. gezähnt, ± *so lang wie der B.stiel;* Bl. etwa 1,5 cm lang, violett, später blaßviolett; Kb. spitz. V–VI. 2 n = 40.

Moorwiesen; ± feuchte, nährstoffreiche, kalkarme, humose Böden. – Selten: m. Elbe-, unteres Elster-, Saale-, Unstrut-, Bode-, Oder-, Warthe-, M-, Ober- u. Hochrhein-, Main- u. Donaugeb. – Gem. Eur. (von O-Frankr.) bis W-Sib.; euras-kont.

1825. V. canína L. Hunds-V.

♃, *H.* – H. 0,03–0,30(0,40). St. niederliegend, aufsteigend od. aufrecht; B. mit meist dunkler grüner, eiförm. bis fast lanzettl., am Grd. keilförmiger bis herzförmiger, kahler Spreite; *Nebenb.* schmal-lanzettl., ±fransig-gesägt, meist *mehrmals kürzer als der ungeflügelte B.stiel;* Kb. spitz bis zugespitzt; Bl. 1,5–2,5 cm lang, meist blauviolett mit gelblich-weißem Sporn; Kapsel abgestutzt, stumpf, mit kurzem Spitzchen. V–VI. Umfaßt im Geb.:

ssp. s c h ú l t z i i (Billot) Gams; H. 0,05–0,20; St. meist am Grd. aufsteigend; Nebenb. der mittleren B. ± $^1/_3$–$^1/_2$ so lang wie der B.stiel; B.spreite ± 2–3 cm lang u. etwa ± 1–1,5 cm breit, ziemlich dünn; Krb. blaßblau bis milchweiß; Sporn 2–3mal so lang wie die K.anhängsel, aufwärtsgebogen, ausgerandet. 2 n = 40.

Flachmoore, Feuchtwiesen; torfige Böden. – Sehr selten: u. a. Thür. (Rottenbach), Oberrheintal, Rheinpfalz (Neustadt), Donaugeb., Bodenseegeb.

ssp. m o n t á n a (L.) Hartmann; H. 0,10–0,30(0,40); St. meist aufrecht; Nebenb. der mittleren B. $^1/_4$–$^1/_2$ so lang, obere fast so lang wie der B.stiel, gefranst bis tief-gezähnt; B.spreite meist schmal-eiförm., ± 2mal so lang wie breit, Ränder fast gerade, Grd. schwach keilförmig bis seicht herzförmig; Kr. hellblau od. milchweiß; Sporn ± 1,5–2mal so lang wie die K.anhängsel. 2 n = 40.

Insbes. in coll. u. mont. Heideges. – Sehr zerstreut: M-Gebg. (M-Rhein-Thür.-Sachs.-Schles.) bis Alp. (bis 1320 m).

ssp. c a n í n a ; H. 0,03–0,30; St. meist niedrig u. aufsteigend; Nebenb. der mittleren B. $^1/_6$–$^1/_3$ so lang wie der B.stiel, entfernt gefranst-gesägt; B. meist deutlich herzförmig, mehr als $^1/_2$mal so breit wie lang, dicklich; Krb. blauviolett, selten weißl.; Sporn 1–2mal so lang wie die K.anhängsel. 2 n = 40. Umfaßt u. a.:

var. c a n í n a ; St. niederliegend-aufsteigend, 0,03–0,15 hoch; B. länglich, ziemlich kurz-gestielt, Spreite am Grd. gestutzt od. keilförmig; Sporn gelblich. – Verbreitet.

var. d u n é n s i s W. Becker; B.spreite länglich-eiförm. bis lanzettl., meist etwas zugespitzt, am Grd. gestutzt od. schwach keilförmig; Krb. schmäler. – Schillergrasfluren der Küstendünen. – Zerstreut.

var. l u c ó r u m Rchb.; St. ± aufrecht, bis 0,30 hoch; B. 3–5 cm lang gestielt, Spreite deutlich herzförmig, 2–3,5 cm lang u. 1,5–2,5 cm breit; Sporn weißlich. – Zerstreut.

Borstgrasges., Heiden, Dünen, Halbtrockenrasen, Feuchtwiesen; mäßig trokkene, nährstoffärmere, ± saure Böden. – Insges. verbreitet (s. ssp.) im ganzen Geb. (Alp. bis 1320 m). – Grönl., Eur., As. bis Jap., Kaschmir; euras-subozean.

1826. V. rupéstris F. W. Schmidt Sand-V.
(= V. arenaria DC.)

♃, *H.* – H. 0,03–0,08. *Pfl. ± dicht-flaumig-behaart;* St. kurz; B.-spreite rundlich-eiförmig bis nieren-herzförmig, stumpf, klein-gekerbt; Nebenb. eiförmig-länglich, spitz, spitz-gezähnt; Kr. lila, bleich-violett mit violetten Adern, sehr selten weiß; Sporn ebenso wie Kr. gefärbt, 2–3mal so lang wie die K.anhängsel; Kapsel eiförmig, zugespitzt, kahl od. behaart. V–VI. 2 n = 20.

Trockene lichte Kiefernwälder, Steppenrasen; trockene, warme Sand- u. Lößböden, auch Kalktriften. – Zerstreut bis selten im nö., m. u. s. Geb. (etwa s. u. ö. der Linie M-Rhein-Hess.-Thür.-Brand.-O-Meckl.-Pomm.-Westpr. u. Ostpr.; Alp. bis 1470 m), vereinzelt Niederrhein; nach O häufiger. – Gem. Eur. bis Span., NO-Eur., m. u. n. As., n. N-Am.; no-euras(-kont), circ.

1827. V. silvéstris Lam. Wald-V.
(= V. silvatica Fries)

♃, *H.* – H. 0,05–0,20. *St. niederliegend u. aufstrebend,* kahl od. etwas weichhaarig, geringer als folg. Art behaart; B.spreite länglich-eiförmig, mit herz- od. fast nierenförmigem Grd., kurzzugespitzt, untere stumpf; *Nebenb. lineal.-lanzettl., lang gefranst,* mehrmals kürzer als der ungeflügelte B.stiel; Kb. lanzettl., zugespitzt; *Platten der Krb. länglich, schmal, sich nicht deckend;* Bl. 1,5–2 cm lang, violett, selten weiß od. bräunlich; Sporn wie die Kr. gefärbt od. dunkler u. rötlich, dünn ± spitz, nicht ausgerandet, ohne Furche, ± nach abwärts gebogen; Kapsel länglich, spitz, kahl. IV–VI. 2 n = 20.

Laubmischwälder, Nadelmischwälder; frische, nährstoffreiche, lehmige Böden. — Verbreitet im ganzen Geb. (Alp. bis 1600 m). — Eur., Med., NW-Afr., Mad., Kanar.; subatl-subme

1828. V. riviniána Rchb. Rivins-V.

♃, *H.* — H. 0,10—0,30(0,40). *St. aufsteigend bis aufrecht,* meist zahlreich, kahl od. etwas weichhaarig; B.spreite breit-herzförmig, mit tiefherzförmigem Grd., kurz-zugespitzt; *Nebenb. lanzettl., entfernt-gezähnt od. fast ganzrandig;* Kb. breit-lanzettl.; *Platten der Krb.* verkehrt-eiförmig, breit, sich meist mit den Rändern deckend; Bl. 1,4—2,2 cm lang, hellblauviolett; Sporn kurz, dick, ausgerandet, unten gefurcht, gelblichweiß (s. aber Var.), hinten etwas nach oben gerichtet; Kapsel spitz, kahl. IV—VI. Formenreich. Umfaßt im Geb. u. a.:

ssp. riviniána; Bl. 14—22 cm lang, oft über 20 mm; Sporn weiß od. violett; B. groß (ca. 3 cm); Kapsel 9—13 mm lang; K.anhängsel groß. 2 n = 40 (+0—7). Umfaßt u. a.:

var. riviniána; Krb. breit, ihr Grd. u. Sporn weißlich.

var. nemorósa Neum., Wittr. et Murb.; Krb. schmäler, ebenso wie der Sporn violett; K.anhängsel verkürzt.

Verbreitet u. meist häufig.

ssp. mínor (Gregory) Valentine; Bl. ca. 15 mm lang; Krb. rel. schmal; Sporn weiß; B. meist 1,5—2 cm lang; St. verkürzt; Kapsel 6—8,5 mm lang. 2 n = 40.

Trockenrasen. — Wohl zerstreut, Verbreitung ungenügend bekannt.

Laubmischwälder, Eichen-Birken-Wälder, Magerrasen, Heiden etc.; ± frische, kalkarme, meist sandige Lehmböden. — Verbreitet im Geb. (Alp. bis 1750 m?). Eur., Med., Kl.As., Kauk., Pers.; no-euras-subozean.

1829. V. mirábilis L. Wunder-V.

♃, *H.* — H. 0,10—0,25. Grd.achse dick, mit braunen Schuppen; *Frühjahrspfl. mit B.rosette* u. grd.ständigen chasmogamen, meist nicht fruchtenden Bl.; *Hochsommerpfl.* ± *aufrechte,* einreihig behaarte, kantige, *beb. St.* mit kurz-gestielten, fast sitzenden, meist kleistogamen Bl. u. Fr. treibend; *B.* groß breit-herzförmig, kurz-zugespitzt, *jung tütenförmig-zusammengerollt,* untere fast nierenförmig, stumpf; Nebenb. u. Kb. lanzettl.; die ersten Bl. ± 2 cm lang, blaßlila, wohlriechend; die späteren st.ständigen scheinbar krb.los; Kapsel zugespitzt, kahl. IV—V (chasmogam), fruchtende, kleistogame Bl. im Hochsommer. 2 n = 20.

Laubmischwälder; ± frische, nährstoffreiche, kalkhaltige, lockere, bisweilen steinige Mullböden. — Zerstreut, im n. u. w. Areal seltener, n. etwa bis zur Linie: S-Eifel S- u. O-Westf.-S-Nieders.-Meckl.-Pomm.-Ostpr. (Alp. bis 1380 m; in Schl.Holst. wohl erloschen), fehlt über größere Strecken. — Gem. Eur. u. As. bis Jap., Kauk.; euras-kont.

2. Subsect. V i ó l a (= Uncinatae)

1830. V. hírta L. Rauhes V.

♃, *H.* – H. 0,05–0,10(0,25). *B.* herz-eiförmig, *am Grd.* ± *flach herzförmig,* gekerbt-gesägt, nebst den B.- u. Bl.stielen abstehend-kurzhaarig, die ersten 3eckig-herz-eiförmig; *untere Nebenb. eiförmig, obere lanzettl.,* alle spitz od. nur an der Spitze stumpf, bei unserer ssp. *neben den kurzen* (kürzer als die Breite der Nebenb.) *Fransen kahl* od. seltener an der Spitze spärlich behaart, Kb. stumpf; Bl. 1,25–1,75 cm lang, blaßlila, selten weiß od. mehrfarbig, geruchlos; Kapsel kugelig, weichhaarig. IV–V. Im Geb. nur ssp. h í r t a (= ssp. brevifimbriata W. Becker). 2n = 20.

Trockenwälder, Gebüsche, Halbtrockenrasen, Pfeifengrasbestände etc.; ± trokkene, ± nährstoffreiche, meist kalkhaltige Böden. – Verbreitet u. geb.weise häufig, mit Ausnahme von N-D. (im NW über große Strecken fehlend, im NO selten; Alp. bis 1200 m). – Gem. u. S-Eur., gem. As. (ö. bis Altai, Angara); euras-submed.

1831. V. collína Bess. Hügel-V.

♃, *H.* – H. 0,05–0,10. *B.* breit-eiförmig, *am Grd. tief u. eng herzförmig,* Spr. u. B. meist dichter als bei voriger Art behaart (vgl. ssp.); *Nebenb. schmal-lanzettl.,* verschmälert-haarspitzig, fransig, *neben den Fransen am Rand fein-rauhhaarig,* mittlere Fransen von der Länge der Nebenb.breite; Kb. ± stumpf; Bl. ± 1,5 cm lang, blaßlila, selten weiß, schwach wohlriechend; Kapsel meist kugelig, weichhaarig, selten kahl. IV–V. Umfaßt:

ssp. c o l l í n a ; B. u. Bl.stiele rel. dicht behaart; Spreitengrd. engherzförmig; Nebenb. behaart; Kr. blaßlila, meist violett geadert; Kapsel weichhaarig, sehr selten ganz kahl. 2n = 20. Vorherrschende ssp.

ssp. p o r p h ý r e a (Uechtritz) W. Becker (= V. porphyrea Uechtritz); B. anfangs schwach behaart, später fast kahl; Spreitengrd. mit breitem, offenem, herzförmigem Ausschnitt; Bl.stiele schwach-kurzhaarig; Nebenb. kahl, langfransig (Fransen etwas länger als die Breite des Nebenb.); Kr. hellbläulich-violett, wohlriechend; Kapsel eiförm.-kugelig, schwach-kurzhaarig, dunkelrotbraun u. grün-gesprenkelt. – Sehr selten, nur Schles. (Rabenfelsen bei Liebau).

Trockenwälder, Gebüsche, Raine; ± trockene, warme, meist kalkhaltige Böden. – Zerstreut bis selten im s. u. ö. Geb., in den n. Geb. nur vereinzelt u. sehr selten, nw. bzw. n. etwa bis zur Linie: m. Rheinpfalz (Leistadt) – n. Oberrheingeb. – Hess. – S-Nieders. – Thür. – Anh. – Sachs.; Schles.; Westpr., Ostpr.; (Alp. bis 1160 m). – Norw., O-See-Länder, M-Eur., Ung. bis M-As.; euraskont.

1832. V. álba Bess. Weißes V.

♃, *H.* – H. 0,05–0,10. *Ausläufer zur Bl.zeit u. im ersten Jahre blühend* u. nicht wurzelnd, lang, selten fehlend; *B. fast 3eckig-herzförmig* bis rundl.-eiförmig, *mit tiefer u. breiter Bucht, weichhaarig,* z. T. wintergrün; Nebenb. lineal.-lanzettl., lang-zugespitzt, drüsig-gefranst; Kb. stumpf; Bl. ± 1,5–2 cm lang, meist weiß od. seltener ± violett, duftend; Kapsel kugelig, behaart. III–IV. 2n = 20.

Gebüsche, Waldränder, Wegraine; frische, nährstoff- u. basenreiche, humose Böden. – Sehr selten: Saargeb. (Gerlfinger Wald/Kr. Merzig), n. (?) u. s. oberrhein. Hügelland, Oberrheinebene (Kaiserstuhl), Bodenseegeb., Bay. (Oberalting, Steinebach, Weilheim). – Med., Alg., Kl.As., Kauk., Syr., Alp., Jura, Oberrhein, Karp., Oeland; med-submed.

1833. V. odoráta L. (Abb. 263 e–i) März-V.

♃, *H.* – H. 0,05–0,10. *Ausläufer* wurzelnd, *nach der Bl.zeit erst im zweiten Jahr blühend,* lang; *B. breit-eiförmig* (größte Breite etwa in der Mitte), am Grd. tief-herzförmig u. eng ausgebuchtet, die der einjährigen Ausläufer nieren-herzförmig, alle fein-behaart; Nebenb. 3–5 mm breit, eiförmig-lanzettl., ganzrandig od. kurz gefranst; Kb. stumpf; Bl. 1,5–2 cm lang, dunkelviolett, selten rosa od. weiß, wohlriechend; Kapsel kugelig, kurzhaarig. III–IV. 2n = 20.

Waldränder, Gebüsche, Wegraine, Zäune; frische, nährstoffreiche Lehmböden. – Zerstreut im ganzen Geb., im N seltener (Alp. bis 996 m), urwüchsig höchstens im sw. Geb., sonst verwildert, verschleppt u. eingebürgert. – Med., NW-Afr., SW-As., atl. W-Eur., (Eur., N-Am.); med-submed.

Droge: Rhizoma Violae

1834. V. beraúdii Boreau Hecken-V.

♃, *H.* – H. 0,10–0,30. Ausläufer meist kurz, dicklich; B. im allgemeinen herzeiförmig, im unteren Drittel am breitesten, Nebenb. lanzettl., kürzer od. länger gefranst; Krb. unterwärts weiß, im oberen, größeren Teil gefärbt, schwächer duftend als *V. odorata;* Kapsel groß, kugelig, schwach behaart bis fast kahl. III–IV. Formenreich. Im Geb. aus Kultur gelegentlich verwildert:

ssp. a u s t r í a c a (A. et J. Kerner) Janch. 2n = 40.

var. c y á n e a (Celak.) Hand.-Mazz. (= V. cyanea Celak.); *B. breit-eiförmig,* ± stumpf, *lebhaft grün, fast kahl u. glänzend,* B.spreitengrd. tief- u. rel. eng-herzfömig; Nebenb. kurz gefranst; Krb. im oberen Teil kornblumenblau; *Vorb. unter der Mitte des Bl.stieles.*

Verwildert: z. B. Berlin, Schles., Thür., Bay. – Heimat wohl: Niederösterr. bis Ung. u. Galiz.

3. Subsect. S t o l o n ó s a e

1835. V. uliginósa Bess. Moor-V.

♃, *H.* – H. 0,10–0,15. *B. herz-eiförm.,* wenn getrocknet braun-punktiert, kahl; *B.stiel* oberwärts *deutlich geflügelt; Nebenb.* lanzettl., drüsig-gezähnelt, *bis über ihre Mitte* an den B.stiel *angewachsen;* Bl. 2–3 cm lang, meist dunkelviolett; Kapsel länglich-eiförmig, stumpf, kahl. IV–V. 2n = 20.

Moorwiesen, Bruchwälder. – Sehr selten: Lausitz (Rietschen, Kreba, Altliebel), ö. davon vereinzelt in Schles.; Ostpr.; sonstige Fundorte wohl erloschen. – SO-Skand. – O-D. bis M-, S-Rußl., Ung.; gem-kont.

1836. V. palústris L. Sumpf-V.

♃, *H.* – H. 0,08–0,15. *B. rundl.-nierenförmig,* stumpf, seltener kurz zugespitzt, *kahl,* gelblichgrün bis schmutzig-grün, *zu 2–6, meist 4, in einer Rosette;* B.stiel höchstens ganz oben schmal geflügelt; *Nebenb.* länglich-eiförm., zugespitzt, ganzrandig od. kurz-fransig-gezähnelt, *frei;* Bl. 1,25–1,5 cm lang; Krb. verkehrt-eiförm., blaßlila, *Sporn wenig länger bis ± 1,5mal so lang wie die K.anhängsel;* Kapsel kahl. V–VI. 2n = 48, 24.

Flachmoorges., Erlenbruchwälder, Ufer; nasse, nährstoffarme, saure, humose Böden. – Verbreitet im Geb., nur in den Kalkgeb. seltener od. auch über größere Strecken fehlend (Alp. bis 1850 m). – Eur., Grönl., N-Am.; no(-euras)-subozean.

1837. V. epípsila Ledeb. Sibirisches V.

♃, *H.* – H. 0,08–0,15. *B. nierenförmig od. öfter etwas länger als breit, meist spitz, unterseits zerstreut behaart* (selten verkahlend: N-D.), hellgrün; *stets nur 2 grd.ständige B.;* B.stiel nach oben etwas geflügelt; Nebenb. meist ganzrandig, sonst wie *V. palustris;* Bl. 1,5–2 cm lang; Krb. längl.-verkehrt-eiförm., blaßlila od. etwas dunkler; *Sporn 2–3mal so lang wie die K.anhängsel.* V. 2n = 24.

Erlenbruchwälder, Flachmoorges. – Selten bis sehr selten: O-Schl.Holst., Meckl., Brand., Pomm., Schles.; verbreitet: Westpr., Ostpr. – NO-Eur., O-D., N-As.; no-kont.

2. Sect. Dischídium

1838. V. biflóra L. Zweiblütiges V.

♃, *H.* – H. 0,08–0,15(0,20). *St.* zart, 2(bis 4)bl., *1- bis 2(bis 3)bl.,* aufsteigend od. aufrecht; *Rosettenb. nierenförmig,* sehr stumpf gekerbt, am Grd. tief-herzförmig; Nebenb. eiförm., ganzrandig od. untere etwas gezähnt; Kb. spitz; Bl. etwa 1,5 cm lang, zitronengelb, unteres Krb. mit braunen Strichen; Kapsel länglich-eiförm., kahl. V–VI (–VIII). 2n = 12.

Bergwälder, Hochstaudenfluren, Grauerlenwälder, im S insbes. subalp. Stufe; frisch-feuchte, nährstoffreiche, meist kalkhaltige, steinige Böden. – Verbreitet: Alp. (bis 2530 m), schles. Gebg.; zerstreut: Alp.vorland; selten bis sehr selten: Westf. (Ramsbeck, Wenden), Thür. (Eisenach [angepflanzt], Reinstädt), Sachs. (Elbsandsteingebg.). – N-Eur., Gebg. M- u. S-Eur.; As., N-Am.; (arkt-)no-praealp(-alp).

Abb. 264. *a–d Viola arvensis* (*a* Habitus; *b* Blüte, längsgeschnitten, *c* Fruchtknoten mit Narbe, *d* Frucht); *e–h Tuberaria guttata* (*e* Habitus, *f* Blüte, *g* Kelch mit Frucht, *h* Frucht).

3. Sect. M e l á n i u m
Subsect.: E l o n g á t a e

1839. V. kitaibeliána R. et Sch. — Steppen-Stiefmütterchen
(= V. tricolor L. ssp. minima Gaud.)

⊙, *Th.* – H. 0,05–0,15(0,20). *Spr. deutlich grauflaumig behaart;* B. klein, spatelig, stumpf, unten rundl.-eiförm., obere längl. bis lineal., wenig od. nicht gekerbt; *Nebenb. mit deutlichem, b.artigem Mittelzipfel,* Seitenzipfel tief-gestellt; Kr. 0,5–1,0 cm lang, kürzer bis wenig länger als der K., blaßgelb, obere bisweilen violett; Sporn stärker aufwärts gekrümmt als bei den folg. Arten. V–IX. 2n = (14, 16, 24, 36) 48.

Getreidefelder, Schuttunkrautges.; trockene, warme, nährstoffreiche Böden. – Sehr selten, nur SW-D. (z. B. Oberrheinebene). – W- u. S-Eur., SW-D., Schweiz, Österr., ö. bis S-Rußl., Transkauk., Kl.As., NW-Afr.; med.

1840. V. arvénsis Murr. (Abb. 264 a–d) — Acker-Stiefmütterchen
[= V. tricolor L. ssp. arvensis (Murr.) Gaud.]

⊙, ①, *Th, H.* – H. 0,05–0,20. *St.* niederliegend od. aufsteigend-aufrecht, meist stark verzweigt, *kahl od. schwach behaart;* B.spreite

± eiförm.-längl. bis lanzettl., meist gekerbt; *Nebenb. mit eiförm. bis schmal-lanzettl. Mittelzipfel; Krb. kürzer bis wenig länger als die Kb.,* ca. 0,75–1,5 cm lang, gelb bis gelblichweiß, seltener die oberen bläulich od. ± violett; Sporn ± so lang wie die K.anhängsel. V–IX. 2n = 34. Formenreich. Veränderlich in der B.form u. der Färbung der oberen Krb.

Ackerunkrautges.; frische bis mäßig trockene, nährstoffreiche, meist lehmige Böden. – Verbreitet u. häufig im ganzen Geb. (Alp. bis 850 m, Jura bis 980 m). – In gem. Zonen, fast Kosmopolit.

1841. V. trícolor L. Gewöhnliches Stiefmütterchen

⊙, ①, ⊙–♃, *Th, H.* – H. 0,05–0,30. *St.* aufsteigend od. aufrecht, *kahl od. zerstreut behaart;* B.spreite eiförm. bis längl.-lanzettl., gekerbt; Nebenb. mit eiförm.-lanzettl., meist gekerbtem Mittelzipfel; *Krb. länger als die Kb.,* meist bunt, blau-violett, gelb u. weiß, selten gelb u. nur der Sporn ± bläulich; Bl. (1,0) 1,5–3 (3,5) cm lang; Sporn so lang bis ca. 1,5(–2)mal so lang wie die K.anhängsel; Kapsel eiförm., kahl. V–IX. Umfaßt:

ssp. t r í c o l o r ; ⊙–⊙; H. 0,10–0,25; St. rel. dünn, ästig; B.spreite eiförm. bis lanzettl.; Kr. 1,5–3,0 cm lang, zumindest zur Vollbl. bunt, Sporn 4–5 mm lang. 2n = 26. Formenreich.

Hänge, Böschungen, Unkrautges.; frische, nährstoffreiche Böden. – Verbreitet bis zerstreut. – no-praealp.

ssp. c u r t í s i i (Forst.) Rouy et Fouc. [= ssp. maritima (Schweigg.) Hyl.]; ♃, selten ⊙; H. 0,05–0,10; Pfl. mit ästiger Grd.achse; B.spreiten u. Nebenb. meist deutlich schmaler, etwas fleischig; Kr. 1,0–2,0 cm lang, ± blauviolett od. dreifarbig, Sporn oft 2mal so lang wie die K.anhängsel. 2n = 26.

Schillergrasrasen, Strandgersteges. etc.; ± trockene, nährstoffreiche Sandböden. – Verbreitet auf Küstendünen der N- u. O-See, selten in der n. Oberrheinebene.

ssp. s u b a l p í n a Gaud.; ♃–⊙; H. ± 0,20–0,40; St. aufsteigend od. aufrecht; B.spreiten ± 2–4 cm lang, Nebenb. leierförmig-fiederspaltig; Krb. 2–3,5 cm lang, oft duftend; Sporn 5–6 mm lang. Umfaßt:

var. p o l y c h r ó m a (Kerner) Gams; St. oft aufrecht, rel. schlank; Kr. verschiedenfarbig, oft ganz violett.

Verbreitet: Alp., Voralp., Schwarzwald, Bay. Wald, Erzgebg., Sudeten.

var. s u b a l p í n a ; St. aufsteigend od. aufrecht, rel. kräftig; Kr. hellgelb, nur am Sporn ± bläulich. 2n = 26. – Alp.

Mont. u. subalp. Bergfettwiesen (Alp. bis 1240 m); frische, nährstoffreiche Lehm- od. Torfböden. – praealp.

Gem. Eur. u. As.

1842. V. lútea Huds. Gelbes V., Galmei-V.

♃, *H.* – H. ± 0,10–0,25. St. aufrecht od. aufsteigend, am Grd. ästig, kahl od. schwach behaart; B.spreiten eiförm.-längl. od. lanzettl.; untere Nebenb. ganzrandig od. 3spaltig, mittlere fast fingerförmig, obere fiederig geteilt; Kr. 1,5–4 cm lang, gelb, bunt od. violett. V–VIII. 2n = 48. Umfaßt im Geb.:

ssp. c a l a m i n á r i a (Lej.) (= V. calaminaria Lej.); Grd.achse sehr verlängert, mit zahlreichen St.; Pfl. fast rasenförmig, bis 70 Bl. tragend; Nebenb. fast fingerförmig geteilt, Mittelzipfel etwas größer; Kr. 1,5–3 cm lang, violett, gelb od. bunt.

Galmeipflanzenges.; ± trockene, galmeihaltige Kiesböden od. Schlackenhalden. – Sehr selten, so bei Aachen, Blankenrode (Kr. Büren).

ssp. s u d é t i c a (Willd.) W. Becker; St. aufrecht, kahl, kräftig; Nebenb. ± fiederig geteilt; Kr. 2,5–4 cm lang, gelb, Sporn meist bläulich.

Bergwiesen (nicht unter ca. 1000 m). – Sehr selten, nur Schles. (Glatzer Gebg.).

Zerstreut: Engl., Schottl., Irl., Frankr. (Vogesen), Belg., W-D., Sud., Tatra, Alp.; w-praealp(-subatl).

1843. V. calcaráta L. Langsporniges Stiefmütterchen

♃, *H.* – H. 0,04–0,10. Grd.achse kurz kriechend, dünn; St. sehr kurzgliederig, aufsteigend, einfach; B. u. Bl. fast grd.ständig; B. gekerbt, eiförmig, obere längl. od. lanzettl.; untere Nebenb. ganzrandig, mittlere u. obere fiederig-gezähnt; *Bl. 2,5–4 cm lang,* dunkelviolett, selten gelblich od. weiß; *Sporn ± 8–15 mm lang, ± so lang wie die Krb.;* Kapsel eiförm., kahl. VI–VII (VIII, IX). 2n = 40.

Alp. Schuttfluren, Magerrasen; feuchte, ± nährstoffreiche, humose, meist kalkarme Feinschuttböden. – Ziemlich selten: Allgäuer Alp. (1600–2400 m). – Alp., S-Jura; alp.

Bastarde:

V. alba × V. hirta (= V. × adulterina Godr.), V. alba × V. odorata (= V. × cluniensis Murr et Pöll), V. canina ssp. canina × V. canina ssp. montana (= V. × einseleana F. Schultz; ob Bastard?), V. canina ssp. canina × V. elatior (= V. × mielnicensis Zapal.), V. canina ssp. canina × V. pumila (= V. × semseyana Borb.), V. canina ssp. canina × V. riviniana (= V. × baltica W. Becker), V. canina ssp. canina × V. rupestris (= V. × braunii Borb.), V. canina ssp. canina × V. silvestris [= V. × borussica (Borb.) W. Becker], V. canina ssp. canina × V. stagnina (= V. × ritschliana W. Becker), V. canina ssp. montana × V. pumila (= V. × commutata Wiesb.), V. canina ssp. montana × V. riviniana (= V. × neglecta F. W. Schmidt), V. canina ssp. montana × V. silvestris (= V. × longicornis Borb.), V. collina × V. odorata (= V. × merkensteinensis Wiesb.), V. elatior × V. pumila (= V. × skofitziana Wiesb.), V. elatior × V. riviniana (= V. × scharlockii W. Becker), V. epipsila × V. palustris (= V. × ruprechtiana Borb.), V. hirta × V. beraudii (= V. × kerneri Wiesb.), V. hirta × V. collina (= V. × interjecta Borb.), V. hirta

× V. odorata (= V. × scabra F. Braun), V. mirabilis × V. riviniana (= V. × orophila Wiesb.), V. mirabilis × V. rupestris (= V. × heterocarpa Borb.), V. mirabilis × V. silvestris (= V. × perplexa Gremli), V. pumila × V. silvestris (= V. × gerstlaueri L. Gross), V. rupestris × V. riviniana (= V. burnati Gremli), V. rupestris × V. silvestris (= V. × iselensis W. Becker), V. silvestris × V. riviniana (= V. × dubia Wiesb.), V. stagnina × V. pumila (= V. × gotlandica W. Becker), V. stagnina × V. riviniana (= V. × najadum Wein), V. stagnina × V. silvestris.
Die beschriebenen Bastarde bedürfen z. T. näherer Überprüfung. Weitere Bastarde können im Geb. gefunden werden.

2. Unterordn. Cistíneae

93. Fam. CISTACEAE Juss.
Cistrosengewächse

I. Alle Stbb. fruchtbar; Bl. in traubenähnlichen Blst. (Wickel), endständig; wenigstens untere B. gegenständig; (Sa. aufrecht)
   A. Pfl. krautig, ⊙; Gr. sehr kurz od. fehlend; Blst. ohne „Deckb.“ .... **462. Tuberaria**
   B. Pfl. halbstrauchig; Gr. deutlich, lang; Blst. mit „Deckb.“ .... **463. Helianthemum**
II. Äußere Stbb. unfruchtbar, perlschnurartig; Bl. einzeln, b.winkelständig; B. wechselständig; (Sa. umgewendet; Pfl. halbstrauchig) .... **464. Fumana**

462. Tuberaria (Dunal) Spach — Sandröschen
x = 6

1844. T. guttáta (L.) Fourr. (Abb. 264 e–h)

⊙, *Th.* – H. 0,05–0,25. Untere B. gegenständig, verkehrt-eilanzettl., nebenb.los, obere wechselständig, meist mit Nebenb.; K. gerade-vorgestreckt; Fr.stiele weit-abstehend; Krb. weißlich-gelb, am Grd. schwarzbraun-gefleckt od. ungefleckt, sehr hinfällig; Gr. fast fehlend. VI–VIII. 2n = 24, 28.

Sandrasen, Schillergras-Rasen; warme, trockene, mäßig saure Sandböden. – Sehr selten u. vereinzelt: Norderney, Altmark, Genthin, Wittenberg, Brand. (Jüterbog, Mittenwalde, Treuenbrietzen, Gerbstedt); Elsterwerda, Fundorte der Lausitz u. bei Darmstadt, Speyer z. T. erloschen od. nicht mehr bestätigt. – Med. bis Kl.As., Syr., m. u. s. W-Eur.; med-submed-atl.

463. Helianthemum Mill. Sonnenröschen

x = 10, 11

I. B. mit Nebenb.; (Embryo einfach zusammengefaltet)
  A. Bl. weiß; Nebenb. pfriemlich-fädlich, untere ± so lang wie der B.stiel, obere länger .... **1845. H. apenninum**
  B. Bl. gelb (selten weiß); Nebenb. lanzettl., länger als der B.stiel .... **1846. H. nummularium**

II. B. ohne Nebenb.; (Embryo doppelt zusammengefaltet)
  A. B. oberseits ± graugrün, unterseits weißfilzig .... **1847. H. canum**
  B. B. beiderseits grün, borstig behaart od. kahl ..... **1848. H. alpestre**

1845. H. apennínum (L.) Mill. Apennin-S.

ħ, *Ch.* – Äste aufrecht od. aufsteigend, 0,10–0,30 lang; B. lineal.-lanzettl. bis eilanzettl.; *Nebenb. pfriemlich-fädlich, untere ± so lang, obere länger als der B.stiel;* innere Kb. eiförmig, stumpf, selten spitzlich; *Krb. weiß;* Gr. lang, am Grd. knieförmig gebogen; Fr.stiele bogig-zurückgekrümmt. V–VII. 2n = 20. Veränderlich i. B.form u. Behaarung. Umfaßt u. a.:

var. a n g u s t i f ó l i u m Koch [= H. pulverulentum (L.) DC.]; B. lineal.-lanzettl. am Rande stark umgerollt; K. weißlich pulverig-sternhaarig; innere Kb. sehr stumpf. – U. a. im m. Maingeb.

Kalktrockenrasen; warme, steinige Lehmböden od. Fels. – Sehr selten: N-Thür. (Karsdorf/Unstrut), Rheinhess. (Sprendlingen, Gauagelsheimer Berg), m. Maingeb. (um Karlstadt, Veitshöchheim), Geb. der Fränk. Saale. – S-Engl., Frankr., M-D., s. bis N-Med., Kl.As.; submed(-subatl).

1846. H. nummulárium (L.) Mill. (Abb. 265 a–f) Gemeines S.
(= H. chamaecistus Mill.)

ħ, *Ch.* – Äste niederliegend od. aufsteigend, 0,07–0,50 lang; B. lineal. bis breit eiförm.; *Nebenb. lineal.-lanzettl., viel länger als der B.stiel;* innere Kb. eiförmig; Krb. gelb, orange od. weißlich-gelb; Gr. lang, am Grd. knieförmig gebogen; Fr.stiele bogig zurückgekrümmt. VI–IX. Umfaßt im Geb.:

ssp. n u m m u l á r i u m ; B. lineal.-lanzettl. bis eiförm.-länglich, 20–50 mm lang, 2–5 mm breit, unterseits filzig, oberseits zerstreut behaart; innere Kb. 5–8 mm lang, locker filzig, selten fast kahl; Krb. 8–12 mm lang. 2n = 20.

Trockenrasenges., Borstgrasrasen, etc. – Zerstreut bis selten: M- u. S-D. – submed.

ssp. o v á t u m (Viv.) Sch. et Thell.; B. breit-eiförm.-lanzettl., selten lineal.-lanzettl., 8–30 mm lang, 1,5–8 mm breit, ober- u. unterseits zerstreut behaart, nicht filzig; innere Kb. 5–8 mm lang, locker

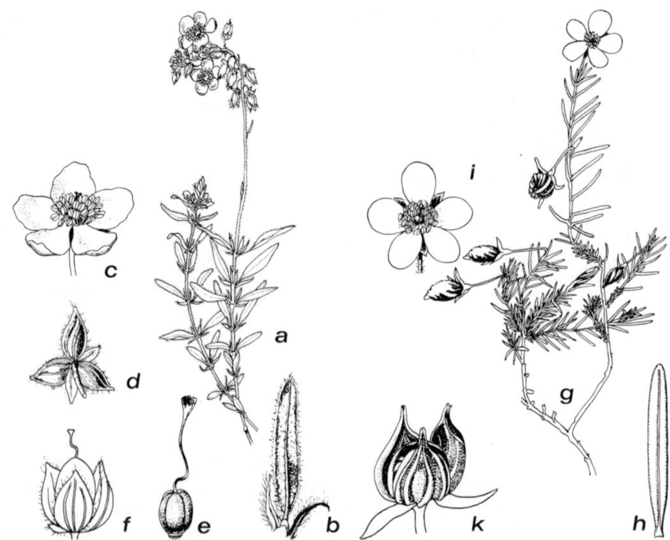

Abb. 265. *a–f Helianthemum nummularium* (*a* Zweigspitzen mit Blütenständen, *b* Blatt, *c* Blüte, *d* Kelch von unten, *e* Fruchtknoten, *f* Kelch mit Frucht); *g–k Fumana procumbens* (*g* Zweigspitzen mit Blüte u. Früchten, *h* Blatt, *i* Blüte, *k* Kelch mit Frucht).

filzig od. flaumig, selten kahl; Krb. 8–12 mm lang. Formenreich. 2 n = 20. Umfaßt u. a.:

var. f r ú t i c a n s W. Koch; H. bis 0,50; B. schmallanzettl.; Nebenb. bis 1 cm lang. – Kaiserstuhl, Hochrheingeb., n. Oberrheingeb.

Trockenrasen, Halbtrockenrasen, Borstgrasrasen, in M u. S bes. auf kalkreichen Böden. – Zerstreut, geb.weise verbreitet, insbes. Kalkgeb. M- u. S-D.

ssp. g r a n d i f l ó r u m (Scop.) Sch. et Thell.; B. breiteiförm.-lanzettl., 15–32 mm lang, 6–14 mm breit, mindestens oberseits zerstreut behaart, nicht filzig; Bl. nicht sehr zahlreich; innere Kb. 7–10 mm lang, auf den Nerven mit langen Büschelhaaren; Krb. 10–18 mm lang. 2 n = 20.

Mont. bis alp. Felsband- od. Steinrasen, Blaugrasrasenges. – Selten: Hochrhein, Jura (Randen-Donautal-SW-Alb); herabgeschwemmt im Alp.vorland; zerstreut bis verbreitet: Alp. (bis 2370 m). – (praealp-)alp.

ssp. g l á b r u m (Koch) Wilczek; B. lanzettl. bis verkehrt-eiförm.-rundl., 10–23 mm lang, 2–10 mm breit, kahl od. nur am Rand u.

am Mittelnerv gewimpert, selten auch auf der Fläche vereinzelte Haare; Bl. nicht sehr zahlreich; innere Kb. 7–10 mm lang, mit od. ohne Büschelhaare; Krb. 10–15 mm lang.

Subalp. u. alp. Rasenges. – Selten: ö. Bay. bzw. Salzburger Alp. (Sonntagshorn, Reiteralpe, Steinernes Meer, Trischübel), seltener tiefer: Isartal b. München. – alp.

S- u. M-Skand. bis S-Eur., Atlas, Kl.As., Armen., Kauk.

1847. H. cánum (L.) Baumg. Graues S.

ђ, *Ch.* – Äste aufrecht od. niederliegend-aufsteigend; *B.* lineal.-länglich od. eiförmig; beiderseits od. *mindestens unterseits grau- bzw. weißfilzig,* am Rande mit büscheligen Haaren; *ohne Nebenb.* (selten Ausnahmen); innere Kb. breit-eiförm., stumpf od. spitz; Krb. gelb; Gr. am Grd. S-förmig gekrümmt, kürzer als bei der vor. Art; Fr.stiele aufstrebend od. waagerecht abstehend. V–VI. 2n = 22.

Trockenrasen, Kiefern-Trockenwälder; warme, kalkreiche, steinige Böden. – Selten: Thür. u. S-Anh. (Naumburg über Freiburg a. U. bis Vitzenburg/Nebra, Martinroda/Arnstadt über Stadtilm bis w. Orlamünde, zwischen Bennstedt u. Köllme bei Halle a. S.), Unterfränk. Muschelkalkgeb., Württ. (bei Rottweil u. Balingen), Bad. (bei Tiengen, zwischen Sindolsheim u. Boselberg). – M-, W- u. S-Eur., S-Rußl., Kl.As., Armen.; submed.

1848. H. alpéstre (Jacq.) DC. Alpen-S.

ђ, *Ch.* – Äste bogig aufsteigend, bis 0,12 lang; unfruchtbare Triebe kurz, rasenförmig gedrängt, rosettig beb.; *B.* lanzettl. od. verkehrt-eilanzettl., *beiderseits grün,* anliegend behaart od. kahl; Nebenb. fehlend (selten Ausnahmen); innere Kb. breit-eiförmig, stumpf od. spitz; Krb. gelb; Gr. kürzer als der Frkn.; Fr.stiele aufrecht od. zurückgeschlagen. VI–VIII. 2n = 22.

Alp. Blaugrasrasen; frische, kalkreiche Steinböden. – Zerstreut: Alp. (ca. 1600–2540 m, selten tiefer). – Hochgebg. von Pyren. bis Karp., N-Balk.-bithynischer Olymp; alp.

464. Fumana (Dunal) Spach Nadelröschen

x = 8

1849. F. procúmbens (Dunal) Gren. et Godr. (Abb. 265 g–k) Gewöhnliches N.

ђ, *Ch.* – H. 0,10–0,20. Äste niederliegend od. aufsteigend; B. lineal., nadelförmig, stachelspitzig od. stumpf, spärlich bewimpert, ohne Nebenb.; größere Kb. den 3 Fr.klappen gegenüberstehend; Krb. gelb, hinfällig; Gr. etwa 3mal so lang wie der Frkn.; Bl.stiele etwa so lang wie der K.; Fr.stiele bogig-zurückgekrümmt. VI–IX. 2n = 32.

Trockenrasen; warme Kalk-, Gips-, Zechstein- u. Sandböden. – Selten: Thür. u. S-Anh. (Kyffhäuser, Eisenach, Wettin, Könnern, Salzke- u. Schlenzegeb.), M-Rheingeb., Maingeb., Pfalz-Rheinhess.-Nahetal, Fränk. Jura, untere schwäb.-bay. Hochebene, s. Oberrheingeb. – Med., Kl.As., Armen., N-Pers., W- u. M-Eur. bis S-Rußl.; Oeland, Gotland; submed(-med).

3. Unterordn. Tamaricíneae

94. Fam. TAMARICACEAE Link
Tamariskengewächse

465. Myricaria Desv. Rispelstrauch, Tamariske

x = 6

1850. M. germánica (L.) Desv. (Abb. 266 a–e)
Deutscher R., Deutsche T.

♄, *N*. – H. 0,60–2,00. Zweige rutenförmig; B. lineal.-lanzettl., sehr klein, fast schuppenförmig, dicht-dachziegelig den Zweigen angedrückt, graugrün; Bl. in endständigen Trauben; Tragb. länger als der Bl.stiel; Krb. blaßrot; Stbb. bis über die Mitte verwachsen; Kapseln aufrecht abstehend; S. mit gestieltem Haarschopf. VI–VIII. 2n = 24.

Weiden-Tamarisken-Gebüsche; wechselnasse, kalkhaltige, schotterige od. sandige Substrate. – Selten: Schwäb.-bay. Hochebene, Alp.vorland (bis 1100 m), Hochrheingeb., Kehl. – Skand., Gebg. von Pyren. bis Karp., Krim, Kasp. Meer; Kl.As., Kauk., Pers., Afghan.; praealp(-kont).

95. Fam. ELATINACEAE Dum.
Tännelgewächse

466. Elatine L. Tännel

x = 9

I. B. in 3–9 (bei Wasserb. in 8- bis 17)blättrigen Wirteln, sitzend (Stbb. 8; Krb. 4) .... **1851. E. alsinastrum**
II. B. je Knoten zu zweit, gegenständig, gestielt od. am Grd. stielförmig verschmälert
  A. Stbb. doppelt so viele wie Krb.
    1. Stbb. 8; Krb. 4 .... **1852. E. hydropiper**
    2. Stbb. 6; Krb. 3 .... **1853. E. hexandra**
  B. Stbb. 3, so viele wie Krb. .... **1854. E. triandra**

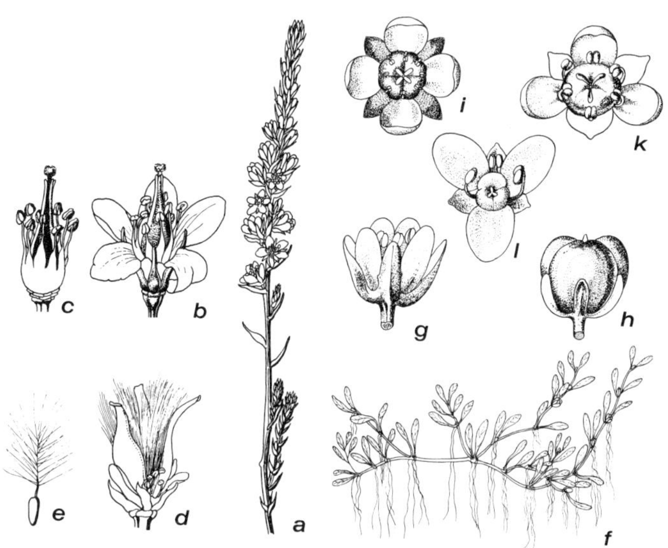

Abb. 266. *a–e Myricaria germanica* (*a* Zweigspitze mit Blütenstand, *b* Blüte, *c* Staubblätter u. Fruchtknoten, *d* Frucht, *e* Same); *f–l Elatine* spp., *f–h E. hydropiper* (*f* Habitus, *g* Blüte, *h* Frucht), *i–l* Blüten (*i E. alsinastrum, k E. hexandra, l E. triandra*).

1. Subgen. P o t a m o p i t y s

1851. E. alsinástrum L. (Abb. 266 i) Quirliger T.

⊙ od. ♃, *Th, (HH).* – St. der Landformen bis etwa 0,07, die der Wasserformen 0,07–0,50(0,96) lang; B. lineal. (Wasserform) bis breitlanzettl. (Landform); Bl. fast sitzend, 4zählig; Krb. grünlichweiß; Stbb. 8; S. fast gerade. VII–VIII. Submerse u. terrestrische Formen.

Zwergbinsenges., Uferränder; nasse, nährstoffreiche, schlickige Böden. – Selten, vereinzelt u. unbeständig: Brand., Rheinld., S-Hess., O-Thür., Sachs., Bad., Württ., Bay. (n. der Donau). – Frankr. bis W-As., Span., Siz., Alg., Kauk., N-Turk., Jap.; euras-kont(-submed).

2. Subgen. H y d r ó p i p e r
1. Sect. E l a t i n é l l a

1852. E. hydrópiper L. em. A. Br. (Abb. 266 f–h)
Pfefferfrüchtiger T.

⊙, *Th, (HH).* – St. der Wasserform 0,04–0,16, der der Landform nur bis 0,015 lang; *B.* der Wasser- u. Schlammformen *lang stielartig ver-*

schmälert, die der Landform sitzend; *Bl. sitzend,* 4zählig; Krb. rötlich-weiß, selten gelblich; Stbb. 8; S. hufeisenförmig od. nur einendig gekrümmt. VI–VIII. Submerse, terrestrische u. Übergangsformen. Umfaßt im Geb.:

ssp. h y d r ó p i p e r [= E. hydropiper L. ssp. gyrosperma (Düben) Fries]; Kb. ungezähnt; Krb. rötlich-weiß; S. hufeisenförmig. 2n = ca. 40. – Zerstreut u. selten, über große Strecken fehlend, verschiedentlich erloschen.

ssp. o r t h o s p é r m a (Düben) Hermann; Kb. beiderseits mit 1 kleinem Zahn; Krb. gelblich; S. fast gerade od. nur einendig gekrümmt. – Sehr selten, nur Schl.Holst. (Eiderufer), Bay. (Donaustauf).

Zwergbinsenges., Uferränder; nasse, nährstoffreiche, kalkarme, schlickige Böden. – Eur., W-Sib., N-Am.; no-euras, circ.

1853. E. hexándra (Lapierre) DC. (Abb. 266k) Sechsmänniger T.

⨀, ⨀, *Th, HH.* – St. der Wasserform bis 0,20, die der Landform bis 0,07(0,08) lang; B. nur kurz-stielartig-verschmälert; *Bl. 0,5–10 mm lang gestielt,* 3zählig; Stbb. 6; Krb. rötlich-weiß; *Fr.stiele so lang od. länger als die Fr.;* S. fast gerade. VI–VIII. 2n = 72. Submerse, terrestrische u. Übergangsformen.

Zwergbinsen- u. Strandlingsges., Uferränder; nasse, nährstoffreiche, kalkarme, schlickige Böden. – Sehr zerstreut u. selten, oft unbeständig, fehlt über große Strecken. – Eur.; subatl.

2. Sect. C r ý p t a

1854. E. triándra Schkuhr (Abb. 266 l) Dreimänniger T.

⨀, *Th.* – St. der Wasserform 0,06–0,18, die der Landformen bis 0,05 lang; B. kurz-stielartig-verschmälert; *Bl. sitzend,* 3zählig; Krb. weiß od. rötlich; Stbb. 3; S. sehr schwach-gekrümmt. VI–VIII. 2n = ca. 40. Submerse, terrestrische u. Übergangsformen.

Zwergbinsenges.; nasse, nährstoffreiche, kalkarme, schlickige Böden. – Sehr zerstreut u. sehr selten, z. T. unbeständig, über große Strecken fehlend. – Eur. bis O-As., Am.; no-euras, circ.

41. Ordn. Cucurbitáles

96. Fam. CUCURBITACEAE Juss.
Kürbisgewächse

I. Ranken fehlend . . . . **468. Ecballium**

II. Ranken vorhanden

A. Ranken einfach; Stbb. paarweise verwachsen, das 5. frei, daher scheinbar 3 Stbb.

1. Bl. weißlich- bis gelblich-grün; Fr. so klein wie Erbsen, in Trauben .... **467. Bryonia**
2. Bl. gelb; Fr. groß, einzeln .... **469. Cucumis**

B. Ranken verzweigt; Stbbtl. zu einer zentralen Säule verwachsen
1. Fr. kahl, glatt (od. höckerig) .... **470. Cucurbita**
2. Fr. stachelig-borstig
a) Bl. 6zipfelig; Fr. einzeln .... **471. Echinocystis**
b) Bl. 5zipfelig; Fr. zu mehreren .... **472. Sicyos**

467. Bryonia L. Zaunrübe

x = 10

I. Pfl. einhäusig; Fr. schwarz .... **1855. B. alba**
II. Pfl. zweihäusig; Fr. rot .... **1856. B. dioica**

1855. B. álba L. (Abb. 267 a—e) Schwarzfrüchtige Z.

♃, *H, G.* — H. 2,00—3,00. B. herzförmig 5lappig, gezähnt, kurzborstig; ♂-Bl. in langgestielten Trauben, grünlich-weiß, leicht abfallend, Kr.zipfel 4—5 mm lang; ♀-Bl. kleiner, in kurzgestielten Büscheln, grünlich, *K. u. Kr. gleichlang; N. kahl.* VI—VII. 2n = 20.

Wegränder, Hecken, unkrautige Ges.; sommerwarme, frische, nährstoffreiche, humose lehmige Böden. — Seit Jahrhunderten eingebürgert. Verbreitet bis zerstreut im nö. Geb., sonst seltener od. wie im w. Geb. fehlend. — Dän., D.: Schweiz bis S-Rußl., N-Pers.; gem-kont(-o-submed).

1856. B. dioíca Jacq. Rotfrüchtige Z.

♃, *H, G.* — H. 2,00—3,00. Kr.zipfel der ♂-Bl. 5—6 mm lang; *K. der ♀-Bl. halb so lang wie die Kr., N. behaart;* sonst wie B. alba. VI—VII. 2n = 20.

Wegränder, Hecken, Schuttunkrautges. etc.; frische, nährstoffreiche, humose lehmige Böden. — Verbreitet bis zerstreut im m., s. u. sw. Geb. (bis 650 m), im n. Geb. über große Strecken (so u. a. im NO) fehlend. — Engl., Dän., M- u. S-Eur.; submed-subatl.

468. Ecbállium A. Rich. Spritzgurke

x = 12

1857. E. elatérium (L.) A. Rich. Gewöhnliche Sp.

⊙, (♃), *Th, (H).* — St. 0,50—1,50 lang; Pfl. kriechend; B. 3eckig, neben dem B.stiel beiderseits ausgerandet, mit eckig-welligem Rand, 8—20 cm lang; Bl. 3 cm breit, gelblich; *Fr.* pflaumenförmig, 4—5 cm lang, *kurzborstig,* einzeln in B.-achsel, *zuletzt nickend,* bei der Reife vom Stiel fallend u. *S. nach rückwärts herausspritzend.* 2n = 24.

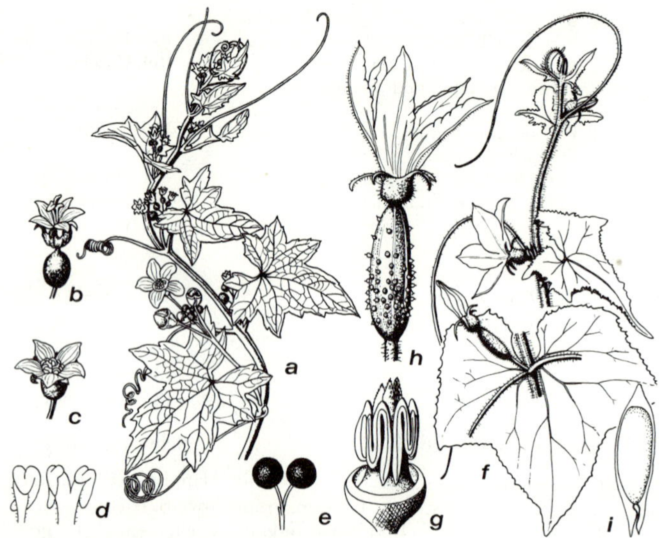

Abb. 267. *a–e Bryonia alba* (*a* Sproßspitze mit Blütenständen; *b* ♀-, *c* ♂-Blüte; *d* Staubblätter, *e* Früchte); *f–i Cucumis sativus* (*f* Sproßabschnitte mit ♂- u. ♀-Blüten, *g* Staubblätter, *h* ♀-Blüte, *i* Same).

Schutt- u. Müll-Unkraut-Ges.; warme, frische Böden. – Selten u. unbeständig eingeschleppt, sw Rheinhafenanlagen. – Heimat: Azoren; Medit. bis Kl.As., Syr., Krim.

469. Cúcumis L. Gurke, Melone

x = 7, 12

I. B. mit spitzen Ecken; Fr. walzlich .... **1858. C. sativus**
II. B. mit abgerundeten Ecken; Fr. eiförmig bis kugelig **1859. C. melo**

1858. C. satívus L. (Abb. 267 f–i) Gewöhnliche Gurke

⊙, *Th.* – St. 1,00–4,00 lang; B. herzförmig 5eckig bis 5lappig *(Lappen fast gleichgroß)*, gezähnt, borstig; ♂ Bl. 2–3 cm breit; Frkn. mit Borsten auf kleinen Höckern, Fr. nur *höckerig;* VI–VIII. 2n = 14.
In vielen Sorten angebaut. – Heimat: vermutlich n. Vorderind.

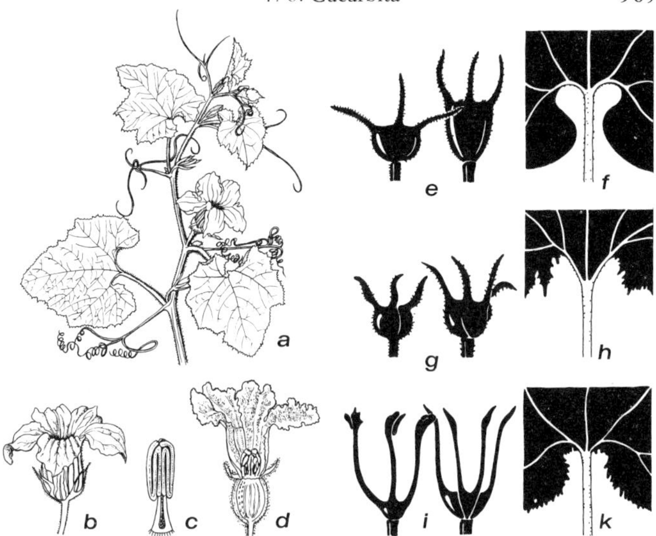

Abb. 268. *Cucurbita* spp., *a–d C. pepo* (*a* Sproßspitze mit ♂-Blüte, *b* ♂-Blüte, *c* Staubblätter, *d* ♀-Blüte längs); *e–k* Kelch u. Blattspreitengrund (*e–f C. maxima, g–h C. pepo, i–k C. moschata*).

1859. C. mélo L. Melone, Zuckermelone

⊙, *Th.* – St. 1,00–5,00 lang; B. herzförmig, kurz-5lappig *(Mittellappen viel breiter als Seitenlappen)*, gezähnelt, steifhaarig ♂ Bl. 2–2,5 cm breit; Frkn. stechend-borstig, *Fr. glatt, netzaderig od. längsgerippt.* VI–VIII. 2 n = 24.
Hier u. da im S angebaut. – Heimat: trop. Afr. od. trop. As. (Entstehung der Dessertmelonen: Vorderas.).

470. Cucúrbita L. Kürbis

x = 10

I. Fr.stiel 5kantig; B.lappen spitz; Spreitengrd. am Rand gesägt
 A. B. ± steif; St. ± stachelig behaart; (vgl. auch Abb. 268 g–h) . . . . **1860. C. pepo**
 B. B. weich; St. filzig behaart; (vgl. auch Abb. 268 i–k) . . . . **1862. C. moschata**
II. Fr.stiel rund; B.lappen abgerundet; Spreitengrd. am Rand nicht gesägt; (vgl. auch Abb. 268 e–f) . . . . **1861. C. maxima**

1860. C. pépo L. (Abb. 268 a–d, g–h) Gewöhnlicher K.

⊙, *Th.* – St. 3,00–8,00 lang; B. herzförmig 5lappig; *K.röhre* der ♂ Bl.becherförmig, etwas *eingeschnürt,* mit pfriemförmigen bis lanzettl. Zipfeln; Kr. 7–10 cm breit, goldgelb; Fr. 15–40 cm dick, *Fleisch faserig; S. 0,7–1,5 cm lang,* VI–VIII. 2 n = 40.
In vielen Sorten angebaut. – Heimat: Mex. u. Texas (Wildform: C. texana A. Gray).

Droge: Semen Cucurbitae

1861. C. máxima Duchesne (Abb. 268 e–f) Riesen-K.

⊙, *Th.* – St. 4,00–9,00 lang; B. 5- bis 7lappig, rauh; *K.röhre* der ♂ Bl. *trichterförmig, mit fast fädlichen Zipfeln;* Kr. goldgelb; Fr. sehr groß, *Fleisch kaum faserig; S. 2–3 cm lang.* VI–IX. 2 n = 40.
Hier u. da im S angebaut. – Heimat: Argent. u. Urug. (Wildform wohl C. andreana Naud.).

Droge: Semen Cucurbitae

1862. C. moscháta Duchesne (Abb. 268 i–k) Moschus-K.

⊙, *Th.* – St. bis 5,00 lang; B. 5- bis 6lappig, kerbsägig, weichborstig; *K.röhre* der ♂ Bl. *fast fehlend, K.zipfel an der Spitze oft verbreitert; Kr. hellgelb;* Fr. meist länglich, *Fleisch kaum faserig,* etwas nach Moschus duftend. 2 n = 40.
Hier u. da angebaut. – Heimat: M-Am. (Wildform nicht bekannt).

Droge: Semen Cucurbitae

471. Echinocystis Torr. et Gray Igelgurke

x = 8

1863. E. lobáta (Michx.) Torr. et Gray (Abb. 269 a–c) Lappige I.

⊙, *Th.* – St. 1,00–6,00 lang; *B.* 5–10(15) cm lang, *meist lang-5lappig,* ganzrandig od. nur entfernt gezähnelt; *Bl. weiß,* (♀ 2,8–3 cm, ♂ 1–1,2 cm breit); Kr.zipfel beiderseits zottig; *Fr. 4–5 cm lang, ovalkugelig,* langstachelig, *2fächerig.* VI–VIII. 2 n = 32.
Ufergebüsche, Staudenges. an Flußufern; nasse, nährstoffreiche, kiesige Ton- u. Lehmböden. – Selten eingebürgert: m. Rhein-, unteres Neckar-, m. u. unteres Saaletal. – Heimat: wärmeres N-Am.

472. Sícyos L. Haargurke

x = 12

1864. S. angulátus L. (Abb. 269 d–h) Kantige H.

⊙, *Th.* – St. 1,00–4,00 lang; *B.* herzförmig *5eckig* bis 5lappig, meist gezähnelt; Bl. klein, ♂ in langgestielten Trauben, 1–1,5 cm breit, grünlich-weiß, Stbbtl. s-förmig verkrümmt, ♀ *Bl.* kopfig gehäuft, aus derselben B.achsel wie

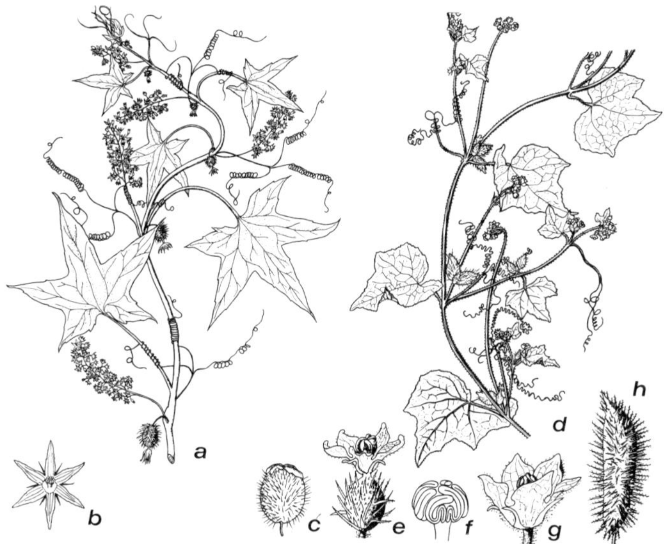

Abb. 269. *a–c Echinocystis lobata* (*a* Sproßausschnitt, *b* Blüte, *c* Frucht); *d–h Sicyos angulatus* (*d* Sproßausschnitt mit Blüten u. Früchten, *e* ♀-Blüte, *f* Staubblätter, *g* ♂-Blüte, *h* Frucht).

♂ Blst. entspringend, *grünlich; Fr.* 1,2–1,5 cm lang, *zugespitzt eiförmig, seitlich abgeflacht,* stachelborstig u. *weißwollig, 1fächerig.* VI–VIII. 2 n = 24. Ufergebüsch, Schuttplätze, Zäune. Teils verwilderte Zierpfl., teils eingeschleppt. – Selten: Bay., Württ., Sachs., Schles., Meckl., Hamburg. – Heimat: wärmeres N-Am.

42. Ordn. Myrtiflórae

1. Unterordn. Myrtíneae

97. Fam. LYTHRACEAE St.-Hil. Weiderichgewächse

I. Bl.achse glockig-halbkugelig; Krb. sehr klein od. fehlend; Stbb. meist 6; Schließfr. od. Kapsel . . . . **473. Peplis**

II. Bl.achse röhrig; Krb. groß (> 2 mm lang), stets vorhanden; Stbb. 2–12; Kapsel . . . . **474. Lythrum**

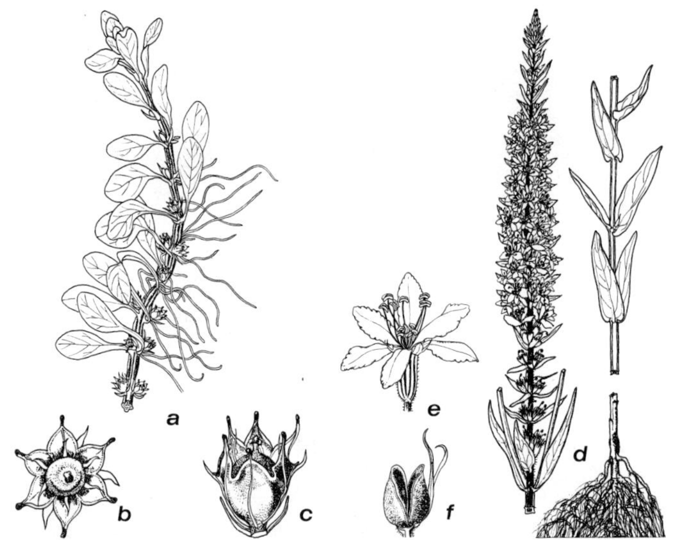

Abb. 270. *a–c Peplis portula* (*a* Sproßspitze mit Blüten u. Früchten, *b* Blüte, *c* Frucht mit Blütenhülle); *d–f Lythrum salicaria* (*d* Habitus, *e* Blüte, *f* Frucht).

473. Peplis L. Bachburgel

x = 5

1865. P. pórtula L. (Abb. 270 a–c)

⊙, *Th.* – St. niederliegend, 0,05–0,25(0,55) lang, vielästig, mit wurzelnden, 4seitigen Ästen (Landform); B. gegenständig, dicklich, verkehrt-eiförmig u. in den kurzen Stiel verschmälert; Bl. einzeln, b.winkelständig, mit 2 pfriemlichen Vorb.; Krb. sehr klein, rötlich-weiß od. fehlend. VII–IX. 2 n = 10. Meist Land-, seltener Wasserformen.

Zwergbinsenges., Ufer, Äcker, Wege; feuchte, nährstoffreiche, kalkarme Böden. – Zerstreut, in nassen Jahren stellenweise häufig, insbes. in Silikatgeb.; in S-D. selten, in Kalkgeb. u. Alp. fehlend. – Eur., ö. bis Rußl., Alg., (Argent.); subatl.

474. Lythrum L. Weiderich

x = 5

I. Pfl. ♃; Bl. zu mehreren quirlig-genähert, in langer Scheinähre; Stbb. 12 .... **1866. L. salicaria**
II. Pfl. ⊙; Bl. einzeln (selten 2) in den B.winkeln; Stbb. 2–6 .... **1867. L. hyssopifolia**

1866. L. salicária L. (Abb. 270 d–f) Blut-W.

♃, *H, (HH).* – H. 0,50–1,25. *B.* schmal-*lanzettl.,* mit abgerundetem od. herzförmigem Grd. sitzend, untere u. mittlere meist gegenständig od. zu 3 quirlig, obere wechselständig; Bl. mit 2 hinfälligen Vorb.; *K.zähne 6, länger als die Zwischenzähne;* Kr. purpurrot; Krb. länger als 5 mm; Stbb. verschieden lang; Gr. u. Stbb. in 3 Bl.typen verschieden lang ausgebildet (trimorphe Heterostylie). VI–IX. 2n = 60. Dazu im Geb. u. a.:

var. t o m e n t ó s u m (Mill.) DC.; St. stark behaart; Blst. dicht-weißfilzig. – Vereinzelt.

Hochstaudenfluren an Gräben, Bächen, Feuchtwiesen, Röhrichte; naß-feuchte, nährstoffreiche Böden. – Verbreitet u. meist häufig, in Silikatgebg. seltener od. selten (Alp. bis 1400 m). – Eur., Alg., As., N-Am., SO-Austr.; (no-)euras-submed, circ.

1867. L. hyssopifólia L. Ysop-W.

⊙, *Th.* – H. 0,05–0,30. *B. lineal.-lanzettl.,* meist wechselständig, sitzend od. kurz gestielt; Bl. mit 2 kleinen, pfriemlichen, bleibenden Vorb.; *K.zähne u. Zwischenzähne gleichlang;* Kr. violettrot; Krb. 2–3 mm lang; Stbb. gleichlang. VI–IX. 2n = 20.

Zwergbinsenges., Ufer, Wege, Ackerränder; feuchte, nährstoffreiche, oft salzhaltige Tonböden. – Selten u. oft unbeständig, vielfach verschwunden, streckenweise (u. a. Alp. u. NW-D. z. T.) fehlend. – Gem. u. S-Eur., N-Afr.; ö. bis Altai, Pers.; Am., Austral., Neuseel.; gem(-subozean).

98. Fam. TRAPACEAE Dum.
Wassernußgewächse

475. Trapa L. Wassernuß

1868. T. nátans L. (Abb. 271 a–c)

⊙, *Th, HH.* – St. unter der Wasseroberfläche bis 1,00(3,90) lang, dünn, mit gegenständigen, hinfälligen, lineal. B., an deren Grd. haarförmig-gefiederte, b.ähnliche W. stehen; Schwimmb. rosettig-gehäuft, rautenförmig, am Vorderrand gezähnt, gestielt; B.stiele in der Mitte

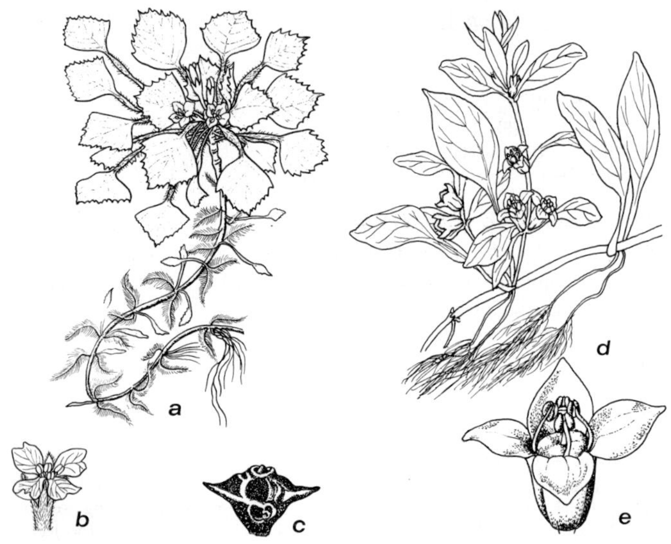

Abb. 271. *a–c Trapa natans* (*a* Habitus, *b* Blüte, *c* Frucht); *d–e Ludwigia palustris* (*d* Sproßausschnitt mit Blüten, *e* Blüte).

meist bauchig aufgeblasen; Bl. einzeln, b.winkelständig; Krb. weiß; Fr. 2,0–4 cm breit, Steinkern schwarzbraun, 4dornig, verschieden – meist ± kreiselförmig – gestaltet. VI–VIII. 2n = ca. 36, 48. Veränderlich in der Fr. bzw. Steinkernform.

Schwimmblattpflanzen-Bestände, in nährstoffreichem, kalkarmem, ± stehendem Wasser. – Selten u. zerstreut, abnehmend; u. a. im Geb. der Oder, Havel, Spree, Elbe, Elster, Mulde, Ems, Weser, Oberrhein, Rheinpfalz (Worms, Speyer), Saar, Main, Aisch, Regnitz, Donau. – Gem. Eur., Med., As., N- u. M-Afr., (N-Am., Austr.); euras-kont-submed.

99. Fam. ONAGRACEAE Juss.
Nachtkerzengewächse

I. Bl.achse den Frkn. nicht überragend; Krb. fehlend; K. bleibend; Stbb. so viele wie Kb. (4) (Porenkapsel) **476. Ludwigia**

II. Bl.achse den Frkn. ± weit überragend (Hypanthium, Achsenbecher); Krb. vorhanden (Hypanthium mit K. bei Reife abfallend)

A. Bl. 4zählig; Stbb. 8; Hypanthium hohl (langwalzliche, wandbrüchige Kapsel)
  1. Bl. rot bis weißlich; Hypanthium kurzglockig (S. mit Haarschopf)
    a) Kr. schwach zygomorph, ausgebreitet; Stbb. (u. Gr.) herabgebogen .... **477. Chamaenerion**
    b) Kr. aktinomorph, trichterförmig; Stbb. aufrecht .... **478. Epilobium**
  2. Bl. gelb; Hypanthium langröhrig (S. ohne Haarschopf) .... **479. Oenothera**
B. Bl. 2zählig; Stbb. 2; Hypanthium stark eingeschnürt u. mit Gr. verwachsen (birnenförmige, hakenborstige Schließfr.) .... **480. Circaea**

476. Ludwigia L. Ludwigie

x = 8

1869. L. palústris (L.) Elliot (Abb. 271 d–e) Sumpf-L.

⊙ – ♃, *Th – HH.* – St. am Grd. wurzelnd od. niederliegend (Landform), (0,03)0,08–0,30(0,74) lang; B. gegenständig, eiförmig od. schmal-ellipt., spitz, in den kurzen Stiel verschmälert; Bl. einzeln b.winkelständig, sitzend, mit 2 kleinen Vorb.; Kb. 4, grün; Krb. fehlend. VII–VIII. 2n = 16. Im Geb. nur var. p a l ú s t r i s. Wasser- u. Landformen.

Zwergbinsen- u. Großseggenges., Ufer, Gräben; nasse, nährstoffreiche Schlammböden. – Zerstreut u. selten bis sehr selten: Niederrhein, Westf., Nieders., Schl.Holst. (wohl ausgestorben), Anh., Niederlausitz; Oberrheinebene u. Bodensee (meist verschollen). – Gesamtart zerstreut: gem. u. S-Eur., Transkauk., N-Pers.; Marok., S- u. W-Afr.; Jap., Hawai; w. u. ö. N-Am., westind. Ins., Bermuda; subatl-med.

477. Chamaenerion Adans. Weidenröschen (z. T.)

x = 6

I. B. vorwiegend lanzettl., weich, unterseits mit deutlichen Seitennerven, > 5–20 mm breit; Krb. deutlich benagelt .... **1870. Ch. angustifolium**
II. B. vorwiegend lineal., ± starr, unterseits ohne Seitennerven, bis 5 mm breit; Krb. ohne deutlichen Nagel
  A. Gr. nur am Grd. ($^1/_3$) zottig behaart, so lang wie längere Stbb. .... **1871. Ch. palustre**
  B. Gr. vom Grd. bis zur Mitte zottig behaart, so lang wie kürzere Stbb. .... **1872. Ch. fleischeri**

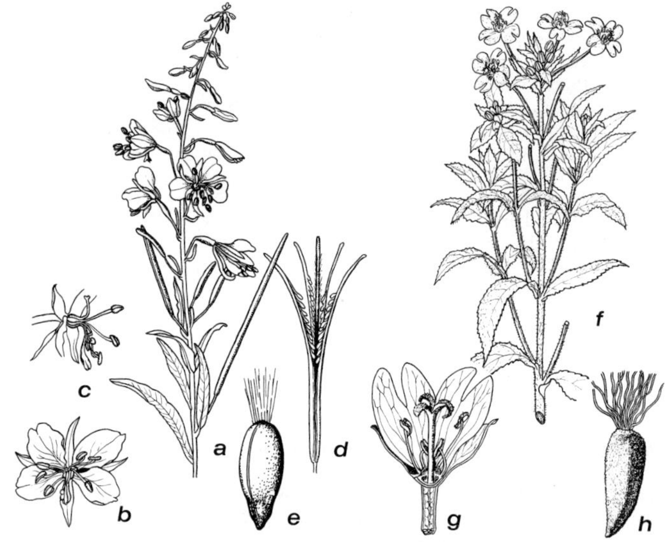

Abb. 272. *a–e Chamaenerion angustifolium* (*a* Sproßspitze mit Blüten u. Früchten, *b* Blüte, *c* Staubblätter u. Fruchtknoten; *d* Frucht; *e* Same, Haare gekürzt); *f–h Epilobium hirsutum* (*f* Sproßspitze mit Blüten u. Früchten; *g* Blüte, längsgeschnitten; *h* Same, Haare gekürzt).

1870. Ch. angustifólium (L.) Scop. (Abb. 272 a–e) Schmalblättriges W.
(= Epilobium angustifolium L.)

♃, *H.* – H. 0,60–1,25(2,00). *B. lanzettl.,* ganzrandig od. drüsig-schwach-gezähnelt, *unterseits etwas graugrün u. netzaderig; Traube verlängert; Krb. benagelt, verkehrt-eiförmig,* purpurrot, selten weiß. VI–VIII. 2n = 36.

Kahlschlagges.; frische, nährstoffreiche, kalkfreie, N-haltige, humose, lehmige od. sandige Böden, auch Trümmerschutt. – Verbreitet (Alp. bis 1860 m). – Eur., Kanar. Ins., Mad., As., N-Am., Grönl.; euras-no(-subozean), circ.

1871. Ch. palústre Scop. Rosmarin-W.
(= Epilobium dodonaei Vill.)

♄, *Ch.* – H. 0,20–1,00. St. aufrecht; *B. lineal., unterseits aderlos, meist ganzrandig; Traube kurz;* K. blaßrot; *Krb. sitzend, elliptisch-länglich, nagellos, purpurrot;* Gr. so lang wie die längeren Stbb., zuletzt gerade. VII–IX. 2n = 36.

Pionierges., offene Kies- u. Schotterfluren; warme, mineralkräftige, N- u. meist kalkhaltige, steinige Böden. – Selten: Oberrheingeb., S-Bay., Schles. – Alp.-Geb., Oberrhein. Tiefebene, Sud., Karp., Balk., Kl.As., Kauk.; alp-praealp(-submed).

1872. Ch. fleíscheri (Hochst.) Fritsch Kies-W.
(= Epilobium fleischeri Hochst.)

♄, *Ch.* – H. 0,20–0,40. St. aufsteigend, am Grd. ästig; *B. lineal. od. lineal-lanzettl., gezähnelt, kahl, unterseits aderlos; Krb. sitzend, elliptisch-länglich;* Gr. so lang wie die kürzeren Stbb., stets zurückgekrümmt. VII–IX. 2n = 36.
Pionierges., offene Kies- u. Schotterfluren, auf mineralkräftigen, meist kalkarmen Böden. – Sehr selten: Bay. Alp. – Alp.; alp(-praealp).

478. Epilobium L. Weidenröschen (z. T.)

x = 6

I. N. 4spaltig, kreuzförmig abstehend bis zurückgerollt (St. meist stielrund)
 A. St. meist zottig; B. sitzend od. fast sitzend (herablaufend); junge Bl. aufrecht
  1. B. stengelumfassend (wenig herablaufend); Kr. groß (Bl. ∼ 1–2 cm lang) .... **1873. E. hirsutum**
  2. B. nicht stengelumfassend (nicht herablaufend); Kr. klein (Bl. bis ∼ 1 cm lang) .... **1874. E. parviflorum**
 B. St. anliegend behaart; B. gestielt (ohne herablaufende Linien); junge Bl. ± nickend
  1. B. am Grd. herzförmig od. fast herzförmig, kurzgestielt
   a) B. gezähnt-gesägt bis geschweift-gezähnelt
    x) St. einfach od. wenig-ästig; B. groß; Bl. 8–12 mm lang .... **1875. E. montanum**
    xx) St. meist vom Grd. an ästig; B. klein (1–5 cm lang, 5–15 mm breit); Bl. 4–6 mm lang .... **1877. E. collinum**
   b) B. ganzrandig (groß; Bl. 5–6 mm lang) .... **1876. E. hypericifolium**
  2. B. lanzettlich, am Grd. keilförmig, deutlich gestielt (mittlere grob gezähnelt) .... **1878. E. lanceolatum**
II. N. keulig- od. kopfförmig-verbunden (St. außer bei E. palustre ± kantig durch herablaufende Leisten)
 A. B. zu 3 od. 4 quirlständig .... **1885. E. alpestre**
 B. B. unten gegenständig, oben wechselständig
  1. St. stielrund ohne erhabene Linien (nur 2 Haarleisten) .... **1884. E. palustre**

2. St. kantig durch erhabene, herablaufende Leisten
   a) Pfl. niedrig; 0,04–0,25 hoch (s. auch E. roseum)
      x) Kr. ziemlich groß, 8–12 mm lang; Ausläufer unterirdisch (S. ohne Papillen) **1886. E. alsinifolium**
      xx) Kr, klein, 4–5 mm lang; Ausläufer oberirdisch
         /) St. einzeln, oberwärts weichhaarig; Kapsel meist weichhaarig (S. mit Papillen) . . . . **1887. E. nutans**
         //) St. zu mehreren, nur auf den Linien weichhaarig; Kapsel kahl (S. ohne Papillen) . . . . **1888. E. anagallidifolium**
   b) Pfl. groß (0,15)0,30–1,00 hoch (S. mit Papillen)
      x) B. sitzend od. mit abgerundetem Grd. sehr kurz gestielt
         /) Pfl. ohne Ausläufer; B.rosetten offen mit sehr kurzen Internodien u. laubartigen Niederb.; Bl. stets aufrecht
            §) B. hell-glänzendgrün, dicht gezähnt-gesägt; St. kahl od. fast kahl; Bl. klein . . . . **1881. E. adnatum**
            §§) B. graugrünlich, entfernt seichtgezähnelt; St. oberwärts angedrückt behaart; Bl. groß . . . . **1882. E. lamyi**
         //) Pfl. mit oberirdischen Ausläufern; Niederb. laubig; Bl. anfangs nickend **1883. E. obscurum**
      xx) B. ziemlich lang gestielt, in den Stiel verschmälert
         /) S. ohne durchscheinendes Anhängsel an der Spitze . . . . **1879. E. roseum**
         //) S. mit kleinem durchscheinendem Anhängsel an der Spitze . . . . **1880. E. adenocaulon**

1873. E. hirsútum L. (Abb. 272 f–h) Zottiges W.

♃, *H.* – H. 0,50–1,50. *Rhiz.* schon vor od. zur Bl.zeit *verlängert, fleischige, wurzelnde, unterirdische Spr.* treibend; *St. oberwärts stielrund, von* einfachen längeren u. kürzeren *drüsentragenden Haaren zottig; B. stengelumfassend,* mittlere mit blattartigem Grd. ein wenig herablaufend, lanzettl.-länglich; Kr. groß, purpurrot. VI–IX. 2 n = 36, (54), (18).

Bach- u. flußbegleitende Hochstaudenges.; nasse bis frische, nährstoffreiche Böden. – Verbreitet bis zerstreut (Gebg. seltener). – Eur., Vord.As. bis O-As., N-Afr.; euras-subozean-submed.

1874. E. parviflórum Schreb. Kleinblütiges W.

♃, *H.* – H. 0,15–0,60. Rhiz. zur Bl.zeit od. bald nachher *sitzende aber bald verlängerte Rosetten treibend; St. von einfachen Haaren zottig od. weichhaarig; B. sitzend, nicht stengelumfassend u. nicht herablaufend,* lanzettl., Kr. klein, hellviolett. VI–VII (IX). 2 n = 36.

Ufer- u. Kahlschlagges.; nasse bis frische, nährstoffreiche Böden. – Verbreitet u. meist häufig (Alp. bis 913 m). Eur., Vord. u. M-As., N-Afr., Kanar. Ins.; euras-submed.

1875. E. montánum L. Berg-W.

♃, *H.* – H. 0,30–1,00. *St. einfach od. wenigästig, vor dem Blühen mit nickender Spitze; B. ziemlich groß, eiförmig-lanzettl., ungleich-gezähnt-gesägt, die unteren kurzgestielt,* bis zur St.mitte gegenständig (selten 3- od. 4zählige Quirle bildend), *grasgrün; Bl.knospen eiförmig, kurzbespitzt;* Bl. mittelgroß, 8–12 mm lang, rosenrot od. weiß. VI–IX. 2 n = 36.

Buchen- u. Laubmischwaldges.; frische, nährstoffreichere, N-haltige Böden. – Verbreitet u. häufig, im O zerstreut (Alp. bis 1820 m). – Eur., Isl., N-Rußl., Vord. bis M-As.; no-euras(-subozean).

1876. E. hypericifólium Tausch Hartheublättriges W.

♃, *H.* – H. 0,30–0,90. St. weichhaarig; *B. ziemlich groß, eiförmig, zugespitzt, ganzrandig,* auf den Adern u. am Rande weichhaarig, die unteren gegenständig (sehr selten zu 3 quirlständig), gestielt; Bl. 5–6 mm lang; Kr. zuerst weiß, dann hellrosenrot. VI–IX.

Laubmischwälder. – Sehr selten: Thür. (ob bestätigt?). – Böhm. M-Gebg.

1877. E. collínum Gmel. Hügel-W.

♃, *H.* – H. 0,10–0,40. *St. meist vom Grd. an ästig; B. klein* (1–5 cm lang, 5–15 mm breit), *eiförmig, geschweift-gezähnelt,* sämtlich gestielt, nur die untersten gegenständig, *grau-grünlich,* derb; *Bl.knospen kugelig-eiförmig, stumpf;* Bl. klein (4–6 mm lang); Kr. anfangs weiß, zuletzt blaßrosenrot; S. wie bei vor., aber verhältnismäßig größer u. weniger papillös. VI–IX. 2 n = 36, (18).

Fels-, Mauerspalten- u. Grobschuttges.; meist kalkfreie Steinsubstrate, selten zwischen Kalksteingeröll. – Zerstreut bis verbreitet: M, S (Alp. bis 1060 m). – Eur. bis Rußl., Balk., Span., Grönl., Isl.; no-alp.

1878. E. lanceolátum Seb. et Mauri Lanzettliches W.

♃, *H.* – H. 0,20–0,60. St. weichhaarig, *vor dem Blühen mit aufrechter Spitze; B. graugrün, entfernt-gezähnt-gesägt, am keilförmigen Grd. ganzrandig, die unteren ziemlich langgestielt;* Bl.knospen eiförmig-länglich; Bl. schon anfangs fast aufrecht; Kr. erst weiß, dann rosa. V–VIII.

Kahlschlagges.; frische bis feuchte, nährstoffreiche, N-haltige Böden. – Zerstreut: W-D., insbes. im s. u. linksrheinischen Geb., daneben Westf., Neckar-Geb., Kaiserstuhl. – W- u. S-Eur., N-Afr., Kl.As.; subatl-submed.

1879. E. róseum Schreber Rosenrotes W.

♃, *H.* – H. 0,15–0,80. St. aufrecht, sehr ästig, reichbl., mit 2 od. 4 erhabenen Linien belegt, im Blst. oft mit eingestreuten Drüsenhaaren; *B. länglich, eiförmig-lanzettl., an beiden Enden spitz,* dicht-drüsig-gezähnelt, am Rand u. auf den Nerven fein behaart; Kr. klein, erst weißlich, dann blaßrosenrot; N. verkehrt-ei-keulenförmig; Kapsel mit gerundeten Kanten; S. warzig, ohne durchscheinendes Anhängsel. VII–X.

Bachuferbegleitende Staudenges., Röhrichte etc.; feuchte, nährstoffreiche, N-haltige Böden. – Verbreitet bis zerstreut u. selten (Alp. bis 913 m). – Eur., N-As. bis O-Sib., Kl.As. bis O-As.; (no-)euras-submed(-kont).

1880. E. adenocáulon Hausskn.

♃, *H.* – H. 0,20–0,60. St. aufrecht od. aufsteigend, mit 2 od. 4 erhabenen Linien, im Blst. drüsig; *B. ± eiförmig* bis eiförmig-lanzettl., gestielt, unregelmäßig gezähnelt, unterseits am Rand u. auf den Nerven etwas flaumig; Kr. klein, rotlila; N. keulenförmig; *S.* länglich, warzig, *an der Spitze mit durchscheinendem Anhängsel.* VII–X. 2n = 36.

Weg- u. Waldränder, Gärten, Kahlschläge etc. – Selten eingebürgert, u. a. Hamburg, Ostfriesland, Rheingeb. (Falkenstein, Eifel, Bröltal), Hess., Thür. (Weimar). – (Eur.); Heimat: N-Am.

1881. E. adnátum Grisebach Vierkantiges W.
(= E. tetragonum L. p. p.)

♃, *H.* – H. 0,30–1,25. *St.* steif aufrecht, ästig, fast kahl, *4kantig,* im Blst. nicht drüsig; *B. schmal-lanzettl.,* gezähnelt-gesägt, hell-glänzend-grün, kahl od. fast kahl, *mittlere sitzend, mit jedem ihrer beiden Ränder bis zum nächsten Paar gesondert herablaufend,* untere sehr kurz-gestielt, *obere lineal.-lanzettl.; Bl.knospen beidendig allmählich-verschmälert, ellipsoid.;* Kr. klein, rosenrot; S. ohne durchscheinendes Anhängsel. VII–IX. 2n = 36.

Bachbegleitende Staudenges. u. ähnliche Ges.; feuchte, nährstoffreiche, N-haltige Böden. – Zerstreut bis verbreitet: M, S. – Eur., N-Rußl., Sib. bis Alt., Kl.As., Pers., N-Afr.; submed-euras(-subozean).

1882. E. lámyi F. Schultz Lamys W.

♃, *H.* – H. 0,30–1,00. St. meist steif-aufrecht, einfach od. aufrecht-ästig, hart; *B. graugrünlich, mittlere lineal.-lanzettl., sehr kurz-gestielt, mit herablaufenden Rändern,* obere länglich-lanzettlich, spitz, *mit dem Saume nicht blattartig-herablaufend; Bl.knospen verkehrt-eiförmig, am Grd. plötzlich-verschmälert;* durch die mehr blaugrüne Farbe der kleineren, viel entfernter- u. seichter-gezähnelten B. u. die noch einmal so großen, rosenroten Bl. sowie frühere Bl.zeit von E. adnatum verschieden. VI–VIII (IX).

U. a. Kahlschlagges.; frische, warme, nährstoffreiche, N-haltige Böden. – Zerstreut: M, S. – Eur., Kl.As., Mad.; subatl-submed.

1883. E. obscúrum Schreb. Dunkelgrünes W.

♃, *H.* – H. (0,20)0,60–1,00. *St.* aufsteigend, leicht zerdrückbar, oberwärts weichhaarig, sehr ästig, *mit 2 bis 4 erhabenen Linien belegt; B. matt-dunkelgrün, linealisch-lanzettlich, sitzend* od. fast sitzend, *mit den Rändern jederseits 2 herablaufende Linien bildend, die sich meist zu einer vereinigen;* Kr. klein, trüb-rosenrot. VI–IX. 2 n = 36.

Quellfluren, Kahlschläge etc.; nasse, nährstoffreiche, N-haltige, kalkarme, mäßig saure Böden. – Zerstreut: M, S.-Eur., N-Afr.; subatl-submed.

1884. E. palústre L. Sumpf-W.

♃, *H.* – H. 0,10–0,50(0,70). Ausläufer unterirdisch, verlängert, fadenförmig, mit entfernten Niederb., *im Herbst eine endständige, zwiebelartige, aus fleischigen, dachigen Niederb. bestehende Knospe bildend;* St. aufrecht, kurzbehaart; *B. lanzettl. od. lineal., ganzrandig od. gezähnelt, am Rande zurückgerollt, mit keilförmigem Grd. sitzend;* Bl. in der Jugend meist nickend; Kr. fleischfarbig. VII–VIII (IX). 2 n = 36. Vielgestaltig.

Quellfluren, Braunseggensümpfe etc.; nasse, nährstoff- u. meist N-reichere, kalkfreie, neutral bis ± saure, humose Böden. – Verbreitet (Alp. bis 1240 m). – Eur., Isl., As., n. N-Am., Grönl.; no-euras, circ.

1885. E. alpéstre (Jacq.) Krocker Quirl-W.
(= E. trigonum Schrank)

♃, *H.*–H. (0,20)0,40–1,00. Herbstspr. unterirdisch, aufsteigend, mit dachigen, schuppigen, bräunlichen Niederb.; St. kräftig, meist einfach, mit 3 (selten 2 od. 4) erhabenen Linien belegt; *B. zu 3 od. 4 quirlständig sitzend, fast stengelumfassend od. die unteren kurz- u. breitgestielt,* länglich-eiförmig, zugespitzt, ungleich-gezähnelt, lebhaft-grün, oberseits glänzend; Kr. rosenrot. VII–IX. 2 n = 36.

Hochstaudenfluren, Lägerges.; frische, nährstoffreiche , meist N-reichere Lehmböden. – Verbreitet bis selten: Alp. u. Voralpen (bis 1840 m), Kaiserstuhl, Schwarzwald, Sächs. Erzgebg., Riesengebg. – Gebg. von Pyren. bis Karp., n. Balk.; praealp.

1886. E. alsinifólium Villars Mieren-W.

♃, *H.* – H. 0,10–0,25; *Rhiz.* unterirdisch, *mit breitgrundig-sitzenden, fleischigen, gelblichen Niederb. versehene Spr. treibend; St.* einfach, *fast kahl,* armbl.; *B. etwas gestielt, eiförmig-lanzettl., zugespitzt, geschweift- u. etwas entfernt-gezähnelt, kahl;* Bl. ziemlich groß, 8–12 mm lang; Kr. rosenrot; *Kapsel dicklich, später kahl.* VI–IX. 2 n = 36.

Subalp. Quellfluren; nasse, kalte, nährstoffreiche, humose Tonböden. – Verbreitet bis selten: Alp. (bis 2000 m), Schwarzwald, Bay. Wald, Riesengebg. – N-Eur., m- u. s-europ. Gebg.; arkt-alp.

1887. E. nútans Schmidt Nickendes W.

♃, *H.* – H. 0,05–0,15(0,30). Rhiz. kurz, einfach od. wenigästig, oberirdische, verlängerte, wurzelnde, entfernt-beblätterte Ausläufer treibend; *St. einzeln,* oberwärts nebst den Bl.stielen u. K. weichhaarig; *B. aus sitzendem od. kurzgestieltem, verschmälertem Grd. länglich, stumpf;* Kr. purpurn; *Kapsel weichhaarig,* sehr selten kahl. VII–IX.

Subalp. Quell- u. Flachmoorges.; nasse, kalte, nährstoffreiche, N-haltige, kalkfreie, meist torfige Böden. – Zerstreut u. selten: Alp. (bis 2200 m), Schwarzwald, Bay. Wald, Rhön, Erzgebg., Riesengebg., Isergebg. – Gebg. von Pyren. bis Karp.; alp.

1888. E. anagallidifólium Lam. Alpen-W.

♃, *H.* – H. (0,02)0,08–0,20. *Rhiz. verzweigt, blühende u. nichtblühende St. treibend;* die Spr. bleiben lange mit der Mutterpfl. vereinigt, während sie sich bei E. nutans bald ablösen; *St. zart, kahl,* nur auf den Linien weichhaarig; *B. länglich-verkehrt-eiförmig, stumpf, meist ganzrandig, am Grd. verschmälert, besonders die unteren ziemlich langgestielt;* Kr. blaßrot, sehr klein; *Kapsel zuletzt aufrecht, kahl.* VII–IX. 2n = 36 (18).

Subalp. Quellfluren; feuchte, nährstoffreiche, kalkfreie, mäßig saure, torfig-humose Böden. – Verbreitet bis selten: Alp. (1500–2300 m), Schwarzwald, Bay. u. Böhmer Wald, Erzgebg., Isergebg., Riesengebg. – N-Eur., m.- u. s.-europ. Gebg., Kl.As., Kauk., N-As., N-Am.; arkt-alp, circ.

Bastarde:

E. adnatum × collinum, E. adnatum × hirsutum, E. adnatum × lamyi, E. adnatum × lanceolatum, E. adnatum × montanum, E. adnatum × obscurum, E. adnatum × palustre, E. adnatum × parviflorum, E. adnatum × roseum, E. alpestre × montanum, E. alsinifolium × alpestre, E. alsinifolium × montanum, E. alsinifolium × nutans, E alsinifolium × obscurum, E. alsinifolium × palustre, E. alsinifolium × parviflorum, E. alsinifolium × roseum, E. anagallidifolium × nutans, E. collinum × lanceolatum, E. collinum × montanum, E. collinum × obscurum, E. collinum × palustre, E. collinum × parviflorum, E. collinum × roseum, E. hirsutum × lamyi, E. hirsutum × montanum, E. hirsutum × parviflorum, E. hirsutum × roseum, E. lamyi × lanceolatum, E. lamyi × montanum, E. lamyi × obscurum, E. lamyi × palustre, E lamyi × parviflorum, E. lamyi × roseum, E. lanceolatum × montanum, E. lanceolalatum × obscurum, E. lanceolatum × roseum, E. montanum × obscurum, E. montanum × palustre, E. montanum × parviflorum, E. montanum × roseum, E. nutans × palustre, E. obscurum × palustre, E. obscurum × parviflorum, E. obscurum × roseum, E. palustre × parviflorum, E. palustre × roseum.

479. Oenothera L. Nachtkerze

x = 7

I. St.spitzen zur Bl.zeit ± nickend, Krb. 11-20 mm lang . . . . **1889. Oe. muricata**
II. St. gerade
  A. K. grün, Krb. < 24–36 mm lang . . . . **1890. Oe. biennis**
  B. K. rot gestreift od. rot überlaufen, wenigstens an den späteren Bl.
    1. Gr. kurz, N. zwischen den Stbbtl., Fr. ohne auffälliges Krönchen, Krb. 20–25 mm lang **1891. Oe. strigosa**
    2. Gr. kurz, N. zwischen den Stbbtl. u. Fr. mit auffälligem Krönchen, od. Gr. sehr lang u. N. über den Stbbtl., Krb. 32–50 mm lang . . . . **1892. Oe. grandiflora**

Bemerkung: Die hier geführten sspp. werden auch als selbständige Arten od. Kleinarten aufgefaßt. Die systematische Stellung von Oe. beckeri Renner erscheint noch unklar. Verbreitung und Standort z. T. unsicher. Die Entstehung neuer Komplexkombinationen ist möglich.

1889. Oe. muricáta L. s. l. Kleinblütige N.

⊙, *H.* – H. 0,40–0,80(–1,00). St. ± stark nickend, seltener nicht nickend od. vom Grunde an schief, unten dunkelrot, oben grün; od. St. grün u. rot getupft; Krb. 11–20 mm lang, gelb. VI–VIII. 2n = 14. Umfaßt im Geb. (auch als Arten bewertet):

ssp. s y r t í c o l a (Bartlett) Tischler (= Oe. syrticola Bartl.); Gipfel des St. nickend; *St.* fein behaart, *fein rot getupft; B.* schmal, lanzettl., weichhaarig, *jung schmal rot besäumt;* K. erst grün, dann leicht rot überlaufen; K.zipfelspitzen am Grunde entfernt; Krb. 13 mm; Frkn. rot getupft, junge Fr. rotstreifig. – Donautal zwischen Ulm u. Wien, Iller bei Memmingen. – Herkunft: evtl. Pennsylvania.

ssp. p a r v i f l ó r a (L.) (= Oe. parviflora L., incl. Oe. pachycarpa Renner); Gipfel des St. fast nicht nickend; *St. unten dunkelrot, oben grün;* Basen der stärksten Haare farblos od. hellrot; *B. groß,* ziemlich *breit, bläulichgrün,* rotnervig, fast kahl, jung schmal rot besäumt; Blst. sehr dicht; Bl.knospen plump; K.zipfelspitzen kurz, entfernt, später rot überlaufen; Krb. 11 mm; *Fr.* meist sehr dick, *nicht rotstreifig,* Zähne des Krönchens eingekerbt. – Freiburg/Breisg., Rheinpf., Mannheim, obere Mosel, Berlin, Prenzlau, Friedrichshagen, Waldenburg/Schles.

ssp. r u b r i c ú s p i s (Renner) (= Oe. rubricuspis Renner); *St. unten* aufrecht, *dunkelbraunrot, oben grün mit roten Tupfen,* zur Bl. stark nickend; B. schmal u. lang, dunkelgrün, mit dunkelrotem Mittelnerv, rot besäumt, fast kahl; junge Rosettenb. rot überlaufen; K.-zipfel mit dünnen, geschweiften Spitzen, im oberen Teil purpurrot, im unteren gelblichen Teil rot getupft; Krb. 20 mm; Fr. mit dünnen Klappen. – Zwischen Neu-Isenburg u. Luisa bei Frankfurt/Main.

ssp. s i l e s í a c a (Renner) Tischler (= Oe. silesiaca Renner); *St.* zeitweilig stark nickend, *unten dunkelrot, oben grün;* Basen der stärksten Haare farblos od. hellrot; *B. schmal, lang, dunkelgrün,* rotnervig, fast kahl, jung schmal rot besäumt; Bl.knospen mit dünnen geschweiften K.zipfelspitzen; Krb. 20 mm; *Fr. nicht rotstreifig.* – Schles. (Boberufer bei Naumburg, Waldenburg, Breslau).

ssp. a m m ó p h i l a (Focke) Tischler (= Oe. ammophila Focke); *St. sehr stark nickend,* oft vom Grunde an schief, grob behaart, *rot getupft,* Tupfen auch auf die Kb. übergehend, oft zu großen roten Warzen werdend; *B.* schmal, lanzettl., weichhaarig, *nicht rotrandig;* K. hell-ziegelrot überlaufen; K.zipfelspitzen am Grunde entfernt; Krb. bis 16 mm; *Frkn. rotgetupft,* junge Fr. rotstreifig, Zähne der Fr. undeutlich. Ändert ab:

var. g e r m á n i c a (Boed.); K. braunrot, B.nerven rötlich.

Helm-Dünen, auf schwach salzhaltigem Dünensand, od. Binnenlandsdünen. – Helg., nordfries. u. ostfries. Ins., Elbtal von Hamburg bis Prag, Brand. – Sonst westfries. Ins.

Schuttunkrautges., Dünenges.; meist ± sandige Substrate.

1890. Oe. biénnis L. s.l. (Abb. 273 a–d) Gewöhnliche N.

①, ⊙, *H.* – H. 0,60–1,50(–2,00). St. gerade, grün od. unten rot überlaufen od. rot getupft; K. grün; Krb. < 24–36 mm lang, gelb. VI–VIII. 2 n = 14. Umfaßt im Geb. (auch als Arten bewertet):

ssp. c h i c a g i n é n s i s (De Vries) Löve et Löve (= Oe. chicaginensis De Vries); ①, H. bis 2,00; *St.* besonders stark, sehr brüchig, *unten pfirsichrot* überlaufen, *oben* fein *rotgetupft* (gefärbte Haarbasen); B. breit, bläulichgrün, *Mittelnerv rot;* Brakteen groß, gezähnt; Kr. schüsselförmig, Krb. < 24 mm – ca. 26 mm lang. – Berlin. – Heimat: N-Am.

ssp. b i é n n i s (= Oe. biennis L. s.str.); ⊙, *St. u. Frkn. nicht rotgetupft;* B. breit, grün, *mit* auf der Höhe der Entwicklung *rotem Mittelnerv; Krb. bis 28 mm lang;* Fr. grün. – Ändert ab mit hell-schwefelgelben Bl. (var. s u l f u r e a De Vries), schmallinealen Krb. (var. c r u c i a t a De Vries), sepaloiden Krb. u. schmalen Laubb. (var. a n g u s t i f o l i a Renner).

Verbreitet, stellenweise häufig, Ostpr. weniger. – Eingeschleppt u. vielerorts eingebürgert: Eur., Vord.As., Neuseel. – Heimat: N-Am. bis Mex.

ssp. r u b r i c a̋ u l i s (Kleb.) Stomps (= Oe. rubricaulis Kleb.); ⊙, *St. u. Frkn. rotgetupft;* B. bläulichgrün, *Nerv rot,* Rosettenb. über der Mitte am breitesten; *junge Blst.achsen rot;* Krb. 24 mm lang. – Bevensen, Brand., Berlin, W- u. Ostpr., Sachs., Schles. – Sonst z. B. Kiew, Gomel, Roslawl, Nikopol.

ssp. s u a v é o l e n s (Desf.) (= Oe. suaveolens Desf.); ⊙, *St. u. Frkn. nicht rot getupft;* B. breit, *Nerven farblos; Krb. bis 35 mm lang; Fr.*

Abb. 273. *a–d Oenothera biennis* ssp. *biennis* (*a* Sproßspitze mit Blüte u. Früchten, *b* Stengelblatt; *c* u. *d* Blüten, bei *d* Kronblätter entfernt); *e–h Circaea lutetiana* (*e* Sproßspitze mit Blütenständen; *f* u. *g* Blüten, bei *g* vorderes Kronblatt entfernt; *h* Frucht).

grün u. *sehr lang.* – Ändert ab mit hell-schwefelgelben Bl. (var. s u l f u r e a De Vries). – Friedrichshagen-Hirschgarten bei Berlin, Bremen. – Sonst z. B. Frankr., Jugosl.

Schuttunkrautges.; ± warme u. trockene, sandige od. kiesige u. lehmige Böden.

1891. Oe. strigósa Mack. et Bush s.l. Striegelhaarige N.

⊙, *H.* – H. bis über 2,00. St. gerade, nebst Frkn. rotgetupft; junge Blst.achsen rot überlaufen; K. rot gestreift od. rot überlaufen, wenigstens an den späteren Bl.; Krb. 20–25 mm lang, gelb. VI–VIII. 2n = 14. Umfaßt im Geb. (auch als Arten bewertet):

ssp. h u n g á r i c a (Borbás) Sóo (= Oe. depressa Greene, Oe. hungarica Borb. em. Polgár, Oe. Bauri Boed. fil.); B. ziemlich schmal, gedreht, mit hellrotem Nerv; *Blst. sehr locker,* die ersten Bl. immer, die späteren bei trübem Wetter geschlossen bleibend; *K. rot überlaufen,* seidig behaart; Krb. 20 mm lang; junge Fr. grün. – Berlin, Danzig, Thorn, Mohrungen, Breslau. – Sonst z. B. Prag, Saporoschje, Szeged, Raab.

ssp. m ó l l i s (Renner) (= Oe. mollis Renner, Oe. renneri H. Scholz), B. ziemlich schmal, nicht gedreht, weich behaart, rechtwinklig

abstehend; *Blst. dicht,* auffälllig breit gestutzt; K. u. junge Fr. *schwach rotstreifig;* Krb. bis 25 mm. VIII. – Jüterbog, Müncheberg(?), Berlin.
Sand, Schuttunkrautges.

1892. Oe. grandiflóra Ait. s.l. Großblütige N.

⊙, *H.* – H. bis 2,00. St. gerade, St. u. Frkn. rotgetupft; junge Blst.-achsen rot; Krb. 32–50 mm lang, gelb. VI–VIII. 2n = 14. Umfaßt im Geb. (auch als Arten bewertet):

ssp. e r y t h r o s é p a l a (Borbás) Löve et Löve (= Oe. Lamarckiana De Vries); B. groß, breit, buckelig, meist mit farblosem, selten mit rotem Nerv; K. u. junge Fr. rotstreifig; *Krb. bis 50 mm; Gr. sehr lang,* N. über den Stbbtl.; *Fr. ohne auffälliges Krönchen.* – Frankfurt/Main, Possenhofen/Starnberger See. – Sonst z. B. Calais, Bretagne, Guernesey, Hallein.

ssp. c o r o n í f e r a (Renner) (= Oe. coronifera Renner); H. bis 2,00; B. sehr groß, breit, spitz; K. rot gestreift od. rot überlaufen, wenigstens an den späteren Bl.; Kb. fein bespitzt; Kr. schüsselförmig, *Krb. bis 32 mm lang u. breit; Gr. kürzer,* N. zwischen den Stbbtl., *Fr. mit auffälligem Krönchen.* – Brand. (Kloster Zinna), Berlin.

Auf sandigen Substraten.

Bastarde:
Verschiedene Bastarde zwischen den Sippen sind im Geb. beobachtet worden (s. u. a. Renner, 1956; Rostanski, 1965).

480. Circǽa L. Hexenkraut

x = 11

I. Bl.stiele ohne Tragb. (Krb. so lang wie der K.; Fr. 2fächerig, Fächer gleich) .... **1893. C. lutetiana**
II. Bl.stiele mit kleinen borstlichen Tragb.
  A. N. ausgerandet 2lappig; Krb. so lang wie der K.; Fr. 2fächerig (Fächer ungleich) .... **1894. C. intermedia**
  B. N. schwach ausgerandet; Krb. kürzer als der K.; Fr. 1fächerig .... **1895. C. alpina**

1893. C. lutetiána L. (Abb. 273 e–h) Gemeines H.

♃, *G.* – H. 0,20–0,60. St. aufrecht; *B.* eiförmig, am Grd. bisweilen schwach-herzförmig, gezähnelt, *mit ungeflügeltem, oberseits rinnigem Stiele; Deckb. fehlend; Krb. so lang wie der K.,* anfangs rötlich, später weiß; N. ausgerandet 2lappig, *Fr. verkehrt-eiförmig,* mit widerhakigen, starren, locker-stehenden Borsten besetzt; Fr.fächer meist gleichgroß. VI–VIII. 2n = 22. Ändert ab:

var. g l a b é r r i m a Lasch; Pfl. ganz kahl. – Zerstreut.

Buchen- u. Laubmischwaldges., Auenwaldges.; nasse bis feuchte, nährstoffreiche, humose, lehmige od. tonige Böden. – Verbreitet (Alp. bis 1150 m). – Eur., As., N-Afr., N-Am.; euras-subozean(-submed), circ.

1894. C. intermédia Ehrh. Mittleres H.

♃, *G.* – H. 0,10–0,40. St. aufrecht, kahl bis fast kahl; B. herz-eiförmig, geschweift-gezähnt; *am Grd. der Bl.stiele kleine borstenförmige Deckb.; Krb. so lang wie der K.,* rötlich od. weiß; *Fr. fast kugelig-verkehrt-eiförmig,* mit widerhakigen, weichen, dichtstehenden Borsten besetzt, *meist fehlschlagend,* Fr.fächer meist ungleichgroß. VI–VIII. 2n = 22.

Laubmischwaldges., Auenwaldges.; feuchte, nährstoffreiche, humose Böden. – Zerstreut, über größere Geb. fehlend (Alp. bis 1200 m). – Eur. (insbes. n. Teile); subatl(-submed).

1895. C. alpína L. Alpen-H.

♃, *G.* – H. 0,04–0,25. St. ± aufsteigend, unten kahl; *B.* rundlich-eiförmig, am Grd. deutlich herzförmig, geschweift-gezähnt, *mit geflügeltem, oberseits flachem Stiele, fettglänzend; am Grd. der Bl.stiele kleine borstenförmige Deckb.; Krb. kürzer als der K.,* anfangs rötlich, später weiß. VI–VIII. 2n = 22.

Buchen- u. Laubmischwaldges., Schluchtwaldges.; feuchte, nährstoffreiche, meist kalkarme u. z. T. auch steinige Böden. – Verbreitet bis selten: besonders Alp. (bis 1510 m) u. höhere M-Gebg.; im N seltener, streckenweise fehlend. – Eur., gem. As., Chin., Jap., N-Am.; no-subozean(-euras), circ.

100. Fam. HALORAGACEAE R. Br.
Seebeerengewächse

481. Myriophyllum L. Tausendblatt

x = 7

I. B.quirle 4- (selten 3- od. 5)zählig; obere Deckb. ungeteilt, kürzer als die Bl.
  A. B. mit (7) 9–18 Seitenabschnitten; Bl. z. T. einzeln, z. T. quirlig stehend . . . . **1896. M. alterniflorum**
  B. B. mit 13–38 Seitenabschnitten; Bl. alle quirlig angeordnet . . . . **1897. M. spicatum**

II. B.quirle 5- (vereinzelt auch 4- od. 6)zählig; Deckb. sämtlich kammförmig-fiederspaltig, so lang od. länger als die Bl. . . . . **1898. M. verticillatum**

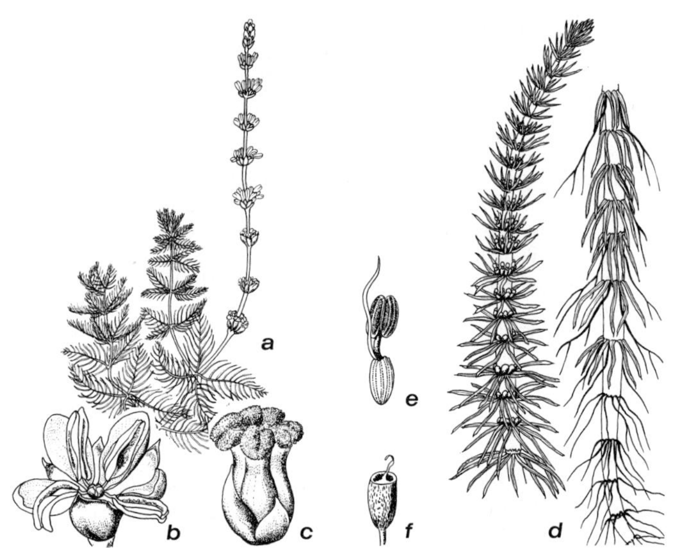

Abb. 274. *a–c Myriophyllum spicatum* (*a* Sproßspitze mit Blütenstand, *b* Blüte, *c* Frucht); *d–f Hippuris vulgaris* (*d* Habitus, *e* Blüte, *f* Furcht).

1896. M. alterniflórum DC. Wechselblütiges T.

♃, *HH.* – St. der Wasserform (0,10)0,22–1,25 lang; Pfl. zarter als folg.; B.quirle 4- (selten 3)zählig, ihre meist *wechselständigen Fiederzipfel haarfein* (etwa 0,1 mm dick); *Ähren vor dem Aufblühen überhängend;* oben meist mit wechselständigen ♂-Bl., unten mit quirlständigen ♀-Bl.; Krb. gelblich. VI–VIII. 2n = 14. Meist Wasser-, seltener Landformen.

Strandlingges., in nährstoff- u. kalkarmem, ± saurem, stehendem Wasser. – Zerstreut, aber geb.weise häufiger: NW-D.; nach NO zerstreuter; im m. u. s. Geb. selten, über größere Strecken (u. a. in Ostpr., Schles., Thür. u. Alp.) fehlend; s. bis Bodensee. – W-Eur. von Lappl. bis Port., ö. bis Nowgorod; W-Med.; Isl., Grönl., NO-Am.; no-subatl.

1897. M. spicátum L. (Abb. 274a–c) Ährenblütiges T.

♃, *HH.* – St. der Wasserform (0,20)0,40–2,75 lang; B.quirle 4- (selten 3- od. 5)zählig, ihre *meist ± gegenständigen Fiederzipfel* borstlich (etwa 0,1–0,3 mm dick); *junge Ähren aufrecht; Bl. in 4zähligen Quirlen;* Krb. rötlich. VI–VIII. 2n = 42. Meist Wasser-, seltener Landformen.

Schwimmblatt-Bestände, in nährstoffreichem, oft kalkreichem, meist stehendem od. auch langsam fließendem Wasser. – Verbreitet im ganzen Geb. (Alp. bis 800 m). – Eur., As., Afr., N-Am.; no-euras-submed.

1898. M. verticillátum L. Quirlblütiges T.

♃, *HH.* – St. der Wasserform (0,20)0,50–3,00; B.quirle 5- (vereinzelt 4- od. 6)zählig; B. mit 24–35 linealen, *meist gegenständigen Fiederzipfeln; Ähren stets aufrecht; Bl. in meist 6zähligen Quirlen;* Deckb.länge sehr variabel; Krb. rötlich. VI–VIII. 2n = 28, 42. Meist Wasser-, seltener Landformen.

Schwimmblatt-Bestände, in nährstoffreichem, oft kalkarmem, stehendem Wasser. – Zerstreut bis verbreitet, geb.weise häufiger; Alp. fehlend. – Eur., gem. As., Kl.As., Pers., N-Am.; euras-submed.

2. Unterordn. Hippuridíneae

101. Fam. HIPPURIDACEAE Link
Tannenwedelgewächse

482. Hippuris L. Tannenwedel
x = 8

1899. H. vulgáris L. (Abb. 274 d–f) Gewöhnlicher T.

♃, *HH.* – St. der halbsubmersen Form aufrecht bis 1,90 lang; bl.tragender Teil 0,15–0,30(0,50) lang, außerhalb des Wassers; selten flutend mit verlängerten St. u. B.; B. lineal., zu (4) 6–16 in Wirteln; Bl. b.winkelständig, sitzend, sehr klein, grün; Krb. fehlend. V–VIII. 2n = 32, 30. Meist halbsubmerse, seltener submerse u. terrestrische Formen.

Wasserpflanzenges., Röhrichte, in nährstoffreichem, meist kalkhaltigem, stehendem od. langsam fließendem Wasser. – Verbreitet im ö. N-D., im übrigen Geb. zerstreut, in den kalkarmen Geb. seltener od. fehlend (Alp. bis 1600 m). – Eur., W-As.; Grönl., N-Am., s. S-Am.; Austr.; no-euras-med.

43. Ordn. Umbelliflórae

102. Fam. CORNACEAE Dum.
Hartriegelgewächse

483. Cornus L. Hartriegel
x = 9, 11

I. Bl. in Doldenrispen, ohne Hüllb.
 A. B. beiderseits grün; Fr. schwarz .... **1900. C. sanguinea**
 B. B. unterseits grünlich-grau; Fr. weiß .... **1901. C. stolonifera**
II. Bl. in einfachen Dolden od. fast doldigen Blst., mit 4 Hüllb.

A. Hüllb. gelblichgrün, frühzeitig abfallend; Bl. gelb; Pfl. ♄ .... 1902. C. mas
B. Hüllb. weiß, lange bleibend; Bl. rot; Pfl. ♃ ..... 1903. C. suecica

1. Subgen. Thelycránia

1900. C. sanguínea L. (Abb. 275 a–d) Roter H.

♄, *N, M.* – H. 1,00–5,50. Einjährige Zweige im Herbst u. Winter blutrot od. braunrot; Äste ± aufrecht; *B. breit-ellipt. od. eiförmig, kurz zugespitzt, beiderseits grün u. kurzhaarig,* Seitennervenpaare 3–4 (5); Krb. weiß; Steinfr. blauschwarz, weißlich punktiert. V–VI. 2n = 22.
Gebüsche, Hecken, Laubmischwälder; ± frische, nährstoffreiche, meist kalkhaltige, lehmige Böden. – Zerstreut u. seltener im n. Flachland; verbreitet u. meist häufig in M- u. S-D. (Alp. bis 900 m, Jura bis 1010 m); in Silikatgeb. seltener. – Gem. Eur. bis N-Med., M- u. S-Rußl.; Kurd.; submed-subatl.

1901. C. stolonífera Michx. Weißer H.
[= C. alba L. ssp. stolonifera (Michx.) Wangerin]

♄, *N, M.* – H. 1,00–3,00. Pfl. mit wurzelnden Ausläufern; einjährige Zweige im Herbst meist purpurrot; Äste mehr ausgebreitet u. überhängend; *B. ellipt. od. ellipt.-eiförmig, schlank zugespitzt, unterseits grünlichgrau,* oft fast kahl, Seitennervenpaare 5–7; Krb. weiß; Steinfr. weiß od. hellbläulich. VI–VII. 2n = 22. Formenreich.
Gepflanzt u. verschiedentlich verwildert. – Heimat: n. N-Am. (Alaska bis Neuf., s. bis Pa., Indiana, Ill.).

2. Subgen. Córnus

1902. C. más L. Kornelkirsche

♄, *M.* – H. 2,00–6,00. Äste grün, kahl, jung angedrückt behaart; B. eiförmig od. elliptisch, lang zugespitzt, mit 4–5 Seitennervenpaaren; *Dolden vor den B. erscheinend, so lang od. länger als die 4b. Hülle;* Kr. gelb; Steinfr. hängend, länglich, glänzend-kirschrot. (II) III–IV. 2n = 18, (27).
Eichenwälder, Gebüsche; frische, nährstoff- u. meist kalkreiche, lehmige Böden. – Zerstreut u. selten in M- u. S-D., n. etwa bis Aachen – S-Nieders. – Harz – Thür.; im S: Saar-Mosel-Geb., Fränk. Jura-Geb.; daneben häufig gepflanzt u. verschiedentlich verwildert. – Belg.-Frankr. bis SO-Eur., S-Rußl., Kauk., Armen.; M-Ital. bis Kl.As.; o-submed.

3. Subgen. Arctocránium

1903. C. suécica L. Schwedischer H.

♃, *H.* – H. 0,05–0,15(0,25). St. krautig, 4kantig; B. sitzend, eiförmig bis länglich, obere größer als untere; *Dolden gestielt, höchstens halb so*

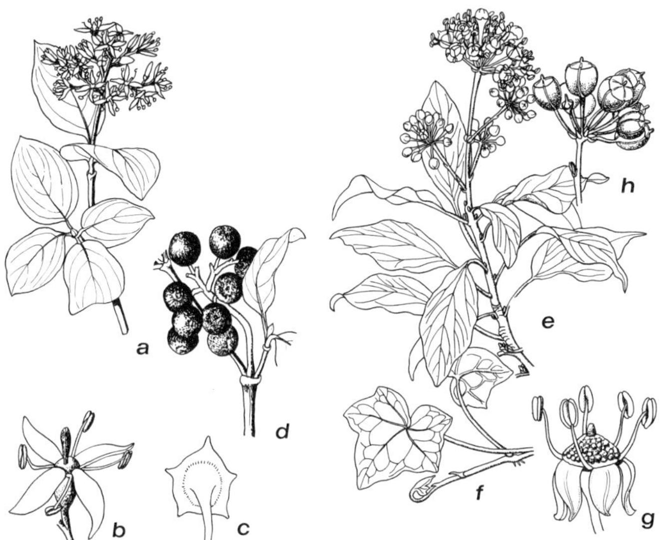

Abb. 275. *a–d Cornus sanguinea* (*a* Zweig mit Blütenstand, *b* Blüte, *c* Kelch, *d* Früchte); *e–h Hedera helix* (*e* Zweigspitze mit Blütenständen, *f* Laubblätter von Schattentrieben, *g* Blüte, *h* Früchte).

lang wie die 4b., weiße Hülle; Kr. purpurrot; Steinfr. kugelig, scharlachrot. V–VI. 2n = 22.

Gebüsche, Waldränder; frisch-feuchte, meist amoorige, torfige Böden. – Zerstreut, selten bis sehr selten von Ostfr. bis Schl.Holst.; Kolberg. – Skand., N-Engl., Holl., NW-D., Estl., N-Rußl., NO-As., n. N-Am.; no-subarkt.

103. Fam. ARALIÁCEAE Juss.
Efeugewächse

484. Hedera L. Efeu

x = 12

1904. H. hélix L. (Abb. 275 e–h)

♄, *Ch–MM.* – St. kriechend od. mit zahlreichen, kurzen Haftw. bis über 20 m hoch kletternd; B. lederartig, immergrün, später kahl, oberseits glänzend, untere u. mittlere 3- bis 5eckig, gelappt, oberste eiförmig, zugespitzt; Dolden einfach; Bl.stiele behaart; Krb. innen grün; Fr. eine Beere, kugelig, schwarz, erst im folgenden Frühjahr reifend. VIII–X. 2n = 48.

Laubmischwaldges.; frische, nährstoffreiche Böden. – Zerstreut in N- u. O-D., im übrigen Geb. verbreitet u. häufig (Alp. bis 1230 m); Bl. u. Fr.reife im N des Geb. seltener od. fehlend, im S nur in tieferen Lagen. – Gem. Eur. bis Med., Kl.As., Pers., Kauk.; subatl-submed.

104. Fam. UMBELLÍFERAE Juss. (= Apiáceae Lindl.) Doldenblütler

I. B. ungeteilt od. handförmig-gelappt bis -geteilt od. B. lang-dornig-gezähnt
  A. B. schildförmig (am Rande gekerbt) .... **485. Hydrocotyle**
  B. B. nicht schildförmig
    1. B. handförmig-gelappt bis -geteilt od. dornig-gezähnt
      a) B. nicht dornig-gezähnt
        x) Dolde unregelmäßig, aus Köpfchen zusammengesetzt; Hüllb. klein .... **486. Sanicula**
        xx) Dolde einfach, mit ± gefärbten, großen Hüllb.
          /) Teilfr. glatt, mit 5 fadenförmigen Rippen . **487. Hacquetia**
          //) Teilfr. mit 5 stumpfen, faltig-gezähnten, hohlen Rippen **488. Astrantia**
      b) B. dornig-gezähnt .... **489. Eryngium**
    2. B. einfach, ungeteilt, ganzrandig (Dolden zusammengesetzt) **490. Bupleurum**

II. B. einfach- od. mehrfach-gefiedert, -fiederteilig od. -fiederspaltig (selten B. kurz-dornig-gesägt, sehr selten Grdb. ungeteilt; Dolden zusammengesetzt)
  A. Bl. gelb od. grünlich-gelb
    1. Fr. vom Rücken her deutlich zusammengedrückt, z. T. linsenförmig
      a) Hüllchenb. fehlend od. nur 1–2
        x) Fiederb.chen haarzipfelig-fadenförmig geteilt . **510. Anethum**
        xx) Fiederb.chen lineal. od. breit-eiförmig
          /) Fiederb.chen lineal. .... **520. Peucedanum**
          //) Fiederb. breit-eiförmig .... **521. Pastinaca**
      b) Hüllchenb. vorhanden, 3 u. mehr
        x) Hüllb. fehlend od. nur 1–2 (nur ausnahmsweise mehr)
          /) B. einfach gefiedert (Fiedern oft gelappt od. auch handförmig geteilt) .... **522. Heracleum**
          //) B. 2- bis 3fach gefiedert
            §) Fiederb.chen breit-eiförmig .... **518. Angelica**
            §§) Fiederb.chen lineal .... **520. Peucedanum**
        xx) Hüllb. vorhanden, 3 u. mehr
          /) Fiederb.chen mit lineal.-lanzettl. Zipfeln; K. 5zähnig **520. Peucedanum**
          //) Fiederb.chen breit-verkehrt-eiförmig; K. undeutlich **519. Levisticum**

2. Fr. nicht vom Rücken her deutlich zusammengedrückt, nicht linsenförmig
   a) Hüllchenb. fehlend od. weniger als 3
      x) Fiederb.chen haarzipfelig-fadenförmig geteilt **509. Foeniculum**
      xx) Fiederb.chen breit-eiförmig . . . . **536. Smyrnium**
   b) Hüllchenb. vorhanden, 3 u. mehr
      x) Hüllb. fehlend od. 1- bis 3blättrig
         /) Fiederb.chen bzw. Zipfel schmal-lineal.-lanzettl. **511. Silaum**
         //) Fiederb.chen bzw. Zipfel eiförmig . . . . **493. Petroselinum**
      xx) Hüllb. zahlreich . . . . **525. Laserpitium**

B. Bl. weiß, grünlich-weiß od. rötlich

1. Fr. deutlich geschnäbelt
   a) Fr. deutlich gerippt
      x) Schnabel mehrmals länger als die Fr., Fr. bis 8 cm lang **532. Scandix**
      xx) Schnabel viel kürzer als die Fr., Fr. bis 2,5 cm lang **533. Myrrhis**
   b) Fr. nicht gerippt, Schnabel (reif deutlich) gerippt; Fr. mit Schnabel etwa 1 cm lang . . . . **531. Anthriscus**
2. Fr. ungeschnäbelt od. undeutlich geschnäbelt
   a) Fr. stachelig od. borstig
      x) Fr. vom Rücken her stark zusammengedrückt, linsenförmig
         /) B. einfach-gefiedert, Abschnitte breit-eiförmig **523. Tordylium**
         //) B. 2- bis 3fach-gefiedert, Abschnitte schmal-längl. bis lineal. **527. Orlaya**
      xx) Fr. nicht linsenförmig-zusammengedrückt
         /) Hüllb. 3teilig od. fiederspaltig . . . . **526. Daucus**
         //) Hüllb. nicht fiederspaltig od. fehlend
            §) Fr. 20–25 mm lang . . . . **533. Myrrhis**
            §§) Fr. unter 20 mm lang
               +) Borsten od. Stacheln in Reihen auf den Haupt- od. Nebenrippen . . . . **528. Caucalis**
               ++) Borsten od. Stacheln unregelmäßig angeordnet, nicht in Reihen . . . . **529. Torilis**
   b) Fr. ohne Stacheln od. lange Borsten, glatt od. behaart, selten kurzborstig
      x) Fr. vom Rücken her stark zusammengedrückt, z. T. linsenförmig
         /) Rückenrippen der Fr. deutlich geflügelt
            §) Randrippenflügel an der Fr.fugenfläche auseinanderklaffend . . . . **514. Selinum**
            §§) Randrippenflügel an der Fr.fugenfläche zusammenschließend . . . . **517. Conioselinum**
         //) Rückenrippen nicht geflügelt od. niedrig od. nur fädlich bis undeutlich
            §) B. einfach-gefiedert, nicht 3zählig (Fiedern oft gelappt od. auch handförmig geteilt) . . . . **522. Heracleum**
            §§) B. 2- bis 4fach gefiedert od. einfach- bis fast doppeltdreizählig

+) Rückenrippen der Fr. deutlich, meist ± scharfkantig vorspringend; Randrippenflügel an der Fr.fugenfläche auseinanderklaffend 518. **Angelica**

++) Rückenrippen der Fr. nur schwach bzw. stumpf vorspringend; Randrippenflügel an der Fr.fugenfläche zusammenschließend . . 520. **Peucedanum**

xx) Fr. nicht vom Rücken her stark zusammengedrückt, nicht linsenförmig

/) Fr. behaart od. kurz-borstig

§) Fr. 20–25 mm lang (zylindrisch, an den Kanten borstig; Pfl. aromatisch) . . . . 533. **Myrrhis**

§§) Fr. kleiner

+) Hüllchenb. 0 od. 1–2 . . . . 500. **Pimpinella**

++) Hüllchenb. 3 u. mehr

α) Fr. dicht zottig weißlich behaart 508. **Athamanta**

β) Fr. kurz u. locker behaart (später meist ± verkahlend)

†) Hüllb. 0 od. 1–3 (sehr selten bis 5) 505. **Seseli**

††) Hüllb. zahlreich (nur ausnahmsweise wenige) . . . . 504. **Libanotis**

//) Fr. kahl

§) B. einfach 3zählig gefiedert od. Fiederb.chen 1. Ordn. nochmals (bisweilen unvollständig) 3zählig-gefiedert, -fiederspaltig od. -gelappt

+) Fiederb.chen rundlich, gelappt od. gekerbt (unterseits bläulich bereift) . . . . 524. **Laser**

++) Fiederb.chen eiförmig bis lanzettl. od. lang-lineal.

α) Fr. 8flügelig (Fiederb.chen eiförmig) 525. **Laserpitium**

β) Fr. ungeflügelt

†) Hüllb. u. Hüllchenb. fehlend (nur ausnahmsweise 1–2); Fiederb.chen eiförmig 501. **Aegopodium**

††) Hüllb. u. Hüllchenb. zu mehreren, (2) 3–8

△) B.abschnitte lineal., scharf kurzdornig-gesägt; Fr. schmal-längl. 497. **Falcaria**

△△) B.abschnitte elliptisch bis lanzettl., gesägt; Fr. breit-eiförmig 494. **Sison**

§§) B. einfach od. mehrfach gefiedert od. fiederschnittig, nicht einfach- od. doppelt-dreizählig (selten Grdb. ungeteilt)

+) B. einfach gefiedert; B.chen zuweilen tief gespalten (od. nur submerse B. mehrfach gefiedert)

α) Hüllchenb. 3 bis zahlreich

†) St. ganz od. zumindest am Grd. niederliegend u. wurzelnd, od. St. flutend (Dolden scheinbar b.gegenständig) 492. **Apium**

††) St. aufrecht

△) Pfl. mit unterirdischen Ausläufern (St. fast stielrund; Hüllb. u. Hüllchenb. kaum hautrandig) ..... **503. Berula**

△△) Pfl. ohne unterirdische Ausläufer (St. meist kantig gefurcht; Hüllb. u. Hüllchenb. deutlich weißlich-hautrandig) **502. Sium**

β) Hüllchenb. fehlend od. nur 1–2

†) Dolden klein, meist kurzgestielt, end- od. scheinbar b.gegenständig; Krb. oft etwas grünlichweiß; Fr. von der Seite gesehen kreisrund .... **492. Apium**

††) Dolden mittelgroß, mehrere cm lang gestielt, endständig; Krb. weiß, rosa, rot od. purpurn; Fr. eiförmig od. länglich-eiförmig **500. Pimpinella**

++) B. 2- bis mehrfach-gefiedert (selten nur die untersten einfach gefiedert)

α) Hüllb. fehlend od. 1–2 (sehr selten u. ausnahmsweise mehr)

†) Hüllchenb. fehlend od. 1–2 (3) (vergl. 499 b. Conopodium)

△) Bl. ☿; unterstes Fiederb.chenpaar 2. Ordn. an die Spindel herabgerückt u. mit dem gegenüberstehenden kreuzweise gestellt .... **498. Carum**

△△) Bl. ♂ od. ♀; unterstes Fiederb.chenpaar 2. Ordn. nicht kreuzweise gestellt .... **491. Trinia**

††) Hüllchenb. 3 u. mehr

△) Fr. 3- bis 6mal so lang wie breit **530. Chaerophyllum**

△△) Fr. höchstens 2mal so lang wie breit

□) K. fehlend, undeutlich od. nur als schmaler Saum

○) Fr. 2knotig, aus 2 kugeligen Teilfr. gebildet (breiter als lang) .. **538. Bifora**

○○) Fr. nicht aus 2 kugeligen Teilfr. gebildet (nicht breiter als lang)

◊) B.zipfel haardünn, fast quirlig-gebüschelt (Pfl. stark aromatisch) **512. Meum**

◊◊) B.zipfel nicht haarförmig-fein, immer abgeflacht u. nicht quirliggestellt

▽) Hüllchenb. (3) einseitswendig angeordnet (Fr.-rippen 3kantig vorspringend)
507. Aethusa

▽▽) Hüllchenb. allseitswendig (bisweilen einseitig stärker entwickelt u. dann Fr.rippen nicht od. kaum vorspringend)

⊕) St. am Grd. mit ± kugeliger Knolle
499 b. Conopodium

⊕⊕) St. ohne kugelige Knolle

*) Hüllchenb. lineal.-pfriemlich; Krb. weiß (Fr.rippen stark 3kantig-vorspringend)

†) Pfl. 0,30–0,60 (1,00) hoch; Fr.rippen nicht hohl, kaum gegeflügelt
513. Cnidium

††) Pfl. 0,60–1,50 hoch; Fr.rippen hohl, etwas geflügelt
516. Cenolophium

**) Hüllchenb. lanzettl., ± hautrandig; Krb. oft rot od. rötlich (Fr.rippen schwach 3kantig vorspringend)
515. Ligusticum

□□) K.zähne deutlich vorhanden

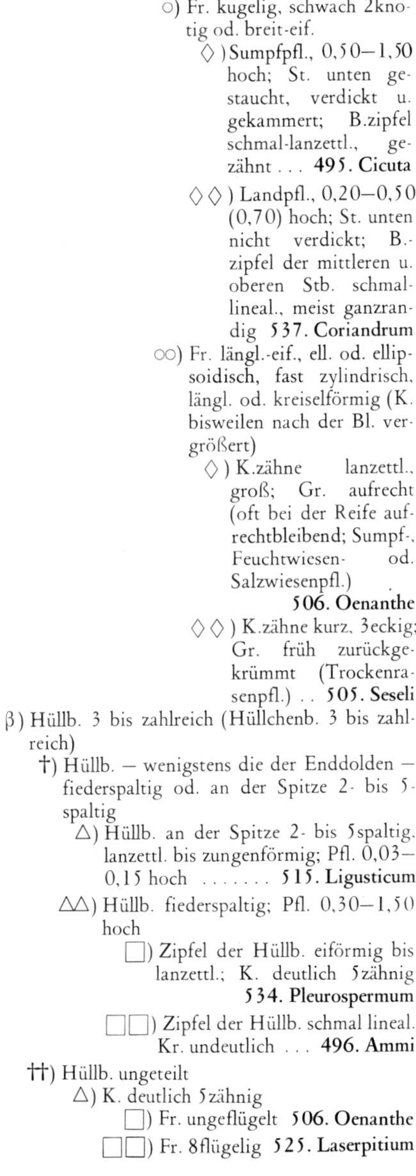

○) Fr. kugelig, schwach 2knotig od. breit-eif.

◇) Sumpfpfl., 0,50–1,50 hoch; St. unten gestaucht, verdickt u. gekammert; B.zipfel schmal-lanzettl., gezähnt . . . **495. Cicuta**

◇◇) Landpfl., 0,20–0,50 (0,70) hoch; St. unten nicht verdickt; B.-zipfel der mittleren u. oberen Stb. schmal-lineal., meist ganzrandig **537. Coriandrum**

○○) Fr. längl.-eif., ell. od. ellipsoidisch, fast zylindrisch, längl. od. kreiselförmig (K. bisweilen nach der Bl. vergrößert)

◇) K.zähne lanzettl., groß; Gr. aufrecht (oft bei der Reife aufrechtbleibend; Sumpf-, Feuchtwiesen- od. Salzwiesenpfl.) **506. Oenanthe**

◇◇) K.zähne kurz, 3eckig; Gr. früh zurückgekrümmt (Trockenrasenpfl.) . . **505. Seseli**

β) Hüllb. 3 bis zahlreich (Hüllchenb. 3 bis zahlreich)

†) Hüllb. – wenigstens die der Enddolden – fiederspaltig od. an der Spitze 2- bis 5-spaltig

△) Hüllb. an der Spitze 2- bis 5spaltig, lanzettl. bis zungenförmig; Pfl. 0,03–0,15 hoch . . . . **515. Ligusticum**

△△) Hüllb. fiederspaltig; Pfl. 0,30–1,50 hoch

□) Zipfel der Hüllb. eiförmig bis lanzettl.; K. deutlich 5zähnig **534. Pleurospermum**

□□) Zipfel der Hüllb. schmal lineal.; Kr. undeutlich . . . **496. Ammi**

††) Hüllb. ungeteilt

△) K. deutlich 5zähnig

□) Fr. ungeflügelt **506. Oenanthe**

□□) Fr. 8flügelig **525. Laserpitium**

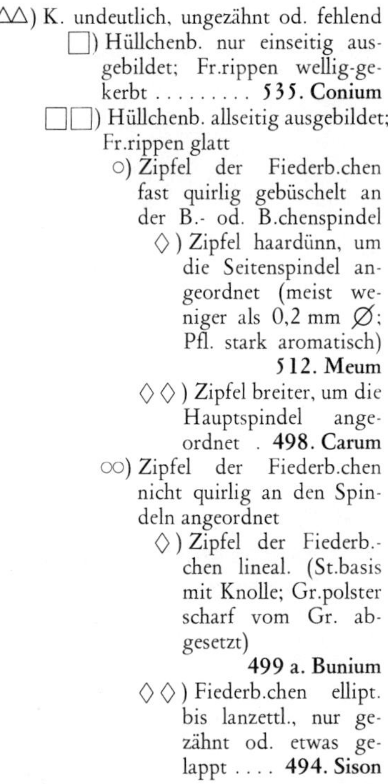

△△) K. undeutlich, ungezähnt od. fehlend

□) Hüllchenb. nur einseitig ausgebildet; Fr.rippen wellig-gekerbt . . . . **535. Conium**

□□) Hüllchenb. allseitig ausgebildet; Fr.rippen glatt

○) Zipfel der Fiederb.chen fast quirlig gebüschelt an der B.- od. B.chenspindel

◇) Zipfel haardünn, um die Seitenspindel angeordnet (meist weniger als 0,2 mm ∅; Pfl. stark aromatisch) **512. Meum**

◇◇) Zipfel breiter, um die Hauptspindel angeordnet . **498. Carum**

○○) Zipfel der Fiederb.chen nicht quirlig an den Spindeln angeordnet

◇) Zipfel der Fiederb.chen lineal. (St.basis mit Knolle; Gr.polster scharf vom Gr. abgesetzt) **499 a. Bunium**

◇◇) Fiederb.chen ellipt. bis lanzettl., nur gezähnt od. etwas gelappt . . . . **494. Sison**

1. Subfam. H y d r o c o t y l o í d e a e

485. Hydrocotyle L. Wassernabel

x = 6?, 8? (9, 11)

1905. H. vulgáris L. (Abb. 276 a–c)

♃, *H.* – St. fadenförmig, kriechend, an den Knoten wurzelnd, (0,10) 0,30–0,60(2,00) lang; B. lang gestielt, schildförmig, kreisrund, gekerbt; Dolden kopfförmig, 3- bis 5bl., Stiel kürzer als der Stiel des Tragb.; Kr. sehr klein, weißlich od. rötlichweiß; Fr. rundlich, scheibenartig, bis 2,5 mm breit. VII–VIII. 2n = 96. Meist Landformen, seltener Schwimmblatt- od. submerse Wasserformen.

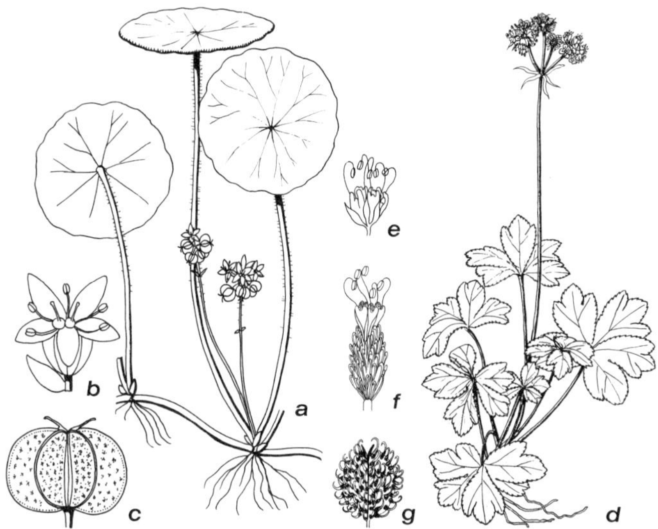

Abb. 276. *a–c Hydrocotyle vulgaris* (*a* Sproßausschnitt mit Blütenständen, *b* Blüte, *c* Frucht); *d–g Sanicula europaea* (*d* Habitus; *e* ♂-, *f* ☿-Blüte; *g* Frucht).

Braunseggensümpfe, Feuchtwiesen u. a.; nasse, schwach saure, nährstoffärmere Flachmoortorfböden. – Verbreitet: N- u. M-D; zerstreut bis selten: S-D. (obere bay. Hochebene bis 700 m). – Eur., n. bis S-Skand., s. bis Griech., Kasp. Meer, NW-Afr.; euras-subozean(-submed).

2. Subfam. S a n i c u l o í d e a e

486. Sanícula L. — Sanikel

x = 8

1906. S. europāéa L. (Abb. 276 d–g) — Wald-S.

♃, *H.* – H. 0,20–0,40(0,50). St. aufrecht; Grdb. ± langgestielt, herzförmig-rundlich, handförmig 3- bis 5teilig, mit ± tief 3lappigen Abschnitten, Lappen eingeschnitten-gesägt; Stb. – wenn vorhanden – klein u. meist weniger geteilt; Hüllb. der kopfförmigen Dolden linealisch-zugespitzt; ☿-Bl. meist sitzend, ♂-Bl. sehr kurzgestielt; Krb. weißl. od. rötl.weiß; Fr. allseitig mit langen, hakenförmigen Stacheln. V–VI. 2n = 16.

Laubmischwaldges. (u. auch Nadelmischwälder); frische, nährstoffreiche, humose, meist kalkhaltige u. lehmige Böden. – Zerstreut (Alp. bis 1300 m). – Eur., Afr., M- u. O-As.; subatl-submed.

487. Hacquetia Neck. Schaftdolde

x = 8

1907. H. epipáctis (Scop.) DC. (Abb. 277 a–d)

♃, *H.* – H. (0,10)0,20–0,25. St. blattlos; B. alle grundständig, langgestielt, ± rundlich, handförmig 3(bis 5)lappig; Dolden einfach, kopfförmig, von einer 3mal größeren, 5- bis 6(bis 8)blättrigen, grünlichen od. gelblichen Hülle umgeben; Kr. gelbgrün; Fr. kahl. IV–V. 2n = 16.

Laubmischwaldges. – Sehr selten: nur sö. Oberschles. (Ober-Glogau, Ratibor, Hultschin, Katscher). – O-Alp. (bis N-Jugosl.), Karp.-Geb. (bis Schles. u. Siebenb.); o-praealp.

488. Astrantia L. Sterndolde

x = 7

I. Hüllb. derb; K.zähne ± lanzettlich, zugespitzt od. ± lang stachelspitzig . . . . **1908. A. major**

II. Hüllb. häutig, dünn; K.zähne eiförmig, ± stumpflich, höchstens kurz stachelspitzig . . . . **1909. A. bavarica**

1. Sect. A s t r á n t i a

1908. A. májor L. (Abb. 277 e–h) Große St.

♃, *H.* – H. 0,30–0,90. Pfl. kräftig; Grdb. handförmig, meist 5teilig, Mittelabschnitt fast bis zum Grd. frei, Seitenabschnitte bis zu einem Drittel verwachsen; Hüllb.chen meist doppelt so lang wie das Döldchen, meist weißlich mit 3 grünlichen Streifen; K.zähne schmal, lanzettl., lang zugespitzt bis stachelspitzig; Krb. weiß od. rötlich; Fr. länglich-walzlich. VI–VIII. 2n = 14.

Schluchtwaldges., Bergwiesen etc.; frische bis feuchte, nährstoffreiche, meist kalkhaltige Substrate. – Selten: Brand., Sachs., Ostpr., s. Bay. Wald, n. Fränk. Jura, Bad.-Württ.; verbreitet bis zerstreut: Thür., S-Harz, Schles., s. u. m. Fränk. Jura, Alb u. Oberland, Bay. (Alp. bis 1880 m). – Pyren., franz. Z-Massiv, Alp., Jura, Apenn., s. u. ö. M-Eur., Balk., Karp., S-Rußl., Kauk.; praealp.

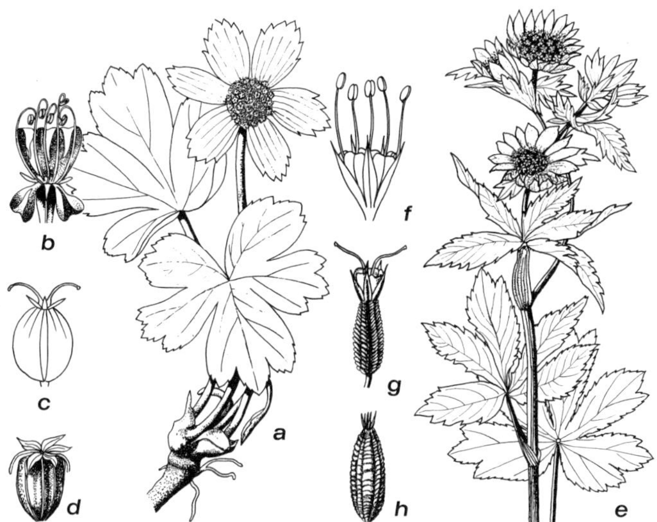

Abb. 277. *a—d Hacquetia epipactis* (*a* Habitus, *b* Blüte; *c* junge, *d* ältere Frucht); *e—h Astrantia major* (*e* Sproßspitze mit Blütenständen; *f* ♂-, *g* ♀-Blüte, *h* Frucht).

2. Sect. Astrantiélla

1909. A. bavárica F. Schultz — Bayerische St.

♃, *H.* — H. 0,15—0,50. Pfl. schlank; Grdb. handförmig 5(bis 7)teilig, Mittelabschnitt frei od. fast frei, mit keilförmigem Grd.; Hüllb.chen öfter schneeweiß, länger als das Döldchen; K.zähne eiförmig, stumpflich, höchstens kurz-stachelspitzig; Fr. eiförmig-länglich. VI—VIII.

Subalp. Weide- u. Krummholzges.; kalk- u. nährstoffhaltige, oft steinige Substrate. — Selten: Bay. Alp. (1200—1800 m, sehr selten tiefer). — ö. Kalkalp.; o-praealp.

489. Eryngium L. — Mannstreu

x = 7, 8

I. Hüllb.chen eiförmig, fast 3lappig, dornig (Grdb. ungeteilt od. etwas gelappt) . . . . **1910. E. maritimum**

II. Hüllb.chen linealisch-lanzettlich, dornig-gezähnt

A. Untere B. (der blühenden Pfl.) ungeteilt, ei-herzförmig . . . . **1911. E. planum**

B. Alle B. (der blühenden Pfl.) handförmig-fiederschnittig bis doppelt-fiederspaltig . . . . **1912. E. campestre**

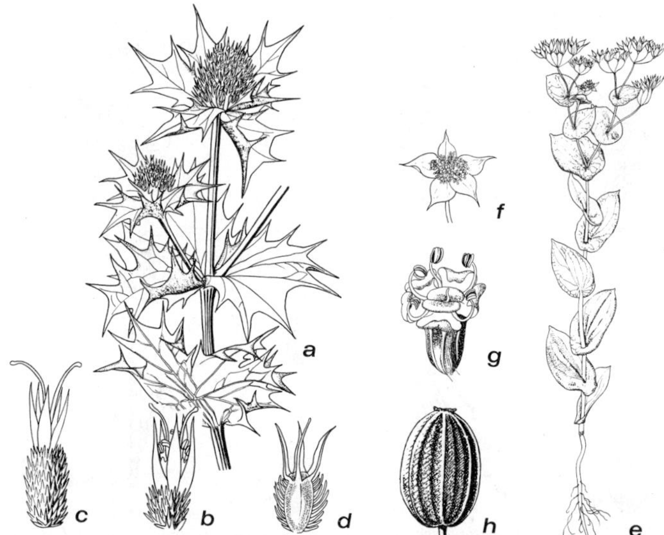

Abb. 278. *a–d Eryngium maritimum* (*a* Sproßspitze mit Blütenständen, *b–d* Blüten u. Frucht); *e–h Bupleurum rotundifolium* (*e* Habitus, *f* Döldchen, *g* Blüte, *h* Frucht).

1. Sect. H a l ó b i a

1910. E. marítimum L. (Abb. 278 a–d) Stranddistel

⊙, ♃, *H.* – H. 0,15–0,50. Pfl. weißlich-meergrün, seltener etwas bläulich; erste (äußere) B. ungeteilt, spätere (innere) herznierenförmig, tief 3 (bis 5)lappig, langgestielt, obere B. etwas stengelumfassend, fast handförmig-lappig; Bl.köpfe zur Bl. fast kugelig; Kr. amethystblau od. weißlich; Fr. schuppig, kaum stachelig. VI–VIII. 2n = 16.

Strandhafer-Dünen der Küsten; ± salzhaltiger od. auch salzarmer, oft auch bewegter Sand. – Selten: Inseln der N-See-Küste; zerstreut: O-See-Küste. – Küsten W-Eur., n. bis S-Skand., O-See, Mittelmeer, Schwarzes Meer; atl-med.

2. Sect. P l á n a

1911. E. plánum L. Flachblättrige M.

♃, *H.* – H. (0,15)0,30–0,60(1,00). St., Äste u. Bl.köpfe stahlblau überlaufen; untere B. ungeteilt, ei-herzförmig, stumpf, gestielt, am Rand gekerbt-gesägt, obere sitzend, handförmig 3- bis 5teilig; *Bl.köpfe eiförmig;* Kr. amethystblau; Fr. schuppig. VII–IX. 2n = 16.

Uferpflanzenges., sandige Rasenges. etc. – Zerstreut: NO-D., insbes. Flußgeb. der Oder, Warthe, Netze; sonst im NO selten, im übrigen Geb. sehr selten verschleppt. – O-D. bis Altai, Kaschmir; kont.

3. Sect. C a m p é s t r i a

1912. E. campéstre L. Feld-M.

♃, *H.* – H. 0,15–0,60(1,00). Pfl. grau- bis gelblich-grün; erste B. ungeteilt, länglich, die späteren B. handförmig-fiederschnittig bis doppelt-fiederspaltig od. 3zählig-doppelt-fiederspaltig, dornig gezähnt, untere gestielt, obere stengelumfassend; *Bl.köpfe fast kugelig;* Kr. weiß od. graugrün; Fr. schuppig. VII–VIII. 2 n = 14, 28.

Magerrasen u. -weiden; trockene, ± kalkreiche, auch steinige, sandige, lehmige Substrate. – Verbreitet bis zerstreut: insbes. m. Elbetal, Rheintal, Maingeb.; sonst seltener u. zerstreut, fehlt in N-D., Alp., u. bay. Hochebene od. nur sehr selten u. vereinzelt. – Medit. bis M-Eur., S-Engl., M-Rußl. bis Pers., Afghan.; europ-kont-med-submed.

3. Subfam. A p i o í d e a e

490. Bupleúrum L. Hasenohr

x = 7, 8

I. B. nicht durchwachsen, z. T. stengelumfassend; Hüllb. (1–) 2–6
  A. B. ± parallelnervig
    1. Pfl. ausdauernd (Doldenstrahlen 3–15; Döldchen mehr als 5bl.)
      a) Hüllchenb. schmal, ≦ 1 mm breit, grün 3(bis 5)nervig . . . . **1913. B. falcatum**
      b) Hüllchenb. breit (zumindest am Enddöldchen), über 1mm breit, ± gefärbt, 5 (selten bis 9)nervig . . . . **1914. B. ranunculoides**
    2. Pfl. einjährig (Doldenstrahlen 1–4 [–7]; Döldchen meist nur 4- bis 5bl.)
      a) Fr. körnig-rauh . . . . **1915. B. tenuissimum**
      b) Fr. glatt, nicht körnig-rauh . . . . **1916. B. jacquinianum**
  B. B. deutlich netznervig (Seitennerven schwächer) **1917. B. longifolium**
II. B. (mittlere u. obere) durchwachsen (B.nerven strahlig); Hüllb. fehlend . . . . **1918. B. rotundifolium**

1. Sect. B u p l e̅ū r u m

1913. B. falcátum L. Sichel-H.

♃, *H.* – H. (0,20)0,60–1,50. St. ± hin- u. hergebogen, oberwärts meist ästig; *B.* oft sichelförmig-gebogen, *untere elliptisch od. länglich,* in den B.stiel verschmälert, *obere lanzettl., an beiden Enden verschmälert;* Dolden 6- bis 15strahlig; Hüllb. u. Hüllchenb. lanzettl., oft haarspitzig; Kr. gelb; Fr.rippen fädlich. VII–X. Im Geb. nur ssp. f a l c á t u m. 2n = 16.

Trockenbusch- u. Trockenwaldges.; warme, kalkreiche Substrate. – Selten u. meist unbeständig: Niederrhein, Westf., Brand., Pomm.; zerstreut: Neißegeb. u. Oberschles.; zerstreut bis stellenweise verbreitet: Mittelgebg. (vom Siebengebg. über n. u. ö. Harzrand bis Sachs. u. s. bis zum Jurageb. u. Bay. Wald); fehlt im NW, bay. Hochebene u. Alp. – Unterart: euras-kont. – Gesamtart: M- u. S-Eur., gem. As.; euras-kont-submed.

1914. B. ranunculoídes L. Berg-H.

♃, *H.* – H. 0,05–0,30(0,50). St. meist einfach; *untere B. lanzettl.-lineal.,* obere oft ± stengelumfassend, aus herz- od. eiförmigem Grd. verschmälert; Hülle 3blättrig; Hüllchenb. breit-elliptisch, zugespitzt, meist 5blättrig, gelblichgrün, länger als das Döldchen; Kr. gelb; Fr.-rippen meist fädlich. VII–VIII. Im Geb. nur ssp. r a n u n c u l o í d e s. 2n = 42.

Subalp. u. alp. Steinrasen; frische, meist kalkreiche, ± steinige Lehmböden. – Selten: Allgäuer Alp. (1600–1820 m; Schlappolt, Steineberg bis Hochgrat, Aggenstein); ö. Alp. (Staufen). – Unterart: alp.; Gesamtart: Gebg. S- u. M-Eur., Sib., Kamtsch., Alaska; (arkt-)alp, circ.

1915. B. tenuíssimum L. Feines H.

⊙, *Th.* – H. 0,08–0,30. St. sehr ästig; *B. lineal.-lanzettl.;* Enddolden klein 3- bis 4strahlig, seitenständige verarmt; Hüllb. u. Hüllchenb. schmal-lineal bzw. lineal.-lanzettl.; Hüllchenb. zur Bl. die 4- bis 5bl. Döldchen überragend; Kr. sehr klein, gelb; Fr.rippen deutlich; *Fr. körnig-rauh.* VII–IX. Im Geb. nur ssp. t e n u í s s i m u m. 2n = 16.

Salzwiesen; feuchte, salzhaltige, tonige Böden. – Selten u. zerstreut: N- u. O-See-Küsten (ö. bis Usedom, Rügenwalde); Salzstellen des Binnenlandes, sw. bis Pfalz (Oggersheim, Lambsheim, neuerdings nicht bestätigt). – S-Skand., S-Engl., M-Eur., Medit. bis Kasp. Meer, Pers.; med-submed.

1916. B. jacquiniánum Jord. Südliches H.

⊙, *Th.* – H. 0,20–0,60. St. ästig; Äste z. T. fast gegenständig od. quirlig, oberwärts wechselständig; *B. lineal.-lanzettl.,* etwas stengelumfassend; Dolden 4- bis 7(bis 8)strahlig; Hüllchenb. lanzettl.-pfriemlich, die Bl. überragend; Fr.rippen deutlich; *Fr. glatt.* VII–VIII.

Felsige, buschige Hänge. – Sehr selten: Harz (oberes Selketal, früher bei Blankenburg). – S- u. W-Frankr.

2. Sect. L o n g i f ó l i a

1917. B. longifólium L. Langblättriges H.

♃, *H.* – H. 0,30–1,00. St. oberwärts ästig; *B. netzaderig,* mit Mittelnerv u. gegen den Rand bogenförmig verlaufende, sich netzig auflösende Seitennerven; untere B. in scheidenförmigen B.stiel verschmälert, *mittlere u. obere sitzend, mit tief-herzförmigem Grd. stengelumfassend;* Dolden meist 5- bis 8strahlig; Hüllb. 3–5; Hüllchenb. 5(–8), so lang od. länger als das Döldchen; Krb. gelb. VII–VIII. Im Geb. nur ssp. l o n g i f ó l i u m. 2n = 16.

Laubmischwaldges., Gebüsche; ± frische, nährstoffreiche, meist kalkhaltige, tonige od. lehmige Böden. – Zerstreut: Nordrhein-Westf., Weserbergland, Harz, Anh., Sachs., Thür., Riesengebg., Hess., im S. bis bay. Hochebene, Bad.-Württ., Hochrhein, Jura; sehr selten: Allgäuer Alp. u. Berchtesgadener Alp. (bis 1800 m). – Unterart: praealp.; Gesamtart: eur. M-Gebg., Alp., Karp., N-Balk., Pol., M-Rußl., Turk., Sib., N-Chin.; euras-kont(-praealp).

3. Sect. P e r f o l i á t a

1918. B. rotundifólium L. (Abb. 278 e–h) Rundblättriges H.

☉, *Th.* – H. 0,15–0,50(0,75). St. oberwärts ästig; *B. eiförmig,* untere am Grd. etwas verschmälert gestielt od. sitzend, *mittlere u. obere durchwachsen;* Dolden 5- bis 7(bis 10)strahlig, ohne Hülle; Hüllchenb. (2–) 5–6, rundlich-eiförmig, spitz, gelbgrün, 2- bis 3mal so lang wie das Döldchen; Kr. gelb; Fr.rippen fadenförmig. VI–VIII. 2n = 16.

Ackerunkrautges.; trockene, nährstoff- u. kalkreiche, lehmige od. tonige Böden. – Selten bis zerstreut: Kalkgeb. M- u. S-D.; in N-D. sehr selten, meist nur vorübergehend verschleppt. – M-Eur., S-Eur. bis Kauk., Pers., (N-Am., Austr., Neuseel.); o-med.

Bastard:
B. falcatum × B. rotundifolium.

491. Trínia Hoffm. Faserschirm

x = 9, 10

1919. T. gláuca (L.) Dum. (Abb. 279 a–c) Seegrüner F.

☉ – ⊚, *H.* – H. 0,08–0,50. Pfl. kahl; St. sehr ästig, ± hin- u. hergebogen; B. graugrün, untere 2- bis 3fach-fiederteilig; Hülle fehlend; Hüllchen fehlend od. 1- bis 3blättrig; Döldchen ♂-Pfl. vielbl., ♀-Pfl. 4- bis 8bl.; Kr. weißlich, auf dem Rücken mit grünem bzw. rötlichem Mittelstreifen; Fr.rippen stark vorspringend, stumpf. IV–V. Im Geb. nur ssp. g l á u c a. 2n = 18.

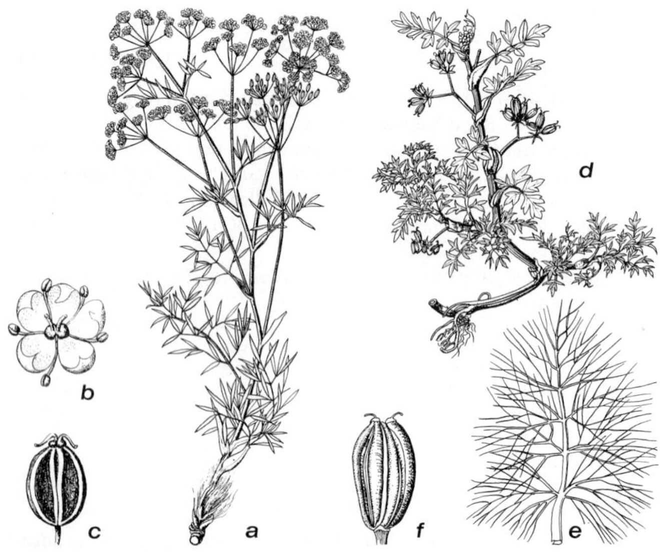

Abb. 279. *a–c Trinia glauca* (*a* Habitus, *b* Blüte, *c* Frucht). *d–f Apium inundatum* (*d* Habitus der Landform, *e* Wasserblatt, *f* Frucht).

Trockenrasenges.; warme, meist kalkhaltige, steinige od. sandige Böden. – Zerstreut: S-Hess., Rheinland-Pfalz, M-Maingeb.; selten: Sigmaringen-Reutlingen, Oberrheintal, Isteiner Klotz, Trochtelfingen. – M- u. W-Eur. bis N-Medit., Ung., Rum.; submed-subatl.

492. Ápium L. Sellerie

x = 11

I. Hüllchenb. fehlend (Hüllb. fehlend; Subgen. Apium) **1920. A. graveolens**
II. Hüllchenb. vorhanden (Subgen. Helosciadium)
  A. B. einfach-unpaarig-gefiedert
    1. Dolden sehr kurz gestielt od. fast sitzend; Hüllb. fehlend od. 1–2 u. hinfällig; Hüllchenb. 5–6 **1921. A. nodiflorum**
    2. Dolden lang gestielt (bis 3mal so lang wie die Doldenstrahlen); Hüllb. 3–7; Hüllchenb. 6–8 **1922. A. repens**
  B. Untere B. mehrfach-fiederteilig mit haarförmigen Zipfeln, obere einfach-gefiedert (Hüllb. 0; Hüllchenb. 3–5) . . . . **1923. A. inundatum**

1. Subgen. A p i u m

1920. A. gravéolens L. Sellerie

⊙, *H.* – H. 0,30–1,00. Pfl. aromatisch; W. dünn od. dick, spindelförmig; St. sehr ästig; B. glänzend, untere einfach gefiedert, obere 3zählig; Dolden 6- bis 12strahlig; Hülle u. Hüllchen fehlend; Kr. klein, weiß; Fr.rippen ziemlich scharf. VII–IX. 2n = 22. Umfaßt im Geb.:

var. g r a v é o l e n s; Wild-S.; W. dünn, nicht eßbar; B. glatt.

Salzwiesenges. (Küste: Meerbinsenried); feuchte, nährstoffreiche, salzhaltige, tonige Böden. – Zerstreut: N- u. O-See-Küsten (ö. bis Rügen, Pomm.); selten u. zerstreut: Salzstellen des Binnenlandes bis SW u. Bay. – Eur., W-As. bis Vord.Ind., Afr., S-Am., (N-Am., Neuseel.); submed-med.

var. s e c á l i n u m Alef.; Schnitt-S.; W. dünn, nicht eßbar; B. sehr kraus. – Gebaut.

var. r a p á c e u m (Mill.) Gaud.; Knollen-S.; W. dick, knollenartig, bis ca. 20 cm ∅, eßbar. – Gebaut in verschiedenen Sorten.

var. d ú l c e (Mill.) Pers.; Bleich- od. Stiel-S.; W. dünn, nicht eßbar; B.stiele verlängert, fleischig, eßbar. – Gebaut in verschiedenen Sorten.

2. Subgen. H e l o s c i á d i u m

1921. A. nodiflórum (L.) Lag. Knotenblütiger S.

♃, *H.* bzw. *HH.* – St. der Landform bis 0,25, der der Wasserformen bis 1,60 lang, am Grd. liegend u. wurzelnd; *B.fiedern ei-lanzettl., stumpflich-gesägt;* Dolden scheinbar blattgegenständig, sehr kurz-gestielt, mehrstrahlig; Hüllb. 1–2; Hüllchenb. 5–6, lanzettl.; Kr. weiß bis grünlichweiß; Fr. stark gerippt. VII–IX. 2n = 22. Landformen, halb- u. ganz untergetauchte Wasserformen.

In schwach fließendem, süßem, seltener brackigem Wasser mit nährstoffreichem Schlammgrund. – Häufig in Rheinpfalz, zerstreut: Niederrhein, Hess., Bad., sonst selten bis sehr selten. – W-, M-, S-Eur., N-Afr., Abess., Kanar. Ins., Azor. (N-Am., Chile); submded-subatl.

1922. A. répens (Jacq.) Rchb. f. Kriechender S.

♃, *H* (bzw. *HH*). – St. der Landform 0,10–0,30, der der Wasserformen bis 1,00 (1,50) lang, kriechend; *B.fiedern rundlich-eiförmig, ungleich-gezähnt od. -gelappt;* Dolden lang-gestielt, 2- bis 7(bis 10)strahlig; Hüllb. 3–7; Hüllchenb. 6–8; Kr. weiß; Fr. mäßig stark gerippt. VII–IX. 2n = 22. Landformen, halb- u. ganz untergetauchte Wasserformen.

Pioniergesellschaften; feuchte, zeitweilig überschwemmte, nährstoffreiche Schlammböden. – Sehr zerstreut u. selten: N-D. (n. der Linie Kleve, Hildesheim, Halberstadt, Dessau, Frankfurt a. O. bis Pomm.), Rheinpf., S-Hess. (Hanau), Frank., Bad. (Rheinebene), Bodenseegeb., s. der Donau bis in die Alp.täler (Alp. bis 570 m). – M-Eur., ö. bis Pol., Ung.; W- u. SW-Eur., (N-Am.); subatl.

1923. A. inundátum (L.) Rchb. f. (Abb. 279 d–f) Flutender S.

♃, *HH, (H).* – St. der Wasserformen 0,10–1,50 lang, Landformen bis ca. 0,07 hoch; St. am Grd. kriechend; *untere B. 2- bis 4fach fiederteilig, Zipfel haarförmig,* obere B. einfach-gefiedert; *Dolden* scheinbar blattgegenständig, *2(bis 3)strahlig;* Hülle fehlend; Hüllchenb. 3–5; Kr. weiß; Fr.rippen stark vorspringend. VI–VII. 2n = 22. Halb- u. ganz untergetauchte Wasserformen, selten Landformen.

Sumpfpflanzenges., Strandlingges.; meist ruhendes Wasser mit Torfschlammgrund bzw. nasse, nährstoffarme, saure, kalkfreie Torfschlammböden. – Sehr zerstreut u. selten; Küstennahe Geb., ö. bis Pomm., nw. Heidegeb., s. bis etwa Köln, Wickerode-Allendorf, Königsbrück, Hoyerswerda. – S-Schwed., atl. Eur. bis Span.; M-Rußl., Ital., Tunes., Marok.; atl.

Bastard:
A. repens × A. nodiflorum.

493. Petroselínum Hill Petersilie

x = 11

1924. P. críspum (Mill.) Nym. (Abb. 280)
(= P. hortense Hoffm., P. sativum Hoffm.)

⊙ (Kultursippen), *H.* – H. 0,30–1,00. St. sehr ästig; B. oberseits glänzend, 2- bis 3fach fiederteilig; B.chen eiförmig-keilig; 3spaltig u. knorpelig gezähnt; Dolden 10- bis 20strahlig; Hüllb. 1–3; Hüllchenb. 5–8; Kr. grünlichgelb; Fr. schwach gerippt. VI–VII. Umfaßt u. a.:

convar. c r í s p u m ; Blattpetersilien. 2n = 22.
- var. v u l g á r e (Nois.) Danert; Gemeine Blatt-P.; B.chen nicht kraus; W. nicht eßbar. –
- var. c r í s p u m ; Krause B.-P.; B.chen breit, am Rande feingeschnitten u. kraus; W. nicht eßbar. –

convar. r a d i c ó s u m (Alef.) Danert; Wurzelpetersilien
- var. r a d i c ó s u m ; Glatte Wurzel-P.; W. fleischig, kurz od. lang, eßbar; B.chenrand nicht kraus. –
- var. e r f u r t é n s e Danert; Krause Wurzel-P.; W. fleischig, lang, spitz; B.chenrand kraus. –

Gebaut in verschiedenen Sorten. – Wildwachsend (?): Sard., Ital. bis Dalmat., Mazed., Griech., NW-Afr., Kanar. Ins.

Drogen: Radix Petroselini, Fructus Petroselini

494. Síson L. Gewürzdolde

1925. S. amómum L.

⊙, *H.* – H. 0,30–0,80. St. aufrecht, gerillt; untere B. einfach gefiedert, mittlere doppelt-dreizählig-gefiedert; B.chen länglich-lanzettl. bis ei-

Abb. 280. *Petroselinum crispum* (*a* Habitus, *b* Frucht).

förmig-länglich., gezähnt bis gelappt; Dolden 4- bis 6strahlig; Hüllb. 2–3; Hüllchenb. 2–4; Krb. weißlich; Fr. breit-eiförmig, Rippen kantig-vorspringend. VII–VIII.

Unkrautges., Weingärten; frische, nährstoffreiche Lehmböden. – Sehr selten u. unbeständig: z. B. Rheinebene, Pfalz (Ellerstadt, angebaut u. unter Klee verwildert). – m. W-, SW-, S-Eur. bis Kauk.; Alg.; med-atl.

495. Cicuta L. Wasserschierling

x = 11

1926. C. virósa L. (Abb. 281 a–c)

♃, *H.* – H. (0,30)0,60–1,50. W.stock vertikal, knollenartig verdickt, innen durch Querwände fächerig, hohl; St. röhrig, oben ästig; B.stiele hohl; B. 2- bis 3fach gefiedert, mit lineal.-lanzettl., scharf-gesägten, spitzen B.chen; Hüllb. 0 od. 1–2; Hüllchenb. 6–8; Kr. weiß; Fr. breit-eiförmig. VII–IX. 2 n = 22, 44. Ändert ab., u. a.:

var. a n g u s t i f ó l i a (Kit.) Aschers.; oft nur bis 0,45 hoch; W.stock u. St. dünn; B.chen lineal., spärlich-gesägt od. ganzrandig; Dolden

Abb. 281. *a–c Cicuta virosa* (*a* Sproßspitze mit Blütenständen u. Sproßbasis, *b* Blüte, *c* Frucht); *d–f Ammi majus* (*d* Habitus, *e* Blüte, *f* Frucht).

armstrahlig. – Evtl. Standortsmodifikation. – Ziemlich selten, oft vereinzelt, u. a.: Meckl., Ostpr., Schles., Thür., Saargeb., Bodenseegeb., S-Bay.

Röhrichte u. Großseggenges.; nasse, überschwemmte, kalkarme Torfschlammböden. – Verbreitet: N-D.; zerstreut: M- u. S-D.; fehlt in den höheren Gebg. – N- u. M-Eur., S-Eur., gem. As. bis Jap.; no-euras.

496. Ámmi L. Knorpelmöhre

x = 10, 11

1927. A. május L. (Abb. 281 d–f)

⊙, *Th.* – H. 0,30–1,00. Pfl. kahl; B. einfach bis doppelt fiederteilig bzw. gefiedert; B.chen bzw. Abschnitte lanzettl., knorpelig-kleinborstig-gesägt; Hüllb. 3spaltig od. fiederteilig; Doldenstrahlen bei der Reife nicht nestförmig zusammengezogen; Hüllchen vielblättrig, zumindest unten verbreitert u. hautrandig; Kr. weiß; Fr. schmal-elliptisch, Rippen fädlich. VII–IX. 2 n = 22. Sehr veränderlich in der B.form.

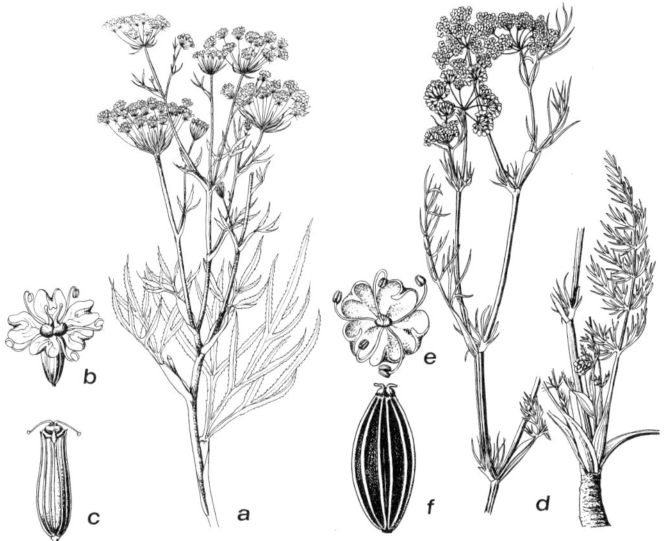

Abb. 282. *a–c Falcaria vulgaris* (*a* Sproßspitze mit Blütenständen, *b* Blüte, *c* Frucht); *d–f Carum carvi* (*d* Habitus, *e* Blüte, *f* Frucht).

Schuttunkrautges., Unkrautges. – sehr selten u. meist unbeständig, z. B. Brand., Rheinebene. – Medit. bis Pers.; Abess. (verschleppt u. z. T. eingebürgert, W-, M-Eur., Am., Austr., Neuseel.); med.

497. Falcaria Fabricius — Sichelmöhre

x = 11

1928. F. vulgáris Bernh. (Abb. 282a–c) — Gemeine S.

⊙, (⊙, ♃), *H, (Th).* – H. 0,20–0,60(0,90). Untere B. einfach od. 3zählig geteilt, obere 3zählig, das mittlere B.chen sehr tief 3teilig od. 3spaltig, die seitlichen 2- bis 3spaltig, alle etwas starr; Zipfel schmal lineal.-lanzettl., scharf kleinborstig-gesägt, oft schwach sichelförmig gebogen; Hüllb. u. Hüllchenb. 4–8; Krb. weiß, klein; Fr. lineal.-länglich. VII–IX. 2n = 22.

Unkrautges.; trockene, nährstoff- u. kalkreiche, lehmige Böden. – Zerstreut: NO-, M-, S-D.; fehlt in NW-D. von Ostfr., Osnabrück, westf. Tiefland bis w. Schl.Holst. od. nur vorübergehend. – M-Eur. bis N-Medit., W. u. SW-As.; submed-euras.

498. Cárum L. Kümmel

x = 10, (11?)

I. Hülle fehlend od. armblättrig; Hüllchen fehlend **1929. C. carvi**
II. Hülle u. Hüllchen mehrblättrig .... **1930. C. verticillatum**

1. Sect. C á r u m

1929. C. cárvi L. (Abb. 282 d–f) Echter K.

⊙, *H.* – H. 0,30–0,50(1,00). W. spindelförmig, verdickt; B. 2- bis 3fach gefiedert; *B.chen fiederspaltig-vielteilig,* Zipfel lineal., *unterste Paare* an der Hauptspindel *kreuzweise gegenübergestellt,* nebenblattartig; Krb. weiß od. rötlich; Fr. länglich-elliptisch, Fr.rippen fädlich, im Querschnitt stumpf-dreieckig. V–VII. 2 n = 20, 22(?).

Fettwiesen u. -weiden; frische, nährstoffreiche, tonige od. lehmige Böden. – Verbreitet u. meist häufig, z. T. aus Kultur verwildert, (Alp. bis 1860 m). – Eur., N-Medit. bis Sib., Kauk., N-Pers., Him.; Marok.; no-praealp.

Droge: Fructus Carvi

2. Sect. M e o í d e s

1930. C. verticillátum (L.) Koch Quirlblättriger K.

♃, *H.* – H. 0,30–0,80(1,03). W. büschelförmig, mit verlängert keulenförmigen, fleischigen Fasern; am St.grd. oft Reste vorjähriger B.; B. gefiedert, im Umriß länglich-lineal.; *B.chen* sitzend, handförmig-vielteilig, *Zipfel* fadenförmig-fiederspaltig, *scheinbar quirlig-gestellt;* Krb. weiß od. rötlich; Fr. länglich-oval, Rippen fädlich, mäßig stark vorspringend. VII–VIII. 2 n = 20. Landformen od. auch halb- u. ganz untergetauchte Wasserformen.

U. a. Feuchtwiesen; wechselnasse, kalkarme, torfige, sandige od. reine Tonböden. – Sehr selten: W-D. (Hüllhover Driesch bei Heinsberg, Rgbez. Aachen), SW-D. (Bienwald, nahe der Grenze, ob noch?). – W-Eur., von Engl., Nied. bis Port. u. Span.; atl.

499 a. Búnium L. Knollenkümmel

x = 11

1931. B. bulbocástanum L. (Abb. 283 a–b)

♃, *G.* – H. (0,05)0,20–0,60. St. am Grd. (im Boden) mit fast kugeliger (15–30 mm ⌀) Knolle; B. 2- bis 3fach fiederteilig bzw. gefiedert; Zipfel schmal-lineal.-länglich; Dolden 10- bis 24strahlig; Hüllb. u.

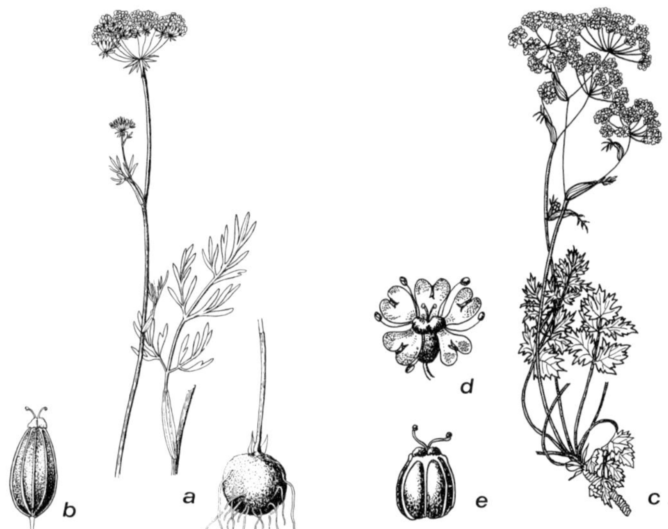

Abb. 283. *a–b Bunium bulbocastanum* (*a* Sproßspitze u. -basis, *b* Frucht); *c–e Pimpinella saxifraga* (*c* Habitus, *d* Blüte, *e* Frucht).

Hüllchenb. 5–7; Krb. weiß; Fr. länglich-elliptisch, Rippen fädlich, wenig vorspringend; Gr.polster scharf vom Gr. abgesetzt. VI–VII. 2n = 22.

Ackerunkrautges., Wegränder; ± trockene, nährstoffreiche, meist kalkhaltige, lehmige od. tonige Böden. – Zerstreut u. selten, z. T. unbeständig: W-D. [Westf., S-Nieders., Hess., N-Thür. (Kyffhäuser), unteres Maintal, n. Oberrheinebene u. w. davon zerstreut bis zur Landesgrenze], im übrigen Geb. selten verschleppt. – W-Eur., w. M-Eur., Ital.; subatl-submed.

499 b. Conopodium Koch — Erdkastanie

1932. C. május (Gouan) Loret — Französische E.

♃, *G.* – H. 0,15–0,50(0,90). St. am Grd. (im Boden) mit fast kugeliger Knolle, unten blattlos; Stb. 2- bis 3fach gefiedert bis fiederteilig, Zipfel der mittleren B. lineal.-lanzettl.; Dolden 6- bis 12strahlig; Hüllb. 0–2, Hüllchenb. 2–5, oft hinfällig; Krb. weiß; Fr. länglich-ellipt., 3–4 mm lang, Rippen fädlich, schwach vorspringend; Gr.polster allmählich in Gr. verjüngt.

Bergfettwiesen (Bärwurzwiesen). – Sehr selten, nur Harz. – W-Eur. (Norw. bis Span.), Kors., Ital.; atl(-submed).

500. *Pimpinélla* L. Bibernelle

x = 9, 10

I. Frkn. kahl; untere B. gefiedert
  A. St. kantig-gefurcht; Teilfr. im Querschnitt 5kantig **1933. P. major**
  B. St. stielrund bis zart- od. schwach kantig-gerillt; Teilfr. im Querschnitt ± halbkreisrund (P. saxifraga L. s. l.)
    1. Dolde 7- bis 16strahlig; St. kahl od. nur am Grd. behaart .... **1934. P. saxifraga**
    2. Dolde 15- bis 24strahlig; St. bis zur ersten Verzweigung stark behaart .... **1935. P. nigra**
II. Fr. weichhaarig; untere B. ungeteilt .... **1936. P. anisum**

1. Sect. P i m p i n é l l a

1933. P. májor (L.) Huds. Große B.
(= P. magna L.)

♃, *H.* – H. 0,40–1,00. *St. scharf-kantig-gefurcht, beblättert,* meist *kahl;* B. einfach-gefiedert; *B.chen* eiförmig od. länglich, *kurz-gestielt,* ± tief gesägt, meist spitz; Dolden 9- bis 20strahlig; Hüllb. u. Hüllchenb. fehlend (selten armblättrig); Kr. weiß, seltener rosa; Gr. länger als der Frkn.; Fr. eiförmig. VI–IX. 2n = 18, 20. Umfaßt im Geb.:

ssp. m á j o r ; Pfl. meist hoch; St. oberwärts ästig; Äste meist mehrere Dolden tragend; Krb. weiß, selten rosa. – Verbreitete Sippe.

ssp. r ú b r a (Hoppe) O. Schwarz; Pfl. meist niedrig; St. meist an der Basis verzweigt, Äste kurz u. meist nur 1 Dolde tragend; Krb. intensiv rosa. – Selten, nur in den Gebg., so: Schwarzwald, Schwäb. Jura, Voralp., Alp.

Fettwiesenges., Viehläger; frische, nährstoffreiche, humose, lehmige Böden. – Verbreitet im Geb.: (Alp. bis 1900 m); im NW selten u. streckenweise fehlend. – Eur. bis N-Medit. (z. T.), Kauk., (N-Am.); subatl-praealp.

1934. P. saxífraga L. (Abb. 283 c–e) Kleine B.
(= P. saxifraga L. s. l. ssp. saxifraga)

♃, *H.* – H. (0,05)0,30–0,60. *St. stielrund, feingerillt* od. (schwach) kantig, *oberwärts fast blattlos, kahl od.* nur *am Grd. schwachflaumig;* B. ein- od. mehrfach fiederteilig; *B.chen* der Grdb. *sitzend, eiförmig-rundlich, stumpf,* gesägt od. ± tief eingeschnitten-gesägt bis gelappt od. zerschlitzt; Dolden 5- bis 16strahlig, klein; Hüllb. fehlend; Kr. weiß, selten rosa od. rot; Gr. zur Bl.zeit kürzer als der Frkn.; Fr. eiförmig. VII–IX. 2n = 36, 40. Vielgestaltig, umfaßt im Geb. u. a. (bisweilen – evtl. durch Bastardierung – schwer zu trennende sspp.):

ssp. s a x í f r a g a; H. 0,25–0,40; St. stielrund; Grdb. mit 3–5 B.-chenpaaren; B.chen ungeteilt, gezähnt bis teilweise doppelt-spitz-eingeschnitten; Dolde 8- bis 15strahlig. – Verbreitet.

ssp. m í n o r (Spr.) Wallr.; H. 0,05–0,20; St. stielrund; Grdb. mit 1–3 (4) B.chenpaaren; B.chen (5–8 mm ∅) mit wenigen kleinen, stumpfen Zähnen; Dolden 7- bis 10strahlig; Strahlen ± 1 cm lang. – Zerstreut.

ssp. m o n t á n a Weide; H. 0,30–0,50; St. stielrund; B.chen des 1. u. 2. Grdb. beiderseits mit je einem großen, lanzettl. Einschnitt; Dolden 12- bis 16strahlig. – Zerstreut in Gebg.wiesen auf Urgesteinsboden.

ssp. a l p é s t r i s (Spr.) Koch; St. deutlich gefurcht-gerillt, kantig, am Grd. mit Schopf abgestorbener B.reste (Gefäße); B.chen der Grdb. sehr klein (7–10 mm ∅), mit spitzen, abspreizenden Zähnen, teils eingeschnitten gezähnt; Dolde 8- bis 12strahlig; Bl. weiß od. rot [f. rubra (Ugolini) Thell.]. – Zerstreut: Alp.

Trockenrasenges., Trockenwaldges.; oft steinige u. kalkhaltige (s. aber oben), sandig-lehmige Substrate. – Verbreitet bis Alp. (bis 2320 m), genauere Verbreitung der sspp. noch ungenügend bekannt. – Eur., Kl.As., W-As., (N-Am.); (no-)eurassubozean-submed.

1935. P. nígra Mill. Schwarze B.
[= P. saxifraga L. s. l. ssp. nigra (Mill.) Gaud., P. nigra Willd.]

♃, *H.* – H. 0,40–0,75. *Verletzte W. bläulich werdend; Pfl. dicht-schwachflaumig* bis zottig, grauhaarig; B.chen eiförmig, schwach gelappt od. ± zerteilt, gekerbt od. mit kleinen Zähnchen; Dolden 15- bis 24-strahlig, groß; Kr. weiß, selten rosa; Fr. eiförmig. VII–IX. 2n = 18. Umfaßt im Geb.:

ssp. n í g r a ; H. 0,40–0,65; B.chen eiförmig bis oval, mit eingesenktem B.chengrd., am Grd. gekerbt bis eingeschnitten gekerbt, in der Mitte beiderseits mit je einem tiefen, spitzen Einschnitt, nach der Spitze unregelmäßig stumpf gezähnt, teils nach je 2–3 Zähnen mit weiteren spitzen Einschnitten, unterseits dicht zottig, oberseits ± anliegend behaart; Dolde 15- bis 18strahlig. – Verbreitet: NO-D., w. bis O-Schl.Holst., in M- u. S-D. zerstreut bis selten od. fehlend.

ssp. a r e n á r i a (Brylin) Weide; H. 0,50–0,75; B.chen eiförmig, durch tief eingesenkten B.chengrd. herzförmig, unregelmäßig grob gekerbt bis eingeschnitten gekerbt, teils stumpf gezähnt; B.chen bis 5 cm breit u. 7 cm lang, beiderseits dicht behaart; Dolde 16- bis 20strahlig. – Zerstreut: Brand., Meckl.; Verbreitung unvollständig bekannt.

Trockene Wiesenges.; meist sandige, sandig-lehmige Substrate. – M-Eur., SO-Schwed., O-Eur.; europ-kont.

2. Sect. A n í s u m

1936. P. anísum L. Anis

⨀, *Th.* – H. 0,15–0,50(0,75). Ganze Pfl. mit Anis-Geruch; St. stielrund, zartgerillt, kurz-flaumig-behaart, untere B. meist ungeteilt, herzförmig-rundlich od. eiförmig, eingeschnitten-gesägt, mittlere 3zählig-gefiedert; B.chen eiförmig, am Grd. ± keilförmig, eingeschnitten gezähnt; Dolden 7- bis 20strahlig; Hüllb. u. Hüllchenb. fehlend od. 1 bis wenige; Krb. weiß; *Fr.* eiförmig bis länglich, *flaumig.* VII–VIII. 2n = 18, 20.

Selten gebaut, gelegentlich auf Schutt verwildert. – Heimat: wahrscheinlich O-Med.

Droge: Fructus Anisi

Bastard:

P. major ssp. major × saxifraga.

501. Aegopodium L. Giersch, Geißfuß

x = 11

1937. A. podagrária L. (Abb. 284 a–c) Podagraheilender G.

♃, *H, (G).* – H. (0,30)0,50–1,00. Pfl. mit unterirdischen Ausläufern; untere u. mittlere B. meist doppelt (bisweilen unvollständig) 3zählig, bisweilen mit einfach 3zähligen u. ungeteilten abwechselnd; B.chen eiförmig-länglich, spitz, ungleich-scharf-gesägt; oberste B. einfach 3zählig bis ungeteilt Hüllb. u. Hüllchenb. fehlend; Krb. weiß, selten rötlich; Fr. länglich-eiförmig, Rippen fädlich. VI–VII. 2n = 44, 42, 22.

Laubmischwaldges., Gärten etc.; frische bis feuchte, nährstoffreiche, humose Böden. – Verbreitet u. häufig von der Ebene bis Voralp., vereinzelt bis subalp. Stufe (Alp. bis 1360 m). – Eur., Kl.As., Kauk., Sib., (N-Am.); euras(-kont).

502. Sium L. Merk

x = 5, 6, 11, 10?

I. K.zähne blattartig-pfriemlich; St. kantig-gefurcht (Fr.halterschenkel ganz an die Teilfr. angewachsen) **1938. S. latifolium**

II. K.zähne nur als kurze Spitzchen ausgebildet; St. zart-gerillt (Fr.halterschenkel frei) .... **1939. S. sisarum**

1. Subgen. S í u m

1938. S. latifólium L. (Abb. 284 d–f) Breitblättriger M.

♃, *HH.* – H. 0,50–1,70. *W. faserig;* B. einfach-gefiedert (untergetauchte bis 2- bis 3[4]fach fiederteilig); B.chen eiförmig-länglich, schmal,

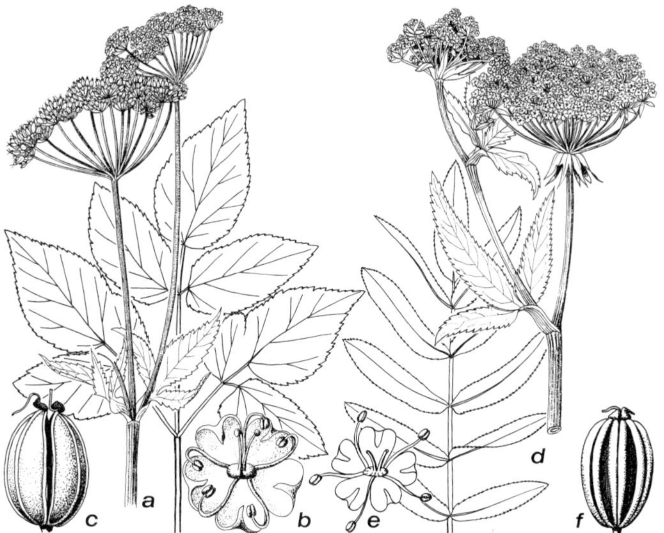

Abb. 284. *a–c Aegopodium podagraria* (*a* Blütenstände u. Laubblatt, *b* Blüte, *c* unreife Frucht); *d–f Sium latifolium* (*d* Blütenstände u. Laubblatt, *e* Blüte, *f* Frucht).

bis lanzettl. (untergetauchte u. aus dem Wasser hervortretende mit ± schmal-lanzettl. bis lineal. Zipfeln), scharf gesägt-gezähnt; Hüllb. u. Hüllchenb. 2–6; Kr. weiß; Fr. fast 2knotig, Teilfr. ± ellipsoidisch, Rippen wulstförmig. VII–VIII. 2n = 20. Halbsubmerse Formen, selten submerse od. Landformen.

Röhrichte u. Großseggenges.; in nährstoffreichem Wasser mit Schlammgrund. – Häufig: N-D. u. sächs.-schles. Flachlandgeb.; zerstreut: w. u. m. M-D., Rheinebene, Donaugeb.; selten: Fränk. Jura, Fränk. Keuper-Lias-Geb., Bodensee, u. a. im S. streckenweise fehlend. – Gem. Eur. bis N-Medit., (Austr.); subatl-submed.

2. Subgen. S í s a r u m

1939. S. sísarum L. Zuckerwurz

♃, *H.* – H. 0,30–0,50(1,00). *W.* (der var. s í s a r u m) *knollig-verdickt,* walzlich-spindelförmig; untere B. einfach gefiedert; B.chen länglich, gesägt, das endständige eiförmig, oft am Grd. etwas herzförmig; obere B. 3zählig; Hüllb. 1–5; Kr. weiß; Fr. breit-eiförmig, Rippen fädlich. VII–VIII. 2n = 22.

In der var. s í s a r u m selten gebaut u. selten auf Schuttplätzen, in Weinbergen etc. unbeständig verwildert. – Herkunft: evtl. Rußl.

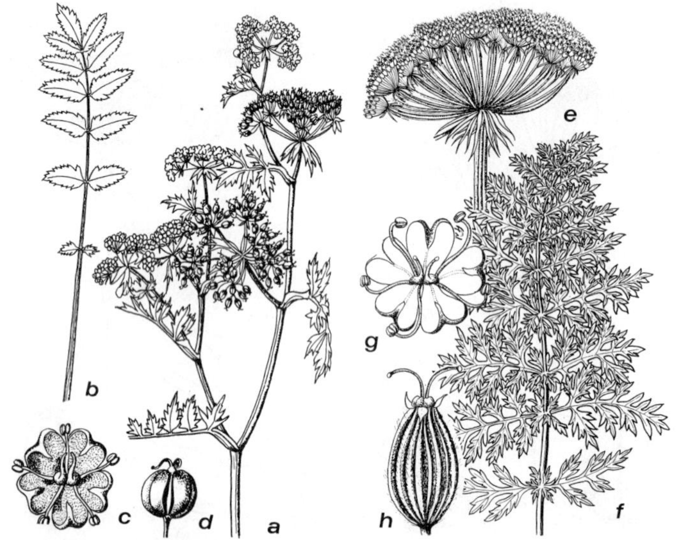

Abb. 285. *a–d Berula erecta* (*a* Sproßspitze, *b* Stengelblatt, *c* Blüte, *d* unreife Frucht); *e–h Libanotis pyrenaica* (*e* Blütenstand, *f* Laubblatt, *g* Blüte, *h* Frucht).

503. Berula Koch — Berle

x = 6, 9?

1940. B. eréсta (Huds.) Coville (Abb. 285 a–d)
(= Sium erectum Huds.)

♃, *H, HH.* – H. 0,30–0,60(1,00). Pfl. mit unterirdischen Ausläufern; St. fein-gerillt; B. einfach-gefiedert; B.chen der unteren B. eiförmig, die der oberen B. länglich-eiförmig, ungleich einfach bis doppelt gekerbt-gesägt; Dolden 10- bis 20strahlig; Hüllb. u. Hüllchenb. zahlreich; Kr. weiß; Fr. eiförmig, Rippen breitkantig. VII–IX. 2n = 12, 18. Landformen u. halb- u. ganz untergetauchte Wasserformen.

Röhrichte u. Großseggenges.; in nährstoffreichem Wasser, meist sandig-humoser Schlammgrund. – Verbreitet bis zum Alp.vorland (bis 720 m); zerstreut: Ostpr. – Eur., N-Medit., Ägypt., W- u. Z-As., N-Am., Mex., (Austr.); euras-submed. circ.

504. Libanotis Zinn — Hirschwurz

x = 11

I. B. 2- bis 3fach fiederteilig, unterste Abschnitte 2. Ordn. sich nahe der B.hauptspindel kreuzend (Oelstriemen an der Fr.fugenfläche meist bogenförmig verlaufend) .... **1941. L. pyrenaica**

II. B. meist nur einfach fiederteilig, mit tief fiederspaltigen Abschnitten (Oelstriemen an der Fr.fugenfläche parallel, eng nebeneinander) .... **1942. L. sibirica**

1941. L. pyrenáica (L.) Bourg. (Abb. 285 e–h) — Berg-H.

⊙, ⊚, *H.* – H. (0,20)0,40–1,00(1,20). St. kantig-gefurcht; *B. 2- bis 3fach fiederteilig;* B.chen ± tief eingeschnitten; Hüllb. zahlreich, ausnahmsweise wenige, selten eingeschnitten; Hüllchenb. zahlreich, lineal.-pfriemlich; Kr. weiß, seltener rötlich; Fr. ± eiförmig, zumindest jung flaumig-behaart. VII–VIII. 2n = 22. Umfaßt:

ssp. m o n t á n a (Crantz) Lemke et Rothm.; B.abschnitte letzter Ordn. breit, Zipfel kurz u. breit, meist eiförmig, etwa 2mal so lang wie breit, stumpflich u. plötzlich zugespitzt-bespitzt, am Grd. nicht verschmälert.

Sehr zerstreut bis selten: etwa s. der Linie Niederrhein-Wesergebg.-Harz, bzw. Holst.-Meckl.-Pomm., bis in die Alp. (bis 1744 m); streckenweise fehlend.

ssp. p y r e n á i c a ; B.abschnitte letzter Ordn. tiefer eingeschnitten; Zipfel schmal, lineal. bis länglich-lanzettl., meist 3- bis 5mal so lang wie breit, spitz, am Grd. etwas verschmälert.

Sehr selten, nur Schles. (Striegau).

Busch- u. Trockenwaldges.; warme, meist kalkhaltige, magere Substrate. – Gem. Eur. bis Med., SW-As.; euras-kont(-submed).

1942. L. sibírica (L.) C. A. Mey. — Sibirische H.

⊙, ⊚, *H.* – H. 0,60–1,20. St. kantig-gefurcht; *B. sämtlich od. überwiegend einfach-fiederteilig;* B.chen ± tief eingeschnitten-fiederlappig; Zipfel meist breit, stumpf, plötzlich zugespitzt; Hüllb. zahlreich, bisweilen fehlend od. armb.; Hüllchenb. zahlreich; Kr. weiß; Fr. ± eiförmig, zumindest jung flaumig-behaart. VII–VIII.

Trockene Hügel, Gebüsche. – Selten: O-Harz u. N-Thür., Ostpr. – ö. M-Eur., Bulg., Kl.As., Kauk., Sib. bis O-As.; kont.

505. Seseli L. Sesel, Bergfenchel

x = 7, 8, 9, 10, 11

I. Hüllchenb. frei, nicht verwachsen
  A. Dolden 5- bis 12strahlig; Hüllchenb. so lang wie die Fr.stiele .... **1943. S. montanum**
  B. Dolden 15- bis 30strahlig; Hüllchenb. zur Fr.zeit länger als die Fr.stiele .... **1944. S. annuum**
II. Hüllchenb. zu einem beckenförmigen, gezähnten Hüllchen verwachsen .... **1945. S. hippomarathrum**

1. Sect. S é s e l i

1943. S. montánum L. Berg-S.

♃, *H.* – H. 0,20–0,60. St. oben ästig, kahl; grd.ständige u. untere B. 3fach fiederteilig, im Umriß länglich-eiförmig; Zipfel lineal.; Hauptdolden 5- bis 12(14)strahlig; Hüllb. 0–3; Hüllchenb. lanzettl., sehr schmal häutig berandet, so lang od. wenig länger als die Bl.stiele; Kr. weiß; Fr. ellipsoidisch, 2,5–4,5 mm lang, Rippen schmal, vorspringend. VII–IX. Im Geb. wohl ssp. m o n t á n u m.

Weinbergsränder; warme, trockene, kalkreiche Substrate. – Sehr selten, nur Großkarlbach bei Grünstadt. – Frankr., SW-D., Span. bis W-Balk.; submed(-atl).

1944. S. ánnuum L. (Abb. 286 a–c) Steppen-B.

⊙ od. ⊚, *H.* – H. (0,03)0,15–0,50(0,90). St. fein-kurzflaumig; B. 2- bis 3fach fiederteilig, im Umriß eiförmig-länglich; Zipfel lineal. bis lineal.-lanzettl.; *Hauptdolden (12) 15- bis 30strahlig;* Hüllb. fehlend od. 1 (nur ausnahmsweise mehrere); Hüllchenb. zahlreich, lanzettl., breithautrandig, länger als das Döldchen; Kr. weiß od. rötlich; *Fr.* breitellipsoidisch, *1,5–2,5 mm lang,* zuletzt fast kahl. VII–IX. 2n = 22.

Trockenrasen- u. Steppenrasenges.; kalkreiche Substrate. – Sehr zerstreut bis selten im ö. N-, M- u. S-D., etwa s. der Linie S-Eifel-Hess.-Harz-Meckl.-Ostpr., insbes. im s. Geb. bis zum Alp.vorland. – M-Eur., N-Ital. bis Balk., M- u. S-Rußl.; gem-kont bis europ-kont.

2. Sect. H i p p o m á r a t h r u m

1945. S. hippomárathrum Jacq. Pferde-S.

♃, *H.* – H. 0,15–0,50. St. kahl; B. 2- bis 3fach fiederteilig, im Umriß eiförmig-länglich; Zipfel schmal-lineal.; obere B.scheiden angedrückt, oberste ohne B.spreite; *Dolden 5- bis 12strahlig;* Hüllb. meist fehlend; verwachsene Hüllchenb. länger als die Bl.stiele; Kr. weiß od. rötlich; *Fr.* ellipsoidisch, *ca. 4–6 mm lang,* zuletzt fast kahl. VII–IX. 2n = 20.

Abb. 286. *a–c Seseli annuum* (*a* Habitus, *b* Blüte, *c* Frucht); *d–g Oenanthe fistulosa* (*d* Sproßspitze mit Blütenständen; *e* ♂-, *f* ☿-Blüte; *g* Frucht).

Trockenrasenges.; meist kalkreiche, steinige Substrate. – Zerstreut bis häufig: N-Thür. (Unstrutgeb.), Anh.; sehr selten: Rheinhess. (Rotenfels bei Münster a. St.), Bad. (Kaiserstuhl). – M-, SO-Eur., M- u. S-Rußl.; kont.

506. Oenanthe L. Rebendolde, Wasserfenchel

x = 11, (10)

I. W. büschelig, mit z. T. knollig verdickten Fasern; Randbl. lang-gestielt u. ♂, meist strahlend, mittlere kurz- bis fast ungestielt u. ☿

A. B.stiele u. Doldenstrahlen weitröhrig, oft etwas bauchig; St. fein gerillt . . . . **1946. Oe. fistulosa**

B. B.stiele u. Doldenstrahlen markig od. höchstens nur sehr engröhrig; St. kantig-gefurcht

1. Alle B. mit lineal. Zipfeln; Hüllb. 0 od. 1 (ausnahmsweise 2–3)

a) Fr.döldchen flach bis halbkugelig; Fr.stiel 1,5–2 mm dick . . . . **1947. Oe. silaifolia**

b) Fr.döldchen fast kugelig; Fr.stiele u. Doldenstrahlen dünn . . . . **1948. Oe. peucedanifolia**

2. Untere B. mit eif. od. keilf., obere mit lineal.-lanzettl. Zipfeln; Hüllb. meist 4–6 .... **1949. Oe. lachenalii**

II. W. spindelförmig, mit nicht verdickten Fasern; alle Bl. gestielt u. meist ☿, äußere nicht auffällig strahlend

A. St. aufrecht, bisweilen Ausläufer treibend

1. Abschnitte der oberen B. klein, eif., bis 4 (–6) mm lang; Fr. 3,5–4,5 mm lang .... **1950. Oe. aquatica**

2. Abschnitte der oberen B. groß, breit-eif., 15–20 mm lang; Fr. 5–6 mm lang .... **1951. Oe. conioides**

B. St. im Schlamm kriechend od. im Wasser flutend (Fr. 4–6,5 mm lang) .... **1952. Oe. fluviatilis**

1. Subgen. O e n á n t h e

1. Sect. F i s t u l ó s a e

1946. Oe. fistulósa L. (Abb. 286 d–g) Röhrige R.

♃, *HH, H.* – H. 0,30–0,60(1,00). *St. am Grd. mit Ausläufern,* aufrecht, *weit-röhrig;* untere B. meist doppelt-, obere einfach-gefiedert, B.spreite kürzer als der B.stiel; Fiederb.chen lineal., einfach od. 3spaltig, ebenso wie der St. hell-bläulichgrün; Hauptdolde meist 2- bis 3strahlig, fruchtbar, übrige Dolden 3- bis 5strahlig, unfruchtbar; Hüllb. 0 od. 1–2, Hüllchenb. 6–8; Krb. weiß od. rötlich, Randbl. strahlend; *Fr. kreiselförmig.* VI–VIII. 2n = 22. Halbuntergetauchte, untergetauchte u. Landformen.

Großseggenges., in Gräben, an Ufern; in stehendem od. langsam fließendem Wasser mit (oft torfigem) Schlammgrd., od. nasse Schlickböden. – Zerstreut bis selten: insbes. N- u. W-D.; ö. bis Hinterpomm., Schles., Sachs., unteres Maingeb., W-Abhang des Schwarzwaldes; ö. davon u. auch in den Mittelgebg. fehlend od. nur sehr selten: u. a. Rhön (Hammelburg), Fränk. Jura, Fichtelgebg. (Berneck), bay. Hochebene bis zur Isar. – Eur., N-Med. bis Rußl., SW-As., Alg., Tun.; subatl-submed-med.

2. Sect. O e n á n t h e

1947. Oe. silaifólia M. B. Silgblättrige R.

♃, *H.* – H. 0,30–0,60. *St. ohne Ausläufer,* aufrecht, hohl, bisweilen rotfleckig; untere B. 3fach-, oberste einfach-gefiedert; B.spreite der oberen B. so lang od. länger als der Stiel; *Zipfel der B. lineal. bis schmal-lineal.;* Dolde 5- bis 8strahlig; Hüllb. 0 od. 1; Hüllchenb. zahlreich; Krb. weiß, äußere strahlend, 2–3,5 mm lang; Fr. fast zylindrisch (bei der var. am Grd. breiter als der Fr.stiel); *Gr. meist wenig kürzer als die Fr.* V–VII. 2n = 22. Im Geb. nur var. m é d i a (Griseb.) Beck.

Feuchtwiesen u. -weiden; wechselfeuchte, nährstoffreiche Tonböden. – Sehr selten (verschollen?), bisher: Hess. (Hanau, wohl erloschen), Rheinpf. (Schifferstadt). – Engl., Frankr., S-D., Österr., Ital., SO-Eur.; submed-med.

1948. Oe. peucedanifólia Poll. Haarstrang-R.

♃, *H.* – H. 0,30–0,60(1,00). *W.fasern bis eif.- od. ellipsoidisch-verdickt; St. ohne Ausläufer,* aufrecht, röhrig; untere B. doppelt- bis 3fach-, mittlere 1- bis 2fach gefiedert; B.spreite so lang od. länger als der Stiel; *Zipfel der B.* fast *lineal;* Dolden 5- bis 10strahlig; Hüllb. 0 od. 1 (selten 2–3); Hüllchenb. zahlreich; *Krb.* weiß, äußere oft strahlend, *2–3 mm lang,* $^1/_4$–$^1/_3$ *eingeschnitten; Fr.* längl.-ellipsoidisch, *in der Mitte am breitesten;* Gr. etwa $^1/_2$ so lang wie die Fr. V–VII.

Feuchtwiesen u. -weiden, Moorwiesen; ± nasse, sandige Tonböden. – Selten: Oberlauf der Weser, Hess., m. Rhein- u. Moseltal, Eifel, Saargeb., Pfalz (am häufigsten noch Rheinpfalz; Neustadt/Speyer), n. Oberrheintal (ob noch?). – W-Eur., SW-Eur., ö. bis W-D., Schweiz, Ital., Balk.; Alger.; atl-submed.

1949. Oe. lachenálii C. C. Gmel. Lachenals R.

♃, *H.* – H. 0,30–0,60(0,80). *W.fasern dünn-walzlich od. verlängert-keulenf.-verdickt; St. ohne Ausläufer,* aufrecht, eng-röhrig od. markig; untere B. doppelt-, obere einfach-gefiedert; *untere B. mit eif. od. keilf., obere mit lineal-lanzettl. Zipfeln;* B.spreite länger als der B.stiel; Dolden 8- bis 15 (20)strahlig; Hüllb. meist 4–6; Hüllchenb. zahlreich; *Krb.* weiß, äußere der Randbl. etwa *1,5 mm lang, bis zur Mitte gespalten; Fr.* längl. bis verkehrt-eif., *über der Mitte am breitesten.* VI–VII (–IX). 2n = 22.

Salzwiesenges., Riedwiesen; feuchte bis nasse, seltener überflutete, nährstoffreiche, tonige Böden. – Zerstreut: Küsten der N- u. O-See (ö. bis Usedom); sehr selten: Oberrheinebene. – W-Eur., N- u. W-D., Schweiz, Ital., Mazed., Kauk., Kasp. Geb.; Alger.; atl-submed(-med).

2. Subgen. Phellándrium

1950. Oe. aquática (L.) Poir. Wasserfenchel

⊙, ⊙ (–♃), *HH.* – H. 0,50–1,20. *St. sparrig-ästig, aufrechthin- u. hergebogen,* hohl; B. 2- bis 3fach gefiedert, mit kleinen, spreizenden, eiförmigen, fiederspaltigen Abschnitten; Wasserb. mit lineal. bis haarförmigen Zipfeln; Dolden z. T. scheinbar blattgegenständig, 6- bis 17strahlig; Hüllb. 0 od. 1–2; Hüllchenb. 6–7; Krb. weiß; *Stbb. 2- bis 2,5mal so lang wie die Krb.; Fr. eiförmig-länglich, stielrund.* VI–VIII. 2n = 22. Halbuntergetauchte, seltener ganz untergetauchte od. Landformen.

Röhrichtges.; nährstoffreiche Gewässer mit schwankendem Wasserstand u. Schlammgrd. – Verbreitet u. häufig: N-D.; zerstreut: M- u. S-D. (insbes. in den großen Flußtälern; Alp.vorland bis 600 m). – Eur., W-As., Sib., (N-Am.); euras-submed.

Droge: Fructus Phellandri

1951. Oe. conioídes (Nolte) Lange Schierling-W.

⊙, *HH.* – H. 0,80–1,00(2,00). *St. aufrecht, ästig,* hohl, nicht stark hin- u. hergebogen od. sparrig-ästig; B. 2- bis 3fach gefiedert, mit großen, breit-eiförmigen bis eiförmig-länglichen, schwach fiederspaltigen, gelappten od. gekerbten Abschnitten; Dolden z. T. scheinbar blattgegenständig, 5- bis 14strahlig; Hüllb. 0 od. wenige; Hüllchen mehrb.; Krb. weiß; *Fr. längl., ellipt., schwach kantig.* VI–VII.

Röhrichtges. der Tideufer; regelmäßig überflutete, bei Niedrigwasser trocken fallende, nährstoffhaltige, tonige Schlickböden. – Selten: nur untere Elbe u. Mündungen der Nebenflüsse (etwa von den „Vierlanden" bis unterhalb der Störmündung). – N-D., Belg.; atl.

1952. Oe. fluviátilis (Bab.) Coleman Flutender W.

♃, ⊙, ⊙, *HH.* – *St. kriechend od. flutend,* der der submersen Form 0,40–2,35, der der halbsubmersen Form 1,00–1,80 lang, ästig; Wasserb. 3- bis 4fach-fiederschnittig, Abschnitte langkeilf., tief gespalten, Zipfel lineal.; B. oberhalb des Wassers 2- bis 3fach gefiedert, Abschnitte keilförmig, Zipfel eif.-lanzettl.; Dolde 7- bis 12strahlig; *Krb.* weiß, *etwa so lang od. wenig kürzer als die Stbb.;* Fr. länglich (4–6,5 mm lang). VI–VII.

Verlandungsges.; in fließendem Wasser mit humosem, sandigem Schlickgrd. – Sehr selten: nur Oberrheingeb. (Rastatt, Diersheim, Kehl-Rheinbischofsheim). – Irl., Engl., Dän., O-Frankr., SW-D.; atl.

507. Aethusa L. Hundspetersilie

x = 10, 11?

1953. Ae. cynápium L. (Abb. 287 a–c)

⊙, (①, ⊙), *Th, (H).* – H. (0,05)0,10–1,80(2,00). St. stielrund bis schwach kantig; B. 2- bis 3fach gefiedert, unterseits stark glänzend, Abschnitte eiförmig, fiederspaltig, Zipfel eiförmig bis lineal.-lanzettl.; Dolde 10- bis 20strahlig; Hüllb. 0, selten 1–2; *Hüllchenb. meist 3, einseitig, lineal., zurückgeschlagen;* Krb. weiß, selten rötlich; Fr. breit-eif. bis kugelig; Rückenrippen gekielt. VI–X. 2n = 20, 22 (?). Umfaßt im Geb. (bisweilen nicht scharf zu trennen):

ssp. c y n a p i o í d e s (M. B.) Simk.; H. 0,90–1,80(2,00); St. stark bereift; B.zipfel relativ schmal, verlängert u. spitzlich; Dolden langgestielt; Hüllchenb. so lang od. kürzer als die Döldchenstrahlen.

Ufersaumges., Flußgreiskrautges. etc.; nährstoffreiche Böden. – Verbreitung ungenügend bekannt, u. a. Schles., Thür., Hess., Bay., SW-D.

ssp. c y n á p i u m; H. 0,05–0,80, (gelegentlich auch höher); B.-zipfel spitz bis stumpf; Hüllchenb. meist so lang od. länger als die Döldchenstrahlen. Umfaßt u. a.:

Abb. 287. *a–c Aethusa cynapium* (*a* Sproßspitze mit Blütenständen, *b* Blüte, *c* Frucht von der Seite u. von oben); *d–f Athamanta cretensis* (*d* Habitus, *e* Blüte, *f* Frucht von der Seite u. Teilfrucht im Querschnitt).

var. c y n á p i u m ; H. 0,30–0,80 u. höher; St. schlank, aufrecht; B.zipfel spitz od. spitzlich; Dolden rel. lang-gestielt; Hüllchenb. länger als die Döldchenstrahlen.

var. a g r é s t i s Wallr.; H. 0,05–0,20; St. oft sparrig-ästig; B.-zipfel oft stumpf; Dolden kurz-gestielt; Hüllchenb. so lang od. kürzer als die Döldchenstrahlen; später blühend.

Schutt- u. Ackerunkrautges.; frische, nährstoffreiche, oft kalkhaltige, lehmige Böden. – Verbreitet bis häufig, im NW streckenweise zerstreut.

Allgemein verbreitet im Geb. (Alp. bis 870 m, Jura bis 980 m). – Eur., Kl.As., Kauk., W-Sib., Alger., (N-Am.); euras-subozean-submed.

508. Athamanta L. Augenwurz

x = 11

1954. A. creténsis L. (Abb. 287 d–f)

♃, *H.* – H. 0,10–0,25. St. stielrund, fein gerillt, oben flaumig-zottig; B. 2- bis 3fach-gefiedert, Abschnitte tief-fiederspaltig, Zipfel lineal. od. lanzettl.; Dolden (4) 7- bis 12(15)strahlig; Hüllb. 1 od.

wenige, Hüllchenb. 4–8, beide ± häutig berandet; Kr. weiß; Fr. längl.-lanzettl., in einen Hals verschmälert, dicht-abstehend-zottig-behaart. V–VIII. 2n = 22.

Mont. bis subalp. Steinschutt- od. Felsfluren; kalkreiche, steinige Substrate. – Selten: Jura (SW-Alb 900–1000 m); zerstreut: Alp. ([775] 1350–2420 m, selten tiefer). – Gebg. von Frankr., Jura bis Österr., N-Ital., N-Balk.; alp.

509. Foeniculum Mill. Fenchel

x = 11

1955. F. vulgáre Mill. (Abb. 288a–c)

♃, ⊙, (⊙?), *H (Th?)*. – H. (0,30)0,80–1,50(2,50). St. stielrund, fein gerillt; B. 3- bis 4fach-gefiedert; B.scheiden lang, an der Spitze kapuzenförmig; B.zipfel fädlich, lineal.-pfriemlich; Dolden (6) 10- bis 25strahlig; Hülle u. Hüllchen fehlend; Krb. gelb; Fr. länglich-eiförmig. VII–VIII (IX). 2n = 22. Im Geb. nur:

ssp. vulgáre (= F. capillaceum Gilib.); Gartenfenchel.

var. vulgáre; Butterfenchel, Wilder F.; H. meist bis 1,25; St. hart, ± markig; Fr. klein, reif dunkel gefärbt, etwas unangenehm schmeckend. – Selten gebaut als Heilpfl. (Kulturvarietät) in M-D. zur Gewinnung des äther. Fenchelöles.

Droge: Fructus Foeniculi

var. dúlce (Mill.) Thell.; Gewürz- od. Süßer F.; H. 1,25–2,50; St. weicher, mehr röhrig; Fr. länger u. schmaler, blaß, getrocknet süßlich schmeckend. – Gebaut als Gewürzpfl., süßes Fenchelöl liefernd.

var. azóricum (Mill.) Thell.; Gemüse-F.; H. 0,30–0,50; junge B.spr. im unterirdischen Teil zwiebelförmig; B.scheiden der Grdb. verdickt, saftreich, süßlich, eßbar. – Gebaut als Gemüsepfl.

Selten gebaut u. gelegentlich verwildert, z. B. in Weinbergen. – Heimat der Wildformen wohl Med. bis Iran (u. Vorderind.?).

510. Anéthum L. Dill

x = 11

1956. A. gravéolens L. (Abb. 288d–f)

⊙, *Th*. – H. 0,40–1,25. St. stielrund, fein gerillt; B. 2- bis 3(bis 4)fach-gefiedert, Zipfel lineal. bis fädlich bis fast borstenförmig; B.scheiden weißhäutig berandet, an der Spitze beiderseits Öhrchen; Dolden der verwilderten Formen oft nur 6- bis 10-, die der Kulturformen bis 50strahlig; Hülle u. Hüllchen fehlend; Krb. gelb; Fr. eiförmig od. breit-elliptisch, vom Rücken her zusammengedrückt. VII–IX. 2n = 22.

Gebaut u. in Schuttunkrautges. verwildert. – Heimat der Wildformen vielleicht Pers., Vorderind., (Kauk.?, Ägypt.?).

Droge: Fructus Anethi

Abb. 288. *a–c Foeniculum vulgare* (*a* Sproßspitze mit Blütenständen, *b* Blüte, *c* Frucht); *d–f Anethum graveolens* (*d* Habitus, *e* Blüte, *f* Frucht).

511. Sílaum Mill. Silau, Wiesensilge

x = 11

1957. S. sílaus (L.) Sch. et Thell. (Abb. 289 a–b)
[= Silaus pratensis (Crantz) Besser]

♃, *H.* – H. 0,30–1,00. St. – zumindest oben – kantig, gefurcht; untere B. 3- bis 4fach gefiedert, Seitenabschnitte 2- bis 5teilig, Endabschnitt 3- bis 7teilig, Zipfel länglich bis lineal.-lanzettl., sehr feingesägt; oberste B. einfach-gefiedert; Dolden 5- bis 10strahlig; Hülle fehlend od. 1- bis 3blättrig; Hüllchenb. zahlreich, lineal-lanzettl., schmal häutig-berandet; Krb. blaß- bis grünlich-gelb; Fr. breit eif.-längl. VI–IX. 2n = 22.

U. a. Feuchtwiesenges.; ± wechselfeuchte, nährstoffreiche, lehmige od. tonige Böden. – Selten, vereinzelt u. streckenweise fehlend: N-D.; zerstreut: M-D.; verbreitet: S-D. (Jura bis 880 m, Alp. bis 850 m). – Gem. u. S-Eur., Sib.; euras-submed.

Abb. 289. *a—b Silaum silaus* (*a* Sproßspitze u. -basis, *b* Frucht); *c—e Meum athamanticum* (*c* Sproßspitze u. -basis, *d* Blüte, *e* Frucht).

512. Meum Mill. — Bärwurz

x = 11

1958. M. athamánticum Jacq. (Abb. 289 c—e) — Haarblättrige B.

♃, *H.* – H. 0,15—0,50. St. kantig-gerieft, am Grd. schopfig; B. 2- bis vielfach-gefiedert bzw. fiederspaltig; Abschnitte fiederteilig-vielspaltig, Zipfel fast quirlig, büschelig, haardünn, spitz; Dolden 6- bis 15-strahlig; Hülle fehlend od. selten vorhanden; Hüllchenb. 3—8, pfriemlich, unberandet; Krb. weiß, selten rötlich od. schwach gelblich-weiß; Fr. eif.-längl. V—VI. 2 n = 22.

Magerrasen, Bergwiesen; ± frische, kalkfreie od. -arme, humose, ± saure Silikatböden. – Zerstreut bis selten: Harz, Thür., oberes Vogtland, Muldegeb., Lausitz, Elbhügelland, Sächs. Schweiz, Erzgebg., Isergebg., Riesengebg., Bober-Katzbachgebg., Eifel, Hohes Venn, Schneifel, Hess. Bergland, Rhön, Schwarzwald, SW-Alb, Oberschwaben (Zeiler Höhe über 700 m), Frankenwald, Fichtelgebg., Fränk. Keuper-Lias-Geb. – Gem. W- u. M-Eur., N-Ital., N-Balk.; subatl.

Abb. 290. *a–b Cnidium dubium* (*a* Sproßspitzen mit Blütenständen, *b* Frucht von der Seite u. von oben); *c–d Selinum carvifolia* (*c* Habitus, *d* Frucht).

513. Cnídium Cuss. Brenndolde

x = 11

1959. C. dúbium (Schkuhr) Thell. (Abb. 290 a–b)
[= C. venosum (Hoffm.) Koch]

⊙, *H.* – H. 0,30–0,60(0,90). St. unten stielrund, feingerillt, oben kantig-gefurcht, kahl wie fast die ganze Pfl.; B. 2- bis 3fach-gefiedert bzw. fiederspaltig; Zipfel lineal. od. lineal.-lanzettl., kurz zugespitzt; B.scheiden verlängert, obere dem St. straff anliegend; Dolden 15- bis 30strahlig; Hülle fehlend od. wenigb.; Hüllchenb. zahlreich, pfriemlich, kahl, so lang wie die Döldchenstrahlen; Krb. weiß; Fr. kugelig bis eiförmig, Rippen 3kantig. VII–VIII. 2n = 22.

Feuchtwiesenges.; feuchte, nährstoffreiche, tonige Böden. – Zerstreut: NO [sw. bis etwa Elbe, Saale (Merseburg)]; selten: Holst., ö. Nieders., Thür. (Gotha, Sangerhausen), Sachs. (Zöschen), S-Hess., Sulzheim, m.-n. Oberrheinebene (bes. Speyer/Ludwigshafen). – S-Schwed., D., Österr., Pol., M-Rußl., W-As.; euras-kont.

514. Selínum L. Silge

x = 11

1960. S. carvifólia L. (Abb. 290c–d)

♃, *H.* – H. 0,30–1,00. St. scharfkantig-gefurcht; untere B. 3fach-gefiedert; Abschnitte letzter Ordn. tief-fiederspaltig-eingeschnitten; Zipfel länglich bis lineal.; Dolden 15- bis 20strahlig, gedrungen, etwas gewölbt; Hülle fehlend od. 1- bis 3b.; Hüllchenb. zahlreich, lineal.-pfriemlich; Krb. weiß; Fr. rundlich-elliptisch, zusammengedrückt, zuletzt 10flügelig. VII–VIII. 2n = 22.

Feuchtwiesen, Auengebüsche, lichte Waldges. etc.; wechselfeuchte, meist kalkarme, tonige Böden. – Selten: NW-D. bis W-Meckl.; zerstreut M- u. S-D. (Alp. bis 1400 m). – N-, M-, seltener S-Eur., Sib., (N-Am.); euras-subozean-(-submed).

515. Ligústicum L. Mutterwurz

x = 11

I. Hüllb. fehlend od. vereinzelt u. kurz; Fr.rippen wenig vorspringend .... **1961. L. mutellina**

II. Hüllb. 5–10, so lang wie die Doldenstrahlen; Fr.-rippen stark flügelförmig vorspringend .... **1962. L. mutellinoides**

1. Subgen. M u t e l l í n a

1961. L. mutellína (L.) Crantz Alpen-M.

♃, *H.* – H. 0,10–0,20(0,50). *St. am Grd. mit Faserschopf,* oberwärts blattlos od. mit 1–2 B., kantig-gerieft; Grdb. 2fach gefiedert, im Umriß 3eckig; Abschnitte fiederteilig; Zipfel lineal.-lanzettl., stachelspitzig; Dolden 7- bis 10(15)strahlig; *Hülle fehlend* od. 1- bis wenigb.; Hüllchenb. 3 u. mehr, lanzettl., weißrandig; Krb. rötlich od. weiß; Stbbtl. rot; *Fr.* eiförmig-länglich, *Rippen leistenförmig.* VI–VIII. 2n = 22. Im Geb. nur ssp. m u t e l l í n a , umfaßt:

var. l a t i s é c t u m (Beauv.) Thell.; Lappen der Abschnitte letzter Ordn. kurz u. breit eingeschnitten, Zipfel relativ breit; Pfl. kräftig. – Auf Kalksubstraten.

var. a n g u s t i s é c t u m (Beauv.) Thell.; Lappen der Abschnitte letzter Ordn. schmal, vielspaltig, Zipfel schmal, bis fädlich; Pfl. schlank. – Auf kalkfreien Substraten.

Insbes. subalp. u. alp. Magerweiden, Borstgrasges., Rieselfluren etc.; frische bis feuchte, lehmige Böden. – Verbreitet: Alp. (1500–2420 m); sonst seltener: nahe der Grenze am Glatzer Schneeberg, Schwarzwald (Feldberg), Bay. u. Böhm. Wald (Arber, Rachel, Lusen). – Gebg. M- u. SO-Eur.; alp.

Abb. 291. *a–b Ligusticum mutellinoides* (*a* Habitus, *b* Frucht); *c–f Cenolophium fischeri* (*c* u. *d* Blütenstände, bei *d* zur Fruchtzeit; *e* Laubblatt, *f* Frucht).

2. Subgen. P a c h y p l e ú r u m

1962. L. mutellinoídes (Crantz) Vill. (Abb. 291 a–b) Kleine M.
[= L. simplex (L.) All.]

♃, *H.* – H. 0,03–0,15. *St. am Grd. häutig behüllt,* außer Grdb. *meist blattlos,* kantig-gerillt; Grdb. 2fach gefiedert, im Umriß länglich; Zipfel lineal. od. lanzettl.-lineal., kurz zugespitzt; *Hüllb. 5–10, meist 3spaltig, so lang od. länger als die Doldenstrahlen;* Hüllchenb. 5–10; Krb. weiß od. rötlich; *Fr.* breitellipsoidisch, *Rippen geflügelt.* VII–VIII. 2n = 22. Im Geb. nur ssp. m u t e l l i n o í d e s.

Alp. Stein- u. Magerrasen, Krummseggenrasen; frische, kalkarme, steinige Substrate. – Zerstreut: Alp. (Allgäuer u. Berchtesgadener Alp., 1700–2520 m). – Alp., Karp., arkt. Rußl., Sib.; arkt-alp.

516. Cenolophium Koch Hohlrippe

1963. C. fischeri (Spreng.) Koch (Abb. 291 c–f)

♃, *H.* – H. 0,60–1,25. St. gestreift bis gefurcht; B. 3- bis 5fach gefiedert; Zipfel stark spreizend, Endzipfel 3teilig, Seitenzipfel ungeteilt

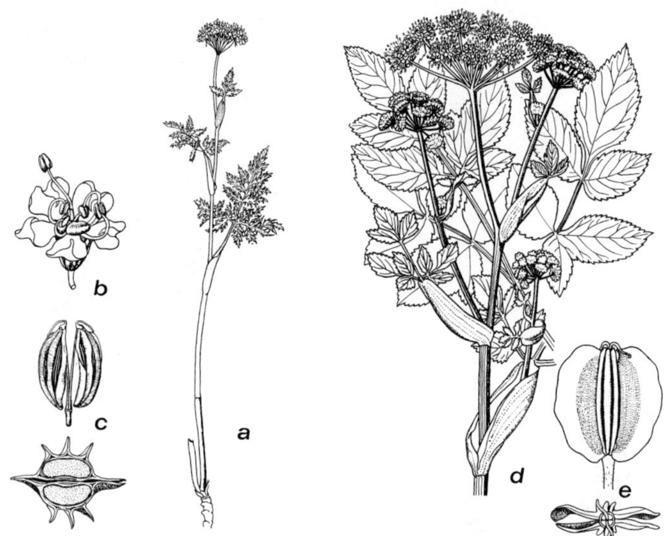

Abb. 292. *a–c Conioselinum vaginatum* (*a* Sproß mit Blütenstand, *b* Blüte, *c* Frucht von der Seite u. im Querschnitt); *d–e Angelica silvestris* (*d* Sproßspitze u. Laubblattausschnitt, *e* Frucht vom Rücken u. von oben).

od. 2teilig; Dolde 15- bis 30strahlig; Hülle lb. od. fehlend; Hüllchenb. zahlreich, lineal.; Krb. weiß; Fr. längl.- bis rundl.-elliptisch, Wand dünn, Rippen hohl. VII–VIII.

Wiesenges., Ufer, Böschungen. – Selten: nur Ostpr. (Memelniederung, Heidekrug, Tilsit, Ragnit, Pillkallen, Labiau). – Ostpr., Rußl. bis Kauk., Altai, Transbaik., Dsung.; euras(-kont).

517. *Conioselínum* Fisch. — Schierlingssilge

1964. C. vaginátum (Sprengel) Thell. (Abb. 292 a–c) Maludenwurz
(= C. tataricum Fisch., C. Fischeri Wimm. et Grab.)

♃, *H.* – H. 0,50–1,50. St. stielrund, gerillt, bereift; Äste gefurcht; B. 2- bis 3fach gefiedert, obere B.scheiden aufgeblasen; Abschnitte letzter Ordn. eiförmig-länglich; Zipfel länglich-lanzettl., am Rand schwach umgerollt; Dolden 15- bis 20strahlig; Hülle meist fehlend; Hüllchenb. zahlreich; Krb. weiß bis grünlich-weiß; Fr. eilänglich, 8flügelig, zusammengedrückt. VIII.

Laubwälder, Hochstaudenfluren, Abhänge; ± feuchte, kalkarme, humusreiche Böden. – Selten: ö. Ostpr. (Tilsit, Insterburg, Rominter Heide). – Arkt. Eur., Finnl. bis Ostpr., Rußl., Sib., Sud., Karp., Österr., NW-Chin., arkt. Am.; no(-kont).

518. Angélica L. Engelwurz

x = 11

I. St. stielrund, zart-gerillt; Zähne der B.abschnitte mit Stachelspitze; K.saum kaum gezähnt; Krb. unbenagelt, elliptisch, lanzettl.
  A. B.stiel u. -spindel oberseits rinnig; Doldenstiele auf der ganzen Länge flaumig-zottig; Krb. weiß od. rötlich; Rückenrippen der Fr. fädlich od. stumpf (Subgen. Angelica) .... **1965. A. silvestris**
  B. B.stiel oberseits gewölbt, -spindel ± rinnig; Doldenstiele nur an der Spitze flaumig-zottig; Krb. grünlich; Rückenrippen der Fr. kantig, stumpf od. gekielt (Subgen. Archangelica) .... **1966. A. archangelica**

II. St. scharfkantig gefurcht; Zähne der B.abschnitte mit kurzen Knorpelspitzen; K.saum deutlich gezähnt, Zähne breit; Krb. benagelt, eif. od. kreisrundl. (weiß) (Subgen. Ostericum) .... **1967. A. palustris**

1. Subgen. A n g é l i c a

1965. A. silvéstris L. (Abb. 292 d–e) Wald-E.

⊙, ⊚, (♃), *H.* – H. 0,80–2,00(2,50). St. stielrund; gestreift; B. dunkelgrün, 2- bis 3fach gefiedert; B.scheiden groß, bauchig-aufgeblasen; Abschnitte letzter Ordn. eif. od. eif.-lanzettl., scharf gesägt; *Dolden* 15- bis 30strahlig, *zuletzt* stark *schirmförmig gewölbt;* Hülle fehlend, selten 1- bis 3b.; Hüllchenb. zahlreich, fast borstenförmig, etwa so lang wie Döldchenstrahlen; Krb. weiß od. rötlich; Fr. stark zusammengedrückt, breit-ellipt. VII–IX. Umfaßt im Geb.:

ssp. s i l v é s t r i s; Fr. 4–5,5 mm lang, 3–4 (–5) mm breit; *B.-abschnitte* letzter Ordn. eif. bis längl., *nicht* od. nur sehr kurz u. breit *herablaufend.* 2 n = 22. Im ganzen Geb. verbreitete ssp.

ssp. m o n t á n a (Brot.) Arcang.; Fr. 6–8 mm lang, (4,5-)5–6 mm breit; *B.abschnitte* letzter Ordn. eif.-längl.-lanzettl., obere an der Spindel *herablaufend* od. paarweise verschmelzend. – Zerstreut in M-Gebg. (n. bis Harz), Alp.vorland u. Alp.

Auenwaldges., Feuchtwiesen, Uferges.; feuchte bis nasse, nährstoffreiche, tonige od. lehmige Böden. – Verbreitet im ganzen Geb. (Alp. bis 1660 m). – Eur., Kl.As., Kauk., Syr., Sib., (Kanada); no-euras-subozean.

2. Subgen. A r c h a n g é l i c a

1966. A. archangélica L. Erzengelwurz

⊚, *H.* – H. 1,00–2,00. St. stielrund, feingerillt; B. hellgrün, 2(bis 3)fach gefiedert; obere B.scheiden groß bauchig-aufgeblasen; B.-abschnitte letzter Ordn. herzeif. bis eif.-lanzettl., ungleich scharf-gesägt, endständige 3lappig; *Dolden* 20- bis 40strahlig, z. T. (ssp. litoralis) bis 30 cm breit, *zuletzt* halbkugelig bis *kugelig;* Hülle meist fehlend; Hüllchenb. zahlreich; Krb. grünlich; Fr. stark zusammengedrückt, breitrundlich.-ellipt. bis fast eckig. VI–VIII. Umfaßt:

ssp. a r c h a n g é l i c a ; H. 1,00–2,00; St. rel. saftig, würzig schmekkend; B.scheiden ± krautig; Krb. grün od. grüngelblich; Fr. 6,5–8(–9) mm lang, 4,5–5(–6) mm breit, oft fast eckig, Rückenrippen ziemlich scharf, stark vorspringend. 2 n = 22. Umfaßt u. a.:

var. s a t í v a (Mill.) Rikli; Garten-E.; W. kurz, reich verzweigt, später wie abgebissen, meist starke Adventivw.bildung. – Gebaut u. verwildert.

Zugehörigkeit, Verbreitung u. Herkunft der Wild- bzw. verwilderten Formen u. ihre Beziehung zur var. a r c h a n g é l i c a (= A. norvegica Rupr.) mit rübenf., verlängerter, einfacher od. wenig verzweigter W. (Gebg., S-Skand., Harz?, Sud., O-Alp., O-Eur., W-As.) noch ungenügend geklärt.

Staudenfluren, Flußgreiskrautges.; feuchte bis nasse, nährstoffreiche Böden. – Zerstreut: m., ö. u. n. Geb.

Droge: Radix Angelicae

ssp. l i t o r á l i s (Fries) Thell. (= A. litoralis Fries); H. 1,50–3,00; St. am Grd. bis armdick, härter u. schärferer Geschmack; B.scheiden mehr häutig; Krb. grünlichweiß; Fr. (4,5–) 5–6 mm lang u. (3–) 3,5–4,5 mm breit, ± rundl.-ellipt. 2 n = 22.

Uferpflanzenges., Spülsaumges. (eig. Ges.); nasse, nährstoffreiche, bisweilen salzhaltige Böden. – Verbreitet: Küstengeb. u. Flußmündungen in N-D., weiter im Binnenland selten u. z. T. ungenügend untersucht. – Küsten Skand., N-D. bis n. u. arkt. As.

no-euras.

3. Subgen. O s t é r i c u m

1967. A. palústris (Bess.) Hoffm. Sumpf-E.

⊚, *H.* – H. 0,50–1,00. *St. scharfkantig-gefurcht,* Kanten etwas häutiggeflügelt; B. 2- bis 4fach gefiedert; Abschnitte eif. bis herzeif., zugespitzt, ungleich-gekerbt-gesägt; *Dolden* 15- bis 30strahlig, *Stiele fast kahl,* Hülle fehlend od. 1- bis 3b.; Hüllchenb. zahlreich, lanzettl.-pfriemlich; Krb. weiß; Fr. ellipt., zusammengedrückt. VII–VIII.

Abb. 293. *a–c Levisticum officinale* (*a* Sproßspitze mit Blütenständen, *b* Blüte, *c* Frucht); *d–g Peucedanum officinale* (*d* Sproßspitze u. -basis, *e* Laubblattausschnitt, *f* Döldchen zur Fruchtzeit, *g* Frucht).

Auengebüsch, Feuchtwiesen; nasse, nährstoffreiche, humose Böden. – Selten u. vereinzelt: Meckl. (Gnoien), NO-Brand., Pomm., Ostpr., Anh. (Blankenburg, Radegast, Halle), M-Thür. (Alperstedter Ried), Sachs. (Elsteraue zwischen Leipzig u. Halle), Frank. (Michelau). – M- u. NO-D., O- u. SO-Eur., W-Sib.; euras-kont.

519. Levísticum Hill — Liebstöckel

x = 11

1968. L. officinále Koch (Abb. 293 a–c) — Garten-L.

♃, *H.* – H. 0,80–2,00. Pfl. stark aromatisch; St. gestreift, bereift; B. 2- bis fast 3fach gefiedert, kahl, glänzend; Fiedern letzter Ordn. verkehrt-eif. bis rhombisch, am Grd. lang keilförmig; Dolden 12- bis 20strahlig; Hülle u. Hüllchen vielblättrig, häutig-berandet, zurückgeschlagen; Krb. blaßgelb; Fr. elliptisch, vom Rücken her zusammengedrückt. VII–VIII. 2 n = 22.
Gebaut, selten verwildert. – Heimat der evtl. Wildsippe (L. persicum Freyn et Bornm.): Pers.

Droge: Radix Levistici

520. Peucedanum L. Haarstrang

x = 11, 6

I. K.saum 5zähnig; Zähne deutlich (Ausnahme bei P. carvifolia); B. 1- bis 3fach-gefiedert
  A. Hülle fehlend od. armb.
    1. B. 2- bis 5fach 3zählig-zusammengesetzt; Abschnitte 1. Ordn. lang-gestielt; Krb. gelb, kaum ausgerandet (Sect. Peucedanum) .... **1969. P. officinale**
    2. B. 1fach-gefiedert; Abschnitte 1. Ordn. nicht od. sehr kurz gestielt, fiederteilig; Krb. gelblich-weiß od. grünlich, deutlich ausgerandet (Sect. Palimbioidea) .... **1970. P. carvifolia**
  B. Hülle vielblättrig
    1. Krb. blaßgelb; Hülle aufrecht bis abstehend; Doldenstrahlen glatt od. nur an der Spitze gezäkkelt-rauh (Sect. Xanthoselinum) .... **1971. P. alsaticum**
    2. Krb. weiß od. rötlich; Hülle zurückgebogen; Doldenstrahlen rauhflaumig
      a) St. stielrund, fein gerillt, markig (Sect. Oreoselinum)
        x) Untere B. 3fach-gefiedert, Abschnitte mit schmalen verkehrt-eif. od. rautenförmigen Zipfeln, beiderseits glänzend-grün; Verzweigungen des B.stieles stumpf- od. rechtwinkelig abstehend .... **1972. P. oreoselinum**
        xx) Untere B. 2fach-gefiedert, Abschnitte eingeschnitten-gesägt, eiförmig, unterseits bläulich-grün; Verzweigungen des B.stieles spitz- bis rechtwinkelig-abstehend .... **1973. P. cervaria**
      b) St. kantig-gefurcht, röhrig (B.zipfel lineal.-lanzettl.; Subgen. Thysselinum) .... **1974. P. palustre**
II. K.saum undeutlich; B. 1- bis 2fach 3zählig (Subgen. Imperatoria) .... **1975. P. ostruthium**

1. Subgen. Peucédanum
1. Sect. Peucédanum

1969. P. officinále L. (Abb. 293 d–g) Gebräuchlicher H.

♃, *H.* – H. 0,50–1,50. St. stielrund, fein-gerillt; *untere B. 2- bis 5fach 3zählig-zusammengesetzt; Abschnitte letzter Ordn. lineal.,* beiderends verschmälert; Dolden 10- bis 40strahlig, Strahlen kahl; Hüllchenb. zahlreich, borstenförmig; Krb. gelb; Fr. elliptisch. VII–IX. 2 n = 66.

Halbtrockenrasen u. ähnliche Ges., Gebüsche; wechseltrockene, warme, meist kalkreiche Böden. – Zerstreut bis selten: Bode-, Saale-, Elster- u. m. Elbtal (Barby bis Lenzen), Sachs. (Leipzig); Rheintal (Achern bis Köln, Deutz), Pfalz,

Main (bis Steigerwald), Neckargeb., Haßberge, Frankenhöhe, Frankenalbvorland, Bay. Wald (Tegernheim), Donautal, (Jura bis 970 m, Randen bis Fränk. Jura). – W-, M-, S-Eur., M- u. S.-Rußl., W-Sib.; euras-submed.

2. Sect. Palimbioídea

1970. P. carvifólia Vill. Kümmel-H.
[= P. chabraei (Jacq.) Rchb.]

♃, *H.* – H. 0,30–1,00. In der Tracht *Silaum silaus* sehr ähnlich; St. zumindest oberwärts kantig-gefurcht; *B. frisch beiderseits glänzend, 1fach-gefiedert bzw. -fiederteilig, Fiedern* meist sitzend, *vielseitig* od. die der obersten B. ungeteilt; Zipfel ± lineal., am Grd. kreuzständig; Dolden 6- bis 18strahlig; Hüllb. 0 od. nur einzelne, Hüllchenb. 1–3; Strahlen auf der Innenseite kurzhaarig; Krb. gelblichweiß od. grünlich; Fr. rundl.-ellipt. VI–VIII.

Magerrasen, Gebüsche, Waldränder etc.; wechseltrockene, kalkreiche Böden. – Selten: Niederrheingeb. (Köln bis holl. Grenze), Mosel- u. Saargeb., Nahetal, Bliestal (ob noch?), Frank. (Pleinfeld), Fränk. Jura, Donaugeb. u. untere bay. Hochebene, Jura. – w. M-, S- u. SO-Eur., M- u. S-Rußl., Kauk.; gem-kont(-submed) od. europ-kont(-submed).

3. Sect. Xanthoselínum

1971. P. alsáticum L. Elsässer H.

♃, *H.* – H. 0,50–1,20. St. unten rund u. flach-gerillt, oberwärts kantig-gefurcht; *B. 2- bis 3fach-gefiedert; B.chen eiförmig-fiederspaltig, Zipfel lineal.-lanzettl., am Rande rauh;* Dolden 6- bis 20strahlig; Hüllb. u. Hüllchenb. 4–8; Krb. blaßgelb; Fr. breit-ellipt. VII–IX. 2n = 22.

Gebüsche, lichte Eichenwaldges. etc.; trockene, warme, kalkreiche Böden. – Selten, bes. in den Trockengeb.: Arnstadt-Erfurt; Grabfeld, Irmelshausen bis Kissingen (Euerdorf)-Schweinfurt; Mainzer Becken bis Nahetal, Bingen u. über Worms bis Dürkheim; NO-Bad. (Bergstraße), Taubertal, M-Frank., N-Schwab. bis an den Rand des Fränk. Jura. – Frankr., M-Eur. bis SO-Eur., M- u. S-Rußl., Kauk., Altaigeb.; gem-kont, europ-kont.

4. Sect. Oreoselínum

1972. P. oreoselínum (L.) Moench Berg-H.

♃, *H.* – H. 0,30–1,00 (selten nur wenige Zentimeter hoch). St. rund, unten schwach-, oberwärts tiefer-gerillt; *untere B. 2- bis 3fach-gefiedert bzw. -fiederteilig, Verzweigungen des B.stieles recht- od. stumpfwinkelig abstehend, zurückgeschlagen; B.chen glänzend, beiderseits grün, eiförmig, eingeschnitten od. fast fiederspaltig-gezähnt,* mit kurz-zugespitzten Zähnen;

Dolden vielstrahlig; Hüllb. u. Hüllchenb. zahlreich, zurückgeschlagen; Krb. weiß; *Fugenstriemen* der breit-ellipt. Fr. *bogenförmig, dem Rande genähert.* VII–VIII. 2n = 22.

Lichte Eichen- u. bes. Kiefernwälder, Schafschwingel-Triften etc.; ± trockene, warme, meist kalkhaltige, ± steinige od. sandige Böden. – Zerstreut bis selten, insbes. in NO-D., im übrigen Geb. streckenweise – wie im NW – fehlend, Alp. bis 950 m. – S-Skand. bis N-Med., M- u. S-Rußl.; euras-kont-submed.

1973. P. cervária (L.) Lapeyr Hirschwurz-H.

♃, *H.* – H. 0,50–1,25. St. rund, unten schwach-, oberwärts tiefer-gerillt; *untere B. 2(bis 3)fach-fiederteilig, Verzweigungen des B.stieles spitzwinkelig-abstehend; B.chen unterseits meergrün, eiförmig, fast dornig-gesägt;* Dolden vielstrahlig; Hüllb. u. Hüllchenb. zahlreich, zurückgeschlagen; Krb. weiß; *Fugenstriemen* der längl. bis rundl.-ellipt. Fr. *gleichlaufend, der Mittellinie der Fuge sehr genähert.* VII–VIII.

Lichte Eichenmischwaldges., Gebüsche etc.; ± trockene, warme, meist kalkhaltige, steinige od. sandige Böden. – Sehr zerstreut bis selten, insbes. M- u. S-D. (Alp. bis 800 m, Jura bis 920 m), n. bis Ahrtal, S-Nieders., N-Anh., m. Elbe-, Havel- u. n. Odertal, Hinterpomm. – M- u. S-Eur., Rußl., Ural, Kauk., Altaigeb.; euras-kont-submed.

2. Subgen. Thysselínum

1974. P. palústre (L.) Moench Sumpf-H.
[= Thysselinum palustre (L.) Hoffm.]

⊙, ♃, *H.* – H. 0,60–1,25. *St.* ± tief kantig-gefurcht, *hohl;* untere B. 3 (bis mehr)fach gefiedert bzw. fiederteilig; *Abschnitte* letzter Ordnung tief-fiederspaltig, *mit lineal.-lanzettl.,* knorpelig-stachelspitzigen *Zipfeln;* Dolden vielstrahlig; Hüllb. u. Hüllchenb. zu mehreren, häutig-berandet, zurückgeschlagen; Krb. weiß; Fr. ellipt., linsenförmig. VII–VIII. 2n = 22.

Großseggenges., Erlenbruchwälder; nasse od. zeitweilig überschwemmte, nährstoffärmere, saure, meist torfige Böden. – Verbreitet bis zerstreut (Alp. bis 800 m, Schwarzwald bis 930 m, Böhmerwald bis 1050 m). – Eur. bis Sib.; no-euras.

3. Subgen. Imperatória

1975. P. ostrúthium (L.) Koch Meisterwurz
(= Imperatoria ostruthium L.)

♃, *H.* – H. 0,30–1,00. St. rund, gerillt, hohl; B. 1- bis 2fach bis 3zählig; B.chen breit-eiförmig, ungleich doppelt-gesägt, seitenständige oft 2-, endständige oft 3spaltig; B.scheiden aufgeblasen; Dolden vielstrahlig; Hüllb. 0 od. 1; Hüllchenb. wenige, sehr klein, hinfällig; Krb. weiß; Fr. fast kreisrund. VII–VIII. 2n = 22.

Bergwiesen, subalp. Staudenfluren, Erlengebüsche; frische, nährstoffreiche, humose Ton- od. Lehmböden. – Zerstreut: M-Gebg. u. Alp. (1480–2080 m), gebietsweise häufiger, z. T. aus ehem. Kultur verwildert u. eingebürgert; im N selten: u. a. Westf. (Süderbergland), Harz, Thür. Wald. – Pyren., Sevennen, Alp.; sonst zerstreut u. wohl nur verwildert in Eur., Neufundl.; w-praealp.

Droge: Rhizoma Impertoriae

521. Pastinaca L. Pastinak

x = 11

1976. P. satíva L. (Abb. 294a–c)

⊙, *H.* – H. 0,30–1,00. St. kantig-gefurcht, seltener stielrund; B. einfach (sehr selten 2)fach gefiedert; B.chen eif.-länglich, stumpf od. spitz, gekerbt-gesägt, seitenständige am Grd. oft 1- od. 2lappig, das endständige oft 3lappig; Dolde 5- bis 20strahlig; Hülle u. Hüllchen fehlend od. 1- bis 2b.; Kr. sattgelb; Fr. breit-ellipt., linsenförmig zusammengedrückt. VII–IX. 2n = 22. Umfaßt im Geb.:

ssp. s a t í v a ; Pfl. ± kahl erscheinend, St. kantig; B. oberseite mit kurzen, B.unterseite mit längeren Haaren; Dolden (7- bis) 9- bis 20strahlig. Umfaßt im Geb.:

var. p r a t é n s i s Pers.; W. dünn, spindelf., hart, holzig, Geruch scharf, Geschmack bitter. – Verbreitete Wildsippe.

var. s a t í v a ; W. dick, zart, fleischig, nach Möhren riechend, Geschmack süßlich. – Kultursippe, gebaut.

ssp. s i l v é s t r i s (Mill.) Rouy et Camus; Pfl. ± dicht grauhaarig; St. kantig; Dolden 8- bis 10- u. mehrstrahlig. – Selten, nur S-D. (Oberpfalz, Flossenbürg, Garchinger Heide, Berchtesgaden).

ssp. ú r e n s (Req.) Čelak.; Pfl. behaart; St. stielrund bis ± kantig-gefurcht, zuweilen verkahlend; Dolden 5- bis 7strahlig; Fr.rippen häufig stärker vorspringend. – Selten: Nordpfalz, Rheinland (Kreuznach bis Bonn), S-D. (Hirsau, Stuttgart; Thanstein, Obermurach), sonst sehr selten weiter n. od. ö. verschleppt.

Fettwiesen, Unkrautges.; frische, nährstoffreiche, meist kalkhaltige Böden. – Verbreitet im ganzen Geb. (Alp. bis 630 m, Jura bis 990 m). – Eur., Kauk., Kl.As. bis Syr., Pers., Sib.; euras-submed.

522. Heracleum L. Bärenklau

x = 11

I. St. kantig-gefurcht; untere Seitenabschnitte der B. deutlich gestielt od. B. mit einfacher Spreite; K.zähne undeutlich, kurz u. breit

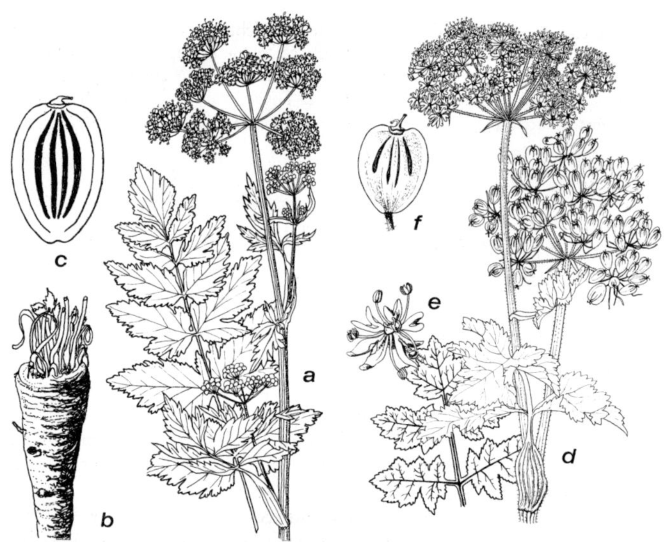

Abb. 294. *a–c Pastinaca sativa* (*a* Sproßspitze u. Laubblatt, *b* Wurzel, *c* Frucht); *d–f Heracleum sphondylium* ssp. *sphondylium* (*d* Sproßspitze mit Blütenständen u. Laubblattausschnitt, *e* Blüte, *f* Frucht).

A. Grdb. 5zählig (selten 3- od. > 5zählig), oberseits weichhaarig, seltener kahl (Krb. weiß, rötlich od. grünlich-gelb) .... **1977. H. sphondylium**

B. Grdb. 3- od. mehr-lappig od. 3- (selten fast 5)zählig, oberseits kurz-rauhhaarig, seltener kahl ...... **1978. H. elegans**

II. St. gerillt od. nur schwach kantig-gefurcht; Seitenabschnitte der B. sitzend od. nur sehr kurz gestielt; K.zähne deutlich .... **1979. H. austriacum**

Anmerkung: Die „Zähligkeit der Grdb.“ ist hier auf die Fiederb.abschnitte 1. Ordn. (einschl. des Mittelabschnittes) der großen unteren B. bezogen.

1977. H. sphondýlium L. (Abb. 294 d–f) Wiesen-B.

⊙ – ♃, *H.* – H. 0,50–1,50. St. kantig-gefurcht, steifhaarig, selten kahl; *B. 1- (seltener 2)fach gefiedert;* in Zerteilung, Form u. Größe der B.-abschnitte u. Behaarung veränderlich; *B.scheiden bauchig-aufgetrieben; Dolden* ~ 15- bis 30strahlig; Hüllb. 0 od. 1–6, Hüllchenb. zahlreich; Fr. ellipt. od. verkehrt-eiförmig, seltener kreisrund. VI–IX. Umfaßt im Geb. (Rangstufe u. Begrenzung unterschiedlich aufgefaßt, hier z. T. nach Thellung, 1926):

ssp. s i b í r i c u m (L.) Simk.; Krb. gelblich-grün; Randbl. nicht od. wenig strahlend. Veränderlich u. a. im B.schnitt. 2n = 22. Umfaßt:

var. s i b í r i c u m ; Frkn. völlig kahl. – Ostpr., Westpr.; sonst sehr selten (die westlicheren Fundorte bedürfen der Nachprüfung; z. T. verwechselt mit folg. Var.). – no-euras-kont.

var. c h a e t o c á r p u m Neumayer et Thell.; Frkn. mit ziemlich starren, spitzen, aufwärts angedrückten Börstchen. – Zerstreut bis selten: u. a. Bremerhaven, NO-D. (Schl.Holst., Meckl., O-Brand., Westpr.), Schles. (z. T. mit vor Var. verwechselt).

ssp. s p h o n d ý l i u m ; Krb. weiß od. rötlich, Randbl. deutlich strahlend, strahlende Krb. tief eingeschnitten; Frkn. weichhaarig; B. oberseits weichhaarig bis kahl, unterseits weichhaarig, nur auf den Hauptnerven steifborstig. 2n = 22. – subatl. Umfaßt:

var. s p h o n d ý l i u m ; Grdb. mit 25–31 abgerundeten od. stumpf zugespitzten, kurzen u. breit-eiförmigen Zipfeln. – Verbreitet.

var. s t e n o p h ý l l u m (Gaud.) Thell.; Grdb. mit 47–55 eiförm. od. dreieckig-lanzettl., schlank-zugespitzten Zipfeln. – Verbreitet.

var. a n g u s t i f ó l i u m (Crantz) Bisse; Grdb. mit 25–33 schmalen, fast bandartig verlängerten, nach der Spitze nur sehr allmählich verschmälerten Zipfeln. – Selten, Verbreitung ungenügend bekannt.

Fettwiesen, Auenwaldges.; frische bis feuchte, sehr nährstoffreiche, humose Böden. – Verbreitet u. häufig (Alp. bis 1500 m). – Eur. bis Sib.

1978. H. élegans (Crantz) Jacq. Berg-B.
[= H. sphondylium L. ssp. elegans (Crantz) Arcang., H. montanum Schleich.]

♃, *H.* – H. 0,08–1,50(2,00). St. kantig gefurcht, steifhaarig; *B.-spreite einfach* u. gelappt bis gespalten *od. zusammengesetzt u. 3- (selten fast 5)zählig, oberseits kurz rauhhaarig,* seltener kahl, unterseits kurzrauhflaumig u. auf den Nerven borstig-rauh; *B.scheiden bauchig-aufgeblasen;* Dolden 12- bis 30(40)strahlig; Hüllb. 0 od. 1–6, Hüllchenb. zahlreich; Krb. weiß od. rötlich, selten etwas gelblich; Randbl. strahlend; Frkn. ± kurzhaarig; Fr. ellipt. bis schwach verkehrt-eiförmig. VII–VIII. 2n = 22. Umfaßt im Geb.:

ssp. é l e g a n s ; Grdb. mit zusammengesetzter Spreite, 3- bis fast 5zählig; Zipfel wenig bis 3- bis 4mal länger als breit, stumpf bis zugespitzt. Veränderlich in B.schnitt, Anzahl u. Form der Zipfel.

ssp. p o l l i n i á n u m (Bertol.) Neumayer; Grdb. mit einfacher Spreite, Spreite ± tief 3- bis mehrlappig bzw. -spaltig, fast handförmig gelappt; Lappen breit-eiförmig od. lanzettl. Veränderlich in B.-schnitt, Anzahl u. Form der Zipfel.

Subalp. Hochstaudenges., Bergwiesen; feucht-frische, nährstoffreiche Böden. – Verbreitet: Alp. (1000–2100 m); selten: Schwarzwald (Feldberg). – Alp., Franz. u. Schweiz. Jura, Schwarzwald, Apenn.; praealp.

1979. H. austríacum L. Österreichische B.

♃, *H.* – H. 0,10–0,60. St. gerillt od. nur schwach kantig-gefurcht, kahl od. oben rauhhaarig; *B. 1fach-gefiedert,* 3- bis 7zählig, gleichmäßig lang-rauhhaarig od. kahl; Fiedern der Grdb. eiförmig od. eilänglich, die der oberen lanzettl. u. zugespitzt; *Fiedern der unteren B. ungleich-gekerbt-gesägt,* endständige 3lappig, seitenständige schwach gelappt od. ganz; *B.scheiden nicht bauchig;* Dolden 12- bis 15strahlig; Hüllb. 0 od. einzelne, Hüllchenb. zahlreich; Krb. weiß od. rosa; Randbl. strahlend; Frkn. weichhaarig; Fr. breit-verkehrt-eiförmig. VII–IX.

Subalp. Gras- u. Staudenfluren; frische, kalkhaltige Steinschuttböden. – Zerstreut: Berchtesgadener Alp. (1180–2110 m, gelegentlich tiefer). – Schweiz (Napf), Bay., Österr., Bergamasker Alp.; o-alp.

Bastarde:

Bastarde zwischen den weiß- u. gelbblütigen Unterarten von H. sphondylium sind beobachtet worden. Ihre sichere Deutung ist erst nach eingehender Untersuchung der Mannigfaltigkeit von H. sphondylium ssp. sibiricum bzw. ssp. sphondylium möglich.

523. Tordylium L. Zirmet

x = 11, 10

1980. T. máximum L. (Abb. 295 a–c)

①, ⊙, (⊙), *H, (Th).* – H. (0,30)0,60–1,20. St. kantig-gefurcht, rückwärts steif-behaart; B. einfach-gefiedert; untere B.chen eif., obere lanzettl., endständiges verlängert u. schmaler; Dolden 5- bis 15strahlig; Hülle u. Hüllchen mehrblättrig; Krb. weiß, außen oft rötlich; Fr. stark zusammengedrückt, rundl.-ellipt., Außenseite borstig-steifhaarig. VI–VIII. 2n = 22.

Schafschwingel-Rasen, Wegränder etc.; ± trockene, nährstoffreiche, steinige Lehmböden. – Sehr selten u. oft nur unbeständig im m. u. w. Geb., so O- u. N-Thür. (seit langem eingebürgert), Rheinebene, Odenwaldgeb., Rheinpfalz, Nahetal; im übrigen Geb. vereinzelt vorübergehend eingeschleppt. – SW- u. S-Eur., SW-As.: submed-med.

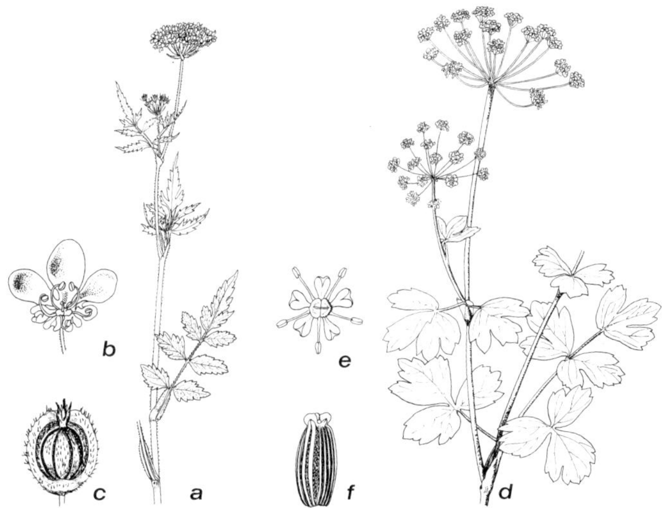

Abb. 295. *a–c Tordylium maximum* (*a* Sproßspitze mit Blütenständen, *b* Blüte, *c* Frucht); *d–f Laser trilobum* (*d* Sproßspitze mit Blütenständen, *e* Blüte, *f* Frucht).

524. Laser Borkh. Roßkümmel

x = 11

1981. L. trílobum (L.) Borkh. (Abb. 295 d–f)
[= Siler trilobum (L.) Crantz]

♃, *H.* – H. 0,60–1,20(2,00). St. stielrund, kahl; B. meist 3fach 3zählig; Abschnitte verkehrt-eif. bis rundlich, ungleich gekerbt bis gelappt; Dolden 15- bis 20strahlig; Hülle u. Hüllchen fehlend od. wenigblättrig; Krb. weiß; Fr. längl.-ellipsoidisch, Rippen breit, stumpf. V–VI. 2n = 22.

Waldsaumges.; ± trockene, kalkreiche, lehmige Böden. – Sehr selten bis selten: so z. B. Nieders. (Deister, Hildesheim, Ith, Solling), Oberwesertal (Höxter, Bodenwerder – Pegestorf), Hess. (bes. Gießen – Bad Nauheim), Maingeb. (Haßfurt). – W-Frankr., NW-D., Österr., Jugosl., Bulg., Rum., M-Rußl. bis SW-As.; gem-kont-o-submed.

525. *Laserpitium* L. Laserkraut

I. St. stielrund, fein-gerillt, kahl; Rand der Hüll- u. Hüllchenb. kahl
  A. B. 3(bis 4)fach-gefiedert; Abschnitte lineal.-lanzettl., ganzrandig . . . . **1982. L. siler**
  B. B. 2fach-gefiedert bzw. doppelt-3zählig; Abschnitte breit-eiförmig, gesägt . . . . **1983. L. latifolium**
II. St. kantig-gefurcht; meist rauhhaarig; Rand der Hüll- u. Hüllchenb. bewimpert . . . . **1984. L. pruthenicum**

1. Subgen. S í l e r
1. Sect. S í l e r

1982. L. síler L. Berg-L.

♃, *H.* – H. 0,30–1,00. Pfl. stark würzig riechend; St. stielrund; B. 3(bis 4)fach-gefiedert, kahl, meergrün; *Abschnitte* letzter Ordn. *lineal.-lanzettl., ganzrandig,* ungeteilt od. 3lappig, *mit bogigen, zum Rande verlaufenden Seitennerven;* obere B. mit breiter Scheide; Dolden 25- bis 40strahlig; Hülle u. Hüllchen vielblättrig; Fr. länglich, Flügel sehr schmal. VI–VIII.

Waldsaumges., Steinschutt od. Felsspalten; kalkreiche, steinige Böden. – Selten, im S. etwas häufiger: SW-Alb, Fränk. Jura, S-Bay., Alp. (bis 1900 m). – Gebg. S- u. s. M-Eur.; submed-praealp.

2. Subgen. L a s e r p í t i u m
   x = 11
1. Sect. P l a t y p h ý l l a

1983. L. latifólium L. (Abb. 296 a–c) Breitblättriges L.

♃, *H.* – H. 0,30–1,50. St. stielrund; B. 2(bis 3)fach-gefiedert bzw. doppelt-3zählig; *Abschnitte* letzter Ordn. *breit-eiförmig, gesägt, am Grd.* ± *herzförmig;* obere B.scheiden stark-bauchig; Dolden 20- bis 40strahlig; Hülle vielblättrig; Hüllchenb. wenige, pfriemlich-fädlich; Kr. weiß od. rötlich; Fr. breit-ellipsoidisch. VII–VIII. 2n = 22. Formenreich.

Eichen-Mischwälder, Waldsaumges., Hochgrashalden etc.; insbes. coll. bis mont. Stufe; frische, meist kalkreiche Böden. – Zerstreut (im N. sehr selten od. fehlend); n. vereinzelt bis Westf. (Welda), S-Nieders., Brand. (Neuruppin), Pomm., Ostpr.; M u. W zerstreut; insbes. Thür. u. vom Jura bis Alp. (bis 2000 m). – Gem. Eur. bis S-Eur., M- u. S-Rußl.; submed-gem-kont(-praealp).

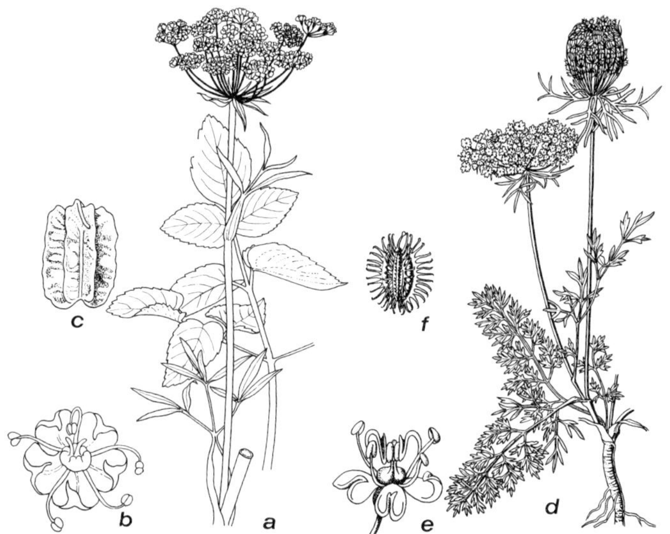

Abb. 296. *a–c Laserpitium latifolium* (*a* Sproßspitze u. Laubblattausschnitt, *b* Blüte, *c* Frucht); *d–f Daucus carota* (*d* Habitus, *e* Blüte, *f* Frucht).

2. Sect. D a u c ó p s i s

1984. L. pruthénicum L. Preußisches L.

⊙, (⊛), *H.* – H. 0,30–1,00. Wurzelkopf nicht schopfig; St. kantig-gefurcht; B. 2(bis 3)fach gefiedert, *Abschnitte* letzter Ordn. *fiederspaltig, Zipfel* lanzettl., *am Rande rauhhaarig;* Dolden 10- bis 20(bis 30)strahlig; Hüllb. u. *Hüllchenb.* zahlreich, lanzettl. bzw. eilanzettl., *breit hautrandig, bewimpert;* Kr. gelblich-weiß; Fr. breit-ellipsoidisch. VI–VIII. 2 n = 22.

Feuchtwiesen, Waldges.; feuchte, magere, torfige Ton- od. Sandböden. – Selten bis zerstreut (fehlt im NW nw. der Linie: Rheinpfalz-Kreuznach-S-Harz-Braunschweig-Lauenburg-Lübeck) (Alp. bis 830 m). – M-, O- u. S-Eur.; gemkont-submed.

526. *Daúcus* L. Möhre

x = 9, (11?)

1985. D. caróta L. (Abb. 296 d–f)

⊙, (⊙, ⊚), *H, (Th)*. – H. 0,30–0,60(1,00). W. spindelförmig; St. gefurcht, steifhaarig (sehr selten kahl); B. 2- bis 3fach gefiedert, Abschnitte fiederspaltig, Zipfel lanzettl.-lineal., haarspitzig; Dolden vielstrahlig, zur Bl. ± flach, zur Fr. meist in der Mitte vertieft, nestartig; Hüllb. zahlreich, 3spaltig od. fiederteilig; Hüllchenb. zahlreich, bewimpert; Krb. weiß, selten rötlich; mittelste Bl. der Dolde oft schwarzpurpurn (unfruchtbar od. kleistogam); Fr. eiförmig bis ellipsoidisch, stachelig. VI–IX. Umfaßt im Geb.:

ssp. c a r ó t a ; Wilde M.; W. spindelförmig, rel. dünn; Stb. im Umriß eiförmig. 2n = 18. Formenreich.

Fettwiesenges., Halbtrockenrasen, Schuttunkrautges. etc.; ± frische, nährstoffreiche, tonige od. lehmige Böden. – Verbreitet u. häufig im ganzen Geb. (Alp. bis 1040 m). – Eur., Kl.As., Sib., Z-As., O-Ind.; euras-subozean-submed.

ssp. s a t í v u s (Hoffm.) Arcang.; Garten-M.; W. im ersten Jahr rübenförmig od. kugelig verdickt; Stb. im Umriß 3eckig. 2n = 18. Umfaßt:

var. l ó n g u s Alef.; Lange Möhre; W. lang, schmal kegelförmig, allmählich verjüngt.

var. c ú r t u s Alef.; Karotte; W. kurz-verdickt, fast walzig bis kugelig, plötzlich in eine dünne W. übergehend.

Gebaut u. gelegentlich verwildert. – Vermutl. aus Kreuzungen verschiedener Sspp. hervorgegangen.

Eur., N-Afr. bis Abess., Kl.As., Sib., Z-, S- u. SW-As.

527. *Orláya* Hoffm. Breitsame

x = 8, 9?, 10

1986. O. grandiflóra (L.) Hoffm. (Abb. 297 a–b)

⊙, *Th*. – H. 0,10–0,30(0,50). St. gefurcht, kahl; B. 2- bis 3fachgefiedert; Zipfel letzter Ordn. schmal, kurz-stachelspitzig; Dolden 5- bis 8(bis 12)strahlig; Hülle u. Hüllchen mehrblättrig, ungeteilt, breit weißrandig; Krb. weiß bis schwach rötlich, Randbl. stark strahlend; Fr. eiförmig, stark zusammengedrückt, stachelig. VII–VIII. 2n = 20.

Getreideunkrautges.; warme, nährstoff- u. kalkreiche Böden. – Neuerdings sehr selten u. vielfach verschollen, so N-Rhein-Westf., Thür., Anh., Hess., Saargeb., Rheinland-Pfalz, Bad.-Württ., M- u. N-Bay., (Jura bis 945 m). – S-Eur., M-Eur., Kauk.; med-submed.

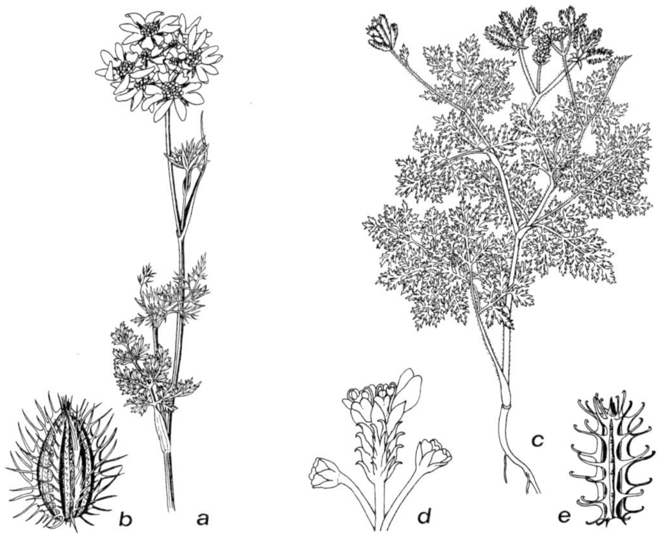

Abb. 297. *a–b Orlaya grandiflora* (*a* Sproßspitze mit Blütenstand, *b* Frucht); *c–e Caucalis lappula* (*c* Habitus, *d* Blüten, *e* Frucht).

528. Caucalis L. em Drude — Haftdolde

I. B. 2- bis 3fach gefiedert; Hüllchenb. kaum berandet; Fr.hauptrippen schwächer als die Nebenrippen entwickelt; (Subgen. Caucalis) .... **1987. C. lappula**

II. B. einfach (selten 2)fach gefiedert; Hüllchenb. breit-hautrandig; Fr.hauptrippen stärker als die Nebenrippen entwickelt (Subgen. Turgenia) .... **1988. C. latifolia**

1. Subgen. C a u c a l i s
x = 10, 11

1987. C. láppula (Web.) Grande (Abb. 297 c–e) — Möhren-H.
(= C. daucoides L.)

⨀, *Th.* – H. 0,10–0,30. St. gefurcht, ästig, borstig-behaart; *B. 2- bis 3fach gefiedert;* Abschnitte längl., fiederspaltig, Zipfel ± lineal., spitz; Dolden 2- bis 3(bis 5)strahlig; Hülle fehlend od. 1- bis 2blättrig; *Hüllchenb.* 3–5, lanzettl., *kaum berandet;* Krb. weiß od. rötlich; Fr. eiförmig-länglich, Hauptrippen mit Börstchen in 2 Zeilen, Nebenrippen mit *Stacheln* (an der Spitze *hakig gebogen*) in 1 Reihe, selten kurz u. borstig. V–VII. Umfaßt:

ssp. l á p p u l a ; Stacheln der Nebenrippen etwa so lang wie der Durchmesser einer Teilfr., pfriemlich aus kegelförmigem Grd., an der Spitze hakig. 2n = 20. Sehr selten u. unbeständig: N-D.; zerstreut: M- u. S-D. bis Alp.vorland (Jura bis 880 m); nö. bis etwa Elbe, Oberschles.; fehlt Silikatgeb. u. Alp.

ssp. m u r i c á t a (Bischoff) Soó; Nebenrippen wenig entwicklet, Stacheln zu schwachen, auf einer Warze stehenden Borsten mit aufwärts gebogener Spitze reduziert. – Sehr selten: Sachs. (Dresden, Pillnitz); z. T. wohl verschleppt: Pfalz (Maxdorf), Bay. (Augsburg, Mering, München).

Getreideunkrautges.; ± trockene, warme, kalk- u. nährstoffreiche Böden. – Med. bis Pers., W- u. M-Eur.; med-submed.

2. Subgen. T u r g é n i a
x = 8

1988. C. latifólia L. Breitblättrige H.
[Turgenia latifolia (L.) Hoffm.]

⨀, *Th.* – H. 0,15–0,60. St. gefurcht, oberwärts kurzborstig, meist abstehend-ästig; *B. einfach*-(selten 2)fach-*gefiedert;* Abschnitte lineal.-länglich, eingeschnitten-gesägt bis fiederlappig-fiederteilig; Dolden 2- bis 5strahlig; Hüllb. 2–5; *Hüllchenb. 5–7, breit häutig-berandet;* Krb. weiß od. rot; Fr. eiförmig; Haupt- u. Nebenrippen mit je 2 Reihen Stacheln, *Stacheln* schlank, *fast gerade, von Zähnen bzw. Widerhaken rauh,* so lang wie der Querdurchmesser der Fuge. VI–VIII. 2n = ca. 32.

Getreideunkrautges.; ± trockene, kalk- u. nährstoffreiche Böden. – Sehr selten u. unbeständig: M- u. S-D. (n. u. ö. bis etwa Trier-Göttingen-Magdeburg-Leipzig-Meißen; s. bis etwa Bodensee- u. Donaugeb.). – Med., SW-As., M-Eur., (N-Am.); med-submed.

529. Torílis Adans. Klettenkerbel

x = 6, 8?

I. Hüllb. zahlreich; Stacheln der Fr. glatt, spitz, an der Spitze eingekrümmt (Dolden lang-gestielt; Sect. Anthriscaria) . . . . **1989. T. japonica**

II. Hüllb. fehlend od. 1 (–2); Stacheln der Fr. mit stumpflicher, von Widerhaken umgebener Spitze (Sect. Lappularia)

A. Dolden lang-gestielt: Gr.grd. borstig; Gr. 2- bis 3mal so lang wie das Gr.polster . . . . **1990. T. arvensis**

B. Dolden kurzgestielt bis fast sitzend, b.gegenständig, knäuelförmig; Gr. kahl, kürzer als das Gr.-polster . . . . **1991. T. nodosa**

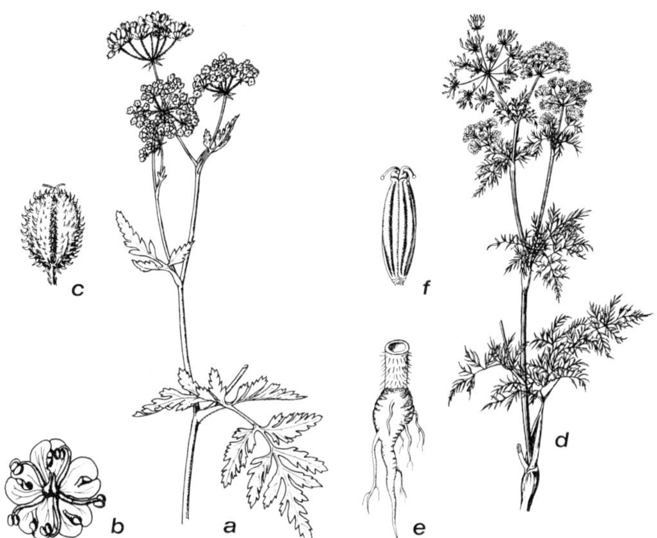

Abb. 298. *a–c Torilis japonica* (*a* Sproßspitze mit Blütenständen, *b* Blüte, *c* Frucht); *d–f Chaerophyllum bulbosum* (*d* Sproßspitze mit Blütenständen, *e* Sproßbasis u. Wurzel, *f* Frucht).

1. Sect. A n t h r i s c á r i a

1989. T. japónica (Houtt.) DC. (Abb. 298 a–c) Gemeiner K.
[= T. anthriscus (L.) Gmel.]

①, ⊙, (⊙), *H, (Th).* – H. 0,30–1,25. St. fein gerillt, von abwärts gerichteten Haaren ± rauh; B. (1) 2(bis 3)fach gefiedert; Abschnitte eiförmig-längl.-lanzettl., gesägt bis fiederspaltig eingeschnitten; Dolden 5- bis 12strahlig; *Hülle reichb.;* Hüllchenb. zahlreich, pfriemlich; Krb. weiß od. rötlich; Fr. eiförmig, *Stacheln einwärts gekrümmt.* VI–VIII. Umfaßt:

ssp. j a p ó n i c a ; B.zipfel letzter Ordn. eiförmig bis eilänglich, stumpflich, gesägt, gedrängt; Gr. 2mal so lang wie das Polster; Fr. ca. 2,5–3 mm lang. 2 n = 12.

Waldränder, schattige Unkrautges. etc.; frische, nährstoffreiche Lehmböden. – Verbreitet u. häufig im ganzen Geb. (Alp. bis 820 m, Jura bis 950 m); euras-subozean-submed.

ssp. u c r á n i c a (Spreng.) Thell. (= T. microcarpa Bess.); B.zipfel letzter Ordn. lineal. od. lineal.-lanzettl., fein zugespitzt, meist ganzrandig, entfernt u. ± spreizend; Gr. ca. 5mal so lang wie das Polster; Fr. 2 mm lang. – Selten aus SO-Eur., Kl.As., Kauk. eingeschleppt.

Eur., N- u. O-As., Kauk., N-Afr., (N-Am., S-As.).

2. Sect. L a p p u l á r i a

1990. T. arvénsis (Huds.) Link Acker-K.

⊙, *Th.* – H. 0,30–0,90. St. fein gerillt; B. (1- bis) 2(bis 3)fach gefiedert; Abschnitte oft lang-zugespitzt, spitz gesägt; Dolden 2- bis 10strahlig; *Hüllb. fehlend* od. 1- bis 2b.; Hüllchenb. zahlreich; Krb. weiß od. rötlich; Fr. länglich-eiförmig, *Stacheln an der Spitze mit Widerhaken.* VII–VIII. Im Geb. nur ssp. a r v é n s i s [= T. infesta (L.) Clairv.]. 2n = 12.

Getreideunkrautges.; ± trockene, warme, kalkreiche Böden. – Selten u. zerstreut: M- u. S-D. (n. bis etwa Westf.-Osnabrück-Hannover-SO-Meckl.-O-Brand.; ö. u. sö. bis etwa Anh.-Thür.-Jura; sonst nur vereinzelt; meist unbeständig). – Med. bis SW-As., M-Eur., Afr., O-As., (Austr., N-Am.); submed-med.

1991. T. nodósa (L.) Gaertn. Knäuel-K.

⊙, *Th.* – H. 0,15–0,35. St. aufrecht od. aufsteigend, stielrund; B. 2- bis 3fach gefiedert; Abschnitte länglich bis zugespitzt, tief fiederspaltig-eingeschnitten; Zipfel lanzettl. bis lineal.; *Dolden fast sitzend,* kurz 2- bis 3strahlig, Blst. geknäuelt, *Hülle meist fehlend;* Hüllchenb. vorhanden; Krb. weiß; *Fr.* eiförmig, *äußere mit widerhakigen, innere mit körnig-rauhen Stacheln.* IV–VI. 2n = 22.

Schuttunkrautges., Hafen- u. Bahnanlagen. – Sehr selten, vereinzelt u. unbeständig eingeschleppt: N-See-Küsten, Unterlauf der Elbe, Norderney, Westf., Anh., Thür., Sachs., Rheinland-Pfalz, Hess., Bad.-Württ. – Med., W-Eur. (bes. Küsten), (Am., Neuseel.); med.

530. Chaerophyllum L. em. Hoffm. Kälberkropf

x = 11

I. Krb. wimperlos; St. unter den Knoten ± deutlich angeschwollen; Gr. zwischen sich einen rechten od. stumpfen Winkel bildend
  A. Gr. so lang od. kaum länger als das Gr.polster; Pfl. ⊙, ①, ⊙
    1. Hüllchenb. bewimpert; W. dünn-spindelförmig **1992. Ch. temulum**
    2. Hüllchenb. kahl od. sehr spärlich borstig; W. rübenförmig . . . . **1993. Ch. bulbosum**
  B. Gr. mindestens 2mal so lang wie das Gr.polster; Pfl. ♃ (Hüllchenb. bewimpert)

1. B. 2(bis 3)fach gefiedert bzw. fiederschnittig; B.chen eiförmig od. elliptisch .... **1994. Ch. aromaticum**

2. B. 3- bis 4fach gefiedert bzw. fiederschnittig; Abschnitte lanzettl. bis eiförmig-lanzettl. .... **1995. Ch. aureum**

II. Krb. bewimpert; St. unter den Knoten nicht angeschwollen; Gr. zwischen sich einen sehr spitzen Winkel bildend .... **1996. Ch. hirsutum**

1992. Ch. témulum L. Taumel-K.

①, ⊙, ⊙, *H, Th.* – H. 0,30–1,00. St. am Grd. borstig-zottig, oben kurzhaarig, meist violett-gefleckt od. schmutzigrot überlaufen; B. 2fach gefiedert; *Fiedern* lappig-fiederspaltig, *mit breit-eif., stumpfen,* kurzstachelspitzigen *Zipfeln;* Dolden 6- bis 12strahlig; Hülle fehlend od. 1- bis 2blättrig; *Hüllchenb.* 5–8, *bewimpert;* Krb. weiß, selten rötlich; Fr. lang-kegelförmig. V–VII. 2n = 22, 14.

Schattige, unkrautige Ges., Gebüsche, Hecken; frische, nährstoffreiche, N-haltige, humose, lehmige Böden. – Verbreitet u. meist häufig im ganzen Geb. (Jura u. Alp.vorland bis etwa 750 m). – Gem. Eur. bis Kauk., Dah., w. N-Afr.; subatl-submed.

1993. Ch. bulbósum L. (Abb. 298 d–f) Knolliger K. (Kerbelrübe)

⊙, *H.* – H. 0,80–1,80. St. am Grd. steifborstig, oberwärts kahl, unten ± rot gefleckt, oft bläulichweiß bereift; B. 2- bis 4fach gefiedert bzw. fiederteilig; *Abschnitte* letzter Ordnung schmal-lanzettl., *mit spitzen,* an den oberen B. sehr *schmal-lineal. Zipfeln;* Dolde 12- bis 20strahlig; Hülle fehlend od. 1- bis wenigblättrig; *Hüllchenb.* 5–6, *kahl* od. spärlich borstig; Krb. weiß; Fr. lineal.-länglich. VI–VIII. Im Geb. nur ssp. b u l b ó s u m. 2n = 22.

Ufer (Spülsaum)-Ges., an Flüssen u. Gräben, Auenwaldges., Heckenges.; ± feuchte, nährstoff- u. N-reiche, lehmige Böden. – Zerstreut, insbes. Stromtäler, sonst seltener (bis 500 m), fehlt Alp. u. Alpenvorland; selten als „Kerbelrübe" gebaut. – M-Eur. bis Sib., daneben in verschied. Ländern aus Kultur verwildert; (no-)euras-kont.

1994. Ch. aromáticum L. Gewürz-K.

♃, *H.* – H. 0,60–1,20. St. unten weiß-borstig u. oft rotfleckig, oberwärts meist verkahlend; *B. 2- bis 3fach 3zählig; B.chen verkehrt eif.-*länglich *bis elliptisch, fein doppelt-gesägt;* Dolden 12- bis 20strahlig; Hülle fehlend od. nur vereinzelte Hüllb.; Hüllchenb. zahlreich, bewimpert; Krb. weiß; Fr. lang-kegelförmig bis länglich-zylindrisch. VII–VIII. 2n = 22.

Gebg.wälder, Waldbäche, etc.; feuchte, nährstoffreiche u. meist kalkarme Substrate. – Sehr selten bis zerstreut: Brand. (Frankfurt), SO-Thür., Bay. Wald; etwas häufiger: Ostpr., ö. Sachs., Schles. – ö. M- u. S-Eur.; o-praealp.

1995. Ch. áureum L. Gelbfrüchtiger K.

♃, *H.* – H. 0,50–1,25. St. am Grd. kantig-gefurcht, meist borstig-zottig u. rotgefleckt, oberwärts kahl od. feinflaumig; *B. 3- bis 4fach gefiedert* bzw. fiederspaltig; *Fiedern* aus eif., fiederspaltigem Grd. *in eine lanzettl., einfach-gesägte Spitze* lang-*vorgezogen;* Dolde 10- bis 15- u. mehrstrahlig; Hülle fehlend od. 1- bis 2blättrig; Hüllchenb. lanzettl., 5–10, bewimpert; Krb. weiß; Fr. länglich-zylindrisch, gelbbraun. VI–VII. 2 n = 22.

Unkrautges.; frische, nährstoffreiche, kalkhaltige, tonige od. lehmige Böden. – Zerstreut: von den herzynischen Gebg. bzw. von Thür. (Saaletal) u. vom M-Rhein (häufig bereits um Donnersberg) s. bis Alp. (bis 1420 m). – s. W-, M- u. O-Eur. bis N-Medit., S-Rußl., Kauk., Pers.; praealp-submed.

1996. Ch. hirsútum L. Rauhhaariger K.

♃, *H.* – H. 0,30–0,80(1,00). St. abstehend-rauhhaarig, seltener kahl; B. fast 3zählig od. 3- bis 4fach fiederschnittig; Dolden 10- bis 15(20)-strahlig; Hülle fehlend od. 1- bis 2blättrig; Hüllchenb. 5–10, bewimpert; *Krb. bewimpert,* weiß od. rötlich; Fr. lang-kegelförmig bis lineal. V–VII. Formenreich, umfaßt im Geb.:

ssp. h i r s ú t u m ; B. 1- bis 2fach 3zählig, unterste Abschnitte 1. Ordn. fast so groß wie der Rest der Spreite; Fr.halter nur bis zu $^1/_3$ 2spaltig, über dem Grd. am dicksten; Fr. bis 12 mm lang. 2 n = 22.

Auenwaldges., Staudenfluren, Wiesenges.; nasse, nährstoffreiche, tonige Böden. – Zerstreut bis selten: Brand., Pomm., Ostpr.; zerstreut, im S häufiger: Bachtäler der Bergwälder etwa von Westerwald-Rhön-Harz-Thür. bis Alp. (bis 1920 m); praealp(-submed).

ssp. v i l l á r s i i (Koch) Arcang.; B. fiederförmig-zusammengesetzt, unterste Abschnitte 1. Ordn. viel kleiner als der Rest der Spreite; Fr.halter bis fast zum Grd. 2spaltig, vom Grd. an pfriemlich verjüngt; Fr. 8–20 mm lang. 2 n = 22.

U. a. subalp. Hochstaudenges.; ± feuchte, nährstoffreiche Substrate. – Verbreitet: Alp. (1150–2100 m); vereinzelt bay. Hochebene. – alp-praealp.

Gebg. S- u. M-Eur., Kauk.

531. *Anthríscus* Pers. Kerbel

x = 8, 9

I. Dolden 6- bis 15strahlig; Hüllchenb. 5–8; Fr.schnabel höchstens $^1/_5$ so lang wie der Rest der Fr.; St. gefurcht

A. B. abnehmend fiederteilig zusammengesetzt, unterste Abschnitte 1. Ordn. viel kleiner als der Rest der Spreite; Randbl. kaum größer od. strahlend; Gr. 1,5–2mal so lang wie das Gr.polster . . . **1997. A. silvestris**

B. B. 3zählig, Abschnitte gefiedert, unterste Abschnitte 1. Ordn. etwa so groß wie der Rest der Spreite; Randbl. größer als die übrigen, etwas strahlend; Gr. so lang wie das Gr.polster .... **1998. A. nitida**

II. Dolden 2- bis 5strahlig; Hüllchenb. 1–3; Fr.schnabel mindestens $^{1}/_{4}$ so lang wie der Rest der Fr.; St. zart-gerillt od. stielrund

A. Doldenstrahlen dicht feinflaumig; Fr. ± linealisch; Gr. länger als das Gr.polster .... **1999. A. cerefolium**

B. Doldenstrahlen kahl od. zerstreut-langhaarig; Fr. ± eiförmig; Gr. sehr kurz u. undeutlich .... **2000. A. caucalis**

1. Sect. Anthríscus

1997. A. silvéstris (L.) Hoffm. (Abb. 299a–c) Wiesen-K.

♃, (⊙), *H.* – H. 0,60–1,50. St. scharf-kantig-gefurcht, unterwärts meist rauhhaarig, oberwärts kahl; *B. 2- bis 3fach gefiedert; B.chen* fiederspaltig, *mit länglich-lanzettl.,* seltener lineal. *Zipfeln;* Dolde 6- bis 15strahlig; Hülle fehlend od. 1- bis 2blättrig; Hüllchenb. 5(–8); Krb. lange bleibend, weiß, selten gelblich; Fr.stielchen an der Spitze mit sehr kurzem Borstenkranz; *Fr.* längl.-lanzettl., *länger od. seltener nur so lang wie ihr Stiel, glatt,* Schnabel 1,5- bis 2mal so lang wie das Gr.polster. IV–VII. 2n = 16. Umfaßt im Geb.:

ssp. silvéstris; B.abschnitte letzter Ordn. breit-lanzettl., fiederspaltig; Zipfel ellipt.-lanzettl., stumpfl. od. spitzlich. – Verbreitet u. häufig im ganz. Geb.

ssp. alpína (Vill.) O. Schwarz; B.abschnitte letzter Ordn. schmal-lanzettl., tief-eingeschnitten; Zipfel breit-lineal., spitz od. zugespitzt. – Zerstreut: Alp.; sonst wohl nur sehr selten, z. B. Donautal bei Beuron, Westerwald.

Fettwiesenges.; frische, nährstoffreiche Böden. – Häufig u. verbreitet (Alp. bis 2375 m). – N- u. M-Eur., Sib., Dahur., Kauk., N-Afr., Abess., (N-Am.); no-euras-subozean.

1998. A. nítida (Wahlenb.) Hazslinszky Glänzender K.

♃, *H.* – H. 0,60–1,50. St. tief scharf-kantig-gefurcht, über dem Grd. kurzhaarig; *B. 3zählig;* B.chen 1- bis 2fach gefiedert bzw. fiederspaltig, *mit eif. od. längl., stumpfen od. spitzlichen Zipfeln;* Krb. bald abfallend, weiß; Fr.stielchen ohne Borstenkranz; *Fr.* längl.-lanzettl., *kürzer* od. *seltener so lang wie ihr Stiel, oft zerstreut-knotig;* Schnabel so lang od. kaum länger als das Gr.polster. VI–VIII.

Insbes. mont. od. subalp. staudenreiche Schluchtwaldges.; frische, nährstoffreiche u. meist kalkhaltige Böden. – Selten u. vereinzelt: Harz (Elbingerode, Blankenburg), Riesengebg., schles. Ebene, Westerwald, Rhön, Thür. Wald, Schwarzwald, Baar, Jurazug (Donautal), Bodensee, Alp. (bis 1600 m). – Gebg. M-Eur.; praealp.

Abb. 299. *a–c Anthriscus silvestris* (*a* Sproßspitze mit Blütenständen u. Laubblattausschnitt, *b* Blüte, *c* Frucht); *d–f Scandix pecten-veneris* (*d* Sproßspitze mit Blütenständen zur Fruchtzeit, *e* Blüte, *f* Frucht von der Seite).

2. Sect. C e r e f ó l i u m

1999. A. cerefólium (L.) Hoffm. Echter K. (Garten-K.)

⊙, *Th.* – H. 0,30–0,60. Pfl. stark aromatisch; St. zart-gerillt, über den Knoten meist feinflaumig; B. 2- bis 3fach gefiedert bzw. fiederschnittig; Abschnitte eif. bis längl.-eif., fiederspaltig; Zipfel stumpf, kurz-stachelspitzig; *Doldenstrahlen* 2–5, *weichhaarig;* Hülle meist fehlend; Hüllchenb. einseitig, 1–4; Krb. weiß; Fr. lineal.-längl., *7–11 mm lang,* lang geschnäbelt. V–VI. Umfaßt im Geb.:

ssp. t r i c h o s p é r m a (Schult.) Arcang.; *Fr. mit* aufwärts gekrümmten, aus Knötchen entspringenden *Börstchen* besetzt. 2 n = 18. Wildpfl.
Beschattete Unkrautges.; warme, frische, nährstoffreiche Böden. – Selten u. unbeständig, wohl eingeschleppt, so z. B. Hess., Thür., Rhein-Maingeb., Bodensee etc.

ssp. c e r e f ó l i u m ; Fr. glatt, kahl, glänzend. 2 n = 18. – Kulturpfl., gebaut u. selten verwildert.

Herkunft bzw. Heimat der Wildpfl.: Donauländer, s. u. m. Rußl., W-Sib., SW-As.; kont-o-med.

2000. A. caúcalis M. B. Hunds-K.
(= A. vulgaris Pers.)

⊙, *Th.* – H. 0,15–0,50(0,80). St. stielrund, kahl; B. oberseits kahl, unterseits, an den Rändern u. B.stielen zerstreut-behaart, 3fach gefiedert; Abschnitte eif.-länglich, gegen den Grd. tief eingeschnitten; Zipfel länglich-lineal., stumpf, kurzstachelspitzig; *Doldenstrahlen* 3–5, *kahl;* Hülle meist fehlend; Hüllchenb. 2–5; Krb. weiß; *Fr.* eiförmig-kegelig, *mit gekrümmten Borsten besetzt, 4–5 mm lang.* V–VI. 2n = 18.

Beschattete Unkrautges.; frische, warme, nährstoffreiche, oft sandige Lehmböden. – Selten u. zerstreut in M u. S (in Alp. u. höheren M-Gebg. fehlend), im NW-Flachland sehr selten u. meist unbeständig. – Eur. bis Sib., Kauk., Kl.As., Irak, N-Afr., (N-Am., Neuseel.); submed-euras.

532. Scandix L. Venuskamm

x = 8, (7, 9, 17)

2001. S. pécten-véneris L. (Abb. 299 d–f) Echter V.

⊙, *Th.* – H. 0,10–0,30. St. fein-gerillt, behaart od. kahl; B. 3fach gefiedert mit fiederspaltigen Abschnitten; Zipfel lineal., spitz u. stachelspitzig; Dolden 1- bis 3strahlig, am Grd. meist mit einem B.; Hülle fehlend; Hüllchenb. meist 5, ganzrandig od. 2- bis 3spaltig; Krb. weiß; Fr. 2–8 cm lang, Hauptrippen borstig-rauh; Schnabel 3- bis 4mal so lang wie der samentragende Teil, ± abgeflacht. V–VII. 2n = 16. Formenreich, im Geb. ssp. pécten-véneris.

Getreide- u. Schuttunkrautges.; warme, ± trockene, nährstoffreiche, kalkhaltige Böden. – Selten bis sehr selten: N-D. (u. a. Ostfr. Ins., O-Holst.); zerstreut: M- u. S-D., fehlt Alp. u. höheren Gebg., oft unbeständig. – Med. bis W-Him., Engl. bis Rußl. (S-Afr., Am., Neuseel. etc.); med-submed.

533. Myrrhis Mill. Süßdolde

x = 11

2002. M. odoráta (L.) Scop. (Abb. 300a–c)

♃, *H.* – H. 0,50–1,20. St. stielrund; B. 2- bis 3fach gefiedert; Abschnitte letzter Ordn. eiförmig-längl. bis lanzettl., fiederspaltig, von kurzen Haaren zottig; Dolden vielstrahlig; Hülle fehlend; Hüllchenb. 5–7, lanzettl., zugespitzt, bewimpert, später ± zurückgeschlagen; Krb. weiß; Fr. längl., 2–2,5 cm lang, zugespitzt, glänzend-braun, scharfkantig-gerippt. V–VII. 2n = 22.

Subalp. Lägerges. u. Staudenfluren; frische, nährstoffreiche Substrate, od. Schuttunkrautges. der Tieflagen. – Zerstreut bis selten: Alp. (bis 1300 m, m. u. ö. Alp.), sonst im gesamten Geb. selten verwildert. – Alp., im übrigen Eur. wohl nur verwildert bis eingebürgert; praealp.

Abb. 300. *a–c Myrrhis odorata* (*a* Blütenstände u. Laubblattausschnitt, *b* Blüte, *c* Frucht); *d–f Pleurospermum austriacum* (*d* Blütenstand u. Laubblattausschnitt, *e* Blüte, *f* Frucht).

534. *Pleurospermum* Hoffm. Rippensame

x = 11

2003. P. austriacum (L.) Hoffm. (Abb. 300 d–f)

⊙, ♃, *H.* – H. 0,60–1,25. St. gefurcht, röhrig, auf den Kanten kurzrauhflaumig; B. 3zählig-doppelt- bis 3fach-gefiedert bzw. fiederspaltig; Zipfel länglich, grobgesägt; Dolden 12- bis 20(bis 40)strahlig; Hüllb. zahlreich, teilweise fiederspaltig od. gesägt, zuletzt zurückgeschlagen; Hüllchenb. zahlreich; Krb. weiß; Fr. eif.-längl., Rippen mit stumpfem, gekerbtem Kiel. VI–VIII. 2 n = 22.

Staudenfluren (im S. in der mont. bis subalp. Stufe), Waldges., Flußufer etc.; frische bis feuchte, meist kalkreiche u. tonige Böden. – Selten u. zerstreut: Ostpr., Eifel, Rhön, S- u. M-Thür., Schles. Gebg., Frank., Schwäb. Alb, Baar, untere schwäb.-bay. Hochebene, Alp.vorland, Alp. (bis 1820 m). – S- u. M-Schwed., M-Eur. bis M- u. S-Rußl., Alp., Balk., Rum.; euras-praealp.

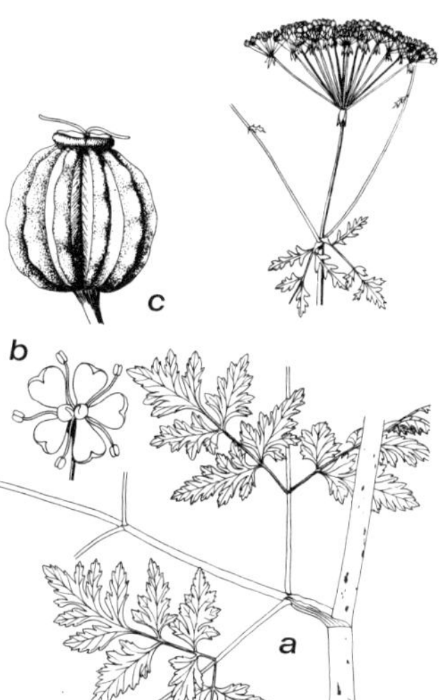

Abb. 301. *Conium maculatum* (*a* Blütenstand, Sproß- u. Blattausschnitt, *b* Blüte, *c* Frucht).

535. Conium L. — Schierling

x = 11

2004. C. maculátum L. (Abb. 301 a–c) — Gefleckter Sch.

①, ⊙, *H.* – H. 0,80–2,00. St. stielrund, fein-gerillt, am Grd. u. auch höher meist rot-gefleckt, kahl; B. 3fach gefiedert, mit runden, hohlen B.stielen; Abschnitte letzter Ordn. eif.-längl., tief-fiederspaltig; Zipfel gesägt u. stachelspitzig; Dolden (7-) 10- bis 15(bis 20)strahlig; Hülle vielblättrig; Hüllchenb. 3 (–6), einseitig, eif.-lanzettl., zugespitzt, meist kürzer als die Döldchenstrahlen; Kr. weiß; Fr. ± eirund, Rippen meist wellig-gekerbt. VII–VIII. 2n = 22.

Warme Schuttunkrautges.; ± feuchte, nährstoff- u. N-reiche, meist lehmige Böden. – Selten u. über größere Strecken fehlend: N-D.; zerstreut: M u. S, stellenweise häufig, so w. Rheinpfalz (Alp.vorland bis 750 m). – Eur., As., n. Afr., (Am., Neuseel.); submed-euras (subozean).

Droge: Herba Conii

536. Smyrnium L. Gelbdolde

x = 11

2005. S. perfoliátum L.

(⊙), *(Th.).* – H. 0,50–0,80. Pfl. oberwärts gelbl.; St. oberwärts kantig-geflügelt, die Schneiden der 2–4 Flügel zottig behaart; untere B. ein- bis mehrfach 3zählig, gestielt; Abschnitte eif.-rundl., kerbzähnig; obere B. sitzend, tief-herzförmig, st.umfassend; Krb. grünlich-gelb; Fr. breit eif.-kugelig, Rippen fädlich, stumpf. VI–VII. 2 n = 22.
Sehr selten verwildert u. in schattigen Unkrautges. eingebürgert, nur in Bad. (Schwetzingen, Schloßgarten). – Heimat: SO-Eur., Med. bis Kauk.

537. Coriandrum L. Koriander

x = 11

2006. C. satívum L. (Abb. 302 a–c)

⊙, *Th.* – H. 0,30–0,60. Pfl. mit wanzenartigem Geruch; St. stielrund, fein gestreift, kahl; unterste B. früh abfallend, ungeteilt od. einfach-fiederteilig, mit rundl., eingeschnitten-gekerbten Abschnitten, mittlere 2fach- u. obere 2- bis 3fach-gefiedert mit lineal. Zipfeln; Dolden 3- bis 5strahlig; Hülle fehlend od. 1b.; Hüllchenb. meist 3, einseitig; Krb. weiß od. rötlich, Randbl. strahlend; Fr. kugelig. VI–VIII. 2 n = 22.
Selten gebaut u. verwildert in Unkrautges. – Heimat wohl O-Med.

Droge: Fructus Coriandri

538. Bífora Hoffm. Hohlsame

x = 10, 11

2007. B. rádians M. B. (Abb. 302 d–f)

⊙, *Th.* – H. 0,15–0,40. St. kantig-gefurcht; B. 2- bis 3fach-gefiedert; Zipfel letzter Ordn. lineal.-spitzlich bis haarförmig; Dolden 3- bis 8strahlig; Hülle fehlend od. 1b.; Hüllchenb. 2–3, einseitig; Krb. weiß; Randbl. strahlend; Fr. 2knotig, Teilfr. fast kugelig. V–VIII. 2 n = 22.
Unkrautges.; ± trockene, warme, kalkreiche Böden. – Sehr selten u. meist unbeständig: W-D., Sachs., SW-D., Bay., im n. u. ö. Geb. vereinzelt, z. T. vorübergehend eingeschleppt. – S-Eur., Kl.As. bis Pers., Marok., Alger., sonst verschleppt; med.

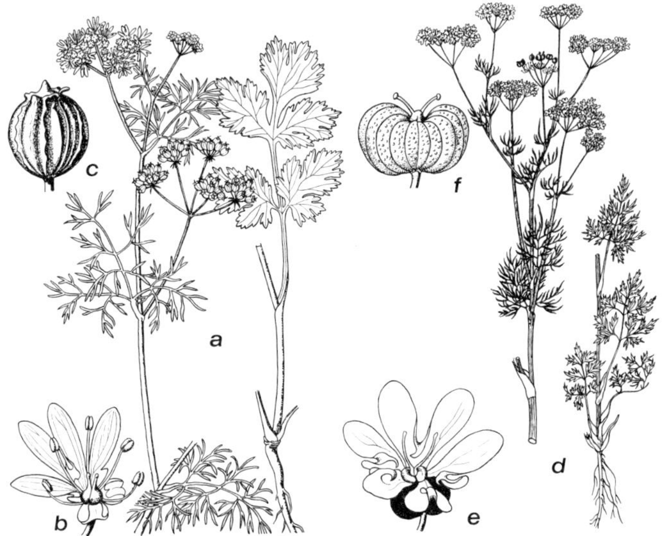

Abb. 302. *a–c Coriandrum sativum* (*a* Sproßspitze u. -basis, *b* Blüte, *c* Frucht); *d–f Bifora radians* (*d* Sproßspitze u. -basis, *e* Blüte, *f* Frucht).

2. Unterkl. Sympétalae

44. Ordn. Ericáles

105. Fam. PYROLACEAE Dum. Wintergrüngewächse

I. Pfl. mit grünen B.; Bl. 5zählig, weiß od. seltener rosa od. grünlich, deutlich gestielt (Subfam. Pyroloideae)
- A. B. lanzettl., vorn von der Mitte an scharf gezähnt; Bl. in Doldentrauben; Kapsel von der Spitze aus aufspringend .... **539. Chimaphila**
- B. B. eiförmig od. rundlich, ganzrandig od. seicht gekerbt; Bl. einzeln od. in Trauben; Kapsel vom Grd. aus aufspringend .... **540. Pyrola**

II. Pfl. nur mit gelblichen bis braunen Schuppenb.; Bl. 4zählig, meist gelbbraun, fast ungestielt (Subfam. Monotropoideae) .... **541. Monotropa**

1. Subfam. Pyroloídeae

539. *Chimaphila* Pursh — Winterlieb

x = 13

2008. Ch. umbelláta (L.) Barton (Abb. 303 a–d) — Dolden-W.

♄, *Ch.* – H. 0,10–0,15(–0,25). St. aufrecht, verholzt, kantig; B. in Büscheln, *mehrere Jahrestriebe nebeneinander stehend,* preißelbeerartig, eiförmig-spatelig bis fast lineal., keilförmig in einen kurzen Stiel verschmälert; *Bl. nickend, flachglockig;* Kb. verkehrt eiförmig, erst anliegend, an der reifen Fr. zurückgeschlagen, $^1/_3$ so lang wie die rötlichweiße Kr.; *Diskus* ein kurzer, napfförmiger Hautrand *ohne Funktion;* Gr. die Stbb. nicht überragend. VI–VIII. 2n = 26.

Kiefern-, seltener Misch- u. Laubwälder; moorige, sauer-humose, im Untergrd. nährstoffreiche u. meist kalkhaltige Sand- u. Lehmböden. – Ziemlich zerstreut, bes. ö. Geb., nach W seltener (NW-Grenze etwa: N-Schweiz-Oberrheinebene-Kaiserslautern-Göttingen-Lübeck; Bay. Hochebene bis 390 m, W-D. bis 400 m); im NW über große Strecken fehlend. – N-, M-, O-Eur.; M-As; N-Am. (Can.-Alaska bis Mex.-Antillen); no(-kont),circ.

540. *Pyrola* L. — Wintergrün

x = 13, 19, 23

I. Halbstrauch mit nach Jahrestrieben schopfig gehäuften B.; St. 2schneidig, mit zahlreichen Schuppenb.; B. eiförmig-eilänglich, zugespitzt; B.stiel kürzer als die B.; Bl. gelblichgrün, glockig (Subgen. Ramischia) **2009. P. secunda**

II. Stauden mit grd.ständiger B.rosette; St. meist mehrkantig; B. kreisförmig – breitellipt., meist stumpf; B.stiel so lang od. länger als die B.spreite

A. St. mit lanzettl. Schuppenb.; Bl. zahlreich, in allseitswendiger Traube, glockig-kugelig; Stbb. kürzer als die Kr.; Kapsel nickend (Subgen. Pyrola)

1. Gr. länger als der Frkn., deutlich aus der Bl. hervorragend (Sect. Thelaia)

a) Kr. weit geöffnet, glockig; Stbb. an der Spitze aufwärts, Gr. abwärts gerichtet u. gekrümmt

x) Bl. grünlich-weiß – hellgrün, zu 2–7; Kb. rundlich-dreieckig, $^1/_4$–$^1/_5$ so lang wie die Kr., angedrückt .... **2010. P. chlorantha**

xx) Bl. rein weiß, zu 10–30; Kb. lanzettl., $^1/_2$ so lang wie die Kr., an der Spitze zurückgekrümmt .... **2011. P. rotundifolia**

Abb. 303. *a–d Chimaphila umbellata* (*a* Habitus, *b* Blüte, *c* Staubblatt, *d* Frucht); *e–h Pyrola minor* (*e* Habitus, *f* Blüte, *g* Staubblätter, *h* Frucht).

b) Kr. zusammenneigend, nur halb offen, fast kugelig; Stbb. u. Gr. gleich gerichtet .... **2012. P. media**

2. Gr. so lang wie der Fr.kn., nicht aus der Bl. hervorragend (Sect. Amelia) .... **2013. P. minor**

B. St. meist nur mit *einem* eiförmigen Schuppenb.; Bl. weiß, meist einzeln, mit radförmig ausgebreiteter Kr.; Stbb. länger als die Kr.; Kapsel aufrecht (Subgen. Moneses) .... **2014. P. uniflora**

1. Subgen. Ramíschia
x = 19

2009. P. secúnda L. Nickendes W.

♄, *Ch.* – H. 0,05–0,20(–0,30). Unterirdische Kriechspr. bis 1 m lang; St. aus niederliegendem Grd. aufsteigend, unterwärts meist verästelt; B. am Grd. in den B.stiel kurz zusammengezogen, kleinkerbig gesägt; Bl. in dichter, 20- bis 30bl. Traube, glockig; Kb. am Rande kurz bewimpert, meist nur $^1/_4$ so lang wie die Kr.; Kr. gelblich-weiß; *Diskus* 10zähnig, *Nektar absondernd.* VI–VII. 2n = 38.

Nadelwälder (bes. Kiefernwälder), Laubwälder, Zwergstrauchheiden, Krummholzbestände; mäßig frische bis trockene, moosige, humose, oft kalkhaltige Lehm-, Sand- u. Kalksteinböden. – Ziemlich verbreitet, bes. s. Geb. (Alp. bis 1800 m); zerstreut: n. Geb.; selten: nö. Geb. (Ostpr.); w. etwa bis Hochvogesen-Kaiserslautern-Köln-Münster-Kiel (Rhein.Gebg. bis 400 m). – N-Skand. bis Gebg. N-Med.; Isl.; As. bis Jap.; N-Am.; no-euras(-kont),circ.

2. Subgen. P ý r o l a
x = 23
1. Sect. T h e l a i a

2010. P. chlorántha Sw. Grünblütiges W.
(= P. virens Schweigg.)

♃, *H.* – H. (0,05–)0,10–0,20(–0,30). St. meist einzeln, selten durch aufrechte Achselspr. zu 2–4, aufrecht, purpurrot, mit einem od. wenigen ± lang-dreieckigen Schuppenb.; *B.* kreisförmig – verkehrt-eiförmig, selten länglich, *an der Spitze oft ausgerandet,* am Grd. in den geflügelten B.stiel kurz zusammengezogen; *Bl. in sehr lockerer* 2- bis 7(bis 10)bl. *Traube,* Bl.stiele oben keulig verdickt; Kb. kurz dreieckig-herzförmig, weiß berandet. VI–VII. 2 n = 46.

Nadelwälder, seltener lichte Laubwälder; meist humose Lehm- u. Steinböden. – Zerstreut bis selten im nö. (w. bis sö. Schl.Holst.), m. u. s. Geb. (Rheingeb. bis 300 m, Vogtland bis 500 m, Bay. bis 650 m); im W nur s. u. m. Geb. bis Rhein, im NW fehlend. – Skand. bis M-Frankr. u. Gebg. M-Span. bis Kl.As., ö. bis Sib.; N-Am.; no-euras-kont,(circ).

2011. P. rotundifólia L. Rundblättriges W.

♃, *H.* – H. (0,10–)0,15–0,30(–0,40). *St.* einfach, seltener unterwärts verzweigt, *aus niederliegendem Grd. aufsteigend;* B. winter- bis immergrün, breit ei- bis kreisförmig mit stumpfer Spitze, am Grd. in den B.stiel zusammengezogen; Bl. in lockerer, 10- bis 15(bis 30)bl. Traube, mit kurzbogigen Bl.stielen; Stbb. vom Gr. abgewandt. (VI–)VII–VIII(–X). Umfaßt im Geb.:

ssp. r o t u n d i f ó l i a ; B. oval, basal keilförmig-abgerundet; K.zipfel dreieckig-lanzettlich, 2- bis 3mal so lang wie breit; Gr. 7–8 mm lang. 2 n = 46. –

Schattige Laub- u. Nadelwälder, Krummholzgebüsche; meist kalkarme sandige Lehm- u. Steinböden, oft mit saurer Humusauflage. – Zerstreut, stellenweise verbreitet, bes. s. (Alp. bis 1690 m) u. ö. Geb., im NW seltener werdend.

ssp. m a r í t i m a (Keny.) E. F. Warburg (= var. arenaria Koch); B. kreisförmig, basal plötzlich zusammengezogen u. abgerundet; K.zipfel eiförmig, bis 2mal so lang wie breit; Gr. ca. 5 mm lang. –

Dünenweidengebüsche, graue Küstendünen; kalkärmere Sandböden. – Zerstreut: N-See-Ins.

Isl., N-Skand. bis Gebg. N-Span. u. Bulg.; As. bis Altai; N-Am.; (verwandte sspp. in O-As.); no-euras(-kont),circ.

2012. P. média Sw. Mittleres W.

♃, *H.* – H. 0,05–0,25(–0,30). *St. steif aufrecht;* B. rundlich-eiförmig bis fast kreisförmig, meist mit abgerundeter Spitze, gegen den Grd. in den etwas geflügelten, roten B.stiel zusammengezogen; Bl. in lockerer, 3- bis 15bl. Traube, mit 7–8 mm langer Kr. u. bogigen Bl.stielen; Kb. dreieckig-lanzettlich; Gr. aus der Kr. herausragend; Stbb. über dem Frkn. zusammengeneigt; Kr. weiß, selten rötlich. VI–VII(–VIII). 2n = 92.

Bes. mont.-subalp. lichte Kiefern- u. Eichenwälder, Krummholzgebüsche, Heide- u. Bergwiesen; meist sauer-humose Stein- u. Lehmböden. – Sehr zerstreut bis selten: bes. s. (Alp. bis 2000 m, Rhein.Gebg. ab 400 m) u. ö. Geb. (Waldgeb.), ö. häufiger (Bay. Wald bis Schles.); selten: N-Tiefland, nach O zunehmend (Ostpr.). – Isl., Skand., N-Engl., N-Irl. bis N-Apenn., Gebg. Serb., Bulg., Kl.As., Ural, Sib.; no-euras(-kont).

2. Sect. Amélia

2013. P. mínor L. (Abb. 303 e–h) Kleines W.

♃, *H.* – H. 0,05–0,20(–0,30). *St. bogig aufsteigend,* mit 2 (–4) eilanzettlichen Schuppenb.; B. elliptisch – fast kreisförmig, vorn mit kurzdreieckigem Stachelspitzchen od. abgerundet, am Grd. kurz in den langen B.stiel herablaufend; *Bl. in* meist *gedrängter,* 4- bis 8- bis 16bl. *Traube,* mit 5–6 mm langer Kr. u. bogigen Bl.stielen; Kb. breit-lanzettl. – eiförmig-dreieckig; Stbb. über dem Frkn. zusammengeneigt. VI–VII (–VIII). 2n = 46.

Nadel- u. Laubwälder, Krummholzgebüsche, Moore, moosige Alp.wiesen, Dünen; meist mäßig trockene, kalkarme, sauer-humose Lehm- u. Sandlehmböden. – Zerstreut bis stellenweise ziemlich häufig fast im ganzen Geb., bes. mittelhohe Gebg. des S u. m. Gebg.schwelle (Alp. bis 2120 m); im NW seltener. – Isl., Grönl., Skand. bis Gebg. S-Span., S-Ital., S-Bulg.; As. bis Jap. u. Sachalin; N-Am.; no-euras,circ.

3. Subgen. Monéses
x = 13

2014. P. uniflóra L. Einblütiges W.
[= Moneses uniflora (L.) A. Gray]

♃, *Ch, G.* – H. 0,05–0,10(–0,15). Mit Adventivknospen überwinternd; St. kantig; B. weichlederig, netznervig, rundlich – spatelig, leicht zugespitzt od. abgerundet, am Rande kleinklebrig gesägt, am Grd. in den ca. 10 mm langen B.stiel keilig verschmälert; Bl. nickend, einzeln, selten zu 2(–3); *Kb. am Rande gewimpert,* hellgelb; Kr. 10–25 mm breit, weiß, seltener rötlich. V–VII(–VIII). 2n = 22, 26, 32.

Fichten-, seltener Laub-, trockene Kiefernwälder, Erlenbrüche; meist frische, moosige, ± humose, mineralkräftige Lehm-, Kalksand- u. Steinverwitterungsböden. – Zerstreut bis selten, häufiger im s. (Alp. bis 1620 m) u. nö. Geb.; im nw. Geb. selten u. über große Strecken fehlend. – Isl., Skand., Schottl. bis O-Pyren., Gebg. Ital. u. Mazed., ö. bis Jap.; N-Am.; no-euras(-kont), circ.

2. Subfam. M o n o t r o p o í d e a e

541. Monotropa L. Fichtenspargel

x = 8

2015. M. hypópitys L. (Abb. 304) Gewöhnlicher F.

♃, *G.* – H. 0,10–0,20(–0,30). *Chlorophyllfreie,* wachsgelbe-braune, selten rötliche, nach Vanille duftende *Schmarotzerpfl.;* St. aufrecht, dicht mit eiförmigen Schuppenb. besetzt; Blst. traubig, seltener verzweigt, Gipfel zuerst geneigt, dann aufrecht; die zahlreichen Bl. außer der 5zähligen Gipfelbl. 4zählig; *Deckb. halbst.umfassend.* VI–VIII. Umfaßt:

ssp. h y p ó p i t y s (= var. hirsuta Roth); Echter F.; Blst. dicht, bis zu 11bl.; Bl. innen sowie Stbb. u. Gr. behaart. 2n = 48. – Verbreitet, bes. in Fichtenwäldern.

ssp. h y p o p h é g e a (Wallr.) Soó (= var. glabra Roth); Buchenspargel; Blst. lockerer u. meist nur bis 6bl.; Bl. innen kahl. 2n = 16. – Weniger häufig, vor allem in Buchenwäldern.

Nadel-, Eichen- u. Buchenwälder; meist mäßig frische, saure, gut zersetzte, humusreiche Sand-, Ton- u. Lehmböden. – Ziemlich verbreitet im m. u. s. Geb. (Alp. bis 1100 m, Rhein.Gebg. bis 700 m), im n. Geb. zerstreut bis selten. – M-Skand., Schottl. bis Gebg. Span., S-Ital., Griech.; Kl.As.; As. bis Jap., Chin.; N-Am.; (no-)euras(-kont), circ.

106. Fam. ERICACEAE Juss.
Heidekrautgewächse

I. Frkn. oberständig; Fr. eine Kapsel od. beerenartige Steinfr.
  A. B. flächig, mindestens 2 mm breit, nicht nadel- od. schuppenförmig; Kr. nach dem Verblühen abfallend, 5zählig
    1. Bl. rad – trichterförmig od. glockig; Stbb. ohne Anhängsel (Subfam. Rhododendroideae)
      a) Krb. frei, flach ausgebreitet (Trib. Ledeae) **542. Ledum**

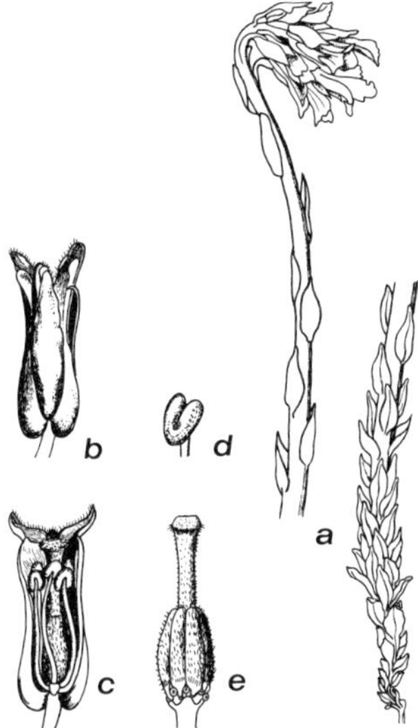

Abb. 304. *Monotropa hypopitys* (*a* Habitus beim Aufblühen; *b* Blüte, bei *c* geöffnet; *d* Staubblatt, *e* Stempel).

b) Krb. deutlich verwachsen, z. T. aber tief geteilt
   x) Kr. strahlig, regelmäßig (Trib. Phyllodoceae)
      /) B. wechselständig; Kr. radförmig ausgebreitet .... **543. Rhodothamnus**
      //) B. gegenständig; Kr. nicht radförmig ausgebreitet
         §) B. länglich, sehr schmal, ca. 2 mm breit; Kr. glockig; Stbb. 5 ...... **544. Loiseleuria**
         §§) B. lanzettlich, ca. 10 mm breit; Kr. napfförmig; Stbb. 10 .... **545. Kalmia**
   xx) Kr. leicht zweiseitig-symmetrisch (zygomorph), besonders im Knospenstadium (Trib. Rhododendreae) .... **546. Rhododendron**

2. Bl. kugelig – krugförmig; Stbb. an der Spitze mit schwanzförmigem Anhängsel (Subfam. Arbutoideae)
   a) Fr. eine Kapsel (Trib. Andromedeae)
      x) Bl. in doldigen, endständigen Rispen ... **547. Andromeda**

xx) Bl. einzeln in den B.achseln, eine einseitswendige Traube bildend .... **548. Chamaedaphne**

b) Fr. eine mehrkernige Steinfrucht (Trib. Arbuteae) .... **549. Arctostaphylos**

B. B. nadel- od. schuppenförmig, ca. 1 mm breit; Kr. nach dem Verblühen bleibend, 4zählig (Subfam. Ericoideae)

1. B. gegenständig, schuppig; K. länger als die Kr., mit grünem Außenk. .... **550. Calluna**

2. B. zu 3–4 quirlig, nadelförmig; K. kürzer als die Kr., ohne Außenk. .... **551. Erica**

II. Frkn. unterständig; Fr. eine Beere (Subfam. Vaccinioideae) .... **552. Vaccinium**

1. Subfam. R h o d o d e n d r o í d e a e

1. Trib. L é d e a e

542. Lédum L. — Porst

x = 13

I. B. lineal. bis breitlanzettl., 5- bis 9mal so lang wie breit; Stbb. 10 .... **2016. L. palustre**

II. B. eiförmig-eilanzettl., etwa 2- bis 4mal so lang wie breit; Stbb. 5–8 .... **2017. L. groenlandicum**

2016. L. palústre L. (Abb. 305 a–d) — Sumpf-P.

♄, *N.* – H. 0,50–1,20(–1,50). Strauch mit aufrecht abstehenden, jung rostfilzigen Zweigen; B. immergrün, derblederig, ca. 3 × 0,3 cm groß, oberseits kahl od. spärlich drüsig, glänzend, unterseits dicht rostfilzig, ganzrandig, Rand umgerollt; Blst. reichbl., doldentraubig, an den Enden der Zweige; Bl.stiele aufrecht, mehrmals so lang wie die Bl., körnig-drüsig; *K.* 5zähnig, *mit breit eiförmigen,* abgerundeten, drüsigen *Zipfeln;* Kr. weiß; Fr.kapsel überhängend; Pfl. aromatisch duftend; giftig. V–VI(–VII). 2n = 52.

Birken- u. Kiefernbruchwälder, Hoch- u. Zwischenmoore, Zwergstrauchgebüsche; meist nasse, kalkfreie, nährstoffarme saure Torfböden od. feuchte nährstoffarme Felsen. – Zerstreut bis selten: m. u. ö. N-Tiefland (w. bis etwa Unterelbe, Wesergeb.), m. Gebg.schwelle [O-Thür., Sachs. (Dresdener Heide, sächs. Schweiz)]; früher: Bay. Wald, N-Schwarzwald; stark zurückgehend. – Norw., Schwed., Finnl., N-As., s. bis M-D., Österr., M-Rußl., Altai, N-Jap.; Grönl. (bis 74° n. Br.); N-Am.; no-kont, circ.

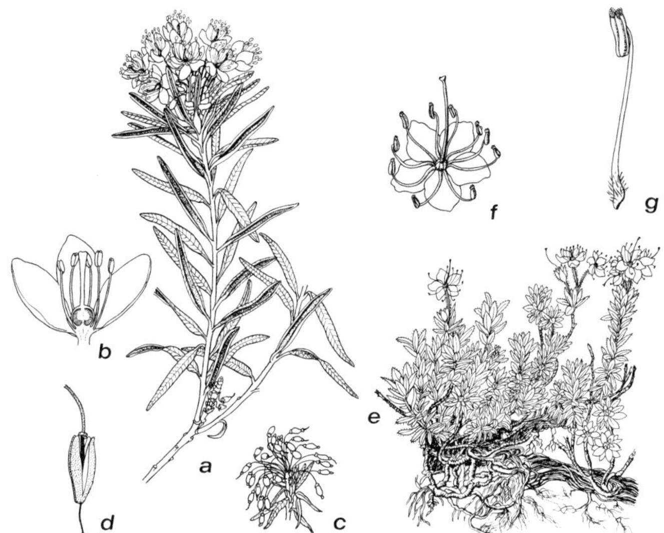

Abb. 305. *a–d Ledum palustre* (*a* Zweigspitze mit Blütenstand, *b* Blüte längs, *c* Blütenstand zur Fruchtzeit, *d* reife Frucht); *e–g Rhodothamnus chamaecistus* (*e* Habitus, *f* Blüte, *g* Staubblatt).

2017. L. groenlándicum Oeder Grönländischer P.

♄, *N.* – H. 0,30–0,90(–1,20). Ähnlich *L. palustre;* B. ca. 20–50 × 7–15 mm groß; K. *mit* ± *spitzen,* sehr kurz bewimperten *Zipfeln.* V–VII. 2n = 26.

Selten in Torfmooren des nw. Geb. eingebürgert: Westf. (Venner Moor); früher wohl auch Bourtanger Moor (nahe der Grenze). – Heimat: W-Grönl., N-Am., N-Sib.

2. Trib. P h y l l o d ó c e a e

543. Rhodothamnus Rchb. Zwergalpenrose

2018. Rh. chamaecístus (L.) Rchb. (Abb. 305 e–g)

♄, *Ch, (N).* – H. 0,15–0,20(–0,40). Zweige zahlreich, niederliegend, aufstrebend, dünn, dichtbeb.; B. immergrün, derblederig, ellipt.-eilanzettl., spitz, auf der Fläche meist kahl u. glänzend grün, *ohne Dr.-schuppen,* am Rande undeutlich gekerbt-gezähnt, von langen, weißen,

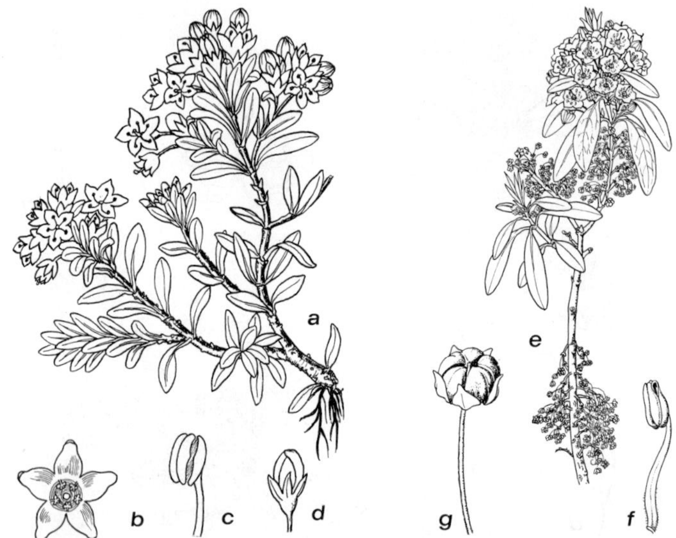

Abb. 306. *a–d Loiseleuria procumbens* (*a* Zweigspitzen mit Blütenständen, *b* Blüte, *c* Staubblatt, *d* Frucht); *e–g Kalmia angustifolia* (*e* Zweigspitze mit Blütenständen, *f* Staubblatt, *g* Frucht).

borstigen Haaren gewimpert; Bl. meist zu 2, endständig; Bl.stiele lang, dicht dr.; K.zipfel lanzettlich-spitz, außen dicht dr.; Kr. groß, hellrosa, selten weiß. VI–VII.

(Mont.-)subalp. bis alp. Krummholz- u. Zwergstrauchges., Halden, Felsbänder, Runsen; meist ± trockene, kalkreiche, auch ± humose steinige Substrate. – Zerstreut: ö. Kalkalp. (1300–2400 m, vereinzelt auch höher; manchmal bis 600 m herabsteigend). – O-Allgäu bis Karawanken, Niederösterr., Kroat.; o-alp.

544. *Loiselēūria* Desv. Gemsheide, Alpenheide

x = 12

2019. L. procúmbens (L.) Desv. (Abb. 306 a–d)

♄, *Ch.* – H. 0,03–0,15(–0,30). Niederliegender Spalierstrauch; Äste 0,15–0,40 lang, reich verzweigt; B. immergrün, hart, lederig, eiförmiglänglich, stumpflich, mit stark umgerollter, ganzrandiger Lamina, beiderseits grün, kahl; B.stiel oberseits gerillt, feinflaumig, zum Teil mit Schleimdr.zotten; Bl. zu 2–5 in endständiger Doldentraube; K. dunkelrot, mit eilanzettl., stumpflichen od. spitzlichen Zipfeln; Kr. glockigtrichterig, hellrosa-karmin. VI–VII. 2 n = 24.

Subalp. bis alp. Zwergstrauchheiden, windexponierte, meist schneefreie Kuppen u. Felsen, Schutt- u. Moränenhänge, oft Teppiche bildend; meist ± frische, humusreiche, saure Böden. – Verbreitet: Alp. (1600 – ca. 2500 m, selten unter 1000 m herabsteigend). – N-Eur.; N-Am.; Grönl.; N-As.; Gebg. Pyren. über Alp. bis Karp. u. illyr. Gebg.; arkt-alp.

545. Kalmia L. — Lorbeerrose

x = 12?

2020. K. angustifólia L. (Abb. 306 e–g) — Schmalblättrige L.

ђ, *N.* – H. 0,50–1,00(–1,50). Aufrechter Strauch; Zweige jung feinhaarig, später kahl, rundlich; B. gegenständig, zuweilen zu 3 quirlig, eif.-lanzettl., groß (20–60 mm lang), ganzrandig, derb, beiderseits grün; Bl. in reichbl. achselständigen Scheinwirteln; Bl.stiel ca. 10 mm lang, schwach wollig; K.zipfel länglich-eiförm., schwach dr.; Kr. strahlig, kurz 5zipfelig, rötlich, 5–10 mm breit; Pfl. giftig. VI–VII.
Selten in Torfmooren des nw. Geb. eingebürgert: Westf. (St. Arnold/Kr. Steinfurt), Nieders. (Jaderkreuzmoor, Fischerhude, Altwarmbüchen bei Hannover), s. Chiemseemoore. – ö. N-Am. (Hudsonbai bis Georgia).

3. Trib. Rhododéndreae

546. Rhododendron L. — Alpenrose

x = 13

I. B. unterseits mit sitzenden Dr.schuppen (Subgen. Rhododendron)
  A. B. beiderseits frisch grün, wie Blst. und K. langhaarig bewimpert . . . . **2021. Rh. hirsutum**
  B. B. oberseits dunkelgrün glänzend, unterseits rostbraun, nur die K.zipfel bewimpert . . . . **2022. Rh. ferrugineum**
II. B. ohne sitzende Dr.schuppen od. Schülfern (Subgen. Azalea) . . . . **2023. Rh. canadense**

1. Subgen. Rhododéndron

2021. Rh. hirsútum L. (Abb. 307 a–e) — Bewimperte A.

ђ, *N.* – H. (0,20–)0,30–1,00. Buschiger Strauch mit bogig aufsteigenden, graubraunen, kahlen Zweigen; B. rundlich – länglich – verkehrt eif., lederig, regelmäßig seicht gekerbt u. am Rand von langen, steifen Borstenhaaren bewimpert, sonst kahl; Bl. in endständiger, 3- bis 10bl. Doldentraube; *K.zipfel lanzettl.-spitz, lang;* Kr. hellrosa, außen mit zahlreichen gelben Dr.schuppen (V–)VI–VII(–VIII). 2n = 26.

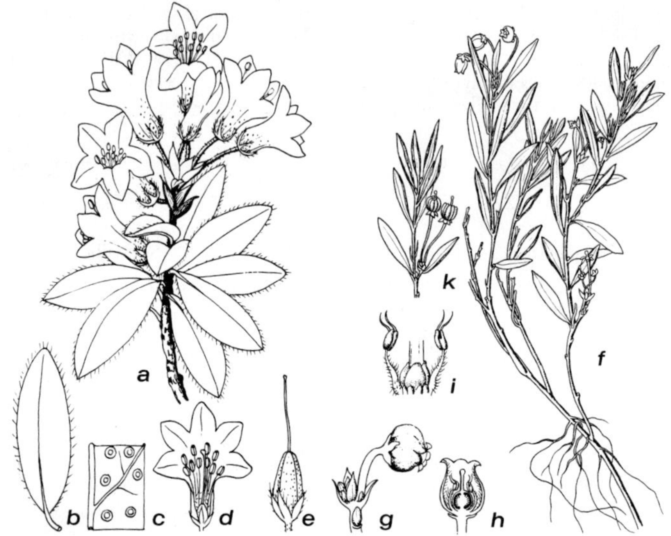

Abb. 307. *a–e Rhododendron hirsutum* (*a* Zweigspitze mit Blütenstand, *b* Blatt, *c* Blattausschnitt von der Unterseite, *d* Blüte geöffnet, *e* Frucht); *f–k Andromeda polifolia* (*f* Habitus; *g* Blüte, bei *h* längs; *i* Staubblätter, *k* Zweig mit Früchten).

Subalp. Krummholzgebüsche, lichte Wälder, steinige Hänge, Schutt, Felsbänder; meist ± frische, kalkhaltige, nährstoffreichere, humose steinige Substrate. – Ziemlich verbreitet: Alp. [1200–2530 m; z. T. tief herabsteigend: Königsee (600 m), od. mit den Flüssen (Isar, Lech) im Alp.vorland]. – Gebg. W-Schweiz bis Hohe Tatra u. illyr. Gebg.; o-alp.

2022. Rh. ferrugíneum L. Rostrote A.

ђ, *N.* – H. 0,30–1,00(–2,00). Buschiger Strauch mit graubraunen, kahlen Zweigen; B. immergrün, an den Zweigenden büschelig gehäuft, derb-lederig, eif.-ellipt.-lanzettl., unterseits ganz von später dunklen, rundlichen Dr.schuppen besetzt; Bl. in zweigendständigen Doldentrauben mit 6–10(–20) Bl.; *K.zipfel stumpf-breiteiförmig, sehr kurz,* lang bewimpert; Kr. trichterig-glockig, dunkelrot, mit einzelnen gelblichen Dr.schuppen, öfter „gefüllt". (V–)VI–VII(–VIII). 2n = 26.

Subalp. Krummholz- u. Zwergstrauchgebüsche, lichte Wälder (u. a. lockere Lärchenwälder), Blockhalden, selten Hochmoore; meist frische, ± saure, kalkarme, humose, oft steinige Lehm-, Ton- od. Torfböden. – Verbreitet: Alp. (bis 2030 m); auf Kalk seltener; sehr selten (relikthaft): Alp.vorland (Allgäu, Oberbay.). – Gebg. Pyren. – Alp. bis Velebit (Jugosl.), s. bis Apenn.; alp.

2. Subgen. A z á l e a

2023. Rh. canadénse (L.) Torr. Kanadische Azalee
[= Azalea canadensis (L.) O. Ktze, Rhodora canadensis L.]

ħ, *N.* – H. 0,30–0,90(–1,00). Reichästiger Strauch mit gelbbraunen, jung zerstreut borstigen Zweigen; B. sommer-, seltener wintergrün, ellipt.-länglich ellipt., oberseits sattgrün, meist kahl, unterseits blaugrau u. kurzhaarig, am Rand umgerollt, gewimpert; Bl. in zweigendständigen, 3- bis 7bl. Doldentrauben; K.zipfel rundlich, dr. gewimpert; Kr. (weiß-)rosa-purpurn, mit kurzer Kr.röhre. IV–V. 2n = 52.
Selten verwildert auf Moorboden: Old. (Holler Wildbahn bei Hude). – Heimat: ö. N-Am.

Bastard: Rh. hirsutum × ferrugineum (= Rh. × intermedium Tausch) in morphologischen Merkmalen zwischen beiden Arten stehend; bisweilen häufiger als die Elternarten.

2. Subfam. A r b u t o í d e a e
1. Trib. A n d r o m é d e a e

547. *Andromeda* L. Gränke, Sumpfrosmarin

x = 12

2024. A. polifólia L. (Abb. 307 f–k) Polei-G.

ħ, *Ch.* – H. (0,10–)0,15–0,30(–0,40). Niedriger Halbstrauch mit weitkriechenden Ausläufern; Zweige bogig aufsteigend, kahl, grau; B. immergrün, oberseits dunkelgrün, unterseits blau- bis weißgrün bereift, kahl, lederig, länglich-lineallanzettl., am Rand stark umgerollt, *ganzrandig;* B.stiel fast fehlend; Bl. nickend, zu 2–8 in den Achseln von Deckb. in endständiger Doldentraube; K.zipfel spitz eilanzettlich, kahl, rosenrot; *Kr.* kugelig-eiförmig, mit auswärts gekrümmten Zipfeln, *hellrosa,* mit 3- bis 4mal längeren rötlichen Bl.stielen; Pfl. etwas giftig. V–VI(–VII) u. VIII–IX. 2n = 48.
Hochmoor-Bulten-Ges., Hoch- u. Zwischenmoore; ± nasse, saure, kalkfreie, nährstoffarme Torfböden. – Verbreitet bis zerstreut im n. Geb., nach S seltener werdend bis Schwarzwald (bis ca. 1000 m), Bay. Wald, Alp.vorland (Oberschwab.), Alp. (bis 1430 m), sonst im S nahezu fehlend; vielfach durch Moortrockenlegung abnehmend. – N-Eur., Engl., Irl. bis Gebg. Pyren. – S-Alp. – Karp. u. M-Rußl.; ö. bis Sib., Altai; N-Am., W-Grönl. (bis 74° n. Br.) nokont-praealp,circ.

548. Chamaedaphne Moench Torfgränke

2025. Ch. calyculáta (L.) Moench (Abb. 308 a–d)
[= Lyonia calyculata (L.) Rchb.]

♄, *N.* – H. 0,15–0,30(–1,00). Zweige aufrecht, rutenförmig; B. immergrün, derb lederig, eilanzettl., beiderseits verschmälert, oberseits dunkelgrün, unterseits weißlichgrün, beiderseits mit zahlreichen, zuletzt rostbraunen Schuppenhaaren, Spreite *undeutlich kerbig-gezähnt,* mit umgebogenem Rand; Bl. nickend, kurzgestielt; K.zipfel eif., außen fein behaart; *Kr.* kugelig-krugförmig, mit 5 zurückgeschlagenen Zipfeln, *weiß.* (III–)IV–V.

Hoch- u. Zwischenmoore, lichter Zwischenmoorwald; meist ± sauer-humose, torfige Böden. – Sehr selten, nur Ostpr. (Ragnit). – Schwed., Finnl. bis N-Pol., Ostpr., O- u. NO-Rußl.; N-As. bis N-Jap.; n. N-Am. (bis Alaska); arkt-no,circ.

2. Trib. A r b ú t e a e

549. Arctostaphylos Adans. Bärentraube

x = 13

I. B. wintergrün, ganzrandig; Bl. in überhängenden Trauben (Subgen. Arctostaphylos) . . . . **2026. A. uva-ursi**

II. B. sommergrün, am Rande gezähnt; Bl. in aufrechten Trauben (Subgen. Arctous) . . . . **2027. A. alpina**

1. Subgen. A r c t o s t á p h y l o s

2026. A. úva-úrsi (L.) Spreng. (Abb. 308 e–k) Gemeine B.

♄, *Ch.* – H. 0,10–0,15(–0,30); L. 0,30–1,00. Spalierstrauch; Äste rotbraun, schülferig berindet, aufwärtsgebogen; B. dichtstehend, am Grd. keilförmig in den kurzen, feinflaumigen B.stiel verjüngt, Spreite verkehrt-eif., meist stumpf, lederig, beiderseits kahl, glänzend, *ohne braune Dr.* (vgl. *Vaccinium vitis-idaea*!), am Rand flach, feinflaumig; Bl. zu 3–12 in kurzen Trauben; Bl.stiele etwa so lang wie der K.; Kr. eikrugförmig, mit 5 kurzen Zipfeln, weiß od. rötlich; *Fr. eine mehlige, scharlachrote Steinfr.* mit mehreren Kernen. (III–)IV–VI(–VII). 2n = 52.

Lichte Kiefernwälder, Zwergstrauchheiden, Krummholzgebüsch, magere Weiden, Schutthalden; trockene, sommerwarme humose meist saure Böden, auch über Kalkuntergrd. – Zerstreut im nw. (Lüneburger Heide, M-Schleswig) u. bes. nö. Geb.; selten im m. Geb. [(Rheinland)Pfalz, Westf., N-Hess., Unterharz,

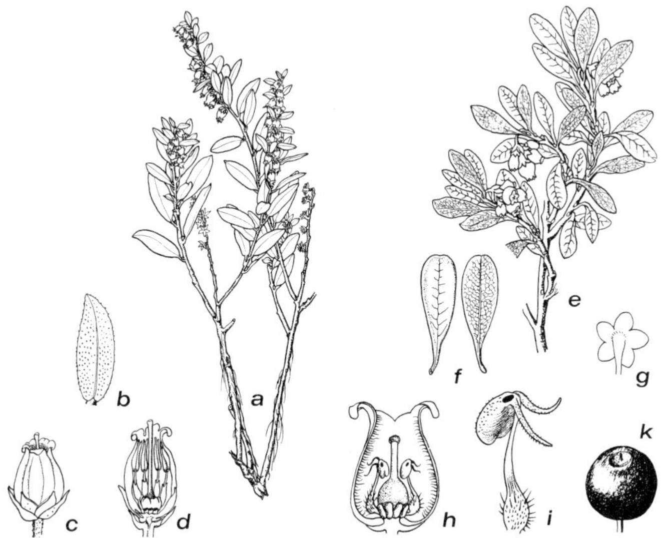

Abb. 308. *a–d Chamaedaphne calyculata* (*a* Zweigspitzen mit Blütenständen, *b* Blatt; *c* Blüte, bei *d* geöffnet); *e–k Arctostaphylos uva-ursi* (*e* Zweigspitzen mit Blütenständen, *f* Blätter von Ober- u. Unterseite, *g* Kelch, *h* Blüte geöffnet, *i* Staubblatt, *k* Frucht).

Thür., Lausitz, Schles.] u. bes. Alp. (bis 2015 m), Alp.vorland (Bodensee) bis Bay. Wald; im Zwischengeb. punktweise. – Isl., Skand. bis N-Port., S-Span., Gebg. Pyren. bis Balk., illyr. Gebg., ö. bis Ural, N-Sib., Him.; N-Am., W-Grönl.; arkt-no(-praealp), circ.

Droge: Folia Uvae ursi

2. Subgen. A r c t o u s

2027. A. alpína (L.) Spreng. Alpen-B.

♄, *Ch.* – H. 0,15–0,30. Spalierstrauch; Endtriebe kurz, aufsteigend; B. am Grd. lang keilförmig, Spreite verkehrt-eif., oberseits freudig-, unterseits graugrün, *im Herbst purpurn,* am Rand besonders am Grd. lang bewimpert u. scharf gezähnt; Bl. zu 2–5, Stiel etwas länger als die nickende Bl.; Kr. etwa ei-krugförmig, mit enger Öffnung und 5 zurückgeschlagenen Zipfeln, grünlichweiß od. rötlich angehaucht; *Fr.* eine grüne, rote u. schließlich *glänzend blau-schwarze,* 5kernige, *saftige Steinfr.* V–VI. 2 n = 26.

Subalp. Zwergstrauchgebüsche, lockere Bergföhren- u. Lärchenwälder, Schutthalden, Felsbänder; meist neutrale bis mäßig saure kalkreiche Stein- od. Schuttböden. – Verbreitet: Alp. (1670–2310 m), zuweilen in den Tälern hinabsteigend. – Schottl., Skand., Finnl., N-Rußl., N-As. bis N-Jap.; Pyren. bis Karp., illyr. Gebg., umbrischer Apenn.; n. N-Am., Grönl.; arkt-alp.

3. Subfam. Ericoídeae

550. Callúna Salisb. Heidekraut, Besenheide

x = 8

2028. C. vulgáris (L.) Hull (Abb. 309 a–d)

ħ, (ħ), *N, (Ch).* – H. 0,20–1,00(–2,00). Zwergstrauch mit wurzelnden Ausläufern; Zweige reich verästelt, aufstrebend, graubraun; B. 4zeilig, sich dachig deckend, immergrün, lineal-lanzettl., am Grd. mit zwei abwärts gerichteten drüsigen Öhrchen, B.rand eingerollt; Bl. kurzgestielt an Kurztrieben, einseitswendig, dicht- u. reichbl. traubig angeordnet, nickend; *Kr.* glockig, *wie der K. hellrosa-violett,* selten weiß, tief geteilt; Fr.kapsel kugelig, 4fächerig, steifhaarig. (VII–)VIII–IX (–XI). 2n = 16.

Zwergstrauchheiden, abtrocknende Hochmoore, Magerrasen, lichte Eichen- u. Kiefernwälder; ± trockene bis feuchte, sauer-humose, nährstoffarme sandige od. torfige Böden. – Verbreitet, stellenweise (niederschlagreiche Sandgeb.) häufig (Bay. Wald bis 1450 m, Alp. bis 1950 m). – Isl., Färöer, Skand., Finnl. bis Gebg. S-Span., N-Ital., S-Bulg., Kl.As.; N-As. bis W-Sib.; ö. N-Am.; no(-euras) -subozean.

Droge: Herba Callunae

551. Eríca L. Glockenheide

x = 12

I. Bl. in einseitswendiger Traube; Stbb. aus der Kr. hervorragend, Antheren ohne Anhängsel .... **2029. E. carnea**
II. Bl. in kopfigen Dolden od. quirligen Trauben; Stbb. in der Kr. eingeschlossen, Antheren mit Anhängsel
  A. B. behaart, lang bewimpert, stumpf; Bl. in wenigbl. kopfigen Doldentrauben .... **2030. E. tetralix**
  B. B. kahl, stachelspitzig; Bl. in dichten, quirligen Trauben .... **2031. E. cinerea**

Abb. 309. *a–d Calluna vulgaris* (*a* Zweigspitzen mit Blütenständen, *b* beblätterte Triebspitze, *c* Blüte längs, *d* Staubblatt); *e–l Erica* spp., *e–h E. tetralix* (*e* Habitus, *f* Blatt, *g* Blüte, *h* Staubblatt), *i–k E. carnea* (*i* Blüte, *k* Staubblatt), *l E. cinerea* (Blüte).

2029. E. cárnea L. (Abb. 309 i–k) Frühlings-G., Schneeheide

ħ, (ħ), *Ch.* – H. 0,15–0,30. Grd.achse reich verzweigt, niederliegend-kriechend; Zweige aufstrebend, hellbraun; B. kurz gestielt, dichtstehend, meist zu 4zähligen Scheinwirteln vereinigt, ca. 7 mm lang, lineal.-nadelförmig, stachelspitzig, flach, glänzend, von einem schmalen Knorpelrand gesäumt; Bl. zahlreich; Bl.stiel rot, bis fast so lang wie die Kr.; *Kb. kahl,* mit lanzettl. Zipfeln; Kr. schlank-glockenförmig, rosahellkarmin, selten weiß; *K. ebenfalls rötlich,* trockenhäutig; *Fr.kapsel kahl,* 4klappig. (I–)II–IV(–V). 2n = 24.

Mont.-subalp. lichte Kiefernwälder, Krummholzgebüsche; Heiden, kiesige Flußauen; meist sauer-humose, steinige Lehm- u. Tonböden. – Verbreitet: Alp. (bis 2330 m), mit den Flüssen ins Vorland herabsteigend (bis Donau); verbreitet bis zerstreut: Bay. Wald bis Oberpfalz, Fichtelgebg. bis Vogtland (400–600 m); daneben gepflanzt. – Alp., s. bis Apenn., ö. bis Illyr., Karp., n. bis Mähr. u. ö. M-D.; o-praealp.

2030. E. tétralix L. (Abb. 309 e–h) Echte G.

ħ, (ħ), *Ch, N.* – H. 0,15–0,50(–0,70). Zweige aufrecht, behaart, dichtbenadelte; B. sitzend, zu 3–4 quirlständig, 4–5 mm lang, lineal-lanzettl., mit umgerolltem B.rand, oberseits kurz-flaumig, am Rande lang u. meist dr. gewimpert, unterseits kahl; Bl. nickend; Bl.stiel wenig kürzer als die Kr.; *Kb. flaumig filzig,* meist dr. gewimpert, *grün;* Kr. krug-eif., fleischrot, selten weiß; *Fr.kapsel* oben abgeflacht, *weißfilzig,* 4fächerig. (VI–)VII–VIII(–IX). 2 n = 24.

Feuchtheiden, Heide- u. Zwischenmoore, moorige Wälder; meist feuchte, nährstoffarme torfige od. sandige Böden. – Verbreitet: NW-D., (von Westf., Nieders. ö. bis Danziger Bucht); zerstreut im m. Geb. [m. Elbegeb., Lausitz, Vogtland (bis 600 m), Schles.]; im s. Geb. nur Pfalz u. Maingeb. (Offenbach); daneben verschleppt u. z. T. eingebürgert. – W-Eur. (Skand. bis M-Span., M-Port.), ö. bis NO-D., NW-Pol., Balt.; atl(-subatl).

2031. E. cinérea L. (Abb. 3091) Graue G.

ђ, (ђ), *Ch, N.* – H. 0,20–0,60. Zweige aufrecht, jung fein behaart; B. kurz gestielt, zu 3 wirtelig gehäuft, 5–7 mm lang, lineal-nadelförmig, oberseits flach, glänzend, unterseits längsfurchig, von einem schmalen weißen Rand gesäumt; Bl.stiel ± aufrecht, dichtflaumig; *Kb. kahl,* mit lanzettl. Zipfeln; Kr. etwa 2mal so lang wie der *grüne* K., fleisch- od. violettrot; *Fr.kapsel* fast kugelig, *kahl,* 4fächerig. VI–VII(–VIII). 2 n = 24.

Heiden, lichte Wälder, trocken-warme Hänge; meist sandige, kalkfreie, bisweilen humose Böden. – Sehr selten, nur nw. Rheinland (Kaldenkirchen); früher bei Bonn (Dottendorfer Heide). – W-Eur. (SW-Norw., Färöer bis N-Span., Port., Madeira); ö. bis Belg., Holl., W-D., SO-Frankr., NW-Ital., Korsika; atl.

4. Subfam. Vaccinioídeae

552. *Vaccínium* L.

Heidelbeere, Preißelbeere, Moosbeere

x = 12

I. St. fadenförmig, niederliegend; Kr. tief 4teilig, radförmig, mit zurückgeschlagenen Zipfeln (Subgen. Oxycoccus)
  A. B. eif.-spitz, am Rand umgerollt, 3–7 mm lang **2032. V. oxycoccos**
  B. B. lanzettl.-stumpf, unterseits wenig umgerollt, 8–17 mm lang . . . . **2033. V. macrocarpon**

II. St. kräftiger, aufrecht od. aufsteigend; Kr. glockig-krugförmig, an der Spitze gezähnt (Subgen. Vaccinium)
  A. B. wintergrün, derb, lederig-glänzend, umgerollt; Bl. in endständigen, dichten, hängenden Trauben; Kr. 4zählig, tief geteilt (Sect. Vitis-idaea) . . . . **2034. V. vitis-idaea**

B. B. sommergrün, zarter, nicht lederig glänzend, flach; Bl. zu 2—4 in b.achselständigen kurzen Trauben; Kr. 5zählig, nicht tief geteilt
1. Äste stielrund, graubraun; B. ganzrandig, unterseits blaugrün (Sect. Uliginosa) . . . . **2035. V. uliginosum**
2. Äste scharf kantig, grün; B. gekerbt-fein gesägt, beiderseits grün (Sect. Myrtillus) . . . . **2036. V. myrtillus**

1. Subgen. Oxycóccus
Sect. Oxycóccus

2032. V. oxycóccos L. (Abb. 310f—h) Moosbeere
(= Oxycoccus quadripetalus Gilib.)

ђ, *Ch.* — H. 0,02—0,05. L. 0,10—0,50(—0,80). St. weit kriechend, mit kurzen aufstrebenden Bl.spr.; B. immergrün, oberseits dunkelgrün, glänzend, unterseits blaugrün bereift und zerstreut dr., ganzrandig; Bl. zu 1—4 in den B.achseln, nickend; Bl.stiele dünn, mehrmals länger als die Kr., mit 2 Vorb.; Kr. rosa; *Fr.* kugelig, seltener birnförmig, meist tiefrot, selten weiß, überwinternd, *6—8 mm lang.* (V—)VI—VII (—VIII). Umfaßt im Geb.:

ssp. oxycóccos; B. ± länglich-eif., oberhalb des B.grd. weit parallelrandig; Bl.stiele behaart; Fr. kugelig, 2n = 48. — Vorherrschende Unterart.

ssp. microcárpum (Turcz.) A. Blytt; B. ± dreieckig-eif., zugespitzt, am Grd. am breitesten; Bl.stiele fast od. ganz kahl; in allen Teilen kleiner als vor; Fr. zitronen- bis birnenförmig. 2n = 24.

Wohl immer nur in Hochmooren mit Bulten (z. B. Sphagnum fuscum), vermutlich Glazialrelikt. — Selten: Alp.vorland (z. B. Murnauer Moor, Brunnenholzried), N-Schwarzwald, Thür., Sachs., Erzgebg. u. N-D.; vielfach wohl übersehen.

Hochmoor-Bulten-Ges., Hoch- u. Zwischenmoore; nasse, saure, nährstoffarme Torfböden. — Verbreitet bis selten im ganzen Geb., bes. N-D. u. Alp.vorland (Erzgebg. bis 1100 m, Alp. bis 1250 m), zerstreut in den Waldgeb. der m.-d. Gebg.schwelle. — N-Eur. bis franz. Z-Massiv, N-Ital., N-Balk., ö. bis O-As.; N-Am.; (arkt-)no(-praealp), circ.

2033. V. macrocárpon Ait. Krannbeere
[= Oxycoccus macrocarpus (Ait.) Pursh]

ђ, *Ch.* — H. 0,02—0,05. Ähnlich *V. oxycoccos,* aber kräftiger; B. oft über 10 mm lang, unterseits schwächer bereift; B.rand flach od. schwach umgebogen; Bl. in endständiger 1- bis 10bl. Trauben; *Fr. 10—20 mm groß.* VI—VII. 2n = 24.

Kultiviert u. mehrfach verschleppt u. in Hochmooren eingebürgert, so u. a.: NW-D. (Steinhuder Meer, Dosenmoor etc.), Westf., Thür. Wald, Sachs., N-Schwarzwald. — Heimat: N-Am. (Neufundland bis Indiana).

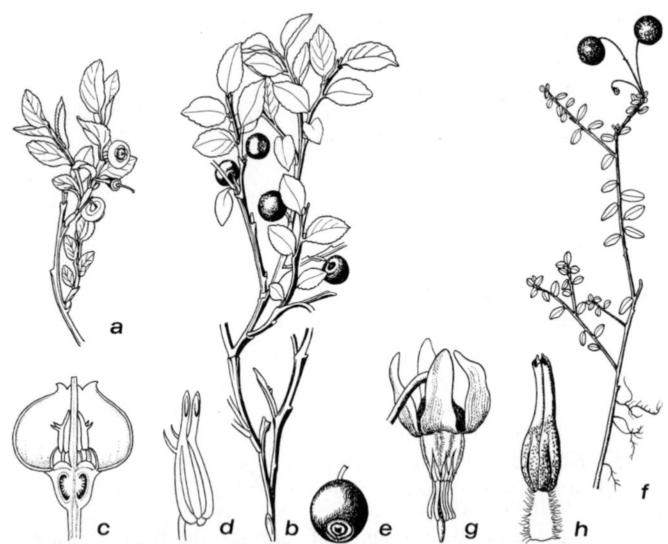

Abb. 310. *Vaccinium* spp., *a–e V. myrtillus* (*a* Zweigspitzen mit Blüten, *b* mit Früchten; *c* Blüte längs, *d* Staubblatt, *e* Frucht), *f–h V. oxycoccos* (*f* Habitus, *g* Blüte, *h* Staubblatt).

2. Subgen. V a c c í n i u m
1. Sect. V i t i s - i d a͞é a

2034. V. vítis-idǣa L. Preißelbeere

♄, (♄), *Ch, (N)*. – H. 0,10–0,15(–0,30). Halbstrauch mit schuppig beb. unterirdischen Ausläufern, an diesen in Reihen die oberirdischen Spr.; B. kurz gestielt, oft zweizeilig, meist verkehrt-eif., oft etwas ausgerandet, unterseits matt bleichgrün, mit zerstreuten hervorragenden braunen Dr.zotten; K.zipfel häutig; Kr. klein, weiß, rötlich angelaufen, offen, überhängend; *Fr.* weiß, dann *scharlachrot,* glänzend. V–VI (–VIII). 2n = 24. Im Geb. ssp. v í t i s - i d a͞é a.

Kiefern- u. Fichtenwälder, Eichenwälder, Zwergstrauchheiden u. -gebüsche, Moore etc.; meist ± trockene, sauer-humose, nährstoff- u. kalkarme sandige od. lehmige, rohhumose Böden. – Verbreitet, bes. niederschlagreiche Geb. [NW-D., Waldgebg., Alp.vorland (Alp. bis 2310 m)], sonst seltener od. fehlend. – N-Eur. bis Gebg. Pyren. bis Mazed.; As.; N-Am.; no-euras(-kont),circ.

Droge: Folia Vitis Idaeae

2. Sect. Uliginósa

2035. V. uliginósum L. Trunkelbeere, Rauschbeere

ҍ, (ƅ), *N, (Ch)*. – H. (0,20–)0,30–0,80(–1,00). Strauch mit langen unterirdischen Ausläufern; Zweige aufstrebend, sparrig; B. sehr kurz gestielt, derb, beiderseits kahl, verkehrt eiförmig od. länglich, oberseits hell mattgrün, unterseits stark netzadrig, am Rand schwach umgebogen; *Bl. zu 1–4 in traubigen Blst. an den Enden kurzer seitenständiger Zweige;* Bl.stiel kahl; Kr. eikrugförmig, klein, weiß od. rötlich, mit stumpfen, rundlichen, zurückgebogenen Zipfeln; *Fr. blau bereift, mit farblosem Saft.* V–VI(–VII). 2n = 48.

Birken- u. Nadelholzbrüche, Zwergstrauchheiden, schneefreie Grate in den Alp.; ± feuchte, saure, nährstoff- u. kalkarme Torf- u. Rohhumusböden. – Ziemlich verbreitet: N-D., Alp., Alp.vorland, Waldgeb. des S u. der m-d. Gebg.schwelle (Alp. bis 2420 m); in Kalkgeb. meist fehlend. – Isl., Färöer, Skand. (78° n. Br.) bis N-Apenn., N-Balk., Kauk.; As.; N-Am.; arkt-no-praealp-alp,circ.

3. Sect. Myrtíllus

2036. V. myrtíllus L. (Abb. 310a–e) Heidelbeere, Blaubeere

ƅ, (ҍ), *Ch, (N)*. – H. 0,15–0,40(–0,50). Halbstrauch mit langen unterirdischen Ausläufern; Zweige buschig aufstrebend; B. eif.-ellipt., beiderseits kahl, B.zähne zum Teil dr. begrannt; *Bl. einzeln in den B.-achseln,* nickend; Kr. klein, kugelig-krugförmig, grünlich, blaßrosa überlaufen; *Fr. blauschwarz,* meist bereift, *mit rotem Saft.* (IV–)V–VI (–VIII). 2n = 24.

Fichten-, Laubwälder, degenerierte Moore, Krummholz- u. Zwergstrauchgebüsch etc.; ± frische, saure, nährstoffarme, kalkfreie, humose, sandige, steinige od. lehmige Böden. – Verbreitet u. vielerorts häufig, bes. NW-D. u. niederschlagreiche Wald- u. Gebg.geb. (Alp. bis 2330 m). – Isl., Färöer, Skand. bis Gebg. N-Port., M-Span., ö. bis Balk., Kauk.; N-As.; N-Am.; (arkt)no(-euras), circ.

Drogen: Folia Myrtilli, Fructus Myrtilli

Bastard:
V. vitis-idaea × myrtillus (= V. × intermedium Ruthe).

107. Fam. EMPETRÁCEAE S. F. Gray
Krähenbeerengewächse

553. *Émpetrum* L. Krähenbeere

x = 13

2037. E. nígrum L. (Abb. 311) Schwarze K.

♄, ♄, *Ch, N.* – H. 0,15–0,45. St. niederliegend, graubraun, Zweige an der Spitze emporgekrümmt; B. oft scheinwirtelig, nach unten umgerollt, nadelförmig, glänzend, ca. 4–6 mm lang, weiß gekielt, dicht stehend; Bl. am Zweigende gehäuft, zu 1(–3) in den B.achseln auf schuppig beb. Kurztrieben; K. u. Kr. getrenntb. (3b.), miteinander alternierend; Kr. blaßrot-dunkelpurpurn, selten weiß; Fr. eine glänzende, kugelige, vielsamige Steinbeere. V–VI. Umfaßt im Geb.:

ssp. n í g r u m : Junge Zweige rötlich, später rotbraun; B. 3- bis 4mal so lang wie breit; Bl. meist getrenntgeschlechtlich. 2n = 26. – Verbreitete Unterart; coll.-subalp. (-alp.) Stufe.

ssp. h e r m a p h r o d í t u m (Lange) Oberd.: Junge Zweige grünlich, später braun. B. 2- bis 3mal so lang wie breit; Bl. zwittrig. 2n = 52. – Verbreitet: Alp.; (subalp.-) alp. Stufe.

Krähenbeeren-Heiden, Zwergstrauchgebüsche, Moore, Dünen, lichte Kiefernwälder; ± trockene bis feuchte, nährstoff- u. kalkarme, saure Sand- od. Torfböden. – Verbreitet bis zerstreut im n. Geb. (N-Rhein, N-Westf. bis Ostpr.), zerstreut: Waldgebg. des m. Geb., Schwarzwald, Bay. Wald, Alp. (bis 2050 m). – N-Eur. (71° n. Br.) bis Gebg. s. M-Eur., N-Ital., N-Balk.; M- u. N-As. bis Jap.; N-Am.; no-praealp, circ.

45. Ordn. Primuláles

108. Fam. PRIMULACEAE Vent.
Schlüsselblumengewächse

I. B. am St. verteilt, St. nicht nur kleine Hochb. tragend; Pfl. nie mit kammförmig-gefiederten Wasserb.
A. Frkn. oberständig (Trib. Lysimachieae)
1. Fr. eine Klappenkapsel; Pfl. aufrecht, wenn niederliegend, dann Kr. gelb od. nur K. vorhanden
a) Kr. vorhanden, Blh. also doppelt
x) Bl. 5- od. 6zählig; B. zahlreich, ziemlich gleichmäßig am St. verteilt .... **554. Lysimachia**
xx) Bl. 7zählig; B. an der St.spitze rosettig gehäuft .... **555. Trientalis**
b) Kr. fehlend, Blh. also einfach; K. blumenblattartig rosa gefärbt .... **556. Glaux**

Abb. 311. *Empetrum nigrum* (*a* Zweigspitzen mit Blüten; *b* ♀-, *c* ♂-Blüte).

2. Fr. eine Deckelkapsel; Pfl. niederliegend; Kr. rot, blau od. weißlich, nie gelb od. nur K. vorhanden
   a) B. gegenständig; Kr. länger als der K. .... 557. **Anagallis**
   b) B. wechselständig; Kr. kürzer als der K. .... 558. **Centunculus**

B. Frkn. in der unteren Hälfte mit dem K. verwachsen (halbunterständig) (Trib. Samoleae) .... 559. **Samolus**

II. B. in grundständiger Rosette, am St. höchstens kleine Schuppenb.; wenn St. beblättert, dann mit kammförmig gefiederten Wasserb.

A. Pfl. nicht mit knollenartigem Wurzelstock; freie Abschnitte der Krb. aufrecht od. abstehend, nicht zurückgebogen (Trib. Primuleae)

1. Pfl. mit ungeteilten B.; Bl. einzeln grundständig od. doldig auf blattlosem Bl.schaft
   a) B. breit herz- od. nierenförmig
      x) B. gelappt; Kr. nicht fransig zerschlitzt 560. **Cortusa**
      xx) B. nicht od. kaum gelappt; Kr. mit fransig zerschlitztem Saum .... 561. **Soldanella**
   b) B. länglich, nicht rundlich herz- od. nierenförmig
      x) Kr. mit kurzer Röhre, so lang wie der Kr.saum od. kürzer, oben verengt ...... 562. **Androsace**

xx) Kr. mit langer Röhre, länger als der Kr.-saum, oben nicht verengt .... 563. **Primula**

2. Pfl. mit kammförmig gefiederten Wasserb.; Bl. in übereinander gestellten Quirlen .... 564. **Hottonia**

B. Pfl. mit knollenartigem Wurzelstock; freie Abschnitte der Krb. zurückgebogen (Trib. Cyclamineae) .... 565. **Cyclamen**

1. Trib. Lysimachíeae

554. *Lysimachia* L. Gilbweiderich, Felberich

x = 5, 6, 7, 9

I. Bl. einzeln od. in endständigen beb. Rispen od. Trauben, Kr. 5zählig; Staminodien fehlend

A. St. aufrecht; Bl. in endständigen beb. Rispen od. Trauben; Stbb. bis zur Mitte verwachsen

1. Bl. in end- u. seitenständigen langgestielten Trauben, eine pyramidenartige Rispe bildend; Zipfel der Kr. am Rande kahl; K.zipfel rot berandet (Sect. Lysimastrum) .... 2038. **L. vulgaris**

2. Bl. in b.achselständigen Quirlen, eine lange, beb. Traube bildend; Zipfel der Kr. am Rand drüsig bewimpert; K.zipfel nicht rot berandet (Sect. Verticillatae) .... 2039. **L. punctata**

B. St. niederliegend; Bl. einzeln, b.achselständig; Stbb. frei od. nur am Grd. verwachsen

1. B. eiförmig, zugespitzt; Bl.stiele fadenförmig; K.zipfel lineal-pfriemlich (Sect. Lerouxia) ..... 2040. **L. nemorum**

2. B. kreisrund-ellipt., stumpf; Bl.stiele kräftig; K.zipfel herzförmig (Sect. Nummularia) ...... 2041. **L. nummularia**

II. Bl. in dichten, b.achselständigen Trauben; Kr. 6- bis 7zählig; zwischen den Blb. dreieckig-spitze, schuppige Staminodien (Sect. Naumburgia) .... 2042. **L. thyrsiflora**

2038. L. vulgáris L. (Abb. 312a–c) Gemeiner G.

♃, *H, HH.* – H. 0,50–1,20(–1,50). St. aufrecht, verzweigt, undeutlich 5kantig, dicht flaumig behaart; B. zu 3 (–4) quirlig od. gegenständig, seltener spiralig, kurz gestielt, breit-lanzettl.-ellipt., ganzrandig, locker rotdrüsig punktiert; K. fast bis zum Grd. geteilt; *Kr.* flach trichterig, 10 mm lang, beinahe bis zum Grd. 5lappig, *goldgelb;* Fr.kapsel kugelig, so lang wie der K. VI–VIII. 2n = 28.

Hochstauden-Ges. an Bach- u. Flußufern, Bruchwälder, feuchte Wiesen etc.; meist nasse, ± humose Ton- u. Lehm- od. Torfböden. – Verbreitet u. meist häufig im ganzen Geb. (Alp. bis 1840 m). – Skand. (64° n. Br.) bis s. Eur.; As.; (no-)euras(-submed).

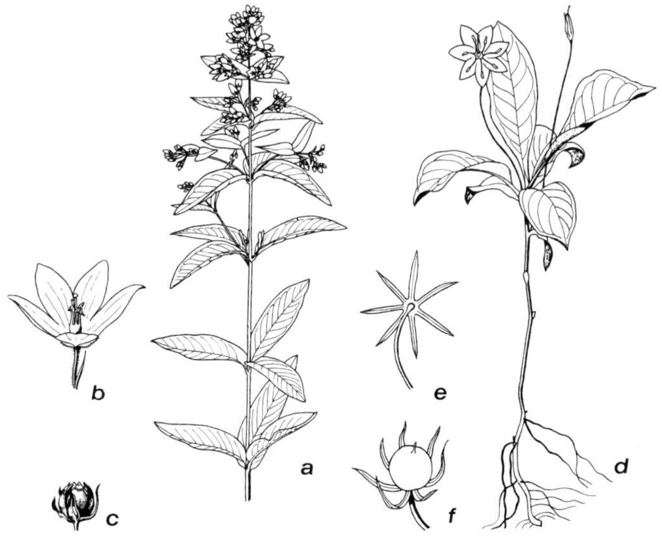

Abb. 312. *a–c Lysimachia vulgaris* (*a* Sproßspitze mit Blütenständen, *b* Blüte, *c* Frucht mit Kelch); *d–f Trientalis europaea* (*d* Habitus, *e* Kelch, *f* Frucht mit Kelch).

2039. L. punctáta L. Punktierter G.

♃, *H.* – H. 0,30–1,00. St. aufrecht, wenig verzweigt, deutlich 4kantig, flaum- u. drüsenhaarig; B. zu 3–4 quirlig, unten oft kreuzweise gegenständig, kurz gestielt, eiförmig-lanzettl. od. lanzettl., ganzrandig; K. bis zum Grd. geteilt; *Kr.* flach glockig, 10–15 mm lang, beinahe bis zum Grd. 5lappig, *zitronengelb;* Fr.kapsel kugelig, kürzer als der K. VI–VII. 2 n = 30.
Kultiviert u. verschiedentlich verwildert in feuchten Hochstaudenfluren, Gebüschen, Auenwäldern etc. – Heimat: S- u. SO-Eur. bis Österr.; S- u. M-Rußl.; Kl.As., Balk., w. bis N-Ital.

2040. L. nemórum L. Wald-G.

♃, *Ch.* – H. 0,01–0,04; L. 0,10–0,30. *St.* niederliegend, *kurz kriechend-aufsteigend,* spärlich behaart; B. kreuzweise gegenständig, kurz gestielt, ± in einer Ebene ausgebreitet, dicht durchscheinend punktiert; Bl.stiele meist länger als die Laubb., zur Fr.zeit zurückgekrümmt; Kr. flach-trichterig, ca. 10 mm breit, beinahe bis zum Grd. 5lappig, dottergelb, nicht rotdrüsig punktiert; *Stbb. am Grd. frei, kahl;* Fr.kapsel so lang wie der K. V–VII(–VIII). 2 n = 18.
Laubmischwaldges., Bach-Eschenwälder, Waldwege, Gebüsche etc.; frischfeuchte, saure, humose, tonig-sandige Lehmböden. – Verbreitet bis zerstreut im

nw. Geb., nach O seltener; zerstreut im m. u. s. Geb. (Alp. bis 1620 m); in kalkreichen Geb. meist fehlend. – Norw., S-Schwed. bis W- u. M-Eur., span. Gebg., Siz., Karp., Kauk.; subatl(-submed).

2041. L. nummulária L. Pfennigkraut

♃, *Ch.* – H. 0,01–0,02; L. 0,10–0,50. *St.* niederliegend, *weit kriechend;* B. kreuzweise gegenständig, kurz gestielt, in einer Ebene ausgebreitet, ganzrandig, rotdrüsig punktiert; Bl.stiele so lang od. etwas länger als die Laubb.; Kr. flach trichterig, ca. 15 mm breit, goldgelb, innen von dunkelroten Drüsen punktiert; *Stbb. am Grd. miteinander verwachsen,* drüsig behaart; Fr.kapsel selten ausgebildet (Selbststerilität), kürzer als der K. (V–)VI–VII. 2 n = 36.

Ufersaumges., Gräben, Wiesen, Weiden; ± feuchte, nährstoffreiche tonige od. reine Lehmböden. – Verbreitet u. meist häufig im ganzen Geb. (Alp. bis 810 m, Schwäb. Alb bis 860 m). – Großbrit., M-Schwed. bis S-Span., Ital., N-Griech.; ö. bis M-Rußl., Kauk.; (N-Am., Jap.); euras-subozean(-submed).

2042. L. thyrsiflóra L. Strauß-G.

♃, *H, HH.* – H. 0,30–0,70. St. aufrecht, meist unverzweigt, kahl od. braun spinnwebig-wollig; B. kreuzweise gegenständig, selten quirlig, bis ca. 10 mm lang, zugespitzt, fast halbstengelumfassend, lanzettl., ganzrandig, dicht rotdrüsig punktiert, oft Mittelrippe unterseits braun spinnwebig-wollig; Kr. glockenförmig, 4–5 mm lang, meist 6zählig, Zipfel oben rotdrüsig, gold-gelb; Stbb. frei, kahl, etwas länger als die Kr.; Fr.kapsel kugelig, kürzer als der K., rotdrüsig. V–VII. 2 n = ca. 40.

Großseggenges., Altwasser, Tümpel, Sümpfe etc.; nasse, ± saure, nährstoffärmere Schlamm- u. Torfböden. – Zerstreut im nw. Geb. u. an der O-See; selten im m. u. s. Geb. (bes. Jungmoränengeb. u. Bay. Wald; selten über 700 m) bis Alp.vorland. – Skand. (69° n. Br.) bis M-Frankr. u. Alp.rand; gem. N-Am. u. As.; no-(arkt),circ.

555. *Trientalis* L. Siebenstern

x = 8?

2043. T. europāéa L. (Abb. 312 d–f) Europäischer S.

♃, *G.* – H. 0,05–0,25. Pfl. mit unterirdischen, am Ende knollig verdickten Ausläufern; St. aufrecht, zerstreut drüsig behaart; untere Stb. wenige, klein, eiförmig; die oberen Stb. rosettig gehäuft, größer, verkehrt eilanzettl.-lanzettl., plötzlich in den langen B.stiel verschmälert, meist ganzrandig; Bl. lang gestielt, zu 1–2 (–4) in den Achseln der oberen Stb.; Kr. radförmig, ca. 15 mm breit, tief in meist 7 Lappen geteilt, weiß. (V–)VI–VII. 2 n = ca. 112 u. ca. 160. Im Geb. nur var. e u r a s i á t i c a Knuth.

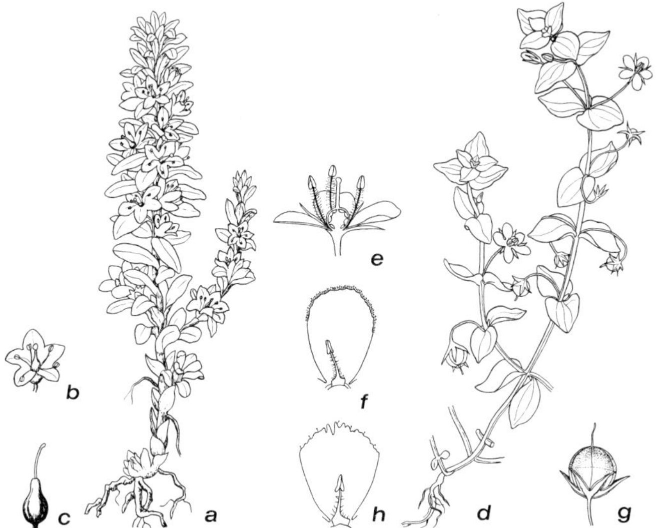

Abb. 313. *a–c Glaux maritima* (*a* Habitus, *b* Blüte, *c* Frucht); *d–h Anagallis* spp., *d–g A. arvensis* (*d* Habitus, *e* Blüte längs, *f* Kronzipfel mit Staubblatt, *g* Frucht), *h A. coerulea* (Kronzipfel mit Staubblatt).

Eichen-Birkenwälder, Fichten- u. Kiefernwälder; Flach- u. Zwischenmoore; feuchte, ± saure, nährstoff- u. kalkarme sandige od. lehmige Torf- u. Humusböden. – Verbreitet im n. Geb., w. bis Rhein; seltener s. des Main u. nur in Gebg. bis Schwarzwald, Fränk. Jura, Bay. Wald (u. a. M-Gebg. bis ca. 1400 m), Alp. (bis 970 m); in Kalkgeb. nahezu fehlend. – N- u. M.Eur., N-As.; nw. N-Am.; (arkt-)no,circ.

556. Gláux L. Milchkraut

x = 5?, 15?

2044. G. marítima L. (Abb. 313a–c) Meeresstrand-M.

♃, *H.* – H. 0,03–0,20. St. niederliegend-aufsteigend, unten verzweigt, dicht beb., graugrün, fast kahl; B. fast sitzend, fleischig, lanzettl.-breitlanzettl., einnervig, ganzrandig; Bl. einzeln in den Achseln der mittleren B.; K. glockig, rötlich od. weiß, mit eiförmigen Zipfeln; *Kr. fehlend;* Stbb. rosenrot. V–VI(–VII). 2n = 30. Im Geb. nur ssp. m a r í t i m a.

Salzwiesenges. der Küsten, Salzstellen des Binnenlandes; feuchte bis nasse, salzhaltige, tonige Böden. – Verbreitet u. häufig: N- u. O-See-Küsten; selten Binnenland: Salzstellen, im S nur Rheingeb. bis Pfalz (u. a. früher Bad Dürkheim). – Küsten N-, M-Eur., N-Rußl. (bis Kola), N-Med. bis Kl.As.; ö. bis Sib., O-As.; N-Am.; no(euras)-subozean,circ.

557. *Anagállis* L. Gauchheil

x = 10, 11

I. B. ca. 15 mm lang, sitzend, eiförmig–länglich eiförmig; Kr. radförmig, so lang od. wenig länger als der K. (1,5- bis 2mal so lang) (Sect. Anagallis)
  A. B. stumpflich; Kr. meist rot, am Rand dicht drüsig gewimpert (50–70 Drüsen pro Krb.) .... **2045. A. arvensis**
  B. B. spitzlich; Kr. blau, am Rand kahl od. spärlich drüsig gewimpert (5–8 Drüsen pro Krb.) .... **2046. A. coerulea**
II. B. ca. 5 mm lang, gestielt, fast kreisrund; Kr. glockig, viel länger als der K. (bis 3mal so lang) (Sect. Jirasekia) .... **2047. A. tenella**

1. Sect. A n a g á l l i s

2045. A. arvénsis L. (Abb. 313 d–g) Acker-G.

⊙, ①, *Th, Ch* (Ausläufer). – H. 0,03–0,05; L. 0,05–0,25. *Zweige* niederliegend od. aufsteigend, verästelt, *selten wurzelnd,* 4kantig; grüne Teile jung dicht mit kurzen Köpfchenhaaren bedeckt, später verkahlend; *B. hellgrün,* kreuzgegenständig od. zu 3 quirlig, eiförmig, ganzrandig; Bl. einzeln in B.achseln; *Bl.stiele viel länger als die B.,* dünn, zur Fr.zeit rückwärts gebogen; *Drüsenhaare am Petalenrand dreizellig;* Kr. bis 14 mm breit, sehr tief in 5 Zipfel gespalten, meist mennigrot, selten blau, fleischfarben od. violett; *Kb. ganzrandig.* VI–IX(–X). 2n = 40.
f. p h o e n í c e a Baumg.; Kr. mennigrot; verbreitete Form.
f. c á r n e a (Schrank) Sch. et K.; Kr. fleischfarben.
f. a z ú r e a Hyl.; Kr. blau (nicht = A. coerulea Nath.).

Ackerunkrautges., Äcker, Gärten, Weinberge, Schutt etc.; frische, nährstoffreiche, neutrale-mild humose lehmige od. sandige Böden. – Verbreitet u. vielfach häufig fast im ganzen Geb. (Alp. bis 700 m, Schwäb. Alb bis 980 m). – Eur. (außer hoher N.); gem. W- u. M-As.; N- u. S-Afr., N- u. M-Am.; S-Bras.; W-Austr. u. Tasman.; euras-subozean-submed.

2046. A. coerúlea Nath. (Abb. 313 h) Blauer G.

⊙, ①, *Th, Ch* (Ausläufer). – H. 0,03–0,05; L. 0,05–0,25. Pfl. mit niederliegenden od. aufsteigenden Zweigen; *B. dunkelgrün,* kreuzgegenständig od. zu 3 quirlig, länglich-eiförmig; Bl. einzeln in B.achseln;

Bl.stiele so lang od. nur wenig länger als die B., dünn; *Drüsenhaare am Petalenrand 4zellig;* Kr. bis 14 mm breit, tief in 5 Zipfel gespalten, himmelblau; *Kb. am Rande fein gesägt.* VI–IX (–X). 2 n = 40.

Getreideunkrautges., Gärten, Schutt; ± trockene, warme, nährstoff- u. kalkreiche meist lehmige Böden. – Ziemlich zerstreut, bes. m. u. s. Kalkgeb. (Schwäb. Alb bis 750 m); selten od. fehlend im n. Geb. (ursprünglich evtl. nur bis etwa Westf.; n. davon verschleppt?). – Med. bis Kl.As., über M-Eur. bis S-Schwed., S- u. W-Engl.; N- u. O-As.; M-Am., S-Bras.; W-Austr.; med-submed.

2. Sect. Jirasékia

2047. A. tenélla (Mill.) Murr. Zarter G.

♃, *Ch* (Ausläufer). – H. 0,01–0,03; L. 0,05–0,15. *St.* dünn, niederliegend, meist unverzweigt, abgerundet, *in B.achseln oft bewurzelt;* B. kreuzgegenständig, eiförmig-rundlich, nicht punktiert; Bl. einzeln in B.achseln; Bl.stiele viel länger als die B., fädlich, zur Fr.zeit zurückgebogen; Kr. bis 14 mm breit, beinahe bis zum Grd. in 5 Lappen geteilt, rosenrot mit dunkleren Adern. VII–VIII. 2 n = 22.

Binsenwiesen, Sümpfe, Torfmoore, Grabenränder; ± nasse, meist kalkarme, ± saure, sandige od. tonige Böden. – Selten im w. u. sw. Geb., Niederrhein, S-Schwarzwald (bis 700–800 m; so Hotzenwald), Oberrheingeb. w. Freiburg; wohl oft nur adventiv. – Färöer, Engl. bis W-Med. (N-Ital., Span., NW-Afr.), W-D.; atl(-submed).

Bastard:
A. arvensis × coerulea (= A. × doerfleri Ronn., Bl. fleischrot).

558. Centúnculus L. Kleinling

x = 11

2048. C. mínimus L. (Abb. 314a–d) Acker-K.

⊙, *Th.* – H. 0,02–0,08. St. aufrecht, einfach od. mit niederliegenden Zweigen, dicht beblättert; B. kurz gestielt, wechselständig, rundlich-eiförmig; Bl. einzeln in den B.achseln; Kr. urnenförmig, klein, ca. 5 mm breit, in 4 od. 5 Lappen geteilt, weiß od. rötlich. V–IX. 2 n = 22.

Zwergbinsenges., Ackerrinnen, Wege, Waldränder, Ufer; meist feuchte, verschlämme, kalkarme, sandige od. tonige Lehm- od. reine Sandböden. – Zerstreut im Geb. (Schwarzwald bis 450 m), bes. w. u. nw. Geb. u. niedere Lagen der Waldgebg.; oft über große Strecken fehlend. – Eur. (außer hoher N); M-As. bis Kamtsch., Jap.; atl. Küsten N- u. S-Am.; N-Afr.; SW-Austr.; euras-subozean (-submed?).

Abb. 314. *a–d Centunculus minimus* (*a* Habitus; *b* Blüte, bei *c* ohne Kelch; *d* Frucht mit Kelch); *e–h Samolus valerandi* (*e* Habitus; *f* Blüte, bei *g* aufgeschnitten; *h* Frucht mit Kelch).

2. Trib. Samóleae

559. Samolus L. Bunge

x = 13, 12?

2049. S. valerándi L. (Abb. 314 e–h) Salz-B.

♃, *H.* – H. 0,15–0,50. Halbrosettenpfl., kahl, nur mit vereinzelten mehrzelligen Köpfchendrüsen; St. einfach od. verzweigt, hohl; B. blaugrün, die grd.ständigen in einer Rosette, spatelig, in den langen, geflügelten B.stiel verschmälert, die stengelständigen kleiner, wechselständig, kurz gestielt-sitzend, verkehrt-eiförmig; Bl. in endständiger Traube; Bl.stiele mit einem lanzetltl. Hüllb. u. hier nach oben geknickt; Kr. weiß; *Bl. mit deutlichen fadenförmigem Staminodien.* VI–IX. 2n = 24, 26, (36).

Zwergbinsenges., Strandwiesen, Ufer, Grabenränder, Sümpfe, Dünentäler; meist feuchte, salzhaltige, sandige Lehm- u. Schlickböden. – Selten u. zerstreut: N- u. O-See-Küsten (nach O abnehmend); selten: Binnenland (bes. Salzstellen Westf. bis Thür.); Rheingeb. bis n. Oberrhein, Main- u. Bodenseegeb. – Eur. (außer hoher N); M-As. bis Kamtsch., Jap.; gem. N-Am.; atl. Küste S-Am.; S-Afr.; SW-Austr.; euras-submed.

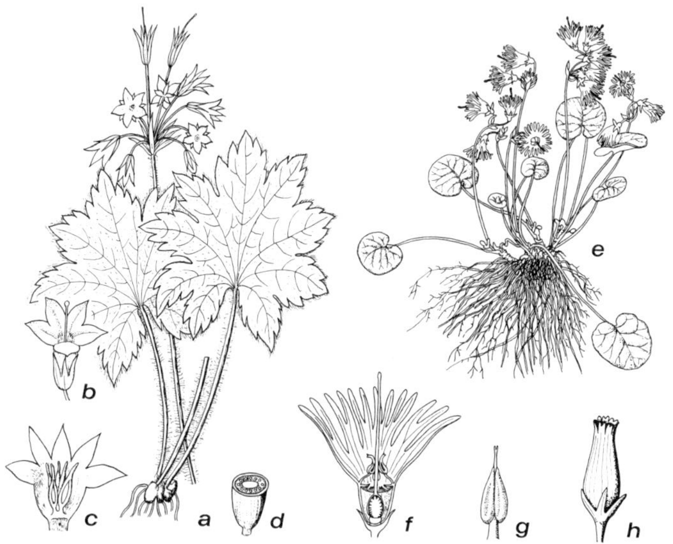

Abb. 315. *a–d Cortusa matthioli* (*a* Habitus, *b* Blüte, *c* Krone aufgeschnitten, *d* Frucht quer); *e–h Soldanella alpina* (*e* Habitus, *f* Blüte längs, *g* Staubblatt, *h* Frucht mit Kelch).

3. Trib. Primúleae

560. Cortusa L. Heilglöckchen

x = 12

2050. C. matthíoli L. (Abb. 315 a–d) Alpen-H.

♃, *H.* – H. (0,10–)0,20–0,40. Rosettenpfl.; grüne Teile meist zottig u. drüsig behaart; B. langgestielt, zu 3–7, groß, herz- bis kreisförmig, mit 8–13 spitz-sägezähnigen Lappen; Bl. in 3- bis 12bl. Dolde nickend; Schaft die Laubb. 1,5- bis 2mal überragend; Deckb. ganzrandig od. gezähnt; Kr. trichter- bis glockenförmig, rosa, etwa zu $^1/_3$ in 5 stumpfe Lappen geteilt, ca. 10 mm lang, doppelt so lang wie der K., wohlriechend. (V–)VII–VIII. 2n = 24.

Subalp. Hochstaudenfluren, Gebüsche, Wälder, Schluchten, Quellen etc.; sickerfeuchte, nährstoffreiche, mild-humose Lehm- u. Steinböden. – Verbreitet: Allgäuer Alp. u. Bay. Alp. (bei Tegernsee; Alp. 1100–1900); selten ins Vorland herabgeschwemmt (früher Lechaue bei Augsburg). – Hochgebg. Eur., As. (Seealp. bis Him.), N-Chin., Jap.; praealp(-altaisch).

561. *Soldanella* L. Alpenglöckchen, Troddelblume

x = 10, (9?)

I. Breite der B. im Durchschnitt > 15 mm; Schaft mehrbl.; Kr. trichterig, unregelmäßig bis $^1/_2$ eingeschnitten-gelappt, mit Schlundschuppen; Gr. länger als die Kr.; Stbb. lang zugespitzt (Sect. Crateriflorae)
A. B. dünn, entfernt gekerbt; B. u. Bl.stiele dicht drüsig, kaum verkahlend; Kr.zipfel spitz; Schlundschuppen länger als breit, 2lappig . . . . **2051. S. montana**
B. B. dicklich, ganzrandig; B. u. Bl.stiele weniger drüsig, fast ganz verkahlend; Kr.zipfel stumpf; Schlundschuppen breiter als lang, ausgebuchtet . . . **2052. S. alpina**

II. Breite der B. im Durchschnitt < 10 mm; Schaft meist einbl.; Kr. röhrig, fast gleichmäßig bis $^1/_3$ eingeschnitten, ohne Schlundschuppen; Gr. kürzer als die Kr.; Stbb. nicht lang zugespitzt (Sect. Tubiflorae)
A. B. dünn, mit Basalbucht, dicht drüsig, kaum verkahlend; Stbbtl. am Grd. zugespitzt . . . . **2053. S. pusilla**
B. B. dicklich, ohne Basalbucht, wenig drüsig, später fast verkahlend; Stbbtl. am Grd. abgerundet . . . . . **2054. S. minima**

1. Sect. Crateriflórae

2051. S. montána Willd. Berg-A.

♃, *H.* – H. 0,10–0,20. Rosettenpfl.; junge B. u. Bl.stiele dicht drüsig-flaumig; Bl.schäfte etwas weniger drüsig, übrige Teile kahl; B. lang gestielt, dünn-lederig, rundlich-nierenförmig mit schmaler, meist tiefer Basalbucht, 25–70 mm breit; Bl. in endständiger, 3- bis 6(bis 10)bl. Dolde; Schaft 10–20 cm lang; Kr. blauviolett, selten weiß; Stbb. an der Spitze geschwänzt; *Theken höchstens* $^1/_2$ *so lang wie die Filamente;* Fr.kapsel 10zähnig. V–VI. Im Geb. nur ssp. montána. 2n = 40.
Mont.-subalp. Fichtenwälder, Bergwiesen u. -moore; feuchte, nährstoff- u. kalkarme humusreiche Böden. – Zerstreut: ö. Alp.rand, ö. vom Isartal u. Tegernsee, Bay. Wald, in die Alp. kaum eindringend (insgesamt 800–1600 m). – N-Alp.vorland, Bay.-Böhm. Wald, Österr. über Karp. bis O-Balk.gebg.; o-praealp.

2052. S. alpína L. (Abb. 315 e–h) Echtes A.

♃, *H.* – H. 0,05–0,15(–0,20). Rosettenpfl.; junge B. und Bl.stiele drüsig-rauh; B. langgestielt, lederig, meist rundlich-nierenförmig, mit breiter Basalbucht, 15–35 mm breit; Bl. in endständiger, 2- bis 3bl. Dolde, Schaft 5–15 cm hoch; Kr. veilchen- bis azurblau, selten weiß; Stbb. an der Spitze geschwänzt; *Theken ca. 2mal so lang wie die Filamente;* Fr.kapsel 10zähnig. IV–VII. 2n = 40.

Subalp.-alp. quellige Flachmoore, Schneetälchen, Bergweiden, Hochstauden-ges. etc.; feuchte, oft sickernasse u. kalkhaltige, neutral-humose Lehm- u. Gesteinsverwitterungsböden. – Zerstreut: Alp. (1000–2880 m); selten: Alp.vorland (bei Wies), S-Schwarzwald (Feldberg). – Gebg. Pyren., Auvergne, Jura, Alp. bis Apenn., illyr. Gebg.; alp(-praealp).

2. Sect. Tubiflórae

2053. S. pusílla Baumg. Kleines A.

♃, *H.* – H. 0,03–0,10. Rosettenpfl.; junge B. u. Bl.stiele drüsig-rauh; *B.* lang gestielt, rundlich-nierenförmig bis kreisförmig, 5–8 (–15) mm breit, *mit oberseits bes. nach dem Trocknen deutlich hervortretenden Nerven,* unterseits punktiert; Bl. endständig; Schaft 4–9 cm lang; Kr. rötlich-violett, selten weiß, getrocknet meist blau werdend, selten mit Schlundring, innen blau gestreift; Fr.kapsel 5zähnig. V–VII(–VIII). 2n = 36, 40.

Alp. Schneetälchenges., Magerrasen, Geröll, Felsen; feuchte, meist humose, steinige kalkarme Ton- u. Lehmböden. – Ziemlich verbreitet: Alp. (1560–2380 m). – Alp. (w. bis O-Wallis, Berner Oberland, ö. bis Steiermark), Apenn., O-Karp., ö. Balk.gebg.; (o-)alp.

2054. S. mínima Hoppe s.str. Kleinstes A.

♃, *H.* – H. 0,04–0,10. Rosettenpfl.; junge B. u. Bl.stiele drüsig-flaumig; *B.* kreisrundlich od. breit ellipt., sehr klein, ca. 6 mm breit, oberseits glatt, *ohne vorspringende Nerven,* nach dem Trocknen runzlig; Bl. endständig; Schaft 4–10 cm lang; Kr. blaßlila, seltener weißlich, innen violett gestreift, zuweilen mit zarten Schlundschuppen; Fr.kapsel 5zähnig. V–VI(–VII). Im Geb. nur ssp. minima.

Alp. Schneetälchen- u. Schneebodenges., Felsritzen; feuchte, kalkreiche, ± humose lehmig-steinige Böden. – Sehr selten: Ammergauer Alp. (Schellkopf im Niedernachtal, 1700–1800 m). – s. Kalkalp. (N-Ital., Veltlin bis Steiermark), N-Alp.; o-alp.

Bastarde:

S. alpina × minima (= S. × ganderi Huter), S. alpina × pusilla (= S. × hybrida Kerner). Bastarde innerhalb der Sektionen schwer zu identifizieren, durch Vikariieren der Arten nicht allzu häufig.

562. *Androsace* L. Mannsschild

x = 6?, 9, 10, 19, (39)

I. Pfl. ausdauernd, rasen- od. polsterbildend, mit blühenden u. sterilen Rosetten; B. ungestielt, ganzrandig

A. B. meist über 10 mm lang; Bl. doldig, an der Spitze eines ± langen Schaftes; Deckb. vorhanden (Sect. Chamaejasme)

1. Schaft, Bl.stiele u. K. behaart
   a) Pfl. drüsig-zottig; B. spitzlich; Bl.stiele so lang od. kürzer als die Deckb. . . . . **2055. A. chamaejasme**
   b) Pfl. sternhaarig-flaumig; B. stumpflich; Bl.-stiele länger als die Deckb. . . . . **2056. A. obtusifolia**
2. Schaft, Bl.stiele u. K. kahl . . . . **2057. A. lactea**

B. B. meist unter 7 mm lang, dicht dachig angeordnet; Bl. einzeln, kurz gestielt od. sitzend, aus der Achsel der Rosettenb. entspringend (Sect. Aretia)
1. Polster locker; Haare sternförmig verzweigt; Bl. rot od. rosa-weiß, deutlich gestielt, die B. etwas überragend; Kapsel kleiner als der K.
   a) B. 5–10 mm lang; K. mit schmallanzettl. Zipfeln; Kr.saum ca. 5 mm breit; Kapsel viel kürzer als der K. . . . . **2061. A. alpina**
   b) B. bis 5 mm lang; K. mit eiförmig-dreieckigen Zipfeln; Kr.saum 3–4 mm breit; Kapsel nur wenig kürzer als der K. . . . . **2062. A. hausmannii**
2. Polster dicht kugelig; Haare einfach od. an der Spitze gabelig; Bl. weiß, die B. nicht überragend; Kapsel etwas länger als der K. . . . . **2063. A. helvetica**

II. Pfl. ein- bis zweijährig, alle Rosetten blühend; B. gestielt, gezähnt (Sect. Andraspis)

A. K. kahl; Kr. länger als der K. . . . . **2058. A. septentrionalis**

B. K. behaart; Kr. kürzer als der K.
1. Pfl. mit Sternhaaren; Deckb. viel kürzer als die Bl.stiele . . . . **2059. A. elongata**
2. Pfl. mit einfachen Haaren; Deckb. laubb.artig, so lang od. länger als die Bl.stiele . . . . **2060. A. maxima**

1. Sect. Chamaejásme

2055. A. chamaejásme Wulf. (Abb. 316 a–c) Zwerg-M.

♃, *Ch.* – H. 0,02–0,06(–0,10). Rosettenpfl., lockere Rasenpolster bildend; B. lanzettl., etwas in den Spreitengrd. zusammengezogen, oberseits meist kahl, Rand gewimpert; Bl. in endständiger, 2- bis 8bl. Dolde, Schaft 3–6(–10) cm lang; Kr.röhre so lang wie die lanzettl. K.zipfel, mit rötlichem od. gelblichem Schlund; Kr.saum flach, 7–12 mm breit, weiß; Fr.kapsel etwas kürzer als der K. VI–VII. 2n = 20. Im Geb. nur var. chamaejásme.

Alp. Steinrasen, magere Wiesen u. Weiden; frische, meist kalkreiche, ruhende Schutt- u. Felsböden. – Zerstreut: Alp. (1770–2570 m), zuweilen mit Flüssen herabsteigend (bis ca. 600 m; Eibsee, Königsee). – Hochgebg. Eur. u. As. (Pyren., Alp. bis Tatra; Kauk., S-Sib., Him.); arkt. N-As.; Hochgebg. N-Am.; arkt-alp(-altaisch), circ.

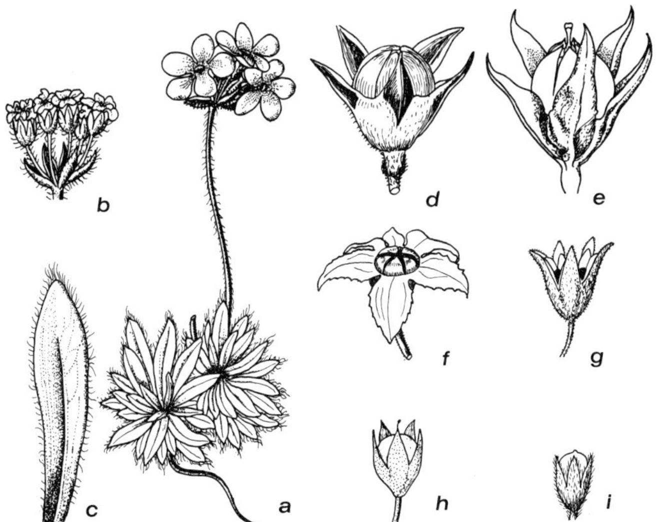

Abb. 316. *Androsace* spp., *a–c A. chamaejasme* (*a* Habitus, *b* Blütenstand, *c* Blatt), *d–i* Früchte mit Kelch (*d A. septentrionalis, e A. elongata, f A. maxima, g A. alpina, h A. hausmannii, i A. helvetica*).

2056. A. obtusifólia All. Stumpfblättriger M.

♃, *Ch.* – H. 0,02–0,10. Rosettenpfl.; B. lanzettl., am Grd. verschmälert, auf den Flächen kahl, am Rand kurz bewimpert; Bl. in endständiger, mehrbl. Dolde; Schäfte mehrere, 4–6 cm lang; Kr.röhre wenig kürzer als die K.zipfel, mit gelblichem Schlund; Kr.saum flach, 7–9 mm breit, weiß od. rötlich; Fr.kapsel wenig kürzer als der K. VI–VII(–VIII). 2n = 38.

Alp. Magerrasen, Weiden; ± frische, kalkarme, sauer-humose steinige Böden. – Selten: Bay. (Wettersteingebg.) u. Salzburger (bei Berchtesgaden) Alp. (1850 –2100 m), Riesengebg. (Kleine Schneegrube, ca. 1500 m). – Alp. bis Karp., Apenn.; (o-)alp.

2057. A. láctea L. Milchweißer M.

♃, *H.* – H. 0,02–0,10(–0,20). Rosettenpfl., lockere Rasen bildend; B. lineal od. lineal-lanzettl., stumpflich, an der Spitze zuweilen gewimpert; Bl. in endständiger, 2- bis 4bl. Dolde; Schaft 4–6 (–15) cm lang; Deckb. viel kürzer als die Bl.stiele; Kr.röhre kürzer als die K.zipfel, mit gelbem Schlund; Kr.saum flach, ca. 10 mm breit, schneeweiß; *Fr.kapsel so lang wie der K.* (V–)VI–VII. 2n = 74–76.

Mont., subalp.-alp. Felsspaltenges., Triften; ± trockene, kalkhaltige, steinige Substrate. – Selten bis zerstreut: Kalkalp. (1100–2260 m, selten tiefer), nach O häufiger, zuweilen mit den Flüssen herabsteigend; sehr selten: oberes Donautal (Schwäb. Alb: Fridingen, Beuron; 600–800 m). – Alp. (w. bis franz. Jura) bis N-Balk.gebg., O-Karp.; (o-)alp(-praealp).

2. Sect. A n d r á s p i s

2058. A. septentrionális L. (Abb. 316 d) Nordischer M.

⊙, ①, *Th, H.* – H. 0,05–0,15(–0,30). Rosettenpfl.; Pfl. mit kurzen, rötlichen Stieldrüsen; B. lanzettl.-länglich lanzettl., sitzend od. in einen geflügelten B.stiel zusammengezogen, vorwiegend mit gabeligen od. einfachen Haaren, auf der Fläche verkahlend; *Bl. in* endständigen, *dichten,* reichbl. *Dolden;* Schäfte meist mehrere, 5–15 cm lang, dicht sternhaarig-flaumig; *Bl.stiele* 3- bis 6mal länger als die Deckb., zur Fr.zeit verlängert, aber *nie die Länge des Schafts erreichend;* Kr.röhre mit gelbem Schlund; Kr.saum 3–4 mm breit, weiß od. rötlich; *Fr.kapsel etwas länger als der* K. V–VI(–VII). 2n = 20. Im Geb. nur var. s e p - t e n t r i o n á l i s.

Schillergrasfluren, Dämme, Dünen, Äcker; meist trockenwarme u. kalkarme Sand- od. sandige Lehmböden. – Ziemlich zerstreut bis selten: nö. Geb. (Weichseltal bis Ostpr.), Sandgeb. des m. u. s. Geb. (M-Rhein, Tauber-, Maingeb., fränk. Keupergeb., m. Elbe, Schles.). – M-Skand. (63° n. Br.), w. M-Eur., W-Alp., bis gem. As. (Tib., Him.); N-Am.; euras-kont,circ.

2059. A. elongáta L. (Abb. 316 e, 317 a–b) Langer M.

⊙, ①, *Th, H.* – H. 0,02–0,05(–0,10). Rosettenpfl.; B. lanzettl. bis länglich lanzettl., spitz, zuweilen fast ganzrandig, mit Sternhaaren u. wenigen Stieldrüsen; *Bl.* in endständiger, ausgebreiteter, *mehrbl. Dolde;* Schäfte mehrere, dichtflaumig, 2–5(–12) cm lang; *Bl.stiele zur Fr.zeit fast die Länge des Schaftes erreichend;* Kr.röhre mit gelbem Schlund; Kr.saum aufgerichtet, ca. 2 mm breit, weiß; *Fr.kapsel kürzer als der* K. IV–VI, oft erst VIII. 2n = 40.

Trockenrasen, Schillergrasfluren, Getreideunkrautges., Brachen, Dämme etc.; trocken-warme, oft kalkarme Lehm- u. Sandlehmböden. – Zerstreut: Trockengeb. des m. Bereiches (M-Rhein, Nahetal, M-Elbe, Thür. Becken, untere Oder), s. bis fränk. Keupergeb. u. Donau (Regensburg); sonst sehr selten u. unbeständig. – SO-Eur., M- u. S-Rußl. bis O-As., w. bis M-Eur.; N-Am.; kont.

2060. A. máxima L. (Abb. 316 f) Großblütiger M.

⊙, ①, *Th, H.* – H. 0,05–0,15. Rosettenpfl.; B. eiförmig bis länglich lanzettl., in den kurzen, breiten B.stiel zusammengezogen, spärlich zerstreut behaart; *Bl. in* flachgewölbter, *wenigbl. Dolde;* Schäfte meist mehrere, kurz rotdrüsig, 2–10 cm lang, der mittlere aufrecht, die seitlichen auswärts gebogen; Kr.röhre mit gelbem Schlund; Kr.saum aufrecht ausgebreitet, weiß; *K. zur Fr.zeit stark vergrößert, „strahlend"; Fr.kapsel halb so lang wie der* K. IV–V. 2n = 58–60.

Getreideunkrautges., Brachen, Weinberge; trockene, warme, meist kalkhaltige sandige (seltener) od. tonige Lehmböden. – Sehr selten: M-Rhein von Koblenz (Mayfeld) bis Mainz (meist verschollen), Pfalz u. ins Nahetal; oft nur unbeständig. – NW-Afr., S-Eur. bis Kl.As., Kauk., M-Frankr. u. M-Rhein; SO- u. O-Eur. bis Sib.; submed-euras-kont.

3. Sect. Arétia

2061. A. alpína (L.) Lam. (Abb. 316g) Alpen-M., Gletscher-M.

♃, *Ch.* H. 0,02–0,05. Rosettenpfl.; B. länglich-lanzettl., am Grd. zusammengezogen, stumpflich; Bl. in den B.achseln, manchmal zu mehreren; Bl.stiele meist länger als der K.; Kr. rosa, Röhre mit gelbem Schlund; Kr.saum etwas trichterförmig. VII(–VIII). 2n = 40, 36, (32), 24.

Alp. Gesteinsfluren, Felsen, feiner Schutt; saure kalkarme Böden. – Sehr selten, angeblich Salzburger Alp. (Schneibstein, 1950 m). – Z-Alp. (Dauphiné bis Steiermark); alp.

2062. A. hausmánnii Leyb. (Abb. 316h) Dolomiten-M.

♃, *Ch.* – H. 0,01–0,05. Rosettenpfl.; B. schmallanzettl., am Grd. verschmälert, stumpflich, am Gipfel sternförmig ausgebreitet; b.achselständig, zuweilen zu mehreren; Bl.stiele 3–6 mm lang; Kr.saum flach. VII–VIII. 2n = 40.

Alp. Felsspalten, Gesteinsfluren; kalkreiche steinige Substrate. – Sehr selten, nur Berchtesgadener Alp. (bis 2200 m). – O-Alp. (Dolomiten, Obersteiermark, Salzburger Alp.); o-alp.

2063. A. helvética (L.) All. (Abb. 316i) Schweizer M.

♃, *Ch.* – H. 0,02–0,05(–0,10). Rosettenpfl., dicht graufilzig; Äste keulenförmig, dicht dachziegelig beblättert, oft halbkugelige bis kugelige Polster bildend; B. sehr klein, ca. 3 mm lang, lanzettl., spatelförmig bis ellipt.; Bl. b.achselständig; Bl.stiel ca. 1 mm lang; *K. mit schmallanzettl. Zipfeln;* Kr.röhre mit gelbem Schlund, duftend; Kr.saum flach, 4–6 mm breit, selten rötlich. V–VII. 2n = 40.

Alp. Felsspaltenges.; meist stark austrocknende, kalkreiche Substrate. – Zerstreut: Alp. (1850–2960 m). – Alp. (bes. NW-, N-Alp.; Dauphiné bis S-Tirol, Eisenerzer Alp.); (w-)alp.

563. Primula L. Schlüsselblume

x = 9, 11, 31

I. B. in der Knospenlage nach rückwärts eingerollt, junge B. also am Rand nach unten gebogen; K. kantig
  A. B. deutlich **runzlig**, behaart, unterseits ohne Mehlstaub; K. scharfkantig; Kr. gelb (Sect. Primula)
    1. B. oberseits behaart; Bl.dolde auf langem Schaft; Bl.stiele kurzhaarig; Kapselstiel steif aufrecht
      a) K. weit, glockig; K.zähne breit dreieckig; Kr.saum glockig, dottergelb .... **2064. P. veris**
      b) K. eng, anliegend; K.zähne lanzettl.; Kr.-saum flach, schwefelgelb .... **2065. P. elatior**
    2. B. oberseits kahl; Bl.dolde ungestielt; Bl.stiele zottig behaart; Kapselstiel schlaff .... **2066. P. vulgaris**
  B. B. glatt od. schwach runzlig, kahl, unterseits meist mit Mehlstaub bepudert; K. stumpfkantig; Kr. rotlila (Sect. Aleuritia) .... **2067. P. farinosa**

II. B. in der Knospenlage nach vorwärts eingerollt, junge B. also am Rand etwas nach oben gebogen; K. stielrund, ohne Kanten (Sect. Auricula)
  A. Pfl. in der Jugend mehlig; Deckb. kürzer als die Bl.stiele; K. kurz; Dolden meist vielbl. (> 5); Kr. gelb .... **2068. P. auricula**
  B. Pfl. ohne Mehlstaub; Deckb. schmal, länger als die Bl.stiele; K. lang; Dolden 1- bis 2(bis 5)bl.; Kr. rosa oder rot
    1. B. länglich-eiförmig, vorne abgerundet, ganzrandig; Schaft meist 2bl. .... **2069. P. clusiana**
    2. B. keilförmig, vorne gestutzt, scharf tief gesägt; Schaft meist 1bl. .... **2070. P. minima**

1. Sect. P r í m u l a

2064. P. véris L. em. Huds. (Abb. 317 c–f) Echte Sch.
[= P. officinalis (L.) Hill]

♃, *H.* – H. (0,05–)0,10–0,25. Rosettenpfl.; B. meist eiförmig od. eilänglich, ± plötzlich in den ± geflügelten B.stiel verschmälert, vorn abgerundet, unregelmäßig geschweift gezähnelt; Bl. in endständiger, einseitswendiger, vielbl. Dolde, an einem die B. weit überragenden Schaft; Deckb. weißlich-gelb, pfriemlich, kürzer als die Bl.stiele; K. *gelblich-grünlich od. weißlich; Kr. meist wohlriechend, im Schlund mit 5 orangefarbenen Flecken; Fr.kapsel halb so lang wie der* K. IV–V. 2n = 22.

ssp. v é r i s (= ssp. genuina Pax); B. eiförmig od. länglich, meist plötzlich in den B.stiel verschmälert, unterseits locker dünnfilzig; Haare

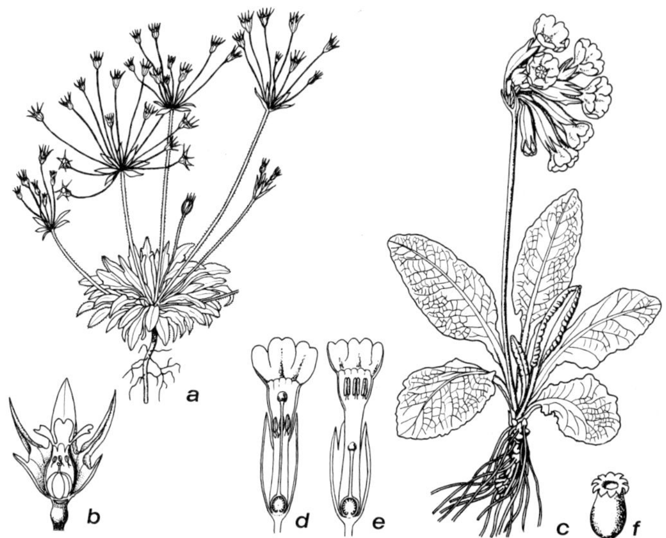

Abb. 317. *a–b Androsace elongata* (*a* Habitus, *b* Blüte geöffnet); *c–f Primula veris* (*c* Habitus, *d* u. *e* Blütentypen längs, *f* Frucht).

einfach, $^1/_6$–$^1/_3$ mm lang, meist mit Drüsenkopf; K. 8–15 mm lang, meist kürzer als die Kr.röhre.

Halbtrockenrasen, trockene Wiesen, lichte Wälder; mineralreiche, oft kalkhaltige Böden. – Häufigste Unterart. – euras-submed.

ssp. c a n é s c e n s (Opiz) Hay.; B. oval od. länglich, allmählich in den geflügelten B.stiel verschmälert, unterseits dicht graufilzig; Haare etwas geschlängelt u. oft verzweigt, verflochten, $^1/_2$–$^3/_4$ mm lang; K. 16–20 mm lang, so lang od. länger als die Kr.röhre; Kr.saum meist flacher, 8–20 mm breit.

Lichte Trockenwälder u. Trockengebüsche; meist mineral- u. kalkreiche Böden. – Wärmere Teile des s. Geb., bes. Rheinhügelland (z. B. Isteiner Klotz), Bodenseegeb., Taubergeb., oberes Donautal, Schwäb. Alb (bis 980 m), n. bis Thür., Sachs.-Anh., Pomm., Schles. – (med-)submed.

ssp. c o l ú m n a e (Ten.) Maire et Petitm.; B. derb, eiförmig, am Grd. meist herzförmig, plötzlich in den nicht od schmal geflügelten B.stiel zusammengezogen, oberseits dunkler grün, unterseits ± weißfilzig; Haare geschlängelt, oft verzweigt u. dicht verflochten, bis 1 mm lang; K. oben sehr weit, 16–20 mm lang, kürzer als die Kr.röhre; Kr.saum beinahe flach, 10–20 mm breit.

Sommergrüne Trockenwälder. – Nur Grenzgeb. am Randen (Jura) u. s. Rheinhügelland. – submed-med.

ssp. m a c r o c á l y x (Bunge) C. Koch; B. groß, langgestielt, in den geflügelten B.stiel verschmälert, unterseits ± filzig, grünlich-grau; K. 15–20 mm lang, nach oben offen, konisch, kürzer als die Kr.röhre, mit kurz dreieckigen-stachelspitzigen Zipfeln.

Selten im nö. Geb., an der Grenze von Ostpr. – kont.

Ziemlich verbreitet (Alp. bis 1700 m) bes. Kalkgeb.; sonst zerstreut od. wie im NW u. z. T. im NO ziemlich selten. – Eur., As. bis O-As. (im höheren N fehlend); euras-submed.

Drogen: Flores Primulae cum (vel sine) Calycibus, Radix Primulae

2065. P. elátior (L.) Hill Hohe Sch.

♃, *H.* – H. 0,10–0,20(–0,30). Rosettenpfl.; B. eiförmig od. eiförmig-länglich, am Grd. rasch in den geflügelten B.stiel verschmälert, vorn abgerundet, mit welligem, durch die vortretenden B.nerven unregelmäßig spitz gezähntem Rand, unterseits jung etwas graugrün; Bl. in endständiger, einseitswendiger, vielbl. Dolde; Deckb. etwas trockenhäutig, kürzer als die Bl.stiele; *K. grün; Kr. meist geruchlos, im Schlund mit grünlichgelbem-hellorangenem Ring; Fr.kapsel den K. ± überragend.* III–V (–VIII). 2n = 22. Im Geb. nur ssp. e l á t i o r.

Laubmisch-, Schlucht- u. Auenwälder, Wiesen; frisch-feuchte, nährstoffreiche, mild-humose lehmige Böden. – Verbreitet bis zerstreut, insbes. m. u. s. Geb. (Alp. bis 2200 m), w. Teil des N-Tieflandes; nach O seltener (Ostpr. fehlend). – Engl., S-Schwed. bis N-Med., S-Rußl.; W-As.; euras-subozean.

Droge: Radix Primulae

2066. P. vulgáris Huds. Erd-Sch.
[= P. acaulis (L.) Hill]

♃, *H.* – H. 0,05–0,10(–0,15). Rosettenpfl.; B. eiförmig-länglich spatelig, allmählich in den ziemlich kurzen, geflügelten B.stiel verschmälert, vorn abgerundet, unregelmäßig u. meist stumpf gezähnt, unterseits fein drüsig; Bl. groß, in endständiger, mehrbl. (bis 25) Dolde, Schaft sehr kurz, daher Bl. ± unmittelbar aus der Rosette entspringend; Deckb. viel kürzer als die 5–10 cm langen Bl.stiele; K. gelblich, anliegend; Kr.-saum flach, 25–35 mm breit, hellgelb, im Schlund mit 5 orangenen Flecken; Fr.kapsel oval, bis $^2/_3$ so lang wie der K. (II–)III–IV. 2n = 22.

Buchen-, Tannen- u. Laubmischwälder, Gebüsche, Wiesenhänge; frische, meist kalkarme, mild-humose, sandige od. steinige lehmige Böden. – Zerstreut bis selten: Schl.Holst. (O-See-Küstenbereich) bis W-Meckl., M-Rheingeb., Alp.-rand (bis 1000 m, Bodenseebereich, Kochel- u. Walchensee). – W-Eur. (N-Norw. bis Port.), Ital. u. Balk. bis Krim, Kl.As., N-Afr.; atl-submed.

2. Sect. A l e u r í t i a

2067. P. farinósa L. Mehlige Sch.

♃, *H.* – H. 0,05–0,20(–0,30). Rosettenpfl.; B. länglich spatelförmig, allmählich in den B.stiel verschmälert, vorn abgerundet od. spitzlich, fein gezähnt-ganzrandig, etwas glänzend; Bl. in endständigen, 2- bis vielbl. Dolden; *Deckb.* am Grd. sackartig verdickt, *zur Bl.zeit meist länger als die Bl.stiele;* K. grün, mit abgerundeten Zähnen; Kr.röhre außen u. innen grünlichgelb; Kr.saum flach, im Schlunde gelb; Kapsel (1–) 2mal so lang wie der K. (IV–)V–VI(–VII). Im Geb. nur die formenreiche ssp. f a r i n ó s a. 2n = 18.

Flach- u. Quellmoore, Sumpfwiesen, daneben subalp.-alp. Steinrasen; meist feuchte bis nasse, kalkhaltige ± torfige Böden. – Selten: w. O-See-Geb. (NO-Meckl., NO-Brand.); weiter s. nur punktweise (M-Gebg. fehlend); zerstreut bis selten: Maingeb. (Grettstadt), Fränk. Alb, Schwäb. Alb, Alp.vorland (bis Bodensee u. Donau), Alp. (bis 2340 m). – N-Eur., N-As. bis Pyren., Alp., Karp., Gebg. W-, M- u. O-As.; (arkt-)no-praealp-alp.

3. Sect. A u r í c u l a

2068. P. aurícula L. Aurikel

♃, *H.* – H. 0,05–0,25. Rosettenpfl.; ganze Pfl. mit kurzen Drüsenhaaren bedeckt; B. rundlich od. verkehrt-eiförmig, dick fleischig, fest, an der Spitze abgerundet, stumpf od. spitzlich; *B.rand ± knorpelig;* Bl. in endständiger, einseitswendiger Dolde, Bl.schaft meist länger als die B.; K. glockenförmig; Kr.röhre länger als der K.; *Kr.saum* 15–25 mm breit, *mit etwas ausgerandeten Lappen; Fr.kapsel meist etwas länger als der* K. IV–VI. 2n = 62, 63, 64, 66.

ssp. a u r í c u l a [= ssp. bauhinii (Beck) Lüdi]; B. länglich-rundlich, meist allmählich in den B.stiel verschmälert, ganzrandig od. stumpf gezähnelt; grüne Teile meist mit Mehlstaub; Drüsenhaare am B.rand kürzer als die Breite des Knorpelsaumes; Bl. wohlriechend. – Verbreitete Unterart.

ssp. b a l b í s i i (Lehm.) Arcang. [= ssp. ciliata (Mor.) Lüdi]; B. meist rundlich, rasch in den B.stiel verschmälert; grüne Pfl.teile ohne Mehlstaub, aber stärker drüsig; B.rand dicht drüsig gewimpert, Drüsenhaare so lang od. länger als die Breite des Knorpelsaumes; Bl. meist geruchlos.

Im Geb. in nahestehenden Formen:

var. o b r í s t i i (Stein)Beck; Oberbay. (Grünwald/Isar)

var. w i d m é r a e Pax; S-Schwarzwald. – Sonst in S-Tirol verbreitet.

(Mont.-)subalp.-alp. Felsspalten, steinige Matten; im Alp.vorland in Flachmooren, Wiesen, Schluchten; meist frische bis feuchte, kalkhaltige Roh- oder Steinböden. – Verbreitet bis zerstreut: Kalkalp. (bis 2430 m); vereinzelt:

Alp.vorland (Dachauer u. Erdinger Moos) od. mit den Flüssen herabsteigend (Allgäu, Oberbay.); selten: Fränk. Alb (Donaudurchbruch, Weltenberg), S-Schwarzwald (600–1300 m, Höllental, Feldberg, Belchen). – Alp. bis n. Vorland, Apenn., W-Karp., N.Serb.; alp.

2069. P. clusiána Tausch Clusius-Sch.

♃, *H.* – H. 0,02–0,05(–0,10). Rosettenpfl.; B.rand, Schaft, Hüllb. u. K. dicht mit kurzen Drüsenhaaren besetzt, B.flächen kahl; B. dicklich-fleischig, oberseits glänzend, hellgrün, unterseits graugrün, kaum klebrig, *B.rand schwach weiß-knorpelig,* nur jung umgebogen; Bl. in endständiger Dolde, Schaft die B. ± überragend; Deckb. meist länger als die Bl.-stiele; Kr.röhre im Schlund weißlich; *Kr.saum* weit trichterförmig, 20–40 mm breit, *mit bis zu $^1/_2$ eingeschnittenen Lappen,* rosenrot, beim Abblühen lila; *Fr.kapsel halb so lang wie der* K. V–VII(–VIII). 2n = ca. 198.

(Mont.-)subalp.-alp. Schneetälchenges., Felsen, Geröllfelder etc.; meist feuchtnasse, kalkreiche, mild-humose steinige Böden. – Selten, nur Salzburger Alp. (Fischunkel, Saletalpe). – NO-Alp. (Kalkalp. bis Niederdonau, Steiermark); nordo-alp.

2070. P. mínima L. Zwerg-Sch.

♃, *H.* – H. 0,005–0,01(–0,03). Rosettenpfl.; Pfl. auf K. u. B. mit vielen sehr kleinen Drüsenhaaren; *B.* ungestielt od. allmählich in einen kurzen B.stiel verschmälert, dicklich-fleischig, glänzend, *ohne Knorpelrand;* Bl.schaft meist kürzer als die B.; Deckb. meist wenig kürzer als der K.; Kr.röhre innen u. im Schlund weiß, von gegliederten Drüsenhaaren zottig; Kr.saum oben flach, mit bis zu $^1/_2$ eingeschnittenen Lappen, leuchtend rot, beim Aufblühen verblassend; *Fr.kapsel kaum $^1/_2$ so lang wie der* K. (VI–)VII(–VIII). 2n = ca. 64, 67, 70.

Alp. Magerrasen, Schneeböden, Steinschutt, Felsspalten; meist frisch-feuchte, kalkarme, steinige Lehmböden. – Zerstreut bis selten: Riesengebg. (ab 1200 m); selten: ö. Alp. (1850–2570 m; Karwendelgrube, ab Reiteralpe ö; Wetterstein nicht ursprünglich). – O-Alp. bis Sud., Z-Karp., Transsilvan.Gebg., Hochgebg. N-Balk.; o-alp.

Bastarde u. Hybriden:

P. auricula × hirsuta (= P. × pubescens Jacq.; dazu „Gigas"-Formen: P. × hortensis Wettst.), P. elatior × vulgaris (= P. × digenea Kerner), P. veris × elatior (= P. × media Peterm.), P. veris × P. vulgaris (= P. × brevistyla DC.).

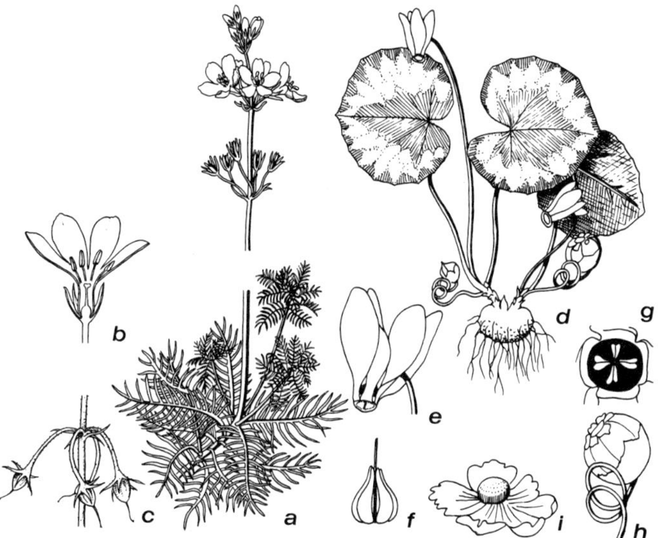

Abb. 318. *a–c Hottonia palustris* (*a* Habitus, *b* Blüte längs; *c* Früchte mit Kelch, Ausschnitt des Blütenstandes); *d–i Cyclamen purpurascens* (*d* Habitus, *e* Blüte, *f* Staubblätter u. Griffel, *g* Kronenschlund mit Staubblättern; *h* Frucht, bei *i* geöffnet).

564. Hottonia L. — Wasserfeder

x = 10

2071. H. palústris L. (Abb. 318 a–c) Sumpf-W.

♃, *HH.* – H. 0,10–0,30. Pfl. im Schlamm wurzelnd, oft St. am Grd. verzweigt; B. spiralig od. unregelmäßig quirlig, meist untergetaucht, zart, ± lanzettl., fiederteilig, mit lineal. od. borstlichen zugespitzten Zipfeln; Blst. unter der Wasseroberfläche entspringend, drüsenhaarig; Schäfte 10–30(–70 cm) hoch; Bl. in 3- bis 6bl. Quirlen, traubig angeordnet; Kr. stieltellerförmig, weiß od. rötlich, mit gelbem Schlund; Fr.stiele verlängert, abwärts gekrümmt. V–VI(–VII). 2 n = 20.

Laichkrautges., Gräben, Altwasser, Teiche, Erlenbruchwälder etc.; in stehendem od. langsam fließendem Wasser; nährstoff- u. kalkarmer, meist schlammiger u. torfiger Grd. – Ziemlich verbreitet: nw. Geb., nach NO seltener; zerstreut bis selten: m. u. s. Geb., insbes. Stromtäler, s. bis Bodensee- u. Donaugeb., Bay. Wald. – S-Schwed. bis N-Ital., Kl.As., S-Sib.; euras-subozean(-submed).

4. Trib. C y c l a m í n e a e

565. *Cyclamen* L. — Alpenveilchen

x = 10, 12, 17

2072. C. purpuráscens Mill. (Abb. 318 d–i) — Echtes A.
(= C. europaeum L. p. p.)

♃, *G.* – H. 0,05–0,15. Pfl. mit 15–50 mm dicken, kugeligen-platten Knollen, *Knollen auf der ganzen Oberfläche bewurzelt;* B.stiele, Bl.-stiele u. K. mit kurzen Keulenhaaren, B.spreite kahl; B. gestielt, dicklich, nieren- bis herzförmig, selten gelappt, am Rand unregelmäßig schwach gekerbt, oberseits dunkelgrün, silbrig gefleckt, unterseits meist rot; *B.-stiele gekniet, sich erst später aufrichtend;* Bl einzeln, an langen Stielen, nickend; Kr. ca. 15 mm lang, rotviolett, selten weiß, die Kr.lappen zurückgeschlagen. VI–VIII(–IX). 2 n = 34.

Mont.(-subalp.) Misch- u. Nadelwälder, Gebüsche; frisch-humose, nährstoffreiche, kalkhaltige, meist steinige Ton- u. Lehmböden. – Zerstreut bis selten: ö. Alp. (bis 910 m; Reichenhall, Berchtesgaden), weiter w. punktweise (z. B. Rosenheim); ö. bis Bay. Wald; daneben gepflanzt. – Provence, Jura über S- u. ö. N-Alp. bis N-Balk., M-Ung., Karp.; o-praealp.

46. Ordn. Plumbagináles

109. Fam. PLUMBAGINACEAE Juss.
Grasnelkengewächse

I. B. schmal, lanzettl.-lineal.; Blst. köpfchenartig . . . . . . **566. Armeria**
II. B. breit; Blst. ebensträußig-rispig-ästig . . . . **567. Limonium**

566. *Armeria* Willd. — Grasnelke, Strandnelke

x = 9

I. B. lanzettl., 6–10 mm breit, 3- bis 7nervig . . . . **2073. A. pseudarmeria**
II. B. schmal lineal, bis 3 mm breit, 1- bis 3nervig
  A. B. meist spitzlich, einnervig, am Rand oft gewimpert; Hüllb. der Köpfchen bleich; Bl. blaßrot **2074. A. maritima**
  B. B. stumpf, 1- bis 3nervig, zuweilen am Grd. gewimpert; Hüllb. der Köpfchen lebhaft braun; Bl. dunkelrot . . . . **2075. A. alpina**

2073. A. pseudarméria (Murr.) Mansf. (Abb. 319 k–l) Wegerich-G.
[= A. plantaginea (All.) Willd.]

♃, *H, Ch.* – H. 0,25–0,50(–0,60). Rosettenpfl., meist kahl; Bl.schaft einfach; B. flach, 6–12 cm lang, lanzettl.-lineal, im oberen Drittel am breitesten, spitz od. abgerundet, am Grd. scheidig verbreitert, ganzrandig, bleichgrün; Bl. in kurzen, meist 3bl., zu endständigen kugeligen Köpfchen vereinigten Wickeln; Hüllb. des Köpfchens meist in 4 Reihen, *die äußeren allmählich lang zugespitzt, die inneren* breit abgerundet, *mit kurzer aufgesetzter Spitze;* Kr. hell karminrot. VI–VII. 2n = 18.

Sandfluren, Dünen, Trockenrasen; trockene, lockere, entkalkte Sand- od. sandige Steinböden. – Sehr selten, nur Mainzer Becken, od. vereinzelt (z. B. Oberstein) eingebürgert. – m. W- u. SW-Eur. bis W-D., Span., NW-Ital.; atl(-submed).

2074. A. marítima (Mill.) Willd. (Abb. 319 a–f) Gemeine G.

♃, *H, Ch.* – H. 0,10–0,50. Rosettenpfl., zum Teil behaart; Bl.schäfte 1(–2), einfach; B. dicklich, 5–10(–20) cm lang, lineal, am Grd. etwas scheidig verbreitert, ganzrandig, bleichgrün; Bl. in kurzen, 1- bis 3bl., zu endständigen, kugeligen Köpfchen vereinigten Wickeln; *äußere Hüllb. zugespitzt, innere abgerundet;* Kr. hellrosa-hellkarmin, seltener weiß. V–IX(–X). 2n = 18.

var. m a r í t i m a [= A. maritima (Mill.) Willd. s. str.]; B. meist nur 2–5 cm lang u. ± 1 mm breit, stumpf, oft ohne deutliche Nerven; Bl.schaft 5–10(–15) cm hoch, meist flaumig; äußere Hüllb. meist nur 4–6 mm lang, nur mit kurzer od. fehlender Stachelspitze; Kr. blaßrosa-rot; K.röhre ganz behaart.

Salzwiesen der Küsten; feuchte salzhaltige reine od. sandige Tonböden. – Verbreitet: N- u. w. O-Seeküsten; selten: küstennahes Binnenland. – atl.

var. e l o n g á t a (Hoffm.) DC. (= A. vulgaris Willd.); B. 5–20 mm lang u. 1–2 mm breit, durch den eingesenkten Mittelnerv etwas rinnig; Bl.schaft 20–50 cm hoch, kahl; äußere Hüllb. 10–25 mm lang, lang zugespitzt, innere stumpf, selten spitz; Kr. blaßrosa; K.röhre meist 10reihig behaart.

Sandfelder, Böschungen, Wegränder, lichte Kiefernwälder; ± trockene, entkalkte sandige Böden. – Zerstreut bis verbreitet: n. u. nö. Geb.; s. bis ö. Donaugeb., Bay. Wald. – subatl-subkont.

var. h a l l é r i (Wallr.) Gams; B. rinnig, stumpf, am Grd. deutlich 3nervig; Bl.schaft oft nur 7–20 cm hoch, meist kahl; äußere Hüllb. kürzer als der Blst., fast ganz krautig, kurz zugespitzt, innere abgerundet.

Schwermetallpflanzenges., Bergwerkshalden. – Selten, so W-Harz, Westf.

subvar. b o t t e n d o r f é n s i s (A. Schulz) Gams; Schäfte unten, B. u. K. dicht behaart.

Auf Kupferschiefer bei Bottendorf/Unstrut.

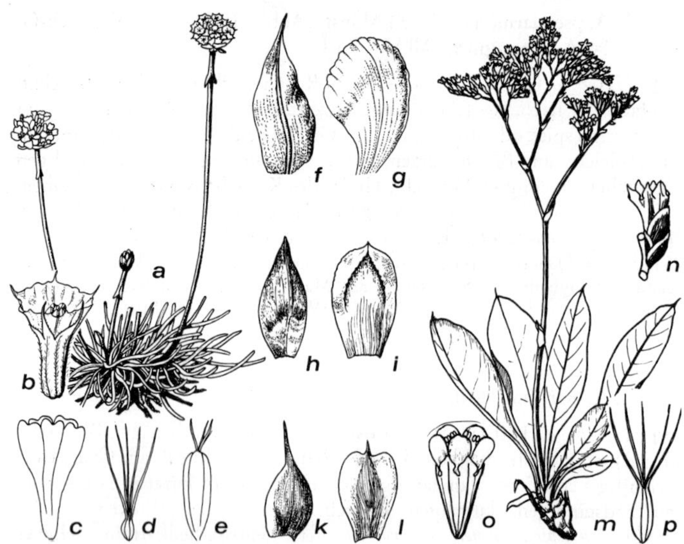

Abb. 319. *a–l Armeria* spp., *a–e A. maritima* (*a* Habitus, *b* Kelch, *c* Krone, *d* Stempel, *e* Frucht); *f–l* links äußere, rechts innere Hüllblätter des Blütenstandes (*f* u. *g A. maritima, h* u. *i A. alpina, k* u. *l A. pseudarmeria*); *m–p Limonium vulgare* (*m* Habitus, *n* Kelch, *o* Blüte, *p* Stempel).

subvar. h o r n b u r g é n s i s (A. Schulz) Gams; Schäfte unterwärts schwächer behaart.

Auf kupferhaltigem Porphyrkonglomerat bei Hornburg/Eisleben.

var. s e r p e n t í n i Gauckler; Schäfte völlig kahl; Hüllb. sehr kurz, 2–5 mm lang, fast so lang wie der Blst., eif.-lanz.

Auf Serpentin in Oberfrank. (Wurlitz) im nw. Vorland des Fichtelgebg.

Eur., N-Am., s. bis N-Med., Kalifornien.

2075. A. alpína (DC.) Willd. (Abb. 319h–i) Alpen-G.

♃, *H, Ch.* – H. 0,05–0,30(–0,45). Rosettenpfl.; Bl.schaft einfach, kahl; B. flach, 3–8(–15) cm lang, ganzrandig, grün; Bl. in kurzen, meist 3bl., zu kugeligen Köpfchen vereinigten Wickeln; *Hüllb. häutig, breit, stumpf;* Kr. hell-lebhaft karminrot. V–X. 2n = 18. Im Geb. nur var. p u r p ú r e a (Koch) Baum.

Strandlingges., Ufer, Sümpfe; meist zeitweise überschwemmte, kalkhaltige Schlick- od. Kiesböden. – Selten, nur Benninger Ried (Memmingen), Wollmatinger Ried (Bodensee, Untersee). – Gesamtart: Alp., O-Karp.; var. purpurea: praealp.

567. Limonium Mill. Strandflieder, Widerstoß

x = 8, 9

2076. L. vulgáre Mill. (Abb. 319 m–p) Echte S.

♃, *H.* – H. 0,20–0,40(–0,50). Rosettenpfl.; St. kahl, stielrund, mit schuppenförmigen B.; B. lederig, flach 5–15 cm × 1,5–3 cm groß, verkehrt-eiförmig bis spatelig, allmählich in den am Grd. scheidig verbreiterten Stiel verschmälert, vorn abgerundet, kurz stachelspitzig, knorpelrandig; Blst. eine ± ebensträußige Rispe bildend; Teilblst. aus 2bl. Wickeln zusammengesetzte Schraubel; Bl. sitzend, 6–9 mm lang, mit 2 ungleich großen Vorb.; Kr. meist blauviolett. VII–IX. 2n = 36. Im Geb. nur ssp. behen (Diejer) Becherer.

Salzwiesen der Küsten; feuchte, salzhaltige reine od. sandige Tonböden. – Verbreitet bis zerstreut: N- u. O-See-Küsten, ö. bis Pomm. – Küsten W- bis SW-Eur.; N-Afr.; N-Am. (z. T. Verwandte); atl.

47. Ordn. Oleáles

110. Fam. OLEACEAE Hoffmsg. et Link Ölbaumgewächse

I. B. unpaarig gefiedert; Bl. meist unscheinbar; Fr. eine geflügelte Nuß; Bäume (Trib. Fraxineae) .... **570. Fraxinus**

II. B. ungeteilt oder dreiteilig; Bl. auffallend; Fr. eine Kapsel oder Beere; Sträucher

A. B. saftig, nicht hart-lederig; Bl. violett, weiß oder gelb; Fr. eine Kapsel (Trib. Syringeae)

1. B. zumindest teilweise gesägt; Bl. gelb, vor den B. erscheinend .... **568. Forsythia**

2. B. ganzrandig; Bl. violett oder (seltener) weiß, nach den B. erscheinend .... **569. Syringa**

B. B. meist hart-lederig, oberseits dunkelgrün glänzend; Bl. weiß; Fr. eine schwarze Beere (Trib. Oleeae) .... **571. Ligustrum**

1. Trib. Syríngeae

568. Forsythia Vahl Forsythie

x = 7, 13?

I. Jüngere Zweige mit gefächertem Mark, oft an den Zweigknoten voll, sonst gefächert

A. Mark durchweg gefächert; Pfl. aufrecht; B. nie dreiteilig .... **2077. F. viridissima**

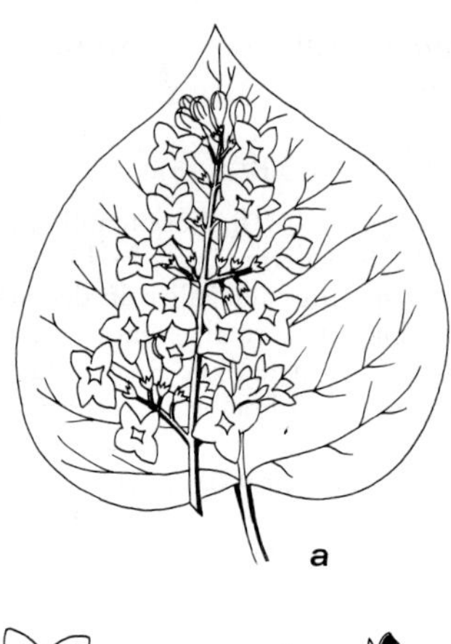

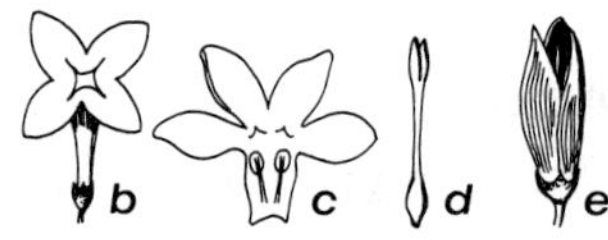

Abb. 320. *Syringa vulgaris* (*a* Blütenstand u. Blatt, *b* Blüte, *c* Krone geöffnet, *d* Stempel, *e* Frucht).

B. Mark in den Knoten voll, sonst gefächert; Pfl. sparrig-aufrecht od. mit ± hängenden Zweigen; B. oft dreiteilig . . . . **F. ×intermedia**

II. Zweige hohl, nur an den Knoten mit vollem Mark; ältere Zweige hängend; B. oft dreiteilig . . . . **2078. F. suspensa**

2077. F. viridíssima Lindl. Grüne F.

ħ, *M.* – H. 0,80–3,00. Zweige olivgrün, steif, stark vierkantig; B. ellipt.-länglich-lanzettl., 8–15 cm lang, meist nur in der oberen Hälfte gesägt, sonst fast ganzrandig; B. zu 1–3, leuchtend gelb, mit grünlichem Anflug; Kr.-abschnitte schmal, zurückgeschlagen; Bl. meist langgriffelig; formenreich. IV–V. 2 n = 28.
Gepflanzt u. zuweilen verwildernd. – Heimat: Z. u. O-Chin.

2078. F. suspénsa (Thunb.) Vahl Hänge-F.

ħ, *M.* – H. 0,80–3,00. Zweige lang überhängend; B. vor allem an Langtrieben 3zählig, lanzettl.-länglich eiförmig, ± weit herab gesägt; Bl. zu 1–3, goldgelb; Kr.abschnitte gespreizt, so lang wie die Röhre; Bl. meist kurzgriffelig; formenreich. III–IV. 2 n = 28, 26.
Gepflanzt, selten verwildernd. – Heimat: N- u. M-Chin.

Hybride: F. viridissima × suspensa (= F. × intermedia Zab.).

569. Syringa L. Flieder

x = 11, 23

2079. S. vulgáris L. (Abb. 320) Gemeiner F.

ђ, ђ, *M, MM.* – H. 1,50–4,00(–10,00). Junge Zweige rundlich, glatt, grau- od. olivgrün, anfangs drüsig kurzhaarig; *B.* eiförmig-breit eiförmig, *am Spreitengrd. 3eckig-herzförmig,* zugespitzt, oberseits grün, unterseits etwas matter, kahl, dicklich; Bl. in langen Rispen, stark duftend; Kr. lila, heller rot od. weiß. IV–V. 2n = ca. 46, 44.
Gepflanzt; zuweilen an warmen Hängen verwildert u. fast eingebürgert, bes. im SW. – Heimat: SO-Eur.

2. Trib. Fraxíneae

570. Fraxinus L. Esche

x = 23

I. B. mit 7–9 Fiederb.chen, wenigstens die unteren seitlichen Fiederb.chen gestielt; Bl. in nickenden Rispen; Krb. vorhanden, weiß (Sect. Ornus) .... **2080. F. ornus**
II. B. mit 9–13 Fiederb.chen, die seitlichen Fiederb.chen alle ungestielt; Bl. in abstehend – aufrechten Rispen; Krb. fehlend (Sect. Fraxinus) .... **2081. F. excelsior**

1. Sect. Ornus

2080. F. órnus L. Manna-E.

ђ, *MM.* – H. 5,00–8,00. Krone rundlich; 1jährige Zweige olivgrün od. ± graugrün, zuweilen fast 4kantig; B. kreuzweise gegenständig, mit Stiel ca. 30 cm lang; Fiederb.chen am Rande kerbig gesägt, unterseits auf den Hauptnerven rostfarben filzig behaart; *Winterknospen graufilzig;* Bl.rispen später überhängend; *Bl.* zwittrig, ***mit den B. erscheinend;*** Krb. lineal.-schmal zungenförmig; Bl. duftend. IV. 2n = 46.
Gepflanzt, zuweilen (so s. Oberrheingeb.) verwildert bis fast eingebürgert. – Heimat: m. u. ö. Med. (n. bis M-Ung. u. SO-Österr.).

2. Sect. Fráxinus

2081. F. excélsior L. (Abb. 321a–f) Gemeine E.

ђ, *MM.* – H. 10,00–40,00. Krone kugelig-kugeleiförmig; 1jährige Zweige rundlich, glänzend grau od. grünlich; ausgewachsene B. kreuzweise gegenständig, mit Stiel bis 40 cm lang; Fiederb.chen klein u. scharf gesägt, unterseits an den stärkeren Nerven locker filzig behaart-kahl,

das Endb.chen länger gestielt; *Winterknospen schwarz*, dicht filzig; *Bl.* zwittrig od. eingeschlechtig, *vor den B. erscheinend.* IV–V. 2n = 46.
Auen- u. Schluchtwälder, Laubmischwälder, Fluß- u. Bachufer; meist sickerfeuchte, nährstoffreiche sandige, sandig-steinige od. reine Ton- u. Lehmböden. – Verbreitet im ganzen Geb. (Alp. bis 1630 m, Bay. Wald bis 1140 m), nach NO abnehmend; daneben gepflanzt. – M-Skand. (63° n. Br.) bis N-Med., M-Rußl., W-As.; subatl-submed.

Droge: Folia Fraxini

3. Trib. Oléeae

571. Ligustrum L. — Liguster

x = 23

I. Junge Zweige ± behaart; B. meist nur sommergrün, länglich-lanzettl.; Kr.röhre kürzer od. kaum länger als die Kr.zipfel (Sect. Ligustrum) .... **2082. L. vulgare**
II. Junge Zweige kahl; B. lederig, meist winter- od. immergrün, ellipt.-eiförmig; Kr.röhre 2- bis 3mal so lang wie die Kr.zipfel (Sect. Ibota) .... **2083. L. ovalifolium**

2082. L. vulgáre L. (Abb. 321g–l) — Rainweide, Gemeiner L.

ħ, *M.* – H. 1,00–5,00. Strauch aufstrebend, reich verzweigt; B. kahl, ganzrandig, oberseits dunkelgrün, unterseits hellgrün, meist im Herbst abfallend, zuweilen auch überwinternd; Bl. in endständigen, mit lanzettl., kleinen Deckb. besetzten, pyramidenförmigen Rispen; Kr.zipfel flach ausgebreitet, weiß, an der Spitze grünlich; Bl. duftend; Fr. glänzend. (V–)VI–VII. 2n = 46.
Sonnige Gebüsche, lichte Eichen- u. Kiefernwälder, Waldränder etc.; meist trockene, kalkreiche, warme, steinige od. sandige Ton- u. Lehmböden. – Verbreitet bis zerstreut im m. u. s. Geb. (Alp. bis 990 m, Schwäb. Alb bis 1000 m), n. bis Niederrhein-Westf.-Harz-S-Schles.; daneben gepflanzt. – Irl., S-Skand. bis N-Afr., W-As., M-Rußl.; (N-Am.); submed.

2083. L. ovalifólium Hassk. — Japanischer L.

ħ, *M.* – H. 1,00–3,00. Wuchs straff aufrecht; B. kahl, oberseits glänzend dunkelgrün, unterseits gelblichgrün; Bl. in gedrängten, deutlich behaarten Rispen; Kr. gelblich-weiß. VI–VII.
Gepflanzt, selten verwildernd. – Heimat: Jap.

Abb. 321. *a–f Fraxinus excelsior* (*a* Blattausschnitt; *b* Zweigspitze mit ☿-, *c* mit ♂-Blütenständen; *d* ♂-, *e* ☿-Blüten; *f* Frucht); *g–l* ***Ligustrum vulgare*** (*g* Zweigspitze mit Blütenstand, *h* Blüte, *i* Krone geöffnet, *k* Stempel, *l* Frucht).

48. Ordn. Gentianáles

111. Fam. GENTIANACEAE Juss.
Enziangewächse

I. Gr. kurz od. fehlend; Kr. blau, violett, gelb od. rot
- A. Kr. glocken- od. röhrenförmig, mit deutlicher, oft langer Röhre; K. nicht tief 5teilig .... **572. Gentiana**
- B. Kr. radförmig, tief 5teilig, Kr.röhre sehr kurz od. fehlend; K. tief 5teilig od. einseitig aufgeschlitzt
  - 1. Bl. gelb, doldig in den Achseln schalenartiger Stb. .... **572. Gentiana**
  - 2. Bl. blauviolett od. weißlichblau
    - a) Pfl. ausdauernd; St. unten einfach; Bl. in traubigem Blst.; Kr. dunkelblau-stahlblau **573. Swertia**
    - b) Pfl. einjährig; St. vom Grd. an verästelt; Bl. einzeln auf langen Stielen; Kr. blaßlila-weißlich .... **574. Lomatogonium**

II. Gr. vom Frkn. deutlich abgesetzt, fadenförmig; Kr. gelb od. rosa
- A. St. fädig dünn; Bl. einzeln, 4zählig .... 575. **Cicendia**
- B. St. kräftiger; Bl. in zymösen Blst., 5- bis 8zählig
  - 1. Stb. am Grd. deutlich verwachsen; Bl. 6- bis 8zählig; Kr. gelb; Gr. am Ende geteilt .... 576. **Blackstonia**
  - 2. Stb. am Grd. nicht verwachsen; Bl. 5zählig; Kr. rot, selten weiß; Gr. am Ende ungeteilt .... 577. **Centaurium**

572. Gentiana L. — Enzian

x = 5, 7, 9, 10, 11, 12, 13

I. Krb. nicht bärtig od. gefranst, durch Falten miteinander in eine Röhre verwachsen, ohne Nektarien (Subgen. Gentiana)
- A. Bl. an der Spitze des St. kopfig u. in den B.achseln quirlig gehäuft
  - 1. B. am Grd. nicht scheidig verwachsen; Kr. 5- bis 7teilig, gelb od. rot
    - a) Kr. sternförmig, fast bis zum Grd. geteilt, gelb (Sect. Asterias) .... 2084. **G. lutea**
    - b) Kr. glockig, nicht bis zum Grd. geteilt, gelb od. rot, meist punktiert (Sect. Coelanthe)
      - x) K. zweiteilig, einseitig aufgeschlitzt .... 2085. **G. purpurea**
      - xx) K. mit 5–8 ziemlich gleichen Zipfeln
        - /) Kr. trüb rot-violett .... 2086. **G. pannonica**
        - //) Kr. blaßgelb, fein dunkel punktiert .. 2087. **G. punctata**
  - 2. B. am Grd. scheidig verwachsen; Kr. 4spaltig, blau, außen graublau-grünlich (Sect. Aptera) ... 2090. **G. cruciata**
- B. Bl. nicht quirlig, einzeln od. zu 2–3 endständig od. in den oberen B.achseln
  - 1. Kr. glockig od. trichterförmig, Saum nicht flach stieltellerförmig ausgebreitet
    - a) Pfl. ohne grd.ständige B.rosette; St. mit mehreren, oft zu 2–3 gebüschelten, 25–50 mm langen Bl. (Sect. Pneumonanthe)
      - x) B. ei-lanzettl., lang zugespitzt, 5nervig; K. viel kürzer als die Kr.röhre; Bl. oft einseitig überhängend .... 2088. **G. asclepiadea**
      - xx) B. lineal.-lineallanzettl., stumpflich, meist 1nervig; K. etwa so lang wie die Kr.röhre 2089. **G. pneumonanthe**
    - b) Pfl. mit grd.ständiger B.rosette, mit einer sehr großen, 50–60 mm langen Bl. (Sect. Thylacites)
      - x) K.zähne lanzettl., so lang od. länger als die halbe K.röhre, nicht eingeschnürt; K.buchten spitz; Kr. innen ohne grüne Flecken .... 2091. **G. clusii**

xx) K.zähne spatelig, höchstens halb so lang wie die halbe K.röhre, eingeschnürt; K.buchten breit, mit weißer Verbindungshaut; Kr. innen mit olivgrünen Flecken .... 2092. G. kochiana

2. Kr. mit walzlicher Röhre, Saum flach stielteller-förmig ausgebreitet (Sect. Cyclostigma)

a) Pfl. mit (oft kurzen) nichtbl. Trieben; St. einbl.

x) Blühende St. am Grd. mit B.rosette, Grdb. größer als die Stb.; Gr. ungeteilt

/) Untere B. meist über 20 mm lang, größer als obere; Kr, zwischen den Zipfeln mit kleinen Anhängseln ..... 2093. G. verna

//) Untere B. meist nicht über 10 mm lang, nur wenig größer als obere; Kr. ohne Anhängsel zwischen den Zipfeln

§) K.kanten kaum od. nicht geflügelt; Kr.röhre schlank; Kr.zipfel schmal .... 2094. G. brachyphylla

§§) K.kanten schmal geflügelt; Kr.-röhre dick, Kr.zipfel breit, oft breiter als lang, zuweilen nahezu kreisrund .... 2095. G. orbicularis

xx) Bl.stengel am Grd. ohne B.rosette, aber Grdb. oft dicht dachziegelig; Gr. meist schon vor der Reife tief zweilappig ..... 2096. G. bavarica

b) Pfl. ohne nichtbl. Triebe; St. mehrbl.

x) K. walzlich, nicht aufgeblasen, an den Kanten gekielt – schmal geflügelt ...... 2097. G. nivalis

xx) K. zuletzt aufgeblasen, an den Kanten 2–4 mm breit geflügelt .... 2098. G. utriculosa

II. Krb. bärtig od. gefranst, zwischen den Zipfeln ohne Falten, mit 1–2 Nektarien am Grd. (Subgen. Gentianella)

A. Kr. im Schlunde kahl, Kr.zipfel gefranst (Sect. Crossopetalum) .... 2099. G. ciliata

B. Kr. im Schlunde bärtig, Kr.zipfel nicht gefranst

1. K. glockig, fast bis zum Grd. 4- bis 5teilig, mit gleich breiten Zipfeln, abstehend (Sect. Comastoma) .... 2100. G. tenella

2. K. röhrig, 4- bis 5spaltig, der Kr. anliegend; wenn bis zum Grd. geteilt, mit ungleichen Zipfeln (Sect. Endotricha)

a) Bl. vorwiegend 5zählig, nur schwächere Bl. 4zählig

x) Frkn. u. Kapsel deutlich gestielt; Kr. 20–24 mm lang

/) Buchten zwischen den K.zipfeln spitz, Ränder der K.zipfel kahl od. bewimpert; K.röhre schmal geflügelt

§) K.zipfel am Rand mit kurzen, spitzen Papillen, rauh, auf der Fläche kahl; Frkn. kurz gestielt, zuweilen fast sitzend .... 2101. G. germanica

§§) K.zipfel am Rand u. auf den Mittelnerven kurz bewimpert, oft auf der Fläche behaart; Frkn. lang gestielt .... 2104. G. aspera

//) Buchten zwischen den K.zipfeln stumpf, abgerundet, Ränder der K.-zipfel glatt

§) St. mit langen unteren Ästen, Bl. fast in Ebensträußen, groß (bis über 25 mm) .... 2102. G. austriaca

§§) St. mit kurzen unteren Ästen, Bl. in verlängerten Rispen, klein (meist unter 25 mm) .... 2103. G. praecox

xx) Frkn. u. Kapsel ungestielt; Kr. 10–18 mm lang .... 2105. G. amarella

b) Bl. vorwiegend 4zählig, einzelne zuweilen 5zählig .... 2106. G. campestris

1. Subgen. G e n t i á n a
1. Sect. A s t é r i a s

2084. G. lútea L. Gelber E.

♃, *H.* – H. 0,45–1,40. W.stock mehrköpfig, armdick; St. aufrecht, einfach, bis fingerdick, hohl; B. ellipt., bogennervig, bläulichgrün, groß (bis 30 cm lang); *Bl. deutlich gestielt,* zu 3–10 in den Achseln der oberen B.paare; K. einseitig aufgeschlitzt, blaßgelb; Kr.zipfel schmal lanzettl.; Stbb. meist frei; Kapsel bis 60 mm lang; S. geflügelt. VI–VIII. 2n = 40, 42.

Mont. u. alp. Magerrasen, Flachmoore, ungedüngte Mähwiesen, Weiden, Gebüsche etc.; meist frische, basische bis schwach saure, meist kalkhaltige Ton- u. Lehmböden. – Ziemlich verbreitet: w. Alp. bis Inn (bis 2100 m), weiter ö. selten od. fehlend; zerstreut: s. u. m. Schwäb. Alb u. Alp.vorland (bis 300–400 m), Schwarzwald (öfter verschollen); selten: Hess., Thür. (ob noch?). – Gebg. w. u. s. M-Eur., S-Eur. (Pyren.-Halbins., Z-Frankr., Jura bis W-Alp., s. bis Karp., Balk., Kl.As.); alp-praealp.

Droge: Radix Gentianae

2. Sect. C o e l á n t h e

2085. G. purpúrea L. Purpur-E.

♃, *H.* – H. 0,20–0,60. Grd.achse dick walzig, mit langen, kräftigen W.; St. aufrecht, einfach, hohl; B. eiförmig-lanzettl.; *Bl.* in den unteren B.achseln zu wenigen, oberwärts zu 5- bis 10kopfig gehäuft, *sitzend;* Kr. mit 5–8 ± stumpfen Zipfeln, außen purpurn, innen gelblich, getüpfelt, mit grünen Längsadern, wohlriechend; Stbbtl. verklebt; Kapsel sitzend; S. geflügelt. VII–VIII. 2 n = 40.

Subalp. u. alp. Magerrasen, Weiden, Karfluren, Hochgrasfluren, Gebüsche, lichte Nadelwälder; meist frische, kalkarme Ton- u. Lehmböden. – Zerstreut bis selten: Allgäuer Alp. (1560–1950 m); daneben gepflanzt: S-Schwarzwald. – Alp. (Savoyen, Schweiz, n. Apenn. bis Vorarlberg, NW-Tirol, Allgäu); S-Norw.; w-alp.

Droge: Radix Gentianae

2086. G. pannónica Scop. Ungarischer E.

♃, *H.* – H. 0,15–0,60. Grd.achse dick walzig, mit langen, kräftigen W.; St. aufrecht, einfach, hohl; untere B. ellipt., obere länglich-lanzettl.; *Bl. ungestielt,* in den oberen B.achseln u. an der Spitze zu 2–5 gehäuft; *K.zähne (schon bei der Knospe!) nach außen gekrümmt;* Kr. mit 5–9 verkehrt eiförmigen Zipfeln, selten weiß, schwarzrot punktiert; Stbbtl. verklebt; *Kapsel kurz u. dick gestielt;* S. geflügelt. VII–VIII (–IX).

Subalp. u. alp. Magerwiesen, Magermatten, Kare, Blockhalden, um Almhütten, Krummholzbestände, Moore; meist kalkärmere Böden. – Zerstreut: ö. Alp. (1300–2060 m), Bay. Wald (1200–1445 m); selten in den Allgäuer Alp. – O-Alp. (Niederösterr., Krain bis Tirol, Bay.); Böhmer Wald; Karp.; o-alp.

Droge: Radix Gentianae

2087. G. punctáta L. Punktierter E.

♃, *H.* – H. 0,20–0,60. Grd.achse dick walzig, mit langen, kräftigen W.; St. aufrecht, einfach, hohl, oberwärts oft metallfarben überlaufen; B. eiförmig, ellipt.-länglich; *Bl. ungestielt,* in den oberen B.achseln zu wenigen, an der Spitze dicht kopfig gehäuft; *K.zähne aufrecht;* Kr. mit 5–8 eirunden Zipfeln; Stbbtl. zuletzt frei; *Kapsel sitzend;* S. häutig berandet. VII–IX. 2 n = 40.

Subalp. u. alp. steinige Magerweiden, Magermatten, Kare, Gebüsche, Schutthalden; meist sauer-humose Lehm- u. Tonböden. – Ziemlich verbreitet: Allgäuer u. Salzburger Alp. (bis 2350 m), in dem m. Alp.geb. von Bay. selten. – Alp. (W-Alp. bis Hohe Tauern, Kärnten); Sud. (Gesenke); Karp., Balk.; alp.

Droge: Radix Gentianae

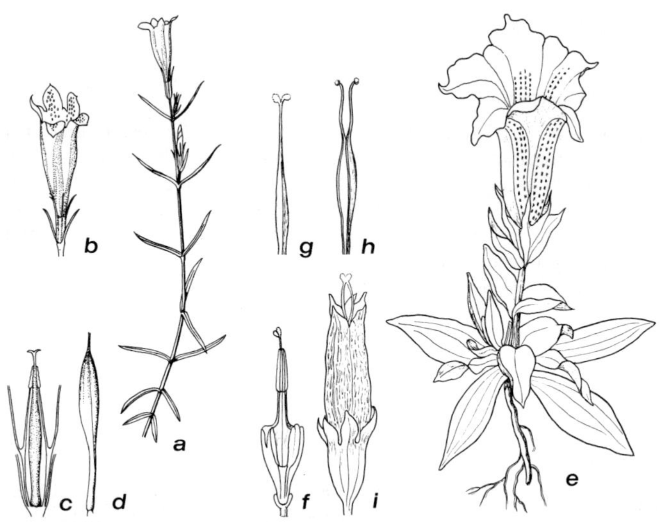

Abb. 322. *Gentiana* spp., *a–d G. pneumonanthe* (*a* Habitus, *b* Blüte, *c* Staubblätter u. Stempel, *d* Frucht), *e–i G. kochiana* (*e* Habitus, *f* Staubblätter u. Griffel, *g* Stempel, *h* Frucht, *i* Kelch u. Krone zur Fruchtzeit).

3. Sect. Pneumonánthe

2088. G. asclepiádea L. Schwalbenwurz-E.

♃, *H.* – H. 0,15–0,60(–0,80). St. zu mehreren, aufrecht-überhängend, dicht beb.; B. kreuzweise (Sonne) od. zweizeilig (Schatten) gestellt; Bl. sitzend, zu 1–3 in den oberen B.achseln; Kr. dunkel azurblau, innen violett punktiert u. gestreift; Kr.zipfel dreieckig zugespitzt, zwischen den Zipfeln je ein stumpfer Zahn; Stbbtl. verklebt, Kapsel deutlich gestielt; *S. breit geflügelt*. VII–IX. 2 n = 44.

Mont. u. subalp. Bergmischwälder, Waldränder, Hochstaudenfluren, Flachmoore, Wiesen, Weiden; meist feuchte od. wechselfeuchte, kalkhaltige, tonige od. torfige Lehmböden. – Ziemlich verbreitet bis selten: Alp. (bis 1870 m) u. Vorland, w. bis Oberschwab. u. Bodenseegeb.; Riesen- u. Isergebg., Sachs. (Hinterhermsdorf). – Gebg. u. Vorländer S- u. M-Eur. bis Karp., Kauk.; o-praealp.

Droge: Radix Gentianae

2089. G. pneumonánthe L. (Abb. 322 a–d) Lungen-E.

♃, *H.* – H. 0,15–0,50. St. meist einfach, unterseits ± verholzt; B. am Rande meist umgerollt, untere klein u. fast schuppenförmig; Bl. zu 1–10 in den oberen B.achseln od. einzeln endständig; Kr. aufrecht, zwischen den 5 Lappen mit je einem kurzen breiten Zahn, tief azurblau, mit 5 grün punktierten Streifen; Stbbtl. verklebt; *Kapsel* lang gestielt; *S. ungeflügelt.* VII–X. 2n = 26.

Borstgras-Triften, Moorwiesen, Heiden, coll. bis mont. Stufe; wechselfeuchte, sandige, torfige, mäßig saure bis neutrale Böden. – Zerstreut im ganzen Geb. (im Bergland seltener) vom Niederrhein, Schl.Holst., Ostpr. bis Voralp.; durch Kultivierung z. T. zurückgehend (Alp. bis 845 m). – Eur. (n. bis 59° n. Br.), gem. As., s. bis Kauk.; euras-subozean(-submed).

4. Sect. Aptéra

2090. G. cruciáta L. Kreuz-E.

♃, *H.* – H. 0,10–0,50. St. meist einfach, aufsteigend-aufrecht, dicht beb.; B. kreuzweise übereinander gestellt, länglich-lanzettl.-eilänglich, fast lederig, 3- bis 5nervig; Bl. zu mehreren in den B.achseln gebüschelt, selten einzeln; Kr. zwischen den 4 Kr.zipfeln mit einem od. mehreren Zähnen; Stbbtl. frei Gr. fehlend; Kapsel kurz gestielt; S. ungeflügelt. (VI–)VII–VIII. 2n = 52.

Coll. bis mont. (-subalp.) Magerrasen, Wald- u. Wegsäume, Gebüsche, lichte trockene Kiefernwälder, trockene Flachmoore; meist kalkhaltige lehmige Böden. – Zerstreut u. selten: Kalk- u. Lößgeb. S-D. (Alp. bis 1140 m), n. bis Eifel, Westf., Nieders., Thür.; sehr selten: Brand., S-Meckl. – S- u. M-Eur., ö. bis W-Sib., Kauk., Kl.As.; euras-kont-submed.

5. Sect. Thylacítes

2091. G. clúsii Perr. et Song. (Abb. 323 a) Kalk-Glockenenzian
(= G. acaulis L. p. p.)

♃, *H.* – H. 0,02–0,08(–0,15). St. kurz, oft sehr klein, nach der Bl. meist stark verlängert; *grd.ständige B.* etwas lederig u. steif, *lanzettl. od. ellipt.-lanzettl.,* größte Breite in od. unterhalb der Mitte; Stb. viel kleiner; *K.zipfel der Kr. fast angedrückt;* Kr. glockig, azurblau, selten heller; Kapsel länglich, sitzend. (III–)IV–VII (zuweilen ein zweites Mal). 2n = 36.

(Mont.-)subalp. u. alp. Rasenhänge, Moorwiesen, Felsbänder u. -spalten, quellige Stellen; frische bis feuchte, meist kalkreiche, mild-humose Stein- u. Schuttböden. – Verbreitet: Alp. (bis 2420 m), oft mit den Flüssen herabsteigend, zuweilen bis Donau; daneben gepflanzt u. z. T. eingebürgert (z. B. S-Schwarzwald). – Alp. (bes. N- u. S-Kalkalp.), w. bis Savoyen, ö. bis N- u. O-Karp., n. bis Jura u. Vorland; (o-)alp.

2092. G. kochiána Perr. et Song. (Abb. 322e–i, 323b) Kiesel-Glockenenzian

(= G. acaulis L. p. p., G. excisa Koch)

♃, *H.* – H. 0,02–0,10. St. kurz, oft sehr klein, nach der Bl.zeit meist stark verlängert; *grd.ständige B.* weich, *ellipt.-oval od. verkehrt eiförmig,* meist oberhalb der Mitte am breitesten; Stb. viel kleiner; *K.zipfel von der Kr. etwas abstehend;* Kr. etwas bauchig, azurblau, selten heller; Kapsel länglich, gestielt. VI–VIII (selten ein zweites Mal). 2n = 36.

(Mont.-)subalp. u. alp. Matten u. Weiden, Geröll u. Schutt, Nadelholzbestände; frische bis trockene, meist kalkarme, sauer-humose, lehmige od. torfige Böden. – Ziemlich zerstreut: Allgäuer Alp. (bis 2400 m) sonst seltener (Wetterstein), im O. das Geb. nicht mehr erreichend, selten ins Vorland herabsteigend. – Gebg. S- u. s. M-Eur. (Pyren., Jura, Alp. bis Kärnten, Karp., Balk.); alp.

6. Sect. Cyclostígma

2093. G. vérna L. (Abb. 323c) Frühlings-E.

♃, *H, Ch.* – H. 0,03–0,12. Blühende Spr. einfach, zur Bl.zeit stark verlängert; *grd.ständige B.* ellipt.-lanzettl., meist spitz, mit deutlichem Mittelnerv, *2- bis 4mal so lang wie breit;* Stb. spatelförmig, bedeutend kürzer als die Rosettenbl.; Bl. meist einzeln, endständig; K. röhrig, an den Kanten schmal geflügelt; Kr. tief azurblau, selten heller; Kapsel sitzend. III–VI (zuweilen noch ein zweites Mal). 2n = 28. Umfaßt:

ssp. vérna; B. 2- bis 3mal so lang wie breit; K.kanten mit 1–2 mm breiten, vom Grd. bis zur Spitze ziemlich gleichartigen Flügeln. – Verbreitete Unterart.

ssp. aláta (Griseb) Lemke; B. 3- bis 4mal so lang wie breit; K.kanten mit 2–3 mm breiten, in der Mitte od. im unteren Teil am breitesten ausgebildeten Flügeln. Später blühende Form. – Öfter beobachtet.

Coll. bis alp. Magerrasen, Matten u. Weiden, Heidewiesen, Flachmoore, Schutthalden, Raine, Auenwälder; trockene bis feuchte, meist kalkhaltige, z. T. humose Lehm- u. Steinverwitterungsböden. – Ziemlich verbreitet bis zerstreut: Alp. (bis 2570 m) u. Vorland, Jura u. Keupergeb.; den Muschelkalkgeb., den höheren Waldgebg. u. der Rheinebene weitgehend fehlend; selten: Hess. Bergland (Gießen, Homberg, Homburg a. d. Efze), Thür. (Steinach, Schleiz), früher Sachs. u. Brand. – Gebg. S- u. s. M-Eur. (Span., Z-Frankr. über Jura, Alp. bis Karp., Balk.; Kauk.); Engl., Irl.; O-Sib.; praealp-alp(-alt).

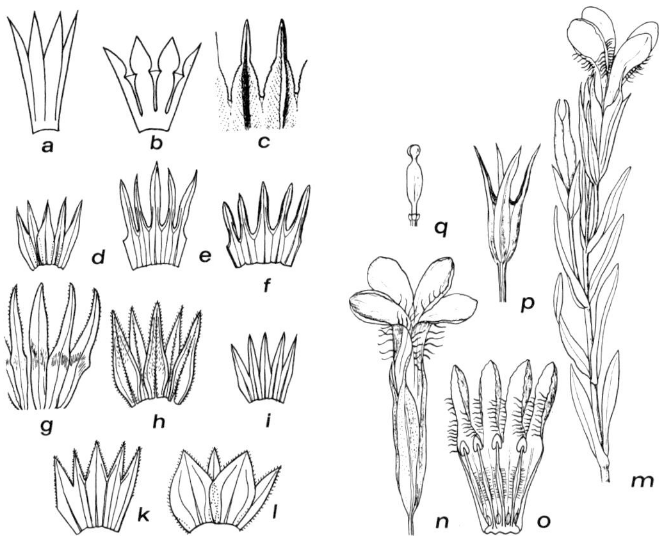

Abb. 323. *Gentiana* spp., *a–l* Kelche [*a G. clusii, b G. kochiana, c G. verna* (Kelchzähne), *d G. germanica, e G. austriaca, f G. praecox* ssp. *carpathica; g G. aspera* (außen), *h* (innen); *i G. amarella* ssp. *axillaris, k G. amarella* ssp. *lingulata, l G. campestris*], *m–q G. ciliata* (*m* Sproßspitze mit Blüte u. Frucht, *n* Blüte, *o* Krone geöffnet, *p* Kelch, *q* Stempel).

2094. G. brachyphýlla Vill. Kurzblättriger E.

♃, *H, Ch.* – H. 0,03–0,06. Blühende Spr. aufrecht-aufsteigend, sehr kurz od. fast fehlend; *grd.-ständige B.* dicht dachig, *höchstens doppelt so lang wie breit,* rhombisch, vorne spitz, weich u. dünn; Bl. einzeln, endständig; K. schlank, schmal; Kr. dunkel azurblau. VII–VIII. 2 n = 24.
Subalp. u. alp.(-niv.) kurzgrasige Hänge, Schwemmböden, Geröllhalden, Schneeböden; meist kalkarme, mild-humose Böden. – Wohl irrtümlich für das Geb. angegeben (Fundorte in den bay. Alp., 1800–2570 m, sind nachzuprüfen). – Gebg. S- u. s. M-Eur. (Pyren. über Z-Alp. bis Siebenb.); alp.

2095. G. orbiculáris Schur Rundblättriger E.
(= G. favratii Ritt.)

♃, *H, Ch.* – H. 0,03–0,06. Blühende Spr. aufsteigend-aufrecht, meist sehr kurz; *grd.ständige B.* dicht dachziegelig, verkehrt eiförmig-spatelig bis kreisrund, vorne ± abgerundet, ledrig, dunkelgrün, *nicht mehr als doppelt so lang wie breit;* K. gedrungen, breit; Bl. einzeln, endständig, tiefblau. VII–VIII.

Alp.(-niv.) Steinrasen, Felsbänder, Schroffen, trockene Matten; meist kalkreiche, mild-humose Lehm- u. Steinböden. – Ziemlich selten: Allgäuer Alp., Wetterstein, Karwendel, Salzburger Alp. (bis 2570 m?). – Gebg. S- u. s. M-Eur. (Pyren. über Alp. bis Siebenb.), ö. bis Kl.As., Kauk., Pers. (?); alp.

2096. G. bavárica L. Bayrischer E.

♃, *H, Ch.* – H. 0,04–0,20. Blühende Spr. einfach, aufsteigend-aufrecht, kantig; untere B. dicht stehend, nicht od. kaum größer als die oberen, öfter „geschindelt", spatelig od. verkehrt eiförmig, nicht deutlich rosettig, kaum doppelt so lang wie breit; Stb. in 3–4 Paaren; Bl. einzeln, endständig; K.röhrig, sehr schmal geflügelt; Kr. tiefblau, mit hellerer Röhre. VII–IX. 2n = 28.

var. b a v á r i c a ; St. ± verlängert, oberhalb der grundst. B. mehrere ± weit getrennte B.paare; B. etwas länglich. – Verbreitete Form (Matten u. Weiden).

var. s u b a c ā́ u l i s Custer; St. sehr kurz, alle B. dicht dachziegelig gedrängt; B. fast kreisrund. – Schneetälchen u. auf Schneeböden; Hochgebg.form der niv. Stufe.

Beide Formen durch zahlreiche Übergänge miteinander verbunden.

Subalp. bis niv. Stufe; Weiden, Matten, Schneetälchen, Runsen, Felsschutthalden, Quellen, Bachränder; feuchte bis frische, meist kalkhaltige, mild-humose Lehm-, Ton- u. Steinschuttböden. – Ziemlich verbreitet u. häufig: Alp. (1400–2470 m), selten tiefer ins Vorland steigend. – Alp. (Seealp. bis Niederösterr.), Apenn., Abruzz.; alp.

2097. G. nivális L. Schnee-E.

⊙, *Th.* – H. 0,01–0,15. St. aufrecht, dünn, meist vom Grd. an verzweigt; grd.ständige B. locker rosettig gehäuft, klein, länglich eiförmig, stumpf; Stb. spitz; Bl. an den Ästen einzeln endständig; Kr.röhre weißlich-hellblau, Kr.zipfel 5–8 mm lang, spitz, azurblau, selten heller od. violettfarben. VI–VIII. 2n = 14.

(Subalp.-) alp. Matten, steinige Weiden, Felsbänder, Flachmoore; meist basische bis mäßig saure, oft kalkreiche, steinige Ton- u. Lehmböden. – Ziemlich verbreitet: Alp. (1650–2420 m). – Gebg. S- u. s. M-Eur. (Pyren., Alp., Jura bis Karp., Balk., Kl.As.); arkt. N-Am., Grönl., Isl., Schottl.; arkt-alp (subozean. circ).

2098. G. utriculósa L. Schlauch-E.

⊙, *Th.* – H. 0,08–0,25. St. aufrecht, kräftig, meist verzweigt, rötlich angelaufen; grd.ständige B. rosettig, verkehrt-eiförmig, bald welkend; Stb. kleiner, länglich-eiförmig bis spitz lanzettl.; Bl. end- u. seitenständig; Kr.zipfel 3–6 mm lang, spitz, azurblau, selten heller. V–VIII.

(Mont.-)subalp. u. alp. Quell- u. Flachmoore, Moorwiesen, Matten, Geröllhalden; meist nasse-feuchte, kalkreiche Ton-, Kalktuff- u. Moorböden. – Ziemlich verbreitet: Alp. (bis 1860 m) u. Voralp.; selten bis sehr selten im Vorland bis Fränk. Jura u. Donau, w. bis Oberschwab., Bodenseegeb., Oberrhein (Mainz, ob noch?). – Alp., n. bis M-Rhein, s. bis Apenn., Gebg. N-Balk.; praealp-alp.

2. Subgen. Gentianélla
1. Sect. Crossopetálum

2099. G. ciliáta L. (Abb. 323 m–q) Gefranster E.

⊙–♃, *H.* – H. 0,05–0,25(–0,30). St. aufrecht-aufsteigend, meist einfach, seltener ± verzweigt; B. lineal-lanzettl., einnervig, spitz; Bl. groß, einzeln endständig; K.zipfel lineal-lanzettl., lang zugespitzt; Kr. tief 4spaltig, Kr.zipfel breit lineal, leuchtend blau, selten heller; Kapsel lang gestielt. VII–XI (zuweilen noch ein zweites Mal). 2n = 44.

Coll. bis alp. Magerrasen, Steinrasen, Raine, Waldränder, Gebüsche; ± trokkene, meist kalkreiche u. steinige Lehm- u. Lößböden. – Zerstreut bis verbreitet: m. u. s. Geb. (Alp. bis 2240 m); n. bis Eifel, westf. Kalkgeb., Süntel, Hildesheimer Geb., N-Harz, Thür., Schles. – M- u. S-Eur., n. bis Belg., M-D., ö. bis Kauk., Vorderas.; praealp-submed (gem-kont).

2. Sect. Comastóma

2100. G. tenélla Rottb. Zarter E.

⊙, *Th.* – H. 0,04–0,10. St. zart, aufrecht, am Grd. stark verzweigt; Äste aufsteigend, meist einbl. u. nur unterwärts beb.; untere B. etwas rosettig, spatelig, obere länglich-ellipt., spitz; K. glockig, abstehend tief vierteilig; Kr. 4zählig, schmutzig violett, selten heller, Kr.zipfel lanzettl., zugespitzt; Kapsel sitzend. VII–IX. 2n = 10.

Alp. Steinrasen, Moränen, lockerer Schutt, Schafläger, Krummholzbestände; frische, schwach basisch bis saure, meist entkalkte Böden. – Sehr selten: Allgäuer Alp. (Höfats), Salzburger Alp. – Gebg. S- u. s. M-Eur. (Span. bis Karp.); arkt. Eur. bis W-Sib., W- u. N-As.; Gebg. von M-As. wohl nur verwandte Formen; arkt-alp.

3. Sect. Endotrícha

2101. G. germánica Willd. (Abb. 323 d) Deutscher E.

⊙, *H.* – H. 0,05–0,30(–0,50). St. aufrecht, öfter rot überlaufen, meist ästig; Äste aufstrebend; grd.-ständige B. verkehrt eiförmig-spatelig, zur Bl.zeit meist verwelkt; *mittlere Stb. eiförmig-lanzettl.;* K.zipfel nicht od. nur wenig ungleich ausgebildet; Kr. röhrig, ziemlich groß, so lang od. länger als der K., violett, selten weiß. V–X.

ssp. solstitiális (Wettst.) Vollm.; St. einfach od. mit wenigen kurzen Ästen; Internodien wenig zahlreich; untere (2. u. 3.) meist viel länger als die übrigen; Stb. stumpf. V–VII. – Aestivale Rasse. Sehr zerstreut: Alp. u. Vorland (bis Fränk. Jura) sowie m. Geb. (Rhön, Thür.).

ssp. g e r m á n i c a ; St. einfach od. nur oben ästig, häufig rot überlaufen, mit zahlreichen Internodien; Internodien ziemlich kurz, untere nicht viel länger als die oberen; Stb. spitz. VIII–X (u. später). 2n = 36. – Autumnale Rasse.

Verbreitete Unterart.

ssp. s e m l é r i Vollm.; Pfl. ziemlich gedrungen; St. meist erst im oberen Teil verzweigt; Stb. kürzer als die Internodien; untere (2. u. 3.) länger als die übrigen; untere Stb. stumpf od. spitz. VII–VIII. – Alpine Rasse.

Zerstreut: Alp., seltener Vorland.

Coll. bis subalp.(-alp.) Magerrasen, Triften, Waldwiesen, Flachmoore; meist kalkreiche, neutral bis mild-humose Lehm- u. Mergelböden. – Zerstreut (stellenweise häufig) in den m. u. s. Kalkgeb. (n. bis Eifel, westf. Kalkgeb., Osnabrück, Ith, Alfelder Geb., N-Hess., Thür., S-Magdeburg, Sachs., Schles.); selten: Meckl. (Ludwigslust). – W-, m. M- u. S-Eur.; praealp.

2102. G. austríaca A. et J. Kerner (Abb. 323 e) Österreichischer E.

⊙, *H.* – H. 0,05–0,30. St. aufrecht, häufig rot überlaufen, meist bis unter die Mitte verzweigt; Äste schräg aufwärts gerichtet; grd.ständige B. spatelig, *mittlere Stb. dreieckig-eiförmig;* K.zipfel zuweilen etwas ungleich, deutlich länger als die K.röhre; Kr. trichterig-glockig, sehr groß (20–45 mm lang), lebhaft lila, seltener heller. VII–X. 2n = 36. Im Geb. nur ssp. a u s t r í a c a (autumnale Rasse).

Mont.(-subalp.) Magerrasen, Waldränder, Lichtungen; meist kalkarme Böden. – Sehr selten, nur Bay. Wald (Neuwelt am Blöckenstein, Bischofsreut, Kleinphilippsreut, Obergrainet bei Freyung). – SO-Eur. bis Karp., Siebenbürgen; o-praealp.

2103. G. prǣcox A. et J. Kerner (Abb. 323 f) Karpaten-E.

⊙, *H.* – H. (0,04–)0,15–0,45. St. aufrecht, zuweilen braunrot überlaufen, weniger reichlich verzweigt; grd.ständige B. spatelig, mittlere Stb. eirund-lanzettl.; *K.zipfel* zuweilen etwas ungleich, *kaum länger als die K.röhre;* Kr. trichterig-glockig, mittelgroß (18–25 mm lang), lebhaft lila, seltener weißlich. VI–X.

ssp. p r ǣ c o x ; St. 0,03–0,40, mit 3–5 Internodien, die unteren (2. u. 3.) länger als die übrigen; mittlere u. obere Stb. eirund, die obersten zugespitzt. VI–VII(–VIII). Aestivale Rasse. – Erzgebg. u. Sud.

ssp. c a r p á t h i c a Wettst.; St. 0,15–0,45, mit 6–15 Internodien, untere (2. u. 3.) nicht viel länger als die übrigen; mittlere u. obere Stb. eiförmig-lanzettl., zugespitzt. VIII–X. 2n = 36. Autumnale Rasse. – Nur Sud. u. Ostpr., sonst die vorherrschende Rasse.

Mont. Wiesen u. Matten, grasige Hänge, Gebüsche, Waldränder; meist kalkhaltige Böden. – Zerstreut: Sudeten; selten: Erzgebg. (Gottleuba, Altenberg, Geising). – Gebg. SO-Eur. (Erzgebg., Sud. bis Karp., Galiz., Ung., Siebenb., m. Balk.-Halbins.); o-praealp.

2104. G. áspera Hegetschw. (Abb. 323 g–h) Rauher E.

⊙, *H.* – H. 0,05–0,20(–0,40). St. aufrecht, ästig od. einfach; untere Stb. spatelig-verkehrt eiförmig, ± abgerundet; mittlere u. obere schmäler, spitz; obere B. am Rand u. an den Mittelnerven ± bewimpert; K.zähne viel länger als die K.röhre, Buchten zwischen den K.zähnen spitz; Kr. groß, bis 40 mm lang, violettlila, selten weiß od. gelb. V–IX.

ssp. n ó r i c a (A. et J. Kerner) Vollm.; St. bis 0,30, einfach od. nur oberwärts verzweigt, selten unten mit dünnen Ästen; untere u. mittlere Stb. meist stumpf; Internodien wenige, länger als die zugehörigen Laubb. V–VII. Aestivale Rasse.

Tiefere Lagen der Alp. u. Vorland sowie Mittelgebg.; mont. Stufe.

ssp. s t u r m i á n a (A. et J. Kerner) Vollm.; St. bis 0,40, meist vom Grd. an mit langen, sparrigen Ästen; Blst. daher ± ebensträußig; meist alle Stb. eiförmig-lanzettl., spitz; Internodien zahlreich, kürzer als die zugehörigen Laubb. VIII–IX. Autumnale Rasse.

Tiefere Lagen der Alp. u. Vorland sowie NO-Rand der M-Gebg.schwelle; mont. Stufe.

ssp. á s p e r a ; St. gedrungen, nicht od. kaum verzweigt, Internodien sehr kurz; untere Stb. meist ± abgerundet. V–VIII. Alp. Rasse.

Höhere Lagen der Alp.; subalp.-alp. Stufe.

Mont. bis alp. Magermatten, steinige, grasige Hänge, Weiden, Gebüsche; mäßig trockene, meist kalkreiche, steinige, kiesige od. reine Ton- u. Lehmböden. – Zerstreut: Alp. (bis 2500 m), in den Allgäuer Alp. seltener, Alp.vorland (bis Donau, Fränk. Jura); selten u. vereinzelt n. bis S-Nieders., S-Anh. – ö. Kalkalp. u. Vorland, nö. bis m-d. Gebg.schwelle, W-Böhm.; o-praealp-alp.

2105. G. amarélla L. (Abb. 323 i–k) Bitterer E.

⊙, ⊙, *Th, H.* – H. 0,05–0,30(–0,40). St. aufrecht, einfach od. verzweigt; grd.ständige B. rundlich-spatelig, ± stumpf; Stb. länglich-lanzettl.; alle B. kahl od. die obere am Rande rauh; Blst. meist traubig; K.zähne lanzettl.-lineal.; Buchten zwischen den K.zähnen meist abgerundet od. stumpf; Kr. klein, rötlich-violett, weiß od. gelb. VI–X.

ssp. l i n g u l á t a (Ag.) Hartm.; ⊙, bis 0,50 hoch, zur Bl.zeit am Grd. ohne B.; St. oben od. vom Grd. an verzweigt, mit 3–6 Internodien; untere u. mittlere Stb. zungenförmig, stumpf; Kr.röhre zylindrisch, grünlich-gelb. VI–VII. 2 n = 36. Aestivale Rasse.

Bisher nur Ostpr.

ssp. a x i l l á r i s (F. W. Schm.) Murb.; ⊙, bis 0,50 hoch, zur Bl.zeit am Grd. ohne B.; St. oben oder vom Grd. an verzweigt, mit 6 bis 12 Internodien; mittlere Stb. aus eiförmigem Grd. zugespitzt; Kr.-röhre im oberen Teil erweitert, weißlich. VIII–X. Autumnale Rasse.

Zerstreut bis selten; nö. u. m. Geb., Erzgebg. (Unterwiesenthal, Kupferhübel, Kallich); früher Lausitz (Löbau, Görlitz).

ssp. u l i g i n ó s a (Willd.) Arcang.; ⨀, 0,02–0,20 hoch, zur Bl.zeit am Grd. noch mit den ± rundlichen Keimb.; St. meist einfach; untere Stb. eiförmig-lanzettl., spitz. VIII–X. 2n = ca. 54. Moorrasse.

Zerstreut bis selten in N- u. M-D.

Coll. bis mont. Wiesen, Weiden, Waldlichtungen, Moore, quellige Hänge; meist feuchte, lockere, öfter leicht sandige, humose, ± moorige Böden. – Zerstreut bis selten: N-Tiefland (Ostfr., Old. bis Ostpr., nach O häufiger werdend), m.-d. Gebg.schwelle (Eifel bis Schles.). – Skand. (70° n. Br.) bis M-Eur., Isl., Irl., Schottl.; ö. bis M-Rußl., N- u. M-As. (bis Altai); Schweiz.Alp.; no-euras.

2106. G. campéstris L. (Abb. 323 l) Feld-E.

⨀, ⊙, *Th, H.* – H. 0,05–0,30. St. aufrecht, meist ästig, im unteren Teil öfter rot überlaufen; Stb. ± eiförmig-spatelig-lanzettl., stumpf od. spitz; K. fast bis zum Grd. geteilt; *K.zipfel* am Rande kurz bewimpert, *die äußeren viel breiter als die beiden inneren;* Kr. 15–30 mm lang, mit 4 abstehenden Zipfeln, violett, öfter weiß, Kapsel sitzend. VII–X.

ssp. s u é c i c a (Froel.) Murb.; ⊙, höher als 0,10, verzweigt; Internodien wenige (3–5), viel länger als die zugehörigen Laubb.; mittlere Stb. stumpf. V–VII. Aestivale Rasse.

Zerstreut: Tiefere Lagen der Alp. sowie ö. deutscher M-Gebg.; mont.-subalp. Stufe.

ssp. c a m p é s t r i s [= ssp. germanica (Froel.) Murb.]; ⊙, über 0,10 hoch, verzweigt; Internodien mehrere (4–11), kaum so lang wie die zugehörigen Laubb.; mittlere Stb. spitz. VIII–X. 2n = 36. Autumnale Rasse.

Ziemlich verbreitet – zerstreut: Tiefere Lagen d. Alp. u. Mittelgebg.; mont.-subalp. Stufe.

ssp. i s l á n d i c a (Murb.) Vollm.; ⊙, bis 0,10 hoch, einfach od. verzweigt; Internodien wenige; untere u. mittlere Stb. stumpf; Bl. oft weiß od. rosa. VII–VIII. 2n = 36. Alp. Rasse.

Höhere Lagen der Alp.; alp. Stufe.

ssp. b á l t i c a (Murb.) Dahl; ⨀, zur Bl.zeit am Grd. noch mit den Keimb.; untere Stb. eiförmig-lanzettl., spitz. VIII–X. Nordische Rasse.

Zerstreut vor allem im NO (sw. bis Elbe, w. davon selten) sowie m. Geb., s. Bay. Wald u. Fränk. Keupergeb.

Magerrasen, Magerweiden, Waldlichtungen, Wegraine, sonnige Hänge; meist kalkarme, humose, sandig-steinige Lehmböden. – Selten bis zerstreut: Alp. (bis 2500 m) u. Vorland, kalkarme Bereiche des s. u. m. Geb., bes. im O verbreiteter. – N-, n. u. m. M-Eur., ö. nicht bis As.; praealp-no(subozean).

Bastarde:

G. lutea × pannonica (= G. × laengstii Hausm.), G. purpurea × punctata (= G. × spuria Lebert). Eine eindeutige Charakterisierung der Bastarde innerhalb der Sect. Endotricha ist infolge zahlreicher nichthybrider Zwischen- od. Krüppelformen nach morphologischen Merkmalen meist nicht möglich.

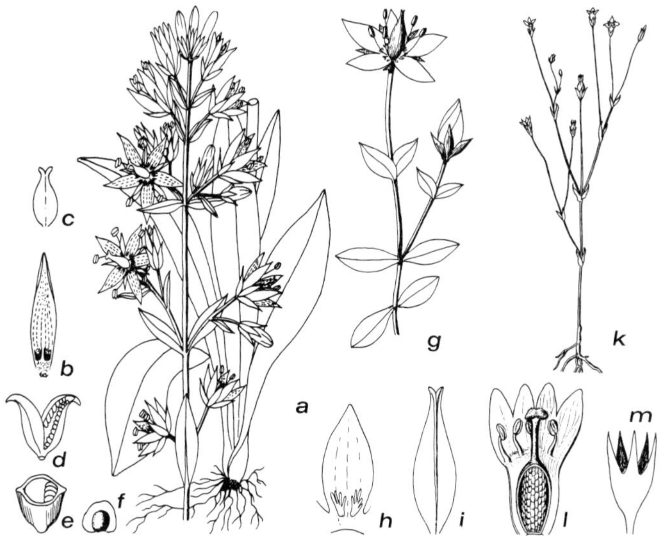

Abb. 324. *a–f Swertia perennis* (*a* Habitus, *b* Kronzipfel mit Nektarien, *c* Stempel; *d* Frucht, bei *e* quer; *f* Same); *g–i Lomatogonium carinthiacum* (*g* Sproßspitze mit Blüten, *h* Kronzipfel mit Nektarien, *i* Frucht); *k–m Cicendia filiformis* (*k* Habitus, *l* Blüte längs, *m* Kelch).

573. Swertia L. — Tarant

x = 5, 6, 7, 13

2107. S. perénnis L. (Abb. 324 a–f) — Moor-T.

♃, *H.* – H. 0,15–0,50. St. aufrecht, einfach, kantig, rötlich überlaufen; untere B. einander genähert, in den B.stiel verschmälert, eiförmig-ellipt., obere ungestielt, halbstengelumfassend, länglich-lanzettl.; Bl. in traubenartig-trugdoldigen Bl.st.; Bl.stiele fast vierkantig geflügelt; Kr. radförmig, am Grd. grünlich od. weiß, stahlblau–schmutzig violett, dunkler gezeichnet, selten gelblich. VI–VIII. 2n = 24, 28.

Coll. bis subalp. Flach- u. Quellmoore, Brüche, Sumpfwiesen; sickernasse, meist kalkhaltige Sumpfhumusböden. – Zerstreut bis selten von O-Holst. bis Ostpr.; selten: Erzgebg., Sud.; Schwarzwald, Baar, Bay. Wald (Arbergeb.); Alp. (bis 1450 m) u. Vorland (bis Donau u. Bodenseegeb.). – Gebg. SO- u. M-Eur. bis Pyren. u. über M-As. bis Jap.; N-Am.; (no-)praealp(-alt), circ.

574. *Lomatogonium* A. Br. Saumnarbe

x = 5

2108. L. carinthíacum (Wulf.) Rchb. (Abb. 324 g–i) Tauernblümchen

⨀, *Th.* – H. 0,01–0,15. St. aufrecht, meist vom Grd. an verästelt, 4kantig; grd.ständige B. kurz gestielt, länglich, obere B. ungestielt, eirund-länglich; K.zipfel länger als die Kr.röhre; Kr. tief 5teilig, radförmig, 12–15 mm breit; N. an den Nähten des Frkn. leistenförmig herablaufend. VIII–X.

Alp. kurzgrasige, steinige Wiesen u. Weiden, an Gletscherbächen, grasige Erdstellen; meist frische, ± humose, steinig-sandige Lehm-, Ton- u. Schwemmsandböden. – Sehr selten, nur Berchtesgadener Alp. (Watzmannhaus, Funtenseetauern; bis 2200 m). – Alp. bis Karp., Kauk., Altai, Sib., Him.; N-Am.; alp(alt), circ.

575. *Cicendia* Adans. Zindelkraut

x = 13

2109. C. filifórmis (L.) Del. (Abb. 324 k–m) Heide-Z.
[= Microcala filiformis (L.) Hoffm. et Link]

⨀, *Th.* – H. 0,02–0,12. St. aufrecht, einfach od. vom Grd. an ästig; B. gegenständig, ganzrandig, lanzettl.; Bl. klein; Kr. stieltellerförmig, Saum abstehend, goldgelb, nach dem Verblühen über der Kapsel zusammengedreht. VII–X. 2 n = 26, ca. 24.

Zwergbinsenges., Teichränder, Wege, feuchte Heiden, sandige Moore; ± nasse, kalkarme, humose Sand- od. Torfböden. – Zerstreut im nw. Geb. vom Niederrhein, ö. bis W-Meckl., Brand., nach O selten werdend; sehr selten im w. Geb. (Oberrhein, ö. Odenwald, N-Spessart). – W- u. S-Eur., Med., N-Afr., Kl.As.; nö. bis Holl. u. Dän.; atl-med.

576. *Blackstonia* Huds. Bitterling

x = 11

2110. B. perfoliáta (L.) Huds. (Abb. 325 a–d)
Durchwachsenblättriger B.

⨀, *Th.* – H. 0,10–0,40. St. einfach od. im Blst. ästig, mit langen Internodien, wie die übrige Pfl. bläulich bereift; B. dreieckig-eiförmig bis eiförmig-lanzettl., die grd.ständigen zuweilen rosettig gehäuft; Bl. in doldentraubigen Blst.; Kr. goldgelb. VI–IX. 2 n = 44.

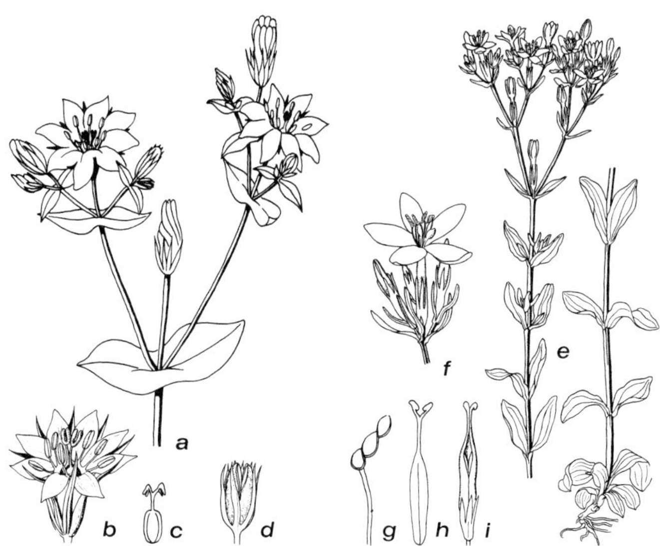

Abb. 325. *a–d Blackstonia perfoliata* (*a* Sproßspitze mit Blüten, *b* Blüte, *c* Stempel, *d* Frucht mit Kelch); *e–i Centaurium minus* (*e* Habitus, *f* Blüten, *g* Staubblatt, *h* Stempel, *i* Frucht).

ssp. perfoliáta; Stb. dreieckig-eiförmig, fast in ihrer ganzen Breite verwachsen; K.zipfel kürzer als die Kr., von der Fr. zuletzt deutlich abstehend. VI–VIII.

ssp. acumináta (Koch et Ziz) Dost.; Stb. eilanzettl., nur am abgerundeten Grd. verwachsen; K.zipfel fast so lang wie die Kr., der Fr. angedrückt. VIII–IX.

Zwergbinsenges., Wege, Kiesgruben, Ufer, Magerrasen; wechselfeuchte, warme, meist ± rohe, offene, sandig-kiesige, kalkhaltige Lehm- u. Tonböden. – Selten u. sehr unbeständig: Geb. der Oberrheinebene u. s. Vorhügelland, n. bis Bingen. – W- u. S-Eur., Med. bis Kl.As., Pers., N-Afr., n. u. nö. bis Irl., Belg. bzw. W-D.; atl-med.

577. *Centáurium* Hill — Tausendgüldenkraut

x = 7?, 17?, 19?

I. Pfl. mit grd.ständiger B.rosette; St. erst oberwärts verzweigt; Bl. sitzend od. fast sitzend, ± geknäuelt; Kr.zipfel 5–7 mm lang

A. Stb. eiförmig-länglich, meist 5nervig, untere breiter als 5 mm (Sect. Centauria) .... **2111. C. minus**
B. Stb. lineal., meist 3nervig, untere ≦ 5 mm breit (Sect. Linariaefolia) .... **2112. C. vulgare**
II. Pfl. ohne grd.ständige B.rosette; St. meist vom Grd. an reich gabelästig; Bl. deutlich gestielt, nicht geknäuelt; Kr.zipfel 2–4 mm lang (Sect. Parviflora) **2113. C. pulchellum**

1. Sect. C e n t á u r i a

2111. C. mínus Moench (Abb. 325 e–i) Echtes T.
[= Erythraea centaurium (L.) Pers., C. umbellatum Gilib.]

⊙, ①, ⊙, *Th, H.* – H. (0,05–)0,15–0,30(–0,50). St. fast immer einzeln, erst im Blst. verzweigt; Grdb. eiförmig-ellipt. od. etwas spatelig; Stb. sitzend, wie die St.kanten am Rand glatt; Blst. ebenstraußartig, fast immer gleich hoch; *K. beim Aufblühen halb so lang wie die Kr.röhre;* K.zähne lanzettl.; *Kr.röhre doppelt so lang wie die Kr.zipfel;* Kr. rosarot, selten weiß. VII–X. 2 n = 42.

Sonnige Waldschläge, Waldlichtungen u. -wege, Ufer, Äcker, Halbtrockenrasen der coll. bis subalp. Stufe; frische meist kalkhaltige, aber auch sauerhumose, ± moorige, sandige od. reine Lehmböden. – Zerstreut bis ziemlich verbreitet im ganzen Geb. (bis etwa 1400 m). – S-Schwed. bis Med., Kauk., Pers., (N-Am.); submed-subatl.

Droge: Herba Centaurii

2. Sect. L i n a r i a e f ó l i a

2112. C. vulgáre Rafn. Strand-T.
(= Erythraea linarifolia Mert. et Koch)

⊙, ①, ⊙, *Th. H.* – H. 0,05–0,25(–0,40). St. einzeln od. zu mehreren, erst im Blst. verzweigt; Grdb. lanzettl., oft spatelig, stumpf; Stb. am Rande wie die St.kanten ± rauh; Blst. ebenstraußartig, zunächst fast gleich hoch, später sich spirrenartig auflösend; K. *beim Aufblühen fast so lang wie die Kr.röhre; Kr.röhre nur wenig länger als die Kr.zipfel;* Kr. rosarot. VII–IX. 2 n = 38.

ssp. v u l g á r e ; St., B.ränder u. K.kanten fast glatt u. kaum rauh. – Form der Küsten, selten(?) im Binnenland.

ssp. u l i g i n ó s u m (W. et K.) Soó; St., B.ränder u. K.kanten kurzhaarig-rauh. – Form des Binnenlandes (NO-D.), bes. im Geb. der pont.-pann. Flora.

Salzwiesen u. -weiden, trockene Gräben, Abhänge; frische, salzhaltige, seltener überflutete, sandig-tonige od. lehmige Böden. – Verbreitet: Küsten der N- u. O-See; selten an Salzstellen im Binnenland (Brand., Anh., Nieders., N-Thür.). – Küstengeb. NW-Eur. (Finnl. bis NW-Frankr.); SO-Eur.; kont(-submed).

3. Sect. P a r v i f l ó r a

2113. C. pulchéllum (Sw.) Druce Zierliches T.
[= Erythraea pulchella (Sw.) Fries]

⊙, ①, *Th, H.* – H. 0,02–0,15(–0,20). St. scharf vierkantig, mit mehreren aufrecht abstehenden Ästen; Grdb. rundlich-eiförmig, stumpf; Stb. spitz; Bl. in lockeren Dichasien; K.zähne etwas kürzer als die Kr.-röhre; Kr. fleischrot, dunkler als bei den vorigen, selten weiß. VII–IX. 2n = 42, ca. 38, ca. 34.

var. p u l c h é l l u m ; Pfl. gedrungen, ± breit ausladend; St. von unten an gabelig verzweigt. – Typische u. verbreitete Unterart.

var. m e y é r i Bunge; Pfl. höher (0,15–0,20), schlanker; St. erst oberwärts verzweigt. – Zerstreut: Küsten der N- u. O-See.

Zwergbinsenges., Ufer, Gräben, Schwemmland, Wegränder etc.; feuchte, ± rohe, kalk- od. salzhaltige, lehmige od. sandige Tonböden. – Zerstreut bis ziemlich selten (Alp. bis 810 m), bes. Kalk- u. Lehmgeb. bzw. Küsten. – Eur. von M-Skand. bis Med., M.As.; (N-Am.); euras-med.

112. Fam. MENYANTHACEAE Dum.
Fieberkleegewächse

I. B. kleeartig dreizählig, grd.ständig, nicht schwimmend; Kr. trichterig, weiß .... **578. Menyanthes**
II. B. ungeteilt, kreisrund, schwimmend; Kr. radförmig, goldgelb .... **579. Nymphoides**

578. Menyanthes L. Bitterklee, Fieberklee
x = 9

2114. M. trifoliáta L. (Abb. 326a–c) Sumpf-F.

♃, *HH.* – H. 0,15–0,30. Grd.achse kriechend, verzweigt; St. aufsteigend; B. mit langem, am Grd. scheidigem St.; B.chen fast sitzend, verkehrt eiförmig, ausgeschweift gekerbt; Bl. in aufrechter, endständiger, ziemlich dichter Traube; Kr. bis zur Mitte 5teilig, Zipfel zurückgerollt, auf der Innenseite dicht bärtig, weiß, rosa überhaucht. V–VI. 2n = 54.

Kleinseggensümpfe, Flach- u. Quellmoore, Sumpfwiesen, Ufer; ± nasse, zeitweise überschwemmte, kalkarme, torfig-schlammige od. humose Böden. – Zerstreut: Ebene bis subalp. Stufe (Alp. bis 1820 m), Kalkgeb. seltener. – Eur., bis Isl., s. bis N-Med.; NW-Afr.; N- u. M-As. bis Jap.; N-Am.; arkt-no(praealp), circ.

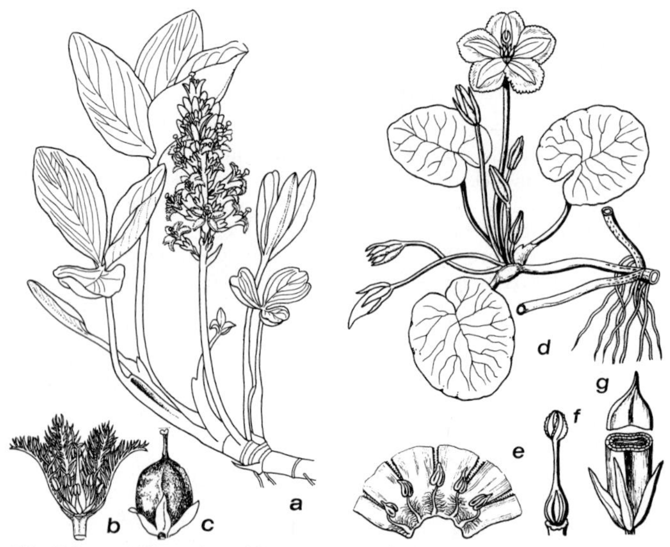

Abb. 326. *a–c Menyanthes trifoliata* (*a* Habitus, *b* Blüte geöffnet, *c* Frucht mit Kelch); *d–g Nymphoides peltata* (*d* Habitus, *e* Kronröhre geöffnet, *f* Stempel, *g* Frucht quer).

579. *Nymphoídes* Hill — Seekanne

x = 9

2115. N. peltáta (S. G. Gmel.) O. Kuntze (Abb. 326 d–g) Radblättrige S.
[= Limnanthemum nymphaeoides (L.) Hoffm. et Link]

♃, *HH.* – H. 0,80–1,50. Grd.achse lang kriechend, verzweigt; St. lang, flutend; B. schwimmend, lederig, fast kreisrund, am Spreitengrd. herzförmig, oberseits dunkelgrün, glänzend, kahl, unterseits graugrün od. rötlich, drüsig punktiert; B.stiel am Grd. oft scheidig; Bl. lang gestielt, in doldiger Rispe; Kr. tief geteilt, bis 30 mm breit; Kr.zipfel am Rande gewimpert – gezähnt. VII–IX. 2n = 54.

Schwimmblattges., stehende od. langsam fließende, nährstoffreiche Gewässer mit humosem Schlammgrund. – Sehr selten: nw. Geb.; nach O (bis Ostpr., Schles.) häufiger, bes. im Küstenbereich der Flüsse; zerstreut bis selten: u. a. Nieder- u. M-Rheingeb. u. Unterlauf der Nebenflüsse (Wupper, Lahn etc.), Oberrhein; Donau ab Donauwörth, Wörnitz, Altmühl. – S- u. M-Eur. (n. bis Niederl., M-Engl., S-Schwed.), gem. N- u. W-As. bis Him., Chin., Jap.; (N-Am.); submed(-med)-euras-subozean.

113. Fam. APOCYNACEAE Juss.
Hundsgiftgewächse

580. Vínca L. Immergrün

x = 23

2116. V. mínor L. (Abb. 327 a–e) Kleines I.

♃, *Ch, H.* – H. 0,15–0,20. Nichtbl. Spr. lang, niederliegend, wurzelnd; bl. Spr. aufstrebend-aufrecht; St. am Grd. verholzend; *B.* länglich-lanzettl., *am Spreitengrd. verschmälert,* wie die K.zipfel am Rand *kahl,* lederartig, immergrün, auf der Oberseite glänzend; Bl. einzeln, lang-gestielt; K.zipfel lanzettl.; Kr. blauviolett-hellblau. IV–V. 2n = 46.

Laub- u. Buchenmischwälder, Gebüsche, Mauern, Weinberge; ± frische, lokkere Ton- u. Lehmböden. – Zerstreut bis verbreitet (stellenweise häufig) im m. u. s. Geb. (Schwäb. Alb bis 950 m, Alp. bis 890 m), selten im n. Geb.; daneben kultiviert u. verwildert. – S- u. M-Eur. (n. bis Engl., 57° n. Br.), sö. bis Kauk., Kl.As.; submed.

V. májor L.; Großes I.; ♃, *Ch.* – *B. eiförmig, Spreitengrd. abgerundet* od. fast herzförmig, wie die K.zipfel am Rand *bewimpert;* Bl. 40–50 mm breit. III–V. 2n = 92. – Gepflanzt u. gelegentlich verwildert. – Heimat: Med.

114. Fam. ASCLEPIADACEAE R. Br.
Seidenpflanzengewächse

I. Kr. radförmig; Fr. kahl .... **581. Cynanchum**
II. Kr. mit zurückgeschlagenen Zipfeln; Fr. mit weichen Stacheln .... **582. Asclepias**

581. Cynanchum L. Schwalbenwurz

x = 11

2117. C. vincetóxicum (L.) Pers. (Abb. 327 f–o) Weiße S.
(= Vincetoxicum officinale Moench)

♃, *H.* – H. 0,30–1,20. St. aufrecht, meist zu mehreren, meist einfach, flaumig zweizeilig behaart; B. gegenständig, selten quirlig, gestielt, dreieckig eiförmig-eilänglich, am Spreitengrd. ± herzförmig-abgerundet, lang zugespitzt, auf den Nerven u. am Rande kurz flaumig; Bl. in zymösen Blst. in den B.achseln; Kr. am Grd. grünlich, gelblich-weiß, mit Klemmkörpern; Fr. ein langer, schlanker Balg; S. mit weißem Haarschopf; formenreich. V–VIII. 2n = 22, 44.

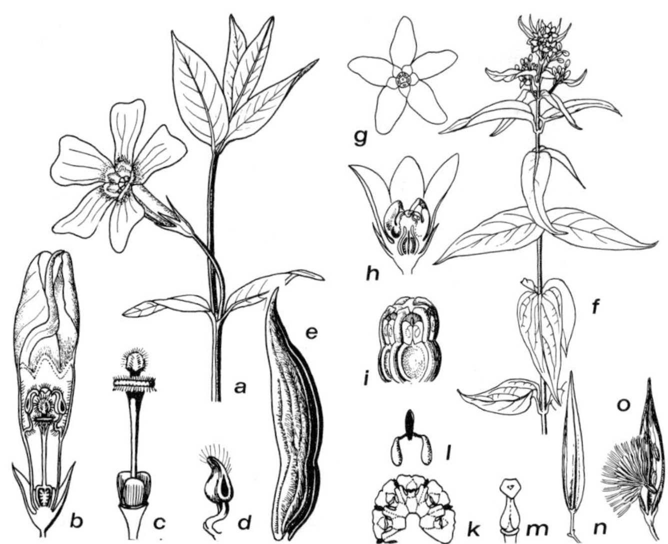

Abb. 327. *a—e Vinca minor* (*a* Sproßspitze mit Blüte, *b* Blüte längs, *c* Stempel, *d* Staubblatt, *e* Frucht); *f—o Cynanchum vincetoxicum* (*f* Sproßspitze mit Blütenstand; *g* Blüte von oben, bei *h* längs; *i* Staub- u. Fruchtblätter, *k* Staubblätter, *l* Pollinium, *m* Stempel, *n* u. *o* Frucht u. Samen).

Lichte Eichen- u. Kiefernwälder, steinige Hänge, Felsen, Trockenrasen; meist lockere, ± steinige, kalkhaltige Ton-, Lehm- od. Steinschuttböden. – Zerstreut bis verbreitet: warme Kalkgeb. collin.-subalp. Stufe im m. u. s. Geb. (Alp. bis 1700 m); nw. bis Niederrhein, Westf., S-Nieders., nö. (selten) bis zur Küste vordringend. – Eur. (n. bis NW-D., S-Skand., n. M-Rußl.; s. bis N-Med.), N-Afr.; ö. bis Him.; euras (kont-submed).

582. Asclépias L. — Seidenpflanze

x = 11

2118. A. syríaca L. — Echte S.
(= A. cornuti Dec.)

♃, *H.* – H. 1,00–1,50(2,50). B. gegenständig od. quirlig, eilänglich, feinfilzig; Blst. doldig, b.achselständig, duftend; Kr. trübpurpurn-fleischrot (selten weiß); Fr. dick, bohnenförmig; S. mit Haarschopf. VI–VIII. 2n = 22.

Kultiviert, selten verwildert. – Heimat: ö. N-Am.

115. Fam. RUBIÁCEAE Juss.
Rötegewächse

I. K. deutlich 6zähnig; Kr. trichterförmig (Abb. 328 a–d), lila (selten weiß) .... **583. Sherardia**
II. K. nur als Saum od. undeutlich 4zähnig
  A. Kr. trichterförmig Kr.röhre länger als -zipfel (gleichlang bei A. cynanchica, rosabl.) .... **584. Asperula**
  B. Kr. radförmig, Kr.röhre kürzer als -zipfel (gleichlang u. trichterig bzw. glockig bei Galium odoratum, glaucum u. rivale, weißbl.)
    1. Kr. 4spaltig; Fr. trocken
      a) Bl. alle ☿ (Ausn.: G. aristatum, weißbl.); Einzel-Blst. länger als Tragb. (Ausnahmen: G. verrucosum u. tricornutum, St. hakig) ... **585. Galium**
      b) Einzel-Blst. mit 5–7 gelben, ♂ u. ☿ Bl., kürzer als grünlich-gelbe Tragb.; St. weichhaarig .... **586. Cruciata**
    2. Kr. 5spaltig; Fr. saftig .... **587. Rubia**

584. Sherárdia L. — Ackerröte

x = 11

2119. Sh. arvénsis L. (Abb. 328 a–d) — Gewöhnliche A.

⊙; *Th.* – H. 0,05–0,30. *W. rötlich; St. niederliegend od. aufsteigend,* ästig, 4kantig, rauhhaarig bis kahl; untere B. zu 4 im Quirl u. verkehrt eiförmig, obere zu 5–6 u. lanzettl., 1nervig, *spitz,* ± rauhhaarig; Blst. büschelig, 4- bis 8bl., überragt von 4–10 Hochb. *(3nervig, ohne lange Wimpern);* Kr. 4–5 mm lang; Fr. *mit 3 hellen Streifen, vom K. gekrönt.* V–X. 2n = 22.

Getreideunkrautges., Ackerränder etc.; mäßig trockene, meist kalkhaltige, nährstoffreiche Lehm- u. Tonböden. – Verbreitet u. oft häufig fast im ganzen Geb., u. a. im N seltener od. fehlend. (Jura bis 970 m, Alp. bis 810 m). – Med. bis Skand. u. sonst weltweit verschleppt; med-euras.

584. Aspérula L. — Meister

x = 11

I. Bl. blau (selten weiß); Blst. büschelig, von vielzähliger Hochb.hülle überragt (Abb. 328 e) .... **2122. A. arvensis**
II. Bl. weiß, rosa od. gelblich-weiß
  A. Bl. gelblich-weiß; Blst. fast kopfig, mit 4 eiförmigen Hüllb. .... **2120. A. taurina**

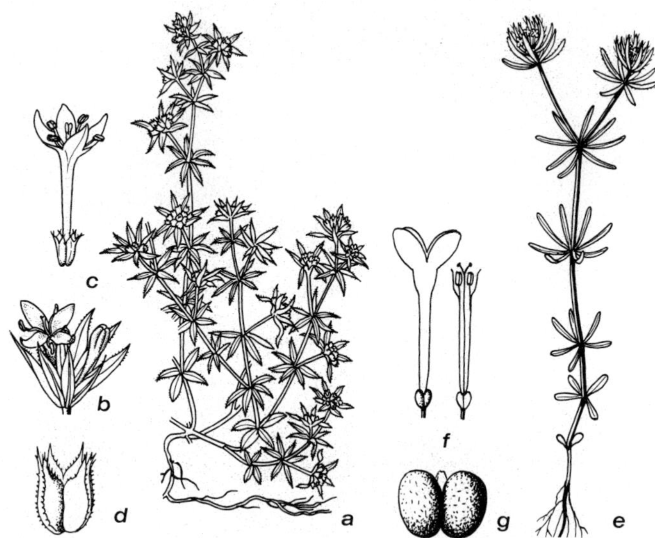

Abb. 328. *a–d Sherardia arvensis* (*a* Habitus, *b* u. *c* Blüten, *d* Frucht mit Kelch); *e–g Asperula arvensis* (*e* Habitus; *f* Blüte u. Kronröhre längs; *g* Frucht).

B. Bl. weiß od. rosa; Blst. nicht von Hochb.hülle umgeben, aus armbl. Trugdolden locker rispig zusammengesetzt

1. Bl. weiß, meist 3spaltig .... **2121. A. tinctoria**
2. Bl. rosa, 4spaltig .... **2123. A. cynanchica**

1. Sect. L a t i f ó l i a e

2120. A. taurína L. Turiner M.

♃, *H.* – H. 0,20–0,60. *Rhiz.* dünn, kriechend, *rot;* St. aufrecht od. aufsteigend, 4kantig, locker abstehend behaart; *B.* zu 4 im Quirl, *3nervig, eiförmig-lanzettl.,* bis 20 mm breit; *Kr. bis 10 mm lang,* Kr.röhre fast 3mal so lang wie Kr.zipfel; *Stbbtl. violett; Fr.* 3 mm lang, braungrün, kahl, *punktiert.* V–VI. 2n = 22.
Gelegentlich adventiv im s. Geb. (z. B. Mergentheim, München). – Heimat: N-Span., S-Frankr., Schweiz, Ital., SO-Eur.

2. Sect. T i n c t ó r i a e

2121. A. tinctória L. Färber-M.

♃, *H.* – H. (0,15)0,30–0,70. *Rhiz.* dünn, kriechend, *rot;* St. aufrecht, 4kantig-rundlich, kahl; *B. schmal-lineal.*, 1–1,5 mm breit, etwas dicklich, *Ränder nicht umgerollt,* untere B. zu 4–6 im Quirl, obere gegenständig; Kr. 3–4 mm lang; *Fr.* 2 mm lang, *glatt,* kahl. VI–VII. 2n = 44.

Lichte Kiefern- u. Eichenwälder, Gebüsche; mäßig trockene, warme, meist kalkhaltige, steinige Lehmböden. – Zerstreut bis selten: NO-D. bis Ostpr., Schles., Kalkgeb. in Anh. – N-Thür. (z. B. Naumburg, Frankenhausen bis Sonderhausen), M-Thür. (Arnstadt bis Ilmtal sö.), Frank. (Hassberge); sehr selten: Sachs. (Gera, Dresden), Oberrheingeb. (u. a. Mainz, Istein), Baar, Donaugeb., Alp.vorland (bis 670 m); fehlt im nw. Geb. – M-Schwed. bis Pyren. u. M-Ital., Frankr. bis M-Rußl. – gem-kont(-submed).

3. Sect. S h e r a r d i á n a e

2122. A. arvénsis L. (Abb. 328 e–g) Acker-M.

⊙, *Th.* – H. 0,10–0,50. W. dünn, spindelförmig; *St. aufrecht,* 4-kantig, glatt od. etwas rauh; untere *B.* zu 4 im Quirl u. verkehrt-eiförmig, *mittlere u. obere* zu 6–8 u. verschmälert bis lineal., *stumpf,* kahl, Rand rauh; *Blst.hüllb. lang-wimperig;* Kr. 5–6 mm lang, *Fr.* 2 mm lang, *braun,* meist kahl, sehr feinkörnig. V–VIII. 2n = 22.

Getreideunkrautges.; meist ± trockene, warme, nährstoff- u. kalkreiche Lehm- od. Tonböden. – Sehr selten u. oftmals unbeständig von etwa Hess.-Thür. bis Bodenseegeb., im n. Geb. nur vorübergehend. – S-Eur. bis s. M-Eur., N-Afr., Vord.As.; med-submed.

4. Sect. C y n á n c h i c a e

2123. A. cynánchica L. Hügel-M.

♃, *H.* – H. 0,08–0,30(0,50). Rhiz. dünn, reichästig; *St. liegend od. aufsteigend,* 4kantig, glatt, kahl; *B.* zu (2–)4–6 im Quirl, lineal., stachelspitzig, kahl, *Rand etwas zurückgerollt; Kr.* 3–9 mm lang, *außen meist rauh; Fr.* 3 mm lang, *dicht warzig gekörnelt.* Umfaßt (auch als Arten bewertet):

ssp. c y n á n c h i c a; *Kr.röhre* so lang od. *wenig länger als Kr.zipfel.* VI–VII. 2n = 22.

Trockenrasen, Kiefernwälder, Wiesen; ± trockene, warme, meist kalkreiche Lehm-, Löß- od. Sandböden. – Zerstreut bis selten in nö., m. (u. a. Thür. stellenweise häufiger) u. s. Kalkgeb. (Alp. bis 1790 m); nw. etwa bis Westf. (Warburg), S-Nieders. (Hohenstein/Süntel), sächs. Elbegeb., S-Meckl. – S- u. sö. M-Eur. bis Kauk.geb.; submed.

ssp. a r i s t á t a (L. f.) Beg. (= A. aristata L. f.); Grannen-M.; *Kr.röhre 2–4mal so lang wie Kr.zipfel.* VII–VIII. 2n = 22.
Trocken- u. Steppenrasen, auf trockenen u. warmen, steinigen Böden. – Sehr selten, nur Isargeb. – S-Eur.; med-submed.

585. Gálium L. — Labkraut

x = 11, 12, (10)

I. St. rauh durch abwärts gekrümmte Stächelchen (Ausnahme: G. palustre ssp. elongatum, St. weißkantig)
  A. Ausdauernde Sumpf- od. Uferpfl.; Kr. größer als Fr.
    1. B. stumpf, meist zu 4, B.rand glatt; Stbbtl. rot . 2131. G. palustre
    2. B. stachelspitzig, meist zu 6–8, B.randbörstchen rückwärts gerichtet; Stbbtl. gelb
      a) Kr. glockig, Kr.röhre deutlich .... 2130. G. rivale
      b) Kr. rad- bis beckenförmig, Kr.röhre sehr kurz 2129. G. uliginosum
  B. Einjährige Acker- u. Gebüschunkräuter; Kr. kleiner als Fr.
    1. Fr.stiele gerade; Einzel-Blst. länger als Tragb., mehrbl.
      a) B.randbörstchen rückwärts gerichtet; Kr. weißlich
        x) B. lanzettl.; Kr. 2 mm breit .... 2148. G. aparine
        xx) B. lineal.; Kr. 1 mm breit .... 2149. G. spurium
      b) B.randbörstchen vorwärts gerichtet; Kr. 0,5 mm breit, gelblich .... 2152. G. parisiense
    2. Fr.stiele herabgebogen
      a) Einzel-Blst. so lang wie Tragb., meist 3bl.; B.randbörstchen rückwärts gerichtet .... 2150. G. tricornutum
      b) Einzel-Blst. kürzer als Tragb., meist 1bl.; B.randbörstchen vorwärts gerichtet .... 2151. G. verrucosum
II. St. kahl od. weichhaarig
  A. B. mit 3 Längsnerven
    1. St. schlaff; B. breit-ellipt.; Fr. hakenborstig .... 2127. G. rotundifolium
    2. St. steif; B. länglicher
      a) B. ohne deutliches Adernetz; Fr. hakenborstig (selten kahl) .... 2125. G. boreale
      b) B. mit deutlichem Adernetz; Fr. flaumhaarig od. kahl .... 2126. G. rubioides
  B. B. mit 1 Längsnerv
    1. Kr. trichterförmig, nur gut halb gespalten; B. welk mit Cumarinduft .... 2128. G. odoratum
    2. Kr. radförmig (Ausnahme: G. glaucum; B. lineal.), tief gespalten
      a) Bl. gelb
        x) Bl. zitronengelb, mit Honigduft .... 2138. G. verum
        xx) Bl. goldgelb, ohne Duft .... 2139. G. wirtgenii

b) Bl. weiß od. gelblich-weiß
x) St. rund
/) B. lanzettl., bis 10 mm breit .... 2132. G. sylvaticum
//) B. lineal., bis 2,5 mm breit .... 2135. G. glaucum
xx) St. wenigstens oben 4kantig
/) Kr.zipfel grannenspitzig (Abb. 329 f)
§) B. lanzettl., 4–9 mm breit, unterseits blau- od. graugrün; Bl.stiele haarfein; (Fr. glatt)
+) St. nur oben 4kantig; B. plötzlich zugespitzt .... 2133. G. schultesii
++) St. bis unten 4kantig; B. langsam zugespitzt .... 2134. G. aristatum
§§) B. lineal. od. vorne verbreitert, beiderseits grün; Bl.stiele dicker; ganzer St. 4kantig
+) B. 2–8 mm breit; Bl.stiele meist länger als Bl.; Fr. runzelig .... 2136. G. mollugo
++) B. 0,5–2 mm breit, unterseits mit 2 glänzenden Längslinien; Bl.stiele meist kürzer als Bl.; Fr. glatt ..... 2137. G. lucidum
//) Kr.zipfel nicht grannenspitzig (kurzspitzig bei G. helveticum mit zurückgebogenen Fr.stielen)
§) B. mit nicht entfärbter Spitze, kahl, ölig glänzend .... 2147. G. noricum
§§) B. mit hyaliner Spitze, meist am Rand behaart
+) B. mit zurückgekrümmten Randbörstchen (Börstchen neben dem B.rand manchmal auch vorwärts gerichtet) od. länger abstehend behaart, selten ganz kahl, über 5mal länger als breit, langnadel-spitzig
α) B. meist relativ breit keilförmig, vorne am breitesten; Blst. ± trugdoldig, armbl.; Wuchs dichtrasig .... 2140. G. anisophyllum
β) B. meist schmal-verkehrtlanzettl.; Blst. pyramidal, reichbl. Wuchs lockerrasig (Ausnahme: G. sterneri)
†) St. oft schon unten lang-verzweigt; Fr. ± spitzwarzig

△) zur Bl.zeit kaum od. keine nichtbl. Triebe; mittlere St.glieder 3–6mal so lang wie B.

□) Bl. nicht geknäuelt, Bl.stiele ca. 1 mm lang ..... 2141. G. valdepilosum

□□) Bl. geknäuelt, Bl.stiele höchstens 0,5 mm lang .... 2143. G. suecicum

△△) zur Bl.zeit mit nichtbl. Trieben; mittlere St.glieder 2–3,5mal so lang wie B. .... 2144. G. sterneri

††) St. erst oben kurz-verzweigt; St.glieder 1,5–3mal so lang wie B.; Fr. ± glatt ..... 2142. G. pumilum

++) B.randbörstchen vorwärts gerichtet (selten fehlend, dann Fr.stiele nickend); Pfl. im übrigen kahl; B. Längen/Breiten-Index unter 5, B. kurz-knorpelspitzig

α) Fr.stiele herabgekrümmt; Bl. einzeln od. wenige in oberen B.achseln .... 2145. G. rupicola

β) Fr.stiele gerade; Blst. unterbrochen schmalrispig .... 2146. G. harcynicum

1. Sect. Platygálium
1. Ser. Boreália

2125. G. boreále L. (Abb. 330 a) Nördliches L.

♃, *H.* – H. 0,20–0,45(0,60). *Rhiz.* treibt oft *holzige Stämmchen; St. steif aufrecht,* 4kantig, *meist ästig,* kahl od. kurzhaarig; *B.* zu 4 im Quirl, lanzettl., zur Spitze hin lang-verschmälert, 3–6 mm breit, *ohne Stachelspitze,* derb, dunkelgrün, *B.rand zurückgerollt* u. rauh; *Blst. dicht,* pyramidal od. eiförmig, reichbl.; Kr. 3 mm breit, weiß; Fr. 2,5 mm lang. VI–VIII. 2 n = 44, 55, 66.

Feuchtwiesen, Halbtrockenrasen, lichte Kiefern-Eichenwälder; wechselfeuchte, meist kalkhaltige Lehm-, Ton- od. Torfböden. – Zerstreut (bis selten) vom nö. bis s. Geb. (Alp. bis 1550 m), im W u. NW selten u. vereinzelt, in Silikatgeb. meist fehlend. – Isl., N-Eur. bis N-Ital., Kl.As., Kauk., Armen.; no-euras.

2126. G. rubioídes L. Krapp-L.

♃, *H.* – H. 0,40–0,60. Rhiz. kriechend; *St. kräftig, aufrecht,* oben 4kantig, *unten fast stielrund u. flaumhaarig; B.* zu 4 im Quirl, breit-lineal. bis ei-länglich, *ohne Stachelspitze,* B.rand schwach umgerollt u. rauh; *Blst. dicht,* pyramidal od. eiförmig; Kr. 3,5 mm breit, weiß; Fr. 3 mm lang. VI–VIII. 2n = 66, 132.
Bach- u. Flußuferges., Auenwaldränder; frische bis feuchte, nährstoffreiche Kies- u. Tonböden. – Selten u. wohl unbeständig eingeschleppt: Traunstein. – O-Eur. bis Rußl., Kauk.; gem-kont(-submed).

2. Ser. Rotundifólia

2127. G. rotundifólium L. Rundblättriges L.
(= G. scabrum L. sensu Mansfeld, non L.)

♃, *Ch.* – H. 0,10–0,40. Rhiz. treibt Stämmchenrasen; *St.* schlaff, liegend od. aufsteigend, *meist unverzweigt,* 4kantig, kahl od. zerstreut-haarig; *B.* zu 4 im Quirl, eiförmig bis breit-ellipt., 6–10 mm breit, *stumpf mit feiner Stachelspitze,* B.rand kurzwimperig; *Blst. locker,* trugdoldig, *scheinbar b.los;* Kr. 3 mm breit, weiß; Fr. 1,5 mm lang. VI–VII. 2n = 22.
Tannen- u. Fichtenmischwälder, Nadelholzforste; frische, nährstoffhaltige, kalkarme modrige Lehm- u. Tonböden. – Verbreitet bes. in m. u. s. Gebg.geb. (Alp. bis 1219 m), im übrigen Geb. (zerstreut bis) selten, n. bis etwa Holzminden-Neuruppin-Stettin, im nw. u. nö. Geb. fehlend. – S- u. M-Eur., Oeland, Gotland bis Kauk.geb., Kl.As.; submed-subatl(praealp).

2. Sect. Osmogálium

2128. G. odorátum (L.) Scop. (Abb. 329 a–d) Duft-L., Waldmeister
(= Asperula odorata L.)

♃, *G.* – H. 0,10–0,60. Rhiz. kriechend; *St.* aufrecht, 4kantig, *glänzend, nur Knoten behaart;* B. zu 6–9 im Quirl, lanzettl.-ellipt., 6–14 mm breit, kurzstachelspitzig, vorwärts gerichtete Börstchen an Rand und Mittelrippe, zart, dunkelgrün; *Blst. trugdoldig;* Kr. 4–6 mm lang, weiß; *Fr.* 2–3 mm lang, *hakenborstig.* IV–V. 2n = 44.
Buchen- u. andere Laubmischwälder; frische, nährstoffreiche, humose, sandige od. auch steinige Lehmböden. – Verbreitet, fast im ganzen Geb. (Alp. bis 1300 m), in NW-D. zerstreuter bis selten. – N-Eur. bis Gebg. S-Eur., N-Afr., Sib.; euras-subozean-submed.

Droge: Herba Asperulae

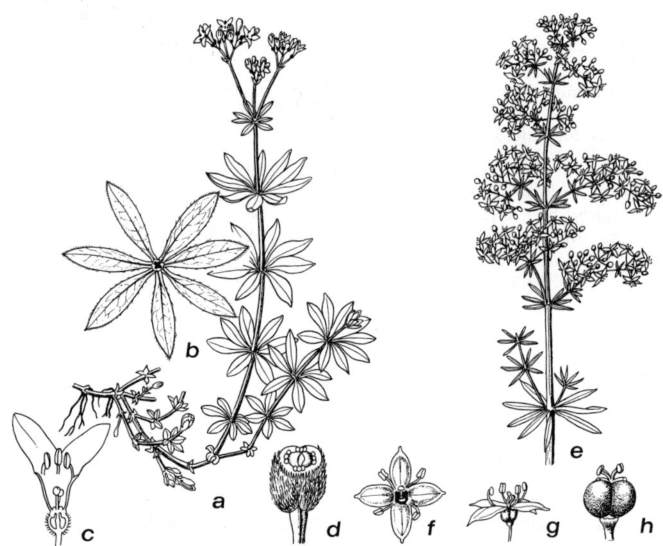

Abb. 329. *Galium* spp., *a–d G. odoratum* (*a* Habitus, *b* Blattwirtel, *c* Blüte längs, *d* Fruchtknoten quer), *e–h G. mollugo* (*e* Sproßspitze mit Blütenständen; *f* Blüte von oben, *g* von der Seite; *h* Frucht).

3. Sect. Trachygálium

2129. G. uliginósum L. (Abb. 330 b) Moor-L.

♃, *H.* – H. 0,10–0,60. *Pfl. getrocknet grün;* St. schlaff, liegend od. aufsteigend, 4kantig; *B.* zu 5–8 im Quirl, lineal.-lanzettl., bis 2 mm breit, *spitz,* pergamentartig; Blst. locker rispig aus armbl. Trugdolden zusammengesetzt; *Kr.* 2,5–3 mm breit, weiß, *oft etwas rosa;* Fr. 1 mm lang, feinwarzig. V–IX. 2n = 22, 44.

Feuchtwiesen, Grauseggen-Sümpfe; feuchte bis nasse, meist kalkarme u. torfige Sumpfhumusböden. – Verbreitet u. stellenweise häufig im ganzen Geb. (Alp. bis 1390 m). – Isl., Skand. (70° n. Br.) bis s. Eur. (N-Span. bis N-Balk.); no-euras-subozean.

2130. G. rivále (Sibth. et Sm.) Griseb. Bach-L.
(= Asperula rivalis Sibth. et Sm., Asperula aparine M. B.)

♃. – H. 0,60–1,00(2,00). Rhiz. kriechend; *St. klimmend,* 4kantig; *B.* zu 6–9 im Quirl, lanzettl., B.rand *besonders am Grunde rauh; Blst. ausgebreitet rispig;* Kr. 2–2,5 mm lang, weiß; Fr. 2,2 mm breit, körnig. VII–VIII. 2n = 22.

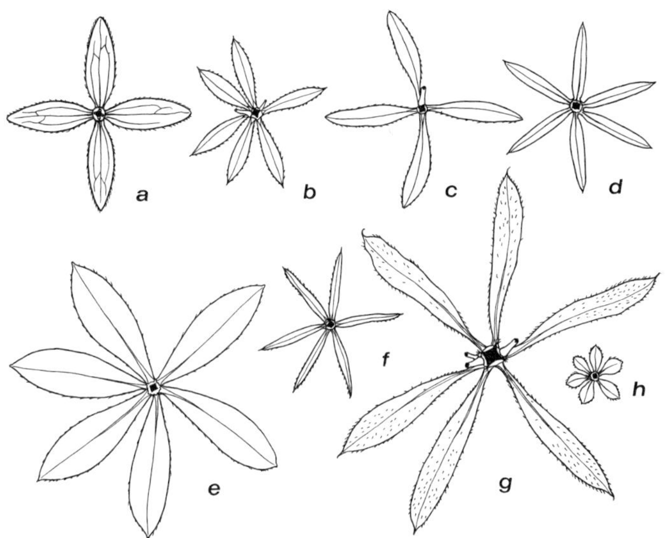

Abb. 330. *Galium* spp., Beispiele von Blattwirteln (*a G. boreale, b G. uliginosum, c G. palustre, d G. mollugo, e G. sylvaticum, f G. verum, g G. aparine, h G. harcynicum*).

Auenwälder, Gebüsche, Röhrichte; feuchte bis nasse Böden. – Nur Schles. (Weistritz, Oderufer bei Breslau, Oberschles.), Westpr., ö. Ostpr. (u. a. Tilsit, Goldap, Insterburg, Lyck). – m. O-Eur. bis SO-Eur., Vord.As.; euras(kont).

4. Sect. Hydrogálium

2131. G. palústre L. (Abb. 330 c) Sumpf-L.

♃, *H.* – H. 0,15–0,60(1,00). *Pfl. getrocknet meist schwarz;* St. schlaff, liegend od. aufsteigend, 4kantig; B. zu 4(5–6) im Quirl, schmal verkehrt-eiförmig bis fast lineal., vorne *abgerundet,* bis 10 mm lang u. 3 mm breit; Blst. locker rispig aus Trugdolden zusammengesetzt; Kr. bis 3(4) mm breit, weiß; Fr. 1,5–3 mm lang, feinkörnig. V–VIII.

ssp. palústre; H. 0,15–0,30(0,50); *St. rauh, nie weißkantig;* B. zu 4; Blst. mehr zylindrisch. 2n = 24, 48. – Verbreitet (bis 610 m).

ssp. elongátum (Presl) Lange; H. bis über 1,00; *St. glatt, oft fast geflügelt weißkantig;* B. bis zu 6 im Quirl; Blst. breit-pyramidal; Kr. bis 4 mm breit. 2n = 96. – Zerstreut: W, S, O.

Röhrichte, Feuchtwiesen, Bruch- u. Auenwälder; nasse, zeitweise überschwemmte, nährstoffreiche, oft torfige Ton- u. Sumpfhumusböden. – Verbreitet u. häufig im ganzen Geb. (Alp. bis 1300 m). – Skand. (70° n. Br.) bis s. Eur., N-Kl.As.; no-euras-subozean.

5. Sect. G á l i u m
1. Ser. S y l v á t i c a

2132. G. sylváticum L. (Abb. 330 e) Wald-L.

♃, *G.* – H. 0,30–1,40. *Rhiz. schief, oft knollig; St.* meist aufrecht, locker verästelt, *kahl;* B. zu 6–8 im Quirl, schmal-ellipt. bis verkehrt lanzettl., 4–10 mm breit, stachelspitzig, rauhrandig, unterseits bläulich; *Blst. weitschweifig rispig; Bl.stiele vor dem Aufblühen nickend;* Kr. 2–2,5 mm breit, weiß; *Fr.* 1,5 mm lang, *glatt.* VII–IX. 2n = 22.

Laubmischwälder, Waldränder, Gebüsche; ± frische, nährstoffreiche, oft kalkhaltige Lehmböden. – Verbreitet im m. u. s. Geb. (Alp. bis 1070 m); im n. u. ö. Geb. selten u. z. T. (u. a. Ostfr., n. Schl.Holst.) über große Strecken fehlend. – W-, M- u. O-Eur. bis M-Rußl., SO-Eur., Kauk.; euras-subozean(-submed).

2133. G. schultésii Vest Glattes L.

♃, *G.* – H. 0,30–1,00. *Rhiz. knotig;* St. aufrecht, lockerästig, kahl; *B.* zu 6–8 im Quirl, lanzettl. bis verkehrt-lanzettl., 4–9 mm breit, stachelspitzig, rauhrandig, oberseits hell- bis dunkelgrün, *unterseits blaugrün, Adernetz erkennbar;* Blst. umfangreich rispig; *Bl.stiele aufrecht;* Kr. 1,5–3 mm breit, weiß; *Fr.* 1,5 mm lang, *bereift.* VII–IX. 2n = 66, 44.

Eichen-Hainbuchen-Wälder, Buchenwälder, Gebüsche, mäßig frische, nährstoffreiche, oft kalkhaltige Lehmböden. – Verbreitet in O-D. (Ostpr., Schles.), nach W stark abnehmend, w. bis Sachs. (Neißegeb.), Thür. (Schwarzatal, Heinrichstein), nö. Bay. (Kronach). – O-D., Pol., Tschech., Österr. bis Balk.; gemkont(-o-submed).

2134. G. aristátum L. Grannen-L.

♃, *G.* – H. 0,20–0,60(1,20). *Rhiz. knotig, mit Ausläufern;* St. aufrecht, ästig, kahl; *B.* zu 6–8 im Quirl, lanzettl., zur Spitze hin lang verschmälert, lang-stachelspitzig, oberseits dunkel-, *unterseits graugrün,* Randbörstchen vorwärts gerichtet; Blst. locker rispig; *Bl. einhäusig-vielehig,* Bl.stiele aufrecht; Kr. 2 mm breit, weiß; *Fr.* 1,5 mm lang, *unbereift.* VI–VIII. 2n = 22.

Buchen-Mischwälder, lichte Gebüsche; frische, nährstoff- u. kalkreiche, oft steinige Lehmböden. – Zerstreut bis vereinzelt: m. u. ö. bayr. Alp. (bis 1600 m). ö. Alp.vorland, ö. bis Mangfalltal, Tegernsee. – S-Frankr., Alp., Ital. bis Balk.; praealp(gem-kont).

2. Ser. Glaúca

2135. G. glaúcum L. Blaugrünes L.
[= Asperula glauca (L.) Bess.]

♃, *H.* – H. 0,20–0,80. *Rhiz. kriechend, reichästig, rot;* St. aufrecht, kahl; *B.* meist zu 8–10 im Quirl, lineal., 1,5–2,5 mm breit, vorne abgerundet, mit kurzer Stachelspitze, oberseits dunkelgrün, *unterseits blaugrün, B.rand zurückgerollt; Blst. locker trugdoldig; Kr. trichterig,* über die Hälfte 4spaltig, 2 mm lang, weiß; *Fr.* 2–2,5 mm lang, *glatt.* V–VII (+IX). 2n = 22, 44.

Kalk-Magerrasen, sonnige Hänge, lichte Gebüsche etc.; trockene, warme, meist kalkhaltige, steinige Lehmböden. – Zerstreut u. selten: m. u. ö. Schles., Sachs. (Elbhügelland, Elster- u. Muldegeb.), Anh., Thür. (bes. Muschelkalkgeb.) über Hess. u. Frank. bis Rheingeb., Pfalz, Nahetal, Jura (bis 1014 m) u. Bodenseegeb.; s. Bay. Wald; sonst nur vorübergehend verschleppt. – Span., Frankr., M-, O- u. SO-Eur. bis SW-As.; submed(gem-kont).

3. Ser. Mollúgines

2136. G. mollúgo L. (Abb. 329 e–h, 330 d) Wiesen-L.

♃, *H.* – H. (0,10)0,25–1,00(1,50). Pfl. getrocknet grün bis braun; *Rhiz. kräftig, holzig; St.* aufrecht od. aufsteigend, etwas knotig, meist kahl, mit *verlängerten St.gliedern u. abstehenden Ästen;* B. zu 4–8 im Quirl, lineal. bis schmal verkehrt-eiförmig, 12–25 mm lang, 2–8 mm breit, vorne abgerundet, stachelspitzig, dunkelgrün, B.randbörstchen (wenn vorhanden) vorwärts gerichtet; Blst. schmal bis umfangreich rispig, *Bl.stiele aufrecht;* Kr. 2–4 mm breit, weiß; *Fr.* 1 mm lang, *runzelig, zuletzt schwärzlich.* VI–X. 2n = 22, 44, 66. Formenreiche Art, bedarf neuer Gliederung.

Fettwiesen, Waldränder, Auengebüsche u. -wälder, Halbtrockenrasen, Steinschuttges., Felsspalten; meist frische, nährstoffreiche Lehm- od. Tonböden. – Verbreitet u. häufig (Alp. bis 1670 m). – N- bis s. Eur., N-As., Kauk., n. Kl.-As., N-Afr., O-Ind.; euras(-subozean).

2137. G. lúcidum All. Glanz-L.

♃, *H.* – H. (0,10)0,20–0,60. *Rhiz. holzig,* kurz-kriechend; St. starr, aufrecht od. aufsteigend, kahl, hellgrün; *B.* zu 5–8 im Quirl, lineal.-lanzettl. bis lineal., stachelspitzig, *oberseits dunkelgrün glänzend, unterseits mit 2 glänzenden Längslinien, B.rand gerollt,* Randbörstchen vorwärts gerichtet; Blst. eiförmig rispig, reichbl.; 3–4 mm breit, weiß od. gelblich-weiß; *Fr.* 1–1,5 mm lang, *glatt.* VI–VIII. 2n = 22, 44.

Lichte Eichenwälder, Gebüsche, Trockenrasen; ± trockene, warme, basenreiche, steinige Lehmböden. – Sehr selten, nur bad. Jura (um Engen). – *G. lucidum* All. s. str.: Med.

4. Ser. Véra

2138. G. vérum L. (Abb. 330 f) Echtes L.

♃, *H.* – H. (0,10) 0,30–1,00. Rhiz. kriechend, mit Ausläufern; *St.* ± *aufsteigend,* stumpf-4kantig, kurzflaumig od. kahl, *St.glieder oft kürzer als B.; B.* zu 8–12 im Quirl, lineal., 15–25 mm lang, 0,5–1 mm breit, stachelspitzig, oberseits dunkelgrün, *unterseits filzig, B.rand* meist *gerollt; Blst. dicht rispig,* reichbl., mit dichtflaumiger Achse; Kr. 2–3 mm breit, *Kr.zipfel kurz bespitzt; Fr.* 1,5 mm lang, *glatt,* zuletzt schwarz. VI–IX. 2n = 22, 44.

Schafschwingel-Trockenrasen, Kalk-Magerrasen, Weg- u. Gebüschränder, auch Dünen u. Moorwiesen; mäßig trockene, ± humose, lockere, sandige Lehm-, Löß- od. reine Sandböden. – Verbreitet, fast im ganzen Geb. (Alp. bis 1150 m); im NW u. Schl.Holst. – mit Ausnahme der Sandgeb. – zerstreut bis selten. – Eur. (außer hoher N) bis Kl.As., Pers., Syr.; euras-submed.

2139. G. wirtgénii F. W. Schultz Wirtgens L.
[= G. verum L. ssp. wirtgenii (F. W. Schultz) Oborny]

♃, *H.* – H. 0,30–1,00. *St.* steif *aufrecht, unten deutlich 4kantig, St.-glieder länger als Äste u. B.; B.* bis 2 mm breit, *kaum gerollt, nur schwach behaart; Blst. unterbrochen rispig; Kr.zipfel nicht bespitzt; Fr. warzig, Fr.-stiele oft zurückgekrümmt.* V–VI. 2n = 22.

Halbtrockenrasen, trockene Blutstorchschnabel-Saumges., tieferer Lagen. – Zerstreut. – M-Eur.

6. Sect. Lépto-Gálium
1. Ser. Pusílla

2140. G. anisophýllum Vill. Ungleichblättriges L.

♃, *Ch, (H).* – H. (0,03)0,06–0,12(0,20). *Wuchs gedrungen;* St. liegend od. aufsteigend, unten manchmal gerötet, St.glieder verkürzt, untere oft kürzer als B., *basale B. zur Bl.zeit noch vorhanden; B.* der nichtbl. Spr. klein, *eiförmig,* gelblich-grün, mit Randbörstchen; *obere B.* der bl. Spr. zu 5–8 im Quirl, *keilförmig,* plötzlich zugespitzt, Längen/Breiten-Index 5–8, bis 2 mm breit, stachelspitzig, *Queradern bei Durchlicht erkennbar,* glattrandig; Bl.stiele länger als Bl., aufrecht; Kr. weiß; Fr. 1–1,5 mm lang. VII–IX.

ssp. anisophýllum; *Pfl. getrocknet oft schwärzlich; St. kahl;* B. bis über 10 mm lang; Blst. gedrungen schirmförmig; Kr. über 3 mm breit; *Fr.* fast immer *glatt;* 2n = 66.

Subalp. u. alp. Steinrasen, Steinschutt, Fettweiden; frische, steinige Ton-, Lehm- od. Geröllböden. – Zerstreut bis verbreitet: Alp. (1300–2560 m); selten: Alp.vorland (herabgeschwemmt). – Alp.; alp.

ssp. bavàricum Ehrendf., *Pfl. getrocknet ± unverfärbt; St. feinhaarig;* B. höchstens 10 mm lang; Blst. breit-pyramidal; *Kr. unter 3 mm breit;* Fr. *spitzwarzig.* 2n = 44.

Sonnige Kalk- od. Dolomitfelsen. – Fränk. Jura. – Endemisch; praealp. Alp., Sud., Karp. bis Balk., Ital.

Anmerkung: Vgl. auch G. sudéticum Tausch; St. kahl; Blst. armbl.; Fr. spitzwarzig. 2n = 44. – Riesengebg., Sud.

2141. G. valdepilósum H. Br. apud Formanek Mährisches L.

♃, *H.* – H. 0,15–0,30. *St.* zart, oft schon an der Basis mit langen Ästen, *unten meist gerötet; basale B. zur Bl.zeit vertrocknet,* obere *B.* zu 7–8 im Quirl, schmal verkehrt-lanzettl., bis 20 mm lang (Längen/Breiten-Index 8–12), *gerade, glänzend;* Blst. breit-pyramidal. VI–VIII. 2n = 22, 44.

Schafschwingel-Rasen, Klee-Saumges.; ± trockene, warme, kalkarme, steinige od. sandige Böden. – Sehr selten, bisher nur Harz (Bodetal), ö. Bay. (Vilshofen bis Schwanburg). – D., Böhm., Mähren, Nieder- u. Oberösterr.; gemkont.

2142. G. púmilum Murr. s. str. Niederes L.
(= G. silvestre Poll., G. asperum Schreber)

♃, *H.* – H. (0,05)0,15–0,25(0,50). Pfl. getrocknet grünlich-braun; St. steif, liegend od. aufsteigend, unten kaum gerötet; *basale B. zur Bl.-zeit vertrocknet, obere B.* zu 7–8 im Quirl, schmal verkehrt-lanzettl., *oft sichelförmig,* Längen/Breiten-Index 8–12, *nicht glänzend;* Blst. locker schmal-pyramidal, Bl.stiele aufrecht; Kr. 2,5–4 mm breit, weiß; Fr. 1 mm lang. VI–VIII. 2n = (66), 88.

Silikat-Magerrasen, lichte Wälder; etwas frische, kalkarme, humose, sandige Lehmböden (Versauerungsanzeiger). – Häufig im m. u. s. Geb. (Alp. bis 1560 m). – W- u. M-Eur.; subatl.

2143. G. suécicum (Sterner) Ehrendf. Schwedisches L.
(= G. pumilum Murr. ssp. suécicum Sterner)

♃, *H.* – H. (0,08)0,10–0,20(0,30). *Pfl. getrocknet dunkelgrün; St.* zart, aufsteigend, kahl od. behaart, *unten oft gerötet;* B. zu (6)7–8(9) im Quirl, lineal. od. schmal verkehrt-lanzettl. (Längen/Breiten-Index ± 7,5–10,5), ± 8–12 mm lang; Blst. locker pyramidal; Kr. 1–2,3 (3) mm breit, weiß; Kr. 1–1,2 mm lang. VI–VIII. 2n = 22.

Magerrasen, lichte Kiefernwälder, sandige Böden. – Selten: Frankfurt/Oder, Brand., Magdeburg, Potsdam. – Schwed., D.; subozean.

2144. G. sternéri Ehrendf. Sterners L.
(= G. pumilum Murr. ssp. septentrionale Sterner)

♃, *H.* – H. (0,05)0,08–0,15(0,25). *Pfl. getrocknet meist schwarz; St.* zart, aufsteigend, *unten oft gerötet,* meist kahl; B. zu (6)7–8(10) im Quirl, verkehrt-lanzettl. (Längen/Breiten-Index ± 6,5–8,5), ± 7–11 mm lang; Blst. flach-pyramidal; Kr. 2,3–3,3 mm breit, weiß; Fr. bis 1,4 mm lang. VI–VIII. 2n = 44.
Sandige od. steinige Standorte. – Sehr selten, nur Sylt. – Engl., Irl., Skand., N-D.; atl.

2. Ser. Helvética

2145. G. rupícola Bertol. Schweizer L.
(= G. helveticum Weigel, = G. saxatile L. non auct.)

♃, *Ch, (H).* – H. 0,02–0,10. *Pfl. getrocknet gelblich- od. bräunlichgrün;* St. liegend od. aufsteigend, kurzgliedrig; *B.* meist zu 6 im Quirl, verkehrt ei-lanzettl. *bis spatelig, dicklich, hellgrün, glanzlos;* Kr. 2,5–3 mm breit, gelblich-weiß, *Kr.zipfel kurz bespitzt;* Fr. 2 mm lang, sehr fein gekörnelt. VII–VIII. 2n = 22.
Alp. Kalkschuttfluren; feuchte, bewegte, ± feinerdereiche, steinige Kalk-Substrate. – Zerstreut bis verbreitet: Alp. (bis 2610 m); selten ins Vorland herabgeschwemmt. – Alp.; alp.

3. Ser. Hercýnica

2146. G. harcýnicum Weigel (Abb. 330 h) Harzer L.
(= G. saxatile L. auct., non L.)

♃, *Ch, (H).* – H. (0,05)0,10–0,30. *Pfl. getrocknet ± schwarz;* nichtbl. St. liegend, bl. aufrecht; *B.* meist zu 6 im Quirl, untere verkehrt-eiförmig, obere lanzettl., fein netzadrig, flach; Bl.stiele etwas länger als Bl.; Kr. 2–3 mm breit, weiß, *Kr.zipfel stumpf;* Fr. 1,5 mm lang, fein spitzwarzig. VII–VIII. 2n = 44.
Borstgrasrasen, Zwergstrauchheiden, lichte Eichen-, Kiefern- u. Tannenwälder; frische, saure, kalkarme, humose Sand- od. sandige Lehmböden. – Verbreitet u. häufig in den n. u. m. kalkarmen Geb., sonst zerstreut od. selten (nach O u. SO abnehmend) bzw. über große Strecken fehlend (u. a. Ostpr., S-Bay., Alp.). – W-, M-Eur. (Skand. bis N-Span.) nach O abnehmend bis Finnl., M-Rußl.; Neuf., Grönl., Azoren; subatl.

4. Ser. Baldénsia

2147. G. nóricum Ehrendf. Norisches L.
(= G. baldense auct. non Spreng.)

♃, *Ch.* – H. 0,03–0,10. *Pfl. getrocknet meist schwarz;* Wuchs gedrungen; St. aufsteigend, kahl; *B.* zu (6)7–8(10) im Quirl, lineal. bis verkehrt-lanzettl., 6–8 mm lang, 1–1,5 mm breit, *dicklich mit undeutlichem Mittelnerv;* Blst. schmal-pyramidal, armbl., Bl.stiele steif aufrecht; Kr. 3–4 mm breit, gelblich-weiß; *Fr.* 2 mm lang, *glatt.* VII–VIII. 2n = 44.

Alp. Magerrasen, Schneeböden; frische, nährstoffhaltige, mäßig saure Lehmböden. – Sehr selten, nur Berchtesgadener Alp. (1620 m). – O-Alp.; o-alp.

7. Sect. Aparíne
1. Ser. Aparínes

2148. G. aparíne L. (Abb. 330 g) Kletten-L., Klebkraut

☉, *Th.* – H. 0,30–1,50. *St.* liegend od. klimmend, 4kantig, *fast geflügelt,* langgliedrig, *Knoten steifhaarig; Äste waagerecht abstehend* (Spreizklimmer); B. zu 6–9 im Quirl, stachelspitzig, 3–8 mm breit, oberseits zerstreut kurzborstig od. kahl; Einzel-Blst. b.winkelständig, armbl., gestielt trugdoldig; Kr. weiß od. grünlich-weiß; Fr. 4–7 mm lang, hakenborstig. V–X. 2n = (44), 64, 66, 88.

Unkrautfluren, Flußufer, Bruchwälder, Hecken, Schutt etc.; frische, nährstoff- u. N-reiche. lehmige od. tonige Böden. – Verbreitet u. häufig im ganzen Geb. (Alp. bis 1040 m). – Eur. (n. bis ~ 69° n. Br.), N-, W-, M-As., Him.; (Am.); euras(-subozean).

2149. G. spúrium L. Saat-L.

☉, *Th.* – H. 0,30–1,00. St. 4kantig, *St.knoten kahl od. etwas rauh;* B. zu 6–10 im Quirl, stachelspitzig; Einzel-Blst. b.winkelständig, armbl., gestielt trugdoldig; Kr. grünlich-weiß; Fr. 1,5–3 mm lang. V–IX. 2n = 20, (44).

ssp. spúrium; *Fr.* glatt od. warzig, *kahl.* – Vorwiegend in Leinfeldern.

ssp. inféstum (W. K.) Janchen [= G. aparine L. var. vaillantii (DC.) Koch]; *Fr. hakenborstig.* – Getreideunkrautges.

Lein-, Getreide- u. Schuttunkrautges.; frische, nährstoffreiche Lehm- u. Tonböden. – Zerstreut im m. u. s. Geb. bis Alp.vorland, im n. Geb. vereinzelt u. selten. – Eur. bis Sib., Kl.As., Kauk., Syr.; N- u. M-Afr.; euras-submed.

2. Ser. Tricórnia

2150. G. tricornútum Dandy Dreihörniges L.
(= G. tricorne auct. non Stokes)

⊙, *Th.* – H. (0,10)0,20–0,80. *St. kräftig,* liegend od. klimmend, 4kantig, glänzend; *B.* zu 6–8 im Quirl, lineal.-lanzettl., 1nervig, stachelspitzig, *Rand nicht zurückgeschlagen; Kr.* 1–1,5 mm breit, *grünlichweiß; Bl.stiele rauh, gleich nach dem Verblühen zurückgebogen; Fr.* 3–4 mm lang, *kurzstachelig-warzig.* V–X. 2n = 44.

Getreide- u. Schuttunkrautges.; ± trockene, nährstoffreiche u. meist kalkhaltige, lehmige od. tonige Böden. – Zerstreut bis verbreitet: m. u. s. Geb. (etwa Anh.-Thür.-SW-D.); sonst seltener; im N nur unbeständig verschleppt (bis Schl.-Holst.); u. a. Alp. fehlend. – S-, M-Eur. bis Vord.As., N-Afr.; submed-med.

2151. G. verrucósum Huds. Anis-L.
(= G. valantia Weber, G. saccharatum All., Valantia aparine L.)

⊙, *Th.* – H. 0,05–0,15(0,30). St. aufsteigend od. aufrecht, am Grunde meist ästig, 4kantig; B. zu 6–8 im Quirl, lanzettl., 10 mm lang, stachelspitzig, hellgrün, *Mittelrippe breit* u. rauh; *Bl.stiele glatt, gleich nach dem Verblühen zurückgebogen; Kr.* kaum 1 mm breit, *grünlich-weiß; Fr.* 3 mm lang, *mit spitzen blasigen Höckern;* bei ausnahmsweise 3bl. Einzel-Blst. sind 2 Bl. ♂. VI–VII. 2n = 22.

Getreideunkrautges.; ± trockene, warme Lehm- u. Tonböden. – Selten, meist eingeschleppt u. unbeständig, u. a. Brand., Sachs., Hess. – Med., (M-Eur.); med-submed.

3. Ser. Parisiénsia

2152. G. parisiénse L. Pariser L.

⊙, *Th.* – H. 0,05–0,25. St. zart, liegend od. etwas aufsteigend, reichästig, 4kantig; *B.* zu 4–7 im Quirl, lineal.-lanzettl., 1–2 mm breit, kurz stachelspitzig, *Rand zuletzt zurückgeschlagen,* Mittelrippe rauh; Blst. locker eiförmig od. zylindrisch, Äste schief abstehend; *Kr.* kaum 0,5 mm breit, *grünlich-gelb, außen rötlich; Fr.* 1 mm lang, *kahl od. hakig.* VI–IX. 2n = 22, (44), 66.

Äcker, Wegränder, ± trockene u. nährstoffreiche, sandige od. lehmige Böden. – Sehr selten geworden, unbeständig, bes. im m. u. sw. Geb. – W- u. M-Eur., Med. bis Pers.; submed-subatl.

Bastarde:

G. anisophyllum ssp. bavaricum × valdepilosum, G. aristatum × sylvaticum, G. glaucum × verum (= G. × polgari Soó), G. lucidum × mollugo, G. lucidum × verum (= G. × effulgens Beck), G. mollugo × verum (= G. × pomeranicum Retz), G. mollugo ssp. erectum × verum (= G. × eminens Gren. et Godr.), G. mollugo (incl. ssp. erectum) × wirtgenii (= G. × palatinum F. W. Schultz), G. pumilum × valdepilosum, G. sylvaticum × mollugo, G. sylvaticum × verum (= G. × digeneum Kerner).

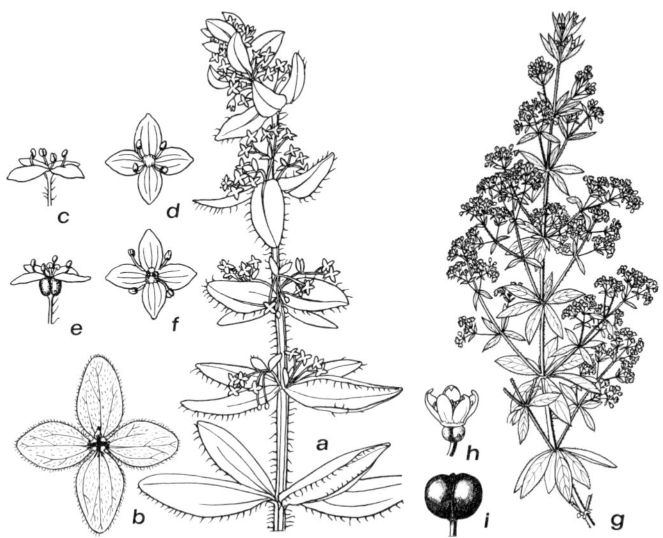

Abb. 331. *a–f Cruciata laevipes* (*a* Sproßspitze mit Blütenständen, *b* Blattwirtel; *c* u. *d* ♂-, *e* u. *f* ☿-Blüten); *g–i Rubia tinctorum* (*g* Sproßspitzen mit Blütenständen, *h* Blüte, *i Frucht*).

586. Cruciáta Mill. Kreuzlabkraut

x = 11

I. Einzel-Blst. mit kleinen Hochb.; Bl.stiele behaart . . . **2153. Cr. laevipes**
II. Einzel-Blst. ohne Hochb.; Bl.stiele kahl . . . . **2154. Cr. glabra**

2153. Cr. lāevipes Opiz (Abb. 331 a–f) Gewöhnliches Kr. [= Cr. chersonensis Ehrendf., Galium cruciata (L.) Scop., Valantia cruciata L.]

♃, *H.* – H. (0,06)0,20–0,45(0,70). Rhiz. kriechend; Wuchs rasig; *St.* aufsteigend od. aufrecht, kaum verzweigt, 4kantig, *abstehend-weichhaarig; B.* zu 4 im Quirl, eiförmig od. ellipt., *spitz,* mit 3 Längsnerven u. erkennbarem Adernetz, *behaart,* dünn gelbgrün; Bl.stiele zur Fr.-zeit herabgebogen; *Kr.* 2–2,5 mm breit, *gelb; Fr.* 1,5 mm lang, *birnenförmig gekrümmt,* runzelig bis glatt, zuletzt schwärzlich. IV–VI. 2n = 22.

Unkrautges. an Hecken, Gräben; Auenwälder, Schutt; frische, nährstoffreiche Lehm- od. Tonböden. – Verbreitet bis zerstreut: m. u. s. Geb. (Alp. bis 1560 m); im n. Geb. z. T. – bis auf die Täler der großen Flüsse (z. B. Elbtal) – fehlend. – (Skand.), M-, O- u. S-Eur., Kauk., Kl.As., Sib.; submed-eurassubozean.

2154. Cr. glábra (L.) Ehrendf. Kahles Kr.
(= Galium vernum Scop., Valantia glabra L.)

♃, *H.* – H. (0,05)0,10–0,30. Rhiz. kriechend; *St.* zart, aufsteigend od. aufrecht, unverzweigt, 4kantig, *kahl od. unten schwach behaart; B.* zu 4 im Quirl, ei-länglich bis ellipt., *stumpf od. spitzlich,* 3nervig, *B.-rand bewimpert,* hellgrün; Bl.stiele zur Fr.zeit herabgebogen; *Kr.* 2 mm breit, *gelb bis grünlich-gelb* (seltener weiß); *Fr.* 2,5 mm breit, *fast 2-kugelig,* glatt, zuletzt schwärzlich. IV–VI. 2n = 44.
Wald-, Weg- u. Wiesenränder, lichte Wälder; frische, nährstoffreiche Lehmböden. – Selten, nur im ö. Geb. (Schles. häufig am Rand der Gebg., nach SO zunehmend), w. bis Bautzen, Bad Elster; vereinzelt Alp.vorland, Bay. Wald (verschleppt?). – SW-Eur. über S-Schweiz, Österr. bis Böhm., Schles. bis SO-Karp., Balk., S-Rußl.; gem-kont-submed.

587. Rúbia L. Färberröte, Krapp

x = 11

2155. R. tinctórum L. (Abb. 331 g–i) Echte F., Krapp

♃, *H.* – H. 0,50–0,80. *Rhiz.* stielrund, gegliedert, *rot, ohne Ausläufer; St.* klimmend od. aufrecht, *geflügelt-4kantig,* Kanten oft mit rückwärts gerichteten Stächelchen, sonst kahl; *B.* zu 4–6 im Quirl, *kurz gestielt,* eiförmig bis lanzettl., spitz, 1nervig, *matt hellgrün,* Rand u. Mittelrippe rauh; Bl. in end- u. b.achselständigen lockeren Trugdolden; Kr. gelb, 2 mm breit; *Fr. erbsengroße, rotbraune, glatte Steinbeere.* VI–VIII. 2n = 22, 44.
Früher in warmen Geb. kultiviert, vereinzelt verwildert (z. B. Pfalz). – Heimat: S-Frankr., Med.

49. Ordn. Tubiflórae

1. Unterordn. Convolvulíneae

116. Fam. POLEMONIACEAE Juss.
Sperrkrautgewächse

I. B. gefiedert; Kr.röhre kurz, kaum doppelt so lang wie der K. .... 588. Polemonium
II. B. ungeteilt; Kr.röhre lang, meist 3- bis 4mal länger als der K.
 A. Bl. in von eiförmigen Hüllb. umgebenen Köpfen, gelb-rosa; Stbb. aus der Kr. hervorragend .... 589. Collomia
 B. Bl. ohne Hüllb., in doldigen, traubigen od. rispigen Blst.; Kr. rot, lila od. weiß; Stbb. in der Kr. eingeschlossen .... 590. Phlox

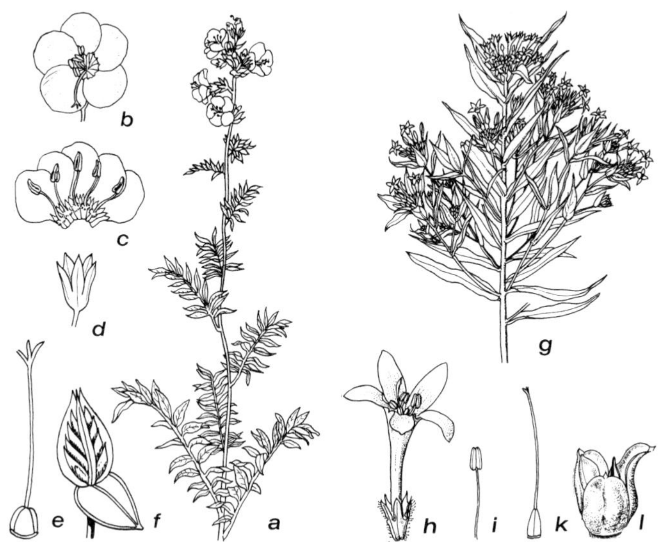

Abb. 332. *a–f Polemonium coerulum* (*a* Sproßspitze mit Blütenstand, *b* Blüte, *c* Krone geöffnet, *d* Kelch, *e* Stempel, *f* Frucht); *g–l Collmia grandiflora* (*g* Sproßspitze mit Blütenständen, *h* Blüte, *i* Staubblatt, *k* Stempel, *l* Frucht).

588. Polemonium L. — Sperrkraut, Himmelsleiter

x = 9

2156. P. coerúleum L. (Abb. 332a–f) — Blaues S.

♃, *H.* – H. 0,30–0,80. St. aufrecht, einfach od. oberwärts verzweigt, kantig gefurcht, oberwärts wie die B. etwas drüsig-flaumig; B. wechselständig, unpaarig gefiedert, Fiederb.chen ellipt.-lanzettl., spitz; Bl. in endständiger, reichbl. Rispe, Bl.stiele drüsig behaart; Kr. glockig, fast radförmig, himmelblau, am Grd. weißlich, selten weiß; Stbbtl. orangegelb. VI–VII(–IX). 2n = 18. Im Geb. nur ssp. vulgáre Brand.

Grauerlen-Wälder, Steinschuttfluren, Feuchtwiesen, Flachmoore; frische bis feuchte, meist kalkhaltige, oft kiesige Ton- u. Lehmböden. – Ziemlich verbreitet: Westpr., Ostpr.; zerstreut bis selten: u. a. Alp. (bis 1500 m), Alp.vorland (Bodenseegeb. bis Bay. Wald), Fränk. u. Schwäb. Alb; selten u. vereinzelt: Oberrheingeb. (Ketsch), Hess. (Hachenburg, Eschwege), N-Harz, O-Meckl., Pomm.; vielfach wohl nur verwildert. – N- u. Z-Eur.; As., s. bis Him.; Am.; (arkt-)no, circ.

589. Collómia Nutt. Leimsaat

x = 8

2157. C. grandiflóra Dougl. (Abb. 332 g–l) Gelbe L.

B. wechselständig, lineal.-lanzettl. bis eiförmig-lanzettl.; Blst. kopfförmig; Kr. gelb, später rötlich od. lachsfarben. VI–VII. 2n = 16. Kultiviert u. gelegentlich (z. B. Weinberge, Flußtäler) verwildert u. z. T. eingebürgert. – Heimat: ö. N-Am.

590. Phlóx L. Phlox

x = 7

Ph. paniculáta L., Stauden-Ph.; ♃; St. kahl od. oberwärts rauh; Gr. so lang od. länger als der K.; Kr. hellrot bis purpurn od. weiß. VII–IX. 2n = 14 (+0–10B).
Kultiviert, selten verwildert. – Heimat: ö. N-Am.
Ph. drummóndii Hook., Einjähriger Ph.; ☉; St. zottig-drüsig; Gr. viel kürzer als der K.; Kr. rot bis rosa od. dunkelviolett, weiß. VI–X. 2n = 14.
Kultiviert, selten verwildert. – Heimat: s. N-Am.

117. Fam. CONVOLVULACEAE Juss.
Windengewächse

I. Pfl. mit grünen B.; Bl. groß (Subfam. Convolvuloideae)
  A. N. kopfig; Bl. in 2- bis 5bl. Bl.ständen; Kapsel 3- bis 4fächerig (Trib. Ipomoeeae) .... **591. Ipomoea**
  B. N. 2lappig oder 2teilig; Bl. meist einzeln in den B.achseln; Kapsel 2fächerig (Trib. Convolvuleae)
    a) Vorb. klein, vom K. entfernt und ihn nicht umschließend .... **592. Convolvulus**
    b) Vorb. groß, breit, den K. teilweise oder ganz umschließend .... **593. Calystegia**
II. Pfl. ohne grüne B., bleich, rötlich-gelblich; Bl. klein, unscheinbar (Subfam. Cuscutoideae) .... **594. Cuscuta**

1. Subfam. Convolvuloídeae

591. Ipomōea L. — Prunkwinde

x = 5

2158. I. batátas (L.) Poir. — Batate, Süßkartoffel

♃, *(H)*. – H. 0,10–0,20 (u. höher). Grd.wurzel mit länglich-spindelförmigen, bis 1–2 kg schweren Seitenw.; St. niederliegend, selten aufrecht u. windend; B. meist tief eingeschnitten u. gelappt; Bl. in mehrbl., (zu 3–4) geknäuelten Blst.; Kr. groß, trichterförmig, purpurrot, rötlich od. weiß. VII–IX. 2n = 90.
In wärmeren Geb. zuweilen kultiviert; sonst Trop. u. Subtrop. – Heimat: ?, angeblich wild in Honduras.

I. purpúrea (L.) Roth, Purpur-P.; ☉; Grd.achse ohne große W.knollen; St. aufrecht, windend; B. herzförmig, nicht lappig. VI–IX. 2n = 30.
Als Zierpfl. kultiviert, gelegentlich verwildert. – Heimat: Trop. Am.

592. Convólvulus L. — Winde

x = 5

2159. C. arvénsis L. (Abb. 333a–b) — Acker-W.

♃, *H*. – H. 0,20–0,80. St. niederliegend od. windend, ästig, locker beblättert; B. gestielt, länglich eiförmig–länglich lanzettl., am Spreitengrd. pfeilförmig, meist mit zugespitzten Öhrchen; Bl. lang gestielt; *Vorb.* lineal., klein, ***in od. über der Mitte des Bl.stieles;*** K.zipfel ungleich groß, braunhäutig gesäumt; Kr. breit trichterförmig, ca. 15–25 mm lang, weiß od. rosa gestreift od. rosa, außen meist dunkler. VI–IX. 2n = 50.
Unkrautges., Äcker, Wegränder, Schutt, Dünen; ± frische, meist humusarme, lehmige od. tonige Böden. – Verbreitet u. meist häufig, in höheren Lagen selten (Alp. bis 860 m, Schwäb. Alb bis 990 m). – Gem. Geb. der Erde; ursprüngl. wohl: med-submed.

593. Calystégia R. Br. — Zaunwinde

x = 11, 12

I. St. windend; B. pfeilförmig .... **2160. C. sepium**
II. St. nicht windend, niederliegend; B. nierenförmig **2161. C. soldanella**

2160. C. sépium (L.) R. Br. (Abb. 333c–g) — Gewöhnliche Z.

♃, *H*. – H. 0,50–3,00. St. windend, seltener kriechend-windend, manchmal verzweigt; B. sehr lang gestielt, eiförmig–länglich dreieckig, am Spreitengrd. lappig gestutzt od. mit Öhrchen; Bl. auf langen Stielen;

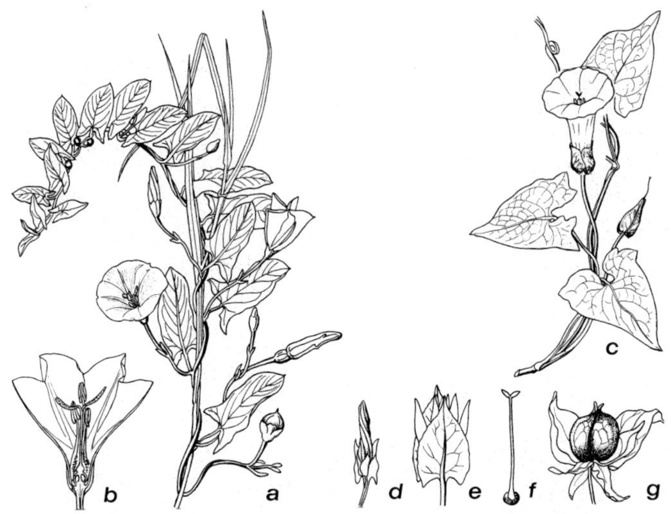

Abb. 333. *a–b Convolvulus arvensis* (*a* Sproßspitze mit Blüten u. Frucht, *b* Blüte längs); *c–g Calystegia sepium* (*c* Sproßausschnitt mit Blüten, *d* Blütenknospe, *e* Vorblätter u. Kelch, *f* Stempel, *g* Frucht mit Kelch u. Vorblättern).

Vorb. groß, herzförmig, bleibend; Kr. groß, 35–60 mm lang, trichterförmig, weiß, selten rosa. VI–IX. 2n = 22, 24. Hierzu:

ssp. p ú l c h r a (Brummit et Heywood) Tutin; Bl. rosa, mit 5 weißen Längsstreifen an der Außenseite. – Wohl Gartenflüchtling u. an verschiedenen Stellen (u. a. Sauerland) eingebürgert.

Uferspülsäume, Gebüsche, Auenwälder, Hecken, Zäune; frische, feuchte, nährstoffreiche, lehmige od. tonige Böden. – Verbreitet u. meist häufig, in Gebg. seltener (Alp. bis 750 m). – Gem. Geb. der Erde, selten Trop.; euras-submed.

2161. C. soldanélla (L.) R. Br. Strand-Z.

♃, *H.* – H. 0,10–0,15; L. 0,40–0,60. St. niederliegend, an der Spitze aufsteigend, ästig; B. lang gestielt, fleischig, Hauptnerv in ein Stachelspitzchen endigend, bläulichgrün–grasgrün; Bl. einzeln oder zu 2 in den B.achseln; Bl.stiele oberwärts 4kantig od. leicht geflügelt; Vorb. groß, eiförmig, bleibend; Kr. groß, bis 50 mm lang, lila-rosenrot bis blaß purpurrot, mit 5 weißen Streifen. VI–VIII. 2n = 22.

Vordünen, weiße, seltener graue Dünen; meist salzhaltiger Dünensand. – Selten, nur N-See-Küste (Cuxhaven) u. Ins. (Sylt, Amrum?, Langeoog bis Borkum). – Küsten Med., Atlantik (N-Afr. bis Irl., D.); Am.; Austr.; O-As.; med(-atl).

2. Subfam. Cuscutoídeae

594. Cuscúta L. Seide, Teufelszwirn

x = 6, 7, 8

I. St. dünn, fädig; Bl. knäuelig gehäuft; Gr. 2, getrennt
 A. Bl. meist sitzend, dicht geknäuelt; N. fadenförmig od. pfriemlich; Fr. quer aufspringend (Subgen. Cuscuta)
  1. Bl. u. St. meist rötlich; Kr.röhre so lang wie die Kr.zipfel, walzlich
   a) Kr.röhre offen, Schlundschuppen also aufrecht, der Kr.röhre angedrückt; Gr. so lang od. kürzer als der Frkn., die Kr. nicht überragend . . . . 2162. C. europaea
   b) Kr.röhre geschlossen, Schlundschuppen also gegeneinander geneigt; Gr. länger als der Frkn., die Kr. überragend . . . . 2163. C. epithymum
  2. Bl. u. St. gelblich weiß; Kr.röhre doppelt so lang wie die Kr.zipfel, fast kugelig-bauchig; Gr. kürzer als die Kr. . . . . 2164. C. epilinum
 B. Bl. deutlich gestielt, weiß; N. kopfig; Fr. nicht oder nur unregelmäßig aufspringend (Subgen. Grammica)
  1. St. dicklich, orangegelb; Bl.knäuel zuletzt dicht; Bl. nicht duftend
   a) St. glatt; Schlundschuppen so lang wie die Kr.röhre od. länger; Fr. kugelig, abgeplattet 2165. C. campestris
   b) St. etwas rauh; Schlundschuppen kürzer als die Kr.röhre; Fr. anfänglich eiförmig . . . . . . 2168. C. gronovii
  2. St. dünn, gelblich, glatt; Bl.knäuel locker; Bl. duftend
   a) Kr.röhre offen, Schlundschuppen also aufrecht; Kr.zipfel zuletzt zurückgeschlagen . . . . 2166. C. australis
   b) Kr.röhre durch zusammenneigende Schlundschuppen geschlossen; Kr.zipfel abstehend . . 2167. C. suaveolens
II. St. sehr dünn, nur bindfadenstark; Bl. in ähriger, lockerer Rispe; Gr. verwachsen, viel länger als die 2lappige N. (Subgen. Monogynella) . . . . 2169. C. lupuliformis

1. Subgen. Cuscúta

2162. C. europǽa L. (Abb. 334 a, 335 a–e) Europäische S., Nessel-S.

⊙, *Th.* – H. 0,30–1,50. **St. meist ästig, grünlich–rötlichgelb;** Bl. in gedrängten, bei der Reife 10–15 mm breiten Knäueln; K. mit abgestumpften Zipfeln; Kr. mit stumpfen, abstehenden od. an der Spitze zu-

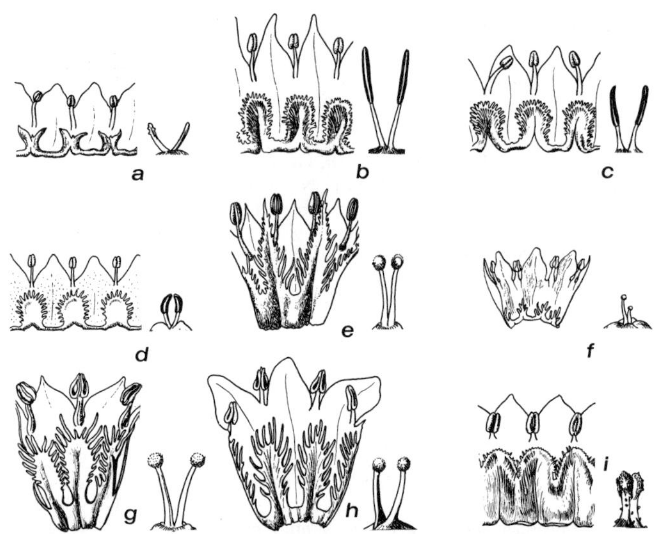

Abb. 334. *Cuscuta* spp., Innenseite der Kronröhre u. Griffel (*a C. europaea, b C. epithymum* ssp. *epithymum, c C. epithymum* ssp. *trifolii, d C. epilinum, e C. campestris, f C. australis, g C. suaveolens, h C. gronovii, i C. lupuliformis*).

rückgeschlagenen Zipfeln; Kr.röhre meist rötlich; Schlundschuppen klein, spitz, gefranst od. ungefranst; *N. breit-lineal., gelblich;* Pfl. sehr formenreich. VI–VIII(–X). 2n = 14.

Ufer, Gräben, Auenwälder, an feuchten Standorten; vor allem auf *Urtica, Cannabis, Salix, Alnus, Leguminosae, Compositae.* – Ziemlich verbreitet, neuerdings wohl vielfach zurückgehend (Alp. bis 900 m; Schwäb. Alb bis 920 m). – M-Engl. u. M-Skand. bis N-Med., N-Afr.; ö. bis Him.; (N-Am.); euras-submed.

2163. C. epithýmum (L.) Nath. (Abb. 334b–c) Thymian-S.

⨀, *Th.* – H. 0,20–0,60. St. sehr ästig, meist rot; Bl. in kugeligen, 5–12 mm breiten Knäueln; K. mit breit dreieckigen Zipfeln; K. und Kr. rosa–rötlich weiß; Kr. mit an der Spitze zurückgeschlagenen Zipfeln; Schlundschuppen größer, gefranst; *N. fädelig, meist blaß braunrot.* VII–IX.

ssp. e p i t h ý m u m; Bl. klein, in 8- bis 10bl. Knäueln; K.zipfel meist ein wenig länger als die Hälfte der Kr.; Stbbtl. ± deutlich aus der Kr. herausragend; Gr. 2, meist deutlich über die Stbbtl. ragend. 2n = 14. – Verbreitet.

ssp. t r i f ó l i i (Bab.) Beger; Bl. größer, in 12- bis 18bl. Knäueln; K. halb so lang wie die Kr.; Stbbtl. stets weit aus der Kr. herausragend;

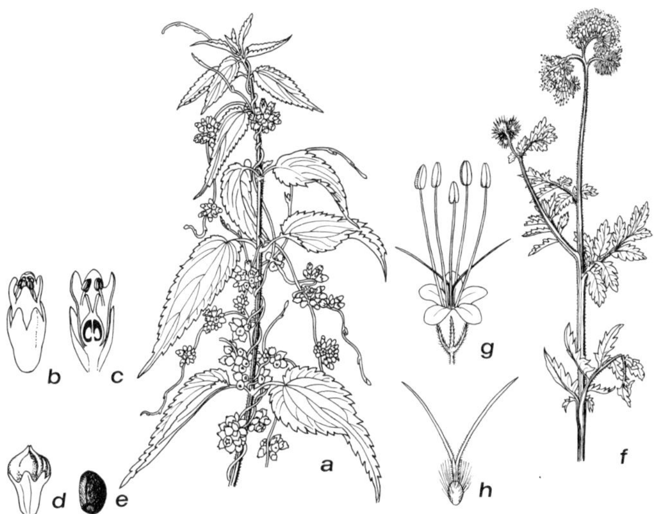

Abb. 335. *a–e Cuscuta europaea* (*a* Sprosse auf Urtica dioica; *b* Blüte, bei *c* längs; *d* Frucht mit Kelch, *e* Same); *f–h Phacelia tanacetifolia* (*f* Sproßspitze mit Blütenständen, *g* Blüte, *h* Stempel).

Gr. 2–4, meist nicht od. nur wenig über die Stbbtl. ragend. – Fast nur auf *Trifolium* spp. – Ziemlich zerstreut, vor allem wärmere Geb., im S z. T. vorherrschend.

Heiden, sonnige Hänge, seltener feuchte Standorte; meist auf *Calluna, Thymus* u. anderen *Labiatae, Solanum, Leguminosae, Compositae.* – Ziemlich verbreitet im m. u. s. Geb. (Alp. bis 1530 m), im n. u. w. Geb. zerstreut. – Engl. u. S-Skand. bis N-Med. u. W-As.; euras-subozean-submed.

2164. C. epilínum Weihe (Abb. 334 d) Lein-S.

⊙, *Th.* – H. 0,30–0,50. St. einfach od. nur oberwärts 1- bis 2mal verzweigt; Bl. in 10–11 mm breiten Knäueln; K.zipfel breit eiförmig, grünlichgelb; Kr. mit spitzen, abstehenden Zipfeln; Schlundschuppen klein, der Kr.röhre aufrecht angedrückt od. etwas nach innen geneigt, gefranst; N. fädlich. VI–VIII. 2n = 42.

Äcker; vor allem auf *Linum usitatissimum* u. auf Unkräutern der Leinäcker. – Selten, bes. s., m. u. nö. Geb., sonst sehr selten, infolge Rückgang des Leinanbaus stark abnehmend. – Med., W-As. bis s. N-Eur.; (N-Am.); (ursprünglich wohl) o-med.

2. Subgen. G r á m m i c a

2165. C. campéstris Yuncker (Abb. 334 e) Nordamerikanische S.
(= C. arvensis auct.)

⊙, *Th.* – H. 0,20–0,50. St. ästig; Bl. in kugeligen, bis 10 mm breiten Knäueln; K.zipfel kurz, sehr stumpf, fast halbkreisförmig; *Kr. mit* keiligen, an der Spitze *nach innen gebogenen,* abstehenden *Zipfeln;* Schlundschuppen nach vorne schmäler werdend; *Fr.wand nicht schwammig verdickt.* VII–IX. 2n = 56.
Äcker; wärmeliebend, vor allem auf *Trifolium* spp., *Medicago sativa.* – Selten u. unbeständig, vor allem s. wärmere Geb. (Bay. Hochebene, S-Oberrheintal, Maingeb.). – Heimat: sö. N-Am.; (SO-, SW-Eur.).

2166. C. austrális R. Br. (Abb. 334 f) Südliche S.

⊙, *Th.* – H. 0,20–0,50. St. ästig; Bl. in lockeren, 5- bis 8bl. Blst.; K. halb so lang wie die Kr.; *Kr. mit* stumpfen, halb zurückgebogenen, ± abstehenden, *nicht od. kaum nach innen gekrümmten Zipfeln;* Schlundschuppen ziemlich klein; Gr. ungleich lang. VI–IX.
Unkrautfluren, Äcker, Wiesen, Weiden; wärmeliebend, vor allem auf *Polygonum, Salix, Xanthium.* – Selten im Oberrheingeb., sonst vereinzelt (z. B. Erfurt, Schweinfurt, München). – Heimat: Med., M- u. S-As., Afr., Am.

2167. C. suavéolens Ser. (Abb. 334 g) Südamerikanische S.
(= C. racemosa auct.)

⊙, *Th.* – H. 0,20–0,50. St. ästig; Bl. in ziemlich lockeren, traubigen Blst.; *Kr. mit* keilig zugespitzten, an der Spitze *nach innen gebogenen Zipfeln;* Schlundschuppen groß, gefranst, nach vorne breiter werdend; N. ± abgeplattet. VIII–IX.
Äcker; wärmeliebend, vor allem auf *Trifolium* spp. u. *Medicago sativa.* – Selten u. unbeständig, bes. Oberrheinbereich. – Heimat: S-Am. (Chile).

2168. C. gronóvii Willd. (Abb. 334 h) Weiden-S.

⊙, *Th.* – H. 0,50–2,00. St. ästig; Bl. in kurzen lockeren Blst.; K.zipfel meist gekielt, stumpf; Kr. mit stumpfen, flach ausgebreiteten Zipfeln; Schlundschuppen groß, sich nach vorne etwas verbreiternd; *Fr.* groß, beerenartig, *mit schwammig verdickter Wand.* VIII–IX. 2n = 60.
Flußufer, Gräben, Gebüsche; wärmeliebend, vor allem auf *Salix, Urtica, Aster.* – Zerstreut, bes. in den w. Flußgeb. (Rhein, Main, Mosel), z. T. eingebürgert, sonst sehr selten. – Heimat: N-Am.

3. Subgen. M o n o g y n é l l a

2169. C. lupulifórmis Krock. (Abb. 334 i) Pappel-S.

⊙, *Th.* – H. 0,50–1,50. St. ästig, gelblich-rötlich od. purpurn, mit erhabenen purpurnen Punkten u. Strichen; Bl. in lockeren, verlängerten Rispen od. Trauben; K.zipfel eiförmig; Kr. weißlich od. rötlich, oft purpurn punktiert, mit länglichen, stumpfen, aufrechten Zipfeln; Schlundschuppen sehr kurz, aufrecht, angedrückt; N. kugelig, 2lappig; Kapsel beerenähnlich. VI–VIII. 2n = 28.

Feuchte Ufergebüsche, -unkrautsäume, Auenwälder; vor allem auf *Populus, Salix, Humulus, Urtica.* – Ziemlich zerstreut in den großen Stromtälern des n. Geb. von Rhein (Main u. Mosel) bis Oder, Weichsel, sonst selten verschleppt, nw. Ausbreitungstendenz. – SO-Eur. u. M-Rußl. bis N-D.; gem-kont.

2. Unterordn. Boragininéae

118. Fam. HYDROPHYLLÁCEAE R. Br. Wasserblattgewächse

595. Phacélia Juss. Büschelschön

x = 11

2170. P. tanacetifólia Benth. (Abb. 335 f–h) Rainfarnblättriges B.

⊙, *Th.* – H. 0,20–0,70. St. aufrecht, oberwärts ästig u. steifhaarig; B. doppelt fiederspaltig, die oberen einfach; Fiederb.chen länglich-lineal., öfter erneut gefiedert od. fiederspaltig; Bl. in dichten, endständigen, einseitswendigen, schneckenförmig eingerollten Wickeln; K. rauhhaarig; Kr. glockig-radförmig mit abstehenden, stumpfen Zipfeln, blauviolett-hellblau, selten weiß; Stbb. weit aus der Kr. herausragend; Stbbtl. purpurrot. VI–X. 2n = 22.

Gebaut (Bienenfutterpfl.), gelegentlich verwildert. – Heimat: N-Am. (Calif.).

119. Fam. BORAGINÁCEAE Juss. Borretschgewächse

I. Kr. ohne Schlundschuppen od. Haarbüschel in der Kr.röhre
  A. Frkn. zur Bl.zeit noch ungeteilt; Kr. stieltellerförmig, weißlich, mit gefaltetem Saum .... **596. Heliotropium**
  B. Frkn. schon zur Bl.zeit in 2 oder 4 Teile geteilt
    1. Pfl. kahl, höchstens die B. am Rand leicht borstig, blaugrün bereift .... **597. Cerinthe**
    2. Pfl. stärker behaart, meist rauh, nicht blaugrün bereift
      a) Kr. mit etwas ungleichen Zipfeln, leicht zygomorph, fast zweilippig; Stbb. ungleich lang .... **599. Echium**
      b) Kr. mit gleichen Zipfeln, radiär
        x) Kr. röhrig-glockig, gelblich; Stbbtl. lineal., etwas spießförmig .... **598. Onosma**

xx) Kr. trichterig od. stieltellerförmig; Stbbtl. nicht spießförmig .... 600. Lithospermum

II. Kr. mit Schlundschuppen od. Haarbüscheln in der Kr.röhre

A. St. mit zurückgekrümmten Stacheln; K. zur Fr.-zeit stark vergrößert, zusammengedrückt, 2lappig 603. Asperugo

B. St. ohne zurückgebogene Stacheln; K. zur Fr.zeit nicht zusammengedrückt – zweilappig

1. Kr. glockig, trichterförmig od. stieltellerförmig, stets mit deutlicher Kr.röhre

a) Schlundschuppen kahl

x) Kr. stieltellerförmig, Schlund durch gelbe Schuppen fast geschlossen, Stbb. in die Röhre eingeschlossen .... 601. Myosotis

xx) Kr. radförmig, mit sehr kurzer Röhre, Schlundschuppen kurz, Stbb. weit herausragend .... 611. Borago

b) Schlundschuppen behaart od. drüsig gezähnelt

x) Klausen mit widerhakigen Stacheln besetzt

/) Kr. stieltellerförmig, hellblau; Klausen dreieckig, nur an den herausstehenden Kanten mit widerhakigen Stacheln .. 602. Lappula

//) Kr. trichterig, bräunlich oder purpurviolett; Klausen flachgedrückt, fast auf der ganzen Oberfläche stachelig .. 605. Cynoglossum

xx) Klausen stachellos

/) Kr. stielteller-trichterförmig, Schlundschuppen nicht lanzettl.

§) Schlundschuppen nicht deutlich ausgebildet, nur behaarte Leisten, Falten od. Haarbüschel vorhanden

+) K. bis fast auf den Grd. geteilt .... 600. Lithospermum

++) K. nur bis zur Mitte geteilt; Schlundschuppen meist nur als Haarbüschel ausgebildet

α) K. postfloral nicht stark aufgeblasen; Kr. rot od. blau .... 606. Pulmonaria

β) K. postfloral stark aufgeblasen; Kr. braunrotgelb .... 607. Nonnea

§§) Schlundschuppen deutlich ausgebildet, weiß od. gelb

+) St. niederliegend od. aufsteigend; Bl. lang gestielt, zu 1–4 in den B.achseln ..... 604. Omphalodes

++) St. aufrecht; Bl. in dichten Wickeln
α) Kr.röhre gerade . . . . 608. Anchusa
β) Kr.röhre deutlich gekrümmt . . . . 609. Lycopsis
//) Kr. mit langer, glockiger-trichteriger Röhre u. kurzen Zipfeln, Schlundschuppen lanzettl., drüsig, gezähnelt . . 610. Symphytum
2. Kr. radförmig, mit nur sehr kurzer, ± undeutlicher Kr.röhre
a) Kr.zipfel breit, abgerundet . . . . 604. Omphalodes
b) Kr.zipfel länglich, spitz . . . . 611. Borago

1. Subfam. H e l i o t r o p i o í d e a e

596. Heliotrópium L. Sonnwendkraut

x = 8, 9, 11

2171. H. europǣum L. (Abb. 336 a–e) Europäisches S.

⊙, *Th.* – H. 0,15–0,30. St. aufrecht od. aufsteigend, meist stark verzweigt; B. **wechselständig, spatelig–länglich** eiförmig, ganzrandig, beiderseits weich behaart, am Grd. verschmälert; Bl. in dichten, unbeblätterten, einseitswendig eingedrehten Wickeln; Kr. 3–4 mm lang u. breit, weißbläulich, im Schlunde gelb; Gr. sehr kurz, N. kegelförmig, pfriemlich verlängert; *Fr.kelchzipfel sternförmig abstehend.* VII–IX. 2n = 32.

Unkrautges., Weinberge; warme, meist etwas frische, kalk- u. N-haltige Lehmböden. – Früher kultiviert; verwildert u. eingebürgert im SW (Hügelländer im Geb. des Ober- u. M-Rhein bis Koblenz, Mosel-, Main- u. Nahetal); daneben vereinzelt adventiv. – Med. (W-As. bis N-Afr., SW-Eur.); (s. W- u. M-Eur.); med-submed.

2. Subfam. B o r a g i n o í d e a e
1. Trib. L i t h o s p **é r m e a e**

597. Cerínthe L. Wachsblume

x = 8, 9

I. Kr. klein, 9–12 mm lang, nur etwa zu $^1/_3$ gespalten, Kr.zipfel abstehend od. zurückgebogen, eiförmig . . . . 2172. C. glabra
II. Kr. größer, 10–14 mm lang, fast bis zur Mitte gespalten, Kr.zipfel vorgestreckt od. zusammenneigend, lanzettl. . . . . 2173. C. minor

Abb. 336. *a–e Heliotropium europaeum* (*a* Sproßspitze mit Blütenständen; *b* Blüte, bei *c* geöffnet; *d* Frucht mit Kelch, *e* Klause); *f–k Cerinthe minor* (*f* Sproßspitzen mit Blütenständen, *g* Blüte, *h* Krone geöffnet, *i* Stempel, *k* Frucht bzw. Klausen).

2172. C. glábra Mill. Alpen-W.
(= C. alpina Kit.)

♃, *H.* – H. 0,30–0,45(–0,60). St. zu mehreren, aufrecht od. aufsteigend, ziemlich dicht beblättert, glatt; *B. nie gefleckt,* verkehrt eiförmig, ganzrandig, untere rosettig, in den B.stiel verschmälert, obere halbstengelumfassend, länglich; Bl. in beblätterten, sich verlängernden Wickeln; *K.zipfel kahl;* Kr.röhre blaßgelb, Kr.saum goldgelb-grüngelb, am Grd. der Buchten mit 5 purpurroten Flecken. (V–)VI–VIII. 2n = 18

Subalp. Hochstaudenwiesen, -weiden u. Viehläger; Flußauen; mäßig feuchte, meist kalkreiche Steinböden. – Zerstreut u. selten: Allgäuer Alp. (bis 2250 m); oft mit den Flüssen ins Vorland verschwemmt (z. B. Iller bis vor Ulm, Donau bis Dillingen, Lech bis Füssen); daneben gepflanzt u. verwildert. – Eur. Gebg. (Alp. bis Karp. u. Kl.As.); alp-praealp.

2173. C. mínor L. (Abb. 336f–k) Kleine W.

⊙, *H.* – H. 0,15–0,40. St. aufsteigend, einfach od. ästig, im oberen Teil zuweilen von den herablaufenden B. geflügelt; *B. oft weiß gefleckt,* mit flachen, haarlosen Höckerchen besetzt, stumpf, untere verkehrt eiförmig, obere eiförmig-länglich, mit tief herzförmigem Grd. stengel-

Abb. 337. *a–c Onosma arenarium* (*a* Sproßspitze mit Blütenständen, *b* Blüten längs, *c* Staubblatt); *d–h Echium vulgare* (*d* Sproßspitze u. -basis; *e* Blüte, bei *f* längs; *g* Frucht mit Kelch, *h* Klausen).

umfassend; Bl. in dichten beblätterten Wickeln; *K.zipfel wie die Tragb. ± feinborstig gewimpert;* Kr. blaß, schwefelgelb, auf der Innenseite am Grd. der Zipfel oft mit 5 purpurnen Flecken. V–VII. 2n = 18.

Unkrautige Ges., Halbtrockenrasen, Heidewiesen; ± trockene, meist nährstoffreiche, kalkhaltige Lehmböden. – Zerstreut, vor allem s.ö. Bay. bis Donau (ö. der Ammer), selten bis Jura, südlichstes Oberrheingeb.; nö. vordringend bis Unstrut-, Elbe- u. Odergeb. (Anh., Thür., Sachs., Schles.); sonst nur verschleppt. – SO-Eur. bis ö. M-D., S-Pol.; W-As. bis Pers.; gem-kont.

C. májor L.; Große W.; ⊙; mit am Rand borstig behaarten, warzigen B., sehr großer (2–3 cm) Kr. u. Stbbtl. etwa so lang wie die Stbf.; kultiviert u. gelegentlich verwildert. – Heimat: Med.

598. Onósma L. Lotwurz

x = 6, 7

2174. O. arenárium W. et K. (Abb. 337 a–c) Sand-L.

⊙, *H.* – H. 0,30–0,50. St. meist einzeln, kräftig, gerade u. aufrecht, stark verzweigt, reich beblättert, kurzhaarig u. borstig; B. lineal-lanzettl., anliegend od. etwas abstehend borstenhaarig; Bl.st. dicht steifhaarig, reich verzweigt, im Umriß pyramidenförmig; Kr. 12–16 mm lang. V–VI. Im Geb. nur ssp. a r e n á r i u m (= ssp. pyramidatum Br.-Bl.). 2n = 12.

Steppenrasen, lichte Kiefernsteppenwälder; warme, trockene, kalkhaltige Sandböden. – Sehr selten, nur Mainzer Becken (Mainz-Ingelheim). – S- u. sö. M-Eur. (O- u. SO-Frankr. über Schweiz, N-Ital. u. SO-Eur. bis S-Rußl.); europ-kont.

599. Échium L. — Natterkopf

x = 8, (4?, 6?)

2175. E. vulgáre L. (Abb. 337 d–h) — Gemeiner N.

⊙, *H.* – H. 0,25–1,00. Halbrosettenpfl.; St. aufsteigend-aufrecht, mit kurzen Haaren u. auf Höckern stehenden Borsten; B. *einnervig,* lineal-lanzettl., grd.ständige in einen Stiel verschmälert, obere meist abgerundet, *nicht stengelumfassend,* rauh behaart; Bl. in einen teilweise einseitswendigen, walzlichen, ährigen, rispigen Blst. bildenden abstehenden Wickeln; Kr. 14–25 mm lang, ca. 12 mm breit, zuerst rot, dann blau, sehr selten weiß; *Stbb. weit aus der Kr. heraustretend, gebogen u. dem Kr.-saum aufliegend;* Gr. an der Spitze zweispaltig, aus der Kr. ragend. V–X. 2n = 32.

Unkrautige Ges., Trockenrasen, Schutt, Weg- u. Ackerränder etc.; warme, ± trockene u. nährstoffreiche, meist steinige od. kiesig-sandige Lehm- u. Sandböden. – Verbreitet u. vielerorts häufig (Schwäb. Alb bis 990 m, Alp. bis 850 m), im NW über größere Strecken fehlend. – Med. (NW-Afr., M-Span. bis Kl.As.), n. bis Engl., Skand.; euras-submed.

E. lycópsis Grufb. (= E. plantagineum L.); ⊙, H. 0,30–1,00, mit halbstengelumfassenden oberen B. *mit deutlichen Seitennerven* u. parallelen, nicht dem Kr.saum anliegenden u. wenig aus der Kr. heraustretenden Stbb., gelegentlich eingeschleppt od. verwildert u. unbeständig. – Heimat: Med.

600. Lithospérmum L. — Steinsame

x = 7, 8

I. Alle St. ± aufrecht; Kr. klein, ca. 5–8 mm lang, weißlich od. gelblich
  A. St. sehr ästig, dicht beblättert; B. lanzettl., mit deutlichen Seitennerven; Fr. glatt, glänzend, weißgrau .... **2176. L. officinale**
  B. St. einfach od. nur oben verzweigt, entfernt beblättert; B. einnervig, Seitennerven nicht deutlich hervortretend; Fr. runzlig, matt, braun .... **2178. L. arvense**
II. Sterile Äste kriechend; Kr. groß, 13–17 mm lang, zuerst rot, dann blau .... **2177. L. purpureo-coeruleum**

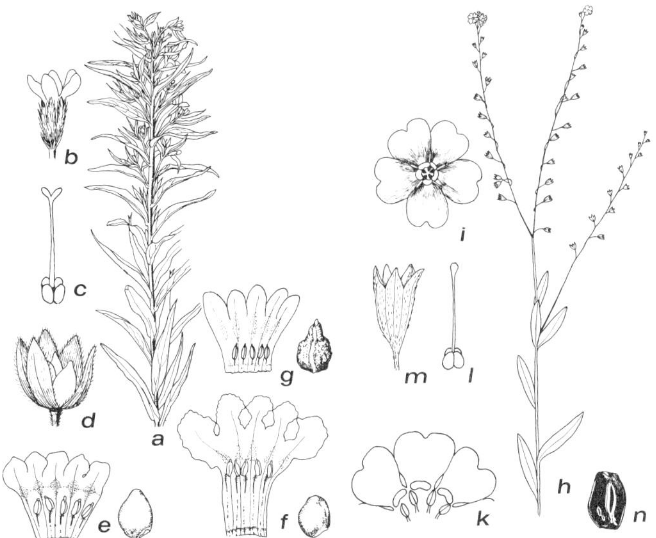

Abb. 338. *a–g Lithospermum* spp., *a–d L. officinale* (*a* Sproßspitze, *b* Blüte, *c* Stempel, *d* Frucht mit Kelch), *e–g* Kronröhre geöffnet u. Klause (*e L. officinale, f L. purpureo-coeruleum, g L. arvense*); *h–n Myosotis palustris* [*h* Sproßspitze, *i* Blüte, *k* Krone geöffnet (Ausschnitt), *l* Stempel, *m* Kelch, *n* Klause].

1. Subgen. L i t h o s p é r m u m

2176. L. officinále L. (Abb. 338 a–e) Echter St.

♃, *H.* – H. 0,30–1,00. St. aufrecht, zu mehreren, steif, sehr rauh; B. lanzettl.–länglich lanzettl., angedrückt steifhaarig, spitz od. ± lang zugespitzt; Bl. in zuletzt wenig verlängerten, beblätterten Doppelwickeln; Kr. klein, den K. nicht od. wenig überragend, ca. 5 mm lang, grünlich bis gelblich weiß, *Kr.röhre mit kleinen, flaumig behaarten Schlundwülsten.* V–VII. 2n = 28.

Auenwälder u. -gebüsche, Flußufer, sonnige Hänge, Trockenwälder; meist warme, wechselfeuchte, kalkhaltige, kiesig-sandige Lehm- u. Sandböden. – Zerstreut bis verbreitet: Oberrheingeb. bis Alp. (bis 1500 m) u. Alp.vorland; nach N zerstreut bis etwa nw. Vorland der M-Gebg. u. seltener bis ö. Schl.-Holst. u. Ostpr. – Skand. (n. bis 68° n. Br.) bis Med.; W-As. bis Kauk., Pers.; (O-As., N-Am.); euras-submed.

2. Subgen. Buglossoídes

2177. L. purpúreo-coerúleum L. (Abb. 338 f) Blauroter St.

♃, *H.* – H. 0,30–0,60. Sterile St. oft an der Spitze wurzelnd, bl. St. aufsteigend-aufrecht, oben ästig-gabelig, abstehend rauhhaarig; B. lanzettl., auf beiden Seiten zugespitzt, die unteren in einen kurzen Stiel verschmälert, die obersten sitzend; Bl. in dichten beblätterten Wickeln; Kr. etwa $1^1/_2$mal so lang wie der K., *Kr.röhre ohne Schlundschuppen;* Teilfr. glatt, weißlich, etwas glänzend. IV–VI. 2 n = 16.

Lichte Eichenmischwälder, Steppengebüsche, Laub- u. Buchenmischwälder, sonnige Hänge; meist warme, nährstoffreiche, meist kalkhaltige u. steinige Lehm- u. Sandböden. – Zerstreut bis ziemlich verbreitet (warme Kalkgeb.): Bodensee u. Oberrhein (Pfalz) bis Jura (Schwäb. Alb bis 820 m) u. Tauber-Main-Neckarland (Muschelkalk, Gipskeuper) bis Fränk. Jura; n. bis O-Westf., S-Nieders.; ö. bis Thür. u. Anh.; sonst vereinzelt. – Med. bis S-Engl., Frankr., M-D., S-Rußl., Kl.As. u. Pers.; submed.

2178. L. arvénse L. (Abb. 338 g) Acker-St.

⊙, ①, *Th, H.* – H. 0,10–0,50. St. aufrecht, selten am Grd. ästig, angedrückt borstig behaart; B. länglich eiförmig-lineallanzettl., ganzrandig, dicht anliegend borstig behaart, untere in einen Stiel verschmälert, stumpf, obere lanzettl., spitz, sitzend; Bl. in zuletzt sehr verlängerten Wickeln; Kr. klein, kaum länger als der K., 6–8 mm lang, weiß, sehr selten bläulich; *Kr.röhre mit 5 flaumig behaarten Falten,* länger als bei *L. officinale,* oft innen mit blauem Ring. (III)IV–VII. 2 n = 28, 24, 16.

var. arvénse.

Bes. Getreideunkrautges.; Wegränder, Schutt etc.; nicht zu saure Lehmböden. – Verbreitet, im m. u. s. Geb. (Alp. bis 800 m, Schwäb. Alb bis 990 m), meist ziemlich häufig; im nw. Geb. u. in den Waldgebg. selten.

var. coeruléscens DC.; ①, H. 0,01–0,10 (am typischen Standort), vom Grd. an ästig; Kr. rosa-blau; Teilfr. (1,5)1,8–2,0 (2,5) mm lang. III–IV.

Trockenrasenges. auf Gips. – Sehr selten, nur Kyffhäusergeb., Brand., Pomm.

Med. bis Skand.; N- u. W-As., NW-Ind.; (N-Am.); euras-submed-med.

601. Myosótis L. Vergißmeinnicht

x = 6, 7, 8, 9, 11

I. K.haare angedrückt, an der Spitze nicht hakig, K.zipfel höchstens so lang wie die K.röhre

A. K. meist nur auf $^1/_4$ od. $^1/_3$ geteilt (5zähnig); Kr. meist über 6 mm breit; Gr. meist so lang wie der K.

1. Spr. ± aufrecht, 0,20–0,40 hoch, ± behaart; St. kantig; K. auf 1/3 geteilt . . . . **2179. M. palustris**

2. Spr. kriechend-aufsteigend, unter 0,10 hoch, rasig wachsend, meist ganz kahl; St. rund; K. tiefer geteilt . . . . **2180. M. caespititia**

B. K. mindestens bis zur Mitte geteilt (5spaltig); Kr. unter 6 mm breit; Gr. halb so lang wie der K.

1. St. meist vom Grd. an stark sparrig verzweigt, schlaff; K. klein, sich postfloral stark vergrößernd . . . . **2181. M. laxa**

2. St. meist oben erst ästig; K. größer, sich postfloral weniger vergrößernd . . . . **2182. M. caespitosa**

II. K.haare abstehend, vor allem an den Fr.kelchen, an der Spitze hakig; K.zipfel länger als die K.röhre

A. Spr. derb, ± stark grauhaarig; Nüßchen ohne Elaiosom

1. Kr. 5–10 mm breit, Saum flach ausgebreitet

a) St. über 0,10 hoch, verlängert, schlaff, meist stark ästig, locker behaart; K. mit zahlreichen abstehenden hakigen Haaren; Klausen spitz **2183. M. silvatica**

b) St. meist unter 0,10 hoch, dicht behaart; K. mit wenigen abstehenden, aber zahlreichen anliegenden, Haaren; Klausen oben stumpf, abgerundet . . . . **2184. M. alpestris**

2. Kr. 2–4 mm breit, Saum trichterig vertieft

a) Fr.stiele so lang od. länger als der K.

x) Fr.stand kürzer oder wenig länger als der übrige Teil des St.; Fr.stiele 1,5–3mal so lang wie der K.; Fr.kelch im frischen Zustand geschlossen . . . . **2185. M. arvensis**

xx) Fr.stand viel länger als der übrige untere Teil des St.; Fr.stiele ± so lang wie der K.; Fr.kelch immer offen . . . . **2186. M. hispida**

b) Fr.stiele deutlich kürzer als der K.

x) Kr. zuerst gelb, dann blau; Kr.röhre zuletzt doppelt so lang wie der K. . . . . . . **2187. M. discolor**

xx) Kr. immer blau; Kr.röhre kaum so lang wie der K., in den K. eingeschlossen . . . . **2188. M. stricta**

B. Spr. sehr schlaff u. zart, schwach behaart; Nüßchen mit Elaiosom . . . . **2189. M. sparsiflora**

1. Sect. M y o s ó t i s

2179. M. palústris (L.) Nath. (Abb. 338h–n, 339e) Sumpf-V.

♃, *H, (HH).* – H. 0,15–0,50. *Grd.achse ausläuferartig, weit kriechend;* St. meist aufrecht od. aufsteigend, meist abstehend behaart; B. länglich-lanzettl., etwas zugespitzt, meist locker wollig behaart, die unteren zuweilen gestielt, die übrigen sitzend; Bl. in meist blattlosen, postfloral stark verlängerten Wickeln; K. dauernd offen bleibend, K.zipfel nicht länger als die K.röhre; Kr. 5–8 mm breit, selten nur 3–4 mm, blau od. weiß. V–X. 2n = 64, 66.

ssp. palústris; St. oberwärts abstehend behaart, meist ohne sterile Äste, mit zahlreichen (10–14) Stb.; Nüßchen eiförmig, ca. 1,5 mm lang. – Verbreitet.

ssp. praécox (Hülph.) Schwarz; St. 0,20–0,45, spärlich u. angedrückt behaart, ohne sterile Äste; Stb. wenige (6–8), entfernt, hellgrün; Kr. 10–12 mm breit; Nüßchen eiförmig, ca. 2,3–2,5 mm lang (VI–VII). – Verbreitung ungenügend bekannt. – N- u. M-Eur.

ssp. serótina (Hülph.) Schwarz; St. 0,30–0,75, unten ± abstehend rauhhaarig, mit zahlreichen sterilen Ästen; B. zahlreich, genähert, dunkelgrün; Kr. ca. 10 mm breit; Nüßchen fast rundlich, 1,3 bis 1,6 mm lang (VII–VIII). – Verbreitung ungenügend bekannt.

ssp. strigulósa (Rchb.) Arcang.; St. unten glänzend, wie die B. spärlich angedrückt behaart od. fast kahl; Fr.stiele sehr kurz. – Verbreitet.

Sumpfwiesen, Röhrichte, Bruchwälder; sicker- od. staunasse, meist nährstoffreiche Böden. – Verbreitet u. häufig im ganzen Geb. (Alp. bis 1690 m). – Fast ganze N-Hemisph. (Eur. bis M-Skand.); euras-subozean-submed(circ).

2180. M. caespitítia (DC.) Kern. Bodensee-V.
(= M. rehsteineri Wartm.)

♃, *H, (HH).* – H. 0,03–0,10. *Grd.achse nicht ausläuferartig;* Grd.-achse u. St. sehr verkürzt, wie die Laubb. spärlich angedrückt behaart od. ganz kahl; B. spatelig, unterste in einen kurzen Stiel verschmälert, übrige sitzend; Bl. meist in *einem* dichten Doppelwickel pro St.; K. oft nahezu bis zur Mitte geteilt, ± so lang wie der Bl.stiel; Kr. 6–10 mm breit, anfangs rosa, später leuchtend blau. IV–V. 2n = 22.

Strandlingges.; Ufer; periodisch überschwemmte, kalkhaltige od. kiesige Böden. – Selten (spärlicher werdend): Bodenseeufer (Rheinmündung bis Untersee), im Hochrheingeb. z. T. verschwemmt bis Kaiserstuhlgeb.; Starnberger See; Schl.-Holst. (?). – Bodensee u. Umgebung, Starnberger See, Genfer See, Luganer See (?), Lago Maggiore (?); praealp.

2181. M. láxa Lehm. Lockerblütiges V.

⊙, *Th, (HH).* – H. 0,10–0,30. *Pfl. mit absteigender W.;* B. länglich-verkehrteiförmig; *St.* stielrund, anliegend behaart od. kahl, *sehr schlaff,* mit langen Internodien; Bl. in sich meist postfloral sehr verlängernden, am Grd. beblätterten Wickeln; K. zur Bl.zeit klein, zu Fr.zeit zuletzt 6–8 mm lang; Kr. nur 3–4 mm breit, blau. V–VII.

Strand des Meeres u. an Binnenseen; meist offene, schlammigsandige Böden. – Zerstreut: O-See-Küste u. Hinterland (Kurmark, Umgebung von Berlin). – Atl. Küsten Eur. (bis Finnl.) u. N-Am., Schwed. (Binnenseen); atl.

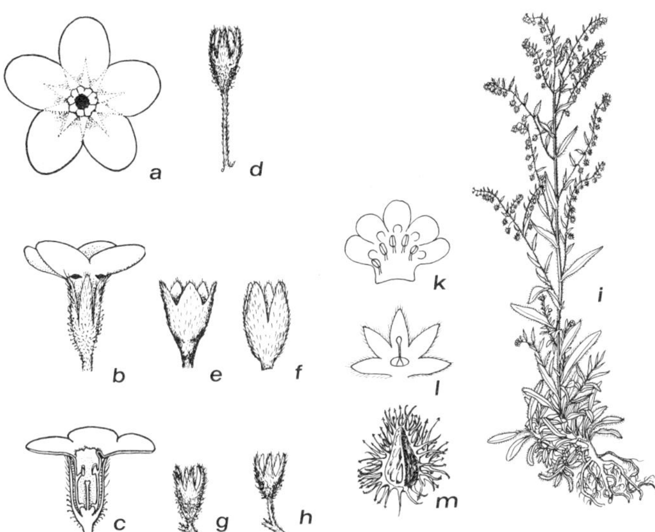

Abb. 339. *a–h Myosotis* spp., *a–c M. silvatica* (*a* Blüte von oben, *b* von der Seite, bei *c* längs), *d–h* Kelch zur Fruchtzeit (*d M. arvensis, e M. palustris, f M. caespitosa, g M. stricta, h M. hispida*); *i–m Lappula deflexa* (*i* Habitus, *k* Krone geöffnet, *l* Kelch ausgebreitet u. Stempel, *m* Klause).

2182. M. caespitósa K. F. Schultz (Abb. 339 f) Rasen-V.

⊙, (⊙, ♃), *Th, (H, HH).* – H. 0,10–0,45. W.stock nicht kriechend, Pfahlw. absteigend; St. stielrund, zerstreut behaart; B. länglich–verkehrteiförmig, untere in einen Stiel verschmälert, obere sitzend, stumpf; Bl. in meist *unten beblätterten Wickeln;* Kr. 3–6 mm breit, blau. V–IX. 2n = 22 (80?).

Röhrichte, Ufer; nasse, meist nährstoffreiche u. kalkarme, neutral-mäßig saure Ton- u. Torfböden. – Zerstreut; insbes. N-Tiefland, im m. Geb. zerstreut bis selten, im S nur im W (Pfalz, Oberrhein) zerstreut, sonst seltener; in Waldgebg., Kalkgeb. u. Alp. fehlend; nach O abnehmend. – W- u. w. M-Eur. – Norw. (ca. 69° n. Br.) bis Span. – NW-Afr., ö. bis Sib.; ö. N-Am.; (no-)euras, circ.

2183. M. silvática (Ehrh.) Hoffm. (Abb. 339 a–c) Wald-V.

⊙, ♃, *H, Ch.* – H. 0,15–0,45. St. aufsteigend–aufrecht, ± ästig, wollig-kurzzottig behaart; unterste B. kaum gestielt, mit kleiner rundlicheiförmiger Spreite, mittlere länglich spatelförmig, obere lanzettl., sitzend, stumpf (*schwache Heterophyllie*); Bl. in zuletzt sehr verlängerten, blattlosen Wickeln, geruchlos; *Fr.stiele schlank, 1- bis 2mal so lang wie der K.;* Kr. himmelblau, seltener rot od. weiß; Kr.röhre wenig länger – so lang wie der K. V–VI(–IX). 2n = 14, 18; (24?), 32.

ssp. s i l v á t i c a; Typische Unterart. – Zerstreut bis verbreitet.

ssp. f r í g i d a Vestergr.; Fr.kelch bei der Reife weniger tief gespalten, weiter offen. – Feuchte Wälder, Hochstaudenfluren der Alp. u. höhere M-Gebg.

Laubmisch- u. Auenwälder, Hochstaudenfluren, Vieh- u. Wildläger, Wegränder etc.; meist feuchte, nährstoffreiche Lehmböden. – Zerstreut bis verbreitet (Alp. bis 1860 m), im N-Tiefland (so n. ab N-Westf. bis Schl.Holst.) über große Strecken fehlend od. selten; daneben kultiviert u. verwildert. – N-Eur. (70° n. Br.) bis S-Eur., Rußl., Kl.As., NW-Afr.; (S-Am.); euras-subozean (-praealp).

2184. M. alpéstris F. W. Schmidt Alpen-V.

♃, *H.* – H. 0,05–0,10. St. aufrecht, dicht abstehend rauhhaarig; B. ebenfalls rauhhaarig, untere verkehrt eiförmig od. länglich, in einen ± langen Stiel verschmälert, obere eilänglich od. länglich (*starke Heterophyllie*); Bl. in sehr dichten, kurzen Wickeln; Bl.stiele meist kürzer als der am Grd. verschmälerte K.; *K. fast silberweiß;* Kr. leuchtend himmelblau, etwas wohlriechend; *Fr.stiele ziemlich dick, wenig länger als der K.* IV–VI(–VIII).

ssp. a l p é s t r i s; B. lanzettl.-ellipt., meist 3–10 mm breit. 2n = 24. – Verbreitet: Alp.

ssp. s t e n o p h ý l l a (Knaf) Metzel; B. schmäler, obere lineal. od. schmal lanzettl.; Kr. meist wohlriechend; sonst wie vor. 2n = 48, 72. Heidewiesen der ö. u. sö. eur. Gebg. – Selten: Riesengebg., Erzgebg., Bay. Wald.

Coll. bis subalp. (-alp.) Schuttfluren, Steinrasen, Grasheiden; feuchte, meist kalkreiche Substrate. – Zerstreut bis verbreitet: Alp. (bis 2350 m); selten: Gebg. des ö. Geb.; daneben kultiviert u. verwildert. – Gebg. Eur., As., N-Am.; alp-arkt, circ.

2185. M. arvénsis (L.) Hill (Abb. 339 d) Acker-V.
(= M. intermedia Link)

⊙, ⊙⊙ (selten ⊙ od. ♃), *H, (Th).* – H. 0,10–0,40. *St.* aufsteigend bis aufrecht, meist zu mehreren, *derb,* ± stark verzweigt, zottig, nur im Blst. aufrecht abstehend behaart; B. spatelig, beiderseits rauhhaarig, untere meist rosettig, ± lang gestielt, obere sitzend; Bl. in meist unbeblätterten Wickeln; Kr.röhre höchstens so lang wie der K., Saum hellblau; Fr.stiele gerade abstehend. V–VII u. VIII–X. 2n = 24, 52, ca. 48, 54.

Unkrautige Ges., Äcker, Schuttplätze, Wegränder, Kahlschläge etc.; meist frische, nährstoffreiche Lehm- od. Sandlehmböden. – Verbreitet u. meist häufig (Schwäb. Alb bis 1000 m, Alp. bis 1020 m). – Isl., N-Eur. (69° n. Br.) bis s. Eur., NW-Afr.; N-As., Jap., W-As. bis Vorder-Ind.; (N-Am.); no-euras.

2186. M. híspida Schlechtend. (Abb. 339 h) Rauhes V.
(= M. collina auct.)

①, ⨀, *H, Th.* – H. 0,05–0,25. *St.* einfach u. aufrecht, seltener ± sparrig verzweigt, *dünn,* unten abstehend, oben mehr anliegend grauhaarig; B. abgerundet, Grdb. deutlich gestielt, rosettig, Stb. wenige, sitzend, ellipt.; Bl. in einfachen unbeblätterten Wickeln; Bl.stiele aufrecht, Fr.stiele waagerecht abstehend; Kr. den K. kaum überragend, Saum 2–5 mm breit, hellblau, selten weiß. IV–VI. 2 n = 48.

Halbtrocken- u. Trockenrasen, sonnige Abhänge etc.; warme, meist kalkhaltige Sand-, Kies- u. Lößböden. – Zerstreut (wärmere Sand- u. Kalkgeb.) im s. u. m. Geb. (Alp.vorland bis 650 m), im N-Tiefland vorwiegend ö. (ab O-Holst.) u. N-See-Ins. – Med., NW-Afr., Kl.As., Ural, n. bis Skand. (Isl.); Kanar. Ins.; submed-euras.

2187. M. díscolor Pers. Buntes V.
(= M. versicolor Sm.)

⨀, ①, *Th, H.* – H. 0,10–0,30. St. oft zu mehreren, am Grd. abstehend, oben anliegend behaart; B. schmal ellipt.-spatelig, spitzlich, *Haare der B. mit gerader Spitze,* untere B. stielartig verschmälert, rosettig; Bl. in bald verlängerten Wickeln; K.zipfel lineal., ziemlich spitz; Kr. 1,5–2,5 mm breit; *Fr.stiele fast waagerecht od. aufrecht abstehend, ohne Deckb.* IV–VI. 2 n = 64.

Silbergrasfluren, Magerrasen, Äcker, Wegränder, Kiefernwaldränder etc.; meist ± trockene u. ± saure, kalkarme Sandböden. – Verbreitet im n. u. w. Geb., nach O abnehmend, zerstreut s. bis Alp.vorland. – Isl., w. Eur. (ö. bis Ostpr.; Skand. bis Span., NW-Afr., Kanar. Ins.), Sud., Oberital., Balk.; subatl.

2188. M. stricta Link (Abb. 339 g) Aufrechtes V.
(= M. micrantha auct., M. arenaria Schrad.)

①, ⨀, *H, Th.* – H. 0,05–0,20. St. zu mehreren od. einzeln, meist starr aufrecht, einfach od. wenig ästig, dicht abstehend behaart; B. länglich, stumpf, untere meist rosettig, kurz gestielt, obere sitzend, *Haare an den Nerven der B.unterseite mit hakig gebogener Spitze;* Bl. in sich zuletzt sehr verlängernden, vielbl. Wickeln; Kr.saum hellblau, nur 1–1,5 mm breit; *Fr.stiele starr aufrecht, unterste meist mit Deckb.* III–V. 2 n = ca. 36.

Sand-Trockenrasen, Dünen, Sandäcker etc.; trockene, kalkarme Sand- od. Steingrusböden. – Verbreitet im n. Geb., sonst zerstreut bis selten (bis mont. Stufe). – Isl., fast ganz Eur. bis Sib., Kauk., W-As.; euras-kont(-submed).

2. Sect. Strophióstoma

2189. M. sparsiflóra Mikan Armblütiges V.

⨀, *Th.* – H. 0,10–0,40. *St.* niederliegend–aufstrebend od. auch ± aufrecht, meist vom Grd. an verzweigt, mit abwärts gerichteten Haaren, *zerbrechlich;* B. spatelig, stielartig verschmälert, sehr dünn, beiderseits locker behaart; Bl. in sehr lockeren, 3- bis 5bl., unten beblätterten Wickeln; Bl.stiele dünn, zur Bl.zeit aufrecht abstehend; K. tief geteilt ($^2/_3$–$^3/_4$); Kr. den K. kaum überragend, Saum 2–3 mm breit, zuerst rosa, dann blau; *Fr.stiele viel länger als der offene Fr.kelch, herabgeschlagen.* IV–V. 2n = 18.

Schattige Laubmischwälder, Gebüsche, Auen; feuchte, nährstoffreiche Lehm- u. Tonböden. – Sehr zerstreut u. selten: Pregel-, Weichselgeb. bis Oder-, Havel-, Spree-, m. Elbe-, unteres Schwarza-, Unstrut- u. Saalegeb. (Naumburg); Neuburg/Inn, sonst weiter w. wohl nur unbeständig od. verwildert. – O-Eur. bis ö. D.; W- u. M-As. bis Pers., Kauk.; euras-kont.

Bastarde:

Bastarde sind sicher häufig u. verbreitet, viele als Formen der behandelten Arten beschriebene Pfl. sind sicher solche Bastarde. Die Deutung der beschriebenen Bastarde ist ebenfalls unsicher.

2. Trib. Eritrícheae

602. Láppula Fabr. Klettenkraut, Igelsame

x = 6

I. Bl.stiele zuletzt zurückgebogen; Klausen an den Kanten nur mit je 1 Reihe von Stacheln .... **2190. L. deflexa**

II. Bl.stiele auch zur Fr.zeit aufrecht; Klausen an den Kanten mit 2(–3) Reihen von Stacheln .... **2191. L. myosotis**

1. Subgen. Hackélia

2190. L. defléxa (Wahlbg.) Garcke (Abb. 339 i–m) Wald-K.

⨀, ⨀⨀, *Th, H.* – H. 0,20–0,60. *St.* aufsteigend od. aufrecht, *meist schon vom Grd. an verzweigt,* locker abstehend behaart; B. lineal-lanzettl., locker abstehend behaart, untere gestielt, obere stielartig verschmälert; Bl. in zur Fr.zeit sehr stark verlängerten, schräg aufrechten Wickeln; Kr. klein, 3–5 mm breit, hellblau; Klausen dreieckig, mit widerhakigen Stacheln. VI–VIII.

Mont. bis subalp. Nadelwälder, Schluchten, Felsen, Viehläger; meist kalkarme, oft mäßig saure Böden. – Sehr selten u. z. T. unbeständig (ursprünglich?): Unterharz (Rübeland); sonst nur sehr vereinzelt u. adventiv. – Z-Alp., Apenn., Sud., Schwed., (Finnl., Norw.); arkt-no(kont)-alp.

2. Subgen. L á p p u l a
x = 6

2191. L. myosótis Moench Aufrechtes K.
(= L. echinata Gilib.)

①, ⊙, *H, Th.* – H. 0,10–0,40(–0,60). *St.* aufrecht, starr, *meist nur im oberen Teil verzweigt,* angedrückt behaart; B. graugrün, untere spatelig, obere fast lineal., einnervig, alle anliegend behaart; Bl. in zur Fr.zeit sehr langen (bis 15 cm) sparrig abstehenden Doppelwickeln; Kr. den K. wenig überragend, sehr klein, 2–4 mm breit, hellblau; Klausen rundlich, mit widerhakigen Stacheln. VI–VII. 2n = 48.

Unkrautige Ges., Weinberge, Äcker, Wege, Schutt etc.; meist warme, ± trokkene, kalkarme, nährstoffreiche, sandige Böden. – Zerstreut im m. u. s. Geb. [bes. Bodenseegeb. – Oberrheintal – Neckar – Taubergeb. bis Anh. (Trockengeb.), Schles.] sonst weit verschleppt bis N-See-Ins. – Med., N-Afr. bis W-As., (n. bis Skand. (63° n. Br.); O-As., N-Am.); euras-kont(-submed).

603. Asperúgo L. Schärfling, Scharfkraut

x = 6

2192. A. procúmbens L. (Abb. 340a–g) Liegendes S.

⊙, *Th.* – H. 0,20–0,50. *St.* meist sehr ästig, *niederliegend,* brüchig, klettig, haftend; B. länglich ellipt.–spatelig, borstig gewimpert, in einen ± deutlichen Stiel verschmälert, ganzrandig od. schwach buchtig gezähnelt; Bl. einzeln od. zu 2(–3) in den B.achseln, sich bald verlängernde Wickel bildend; Kr. 20–25 mm lang, blauviolett, dann blau. V–VIII. 2n = 48.

Schuttunkrautges., Viehläger, Mauern etc.; meist ± frische, kalk- u. N-haltige Lehmböden. – Zerstreut bis selten im s. (Bodenseegeb., Schwäb. Alb bis 700 m) u. ö. m. Geb. [w. bis Harz, M-Elbe, Thür. (Unstrutgeb.)]; weiter w. davon meist nur vorübergehend. – Gebg. von W-As. u. O-Eur. bis Engl., Skand., Med.; (N-Am.); euras-kont(-submed).

3. Trib. C y n o g l ó s s e a e

604. Omphalódes Mill. Gedenkemein, Nabelnuß

x = 7

I. St. aufrecht; Grdb. rosettig, sehr lang gestielt, herzeiförmig; Schlundschuppen weiß . . . . **2193. O. verna**
II. St. niederliegend-aufsteigend; Grdb. gegenständig, kaum gestielt, spatelig; Schlundschuppen gelb . . . . . . **2194. O. scorpioides**

Abb. 340. *a–g Asperugo procumbens* (*a* Habitus, *b* Sproßspitze, *c* Blüte, *d* Krone geöffnet; *e* Kelch zur Blüte-, *f* zur Fruchtzeit; *g* Klause); *h–k Omphalodes scorpioides* (*h* Habitus, *i* Krone geöffnet, *k* Frucht mit Kelch).

2193. O. vérna Moench Frühlings-G.

♃, *H.* – H. 0,05–0,20. *Pfl. mit* (meist oberirdischen, beblätterten) *Ausläufern;* St. aufsteigend od. aufrecht, unterseits meist kahl u. glänzend, oberseits locker flaumig behaart; B. zum größten Teil grd.ständig, oberseits matter, unterseits heller u. weniger behaart; *Bl. in 2- bis 4bl. Trauben,* Traubenstiele in den Achseln von laubb.artigen Hochb.; Kr. 8–12 mm breit, dunkel, himmelblau, Schlundschuppen meist rot punktiert; Fr.stiele nickend. IV–V(–VI). 2n = 42.

Als Zierpfl. kultiviert u. stellenweise in Wäldern, auf Mauern etc. verwildert bis fast eingebürgert. – Heimat: S-Kärnten, S-Tirol, N-Ital., Jugosl.

2194. O. scorpioídes (Haenke) Schrank (Abb. 340h–k) Wald-G.

①, *H.* – H. 0,10–0,30. St. meist sehr ästig, ausgebreitet verzweigt, scharf kantig, zerstreut behaart; B. abgerundet od. kurz zugespitzt, obere wechselständig, lanzettl.; *Bl. einzeln in den B.achseln* (Blst. also beblättert), Bl.stiele kürzer als die Deckb., Kr. 4–6 mm breit, himmelblau; Fr.stiele abwärts gebogen. IV–V(–VI).

Laubmischwälder, Berg- u. Auenwälder, Gebüsche etc.; meist sickerfeuchte Lehmböden. – Zerstreut im ö. Geb. (SW-Ostpr.-Schles.), w. bis m. Elbegeb. u. selten bis NO-Harz u. Vorland, Kyffhäuser, Schweinfurt, Regensburg. – M- u. S-Rußl., Donauländer, w. bis Pol., M-D.; gem-kont.

605. Cynoglóssum L. Hundszunge

x = 6

I. B. oberseits fast kahl, glänzend; Klausen außen ohne wulstigen Rand .... 2195. C. germanicum
II. B. oberseits graufilzig; Klausen außen mit wulstigem Rand .... 2196. C. officinale

2195. C. germánicum Jacq. (= C. montanum Lam.) Deutsche H.

⊙, *H.* – H. 0,30–1,00. St. einfach, in der Blst.region verzweigt, locker wollig behaart, dicht beblättert; B. unterseits zerstreut behaart, kurz zugespitzt, untere in einen Stiel verschmälert, obere mit halbstengelumfassendem Grd. sitzend; Bl. in langen, traubenartigen, sparrig abstehenden Wickeln; Kr. den K. wenig überragend; Kr.röhre violett, Saum braunrot, Schlundschuppen lang gewimpert; *Klausen mit* widerhakigen Stacheln u. dazwischen liegenden *kleinen Höckern besetzt.* V–VII.

Laubmischwald-Lichtungen u. -Ränder, Wildläger, Gebüsche etc.; meist frische, kalk- u. N-haltige Lehmböden. – Zerstreut u. selten bes. M-Gebg. des w. Geb. [Pfalz, (Donnersberg), Schwäb. Alb, Rhön bis N-Hess.; S-Nieders.: Bodenwerder-Polle, Ith, Deister-Osterwald; Thür.: Lobenstein; Eichsfeld (Kr. Worbis)]; sonst selten adventiv. – SO-Eur. von Kl.As., Kauk. über N-Balk., Alp. bis M- u. S-Frankr., M-Span., S-Belg. u. Engl.; (N-Am.); praealp-submed.

2196. C. officinále L. (Abb. 341 a–d) Gemeine H.

⊙, *H.* – H. 0,30–0,80. Pfl. von unangenehmem Mäusegeruch; St. meist aufrecht, kantig, unten zottig behaart, dicht beblättert; Grdb. rosettig gehäuft, wie die unteren Stb. länglich ellipt.-lanzettl., allmählich in einen kurzen Stiel verschmälert, obere Stb. lanzettl., ± halbstengelumfassend; Haare der B. dicht starr; Bl. in zahlreichen, zu pyramidenförmigen Rispen vereinigten, unbeblätterten Wickeln; Kr. becherförmig, braunrot mit dunklen, selten weiß mit hellroten Schlundschuppen; *Klausen ohne Höcker,* nur mit widerhakigen Stacheln. V–VII. 2n = 24.

Unkrautige Ges., Weg- u. Ackerränder, Schuttplätze, Viehweiden etc.; ± warme, meist trockene, N-reichere, oft steinige lehmig-sandige Böden u. Löß. – Zerstreut, bes. in den wärmeren s. u. sö. Geb. (Alp. bis 1580 m), im N seltener bis O-See-Küste. – Gebg. SO-Eur. u. SW-As. bis M-, (N-)Eur., N-As.; (N-Am.); euras-kont(-submed).

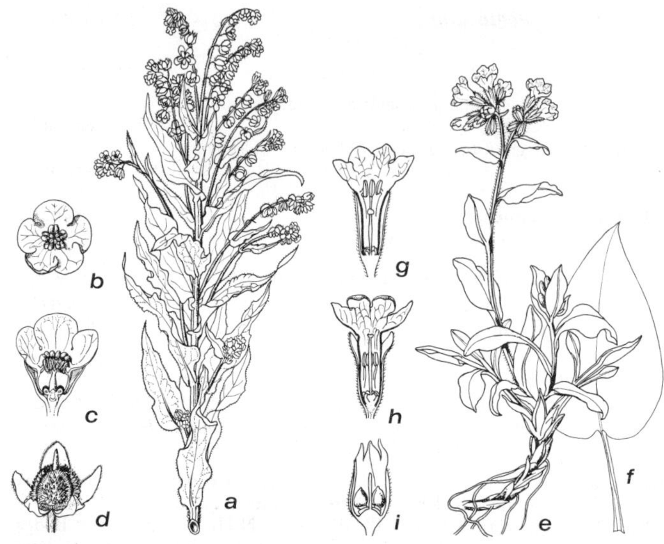

Abb. 341. *a–d Cynoglossum officinale* (*a* Sproßspitze mit Blütenständen; *b* Blüte von oben, bei *c* längs; *d* Frucht mit Kelch); *e–i Pulmonaria obscura* (*e* Habitus, *f* Grundblatt, *g* u. *h* Blütentypen längs, *i* Frucht mit Kelch längs).

4. Trib. Anchúseae

606. Pulmonária L. Lungenkraut

x = 7

I. Rosetten- u. untere Stb. mit herzförmigem Spreitengrd., Stiel scharf abgesetzt; B. auf der Oberseite dicht mit kleinen Stachelbörstchen besetzt (Sect. Asperae)
  A. Grdb. deutlich weiß gefleckt; B.spreite der Rosettenb. meist kürzer als der Stiel .... 2199. P. maculosa
  B. Grdb. nicht weiß gefleckt; B.spreite der Rosettenb. so lang od. länger als der Stiel .... 2200. P. obscura
II. Rosettenb. allmählich in den Stiel verschmälert, Spreitengrd. nicht herzförmig, Stb. alle sitzend
  A. B. oberseits steifborstig; St. in der Blst.region borstig-rauh, ohne od. mit wenigen Drüsen, nicht klebrig (Sect. Strigosae)
    1. Grdb. bis 3 cm breit, 8- bis 10mal länger als breit, lineallanzettl., Fr.kelch nicht bauchig .... 2197. P. angustifolia

2. Grdb. breiter, 4- bis 6mal länger als breit, länglich lanzettl.–länglich eiförmig; Fr.kelch am Grd. bauchig .... **2198. P. tuberosa**

B. B. dicht weich behaart, oberseits drüsig; St. in der Blst.region dicht drüsig-klebrig (Sect. Molles)

1. Grdb. derbhaarig, frischgrün; K. drüsig, außerdem mit ± zahlreichen Borstenhaaren .... **2201. P. mollis**

2. Grdb. sehr weichhaarig, samtig, grauweiß schimmernd; K. außer den Drüsenhaaren ohne od. nur mit wenigen Borstenhaaren .... **2202. P. mollissima**

1. Sect. Strigósae

2197. P. angustifólia L. (= P. azurea Bess.) Schmalblättriges L.

♃, *H.* – H. 0,10–0,35. St. aufrecht, oberwärts u. an den Verzweigungen des Blst. mit zahlreichen, meist *gleichlangen Borsten* u. sehr wenigen kurzgestielten Drüsen besetzt; B. ungefleckt, oberseits mit gleichlangen Borsten, striegelhaarig, auch die stengelständigen 8- bis 10mal länger als breit; Bl. in dichten beblätterten Wickeln; Kr. außen kahl, 12–20 mm lang, zuerst rot, dann azurblau; *Kr.röhre innen unterhalb der Haarbüschel kahl.* IV–V. 2n = 28.

Trockenwälder, lichte Gebüsche, Waldränder; warme, meist lockere, mildhumose Sand- od. Lößböden. – Zerstreut bis selten, von Ostpr., Pomm., Brand., Schles., Anh., Thür. bis fränk. Keupergeb. (Haßberge, Steigerwald) u. Oberrheingeb. mit umliegenden Hügelländern, sonst vereinzelt (z. B. Nieders.: Ith) od. adventiv. – Kauk., SO- u. O-Eur. über NO-D. bis S-Skand. u. Rheingeb.; gem-kont.

2198. P. tuberósa Schrank Knolliges L.

♃, *H.* – H. 0,10–0,35. St. aufrecht-aufsteigend, oberwärts u. an den Verzweigungen mit *ungleich langen Borsten* u. lang gestielten Drüsen besetzt; B. ungefleckt od. seltener hellgrün od. grauweiß gefleckt, oberseits mit ungleich langen Borsten, stengelständige B. nur 2- bis 3mal länger als breit; Bl. in ziemlich dichten, beblätterten, weich behaarten Wickeln; Bl.stiele sehr kurz, zur Fr.zeit herabgekrümmt; Kr. außen kahl, 12–20 mm lang, anfangs rot, später blaurot-dunkelviolett; *Kr.-röhre innen unterhalb der Haarbüschel noch behaart.* IV–V(–VII). 2n = 22.

Laubmischwälder, Waldränder u. -wiesen, Gebüsche; meist frische, zeitweilig staunasse, schwere Ton- u. Lehmböden. – Nicht selten im w. Geb. (Rheinprovinz von Bacharach, Bingen über Kreuznach in die Pfalz: Meisenheim, Donnersberg, Pfälzerwald); sonst ziemlich selten: Taunus (Eppstein), Enkheimerwald bei Frankfurt, Wetterau, Oberrhein- u. Bodenseegeb., Keupergeb. Württ., nach O seltener werdend; Oberbay. Hochebene (Rosenheim-München), Bay. Wald. – W-Eur., Engl. bis Span., sw. M-Eur.; subatl.

2. Sect. Aspérae

2199. P. maculósa Liebl. Geflecktes L.
[= P. officinalis L. ssp. maculosa (Liebl.) Gams]

♃, *H.* – H. 0,10–0,30(–0,40). St. aufrecht, oberwärts u. an den Verzweigungen des Blst. borstig, schwach drüsig u. weichhaarig; B. ziemlich rauh behaart, grd.ständige Sommerb. herz-eiförmig, spitz, $1^1/_2$mal so lang wie breit, *öfter überwinternd;* Bl. in am Grd. beblätterten Wickeln; Kr. 13–18 mm lang, zuerst rot, dann dunkelviolett; Kr.röhre unter dem Haarring kahl. III–V. 2n = 14.

Laubmischwälder, Waldränder, buschige Hänge; frische, nährstoffreiche, meist kalkhaltige Lehmböden. – Verbreitet im s. Geb. (Alp. bis 1230 m, Alp.vorland, Bodensee- u. Oberrheingeb. einschl. umliegendes Hügelland), nach N nur im ö. Teil vordringend; selten: Pomm., Brand., Schles., vereinzelt bis Sachs., Westf. – N-Balk. u. N-Ital. bis Schwed., Finnl.; gem-kont(-submed).

Droge: Herba Pulmonariae (sub P. officinalis L.)

2200. P. obscúra Dum. (Abb. 341 e–i) Dunkles L.
[= P. officinalis L. ssp. obscura (Dum.) Murb.]

♃, *H.* – H. 0,10–0,20(–0,30). St. aufrecht, oberwärts u. an den Blst.verzweigungen mit starken Borsten, Stieldrüsen u. weichen Haaren besetzt; B. weicher behaart, selten entlang der Nerven etwas hellfleckig, grd.ständige Sommerb. herzförmig-länglich, zugespitzt, 2mal länger als breit; Bl. in am Grd. beblätterten Wickeln; Kr. 10–15 mm lang, anfangs rosa, später rotviolett; Kr.röhre unter dem Haarring kahl. III–V. 2n = 14.

Laub- u. Nadelmischwälder, Waldränder etc.; meist etwas sickerfeuchte, nährstoffreiche, nicht immer kalkhaltige Böden. – Verbreitet bis zerstreut fast im ganzen Geb., coll. bis mont. Stufe (Sachs., Schwäb. Alb bis 1000 m), im N streckenweise selten od. fehlend. – M-Schwed., S-Finnl. bis M-Eur. (bes. m. u. n. Teil); gem-kont.

Droge: Herba Pulmonariae (sub P. officinalis L.)

3. Sect. Mólles

2201. P. móllis Wolff Weiches L.
(= P. montana auct.)

♃, *H.* – H. 0,15–0,50. St. aufrecht; B. oberseits mit glänzenden, zarten, kurzen Borsten besetzt, sehr selten mit kleinen hellgrünen Flekken; grd.ständige B. breit ellipt.-lanzettl., spitz, in den B.stiel verschmälert, *oberste Stb. ein wenig herablaufend; B.stiel* unten schmal, *oben allmählich breiter geflügelt;* Bl. in ziemlich lockeren Blst.; Bl.stiele dicht drüsig; Kr. zuerst rot, dann violett, od. blauviolett; Kr.röhre innen unter dem Haarring noch behaart; Stbbtl. meist schwarzviolett; Fr.kelch bauchig-glockig. IV–V. 2n = 28.

Laubmisch-, Trocken- u. Auenwälder, Hochstaudenwälder- u. -wiesen; meist frische, kalkhaltige Lehmböden. – Sehr zerstreut u. selten: u. a. W-Pfalz (oberes Nahetal), Eifel (Urft- u. Kylltal), Westf. (Lüdenscheid), Spessart (Bad Orb), S-Thür. über Coburg bis Maingeb. (Würzburg, Schweinfurt, Gerolshofen); Jurazug u. Vorland bis NW-Rand Schwäb. Alb (bis 880 m) u. Kaiserstuhl (?), Alp. (bis 1700 m) u. Alp.vorland. – S- u. W-D, Belg., Frankr., N-Span., Österr.; euras-kont(praealp).

2202. P. mollíssima Kern. Graues L.

♃, *H.* – H. 0,15–0,50. St. aufrecht; B. nie gefleckt, grd.ständige Sommerb. in eine dünne Spitze verschmälert, *oberste Stb.* halbstengelumfassend od. sitzend, *nicht herablaufend, B.stiel* länger, schmäler, *oberwärts plötzlich verschmälert;* Bl. in ziemlich lockeren, am Grd. beblätterten Blst.; Bl.stiele dicht drüsig-klebrig; Kr. kleiner; Kr.röhre unterhalb der Haarbüschel noch behaart; Fr.kelche glockig. III–V. 2n = 28.
Lichte Wälder u. Gebüsche. – Sehr selten, nur Keupergeb. bei Haßfurt u. bei Passau (Ilztal). – SO- u. s. O-Eur., M-As. bis Sib., N-Mong.; kont.

Wichtigste Bastarde:
P. angustifolia × maculosa (= P. × hybrida Kern.), P. angustifolia × obscura (= P. × notha Kern.), P. tuberosa × mollis (= P. × oblongata Schrad.). Andere Sippen u. z. T. auch vorstehende Arten werden bisweilen als Bastarde gedeutet.

607. Nónnea Med. Mönchskraut

x = 7, 8

2203. N. púlla (L.) DC. (Abb. 342a–e) Braunes M.

♃, *H.* – H. 0,20–0,50. St. aufrecht, oben stark ästig, hohl, dicht beblättert; B. beiderseits weichhaarig, ganzrandig od. schmal buchtig, lanzettl., untere stielartig verschmälert, obere ± halbstengelumfassend; Bl. in reichbl. traubenartigen Wickeln; Kr. 10–14 mm lang, dunkelpurpurbraun, Kr.röhre weißlich, länger als der K., Saumlappen halbkreisförmig; Fr.stiele herabgekrümmt u. stark vergrößert, Fr.kelch etwas aufgeblasen. V–VIII. 2n = 28.
Getreideunkrautges., Acker- u. Wegränder, Magerwiesen, trockene Hänge etc.; warme, meist trockene, lockere Löß- u. Kalkböden. – Zerstreut im ö. u. sö. Geb. (O-Harz-Anh.-Sachs., M-Thür., Schles. bis Niederbay., O-Frank.; Donautal von Regensburg bis Passau); selten: Oberrheingeb. u. umliegendes Hügelland; sonst selten adventiv. – O-Eur. bis M-D., Kl.As., Kauk.; gem-kont.

N. rósea (M. B.) Fisch. et Mey.; ⊙, mit klebrigem Spr.; Kr.röhre so lang wie der K. u. rosa, violetter od. bräunlicher Kr.; Heimat: Kaukasusländer, Armen.; ebenso wie
N. lútea (Desr.) DC.; ⊙, ①, mit nicht klebrigem Spr.; Kr.röhre so lang wie der K. u. gelber Kr.; Heimat: Pontische Länder; bisweilen aus Kultur verwildert im s. Geb.

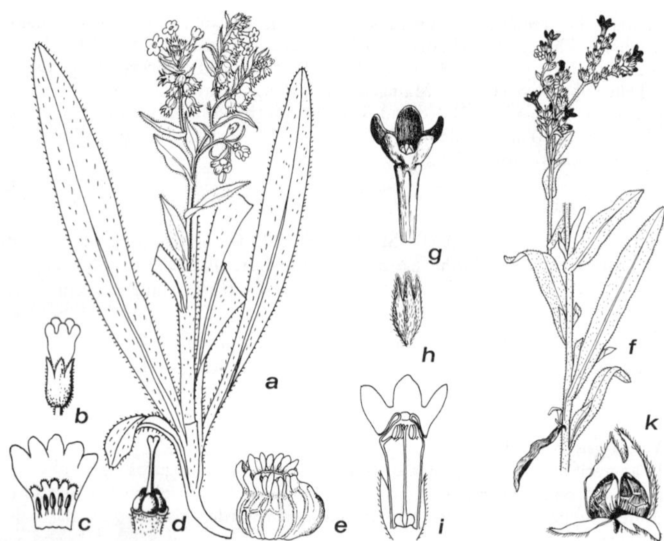

Abb. 342. *a–e Nonnea pulla* (*a* Sproßspitze u. -basis, *b* Blüte, *c* Krone geöffnet, *d* Stempel, *e* Klause); *f–k Anchusa officinalis* (*f* Sproßspitze, *g* Krone, *h* Kelch, *i* Blüte längs, *k* Frucht mit Kelch).

608. Anchúsa L. Ochsenzunge

x = 4?, 6, 7, 8, 9

I. K. fast bis zum Grd. geteilt; Schlundschuppen länglich, mit bis zu 2 mm langen, pinselartigen Haaren .. **2204. A. italica**

II. K. auf $^1/_2$ oder $^3/_4$ geteilt; Schlundschuppen dreieckig-eiförmig, papillös-samtig .... **2205. A. officinalis**

1. Subgen. Buglóssum

2204. A. itálica Retz. Italienische O.
(= A. azurea auct.)

⊙, ♃, *H.* – H. 0,60–1,30. St. einzeln od. zu mehreren, steif aufrecht, oben verzweigt, dicht borstig behaart; B. lanzettl., schwach buchtig-wellig, glänzend; Bl. in lange Rispen bildenden, ziemlich lockeren, mit kleinen Hochb. versehenen Doppelwickeln; *Kr.* 10–15 mm lang, ca. 12–15 mm breit, *meist azurblau,* mit innen weißgefärbten Schlundschuppen, Kr.zipfel flach ausgebreitet, kreisrund. V–IX. 2n = 32 (+0–2).
Unkrautige Ges., u. a. Schuttplätze. – Zuweilen, insbes. im wärmeren s. Geb., eingeschleppt, meist unbeständig. – Heimat: Med. bis Pers.

2. Subgen. A n c h ú s a

2205. A. officinális L. (Abb. 342 f–k) Gemeine O.

⊙, ♃, *H.* – H. 0,30–0,80. St. aufrecht, meist einfach, locker – ziemlich dicht behaart; B. lanzettl.-lineal, meist ganzrandig, selten wellig ausgebuchtet od. gezähnelt, grd.ständige deutlich gestielt, obere halbstengelumfassend, sitzend; Bl. in zu langen Rispen vereinigten, postfloral stark verlängerten Doppelwickeln; *Kr.* 10–15 mm lang, ca. 10 mm breit, *anfangs rot, dann dunkel purpurviolett,* Kr.lappen fast kreisrund. V–IX. 2 n = 16.

Unkrautige Ges., Weg- u. Ackerränder, Weinberge, Schutt etc.; meist warme, trockene u. kalkarme Sand- u. Kiesböden. – Ziemlich verbreitet vor allem im ö. Geb. (Schl.Holst. – O-Harz bis O-Thür. Sachs. u. M-Bay.); im w. Geb. selten, sehr zerstreut u. unbeständig. – O- u. SO-Eur., (M- u. sö. N-Eur.); gemkont.

609. Lycópsis L. Krummhals

2206. L. arvénsis L. (Abb. 343 a–d) Acker-K.

⊙, ①, *Th, H.* – H. 0,20–0,40. St. aufrecht, einfach od. sparrig verzweigt, ziemlich dicht beblättert; B. länglich eiförmig–lineallanzettl., wellig od. buchtig gezähnelt, beiderseits borstig, untere stielartig verschmälert, obere ± st.-umfassend; Bl. in gedrungenen, später verlängerten, beblätterten Doppelwickeln, sehr kurz gestielt; Kr.röhre gekniet, weiß, Saum 4–5 mm breit, hellblau; Schlundschuppen rauhhaarig; Fr.-stiele aufrecht. V–IX. Im Geb. nur ssp. o c c i d e n t á l i s Kusnez. 2 n = ca. 48.

Hackunkrautges., Äcker, Weinberge etc.; meist mäßig frische, kalkarme, sandige Böden. – Verbreitet in den Sandgeb. vom n. Geestgeb. bis etwa zur unteren bay. Hochebene bzw. bis in die mont. Stufe. – SO-Eur., O-Med. bis Span., W-As., W-, M- u. N-Eur.; (N-Am.); euras-submed.

610. Sýmphytum L. Beinwell

x = 9, 10

I. Rhiz. nicht knollig; St. vom Grd. an ästig; Kr. blauviolett od. gelblich weiß
  A. Pfl. meist unter 1 m hoch, mit geraden, nicht seitlich abgeflachten Stachelborsten; obere B. bis zum nächsten B. herablaufend; Teilfr. glatt, glänzend (Sect. Officinalia) . . . . **2207. S. officinale**
  B. Pfl. meist über 1 m hoch, mit hakigen, ± seitlich zusammengedrückten Stachelborsten; obere B. nicht od. nur wenig herablaufend; Teilfr. runzelig, kleinhöckerig (Sect. Caerulea)

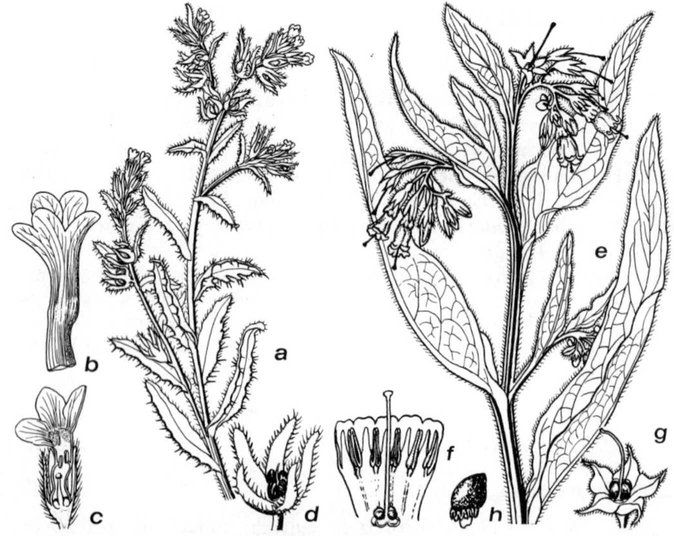

Abb. 343. *a–d Lycopsis arvensis* (*a* Sproßspitze, *b* Krone, *c* Blüte längs, *d* Frucht mit Kelch); *e–h Symphytum officinale* (*e* Sproßspitze, *f* Krone geöffnet mit Stempel, *g* Frucht mit Kelch, *h* Klause).

1. Pfl. reich mit hakigen Stachelborsten besetzt; B.grund nicht am St. herablaufend .... **2208. S. asperum**

2. Pfl. weniger rauhhaarig; B.grund etwas herablaufend .... **S. × uplandicum**

II. Rhiz. knollig; St. einfach od. nur oben gabelästig; Kr. immer blaßgelb (Sect. Tuberosa)

A. Rhiz. fleischig, unregelmäßig durchgehend knotig, ohne Ausläufer; Schlundschuppen die Kr.zipfel nicht überragend .... **2209. S. tuberosum**

B. Rhiz. dünn, mit abgesetzten, rundlichen Knollen u. mit Ausläufern; Schlundschuppen die Kr.zipfel überragend .... **2210. S. bulbosum**

1. Sect. Officinália

2207. S. officinále L. (Abb. 343 e–h) Gemeiner B.

♃, *H.* – H. 0,30–1,00. St. aufrecht, ästig, hohl, fleischig, durch die herablaufenden B. geflügelt, steifhaarig, selten fast kahl; B. lanzettl.-eiförmig, untere mit wenig scharf abgesetztem Stiel, obere sitzend; Bl.

nickend, in am Grd. beblätterten, dichten Doppelwickeln; *K.zipfel zugespitzt; Kr.* glockig, ± *doppelt so lang wie der K.,* Kr.zipfel zurückgekrümmt, Kr. schmutzig rotviolett od. gelblichweiß; Stbbtl. meist dunkelviolett. V–VII. 2n = 24, 36, 40–48.

var. o f f i c i n á l e ; Kr. schmutzig violett-purpurn, groß. – Vor allem im n., m. u. sö. Geb.

var. b o h é m i c u m (F. W. Schmidt) Pers.; Kr. gelblich weiß, oft kleiner. – Vor allem im sw. Geb.

var. g l a b r é s c e n s Nickl.; St. u. Laubb. fast kahl. – Selten im Oberrheingeb.

Naßwiesen, Auen- u. Bruchwälder, Röhrichte etc.; meist nasse, nährstoffreiche Ton- u. Lehmböden. – Verbreitet u. meist häufig (Alp. bis 1000 m). – Größter Teil von Eur., n. bis M-Skand. 62° n. Br., Schottl.; (N-Am.); euras-submed.

2. Sect. C a e r ú l e a

2208. S. ásperum Lep. Rauher B., Comfrey
(= S. asperrimum Don.)

♃, *H.* – H. 1,00–1,75. Pfl. sehr kräftig; St. stechend borstig; B. am Grd. verschmälert, länglich-eiförmig; Bl. in ± dichten Doppelwickeln; *K.zipfel stumpflich; Kr. 3- bis 5mal so lang wie der K.,* zuerst karminrot, dann leuchtend hellblau, Kr.zipfel aufrecht; Schlundschuppen kürzer als die Kr.zipfel, länger als die Stbbtl. VI–VIII(–X). 2n = 40, ca. 36.

Kultiviert als Futter- u. Zierpfl., zuweilen verwildert bis eingebürgert. – Heimat: Kauk. bis Armen. u. W-Pers.

3. Sect. T u b e r ó s a

2209. S. tuberósum L. Knotiger B.

♃, *G.* – H. 0,15–0,30. St. aufrecht, ziemlich locker borstig behaart; B. auf beiden Seiten kurz zugespitzt, beiderseits locker behaart, etwas glänzend; untere B. kleiner, zur Bl.zeit meist schon vertrocknet, folgende eiförmig, in den B.stiel verschmälert, oberste lanzettl., sitzend, wenig od. nicht herablaufend; Bl. in meist 6- bis 10bl. Doppelwickeln; *Kr. groß,* 15–20 mm lang, Kr.zipfel zurückgekrümmt, *Stbf. halb so lang wie die Stbbtl.;* Teilfr. netzig-runzelig. IV–V(–VII). Im Geb. nur ssp. n o d ó s u m (Schur) Soó. 2n = 18.

Laubmisch- u. Buchenmischwälder, Auenwälder, Hochstaudenfluren; meist frische, nährstoffreiche Lehm- u. Mullböden. – Verbreitet: ö. Alp.vorland, Oberschles.; zerstreut: Alp. (bis 1750 m) u. seltener längs der Oder (bis Ohlau) u. Elbe (Sachs. u. vereinzelt bis Holst.); sonst wohl nur verwildert. – W-Eur. (typ. Unterart); ö. M-Eur. u. SO-Eur. (kont. Unterart, gem-kont-submed).

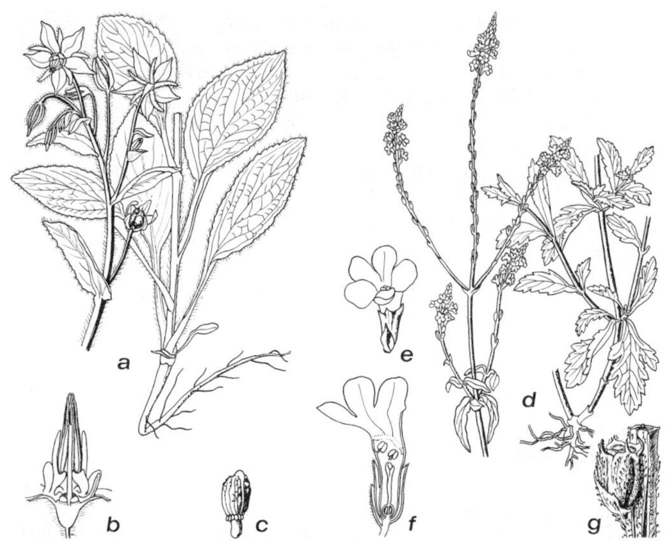

Abb. 344. *a–c Borago officinalis* [*a* Habitus, *b* Blütenausschnitt (Staub- und Fruchtblätter) längs, *c* Klause]; *d–g Verbena officinalis* (*d* Habitus; *e* Blüte, bei *f* längs; *g* Frucht mit Kelch).

2210. S. bulbósum Schimp. Knolliger B.

♃, *G.* – H. 0,25–0,50. St. aufrecht, locker abstehend behaart; B. eiförmig-eilanzettl., unterseits auf den Nerven weichhaarig, untere B. ± lang gestielt, obere sitzend, kaum herablaufend; Bl. in nur am Grd. beblätterten, wenigbl. Doppelwickeln; *Kr. klein,* 7–11 mm lang, Kr.zipfel gerade vorgestreckt, *Stbf. etwa so lang wie die Stbbtl.;* Teilfr. höckerig. IV–V(–VI). 2 n = ca. 72, 82. Verwildert u. eingebürgert: Weinberge, Baumgärten, Hecken, Gebüsche etc.; warme, meist lockere, sandige Lehmböden. – Selten, nur Oberrheingeb. (Oberweier-Ettlingen, Schwetzingen). – Heimat: Balk. bis Ital., Kors.

Bastard:

S. officinale × asperum (= S. × uplandicum Nym.; Futter-Comfrey).

611. Borágo L. Borretsch

x = 8

2211. B. officinális L. (Abb. 344a–c) Gurkenkraut, Garten-B.

⊙, *Th.* – H. 0,15–0,60. St. aufrecht, einfach od. ästig, dicht rauhhaarig; B. ellipt.–eiförmig, ganzrandig od. etwas ausgebuchtet, untere rosettig gehäuft, in den B.stiel verschmälert, obere mit fast herzförmigem Spreitengrd. sitzend; Bl. in etwas beblätterten, doldige-rispige Blst. bildenden Wickeln, lang gestielt, nickend; *Kr. sternförmig,* 15–25 mm breit, himmelblau; Stbbtl. schwarz-violett. VI–VII. 2n = 16.

Kultiviert als Gewürzpfl., nicht selten verwildert. – Heimat: Kl.As. bis Syr., Span.

3. Unterordn. Verbeníneae

120. Fam. VERBENÁCEAE St.-Hil. Eisenkrautgewächse

612. Verbéna L. Eisenkraut

x = 5, 7

2212. V. officinális L. (Abb. 344d–g) Echtes E.

⊙–♃, *Th, H.* – H. 0,30–1,00. St. aufrecht, ästig, vierkantig, rauh, unten ± verholzend; B. gegenständig, rauhhaarig, trübgrün, untere klein, grob gekerbt, mittlere tief eingeschnitten, dreiteilig, mit großem Mittellappen, obere länglich, grob gekerbt; Bl. in meist langen, rutenförmigen, drüsig behaarten Ähren; K. dicht drüsig; Kr. klein, blaßlila, selten weiß. VII–IX. 2n = 14.

Unkrautige Ges., Weg- u. Straßenränder, Schutt; frische, meist nährstoff- u. N-reichere, oft sandige od. kiesige Ton- u. Lehmböden. – Verbreitet u. meist häufig fast im ganzen Geb. (Alp. bis 1112 m), im nw. Geb. zerstreut bis selten. – Med. von N-Afr. bis W-As.; verschleppt über Eur., As., Afr., Am.; euras-subozean-submed.

Droge: Herba Verbenae

121. Fam. CALLITRICHÁCEAE Link
Wassersterngewächse

613. Callítriche L. Wasserstern

x = 3, 5, 19

I. Klausen reifer Fr. mindestens bis zur Hälfte miteinander verwachsen; Pfl. meist mit ± spateligen Schwimmb. u. lineal. Wasserb.; Wasser- u. Landformen
  A. Klausen auf dem Rücken stumpf-kantig od. abgerundet; S. ungeflügelt
    1. Klausen breit-abgerundet; Fr. ellipt., 1,5–2 mm lang . . . . **2213. C. obtusangula**
    2. Klausen stumpf-kantig; Fr. ± rund, bis 1,5 mm lang . . . . **2214. C. cophocarpa**
  B. Klausen auf dem Rücken ± gekielt; S. geflügelt
    1. Fr. verkehrt-eiförmig, ca. 1 mm lang; S. nur oben geflügelt . . . . **2215. C. palustris**
    2. Fr. ± rund, größer; S. am ganzen Rücken geflügelt
      a) N. zurückgeschlagen, Reste den Seiten der Fr. anliegend; Klausen scharf-gekielt . . . . **2216. C. hamulata**
      b) N. ± aufrecht od. fehlend; Klausen ± breit flügelartig-gekielt
        x) Fr. bis 1,75 mm breit; S. schmalgeflügelt . . . . **2217. C. platycarpa**
        xx) Fr. bis 2 mm breit; S. breit-geflügelt . . . . **2218. C. stagnalis**
II. Klausen reifer Fr. fast bis zur Mittelachse getrennt (am Rücken breit geflügelt); Pfl. nur submers mit ± lineal. B. . . . . **2219. C. hermaphroditica**

1. Sect. C a l l í t r i c h e

2213. C. obtusángula Le Gall (Abb. 345 n) Nußfrüchtiger W.

♃, *HH.* – St. der Wasserform bis 0,60, der der Landform bis ca. 0,10 lang; Wasserform: St.drüsen mit etwa 8 Randzellen; Schwimmb. spatelförmig, zu etwa 20 rosettig gehäuft, Spreite rhombisch; untere Wasserb. lineal., an der Spitze stark ausgerandet. Landform: meist mit B.rosette an der St.spitze, B. ellipt. od. schmal-rhombisch. Bl. nur zwischen den Rosettenb.; *Fr. ellipt.,* 1,5–2 mm lang u. 1,5 mm breit, *Klausen breit abgerundet; N. aufrecht; S. ungeflügelt.* V–X. 2n = 10.

Wasserpflanzenges., in nährstoffreichem Wasser. – Selten: Hüls bei Krefeld; Rheingeb. (von Karlsruhe bis Basel); München, Garching, Freising. – W- u. w. M-Eur., w-Med., N-Afr.; atl-med.

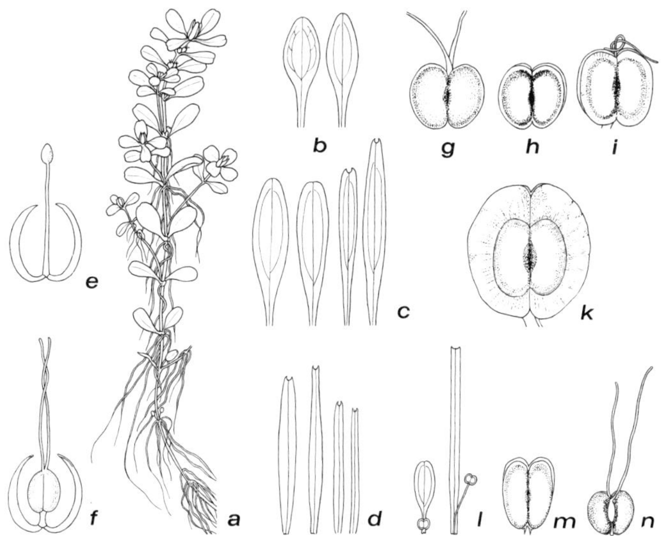

Abb. 345. *Callitriche* spp., *a–d C. stagnalis* (*a* Habitus einer emersen od. halbsubmersen Pflanze; *b* Schwimm-, *c* Übergangs-, *d* Wasserblätter; *e* ♂-, *f* ♀-Blüte), *g–n* Früchte [*g C. cophocarpa, h C. hamulata, i C. stagnalis, k C. hermaphroditica, l C. hamulata* (mit Schwimm- bzw. Wasserblatt), *m C. palustris, n C. obtusangula*).

2214. C. cophocárpa Sendtner (Abb. 345 g) Stumpfkantiger W.

♃, *HH.* – St. der Wasserform bis ca. 0,25, der der Landform bis etwa 0,07 lang; Wasserform: St.drüsen mit etwa 8 Randzellen; Schwimmb. spatelförmig, zu etwa 10 rosettig gehäuft, Spreite ellipt., untere Wasserb. lineal. Landform: B. schmal-ellipt. od. spatelförmig. Vorb. oft sehr kräftig u. größer als bei den übrigen Arten; *Fr.* ± *rund,* oft etwas breiter als lang, 1,25–1,5 mm lang, *Klausen stumpf-kantig; N.* ± *aufrecht,* 4–6 mm lang, *bleibend; S. ungeflügelt.* V–X. 2n = 12. Wasserpflanzenges., Kleinseggen- u. Strandlingsges., in oft ± kalkhaltigem Wasser auf sandig-schlammigen Böden. – Zerstreut, wohl im ganzen Geb. (Alp. bis ca. 1890 m). – Skand., gem. Eur. bis n. Rußl., Sib., Kauk., Bulg.; no-euras-(-kont).

2215. C. palústris L. (Abb. 345 m) Sumpf-W.

⊙, *Th.* – St. der Wasserform bis 0,25, der der Landform bis 0,07 lang; Wasserform: St.drüsen mit etwa 12–15 Randzellen; Schwimmb. spatelförmig, zu etwa 10 rosettig gehäuft, Spreite ellipt. bis kreisrund; untere Wasserb. meist lineal., ausgerandet. Landform: B. kurz lineal. od. schmal-ellipt. Bl. an den Rosettenb.; *Fr. verkehrt-eiförmig,* ca. *1 mm lang,* dunkelbraun od. schwärzlich, *Klausen am Oberrand stärker gekielt; N. hinfällig; S. nur am Oberrand geflügelt.* VI–VIII. 2n = 20.

Wasserpflanzenges., in stehendem, nährstoffärmerem Wasser. – Zerstreut u. selten von Schl.Holst. bis Alp. (bis 1880 m); im Alp.vorland u. Alp. häufiger. – Gem. u. n. Eur., N-Ital., Isl., Grönl., As., N-Am.; (arkt-)no-euras.

2216. C. hamuláta Kuetz. (Abb. 345 h, l) Hakiger W.

①, ♃?, *HH.* – St. der Wasserform bis 0,40(0,80), der der Landform bis 0,15 lang; Wasserform: St.drüsen mit 12–18 Randzellen; Schwimmb. oft fehlend od. wenn vorhanden: spatelförmig, zu etwa 10 rosettig gehäuft, Rosette in der Mitte vertieft; untere Wasserb. lineal., an der Spitze halbkreisförmig ausgeschnitten, oft zangenähnlich verbreitert. Landform: keine B.rosette, B. ellipt. Vorb. – wenn vorhanden – stark sichelförmig gekrümmt; Bl. an Schwimm- u. Wasserb.; *Fr.* ± *kreisrund,* ca. 1–1,25 mm breit, *Klausen* scharf *gekielt; N. zurückgeschlagen; S. schmal geflügelt.* IV–VI. 2n = 38.

Wasserpflanzenges., in nährstoffhaltigem u. -ärmerem, stehendem od. langsam fließendem Wasser. – Zerstreut, insbes. N-, M- u. W-D.; in S-D. zerstreuter, in den Alp. fehlend. – w. Eur., Finnl., Tschech., Ital., Isl., Grönl.; subatl.

2217. C. platycárpa Kuetz. Flachfrüchtiger W.

♃, *HH.* – Wasserform: St.drüsen mit etwa 8 Randzellen; Schwimmb. spatelförmig, zu etwa 12 rosettig gehäuft; *Spreite* ± breit-*ellipt.;* untere Wasserb. lineal. od. schmal-ellipt., an der Spitze ausgerandet. Landform: ohne deutliche Rosette, B. ellipt.; Bl. nur an Rosettenb.; *Fr.* fast *kreisrund* od. kurz-ellipt., ca. 1,75 mm lang u. 1,5–1,75 mm breit, *Klausen scharf-gekielt; N. aufrecht,* bis 5 mm lang *od. fehlend; Sa. parallel; S. schmal geflügelt.* V–X. 2n = 20.

Wasserpflanzenges., in nährstoffhaltigem Wasser. – Selten u. vereinzelt, u. a. Bremen, Berlin, Breslau, Eberswalde, Bamberg, Schleusingen. – Holl., Belg., D., Dän., Schwed., Finnl., Tschech., Österr., Schweiz, Jugosl., Rum., W-Rußl.; subatl (?).

2218. C. stagnális Scop. (Abb. 345 a–d, i) Teich-W.

⊙, ♃, *Th, HH.* – St. der Wasserform bis 0,70(1,00), der der Landform bis 0,14 lang; Wasserform: St.drüsen mit etwa 8 Randzellen; Schwimmb. zu 6–8 rosettig gehäuft, *Spreite breit-ellipt. od. kreisrund,* meist plötzlich stielförmig verjüngt, Wasserb. ellipt. od. spatelförmig. Landform: B. breit-ellipt. od. fast kreisrund. Bl. an den Rosettenb.; *Fr. fast kreisrund,* 1,75–2 mm lang u. *bis 2 mm breit,* hellbraun, *Klausen* breit, *fast flügelartig-gekielt; N. aufrecht od. abstehend,* 2–3 mm lang, lange *bleibend; Sa. divergierend; S. breit geflügelt.* V–X. 2n = 10.

Wasserpflanzenges., in ± nährstoffreichen, ± kalkarmen, auch brackischem, stehendem od. fließendem Wasser. – Meist verbreitet u. häufig; u. a. in NO-D. u. Alp. fehlend. – Eur., As., Afr.; euras-subozean(-submed).

2. Sect. Pseūdo-Callítriche

2219. C. hermaphrodítica Juslen (Abb. 345 k) Herbst-W.
(= C. autumnalis L.)

♃, *HH.* – Pfl. nur untergetaucht; St. 0,15–0,50 lang; B. 1nervig, lineal. bis schwach lineal.-lanzettl., gelblichgrün; Bl. an den oberen submersen B.; Vorb. fehlend; N. sichelförmig, lang; *Fr.* fast kreisrund, zusammengedrückt, ca. 1,5(–2) mm breit, *Rückenfurche sehr tief, Klausen u. S. breit* bzw. sehr breit *geflügelt.* VI–IX. 2 n = 6.

Wasserpflanzenges., in stehendem od. fließendem Wasser. – Zerstreut bis selten: N-D.; Schleusingen (ob noch?); im NW seltener u. vereinzelt. – N-Eur., Isl., Engl., Holl., Belg., N-D. bis N-Rußl.; Kroat., Ital.?; N-Sib., N-Am.; no.

122. Fam. LABIÁTAE Juss. (= Lamiaceae Lindl.)

Lippenblütler

I. Kr. nicht deutlich zweilippig, ± regelmäßig strahlig od. scheinbar einlippig
- A. Kr. scheinbar einlippig, nur die Unterlippe deutlich entwickelt
  - 1. Kr.oberlippe sehr kurz, ausgerandet; Kr.röhre innen mit Haarring; Kr. bleibend . . . . **614. Ajuga**
  - 2. Kr.oberlippe tief zweispaltig, die Zipfel der Unterlippe angedrückt, diese daher scheinbar 5spaltig; Kr.röhre ohne Haarring; Kr. abfallend . . . . **615. Teucrium**
- B. Kr. fast regelmäßig radiär, mit 4–5 nur wenig ungleichen Zipfeln
  - 1. Stbb. 2, dazu noch meist mit 2 fädlichen sterilen Stbb.; Kr. fünfspaltig, weiß . . . . **640. Lycopus**
  - 2. Stbb. 4; Kr. rot od. violett
    - a) Bl.quirle kopfig od. locker, allseitswendig; Stbb. ungefähr gleichlang . . . . **639. Mentha**
    - b) Bl.quirle u. Hochb. sehr dicht, einseitswendig; untere Stbb. deutlich länger . . . . **641. Elsholtzia**

II. Kr. ± deutlich zweilippig, mit ausgebildeter Oberlippe
- A. Stbb. 2, höchstens noch außerdem 2 kurze Staminodien
  - 1. K. zweilippig, glockig-röhrig, Stbb. in die Oberlippe eingeschlossen **631. Salvia**
  - 2. K. fast gleichmäßig 5zähnig; Stbb. hervortretend . . . **632. Monarda**
- B. Stbb. 4, 2 längere u. 2 kürzere
  - 1. Stbb. nicht über die Oberlippe hinausragend (zumindest am Anfang der Blüte)
    - a) Kr.oberlippe deutlich löffelförmig ausgehöhlt od. helmförmig gewölbt, die Stbb. darunter (zumindest zu Anfang) parallel angeordnet, nur beim Abblühen zuweilen auswärts gebogen
      - x) K. ungleichmäßig, deutlich zweilippig

/) K.oberlippe mit einem schildförmigen Anhängsel **616. Scutellaria**

//) K. ohne solches Anhängsel

§) Bl. in dichten, walzlichen Köpfchen; Hochb. auffällig, rundlich–herzeiförmig .... **626. Prunella**

§§) Bl. in endständigen, lockeren Scheinähren; Hochb. schmal-lineal. .... **627. Dracocephalum**

xx) K. fast regelmäßig 5zähnig, der hintere Zahn nicht od. nur wenig breiter

/) Bl. klein, 5–6 mm lang, rosa, kürzer od. wenig länger als der K.; B. ± handförmig .... **619. Leonurus**

//) Bl. wenigstens 10 mm lang; B. nicht tief geteilt

§) Seitenlappen der Kr.unterlippe spitz, oft sehr klein u. zahnförmig od. fehlend; Kr. rot, weiß od. gelb **623. Lamium**

§§) Lappen der Kr.unterlippe stumpf od. ausgerandet

+) Unterlippe der Kr. im Schlund jederseits mit einem aufrechten, hohlen, von unten her eingedrückten Höcker .... **624. Galeopsis**

++) Unterlippe der Kr. ohne zahnförmigen Höcker

α) Bl. in deutlich gestielten, b.achselständigen Scheinquirlen; K. hervorragend 10nervig **620. Ballota**

β) Bl. in sehr dichten, nie deutlich gestielten Scheinquirlen, oft in Scheinähren

†) Stbb. zusammenneigend, die oberen am Grd. meist mit Anhängseln, obere Gr.-ast kürzer als der untere ...... **622. Phlomis**

††) Stbb. ohne Anhängsel, die äußeren oft auswärts gebogen, Gr.-äste wenig ungleich **621. Stachys**

b) Oberlippe flach od. wenig zurückgebogen

x) Stbb. u. Gr. in die Kr.röhre eingeschlossen

/) Scheinquirle in den Achseln von Hochb.; K. kurz 5zähnig; Kr. blau .... **642. Lavandula**

//) Scheinquirle in den Achseln von normalen Laubb.; Kr. weiß od. gelb.

§) K. 10-, seltener 5zähnig; Bl. weiß .. **617. Marrubium**

§§) K. 5zähnig; Bl. gelb .... **618. Sideritis**

xx) Stbb. nicht in die Kr.röhre eingeschlossen

/) Stbb. der Unterlippe anliegend; Kr.oberlippe 4spaltig, Unterlippe ungeteilt .... **643. Ocimum**

//) Stbb. unter der Oberlippe liegend

§) K. deutlich zweilippig

+) B. in grd.ständiger Rosette, gekerbt; Bl. groß, violett, in einseitswendiger Scheinähre **630. Horminum**

++) Pfl. anders

α) K. glockig aufgeblasenen; Kr. groß, 3–4 cm lang .... **625. Melittis**

β) K. nicht aufgeblasen, walzlich-glockig; Kr. kleiner

†) Oberlippe der Kr. flach, Zipfel der Unterlippe gleich .... **634. Satureja**
††) Oberlippe der Kr. etwas gewölbt, Mittellappen der Unterlippe größer **633. Melissa**
§§) K. ziemlich gleichmäßig 5- od. 10zähnig
+) Unterlippe der Bl.kr. hohl, muschelförmig, gekerbt .... **628. Nepeta**
++) Pfl. anders
α) B. nierenförmig, gekerbt; St. niederliegend **629. Glechoma**
β) B. eiförmig—lanzettl.; St. meist aufrecht
†) B. ganzrandig; Bl.quirle wenigbl.; Bl. bläulich-weiß .... **634. Satureja**
††) B. gesägt, gezähnt od. gekerbt; Bl. weiß, rot od. gelblich-weiß
△) Bl.quirle gestielt, entfernt, Halbquirle 4- bis 10bl. .... **620. Ballota**
△△) Bl.quirle nie gestielt, Halbquirle meist 6bl. .... **621. Stachys**

2. Stbb., zumindest die längeren, u. der Gr. während der Bl.zeit über die flache od. wenig gewölbte Oberlippe deutlich hinausragend
a) K. deutlich zweilippig od. scheinbar einlippig
x) K. zweilippig, mit 3zähniger Ober- u. zweizähniger Unterlippe .... **638. Thymus**
xx) K. scheinbar einlippig .... **637. Majorana**
b) K. ± regelmäßig 5zähnig
x) Blst. einseitswendig, in langen, traubigen Scheinähren; Kr. violettblau .... **635. Hyssopus**
xx) Blst. rispig od. doldig; Kr. karminrot .... **636. Origanum**

1. Subfam. Ajugoídeae

614. Ajúga L. — Günsel

x = 8

I. B. stark dreizipfelig; Bl. meist einzeln od. zu zweien in den Achseln der B.; Kr. gelb (Sect. Chamaepitys) **2220. A. chamaepitys**
II. B. ungeteilt, gekerbt od. ganzrandig; Scheinquirle 3- bis mehrbl.; Kr. blau od. rötlich (Sect. Bugula)
A. Pfl. ohne oberirdische Ausläufer; St. bis zum Grd. rauh behaart; oberste Hochb. nicht kürzer als die Bl.
1. Rosetten dichtblättrig, meist zur Bl.zeit noch vorhanden; St. kurz-rauhhaarig; Hochb. ± ganzrandig od. schwach kerbig; oberste Hochb. doppelt so lang wie die Bl. .... **2221. A. pyramidalis**

2. Rosetten locker, zur Bl.zeit meist verwelkt; St. dichtzottig; Hochb. grob gekerbt; oberste Hochb. so lang od. nur wenig länger als die Bl. . . . . 2222. **A. genevensis**

B. Pfl. mit oberird. Ausläufern; Pfl. am Grd. meist kahl; oberste Hochb. meist kürzer als die Bl. . . . . . 2223. **A. reptans**

1. Sect. Chamaepítys

2220. A. chamaepítys (L.) Schreb. Gelber G.

⨀, seltener ①, *Th, H.* – H. 0,05–0,15. St. meist vom Grd. an ästig, ausgebreitet-aufsteigend, ± dicht zottig behaart; B. dicht gedrängt, *mittlere u. obere tief dreiteilig mit lineal.,* ganzrandigen *Abschnitten;* Bl. u. Hochb. zu dichten Scheinähren vereinigt; Kr. gelb–blaßgelb od. rötlichgelb. V–IX (selten bis XI od. XII). 2n = 28.

Unkrautges., Weinberge, Getreideäcker, Brachen, Ödland etc.; meist trockene, schwere, kalkreiche Böden. – Zerstreut in den s. u. sw. Kalkgeb. u. vom Saar-, Mosel-, Nahetal bis Thür., O-Harzvorland, Schles.; sonst fehlend (u. a. N-D., Alp.) od. verschleppt. – Med., S-Eur. u. N-Afr. bis Kl.As. (M- u. s. N-Eur.); med-submed.

2. Sect. Bugúla

2221. A. pyramidális L. Pyramiden-G.

♃, *H.* – H. 0,15–0,30. Pfl. mit zahlreichen Rosetten; St. steif aufrecht; *B. sehr dicht,* untere rosettig gehäuft, *kurz gestielt,* verkehrteiförmig, obere sitzend, oft braunrot überlaufen; Scheinquirle sehr genähert, weit unten beginnend; *Scheinähre* daher *sehr lang, vierseitig pyramidenförmig;* Kr. hellblau, bald verbleichend. V–VII(–VIII). 2n = 32.

Borstgrasrasen, Heiden, lichte Waldschläge; meist trockene, saure Sand- od. Lehmböden. – Sehr zerstreut: Sylt; Unterharz (Selketal); Brand., Meckl. bis Ostpr.; Münstereifel (Pesch), Rheinpfalz (Wachenheim, Limburg); Thür., Erzgebg. (nahe der Grenze), Schles.; Taunus (Breithardt bis Hohenstein), Spessart (Gelnhausen, Bad Orb); S-Schwarzwald, Frank. (Nürnberg); mont.-alp. Stufe der Alp. (1330–2200 m). – Isl., Skand. (70° n. Br.), Dän.; Gebg. des m. u. s. Eur.; Kauk.; no-praealp(subozean).

2222. A. genevénsis L. Heide-G.

♃, *H.* – H. 0,10–0,30(–0,50). St. einfach; B. länglich, am Grd. keilförmig, gekerbt – gezähnt, rauhhaarig; *Grdb.* in einer Rosette, *lang gestielt;* Stb. sitzend, obere zuweilen dreilappig; Scheinquirle 3- bis 5bl.; Kr. lebhaft dunkelblau, seltener rosa od. weiß. V–VII (VIII–IX zuweilen erneut). 2n = 32.

Magerrasen, steppenartige Formationen, Unkrautges.; meist warme, ± trockene u. kalkhaltige Böden. – Verbreitet: nö. u. s. Geb. (Alp. bis 1720 m); im m. Geb. z. T. zerstreut; u. a. nw. von Holst.-Göhrde-Osnabrück-Emmerich fehlend. – M- u. O-Eur., n. S-Eur. bis N-, M- u. O-As.; euras-kont.

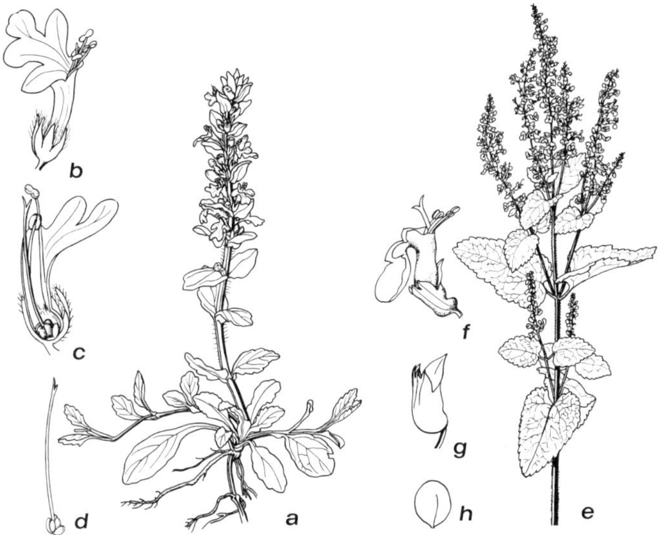

Abb. 346. *a–d Ajuga reptans* (*a* Habitus; *b* Blüte, bei *c* längsgeschnitten; *d* Fruchtknoten mit Griffel); *e–h Teucrium scorodonia* (*e* Sproßspitze, *f* Blüte, *g* Kelch, *h* Klause).

2223. A. réptans L. (Abb. 346 a–d) Kriechender G.

♃, *H.* – H. 0,10–0,30. Pfl. mit kriechenden, oberirdischen, beblätterten, 0,10–0,30 langen Ausläufern; B. verkehrt ei- bis spatelförmig, nur undeutlich gekerbt, untere zu einer Rosette vereinigt, bleibend, gestielt, obere sitzend, viel kleiner, fast alle mit Bl.; Scheinquirle 4- bis 8bl., obere gedrängt u. eine ± dichte Scheinähre bildend; Kr. lebhaft blau, zuweilen rot-rosa od. weiß. IV–VI(–VIII). 2 n = 32.

Wiesen, Laub- u. Nadelwälder, Gebüsche, Hänge; meist etwas feuchte, nährstoffhaltige, sonst verschieden ausgestattete Böden. – Verbreitet u. meist häufig (Alp. bis 1720 m), in den nw. Marschgeb. in Küstennähe u. auf den meisten Ins. fehlend. – n-engl. Ins. (60° n. Br.) u. S-Skand. bis Med., N-Afr., Kl.As., Pers.; subatl-submed.

Bastarde:

A. genevensis × pyramidalis (= A. × adulterina Wallr.), A. genevensis × reptans (= A. × hybrida Kern.), A. pyramidalis × reptans (= A. × hampeana A. Br. et Vat.).

615. Teúcrium L. Gamander

x = 5, 8, 17?

I. B. immergrün, unten weißfilzig, schmal; Bl.quirle zu ± dichten Köpfchen am Ende der Spr. vereinigt (Sect. Polium) . . . . 2224. T. montanum
II. B. beiderseits grün, breit; Bl.quirle einzeln, zu ± scheinährenartigen Blst. vereinigt
A. K. deutlich fünfzähnig, die K.zähne kaum verschieden gestaltet; Kr. blaßrot—purpurrot
1. St. am Grd. verholzt; B. im unteren, keilförmigen Teil ganzrandig; obere Bl. ± länger als die Hochb. (Sect. Chamaedrys) . . . . 2225. T. chamaedrys
2. St. auch am Grd. krautig; alle Bl. kürzer als die Hochb. (Sect. Scordium)
a) B. stark fiederspaltig-geschlitzt; St. drüsig-zottig . . . . 2226. T. botrys
b) B. ungeteilt, gekerbt; St. weichhaarig; Geruch knoblauchartig . . . . 2227. T. scordium
B. K. helmförmig-zweilippig, der obere K.zahn viel größer als die 4 anderen; Kr. gelblich-grün (Sect. Scorodonia) . . . . 2228. T. scorodonia

1. Sect. Pólium

2224. T. montánum L. Berg-G.

♄, *Ch.* — H. 0,05—0,35 (niederliegend). Zwergstrauch mit dünnen, ausgebreitet-ästigem, am Grd. holzigem *St.,* weißfilzig-flaumig behaart, daher *hellgrau; B. lanzettl. bis lineal.,* ± kurzgestielt, ganzrandig, an der Spitze zuweilen etwas gesägt, unterseits grau od. weißlich-filzig; Rand der B. meist nach unten umgerollt; Kr. trüb-gelblich weiß. VI—VIII (zuweilen noch einmal X). 2 n = 30.

Mont.-subalp. Trockenrasen, Felsen, lichte Wälder; überwiegend kalkreiche, oft steinige Böden. — Verbreitet: Kalkalp. (bis 1530 m), s. Muschelkalk- u. Jurageb. (Württ. bis 1000 m); sonst im s. Geb. zerstreut bis selten, n. bis Moselgeb. Eifel, Hess., Thür. — s-eur. Gebg., Span. bis Balk., Karp., Kl.As.; M-Eur., n. bis Belg.; submed.

2. Sect. Chamáedrys

2225. T. chamáedrys L. Echter G.

♄, *Ch.* — H. 0,15—0,30. Zwergstrauch mit dünnen, holzigen Ausläufern; St. aufsteigend, am Grd. ästig u. etwas holzig, zottig, oft rot überlaufen; *B.* ziemlich dicht stehend, kurz gestielt, *länglich-eiförmig,* groß grob gekerbt-gezähnt, keilförmig in den Stiel verschmälert; Bl. zu 2—6 in Quirlen, die obersten genähert, zu ± langen Scheintrauben vereinigt;

K. wie die Deckb. oft rotbraun überlaufen; Kr. meist karminrot. (VI–) VII–IX. 2n = 60,64.
Trockenrasen, Trockenwälder, lichte Gebüsche, Felsen etc.; meist ± trockene, kalkhaltige, lockere Lehm- u. Lößböden. – Ziemlich verbreitet im s. Geb. (Muschelkalk, Jura; Württ. bis 980 m); zerstreut: Alp. (bis 1100 m); selten: N-Alp.vorland; n. bis Kalkgeb. vom Moseltal bis Thür., O-Harzvorland. – Med. bis M- u. O-Eur., N-Afr., Syr.; Kauk., Pers.; submed-med.

3. Sect. Scórdium

2226. T. bótrys L. Trauben-G.

⊙, ⊙, *Th, H.* – H. 0,10–0,30(–0,40). St. aufsteigend, unten meist mit bogig abstehenden Ästen; *B. lang gestielt,* die unteren einfach, die oberen meist doppelt *fiederspaltig mit lanzettl. – lineal. Lappen;* Bl. zu 2–4(–6) in den Achseln von Laubb., entfernt; *K. etwas aufgeblasen;* Kr. trübrosa, selten weiß. VII–IX(–X). 2n = 10.
Trockenrasen, steinige Abhänge, Felsen, Geröllhalden, Äcker; trockene, lockere meist kalkreiche Böden. – Zerstreut bis verbreitet in s. Kalkgeb. (u. a. Oberrhein-, Neckargeb., Pfalz, Jura bis 960 m), selten Alp. (bis 1300 m) u. Waldgebg.; n. bis Westf., Harzvorland, Sachs., Schles.; sonst nur verschleppt. – W-Med. bis M-Eur., Pol., N-Balk.; submed-subatl.

2227. T. scórdium L. Lauch-G.

♃, *H.* – H. 0,10–0,40(0,50). W.stock kriechend, mit zahlreichen Ausläufern; St. aufrecht, ± einfach; *B.* dichtstehend, *ungestielt,* länglich-ellipt.–lanzettl., grob gekerbt–gezähnt; Bl. in 1- bis 4teiligen Quirlen, diese entfernt stehend; *K. glockig;* Kr. hellkarminrot. VII–VIII.
Flachmoorwiesen, Ufer, Gräben; nasse, meist kalkhaltige u. torfige Böden. – Sehr zerstreut, vor allem in den großen Stromtälern von Elbe, Oder, Weichsel; Saar, Mosel, M- bis Oberrhein u. Bodensee, Main u. Donau u. einige Nebenflüsse; nw. bis Lippe, Hase, Dümmer. – S-Skand. bis Med., N-Afr., M-As.; submed-med(-subatl).

4. Sect. Scorodónia

2228. T. scorodónia L. (Abb. 346e–h) Salbei-G.

♃, *Ch.* – H. 0,30–0,60(–0,90). Pfl. mit unterirdischen Ausläufern; St. meist oben ästig, kurzabstehend–zottig behaart; *B.* herzeiförmig bis länglich, am Grd. herzförmig od. gestutzt, dicht kerbig gesägt, stark netznervig u. *etwas runzlig,* mit ± 1–2 cm langem Stiel; *Bl.* einzeln od. zu zweien in den Achseln sehr kleiner Hochb., *zu ± einseitswendigen, lockeren, langen Scheintrauben* vereinigt; Kr. blaß-grünlich-gelb, die Röhre rötlich. VII–IX. 2n = 32,34.

Eichen- u. Kiefernwälder, Heiden, Wegränder etc.; trockenfrische, meist kalkfreie Silikatböden. – Verbreitet im w. u. s. Geb. (Alp. sehr selten bis 950 m, Schwarzwald bis 1400 m), im N zerstreut bis selten (z. T. eingebürgert), ö. zerstreut bis Thür., Sachs., Bay. Wald (bis 1050 m) bzw. eingebürgert bis Ostpr., Schles. – W-Eur. bis S-Skand., w. M-Eur., W-Med., S-Balk., N-Afr.; subatl.

2. Subfam. Scutellaroídeae

616. Scutellária L. — Helmkraut

x = 8, 11, 17

I. B. ± eiförmig, ringsum grob gekerbt; Hochb. viel kleiner als die Laubb. u. anders gestaltet; Blst. daher abgesetzt . . . . 2229. S. altissima

II. B. länglich, ganzrandig od. jederseits nur mit 1–4 Zähnen; Hochb. von den Laubb. wenig verschieden; Blst. daher wenig abgesetzt

A. Bl.stiel viel kürzer als der K.; Bl. 15–20 mm lang; Kr.röhre aufwärts gekrümmt

1. B. eiförmig-lanzettl.-dreieckig, jederseits mit 3–4 Kerbzähnen; K. weichhaarig, drüsenlos; mittlere Bl. kleiner als ihre Hochb. . . . . 2230. S. galericulata

2. Mittlere B. spießförmig, obere ganzrandig, höchstens jederseits mit 1–2 Zähnen; K. drüsig-flaumig; mittlere Bl. länger als ihre Hochb. 2231. S. hastifolia

B. Bl.stiel länger als der K.; Bl. 6–7 mm lang; Kr.röhre gerade . . . . 2232. S. minor

2229. S. altíssima L. — Hohes H.
(= S. columnae Host. non All.)

♃, *H.* – H. 0,60–1,00. St. aufrecht, ästig, flaumig, oberwärts wie die K. drüsig behaart; B. ± langgestielt, herz-eiförmig; Hochb. ganzrandig, oft violett überlaufen; Bl. zu meist 2 in den Achseln der Hochb.; Kr.röhre scharf aufwärts geknickt; Kr. 10–18 mm lang, Oberlippe blauviolett, Unterlippe weißlich. VI–VII. 2 n = 34.

Kultiviert, selten verwildert u. eingebürgert. – Heimat: Med.

2230. S. galericuláta L. (Abb. 347 a–d) — Sumpf-H.

♃, *H.* – H. 0,10–0,50(–0,70). Pfl. mit dünnen Ausläufern; St. aufsteigend od. ± aufrecht, oft ästig, scharf vierkantig; *B.* kurz gestielt, Spreitengrd. herzförmig od. abgerundet, *unterseits bleichgrün;* Bl. einzeln, in 1–4 Paaren in den Achseln von etwas kleineren Laubb., ± einseitswendig; *Kr. 12–20 mm lang, 5- bis 6mal länger als der K.,* blauviolett-weißlich. VI–IX. 2 n = ca. 32.

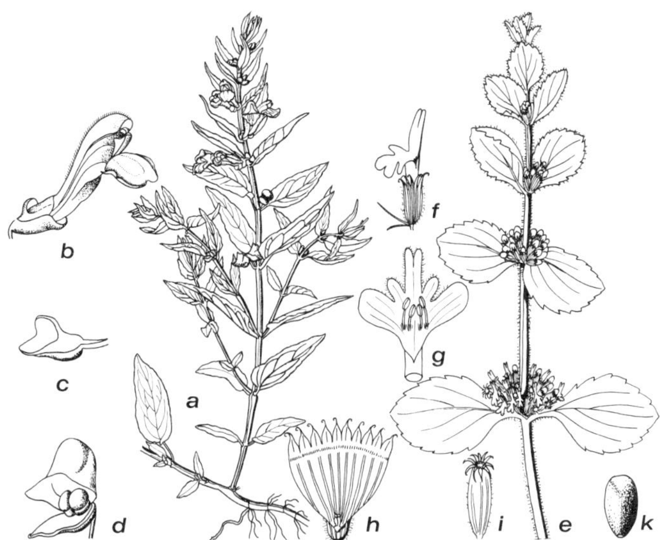

Abb. 347. *a–d Scutellaria galericulata* (*a* Habitus, *b* Blüte; *c* Kelch, bei *d* zur Fruchtzeit mit Klausen); *e–k Marrubium vulgare* (*e* Sproßspitze, *f* Blüte; *g* Krone, aufgeschnitten; *h* Kelch, aufgeschnitten; *i* Kelch zur Fruchtzeit, *k* Klause).

Verlandende Sümpfe, Röhrichte, Großseggenbestände, Bruchwälder, Ufer, Gräben etc.; zeitweise sehr nasse, humose Ton-, Lehm- od. Torfböden. – Verbreitet u. meist häufig (Alp. bis 1080 m, Schwarzwald bis 900 m). – N-Eur. (69° n. Br.) bis N-Med., Kauk., N- u. W-As.; N-Am.; no-euras, circ.

2231. S. hastifólia L. Spießblättriges H.

♃, *H.* – H. 0,10–0,40. Pfl. mit dünnen Ausläufern; St. aufsteigend, ± ästig; B. länglich-lanzettl., mittlere mit abstehenden Öhrchen, nahezu spießförmig; Bl. in den Achseln kleiner laubb.artiger Hochb., zu ± einseitswendigen Scheinähren am St.ende gehäuft; *Hochb.* u. K. *kurzdrüsig; Kr. groß, 20–22 mm lang,* blauviolett. VI–VIII. 2 n = ca. 32.

Sumpfwiesen, Auenbüsche, Flußufer; zeitweise nasse, nährstoffreiche, meist sandige Lehm- od. Tonböden. – Selten u. zerstreut in den großen Stromtälern nebst einigen Seitentälern: Nieder- u. M-Rhein, Weser, Elbe (Unstrut-Saale-Elster), Oder, Weichsel, Memel, ö. Donau. – Finnl., S-Skand., bis Frankr., N-Med., Schwarzes Meer, Kauk.; gem-kont(-o-submed).

2232. S. mínor Huds. Kleines H.

♃, *H.* – H. 0,10–0,30. St. dünn, aufsteigend od. aufrecht, scharf vierkantig, ± ästig; B. sehr kurz gestielt, untere eiförmig od. länglich-lanzettl., meist ganzrandig od. am Spreitengrd. mit 1–2 Zähnen; Bl. einzeln, in den Achseln von nach oben kleiner werdenden laubb.artigen Hochb., einseitswendig; Kr. violett-rosa. VII–VIII.

Kleinseggen-Sümpfe, Bruchwälder; nasse, kalkfreie, saure, meist anmoorige sandige od. tonige Böden. – Zerstreut im w. Geb., ö. selten bis etwa Weser-Aller-Geb., Anh., Sachs., Frank., Bay. Wald. – Atl. W-Eur. bis W-D.; SO-Eur.(?), M-As.(?); atl(-subatl).

3. Subfam. S t a c h y o í d e a e

1. Trib. M a r r u b í e a e

617. Marrúbium L. Andorn

x = 17

I. B. breit-eiförmig, unterseits graufilzig, oberseits verkahlend, runzelig; K. mit 10 hakig zurückgebogenen Zähnen .... **2233. M. vulgare**

II. B. ellipt.-lanzettl., beiderseits weißfilzig, glatt; K. mit 5 aufrechten Zähnen .... **2234. M. peregrinum**

2233. M. vulgáre L. (Abb. 347 e–k) Gemeiner A.

♃, *H.* – H. 0,30–0,60. St. nur am Grd. ästig, oberwärts meist einfach, locker-flaumig, in der Jugend verwoben-wollig behaart; B. mit unten längerem, oben kurzem breitem Stiel, die oberen schmäler, ringsum grob kerbzähnig; *Bl. in dichten, nahezu kugeligen,* entfernten, von den Hochb. weit überragten *Scheinquirlen; K.zähne an der Spitze kahl,* stechend; Kr. klein, 6–8 mm lang, weißlich. VII–IX. 2n = 34,36.

Unkrautige Ges., Schutt, Wegränder etc.; warme, ± trockene, meist nährstoff- u. N-reiche, lehmige Böden. – Zerstreut bis ziemlich selten, z. T. eingebürgert, insbes. im S u. SW (Oberrhein-, Bodensee-, Main-, Jura-, Muschelkalk- u. bay. Donaugeb.), Saalegeb. (Halle/Naumburg), sonst vereinzelt; daneben kultiviert u. verwildert. – Med. u. SO-Eur., W- u. M-As., (M-, s. N-Eur., Am.); med-submed.

Droge: Herba Marrubii

2234. M. peregrínum L. Schmalblättriger A.
(= M. creticum Mill.)

♃, *H.* – H. 0,30–0,60(–1,00). St. mit sehr zahlreichen, ± abstehenden Ästen, vor allem unten weiß-flaumig-filzig; B. gestielt, vorne kerbig gezähnt, keilförmig in den St. verschmälert; *Bl. in* 6- bis 12bl., *lockeren,* entfernten, oben dichter gedrängten *Scheinquirlen; K.zähne bis zur Spitze filzig;* Kr. klein, 8–9 mm lang; weiß. VII–VIII.

Schuttunkrautges.; meist warme, trockene, kalkreiche Böden. – Selten eingeschleppt, eingebürgert: Sachs.-Anh. (Eisleben); sonst nur vorübergehend. – Heimat: Tschech., Österr., Ung., O- u. SO-Eur., Kl.As.

Bastard: M. peregrinum × vulgare (= M. × remotum Kit.).

618. Sidéritis L. — Gliedkraut

S. montána L. (Abb. 348 a–d); ⊙; Hochb. von den Laubb. kaum verschieden; K. deutlich 2lippig (nach 3/2); Kr. kürzer als der K., zitronengelb, rotbraun gesäumt, beim Verblühen ganz braun werdend. VII–IX. 2 n = ca. 32. – Gelegentlich eingeschleppt, meist unbeständig, selten eingebürgert. – Heimat: Med.

S. hyssopifólia L.; ♄; Hochb. wesentlich anders als die Laubb.; K. ± regelmäßig 5zähnig; Kr. länger als der K., gelblich-weiß. VII–IX. 2 n = 30(–32). – Sehr selten eingebürgert (Göttingen). – Heimat: Span. u. s-franz. Gebg.

2. Trib. Stachýeae

619. Leonúrus L. — Herzgespann

I. Alle B. ungeteilt, grob gezähnt–gekerbt; Kr.röhre gerade, ohne Haarring; Bl. kürzer als die K.zähne (Sect. Chaiturus) .... **2235. L. marrubiastrum**

II. B. handförmig zerteilt-lappig; Kr.röhre gekrümmt, mit Haarring; Bl. länger als die K.zähne (Sect. Cardiaca) .... **2236. L. cardiaca**

1. Sect. Chaitúrus

2235. L. marrubiástrum L. — Filziges H., Katzenschwanz

⊙, (⊙), *H, (Th).* – H. 0,50–1,25 (u. höher). St. einfach od. ästig; *B.* lang gestielt, eiförmig-lanzettl., mit wenigen, großen Kerbzähnen, *unterwärts grauflaumig;* oberste Hochb. lanzettlich, wenig gesägt; Bl. in fast kugeligen, dichten Scheinquirlen, weit von den Hochb. überragt, entfernt, oben ± gedrängt; *Kr. wenig länger als der K.,* flaumig behaart, bleichrosa. VII–VIII. 2 n = 24(–28).

Unkrautige Ges., Auenwälder, Gräben; ± frische, lehmige od. tonige Böden. – Selten u. zerstreut, bes. in den großen Stromtälern (Weser-Aller, Elbe-Saale-Elster, Oder bis Warthe, Netze, Oberrhein, Main etc.), oft unbeständig. – ö. W- u. M-Eur. bis Sib., Ober-Ital., N-Balk.; (N-Am.); gem-kont-o-submed.

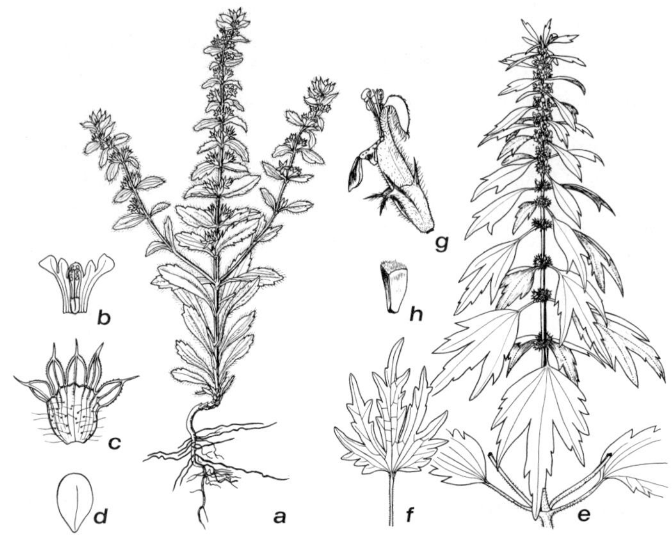

Abb. 348. *a–d Sideritis montana* (*a* Habitus; *b* Krone, aufgeschnitten; *c* Kelch, aufgeschnitten; *d* Klause); *e–h Leonurus cardiaca* (*e* Sproßspitze, *f* unteres Stengelblatt, *g* Blüte, *h* Klause).

2. Sect. C a r d í a c a

2236. L. cardíaca L. (Abb. 348 e–h) Echtes H., Löwenschwanz

♃, *H.* – H. 0,30–1,00(–1,30). St. meist sehr ästig, dicht abstehend behaart; *B.* lang gestielt, *beiderseits weichhaarig,* untere mit gestutztem od. herzförmigem Spreitengrd., 3- bis 5spaltig, grob gesägt; Hochb. zum Teil dreilappig, am Grd. keilförmig; Bl. in dichten Scheinquirlen, weit von den Hochb. überragt, entfernt, oben dichtgedrängt; *Kr. länger als der K.,* vor allem die Oberlippe zottig behaart, fleischrot. VI–IX. 2n = 18.

Unkrautige Ges., bes. Weg- u. Straßenränder von Ortschaften; frische, nährstoff- u. N-reiche, oft sandige Böden. – Zerstreut, nur in einzelnen Geb. verbreiteter, streckenweise (so in verschiedenen M-Gebg. u. Alp.) fehlend. – As. bis Him.; O-Eur. bis M-Eur., Engl., M-Skand. u. Med.; euras-kont(-submed).

Droge: Herba Leonuri cardiacae [von var. villosus (Desf.) Beuth.]

Abb. 349. *a–f Ballota nigra* (*a* Sproßspitze, *b* Stengelblatt; *c* Krone, bei *d* aufgeschnitten; *e* Kelch, aufgeschnitten; *f* Klause); *g–k Stachys officinalis* (*g* Sproßspitze u. -basis, *h* Blüte, *i* Fruchtknoten u. Griffel, *k* Klause).

620. Ballóta L. Gottvergeß

x = 11

2237. B. nígra L. (Abb. 349 a–f) Schwarznessel

♃, *H, (Ch).* – H. 0,60–1,00 (u. höher). St. aufsteigend-aufrecht, meist mit abstehenden, aufsteigenden Ästen, locker weich behaart, oft rotbraun überlaufen; B. gestielt, herz-eiförmig-dreieckig, runzlig, gekerbt-gesägt, weichhaarig; Hochb. von Laubb. kaum verschieden; Bl. in 8- bis 20bl., in deutliche Halbquirle aufgeteilten Scheinquirlen; K. deutlich zehnnervig, 5zähnig; Kr. rötlich-lila-weißlich, Unterlippe weiß gestrichelt. V–IX.

ssp. n í g r a [= ssp.ruderalis (Sw.) Briq.]; B. oft doppelt so lang wie breit, ± herz-eiförmig u. lang zugespitzt; K.röhre 3–7 mm lang; K.saumabschnitte schmal dreieckig, allmählich in eine grannenartige, lange Spitze verschmälert. 2n = 22.

Verbreitet. – Bes. n- u. m-eur. Teil des Gesamtverbreitungsgeb.

ssp. f ṓ ē t i d a (Lam.) A. et G. [= ssp. nigra (L.) Briq. nom. rejic.]; B. etwa so lang wie breit, ± rundlich, grob gekerbt; K.röhre 7–

10 mm lang; K.saumabschnitte breit rundlich-dreieckig, plötzlich in eine meist kurze Spitze zusammengezogen.

Seltener u. unbeständig, bes. im S, aber auch bis Schl.Holst. vordringend. – bes. Med., Alp., W- u. SW-Eur.

Unkrautges., Schutt, Zäune, Wegränder etc.; meist frische, nährstoff- u. N-reiche lehmige, sandige od. tonige Böden. – Zerstreut, in den s. wärmeren Geb. verbreiteter; Küsten u. Alp. (bis 571 m) z. T. fehlend. – Med. bis Kl.As. u. N-Pers., bzw. bis Irl. u. S-Skand.; submed-med.

621. Stáchys L. Ziest, Betonie

x = 5, 8, 9, 11, 17

I. B. zum größten Teil in Rosetten; St. oberwärts nur mit 1–3 B.paaren, ± einfach; Scheinähren kurz u. dicht, nur mit 1–2 entfernten Quirlen; Tragb. der Scheinquirle ± kürzer als diese (Subgen. Betonica)
  A. Spreite der B. höchstens doppelt so lang wie breit; Kr. gelb, mit Haarring (Sect. Alopecuros) ..... **2238. St. alopecuros**
  B. B.spreite meist viel länger als breit; Kr. rot, ohne Haarring (Sect. Betonica) .... **2239. St. officinalis**

II. B. zum größten Teil am St. verteilt; Scheinähren locker, weit hinauf unterbrochen, nur die obersten dicht genähert; Tragb. die Scheinquirle meist überragend (Subgen. Stachys)
  A. Pfl. nicht dicht seidig od. wollig od. drüsig behaart (oberwärts); Scheinquirle meist 6-, selten mehrbl., locker; Vorb. sehr klein, oft hinfällig
    1. B. am Grd. herzförmig od. gestutzt; Kr. rot od. rosa (Sect. Stachys)
      a) Pfl. ausdauernd, mit unterirdischen Ausläufern; Kr. in der Regel rot, stets viel länger als der K.
        x) Ausläufer nicht verdickt; B. lang gestielt, herzeiförmig, brennesselartig, gesägt .... **2240. St. silvaticus**
        xx) Ausläufer stärker od. schwächer, aber deutlich verdickt; B. länglich, sehr kurz od. ungestielt, gekerbt
          /) Internodien der Ausläufer länger als dick; B. behaart, deutlich gekerbt . **2241. St. paluster**
          //) Internodien der Ausläufer dicker als lang (knollenbildend); B. ± kahl u. ganzrandig .... **2242. St. sieboldii**
      b) Pfl. ⊙, ohne unterirdische Ausläufer; Kr. blaßrosa, kürzer od. kaum länger als der K. **2243. St. arvensis**
    2. B. am Grd. verschmälert; Kr. gelb–weiß (Sect. Pseudosideritis)
      a) Pfl. ⊙, mit spindelförmiger W.; St. ± weichhaarig u. schlaff; B. fast kahl ...... **2247. St. annuus**

b) Pfl. ♃, zuweilen mit holziger Grd.achse; St. rauhhaarig, starr; B. kurzhaarig . . . . . . **2248. St. rectus**

B. Pfl. stark behaart od. zumindest oberwärts drüsig; Scheinquirle meist viel mehr als 10bl.; Vorb. mindestens halb so lang wie die K.röhre (Sect. Eriostomum)

1. St. u. B. durch dichte Behaarung grau-weiß, nirgends drüsig

a) St. u. B. fein seidig behaart; B. beiderseits graugrün . . . . **2244. St. germanicus**

b) St. u. B. dicht langhaarig, wollig-zottig; B. beiderseits silberweiß . . . . **2245. St. byzantinus**

2. St. u. B. locker u. kurz behaart; Pfl. grün; St. oberwärts u. K. drüsig behaart . . . . **2246. St. alpinus**

1. Subgen. B e t ó n i c a

1. Sect. A l o p e c ú r u s

2238. St. alopecúros (L.) Benth. Fuchsschwanz-Z., Gelbe B.
(= Betonica alopecuros L.)

♃, *H.* – H. 0,20–0,40(–0,50). Halbrosettenstaude; St. locker abstehend behaart; B. grob gezähnt, untere mit 5–15 cm langem Stiel, breit herzförmig, oberste ± sitzend; Scheinquirle dichtbl., zu einer ± 3–10 cm langen, dichten Scheinähre vereinigt; K. *mit dichten, kräftigen Längsadern, K.zähne verdornend;* Kr. gelblich-weiß, *nur die Lippen der Kr. außen zottig-bärtig.* VI–VIII(–IX). 2n = 16. Im Geb. nur ssp. j a c q u í n i (Gren. et Godr.) auct.

Subalp.-alp. Steinrasen, Krummholzgebüsche, Steinschutt; meist frische, lockere, kalkreiche Böden. – Selten: Allgäuer (Höllhörner, Hornbachjoch) u. Bay. (Garmisch) Alp.; verbreitet bis häufig: Berchtesgadener Alp. [Alp. meist 800–1900 (1980)m]. – Gebg. von Kastilien, Pyren., Cevennen, Alp., Apenn. bis N-Balk., Griech.; alp.

2. Sect. B e t ó n i c a

2239. St. officinális (L.) Trev. (Abb. 349 g–k) Gemeiner Z., Rote B.
(= Betonica officinalis L.)

♃, *H.* – H. 0,10–0,80(–1,00). Halbrosettenstaude; St. einfach od. im Blst. ein Paar Äste tragend, meist locker, kurz, rückwärts anliegend behaart, selten kahl, nur mit 1–2 B.paaren über der Rosette; B. herzförmig-länglich, gleichmäßig breit gekerbt, netznervig, untere lang, obere kurz gestielt; Bl. in dichten Scheinquirlen, diese zu einem 3–6 cm langen, dichten, häufig unten unterbrochenen Blst. vereinigt; K. *nur schwachnervig,* dicht anliegend behaart; *K.zähne kurz begrannt, nicht stechend; Kr.* purpurn–rosa, *außen flaumig.* VI–VII(–VIII, vereinzelt – X). Im Geb. nur ssp. o f f i c i n á l i s. 2n = 16.

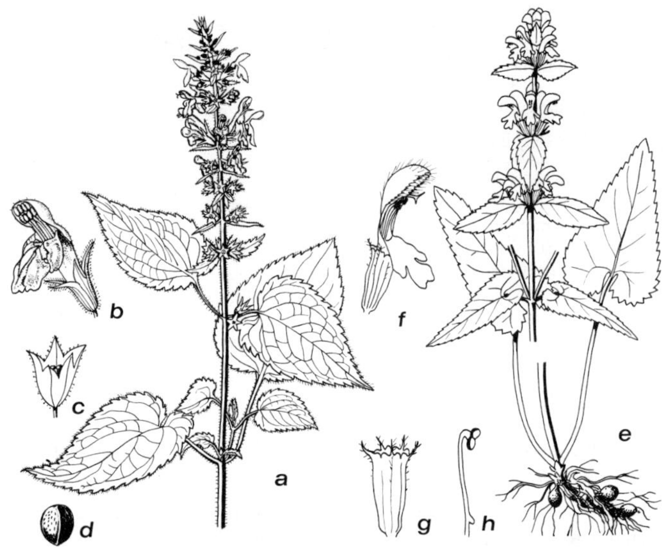

Abb. 350. *a—d Stachys silvaticus* (*a* Sproßspitze, *b* Blüte, *c* Kelch zur Fruchtzeit, *d* Klause); *e—h Phlomis tuberosa* (*e* Sproßspitze u. -basis, *f* Blüte, *g* Kelch, *h* Staubblatt).

Magerwiesen, sonnige Hänge, lichte Gebüsche u. Laubwälder; trockene bis feuchte, nährstoffreiche, oft tonige, lehmige, auch torfige Böden. — Verbreitet bis häufig im s. [Bay. (bis 920 m), Württ. (bis 990 m)] u. m. Geb.; n. bis etwa Barmen—Osnabrück—Hannover—Fehmarn; sonst vereinzelt verschleppt. — Engl.—Dän.—S-Schwed. bis Med., N-Afr., Kl.As., Rußl., Kauk.; submed-euras-subozean.
ozean.

2. Subgen. Stáchys
1 Sect. Stáchys

2240. St. silváticus L. (Abb. 350 a—d) Wald-Z.

♃, *H.* — H. 0,30—1,00. St. oberwärts ästig; Pfl. locker — dicht weich behaart, dunkelgrün, mit unangenehmem Geruch; B. alle mit 1—7 cm langem Stiel, breit-herzeiförmig, rauhhaarig; Scheinquirle meist 6bl., entfernt; Kr. lebhaft dunkelrot mit helleren Zeichnungen auf der Unterlippe, selten rosa od. weiß. VI—IX. 2n = 48, 66

Auen- u. Laubmischwälder, Hecken, Grabenränder etc.; feuchte od. vernäßte, nährstoffreiche Lehm- od. Tonböden. — Verbreitet u. meist häufig (Alp. bis 1650 m). — Eur. von 69° n. Br. bis Siz., N-Balk., Kl.As., Altai, Kaschmir; euras-subozean.

2241. St. palúster L. Sumpf-Z.

♃, *G.* – H. 0,20–1,00(–1,20). Spr.knollengeophyt; Pfl. mit (bes. im Herbst) am Ende u. an den Internodien zu weißlichen Knoten anschwellenden Bodenausläufern („Kartoffeltyp"); St. meist einfach; St. u. B. locker abstehend-kurzhaarig; *B. nur mit herzförmigem Grd.,* untere langgestielt, obere sitzend, zuweilen halbstengelumfassend; Scheinquirle dicht, 6- bis 12bl., obere meist zu ± dichten Scheinähren vereinigt; Kr. trüb rotbraun, Unterlippe mit weißlichen u. roten Flecken. VI–IX. 2 n = ca. 64, 102.

Hochstaudenges. an Ufern u. Gräben, Flußauen, Naßwiesen, Ackerunkrautges. etc.; meist nasse, dichte, häufiger kalkarme Ton- u. Lehmböden. – Verbreitet u. ziemlich häufig (Alp. bis 820 m). – N-Skand., Finnl. bis Port., Span., Griech.; M- u. N-As.; N-Am.; (no-)euras(-submed), circ.

2242. St. sieböldii Miq. Japan. Knollenkartoffel, Jap. Artischocke
(= St. tuberiferus Naud.)

♃, *G.* – H. 0,10–0,30. Spr.knollengeophyt; Ausläufer an den Enden sehr stark perlschnurartig verdickt (weißliche, winterharte Knollen, reicher Gehalt an Manneotetrose); bei uns meist nur steril.

Selten gebaut: Pfalz u. um Nürnberg; zuweilen verwildert. – Heimat: O-As.

2243. St. arvénsis L. Feld-Z.

☉, *Th.* – H. 0,10–0,30. *St. meist niederliegend,* ästig-sparrig verzweigt; Äste oft aufsteigend od. aufrecht, wie die B. locker abstehend behaart; *B. rundlich-eiförmig,* breit abgerundet, stumpf gekerbt, untere lang gestielt, obere sehr kurz gestielt; Scheinquirle meist nur 6bl., entfernt. VII–X(–XI). 2 n = 10.

Hackfruchtunkrautges., Brachen; meist frische, kalkfreie, sandige Lehmböden. – Verbreitet bis zerstreut im n. u. w. Geb. (nw. bis etwa Geestrand bzw. Borkum, Sylt, Föhr, Helgoland), im s. Geb. zerstreut, vor allem niedere Lagen der Sandsteingebg. – W-Eur., Skand., M-Eur. bis Med. (Griech.); N-Afr., Kanar. Ins., Azor.; (N-Am.); subatl.

2. Sect. Erióstomum

2244. St. germánicus L. Deutscher Z.

☉, (♃, ☉), *H.* – H. 0,40–1,25(–1,50). Halbrosettenstaude; St. oft verzweigt; B. eiförmig–ellipt., gekerbt, untere deutlich gestielt, obere, vor allem die Hochb., sitzend; Scheinquirle dicht- u. reichbl. (± 16–20 und mehr Bl.), oberwärts dicht gedrängt; K. dicht seidig behaart; *K.-zähne stachelspitzig, deutlich aus dem Filz herausschauend;* Kr. hell karminrot. VI–VIII(–IX). 2 n = 30.

Halbtrockenrasen, lichte Gebüsche, Böschungen, Steinbrüche, Schutt; ± trockene, nährstoffreiche, oft kalkhaltige Böden. – Sehr zerstreut: s. N-Tiefland (Oberwesergeb.-Harzvorland-O-Meckl.-Pomm.); im S z.T. häufiger

(Rhein-, Neckargeb., Fränk. Jura, Donaugeb., Alp. 800–900 m; Schles.); u. a. im NW u. NO fehlend. – Med., N-Afr. bis Donauländer, Karp., SW-As., M-Eur. bis S-Engl.; (Kanada); submed.

2245. St. byzantínus Koch Wolliger Z.
(= St. lanatus Jacq.)

♃, *H.* – H. 0,40–0,80. St. meist einfach; B. ellipt.–länglich ellipt., undeutlich gekerbt od. ganzrandig; Scheinquirle sehr dicht; Vorb. u. K. zottig-wollig, ganz im Filz verborgen; *K.zähne* weniger dornspitzig, ebenfalls *völlig im Filz verschwindend;* Kr. rosa. VII–VIII. 2n = 30.

Kultiviert, sehr zerstreut verwildert. – Heimat: N-Orient.

2246. St. alpínus L. Alpen-Z.

♃, *H.* – H. 0,40–1,00. W.stock kriechend; St. einfach, locker-abstehend rauh- od. weichhaarig, *oben wie die K. mit rötlichen Stieldrüsen;* B. länglich-rund–eiförmig, kräftig gekerbt–gezähnt, fein-rauh wollig behaart, untere ± lang gestielt, obere (Hochb.) sitzend; Scheinquirle ± dichtbl. (12–20 Bl.), entfernt; Kr. trüb-braunrot, außen langzottig behaart. VII–VIII(–IX). 2n = 30.

(Coll.) mont.-subalp. Schlucht- u. Auenwälder, Kahlschläge, Waldränder, Hochstaudenfluren; feuchte, ± kalk- u. N-haltige Böden. – Verbreitet: Alp. (bis 1620 m); zerstreut u. stellenweise häufig: Schwäb. (u. Fränk.) Alb, Neckarland u. Oberschwab. bis Bodenseegeb.; vereinzelt: Eifelgeb.–Taunus–S-Weserbergland–Harz bis Schles. – Gebg. u. Vorländer M- u. S-Eur., Kauk.; n. etwa bis S-Engl., N-Frankr., M-D.; praealp.

3. Sect. Pseudosiderítis

2247. St. ánnuus L. Einjähriger Z.

⊙, (①), *Th.* – H. 0,10–0,30(–0,50). *St. aufrecht,* meist stark ästig, wie die B. fast kahl od. nur kurz u. weich behaart; *B. länglich-ellipt.,* fein gekerbt bis ± ganzrandig, untere gestielt, obere ± sitzend, *nahezu lanzettl.;* Scheinquirle 2- bis 8-, meist 6bl., entfernt; *Kr. zottig; K.zähne weichhaarig-stachelspitzig;* Kr. blaß-schwefelgelb, außen flaumig behaart. VI–X. 2n = 34.

Unkrautges., Äcker, Weinberge, Bahndämme etc.; warme, trockene, vor allem kalkreiche Böden. – Selten u. vereinzelt, z.T. adventiv: N-Tiefland; zerstreut eingebürgert: s. von etwa Teutoburger Wald–Braunschweig–Magdeburg–Ostpr., vor allem s. Rheintal, Jura u. Muschelkalkgeb., bis Allgäu (1050 m). – O-Med. bis Kauk., Syr., (bis S-Engl., S-Skand.); o-submed.

2248. St. réctus L. Berg-Z.

♃, *H.* (zuweilen Zwergstrauch). – H. 0,25–0,70. St. einfach od. vom Grd. an ästig, meist zahlreich, wie die B. anliegend-rauh behaart; *B. länglich-lanzettl.,* gesägt, untere kurz gestielt, obere sitzend, ± ganzrandig; Scheinquirle 6- bis 10bl., in unterbrochener, verlängerter Schein-

ähre; *K. rauhhaarig; K.zähne* vorgestreckt, *kahl-stachelspitzig;* Kr. gelblich-weiß. VI–X. Im Geb. nur ssp. r é c t a. 2 n = 34, 32.
Halbtrocken- u. Trockenrasen, Felshänge, lichte Gebüsche, Weg- u. Waldränder etc.; warme, mäßig trockene, meist kalkhaltige Böden. – Im n. Geb. vereinzelt verschleppt, in der M-Gebg.schwelle weitgehend fehlend vom Bay. Wald bis Rhön; verbreitet bis häufig: s. Muschelkalk- u. Jurageb.; selten Alp. (Reichenhall). – Span. bis Kl.As., Kauk., n. bis belg. Kalkgeb.; submed(-gemkont).

Bastarde:
St. alpinus × silvaticus (= St. × hybridus vix Bruegg.), St. germanicus × alpinus (= St. × digeneus Salm.), St. silvaticus × paluster (= St. × ambiguus Sm.).

622. Phlómis L. Brandkraut

x = 11, (10?, 6?)

2249. Ph. tuberósa L. (Abb. 350 e–h) Knolliges B.

♃, *H.* – H. 0,60–1,50. St. aufrecht, einfach, oben oft ästig; untere B. rosettig gehäuft, groß, lang gestielt, mit tief herzförmigem Spreitengrd., grob kerbig-gezähnt; Hochb. lanzettl.–eiförmig, gesägt; Bl. in sehr dichten, reichbl., entfernten Scheinquirlen; Vorb. bewimpert, lineal.; K.zähne nach auswärts gekrümmt; Kr. außen weißfilzig, hellrot. VI–VII. 2n = 22.
Steinige Hänge, lichte Gebüsche, steppenartige Formationen; trockene, nährstoffreiche Böden. – Sehr selten, nur Sachs.-Anh. (Magdeburg). – M- u. W-As., Kl.As.–N-Pers. bis m. O-Eur., Mähren, Österr.; kont.

623. Lámium L. Taubnessel

x = 9

I. Kr. rot od. weiß; Seitenlappen der Unterlippe sehr klein od. fehlend, Mittellappen groß; Stbbtl. bärtig (Subgen. Lamium)
 A. Pfl. ♃; Laubb. deutlich länger als breit; Kr.röhre deutlich aufwärts gekrümmt; Kr. groß (20–30 mm) (Sect. Lamium)
  1. Obere Laubb. stumpf od. kurz zugespitzt; Kr. rot; Oberlippe am Rand kurzhaarig . . . . **2250. L. maculatum**
  2. Obere Laubb. länger zugespitzt; Kr. weiß; Oberlippe langhaarig bewimpert . . . . **2251. L. album**
 B. Pfl. ⊙, ① ; Laubb. ± so lang wie breit; Kr.röhre gerade od. kaum gekrümmt; Kr. kleiner, unter 20 mm (Sect. Pollichia)
  1. Hochb. ungestielt, halbst.umfassend; Kr.röhre stets ohne Haarring; K.zähne nach der Bl. zusammenneigend . . . . **2252. L. amplexicaule**

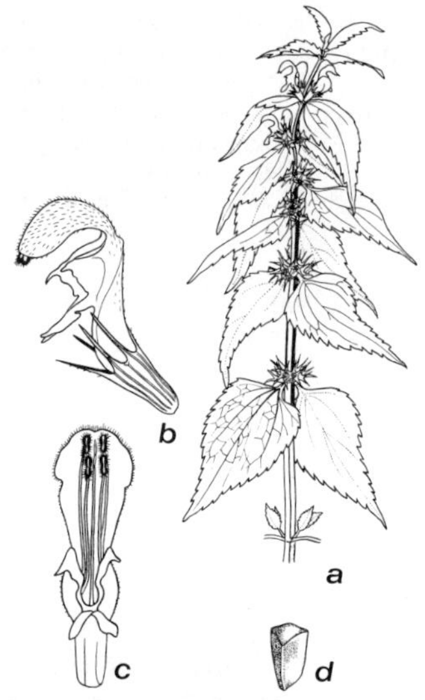

Abb. 351. *Lamium album* (*a* Sproßspitze; *b, c* Blüten; *d* Klause).

2. Hochb., zumindest die unteren, gestielt, nicht halbst.umfassend; Kr.röhre selten ohne Haarring; K.zähne nach der Bl. spreizend
   a) Laubb. ± regelmäßig stumpf gekerbt; Kr.röhre stets mit Haarring; K. zerstreut behaart .... **2253. L. purpureum**
   b) Laubb. unregelmäßig gezähnt bis nahezu fiederspaltig; Kr.röhre mit od. ohne Haarring; K. stark behaart .... **2254. L. incisum**

II. Kr. gelb; Unterlippe mit 3 etwa gleich großen, lanzettl.-spitzen Lappen; Stbbtl. kahl (Subgen. Galeobdolon) .... **2255. L. galeobdolon**

1. Subgen. L á m i u m
1. Sect. L á m i u m

2250. L. maculátum L. Gefleckte T.

♃, *H.* – H. 0,15–1,00. W.stock kriechend, mit kurzen ober- od. unterirdischen Ausläufern; B. mit ± 1–4 cm langem Stiel, über 3 cm lang, eiförmig-dreieckig bis herzförmig, grob, oft doppelt gesägt; untere B. klein, rundlich; Halbquirle 3- bis 5bl.; Kr. karminrot od. gescheckt, selten weiß; Mittellappen der Unterlippe purpurn gefleckt; Kr.röhre innen mit Haarring; *Rand des Schlundes beiderseits mit nur 1 pfriemenförmigen Zahn.* (III–)IV–X (zuweilen bis Winter). 2 n = 18.

Laubmisch- u. Auenwälder, verschiedene unkrautige Ges.; feuchte bis frische, nährstoffreiche tonige od. lehmige Böden. – Verbreitet bis häufig vor allem im m. u. s. Geb. [Alp. bis 1600(2020)m], im NW-Tiefland über große Strekken fehlend. – M-, S- u. m. O-Eur. bis Kl.As., N-Pers., (NW-Eur.); euras (-kont)-submed.

2251. L. álbum L. (Abb. 351) Weiße T.

♃, *H.* – H. 0,20–0,60. W.stock kriechend, wie bei L. maculatum; B. mit 1,5–3 cm langem Stiel, dreieckig-eiförmig od. eiförmig-länglich, unregelmäßig gekerbt od. gesägt; Halbquirle meist 5- bis 8bl.; Kr. weiß, zuweilen mit rötlich überlaufener Oberlippe, selten Kr. ganz rosa; *Schlund am Rande mit einem größeren u. meist noch 1–3 kurzen Zähnen.* IV–IX (oft noch einmal im Winter). 2 n = 18.

Unkrautige Ges., Wegränder, Mauern, Schutt etc.; frische, nährstoff- u. N-reiche, meist sandig-lehmige Böden. – Verbreitet u. meist (mit Ausnahme nö. N-Tiefland) häufig (Alp. bis 1620 m). – Gem. Eur. u. As. bis Him., Jap.; euras.

Droge: Flores Lamii albi

2. Sect. P o l l í c h i a

2252. L. amplexicaúle L. Stengelumfassende T.

⊙, ①, *Th, (H).* – H. 0,10–0,30. W.kurz; St, meist am Grd. reich verzweigt; B. grobzähnig gekerbt, untere Stb. mit 0,5–3 cm langen Stielen, herzförmig-rundlich, die oberen (Hochb.) halbst.umfassend, ± ungestielt, nierenförmig; Halbquirle dicht, 6- bis 10bl.; K. zottig behaart; Kr. fleischrosa–lebhaft rot; *Kr.röhre gerade, länger als der K.;* oft Kleistogamie. III–V, in höheren Lagen –VIII (oft den ganzen Winter). 2 n = 18.

Ackerunkrautges., Gärten, Weinberge etc.; ± frische, nährstoffreiche, meist sandige u. kalkärmere Böden. – Ziemlich verbreitet, in vielen Geb. häufig (Württ. bis 940 m); Alp. (bis 660 m) u. Alp.vorland z. T. fehlend. – W-As. über Pers. bis Med., N-Afr., Kanar. Ins. u. N-Eur.; (N-Am., Jap.); (no-)euras-submed(-med).

2253. L. purpúreum L. Rote T.

⊙ (vor allem höhere Lagen) u. ①, *Th, H.* – H. 0,10–0,30. St. meist am Grd. ästig; B. alle mit ± 0,5–3 cm langem Stiel, dreieckig-eiförmig, ungleich gekerbt-gesägt, vorn ± abgerundet od. kurzgespitzt, untere rundlich; obere Hochb. oft purpurviolett überlaufen; Halbquirle 3- bis 5bl.; *Kr.röhre gerade od. schwach gekrümmt, kaum länger als der K.;* oft Kleistogamie. III–X (oft den ganzen Winter hindurch u. innerhalb eines Jahres mit mehreren Generationen). 2 n = 18.

Ackerunkrautges., Gärten, Weinberge, Mauern etc.; meist ± frische, nährstoffreiche Lehmböden. – Verbreitet u. häufig (Alp. bis 1530 m). – Eur. (außer S u. nördlichste Geb.) bis Kl.As., Syr.; (N-Am.); (no-)euras-submed.

2254. L. incísum Willd. Zerschlitzte T.
(= ? L. hybridum Vill., L. amplexicaule × purpureum)

⊙, ①, *Th, H.* – H. 0,10–0,30(–0,40). St. von Grd. an sehr ästig; B. grob gezähnt-gekerbt, untere u. obere wenig verschieden, alle ± deutlich gestielt, nieren- bis herzförmig, in der Form deutlich zwischen L. amplexicaule u. L. purpureum; Scheinquirle sehr dicht; meist erbfest u. fertil. III–VI(–X) (oft noch einmal im Winter). 2 n = 36.

ssp. i n c í s u m [= ssp. dissectum (With.) Gams]; St. dünn, oft sehr ästig, kleiner u. schwächer als L. purpureum; obere B. ei-rautenförmig, oft rötlich überlaufen, grob eingeschnitten gekerbt, alle in einen Stiel verschmälert; Kr.röhre meist mit Haarring; Bl. höchstens 1 cm lang; *L. purpureum* näherstehend.

Zerstreut u. selten von Ostpr. bis Hannover, Westf., Schl.Holst., Sylt; vereinzelt u. a. Schles., Sachs., N-Thür. (Unstruttal), Bad. (Rheingeb.).

ssp. i n t e r m é d i u m (Fries) Gams (= L. intermedium Fries, = ? L. moluccellifolium Fries); St. ziemlich dick; obere B. nieren–herzförmig, gestielt, oberste meist sitzend; Kr.röhre meist ohne Haarring; Bl. größer als 1 cm; *L. amplexicaule* näherstehend.

Sehr zerstreut u. selten von Ostpr. bis Old., Hannover, Celle.

Unkrautige Ges., Äcker, Gärten, Weinberge, Wegränder; frische, nährstoffreiche, meist sandige Böden, vielfach unbeständig. – N-Eur. bis S-Eur., Alger., Marok.; (no-)subatl-submed.

2. Subgen. G a l e ó b d o l o n

2255. L. galeóbdolon (L.) Nath. Goldnessel

♃, *Ch.* – H. 0,15–0,60. W.stock kriechend, mit am Grd. wurzelnden, meist wintergrünen, oft sehr *verlängerten Ausläufern;* orthotroper St. aus dem W.stock od. den Ausläufern einjährig; B. mit ± 1–3 cm langem Stiel, rundlich-eiförmig od. eiförmig, grob gekerbt-gesägt; Halbquirle meist 3bl.; Kr. lebhaft hell-goldgelb; Kr.röhre gekrümmt, innen mit schräg aufsteigendem Haarring. IV–VI(–VII).

ssp. g a l e ó b d o l o n Ausläufer meist nach der Bl.zeit erscheinend; ihre B. kurz-eiförmig, 3–4 cm lang, kerbig gezähnt. 2 n = 18.

Verbreitet im n. Flachland (z. B. Schl.Holst.) u. M-Gebg. (z. B. Harz) u. m. Geb.

ssp. m o n t á n u m (Pers.) Hyl.; Ausläufer oft schon während der Bl.zeit vorhanden; ihre B. 4–7 cm groß, lang zugespitzt; auch die Hochb. länger u. schmaler, grob gesägt. 2 n = 36.

Verbreitet im n. u. S-Geb., höhere Lagen der M-Gebg., Alp.

ssp. f l á v i d u m (Herm.) A. et D. Löve (= L. flavidum Herm.); Hellgelbe T.; *H;* Pfl. ohne Ausläufer; B. eilanzettl. bis lanzettl.; Kr. nur 1–1,5 cm lang, bleichgelb-hellgelbgrün. 2n = 18.

n. Kalkalp. (bei Mittenwald ca. 1000 m), Oberbay.; wohl weiter verbreitet. – alp(?).

Laubmisch- u. Auenwälder (vor allem Buchengeb.); frische bis etwas feuchte, nährstoffreiche, lehmige Böden. – Verbreitet u. häufig (Alp. bis 1980 m); u. a. in den Heidegeb. seltener. – s. N-Eur. bis O-Eur., Ital., N-Balk., Kauk., Pers.; subatl-submed.

Bastard:
L. album × maculatum (= L. × holsaticum E. H. L. Krause)

624. Galeópsis L. Hohlzahn

x = 8

I. St. unter den Knoten nicht verdickt, nicht steifhaarig, nur mit weichen, abwärts angedrückten Haaren (Subgen. Ladanum)
   A. Obere B. kahl od. ± flaumig – schwach drüsig behaart; Kr. mittelgroß–klein (10–20 mm), rot, selten weißlich
      1. B. lineal-lanzettl., ca. 5 mm breit, kaum seicht gezähnt od. ganzrandig, höchstens jederseits mit 1–4 flachen Zähnen; K.zähne zuletzt abstehend . . . . 2256. G. angustifolia
      2. B. eiförmig-lanzettl., 7–15 mm breit, jederseits mit 4–8 sehr groben Zähnen; K.zähne zuletzt aufrecht . . . . 2257. G. ladanum
   B. Obere B. u. die K. stets drüsig-flaumig; Kr. groß, 20–30 mm lang, gelblich-weiß . . . . 2258. G. segetum

II. St. unter den Knoten verdickt, an der Anschwellung meist steifhaarig-borstig (Subgen. Galeopsis)
   A. Kr. groß, 20–24 mm lang, hellgelb-schwefelgelb, Mittellappen der Kr.unterlippe violett . . . . 2260. G. speciosa
   B. Kr. kleiner, 10–15 mm lang, zuerst purpurn, hellrot od. weiß
      1. St. an den Knoten wenig verdickt, unterhalb der Knoten außer wenigen Borstenhaaren nur anliegende Weichhaare vorhanden; Kr.röhre 2- bis 3mal so lang wie der K. . . . . 2259. G. pubescens
      2. St. an den Knoten stark verdickt, unterhalb der Knoten ohne Weichhaare, aber sehr borstig; Kr.röhre so lang od. kürzer als der K.
         a) Bl. größer als 15 mm; Drüsenhaare des Blst. schwarz; Mittellappen der Kr.unterlippe fast quadratisch, am Vorderende nur seicht ausgerandet, meist weiß berandet . . . . 2261. G. tetrahit

b) Bl. kleiner als 15 mm; Drüsenhaare des Blst. gelblich od. fehlend; Mittellappen der Kr.unterlippe länglich, vorne deutlich ausgerandet-zweispaltig, gleichmäßig gefärbt . . . **2262. G. bifida**

1. Subgen. L a d á n u m

2256. G. angustifólia Ehrh. (Abb. 352 h) Schmalblättriger H.
[= G. ladanum L. ssp. angustifolia (Ehrh.) Gaud.]

⨀ od. ⨀, *Th.* – H. 0,10–0,40. St. aufrecht, meist mit sehr langen Ästen, derb, oft rot überlaufen, meist flaumig behaart; B. oft, vor allem die *Hochb., lineal.,* alle allmählich in den sehr kurzen B.stiel verschmälert; Bl. in ± dichten entfernten Scheinquirlen; K. dicht anliegend flaumig behaart; *Kr. etwa 3mal so lang wie der K.,* purpurn, Unterlippe mit gelbem Fleck. VI–X. 2n = 16.
Schuttunkrautfluren, Geröllhalden, unkrautige Ges.; meist warme, trockene, ± kalkreiche Böden. – Verbreitet: Kalkgeb. der m.-d. Gebg.schwelle u. im S (Jura- u. Muschelkalkgeb., Rhein- u. Neckarland; Württ. bis 980 m); im N seltener, oft eingeschleppt u. unbeständig. – Span. bis N-Balk. u. M-Eur.; submed-praealp.

2257. G. ladánum L. (Abb. 352 f) Breitblättriger H.
[= G. intermedia Vill., G. ladanum L. ssp. latifolia (Hoffm.) Gaud.]

⨀, ⨀, *Th, H.* – H. 0,05–0,60. St. mit zahlreichen kürzeren, bogig aufsteigenden Ästen, flaumig behaart; B. an der Basis nicht od. wenig keilförmig, auch die *Hochb.* noch *breiter;* Scheinquirle ± dicht; K.röhre locker abstehend u. drüsig behaart; *Kr.* nur ± *doppelt so lang wie der K.,* blaß-purpurn. VI–X. 2n = 16.
Steinschuttfluren, Gebüsche, Äcker etc.; warme, trockene, nährstoffreiche, weniger kalkhaltige, vor allem sandige Böden. – Verbreitet bis zerstreut bes. mont. Stufe: m.-d. Gebg.schwelle u. S-D. (Alp. fehlend). – N-Skand. bis S-Eur.; As. bis Kauk., Altai; (N-Am.); euras-submed.

2258. G. ségetum Neck. (Abb. 352 g) Saat-H.
(= G. ochroleuca Lam.)

⨀, *Th.* – H. 0,10–0,45. St. meist ästig, kurzflaumig; B. gestielt, am Spreitengrd. keilförmig, eiförmig-eilanzettl. (unter den Ästen), beiderseits dicht seidenhaarig; Bl. in 4- bis 8bl. entfernten Scheinquirlen; Kr. mit dunklem Fleck auf der Unterlippe, Kr. groß, 2–3,5 cm lang. VII–VIII. 2n = 16.
Steinschuttfluren, Felsbänder, Äcker, Wegränder; ± frische, kalkfreie Böden. – Verbreitet: w. Geb. bis etwa Holst.–Hannover–Rheingeb. (bis ca. 700 m) – S-Schwarzwald; weiter ö. zerstreut bis Altmark–Brand.–Thür.–m. Main; sonst unbeständig u. verschleppt. – S-Engl. bis Span., (N-, M- u. SO-Eur.); atl (-subatl).

Droge: Herba Galeopsidis

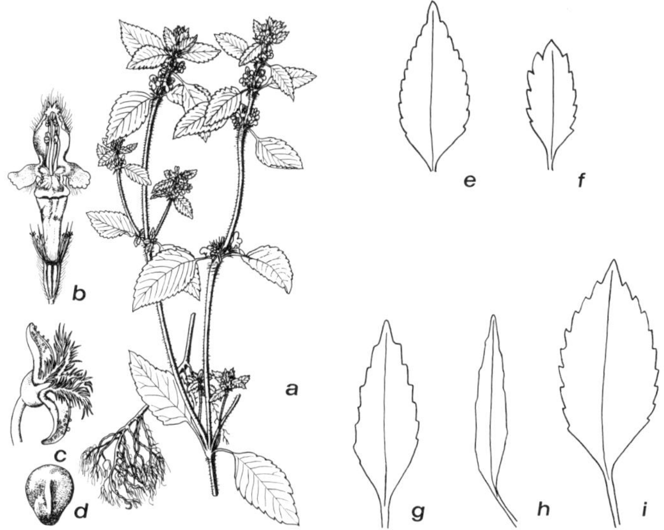

Abb. 352. *Galeopsis* spp., *a–d G. tetrahit* (*a* Habitus, *b* Blüte, *c* Staubblatt, *d* Klause), *e–i* Blätter (*e G. bifida, f G. ladanum, g G. segetum, h G. angustifolia, i G. speciosa*).

2. Subgen. G a l e ó p s i s

2259. G. pubéscens Bess. Weichhaariger H.

⊙, *Th.* – H. 0,30–0,60. *St.* aufrecht, ausgebreitet-ästig, *zuweilen doppelt verzweigt;* B. eiförmig–herzeiförmig, jederseits mit 12–14 Sägezähnen, weichhaarig; Bl. in dichten Scheinquirlen; K.zähne mit langer Stachelspitze; Kr.röhre gelblich, Kr. weich flaumig, purpurn-rosa, Unterlippe mit purpurner Gitterzeichnung u. dottergelbem Schlundfleck; selten Kr. ganz gelb. VII–IX. 2 n = 16.

Unkrautige Ges., Waldschläge, Gebüsche, Bach- u. Flußufer etc.; ± frische, nährstoffreiche, oft ± kalkfreie Lehm- u. Sandböden. – Verbreitet: O- u. sö. NO-D. (bis Oder) über Thür. bis Unter- u. M-Frank., Schwab.–Oberschwab., Alp. (bis 1600 m); zerstreut nach W, u. a. M- u. Oberrheingeb., vordringend. – O., sö. S-Eur. bis M-Eur., SO-Frankr.–Oberital.; gem-kont-submed.

2260. G. speciósa Mill. (Abb. 352 i) Bunter H.

⊙, *Th.* – H. 0,50–1,00 (u. höher). St. aufrecht, ästig, meist unter den Kanten steifhaarig u. ± ohne weiche Haare; B. länglich-eiförmig od. eiförmig, kerbig-gesägt, kahl od. oberseits mit steifen Haaren; Bl.

in dichten reichbl. Scheinquirlen; K.zähne mit langer Stachelspitze; Kr.unterlippe am Grd. zitronengelb, Seitenlappen weiß berandet. VI–X. 2n = 16.

Unkrautige Ges., Äcker, Kahlschläge, Ufer, Schutt etc.; frische, nährstoffreiche Lehm- u. Tonböden. – Verbreitet bis zerstreut vor allem im O vom N-Elbegeb. bis Bay. (Alp. bis 1740 m), nach W z. T. nur vereinzelt vordringend bis Neckar- u. Rheingeb. – ö. u. sö. M-Eur., Skand. (bis 70° n. Br.), O-Eur. bis Sib., Kauk.; (no-)euras-kont.

2261. G. tétrahit L. (Abb. 352 a–d) Gemeiner H.
(= G. tetrahit L. ssp. tetrahit)

⊙, *Th.* – H. 0,10–0,40(–0,60). *St.* oft ästig, aber *nie doppelt verzweigt,* oft sehr kräftig, unter den Knoten mit abstehenden Borstenhaaren; B. länglich-eiförmig, kerbig-gesägt; K.zähne stachelspitzig, das Ende der Kr.röhre meist erreichend, Kr. blaß purpurn, seltener weiß, Unterlippe gelb od. purpurn gefleckt. VII–IX(–X). 2n = 32.

Unkrautige Ges., Äcker, Schutt, Weg- u. Waldränder; frische, nährstoffreiche Lehm-, Sand- u. Tonböden. – Verbreitet u. meist häufig (Alp. bis 1560 m). – Isl., Eur. bis Sib., O-As., Kauk., Ind.; (N-Am.); no-euras.

2262. G. bífida Boenningh. (Abb. 352 e) Zweispaltiger H.
[= G. tetrahit L. ssp. bifida (Boenn.) Fries]

⊙, *Th.* – H. 0,20–0,50. Der vorigen Art sehr ähnlich; Bl. kleiner; Mittellappen der Kr.unterlippe mit zwei gelben Schlundstreifen, schwach herzförmig. VII–IX. 2n = 32.

Unkrautges., Äcker, Wegränder, Kahlschläge; meist frische, nährstoffreiche, ± kalkarme, sandige Lehmböden. – Ziemlich verbreitet bis zerstreut, offenbar vor allem im SO; bisher wohl oft übersehen. – M- u. N-Eur. bis N- u. W-As., N- u. M-Balk.; (no-)euras(-subozean).

Bastarde:

Zahlreiche, z. T. in der Verbreitung wenig bekannte Bastarde zwischen den Arten der Gruppen: G. ladanum – angustifolia – segetum, G. pubescens – speciosa, G. tetrahit – bifida.

625. Melíttis L. Immenblatt

2263. M. melissophýllum L. (Abb. 353 a–e) Melissen-I.

♃, *H.* – H. 0,25–0,60. St. aufrecht, meist einfach, locker-zottig behaart; B. gestielt, herz-eiförmig, am Spreitengrd. abgerundet, gestutzt od. herzförmig, ringsum grob gekerbt; Bl. ± langgestielt, zu 2–3 in den Achseln von laubb.artigen Hochb., ± einseitswendig; K. groß, zweilippig, netzaderig; Kr. groß, Kr.röhre weit aus dem K. hervorragend, weiß mit rosafarbener Unterlippe, ganz weiß od. ganz rosenrot. V–VI. 2n = 30.

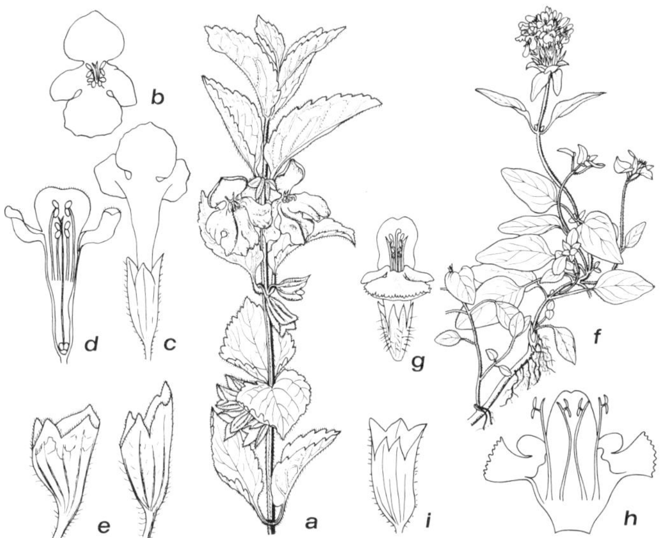

Abb. 353. *a–e Melittis melissophyllum* (*a* Sproßspitze; *b, c* Blüten; *d* Krone, aufgeschnitten; *e* Kelch); *f–i Prunella vulgaris* (*f* Habitus, *g* Blüte; *h* Krone, aufgeschnitten; *i* Kelch).

Trockenwälder, lichte Mischwälder u. Gebüsche, Hänge; meist warme, ± frische u. kalkreiche Böden, auch mineralkräftige Urgesteinsböden. – Zerstreut, vor allem wärmere Geb. des S [u. a. Jurageb., Bodensee, Bay., warme Schwarzwaldtäler (Württ. bis 800 m)]; vereinzelt: m. Geb. (Unterfrank. bis Sachs., Schles.) u. sö. Ostpr., Brand. – S-Engl., M- u. w. O-Eur. bis N-Med.; submed.

3. Trib. Prunélleae

626. Prunélla L. Brunelle

x = 7

I. Scheinähre nicht gestielt, unmittelbar auf die obersten Laubb. folgend; Kr. kaum doppelt so lang wie der K., Kr.röhre gerade; Filamente der längeren Stbb. unterhalb der Stbbtl. mit einem fadenförmigen Zahn
   A. Pfl. dicht weiß behaart; obere B. meist fiederspaltig; Kr. gelblich-weiß . . . . **2264. P. laciniata**
   B. Pfl. zerstreut behaart–kahl; alle B. ungeteilt; Kr. blauviolett . . . . **2265. P. vulgaris**

II. Scheinähre lang gestielt; Kr. 2- bis 3mal so lang wie der K., groß; Kr.röhre gekrümmt; Filamente der längeren Stbb. ohne fadenförmigen Zahn, nur mit kleinem Höcker an der Spitze .... **2266. P. grandiflora**

2264. P. laciniáta (L.) Nath. Weiße B.
(= P. alba Pall.)

♃, *H, (Ch).* – H. 0,05–0,30. Halbrosettenpfl.; St. aufsteigend-aufrecht, oft ästig, an den Kanten weißzottig; B. gestielt, länglich-lanzettl., zottig behaart, untere ganzrandig od. leicht gekerbt, ± rosettig gehäuft, obere meist fiederspaltig; Scheinähren dicht; *Oberlippe des K. ungleich dreizähnig, gestutzt;* Kr. 15–18 mm lang, *Oberlippe scharf gekielt; Zahn* der Stbb. *nach vorne gekrümmt.* VI–VIII. – 2n = 32.

Halbtrocken- u. Trockenrasen, sonnige, steinige Abhänge, lichte Wälder, Schutt; warme, lockere, oft kalkhaltige Böden. – Selten bis sehr selten, vielfach verschollen: Rheintal u. Nebentäler (z. B. Main, Nahe, Mosel) von Basel bis Hess. u. S-Westf.; Neckarland, Jura, n. bis Harz, Thür., Sachs. u. Oberschles.; sehr selten: Meckl. (Neubrandenburg). – Med. bis S-Belg., M-D., Ung.; N-Afr., W-As.; Kauk., N-Pers. (im N wohl verschleppt u. z. T. eingebürgert: Engl.); submed.

2265. P. vulgáris L. (Abb. 353 f–i) Kleine B.

♃, (☉, ⊙). *H, (Th).* – H. 0,10–0,25 (u. niedriger). Halbrosettenpfl.; Grd.achse mit wurzelnden Ausläufern; St. niederliegend od. aufsteigend, ± ästig; B. gestielt, länglich-eiförmig, ganzrandig od. etwas gekerbt-gezähnelt; *Oberlippe des K. ungleich dreizähnig;* Kr. klein, 7–13 mm lang, blauviolett, selten weiß, *Oberlippe am Scheitel abgerundet; Zahn* der Stbb. *gerade.* VI–IX (oft ein zweites Mal: IX–XI). – 2n = 28, 32.

Wiesen, Weiden, Weg- u. Waldränder, Kahlschläge etc.; ± frische, nährstoffreiche, lehmige od. tonige Böden. – Häufig u. verbreitet (Alp. bis 2210 m). – Eur., n. bis 71° n. Br. (z. T. verschleppt), M-As., N-Afr.; O-As., N-, M- u. S-Am. u. Austr. wohl meist verschleppt u. eingebürgert; no-euras.

2266. P. grandiflóra (L.) Scholler Große B.

♃, *H, (Ch).* – H. 0,10–0,30. Halbrosettenpfl.; St. meist einfach, aufsteigend, oft violett überlaufen, locker behaart; B. gestielt, länglich-lanzettl.–eiförmig, ganzrandig od. entfernt gekerbt-gezähnt; *Oberlippe des K. deutlich gleichmäßig dreizähnig;* Kr. 2–2,5 cm lang, dunkelviolett, selten weiß; *Oberlippe* am Scheitel *mit gewimpertem Kiel.* VI–VIII(–X). 2n = 28, 32.

Trocken- u. Halbtrockenrasen, Wald- u. Wegränder, lichte Wälder; warme, lockere, ± kalkreiche Böden. – Verbreitet u. z. T. häufig: s. Kalkgeb., Alp. (bis 1800 m) u. Vorland; fehlt u. a. Silikatgeb.; n. selten bis Rheinland-Westf.–S-Nieders.–Havelland–Pomm.–Ostpr.). – Eur., n. bis Frankr., S-Belg., S-Schwed., M-Rußl. u. Ural; Med., Kl.As., Kauk.; gem-kont(-submed).

Bastarde:
P. grandiflora × vulgaris (= P. × spuria Stapf), P. laciniata × grandiflora (= P. × bicolor Beck), P. vulgaris × laciniata (= P. × intermedia Link).

4. Trib. N e p é t e a e

627. Dracocéphalum L. Drachenkopf

x = 5, 7

I. B. lanzettl.-eiförmig, tief u. grob gesägt; Stbf. u. Stbbtl. kahl (Subgen. Dracocephalum)
  A. Obere Laubb. u. Hochb. ohne begrannte Zähne; Vorb. klein, ganzrandig; Kr. kaum länger als der K. (Sect. Buguldea) . . . . **2267. D. thymiflorum**
  B. Obere Laubb. u. Hochb. mit ± lang begrannten Zähnen; Vorb. ähnlich gestaltet, nur kleiner; Kr. viel länger als der K. (Sect. Moldavica) . . . . **2268. D. moldavica**
II. B. lineal-lanzettl., ganzrandig; Stbf. oben u. Stbbtl. behaart-bärtig (Subgen. Ruyschiana) . . . . **2269. D. ruyschiana**

1. Subgen. D r a c o c é p h a l u m

2267. D. thymiflórum L. Thymianblütiger D.

⊙, *Th.* – H. 0,10–0,20. Pfl. habituell ähnlich *Satureja acinos (L.) Scheele;* St. ästig, schwach behaart; Hochb. wenig von den Laubb. verschieden, nur ±ganzrandig; Bl. in ± dichten Scheinquirlen; *Oberlippe des K. einzähnig, Unterlippe 4zähnig* (K. also zweilippig nach $^1/_4$); Kr. klein, ± 10 mm lang, hellblau. V–VII.
Hin u. wieder mit Getreide- u. Kleesaaten eingeschleppt, vorübergehend, z. B. Ostpr., Westpr., Schles., Sachs., Brand., Schl.Holst., Bay., Oberrheingeb. – Heimat: Rußl.

2268. D. moldávica L. Türkischer D.

⊙, *Th.* – H. 0,30–0,50. St. ästig, oberwärts oft dunkelrot überlaufen; B. gestielt, beim Zerreiben nach Melisse riechend; Bl. in 3- bis 6bl., zu dichten Scheintrauben vereinigten Scheinquirlen; *Oberlippe des K. breit, dreizähnig, Unterlippe* schmäler, *2zähnig* (K. also zweilippig nach $^3/_2$); Kr. groß, 15–18 mm lang, blauviolett, seltener weiß. VII–VIII. 2n = 20.
Gebaut (Zier-, Heil- u. Teepfl.), selten verwildert u. z. T. vielleicht eingebürgert, z. B. Brand., Sachs., Schles., Schl.Holst., Rheingeb., Württ. – S-Sib. bis Him. (SO-, M-Eur.; N-Am.).

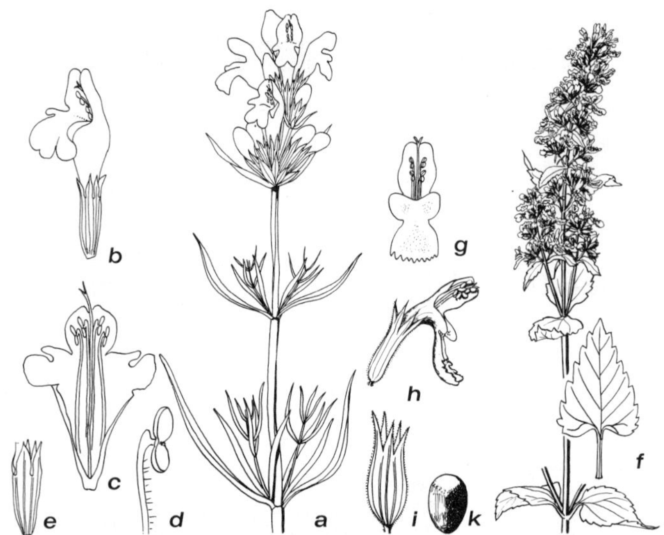

Abb. 354. *a–e Dracocephalum ruyschiana* (*a* Sproßspitze, *b* Blüte; *c* Krone, aufgeschnitten; *d* Staubblatt, *e* Kelch); *f–k Nepeta cataria* (*f* Sproßspitze; *g, h* Blüten; *i* Kelch zur Fruchtzeit, *k* Klause).

2. Subgen. R u y s c h i á n a

2269. D. ruyschiána L. (Abb. 354 a–e) Nordischer D.

♃, *H, (Ch).* – H. 0,20–0,60. St. aufrecht-aufsteigend, meist einfach; B. ± stumpf, mit sterilen Seitentrieben in den B.achseln; Hochb. u. Vorb. ähnlich wie die Laubb.; Bl. in 2- bis 8bl. Scheinquirlen, zu lockeren endständigen Scheinähren vereinigt; Kr. groß, etwa 30 mm lang, blauviolett. VII–VIII. 2 n = 14.

Magerwiesen, lichte, trockene Mischwälder, steppenartige Vegetationen; nährstoffreiche Böden. – Sehr selten u. zerstreut, nur Ostpr. (häufiger), Westpr. (ö. der Weichsel), N-Pos. bis Meckl. (Schwerin) u. Anh. (Oranienbaum). Maingeb. (Kitzingen, Schweinfurt). – Gebg. von Pyren. bis W-Alp.; S-D. bis Pol., Rußl., S-Skand.; As. bis Kauk., Altai, o-as. Gebg.; euras-kont(-praealp).

628. Népeta L. Katzenminze

x = 9, 17

I. St. schwach od. stark behaart; B. deutlich gestielt, unterseits ± grauhaarig; Kr.röhre gekrümmt, mit schiefer Mündung
 A. St. bis zum Grd. filzig behaart; B. lang gestielt, unterseits grau-filzig, oberseits weichhaarig; Kr. klein, weiß od. rötlich . . . . 2270. **N.** cataria
 B. St. spärlich behaart, nicht filzig; B. kurz gestielt, unterseits dünn weißlich-grau-kurzhaarig; Kr. groß, blau . . . . 2271. **N.** grandiflora
II. St. ± kahl; B. meist sitzend, beiderseits völlig verkahlend; Kr.röhre gerade, mit gerader Mündung . . . . 2272. **N.** pannonica

2270. **N.** catária L. (Abb. 354 f–k) Echte K.

♃, *H, (Ch).* – H. 0,50–1,00 (u. höher). St. aufrecht, ästig, durch kurze Haare grau; B. herz-eiförmig–dreieckig, spitz, sägezähnig gekerbt; Hochb. oben sehr klein werdend; Bl. in dichten, unten deutlich gestielten u. lockeren, oben fast sitzenden u. ± dichtgedrängten Scheinquirlen; K. mit lanzettl.-pfriemlichen Zähnen, *obere K.zähne länger als untere; Kr. 8–10 mm lang,* gelblich od. rötlich weiß, Unterlippe innen rot gefleckt. VII–IX. 2n = 34, 36.

Unkrautige Ges., Schutt, Wegränder, Ufer; früher gebaut (Zier- u. Heilpfl.) u. verwildert; ± trockene, nährstoffreiche lehmige Böden, wärme- u. etwas N-liebend. – Zerstreut, oft nur vorübergehend, vor allem wärmere Geb. des S u. SO bis Voralp. [Oberrhein-, Neckar- u. Maingeb., M-D. (Saale- u. Unstrutgeb.), Jura, Alp.vorland], im N z. B. Westf.–Weserbergland, Schl.Holst. – W- u. M-As. bis Him.; SO- u. S-Eur.; (M-, W-, s. N-Eur.; S-Afr.; N-Am.); euraskont(-submed).

2271. **N.** grandiflóra M. B. Großblütige K.

♃, *H.* – H. 0,60–1,20. St. aufsteigend-aufrecht, stark ästig, spärlich behaart; B. aus herzförmigem od. gestutztem Spreitengrd. länglich-stumpf, obere leicht spitz, gekerbt; Bl. in dichten, unten lang-, oben kurzgestielten u. gedrängten Scheinquirlen; Blst. oben sehr dicht; *Kr. 12–18 mm lang.* VII–X. 2n = 36.

Kultiviert (Zierpfl.), zuweilen verwildert, vor allem im O z. T. eingebürgert (u. a. Ostpr., Schles., Sachs., Thür., Schl.Holst.). – Heimat: Kauk.länder.

2272. **N.** pannónica L. Kahle K.
(= N. nuda auct.)

♃, *H, (Ch).* – H. 0,50–1,00. St. aufrecht, meist ästig; B. sitzend, höchstens untere sehr kurz gestielt, Spreitengrd. herzförmig, länglichellipt., gesägt-gekerbt; Hochb. oben sehr klein; Scheinquirle gestielt, locker, endständige Scheintrauben bildend; *K.zähne* lineal., ± *gleichlang; Kr.* klein, *ca. 7 mm lang,* blauviolett od. weiß. VII–VIII. 2n = 18.

Trockenwiesen, lichte Wälder, Unkrautges.; warme, kalkhaltige Böden. – Selten, oft nur vorübergehend, insbes. M-Thür., Schles., Neckar-, Oberrhein- u. bay. Donaugeb. – Pyren. über S-Alp. bis Balk., n. bis obere Elbe u. Oder; M- u. S-Rußl.; Kl.As., Kauk. bis Altai; submed-kont.

629. Glechóma L. Gundelrebe, Gundermann

x = 9

2273. G. hederáceum L. (Abb. 355 a–d) Kriechender G.

♃, *H, (G).* – H. 0,15–0,40. Pfl. mit langen, oberirdischen, beb. u. wurzelnden Ausläufern; Bl.stengel aufsteigend; B. gestielt, obere mehr herzförmig, ringsum stumpf u. grob gleichmäßig gekerbt, kurz weichhaarig; Hochb. von den Laubb. nicht verschieden; Bl. in 1- bis 3bl. Halbscheinquirlen; K. schwach zweilippig nach $^{3}/_{2}$; Kr. 2- bis 4mal so lang wie der K., blauviolett, selten heller. (III–)IV–VI, oft noch einmal im Herbst. 2n = 18, 36. Im Geb. wohl nur ssp. hederáceum

Wiesen, feuchte Wälder, Weg- u. Grabenränder etc.; meist frische, nährstoffreiche, lehmige Böden, schatten- u. etwas N-liebend. – Häufig, fast im ganzen Geb. verbreitet (Alp. bis 1380 m); N-See-Ins. z. T. fehlend. – Schottl., Skand. bis Med.; N-, W- u. M-As. bis Jap.; (N-Am.); euras(-subozean).

Droge: Herba Hederae terrestris

5. Trib. Hormíneae

630. Hormínum L. Drachenmaul

x = 6

2274. H. pyrenáicum L. (Abb. 355 e–h) Pyrenäen-D.

♃, *H.* – H. 0,10–0,25. St. aufrecht, einfach; Laubb. größtenteils am Grd. in einer Rosette vereinigt, gestielt, groß, breit-verkehrt-eiförmig, grob u. gleichmäßig gekerbt, runzlig; stengelständige B. nur in 1–2 Paaren, viel kleiner, sitzend, ganzrandig; Hochb. eiförmig-lanzettl.; Bl. in 2- bis 6bl., deutlich einseitswendigen Scheinquirlen, zu einem unterbrochenen, ährenähnlichen Blst. vereinigt; K. zweilippig nach $^{3}/_{2}$; Kr. groß, lebhaft violett. VI–VIII. 2n = 12.

Subalp. magere Weiden u. Matten, Geröll- u. Schutthalden; lockere, kalkreiche Böden. – Sehr selten, nur Berchtesgadener Alp. (1460–1900 m). – Gebg. von Pyren. bis Alp.; alp.

Abb. 355. *a–d Glechoma hederaceum* (*a* Habitus, *b* Blüten, *c* Staubblatt, *d* Klause); *e–h Horminum pyrenaicum* (*e* Habitus; *f, g* Blüten; *h* Krone, aufgeschnitten).

6. Trib. Salvíeae

631. Sálvia L. Salbei

x = 6, 7, 8, 9, 11, 15, 17, 19

I. Scheinquirle nur 2- bis 12bl., Stbb. mit Hebelmechanimus
 A. Halbstrauch; junge B. weißfilzig, sehr fein gekerbt, am Spreitengrd. ± verschmälert (Subgen. Salvia; Sect. Eusphace) . . . . **2275. S. officinalis**
 B. St. krautig; B. grün, am Spreitengrd. meist ± herzförmig od. abgerundet
  1. St. oben durch dichte drüsige Behaarung stark klebrig; K. mit ± ganzrandiger Oberlippe; Kr. gelb, mit Haarring (Subgen. Salvia; Sect. Drymosphace) . . . . **2276. S. glutinosa**
  2. St. oben nicht od. wenig drüsig, nicht stark klebrig; K. mit deutlich gezähnter Oberlippe; Kr. blau, rosa od. weiß, Haarring fehlend (Subgen. Sclarea)

a) K.zähne ± lang dornig begrannt, der mittlere Zahn mit kürzerer Granne (Sect. Stenarrhena)
  x) St. oberwärts drüsig; mittlere Hochb. stets länger als der K., vor allem die oberen farbig; K.zähne mit kurzen Grannen .... 2277. S. sclarea
  xx) St. wollig-verwoben behaart; mittlere Hochb. kürzer als der K., grün od. weißlich-grün; K.zähne mit langen Spitzen u. langen Grannen .... 2278. S. aethiopis
b) K.zähne spitz, aber nicht dornig begrannt
  x) Hochb. so lang od. länger als die Bl.; die oberen Hochb. ohne Bl., vergrößert u. schopfig, rot-violett gefärbt (Sect. Horminum .... 2279. S. viridis
  xx) Hochb. kürzer als die Bl., die oberen nicht vergrößert, grün od. bräunlich, hinfällig (Sect. Plethiosphace)
    /) B. meist fiederspaltig; K.oberlippe breit abgerundet .... 2281. S. verbenaca
    //) B. nicht fiederspaltig; K.oberlippe zugespitzt
      §) Fast alle B. grd.ständig, nur 1–3 Bl.paare am St.; B. grob-unregelmäßig gekerbt; Blst. ± drüsenhaarig; Hochb. grün, zuletzt zurückgeschlagen; Bl. groß ..... 2280. S. pratensis
      §§) Fast alle B. st.ständig, in 5–7 Paaren, fein u. regelmäßig gekerbt; St. oberwärts nicht drüsig; Hochb. meist rotviolett, zuletzt waagerecht abstehend; Bl. klein 2282. S. nemorosa

II. Scheinquirle vielblütig (15–30), dicht; Stbb. ohne Hebelmechanismus (Subgen. Covola, Sect. Hemisphace) .... 2283. S. verticillata

1. Subgen. Sálvia
1. Sect. Euspháce

2275. S. officinális L. (Abb. 356 e–h) Echter S.

♄, *Ch.* – H. 0,20–0,70. St. am Grd. verholzt, niederliegend od. aufsteigend, stark ästig, fein-filzig behaart; *B.* lang gestielt, z. T. wintergrün, derb, länglich-lanzettl., *oft mit einem kaum abgesetzten öhrchenartigen Fiederpaar,* in den Achseln meist mit Kurztrieben, jung dünn filzig-weißhaarig, im Alter verkahlend; *Hochb. klein, verwelkend;* Bl. in 6- bis 12bl. Scheinquirlen; Kr. groß, 1,5–1,8 cm lang, lebhaft violett, selten weiß. V–VII. 2 n = 14.

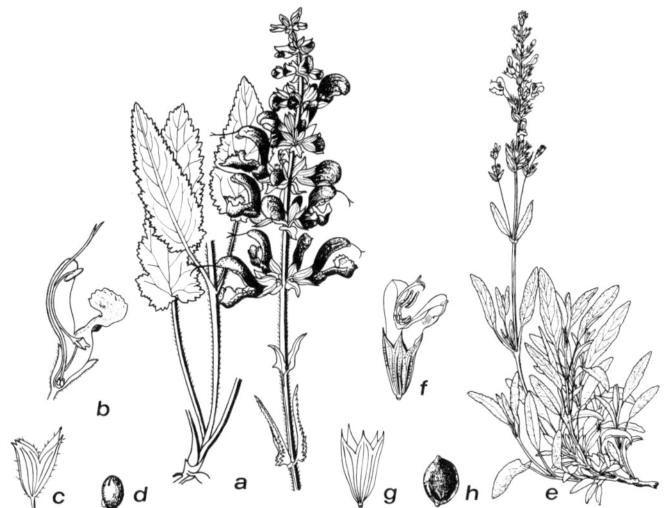

Abb. 356. *Salvia* spp., *a–d S. pratensis* (*a* Habitus; *b* Blüte, längsgeschnitten; *c* Kelch, *d* Klause), *e–h S. officinalis* (*e* Habitus, *f* Blüte, *g* Kelch, *h* Klause).

Gebaut (Heil- u. Gewürzpfl.), zuweilen verwildert u. z. T. eingebürgert [Ober- u. M-Rheingeb., Jura, Thür. (Jena)]; warme, trockene, kalkreiche Böden. – Heimat: Med.

Droge: Folia Salviae, [Oleum Salviae]

2. Sect. D r y m o s p h á c e

2276. S. glutinósa L. Klebriger S.

♃, *H.* – H. 0,40–1,20. St. aufrecht, einfach od. wenig verzweigt, oberwärts wie Hochb. u. K. zottig u. durch zahlreiche Stieldrüsen sehr klebrig; B. gestielt, spieß-ei-herzförmig, ± unregelmäßig grob gesägt, weichhaarig, obere lang zugespitzt; Bl. in 4- bis 6bl. Scheinquirlen, groß, 3–4 cm lang, die kleinen krautigen Hochb. überragend; Kr. lebhaft gelb–schwefelgelb, braun punktiert. VI–IX(–X). 2 n = 16.

Insbes. mont. Laubwälder; Schluchtwälder, Schlagflächen, Hochstaudenfluren; ± feuchte, lockere Lehm- u. Schuttböden. – Verbreitet: Alp. (bis 1430 m); zerstreut: Alp.vorland; ziemlich selten: Jura, Bodenseegeb., Oberrheintal u. Schwarzwald-Vorhügel bis Kaiserstuhl; Oberschles.; im N bisweilen verwildert. – Eur. Gebg. von N-Span.–Alp.–N-Balk. u. Karp.; as. Gebg. von Kl.As. bis Syr., Kauk. u. Him.; praealp.

2. Subgen. S c l á r e a
1. Sect. S t e n a r r h é n a

2277. S. sclárea L. Muskateller-S.

⊙, *H.* – H. 0,30–1,10. Halbrosettenstaude; St. meist nur in der Blst.region ästig, zottig u. oben dicht drüsig behaart; B. eiförmig–abgerundet-länglich, unregelmäßig gekerbt–gezähnelt, netzig-runzlig; *Hochb. groß,* vor allem die unteren *länger als die Bl.,* lang zugespitzt, oberwärts z. T. häutig, rot-lila überlaufen; Bl. in 4- bis 6bl. Scheinquirlen; *Kr.* groß, 2–$2^1/_2$ cm lang, *hellila-rosa,* Unterlippe ± gelblich-weiß. VI–VIII. 2n = 22.
Kultiviert (Heil-, Gewürz-, Zierpfl.), zuweilen verwildert u. vorübergehend, selten eingebürgert (Oberrheingeb.). – Heimat: Med. von N-Afr., S-Eur. bis Kl.As., Syr., Pers.

2278. S. aethiópis L. Mohren-S.

⊙, *H.* – H. 0,20–1,00. Halbrosettenstaude; St. oberwärts stark ästig; B. am Spreitengrd. herzförmig, rundlich-rhombisch, sehr runzlig, gekerbt; Hochb. breit, lang zugespitzt; K. spinnwebig-wollig; Scheinquirle 6- bis 10bl.; *Kr. weiß.* VI–VIII. 2n = 24.
Kultiviert (Heil-, Gewürz- u. Zierpfl.), selten verwildert od. eingeschleppt u. unbeständig. – Heimat: O-Med. bis Syr., Ukraine, Ung., O-Österr.; N-Pers.

2. Sect. H o r m í n u m

2279. S. víridis L. Scharlach-S.
(= S. horminum L.p.p.)

☉, ⊙, *H.* – H. 0,20–0,50. St. kraus behaart; B. abgerundet, länglich-keilförmig; Kr. rosa od. violett. VI–VIII. 2n = 16.
Kultiviert, selten eingeschleppt u. unbeständig. – Heimat: Med. von S-Eur. u. N-Afr. bis Kl.As.; Kauk., N-Pers.

3. Sect. P l e t h i o s p h á c e

2280. S. praténsis L. (Abb. 356 a–d) Wiesen-S.

♃, *H.* – H. 0,30–0,60. Halbrosettenstaude; St. einfach, in der Blst.-region oft ästig, oben wie die Hochb., K. u. Kr. z. T. drüsig behaart, ± flaumig; B. mit ± zottigem Stiel- u. Spreitengrd., herzeiförmig, runzlig, manchmal leicht fiederschnittig, unterste in überwinternden Rosetten; *obere Hochb. kürzer als die K.;* Bl. in 4- bis 8bl. Scheinquirlen; Kr. meist 2–2,5 cm lang, dunkelblau, zuweilen heller – weiß, selten rosa. V–VIII. 2n = 18.
Trockenrasen, Wiesen, Böschungen, Wegränder, Felsen etc.; ± trockene, warme, lockere, oft kalkreiche, nährstoffhaltige Böden, etwas N-liebend. – Verbreitet u. oft häufig: S u. W (Kalkgeb., Alp. bis 955 m, Württ. bis 990 m), Elbe-, Saale- u. Elstergeb.; zerstreut bis selten u. oft unbeständig od. fehlend: s. Waldgeb., m-d. Gebg.schwelle; n. bis Westf.–Hannover–Braunschweig–Altmark–Pomm.–Ostpr. – Span., N-Balk. bis M-Eur.; Kauk., SW-As.; (N-Eur.); submed(-gem-kont).

2281. S. verbenáca L. Eisenkraut-S.

♃, *H.* – H. 0,20–0,60. Halbrosettenstaude; St. einfach od. verzweigt; B. grob-gekerbt–fiederlappig; Hochb. krautig, obere höchstens so lang wie die K.; Bl. blauviolett-blaßblau. VI–IX. 2 n = 54, 64.
Sehr selten eingeschleppt, unbeständig. – Med. u. W-Eur.

2282. S. nemorósa L. Steppen-S.
(= S. silvestris Jacq. non L.)

♃, *H.* – H. 0,20–0,70. St. aufrecht, am Grd. aufsteigend, vor allem oben ästig, angedrückt-weich behaart; B. mit herzförmigem Spreitengrd., länglich-eiförmig–lanzettl., dicht netzig, wenig runzlig; *obere Hochb. so lang od. länger als die K.;* Bl. klein, 8–13 mm lang, hell-violett, selten hellrot–weiß. VI–VIII. 2 n = 14.
Halbtrocken- u. Trockenrasen, Magerwiesen, steppenartige Formationen, Wege etc.; warme, meist kalkhaltige Böden. – Vereinzelt u. sehr unbeständig: u. a. Oberrhein-, Neckar- u. Mainland, Jura; Hess., Thür., Anh., Westf., Westpr., Ostpr. – S-Sib. bis Kauk., N-Pers., Kl.As., N- u. W-Balk; (M-Eur.); kont.

3. Subgen. C o v ó l a

2283. S. verticilláta L. Quirlblättriger S.

♃, *H.* – H. 0,20–0,60(–0,80). Halbrosettenstaude; St. am Grd. oft aufsteigend, aufrecht, oft ästig, vor allem in der Blst.region, kurzzottig behaart; B. herzförmig-dreieckig, etwas runzlig, grob gekerbt-gezähnt, oft mit einem öhrchenförmigen Fiederpaar am Grd. der Spreite; Hochb. sehr klein, trockenhäutig, verwelkend, braun, zurückgeschlagen; *Bl. in fast kugeligen Scheinquirlen;* Kr. klein, bis ca. 14 mm lang, violett bis hellblau. VI–IX. 2 n = 16.
Halbtrockenrasen, Unkrautges. etc.; warme, oft kalkhaltige Böden. – Verbreitet u. z. T. häufig u. zunehmend, bes. im s. Geb. [z. B. Bodensee-, Rhein- u. Neckargeb., Jura (Alp. 1010 m)]; n. bis etwa Westf.–Elbe-, Oder- u. Weichselgeb. – Eur. Gebg. von M-Span., S-Alp., S-Balk. bis Karp., M-Eur.; n. bis Engl., Skand.; Kauk. bis Kl.As., N-Pers.; gem-kont-submed.

Bastard:
S. pratensis × nemorosa (= S. × silvestris L.)

7. Trib. M o n á r d e a e

632. Monárda L. Goldmelisse
x = 8

M. dídyma L.; ♃; St. borstig behaart bis kahl; B. länglich-eiförmig, am Spreitengrd. etwas herzförmig; Hochb. meist purpurn; K.schlund außen sehr dicht abstehend-rauhhaarig; Kr. wenig behaart od. kahl, dunkel-scharlach-purpurrot. VII–VIII. – Kultiviert u. bisweilen verwildert. – Heimat: ö. N-Am.

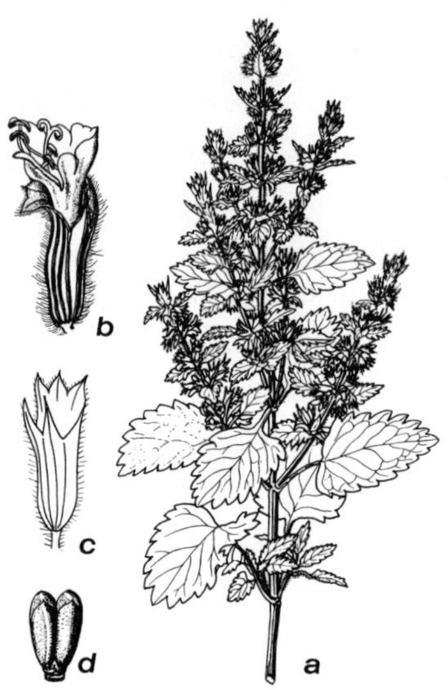

Abb. 357. *Melissa officinalis* (*a* Sproßspitze, *b* Blüte, *c* Kelch, *d* Klausen).

M. fistulósa L.; ♃; St. weich behaart bis kahl; B. länglich-lanzettl., am Spreitengrd. gestutzt; Hochb. weißlich-gelb-grün; K.schlund außen fast kahl od. wenig behaart; Kr. dicht behaart, hellrosa-purpurn. VII–VIII. – Kultiviert, selten verwildert. – Heimat: N- u. n. M-Am.

8. Trib. Saturéjeae

633. Melíssa L. — Melisse

x = 8

2284. M. officinális L. (Abb. 357) — Zitronen-M.

♃, *H.* – H. 0,30–0,90. St. aufrecht, stark ästig, ± spärlich behaart; B. unten lang, oben kürzer gestielt, eiförmig-rhombisch, untere am Spreitengrd. herzförmig, obere keilig, grob u. regelmäßig gesägt–gekerbt; Hochb. nicht von den Laubb. verschieden; Bl. ± lang gestielt, in 6- bis mehrbl., lockeren ± einseitswendigen Scheinquirlen; K. deutlich zweilippig nach $^{3}/_{2}$; Kr. 8–10 mm lang, weißlich; Pfl. stark duftend. VI–VIII. 2n = 32.
Gebaut (Heil-, Gewürz-, Tee-, Bienenfutterpfl.), selten verwildert. – Heimat: O-Med. von N-Afr., Ital. bis Kauk. u. W-As.

Droge: Folia Melissae

634. Saturéja L. Bergminze

x = 5, 6, 9

I. B. lineal-lanzettl., ohne deutliche Seitennerven, ganzrandig; B.stiel nicht deutlich abgesetzt; K. mit 5 nahezu gleichen Zähnen, glockig (Subgen. Satureja, Sect. Sabbatia)

A. Pfl. ⊙, ①, höchstens an der Basis verholzt; B. rundlich-spitz, aber ohne ausgezogene Spitze ..... **2285. S. hortensis**

B. Pfl. ♄, ♄; B. mit langausgezogener Spitze u. Stachelspitze .... **2286. S. montana**

II. B. eiförmig-ellipt., höchstens doppelt so lang wie breit, meist gekerbt-gesägt, mit deutlichen Seitennerven; K. deutlich zweilippig (Subgen. Calamintha)

A. Scheinquirle sehr dichtbl., kopfig gehäuft; Vorb. zahlreich, so lang wie die K. (Sect. Clinopodium) **2288. S. vulgaris**

B. Scheinquirle locker, 1- bis 7bl.; Vorb. viel kürzer als die K. od. fehlend

1. B. groß, eiförmig; Bl.stiele deutlich verzweigt; Bl. mit gemeinsamem Stiel (Sect. Calamintha) **2287. S. calamintha**

2. B. klein, länglich-eiförmig; Bl.stiele einfach; alle Bl. einzeln u. ohne gemeinsamen Stiel (Sect. Acinos)

a) K.zähne nach der Bl. zusammenneigend, Fr. K. daher verschlossen; Kr. unter 10 mm lang .... **2289. S. acinos**

b) K.zähne nach der Bl. aufrecht, abstehend, Fr. K. daher offen; Kr. 15—20 mm lang .... **2290. S. alpina**

1. Subgen. S a t u r é j a
Sect. S a b b á t i a

2285. S. horténsis L. (Abb. 358 a—g) Bohnenkraut

⊙, (①), *Th.* – H. 0,15—0,30. St. stark ästig, ± kurzflaumig behaart, rotviolett überlaufen; B. schmal, in den Achseln oft mit Kurztrieben; Bl. deutlich gestielt in den Achseln laubb.artiger Hochb., in 3- bis 6bl. Scheinquirlen; *Kr. 4—6 mm lang,* lila-rosa od. weißlich. VII—IX(—X). 2n = 46—48, 45.
Kultiviert (Gewürz- u. Heilpfl.), zuweilen verwildert. – Heimat: O-Med., w. bis Balk., M-Ital.

Droge: Herba Saturejae

2286. S. montána L. Winterbohnenkraut

♄, ♄, *Ch, N.* – H. 0,10—0,50. St. aufsteigend-aufrecht, stark verholzt, ästig, ± flaumig behaart; B. schmal, in den Achseln oft mit Kurztrieben; Hochb. laubb.artig; Scheinquirle 3- bis 7bl.; *Kr. 7—10 mm lang,* weiß-rosa od. bläulich. VIII—X. 2n = 30.
Gebaut (Gewürz- u. Zierpfl.), selten verwildert. – Heimat: Med., von N-Afr., S-Eur. bis N-Balk.; S-Rußl.

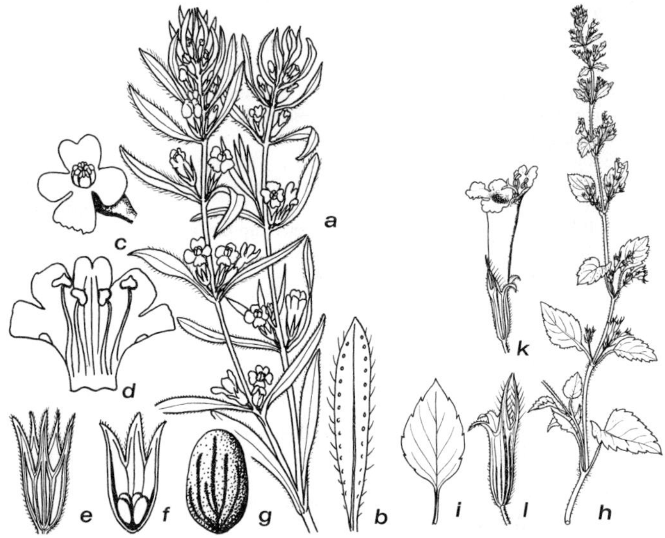

Abb. 358. *Satureja* spp., *a–g S. hortensis* (*a* Sproßspitze, *b* Stengelblatt, *c* Blüte; *d* Krone, aufgeschnitten; *e* Kelch, bei *f* aufgeschnitten; *g* Klause), *h–l S. calamintha* (*h* Sproßspitze, *i* Stengelblatt, *k* Blüte, *l* Kelch).

2. Subgen. C a l a m í n t h a
1. Sect. C a l a m í n t h a

2287. S. calamíntha (L.) Scheele (Abb. 358 h–l) Echte B.

♃, *H.* – H. 0,30–0,60. Pfl. mit dünnen Ausläufern; St. am Grd. aufsteigend, aufrecht, ästig, zottig-weichhaarig; B. gestielt, eiförmig-ellipt., gekerbt-gesägt, etwas zottig behaart; Scheinquirle b.achselständig, Halbquirle meist als deutliche, gestielte dichasiale Blst. ausgebildet; Kr. lila-rot. VII–IX.

ssp. n e p e t o í d e s (Jordan) Br.-Bl. (= S. nepeta auct.p.p.); Halbscheinquirle 12- bis 15bl.; K. meist unter 7 mm lang, die unteren Zähne wenig länger als die oberen; Kr. klein, 8–12 mm lang. Steinschuttfluren, Felsen, Mauern; kalkhaltige Substrate. – Selten: Berchtesgadener Alp. (540 m), Fränk. Jura, Frank. – praealp-submed.

ssp. s i l v á t i c a Briq. [= ssp. officinalis (Moench) Gams]; Halbscheinquirle 5- bis 7bl.; K. meist über 7 mm lang, die unteren Zähne viel länger als die oberen; Kr. größer, 15–20 mm lang. 2n = 24.

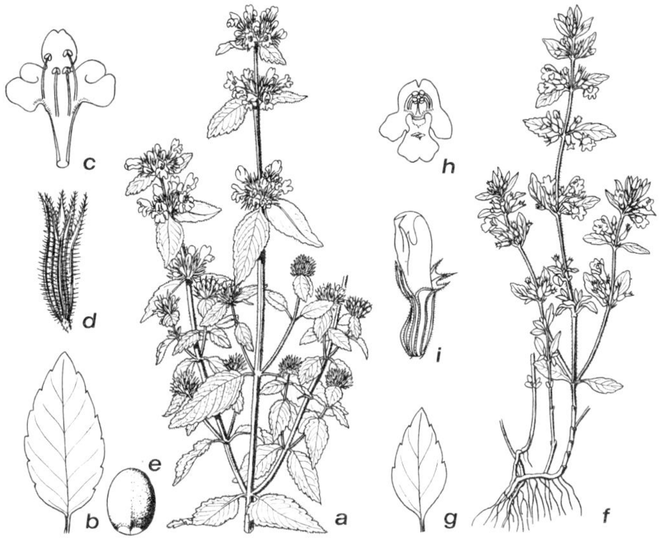

Abb. 359. *Satureja* spp., *a–e S. vulgaris* (*a* Sproßspitze, *b* Stengelblatt; *c* Krone, aufgeschnitten; *d* Kelch, *e* Klause), *f–i S. acinos* (*f* Habitus, *g* Stengelblatt; *h, i* Blüten).

Lichte, trockene Laubwälder, sonnige Hänge, Dämme etc.; meist kalkreiche Böden. – Verbreitetste Unterart im s. u. w. Geb.; zerstreut: Jura, Oberrheingeb., Neckar- u. Mainland; selten u. zerstreut bis Hess., Thür., n. davon wohl nur verwildert. – submed(-subatl).

Med. von N-Afr. bis Kl.As.; unteres Donaugeb. bis Kauk., W-Eur. von Span. bis Irl. u. w. M-Eur.

2. Sect. Clinopódium

2288. S. vulgáris (L.) Fritsch (Abb. 359 a–e) Wirbeldost, Gemeine B. (= Calamintha clinopodium Spenner)

♃, *H.* – H. 0,20–0,60. Pfl. mit dünnen Ausläufern; St. aufsteigend, wenig ästig, *abstehend-zottig weiß behaart;* B. kurz gestielt, beiderseits weich behaart, ± ganzrandig od. seicht kerbig-gezähnt, in den Achseln oft mit Kurztrieben; Hochb. groß, von den Laubb. nicht od. kaum verschieden; Bl. in 10- bis 20bl., ± kugeligen, entfernten, von einer *Hülle zahlreicher, borstenförmig gewimperter Vorb.* umgebenen Scheinquirlen; K. zottig behaart; Kr. purpurrot. VII–IX. 2n = 20.

Lichte, trockene Wälder, Gebüsche, Wald- u. Wegränder, Hochstaudenfluren; warme, ± frische, lockere, meist kalkhaltige Böden. – Fast im ganzen Geb. verbreitet (bes. Kalk- u. warme Urgesteinsgeb., Alp. bis 1560 m), im m. u. s. Teil meist häufig, im NW seltener od. streckenweise fehlend. – Eur., N- (65° n. Br.) bis S-Eur., N-Afr.; N- u. W-As. bis Pers., Him.; N-Am.; euras-submed, circ.

3. Sect. Ácinos

2289. S. ácinos (L.) Scheele (Abb. 359 f–i) Steinquendel, Stein-B.

♄, (☉–♃), *Ch (Th–H).* – H. 0,10–0,40. St. niederliegend, aufsteigend od. aufrecht, flaumig-zottig behaart; B. kurz gestielt, oft lanzettl., schmal, ± ganzrandig, oft mit wenigen Zähnen; Bl. gestielt meist zu 6 in *zahlreichen* lockeren *Scheinquirlen* in den Achseln von Laubb.; K. zottig behaart; Kr. hellviolett. VI–IX. 2n = 18.

Trockenrasen, Magerwiesen, steppenartige Formationen, Felsen, Mauern etc.; trockene, meist lockere, warme, oft sandige Böden. – Verbreitet (nur eingebürgert ?), bes. s. Kalkgeb. (Alp. bis 1230 m); zerstreut bis selten: m-d. Gebg.-schwelle u. nö. Geb. (eingebürgert); im NW z. T. adventiv. – Skand. bis Med., Kl.As., Kauk.; (N-Am.); submed(-euras).

2290. S. alpína (L.) Scheele Alpen-Steinquendel, Alpen-B.

♃, ♄, *H, Ch.* – H. 0,05–0,30. St. am Grd. niederliegend, aufsteigend, schwach behaart; B. sehr kurz gestielt, ± spärlich behaart, gegen die Spitze zu gesägt; Bl. meist zu 6 in *wenigen* (3–6) lockeren *Scheinquirlen;* Kr.röhre den K. weit überragend; Kr. rotviolett. VI–IX(–X). 2n = 18.

Stein- u. Halbtrockenrasen, Weiden, Schutthalden etc.; frische, lockere, kalkreiche, oft steinige, schwach humöse Böden. – Verbreitet u. häufig: Alp. (bis 2320 m); mit den Flüssen weit ins Vorland herabsteigend; weiter n. (Geb. von München) vielleicht Glazialrelikt. – Gebg. von Span., Alp., Apenn., Siz. bis Balk., Karp., Kl.As., N-Afr.; alp(-praealp-submed).

635. Hyssópus L. Ysop

x = 6

2291. H. officinális L. (Abb. 360 a–d) Echter Y.

♄, *Ch.* – H. 0,20–0,70. St. aufsteigend-aufrecht, zahlreich, ± ästig; B. fast sitzend, länglich-lanzettl., ganzrandig, derb, in den Achseln oft sterile Kurztriebe tragend (B. scheinbar quirlig!); Bl. in dichten, ± einseitswendigen Scheinquirlen, zu einer endständigen, dichten Scheinähre vereinigt; K. fünfzähnig; Kr. tief dunkelblau, selten rosa-weißlich. VII–IX. 2n = 12, (13).

Abb. 360. *a–d Hyssopus officinalis* (*a* Sproßspitze, *b* Blüte, *c* Kelch, *d* Klause); *e–h Origanum vulgare* (*e* Sproßspitze, *f* Blüte, *g* Kelch, *h* Klause).

Gebaut (Heil- u. Gewürzpfl.), gelegentlich verwildert u. eingebürgert: Trockenrasen, Felsen, Mauern; warme, trockene meist kalkreiche Böden. – Zerstreut, bes. im s. Geb. (Weinbaugeb., Burgruinen), sonst nur vereinzelt u. z. T. unbeständig. – Span. über Alp. bis Balk. u. pont. Geb.; W-M-As. (M- u. s. N-Eur. wohl nur eingebürgert); submed-kont.

Droge: Herba Hyssopi

636. Origanum L. — Dost

x = 15

2292. O. vulgáre L. (Abb. 360 e–h) — Wilder D.

♃, *H, (Ch).* – H. 0,20–0,60. Pfl. mit Ausläufern; St. aufrecht, weich- ± zottig behaart, ästig; B. gestielt, spitzeiförmig, weichhaarig, fast ganzrandig od. sehr fein gezähnt-gekerbt; Hochb. oft braunrot; Bl.-Scheinquirle 1- bis 3bl., zu dichten Scheinähren, diese zu rispen- u. doldenartigen Blst. vereinigt; K. 5zähnig; Kr. klein, purpurn–fleischfarben, selten weißlich. VII–X.

ssp. v u l g á r e (= ssp. genuinum Gaud.); Scheinähre ± kugelig, dichte, rispige Ebensträuße bildend. 2 n = 30, 32. Formenreich.

Trockene Hänge, Gebüsche, Wald- u. Wegränder, Dämme, lichte Wälder etc.; ± trockene, warme, meist kalkreiche Böden. – Verbreitet u. z. T. häufig im m. u. s. Geb. (Alp. bis 1800 m), im NO ziemlich zerstreut, nw. bis etwa Osnabrück–Hannover–Helmstedt–Kiel. – euras-submed.

ssp. prismáticum Gaud.; Falscher Stauden-Majoran; Scheinähren verlängert, aus 20–40 Scheinquirlen bestehend, große lockere Rispen bildend.

Selten kultiviert; z. T. verschleppt u. eingebürgert; Trockenrasen, Kalk-Sandböden, z. B. n. Oberrheingeb. – submed-atl.

Irl., Schottl., Skand. (66° n. Br.) bis O-Eur., Med., Kl.As., Pers., Him.; N-Am.

Droge: Herba Origani

637. Majorána Mill. — Majoran

2293. **M. horténsis** Moench (Abb. 361 a–d) — Echter M.

⨀, (⨀), *Th, (H),* (ursprünglich ♄, *Ch*). – H. 0,20–0,50. St. am Grd. zuweilen verholzt, aufsteigend od. aufrecht, ästig, flaumig behaart, zuweilen rot überlaufen; B. gestielt, ellipt.-spatelig, ganzrandig, beiderseits graufilzig; Hochb. klein, kreisrundlich, die Bl.-Scheinquirle fast verdeckend u. dichte, ± ovale Scheinähren bildend; K. vorn gespalten, scheinbar einblättrig, ungezähnt; Kr. weiß–rötlich. VII–IX.

Gebaut (Heil- u. Gewürzpfl.), selten verwildert. – Heimat: O-Med., N-Afr., Arab.–Ind.

Droge: Herba Majoranae, [Oleum Majoranae]

638. Thýmus L. — Thymian

x = 6, 7, 9, 10, 15

Vorbemerkungen:

1. **Ausläufer** bedeutet, daß *sterile, kriechende, am Ende nicht blühende Triebe* vorhanden sind (cymöser Sproßaufbau); bei Arten ohne Ausläufer ist der *St.* meist durchaus *kriechend,* endet aber fast immer mit einem Blst. (racemöser Sproßaufbau).
2. **Heterophyll** bedeutet, daß die Größe der B. der Bl.äste von oben nach unten *allmählich* abnimmt, die unteren B. sind meist länger gestielt, verhältnismäßig breiter u. spatelig.
3. **Homoeophyll** bedeutet, daß die Größe der B. der Bl.äste ± gleich ist, die untersten B. sind aber (bei Schattenformen schon das 4. od. 5. B.paar unter dem Blst. meist viel kleiner (± *plötzlicher* Übergang).
4. Bezüglich der zahlreichen *Kleinarten,* Formen u. Bastarde sowie der *Synonymik* mit früheren Bearbeitungen sei auf Mansfeld 1940, Ronniger 1954, Machule 1957 sowie Sihler 1961 verwiesen.

I. St. aufrecht; B. unterseits grausamtig-dicht weißfilzig behaart; B.rand stark umgerollt (Sect. Vulgares)
A. Spreitengrd. ohne Wimperhaare; obere K.zähne nicht gewimpert . . . . 2294. **Th. vulgaris**

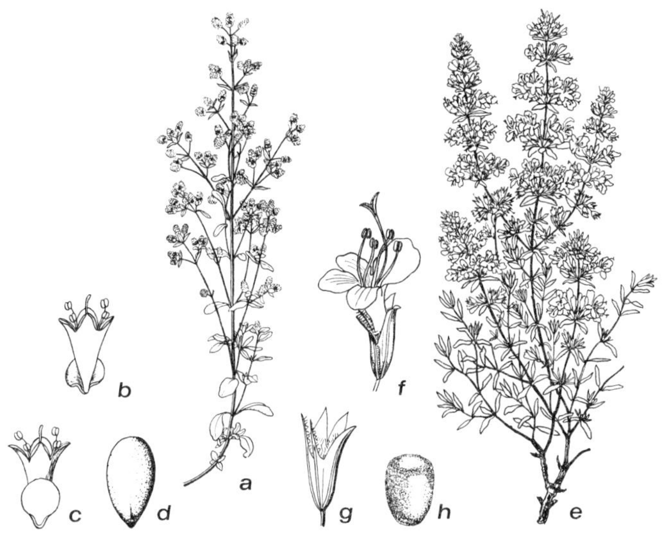

Abb. 361. *a–d Majorana hortensis* (*a* Habitus; *b, c* Blüten; *d* Klause); *e–h Thymus vulgaris* (*e* Habitus, *f* Blüte, *g* Kelch, *h* Klause).

B. Spreitengrd. spärlich gewimpert; obere K.zähne meist gewimpert . . . . Th. × citriodorus

II. St. niederliegend od. aufsteigend; B. unterseits nie grausamtig-filzig, kahl od. behaart; B.rand wenig umgerollt (Sect. Serpylla)

A. B.unterseite ohne verdickten Randnerv (Randwulst), höchstens die beiden oberen Nerven an der Spitze zu einem kurzen Wulst vereinigt (Subsect. Camptodromi)

1. Bl.äste schwach vierkantig od. fast stielrund, unmittelbar unter den Blst. keine kahlen St.-seiten, also rundum ± gleichmäßig behaart (Rotundicaules)

a) Pfl. ohne Ausläufer, aufsteigend od. aufrecht (Ser. Pannonici)

x) Pfl. homoeophyll; B. ungestielt; St. ± aufrecht . . . . 2295a. Th. marschallianus

xx) Pfl. heterophyll; B. gestielt; St. lang kriechend . . . . 2295b. Th. glabrescens

b) Pfl. mit ± langen Ausläufern, in niederen Rasen kriechend

x) Bl.äste ringsum ± gleichmäßig behaart (untere Teile der Bl.stengel zuweilen verkahlend)

/) B. eiförmig-rundlich, meist mit deutlichen od. kräftigen Nerven, die an der Spitze einen kurzen Randwulst bilden (Ser. Praecoces)

§) Stb. der blühenden Äste abwärts nur wenig kleiner werdend (Homoeophyllie), oft zerstreut behaart . . . . 2296. Th. humifusus

§§) Stb. der blühenden Äste von oben nach unten deutlich kleiner werdend (heterophyll), derb, ledrig, kahl od. behaart . . . . 2297. Th. praecox

//) B. bis 10 mm lang, schmal-lineal. bis ovallänglich, Randwulst an der Spitze der B.unterseite nur schwach ausgebildet (Ser. Serpyllum) . . . . 2298. Th. serpyllum

xx) Bl.äste nur oben ringsum, aber ungleichmäßig, an den Kanten lang, den Flächen kurz behaart, unmittelbar darunter auf 2 Seiten ± verkahlend . . . . Th. x polytrichus

2. Bl.äste vierkantig, 2 Seiten des Astes konkav u. etwas schmäler, vom Grd. bis zum Beginn des Blst. zweizeilig (auf 2 gegenüberliegenden Seiten) od. nur auf den 4 Kanten behaart; nur Th. valderius ist rundum behaart (Acuticaules, Ser. Pulegioidei)

a) Bl.äste ringsum behaart, auf zwei Seiten länger u. dichter, auf den beiden andern Seiten kürzer u. weniger behaart . . . . 2301. Th. valderius

b) Bl.äste entweder deutlich zweizeilig od. nur auf den Kanten behaart

x) Pfl. ohne Ausläufer, nicht lang kriechend; Pfl. homoeophyll; nur die untersten B. erheblich kleiner

/) Bl.äste von der Basis bis zum Beginn des Blst. nur auf den 4 Kanten behaart, dazwischen ± kahl; B. beiderseits kahl . . . . 2299. Th. pulegioides

//) Bl.äste von der Basis bis zum Beginn des Blst. lang zweizeilig behaart, von Knoten zu Knoten wechselnd; B. auf den Flächen langhaarig . . . . 2300. Th. froelichianus

xx) St. meist lang kriechend; Pfl. heterophyll u. mit Ausläufern

/) B.nerven dünn, B. am Spreitengrd. spärlich bewimpert; bl. Äste meist nur an den Kanten behaart . . . . 2302. Th. alpestris

//) B.nerven unterseits kräftig vorspringend, am vorderen B.ende einen Randwulst bildend, B.spreite am Grd. reichlich bewimpert; bl. Äste meist zweizeilig behaart . . . . **2303. Th. alpigenus**

B. B.unterseite mit auffälligem, oft etwas entferntem dickem, vollständigem Randnerv (Randwulst) (Subsect. Marginati) . . . . **2304. Th. carpaticus**

1. Sect. V u l g á r e s

2294. Th. vulgáris L. (Abb. 361 e–h) Echter Th.

ђ, *Ch,* (in Kultur meist nur 1–3jährig). – H. 0,20–0,30. St. aufrecht od. aufsteigend, sehr ästig, stark verholzt, grausamtig behaart; B. sehr kurz gestielt od. ± sitzend, lineal-länglich – breit ellipt., am Rande nicht gewimpert, in den Achseln mit B.büscheln (verkürzte Äste); Bl. in 3- bis 6bl. Scheinquirlen; Kr. 4–6 mm lang, lila-rosa, VI–X. 2n = 30.
Gebaut (Heil- u. Gewürzpfl.), selten – meist nur vorübergehend – verwildert. – Heimat: Port. über S-Alp. bis S-Balk.

Droge: Herba Thymi, Folia Thymi, [Oleum Thymi]

2. Sect. S e r p ý l l u m
1. Subsect. C a m p t o d r ó m i
1. Chorus Ser. R o t u n d i c a ú l e s
1. Ser. P a n n ó n i c i

2295a. Th. marschalliánus Willd. Steppen-Th.

ђ, *Ch.* – H. 0,10–0,40. Pfl. mit liegenden, verholzten St., aus denen die Bl.-stengel reihenweise entspringen; B. lineal-lanzettl.–ellipt., zuweilen allmählich stielartig zum Spreitengrd. verschmälert; *Blst. ährig,* seltener kopfig; K. ringsum abstehend behaart. VII–VIII. 2n = 28.
Trockenwiesen, sonnige trockene Hügel, steppenartige Formationen. – Selten verschleppt: Sachs. (Elbe) u. eingebürgert: Hochrhein. – ö. der Niederdonau, pann. Becken, n. bis Böhm. u. Mähr.; N-Balk., Kauk.; europ-kont.

2295b. Th. glabréscens Willd. Kahlblättriger Th.

ђ, *Ch.* – H. 0,10–0,25. Pfl. mit langkriechenden St., am Ende meist ein Blst.; Bl.äste reihenweise dem St. entspringend; B. deutlich gestielt, länglich-lanzettl.–ellipt., untere B. klein, spatelig; *Blst. kopfig,* zuweilen verlängert; K. rundum langhaarig. VI–VIII.
Mauern, Felsen, steppenartige Formationen; meist trockene, oft sandige Böden. – Selten u. unbeständig verschleppt, z. B. Oberrheingeb. – ö. der Niederdonau, pann. Becken, n. bis Böhm. u. Mähr.; S-Rußl., Kauk.; europ-kont.

Abb. 362. Thymus spp., *a–d Th. pulegiodes* (*a* Habitus, *b* Blatt, *c* Blüte, *d* Klause), *e–f Th. praecox* (*e* Habitus, *f* Blatt).

2. Ser. Praecóces

2296. Th. humifúsus Bernh. Rasiger Th.

♄, *Ch.* – H. 0,05–0,15. Liegende St. kürzer od. länger kriechend, *Ausläufer zuweilen fehlend od. kurz;* B. gestielt, eiförmig-eilänglich, kahl od. behaart. länger als breit. VI–VII. 2n = ca. 50–54.

Trockenrasen, warme Hänge, trockene Hügel, Felsen; warme, lockere, felsige, oft kalkreiche Böden, auch auf Porphyr. – Zerstreut, bes. wärmere Teile des SW (Rhein-, Tauber-, Untermaingeb.), wärmere Teile der Alp.; selten N-Tiefland (Hamburg, Pomm.). – W- u. s. M-Eur., Alp.täler; w-submed.

2297. Th. praécox Opiz (Abb. 362 e–f, 363 a) Frühblütiger Th.

♄, *Ch.* – H. 0,05–0,20. Pfl. langkriechend, *mit langen Ausläufern,* Bl.äste reihig; B. gestielt, spatelig; Blst. kopfig, seltener verlängert. V–VII. 2n = ca. 56.

Trocken- u. Steppenrasen, sonnige Hänge, Felsen; kiesig-steinige, meist kalkreiche Böden. – Zerstreut bis selten (bis subalp. Stufe) im s. Geb., bes. Kalkgeb. (Schwäb. Alb) u. wärmere Täler (Lech- u. Isarauen, Oberrhein-, Tauber- u. Untermaingeb.), Hügelland am N-Rand der M-Gebg. (Harz, Thür., Sachs.); fehlt u. a. N-Tiefland u. Sandgeb. – s. M- u. SO-Eur.; europ-kont.

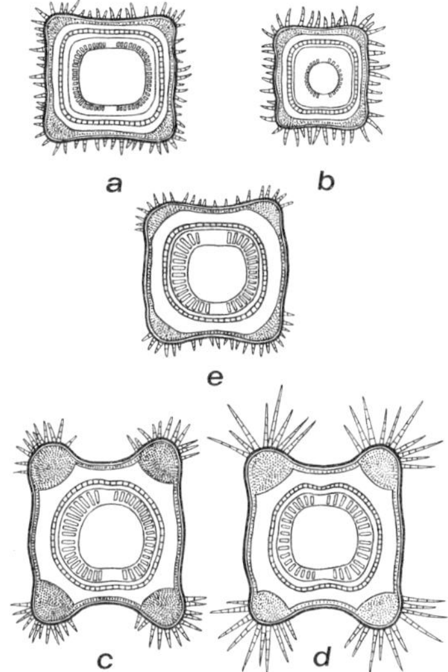

Abb. 363. *Thymus* spp., Stengelquerschnitte (*a Th. praecox, b Th. serpyllum, c Th. pulegioides, d Th. froelichianus, e Th. alpigenus.*

3. Ser. S e r p ý l l u m

2298. Th. serpýllum L. em. Mill. (Abb. 363 b) Sand-Th.

ђ, *Ch.* – H. 0,10–0,30. Pfl. mit lang kriechenden St., meist nur mit sterilem Trieb am Ende; B. gestielt, klein, lineal–linealellipt., keilig; obere K.zähne sehr kurz, kaum länger als breit. V–X. 2 n = 24.

Sandfluren, Kiefernsteppenwälder; trockene, meist kalkarme Sandböden. – Verbreitet: Sandgeb. N-D. u. M-Gebg.; nach S seltener; zerstreut bis selten: Keupergeb. (bes. Stubensandstein), Oberrheintal; Alp. wohl fehlend. – n-engl. Ins., M-Skand. (bis 67° n. Br.) bis M-Eur.; euras-kont.

2. Chorus Ser. A c u t i c a͡u l e s
4. Ser. P u l e g i o í d e i

2299. Th. pulegioídes L. (Abb. 362 a–d, 363 c) Gemeiner Th.

ђ, *Ch.* – H. 0,05–0,25. Pfl. locker-dichtbuschig, sterile Triebe kurz; Bl.äste scharf vierkantig; Behaarung extrem vierzeilig an den Kanten; B. gestielt, meist dünn. V–X.

ssp. p u l e g i o í d e s [= ssp. ovatus (Mill.) Mach.]; B. dünn, Nerven fädlich, kaum hervortretend. 2 n = 28.
Vielgestaltig (ca. 35 Kleinarten). – Häufig.

ssp. montánus (W. et K.) Ronn.; B. derb, dicklich, mit deutlich hervorspringenden Nerven; Pfl. oft rötlich verfärbt (Xerophyt). 2n = 28.

Vielgestaltig (ca. 11 Kleinarten). Seltener, z. B.: Hamburg, Sachs., Schles., O-Bay. – ö.-sö. Rasse.

Trocken-, Halbtrocken- u. Magerrasen, Weg- u. Waldränder, Felsen etc.; warme, lockere, ± neutrale, kalkärmere sandige Lehm- od. Steinböden. – Verbreitet u. häufig; N-Tiefland bis Alp.täler. – Eur. (von 63° n. Br.) bis Kauk.; euras-subozean.

2300. Th. froelichiánus Opiz (Abb. 363 d) Krainer Th.

♄, *Ch.* – H. 0,10–0,30. Pfl. langhaarig, Haare meist so lang od. länger als der Astdurchmesser, meist abstehend; die kahlen Seiten auch etwas behaart; B. vorwiegend schwachnervig; K. rundum zottig behaart. VI–VIII. 2n = 28.

Halbtrocken- u. Trockenrasen, warme Hänge; nährstoffreiche, vorzugsweise kalkhaltige Lehm- u. Steinböden. – Zerstreut, bes. Jurageb., Oberrheingeb. von Bodensee bis Pfalz, S-Schwarzwaldtäler, Tauber- u. Maingeb. – S-Engl., s. M-Eur., S-Schweiz bis S-Österr., Pyren.; w-submed.

2301. Th. valdérius Ronn. Piemontesischer Th.

♄, *Ch.* – H. 0,10–0,20. Pfl. buschig, meist mit kurzen, liegenden, sterilen Trieben; Bl.äste meist aus stark verholzten, liegenden St. entspringend; B. gestielt, eiförmig rundlich, beiderseits reichlich behaart; K. ringsum zottig behaart. VI–VII.

Trockenrasen; lockere, warme Steinböden. – Sehr selten, nur Kaiserstuhl bei Freiburg/Breisgau. – SW-Eur., S-Alp.; w-submed.

2302. Th. alpéstris Tausch Riesengebirgs-Th.

♄, *Ch.* – H. 0,10–0,20. St. lang- od. kurzkriechend; Bl.äste reihig gestellt; B. gestielt, länglich–breit-eiförmig od. rundlich; Blst. kopfig, selten verlängert; Spreitenbasis spärlich bewimpert; *obere K.zähne meist kahl od. rauh,* selten bewimpert. VI–VII. 2n = 28.

Mont.-alp. Magerrasen; frische, meist kalkarme, sandige Lehmböden. – Zerstreut bis selten: Alp. u. Voralp. (mit den Flüssen herabsteigend); Glazialrelikte: Baar, Bodenseegeb.; Thür. – Alp., höhere Gebg. s. u. sö. M-Eur. bis Karp.; alp-praealp.

2303. Th. alpigénus Kern. (Abb. 363 e) Alpen-Th.

♄, *Ch.* – H. 0,05–0,15. St. langkriechend; Bl.äste vorwiegend niedrig; B. gestielt, verkehrt-eiförmig–spatelig; Blst. kopfig, selten verlängert; Spreitenbasis reichlich bewimpert; *obere K.zähne bewimpert.* VI–VII. 2n = ca. 56 (?).

Matten, Felsen, Geröll; frische, oft kalkreiche Böden. – Zerstreut: Alp. u. Vorland, Allgäu (z. B. Oberstdorf). – Alp.; alp.

2. Subsect. M a r g i n á t i
Ser. M a r g i n á t i

2304. Th. carpáticus Čelak. Karpaten-Th.

♄, *Ch.* – H. 0,10–0,25. Pfl. langkriechend; Bl.äste deutlich vierkantig, zweizeilig, unter dem Blst. ± gleichmäßig behaart; B. von unten nach oben an Größe zunehmend, langgestielt; Blst. kopfig od. wenig verlängert. VI–VII.

Berghänge, Wiesen, Weiden. – Sehr selten, nur S-Schles. u. Mähren (Kessel, Altvater). – Sud., Tatra, N-Karp.; (praealp-)o-alp.

Bastarde:
Th. alpigenus × praecox (= Th. × polytrichus Kern.), Th. pulegioides × vulgaris [= Th. × citriodorus (Pers.) Schreb.].

639. Méntha L. Minze

x = 5, 6

Vorbemerkung: Der Schlüssel enthält nur die wichtigsten Bastarde.

I. K. ungleich 5zähnig, fast 2lippig; Schlund des K. bärtig behaart, zur Fr.zeit durch einen Haarring verschlossen; Kr.röhre plötzlich von unten nach oben in den Schlund erweitert (Subgen. Pulegium) . . . . **2305. M. pulegium**

II. K. regelmäßig 5zähnig; Schlund innen kurz behaart od. kahl, zur Fr.zeit offen; Kr.röhre von unten nach oben allmählich in den Schlund erweitert (Subgen. Mentha)

A. Scheinquirle alle voneinander entfernt in den Achseln normaler Laubb.; St. mit einem bl.losen B.-büschel abschließend (Sect. Verticillatae)

1. K. zur Fr.zeit glockig, wenig gefurcht, 10nervig, K.zähne dreieckig-eiförmig, nur etwa so lang wie breit . . . . **2306. M. arvensis**

2. K. röhrig-glockig, gefurcht; K.zähne dreieckig-lanzettl., zugespitzt, länger als breit (Bastarde der *M. arvensis*)

a) K. am Grd. kahl, oben behaart; Kr.röhre innen u. außen kahl; B. kurzgestielt, obere fast sitzend; Pfl. ziemlich kahl . . . . **M. × gentilis**

b) K. durchweg behaart; Kr.röhre innen u. außen behaart; Pfl. abstehend behaart od. kahl . . . . **M. × verticillata**

B. St. mit einem Bl.köpfchen od. einer Bl.ähre abschließend, fast alle Hochb. viel kleiner als die Laubb.

1. Bl. in einem od. mehreren endständigen, kugeligen, köpfchenartigen Blst., darunter oft noch 1–2 gesonderte Scheinquirle in den Achseln normaler Laubb. (Sect. Capitatae) . . . . **2307. M. aquatica**

2. Endständige Blst. verlängert, ährenförmig (Sect. Spicatae)
   a) B. sitzend od. die unteren sehr kurz gestielt, Ähre ± dünn, oft locker
      x) St. fast kahl, frischgrün od. unterwärts rot überlaufen; B. höchstens unterseits auf den Nerven behaart .... 2308. M. spicata
      xx) St. weichhaarig, ± zottig; B. auf der Unterseite ± stark anliegend filzig behaart
         /) B. eiförmig-länglich-lanzettl., glatt od. nur wenig runzlig, mehr als 2mal so lang wie breit (meist länger als 5 cm), mit 6–12 Nervenpaaren; K.zähne pfriemlich
            §) Pfl. ohne oberirdische beb. Ausläufer; B. länglich-lanzettl., glatt; Scheinähren meist unterbrochen 2309. M. longifolia
            §§) Pfl. mit oberirdischen beb. Ausläufern; B. eiförmig od. länglich-eiförmig, zuweilen runzlig; Scheinähren dick u. dicht .... M. × villosa
         //) B. breit-rundlich–eiförmig, 2–3(selten über 5)cm lang, nicht ganz 2mal so lang wie breit, netznervig, oberseits runzlig, mit 4–6 Nervenpaaren; K.zähne lanzettl. .... 2310. M. rotundifolia
   b) B. deutlich gestielt (zumindest die unteren u. mittleren) (Bastarde der *M. aquatica*)
      x) St. fast völlig kahl, glänzend, oft rot überlaufen; Scheinähren locker; K. am Grd. ganz kahl .... M. × piperita
      xx) St. rückwärts steifhaarig; K. am Grd. behaart .... M. × dumetorum

Droge: [Oleum Menthae crispae] (verschiedene krausblättrige Mentha ssp.)

1. Subgen. Pulégium

2305. M. pulégium L. Polei-M.

♃, *H (HH)* – H. 0,10–0,30. *Pfl. mit* unter- u. *oberirdischen Ausläufern;* St. niederliegend u. aufsteigend, ± ästig; B. kurz gestielt, eiförmig-ellipt., schwach-seicht gezähnt; Bl. in dichten, kugeligen, entfernten Scheinquirlen in den Achseln von normalen Laubb.; Kr. blauviolett-lila, selten weiß. VII–IX(–X). 2 n = 10, 20, 30, 40, 46.

Flutrasen, Sumpfwiesen, Ufer, Küsten etc.; feuchte bis nasse, nährstoffreiche, kalkarme schwere tonige Böden. – Zerstreut bis selten: Stromtäler (bes. Oberrhein u. z. T. Nebentäler, n. abnehmend bis Niederrhein; Unterlauf von Weser, Elbe, Oder, vereinzelt bis Anh., Thür., Sachs. bzw. Schles.); selten: Donautal (ab Regensburg); früher gebaut u. verwildert. – Med. bis Syr., N-Pers., M- u. s. N-Eur., N-Afr.; (Am.); med-submed-euras-subozean.

2. Subgen. Méntha
1. Sect. Verticillátae

2306. M. arvénsis L. Acker-M.

♃, *H.* – H. 0,15–0,30(–0,50). St. mit unter- u. oberirdischen Ausläufern; St. niederliegend od. aufsteigend, kurzzottig behaart; B. kurz gestielt, eiförmig-ellipt.–breitlanzettl., gesägt–gekerbt, kurzzottig; Bl. in reichbl., kugeligen Scheinquirlen; Kr. lila-hellviolett od. rosa. VI–X. 2n = 12, 54, 60–62, 90, 92, 96, 120, 132.

ssp. arvénsis [= ssp. agrestis (Sole) Briq.]; B. eiförmig–breit ellipt., gegen den Stiel gestutzt od. breit abgerundet, oft etwas herzförmig. 2n = 72.
Im n. Geb. offenbar nicht selten, im s. Geb. zerstreut bis selten, vor allem höhere Lagen.

ssp. parietariaefólia (Beck.) [= ssp. austriaca (Jacq.) Briq. et ssp. parietariaefolia (Beck.) Briq.]; B. ellipt.-lanzettl., in den Stiel verschmälert.
Vielgestaltig. – Häufig u. verbreitet.

Sumpfwiesen, Ufer, Ackerunkrautges. etc.; feuchte bis nasse, nährstoffreiche, kalkärmere, neutral-mäßig saure, tonige od. sandige Lehmböden. – Verbreitet u. meist häufig (Alp. bis 1880 m), in N-See-Küstennähe seltener u. streckenweise fehlend. – N-engl. Ins., N-Skand. bis Gebg. N-Med.; N- u. W-As., Sib. bis Him.; N-Am.; no-euras(-subozean), circ.

2. Sect. Capitátae

2307. M. aquática L. (Abb. 364 a–d) Wasser-M.

♃, *H, (HH).* – H. 0,20–0,80. St. mit unterirdischen Ausläufern (im Wasser auch mit flutenden, oberirdischen); St. am Grd. aufsteigend, aufrecht, ± behaart; *B. deutlich gestielt,* eiförmig-ellipt., gesägt–gekerbt; Blst. köpfchenartig; Kr. groß, blaßviolett–rötlich. VII–X. 2n = 96. [dazu als var. críspa (L.) Benth. vel H. Br. mit krausen, zerschlitzten Laubb. eine der kultivierten *Krauseminzen*]

Röhricht- u. Großseggenges., Moorwiesen, Bruch- u. Auenwälder etc.; meist nasse, nährstoffreiche, tonige od. torfige Böden. – Verbreitet u. oft häufig (Alp. bis 1200 m), in N-See-Küstennähe seltener. – N-engl. Ins., M-Skand. bis Med., N-Afr., N- u. W-As.; S-Afr. (Am., Austr.); euras-submed(-med).

Abb. 364. *a—d Mentha aquatica* (*a* Habitus, *b* Blüte; *c* Krone, aufgeschnitten; *d* Klause); *e—h Lycopus europaeus* (*e* Sproßspitze, *f* Blüte, *g* Kelch mit Klausen, *h* Klause).

3. Sect. Spicátae

2308. M. spicáta L. em. Nath. Ähren-M.
[= M. viridis L., M. sylvestris L. var. viridis (L.) Garcke]

♃, *H.* – H. 0,30–0,80. Pfl. mit unterirdischen Ausläufern; St. einfach od. ästig; B. länglich-eiförmig–lanzettl., scharf gesägt; Bl. in zu ± schlanken Scheinähren vereinigten Scheinquirlen; *Bl.stiele u. unterer Teil des K. stets ± kahl;* Kr. klein, blau-rötlich. VII–IX. 2 n = 32, 36, 48, 84.

ssp. spicáta [= ssp. viridis (L.) Briq.]; B. eilänglich–lanzettl., groß, sitzend. Typische u. verbreitete Unterart.

ssp. crispáta (Schrad.) Briq.; B. breiter, runzelig-kraus, geschlitzt. In verschiedenen Formen als Krauseminze gebaut.
Droge: Folia Menthae crispae

Gebaut mit M. piperita als Pfefferminze, zuweilen verwildert (bes. Oberrheingeb. u. Seitentäler, Neckar- u. Mainland). – SW-Frank. bis Dalmat.

2309. M. longifólia (L.) Nath. Roß-M.
(= M. sylvestris L.)

♃, *H.* – H. 0,10–1,00. Pfl. mit unterirdischen Ausläufern; St. aufrecht, einfach od. ästig; B. sehr kurz gestielt od. ungestielt, zahnartig gesägt, oberseits meist verkahlend, unterseits bleibend angedrückt ±

grau-weißfilzig; Bl. in dichten Scheinquirlen; *K. u. Bl.stiele meist graufilzig behaart; Fr.kelche eingeschnürt;* Kr. lila-fleischfarben. VII–IX.

ssp. l o n g i f ó l i a (= ssp. genuina H. Br.); B. oberseits meist verkahlend, glatt. 2 n = 24. Vielgestaltig.

Ufer, Gräben, nasse Weiden, Auenwälder, Wegränder etc.; ± nasse, nährstoffreiche, ± kalkhaltige, meist schwere tonige Böden. – Verbreitet u. meist häufig: bes. Bergländer des m. u. s. Geb. (Alp. bis 1460 m); im N-Tiefland streckenweise fehlend.

ssp. u n d u l á t a (Willd.) Briq.; B. breit, kraus, mit geschlitzten Zähnen.

Seltener gebaut *(Krauseminze)*

Med. bis Engl., S-Skand.; As., Afr.; (N-Am.); submed-euras.

2310. M. rotundifólia (L.) Huds. Rundblättrige M.

♃, *H.* – H. 0,30–0,50. Pfl. mit oberirdischen Ausläufern; St. aufrecht od. aufsteigend, oft sehr ästig, locker–ziemlich dicht, ± zottig behaart; B. sitzend, mit herzförmigem Spreitengrd.; *Scheinähren* meist *dicht, schlank u. schmal, oft* stark *in Rispen;* K. zottig; *Fr.kelch kugelig-bauchig;* Kr. klein, oft weiß. VII–IX. 2 n = 24.

Graben-, Weg- u. Straßenränder, Mauern; feuchte bis ± nasse, nährstoffreiche, schwere Lehm- u. Tonböden. – Zerstreut: bes. SW (Oberrheingeb., Neckar-, Enz- u. Mainland), M-Rhein bis Ruhr; n. selten bis Schl.Holst., ö. bis Thür., Sachs. – W-Med., Kanar., W-Eur. bis S-Engl., w. M-Eur.; w-med-atl.

Bastarde:

M. aquatica × longifolia (= M. × dumetorum Schult.), M. aquatica × rotundifolia (= M. × suavis Guss.), M. aquatica × spicata [= M. × piperita L.; Echte Pfefferminze; *Drogen:* Folia Menthae piperitae,[Oleum Menthae piperitae]; dazu: var. crispula (Wender.) H. Br., Krause Pfefferminze], M. arvensis × aquatica (= M. × verticillata L., M. sativa L.), M. arvensis × longifolia (= M. × dalmatica Tausch), M. arvensis × rotundifolia (= M. × carinthiaca Host), M. arvensis × spicata (= M. × gentilis L.; Edel-M.), M. longifolia vel spicata × rotundifolia [= M. × villosa Huds. em. Briq., M. niliaca Jacq.; dazu: var. lamarckii (Ter.) Briq., Krausminze], M. aquatica × arvensis × spicata (= M. × rubra Sm. et auct.; Rot-M.).

640. Lýcopus L. Wolfstrapp

x = 11

I. Untere B. meist über 4–5 cm breit; untere Hochb. fiederspaltig; K. bis zur Mitte verwachsen, K.zähne also höchstens so lang wie die Kr.röhre . . . . **2311. L. exaltatus**

II. Untere B. meist schmäler als 4 cm; untere Hochb. meist nicht tief fiederspaltig, nur ± grob gesägt; K. nur im unteren Drittel verwachsen, K.zähne also länger als die Kr.röhre . . . . **2312. L. europaeus**

2311. L. exaltátus L. fil. Hoher W.

♃, *H, (HH).* – H. 0,60–1,20(–1,50). Pfl. mit Ausläufern; *St. ± einfach u. unverzweigt; B.* gestielt, länglich-eiförmig, *alle tief fiederteilig* mit ± gezähnten Fiedern; Hochb. viel länger als die ± dichten Scheinquirle; Kr. sehr klein, 3–4 mm lang, weiß, mit roten Flecken. VII–VIII. 2n = 22.

Weidengebüsche, Großseggenges., Gräben, Ufer; zeitweise überschwemmte Böden. – Sehr selten im Bereich der großen Stromtäler: Elbe (Magdeburg), Zusammenfluß Main-Rhein (verschollen); Bodensee (?). – Him. bis pont.-pann. Länder, Österr., N-Ital., M-Eur., Belg.; euras-kont.

2312. L. europaéus L. (Abb. 364 e–h) Gemeiner W.

♃, *H, (HH).* – H. 0,30–1,00. Pfl. mit langen Ausläufern; *St.* steif, *meist mit sparrig abstehenden, einfachen Ästen;* B. kurz gestielt, eiförmig-länglich–lanzettl., *untere u. mittlere am Spreitengrd. oft fiederspaltig,* ± grob gezähnt-gesägt; Hochb. den Laubb. ähnlich, viel länger als die Scheinquirle; Bl. in sehr dichten, halbkugeligen, vielbl. Scheinquirlen; Kr. klein 4–5 mm lang, nur wenig länger als der K., weiß, innen rötlich gefleckt. VII–IX. 2n = 22.

var. g l a b r é s c e n s Schmidely; St. hohl, ± kahl, wenig verzweigt. – Varietät vor allem der sehr nassen Standorte (Modifikationen mit untergetauchten u. zerschlitzten B.)

var. p u b é s c e n s Benth.; St. kaum hohl, zerstreut-rauhhaarig, meist stark verzweigt; B. scharf gezähnt. – Häufigste Varietät

var. m ó l l i s (Kern.) Briq.; St. dicht kraushaarig-wollig; B. breiter u. stumpfer gezähnt, vor allem unterseits dicht flaumig behaart. – O-alp. Var.: Oberbay.

Röhrichte, Großseggenbestände, Bruchwälder, Ufer, Gräben, unkrautige Ges.; zeitweise sehr nasse, nährstoffreiche, tonige od. torfige Böden. – Verbreitet u. häufig (Alp. bis 800 m). – Eur. von 64° n. Br. bis N-Med., Rußl., N- u. W-As. (Vorderind.); (N-Am.); euras-submed.

9. Trib. P o g o s t e m ó n e a e

641. Elshóltzia Willd. Kamminze

2313. E. ciliáta (Thunb.) Hyl. (Abb. 365 a–e) Echter K.
[= E. patrini (Lep.) Garcke, E. cristata Willd.]

⊙, *Th.* – H. 0,30–0,50. St. sehr ästig, abstehend weichhaarig; B. ± lang gestielt, länglich-eiförmig, an den Spreitenenden verschmälert, scharf gekerbt; Hochb. viel kleiner als die Laubb., breit dreieckig, mit ± brauner Spitze, gewimpert; Bl. in endständigen Scheinähren; Kr. rötlich-lila. VII–IX.

Kultiviert (Heil- u. Gewürzpfl.) u. zuweilen eingebürgert: Ostpr. bis Brand., Sachs., Schles.; weiter w. nur unbeständig u. adventiv. – O- u. M-As.; (O-Eur.).

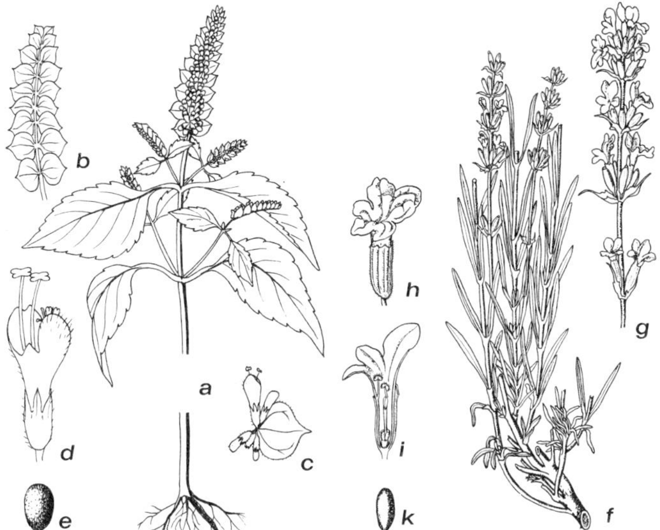

Abb. 365. *a–e Elsholtzia ciliata* (*a* Habitus, *b* Blütenstand von der Deckblattseite, *c* Teilblütenstand mit Deckb., *d* Blüte, *e* Klause); *f–k Lavandula angustifolia* (*f* Sproßausschnitt, *g* Blütenstand; *h* Blüte, bei *i* längsgeschnitten; *k* Klause).

4. Subfam. Lavanduloídeae

642. Lavándula L. — Lavendel

x = 9, (11)

2314. L. angustifólia Mill. (Abb. 365 f–k) — Echter L.
(= L. officinalis Chaix ex Vill.)

♄, *Ch.* – H. 0,20–0,60. St. aufrecht, ± ästig; B. lanzettl.-lineal., in den Achseln oft kleine Kurztriebe tragend, ganzrandig, am Rande zurückgerollt, in der Jugend grau-weiß-filzig; Hochb. breit-eiförmig, bräunlich, lang zugespitzt; Bl. meist in 6- bis 10bl., zu einer unten unterbrochenen Scheinähre vereinigten Scheinquirlen; K. blauviolett überlaufen, weißfilzig; Kr. ± 1 cm lang, mattviolett. VII–VIII. 2n = 54, 36.
Kultiviert (Zier- u. Drogenpfl.), selten verwildert. – W-Med., S-Frank. über S-Alp. bis Balk.

Droge: [Oleum Lavandulae]

5. Subfam. O c i m o í d e a e

643. Ócimum L. Basilienkraut

x = 6, ?, 8 ?

2315. O. basílicum L. Echtes B.

⨀, *Th.* – H. 0,20–0,50. St. meist buschig verzweigt, kahl od. spärlich behaart; B. lang gestielt, breit-ellipt., gekerbt–gesägt od. ganzrandig; Hochb. sehr klein, zuweilen rötlich, gewimpert; Bl. in meist 6bl., ca. 2 cm voneinander entfernten Scheinquirlen; K. mit großer runder Oberlippe; Kr. mit 4spaltiger Oberlippe, weiß, zartrosa überlaufen; Pfl. stark duftend. VI–IX. 2n = 48. Kultiviert (Gewürz- u. Heilpfl.), selten verwildert. – Heimat: S-As. od. Afr.

4. Unterordn. S o l a n í n e a e

123. Fam. SOLANÁCEAE Juss. Nachtschattengewächse

I. Pfl. strauchig, mit verholzten, hängenden Zweigen; Bl. einzeln od. zu 2–3 in den B.achseln . . . . **645. Lycium**

II. Pfl. krautig od. höchstens halbstrauchig u. dann kletternd od. kriechend

- A. Kr. radförmig od. fast radförmig-ausgebreitet; Fr. eine Beere
  - 1. Bl. einzeln in den B.achseln, nickend
    - a) Fr.k. stark aufgeblasen, die Beere einschließend, lampionartig . . . . **646. Physalis**
    - b) Fr. eine große, längliche, schotenartige Beere, nicht in den K. eingeschlossen . . . . . . **647. Capsicum**
  - 2. Bl. in (meist unbeblätterten) rispen-doldenartigen Blst. (Wickel) . . . . **648. Solanum**
- B. Kr. glockig, trichterig od. stieltellerförmig
  - 1. Bl. einzeln, b.achsel- od. endständig, höchstens in lockeren Rispen
    - a) Fr. eine Beere
      - x) Kr. hellblau; Fr.k. aufgeblasen, die trokkene Beere umschließend . . . . **644. Nicandra**
      - xx) Kr. schmutzigviolett; Fr.k. nicht aufgeblasen; Fr. eine saftige, schwarze, freie Beere . . . . **649. Atropa**
    - b) Fr. eine Kapsel
      - x) Bl. hängend, außen braun, innen olivgrün; Kapsel mit einem Deckel aufspringend . . . . **650. Scopolia**

xx) Bl. weiß, rosa od. rot; Kapsel durch Längsspalte aufspringend

/) B. buchtig gezähnt-gelappt; Kr. röhrig-trichterig, Saum faltig; Fr. eine stachlige Kapsel; Fr. k. sehr kurz u. unscheinbar .... 652. Datura

//) B. ganzrandig; Kr.saum breit u. gelappt; K. zur Fr.zeit bleibend .... 654. Petunia

2. Bl. zu mehreren, zu ährig-rispigen od. doldenartigen Blst. (Wickeln) vereinigt

a) B. buchtig-gezähnt; Blst. ährig; Kr. gelb .... 651. Hyoscyamus

b) B. ganzrandig; Blst. rispig; Kr. rosa od. grün-gelb .... 653. Nicotiana

1. Trib. Nicándreae

644. Nicándra Adans. — Giftbeere

x = 10

2316. N. physaloídes (L.) Gaertn. (Abb. 366 a–d) — Blaue G.

⊙, *Th.* – H. 0,30–1,00. St. aufrecht, ästig; B. länglich-eiförmig-ellipt., buchtig gezähnt, eckig, am Spreitengrd. keilförmig; Bl. gestielt, einzeln in den B.-achseln (gabel- u. endständig), überhängend; Kr. ziemlich groß, am Grd. weiß; K. zur Fr.zeit mit ausgeprägten, vorspringenden Kanten, grün, sich stark vergrößernd; Fr. eine vom K. eingeschlossene braune, harte Beere; giftig. VII–X. 2n = 18 + 2, 20, 21.
Kultiviert (Zierpfl.), zuweilen verwildert od. adventiv. – Heimat: Peru.

2. Trib. Soláneae

645. Lýcium L. — Bocksdorn

x = 6

I. B. ± lanzettl., graugrün; Lappen des Saumes der Kr. $^2/_3$–$^3/_4$ so lang, selten ebenso lang wie die Kr.röhre; Beeren scharlachrot .... 2317. L. halimifolium

II. B. eiförmig-ellipt.-rhombisch, gelblichgrün – lebhaft grün; Lappen des Kr.saumes so lang od. etwas länger als die Kr.röhre; Beeren gelblich–orangerot .... 2318. L. chinense

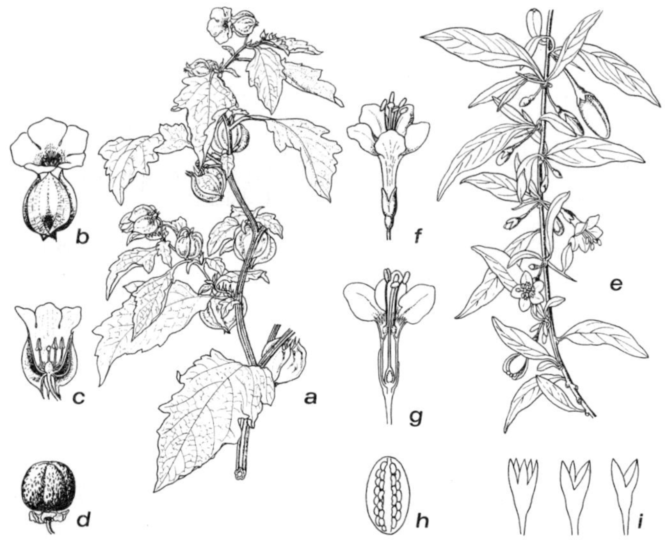

Abb. 366. *a–d Nicandra physaloides* (*a* Sproßspitze; *b* Blüte, bei *c* Längsschnitt, *d* Frucht); *e–i Lycium halimifolium* (*e* Zweigausschnitt; *f* Blüte, bei *g* Längsschnitt, *h* Frucht im Längsschnitt; *i* verschiedene Kelchtypen).

2317. L. halimifólium Mill. (Abb. 366 e–i) Gemeiner B.

♄, *(N), M.* – H. 1,00–3,00 (u. höher). Äste dünn, rutenförmig, bogig überhängend, kahl, *meist dornig; B. allmählich keilförmig in den Stiel verschmälert;* Bl. gestielt, zu 1–3 in den B.achseln; *K. zweilippig* nach $^2/_3$ od. ungleich 2- bis 5zähnig; Kr.röhre trichterförmig, Kr.saum 5lappig, flach; Kr. hellpurpurn od. hellviolett; Fr. eine ellipt.-längliche Beere; giftig. VI–VIII(–IX). 2n = 24. Gepflanzt (u. a. Zierpfl.) u. verschiedentlich verwildert. – Heimat: Med., Vord.As.

2318. L. chinénse Mill. Chinesischer B.
[= L. rhombifolium (Moench) Dipp. s. l.]

♄, *(N), M* – H. 1,00–2,00(3,00). Äste dünn, überhängend, *meist ohne Dornen; B.* breit, *plötzlich in den kurzen B.stiel zusammengezogen,* im Umriß ± rhombisch; *K.* ± *regelmäßig* 4- bis 5zähnig; Kr. purpurviolett; Fr. eine an der Spitze eingedrückte, eiförmige Beere; giftig. VI–VIII(–X). 2n = 24. Gepflanzt (Zierpfl.), selten verwildert. – Heimat: Chin., Jap., Mandsch.

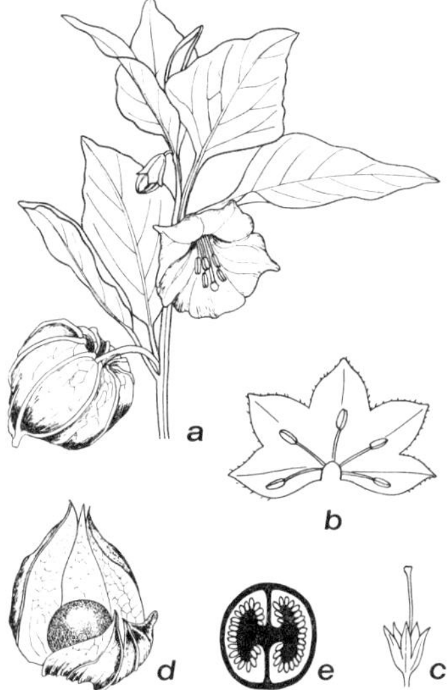

Abb. 367. *Physalis alkekengi* (*a* Sproßspitze; *b* Krone, ausgebreitet; *c* Kelch; *d* Kelch zur Fruchtzeit, geöffnet; *e* Frucht im Querschnitt).

646. Phýsalis L. Blasenkirsche

x = 6

2319. Ph. alkekéngi L. (Abb. 367) Judenkirsche, Wilde B.

♃, *H.* – H. 0,25–0,60(1,00). St. aufrecht, stumpfkantig, meist ästig; B. gestielt, meist zu zweien beieinander stehend, eiförmig-herzförmig, spitz, ganzrandig od. am Rande ausgeschweift; Bl.stiele behaart, nach unten gebogen; Bl. langgestielt, einzeln; *Kr.* schmutzig- od. *grünlichweiß;* Stbb. gelb; K. zur Fr.reife blasig-glockig, mennigrot; *Beere glänzend orange-scharlachrot,* etwa kirschgroß. V–VIII. 2 n = 24.

Trockene Gebüsche, warme Auenwälder, steinige Halden, Weinberge etc.; frische, nährstoffreiche, meist kalkhaltige sandige Ton- und Lehmböden. – Zerstreut bis selten, bes. im s. Geb. (Neckar-, Tauber-, Mainland, Trauf der Alb, Bodensee, Oberrheintal); ziemlich zerstreut im m. Geb. (Mosel-, Rhein-, Lahntal, O-Westf., Hannover, Thür., Elbe- u. Elstergeb.); im N-Tiefland selten u. wohl vornehmlich verwildert. – Frankr. bis M-Rußl., S- u. SO-Eur., W-As.; (N-Am.); submed-euras.

Ph. franchéttii Mast., ähnlich der vor. Art, aber Fr.k. größer u. mehr eilänglich, K.zipfel 2–3mal so lang wie breit u. etwa so lang wie die K.röhre; Kr. weißlich-gelb; Beere gelb; Heimat: Jap.; ebenso wie
Ph. peruviána L. non Mill. (= Ph. edulis L.) mit blassem Fr.k., blauen Stbb., gelber, am Grd. braun gefleckter Kr. u. gelber Beere; Heimat: Peru; gepflanzt u. gelegentlich im Geb. verwildert.

647. Cápsicum L. — Paprika

x = 6

2320. C. ánnuum L.

⊙, *Th.* – H. 0,20–0,50. St. aufrecht, paarig verzweigt; B. gestielt, lanzettl.-eiförmig, leicht geschweift od. ganzrandig; Bl. einzeln od. zu 2–3, nickend; Kr. mit kurzer Röhre, weiß–gelblich; Fr. eine meist rote od. gelbe–grüne, große Beere. VI–IX. 2n = 24.
In verschiedenen Sorten gebaut, zuweilen verwildert. – Heimat: wohl M- u. trop. S-Am.

648. Solánum L. — Nachtschatten

x = 6

I. Pfl. ohne Stacheln
- A. Alle B. ungeteilt, höchstens am Grd. mit 1–2 kleinen Seitenblättchen („dreizählig gefiedert")
  - 1. Pfl. ⊙; Kr. weiß (Sect. Solanum)
    - a) K. klein, nur den Grd. der reifen Beeren umfassend
      - x) St. u. B. fast kahl, höchstens durch einwärts gekrümmte Haare leicht flaumig; Beeren meist schwarz, selten weiß-gelblich .... **2321. S. nigrum**
      - xx) St. u. B. ± dicht, fast zottig behaart; Beeren meist wachsgelb, selten rötlich ... **2322. S. luteum**
    - b) K. groß, die reifen Beeren weit, meist bis zur Hälfte umfassend .... **2323. S. nitidibaccatum**
  - 2. Pfl. ♄ (♄, ♃); St. oft kletternd; Kr. violett (Sect. Dulcamara) .... **2324. S. dulcamara**
- B. B. unterbrochen 1- bis 2fach fiederschnittig
  - 1. Pfl. mit knollig verdickten Ausläufern; Kr. doppelt so lang wie der K.; Beeren klein, grünlich (Sect. Tuberarium) .... **2325. S. tuberosum**
  - 2. Pfl. ohne Ausläufer; Kr. so lang wie der K.; Beeren groß, scharlachrot od. gelb (Sect. Lycopersicum) .... **2326. S. lycopersicum**

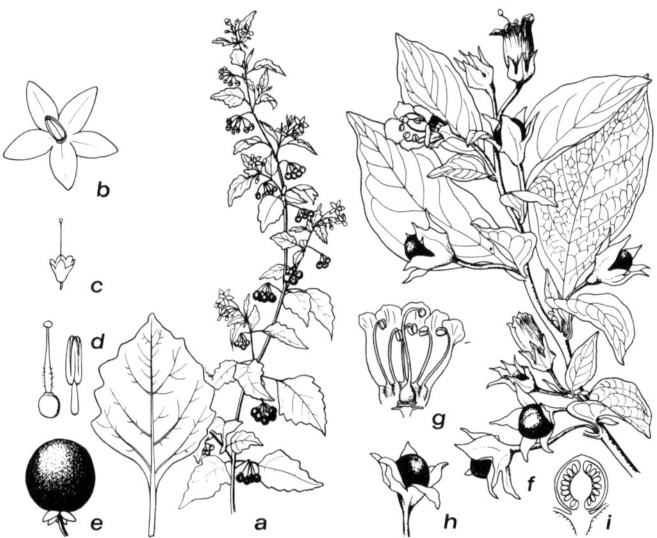

Abb. 368. *a–e Solanum nigrum* (*a* Sproßspitze u. Laubblatt, *b* Krone, *c* Kelch, *d* Stempel u. Staubblatt, *e* Frucht); *f–i Atropa belladonna* (*f* Sproßspitze; *g* Blüte, Krone ausgebreitet; *h* Frucht mit Kelch, *i* Frucht im Längsschnitt).

II. Pfl. bestachelt (Sect. Androceras)
A. St. drüsenhaarig; Kr. blaulila . . . . **2327. S. citrullifolium**
B. St. sternhaarig; Kr. zitronengelb . . . . **2328. S. rostratum**

1. Subgen. S o l á n u m
1. Sect. S o l á n u m

2321. S. nígrum L. (Abb. 368 a–e) Schwarzer N.

⊙, *Th.* – H. 0,10–0,80. St. ästig, krautig, dunkelgrün, wie die Äste ± kantig (zuweilen gezähnt); *B.* eiförmig–breit dreieckig-rautenförmig, zugespitzt, häufig buchtig gezähnt – fast ganzrandig, ± *saftig, beim Trocknen dunkelgrün bleibend;* Bl.wickel kurz gestielt, doldenartig; *Kr. etwa 2mal so lang wie der K.,* tief (bis zur Mitte) 5spaltig; Fr.stiele zuletzt herabgebogen; Fr. eine schwarze, seltener grünlichgelbe, glänzende Beere; ± giftig. VI–X.

ssp. n í g r u m; Beeren meist schwarz, aber auch grün od. weiß. 2 n = 72. Formenreich.
Verbreitet.
ssp. h ú m i l e (Bernh.) Hartm.; Pfl. niedriger; St. u. B. fast kahl; Beeren wachsgelb od. grünlich. 2 n = 72.
Unbeständig, z. B. Schl.Holst., Oberrheingeb., Bay.
Unkrautige Ges., Gärten, Äcker, Schutt, Wegränder; frische, nährstoff- u. N-reiche, tonige od. sandige Lehmböden. – Verbreitet (Flachland bis mont. Stufe), bes. tiefere Lagen des N u. SO, im SW seltener. – Heute Kosmop., Heimat: wohl S-Eur.

2322. S. lúteum Mill. (= S. villosum Lam. p. p.) Gelber N.

⊙, *Th.* – H. 0,10–0,45. St. aufrecht; *B.* gestielt, breit-eiförmig, buchtig gezähnt, weißzottig, *dünnhäutig,* hellgrün, *beim Trocknen gelbgrün werdend;* Bl. in doldenähnlichen Wickeln; *Kr. 2- bis 4mal so lang wie der K.;* Fr. eine gelbe–rötliche Beere; Pfl. von moschusähnlichem Geruch; ± giftig. VII–X.
ssp. l ú t e u m; Äste schwach kantig; Beere wachs-safrangelb, später bräunlich. 2 n = 48.
Zerstreut.
ssp. a l á t u m (Moench) Dost. (= S. miniatum Bernh.); St. u. B. spärlicher u. kürzer behaart; St. u. Äste fast flügelartig kantig, die Kanten mit zahlreichen zahnartigen Fortsätzen; Beere mennigrot. 2 n = 48.
Zerstreut u. unbeständig, bes. m. Geb.
Unkrautige Ges., Schutt, Wegränder, Äcker, Weinberge; ± frische, nährstoff- u. N-reiche sandige u. lehmige Böden. – Sehr zerstreut u. unbeständig: N-Tiefland (bes. NO), Westf., Hafengeb. W-D., Thür., Bay.; seltener: Neckar- u. Taubergeb. – Med., Kl.As., (W-, w. M-Eur.); med-submed.

2323. S. nitidibaccátum Bitt. Argentinischer N.

⊙, *Th.* – H. 0,10–0,40. Pfl. hellgrün, sehr sparrig; St. u. Äste stumpfkantig, drüsig-zottig; B. kurzhaarig-filzig, eiförmig; Kr. weiß; Fr. anfangs glänzend grün, später safrangelb. VI–X. 2 n = 24.
Schutt, Wegränder. – Eingebürgert bei Dresden, sonst selten u. zweifelhaft od. adventiv. – Heimat: Argent.

2. Sect. D u l c a m á r a

2324. S. dulcamára L. Bittersüßer N.

♄ (♄, ♃), *Ch (N, H).* – H. 0,30–1,80. St. biegsam, kletternd od. niederliegend, *die unteren Teile verholzt* u. überwinternd; *B.* gestielt, eiförmig-herzförmig-länglich, spitz, oberen zuweilen *geöhrt* (mit 2 Seitenb.chen) od. spießförmig; Bl. in langgestielten, rispenartigen od. trug-

doldigen, ± überhängenden Wickeln; K. 5zähnig, zuweilen 2spaltig; Kr. 5spaltig, zuletzt zurückgeschlagen, violett, am Grd. mit 2 grünen Flecken, selten weiß; *Fr.* eine *scharlachrote,* nickende *Beere.* VI–VIII(–IX). 2n = 24.
Weidengebüsche, Bruch- u. Auenwälder, Ufer, Wegränder u. Hecken etc.; meist ± nasse bis feuchte, nährstoff- u. N-reiche Lehm- u. Tonböden. – Verbreitet u. z. T. häufig (Alp. bis 1360 m), seltener z. B. im Jura-Geb. – N-Eur. bis Med., N-Afr., W-As., Ind., O-As.; euras-submed.

Droge: Stipites Dulcamarae

3. Sect. T u b e r á r i u m

2325. S. tuberósum L. Kartoffel

(♃, *G*). – H. 0,40–1,00. Grd.achse verästelt, mit unterirdischen, Spr.knollen tragenden Ausläufern; St. aufrecht, ästig, oberseits kantig; B. fiederteilig bis gefiedert, kleinere u. größere B.chen abwechselnd; Bl. in meist 2 lang gestielten Wickeln; *Kr.* 5eckig, groß, *weiß–rötlich-blaßviolett;* Kraut u. Fr. giftig. VI–VIII. 2n = 48. Im Geb. nur ssp. t u b e r ó s u m.
In zahlreichen Sorten gebaut (Schwäb. Alb bis 1000 m, Schwarzwald bis 1100 m, Schles. Gebg. bis über 1200 m); verschiedentlich auch verwildert. – Nur in Kultur bekannt; Heimat: wohl Z-And. od S-Chile.

Droge: [Amylum Solani]

2. Subgen. L y c o p é r s i c u m
Sect. L y c o p é r s i c u m

2326. S. lycopérsicum L. Tomate
(= Lycopersicon esculentum Mill.)

☉, *Th.* – H. 0,40–1,50. St. ± stark ästig, schlaff, *drüsig-borstig behaart;* B. lang gestielt, ihre Fiederb.chen fiederschnittig; *Bl.* in seitenständigen, trugdoldenartigen Wickeln, mehr als 5zählig, *gelb;* Fr. große, saftige Beeren. VII–X. 2n = 24.
In mehreren Sorten gebaut, gelegentlich verwildert. – Heimat: wohl Peru, Ecuador.

3. Subgen. S t e l l a t i p í l u m
Sect. A n d r ó c e r a s

2327. S. citrullifólium A. Br. Mexikanischer N.
(= S. heterodoxum Dun.)

☉, *Th.* – H. 0,60–1,20. B. doppelt fiederspaltig, mit grob gesägten Abschnitten, wie die K. stachelig; Fr. vom K. eingeschlossen, schwarz. VII–X. 2n = 24.
Kultiviert (Zierpfl.) u. zuweilen verwildert. – Heimat: Tex., N-Mex.

2328. S. rostrátum Dun. Geschnäbelter N.

⊙, *Th.* – H. 0,60–1,00. Pfl. ästig; B. doppelt fiederspaltig, stachelig u. behaart; B.stiel, -nerven u. K. bestachelt; Fr. vom K. umschlossen. VII–X(–XI). 2n = 24.
Unbeständig u. adventiv, wiederholt auf Schutt u. an Wegrändern. – Heimat: n-am. Präriegeb.

649. Atrópa L. Tollkirsche

x = 6

2329. A. belladónna L. (Abb. 368 f–i) Schwarze T.

♃, *H.* – H. 0,50–1,50 (u. höher). St. aufrecht, mit abstehenden Ästen; B. gepaart (ein kleineres u. ein größeres zusammen; Spr.aufbau!), in den kurzen B.stiel herablaufend, eiförmig, drüsig-flaumhaarig, graugrün, groß (bis ca. 15 cm lang); Bl. einzeln, überhängend, scheinbar in den B.achseln; Kr. groß, 2–3,5 cm lang, grünlich-rotbraun, Saum meist 5lappig; Fr. glänzend, meist schwarz, selten gelb; sehr giftig. VI–VIII. 2n = 72.
Kahlschläge, lichte Laubwälder u. Gebüsche, Waldränder; frische, nährstoffreiche u. meist kalkhaltige lehmige Böden. – Zerstreut bis verbreitet: bes. m. u. s. Kalkgeb. (Alp. bis 1650 m; Schwäb. Alb bis nahezu 950 m, stellenweise ziemlich häufig); nach N seltener, n. etwa bis M-Rhein-Westf.-Hann.-Meckl.-sächs. u. schles. Bergland; n. hiervon meist nur verwildert. – Engl., M-Eur. bis Balk., S-Eur., Med., Kl.As., Kauk., Pers.; N-Afr.; (N-Am.); subatl-submed.

Drogen: Folia Belladonnae, Herba Belladonnae, Radix Belladonnae

650. Scopólia Jacq. non Ad. Tollkraut

x = 6

2330. S. carniólica Jacq. (Abb. 369 a–f) Krainer T.

♃, *H.* – H. 0,20–0,40(–0,60). St. aufrecht, am Grd. mit schuppenförmigen Niederb., gabelig verästelt; B. gestielt, verkehrt eiförmig-länglich, am Grd. verschmälert, bis 12 cm lang u. länger, trübgrün; Bl. einzeln, achselständig, gestielt, bis 2,5 cm lang. IV–V. 2n = 46–48.
Kultiviert, gelegentlich (bes. Ostpr., Oberschles.) verwildert. – Krain, Steiermark über Ung., S-Pol. bis Ukraine.

Abb. 369. *a–f Scopolia carniolica* (*a* Habitus, *b* Blüte, *c* Basis der Kronröhre ausgebreitet, *d* Stempel, *e* Kelch zur Fruchtzeit, *f* Frucht); *g–i Hyoscyamus niger* (*g* Sproßspitze, *h* Krone ausgebreitet mit Stempel; *i* Frucht mit Kelch, Kelch aufgeschnitten).

651. Hyoscýamus L. — Bilsenkraut

x = 7, 17

2331. H. níger L. (Abb. 369 g–i) — Schwarzes B.

⊙, (⊙), *H, (Th).* – H. 0,20–0,80(–1,00). Pfl. haarig, vor allem der St. u. die *K. klebrig-zottig,* trübgrün; B. länglich-eiförmig, buchtig gezähnt od. fiederspaltig-buchtig, untere gestielt, obere halbst.umfassend; Bl. sehr kurz gestielt, in dichten beb. Wickeln, einseitswendig; Kr. außen behaart, schmutzig-gelb mit violetten Adern, selten einfarbig gelb, innen am Grd. dunkelviolett; Fr.k. steif, mit 5 fast stechenden Zipfeln, die Kapsel umschließend; giftig. VI–X. 2n = 34.

Schuttunkrautges., Wegränder, Mauern etc.; frische, nährstoff- u. N-reiche Sand- od. Lehmböden. – Zerstreut, seltener werdend, unbeständig. – Skand. (63° n. Br.) bis S-Eur.; N-, W-As., N-Ind., N-Afr.; (N-Am., Austr., O-As.); euras-submed.

Droge: Herba Hyoscyami

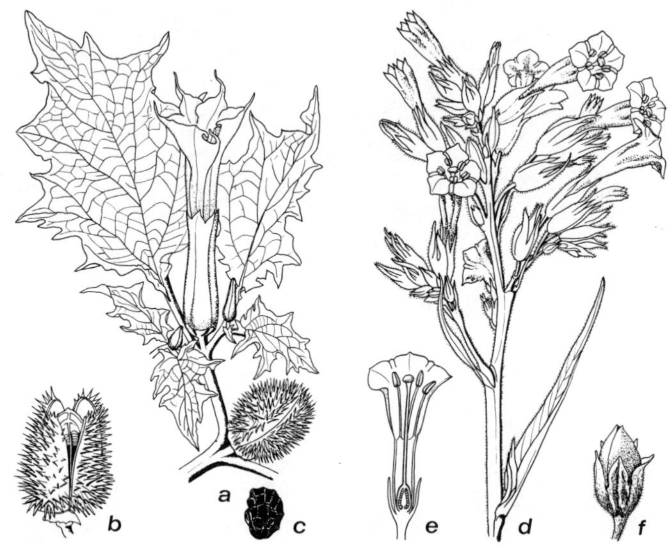

Abb. 370. *a–c Datura stramonium* (*a* Sproßausschnitt, *b* Frucht, *c* Same); *d–f Nicotiana tabacum* (*d* Blütenstand, *e* Blüte im Längsschnitt, *f* Frucht mit Kelch).

3. Trib. D a t ú r e a e

652. Datúra L. Stechapfel

x = 6

2332. D. stramónium L. (Abb. 370 a–c) Weißer St.

⊙, *Th.* – H. 0,30–1,00(–1,20). St. aufrecht, kahl, meist gespreiztgabelästig; B. lang gestielt, eiförmig, trübgrün, untere sehr groß (20 cm u. länger); Bl. einzeln, aufrecht; K. 5rippig; Kr. groß, mit 5–7 cm langer Röhre, weiß, seltener blau; Fr. aufrecht, groß (bis 5 cm), grün; giftig. VI–X. 2n = 24.

var. s t r a m ó n i u m; Kr. rein weiß. – Typische Var. Zerstreut.

var. t á t u l a (L.) Torrey (= var. chalybaea Koch); St., B.stiele u. B.-nerven purpurviolett; K. purpurn; Kr. hellblau, etwas geneigt.

Im gleichen Geb. wie var. stramonium, aber viel seltener; kultiviert u. verwildert.

Schuttunkrautges., Wegränder, Mauern, Gärten etc.; meist nicht zu trockene, nährstoff- u. N-reiche Sand-, Ton- u. Lehmböden. – Zerstreut, seltener werdend, unbeständig, auch verwildert. – Heute gem. u. subtrop. Geb. der N-Halbkugel; Heimat: Mex. u. ö. N-Am.

Drogen: Herba Stramonii, Herba Stramonii recens, Semen Stramonii.

4. Trib. Céstreae

653. Nicotiána L. — Tabak

x = 6, 8, 9, 10, 11

I. Untere B. gestielt; Kr.röhre kurz, Kr.saum gelb (Subgen. Rustica) .... **2333. N. rustica**
II. Untere B. ± sitzend u. herablaufend; Kr.röhre lang, Kr.saum rosarot (Subgen. Tabacum) .... **2334. N. tabacum**

1. Subgen. Rústica

2333. N. rústica L. — Bauern-T.

⊙, *Th.* – H. 0,60–1,20. St. aufrecht, vom Grd. an ästig; B. eiförmig, am Grd. zuweilen herzförmig, stumpflich, wie die ganze Pfl. drüsig-klebrig; Bl. in traubenartigen Rispen; Kr.röhre gedrungen; *Kr.saum mit 5 kurzen, stumpfen,* breit-eiförmigen *Lappen;* giftig. VI–IX(–X). 2n = 48.
Selten gebaut, gelegentlich verwildert. – Wild nicht sicher bekannt; Heimat: wahrscheinlich S-Am.

2. Subgen. Tabácum

2334. N. tabácum L. (Abb. 370 d–f) — Virginischer T.

⊙, *Th.* – H. 0,75–3,00. St. einfach od. wenig verästelt, wie die B. u. K. drüsig behaart; B. schmal, zugespitzt; Kr.röhre walzlich-trompetenförmig, sehr weit aus dem K. herausragend, Schlund bauchig aufgeblasen; *Kr.saum mit 5 spitzen,* dreieckig-lanzettl., abstehenden *Zipfeln;* giftig. VI–IX. 2n = 48.
Häufiger in verschiedenen Sorten gebaut. – Nur in Kultur bekannt; Heimat: wahrscheinlich S-Am. (NW-Argent., Boliv.)

654. Petúnia Juss. — Petunie

x = 7

P. × atkinsiána D. Don [= P. axillaris (Lam.) B. S. P. × violacea Lindl.], Garten-P. – In verschiedenen Sorten als Zierpfl. neben den Stammarten häufig kultiviert u. gelegentlich verwildert. – Heimat der Stammarten: S-Am.

Bastarde:
Zahlreiche Bastarde zu wissenschaftlichen und praktischen Zwecken bei den Gattungen Solanum L. und Nicotiana L.

124. Fam. SCROPHULARIÁCEAE Juss.
Rachenblütler

I. Pfl. mit grünen B.
A. Stbb. 5, alle od. einige weiß od. violett wollig .... **655. Verbascum**
B. Stbb. 4 od. 2, nicht wollig
1. Stbb. 2, Kr. radförmig, ungleich vierteilig ..... **667. Veronica**
2. Stbb. 4, zuweilen nur 2 von ihnen fertil
a) Pfl. behaart od. kahl, nicht fettig glänzend
x) K. 5zähnig od. 5teilig – 2spaltig
/) Alle 4 Stbb. fertil
§) Kr. am Grd. mit deutlichem Sporn od. einem sackartigen Höcker
+) Kr. nicht gespornt, nur unten mit einer sackartigen Ausstülpung .... **657. Antirrhinum**
++) Kr. am Grd. deutlich länger gespornt
α) Schlund der Kr. durch eine Ausstülpung der Unterlippe vollständig geschlossen
†) Pfl. kahl od. nur im Blst. drüsig; Fr. eine Kapsel mit Klappen **658. Linaria**
††) Pfl. langhaarig-drüsig; St. immer niederliegend; Fr. eine Deckelkapsel .... **659. Kickxia**
β) Schlund der Kr. nicht vollständig geschlossen
†) Pfl. drüsig behaart; B. am Grd. nicht rosettig, länglich-lanzettl.; Bl. langgestielt, in lockeren Trauben ... **660. Chaenorrhinum**
††) Pfl. kahl; B. am Grd. rosettig gehäuft, breiteiförmig; Bl. fast sitzend, in verlängerten Trauben .... **661. Anarrhinum**
§§) Kr. am Grd. nicht gespornt, auch nicht sackartig ausgestülpt
+) B., zumindest die unteren, gegenständig
α) St. meist aufrecht (wenn niederliegend, dann klebrig-zottig); Bl. in endständigen Rispen, Trauben od. Ähren

†) Kr. fast kugelig, 2lippig, mit schmalem 5-lappigem Saum, Mittellappen der Unterlippe zurückgeschlagen . . . . 656. Scrophularia

††) Kr. röhrig-trichterig, 2lippig, mit deutlich 3lappiger Unter- u. 2-lappiger Oberlippe . . 662. Mimulus

β) St. niederliegend od. aufsteigend, kahl; Bl. langgestielt, einzeln in den Achseln der Laubb. . . . . 665. Lindernia

++) B. grundständig-rosettig od. wechselständig

α) Alle B. am Grd. in einer Rosette; Bl.stiele scheinbar grundständig . . . . 664. Limosella

β) B. wechselständig, am St. verteilt; Bl. deutlich in den B.achseln

†) B. ungeteilt; Kr. röhrig-glockig, mit kurzem 4lappigem Saum 666. Digitalis

††) B. mehrfach fiederteilig; Kr. deutlich 2lippig, rachenförmig . . . 668. Pedicularis

//) Nur 2 Stbb. mit Stbbtl. . . . . 663. Gratiola

xx) K. 4zähnig od. 4spaltig

/) Kr. trübviolett; Deckb. meist ebenfalls trübviolett überlaufen . . . . 669. Bartschia

//) Kr. nicht trübviolett; Deckb. grün od. rot bzw. blau überlaufen

§) K. röhrig od. glockig, nicht aufgeblasen; Kr.oberlippe ohne Zähne

+) Alle B., zumindest die unteren, gezähnt-gesägt; Kr.oberlippe helmförmig od. fast flach

α) Bl. in einseitswendigen Ähren; Kr. fleischrot od. seltener gelb (u. dann mit weit herausragenden Stb.-b.); Kr.oberlippe ungeteilt od. seicht ausgerandet . . . . 670. Odontites

β) Bl. in end- u. achselständigen Ähren; Kr. weiß od. lila, gelb gefleckt u. blau-violett geadert, selten ganz gelb (u. dann Stbb. nicht herausragend); Kr.oberlippe 2lappig, an den Rändern umgeschlagen .... 671. Euphrasia

++) Untere B. ganzrandig, lineal-lanzettl., obere meist am Grd. gezähnt; Kr.oberlippe seitlich zusammengedrückt, Ränder umgeschlagen ..... 673. Melampyrum

§§) K. aufgeblasen, von der Seite her zusammengedrückt; Kr.oberlippe unter der Spitze beiderseits mit einem Zahn .... 672. Rhinanthus

b) Pfl. kahl, fettig glänzend; W. mit fleischigen Schuppen; Kr.unterlippe rot gefleckt-punktiert .... 674. Tozzia

II. Pfl. ohne grüne B., hellrosa-bräunlich .... 675. Lathraea

1. Subfam. Verbascoídeae
Trib. Verbásceae

655. Verbáscum L. Königskerze

x = 8, 9, 11, 15, 17

I. Bl.in einfacher, verlängerter Traube, einzeln, selten zu 2, in den B.achseln, lang gestielt (Sect. Singuliflora)

A. B. unterseits kurzhaarig, weich flaumig; Kr. dunkel-violett .... 2335. V. phoeniceum

B. B. beiderseits ± kahl; Kr. gelb .... 2336. V. blattaria

II. Bl.zu mehreren, in ährenförmig angeordneten, dichten Knäulen, kurz gestielt (Sect. Fasciculata)

A. Stbf. violett-wollig .... 2337. V. nigrum

B. Stbf. weißwollig

1. B.grund nicht am St. herablaufend; Blst. locker; Bl.stiele während der Bl.zeit länger, oft doppelt so lang wie der K.; alle Stbf. wollig

a) St. oberwärts scharfkantig; B.oberseite meist verkahlend, Unterseite (sternhaarig-) mehlstaubig-graufilzig; Kr. 10—14 mm breit .... 2338. V. lychnitis

b) St. oberwärts stielrund; B.oberseite (sternhaarig-)grauflaumig, unterseits mit dichtem, weißem, zuletzt flockig sich ablösendem Filz; Kr. 14—20 mm breit .... 2339. V. pulverulentum

2. B.grund der mittleren u. oberen B. am St. herablaufend; Blst. dicht; Bl.stiele während der Bl.zeit sehr kurz; die beiden unteren (längeren)

Stbb. nahezu kahl, nur die 3 kürzeren weißwollig

a) Kr. flach od. fast flach, groß (30–50 mm breit), die 2 längeren Stbf. 1–1$^{1}/_{2}$mal so lang wie ihre herablaufenden Stbbtl.

x) Mittlere u. obere B. nicht bis zum nächst unteren B. am St. herablaufend; N. keulenförmig . . . . **2340. V. phlomoides**

xx) Mittlere u. obere B. bis zum nächst unteren B. am St. herablaufend; N. kopfig . . . **2341. V. densiflorum**

b) Kr. vertieft, kleiner (5–20 mm breit), die zwei längeren Stbf. 4mal so lang wie ihre kurz herablaufenden Stbbtl. . . . . **2342. V. thapsus**

1. Sect. Singuliflóra

2335. V. phoeníceum L. Violette K.

⊙, ♃, *H.* – H. 0,30–0,60(–1,00). St. aufrecht, fein flaumig, oberwärts drüsig behaart; Grdb. in deutlicher Rosette, meist gestielt, länglich eiförmig od. verkehrteiförmig, grob gekerbt od. ausgeschweift; *Stb. sitzend, klein u. hochb.artig; Bl.stiele 3- bis 4mal länger als der* K. u. viel länger als die Deckb.; K.zipfel fein drüsig bewimpert; Kr. flach, violett, selten rosa od. weiß; Stbf. purpurwollig, *Stbbtl. nicht herablaufend.* V–VII. 2n = 32, 36.

Steppenrasen, Heiden, Gebüsche, lichte Wälder. – Selten im ö. Geb.: Brand. bis M- u. Oberschles., w. bis Sachs.Anh., N-Thür., O-Bay.; außerhalb dieses Geb. kultiviert u. zuweilen verwildert, u. a. Schl.Holst., Ostpr., Oberrheingeb. – s. O- u. SO-Eur. bis Altai, Pers., (W-, N-D., S-Frankr., S-Schwed.); gem-kont.

2336. V. blattária L. Schabenkraut

⊙, *H.* – H. 0,60–1,20. St. aufrecht, einfach, kahl, nur oben drüsigflaumig; Grdb. deutlich rosettig, in einen Stiel verschmälert, verkehrtlänglich eiförmig, grob gekerbt–gelappt, *obere Stb. ähnlich, nicht viel kleiner,* mit herzförmigem Spreitengrd. sitzend, länglich; *Bl.stiele etwa doppelt so lang wie der* K. u. wenig länger als die Deckb.; K.zipfel dicht drüsig-flaumig; Kr.schlund violett, Kr. vor dem Aufblühen außen oft rot überlaufen, Stbf. purpurwollig, *die Stbbtl. der beiden längeren Stbb. kurz herablaufend.* VI–VIII. 2n = 30.

Unkrautige Ges., Schutt, Wegränder, Dämme, Ufer etc.; ± trockene, nährstoffreiche, meist lehmige Sand- u. Tonböden. – Selten u. zerstreut, bes. wärmere s. Geb. [so Bodensee-, Oberrhein-, Neckargeb., Jurazug (bis 800 m), bay. Donaugeb.], nach N bes. in Tälern von Saale, Elbe, Weichsel vorgedrungen; sonst adventiv u. unbeständig od. gepflanzt u. verwildert. – Med., NW-Afr., Kl.As. bis M-Eur., M-As.; (N-Am.); submed-euras.

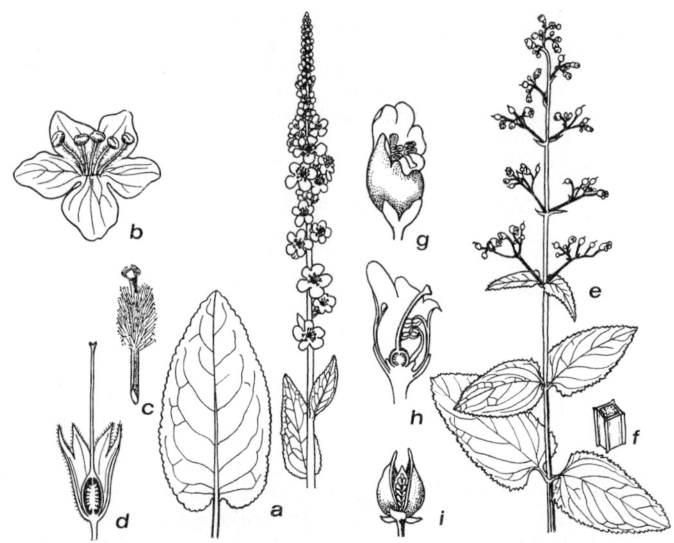

Abb. 371. *a–d Verbascum nigrum* (*a* Sproßspitze u. Laubblatt, *b* Blüte, *c* Staubblatt, *d* Kelch u. Stempel im Längsschnitt); *e–i Scrophularia nodosa* (*e* Sproßspitze, *f* Stengelstück; *g* Blüte, bei *h* im Längsschnitt; *i* Frucht).

2. Sect. Fasciculáta

2337. V. nígrum L. (Abb. 371 a–d) Schwarze K.

⊙, *H.* – H. 0,50–1,20. *St.* aufrecht, meist einfach, *oberwärts scharfkantig;* B. eiförmig-länglich eiförmig, oberseits zerstreut, unterseits dicht graufilzig behaart; untere B. meist lang gestielt, am Grd. herzförmig, oberste B. sitzend; Blst. meist einfach, seltener ästig; Bl.stiele etwa doppelt so lang wie der K.; *Kr.* hellgelb od. weiß, *am Grd. rot gefleckt,* Stbbtl. nicht herablaufend; nach der Behaarung der B. sowie der Verzweigung des Blst. wurden mehrere Varietäten beschrieben. V–IX. 2n = 30.

Kahlschlag- u. Unkrautges., Wegränder, Schutt, Ufer etc.; frische, nährstoffreiche, meist kalkarme sandige od. lehmige Böden. – Verbreitet (z. T. nur verschleppt) fast im ganzen Geb. (Alp. bis 1430 m). – M-Skand. (65° n. Br.) bis NO-Span., N-Ital., N-Balk., Sib. u. Altai; subatl-submed.

2338. V. lychnítis L. Mehlige K.

⊙, *H.* – H. 0,60–1,20(–1,50). St. aufrecht, oben rispig verzweigt, fein flaumig; B. verkehrt eiförmig, unregelmäßig wellig gekerbt, untere in einen Stiel verschmälert, beiderseits sternhaarig-filzig, oben aber bald ziemlich kahl werdend; Bl.stiele länger als der K., dicht weißfilzig; Kr. hellgelb od. weiß, Stbbtl. nicht herablaufend. VI–VIII(–IX). 2n = 32, 34.

var. l y c h n í t i s; Kr. gelb. – Im m. u. n. Geb. weit überwiegend.

var. á l b u m (Mill.) Druce; Kr. weiß. – Häufig im s. Geb. u. verbreiteter als die typ. Var.

Lichte Wälder, Waldlichtungen, Kahlschläge, Wald- u. Wegränder, Halbtrockenrasen etc.; meist trockene, warme, kalkreiche Steinverwitterungs- od. leicht sandige Böden. – Verbreitet: m. u. s. Geb. (Schwäb. Alb bis 1000 m), bes. wärmere Kalk- u. Urgesteinsgeb. von S-Schwarzwald (bis 900 m) bis Voralp. (Alp. bis 950 m); seltener: Waldgebg.; zerstreut: n. bis S-Westf., S-Harz, Sachs.; weiter n. nur verschleppt (bis Schl.Holst., Ostpr.) – Engl. bis N-Span., M- u. n. S-Eur., NW-Afr., Kl.As., Kauk.; (N-Am.); submed-subatl.

2339. V. pulveruléntum Vill. Flockige K.
(= V. floccosum W. et K.)

⨀, *H.* – H. 0,60–1,00(–1,30). St. aufrecht, oben rispig verzweigt, oberwärts sehr dicht filzig-flockig; B. eiförmig–länglich eiförmig, alle ganzrandig, untere in einen sehr kurzen Stiel verschmälert, obere sitzend bis halbstengelumfassend; Bl.stiele etwa doppelt so lang wie der K.; Kr. hellgelb; Stbbtl. nierenförmig, nicht herablaufend. VII–VIII. 2n = 32.

Unkrautige Ges., Wegränder, Dämme, Ufer, Halbtrockenrasen; meist trockene Sand- u. Steinböden, wärme- u. N-liebend. – Selten, sehr zerstreut: M- u. Oberrheingeb., unteres Nahe- u. Maintal; verbreiteter: Moseltal; sonst selten unbeständig od. adventiv. – Engl. bis N-Span., w. M-Eur., N-Med., Rum., Bulg.; submed.

2340. V. phlomoídes L. Filzige K.

⨀, *H.* – H. 0,50–1,80(–2,00). St. aufrecht, fast stets einfach; B. breit ellipt.-herzförmig, gekerbt, beiderseits dicht gelblich-filzig, untere kurz gestielt, oberste sitzend; Bl. in später verlängerter, meist einfacher Traube; Kr. heller gelb als bei der folgenden Art; Stbbtl. der beiden längeren Stbb. weit herablaufend; Kapsel länger als der K. VII–VIII(–IX). 2n = 32, 34.

Unkrautige Ges., Schutt, Schotter, Kiesgruben, Wegränder etc.; meist sonnige, offene, nährstoffreiche Sand- u. Steinböden. – Ziemlich verbreitet bis zerstreut, bes. SO u. wärmerer SW; nw. zerstreut bis etwa Westf., Hann., Meckl., Oder- u. Weichselgeb.; sonst adventiv od. kultiviert. – s. O- u. SO-Eur. bis Ital., w. M-Eur., (M-Schwed.); submed-gem-kont.

Droge: Flores Verbasci

2341. V. densiflórum Bertol. Großblütige K.
(= V. thapsiforme Schrad.)

⨀, *H.* – H. 0,20–2,00 (u. höher). St. aufrecht, im Blst. zuweilen abgeknickt, dicht filzig, durch die herablaufenden B. geflügelt; B. beiderseits dicht filzig, untere ellipt., allmählich in den kurzen Stiel verschmälert, mittlere u. obere meist lang zugespitzt; Blst. einfach od. am Grd. etwas ästig; Bl.stiele länger als der K.; Kr. groß, hellgelb; Kapsel so lang wie der K. VII–IX. 2n = 32.

Unkrautige Ges., Schutt, Flußschotter, Dämme, Wegränder, Kahlschläge etc.; ± frische, meist lockere, kalkhaltige, nährstoffreiche, sandige od. steinige Lehmböden. – Verbreitet bis zerstreut von Voralp. bis O-Holst. u. Ostpr., im s. Geb. häufiger (Schwäb. Alb bis 850 m); sonst adventiv od. kultiviert. – SO- u. M-Eur., weit verschleppt; submed(gem-kont).

Droge: Flores Verbasci

2342. V. thápsus L. Kleinblütige K.

⊙, *H.* – H. 0,10–1,70. St. aufrecht, filzig, durch die herablaufenden B. geflügelt, einfach od. unten schwach ästig; B. undeutlich kerbig, beiderseits filzig, untere in einen kurzen Stiel verschmälert, eilänglich, obere sitzend, länglich-lanzettl.; Bl.stiele länger als der K.; Kr. hellgelb, selten weiß; Kapsel so lang wie der K. VII–IX. 2n = 36.

Kahlschlag- u. Schuttunkrautges., lichte Wälder, Dämme, Ufer, Wegränder etc.; ± frische, nährstoffreiche, meist lockere, steinige od. sandige Böden. – Zerstreut, insbes. im s. Geb. (Alp. bis 1620 m), nach N seltener od. nur verschleppt od. verwildert. – Engl., M-Skand. (n. bis 64° n. Br.) bis S-Eur.; M- u. O-As.; (N-Am.); euras-submed.

Bastarde:

Bastarde von V. nigrum zeigen hellviolette od. weiß-violett gescheckte Stbf.-Wolle; Bastarde von V. phlomoides, V. densiflorum u. V. thapsus haben dichte, wollige Behaarung, etwas herablaufende Stb. u. schwächer behaarte längere Stbf. Die wichtigeren sind: V. lychnitis × densiflorum (= V. × ramigerum Link), V. lychnitis × phlomoides (= V. × denudatum Pfd., V. × dimorphum Franch.), V. lychnitis × thapsus (= V. × spurium Koch), V. nigrum × densiflorum (= V. × adulterinum Koch), V. nigrum × lychnitis (= V. × schiedeanum Koch), V. nigrum × thapsus (= V. × semialbum Chaub., V. × collinum Schrad.).

2. Subfam. Antirrhinoídeae

1. Trib. Chelóneae

656. *Scrophulária* L. Braunwurz

x = 9, 10, 13

I. B. ungeteilt, zuweilen am Grd. mit 2 kleinen Seitenb.chen
   A. Bl. in schon weit unten einsetzenden b.achselständigen Trugdolden; Kr. krugförmig, vorn stark eingeschnürt, blaßgelb; Staminodium fehlend (Sect. Venilia) .... **2343. S. vernalis**

B. Bl. in endständigen Rispen, darunter zuweilen noch 1–2 Paare b.achselständiger Blst.; Kr. vorne nicht eingeschnürt, bräunlich violett; Staminodium meist vorhanden (Sect. Scorodonia)

1. Pfl. unten, vor allem die B., ± kahl, nur in der Blst.region u. an den Abzweigungen der Blst. meist drüsig behaart

a) St. scharf vierkantig, Kanten jedoch nicht in herablaufende, häutige Flügel ausgezogen; K.zipfel schmal hell-häutig berandet .... 2344. S. nodosa

b) Kanten der St. u. Bl.stiele in 4 ± breite, häutige Flügel ausgezogen; K.zipfel mit breitem, hell-häutigem Rand

x) B.spreite am Grd. herzförmig, stumpflich, stumpf gekerbt; Staminodium rundlich-nierenförmig, kaum ausgerandet .... 2345. S. auriculata

xx) B.spreite am Grd. verschmälert od. abgerundet, spitz, zumindest die oberen B. scharf gesägt; Staminodium breiter als lang, herzförmig, ± zweispaltig .... 2346. S. umbrosa

2. St. u. Bl.stiele zottig, oben sehr dicht drüsig; B. weichhaarig-flaumig .... 2347. S. scopolii

II. B. einfach gefiedert – doppelt fiederspaltig-fiederschnittig (Sect. Tomiophyllum) .... 2348. S. canina

1. Sect. V e n í l i a

2343. S. vernális L. Frühlings-B.

⊙, ♃, *H.* – H. 0,15–0,45(–0,60). St. aufrecht, drüsig-zottig; B. breit-herzförmig – herzeiförmig, grob u. meist doppelt gesägt, unterseits vor allem auf den Nerven langhaarig; Blst. lang gestielt, geknäuelt, langhaarig u. drüsig zottig; K. tief 5spaltig, K.zipfel unberandet; die 4 Stbb. zuletzt aus der fast kugeligen Kr. herausragend. V–VI(–VII). 2n = 40.

Unkraut in Wäldern, Gebüschen, an Mauern, in Steinbrüchen; meist frische Lehm- u. Sandlehmböden. – Selten u. sehr unbeständig: vor allem im S (in neuerer Zeit: N-Bay., Rheingeb., Pfalz); Westf., Thür., Schles.; sehr zerstreut: nö. Geb.; im NW selten eingeschleppt u. verwildert; früher öfter gebaut. – SO-Eur. (übriges Eur., W-As.); o-praealp-submed.

2. Sect. S c o r o d ó n i a

2344. S. nodósa L. (Abb. 371 e–i) Knotige B.

♃, *H.* – H. 0,50–1,00(–1,50). *W.stock mit knotigen Verdickungen;* St. aufrecht od. aufsteigend, meist einfach; untere B. meist eiförmig, am Spreitengrd. schwach herzförmig od. abgerundet, *an der Basis* oft doppelt, *länger* u. spitz *gesägt;* Deckb. eilanzettl., mit den gestielten Bl.-trugdolden einen rispenartigen Blst. bildend; K.zipfel breit, ± stumpf;

Kr. trübolivgrün, auf dem Rücken braun, selten ganz gelbgrün; Staminodium quer länglich, schwach ausgerandet. VI–IX. 2n = 36.

Laub- u. Nadelmischwälder, Kahlschläge, Weg- u. Grabenränder, Ufer etc.; meist etwas sickerfeuchte, nährstoffreiche tonige od. sandige Lehmböden. – Verbreitet u. häufig (Alp. bis 1270 m). – Eur. (n. bis 69° n. Br.); N-Am.; N-, W- u. O-As.; euras-subozean.

2345. S. auriculáta L. Wasser-B.
(= S. aquatica L. p. p.)

♃, *H, (HH).* – H. 0,30–0,70(–1,00). St. aufrecht; B. eiförmig bis länglich eiförmig, untere B. oft mit einem kleinen weiteren B.paar (geöhrt); Bl. in gestielten Trugdolden, einen rispenartigen, endständigen Blst. bildend; K.zipfel rundlich, stumpf; Kr. 8–10 mm lang, dunkelrot bis braun, am Grd. grünlich. VI–VIII. 2n = 80.

Bach- u. Graben-Röhrichte, feuchte Gebüsche, nasse Weiden; periodisch unter Wasser stehende, humose Tonböden. – Selten, nur Mosel- u. n. u. m. Rheintal (ab Aachen s. seltener bis Freiburg). – Engl., Irl. bis Pyren.-Halbins., W-D., Ital., NW-Afr.; atl(-w-med).

2346. S. umbrósa Dum. Geflügelte B.
(= S. alata Gilib., S. aquatica L. p. p.)

♃, *H, (HH).* – H. 0,40–1,00(–1,50). St. aufrecht, einfach od. oben ästig; B. eiförmig–länglich-eiförmig; Deckb. länglich-breitlanzettl.; untere B. zuweilen geöhrt, obere scharf gezähnt, die *Zähne der Basis nicht länger u. größer; Blst. locker,* ± unterbrochen; K.zipfel rundlich, sehr stumpf; Kr. 6–8 mm lang, rotbraun od. rot, am Grd. grünlichgelb. VI–VIII. 2n = ca. 52.

ssp. u m b r ó s a ; Alle B. scharf gesägt, spitz; Staminodium 2mal breiter als lang, verkehrt herzförmig, 2spaltig, in den Stiel verschmälert; Kr. braunrot. – Verbreitet.

ssp. n e̅e̅ s i i (Wirtg.) Čelak.; Untere B. stumpflich, gekerbt, nur die mittleren u. oberen scharf gesägt; Bl.rispe mehr ausgebreitet; Staminodium 3mal breiter als lang, mit plötzlich abgesetztem Stiel. – Zerstreut, im S z. T. vorherrschend; vielleicht auch sonst häufiger.

Bach- u. Graben-Röhrichte, feuchte Gebüsche, auch im fließenden Wasser; meist tonige, oft kalkreiche Schlamm- u. Lehmböden. – Zerstreut bis ziemlich häufig; m. u. s. Geb. (Alp. bis 650 m, Schwäb. Alb bis 900 m); zerstreut bis selten: n. Geb. (im NW über große Strecken fehlend). – Dän. bis s. Eur., W- u. M-As. (bis Altai); m. N-Am.; euras-(kont)submed.

2347. S. scopólii Hoppe Drüsige B.

♃, *H.* – H. 0,40–0,70(–1,00). *St.* aufrecht, *vierkantig, nicht geflügelt;* B. breit eiförmig-länglich, am Rand grob einfach od. doppelt kerbig gesägt; Blst. eine endständige Rispe aus wenigbl. Trugdolden; K.zipfel stumpf, braun-häutig berandet; Kr. 7–9 mm lang, rotbraun-grünlich. VI–IX.

Wälder, Gebüsche, Kahlschläge, Ufer, Lägerstellen; leicht N-liebend. – Selten, nur Schles. (bes. im S längs der Oder bis Breslau), weiter n. unbeständig (z. B. Thorn) u. verschleppt; sonst selten adventiv. – S-Rußl. bis Kauk., Balk., Kl.-As.; n. bis Mähr., Schles.; w. bis Ital.; kont(-o-submed).

3. Sect. Tomiophýllum

2348. S. canína L. Hunds-B.

♃, *H.* – H. 0,20–0,60. St. meist mehrere, aufsteigend-aufrecht, stielrundlich, kahl; untere B. doppelt fiederschnittig, obere einfacher gefiedert od. fiederspaltig; Bl. in aus gabeligen Wickeln gebildeten rispigen Blst.; Deckb. einfach, lanzettl.; Blst.achsen kurz drüsig behaart; K.zipfel stumpf, breit weißhäutig berandet; Kr. klein, 4–5 mm lang, purpurbraun, weiß berandet. VI–VIII. 2n = 26, 22, 45, 51, 52, 54, 55, 56, 58, ca. 112.

Kies- u. Flußschotterfluren, Erdanrisse, Wegränder(Pionier); warme, meist steinige, rohe Böden. – Selten u. zerstreut u. meist unbeständig: Oberrheingeb. (Niederung, umliegendes Hügelland, Ufer der Seitenflüsse am Eintritt in die Randgebg.) u. weiter n. etwa ab Speyer seltener bis Neuwieder Becken. – S-Eur. bis s. M-Eur., NW-Afr., Kl.As.; submed.

2. Trib. Antirrhíneae

657. Antirrhinum L. Löwenmaul

x = 8

I. St. kriechend; B. gegenständig, lang gestielt, nierenförmig, grob gekerbt; Bl. lang gestielt (Sect. Asarina) **2349. A. asarina**

II. St. aufrecht; B. in der Regel wechselständig, lanzettl.-lineal., die oberen fast sitzend; Bl. kurzgestielt
- A. St. unterseits kahl, oberwärts weichhaarig-drüsig; K.zipfel eiförmig, stumpf, viel kürzer als Kr. u. Kapsel; Bl. die Deckb. weit überragend (Sect. Antirrhinum) . . . . **2350. A. majus**
- B. St. rauhhaarig, oberwärts drüsig; K.zipfel lineal-lanzettl., fast so lang od. länger als Kr. u. Kapsel; Bl. die Deckb. nicht überragend (Sect. Orontium) **2351. A. orontium**

1. Subgen. Antirrhínum
1. Sect. Asarína

2349. A. asarína L. Kriechendes L.

♃, *H.* – Länge 0,15–0,30. Pfl. zottig u. klebrig-drüsig; B. tief gekerbt-gelappt; Bl. einzeln in den B.achseln; Kr. groß, 3–4 cm lang, ockergelb, selten rötlich od. weiß. VI–IX.
Kultiviert (Zierpfl.) u. selten verwildert (Sachs., Lausitz). – Heimat: Pyren.-Halbins., NW-Afr.

2. Sect. Antirrhínum

2350. A. május L. Garten-L.

♃, *H.* – H. 0,30–0,70. St. aufrecht oder am Grd. bogig aufsteigend, unten manchmal verholzend; B. in den sehr kurzen Stiel verschmälert, spitz, ganzrandig; Bl. in ± dichter, allseitswendiger Traube, sehr kurz gestielt; *Kr. groß, 20–30 mm lang,* Röhre hell-weiß, Lippen purpurn, Gaumen gelb, seltener Kr. weiß-rosa mit gelbem Gaumen. VI–IX. 2n = 16.
In vielen Sorten kultiviert (Zierpfl.), gelegentlich verwildert u. z. T. eingebürgert (u. a. Naumburg/Saale, S-Schwarzwald, Bodenseegeb., Pfalz bis Main-Nahe-Neckarland; Nürnberg). – Med. bis NW-Afr., W-As.

2. Subgen. Misopátes
Sect. Oróntium

2351. A. oróntium L. (Abb. 372 a–d) Acker-L.
[= Misopates orontium (L.) Raf.]

⊙, *Th.* – H. 0,08–0,35. St. aufrecht, einfach od. wenig ästig, selten fast kahl; unterste B. gestielt, länglich-lanzettl., obere meist sitzend, lanzettl.-lineal.; Bl. in lockerer Traube; K.zipfel bis 20 mm lang; *Kr. kleiner, 8–10 mm lang,* rosarot, dunkler geadert. VII–X. 2n = 16.
Hackfruchtunkrautges., Weinberge, Wegränder, Schutt etc.; frische, nährstoffreiche, kalkarme, oft sandige Lehmböden. – Zerstreut vom n. Geb. (nach NO seltener) bis Main-, Tauber-Neckarland, Pfalz, Oberrhein, Bodenseegeb. u. sö. Donauebene (fehlt S-Bay. u. höhere Gebg.); sehr zerstreut u. unbeständig: Gebg. m-d. Gebg.schwelle. – Kanar. Ins., S-Eur. bis NW-Afr., W-As.; heute M-Eur., ö. bis W-Sib., Him.; submed-euras-subozean.

658. Linária L. Leinkraut

x = 6, 7, (8).

I. B. sehr lang gestielt, rundlich nierenförmig, gelappt; Bl. ebenfalls lang gestielt u. einzeln in den B.achseln (Subgen. et Sect. Cymbalaria) .... 2352. L. cymbalaria

Abb. 372. *a–d Antirrhinum orontium* (*a* Sproßspitze, *b* Blüte, *c* Krone ausgebreitet, *d* Frucht mit Kelch); *e–h Linaria vulgaris* (*e* Habitus; *f* Blüte, bei *g* im Längsschnitt, *h* Frucht mit Kelch).

II. B. kaum od. undeutlich kurz gestielt, länglich-lanzettl., untere selten breiter u. eiförmig; Bl. in traubenartigen Blst. (Subgen. Linaria)

A. Kr. gelb mit dunkelgelbem Gaumen, selten einfarbig gelb

1. B. lederig, untere meist eiförmig, obere lanzettl.; Bl. ohne Sporn bis ca. 8 mm lang; S. flügellos (Sect. Speciosae) . . . . 2353. **L. genistaefolia**

2. B. nicht lederig, alle lanzettl.–lineal-lanzettl; Bl. ohne Sporn über 8 mm lang, meist 15–20 mm; S. geflügelt (Sect. Grandes)

a) Pfl. dicht beblättert; Bl. in dichten Trauben, groß, mit Sporn bis 35 mm lang; Kr. gelb, mit dunklerem, orangefarbenem Gaumen; S. knotig rauh, warzig . . . . 2354. **L. vulgaris**

b) Pfl. locker beblättert; Bl. in lockeren Trauben, kleiner, mit Sporn 16–18 mm lang; Kr. einfarbig schwefelgelb; S. glatt . . . . 2355. **L. odora**

B. Kr. violett, bläulich od. rötlich, selten gelb u. dann violett gestreift
- 1. St. aufrecht; obere B. wechselständig, nie in Quirlen, nur die unteren zuweilen quirlig
  - a) Bl. groß, mit Sporn 15–20 mm lang; Samen dreikantig-eiförmig, nicht flügelig umrandet (Sect. Versicolores)
    - x) Blst.achse u. Bl.stiele kahl; Kr. bläulich, Oberlippe dunkelviolett gestreift .... 2356. L. repens
    - xx) Blst.achse u. Bl.stiele drüsenhaarig; Kr. nicht dunkler gestreift .... 2357. L. bipartita
  - b) Bl. sehr klein, mit Sporn höchstens 8 mm lang; S. flach, flügelig umrandet (Sect. Arvenses)
    - x) Kr. blaulila; S. fast glatt .... 2358. L. arvensis
    - xx) Kr. gelb, fein violett gestreift; S. knotig rauh–höckerig .... 2359. L. simplex
- 2. St. niederliegend-kriechend od. aufsteigend; B., auch die oberen, in 3- bis 4zähligen Quirlen; Kr. dunkelviolett (Sect. Supinae) .... 2360. L. alpina

1. Subgen. Cymbalária
Sect. Cymbalária

2352. L. cymbalária (L.) Mill. (= Cymbalaria muralis G. M. Sch.) Zymbelkraut

♃, ⊙, ①, *H, Th.* – H. 0,30–0,60. *St. fadenförmig,* dünn, kriechend u. wurzelnd od. hängend, sehr ästig; *B. handnervig,* 5- bis 7lappig, kahl, dunkelgrün, *unterseits oft violett überlaufen;* Kr. klein, ohne Sporn 6–8 mm lang, hellviolett, am Gaumen mit 2 hellgelben Flecken; Kapsel kugelig, länger als der K.; Bl.stiele positiv, Fr.stiele negativ phototropisch. VI–IX. 2n = 14.

Mauer- u. Felsspalten, Geröll, Wegränder etc.; meist ± schattige, durchsickerte, milde Substrate. – Ursprüngl. kultiviert (Zierpfl.); im ganzen Geb. verwildert u. im m. u. s. Geb. z. T. häufiger (Bad. bis 700 m, Schwäb. Alb bis 800 m), im N zerstreut eingebürgert; fehlt Alp. – Med. von S-Eur., N-Afr. bis W-As.; submed.

2. Subgen. Linária
1. Sect. Speciósae

2353. L. genistaefólia (L.) Mill. Ginsterblättriges L.

♃, *G.* – H. 0,30–0,80(–1,20 u. höher). St. aufrecht, meist ästig; B. eiförmig-lanzettl., mit abgerundetem Grd. sitzend; Blst. rispenförmig, Bl. in schlanken, reichbl. Trauben; Bl.stiele etwas länger als der K., wie die *Traubenspindel kahl;* Kr. zitronengelb, mit dunklerem Gaumen; Kapsel etwa so lang wie der K.; *S. eiförmig, 3kantig.* VI–VIII(–IX). 2n = 12.

Oedland, Wegränder, Felsen, Schotter, sonnige Abhänge; meist sandige od. steinige Böden. – Sehr selten: Schles.(Striegau, Königszelt, Rohnstock, Bolkenhain, Jauer), Erzgebg. (Bieberstein?); daneben verschleppt (z. B. Hamburg, Osnabrück). – Schles., Mähr., Oesterr. bis N-Balk., Ung., S-Rußl.; W-As.; kont.

2. Sect. G r á n d e s

2354. L. vulgáris Mill. (Abb. 372 e–h) Gemeines L., Frauenflachs

♃, *G.* – H. 0,20–0,40(–0,60). *Pfl. nicht bereift,* sich durch *Wurzelsprosse* vermehrend; St. einfach od. nur am Grd. ästig; B. schmal lanzettl.–lineal, am Rande etwas umgerollt; Bl.stiele etwas länger als der K., wie die *Traubenspindel ± drüsig behaart;* Sporn bis 10 mm lang, gerade od. leicht gebogen; Kapsel länger als der K.; sehr formenreich. VI–IX(–X). 2n = 12.

Unkrautige Ges., Wegränder, Eisenbahndämme, Äcker, Dünen etc.; ± frische, ± nährstoffreiche, meist sandige Lehm- od. Steinböden. – Verbreitet u. häufig (Alp. bis 1100 m, Schwäb. Alb bis 990 m). – Skand. bis Med., W-As.; (Isl., N-Am.); euras-submed.

Droge: Herba Linariae

2355. L. odóra (M. B.) Chav. Wohlriechendes L., Strandveilchen

⊙, *Th.* – H. 0,15–0,40. *Pfl. stark bereift;* St. aufrecht od. aufsteigend, oben zuweilen ästig; B. wechselständig, schmallineal, spitz; Bl.stiele bis doppelt so lang wie der K., wie die *Traubenspindel kahl;* Kr. mit rötlichem Sporn, wohlriechend; Kapsel fast doppelt so lang wie der K. VII–VIII. 2n = 12.

Küstendünen; sandige Böden. – Selten, nur O-See-Küsten von Pomm. bis Ostpr. (O-Pomm.–Hela–Danzig–Frische u. Kurische Nehrung). – NO-D., Pol. bis S-Rußl., N-Balk.; gem-kont.

3. Sect. V e r s i c o l ó r e s

2356. L. répens (L.) Mill. em. Huds. Gestreiftes L.
(= L. striata Lam. et DC.)

♃, *G.* – H. 0,30–0,80. St. aufrecht, ästig; B. lineallanzettl.–lineal., spitz, untere quirlig, obere wechselständig; Bl. in meist zahlreichen, lockeren, zur Fr.zeit verlängerten Trauben; *Bl.stiele etwa so lang wie der K. u. meist kürzer als die Deckb.;* Kr. bläulich- od. gelblichweiß, mit gelbem Gaumen. VII–VIII. 2n = 12.

Waldränder u. -lichtungen, Wegränder, Äcker, Wiesen etc.; ± frische, nährstoffreiche, meist kalkfreie Böden. – Selten u. meist unbeständig: bes. im w. Geb. (Talsystem von Rhein, Neckar, Main), n. sehr selten (meist nur eingeschleppt od. verwildert) bis Westf., N-Hess., Hannover, Schl.Holst.; ö. sehr zerstreut bis Thür. – Engl. bis Span., w. M-Eur., Oberital., N-Balk.; subatl(-submed).

2357. L. bipartíta (Vent.) Willd. Zweiteiliges L.

⊙, *Th.* – H. 0,20–0,50. St. aufrecht, meist wenigästig; B. wechselständig, lineallanzettl., spitz, blaugrün; *Bl.stiele doppelt so lang wie der K. u. länger als die Deckb.;* Kr. blauviolett, mit gelbem Gaumen, Kr.oberlippe tief zweiteilig. VI–IX. 2n = 12.

Kultiviert (Zierpfl.), bisweilen verschleppt od. vorübergehend verwildert. – NW-Afr., S-Span., SW-As.

4. Sect. Arvénses

2358. L. arvénsis (L.) Desf. Acker-L.

⊙, *Th.* – H. 0,10–0,20(–0,30). St. aufrecht, meist am Grd. ästig; B. lineal–lanzettl., spitz, blaugrün, untere quirlig, obere wechselständig; Bl. in kopfigen, später verlängerten Trauben; Bl.stiele kürzer als K. u. Deckb., wie die Traubenspindel drüsig behaart; Kr. mit nach vorne gebogenem Sporn; *Kr.oberlippe aufrecht, eben, mit länglichen, stumpfen Zipfeln;* Kapsel länger als der K. VI–X. 2n = 12.

Ackerunkrautges.; ± frische, meist kalkarme, sandige Lehmböden. – Selten u. meist unbeständig im m. u. s. Geb. (so Rhein-, Tauber- u. Sandsteingeb. Bad.; fehlt u. a. Alp.), nw. seltener bis Westf. (im Aussterben), sonst im n. Geb. adventiv, im O vor allem im s. Teil (Sachs., Schles., Bay.). – N-Afr., O-Span. bis W-Eur.; Ital., Balk. bis sö. M-Eur.; submed.

2359. L. símplex (Willd.) DC. Einfaches L.

⊙, *Th.* – H. 0,10–0,40 (–0,60). St. aufrecht, einfach od. wenig ästig; B. schmal-lineallanzettl., blaugrün; Bl. in kopfiger, später verlängerter Traube; Bl.stiele kürzer als K. u. Deckb., wie K. u. Traubenspindel dicht drüsig; *Kr.-oberlippe an den Seiten zurückgebogen, mit eiförmigen, spitzen Zipfeln;* Kapsel länger als der K. VII–VIII(–X).

Eingeschleppt u. sehr unbeständig (z. B. Bielefeld, Lippegeb.). – Span., S-Frank., Ital., Balk.

5. Sect. Supínae

2360. L. alpína (L.) Mill. Alpen-L.

♃, *G.* – H. 0,05–0,10(–0,15). *Pfl. mit kriechenden, beblätterten Ausläufern;* B. lanzettl.-lineal., spitz, dicklich, kahl, ± bläulich bereift; Bl. in wenigbl., meist gedrungenen, eiförmigen Trauben; Deckb. wenig länger als die Bl.stiele; Kr. groß, ohne Sporn 8–15 mm lang, meist

mit orangegelbem od. ziegelrotem Gaumen od. auch einfarbig violett; Kapsel länger als der K.; S. schmalhäutig berandet. VI–VIII. 2n = 12.
Subalp.-alp. Geröllfluren, bewegte Kalkschutthalden, Flußschotter etc.; ± frische, meist steinige u. kalkhaltige unentwickelte Böden (Schuttüberkriecher). – Verbreitet u. meist sehr häufig: Alp. (1700–2570 m, bes. Kalkalp.); mit den Flüssen herabsteigend (z. B. Oberrheintal, Iller bis Neu-Ulm, Lech bis Augsburg, Isar bis München, Inn bis Rosenheim, teilweise im Donautal noch verstreut). – Eur. Gebg. von Span. über Pyren., Jura, Alp. bis W-Balk.; alp.

659. Kickxia Dum. Tännelkraut

x = 9

I. Alle B. am Grd. abgerundet, nicht pfeilförmig; Bl.-stiele langhaarig-zottig .... 2361. K. spuria

II. Mittlere B. am Grd. spieß-, obere pfeilförmig; Bl.-stiele ± kahl .... 2362. K. elatine

2361. K. spúria (L.) Dum. Unechtes T.
[= Elatinoides spuria (L.) Wettst.]

⊙, *Th.* – H. 0,05–0,15. St. zu mehreren, fädlich, bald niederliegend-verzweigt; B. eiförmig-rundlich, wie die St. drüsenhaarig u. lang weichhaarig, selten gezähnt u. schwach spießförmig; Bl. einzeln in den B.-achseln, lang gestielt; Kr. mit Sporn 10–13 mm lang, hellgelb, Oberlippe innen schwarzviolett; *Sporn gebogen,* stumpflich. VII–IX. 2n = 14–16.
Getreideunkrautges., Wege, Schutt; ± frische, basenreiche, sandige Lehmböden; wärmeliebender als K. elatine. – Zerstreut bis verbreitet bes. im s. Geb. (Rhein u. Seitentäler, Bodensee, Neckar- u. Mainland, Jurazug), selten im m. Geb. (z. B. Thür., Anh.); im n. Geb. u. Alp. fehlend od. adventiv. – S-Eur. bis Kauk., W-As.; M-As. u. M-Eur. verschleppt; submed-subatl.

2362. K. elatíne (L.) Dum. (Abb. 373 a–b) Echtes T.
[= Elatinoides elatine (L.) Wettst.]

⊙, *Th.* – H. 0,03–0,10. St. zu mehreren, anfangs meist aufrecht, bald niederliegend-verzweigt, 0,20–0,40 lang, fädlich; B. kurz gestielt, nur die untersten zuweilen am Grd. abgerundet; Bl. lang gestielt, einzeln in den B.achseln; Kr. behaart, mit Sporn 8–11 mm lang, hellgelb, Oberlippe innen violett, Unterlippe samtig, dunkler gelb; *Sporn gerade,* spitz. VII–IX. 2n = 36, 18.
Getreideunkrautges.; ± frische, meist mineralkräftige, oft kalkhaltige Lehmböden. – Verbreitet im s. Geb. (wie vor. Art, außer Jurazug); zerstreut im m. Geb. bis Kalkgeb. Westf., Anh.; eingebürgert Schl.Holst., sonst im N unbeständig od. adventiv. – S-Eur., NW-Afr. bis W-As., SO-Eur.; über M-Eur. verschleppt; submed-subatl.

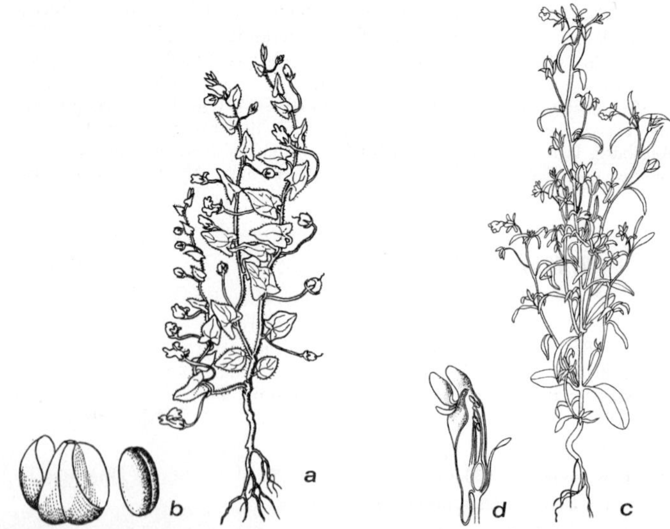

Abb. 373. *a–b Kickxia elatine* (*a* Habitus, Sproß aufgerichtet; *b* Frucht); *c–d Chaenorrhinum minus* (*c* Habitus, *d* Blüte im Längsschnitt).

660. Chaenorrhinum Lange — Orant

x = 7

2363. Ch. minus (L.) Lange (Abb. 373 c–d) — Kleiner O.

⊙, *Th.* – H. 0,05–0,20(–0,60). St. aufrecht, meist reich ästig, dicht drüsig behaart; B. länglich-lanzettl., meist dreinervig, Spreitengrd. keilförmig; Deckb. etwa so lang wie die Bl.stiele, Bl.stiele 3- bis 4mal so lang wie der K.; Blst. locker, verlängert-traubig, oft armblütig; K. drüsig, kürzer als die Kr.; Kr. 3–6 mm lang, mit Sporn etwa 9 mm, blaßviolett, Gaumen gelblich. VI–IX(–X). 2n = 14.

Unkrautige Ges., Äcker, Wegränder, Bahndämme etc.; ± frische, nährstoff- u. N-haltige, meist lockere Lehm- u. Steinschuttböden. – Verbreitet bis häufig: s. u. s. m. Geb. (Alp. bis 970 m); nach N zerstreut bis selten. – SW-Eur., nach M- u. SO-Eur. verschleppt; (w-)submed.

Abb. 374. *a–e Anarrhinum bellidifolium* (*a* Habitus, *b* Blüte; *c* Krone, bei *d* ausgebreitet, *e* Frucht mit Kelch); *f–i Mimulus guttatus* (*f* Sproßspitze; *g* Blüte, bei *h* im Längsschnitt; *i* Frucht).

661. Anarrhinum Desf. Lochschlund

x = 9

2364. A. bellidifólium (L.) Desf. (Abb. 374 a–e) Gänseblumenblättriger L.

[= Simbuleta bellidifolia (L.) Wettst.]

⊙, ♃, *H.* – H. 0,20–0,70. St. aufrecht, kahl, einfach od. oberwärts mit wenigen langen, schlanken Ästen; B. am Grd. in einer Rosette, verkehrt eiförmig-spatelig, kerbig gezähnt od. tief gesägt; Stb. schmal, meist in 3–7 lineale Zipfel aufgeteilt; Bl. in zuletzt sehr verlängerten, schlanken Trauben; Deckb. dreispaltig; Kr. hellviolett u. weiß, 3–4 mm lang. VI–VIII. 2n = 18.

Felsspalten, steiniges Ödland u. Äcker etc.; ± trockene, warme, meist kalkfreie Substrate. – Sehr selten, nur Mosel-, Saar- u. Ruwertal bei Trier. – Frankr. bis Pyren.-Halbins., W-D., W-Schweiz; w-med-atl.

3. Trib. G r a t i ó l e a e

662. Mímulus L. Gauklerblume

x = 7, 8

I. Pfl. kahl od. spärlich drüsig, aber nicht klebrig; St. aufrecht od. aufsteigend; obere B. sitzend (Sect. Simiolus) .... 2365. **M. guttatus**
II. Pfl. klebrig drüsenhaarig; St. niederliegend, wurzelnd; alle B. kurz gestielt (Sect. Paradanthus) .... 2366. **M. moschatus**

1. Sect. S i m i ó l u s

2365. M. guttátus DC. (Abb. 374 f–i) Gelbe G.
(= M. luteus auct.)

♃, *H, (HH).* – H. 0,15–0,60. St. meist vom Grd. an ästig; B. gegenständig, nierenförmig–herzeiförmig–kreisrund, stumpf, unregelmäßig gezähnelt, untere gestielt, obere nahezu halbst.umfassend; Bl. einzeln in den Achseln der B., eine lockere Traube bildend; K. über 10 mm lang, K.zähne eiförmig; *Kr. sehr groß, 30–40 mm lang,* gelb, Unterlippe im Schlund kahl, rot punktiert; N. reizbar. VI–X. 2n = 28.
Kultiviert, verwildert u. eingebürgert: Ufer, Sümpfe; meist kalkfreie Sand- od. Schotterböden. – Zerstreut, u. a. im nw. Geb. entlang der Flüsse, im NO unbeständig, Westf. bis Thür., Sachs., Schles.; Schwarzwald, Schwäb. Wald, Voralp., Bay. Wald (bis ca. 1200 m). – Heimat: w. N-Am., Chile.

2. Sect. P a r a d á n t h u s

2366. M. moschátus Dougl. Moschus-G.

♃, *H.* – H. 0,15–0,20(–0,30). St. kriechend, bis 25 cm lang, Spitzen aufstrebend; B. eiförmig, spitz; Bl. einzeln in den B.achseln, zahlreich; K. etwa 1 cm lang; K.zähne lanzettl.; Kr. klein, 20 mm lang, gelb, Unterlippe im Schlund bärtig, rot punktiert; Kr. nach Moschus duftend; Kapsel im K. eingeschlossen. VI–VIII. 2n = 32.
Kultiviert, zerstreut u. meist vorübergehend an Fluß- u. Bachufern verwildert. – U. a.: N-Rand m-d. Gebg.schwelle, Sachs. (Lausitz, Dresdener Heide), Schwarzwald, Pfalz, bay. Donaugeb. – Heimat: w. u. m. N-Am.

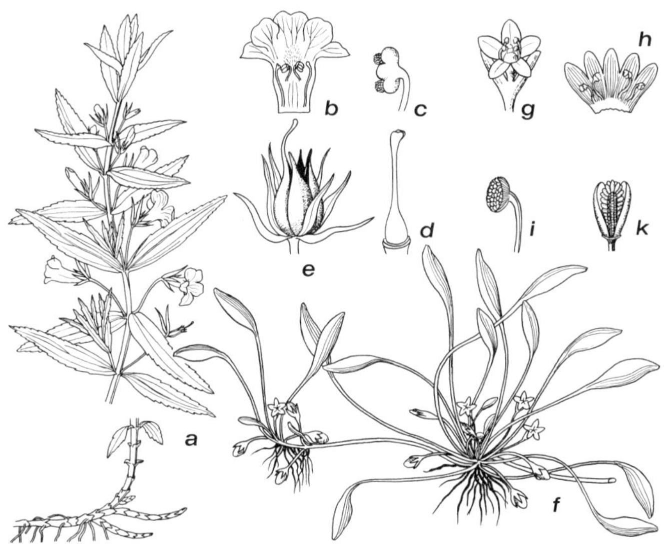

Abb. 375. *a–e Gratiola officinalis* (*a* Sproßspitze u. -basis, *b* Krone ausgebreitet, *c* Staubblatt, *d* Stempel, *e* Frucht mit Kelch); *f–k Limosella aquatica* (*f* Habitus, *g* Blüte, *h* Krone ausgebreitet, *i* Staubblatt, *k* Frucht).

663. Gratíola L. — Gnadenkraut

x = 8

2367. G. officinális L. (Abb. 375 a–e) — Gemeines G.

♃, *H.* – H. 0,15–0,30(–0,45). St. aufsteigend od. aufrecht, kahl, hohl, einfach od. ästig, oben 4kantig; B. gegenständig, mit halbst.-umfassendem Spreitengrd. sitzend, lanzettl., spitz, ± kleingesägt, meist dreinervig, kahl; Bl. einzeln in den B.achseln, lang gestielt; Bl.stiele kürzer als die Deckb.; Kr. 8–10 mm lang, Röhre gelblich, Saum blaßrot, lila od. weiß; giftig. VI–VIII. 2n = 32.

Feuchtwiesen, Sümpfe, Ufer, Gräben; meist ± staunasse u. kalkhaltige, schwere Ton- u. Schlammböden; etwas salz- u. wärmeliebend. – Ziemlich selten: bes. oberer u. mittlerer Bereich der Stromtäler (u. Seitentäler) von Ems, Weser, Elbe, Oder, Weichsel, s. Rheintal bis Mosel, Bodensee, Moore von N-Bay.; sonst vereinzelt. – M-, S-Eur.; N-, W-As.; N-Am.; euras-kont, circ.

Droge: Herba Gratiolae

664. Limosélla L. Schlammkraut

x = 10

2368. L. aquática L. (Abb. 375 f–k) Wasser-S.

⊙, *Th.* – H. 0,03–0,05. St. meist unentwickelt, aber oft mit Ausläufern, u. so bis 25 cm lang; *B.* in grd.ständiger Rosette, *langgstielt,* ungeteilt, schmal spatelförmig-länglich, parallelnervig, etwas fleischig; *Bl. einzeln, grd.ständig;* Bl.stiele lang, aber viel kürzer als die B.; K.-zipfel eiförmig, spitz; Kr. blaßviolett, Röhre grünlich; je nach Standort modifizieren Form der B. u. Ausbildung des St. VI–X. 2n = 40.

Braunseggenges., Ufer, austrocknende Teiche, sonstige zeitweise überschwemmte Stellen; nasse, meist rohe, sandige u. kalkarme Schlammböden. – Zerstreut bis selten, im ganzen Geb. (Sachs. bis 800 m, Alp. bis 920 m); abnehmend. – Isl., N- u. M-Eur. bis W-As., Ägypt.; Am.; Austr.; no-euras, circ.

665. Lindérnia All. Büchsenkraut

2369. L. pyxidária All. (Abb. 376 a–e) Gemeines B.

⊙, *Th.* – H. 0,02–0,10. St. ausgebreitet-liegend od. wenig aufsteigend, am Grd. meist ästig, vierkantig, kahl; *B. sehr kurz gestielt od. sitzend,* rundlich–länglich eiförmig, dreinervig, kahl; *Bl.* lang gestielt, *einzeln in den B.achseln;* K.zipfel lineal.; Kr. 6–8 mm lang, weiß, oben rötlich; Stbbtl. 4; Kapsel kürzer als der K. VIII–IX.

Kleinseggenges., Ufer, Tümpel, Gräben etc.; nasse, meist kalkfreie, sandige Schlammböden. – Sehr selten u. meist unbeständig: Schles. (Odergeb.), Hess., Oberrhein- (n. bis Speyer), Donau- u. Regengeb. – M-Eur., M-As. (bis weit nach O); euras-subozean.

L. dúbia (L.) Pennell; mit 2 fertilen Stbbtl., 5–12(15) mm langen Bl.stielen u. bis 3 cm langen B. neuerdings bei Wittenberg (Mühlanger) beobachtet. – Heimat: N-Am.

5. Trib. D i g i t á l e a e

666. Digitális L. Fingerhut

x = 7

I. St. oberwärts u. B. filzig od. flaumig behaart; Kr. breit-bauchig, groß, 30–40 mm lang (Sect. Digitalis)
  A. B. unterseits grau samtig-filzig; Blst.region filzig; Kr. außen kahl, purpurrot, innen mit dunkleren, weiß umrandeten Flecken . . . . **2370. D. purpurea**

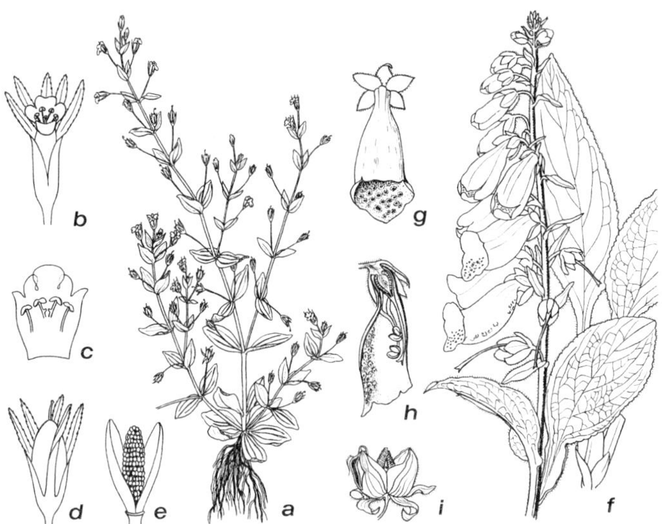

Abb. 376. *a–e Lindernia pyxidaria* (*a* Habitus, *b* Blüte, *c* Krone ausgebreitet, *d* Frucht mit Kelch, *e* Frucht); *f–i Digitalis purpurea* (*f* Sproßspitze u. -basis; *g* Blüte, bei *h* im Längsschnitt, *i* Frucht mit Kelch).

B. B. unterseits an den Nerven u. am Rande flaumig; Blst.region dicht drüsig; Kr. außen drüsig-weich behaart, gelb, innen mit ± deutlichem braunem Adernnetz . . . . **2371. D. grandiflora**

II. St. u. B. ± kahl, glänzend, nur die Bl.stiele fein drüsig gewimpert; Kr. dünn röhrig-glockig, kleiner, 20–25 mm lang (Sect. Tubiflorae) . . . . **2372. D. lutea**

1. Sect. Digitális

2370. D. purpúrea L. (Abb. 376 f–i) Roter F.

⊙, (♃), *H.* – H. 0,30–1,20. St. steif aufrecht, einfach; B. oberseits flaumig, unterseits angedrückt graufilzig, länglich eiförmig–eilanzettl., am Stiel schmal herablaufend, dicht gekerbt; untere B. langgestielt, oberste meist sitzend; Bl. in zuletzt sehr verlängerter, einseitswendiger Traube, nickend; *Deckb. breit lanzettl.–eiförmig, etwa so lang wie die Bl.-stiele; K.zipfel breit eiförmig;* Kr. sehr selten weiß, Lappen der Unterlippe abgerundet; Pfl. wie die folgenden Arten giftig. VI–VIII(–X). 2n = 56.

Kahlschlagges., Waldlichtungen, buschige Abhänge etc.; frische, meist lockere, kalkfreie, sandige Lehmböden. – Verbreitet bis zerstreut in den Berggeb., nw. von S-Westf.–Teutoburger Wald–Deister–W-Harz bis Bodenseegeb., Thür. Wald, O-Thür.; Bay. Wald; daneben kultiviert u. z. T. eingebürgert od. verwildert (z. B. sächs. Gebg., Schles. etc.). – Engl., Irl. bis Span., w. M-Eur., N-Afr., (ö. bis Böhm., SW-Pol.); atl.

Droge: Folia Digitalis

2371. D. grandiflóra Mill. Großer gelber F.
(= D. ambigua Murr.)

♃, *H.* – H. 0,30–1,00. St. aufrecht, einfach, oben drüsig-flaumig; B. unregelmäßig spitz gesägt; untere kurz gestielt, länglich-verkehrt lanzettl., obere sitzend, eilanzettl.; Bl. in zuletzt lockerer, einseitswendiger Traube, nickend; *Deckb. lanzettl.-lineal., fast doppelt so lang wie die Bl.stiele; K.zipfel schmal lanzettl.; Kr. blaß ockergelb,* Lappen der Unterlippe meist spitz. VI–IX. 2n = 56.

Kahlschlagges., lichte Laubmischwälder, Waldränder etc.; frische, kalkreiche od. sonst mineralkräftige, oft steinige Lehmböden; wärmeliebend. – Zerstreut bis verbreitet: bes. s. Kalkgeb. (Alp. bis 1610 m); nach N seltener bis Westf., Thür., Anh., NO-Meckl., Danzig. – M-Eur. bis Frankr., Span., N-Ital., Balk., S- u. M-Rußl., W-Sib.; gem-kont.

2. Sect. Tubiflórae

2372. D. lútea L. Kleiner gelber F.

♃, *H.* – H. 0,30–0,70(–1,00). St. aufrecht, einfach; B. entfernt seicht gesägt, sehr spitz, kahl od. mit zerstreuten Haaren längs der Nerven, untere allmählich in den kurzen Stiel verschmälert, länglich, obere sitzend, eilanzettl.–lanzettl.; Bl. in zuletzt wenig verlängerter, meist einseitswendiger Traube; Deckb. lanzettl., spitz, etwas länger als die Bl.stiele; *K.zipfel lineal-länglich, fein drüsig gewimpert; Kr.* hell *zitronengelb,* außen (vor allem vorne) feindrüsig behaart, innen zerstreut bärtig, Zipfel der Unterlippe eiförmig. VI–VIII. 2n = 112.

Kahlschlagges., lichte, vor allem trockene, warme Wälder, Waldränder, Felsen etc.; ± frische, oft steinige Lehm- u. Schuttböden. – Zerstreut bis selten im SW-Geb. [bes. Trauf der sw. u. m. Schwäb. Alb (bis ca. 750 m), Neckar], Rhein-, Mosel-, Nahe-, Glan-, Saartal u. Pfälzerwald; sonst vereinzelt verwildert. – w. S- u. s. W-Eur. bis Belg., W-Österr.; submed-subatl.

Bastarde:

D. grandiflora × lutea (= D. × media Roth), D. lutea × purpurea (= D. × purpurascens Roth).

667. Verónica L. — Ehrenpreis

x = 7, 8, 9, 13?, 17

I. Untere Deckb. nicht von den Laubb. unterschieden, Bl. daher in lockeren Trauben od. einzeln in den B.achseln (Abb. 377 a–b)
  A. Obere Deckb. von den Laubb. verschieden, Deckb. nach oben allmählich kleiner u. einfacher werdend; Blst. traubig (Abb. 377 b)
    1. Mittlere u. obere B. ungeteilt, ganzrandig, gezähnt, eingeschnitten od. gekerbt
      a) Bl.trauben wenigbl. u. kurz; St. meist einfach, mit kräftigem Rhizom
        x) St. am Grd. krautig
          /) Grdb. kleiner als die übrigen, nicht rosettig gehäuft; Blst. drüsenlos ..... 2373. V. alpina
          //) Grdb. größer als die übrigen, rosettig gehäuft; Blst. drüsig .... 2374. V. bellidioides
        xx) St. am Grd. verholzt
          /) Bl.stiele mit Drüsenhaaren .... 2375. V. fruticulosa
          //) Bl.stiele ohne Drüsenhaare .... 2376. V. fruticans
      b) Bl.trauben verlängert; St. nie holzig
        x) Bl.stiele so lang od. länger als der K.
          /) Kapsel bis zur Mitte 2spaltig, 2mal so breit wie lang; Bl.stiele abstehend, 2mal so lang wie der K. .... 2381. V. acinifolia
          //) Kapsel weniger ausgerandet; Bl.stiele nur wenig länger als der K.
            §) Pfl. ♃; B. ganzrandig od. schwach gekerbt; Kr. weißlich, bläulich gestreift .... 2380. V. serpyllifolia
            §§) Pfl. ⊙, ①; B. kerbzähnig eingeschnitten; Kr. tiefblau .... 2382. V. praecox
        xx) Bl.stiele viel kürzer als der K. (bis etwa 1/2 so lang), oft Bl. fast sitzend
          /) Untere B. keilig in den B.stiel zulaufend; Kapsel kahl, seicht ausgerandet; Gr. viel kürzer als die Ausrandung .... 2387. V. peregrina
          //) Untere B. am Grd. abgerundet; Kapsel gewimpert, tief ausgerandet; Gr. die Ausrandung etwas überragend ... 2384. V. arvensis
    2. Mittlere od. obere B. tief fiederspaltig od. hand- bzw. fingerförmig geteilt
      a) Obere Stb. handförmig 3- bis 5teilig; Bl.-stiele so lang wie der K. od. länger .... 2383. V. triphyllos
      b) Obere u. mittlere Stb. fiederteilig; Bl.stiele kürzer als der K.

x) Pfl. oberwärts drüsig-zottig; Bl.trauben ± dicht; Gr. die Ausrandung der Kapsel weit überragend; Kapselfächer 9- bis 13samig .... 2386. V. dillenii

xx) Pfl. oberwärts nicht od. kaum drüsig; Bl.trauben locker; Gr. die Kapselausrandung kaum überragend; Kapselfächer 6- bis 8samig .... 2385. V. verna

B. Obere Deckb. nicht od. kaum von den Laubb. verschieden; Bl. daher scheinbar einzeln in den B.-achseln (Abb. 377 a)

1. B. rundlich-herzeiförmig, 3-, 5-, 9lappig, efeuähnlich; K.zipfel breit herzförmig .... 2393. V. hederaefolia

2. B. eiförmig-halbkreisförmig, gekerbt-gesägt; K.zipfel eiförmig

a) B. fast halbkreisartig, lappig gekerbt, sehr lang gestielt; Kapsel fast kugelig .... 2394. V. cymbalaria

b) B. eiförmig; Kapsel zweilappig

x) Bl. 8–15 mm breit; Bl.stiele viel länger als die B.; Gr. 2 bis 5 mm lang, meist gekrümmt

/) St. fadenförmig dünn; Kapsel 4 bis 5 mm breit u. lang .... 2388. V. filiformis

//) St. kräftig; Kapsel 8–10 mm breit .. 2392. V. persica

xx) Bl. nicht über 6–7 mm breit; Bl.stiele wenig länger od. kürzer als alle B.; Gr. nicht über 1,5 mm lang, gerade

/) Kapsel mit kurzem Filz drüsenloser Haare u. eingestreuten, längeren, drüsentragenden Haaren, mindestens doppelt so breit wie lang

§) K.zipfel breiteiförmig, spitz, am Grd. schwach behaart, Gr. die Kapselausrandung weit überragend; Kapsel am Rand nicht gekielt .... 2389. V.polita

§§) K.zipfel länglich-spatelig, stumpf, am Grd. sehr stark behaart; Gr. die Kapselausrandung nur etwas überragend; Kapsel deutlich gekielt .... 2391. V. opaca

//) Kapsel nur mit drüsentragenden Haaren, wenig breiter als lang .... 2390. V. agrestis

II. Deckb. der einzelnen Bl. von den Laubb. stark verschieden, im allgemeinen sehr klein, Bl. daher in ± scharf abgesetzten Trauben, zuweilen unter der Traube noch einige b.achselständige Bl. (Abb. 377 c–d)

A. Bl.trauben b.achselständig, Hauptspr. mit einem B.schopf abschließend (Abb. 377 c)

1. K. 5teilig, der hintere Zipfel kleiner

a) Alle St. ± aufrecht
x) Obere B. eiförmig-lanzettl., mit abgerundetem Grd. sitzend, eingeschnitten gesägt . . . . 2395. V. teucrium
xx) Obere B. schmal-lanzettl., kurzgestielt, meist am Rande eingerollt u. ± ganzrandig . . . . 2396. V. austriaca
b) Nichtbl. St. liegend, bl. aufstrebend . . . . 2397. V. prostrata
2. K. 4teilig
a) St. sehr verkürzt, B. daher rosettig; Bl.-traube 2- bis 4bl., lang gestielt, scheinbar grd.ständig . . . . 2403. V. aphylla
b) St. nicht verkürzt, Bl.trauben vielbl., deutlich b.achselständig
x) B. lineal-lanzettl. (bis 4 mm breit), entfernt rückwärts klein gesägt; Bl.trauben einzeln, nicht gegenständig . . . . 2400. V. scutellata
xx) B. lanzettl.-eiförmig, ganzrandig, gekerbt od. gesägt
/) St. u. B. behaart
§) St. zweizeilig behaart . . . . 2398. V. chamaedrys
§§) St. ± gleichmäßig behaart
+) B. langgestielt (1–2 cm) . . . 2399. V. montana
++) B. kurzgestielt od. sitzend
α) Obere B. sitzend, scharf gesägt, spitz; Bl.stiele lang . . . . 2401. V. latifolia
β) Obere B. kurz gestielt, ± stumpf gekerbt; Bl.stiele kurz . . . . 2402. V. officinalis
//) St. u. B. kahl, nur Blst. zuweilen etwas drüsig
§) Obere u. mittlere Stb. sitzend; St. kantig
+) Fr.stiele meist spitzwinklig abstehend, oft aufwärts gebogen; Kapsel breiteiförmig, ellipt. od. eilänglich
α) Kapsel länglich-ellipt., fast doppelt so lang wie breit; St. englumig, markig . . . . 2406. V. anagalloides
β) Kapsel rundlich-ellipt.; St. weitlumig-hohl . . . . . . 2404. V. anagallis-aquatica
++) Fr.stiele waagrecht abstehend; Kapsel kugelig, gedunsen; St. hohl . . . . 2405. V. aquatica
§§) B. kurzgestielt; St. fast stielrund . 2407. V. beccabunga

B. Bl.trauben am St. u. oft zugleich an den Ästen endständig (Abb. 377 d)
  1. Bl.stiele über 2 mm lang; B. meist bis zum Grd. gesägt
    a) B.basis abgerundet od. herzförmig; Bl.traube ziemlich locker; Bl.stiele kürzer als die Deckb., kurz behaart .... **2377. V. longifolia**
    b) B.basis keilig verschmälert; Bl.traube ± dicht; Bl.stiele so lang od. länger als die Deckb., kahl .... **2378. V. spuria**
  2. Obere Bl. sitzend; B. meist am Grd. u. an der Spitze ganzrandig .... **2379. V. spicata**

1. Sect. Veronicástrum
1. Subsect. Alpínae

2373. V. alpína L. Alpen-E.

♃, *G.* – H. 0,02–0,15. St. aus kriechendem W.stock einzeln od. zu mehreren bogig aufsteigend od. aufrecht, unten spärlich behaart, oben abstehend rauhhaarig; *B.* am St. gleichmäßig verteilt, sitzend od. kurzgestielt, ellipt.–verkehrt eiförmig, ganzrandig od. ± deutlich gekerbt, obere klein gesägt, *kahl* od. zerstreut behaart; Bl. kurz gestielt, in gedrungener Traube, nahezu ein Köpfchen bildend; Kr. blaulila; *Kapsel langhaarig,* seicht ausgerandet; Gr. deutlich kürzer als die Kapsel (etwa $^1/_2$ so lang). VII–VIII. 2n = 18.

Alp. (-subalp.) Schneetälchen- bzw. Lägerges., Felsen, Grus, Steinschutt; feuchte, kalkhaltige u. schiefrige, aber meist ± humose Substrate. – Verbreitet bis häufig: Alp. (1400–2870 m); zerstreut: Riesengebg.; manchmal ins Vorland herabsteigend. – Arkt. Geb. Eur. u. As. (bis Korea); Pyren., Alp. bis Kauk.; arktalp.

2374. V. bellidioídes L. Maßliebchen-E.

♃, *G.* – H. 0,05–0,20. St. aufrecht, einfach, unten spärlich flaumig, oben drüsig zottig; *B.* am Grd. viel länger als die übrigen, zu einer deutlichen Rosette gehäuft, aus keiligem Spreitengrd. verkehrt eiförmig, stumpf, ganzrandig od. schwach gekerbt, *dicht behaart;* obere Stb. kleiner, nahezu spatelig, in 1–2 entfernten Paaren sitzend; Bl. in 5- bis 10bl. doldentraubigen, endständigen Köpfchen; Bl.stiele u. K.zipfel drüsig-zottig; Kr. blauviolett-trübblau; *Kapsel drüsig,* Gr. etwa $^1/_2$ so lang wie die reife Kapsel. (VI–)VII–VIII. 2n = 18.

Alp. Magerrasen, Weiden, trockene Matten; kalkfreie, nährstoffarme Urgesteins- od. ausgewaschene, tief humose Böden der Kalkgeb. – Selten: Alp. (1400–2280 m; Allgäuer Alp., Wetterstein), Riesengebg. (Schneekoppe). – Pyren., Alp. bis Karp., N-Balk.; Sud.; alp.

Abb. 377. *Veronica* spp., *a–d* Schemata der Blütenstände (*a* Blüten einzeln in den Achseln von Laubblättern; *b* lockere, von Laubblättern nicht scharf abgesetzte Traube; *c* blattachselständige, von den Laubblättern scharf abgesetzte Trauben; *d* dichte, von den Laubblättern scharf abgesetzte, endständige Traube), *e–h* *V. fruticans* (*e* Habitus; *f* Blüte, bei *g* im Längsschnitt, *h* Frucht mit Kelch).

2. Subsect. F r u t i c u l ó s a e

2375. V. fruticulósa L. Halbstrauchiger E.

♄, *Ch.* – H. (0,05–)0,10–0,30. St. aus holzigem W.stock aufrecht od. aufsteigend, kurzhaarig; B. kurzgestielt, untere eiförmig, mittlere länglich, obere lanzettl., anliegend behaart – fast kahl, etwas dicklich u. glänzend; Bl. in endständigen, ± lockeren Trauben; Bl.stiele kürzer, Fr.stiele meist länger als die Deckb., wie die K. dicht drüsig-flaumig; *Kr. blaßrosarot,* mit dunkleren Adern, leicht abfallend; *Kapsel drüsig,* breit oval, an der Spitze zuweilen leicht ausgerandet. VI–VII. 2n = 16.
Alp: steinige Matten, Felsspalten, Schutthalden etc.; kalkreiche, lockere Böden. – Selten: Alp. [1600–1695 m; Allgäuer Alp. (Grünstein, Ochsenalpe), Salzburger Alp. (Watzmann)]; eingebürgert: Schwäb. Alb (Fuchseck). – Gebg. S-Span., Kors., Pyren., Jura, Alp. bis Karp.; w-alp.

2376. V. frúticans Jacq. (Abb. 377 e–h) Felsen-E.

♄, *Ch.* – H. 0,05–0,10. St. locker, aufsteigend od. aufrecht, zuweilen gewunden, kurzhaarig–kahl; B. unten kurz gestielt, obere sitzend, am

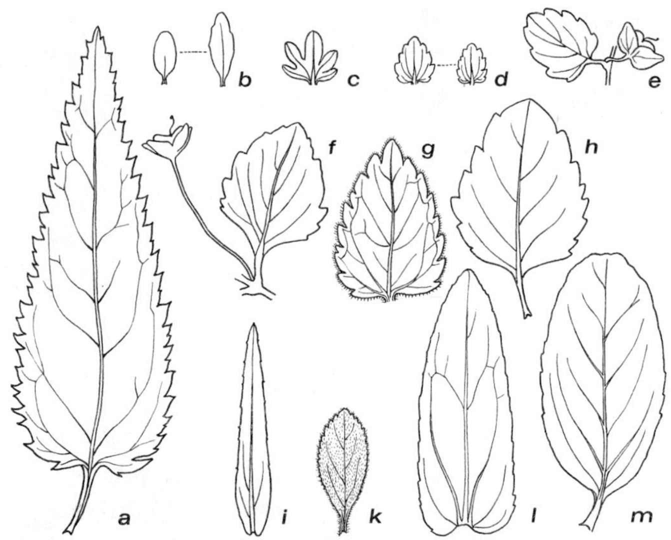

Abb. 378. *Veronica* spp., Beispiele von Laubblättern (*a V. longifolia, b V. serpyllifolia, c V. triphyllos, d V. arvensis, e V. polita, f V. persica, g V. chamaedrys, h V. montana, i V. scutellata, k V. officinalis, l V. anagallis-aquatica, m V. beccabunga*).

Spreitengrd. keilig, dicklich, fast glänzend, ± kahl; Bl. in lockerer, endständiger Doldentraube, zur Fr.zeit etwas verlängert; Bl.stiele kurz krausflaumig; *Kr. tiefblau,* im Schlund mit einem dunkelpurpurroten Ring; *Kapsel* oval, kaum ausgerandet, *drüsenlos.* VI–VII(–VIII). 2n = 16.

Alp. u. subalp. Felsspalten, steinige Matten, Magerrasen, trockene Triften etc.; kalkreiche od. kalkarme u. nährstoffreichere Substrate. – Verbreitet: Alp. (1300–2390 m), zuweilen herabsteigend (bis ca. 600 m); selten: S-Schwarzwald (bis ca. 1500 m; z. B. Feldberg, Belchen). – Isl., Grönl., Finnl., Skand., Engl.; Pyren.–Apenn. bis Alp., Karp.; Schwarzwald, Vogesen; arkt-alp.

2. Sect. Pseudolysimáchia

2377. V. longifólia L. (Abb. 378 a) Langblättriger E.

♃, *H.* – H. 0,40–1,20. St. aufrecht, meist einfach, kräftig, gerade; B. deutlich gestielt, eilanzettl.–lineallanzettl., sehr lang zugespitzt, *bis zur Spitze scharf einfach od. doppelt gesägt,* gegenständig od. in 3- bis 4zähligen Wirteln; Bl. in langen (bis 25 cm), vielbl., meist mehreren (auch seitenständigen) Ähren; Deckb. fadenförmig; Kr. blaulila; *Kapsel* rundlich–verkehrt herzförmig, kahl, *deutlich ausgerandet.* VII–VIII. 2n = 68, 68–70.

Ufersäume, Sumpfwiesen etc.; meist nasse bis feuchte, ± torfige Böden, wärmeliebend. – Zerstreut, vor allem Stromtäler des n., m. u. nö. Geb.; im s. Geb. seltener (bes. Rhein-, Main- u. bay. Donaugeb.); ferner verwildert; fehlt Alp. – Eur. (W-Grenze Rheingeb.?), ö. bis Ural, Sib., O-As.; (N-Am.); (no-)euras-kont.

2378. **V. spúria** L. Unechter E.

♃, *Ch.* – H. 0,30–1,25. St. ästig, aus kriechendem W.stock aufrecht, stielrund, oben zuweilen schwach vierkantig; B. kurzgestielt, gegenständig od. in 3- bis 4zähligen Quirlen, lanzettl., spitz, einfach od. doppelt gesägt, ± kahl; Bl. in meist mehreren bis vielen, am Spr.ende gehäuften Ähren; Kr. azurblau; *Kapsel* ellipt.-oval, *kaum ausgerandet.* VI–VIII. 2n = 34.

Bergwälder, trockene Waldstellen, Grasplätze etc. – Früher sehr selten: Thür., Anh.; heute überall verschwunden. – ö. M-Eur., Österr. bis Rum., S-Rußl. (Ural), Kauk., M- u. SO-As.; kont.

2379. **V. spicáta** L. Ähriger E.

♃, *H.* – H. 0,15–0,45(–0,75). St. aufrecht od. aufsteigend, meist einfach, oberwärts oft drüsig; *B.* gegenständig, oben oft wechselständig, länglich eiförmig-lanzettl., am Spreitengrd. verschmälert od. abgerundet, gekerbt-gesägt, *am Grd. u. gegen die Spitze meist ganzrandig;* Bl. in dichten, bis 30 cm langen Ähren, seitenständige Ähren seltener; Bl.stiele dicht drüsig-flaumig; Kr. blaulila od. azurblau; *Kapsel* rundlich-verkehrt eiförmig, leicht ausgerandet, *stumpf.* VII–IX.

ssp. s p i c á t a; St. unten dicht behaart; Bl.kr.zipfel nicht gewunden. 2n = 68.

Formenreich. – Im s., w. u. m. Teil des Geb.

ssp. o r c h i d é a (Cr.) Hay.; St. unten nur spärlich behaart, der obere Bl.kr.zipfel zusammengefaltet, die drei übrigen gewunden u. meist an der Spitze zurückgerollt. 2n = 34.

Zerstreut, von NO-D. bis S-Tirol (o.-sö. Unterart).

Steppen- u. Trockenrasen, buschige Abhänge, Sanddünen, Felsen etc.; trockene, warme, meist lockere Stein-, Kies- u. Sandböden. – Zerstreut bis selten: Westf. (Senne) bis Saale (Anh.), Elstergeb. u. s. bis Pfalz, Oberrheingeb. u. Seitentäler (bes. Main u. Pfalz), S-Fränk. Alb, Donautal (ö. von Sigmaringen bis bay. Geb.) – S-Skand., Engl. bis N-Span., Ital., N-Balk., Kauk., Kl.As.; M.-O-As.; (N-Am.); euras(-kont).

3. Sect. Alsinebe
1. Subsect. Serpyllifóliae

2380. V. serpyllifólia L. (Abb. 378 b) Thymianblättriger E.

♃, *H.* – H. 0,05–0,20. St. aufsteigend od. aufrecht, dünn u. vielfach gekrümmt od. dicker u. gerade; B. rundlich-ellipt., untere kurz gestielt, mittlere u. obere sitzend, kurzhaarig od. kahl; Bl. in mäßig dichter bis lockerer, 10- bis 40zähliger Traube; Kr. weißlich, blau geadert, selten weiß od. blau (bes. im Gebg.); *Fr.stiele etwa so lang wie die Deckb.;* Kapsel rundlich-eiförmig, ± deutlich ausgerandet, etwas zusammengedrückt. (IV–)V–VIII(–IX). 2n = 14.

Fettwiesen u. -weiden, Äcker, Wegränder etc.; meist etwas feuchte u. kalkärmere ± schwere Ton- u. Lehmböden. – Verbreitet u. meist häufig im ganzen Geb. (Alp. bis 2375 m). – Isl., N- bis s. Eur.; N-, M-, O-As.; N-, S-Am.; (Austr.); no-euras-subozean, circ.

2. Subsect. Acinifóliae

2381. V. acinifólia L. Drüsenreicher E.

⊙, *Th.* – H. 0,05–0,10. St. aufrecht, am Grd. meist mit mehreren bogig aufwärts gekrümmten Seitenspr.; B. kurzgestielt, eiförmig-rundlich mit abgerundetem od. schwach keiligem Spreitengrd., ganzrandig od. schwach gekerbt; Bl. in lockeren, später sehr verlängerten Trauben; *Bl.stiele 1- bis 2mal so lang wie die Deckb.;* Kr. blaßblau, dunkler geadert; *Kapsel* sehr tief ausgerandet, zusammengedrückt u. flach, wie die K. lang u. *reichlich drüsig behaart.* IV–VI. 2n = 14, 16.

Kleinseggenges., Äcker; feuchte bis nasse, kalkfreie, meist etwas dichte tonige u. sandige Lehmböden. – Selten: SW-D. (ö. bis Kaiserstuhl, M-Bad., Pfalz, Wetterau); sehr selten: Westf. Bucht (verschleppt?). – W-, S- u. SO-Eur., ö. bis S-Rußl., Balk., Kl.As.; submed(-atl).

3. Subsect. Pellidospérmae

2382. V. praecox All. Früher E.

⊙, ①, *Th, H.* – H. 0,03–0,20. St. aufrecht, in der unteren Hälfte meist mehrfach verzweigt, behaart; B. breitoval – nahezu dreieckig, untere gestielt, obere oft sitzend, unregelmäßig stumpf gesägt – gebuchtet, zerstreut behaart; Bl. in lockeren Ähren; Kr. klein, azurblau; Fr.stiele meist wenig länger als die K.zipfel, fast so lang wie die Deckb.; Kapsel rundlich, gedunsen, schwach rechtwinklig ausgerandet. III–V(–VI). 2n = 18.

Trockenrasen, Sandäcker etc.; ± trockene, meist kalkhaltige, sandige Lehm- od. Sandböden, wärmeliebend. – Zerstreut bis selten: bes. im s. Geb. (Jura- u. Muschelkalkgeb.; Bodensee; Rhein-, Tauber- Maintal, bay. Hochebene); selten: Westf. bis Thür, Anh.; Brand., Pomm.; im NW meist fehlend. – s. M-Eur., Med.; M-, S-Rußl.; submed.

2383. V. triphýllos L. (Abb. 378 c) Dreiblättriger E.

⊙, ①, *Th, H.* – H. 0,02–0,15. St. an der Basis meist mit mehreren aufsteigenden Seitenspr., behaart; B. kurzgestielt, handförmig gelappt, mit ± linealen Abschnitten, unterste oft nur gekerbt od. gebuchtet; Bl. in lockeren, wenigbl. Trauben; Kr. tief azurblau; Fr.stiele etwa so lang wie die *tief dreispaltigen Deckb.;* Kapseln rundlich, tief spitzwinklig ausgerandet, dicht drüsig. III–V. 2n = 14.

Getreideunkrautges., Weinberge, Wegränder etc.; ± trockene, oft kalkhaltige Sandböden, etwas wärmeliebend. – Verbreitet bis zerstreut vom n. Geb. bis Voralp. (Alp. fehlend). – Engl., Skand. bis Med., Kl.As., N-Afr., Kauk.; W-As.; euras(kont)-submed.

4. Subsect. Microspérmae

2384. V. arvénsis L. (Abb. 378 d) Acker-E.

⊙, ①, *Th, H.* – H. 0,03–0,30. St. aufrecht od. aufsteigend, am Grd. häufig verzweigt, in der Laubb.region meist ± deutlich zweizeilig behaart; B. kurzgestielt od. sitzend, eiförmig, gekerbt–gesägt; *Deckb. eilanzettl.–lanzettl.;* Bl. in gedrungenen, später sich verlängernden Trauben; Kr. sehr klein, hellblau; *Kapsel* ± tief spitz- bis stumpfwinklig ausgerandet, *gewimpert.* IV–V(–VI). 2n = 16, 14.

Unkrautige Ges., Äcker, Schutt, Wegränder etc.; meist frische, nährstoffreiche Böden. – Verbreitet u. meist häufig im ganzen Geb. (Alp. bis 880 m, Schwäb. Alb bis 980 m). – Engl., Skand. bis Med., M- u. O-As.; (N-, S-Am.; Neuseel.); euras-subozean(-submed).

2385. V. vérna L. Frühlings-E.

⊙, ①, *Th, H.* – H. 0,03–0,30. St. unverzweigt od. am Grd. verästelt, aufrecht, in der Laubb.region ± deutlich zweizeilig behaart; untere *B.* gestielt, eiförmig-lanzettl., grob kerbzähnig, übrige sitzend u. geteilt, mit lineal. Abschnitten, *dünn, grasgrün;* Bl. in endständigen Trauben; *Kr. klein (2–3 mm), himmelblau;* Kapsel rundlich nierenförmig, mit ± tiefer, stumpfwinkliger Ausrandung. IV–V. 2n = 16.

Trockenrasen, Sandgrasfluren, Acker u. ä.; trockene, meist lockere, kalkfreie, ± sandige Böden. – Selten bis zerstreut, bes. s., m. u. nö. Geb.; im NW meist fehlend od. unbeständig; wohl oft übersehen. – Skand. bis Span., Balk., Rußl., Kl.As.; W-As. bis Him.; euras-kont-submed.

2386. V. dillénii Cr. Heide-E.

⊙, ①, *Th, H.* – H. 0,05–0,30. Pfl. kräftiger als *V. verna,* beim Trocknen leicht schwarz werdend; St. aufrecht, einfach od. ästig; *B. etwas fleischig, trübgrün,* unterste kurz gestielt, eiförmig, eingeschnitten gesägt, übrige sitzend, die einzelnen lineal-länglichen *Abschnitte erneut fiederig eingeschnitten;* Bl. in tief herabreichenden Trauben; *Kr. groß, tief azurblau;* Kapsel flachgedrückt, rundlich–nierenförmig, seicht ausgerandet. IV–V(–VI). 2n = 16.

Trockenrasen, Sandheiden, Kiefernwälder, Äcker etc.; trockene, kalkfreie, flachgründige Steinverwitterungsböden. – Zerstreut, bes. Sandgeb. (Harz–Sachs.–Brand.–Schles.–Ostpr.; Bay. Hochebene, Bay. Wald, Pfalz); u. a. NW-D., Alp. fehlend. – m. O-, SO-Eur., w. bis Schwed., O-D.; gem-kont.

2387. V. peregrína L. Fremder E.

⊙, *Th.* – H. 0,05–0,30. St. aufrecht, unverzweigt od. im unteren Teil ästig, kahl; B. länglich ellipt. od. verkehrt eilänglich, ganzrandig od. gekerbt–gesägt, *obere B.* schmäler, *fast spatelig;* Bl. in mäßig verlängerten, endständigen Trauben; Deckb. mehrmals länger als die Bl.; Kr. bläulich od. weiß; *Kapsel* rundlich–herzförmig, *kahl.* IV–VI. 2n = 52.

Kleinseggenges., Ufer, Gräben, Äcker, Wegränder; meist feuchte, schwere Lehm- od. Tonböden. – Selten u. zerstreut verschleppt u. z. T. eingebürgert (sich offenbar ausbreitend; z. B. Schl.Holst., Dresden, Rheinebene, Hohenheim, Regensburg). – N-, M-, S-Am. (Eur., Austr., O-As.; Ausbreitungstendenz: subozean).

5. Subsect. A g r é s t e s

2388. V. filifórmis Sm. Faden-E.

♃, *Ch.* – H. 0,05–0,20. Pfl. dichte Rasen bildend; St. niederliegend, an den Knoten wurzelnd, Bl.spr. aufsteigend; B. hellgrün, unten gegen-, oben wechselständig, rundlich, nierenförmig od. oval, grob kerbig bis stumpf gesägt; *Bl.stiele sehr dünn,* mehr als 2mal so lang wie die Deckb., zur Fr.reife zurückgebogen; Kr. bläulich violett, das untere Kr.b. meist weiß; Kapseln selten entwickelt od. meist samenlos (Vermehrung vor allem durch B.achselspr.). III–V. 2n = 14.

Fettweiden u. -wiesen, Rasen, Gebüsche etc.; frische, meist nährstoffreiche, N-haltige Lehm- od. Torfböden. – Verwildert aus Gärten u. eingebürgert (z. B. Bodensee-, Rhein-, Neckargeb., Alp.vorland; Sachs., Westf.); sich ausbreitend. – Geb. um Schwarzes Meer; (M-, W-Eur.).

2389. V. políta Fries (Abb. 378 e) Glänzender E.

⊙, ①, *Th, H.* – H. 0,08–0,15. St. am Grd. mit mehreren bis vielen niederliegenden od. aufsteigenden Seitenzweigen, zart, kahl; *B.* kurzgestielt, halbkreisförmig – dreieckig, *grobgekerbt,* etwas *dicklich,* ± *glänzend, dunkelgrün;* Kr. himmelblau, mit dunklem Schlundring; Kapsel rundlich od. nierenförmig, schwach ausgerandet. IV–VI u. VII–X. 2n = 14.

Ackerunkrautges., Weinberge, Gärten etc.; ± frische, meist nährstoffreiche, oft etwas sandige Lehmböden; etwas N- u. wärmeliebend. – Verbreitet u. z. T. ziemlich häufig, fast im ganzen Geb.; im NW selten u. unbeständig; Alp. u. Bay. Wald wohl fehlend. – S-Engl., S-Skand. bis Med.; W-, M-As. bis Him., O-As.; submed(-euras).

2390. V. agréstis L. Acker-E.

⊙, ①, *Th, H.* – H. 0,03–0,30. St. liegend od. aufsteigend, am Grd. meist ästig; B. eiförmig-ellipt., obere schwach keilig, hellgrün, etwas glänzend; *Kr. weißlich, blau geadert,* od. ein Zipfel hellblau od. rötlich; Kapsel nierenförmig, tief ausgerandet, mit sehr spitzer Bucht. III–VI u. VIII–X. 2n = 28.

Hackfruchtunkrautges., Gärten etc.; frische, meist kalkfreie, nährstoffreiche, oft sandige Lehmböden. – Zerstreut bis verbreitet im ganzen Geb. (Alp. bis 1106 m; Sächs. Bergland bis 900 m). – S-Skand. bis W-, S-Eur., Rußl., N-Afr.; (N-Am.); subatl(-euras-subozean).

2391. V. opáca Fr. Glanzloser E.

⊙, ①, *Th, H.* – H. 0,10–0,25. St. liegend od. aufsteigend, dicht kurzhaarig-zottig, am Grd. sehr ästig, gegen die Spitze oft rötlichbraun; *B.* kurz gestielt, rundlich-eiförmig, *stumpf u. seicht gekerbt, dünn, mattgrün;* Kr. himmelblau; Kapsel nierenförmig, tief spitzwinklig ausgerandet. III–V u. VII–X. 2n = 28.

Hackfruchtunkrautges., Weinberge, Gärten; ± frische, meist kalkhaltige Lehm- u. Sandböden. – Selten u. z. T. unbeständig, sehr zerstreut im ganzen Geb. (Sachs. 900 m; Alp. bis 1106 m). – Eur. n. bis S-Skand. (63° n. Br.), NW-Rußl.; (no-)gem-kont.

2392. V. pérsica Poir. (Abb. 378 f) Persischer E.
(= V. tournefortii Gmel.)

⊙, ①, *Th, H.* – H. 0,15–0,40. St. am Grd. stark ästig, Äste niederliegend od. aufsteigend, kraushaarig; B. gestielt, breit eiförmig-ellipt., grob gekerbt-gesägt, zerstreut behaart–kahl; Bl.stiele bei der Fr.reife nickend; *Kr. himmelblau mit gelblichem Schlund,* der untere Zipfel oft weiß; Kapsel doppelt so breit wie lang, nierenförmig, drüsig, stumpfwinklig ausgerandet. (III–)V–VI u. VII–XII. 2n = 28.

Unkrautges., Äcker, Gärten, Wegränder etc.; ± frische, nährstoffreiche, meist lehmige od. tonige Böden; etwas wärmeliebend. – Verbreitet u. z. T. häufig u. eingebürgert (Alp. bis 1680 m). – Vord.As. bis Him.; (N-Afr., Eur., O-As., Am., Neuseel.); ursprünglich: o-submed.

6. Subsect. M e g a s p é r m a e

2393. V. hederaefólia L. Efeu-E.

⊙, ①, *Th, H.* – H. 0,08–0,30. St. liegend od. aufstrebend, am Grd. reich ästig; B. ziemlich lang gestielt, herz- od. nierenförmig, etwas fleischig; Bl. langgestielt; Bl.stiele bei der Fr.reife zurückgekrümmt; K.zipfel zottig gewimpert, Ränder später nach außen gebogen; Kr. klein, hellblau; *Kapsel kahl,* quaderförmig – vierknotig abgerundet, fast kugelig, kaum od. nicht ausgerandet. III–V.

ssp. h e d e r a e f ó l i a; B. 5lappig, zumindest die mittleren; Fr.stiele 2- bis 3mal so lang wie der Fr.Kelch. 2n = 54, 56.
Verbreitet. – submed-euras-subozean.

ssp. t r i l ó b a (Opiz) Čelak.; Alle B. 3lappig, nur die unteren manchmal 5lappig; Fr.stiele nur so lang od. wenig länger als der Fr.Kelch. –
Zerstreut: NO u. O. – submed-med.

Ackerunkrautges., feuchte Wälder, Kahlschläge, Schutt; frische, meist nährstoffreiche, milde Lehmböden; etwas wärmeliebend. – Verbreitet u. meist häufig (Schwäb. Alb bis 880 m u. wohl höher, Alp. bis 730 m); im N streckenweise seltener od. fehlend. – Skand. bis Med., N-Afr., Kl.As., M- u. O-As.; (N-Am.).

2394. V. cymbalária Bod. Mauer-E.

⊙, *Th.* – H. 0,03–0,05. St. am Grd. reich ästig, liegend, 0,10–0,15 lang; B. rundlich–dreieckig, tief kerbsägig u. fast lappig, am Spreitengrd. gestutzt od. schwach keilig; Bl. sehr lang gestielt; Kr. bläulich weiß; *Kapsel* vierfurchig, *langhaarig.* II–VI.

Sehr selten u. meist adventiv eingeschleppt, Kulturbegleiter, bes. im S. – S-Frankr., Span. bis N-Afr., Kl.As., W-Pers.

4. Sect. V e r ó n i c a
1. Subsect. A u s t r í a c a e

2395. V. teūcrium L. (Abb. 379 a–d) Großer E.

♃, *Ch.* – H. 0,15–1,00. Pfl. meist groß u. kräftig (vgl. *V. prostrata*!); *St.* einzeln od. zu wenigen, *aufrecht,* ± kraus behaart; B. sitzend od. selten kurz gestielt, rundlich–verlängert eiförmig-lanzettl., *am Spreitengrd. herzförmig od. abgerundet,* gekerbt–gesägt od. gezähnt; Kr. in meist vielbl., zuletzt stark verlängerten Trauben; *K.zipfel behaart;* Kr. himmelblau–azurblau, seltener rosa–weiß, stets mit dunklen Nerven; Kapsel verkehrtoval–herzförmig rundlich, behaart, ± ausgerandet. V–VII. Im Geb. nur ssp. p s e u d o c h a m ǣ d r y s (Jacq.) Nym. 2n = 64.

Gebüsche, Waldränder, lichte Buchen-, Eichen- u. Föhrenwälder, Halbtrockenrasen etc.; ± trockene, meist kalkhaltige Lehm-, Löß- u. Steinverwitterungsböden; wärmeliebend. – Verbreitet bis zerstreut bes. in m. u. s. Kalkgeb. (Schwäb. Alb bis 1010 m, Alp.vorland bis 800 m); selten im w. u. nö. Geb.; u. a. im NW fehlend, selten verwildert. – N-D. bis Balk., Kl.As., W- u. O-Sib., Altai; euras-kont(-submed).

2396. V. austríaca L. Österreichischer E.

♃, *Ch.* – H. 0,10–0,50. St. aufsteigend od. aufrecht, zerstreut krausharig od. kahl; B. lanzettl.-länglich, vor allem die *B.* der reichbeb. B.spr. und *des Gipfeltriebes* verlängert – *sehr schmal,* kerbsägig, die des Gipfeltriebes in der Regel ganzrandig; Bl. in vielzähligen, langgestielten, meist verlängerten Trauben; K. rauh od. zottig; Kr. dunkel azurblau; Kapsel verkehrt herzeiförmig, ± ausgerandet, meist behaart. V–VII. Im Geb. nur ssp. d e n t á t a (Schmidt) Watzl. 2n = 64.

Trockenrasen, steppenartige Formationen, Hügel, Waldränder u. -wiesen, Gebüsche; trockene, sonnige, warme, meist kalkhaltige Lehm- u. Steinböden, Löß u. Kalksand. – Selten bis sehr selten: Hess. (Liebenau), Schles. (Breslau), Tal der oberen Donau (Tuttlingen–Ulm, Blaubeuren) u. bis zum Ries; Bodensee, Hügelländer Oberrheingeb.; Regensburg-München (Garchinger Heide). – s. M- u. SO-Eur., Kauk., Kl.As.; europ-kont (?).

2397. V. prostráta L. Niederliegender E.

♃, *Ch.* – H. 0,05–0,30. *St.* (fertile) *aufsteigend,* Pfl. oft rasig wachsend; *B. in den sehr kurzen Stiel verschmälert,* verlängert lanzettl.-lineallanzettl., gesägt, gekerbt od. ganzrandig, unterseits kraus behaart, Spitze ± stumpf, Rand oft eingerollt; Bl. in anfangs sehr gedrungenen, später sich verlängernden Trauben; *K.zipfel kahl,* sehr selten behaart; Kr. blaß himmelblau; Kapsel rundlich–herzförmig, schwach ausgerandet. IV–VI.

ssp. prostráta; Blst. dicht, pyramidenartig; Bl. ca. 4–11 mm breit, bleich lila; Kb. schmal, spitz. 2 n = 16.

Zerstreut, bes. m. u. ö. Geb. – kont(-submed).

ssp. schē̆reri J. P. Brandt; Blst. lockerer, ± kugelig; Bl. ca. 7–14 mm breit, dunkler; Kb. ziemlich breit; Kapsel kahl (vgl. V. austriaca). 2 n = 32.

Zerstreut, bisher nur SW-D. – subatl(-submed).

Steppen- u. Trockenrasen, lichte Gebüsche u. Wälder; trockene, warme, meist kalkreiche, oft auch sandige Böden. – Zerstreut bis selten: m. (bes. N-Thür., Anh., Brand.), w. u. s. Kalkgeb.; sehr selten im nw. Geb.; u. a. Ostpr. fehlend. – W-, S-, M-Eur. bis Sib., Kauk.

2. Subsect. Verónica

2398. V. chamǽdrys L. (Abb. 378 g) Gamander-E.

♃, *Ch.* – H. 0,15–0,25(–0,40). *St.* aufsteigend, meist einfach, *mit 2 deutlichen Haarleisten;* B. unten meist kurz gestielt, obere mit abgerundetem od. herzförmigem Spreitengrd. sitzend, ± grob kerbig gesägt; Bl. in meist vielzähligen, langen, lockeren Trauben; Bl.stiele aufrecht; Kr. azurblau, seltener rot od. weiß, dunkler geadert; Kapsel herzförmig-dreieckig, mit keiliger Basis, stumpfwinklig ausgerandet, kürzer als der K. V–VII. 2 n = 32, 16?

Wiesen, Laubmisch- u. Trockenwälder, Wald- u. Wegränder, Gebüsche etc.; ± frische, ± nährstoffreiche, meist neutrale Lehm- od. Steinböden; etwas N- u. wärmeliebend. – Verbreitet u. meist häufig im ganzen Geb. (Alp. bis 2150 m; M-Gebg. bis über 1000 m). – Isl., N-Eur. (68° n. Br.) bis s. Eur.; N-, W-As.; N-Afr.; Kanar. Ins.; (N-Am.); no-euras-subozean(-submed).

3. Subsect. Scutellátae

2399. V. montána Jusl. (Abb. 378 h) Berg-E.

♃, *Ch.* – H. 0,15–0,45. St. dünn, kriechend u. an den Knoten wurzelnd, an der Spitze aufsteigend, mit aufrechten Ästen; *B. rundlich* od. breitoval, mit abgerundetem od. schmal herzförmigem Spreitengrd., runzlig, gesägt od. kerbsägig, beiderseits zerstreut kraushaarig; Bl. in 2- bis 7bl., lockerer Traube, Bl.stiele 2- bis 4mal so lang wie die schmallineal. Deckb., fädlich, behaart; Kr. blaßlila, mit dunkleren Adern; *Kapsel* flach, *fast brillenförmig* oben u. unten eingeschnürt, gewimpert. V–VI(–VII). 2n = 18.

Buchenwaldges., Eschen- u. Auenwälder, Quellfluren; oft sickerfeuchte, meist nährstoffreiche, kalkarme lehmige u. tonige Böden. – Verbreitet: NW-D. bis NW-Brand., O-Thür., Schles.; zerstreut: m. Geb. u. s. Waldgebg.; sonst seltener (Alp. bis 1350 m). – Schwed., Dän. bis s. Eur., N-Afr.; subatl-submed.

2400. V. scutelláta L. (Abb. 378 i) Schild-E.

♃, *H, (HH).* – H. 0,15–0,50. *St.* fast immer kahl, ± *schlaff,* an den untersten Knoten zuweilen dünnwurzelnd, aufsteigend–aufrecht, ästig; B. schmal, sitzend, kahl, glänzend; Bl. in lockeren, 5- bis 15zähligen Trauben; *Bl.stiele* 3- bis 5mal so lang wie die Deckb., *nach dem Verblühen nach abwärts gerichtet;* Kr. weiß, bläulich geadert od. rötlich; Kapsel oben (tief) u. unten ausgerandet. VI–IX. 2n = 18.

Braunseggen-Sümpfe, Großseggenges., Flachmoore, Gräben; nasse, saure, torfige od. sandige-kiesige Böden. – Gebietsweise verbreitet, sonst zerstreut bis selten (Alp. bis 800 m), im s. Geb. vor allem in den Waldgebg. – Isl., Eur. (n. bis 70° n. Br.), N-As., N-Am.; no-subatl, circ.

2401. V. latifólia L. em. Scop. Breitblättriger E.
(= V. urticaefolia Jacq.)

♃, *Ch.* – H. 0,10–0,45. St. meist einzeln, aufrecht; B. eiförmig, mit breit abgerundetem Spreitengrd., *die oberen lang zugespitzt,* zerstreut behaart; Bl. in lockeren, 10- bis 25bl., gegenständigen, abstehenden Trauben; Kr. blaßrosa od. hellblau, mit dunkleren Adern; *Fr.stiele* 2- bis 3mal so lang wie die Deckb., *unterhalb der Kapsel scharf nach einwärts gekrümmt;* Kapsel fast kreisrund, seicht ausgerandet. VI–VIII. 2n = 18, 16?

Misch- u. Schluchtwälder, Gebüsche, Auen, Felsen; frische, meist kalkhaltige Lehm- u. Steinschuttböden. – Ziemlich verbreitet: Alp. (bis 1620 m), Alp.-vorland, Böhmerwald; zerstreut bis selten: Bodenseegeb., Hochrhein bis Rheinweiler. – Gebg. s. M- u. S-Eur.: Alp., N-Ital., Donauländer, Balk.; praealp.

4. Subsect. Officinàles

2402. V. officinàlis L. (Abb. 378 k) Wald-E.

♃, *Ch.* – H. 0,10–0,30. St. rauhhaarig, in der unteren Hälfte kriechend u. wurzelnd, Äste u. Bl.trauben aufrecht; B. ellipt.–breitlanzettl., meist in einen kurzen B.stiel keilig verschmälert, *Spitze stumpf od. wenig zugespitzt,* gegen den Spreitengrd. hin oft ganzrandig; Bl. in gedrungenen, steifen, aufrechten Trauben; Bl.stiele wie die K. drüsig-zottig; Kr. hellila, dunkler geadert, selten weiß; Kapsel ± schmal, dreieckig–verkehrt herzeiförmig, deutlich stumpfwinklig ausgerandet, drüsenhaarig. VI–VIII. 2n = 34, 36, 37, 18.

Laub- u. Nadelwälder, Magerrasen, Heiden, Felsen; ± trockene, saure nährstoff- u. kalkarme, humose Böden. – Verbreitet bis zerstreut im ganzen Geb. (Alp. bis 1720 m). – Isl., Eur.; Kauk., Pers.; (N-Am.); no-euras-subozean.

5. Subsect. Aphýlla

2403. V. aphýlla L. Blattloser E.

♃, *H.* – H. 0,005–0,03(–0,08). St. zahlreich, dünn, kurz kriechend u. wurzelnd, kahl, am oberen Ende mit mehrzähliger, lockerer B.rosette; B. verkehrt-eiförmig–rundlich, ± keilig in den nur kurzen Stiel verschmälert; *Bl. in* meist einzelner, *b.achselständiger, den Hauptspr. weit überragender Traube;* Kr. blaulila, dunkler gestreift; K. u. Deckb. drüsig; Kapsel breitellipt.–rundlich, ausgerandet, drüsig. VI–VIII. 2n = 18.

Subalp.-alp. Stein- u. Magerrasen, Schneetälchen; feuchte, meist kalkhaltige Schutt- u. Geröllböden. – Verbreitet: Alp. (1300–1580 m); zuweilen im Vorland. – Pyren. über Alp., Apenn. bis Karp., Balk.; alp.

5. Sect. Beccabúnga

2404. V. anagállis-aquática L. (Abb. 378 l) Wasser-E.
(= V. anagallis auct.)

♃, *HH.* – H. 0,10–0,60. St. aufsteigend od. aufrecht, selten markig; B. an der erwachsenen Pfl. länglich-eiförmig, seicht gesägt–gezähnt od. ganzrandig, untere B. u. zuweilen die B. der Seitenzweige oft kurz gestielt, obere z. T. halbstengelumfassend; *Bl.* in zahlreichen, ziemlich *dichten,* vielbl. *Trauben;* Bl.stiele kahl, 2- bis 3mal so lang wie der K., oft stark der Achse zugekrümmt; Kr. rosarot od. hellviolett mit rötlichen Adern; Kapsel rundlich oval bis fast kreisrundlich, etwas länger als breit. VI–X. 2n = 36.

Röhrichte, Bäche, Gräben, Quellen; nasse od. überflutete, meist nährstoffreiche, milde Schlammböden; etwas salz-, N- u. wärmeliebend. – Verbreitet bis zerstreut im ganzen Geb. (bis subalp. Stufe). – Isl., Eur.; As. bis Him., O-As.; N-, S-Afr.; N-, S-Am.; Neuseel. (eingeschleppt?); euras-submed-med, circ; fast kosmop.

2405. V. aquática Bernh. Schopfiger E.
(= V. comosa auct.)

♃, *HH.* – H. 0,10–0,50. St. aufsteigend od. aufrecht, rötlich überlaufen, reich ästig; *B.* der erwachsenen Pfl. *schmäler als bei V. anagallis-aquatica,* länglich–lang eilanzettl., stets sitzend, halbstengelumfassend; *Bl. in* reichb., *sehr lockeren Trauben;* Kr. blaßrosarot–weiß, mit rötlichen Adern; *Fr.stiele gerade od. dicht unter der Kapsel nach oben gebogen,* derber u. starrer als bei der vorigen Art. VII–X. 2 n = 36.

Bachröhrichte, Ufer, Gräben; nasse od. überflutete, meist milde Schlammböden. – Zerstreut: bes. im Bereich von Unterelbe bis Brand., Weser-, Oder-Geb.; Westf. bis Thür., Schles.; im s. Geb.: Main, Tauber, Rhein, Neckar u. Nebenflüsse, Bodensee. – Eur.; N-, S-Afr., M- u. N-As. (zweifelhaft); subatl-submed.

2406. V. anagalloídes Guss. Schlamm-E.

♃, *HH.* – H. 0,15–0,50. St. aufrecht od. aufsteigend, nur undeutlich kantig; B. der erwachsenen Pfl. lanzettl.–lineal., zugespitzt, fein kerbig gesägt, stets halbstengelumfassend, zuweilen in 3- bis 4zähligen Quirlen; Bl. in zahlreichen, schief abstehenden Trauben; *Bl.stiele* ziemlich lang, *meist drüsenhaarig;* Kr. weiß, oberes Krb. meist blaßviolett getönt; Kapseln klein, ellipt.–schmalellipt. VI–X. 2 n = 18.

Uferschlamm verlandender Gewässer, Gräben; oft kalkarme, humose Ton- u. Schlickböden; etwas N-liebend. – Selten u. sehr zerstreut: s. Rheingeb. (Lauter), Donaugeb. (Neuburg, Augsburg), Nieders., Ostpr. – Span., S-Frankr. über Ital., Österr. bis Balk.; Kl.As., Pers.; N-Afr.

2407. V. beccabúnga L. (Abb. 378 m) Bachbungen-E.

♃, *HH.* – H. 0,20–0,60. *St.* kriechend od. aus wurzelndem Grd. aufsteigend-aufrecht, *markig; B.* breit ellipt. – *fast kreisrundlich,* stumpf glänzend, ± kerbig gezähnt – ganzrandig, fleischig; Bl. in meist 10- bis 30bl., lockeren, schräg abstehenden Trauben; Bl.stiele kahl, zur Fr.zeit in etwas spitzem od. rechtem Winkel abstehend; Kr. himmelblau–blauviolett, dunkler geadert; Kapsel herzförmig, fast kugelig, kaum ausgerandet. V–VIII. 2 n = 18.

Röhrichte, Flüsse, Bäche, Gräben, Quellen; nasse bzw. überschwemmte, meist nährstoffreiche, ± humose Schlammböden. – Verbreitet u. oft häufig fast im ganzen Geb. (Alp. bis 1860 m); im NW zerstreut. – Eur. (n. bis 68° n. Br.), Kl.As., W-As. bis Pers., Him.; N-Afr.; (N-Am.); euras-submed-med.

Bastarde:

Es wurden selten Bastarde, vor allem aus der Gruppe *Agrestes,* beobachtet; wichtiger wohl: V. austriaca × prostrata (= V. × janchenii Watzl).

3. Subfam. Rhinanthoídeae
Trib. Rhinántheae

Die wichtigsten pseudosaionpolymorphen Rassen der großen Gattungen der Rhinanthoideae

<table>
<tr><th></th><th></th><th>Rhin-anthus</th><th>Melam-pyrum</th><th>Euphrasia Odontites</th></tr>
<tr><td>I. Pfl. hochwüchsig: campicole Rassen</td><td>Bl.zeit</td><td></td><td></td><td></td></tr>
<tr><td>A. Pfl. einfach od. nur mit 1 Paar steriler Äste, Internodien wenige, länger als die B., Interkalarb.paare 0-1</td><td>V-VI</td><td>campicole vernale Rasse</td><td rowspan="2">campicole Wiesen-rasse</td><td rowspan="2">vernal/ aestivale Rasse</td></tr>
<tr><td>B. Pfl. mit 1-3 Paaren steil aufrechter Äste, die Bl. tragen, sonst wie vor</td><td>VI-VII</td><td>campicole aestivale Rasse</td></tr>
<tr><td>C. Pfl. reichverzweigt, mit zahlreichen bogig aufsteigenden bl. Ästen, Internodien zahlreich, kurz; Interkalarb.paare 2-viele</td><td>VIII-IX</td><td>campicole autumnale Rasse</td><td>campicole Gebüsch-rasse</td><td>autumnale Rasse</td></tr>
<tr><td>II. Pfl. niederwüchsig: monticole Rassen</td><td></td><td></td><td></td><td></td></tr>
<tr><td>A. Pfl. reichverzweigt, mittelhoch, Seitenäste bogig aufrecht u. meist blühend, Internodien weniger zahlreich, ± gestreckt; Interkalarb.paare 0-1; (subalp.) mont. Stufe</td><td>VI-VII</td><td>monticole aestivale Rasse</td><td>monticole Gebüsch-rasse</td><td></td></tr>
<tr><td>B. Pfl. sehr niedrig, einfach od. mit 1 Paar steriler Äste; Interkalarb.paare 0(-1); Fr.kelch oft violett überlaufen</td><td>VI-VII</td><td>monticole vernale Rasse</td><td rowspan="2">alpine Rasse</td><td rowspan="2">alpine Rasse</td></tr>
<tr><td>C. Pfl. wie vor, aber verzweigt, mit kurzen, bogig aufsteigenden Ästen; Interkalarb.paare mehrere</td><td>VII-VIII</td><td>monticole autumnale Rasse</td></tr>
</table>

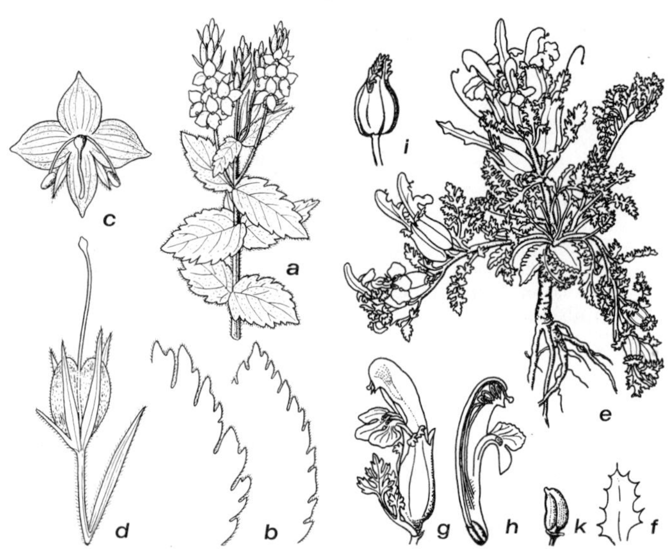

Abb. 379. *a–d Veronica teucrium* (*a* Sproßspitze, *b* Blattränder, *c* Blüte, *d* Frucht mit Kelch u. Tragblatt); *e–k Pedicularis silvatica* (*e* Habitus, *f* Blattabschnitt, *g* Blüte; *h* Krone im Längsschnitt, mit Stempel; *i* Kelch, *k* Frucht).

668. Pediculáris L. — Läusekraut

x = 6, 8

I. Kr. gelb
  A. Kr.röhre mit glockigem, durch die zusammenneigenden Lippen geschlossenem Grund; Saum der Unterlippe rot; Kr. groß, bis über 30 mm lang . . . 2408. P. sceptrum-carolinum
  B. Kr.röhre nicht glockig erweitert u. nicht geschlossen, Saum der Unterlippe nicht besonders gefärbt; Kr. kleiner
    1. Pfl. meist hochwüchsig; Deckb. länger als die Bl., fiederspaltig; Kr.oberlippe außen dicht rauhhaarig-zottig, einfarbig gelb . . . . 2410. P. foliosa
    2. Pfl. meist niedrig-gedrungen; Deckb. kürzer als die Bl., ungeteilt; Kr.oberlippe außen kahl, die Spitze purpurn gefleckt . . . . 2411. P. oederi
II. Kr. rot, seltener weiß
  A. Kr.oberlippe am Ende stumpf, ungeschnäbelt

1. B. quirlig (zu 3–4) oder gegenständig; K. rauhhaarig .... 2412. P. verticillata
2. B. am St. wechselständig; K. kahl od. schwach gewimpert .... 2409. P. recutita

B. Kr.oberlippe geschnäbelt, Schnabel oft kurz od. nur zahnartig auslaufend
1. Kr.oberlippe kurz geschnäbelt, auf jeder Seite in einen schnabelartigen Zahn vorgezogen
a) St. einzeln od. zu mehreren, aber einfach; K. 5zähnig od. 5spaltig; Kr.unterlippe kahl
x) St. zu mehreren, der mittlere aufrecht, die seitlichen niederliegend od. bogig aufsteigend; Kapsel kürzer als der K. .... 2413. P. silvatica
xx) St. einzeln, aufrecht; Kapsel doppelt so lang wie der K. .... 2414. P. sudetica
b) St. ästig; K. tief zweilippig; Kr.unterlippe am Rand fein gewimpert .... 2415. P. palustris
2. Kr.oberlippe mit langem, schlankem, vorne abgestutztem, sicheligem Schnabel, ohne deutlichen Zahn an den Ecken der Spitze
a) Blst. ± lang ährig; K. wollig-zottig, K.-zipfel fast ganzrandig; Kr.unterlippe nicht bewimpert .... 2416. P. rostrato-spicata
b) Blst. kurz kopfig-traubig; K. kahl od. nur am Rand wenig behaart, K.zipfel blattartig gekerbt; Kr.unterlippe ringsum kurz u. dicht bewimpert .... 2417. P. rostrato-capitata

1. Subgen. E r ó s t r e s
1. Sect. A n o d ó n t a e

2408. P. scéptrum-carolínum L. Karlsszepter

♃, *H.* – H. 0,30–0,80. St. steif aufrecht, schaftartig, wenig beblättert; B. derb, fiederteilig–fiederspaltig, Fiedern ausgeschweift gekerbt, untere B. rosettig, langgestielt, fast doppelt fiederspaltig, die oberen viel kleiner, einfach fiederteilig; Deckb. ungeteilt, eiförmig, fein ungleich gesägt; K. 5zähnig, kahl; Kapsel kugelig, etwas länger als der K. VII–VIII. 2n = 32.

Flach- u. Zwischenmoore, Sumpf- u. Streuwiesen, moorige Wälder, Ufer; meist sickerfeuchte, kalkhaltige humose Sumpf- od. kiesige Böden. – Selten, nach O zunehmend: Meckl., Pomm. bis Ostpr.; selten bis zerstreut: Schwäb. Wald, Bodenseegeb., Alp.vorland von Oberschwab. bis Bay. Wald; durch Entwässerung abnehmend. – Norw. bis Finnl., Rußl., ö. M-Eur., O-Balk., n. Sib., Mandsch., Jap.; no-kont.

2409. P. recutíta L. Gestutztes L.

♃, *H.* – H. 0,20–0,50(–0,60). St. einzeln, steif aufrecht, beblättert; B. fiederspaltig, mit lanzettl., eingeschnittenen Fiedern, die grd.-ständigen B. lang gestielt; obere Deckb. meist ungeteilt u. kürzer als die Bl.; Bl. in gedrungener Traube; K. *tief 5spaltig;* Kr. bis 15 mm lang, braunrot, Kr.oberlippe fast gerade; Kapsel eiförmig, etwas länger als der K. VII–VIII. 2 n = 16.

Subalp.-alp. feuchte Weiden, Stauden- u. Quellfluren, Gebüsche etc.; meist kühle, sickerfeuchte Böden. – Ziemlich verbreitet bis zerstreut: Alp. (1300–2050 m). – Alp. (von Savoyen bis Siebenbürg.); alp.

2410. P. foliósa L. Durchblättertes L.

♃, *H.* – H. 0,20–0,50. *St.* aufrecht, einzeln, *meist zartflaumig behaart;* B. am Grd. lang gestielt, doppelt gefiedert, Fiedern ± stachelspitzig gezähnt; Deckb. sehr viel länger als die Bl. u. die reichbl. Traube durchblätternd; K. 5zähnig, an den Kanten zottig behaart; Kr. groß, bleichgelb, Kr.oberlippe schnabellos; Kapsel etwas länger als der K. VI–VIII. 2 n = 16.

(Mont.-)subalp.-alp. grasige Schutthalden u. buschige Hänge, Legföhrengestrüpp, Hochgrasfluren; meist frische, lockere, oft kalkhaltige Böden. – Verbreitet bis ziemlich häufig: Alp. (1400–2400 m, bisweilen bis 800 m herabsteigend); relikthaft: SW-Schwäb. Alb (650–880 m). – Gebg. von N-Span. über z-franz. Gebg., Vogesen bis W-, N-Alp., Apenn.; alp-praealp.

2411. P. oedéri Vahl Buntes L.
(= P. versicolor Wahlenb.)

♃, *H.* – H. 0,05–0,15(–0,20). *St. am Grd. knollig verdickt,* aufrecht, *unten meist kahl;* B. fiederspaltig–fiederschnittig, mit kerbsägigen, eingeschnittenen Abschnitten; Bl. in etwas verlängerten, endständigen Trauben; Deckb. vorn gesägt; K. ungleich 5zähnig, zerstreut langhaarig; Kapsel doppelt so lang wie der K. VI–VIII. 2 n = 16.

(Subalp.-)alp. Steinrasen, Weiden, Geröllhalden, Zwergstrauchgestrüpp; frische, meist kalkreiche Böden. – Selten: Allgäuer (Aggenstein) u. Bay. (um Hohenschwangau, Ammergau, Garmisch) Alp. (1850–2050 m). – arkt. Gebg. N-Eur., N-As.; W-, N-Alp. bis Karp., Balk.; as. Gebg. bis Tib., Kaschmir; alp-arkt.

2412. P. verticilláta L. Quirlblättriges L.

♃, *H.* – H. 0,05–0,30. St. meist mehrere, unverzweigt, aufrecht; B. lanzettl., tief kammartig fiederteilig mit kerbzähnigen Abschnitten; Bl. quirlig in einer gedrungenen kopfigen Traube; obere Deckb. ungeteilt, gekerbt; *K. kurz 5zähnig, wie die Deckb. oft purpurn überlaufen;* Kr. kahl, purpurrot; Oberlippe plötzlich abgestutzt, ungeschnäbelt. VI–VIII. 2 n = 12.

(Mont.-)subalp.(-alp.) steinige Weiden, Hänge, Moorwiesen; ± feuchte, kalkreiche, mildhumose Böden. – Ziemlich häufig bis zerstreut: Salzburger, bay. Alp.; seltener: Allgäuer Alp.; (Alp. 1360–1960 m). – arkt. N-Eur., N-As., N-Am.; Gebg. von N-Span. über z-franz. Gebg., Alp., Apenn. bis Karp., N-Balk., Tib.; arkt(circ)-alp.

2. Sect. B i d e n t á t a e

2413. P. silvática L. (Abb. 379 e–k) Wald-L.

⊙ od. ♃, *H.* – H. 0,05–0,15 (–0,20). B. (mit Ausnahme der niederb.ähnlichen, ungeteilten, überwinternden B.) schmallanzettl., gefiedert od. fiederspaltig mit eingeschnittenen B.chen; Bl. in lockeren Trauben, in den Achseln von ebenfalls gefiederten Deckb.; *K.* 5teilig, *5kantig,* glockig, mit ungleichen, oft fiederig gezähnten Abschnitten; Kr. am Saum gewimpert, sonst kahl; Kr.röhre doppelt so lang wie der K.; Kr. blaßrosa–hellpurpurn, seltener weiß; Oberlippe mit 2 nach unten gerichteten, spitzen Zähnen; *Kr.unterlippe viel kürzer als die Oberlippe, abstehend.* V–VI(–VII). 2 n = 16.

Feuchtwiesen, Grauseggen- u. Borstgrasges., Flachmoore, moorige Waldstellen; meist staunasse, saure, kalkarme, torfige od. rohhumose Böden. – Verbreitet bis zerstreut (Alp. bis 1100 m); seltener in Kalkgeb.; im N-Tiefland bes. im w. Geb. – M-Skand. (63° n. Br.), Engl. bis Pyren., Oberital., ö. Eur.; subatl.

2414. P. sudética Willd. Sudeten-L.

♃, *H.* – H. 0,10–0,25(–0,40). *St.* einzeln, aufrecht od. aufsteigend, *weit hinauf blattlos;* B. am Grd. lang gestielt, fiederspaltig mit gesägten Abschnitten; Bl. in endständiger, dichter Traube; untere Deckb. wie die Laubb., obere dagegen einfach, ganzrandig od. gesägt; K. 5spaltig mit gesägten od. gekerbten Zähnen; K. flaumig-wollig; Kr.oberlippe fast sichelig; Kr. fleischrot-purpurn. V–VII(–VIII). 2 n = 16.

Subalp. quellige Stellen, sumpfiges Gras- u. Ödland, Hochmoore; meist ± saure, nasse Böden. – Selten: Riesengebg. (ca. 1000–1500 m, Kleiner Teich, Kleine Schneegrube). – N-Skand., arkt. Rußl., N-Sib., Sud.; N-Am.; arkt(-alp.), circ.

2415. P. palústris L. Sumpf-L.

⊙, *H.* – H. 0,04–0,50(–0,60). St. aufrecht, bis zur Mitte traubig-rispig verzweigt, mit meist steif aufrechten Ästen; B. fiederteilig mit zerteilten Abschnitten, schmallanzettl.; Bl. einzeln in den B.achseln; *K.* glockig, *vielrippig,* etwas behaart; *Kr.unterlippe so lang wie die Oberlippe, aufgerichtet;* Kr. rosenrot-purpurn, selten weiß; Kapsel etwas länger als der K. V–VII. 2 n = 16.

Kleinseggen-Sümpfe, Flach- u. Zwischenmoore, Sumpfwiesen; meist stau- u. sickernasse, kalkarme, tonige-torfige Böden. – Zerstreut bis verbreitet (Alp. bis 1560 m), bes. n. Geb. u. Alp.vorland; selten Kalkgeb. – N-Eur. (70° n. Br.) bis N-Ital., N-Balk., Sib., Altai u. O-As.; no-euras.

2. Subgen. Rhynchophórae
Sect. Rhyncholóphae

2416. P. rostráto-spicáta Cr. (= P. incarnata Jacq.) Ähriges L.

♃, *H.* – H. 0,15–0,45. St. einfach, aufrecht od. am Grd. etwas bogig; *B.* lanzettl., fiederteilig, *nach oben langsam an Größe abnehmend; Bl.*traube locker, später sehr verlängert; *Deckb. tief dreilappig* mit flaumhaarigen Abschnitten od. *einfach,* lineal; K. röhrig-glockig, fast spinnwebig behaart; Kr. fleischrot-purpurn, selten heller od. weiß; *Kr.röhre etwa so lang wie der K.;* Kapsel länger als der K. VII–VIII. Im Geb. nur ssp. rostráto-spicáta (o-alp) 2n = 16.

Subalp.-alp. Mager- u. Steinrasen; meist frische, humose kalkhaltige Böden. – Sehr selten, nur Berchtesgadener Alp. (1800–2100 m). – Gebg.: Pyren., Alp. bis Galiz.; alp.

2417. P. rostráto-capitáta Cr. (= P. rostrata auct.) Kopfiges L.

♃, *H.* – H. 0,05–0,20. St. einfach, aufsteigend, wenigblättrig; B. lanzettl., doppelt fiederteilig, Fiederchen ganzrandig od. klein gesägt; *obere Stb. sehr klein; Deckb. gefiedert;* Bl.traube 3- bis 12bl.; K. höchstens auf den Nerven u. am Rande flaumig, röhrig-glockig; Kr. hellpurpurn, bis 25 mm lang; *Kr.röhre länger als der K.;* Kapsel länger als der K. VI–VIII. 2n = 16.

Subalp.-alp. Steinrasen, Felsritzen etc.; frische, kalkreiche Böden. – Verbreitet bis zerstreut: Alp., bes. ö. Teil (1500–2420 m); zuweilen mit den Flüssen herabsteigend. – ö. Alp., O-Karp.; o-alp.

Bastarde:
Im Geb. wohl nur: P. recutita × rostrato-capitata (= P. × pennina Gaud., P. × atrorubens Schleich.).

669. Bártschia L. Bartschie, Trauerblume

x = 6, 7

2418. B. alpína L. (Abb. 380 a–e) Alpen-T.

♃, *G.* – H. 0,05–0,15. W.stock kriechend, ästig, schuppig; St. meist aufsteigend, einfach, oben drüsig-zottig; B. kreuzweise gegenständig, halbstengelumfassend, zumindest obere trübviolett überlaufen, gekerbt od. gesägt; Bl. in kurzer, fast kopfiger, durchblätterter Ähre; Deckb. ähnlich den Laubb.; K. drüsig-zottig, violett überlaufen; Kr. 18–22 mm lang, trüb dunkelviolett, gegen den Grd. zu heller; Stbb. weißwollig behaart. V–VIII. 2n = 24, 28, 36, 12.

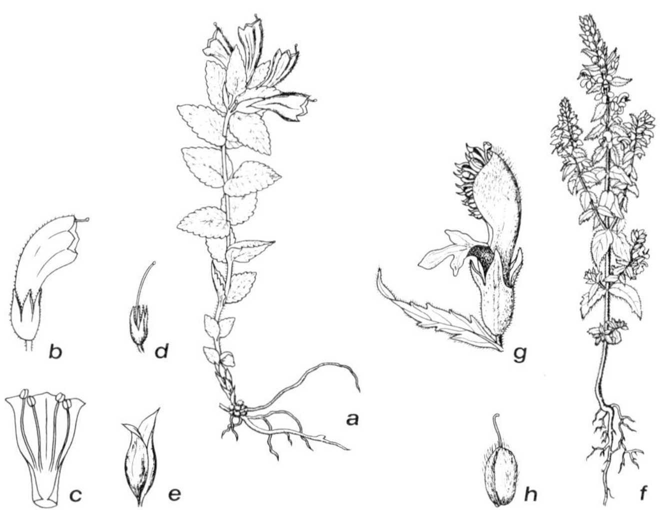

Abb. 380. *a–e Bartschia alpina* (*a* Habitus, *b* Blüte, *c* Krone aufgeschnitten, *d* Kelch, *e* Frucht); *f–h Odontites rubra* (*f* Habitus, *g* Blüte, *h* Frucht).

Subalp.-alp. Quell- u. Flachmoore, feuchte Wiesen, Steinrasen; meist ± sickerfeuchte, nicht zu saure Lehm- od. Torfböden. – Zerstreut bis verbreitet: Alp. (930–2470 m), ins Vorland herabsteigend (Lechfeld, Dachauer u. Erdinger Moos); selten bis zerstreut: S-Schwarzwald (Feldberggeb.), Riesengebg. – Gebg.: Pyren. über Alp. u. N-Randgebg. bis Karp., Altai; arkt. Eur., As., N-Am.; alp-arkt, circ.

670. Odontítes Hall. ex Zinn — Zahntrost

x = 10

I. Kr. rot, selten weiß, zottig-filzig behaart; Stbb. anfangs von der Oberlippe bedeckt, später die Kr. überragend . . . . **2419. O. rubra**
II. Kr. dottergelb, bärtig gewimpert; Stbb. weit über die Kr. hinausragend . . . . **2420. O. lutea**

2419. O. rúbra (Baumg.) Pers. (Abb. 380 f–h) — Roter Z.

⊙, *Th.* – H. 0,15–0,50. St. aufrecht, einfach od. ästig, meist abwärts-anliegend behaart; B. am Grd. abgerundet od. verschmälert, lineal.-lanzettl., entfernt gesägt; Bl. in einseitswendigen, langen Trauben;

Deckb. oft rötlich überlaufen; Kr. meist trübrot, seltener heller od. weiß; *Stbbtl. an der Spitze durch Zotten verbunden.* VI–VIII. Umfaßt im Geb.:

ssp. l i t o r á l i s (Fr.) Hay. [= O. litoralis (Fr.) Lange]; St. meist einfach, selten mit wenigen kurzen Ästen; Internodien gestreckt, länger als die B.; Interkalarb.paare 0; B. dicklich; Tragb. so lang od. länger als die Bl.; K. mit stumpfen Zähnen, kürzer als die reife ausgerandete Kapsel. 2n = 20. *Vernale/aestivale Rasse* (VI–VII).

Strandnelken-Wiesen; feuchte, seltener überflutete, salzhaltige, tonige Böden. – Zerstreut bis verbreitet: N- u. O-See-Küsten u. Ins.

ssp. r ú b r a [= ssp. serotina (Lam.) Wettst.]; St. 0,15–0,50, meist grün, mit zahlreichen, bogig abstehenden Ästen; Internodien zahlreich, meist kürzer als die B.; Interkalarb.paare 2–3; Deckb. meist kürzer als die Bl.; K.zähne dreieckig, K. so lang od. kürzer als die Kapsel. 2n = 20. *Autumnale Rasse* (VIII–IX).

Fette Wiesen, Weiden, Wegränder, Ödland; meist feuchte, etwas saure, N-haltige Böden. – Verbreitet im ganzen Geb. (Alp. bis 1000 m). – euras-submed.

ssp. v é r n a (Bell.) Wettst. [= O. verna (Bell.) Rchb.]; St. 0,10–0,30, oft rötlich überlaufen, mit kurzen, aufrechten Ästen; B. dünn; Internodien etwa so lang wie die B.; Interkalarb.paare 0–1; Deckb. meist länger als die Bl.; K.zähne lanzettl., K. so lang wie die nicht ausgerandete Kapsel. 2n = 40. *Ackerrasse* (V–VII).

Getreide- u. Hackfruchtunkrautges.; frische bis feuchte nährstoffreiche lehmige Böden. – Zerstreut. – gem-kont(submed).

S-, SO-Eur., s. M-Eur., verschleppt; ursprüngl. kont-med.

2420. O. lútea (L.) Stev. Gelber Z.
[= Orthantha lutea (L.) Kern.]

⊙; *Th.* – H. 0,15–0,40(–0,50). St. aufrecht, oben reich verzweigt, kurzhaarig; B. lineal., am Rande zurückgerollt, obere ganzrandig; Bl. in zahlreichen einseitswendigen Trauben; *Stbbtl. kahl, frei.* VII–IX. 2n = 20.

Trocken- u. Steppenrasen, Felsen, Dünen; trockene, meist lockere, kalkhaltige Stein-, Lehm- u. Lößböden. – Selten u. zerstreut: s. u. sw. Geb. (Bodensee, Oberrhein u. umliegendes Hügelland, s. M-Rhein, Tauber-Main-Neckar-Geb., Fränk. Jura), im O n. der Donau; ö. m. Geb. bis Sachs., Brand. u. Odergeb. bis Frankfurt. – SO- u. S-Eur. bis Schweiz, Frankr., ö. M-D.; gem-kont-submed.

671. Euphrásia L. Augentrost

x = 11

I. B. eiförmig-ellipt., mehr als $^1/_2$ so breit wie lang; Kapsel borstig gewimpert (Subsect. Ciliatae)
 A. B. u. Deckb. ohne Stieldrüsen, höchstens sehr vereinzelte Drüsenhaare vorhanden
  1. B. u. Deckb. kahl, höchstens am Rand mit sehr kurzen Börstchen
   a) Kr. 10–15 mm lang, Röhre sich gegen Ende der Bl.zeit vergrößernd u. dann länger als der K.
    x) Obere, nicht bl.tragende Stb. stumpf, beiderseits mit 3–5 stumpflichen Zähnen 2421. E. picta
    xx) Obere, nicht bl.tragende Stb. spitz, mit spitzen Zähnen
     /) Pfl. hochwüchsig; St. stark verästelt, oft 2–3fach verzweigt, Wuchs buschig; obere B. beiderseits mit 4–7 spitzen, dreieckigen Zähnen .... 2422. E. kerneri
     //) Pfl. höchstens bis 10 cm hoch; St. einfach od. an der Basis wenig verästelt; obere B. auf beiden Seiten mit 3–4 Zähnen .... 2423. E. versicolor
   b) Kr. 2–10 mm lang, ihre Röhre auch am Ende der Bl.zeit den K. nicht od. nur wenig überragend
    x) Deckb. am Grd. deutlich ± plötzlich schmal-keilig, den Bl. anliegend; Fr.-kelch vergrößert .... 2424. E. pectinata
    xx) Deckb. am Grd. breit abgerundet od. sehr kurz u. allmählich keilig; Fr.kelch kaum od. nicht vergrößert
     /) Deckb. mit grannig verlängerten Zähnen; Kr. 6–10 mm lang .... 2426. E. officinalis
     //) Deckb. mit spitzen, nicht grannig verlängerten Zähnen; Kr. nur 4 bis 6 mm lang
      §) St. dicklich, derb, kurz flaumig, meist im unteren Teil bis zur Mitte ästig .... 2428. E. nemorosa
      §§) St. dünn, spärlich behaart od. kahl, fadenförmig, meist unverzweigt .... 2429. E. micrantha
  2. St. u. Deckb. auf der Ober- u. Unterseite od. am Rand der Oberseite u. an den Nerven von kleinen, weißlichen Haaren rauhborstig
   a) Reife Kapsel die K.zipfel kaum überragend
    x) Kr. groß, 8–10 mm lang .... 2425. E. tatarica
    xx) Kr. klein, 2–7 mm lang .... 2427. E. parviflora

b) Reife Kapsel die K.zipfel deutlich überragend
x) Pfl. schlank; Stb. alle sitzend, mit jederseits 1–3 Zähnen .... 2430. E. minima
xx) Pfl. kräftiger; obere Stb. deutlich kurz gestielt, mit jederseits 3–5 Zähnen ..... 2431. E. tatrae
B. B., insbesondere die Deckb., reichlich mit Stieldrüsen besetzt
1. Kr. klein, 4–10 mm lang, am Ende der Bl.zeit sich nicht vergrößernd, den K. kaum od. nicht überragend
a) Deckb. zerstreut mit *kurzen* Drüsenhaaren besetzt
x) Kr. 6–10 mm lang, lila .... 2432. E. brevipila
xx) Kr. 4–6 mm lang, gelb od. weiß, mit violetter Oberlippe .... 2433. E. drosocalyx
b) Deckb. von *langen,* mehrgliedrigen Drüsenhaaren dicht zottig .... 2434. E. hirtella
2. Kr. größer, 9–11 mm lang, ihre Röhre am Ende der Bl.zeit sich vergrößernd (etwa 10 bis 14 mm lang) u. den K. überragend .... 2435. E. rostkoviana
II. B. nahezu lanzettl., weniger als $^1/_2$mal so breit wie lang; Kapsel kahl od. nur mit wenigen eingekrümmten Härchen besetzt (Subsect. Angustifoliae) .... 2436. E. salisburgensis

Sect. Euphrásia
1. Subsect. Ciliátae
1. Ser. Alpínae

2421. E. pícta Wimm. Gescheckter A.

⊙, *Th.* – H. 0,03–0,15. St. aufrecht, einfach od. ästig; Laubb. mit 3–5 groben, stumpfen Zähnen; *Deckb.* rundlich od. kurz eiförmig, *mit nie begrannten,* nur etwas spitzen *Zähnen,* etwas rauh; Kr. weiß od. lila, mit violetter Oberlippe u. dunkel gestreifter Unterlippe u. gelbem Schlundfleck; Kapsel länglich, ausgerandet, steif borstig gewimpert. VI–IX.

ssp. prǣ́cox (Vollm.) Hay.; St. einfach od. im oberen Teil wenig verzweigt; Internodien lang; untere Stb. zur Bl.zeit noch unverwelkt. *Vernale/Aestivale Rasse* (VI).

Vor allem Alp.täler Oberbay., selten Erzgebg.

ssp. alpigéna Vollm.; St. reichästig; Internodien kurz u. zahlreich; untere B. zur Bl.zeit abgefallen. *Autumnale Rasse* (VIII–IX).

Zerstreut Täler der Kalkalp. von Oberbay. (bis 1200 m) u. ins Voralpenland herabsteigend.

ssp. pícta; St. einfach od. im unteren Teil mit wenigen Ästen; Internodien verlängert; B. zur Bl.zeit noch unverwelkt; Höhe nur 0,03–0,10. *Alpine Rasse* (VII–IX).

In den Alp. verbreitet-zerstreut (bes. häufig Salzburger Alp.); Riesengebg. u. höheres Erzgebg. – o-alp.

Insbes. subalp.-alp. Magerrasen, Wiesen, Zwergstrauchformationen; feuchte, kalkhaltige u. neutral-humose Böden. – Selten: Alp. (bes. ö. Teil, 600 bis 2400 m), Alp.vorland, Erzgebg., Riesengebg. – ö. Alp. bis Karp., Sudeten, Vogesen; o-praealp-alp.

2422. E. kérneri Wettst. Großblütiger E.

⊙, *Th.* – H. 0,10–0,40. St. aufrecht od. aufsteigend, im unteren Teil reich ästig, *Wuchs* daher *buschig;* B. alle kleinborstig-rauh, obere B. ellipt., spitz; *Deckb. mit langen, begrannten Zähnen;* K. mit lanzettl., spitzen Zähnen; Kr. groß (10 mm), Kr.röhre am Ende der Bl.zeit sehr lang (Kr. dann bis 15 mm), Kr. weißlich mit gelbem Schlundfleck u. violett gestreifter Unterlippe; Kapsel länger als der K., borstig gewimpert. VII–IX.

Feuchtwiesen, Streuwiesen; feuchte, meist nährstoffhaltige, ± torfige Böden. – Selten: Pomm., Schles. (Breslau), Bodensee (Radolfzell), Starnberger See, Ammersee, Dachauer u. Erdinger Moor. – Alp.vorland, Schweiz, Oberital., österr.-pann. Geb.; praealp.

2423. E. versícolor Kern. Bunter A.

⊙, *Th.* – H. 0,01–0,10(–0,20). St. aufrecht, im unteren Teil mit aufrechten, einfachen Ästen; Deckb. breiteiförmig, jederseits mit 4- bis 6dreieckig-lanzettl., spitzen – stachelspitzigen Zähnen, *Zähne der Deckb. u. des K. zuweilen schwarz umrandet;* Blst. gedrungen; Kr. groß (9 bis 11 mm), Kr.röhre am Ende der Bl.zeit verlängert, weiß od. lila, die Unterlippe mit gelbem Schlundfleck u. dunkel gestreift; Kapsel kürzer als der K., steifborstig gewimpert. VII–IX.

Subalp. Borstgrasges.; frische, kalkarme od. kalkfreie Böden. – Sehr selten, nur Bay. Alp. (oberhalb des Tegernsees, 1300 m). – Alp. (Schweiz bis Österr.); alp.

2. Ser. Pectinátae

2424. E. pectináta Ten. Kamm-A.

⊙, *Th.* – H. 0,10–0,40. St. aufrecht, selten mit wenigen, steif aufrechten Ästen; obere Stb. mit jederseits 4–6 grannig-spitzen Zähnen; *Deckb. dachig aufeinander liegend,* sehr spitz u. grannig-gezähnt; K. wie die B. kurz borstig; Kr. groß, ca. 10 mm lang, blaßlila, mit dunklen Streifen auf der Unterlippe; Kapsel lang, gestutzt, fein borstig gewimpert. V–VIII.

Trocken- u. Magerrasen, Heiden; meist warme, trockene, humose, kalkreiche Böden. – Sehr selten: Erzgebg., Kaiserstuhl, Elsaß. – Med., n. bis Vogesen, Oberrheingeb., Erzgebg.; submed.

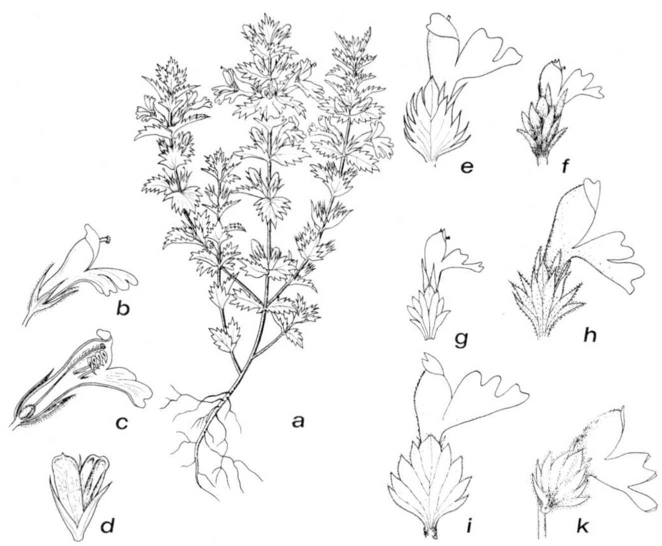

Abb. 381. *Euphrasia* spp., *a–d E. rostkoviana* (*a* Habitus; *b* Blüte, bei *c* längsgeschnitten; *d* Frucht), *e–k* Blüte mit oberstem Laubblatt (*e E. officinalis, f E. parviflora, g E. micrantha; h E. brevipila* ssp. *brevipila, i* ssp. *tenuis; k E. rostkoviana*).

2425. E. tatárica Fisch. Tatarischer A.

⊙, *Th.* – H. 0,03–0,30. St. aufrecht, einfach od. ästig; *B. reichlich borstig behaart,* aber ohne Drüsen, untere mit 1–3 stumpfen, obere mit 4–7 zugespitzten Zähnen jederseits; Deckb. grannig zugespitzt; K. dicht borstig, zuweilen mit wenigen Stieldrüsen; Kr. ca. 10 mm lang, blaßlila mit dunklen Streifen; Kapsel am Rande borstig gewimpert. V–IX. 2n = 22.

Trockene Grasplätze, buschige Hänge. – Sehr selten: Brand., Usedom, Elsaß. – S-Frankr., Oberital. bis Balk., S-Rußl.; N- u. W-As. bis Him.; kont(-submed).

2426. E. officinális L. em. Hayne (Abb. 381 e) Echter A.
(= E. stricta Wolff)

⊙, *Th.* – H. 0,02–0,40(–0,60). St. einfach od. ästig, meist ± steif aufrecht; B. unten leichtkeilig, stumpf 3- bis 5zähnig, oben etwas breiter, eiförmig, sehr spitz, jederseits mit 4–7 Zähnen, kahl od. nur wenig rauh; Bl. in anfangs dichten, später sehr verlängerten Ähren; Kr. (3–) 6–10 mm lang (meist über 8 mm), blaßblau mit violetten Streifen, meist mit gelbem Schlundfleck; Kapsel am Rande borstig gewimpert, über die K.röhre, nicht aber über die K.zähne hinausragend. V–X.

ssp. s u é c i c a Murb. et Wettst.; St. einfach od. oberwärts wenig ästig; Internodien länger als die B.; untere B. zur Bl.zeit erhalten; B.-zähne wenig spitz u. begrannt. *Vernale/Aestivale Rasse* (VI–VII).
Selten, angegeben von Strandwiesen auf Usedom u. bei Flensburg; Thür., Lausitz, Bodensee, Chiemsee.

ssp. o f f i c i n á l i s [= ssp. stricta (Host) Wettst.]; St. im unteren Teil ästig; Internodien zahlreich u. kurz, die unteren B. zur Bl.zeit meist abgefallen; B.zähne begrannt. 2n = 44. *Autumnale Rasse* (VII–IX).
Verbreitete, formenreiche Unterart.

ssp. p ú m i l a (Kern.) Hay.; St. niedrig, einfach od. mit wenigen aufrechten Ästen; Internodien sehr kurz; Bl. dicht, nur 3–4 mm lang, ohne gelben Schlundfleck. *Alp. Rasse* (VIII–IX).
Kalkarme Matten. – Selten: Allgäuer Alp.

Halbtrocken- u. Magerwiesen, Heiden, trockene Moorstellen, Gebüsche etc.; frische bis trockene Böden (Sand, Ton, Lehm, Kalk, Torf). – Verbreitet im ganzen Geb. (Alp. bis 1700 m). – n. S- u. M-Eur., n. bis S-Engl., S-Skand. u. SO-Eur.; subatl-submed.

Droge: Herba Euphrasiae

3. Ser. N e m o r ó s a e

2427. E. parviflóra Schag. (s.l.) (Abb. 381 f) Kleinblütiger A.
[= E. curta (Fr.) Wettst.]

⊙, *Th.* – H. 0,005–0,40. St. aufrecht, einfach od. ästig; unterste Stb. stumpf, obere jederseits mit 4–7 spitzen Zähnen; Deckb. kürzer u. breiter; *B.* alle graugrün, *getrocknet unterseits runzlig;* K. vor allem auf den Nerven kurz weißborstig, zur Fr.zeit etwas aufgeblasen; *Kr. 4 bis 5 mm lang,* weiß od. lila, mit dunklem Fleck u. dunklen Streifen auf der Unterlippe; Kapsel so lang od. wenig länger als der K., borstig gewimpert. V–IX.

ssp. c a e r ú l e a (Tausch) Wettst. (= E. uechtritziana Jung. et Engl.); St. einfach od. mit wenigen Ästen; Internodien lang; B. stumpflich; Bl. meist hellrötlich-violett. *Vernale/Aestivale Rasse* (V–VII).
Zerstreut: ö. m.-d. Gebg. (Harz, Thür. Wald, Schles.) u. im NO des N-Tieflandes (bis Ostpr.), aber auch selten im NW.

ssp. p a r v i f l ó r a [= ssp. curta (Fr.) Wettst.]; St. meist im unteren Teil stark verästelt; Internodien kurz; untere B. zur Bl.zeit meist verwelkt; B. spitzlich; Bl. weißlich. 2n = 44. *Autumnale Rasse* (VII–X).
Vorherrschende u. formenreiche Unterart.

Magere Wiesen, Heiden; trockene, meist ± entkalkte, nährstoffärmere Böden. – Zerstreut bis selten: Siegerland bis schles. Gebg., Elbegeb. bis Ostpr. (im O-See-Küstenland verbreiteter). – Isl., Schottl., N- u. n. M-Eur. bis W-Rußl., Karp.; (no-)euras-subozean.

2428. E. nemorósa (Pers.) Mart. Hain-A.

⊙, *Th.* – H. 0,07–0,40. St. derb, einfach od. ästig; untere Stb. mit 3–7 stumpfen Zähnen, die mittleren eiförmig-lanzettl., mit 4–6 spitzen Zähnen; *Deckb.* abstehend od. etwas *bogig zurückgekrümmt; B. völlig kahl, trocken graugrün, matt, unterseits gefaltet;* K. kahl; Kr. weißlich, mit blaugescheckter Oberlippe u. gelbem Fleck auf der dunklen gestreiften Unterlippe; Kapsel etwas länger als der K.; Fr.kelch zuletzt etwas aufgeblasen. VI–X.

ssp. v e r n á l i s Chab. (= E. preussiana Beck.); St. zart, einfach od. wenig ästig mit kurzen, zarten Ästen; untere B. zur Bl.zeit vorhanden. *Vernale/Aestivale Rasse* (V–VII).

In Westf. beobachtet, wohl auch sonst.

ssp. n e m o r ó s a; St. meist derb, reichästig; untere B. zur Bl.zeit schon verwelkt. 2 n = 44. *Autumnale Rasse* (VIII–X).

Verbreitete u. formenreiche Unterart.

Borstgrasrasen, trockene Wiesen, Heiden, Waldränder; frische, kalkarme, meist saure, sandige Lehmböden. – Zerstreut bis selten (nach O abnehmend), so u. a. NW-D (insbes. Westf.), im NO weitgehend fehlend, im m. Geb. ö. bis Elbe u. Schles., im s. Geb. vom Schwarzwald, Pfalz bis NW-Bay.; Alp. (bis 1560 m), Alp.vorland. – Isl. bis Frankr., M-Eur. (ö. bis Böhm.); subatl.

2429. E. micrántha Rchb. (Abb. 381 g) Schlanker A.
(= E. gracilis Fr.)

⊙, *Th.* – H. (0,03)0,05–0,30. St. aufrecht, zart, meist einfach, zuweilen mit wenigen, steif aufrechten, fädlichen Ästen; untere B. zur Bl.zeit meist erhalten, obere B. jederseits mit 3–5 spitzen Zähnen; B. trocken glänzend, oft schwärzlich, nicht faltig; *Deckb. aufrecht;* Ähre bald sehr verlängert; K. kahl, Fr.kelch wenig aufgeblasen; Kr. weißlich, mit gelbem Fleck u. dunklen Streifen auf der Unterlippe; Kapsel so lang od. länger als der K., am Rand steifborstig gewimpert. VI–IX. 2 n = 44.

Heiden, Moore, Trockenwiesen, lichte Föhrenwälder; meist ± trockene, kalkfreie, oft torfige od. sonst rohhumose Lehm-, Ton- od. Sandböden. – Verbreitet bis zerstreut Heide- u. Moorgeb. NW-D.; sonst zerstreut u. selten (z. B. Buntsandsteingeb. Thür.), s. bis Sandgeb. im Alp.vorland. – Schottl., Skand. bis Österr.; no-subatl.

4. Ser. L a t i f ó l i a e

2430. E. mínima Jacq. Zwerg-A.

⊙, *Th.* – H. 0,02–0,10. St. aufrecht, einfach od. im unteren Teil wenigästig; B. kurz borstig, untere mit 1–3 abgerundeten, stumpfen Zähnen, Zähne der oberen B. zugespitzt; Kr.unterlippe od. beide Lippen gelb, weiß od. rotviolett; *Kapsel deutlich gestielt,* am Rand gewimpert, drüsenlos. VII–IX. 2 n = 44.

Alp. (-subalp.) Magerrasen, Geröll, Felsen; frische, meist kalkarme, saure, oft torfige Substrate. – Zerstreut bis verbreitet: Alp. (1600–2340 m), S-Schwarzwald, Rhön, Thür. Wald, Riesengebg. – N-Eur.; Sud., Gebg. von Pyren. bis N-Balk., Kl.As.; arkt-alp.

2431. E. tátrae Wettst. Tatra-A.

⊙, *Th.* – H. 0,03–0,10. St. aufrecht od. im unteren Teil wenig ästig; B. breit, gestielt; B. u. K. zuweilen mit einzelnen Drüsenhaaren; Kr. weißlich od. violett, mit gelbem Fleck auf der Unterlippe; *Kapsel fast sitzend* od. kurz gestielt, den K. nur wenig überragend. VII–IX.

Selten auf Matten des Riesengebg. – Sud. u. Karp. (endemisch?).

5. Ser. Brevipílae

2432. E. brevipíla Burn. et Gremli (Abb. 381 h, i) Kurzhaariger A.

⊙, *Th.* – H. 0,05–0,35. St. aufrecht, einfach od. ästig; untere B. stumpf mit stumpfen Zähnen, obere eiförmig–eilanzettl., beiderseits mit je 3–5 grannig-spitzen Zähnen; alle B. am Rand u. an den Nerven mit kurzen Stieldrüsen besetzt; K. kurz drüsenhaarig; Kr. blaßlila, Unterlippe mit gelbem Fleck u. dunklen Strichen; Kapsel so lang od. etwas länger als der K. VII–IX.

ssp. ténuis (Brenn.) Wettst.; St. einfach od. wenig ästig; Internodien lang. 2n = 44. *Vernale/Aestivale Rasse* (VI–VII). – Seltenere Unterart.

ssp. brevipíla; St. meist im unteren Teil ästig; Internodien kurz. 2n = 44. *Autumnale Rasse* (VIII–IX). – Vorherrschende Unterart.

Heiden, trockene Wiesen, Waldränder; trockene, meist nährstoffreiche Böden. – Sehr zerstreut: Pomm. (?), Westpr., Ostpr. – Isl., N-Engl., Skand. bis NO-D., Pol., W-Rußl.; Alp. (Frankr. bis Österr.) bis Karp.; no-praealp.

6. Ser. Hirtéllae

2433. E. drosocályx Freyn Drüsiger A.

⊙, *Th.* – H. 0,02–0,10. St. meist unverzweigt od. nur wenigästig, sehr niedrig; Stb. stumpf, unterste jederseits mit einem stumpfen Zahn, obere meist mit 2–4 stumpfen od. spitzen Zähnen; *Deckb. aufrecht-abstehend,* wie die K. ziemlich reichlich mit kurzen Drüsenhaaren besetzt; Kr. sehr klein; Kapsel in der Regel den K. überragend, am Rand stark borstig gewimpert. VII–IX.

Subalp-alp. Borstgrasges.; frische, kalkarme, saure Böden. – Sehr selten, nur Alp. (bis 1780 m; Pfronten, Garmisch). – Alp., Rhodopegebg.; alp.

2434. E. hirtélla Jord. Zottiger A.

⊙, *Th.* – H. 0,03–0,25. St. nicht od. wenig verästelt, steif aufrecht, stark kraushaarig; B. alle rauhhaarig-drüsig; *Deckb.* breit, *dicht aneinanderschließend,* mit 3–6 spitzlichen Zähnen; K. dicht drüsenhaarig; Kr. weißlich, auf der Unterlippe mit gelbem Schlundfleck u. dunklen Strichen; Kapsel schmal, am Rande langborstig gewimpert. VI–IX. 2n = 22.

Magerrasen u. -weiden, steinige, grasige Stellen; meist trockene, ± nährstoffarme (Urgesteins-)Böden. – Sehr selten, nur Rhön (Milseburg), Erzgebg. (Spitzberg), Alp. (Einödsbach). – Gebg. W- u. M-Eur., N-Balk.; Sib., Z-As.; alp-arkt.

2435. E. rostkoviána Hayne (Abb. 381 a–d, k) Gemeiner A.

⊙, *Th.* – H. (0,02–)0,05–0,30(–0,50). St. aufrecht od. aufsteigend, einfach od. ästig, vor allem an den Knoten drüsig; B. oft nur wenig länger als breit, obere jederseits mit 3–6 spitzen, nicht begrannten Zähnen, unterseits kurzborstig behaart; K. drüsenhaarig; Kr.oberlippe hellviolett mit dunkleren Streifen, Unterlippe meist weiß, mit gelbem Fleck u. dunklen Strichen; Kapsel wimperig behaart, drüsig, kürzer als die K.zähne. V–X.

ssp. m o n t á n a (Jord.) Wettst.; St. einfach od. nur im oberen Teil ästig; Internodien länger als die Laubb.; untere B. zur Bl.zeit noch frisch; B.zähne ± stumpf. 2n = 22. *Vernale/Aestivale Rasse* (V–VI).

Seltenere Unterart, vor allem Voralp. (Bay. bis 1600 m), auch Schwarzwald u. Erzgebg., wohl auch sonst; Thür. Wald; Frank.wald.

ssp. r o s t k o v i á n a; St. am Grd. reich verzweigt; Internodien kurz; untere B. zur Bl.zeit meist schon abgefallen; B. scharf gezähnt. 2n = 22. *Autumnale Rasse* (VII–X).

Verbreitete u. meist häufige, formenreiche Unterart (Alp. bis 2300 m).

Fettwiesen, Magerrasen, Flachmoore, Heiden, lichte Wälder; frische, meist kalkfreie, ± sauer-humose Lehm- u. Sandböden. – Verbreitet, fast im ganzen Geb. (Alp. bis 2300 m). – Engl., S-Skand. bis N-Ital., N-Balk.; N- u. M-As.; N-Am. (?); subatl.

2. Subsect. A n g u s t i f ó l i a e

2436. E. salisburgénsis Funck ex Hoppe Salzburger A.

⊙, *Th.* – H. 0,01–0,20. St. aufrecht, einfach od. ästig; mittlere u. obere Stb. lanzettl.–lineallanzettl., *2- bis 5mal länger als breit,* sehr spitz, jederseits mit 2–5 (meist 3) spitzen Zähnen; K. kahl; Kr. 6–8 mm lang, weißlich, Oberlippe blau, Unterlippe mit gelbem Schlundfleck u. dunklen Strichen; Kapsel keilig-länglich. VII–X. 2n = 44.

Halbtrockenrasen, Felsen, Felsschutt, Geröll, Magerrasen etc.; frische, kalkreiche, meist schwere-rohe Lehmböden. – Verbreitet: Alp. (bis 2420 m); mit den Flüssen ins Vorland herabsteigend (Lechfeld bei Augsburg, Allgäu); selten:

Bodenseegeb., s. Rheinhügelland, Schwäb. Alb (oberes Donau-Tal, SW-Trauf), Fränk. Alb (Neuburg). – Skand.; eur. Gebg. von Span. – Kors. – Apenn. – Alp. u. Vogesen bis N-Balk., Karp.; alp-praealp(-submed).

Bastarde:

E. officinalis × rostkoviana (= E. × hybrida Wettst.), E. picta × rostkoviana (= E. × calvescens Beck.), E. rostkoviana × salisburgensis (= E. × schinzii Wettst.).

672. Rhinánthus L. — Klappertopf

x = 11 (7+4)

I. K. auf der Fläche immer ± kahl; Kr.röhre gerade od. fast gerade, kürzer als der K., Kr.oberlippe mit kaum 1 mm langem, meist weißlichem od. bläulichem, gerundetem Zahn (Sect. Minores) .... **2437. Rh. minor**

II. K. behaart od. kahl; Kr.röhre meist deutlich aufwärtsgebogen, so lang wie der K. od. etwas länger (vor allem am Ende der Bl.zeit); Zähne der Kr.oberlippe mindestens 1,5–2 mm lang, violett

- A. Kr.röhre stark, fast knieförmig nach oben gebogen; Kr.unterlippe von der Oberlippe abstehend, Schlund daher offen; Zähne der Oberlippe schräg aufwärts gerichtet (Sect. Anoectolemi)
  - 1. Deckb. am Grd. mit zugespitzten, nicht aber grannig verlängerten Zähnen .... **2438. Rh. alpinus**
  - 2. Deckb. am Grd. mit in fädliche Grannen auslaufenden Zähnen .... **2439. Rh. aristatus**
- B. Kr.röhre schwach od. nur allmählich gekrümmt; Kr.unterlippe gerade vorgestreckt, Schlund daher fest verschlossen; Zähne der Oberlippe waagrecht abstehend (Sect. Cleistolemi)
  - 1. K. auf der ganzen Oberfläche drüsig od. wolligzottig behaart
    - a) K. dicht weiß-wollig; St. langhaarig .... **2440. Rh. alectorolophus**
    - b) K. drüsig behaart; St. im oberen Teil kurz drüsenhaarig .... **2441. Rh. rumelicus**
  - 2. K. kahl od. nur an den Kanten borstig .... **2442. Rh. serotinus**

Die pseudosaisonpolymorphen Rassen der Gattung Rhinanthus

	vernal	aestival	autumnal	
Rh. minor	minor	elatior	stenophyllus	campicol
	rusticulus	hercynicus	monticola	monticol
Rh. alpinus		elatus	erectus	campicol
	alpestris		alpinus	monticol

	vernal	aestival	autumnal	
Rh. aristatus	simplex	subalpinus	aristatus	campicol
	gracilis	lanceolatus		monticol
Rh. alectoro-lophus	alectorolophus		patulus	campicol
	modestus	semleri } sudeticus }	kerneri	monticol
		arvensis } buccalis }		Ackerrasse
Rh. rumelicus	aschersonianus	bornmülleri		campicol
Rh. serotinus	vernalis	polycladus }		
		aestivalis	serotinus } paludosus }	campicol
		apterus		Ackerrasse

1. Sect. Minóres

2437. Rh. mínor L. Kleiner K.

⊙, *Th.* – H. 0,15–0,40(–0,50). St. aufrecht, einfach od. verzweigt, grün od. schwarz gestrichelt; Stb. lanzettl.–lineallanzettl., kerbig gesägt; mittlere Deckb. meist breit eiförmig-dreieckig, mit spitzen Zähnen, kahl, nach oben schmäler werdend, dunkelgrün; K. an den Kanten borstig, sonst kahl; Kr. klein, bis 15 mm lang, *Zähne der Oberlippe breiter als lang, Gr. gekrümmt;* S. häutig berandet. V–VIII(–IX).

ssp. mínor; St. 0,10–0,50, einfach od. mit wenigen, kurzen, sterilen Ästen; Internodien wenige, länger als die B.; Interkalarb.paare 0(–1); B. 5–10 mm breit. 2n = 22 (14+8). *Campicole vernale Rasse* (V–VI).

Frische Wiesen. – Verbreitet (Alp. bis 1500 m).

ssp. elátior (Schur) Soó; St. bis 0,50, mit 1–3 Paaren blühender, schräg aufwärts gerichteter Äste; Internodien zahlreich, meist verlängert; Interkalarb.paare 0(–1); B. 5–10 mm breit. *Campicole aestivale Rasse* (VI–VII).

Auf Wiesen, oft zusammen mit ssp. *minor.* – Verbreitet.

ssp. stenophýllus (Schur) Wettst. em. Soó; St. 0,20–0,50, mit zahlreichen, bogig aufsteigenden, bl.tragenden Ästen; Internodien zahlreich, kurz, unten kaum halb so lang wie die B.; Interkalarb.-paare 2 – viele; B. 2–5 mm breit. *Campicole autumnale Rasse* (VII–IX).

Auf Wiesen u. Magerrasen. – Zerstreut in den Voralp. u. den m. Gebg. (Schwäb. u. Fränk. Jura, Pfalz); aber auch im N (Ostpr., Brand., Schl.-Holst.).

ssp. hercýnicus Schwarz; St. 0,10–0,25, mit 1–4 schief aufsteigenden, wenigbl. Astpaaren; Internodien zahlreich, kurz; Interkalarb.paare (0–)1(–2); Fr.kelch violett. *Monticole aestivale Rasse* (VII–VIII).

Wiesen. – Nur Erzgebg. (Oberwiesenthal bei ca. 1000 m), Harz (Brocken bei ca. 1100 m), Thür. Wald (900 m) u. Riesengebg. (?).

ssp. r u s t í c u l u s (Chab.) Soó; St. nur 0,05–0,10(–0,20), meist einfach, wenigbl.; Internodien sehr verlängert; Fr.kelche dunkelviolett überlaufen. *Monticole vernale Rasse* (VII).

Zerstreut: Allgäuer Alp., Thür. Wald, oberes Erzgebg. (Oberwiesenthal).

ssp. m o n t í c o l a (Lam.) Soó; St. 0,05–0,10, mit mehreren, z. T. sterilen Ästen; Internodien viele, untere kurz, obere verlängert; Interkalarb.paare mehrere; Fr.kelch dunkelviolett überlaufen. *Monticole autumnale Rasse* (VII–VIII).

Im Geb. nur Hohe Rhön; Alp.?

Wiesen u. Magerrasen, Wegränder etc.; frische bis feuchtere, meist sandige od. tonige, auch torfige, oft kalkfreie Böden. – Verbreitet u. oft häufig im ganzen Geb. – N- bis s. Eur.; S-Grönl.; N-Am.; no-euras-subozean, circ.

2. Sect. A n o e c t o l é m i

2438. Rh. alpínus Baumg. Alpen-K.
(= Rh. pulcher Schumm. p. p.)

⊙, *Th.* – H. 0,10–0,20(–0,50). St. aufrecht, einfach od. ästig, schwarz gestrichelt, kahl od. schwach zweizeilig behaart; Stb. länglich-lanzettl.; mittlere Deckb. dreieckig zugespitzt, untere Zähne lang, obere kürzer, bleichgrün; K. kahl, *wie die Deckb. meist schwarz gestrichelt;* Kr. klein, bis 15 mm lang, hellgelb, oft mit violetten Flecken; S. schmal flügelig berandet. VI–IX.

ssp. e l á t u s (Stern.) Soó; St. bis 0,50, mit 1–3 schräg od. bogig aufsteigenden, oft sterilen Ästen; Internodien wenige, verlängert; Interkalarb.paare 0–1. *Campicole aestivale Rasse* (VII).

Nur Riesengebg. u. weiter s. sowie Erzgebg.

ssp. e r é c t u s (Stern.) Soó; St. bis 0,50, mit 2–5 Paaren bogig aufsteigender, langer Äste; Interkalarb.paare 2–5; Internodien zahlreich, kurz. *Campicole autumnale Rasse* (VIII–IX).

Nur Riesengebg. (Melzergrund).

ssp. a l p é s t r i s (Wahlbg.) Soó [= ssp. pulcher (Schumm.) Hay. em. Schwarz]; St. 0,10–0,20, einfach od. mit 1 Paar steriler, kurzer Äste; Internodien wenige, länger als die B.; Interkalarb.paare 0–1. *Monticole vernale Rasse* (VI–VII).

Bergwiesen. – Nur oberes Erzgebg. (Oberwiesenthal) u. Riesengebg. zerstreut (häufig?): z. B. Schneegrube, Riesengrund, auch weiter s. (Glatzer Schneeberg).

ssp. a l p í n u s; St. 0,10–0,20, mit 1–3 bogig aufsteigenden Ästen; Internodien zahlreich, kurz; Interkalarb.paare 2–5. *Monticole autumnale Rasse* (VIII).

Im Geb. bisher nicht beobachtet, erst in den Karp. u. O-Alp.

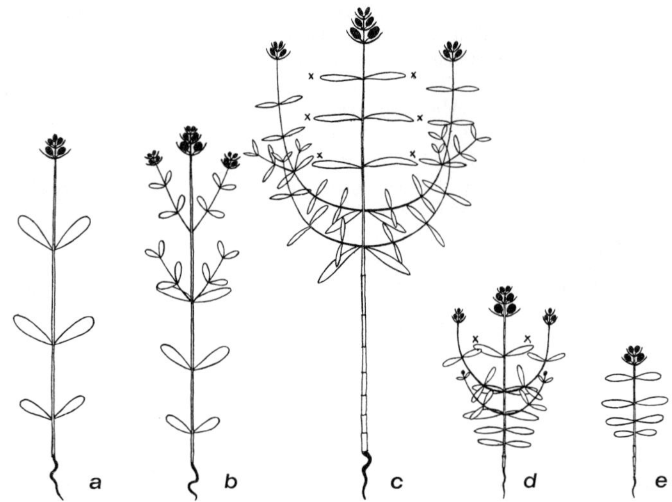

Abb. 382. *Rhinanthus aristatus,* Schematische Habitusbilder der Rassen; x = Interkalarblätter [*a* ssp. *simplex* (campicol, vernal), *b* ssp. *subalpinus* (campicol, aestival), *c* ssp. *aristatus* (campicol, autumnal), *d* ssp. *lanceolatus* (monticol, aestival), *e* ssp. *gracilis* (monticol, vernal)].

Bergwiesen, Grasland, magere Hänge; meist lockere, ± magere Böden. – Sehr selten, nur oberstes Erzgebg., Riesengebg. u. Glatzer Geb. (etwa oberhalb 1000 m). – Gebg. ö. u. sö. M-Eur. bis O-Alp., Karp., N-Balk.; praealp (-o-alp).

2439. Rh. aristátus Čelak. (Abb. 382) Grannen-K.
(= Rh. angustifolius auct.)

⊙, *Th.* – H. 0,40–0,60(–0,80). St. einfach od. ästig, fast kahl, schwarz gestrichelt; B. breit lanzettl.–lineal., kerbig gesägt; mittlere Deckb. schwach dreieckig, *obere Zähne plötzlich kleiner werdend,* kurz zugespitzt, blaßgrün; K. kahl od. am Rande borstig; Kr. 15–20 mm lang, goldgelb, am Schlund oft blau gefleckt; S. breit häutig berandet. VI–IX. 2n = 14.

ssp. s í m p l e x (Stern.) Soó; St. bis 0,30, einfach od. mit 1 Paar steriler Äste, wenigbl.; Internodien wenig zahlreich, viel länger als die B.; Interkalarb.paare 0; B. 5–12 mm breit. *Campicole vernale Rasse* (V–VI).

Bergwiesen. – Voralp. (ab 900 m) u. Alp. verbreitet, wohl noch im Thür. Wald.

ssp. s u b a l p í n u s (Stern.) Wettst. em. Soó; St. bis 0,40, mit 1–3 (–4) Paaren schräg aufwärts gerichteter Äste; Internodien wenige, verlängert; Interkalarb.paare 0(–1); B. 2–8 mm breit. *Campicole aestivale Rasse* (VI–VII).

Wiesen. – Alp. (bis 1500 m) u. Voralp.land zerstreut – verbreitet, selten Thür.

ssp. a r i s t á t u s [= ssp. angustifolius (Gmel.) Wettst.]; St. 0,20–0,60, mit zahlreichen, bogig aufsteigenden, verlängerten Ästen; Internodien zahlreich, kurz; Interkalarb.paare 2 – viele; B. 2–5 (–8) mm breit, schmallineal. *Campicole autumnale Rasse* (VIII–IX).

Im Geb. verbreitete Unterart (Alp. bis 1400 m).

ssp. l a n c e o l á t u s (Kov.) Wettst. em. Briq. et Cav.; St. bis 0,25, mit 1–3 schräg aufwärts gerichteten Astpaaren; Internodien zahlreich, kurz; Interkalarb.paare 0–2; B. 2–8 mm breit, lanzettl. *Monticole aestivale Rasse* (VI–VII).

Bergwiesen. – Zerstreut: Alp. u. Voralp. (1000–2000 m) sowie Schwäb. Alb (SW-Trauf u. Donautal, 700–800 m).

ssp. g r á c i l i s (Chab.) Soó; St. bis 0,15, wenigbl., einfach od. mit 1 Paar kurzer, schräg aufrechter Äste; Internodien zahlreich, kurz; Interkalarb.paare 0–1. *Monticole vernale Rasse* (VI–VII).

Bergwiesen. – Zerstreut: Alp. u. Thür.

Halbtrockenrasen, trockene Wiesen, grasige Hänge etc.; ± trockene, wärmere, meist lockere kalkhaltige Lehm- od. Steinböden. – Verbreitet bis zerstreut im n. u. s. Geb., etwa von der Linie Eifel–Rhön–Harz–Thür. Wald s. über Hügelland u. Gebg. des Oberrheins, Schwäb. u. Fränk. Alb u. Umland bis Voralp. u. Alp. (bis 2150 m). – Gebg. M-Eur., N-Balk.; praealp-alp.

3. Sect. C l e i s t o l é m i

2440. Rh. alectorólophus (Scop.) Poll. Zottiger K.
(= Rh. hirsutus Lam. p.p.)

☉, *Th.* – H. 0,10–0,80. St. aufrecht, einfach od. ästig, nicht schwarz gestrichelt; Stb. eiförmig, länglich-ellipt. od. lanzettl., scharf gesägt bis gekerbt; mittlere Deckb. breit eiförmig-dreieckig, kurz behaart, gleichmäßig kurz gesägt, *Zähne nach oben kaum an Größe abnehmend;* K. mit langen, mehrzelligen, weißen Haaren; Kr. groß, 20 mm lang, hellgelb; S. schmal geflügelt od. ungeflügelt. V–IX.

ssp. a l e c t o r ó l o p h u s [= ssp. medius (Rchb.) Sch. et Th.]; St. bis 0,60, einfach od. mit wenigen (1–3) kurzen, sterilen Astpaaren; Internodien wenige, länger als die B.; Interkalarb.paare 0. 2n = 22 (14+8). *Campicole vernale Rasse* (V–VI).

Im S verbreitete Unterart (Alp. bis 1550 m, Alb, Pfalz), selten in Thür.

ssp. p á t u l u s (Stern.) Hay. em. Briq. et Cav.; St. bis 0,60, mit zahlreichen, bogig aufsteigenden Ästen; Internodien zahlreich, kurz; Interkalarb.paare 3–7; B. lanzettl. *Campicole autumnale Rasse* (VIII–IX).

Bergwiesen. – Zerstreut: Voralp.geb., Thür., Schles. (Bay. bis ca. 900 m).

ssp. s é m l e r i (Stern.) Hay. em. Soó; St. bis 0,30, mit 1—3 aufsteigenden Astpaaren; Internodien zahlreich, kurz; Interkalarb.paare 1—2; B. breit lanzettl.; S. geflügelt. *Monticole aestivale Rasse* (VII—VIII).

Fettwiesen. — Zerstreut: Allgäu u. Bayr. Alp. (ab 1000—2300 m).

ssp. s u d é t i c u s (Behrends.) Soó; Wie vor, aber S. ungeflügelt. *Parallelrasse zu ssp. semleri.*

Nur Riesengebg.

ssp. m o d é s t u s (Chab.) Soó; St. bis 0,15, einfach od. mit einem sehr kurzen Astpaar; Internodien wenige; Interkalarb.paare 0—1; Fr.-kelche dunkelviolett überlaufen. *Monticole vernale Rasse* (VII).

Selten: Allgäu (1800—2300 m).

ssp. k é r n e r i (Stern.) Soó; St. bis 0,20, vom Grd. an ästig, mit zahlreichen, bl. Astpaaren; Internodien zahlreich, kurz; Interkalarb.-paare viele; B. lineal-lanzettl.; Fr.kelche dunkelviolett überlaufen. *Monticole autumnale Rasse* (VIII—IX).

Bergwiesen. — Im Geb. nur in Oberbay.

ssp. a r v é n s i s (Seml.) Sch. et Thell.; St. bis 0,80, mit 1—5 Paaren aufrechter od. bogig aufsteigender Äste; Internodien zahlreich, so lang oder länger als die B.; Interkalarb.paare 0—1(—2); S. geflügelt. *Ackerrasse* (VI—VII).

Unkraut auf Äckern; nährstoffreiche, sandige Lehmböden. — Im S u. SO zerstreut-verbreitet, ebenso m. Geb. (Thür.).

ssp. b u c c á l i s (Wallr.) Sch. et Thell.; wie vor, aber S. ungeflügelt. *Parallelrasse zu ssp. arvensis* (oft Übergänge dazu).

Äcker. — Selten beobachtet: Oberbay., Oberrheingeb., Thür., Schles.

Fettwiesen, Wegränder, Äcker, Halbtrockenrasen etc.; ± frische, nährstoffreiche, meist lockere u. kalkhaltige Lehm- u. Lößböden. — Verbreitet u. häufig im m. u. s. Geb. (s. der Linie Siegerland—Harz—Thür.—Sachs.—Niederschles.), im n. Geb. seltener u. zerstreut. — M-Eur. bis N-Frankr., S-Pol., N-Ital. u. W- u. M-Ung.; subatl-submed.

2441. Rh. rumélicus Velen. Drüsiger K.

⨀, *Th.* — H. 0,20—0,60. St. aufrecht, einfach od. verzweigt, schwarz gestrichelt; Stb. eilänglich — länglich lanzettl.; mittlere Deckb. eiförmig-dreieckig, dicht gezähnt, drüsig behaart, bleichgrün; Kr. groß, 20 mm lang, hellgelb; S. geflügelt. V—VIII.

Sowohl in der aestivalen ssp. a s c h e r s o n i a n u s (Schulze) Hay. als auch in der autumnalen ssp. b o r n e m ü l l e r i Soó gefunden.

Grasige Abhänge. — Bisher nur Thür. (Jena), systematische Stellung der hier vorkommenden Rassen nicht ganz sicher. — SO-Eur.; M-Ung., Karp. bis Balk., Kl.As., Armen.; europkont.

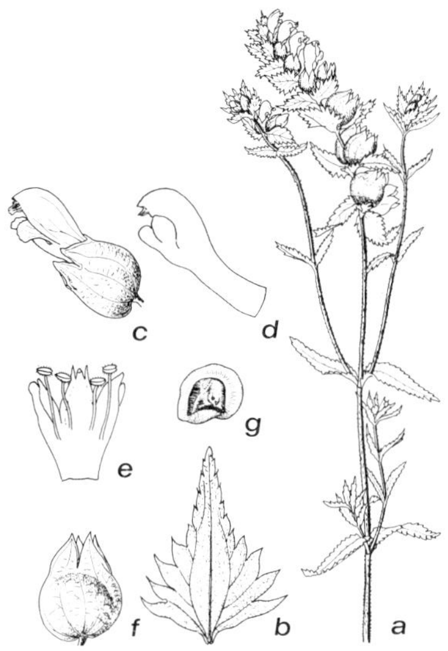

Abb. 383. *Rhinanthus serotinus* (*a* Sproßspitze, *b* Deckblatt, *c* Blüte; *d* Krone, bei *e* aufgeschnitten; *f* Kelch zur Fruchtzeit, *g* Same).

2442. Rh. serótinus (Schönh.) Oborny (Abb. 383) Großer K.
(= Rh. major Ehrh. non L.)

⊙, *Th.* – H. 0,20–0,50(–0,60). St. aufrecht, einfach od. verzweigt, kahl od. kurz zweizeilig behaart, schwarz gestrichelt; Stb. eilanzettl. bis länglich lanzettl., kerbsägig; mittlere Deckb. breit dreieckig, mit zur Spitze kleiner werdenden spitzen Zähnen, bleichgrün; *K.oberfläche glänzend,* K.zähne zuweilen am Rand schwach drüsig; Kr. hellgelb, groß, bis 20 mm lang; S. geflügelt od. ungeflügelt. V–IX.

ssp. v e r n á l i s (Zing.) Hyl.; St. 0,10–0,50, einfach od. mit wenigen (1–2) kurzen, sterilen Astpaaren; Internodien wenige, länger als die B.; Interkalarb.paare 0; B. 10–15 mm breit. *Campicole vernale Rasse* (V–VI).

Im Geb. verbreitete Unterart.

ssp. a e s t i v á l i s (Zing.) Soó; St. 0,20–0,60, mit 2–4 Paaren steil aufrechter Äste; Internodien mehrere, etwas verkürzt; Interkalarb.-paare 0–1. Wiesen, selten Äcker [var. agrárius (Seml.) Soó]. *Campicole aestivale Rasse* (VI–VII).

Im Geb. zusammen mit ssp. *vernalis,* die Ackerform selten in Bay.

ssp. p o l y c l á d u s (Chab.) Soó; St. bis 0,60, mit mehreren, bogig aufsteigenden Ästen; Internodien zahlreich, untere kurz, obere verlängert; Interkalarb.paare meist (0—)1; Stb. 8—15 mm breit. *Subautumnale Zwischenrasse* (VII—VIII).

Zerstreut u. zusammen mit ssp. *serotinus.*

ssp. s e r ó t i n u s [= ssp. montanus (Saut.) Hyl.]; St. 0,20—0,60, mit zahlreichen, bogig aufsteigenden, den Hauptspr. oft überragenden Ästen; Internodien zahlreich, kurz, gedrängt; Interkalarb.paare 2—8; Stb. lineal, 2—5 mm breit; Deckb. schmal, in eine lange Spitze ausgezogen. 2n = 22 (14+8). *Campicole autumnale Rasse* (trockener Standorte) (VIII—IX).

Seltener, vor allem in S (Rhein- u. Jurageb., Bay.), aber auch im N zerstreut.

ssp. p a l u d ó s u s Schwarz; St. reich verzweigt, Seitenzweige zuerst schräg aufwärts gerichtet, später bogenförmig; Internodien so lang od. länger als die B.; Interkalarb.paare 0—2. VII—IX. *Campicole autumnale Rasse* (feucht-nasser Standorte).

Nasse Wiesen, Flachmoore, Schilfgürtel, Gräben u. Torfstiche. — Zerstreut im S (Bodenseegeb., Oberschwab.) u. im N (Brand., Meckl., Pomm.).

ssp. a p t é r u s (Fr.) Sch. et Thell.; St. bis 0,50, mit 2—5 Paaren aufrechter Äste; Internodien wenige od. zahlreich, verkürzt; Interkalarb.paare 0; Stb. 10—15 mm breit; S. ungeflügelt, körnig. *Ackerrasse* (VI—VII).

Äcker. — Bisher selten im N (Hamburg, Altmark).

Feuchte Wiesen, Moorwiesen, Äcker, Brachen etc.; ± feuchte, meist ± nährstoffreiche Lehmböden. — Zerstreut bis verbreitet: n. Geb.; zerstreut bis selten: s. Geb. (Alp. bis 1040 m). — N-Eur. bis N-Balk., M- u. S-Rußl., W-Sib., Kl.As.; (N-Am.); no-euras.

Bastarde:

Rh. alectorolophus × aristatus [= Rh. × niederederi (Stern.) Soó], Rh. alectorolophus × minor [= Rh. × brigantiacus (Gross) Soó], Rh. alectorolophus × serotinus (= Rh. puberulus Fritsch), Rh. angustifolius × serotinus [= Rh. × poeverleini (Seml.) Soó], Rh. minor × serotinus [= Rh. × fallax (Stern.) Chab.].

673. Melampýrum L. Wachtelweizen

x = 9

I. Bl. in dichten, zylindrischen, allseitswendigen Ähren; Deckb. kamm- od. borstenartig gezähnt (Sect. Spicata)
   A. Blst. vierkantig, dicht dachziegelig; Deckb. rundlich ei-herzförmig, in der Mitte aufwärts längsgefaltet, im unteren Teil kammartig gezähnt .... **2443. M. cristatum**
   B. Blst. kegelförmig, nicht vierkantig; Deckb. eiförmig-lanzettl., flach od. rinnig, nicht längsgefaltet, fiederspaltig
      1. K. von sehr kurzen Härchen dicht flaumig, fast so lang wie die Kr.röhre; Deckb. flach .... **2444. M. arvense**

2. K. von lang abstehenden Haaren wollig zottig, viel kürzer als die Kr.röhre; Deckb. am Grd. rinnig . . . . 2445. M. barbatum

II. Bl. in lockeren, einseitswendigen Trauben, zuweilen Bl. einzeln (vor allem unten) b.achselständig (Sect. Laxiflora)

A. Deckb. herzförmig-spießförmig, gezähnt u. behaart, obere blauviolett überlaufen; K. behaart

1. B. bis 40 mm breit; K.röhre wollig-zottig, mit vielen vielzelligen Haaren . . . . 2446. M. nemorosum

2. B. bis 15 mm breit; K.röhre weniger behaart, zumindest an den Kanten . . . . 2447. M. polonicum

B. Deckb. am Grd. abgerundet od. verschmälert, lanzettl., grün, ganzrandig od. nur wenig gezähnt; K. ± kahl

1. Kr.röhre lang (15–17 mm), gerade, ihr Schlund halbgeöffnet; Kr.unterlippe etwas länger als die Oberlippe; K. höchstens $^1/_3$ so lang wie die Kr., K.zähne vorgestreckt od. zurückgebogen

a) B. 5–20 mm breit; Deckb. am Grd. mit pfriemlichen-grannigen Zähnen . . . . 2448. M. pratense

b) B. 1–3 mm breit; Deckb. meist ungezähnt . . 2449. M. paludosum

2. Kr.röhre kürzer (6–10 mm), schwach abwärts gekrümmt; Schlund kaum geöffnet; Kr.unterlippe nicht länger als die Oberlippe; K. über $^1/_3$ so lang wie die Kr., K.zähne abstehend

a) K. $^1/_2$–$^3/_4$–$^1/_1$ so lang wie die Kr.röhre; Kr. gelb-goldgelb, 6–8 mm lang . . . . 2450. M. silvaticum

b) K. $^1/_4$–$^1/_3$ so lang wie die Kr.röhre; Kr. weißlich, mit purpurn gestreifter Unterlippe, ca. 10–12 mm lang . . . . 2451. M. saxosum

Die pseudosaisonpolymorphen Rassen der Gattung Melampyrum

	Gebüschrasse campicol	Gebüschrasse monticol	alpine Rasse	Wiesenrasse campicol	Ackerrasse
M. cristatum	cristatum	ronnigeri maius		solstitiale	
M. arvense	pseudobarbatum	schinzii		semleri	arvense
M. barbatum					barbatum
M. nemorosum	nemorosum	silesiacum		moravicum	
M. pratense	vulgatum	angustifrons paradoxum integerrimum	alpestre purpureum	oligocladum (pratense)	
M. silvaticum	silvaticum	intermedium	laricetorum	aestivale	

1. Sect. Spicáta

2443. M. cristátum L. Kamm-W.

⊙, *Th.* – H. 0,15–0,30(–0,50). St. einfach od. ästig; B. lineal-lanzettl., ganzrandig od. die obersten am Grd. gezähnt; *untere Deckb. mit langer herabgezogener Spitze, grün od. bleich; K. mit verschiedenen Zähnen,* die beiden oberen länger als die unteren u. lang zugespitzt; Kr. gelblich od. purpurn, am Saum u. im Schlund gelb; Kapsel halbkreisförmig. VI–IX. 2n = 18.

ssp. cristátum; Pfl. sehr stark verzweigt, Äste bogig aufsteigend; Internodien zahlreich, kurz; B. 5–8 mm breit; Interkalarb.paare 2–5. *Campicole Gebüschrasse* (VII–IX).
Verbreitete Unterart.

ssp. ronnigéri (Poev.) Ronn.; Pfl. 0,15–0,30, meist sparrig verzweigt, Äste meist kurz u. schräg aufwärts gerichtet; Internodien 5–7, kurz; B. 5–8 mm breit; Interkalarb.paare 1. *Monticole Gebüschrasse* (VI–VII).
Unter Gebüsch. – Selten beobachtet: Hannover u. M-Rheingeb., Pfalz, Bay., Württ.

ssp. máius (Baumg.) Soó; Pfl. 0,25–0,50, wenig verzweigt, Äste aufstrebend; Internodien wenig zahlreich, verlängert; B. ± fleischig; Interkalarb.paare 1–2. *(Monticole) Zwischenrasse* (VI–VII).
Sehr selten, bisher Bay., Thür.

ssp. solstitiále (Maly) Ronn.; Pfl. unverzweigt od. nur mit 1–2 kurzen, sterilen Astpaaren, das oberste zuweilen blühend u. die Hauptachse überragend; Internodien 3–4, gestreckt; Interkalarb. 0; Kotyledonen zur Bl.zeit noch vorhanden; B. nur 3–5 mm breit. *Campicole Wiesenrasse* (V–VI).
Auf Waldwiesen. – Sehr zerstreut im ganzen Geb. (z. B. Bay., Thür.).

Lichte Gebüsche u. Wälder, Waldränder, Lichtungen; ± trockene, wärmere, meist ± schwere, nährstoff- u. kalkreiche Böden. – Z. T. verbreitet: Fränk. Jura, Schwäb. Alb, Rhein- u. Neckarland, Tauber- u. Maingeb.; zerstreut u. seltener: m. Geb. von Westf. bis Sachs.; selten: S-Holst. bis Ostpr. – Eur. bis W-Sib.; euras-kont(-submed).

2444. M. arvénse L. Acker-W.

⊙, *Th.* – H. 0,15–0,30(0,50). St. einfach od. verzweigt, kurz behaart; B. lanzettl., lang zugespitzt; *Deckb.* unterseits schwarz punktiert, *meist hellrot überlaufen,* tief grannig – fiederteilig gezähnt; *K.zähne länger als die K.röhre;* Kr. purpurn, mit gelbem Gaumen u. weißlichem Ring, selten ganz gelb od. weiß; Kapsel verkehrt eiförmig, ± kahl, ca. 10 mm lang. V–VIII(–IX). 2n = 18.

ssp. arvénse; Pfl. mit zahlreichen, meist aufrechten Ästen; Internodien viele, ± kurz, Stb. 5–8 mm breit; Interkalarb.paare 1–0; Kotyledonen zur Bl.zeit meist nicht mehr vorhanden; obere Laubb. ± ungezähnt. *Ackerrasse* (VI–VII).
Weit verbreitet, fast im gesamten Geb.

ssp. p s e u d o b a r b á t u m (Schur) Wettst.; Pfl. reichlich verzweigt, Äste bogig aufsteigend; Internodien zahlreich; Stb. ca. 5 mm breit; Interkalarb.paare meist 1—4; obere Laubb. mit jederseits 1—2 Zähnen. *Campicole Gebüschrasse* (VII—VIII).

Lichte Wälder, felsige Abhänge, steppenartige Formationen. — Sehr selten, im Geb. nur Thür. (u. sonst vielleicht vereinzelt).

ssp. s c h í n z i i Ronn.; Pfl. sehr kräftig (bis 0,40 hoch), oft mit wenigen (5—7) Internodien; Äste 1—3 Paar, steil aufgerichtet; B. 10—17 mm breit, sehr derb u. fleischig; Interkalarb.paare meist 1. *Monticole Gebüschrasse* (VI—VII).

Gebüsche u. Hecken. — Sehr zerstreut (Bay., Rheinland, Thür.).

ssp. s é m l e r i (Ronn. et Poev.) Ronn.; Pfl. zart, schlank (0,25—0,30) mit wenigen (5—6) gestreckten Internodien; Äste wenig, kurz u. steil aufgerichtet, steril; B. sehr schmal, selten über 4 mm breit; Interkalarb.paare meist fehlend; Kotyledonen zur Bl.zeit vorhanden u. frisch. *Campicole Wiesenrasse* (V—VII).

Wiesen, Waldränder, Waldlichtungen. — Im S (Schwäb. u. Fränk. Jura u. Umland) selten, außerdem Schles.

Getreideunkrautges., Äcker, Weinberge, Trockenrasen etc.; ± trockene u. warme, meist kalkreiche, tonig-lehmige, selten sandige Böden. — Selten bis zerstreut im ö. N-Tiefland, im nw. Teil fehlend od. unbeständig (stellenweise SO-Holst.); verbreitet bis zerstreut in m. (Westf. — Sachs.) u. s. Kalkgeb. (Schwäb. Alb bis 990 m), sonst selten od. fehlend (u. a. Alp.). — W-, M- u. O-Eur. bis Kauk., Kl.As., S-Eur.; submed-euras.

2445. M. barbátum W. et K. Bärtiger W.

⊙, *Th.* — H. 0,10—0,40(—0,50). St. einfach od. rispig verzweigt; B. lanzettl.—lineallanzettl., ganzrandig od. am Grd. mit wenigen Zähnen; *Deckb.* am Grd. lang grannig gezähnt, am Grd. rinnig, sonst flach, *meist weiß od. bleichgelb;* Kr. hellweiß—gelb. VI—VIII.

Äcker u. Brachen, buschige Hänge u. Wiesen. — Die Ackerrasse (ssp. b a r b á t u m) zuweilen eingeschleppt, unbeständig (Bay., Westf., Schles.). — SO-Eur. (pont.-pann. Bereich), w. bis N-Ital.

2. Sect. L a x i f l ó r a

2446. M. nemorósum L. Hain-W.

⊙, *Th.* — H. (0,05—)0,15—0,50(—0,70). St. einfach od. meist ästig, aufrecht, fast ringsum behaart; B. schmal eiförmig—länglich lanzettl.; *Deckb. eiförmig,* spitz, kurzhaarig, mittlere u. obere tief grannig gezähnt, *am Grd. ziemlich stark behaart;* K. mit mehrzelligen Haaren, selten nur an den Kanten behaart; *K.zähne dreieckig—lanzettl.;* Kr. goldgelb, vorn orange, mit langer, später rotbrauner Röhre; Kapsel eiförmig, 5—10 mm lang. V—IX. 2n = 18.

ssp. n e m o r ó s u m; Pfl. sparrig verzweigt; Internodien zahlreich, kurz; B. breit (15—35 mm); Interkalarb.paare 1—3; Kotyledonen zur Bl.zeit meist verwelkt. *Campicole Gebüschrasse* (VII—IX).
Wälder u. Gebüsche. — Verbreitete Unterart.

ssp. s i l e s í a c u m Ronn.; Pfl. weniger verzweigt (1—4 Astpaare); Internodien ziemlich zahlreich; B. ± fleischig; Interkalarb.paare 0; Kotyledonen zur Bl.zeit verwelkt. *Monticole Gebüschrasse* (VI—VII).
Gebüsche u. Waldränder. — Selten: Thür. (Jena), Schles. (Breslau, Waldenburg, Riesengebg.) sowie bei Rügen.

ssp. m o r á v i c u m (H. Br.) Ronn.; St. meist einfach od. mit wenigen Ästen; Internodien weniger zahlreich, meist gestreckt; B. schmal (bis 10 mm); Kotyledonen zur Bl.zeit meist noch erhalten. *Campicole Wiesenrasse* (V—VI).
Feuchte Wiesen. — Selten: Ostpr., Thür. (Jena), Bay.

Laubmischwälder (bes. Eichen-Hainbuchen-Wälder), Gebüsche, Hecken, Waldränder; ± frische, meist neutral-humose Böden. — Zerstreut; im w. Geb. selten od. fehlend bis SO-Holst., Deister, Ith, O-Westf., Schwäb. Wald (Ellwangen); nach O häufiger werdend, so z. B. Bay. (außer Alp.), Sachs. (bis ca. 800 m). — M-Skand. bis s. Eur., Balk., Karp.; gem-kont(-submed).

2447. M. polónicum (Beauv.) Soó Polnischer W.

⨀, *Th.* — H. 0,30—0,50. St. einfach od. ästig; B. lanzettl.; *Deckb. lanzettl.,* tief gezähnt, *weniger behaart; K.zähne* schmal, *in lange Grannen ausgezogen.* VI—VIII(—IX).
Laubwälder u. Gebüsche. — Sehr selten im O (Lausitz, Ostpr.?). — SO- u. (s.) O-Eur. von Pol. bis Ukraine; gem-kont.

2448. M. praténse L. (Abb. 384 a—e) Wiesen-W.

⨀, *Th.* — H. 0,10—0,50(—0,60). St. einfach od. ästig; B. eiförmig, lanzettl. od. lineal., ± ganzrandig, behaart od. fast kahl; untere Deckb. den Stb. gleichgestaltet, *obere am Grd. meist lang grannig gezähnt;* Bl. in lockeren Trauben, fast waagerecht; K.zähne aufwärts gebogen; *Kr. langröhrig,* keulig, meist hellgelb weißlich, nach der Bl. rötlich od. bräunlich; Kapsel eiförmig, spitz. V—IX. 2n = 18.

ssp. v u l g á t u m (Pers.) Ronn. em. Soó; St. bis 0,50, gewöhnlich sparrig verzweigt, mit bogig abstehenden, bl.tragenden Ästen; Internodien zahlreich, kurz u. gedrängt; B. sehr verschieden breit (2—35 mm); Interkalarb.paare 1 — viele; Kotyledonen zur Bl.zeit fehlend. *Campicole Gebüschrasse* (VII—IX).
Wälder, Waldränder, Gebüsche. — Formenreiche, verbreitete u. meist häufige Unterart (Bay. bis 1870m).

ssp. a n g u s t i f r ó n s (Borb.) Soó; St. 0,15—0,25, mit 1—2 Astpaaren; Internodien zahlreich, kurz; Interkalarb.paare 1—3; Kotyledonen zur Bl.zeit fehlend. *Subalpine monticole Gebüschrasse* (VII—VIII).

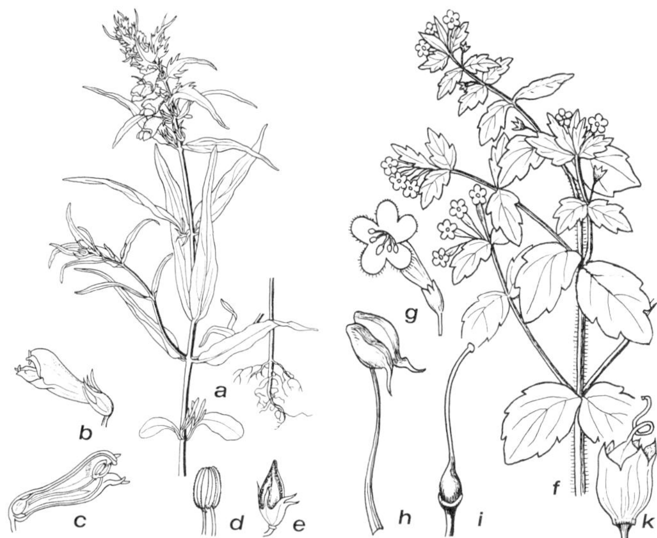

Abb. 384. *a—e Melampyrum pratense* (*a* Habitus; *b* Blüte, bei *c* im Längsschnitt; *d* Staubblätter, *e* Frucht mit Kelch); *f—k Tozzia alpina* (*f* Sproßspitze, *g* Blüte, *h* Staubblatt, *i* Stempel, *k* Frucht mit Kelch).

Gebüsche u. lichte Wälder. — Bisher nur Schwarzwald, wohl auch in den Voralp.

ssp. p a r a d ó x u m (Dahl) Ronn. em. Soó; St. bis 0,15, einfach od. mit 1—2 kurzen Astpaaren; Internodien verlängert; Interkalarb.-paare 1—3; Kotyledonen zur Bl.zeit fehlend. *Monticole Gebüschrasse* (VII—VIII).

Selten (Schles. ?).

ssp. i n t e g é r r i m u m Beauv. (= ssp. engleri Soó); St. bis 0,25, mit 2—3 steil aufrechten Ästen; Internodien wenige, ± verlängert; Interkalarb.paare 0—1; Kotyledonen zur Bl.zeit meist fehlend. *Östliche monticole Gebüschrasse* (VI—VII).

Im O zerstreut, so Riesengebg., Sachs., Thür. u. Böhmerwald.

ssp. p u r p ú r e u m (Hartm.) Soó; St. 0,10—0,40, mit meist 1—2, oft sterilen Astpaaren; Internodien wenige, verlängert; Interkalarb.-paare 0; Deckb. u. Bl. rot überlaufen; Kotyledonen zur Bl.zeit fehlend. *Nordöstliche Zwischenrasse* (VI—VII).

Wälder, Gebüsche u. Heiden. — Heidegeb. von Brand. sowie Pomm. selten.

ssp. a l p é s t r e (Brügg.) Ronn.; Pfl. 0,10—0,20, unverzweigt od. mit nur 1 (sterilen) Astpaar; Internodien kurz; B. höchstens 5 mm breit, meist noch schmäler; Interkalarb.paare 0–1(–2); Kotyledonen lange bleibend. *Alpine Rasse* (V–VIII).

Triften, Matten, Zwergstrauchformationen. – In den Alp. (Allgäu) u. Vogesen zerstreut.

ssp. o l i g o c l á d u m (Beauv.) Soó; St. 0,20–0,30, einfach od. wenig- u. kurzästig, mit 1–2 Astpaaren; Internodien verlängert; Interkalarb.paare 0–1; Kotyledonen zur Bl.zeit erhalten. *Campicole Wiesenrasse* (V–VI).

Waldwiesen, Fichtenwälder, Zwergstrauchformationen. – Im m. Geb. öfter (z. B. Erzgebg.), außerdem Schwarzwald u. sonst im S vereinzelt.

ssp. p r a t é n s e; der vorigen Unterart sehr ähnlich, Vorkommen im Geb. fraglich.

Eichenwälder, Fichtenwälder, Heiden, Magerrasen; meist nährstoffarme, saure, sandig-humose, bes. rohhumose Böden. – Verbreitet fast im ganzen Geb. (Alp. bis ca. 1900–2000 m). – N- bis s. Eur., W-Sib.; no-euras-subozean.

2449. M. paludósum (Gaud.) Prantl — Sumpf-W.

⊙, *Th.* – H. 0,25–0,35. St. wenig verzweigt (meist nur 1 Astpaar), Äste dünn u. kurz; *B. oft etwas gelblich-grün od. rotbraun überlaufen;* Deckb. meist ungezähnt od. mit 1–2 Zähnen auf jeder Seite; Kotyledonen in der 1. Hälfte der Bl.zeit vorhanden; Kr. weißlich, oft etwas hellpurpurn überlaufen. VI–VIII.

Hochmoore (Kieferngürtel); nasse, meist ± torfige, ± saure Rohhumusböden. – Selten u. zerstreut: oberes Erzgebg., Riesengebg. (?), Alp.vorland vom Bodenseegeb. bis Bay. Wald (Bay. bis 1950 m), Schwarzwald. – Gebg. von Frankr. bis N-Karp.; praealp.

2450. M. silváticum L. — Wald-W.

⊙, *Th.* – H. 0,10–0,40. *St.* aufrecht, einfach od. ästig, *2zeilig-kurzhaarig;* B. lanzettl.–lineallanzettl., ± kahl; obere *Deckb.* am Grd. mit wenigen, *kurzen, stumpflichen Zähnen;* Bl. in lockeren Trauben, aufrecht; *K.zipfel so lang od. länger als die K.röhre; Kr. kurzröhrig,* mit rotviolett überlaufener Unterlippe, nach der Bl. rötlich od. bräunlich; Kapsel eiförmig, spitz. VI–IX. 2n = 18.

ssp. s i l v á t i c u m; St. meist über 0,10, mit sehr vielen kurzen, waagerecht abstehenden od. aufstrebenden Ästen; Internodien kurz u. zahlreich; Kotyledonen zur Bl.zeit meist fehlend. *Campicole Gebüschrasse* (VII–VIII).

Lichte Wälder, Waldränder u. Gebüsche. – Verbreitete Unterart (bis in die Voralp.).

ssp. i n t e r m é d i u m Schinz et Ronn.; St. 0,10–0,30, meist mit 1(–3) steil aufwärts gerichteten Astpaaren; Internodien meist zahlreich, aber verlängert; Kotyledonen zur Bl.zeit teilweise vorhanden. *Monticole Gebüschrasse* (VII–VIII).

Offene u. lichte Wälder. – Formenreich u. verbreitet, vor allem in den Gebg. der m-d. Gebg.schwelle u. in den Voralp.

ssp. l a r i c e t ó r u m (Kern.) Ronn.; St. meist nur 0,10–0,15, einfach od. selten mit einem sterilen Astpaar; Internodien zahlreich, kurz; Kotyledonen zur Bl.zeit meist vorhanden. *Alpine Rasse* (VI–VIII).

Unter Krummholz, auf Heiden u. Matten. – Im S in den Alp. u. Voralp. sowie auf der Schwäb. Alb (selten), im m. Geb. zerstreut (Riesengebg.).

ssp. a e s t i v á l e Ronn.; St. 0,15–0,35, kräftiger als vor, unverzweigt od. mit 1–2 steil aufrechten Astpaaren; Internodien zahlreich, gestreckt; Kotyledonen zur Bl.zeit noch vorhanden. *Campicole Wiesenrasse* (V–VI).

Wiesen, bes. Waldwiesen. – Selten: Schl.Holst., an der O-See bis Westpr.; Harz.

Fichten- u. Mischwälder, Gebüsche, selten Wiesen; ± frische, kalkärmere, saure Moderböden. – Selten im n. Geb. (Schleswig, S-Holst., Westpr.); zerstreut bes. höhere Gebg. des m. (so u. a. Rhein. Schiefergebg. bis Thür. Wald) u. s. Geb. (so bes. Alp.vorland u. Alp., bis 1650 m). – N- bis s. Eur., W-Sib., Kauk.; no-praealp.

2451. M. saxósum Baumg. Felsen-W.

⊙, *Th.* – H. 0,10–0,35. *St.* einfach od. verzweigt, mit wenigen kurzen od. verlängerten Internodien, *an den Kanten flaumig;* B. lanzettl. bis lineallanzettl., fast kahl; Deckb. lanzettl., am Grd. breit, lang zugespitzt, jederseits meist 2zähnig; *K.zipfel viel länger als die K.röhre;* Kr.oberlippe sehr stark gewölbt, Kr.schlund weit geöffnet; Kapsel eiförmig, zugespitzt. VI–VIII(–IX).

Zwergstrauchheiden, lichte Fichtenwälder; schwach saure Böden. – Selten: oberes Erzgebg. (Keilberg); subalp. Stufe. – Mähren, Steiermark, Karp.; praealp.

674. Tózzia L. Alpenrachen

x = 10

2452. T. alpína L. (Abb. 384 f–k) Gemeiner A.

♃, *G.* – H. 0,10–0,50. W.stock ästig, mit schuppigen Niederb.; St. aufrecht, ästig, vierkantig, kahl od. an den Kanten schwach behaart; B. gegenständig, sitzend, eiförmig, glänzend u. etwas fleischig, mit wenigen, groben Zähnen; Bl. in lockeren, durchblätterten Trauben; Deckb. wie die Laubb., nur kleiner; Kr. 6–8 mm lang, goldgelb, Unterlippe rot punktiert. VI–VII. 2n = 20.

Subalp.-alp. Hochstaudenfluren, Almen, Bachränder, quellige Orte; meist sickerfeuchte u. kalkhaltige Stein- u. Lehmböden. – Zerstreut: Alp. (900–2080 m), Voralp. – Pyren., Jura, Alp. bis Karp., N-Balk.; alp.

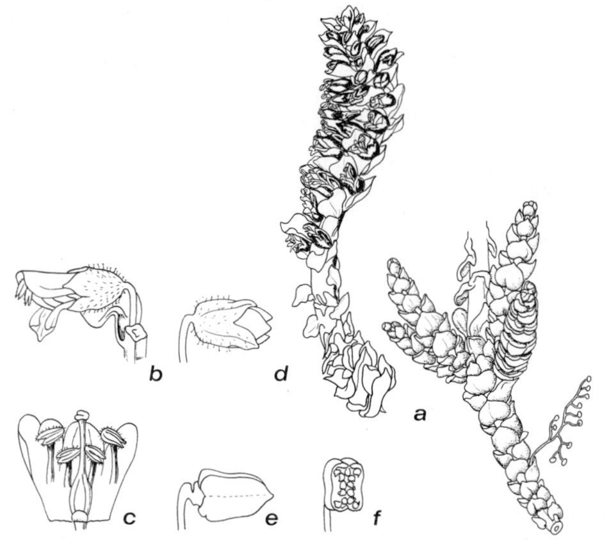

Abb. 385. *Lathraea squamaria* (*a* Habitus, *b* Blüte; *c* Krone, aufgeschnitten; *d* Frucht mit Kelch; *e* Frucht, bei *f* quergeschnitten).

675. Lathrǽa L. Schuppenwurz

x = 7

2453. L. squamária L. (Abb. 385) Gemeiner Sch.

♃, *G.* – H. 0,05–0,20. Pfl. chlorophyllfrei, rötlich-weiß gefärbt; W.stock in 4 Reihen mit schuppigen Niederb. besetzt; St. unten kahl, oben drüsig-flaumig, fleischig-saftig, dick, mit bleichen Schuppen besetzt; Blst. dicht traubig-einseitswendig, nickend, zuletzt aufgerichtet; Kr. wenig länger als der K., dunkler rot als die übrige Pfl.; Stbbtl. behaart, aus der Kr. herausragend. III–V. 2 n = 42.

Schlucht- u. Auenwälder; ± feuchte, meist lockere u. kalkhaltige, nährstoffreiche Lehmböden. – Zerstreut, im größten Teil des Geb. (Alp. bis 1600 m), u. a. im äußersten NW fehlend. – S-Skand. bis s. Eur., gem. As., Him.; euras-subozean-submed.

125. Fam. GLOBULARIÁCEAE DC.

Kugelblumengewächse

676. Globulária L. Kugelblume

x = 8

I. Köpfchenstiel (zwischen B.rosette u. Bl.köpfchen) mit mehreren Hochb. besetzt (Abb. 386 a) .... **2454. G. elongata**
II. Köpfchenstiel kahl od. mit 1–3 Schuppenb. besetzt
A. Pfl. mit verholzten Ausläufern kriechend .... **2455. G. cordifolia**
B. Pfl. krautig, ohne Ausläufer .... **2456. G. nudicaulis**

1. Subgen. J a s i o n ó p s i s

2454. G. elongáta Hegetschw. (Abb. 386 a–f) Gemeine K.
(= G. aphyllanthes Crantz p.p., G. vulgaris L. p.p., G. willkommii Nym.)

♃, *H.* – H. 0,05–0,30. *Rosettenb. durch weiße Kalkschüppchen punktiert,* langgestielt, spatelförmig od. breiteiförmig, vorne abgerundet od. ausgerandet *mit einem Zähnchen in der Ausrandung;* Hochb. ungestielt, eiförmig bis lanzettl.; Bl.köpfchen 10–15 mm breit; Kr. 6–8 mm lang, violettblau (ausnahmsweise auch rosa od. weiß), Oberlippe tief zweispaltig, Unterlippe dreispaltig. V–VI. 2 n = 16.
Kalktrockenrasen; trockene, warme, kalkreiche, steinige Böden. – Selten bis zerstreut: Anh., Thür., Maingeb. (Flörsheim, ob noch?), Eifel, Pfalz, Nahegeb., SW-D., Jura, Bay. Hochebene, Alp.vorland, Alp. (bis 1650 m), Bay. Wald (Vornbach). – N-Span., Frankr., Belg. bis Kauk.; submed(-med).

2. Subgen. A b o l á r i a

2455. G. cordifólia L. Herzblättrige K.

♄, *Ch.* – H. 0,03–0,10. Spalierstrauch mit niederliegenden, wurzelnden, rosettentragenden Ästen; Rosettenb. ohne weiße Kalkschüppchen, langgestielt, spatelig, vorne herzförmig ausgerandet od. stumpf; Bl.-köpfchen 10–15 mm breit; *Kr. 6–8 mm lang,* hellblaulila (ausnahmsweise auch weiß), Oberlippe tief zweispaltig, Unterlippe dreispaltig. V–VII (VIII in höh. Lag.). 2 n = 32 (ssp. c o r d i f o l i a).
Insbes. subalp.-alp. Steinrasen, magere Weiden, Steinschuttfluren etc.; ± trokkene u. kalkreiche steinige Böden. – Verbreitet: Alp. (bis 2420 m); zerstreut bis selten: Alp.vorland u. Donaugeb. – Pyren. über Alp. bis Balk.; alp-praealp.

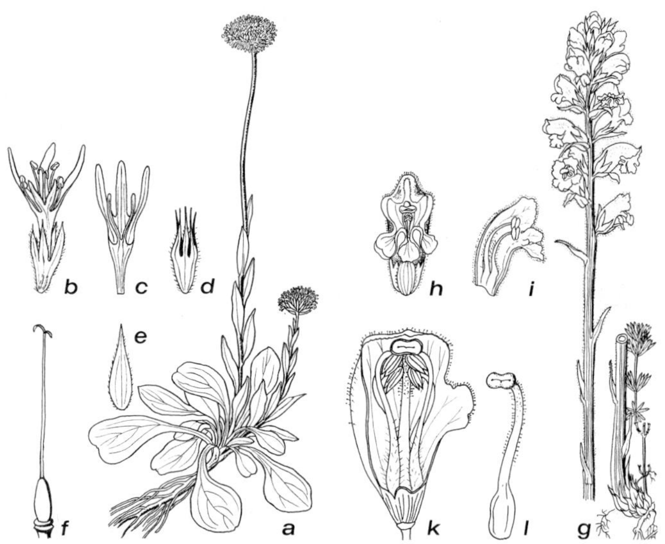

Abb. 386. *a–f Globularia elongata* (*a* Habitus, *b* Blüte, *c* Krone, *d* Kelch, *e* Tragblatt, *f* Stempel); *g–l Orobanche vulgaris* (*g* Habitus, *h* Blüte; *i* Krone, längsgeschnitten; *k* Blüte geöffnet, *l* Stempel).

2456. G. nudicaúlis L. Nacktstengelige K.

♃, *H.* – H. 0,10–0,30. Rosettenb. ohne weiße Kalkschüppchen, verkehrt eilänglich, in den Stiel langkeilig verschmälert, vorne abgerundet od. seicht ausgerandet; Bl.köpfchen 18–25 mm breit; *Kr. 10–12 mm lang,* blaulila (sehr selten weiß), *Oberlippe oft verkümmert,* dann nur die drei Zipfel der Unterlippe vorhanden. (V)VI–VIII. 2n = 16. Subalp.-alp. Rasenges. u. Zwergstrauchformationen; ± frische, kalkreiche, mildhumose, steinige Böden. – Zerstreut bis stellenweise verbreitetet: Alp. (600–2080 m), Voralp. – Asturien, Pyren., Alp., Ligurischer Apenn.; alp.

126. Fam. OROBANCHÁCEAE Vent.

Sommerwurzgewächse

677. Orobánche L. Sommerwurz

x = 12,19

(blattgrünlose Schmarotzerpfl.)

I. Bl. mit 2 Vorb.; K. becher- bis glockenförmig (Sect. Trionychon)

A. St. meist verzweigt; Kr. 10–12 mm lang (Abb. 387 a) . . . . 2457. O. ramosa

B. St. fast immer unverzweigt; Kr. 18–35 mm lang

1. Kr. 26–35 mm lang; Stbbtl. wollig behaart (Abb. 387 b) . . . . 2458. O. arenaria

2. Kr. 18–25(–32) mm lang; Stbbtl. kahl od. oben etwas schopfig behaart (Abb. 387 c) . . . . . 2459. O. purpurea

II. Bl. ohne Vorb. (nur mit Tragb.); K. zweiteilig (Sect. Osproleon)

A. Kr. hellblaulila, in der Mitte verengt, dort die Stbb. eingefügt (Abb. 387 d) . . . . 2460. O. coerulescens

B. Kr. höchstens violett geädert, nicht in der Mitte verengt, Stbb. tiefer eingefügt

1. Stbb. am od. nahe dem Kr.grund eingefügt (bei O. vulgaris u. O. alba manchmal auch etwas höher eingefügt; vgl. ferner O. lucorum und O. alsatica var. libanotidis)

a) Stbb. unten kahl; ekelhafter Geruch (Abb. 387 v) . . . . 2476. O. rapum-genistae

b) Stbb. unten vorne behaart

x) Kr. innen purpurglänzend (Abb. 387 w) . 2477. O. gracilis

xx) Kr. innen nicht purpurglänzend

/) Nelkenduft (Abb. 387 m) . . . . 2468. O. vulgaris

//) kein Nelkenduft (Abb. 387 e) . . . . . . 2461. O. alba

2. Stbb. 2–7 mm über dem Kr.grund eingefügt (vgl. auch O. vulgaris u. O. alba)

a) N. gelb (im Alter manchmal bräunlich)

x) Kr.röhre nahe der Unterlippe verengt (Abb. 387 l) . . . . 2467. O. hederae

xx) Kr.röhre gleichmäßig weit od. oben erweitert

/) Kr.rücken in der Mitte schwach konkav, im oberen Drittel stark nach vorne gekrümmt (Abb. 387 o, p) (var. buekiana weicht ab, vgl. Abb. 387 p) 2470. O. lutea

//) Kr.rücken ziemlich gleichmäßig gekrümmt (in der Mitte abgeflacht bei O. alsatica var. libanotidis)

§) Stbf. auch oben ziemlich dicht behaart

+) Oberlippe ungeteilt od. ausgerandet (Abb. 387 q) .... 2471. O. elatior
++) Oberlippe zweilappig (Abb. 387 s) .... 2473. O. flava
§§) Stbf. oben kahl od. fast kahl
+) Oberlippe vorgestreckt (Abb. 387 t) .... 2474. O. lucorum
++) Oberlippe hochgeschlagen
α) Kr.rücken gleichmäßig gebogen (Abb. 387 r) ... 2472. O. alsatica
β) Kr.rücken kurz vor der Oberlippe stärker gekrümmt (Abb. 387 u) ... 2475. O. salviae
b) N. rot, braunrot, purpurn od. violett (bei O. amethystea im Aufblühen zuweilen noch gelb)
x) K. höchstens halb so lang wie Kr.röhre, K.hälften nur bis zur Mitte gespalten (Abb. 387 n) .... 2469. O. teucrii
xx) K. länger, K.hälften tiefer gespalten od. ungespalten
/) Kr.röhre fast waagerecht abstehend durch starke Krümmung im unteren Drittel (Abb. 387 g) .... 2463. O. amethystea
//) Kr.röhre erst weiter oben od. gleichmäßig gekrümmt
§) Kr. 10–18 mm lang, Oberlippe oft vorgestreckt (Abb. 387 k) ... 2466. O. minor
§§) Kr. 14–26 mm lang, Oberlippenlappen abstehend
+) K.hälften meist einzähnig, Stbb. fast kahl (Abb. 387 f) 2462. O. reticulata
++) K.hälften meist zweizähnig, Stbb. zumindest unten reichlich behaart
α) K.hälften fast bis zur Basis gespalten (Abb. 387 h) .... 2464. O. loricata
β) K.hälften bis zur Mitte gespalten (Abb. 387 i) .. 2465. O. picridis

1. Sect. Trionýchon

2457. O. ramósa L. (Abb. 387 a) Ästige S.

⊙, *Th.* – H. 0,03–0,40. *St. gelblichweiß;* Tragb. so lang wie K., selten kürzer; *K.zähne* meist *4,* meist *kürzer als K.röhre; Kr. 10–12* (zuletzt bis 17) *mm lang,* zum Saum hin blau bis blauviolett, selten ganz weiß, ungefähr in der Mitte etwas verengt, dort die Stbb. eingefügt, darüber erweitert u. nach vorne gekrümmt; *Stbbtl. kahl* od. mit vereinzelten Haaren. (VI)VII–IX(X). 2n = 24.

Hackunkrautges.; lockere, N-reiche, mild-humose sandige Lehmböden; auf Hanf, Tabak, Tomate, Kartoffel, *Lamium*-Arten u. a. schmarotzend. – Zerstreut bis selten in niederen Lagen, sehr unbeständig, vielfach verschwunden, früher im sw. Geb. (Rheinpfalz) strichweise häufig. – S-Engl., D. bis Med., Kasp. Meer, Rotes Meer, Pers. Golf; (S-Afr., Ind., N-Am.); med-submed. (-subatl).

2458. O. arenária Borkh. (Abb. 387 b) Sand-S.

(∞), *G.* – H. 0,20–0,60. St. weißgelblich od. blaßlila; *Tragb. etwa so lang wie K.; K.zähne* meist *5*, der hintere sehr klein, die anderen so lang wie die K.röhre od. länger; Kr. violett, über dem unteren etwas blasig erweiterten Drittel verengt, dort die Stbb. eingefügt, darüber trichterförmig erweitert. VI–VII(VIII).

Steppen- u. Trockenrasen; basenreiche, lockere Sand- u. Lößböden; auf *Artemisia campestris* (oft in Kolonien) schmarotzend. – Zerstreut, häufiger nur in den Trockengeb. am Oberrhein bis Mainz, Donau (Regensburg) bis Frank., N-Thür. u. Sachs.-Anh., ö. bis untere Oder u. untere Weichsel; sonst über große Strecken fehlend. – M-, O- u. S-Eur. (außer Griech.), Kl.As.; (kont-)med-submed.

2459. O. purpúrea Jacq. (Abb. 387 c) Violette S.

(∞), *G.* – H. 0,15–0,63. *St. violett* od. blaugrau; *Tragb. kürzer als K.;* K-zähne 4–5, der 5. sehr klein, die anderen meist kürzer als die K.-röhre; *Kr. an der Basis gelblichweiß,* zum Saum hin blaßlila od. violett, über dem etwas blasig erweiterten unteren Drittel verengt, dort die Stbb. eingefügt, darüber allmählich erweitert. VI–VII. 2n = 24. Hierzu:

var. b o h é m i c a (Čelak.) Beck (= O. bohemica Čelak.); Pfl. in allen Teilen meist stark gefärbt; Bl.ähre dicht bleibend; Kr. 20–25 mm lang; Stbbtl. kahl. – Auf *Artemisia campestris.* – Pomm., Brand. – D., Tschech., Österr., Schweiz, N-Ital.; euras-kont.

Halbtrockenrasen, trockene Fettwiesen; warme lockere Lehmböden; auf *Achillea* spp., *Artemisia vulgaris* u. *Cirsium acaule* (?) schmarotzend. – Ziemlich verbreitet: Rheinland/Pfalz u. im S. n. der Donau; zerstreut: z. B. Unstrutgeb. von Nebra bis ö. Hainleite, N-Hess.; vereinzelt: z. B. Schl.Holst.; sonst sehr selten od. über große Strecken (wie z. B. NW-D.) fehlend. – S- u. M-Eur. bis Transkauk., Kanar. Ins.; submed.

2. Sect. O s p r ó l e o n

2460. O. coeruléscens Steph. (Abb. 387 d) Bläuliche S.

(∞), *G.* – H. 0,09–0,40. *St. gelblich, oben weißwollig* behaart; Tragb. etwas kürzer bis etwas länger als Kr.; *K.hälften etwa bis zur Mitte 2(–3)spaltig,* meist etwas kürzer als Kr.röhre; Kr. 10–23 mm lang; Stbb. 6–7 mm hoch eingefügt; N. gelblichweiß. VI–VII. 2n = 38. In Eur. vorwiegend vertreten durch:

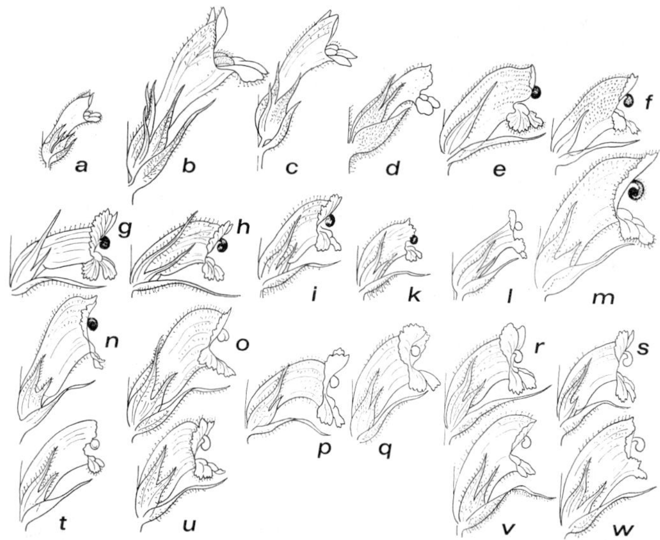

Abb. 387. *Orobanche* spp., Beispiele von Blüten mit Tragblatt (*a O. ramosa, b O. arenaria, c O. purpurea, d O. coerulescens, e O. alba, f O. reticulata, g O. amethystea, h O. loricata, i O. picridis, k O. minor, l O. hederae, m O. vulgaris, n O. teucrii, o O. lutea, p O. lutea* var. *buekiana, q O. elatior, r O. alsatica, s O. flava, t O. lucorum, u O. salviae, v O. rapum-genistae, w O. gracilis*).

f. o c c i d e n t á l i s Beck; Bl. nur wenig aus Tragb. herausragend, nur bis 20 mm lang; Tragb. nicht länger als Kr.

Trocken- u. Steppenrasen; warme, basenreiche, sandige Böden; auf *Artemisia campestris,* seltener auf *Achillea millefolium* schmarotzend. – Zerstreut bis selten in Ostpr. u. Westpr., Böhm., ö. Bay.; vereinzelt w. bis Aschaffenburg, sw. über Regensburg nach München. – O-D., Österr., Ung. über O-Eur., gem. As. bis Amurgeb., Jap.; kont.

2461. O. álba Steph. (Abb. 387 e) Quendel-S.
(= O. epithymum DC.)

(∞), *G.* – H. 0,10–0,70. *St. meist rötlich;* Tragb. etwa so lang wie Kr., selten länger; *K.hälften fast immer ungeteilt,* meist *so lang wie Kr.röhre; Kr.* 10–30 mm lang, weiß bis gelblichweiß, zum Saum hin rötlich mit violetten Adern u. *dunklen Drüsenhaaren,* über dem Stbb.ansatz etwas bauchig, *oberes Viertel nach vorne gebogen;* Stbb. 0–3 mm hoch eingefügt; N. rot od. purpurn. V–VII.

Trocken- u. Halbtrockenrasen; meist kalkreiche, steinige od. sandige Böden; auf *Labiatae (Thymus, Satureja, Salvia* u. a.) schmarotzend. – Verbreitet bis zerstreut im s. u. w. Geb. (Alp. bis 1900 m); selten im m. u. n. Geb., so Sachs.-Anh., Naumburg/Saale, früher bei Potsdam. – Schottl., Belg., Gotland, s. bis Med.; W-As. bis Kauk., Him.; euras-submed(praealp).

2462. O. reticuláta Wallr. (Abb. 387 f) Netzige S.
(= O. platystigma Rchb.)

⊙–(∞), *Th-G.* – H. 0,10–0,90. St. gelblich bis purpurn; Tragb. die Kr. nicht od. wenig überragend; *K.hälften meist ungespalten,* selten ungleich-2zähnig, meist *kürzer als Kr.röhre; Kr.* (14–)18–23 mm lang, weiß od. gelblich, zum Saum hin rosa bis violett mit meist dunkleren Nerven u. *dunklen Drüsenhaaren,* über dem Stbb.ansatz schwach erweitert, *Rücken erst kurz vor der Oberlippe gebogen;* Stbb. 2–4 mm hoch eingefügt, dort mit *Nektardrüse* versehen; N. rotviolett od. purpurn. VI–VIII. Umfaßt:

ssp. reticuláta (incl. O. platystigma Rchb.); Kr. nur an der Basis gelblich, sonst purpurviolett. 2 n = 38.
Auf *Cirsium, Carduus, Knautia, Scabiosa* u. a. schmarotzend. – Verbreitet bis zerstreut in höheren Lagen: Alp. (bis 1700 m). bis bay. Hochebene u. SW-Alb. – praealp.

ssp. pallidiflóra (Wimm. et Grab.) Hayek; Kr. weiß od. gelblich, nur Oberlippe schwach lila (vorwiegend die Nerven). 2 n = 38.
Auf *Cirsium* u. *Carduus* schmarotzend. – Zerstreut bis selten in niederen Lagen vom nö. Geb. über Sachs.-Anh., Thür. bis Rhein u. Alp.vorland. – submed.

Schuttunkrautges., Rasen; meist kalkhaltige steinig-lehmige Böden. – Engl., Frankr. bis S- u. O-Eur., Kauk., Him.

2463. O. amethýstea Thuill. (Abb. 387 g) Amethyst-S.

(∞), *G.* – H. 0,15–0,45. *St.* violett, selten gelblich, oft *verkahlend;* Tragb. meist etwas die Kr. überragend; K.hälften ungespalten od. ungleich-2zähnig, so lang wie Kr.röhre od. kürzer; Kr. 15–21(–23) mm lang, weiß, zum Saum hin violett geädert, *Oberlippe helldrüsig,* Lappen abstehend u. *später zurückgeschlagen;* Stbb. 3–4, 5 mm hoch eingefügt, am Grd. mit Halbmonddrüse; N. violett od. rotbraun. VI–VII.

Trockenrasen; warme, lockere, kalkreiche Lehm- od. Lößböden; auf *Eryngium campestre* schmarotzend. – Selten, nur Rheingeb. von S-Bad. (Isteiner Klotz, häufig im Kaiserstuhl) bis Bonn. – W- u. S-Eur. bis Alger. u. Pers.; med-submed (-subatl).

2464. O. loricáta Rchb. (Abb. 387 h) Beifuß-S.

(∞), *G.* – H. 0,15–0,53. *St.* gelblich, bräunlich od. violett-purpurn, *dicht behaart;* Tragb. meist Kr. überragend; *K.hälften* bis über die Mitte od. *fast bis zur Basis* in 2 ungleiche Zähne *gespalten,* fast so lang wie Kr.röhre; Kr. 14–22 mm lang, gelblichweiß, zum Saum hin violett geädert, *Rücken erst im oberen Drittel stärker gekrümmt;* Stbb. 3—4 mm hoch eingefügt; N. rot od. violett. VI—VII.

Sonnige, felsige Hänge; auf *Artemisia campestris* schmarotzend. — Sehr selten (nicht alljährlich), nur M-Thür. n. Ettersberg über Kyffhäuser bis Sachs.-Anh. (Eisleben u. im Geb. von Elbingerode—Aschersleben—Halberstadt noch mehrfach). — S-Eur., Österr., Ung., Tschech., M-D.; med-kont.

2465. O. pícridis F. W. Schultz (Abb. 387 i) Bitterkraut-S.

⊚, *G.* — H. 0,10—0,70. *St.* gelblichweiß (bleich) bis violett, *oft verkahlend* (vorher drüsenhaarig); Tragb. die Kr. nicht od. etwas überragend; *K.hälften bis zur Mitte* in 2 ungleiche Zähne *gespalten,* selten ungespalten, etwa so lang wie Kr.röhre; *Kr.* 15—20 mm lang, weiß od. gelblichweiß, Oberlippe schwach violett geädert, helldrüsig, *Rücken erst im oberen Viertel stark* nach vorne *gekrümmt;* Stbb. 3—5 mm hoch eingegefügt; N. rotviolett od. purpurn. VI—VII. 2 n = 38.

Halbtrockenrasen, unkrautige Rasenges., Wege, Dämme; nährstoffreiche Lehmböden; auf *Compositae* (bes. *Picris hieracioides*), selten auf *Daucus carota* schmarotzend. — Selten [u. vielfach infolge Kultur (Weinbau u. Aufforstungen) verschwunden]: Hildesheim, Salzgitter, Riesaberg, Burg, Würzburg, Pfalz, Trier, Saargeb.; n. Oberrheingeb., Hochrhein, früher Schwäb. Alb. — Engl. bis S-Eur., Ung., Alger., M-, W- u. SW-As.; submed-med.

2466. O. mínor Sutton (Abb. 387 k) Kleine S., Kleeteufel

⊙ — ♃, *Th—G.* — H. 0,10—0,50. St. rötlich überlaufen; Tragb. meist so lang wie Kr.; *K.hälften ungespalten od. 2zähnig,* etwa so lang wie Kr.röhre od. wenig länger; *Kr.* gelblichweiß od. hellviolett überlaufen, Oberlippe bes. auf den Nerven meist dunklerviolett, helldrüsig, *Rücken gleichmäßig gekrümmt;* Stbb. 2—3 mm hoch eingefügt; N. purpurn od. violett. V—VII(X). 2 n = 38.

Fettwiesen, Kleeäcker; nährstoffreiche Lehmböden; auf *Trifolium* spp., bes. *T. pratense,* auch *T. medium* u. *T. arvense* schmarotzend. — Häufig im w. u. sw. Geb. bis w. Alp.vorland (strichweise massenhaft; Jura bis 750 m); zerstreut: Osnabrück bis Sachs. — S- u. W-Eur., Kl.As., N-Afr., Madeira; (N-Am., Neuseel.); submed(-atl).

2467. O. héderae Duby (Abb. 387 l) Efeu-S.

⊚ — ♃, *G.* — H. bis 0,60. St. bleich od. rötlich; Tragb. so lang wie Kr., selten länger; K.hälften ungespalten od. ungleich-2zähnig; *Kr.* 10—15(—23) mm lang, weißlich od. mattgelb, mehr od. weniger rötlichviolett geadert, *engröhrig, über dem Stbb.ansatz bauchig, nahe der Unterlippe verengt,* Saum wieder trichterartig erweitert; Stbb. 3—4 mm hoch eingefügt; *N. erst gelb,* zuletzt braun bis schwarz. VI—VIII(X). 2 n = 38.

Waldränder, Gebüsche, Schlösser, alte Burgen etc.; auf *Hedera helix* schmarotzend. — Selten bis zerstreut: Rheintal u. einige Nebentäler (etwa vom Ahrtal s. bis Bodensee). — W- u. S-Eur., N-Afr., Kl.As.; atl-med(-submed).

2468. O. vulgáris Poir. (Abb. 386 g–l, 387 m) Labkraut-S.
(= O. caryophyllacea Sm.)

⊙ – ⊚, *Th–G.* – H. 0,10–0,60. St. bleich bis blaßviolett; Tragb. meist etwa so lang wie Kr.; K.hälften bis zur Mitte gespalten (sehr selten vorderer Zahn reduziert), meist nur halb so lang wie Kr.röhre; *Kr.* 17–35 mm lang, verwaschen bräunlich-lila od. -rosa (selten gelb), *nach Nelken duftend,* über dem Stbb.ansatz bauchig, dann glockig erweitert, im oberen Drittel nach vorne gebogen, helldrüsig; Stbb. 0–3 mm hoch eingefügt; *N. dunkel-purpurn* bis braun (selten gelblich). (V)VI–VII. 2 n = 38.

Trockenrasen; kalkhaltige Lehm- u. Lößböden; auf *Galium* spp. schmarotzend. – Zerstreut, fast im ganzen Geb. (Jura bis 970 m, Alp. bis 820 m); fehlt u. a. in NW-D. – Engl., Dän. bis Med., Alger., Kauk., Sib.; submed-euras.

2469. O. teucrii Holandre (Abb. 387 n) Gamander-S.
(= O. atrorubens F. W. Schultz)

⊚, *G.* – H. 0,15–0,40. *St. gelbbraun;* Tragb. so lang wie Kr.röhre od. etwas kürzer; K.hälften meist bis zur Mitte in 2 fast gleiche Zähne gespalten, höchstens halb so lang wie Kr.; *Kr.* 20–30 mm lang, verwaschen bräunlichlila, zur Basis hin heller, über dem Stbb.ansatz bauchig, *Rücken erst nahe der Oberlippe stark gekrümmt, helldrüsig; Stbb.* 5–3 mm hoch eingefügt, am Grd. *mit goldgelber Halbmonddrüse; N. purpurn* od. purpur-bräunlich. V–VII.

Trockenrasen, trockene Wiesen; kalkreiche Lehm- od. Lößböden; auf *Teucrium spp. (bes. T. montanum* u. *T. chamaedrys)* schmarotzend. – Zerstreut: Rheinpfalz bis S-Bad., ö. Vorberge der Hochvogesen, Alp. (bis 1320 m); selten: Bay. (Jura, Unterhausen b. Weilheim). – Belg., Frankr., Pyren., SW-D. bis Ung., Bosn.; submed(-w-med).

2470. O. lútea Baumg. (Abb. 387 o, p) Rötlichgelbe S.

⊚, *G.* – H. 0,10–0,61. St. gelb, braun od. purpurn; Tragb. etwa so lang wie Kr.; *K.hälften* fast gleich- bis ungleich-2zähnig, *vielnervig,* meist *halb so lang wie Kr.;* Kr. 20–32 mm lang, verwaschen bräunlich od. bräunlichrötlich, im unteren Teil gelblich, selten ganz gelb od. rötlich, helldrüsig behaart, über dem Stbb.ansatz etwas erweitert (Abb. 387 o); Stbb. 3 bis 7 mm hoch eingefügt, am Grd. von orangegelbem Nektarfleck umgeben; *N. wachsgelb bis dottergelb.* V–VII. Hierzu:

var. b u e k i á n a (Koch) Beck; Kr.röhre enger, schon von der Basis an nach vorne gekrümmt, vor der Oberlippe sogar abwärts gekrümmt, mit großer hochgeschlagener Oberlippe, hellgelb od. rötlich (Abb. 387 p).

Oft im Schatten unter Sträuchern. – Selten: Ehrenbreitstein, Frankfurt/Oder, Prenzlau, Schles.

Halbtrockenrasen; warme, basenreiche Lehm- od. Lößböden; auf *Leguminosae* (bes. *Medicago, Trifolium, Melilotus*) schmarotzend. – Verbreitet im s., sw. u. streckenweise auch im m. (Saaletal um Jena) Geb., sonst zerstreut, fehlt u. a. Alp. u. im n. Geb. über große Strecken. – Eur. u. W-As. (etwa zwischen 55° u. 36° n. Br.; fehlt Engl. u. Kl.As.); (submed-)euras.

2471. O. elatior Sutton (Abb. 387 q) Große S.
(= O. maior auct. p.p.)

⊚, *G.* – H. 0,20–0,70. St. gelb, rosa od. rotbraun; Tragb. etwa so lang wie Kr.; K.hälften ungleich-2zähnig, etwa halb so lang wie Kr.; *Kr.* (15–)20 mm lang (zuletzt –26 mm), erst gelbbraun mit rötlichem Anflug, später gelblich, helldrüsig behaart, *über dem Stbb.ansatz allmählich erweitert; Stbb.* 4–6 mm hoch eingefügt, *am Grd. mit goldgelbem Nektarfleck;* N. wachsgelb. VI–VII(VIII). 2 n = 38.
Halbtrockenrasen, trockene Fettwiesen; basenreiche Lehm- u. Lößböden; im Geb. nur auf *Centaurea scabiosa* schmarotzend. – Sehr zerstreut: Schl.Holst. (Heiligenhafen), Meckl. (Stralsund, Arkona), Westf. (Marsberg–Hesperinghausen), Thür.-Anh. (so Nebra bis S-Kyffhäuser); zerstreut: SW-D., (Main- u. Oberrheingeb. s. bis Bodenseegeb. u. Alp.vorland). – Engl., Dän., (Schwed.) bis Kl.As., Kauk., Ind.; gem-kont(-submed).

2472. O. alsática Kirschleger (Abb. 387 r) Elsässer-S.
(= O. cervariae Kirschl.)

⊚, *G.* – H. 0,15–0,69. St. gelb, später rötlich; Tragb. kürzer bis länger als Kr.; K.hälften ungleich-(od. fast gleich-)2zähnig oft nur halb so lang wie Kr.; *Kr.* 12–23 mm lang, gelblich, *zum Saum hin bräunlichlila (bes. auf den Nerven),* helldrüsig, vorne unten bauchig erweitert, Rücken gleichmäßig gebogen; Stbb. 4–7 mm hoch eingefügt; N. gelb. VI–VII. Umfaßt im Geb. (auch als Arten bewertet):

var. a l s á t i c a; H. 0,40–0,70; Kr. 20–25 mm lang, Rücken gleichmäßig gekrümmt; Stbb. 3–5 mm hoch eingefügt; Gr. dicht drüsig.
Vorwiegend auf *Peucedanum cervaria* u. *P. alsaticum* – In lichten Gebüschen u. offener Felsflur in Warmgeb. der unteren Hügelregion. – Selten: Thür. (oberes Saaletal), Bay. (Maintal), Bad. (Oberrheintal). – submed.

var. m a y e r i Suess. et Ronn. [= O. mayeri (Suess. et Ronn.) Bertsch]; Pfl. gelb; Kr. 12–15 mm lang; Stbb. 3–5 mm hoch eingefügt; Gr. spärlich drüsig.
Auf Laserpitium – Selten: Württ. (Schwäb. Alb).

var. l i b a n ó t i d i s (Rupr.) Beck (= O. libanotidis Rupr., O. bartlingii Griseb.); H. (0,15)0,20–0,40; Kr. 12–17(20) mm lang, Rücken in der Mitte abgeflacht; Stbb. 1–3(3,5) mm hoch eingefügt; Gr. kahl od. spärlich drüsig.
Auf Seseli libanotidis – Vorwiegend an steinig-felsigen Kalkhängen in der unteren Bergregion. – Selten: Thür. (Herleshausen, Weimar, Plothen), Hess. (Soden–Allendorf), Westf. (Höxter). – euraskont.

Lichte Trockenbuschges. u. Waldränder; auf *Peucedanum cervaria, P. alsaticum* u. bes. *Seseli libanotis* u. a. *Umbelliferae* schmarotzend. – Vereinzelt vom nö. (Westpr., Odergeb.) bis w. u. bes. sw. Geb. (u. a. Thür.: oberes Saaletal, Hess.: Werratal, Bay.: Maintal, über Jura bis S-Bad.) – O-Frankr. bis Chin.; euraskont(-submed).

2473. O. fláva Mart. (Abb. 387 s) Hellgelbe S.

⊚, *G.* – H. 0,15–0,65. St. gelblichweiß bis bräunlich; Tragb. meist etwas kürzer als ausgewachsene Bl., anfangs rötlich; K.hälften ungespalten od. sehr ungleich-2zähnig, etwas kürzer als Kr.röhre; *Kr.* 20 mm lang, gelb bis gelblichweiß, an der Oberlippe anfangs rötlich, dann bald bräunlich, helldrüsig, *über dem Stbb.ansatz bauchig, Oberlippenlappen* erst vorgestreckt, *später zurückgeschlagen;* Stbb. 4–6 mm hoch eingefügt; *N.* wachsgelb, *nach der Blüte eingerollt.* VI–VII(VIII).

Steinschuttges.; kalkreiche steinige Böden; auf *Compositae (Petasites, Tussilago, Adenostyles)* schmarotzend. – Verbreitet bis zerstreut: Eulengebg., Isarauen, Alp. (bis 1500 m). – Pyren., Alp. u. Voralp., Karp., Eulengebg., Serb.; praealp.

2474. O. lucórum A. Br. (Abb. 387 t) Hain-S.

⊚ – ♃, *G.* – H. 0,18–0,53. St. gelblich od. rosa; *Tragb.* die Bl. nicht od. nur wenig überragend, *oft waagerecht abstehend;* K.hälften ungespalten od. ungleich-2zähnig, oft nur halb so lang wie Kr.; Kr. (12–)15–20 mm lang, orangefarben, helldrüsig behaart; *Stbb.* 2–3 mm hoch eingefügt, *am Grd. von goldgelber Nektardrüse* umgeben; N. gelb od. orange, später bräunlich. (VI)VII–VIII. 2 n = 38.

Auengebüsche; basenreiche, steinig-kiesige Ton- u. Lehmböden; auf *Berberis vulgaris* u. seltener auf *Rubus* od. *Crataegus* spp. schmarotzend. – Selten, nur Alp. (bis 1050 m), Alp.vorland, München, Augsburg. – Alp.geb.; praealp.

2475. O. sálviae F. W. Schultz (Abb. 387 u) Salbei-S.

⊚, *G.* – H. 0,12–0,55. St. gelblich; *Tragb.* etwas *die Bl. überragend, oben abgebogen;* K.hälften ungespalten od. ungleich-2zähnig, kürzer als Kr.röhre; *Kr.* 12–23 mm lang *(meist 15),* erst gelb, später zum Saum hin bräunlichlila, helldrüsig, vorne unten bauchig erweitert, *Rücken kurz vor der Oberlippe stärker gekrümmt;* Stbb. 3–5 mm hoch eingefügt; N. erst gelb, bald orangegelb bis bräunlich. (VI)VII–VIII.

Bergmisch-, Schlucht- u. Auenwälder, Schonungen; basenreiche Lehmböden; auf *Salvia glutinosa* schmarotzend. – Verbreitet: Alp. (bis 1500 m); sehr selten: Alp.vorland. – Alp.geb.; praealp.

2476. O. rápum-genístae Thuill. (Abb. 387 v) Ginster-S.

⊚ – ♃, *G.* – H. bis 0,85. St. gelblichweiß; Tragb. die Kr. meist überragend, oberer Teil herabgeschlagen; K.hälften ungleich-2zähnig, kürzer als Kr.röhre; *Kr.* 20–25 mm lang, *verwaschen gelb- bis rot-braun* (selten violettbraun), über dem Stbb.ansatz *bauchig, oberes Viertel helmartig* nach vorne gekrümmt; Stbb. bis 2 mm hoch eingefügt; N. goldgelb. V–VII(VIII). 2n = 38.

Ginsterheiden, Eichen-Birken-Wälder; kalkarme, sandige Böden; bes. auf *Sarothamnus scoparius,* seltener *Genista tinctoria* od. *Ulex* schmarotzend. – Verbreitet im SW-Geb., sonst zerstreut, N- u. O-Grenze etwa N-Harz (Goslar) – Hildesheim – Osnabrück – Hess.–Nassau – Rheinpfalz (Bienwald) – S-Bad. (Schwarzwald). – W- u. w. M-Eur., Port., Span., NW-Afr., (Ital.); atl.

2477. O. grácilis Sm. (Abb. 387 w) Blutrote S.

(∞), *G.* – H. bis 0,60. St. gelb bis rötlich; Tragb. meist etwa so lang wie Kr.; K.hälften mehr od. weniger tief ungleich-2zähnig, so lang wie Kr.röhre od. kürzer; *Kr.* 10–25 mm lang, *leuchtend gefärbt,* an der Basis außen gelb, darüber rot überlaufen, innen glänzend purpurrot, über dem Stbb.ansatz *stark bauchig,* Rücken gleichmäßig gebogen; *Stbb.* am Kr.grund eingefügt, dort *von kleiner Nektardrüse umgeben;* N. gelb; manchmal schwacher Nelkenduft. (V)VI–VIII. Hierzu:

f. a l b o v i o l á c e a Beck et Erdner; Kr. weiß, zum Saum hin violett; Stbb. unten spärlich behaart; N. weiß mit rotem Rand. – Bay. bei Neuburg a. d. Donau nächst Ried.

Halbtrockenrasen, Magerwiesen; meist kalkreiche Lehm- u. Lößböden; auf *Leguminosae* (u. a. *Trifolium, Dorycnium, Lotus*) schmarotzend. – Verbreitet in S-Bay. (Alp. bis 1780 m), von hier nach N u. W abnehmend; bis etwa Mannheim, N-Bay.; Hess. (Giessen). – S- u. s. M-Eur. bis Transkauk., NW-Afr.; submed(-praealp).

127. Fam. LENTIBULARIÁCEAE L. C. Rich.

Wasserschlauchgewächse

I. Landpfl. mit ungeteilten B. in einer Rosette; Bl. weiß od. violett; Insektenfang durch Einrollen der klebrigen Bl. .... **678. Pinguicula**

II. Wasserpfl. mit feinzerteilten B. an flutenden Spr.; Bl. gelb; Kleintierfang in kleinen Fangblasen, sogen. „Schläuchen", an den B. .... **679. Utricularia**

678. Pinguícula L. Fettkraut

x = 8

I. Bl. weiß mit ein bis zwei gelben behaarten Streifen am Schlundeingang (Abb. 388 a–f) .... **2478. P. alpina**

II. Bl. blauviolett mit weißem, stark behaartem Schlundfleck (Abb. 388 g–h) .... **2479. P. vulgaris**

Abb. 388. *Pinguicula* spp., *a–f P. alpina* [*a* Habitus; *b* Blüte von der Seite, *c* von vorn, bei *d* längsgeschnitten; *e* Stempel (Fruchtknoten geöffnet) u. Staubblätter, *f* Frucht mit Kelch], *g–h P. vulgaris* (*g* Blüte von der Seite, *h* von vorn).

1. Subgen. Micránthus

2478. P. alpína L. (Abb. 388 a–f) Alpen-F.

♃, *H.* – H. (0,03)0,05–0,11(0,13). B. gelbgrün. *Bl.stiel nur zerstreut drüsig;* Bl.knospe grünlich mit bräunlichgelbem Sporn; Bl. (8)10 bis 16(21) mm lang, *Sporn kurz, dick, nach vorne gekrümmt,* grünlich od. gelblich; *Kapsel länglich, zugespitzt.* IV–VI(VIII). 2 n = 32.

Kalksümpfe u. subalp.-alp. Quellfluren od. Steinrasen; ± feuchte bis nasse, kalkhaltige mild-humose, z. T. steinige Böden. – Verbreitet: Alp. (bis 2330 m); zerstreut bis selten: Alp.vorland, Bodensee- u. Donaugeb., Fränk. Jura. – Pyren. bis Karp.; N-Skand., NW-Rußl., N-Ural, Z-As.; alp-arkt(-atl).

2. Subgen. Pinguícula

2479. P. vulgáris L. (Abb. 388 g–h) Gemeines F.

♃, *H.* – H. (0,03)0,07–0,18(0,27). B. frischgrün. *Bl.stiel drüsig-flaumig;* Bl.knospe dunkelviolett; Bl. (9)15–22(29) mm lang, *Sporn lang, dünn, meist nach hinten gestreckt,* violett; *Kapsel eiförmig, abgerundet.* V–VI(VIII). 2 n = 64.

Kalksümpfe, Flachmoore, Quellmoore, Wiesen; feuchte bis nasse, kalkhaltige u. kalkarme Flachmoorböden, z. T. auch steinige Böden. – Selten in der Ebene u. im m. Geb., verbreiteter u. zerstreut in den Gebg., s. bis Alp. (bis 1620 m). – Isl., Skand. bis s. Eur., Marok., Z-As.; n. N-Am., Grönl.; no-subozean-praealp, circ.

Bastard:
P. alpina × vulgaris (= P. × hybrida Wettst.).

679. Utriculária L. Wasserschlauch

x = 10

Anmerkung: Bei Wasser- od. Nahrungsmangel entwickeln sich Kümmerformen (nicht blühend): „*Platyloba-Formen*" (B.zipfel verbreitert, vgl. Abb. 389 b) und „*Landformen*" (Breitzipfelb. sehr klein u. dicht, Pfl. moosartig). „*Primärb.*" im Frühjahr ebenfalls klein u. breitzipfelig.

I. Pfl. meist im Schlamm verankert mit bleichen Erdspr.* (U. bremii erst ab Sommer). Je B. höchstens 35 Endzipfel.
- A. Schläuche nur an den reduzierten B. der Erdspr.; Wasserb.endzipfel (im Sommer) stumpf zugespitzt, mit 2–12 Wimpern jederseits (Abb. 390 a, e) . . . . **2480. U. intermedia**
- B. Schläuche auch an den grünen Wasserspr.
  - 1. Einzelne Wasserb. mit 1–2 Schläuchen; Wasserb.endzipfel allmählich zugespitzt, mit 2–3 Zähnen jederseits (Abb. 390 f) . . . . **2481. U. ochroleuca**
  - 2. Die meisten Wasserb. mit Schläuchen; Endzipfel ohne seitliche Zähne (selten 1 Zahn).
    - a) Wasserb. bis 30 mm breit (Abb. 390 b); Antennen an der Schlauchöffnung kurz, kräftig . . . . **2482. U. bremii**
    - b) Wasserb. bis 12 (höchstens 20) mm breit (Abb. 390 c); Antennen lang, haarförmig . . . **2483. U. minor**

II. Pfl. frei im Wasser schwimmend. Je B. 80–200 Endzipfel (Abb. 390 d).
- A. Kr.oberlippe etwa so lang wie Unterlippengaumen; Unterlippenplatte mit zurückgeschlagenen Rändern (Abb. 389 e, f) . . . . **2484. U. vulgaris**
- B. Kr.oberlippe etwa doppelt so lang wie Gaumen; Unterlippenplatte flach ausgebreitet . . . . **2485. U. neglecta**

* Bei zu hohem Wasserstand können die Pfl. frei schwimmen u. statt der typischen Erdspr. Übergänge zu Wasserspr. bilden.

2480. U. intermédia Hayne (Abb. 389 c, 390 a, e) Mittlerer W.

♃, *HH*. – Flutende Spr. 0,08–0,50 lang, auftauchender Blst. 0,06 bis 0,36 hoch; Winterkn. bis 6 mm dick, dicht behaart, ihre *Achse nach*

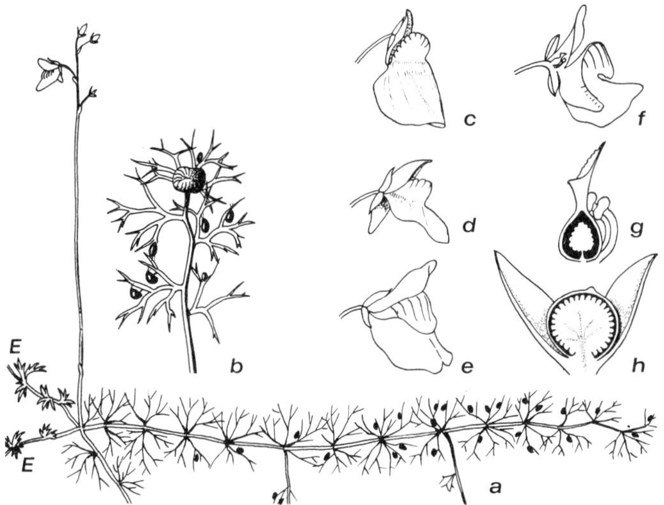

Abb. 389. *Utricularia* spp., *a–b U. minor* (*a* Habitus, E = emerse Sprosse u. Blätter; *b* Sproß mit Winterknospe), *c U. intermedia* (Blüte), *d U. ochroleuca* (Blüte), *e–h U. vulgaris* [*e* Blüte, bei *f* im Längsschnitt; *g* Stempel (Fruchtknoten geöffnet) mit Staubblättern; *h* Frucht mit Kelch, längsgeschnitten].

der Keimung nicht gestreckt; Sommerb. 4–20 mm lang, mit 7–17 *Endzipfeln,* diese *länger als vorletzte B.abschnitte; Schläuche* fast *kreisrund;* Kr. zitronengelb mit purpurgestreiftem Gaumen u. *innen braungestreifter Oberlippe;* Oberlippe dreieckig, abgerundet; Gaumen rundlich; Unterlippenplatte ausgebreitet od. mit leicht umgeschlagenen Rändern; *Sporn* so lang wie Unterlippenplatte od. kürzer, *parallel* zu ihr. VI–IX.
Torfschlamm-, Wasserpflanzenges., Moorschlenken, Tümpel; stehende humussaure, nährstoffärmere Gewässer mit meist torfigem Grd. – Selten u. zerstreut, vom n. Nieders., Schl.Holst., Brand., Schles. bis Alp.vorland u. Alp. (bis 930 m); im m. Geb. z.T. neuerdings nicht mehr bestätigt. – NW-Eur. bis Sib.; NO-USA.; no-euras(subozean).

2481. U. ochroleuca Hartman (Abb. 389 d, 390 f) Blaßgelber W.

♃, *HH.* – Flutende Spr. 0,08–0,50 lang, auftauchender Blst. 0,10 bis 0,18 hoch; *Winterkn.* bis 5 mm dick, dicht behaart, *nach der Keimung mit 3- bis 5fach verlängerter Achse;* Sommerb. 4–18 mm lang, mit 7–16 *Endzipfeln,* diese *kürzer als vorletzte B.abschnitte;* Kr. blaßgelb mit braunrot gestreiftem Gaumen: Oberlippe eiförmig, stumpf od. schwach ausgerandet, Gaumen kugelig, niedergedrückt; *Unterlippenplatte queroval,* flach bis gewellt; *Sporn* halb so lang wie Unterlippenplatte u. meist *senkrecht* zu ihr. VI–VII. 2n = ca. 40.

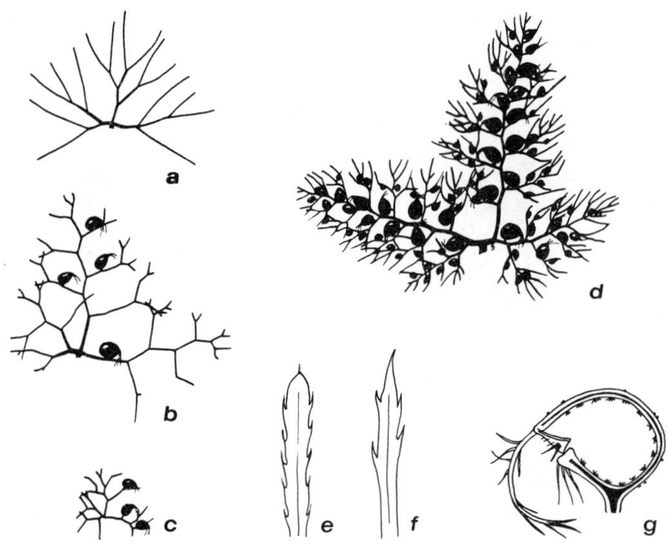

Abb. 390. *Utricularia* spp., *a–d* Wasserblätter (*a U. intermedia, b U. bremii, c U. minor, d U. vulgaris*), *e–f* Wasserblattzipfel (*e U. intermedia, f U. ochroleuca*), *g* Schlauch im Längsschnitt (*U. vulgaris*).

Hoch- u. Flachmoore, Tümpel; nasser Torfschlamm bzw. stehende, mäßig humussaure, nährstoffarme Gewässer mit Torfschlammgrd. – Selten bis sehr selten u. nur vereinzelt: Schl.Holst., Meckl., Nieder- u. Oberlausitz, Schles., Ostpr. u. im s. Geb.: Pfalz, Rheingeb. (Opfingen), S-Schwarzwald, Bodensee, Alp.vorland (Reichermoos), Bay. (Pleinfeld, Rain). – N- bis M- u. W-Eur.; Grönl.; no-subatl.

2482. U. brémii Heer (Abb. 390 b) Bremis W.

♃, *HH.* – Flutende Spr. 0,06–0,60 lang, auftauchender Blst. 0,05 bis 0,42 hoch; Winterkn. bis 5 mm dick, kahl; Sommerb. 2–20 mm lang, mit 9–25(–35, –50) Endzipfeln u. 1–8(–10) Schläuchen; *K.oberlippe abgerundet;* Kr. gelb mit rostbraunen *Streifen auf* Gaumen u. *Unterlippenplatte* (dort blasser); Gaumen hufeisenförmig; Unterlippenplatte *kreisrund, flach ausgebreitet; Sporn* kurz kegelförmig, *so lang wie an der Basis breit.* (VI)VII–IX.

Torfschlammges., Sümpfe, Gräben, Tümpel, Schlenken; flach überschwemmte, nährstoffarme Torfschlammböden. – Selten bis sehr selten: Hess., Schles., Bay. (Dinkelsbühl, Erlangen), Bad. (u. a. Kreis Lahr); Mannheim–Ludwigshafen u. a. wohl erloschen. – Schwed., Dän. bis M- u. W-Eur.; subatl.

2483. U. mínor L. (Abb. 389 a–b, 390 c) Kleiner W.

♃, *HH.* – Flutende Spr. 0,08–0,50 lang, auftauchender Blst. 0,03 bis 0,17(–0,20) hoch; *Winterkn.* bis 5 mm dick, *kahl;* Sommerb. 3 bis 18 mm lang, mit 7–22 Endzipfeln u. 1–7 Schläuchen; *K.oberlippe scharf zugespitzt;* Kr. blaßgelb mit (oft sehr blassen) rostbraunen Streifen am Gaumen; Oberlippe dreieckig, abgerundet od. zweilappig ausgebuchtet; Gaumen hufeisenförmig; Unterlippenplatte mit später herabgeschlagenen Rändern; *Sporn kürzer als seine Kegelbasis* breit ist. VI bis IX. 2 n = (36–)40.

Flachmoore, Igelkolbenges., Tümpel, Moorschlenken; stehende, ± nährstoffhaltige Gewässer mit Torfschlammgrd. – Zerstreut bis rel. verbreitet im n. Geb., sonst zerstreut bis selten, s. bis Alp. (bis 925 m). – N- bis s. M-Eur., N-Afr.; N- u. W-As.; N-Am.; (no-)euras-subozean, circ.

2484. U. vulgáris L. (Abb. 389 e–h, 390 d, g) Gemeiner W.

♃, *HH.* – Flutende Spr. 0,30–2,00 lang, auftauchender Blst. 0,15 bis 0,35(0,54) hoch; *Winterkn.* ca. *10 mm dick,* stark behaart; *Sommerb.* 20–80 mm lang, *2- bis 4lappig* durch verlängerte untere Fiederäste, mit 20–209 Schläuchen; *Bl.-Tragb. 4,5–6 mm lang;* Bl.stiel u. *Fr.-stiel 7–10*(–15) mm lang; Kr. goldgelb mit braunrot (verzweigt-) gestreiftem Gaumen; *Oberlippe* rundlich, gewellt, *kaum länger als Gaumen,* mit undeutlich 3lappiger Spitze; Gaumen mit Längsfurche; *Unterlippenplatte sattelförmig gebogen,* mit zurückgeschlagenen Rändern. VI–VIII. 2 n = (36–)40.

Laichkrautges., Teichrosenbestände, Teiche, Sümpfe, Gräben; stehende od. langsam fließende, nährstoffreichere Gewässer. – Zerstreut im ganzen Geb., s. bis Alp. (bis 930 m). – Eur., gem. As.; NO-USA; no-euras, circ.

2485. U. negléca Lehmann* Übersehener W.

♃, *HH.* – Flutende Spr. 0,20–1,50 lang, auftauchender Blst. 0,06 bis 0,60 hoch; *Winterkn. 8–18 mm dick,* stark behaart; *Sommerb.* 10 bis 65 mm lang, *2- bis 4lappig* durch verlängerte untere Fiederäste, mit 8–75 Schläuchen; *Bl.-Tragb. 3–4 mm lang;* Bl.stiel 5–12(–18) mm, *Fr.stiel 9–25(–38) mm lang;* Kr. zitronengelb mit gestreiftem Gaumen; *Oberlippe viel länger als Gaumen;* Gaumen kurz, abgerundet; Unterlippenplatte kreisrund, flach ausgebreitet. VI–VIII. 2 n = (36–)40.

Laichkrautges., Teiche, Sümpfe, Gräben; meist sommerwarme, stehende od. langsam fließende, nährstoffreichere Gewässer. – Selten im n. Geb., nach S u. SW verbreiteter (Alp. bis 930 m). – M-, W- u. S-Eur., N-Afr.; subatl-submed.

* Nach Feststellung von Fr. Meister (1900) soll U. neglecta nur eine Warmwasserform von U. vulgaris sein.

50. Ordn. Plantagináles

128. Fam. PLANTAGINÁCEAE Juss.

Wegerichgewächse

I. Landpfl.; Bl. ☿, in Ähren; Fr. eine 2 – vielsamige Kapsel .... 680. Plantago
II. Ufer- u. Wasserpfl.; ♂ Bl. einzeln, langgestielt, am Stielgrd. mit 2–3 sitzenden ♀ Bl.; Fr. 1samige Nuß .... 681. Litorella

680. Plantágo L. Wegerich

x = 5, 6

I. B. gegenständig; Ähren fast kugelig (Abb. 391 g)
  A. St. krautig; B. locker stehend .... 2494. P. indica
  B. St. holzig; B. an den Zweigenden büschelig gehäuft .... 2495. P. sempervirens
II. B. in grundständiger Rosette
  A. B. breit-eiförmig od. breit-ellipt.
    1. B.stiel fast so lang wie B.spreite (Abb. 391 a) . 2486. P. major
    2. B.stiel fehlend od. kurz .... 2491. P. media
  B. B. lineal bis lanzettl. od. fiederspaltig
    1. B. fiederspaltig (Abb. 391 d) .... 2487. P. coronopus
    2. B. ungeteilt
      a) B. lanzettl. bis breit-lineal; Ähren kurz-walzlich od. eiförmig bis fast kugelig
        x) Ährenstiel rund, kaum gerieft .... 2492. P. atrata
        xx) Ährenstiel deutlich 4- bis 5kantig u. gefurcht .... 2493. P. lanceolata
      b) B. schmal-lineal bis schmal-lanzettl.; Ähren länglich
        x) Ähren (3–)5–12 cm lang; B. mit 3–5 gleichmäßig verteilten Nerven
          /) B. fleischig, anfangs mit Längsrinne, kahl .... 2488. P. maritima
          //) B. lederig, flach, am Rand meist gewimpert .... 2489. P. serpentina
        xx) Ähren 1–3(–5) cm lang; B. mit 3 fast nicht sichtbaren Nerven, davon 2 randnah .... 2490. P. alpina

Abb. 391. *Plantago* spp., *a–c P. major* (*a* Habitus, *b* Blüte im Längsschnitt, *c* Frucht mit Kelch u. Rest der Krone), *d–e P. coronopus* (*d* Laubblatt, *e* Blüte mit Tragblatt), *f P. lanceolata* (Blüte mit Tragblatt), *g–h P. indica* (*g* Habitus, *h* Blüte von hinten).

1. Subgen. Plantágo
1. Sect. Polyneūron

2486. P. májor L. (Abb. 391 a–c) Großer W.

(⊙–) ♃, *(Th–) H.* – H. 0,10–0,40(0,60). Hauptw. früh absterbend; B. (2–)10(–20, –40) cm lang; *Ährenstiel meist kürzer als B.*, Ähre verlängert; vordere Kb. schmal-, hintere breit ellipt.; *Kr.* knapp 2 mm lang, gelblichweiß, *bis zur Fr.reife bleibend,* Kr.röhre *kahl; Stbf. weißlich;* 6–30 S. (V)VI–X. 2 n = 12.

ssp. májor; Pfl. meist größer; B. vom Stiel deutlich abgesetzt, mehr aufrecht, lederig, fast kahl, meist 5–9nervig; Kapseldeckel mehr kegelförmig, Deckelrand frei sichtbar; 8–10 S. – Trittpflanzenges.; ± frische, ± humose, dichte Böden (Pionierpfl.).

ssp. wínteri (Wirtg.) W. Ludwig; ähnlich wie ssp. intermedia aber nur 8–11 S. u. B. meist 3nervig u. dicklich. – Salzwiesen.

ssp. intermédia (Gil.) Lange (= ssp. pleiosperma Pilg.); Pfl. meist kleiner; B. in den Stiel allmählich verschmälert, mehr niederliegend, weich, ± stark behaart, meist 3- bis 5nervig; Kapseldeckel unten zylindrisch, Deckelrand von Kb.spitzen verdeckt; 18–20 S. – Zwergbinsenges.; feuchte bis nasse Böden.

Trittpflanzenges., Wegränder, Weiden, Rasen, Schuttunkrautges. etc.; frische, nährstoffreiche tonige od. sandige Lehmböden. – Verbreitet u. häufig im ganzen Geb. (Alp. bis 2375 m). – Gem. Zonen; ursprünglich wohl: no-euras-subozean. *Droge:* Herba Plantaginis majoris.

2. Sect. Corónopus

2487. P. corónopus L. (Abb. 391 d–e) Schlitzblatt-W.

☉ (–♃), *Th, (–H).* – H. (0,05)0,08–0,15(0,30). W. lang; B. (3)5–6(8) cm lang; Ährenstiel rauhhaarig; vordere *Kb.* ellipt., *hintere* kahnförmig *mit bewimpert-geflügeltem Kiel;* Kr. knapp 2 mm lang, weißlich mit braunen Nerven, *Kr.röhre fein behaart;* Stbf. weißlich; *Kapsel in verhärteten* K. *eingeschlossen;* meist 4 S. VI–IX.

ssp. corónopus: Ähre schlank. 2 n = 10(+0–1).

var. vulgáris Godron; Pfl. mittelklein; W. u. B. dünn. –

var. rupéstris Pilg.; Pfl. klein, mit dicker W. ausdauernd; B. niederliegend, dicker, steif, oft rötlich; (auf Helgoland),

var. strícta Pilg.; Pfl. klein bis mittelklein, oft mit dicker W. ausdauernd; B. dick, steif. (salzliebend).

Strandnelken-Wiesen, Küsten, Salzstellen des Binnenlandes; frische, im Küstengeb. seltener überflutete, salzhaltige, auch sandigere tonige Böden. – Verbreitet: N- u. O-See-Küsten; vereinzelt landeinwärts; selten u. z. T. nur unbeständig an Salzstellen des Binnenlandes. – Küstengeb. M- u. S-Eur., N-Afr., Vord.As.; (N-Am., Austr.); med-atl.

2488. P. marítima L. Strand-W.

♃, *H.* – H. 0,15–0,40. W. kräftig, verzweigt, oft *mehrköpfig, fleischig;* Rhiz. fleischig, *schuppig* (durch lang erhaltene B.reste), rasenbildend; B. (5)10–15(35) cm lang; *Kb.* fast *gleichartig,* eiförmig, kahnförmig; Kr. 4–5 mm lang, bräunlich, Kr.röhre *kurzhaarig;* 2 S. VII–X. 2 n = 12, (18).

Salzwiesenges. der Küsten; meist feuchte, wiederholt überflutete, salzreiche Tonböden, seltener sandreichere Böden. – Häufig: N- u. O-See-Küsten; zerstreut bis selten: Salzstellen des Binnenlandes (z. B. Salzwedel, Leipzig, Wetterau, Bad Kissingen, Partenkirchen, Mittenwald). – Eur. Küstengeb.; no-euras.

2489. P. serpentína All. Schlangen-W.

♃, *H.* – H. 0,08–0,25. W. dick, sehr lang; Rhiz. verzweigt, schuppig; B. bis 15(–20) cm lang, *vordere Kb.* oben *langwimperig,* etwas *schmaler als hintere;* Kr. 3–4 mm lang, weißlich, *Kr.röhre kurzhaarig;* meist 1 S. (3–4 Sa.). VI–VIII. 2 n = 12.

Lückige Rasenges.; frische, steinige Böden. – Sehr selten, nur Mittenwald, Partenkirchen (bis 940 m). – W-Alp. bis Tirol, S-Alp., Apenn., Banat; alp-praealp.

2490. P. alpína L. Alpen-W.

♃, *H.* – H. (0,02)0,04–0,10(0,20). W. lang (bis 1 m !), kräftig; Rhiz. *B.reste später verlierend;* B. 2–10 cm lang, ± bogig aufsteigend; *vordere Kb.* ellipt., oben *langwimperig,* hintere breit-eiförmig, löffelförmig; Kr. 2–3 mm lang, weißlich, *Kr.röhre unten behaart;* 1 S. (3 Sa.). V–VII. 2n = 24, 12.

(Subalp.-)alp. Borstgrasrasen, Schneebodenges.; frische, nährstoffhaltige, kalkarme, humose, steinig-lehmige Böden. – Verbreitet u. oft häufig: Allgäuer Alp. (1300–2250 m); Bay. Alp. (Juifen). – Pyren., Jura bis W-Alp., Mazed., Cilicien; w-alp.

3. Sect. Lamprosántha

2491. P. média L. Mittlerer W.

♃, *H.* – H. 0,10–0,50. W. lang, kräftig, oft geteilt; B. (2)9–17 (20) cm lang; B.spreite allmählich in den kurzen Stiel verschmälert; *Ährenstiel viel länger als B.;* Ähre länglich (2–)5 cm lang; vordere Kb. ellipt., hintere breit-eiförmig, Kr. 4 mm lang, weißlich glänzend, *wohlriechend; Kr.röhre kahl; Stbf. lila,* mehrmals so lang wie Kr.; 2 bis 4 S. V–IX. 2n = 24.

Halbtrockenrasen, trockene Fettwiesen, Rasen; ± trockene bis frische, meist kalkhaltige lehmige Böden. – Selten im nw. Geb. u. zerstreut im NO, sonst meist verbreitet u. geb.weise häufig (Alp. bis 1630 m). – Eur., gem. As.; euras-(kont)-submed.

4. Sect. Oreádes

2492. P. atráta Hoppe Berg-W.
(= P. montana Lam.)

♃, *H.* – H. (0,02)0,05–0,15(0,20). Pfl. *getrocknet schwarzbraun* werdend (besonders Ähren); B. (2)4–12(18) cm lang; *Ährenstiel* u. junge Ähre *spinnwebartig behaart; Tragb. mit breiten,* häutigen, bräunlichen *Seitenlappen;* Kb. fast gleichartig, ellipt., oben langwimperig; Kr. 2 mm lang, braun, *Kr.röhre kahl;* Stbf. weißlich; 1–2 S. VI bis VIII. 2n = 12.

Alp. Schneebodenges., Fettweiden; feuchte, nährstoff- u. kalkhaltige, humose tonige Böden. – Selten u. zerstreut: Alp. (etwa 1200–2150 m). – Pyren., Jura bis Sud., Apenn., Karp., Balk.; alp.

5. Sect. Arnoglóssum

2493. P. lanceoláta L. (Abb. 391 f) Spitz-W.

♃, *H.* – H. 0,05–0,50. B. (4)10–20(40) cm lang; Ährenstiel anliegend behaart bis fast kahl; *Tragb.* breit-eiförmig, an der Spitze *geschwänzt; vordere Kb. hochhinauf verwachsen;* Kr. 2–3 mm lang, bräunlich, *Kr.röhre kahl;* Stbf. weißlich; 2 S. V–IX. 2n = 12(+0–1 B). Hierzu:

ssp. lanceoláta; B. höchstens zerstreut behaart; Ähren meist zylindrisch, auf meist aufrechten Stielen. – Verbreitet.

ssp. sphaerostáchya (Wimm. et Grab.) Hayek; B. dicht behaart; Ähren kugelig bis eiförmig, auf meist niederliegenden Stielen. – Magere, flachgründige Stein- od. Sandböden. – Zerstreut.

Fettwiesen u. Weiden, auch Unkrautges., Wegränder; frische bis mäßig trokkene, nährstoffreiche Lehm- u. Sandlehmböden. – Verbreitet u. häufig im ganzen Geb. (Alp. bis 1860 m). – Gem. Zonen; ursprünglich wohl: eurassubozean.

Droge: Herba Plantaginis lanceolatae

2. Subgen. Psýllium
Sect. Psýllium

2494. P. índica L. (Abb. 391 g–h) Sand-W.
[= P. arenaria W. et K. bzw. Poir., P. ramosa (Gil.) Aschers.].

☉, *Th.* – H. (0,05)0,20–0,30(0,60). W. lang, unverzweigt; St. verzweigt; rauhhaarig, B. lineal., 6–8 cm lang; unterste *2 Tragb. mit langvorgezogener Spitze; vordere Kb. spatelförmig, oben viel breiter als hintere;* Kr. 4 mm lang, bräunlich-weiß, *Kr.röhre kahl;* 2 S. VI–IX. 2n = 12.

Schutt u. andere unkrautige Ges., Bahndämme, Binnendünen, Wegränder etc.; trockene, warme, kalkarme Sand- od. sandig-steinige Böden. – Zerstreut: Elbe- u. Rheintal; sonst selten u. oft vorübergehend. – SO-Eur. bis M-, O- u. SW-Eur., Vord.As., SW-Sib.; euras-kont-submed.

2495. P. sempervírens Crantz Strauch-W.

♄, *Ch.* – H. 0,08–0,10(–0,30–0,40). St. verzweigt, kurzhaarig mit einzelnen langen Haaren u. B.scheiden der vorjährigen Langtriebb.; B. lineal. (2)3–6(7) cm lang; untere *Tragb.* mit *lang-vorgezogener dicker Spitze; Kb.* nur *wenig unterschiedlich;* Kr. 5 mm lang, weißlich, *Kr.-röhre kahl,* am Grd. *querrunzelig;* 1 S. V–VI. 2n = 12.

Wegränder, Trockenrasen; trockene, warme, steinig-lehmige Böden. – Verschleppt u. eingebürgert: z. B. S-Oberrheingeb. (Kleinkems). – SW-Eur. bis Schweiz, Österr.; w-med-submed.

Bastarde:

P. alpina × serpentina (= P. × beauverdii Pilg.), P. lanceolata × media, P. major × media (= P. × mixta Domin).

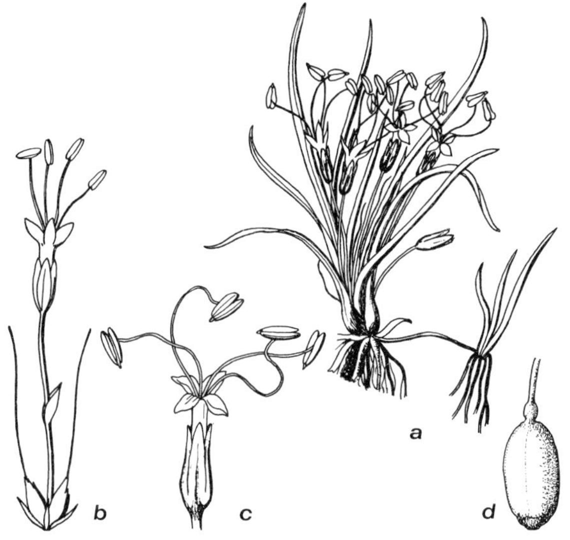

Abb. 392. *Litorella uniflora* (*a* Habitus, *b* Blütenstand mit 1 ♂- und 2 ♀-Blüten, *c* ♂-Blüte, *d* Frucht).

681. Litorélla Bergius Strandling

x = 6

2496. L. uniflóra (L.) Aschers. (Abb. 392) Einblütiger Str. (= Plantago uniflora L. 1753, L. juncea Bergius 1763, L. lacustris L. 1771).

♃, *HH.* – H. 0,02–0,12. W. *Ausläufer* treibend (nicht blühende Tiefwasserform durch Ausläufer u. weiße W. leicht von Isoëtes zu unterscheiden); B. bei Unterwasserform *binsenförmig,* bis 10(20) cm lang, bei Landform kürzer u. mit Längsrinne (Übergänge bei Seichtwasserform); Ähre auf 1 ♂ Bl. u. 2–3 ♀ Bl. vereinfacht; ♂ Bl. noch ☿-angelegt; ♀ Bl. *schlauchförmig,* erst nachträglich oben unregelmäßig eingerissen; „*Scheingr.*" (= 2 verwachs. N.) *sehr lang.* V–VI(–VIII, –IX). 2n = 24.

Strandlingges., am Ufer od. in stehenden od. langsam fließenden Gewässern bis über 2 m Wassertiefe; nasse bis feuchte, zeitweise überschwemmte, nährstoffärmere, sandige, kiesige od. etwas schlammige Böden. – Zerstreut im n., insbes. im nw. Geb., seltener im nö., u. selten im m. u. s. Geb. (verbreiteter u. zerstreut u. a. Schwarzwaldseen, Bodensee). – N- bis W- u. M-Eur.; no-subatl.

51. Ordn. Dipsacáles

129. Fam. CAPRIFOLIÁCEAE Juss.

Geißblattgewächse

I. B. gefiedert .... **682. Sambucus**
II. B. höchstens gelappt
  A. St. kriechend, fädlich .... **685. Linnaea**
  B. St. aufrecht od. windend
    1. Kr. zygomorph .... **687. Lonicera**
    2. Kr. aktinomorph, od. höchstens leicht schief (Randbl.)
      a) Blst. vielbl. Schirmrispien .... **683. Viburnum**
      b) Blst. armbl. (vgl. auch die 2bl. Lonicera coerulea)
        x) Bl. klein, einzeln od. in kurzen Ähren ... **684. Symphoricarpos**
        xx) Bl. groß, zu 1–3 in B.achseln .... **686. Weigelia**

682. Sambúcus L. Holunder

x = 9

I. Reich verzweigte Sträucher (bis Bäume)
  A. Blst. eiförmig, Beeren rot .... **2497. S. racemosa**
  B. Blst. schirmförmig, Beeren schwarz (selten grünlich od. weißlich) .... **2498. S. nigra**
II. St. krautig, meist unverzweigt .... **2499. S. ebulus**

1. Sect. Botryosambúcus

2497. S. racemósa L. Trauben-H.

♄, *N, (M).* – H. 1,00–3,00. *Mark der Äste gelbbraun; B. mit den Bl. erscheinend,* Schein-Nebenb. fädlich, hinfällig; Kr. gelblich-weiß; Stb.-btl. gelb. IV–V. 2n = 36.

Waldlichtungen, Waldränder der Buchenwälder etc.; frische, nährstoffreiche, kalkarme sandig-lehmige od. reine Lehmböden. – Verbreitet von den m-d. Gebg. bis Alp. (bis 1800 m), selten im n. Geb. – M- bis S-Eur., n. As., N-Am., (S-Skand.); (no-)euras-submed.

2. Sect. Sambúcus

2498. S. nígra L. (Abb. 393 a–e) Schwarzer H., (deutscher „Flieder")

♄, *M.* – H. 2,00–7,00. *Mark der Äste weiß; B. lange vor den Bl. erscheinend,* Schein-Nebenb. fädlich, hinfällig; Kr. weiß; Stbbtl. gelb. V–VI. 2n = 36.

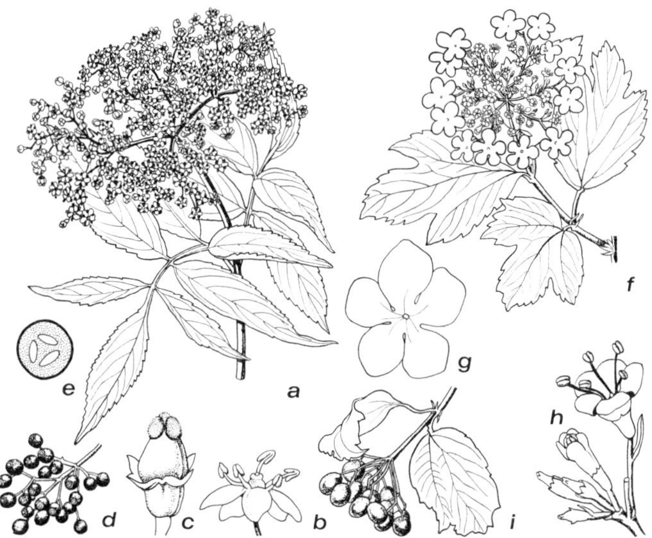

Abb. 393. *a–e Sambucus nigra* (*a* Zweigspitze mit Blütenstand, *b* Blüte, *c* Fruchtknoten u. Kelch, *d* Früchte, *e* Frucht im Querschnitt); *f–i Viburnum opulus* (*f* Zweigspitze mit Blütenstand, *g* Randblüte, *h* Blüten aus der Mitte des Blütenstandes, *i* Früchte).

Gebüsche, feuchte Wälder, Schuttplätze etc.; frische, nährstoffreiche, humose tonige od. lehmige Böden. – Verbreitet u. häufig im ganzen Geb. (Alp. bis 1580 m); daneben wiederholt gepflanzt. – Skand. (63° n. Br.) bis S-Eur., Kauk., Kl.As., Armen., W-Sib.; subatl-submed.

Droge: Flores Sambuci

3. Sect. É b u l u s

2499. S. ébulus L. Zwerg-H., Attich

♃, *H.* – H. 0,50–1,50. *Pfl. widerlich riechend;* Rhiz. kriechend; St. gefurcht; Schein-*Nebenb. blattartig,* gesägt; Kr. rötlich-weiß; Stbbtl. *purpurn;* Fr. schwarz, (selten grünlich od. weiß). VI–VIII. 2n = 36.

Waldschläge u. -lichtungen, Auen, Schuttstellen; frische, nährstoff- u. N-reiche, meist kalkhaltige tonige od. lehmige Böden. – Zerstreut bis verbreitet vom m. Geb. (Westf.-Thür.) bis Alp. (bis 1300 m); im n. Geb. fehlend od. selten verwildert. – S-Schwed. bis N-Afr., Pers., W-As.; submed(-euras).

Droge: Radix Ebuli

683. Vibúrnum L. Schneeball

x = 9

I. B. elliptisch, ... 2500. V. lantana
II. B. 3- bis 5lappig .... 2501. V. opulus

2500. V. lantána L. Wolliger Sch.

ħ, *N, (M).* – H. 1,00–2,50(5,00). *B. runzelig,* gezähnt, *sternhaarig* (unterseits dicht); *alle Bl. gleich;* Kr. weiß; *Fr.* erst rot dann *schwarz.* IV–VI. 2n = 18.

Gebüsche, Waldränder; ± frische, nährstoff- u. meist kalkreiche, sandig-lehmige od. tonige Böden. – Zerstreut in s. Kalkgeb. (s. etwa von Westf. – S-Nieders. – S-Harz) bis Alp. (bis 1430 m); im n. u. ö. Geb. fehlend. – Engl., Frankr. bis S-Eur., Balk., S-Rußl., Kl.As., Kauk.; submed.

2501. V. ópulus L. (Abb. 393 f–i) Gewöhnlicher Sch.

ħ, *N, M.* – H. 1,00–3,00(4,00). *B. glatt, oberseits kahl;* Bl. weiß, *Randbl. viel größer* als innere, geschlechtslos; Fr. scharlachrot. V–VII. 2n = 18. Hierzu:

var. r ó s e u m L.; Blst. kugelig; Bl. alle groß u. geschlechtslos. – Zierstrauch.

Auenwälder, Gebüsche, Waldränder; frische bis feuchte, nährstoffreiche, meist lehmig-tonige Böden. – Verbreitet fast im ganzen Geb. (Alp. bis 1039 m). – Skand. (67° n. Br.) bis S-Eur., N- u. W-As.; euras(-subozean).

684. Symphoricárpos Duhamel Schneebeere

x = 9

2502. S. rivuláris Suksdorf (Abb. 394 a–d) Weiße Sch.
[= S. racemosus Hook., non Michx., S. albus „(L)" Piper et Beattie, non „(L) Blake"].

ħ, *N.* – H. 1,00–2,50. *B.* ellipt. bis rundlich, zuweilen buchtig gelappt, *kahl,* Kr. rosenrot; *Fr. kugelig* bis eiförmig, *weiß.* VI–VIII. 2n = ca. 72.

Häufig gepflanzt, gelegentlich verwildert. – Heimat: w. N-Am.

685. Linnǣa Gron. Moosglöckchen

x = (8), 16

2503. L. boreális L. (Abb. 394 e–i) Nordisches M.

ħ, *Ch.* – H. 0,15–0,20. B. rundlich-eiförmig, gekerbt, kahl; Blst. 2bl. (selten 4bl.); Kr. 7–10 mm lang, rosa od. weiß, innen mit roten Streifen (od. gelben Flecken); Stbb. 4, eingeschlossen; *Fr. von 2 Hochb. halb umhüllt.* VI–VIII. 2n = 32.

Abb. 394. *a–d Symphoricarpos rivularis* (*a* Zweigspitze mit Blüten u. Früchten, *b* Blüte im Längsschnitt; *c* Fruchtknoten, *d* Frucht im Querschnitt); *e–i Linnaea borealis* (*e* Habitus, *f* Blüte, *g* Krone geöffnet; *h* Kelch, Fruchtknoten u. Vorblätter im Längsschnitt; *i* Frucht mit Vorblättern).

Moosreiche Nadelwälder; frische, nährstoffarme, saure rohhumose Böden. – Selten bis sehr selten im n. Geb., von W nach O zunehmend (Oldenburg über Lüneburg, Lübeck bis Meckl., Pomm., Westpr., Ostpr.), Westf., Harz (Brokken), Thür. Wald (Schneekopf), Sachs. (Rietschen), Riesengebg.; früher Allgäu. – N-Eur., N-As., N-Am., Grönl.; D., Alp., Sud., Karp., Kauk.; arkt-nopraealp, circ.

686. Weigélia Thunb. Weigelie

x = 9

2504. W. flórida (Bunge) DC. Chinesische W.
[= Diervilla florida (Bunge) Sieb. et Zucc.].

♄, *N.* – H. 1,00–2,00. *B.* eiförmig, spitz, fein gesägt, unterseits *behaart;* Kr. glockenförmig, bis 3,5 cm lang, rosenrot; *Fr. länglich, 2klappige Kapsel.* V–VII. 2n = 36.
Häufig gepflanzt, selten verwildert. – Heimat: N-China.

687. Lonicera L. Geißblatt u. Heckenkirsche

x = 9

I. St. windend, Blst. 3- bis 10 bl.
  A. B. unter dem Blst. getrennt (Blst. gestielt, Bl. wohlriechend) . . . . **2505. L. periclymenum**
  B. B. unter dem Blst. miteinander verwachsen (Abb. 395 a, b)
    1. Blst. gestielt, Bl. geruchlos . . . . **2506. L. etrusca**
    2. Blst. sitzend, Bl. wohlriechend . . . . **2507. L. caprifolium**
II. St. aufrecht, Blst. 2bl.
  A. Frkn. nur am Grd. miteinander verwachsen (Abb. 395 f)
    1. Blst.stiele ± so lang wie Bl.
      a) B. herzeiförmig . . . . **2508. L. tatarica**
      b) B. breitelliptisch . . . . **2509. L. xylosteum**
    2. Blst.stiele mehrmals länger als Bl., B. längl.-ellipt. . . . . **2510. L. nigra**
  B. Frkn. (fast) ganz miteinander verwachsen (Abb. 395 g u. h)
    1. Blst.stiele mehrmals länger als Bl. . . . . **2511. L. alpigena**
    2. Blst.stiele viel kürzer als Bl. . . . . **2512. L. coerulea**

1. Subgen. Periclýmenum

2505. L. periclýmenum L. Wald-G.

♄, *N, M.* – H. 1,00–3,00(5,00). *B. ellipt.,* 4–6 cm lang; Kr. gelblich-weiß, oft schwach rötlich überlaufen; *Fr. dunkelrot.* (V)VI–VII (IX). 2n = 18, 36.

Eichen-Wälder, Waldlichtungen u. -ränder; frische, nährstoff- u. kalkarme, humose, meist sandige Böden. – Verbreitet vor allem im w. Geb. von N- bis S-D. (bis etwa 800 m; fehlt Alp.); zerstreut im m. Geb., im O selten od. fehlend. – Irl., M-Skand. bis Span., Ital., (Kl.As., Kauk.); subatl.

2506. L. etrúsca Santi Etruskisches G.

♄, *M.* – H. 2,00–4,00. *B.* verkehrt-eiförmig 3–8 cm lang, *unterseits fein behaart;* Kr. gelblich, oft rötlich überlaufen; *Fr. kirschrot.* VI–VII.

Gepflanzt u. selten verwildert. – Heimat: Med.

2507. L. caprifólium L. (Abb. 395 a–b) Jelängerjelieber, Echtes G.

♄, *M.* – H. 2,00–4,00(10,00). *B.* ellipt. od. verkehrt-eiförmig, 4–10 cm lang, kahl; Kr. gelblich-weiß, oft rot überlaufen; *Fr. korallenrot.* V–VII. 2n = 18.

Gebüsche, Hecken; ± trockene, meist kalkhaltige Lehmböden. – Gepflanzt u. bisweilen verwildert u. eingebürgert im m. u. s. Geb.; wohl wild: Thür., Kyffhäusergeb. – Österr., Ung., Tschech. bis M-D., S-Eur. (M- u. W-Eur.); o-submed.

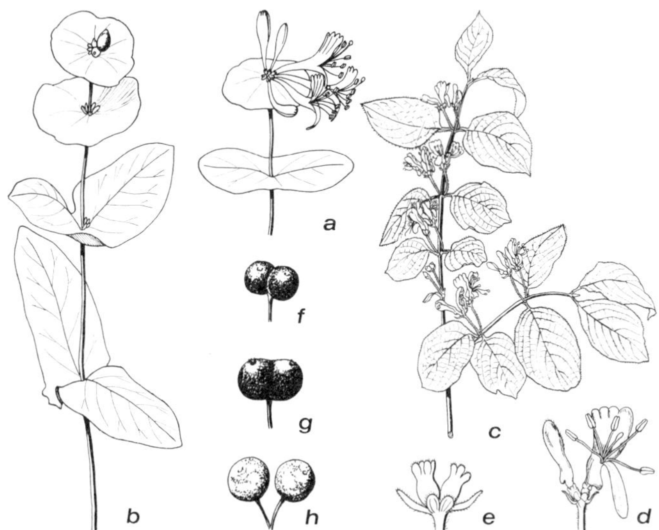

Abb. 395. *Lonicera* spp., *a–b L. caprifolium* (*a* Sproßspitze mit Blütenstand, *b* mit Früchten), *c–f L. xylosteum* (*c* Zweig mit Blütenständen, *d* Blüten, *e* Fruchtkelche, *f* Früchte), *g L. alpigena* (Doppelfrucht), *h L. coerulea* (Doppelfrucht).

2. Subgen. Chamaecerásus

2508. L. tatárica L. Tatarische H.

ђ, *N, (M)*. – H. 1,00–3,00. *B. kahl; Kr. hellrot* (auch weiß); Fr. scharlachrot (od. gelb). V–VI. 2n = 18.
Häufig gepflanzt, selten verwildert. – Heimat: SO-Sib.

2509. L. xylósteum L. (Abb. 395 c–f) Rote H.

ђ, *N*. – H. 1,00–2,00. *B. weichhaarig; Kr. gelblich;* Fr. scharlachrot (selten weiß od. gelb), giftig. IV–V. 2n = 18.
Laubmischwälder, Gebüsche, Hecken; frische, nährstoffreiche u. meist kalkhaltige sandig-lehmige od. tonige Böden. – Selten im nw. Geb., sonst verbreitet u. oft häufig in den Kalkgeb. (Alp. bis 1070 m). – Eur. bis gem. As., Kauk.; euras(-kont)-submed.

2510. L. nígra L. Schwarze H.

ђ, *N*. – H. 0,50–1,50(2,00). B. zuletzt kahl; Kr. purpurrot od. weißlich; *Fr. schwarz*. V–VI. 2n = 18.

Mont.-subalp. Laubmisch- u. Nadelwälder; frische, nährstoffreiche, kalkarme Böden. – Zerstreut: Thür. Wald – Lausitz – Sudeten bis Frank., Bay. Wald u. über S-Schwarzwald bis Alp. (bis 1460 m). – Pyren. bis Alp., Sud., Karp.; praealp.

2511. L. alpígena L. (Abb. 395 g) Alpen-H.

♄, *N.* – H. 0,50–1,50(2,00). B. ellipt., lang zugespitzt; *Kr. braunrot* (selten weiß), *deutlich 2lippig; Fr. glänzend kirschrot.* V–VI(VII). 2n = 18, 36.

Mont.-Buchenwälder, Mischwälder u. Hochstaudenfluren; frische, nährstoff- u. kalkreiche Mullböden. – Zerstreut bis verbreitet: Alp. (bis 1950 m), obere Bay. Hochebene; zerstreut bis selten: untere Bay. Hochebene, Baar, SW-Alb. – Pyren. bis Karp., Balk.; praealp.

2512. L. coerúlea L. (Abb. 395 h) Blaue H.

♄, *N.* – H. 0,60–0,80(1,30). B. ellipt. od. verkehrt-eiförmig, meist stumpflich; *Kr. kaum 2lippig, weißgelb; Fr. zu 1 kugeligen verwachsen,* schwarz, *blau bereift.* V–VII. 2n = 18, 36.

Nadelwälder, Hochmoor-Kiefernwälder; feuchte, nährstoffarme, saure Rohhumusböden. – Selten bis zerstreut: Bay. Wald (Bodenmais), Alp.vorland, Alp. (bis 2000 m). – N-Eur., Schottl.; Gebg. Pyren. bis Kauk.; N-As., Jap.; N-Am.; no-kont-praealp, circ.

Bastard:

L. xylosteum × nigra (= L. × helvetica Bruegger).

130. Fam. ADOXÁCEAE J. G. Agardh

Moschuskrautgewächse

688. Adóxa L. Moschuskraut

x = 9

2513. A. moschatellína L. (Abb. 396) Gewöhnliches M.

♃, *G.* – H. 0,05–0,15. Pfl. welk nach Moschus duftend; Rhiz. weiß, kriechend, mit fleischigen Niederb. u. einzelnen, doppelt 3zähligen B.; St. aufrecht, mit 2 gegenständigen 3zähligen B.; *Blst.* meist 5bl., fast *würfelförmig;* K. 3lappig (Endbl. 2lappig); Kr. 5spaltig (Endbl. 4spaltig), 5 mm breit, gelbgrün; *Stbb. 5, durch Spaltung scheinbar 10* (Endbl. 4 bzw. 8); *Fr. von K.zähnen umgeben,* 4–5 mm breit. III–V. 2n = 36.

Laubmischwälder, Auenwälder; feuchte, nährstoffreiche, locker-humose Böden. – Zerstreut im ganzen Geb., stellenweise häufig (Alp. bis 1300 m). – Skand. (70° n. Br.) bis S-Eur.; Kl.As. bis Kamtschatka; N-Am.; euras-subozean-submed, circ.

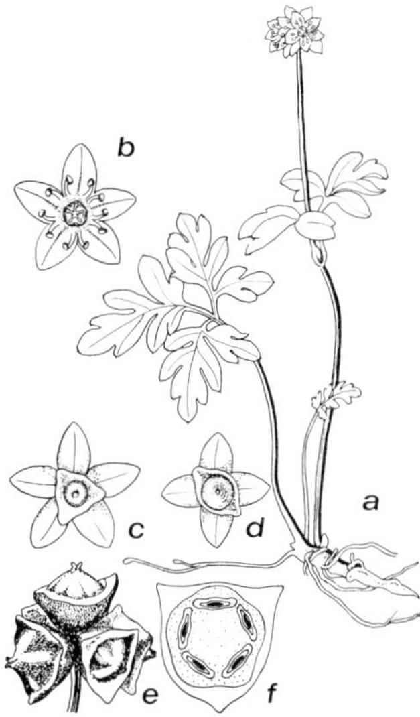

Abb. 396. *Adoxa moschatellina* (*a* Habitus; *b* Seitenblüte von oben, *c* von unten; *d* Gipfelblüte von unten, *e* Fruchtstand, *f* Seitenfrucht im Querschnitt).

131. Fam. VALERIANÁCEAE Batsch

Baldriangewächse

I. Kr. höchstens ausgesackt; 3 Stbb.
 A. St. nicht gabelig; Bl. nie bläulich; K. eingerollt, wulstförmig; Fr. mit Federhaarkrone .... 689. Valeriana
 B. St. wiederholt gabelig; Bl. bläulich-weiß; K. ± gezähnt; Fr. ohne Haarkrone .... 690. Valerianella
II. Kr. lang gespornt; 1 Stbb. .... 691. Kentranthus

689. Valeriána L. Baldrian

x = 7, 8

I. Alle B. gefiedert
 A. B. mit 11 bis 25 schmal-lanzettl. Fiedern .... 2514. V. officinalis
 B. B. mit 7 bis 11 breit-lanzettl. Fiedern .... 2515. V. sambucifolia

II. Wenigstens unterste B. ungeteilt
  A. Obere B. gefiedert
    1. Obere B. 3zählig, grob gesägt .... **2516. V. tripteris**
    2. Obere B. meist 7zählig, ganzrandig .... **2518. V. dioica**
  B. Obere B. ungeteilt
    1. Blst. ± schirmförmig, nicht von Hochb. umhüllt
      a) Pfl. Ausläufer treibend; obere B. oft grob gesägt .... **2519. V. simplicifolia**
      b) Pfl. ohne Ausläufer
        x) Obere B. eiförmig .... **2517. V. montana**
        xx) Obere B. linealisch .... **2520. V. saxatilis**
    2. Blst. kopfig, von Hochb. umhüllt .... **2521. V. supina**

2514. V. officinális L. (Abb. 397 a—e) Arznei-B.

♃, *H.* – H. (0,25)0,40–1,50(2,00). *Rhiz. höchstens mit kurzen unterirdischen Ausläufern;* B.fiedern gesägt od. ganzrandig; Kr. 4—5 mm lang, fleischrosa bis weiß. Umfaßt im Geb.:

ssp. c o l l í n a (Wallr.) Nyman (= V. collina Wallr., = V. Wallrothii Krey.); H. 0,40—0,70; St.glieder 5—6; B. unterseits meist langhaarig, kurzgestielt, mit (11—)17—25 je (0,5)2—8(12) mm breiten Fiedern. V—VI. 2n = 28.

Lichte Eichen- u. Kiefernwälder; ± frische, nährstoff- u. kalkreiche Böden. — Zerstreut im s. Geb.; selten im n. Geb. (Brand.). — gem-kont(-submed).

ssp. p r a t é n s i s (Dierbach) Sóo (= V. pratensis Dierb.); H. 0,50—1,00; St.glieder 6—8; B. unterseits kahl od. kurzborstig, mit 13—17(—25) schmalen Fiedern. V—VI.

Moorwiesen, Auenwälder, Halbtrockenrasen etc.; feuchte, nährstoffärmere, kalkhaltige Böden. — Selten (nur geb.weise häufig); Rheingeb. (Hanau—Bingen bis Bodensee).

ssp. o f f i c i n á l i s [= ssp. exaltata (Mikan) Sóo = V. exaltata Mik. f.], H. 0,70—1,50(—2,00); St.glieder 7—9; B. unterseits langhaarig, langgestielt, mit 13—17 je 12—15 mm breiten Fiedern. VI—VIII. 2n = 14.

Hochstaudenuferges., Moorwiesen, Waldlichtungen; nasse bis feuchte, nährstoffreiche, basenreiche Böden. — Zerstreut im n. Geb.; verbreitet im s. Geb. — (no-)euras-kont(-submed).

Zerstreut bis verbreitet im gesamten Geb. (Alp. bis 2000 m). — Skand. bis s. Eur., W-As., Kauk., Sib. bis Z-As., Mansch., Jap.

Droge: Radix Valerianae

2515. V. sambucifólia Mikan fil. Holunderblättriger B.
(= V. excelsa Garcke non Poir.)

♃, *H.* – H. 0,40–1,50. *Rhiz. mit langen oberirdischen Ausläufern; St.glieder 3–6; B.fiedern eiförmig-lanzettl., grobgesägt; Kr. 5–6 mm lang, fleischrosa bis weiß. V–VI–VIII. 2n = 56. Hierzu:*

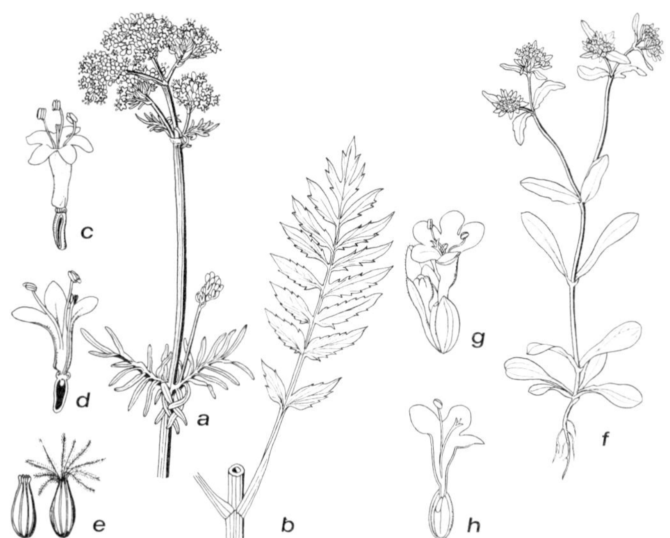

Abb. 397. *a–e Valeriana officinalis* (*a* Sproßspitze mit Blütenstand, *b* Stengelblatt der ssp. *officinalis; c* Blüte, bei *d* im Längsschnitt; *e* Früchte, rechts mit entfalteter Federkrone); *f–h Valerianella locusta* (*f* Habitus, *g* Blüten, *h* Blüte längsgeschnitten).

var. r e p e n s (Host) Beck (= V. procurrens Wallr.); H. 0,80–1,50; B. 9–11(13)zählig, *unterseits stets langhaarig.* VI–VIII. 2n = 56. – subatl.

Hochstaudenges., Bach- u. Grabenränder, Flußufer; nasse, nährstoffreiche, humose, lockere Böden. – Zerstreut bis selten, von O-Schl.Holst., Meckl., Brand., Lausitz bis Alp.vorland u. Alp. (bes. ö. Teil). – N-Eur. bis W-Eur. u. m-eur. Gebg.; no-o-praealp(-subatl).

2516. V. trípteris L. Dreizähliger B.

♃, *H.* – H. 0,15–0,50. *Rhiz. vielköpfig;* unterste *B.* rundlich *(an nicht bl. Trieben herzförmig, langgestielt); Blst. locker;* Kr. 2–5 mm lang, weiß od. fleischrosa. IV–VII. Umfaßt:

ssp. t r í p t e r i s (= ssp. occidentalis E. Walth.); nur B.stiel der Grdb. behaart. 2n = 16 – Kalkarme Böden.

ssp. t o m e n t é l l a E. Walth.; B. beiderseits behaart. – Kalkböden.

ssp. a u s t r í a c a E. Walth.; B. höchstens spärlich behaart. 2n = 16. Etwas kalkhaltige Böden. – Berchtesgadener Alp. u. Vorland.

Mont.-subalp. Felsspaltenges.; ± frische, steinige Substrate. – Zerstreut: Alp. (bis 2190 m), Alp.vorland; selten: Bodenseegeb., Baar, Schwarzwald, Schwäb. Alb. – Gebg. SW-Eur. bis Karp., Sud., Karp., illyr. Gebg.; alp-praealp.

2517. V. montána L. Berg-B.

♃, *H.* – H. 0,10–0,40(0,50). Rhiz. vielköpfig; unterste *B.* rundlich *(an nicht bl. Trieben eiförmig, langgestielt); Blst. dicht;* Kr. 4–5 mm lang, fleischrosa bis weiß. V–VII. Umfaßt:

ssp. m o n t á n a; St. höchstens spärlich behaart. 2 n = 32. – w-alp.

ssp. h i r s u t i c a u l i s E. Walth.; St. behaart, bis 0,50. 2 n = 32. – o-alp.

Subalp. Kalkschuttfluren, lichte Wälder; frische, kalkreiche, ± rohe, steinige Böden. – Zerstreut: Alp. (bis 2320 m), bisweilen ins Vorland herabgeschwemmt: Alp.vorland, Donaugeb. – N-span. Gebg. über Alp. bis Karp., ital. u. balk. Gebg.; alp-praealp.

2518. V. dioíca L. Sumpf-B.

♃, *H.* – H. (0,06)0,15–0,25(0,60). *Rhiz. mit Ausläufern; unterste B. breiteiförmig* (an nicht bl. Trieben langgestielt), *mittlere leierförmig,* obere mit lineal. Endfieder; Bl. diözisch; Kr. weiß bis fleischrot, ♀ 1 mm, ♂ 3 mm lang. V–VI. 2 n = 16.

Flachmoore, Moorwiesen, Ufer, Gräben, quellige Stellen; nasse, kalkhaltige od. auch kalkärmere, sandige anmoorige od. torfige Böden. – Verbreitet bis zerstreut im ganzen Geb. (Alp. bis 1560 m). – Großbrit., S-Skand. bis N-Span., W-Rußl.; subatl(-submed).

2519. V. simplicifólia (Rchb.) Kabath Ganzblättriger B.

♃, *H.* – H. 0,10–0,45. *St. geflügelt-4kantig; B.* eiförmig (an nichtbl. Trieben langgestielt, *am Grd. herzförmig*); Bl. polygam-diözisch; Kr. fleischrosa bis weißlich, 1–3 mm lang. V–VI. 2 n = 16.

Wiesen, Waldsümpfe, grasige Kiefernwälder. – Verbreitet: Oberschles. (rechtes Oderufer), Ostpr., Westpr. – Schles., Westpr. bis SW-Rußl.; euras-kont.

2520. V. saxátilis L. Felsen-B.

♃, *H.* – H. 0,10–0,30. *Grdb.* langgestielt *eiförmig,* Stb. lanzettl. bis lineal.; *Blst. armbl., locker; Kr. weiß,* 2–4 mm lang. VI–VII. 2 n = 24.

Subalp. u. alp, Kalkfelsspaltenges. – Zerstreut bis selten: Alp. (1100–2420 m). – O-Alp., O-Karp., Jugosl.; o-alp.

2521. V. supína Ard. Zwerg-B.

♃, *H.* – H. (0,01)0,03–0,10(0,15). *Rhiz. kriechend; B.* dicklich, *gewimpert,* untere spatelförmig, mittlere verkehrt eiförmig; Blst. hüllb. lineal.; Kr. hell rotlila, 4–5 mm lang. VII–VIII. 2 n = 16.

Alp. Kalkschuttges., Felsen, Schneetälchen; frische, kalkreiche Substrate. – Selten: Alp. (1800–2660 m). – Alp. von D., Österr., Schweiz, Ital.; o-alp.

Bastarde:

V. officinalis × sambucifolia (= V. × versifolia Bruegg.), V. tripteris × montana (= V. × intermedia Sternbg. et Hoppe).

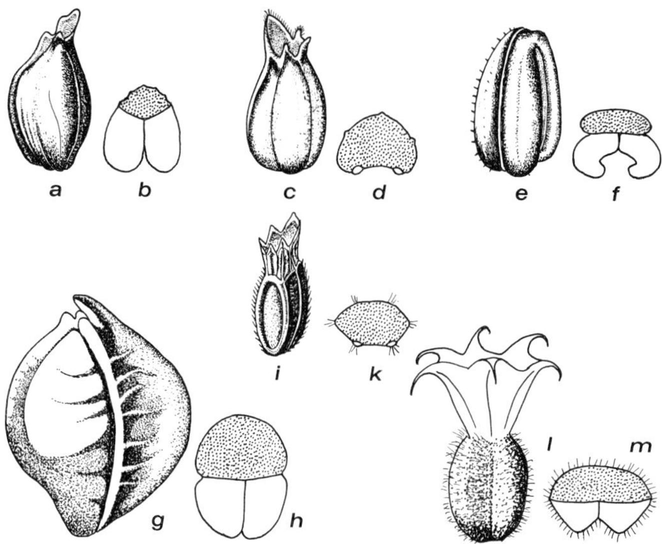

Abb. 398. *Valerianella* spp., Früchte in Seitenansicht u. im Querschnitt (fruchtbares Fach punktiert) (*a—b V. rimosa, c—d V. dentata, e—f V. carinata, g—h V. locusta, i—k V. eriocarpa, l—m V. coronata*).

690. Valerianélla Mill. — Feldsalat

x = 7, 9

I. K. über der Fr. becherförmig ausgebreitet (6zähnig; Abb. 398 l) . . . . 2527. **V. coronata**
II. K. über der Fr. gerade hochstehend
  A. K. 5- bis 6zähnig (Fr. kaum verjüngt; Abb. 398 i) 2526. **V. eriocarpa**
  B. K. 0- bis 3zähnig
    1. K. fast fehlend (Fr. fast 4kantig; Abb. 398 e) . . 2524. **V. carinata**
    2. K. 1- bis 3zähnig
      a) K. winzig; Fr. stark verjüngt (Abb. 398 g) . . 2525. **V. locusta**
      b) K. deutlich gezähnt; Fr. verjüngt
        x) Fr. abgeflacht; leere Fr.fächer schmal, durch breites Mittelfeld getrennt (Abb. 398 c—d) . . . . 2523. **V. dentata**
        xx) Fr. nicht abgeflacht; leere Fr.fächer dick, nur durch enge Furche getrennt (Abb. 398 a—b) . . . . 2522. **V. rimosa**

2522. V. rimósa Bast. (Abb. 398 a–b) Gefurchter F.

⨀, *Th.* – H. 0,15–0,35(0,50). Untere B. spatelförmig-lanzettl., obere lanzettl. bis lineal.-lanzettl., am Grd. meist gezähnt; *Fr. kugelig-eiförmig.* VI–VII. 2n = 14.

Getreideunkrautges.; frische bis ± trockene, warme, nährstoffreiche, meist lehmige Böden. – Zerstreut im Geb. (bis etwa 700 m). – M- u. S-Eur., N-Afr.; submed-med.

2523. V. dentáta (L.) Poll. (Abb. 398 c–d) Gezähnter F.

⨀, *Th.* – H. 0,15–0,35(0,50). Untere B. spatelförmig-lanzettl., obere lanzettl. bis lineal.-lanzettl., am Grd. meist gezähnt; *Fr. eiförmig.* VI–VII. 2n = 14.

Getreideunkrautges., Wegränder, Böschungen; frische bis ± trockene, warme, nährstoffreiche, meist lehmige Böden. – Zerstreut im m. u. s. Geb. (Alp. bis 920 m); selten im nö. Geb.; im nw. Geb. sehr selten (z. B. Verden); daneben seltener gebaut. – W-, M- u. S-Eur. bis N-Afr., Kauk.; submed-med.

2524. V. carináta Loisel. (Abb. 398 e–f) Gekielter F.

⨀, *Th.* – H. 0,08–0,20. Untere B. spatelförmig, obere breitlineal.; *Fr. prismatisch.* IV–V. 2n = 18.

Weinberge, Äckerunkrautges., Wegränder; ± trockene, warme, nährstoffreiche u. meist kalkhaltige lehmige Böden. – Zerstreut bis verbreitet, bes. im Rheingeb., Pfalz; sonst selten od. – wie im NW – nur verschleppt. – M- u. S-Eur., N-Afr.; Kauk., Pers.; submed-med.

2525. V. locústa (L.) Laterrade (Abb. 397 f–h, 398 g–h) Gewöhnl. F. [= V. olitoria (L.) Poll.]

⨀, *Th.* – H. 0,10–0,20. Untere B. spatelförmig, obere lanzettl.; *Fr. abgeflacht-rundlich.* IV–V. 2n = 14. Hierzu:

var. o l e r á c e a (Schlecht.) Breistroffer; Kulturvarietäten. – Gebaut als Salatpflanze.

Getreideunkrautges., Wegränder, Böschungen; ± frische, nährstoffreiche, bisweilen sandige Lehmböden. – Verbreitet bis zerstreut, fehlt u. a. Alp. (im SW bis 980 m). – S-Eur. bis Skand., Vord.As., Kauk.; (N-Am.); submed-med.

2526. V. eriocárpa Desv. (Abb. 398 i–k) Wollfrüchtiger F.

⨀, *Th.* – H. 0,10–0,20. *St. gespreizt gabelästig;* untere B. spatelförmig, obere schmal eiförmig bis lanzettl., am Grd. meist gezähnt; *Fr. eiförmig, kurzflaumig.* IV–V. 2n = 14.

Getreideunkrautges., Schuttunkrautges.; warme, nährstoffreiche lehmige Böden. – Sehr selten, nur Oberrheingeb., Istein, Pfalz; sonst sehr selten eingeschleppt. – Med. von Port. bis Griech., N-Afr.; med.

2527. V. coronáta (L.) DC. (Abb. 398 l–m) Gekrönter F.

⊙, *Th.* – H. 0,10–0,30. Untere B. schmal verkehrt-eiförmig, obere lanzettl. bis lineal., meist grob gezähnt bis fast fiederspaltig; *Fr. eiförmig, zottig behaart.* V–VI. 2 n = 14.

Getreideunkrautges., Schuttunkrautges. – Sehr selten im sw. Geb. eingeschleppt. – Heimat: Med.

691. Kentránthus Neck. Spornblume

(= Centranthus DC.)
x = 8

2528. K. ruber (L.) DC. Rote Sp.

♃, *H.* – H. 0,30–0,50(0,80). B. kahl, grd.ständige gestielt eiförmig, Stb. eiförmig bis lanzettl., mitunter gezähnt; Blst. schirmförmig; Bl. *rosenrot* (selten weiß); Kr.röhre 10 mm lang, Sporn etwas kürzer; Fr. flaschenförmig, mit *Federkrone.* V–VI. 2 n = 32.

Selten aus Gärten verwildert an Mauern u. Felsen, so z. B. Thür., Rheingeb. – Heimat: S-Eur.

132. Fam. DIPSACÁCEAE Juss.

Kardengewächse

I. St. ohne Stacheln; blühende Köpfchen flach od. halbkugelig; Hüllb. weich
  A. Kr. 5spaltig; (Deckb. klein; K. meist 5borstig) . . . **692. Scabiosa**
  B. Kr. 4spaltig
    1. Deckb. fast so lang wie Bl.
      a) Außenk. 4kantig; K. 5borstig . . . . **693. Succisa**
      b) Außenk. rund, 8rippig; K. ohne Borsten . . . . **694. Succisella**
    2. Deckb. durch Haare ersetzt; (K. 8- bis 16-borstig) . . . . **695. Knautia**
II. St. stachelig, Köpfchen walzen- od. kugelförmig; Hüllb. u. Deckb. („Spreub.“) steif, ± länger als Bl. (Deckb. bei D. sativus kürzer) . . . . **696. Dipsacus**

692. Scabiósa L. Skabiose, Grindkraut

x = 8, 9

I. Grundb. lanzettl., ungeteilt, ganzrandig (selten 1 Zahn); Bl. stark nach Orchideen duftend . . . . **2529. S. canescens**
II. Grundb. leierförmig-fiederspaltig od. grob gekerbt
  A. Bl. lila (sehr selten weiß)
    1. B. matt, ± kraushaarig . . . . **2530. S. columbaria**
    2. B. glänzend, kahl od. schwach gewimpert . . . . . **2531. S. lucida**
  B. Bl. gelblichweiß; B. grauflaumig . . . . **2532. S. ochroleuca**

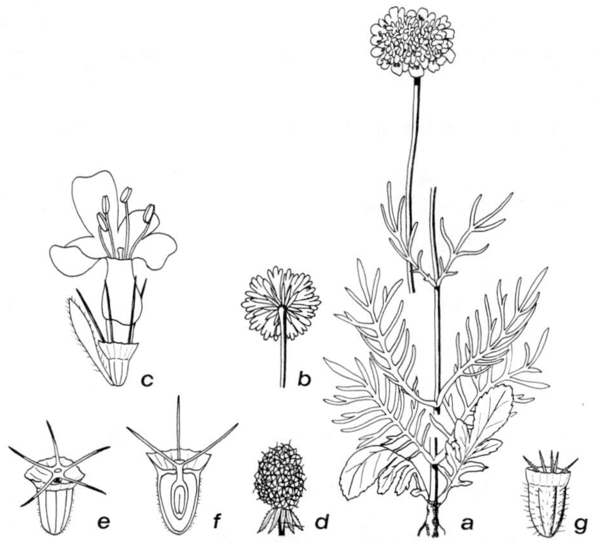

Abb. 399. *Scabiosa* spp., *a–f S. columbaria* (*a* Habitus, *b* Blütenstand von der Unterseite, *c* Blüte mit Deckblatt, *d* Fruchtstand; *e* Frucht mit Außen- u. Innenkelch, bei *f* längsgeschnitten), *g S. canescens* (Frucht mit Außen- u. Innenkelch).

2529. S. canéscens L. (Abb. 399 g) Graue Sk.

♃, *H.* – H. 0,20–0,50. *Stb. einfach* fiederspaltig, Fiedern lineal.-lanzettl., *ganzrandig;* Köpfchen 1,5–2,5 cm breit; *K.borsten nur 2mal so lang wie Außenk., gelblich;* Kr. hellblau, selten rötlich od. weißlich, außen flaumig. VII–XI. 2 n = 16.

Trockenrasen, lichte Kiefernwälder; trockene, warme, meist kalkreiche, sandige Böden. – Selten u. sehr zerstreut vom m. nö. bis s. Geb. u. Alp.vorland; fehlt im nw. Geb. bis NO-Meckl. u. im größten Teil des w. Geb., Alp., Ostpr. – Dän., O-Frankr. bis Ung., N-Ital. (außer Alp.); gem-kont.

2530. S. columbária L. (Abb. 399 a–f) Tauben-Sk.

⊙–♃, *H.* (0,10)0,20–0,50(0,80). Untere *B.* leierförmig *mit eiförmiger Endfieder,* obere 1- bis 3fach fiederspaltig bis -teilig; Köpfchen 1,5–3,5 cm breit; *K.borsten 3- bis 4mal so lang wie Außenk., braunschwarz, nicht gekielt;* Kr. erst rötlich, dann bläulichlila, sehr selten weiß. VII–XI. 2 n = 16.

Halbtrocken- u. Trockenrasen, magere Wiesen; ± trockene, nährstoffreiche u. meist kalkhaltige lehmige Böden. – Zerstreut, in den Kalkgeb. verbreiteter (Alp. bis 1510 m); fehlt im äußersten NW. – Engl., Skand. bis NW-Afr., Kauk.; submed-subatl.

2531. S. lúcida Vill. Glänzende Sk.

♃, *H.* – H. 0,10–0,30(0,50). Unterste *B. rhombisch, grob-gekerbt,* folgende leierförmig *mit rhombischer Endfieder,* oberste 1- bis 2fach fiederspaltig, Fiedern lanzettl. bis lineal.; Köpfchen 2–4 cm breit; *K.borsten 4- bis 5mal so lang wie Außenk., glänzend purpurschwarz, deutlich gekielt;* Kr. rotlila, außen flaumig. VII–IX. 2n = 16.

Subalp.-alp. Steinrasen; meist ± frische, kalkhaltige, steinige Substrate. – Zerstreut: Alp. (1370–2350 m); selten: Riesengebg., Bay. (Burghausen). – Pyren., Jura bis Alp., Karp., Sud., illyr. Gebg.; alp.

2532. S. ochroleuca L. Gelbe Sk.

⊙–♃, *H.* – H. (0,10)0,20–0,60(0,80). Unterste *B.* leierförmig *mit eiförmigen Endlappen,* folgende 1- bis 2fach fiederspaltig bis -teilig, Fiedern lineal.-lanzettl.; Köpfchen 1,5–3,5 cm breit; *K.borsten 2- bis 3mal so lang wie Außenk., braun;* VII–X. 2n = 16.

Halbtrockenrasen, Wegränder; meist trockene, warme, kalkhaltige lehmige Böden. – Verbreitet im m. Geb. (Thür., Sachs., Anh.); zerstreut bis ins nö. Geb. (Odertal, Westpr.); selten im w. Geb., Rhein-, Maingeb., Fränk. Jura; sonst meist wohl nur verschleppt. – O-D., Pol. bis M- u. S-Rußl., Sib., N-Balk.; (euras-)kont.

Bastarde:
S. columbaria × ochroleuca, S. lucida × columbaria, S. lucida × ochroleuca (= S. × psilophylla Beck).

693. Succisa Neck. Teufelsabbiß

x = 10, 8?, 9?

2533. S. praténsis Moench (Abb. 400 a–e) Gewöhnlicher T.

♃, *H.* – H. 0,15–0,30(0,80). Rhiz. kurz (wie „abgebissen"); untere B. breit-lanzettl., ganzrandig, obere lanzettl., ganzrandig od. grob gesägt; Köpfchen 2–3 cm breit, halbkugelig, später kugelig; Außenk. mit 4 stachelspitzigen Zipfeln; Kr. meist dunkelblau, behaart; Fr. (Fr.-hülle) zottig behaart. VII–IX. 2n = 20, 18.

Moorwiesen, Heiden, Borstgrasges., magere Wiesen; wechselfeuchte, nährstoffhaltige, etwas saure torfige, sandige od. lehmig-humose Böden. – Verbreitet (Alp. bis 1040 m, Schwarzwald bis 1400 m). – M-Skand. bis s. Eur., Kauk., N-Afr., W-Sib.; euras-subozean-submed.

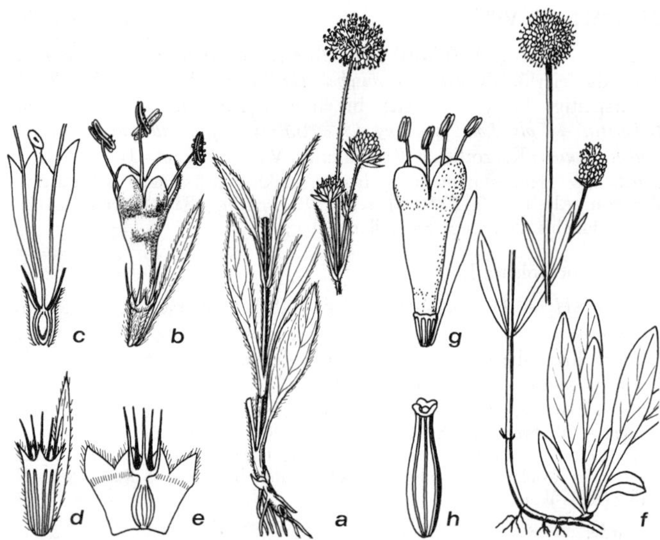

Abb. 400. *a–e Succisa pratensis* (*a* Habitus; *b* Blüte mit Deckblatt, bei *c* längsgeschnitten; *d* Frucht mit Außen-, Innenkelch u. Deckblatt; *e* Frucht mit geöffnetem Außenkelch); *f–h Succisella inflexa* (*f* Habitus, *g* Blüte mit Deckblatt, *h* Frucht).

694. Succisélla Beck — Sumpf-Abbiß

x = 10

2534. S. infléxa (Kluk) Beck (Abb. 400 f–h) — Gewöhnlicher S.
[= Succisa inflexa (Kluk) Jundzill]

♃, *H.* – H. 0,30–0,80(1,00). Rhiz. kriechend; grundständige B. verkehrt breti-lanzettl., ganzrandig, Stb. lanzettl., ganzrandig od. etwas gezähnt; Köpfchen 1–2 cm breit; Kr. blaßlila, fast kahl; Fr. (Fr.hülle) kurzflaumig, verkahlend, oben verschmälert. VI–IX. 2 n = 20.

Moorwiesen, Feuchtwiesen; wechselnasse, nährstoffhaltige, kalkarme, humose tonige Böden. – Sehr selten: Schles. (Pfaffendorf bei Liegnitz); sonst (evtl. z. T. nur eingeschleppt). Hanau, Bamberg, München, Chiemsee. – Schles., Pol., Wolhynien bis N-Ital., Jugosl.; gem-kont.

695. Knautia L. Knautie, Witwenblume

x = 10

I. Alle B. ungeteilt (selten oberste am Grd. eingeschnitten)
  A. B.rosette zentral, seitlich mehrere Blst. aus den Rosettenb.achseln . . . . **2535. K. drymeia**
  B. Blst. zentral, seitlich eine Winterrosette . . . . **2536. K. silvatica**
II. Stb. fiederspaltig (selten ungeteilt, dann im vorderen Drittel am breitesten); Blst. zentral, seitlich mehrere Winterrosetten . . . . **2537. K. arvensis**

2535. K. drymeia Heuff. Ungarische Kn.

♃, *H.* – H. 0,25–0,80. *St. grauflaumig mit längeren weichen Haaren;* B. ellipt., zugespitzt, gesägt; Köpfchen 1,5–3,5 cm breit; *Kr. pfirsichrot* bis hellpurpurn, *Randbl. kaum vergrößert.* V–IX. 2n = 20, 40.

Trockene lichte Wälder, Holzschläge, trockene Auen (niedere Lagen bis Bergstufe). – Sehr selten: Sachs. (Struppen, Schöna), Schles. (?). – SO-Eur. bis M-Frankr.; europ-kont.

2536. K. silvática (L.) Duby Wald-Kn.

♃, *H.* – H. 0,30–1,00. *St.* ± *borstenhaarig; B.* eiförmig, *obere auch lanzettl.,* gesägt; Köpfchen 2,5–4 cm breit; *Kr. violett,* Randbl. etwas vergrößert. VI–IX. 2n = 60, (40).

ssp. s i l v á t i c a; St unten dicht borstig. – Verbreitet.

ssp. g l a b r á t a (Haußkn.) O. Schwarz; St. unten kahl od. verkahlend. – u. a. subalp. Hochgras-Ges. – Selten: Alp., Schwarzwald.

Auenwälder, Hochstaudenfluren etc.; frische bis feuchte, nährstoffreiche, lockerhumose Böden. – Verbreitet im s. Geb. [SW-D., Bay. (Alp. bis 2375 m)]; zerstreut bis selten im m. Geb. (Thür. Wald, Leipzig, Elbsandsteingebg., Schles.); selten: so u. a. Eifel, Rhein-Maingeb., Frank. – M- u. S-D., Alp., Karp.; praealp.

2537. K. arvénsis (L.) Coult. (Abb. 401 a–e) Wiesen-Kn.

♃, *H.* – H. 0,30–0,80. *St. unten mit abwärts gerichteten Borsten,* oben kahl; ☿ Köpfchen 3–4 cm breit, ♀ 1,5–2 cm; Kr. blaulila, seltener rotlila, gelblichweiß bis weiß; *Randbl. meist deutlich vergrößert.* VI–VIII. 2n = (20), 40. Umfaßt:

ssp. a r v é n s i s; Pfl. rauhhaarig, kräftig; Stb. mit breiten Abschnitten; Basis der unteren St.haare rotviolett. – Verbreitet.

ssp. b u d é n s i s (Simk.) Jávorka; Pfl. fein behaart, zierlich; Stb. mit schmalen Abschnitten; Basis der unteren St.haare meist nicht rotviolett. – Selten im s. u. sö. Geb.

Fettwiesen, Halbtrockenrasen, Äcker; ± frische, nährstoffreiche, lockere Lehmböden. – Verbreitet fast im ganzen Geb. (Alp. bis 1000 m). – N- bis S-Eur., W-Sib., Kauk.; (no-)euras-subozean.

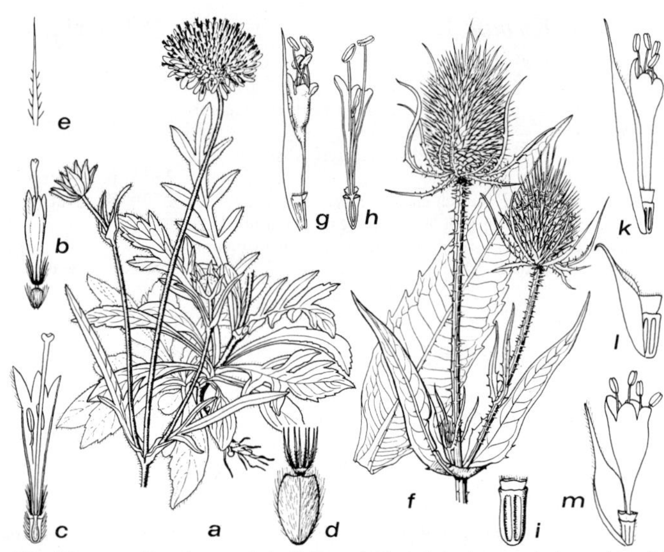

Abb. 401. *a–e Knautia arvensis* (*a* Habitus; *b* Blüte, bei *c* längsgeschnitten; *d* Frucht mit Außen- u. Innenkelch, *e* Borste des Innenkelches); *f–m Dipsacus* spp., *f–i D. silvester* (*f* Sproßspitze mit Blütenständen u. Stengelblatt; *g* Blüte mit Deckblatt, bei *h* längsgeschnitten; *i* Frucht), *k D. laciniatus* (Blüte mit Deckblatt), *l D. sativus* (Frucht mit Deckblatt), *m D. pilosus* (Blüte mit Deckblatt).

Bastarde:

K. drymeia × arvensis (= K. × ramosissima Szabó); K. silvatica × arvensis (= K. × sambucifolia Briq.).

696. Dipsacus L. Karde

x = 8, 9

I. Köpfchen kugelförmig; Stb. kurz gestielt .... **2538. D. pilosus**

II. Köpfchen walzenförmig; Stb. paarweise an der Basis tütenförmig verwachsen

A. Deckb. mit gerader Spitze, länger als Bl.

1. Stb. fiederspaltig, borstenwimperig; .... **2539. D. laciniatus**

2. B. gekerbt, kahl- od. zerstreut stachelrandig ... **2540. D. silvester**

B. Deckb. mit zurückgekrümmter Spitze .... **2541. D. sativus**

1. Subgen. V í r g a

2538. D. pilósus L. (Abb. 401 m) Behaarte K.

⊙, *H.* – H. 0,60–1,20. St. zerstreut kurzstachelig u. ± borstenhaarig; *B. eiförmig, untere langgestielt* u. mitunter leierförmig-fiederspaltig, mittlere ungeteilt, gesägt, oberste ganzrandig, ungeteilt od. durch 2 kleine Seitenfiedern *3zählig. Köpfchen vor dem Aufblühen nickend;* Kr. gelblichweiß; VII–VIII. 2 n = 18.

Lichte Auenwälder, Waldränder; feuchte, nährstoffreiche, humose Böden. – Zerstreut, Flachland bis m. Gebg.lagen; fehlt u. a. Alp. u. nw. Geb. – Engl., Span. bis S-Rußl., Pers.; subatl-submed.

2. Subgen. D í p s a c u s

2539. D. laciniátus L. (Abb. 401 k) Schlitzblättrige K.

⊙, *H.* – H. 0,50–1,20. Grd.ständige B. kurzgestielt, ungleich gekerbt od. fiederspaltig; *Hüllb. abstehend; Deckb. biegsam; Kr. blaßlila* od. weiß. VII–VIII. 2 n = 18, (16).

Schuttunkrautges., Wegränder, Waldränder; feuchte bis frische, nährstoffreiche Lehm- u. Tonböden. – Selten: so u. a. Westpr., Ostpr., Anh. (Elbegeb.), Schles., Main- u. Neckargeb., Oberrheingeb., Kaiserstuhl; z. T. verschollen. – N-Span., Frankr. bis M-Rußl., Pers.; o-med-gem-kont.

2540. D. silvéster Huds. (Abb. 401 f–i) Wilde K.

⊙, *H.* – H. 0,70–1,50(2,00). B. ganzrandig od. gesägt, grd.ständige kurzgestielt; *Hüllb. bogig aufsteigend; Deckb. biegsam; Kr. violett,* selten weiß. VII–VIII. 2 n = 18, (16).

Schuttunkrautges., Wegränder, Ufer, Dämme; ± feuchte, nährstoffreiche, meist kalkhaltige, meist sandige od. steinige Lehmböden. – Selten im n. Geb.; sonst zerstreut (Alp. bis 800 m). – S-Eur. bis W- u. M-Eur., N-Afr., Kl.As., Kauk., Pers.; submed-med.

2541. D. satívus (L.) Scholler (Abb. 401 l) Weber-K.
(= D. fullonum L. p.p.)

⊙, *H.* – H. 1,00–1,80(2,00). B. ganzrandig od. eingeschnitten gekerbt, grd.ständige kurzgestielt; *Hüllb. abstehend; Deckb. starr;* Kr. violett. VII–VIII. 2 n = 18.

Früher kultiviert u. selten verwildert, unbeständig, z. B. Schles., Sachs., Bay., Rheingeb. – Stammpfl.: D. ferox Lois. (W-Med).

Bastard:

D. laciniatus × silvester

52. Ordn. Campanuláles

133. Fam. CAMPANULÁCEAE Juss.

Glockenblumengewächse

I. Kr.zipfel dreieckig bis eiförmig; Bl. von ansehnlicher Größe, in meist lockeren Blst.
  A. Kr. glockig od. trichterförmig
    1. St. aufrecht od. aufsteigend; Stb. meist länglich
      a) Gr. kaum aus der Kr. herausragend, ohne Ring an der Basis .... **697. Campanula**
      b) Gr. weit aus der Kr. herausragend, an der Basis von röhrenförmigem Ring umgeben (Abb. 403 b) .... **698. Adenophora**
    2. St. liegend, an den Knoten wurzelnd; B. ± rundlich, mit 5 breit-dreieckigen Lappen ...... **701. Wahlenbergia**
  B. Kr. radförmig od. weitglockig .... **699. Legousia**

II. Kr.zipfel lineal., anfangs röhrig verwachsen, dann von unten nach oben sich trennend; Bl. klein, in dichten Ähren od. Köpfchen
  A. Bl. sitzend; Kr. vor dem Aufspalten gekrümmt ... **700. Phyteuma**
  B. Bl. kurz gestielt; Kr. vor dem Aufspalten gerade .. **702. Jasione**

697. Campánula L. — Glockenblume

x = 8, 9, 10, 13, 15, 17

I. K. mit zurückgeschlagenen Anhängseln zwischen den Kb.; Kapsel hängend, nahe dem Stiel sich öffnend; (vgl. Abb. 402 e und f)
  A. Gr. 5spaltig; Kr. sehr groß .... **2542. C. medium**
  B. Gr. 3spaltig; Kr. nur bis 3 cm lang
    1. K.anhängsel etwa halb so lang wie Frkn., Kb. etwa $^1/_3$ so lang wie die Kr.
      a) Kr. hellblau, innen am Rand bärtig .... **2543. C. barbata**
      b) Kr. blaulila, am Rand kahl .... **2545. C. sibirica**
    2. K.anhängsel sehr kurz; Kb. über halb so lang wie die Kr.; (vgl. Abb. 402 e) .... **2544. C. alpina**

II. K.anhängsel fehlen
  A. Bl. sitzend, in Köpfchen od. dichter Ähre; Kapsel wie unter I.
    1. Bl. blau, in endständigem Köpfchen u. b.-achselständig darunter
      a) Pfl. weichhaarig od. kahl; untere B. am Grd. abgerundet od. herzförmig .... **2550. C. glomerata**
      b) Pfl. stechend-steifhaarig; untere B. in den Stiel verschmälert .... **2551. C. cervicaria**
    2. Bl. blaßgelb, in dicker Ähre .... **2552. C. thyrsoides**

B. Bl. gestielt, in Trauben od. Rispen
- 1. Mittlere Stb. herzförmig od. eiförmig bis breit-lanzettl.; Kapsel wie unter I.
  - a) Kb. schmal-dreieckig; Bl.stiel kürzer als Fr.-kn. u. Kb. zusammen
    - x) B. des Blst. kaum kleiner als die tiefer-stehenden B.
      - /) St. weichhaarig, stumpfkantig ...... **2546. C. latifolia**
      - //) St. steifhaarig, scharfkantig .... **2547. C. trachelium**
    - xx) B. des Blst. viel kleiner als die tiefer stehenden B.
      - /) B. unterseits grün .... **2548. C. rapunculoides**
      - //) B. unterseits grausamtig .... **2549. C. bononiensis**
  - b) Kb. lineal.; Bl.stiel oft länger als Frkn. u. Kb. zusammen .... **2553. C. rhomboidalis**
- 2. Mittlere Stb. lineal. od. lanzettl., Grdb. oft rundlich, aber meist kaum über 1 cm breit; längere Bl.stiele länger als Frkn. u. Kb. zusammen
  - a) Grdb. rundlich (zur Bl.zeit verwelkt bei C. rotundifolia u. scheuchzeri); Kapsel wie unter I.
    - x) Pfl. dichtrasig; Bl. hell-blaulila; Blst. 2- bis 6bl. .... **2554. C. cochleariifolia**
    - xx) Pfl. lockerrasig; Bl. blau od. violettblau
      - /) Stb. schmallanzettl. bis lineal.
        - §) Blst. 1–2(–5)bl.; Stb. ungestielt . **2555. C. scheuchzeri**
        - §§) Blst. reichbl.; untere Stb. deutlich gestielt .... **2557. C. rotundifolia**
      - //) Stb. lanzettl.; Blst. reichbl. (vgl. auch unter 1 b: C. rhomboidalis) .... **2556. C. baumgartenii**
  - b) Grdb. lanzettl. od. länglich-spatelig; Kapsel aufrecht, unter den Kb. sich öffnend
    - x) Kb. schmal-dreieckig; Kr. weitglockig, himmelblau .... **2558. C. persicifolia**
    - xx) Kb. pfrieml.; Kr. trichterförmig, bis glockig lila od. blauviolett
      - /) Blst. armbl.; Kr. zur Hälfte fünf-spaltig .... **2559. C. patula**
      - //) Blst. reichbl.; Kr. zu gut $^{1}/_{3}$ fünfspaltig **2560. C. rapunculus**

Anmerkung:
Bei allen Campanula-Arten kommen ± selten auch weiß-blühende Pfl. vor.

1. Sect. Eucódon DC.
1. Subsect. Appendiculátae

2542. C. médium L. Marien-G.

⊙, *H.* – H. 0,60–0,80. Pfl. steifhaarig; *Grdb. ellipt.,* in den Stiel lang verschmälert; Bl. gestielt, blauviolett, rosa od. weiß; *Kr. am Grd. bauchig.* VI–VIII. 2n = 34.

Zierpfl., aus Kultur vereinzelt verwildert. – Heimat: W-Med.

2543. C. barbáta L. Bärtige G.

♃, *H.* – H. 0,10–0,30(0,40). Pfl. steiflich-behaart; B. lanzettl., fast ganzrandig; *Bl.* gestielt, *nickend, in meist einseitswendigen Trauben; Kr.* bis 3 cm lang, glockenförmig. VI–VIII. 2n = 34.

Subalp.-alp. Magerrasen, Zwergstrauchformation; frische, saure, kalkarme, torfige Böden. – Verbreitet: ö. Hochsudeten (an der Grenze des Geb.), Alp. (800–2300 m). – Norw., Alp., Karp.; alp.

2544. C. alpína Jacq. (Abb. 402 e) Alpen-G.

⊙–♃, *H.* – H. 0,05–0,15. Pfl. locker-wollig behaart; B. verkehrt-lanzettl. bis lineal.-lanzettl., fast ganzrandig; *Bl. langgestielt, in kurzer, tief beginnender Traube;* Kr. 1,7–2,7 cm lang, hell blaulila, (weit-) glockig. VII–VIII. 2n = 34.

Subalp.-alp. Magerrasen, Zwergstrauchformationen; frische, saure, kalkarme torfige Böden. – Selten: Alp. (bes. ö. Alp., 1250–2370 m). – O-Alp., Karp.; o-alp.

2545. C. sibírica L. Sibirische G.

⊙, *H.* – H. 0,15–0,30. Pfl. kurzhaarig; Grdb. schmal-verkehrteiförmig, Stb. lanzettl. bis lineal., gekerbt; *Blst. schmal, lang;* Bl. gestielt, nickend; *Kr.* 2–2,6 cm lang, *trichter-glockig.* VI. 2n = 34.

Trockenrasen, sonnige Hänge; trockene, oft kalkhaltige, sandige Böden. – Selten: SO-Meckl. (Oder- u. Ückergeb.), O-Brand., Pomm., Westpr. (Weichselgeb.), Schles. (Oppeln). – O-D., Pol. bis M- u. S-Rußl., Pers., NO-Ital.

2. Subsect. Racemósae

2546. C. latifólia L. Breitblättrige G.

♃, *H.* – H. 0,50–1,50. W. ohne Ausläufer; *alle B. eiförmig,* zugespitzt, doppelt-gesägt; Kb. nicht zurückgeschlagen; Kr. 3–5,7 cm lang, blauviolett. VI–VIII. 2n = 34.

Schluchtwälder, Bergmischwälder, Hochstaudenges.; frische, nährstoff- u. meist kalkreiche, humose lehmige Böden. – Selten u. zerstreut von O-Holst. bis Ostpr., im W von Westerwald, Sauerland, Eifel bis SW-Alb, S-Schwarzwald (Feldberg); im m. u. ö. Geb. sehr zerstreut: Anh. (Quedlinburg), Thür., S-Sachs., Erzgebg., Schles.; Rhön (Vogelsberg), Maingeb. (Gochsheim–Schweinfurt); zerstreut bis rel. verbreitet: Alp.vorland, Alp. (bis 1300 m). – Skand., Engl., Pyren. bis S-Rußl., Pers., Sib.; no-subozean-praealp.

Abb. 402. *Campanula* spp., *a–d C. patula* [*a* Habitus; *b* Blüte, voll aufgeblüht, längsgeschnitten; *c* Blüte, zu Beginn des Aufblühens, längsgeschnitten (Krone entfernt); *d* Frucht mit Kelch], *e C. alpina* (Blüte), *f–g C. rapunculoides* (*f* Frucht mit Kelch, *g* Frucht im Querschnitt), *h–k C. rotundifolia* (*h* Habitus; *i* Blüte, voll aufgeblüht, längsgeschnitten; *k* Blütenknospe längsgeschnitten).

2547. C. trachélium L. Nesselblättrige G.

♃, *H.* – H. 0,30–0,80(1,00). W. ohne Ausläufer; *Grdb. herzförmig,* Stiel 2mal so lang wie Spreite; obere B. eiförmig bis lanzettl., doppeltgesägt; *Blst. allseitswendig;* Kb. nicht zurückgeschlagen; Kr. 3–4 cm lang, blauviolett od. hellblau. VII–VIII. 2n = 34.

Eichen- u. Buchenwälder, Gebüsche, Lichtungen etc.; frische, nährstoffreiche, humose, lehmige Böden. – Zerstreut im nw. Geb., sonst verbreitet (Alp. bis 1700 m). – Skand. (60° n. Br.) bis S-Eur., N-Afr., Syr., Sib.; euras-subozean-submed.

2548. C. rapunculoídes L. (Abb. 402 f–g) Acker-G.

♃, *H.* – H. 0,30–0,80. *W. kriechend, mit unterirdischen, oft knollig verdickten Ausläufern;* unterste B. schmal-herzförmig, mittlere bis obere schmal-eiförmig bis lanzettl., gesägt; *Blst. einseitswendig; Kb. zuletzt zurückgeschlagen;* Kr. 2–3 cm lang, violettblau. VI–IX. 2n = 102.

Gebüsche, Wälder, Wegränder, Äcker; ± frische u. nährstoffreiche, lockere meist lehmige Böden. – Verbreitet fast (weniger in den kalkärmeren) im ganzen Geb. (Alp. bis 1100 m). – Skand. bis s. Eur., Kl.As., Kauk.; gem-kont-submed.

2549. C. bononiénsis L. Filzige G.

♃, *H.* – H. 0,40–1,20. *W. ohne Ausläufer;* B. eiförmig, gesägt, unterste mit ± herzförmigem Grd., obere zugespitzt; Blst. meist einseitswendig; *Kb. ausgebreitet;* Kr. 1–2 cm lang, hell blaulila. VII–VIII. 2n = 34.

Lichte Wälder u. Gebüsche, sonnige Abhänge, Felsen; ± trockene Böden. – Selten vom m. ö. Geb. (O-Meckl., Brand., Anh., O-Thür., Sachs.) bis Schles., Ostpr. – O-D., Pol. bis M- u. S-Rußl., N-Balk.; S-Frankr., Schweiz.

3. Subsect. Cervicáriae

2550. C. glomeráta L. Knäuel-G.

♃, *H.* – H. 0,20–0,40(0,60). Mittlere Stb. lanzettl., gesägt; *Kb. schmal-dreieckig;* Kr. 1,5–3 cm lang, blauviolett. VI–IX. 2n = 30, 34, 68. Sehr formenreich.

Halbtrocken- u. Trockenrasen, Gebüsche, Waldränder; ± frische, warme, meist nährstoff- u. kalkreiche lehmige Böden. – Selten im n. Geb. (fehlt im NW ö. bis O-Holst.), sonst verbreitet bis zerstreut im m. u. s. Geb. (Alp. bis 1740 m). – S-Schwed. bis S-Eur., Kauk., Pers.; euras-submed.

2551. C. cervicária L. Borstige G.

⊙ – ♃, *H.* – H. 0,40–0,80. W. rübenförmig; St. oft violett; mittlere Stb. lanzettl.; *Kb. dreieckig; Kr.* 1,3–1,6 cm lang, *hellblau* (od. violett); *Gr. länger als Kr.* VI–VII. 2n = 26.

Gebüsche, Waldränder, lichte Eichen- u. Kiefernwälder, Wald- u. Moorwiesen; frische, neutrale, humose dichte lehmige od. tonige Böden. – Zerstreut u. selten etwa von S-Nieders., Brand. bis Alp. (bis 975 m). – Frankr. bis M- u. S-Rußl.; gem-kont(-submed).

2552. C. thyrsoídes L. Straußblütige G.

⊙, *H.* – H. 0,10–0,30(0,50). Pfl. steifhaarig; *St. dichtbeblättert; B. breitlineal.;* Kr. 1,7–2,2 cm lang, wollig behaart. VII–VIII. 2n = 34.

Subalp.-alp. Rasenges.; frische, warme, kalkhaltige, auch steinige, lehmige od. tonige Böden. – Zerstreut: Alp. (1590–2350 m). – Jura, Alp., W-Balk., w. dinarische Gebg.; alp.

4. Subsect. Heterophýllae

2553. C. rhomboidális L. Rautenblättrige G.

♃, *H.* – H. 0,20–0,50. Grdb. (rautenförmig) zur Bl.zeit fehlend, Stb. eiförmig bis schmal-eiförmig, gesägt, unterseits zerstreut langhaarig; Bl.Tragb. lanzettl.; *Kr.* 1,2–2 cm lang, *zu* $^1/_3$ *gespalten in breitdreieckige Zipfel, kurzglockig,* lilablau. VI–VIII. 2n = 34.

Fettwiesen, Weiden; frische, nährstoffreiche Lehmböden. – Sehr selten, nur S-Schwarzwald, Schwäb. Alb (?); wohl z. T. eingeschleppt (z. B. s. von Trier). – Pyren. (?), O-Frankr., Jura, W-Alp.; w-praealp.

2554. C. cochleariifólia Lam. (= C. pusilla Haenke) Zwerg-G.

♃, *H.* – H. 0,05–0,15. *St. unten mit weißen Börstchen; Grdb.* langgestielt, eiförmig bis rundlich, gesägt, *zur Bl.zeit vorhanden;* Kb. borstlich; Kr. 1,2–2 cm lang, (kurz-)glockig, zu $^1/_4$ in breit-dreieckige Zipfel gespalten. VI–VIII. 2n = 34.

Insbes. subalp. Steinschuttfluren, Felsbandges.; feuchte, kalkreiche, feinerdehaltige steinige Substrate. – Zerstreut: Alp. (bis 2590 m); selten: Alp.vorland, Bodenseegeb., Baar, S-Schwarzwald, SW-Alb. – Pyren. z-franz. Gebg., Jura, Vogesen, Schwarzwald bis Alp., Karp., Balk.; alp-praealp.

2555. C. scheuchzeri Vill. Scheuchzers G.

♃, *H.* – H. 0,10–0,20(0,40). *St. meist kahl. Grdb.* rundlich-nierenförmig, gekerbt, *zur Bl.zeit vertrocknet; Stb. am Grd. gewimpert;* Blkn. nickend; Kb. schmal-dreieckig bis lineal.; Kr. 1,8–2,5 cm lang, zu $^1/_4$ in breit-dreieckige Zipfel gespalten, dunkel-blauviolett. VII–VIII. 2n = 68.

Subalp.-alp. Mager- u. Steinrasen; frische, humose lehmige Böden. – Verbreitet: Riesengebg., Alp. (1300–2420 m); seltener: S-Schwarzwald, Bay. Wald, Alp.vorland. – Pyren., Jura bis Schwarzwald, Sud., Karp., Balk., Apenn.; Skand., arkt. Rußl.; alp-arkt.

2556. C. baumgarténii Becker [= C. lancifolia (Mert. et Koch) Witasek] Lanzettblättrige G.

♃, *H.* – H. 0,20–0,50. W. rübenförmig; *St. am Grd. fast zottig behaart;* Grd. nierenförmig, langgestielt, Stb. 4–12 mm breit, *unterseits zerstreut langhaarig; Blkn. u. Bl. nickend;* Kr. 2 cm lang, trichterig, blauviolett. VIII. 2n = 68.

Lichtungen, Ränder, Wege in Buchenwäldern; frische, nährstoffreiche, kalkarme sandig-lehmige Böden. – Sehr selten, nur Taunus, Pfalz, Bay. Hochebene. – SW-, S-D, O-Frankr.; m-eur, endemisch.

2557. C. rotundifólia L. (Abb. 402 h–k) Rundblättrige G.

♃, *H.* – H. 0,10–0,30(0,50). *St.* unten meist *feinflaumig; B.* meist *kahl;* Grdb. nieren- od. herzförmig-rundlich, gekerbt od. gesägt, (sehr) lang gestielt, zur Bl.zeit oft verwelkt *oberste Stb.* borstlich *zusammengerollt; Blkn. erst kurz vor dem Aufblühen nickend;* Kr. 1,2–2,2 cm lang, etwa zu $^1/_3$ in dreieckige Zipfel gespalten, violettblau. VI–IX. 2n = 68, 34. Formenreich.

Borstgrasrasen, Heiden, lichte Eichenwälder, Felsspalten, Mauern etc.; ± frische bis trockene, nährstoffhaltige sandige od. lehmige Böden. – Verbreitet im ganzen Geb. (Alp. bis 1300 m). – N- bis s. Eur., Sib.; N-Am.; no-euras, circ.

2. Sect. Rapúnculus

2558. C. persicifólia L. Pfirsichblättrige G.

♃, *H.* – H. 0,30–0,80. *Rhiz. kriechend;* Pfl. meist kahl; *B. glänzend,* entfernt gesägt; *Blst. armbl.; Kr. 2,5–4 cm* lang, etwa zu 1/4 in *breitdreieckige Zipfel* gespalten. VI–VIII. 2n = 16. Formenreich.

Eichen-, Kiefern-, Tannenwälder, Gebüsche, Wald- u. Wegränder etc.; trockene bis frische, meist kalkhaltige u. lehmige Böden. – Zerstreut, geb.weise verbreitet, bes. in den wärmeren Lehm- u. Kalkgeb. (Alp. bis 1300 m), im NW ö. bis W-Schl.Holst. fehlend. – Skand. (60° n. Br.) bis S-Eur., Sib., Armen.; euras-kont-submed.

2559. C. pátula L. (Abb. 402 a–d) Wiesen-G.

⨀, *H.* – H. 0,20–0,50(0,70). W. ohne Ausläufer; Pfl. meist kahl; B. gekerbt; *Bl. bei Sonne aufrecht, sonst nickend; Kb. kaum halb so lang wie Kr.;* Kr. *1,5–2,5 cm* lang, hell rosalila mit dunkleren Adern, V–VII. 2n = 20.

Glatthaferwiesen, Wegränder, Gebüschränder etc.; frische, nährstoffreiche tonige od. lehmige Böden. – Seltener im w. Geb. (fehlt fast völlig im nw. Geb. bis w. Schl.Holst.), sonst verbreitet bis zerstreut (Alp. bis 1070 m). – Skand. bis s. Eur.; euras(-kont) (-submed).

2560. C. rapúnculus L. Rapunzel-G.

⨀, *H.* – H. 0,30–0,80. *W.* oft rübenförmig, *fleischig;* B.rand gezähnelt od. wellig; *Kb. meist länger als halbe Kr., junge Blkn. überragend;* Kr. 1,5–2,5 cm lang, (hell)blaulila. VI–VIII. 2n = 20.

Halbtrockenrasen, Weg- u. Gebüschränder, Wiesen; ± trockene, nährstoffreiche lehmige Böden. – Verbreitet bis zerstreut im w. u. s. Geb. (fehlt u. a. Alp.), nach O seltener werdend bis Thür. u. Sachs.; in n. Küstengeb. fehlend. – S-Eur. bis Skand., NW-Afr., Sib., SW-As.; submed(-euras).

Bastarde:

C. barbata × glomerata (= C. × digena Fr. Wettst.), C. cochleariifolia × scheuchzeri (= C. × murrii DT. et Sarnth.), C. cochleariifolia × rotundifolia (= C. × truedingeri J. Murr.), C. glomerata × cervicaria, C. glomerata × rapunculoides, C. glomerata × trachelium, C. scheuchzeri × rotundifolia.

698. Adenóphora Fisch. Becherglocke

x = 17

2561. A. liliifólia (L.) Bess. (Abb. 403 a–d) Wohlriechende B.

♃, *H.* – H. 0,30–1,00. W. oft rübenförmig; Pfl. kahl; Grdb. zur Bl.zeit fehlend (rundlich-herzeiförmig, langgestielt); Stb. meist eiförmig bis lanzettl.; Bl. nickend; *Kb.* schmal-dreieckig, *gesägt;* Kr. 1,2–2 cm

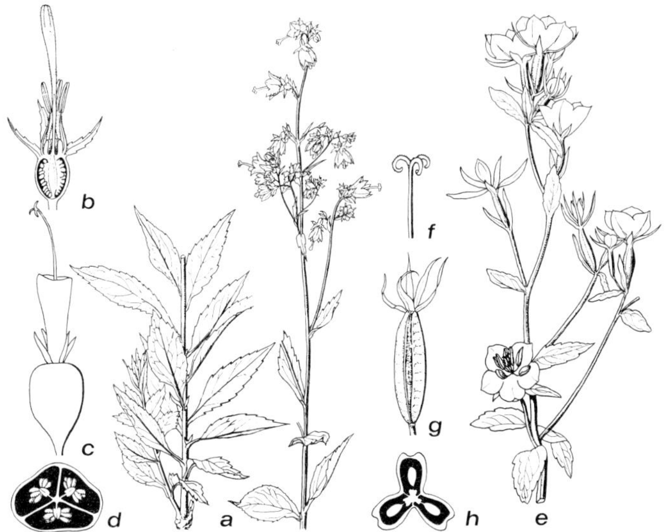

Abb. 403. *a–d Adenophora liliifolia* (*a* Habitus; *b* Blüte längsgeschnitten, Krone entfernt; *c* Frucht mit Kelch, *d* Frucht im Querschnitt); *e–h Legousia speculum-veneris* (*e* Sproßspitze, *f* Griffel u. Narben; *g* unreife Frucht, *h* Fruchtknoten im Querschnitt).

lang, mit breit-dreieckigen Zipfeln, blaß-blaulila; *Kapsel* birnförmig, *kantig*. VII–IX. 2n = 34.

Bergwälder, Auenwälder, Moorwiesen, Gebüsch- u. Waldränder; feuchte, nährstoffreiche, sandige Ton- u. Lehmböden. – Selten: Schles., Westpr., Ostpr.; sehr selten: unteres Isargeb. (Deggendorf). – O-Eur. bis Sib., Kauk., Slowenien, Bay., Österr., Ung., N-Ital., Tessin; euras-kont(-submed).

699. Legóusia Durande — Frauenspiegel

[= Specularia (Heister) A. DC.]

I. Kb. lineal., so lang wie Kr. u. wie Frkn. . . . . **2562. L. speculum-veneris**

II. Kb. lanzettl., länger als Kr., halb so lang wie Frkn. . . **2563. L. hybrida**

2562. L. spéculum-véneris (L.) Chaix (Abb. 403 e–h) Gewöhnlicher F.
[= Specularia speculum (L.) A. DC.]

⊙, *Th.* – H. 0,10–0,20(0,30). St. ästig, meist kahl; untere B. gestielt, verkehrt-eiförmig, obere breit-lanzettl., sitzend; Bl. gestielt; *Kr.*

2–2,5 cm breit, *radförmig, dunkelviolett,* außen heller (sehr selten weiß). VI–VIII. 2 n = 14, 16, 20.

Getreideunkrautges.; ± frische, warme, meist kalkhaltige lehmige od. tonige Böden. – Zerstreut im m. u. s. Geb. (etwa s. von Westf.–Thür.–N-Anh.), fehlt u. a. Alp., im übrigen Geb. gelegentlich verschleppt. – S- bis M-Eur., W-As., N-Afr.; (N-Am.); submed-med.

2563. L. hýbrida (L.) Delarbre Kleiner F.
[= Specularia hybrida A. DC.]

⨀, *Th.* – H. 0,10–0,25. St. am Grd. ästig, seltener einfach, kurzhaarig; untere B. schmal-ellipt., obere breit-lanzettl., sitzend, B.rand gewellt; Bl. gestielt; *Kr. 0,6–1,5 cm* breit, *weitglockig, violettrot* od. lila, im Grd. grünlichgelb, außen heller. V–VII. 2 n = 20.

Getreideunkrautges.; ± frische, warme, meist kalkhaltige sandig-lehmige od. -tonige Böden. – Selten u. sehr zerstreut: so u. a. O-Holst., Westf., S-Nieders., M- u. S-Thür., Hess., Maingeb., SW-D., Bay. – Schottl. bis N-Afr. u. W-As.; med-submed.

700. Phyteúma L. Teufelskralle, Rapunzel

x = 6, 7, 9, 13

I. Blst. eiförmig bis walzenförmig
 A. Grdb. bis 4mal so lang wie breit .... **2564. Ph. betonicifolium**
 B. Grdb. bis 2mal so lang wie breit
  1. Bl. gelblichweiß, selten blaßblau .... **2565. Ph. spicatum**
  2. Bl. dunkelblau bis schwarzviolett
   a) Grdb. ± 2mal so lang wie breit, mittlere Stb. am Grd. keilförmig verschmälert ...... **2566. Ph. nigrum**
   b) Grd. ± so lang wie breit, mittlere Stb. am Grd. abgerundet .... **2567. Ph. ovatum**
II. Blst. kugelig
 A. Grdb. herzeiförmig bis lanzettl.
  1. Meist 3 N.; Hüllb. etwa so lang wie das Köpfchen .... **2568. Ph. orbiculare**
  2. Meist 2 N.; Hüllb. viel kürzer als das Köpfchen **2569. Ph. tenerum**
 B. Grdb. grasartig .... **2570. Ph. hemisphaericum**

Anmerkung: Bei den blau-blühenden Phyteuma-Arten kommen gelegentlich weiß-blühende Pfl. vor.

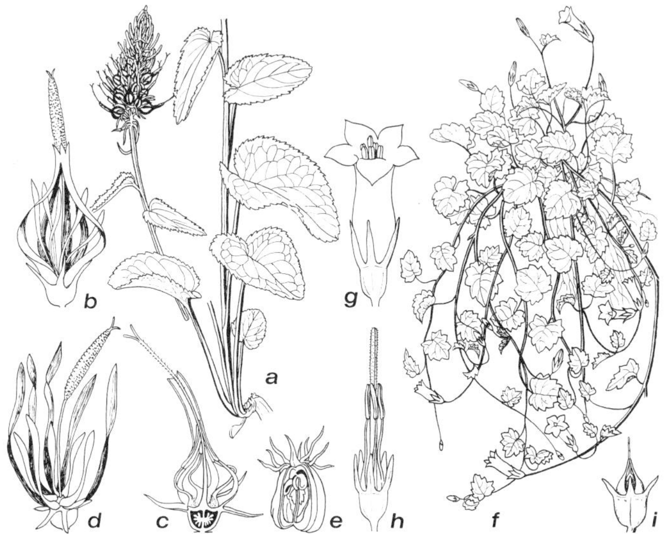

Abb. 404. *a—e Phyteuma spicatum* (*a* Habitus; *b* Blüte zu Beginn der Blütezeit, bei *c* längsgeschnitten; *d* Blüte am Ende der Blütezeit, *e* Frucht mit Kelch); *f—i Wahlenbergia hederacea* (*f* Habitus; *g* Blüte, bei *h* Krone entfernt; *i* Frucht mit Kelch).

1. Subgen. P h y t e ú m a
1. Sect. S p i c á t a

2564. Ph. betonicifólium Vill. Ziestblättrige T.

♃, *H.* – H. 0,20—0,60(0,80). W. rübenförmig; *Grdb.* langgestielt, *eilanzettl.* (mit meist herzförmigem Grd.), gekerbt, folgende B. schmaler, oberste lanzettl. bis lineal.; *Blst. hüllb. sehr klein,* lineal.; *Bl. vor dem Aufbl. fast gerade,* (hell-)blaulila; *N. meist 3.* VII—VIII. 2 n = 24.
Subalp. Magerrasen; frische, nährstoff- u. kalkarme, saure, torfige od. humose Böden. – Zerstreut: Alp. (1100—2050 m). – Alp. (außer östlichster Teil); alp.

2565. Ph. spicátum L. (Abb. 404 a—e) Ährige T.

♃, *H.* – H. 0,20—0,50(0,80). W. verdickt; *Grdb.* langgestielt, oft dunkel gefleckt, *herzförmig,* doppelt gesägt, obere Stb. lanzettl., sitzend; Hüllb. lineal., so lang wie Ährendurchmesser; *Bl. vor dem Aufbl. gekrümmt;* N. 2. V—VII. 2 n = 36.
Laub- u. Nadelmischwälder, Wiesen; frische, nährstoffreiche, humose lehmige Böden. – Im nw. u. nö. Geb. seltener od. zerstreut, bzw. u. a. im äußersten NW fehlend, sonst rel. verbreitet (Alp. bis 2110 m). – S-Norw. bis Frankr., Ung., Jugosl., W-Rußl.; subatl-submed.

2566. Ph. nígrum F. W. Schmidt Schwarze T.

♃, *H.* – H. 0,20–0,50. W. rübenförmig; *Grdb. eiförmig* (Blattgrd. herzförmig), langgestielt, schwach gekerbt-gesägt, oberste Stb. lanzettl., sitzend; Hüllb. wie bei Ph. spicatum; Bl. vor dem Aufbl. gekrümmt, schwarzviolett, seltener blau; N. 2. V–VII. 2n = 26.

Laubmischwälder, Bergwiesen; frische, nährstoffhaltige, kalkarme, meist sandiglehmige Böden. – Zerstreut (bis geb.weise verbreitet) im nw. Geb. u. in den M-Gebg., s. bis w. Alp.vorland; im übrigen Geb. selten. – Ardenn., Vogesen, d. M-Gebg., NW-D.; endemisch: m-europ.

2567. Ph. ovátum Honckeny Eiförmige T.
(= Ph. halleri All.)

♃, *H.* – H. 0,30–1,00. W. rübenförmig; *unterste B. herzförmig-dreieckig,* langgestielt, doppelt-gesägt, obere eilanzettl., sitzend; *Hüllb.* lanzettl., *mindestens 1 davon so lang wie die Ähre;* Bl. vor dem Aufbl. gekrümmt, schwarzviolett bis schwarzblau; N. 2. VII–VIII. 2n = 26.

Subalp. Hochstaudenges., Gebüsche, Wiesen; frische, nährstoffreiche u. kalkhaltige tonige od. lehmige Böden. – Zerstreut: Alp. (1000–1880 m). – Pyren., Alp., Balk., Apenn.; alp-praealp.

2. Sect. Capitáta

2568. Ph. orbiculáre L. Kugelige T.

♃, *H.* – H. 0,10–0,50. W. fleischig; *St. hohl;* unterste *B.* gestielt, *eiförmig,* gesägt, obere lanzettl.; Köpfchen 1–2,5 cm breit; *Bl. vor dem Aufbl. stark gekrümmt,* dunkel violettblau. V–VII. 2n = 24.

Kalk-Magerrasen, Moorwiesen; ± trockene, kalkhaltige, humose tonige od. lehmige Böden. – Zerstreut in m. u. s. Kalkgeb. (Alp. bis 2420 m), n. selten bis S-Nieders., Anh. u. S-Brand. – Belg., Frankr. bis Pol., Balk.; praealp-alp.

2569. Ph. ténerum R. Schulz Zarte T.

♃, *H.* – H. 0,15–0,55. *St. dünn, meist nicht hohl,* am Grd. oft rotbraun; unterste *B. lanzettl.* bis eilanzettl., meist dicht gesägt, *Stiel* geflügelt, *am Grd. gewimpert,* obere B. lanzettl. bis lineal.; Bl. vor dem Aufbl. gekrümmt, tiefblau; V–VIII.

Halbtrockenrasen, Felsen; kalkhaltige lehmige Böden. – Sehr selten, nur im sw. Geb. (Donnersberg bis Mainz, Bingen, Freiburg, Kaiserstuhl). – S-Engl., NO-Span., SW-Frankr. bis Schweiz. Jura, SW-D.; praealp-subatl.

2570. Ph. hemisphǽricum L. Grasblättrige T., Halbkugelige T.

♃, *H.* – H. 0,05–0,15(0,30). *Rhiz. walzlich, mehrköpfig; St. blattlos od. mit 1–3 lineal. od. schmal-lanzettl. B.;* Köpfchen 1,2–2 cm breit; Bl. dunkel blauviolett, vor dem Aufblühen gekrümmt; N. 3. VII–VIII. 2n = (16, 24?) 28.

Alp. Magerrasen; frische, kalkarme, saure, torfig-humose tonige od. lehmige Böden. – Zerstreut: Alp. (1700–2350 m). – Pyren. Alp. (bis Steiermark); alp.

Bastarde:
Ph. betonicifolium × ovatum (= Ph. × murrianum Borb.), Ph. betonicifolium × (spicatum × ovatum), Ph. spicatum × nigrum (= Ph. × adulterinum Wallr.), Ph. spicatum × ovatum (= Ph. × hegetschweileri Bruegg.), Ph. betonicifolium × spicatum, Ph. spicatum × orbiculare, Ph. nigrum × orbiculare, Ph. hemisphaericum × orbiculare.

701. Wahlenbérgia Schrad. — Moorglöckchen

x = 9

2571. W. hederácea (L.) Rchb. (Abb. 404 f–i) — Efeublättriges M.

♃, *H, Ch.* – H. 0,05–0,30. B. langgestielt, zart, hellgrün, kahl; *Bl. einzeln* am Ende kleiner Ästchen, langgestielt; *Kr.* 0,8–1 cm lang, *schmalglockig, hell-blaulila.* VI–IX.

Binsen-Sümpfe, Torfmoospolster, Erlenbruch-Ränder, Waldwege etc.; nasse, saure, nährstoff- u. kalkarme moorige Böden. – Sehr selten: NW-D. (Neuenburg–Varel, Land Hadeln), Hohes Venn, Köln (Königsforst), Pfalz (Kaiserslautern, Saargeb.), Oberrheingeb. (Hagenau, Walldorf–Groß Gerau), S-Schwarzwald (Hühnersedel). – W-Eur. von Engl. bis Port.–Span.; atl.

702. Jasióne L. — Sandglöckchen

x = 6, (7)

I. Pfl. mit Ausläufern; B. flach .... **2572. J. levis**
II. Pfl. ohne Ausläufer; B. am Rande wellig-kraus ...... **2573. J. montana**

2572. J. lévis Lam. — Ausdauerndes S.
(=J. perennis Vill.)

♃, *Ch.* – H. 0,25–0,40(0,60). *Überwinternde B.rosetten;* Köpfchen 2,5–3 cm breit, kugelig; Hüllb. eiförmig, scharf gesägt; *Kr. 1,2 bis 1,5 cm* lang, blaulila; N. 2. VII–VIII. 2n = 60.

Magerrasen, Wegränder, Böschungen; frische, kalkarme, ± saure, torfig-humose sandig-lehmige Böden. – Selten, nur Pfalz, Schwarzwald, Breisgau, Baar, sw. Schwäb. Alb, w. Alp.vorland. – W-Eur., von Belg. bis Span.; atl(-w-submed).

2573. J. montána L. (Abb. 405 a–c) — Berg-S.

⊙, *H.* – H. 0,15–0,30(0,50). *Köpfchen 1,5–2,5 cm* breit, kugelig; Hüllb. eiförmig, gesägt bis ganzrandig; *Kr. 0,6–1,5 cm lang, himmelblau,* selten weiß od. rötlich; N. 2. Kapsel 5kantig. VI–VIII. 2n = 12, 14.

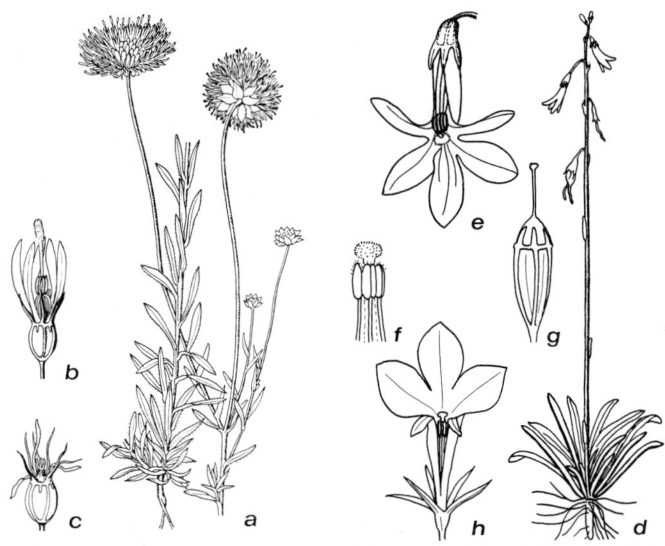

Abb. 405. *a–c Jasione montana* (*a* Habitus, *b* Blüte, *c* Frucht mit Kelch u. Resten der Krone); *d–h Lobelia* spp., *d–g L. dortmanna* (*d* Habitus, *e* Blüte, *f* Staubblätter mit Griffel u. Narbe, *g* Frucht mit Kelch), *h L. erinus* (Blüte).

Sand-Trockenrasen, Dünen, Heiden, Dämme, Kiefernwälder etc.; trockene, kalkarme, ± saure sandige Böden. – Verbreitet in den Silikatgeb.; u. a. Alp.-vorland fehlend. – Skand. (60° n. Br.) bis s. Eur., N-Afr., Kl.As.; subatl-submed.

134. Fam. LOBELIÁCEAE R. Br.

Lobeliengewächse

703. Lobélia L. Lobelie

x = 7

I. Landpfl.; Bl. tief-blau .... **2574. L. erinus**
II. Wasserpfl.; Bl. weiß mit bläulicher Röhre .... **2575. L. dortmanna**

2574. L. erínus L. (Abb. 405 h) Blaue L.

⊙ (–♃), *Th (–H).* – H. 0,15–0,30. *St. ästig;* untere *B. schmal-verkehrt-eiförmig,* gesägt, obere lanzettl. ± ganzrandig; Kr. zygomorph, Kr.röhre hinten aufgeschlitzt. VI–IX. 2n = 28, 42.

Kultiviert u. selten verwildert. – Heimat: S-Afr.

2575. L. dortmánna L. (Abb. 405 d–g) Wasser-L.

♃, *HH.* – H. (0,10)0,40–0,70. *St. meist einfach,* fast blattlos; *Grdb.* (meist untergetaucht, zur Bl.zeit nur in Erneuerungsrosette neben dem Blst.) *lineal. mit 2 Längshöhlen;* Blst. (aufgetaucht) 3–10bl., traubig; Bl. gestielt, *zuletzt nickend;* Kr.röhre 7–8 mm lang, bis zum Grd. geschlitzt; 3 untere Kr.zipfel so lang wie Kr.röhre, 2 obere kleiner. VII bis VIII. 2n = 14.

Strandlingges., Seen, Teiche, Ufer; in stehendem Wasser auf kalkfreiem Grd. – Selten u. sehr zerstreut: Rheinprovinz, unteres Lippegeb. über n. Westf., Old., Nieders., Schl.Holst. bis Pomm., Westpr. (w. der Weichsel); stark zurückgehend. – Skand., Großbrit., Nied., Belg., W-Frankr.; no-subatl.

135. Fam. COMPÓSITAE Giseke

(= Asteraceae Dum.)

Korbblütler

I. Pfl. stets ohne weißen Milchsaft; Kr. der Bl., zumindest der inneren Bl., röhrig, die der äußeren Bl. röhrig oder zungenf. (Tubuliflorae) .... **1. Subfam. Asteroideae** S. 1379

II. Pfl. mit weißem Milchsaft; Kr. aller Bl. zungenf., selten einige Bl. im Innern fast röhrig (Liguliflorae) .. **2. Subfam. Cichorioideae** S. 1385

1. Subfam. Asteroídeae

I. Kr. der Randbl. zungenf., die der mittl. röhrig
  A. Pappus aus Haaren gebildet
    1. Laubb. zur Bl.zeit bereits entwickelt
      a) Alle B. grund- od. wechselst.
        x) Zungenbl. weiß, rot od. blau, nicht gelb
          /) Äußere Hüllb. als laubb.-artige Außenhülle ausgebildet .... **710. Callistephus**
          //) Äußere Hüllb. nicht als laubb.artige Außenhülle ausgebildet
            §) Zungenbl. einreihig, deutl. zungenf. .... **709. Aster**
            §§) Zungenbl. schmallinealisch od. fädl., mehrreihig .... **711. Erigeron**
        xx) Zungenbl. gelb, orangefarben od. bräunl.
          /) Hüllb. dachziegelig
            §) Stbbtl. am Grunde ohne Anhängsel, Zungenbl. meist 5–8 ... **707. Solidago**
            §§) Stbbtl. am Grunde mit 2 borstenf. Anhängseln, Zungenbl. zahlreich
              +) Pappus am Grunde ohne Krönchen .... **719. Inula**

++) Pappus am Grunde mit gekerbtem oder zerschlitztem Krönchen .... 720. **Pulicaria**

//) Hüllb. 1- bis 3reihig, nicht dachziegelig

§) Körbchen einzeln oder zu wenigen, Hüllb. 2- bis 3reihig ...... 749. **Doronicum**

§§) Körbchen zu mehreren, in rispiger od. doldiger Anordnung, Hüllb. 1reihig, zuweilen mit kurzblättriger Außenhülle .... 750. **Senecio**

b) Obere B. gegenst., untere in grundst. Rosetten .... 748. **Arnica**

2. St. der bl. Pfl. nur mit Schuppen, Laubb. erst nach der Bl. erscheinend

a) Bl. goldgelb, St. 1köpfig .... 744. **Tussilago**

b) Bl. rot, hellgelb oder weißlich, St. vielköpfig .... 745. **Petasites**

B. Pappus nicht aus Haaren gebildet, schuppig, grannig oder aus einem Krönchen bestehend, oder fehlend

1. Alle B. grundst., Körbchenst. blattlos .... 708. **Bellis**

2. B. gegen- oder wechselst.

a) Zumindest die unteren B. gegenst.

x) B. am B.grund paarweise verwachsen ... 724. **Silphium**

xx) B. frei

/) Pappus fehlend oder schuppig, ohne widerhakige Borsten

§) B. einfach, ungeteilt

+) Hüllb. gesägt, schwarzrandig .... 727. **Zinnia**

++) Hüllb. anders

α) Nur untere B. gegenst., Körbchen groß (3—7 cm), Zungenbl. gelb .... 729. **Helianthus**

β) Alle B. gegenst., Körbchen klein (ca. 1 cm), Zungenbl. weiß .... 734. **Galinsoga**

§§) B. fiederteilig oder gefiedert

+) B. einfach gefiedert oder doppelt fiederteilig

α) B.zipfel linealisch ...... 730. **Coreopsis**

β) B.zipfel breiter .... 731. **Dahlia**

++) B. mehrfach gefiedert, B.-zipfel fein linealisch .... 733. **Cosmos**

//) Pappus aus 2—4 bleibenden, widerhakigen Grannen gebildet .... 732. **Bidens**

b) B. wechselst.

x) Hüllb. zu einem gezähnten Becher verwachsen .... 735. **Tagetes**

xx) Hüllb. anders
- /) Zungenbl. gelb. od. bräunl.
  - §) Körbchen sehr groß, 10–40 cm breit, B. herzf. . . . . **729. Helianthus**
  - §§) Körbchen kleiner, 3–8 cm breit
    - +) Körbchenboden mit Spreub.
      - α) B. ungeteilt
        - †) B. lanzettlich-lineal-lanzettl. . . . . **722. Buphthalmum**
        - ††) B. breiter (Zierpfl.)
          - △) Unt. B. runzl., verkehrteif., Zungenbl. schmallinealisch, etwa 1 mm breit **723. Telekia**
          - △△) Unt. B. längl., mit geflügeltem St., Zungenbl. breiter als 2 mm **728. Rudbeckia**
      - β) B. dreiteilig, fiederteilig od. gefiedert
        - †) Alle B. doppelt fiederteilig
          - △) Fr. zusammengedrückt, knorpelig geflügelt . . . . **737. Anthemis**
          - △△) Fr. nicht od. nur sehr schmal geflügelt . . . . **738. Anacyclus**
        - ††) Unt. B. einfach oder fiederteilig, obere B. einfach . . . . **728. Rudbeckia**
    - ++) Körbchenboden ohne Spreub.
      - α) Hüllb. dachziegelig, Fr. gerade . . . . **741. Chrysanthemum**
      - β) Hüllb. 2reihig, Fr. bogenf. eingekrümmt . . . . **751. Calendula**
- //) Zungenbl. weiß
  - §) Körbchenboden mit Spreub.
    - +) Zungenbl. längl., Röhrenbl. gelb, Körbchen einzeln . . . . **737. Anthemis**
    - ++) Zungenbl. rundl., kurz, Röhrenbl. weißl., Körbchen doldig . . . . **739. Achillea**
  - §§) Körbchenboden ohne Spreub.
    - +) B. 2–3fach fiederteilig, B.-zipfel fast fadenf., Hüllb. wenigreihig, fast gleichlang . **740. Matricaria**
    - ++) B. ungeteilt od. einfach fiederteilig, B.zipfel längl. od. lan-

zettl., Hüllb. vielreihig, äußere kürzer . . . . 741. Chrysanthemum

II. Kr. aller Bl. röhrig, die äußeren zuweilen vergrößert, aber nicht zungenf.
A. Alle Körbchen mit mehreren Einzelbl.
1. Innere Hüllb. strahlig ausgebreitet, trockenhäutig, bl.b.ähnlich gefärbt
a) Pfl. distelartig, innere Hüllb. gelblich od. silbergrau . . . . 754. Carlina
b) Pfl. nicht distelartig
x) St. durch herablaufende B. breit geflügelt 718. Ammobium
xx) St. ungeflügelt
/) Körbchen klein (6–10 mm breit), knäuelig od. gehäuft
§) Hüllb. rosa od. weiß . . . . 713. Antennaria
§§) Hüllb. gelb . . . . 717. Helichrysum
//) Körbchen groß (2–5 cm breit), einzeln
§) Pfl. kahl od. rauhhaarig . . . . 717. Helichrysum
§§) Pfl. wollig-filzig behaart . . . . 753. Xeranthemum
2. Innere Hüllb. nicht strahlig ausgebreitet
a) Körbchenboden ohne Spreub. od. Borsten, z. T. Spreub. nur zwischen den äußeren Bl.
x) Pfl. distelartig, St. breit wellig geflügelt . 761. Onopordon
xx) Pfl. anders
/) Hüllb. krautig, grün, nicht trockenhäutig od. wollig, B. breit, wenn schmäler, dann fiederspaltig od. gezähnt
§) Pappus aus Haaren gebildet
+) Bl. Sprosse beblättert
α) Bl. blau, rot oder weiß
†) Zumindest die unteren B. gegenst.
△) B. ungeteilt, breit-herzf., Gr.-äste blau . . . . . . 704. Ageratum
△△) B. handf., 3- bis 5teilig, Gr.äste rosa od. weiß . . 705. Eupatorium
††) B. wechselst. . . . . 706. Adenostyles
β) Bl. gelb od. rötl.-gelb
†) B. lanzettl., doppelt gezähnt . . . . 747. Erechthites
††) B. fiederspaltig-fiederteilig . . . . 750. Senecio
++) Bl. Sprosse nur mit Schuppen, Laubb. grundst.
α) Körbchen in dichten rispigen Ständen, B. groß . . 745. Petasites

β) Körbchen einzeln, B. klein, nierenf. .... 746. Homogyne

§§) Pappus fehlend oder nur als kleines Krönchen ausgebildet

+) Pfl. stark nach Kamille duftend, Bl. grünl.-gelb .... 740. Matricaria

++) Pfl. anders

α) Körbchen gehäuft, in ± dichten Ständen

†) Körbchen in Rispen, Trauben oder Ähren, klein (3–5 mm breit) 743. Artemisia

††) Körbchen in flachen, doldigen Rispen, größer, goldgelb .... 741. Chrysanthemum

β) Körbchen einzeln, am Ende längerer Triebe

†) Äußere Hüllb. laubb.-artig .... 721. Carpesium

††) Hüllb. nicht laubb.-artig, B. scheidig, st.-umfassend .... 742. Cotula

//) Hüllb. trockenhäutig od. wollig, B. schmal-lineal, ganzrandig, Pfl. meist grau- od. weißfilzig

§) Körbchen von schneeweißen, filzigen, sternf. ausgebreiteten Hochb. umgeben .... 714. Leontopodium

§§) Körbchen anders

+) Äußere Hüllb. am Grunde krautig, am Rande u. an der Spitze z. T. trockenhäutig, Körbchen in Knäueln ..... 712. Filago

++) Äußere Hüllb. ganz trockenhäutig od. breit hautig berandet

α) Pfl. zweihäusig, Hüllb. rosa, weiß od. bräunl. ... 713. Antennaria

β) Pfl. nicht zweihäusig, Hüllb. gelb–bräunlich

†) Hüllb. bräunlich od. gelb, Körbchen klein, in Knäueln, Trauben od. Ähren .... 715. Gnaphalium

††) Hüllb. goldgelb od. orange, Körbchen 6–7 mm breit, od. Hüll.-b. verschiedenfarben, dann Körbchen sehr groß (2–5 cm breit) . 717. Helichrysum

b) Körbchenboden mit Spreub., diese auch z. T. borstig oder haarförmig
x) Hüllb. mit hakig eingekrümmter Spitze, Fr. eine „Klette“ . . . . 755. **Arctium**
xx) Hüllb. anders
/) Laubb. weiß geadert, „marmoriert“ . . 760. **Silybum**
//) Laubb. anders
§) Pappus fehlend od. nur aus einem Krönchen bestehend
+) Hüllb. mit trockenhäutigem, oft gefied. od. geschlitztem Anhängsel . . . . 763. **Centaurea**
++) Hüllb. ohne Anhängsel
α) B. ungeteilt, stachelig gezähnt . . . . 764. **Carthamus**
β) B. fiederteilig od. gefiedert
†) B. kammf. fiederteilig, klein, graufilzig . . 736. **Santolina**
††) B. doppelt fiederteilig, unterseits kurzhaarig . . . . 737. **Anthemis**
§§) Pappus aus Haaren gebildet
+) Pappushaare, zumindest die inneren, federig gefiedert
α) Pfl. distelartig, Laubb. und oft auch Hüllb. stachelig gezähnt . . . . 759. **Cirsium**
β) Laubb. und Hüllb. nicht stachelig gezähnt . . . . 756. **Saussurea**
++) Pappushaare einfach, gezähnelt
α) Bl. gelb od. rot-(orange-) gelb
†) Körbchen mit auffälliger laubb.artiger Außenhülle . . . . 766. **Cnicus**
††) Körbchen ohne laubb.-artige Außenhülle . 763. **Centaurea**
β) Bl. andersfarben
†) Pappushaare zu ein. Ring od. Knopf verwachsen, als Ganzes abfallend
△) Pfl. distelartig, Hüllb. u. B.zähne dornig-spitz . 758. **Carduus**
△△) Pfl. weich, B. unterseits weißfilzig . . . . 757. **Jurinea**
††) Pappushaare frei, getrennt abfallend

△) Randbl. vergrößert, Hüllb. mit verschiedengestaltigen Anhängseln, innerste Pappushaare nicht am längsten .... 763. **Centaurea**

△△) Randbl. nicht vergrößert, Hüllb. ohne Anhängsel, innerste Pappushaare am längsten .... 762. **Serratula**

B. Alle Körbchen oder doch die ♀ nur aus 1–2 Bl. bestehend

1. Alle Körbchen 1bl., zu einem kugeligen Körbchenstand vereinigt .... 752. **Echinops**

2. Körbchen einhäusig, die ♀ 1- bis 2bl., die ♂ vielbl.

a) ♀ Körbchen 1bl., in den Achseln der oberen Tragb., die ♂ vielbl., halbkugelig-nickend, zu traubig-dichten Ständen vereinigt .... 725. **Ambrosia**

b) ♀ Körbchen 2bl., von einer Stachelhülle umschlossen, oft gehäuft, ♂ Körbchen in achselst. Knäueln .... 726. **Xanthium**

2. Subfam. Cichorioídeae

I. Pappus nicht aus Haaren gebildet, z. T. schuppig oder häutig, oder fehlend

A. St. beblättert

1. Bl. blau, Pappus schuppig .... 765. **Cichorium**

2. Bl. gelb, Pappus fehlend .... 767. **Lapsana**

B. St. ohne Laubb., B. in grundst. Rosette

1. St. unter d. Körbchen lang keulig verdickt, B. grob gezähnt .... 769. **Arnoseris**

2. St. unter d. Körbchen nicht auffallend verdickt, B. schrotsägef.-fiederteilig .... 768. **Aposeris**

II. Pappus, wenigstens der mittl. Bl., aus Haaren gebildet

A. Pappushaare, wenigstens der mittl. Bl., federig gefiedert

1. B. ganzrandig

a) Hüllb. 1(-2)reihig, Fr. lang geschnäbelt .... 773. **Tragopogon**

b) Hüllb. mehrreihig, dachziegelig, Fr. undeutl. od. nur kurz geschnäbelt

x) B. ± kahl od. wollig, Pappusfiedern miteinander verflochten .... 774. **Scorzonera**

xx) B. graufilzig behaart, Pappusfiedern frei . 771. **Leontodon**

2. B. buchtig geschweift, gezähnt od. fiederspaltig

a) St. mit Laubb. besetzt

x) B. fiederspaltig-fiederteilig, B.zipfel linealisch, Pappusfiedern nicht miteinander verflochten .... 775. Podospermum
xx) B. buchtig gezähnt, St. u. B. borstig rauh, Pappusfiedern miteinander verflochten .. 772. Picris
b) St. unbeblättert od. nur mit Schuppen besetzt, B. grundst., rosettig
x) Köpfchenboden mit Spreub. .... 770. Hypochoeris
xx) Köpfchenboden ohne Spreub. .... 771. Leontodon
B. Pappushaare einfach, zuweilen gezähnt
1. St. hohl, unbeblättert, einköpfig, stark milchend 778. Taraxacum
2. Pfl. anders
a) Reife Fr. in einen deutl. Schnabel verlängert
x) Stb. deutl. entwickelt
/) Fr. ± zusammengedrückt, Hüllb. mehrreihig, dachziegelig
§) Körbchen meist 5bl., Bl. blaßgelb, Fr.schnabel kürzer als die halbe Fr. .... 781. Mycelis
§§) Körbchen mehr als 5bl., Bl. gelb od. blau, Fr.schnabel mindestens halb so lang wie die Fr. .... 782. Lactuca
//) Fr. stielrund, Hüllb. zweireihig ..... 783. Crepis
xx) St. nur mit kleinen Hochb. od. Schuppen, zuweilen mit 1 Laubb.
/) Körbchen 7- bis 16bl., Fr.schnabel am Grunde mit Schuppen .... 776. Chondrilla
//) Körbchen vielbl., Fr.schnabel am Grunde mit einem 5zähnigen Krönchen .... 777. Willemetia
b) Reife Fr. nur undeutlich od. nicht geschnäbelt
x) Bl. blau od. rötl.
/) Körbchen 5bl., Bl. purpurn, Hüllb. 6–8 .... 784. Prenanthes
//) Körbchen vielbl., Bl. blau, Hüllb. zahlr. .... 779. Cicerbita
xx) Bl. gelb oder orangefarben
/) B. borstig-stachelig gezähnt, Fr. flach zusammengedrückt .... 780. Sonchus
//) B. nicht borstig-stachelig, Fr. walzenf. od. rundl.
§) Hüllb. meist 2reihig, die äußeren als Außenhülle, Fr. oben verschmälert od. etwas schnabelartig zusammengezogen, Pappushaare meist schneeweiß, weich, nicht zerbrechlich .... 783. Crepis
§§) Hüllb. dachziegelig, selten mit Außenhülle, Fr. oben abgestutzt, Pappushaare schmutzigweiß, zerbrechlich .... 785. Hieracium

1. Subfam. A s t e r o í d e a e
1. Trib. E u p a t o r í e a e

704. Agerátum L. Lederbalsam

x = 10

2576. A. mexicánum Sims Mexikanischer L.

⊙–♃, *Th, H.* – H. 0,10–0,50. Pfl. einjährig, staudig od. halbstrauchig; St. ± kurzhaarig; B. ungeteilt, herzförmig, regelmäßig gesägt, grau; Bl.köpfchen in Doldentrauben; Röhrenbl. blau, rosa—weiß; Gr. gespalten, fast doppelt so lang wie die Kr.röhre, weit aus ihr herausragend, blau; Pappus frei, schuppig. – Zierpfl.; zuweilen auf Schutt verwildert. – Heimat: Mexiko, Peru; (Trop.).

705. Eupatórium L. Wasserdost

x = 10

2577. E. cannábinum L. (Abb. 406 a-b) Gemeiner W., Wasserhanf

♃, *H.* – H. 0,50–1,50(–1,75). St. aufrecht, kurzhaarig; Stb. kurz gestielt od. sitzend, meist handförmig 3–5(–7)schnittig, die Abschnitte ungleich grob gesägt, lanzettl., spitz, der mittlere viel größer; Bl.köpfchen klein, mit 4–6 Bl., eine reiche, dichte, schirmartige Doldentraube bildend; Hüllb. wenige, ungleich lang, dachziegelig angeordnet; Bl. alle röhrig, fleischrot-trübrosa, selten weiß; *Gr.* gespalten, weit aus den Röhrenbl. herausragend, *weiß.* VII–IX. 2 n = 20.
Kahlschläge, Lichtungen, Auenwälder, Gebüsche, Ufer, Grabenränder etc.; meist sickerfeuchte, nährstoffreiche, „wasserzügige" lehmige od. tonige Böden. – Verbreitet u. meist häufig im ganzen Geb. (bes. Kalk- u. Lehmgeb.; Alp. bis 1040 m). – M-Skand. bis Med., W-Sib., N-Afr. bis Kl.As., Syr.; euras-subozean-submed.

706. Adenostýles Cass. Alpendost

x = 19

I. Obere Stb. immer gestielt, B.stiele am Grd. nicht geöhrt, oben etwas abgeflacht; B. unterwärts graugrün, nur auf den Nerven flaumig . . . . **2578. A. glabra**
II. Obere Stb. halbstengelumfassend, sitzend, zuweilen gestielt, dann aber B.stiele am Grd. geöhrt, oben erhaben gerillt; B. unterwärts graufilzig-spinnwebig flockig . . . . **2579. A. alliariae**

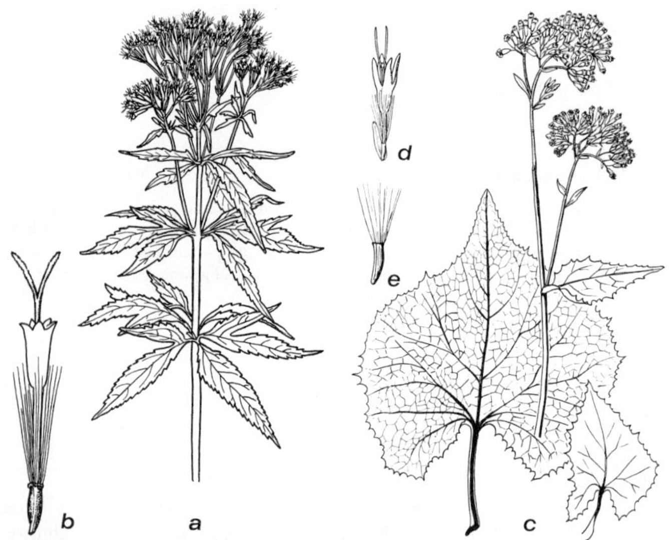

Abb. 406. *a–b Eupatorium cannabinum* (*a* Sproßspitze mit Blütenstand, *b* Blüte); *c–e Adenostyles alliariae* (*c* Sproßspitze u. Blätter, *d* Blüte mit Spreublatt, *e* Frucht).

2578. A. glábra (Mill.) DC. Gemeiner A.
(= A. alpina Bl. et F.)

♃, *H.* – H. 0,30–0,80. St. aufrecht, fein gerillt, unten ± kahl, oben meist dicht kraushaarig-flaumig; *B.* herznierenförmig, vorn meist abgerundet, derb, *gleichmäßig grob gesägt, Sekundäradernetz der B.unterseite deutlich hervortretend, engmaschig,* B. nach oben langsam an Größe abnehmend; Bl.köpfchen 10–12 mm lang, meist 3bl., zu vielen in einer endständigen Doldentraube; Hüllb. vorn ± stumpf dreieckig; Kr. hellviolett od. blaßrot, selten weiß. VII–VIII. 2n = 38. Im Geb. wohl nur var. g l á b r a (= var. typica J. Braun).

Insbes. subalp. Schlucht- u. Bergmischwälder, Steinschuttfluren, Bachgeröll etc.; frische bis feuchte, steinige Kalkböden. – Zerstreut: Alp. (800–2410 m), mit den Flüssen z. T. ins Alp.vorland herabreichend (z. B. Adelegg/Isny). – Gebg. von Alp. bis Illyr., Kors.; alp.

2579. A. alliáriae (Gouan) Kern. (Abb. 406 c–e) Grauer A.
[= A. albifrons (L. f.) Rchb.]

♃, *H.* – H. 0,40–1,50(–2,00). St. kräftig, gefurcht, meist flockig behaart, selten kahl; *B.* dreieckig herz- bis nierenförmig, meist kurz gespitzt, weich, *ungleichmäßig grob u. tief gezähnt, Sekundäradernetz der*

B.unterseite wenig hervortretend, weitmaschig; Stb. meist nur 2–3, rasch nach oben an Größe abnehmend; Bl.köpfchen 3(-6)bl., in dichten, ästigen Doldentrauben; Hüllb. lanzettl., oft spitzlich; Kr. fleischrot–blaßrot, selten weißlich. VII–VIII. 2 n = 38.

Mont.-subalp. Bergmisch- u. Schluchtwälder, Hochstaudenfluren, Läger, Bachränder etc.; meist sickerfeuchte, ± humose, lehmige Böden. – Zerstreut bis verbreitet: Alp. (bis 2080 m) u. Vorland; zerstreut: Sudeten, S-Schwarzwald (500–1450 m) u. anschließende Täler (Wutach, Donau). – Pyren., Jura, Alp. bis Karp., Illyr., höhere d. M-Gebg.; alp-praealp.

Bastarde:
A. glabra × alliariae (= A. × canescens Sennholz)

2. Trib. Astéreae

707. *Solidágo* L. — Goldrute

x = 9

I. Köpfchen mindestens 7–10 mm lang, in ± lockeren allseitswendigen, nicht weit ausladenden, rispigen Blst.; Zungenbl. die Röhrenbl. deutlich überragend . . **2580. S. virgaurea**

II. Köpfchen (4–)5–6 mm lang, in dichten, weit ausladenden, rispigen od. in trugdoldigen Blst.; Zungenbl. die Röhrenbl. nicht od. kaum überragend
- A. Stb. lanzettl.–breit lanzettl., gesägt; Bl.köpfchen deutlich gestielt, in langen breiten Rispen
  - 1. St. unterwärts dicht abstehend kurzhaarig (nur unmittelbar über dem Erdboden ± verkahlend); Zungenbl. etwa so lang wie die Röhrenbl. . . . . . **2581. S. canadensis**
  - 2. St. unterwärts völlig kahl; Zungenbl. etwas länger als die Röhrenbl. **2582. S. gigantea**
- B. Stb. lineal-lanzettl., ganzrandig; Bl.köpfchen kaum gestielt, in dichten Trugdolden . . . . **2583. S. graminifolia**

2580. S. virgáurea L. (Abb. 407 a–d) — Gemeine G.

♃, *H.* – H. (0,05–)0,15–1,00. St. aufrecht, unten kahl, oberwärts zuweilen etwas flaumig; Grdb. ellipt., in den langen St. verschmälert, grob gesägt, obere B. schmäler, oberste Laub- u. Deckb. meist sitzend, lanzettl., ganzrandig, ± behaart; Bl.köpfchen 7–12(–18) mm lang, 10–15 mm breit, in einer endständigen Traube od. Rispe angeordnet; Bl. goldgelb; Zungenbl. flach ausgebreitet. VIII–X. Umfaßt im Geb.: ssp. virgáurea; Pfl. kräftig; St. meist über 0,20 hoch, oben oft verzweigt. 2 n = 18.

Verbreitete Unterart bis etwa mont. Stufe.

Abb. 407. *a–d Solidago virgaurea* (*a* Habitus, *b* Teilblütenstand, *c* Scheibenblüte, *d* Randblüte); *e–h Bellis perennis* (*e* Habitus, *f* Randblüte, *g* Scheibenblüte, *h* Frucht).

ssp. a l p e s t r i s (W. et K.) Rchb.; Pfl. niedrig, gedrungen, nur 0,05 bis 0,20 hoch; B. schmäler; Bl.köpfchen weniger zahlreich, größer; Blst. wenig verzweigt. 2n = 18.

Subalp.-alp. Matten, Weiden, Krummholzbestände. – Alp. u. höhere M-Gebg.

Laub- u. Nadelwälder, Gebüsche, Heiden, Dünen, Wegränder etc.; meist ± trockene, ± saure sandige u. lehmige Böden, aber auch auf Kalk. – Verbreitet, fast im ganzen Geb. (Alp. bis 2200 m). – N-Eur. (71° n. Br.) bis S-Eur., N- u. W-As., N-Afr.; N-Am.; euras-circ.
Droge: Herba Virgaureae

2581. S. canadénsis L. Kanadische G.

♃, *H.* – H. 0,50–2,50. St. aufrecht, *überall dicht abstehend kurzhaarig;* Stb. länglich-lanzettl., scharf gesägt, an der Basis ± ganzrandig, unterseits kurzhaarig, oft leicht graugrün; Bl.köpfchen zahlreich, sehr klein, auf aufrechten bis bogigen Ästchen, die eine ± aufrechte Rispe bilden; *Hülle 2–3 mm lang;* Bl. goldgelb. VII–IX. 2n = 18 (+0 bis 2 B).

Auen- u. Laubmischwälder, Ufer, Waldschläge; meist sickerfeuchte, nährstoffreiche Böden. – Ursprünglich Zierpfl.; verwildert u. verbreitet eingebürgert, bes. Nähe der großen Flüsse (Rhein, Main, Neckar, Donau, Elbe, Saale etc.). – Heimat: N-Am.

2582. S. gigántea Ait. Riesen-G.
(= S. serotina Ait.)

♃, *H.* – H. 0,50–2,50. St. aufrecht, zumindest unten völlig kahl u. oft *weißlich od. rot überlaufen;* B. lanzettl., scharf gesägt, unterseits kahl od. auf den Nerven wenig kurzhaarig, am Rande rauh, ± glänzend; Köpfchen zahlreich, größer, auf ± bogigen Ästen, die eine ± aufrechte pyramidenartige Rispe bilden; Hülle 3–4 mm lang; Bl. goldgelb, oft mit der vorigen Art verwechselt! VIII–IX. 2n = 18, 36.

Auenwälder, Ufer, Gebüsche, Schuttplätze; meist sickerfeuchte, nährstoffreiche, Böden. – Ursprünglich Zierpfl., verwildert u. bes. an Flüssen u. Seen eingebürgert. – Heimat: n. u. w. N-Am.

2583. S. graminifólia (L.) Ell. Grasblättrige G.

♃, *H.* – H. 0,60–0,70. St. aufrecht, kahl, unten zuweilen ± rauhhaarig; Stb. sehr schmal, am Rand u. unten auf den Nerven rauh; Bl.köpfchen doldig gehäuft, Köpfchenböden gewimpert; Bl. goldgelb. VII–X. 2n = 18 (+0–4 B).

Ufer, Gebüsche; meist sickerfeuchte Böden. – Ursprünglich Zierpfl., seltener verwildert u. an Flüssen (z. B. Neckar, Elbe, Weser, Oder) eingebürgert. – Heimat: N-Am.

708. Béllis L. Gänseblümchen

x = 9

2584. B. perénnis L. (Abb. 407 e–h) Gemeines G.

♃, *H, (Ch).* – H. 0,02–0,15. St. schaftartig, blattlos, einköpfig; B. alle rosettig gehäuft, spatelig, gekerbt, plötzlich in den breiten Stiel verschmälert; Bl.köpfchen meist ca. 10–15 mm breit; Hüllb. in zwei Reihen, fast gleich lang, krautig; Zungenbl. weiß, an der Spitze u. unten oft rötlich überhaucht; Pfl. oft mit oberirdischen Teilen überwinternd. III–XI. 2n = 18.

Fettweiden u. Fettwiesen, Raine, Triften etc.; frische, nährstoffreiche, meist lehmige Böden. – Verbreitet u. häufig im ganzen Geb. (Alp. bis 1860 m). – S-Skand. (60° n. Br.) bis S-Eur.; Kl.As. bis Syr.; (N-Am., Neuseel.); subatl-submed.

709. Áster L. Aster

x = 5, 8, 9

I. Köpfchenst. beblättert, nicht alle B. rosettig gehäuft
  A. Zungenbl. vorhanden, blau, violett, lila, rötlich od. weiß, Röhrenbl. gelb; Bl.köpfchen daher „zweifarbig"; B. nicht nadelförmig schmal

1. St. vielköpfig (Sect. Aster)
   a) Pfl. 0,60–1,20 hoch; Hüllb. 0,5–1 mm breit, spitz; Pfl. mit Ausläufern
      x) St. oberwärts flaumig od. kahl, nicht drüsig-klebrig
         /) Stb., zumindest die größeren, mit herzförmigem od. geöhrtem Grd. stengelumfassend; Zungenbl. blau od. lila
            §) St. unten vierreihig flaumig behaart; Hüllb. wenig verschieden lang, äußere mindestens $^1/_2$ so lang wie die inneren; Hülle daher halbkugelig, nicht glockig od. dachziegelig, nicht weiß u. grün gescheckt .... 2585. A. novi-belgii
            §§) St. kahl; Hüllb. sehr ungleich lang, äußere viel kürzer als die inneren; Hülle daher vielreihig u. dachziegelig sowie glockig od. kreiselförmig, weißlich u. dunkelgrün gescheckt
               +) St. u. B. nicht blaugrün bereift; B. der Seitentriebe nur wenig kleiner als die Stb. . . . 2586. A. versicolor
               ++) St. u. B. blaugrün bereift; B. der Seitentriebe deutlich kleiner als die Stb. .... 2587. A. laevis
         //) Stb. mit verschmälertem Grd. sitzend, kaum od. nicht stengelumfassend; Zungenbl. oft weißlich
            §) Hüllb. fast gleich lang; Bl.köpfchen über 20 mm breit .... 2588. A. salignus
            §§) Hüllb. deutlich verschieden lang, äußere viel kürzer als die inneren; Bl.köpfchen nur bis 15 mm breit
               +) Stb. am Grd. schwach geöhrt; Zungenbl. blaßlila .... 2589. A. lanceolatus
               ++) Stb. am Grd. nicht geöhrt; Zungenbl. meist weiß .... 2590. A. tradescantii
      xx) St. oberwärts u. Hüllb. klebrig drüsig ... 2591. A. novae-angliae
   b) Pfl. (wild) unter 0,60 hoch; Hüllb. 1,5 bis 3 mm breit, ziemlich stumpf; Pfl. ohne Ausläufer
      x) St. ± kahl; B. dicklich-fleischig, kahl od. höchstens am Rande etwas gewimpert; Hüllb. kahl .... 2592. A. tripolium
      xx) St. zumindest oberwärts rauhhaarig; B. behaart, nicht dicklich-fleischig; Hüllb. behaart .... 2593. A. amellus
2. St. einköpfig, selten mit wenigen, wesentlich kleineren Seitenköpfchen (Sect. Alpigenia) .... 2594. A. alpinus

B. Zungenbl. fehlend, Röhrenbl. gelb; Bl.köpfchen daher „einfarbig"; B. lineal.-nadelartig (1–2 mm breit) (Sect. Linosyris) . . . . **2595. A. linosyris**

II. Alle B. in einer grd.ständigen Rosette vereinigt, Köpfchenst. blattlos (Sect. Bellidiastrum) . . . . **2596. A. bellidiastrum**

1. Sect. Áster

2585. A. nóvi-bélgii L. (Abb. 409 a) Neubelgische A.

♃, *H.* – H. 0,80–1,60. St. aufrecht, traubig od. doldig-rispig verzweigt; B. schmal lanzettl.–eiförmig, die oberen ± ganzrandig od. angedrückt gesägt; Bl. in zahlreichen, 25–40 mm breiten Köpfchen; *Hüllb. fast völlig krautig;* Zungenbl. lila, selten weiß od. rosa. VIII–XI. 2n = 18, 48, 49, 50, 54.

ssp. nóvi-bélgii; St. doldenrispig-ästig; untere Äste fast gipfelhoch, reichköpfig; Bl.köpfe ziemlich groß (25–40 mm breit); Hülle mehr als 6 mm hoch; Hüllb. etwa 1 mm breit. – Formenreiche Unterart.

ssp. levigátus (Lam.) Thell.; St. traubig-ästig; Äste meist 1- bis wenigköpfig, auch die unteren Äste wenig verlängert; Köpfe ziemlich groß. – Seltener verwildert.

ssp. floribúndus (Willd.) Thell.; St. doldentraubig-ästig; Äste reichköpfig, untere fast gipfelhoch; Bl.köpfe kleiner; Hülle 5–6 mm hoch; Hüllb. nur wenig über 0,5 mm breit. – Seltener verwildert.

Flußufer-Staudenges., Auenwälder, Schuttunkrautges.; meist frisch-feuchte, tonige Lehmböden. – Ursprünglich Zierpfl., verwildert u. an Flüssen (bes. nw., nö. u. s. Geb.) eingebürgert. – Heimat: N-Am.

2586. A. versícolor Willd. Bunte A.

♃, *H.* – H. 0,60–1,20. St. aufrecht; Stb. länglich-lanzettl. od. eiförmig, am Grd. nicht deutlich herzförmig, kahl, dicklich, *obere kaum geöhrt,* ganzrandig; Bl.köpfe mittelgroß, ca. 30 mm breit, in lockerer Doldenrispe od. Rispe, nicht sehr lang gestielt; Hülle über 6 mm hoch; *Hüllb.* in ihrem größten Teil *weißlich-lederig,* mit scharf abgesetzter grüner Spitze; Zungenbl. (weiß) rosa, violett od. blau; wahrscheinlich A. laevis × novi-belgii; oft verwechselt. IX–XI.

Zierpfl.; selten verwildert, bes. im S; in wildem Zustand nicht bekannt.

2587. A. lǣvis L. (Abb. 409 b) Kahle A.

♃, *H.* – H. 0,60–1,20. St. aufrecht, kahl; untere Stb. schwach anliegend gesägt, *obere* ganzrandig, *deutlich mit geöhrtem Grd.* halbstengelumfassend; B. der Seitenäste oft nur schuppenförmig-pfriemlich; Bl.köpfe etwa 25 mm breit, langgestielt, in lockerer Rispe; Hüllb. mit rhombischer od. dreieckiger grüner Spitze, sonst *weißlich-lederig;* Zungenbl. blau–dunkelviolett. IX–XI. 2n = 18, 54.

Zierpfl., gelegentlich an Flüssen im n. u. sö. Geb. (Flußufer, Gräben, Auenwälder, feuchte Gebüsche), verwildert. – Heimat: N-Am.

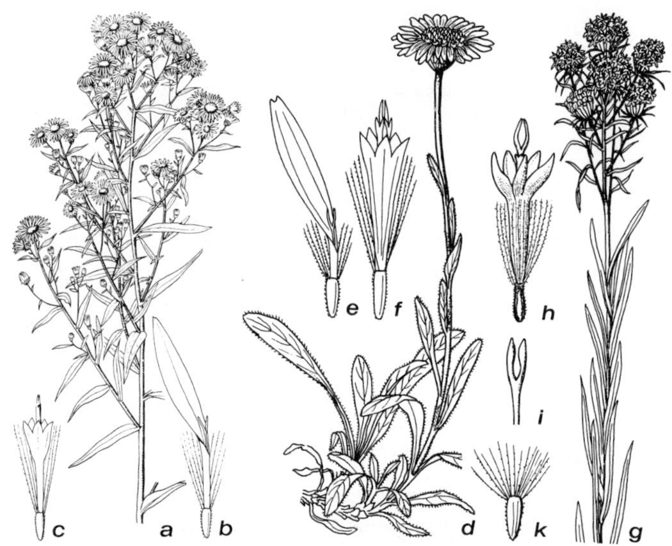

Abb. 408. *Aster* spp., *a–c A. salignus* (*a* Sproßspitze, *b* Randblüte, *c* Scheibenblüte), *d–f A. alpinus* (*d* Habitus, *e* Randblüte, *f* Scheibenblüte), *g–k A. linosyris* (*g* Sproßspitze, *h* Blüte, *i* Griffel mit Narben, *k* Frucht).

2588. A. salígnus Willd. (Abb. 408 a–c, 409 c) Weidenblättrige A.
(= A. salicifolius Scholler)

♃, *H.* – H. 0,80–1,20. St. aufrecht, unten kahl, oberwärts meist flaumig; Stb. lanzettl.-spitz, untere in einen Stiel verschmälert, gesägt, obere sitzend, ± ganzrandig; *Bl.köpfchen ziemlich groß,* 25–40 mm breit, in endständiger Traube od. Rispe; *Hülle ca. 6 mm lang od. etwas länger;* Hüllb. kaum über 0,5 mm breit, fast ganz krautig; Zungenbl. weißlich, später blau-lila od. violett. VIII–X(–XI).

Flußufer, Auenwälder, Gebüsche, Wegränder; meist feuchte, nährstoffreiche, lehmige Tonböden. – Ursprünglich Zierpfl.; verwildert u. vor allem an den Flüssen des Geb. eingebürgert. – Heimat: vermutlich N-Am.

2589. A. lanceolátus Willd. (Abb. 409 d) Lanzettblättrige A.
(= A. leucanthemus auct.)

♃, *H.* – H. 0,60–1,20. St. aufrecht, mit behaarten Längslinien; Stb. lanzettl., spitz, obere manchmal leicht stengelumfassend; *Bl.köpfchen ziemlich klein,* in endständiger Rispe; *Hülle ca. 4–5 mm hoch;* Hüllb. etwa 0,5 mm breit, äußere viel kürzer als die inneren; Zungenbl. sich bald zurückrollend. IX–XI.

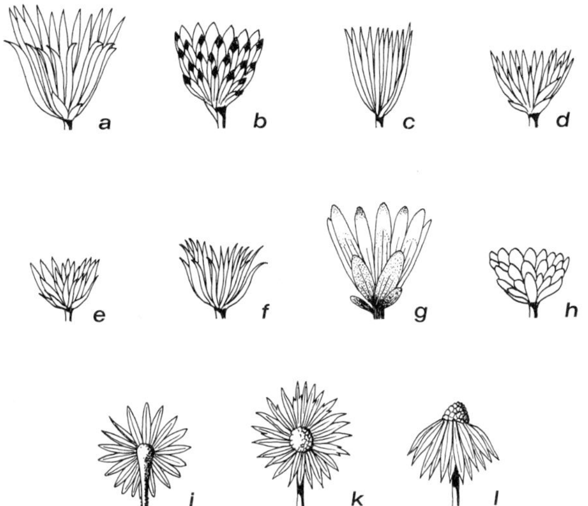

Abb. 409. *Aster* spp., Beispiele von Hüllkelchen (*a A. novi-belgii, b A. laevis, c A. salignus, d A. lanceolatus, e A. tradescantii, f A. novae-angliae, g A. tripolium, h A. amellus, i A. alpinus, k A. linosyris, l A. bellidiastrum*).

Flußufer, Seeufer, Gebüsche, Auenwälder. – Ursprünglich Zierpfl., verwildert u. stellenweise an den Flüssen des Geb. eingebürgert. – Heimat: N-Am.

2590. A. tradescántii L. (Abb. 409 e) Kleinblütige A.
(= A. parviflorus Nees)

♃, *H.* – H. 0,60–1,20. St. aufrecht, unten kahl, oben weich flaumig behaart; Stb. lanzettl.–lineallanzettl.; Bl.köpfchen 12–15 mm breit, in endständiger, lockerer Rispe; *Hülle höchstens 4 mm hoch;* Hüllb. fast ganz krautig, ca. 0,5 mm breit, dachig, die äußeren $^1/_4$–$^1/_3$ so lang wie die inneren ; Zungenbl. beim Aufblühen rötlich, später weiß. VIII–X.

Fluß- u. Seeufer, Gebüsche, Auenwälder, Kiesgruben, Wegränder etc.; meist feucht-nasse, tonige od. kiesige, ± schlickreiche Böden. – Ursprünglich Zierpfl., verwildert u. eingebürgert an den Flüssen u. Seen des ganzen Geb. – Heimat: N-Am.

2591. A. nóvae-ángliae L. (Abb. 409 f) Neuenglische A.

♃, *H.* – H. 0,60–1,50(–1,80). St. sehr kräftig, z. T. rötlich, steifhaarig-flaumig, oben klebrig; Stb. länglich-lanzettl., ganzrandig, *obere mit etwas stengelumfassendem Grd.* sitzend; Bl.köpfchen zahlreich, an den Enden meist gehäuft, 15–40 mm breit; Hüllb. wenig ungleich lang, gebogen abspreizend, grün-rötlich, klebrig drüsenhaarig; Zungenbl. blauviolett–rot–rosa; Bl.köpfchen mit scharfem, an *Calendula* erinnerndem, kampferartigem Geruch. IX–XI. 2n = 10.

Ufer, Gräben, Schuttunkrautges., Auenwälder, Gebüsche; meist sickerfeuchte Lehmböden. – Ursprünglich Zierpfl., verwildert u. stellenweise (z. B. Rhein, Neckar, Elbe bei Hamburg) eingebürgert. – Heimat: N-Am.

2592. **A. tripólium** L. (Abb. 409 g) Salz-A.

⊙ (–♃), ⊙. *H, (HH).* – H. 0,10–0,60. St. aufsteigend-aufrecht, oft rötlich überlaufen; untere B. länglich, obere lanzettl.; Bl.köpfchen sehr zahlreich in lockerer doldiger Traube, 15–25 mm breit; *Hüllb. angedrückt,* nahezu zweireihig, ungleich lang, äußere viel kürzer als die inneren, letztere mit breitem häutigem, rotem Rand; Zungenbl. hellblau bis lila, sehr selten weiß. VI–IX(–X). Im Geb. nur ssp. tripólium. 2n = 18.

Salzwiesen, Brackröhrichte; feuchte bis nasse, salzreiche, im Küstengebiet wiederholt überflutete tonige od. sandig-tonige Böden. – Verbreitet u. häufig: N- u. O-See-Küsten (ö. bis Oder) bis ins Brackwassergeb. der Flüsse; selten: Binnenland, Salzstellen (z. B. Westf., Magdeburg, Thür., Schles., M-Rhein). – Küsten Eur., M-As.; euras-med.

2593. **A. amellus** L. (Abb. 409 h) Berg-A.

♃, *H.* – H. 0,15–0,50(–0,70). St. aufrecht, oft rötlich, kurz steifhaarig, sehr selten ganz kahl; B. bes. unterseits steif kurzhaarig, untere etwas gezähnt, obere ganzrandig, am Grd. verschmälert, sitzend; Bl.-köpfchen in doldenartigen Rispen, 10–25(–50) mm breit; *Hüllb.* krautig, äußere kürzer als die inneren, dachziegelig, *an der Spitze etwas abstehend;* Zungenbl. blaulila. VII–X. 2n = 18.

Lichte Gebüsche, Waldränder, Trocken- u. Halbtrockenrasen, steppenartige Formationen, Böschungen; trockene, warme, meist kalkhaltige Löß- u. Steinverwitterungsböden. – Verbreitet bis zerstreut: Kalkgeb. M. u. S-D. (Schwäb. Alb bis 1000 m; Alp. fehlend), selten in Thür., im ö. Geb. bis Oder-, Weichselgeb. u. S-Ostpr. – Belg. bis Sib., Kauk., Kl.As., Balk.; gem-kont-submed.

2. Sect. Alpigénia

2594. **A. alpínus** L. (Abb. 408 d–f, 409 i) Alpen-A.

♃, *H.* – H. 0,05–0,15. St. aufrecht od. aufsteigend, kurzhaarig-zottig, in der Regel *einfach;* B. meist flaumhaarig, untere spatelig-keilig, obere länglich-lanzettl.; *Bl.köpfchen groß,* aufrecht, 15–30(–45) mm breit; Hüllb. alle ziemlich gleichgestaltet, krautig, am Rande gewimpert; Zungenbl. violettblau, selten rosa od. weiß. VII–VIII. 2n = 18, 36.

ssp. a l p í n u s [= ssp. dolomiticus (Beck) Hay.]; Haare anliegend; B. meist sehr schmal. 2 n = 18.

Vielgestaltig, in den Alp. vorherrschend.

ssp. b r e y n í n u s (Beck) Hay.; Haare abstehend; B. breiter. 2 n = 18.

In den Alp. seltener, in den ö. deutschen (u. böhm.) M-Gebg. vertretene Unterart.

Subalp.-alp. trockene Weiden, Steinrasen, Felsen; frische, meist kalkhaltige felsige Böden. – Zerstreut: Alp. (1500–2350 m); selten: Alp.vorland, Thür. (obere Saale), ö. Harz (obere Bode), Sudeten. – Pyren., Jura, Alp., m.-d. Gebg. bis Karp., Balk., W- u. M-As., Pers.; w. N-Am.; alp. (-altaisch).

3. Sect. Li n o s ý r i s

2595. A. linosýris (L.) Bernh. (Abb. 408 g–k, 409 k) Goldhaar-A.

♃, *H.* – H. 0,15–0,45. St. aufrecht od. aufsteigend, kahl; B. sehr dicht stehend, obere schmal-einnervig, ganzrandig, oberseits eingedrückt punktiert; Bl.köpfchen 8–10 mm breit, in einer dichten Doldentraube; Hülle 8–10 mm hoch; Hüllb. dachziegelig, lineal-spitz, etwas fleischig, locker abstehend. VIII–IX(–X). 2 n = 18, 36.

Trockenrasen, Gebüsche, Felsen, Abhänge; trockene, warme, meist lockere Löß- od. Kalksteinböden. – Selten u. zerstreut im wärmsten Geb. vom Kaiserstuhl, Hügelland des Oberrheins, Jura u. Vorland bis Bay. Hochebene, n. bis S-Westf., Thür., S-Sachs., S-Schles.; sehr selten weiter n. – S-Eur. bis W-M-Eur., O-Med., N-Afr.; submed (-euras-kont).

4. Sect. B e l l i d i á s t r u m

2596. A. bellidiástrum (L.) Scop. (Abb. 409 l) Alpenmaßliebchen
(= Bellidiastrum michelii Cass.)

♃, *H.* – H. 0,10–0,30. St. aufsteigend, schaftartig, flaumig–kurzhaarig; B. spatelig-keilig in den Stiel verschmälert, grob gezähnt, unterseits auf den Nerven kurzhaarig; *Bl.köpfchen endständig, einzeln,* 10 bis 30 mm breit; Hülle glockig, Hüllb. fast gleichlang, krautig; Zungenbl. weiß, rötlich od. rotviolett. IV–IX. 2 n = 18.

Quellfluren, feuchte Felsen, Halbtrockenrasen, Hänge, Halden; meist sickerfeuchte u. kalkhaltige Stein- u. Tonböden. – Zerstreut: Alp. (bis 2420 m) u. Vorland, z. T. mit den Flüssen herabsteigend, Schwäb. Alb u. Vorland, S-Schwarzwald (Feldberg). – Gebg. SO-Frankr., Jura, Alp. bis Karp., Apenn.; alp-praealp.

710. Callistéphus Cass. Sommeraster

x = 9

2597. C. chinénsis (L.) Nees; ⊙, *Th.* – H. 0,10–0,80; mit sehr großen, meist einzelnen u. oft „gefüllten“ Bl.köpfchen; äußerste Hüllb. fast laubb.artig; häufig kultiviert u. sehr selten verwildert. – Heimat: Chin., Jap.

711. Erigeron L. Berufkraut, Feinstrahl

·x = 9

I. Pappus der Röhrenbl. aus gleichlangen Haaren gebildet
  A. Weibliche Fadenbl.*) reichlich vorhanden (Subgen. Trimorpha)
    1. Zungenbl. aufrecht, etwa so lang wie die Röhrenbl. (Sect. Brachyglossi) .... 2598. E. acer
    2. Zungenbl. abstehend („strahlend"), etwa doppelt so lang wie die Röhrenbl. (Sect. Macroglossi)
      a) St. aufwärts u. B. nicht dicht drüsig, höchstens die Hüllb. mit wenig Drüsenhaaren
        x) B. auf den Flächen behaart; Hüllb. rauhhaarig, nicht wollig-zottig, meist grün ... 2599. E. alpinus
        xx) B. auf den Flächen ± kahl; Hüllb. dicht wollig-zottig, meist purpurn .... 2600. E. neglectus
      b) St. oberwärts u. B. dicht drüsig behaart .... 2601. E. atticus
  B. Weibliche Fadenbl. fehlend od. sehr selten (Subgen. Erigeron)
    1. Zungenbl. abstehend („strahlend"), etwa doppelt so lang wie die Röhrenbl.; Bl.köpfchen groß (10–30 mm breit), in 1- bis 6köpfigen Trauben (Sect. Erigeron)
      a) Hüllb. kahl od. spärlich angedrückt-rauhhaarig, Pappus 3–4,5 mm lang .... 2602. E. polymorphus
      b) Hüllb. dicht wollig-zottig; Pappus bis 2,5 mm lang .... 2603. E. uniflorus
    2. Zungenbl. aufrecht, etwa so lang wie die Röhrenbl.; Bl.köpfchen sehr klein (3–5 mm breit), bis zu 100 u. mehr in Rispen (Sect. Caenotus) .. 2604. E. canadensis
II. Pappus der Röhrenbl. deutlich doppelt, die äußere Reihe aus zahlreichen kurzen Borsten, die innere aus wenigen langen Haaren zusammengesetzt (Subgen. Stenactis)
  A. Zungenbl. bis 10 mm lang, rötlich-lila; Hüllb. fast kahl .... 2605. E. annuus
  B. Zungenbl. höchstens bis 5–6 mm lang, weiß; Hüllb. lang behaart .... 2606. E. strigosus

*) Weibliche Fadenbl. sind engröhrige, kurzkronige Bl. zwischen Zungen- u. Röhrenbl.; der fädige Gr. ragt weit heraus.

1. Subgen. T r i m ó r p h a
1. Sect. B r a c h y g l ó s s i

2598. E. ácer L. Scharfes B.

☉, ♃, *H.* – H. 0,10–0,30(–0,60). St. aufrecht od. aufsteigend, oft dunkelrot, ± rauh behaart, oberwärts ± weich brauhaarig; B. rauhhaarig, entfernt gesägt od. ganzrandig, untere eiförmig länglich–keilig, obere länglich-lanzettl., sitzend; Bl.köpfchen 6–15 mm breit, in armbl. Traube od. wenigästiger Rispe; Hüllb. ± langhaarig, äußere völlig krautig; Zungenbl. hell-lila od. weißlich; Pappus zweimal so lang wie der behaarte Frkn. V–IX.

ssp. á c e r; Pfl. rauhaarig, oben fast lang grauhaarig; untere B. verkehrt eiförmig–keilig; Hüllb. ± langhaarig. 2 n = 18.

Trocken- u. Halbtrockenrasen, buschige Hänge. – Verbreitete Unterart.

ssp. a n g u l ó s u s (Gaud.) Vacc.; Pfl. zerstreut kurzhaarig – kahl; untere B. lineal.-lanzettl.; Hüllb. meist verkahlend, drüsig.

Moränen, Kies u. Sand der Flüsse; oft als Pionier. – Verbreitet: Alp. u. Vorland; seltener mit den Flüssen weit in das Voralp.geb. reichend; für n.-d. Moränengeb. fraglich.

Trockenrasen, Abhänge, Wegränder, Flußschotter; trockene, meist ± offene, sandige od. lehmige Böden. – Zerstreut im ganzen Geb. (Alp. bis 1370 m), bes. Sand- u. Kalkgeb. – Eur. (bis 70° n. Br.); W- u. N-As.; N-Am.; no-euras-submed, circ.

2. Sect. M a c r o g l ó s s i

2599. E. alpínus L. Alpen-B.

♃, *H.* – H. 0,02–0,20(–0,30). St. aufrecht od. etwas aufsteigend, vor allem am Grd. rauhhaarig, oben oft etwas traubig verzweigt; B. gewimpert, beiderseits angedrückt langhaarig, untere Stb. spatelig–länglich lanzettl., in einen kurzen Stiel verschmälert, mittlere u. obere sitzend; Bl.köpfchen groß, 20–30 mm breit; *Hüllb. zerstreut kurz drüsig;* Zungenbl. rosa od. purpurn–lila. VII–IX. 2 n = 18.

Alp. Steinrasen, Wiesen, Weiden, Felsen etc.; frische meist steinige, oft kalkfreie Böden. – Sehr selten: Allgäuer u. Salzburger Alp. (ca. 1500–2450 m; Nebelhorn, Fellhorn, Aggenstein, Schneibstein, Kahlersberg); oft mit E. polymorphus Scop. verwechselt. – Pyren., Alp., Jura bis Balk., Kauk.; alp.

2600. E. negléctus Kern. Übersehenes B.

♃, *H.* – H. 0,05–0,20. St. ± aufrecht, fast immer einköpfig, rauhhaarig, oft rötlich überlaufen; B. etwas fleischig, breit lanzettl.–spatelig, am Rande gewimpert; Bl.köpfchen groß, 20–30 mm breit; Zungenbl. weinrot. VII–VIII.

Alp. Steinrasen, Weiden, Felsbänder, Felsen; frische, meist kalkhaltige, flachgründige Böden. – Sehr selten, nur Allgäuer Alp. (bis 2300 m; Nebelhorn, Fellhorn). – W-Alp. bis Tirol; w-alp.

2601. E. átticus Vill. Drüsiges B.
(= E. villarsii Bell.)

♃, *H.* – H. 0,15–0,50. St. kräftig, aufrecht; B. länglich-lanzettl., reichlich drüsenhaarig; untere in den geflügelten Stiel allmählich verschmälert, mittlere u. obere ± sitzend; Bl.köpfe groß, 20–35 mm breit, meist zu 3–8 in schirmartiger Rispe; *Köpfchenstiele u. Hüllb. ziemlich drüsenhaarig;* Hüllb. grün od. violett überlaufen; Zungenbl. purpurn. VII–IX. 2n = 18.

Alp. Steinrasen, steinige Wiesen; frische, meist kalkarme, flachgründige Böden. – Sehr selten, nur Allgäuer Alp. (bis 2030 m; Kleiner Rappenkopf, Fellhornkamm). – Alp. bis Gebg. N-Balk.; (o-)alp.

2. Subgen. Erígeron
1. Sect. Erígeron

2602. E. polymórphus Scop. Kahles B.
(= E. glabratus Hoppe et Hornsch.)

♃, *H.* – H. 0,05–0,30. *St.* aufrecht od. schief aufsteigend, *fast kahl od. fein zerstreut behaart;* B. kahl, am Rande gewimpert, die Fläche selten kurz behaart, *grd.ständige B.* stumpf, *meist mit sehr kurzem Knorpelspitzchen,* länglich-spatelig; Stb. länglich-lanzettl., sitzend; Bl.köpfchen 15–20(–30) mm breit, einzeln od. in 2–6(–10)köpfiger lockerer Traube; Zungenbl. hellpurpurn, rötlich, lila od. weiß. VII–IX. 2n = 18.

Subalp.-alp. Felsspaltenges., Steinrasen; frische, meist kalkreiche u. flachgründige Steinböden. – Zerstreut: Alp. (1000–2383 m), oft mit den Flüssen tiefer (bis ca. 800 m); vielfach mit E. alpinus L. verwechselt. – Pyren., Jura, Alp. bis Balk., Kl.As.; alp.

2603. E. uniflórus L. Einköpfiges B.

♃, *H.* – H. 0,03–0,10. *St.* aufrecht od. bogig aufsteigend, *vor allem oberwärts dicht langhaarig-zottig;* B. ziemlich kahl, am Rande gewimpert, *grd.ständige ohne Knorpelspitzchen;* Bl.köpfchen stets einzeln, endständig, 10–30 mm breit; Hüllb. grün od. an der Spitze rötlich überlaufen; Zungenbl. weißlich od. blaßlila. VII–IX. 2n = 18.

Alp. (-subalp.) Schuttfluren, Steinrasen, Felsen; frische bis trockene, meist kalkarme, humose Böden. – Zerstreut: Bay. Alp., bes. im w. Teil, nach O seltener. – Pyren. über Alp. bis Balk., Kors.; Gebg. arkt. N-Eur., N-As., N-Am.; alp (-altaisch)-arkt, circ.

2. Sect. Caenótus

2604. E. canadénsis L. (Abb. 410 a–d) Kanadisches B.

⊙, ①, *Th, H.* – H. 0,15–1,00. St. aufrecht, oberwärts stark verzweigt, ± steif rauhhaarig; B. schmal, lang borstig gewimpert; Bl.-

Abb. 410. *Erigeron* spp., *a–d E. canadensis* (*a* Sproßausschnitt mit Blütenständen u. Sproßbasis mit Wurzel), *b* Hüllkelch, *c* Randblüte, *d* Scheibenblüte), *e–k E. annuus* (*e* Habitus, *f* u. *g* Hüllkelche, *h* Randblüte, *i* Scheibenblüte, *k* Frucht).

köpfchen dicht in einer sehr verlängerten Rispe; Hüllb. wenig behaart, locker, hautrandig; Zungenbl. sehr kurz, weiß od. rötlich; Pappus fast 3mal so lang wie die Fr. VI–X. 2 n = 18.

Unkrautges., Schuttplätze, Wegränder, Bahndämme, Ufer etc.; ± trockene, nährstoffreiche, meist rohe Böden. – Eingebürgert: verbreitet u. oft häufig; in höheren Gebg. fehlend od. noch selten (etwa bis 1200 m). – Heimat: N-Am.; heute fast kosmop. in gem. Geb.

3. Subgen. S t e n á c t i s
Sect. R a m ó s i

2605. E. ánnuus (L.) Pers. (Abb. 410 e–k) Lilafarbener F.

⊙, ♃, *H.* – H. 0,20–1,00. St. aufrecht, ± rauhhaarig; B. verkehrt eiförmig–lanzettl., untere u. mittlere Stb. grob u. tief gezähnt, obere breitlanzettl.; Bl.köpfchen zahlreich, ca. 15 mm breit, in lockerer, ästiger Doldentraube; *Bl.korb gegen den Grd. verschmälert,* „trichterig"; Hüllb. 2- bis 3reihig; Zungenbl. etwa so lang wie die Breite der Scheibe. VI–IX(–X). 2 n = 27, 26.

Unkrautfluren, Schuttplätze, Ufer, Weg- u. Gartenränder; meist frische Lehm- u. Tonböden. – Ursprünglich Zierpfl., verwildert u. bes. im m. u. s. Geb. eingebürgert; seltener als E. strigosus Mühlenbg. u. oft nicht unterschieden. – Heimat: N-Am.

2606. E. strigósus Mühlenbg. [= E. ramosus (Walt.) B., S. et P.] Weißer F.

⊙, ♃, *H.* H. 0,20–1,00. St. aufrecht, wie die B. spärlich borstig; untere u. mittlere Stb. gezähnt, obere ± ganzrandig, sehr schmal; Bl.-köpfchen zahlreich, ca. 10 mm breit, in lockeren, ästigen Doldentrauben *Bl.korb am Grd. breit abgeflacht;* Hüllb. 2- bis 3reihig; Zungenbl. nur etwa halb so lang wie Breite der Scheibe. VI–X. 2 n = 27, 26.
Unkrautfluren, Schuttplätze, Ufer, Auenwälder, Wegränder etc.; meist sickerfeuchte Lehm-, Sandlehm- u. Tonböden. – Ursprünglich Zierpfl., verwildert u. bes. im Bereich der großen Flüsse des s. Geb. eingebürgert; im n. Geb. u. in höheren Gebg. noch selten. – Heimat: N-Am.

Bastarde:
E acer × canadensis (= E. × hülsenii Vatke), E. alpinus × polymorphus (= E. × helveticus Bruegg.).

3. Trib. I n ú l e a e

712. Filágo L. Filzkraut

x = 7

I. B. spatelförmig-lanzettl., über 1 mm breit, die oberen nicht od. wenig die Köpfchenknäuel überragend
  A. Köpfchenknäuel ziemlich groß, 8- bis 30köpfig; Hüllb. zur Fr.zeit aufrecht, äußere grannenartig haarförmig zugespitzt, innere ± stumpflich
    1. St. aufrecht od. aufsteigend; Hüllb. mit gerader Spitze . . . . 2607. F. germanica
    2. St. am Grd. ausgebreitet; Hüllb. mit bogig abstehender Spitze . . . . 2608. F. spathulata
  B. Köpfchenknäuel kleiner, 2- bis 7köpfig; Hüllb. zur Fr.zeit sternförmig ausgebreitet, alle ± stumpflich, ohne haarförmige Spitze
    1. St. rispig-traubig verzweigt; äußere Hüllb. bis zur Spitze locker wollig, zuletzt die Spitze ± verkahlend, nicht gekielt . . . . 2609. F. arvensis
    2. St. gabelästig-trugdoldig verzweigt; äußere Hüllb. nur an der Basis filzig-seidig, mit breitem glänzendem Hautrand, gekielt . . . . 2610. F. minima
II. B. pfriemlich-lineal., kaum 1 mm breit, die obersten die Köpfchenknäuel weit überragend . . . . 2611. F. gallica

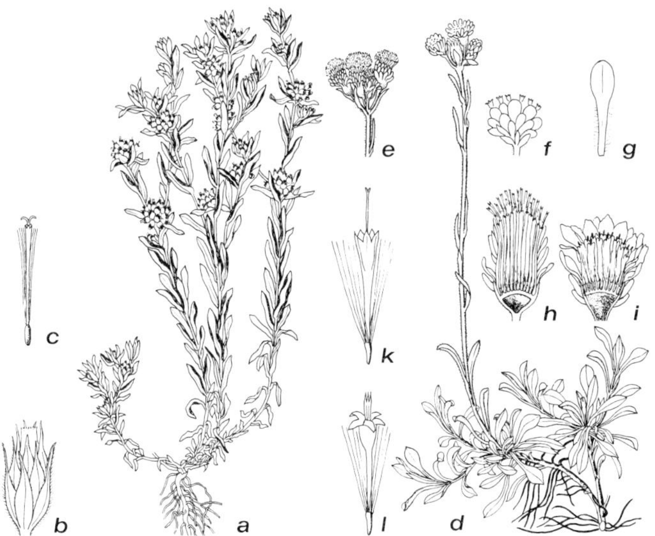

Abb. 411. *a–c Filago germanica* (*a* Habitus, *b* Blütenkörbchen, *c* Blüte); *d–l Antennaria dioica* (*d* Habitus mit ♂-Blütenständen, *e* ♀-Blütenstände, *f* Hüllkelch, *g* Hüllblatt, *h* ♀-Blütenkörbchen, *i* ♂-Blütenkörbchen, *k* ♀-Blüte, *l* ♂-Blüte).

2607. F. germánica L. (Abb. 411 a–c) Deutsches F.

⊙, *Th.* – H. 0,15–0,30. St. unregelmäßig gabelig verzweigt, mit abstehenden Ästen, ± dicht wollig-filzig; *B. lanzettl.,* sitzend, ganzrandig, oft am Rande gewellt, wollig-filzig behaart; *Bl.köpfchen zu 10–30 geknäuelt,* Knäuel fast sitzend od. sitzend, trugdoldig end- od. gabelständig angeordnet, meist stwas länger als ihre Tragb.; Hüllb. in 5 Reihen, innere länger, trockenhäutig; Bl. klein, gelblich-weiß. VII–IX. 2 n = 28.

Wegränder, Brachfelder, Dämme, Steinbrüche; meist trockene, sandig-kiesige, kalkarme Böden. – Ziemlich selten: Schl.Holst. bis Alp.vorland (Kalkgeb. u. höhere Gebg. selten, Ostpr. fehlend). – Med., NW-Afr., Kanar. Ins. bis Pers., W-As.; M-Eur. bis Engl. u. S-Skand.; (N-Am.); med-submed-euras.

2608. F. spathuláta Presl Spatelblättriges F.

⊙, *Th.* – H. 0,05–0,30. St. am Grd. reichästig, oberwärts trugdoldig verzweigt, mit fast waagerecht abstehenden Ästen, angedrückt graufilzig behaart; *B. spatelförmig,* ganzrandig, dünn graugrün-filzig; *Bl.-köpfchen zu 8–17 geknäuelt,* Knäuel kugelig, trugdoldig angeordnet;

Hülle scharf 5rippig, innere Hüllb. länger, häutig, weißlich; Bl. klein, gelblich. VII–IX. 2 n = 28.

Brachfelder, Wegränder; meist trockene, kalkarme, warme, offene sandige Böden. – Selten: Sandgeb. Oberrhein bis Pfalz, N-Bay., Saalegeb. (Thür., Anh.); sonst adventiv. – N-Afr., S-Eur. bis Kl.As., M-Eur.; med-submed.

2609. F. arvénsis L. Acker-F.

⊙, ①, *Th, H.* – H. 0,10–0,35. St aufrecht, zuweilen etwas bogig, meist erst unterhalb der Mitte verzweigt, mit aufrechten, fast einfachen Ästen, matt grauweiß-filzig; B. lanzettl.–lineallanzettl., filzig behaart; *Bl.köpfchen 4–5 mm lang, von ihrem Tragb. etwas überragt,* an den Ästen in Ähren angeordnet; Hüllb. 5reihig, stumpflich, mit filzig behaartem Hautrand; Bl. gelblich. III–IX. 2 n = 28.

Brachfelder, Wegränder, Äcker, trockene Weiden etc.; meist trockene, warme, kalkarme, sandig-kiesige Böden. – Zerstreut: Sandgeb. Oberrheintal bis Alp.-vorland, m. Geb.; im n. Geb. vorwiegend O-See. – Med., Kanar. Ins. bis Kl.-As., Pers.; S- u. M-Eur. bis SW-Sib., Kauk.; euras-submed.

2610. F. mínima (Sm.) Pers. Zwerg-F.

⊙, *Th.* – H. 0,10–0,20. St. aufrecht od. aufsteigend, angedrückt filzig behaart; B. zahlreich, klein, lineallanzettl., oft nur 10 mm lang, beiderseits seidig-filzig behaart; *Bl.köpfchen 3 mm lang, vom Tragb. nicht überragt,* zu end- u. seitenständigen Knäueln vereinigt; Hüllb. 5reihig, *äußere Hüllb. an der Spitze strohartig glänzend;* Bl. sehr klein, gelblich. VI–VIII. 2 n = 28.

Sand-Trockenrasen, Äcker, Wegränder, Dünen, lichte Wälder etc.; meist trokkene, kalkarme, offene Sand- u. Steingrusböden. – Zerstreut: Sandgeb. vom nw. Geb. bis Voralp.land, sw. Geb. – S-Eur. bis S-Skand., W-As.; med-submed-euras.

2611. F. gállica L. Französisches F

⊙, *Th.* – H. 0,05–0,15. St. oberwärts locker gabelig verzweigt, angedrückt seidig-flaumig behaart; *B.* ganzrandig, *einnervig,* besonders unterseits dicht grauseidig filzig, bis 20 mm lang; Bl.köpfchen 4 mm lang, zu 2–5 Knäueln, z. T. einzeln; Knäuel end- od. seitenständig, von den Tragb. durchsetzt; äußere Hüllb. wollig-filzig, an der Spitze trokkenhäutig, kahl, innere länger, gelblich trockenhäutig glänzend; Bl. gelblich. VI–VIII.

Brachfelder, Äcker, Heiden, Grasplätze; meist trockene, warme, kalkarme, offene Sand- u. Kiesböden. – Selten, wärmste Geb. des SW [Oberrheintal, Pfalz (Glan, Prims, Saar, Main bei Wertheim (?))]. – S-Eur., Kl.As., N-Afr. bis w. M-Eur. bis Engl.; (N-Am., Chile); med-submed (-subatl).

713. *Antennária* Gaertn. Katzenpfötchen

x = 7

I. Pfl. mit oberirdischen, beblätterten Ausläufern; Hüllb. weiß od. dunkelrot–rosa .... **2612. A. dioica**
II. Pfl. ohne oberirdische, beblätterte Ausläufer; Hüllb. bräunlich .... **2613. A. carpatica**

2612. A. dioíca (L.) Gaertn. (Abb. 411 d–l) Gemeines K.

♃, *Ch.* – H. 0,05–0,20(–0,30). St. aufrecht-aufsteigend, seidig-wollig behaart; B. *einnervig, oberseits meist kahl, unterseits weißfilzig,* untere spatelförmig, obere lanzettl.-lineal; Bl.köpfchen 6–10 mm lang, zu 3–12 an der Spitze der St. doldig angeordnet; Hüllb. dachig, äußere in der oberen Hälfte trockenhäutig, unten wollig, innere trockenhäutig, die der ☿ Köpfchen meist weiß, die der ♀ Köpfchen rosa–dunkelpurpurn. V–VI(–VII). 2 n = 28.

Magerrasen, magere Weiden, Heiden, Halbtrockenrasen, Flachmoore, Dünen; meist trockene, oberflächlich verarmte, leicht versauerte, oft sandige Lehmböden. – Zerstreut bis verbreitet, vom nw. Geb. bis Alp. (bis 2020 m). – N- u. M-Eur., n. S-Eur. bis Kauk., Armen.; N-Am.; no-euras-subozean, circ.

2613. A. carpática (Wahlenb.) Bl. et F. Karpaten-K.

♃, *H.* – H. 0,05–0,15. St. aufrecht, locker wollig behaart; *B. schwach dreinervig, beiderseits lockerwollig-filzig,* grd.ständige lanzettl.–verkehrt eilanzettl., Stb. länglich-lanzettl.; Bl.köpfchen 6–8 mm lang, zu 2–6 in endständiger, gedrungener Scheindolde vereinigt; Hüllb. dachig, äußerste wollig-filzig, innere trockenhäutig; Bl. weißlich-gelb. VI–VIII. 2 n = 56.

Alp. Steinrasen; frische, meist humose, geröllreiche Substrate. – Zerstreut: Alp. (2000–2360 m; bes. Allgäuer u. Salzburger Alp.). – Pyren., Alp., arkt. Geb.; alp-arkt.

714. *Leontopódium* R. Br. Edelweiß

x = 13

2614. L. alpínum Cass. (Abb. 412 a–e) Alpen-E.

♃, *H.* – H. 0,05–0,20. Bl. tragende Spr. aufrecht, einfach, wollig-filzig; B. dicht wollig-filzig behaart, grd.ständige rosettig, untere Stb. verkehrt lanzettl., obere lineal-länglich; Bl.köpfchen 5–6 mm lang, fast halbkugelig, meist zu 5–6 in einer kopfigen Trugdolde gehäuft, die von 5–15 dreieckig-lanzettl., strahlig ausgebreiteten B. umgeben wird; Hüllb. dachig, mit braunem, an der Spitze schwarzem Hautrande; Bl. gelblich-weiß. VII–IX. 2 n = 52, ca. 48.

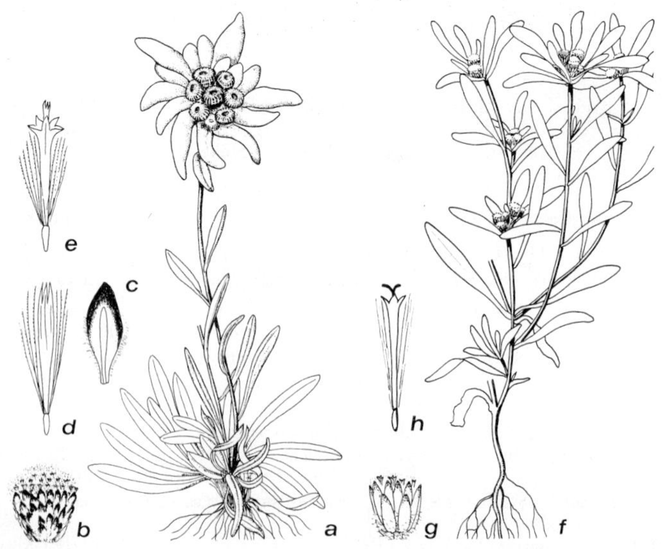

Abb. 412. *a–e Leontopodium alpinum* (*a* Habitus, *b* Hüllkelch, *c* Hüllblatt, *d* innere Blüte, *e* Randblüte); *f–h Gnaphalium uliginosum* (*f* Habitus, *g* Blütenkörbchen, *h* Blüte).

Alp. sonnige Steinrasen, Felsspalten, Geröllhalden; meist trockene bis frische, kalkhaltige, steinige Böden. – Zerstreut bis selten: Alp. (1700 bis 2350 m; bes. Allgäuer u. Salzburger Alp.); sehr selten herabsteigend (Kiesbänke der Isar). – Pyren., Alp. bis Karp., N-Balk.; alp.

715. *Gnaphálium* L. — Ruhrkraut

x = 7, 13?

I. Pfl. ♃, oft mit nichtbl. B.rosetten; W. kräftig; St. meist einfach; Bl.köpfchen in Ähren od. Trauben

A. St. kräftig, ± reichlich beblättert; B. wenigstens zuletzt oberseits grünlich (Sect. Gamochaeta)

1. B. lineal od. lineallanzettl., einnervig, nach oben allmählich kleiner werdend; Köpfchenknäuel in verlängerter Ähre . . . . 615. G. silvaticum

2. B. lanzettl., untere deutlich dreinervig, mittlere so lang od. länger als die unteren; Köpfchenknäuel in zusammengezogener Ähre . . . . 2616. G. norvegicum

B. St. fast fädlich, dünn; B. beiderseits dicht grau- od. weißfilzig (Sect. Homalotheca)
1. St. aufrecht; Hülle zur Fr.zeit glockig .... 2617. G. hoppeanum
2. St. niederliegend od. aufsteigend, mit Ausläufern; Hülle zur Fr.zeit sternförmig ausgebreitet .... 2618. G. supinum

II. Pfl. ⊙ od. zweijährig; W. spindelförmig, dünn; Bl.-köpfchen in Knäueln (Sect. Gnaphalium)
A. St. einfach, seltener vom Grd. an mit aufsteigenden Nebenstengeln; Köpfchenknäuel ohne Hochb., endtändig; Hüllb. strohgelb—weiß .... 2619. G. luteo-album
B. St. vom Grd. an ästig ausgebreitet; Köpfchenknäuel von Hochb. umgeben, end- u. seitenständig; Hüllb. bräunlich .... 2620. G. uliginosum

1. Sect. Gamochǣ́ta

2615. G. silváticum L. — Wald-R.

♃, *H.* – H. 0,10—0,50(—0,70). St. einfach, angedrückt graufilzig behaart; B. ganzrandig, spitz, zuletzt oberseits verkahlend, untere lanzettl., obere lanzettl.-lineal.; Bl.köpfchen 5—7 mm lang, zu 2- bis 8köpfigen Knäueln vereinigt, oben oft einzeln, Knäuel in den Achseln der oberen B., in verlängerter, endständiger Traube; *Tragb. die Blst. nicht überragend; Hüllb. mit braunem Fleck vor der Spitze,* breit hautrandig; Bl. blaßbräunlich—trübgelb. VII—IX. 2n = 56.

Waldlichtungen u. -ränder, Kahlschläge, Heiden, Magerrasen etc.; meist ± frische, kalkarme, etwas saure, lehmige Böden. – Verbreitet u. z. T. ziemlich häufig (Alp. bis 1700 m). – Irl., Engl., Frankr. bis M- u. nw. S-Eur., Kauk.; N-Am.; no-euras-subozean, circ.

2616. G. norvégicum Gunn. — Norwegisches R.

♃, *H.* – H. 0,10—0,30. St. angedrückt grauseidig-filzig; B. ganzrandig, oberseits dünn grauseidig, grünlich, untere gestielt, lanzettl., die folgenden länger u. wenig schmäler, nach vorne zu deutlich verbreitert, in einen langen breiten Stiel allmählich verschmälert; Bl.köpfchen 6—7 mm lang, in gedrungener Ähre; *Tragb. den Blst. meist überragend; Hüllb. breit schwarzbraun häutig berandet;* Bl. bräunlich-gelblich. VII—IX. 2n = 56, (54—57).

Subalp.-alp. Magerrasen, Weiden, Wegränder; meist frische, kalkarme, saure, humose, sandige Lehmböden. – Zerstreut bis selten: Alp. (1550—2200 m; bes. Allgäuer Alp.); selten: S-Schwarzwald, Bay. Wald, Erzgebg., Sud. (Iser-, Riesen-, Adlergebg.). – Pyren. über Alp. bis Karp., Balk., höhere d. M-Gebg.; S-Finnl., arkt. Eur.; alp-arkt.

2. Sect. Homalothéca

2617. G. hoppeánum Koch Alpen-R.

♃, *H.* – H. 0,02–0,10. St. weißfilzig; *B.* ± ganzrandig, *2–4 mm breit, bis 50 mm lang,* oberseits schwächer, unterseits dichter angedrückt grauweißfilzig, lanzettl.–lineallanzettl., stielartig verschmälert; Bl.-köpfchen 5–7 mm lang, in einer kurzen endständigen Ähre; Hüllb. breit-ellipt., breit braunhäutig berandet; Bl. blaßbräunlich–weißlich. VII–VIII.

Subalp. Schneebodenges., Feinschuttfluren; meist frisch-humose u. kalkhaltige Böden. – Zerstreut: Riesengebg., Bay. u. Salzburger Alp. (1550–2310 m), seltener Allgäuer Alp. – Alp., Sud.; alp.

2618. G. supínum L. Zwerg-R.

♃, *H.* – H. 0,02–0,10. St. weißwollig; *B.* lineal-lanzettl., *1–2 mm breit, meist kaum über 20 mm lang,* beiderseits dünn seidig-wollig; Bl.-köpfchen 5–6 mm lang, in einer gedrungenen, später lockeren Ähre; Hüllb. länglich ellipt., braunhäutig berandet; Bl. bräunlichgelb. VI–IX. 2 n = 28.

(Subalp.-)alp. Schneetälchen, feuchte Triften, geröllreiche Plätze; meist feuchte, kalkarme, humos-sandige Lehmböden. – Verbreitet bis zerstreut; Alp. (1600–2350 m); selten: höchste Teile s-d. M-Gebg. (Schwarzwald: Feldberg), Riesengebg. – Arkt. Geb. N-Am., Grönl., N-Skand., Schottl.; Pyren., Alp. bis Sud., Karp., N-Balk., Kauk., Taurus; arkt-alp, circ.

3. Sect. Gnaphálium

2619. G. lúteo-álbum L. Gelbes R.

⊙, *Th.* – H. 0,10–0,30. St. aufrecht, wollig-filzig; B. halbstengelumfassend, untere länglich, obere lineal., graufilzig behaart; Bl.köpfchen 4–5 mm lang, in an der Spitze des St. kopfig gedrängten, *doldentraubig angeordneten Knäueln;* Hüllb. fast ganz trockenhäutig; Bl. gelblich. VI–IX. 2 n = 14(+0–1 B).

Zwergbinsen-Ges., Ackerränder, Brachen, Dünen etc.; meist ziemlich feuchte, offene, kalkarme Lehmböden. – Zerstreut bis selten, oft nur unbeständig, Sandgeb. des sw. u. sö. Geb. n. bis Heidegeb. u. Schl.Holst.; in Kalkgeb. meist fehlend. – M-, S-Eur.; Afr.; As.; Am.; Austr.; kosmop.

2620. G. uliginósum L. (Abb. 412 f–h) Sumpf-R.

⊙, *Th.* – H. 0,05–0,20. St. vom Grd. an reich ästig, grau- bis weißfilzig; B. spatelig-lineal, 2–4 mm breit, grauweißfilzig; Bl.köpfchen 3–4 mm lang, in 3- bis 10köpfige *Doldentrauben od. Trugdolden* bildenden Knäueln; Hüllb. trockenhäutig, an der Spitze dunkler; Bl. gelblich-weiß. VI–X. 2 n = 14.

Zwergbinsen-Ges., Wege, Äcker, Graben- u. Teichränder etc.; meist feuchte bis nasse offene, kalkarme Böden. – Verbreitet u. meist häufig (Schwäb. Alb bis 750 m); fehlt in Alp. – Eur. (bis 64° n. Br.) bis Sib., Kauk., Kl.As., Armen.; (N-Am.); euras-subozean-submed.

716. Anáphalis DC. — Perlblume

x = 7

2621. A. margaritácea (L.) Benth. et Hook. — Silber-P.
(= Gnaphalium margaritaceum L.)

♃, *H.* – H. 0,30–0,60. St. aufrecht, kurzfilzig behaart; B. breit lanzettl.-lineal., bis 12 cm lang, 8 mm breit, oberseits bald verkahlend; Bl.köpfchen ziemlich klein (ca. 12 mm breit), zahlreich, am Ende der Zweige dicht od. ± locker scheindoldig od. rispig angeordnet; Hüllb. dicht dachig, trockenhäutig, mit großer, breiter, weiß glänzender, strahlender Spitze; Bl. gelb. VII–IX. 2n = 28, 27.
Kultiviert, selten verwildert. – Heimat: NO-As., N-Am.

717. Helichrýsum Mill. — Strohblume

x = 7

I. Pfl. weißwollig-filzig; Bl.köpfchen 6–7 mm breit . . . **2622. H. arenarium**
II. Pfl. kahl od. etwas rauh; Bl.köpfchen 20–50 mm breit . . . . **2623. H. bracteatum**

2622. H. arenárium (L.) Moench (Abb. 413 a–d) — Sand-Str.

♃, *H.* – H. 0,10–0,30. St. aufsteigend od. aufrecht; B. beiderseits wollig-filzig, später etwas verkahlend, breit lanzettl.-lineal.; *Bl.köpfchen* kugelig, *etwa so hoch wie breit,* zu 3–20 in dichten endständigen Doldentrauben; Hüllb. sehr zahlreich (ca. 30), gold- od. zitronengelb, trockenhäutig; Bl. goldgelb–orange. VII–X. 2n = 28.
Schafschwingel-Triften, Sandfluren, Heiden, Dünen, Kiefernwälder; meist trockene, lockere, zumindest oberflächlich entkalkte Sandböden. – Verbreitet bis zerstreut im nö. u. sö. Geb., w. selten u. zerstreut bis etwa M-Holst., Lüneburger Heide, n. Oberrheingeb.; u. a. im äußersten NW u. SW sowie Kalkgeb. fehlend. – SO- u. s. O-Eur., Kauk. bis M-Eur. u. s. S-Skand.; gem-kont.
Droge: Flores Stoechados

2623. H. bracteátum (Vent.) Willd. — Garten-Str.

⊙–⊙, *Th, H.* – H. 0,20–1,20. St. aufrecht; B. am Rande etwas ausgeschweift, länglich verkehrt-eiförmig bis lanzettl., rauh; *Bl.köpfchen* sehr groß, *breiter als hoch,* in lockerer, endständiger Doldentraube; mittlere Hüllb. mit ausgebreiteten, strahlenden Spitzen, glänzend, gelb-weiß od. rot, violett, purpurn, trockenhäutig, „rauschend". VII–IX. 2n = 28.
Kultiviert, selten verwildert. – Heimat: Austr.

Abb. 413. *a—d Helichrysum arenarium* (*a* Habitus, *b* Blütenstände, *c* Hüllblatt; *d* Blüte, längs geschnitten); *e—h* ***Inula germanica*** (*e* Sproßspitze; *f* Rand-, *g* Scheibenblüte; *h* Frucht).

718. ***Ammóbium*** R. Br. — Papierblume

x = 13

2624. A. alátum R. Br. — Geflügelte P., Papierknöpfchen

♃, ⊙, *H, Th.* – H. 0,20—0,70. St. steifästig, ± weißgrau-filzig; B. länglich-lanzettl., herablaufend, St. u. Äste dadurch breit geflügelt; Bl.köpfchen mittelgroß, halbkugelig, einzeln an den Zweigenden; Hüllb. in mehreren Reihen, trockenhäutig, die breiten Spitzen blumenblattartig weiß, gefranst, strahlend; Bl. gelb—schwärzlich. VII—X. 2n = 26.
Kultiviert, selten verwildert. – Heimat: Austr. (NS-Wales).

719. ***Ínula*** L. — Alant

x = 8, 9, 10

I. Bl.köpfchen 60—70 mm breit; innere Hüllb. spatelig, an der Spitze verbreitert, äußere eiförmig (Sect. Corvisartia) .... **2625. I. helenium**

II. Bl.köpfchen kleiner; innere Hüllb. zugespitzt, alle lineal. od. lanzettl. (Sect. Bubonium)

A. Zungenbl. stets vorhanden, die Röhrenbl. überragend, gelb
 1. B. unterseits wollig-filzig behaart; Bl.köpfchen zahlreich, doldig angeordnet
  a) Stb. in einen kurzen Stiel verschmälert; Hüllb. aufrecht; Zungenbl. viel länger als die Hülle .... **2626. I. helvetica**
  b) Stb. abgerundet od. herzförmig, halbstengelumfassend; Hüllb. an der Spitze zurückgekrümmt; Zungenbl. wenig länger als die Hülle .... **2627. I. germanica**
 2. B. unterseits nicht wollig-filzig behaart
  a) Fr.kn. u. Fr. kahl; St. u. B. rauhhaarig od. kahl
   x) St. ± kahl; B. kahl od. nur am Rande gewimpert od. unterseits auf den Nerven kurzhaarig; Hüllb. mehrreihig, dachig, nach innen gleichmäßig an Länge zunehmend
    /) Obere Stb. mit herzförmigem Grd. stengelumfassend .... **2628. I. salicina**
    //) Obere Stb. mit verschmälertem od. abgerundetem Grd. sitzend, nicht stengelumfassend .... **2630. I. ensifolia**
   xx) St. abstehend steifhaarig; B. besonders unterseits rauhhaarig; Hüllb. fast zweireihig, die inneren so lang od. wenig länger als die äußeren .... **2629. I. hirta**
  b) Fr.kn. u. Fr. behaart; St. u. B. angedrückt seidenhaarig .... **2631. I. britannica**
B. Zungenbl. fehlend od. nur klein, rötlich, fädlich, die Röhrenbl. nicht überragend .... **2632. I. conyza**

1. Sect. Corvisártia

2625. I. helénium L. Echter A.

♃, *H.* – H. 0,60–1,50(–2,00). St. steif aufrecht, gefurcht, oberwärts zottig-filzig behaart; B. sehr groß, am Rande unregelmäßig gekerbt od. stumpf gezähnt, unterseits graufilzig, die grundständigen eiförmig–ellipt., lang gestielt, *Stb. herzeiförmig–breit lanzettl.,* sitzend; Bl.köpfe sehr groß, endständig in lockerer Doldentraube od. einzeln; Hüllb. mit großen spitzen, zuletzt zurückgekrümmten Anhängseln, die innersten trockenhäutig. VII–IX. 2 n = 20.
Kultiviert, selten wie z. B. Thür., Ober- u. M-Frank., Württ. (Ulm) verwildert. – Heimat: wohl M-As.

Droge: Rhizoma Helenii

2. Sect. B u b ó n i u m

2626. I. helvética Web. Schweizer A.
[= I. vaillantii (All.) Vill.]

♃, *H.* – H. 0,30–0,60. St. aufrecht, oberseits dicht angedrückt graufilzig; B. oberwärts flaumig, die grundständigen ellipt., in den Stiel zugeschweift, bald welkend, Stb. ellipt.–lanzettl., die unteren kurz gestielt, *gegen die Basis keilig verschmälert; Bl.köpfchen 25–30 mm breit,* in oft ästiger Doldentraube; äußere Hüllb. graufilzig, innere kahl, trokkenhäutig; Zungenbl. die Hülle um das doppelte überragend; Pfl. von melissenartigem Geruch. VII–IX.

Auenwälder, Weidengebüsche, Flußufer, Sumpfwiesen; meist stau- u. sickernasse, warme nährstoffreiche Ton- u. Lehmböden. – Sehr selten, nur s. Oberrheingeb. (Basel – Kaiserstuhl). – SO-Span. bis S-Frankr., Savoyen, S-Schweiz u. S-Bad.; w-submed.

2627. I. germánica L. (Abb. 413 e–h) Deutscher A.

♃, *H.* – H. 0,30–0,60(–0,80). St. aufsteigend od. aufrecht, oberwärts seidig-wollig behaart; B. unterseits locker langhaarig u. drüsig, die mittleren u. oberen länglich ellipt.–lanzettl.; *Bl.köpfchen ca. 10 mm breit,* zahlreich, in gedrängter, endständiger Doldentraube; Hüllb. regelmäßig dachig, lederig, gegen die Spitze krautig u. etwas flaumig. VII–VIII. 2n = 16.

Steppenrasen, Waldränder, Heidewiesen; meist trockene, warme, lockere Kalkstein-, Kalksand- od. Lehmböden. – Selten u. vereinzelt von Anh. (Saalegeb.), Thür. über Maingeb., Frank. bis unteres Nahegeb. u. n. Oberrheingeb. – s. O- u. SO-Eur. bis M- u. S-D., Kauk., Kl.As., Syr.; europ-kont-o-submed.

2628. I. salicína L. Weidenblättriger A.

♃, *H.* – H. 0,25–0,60(–0,80). St. aufrecht, steif; *B. meist waagrecht abstehend,* derb, glänzend, *länglich-lanzettl.,* schwach gezähnt od. ganzrandig; *Bl.köpfchen* 25–30(–40) mm breit, *in lockerer endständiger Doldentraube* od. einzeln endständig; äußere Hüllb. lederig, mit etwas abstehender, krautiger, gewimperter Spitze, die innersten lederig-trokkenhäutig; Zungenbl. mehr als doppelt so lang wie die Hülle. VI–X. 2n = 16.

Moorwiesen, Halbtrockenrasen, Abhänge, Triften, Waldränder etc.; meist etwas sicker- od. staunasse, kalkhaltige torfige od. lehmig-tonige Böden. – Zerstreut bis selten vom nö. Geb. bis verbreiteter im m. u. s. Geb. (bes. Bereich der großen Flüsse; Schwäb. Alb. bis 970 m); u. a. im nw. Geb. u. Alp. fehlend. – SO- u. s. O-Eur. bis Kauk., Kl.As., Span., Frankr., Engl., Skand. (62° n. Br.); gemkont-submed.

2629. I. hírta L. Rauher A.

♃, *H.* – H. 0,15–0,50. St. aufrecht; B. derb, lederig, deutlich netzadrig, beiderseits rauh behaart, eiförmig-länglich bis länglich, ganzrandig od. entfernt gezähnt; *Bl.köpfchen* 20–30 mm breit, *meist einzeln,* endständig, seltener in 2- bis 3köpfiger Doldentraube; äußere Hüllb. nur am Grd. lederig, mit grüner b.artiger, steifhaariger Spitze. VI–X. 2n = 16.

Gebüsche, Waldränder, Kiefernsteppenwälder, Heiden, trockene Wiesen; meist trockene, warme, kalkhaltige lockere, oft steinige, lehmige od. tonige Böden. – Verbreitet bis zerstreut: Anh., Thür., Sachs., Schles., Pomm. bis Ostpr.; im S bis Alp.vorland (Lech-, Isar-Tal) u. Täler des SW (Rhein, Neckar, Tauber u. a.; Schwäb. Alb bis 815 m); sonst selten verschleppt. – s. O-, SO- u. S-Eur. bis Belg., Frankr., D., Kauk., Sib.; euras-kont-submed.

2630. I. ensifólia L. Schwertblättriger A.

♃, *H.* – H. 0,10–0,60. St. aufrecht od. aufsteigend, nur unter dem Köpfchen zuweilen weiß-wollig behaart; *B.* steif, *lineal-lanzettl.,* mit 5 ± parallelen Nerven; *Bl.köpfchen* 25–55 mm breit, *meist einzeln,* selten zu mehreren; äußere Hüllb. mit b.artiger, parallelnerviger, gewimperter Spitze, innere trockenhäutig; Zungenbl. etwa doppelt so lang wie die Hülle. VII–VIII. 2n = 16.

Trockenrasen, Abhänge, Gebüsche, Heiden; meist trockene, warme, ± steinige, kalkhaltige Böden. – Früher Bay. (Moos bei Deggendorf). – SO- u. s. O-Eur. bis Oberital., Kauk.; gem-kont(-o-submed).

2631. I. británnica L. Wiesen-A.

♃, *H.* – H. 0,20–0,60. St. aufrecht, dicht anliegend seidig behaart; B. eilänglich–eilanzettl., untere in den langen Stiel verschmälert, obere mit schwach herzförmigem od. abgerundetem Grd. sitzend, unterseits seidenhaarig – fast kahl; Bl.köpfchen 20–50 mm breit, einzeln od. in 2- bis 4köpfigen Doldentrauben; *Hüllb. ungefähr zweireihig,* alle ziemlich gleichlang, krautig, kurz drüsig, zurückgekrümmt; Zungenbl. bis 20 mm lang. VI–IX. 2n = 32.

Flutrasen, Ufer-, Graben- u. Wegränder, Gebüsche etc.; meist wechselfeuchte, nährstoffreiche, tonige od. lehmige Böden. – Verbreitet bis zerstreut in großen Stromtälern des n. Geb. (Elbe u. ostwärts), Täler u. Senken des m. Geb.; selten im s. Geb. (bes. Oberrhein- u. Donaugeb.). – S-Skand. bis S-Eur., W-As.; euras-kont-submed.

2632. I. conýza DC. Dürrwurz

⊙, ♃, *H.* – H. 0,20–0,70(–0,90). St. aufrecht od. am Grd. aufsteigend, dicht kurzhaarig-filzig, am Grd. holzig, meist rotbraun überlaufen; B. unterseits flaumig-filzig u. drüsig, untere eiförmig-länglich, obere schmäler, sitzend, alle am Rande meist buchtig u. mit kleinen Zähnen; *Bl.köpfchen sehr klein,* ca. 10 mm breit, zahlreich, in einer reichen Doldentraube; äußere Hüllb. mit abstehender grüner Spitze, innere meist purpurn überlaufen; Röhrenbl. hellgelb–bräunlich; Pfl. stark duftend. VII–IX. 2n = 32.

Abb. 414. *a—d Pulicaria dysenterica* (*a* Sproßspitze; *b* Rand-, *c* Scheibenblüte; *d* Frucht); *e—k Carpesium cernuum* (*e* Sproßspitze; *f* ♀-, *g* ☿-Blüte; *h* Griffel u. Narben, *i* Staubblatt, *k* Frucht).

Gebüsche, lichte Wälder, Waldränder, Lichtungen, sonnige Abhänge etc.; ± trockene, warme, oft kalkhaltige, meist lockere Steinverwitterungsböden. — Selten: Rügen (sonst nur selten u. unbeständig n. der M-Gebg.schwelle); zerstreut von Kalkgeb. Westf. u. der ö. M-Gebg.schwelle bis s. Geb. (Schwäb. Alb bis 980 m, Alp. bis 1000 m). — Med., NW-Afr. bis Engl., Dän., s. O- u. SO-Eur., Kl.As., W-As.; submed(-euras).

Bastarde:
I. germanica × salicina (= I. × media Bieb.), I. helvetica × salicina (= I. × semiamplexicaule Reuter), I. salicina × hirta (= I. × rigida Döll).

720. Pulicária Gaertn. Flohkraut

x = 9, 10

I. Stb. am Grd. herzförmig, halbstengelumfassend; Zungenbl. viel länger als die Röhrenbl. .... **2633. P. dysenterica**

II. Stb. am Grd. nicht herzförmig, mit abgerundetem Grd. sitzend; Zungenbl. kaum länger als die Röhren.-bl. .... **2634. P. vulgaris**

2633. P. dysentérica (L.) Bernh. (Abb. 414 a–d) Großes F., Ruhrwurz

♃, *H.* – H. 0,20–0,60. St. aufrecht, vor allem oberwärts wollig-flaumig; B. unterseits grauflaumig – fast filzig, am Rande etwas gezähnt, untere länglich od. lanzettl., sitzend, mittlere u. obere eilänglich-länglich; *Bl.köpfchen 15–30 mm breit,* meist zu 5–7 in lockerer Doldentraube; Hüllb. lineal, lang zugespitzt, an der Spitze fast fadenartig; *Zungenbl. ausgebreitet,* goldgelb; Pfl. stark duftend. VII–IX. 2 n = 20.
Grabenränder u. Ufer, Moorwiesen, Weiden, Auenwälder etc.; meist feuchte, nährstoffreiche lehmige u. tonige Böden. – Zerstreut, im n. Geb. bis zur O-See-Küste von Schl.Holst., ö. bis Oder, im m. u. s. Geb. stellenweise häufiger (Schwäb. Alb bis 840 m, Alp. bis 780 m), nach O rasch seltener werdend. – Irl. bis Pyren.-Halbins., w. M-Eur., N-Afr., Balk., SO-Eur.; submed-subatl.

2634. P. vulgáris Gaertn. Kleines F.

⊙, *Th.* – H. 0,05–0,45. St. aufsteigend od. aufrecht, ± wollig–zottig behaart; B. länglich od. eiförmig, am Rande wellig, wollig-drüsig behaart bis fast kahl; *Bl.köpfchen* klein, etwa *10–12 mm breit,* zahlreich, in wenigköpfigen Trugdolden; Hüllb. lineal., kurz zugespitzt, an der Spitze abstehend, wollig behaart; *Zungenbl.* schmal, *aufrecht,* schmutziggelb; Pfl. unangenehm riechend. VII–IX. 2 n = 18.
Graben- u. Teichränder, Pionier an Schlammufern, Dorfanger u. -straßen; feuchte, nährstoffreiche, meist offene Ton- u. Lehmböden. – Zerstreut bis verbreitet, vor allem Fluß- u. Seengeb., im nw. u. sw. Geb. seltener, u. a. Alp. u. trockeneren Kalkgeb. fehlend. – W-, M- u. s. O-Eur. bis Kauk., Pers., Him., Med., N-Afr., Kl.As.; euras-submed-med.

721. Carpésium L. Kragenblume

x = 10

2635. C. cérnuum L. (Abb. 414 e–k) Nickende K.

⊙–⊙, *Th, H.* – H. 0,30–0,60. St. aufrecht, sparrig verzweigt, weichhaarig–zottig; B. rhombisch-eiförmig bis breit lanzettl., kurz gestielt, unterseits behaart, geschweift-gezähnt; Bl.köpfchen 15–25 mm breit, kugelig, nickend, an den Ästen einzeln endständig, von mehreren verschieden großen Hochb. umgeben; äußere Hüllb. mit zurückgebogener, b.artiger Spitze; Bl. alle röhrig-trichterförmig od. fädlich, gelb; Zungenbl. fehlend; Fr. mit runzeligem Schnabel. VII–IX.
Lichte Wälder, Gebüsche, Wegränder, waldige Abhänge; meist frische, warme Böden. – Sehr selten, früher nur äußerster SO im Bereich Donau-Inn (Laufen, Simbach, Obernzell), heute verschollen. – S-Eur. bis Schwarzes Meergeb., Armen., s. M-Eur.; submed(-euras).

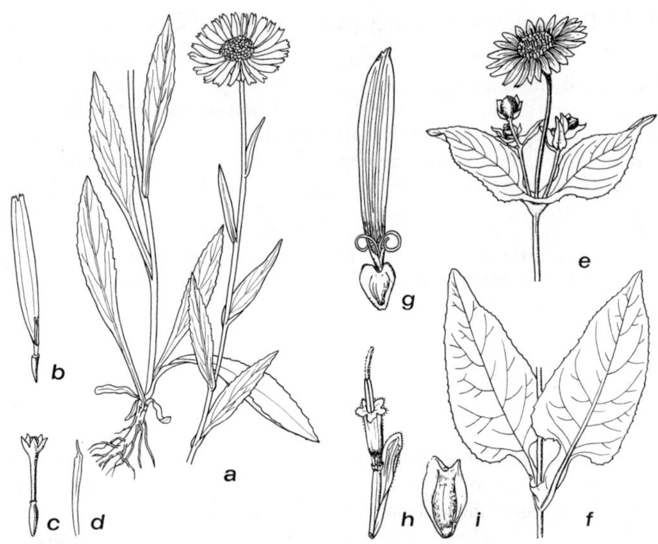

Abb. 415. *a–d Buphthalmum salicifolium* (*a* Habitus; *b* Rand-, *c* Scheibenblüte; *d* Spreublatt); *e–i Silphium perfoliatum* (*e* Sproßspitze, *f* Stengelblätter; *g* Rand-, *h* Scheibenblüte mit Spreublatt; *i* Frucht).

722. *Buphthálmum* L. — Rindsauge, Ochsenauge

x = 10

2636. B. salicifólium L. (Abb. 415 a–d) — Weidenblättriges R.

♃, *H.* – H. 0,15–0,70. St. aufrecht, meist unverzweigt, abstehend weichhaarig; B. lanzettl.–lineallanzettl., gezähnt; Bl.köpfchen groß, 30–60 mm breit, einzeln an den Enden weniger Äste; Hüllb. dachig, krautig, gleichlang, haarartig zugespitzt; Zungenbl. 2- bis 3mal so lang wie die Hülle, an der Spitze gezähnelt, goldgelb; Pappus als schuppiges Krönchen ausgebildet. VI–IX. 2n = 20.

Lichte Eichen- u. Kiefernsteppenwälder, Gebüsche, Halbtrockenrasen, steppenartige Formationen, Moorwiesen etc.; meist trockene, warme, kalkhaltige Steinverwitterungs- u. Lehmböden. – Verbreitet bis zerstreut: Schwäb. (bis 1008 m) u. Fränk. Alb, Baar, Alp. (bis 2010 m), Alp.vorland, Bodensee- u. Donaugeb.; selten: Rhön- u. Maingeb.; n. davon meist unbeständig. – Gebg. u. Vorländer Belg., Frankr. bis Jura, Alp., W-Karp., N-Apenn., Illyr.; praealp(-submed).

723. Telékia Baumg. Telekie

x = 10

2637. T. speciósa (Schreb.) Baumg. Große T.
(= Buphthalmum speciosum Schreb.)

♃, *H.* – H. 0,60–2,00. St. sehr kräftig, kurzhaarig-flaumig, oft braunrot; B. sehr groß, runzlig, grün, unterseits fein flaumig, untere breit dreieckig–herzförmig, obere breiteiförmig–länglich; Bl.köpfe 50–60 mm breit, sehr lang gestielt, in einer endständigen, wenigköpfigen Traube bzw. Doldentraube; Hüllb. am Grd. lederig-häutig; Bl. dunkel goldgelb; Zungenbl. etwa doppelt so lang wie die Hülle. VI–VIII. 2 n = 20.
Kultiviert, stellenweise verwildert u. z. T. in Gebüschen u. an Waldrändern auf meist frischen Böden eingebürgert (so z. B. S- u. O-Thür., Schles.). – Heimat: SO-Alp. bis Balk., Kauk., Kl.As.

4. Trib. H e l i á n t h e a e

724. Sílphium L. Kompaßpflanze

x = 7

2638. S. perfoliátum L. (Abb. 415 e–i) Durchwachsene K., Tassenkraut

♃, *H.* – H. 1,00–2,50. St. aufrecht, kantig, glatt, oberwärts verzweigt; B. groß, dreieckig-eiförmig, vor allem oberseits rauh, entfernt grob gezähnt, untere gestielt, mittlere u. obere plötzlich verschmälert, mit geflügeltem Stiel, *Flügel paarweise verwachsen u. einen Becher bildend;* Bl.köpfe 50–70 mm breit, lang gestielt, einzeln od. in lockeren Trauben; Hüllb. krautig, an der Spitze zurückgebogen; Zungen- u. Röhrenbl. gelb; Fr. zusammengedrückt, zweiflügelig. VII–IX. 2 n = 14.
Kultiviert, selten verwildert u. an Ufern, in Auenwäldern z. T. eingebürgert (so M-Rhein, Braubach-Oberlahnstein; Dresden). – Heimat: N-Am.

725. Ambrósia L. Ambrosie, Traubenkraut

x = 6

I. B. fiederspaltig–gefiedert
  A. St. flaumig; B.zipfel spitz; B. unterseits graugrün; Fr. fast glatt . . . . **2639. A. elatior**
  B. St. dicht grauwollig-filzig-zottig; B.zipfel stumpf; B. unterseits weißgrau; Fr. gefurcht . . . . . . **2640. A. maritima**
II. B. handförmig 3- bis 5spaltig, teilweise auch ungeteilt . . . . **2641. A. trifida**

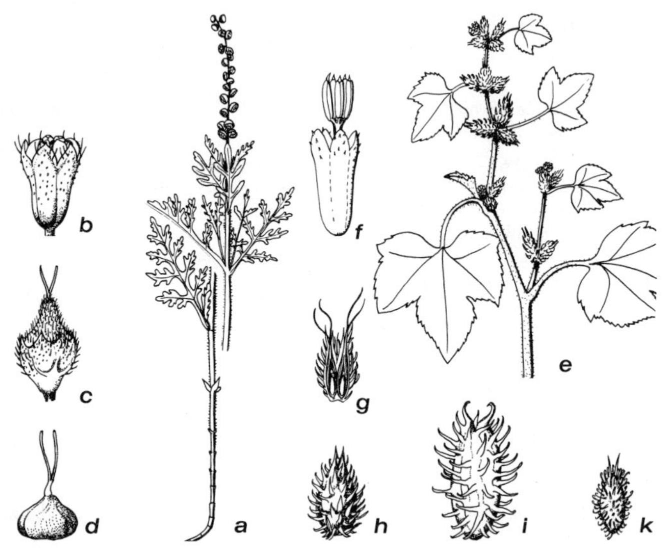

Abb. 416. *a—d Ambrosia elatior* (*a* Habitus; *b* ♂-, *c* ♀-Blüte; *d* Frucht); *e—k Xanthium* spp., *e—h X. strumarium* (*e* Sproßspitze, *f* ♂-Blüte; *g* ♀-Blütenstand, längs geschnitten; *h* Frucht), *i X. riparium* (Frucht), *k X. spinosum* (Frucht).

2639. A. elátior L. (Abb. 416 a—d) Hohe A.
(= A. artemisiaefolia auct.)

⊙, *Th.* — H. 0,20—1,50. St. aufrecht, angedrückt kurz behaart, leicht flaumig; B. einfach — doppelt fiederspaltig, oberseits dunkel-, unterseits heller grün—graugrün; ♂-Bl.köpfchen etwa 10- bis 15bl., zahlreich, in langen, schlanken, endständigen Ähren, ♀-Bl.köpfchen einbl., einzeln od. zu 2—3 in den Achseln der oberen Laubb.; Fr. + Hülle 4—5 mm lang, zylindrisch-länglich, *Fr.hülle* am Rande *mit 6 kurzen Zähnen od. Stacheln* u. einer längeren Spitze. VIII—X. 2n = 36.
Schuttunkrautges., Oedland, Wegränder, Äcker; meist trockene, warme, nährstoff- u. N-reiche, lockere Böden. — Selten u. zerstreut (sehr unbeständig) in warmem m. u. s. Geb., sonst vereinzelt adventiv. — Heimat: N-Am.

2640. A. marítima L. Strand-A.

⊙, *Th.* — H. 0,30—1,00. St. aufrecht, dicht grauzottig behaart; B. gefiedert — doppelt fiederspaltig, untere gegen-, obere wechselständig; ♂-Bl.köpfchen in langen Ähren, kurzgestielt, nickend, ♀-Bl.köpfchen weniger zahlreich, in den B.achseln; Fr. + Hülle ca. 4 mm lang u. ebenso dick, *Fr.hülle* eiförmig, *mit 4—5 geraden Stacheln.* VIII—X.

Schuttunkrautges., Hafenanlagen; warme, lockere Böden. – Sehr selten eingeschleppt u. wohl vorübergehend, so z. B. Hafengeb. (Oberrhein). – Heimat: S-Eur., N-Afr.

2641. A. trífida L. Dreispaltige A.

⊙, *Th.* – H. 0,80–3,00. St. aufrecht, kahl od. oberwärts kurzborstig; B. gegenständig, ellipt., spitz, mit langen Mittelzipfeln, am Rande gesägt od. gekerbt, selten ungeteilt, untere sehr breit; ♂-Bl.köpfchen gestielt, nickend, in langen Ähren; Fr. + Hülle reichlich 10 mm lang, Fr.hülle mit 5–7 in kurze Stacheln auslaufenden Rippen. VIII–X. 2 n = 24.
Unkrautges., Schutt, Oedland, Wegränder, Ufer. – Selten u. unbeständig eingeschleppt, sich z. T. einbürgernd, so z. B. w. Geb. (Pfalz, Westf.). – Heimat: N-Am.

726. Xánthium L. Spitzklette

x = 9

I. B.stiel am Grd. ohne Stacheln; B. unterseits nicht weißfilzig (Sect. Xanthium)
  A. Pfl. nicht aromatisch duftend, ziemlich schwach rauhhaarig; Fr.hülle eiförmig, ihre Schnäbel gerade . . . . **2642. X. strumarium**
  B. Pfl. aromatisch duftend, mit gelbbraunen Drüsen, sehr rauh behaart; Fr.hülle länglich, ihre Schnäbel hakig eingekrümmt
    1. St. nicht gefleckt; Fr. + Hülle meist mehr als 3mal so lang wie breit . . . . **2643. X. orientale**
    2. St. rotbraun gefleckt; Fr. + Hülle etwa 2mal so lang wie breit . . . . **2644. X. riparium**
II. B.stiel am Grd. mit 1–2 kräftigen, 3teiligen gelben Stacheln; B. unterseits weißfilzig (Sect. Acanthoxanthium) . . . . **2645. X. spinosum**

1. Sect. Xánthium

2642. X. strumárium L. (Abb. 416 e–h) Gemeine Sp.

⊙, *Th.* – H. 0,15–1,20. St. aufrecht, sehr stark verzweigt, kurzhaarig-rauh, oberseits etwas drüsig; B. herzförmig-dreieckig, lang gestielt, ungleich grob gesägt–gelappt, mit ziemlich weichen Haaren besetzt; Bl.köpfchen sehr kurz gestielt, in kurzen end- u. b.achselständigen Knäueln, obere ♂, mehrbl., untere ♀, zweibl.; Fr.hülle grün, kurzhaarig, mit widerhakigen Dornen besetzt, 2schnäbelig. VII–IX. 2n = 36.
Unkrautges., Brachäcker, Wegränder, Schuttplätze, Gärten etc.; meist ± trockene, warme, nährstoff- u. N-reiche Lehm-, Ton- od. Sandböden. – Selten bis zerstreut, wohl allgemein abnehmend. – Gem. bis s. Eur., W-As.; submedkont. [Heimat (der Stammform) wohl N-Am.].

2643. X. orientále L. Großfrüchtige Sp.
(= X. macrocarpum DC.)

⊙, *Th.* – H. 0,30–1,00. St. aufrecht; B. am Grd. keilig, eiförmig od. dreieckig, unregelmäßig gesägt, oft 3- bis 5lappig, in der Größe sehr wechselnd, gestielt; Bl.köpfchen in kleinen Knäueln; Fr.hülle sehr langgestreckt, *Dornen an der Spitze widerhakig, wie die Schnäbel ± schneckenförmig eingerollt.* VII–IX.

Unkrautges., Schuttplätze, Ufer; warme, nährstoff- u. N-reiche Böden. – Selten u. unbeständig, so bes. auf Flugsand der Flüsse (Oder bei Frankfurt, Main bei Würzburg, Oberrheingeb.) – [atl. Küsten W-Eur. (bes. M- u. SO-Frankr.), w. u. n. M-Eur.], Heimat (der Stammform) wohl N-Am.

2644. X. ripárium Itz. et H. em. Lasch (Abb. 416 i) Ufer-Sp.
(= X. italicum Aschers.)

⊙, *Th.* – H. 0,30–1,00. St. aufrecht, verzweigt od. seltener einfach; B. keilig-eiförmig od. rhombisch, selten herzförmig, ungleich gesägt–gezähnt, meist 3-(5)lappig, gestielt; Bl.köpfchen in den Achseln der B.; Fr.hülle steifhaarig, *Dornen gerade, nadelfein zugespitzt u. nur vereinzelt in ein kurzes Häkchen umgebogen;* Fr.hülle im Herbst zuweilen purpurn überlaufen. VII–IX.

Unkrautges., Flußufer, Schuttplätze; meist frische bis feuchtere, sandige, ± offene u. seltener schlammige Böden. – Zerstreut: Unterlauf der größeren Flüsse (z. B. Elbe, Oder, Weichsel) u. entlang der Flüsse u. Nebenflüsse nach S vordringend; sonst selten u. z. T. unbeständig (z. B. M-Rhein, Main, Donau). – nö. M-Eur. etc., Heimat (der Stammform) wohl n. N-Am.

2. Sect. Acanthoxánthium

2645. X. spinósum L. (Abb. 416 k) Dornige Sp.

⊙, *Th.* – H. 0,15–0,80. St. aufrecht, sehr ästig, gelblich; *B. „zweifarbig“*, länglich-rhombisch, 3lappig, am Grd. keilförmig, meist grob gezähnt, oben grün glänzend, unten graufilzig; Bl.köpfchen in den B.achseln u. endständig; Fr.hülle ellipsoid., braungelb, spärlich flaumig, Dornen an der Spitze widerhakig. VIII–IX. 2n = 36.

Unkrautges., Schuttplätze, Wegränder, Flußufer; meist warme, nährstoff- u. N-reiche sandige Stein- od. Kiesböden. – Selten u. zerstreut u. meist unbeständig wohl aus ö. Geb. eingeschleppt, bes. wärmere Geb. – Gem. Geb. S- u. N-Am., S- u. M-Eur., W-As.; kont-submed-med; N- u. S-Afr.; Austr.; Heimat: wohl S-Am.

727. *Zínnia* L. Zinnie

x = 12

2646. Z. élegans Jacq. Garten-Z.

⊙, *Th.* – H. 0,30–1,00. St. steif aufrecht, gabelästig, kurzhaarig-borstig, oberwärts oft flaumig; B. herzförmig–länglich eiförmig, gegenständig, stengelumfassend sitzend, dreinervig, rauh; Bl.köpfe einzeln, sehr groß, 80–120 mm breit; Hüllb. braun-schwarz gerandet; Zungenbl. groß, spatelig, derb, samtig glänzend, rot, gelb od. weißlich; Röhrenbl. gelb; Spreub. sehr zahlreich, kammartig gefranst, rot. VII–X. 2 n = 24.

Kultiviert; selten verwildert. – Heimat: Mex.

728. *Rudbéckia* L. Sonnenhut

x = 19, (9)

I. Alle B. ungeteilt; St. borstig-rauhhaarig . . . . **2647. R. hirta**

II. Mittlere B. fiederspaltig; St. kahl od. wenig behaart . . . . **2648. R. laciniata**

2647. R. hírta L. Rauher S.

⊙, ♃, *H.* – H. 0,05–1,00. St. aufrecht, einfach od. ästig; B. ganzrandig od. gesägt, untere länglich, mit geflügeltem Stiel, obere lanzettl., sitzend; Bl.köpfchen groß, 60–80 mm breit, einzeln, lang gestielt; Zungenbl. leuchtend gelb, *Röhrenbl. schwarzbraun;* Bl.boden gewölbt; Fr. vierkantig; Bl. oft „gefüllt“. VII–IX. 2 n = 38.

Uferstaudenges., Schuttunkrautges., Auenwälder, Wegränder, Moore etc.; meist frische, nährstoffreiche, humose Böden. – Zerstreut eingebürgert; so z. B. Meckl., Brand., N-Bay., Oberrheingeb., Weser-, Elbegeb.; sonst selten, daneben kultiviert. – Heimat: N-Am.

2648. R. laciniáta L. (Abb. 417 a–d) Schlitzblättriger S.

♃, *H.* – H. 1,00–2,00. St. aufrecht, kahl, oberwärts ästig; B. länglich eiförmig, untere einfach od. fiederspaltig, mittlere 2- bis 3spaltig, mit länglichen, ungleich eingeschnittenen Abschnitten, nach oben allmählich einfach u. gesägt–ganzrandig werdend; Bl.köpfe groß, einzeln, 70–120 mm breit; Zungenbl. goldgelb, *Röhrenbl. grünlichbraun;* Bl.boden kegelig; Fr. etwas vierkantig; Bl. oft „gefüllt“. VII–X. 2 n = 64–74, 76, (36, 38, ca. 102).

Uferstaudenges., Flußufer, Auenwälder, Weidengebüsche, Teiche, feuchte Wälder etc.; meist feuchte bis frische, nährstoffreiche Böden. – Zerstreut eingebürgert (geb.weise verbreitet), bes. im Bereich der großen Flußgeb.; sonst kultiviert. – Heimat: N-Am.

Abb. 417. *a–d Rudbeckia laciniata* (*a* Sproßspitze, *b* Stengelblatt; *c* Rand-, *d* Scheibenblüte); *e–g Helianthus annuus* (*e* Sproßspitze; *f* Rand-, *g* Scheibenblüte; *h* Frucht).

729. Heliánthus L. — Sonnenblume

x = 17

I. B. wechselständig; Bl.köpfe nickend; Röhrenbl. gelb . **2649. H. annuus**
II. Untere B. gegenständig, an den Ästen meist wechselständig; Bl.köpfe aufrecht; Röhrenbl. braun .... **2650. H. tuberosus**

2649. H. ánnuus L. (Abb. 417 e–g) — Gemeine S.

☉, *Th.* – H. 1,00–2,00 (u. höher). St. kräftig, aufrecht, abstehend rauhhaarig, oben ± zottig; B. gestielt, herzförmig–dreieckig, kerbzähnig, groß, dreinervig; Bl.köpfe einzeln od. zu wenigen endständig; Hüllb. außen dunkelgrün, dachig, borstig gewimpert, spreizend; *Zungenbl.* gelb, *60–100 mm lang;* Röhrenbl. gelbgrün–bräunlichgelb; Fr. strohgelb–tiefschwarz, zusammengedrückt. VIII–X. 2 n = 34.
In verschiedenen Sorten kultiviert u. verschiedentlich, meist unbeständig verwildert. – Heimat (vermutlich): Mex., M-Am.

2650. H. tuberósus L. — Erdbirne, Topinambur

♃, *G.* – H. 0,20–2,00 (u. höher). *Pfl. mit unterirdischen Sproßknollen;* St. aufrecht, oberwärts kurz rauhhaarig–zottig; B. mit flügelrandigem Stiel, eiför-

mig–länglich eiförmig, dreinervig, am Rande kerbig gesägt, rauh; Bl.köpfchen Bl. selten!) einzeln, 40–80 mm breit; Hüllb. grün, lanzettl.; *Zungenbl.* dottergelb, *20–25 mm lang;* Röhrenbl. gelb; Fr. mit 1–4 Grannen. IX–XI. 2 n = 102.
Kultiviert (Futter- u. Gemüsepfl.) u. selten verwildert (so z. B. Oberrheingeb., Westf., Frank.) – Heimat: N-Am.

730. Coreópsis L. — Wanzenblume

x = 6, 7, 13

2651. C. tinctória Nutt. — Mädchenauge

☉, *Th.* – H. 0,30–0,80. St. aufrecht, ästig; untere B. gefiedert–doppelt fiederspaltig, obere unregelmäßig doppelt dreizähnig, B.abschnitte lineal.; Bl.köpfchen einzeln, lang gestielt; äußere Hüllb. spitz, die inneren stumpf, gefärbt; *Zungenbl.* dottergelb–orange, *am Grd. mit dunkelbraunen od. purpurnen Flecken;* Fr. ungeflügelt. VIII–X. 2 n = 24.
Kultiviert u. selten verwildert. – Heimat: s. N-Am.

731. Dáhlia Cav. — Dahlie, Georgine

x = 8

I. St. nicht od. kaum bereift; B. nicht blaugrün; zungenförmige Randbl. mit Gr. . . . . **2652. D. variabilis**
II. St. bereift; B. ± blaugrün; zungenförmige Randbl. ohne Gr. . . . . **2653. D. coccinea**

2652. D. variábilis (Willd.) Desf. — Garten-D.
(= D. pinnata Cav.)

♃, *G.* – H. 0,20–2,20. St. aufrecht, am Grd. verholzend; B. fiederschnittig od. einfach, derb, *B.spindel ± geflügelt;* Bl.köpfchen groß, meist einzeln od. zu 2–3, nickend, bis 20 mm breit; äußere Hüllb. fast laubb.artig, abstehend, innere oberwärts häutig; die meisten Zungenbl. mit Gr., verschiedenfarbig, selten scharlachrot od. orangegelb; in vielen, besonders „gefüllten" Formen. VIII–X. 2 n = 64.
In verschiedenen Sorten kultiviert, gelegentlich verwildert. – Heimat: Mex., M-Am.

2653. D. coccínea Cav. — Bereifte D.

♃, *G.* – H. 0,20–1,50. St. aufrecht; B. fiederschnittig, B.chen schmäler u. schärfer gesägt, *B.spindel nicht od. kaum geflügelt;* Bl.köpfchen mittelgroß, meist einzeln od. zu 2–3, nickend; äußere Hüllb. laubb.artig, innere im Oberteil häutig; Zungenbl. meist scharlachrot od. gelb; wie die vorige Art in vielen Formen kultiviert. VIII–X.
Kultiviert, gelegentlich verwildert. – Heimat: Mex., M-Am.

Bastarde (Hybriden):

Sehr viele der Gartenformen sind Hybriden zwischen *D. variabilis* u. *D. coccinea.*

732. Bidens L. Zweizahn

x = 12

I. B. ungeteilt; Fr. 3- bis 4kantig, im Querschnitt rhombisch
  A. B. sitzend, am Grd. der Spreite wenig verschmälert; Bl.köpfchen (bes. im Verblühen) nickend .... **2654. B. cernuus**
  B. B. am Spreitengrd, in einen geflügelten Stiel verschmälert; Bl.köpfchen aufrecht .... **2655. B. connatus**
II. B. in 3—4 Abschnitte gespalten, ± gefiedert; Fr. flachgedrückt
  A. Fr. mit warzigen, borstigen Höckern auf den Seiten
    1. Äußere Hüllb. 5—8; die abwärts gerichteten Borsten der Grannen werden am Fr.rand nicht od. nur mit 1—3 Borsten fortgesetzt, alle übrigen Borsten des Fr.randes aufwärts gerichtet ... **2656. B. frondosus**
    2. Äußere Hüllb. 9—15; die abwärts gerichteten Borsten der Grannen werden am Fr.rand deutlich fortgesetzt, erst dann folgen aufwärts gerichtete Borsten .... **2657. B. vulgatus**
  B. Fr. glatt, ohne warzige Höcker auf den Seiten, nur am Rande ±rückwärts rauh-stachelig
    1. B. dunkelgrün, B.zähne gerade; äußere Hüllb. 5—8; Bl.köpfchen wenigstens so hoch wie breit **2658. B. tripartitus**
    2. B. gelbgrün, B.zähne deutlich einwärts gekrümmt; äußere Hüllb. 10—12; Bl.köpfchen flach, fast doppelt so breit wie hoch .... **2659. B. radiatus**

2654. B. cérnuus L. Nickender Z.

⨀, *Th, (HH).* — H. 0,10—0,90. St. aufrecht, meist gelbgrün; *B.* verlängert lanzettl., *am Grd. paarweise miteinander verwachsen,* scharf gesägt, hellgrün, kahl, obere zuweilen etwas behaart; Bl.köpfchen ca. 30 mm breit, einzeln; Hüllb. zweireihig, äußere laubb.artig, viel länger als innere, diese breit-oval, braungrün; *Zungenbl. in der Regel vorhanden, gelb;* Röhrenbl. goldgelb; Spreub. so lang wie die Fr. u. die Grannen; Fr. 3- bis 4kantig, mit 4 Grannen. VII—IX. 2n = 24.

Ufersaumges., Gräben, Teiche, Sümpfe, Flachmoore, feuchte Äcker; nasse, nährstoff- u. N-reiche Schlamm- od. Tonböden. — Zerstreut bis verbreitet im ganzen Geb. (Alp. 800 m). — Eur. (bis 60° n. Br.) bis N-, O-As., Balk., Kauk.; (N-Am.); euras(-kont).

2655. B. connátus Mühlenbg. Einfachblättriger Z.

⨀, *Th, (HH).* — H. 0,15—1,50. St. meist kahl, purpurn überlaufen; B. lanzettl.—rhombisch lanzettl., grob gesägt—gezähnt (auf jeder Seite 1—5 Zähne), B.spitze lang ausgezogen, ungezähnt, bei kräftigen Pfl. untere B. zuweilen fiederschnittig; Bl.köpfchen sehr lang gestielt, ca. 15 mm breit; äußere Hüllb. 4—6, laubb.artig, viel länger als innere;

Zungenbl. fehlend, Röhrenbl. braungelb, oft rot überlaufen; äußere Fr. meist mit 4 Grannen, deutlich verschmälert. VIII–IX. Im Geb. wohl nur var. f á l l a x (Warnst.) Sherff

Ufersaumges., Flüsse, Gräben, Teiche etc.; nasse, nährstoffreiche, offene Schlammböden. – Zerstreut eingebürgert, bes. im Bereich großer Flüsse (Weichsel, Oder bis Schles., Elbe bis Sachs., Havel, Spree, neuerdings: Weser, Rhein) oft unbeständig. – Heimat: nö. N-Am.

2656. B. frondósus L. em. Greene Schwarzfrüchtiger Z.
(= B. melanocarpus Wieg.)

⨀, *Th,* – H. 0,10–1,20(–2,00). St. kantig, gerieft, kahl od. oberhalb der Knoten zerstreut behaart, meist purpurn überlaufen; B. gestielt, 3zählig od. 2paarig gefiedert, B.chen lanzettl.–eilanzettl., scharf u. ziemlich gleichmäßig gesägt, oft purpurviolett überlaufen, das Endb.-chen meist größer als die übrigen; Bl.köpfchen 10–20 mm breit; äußere Hüllb. laubb.artig, grün, die inneren in der Mitte braunstreifig-dunkel; *Zungenbl. fehlend,* Röhrenbl. gelb; *Fr. schwärzlich*-braun, mit 2 Grannen. VII–X. 2n = 48.

Ufersäume, Flüsse, Gräben, Teiche, Seen, Straßenränder etc.; meist feuchte bis nasse, nährstoff- u. N-reiche schlammige Böden. – Zerstreut bis selten im n. Geb. entlang der großen Flüsse [Hochwasserverbreitung; Weichsel, Oder (bis Schles.) bis Elbe (bis Sachs., Böhm.); neuerdings über Rhein u. Weser ins m. Geb. vordringend]. – Heimat: ö. N-Am.

2657. B. vulgátus Greene Gewöhnlicher Z.

⨀, *Th.* – H. 0,30–2,00. St. stumpf-kantig, gerieft, kahl, meist purpurviolett überlaufen; B. lang gestielt, dreizählig od. 2paarig gefiedert, B.chen lanzettl., scharf gesägt; Bl.köpfchen einzeln, 12–30 mm breit; äußere Hüllb. laubb.-artig; *Zungenbl. klein, gelb,* Röhrenbl. gelblich; *Fr. gelbgrünlich*-braun, mit 2 Grannen. VIII–IX.

Schuttplätze, Böschungen, Ufer; meist etwas trockenere, warme Böden. – Selten eingeschleppt u. zuweilen eingebürgert (Westf., Sachs.). – Heimat: ö. N-Am.

2658. B. tripartítus L. (Abb. 418 a–d) Dreiteiliger Z.

⨀, *Th, (HH).* – H. 0,15–1,00. St. aufrecht, oft braunrot, kahl od. etwas flaumig, stark ästig u. mit langen abstehenden Ästen; *B. meist 3-(5)teilig,* in einen geflügelten Stiel verschmälert, Mittelb.chen größer, oft 3spaltig, Zipfel lanzettl., grob gezähnt; Bl.köpfchen einzeln, 15–25 mm breit; äußere Hüllb. laubb.artig, länger als das Köpfchen, innere Hüllb. braungelb, oval; *Spreub.* breit-lineal, *nur den Grd. der Grannen erreichend;* Zungenbl. meist fehlend, Röhrenbl. braungelb; Fr. mit 2–4 Grannen. VII–X. 2n = 48.

Ufersaumges., Teiche, Tümpel, Gräben, Sümpfe, Äcker; meist nasse, nährstoff- u. N-reiche, offene tonige Schlamm- u. Sandböden. – Verbreitet bis zerstreut im n. Tiefland u. in den Tälern des m. u. s. Geb., sonst seltener u. zerstreut (Alp. bis 800 m). – Eur. (bis 63° n. Br.), N- u. M-As.; Austr.; euras-submed.

Abb. 418. *a—d Bidens tripartitus* (*a* Sproßspitze; *b* Blütenstand, längs geschnitten; *c* Blüte, *d* Frucht mit Spreublatt); *e—i Galinsoga parviflora* (*e* Sproßspitze; *f* Rand-, *g* Scheibenblüte; *h* Spreublatt, *i* Frucht).

2659. B. radiátus Thuill. Strahlen-Z.

⊙, *Th, (HH).* — H. 0,15—1,00. St. aufrecht, weniger ästig u. mit mehr kurzen, aufrechten Ästen, starr, kahl, meist gelblichgrün, seltener purpurn überlaufen; *B. 5- bis 7teilig,* Abschnitte grob gezähnt, der mittlere größer; Bl.köpfchen einzeln, ca. 20 mm breit; äußere Hüllb. laubb.artig, länger als die Köpfchen, einzelne oft stark verlängert; *Spreub.* schmallineal., *fast od. ebenso lang wie die Fr. mit Grannen;* Zungenbl. fehlend, Röhrenbl. bräunlichgelb; Fr. kahl, mit 2—4 Grannen. VIII—X. 2n = 48.

Ufersaumges., Teiche, Gräben, abgelassene Weiher, Talsperren etc.; meist nasse, nährstoff- u. N-reiche, offene Schlammböden. — Selten u. zerstreut, z. T. unbeständig bes. im nö., ö., m. (Hess., Wittenberg, Sachs., Schles., Ostpr.) u. s. Geb. (Württ., Bay.). — M-Eur. u. angrenzende Geb.; N-Am. (Heimat?); gem-kont.

Bastarde:

B. tripartitus × radiatus (= B. × polakii Velen.).

733. Cósmos Cav. Schmuckblume

x = 12

2660. C. bipinnátus Cav. Rosenrote Schm.

⊙, *Th.* – H. 0,60–1,50. St. aufrecht, fein flaumig–rauh behaart; B. gegenständig, doppelt fiederteilig, mit feinen lineal. rinnigen Zipfeln; Bl.köpfchen sehr groß, ca. 70–90 mm breit; Hüllb. 2reihig, äußere laubb.artig, innere häutig, grünweiß; Zungenbl. groß, ohne Gr. u. Stbb., rosarot–weiß, bis 40 mm lang, vorne tief gezähnt; Röhrenbl. gelb. VIII–X. 2 n = 24.

Kultiviert u. selten verwildert. – Heimat: subtrop. Am.

734. Galinsóga R. et P. Knopfkraut

x = 8

I. St. oberwärts wenig u. kurz behaart, weder dicht graufilzig zottig, noch dicht rotdrüsig; Spreub. an der Spitze dreispaltig . . . . 2661. G. parviflora

II. St. oberwärts dicht grauzottig-filzig u. Köpfchenstiele dicht rotdrüsig; Spreub. ungeteilt . . . . 2662. G. ciliata

2661. G. parviflóra Cav. (Abb. 418 e–i) Kleinblütiges K.

⊙, *Th.* – H. 0,10–0,80. St. aufrecht, buschig verzweigt; B. gegenständig, herzeiförmig, entfernt scharf gezähnt, oberste länglich-lanzettl.; Bl.köpfchenstiele selten drüsig u. dann nicht grauzottig; Bl.köpfchen klein, 3–5 mm breit, fast kugelig, ± lang gestielt, in end- u. b.winkelständiger Trugdolde; Hüllb. einreihig; Zungenbl. wenig, meist 5, weiß; Röhrenbl. gelb. (V–)VII–X (oft mehrmals blühend). 2 n = 16.

Ackerunkrautges., Äcker, Gärten, Schutt, Ödland; meist frische bis ± trockene, nährstoff- u. N-reiche, oft sandige Lehmböden. – Verbreitet u. häufig fast im ganzen Geb. (bis ca. 700 m); Alp. fehlend. – Fast Kosmop. (Heimat: andines S-Am.); kosmop.

2662. G. ciliáta (Raf.) Blake Rauhes K.
(= G. quadriradiata auct.)

⊙, *Th.* – H. 0,10–0,70. St. aufrecht, buschig verzweigt; B. gegenständig, länglich eiförmig, grob gesägt; Bl.köpfchenstiele zottig u. mit zahlreichen rotköpfigen Stieldrüsen; Bl.köpfchen klein, zahlreich, in vielköpfigen Trugdolden; Zungenbl. wenige, weiß, Röhrenbl. gelb. (V–)VII–IX (oft mehrmals blühend). 2 n = 32, 36.

Ackerunkrautges., Gärten, Äcker, Ruderalstellen, Schuttplätze, Flußufer etc.; meist frische, warme, nährstoffreiche, schwere tonige Lehm- u. Steinböden. – Zerstreut (in neuerer Zeit sich ausbreitend) im Geb. – (Eur., Am.); Heimat: Chile bis s. N-Am.

5. Trib. Heleníeae

735. *Tagétes* L. — Tagetes

x = 12

I. Zungenbl. zahlreich, mehr als 5; Köpfchenstiele*) unterhalb der Hülle ziemlich verdickt
   A. Köpfchenstiele bis weit hinab blattlos, die unteren B. der Köpfchenstiele stark fransig zerschlitzt; Zungenbl. orange–braun .... **2663. T. patulus**
   B. Köpfchenstiele weit hinauf beblättert, die unteren B. der Köpfchenstiele ziemlich laubb.ähnlich; Zungenbl. dottergelb .... **2664. T. erectus**

II. Zungenbl. 5; Köpfchenstiele unterhalb der Hülle nicht od. kaum verdickt .... **2665. T. signatus**

*) Köpfchenstiele vom Grd. der Hülle bis zu einem Knoten reichend

2663. T. pátulus L. — Kleine T.

⊙, *Th.* – H. 0,05–0,60. St. aufrecht, mit *abstehenden* Ästen; B. gegen- u. wechselständig, fiederig geteilt, B.chen spitz, lineallanzettl.; Köpfchenstiele unter der Hülle etwas verdickt; Bl.köpfchen mittelgroß, 20–40 mm breit, meist einzeln, zuweilen etwas doldig gehäuft; Hüllb. einreihig, bis weit hinauf verwachsen; Zungenbl. mit Gr., Röhrenbl. gelb; Gr.teile der ☿-Bl. länglich; Pfl. stark duftend (an *Calendula* erinnernd). VII–IX(–X). 2n = 48.
In verschiedenen Sorten kultiviert; seltener verwildert. – Heimat: M-Am.

2664. T. eréctus L. — Große T.

⊙, *Th.* – H. 0,40–0,80. St. aufrecht, kräftig, mit *aufrechten* Ästen; B. fiederteilig, mit lanzettl. Zipfeln; Bl.köpfchen groß, 50–70 mm breit, einzeln od. doldig angeordnet; Köpfchenstiele unter der Hülle *keulig* verdickt; Hüllb. einreihig, bis weit hinauf verwachsen; Zungenbl. mit Gr., oft gefleckt; Röhrenbl. gelb; Gr.teile der ☿-Bl. mit spatelig verbreiterter Spitze; Pfl. stark duftend; oft „gefüllt". VII–IX(–X). 2n = 24.
In verschiedenen Sorten kultiviert; zuweilen verwildert. – Heimat: M-Am.

2665. T. signátus Bartl. — Teppich-T.

⊙, *Th.* – H. 0,20–0,70. St. aufrecht, stark buschig verzweigt, schlank, zart; B. fiederteilig, mit gesägten, lanzettl.–lineal. B.chen; Bl.köpfchen sehr zahlreich, doldentraubig, ziemlich klein, 20–25 mm breit; Hüllb. einreihig, bis weit hinauf verwachsen; Zungenbl. mit Gr., dotter- od. orangegelb, am Grd. meist dunkelrot gemustert; Röhrenbl. gelb–orange; Pfl. duftend. VII–IX(–X).
In Sorten kultiviert; selten verwildert. – Heimat: M-Am.

6. Trib. Anthemídeae

736. Santolína L. Heiligenkraut

2666. S. chamaecyparíssus L. Zypressen-H.

♄, *Ch.* – H. 0,10–0,50. St. zu mehreren, aufrecht; B. etwas fleischig, vielpaarig fiederig zerteilt, schmal lineal, 20–30 mm breit, ± graufilzig; Bl.köpfchen ca. 10 mm breit, fast halbkugelig, lang gestielt; Zungenbl. fehlend, Röhrenbl. gelb; Pfl. stark würzig duftend. VII–VIII.
Kultiviert, selten verwildert. – Heimat: w. Med.

737. Ánthemis L. Hundskamille

x = 9

I. Zungenbl. gelb, sehr selten fehlend . . . . **2667. A. tinctoria**
II. Zungenbl. weiß
  A. Köpfchenboden flach gewölbt-halbkugelig; Spreub. plötzlich in eine lange Stachelspitze verschmälert; B. mit regelmäßig kammartig angeordneten Fiedern 2. Ordnung . . . . **2668. A. austriaca**
  B. Köpfchenboden verlängert kegel- u. walzenförmig; Spreub. anders; B. nicht kammartig regelmäßig gefiedert
    1. Spreub. stumpf, an der Spitze u. am Rand trockenhäutig u. fein zerschlitzt; Kr. der Röhrenbl. am Grd. mit einem Fortsatz . . . . **2669. A. nobilis**
    2. Spreub. spitz od. stachelspitzig; Kr. der Röhrenbl. am Grd. ohne Fortsatz
      a) Spreub. länglich od. lanzettl.; Fr. stumpf 4kantig, gleichmäßig gefurcht
        x) Spreub. lanzettl., ganzrandig, stachelspitzig . . . . **2670. A. arvensis**
        xx) Spreub. verkehrt eiförmig-länglich, an der Spitze gezähnt, stachelspitzig . . . . . . **2671. A. ruthenica**
      b) Spreub. borstlich-lineal, ohne Stachelspitze; Fr. fast stielrund, höckerig-warzig . . . . **2672. A. cotula**

1. Sect. Cóta

2667. A. tinctória L. (Abb. 419 f) Färber-H.

⊙–♃, *H.* – H. 0,20–0,60. St. aufrecht od. aufsteigend, wenigästig, flaumig-wollig behaart; B. unterseits dicht anliegend kurzhaarig, kammförmig fiederteilig, Fiederb.chen mit stachelspitzigen Zähnen; B. spindel schmal geflügelt; Bl.köpfchen 25–40 mm breit, lang ge-

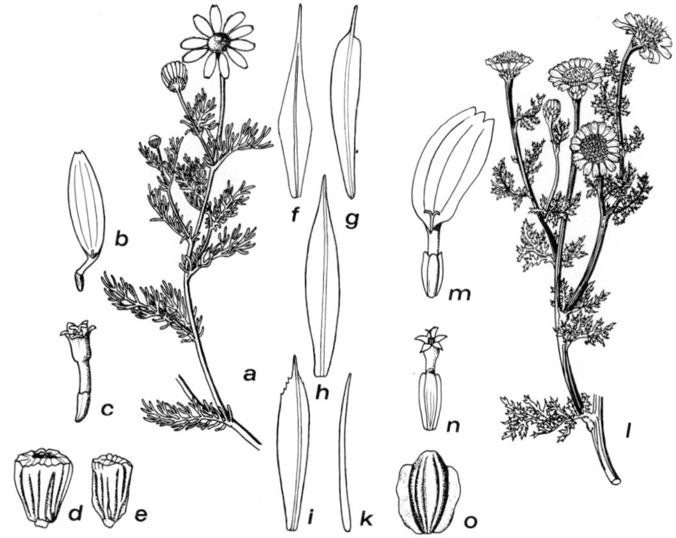

Abb. 419. *a—k Anthemis* spp., *a—e A. arvensis* (*a* Sproßspitze; *b* Rand-, *c* Scheibenblüte; *d* Scheiben-, *e* Randfrucht), *f—k* Spreublätter (*f A. tinctoria, g A. austriaca, h A. arvensis, i A. ruthenica, k A. cotula*); *l—o Anacyclus officinarum* (*l* Sproßspitze; *m* Rand-, *n* Scheibenblüte; *o* Frucht).

stielt, einzeln; Hüllb. flaumig-wollig behaart, an der Spitze trockenhäutig; *Spreub.* lanzettl., *ganzrandig, in eine starre Stachelspitze zulaufend;* Zungen- u. Röhrenbl. goldgelb; Fr. vierkantig, fast zweischneidig zusammengedrückt, kahl. VII—IX. 2 n = 18.

Trocken- u. Steppenrasen, Felsbänder, Weinberge, Wegränder etc.; meist trokkene, warme, kalkreiche Lehm-, Sand- u. Tonböden. — Zerstreut bis verbreitet: warme Kalkgeb. [bes. von Westf., Thür., Sachs., Schles. bis Pfalz, Neckargeb., Schwäb. Alb (bis 990 m)], n. selten bis M-Nieders., Schl.Holst. u. s. bis Alp. (bis 850 m). — S-Eur. bis S-Skand., W-Eur., N- u. W-As.; (N-Am.); euras (-kont)-submed.

2668. A. austríaca Jacq. (Abb. 419 g) Oesterreichische H.

⊙—⊙, *Th, H.* — H. 0,30—0,50. St. meist reich ästig, locker abstehend-weichhaarig; B. doppelt fiederspaltig, reichlich wollig behaart; B.spindel kaum gezähnt; Bl.köpfchen zahlreich, 20—40 mm breit; Hüllb. behaart, bleichgrün; Zungenbl. weiß; Fr. zusammengedrückt-vierkantig, fast zweischneidig. VI—VIII. 2 n = 18.

Unkrautges., Äcker, Schutt, Brachen, Bahndämme; meist ± trockene, sandige Lehmböden. – Selten u. ziemlich zerstreut von Böhm. elbeabwärts, Donaugeb. aufwärts bis Kelheim, Trockengeb. um Schweinfurt u. Würzburg; daneben vereinzelt ruderal (z. B. Neckar-, Oberrheingeb., Erfurt, Westf. etc.). – SO-Eur. bis Oberital., s. M-Eur.; europ-kont.

2. Sect. Ánthemis

2669. A. nóbilis L. Römische H.

♃, *H.* – H. 0,15–0,30. St. aufsteigend–aufrecht, ästig; B. doppelt fiederspaltig, mit lineal., spitzen Abschnitten, flaumig bis fast kahl; Bl.köpfchen einzeln, endständig, ca. 25 mm breit, oft gefüllt; Hüllb. länglich eiförmig, stumpflich, aufrecht; Zungenbl. silberweiß, breit; Röhrenbl. am Grd. die Spitze der Fr. allseits umschließend; Fr. fast dreikantig, kahl, glänzend. VII–X. 2 n = 18. In Sorten kultiviert, selten verwildert. – Heimat: SW-Eur.

Droge: Flores Chamomillae Romanae (gefüllte Kulturvarietät).

2670. A. arvénsis L. (Abb. 419 a–e, h) Acker-H.

⊙, ①, *Th, H.* – H. 0,10–0,50. *St.* aufrecht, meist reich ästig, *flaumig-wollig bis fast kahl;* B. unregelmäßig doppelt fiederspaltig, B.-zipfel lanzettl.-lineal, spitz; B.spindel geflügelt, ungezähnt; Bl.köpfchen lang gestielt, einzeln, 20–30 mm breit; Hüllb. an der Spitze braunhäutig berandet, *äußere am oberen Ende zuletzt zurückgebogen;* Zungenbl. 5–13, weiß; Fr. kreiselförmig, furchig-längsriefig. VI–IX. 2 n = 18.

Unkrautges., Äcker, Brachen, Mauern, Raine, Wegränder etc.; meist ± frische, nährstoffreiche, kalkarme, ± saure Lehm- u. Sandlehmböden. – Verbreitet fast im ganzen Geb. (Alp. bis 760 m, Schwäb. Alb bis 980 m), u. a. im äußersten NW seltener. – Med., N-Afr., Kl.As., Armen. bis W-Eur. u. M-Skand.; (N- u. S-Am., Austr.); euras-subozean-med.

2671. A. ruthénica Bieb. (Abb. 419 i) Ruthenische H.

⊙, *Th.* – H. 0,10–0,40. *St.* aufrecht, meist reich ästig, *angedrückt grau-weißwollig behaart;* B. unregelmäßig doppelt-fiederspaltig, mit lineal.–dreieckig lanzettl. Zipfeln, ± kraushaarig wollig; B.spindel gezähnt; Bl.köpfchen lang gestielt, 20–35 mm breit; Hüllb. breit braunhäutig berandet; Pfl. angenehm duftend. VI–IX. 2 n = 18.

Unkrautges., Äcker, Wegränder, Dämme, Ödland etc.; meist trockene, warme sandige Böden. – Selten bis zerstreut im ö. Geb., w. bis Brand. (Nauen, Frankfurt/Oder, Glöwen), Schles., Sachs. (Elbegeb.); w. davon vereinzelt adventiv (z. B. Oberrheingeb.). – SO-Eur. bis Kauk. u. ö. M-Eur.; europ-kont.

3. Sect. Marúta

2672. A. cótula L. (Abb. 419 k) Stinkende H.

⊙, *Th.* – H. 0,15–0,50. St. aufrecht, meist vom Grd. an ästig, zerstreut behaart; B. doppelt fiederspaltig, zerstreut weichhaarig, B.zipfel lineal od. 2- bis 3spaltig, oft fädlich, stachelspitzig; Bl.köpfchen ziemlich kurz gestielt, einzeln, 10–25 mm breit; *Hüllb.* stumpf, mit breitem Hautrand u. grünem Rückenstreif, *an der Spitze stets aufrecht; Bl.boden nur an der Spitze mit Spreub.;* Zungenbl. 8–13, weiß, unfruchtbar; Fr. kreiselförmig; Pfl. mit unangenehmem Geruch. VII–IX. 2n = 18.
Unkrautges., Schutt, Wegränder, Äcker etc.; meist ±frische, warme, humose schwere – auch ±sandige – Lehm- u. Tonböden. – Zerstreut bis selten fast im ganzen Geb.; u. a. Alp. fehlend; im ö. Geb. häufiger. – Med. bis Kanar. Ins., Kl.As., S-Skand., O-Eur.; (N- u. S-Am., Afr., Austr.); med-submed-euras-subozean.

Bastarde:
A. tinctoria × arvensis (= A. × adulterina Wallr.), A. tinctoria × cotula (= A. × bollei Sch.-Bip.).

738. Anacyclus L. Ringkörbchen

x = 9

2673. A. officinárum Hayne (Abb. 419 l–o) Echtes R., Deutscher Bertram

⊙, *Th.* – H. 0,05–0,30. St. aufrecht, meist verzweigt; B. doppelt fiederteilig, mit lineal., 2- bis 3spaltigen od. ungeteilten Zipfeln; Bl.köpfchen ca. 10 mm breit, einzeln, *Köpfchenst. verdickt, hohl; Zungenbl. weiß, unterseits meist purpurn,* breit ellipt.–eiförmig; *Fr.* flach zusammengedrückt, *breit geflügelt.* VI–VII. 2n = 18.
Kultiviert, selten verwildert, manchmal adventiv. – Heimat: Med.

739. Achilléa L. Schafgarbe

x = 9

I. Zungenbl. 6–18 (meist 10), weiß, so lang od. länger als die Hülle (Sect. Ptarmica)
  A. B. fiederspaltig od. gefiedert
    1. B.zipfel lineal., 0,3–0,5(–1) mm breit .... **2674. A. atrata**
    2. B.zipfel lanzettl.–breitlanzettl., mindestens 2 mm breit
      a) Pfl. weißgrau-filzig; B.zipfel 2–5 mm breit, ganzrandig od. 2- bis 3zähnig .... **2675. A. clavenae**
      b) Pfl. kahl od. wenig behaart; B.zipfel bis 10 mm breit, unregelmäßig grob gesägt .... **2676. A. macrophylla**
  B. B. ungeteilt, lineal-lanzettl.
    1. B. glänzend, ±kahl, nicht durchscheinend punktiert; Zungenbl. 8–13 .... **2677. A. ptarmica**

2. B. fast graugrün, beiderseits ±behaart, dicht durchscheinend punktiert; Zungenbl. 7–8 .... 2678. A. cartilaginea

II. Zungenbl. 5, selten 4 od. 6, kürzer als die Hülle (Sect. Millefolium)

A. B. im Umriß breit ellipt.–länglich; B.spindel besonders der Grdb. gezähnt; Zungenbl. ($^1/_3$–) $^1/_4$–$^1/_5$ so lang wie die Hülle .... 2679. A. nobilis

B. B. im Umriß breit- bis lineallanzettl.; B.spindel höchstens an der Spitze etwas gezähnt; Zungenbl. $^1/_2$–$^1/_3$ so lang wie die Hülle

1. B. oberseits punktiert; Zungenbl. dunkelrosarötlich .... 2680. A. asplenifolia

2. B. oberseits nicht punktiert; Zungenbl. weiß, selten rötlich überhaucht

a) Zipfel der B. lanzettl., nicht büschelig aneinander gedrängt

x) Pfl. ±behaart, nicht wollig-zottig

/) Untere B. meist über 15–30 mm breit .... 2681. A. millefolium

//) Untere B. kaum 10 mm breit .... 2682. A. collina

xx) Pfl. vor allem in der Jugend dicht wollig-zottig-filzig .... 2683. A. pannonica

b) Zipfel der B. borstlich-fädlich, fein zugespitzt, büschelig aneinandergedrängt .... 2684. A. setacea

1. Sect. P t á r m i c a

2674. A. atráta L. (Abb. 420 f) Schwarze Sch.

♃, *H.* – H. 0,05–0,30. St. aufrecht od. aufsteigend, einfach, oberwärts weichhaarig; B. ±behaart, einfach–doppelt fiederspaltig; Bl.köpfchen 10–18 mm breit, zu 3–15 in einfacher Doldentraube, sehr selten einzeln; *Hüllb.* länglich, grünschwarz, *breit dunkelhäutig berandet,* zerstreut seidenhaarig, ±verkahlend; Zungenbl. 7–12, verkehrt eiförmig, 3–5 mm lang, weiß. VII–IX.

ssp. a t r á t a [= ssp. halleri (Cr.) Gams]: B. einfach fiederteilig, die Zipfel der oberen B. 3–4spaltig; Bl.köpfchen 11–16 mm breit. 2 n = 18.

Verbreitete Unterart.

ssp. c l u s i á n a (Tausch) Heim.: B. doppelt–dreifach fiederteilig, obere Fiedern größerer B. mit 9–15 Zipfeln.

Selten: NO-Kalkalp. (Endemit), im Geb. nur Wendelstein (?).

Alp. Steinschuttfluren, Schutthalden, Moränen, Weiden, Schneetälchen etc.; meist feuchte, kalkreiche lockere steinige Substrate. – Zerstreut bis verbreitet: Alp. (1300–2630 m), mit den Flüssen etwas hinabsteigend. – Alp. bis NO-Balk.; (o-)alp.

Droge: Herba Ivae moschatae

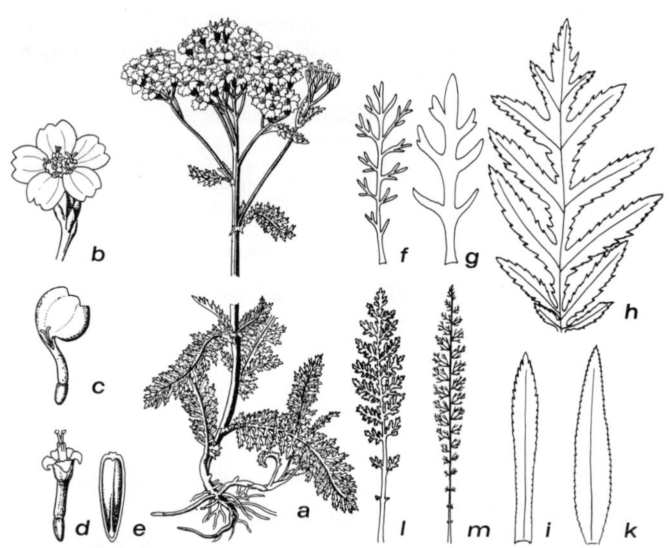

Abb. 420. *Achillea* spp., *a–e A. millefolium* (*a* Habitus, *b* Blütenstand; *c* Rand-, *d* Scheibenblüte; *e* Frucht), *f–m* mittlere Stengelblätter (*f A. atrata, g A. clavenae, h A. macrophylla, i A. ptarmica, k A. cartilaginea, l A. nobilis, m A. setacea*).

2675. A. clavénae L. (Abb. 420 g) Weiße Sch., Steinraute

♃, *H.* – H. 0,05–0,30. St. aufrecht, einfach, weißseidig-filzig; untere B. lang gestielt, einfach od. doppelt fiederspaltig, obere sitzend, einfach fiederspaltig; Bl.köpfchen 10–18 mm breit, in 5- bis vielköpfigen Doldentrauben; Hüllb. schwarz berandet; Zungenbl. 5–9, breit ellipt.–eiförmig, so lang wie die Hülle, weiß. VII–IX. 2n = 18. Im Geb. wohl nur in der var. i n t e r c é d e n s Heim.

(Subalp.-)alp. Steinrasen, Felsbänder, Schutthalden, steinige Weiden; meist frische, kalkreiche Roh- u. Steinböden. – Zerstreut bis verbreitet: Salzburger-Berchtesgadener Alp.; nach W seltener (1560–2400 m); w. Bay. u. Allgäuer Alp. fehlend. – O- u. S-Alp. (ö. Isar u. Achensee), N-Balk.; o-alp.

2676. A. macrophýlla L. (Abb. 420 h) Großblättrige Sch.

♃, *H.* – H. 0,30–1,00. St. aufrecht, meist einfach, kahl od. ±kurzhaarig; B. kahl od. zerstreut behaart, jederseits mit 4–6 lanzettl. Abschnitten, untere B. gestielt, obere sitzend; Bl.köpfchen 10–13 mm breit, zu 6–12 in endständiger Doldentraube; *Hüllb. schmal dunkelhäutig berandet;* Zungenbl. meist 5, seltener bis 8, breit verkehrt eiförmig, 4–5 mm lang, weiß. VII–IX. 2n = 18.

Subalp. Hochstaudenges., schattige Schluchten, Waldblößen, Grünerlengebüsche, Karfluren; meist frische, kalkarme, lockere, ±humose lehmige Böden. – Ziemlich verbreitet: Allgäuer Alp. (bes. Flyschberge, 1300–1790 m). – W- u. S-Alp., Apenn.; w-alp.

2677. A. ptármica L. (Abb. 420 i) Sumpf-Sch., Bertram

♃, *H.* – H. 0,30–0,60(–1,00). St. aufrecht, einfach od. rispig verzweigt, oberwärts behaart; B. sitzend, lineal-lanzettl., scharf fein gesägt, kahl od. zerstreut behaart; *Bl.köpfchen 12–17 mm breit,* zahlreich, in einer stark verzweigten Doldentraube; Hüllb. behaart, dunkel häutig berandet, äußere etwa so lang wie das sich öffnende Köpfchen; Zungenbl. breit eiförmig, 4–7 mm lang. VII–IX. Im Geb. wohl nur ssp. p t á r m i c a. 2n = 18.

Moorwiesen, Pfeifengrasbestände, Flachmoore, Ufer, Gräben etc.; meist nasse, ±nährstoffhaltige, kalkarme, humose od. torfige sandige, lehmige od. tonige Böden. – Verbreitet bis zerstreut fast im ganzen Geb. (Schwäb. Alb bis 670 m), z. T. wohl auch verwildert, in höheren Gebg. seltener od. fehlend. – Färöer, Engl., S-Skand. bis n. S-Eur., W-As.; (N-Am.); euras-subozean(-submed).

2678. A. cartilagínea Ledeb. (Abb. 420 k) Knorpelblättrige Sch.

♃, *H.* – H. 0,15–1,20. St. steif aufrecht, meist rispig-ästig, oben dicht kurzhaarig; B. sitzend, lineal-lanzettl., scharf gesägt, *Sägezähne selbst etwas gesägt u. knorpelig verdickt; Bl.köpfchen 10–12 mm breit,* in reichköpfiger Doldentraube; Hüllb. behaart, rotbraun häutig berandet, äußere etwa halb so lang wie das sich öffnende Köpfchen; Zungenbl. breit ellipt. bis fast kreisrund, 3,5–4,5 mm lang. VII–IX. 2n = 18.

Moorwiesen, Weidengebüsche, Ufer, Grabenränder; meist feuchte, ±sandige Lehm- u. Tonböden. – Verbreitet bis zerstreut im nö. Geb. (Bereich der großen Flußtäler u. Nebenflüsse: Oder, Warthe, Weichsel, Haffe, Memel), w. bis Brand., N-Schles. – NO-Eur. bis Ung., Kauk.; no-euras(-kont).

2. Sect. M i l l e f ó l i u m

2679. A. nóbilis L. (Abb. 420 l) Edle Sch.

♃, *H.* – H. 0,20–0,60. St. aufrecht, oberwärts oft ästig, kurz flaumig; B. meist dicht grauflaumig behaart, grundständige B. gestielt, lanzettl., dreifach gefiedert, Stb. fiederspaltig, mit 3–6 Paaren einfacher od. geteilter Fiedern; Bl.köpfchen 3 mm breit (zuweilen „gefüllt"; verwildert!), in dichten Doldentrauben; Hüllb. hellbraun berandet; Zungenbl. breiter als lang, 1–2 mm breit, zurückgebogen, weiß od. gelblich. VI–IX. Im Geb. var. n ó b i l i s (= var. typica Rchb.). 2n = 18.

Trocken- u. Halbtrockenrasen, Felsbänder, Wegränder, Weinberge etc.; meist ±trockene, warme, kalkhaltige, etwas sandige Löß- u. Lehmböden. – Zerstreut im m. u. s. Geb. (Pfalz, Rhein-, Neckar-, Taubergeb. u. n. der Donau bis Main, Hess. u. vor allem über Thür. bis O-Harz, Magdeburg; Vogtland); n. davon vereinzelt eingeschleppt. – SO-Eur. bis N-Span., M-Frank., M-Eur., W-As.; submed-euras-kont.

2680. A. asplenifólia Vent. Farnblättrige Sch.

♃, *H.* – H. 0,20–0,70. St. aufrecht, wenig behaart, oft braunrot; B. kahl od. spärlich behaart, fiederspaltig, B.spindel breit geflügelt, Fiedern einfach–doppelt eingeschnitten gesägt, mit knorpelig bespitzten Sägezähnen; Bl.köpfchen 4 mm breit, in dichten Doldentrauben; *Hüllb. strohgelb, vorne schmal braun berandet;* Zungenbl. halb so lang wie die Hülle, sehr selten weiß. VI–VIII. 2n = 18(+0–6B).

Magerwiesen, Raine, Ufer; meist feuchtere, humose Böden. – Sehr selten, nur Ostpr.; sehr unbeständig u. sonst nur adventiv. – SO-Eur. bis N- u. S-Mähren, Pol., Ostpr.; europ-kont.

2681. A. millefólium L. (Abb. 420 a–e) Gemeine Sch.

♃, *H.* – H. 0,20–0,80. St. aufrecht, meist einfach, ±zerstreut behaart; B. später fast verkahlend, 2- bis 3fach gefiedert, *die Abschnitte* 0,5–1 mm breit, *zugespitzt, spreizend;* B.spindel ungeflügelt; Bl.köpfchen 4–6 mm breit, in vielköpfiger Doldentraube; Hüllb. gelbgrün, meist braun berandet; Zungenbl. meist 5, halb so lang wie die Hülle, vorne meist kurz dreizähnig, weiß od. rosa. VI–XI. Umfaßt:

ssp. m i l l e f ó l i u m; Abschnitte der B. etwa 0,7 mm breit; Hüllb. schmal hell- od. dunkelbraun berandet. 2n = 54.

Typische, formenreiche, häufige Unterart.

ssp. s u d é t i c a (Opiz) Weiß; Abschnitte der B. etwa 0,5 mm breit; Hüllb. mit breitem schwarzbraunem Rand. 2n = 54.

In Sud. verbreitet. Genauere Umgrenzung u. Verbreitung (Alp.?) ungeklärt.

Fettwiesen, Weiden, Wegränder, Dämme, Äcker, Schutt etc.; meist feuchtere bis ±trockene, nährstoffreiche Sandlehm- u. Lehmböden. – Verbreitet u. häufig im ganzen Geb. (Alp. bis 1860 m). – Isl., Färöer bis Eur., W-As., Kauk., N-Pers.; (N-Am., Austr.); no-euras-subozean.

Drogen: Flores Millefolii, Herba Millefolii

2682. A. collína Becker Hügel-Sch.

♃, *H.* – H. 0,20–0,80. St. aufrecht, meist einfach; *B. dunkelgrün, oft lederig,* doppelt fiederteilig, *Fiedern dicht gedrängt,* die der unteren B. tief sägezähnig–fiederlappig od. ± regelmäßig kammförmig aufgeteilt, B.spindel ungeflügelt; Bl.köpfchen 3–5 mm lang, 4–6 mm breit; Hüllb. schmal hellbraun berandet; Zungenbl. meist 5, halb so lang wie die Hülle, weiß, selten gelblich od. rosa; entstanden aus A. asplenifolia u. A. setacea. VI–XI. 2n = 36(+0–2B).

Sandfluren, Trockenrasen, Heiden, steppenartige Formationen, auch ruderale Standorte; meist ±trockene, warme. kalkhaltige lockere sandig-lehmige Böden. – Sehr zerstreut im sö. Geb. (z. B. Frank., Fränk. Jura). – SO-Eur. bis N-Balk., s. M-Eur.; gem-kont.

2683. A. pannónica Scheele Ungarische Sch.

♃, *H.* – H. 0,10–0,70. St. aufrecht, vor allem oberwärts zottig-filzig; B. breiter als bei *A. collina,* bes. in der Jugend lang zottig behaart, doppelt–dreifach fiederspaltig, mit kurz lanzettl. Abschnitten, B.-spindel ungeflügelt; Äste der Doldentrauben dicht wollig-filzig; Hüllb. häutig berandet; Zungenbl. 5, weiß. VI–X. 2n = 72.

Steppen- u. Trockenrasen, Felsbänder; meist trockene, warme lockere Böden. – Sehr selten: Schles., S-Sachs., Bay. (Donaugeb. Regensburg), Kelheim, Garchinger Heide, Nürnberg); sonst vereinzelt adventiv. – SO-Eur. bis Mähren, sö. D.; gem-kont.

2684. A. setácea W. et K. (Abb. 420 m) Schmalblättrige Sch.

♃, *H.* – H. 0,10–0,80. *St.* aufrecht, meist einfach, *zart,* ±seidig-zottig behaart; B. seidig behaart, grundständige gestielt, fiederteilig, beiderseits mit 10–18 Fiedern, B.spindel schmal geflügelt, Stb. lineal, fiederig zerteilt, Abschnitte 0,1–0,2 mm breit; Bl.köpfchen 4 mm breit, in dichter, zu Anfang kugeliger Doldentraube; Hüllb. gelblichgrün, schmal gelbbraun häutig berandet; Zungenbl. $^1/_3$ so lang wie die Hülle, vorn kurz 3zähnig, weiß od. gelblich weiß. VII–X. 2n = 18(+0–3B).

Steppenrasen, trockene Magerwiesen, Heiden, Weiden, Felsen; meist trokkene, warme, kalkarme Sand- u. Lößböden. – Selten im ö. Geb. (Brand., Sachs., S-Schles. bis Frank., Maingeb.; Oberbay.); daneben vereinzelt verschleppt. – W-Med. bis W-As., SO- u. sö. M-Eur.; gem-kont-submed.

Bastarde:
Die wohl zahlreichen Bastarde sind in den meisten Fällen kaum von nicht hybriden Zwischenformen zu trennen; ihre Verbreitung im Geb. ist wenig bekannt.

740. Matricária L. Kamille

x = 9

I. Boden des Bl.köpfchens gewölbt od. halbkugelig, markig (Subgen. Tripleurospermum, Sect. Chamaemelum) . . . . **2685. M. maritima**

II. Boden des Bl.köpfchens lang kegelförmig, hohl (Subgen. Matricaria)
- A. Zungenbl. weiß, Röhrenbl. goldgelb, 5zähnig (Sect. Matricaria) . . . . **2686. M. chamomilla**
- B. Zungenbl. fehlend, Röhrenbl. gelbgrün, 4zähnig (Sect. Lepidotheca) . . . . **2687. M. matricarioides**

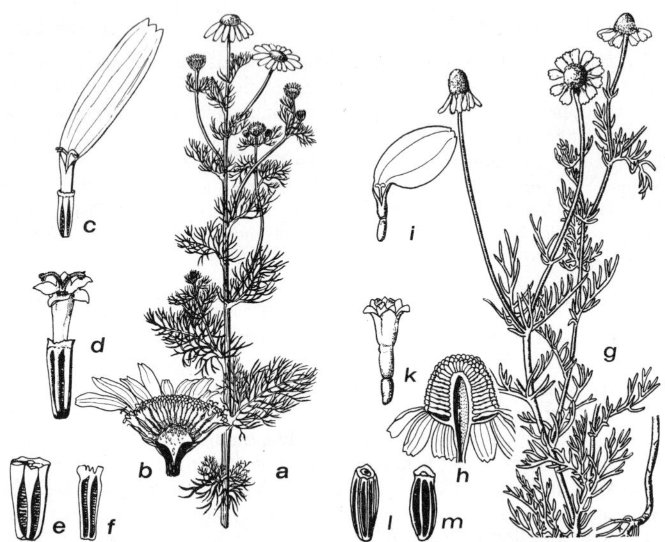

Abb. 421. *Matricaria* spp., *a–f M. maritima* (*a* Sproßspitze; *b* Blütenstand, längs geschnitten; *c* Rand-, *d* Scheibenblüte; *e* Scheiben-, *f* Randfrucht), *g–m M. chamomilla* (*g* Sproßspitze u. -basis; *h* Blütenstand, längs geschnitten; *i* Rand-, *k* Scheibenblüte; *l* Scheiben-, *m* Randfrucht).

1. Subgen. Tripleurospérmum
Sect. Chamaemélum

2685. M. marítima L. (Abb. 421 a–f) Strand-K.

⊙–♃, *Th, H.* – H. 0,10–0,60. St. niederliegend, aufsteigend od. aufrecht, verzweigt, kahl; B. kahl, doppelt–dreifach fiederteilig; Bl.-köpfchen lang gestielt, 10–40 mm breit, einzeln; Hüllb. fast gleichlang u. nahezu einreihig od. zweireihig, häutig berandet; Zungenbl. weiß, selten fehlend, ausgebreitet; Pappus ein kurzes Krönchen bildend. VI–X. Umfaßt:

ssp. marítima; ♃; St. niederliegend od. aufsteigend, vom Grd. an verzweigt; B. etwas fleischig, B.zipfel über 1 mm breit, stumpflich; Hüllb. mit schmalem braunem Hautrande; Zungenbl. 20–30 mm lang. 2n = 18.

Meersenfspülsaumges., Küstenspülsäume; frische bis ±trockene, nährstoffreiche, N-haltige, salzhaltige sandige od. steinige Böden. – Zerstreut bis verbreitet: N- u. O-See-Küsten; selten: Salzstellen des m. Geb. – nosubozean.

ssp. inodóra (L.) Soó; ⊙(–♃); St. aufrecht, meist nur oberwärts verzweigt; B. dünn, B.zipfel 0,3–0,5 mm breit, spitz; Hüllb. vor allem an der Spitze mit breitem, bleichem Hautrande; Zungenbl. 10–20 mm lang. 2n = 36.

Unkrautges., Wegränder, Äcker, Schuttplätze; meist frische, nährstoffreiche lehmige Böden. – Verbreitet u. meist häufig (Bay. bis ca. 800 m). – gem-kont.

Isl., Färöer, N-Eur. (71° n. Br.) bis N-Med., Kauk., W-As.

2. Subgen. Matricária
1. Sect. Matricária

2686. M. chamomílla L. (Abb. 421 g–m) Echte K.

⊙, *Th.* – H. 0,15–0,40(–0,60). St. aufrecht, meist ästig, kahl; B. 2- bis 3fach fiederteilig, B.zipfel schmal lineal, ca. 0,5 mm breit, stachelspitzig; Bl.köpfchen 18–25 mm breit, lang gestielt, einzeln; Hüllb. fast einreihig, mit schmalem, bräunlichem Hautrand; Zungenbl. 6–9 mm lang, bald zurückgeschlagen; Pappus fehlend od. fast ganz verkümmert; Pfl. mit starkem aromatischem Duft. V–VIII. 2n = 18.

Getreideunkrautges., Brachen, Wegränder, Schutt etc.; frische, nährstoffreiche, N-haltige, meist kalkärmere, sandige od. tonige Lehmböden. – Verbreitet u. vielerorts häufig (Alp. bis 1050 m), u. a. in den höheren Waldgebg. seltener. – O-Med. bis Pers., M-, W- u. N-Eur.; (N-Am., Austr.); o-submed-euras(-subozean).

Droge: Flores Chamomillae

2. Sect. Lepidothéca

2687. M. matricarioídes (Less.) Port. Strahllose K.
[= M. suaveolens (Pursh) Buch., M. discoidea DC.]

⊙, *Th.* – H. 0,05–0,20(–0,40). St. aufrecht, dicklich, oberwärts meist sparrig verzweigt, kahl; B. doppelt–dreifach gefiedert, B.abschnitte 0,5–1 mm breit, stachelspitzig; Bl.köpfchen 5–8 mm breit, kurz gestielt; Hüllb. mit breitem durchscheinendem Hautrand; Pappus kurz krönchenförmig; Pfl. stark aromatisch duftend. VI–VIII(–IX). 2n = 18.

Trittrasenges., Weg- u. Straßenränder, ruderale Standorte; ±trockene, nährstoff- u. N-reiche, offene sandig-lehmige Böden. – Verbreitet u. vielerorts häufig (Alp. bis 1000 m); sich ausbreitend. – Gem. Zonen; Heimat wohl: ö. N-As., w. N-Am.(?).

Bastarde:
Bastarde zwischen *M. maritima* u. Arten der Gattung *Anthemis* wurden mehrfach beschrieben.

741. Chrysánthemum L. Wucherblume

x = 9

I. Zungenbl. ganz od. mindestens in der unteren Hälfte gelb; Fr. der Zungenbl. u. Röhrenbl. verschieden gestaltet
  A. Röhrenbl. goldgelb od. grünlich; Zungenbl. meist ganz gelb (Sect. Chrysanthemum)
    1. St. wenigästig; mittlere B. grob gezähnt — fast einfach fiederspaltig; Röhrenbl. goldgelb ...... 2688. Ch. segetum
    2. St. vielästig; mittlere B. doppelt fiederspaltig mit lanzettl. Abschnitten; Röhrenbl. grünlich .. 2689. Ch. coronarium
  B. Röhrenbl. purpurbraun; Zungenbl. meist nur am Grd. gelb, oft rötlich u. gestreift (Sect. Ismelia) ... 2690. Ch. carinatum

II. Zungenbl. weiß, rosa od. fehlend; Fr. alle gleichgestaltet
  A. Bl.köpfchen groß, 30–60 mm breit, nicht in dichten Schirmtrauben od. Schirmrispen, meist einzeln am Ende langer Äste (Sect. Leucanthemum, Sect. Pyrethrum)
    1. Pfl. krautig, St. unterseits nicht verholzend
      a) Röhrenbl. ohne Pappus; Pappus der Zungenbl. fehlend od. als kurzes, schiefes Krönchen . 2691. Ch. leucanthemum
      b) Alle Fr. mit kurzem, krönchenartigem Pappus
        x) Pfl. unter 0,30 hoch, meist einköpfig
          /) Untere u. obere Stb. scharf gesägt ... 2692. Ch. atratum
          //) Untere Stb. kammartig-fiederteilig, obere ganzrandig, lineal. .... 2693. Ch. alpinum
        xx) Pfl. über 0,30 hoch, vielköpfig .... 2694. Ch. serotinum
    2. Pfl. halbstrauchig-strauchig; St. unten verholzt; Bl. fast immer „gefüllt" .... 2695. Ch. indicum
  B. Bl.köpfchen kleiner, in vielköpfigen, ± dichten ebensträußigen Schirmtrauben od. Schirmrispen
    1. B. gefiedert, Fiedern tief gezähnt od. fiederteilig
      a) Zungenbl. vorhanden
        x) Bl.köpfchen über 10 mm breit, Röhrenbl. gelb (Sect. Parthenium)
          /) B. derb, länglich, mit gesägter Spindel, B.abschnitte ± lanzettl.-lineal; Zungenbl. viel länger als die Hülle ... 2696. Ch. corymbosum
          //) B. zart, eiförmig, mit nicht gesägter Spindel, B.abschnitte ellipt.-eiförmig; Zungenbl. kürzer als die Hülle ...... 2697. Ch. parthenium
        xx) Bl.köpfchen 6–8 mm breit; Röhrenbl. bräunlich—weiß (Sect. Gymnoceline) ... 2699. Ch. macrophyllum
      b) Zungenbl. stets fehlend (Sect. Tanacetum) .. 2700. Ch. vulgare
    2. B. ungeteilt, fein gesägt (Sect. Balsamita) ..... 2698. Ch. balsamita

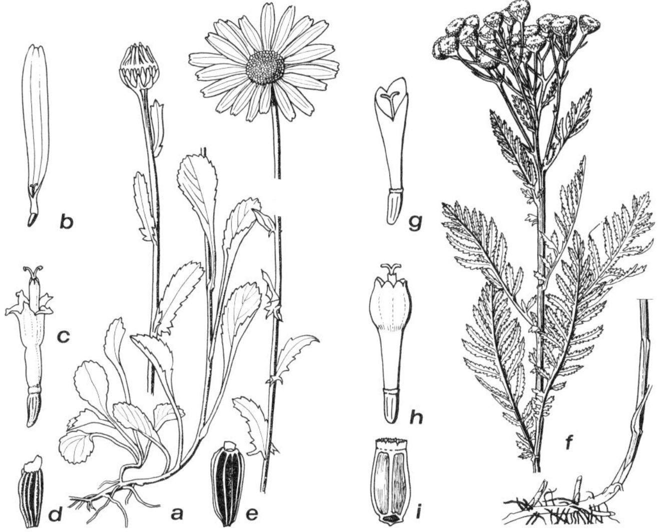

Abb. 422. *Chrysanthemum* spp., *a–e Ch. leucanthemum* (*a* Habitus; *b* Rand-, *c* Scheibenblüte; *d* Rand-, *e* Scheibenfrucht), *f–i Ch. vulgare* (*f* Sproßspitze u. -basis; *g* Rand-, *h* Scheibenblüte; *i* Frucht).

1. Sect. Chrysánthemum

2688. Ch. ségetum L. Saat-W.

⊙, *Th.* – H. 0,20–0,60. St. aufrecht, einfach od. gabelig verzweigt, kahl; B. unregelmäßig grob gezähnt–fiederspaltig, im Umriß länglich, blaugrün; Bl.köpfchen einzeln, 30–40 mm breit, lang gestielt; Hüllb. eiförmig, bleich gelbgrün, innere an der Spitze mit breitem, weißlichem Hautrande; Zungenbl. breit, an der Spitze 6zähnig od. unregelmäßig gekerbt; *Fr. der Zungenbl. beiderseits geflügelt, Fr. der Röhrenbl. rund, 10rippig;* Pappus fehlend. VI–VIII(–X). 2n = 18.

Ackerunkrautges. (eigene Ges., bes. Sommerfrüchte), Wegränder, Dämme, Weinberge etc.; meist frische, nährstoffreiche, kalkarme, mäßig saure sandig-lehmige Böden. – Zerstreut (im w. Teil stellenweise verbreitet) im n. Tiefland bis Ostpr.; selten bis zerstreut im w. Teil des m. u. s. Geb., nach O abnehmend. – N-Eur. (bis 70° n. Br.) bis Med., W-As.; (N- u. S-Am., S-Afr.); med-atl (-subatl).

2689. Ch. coronárium L. Goldblume

⊙–⊙, *Th, H.* – H. 0,30–0,60. St. aufrecht, buschig verzweigt, kahl, oft etwas blaugrün überlaufen; obere B. mit geöhrtem Grd. halbst.umfassend; Bl.köpfchen einzeln, lang gestielt, 35–70 mm breit; Hüllb. eirund, innere mit breiter trockenhäutiger Spitze; Zungenbl. vorne 3- bis 5zähnig; Bl. oft „gefüllt"; *Fr. der Zungenbl. mit 3 geflügelten Rippen, Fr. der Röhrenbl. zusammengedrückt, zweiflügelig;* Pappus fehlend. VIII–X. 2 n = 18(36).
Kultiviert, selten verwildert. – Heimat: Med.

2. Sect. Ismélia

2690. Ch. carinátum Schousb. Bunte W.

⊙, *Th.* – H. 0,40–0,80. St. dicklich, oberwärts ± verzweigt, graugrün, kahl; B. etwas fleischig, blaugrün, kahl, breit lanzettl., untere fiederspaltig, mit gespitzten u. gezähnten Abschnitten, obere fast ganzrandig; Bl.köpfchen einzeln, lang gestielt, 30–60 mm breit; Hüllb. grün, äußere fleischig, ± gekielt, mit schmalem braunem Rand, innere mit breiter weißhäutiger Spitze; Zungenbl. an der Spitze gezähnt, oft mehrfarbig; Bl.köpfchen zuweilen „gefüllt"; *Fr. der Zungenbl. breit 3flügelig,* Fr. der Röhrenbl. 2kantig-flügelig, zusammengedrückt. VIII–X. 2 n = 18, 26, 29, 36, 37.
Kultiviert, selten verwildert. – Heimat: NW-Afr.

3. Sect. Leucánthemum

2691. Ch. leucánthemum L. (Abb. 422 a–e) Wiesen-W., Margerite

♃, *H.* – H. 0,20–1,00. St. aufrecht, meist kahl, einfach od. ± verzweigt; *B.* derb, kahl od. zerstreut behaart, grundständige lang gestielt, spatelig, *plötzlich in den B.stiel zusammengezogen,* grob kerbzähnig-fiederlappig; Stb. lineal-eilänglich, fiederspaltig, gezähnt od. ganzrandig, *oberste B. viel kleiner als die unteren,* kürzer als die Internodien; Bl.köpfchen 30–60 (zuweilen bis 90) mm breit, einzeln, lang gestielt; Hüllb. grün, hell- bis schwarzbraun berandet; Zungenbl. weiß; Fr. kreiselförmig. V–IX. Umfaßt:

ssp. leucánthemum (= ssp. triviale Gaud.); Mittlere u. obere Stb. am Grd. öhrchenförmig verbreitert; Bl.köpfchen 30–50 mm breit; Hüllb. ±dunkelbraun berandet; Pappus der Zungenbl. fehlend od. verkümmert. 2 n = 18.
Formenreiche u. verbreitete Unterart

ssp. montánum (All.) Gaud.; Untere u. mittlere Stb. am Grd. nicht öhrchenförmig verbreitert, fleischig, hart; Bl.köpfchen 40–60 mm breit; Hüllb. breit schwarzbraun berandet; Pappus der Zungenbl. deutlich öhrchenförmig, außen ±zerschlitzt. 2 n = 54.
Wiesen, Matten, Hochgrasfluren, Schutthalden, Geröllhänge. – Verbreitet: Alp. u. höhere Gebg. (S-Schwarzwald, Schwäb. Alb).

ssp. l a n c e o l á t u m (Pers.) E. Mayer [= ssp. heterophyllum (Willd.) Gams var. lanceolatum (Pers.) Beck]; Untere B. verkehrt eilänglich, obere länglich-lineal lanzettl.; Fr. der Zungenbl. mit deutlichem Saum. 2n = 72. Vielleicht nur eine Zwischenform. – Alp.

ssp. m á x i m u m (Ramond) nov. comb. (= Ch. maximum Ramond); B. am Grd. doppelt fiederspaltig; Bl.köpfchen sehr groß (bis 90 mm breit). 2n = 54. In Gärten als „Riesenmargerite" gezogen. – Heimat: W-Alp., Pyren.

Fettwiesen, Wegränder, Raine, Halbtrockenrasen, Felsen, Gebüsche, Trockenwälder; meist frische, ±nährstoffreiche, milde-mäßig saure, sandig-lehmige Böden. – Verbreitet u. meist häufig fast im ganzen Geb. (Alp. bis 2240 m). – Eur. bis Altai, Kauk.; (N-Am.); euras-subozean.

4. Sect. P y r é t h r u m

2692. Ch. atrátum Jacq. Sägeblättrige W.

♃, *H.* – H. 0,10–0,40. St. aufrecht od. am Grd. aufsteigend, einfach, oberwärts spärlich kurzborstig; B. etwas fleischig, kahl, dunkelgrün, *untere lang keilig in den Stiel verschmälert,* mit 3–7 groben Sägezähnen, zuweilen leicht fiederschnittig, mittlere u. obere sitzend, länglich-lineal, sägezähnig, *obere Stb. nur wenig kürzer als untere;* Bl.köpfchen einzeln, lang gestielt, 30–60 mm breit; Hüllb. mit an der Spitze sich verbreiterndem schwarzem Hautrand; Zungenbl. weiß; Fr. kreiselförmig. VII–IX. 2n = 18, 36. Im Geb. ssp. a t r á t u m.

Alp.-subalp. Steinschuttfluren, Schneetälchen, Erdabrisse, Halden, Schwemmland; meist feuchtere, kalkreiche, lockere, ±offene Böden. – Verbreitet: Alp. (1550–2380 m); selten ins Vorland dringend (Lech bis Füssen, Isar bis München). – Alp. bis N-Balk.; alp.

2693. Ch. alpínum L. Alpen-W.

♃, *H.* – H. 0,05–0,15. Pfl. rasenbildend; St. aufsteigend od. aufrecht, einfach, oberwärts dicht kurzhaarig; B. behaart od. ±kahl, Grdb. zahlreich, Stb. spärlich, untere Stb. zuweilen an der Spitze dreiteilig, sonst Stb. ±ganzrandig, *obere Stb. viel kleiner als untere;* Bl.köpfchen einzeln, lang gestielt, 20–40 mm breit; Hüllb. breit schwarzbraun häutig berandet; Fr. kurz spindelförmig, 5rippig. VII–VIII. 2n = 36. Im Geb. wohl nur (o-alp) var. c u n e ï f ó l i u m (Murr.) Vierh.

Alp.-niv. Schneetälchenges., Borstgrasges., Matten, Moränenhänge; meist feuchte, kalkarme, humose Lehm- u. Feinschuttböden. – Verbreitet in Allgäuer Alp.; nach O bis Salzburger Alp. selten (1600–2380 m). – Pyren. bis Alp., Apenn., Karp., N-Balk.; alp.

2694. Ch. serótinum L. Späte W.

♃, *H.* – H. 0,20–1,00. St. aufrecht, kräftig, meist verzweigt, buschig, vielköpfig; B. lanzettl., grob gezähnt, am Grd. wenig geöhrt; obere B. länger als die Internodien; Bl.köpfchen einzeln; Hüllb. stumpf, am Rande häutig; Zungenbl. weiß. IX–X. 2n = 18.
Kultiviert, selten verwildert. – Heimat: Tatra, Ung., Theiß- u. Donaugeb. bis Donaumündung.

2695. Ch. índicum L. Chrysantheme, Winteraster

♄, *Ch.* – H. 0,10–2,00. St. aufrecht, buschig, weichhaarig; B. eirund–eilanzettl., buchtig–fiederspaltig; Bl.köpfe meist „gefüllt", in Größe u. Farbe sehr verschieden, oft sehr groß (5–20 cm breit); Hüllb. breit eiförmig, bleichhäutig (vgl. den ähnlichen *Callistephus chinensis* mit laubb.artigen äußeren Hüllb.!). IX–XII(–I).
Kultiviert in verschiedenen Sorten, selten verwildert. – Heimat: Chin., Jap.

5. Sect. Parthénium

2696. Ch. corymbósum L. Ebensträußige W.

♃, *H.* – H. 0,50–1,00. St. aufrecht, zerstreut behaart, ebensträußig verzweigt; B. mit 3–7 Paar länglichen, wieder gesägten–fiederspaltigen B.chen, *Endabschnitt nicht mit den folgenden Seitenabschnitten zusammenfließend,* untere B. gestielt, obere sehr klein, sitzend; Bl.köpfchen 15–30(–40) mm breit, zu 3–10 (u. mehr) in lockerer Doldentraube; Hüllb. grün, bleich od. hellbraun, häutig berandet; Zungenbl. weiß, lineal-länglich; Fr. 5kantig, mit krönchenartigem Pappus; *Pfl. geruchlos.* VI–VIII. 2n = 36. Im Geb. wohl nur ssp. corymbósum (= var. typicum Posp.).
Trockenwälder, trockene Gebüsche, Abhänge, Lichtungen, Felshänge; ±trockene, warme, kalkhaltige, meist lockere Steinverwitterungs- u. Lößböden. – Zerstreut bis verbreitet in m. u. s. Kalkgeb. (Schwäb. Alb bis 1010 m, Bay. bis 650 m); nw. bis Westf., n. nur entlang der Elbe, Oder u. Ücker vordringend; höhere Gebg. meist fehlend. – Eur. Gebg. Belg., Frankr., Pyren. Halbins. bis O-Eur., Kl.As.; Kauk.; submed-gem-kont(-euras-kont).

2697. Ch. parthénium (L.) Bernh. Mutterkraut

♃, *H.* – H. 0,30–0,80. St. aufrecht, fein gerillt, kahl, oft braunrot überlaufen; B. gestielt, kahl od. zerstreut behaart, mit 2–5 Paaren stachelig bespitzter, einfach–doppelt fiederspaltiger Fiederlappen, *Endabschnitt meist groß, mit den folgenden Seitenabschnitten zusammenfließend;* Bl.köpfchen 10–25 mm breit, zahlreich, in lockerer Doldentraube; Hüllb. mit zerschlitztem, hellem Rand; Zungenbl. weiß, verkehrt-eiförmig; Fr. 8- bis 10kantig; in Kultur zuweilen mit „gefüllten" Köpfchen od. ohne Zungenbl.; *Pfl. stark kamillenartig duftend.* VI–VIII. 2n = 18.
Kultiviert, verschiedentlich verwildert u. fast eingebürgert: Wegränder, Schuttplätze, Weinberge, Ufer. – Heimat wohl: O-Med. von Balk., Kl.As. bis Kauk.

6. Sect. B a l s á m i t a

2698. Ch. balsámita L. Balsamkraut, Marienblatt

♃, *H.* – H. 0,60–1,20. St. aufrecht, oberwärts ästig; B. lederartig, grubig punktiert, ellipt., obere am Grd. meist geöhrt, sitzend; Bl.köpfchen klein, in Doldenrispen; Hüllb. an der Spitze breithäutig berandet; *Zungenbl.* weiß, bei uns *in der Regel fehlend.* VIII–IX. 2n = 54.

Kultiviert, verschiedentlich (so z. B. Fränk. Jura) verwildert, unbeständig. – Heimat: Kl.As. bis Armen., N-Pers.

7. Sect. G y m n o c e l í n e

2699. Ch. macrophýllum W. et K. Großblättrige W.

♃, *H.* – H. 0,40–1,50. St. aufrecht, kantig gestreift, dicht kurzhaarig; B. mit 3–5 Paar lanzettl., eingeschnitten gesägten B.chen, unterseits vor allem auf den Nerven behaart, obere Laubb. weniger tief geteilt; Bl.köpfchen in dichter, gewölbter Scheindolde; Hüllb. an der Spitze mit schmalem, gefranstem, braunem Hautrande; Zungenbl. 5–6, rundlich, weiß; Fr. ungleich 5kantig; *Pfl. im Gegensatz zu Achillea macrophylla ohne Spreub.* VI–VIII. 2n = 18.

Kultiviert, verschiedentlich verwildert u. fast eingebürgert: Parkanlagen, Burghänge, Mauern. – Heimat: SO-Eur. (bes. N-Balk., SO-Ung.).

8. Sect. T a n a c é t u m

2700. Ch. vulgáre (L.) Bernh. (Abb. 422f–i) Rainfarn
(= Tanacetum vulgare L.)

♃, *H.* – H. 0,40–1,60. St. starr aufrecht, derb, oft purpurrot überlaufen; B. mit 10–12 Paar länglicher–lanzettl., eingeschnitten gesägter Fiedern, fein drüsig punktiert; *Bl.köpfchen* 5–10 mm breit, *abgeplattet,* scheibenartig, sehr zahlreich in dichten Scheindolden; Hüllb. derb, vor allem an der Spitze häutig berandet; Zungenbl. fehlend od. unscheinbar (gelb); Fr. 5rippig; *Pfl. stark gewürzig duftend.* VII–IX. 2n = 18.

Schuttunkrautges., Wegränder, Hecken, Raine, Flußufer etc.; meist frische, nährstoffreiche Lehm- od. Sandlehmböden. – Verbreitet u. meist häufig (Alp. bis 1000 m); in höheren Gebg. zerstreut bis selten. – Eur. bis Kauk., Armen., Sib.; euras-subozean.

Drogen: Flores Tanaceti, Herba Tanaceti, [Oleum Tanaceti]

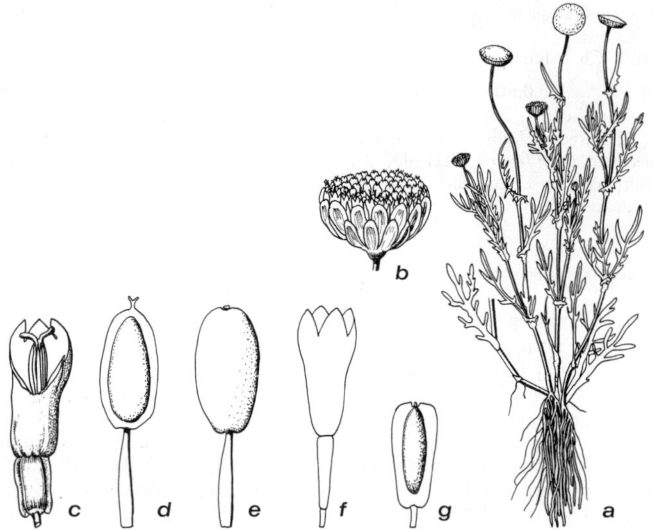

Abb. 423. *Cotula coronopifolia* (*a* Habitus, *b* Blütenstand, *c* u. *d* Randblüten, *e* Randfrucht; *f* Scheibenblüte, *g* -frucht).

742. Cótula L. Laugenblume

x = 10

2701. C. coronopifólia L. (Abb. 423) Krähenfuß-L.

⊙, *Th.* – H. 0,05–0,20. St. aufsteigend od. niederliegend, kahl, meist ästig; B. etwas fleischig, länglich lanzettl., tief gezähnt–gelappt, mit scheidigem–st.umfassendem Grd. sitzend; Bl.köpfchen lang gestielt, 6–8 mm breit; Hüllb. häutig berandet, kahl; Bl.boden durch die stehenbleibenden Fr.stielchen höckerig (keine Spreub.!); *Röhrenbl. weiß, am Saum gelb, vierspaltig,* die randlichen Bl. mit stark verkrümmter Krone; Fr. der zentralen und randlichen Bl. stark verschieden; Pfl. ähnlich wie *Chrysanthemum vulgare* duftend. VII–VIII. 2n = 20.

Flutrasen, Weiden, Wiesen, Viehwege, Raine etc.; meist feuchte, salzhaltige, tonige od. sandig-tonige Böden. – Zerstreut: N- u. w. O-See-Küsten, Flußmündungen (Brackwasserbereich); selten an den Flüssen des Binnenlandes. – Heimat: S-Afr. (Kapland); heute fast Kosmop.

743. Artemisia L. Beifuß, Wermut

x = 8, 9, 17

I. Boden der Bl.köpfchen langhaarig (Querschnitt! Nicht mit Pappus verwechseln!) (Subgen. et Sect. Absinthium)
- A. St. u. B. weiß seidig-filzig od. weiß seidig behaart
  - 1. Pfl. über 0,30 hoch; Grdb. 1- bis 3fach fiederteilig; Bl.köpfchen in reichköpfigen Rispen .... **2708. A. absinthium**
  - 2. Pfl. 0,10–0,25 hoch; Grdb. fast handförmig geteilt; Bl.köpfchen in kurzen Ähren od. Trauben .... **2709. A. mutellina**
- B. St. behaart; B. meist kahl; Pfl. nie seidig-filzig ... **2710. A. rupestris**

II. Boden der Bl.köpfchen kahl
- A. B. oberseits nicht schneeweiß-graufilzig; randliche Röhrenbl. weiblich
  - 1. B. immer geteilt; Hüllb. außen behaart, wenn ± kahl, dann auch die B. unterseits kahl od. B. am Grd. nicht geöhrt; alle Bl. fruchtbar, die randständigen ♀, die inneren ☿ (Subgen. Artemisia)
    - a) B. wenigstens unterseits behaart od. filzig
      - x) Untere u. mittlere B. einfach–doppelt leierförmig fiederspaltig, mit 3–6 mm breiten Abschnitten (Sect. Artemisia)
        - /) Pfl. kaum aromatisch, ohne Ausläufer **2702. A. vulgaris**
        - //) Pfl. stark aromatisch, mit langen Ausläufern .... **2703. A. verlotorum**
      - xx) Untere u. mittlere B. doppelt–dreifach fiederspaltig, mit oft kaum 1 mm breiten Abschnitten (Sect. Ponticae)
        - /) St. fast od. ganz kahl; B. am Grd. nicht geöhrt, unterseits ± grauhaarig . **2704. A. abrotanum**
        - //) St. grau-weiß-seidig behaart; B. am Grd. geöhrt
          - §) B. mit lineal-lanzettl., meist unter 5 mm langen Zipfeln; Bl.köpfchen kugelig; Bl. gelb .... **2705. A. pontica**
          - §§) B. mit lineal., 5–12 mm langen Zipfeln; Bl.köpfchen breit-eiförmig; Bl. rötlich od. gelblich .. **2706. A. austriaca**
    - b) B. völlig kahl (Sect. Annuae) .... **2707. A. annua**
  - 2. B. geteilt od. einfach; Hüllb. außen kahl, zuweilen drüsig gepunktet, wenn behaart, dann B. stets ungeteilt; nicht alle Bl. fruchtbar, die innersten ☿, unfruchtbar; die äußeren ☿, fruchtbar; die randlichen ♀ (Subgen. Dracunculus)
    - a) B. ungeteilt, ganzrandig od. schwach gesägt (Sect. Dracunculus) .... **2711. A. dracunculus**
    - b) B. 2- bis 3fach gefiedert, mit lineal. Zipfeln

Abb. 424. *Artemisia absinthium* (*a* Sproßspitze u. Stengelblatt; *b* Blütenstand, längs geschnitten; *c* Blüte, *d* Frucht).

x) Pfl. mit niederliegenden–aufsteigenden sterilen Trieben (Sect. Campestres) ..... **2712. A. campestris**

xx) Pfl. ohne sterile Triebe; St. steif aufrecht (Sect. Scopariae) .... **2713. A. scoparia**

B. B. beiderseits wie die ganze Pflanze schneeweiß-graufilzig, später etwas verkahlend; Randbl. zwitterig (Subgen. Seriphidium) .... **2714. A. maritima**

1. Subgen. Artemísia

1. Sect. Artemísia

2702. A. vulgáris L. (Abb. 425 a) Gemeiner B.

♃, *H, (Ch).* – H. 0,30–2,00. St. aufrecht od. aufsteigend, oft rotbraun überlaufen, kantig, derb, meist rispig verzweigt; B. oberseits meist dunkelgrün, ±kahl, unterseits ±weißfilzig, untere gestielt, obere ±sitzend, B.zipfel meist tief gesägt; *Bl.köpfchen eiförmig,* ca. 2 mm breit, kaum gestielt, aufrecht od. wenig nickend, zu vielen in durchblätterter Rispe; Hüllb. schwach behaart–filzig, *die äußeren lanzettl.;* Bl. gelblich od. rotbraun. VII–IX. 2n = 16. Umfaßt:

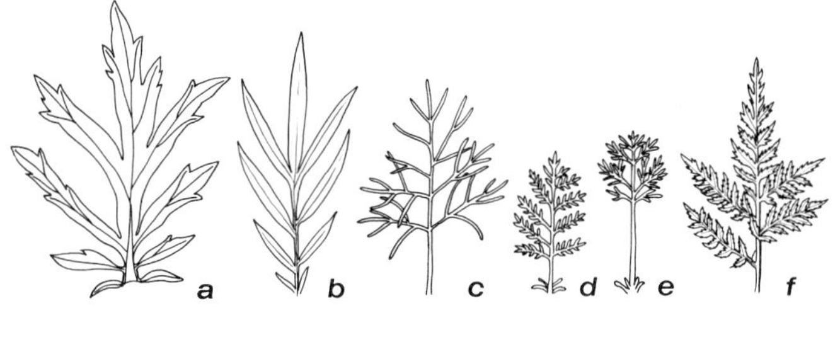

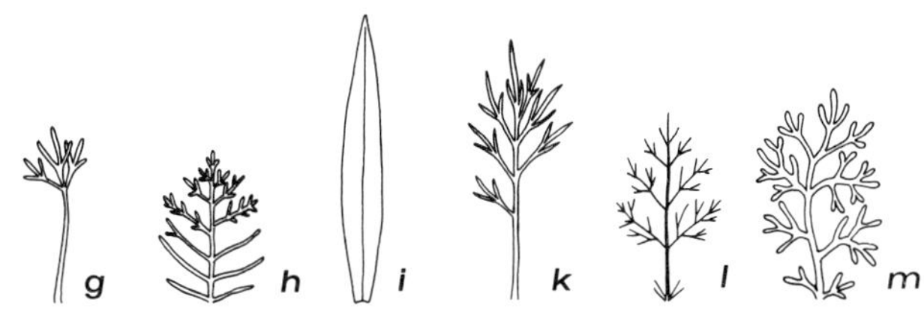

Abb. 425. *Artemisia* spp., mittlere Stengelblätter (*a A.vulgaris, b A. verlotorum, c A. abrotanum, d A. pontica, e A. austriaca, f A. annua, g A. mutellina, h A. rupestris, i A. dracunculus, k A. campestris, l A. scoparia, m A. maritima*).

ssp. v u l g á r i s (= var. vulgatissima Bess.); St. derb, rotbraun, stark rispig verzweigt; Bl.köpfchen in großer, ± breiter pyramidaler Rispe; Hüllb. nicht weißfilzig, ± stark behaart.

Formenreiche, verbreitete Unterart; im Geb. vielleicht nur archaeophytisch.

ssp. c o a r c t á t a (Fors.) nov. comb. (= var. coarctata Fors.); St. wenig verzweigt; Bl.köpfchen in dichten, zu einer schmalen, anfangs oft etwas nickenden Rispe zusammengezogenen Ähren; Hüllb. weißfilzig.

Vor allem Strand- u. Dünengeb. des NO (Ostpr.).

Schuttunkrautges., Ödland, Wegränder, Ufer, Auenwälder, Dünengebüsche etc.; ±frische, nährstoff- u. N-reiche humose, sandige, sandig-steinige od. lehmige Böden. – Verbreitet u. häufig (Alp. bis 890 m). – Eur., As.; N- u. S-Am.; euras-subozean, circ.

Droge: Herba Artemisiae

2703. A. verlotórum Lamotte (Abb. 425 b) Kamtschatka-B.

♃, *H, (Ch).* – H. 0,20–2,00. Pfl. mit überwinternden B.rosetten; obere B. nur mit wenigen, schmalen Fiederlapppen, oberste einfach, lineal; *Bl.köpfchen kugelig, sich erst spät entfaltend,* in schmalen, später sich etwas ausbreitenden, ± nickenden Rispen; *äußere Hüllb. schmal eiförmig.* X–XI. 2n = 54.

Unkrautges., Ufer, Schutt, Ödland; frische, nährstoffreiche Böden. – Sehr selten eingeschleppt, nur Bodenseeufer u. Vorland (Ravensburg), s. Oberrheingeb. – Heimat: Kamtsch., N-Jap.

2. Sect. Pónticae

2704. A. abrotánum L. (Abb. 425 c) Eberraute

♄, *Ch.* – H. 0,50–1,00. St. aufrecht, oberwärts rispig verzweigt; untere B. mit sehr feinen, fädlichen, ±drüsig punktierten Zipfeln, oberseits kahl; Bl.-köpfchen sehr klein, kugelig, nickend, in beblätterten rispigen Trauben; äußere Hüllb. länglich-lanzettl., spitz, innere breit, hautrandig; Bl. blaßgelblich; Pfl. stark aromatisch duftend. VII–X. 2n = 18.

Selten kultiviert u. verwildert (bes. im ö. Geb.), selten eingeschleppt. – Heimat: SO-Eur., W-As.

2705. A. póntica L. (Abb. 425 d) Römischer Wermut

♃, *H, (Ch).* – H. 0,40–0,60. St. nur wenig verholzend, oft rotbraun, oberwärts grauflaumig-filzig; B. unterseits graufilzig, oberseits kurz u. locker behaart, fiederteilig, Abschnitte 0,5–1 mm breit, stachelspitzig; Bl.köpfchen ca. 4 mm breit, nickend, in einer langen *schmalen,* durchblätterten *Traubenrispe;* Hüllb. graufilzig, äußerste lanzettl.; Bl. gelb, am Saum drüsig. VIII–X. 2n = 18.

Trockenrasen, buschige Hänge, Weinberge, felsige Stellen, Schuttplätze etc.; meist trockene, warme Böden. – Selten vom ö. Geb. über Schles. (Odergeb.), Elbe- (bis Magdeburg), Saalegeb. bis Main-, Neckar-, Wesergeb.; Donaugeb.; daneben z. T. eingebürgert (bis Ober- u. M-Rhein, Westf.). – SO-Eur., W-As. bis W-Med., s. M-Eur.; europ-kont(-med).

2706. A. austríaca Jacq. (Abb. 425 e) Oesterreichischer B.

♄, *Ch.* – H. 0,20–0,60. St. unterwärts verholzend, aufrecht, oberwärts oft rispig verzweigt, ±rotbraun überlaufen; B. oberseits grau, unterseits weißlich-filzig, *seidig,* B.zipfel der unteren B. ca. 1 mm breit, stumpf; Bl.köpfchen ca. 3 mm breit, nickend, meist in ±*breiten,* ausladenden *Rispen,* selten in ästigen Trauben; Hüllb. abstehend kurzhaarig, die äußeren lineal. VII–IX. 2n = 16.

Schuttunkrautges.; trockene, warme Böden. – Selten im nö. u. sö. Geb., so u. a. Sandheiden M-Frank. (Nürnberg). – Heimat: O- u. SO-Eur. (Steppenpfl.).

3. Sect. Ánnuae

2707. A. ánnua L. (Abb. 425 f) Einjähriger B.

☉, *Th.* – H. 0,40–1,50. St. aufrecht, kahl; B. 3fach fiederschnittig, mit kammförmig gesägten Zipfeln, untere lang gestielt, obere sitzend; Bl.köpfchen länglich–kugelig, nickend, zahlreich in sparriger Rispe; Hüllb. kahl, äußere schmal eiförmig; Bl. bräunlich; Pfl. kamillenähnlich duftend. VII–IX. 2n = 18.

Schuttunkrautges., Hafenanlagen, Schutt; ±trockene, warme, nährstoffreiche, N-haltige humose Kies-, Lehm- od. Tonböden. – Verschleppt u. bisweilen eingebürgert, vor allem Donaugeb. (bis Ulm), Maingeb., Oberrheingeb., Thür., Schles. – Jap. bis SO-Eur.; (ö. M-Eur., N-Am.); (euras-)kont.

2. Subgen. Absínthium
Sect. Absínthium

2708. A. absínthium L. (Abb. 424) Wermut

♄, *Ch, (H).* – H. 0,50–1,00. St. holzig, Pfl. aber – bes. in den ersten Jahren – oft nur mit überwinternden B.rosetten; Spr. angedrückt silbergrauhaarig, drüsig punktiert; B. beiderseits seidig-filzig, *untere mit scheidig verbreitertem Stiel,* obere sitzend, *B.zipfel 2–3 mm breit;* Bl.-köpfchen 3–4 mm breit, kurz gestielt, zahlreich in aufrechter Rispe; Hüllb. grau seidig-filzig, innere durchsichtig häutig berandet; Bl. gelb; Pfl. drüsig, würzig duftend u. bitter schmeckend. VII–IX. 2n = 18. Im Geb. wohl nur in der formenreichen var. absínthium (= var. communis Br.-Bl.).

Schuttunkrautges., Dämme, Wegränder, Zäune, trockene Felshänge etc.; ±trokkene, nährstoffreiche, N-haltige, oft kalkhaltige lockere Lehm- u. Steinböden. – Verbreitet bis zerstreut fast im ganzen Geb. (Alp. bis 1005 m), in den Waldgebg. u. im nw. Geb. seltener u. streckenweise fehlend. – Eur., As. bis ö. W-Med.; (N- u. S-Am., Neuseel.); euras-kont-submed.

Droge: Herba Absinthii

2709. A. mutellína Vill. (Abb. 425 g) Edelraute
[= A. laxa (Lam.) Fritsch]

♄–♃, *Ch.* – H. 0,05–0,15(–0,20). Pfl. anliegend seidig behaart, silberglänzend; St. aufrecht od. bogig aufsteigend; B. gestielt u. handförmig geteilt, *Stb. am Grd. zuweilen geöhrt,* doppelt–einfach 3- bis 5spaltig, *B.zipfel etwa 1 mm breit;* Bl.köpfchen rundlich kreiselförmig, 4–5 mm breit, aufrecht, in gedrungener, unten etwas lockerer, durchblätterter Traube; innere Hüllb. dunkelbraun häutig berandet; Bl. gelb; Pfl. aromatisch duftend. VII–IX.

Alp. Felsbandges., Felsklüfte, Steinschutt, Verwitterungsgeröll; meist kalkarme, neutrale Fels- u. Schuttböden. – Sehr selten, nur Allgäuer (Höfats, Salober) u. Bay. Alp. (Juifen), (Alp. 1800–2240 m). – Pyren. bis bes. W- u. M-Alp., Apenn.; w-alp.

2710. A. rupéstris L. (Abb. 425 h) Felsen-B.

♄, *Ch.* – H. 0,05–0,50. St. aufsteigend, am Grd. meist schwach verholzt, mit nicht blühenden, liegenden St., oft braunrot überlaufen; untere B. rosettig, gestielt, doppelt fiederspaltig mit lineallanzettl. Zipfeln, mittlere u. obere sitzend, kammförmig gefiedert; *Bl.köpfchen groß,* bis 5 mm breit, kurz gestielt, nickend, in zusammengezogener, aufrechter, ±schmaler Rispe; äußere Hüllb. gezähnt od. braunhäutig berandet, kahl, innere mit langer, brauner, trockenhäutiger Spitze; Bl. gelb. VIII–X. 2n = 34.

Steppenartige Formationen; salzhaltige Böden. – Sehr selten, nur Anh. (Staßfurt–Bernburg, Artern). – S-Sib. bis SO-Rußl., Pamir, O- u. ö. M-Eur., Schwed.; kont.

3. Subgen. Dracúnculus
1. Sect. Dracúnculus

2711. A. dracúnculus L. (Abb. 425 i) Estragon

♃, *H.* – H. 0,60–1,20. St. meist zahlreich, buschig verzweigt; unterste B. zuweilen an der Spitze dreispaltig, sonst B. ungeteilt, lanzettl. lineal; Bl.köpfchen 2–3 mm breit, fast kugelig, nickend, in lockeren Rispen; äußere Hüllb. fast ganz krautig, innere breit hautrandig; Bl. gelblich-weißlich; Pfl. aromatisch duftend. VIII–X. 2n = 18.

Kultiviert, verschiedentlich verwildert od. verschleppt. – Heimat: O-Eur., Sib., w. N-Am.

2. Sect. Campéstres

2712. A. campéstris L. (Abb. 425 k) Feld-B.

♄–♃, *Ch, H.* – H. 0,20–0,80(u. höher). St. am Grd. ±holzig, aufsteigend–aufrecht, meist rötlich überlaufen, ±kahl; B. in der Jugend seidig behaart, ±verkahlend, untere Stb. gestielt, am Grd. geöhrt, 2- bis 3fach fiederteilig, Abschnitte u. oberste B. lineal, stachelspitzig; Bl.köpfchen 2–3(–5) mm lang, kurz gestielt, selten nickend, oft an den Ästen einseitswendig, in meist sparriger Rispe; Hüllb. kahl, grün od. rot überlaufen, ±glänzend; Bl. gelb od. rötlich. VII–X. Im Geb. wohl nur in der formenreichen ssp. campéstris (= ssp. eucampestris Briq. et Cav.). 2n = 36.

Trockenrasen, Steppenrasen, Raine, Dämme, Ödland, Dünen etc.; meist trokkene, warme, lockere Sand- u. sandige Lehmböden. – Verbreitet bis zerstreut im nö., m. u. ö. Geb.; zerstreut bis selten im s. Geb. (bes. Sandgeb.); u. a. im nw. Geb. u. Kalkgeb. über große Strecken fehlend. – S-Skand. bis N-Med., W- u. N-As.; (N-Am.); euras-kont(-submed).

3. Sect. S c o p á r i a e

2713. A. scopária W. et K. (Abb. 425 l) Besen-B.

⊙, *H.* – H. 0,30–0,70. *St. stets einzeln,* bis über die Mitte rispig-ästig verzweigt, braunrot; B. kahl od. zerstreut behaart, *die grd.ständigen* bis 15 cm lang, doppelt fiederteilig bis 3fach fiederschnittig, *zur Bl.-zeit verwelkt,* Zipfel der Stb. unter 1 mm breit; Bl.köpfchen 1,5–2 mm lang, nickend, in reichästiger, oft bis zum St.grd. reichender Rispe; Hüllb. kahl, glänzend, grünlich od. rötlich; Bl. rötlich. VIII–X. 2n = 16.

Unkrautges., Steppenrasen, Brachen, Ruderalstellen, Straßenränder; meist warme, sandige Böden. – Sehr selten u. z. T. unbeständig, nur Donautal (Gneisfelsen Passau bis Jochenstein), unteres Weichselgeb., Schles. (Landskrone bei Görlitz); sonst nur adventiv (bis Rheingeb.). – Gem. As. bis Rußl. u. SO-Eur.; kont.

4. Subgen. S e r i p h í d i u m

2714. A. marítima L. (Abb. 425 m) Strand-B.

♄, *Ch, (H).* – H. 0,15–0,60. Pfl. mit zahlreichen sterilen B.rosetten; St. aufsteigend-aufrecht, später etwas verkahlend, oberwärts rispig verzweigt; untere B. gestielt, B.stiel am Grd. geöhrt, mittlere u. obere B. sitzend, einfach fiederteilig, Abschnitte stumpf, lineal, ca. 1 mm breit; Bl.köpfchen eiförmig, 1–2 mm breit; äußere Hüllb. krautig, ±filzig, innere breit trockenhäutig berandet; Pfl. stark aromatisch duftend. VII–X. Umfaßt:

ssp. m a r í t i m a; St. am Grd. kaum verholzt, bleibend schneeweißfilzig; Bl.köpfchen deutlich gestielt. 2n = 54.
Verbreitet. Küsten der N-See; selten O-See.

ssp. s a l í n a (Willd.) Rchb.; St. am Grd. meist verholzt, schwächer behaart, graufilzig; Bl.köpfchen ziemlich deutlich gestielt. 2n = 18.
Küsten der O-See, seltener N-See, bes. im Binnenland an Salinen auf salzreichen Böden (Thür., Anh.).

ssp. m o n o g ý n a (W. et K.) Gams; Spr. meist verkahlend; Bl.köpfchen in der Regel sitzend. 2n = 18.
Im Geb. vielleicht in einigen Formen in Thür.

Salzwiesen (eigene Ges.) der Küsten; steppenartige Formationen, Triften des Binnenlandes; frische bis feuchte, im Küstengeb. hin u. wieder überflutete tonige od. sandig-tonige, nährstoffreiche, N- u. salzhaltige Böden. – Verbreitet Küstengeb., selten Salzstellen des Binnenlandes. – Mong. bis SO-Eur., Küsten N-Med. u. W-Eur. bis Norw.; kont.

Bastarde:
Mehrere Bastarde, bes. im Alp.geb., oft nicht eindeutig charakterisierbar.

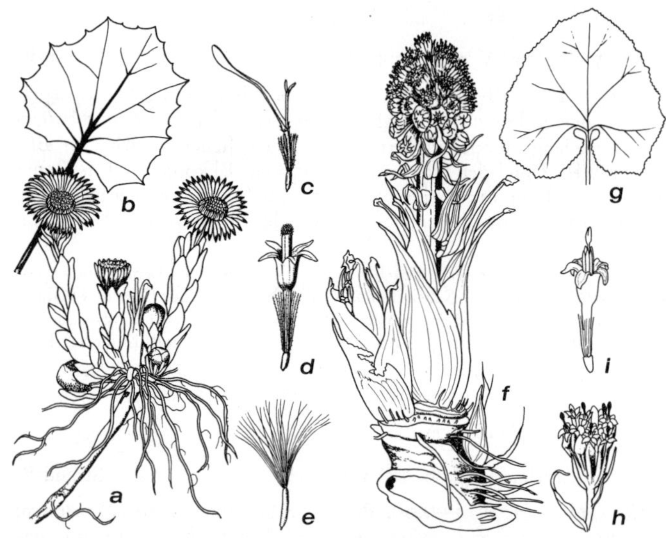

Abb. 426. *a–e Tussilago farfara* (*a* Habitus zur Blütezeit, *b* Blatt; *c* Rand-, *d* Scheibenblüte; *e* Frucht); *f–i Petasites hybridus* (*f* Habitus zur Blütezeit, *g* Blatt, *h* Blütenstand, *i* Blüte).

7. Trib. Senecióneae

744. Tussilágo L. — Huflattich

x = 10

2715. T. fárfara L. (Abb. 426 a–e) — Gewöhnlicher H.

♃, *G–H.* – H. 0,05–0,25; *W.stock lang, dünn,* kriechend, *schuppig; St. stets einköpfig;* B. erscheinen erst nach den Bl., bis 30 cm Ø, eckig bis herzförmig, gezähnt, unterseits filzig; *Hüllb. einreihig, meist ± rot; Kr. lebhaft sattgelb; Pappus viermal so lang wie die Fr.* II–IV (selten später). 2n = 60.

Wegränder, Schuttplätze, Brachen, Rutschungen etc.; Pionier an offenen Stellen; meist frische bis feuchtere u. kalkhaltige, lehmige, oft auch steinige Böden. – Verbreitet u. häufig im ganzen Geb. (Alp. bis 2300 m). – Isl., N-Skand. bis S-Eur., N-Afr.; N- u. W-As.; (N-Am.); no-euras-submed.

Drogen: Flores Farfarae, Folia Farfarae

745. Petasítes Mill. Pestwurz

x = 10, 13

I. W.stock an den Enden der Glieder knollig verdickt; Gr.schenkel der ☿-Bl. kurz-eiförmig
  A. St.schuppen rötlich; B. unterseits dünnwollig grau, später kahl .... **2720. P. hybridus**
  B. St.schuppen blaßgelb, bleich; B. unterseits schneeweiß filzig .... **2716. P. spurius**

II. W.stock an den Enden nicht verdickt; Gr.schenkel der ☿-Bl. verlängert, spitz
  A. St.schuppen rötlich; Hüllb. am Rande grün ...... **2718. P. paradoxus**
  B. St.schuppen bleich; Hüllb. am Rande weißlich
    1. Hüllb. mit kurzen dicken Dr.haaren; Infloreszenzstand locker .... **2719. P. kablikianus**
    2. Hüllb. mit langen, gegliederten Dr.haaren; Infloreszenzstand dicht .... **2717. P. albus**

2716. P. spúrius (Retz.) Rchb. (Abb. 427 a) Filzige P.
[= P. tomentosus (Ehrh.) DC.]

♃, *H.* – H. 0,10–0,30. *W.stock kriechend, rund; B.* nach der Bl.-zeit erscheinend, *breit dreieckig bis pfeilförmig, derb,* ungleich gezähnelt, *Lappen des Grd. vorn verbreitert,* von der übrigen Spreite deutlich abgesetzt; *☿-Bl. mit kurzen eiförmigen N., Körbchenstand dicht gedrängt; Stand der Körbchen mit ♀* Bl. locker-gestreckt; *Körbchenstiele* dick, *schwach kantig,* flockig wollig; Kr. schmutzig- bis gelblichweiß. (III)IV. 2n = 60.

Dünen, Sandstrand, lichte Weidengebüsche, Flußufer; feuchte, z. T. leicht salzige od. nährstoffreichere sandige Böden. – Verbreitet bis zerstreut: O-See-Küsten (Schl.Holst. bis Ostpr.); selten u. zerstreut: Elbtal (Holst. bis Dessau), Bodetal (aufwärts bis Egeln), Haveltal (aufwärts bis Spandau), Odertal (aufwärts bis Küstrin), Warthebruch, Weichsel-, Pregel- u. Memelufer. – N-, O- u. nö. M-Eur. (Küsten u. Flußmündungsgeb.); no-subozean.

2717. P. álbus (L.) Gaertn. (Abb. 427 b–c) Weiße P.

♃, *G.* – H. 0,10–0,35 (Fr.zeit –0,80). *W.stock ohne knollige Verdickungen, kriechend, Ausläufer treibend; B.* nach den Bl. erscheinend, *rundlich herzförmig, winkeligbuchtig, sta.spitzig gezähnt,* mit abwärts gebogenen Lappen, oberseits verkahlend, unterseits bleibend dünn-graufilzig, Nervennetz deutlich sichtbar; Kr. gelblichweiß; *N. der ♀-Bl. spitz, bis zum Grd. gespalten;* Pappus schneeweiß. III(–V). 2n = 60.

Lichte Buchen-, Tannen(-Fichten)-Mischwälder, Schluchten, Ufer; feuchte bis trockenere, nährstoff- u. oft ±kalkreiche u. auch steinige lehmige Böden. – Zerstreut bis selten im Bergland u. M-Gebg. des m. u. s. Geb. (Alp. bis 1910 m), nw. etwa bis Schneifel-Harz; selten im n. Geb. (ö. Schl.Holst. bis Ostpr.), Schles. – S-Skand. bis s. Eur., Kauk., Armen., Altai; praealp(-submed-subatl)

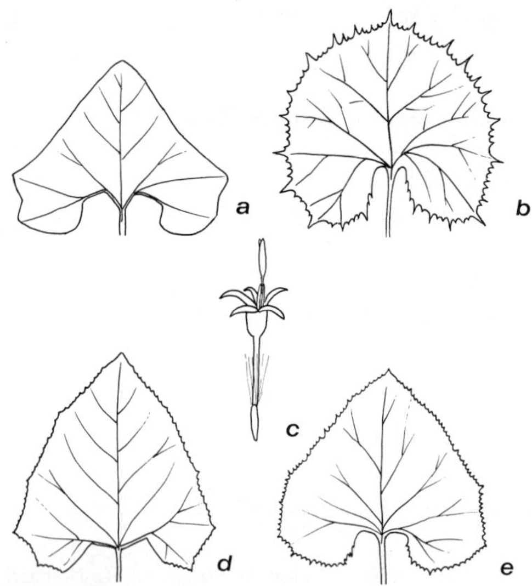

Abb. 427. *Petasites* spp., *a P. spurius* (Blatt). *b–c P. albus* (*b* Blatt, *c* Blüte), *d P. paradoxus* (Blatt), *e P. kablikianus* (Blatt).

2718. P. paradóxus (Retz.) Baumg. (Abb. 427 d) Alpen-P.
[= P. niveus (Vill.) Baumg.]

♃, *G, (H).* – H. 0,15–0,60. *W.stock* kriechend, *gegen den Hals zu verdickt,* Ausläufer treibend; B. nach den Bl. erscheinend, *eiförmig bis dreieckig-herzförmig,* ungleich gezähnt, *unterseits bleibend schneeweißfilzig, Lappen des Spreitengrds. auseinandertretend; Körbchenstiele hohl, grün, oben mit Dr. u. blasigen Papillen. Hüllb.* schwach rötlich mit Dr.-haaren, *oft leicht filzig;* Kr. (rötlich-)weiß; Pappus schneeweiß. IV, V. 2n = 60.

Bes. subalp. Schuttfluren, Geröllfluren, Ufer, Rutschungen etc.; meist feuchte, kalkhaltige steinige Böden. – Zerstreut bis verbreitet: Alp. (bis 2050 m); selten u. zerstreut: Alp.vorland bis Donau- u. Bodenseegeb. – Pyren., Alp., Schweiz. Jura, Karp.; alp-praealp.

2719. P. kablikiánus Tausch (Abb. 427 e) Kabliks P.
[= P. glabratus (Malý) Borb.]

♃, *G, (H).* – H. 0,15–0,30. *W.stock mit hohlen, verzweigten, gegen die Spitze zu verdickten, rötlichen Ausläufern; B. dreieckig-herzförmig,* ungleich gezähnelt, *unterseits weißfilzig, später kahl; Körbchenstiele oben dr.;* Körbchen aus engem Grd. verbreitert; Kr. gelblichweiß; *N. der* ☿*-Bl. verlängert, lineal-lanzettl.,* spitz, *bis ca. zur Mitte gespalten;* Pappus reinweiß. IV, V. 2n = 60.

Geröllfluren, Bach- u. Flußufer, Gebüsche, Waldschluchten; sandig-steinige Schwemmböden. – Verbreitet nur am Rande des Geb.: Sud. (Großer Kessel, Kleine Schneegrube). – Sud., Tatra bis Karp., Bosn.; praealp.

2720. P. hýbridus (L.) Gaertn., Mey. et Scherb. (Abb. 426 f–i)
(= P. officinalis Moench) Gewöhnliche P.

♃, *G, (H).* – H. 0,20–1,00. *W.stock kräftig, walzlich,* ± senkrecht, Ausläufer treibend; B. nach der Bl. erscheinend, ± herzförmig, ungleich gezähnt, Lappen gerundet; *Körbchenstiele dick, hohl, unangenehm riechend (wie ± alle Teile der Pfl.) meist rotüberlaufen, wollig-flockig; Hüllb. kahl, schmal,* schwach rötlich; *Kr. blaßpurpurn,* seltener blaßrosa; Pappus schmutzigweiß. III–IV(–V). 2 n = 60.

Bach- u. Flußuferstaudenges. (eig. Ges.), Auenwälder, Wiesen; feuchte bis nasse, nährstoff- u. N-reiche lehmige u. tonige Böden. – Verbreitet u. häufig fast im ganzen Geb. (Alp. bis 1440 m), zerstreut im nö. Geb.; fehlt typischen Wärmeinseln. – Eur.; N- u. W-As.; (N-Am.); euras-subozean(-submed).

Bastarde:
P. albus × hybridus (= P. × rechingeri Hayek), P. albus × paradoxus (= P. × lorezianus Bruegger), P. albus × kablikianus (= P. × celakovskyi Mat.), P. paradoxus × hybridus (= P. × alpestris Bruegger), P. hybridus × kablikianus (= P. × intercedens Mat.).

746. Homógyne Cass. Brandlattich

x = 8, 10?

I. B. unterseits dicht weißfilzig . . . . **2721. H. discolor**
II. B. kahl, nur unterseits auf den Nerven weichhaarig . . **2722. H. alpina**

2721. H. díscolor (Jacq.) Cass. Filziger B.

♃, *H.* – H. (0,10)0,15–0,25. *W. in der Regel ohne Ausläufer;* St. aufrecht, *unter dem Körbchen verdickt, oben dicht zottig-filzig; B. kurzgestielt,* geschweift gekerbt; *Hüllb. des Körbchens kahl,* evtl. am Grd. braunwollig; Kr. purpurrot; *N.lappen keulig; Pappus meist etwas länger als die Fr.* VI–VIII. 2 n = ca. 64.

Alp. Schneebodenges. (eig. Ges.), Schneetälchen; feuchte, lange schneebedeckte, nährstoffreiche Kalkböden (ausnahmsweise auf Silikatgestein). – Sehr selten, nur Berchtesgadener Alp. (1400–2280 m). – Alp.; o-alp.

2722. H. alpína (L.) Cass. (Abb. 428 a–c) Alpen-B.

♃, *H.* – H. 0,15–0,35. *W. mit beblätterten Ausläufern;* St. meist einköpfig, *unten spinnwebig, später kahl, oben weichhaarig, spärlich dr.; B. langgestielt,* herznierenförmig, gezähnt-gekerbt, lederig, oberseits dunkelgrün, unterseits heller (bis purpurn überlaufen); Körbchen bis

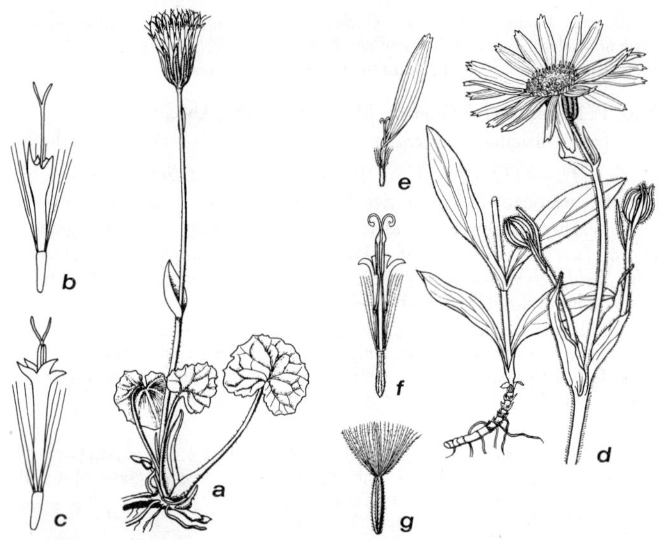

Abb. 428. *a–c Homogyne alpina* (*a* Habitus; *b* Rand-, *c* Scheibenblüte); *d–g Arnica montana* (*d* Habitus, Grundblätter verkümmert; *e* Rand-, *f* Scheibenblüte, längs geschnitten; *g* Frucht).

15 mm lang, *Hüllb. am Grd. wollig,* Kr. purpurrot; *N.lappen walzlich; Pappus oft fast doppelt so lang wie die Fr.* weiß. V–VII. 2n = ca. 120–140.

Bes. subalp. Fichtenwälder, Zwergstrauchformationen, Magerrasen; mäßig feuchte, kalkarme, saure, oft humusreiche, torfige Böden. – Verbreitet bis zerstreut: Sud., Alp. (bis 2420 m), Alp.vorland, s. Bay. Wald; selten u. zerstreut: S-Schwarzwald, Fichtelgebg., Erzgebg., Lausitzer Gebg. (Lausche), Vorland der Sud. – Pyren., Jura bis Sud., Karp., Alp., Apenn., n. Balk.; praealp-alp.

Bastard:

H. discolor × alpina (= H. × ausserdorferi Huter).

747. Erechthites Raf. Feuerkraut

x = 10

2723. E. hieraciifólia (L.) Raf. Greiskrautblättriges F.

⊙, *Th.* – H. 0,30–1,80. *W. dünn, spindelig; St. hohl,* stark verzweigt, vielköpfig, meist steif und *sehr zerbrechlich.* B. länglich-lanzettl., ungleich doppeltgezähnt; Körbchen zylindrisch, *Körbchenboden flach ohne Spreub.; Kr. fädlich, weißlichgelb;* Hüllb. einreihig, *braunrot mit hellem Hautrand; Pappus immer viel länger als die Fr.* VIII–IX. 2n = 40.

Selten; in lichten Laubwäldern u. in Kahlschlägen auf ± warmtrockenen Böden eingeschleppt im s. M-Eur. – Heimat: N- u. S-Am.

748. Árnica L. Wohlverleih (besser: Wolferlei).

x = 19?

2724. A. montána L. (Abb. 428 d–g) Arnika, Berg-W.

♃, *H.* – H. 0,20–0,60. Pfl. dr.-flaumig, *aromatisch duftend;* St. 1-(bis 5)köpfig; Grdb. eine Rosette bildend, länglich, verkehrt eiförmig, *ganzrandig,* derb, *Nerven unterseits hervortretend, kurzhaarig-rauh;* Stb. ganzrandig bis schwach gezähnt, frischgrün; Körbe bis 8 cm ∅; Bl. dunkelgelb bis leuchtend-goldgelb; *Körbchenboden behaart (Spreublätter); Pappus blaßgelb.* VII–VIII. 2n = 38.

Borstgrasrasen, Heiden, Wiesen, Weiden; frische bis ±trockene, saure, nährstoff- u. kalkarme, sandige (auch torfige), lehmige od. tonige Böden. – Selten u. zerstreut im n. Geb., nach O seltener werdend (bis Ostpr.); zerstreut bis verbreitet im m. u. s. Silikatbergland bzw. höhere Gebg. (Alp. bis 2070 m). – Skand. bis Gebg. s. Eur., Pol., Rußl.; praealp.(-subatl).

Droge: Flores Arnicae

749. Dorónicum L. Gemswurz

x = 10

I. Pappusborsten der Randfr. vorhanden, einreihig; die der Scheibenfr. mehrreihig
  A. Grdb. länglich, Spreite in den Stiel verschmälert; St. einköpfig
    1. St. hohl; B. weich; Stiel und Spreite der Grdb. höchstens gleichlang .... **2730. D. clusii**
    2. St. steif, voll, evtl. oben hohl; B. dicklich, fest; Stiel der Grdb. etwas länger als die Spreite .... **2729. D. glaciale**
  B. Grdb. langgestielt (etwa doppelte Spreitenlänge), breit eiförmig, grobgezähnt, am Grd. herzförmig od. gestutzt .... **2728. D. grandiflorum**
II. Randfr. ohne Pappus, selten mit 1–3 Borsten
  A. W.stock knollig verdickt, ausläufertreibend; (Blst.-achse zottig) .... **2727. D. pardalianches**

B. W.stock abgebissen, ohne Ausläufer
1. Grdb. zur Bl.zeit vorhanden .... **2726. D. columnae**
2. Grdb. zur Bl.zeit fehlend .... **2725. D. austriacum**

2725. D. austríacum Jacq. (Abb. 429 l) Österreichische G.

♃, *H.* – H. 0,30–1,50. *St. unten kahl,* kantig, *oben drüsig* bis weichhaarig, ± rundlich, 2- bis vielköpfig (selten 1köpfig); *unterste Stb. kleiner als die übrigen,* spatelig, obere länglich, st.umfassend; Krb. gelb. VII–VIII. 2n = 60.

Subalp. Hochstaudenfluren, Wälder; frische bis mäßig feuchte, nährstoff- u. basenreiche Böden. – Selten bzw. sehr selten, nur ö. Sud., s. Bay. Wald, Berchtesgadener Alp. (Königsseegeb., 1180–1410 m). – Pyren., franz. Gebg., O-Alp. bis Sud., Karp., Balk., Apenn., Kl.As.; praealp.

2726. D. colúmnae Ten. (Abb. 429 m) Herzblättrige G.
[= D. cordatum (Wulf.) C. H. Schultz]

♃, *H.* – H. 0,15–0,60(–0,90). *W.stock schief;* St. oben weichhaarig, unten kahl; *Grdb. langgestielt,* rundlich bis ± tief herzförmig, regelmäßig gezähnt, auf der *Oberseite fast kahl; Stb. eiförmig,* st.umfassend. V–VIII. 2n = 60.

Subalp. Hochstauden- u. Schuttfluren, Wälder; mäßig feuchte, nährstoffreiche Kalk- u. Lehmböden. – Selten, nur Berchtesgadener Alp. (u. a. Watzmann, H. Göll, 1330–2020 m); daneben kultiviert u. selten verwildert. – m. u. ö. Alp. bis Apenn., Balk., Kl.As.; o-praealp.

2727. D. pardaliánches L. (Abb. 429 a–f) Kriechende G.

♃, *G.* – H. 0,30–1,25. St. meist mehrköpfig, *zottig, gegen die Spitze dr. behaart; Grdb. ± ganzrandig, wie die Stb. beidseitig behaart; Bl.-körbe oft nur kurz gestielt;* Hüllb. schmal mit Wimpern u. Dr.haaren; Kr. leuchtend-gelb; *Randfr. zur Reifezeit kohlschwarz; alte Blst. selten vorhanden. Pfl. blüht meist nicht alljährlich!* V–VI(–VIII). 2n = 60.

Gebüsche, schattige Laubwälder; meist frische bis ±trockene, nährstoff- u. kalkhaltige (auch kalkarme) Mull- u. Sandböden. – Selten u. zerstreut im s. Geb. (insbes. SW), n. bis Eifel u. Rhön, s. bis Hohentwiel, Bay. Wald; sonst wohl nur aus Kultur selten verwildert. – W- u. s. M-Eur.; (N-, ö. Eur.); subatl.

2728. D. grandiflórum Lam. (Abb. 429 i–k) Großblütige G.

♃, *H.* – H. 0,06–0,60. W.stock schief, *süßlich schmeckend;* St. aufrecht, oben drüsig, 1(bis 5)köpfig; *Grdb. zur Bl.zeit noch vorhanden, B.spreite vom B.stiel ± deutlich abgesetzt,* grobgezähnt mit tiefen Buchten, *dünn, behaart (ebenso Stb.);* untere Stb. kurzgestielt, *obere herzförmig-st.umfassend; Körbe bis 6 cm breit;* äußere Hüllb. breiter als innere, haarig; Pappus etwas länger als die Fr. VI–VIII. 2n = 60.

(Subalp.-)alp. Steinschuttfluren, Kalkschutthalden etc.; lange schneebedeckte, feuchte Kalkschuttsubstrate. – Verbreitet bis zerstreut: Alp. (1200–2550 m). – Pyren., Alp., Gebg. Kors.; alp.

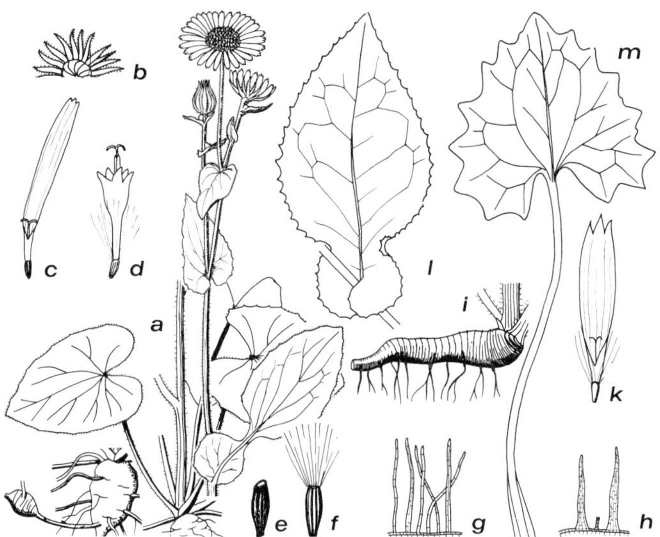

Abb. 429. *Doronicum* spp., *a–f D. pardalianches* (*a* Habitus u. Wurzelstock, *b* Hüllkelch; *c* Rand-, *d* Scheibenblüte; *e* Rand-, *f* Scheibenfrucht); *g D. clusii* (Haare des Blattrandes), *h D.glaciale* (Haare des Blattrandes), *i–k D. grandiflorum* (*i* Wurzelstock, *k* Randblüte), *l D.austriacum* (oberes Stengelblatt), *m D. columnae* (Grundblatt).

2729. D. glaciále (Wulf.) Nym. (Abb. 429 h) Gletscher-G.

♃, *H.* – H. 0,05–0,25. *W.stock schief, walzenförmig;* St. zumindest oben *steifhaarig u. kurz-dr. behaart;* B. ± behaart, *randlich zottig, obere Stb. (ei-)länglich, mit schwach herzförmigem Grd. halb-st.umfassend, deutlich geadert;* Hüllb. lang zugespitzt, mit Dr.haaren und Wimpern besetzt; Pappus deutlich länger als die Fr. VII–VIII. Im Geb. nur ssp. g l a c i á l e.

Alp. Steinschuttfluren u. Schneebodenges., magere Matten; feuchte, kalkhaltige Fein- u. Grobschuttböden. – Selten, nur Berchtesgadener Alp. (H. Göll, Hundstod, 2010–2300 m). – O-Alp.; o-alp.

2730. D. clúsii (All.) Tausch (Abb. 429 g) Clusius-G.

Wohl nur außerhalb des Geb. in alp. Schutt- u. Schneebodenges., Felsspalten. – Tirol, Z-Alp., Karp., Span. Gebg.

Bastarde:

D. columnae × grandiflorum (= D. × prennii Widder), D. columnae × glaciale (= D. × halacsyi Eichenfeld).

750. Senécio L. Greiskraut, Kreuzkraut

x = (8?) 10

I. Außenhülle fehlend od. durch Schuppen angedeutet; Hüllb. an der Spitze nicht dunkel gefleckt
A. St. klebrig-zottig, hohl; (Stb. zahlreich, 1/2-st.-umfassend) . . . . **2735. S. tubicaulis**
B. St. praktisch kahl od. spinnwebig; oben locker beblättert
1. Frkn. kahl (selten [jung] flaumig)
a) Untere B. am Grd. herzförmig; (Stb. in den geflügelten Stiel verschmälert, obere sitzend) **2734. S. rivularis**
b) Untere B. am Grd. nicht herzförmig; (Korbstiele spinnwebig-dr.) . . . . **2733. S. ovirensis**
2. Frkn. behaart (bei S. helenites ssp. salisburgensis kahl!)
a) Grdb. ±herzförmig gestutzt, ca. so lang wie der schmal geflügelte B.stiel . . . . **2732. S. helenites**
b) Grdb. eiförmig, spinnwebig, länger als der breit geflügelte B.stiel . . . . **2731. S. integrifolius**
II. Außenhülle vorhanden (1- bis mehrblättrig); Hüllb. an der Spitze dunkel gefleckt bis schwarz
A. Ungeteilte B.
1. zumindest die oberen B. länglich lanzettl.
a) Strahlbl. nie mehr als 8; Außenhülle 3- bis 5blättrig
x) Untere B. rundlich breit, Zähne gerade abstehend; Strahlbl. meist 5 . . . . **2741. S. nemorensis**
xx) Untere B. länglich lanzettl., Zähne vorwärtsgerichtet; Strahlb. 6 bis 8 . . . . **2740. S. fluviatilis**
b) Strahlbl. 18 bis 20; Außenhülle 10 - u. mehrblättrig
x) St. vielköpfig, ebensträußig; alle B. sitzend . . . . **2739. S. paludosus**
xx) St. meist einköpfig; untere B. gestielt . . . **2738. S. doronicum**
2. (Untere) B. herz-(ei-)förmig bis fast dreieckig
a) B.stiel ungeflügelt; B. ca. 1/2mal so lang wie breit, gesägt . . . . **2736. S. alpinus**
b) B.stiel fiederig geflügelt; B. ca. so lang wie breit, tief eingeschnitten . . . . **2737. S. subalpinus**
B. Fiederig geteilte B.
1. Hülle walzig; Hüllb. schmallineal.; Strahlbl. fehlend od. sehr kurz
a) Zungenbl. völlig fehlend; (äußere Hüllb. sehr klein, zur Hälfte schwarz) . . . . **2752. S. vulgaris**
b) Zungenbl. vorhanden, meist umgeschlagen
x) Äußere Hüllb. u. Zungenbl. sehr klein; Pfl. flaumig, dr.los . . . . **2751. S. sylvaticus**
xx) Äußere Hüllb. etwa 1/2mal so lang wie die inneren, locker abstehend; Pfl. stark dr.klebrig . . . . **2750. S. viscosus**

2. Hülle glockig; Hüllb. eifömig bis lanzettl.; Strahlbl. fast immer vorhanden, flach abstehend
 a) B.buchten deutlich gezähnt; Hüllb. meist mehr als 6, klein
  x) B. höchstens unterseits spinnwebig-wollig; Pappus abfallend .... **2748. S. rupestris**
  xx) B. beiderseits spinnwebig-wollig; Pappus bleibend .... **2749. S. vernalis**
 b) B.buchten nicht od. kaum gezähnt; äußere Hüllb. 1 bis 6.
  x) B. von angedrückten Seidenhaaren grau, später kahl; Pfl. klein .... **2742. S. incanus**
  xx) B. nie seidenhaarig; Pfl. über 0,20 m hoch
   /) B. alle graugrün, ungeöhrt, stark doppelt fiederteilig .... **2743. S. abrotanifolius**
   //) Wenigstens obere B. geöhrt
    §) Außenk. 4- bis 6blättrig, ca. 1/2mal so lang wie der Hüllk.; Achänen kurzhaarig .... **2744. S. erucifolius**
    §§) Außenk. 1- bis 2blättrig, mehrmals kürzer als der Hüllk.; randliche Achänen kahl
     +) Achänen des Mittelfeldes dicht kurzhaarig-rauh; (Grdb. zur Bl.zeit abgestorben) .... **2745. S. jacobaea**
     ++) Achänen des Mittelfeldes spärlich behaart od. kahl
      α) Seitenständige Fiedern der oberen B. länglich od. lineal., vorwärtsgerichtet . **2746. S. aquaticus**
      β) Seitenständige Fiedern verkehrt eiförmig-länglich, ±rechtwinkelig abstehend .... **2747. S. erraticus**

1. Subgen. Tephróseris
Sect. Tephroserídes

2731. S. integrifólius (L.) Clairv. em. Cufod. Steppen-G.
[= S. campestris (Retz.) DC. p.p.]

♃, *H.* – H. 0,08–0,25. *W. kurz, senkrecht; St. dünn, spinnwebig-wollig, später ± stark verkahlend;* Grdb. ± eiförmig, entfernt gezähnt bis ganzrandig; *Stb. kurzgestielt od. sitzend;* Körbe kurzgestielt, bes. der mittlere; *Pappus ca. so lang wie die Kr.röhre, mehr als doppelte Fr.länge.* V–VI. 2n = 48.

Halbtrockene Rasen, trockene Moorwiesen; ±trockene, warme, humose, meist kalkhaltige, auch steinige, tonige Böden. – Selten: Pomm., Anh., Thür., Frank., Maingeb., Donaugeb.; früher Pfalz (Pechsteinkopf). – Engl., Skand. bis Alp.-vorland, Rußl.; euras-kont.

2732. S. helenítis (L.) Sch. et Thell. em. Cufod. Spatelblättriges G.

♃, *H.* – H. 0,50–1,00. *St. aufrecht, gestreift,* unten oft rötlich; *B. unterseits wollig-filzig, Rand umgerollt;* Grdb. klein, dem Boden angepreßt, Stb. spatelig oft st.umfassend sitzend od. kurz gestielt; *Hüllb. an der Spitze rötlich; Pappus etwas länger als die Kr.röhre.* V–VI. [= ssp. helenítis (Gmel.) DC.]

ssp. salisburgénsis Cufod. (= S. pratensis DC.); *Pfl. kleiner (0,30–0,60), später deutlich verkahlend, mit* ***kahlen*** *Fr.*-ö. Rasse.

Flachmoore, Moorwiesen, lichte Laubwälder; ± feuchte, meist kalk- u. nährstoffarme, auch torfige, tonige Böden. – Selten u. zerstreut vom Eifel-, Lahn-, Eder-, oberem Weser-, Werrageb., S-Harz u. Thür. bis Pfalz, sw. Geb. (Baar bis 850 m), Donaugeb. u. Alp. (bis 800 m). – Belg., Frankr. bis M-Eur.; subatl.

2733. S. ovirénsis (Koch) DC. Kärntner G.
[= S. alpestris (Hoppe) DC.]

♃, *H.* – H. 0,20–0,60. *W.stock schief, reichfaserig; St. dr.;* B. spinnwebig, später kahl. *Grdb. verschieden lang gestielt,* (ei-)lanzettl., *grobgezähnt, zur Bl.zeit meist verwelkt, mittlere Stb. leicht herzförmig, sitzend; Hüllb. an der Spitze purpurn;* Bl. hellgelb; junge Fr. manchmal flaumig. V–VII. 2n = 46–50.

Subalp. Hochstaudenfluren, Bachufer, Läger; feuchte bis nasse, nährstoffreiche tonige u. lehmige Böden. – Sehr selten, nur Berchtesgadener Alp. (bis 1790 m). – O-Alp., jugosl. Gebg.; o-praealp.

2734. S. rivuláris (W. et K.) DC. Krauses G.
(= S. crispatus DC.)

♃, *H.* – H. 0,30–1,00. *W.stock abgebissen; St. meist kahl; B. spinnwebig-flockig, Grdb. langgestielt, grobgezähnt; Infl.-Stand locker;* Körbe langgestreckt; Stiele dr.haarig. V–VI.

Staudenfluren feuchter Wälder, Waldbäche, Feuchtwiesen, Auenwälder; ± nasse, nährstoff- u. humusreiche, meist kalkarme Lehm- u. Tonböden. – Zerstreut bis stellenweise verbreitet: Schles., Sud. u. Vorland, oberschles. Ebene; zerstreut bis selten: Ostpr., Oberlausitz, Vogtland, Erzgebg., Thür. Wald, s. Bay. Wald, Donaugeb. (Deggendorf), Alp.vorland (Laufen). – ö. M-Eur., Pol., W-Rußl. bis Karp., O-Alp.; o-praealp.

2735. S. tubicaúlis Mansf. Moor-G.
[= S. palustris (L.) DC.]

⊙, (♃), *H.* – H. 0,15–0,60. *St. rinnig, daumendick; B. dicklich,* wellig, *grobgezähnt* (selten sehr tief), *zur Bl.zeit meist abgefallen; Körbe zahlreich u. dicht,* Hüllb. spitz; Bl. hellgelb; Fr. gelblich; *Pappus 2- bis 3mal so lang wie die Fr.* VI–VII. 2n = 48.

Teichrand- u. Altwasseruferges., Grabenränder etc.; nasse, nährstoffreiche torfig-tonige Schlammböden. – Selten u. zerstreut im n. Geb. ö. bis Ostpr., s. bis Westf. über Anh., Sachs. bis Lausitz u. Schles. – Engl., N-Frankr., Belg. über Dän., S-Schwed., D. bis Tschech., Rußl., Sib.; euras-kont.

2. Subgen. S e n é c i o
1. Sect. R e n i f ó r m e s

2736. S. alpínus (L.) Scop. (= S. cordatus Koch) Alpen-G.

♃, *H.* – H. 0,30–1,00. *St. aufrecht, kantig; B. oben dunkelgrün, unten spinnwebig, mittlere B. fast gerade abgeschnitten bis schwach herzförmig; Körbe wenige, endständig;* Hüllb. flaumig, braungrün; Bl. gold-(orange-) gelb; *Pappus 3 mal so lang wie die Fr.* VII–IX. 2n = 20.

Lägerfluren, Alp.weiden, Hochstaudenfluren, um Almhütten etc.; ± feuchte, nährstoff- u. N-reiche tiefgründige Böden. – Zerstreut: Alp. (bes. ö. u. m. Teil; bis 1860 m), Alp.vorland, Bodenseegeb. – Alp. – praealp-alp.

2737. S. subalpínus Koch Berg-G.

♃, *H.* – H. 0,30–0,70. *W.stock walzig knotig; St. kantig; B. beidseitig grasgrün, unterseits heller u. auf den Nerven behaart; obere B. oft mit großen, gelappten, st.umfassenden Öhrchen; Körbe* locker ebensträußig *auf ± langen Stielen;* Hülle becherförmig; Hüllb. grün; Bl. dottergelb; VII–IX. 2n = 40.

Hochstaudenfluren, Läger, Quell- u. Bachuferfluren; feuchte, nährstoffreiche, kalkreiche u. -arme, lehmig-tonige Böden. – Selten: Thür. Wald; zerstreut: Bay. Wald (900–1430 m). – O-Alp., Karp., N-Balk.; o-praealp.

2. Sect. S a r r a c é n i c i

2738. S. dorónicum L. Gemswurz-G.

♃, *H.* – H. 0,20–0,40. *St. aufrecht, ± spinnwebig-wollig,* selten in mehrere 1köpfige Äste verzweigt; *B. lederig,* obere halbst.umfassend-sitzend; *Körbe groß (bis 6 cm); äußere Hüllb. ca. 1/2mal so lang wie die inneren, schmal, dunkel, ±* wollig; *Zungenbl. oft unterseits behaart;* Fr. kahl, 1/2mal so lang wie der Pappus. VII–VIII. 2n = 40, 80.

Subalp.-alp. Magerrasen; frische bis ±trockene, kalkhaltige, humusreiche Böden. – Zerstreut: Alp. (1690–2200 m; bes. Allgäuer Alp.). – Span. Gebg. über Alp. bis O-Karp.; Balk.; alp.

2739. S. paludósus L. Sumpf-G.

♃, *H.* – H. 1,00–1,70(2,70). *Pfl. ohne Ausläufer; St. steif, hohl,* rinnig; *unterste B. schuppig, zur Bl.zeit vertrocknet,* B. stark sägezähnig, oberseits kahl, unterseits ebenso od. spinnwebig bis filzig; *Körbe bis 4 cm ∅, ebensträußig; Hüllb. am Grd. wollig, an der Spitze bräunlich, bärtig;* Pappus so lang wie die Kr.röhre der Scheibenbl.; Fr. 1/3mal so lang wie der Pappus. VII–VIII. 2n = 40.

Uferstaudenges., Großseggenbestände, Röhrichte, Bruchwälder, Verlandungszonen; ± nasse (zeitweilig überflutete), nährstoffreiche, humose (auch torfige) tonige Böden. – Ziemlich zerstreut (nur stellenweise in den Tälern od. im Tiefland häufiger) im n. (bes. Unterlauf der Flüsse), w. u. s. Geb. (s. bis Alp.vorland 550 m); selten im m. Geb. – Engl., Schwed. bis s. Eur., Rußl., N-As.; euras-submed.

2740. S. fluviátilis Wallr. Fluß-G.

♃, *H.* – H. 0,60–1,50. *Pfl. mit zahlr. Ausläufern; St. unten kahl, oben flaumig-dr.;* B. steil aufrecht, kahl, gezähnt, *B.-Grd. nie stielartig; Körbe ca. 3 cm ∅, in dichtem Ebenstrauß;* Hüllb. sitzend, dr.flaumig; Fr. kahl, mehrfach gerieft, $^1/_3$mal so lang wie der Pappus. (im Habitus ähnlich wie S. paludosus). VIII–IX. 2n = 40.

Uferstaudenges., Flüsse, Teiche, Altwässer, Weidengebüsche etc.; nasse (zeitweilig überflutete), nährstoffreiche, auch kiesig-steinige tonige Böden. – Selten u. zerstreut, bes. im Geb. der größeren Flüsse des n. Geb. (ö. bis Ostpr.); selten an den Flüssen des m. (z. B. Saale) u. s. Geb. (s. bis Alp.vorland). – (Engl.), Frankr., D. bis s. Eur., Rußl., Sib.; euras-kont-submed.

2741. S. nemorénsis L. Hain-G.

♃, *H.* – H. 0,60–1,50. *Pfl. ohne od. mit kurzen Ausläufern; St.* behaart, *grün, locker beblättert; B.* bis 20 cm lang, *knorpelig gezähnt, zwischen den Zähnen gewimpert,* schräg steif abstehend, unterseits behaart; Bl. leuchtend gelb, duftend; *Hüllb. behaart;* Pappus 3mal so lang wie die Fr. VII–IX.

ssp. n e m o r é n s i s; typ. Unterart. 2n = 40.

Hochstaudenfluren, Schluchtwälder; feuchte, ±nährstoff- u. basenreiche, lockere, oft steinige, lehmige Böden. – Zerstreut im m. u. s. Berggeb. (Alp. bis 920 m), n. bis etwa S-Nieders.–S-Brand.–Sachs.–Schles.–praealp(-no).

ssp. f ú c h s i i (Gmel.) Čelak. (= S. fuchsii Gmel.); St. rot; Stiel der mittleren u. oberen B. wenig geflügelt; B. beidseitig u. zwischen den Zähnen kahl, die 8 Hüllb. ebenfalls kahl. 2n = 40.

Kahlschlagges., Buchenwälder; frische, nährstoff- u. N-reiche, humose lockere lehmige Böden. – Zerstreut im Bergland des s. Geb. (Alp. bis 2000 m), im m. Geb. selten. – w. M-Eur. bis O- u. SO-Eur., Finnl., Ural, Kauk.; subatl-submed(-praealp).

3. Sect. I n c á n i

2742. S. incánus L. Weißgraues G.
(= S. carniolicus Willd. p.p.)

♃, *H.* – H. 0,05–0,15. St. aufrecht, an der Spitze ebensträußig-ästig; *obere B. ganzrandig bis einfach gefiedert,* untere fiederig gelappt; *Hüllb. außen schwarzfilzig;* Fr. 2 mm, kahl; Pappus 4 mm. VII–IX. 2n = 40–120(~160?).

Alp. Magerrasen u. Weiden; ±feuchte, silikatreiche, kalkarme, grusig-steinige Böden (auch Bachalluvionen). – Sehr selten, nur Allgäuer Alp. (Rappensee, Fellhorn; 1950–2090 m). – O-Alp., Karp.; o-alp.

4. Sect. J a c o b ǣ a e

2743. S. abrotanifólius L. Eberrauten-G.

♃, *(Ch)*. – H. 0,15–0,40. *St. niederliegend bis aufsteigend, wenigköpfig; B.* ± unbehaart, untere doppelt, obere einfach fiederteilig, sitzend, *mit durchscheinendem Rand; Hüllb. an der Spitze schwach bärtig;* Bl. orangegelb; Pappus schmutzig-weiß. VII–IX. 2n = 40.

Subalp. Zwergstrauch- u. Krummholzformationen, Steinrasen; ±trockene, warme, humose, flachgründige, steinige Böden. – Zerstreut: Berchtesgadener Alp. (1400–1900 m). – ö. Alp., illyr. Gebg., Balk.; o-alp.

2744. S. erucifólius L. Raukenblättriges G.

♃, *H*. – H. 0,30–1,25. *Pfl. mit Ausläufern; St. aufrecht, kantig, meist rötlichbraun, oben mit* ∞ *Körben in Ebensträußen; B. graugrün,* tief fiederteilig eilänglich, *oberseits ±flockig, unten spinnwebig, später kahl;* Hüllb. spinnwebig; Fr. kurzhaarig. VII–IX. 2n = 40. Umfaßt:

ssp. e r u c i f ó l i u s; typ. Unterart; s. obige Diagnose. – Verbreitet.

ssp. t e n u i f ó l i u s (Jacq.) H. Rchb.; *B. grün, die schmalen Abschnitte am Rande gerollt.* – Selten: Brand., Hess., Schl.Holst. – euras-kont.

Halbtrockenrasen, Böschungen, Moorwiesen, Wegränder etc.; ±trockene, warme, meist kalkhaltige u. tiefgründige Lehmböden. – Verbreitet bis zerstreut im m. u. s. Geb. (Alp. bis ca. 1000 m); selten bis zerstreut im nw. Geb. (n. des westf. Kalkgeb.); ö. seltener bis Ostpr., Sachs., Schles. – Engl., Skand. bis S-Eur., Sib., Kauk.; euras-submed.

2745. S. jacobǣa L. (Abb. 430 a–e) Jakobs-G.

♃, ⊙, *H*. – H. 0,30–1,00. *St. kantig-rillig, wie die B. locker spinnwebig, verkahlend;* untere B. leierförmig, fiederig, *Endlappen ± eiförmig, stumpf,* gekerbt, *mittlere Stb. geöhrt, wie die oberen stark geteilt;* Körbe in dichtem Ebenstrauß, Stiele aufrecht; Bl. goldgelb; Pappus leicht abfallend. VII–IX. 2n = 32, 40, 80.

Fettweiden, Feldraine, Böschungen etc.; ±frische u. nährstoffreiche, tiefgründige, auch steinig-sandige Lehmböden. – Verbreitet bis zerstreut im ganzen Geb. (Alp. bis 1570 m). – Engl., Skand. bis S-Eur., N-Afr., Sib., Kl.As., Kauk.; (N-Am.); euras-subozean-submed.

2746. S. aquáticus Huds. Wasser-G.

⊙, *H*. – H. 0,15–0,60. *St. aufrecht, oben ± kahl, rund, schwach gestreift; B. kahl, untere fiederig länglich elliptisch mit großem Endlappen, oberste lineal-länglich fiederteilig mit schmalem Endlappen;* Körbe ebensträußig; *Hüllb.* spitz, *grün, weiß berandet;* Bl. gelb; Fr. ca. 2 mm lang, gerieft, Pappus ca. doppelt so lang. VII–VIII(-X). 2n = 40.

Feuchtwiesen, Flachmoore, Grabenränder, Quellfluren; staunasse, meist kalkarme (bis -freie), nährstoffhaltige tonige od. torfige Böden. – Verbreitet im nw. u. s. Geb. u. vielerorts häufig (Alp. bis 870 m), nach O abnehmend, sonst zerstreut bis selten. – Skand., W- u. M-Eur. bis Pol., N-Ital.; subatl.

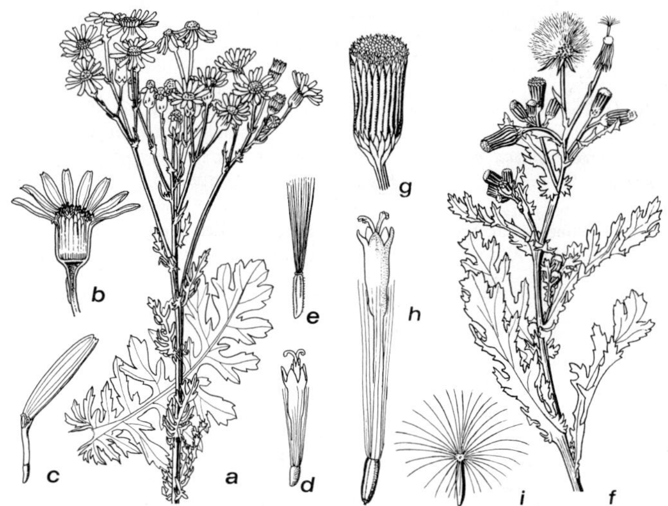

Abb. 430. *Senecio* spp., *a–e S. jacobaea* (*a* Sproßspitze u. Stengelblatt; *b* Blütenstand, längs geschnitten; *c* Rand-, *d* Scheibenblüte; *e* Frucht), *f–i S. vulgaris* (*f* Sproßspitze, *g* Blütenstand, *h* Blüte, *i* Frucht).

2747. S. erráticus Bertol. Spreizblättriges G.

⊙, *H.* – H. 0,30–1,00. *St. von unten an verzweigt;* B. kahl, leierförmig fiederteilig, *unterste mit großen herz(ei-)förmigen Endlappen u. wenigen Seitenabschnitten; Körbe unter 20 mm ∅;* Bl. hellgelb; *Fr. scharf gerippt.* VII–VIII. Umfaßt:

ssp. e r r á t i c u s; typ. Unterart. – Zerstreut.

ssp. b á r b a r e a e f ó l i u s (Wimm. et Grab.) Hegi; *St. über der Mitte verzweigt, Körbe über 20 mm ∅; Fr. zart gerippt.* 2n = ca. 40. – Zerstreut bis selten: nur im n. Geb.

Unkrautges., Wegränder etc.; Grabenränder, Wiesen (ssp. bárbareaefolius); ±feuchte, nährstoff- u. N-reiche tiefgründige Böden. – Zerstreut u. selten, unbeständig, von der Ebene bis ca. 450 m (vereinzelt höher), bes. n. u. m. Geb. (z. B. Niederrhein, Schles., Westpr., Ostpr.). – Engl., N-D. bis S-Eur., N-Afr., Kl.As., Syr.; submed(-subatl).

2748. S. rupéstris W. et K. Fels-G.
(= S. nebrodensis DC. non L.)

⊙, ⊙, (♃), *Th, H.* – H. 0,20–0,60. *Pfl. mit unangenehmem Geruch; St.* aufrecht, *kahl od. spinnwebig,* gerillt; B. breit fiederspaltig, *untere in den Stiel verschmälert,* obere herzförmig, sitzend, gerollt; *Infloreszenzstand locker,* trugdoldig; Bl. hellgelb; *Fr. walzlich, gerieft, angedrückt behaart.* V–VIII. 2n = 20.

Subalp. Unkrautges., Wegränder, Läger, Almhütten etc.; ±feuchte, kalkhaltige, humose (oft steindurchsetzte) lehmige od. tonige Böden. – Zerstreut, nur Berchtesgadener Alp. (ca. 900–1600 m; so z. B. Schneibstein, Wimbachtal, Endstal). – Alp., Niederösterr., Mähren, Apenn., Balk.; o-alp.

5. Sect. Ánnui

2749. S. vernális W. et K. Frühlings-G.

⊙, ①, *Th, H.* – H. 0,15–0,45. *St. oben ästig, spinnwebig, gelblichgrün;* Grdb. keilig-länglich, gestielt, ± gelappt, *Stb. halbst.umfassend sitzend,* Abschnitte ± dreieckig-flächig, *kraus; Körbe in lockerem Stand;* Bl. hellgelb; *Fr. ca. 3 mm lang, länglich, angedrückt behaart, gerieft; Pappus doppelt so lang, schneeweiß.* V–XI. 2n = 20.

Unkrautges., Äcker, Schutt, Wegränder etc.; ±trockene, warme, nährstoffreiche, ±kalkarme, lehmige od. sandige Böden. – Verbreitet im ö. u. nö. Geb., im w. Geb. zerstreut (zunehmend). – W-As., O-Eur., westwärts wandernd; o-submed(-kont).

2750. S. viscósus L. Klebriges G.

⊙, *Th.* – H. 0,15–0,50. *Pfl. unangenehm riechend; St. klebrig,* aufrecht od. hin- u. hergebogen, gestreift, *reichblättrig, in der Jugend wie die B. spinnwebig;* B. eckig-lappig fiederspaltig, untere gestielt, obere sitzend, kaum st.umfassend; *zahlreiche Körbe in lockerem Ebenstrauß; Hüllb.* grün, spitz, *ohne schwarze Spitze; Pappus weiß,* weich, *3mal so lang wie die* gerieften, ± *kahlen Fr.* VI–X. 2n = 40.

Schuttunkrautges., Steinschuttfluren, Kahlschläge etc.; ±trockene u. nährstoffreiche, ±kalk- u. humusarme, oft steinige Böden. – Verbreitet (Alp.vorland bis ca. 900 m), im n. Geb. zerstreuter, fehlt Alp. – Engl., Skand. bis S-Eur., Armen.; (As., Am.); subatl-submed.

2751. S. sylváticus L. Wald-G.

⊙, *Th.* – H. 0,15–0,80. *Pfl. ohne widerlichen Geruch; St.* aufrecht, *spinnwebig; B. trübgrün, unten heller,* untere kurzgestielt, leierförmig, fiederspaltig, *obere verschmälert sitzend (nicht herzförmig!); Körbe anfangs dichtstehend;* Bl. hellgelb; *Fr. schwach gerillt, 2–2,5 mm, borstig; Pappus schmutzig-weiß, doppelt so lang wie die Fr.* VI–VIII. 2n = 40.

Waldlichtungen u. -schläge, Waldwegränder, Heiden; ± trockene, nährstoffhaltige, meist kalkarme, oft sandig-humose Böden. – Verbreitet u. geb.weise häufig, bes. in den kalkarmen Eichenwaldgeb.; fehlt Alp. – Engl., Skand. bis s. Eur., W-As.; (N-Am.; heute weltweit verschleppt); subatl-submed.

2752. S. vulgáris L. (Abb. 430 f–i) Gemeines G.

⊙, ①, (♃), *Th, H.* – H. 0,10–0,30. *St. stark ästig;* B. ± verkehrtlanzettl., *buchtig gelappt mit dreieckigen Abschnitten,* ± kahl od. *mit zottigem Mittelnerv, untere mit breit geflügeltem Stiel,* obere (selten geöhrt) sitzend; Körbe klein; *innere Hüllb. ± glänzend, an der Spitze bräunlich-*

schwarz; Bl. hellgelb, *sehr selten wenige Zungenbl. vorhanden;* Fr. ca. 2 mm lang, flaumig; Pappus seidig, weiß. II–Frost, oft I–XII. 2n = 38, 40.
Unkrautges., Äcker, Gärten, Schutt, Brachen etc., Waldschläge; frische, nährstoffreiche, ±humose, lockere, meist sandig-lehmige Böden. – Verbreitet u. häufig (Alp. bis 1860 m). – Gem. Zonen von Eur. u. As. (Am., Afr., Austr.; heute weltweit verschleppt); med-euras.

Bastarde:
S. alpinus × aquaticus (= S. × ovensis E. Hepp), S. alpinus × erucifolius ssp. erucifolius (= S. × lyratifolius Rchb.), S. alpinus × jacobaea (= S. × reisachii Gremblich), S. erraticus ssp. barbareaefolius × aquaticus, S. erucifolius ssp. erucifolius × aquaticus, S. erucifolius ssp. erucifolius × jacobaea (= S. × liechtensteinensis J. Murr), S. jacobaea × aquaticus, S. rupester × silvaticus (= S. × heimerlii F. Müllner), S. rupester × viscosus (= S. × subnebrodensis Simk.), S. vernalis × vulgaris (= S. × helwingii Beger), S. viscosus × silvaticus (= S. × viscidulus Scheele), S. vulgaris × silvaticus.

8. Trib. Calendúleae

751. Caléndula L. — Ringelblume

x = 7, 8, 9

I. Bl.köpfchen über 2 cm Durchmesser, zur Fr.zeit aufrecht .... **2753. C. officinalis**
II. Bl.köpfchen stets unter 2 cm Durchmesser, zur Fr.-zeit nickend*) .... **2754. C. arvensis**

2753. C. officinális L. — Garten-R.

⊙, selten ①, *Th, (H).* – H. 0,25–0,50. *Pfl. in allen Teilen stark aromatisch riechend;* W. spindelig *mit zahlreichen Fasern;* St. erst oben verzweigt, bis oben beblättert, kurz-flaumig behaart; B. ganzrandig od. entfernt-kleingezähnt, *untere spatelig, langgestielt,* obere länglich lanzettl., *zerstreut behaart, am Rande bewimpert; Kr.* (heller bis) *dunkel-goldgelb bis rötlichgelb; Fr. gekrümmt sta., äußere kaum geschnäbelt, die meisten kahnförmig, äußere geflügelt,* am Rücken besta., *innere kreisförmig gerollt.* VI bis erste Fröste. 2n = 28, 32.
Kultiviert als Zierpfl., gelegentlich auf Schuttplätzen verwildert. – Heimat od. Herkunft der Stammform evtl. Med.

Drogen: Flores Calendulae, Flores Calendulae sine Calycibus

*) Kümmerexemplare von C. officinalis können sich im Habitus solchen von C. arvensis nähern.

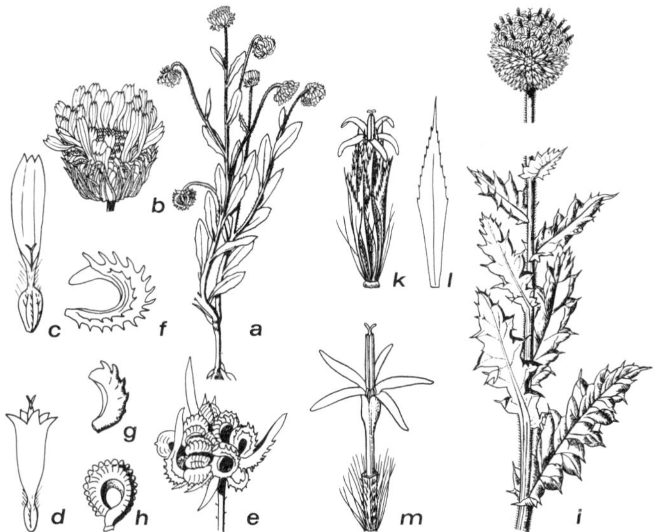

Abb. 431. *a–h Calendula arvensis* (*a* Habitus, *b* Blütenstand, *c* Rand-, *d* Scheibenblüte; *e* Blütenstand zur Fruchtzeit, *f–h* Früchte); *i–m Echinops sphaerocephalus* (*i* Sproßspitze, *k* Teilblütenstand, *l* Hüllblatt, *m* Blüte).

2754. C. arvénsis L. (Abb. 431 a–h) Acker-R.

⊙, *Th.* – H. 0,10–0,20. *W. spindelig; St. flaumig behaart;* B. alle länglich lanzettl., *untere kurzgestielt, etwas gezähnelt; Hüllb. des Körbchens an der Spitze oft rötlich; Kr. hellgelb; äußere Fr. geschnäbelt,* auf dem Rücken weichsta., *wenige kahnförmig, innere zu einem Ring gekrümmt,* warzig. V–X. 2n = 36, 44. Unkrautges., Äcker, Weinberge, Wegränder, Schutt; ±trockene, warme, nährstoffreiche, sandig-steinige, lehmige Böden. – Selten im m. u. s. Geb. (bes. Anh., Thür., Main-, Neckar-, Oberrheingeb., Pfalz), sonst selten eingeschleppt u. oft nur vorübergehend. – Med., N-Afr., W-As., (W- u. M-Eur.); submed-med.

752. *Echinops* L. Kugeldistel

x = 8

2755. E. sphaerocéphalus L. (Abb. 431 i–m) Blaue K.

♃, *H.* – H. 0,60–1,50. *St. einköpfig (Köpfe 2. Ordnung),* verzweigt; B. fiederspaltig, buchtig-dornig, *oberseits schwach klebrig, weichhaarig, unterseits wie der St. wollig-filzig; Hüllb. (der Körbe erster Ordnung) auf dem Rücken drüsig-flaumig; Kr. weißlichgrün; Stbbtl. stahlblau; Fr. mit bis zur Hälfte fransigem Pappuskrönchen.* VI–VIII. 2n = 30, 32.

Kultiviert u. vereinzelt verwildert u. eingebürgert an Ufern, Dämmen, Schuttplätzen etc.; ± trockene, warme, nährstoffreiche lehmige od. tonige Böden. – Selten, bes. im m. u. s. Geb. – S-Eur., S-, M- u. W-As.; (u. a. W-, M-Eur.); submed.

753. *Xeránthemum* L. Spreublume

x = 6

2756. X. ánnuum L. (Abb. 432 a–d) Strohblume

⊙, *T.* – H. 0,25–0,60. St. aufrecht, *unterhalb der Mitte verzweigt, Pfl. locker sparrig; St. u. B. (unterseits) graufilzig; Hüllb. sta.spitzig, mehrreihig,* innere länger als die äußeren, *rosa- bis purpurrot; Spreub. stechend; Fr.* 3–5 mm, *schwach gekrümmt.* VI, VII. 2n = 12.

Kultiviert u. gelegentlich vorübergehend verwildert auf trockenen, warmen Böden. – Heimat: Med. bis S-Rußl., transkasp. Geb., Vorderas.

754. *Carlína* L. Eberwurz

x = 10

I. St. hoch, aufrecht, meist vielköpfig; Körbe nur bis 3,5 cm groß . . . . **2757. C. vulgaris**

II. St. meist (Ausnahme ssp. simplex) sehr kurz (bis ca. 2 cm), einköpfig; Korb sehr groß (bis 7 cm) . . . . **2758. C. acaulis**

2757. C. vulgáris L. (Abb. 432 g–h) Gewöhnliche E.

⊙ (–⊙), *(Th), H.* – H. 0,15–0,50. *St. aufrecht, meist mehrköpfig-ebensträußig;* B. wellig-kraus, länglich-lanzettl., ± buchtig gezähnt bis dornig fiederspaltig; *die strohgelben strahligen Hüllb. bis zur Mitte bewimpert; Pappus so lang wie die Fr.* VII–IX. Umfaßt:

ssp. v u l g á r i s ; typ. Unterart; s. obige Diagnose. 2n = 20. – Verbreitet.

Abb. 432. *a–d Xeranthemum annuum* (*a* Habitus; *b* Rand-, *c* Scheibenblüte; *d* Frucht); *e–h Carlina* spp., *e–f C. acaulis* (*e* Habitus der var. acaulis, *f* Blüte), *g–h C. vulgaris* (*g* Habitus, *h* Blüte).

ssp. intermédia (Schur.) Hayek.; *untere B. flach, obere basal krauswellig, mit weichen Dornen; Hochb. durch die Hüllb. verdeckt.* 2n = 20. – Zerstreut: Bay. (Alp.vorland).

ssp. longifólia (Rchb.) Arcang.; *St. meist wenig- bis einköpfig; B. weicher, oberste wenig geteilt, flach; Hochb. durch die Hüllb. nicht ganz verdeckt; äußere und innere Hüllb. ca. gleichlang.* – Zerstreut: Bay. Alp.; auf Matten u. Weiden.

Halbtrockenrasen, Magerrasen, Weiden, Weg- u. Waldränder; ±trockene, warme, meist kalkhaltige u. oft steinige, rohe lehmige od. tonige Böden. – Verbreitet im m. u. s. Geb. (Alp. bis 1450 m); im n. Geb. selten, im äußersten NW über größere Strecken fehlend. – Skand. bis S-Eur., Sib., Kauk.; euras-submed.

2758. C. acaúlis L. (Abb. 432 e–f) Stengellose E., „Wetterdistel"

♃, *H.* – H. 0,03(–0,20 var. alpina). – *St. kaum sichtbar; B. dem Boden angepreßt,* tief fiederspaltig, wehrhaft dornig; äußere Hüllb. fiederspaltig-sta., *innere glänzend-weiß, um das Körbchen strahlig ausgebreitet; Pappus doppelt so lang wie die Fr. gelbweiß.* VII–IX. 2n = 20.

ssp. a c á u l i s ; typ. Unterart; s. obige Diagnose. – Trockenrasen des s. u. sö. Geb.

ssp. s í m p l e x (W. et K.) Arcang. *St. aufrecht, bis 0,20 hoch, beblättert; B. derb, kraus,* fiederspaltig. – Bes. im w. u. s. Geb.

Magerweiden, Trockenrasen, Halbtrockenrasen, Böschungen, Wegränder etc.; ±trockene, warme, ±nährstoffhaltige, meist steinige u. kalkreiche (ssp. simplex) lehmige od. tonige Böden. – Selten im nö. Geb., ö. Schles. bis Westpr., Ostpr.; fehlt im NW; zerstreut bis stellenweise verbreitet im m. (bes. Thür.), sw. (bes. Bad.-Württ.) u. s. Kalkgeb. (Alp. bis 2120 m). – s. M- u. S-Eur., ö. bis M-Rußl., Rum.; praealp (-submed).

Droge: Radix Carlinae

755. *Árctium* L. Klette

x = 9

I. Innere Hüllb. mit gerader Spitze, Körbchen spinnwebig-wollig . . . . 2759. **A. tomentosum**
II. Hüllb. mit hakenförmiger Spitze, Körbchen schwach flaumig od. kahl
  A. Hüllb. bis in die Spitze hellgrün, kahl; Stiele der Grdb. markerfüllt . . . . 2760. **A. lappa**
  B. Zumindest innere Hüllb. gegen die Spitze rötlich; Stiele der Grdb. hohl
    1. Körbchen kahl, größer als 3 cm; Hüllb. u. Bl. etwa gleichlang . . . . 2762. **A. nemorosum**
    2. Körbchen flaumig, meist wesentlich kleiner als 3 cm; (innere) Hüllb. kürzer als die Bl. . . . . 2761. **A. minus**

1. Sect. G l a n d u l ó s a

2759. A. tomentósum Mill. (Abb. 433 e–f) Filzige K.

⊙–⊙, *Th. H.* – H. 0,50–1,25. *W. dick,* fleischig, *braun; St. aufrecht, flaumig behaart; Grdb. mit markigem Stiel, oberseits ± kahl, unterseits schmutzig-weißfilzig; Gesamtinfloreszenz ebensträußig;* Hüllb. stechendspitzig; Kr. purpurn. VII, VIII(–IX). 2n = 36.

Schuttunkrautges., Wegränder, Ufer; trockene bis frische, nährstoffreiche, meist kalkhaltige u. sandig-steinige Lehmböden. – Verbreitet bis zerstreut im m. u. s. Geb. (Alp. bis 1430 m); selten u. zerstreut im n. Geb. – Engl., Skand. bis s. Eur., Sib., Kauk.; euras-kont.

Droge: Radix Bardanae

Abb. 433. *Arctium* spp., *a–d A. minus* (*a* Sproßspitze; *b* Blütenstand, *c* Blüte längs geschnitten; *d* Frucht); *e–f A. tomentosum* (*e* Blüte, *f* inneres Hüllblatt), *g A. lappa* (Sproßspitze), *h A. nemorosum* (Sproßspitze).

2. Sect. E g l a n d u l ó s a

2760. A. láppa L. (Abb. 433 g) Große K.

⊙, *H.* – H. 0,60–1,70(–3,00). W. fleischig; *St. markerfüllt, Äste aufrecht;* B. groß (Stiel + Spreite bis 80 cm), oberseits dünn flaumig, *unterseits dünn graufilzig,* rundlich bis herzförmig; *Körbchen locker angeordnet;* Kr. purpurrot; *Fr. schwarz, runzelig.* VII–IX (X). 2 n = 32, 36.

Schuttunkrautges., Wegränder, Zäune, Ufer, Böschungen; trockene bis frische, nährstoffreiche, oft sandige od. steinige Lehmböden. – Zerstreut im nö. Geb., sonst verbreitet u. vielfach häufig (Alp. bis 1100 m). – Engl., Skand. bis S-Eur., Kl.As., Kauk., Sib., Altai, Him., Chin., Jap.; (N- u. S-Am.); euras (-submed).

Droge: Radix Bardanae

2761. A. mínus (Hill) Bernh. (Abb. 433 a–d) Kleine K.

⊙–⊙, *Th–H.* – H. 0,50–1,10. *Pfl. sparrig; B. schwach ellipsoidisch,* unterseits dünnfilzig, *später verkahlend,* oberseits flaumig; Kr. purpurrot, selten weiß. *Fr.* schwarz, *braun gesprenkelt.* VII–IX. 2 n = 36, 32.

Schuttunkrautges., Wegränder, Zäune, Ufer; trockene bis frische, nährstoff- u. N-reiche, oft sandig-steinige Lehmböden. – Verbreitet u. oft häufig (Alp. bis 1300 m). – Engl., Skand. bis s. Eur., Kauk., Marok.; (N-Am.); subatl-submed (-med).

Droge: Radix Bardanae

2762. A. nemorósum Lej. et Court. (Abb. 433 h) Hain-K.
[= A. vulgare (Hill) Evans]

⊙, *H.* – H. 1,00–2,50. Äste lang, *übergebogen, rutenförmig, schwach flaumig; Körbchen sehr groß, die oberen gedrängt beisammenstehend; Fr. bis 1 cm lang.* (Sonst ähnlich A. minus!). VII, VIII. 2n = 36. Hierzu:

ssp. p ú b e n s (Bab.) Rothm.; *Köpfchen sitzend (ausnahmsweise sehr kurz gestielt, schwach wollig; Äste aufrecht; Pfl. in allen Teilen kleiner;* H. 0,90 bis höchstens 1,40. – Selten im SW., sonstige Verbreitung unbekannt. – W-Eur.

ssp. n e m o r ó s u m; typ. Unterart. – Selten in sw. Geb. u. w. Alp.-vorland.

Schlagpflanzenges., Waldlichtungen u. -ränder der Auen- u. Bergwälder etc.; frische bis feuchte, nährstoff- u. N-reiche lehmige Böden. – Zerstreut bis selten (Alp. bis 1100 m). – Engl., Skand. bis Frankr., Schweiz, Österr., Ung., W-Rußl.; subatl.

Bastarde:
A. lappa × minus [= A. × nothum (Ruhmer) Weiss], A. lappa × nemorosum ssp. nemorosum [= A. × cimbricum (E. H. L. Krause) Hayek], A. lappa × A. nemorosum ssp. pubens (= A. × debrayi Senay), A. minus × nemorosum ssp. nemorosum [= A. × maassii (M. Schultze) Rouy], A. minus × nemorosum ssp. pubens, A. nemorosum ssp. nemorosum × nemorosum ssp. pubens, A. tomentosum × lappa [= A. × ambiguum (Celak.) Nym.], A. tomentosum × minus [= A. × mixtum (Simk.) Nym.], A. tomentosum × nemorosum ssp. nemorosum (= A. × neumanii Rouy), A. tomentosum × nemorosum ssp. pubens (= A. × bretonii Rouy).

756. *Saussúrea* DC. Alpen-Scharte, Schärtling

x = 9?

I. St. 1köpfig; B. sitzend, unterseits dicht-rauhhaarig . . 2765. S. pygmaea
II. St. an der Spitze 2- bis ebensträußig mehrköpfig; grd.ständige B. gestielt
  A. B.stiele geflügelt; B. unterseits locker spinnwebig-wollig . . . . 2763. S. alpina
  B. B.stiele ungeflügelt; B. unterseits dicht weißfilzig . . . . 2764. S. discolor

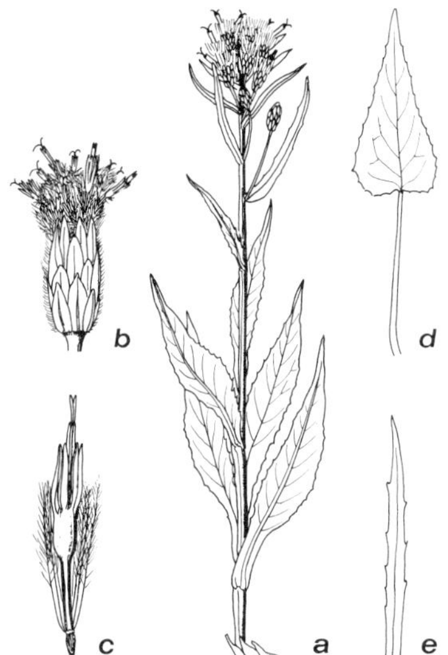

Abb. 434. *Saussurea* spp., *a–c S. alpina* (*a* Habitus, *b* Blütenstand, *c* Blüte), *d–e* Grundblätter (*d S. discolor, e S. pygmaea*).

1. Sect. C o r y m b í f e r a e

2763. S. alpína (L.) DC. (Abb. 434 a–c) Echte A.

♃, *H.* – H. 0,05–0,30(0,45). *B. oberseits zuletzt kahl, eilanzettl., am Grd. abgerundet od. verschmälert,* die st.ständigen lanzettl.; *Hüllb. eiförmig, angedrückt,* die inneren länger, *dicht behaart; Kr. violett-rot; Stbbtl. mit zwei langen spitzen Anhängseln.* VII–IX. 2n = 36, 48, 51–52, 54.

Alp. Steinrasen, Rasenbänder zwischen Felsen, an Graten; ± feuchte, kalkarme, humusreiche steinige Böden. – Zerstreut: Allgäuer Alp. (u. a. Kl.Rappenkopf, Linkerskopf, Kreuzeck, Höfats); selten: Wettersteingebg. (Alp. 1860–2400 m). – Skand., Engl., NW-Rußl., Alp., Karp., N-As., N-Am.; arkt-alp. circ.

2764. S. díscolor (Willd.) DC. (Abb. 434 d) Filzige A.

♃, *H.* – H. 0,10–0,35. *B. eiförmig-lanzettl. od. eiförmig-länglich-dreieckig, am Grd. schwach herzförmig, buchtig gezähnt; Hüllb. (innere) schmal, spitz, violett überlaufen mit rötlicher Spitze; Stbbtl. mit zwei borstenförmigen Anhängseln.* VII–VIII(–IX). 2n = 26.

Alp. Blaugrasrasen, Rasenbänder zwischen Felsen, Matten; ±feuchte, kalkhaltige, humose, steinige Böden. – Selten, nur Allgäuer Alp. (1800–2100 m). – Alp., Karp., Ural, Altai, Him.; alp-altaisch.

2. Sect. Caulescéntes

2765. S. pygmáea (Jacq.) Spreng. (Abb. 434 e) Zwerg-A.

♃, *H.* – H. 0,05–0,20. *B. lineal.-lanzettl. od. lineal.-bandförmig,* ganzrandig od. gezähnelt, *oberseits zerstreuthaarig;* innere Hüllb. länger als die äußeren, *lanzettl., mit braunem Nerv u. Rand; Kr. blauviolett; Stbbtl. mit pinseligem Anhängsel.* VII–VIII. 2n ~ 52.

Alp. Steinrasen, Felsspalten, selten in Schuttfluren; ±feuchte, kalkhaltige, humusreiche steinige Böden. – Selten, nur Bay. Alp. (1830–2350 m; u. a. Karwendelköpfe, Rote Wand bei Schliersee, H. Göll, Brett, Untersberg). – O-Alp., W-Karp.; o-alp.

Bastard:

S. pygmaea × discolor (= S. × hybrida Degen et Gayer).

757. Jurínea Cass. Silberscharte, Flockenwurz

x = 15

2766. J. cyanoídes (L.) Rchb. (Abb. 435 a–c) Purpur-S., Purpurne F.

♃, *H.* – H. 0,30–0,45. *St. locker beb.; B. unterseits weißfilzig, am Rand eingerollt,* fiederspaltig; *Körbchen fast kugelig; Hüllb. filzig grau,* mehrreihig; Kr. purpurrot; Achänen glatt, schwach grubig. VII–IX. 2n = 30.

Dünenges., Kiefernwälder, Lichtungen; trockene, warme, humose Sandböden. – Selten: Brand. (Elbe- u. Havelgeb.), n. Harzrand, Saale- u. Muldegeb. n. von Halle, Sachs. (Mühlberg), M-Rheingeb., Maingeb. (etwa Schweinfurt u. Kitzingen bis Mainz). – SW-D., M-D. bis S- u. M-Rußl., Turk., W-Sib., Altai; kont.

758. Cárduus L. Distel

x = 8, 9, 11

I. Körbchen länglich-ellipsoidisch od. walzlich .... **2773. C. tenuiflorus**

II. Körbchen kugelig od. eiförmig

  A. Körbchen groß, meist einzeln, zusammengedrückt-kugelig, 3-8 cm ∅; Hüllb. 2-8 mm br., mit einer Einschnürung

    1. Einschnürung der mittleren Hüllb. etwa in der Mitte, oberer Abschnitt breiter als der untere u. in einen plötzlich zusammengezogenen Dorn auslaufend .... **2768. C. thoermeri**

    2. Einschnürung der mittleren Hüllb. unterhalb der Mitte, oberer Abschnitt allmählich in einen langen harten Dorn verschmälert .... **2767. C. nutans**

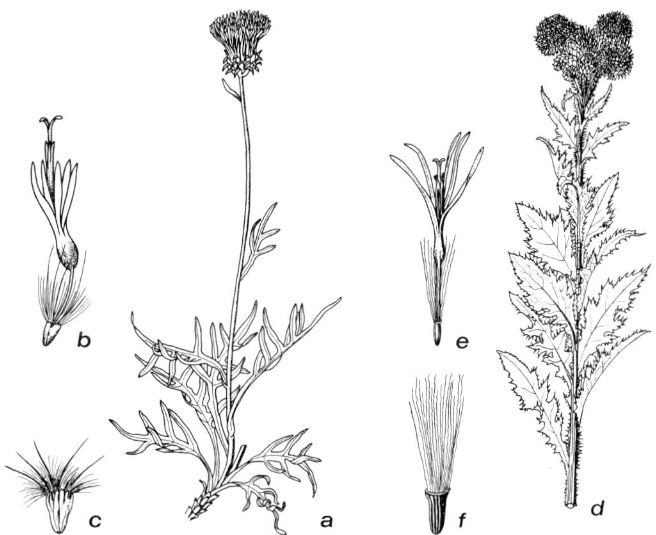

Abb. 435. *Jurinea cyanoides* (*a* Habitus, *b* Blüte, *c* Frucht); *d–f Carduus crispus* (*d* Sproßspitze, *e* Blüte, *f* Frucht).

B. Körbchen klein bis mittelgroß, 1–3 (–4) cm im ∅; einzeln od. in Gruppen; Hüllb. schmal-lanzettl. ohne Einschnürung

1. St. (ein- bis) vielköpfig, bis zum Körbchen geflügelt

a) B. unterseits mit dünnen, unseptierten, nicht krausen Haaren besetzt

x) Obere Stb. ganzrandig od. buchtig, sitzend od. st.umfassend; äußere Hüllb. kaum kürzer als die mittleren . . . . **2771. C. personata**

xx) Obere Stb. fiederspaltig bis tief geteilt, herablaufend; äußere Hüllb. wesentlich kürzer als die mittleren . . . . **2770. C. crispus**

b) B. kahl od. unterseits mit dicken, septierten, krausen Haaren besetzt . . . . **2769. C. acanthoides**

2. St. einköpfig, unter dem Körbchen ungeflügelt, ± weißfilzig . . . . **2772. C. defloratus** (incl. C. crassifolius)

Sect. C á r d u u s
Subsect. N u t á n t e s
Ser. N u t á n t e s

2767. C. nútans L. Nickende D.

(⊙), ⊙, *(Th), H.* – H. 0,30–1,50. *St.* rinnig, *spinnwebig wollig;* B. herablaufend, im Umriß lanzettl. bis verkehrt-lanzettl. mit schräg-rhomboidalen Fiedern u. *besonders an der Spitze mit z. T. ansehnlichen Dornen;* Körbchen bis 7 cm ∅, ± nickend; Kr. purpurrot, selten weiß; Fr. hellgrau bis blaßgrün. VII–IX. 2 n = 16. Umfaßt:

ssp. n ú t a n s ; typ. Unterart. – Verbreitet

ssp. a l p í c o l a (Gillot) Chass. et J. Ar.; Körbchen spinnwebig-wollig; *Hüllb. aufrecht, angedrückt, kaum zurückgebogen.* – Selten, nur eingeschleppt im SW.

ssp. m a c r o l é p i s (Peterm.) Kazmi; Körbchen ± schwach spinnwebig od. ganz kahl; *Hüllb. meist zurückgebogen, sehr selten aufrecht.* – Selten: im W. des Geb.

ssp. p l a t y l é p i s (Reichb. et Saut.) Gugl. *Körbchen ± aufrecht;* Hüllb. unterhalb der Einschnürung eiförmig, *stumpf od. in eine kurze Spitze zusammengezogen.* – Sehr selten: im Geb. nur eingeschleppt: Alp.

Schuttunkrautges., Feldraine, Wegränder, Böschungen, Magerweiden; ±trokkene, warme, nährstoff- u. N-haltige, meist kalkhaltige Böden. – Verbreitet bis zerstreut, seltener od. fehlend in kalkarmen, feuchten Geb. (Alp. u. Jura bis ca. 1000 m). – Engl., Skand. bis S-Eur., Sib., Kl.As., Kauk., N-Afr.; (N-Am.); euras-submed.

2768. C. thoerméri Weinm. Thoermers D.

(⊙), ⊙, *(Th) H.* – H. 0,30–1,50. *St.* rinnig, *kahl od. etwas spinnwebig;* B. herablaufend, *Flügel der Leisten dreieckig, dornig;* B. lederig, verlängert lanzettl., in den geflügelten B.stiel verschmälert, fiederschnittig, *Lappen am Rand zart bedornt;* Körbchen 3–8 cm ∅, *Stiele weißflockig;* Bl. 16–23 mm lang; Fr. weißgrau, Pappus weiß. VI–IX.

Unkrautges., Dämme, Böschungen etc.; ± warm-trockene, kalk- u. nährstoffreiche Böden. – Zerstreut, bes. im sw. Teil nur eingeschleppt. – O-Eur., SW-As., N-Afr.; kont-omed.

Subsect. A c a n t h o í d e s
Ser. A c a n t h o í d e s

2769. C. acanthoídes L. Stachel-D., Weg-D.

⊙, *H.* – H. 0,30–1,00. W. dick, *oft stark verzweigt; St. erst oberwärts verzweigt;* Pfl. wehrhaft sta.; *B. herablaufend, beidseitig grün, oberseits kahl,* tief fiederspaltig *mit 2-lappigen Fiedern;* Kr. purpurrot, fleischfarben, gelb od. weiß; Fr. $3^1/_2$ mm lang. VI–IX. 2 n = 22.

Schuttunkrautges., Wegränder, Viehläger etc.; ±trockene, warme, nährstoffreiche, ±basische tonige od. lehmige Böden. – Zerstreut bis verbreitet im ö., m. u. s. Geb. (Alp. bis 1600 m); selten im w. Geb., im NW über große Strecken fehlend. – Irl., Skand. bis s. Eur., Kauk.; (S-Am.); gem-kont (-submed).

Ser. C r í s p i

2770. C. críspus L. (Abb. 435 d–f) Krause D.

⊙, *H.* – H. 0,60–1,70. *B. herablaufend, oberseits dunkel- bis schwarzgrün,* unterseits wollig-filzig, *länglich buchtig bis fiederspaltig lappig;* Körbchen ziemlich klein; *Hüllb.* länglich-lineal, *etwas spinnwebig;* innere länger als äußere; Fr. hellbraun. VII–IX. 2 n = 16, 16 + 0–4 B.

ssp. c r í s p u s ; typ. Unterart; s. obige Diagnose. – Verbreitet bis zerstreut.

ssp. o c c i d e n t á l i s Chass. et J. Ar.: *Körbchen stark behaart; B. dornig u. stark geteilt.* – Sehr selten: hauptsächlich im W des Geb.

Saumges., Schuttplätze, Ufer, Gebüsche- u. Wegränder etc.; frische, nährstoffreiche lehmige od. tonige Böden. – Verbreitet, fast im ganzen Geb. (Alp. bis ca. 1000 m). – Irl., Skand. bis S-Eur., Sib., Kauk.; (Am., Jap.); euras-subozean.

2771. C. personáta (L.) Jacq. Kletten-D.

♃, (⊙); *H.* – H. 0,60–1,80. *B. herablaufend, untere breit eiförmig,* bis zur Mittelrippe gefiedert, *obere* ei- od. lanzettförmig *mit breitem Grd. ungeteilt;* Körbchen mittelgroß, *klettenähnlich; Hüllb. dunkel,* schmal, zahlreich; Kr. purpurrot, 2-lippig; Pappus weiß, *später ± fuchsrot.* VII–VIII. 2 n = 18,22.

Hochstaudenges., Ufer von Gebirgsbächen, Gebüsche, Wiesen; meist ±nasse, nährstoff- u. ±kalkreiche sandig-humose Böden. – Verbreitet in Sud. bis Vorland, selten bis Sachs. (Mulde-, Flöha- u. Neißegeb.) u. Thür. (Ziegenrück); selten; Rhöngeb., S-Schwarzwald, Baar, Jurageb. (Ries), Donaugeb.; zerstreut: Alp.vorland, Alp. (bis 2250 m). – Franz. M-Gebg. bis Sud., Alp., Karp., Balk., Apenn.; praealp.

Subsect. D e f l o r á t i
Ser. D e f l o r á t i

2772. C. deflorátus L. Berg-D.

♃, *H.* – H. 0,20–0,80. *St. aus der schiefen W. bogig aufsteigend; untere B. gestielt,* lanzettl., *obere herablaufend, sitzend,* unterseits meergrün, dornig bewimpert, gezähnt gesägt; *Hüllb. dachziegelig, weichsta.;* Kr. zweilippig, purpurrot, selten weiß; Fr. fein punktiert, runzelig; Pappus glänzend weiß. V–VIII. 2 n = 22.

Der Formenkreis von C. defloratus umfaßt mehrere, durch Übergänge miteinander verbundene Sippen. Aus dem Geb. werden neben typischem *C. defloratus* auch Formen mit unterseits bläulichen B. angegeben. Unter ihnen weisen besonders kräftig besta. Pflanzen [„ssp. *tridentínus* (Evers) Lad."] auf einen Einfluß südalpiner Populationen hin, während solche mit bloß schwach gelappten B. („*C. crassifólius* Willd.") mit einer Sippe der Karpathen u. des Alpenostrandes in Zusammenhang gebracht wurden.

Halbtrockenrasen, trockene Kiefernwälder, subalp. Felsspaltenges.; ±trockene, warme, meist kalkhaltige, humusreiche Böden. — Selten u. zerstreut: Thür., Hessen (Werrageb., Ringgau), Oberrheingeb.; zerstreut: bad-württ. Jurageb.; zerstreut bis verbreitet: Donaugeb., Alp.vorland. Alp. (bis 2350 m). — Pyren., Frankr., M-D., Alp. bis Karp., Balk., Apenn.; praealp(-submed).

Sect. Leptocéphali

2773. C. tenuiflórus Curtis — Schmalköpfige D.

☉, ⊙, *Th, H.* — H. 0,30—1,35. *St. erst über der Mitte verzweigt, mit schlaffen Ästen; B. oberseits flockig,* unterseits ± weißfilzig, buchtig-fiederspaltig, *stechend; äußere Hüllb. mit krautigem Dorn, innere unbewehrt, länger als die Bl.;* Bl. hellrot, selten weiß; *Fr. braun, spitz,* runzelig. VI—VIII.

Unkrautges., Ruderalplätze, Bahnhöfe etc.; warme nährstoff- u. N-reiche Böden. — Vereinzelt u. meist unbeständig eingeschleppt. — Heimat: W- u. S-Eur.

Bastarde:
Zwischen den Arten verschiedener Subsektionen u. Series treten häufig Bastarde auf, die aber oft sehr schwer zuzuordnen sind. Im folgenden sollen nur einige mit Sicherheit erkannte Bastarde aufgezählt werden: C. acanthoides × crassifolius, C. acanthoides × crispus, C. acanthoides × defloratus, C. acanthoides × nutans, C. acanthoides × personata, C. crassifolius × crispus, C. crassifolius × nutans, C. crassifolius × personata, C. crispus × defloratus, C crispus × nutans, C. crispus × personata, C. crispus × tenuiflorus, C. crispus × thoermeri, C. defloratus × nutans, C. defloratus × personata, C. nutans × personata, C. nutans × tenuiflorus.

759. *Círsium* Mill. — Distel, Kratzdistel

x = 17 (11, 13)

I. Bl. zweihäusig; Kronsaum bis zum Grd. 5teilig ..... **2785. C. arvense**
II. Bl. ☿; Kr.saum nur bis zur Mitte 5spaltig; Kr. deutlich 2lippig*)
  A. Blätter oberseits kurzsta. rauh; Bl. purpurn
    1. B. herablaufend, unterseits dünn spinnwebig-wollig; Körbchen ca. 4 cm .... **2783. C. vulgare**
    2. Obere B. halbst.umfassend, nicht herablaufend, unterseits filzig; Körbchen ca. 7 cm, fädig-wollig .... **2784. C. eriophorum**

*) Ausnahme: C. palustre: Kr. nur angedeutet zweilippig!

B. Blätter oberseits nicht kurzhaarig bis -sta.
1. Pfl. klein; B. nur rosettig; St. kurz, meist einköpfig . . . . **2778. C. acaulon**
2. Pfl. größer als 0,20, ästig u. mit beb. St.
a) B. herablaufend, nicht st.umfassend
x) St. bis oben beb.; Äste vielköpfig . . . . . . **2782. C. palustre**
xx) St. oben b.los, einköpfig od. mit einigen einköpfigen langen Ästen . . . . **2774. C. canum**
b) B. st.umfassend, nicht herablaufend
x) B. unterseits schneeweiß-filzig, ungeteilt od. vorwärtsgerichtet fiederspaltig . . . . . **2779. C. heterophyllum**
xx) B. unterseits grün od. (wenigstens an den Nerven) spinnw.-wollig
/) Kr. gelbweiß; B. fast kahl; Bl.körbchen von blaßgrünen Hochb. umgeben
§) St. entfernt beb.; Hüllb. in weichem Dorn endigend; Pfl. schlank **2780. C. oleraceum**
§§) St. dicht beb.; Hüllb. wehrhaft langdornig-fiederspaltig; Pfl. ± gedrungen . . . . **2781. C. spinosissimum**
//) Kr. purpurn; B. ±dünn behaart; Körbe nicht von blaßgrünen Hochb. umgeben
§) W.fasern knollig verdickt . . . . . . **2776. C. tuberosum**
§§) W.fasern nicht knollig verdickt
+) St. praktisch immer einköpfig; B. häufig ungeteilt, seltener gelappt . . . . **2777. C. dissectum**
++) St. mit 2–4 eng beisammenstehenden Körbchen; B. tiefbuchtig-fiederspaltig . . . . **2775. C. rivulare**

1. Sect. Chamǽleon
1. Subsect. Microcéntron

2774. C. cánum (L.) All. Graue K.

♃, *H.* – H. 0,30–1,50. *W.fasern verdickt-spindelig; St. oben b.los spinnwebig wollig, 1köpfig od. mit wenigen 1köpfigen Ästen; B. länglich, ungeteilt bis buchtig gezähnt* (bis fiederspaltig), *herablaufend,* unterseits grau spinnwebig, *oberseits grasgrün;* Hüllb. eiförmig, *die mittleren an der Spitze spatelig erweitert;* Kr. purpurrot; *Pappushaare an der Spitze verdickt.* VII–VIII. 2n = 34.

Flachmoore, Wiesen, Grabenränder etc.; nasse, kalkärmere, nährstoffhaltige lehmige u. tonige Böden. – Selten bis zerstreut, nur stellenweise häufiger: Sachs. (u. a. Leipzig, Dresden, Meißen, Zittau), Schles.; sonst nur adventiv. – ö. M- u. SO-Eur.; gem-kont.

2775. C. rivuláre (Jacq.) All. Bach-K.
[= C. salisburgense (Willd.) G. Don]

♃, *H.* – H. 0,30–1,20. *W.fasern sehr lang u. dünn; B. fast nur grd.-ständig, herzförmig-st.umfassend-sitzend, nicht herablaufend,* Zipfel lanzettl., *spärlich gezähnt; B. unterseits dichthaarig, an den Rändern borstig;* Körbchenhülle kugelig; *Hüllb. bräunlich, innere viel länger als äußere;* Kr. purpurn, fast nie weiß; Pappus viel länger als die Fr. V–VII(VIII). 2n = 34.

Feucht- u. Naßwiesen, Flachmoore, Quellfluren, Bachufer etc.; nasse, ±nährstoffreiche, oft kalkarme, ±humusreiche od. torfige Böden. – Selten bis zerstreut: nö. Geb. (Ostpr., Westpr.), Schles., ö. Sachs., Brand. (Lausitz), Frank., Oberrhein- u. Neckargeb., S-Schwarzwald, Baar, Schwäb. Alb–Ries, Bodensee- u. Donaugeb.; ± verbreitet: Alp.vorland u. Alp. (bis 1550 m). – M- bis O- u. SO-Eur., Rußl.; praealp-gem-kont.

2776. C. tuberósum (L.) All. Knollen-D.
[= C. bulbosum (Lam.) DC.]

♃, *H.* – H. 0,40–1,50. *St. ein- bis dreiköpfig, sehr selten auch über der Mitte mit kleinen B.;* B. unterseits etwas spinnwebig-wollig, dornig gewimpert, *tief fiederspaltig; Körbchen einzeln auf verlängerten Stielen; Hüllb. basal spinnwebig;* Kr. purpurn, sehr selten hellrot bis weiß; *Pappusborsten an der Spitze dicker.* VII–VIII. 2n = 34.

Moorwiesen, Pfeifengrasbestände, Gebüschränder, Halbtrockenrasen, Ufer, Grabenränder; ±feuchte, ±kalkhaltige, humose, sandig-tonige od. torfige Böden. – Selten: n. bis Eifel, Westf. (vereinzelt), S-Nieders., Anh. u. Sachs.; zerstreut im m. u. s. Geb., bes. N- u. M-Thür., S-Hess., sw. Geb., s. bis Alp. (bis 1250 m); fehlt im n. Geb. – W- u. M-Eur.; subatl.

2777. C. disséctum (L.) Hill Englische K.
(= C. anglicum Lam. et DC.)

♃, *H.* – H. 0,30–1,00. *B. unterseits spinnwebig-wollig,* dornig gewimpert, *wenig st.ständige vorhanden, über dem verbreiterten st.umfassenden Grd. zusammengezogen, fiederig gelappt bis ungeteilt; Hüllb. mit lanzettl. feiner Spitze.* VI–VII.

Moorwiesen, Pfeifengraswiesen, Flachmoore, Grabenränder, feuchte Heiden etc.; feuchte bis nasse, nährstoffärmere, torfige-moorige Böden. – Selten bis zerstreut im nw. Geb. etwa von Kleve, Rheine über Ostfriesland bis Old. u. n. von Bremen. – W-Eur.; atl.

2778. C. acaúlon (L.) Scop. Stengellose K.

♃, *H.* – H. 0,05–0,10(0,25). *St. wenn vorhanden, sehr kurz, Körbchen „auf der Wurzel" sitzend;* B. oberseits kahl, unterseits zerstreut kurzhaarig, länglich-lanzettl., lappig-buchtig bis fiederspaltig, *Zipfel ±eckig 3spaltig, bedornt; Hüllk. eiförmig, kahl; Hüllb. bräunlich purpurn;* Kr. purpurrot, selten weiß. VII–IX. 2n = 34, 34 + 6B.

Halbtrockenrasen, magere Weiden u. Wiesen, Böschungen, Wegränder; ±trockene, warme, kalkreiche, magere, oft steinige Lehmböden. – Verbreitet bis zerstreut im m. u. s. Geb. (Alp. bis 1600 m), nach N u. NO seltener bis ö. Schl.Holst. u. Ostpr.; in den Silikatgeb. u. im äußersten NW fehlend. – Engl., Skand. bis s. Eur., W-As.; subatl-submed.

2779. C. heterophýllum (L.) Hill Filzige K.

♃, *H.* – H. 0,5–1,0. *W.stock Ausläufer treibend; St. reichblättrig, unten spinnwebig-filzig; B. st.umfassend-sitzend, lanzettl., lange zugespitzt, gesägt;* Körbe bis 5 cm im ∅; Hüllb. ±anliegend, *grünlich, gegen die Spitze bräunlich;* Kr. dunkel-purpurrot. VII–VIII. 2n = 34.

Hochstaudenfluren, nasse Wiesen, Bachufer; nasse, ±nährstoffreiche, kalkarme, humose, sandig-tonige Böden. – Zerstreut bis stellenweise verbreitet: Schles., Oberlausitz, Sächs. Schweiz, Erzgebg., Fichtelgebg., Bay. Wald (bis 1050 m), Alp. (bis 950 m); sonst seltener: Sachs., O-Thür., Thür. Wald, Rheingeb.; im übrigen Geb. vereinzelt, n. bis Schleswig. – Isl., Engl., Skand., N-D., W-Rußl.; M- u. m. ö. D. bis Pyren., Alp., Karp., Rum., Sib.; (N-Am.); nopraealp.

2. Subsect. Xanthópon

2780. C. oleráceum (L.) Scop. Kohldistel, Wiesenkohl

♃, *H.* – H. 0,50–1,50. *B. weichdornig bewimpert, untere ± fiederspaltig* mit lanzettl. gezähnten Zipfeln, *obere ungeteilt gezähnt,* st.umfassend, *nie herablaufend,* wie die ganze Pfl. nicht wehrhaft; *Körbchen endständig gehäuft;* Hüllb. breit-eiförmig; Bl. weißgelb. VI–IX(–XI). 2n = 34. Hierzu:

var. amarantaáceum Hagenbach; *Bl. purpurrot.* – Sehr selten.

Feuchtwiesen, Naßwiesen (eig. Ges.), Ufer, Quellen, Auenwälder etc.; ±nasse, sehr nährstoffreiche, oft kalkig-humose bis sandig-tonige Böden. – Verbreitet u. vielerorts häufig (Alp. bis 2020 m); im nw. Geb. zerstreut bis selten. – Skand. bis M-Frankr., Oberital., N-Balk., Rußl., Sib.; euras (-kont).

2781. C. spinosíssimum (L.) Scop. Stacheligste K.

♃, *H.* – H. 0,15–0,70. *St. kaum verzweigt; B. alle fiederspaltig-spitzlappig, Zipfel spreizend, sehr wehrhaft dornig; Körbchen gehäuft-endständig, von schmalen sta.-fiederspaltigen Hochb. umgeben; Hüllb. in langen kräftigen Dorn auslaufend;* Kr. gelblichweiß; VI–VIII (selten IX). 2n = 34.

Alp. Lägerfluren, Weiden, im Bereich von Almhütten; feuchte, sehr nährstoff- u. N-reiche, steinig-humose tonige od. lehmige Böden. – Zerstreut bis (stellenweise) häufig: Alp. (1300–2500 m). – Alp.; alp.

Abb. 436. *a–d Cirsium vulgare* (*a* Sproßspitze, *b* Blüte, *c* Pappusborste; *d* Frucht, Pappus entfernt); *e–g Silybum marianum* (*e* Sproßspitze, *f* Blüte, *g* Frucht).

3. Subsect. Pterocaúlon

2782. C. palústre (L.) Scop. Sumpf-K.

①–⊙, *H.* – H. 0,40–1,90. *St. ästig, geflügelt-gezähnt; B.* zerstreut behaart, *in der Jugend spinnwebig,* tief fiederspaltig *mit 2spaltigen gelbdornigen Zipfeln; Körbchen an den Enden der Äste* (trugdoldig) *gehäuft, kurzgestielt; Hüllb.* nur *schwach spinnwebig, anliegend, mit abgespreizter Sta.-spitze;* Kr. purpurn, selten heller, *unregelmäßig gespalten;* Pappus etwa 3mal so lang wie die Fr. VII–VIII(IX). 2n = 34.

Flachmoor- und Vernässungsges. auf Wiesen und an Quellfluren über nassen, ± nährstoff- und kalkarmen (schwach sauren) torfigen Böden. Verbr. bis häufig, von der Ebenenstufe bis etwa 1400 m; Eur., As.; N-euras.-subatl.

Feuchtwiesenges., Flachmoore, Quellfluren, Ufer, Grabenränder, Auenwälder etc.; nasse bis feuchte, ±nährstoff- u. kalkärmere, ±saure torfig-humose tonige od. lehmige Böden. – Verbreitet u. oft häufig (Alp. bis 1450 m). – Irl., Skand. bis s. Eur., Alg., Baikalien; no-euras (-subozean).

2. Sect. E p i t r á c h y s

2783. C. vulgáre (Savi) Ten. (Abb. 436 a–d) Echte K., Speer-D.
[= C. lanceolatum (L.) Scop.]

⊙–⊙, *H, Th.* – H. 0,60–1,50. (ssp. sylvaticum bis 3,00). *St. durch herablaufende B. kraus-dornig geflügelt, mit aufrecht abstehenden Ästen; B. wellig,* länglich-lanzettl., *tief fiederspaltig, die ± schmalen Seitenzipfel dornig gezähnt u. in starken hellen Dorn auslaufend; Grdb. keilig-länglich,* lappig-fiederspaltig, wehrhaft dornig; *Körbchen einzeln an den Enden der Äste;* Hüllb. lanzettl., *in dunklen Dorn mit heller Spitze auslaufend;* Kr. hell purpurn, selten weiß(-rosa); Achäne braun. VI–IX. 2n = 56–60, 68. Umfaßt:

ssp. v u l g á r e ; typ. Unterart; s. obige Diagnose.
Schuttunkrautges., Wegränder, Ufer etc.; ±frische, nährstoff- u. N-reiche lehmige Böden. – Verbreitet (Alp. bis 1340 m).

ssp. s y l v á t i c u m (Tausch) Dostal; Pfl. sehr groß, *unverzweigt od. die Äste anliegend; B.* größer, *flach,* weicher dornig, *seicht fiederspaltig; Hüllb. weniger starr mit ±zurückgekrümmter Spitze; Achäne silbrig-weiß.* VI–VIII(IX).
Waldschläge, Lichtungen, lichte Waldschluchten; ±feuchte, nährstoffreiche lehmige Böden. – Zerstreut; fehlt Alp.

N-Skand. bis S-Eur., N-Afr., W-As., Sib.; (Am.); euras-subozean-submed.

2784. C. erióphorum (L.) Scop. Wollköpfige K.

⊙, *H.* – H. 0,70–1,50. *St. zottig-wollig; untere B.* lanzettl., *gestielt, tief fiederspaltig, Zipfel mit Dorn endigend, oberseits* grün, *steif- bis stechend-borstig;* Körbchen einzeln, kugelförmig; *Hüllb. an der Spitze erst spatelig erweitert, dann sta.spitzig;* Bl. groß (3–4 cm), violett-blaupurpurn; Pappus seidig, weiß. VII–IX. 2n = 34.

Unkrautges., Lagerplätze, Wegränder, Viehläger, um Almhütten; ±trockene, warme, ±nährstoff- u. kalkreiche, oft steinige, tonige od. lehmige Böden. – Verbreitet bis zerstreut: Bay., bes. Alp. (bis 1850 m); zerstreut im m. u. übrigen s. Geb., bes. Rheingeb., SW-D. (u. a. Main-, Lahn-, Mosel-, Saartal, Jura, Baar, Hegau etc.), Rhön, Thür.; selten n. im Harzvorland, Sachs., Erzgebg. (früher Elterlein). – Frankr. bis N-Balk., W-Rußl.; praealp-gem-kont.

3. Sect. C e p h a l o n ó p l o s

2785. C. arvénse (L.) Scop. Acker-, Feld-K.

♃, *G.* – H. 0,50–1,25(2,00). *W.stock weitkriechend; St. fast kahl, oben meist spinnwebig, ästig;* B. ungeteilt od. fiederspaltig buchtig, dornig gewimpert, *untere kurz gestielt, obere mit verschmälertem Grd. sitzend;* Körbchen klein, eiförmig-rundlich; *Hüllb. violett überlaufen mit schwarzer Spitze;* Kr. lila, selten weiß; *Pappus erst weiß, dann gelb.* VII–IX. 2n = 34, 68. Hierzu:

var. vestítum Wimm. et Grab. (= C. argenteum Vest.); *B. unterseits weißfilzig.* – Selten, unbeständig; (wahrsch. unbedeutd.).

Acker- u. Schuttunkrautges., Ufer, Waldschläge, Wegränder etc.; ±frische, im Untergrund feuchte, nährstoff- u. N-reiche, tiefgründige Lehmböden. – Verbreitet u. häufig (Alp. bis 1350 m). – Isl., N-Skand. bis S-Eur., N-Afr., As.; (N-Am.); no-euras-submed.

Bastarde:

C. acaule × canum (= C. × winklerianum Celak.), C. acaule × dissectum (= C. × woodwardii Watson), C. acaule × heterophyllum (= C. × alpestre Naegeli), C. acaule × palustre (= C. × kirschlegeri C. H. Schultz), C. acaule × rivulare (= C. × heerianum Naegeli), C. acaule × tuberosum (= C. × medium All.), C. arvense × acaule (= C. × sextinum Ausserd.), C. arvense × canum (= C. × soroksarense Wagner), C. arvense × heterophyllum (= C. × discolor Goll. et Huter), C. arvense × oleraceum (= C. × reichenbachianum Loehr), C. arvense × palustre (= C. × celakowskyanum Knaf), C. arvense × rivulare, C. arvense × tuberosum (= C. × prantlii Gremblich), C. canum × heterophyllum (= C. × murrianum Kheck), C. canum × rivulare (= C. × siegertii C. H. Schultz), C. canum × tuberosum (= C. × aschersonianum Celak.), C. eriophorum × canum (= C. × fleischeri Podp.), C. eriophorum × palustre (= C. × dominii M. Schulze), C. heterophyllum × rivulare (= C. × ambiguum All.), C. oleraceum × acaule [= C. × rigens (Ait.) Wallr.], C. oleraceum × canum [= C. × tataricum (Jacq.) All.], C. oleraceum × eriophorum, C. oleraceum × heterophyllum (= C. × affine Tausch), C. oleraceum × palustre (= C. × hybridum Koch ex DC.), C. oleraceum × rivulare (= C. × erucagineum DC.), C. oleraceum × spinosissimum (= C. × thomasii Naegeli), C. oleraceum × tuberosum (= C. × braunii F. Schultz), C. oleraceum × vulgare ssp. silvaticum, C. oleraceum × vulgare ssp. vulgare (= C. × bipontinum F. Schultz), C. palustre × canum (= C. silesiacum C. H. Schultz), C. palustre × dissectum (= C. × spurium Delastre), C. palustre × heterophyllum (= C. × wankelii Reichardt), C. palustre × rivulare (= C. × subalpinum Gaud.), C. palustre × tuberosum (= C. × semidecurrens Richter), C. rivulare × tuberosum (= C. × brunneri A. Br.), C. spinosissimum × acaule (= C. × fissibracteatum Peterm.), C. spinosissimum × eriophorum (= C. × lundquistii Hayek), C. spinosissimum × heterophyllum (= C. × purpureum All.), C. spinosissimum × palustre (= C. × spinifolium Beck), C. spinosissimum × rivulare (= C. × schulzeanum Naegeli), C. vulgare × acaule (= C. × sabaudum Loehr), C. vulgare ssp. vulgare × arvense (= C. × csepeliense), C. vulgare × canum (= C. × heuseri Uechtritz), C. vulgare × eriophorum (= C. × gerhardtii C. H. Schultz), C. vulgare × heterophyllum (C. × breunium Goll. et Huter), C. vulgare × palustre (= C. × subspinuligerum Peterm.).

Auch mehrfache Kreuzungen treten öfter auf.

760. Sílybum Adans. Mariendistel

x = 17

2786. S. mariánum (L.) Gaertn. (Abb. 436 e–g) Gewöhnliche M.

⊙, ①, ⊙, *Th, H.* – H. 0,60–1,50. *St. kahl od. schwach wollig,* unten reichlich beb.; B. länglich, buchtig-eckig, *mittlere st.umfassd.,* fiederspaltig, *alle glänzend mit weißer Fleckenzeichnung, stechend-dornig;* Kr. purpurrot; *Fr. glatt, braunfleckig, mit gelbem Ring unter dem weißen Pappus.* VII–VIII. 2n = 34.

Kultiviert u. gelegentlich in Schuttunkrautges. unbeständig verwildert. – Heimat: Med. bis N-Afr., Kl.As., Kauk., Pers.

Droge: Fructus Cardui Mariae

761. Onopórdum L. Eselsdistel

x = 17

2787. O. acánthium L. (Abb. 437 a–d) Gewöhnliche E.

⊙, *H.* – H. 0,30–1,50(–2,00). *St. schwach (bis stärker) wollig, durch die oberen herablaufenden B. geflügelt;* B. länglich-ellipt., buchtig, *spinnwebig wollig, sehr wehrhaft dornig, untere kurzgestielt; Körbe einzeln an den Enden kurzer Äste; Hüllb. mit kräftigem Dorn endigend; Pappus rötlich,* so lang wie die Fr.; VII–VIII(–IX). 2n = 34.

Schuttunkrautges., Dämme, trockene Plätze etc.; ±trockene, warme, nährstoffreiche sandig-steinige Böden. – Selten u. zerstreut, bes. im m. u. s. Geb., s. Alp.vorland; im n. Geb. vereinzelt. – Engl., Skand. bis S-Eur., M-Rußl., Vord.As., Pers.; (N-Am.); submed-euras.

762. Serrátula L. Scharte

x = 11

2788. S. tinctória L. (Abb. 437 e–h) Färberscharte

⊙, (⊙), *Th, (H).* – H. 0,30–1,00. *B. kahl, scharf gesägt,* ungeteilt, leierförmig-fiederspaltig, untere langgestielt; *Körbe walzlich,* ca. 12 mm lang, *doldig-traubig gehäuft;* Hüllb. dicht-dachziegelig, *randlich flaumig, an der Spitze purpurrot;* Kr. purpurn; *Pappus schmutzigweiß, mehrreihig.* VII–IX (–Frost). 2n = 22. Umfaßt:

ssp. t i n c t ó r i a ; typ. Unterart, s. obige Diagnose.

Moorwiesen, Flachmoore, Grabenränder, lichte Wälder u. Gebüsche; feuchte bis ±trockene, nährstoffreiche, oft auch steinige od. sandige, tonige od. lehmige Böden. – Verbreitet bis zerstreut, bes. m. u. s. Geb. (Alp. bis 800 m); zerstreut im nö. Geb. (in Ostpr. häufiger); im nw. Geb. seltener, im äußersten NW fehlend.

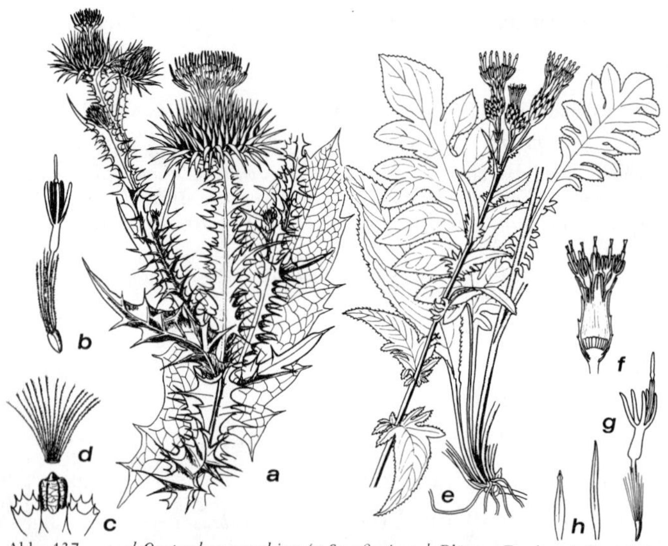

Abb. 437. *a–d Onopordum acanthium* (*a* Sproßspitze, *b* Blüte, *c* Frucht mit Ausschnitt des Blütenstandbodens, *d* Pappus); *e–h Serratula tinctoria* (*e* Habitus; *f* Blütenstand, längs geschnitten; *g* Blüte, *h* Spreublätter).

ssp. macrocéphala (Bertol.) Rouy.; *Pfl. kleiner* (–0,40) *mit zahlreichen Stb.; untere B. nur kurzgestielt; Körbe länger* (15–20 mm).
Lichte Staudenfluren höherer Lagen. – Selten im sw. Geb.; Verbreitet nur Alp. außerhalb des Geb. – Gebg. m. u. s. Eur.
Engl., Skand. bis s. Eur., Alg., S-Rußl., Sib.; euras-submed (-med).

763. Centauréa L. — Flockenblume

x = 8, 9, 10, 11, 12

I. Hüllb.*) an Spitze (u. Saum) trockenhäutig od. mit ebensolchem, ± zerteiltem Anhängsel, nicht dornig
  A. Hüllb. mit deutlich abgesetztem Anhängsel
    1. Bl.körbe mit vergrößerten Randbl.
      a) Pappus an der Fr. meist fehlend
        x) Hüllb.anhängsel den Bl.kopf ganz bedeckend, gewölbt, ± ungeteilt bis regelmäßig gefranst . . . . 2789. C. jacea

xx) Hüllb.anhängsel so klein, daß der Korb schwarzgrün gescheckt erscheint, dreieckig, ± regelmäßig kurzfransig .... 2790. C. nigrescens

b) Pappus an der Fr. vorhanden, wenn auch gelegentlich nur kurz

x) Anhängsel der drei inneren Hüllb.reihen rundlich u. über die anderen Anhängsel hinausragend .... 2794. C. phrygia

xx) Anhängsel der inneren Hüllb.reihen nicht geteilt, von den äußeren verdeckt .. 2793. C. pseudophrygia

2. Bl.körbe ohne vergrößerte Randbl.

a) Mittelfeld der Hüllb.anhängsel rundlich-eiförmig .... 2792. C. nigra

b) Mittelfeld der Hüllb.anhängsel 3eckig-lanzettl. .... 2791. C. nemoralis

B. Hüllb. an der Spitze u. ± an den Seitenrändern trockenhäutig, aber kein deutlich abgesetztes Anhängsel vorhanden

1. Bl. rötlich-purpurn

a) B. dunkelgrün; Bl.körbe groß (≥ 2 cm), einzeln an den Enden der Äste .... 2798. C. scabiosa

b) B. grau- bis weißlich-grün; Bl.köpfe klein 1–1,5 cm lang), rispig angeordnet

x) Hüllb.anhängsel schwarz, mit 6 bis 8 oft weißspitzigen Fransen jederseits .... 2795. C. stoebe

xx) Hüllb.anhängsel bräunlich, mit 7 bis 12 weißlichen Fransen jederseits .... 2796. C. maculosa

2. Bl., bes. Randbl., blau

a) Obere B. am St. herablaufend, breiter als 1 cm

x) Hüllb. mit schwarzem Saum u. hellen Fransen, diese etwa doppelt so lang wie der Saum breit .... 2799. C. triumfetti

xx) Hüllb. mit schwarzem Saum u. schwarzen kurzen Fransen von Saumbreite ..... 2800. C. montana

b) Stb. nicht herablaufend, schmaler als 1 cm .. 2801. C. cyanus

II. Hüllb. mit deutlichem Dorn an der Spitze, dieser einfach od. mit Seitenstacheln

A. Bl. rötlich-purpurn od. weißlich; St. ungeflügelt

1. Dorn der Hüllb. bis über 7 mm lang, am Grd. jederseits mit 1 bis 3 kurzen Seitensta......... 2802. C. calcitrapa

2. Dorn der Hüllb. bis 4 mm lang, jederseits mit 3 bis 4 fransenartigen Seitensta. .... 2797. C. diffusa

B. Bl. hellgelb; St. geflügelt (B.grd. herablaufend); (Pfl. grauwollig behaart) .... 2803. C. solstitialis

*) bezieht sich auf etwa die mittleren Hüllb. jedes Körbchens, die äußersten u. inneren sind oft anders (einfacher) gestaltet.

1. Sect. Jácea

2789. C. jácea L. (Abb. 438 f) Wiesen-F.

♃, *H.* – H. 0,10–0,80. St. aufrecht; *untere B. in den Stiel verschmälert,* meist buchtig geteilt bis entfernt gezähnelt, obere sitzend; *Körbe einzeln an den Astenden;* Bl. in eiförmigen (bis 20 mm breiten) Körben, *rot, selten weiß, randliche undeutlich 2lippig;* Fr. glänzend, ca. 3 mm lang. Umfaßt im Geb.:

Fr. ohne Pappus:

ssp. jácea; typ. Unterart, s. obige Diagnose.

Fettwiesen u. -weiden, Halbtrockenrasen; frische bis trockenere, nährstoffreiche, lehmige Böden. – Verbreitet (Alp. bis 1860 m).

ssp. angustifólia (Schrank) Gremli; *St. schon unterhalb der Mitte verzweigt; obere B. sehr schmal-lineal., Äste unter den Körben wenig verdickt.* 2n = 44.

Halbtrockenrasen, Pfeifengraswiesen; ±trockene Böden. – Selten bis zerstreut im m. u. s. Geb., bes. Thür., Sachs., Bay.

ssp. subjácea (Beck) Hyl.; *St. meist kahl, wenn überhaupt dann über der Mitte verzweigt, unter den Körben verdickt.*

Trockenrasen, trockene Wiesen. – Selten im s. u. wohl auch ö. Geb.

Fr. mit borstlichem Pappus:

ssp. praténsis (Thuill.) Gremli. – 2n = 22.

Borstgrasrasen- u. Heideges. – Selten, nur sw. Rhein-, Main- u. Moselgeb.

Skand. bis S-Eur., NW-Afr., N-As., Armen., Kauk.; euras-submed.

2790. C. nigréscens Willd. (Abb. 438 g) Schwärzliche F.

♃, *H.* – H. 0,30–1,00. *St. kahl, kantig; untere B. gestielt,* lanzettl., lappig od. ungeteilt, *oberste ± sitzend-st.angedrückt; Bl. purpurfarben; Fr. bräunlichgrau;* selten einige Pappusborsten vorhanden. VII–IX. 2n = 24.

Fettwiesen, trockenere Rasenges.; ±trockene, warme, nährstoffreiche schwere Böden. – Selten im m. u. s. Geb., so z. B. Elbufer bei Dresden, Nahetal, n. Oberrheingeb., Untermaingeb., Frank. – S- bis SO-Eur.; submed.

2. Sect. Lepteránthus

2791. C. nemorális Jord. (Abb. 438 h) Hain-F.

♃, *H.* – H. 0,20–0,60(–0,80). *W.stock kräftig, mehrköpfig; St. hoch u. stark verästelt; B. blaugrün,* jung spinnwebig-flockig, untere gestielt, mittlere u. obere schmal. lanzettl., gezähnelt, *am Grd. zusammengezogen, sitzend; ungeteiltes Mittelfeld der Hüllb.anhängsel 3eckig lanzettl., viel schmäler als die Fransenlänge;* Pappus klein, schwarz. VII–IX. 2n = 44.

Borstgrasrasen- u. Heideges., magere Weiden u. Wiesen; mäßig feuchte, nährstoffärmere, kalkarme, humusreiche meist sandige Böden. – Verbreitet in den kalkarmen Teilen des m. w. u. sw. Geb., selten u. vereinzelt im n. Geb. – W-, NW-, SW- u. S-Eur.; subatl.

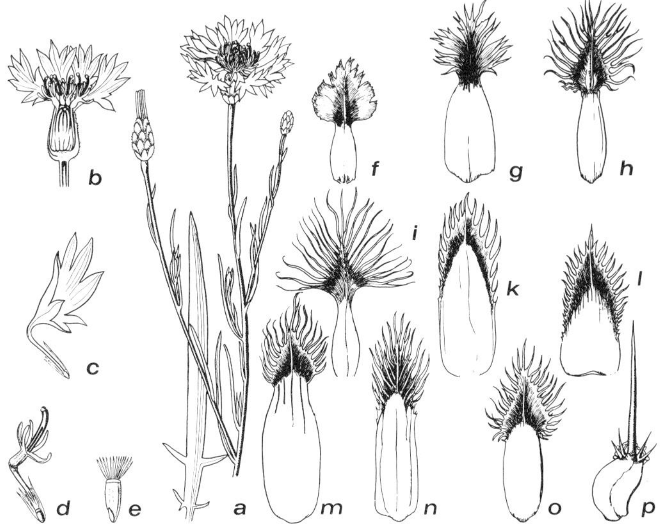

Abb. 438. *Centaurea* spp., *a–e C. cyanus* (*a* Sproßspitze u. Stengelblatt; *b* Blütenstand, längs geschnitten; *c* Randblüte, *d* innere Blüte, *e* Frucht), *f–p* Hüllblätter (*f C. jacea, g C. nigrescens, h C. nemoralis, i C. pseudophrygia, k C. montana, l C. triumfetti, m C. stoebe, n C. scabiosa* ssp. *scabiosa, o C. scabiosa* ssp. *alpestris, p C. calcitrapa*).

2792. C. nígra L. Schwarze F.

♃, *H.* – H. 0,20–0,70. *W.stock mehrköpfig;* St. rauh, kantig, *ober der Mitte ästig;* B. anfangs spinnwebig, *alle ± gezähnelt bis ganzrandig;* Körbe einzeln; *Hülle kugelig; Hüllb. von den Anhängseln verdeckt; Bl. leuchtend-purpurrot;* Pappus schwarz, sehr kurz. VII–IX. 2n = 44.

Magere Rasen u. Weiden, Waldlichtungen; mäßig feuchte, ±nährstoffarme, sandig-humose Böden. – Selten, wohl nur Niederrheingeb. – W-Eur., Norw., Engl. bis N-Frankr., Belg., Holl., NW-D.; no-subatl.

2793. C. pseudophrýgia C. A. Meyer (Abb. 438 i) Perücken-F.

♃, *H.* – H. 0,30–0,80. *St. aufrecht, wenigköpfig,* ± kantig; *Stb. am Grd. schmal, gezähnt bis ganzrandig, grün, herzförmig,* st.umfassend sitzend; *Anhängsel der äußeren Hüllb. braun, ± federig gefranst, Spitze gerollt;* Bl. hellrot. VII–IX. 2n = 22.

Fettwiesen, magere Rasenges.; ±feuchte bis frische, nährstoffhaltige, kalkarme, sandige od. steinige, lehmige Böden. – Verbreitet bis zerstreut: Alp. (bis 2000 m); zerstreut im Alp.vorland, Donaugeb., S-Schwarzwald u. m. Geb.; im N. selten etwa bis Westf., Hildesheim–Hannover–Braunschweig, Schl.Holst., Meckl., Sachs., Schles. – Norw., Dän. bis Schweiz, Österr., SO-Alp., SO-Karp.; praealp.(-gem-kont).

2794. C. phrýgia L. Österreichische F.

♃, *H.* – H. 0,30–1,00. *St. oberwärts ± verzweigt,* rauh; B. kurzhaarig, oft spinnwebig, *untere in einen Stiel verschmälert, obere ± herzförmig sitzend; Hüllb. dunkelbraun, äußere mit langer zurückgebogener, federig gefranster Spitze; Bl. hellpurpurn.* VI–IX. 2n = 22.

Fettwiesen u. -weiden; feuchte, nährstoffreiche, ±kalkarme, meist sandige Lehm- u. Tonböden. – Verbreitet bis zerstreut: Ostpr., Westpr., Schles.; nach W seltener: Pomm., Sachs. (Lausitz), Rhöngeb.; sonst nur vereinzelt (wohl z. T. nur adventiv): z. B. Erfurt, Mannheim. – Finnl., (Schwed.), ö. M-Eur. bis NW- u. M-Rußl., Karp., Galiz.; (no-)gem-kont (-praealp).

3. Sect. Acrolóphus

2795. C. stoébe L. (Abb. 438 m) Rispige F.
(= C. rhenana Boreau)

⊙, ♃, *H, Th.* – H. 0,30–1,20. *St. aufrecht, fest, kantig, flaumig, verzweigt;* B. ± filzig graugrün, unterseits borstig, unterste gestielt, doppelt-, mittlere u. obere einfach fiederschnittig; *Körbe rispig gehäuft; Hüllb. oft (spärlich) dr., 5nervig.* VII–IX. 2n = 18.

Trockenrasen, Steppenrasen, Felsheiden; trockene, warme, nährstoff- u. kalkreiche, sandige bis steinige Lehm- u. Lößböden. – Selten bis zerstreut im nö., m. u. s. Geb. (Trocken- u. Wärmegeb.), n. bis etwa Westf. – Braunschweig – Westpr. – Ostpr.; vereinzelt verschleppt (so z. B. Schl.Holst.). – N-Frankr. bis s. Eur., M- u. S-Rußl., Kauk., W-Sib. – kont (-submed).

2796. C. maculósa Lam. Gefleckte F.

♃, *H.* – H. 0,30–0,80. *St. steif, kantig-rauh;* B. wie die ganze Pfl. graugrün flaumig-filzig, unterseits schwach borstig, *untere stark geteilt, obere einfach-lappig; Hüllb. dr., Anhängsel mit halbmondförmigem, schwarzem Fleck am Grd.* VII–IX. 2n = 18, 36.

Trockene Felsheiden u. Rasen, auch Raine etc.; trockene, warme, nährstoff- u. kalkreiche, ±sandige od. steinige lehmige Böden. – Sehr selten, so Bay. Jurageb. (Bertoldsheim), Darmstadt, Pfalz (Großkarlbach). – W-Med. bis w. u. w. M-Eur.; w-submed.

2797. C. diffúsa Lam. Sparrige F.

♃, *Th.* – H. 0,10–0,50. St. flockig, hellgrün, *ausladend-reichverzweigt;* B. dünnfilzig, *oberseits runzelig,* lanzettl. bis verkehrt eiförmig, *untere langgestielt,* doppelt fiederteilig; *Hüllb. trockenhäutig; Fr. ohne Pappus.* VII–VIII. 2n = 18.

Schuttunkrautges., Schutt-, Verladeplätze; trockene, warme, nährstoffreiche, dichte oft auch sandig-steinige Böden. – Selten eingebürgert, so Oberrheingeb., Frank. (Nürnberg), daneben adventiv u. unbeständig. – SO-Eur. bis S-Rußl., W-As.; (S- u. M-Eur.); kont (-o-med).

4. Sect. Acrocéntron

2798. C. scabiósa L. (Abb. 438 n–o) Skabiosen-F.

♃, *H.* – H. 0,50–1,00. *W.stock mehrköpfig; St. meist stark verzweigt;* Laubb. meist *borstig rauh, lederig,* fiederteilig; *Hülle schwarz u. grün scheckig,* Hüllb. ca. 3 mm lang, kammartig; *Randbl. auffällig vergrößert; Fr. erst flaumig, dann kahl.* VII–VIII. 2n = 14, 20, 20 + 1–16 B, 24. Umfaßt im Geb.:

ssp. scabiósa; typ. Unterart; s. obige Diagnose.

Halbtrockenrasen, Trockenrasen, lichte Gebüsche, Raine, Böschungen etc.; trockene, meist kalkhaltige lehmige Böden. – Zerstreut bis örtlich verbreitet in den Kalkgeb., u. a. im NW über große Strecken selten od. fehlend.

ssp. alpéstris (Hegetschw.) Kotula; *St. wenig verzweigt, Hülle schwarz; Hüllb. ca. 5 mm lang.* 2n = 20, 40.

Bes. subalp. steinige Rasen. – Selten: Jura (Randen), Alp. (Allgäu).

Zerstreut in den Kalkgeb. (Alp. bis 2100 m). – Gesamtart: Faeröer, Skand. bis S-Eur., Baikalien, Kauk.; euras-subozean-submed.

5. Sect. Cýanus

2799. C. triumfétti All. (Abb. 438 l) Filzige F.
(C. axillaris Willd.)

♃, *H.* – H. 0,08–0,60. *W.stock kriechend;* St. meist einfach, graufilzig; B. wenigstens unten filzig, *ganzrandig od. weitbuchtig;* Hülle dick-eiförmig; *Hüllb. an der Spitze oft dunkelpurpurn; innerste Bl. rot, randliche auffallend „strahlend".* V–VII. 2n = 22, 24, 44.

Warmtrockene Eichenwälder, Gebüschränder an steppenartigen Rasen; ±trokkene, humusreiche, locker-steinige od. lehmig-tonige Böden. – Sehr selten, im Geb. nur Frank. (Schwanberg) u. Donaugeb. (untere Bay. Hochebene). – Pyren., S-Alp., Apenn., Bay., Österr., Tschech., Karp., Balk., Vord.As.; submed-praealp.

2800. C. montána L. (Abb. 438 k) Berg-F.

♃, *H.* – H. 0,30–0,60. *W.stock kriechend, Ausläufer treibend;* St. meist einfach, *einköpfig,* fest, *spinnwebig;* Laubb. meist ungeteilt, selten buchtig, *oberseits behaart, unterseits filzig; Hüllb. grün, längsgestreift;* Fr. 5mal so lang wie der Pappus. V–X. 2n = 24, 40, 44.

Hochstaudenfluren, Schluchtwälder, Bergwiesen etc.; ±feuchte, nährstoffreiche, meist kalkhaltige locker-humose Böden. – Zerstreut: Alp. (bis 2100 m); sonst seltener im m. u. s. Geb.; n. bis etwa Westf.–Thür.; sonst im n. Geb. vereinzelt verwildert. – Belg., Frankr., Pyren. bis Böhm., Karp., Kauk.; praealp.

2801. C. cýanus L. (Abb. 438 a–e) Kornblume

⊙, ①, *Th.* – H. 0,30–0,60. *St. locker beblättert,* aufrecht, verzweigt; unterste B. fiederspaltig, gestielt, obere sitzend, ungeteilt; *Körbe einzeln; Hüllb. gefranst, innere oft violett; äußere Bl. schiefglockig, weit.* VI–X. 2n = 24.

Getreideunkrautges., Schuttplätze, Feldraine etc.; ±frische, nährstoffreiche, ±kalkarme lehmige u. sandige Böden. – Häufig u. verbreitet (Alp. bis 700 m, Jura bis 1000 m); neuerdings vielerorts durch Unkrautbekämpfung stark abnehmend. – (Isl., Faeröer), Skand. bis Med., N-Afr., gem. As., (Am., Austr.); euras-submed.

Droge: Flores Cyani

6. Sect. C a l c í t r a p a

2802. C. calcítrapa L. (Abb. 438 p) Stern-F.

⊙⊙, *H.* – H. 0,15–0,60. *St. steif, hin- u. hergebogen, verzweigt; B. kurzhaarig;* Grdb. zur Bl.zeit vertrocknet, Stb. fiederspaltig, sitzend, *oberste spießförmig; Fr. ohne Pappus.* VII–VIII. 2n = 20.

Unkrautges., Zäune, Wegränder, Schuttplätze etc.; ±trockene, warme, nährstoffreiche, lehmige od. tonige Böden. – Selten u. oft unbeständig, bes. im m. (Anh.) u. s. Geb. (bis Alp.vorland); im n. Geb. bis Schl.Holst. vereinzelt u. meist adventiv u. unbeständig. – S- u. w. M-Eur., N-Afr., W-As.; (N-Am.); med-submed.

2803. C. solstitiális L. Sommer-F.

⊙⊙, *H.* – H. 0,30–0,80. *St. über der Mitte rutenartig verzweigt;* Grdb. zur Bl.zeit vertrocknet; *Stb. sta.spitzig; innere Hüllb. lanzettl. mit rundlichem Anhängsel, mittlere u. äußere bedornt,* gelblich; *Pappus nur an den inneren* Fr., silbrig. VII–IX. 2n = 16.

Schuttunkrautges., Bau- u. Verladeplätze, Wegränder, Äcker etc.; ±trockene, warme, nährstoffreiche, meist sandige Lehm- od. Tonböden. – Zerstreut bis selten im m. u. s. Geb. (s. bis Alp.vorland), im n. Geb. selten od. fehlend. – S- u. SO-Eur. bis W-As., (M- u. N-Eur.); med-kont.

Bastarde:

C. jacea ssp. jacea × jacea ssp. subjacea (= C. × stiriaca Hayek), C. jacea ssp. jacea × stoebe (= C. × hoedliana Wagner), C. jacea ssp. jacea × diffusa (= C. × juvenalis Delile), C. jacea ssp. pratensis × scabiosa, C. jacea ssp. subjacea × stoebe (= C. × teyberi Hayek), C. jacea ssp. angustifolia × pseudophrygia (= C. × nanianii Prodan), C. jacea ssp. angustifolia × stoebe (= C. × beckiana F. Müllner), C. nigrescens × jacea ssp. jacea (= C. × extranea Beck), C. nemoralis × jacea ssp. jacea (= C. × gerstlaueri Erdner), C. nigra × nemoralis, C. pseudophrygia × nemoralis, C. pseudophrygia × jacea ssp. jacea (= C. × similata Hausskn.), C. phrygia × nigra, C. phrygia × jacea ssp. jacea (= C. × austriacoides Woloszczak), C. stoebe × diffusa (= C. × psammogena Gugler).

Abb. 439. *a–c Carthamus tinctorius* (*a* Sproßspitze, *b* Blüte, *c* Frucht); *d–f Cichorium intybus* (*d* Sproßspitze u. -basis, *e* Blüte, *f* Frucht).

764. Cárthamus L. — Saflor

x = 12

2804. C. tinctórius L. (Abb. 439 a–c) — Färber-S.

☉, *Th.* – H. 0,30–0,90. *B. ungeteilt-herzförmig, randlich feinsta. gezähnt,* wie der ästige St. *kahl;* Körbe bis 4 cm groß, länglich, *von den höchsten Laubb. zusätzlich umhüllt; Hüllb. eingeschnürt darüber die b.artige Spitzenpartie mit dornigen Anhängseln;* Pappus etwas kürzer als die Fr., *schuppig.* VII–VIII. 2n = 24. Kultiviert, vereinzelt in ruderalen Unkrautges. verwildert. – Heimat: vermutlich Kl.As. bis Vord.Ind.

2. Subfam. Cichorioídeae
Trib. Cichoríeae

765. Cichórium L. — Zichorie

x = 9

I. B. des Infloreszenzbereiches aus breiterem schwach st.-umfassendem Grd. lanzettl.; Pfl. in allen Teilen borstig (bes. Grdb.) . . . . **2805. C. intybus**

II. B. des Infloreszenzbereiches breit-eiförmig, mit herzförmigem Grd. st.umfassend; Pfl. praktisch kahl . . . . **2806. C. endivia**

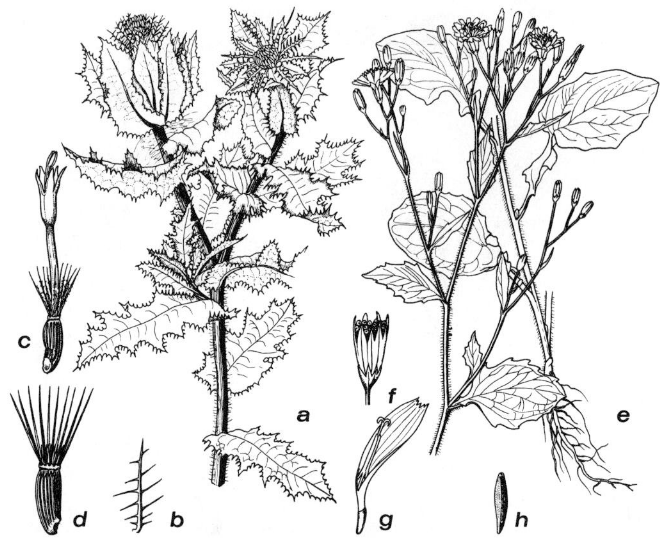

Abb. 440. *a–d Cnicus benedictus* (*a* Sproßspitze, *b* dorniger Teil der Hüllblattspitze, *c* Blüte, *d* Frucht); *e–h Lapsana communis* (*e* Habitus, *f* Hüllkelch zur Fruchtzeit, *g* Blüte, *h* Frucht).

2805. C. íntybus L. (Abb. 439 d–f) Wegwarte

♃, *H.* – H. 0,30–1,30. *W. hart; Grdb. schrotsägig geschnitten, obere ungeteilt;* Körbchen zu 2 od. mehreren gehäuft, meist kurzgestielt; *Hüllb. borstig-drüsig;* Kr. hellblau (manchmal rötlich bis weiß), *Farbstoff leicht in Wasser löslich; Pappus viel (8- bis 10mal) kürzer als die Fr.,* krönchenartig. VII–IX. 2n = 18. Umfaßt:

ssp. í n t y b u s; typ. Unterart, s. obige Diagnose.

Wegrandges., Weg- u. Straßenränder, Äcker, Schuttplätze, Weiden; ± trockene, nährstoffreiche, sandige od. kiesige (gelegentlich salzige) Lehmböden. – Zerstreut im n. Geb., od. u. a. im NW über größere Strecken fehlend; verbreitet im m. u. s. Geb. (Alp. bis 850 m, Jura bis 900 m).

ssp. s a t í v u m (DC.) Janchen; Echte Zichorie; *W. dicklich, weichfleischig; Grdb. nur gezähnelt.* – Kultiviert in verschiedenen Sorten.

Irl., Schottl., Schwed. bis S-Eur., N-Afr., Baikalien; (O-As., Am., S-Afr., Austr., Neuseel.); euras-subozean-submed.

2806. C. endívia L. (Winter-)Endivie

⊙–⊙⊙, *Th, H.* – H. 0,30–1,20. *B. schwach gezähnelt, kraus, obere mit spießförmigem Grd. sitzend; Hüllb. bewimpert, drüsenlos,* innere lanzettl. äußere ±eiförmig, bleich; Kr. blau, *Farbstoff schwer in Wasser löslich; Pappus ca.* 1/4 *der Fr.länge.* VII–X. 2n = 18, 36.

In verschiedenen Sorten kultiviert, selten u. vorübergehend verwildert in Unkrautges. – Stammpfl.: C. pumilum Jacq. – Heimat: Med.

766. Cnicus L. Benediktenkraut

x = 11

2807. C. benedíctus L. (Abb. 440 a–d) Echtes B.

⊙, *Th.* – H. 0,30–0,45. St. stark ästig, kantig; B. länglich-lanzettl., buchtig-fiederspaltig, stachelig, untere gestielt, obere st.umfassend sitzend, *klebrig;* Körbe einzeln an den Enden der Äste; *innere Hüllb. mit langem fiederspaltigem Sta.,* wollig, *äußerste breit-b.artig;* Kr. gelb; Fr. gerippt; *Pappus aus langen (äußeren) u. kurzen (inneren) Borsten.* VI–VIII. 2n = 22.

Kultiviert u. selten verwildert. – Heimat: Med. bis Transkauk., Pers., Syr.

767. Lapsána L. Milchkraut, Rainkohl

x = 7

2808. L. commúnis L. (Abb. 440 e–h) Gewöhnlicher R.

⊙, (♃), *Th, (H).* – H. 0,25–1,20. *St. ästig vielköpfig; B. eckig-gezähnt, (fast) kahl,* obere lanzettl., *untere leierförmig,* Seitenzipfel eiförmig, *Endzipfel sehr groß; Körbchen klein, wenigbl.; Hüllb. derb gekielt;* Kr. gelb; *Bl. zungenförmig, wenig länger als der Hüllk.* VII–IX. 2n = 12, 14, 16.

Schattenliebende Saumges., Unkrautges., Wegränder, Zäune, lockere Gebüsche etc.; frische bis ±trockene, nährstoff- u. meist N-reiche, lockere Sand- od. Lehmböden. – Verbreitet u. meist häufig fast im ganzen Geb. (Alp. bis 1200 m). – Irl., Skand. bis S-Eur., M-Rußl., N-Afr., N-Pers.; (N-Am.); eurassubozean-submed.

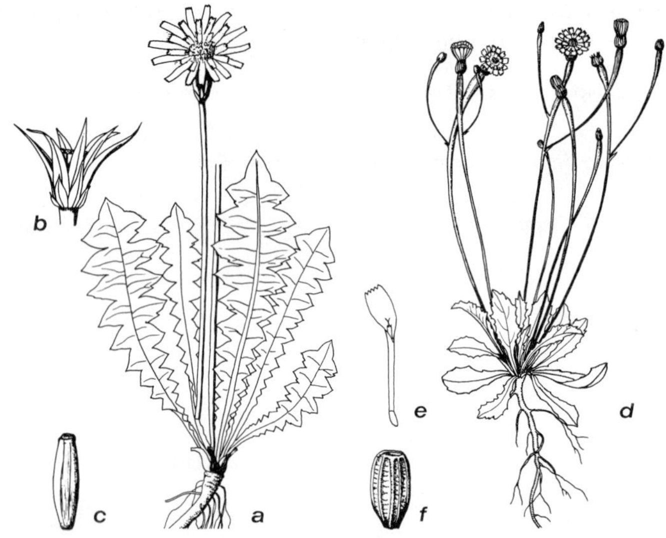

Abb. 441. *a–c Aposeris foetida* (*a* Habitus, *b* Hüllkelch zur Fruchtzeit, *c* Frucht); *d–f Arnoseris minima* (*d* Habitus, *e* Blüte, *f* Frucht).

768. Apóseris Necker ex Nestler — Hainsalat

x = 8

2809. A. foétida (L.) Less. (Abb. 441 a–c) Stinkender H.

♃, *H.* – H. 0,10–0,25. Pfl. kahl bis spärlich behaart; *W.stock mit stinkendem Milchsaft; St. b.los, 1köpfig; B. schrotsägeförmig-fiederspaltig, rautenförmig-grobgeteilt; Hüllb. in zwei Reihen, äußere klein, innere langdreieckförmig, schwarzgrün, bemehlt;* Fr. zusammengedrückt, faßförmiglänglich, *an der Spitze mit scharfem Wulst; Pappus fehlt.* VI–VIII. 2n = 16.

Buchenwaldges., Eichen-Hainbuchen-, Buchen-Fichten-(Tannen-)Wälder; frische bis feuchte, nährstoff- u. kalkreiche, auch steinige Lehm- u. Tonböden. – Zerstreut bis selten (nur stellenweise häufiger): untere Bay. Hochebene; verbreiteter: obere Bay. Hochebene u. Alp. (bis 2000 m). – Alp., Bay.; N-Ital., Illyr. Gebg., Karp.; (o-)praealp.

769. Arnóseris Gaertn. Lämmersalat

x = 9

2810. A. mínima (L.) Schweigg. et Koerte (Abb. 441 d–f) Kleiner L.

☉–①, *Th, H.* – H. 0,10–0,25. *St. verzweigt, unten rot,* 1- bis 5köpfig; *die langen Körbchenstiele oben keulig verdickt, hohl; B. nur grd.ständig,* verkehrt eiförmig, länglich, entfernt gezähnt, *kahl, unterseits locker behaart;* Kr. gelb; *Fr. rippig-netzig, stumpf, ohne Pappus.* VI–IX. 2n = 18.

Getreideunkrautges., Äcker, Brachen; ±trockene, nährstoffhaltige, kalk- u. N-arme, ±saure Sand- od. sandig-lehmige Böden. – Zerstreut (stellenweise häufig) im n. Geb., seltener im m. u. selten im s. Geb., u. a. Alp. völlig u. Bay. über große Strecken fehlend. – Engl., Dän., Schwed. bis s. Eur.; (N-Am., Austr., Neuseel.); subatl (-submed).

770. Hypochoeris L. Ferkelkraut

x = 4, 5

I. Grdb. verkehrt-eiförmig, seicht buchtig, mit kleinen Zähnen; St. wenig od. nicht verzweigt; alle Pappusborsten federig
  A. St. stets einköpfig, unter dem Körbchen deutlich verdickt .... **2812. H. uniflora**
  B. St. wenigköpfig, selten einköpfig, unter dem Körbchen kaum verdickt .... **2811. H. maculata**
II. Grdb. keilig länglich, spitz gezähnt mit tiefen Buchten bis fiederspaltig; St. mehrfach verzweigt; nur die inneren Pappusborsten federig
  A. Pfl. einjährig; Randbl. so lang wie die Hülle; St. grasgrün .... **2814. H. glabra**
  B. Pfl. mehrjährig; zumindest unterseits an den Nerven borstig; St. blaugrün .... **2813. H. radicata**

1. Sect. Achyrophórus

2811. H. maculáta L. Geflecktes F.

♃, *H.* – H. 0,25–1,00. *W.stock dick-walzig, oft mehrköpfig;* St. aufrecht, *gefurcht, rund, haarig;* oft nur Grdb. vorhanden, *rotbraun gefleckt, kurzborstig; Hüllb. schwarzgrün, oben mit gelbfilzigem Rand, behaart, äußere an der Spitze abstehend;* Bl. zitronengelb; *Fr. alle geschnäbelt.* V–VIII. 2n = 10.

Magere Rasen u. Weiden, lichte Wälder; ±trockene, warme, meist nährstoffärmere u. kalkärmere sandige od. lehmige Böden. – Selten bis zerstreut im n. u. m. Geb., z. T. verbreiteter im s. Geb. (Alp. bis 950 m, Jura bis 980 m). – N- bis s. Eur., Sib., Kauk.; euras (-kont-submed).

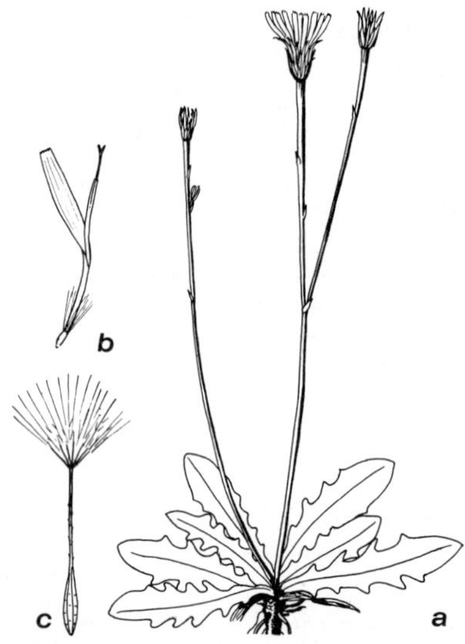

Abb. 442. *Hypochoeris radicata* (*a* Habitus, *b* Blüte, *c* Frucht).

2812. H. uniflóra Vill. Einköpfiges F., Maipompel

♃, *H.* – H. 0,15–0,50. *W.stock holzig, mehrköpfig;* fast nur Grdb.; Stb. wenig u. klein; Körbchen ellipsoidisch bis kugelig; *Hüllb. schwärzlich, äußere u. mittlere fransig, innere fein gespitzt;* Bl. goldgelb, *alle Fr. geschnäbelt.* VII–IX. 2 n = 10.

Subalp. Borstgrasges., Rasen, Weiden; ±feuchte, kalkfreie, saure, ±flachgründige Lehm- u. Tonböden. – Zerstreut: Sud., Allgäuer Alp. (1700–2100 m). – Alp., Sud., Karp.; praealp (-alp).

2. Sect. Hypochoéris

2813. H. radicáta L. (Abb. 442) Gewöhnliches F.

♃, *H.* – H. 0,20–0,60. *W.stock abgebissen; St. kahl od. am Grd. borstig;* B. in grd.ständiger Rosette; Körbchen glockig-walzlich; *Hüllb. trübgrün, am Rücken borstig;* Bl. gelb, *Zunge unterseits trübrot-graublau; alle Fr. geschnäbelt, äußere oft nur kurz, selten gar nicht.* VI–IX. 2 n = 8.

Magere Wiesen, Weiden, Borstgrasrasen- u. Heideges. etc.; ±frische od. trokkenere, nährstoffhaltige, kalkarme, meist sauer-humose sandige Böden. – Verbreitet bis zerstreut (Alp. bis 1400 m). – Irl., Schottl., Skand. bis s. Eur., Kl.-As., N-Afr.; subatl (-submed).

2814. H. glábra L. Sand-F.

⊙, ①, *Th, H.* – H. 0,15–0,35. St. kahl, oben mit kleinen Schuppenb.; nur Grdb. vorhanden; *Körbe klein, walzlich; Hüllb. länglich-lanzettl., dunkelgrün, randlich häutig, Spitze dunkel;* Bl. hellgelb, *Zunge unterseits weißlich(-gelb); randliche Fr. meist ungeschnäbelt.* VI–X. 2n = 10.

Grasfluren auf Sandböden, Ackerunkrautges., Brachen etc.; ±trockene, nährstoffärmere u. kalkarme sandige Böden. – Zerstreut bis geb.weise verbreitet im n. u. m. Geb.; seltener bis selten im s. u. w. Geb. u. in den Gebg., s. bis Bay. Wald, Donaugeb. – Schottl., Skand. bis S-Eur., N-Afr., Kl.As., Syr.; subatl-med.

771. Leóntodon L. Milchkraut, (Löwenzahn)

x = 4, 5, 6, 7

I. Randständige Fr. mit haarartigem od. borstigem Pappus
 A. W.stock abgestutzt, meist schief im Boden
  1. St. meist verzweigt; Pappusstrahlen untereinander fast gleich, alle federig .... **2815. L. autumnalis**
  2. St. nie verzweigt; nur innere Pappusstrahlen federig, äußere kürzer, rauh
   a) Pappus reinweiß; (Hüllb. u. oberste St.teile schwarzzottig behaart) .... **2816. L. montanus**
   b) Pappus bräunlich- bis schmutzigweiß
    x) Laubb. deutlich gestielt; St. mit 2–4 Schuppenb. .... **2817. L. helveticus**
    xx) Laubb. undeutlich breit-gestielt; St. b.-los, sehr selten mit 1(2) Schuppenb. ..... **2818. L. hispidus**
 B. W.stock einfach bis wenigästig, senkrecht; B. ganzrandig bis seichtbuchtig, graufilzig .... **2819. L. incanus**
II. Randständige Fr. nur mit krönchenartigem, fransigem Pappus .... **2820. L. saxatilis**

1. Sect. Leóntodon

2815. L. autumnális L. (Abb. 443 a–d) Herbst-M.

♃, *H.* – H. 0,15–0,45. *St. gabelig in 1köpfige Äste geteilt; meist völlig b.los;* Laubb. grd.ständig, *tief fiederteilig* (selten buchtig od. schrotsägig); *Hüllb. kahl od. mit weißen Borsten; Bl. sattgelb,* selten heller; Pappus schmutzigweiß. VII–IX. 2n = 12, 24. Umfaßt:

ssp. autumnális; typ. Unterart, s. obige Diagnose. – Verbreitet u. häufig.

ssp. praténsis (Link) Arcang.; *Hüllb. mit schwarzen zottigen Borsten.* – Bes. höhere Lagen der Alp., evtl. auch im Flachland.

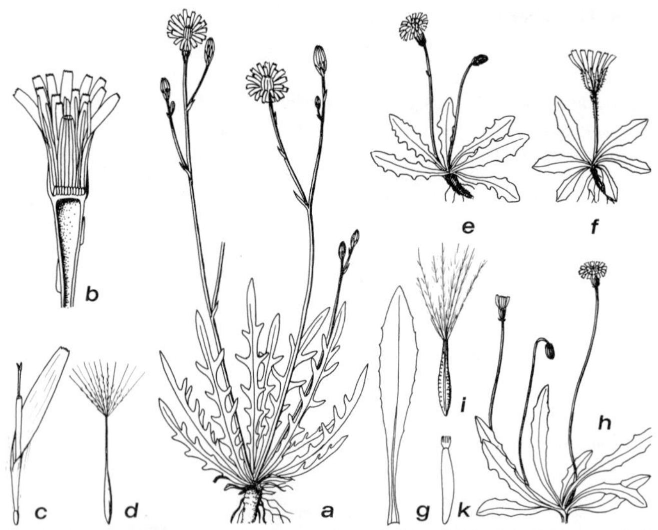

Abb. 443. *Leontodon* ssp., *a–d L. autumnalis* (*a* Habitus; *b* Blütenstand, längs geschnitten; *c* Blüte, *d* Frucht), *e L. hispidus* (Habitus), *f L. montanus* (Habitus), *g L. incanus* (Grundblatt), *h–k L. saxatilis* [*h* Habitus; *i* Scheiben-, *k* Randfrucht (Schema)].

Fettweiden, Ufersaumges., Kulturrasen etc.; frische, nährstoff- u. N-reiche tiefgründige lehmige od. tonige Böden. – Verbreitet u. häufig im ganzen Geb. (Alp. bis 1850 m). – Isl., Färoer, Skand. bis S-Eur., N- u. W-As., NW-Afr., Grönl.; (N-Am.); no-euras-subozean.

2816. L. montánus Lam. (Abb. 443 f) Berg-M.
(= L. taraxaci Lois.)

♃, *H.* – H. 0,05–0,15. St. aufsteigend od. aufrecht, *kaum länger als die Laubb.;* B. in grd.ständiger Rosette; *länglich-lanzettl.,* ± *seicht gezähnt, kahl od. unten behaart; Körbe immer aufrecht; Hüllb. weißrandig;* (äußere Pappusreihe kann hin u. wieder fehlen) VII–VIII. 2n = 12.

Alp. Steinschuttfluren (eig. Ges.); frische, ±kalkhaltige, offene, lange Zeit schneebedeckte Feinschuttsubstrate. – Zerstreut: Alp. (1750–2550 m; bes. Allgäuer u. Berchtesgadener Alp.). – Alp., Karp., Illyr. Gebg.; alp.

2817. L. helvéticus Mérat em. Widder Schweizer M.
(= L. pyrenaicus auct. non Gouan)

♃, *H.* – H. 0,10–0,30. *St. meist einzeln, unter dem Korb kaum verdickt, haarig;* Laubb. in grd.ständiger Rosette, *länglich-lanzettl.,* ± *ganzrandig, kahl od. beiderseits behaart;* Körbe vor der Bl.zeit hängend; *Hüllb. schwarzhaarig; Fr. mit kurzem Schnabel.* VII–IX. 2n = 12.

(Subalp.-)alp. Magerrasen u. Schneetälchenges.; feuchte, nährstoffarme, kalkfreie, oft sandig-torfige Böden. – Zerstreut bis verbreitet: Schwarzwald, Alp. (ca. 1700–2350 m). – Pyren., m. franz. Gebg., Schwarzwald, Alp., Illyr. Gebg.; alp.

2. Sect. Asteróthrix

2818. L. híspidus L. (Abb. 443 e) Wiesen-M.

♃, *H.* – H. 0,15–0,30. Pfl. mit 1 bis mehreren St.; *St. ± grobgerillt;* B. in grd.ständiger Rosette, *gras- bis graugrün* (je nach Behaarung); Körbe vor der Bl.zeit nickend; *äußere Hüllb. locker abgehoben; Pappus etwas länger als die Fr.* VI–IX. 2n = 14. Umfaßt:
Buchtig-gezähnte B.:
ssp. híspidus; typ. Unterart; *B. dicht gabelhaarig; Hüllb. borstig.* – Verbreitet.
ssp. hastílis (L.) Rchb.; *St. sehr hoch, dünn.* – Flachmoore u. anmoorige Wiesen. – Verbreitet.
ssp. opímus Koch; *St. oben stark verdickt; Körbe sehr groß.* – Zerstreut: Alp. über ca. 1200 m, höhere M-Gebg.
Tieffiederspaltige B.:
ssp. hyoseroídes (Welw.) J. Murr; *St. unter dem Körbchen stark verdickt; Pfl. praktisch kahl.* – Zerstreut: Alp., Alp.vorland.
ssp. pseudocríspus (C. H. Schultz) J. Murr; *St. u. Hüllb. borstig; B. wellig, gabelhaarig.* – Zerstreut: Alp.

Fettwiesen, Fettweiden, flachmoorige Wiesen, Halbtrockenrasen, Schuttfluren; frische, nährstoffreiche, sandig steinige od. lehmige tiefgründige Böden. – Verbreitet u. vielerorts häufig (Alp. bis 2400 m). – Ir., Schottl., Skand. bis S-Eur., Kl.As., Kauk., Pers.; euras-subozean-submed.

2819. L. incánus (L.) Schrank (Abb. 443 g) Graues M.

♃, *H.* – H. 0,15–0,45. *W. ein- bis mehrköpfig; St. fast immer einköpfig, lockerhaarig; Hüllb. flaumig, sternhaarig, äußere schwach abstehend; Bl. goldgelb, 2mal so lang wie die Hülle;* Pappus schmutzigweiß, *Strahlen der inneren Reihe federig, die der äußeren oft nur rauh.* V–VI. 2n = 8.

Trockenrasen, lichte warme Kiefernwälder; ±trockene, warme, kalkreiche, humose Böden. – Zerstreut bis verbreitet: Alp. (bis 2050 m), Jura; zerstreut bis selten: Württ., untere Bay. Hochebene. – Alp., S-D., Mähren, Karp., Ung., Illyr. Gebg.; praealp.

3. Sect. Thríncia

2820. L. saxátilis Lam. (Abb. 443 h–k) Salz-M.
[= L. nudicalyx (Lagasca) H. P. Fuchs

⊙, ⊙, ♃, *H.* – H. 0,05–0,30. *St. einköpfig, am Grd. bogig, b.los,* behaart od. kahl; B. in grd.ständiger Rosette, ± *stark buchtig gezähnt, selten ganzrandig;* Körbe vor dem Aufblühen nickend; *Hüllb. dunkel-*

randig, manchmal gabelhaarig; Bl. gelb, *2mal so lang wie die Hülle.* VII–VIII. 2n = 8, 10.

Wiesen u. Weiden, Flachmoore, Wegränder, Böschungen, Deiche, Dünen, Ufer etc.; ±feuchte bis frische, nährstoffreiche, auch salzhaltige, meist tonige Böden. – Verbreitet im nw. Geb., sonst zerstreut; selten: Bad.-Württ., N-Bay.; fehlt Alp. völlig u. S-Bay. über sehr große Strecken. – Irl., Schottl., Dän. bis SW-Eur., NW-Afr., M-Rußl., Ung.; (N-Am., Austr.); subatl-w-submed.

Bastarde:

L. autumnalis × hispidus ssp. hispidus (= L. × hispidaster Beauv.), L. autumnalis × hispidus ssp. hastilis (= L. × ambiguus Fleischer), L. incanus × hispidus ssp. hispidus (= L. × richenii J. Murr), L. montanus × helveticus (= L. × jouffroyi Rouy).

772. *Pícris* L. Bitterkraut

x = 5

I. Äußere Hüllb. klein; Fr. ohne Schnabel .... **2821. P. hieracioides**

II. Äußere Hüllb. groß, breit, eine zusätzliche Außenhülle bildend; Fr. langgeschnäbelt .... **2822. P. echioides**

2821. P. hieracioídes L. (Abb. 444 c–e) Gewöhnliches B.

⨀, ♃, *H.* – H. 0,30–0,60(–1,00). St. aufrecht, oben verzweigt, kantig, *am Grd. borstig; B. am Rande u. unterseits rauhhaarig,* entfernt bis buchtig gezähnt, *obere B. herzförmig-sitzend; Hüllb. dicht schwarzborstig, eingeschnürt;* Bl. gelb, doppelt so lang wie die Hülle. VII–X. 2n = 10. Umfaßt:

ssp. h i e r a c i o í d e s ; typ. Unterart, s. obige Diagnose. – Zerstreut bis verbreitet.

ssp. s p i n u l ó s a (Bertol.) Thell.; Hüllb. weißlich-borstig behaart; *Körbe klein, dicht geknäuelt; ganze Pfl. stark borstig.* – Selten eingeschleppt an warmen Orten.

ssp. c r e p o í d e s (Sauter) Simk.; Hüllb. weißlich-borstig behaart; *B. oft ganzrandig, nur am Rand u. unterseits am Mittelnerv behaart.* – Alp. von Bay. Selten.

ssp. a u r i c u l á t a (C. H. Schultz) Hayek; *äußere Hüllb. abstehend, innere schwarzzottig;* ganze Pfl. zottig. – Sehr selten auf Alp.wiesen u. Matten im Schlüchttal.

ssp. p a l e á c e a (Vest.) Dom. et Podp.; *Pfl. kaum verzweigt, borstig; Hüllb. schwarzborstig, äußere aufrecht; Körbe sehr groß.* – Selten: Bay. Alp.; auch in Thür?

Offene Rasenges., Wegränder, Wiesen, Schutt etc.; ±frische, nährstoffreiche, oft kalkhaltige, lockere, oft sandige Lehm- u. Tonböden. – Verbreitet im sw. Geb.; selten: Alp. (bis 1600 m); im übrigen Geb. zerstreut (stellenweise wie z. B. Ostpr. häufiger) od. wie im nw. Geb. über größere Strecken fehlend. – Engl., Dän., Schwed., Finnl. bis s. Eur., Sib., Altai; (N-Am., Austr., Neuseel., Ind.); euras(-kont)-submed.

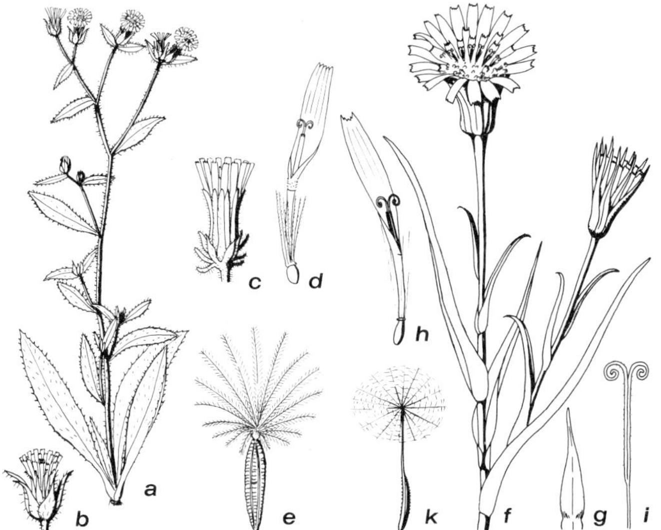

Abb. 444. *a–e Picris* spp., *a–b P. echioides* (*a* Habitus, *b* Blütenstand), *c–e P. hieracioides* (*c* Blütenstand, *d* Blüte, *e* Frucht); *f–k Tragopogon pratensis* (*f* Sproßspitze, *g* Hüllblatt, *h* Blüte, *i* Griffel u. Narben, *k* Frucht).

2822. P. echioídes L. (Abb. 444 a–b) Großes B., Wurmlattich

⊙, ①, *Th, H.* – H. 0,30–0,60. *St. aufrecht, ästig,* borstig behaart; grd.ständige B. eiförmig-länglich, buchtig gezähnt, in den Stiel verschmälert, obere sitzend, länglich-lanzettl., gezähnt; *Körbe an der Spitze der Äste; Hüllb. mit steifen Borsten, begrannt; Bl. gelb, randständige außen oft purpurn; innere Fr. gerade, äußere gekrümmt, ventral zottig.* VII–VIII. 2n = 10.
Unkrautges., Ufer, Äcker, Dämme, Schutt etc.; frische, warme, nährstoffreiche, oft auch sandige Böden. – Zerstreut im s. u. m., selten im n. Geb. eingeschleppt u. unbeständig. – Heimat: Med., SW-As.

773. Tragopógon L. Bocksbart

x = 6

I. St. alle ± gleichdick, nur unter dem Körbchen etwas verdickt
  A. Hüllb. über dem Grd. eingedrückt-zusammengezogen . . . . **2824. T. pratensis**
  B. Hüllb. nicht eingedrückt-zusammengezogen, rauh . **2825. T. heterospermus**

II. St. oberwärts keulenförmig verdickt, hohl
A. Bl. purpurrot; blühende Körbchen oberwärts flach . **2826. T. porrifolius**
B. Bl. gelb; blühende Körbchen oberseits muldig . . . . **2823. T. dubius**

2823. T. dúbius Scop. Großer B.

⊙, *H.* – H. 0,30–0,60(–1,00). *St. aufrecht, reichblättrig; B.* $^{1}/_{2}$*st.-umfassend, an der Spitze überhängend, kahl; Hüllb. lanzettl., spitz, länger als die hellgelben Bl.; Fr. sehr groß (bis 4 cm).* V–VI(–VIII). 2n = 12.

Unkrautges., Halbtrockenrasen, Wegränder, Böschungen etc.; ±trockene, warme, nährstoffhaltige, meist kalkreiche Böden. – Verbreitet bis zerstreut: M-Thür., N-Bay.; seltener: Schles., Westpr.; sonst selten bis zerstreut; fehlt u. a. im nw. Geb. u. S-Bay. – N-Frankr. bis Pol., s. Eur., Kl.As., Kauk.; submed–gem-kont.

2824. T. praténsis L. (Abb. 444 f–k) Wiesen-B.

♃, ⊙, *Th, H.* – H. 0,30–0,75. *W. stark milchend; St. aufrecht, schwach ästig, kahl od. (jung) schwach wollig; B. lanzettl.-länglich,* halbst.umfassend, *spitz; Bl. ca. so lang wie die Hüllb.; Stbbtl. gelb, an der Spitze* V–VII(–X). Umfaßt:

ssp. p r a t é n s i s; typ. Unterart, s. obige Diagnose. 2n = 12, (14?). – Verbreitet bis zerstreut, bes. n. u. m. Geb., seltener im s. Geb.; fehlt Alp.

ssp. m í n o r (Mill.) Hartman; *Hüllb. mit rotbraunem Rand; Bl. etwa* $^{1}/_{2}$*mal so lang wie die Hüllb.; Stbbtl. braun;* 2n = 12. – Verbreitet: Rheingeb., sonst zerstreut bis selten; im N. geb.weise fehlend.

ssp. g r a n d i f l ó r u s (Saut.) Rothm.; *Bl. länger als die Hüllb.; Stbbtl. oberwärts schwärzlich violett, B. lang zugespitzt.* – Alp., weitere Verbreitung schlecht od. nicht bekannt.

ssp. o r i e n t á l i s (L.) Čelak.; *Bl. länger als die Hüllb.; Stbbtl. dunkel-längsgestreift.* 2n = 12. – Verbreitet im S.; selten Sachs.; fehlt NW., sonst zerstreut.

Fettwiesen, Wegränder, Raine; frische, ± nährstoffreiche, tiefgründige, oft sandige, lehmige Böden. – Verbreitet (Alp. bis 1700 m). – Irl., Schottl., Skand. bis s. Eur., Sib., Kauk., Pers.; euras-submed.

2825. T. heterospérmus Schweigg. Sand-B.

⊙, *H.* – H. 0,20–0,60(–0,80). *W.hals mit alten B.resten; St. aufrecht, wie die Äste u. unteren B. anfangs weißfilzig, später locker wollig; B. lang, schmal, ungeteilt; Hüllb. zur Bl.zeit abstehend zurückgekrümmt; Bl. bleichgelb;* Pappus schmutzigweiß, so lang wie die Fr., *Schnabel kurz bis fehlend.* VI–VII(–IX). 2n = 12.

Ältere Küstendünen, Sandfelder, Heiden; ± trockene, nährstoffhaltige Sandböden. – Selten, nur Kurische Nehrung (Memel bis Kranz) u. Binnenland (so Tilsit, Ragnit), Frische Nehrung. – Ostpr., Westpr. bis M-, S-Rußl., Balk.

2826. T. porrifólius L. Haferwurz

⊙–⊙, *Th, H.* – H. 0,60–1,20. *St. aufrecht, ästig; B. breit-scheidig st.umfassend, steif aufrecht;* Bl. kürzer als die Hüllb.; *Fr. langgeschnäbelt, Pappus bräunlich.* VI–VII. 2n = 12.

Kultiviert u. gelegentlich unbeständig an Wegrändern od. in Unkrautges. verwildert. – Heimat: Med., Kl.As.

Bastarde:
T. dubius × pratensis ssp. orientalis (= T. × crantzii Dichtl), T. dubius × pratensis ssp. pratensis.

774. Scorzonéra L. Schwarzwurzel

x = 7

I. W. oben mit Faserschopf
 A. Bl. rötlich; B. grasartig schmal . . . . **2827. S. purpurea**
 B. Bl. gelb; B. breiter-lanzettl. **2829. S. austriaca**
II. W. grobschuppig, ohne Faserschopf; Bl. immer gelb
 A. Achänen glatt; St. 1- bis 3köpfig
  1. Bl. doppelt so lang wie der Hüllk.; B. u. St. basal wollig . . . . **2830. S. humilis**
  2. Bl. u. Hüllk. etwa gleichlang; B. u. St. basal nicht wollig . . . . **2831. S. parviflora**
 B. Achänen (zumindest randständige) mit weichen Sta.; St. oberwärts ± stark verzweigt . . . . **2828. S. hispanica**

Sect. S c o r z o n é r a
1. Subsect. P u r p ú r e a e

2827. S. purpúrea L. Rote Schw.

♃, *H.* – H. 0,15–0,50. *St. einfach od. in 1köpfige Äste verzweigt, reich beblättert; äußere Hüllb. oft braun-, innere weiß-berandet,* doppelt so lang wie die äußeren; *Bl. mit deutlichem Vanille-Duft.* V–VI. 2n = 14.

Steppenrasen, Trockenrasen, Waldlichtungen; trockene, warme, meist kalkreiche, sandige od. auch steinige, tiefgründige Böden. – Selten: Westpr., Schles., Brand., SO-Meckl., Anh., N- u. M-Thür. über S-Hess. bis M- u. Oberrheingeb., N-Bay. (Frank. u. Maingeb.); Donaugeb. (so Garchinger Heide, Rosenau). – S-Frankr., Ital. bis D., Pol., M- u. S-Rußl., W-Sib.; kont.

2. Subsect. H i s p á n i c a e

2828. S. hispánica L. (Abb. 445 e) Garten-, Echte Schw.

♃, *H.* – H. 0,60–1,20. *W. dick, schwärzlich; junge St. schwach flaumig;* B. meist ganzrandig, spitz, *untere gestielt; obere Stb. scheidig- st.-umfassend, oft gezähnelt, kurz gewimpert; Körbe langgestielt;* Bl. duftend. VI–VIII. 2n = 14, 28.

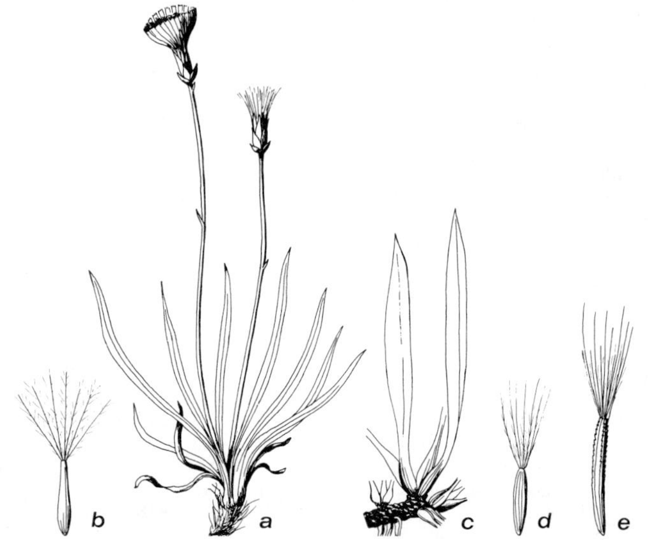

Abb. 445. *Scorzonera* spp., *a–b S. austriaca* (*a* Habitus, *b* Frucht), *c S. parviflora* (Wurzelstock u. Grundblätter), *d–e* Früchte (*d S. humilis, e S. hispanica*).

Trockenrasen, lichte Gebüsche, Eichen-Kiefernwälder, Schuttunkrautges.; trockene, warme, meist kalkreiche, humose, oft auch sandige Böden. – Zerstreut, aber geb.weise häufig: M- u. N-Thür.; selten: Anh., S-Nieders., Hess., M- u. Oberrheingeb. (Bingen, Eberstadt, Gauagelsheim, Gau-Oldernheim), Frank., Maingeb., Jura (Bopfingen, Kipfenberg); daneben kultiviert u. gelegentlich verwildert. – Frankr., M-D. bis SW-Eur., Bulg., S-Rußl., s. Sib., Kauk.; gem-kont-submed.

2829. S. austríaca Willd. (Abb. 445 a–b) Österreichische Schw.

♃, *H.* – H. 0,10–0,40. *W. dick, walzlich; St. einköpfig, nur mit wenigen Schuppenb.,* meist völlig kahl; *B. ganzrandig, oft wellig;* Körbe einzeln; *Hüllb. kahl, ziegeldachartig; Pappus ca. so lang wie die Fr.* IV–V. 2n = 14.

Offene Felsheiden, Kiefernhänge; ±trockene, warme, kalkhaltige, flachgründige Böden. – Sehr selten, nur im sw. Geb. (Hochrhein: Küssaburg; Engen; früher: Wutachtal). – M- u. S-Frankr. bis Bad., N-Ital., S-Rußl., M-As., O-Chin.; (europ-)kont(-submed).

2830. S. húmilis L. (Abb. 445 d) Niedrige Schw.

♃, *H.* – H. 0,10–0,40. *W. schwarz, manchmal mehrköpfig; St. ± b.los, erst wollig, später kahl;* Grdb. meist breitlanzettl., ganzrandig;

Hüllb. unten wollig-filzig (auch Körbchenstiele); Bl. sehr selten weißlich-gelb; *Pappus deutlich länger als die Fr.* V–VI. 2n = 14.

Ginster-Sandheiden, Moorwiesen, Quellfluren; ±feuchte, nährstoffarme, kalkfreie, ±saure, sandige od. torfige Böden. – Zerstreut u. selten, nach NO zunehmend, selten u. a. im nw. Geb., s. bis Alp. (bis ca. 900 m); fehlt u. a. im m. u. w. Geb. von Westf. bis Hess. – N-Frankr., Skand. bis s. Eur., Rußl., Kauk.; gem-kont-submed.

2831. S. parviflóra Jacq. (Abb. 445 c) Salz-, Wenigblütige Schw.

⊙⊙, ♃, *H.* – H. 0,20–0,40. *W. mehrköpfig, dunkel; St. meist einköpfig,* b.los od. oben mit wenigen Schuppenb.; *Grdb. mit scheidigem Grd.,* ganzrandig, gestielt; *Körbe klein; Hüllb. schwarzgefleckt mit Hautrand; Pappus 2mal so lang wie die Fr.* V–VII. 2n = 14.

Salzstellen des Binnenlandes, salzhaltige Wiesen; ±feuchte bis trockenere salzreiche Böden. – Sehr selten, nur Anh. [häufiger zwischen Artern u. Bad Frankenhausen (Esperstedter Ried, Salzwiese unweit Bad Frankenhausen)]. – nw. Med., S-Frankr. bis Rußl., Balk., Sib., Kl.As., Pers.; kont.

775. Podospérmum DC. Stielsamenkraut

x = 7

I. Pfl. ein- bis zweijährig; W. einköpfig
  A. Seitliche Abschnitte der Laubb. spitz-lineal., Endabschnitt verlängert-lanzettl. .... 2832. P. laciniatum
  B. Seitliche Abschnitte der Laubb. elliptisch breit-lanzettl., Endabschnitt eiförmig vergrößert ...... 2833. P. calcitrapifolium
II. Pfl. mehrjährig; W. vielköpfig .... 2834. P. canum

2832. P. laciniátum (L.) DC. (Abb. 446 a–c) Schlitzblättriges St.

⊙, ①, ⊙⊙, (♃), *Th, H.* – H. 0,07–0,50. *St.* ± verästelt *u. kahl, rauh;* Körbe einzeln, *langgestielt; äußere Hüllb. eiförmig mit zurückgebogener Spitze,* innere ± stumpf; *Fr. hell(violett)braun; Pappus schmutzigbraun.* V–VII. 2n = 14.

Wegränder, Raine, Unkrautfluren, offene Trockenrasen, Felsheiden; trockene, warme, meist kalkhaltige, humose (auch salzhaltige) Böden. – Selten u. z. T. unbeständig im w., m. u. sw. Geb. [bes. von Sachs. (Leipzig), Anh., N- u. M-Thür., S-Nieders., Westf., Hess. über Maingeb. bis M- u. Oberrhein- u. Moselgeb.], daneben vereinzelt u. verschleppt. – M- u. S-Eur. bis Rußl., Sib., Kauk., N-Afr.; submed-kont.

2833. P. resedifólium (L.) DC. (Abb. 446 f–g) Fußangel-St.
[=P. calcitrapifolium (Vahl) DC.]

♃, *H.* – H. 0,10–0,35. *Pfl. mit mehreren einköpfigen St.; Grdb. fiederspaltig mit breiter Spindel, Endabschnitt viel größer als die seitlichen;* Bl. hellgelb, *länger als die Hüllb.* V–VII.

Selten im warmen Schuttunkrautges. unbeständig eingeschleppt. – z. B. M-Rheingeb., Sauertal (?). – S-Eur., SW-As., N-Afr.; med.

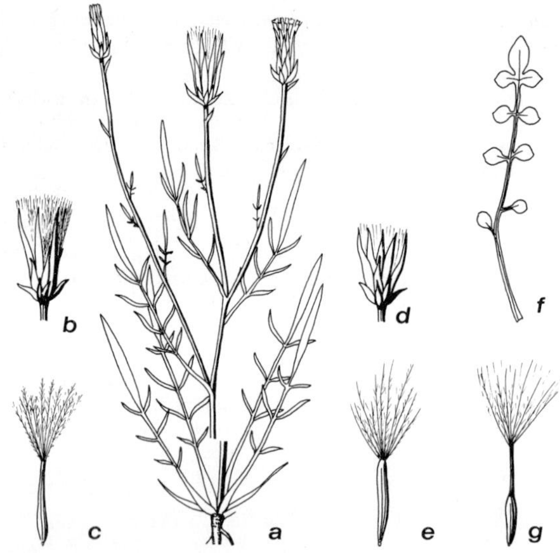

Abb. 446. *Podospermum* spp., *a–c P. laciniatum* (*a* Habitus, *b* Hüllkelch zur Fruchtzeit, *c* Frucht), *d–e P. canum* (*d* Hüllkelch zur Fruchtzeit, *e* Frucht), *f–g P. resedifolium* (*f* Blatt, *g* Frucht).

2834. P. cánum C. A. Meyer (Abb. 446 d–e) Blasses St.

♃, *H.* – H. 0,07–0,45. *W.stock kurz; auch sterile B.büschel treibend, Pfl. dadurch rasig; St. glatt, unten wenig beblättert;* B. schmalfiederig, *mit spitzen Abschnitten, ± kahl;* Körbe einzeln; *Hüllb. mit gerundeter Spitze, innen seidig-haarig;* Pappus bräunlich. VI–VIII. 2 n = 14.
Selten auf Brachäckern, mageren Weiden, an Wegrändern, Rainen unbeständig eingeschleppt. – Z. B. Erfurt, Pfalz. – O-Med. bis Kl.As., Kauk., Pers.; o-med.

776. Chondrilla L. Knorpelsalat

x = 5

I. Grd.ständige B. zur Bl.zeit verdorrt; Achäne oben mit mehreren Zahnreihen .... **2835. Ch. juncea**
II. Grd.ständige B. zur Bl.zeit vorhanden; Achäne oben mit kurzem Zahnkrönchen .... **2836. Ch. chondrilloides**

Abb. 447. *a—e Chondrilla* spp., *a—d Ch. juncea* (*a* Sproßspitze u. -basis, *b* Blüte, *c* Boden des Blütenstandes, *d* Frucht), *e Ch. chondrilloides* (Grundblatt); *f—g Willemetia stipitata* (*f* Habitus, *g* Frucht).

2835. Ch. júncea L. (Abb. 447 a—d) Großer K.

♃, *H.* — H. 0,30—1,00. *W. stark ästig, brüchig; Äste rutenförmig, kantig, borstig-flaumig, oben kahl; Grdb. spitz, lineal-lanzettl., schrotsägig, Mittelnerv unten borstig; Stb. schmal, ganzrandig; Körbe ährenartig angeordnet, einzeln od. 2—3 beisammen;* Bl. gelb, unterseits rotstreifig. VII—IX. 2n = 15, (30?).

Trockenrasen, Böschungen, Weg- u. Ackerränder, Sandflächen; ± trockene, warme, meist kalkhaltige, locker-sandige tiefgründige Lehm- u. Tonböden. — Zerstreut bis selten (bes. Wärme- u. Trockengeb.) im m., ö. u. s. Geb. (s. bis Bodenseegeb.); nw. etwa vom unteren Lahngeb., Wetterau, Nienburg bis Lübeck fehlend od. nur vereinzelt. → S- u. M-Eur. bis S-Rußl., SW-As., N-Afr.; (N-Am.); (o-)med-submed-kont.

2836. Ch. chondrilloídes (Ard.) Fritsch (Abb. 447 e) Alpen-K.
[= Ch. prenanthoides (Scop.) Vill.]

♃, *H.* — H. 0,10—0,30. *W. mehrköpfig; St. gabelig-ästig, kahl, bläulich bereift; Grdb. ganzrandig* od. spärlich weitzahnig; *Stb. klein, schmal,* sitzend; *Körbe schirmförmig angeordnet;* Hüllb. weißrandig, trübgrün, äußere sehr kurz; *Pappus länger als Fr. + Schnabel.* VII—VIII. 2n = 10.

Fluß- u. Bachschotterfluren; ±feuchte, kalkreiche, humusarme steinige Sand- u. Schotterböden. – Zerstreut bis selten: Alp.vorland (so z. B. Iller-, Lech-, Isargeb.), Alp. (bis 1100 m). – Alp.randgeb., Alp. bis sö. Küstenland; o-praealp.

777. Willemétia (Neck.) Cass. Kronlattich

2837. W. stipitáta (Jacq.) Cass. (Abb. 447 f–g) Gewöhnlicher K.

♃, *H.* – H. 0,20–0,45. *W.stock walzig; St. oben (wie die Hüllb.) schwarzhaarig; B. fast nur in Grd.rosette,* kahl, sattgrün, *mit wenigen groben Zähnen, verkehrt-eiförmig;* Bl. goldgelb, weit aus der Hülle herausragend; *Fr. oben schuppig braun.* VI–VIII. 2n = 10.

Kleinseggensümpfe, Flach- u. Quellmoore, feuchte Wiesen; nasse, kalkarme, humusreiche Sumpf- u. Torfböden. – Verbreitet bis zerstreut: Bay. Wald, Oberpfälzer Wald, obere Bay. Hochebene, Alp. (700–2000 m); selten: untere Bay. Hochebene (Deggendorf, Simbach). – Pyren., Alp. bis Bay. Waldgeb., Niederösterr., Steiermark, Illyr. Gebg.; praealp (-alp).

778. Taráxacum Wiggers Löwenzahn, Kuhblume

x = 8

I. Äußere Hüllb. hell- od. graugrün
  A. Pfl mit zahlreichen Resten alter B. am W.hals (Strohtunika)
    1. Fr. rot od. rotbraun .... **2843. T. laevigatum**
    2. Fr. ± (hell-)graubraun .... **2844. T. obliquum**
  B. Pfl. mit nacktem W.hals bzw. mit wenigen häutigen Resten
    1. Äußere Hüllb. zur Bl.zeit weit zurückgeschlagen **2840. T. officinale**
    2. Äußere Hüllb. immer angedrückt; (B. gelappt) . **2845. T. spectabile**
II. Äußere Hüllb. dunkelgrün bis schwärzlich
  A. B. ± ungeteilt, kleingezähnt bis fast ganzrandig .. **2839. T. palustre**
  B. B. stark bis mäßig geteilt; (Pfl. höherer Lagen)
    1. Bl. leuchtend orange-(rot-)gelb .... **2838. T. pacheri**
    2. Bl. ± hellgelb
      a) Pfl. mit breit-trichterig ausgebreiteter B.-rosette; B. unten ± tief geteilt .... **2841. T. alpinum**
      b) B. aufsteigend aufrecht, wenig geteilt; (Pfl. in allen Teilen leicht glänzend, stattlich) .... **2842. T. alpestre**

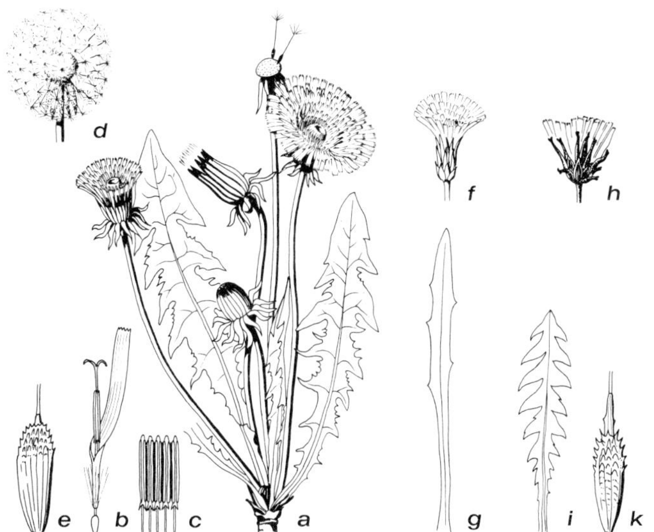

Abb. 448. *Taraxacum* spp., *a–e T. officinale* (*a* Habitus, *b* Blüte, *c* Staubblätter ausgebreitet, *d* Blütenstand zur Fruchtzeit; *e* Frucht, Pappus entfernt), *f–g T. palustre* (*f* Blütenstand, *g* Blatt), *h–k T. laevigatum* (*h* Blütenstand, *i* Blatt; *k* Frucht, Pappus entfernt).

1. Sect. B o r e á l i a
Subsect. G y m n o p h ý l l a

2838. T. pácheri C. H. Schultz (Abb. 449 a–b) Kärntner L.

♃, *H.* – H. 0,06–0,15. *Pfl. meist mit nur einem Körbchen;* B. buchtig eingeschnitten, niederliegend mit fast dreieckigen Lappen; *Hüllb. ungehörnt, praktisch unberandet, äußere anliegend;* Bl. zahlreich, *außen rot gestreift; Fr. mit wenigen Sta., länger als der Schnabel.* VII–VIII. 2n = 32.

Alp. Feinschuttges., Zwergstrauchbestände; nasse, feinerde- u. mineralstoffreiche ruhende Schuttböden. – Sehr selten, Allgäu? (über 2000 m, Nebelhorn), unbestätigt. – Z-Alp., Österr., Schweiz; alp.

2839. T. palústre (Lyons) Symons (Abb. 448 f–g) Sumpf-L.
[= T. palustre (Lyons) Lam. et DC.]

♃, *H.* – H. 0,15–0,35. *B. meist steil aufrecht, oft etwas dicklich,* manchmal etwas blaugrün, seicht od. tiefer buchtig, *die kleinen Zähne „dem Umriß aufgesetzt";* Pfl. meist mit nur wenigen Körben; *äußere Hüllb. deutlich berandet, an ihrem oberen Ende fest angedrückt,* unterer Teil des Körbchens dadurch oft fast kugelig. IV–VI; 2n = (12), 24, 32 (40, 50).

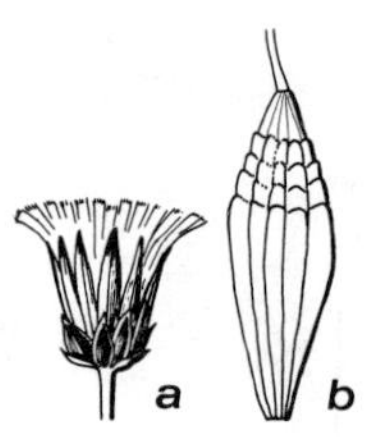

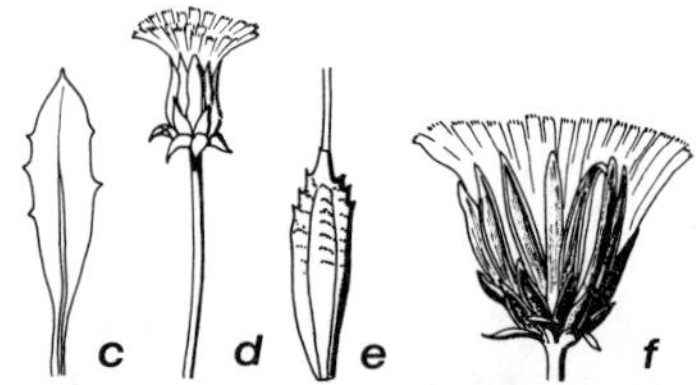

Abb. 449. *Taraxacum* spp., *a–b T. pacheri* (*a* Blütenstand; *b* Frucht, Pappus entfernt), *c–e T. alpinum* (*c* Blatt, *d* Blütenstand; *e* Frucht, Pappus entfernt), *f T. alpestre* (Blütenstand).

Anmoorige Wiesen, Quellfluren, Flachmoore; ±nasse, ±kalkhaltige, humusreiche, tonige od. auch torfige (bis etwas salzhaltige) Böden. – Zerstreut bis vereinzelt im Geb. (Alp. bis 1800 m). – Eur., As.; euras-med.

2840. T. officinále F. Weber ex Wigg. **(agg.)** (Abb. 448 a–e) Wiesen-L.

♃, *H.* – H. 0,05–0,50. *Pfl. meist kräftig mit dicklicher fleischiger W.; B. sehr variabel,* ± tief geteilt, mit ± großem Endlappen, hell bis dunkelgrün; *äußere Hüllb. kürzer als die inneren;* Bl. sattgelb, oft mit rötlicher Komponente; *Körbe sehr bl.reich; Fr. spitz, rinnig, oben sta. hell bis sattbraun.* Äußerst reich an nur schwer bestimmbaren Formen! IV–V(VI). 2n = 16, 24, 32 u. zahlreiche Zwischenzahlen.

Fettwiesen u.-weiden, Wegränder, Dämme, Ruderalges.; ±trockene bis frische, nährstoffreiche, meist tiefgründige, aber auch trocken-sandige steinige lehmige od. tonige Böden. – Verbreitet u. meist häufig (Alp. bis 2590 m). – Eur., As.; (im gem. Geb. weltweit verschleppt); no-euras(subozean).

Droge: Radix Taraxaci cum Herba

2841. T. alpínum (Hoppe) Hegetschw. (Abb. 449 c–e) Alpen-L.

♃, *H.* – H. 0,08–0,20(0,35). *B. meist mit ± großem geigenförmigem Endabschnitt, deutlich geadert,* dunkelgrün (oft mit starker Anthocyanüberlagerung) bis glänzend hellgrün, *Zähne manchmal rötlich, äußere Hüllb. manchmal bereift, immer anliegend, höchstens die Spitzen zurückgebogen;* Körbe bl.reich; *Fr. ± bleich,* Pappus oft schmutzigweiß, *Schnabel etwas länger als die Fr.* V–VIII(IX). 2n = 24, 32, 40.

Subalp.-alp. Rasen, Viehläger, Zwergstrauchfluren; ±feuchte, nährstoffreiche, ±tiefgründige, auch steinige Böden. – Zerstreut (örtlich häufig): nur Alp. (über 1800 m). – Eur. u. as. Gebg.; alp-altaisch(-arkt).

2842. T. alpéstre Hegetschw. (Abb. 449 f) Quell-L.
(= T. fontanum Hand.-Mazz.)

♃, *H.* – H. 0,10–0,40. *B. meist großflächig entwickelt mit welligem Rand u. kleinen spitzen Zähnen; äußere Hüllb. länglich-dreieckig, viel kleiner als die inneren, anliegend od. schwach abstehend;* Bl. gelb, *Fr. groß mit wenigen Sta., hellbraun, spitz;* Pappus weiß. V–VIII(IX). 2n = 32.

Alp. Quellfluren, feuchte Rinnen; nasse, nährstoff- u. humusreiche, auch steinige Böden. – Sehr selten, nur Allgäuer Alp. (ca. 1800–2450 m). – Gebg. M- u. SO-Eur., SW- u. M-As.; alp-alt.

2. Sect. E r y t h r o c á r p a

2843. T. laevigátum (Willd.) DC. **(agg.)** (Abb. 448 h–k) Heide-L.

♃, *H.* – H. 0,05–0,25. *Pfl. meist zierlich; B. meist sehr fein gegliedert („zerrissen"-geteilt) oft graugrün; Hüllb. deutlich bis stark gehörnt, angedrückt bis schwach abstehend* (bis abstehend), *weiß berandet; Bl. hellgelb.* IV–V(VI). 2n = 16, 24, 32.
Hierzu: Kleinart **T. rubicúndum** Dahlst.; *B. am Grd. rotviolett, äußere Hüllb. berandet; Bl. sehr hell gelb; Fr. dunkelrot.* – Verbreitet z. B. Thür.

Halbtrockenrasen, Dämme, Böschungen, Wegraine; ±trockene, warme, meist kalkreiche, lockere lehmige od. sandige Böden. – Zerstreut bis geb.weise (Trockengeb.) verbreitet, im nw. Geb. seltener, s. bis Donaugeb. – Eur., W- u. M-As., NW-Afr.; euras-submed.

2844. T. oblíquum (Fries) Dahlst. Blaugrüner L.

♃, *H.* – H. 0,05–0,25. *B. meist ± ausgebreitet niederliegend, (bläulich-)sattgrün, fein-tiefgeteilt; äußere Hüllb. abstehend, länglich, oft gehörnt;* Bl. gelb (oft ziemlich hell). V–VI. 2n = 16, 19, 24.

Halbtrockenrasen, Wegraine, Böschungen, Dämme; ±trockene, warme, flachgründige, lockere, meist kalkhaltige Böden. – Selten (örtlich oft häufig, bis ca. 600 m). – Eur., W- u. M-As.; euras-submed.

3. Sect. Spectabília

2845. T. spectábile Dahlst. **(agg.)** Großer L.

♃, *H.* – H. 0,10–0,35. *B. eher einfach spitz-gelappt, oft etwas gefleckt, Endlappen von verschiedener Größe; äußere Hüllb. schmallanzettl., kürzer als die inneren, ohne Hautrand;* Bl. sattgelb; *Fr. sta. mit stechender Spitze, Schnabel viel länger als die Fr.* V–VI(VII). 2n = 24, 32, 48.

Flachmoorges., anmoorige Wiesen; ±nasse u. saure, nährstoffarme bis -reichere tiefgründige Böden. – Selten im n. Geb. (0- ca. 200 m). – N-Eur.; subozean.

779. *Cicérbita* Wallr. Milchlattich

(= Mulgedium Cass.)

x = 8, 9

I. Pfl. oberwärts kahl; Fr. ellipsoidisch .... **2846. C. plumieri**
II. Pfl. oberwärts dr. behaart; Fr. länglich-lineal. .... **2847. C. alpina**

2846. C. plumiéri (L.) Kirschleger Französischer M.
[= Mulgedium plumieri (L.) DC.]

♃, *H.* – H. 0,60–1,30. *St. aufrecht, reichblättrig; B. kahl, grob-fiederteilig, gezähnt,* grd.ständige gestielt, obere tief herzförmig st.umfassend, *oberste ungeteilt; Hüllb. kahl, violett überlaufen; Bl.blau.* VII–VIII. 2n = 16.

Subalp. Hochstaudenfluren, zwischen Grobschutt; feuchte, nährstoffreiche, meist kalkärmere, locker-steinige Böden. – Sehr selten, nur S-Schwarzwald (Baldenweger Buck am Feldberg). – Pyren., W-Alp. bis Vogesen, Schwarzwald; w-praealp.

2847. C. alpína (L.) Wallr. (Abb. 450a) Alpen-M.
[= Mulgedium alpinum (L.) Less.]

♃, *H.* – H. 0,60–1,20. *St. meist ober der Mitte traubig verästelt, oben dr., braunrot; B. unten blaugrün, untere fiederspaltig mit großem Endlappen,* obere sitzend, *st.umfassend herablaufend; Körbchenstiele dicht braunrot-dr.haarig;* Hüllb. schmutziggrün; *Bl. violett.* VII–IX. 2n = 18.

Subalp. Hochstaudenfluren, Waldschluchten, Gebüsche; feuchte, nährstoffreiche, locker-steinige Böden. – Zerstreut bis verbreitet: Alp. (1100–1950 m), Bay. Wald, Sud.; zerstreut bis selten: Sauerland, Oberharz (ob noch ?), Rhön, Vogelsberg, Thür. Wald, Erzgebg., Vogtland, schles. Sud.vorland, Schwarzwald, obere Bay. Hochebene. – Eur. Geb. von Skand., Finnl. bis Pyren., Apenn., Karp.; praealp-no (subozean).

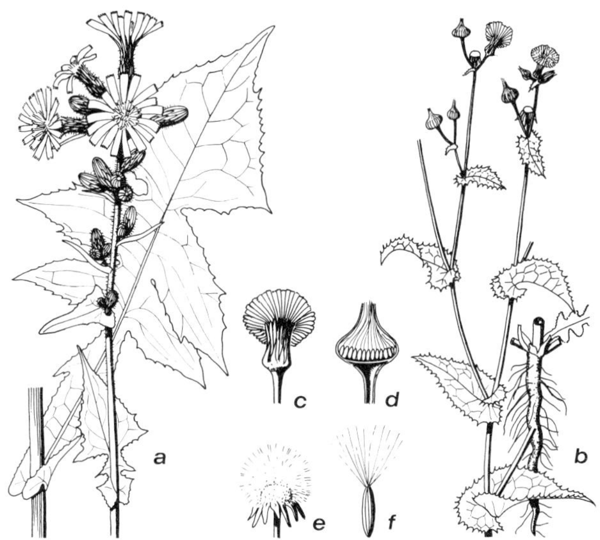

Abb. 450. *a Cicerbita alpina* (Sproßspitze u. Stengelblatt); *b–f Sonchus asper* (*b* Sproßspitze u. -basis; *c* Blütenstand, bei *d* nach der Blütezeit, längs geschnitten, bei *e* zur Fruchtzeit; *f* Frucht).

780. Sónchus L. Gänsedistel

x = 8, 9

I. W. ± senkrecht, spindelig; St. meist stark ästig
  A. Obere B. mit am Grd. pfeilförmig abstehenden, zugespitzten Öhrchen . . . . **2850. S. oleraceus**
  B. Obere B. am Grd. herzförmig, mit stumpfen, dem St. angedrückten Öhrchen . . . . **2851. S. asper**
II. W. waagrecht od. schief; St. nur oberwärts ästig
  A. W. kriechend, Ausläufer treibend; st.ständige B. am Grd. deutlich herzförmig mit abgerundeten Öhrchen . . . . **2849. S. arvensis**
  B. W. nicht kriechend, keine Ausläufer treibend; st.-ständige B. am Grd. ± pfeilförmig . . . . **2848. S. paluster**

2848. S. palúster L. (Abb. 451 c–d) Sumpf-G.

♃, *H.* – H. 0,90–3,00. (u. höher). *St. aufrecht, kräftig, 4kantig-hohl; Grdb. tief fiederspaltig, obere oft ungeteilt, blaugrün;* Körbe groß in dichter Rispe; *Körbchenstiele u. Hüllb. dicht schwarz- (selten gelb-)dr.;* Bl. hellgelb. VII–IX. 2n = 18.

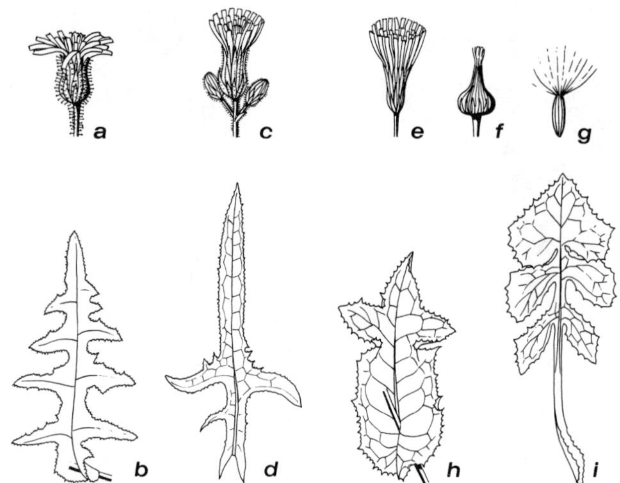

Abb. 451. *Sonchus* spp., *a–b S. arvensis* (*a* Blütenstand, *b* Stengelblatt), *c–d S. paluster* (*c* Blütenstände, *d* Stengelblatt), *e–i S. oleraceus* (*e* Blütenstand, bei *f* nach der Blütezeit; *g* Frucht; *h* oberste Stengelblatt, *i* Grundblatt).

Staudenges. der Spülsäume, Flußufer, Gräben, Feuchtwiesen, Weidengebüsche; nasse, nährstoffreiche, auch salzhaltige tonige od. lehmige Böden. – Selten (bes. große Stromtäler u. O-See-Küstenbereich) vom n. Küstengeb. bis Donaugeb. (sehr selten). – Engl., S-Schwed. bis s. Eur., Rußl., Armen., Kauk.; gemkont-submed.

2849. S. arvénsis L. (Abb. 451 a–b) Acker-G.

♃, *H.* – H. 0,50–1,50. (u. höher). *St. oben dr.-borstig; B. kahl, glänzend-grün, lanzettl., buchtig fiederspaltig mit meist rückwärtsgerichteten Abschnitten; Stb. mit geflügeltem Stiel, die runden Öhrchen dem St. angedrückt;* Körbe groß, *locker angeordnet; Hülle weit-glockig; Bl.*goldgelb, *Gr. gelb.* VII–IX. Umfaßt u. a.:

ssp. a r v é n s i s; typ. Unterart, s. obige Diagnose, 2n = 54. – Verbreitet.

ssp. u l i g i n ó s u s (M. Bieb.) Neumayer; *Hüllb. u. Körbchenstiele (fast) dr.los.* 2n = 36. – Gräben u. Ufer; auch salzertragend. – Selten.

Staudenges. an Ufern, Ackerunkrautges., Dünenges.; ±frische, nährstoffreiche, meist lehmige Böden, daneben auf Dünensanden. – Verbreitet fast im ganzen Geb.; Alp. (bis 1450 m) zerstreut. – Irl., Skand. bis s. Eur., W-As., Kauk.; (As., Am., S-Afr., Austr., Neuseel.); euras-subozean.

2850. S. oleráceus L. (Abb. 451 e–i) Gewöhnliche G.

⊙, *Th.* – H. 0,30–0,90. St. aufrecht, hohl; *untere B. ungeteilt od. grob schrotsägig, gezähnt; Körbe kahl, vor dem Aufblühen schwach wollig; Bl. gelb, außen braunrot od. violett gestreift.* VI–X. 2 n = 16, 32.

Ackerunkrautges., Äcker, Gärten, Wegränder, Schuttplätze, Brachen; ±trokkene, nährstoff- u. N-reiche, meist lehmige Böden. – Verbreitet u. häufig (Alp. bis 950 m, Jura bis 1000 m). – Skand. bis S-Eur., N-Afr., N- u. W-As.; (Am., O-As., S-Afr., Austr.); euras-submed-med.

2851. S. ásper (L.) Hill (Abb. 450 b–f) Rauhe G.

⊙, *Th.* – H. 0,30–0,60. St. hohl, aufrecht, ± ästig; *B. derb, kahl, dunkel, länglich, ± ungeteilt, fein gezähnt, untere geflügelt-gestielt; Körbchenstiele manchmal mit violetten Dr.; Körbchen in der Mitte stark eingezogen; Bl. gelb, außen graurot.* VI–X. 2 n = 18.

Ackerunkrautges., Äcker, Gärten, Wegränder, Schuttplätze, Brachen; ±frische bis ±trockene nährstoff- u. N-reiche, meist lehmige Böden. – Verbreitet fast im ganzen Geb.; zerstreut: Bay. Wald, Alp. (bis 1000 m). – (Isl.), Engl., Skand. bis s. Eur., N- u. W-As., N-Afr.; (Am., As., Afr., Austr.); euras-subozean (-submed).

781. Mycélis Cass. Mauerlattich

2852. M. murális (L.) Dum. (Abb. 452 a–c) Zarter M.

♃, *H.* – H. 0,60–0,80. *W.stock abgebissen;* St. oben rispig-ästig; *B. kahl,* dünn, *untere gestielt, mit grobzähnigem, eckigem Endlappen, oft rot überlaufen;* Körbe zahlreich, klein; *Hüllb. oft purpurn überlaufen, blaßgrün;* Bl. ± kräftig gelb; *Fr. schwärzlich, Schnabel hell, kurz.* VII–VIII. 2 n = 18.

Laubmischwaldges., Nadelwälder, Schläge, Mauern, Felsen; frische, nährstoffreiche, locker-humose lehmige Böden. – Zerstreut im nw. Geb., sonst verbreitet u. oft häufig (Alp. bis 1140 m). – Irl., Schottl., Skand. bis S-Eur., NW-Afr., Kl.As., Kauk.; subatl-submed.

782. Lactúca L. Lattich

x = 9

I. Bl. blau od. lila; Achäne mit beidseitiger Mittelrippe od. mit tiefen Längsfurchen
  A. Hüllb. mit purpurner Zeichnung, Schnabel kürzer als die Fr. .... **2860. L. tatarica**
  B. Hüllb. ohne purpurne Zeichnung, Schnabel so lang wie die Fr. .... **2853. L. perennis**

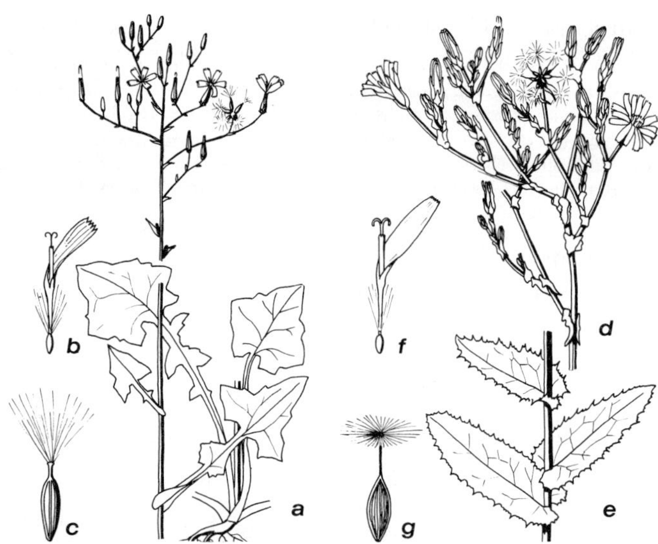

Abb. 452. *a–c Mycelis muralis* (*a* Sproßspitze u. -basis, *b* Blüte, *c* Frucht); *d–g Lactuca virosa* (*d* Sproßspitze, *e* Stengelausschnitt, *f* Blüte, *g* Frucht).

II. Bl. gelb; Achänen mit einigen erhabenen Rippen
- A. St. lebhaft grün, hohl .... **2858. L. quercina**
- B. St. blaßgrün-weißlich, bleich, fest
  - 1. Stb. herablaufend, untere tief schmal-fiederspaltig .... **2859. L. viminea**
  - 2. Stb. nicht herablaufend, geöhrt st.umfassend
    - a) Mittelrippe der B. unterseits ohne Sta.-borsten .... **2855. L. sativa**
    - b) Mittelrippe der B. unterseits mit Sta.borsten
      - x) Obere Stb. ganzrandig, lineal., untere fiederspaltig .... **2857. L. saligna**
      - xx) Alle B. länglich bis rundlich, gezähnt, fiederspaltig bis ungeteilt
        - /) B. ± waagrecht gestellt; Fr. schwarz . **2856. L. virosa**
        - //) B. ± senkrecht gestellt; Fr. hell braun-grau .... **2854. L. serriola**

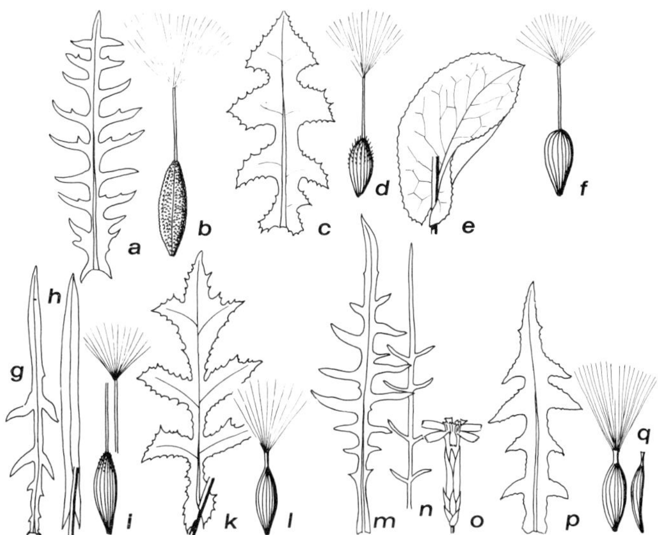

Abb. 453. *Lactuca* spp., *a—b L. perennis* (*a* Stengelblatt, *b* Frucht), *c—d L. serriola* (*a* Stengelblatt, *b* Frucht), *c—d L. serriola* (*c* Stengelblatt, *d* Frucht), *e—f L. sativa* (*e* Stengelblatt, *f* Frucht), *g—i L. saligna* (*g* unteres, *h* oberes Stengelblatt; *i* Frucht), *k—l L. quercina* (*k* Stengelblatt, *l* Frucht), *m—o L. viminea* (*m* Grundblatt, *n* Stengelblatt, *o* Blütenstand), *p—q L. tatarica* (*p* Stengelblatt; *q* Frucht, von vorn u. von der Seite).

1. Sect. Lactúca

2853. L. perénnis L. (Abb. 453 a—b) Blauer L.

♃, *H.* — H. 0,30—0,60. *St. aufrecht, gefurcht, oben ästig;* B. kahl, blaugrün, *rückwärts-buchtig-fiederspaltig, untere gestielt, obere sitzend; Körbe langgestielt;* Hüllb. mit weißem Rand, *an der Spitze bewimpert; Fr. schwarz, Pappus schneeweiß, von Fr.länge.* V—VI. 2n = 18.

Trockenrasen, Felsfluren, Mauern, Wegränder; trockene, warme, kalkhaltige, flachgründige, meist sandig-lehmige Böden. — Selten bis zerstreut in m. u. sw. Wärme- u. Trockengeb., s. bis Bodenseegeb., s. Bay. Wald; n. bis Rheintal, Harz (Bodetal), Thür., Sachs. (Meißen). — Frankr., Belg., M-D. bis s. Eur., S-Rußl.; submed.

2854. L. serríola L. (Abb. 453 c—d) Wilder L.

①, ⊙, *H, (Th).* — H. 0,50—1,50. *St. aufrecht oft rispig, unten sta., oft gesprenkelt;* B. pfeilförmig sitzend, *N-S eingestellt (Kompaßpfl.) obere manchmal ungeteilt; Körbe klein, zahlreich auf den Ästen sitzend; Hüllb. kahl, an der Spitze oft violett; Schnabel weiß,* so lang wie die Fr. VI—IX. 2n = 18.

Unkrautges., Schuttplätze, Wegränder, Äcker, Dämme etc.; ±trockene, nährstoffreiche Böden. – Verbreitet bis zerstreut im m. u. s. Geb. (fehlt Alp.); zerstreut im nö., selten im nw. Geb. – S- bis M-Eur., W- u. SW-As., N-Afr.; (u. a. N-Eur., N-Am.); submed-euras.

2855. L. satíva L. (Abb. 453 e–f) (Grüner) Salat

⊙, ①, *Th, H.* – H. bis 1,00. St. oben stark ästig; Grdb. locker od. zu festem Kopf zusammenschließend, obere B. pfeilförmig sitzend; Hüllb. hellbräunlichgrün, am Rande bleich; Fr. an der Spitze ±borstig rauh, Schnabel weiß, so lang wie die Fr. Bl.zeit: sortenabhängig, u. a. VI–VII. 2n = 18, 36. Umfaßt:

convar. s a t í v a; B. mit länglicher, lanzettl. od. spatelförmiger Spreite.

var. s a t í v a; Pfl. ohne anhaltendes Rosettenstadium; Achse unverdickt.

var. a n g u s t á n a Irish; Spargelsalate; Pfl. ohne anhaltendes Rosettenstadium; Achse stark verdickt.

var. l o n g i f ó l i a Lam.; Kochsalate, Römische Salate, Bindesalate; Pfl. mit Rosettenstadium; B. steil aufgerichtet.

convar. i n c ó c t a Helm; B. mit rundlicher, nieren- od. fächerförmiger Spreite.

var. c r í s p a L.; Blatt-, Schnitt- u. Pflücksalate; Pfl. offene Rosetten bildend.

var. c a p i t á t a L.; Kopfsalate; Pfl. dicht geschlossene Rosetten (Köpfe) bildend.

Kultiviert in zahlreichen Sorten, gelegentlich vorübergehend verwildert. – Wild unbekannt.

2856. L. virósa L. (Abb. 452 d–g) Gift-L.

①, ⊙, *H, Th.* – H. 0,60–1,50. *W.stock mit Mohngeruch; St. oft rötlich manchmal unten borstig;* B. kahl, blaugrün, untere in den Stiel verschmälert, *obere pfeilförmig sitzend; Körbe zahlreich, in großer Rispe, vor dem Aufblühen hängend; Hüllb. dachziegelig, kahl, mit weißem Rand u. roter Spitze; Schnabel hell, so lang wie die Fr.* VII–VIII. 2n = 18.

Unkrautges., Wegränder, Schuttplätze, Zäune, Dämme etc.; ±trockene, warme, nährstoffreiche, oft steinig-lehmige Böden. – Selten, z. T. unbeständig (u. aus ehemaligen Kulturen verwildert): Oberwesergeb., Hess., Anh., Thür., Sachs., Frank., Maingeb. bis Pfalz, Neckar- u. Oberrheingeb. – S-Eur. bis M-Eur., Frankr., M-Rußl., W-As., N-Afr.; submed (-subatl).

2857. L. salígna L. (Abb. 453 g–i) Weiden-L.

⊙, ⊙⊙, *Th, H.* – H. 0,30–0,60. *W. holzig;* St. aufrecht, meist kahl; *Grdb. glatt, stielartig verschmälert, zur Bl.zeit meist vertrocknet, obere lanzettl. spitz,* st.umfassend-pfeilförmig sitzend; *Körbe zu 1–3 an kurzen Ästen der rutenförmigen Zweige;* Hüllb. dachziegelig, grün, weißrandig; *Schnabel weiß, doppelte Fr.länge.* VII–VIII. 2n = 18.

Offene Unkrautges., Weinberge, Wegränder, Schuttplätze; trockene, warme, nährstoffreiche, basische, auch salzhaltige, oft steinige Böden. – Selten u. unbeständig, bes. im w. u. sw. Geb. (so u. a. Rhein-, Main-, Nahe-, Mosel- u. Saargeb.); sonst vereinzelt u. z. T. verschollen: S-Nieders., Hess., Anh., Thür., Sachs., Schles. – Med. bis S-Engl., D., S-Rußl., Kl.As., Kauk., Pers., N-Afr.; (Austr.); med-submed.

2858. L. quercína L. (Abb. 453 k–l) Eichen-L.

⊙, ⊙, *H.* – H. 0,60–1,30. – *W.stock spindelig-rübenförmig;* St. oben verästelt; *B. kahl, weich, ± tief fiederspaltig, gezähnt, obere pfeilförmig sitzend; Hüllb. rotbraun gefleckt,* weißrandig; *Fr. gerippt, oben kurzborstig,* Schnabel schwarz, kurz. VII–IX. 2n = 18.

Gebüsche, grasige Buschwälder, Trockenwälder; trockene, warme, nährstoff- u. kalkreiche steinige Böden. – Selten bis sehr selten: Thür. über Prov. Sachs. bis Unterharz, Sachs.; fränk. Trockengeb. (Grettstadt u. Karlstadt). – SO-Eur. bis M-D., Gotland, S-Rußl.; o-submed.

2. Sect. Phoenixópus

2859. L. vimínea (L.) J. S. et K. B. Presl. (Abb. 453 m–o) Ruten-L.

⊙, *H.* – H. 0,30–0,60. *St. oben rutenförmig verästelt; untere B. in den Stiel verschmälert, obere geöhrt sitzend;* Körbe locker angeordnet; *Hüllb. blaßgrün, weißrandig; Bl. gelblich, außen rötlich; Schnabel schwarz, gerieft,* etwas länger als die Fr. VII–VIII. 2n = 18.

Trockenrasen, felsdurchsetzte Hänge, Gebüsche; trockene, warme, ±nährstoffreiche, flachgründige Böden. – Selten, nur Sachs. (Elbtal, so oberhalb Dresden, unterhalb Meißen). – SO-Eur. bis M-Frankr., S-Rußl., Vord.As., N-Afr.; europ-kont-o-submed.

2860. L. tatárica (L.) C. A. Meyer (Abb. 453 p–q) Tartaren-L.

♃, *H.* – H. 0,30–0,80. *W.stock Ausläufer treibend;* St. aufrecht, kahl od. schwach behaart, *Grdb., zur Bl.zeit vertrocknet, schrotsägig eingeschnitten, obere B. grobzähnig, höchste manchmal ganzrandig; Körbe zahlreich in ± langgestreckten Infloreszenzständen; Hüllb. an der Spitze feinhaarig.* VII–VIII. 2n = 18.

Sandstrand- u. Dünenges.; ±trockene, nährstoffärmere, oft salzhaltige Sandböden. – Zerstreut: O-See-Küste Meckl. (Darss, Hiddensee, O-Rügen, Greifswalder Bodden, Oie, Usedom). – ö. S-Eur. bis Schwed., Finnl., s. Sib., Z-As.; kont.

783. Crépis L. Pippau

x = 3, 4, 5, 6, 7

I. Pfl. mit ± kriechendem Rhizom
  A. St. ± stark verzweigt, meist vielköpfig, mit 1–6 Stb.
    1. Körbe groß, ansehnlich; Kr.röhre kahl od. papillös .... **2861. C. paludosa**
    2. Körbe klein; Kr.röhre flaumig behaart
      a) St. bis oben beblättert .... **2865. C. mollis**
      b) St. meist völlig b.los .... **2871. C. praemorsa**

B. St. schaftartig, 1–2, selten mehr als 5köpfig, Gebgspfl.
1. Bl. orangerot; (St. oben schwarzzottig) .... **2863. C. aurea**
2. Bl. gelb
a) Pappus strahlendweiß; Pfl. selten größer als 10 cm .... **2862. C. terglouensis**
b) Pappus schmutzigweiß (bis rötlich); Pfl. größer .... **2864. C. jacquini**

II. Pfl mit ± einfacher Pfahlwurzel
A. Strunk holzig, bei älteren Pfl. mit alten B.basen (-narben)
1. Hüllb. deutlich behaart
a) Kr.röhre deutlich behaart
x) Hüllb. zottig (lang-)dunkelhaarig ...... **2867. C. conyzifolia**
xx) Hüllb. angelegt-filzig od. locker (dr.-) kurzhaarig .... **2869. C. alpestris**
b) Kr.röhre kahl
x) Grdb.rosette zur Bl.zeit vorhanden; Achänen über 10 mm lang .... **2866. C. pontana**
xx) Grdb.rosette zur Bl.zeit verwelkt; Achänen unter 9 mm lang .... **2868. C. blattarioides**
2. Hüllb. (fast) kahl, innere evtl. spärlich angedrückt dr.-behaart
a) Fr. mit deutlichem, langem Schnabel .... **2877. C. vesicaria**
b) Fr. nur gespitzt, ohne Schnabel .... **2870. C. biennis**
B. Strunk höchstens schwach verholzt; (Pfl. ⊙ oder ①, ⊙)
1. Fr. ungeschnäbelt
a) Hüllb. kahl; Körbchen zylindrisch-walzig ... **2873. C. pulchra**
b) Hüllb. ± behaart; Körbchen rundlich-glockig
x) Pfl. stumpf-graugrün .... **2872. C. tectorum**
xx) Pfl. lebhaft frischgrün
/) Gr. braun; äußere Hüllb. abstehend .. **2875. C. nicaeensis**
//) Gr. gelb; äußere Hüllb. anliegend od. einwärtsgekrümmt .... **2876. C. capillaris**
2. Wenigstens die inneren Fr. deutlich langgeschnäbelt
a) Gr. grünlichbraun; Hüllb. u. Körbchenstiel gelb-(borsten-)haarig .... **2878. C. setosa**
b) Gr. gelb; Hüllb. locker (dr.-)haarig .... **2874. C. foetida**

1. Sect. Dasiphýlion

2861. C. paludósa (L.) Moench (Abb. 454 a–c) Sumpf-P.

♃, *H.* – H. 0,40–0,80. *St. röhrig,* am Grd. rötlich; *Grdb. (buchtig) gezähnt, in den kurzen Stiel verschmälert;* Stb. st.umfassend, *geöhrt; Hülle meist mit grünlichen od. schwarzen Haaren, dr.; äußere Hüllb. locker anliegend; Fr. 10rippig, mit schiefer Basis; Pappus schmutzig- bis gelblichweiß.* VI–VIII. 2 n = 12.

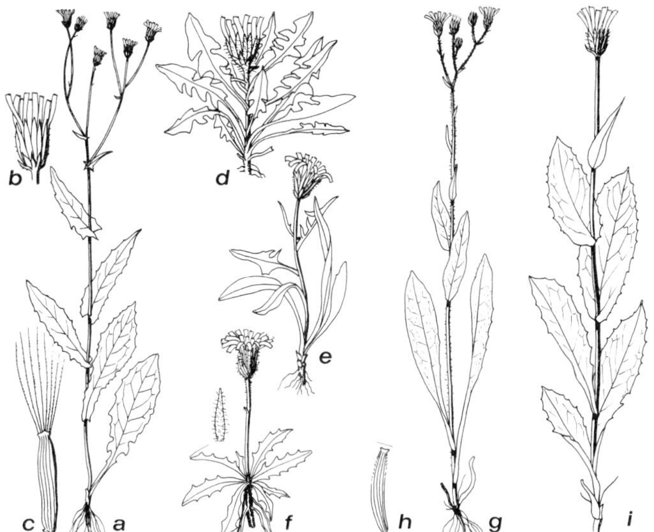

Abb. 454. *Crepis* spp., *a–c C. paludosa* (*a* Habitus, *b* Blütenstand, *c* Frucht), *d C. terglouensis* (Habitus), *e C. jacquini* (Habitus), *f C. aurea* (Habitus u. Hüllblatt), *g–h C. mollis* (*g* Habitus; *h* Frucht, Pappus entfernt), *i C. pontana* (Habitus).

Feuchtwiesen, Naßwiesen, Flachmoore; nasse, nährstoffreiche, ±saure, anmoorige od. sonst humusreiche Böden. – Verbreitet (Alp. bis ca. 1950 m). – Isl., Engl., Skand. bis s. M-Eur., W-Sib.; no-euras-subozean.

2. Sect. Brachypódes

2862. C. terglouénsis (Hacq.) Kerner (Abb. 454d) Triglav-P.

♃, *H.* – H. 0,02–0,05(–0,10). *W.stock abgebissen; St. kurz, einköpfig, beblättert;* B. schrotsägeförmig, *meist stumpf,* in kurzen Stiel zusammengezogen, *kahl (od. sehr spärlich behaart); Hülle fast kugelig, schwarzgrün,* behaart, *dr.los, innere Hüllb. an der Spitze weißbärtig;* Fr. 10- bis 13rippig, *gelblich-fleckig.* VII–VIII. 2n = 12.

Alp. Feinschuttfluren; frische bis ±trockene, lockere, steinige, humusarme Böden. – Zerstreut bis selten: Alp. (1800–2600 m, bes. Allgäuer u. Berchtesgadener Alp.). – Alp.; (o-)alp.

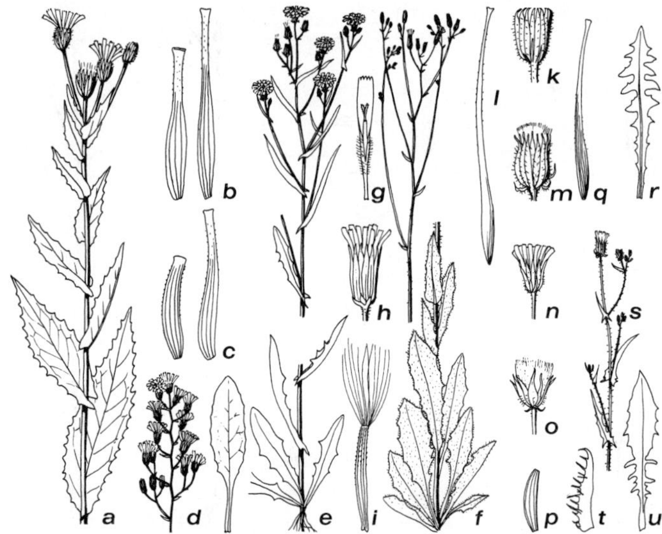

Abb. 455. *Crepis* spp., *a C. blattarioides* (Sproßspitze), *b C. alpestris* (Früchte, Pappus entfernt), *c C. biennis* (Früchte, Pappus entfernt), *d C. praemorsa* (Gesamtblütenstand u. Grundblatt), *e C. tectorum* (Sproßspitze u. -basis), *f–i C. pulchra* (*f* Sproßspitze u. -basis, *g* Krone mit Griffel u. Staubblättern, *h* Blütenstand, *i* Frucht), *k–l C. foetida* (*k* Hüllkelch; *l* Frucht, Pappus entfernt), *m C. nicaeensis* (Hüllkelch), *n–p C. capillaris* (*n* Blütenstand, bei *o* zur Fruchtzeit; *p* Frucht, Pappus entfernt), *q–r C. vesicaria* (*q* Frucht, Pappus entfernt; *r* Grundblatt); *s–u C. setosa* (*s* Sproßspitze, *t* Hüllblatt, *u* Grundblatt).

2863. C. áurea (L.) Cass. (Abb. 454 f) Gold-P.

♃, *H.* – H. 0,05–0,20. W.stock abgebissen, *schwärzlich; St. (oft schwach) behaart; B. in grd.ständiger Rosette,* gezähnt, *kahl; Pappus weiß, so lang wie die stark gerippten blaßbraunen Fr.* VI–VIII. 2n = 10.

Alp.(-subalp.) Weiden, Viehläger, Schneebodenges.; frische, nährstoff- u. N-reiche, kalkarme, humusreiche Böden. – Verbreitet: Alp. (1250–2350 m); selten tiefer im Alp.vorland. – Alp., Apenn., Karp., Illyr. Gebg.; alp.

2864. C. jacquíni Tausch (Abb. 454 e) Felsen-P.

♃, *H.* – H. (0,05)–0,10–0,25. *St. schwach verzweigt;* B. kahl, *ganzrandig od. ± buchtig gezähnt, mittlere u. obere ±* kurzgestielt, *meist tiefer u. stärker geteilt; Körbe langgestielt,* walzlich; *Hüllb. dr.los, lockerfilzig,* dunkel, *innere an der Spitze bewimpert;* Fr. hellbraun, *ca. 12rippig, manchmal schwach runzelig.* VII–VIII. 2n = 12.

Steinrasen, Felsnischen, Steinschutt; ±feuchte bis frische, kalkhaltige, flachgründige, ±humose, steinige Lehmböden. – Zerstreut bis selten: Alp. (1200–2450 m). – O-Alp. (ö. Graubünden), Karp., Illyr. Gebg.; o-alp.

3. Sect. M e s o m é r i s

2865. C. móllis (Jacq.) Aschers. (Abb. 454 g–h) Weicher P.

♃, *H.* – H. 0,30–0,60. *St. ober der Mitte verästelt, wie die B. steifhaarig;* Grdb. ± ganzrandig bis gezähnt, *plötzlich in den Stiel zusammengezogen* mittlere u. obere herzförmig-sitzend; *Hüllb. dr.haarig, innere an der Spitze weißhaarig; Gr.äste dunkelgrün; Fr. rotbraun,* 20rippig *mit weißem weichem Pappus.* VI–VIII. 2 n = 12. Umfaßt:

ssp. m ó l l i s ; typ. Unterart, s. obige Diagnose. – Verbreitet bis zerstreut.

ssp. s u c c i s a e f ó l i a (All.) Jav. [= C. succisaefolia (All.) Tausch]; *B. gezähnt, kahl od. schwach weichhaarig;* Stb. sitzend; *Hüllb. flaumig-dr.* – Feuchte Wälder, Quellfluren. – Zerstreut bis selten.

Fettwiesen u. -weiden, feuchte Wälder, Quellfluren; ±feuchte, nährstoffreiche, humose, oft auch etwas steinige tonige od. lehmige Böden. – Selten bis zerstreut im m. Geb.; verbreitet im s. Geb. (Alp. bis 2000 m), bes. M-Gebg., n. davon nur Westpr., Ostpr., nw. bis etwa O-Westf., Hoher Meißner, Harz, Rhön. – Schottl., D. bis s. M-Eur., Rußl.; praealp (-no).

4. Sect. S o y é r i a

2866. C. pontána (L.) DT. (Abb. 454 i) Berg-P.
[= C. montana (Jacq.) Tausch]

♃, *H.* – H. 0,20–0,60. *St. oft unbeblättert unter dem Körbchen verdickt; B. buchtig rückwärtsgezähnt,* nur an den Nerven dr.los behaart, untere Stb. st.umfassend; *innere Hüllb. an der Innenseite oben weißwollig;* Fr. braun, *an der Spitze dunkler,* ungerippt, *Pappus schmutzigweiß.* VI–VIII. 2 n = 10.

Subalp.-alp. Rasenbänder, Grashalden; ±frische, meist kalkhaltige, humose u. ±steinige Lehmböden. – Zerstreut: Alp. (1350–2000 m), bes. Allgäuer Alp., nach O seltener. – Alp., Balk., Rum.; alp.

2867. C. conyzifólia (Gouan) DT. Großköpfiger P.

♃, *H.* – H. 0,15–0,40. *St. stark beblättert, flaumig behaart, meist einköpfig; untere B. schmal-lanzettl., sitzend od. breit gestielt, behaart, obere st.umfassend, dr.;* äußere Hüllb. mit dr. od. dr.losen Haaren, *innere mit weißen Haaren an der Spitze, innen flaumig; Fr.* hellbraun, *fast rund,* gespitzt, 20rippig, *Pappus gelblichweiß.* VII–IX. 2 n = 8 + 1–3 B.

Subalp.(-mont.) Magerrasen, magere Weiden, Zäune, Wegränder; ±feuchte, kalkarme, torfig-humose, oft steinige Böden. – Zerstreut: Riesengebg. u. Vorgebg., Alp. (bis 1950 m); selten: Alp.vorland. – Pyren., franz. M-Gebg., Alp., Sud., Karp., N-Apenn., N-Balk., Kl.As.; alp-praealp.

2868. C. blattarioídes (L.) Vill. (Abb. 455 a) Schabenkraut-P.

♃, *H.* – H. 0,20–0,75. *W. oft stark faserig; St. aufrecht, rund,* flaumig behaart, *1köpfig od. schwach verzweigt; Grdb. hinfällig;* untere Stb. ± gezähnt, spitz, *obere spitz geöhrt, st.umfassend;* Körbchenstiele manchmal verdickt, behaart; *innere Hüllb. mit langen grünen Haaren* (evtl. auch schwarzen od. gelben) *an der Mittellinie, an der Spitze bewimpert, innen kahl;* Pappus (schmutzig)weiß. VI–VIII. 2n = 8.

Subalp. Hochstaudenfluren, Rasenbänder, (Grob)Schutthalden; frische, nährstoff- u. kalkreiche lockere Böden. – Zerstreut bis verbreitet: Alp. (950–2200 m); selten: S-Schwarzwald (Feldberg). – Gebg.: Pyren. bis Karp.; alp.

5. Sect. Anisorrhámphus

2869. C. alpéstris (Jacq.) Tausch (Abb. 455 b) Voralpen-P.

♃, *H.* – H. 0,10–0,35. St. meist einfach, einköpfig; *Grdb. gezähnt od. schrotsägig fiederteilig, gestielt, gelblich-flaumig dr.; Stb. wenige* st.-umfassend; *innere Hüllb.* ***innen*** *anliegend seidenhaarig; Fr.* blaßbraun, *zusammengedrückt, oben oft spärlich behaart;* 10- bis 12rippig; Pappus gelblichweiß. VI–VIII. 2n = 8.

Kiefern-Trockenwälder, Rasenbänder, Felsen; ±trockene, warme, kalkreiche, humose steindurchsetzte lehmige Böden. – Zerstreut bis verbreitet: Alp. (bis 1950 m); zerstreut bis selten: Alp.vorland, Bodensee-, Donau- u. Jurageb. – Alp. u. Vorland, Apenn., Karp., Balk., Kl.As.; o-praealp.

6. Sect. Berínia

2870. C. biénnis L. (Abb. 455 c) Wiesen-P.

♃, *H.* – H. 0,50–1,20. *St.* kräftig, aufrecht, ± *feinborstig, verzweigt, Äste unter den Körben verdickt;* Grdb. lanzettl.-eiförmig, spitz, schrotsägig gezähnt od. fiederteilig; *obere Stb. schmal, sitzend, fiederig bis ganzrandig;* Körbe aufrecht, vielblütig; *Hülle schwarzgrün, innere Hüllb. konkav,* ***innen*** *anliegend seidenhaarig-filzig; Gr. meist gelb, selten grün;* Pappus weiß, *Borsten ungleich lang.* V–VIII. 2n = 32, 40, 42. Hierzu: var. híspida Woerl.; Pfl. unten (steif)haarig. – Trockene Mähwiesen.

Fettwiesen (bes. Glatthafer-Fettwiesen), Wegränder; frische, nährstoffreiche, meist schwach saure lehmige Böden. – Verbreitet fast im ganzen Geb. (Alp. bis ca. 1300 m), im nw. Geb. zerstreut. – Irl., Schottl., Skand., Finnl. bis s. Eur., Kl.As., S-As.; (N-Am.); gem-kont.

7. Sect. Intybéllia

2871. C. praemórsa (L.) Tausch (Abb. 455 d) Abbiß-P.

♃, *H.* – H. 0,15–0,50. *Rhizom kurz; B. lanzettl., eiförmig bis ellipt.,* ganzrandig bis rückwärtsgezähnt, mit gerolltem Rand, *dicht kurzhaarig od. kahl; Gr.äste gelb; Fr.* hellbraun, *an den Enden bleich,* spitz; *Pappus weiß,* abfällig. V, VI. 2n = 8.

(Sehr) lichte Eichen- u. Kiefern-Trockenwälder, Waldränder, Böschungen etc.; ±trockene, warme, meist kalkreiche, humose, steinig-sandige Lehmböden. – Zerstreut im m. (bes. Thür.) u. s. Geb. (Alp. bis 950 m), nö. bis Ostpr., nw. selten bis etwa Eifel–Hess.–O-Westf.–S-Nieders. (Ith)–Harz–Meckl. (Rügen). – S-Skand., M-Eur. bis N-Ital., Balk., Sib., Kauk.; gem-kont.

8. Sect. Mesophýlion

2872. C. tectórum L. (Abb. 455 e) Dach-P.

☉, (①), *Th, (H).* – H. 0,10–0,60. St meist verzweigt; *Grdb. rosettig, hinfällig, (schrotsägig) gezähnt bis fiederteilig, gestielt, kahl od. ± dr.-feinhaarig; mittlere u. obere Stb. mit gerolltem Rand,* sitzend; *Körbe aufrecht auf ± wolligen Stielen; innere Hüllb. breit hautrandig, an der Spitze weißhaarig; Bl. gelb, außen rot;* Fr. purpurbraun; *Pappus weiß, ausgebreitet.* V–X. 2n = 8.

Unkrautges., Äcker, Brachen, Schuttplätze, Wegränder; ±trockene, warme, nährstoff- u. N-reiche Böden. – Zerstreut bis verbreitet fast im ganzen Geb., streckenweise selten (so z. T. im nw. Geb.) od. fehlend (z. B. Alp.vorland u. Alp.). – Skand. bis S-Eur., Rußl., Sib., Kauk.; euras(-kont)-submed.

9. Sect. Phaecásium

2873. C. púlchra L. (Abb. 455 f–i) Glänzender P.

☉, *Th.* – H. 0,30–0,70. *St. an der Basis (dr.)behaart bis flaumig,* verzweigt; *Grdb. ± gezähnt bis fiederschnittig, beidseitig behaart (kurze Dr.haare und lange dr.lose); äußere Hüllb. hautrandig, innere* ***innen*** *kahl; Kr.röhre dichthaarig;* Bl. hellgelb. V–VII. 2n = 8.

Unkrautges., Weinberge, Mauerspalten, Wegränder etc.; trockene, warme, ±nährstoffreiche, kalkhaltige. lockere, auch sandige, lehmige Böden. – Selten, nur M- bis Oberrhein-, Main- u. Neckargeb., S-Bad., Pfalz; z. T. unbeständig u. wieder verschollen. – S-Eur. bis S-D., S-Rußl., Vord.As., Kauk.; submed-med.

10. Sect. H ó s t i a

2874. C. fóetida L. (Abb. 455 k–l) Stinkender P.

⊙, ①, *Th, H.* – H. 0,15–0,30. *St. von unten an verzweigt,* Zweige ±niederliegend; *Grdb. gestielt; Stb. sitzend, geöhrt, schrotsägig bis tief fiederspaltig; äußere Hüllb. ca.* $^1/_2$*mal so lang wie die inneren,* dr.behaart; Kr.röhre behaart; *Bl. gelb, Randbl. außen purpurrot;* Pappus 2reihig, schmutzigweiß. VI–VIII. 2n = 10. Umfaßt:

ssp. f o e t i d a ; typ. Unterart, s. obige Diagnose. – Verbreitet, bes. w., m. u. s. Geb.

ssp. r h o e a d i f ó l i a (M. B.) Čelak. (= C. rhoeadifolia M. B.); *Hüllb. mit borstlichen dr.losen Haaren, äußere Hüllb. bis zu* $^2/_3$ *der inneren lang.* – Zerstreut: Oberschles.; daneben w. davon selten eingeschleppt.

Unkrautfluren, Brachäcker, Acker- u. Wegränder; ±trockene, warme, ±nährstoffreiche, meist kalkhaltige, lockere Böden. – Zerstreut: Anh., Thür., Hess., N-Bay., SW-D.; selten bis S-Westf., S-Nieders., Brand., Pomm., Sachs.; n. davon vereinzelt verschleppt, im übrigen n. Geb., Alp. u. im Silikatgeb. fehlend. – W-Eur. bis S- u. SO-Eur., Kl.As., Kauk., N-Pers., Syr.; submed-subatl (-kont).

11. Sect. P h y t o d é s i a

2875. C. nicaeénsis Balb. (Abb. 455 m) Franzosen-P.

⊙, ⊙, *Th, H.* – H. 0,30–0,90. *St. aufrecht, unten behaart, ober der Mitte verzweigt; Grdb. kurz- u. untere Stb. langgestielt,* schrotsägig bis rückwärtsgezähnt; *behaart; innere Hüllb. ±kahl, wie auch der untere Teil der Kr.röhre;* Bl. gelb, *Spitze der Zungenbl. oft rot; Achäne goldbraun,* Pappus weiß, abfallend. V, VI. 2n = 8.

Unkrautfluren, Wegränder, Dämme etc.; ±trockene, warme, nährstoffreiche, lockere, meist sandige Lehmböden. – Selten eingeschleppt u. z. T. unbeständig, bes. im s. u. sw. Geb. – S-Eur., Kauk.geb.; (M- u. O-Eur.; N-Am.); o-submed.

2876. C. capilláris (L.) Wallr. (Abb. 455 n–p) Grüner P.
(= C. virens L.)

⊙, ①, *Th, H.* – H. 0,15–0,60. *St. aufrecht, ± stark verzweigt; Grdb. in Rosette,* bis 30 cm lang, lanzettl., *gezähnt bis doppelt fiederschnittig; mittlere u. obere Stb. st.umfassend sitzend, spitzgeöhrt; Körbe* aufrecht, *zahlreich; innere Hüllb. hautrandig, grauwollig, oft etwas schwarzdr.,* ***innen kahl;*** Bl. dunkelgelb, *Zungenbl. außen rötlich, unten flaumig;* Pappus weiß, hinfällig. VI–X. 2n = 6.

Fettwiesen u. -weiden, Rasen, Acker- u. Wegränder, Schuttplätze etc.; ±frische, nährstoffreiche, meist kalkarme u. sandige Böden. – Verbreitet bis zerstreut fast im ganzen Geb. (Alp. bis 950 m, Jura bis ca. 1000 m), seltener im n. Geb., im äußersten NW über größere Strecken fehlend. – Schottl., Dän., Schwed. bis S- u. O-Eur.; (N-Am., w. S-Am., Austr.); subatl (-submed).

12. Sect. L e p i d o s é r i s

2877. C. vesicária L. **agg.** (Abb. 455 g–r) Löwenzahn-P.

⊙, ⊙, *Th, H.* – H. 0,30–0,80. *St. am Grd. rötlich, verzweigt;* Grdb. bis 30 cm lang, eiförmig bis spatelig-tiefgeteilt, Stb. geöhrt st.umfassend; *innere Hüllb. oft kurz dr.haarig, selten borstig; Zungenbl. außen purpurrot; Gr.äste meist grün,* selten gelb; Fr. blaßbraun. V, VI. 2n = 8. Im Geb. nur:

ssp. t a r a x a c i f ó l i a (Thuill.) Thell.; s. obige Diagnose.

Lückige Unkrautfluren u. Rasen, Wegränder, Zäune etc.; ±trockene, warme, nährstoff- u. meist kalkreiche, humose u. steinig-sandige Lehmböden. – Zerstreut: sw. Geb. (Pfalz bis Bodenseegeb., Jura bis 990 m), Frank. (Burgbernheim); selten: Bay. Hochebene, Alp.rand; im n. Geb. verschleppt u. meist unbeständig od. vereinzelt eingebürgert (z. B. Höxter). – S-, W-, w. M-Eur., N-Afr.; (Kanar. Ins., N-Am., Neuseel., Austr.); med-submed-subatl.

13. Sect. N e m a u c h é n e s

2878. C. setósa Hall. f. (Abb. 455 s-u) Borstiger P.

⊙, *Th.* – H. 0,15–0,55. *St. von unten an verzweigt,* behaart; *Grdb.* (verkehrt) eiförmig, *tief gezähnt, mit ± seicht-buchtigem großem Endlappen.* Stb. u. Tragb. spitz geöhrt- st.umfassend; *äußere Hüllb. höchstens 1/2mal so lang wie die inneren, innere hautrandig; Fr.* blaßbraun, *rund,* Pappus weiß, zart, abfällig. VI–IX. 2n = 8.

Unkrautfluren, Weg- u. Ackerränder, Dämme etc.; trockene, warme, nährstoffreiche, humose Böden. – Selten eingebürgert im s. u. sw. Geb. (bes. Elsgeb.) u. Oberschles., daneben vereinzelt eingeschleppt u. meist nur vorübergehend in Trocken- u. Wärmegeb. – S-Eur., Kl.As.; (W-, M-Eur., N- u. S-Am., Neuseel.); submed.

Bastarde:

C. alpestris × blattarioides (= C. × helvetica Bruegger), C. alpestris × conyzifolia (= C. × longifolia Hegetschw.), C. capillaris × biennis (= C. × druceana J. Murr), C. terglouensis × jacquini (= C. × intermedia Rech. f.).

784. Prenánthes L. Hasenlattich

x = 9

2879. P. purpúrea L. (Abb. 456) Purpur-H.

♃, *H.* – H. 0,50–1,50. *St.* oben ästig, *schwach flaumig (od. wie die ganze Pfl. kahl);* B. verkehrt eiförmig-länglich, dünn, dunkelgrün, *untere gestielt, obere herablaufend-sitzend, weitbuchtig gezähnt bis ganzrandig; Körbchen anfangs nickend, wenigbl.;* Kr. violettrot, selten weiß; *Pappus kürzer als die Fr.* VII–VIII. 2n = 18.

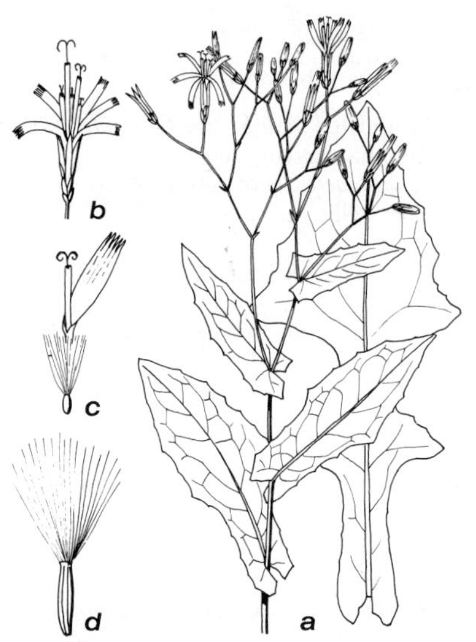

Abb. 456. *Prenanthes purpurea* (*a* Sproßspitze u. unteres Stengelblatt, *b* Blütenstand, *c* Blüte, *d* Frucht).

Mont.(-subalp.) Laub- u. Laub-Nadel-Mischwälder, Schlagpflanzenges., Lichtungen; frische, humus- u. nährstoffreiche, kalkarme, ±tiefgründige Böden. – Verbreitet in den s. Berggeb. (Alp. bis 1950 m), zerstreut im m. Geb., n. bis etwa Eifel–Harz–Thür. Wald–Sächs. Bergland–Schles. – M-Frankr., M-D., Pol. bis s. Eur., S-Rußl., Kauk.geb.; praealp(-submed).

785. Hierácium L. Habichtskraut

x = 9

I. Fr. über 3 mm lang, oben mit ungezähntem Ringwulst abschließend; B. grd.ständig, oft auch st.-ständig
   A. Pfl. ausläuferlos; Hüllb. ± dachziegelig mehrreihig; Pappus zweireihig aus verschiedenen langen Haaren . . . . **1. Subgen. Hieracium**
   B. Pfl. mit unterirdischen Ausläufern; Hüllb. in 2 Reihen, äußere kürzer; Pappus einreihig . . . . **2. Subgen. Stenotheca** (einzige Art: **2899. H. staticifolium**)

II. Fr. unter 2,5 mm lang; [Pappus einreihig aus gleichlangen Haaren; B. meist ganzrandig bis (seltener) ±gezähnt]; St. wenigblättrig; Grdb.rosette immer angelegt, aber zur Bl.zeit oft schon verwelkt .... **3. Subgen. Pilosella**

Anmerkung: ***Hieracium*** ist die differenzierteste Gattung der mitteleuropäischen Flora u. entbehrt bis heute einer modernen, kritischen Sichtung; sie ist in starker andauernder Bastardierung begriffen. Diese Tatsache erklärt die große Vielfalt ihrer Formen, die bes. durch die Fülle der „Zwischenarten" (Nachkommen aus gelegentlichen Kreuzungen, die durch apomiktische Fortpflanzung weitgehend formstabil bleiben) ins „Uferlose" zu gehen scheint. Die Bestimmung dieser Zwischenarten erfordert eingehende Kenntnis der Hauptarten. Da ihre Merkmale z. T. dem Hauptartenschlüssel widersprechen, muß ihre Aufschlüsselung spezielleren Bearbeitungen als einer „Flora" vorbehalten bleiben. Da es praktisch nur sehr schwer möglich ist, die meisten Zwischenarten durch Form-interpolation aus den Ausgangsarten zu erschließen (z. B. wegen mehrfacher Bastardierung), wurde auch von ihrer lediglichen Aufzählung Abstand genommen.

1. Subgen. Hierácium

I. Hauptmasse der Grdb. zur Bl.zeit verdorrt; Stb. meist mehr als 10
   A. Pfl. selten größer als 0,20 m; ganze Pfl. klebrig-dr. **2885. H. intybaceum**
   B. Pfl. meist größer als 0,30 m; höchstens der Infl.-stand klebrig-dr.
      1. Hüllb. u. Körbchenträger stark dr.; B. herzförmig st.umfassend .... **2884. H. prenanthoides**
      2. Hüllb. u. Körbchenträger kaum dr. od. dr.los; B. verschmälert od. schwach st.umfassend sitzend
         a) Gr. gelb; äußere Hüllb. kahl mit ± zurückgebogener Spitze .... **2882. H. umbellatum**
         b) Gr. braungelb; Hüllb.spitzen anliegend
            x) St. mit bis 15 Stb. (manchmal noch 2 restliche Grdb. erhalten); Hüllb. berandet **2883. H. laevigatum**
            xx) St. mit zahlreichen (bis 50) B.; Hüllb. nicht berandet
               /) Grubenränder im Korbboden lang-(fransen-)zähnig; St. ± gleichmäßig beblättert .... **2881. H. sabaudum**
               //) Grubenränder kaum (kurz-) gezähnt; ein Teil der Stb. im unteren Teil des St. rosettig gehäuft .... **2880. H. racemosum**

II. Grdb. zur Bl.zeit vorhanden, meist weniger als 10 Stb.
   A. Blätter (zumindest am Rand) u. St. dicht mit Dr. besetzt

1. Kr.zähne der Zungenbl. vorne bewimpert
   a) St. dr.reich, klebrig, fast unbehaart .... 2886. H. amplexicaule
   b) St. dr., aber nicht klebrig behaart, (meist 1köpfig) .... 2887. H. alpinum
2. Kr.zähne der Zungenbl. vorne kahl .... 2888. H. humile

B. Blätter höchstens randlich spärlich dr.
1. Hüllb. regelmäßig ziegeldachig
   a) Hüllb. (fast) kahl, äußere ± stumpf
      x) Grdb. ungestielt, (fast) ganzrandig ..... 2898. H. bupleuroides
      xx) Grdb. deutlich gestielt, gezähnt .... 2897. H. glaucum
   b) Hüllb. dicht-langzottig, lang fein zugespitzt
      x) St. b.los (einfach einköpfig, höchstens mit 1–2 Schuppenb.) .... 2894. H. piliferum
      xx) St. beblättert
         /) Hüllb. ungefähr gleichgestaltet, äußere anliegend .... 2895. H. morisianum
         //) Äußere Hüllb. ellipt. (lanzettl.), abstehend, innere schmal-lineal .... 2896. H. villosum
2. Hüllb. ungleich-ziegeldachig, (äußere nicht in die inneren übergehend)
   a) Kr. (der Zungenbl.) vorne bewimpert; B. rauhhaarig bis borstig
      x) B. blaugrün, borstig, am Rand dr. ...... 2893. H. pallidum
      xx) B. dunkelgrün, rauhhaarig, nicht dr. .... 2889. H. lachenalii
   b) Kr. (der Zungenbl.) vorne kahl; B. weichhaarig od. kahl
      x) St. wenig-(bis viel)blättrig; B. blaugrün .. 2891. H. caesium
      xx) St. 0- bis 1-(selten 2-)blättrig; B. nicht graugrün
         /) Hüllb. dr.; B. weich, zart .... 2890. H. silvaticum
         //) Hüllb. ± dr.los; B. derb, hart ...... 2892. H. bifidum

3. Subgen. Pilosélla

I. St. meist ein- (selten zwei-)köpfig, b.los; (Pfl. meist mit Ausläufern)
   A. Hüllb. nicht spitz; (Ausläufer kurz, dick) .... 2908. H. hoppeanum
   B. Hüllb. spitz
      1. Hüllb. langgespitzt, dr.los, dicht seidenhaarig .. 2909. H. peletierianum
      2. Hüllb. dr.-borstig, filzig-flockig; (Ausläufer länglich) .... 2910. H. pilosella
II. St. 2- bis vielköpfig (Kümmerlinge 1köpfig)
   A. St. unter 0,20 m, 2- bis 7köpfig, höchstens 1-blättrig
      1. Pfl. mit langen (unterird.) Ausläufern; Hüllb. weißrandig .... 2907. H. auricula
      2. Pfl. ohne od. mit sehr kurzen Ausläufern; Hüllb. unberandet .... 2906. H. glaciale
   B. St. über 0,20 m, vielköpfig, verzweigt, 1- bis vielblättrig

1. St. vielblättrig; (Grdb. zur Bl.zeit vertrocknet) . **2902. H. echioides**
2. St. bis 3- (4-)blättrig
   a) B. (hell-)gelb- bis grasgrün, behaart; (St. oben oft dr.)
      x) Bl. dunkel-orangerot . . . . **2905. H. aurantiacum**
      xx) Bl. gelb
         /) St. rauhhaarig, hart; Pfl. ausläuferlos . **2903. H. cymosum**
         //) St. weichhaarig, zusammendrückbar; Pfl. mit Ausläufern . . . . **2904. H. caespitosum**
   b) B. dunkel-blaugrün, dicklich-fest, kahl bis borstig
      x) Pfl. ohne Ausläufer; Körbchenstiele dr. . . **2900. H. piloselloides**
      xx) Pfl. mit Ausläufern; Körbchenstiele fast dr.los . . . . **2901. H. bauhini**

1. Subgen. H i e r á c i u m
1. Sect. I t á l i c a

2880. H. racemósum W. et K. Trauben-H.

♃, *H.* – H. 0,10–0,80. *St. aufrecht oft lang-behaart;* untere B. länglich-lanzettl., gestielt, *obere gerundet-sitzend; B.* ± *schwach gezähnt bis fast ganzrandig,* unterseits (hell) graugrün; Hülle rundlich bis zylindrisch, *Hüllb. gegen den Rand zu heller werdend, wie die Korbstiele weißhaarig;* Kr.zähne kahl, Gr. dunkel. VII–X(–Frost). 2n = 27.

Lichte Laubwälder u. Waldränder; ± trockene, ± humus- u. nährstoffreiche, oft etwas steinige Böden. – Selten: Anh., Brand., Nieders. (bis ca. 800 m); Med. u. (wärmeres) M-Eur.; submed.

2. Sect. S a b a͡ú d a

2881. H. saba͡údum L. (Abb. 457 a) Savoyer H.
(= H. silvestre Tausch)

♃, *H.* – H. 0,50–1,30. *St. dr.los; B. allmählich nach oben kleiner werdend, am Rand oft etwas umgerollt,* gezähnelt bis gesägt, obere oft ganzrandig; Korbstand locker; Fr. braunschwarz; (Pfl. oft mit verkümmerten Körben!). VII–IX. 2n = 18, 27, 36. Hierzu:

ssp. v i r g u l t ó r u m (Jord.) Zahn; *Hüllb.* ± *unbehaart, wenig dr.; B. verlängert, höchstens kurzhaarig, verkahlend; Gr. dunkel.*

ssp. n e m o r i v á g u m (Jord.) Zahn; *Hüllb.* ± *reichdr., mäßig behaart; St. unten rauh; B. breit-lanzettl.,* ± *stark gezähnt.*

ssp. v á g u m Jord.; *Hüllb. schwarz(grün), dr.los; mittlere Stb. am Grd. gerundet.*

ssp. s u b l a c t u c á c e u m Zahn; *Hüllb. dunkelgrün, dr.los; mittlere Stb. in den Grd. verschmälert, untere langgestielt, unterseits behaart.*

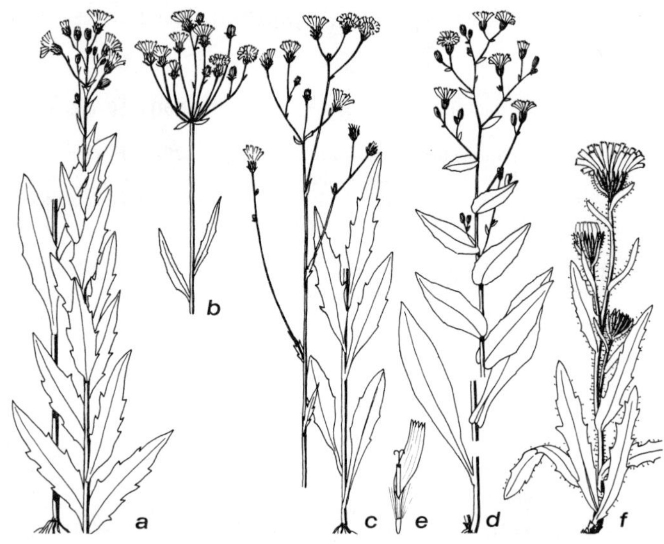

Abb. 457. *Hieracium* spp., *a H. sabaudum* (Habitus), *b H. umbellatum* (Sproßspitze), *c H. laevigatum* (Habitus), *e–d H. prenanthoides* (*d* Habitus, *e* Blüte), *f H. intybaceum* (Habitus).

Lichte Eichenwälder, Eichen-Birkenwälder, Lichtungen, Waldränder, Gebüsche; ±trockene, kalkarme, oft ±humose, steinig-sandige Böden. – Verbreitet (bis ca. 900 m). – Engl., gem. Eur. bis Rußl., Krim, Kl.As., Kauk.-Geb.; subatl-submed.

3. Sect. U m b e l l á t a

2882. H. umbellátum L. (Abb. 457 b) Schirm-H.

♃, *H.* – H. 0,30–1,00. *St. oft rauh, aber auch kahl u. mit Schuppenb. unter den Körben,* meist reichköpfig u. *bis unten ästig;* B. lang-schmal-lineal., meist spitz u. ± *ganzrandig,* unten oft rauh bis flockig; Fr. meist schwarz. VII–X. 2n = 17, 18, 27, 36, 54. Hierzu u. a.:
var. l i n a r i i f ó l i u m Wallr.; B. lang, lineal. bis fadenförmig. – Schillergras-Rasen, ältere Küstendünen. – Zerstreut: Meeresküsten.
Lichte Eichen- u. Kiefernwälder, Eichen-Birkenwälder, Heiden, Magerrasen; ±trockene, kalkarme, ±saure, humose sandige Böden. – Verbreitet u. häufig (Alp. bis 1050 m). – Eur., N-, M- u. O-As., N-Am; no-euras-subozean, circ.

4. Sect. Tridentáta

2883. H. laevigátum Willd. (Abb. 457 c) Glattes H.

♃, *H.* – H. 0,50–1,20. *St. oft hohl, verzweigt, vielköpfig; Korbstiele grau, manchmal dr.; untere B. mit geflügeltem Stiel,* unterseits hervorstehend geadert, *oberseits* ± *kahl;* Kr. kahl; Fr. schwarz. VI–VIII. 2n = 27. Hierzu:

ssp. subgracílipes Zahn; *St. beblättert, kahl od. unten behaart; Korbstiele dr.; B. derb, stark gezähnt.*

ssp. laevigátum; typ. Unterart; *B. mit langen, derben Zähnen; Hüllb. dunkel, dr.,* ± *kahl; Gr. gelb.*

ssp. lévigans Zahn; *B. mit ungleichen Zähnen; Hüllb. dr., kahl, innere mit grünem Rand.*

ssp. rígidum (Hartm.) Zahn; *St. verzweigt; Korbstiele schuppig; Hülle spärlich behaart; Gr. dunkel.*

ssp. fríesii (Hartm.) Zahn; *St. mit langen Ästen, wenigköpfig; B. kurzzahnig; Hüllb. mit einigen Haaren, dr.*

ssp. tridentátum (Fries) Zahn; *St. flockig behaart; B. weich, oberseits spärlich behaart, mit einigen großen Zähnen; Hülle flockig; Gr. dunkel.*

Lichte Eichenwälder, Eichen–Birkenwälder, Waldränder, Heiden, Magerrasen; ±frische, nährstoffarme, kalkfreie, ±saure, etwas humose Böden. – Verbreitet u. oft häufig (Alp. bis ca. 1000 m). – Arkt. Randgeb., Eur., Vord.As., M- u. N-As., N-Am.; no-euras-subozean, circ.

5. Sect. Prenanthoídea

2884. H. prenanthoídes Vill. (Abb. 457 e–d) Hasenlattich-H.

♃, *H.* – H. 0,30–1,20. *St. aufrecht, unten oft rötlich;* Grdb. u. untere Stb. zur Bl.zeit vertrocknet; *Körbe (mindestens 10) locker, oft sparrig angeordnet;* Hüllb. dunkel- bis schwarzgrün; *Kr.zähne bewimpert.* VII–IX. 2n = 27, 36.

Subalp. Hochgrasfluren, Gebüsche; ±trockene bis feuchte, nährstoffreiche, locker-humose, oft auch etwas steinige Böden. – Zerstreut bis selten: Sud., Alp. (1400–1950 m), S-Schwarzwald (Feldberg), Rhön (Wasserkuppe). – M- u. Hochgebg. Eur., As., Arkt.; (praealp-)alp-arkt(-no).

6. Sect. Intybácea

2885. H. intybáceum All. (Abb. 457 f) Endivien-H.

♃, *H.* – H. 0,05–0,15. *Pfl. aromatisch riechend; St. ein- bis wenigköpfig; Stb.* lang, *oft im unteren Teil des St. rosettig gehäuft,* grobzähnig-wellig; *Hülle kugelig,* Hüllb. stumpf, ± grauflockig; *Kr.zähne kahl;* Gr. gelb. VII–IX. 2n = 27.

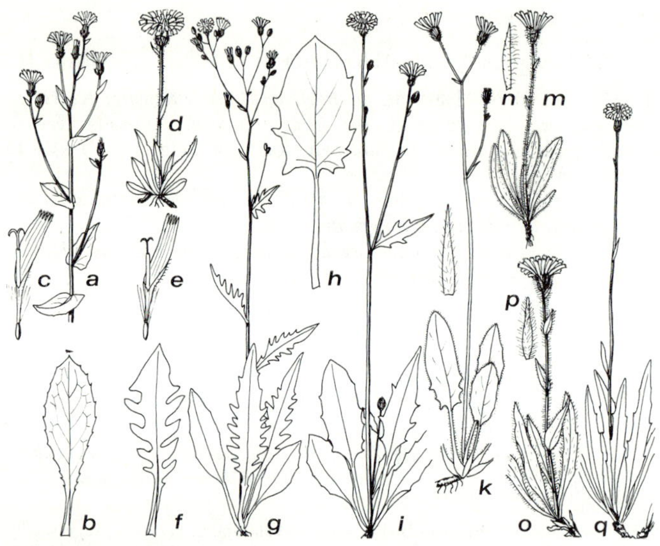

Abb. 458. *Hieracium* spp., *a–c H. amplexicaule* (*a* Sproßspitze, *b* Grundblatt, *c* Blüte), *d H. alpinum* (Habitus), *e–f H. humile* (*e* Blüte, *f* Grundblatt), *g H. lachenalii* (Habitus); *h H. silvaticum* (Grundblatt), *i H. caesium* (Habitus), *k–l H. pallidum* (*k* Habitus, *l* Hüllblatt), *m–n H. piliferum* (*m* Habitus, *n* Hüllblatt), *o–p H. villosum* (*o* Habitus, *p* Hüllblatt), *q H. glaucum* (Habitus).

Subalp (-alp) Felsspalten, Schuttfluren; ±trockene, nährstoff- u. kalkarme Verwitterungsböden. – Selten, nur Allgäuer Alp. (1700–1950 m). – Alp., Vog.; alp.

7. Sect. Amplexicáulia

2886. H. amplexicáule L. (Abb. 458 a–c) Stengelumfassendes H.

♃, *H.* – H. 0,10–0,50. *W.stock mächtig entwickelt, mehrteilig; B. weich,* hell- bis dunkel(blau)grün, *Zähne zur Spitze hin an Größe und Zahl abnehmend;* Korbstiele grau-flockig; *Hüllb. meist unbehaart, dunkel mit hellem Rand.* VI–VIII. 2n = 36.

Fels- u. Mauerspaltenges.; warme, meist kalkreiche Substrate. – Selten u. vereinzelt: S-Schwarzwald (Schlüchttal), Neckargeb. (Wimpfen, verwildert); selten bis zerstreut: Alp. (bis 1500 m). – s. M- u. S-Eur., N-Afr.; alp-praealp (-submed).

8. Sect. Alpína

2887. H. alpínum L. (Abb. 458 d) Alpen-H.

♃, *H.* – H. 0,10–0,30. *St. mit hellspitzig-dunkelfüßigen Haaren;* B. (schmal-)lanzettl., *in den geflügelten Stiel allmählich verschmälert,* ± stumpflich, *meist ganzrandig, wellig;* Stb. sehr wenige; *Hüllb. dunkel, an der Spitze bärtig od. ganz behaart; Gr. weit herausragend, gelb.* VII–VIII. 2n = 26, 27.

Subalp.-alp. Magerrasen, Zwergstrauchformationen; frische bis feuchtere, kalkarme, ±saure, steindurchsetzte, oft etwas torfige Böden. – Zerstreut bis selten: Harz (Brocken), Riesengebg., Alp. (1400–2200 m). – Gebg. N- u. M-Eur., Balk., Ural; arkt-alp.

9. Sect. Heterodónta

2888. H. húmile Jacq. (Abb. 458 e–f) Niedriges H.

♃, *H.* – H. 0,20–0,30. *St. schlank, oft hin- u. hergebogen,* 0- bis 7blättrig (oft nur die Tragb. der Äste), *wie die B. am Grd. rötlich;* B. ± schmalbuchtig, gezähnt od. eingeschnitten, *Nerv(en) u. Stiel behaart;* Hülle fast kugelig, *Hüllb. bärtig.* VI–VIII. 2n = 27.

Felsspaltenges.; Rasenbänder im Fels; feuchtere bis ±trockene, mineralstoffreiche, schwach saure od. alkalische Verwitterungsböden. – Selten: Schwarzwald, Jura, Bodenseegeb. (so Hohentwiel); zerstreut: Alp. (bis 2200 m). – Pyren. bis illyr. Gebg. (Alp., Jura, Abruzz.), Albanien; alp.

10. Sect. Vulgáta

2889. H. lachenálii C. C. Gmel. (Abb. 458 g) Gemeines H.
(= H. vulgatum Fries)

♃, *H.* – H. 0,30–1,00. *St. meist steif u. mäßig stark verzweigt;* Grdb. elliptisch-lanzettl., in den Stiel verschmälert, *nie ganzrandig; untere Stb. gestielt, obere nicht, viel kleiner als die unteren; Hülle ± zylindrisch und haarlos.* VI–VII. 2n = 27. Hierzu:

ssp. chlorophýllum (Jord.) Zahn; St., *B.unterseite u. B.stiele rotviolett; Gr. dunkel.*

ssp. argilláceum (Jord.) Zahn; *Hülle dicht; Hüllb. mit langen, feinen Dr.haaren; Gr. gelb.*

ssp. consociátum (Jord.) Zahn; *Pfl. stark behaart; Grdb. rötlich, mit langen Zähnen, gesägt; Hüllb. dr.*

ssp. acuminátum (Jord.) Zahn; *Grdb. grobgesägt bis schrotsägig; Stb. ei- bis länglich-lanzettl.*

Lichte Laub- u. Nadelwälder, Eichen–Birkenwälder, Heiden; frische, nährstoff- u. humusreiche, meist kalkarme, oft steinige od. sandige Böden. – Verbreitet fast im ganzen Geb. (Alp. bis 1850 m), bes. Silikatgeb. – Eur., Vorder- (u. M-)As.; no-euras-subozean-praealp.

2890. H. sylváticum (L.) L. (Abb. 458 h) Wald-H.
(= H. murorum auct.)

♃, *H.* – H. 0,30–0,60. *St. meist kräftig; B. meist abgesetzt-langgestielt,* gelappt bis gezähnt; *Korbstand ästig-sparrig;* Hülle zylindrisch, evtl. etwas „angeschwollen"; Hüllb. spitz od. völlig stumpf, *innere hell berandet, flockig-wollig.* VI–VIII. 2n = 27. Hierzu:

ssp. serratifólium (Jord.) Zahn; *Pfl. oben mit schwarzen, mäßig langen Dr.; Hüllb. nicht od. nur randlich etwas flockig.*

ssp. pseudotórticeps Wiinst.; *Hüllb. dicht flockig, sonst haarlos; B. verlängert, behaart u. meist gefleckt.*

ssp. gentíle Sudre; *Grdb. eiförmig, äußere etwa doppelt so lang wie breit, am Grd. gestutzt, wenigzahnig; Hüllb. langdr. hell berandet, unten flockig.*

ssp. silvulárum Jord.; *Grdb. eiförmig, ca. 3mal so lang wie breit; Hüllb. breit, stark dr., randlich flockig.*

ssp. grándidens Dahlst.; *B. buchtig-grobgesägt, Rand, Nerven u. Stiel hellhaarig; Hülle schmal, bis 10 mm lang; Hüllb. oben bärtig.*

ssp. exotéricum Sudre; *B. höchstens oberseits etwas behaart, stark gezähnt; Hüllb. schmal, bartlos; St. deutlich behaart.*

Laub- u. Nadelwälder, Lichtungen, Gebüschränder, Fels- u. Mauerspalten; frische, nährstoffreiche, oft kalkarme humusreiche Böden. – Verbreitet fast im ganzen Geb. (Alp. bis 2100 m). – Eur. bis W-As.; no-euras-subozean.

2891. H. cǽsium Fries (Abb. 458 i) Blaugraues H.

♃, *H. – H. 0,10–0,40, St. (ver)kahl(end), gabelig verzweigt,* Korbstand locker; *Korbstiele* ± *kahl* bis *filzig;* Grdb. ungleichmäßig gezähnt, gefleckt; Stb. meist tiefer geschnitten, sehr kurzstielig od. sitzend; *Hüllb.* ± *breitlanzettl., spitz;* Gr. dunkelgelb. VI–VIII. 2n = 27. Hierzu:

ssp. caesiópsis Zahn; *Hüllb. praktisch dr.los, wenigstens unter der Mitte weißflockig.*

ssp. pseudoviré nticeps Vetter et Zahn; *Hüllb. dr., höchstens an der Basis dünn grau-flockig.*

Rasenges.; ±trockene, warme, nährstoffarme, steinige Böden. – Selten: Alp., Bad.-Württ., Sachs.-Anh., Thür., Sud.; [etwa (550–)700–2000 m]. – M- u. N-Eur.; no-praealp.

2892. H. bífidum Kit. Gabel-H.

♃, *H.* – H. 0,10–0,40. *St. oft rötlich, oben völlig haarlos;* Grdb. ± breit-lanzettl., ± *tiefbuchtig spitzzahnig, Nerven u. Stiel stark behaart; Hüllb. bes. an der Spitze dunkel, innere grün berandet,* spitz, *viel länger als die Bl.;* Gr. gelb. VI–VII. 2n = 18, 27. Umfaßt u. a.:

ssp. bífidum; typ. Unterart; *Hülle kaum dr. bis dr.los; B. blaugrün; Gr. hellgelb.*

ssp. cardiobásis Zahn; *Hülle schwarzflockig u. wie die Korbträger schwärzlich-dr.; Gr. saftig-gelb.*

Mont. bis subalp.-alp. Steinrasen, Felsspaltenges.; ±trockene bis frische, meist kalkreiche, humusarme Steinschuttböden. – Zerstreut bis verbreitet: Alp. (bis 2000 m), Alp.vorland, Jura, Sud.; selten: u. a. S-Schwarzwald (Höllental), Donaugeb., Eifel, Osnabrück, Thür., Anh., Sachs., Schles., Ostpr. – N- u. NW-Eur. bis Apenn. u. SO-Eur.; alp-praealp-no.

11. Sect. O r e á d e a

2893. H. pállidum Biv. (Abb. 458 k–l) Bleiches H.
(= H. schmidtii Tausch)

♃, *H.* – H. 0,10–0,40. *St. oft rötlich, schlank, locker verzweigt,* steif; Hülle rundlich-eiförmig; *Hüllb. schmal u. spitz mit verschieden langen Dr.;* Gr. u. Bl. hellgelb. VI–VII. 2n = 27. Hierzu:

ssp. c o m á t u l u m (Jord.) Zahn; *Hüllb. dicht behaart mit kleinen Dr.; Grdb. fast ganzrandig (in den kurzen Stiel verschmälert).*

ssp. s c h m í d t i i (Tausch) Zahn; *Hüllb. dünn behaart, mit großen dunklen Dr.; Grdb. am Grd. gezähnt (plötzlich zusammengezogen).*

Fels- u. Mauerspaltenges.; trockene, ±kalkfreie Verwitterungsböden. – Zerstreut bis selten im m. u. s. Geb. (s. bis Schwarzwald u. Bay. Wald), fehlt im n. Tiefland. – Eur., Vord.As.; (no-)praealp-submed.

12. Sect. B a r b á t a

2894. H. pilíferum Hoppe em. Hay. (Abb. 458 m–n) Grauzottiges H.

♃, *H.* – H. 0,05–0,15. *St. oben filzig-flockig; Grdb. ganzrandig,* lineallanzettl., etwas wellig; *St.haare hell od. schwarzfüßig, Haare der Hülle seidig hell od. dunkel;* Hüllb. an der Spitze dr.; *Kr.zähne fast immer unbewimpert.* VII–VIII.

Alp.(-niv.) Magerrasen, magere Weiden, Treppengrasformationen; ±feuchte, kalkfreie, saure, rohhumusreiche-torfige, steinige Böden. – Selten: Alp. (bis 2350 m). – Gebg. W-, M- u. O-Eur.; alp.

13. Sect. V i l l ó s a

2895. H. morisiánum Rchb. f. Weißhaariges H.

♃, *H.* – H. 0,15–0,30. *Pfl. weich-weißhaarig; St. dünn* aufrecht, *wenigköpfig;* B. ±stumpf u. schmallanzettl., *untere Stb. schmal. obere mehr breitrundlich, sitzend; Hüllb. sehr feinspitzig, lang behaart; Kr.zähne meist etwas bewimpert.* VII–VIII. 2n = 36.

Subalp.-alp. Grasfluren; ±trockenwarme, kalkreiche, steindurchsetzte, tonige od. lehmige Böden. – Selten: Alp. (etwa 1000–2000 m). – Gebg. Eur.; alp.

2896. H. villósum Jacq. (Abb. 458 o–p) Wolliges H.

♃, *H.* – H. 0,15–0,30. *Pfl. dicht zottig-wollig;* St. dick, *1- bis 4köpfig, gabelig verzweigt; abgetrocknete Grdb. noch lange an der Pfl.*, ungestielt, welligganzrandig od. klein gezähnt; *Hülle bauchig-rundlich;* Korbträger u. St. oben weißfilzig; *Bl. auffallend groß.* VII–VIII. 2n = 28, 36. Umfaßt u. a.:

ssp. villósum; typ. Unterart; *B. oberseits dicht behaart, fast ganzrandig; Gr. dunkelgelb.*

ssp. villosíssimum N. P.; *Hülle über 20 mm lang; Pfl. besonders langhaarig.*

ssp. glaucifrons N. P.; *Hülle unter 18 mm lang; B. länglich, lanzettl.; Stb. außer oberste schwach gestielt.*

ssp. eurybásis N. P.; *Stb. mehr als 6; Grdb. schwach gezähnt, wellig; manchmal nur röhrig.*

Subalp.-alp. Steinrasen, Schuttfluren, grasige Halden; etwas feuchtere, kalkreiche, feinerdearme (bis -lose) steinige Böden. – Zerstreut: Alp. (etwa 1000–2400 m). – Alp. bis Karp., Tatra, Gesenke, Balk., Kalabrien; alp.

14. Sect. Glaúca

2897. H. gláucum All. (Abb. 458 q) Blaugrünes H.

♃, *H.* – H. 0,20–0,60. *St. sparrig, aufrecht, unten flockig-wollig; Grdb. mit nach außen gebogener Spitze; Äste meist 1köpfig;* Hülle im Verhältnis zum ganzen Körbchen plump; *Hüllb. evtl. spärlich behaart;* Gr. dunkelbräunlich. VII–IX. 2n = 27, 36. Hierzu:

ssp. isáricum N. P.; *Grdb. schmal; Hüllb. stumpf, haar- u. dr.los.* – Im Schotter der Alp.vorland-Flüsse.

Steinige Matten, Felsspaltenges.; ±trockene, kalkreiche Böden. – Zerstreut: Alp. (bis 2000 m), Alp.vorland. – Alp., n. Gebg. Balk. Halbins., Apenn.; alp-praealp.

2898. H. bupleuroídes C. C. Gmel. Hasenohr-H.

♃, *H.* – H. 0,20–0,40. *St. hoch, schlank, 2- bis wenigköpfig; B. (dunkel)blaugrün;* Hülle u. Korbträger behaart u. dr. bzw. schwach bis reichlich flockig; *Gr. gelb; Ach. hell oder rötlich bis schwarzbraun.* VII–VIII. 2n = 27.

Felsspaltenges.; Schotterflächen (Schwemmland) der Alp.flüsse; kalkreiche Substrate. – Selten u. zerstreut: Alp. (bis 1700 m), an den Flüssen im Alp.-vorland, Schwäb. Alb (Donautal), Fränk. Jura (Streitberg). – Alp. bis Jura, Ung., Illyr. Gebg., Abruzz.; praealp (-submed).

Abb. 459. *Hieracium* spp., *a–b H. staticifolium* (*a* Habitus, *b* Frucht), *c H. piloselloides* (Habitus), *d H. echioides* (Habitus).

2. Subgen. Stenothéca
Sect. Tolpidifórmia

2899. H. staticifólium All. (Abb. 459 a–b) Grasnelken-H.

♃, *H.* – H. 0,15–0,40. *St. schaftartig, ein- bis fünfköpfig, unter den Körben verdickt, verkahlend; Grdb. schmal, buchtig gezähnt bis fast ganzrandig, bisweilen am Rand und an den Nerven behaart; Hüllb. haar- u. dr.los.* VI–IX. 2n = 18.

Schotterfluren, Flußalluvionen der Alp.flüsse; steinige, humusarme bis -freie, meist kalkreiche Schutt- u. Kiesböden. – Verbreitet bis zerstreut: Alp.vorland, Donaugeb., Bregenzerach, s. Bay. Wald. – Franz. Jura, Alp. bis Ung., Albanien; praealp (-alp).

3. Subgen. Pilosélla
1. Sect. Praealtína

2900. H. piloselloídes Vill. (Abb. 459 c) Florentiner H.
(= H. florentinum All.)

♃, *H.* – H. 0,25–0,60. *St. aufrecht, steif, mehr- bis reichköpfig; innere B. der Grd.rosette lanzettl.,* spitz, äußere ± stumpflich; *Stb. selten dr.;* Hülle walzlich; *Hüllb.* dunkel, *evtl. heller berandet, wie die ganze Pfl. manchmal etwas borstig; Gr. gelb.* VI–VII. 2n = 45. Hierzu:

ssp. praeáltum (Vill.) N. P.; *Hüllb. mit deutlichem hellem Rand, dicht dr.haarig, dunkelflockig; (St. bis 30köpfig).*

ssp. obscúrum N. P.; *Hüllb. kaum od. nicht berandet u. behaart, schwarzdr.; (St. bis 40köpfig).*

Halbtrockenrasen, Magerrasen; ±trockene, nährstoffarme, meist kalkhaltige steinige od. kiesige Böden. – Zerstreut (bes. m. u. s. Geb.); geb.weise häufig (Alp. bis 1700 m) nach O abnehmend. – Eur., Med. bis Kauk., N-Afr. (?); submed (-praealp).

2901. H. bauhínii Schult. Ungarisches H.

♃, *H.* – H. 0,25–0,60. *Nur der St. schwach borstig,* Pfl. sonst kahl; St. steif bis bogig aufsteigend, gedrängt-vielköpfig; *B. lineal od. spatelig-spitz;* Hülle ± walzig, wie die Korbstiele etwas flaumig-flockig; *Gr. gelb.* VI–VII. 2n = 36.

Trockenrasen; ±trockene, kalkreiche sandige Lehmböden. – Zerstreut (bis ca. 500 m), selten im w., häufiger im ö. u. nö. Geb., s. bis Bodenseegeb. u. Alp.vorland. – M- u. W-As. bis Med. u. W-Eur.; (euras-)kont.

2. Sect. Echinína

2902. H. echioídes Lumnitzer (Abb. 459 d) Natterkopf-H.

♃, *H.* – H. 0,30–0,60. *Pfl. ohne Ausläufer, oben spärlich unten kratzend-borstig; B. schmal-lanzettl., borstig,* grauflockig, *nach oben in immer größeren Abständen, allmählich kleiner werdend;* Körbe u. deren Träger oft filzig, *kaum dr.;* Hüllb. (weich) behaart; *meist nur Zungenbl.* VII–VIII. 2n = 36.

Sandfluren, lichte Wälder, Heiden; trockene, nährstoffarme sandige Böden. – Selten (nach O zunehmend) von O-Meckl.–Anh.–Thür. ö. bis Ostpr., Schles. – ö. M-Eur., O-Eur. bis O-, Z- u. SW-As.; kont.

Anmerkung: Reliktartige Zwischenarten (H. echioides-pilosella, H. echioides-cymosum) bis Rheingeb.

3. Sect. Cymosína

2903. H. cymósum L. (Abb. 460 a) Zymen-H.

♃, *H.* – H. 0,30–0,60. Pfl. ohne (od. selten mit brüchigen, hinfälligen) Ausläufern; St. schlank, oft hohl; *Infloreszenzstand erst dicht, später aufgelockert; Hüllb. behaart, dunkel- bis schwarzgrün, heller berandet;* obere Teile der Pfl. filzig-flockig; Gr. hellgelb. V–VI. Umfaßt u. a.:

ssp. cymósum; typ. Unterart; *Korbstand u. Hülle dicht dunkelhaarig (reich-)dr.; Pfl. bis 100köpfig.*

ssp. cymígerum (Rchb.) N. P.; *Korbstand u. die schmalen Hüllb. nicht od. nur schütter behaart, aber dicht mit Dr. besetzt; Pfl. bis ca. 40köpfig.*

Abb. 460. *Hieracium* spp., *a H. cymosum* (Gesamtblütenstand), *b H. caespitosum* (Habitus), *c H. glaciale* (Habitus), *d H. hoppeanum* (Hüllblätter), *e H. peleteranum* (Hüllblatt), *f–g H. pilosella* (*f* Habitus, *g* Frucht).

±trockene Rasenges., Wegränder, Zäune etc.; ±trockene, warme, kalkreiche, oft lehmig-sandige Böden. – Zerstreut; u. a. im nw. Geb. u. Alp. fehlend, selten u. a. im sw. Geb. (bis 1000 m), s. bis Alp.vorland. – W- (u. M-)As. bis Eur.; gem-kont.

4. Sect. Pratensína

2904. H. caespitósum Dumort. (Abb. 460 b) Wiesen-H.
(= H. pratense Tausch)

♃, *H.* – H. 0,30–1,00. *Pfl. mit oberirdischen od. leicht abbrechenden unterirdischen Ausläufern; St. oft mit Nebenst.; Grdb.* ± langgestielt, *ganzrandig od. undeutlich gezähnt,* höchstens unterseits flockig; St. oben wie der Korbstand dr.; Hüllb. schwarz od. sehr dunkelgrün, manchmal flockig; *Gr. dunkel braungelb.* VI–VIII. 2n = 36. Umfaßt u. a.:

ssp. caespitósum; typ. Unterart; *Hüllb. kaum berandet, schmal u. spitz, Infloreszenzstand zur Bl.zeit aufgelockert.*

ssp. colliniforme N. P.; *Hüllb. deutlich hell berandet, ± breit, stumpf; Infloreszenzstand zur Bl.zeit dicht.*

Moorwiesen, Pfeifengrasbestände, Flachmoore, Halbtrockenrasen; feuchte (wechselnasse), humos-torfige, oft sandig-tonige Böden. – Zerstreut, im ö. Geb. häufiger (Alp. bis 1200 m). – Gem. Sib., Turk. bis N-, m. u. w. Eur.; no-euraskont.

2905. H. aurantíacum L. Orangerotes H.

♃, *H.* – H. 0,25–0,50. *Pfl. mit wenigen brüchigen Ausläufern; St. hohl, etwas bogig;* Grdb. meist lanzettl. (breit), bis spatelig, unten verschmälert, *oft glauk u. unterseits flockig;* Hülle gestutzt eiförmig, *Gr. dunkelorange (schwarz).* VI–VIII. 2n = 27, 30, 36, 45, 54, 63. Umfaßt u. a.:

ssp. aurantíacum; *Hüllb. unberandet, sehr schmal; B. mit weichen, u. St. oben mit dunklen Haaren dicht besetzt.*

ssp. hinterhubéri (Schultz-Bip.) Zahn; *Hüllb. breiter, wie der St. dicht schwarzhaarig mit oft sehr schmalem Rand; B. mit weichen u. dr. Haaren.*

(Bes. subalp. u. alp.) Magerweiden, Borstgrasges.; frische bis feuchtere, kalkarme, saure, humose od. torfige silikatreiche Böden. – Zerstreut: Riesengebg., Alp. (1500–2000 m), Alp.vorland, Bay. Wald; selten: Harz, Thür. Wald, Schwarzwald (Feldberg) u. vereinzelt n. bis Westf.–Bremen–Schl.Holst.–Pomm.–Ostpr.; daneben kultiviert u. verwildert. – Alp., M-Gebg. bis Skand., NW-Rußl. u. sö. Eur.; no-praealp-alp.

5. Sect. Auriculína

2906. H. glaciále Reyn. (Abb. 460 c) Gletscher-H.

♃, *H.* – H. 0,10–0,20. *St. aufrecht, einblättrig,* wie die B. kaum behaart; B. schmal-lineallanzettl., ± stumpf, *meist fast ganzrandig; Hüllb. dunkel, lang zugespitzt, meist dicht seidig, im Gegensatz zum Korbstand nicht dr.;* Bl. u. *Gr. gelb.* VII–VIII. 2n = 18.

Alp. Magerrasen, lückige Grasfluren; ±feuchte, kalkarme, saure, torfig-humose silikatreiche Böden. – Selten: Allgäuer Alp. (1800–2100 m). – Alp.; alp.

2907. H. aurícula L. Öhrchen-H.

♃, *H.* – H. 0,10–0,25. *St. oft sehr dünn u. zerbrechlich, bis zu den Körbchenstielen flockig;* Grdb. meist (glänzend) blaugrün; *Hülle ca. 10 mm lang,* eiförmig; Hüllb. wie die Körbchenträger ± dr.; *Bl. außen gewöhnlich ohne rötliche Streifen.* V–VII (oft wieder im IX). 2n = 18, 27. Umfaßt u. a.:

ssp. aurícula; typ. Unterart; *Hüllb. stumpf, dr., wenig bis unbehaart, schmal weißrandig.*

ssp. tricheiléma N. P.; *Hüllb. schmal, spitz, dicht mit hellen Haaren besetzt, kaum dr.*

Borstgrasges., Magerrasen u. -weiden, Quellmoore; frische bis feuchte, seltener nasse, kalkarme, ±saure, torfig-humose, oft sandige, tonige Böden. – Zerstreut, bes. Silikatgeb. (Alp. bis 2000 m). – N- bis S-Eur., fehlt Brit. Ins. u. SW-Eur.; no-euras-subozean.

6. Sect. Pilosellína

2908. H. hoppeánum Schult. (Abb. 460 d) Hoppes H.

♃, *H.* – H. 0,10–0,25. *St. meist mit ebenso einköpfigen Nebenst.;* Grdb. zahlreich, länglich-lanzettl., *dick, nur unterseits ± filzig-flockig,* oberseits behaart; *Hülle ± kugelig;* Hüllb. spärlich kurzhaarig, *± dr. od. völlig dr.los;* Bl. kräftig gelb, *äußere ± stark rotgestreift.* V–VIII. 2n = 18, 45, 90.

Magerrasen u. magere Wiesen; ±feuchte, saure, humose od. torfige Silikatböden. – Zerstreut bis selten: Alp. (bis 2000 m); selten: Bay. Hochebene. – Alp., Karp. bis Kauk., N-Pers.; o-alp-praealp.

2909. H. peleteránum Mérat (Abb. 460 e) Peletiers H.

♃, *H.* – H. 0,10–0,30. *Pfl. höchstens mit wenigen kurzen u. dicken Ausläufern, ganze Pfl. ± seidenhaarig; St.* meist mit Nebenst., *bogig aufsteigend;* Hülle ± kugelig, *Hüllb. grün, mit bleichem Rand, oft etwas rötlich;* Bl. gelb, *außen stark rotgestreift.* V–VII. 2n = 18, 27.

Magerrasen, Feldraine, grasige Felsbänder; ±trockene, kalkarme, ±feinerdearme, steindurchsetzte Böden. – Selten im m. (S-Anh., Thür., Sachs.) u. s. Geb. (Pfalz, Nahe- u. Moselgeb., S-Schwarzwald, s. Bay. Wald). – W-, M- u. N-Eur., W-Alp.; subatl-submed.

2910. H. pilosélla L. (Abb. 460 f–g) Mausohr, Kleines H.

♃, *H.* – H. 0,05–0,30. *Pfl. mit vielen Ausläufern u. St.;* St. höchstens mit kleinen Schuppenb.; B. ± flockenlos bis grauwollig-flockig, *unterseits grau- bis weißfilzig,* eher breitlanzettl., meist ganzrandig; Hülle ± kugelig, *Hüllb. behaart u. dr.;* Bl. hellgelb, *äußere oft rotstreifig.* V–X. 2n = 36, 39, 45, 54, 63. Umfaßt u. a.:

ssp. tricholépium N. P.; *Hüllb. mit wenigen Dr., reich behaart, schmal, mit filzigem Rand.*

ssp. subvulgáre Zahn; *Hüllb. mit vielen Dr., behaart; Pfl. hellhaarig.*

ssp. subviréscens N. P.; *St. meist gegabelt; Hüllb. breit, behaart; ganze Pfl. dunkelhaarig.*

ssp. vulgáre (Tausch) N. P.; *St. selten gegabelt; Hüllb. (fast) haarlos, grau; B. unterseits weißlichgrau.*

ssp. subviré nticeps Zahn; *Hüllb. unter 10 mm lang, breit, mit dunklen Haaren besetzt; B. unten grünlich-grau.*

Magere Rasen, Halbtrockenrasen, lichte Wälder, Wegränder, Böschungen etc.; ±trockene, nährstoff- u. kalkarme, ±saure, meist flachgründige, meist sandige od. steinige Böden. – Verbreitet u. häufig (Alp. bis 2100 m). – Skand. bis S-Eur., NW-Sib., Kl.As.; no-euras-subozean.

III. Anhang

A. Verzeichnis der Fachausdrücke

(lateinische Schreibweise kursiv)

Achäne *(achenium)* nußartige, 1samige Schließfrucht mit Verwachsung von Samenschale mit Fruchtwand bei unterständigem Fruchtknoten

Achsenbecher (Hypanthium, Blütenbecher) becher- od. röhrenförmig erweiterte bzw. verlängerte Blütenachse

Ährchen *(spicula)* Teilblütenstand (Hüllspelzen mit distalen Spelzen u. Blüten) der *Gramineae,* s. Taf. V

Ähre *(spica)* s. Taf. V

Ährenrispe *(panicula spiciformis)* rispenförmiger Blütenstand mit nicht entwickelten od. nur sehr kurzen Rispenästen

aktinomorph *(actinomorphus)* s. radiärsymmetrisch, s. Taf. II

Amygdalae dulces Droge: Süße Mandeln

Amylum Droge: Stärke, Stärkekörner

anatrop *(anatropus)* Samenanlage, s. Taf. II

Androeceum *(androecium)* s. Staubblattformation, s. Taf. I

Anisophyllie *(anisophyllia)* verschieden gestaltete Blätter auf gleicher od. etwa gleicher Insertionshöhe am Sproß

annuell s. einjährig

Anthere *(anthera)* Staubbeutel, s. Taf. I

Anulus Ring, ringförmig angeordnete Zellreihe am Sporangium mit verdickten Innen- u. Zwischenzellwänden

Apfelfrucht Kernfrucht *(pomum capsulatum),* Schließfrucht mit pergamentartigen Fruchtblättern, umgeben von fleischiger Blütenachse

apokarp *(apocarpus)* s. freifruchtblättrig, s. Taf. II

apomiktisch *(apomicticus)* **Apomixis** Ersatz der geschlechtlichen Fortpflanzung durch einen ungeschlechtlichen, nicht mit Kern- od. Zellverschmelzung verbundenen Vermehrungsprozeß

Arillus s. Samenmantel

atrop *(atropus)* Samenanlage, s. Taf. II

aufrecht(e Samenanlage) atrop *(atropus),* s. Taf. II

ausdauernd *(perennis)* s. Staude

ausgesackt sackförmig *(saccatus, sacciformis)* sackartig ausgestülpt od. ausgebuchtet

Ausläufer Stolon *(stolo)* horizontaler, ober- od. unterirdisch kriechender Seitensproß mit langen Internodien, oft mit Niederblättern

Außenkelch *(calyculus)* Blattwirtel od. nur ein Wulst unmittelbar unter der Blütenhülle (oft aus Vorblättern)

Balgfrucht *(folliculus)* Streufrucht von 1 Fruchtblatt gebildet. Öffnen nur an der Bauchnaht

Bauchnaht *(sutura ventralis)* Verwachsungsnaht des Fruchtblattes bei 1blättrigem Fruchtknoten

Beere *(bacca)* Schließfrucht mit vollständig fleischiger Fruchtwand

Beerenzapfen *(galbulus)* ährenartiger fleischiger Fruchtstand mit ±starker Verwachsung von Achse u. Blättern

benagelt *(unguiculatus)* Kronblätter mit Nagel

Blättchen *(foliolum)* Teilblatt eines zusammengesetzten Blattes

Blattgliederung [Blattspreite *(lamina)*, Blattstiel *(petiolus)* u. Blattgrund *(fundus folii)*] s. Taf. III

Blatthäutchen *(ligula)* meist häutige u. schuppenartige Differenzierung des Blattspreitengrundes, s. z. B. Taf. III

Blattinsertion Blattansatz am Sproß, z. B. durchwachsen *(perfoliatus)*, gestielt *(petiolatus)*, herablaufend *(decurrens)*, sitzend *(sessilis)*, stengelumfassend *(amplexicaulis)*, verwachsen *(symphyllus)*

Blattrand s. Taf. IV

Blattscheide *(vagina folii)* scheidenförmige, den Stengel umgebende Differenzierung des Blattgrundes od. des Blattstieles

Blattspindel *(rhachis)* spreitenfreier „Mittelnerv" eines zusammengesetzten Blattes

Blattspitzenform s. Taf. IV

Blattspreitenform s. Taf. III, IV

Blüte *(flos)* gestauchter Sproß mit Androeceum u./od. Gynaeceum, meist mit Blütenhülle, s. Taf. I

Blütenachse Blütenboden, Rezeptakulum *(receptaculum)*, im Bereich der Blüte nicht gestreckte Sproßachse, s. Taf. I

Blütenhüllblätter Kelchblätter, Kronblätter od. Perigonblätter

Blütenhülle Perianth *(perianthium)* od. Perigon *(perigonium)*, s. Taf. I

Blütenschaft *(scapus)* krautiger Sproß aus 1 langen Internodium, Blütenstand tragend

Blütenscheide *(spatha)* scheidenförmiges Hochblatt unterhalb des Blütenstandes

Blütenstand Infloreszenz *(inflorescentia)*, s. Taf. V

Blütenstandsboden *(receptaculum, receptaculum inflorescentiae)* im Bereich eines ährenförmigen Blütenstandes nicht gestreckte, ±verbreiterte Sproßachse, der die Blüten aufsitzen (z. B. Köpfchen, Taf. V)

Blütenstaub *(pollen)* ♂-Vorkeim enthaltende, mehrkernige, haploide, gametenbildende Mikrospore der *Gymnospermae* u. *Angiospermae*

Blütenstiel *(pedunculus)* s. Taf. I

Braktee *(bractea)* s. Deck- u. Tragblatt

Brutzwiebel Bulbille *(bulbulus, bulbilus, bulbillus)* zwiebel- od. z. T. ±knollenförmige (Brutknöllchen), sich als Verbreitungseinheit ablösende Achselknospe, seltener Endknospe

Bulbus Droge: Zwiebel, z. T. bearbeitet

Calyculus s. Außenkelch

Chamaephyt *(chamaephyton)* Oberflächenpflanze (Lebensform: oberste Erneuerungsknospe bei der Überwinterung $\leqq$ 0,25 m über der Bodenoberfläche)

chasmogam *(chasmogamus)* offenblütig, Bestäubung bei geöffneter Blüte
choripetal *(choripetalus)* s. getrenntkronblättrig
Colophonium Droge: terpentinölfreies Harz verschiedener *Pinus* spp.
Corolle *(corolla)* Blumenkrone, s. Taf. I
Cortex Droge: Rinde, z. T. bearbeitet, bisweilen Wurzelrinde
Cyathium Teilblütenstand der Gattung *Euphorbia,* aus Hüllbecher (Brakteen, z. T. mit Nektarien abwechselnd), ♂-Blüten in Wickeln (jede Blüte nur aus 1 Staubblatt) u. 1 terminalen ♀-Blüte (nur aus 1 Fruchtknoten) bestehend
Deckblatt Braktee *(bractea)* Tragblatt einer Seitensproßdifferenzierung (z. B. Blüte)
Deckelkapsel *(pyxidium)* sich mit einem Deckel öffnende Streufrucht aus 2 od. mehr Fruchtblättern
Deckspelze *(lemma, palea inferior)* schuppenförmiges Deckblatt (Tragblatt) der *Gramineae*-Blüte
dekussiert *(decussatus)* um 90° verschobene Blattstellung bei aufeinanderfolgenden Sproßknoten (vergl. kreuzgegenständig)
Dichasium s. Taf. V
Dichotomie *(dichotomia)* Gabelung, s. Taf. V
diözisch *(dioicus, dioecius)* s. zweihäusig
diploid *(diploideus)* mit doppeltem, in der Regel konjugiertem Chromosomensatz (2 n), so beim Sporophyten
Diskus *(discus)* Scheibe, scheibenförmige Verdickung der Blütenachse zwischen den Blütenkreisen, oft mit Nektarien
disymmetrisch hier speziell: Blüte mit 2 senkrecht zueinander stehenden Symmetrieebenen
Döldchen *(umbellula)* Dolde 2. Ordnung, s. Taf. V
Dolde *(umbella)* s. Taf. V
Doldenrispe s. Taf. V
Doldentraube s. Taf. V
Dorn *(spina)* pfriemförmige, verholzende Umwandlung von Organen od. Organteilen (Sproß, Blatt, Wurzel etc.)
Ebenstrauß Doldenrispe *(corymbus)* s. Taf. V
einhäusig monözisch *(monoicus, monoecius)* Androeceum u. Gynaeceum auf einer Pflanze, Pflanze 2-geschlechtig
einjährig annuell *(annuus)* (Lebensform: sommerannuell: Pflanze in einer Vegetationsperiode keimend, blühend, fruchtend u. absterbend; winterannuell: Pflanze im Herbst keimend, in der folgenden Vegetationsperiode blühend, fruchtend u. absterbend)
Elaiosom Anhängsel des Samens, oft eiweißreich
emers *(emersus)* aufgetaucht, oberhalb bzw. außerhalb des Wassers
Epidermis äußeres, einzellschichtiges Abschlußgewebe (Oberhaut)
epigyn *(epigynus)* oberhalb der Fruchtblätter, s. Taf. I
Epiphyt *(epiphyton)* Überpflanze, hier nur Baumepiphyt *(epiphyton arboriculum)* (Lebensform: Pflanze ohne Berührung mit dem Erdboden, nur auf anderen Pflanzen wachsend; Erneuerungsknospe bei

der Überwinterung immer über der Bodenoberfläche; z. B. *Viscum* spp., *Loranthus* sp.)

fachspaltig lokulizid *(loculicidus)* Öffnen einer Kapsel durch Aufspringen längs des Mittelnervs der Fruchtblätter

Fahne *(vexillum)* oberes, medianes Kronblatt der Schmetterlingsblüte

Fiederblättchen *(pinnula)* Teilblatt eines Fiederblattes

Fiederblatt *(pinna)* Teilblatt 1. Ordnung eines gefiederten Blattes

Fiederchen Teilblatt eines Fiederblättchens

Filament *(filamentum)* Staubfaden, s. Taf. I

Flügel *(ala)* seitliches, bisweilen flügelartig abspreizendes Kronblatt der Schmetterlingsblüte

Flores Droge: Blüten bzw. Blütenstände, bisweilen einschließlich Hochblätter u. Blütenstiele

Folia Droge: Blätter, bisweilen nur Blättchen zusammengesetzter Blätter

freifruchtblättrig apokarp *(apocarpus)* Fruchtblätter frei, nicht miteinander verwachsen, s. Taf. II

freikronblättrig s. getrenntkronblättrig

Frucht *(fructus)* Gesamtheit der in der Regel vergrößerten Fruchtblätter mit reifenden od. reifen Samen, selten samenlos

Fruchtblatt Karpell *(carpellum)* s. Taf. I

Fruchtblattformation *(gynoecium)* Gesamtheit der Fruchtblätter einer Blüte, s. Taf. I

Fruchtknoten *(ovarium)* unterer, meist knotenförmig verdickter Teil der Fruchtblätter der *Angiospermae,* s. Taf. I

Fruchtschlauch *(utriculus)* ± flaschenförmig verwachsenes Deckblatt der ♀-*Carex*-Blüte, den Fruchtknoten bzw. die Frucht u. die Abstammungsachse umhüllend (auch als Vorblatt angesehen)

Fruchtstand *(sorosus, conus)* Fruchtbildung unter Beteiligung des ganzen Blütenstandes od. Blütenstand zur Fruchtzeit

Fructus Droge: Früchte, z. T. bearbeitet (z. B. ohne Samen), od. Beerenzapfen

Funikulus *(funiculus)* s. Samenanlagenstiel

Gabelung Dichotomie *(dichotomia)* s. Taf. V

Gamet *(gameta)* ♂- od. ♀-Geschlechtszelle mit haploidem Chromosomensatz

Gametophyt *(gametophyton)* gametenbildende Pflanze, haploid (z. B. Vorkeim der *Pteridophyta,* Embryosack der Samenpflanzen)

gegenständig *(oppositus)* 2 an einem Knoten einander gegenüberstehende Blätter

gekrümmt(e Samenanlage) kampylotrop *(campylotropus)* s. Taf. II

Gemmae Droge: Laubknospen

Geophyt *(geophyton)* Erdpflanze (Lebensform: oberste Erneuerungsknospe bei der Überwinterung unter der Bodenoberfläche)

getrenntkronblättrig *(choripetalus)* freie, nicht miteinander verwachsene Kronblätter

Glandulae Droge: Drüsen

Gliederhülse *(lomentum)* perlschnurartig verdickte, samenhaltige, mit Querscheidewänden versehene, quer in Glieder zerbrechende, aus 1 Fruchtblatt hervorgehende „Hülse“

Gliederschote *(bilomentum)* ebenso wie Gliederhülse, jedoch aus einem 2blättrigen Fruchtknoten hervorgehende, quer in Glieder zerbrechende „Schote“ (Schotenschnabel)

Glochide *(glochin, glochidium)* einzelliges Haar mit nach rückwärts gerichteten Spitzenfortsätzen; ankerartige Fortsätze der Massulae der Wasserfarne

Griffel *(stylus)* s. Taf. I

Gynaeceum *(gynoecium)* s. Fruchtblattformation, Taf. I

gynodiözisch *(gynodioicus)* Pflanzen zwittrig od. rein weiblich

Halbstrauch *(suffrutex)* mehrjährige, zumindest in den unteren Teilen verholzte Pflanze, deren obere Triebe ±regelmäßig durch Frost od. Trockenheit im Winter od. nach der Blüte absterben (Lebensform: *chamaephyton suffrutescentium*)

hapaxanth *(hapaxanthus)* nur einmal blühend u. fruchtend

Halm *(culmus)* krautiger, in den Internodien in der Regel hohler, in den Nodien mit Querwand versehener Sproß

haploid *(haploideus)* mit einfachem Chromosomensatz (1n), so beim Gametophyten u. bei Gameten

Helophyt u. Hydrophyt *(helophyton et hydrophyton)* Sumpf- u. Wasserpflanze (Lebensform: oberste Erneuerungsknospe bei der Überwinterung im Schlamm bzw. unter der Wasseroberfläche)

Hemikryptophyt *(hemicryptophyton)* Erdschürfepflanze (Lebensform: oberste Erneuerungsknospe bei der Überwinterung in Höhe der Bodenoberfläche)

Herba Droge: Kraut; meist ohne, bisweilen mit Wurzel, selten ohne Hauptsproß

Heterophyllie *(heterophyllia)* verschieden gestaltete Blätter bei unterschiedlicher Insertionshöhe am Sproß

heterospor *(heterosporus)* verschieden große Sporen; größere bilden ♀-, kleinere ♂-Vorkeime

Hilum s. Samennabel

Hochblatt Blatt mit oft vereinfachter Form zwischen normal entwickelten Laubblättern u. Blüte, gelegentlich gefärbt

Honigblatt verschieden gestaltetes, oft kronblattartiges Blatt mit Nektarien

Hüllblatt *(bractea, squama)* verschieden gestaltetes Tragblatt des gesamten od. eines Teiles des Blütenstandes; Tragblatt der Einzelblüte einer einfachen Dolde; Blätter des Hüllkelches

Hüllchen *(involucellum)* Gesamtheit der Hüllchenblätter eines Döldchens

Hüllchenblatt *(bracteola)* Tragblatt der Einzelblüte eines Döldchens

Hülle *(involucrum)* Gesamtheit der Hüllblätter

Hüllkelch *(involucrum)* Hüllblätter des Blütenstandes

Hüllspelze *(gluma)* schuppenförmiges Blatt an der Basis eines Ährchens, ohne Blüte in der Achsel, s. Taf. V

Hülse *(legumen)* aus 1 Fruchtblatt hervorgegangene Streufrucht, sich an Bauch- u. Rückennaht öffnend

Hypanthium s. Achsenbecher

hypogyn *(hypogynus)* unterhalb der Fruchtblätter

Hypokotyl *(hypocotylus)* s. Keimstengel

Indumenthaar *(indumentum)* Haarkleid

Indusium verschieden gestaltetes, einen Sorus ±bedeckendes od. umgebendes Häutchen

Infloreszens *(inflorescentia)* Blütenstand, s. Taf. V

Insektivore *(planta insectivora)* tierisches Eiweiß (u. a. Eiweiß von Insekten) verdauende Pflanze

Integument *(integumentum)* äußere Gewebeschichten der Samenanlage

Internodium s. Stengelglied

Involucrum s. Hülle, Hüllkelch

isopor *(isosporus)* gleich große Sporen

Kätzchen *(amentum)* ährenähnliche, nach der Blütezeit als Ganzes abgeworfene Blütenstände

kampylotrop *(campylotropus)* Samenanlage, s. Taf. II

Kapsel *(capsula)* aus 2 u. mehr verwachsenen Fruchtblättern gebildete Streufrucht

Karyopse *(caryopsis)* nußartige, 1samige Schließfrucht mit Verwachsung von Samenschale mit Fruchtwand bei oberständigem Fruchtknoten

Keimblatt *(cotyledon)* wenig differenziertes Blatt des 1. Knotens oberhalb des Hypokotyls

Keimstengel Hypokotyl *(hypocotylus)* Stengel zwischen Wurzelhals u. Keimblättern

Kelch *(calyx)* s. Taf. I

Kelchblatt Sepale *(sepalum)* s. Taf. I

Kernfrucht *(pomum)* Schließfrucht mit pergament- od. steinartigen, von fleischiger Blütenachse umgebenden Fruchtblättern

Klause *(nucula)* 1samige Teilfrucht eines 4samigen, 2blättrigen Fruchtknotens (kombinierte Spalt- u. Bruchfrucht)

kleistogam *(cleistogamus)* geschlossenblütig, Bestäubung bei geschlossener Blüte

Knolle *(tuber)* kugel- od. spindelförmig verdickte Speicherorgane (Sproß, Wurzel)

Knoten *(nodus)* Blattansatzstelle des Sprosses, gelegentlich verdickt

Köpfchen *(capitulum)* s. Taf. V

Körbchen *(calathium)* s. Taf. V

Kolben *(spadix)* s. Taf. V

Kommissuralnarbe, -rippe Narbe bzw. Rippe an dem Verwachsungs- od. Einwachsungsrand *(commissura)* der Fruchtblätter bei synkarpen Fruchtknoten

Konnektiv *(connectivum)* Mittelband, s. Taf. I

Kreis *(cyclus)* Blattwirtel der Blüte (z. B. Kelchblattkreis, Staubblattkreis etc.)
kreuzgegenständig *(decussati-oppositus, decussatus)* gegenständige, von Knoten zu Knoten um 90° wechselnde Blattstellung
Kronblatt Petale *(petalum)* s. Taf. I
Krone Corolle *(corolla)* s. Taf. I
Leitbündel *(mestoma)* Gewebe zur Leitung von Wasser u. gelösten Stoffen, umfaßt Sieb- u. Gefäßteil, entweder offen (teilungsfähiges Gewebe zwischen beiden Teilen) od. geschlossen (ohne teilungsfähiges Gewebe)
Lenticelle *(lenticella)* Korkwarze; mikroskopisch, später makroskopisch sichtbare, meist erhabene, poren- od. rißartige, Korkzellen abgliedernde Differenzierung der Rinde
Liane Kletterpflanze im weiten Sinne (Lebensform bei verholzten ausdauernden Lianen: *Phanerophyton scandentium*)
Lignum Droge: Holz, bisweilen nur Kernholz
Ligula s. Blatthäutchen
lokulizid *(loculicidus)* s. fachspaltig
Lodikula *(lodicula)* s. Schwellkörper
Lycopodium Droge: Sporen von *Lycopodium* spp.
Makrophyll *(macrophyllum)* hier: großes, nicht schuppenförmig differenziertes Laubblatt
Makrosporangium *(macrosporangium)* Sporangium mit Makrosporen
Makrospore *(macrospora)* relativ große, einen ♀-Vorkeim bildende Spore
Manna Droge: an der Luft eingetrockneter Rindensaft von *Fraxinus ornus*
Medianebene gemeinsame Ebene von Abstammungsachse, Tragblatt u. Seitenorgan
Mesophanerophyt u. Megaphanerophyt *(mesophanerophyton et megaphanerophyton)* Luftpflanze 8,00 bis über 30,00 m hoch [Lebensform: oberste Erneuerungsknospe bei der Überwinterung zwischen 8–30 m (Meso-) bzw. über 30 m (Megaphanerophyt) über der Bodenoberfläche]
Mikrophanerophyt *(microphanerophyton)* Luftpflanze 2,00–8,00 m hoch (Lebensform: oberste Erneuerungsknospe bei der Überwinterung zwischen 2–8 m über der Bodenoberfläche)
Mikrosporangium *(microsporangium)* Sporangium mit Mikrosporen
Mikrospore *(microspora)* relativ kleine Spore, ♂-Vorkeim bildend
Mittelband Konnektiv *(connectivum)* s. Taf. I
mittelständig *(perigynus)* umständig, s. Taf. I
Monochasium s. Taf. V
monözisch *(monoicus)* s. einhäusig
Mutante Organismus od. Sippe mit erbkonstanter (sprunghaft aufgetretener) morphologischer od. physiologischer Abänderung
Nabel *(hilum)* s. Samennabel
Nagel *(unguis)* stielförmige Verjüngung der Kronblattbasis

Nanophanerophyt *(nanophanerophyton)* Luftpflanze 0,25–2,00 m hoch (Lebensform: oberste Erneuerungsknospe bei der Überwinterung 0,25–2,00 m über der Bodenoberfläche)
Narbe *(stigma)* s. Taf. I
Nebenblättchen *(stipella)* nebenblattartige Differenzierung des Blättchengrundes, s. Taf. III
Nebenblatt *(stipula)* blattförmige Differenzierung des Blattgrundes, s. Taf. III
Nebenkrone *(paracorolla)* kronblattartige Differenzierungen bzw. Anhangsgebilde innerhalb der Blüte (u. a. von Staub- od. Kronblättern aus gebildet)
Nektarium *(nectarium)* Nektar absonderndes Gewebe
Nervatur *(nervatio)* Leitbündelanordnung; Leitbündel
Niederblatt *(cataphyllum)* schuppenförmiges, nur gering differenziertes Blatt an Rhizomen, Sproßknollen, Ausläufern, Knospen etc.
Nodus s. Knoten
Nuß *(nux)* Schließfrucht mit vollständig verholzter Fruchtwand
oberständig z. B. Fruchtknoten (s. Taf. I), hierbei Perianth hypogyn
Ochrea röhren- od. tütenförmige, stengelumgebende Verwachsung von 2 Nebenblättern
Oleum Droge: fettes od. ätherisches Öl
Opium Droge: nachbehandelter, geronnener Milchsaft von *Papaver somniferum*
orthotrop *(orthotropus)* aufrecht
Pappus haar- od. borstenförmige Differenzierungen an Stelle des Kelches, so bei *Compositae*
Perianth *(perianthium)* Blütenhülle aus Kelch u. Krone, s. Taf. I
Perigon *(perigonium)* gleichförmige Blütenhülle ohne od. ohne deutliche Differenzierung in Kelch u. Krone
Perigonblatt Tepale *(tepalum)*
perigyn *(perigynus)* die Fruchtblätter umgebend
Petale *(petalum)* Kronblatt, s. Taf. I
Phyllodium blattartig verbreiterter Blattstiel, meist ohne Blattspreite
Platte *(lamina petali)* spreitenförmiger oberer Teil eines Kronblattes
Placenta Droge: Preßrückstände von Samen
Plazenta *(placenta)* s. Samenleiste, Samenträger, s. Taf. II
Plazentation *(placentatio)* Anordnung der Plazenten auf dem Fruchtblatt bzw. im Fruchtknoten, s. Taf. II
Pleiochasium Trugdolde, s. Taf. V
pollakanth *(pollacanthus)* mehrmals blühend u. fruchtend
Pollen s. Blütenstaub
Pollensack *(saccus antherae)* Mikrosporangium der Anthere, s. Taf. I
Pollinium verklebte Pollenmasse einer Theka
polygam-diözisch *(polygamus-dioicus)* Pflanzen zwittrig, männlich od. weiblich
polyploid *(polyploideus)* mit vervielfachtem Chromosomensatz

Porenkapsel sich mit Poren öffnende, aus 2 od. mehr Fruchtblättern gebildete Streufrucht

proterandrisch *(proterandrus, protandrus)* Reife u. Aufspringen der Staubbeutel vor der Vollentwicklung (Empfängnisfähigkeit) der Narbe

proterogyn *(proterogynus, protogynus)* Empfängnisfähigkeit der Narbe vor dem Aufspringen der Staubbeutel

Radix Droge: Wurzel, bisweilen aber auch einschließlich Wurzelstock od. nur Wurzelstock

Rhachilla Achse eines Ährchens

Rhachis Spindel, Achse, s. Blattspindel

radiärsymmetrisch *(actinomorphus)* Blüte mit mehr als 2 Symmetrieebenen

Resina Droge: Harz

Rhizom *(rhizoma)* s. Wurzelstock

Rhizoma Droge: Wurzelstock, bisweilen mit Wurzeln, selten nur Wurzeln

Rispe *(panicula)* s. Taf. V

Rostellum nicht empfängnisfähiger, umgewandelter, unpaarer Narbenlappen der *Orchidaceae*

Rückennaht *(sutura dorsalis)* Mittelnerv des Fruchtblattes

Same *(semen)* aus der Samenanlage entstandene Verbreitungseinheit

Samenanlage *(ovulum)* umhülltes Makrosporangium der Samenpflanzen, Makrospore, ♀-Vorkeim u. Eizelle enthaltend; s. Taf. II

Samenanlagenstiel Funikulus *(funiculus)* stielförmiger unterer Teil der Samenanlage

Samenmantel *(arillus)* fleischige, den Samen ± umhüllende Gewebewucherung

Samennabel *(hilum)* Abbruchstelle des Funikulus am Samen

Samenschale *(testa)* äußere, den Samen umhüllende, aus den Integumenten der Samenanlage hervorgehende Gewebeschichten

Samenleiste, Samenträger, Plazenta *(placenta)* Samenanlagen tragende Gewebehöcker od. -leisten des Fruchtblattes

Sammelfrucht *(syncarpium)* bei der Reife sich als Ganzes ablösende, aus einem apokarpen Gynaeceum hervorgehende Frucht

Schaft *(scapus)* s. Blütenschaft

Scheidewand *(septum)* Trennwand innerhalb eines synkarpen Fruchtknotens (echte Scheidewände durch Einfalten u. Verwachsen der Fruchtblattränder entstehend)

Scheinbeere z. B. fleischiger Fruchtstand bei *Morus* spp.

Scheindolde doldenartiger Blütenstand, so Doldentraube, Doldenrispe, s. Taf. V

Scheinfrucht Fruchtbildung unter Einbeziehung von Blütenteilen (z. B. Rezeptakulum) aus der Umgebung des Fruchtknotens

Schiffchen *(carina)* 2 untere, zusammen schiffchenähnliche Kronblätter der Schmetterlingsblüte

Schließfrucht *(fructus indehiscens)* sich nicht öffnende Frucht (ganze Frucht od. Teile der Frucht dienen als Verbreitungseinheit)
Schmetterlingsblüte *(flos papilionaceus)* zygomorphe Blüte mit 5 Kronblättern (1 Fahne, 2 Flügel u. 2 Schiffchenblätter)
Schnäbelchen *(rostellum)* s. Rostellum
Schötchen *(silicula)* sich durch Abgliederung von 2 Klappen öffnende, aus einem 2blättrigen Fruchtknoten entstandene Streufrucht, Plazenten verbleiben beim Öffnen auf einem Rahmen *(replum)*, Frucht < 3mal so lang wie breit
Schote *(siliqua)* ebenso wie Schötchen, aber Frucht > 3mal so lang wie breit
Schraubel *(bostryx)* s. Taf. V
Schwellkörper *(lodicula)* kleines, schuppenförmiges, schwellfähiges Organ der *Gramineae*-Blüte
Semen Droge: Samen, selten Früchte, bisweilen geschält
septizid *(septicidus)* s. wandspaltig
septifrag *(septifragilis)* s. wandbrüchig
Sklerenchym *(sclerenchyma)* Festigungsgewebe aus meist langgestreckten Zellen mit verdickten Zellwänden
sommerannuell s. einjährig
Sorus s. Sporangienhäufchen
Spalierstrauch Holzpflanze mit dem Erdboden aufliegenden bzw. unmittelbar über dem Erdboden ausgebreiteten Stämmen u. Zweigen (Lebensform: *chamaephyton velantium)*
Spaltfrucht *(schizocarpium)* Schließfrucht mit Abtrennen 1samiger Teilstücke durch Spaltung der Verwachsungsnaht der Fruchtblätter
Spaltkapsel sich durch Längsspalt (wand- od. fachspaltig) öffnende, aus 2 od. mehr Fruchtblättern gebildete Streufrucht
Spatha s. Blütenscheide
Spelze *(gluma, lemma, palea)* schuppenförmiges, später trockenes Blatt der Blütenstände der *Gramineae* u. *Cyperaceae*
Spirre *(anthela)* s. Taf. V
Sporangienhäufchen *(sorus)* mehrere Sporangien auf gemeinsamer Plazenta
Sporangium s. Sporenkapsel
Spore *(spora)* hier: haploide, einzellige u. einkernige Verbreitungseinheit (später den ♂- od. ♀-Vorkeim bildend)
Sporenblatt *(sporophyllum)* sporangientragendes Blatt
Sporenfrucht *(sporocarpium)* kapselartiger Behälter mit Sporangien u. Sporen
Sporenkapsel *(sporangium)* bisweilen kapselartiger Behälter, in dem Sporen gebildet werden
Sporokarpium *(sporocarpium)* s. Sporenfrucht
Sporophyll *(sporophyllum)* sporangientragendes Blatt
Sporophyt *(sporophyton)* sporenbildende Pflanze

Spreublatt *(bractea receptaculi)* schuppenförmiges od. borstiges Tragblatt des Blütenstandsbodens

Sproß Grundorgan mit Blättern, kollateralen, seltener konzentrischen Leitbündeln u. einem durch Blattanlagen bzw. Blätter geschützten Vegetationskegel

Stachel *(aculeus)* pfriemförmiger, oft verholzter Auswuchs der Epidermis

Staminodium steriles, reduziertes od. umgewandeltes Staubblatt

Stamm *(truncus)* mehrjähriger, verholzter Sproß mit Dickenwachstum

Staubbeutel Anthere *(anthera)* s. Taf. I

Staubblatt *(stamen)* s. Taf. I

Staubblattformation *(androecium)* Gesamtheit der Staubblätter einer Blüte, s. Taf. I

Staubfaden Filament *(filamentum)* s. Taf. I

Staude *(herba perennis)* krautige u. ausdauernde (mehr als 2jährige), in mehreren Vegetationsperioden blühende Pflanze

Steinfrucht *(drupa)* Schließfrucht mit innen verholzter u. in den äußeren Teilen fleischiger Fruchtwand

Stempel Pistill *(pistillum)* s. Taf. I

Stengel *(caulis)* krautiger, einjähriger Sproß

Stengelglied *(internodium)* Sproßabschnitt zwischen 2 Knoten

Stigmata Droge: Narben

Stipites Droge: laubblattlose Stengelstücke od. Stiele, bzw. stengelähnliche Thallusteile

Stipella s. Nebenblättchen

Stolon *(stolo)* s. Ausläufer

Streufrucht *(fructus dehiscens)* sich öffnende Frucht (Samen dienen als Verbreitungseinheit)

Strobuli Droge: Strobuli Lupuli, ♀-Blütenstände von *Humulus lupulus*

submers *(submersus)* untergetaucht, unter der Wasseroberfläche

Summitates Droge: jüngste Zweigspitzen

sympetal *(sympetalus)* s. verwachsenkronblättrig

synkarp *(syncarpus)* s. verwachsenfruchtblättrig

Tepale *(tepalum)* Perigonblatt

Terebinthina Droge: Terpentin (Harz + Terpentinöl) verschiedener *Coniferae*

terminal *(terminalis)* endständig

Testa s. Samenschale

Thallus sproß-, blatt- u. wurzelloser, oft flacher Gewebekörper niederer Pflanzen

Theka *(theca)* 2 Pollensäcke umfassende Hälfte einer normalen Anthere

Therophyt *(therophyton)* Einjährige (Lebensform: Überwinterung nur durch Samen od. Früchte)

Tragblatt Braktee *(bractea)* Blatt mit einer Seitensproßdifferenzierung in der Achsel

Transversalebene senkrecht zur Medianebene orientierte Ebene, in der Regel durch Mittelpunkt eines Seitenorgans verlaufend

Traube *(racemus)* s. Taf. V
Trophophyll *(trophophyllum)* nicht sporangientragendes Blatt
Trugdolde *(pleiochasium)* s. Taf. V
Tubera Droge: Knollen
Tüte s. Ochrea
Turgor Innendruck einer Zelle
Turio sich in der Regel ablösende Winterknospe der Wasserpflanzen
Turiones Droge: junge Sproßspitzen
umgewendet(e Samenanlage) anatrop *(anatropus)* s. Taf. II
unterständig z. B. Fruchtknoten (s. Taf. I), hierbei Perianth epigyn
Utriculus s. Fruchtschlauch
verwachsenfruchtblättrig synkarp *(syncarpus)* s. Taf. II
verwachsenkronblättrig sympetal *(sympetalus)* Kronblätter ±hoch miteinander verwachsen
Vorblatt *(prophyllum, bracteola)* meist kleine, schuppenförmige, seltener größere Blätter, erste Blattbildungen an Seitenorganen des Sprosses
Vorspelze *(palea, palea superior)* schuppenförmiges od. häutiges aus 2 verwachsenen Blättern (Vorblätter od. als Blütenhüllblätter gedeutet) entstandenes Blatt der Gräserblüte
wandbrüchig *(septifragilis)* Zerbrechen der Zwischenwände einer aus mehreren Fruchtblättern gebildeten Frucht
wandspaltig septizid *(septicidus)* Längsaufspaltung der Zwischenwände einer aus mehreren Fruchtblättern gebildeten Frucht
wechselständig *(alternatus)* spiralige Anordnung der Blätter am Sproß (an jedem Knoten nur 1 Blatt)
Wickel *(concinnus)* s. Taf. V
winterannuell s. einjährig
Wirtel *(verticillus)* Ring von Organen auf gleicher Höhe
wirtelig s. Wirtel
Wurzel *(radix)* Grundorgan ohne Blätter, mit radialem Leitbündel (vor Einsetzen des sek. Dickenwachstums) u. einem durch ein eigenes Gewebe (Kalyptra) geschützten Vegetationskegel
Wurzelsproß *(soboles)* aus einer Wurzel entstandener Sproß
Wurzelstock Rhizom *(rhizoma)* unterirdischer, meist horizontal wachsender u. verdickter Speichersproß mit sehr kurzen Internodien u. schuppenförmigen Niederblättern
zählig Anzahl der Blätter in den einzelnen Wirteln der Blüte, z. B. 5: pentamer *(pentamerus)*; Anzahl der Blättchen bei zusammengesetzten Blättern
Zapfen *(strobilus, conus)* ährenförmige Blüten- bzw. Fruchtstände, Achse u. Tragblätter nach der Blüte verholzend (vergl. Beerenzapfen)
zweihäusig diözisch *(dioicus)* Androeceum u. Gynaeceum auf verschiedenen Pflanzen
zweijährig *(biennis)* Pflanze im Frühjahr od. Frühsommer keimend, im 1. Jahr nur mit Laubblättern, in der folgenden Vegetationsperiode blühend, fruchtend u. absterbend

Zwiebel *(bulbus)* Speicherorgan aus kurzer, verdickter Sproßachse (Zwiebelkuchen) mit schuppenförmigen, verdickten, rosettenförmig angeordneten Blättern

zygomorph *(zygomorphus)* Blüte mit 1 Symmetrieebene; Symmetrieebene in der Medianebene: dorsiventral *(dorsiventralis)*

zyklisch *(cyclicus)* wirtelige Blattstellung in den Blütenkreisen; Anzahl der Kreise einer Blüte, z. B. 5: pentazyklisch *(pentacyclicus)*

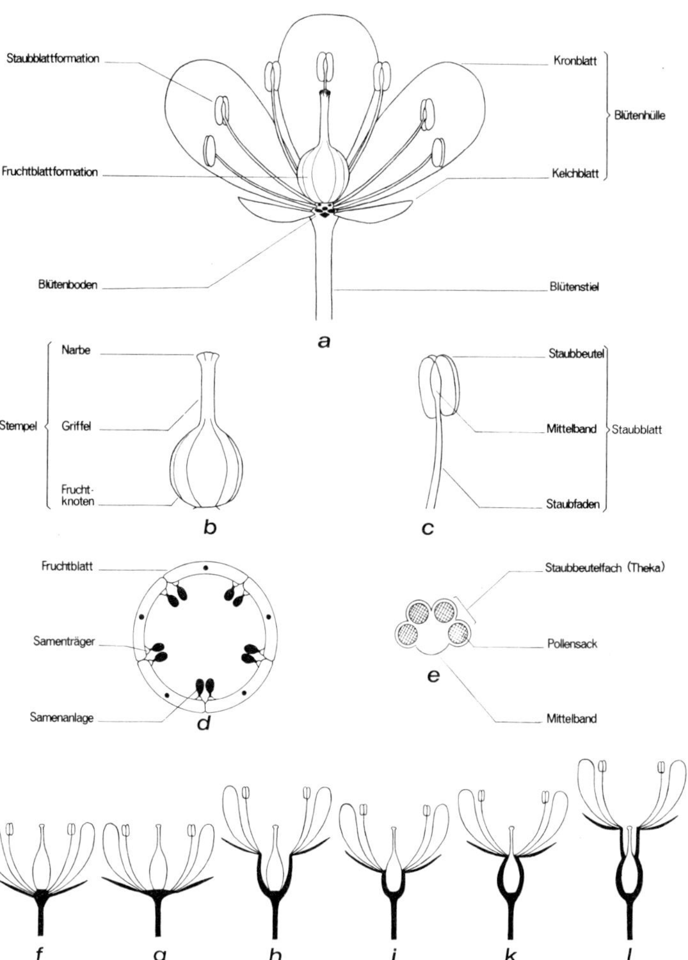

Tafel I. Schema der Angiospermen-Blüte. *a* Blüte (pentazyklisch, pentamer; vordere Glieder entfernt); *b* Stempel, Seitenansicht; *c* Staubblatt, Rückenansicht; *d* Fruchtknoten, quer; *e* Staubbeutel, quer; *f* Fruchtknoten oberständig, Blh. unterständig (hypogyn); *g* Fruchtknoten oberständig, Blh. umständig (perigyn); *h* Fruchtknoten oberständig (mittelständig), Blh. umständig (perigyn); *i* Fruchtknoten halb-unterständig, Blh. halb-oberständig; *k* Fruchtknoten unterständig, Blh. oberständig (epigyn); *l* Fruchtknoten unterständig, Blh. oberständig, Ausbildung eines röhrenförmigen Achsenbechers (Hypanthium).

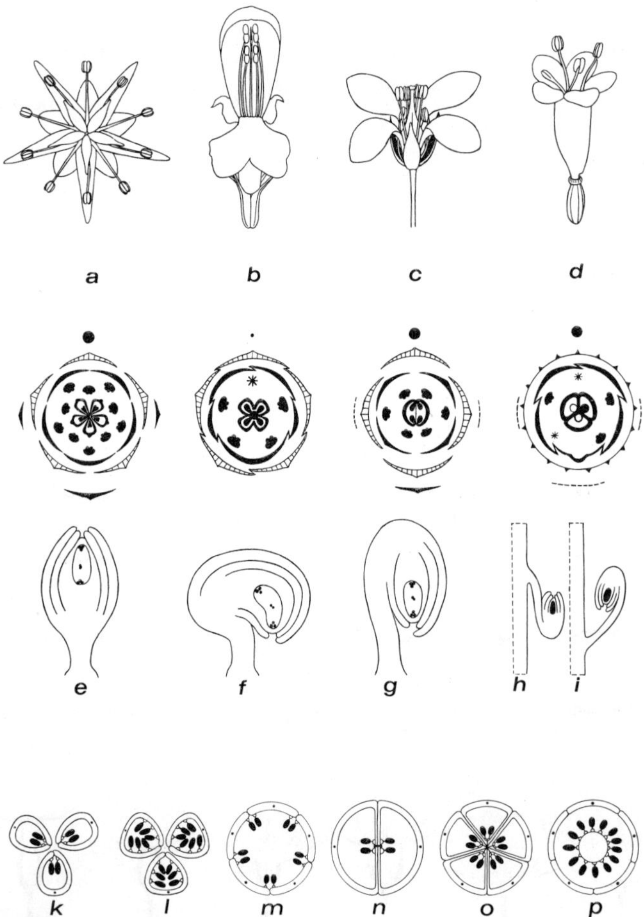

Tafel II. *a—d* Blütensymmetrie (*a* Blüte aktinomorph; *b* Blüte zygomorph; *c* Blüte disymmetrisch, Krone aktinomorph; *d* Blüte unsymmetrisch, Krone zygomorph); *e—i* Samenanlagen, Längsschnitte (*e* aufrecht [atrop]; *f* gekrümmt [kampylotrop]; *g* umgewendet [anatrop]; *h* hängend, mit ventraler Raphe; *i* aufsteigend, mit dorsaler Raphe), *k—p* Fruchtknoten-Querschnitte (Verwachsungsart der Frb.: *k* u. *l* Frkn. apokarp; *m—p* Frkn. synkarp i. w. S.; *m* Frkn. parakarp, *n—o* Frkn. synkarp i. e. S.; Stellung der Samenanlagen am einzelnen Frb.: *l* flächenständig [laminal]; *k, m—o* randständig [marginal]; Stellung der Samenanlagen im gesamten synkarpen Frkn.: *m* wandständig [parietal]; *n—p* mittelständig [zentral]; *n* scheidewandständig; *o* zentralwinkelständig; *p* zentralständig unter Fortfall der Verwachsungswände der Frb.).

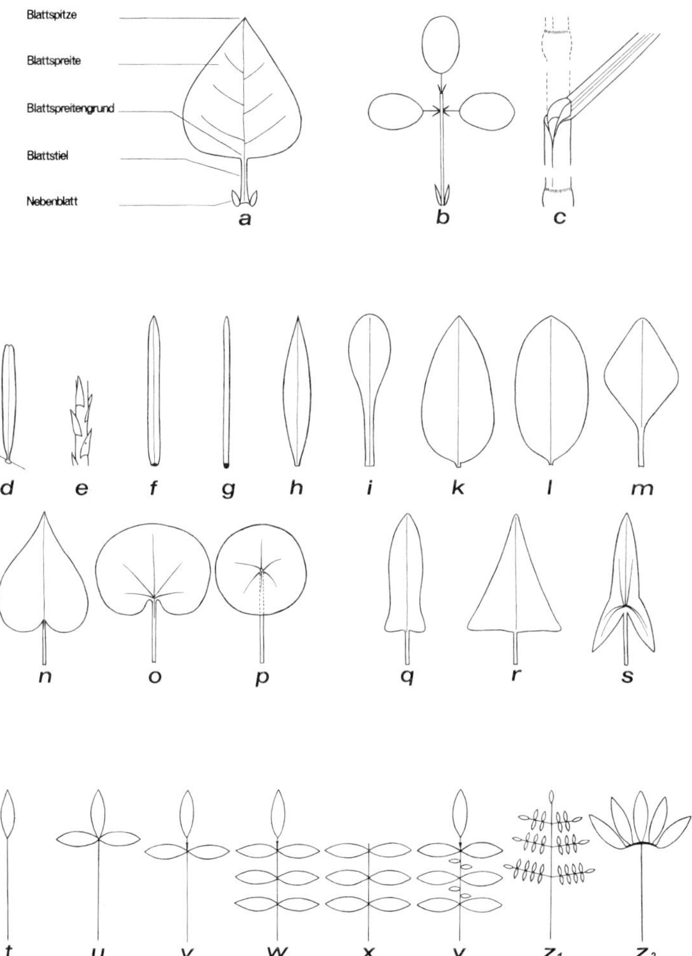

Tafel III. Schema der wichtigsten Blattformen. *a* Gliederung des Laubblattes; *b* gefiedertes Blatt mit Nebenblättchen u. Nebenblättern; *c* linealisches Blatt mit Scheide u. Blatthäutchen; *d* nadelförmig, *e* schuppenförmig; *f* linealisch; *g* binsenförmig; *h* lanzettlich; *i* spatelförmig; *k* eiförmig; *l* elliptisch; *m* rautenförmig; *n* herzförmig; *o* nierenförmig; *p* schildförmig, kreisrund; *q* spießförmig; *r* dreieckig; *s* pfeilförmig; *t* einfach; *u*–*z* zusammengesetzt (*u* gefingert, 3zählig; *v* unpaarig einfach gefiedert, 3zählig; *w* unpaarig einfach gefiedert, 7zählig; *x* paarig gefiedert, 6zählig; *y* unpaarig unterbrochen einfach gefiedert; z_1 unpaarig doppelt gefiedert; z_2 fußförmig).

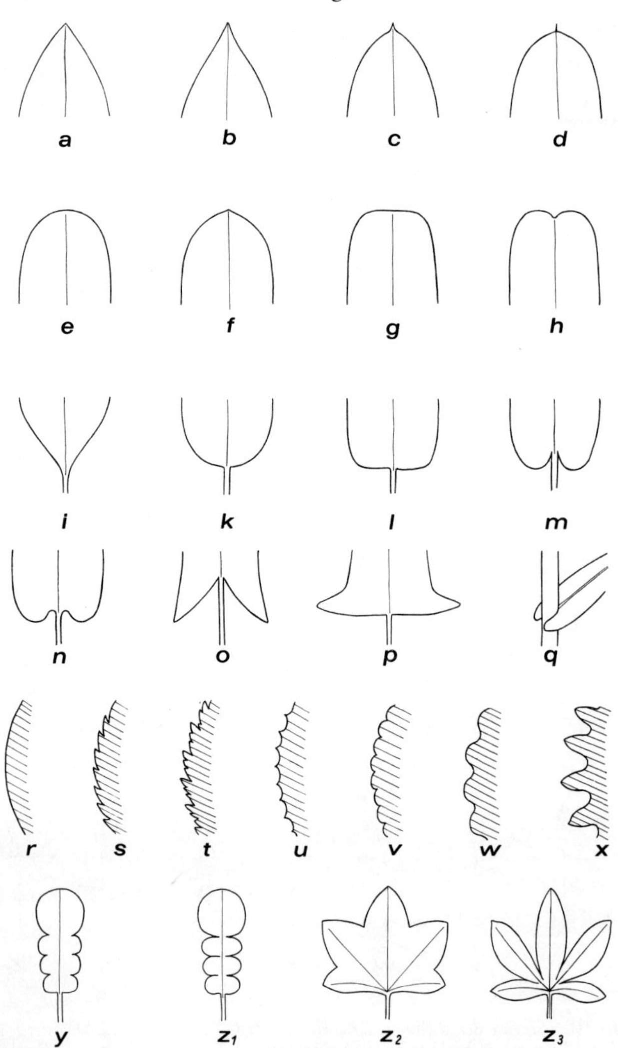

Tafel IV. *a–h* Blattspitze (*a* spitz; *b* zugespitzt; *c* aufgesetzte Spitze; *d* stachelspitzig; *e* rund, *f* stumpf; *g* gestutzt; *h* ausgerandet); *i–q* Blattspreitengrund (*i* keilförmig; *k* rund; *l* gestutzt; *m* herzförmig; *n* nierenförmig; *o* pfeilförmig; *p* spießförmig; *q* geöhrt); *r*–z_3 Blattrand (*r* ganzrandig; *s* einfach gesägt; *t* doppelt-gesägt; *u* gezähnt; *v* gekerbt; *w* gebuchtet; *x* schrotsägeförmig; *y* fiederspaltig; z_1 fiederteilig; z_2 handförmig-gelappt; z_3 handförmig-geteilt).

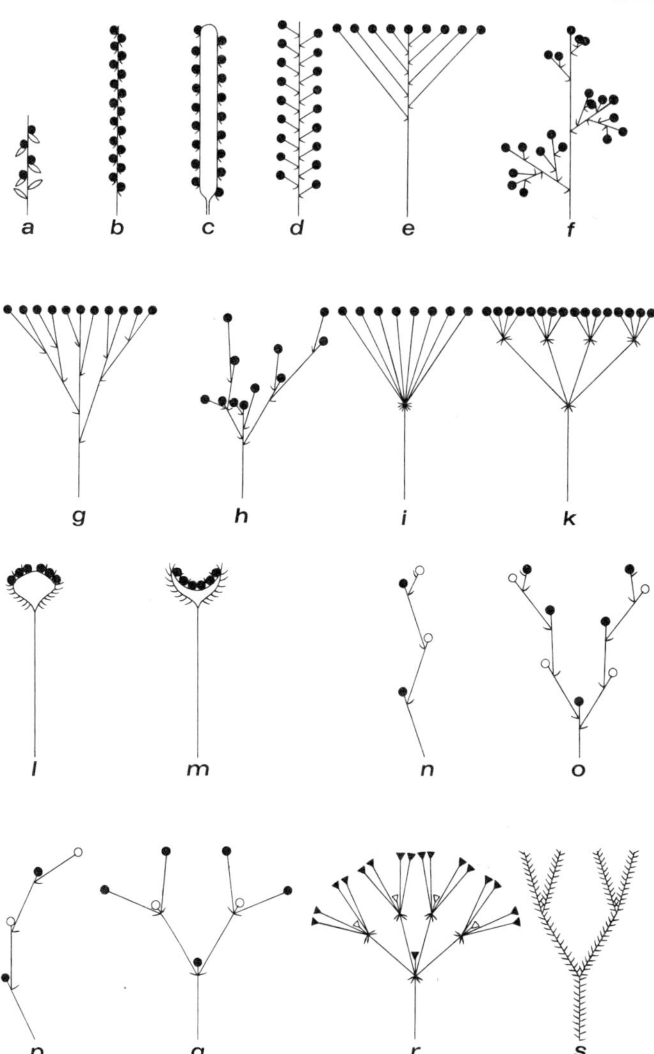

Tafel V. Schema der wichtigsten Blütenstände. *a* Ährchen; *b* Ähre; *c* Kolben; *d* Traube; *e* Schirmtraube; *f* Rispe; *g* Schirmrispe; *h* Spirre; *i* einfache, Dolde; *k* zusammengesetzte Dolde; *l* Köpfchen; *m* Körbchen; *n* Monochasium, Wickel; *o* Monochasium, Doppelwickel; *p* Monochasium, Schraubel; *q* Dichasium; *r* Pleiochasium, Trugdolde, jedes Dreieck = Cyathium (s. Fachausdrücke); *s* Gabelung, Dichotomie.

B. Quellenverzeichnis der Abbildungsvorlagen

Arènes, J. 1950: Monographie du Genre *Arctium* L. Bull. Jard. Bot. Bruxelles **20,** 67–156.

Babcock, E.B. 1947: The Genus Crepis. Part I and II. Univ. Calif. Publ. Bot. **21, 22.** Berkeley and Los Angeles.

Baroni, E. 1955: Guida botanica d'Italia. 3. ed. Bologna.

Beck von Mannagetta, G. 1890: Monographie der Gattung *Orobanche.* Bibliotheca Botanica **4** (Heft 19), 1–275. Cassel.

Blumen-Fibel 1956: Auszug von Tafeln von E.M. Felsko aus H. Reimers: Blumen-Atlas. Bd. 1. Berlin-Grunewald.

Bonnier, G. 1911–1935: Flore complète illustrée en couleurs de France, Suisse et Belgique. Bd. 1–12. Neuchâtel, Paris, Bruxelles.

Britton, J. 1882: Journ. of. Bot. **20.** 1. t. 225.

Caro, J.A. 1961: Las especies de *Cotula (Compositae)* del centro de la Republica Argentina. Kurtziana **1,** 289–298.

Clapham, A.R., T.G. Tutin and E.F. Warburg 1962: Flora of the British Isles. 2nd ed. Cambridge.

Dalla Torre, K.W. v. 1882–1884: Atlas der Alpenflora. Bd. 1–4, Textb. Wien.

Dietrich, A. 1833–1844: Flora regni Borussici. Flora des Königreichs Preußen. Berlin.

Engler, A. (1937) 1956: Das Pflanzenreich. IV. **269.** R. Pilger: *Plantaginaceae.* Stuttgart.

– (u. L. Diels) 1936: Syllabus der Pflanzenfamilien. 11. Aufl. bearb. von L. Diels. Berlin.

– , u. K. Prantl 1887: Die natürlichen Pflanzenfamilien. II. Teil, 2. Abt. E. Hackel: *Gramineae.* Leipzig.

– , u. K. Prantl 1895: Die natürlichen Pflanzenfamilien. IV. Teil, 3. Abt. b. H. Harms u. C. Reiche: *Plantaginaceae,* F. Kamienski: *Lentibulariaceae,* R. v. Wettstein: *Scrophulariaceae.* Leipzig.

Fitschen, J. 1930: Handbuch der Nadelholzkunde. 3. Aufl. von Beissners Nadelholzkunde. Berlin.

Garcke, A. 1922: Illustrierte Flora von Deutschland. 22. Aufl. herausgegeben von F. Niedenzu. Berlin.

Glück, H. 1906: Biologische und morphologische Untersuchungen über Wasser- und Sumpfgewächse. 2. Teil: Untersuchungen über die mitteleuropäischen *Utricularia*-Arten, über die Turionenbildung bei Wasserpflanzen, sowie über *Ceratophyllum.* Jena.

– 1936: Pteridophyten und Phanerogamen. in A. Pascher: Die Süßwasser-Flora Mitteleuropas. Heft 15. Jena.

Grebenščikov, I. 1950: Zur Kenntnis der Kürbisart *Cucurbita pepo* L. nebst einigen Angaben über Ölkürbis. Der Züchter **20,** 194–207.

Hagerup, O., and V. Petersson 1956, 1959: A botanical atlas. Copenhagen.

Handel-Mazzetti, H. v. 1907: Monographie der Gattung *Taraxacum.* Leipzig u. Wien.

Hegi, G. 1906–1931: Illustrierte Flora von Mittel-Europa. Bd. 1–7. München.

– 1935, 1939: Illustrierte Flora von Mittel-Europa. Bd. 1–2. 2. Aufl. München.

– 1957 ff.: Illustrierte Flora von Mittel-Europa. 2. u. 3. Aufl. München.

HEINE, H. 1962: *Echinocystis lobata* (Michx.) Torr. et Gray, ein bemerkenswerter Neophyt des Rhein-Neckar-Gebiets. Hess. Flor. Briefe **11**, 37–48.

HITCHCOCK, A.S. 1950: Manual of the Grasses of the United States. US Dep. Agric., Misc. Publ. No. **200**. Washington.

HUBBARD, C.E. 1959 (1954): Grasses. Penguin Books A 295. Harmondsworth.

– 1968: Grasses. 2nd ed. Penguin Books A 295. Harmondsworth, Baltimore, Ringwood.

KIRCHNER, O. von, E. LOEW u. C. SCHRÖTER 1936: Lebensgeschichte der Blütenpflanzen Mitteleuropas. Bd. 1, Abt. 4 *Orchidaceae,* bearb. von H. ZIEGENSPECK. Stuttgart.

KLAPP, E. 1965: Taschenbuch der Gräser. 9. Aufl. Berlin u. Hamburg.

KOCH, W. 1928: Studien über kritische Schweizerpflanzen I. 1. *Plantago intermedia* Gilibert, eine in der Neuzeit verkannte Art. Ber. Schweiz. Bot. Ges. **37**, 44–61.

KÖNIG, D. 1960: Beiträge zur Kenntnis der deutschen Salicornien. Mitt. Flor.-soz. Arbeitsgemeinschaft N.F. **8**, 5–58.

KOMAROV, V.L. 1934–1946: флора СССР (Flora URSS). Bd. 1–12. Moskau-Leningrad.

KRÄUSEL, R., H. MERXMÜLLER u. H. NOTHDURFT 1960: Mitteleuropäische Pflanzenwelt. Sträucher und Bäume. Hamburg.

KYNČLOVÁ, M. 1970: Comparative Morphology of Achenes of the Tribe *Anthemideae* Cass. (Family *Asteraceae*) and Its Taxonomic Significance. Preslia (Praha) **42**, 33–53.

LID, J. 1952: Norsk Flora. 2. Aufl. Oslo.

LINDMAN, C.A.M. 1926: Svensk Fanerogamflora. Andra uppl. Stockholm.

MEISTER, FR. 1900: Beiträge zur Kenntnis der europäischen Arten von *Utricularia.* Mém. de l'Herbier Boissier No. **12**, 1–40.

MEUSEL, H. 1938: Über das Vorkommen des Schmalblättrigen Federgrases, *Stipa stenophylla* Čern., im nördlichen Harzvorland. Hercynia **1**, 285–308.

MEYER, W. 1947: 102 Bildleisten zum Bestimmen der 1221 Wildpflanzen von Nordwest-Deutschland. Bremen.

MÜLLER, W., u. F.O. PILLING 1891–1893: Deutsche Schulflora zum Gebrauch für die Schule und zum Selbstunterricht. 240 Taf. in Farbdr. u. erkl. Text. [Braunschweig].

NELSON, E. 1931: Die Orchideen Deutschlands und der angrenzenden Gebiete. Text: H. FISCHER. München.

POTONIÉ, H. 1923: Taschenatlas zur Flora von Nord- und Mitteldeutschland. 7. Aufl. Jena.

REICHENBACH, H.G.L. 1834–1913: Icones Florae Germanicae. Bd. 1–25. nach 1885 fortges. von F.G. KOHL u. G. BECK von MANNAGETTA. Leipzig.

ROSS-CRAIG, S. 1951 ff.: Drawings of British Plants. London.

ROTHMALER, W. 1959: Exkursionsflora von Deutschland. [Bd. III] Atlas der Gefäßpflanzen. Berlin.

– 1961: Exkursionsflora von Deutschland. [Bd. II] Gefäßpflanzen. 2. Aufl. Berlin.

– 1963: Exkursionsflora von Deutschland. [Bd. IV] Kritischer Ergänzungsband Gefäßpflanzen. Berlin.

SÁRKÁNY, S., u. G. BARANYAI 1958: Die Untersuchung der Arzneibaldriane in Ungarn. Acta Bot. Acad. Scient. Hungaricae **4**, 311–350.

SCHLECHTENDAL, D.F.L. von, L.E. LANGETHAL u. E. SCHENK 1880–1888: Flora von Deutschland. Bd. 1–30. 5. Aufl. bearb. von E. HALLIER. Gera-Untermhaus.

SCHMEIL, O. 1932: Leitfaden der Pflanzenkunde. 158. Aufl. Leipzig.

–, u. A. SEYBOLD 1940: Lehrbuch der Botanik. Bd. 1. 50. Aufl. Leipzig.

–, u. J. FRITSCHEN 1958: Flora von Deutschland. 67./68. Aufl. bearb. von H. VOERKEL u. G. MÜLLER. Jena.

SCHNEIDER, C.K. 1906–1912: Illustriertes Handbuch der Laubholzkunde. Bd. 1–2. Jena.

SCHWARZ, O. 1939: Die Gattung *Globularia*. Bot. Jahrb. **69**, 318–373.

SIHLER, M. 1961: Zur Gliederung der südwestdeutschen *Thymus*-Arten. Veröff. Bad.-Württ. Landesst. f. Naturschutz **27/28**.

SNEEP, IR. J. 1962: Spinat. In TH. ROEMER u. W. RUDORF: Handbuch der Pflanzenzüchtung. Bd. 6, 227–253. 2. Aufl. Berlin u. Hamburg.

STURM, J. 1900–1907: Flora von Deutschland. Bd. 1–15. 2. Aufl. Stuttgart.

SUESSENGUTH, K., u. H. MERXMÜLLER 1952: *Danthonia calycina* (Vill.) Rchb. in Bayern. Ber. Bayer. Bot. Ges. **29**, 82–86.

SVENSON, H.K. 1939: Monographic studies in the genus *Eleocharis*. Rhodora **41**, 1–19, 43–77, 90–110.

STRASBURGER, E., F. NOLL, H. SCHENK u. A.F.W. SCHIMPER 1958: Lehrbuch der Botanik. 27. Aufl. bearb. von R. HARDER, F. FIRBAS, W. SCHUMACHER, D. v. DENFFER. Stuttgart.

THOMÉ, [O.W.] 1903–1905: Flora von Deutschland, Österreich und der Schweiz. Bd. 1–4. 2. Aufl. Gera.

THOMMEN, E. 1945: Taschenatlas der Schweizer Flora. Basel.

VOLLMANN, F. 1914: Flora von Bayern. Stuttgart.

WALTERS, S.M. 1953: *Eleocharis mamillata* Lindb. fil. and allied species. Ber. Schweiz. Bot. Ges. **63**, 271–286.

WEBER, H.E. 1970: Zur Unterscheidung unserer *Pedicularia*-Arten. Kieler Not. zur Pflanzenk. in Schlesw.-Holst. **1970**, Heft 8, 11.

WETTSTEIN, F. 1919: Floristische Mitteilungen aus den Alpen. Österr. Bot. Z. **68**, 293–296.

WETTSTEIN, R. 1935: Handbuch der systematischen Botanik. Leipzig u. Wien.

WEYHE, M.F., J.W. WOLTER, P.W. FUNKE u. TH. FR. L. NEES v. ESENBECK 1828: Plantae medicinales. Bd. 1–2. Düsseldorf.

WEYMAR, H. 1967: Buch der Gräser und Binsengewächse. 7. Aufl. Radebeul.

ZIMMERMANN, W., u. G. MIEHLICH-VOGEL 1962: Zur Taxonomie der Gattung *Pulsatilla* Miller. III. Die Subsektion *Patentes*. Kulturpflanze Beih. **3**, 93 bis 133.

C. Namenverzeichnis

der systematischen Einheiten (Abteilungen, Klassen, Ordnungen, Familien, Gattungen u. Arten) der Abschnitte IIB u. IIC (außer Schlüsseln u. Synonymen); Bastarde jeweils am Schluß der Gattungen; die Zahlen beziehen sich auf die Seiten.

B

F

L

M

W